中国改革开放新时期
年 鉴

1994年

中国民主法制出版社
2014·北京

图书在版编目（CIP）数据

中国改革开放新时期年鉴．1994年/王振川主编．—北京：中国民主法制出版社，2014.4

ISBN 978-7-5162-0516-7

Ⅰ．①中… Ⅱ．①王… Ⅲ．①改革开放—中国—1994—年鉴 Ⅳ．①D61-54

中国版本图书馆CIP数据核字（2014）第066699号

图书出品人：肖启明
图 书 策 划：刘海涛
责 任 编 辑：石 松 董 理

书 名/中国改革开放新时期年鉴（1994年）
作 者/王振川 主编

出 版·发 行/中国民主法制出版社
地 址/北京市丰台区玉林里7号（100069）
电 话/63055259（总编室） 63057714（发行部）
传 真/63055259
http: //www.npcpub.com
E-mail: mzfz@ npcpub.com
经 销/新华书店
开 本/16开 787毫米 ×1092毫米
印 张/71.375 **字数**/2250千字
版 本/2014年4月第1版 2014年4月第1次印刷
印 刷/涿州市星河印刷有限公司印刷

书 号/ISBN 978-7-5162-0516-7
定 价/800.00元

《中国改革开放新时期年鉴》编委会

日期索引

【一月】

【二月】

【三月】

【四月】

【七月】

【八月】

【九月】

【十月】

1月1日

全国政协在全国政协礼堂举行新年茶话会

江泽民、李鹏、乔石、李瑞环、朱镕基、刘华清、胡锦涛、荣毅仁等党和国家领导人与首都300多名各界人士一起欢度新年。

中共中央政治局常委、全国政协主席李瑞环主持茶话会。

中共中央总书记、国家主席江泽民在茶话会上发表讲话。

台盟中央主席蔡子民代表各民主党派、无党派爱国民主人士和全国工商联在会上讲话。

丁关根、李岚清、杨白冰、邹家华、尉健行、温家宝、王汉斌、任建新、倪志福、陈慕华、费孝通、孙起孟、雷洁琼、李锡铭、王光英、程思远、卢嘉锡、布赫、李沛瑶、吴阶平、罗干、吴学谦、杨汝岱、王兆国、赛福鼎·艾则孜、洪学智、钱伟长、胡绳、钱正英、孙孚凌等出席茶话会。

各民主党派、全国工商联负责人，以及全国人大、全国政协部分在京常委、在京部分政协委员和知名人士、各人民团体负责人，中共中央、国家机关和北京市负责人，国务院参事、中央文史馆馆员等，出席茶话会。

国家主席江泽民在全国政协新年茶话会上发表讲话

同志们、朋友们：

今天，我们大家在这里欢聚一堂，举行新年茶话会。我代表中共中央、国务院、中央军委，向在座各位，向各民主党派、无党派爱国人士，向全国各族工人、农民、知识分子和干部，向解放军指战员、武警官兵、公安干警，表示亲切慰问和崇高敬意！向台湾同胞、港澳同胞和海外侨胞，向关心、支持和帮助我国现代化建设的国际友人，致以节日的诚挚问候和良好祝愿！

过去的一年，是我们在邓小平同志建设有中国特色社会主义理论和党的基本路线指引下，抓住机遇，深化改革，又快又好地发展经济继续取得胜利的一年，也是按照党的十四大确定的建立社会主义市场经济体制目标迈出重大步伐的一年。我国社会政治安定，经济快速发展，各民族大团结，各项事业都有新的进展。农业继续获得丰收，工业生产迅速增长，国内市场繁荣，对外贸易活跃，人民生活继续得到改善。外交工作获得新的胜利，我国的国际影响进一步扩大。这一切都鼓舞我们满怀信心地迎接新的一年到来。

1994年，对于我国改革开放和现代化建设是非常关键的一年。全党和全国各族人民要更加团结一致，勤勉工作，坚持贯彻党的十四大和十四届三中全会精神，紧紧围绕经济建设这个中心，努力把社会主义市场经济、社会主义民主政治、社会主义精神文明全面推向前进。

在新的一年，我们深化改革的核心内容，就是精心组织好建立社会主义市场经济体制的一系列重大改革措施的出台和实施工作。由于任务艰巨，涉及面广，必然会出现许多新情况、新问题甚至一些新困难，因此一定要预作周密准备，选好出台时机，悉心观察进展，及时总结经验，务求实施必胜。要继续拓宽经济发展思路，加强和改善宏观调控，下大力气调整经济结构，实现快速发展和提高经济效益的真正统一。今年的经济工作，不仅要在经济改革上有一个新的重大进展，而且要力争在增强农业后劲和农民收入，转换国有企业经营机制和增强活力，提高经济管理水平，保证各项经济活动运行的良好秩序，以及进一步扩大对外开放等各个方面，都有新的进步，以保持国民经济持续、快速、健康地向前发展。

在新的一年，我们推进社会主义民主政治建设的一个重要任务，就是要依靠和团结人民群众维护和发展安定团结的政治局面，为改革和发展继续提供良好的社会政治条件。各级领导同志务必牢记小平同志的“稳定是压倒一切的”重要思想，正确认识和处理好改革、发展与稳定的辩证关系，正确认识和处理好两类不同性质的社会矛盾。要依法坚决打击各种犯罪活动，决不能手软。同时，要认真研究新形势下人民内部矛盾的表现形式和发展趋向，特别要注意在深化改革中由于要进一步进行利益格局、利益关系的必要调整而可能引发的新问题、新矛盾，千万不可疏忽大意。从长远看，经济的发展和改革的深化，能够使各种利益格局、利益关系更加趋向合理，最终达到全体人民共同富裕的目标。但是，在改革的一定时期内人们的受益程度存在某些差别是难以避免的。各级领导同志要善于分析和处理各种人民内部矛盾，必须把思想政治工作和其他相应的工作做到前面去，做细做实，使群众感到入情入理，感到党和政府是真心诚意维护群众利益、关心群众疾苦的。这样群众也就会真心诚意地拥护我们，积极帮助和配合我们处理好各种矛盾和问题，不断巩固和发展安定团结的大好局面。

在新的一年，我们要大力推进社会主义精神文明建设，力求使全社会精神文明的进步有一个新的突破。这是加快改革和发展，促进社会全面进步的迫切需要，也是全国各族人民的迫切要求和共同愿望。一切事情，都要顺应人民群众的要求和愿望去做，才能取信于民，我们的工作才能步步主动，节节胜利。这个历史真理任何时候都不能忘记。坚持物质文明和精神文明“两手抓”，是贯穿社会主义现代化建设全过程的重要战略方针。越是大力发展社会主义市场经济，越要切实加强精神文明建设，繁荣教育、科学、文化事业，加强人民正确的思想道德武装，发展崇高的民族正气和良好的社会秩序、社会风尚。这样才能为我们的物质文明建设提供强大动力和重要保证,才能确保有中国特色社会主义事业的全面发展。

我们的国家要长治久安和繁荣富强,关键在于用邓小平同志建设有中国特色社会主义理论武装全党。要坚持解放思想、实事求是的思想路线,努力加强党的思想建设、组织建设和作风建设,巩固和加强党同人民群众的血肉联系。时代的呼唤,人民的期望,要求我们在新时期必须努力把各级党组织建设得更好,特别是要建设一支能够继承和发扬党的优良传统,能够深入实际,开拓进取,勇于负责,顾全大局,廉洁奉公的干部队伍。各级干部一定要牢记,联系群众,宣传群众,组织群众,团结群众为实现自己的利益而奋斗,这是我们党的根本力量和优势所在,也是我们各项工作的取胜之道。我们衷心希望大家处处以党和国家的利益为重,以人民群众为本,抛弃一切官僚主义、形式主义的不良习气,真正在领导方法和工作方法方面取得新的进步,在全心全意为人民谋利益方面创造出新的气象。

人民政协荟萃了各民主党派、无党派和国家各方面的知名人士,一年来大家认真履行政治协商、民主监督职能,作了许多工作和重要贡献。中国共产党将继续按照"长期共存,互相监督,肝胆相照,荣辱与共"的方针,加强同各民主党派、无党派爱国人士的亲密合作,更好地发挥共产党领导的多党合作与政治协商制度的作用,希望大家继续为改革和发展献计献策,共同把国家和人民的事情办好。

完成祖国统一大业,是全体中国人民的神圣使命,也是中华民族发展的必然趋势。我国政府和全国人民有信心、有决心、有能力按照"和平统一、一国两制"的方针推进祖国的统一。我们坚决反对任何形式的"两个中国"、"一中一台"或"一国两府",坚决反对任何旨在制造"台湾独立"的言论和行动。希望台湾当局以民族大义为重,在一个中国的原则下尽快实现两岸直接接触,进而为和平统一铺平道路做些实事。最近,由于英方坚持错误立场,致使中英关于香港1994、1995年选举安排的谈判破裂,理所当然地遭到包括香港同胞在内的全中国人民的谴责。不论出现什么波折,我们都将同香港各界爱国同胞同心同德,坚持"一国两制"的方针不变,坚持基本法的原则不变,坚持对香港恢复行使主权的决心不变,维护香港的长期稳定和繁荣。我们相信,在中葡两国政府的共同努力下,澳门的平稳过渡和政权的顺利交接必将实现。

在当今世界向多极化发展进程中,中国是维护世界和平和稳定的重要力量。中国的发展不会对任何国家构成威胁。我们反对一切霸权主义和强权政治。在新的一年里,我们将一如既往地奉行独立自主的和平外交政策,坚持在和平共处五项原则的基础上同世界各国发展友好合作关系,为建立和平、稳定、公正、合理的国际新秩序继续作出积极的努力。

同志们、朋友们,我们正在为之不懈奋斗的崇高事业,就是沿着建设有中国特色社会主义的道路,把我国建设成为富强、民主、文明的社会主义现代化国家。不论在未来的征途上会遇到什么困难和风波,我们的宏伟目标不可动摇,我们的前进步伐不可阻挡。让我们更紧密地团结起来,牢牢抓住历史的机遇,为振兴中华,为中国人民的美好前途而努力奋斗!

《人民日报》发表社论《艰苦奋斗,再创辉煌——元旦献词》

时代的航船,乘风破浪。伟大祖国迎来了充满奋斗、充满希望的1994年!

我们满怀深情向全国各族人民,向台、港、澳同胞和海外侨胞,祝贺新年好!

刚刚过去的一年,全党和全国各族人民继续坚定不移地贯彻邓小平同志视察南方重要谈话和中国共产党第十四次全国代表大会的精神,抓住机遇,深化改革,朝着建立社会主义市场经济体制的目标迈出重大的步伐。全国农业丰收,工业增长,外贸活跃,市场繁荣,人民生活有了新的改善。放眼伟大的祖国,经济快速发展,社会政治稳定,民族团结和睦,各项事业都有新的进展,呈现一派生机勃勃的景象。反腐败斗争取得初步成果。精神文明建设日益加强。外交工作成绩显著。江泽民及其他党和国家领导人的成功出访,增进了同世界各国政府和人民的友谊,为我国的现代化建设创造了更为有利的国际环境。所有这些成就,进一步增强了党和政府的威望,增强了我们人民共和国的威望,增强了中国社会主义的威望,增强了全国人民沿着建设有中国特色社会主义道路胜利前进的信心。

1994年,是我们乘胜前进,加快改革,加快发展的至关重要的一年。在新的一年里,我们要全面贯彻党的十四大和十四届三中全会精神,围绕经济建设这个中心,把社会主义市场经济、社会主义民主政治、社会主义精神文明全面推向前进。今年要加快建立社会主义市场经济体制的改革步伐,进一步扩大对外开放,各级党政领导要按照中央的部署,精心组织,精心实施。在改革进程中,必须认真抓好两件大事。一是加强农业的基础地位,保证农业和整个农村经济稳定发展。二是搞好国有大中型企业,增强活力,使其在经济发展中发挥主导和骨干作用。要继续加强和改善宏观调控,大力调整经济结构,提高经济效益,保持国民经济持续、快速、健康发展。今年改革和发展的任务十分繁重。以改革促进发展,以发展支持改革,在新的更高的层次上实现二者的有机结合，对于实现本世纪末的奋斗目标具有重要的意义。

为了完成好今年的任务，首要的一条就是进一步用邓小平同志建设有中国特色社会主义的理论武装全党特别是各级领导干部。理论来自实践，理论又指导实践。邓小平同志建设有中国特色社会主义的理论，是指引中国人民实现振兴中华的伟大理想的强大思想武器。在新的一年里，各级领导干部要继续认真学好《邓小平文选》第三卷，加深对基本观点的理解，尤其是要牢牢掌握解放思想、实事求是这一精髓，大力发扬过去十多年勇于探索、勇于创新的革命精神，提高领导改革开放和社会主义现代化建设的水平。要建设一支能够深入实际、联系群众、顾全大局、廉洁奉公的干部队伍，使我们党的广大干部全心全意为人民服务，做加快改革、加快发展的好带头人。

人民的利益，人民的幸福，是我们一切工作的出发点和落脚点。改革和建设是亿万人民群众自己的事业。坚定不移地依靠广大工人、农民、知识分子和各级干部，调动一切积极因素，团结一切可以团结的力量，就没有克服不了的困难。在新的一年里，我们要更好地发扬密切联系群众的优良传统，把人民群众投身改革和建设的积极性引导好、保护好、发挥好。在新的改革措施出台时，要做好宣传解释工作。要注意工作方法，善于分析和处理新形势下产生的各种人民内部矛盾。要关心群众，时刻注意维护群众的利益，多为群众办实事，使群众生活不断改善，积极性不断提高。

加快改革和发展，是一项宏伟而复杂的社会系统工程。要善于学习和运用马克思主义的唯物辩证法，正确认识和处理前进中的各种关系，特别是改革、发展与稳定的关系，局部与全局的关系。改革和发展为社会政治稳定提供坚实的基础，社会政治稳定为改革和发展提供重要的保证。在加快改革和发展的过程中，必须牢记邓小平同志关于“稳定是压倒一切的”重要思想，始终坚持两手抓、两手都要硬的方针，继续加强社会主义民主法制建设和社会主义精神文明建设，不断巩固和发展安定团结的政治局面。增强全局观念，正确处理局部与全局的关系，在改革日益深入之际，尤为重要。我们国家这么大，情况千差万别，困难和矛盾不少，当好这个家很不容易。要靠全党和全国人民同心协力，这也是我们的一大优势。各地区、各部门的领导同志想问题，办事情，要胸有全局，自觉地以局部利益服从全局利益。

祖国前程，繁花似锦，中华儿女，重任在肩。新的一年召唤我们再创辉煌。全党和全国人民在以江泽民同志为核心的党中央领导下，更紧密地团结起来，坚持邓小平同志建设有中国特色社会主义的理论和党的基本路线，大力发扬新时期的艰苦创业精神，去创造新的业绩，夺取新的胜利！

1月2日

中国1993年造船总量大幅增长

据船舶工业总公司总经理王荣生介绍，1993年我国造船总量达130万吨，比上一年增长30%，并且有一半以上出口国外。

中国地球科学家数据库在兰州建成

在国家自然科学基金委的资助下，中国科学院兰州文献情报中心刘全根课题组，最近完成我国首家“中国地球科学家数据库”。

经国家有关部门鉴定认为，“中国地球科学家数据库”创造了基础学科科学家数据库建设和队伍现状研究的一个范例，为今后我国地学家队伍的建设提供了决策依据。这个数据库达到了国际先进水平。

1月3日

全国人大常委会副委员长程思远就《告台湾同胞书》发表15周年发表谈话

为纪念全国人大常委会《告台湾同胞书》发表15周年，全国人大常委会副委员长程思远日前通过海峡之声电台发表讲话。程思远在回顾《告台湾同胞书》发表15年来两岸关系发生的变化后说，当前两岸的交流和人员往来尽管有了很大的发展，但同时也面临着不小的困难。一方面，这种交流和往来还是间接的，往来的人员要绕道香港或别的国家，发展经贸也要经第三地，费时误事，劳民伤财。另一方面，台湾当局对各种交流和人员往来作了许多限制，设置了不少障碍。希望台湾当局设身处地地为两岸民众的切身利益考虑，采取切实的措施，消除人为的障碍，尽早实现直接“三通”。

程思远说，除加快交流和往来外，另一项重要工作就是要毫不动摇地遏制“台独”，反对以各种面目出现的“一中一台”、“两个中国”等分裂国家主权的行为。这个工作做不好，会给两岸关系蒙上阴影，影响两岸关系的进一步发展。他说，当然，最重要的工作是从根本上解决问题，双方坐下来就国家统一问题进行商谈，实现了国家和平统一，我们对列祖列宗和子孙后代都有了一个完满的交待，就会在中华民族的史册上掀开新的一页。

国家主席江泽民根据全国人大常委会的决定任免驻外大使

一、免去孙国桐的中华人民共和国驻坦桑尼亚联合共和国特命全权大使职务。

任命谢佑昆为中华人民共和国驻坦桑尼亚联合共和国特命全权大使。

二、免去杨一怀兼任的中华人民共和国驻塞舌尔共和国特命全权大使职务。

任命张大勋为中华人民共和国驻塞舌尔共和国特命全权大使。

旅居英国的中国学者马昆首次分离出控制精子产生的基因

旅英学者、中国科学院昆明动物所的马昆，在人类基因研究方面取得突破，在世界上首先成功地分离出负责控制产生精子的基因。这一基因已被命名为马昆基因。

网络版 MIS 软件研制成功

中国第一套全面的商业化网络版 MIS 系统软件日前由北京九强系统工程公司研制成功。该软件在以企业的生产、供应、销售、服务、仓储 5 大环节为中心，统摄企业管理的各个方面，与同类软件比，有通用性强、适应性好、独特的自定义功能、拓展应变能力等 9 大特点。

1月4日

《人民日报》发表评论员文章《多学习，少应酬——新年要有新作风》

民主党派工商联无党派领导干部理论研讨班开学典礼在中央党校举行

中共中央政治局常委、书记处书记、中央党校校长胡锦涛代表中共中央，对研讨班开学表示祝贺。胡锦涛说，邓小平同志建设有中国特色社会主义理论，是当代中国的马克思主义，是指引我们继续胜利前进的精神支柱和科学指南，是新时期中国共产党的基本路线的理论基础。只有深刻地理解和掌握这个理论，才能全面正确地领会和贯彻党的基本路线；只有不断增强理论上的坚定性，才能不断提高执行基本路线的自觉性。

胡锦涛说，90年代是我们国家发展和民族振兴的重要历史时期。目前，国内经济发展，政治稳定，民族团结，社会进步，总的形势很好；国际形势对我们继续深化改革、扩大开放、集中精力把经济搞上去也比较有利，我们正面临着改革和发展难得的历史机遇。抓住机遇，加快发展，关键在于深化改革。中共十四届三中全会通过的《关于建立社会主义市场经济体制若干问题的决定》，标志着我国经济体制改革已经进入了整体推进和重点突破相结合的新阶段。今年将是十几年来改革步伐迈得最大的一年，也可以说是关系到今后我国改革和发展进程的关键的一年，任务非常艰巨繁重。在我们前进的道路上，将会不可避免地遇到许多过去不曾遇到过的复杂情况和问题。只有学好建设有中国特色社会主义理论，掌握解放思想、实事求是这个精髓，掌握小平同志运用马克思主义的立场、观点、方法研究新情况、解决新问题的科学态度和创造精神，才能统一思想，正确把握稳定、改革和发展的关系，妥善处理各种社会矛盾，防止片面性，避免发生大的失误，提高统揽全局和驾驭社会主义市场经济的能力和水平，不断增强工作的原则性、系统性、预见性和创造性，保证改革开放和现代化建设的顺利进行。

胡锦涛说，我们党领导的有中国特色社会主义事业，是社会主义市场经济、社会主义民主政治、社会主义精神文明的有机统一。中国共产党领导的多党合作和政治协商制度是我国的一项基本政治制度，是社会主义民主政治的主要内容之一，是建设有中国特色社会主义的重要组成部分。这个从中国国情出发创建和发展的政治制度，经受了风风雨雨的考验，显示出强大的生命力，在中国社会主义现代化事业中有着举足轻重、不可替代的作用。实践证明，各民主党派作为与中国共产党真诚合作的参政党，是同中国共产党长期同舟共济、患难与共的亲密战友，是我国爱国统一战线的一支重要力量，也是维护我国安定团结、促进社会主义现代化建设，按照“和平统一，一国两制”的方针推进祖国统一大业的一支重要力量。

胡锦涛说，共同的事业、共同的目标、共同的任务，要求我们必须有共同的思想基础。小平同志建设有中国特色社会主义理论，不仅是中国共产党集体智慧的结晶，也是包括各民主党派、工商联、无党派人士在内的我国各族人民集体智慧的结晶；不仅是中国共产党的最可珍贵的精神财富，也是包括各民主党派、工商联、无党派人士在内的我国各族人民最可珍贵的精神财富；不仅是激励中国共产党不懈奋斗的力量源泉，也是激励包括各民主党派、工商联、无党派人士在内的全国各族人民矢志奋斗的力量源泉。过去，在毛泽东思想的伟大旗帜下，各民主党派、工商联、无党派人士同中国共产党长期合作，共同奋斗，为夺取新民主主义革命的胜利，建立新中国，巩固人民民主专政，顺利实现社会主义改造和促进社会主义事业的发展，作出了重要贡献。今天，在新的历史时期，只有学好小平同志建设有中国特色社会主义的理论，在新的思想基础上形成共识、增进团结，才能更好地坚持和完善共产党领导的多党合作和政治协商制度，巩固和扩大爱国统一战线，在共同的政治基础上坚定不移地贯彻“长期共存、互相监督、肝胆相照、荣辱与共”的基本方针，充分发挥和加强民主党派的参政议政和民主监督作用，推进社会主义民主政治建设。

全国人大常委会副委员长、民进中央主席雷洁琼代表各民主党派中央、全国工商联讲话。

全国政协副主席、中共中央统战部部长王兆国也在开学典礼上讲话。

出席研讨班开学典礼的领导同志还有：民盟中央主席费孝通，无党派人士程思远，农工党中央主席卢嘉锡，民革中央主席李沛瑶，九三学社中央主席吴阶平，台盟中央主席蔡子民，民建中央常务副主席万国权，致公党中央常务副主席杨纪珂，全国工商联主席经叔平，以及中央组织部、中央宣传部、中央统战部、中央党校的领导同志郑必坚、赵宗鼐、汪家镠、蒋民宽、刘延东、刘胜玉等。

全国公安司法厅（局）长会议在北京举行

会议提出1994年公安工作的主要任务是：充分发挥公安机关的专政职能作用，坚决打击敌对势力和各种犯罪活动，深化改革，强化服务，严格管理，大力推进社会治安综合治理，全力维护政治稳定和社会安定，为建立社会主义市场经济体制作出应有的贡献。

公安部部长陶驷驹在会上传达中央领导关于加强公安政法工作的重要指示。公安部副部长田期玉就当前公安工作面临的形势和今后的任务作报告。

在分析当前治安状况时，会议认为，目前的治安状况总的是正常的，对改革开放和发展经济起到了保障作用。但刑事案件仍呈上升趋势，特别是重大案件和恶性案件突出，一些地方治安状况不好，犯罪猖獗，群众缺乏安全感。

会议提出，要继续坚持“严打”的方针，尽最大努力遏制刑事犯罪上升的势头。要以“破大案、打团伙、追逃犯”为重点，因地制宜，开展专项斗争和重点整治。在治安问题突出的地方，组织集中统一行动，重点打击杀人、抢劫、盗窃以及有组织犯罪。要高度重视对城乡流氓恶势力的打击工作。坚决打击经济诈骗犯罪活动。

会议指出，当前要特别强调提高侦查破案水平，多破案，破大案；加强破案后的案件审理工作，提高办案效率和质量；严格执法，依法从重从快严惩严重刑事犯罪分子，坚决纠正以罚代刑、徇私枉法、降格处理等问题。

国务委员、中共中央政法委员会副书记罗干在全国司法厅（局）长会议上指出，必须充分发挥司法行政工作的职能作用，大力加强劳改、劳教工作，努力为稳定社会治安秩序、缓解人民内部矛盾创造良好的社会环境。罗干指出，司法行政工作是法制建设的重要组成部分，在发展社会主义市场经济中担负着法律保障和法律服务的繁重任务。改革越深入，经济越发展，越需要有一个长期稳定的社会环境和良好的法制环境，越需要大力加强法律保障和法律服务工作。

罗干特别强调，改革开放以来，劳改、劳教工作有了新的进展，取得显著成绩，但也遇到一些新情况、新问题。为了提高劳改、劳教机关对罪犯、劳教人员的改造质量，预防和减少犯罪，保障国家的长治久安，要深化监管改造工作改革，逐步建立现代化文明监狱和劳动教养制度。

司法部部长肖扬在讲话中要求各级司法行政机关在新的一年里加快改革步伐，突出抓好现代化文明监狱、劳教所建设。继续深化司法行政各项工作改革，进一步搞好法律保障和法律服务，促进国民经济持续、快速、健康发展。

肖扬指出，监狱不仅是惩罚机关，而且也是改造机关，还是教育罪犯的特殊学校。劳改、劳教工作的目的不仅是要把罪犯和劳教人员改造成为诚实劳动、遵守法律的自食其力的劳动者，而且要改造成为适应社会主义市场经济发展的有用之才。今后一个时期劳改、劳教工作的目标是逐步将监狱、劳教所建成现代化的文明监狱和劳教所。肖扬还要求加强对刑满释放人员和解除劳教人员的安置、帮教工作。

会议于8日结束。

中共中央政治局常委李瑞环在黑龙江考察

李瑞环于1月4日至7日在黑龙江省委书记孙维本、省长邵奇惠、省政协主席周文华等陪同下，深入到国有大型企业、高等院校、科研院所进行考察，征询意见。他听取省委工作汇报，对省委、省政府带领广大干部群众认真贯彻落实党的十四大精神和十四届三中全会《决定》，克服困难，促进经济发展，维护社会稳定所取得的成绩，给予充分肯定。

在谈到当前工作时，李瑞环说，必须看到，当前我国各方面形势很好。各地搞建设、求发展的劲头很足，经济保持了较快增长速度，人民生活普遍有了明显改善。同时，我们也必须清醒地看到，由于种种原因，还有部分群众生活提高不快，甚至遇到一些困难。我们无论何时都不能忘记他们。我们希望建设的速度更快一些、步子更大一些，归根到底是为了改善群众的生活。因此，在建设的过程中，一定要考虑到各方面群众的利益，尤其要保证群众的基本生活不发生严重困难。

李瑞环说，毫无疑问，改革能够使绝大多数人受益，但不可能使所有的人同时和同等程度地受益。凡是涉及群众利益调整的改革措施，出台前要周密研究，审慎从事，出台后要密切跟踪情况的变化，及时做好必要的调整和辅助工作。要悉心体察群众的情绪，认真吸取群众的意见，努力帮助群众克服困难。这既是我们共产党的根本宗旨所要求的，也是保证改革开放顺利进行所必需的。他强调，春节也叫"年关"，我们有责任帮助遇到困难的群众过好这个"关"。各级干部对属于自己职责范围内的有困难的群众要心中有底。要上门谈心，主动征求他们的批评和建议，即使是不那么顺耳的话也要让人家讲出来；要"雪中送炭"，尽可能帮助他们解决一些实际问题。要适当紧缩其他开支，抽调必要资金保证这方面的需要。

在考察期间，李瑞环还会见黑龙江省和哈尔滨市政协的负责同志，就如何加强民主政治建设和政协自身建设交换意见。

中共中央政治局常委胡锦涛政治局委员李铁映在中南海会见布达拉宫维修工程先进代表

1994年国家级火炬计划项目评审会议在北京召开

评审会议于1月4日至8日在北京召开。国家科委常务副主任朱丽兰到会讲话。

朱丽兰说，培育新的生产力，必须培育新型的生产关系，即塑造现代企业。现代企业的核心是产权清晰，职责分明，政企分开，科学管理。新型生产关系建立起来，才能达到各方面优势的集成。在新型的生产力与生产关系中，火炬计划才能显示出它的威力来。

国家科委副主任黄齐陶说，火炬计划工作要在总结过去5年经验的基础上，以解决资金瓶颈为突破口，使火炬计划在项目上抓住重点，技术上提高水平，企业上规模，产值、效益上台阶，开发区抓提高，国际化工作抓实效，宣传培训工作抓深入，使火炬计划工作有新的突破。

他认为具体工作有5项。

其一，抓高新技术产业发展的环境条件，以经济开发区、特区、高新技术产业开发区三区并列为目标。

其二，做好火炬计划项目的组织实施工作，每年抓50个重点项目，并在立项、资金、信息、服务等方面实行重点支持。

其三，做好高新技术产业开发区的巩固、完善、提高工作。今明两年，抓好14个重点开发区、5个创业服务中心、3个大学园区、2个火炬带的示范工作。

其四，做好火炬计划的国际化工作，使之有实质性进展。今年要与香港天利国际投资有限公司合作，办好一个总额在1到12亿美元的中国火炬高新技术产业投资基金；筹建2个国际创业服务中心；重点支持3个出口创汇在近期内能达到1000万美元的外向型企业；新增合资企业400家；抓好5个重点开发区的国际化工作。

其五，抓好人才培训工作，每年培训各类人才达到1万人次，着重国际贸易、金融、法律、市场和营销方面的培训。

中国建筑业协会成立

外交部部长钱其琛在钓鱼台国宾馆同阿塞拜疆外交部部长哈桑·哈桑诺夫举行会谈

会谈结束后，两位外长分别代表本国政府签订了两国外交部磋商议定书、两国领事条约和互免签证的协定。

外交学会会长刘述卿在人民大会堂与美国参议院能源与自然资源委员会主席贝内特·约翰斯顿率领的美国参议院代表团举行工作会谈

中国与独联体四国在北京讨论边界问题

中国同俄罗斯、哈萨克斯坦、吉尔吉斯斯坦、塔吉克斯坦四国联合代表团边界协定小组第三轮谈判于1月4日至14日在北京举行。

双方本着平等协商、互谅互让、积极务实的精神，就以法律形式确定中俄西段、中哈、中吉、中塔边界已达成一致地段的边界线走向问题进行有益的讨论，并取得积极的成果。

国务院批转建设部国家文物局《关于审批第三批国家历史文化名城和加强保护管理的请示》

各省、自治区、直辖市人民政府，国务院各部委、各直属单位：

国务院同意建设部、国家文物局《关于审批第三批国家历史文化名城和加强保护管理的请示》，现转发给你们，请研究执行。

在建设具有中国特色社会主义的宏伟事业中，既要重视物质文明建设，又要重视精神文明建设。我国的历史文化名城体现了中华民族的悠久历史、灿烂文化和光荣革命传统，保护历史文化名城是社会主义精神文明建设的重要内容。各地区、各部门要按照《中华人民共和国文物保护法》、《中华人民共和国城市规划法》等有关法规和本通知的要求，切实处理好历史文化名城的开发建设与保护抢救工作的关系，把历史文化名城保护好、建设好、管理好。

国务院

1994年1月4日

建设部国家文物局关于审批第三批国家历史文化名城和加强保护管理的请示

1982年和1986年，国务院先后批准了两批共62个城市为国家历史文化名城，这对促进文物古迹的保护抢救，制止"建设性破坏"，保护城市传统风貌等起了重要作用。

我国地域辽阔，历史悠久，除已批准的国家历史文化名城外，还有一些城市文物古迹十分丰富，具有重要历史文化价值及革命纪念意义。为进一步保护好这些城市的历史文化遗产，我们从1991年起即请各省、自治区、直辖市人民政府在认真调查研究的基础上，慎重提出第三批国家历史文化名城推荐名单。对各地区提出的推荐名单，经有关城市规划、建筑、文物、考古、地理等专家，按照《国务院批转建设部、文化部关于请公布第二批国家历史文化名城名单报告的通知》文件关于审定国家历史文化名城的原则，进行反复酝酿，讨论审议，提出37个城市，建议作为第三批国家历史文化名城（名单附后），报请国务院审核批准并予以发布。

为了加强历史文化名城的保护管理，要认真做好以下工作：

一、提高对保护历史文化名城重要性的认识。近年来，城市开发建设速度很快，一些历史文化名城，片面追求近期经济利益，在建设时违反城市规划和有关法规规定的倾向又有所抬头，必须引起各级政府和有关部门的高度重视，及时予以纠正和处理。历史文化名城体现了中华民族的悠久历史、灿烂文化及光荣革命传统，是我国宝贵的财富，也是建设社会主义现代化城市的优势。各级领导要充分认识当前做好保护历史文化名城工作的重要性和紧迫性，从国家和民族的长远利益以及城市发展的全局出发，肩负起历史赋予的责任。

二、认真贯彻"保护为主、抢救第一"的方针，切实做好历史文化名城的保护、建设工作。要加强文物古迹的管理，搞好修缮。文物古迹尚未定级的要抓紧定级，并明确划定保护范围和建设控制地带。在涉及文物古迹的地方进行建设和改造，要处理好与保护抢救的关系，建设项目要经过充分论证，并严格按照《中华人民共和国文物保护法》和建设部、国家计委《关于印发〈建设项目选址规划管理办法〉的通知》等规定履行审批手续。今后审定国家历史文化名城，要按照条件从严审批，严格控制新增的数量。对于不按规划和法规进行保护、失去历史文化名城条件的城市，应撤销其国家历史文化名城的名称；对于确实符合条件的城市，也可增定为国家历史文化名城。

近期内，各历史文化名城要对保护工作进行一次自查，重点检查文物古迹的保护、抢救情况，以及各项建设与改造是否符合保护规划要求等，并将检查结果报建设部、国家文物局。

三、抓紧制订历史文化名城的保护管理办法，使保护工作走上规范化、法制化的轨道。要抓紧组织编制、修订和审批历史文化名城保护规划。第一二批国家历史文化名城保护规划尚未报批的，应尽快报送审批。第三批国家历史文化名城保护规划，要在1994年底前编制完成，并按规定上报审批。历史文化名城的重点区域还要做出控制性详细规划。各项开发建设必须符合保护规划的要求，规划确定的有关控制指标，必须严格执行。城市规划和文物保护主管部门有责任检查督促保护规划的实施。有些文物古迹集中，并有反映某历史时期传统风貌和体现民族地方特色的街区、建筑群等的地方，虽未定为国家历史文化名城，但这些地方的文物、街区、建筑群等也是重要的历史文化遗产，同样具有珍贵的保护价值，各地要注意重点保护好它们的传统建筑风格和环境风貌。

保护历史文化名城需要一定的资金，各有关地方人民政府和城市规划、文物保护等有关部门应给予积极支持。各地要根据实际情况，制定有关政策，动员社会力量，促进历史文化名城的保护工作。

1993年6月10日

第三批国家历史文化名城名单（37个）

正定　邯郸　新绛　代县　祁县　哈尔滨
吉林　集安　衢州　临海　长汀　赣州
青岛　聊城　邹城　临淄　郑州　浚县
随州　钟祥　岳阳　肇庆　佛山　梅州
海康　柳州　琼山　乐山　都江堰　泸州
建水　巍山　江孜　咸阳　汉中　天水
同仁

第三批国家历史文化名城简介（略）

云南破获一起特大诈骗案

云南公安机关破获一起特大诈骗案，诈骗总金额为2500万元人民币。这是一起有组织、有预谋、内外勾结诈骗银行巨款并携款外逃的集团犯罪案件。5名案犯熊彬、田伟、邢刚、陶江瑞、陶江明，均为男性青年。其中，熊彬、邢刚分别为中国银行昆明高新技术开发区支行票据交换员、中国银行昆明市分行出纳、会计。

1月5日

全国农业工作会议在北京召开

会议确定，1994年农业和农村经济工作的目标是：通过稳定党在农村的基本政策和深化改革，稳定增加农民收入和农产品有效供给，推动农村经济的全面发展。会议强调，1994年要切实抓好5项工作，（1）不放松粮食生产；(2)大力发展"三高"农业；(3)继续抓好全国"菜篮子"工程建设；(4)大力发展乡镇企业；(5)坚持不懈地做好农民负担的监督管理工作。

全国总工会第二届女职工委员会第一次会议在北京召开

国务院发出《关于中国证券监督管理委员会列入国务院直属事业单位序列的通知》

国务院总理李鹏在钓鱼台国宾馆会见泰国诗琳通公主

国务院总理李鹏在北京会见阿塞拜疆外交部部长哈桑诺夫

李鹏会见时说："中阿两国都是亚洲国家，两国人民之间的友好往来可以追溯到两千多年前的丝绸之路。早在40多年前，我曾去过阿塞拜疆，至今记忆犹新。中国人民都熟悉著名的巴库油田。阿塞拜疆独立后，中国政府立即宣布承认，相互建立大使级外交关系。近两年来，两国各方面的关系都在平稳、健康地发展。对此，我感到满意。"

哈桑诺夫说，访问中国是他的宿愿。他转达阿利耶夫总统对江泽民主席和其他中国领导人的良好问候。他表示，阿塞拜疆政府重视对华关系，阿利耶夫总统愿意访问中国。目前阿中两国关系很好，阿愿意在各个领域同中国进行广泛的合作。

李鹏表示，"中国领导人非常重视对阿关系，我们欢迎阿利耶夫总统来华访问，并相信两国领导人之间的互访将推动两国关系的发展"。

国务院总理李鹏在钓鱼台国宾馆会见由美国参议院能源委员会主席约翰斯顿参议员率领的美国参议院代表团

李鹏说："中美两国是伟大的国家，中美两国人民是伟大的人民。中美之间存在着广泛的共同利益。希望中美两国能抓住中美首脑正式会晤后的契机，保持两国关系中已开始的良好势头。"

全国人大常委会委员长乔石在人民大会堂会见德国等西欧三国驻中国大使

即将赴德国、瑞士和奥地利访问的全国人大常委会委员长乔石会见德国驻华大使傅泰民、瑞士驻华大使舒爱文和奥地利驻华大使迪特里斯·布科夫斯基时表示，他希望他这次西欧之行"将有利于进一步推进中国同这3个国家之间的友好合作关系的发展"。

中国政府和格鲁吉亚政府《关于互免公务旅行签证的协定》和《关于互免团体旅游签证的协定》在第比利斯签订

中国与亚洲开发银行贷款协定在菲律宾马尼拉亚洲银行总部签订

同时签订的贷款项目是：湖南高速公路项目、吉林高速公路项目、普通业务——广州抽水蓄能电站二期工程项目。

国务院学位委员会办公室发言人发表谈话，阐明国家对举办研究生课程进修班的有关管理办法和当前应注意的问题

学位委员会办公室发言人日前发表谈话指出，自《国务院学位委员会关于授予具有研究生毕业同等学力的在职人员硕士、博士学位暂行规定》及其实施细则颁布实施以来，各有关学位授予单位积极开展在职人员申请硕士学位的工作。但是最近一个时期以来，一些单位不顾自身办学条件是否具备，越出批准的授权专业范围举办"热门"专业进修班，变相套授学位；未经论证和批准，擅自增设所谓"新专业"；争相到沿海地区办班，为吸引生源而不惜降格以求，产生了一些混乱现象。特别是近来还发现北京、山东、辽宁等地少数不具备研究生培养资格的单位违反国家有关规定，未经国家有关主管部门批准，擅自和一些境外机构在我国境内联合举办涉及研究生教育层次的所谓"在职硕士课程班"或"研究生班"。这类班有的根本不具备应有的教学能力与条件，没有必要的入学考试和教学管理制度，而是以营利为目的；有的甚至在我国境内颁发外国机构的学位证书，严重干扰了我国学位与研究生教育工作的正常秩序。

发言人介绍，国务院学位委员会办公室近日已发出《关于对举办研究生课程进修班加强管理的通知》。《通知》规定，对异地举办研究生课程进修班活动要进行统一管理，实行登记备案制度。各学科、专业，包括财经、政法、管理工程类学科、专业的异地办班，均要纳入这一管理范围。经批准开展授予在职人员硕士学位工作的单位，方可申请进行异地办班活动；未经国务院学位委员会办公室、国家教委研究生工作办公室同意登记备案的单位和专业，不得异地举办研究生课程进修班或以类似的名义进行办学活动；未经批准的中外合作办学活动中颁发的外国学位证书一律不予承认。

这位发言人强调，为确保学位授予的质量，国务院学位委员会办公室将在适当时候组织专家组进行质量检查与评估，不合格者视情况依照有关法规予以处理。

办班所在地的省级教育行政主管部门应依法对此类办学活动进行检查监督。对完成课程进修班学习后提出申请学位的在职人员，要严格按有关规定办理。对违反国家有关规定，滥办班、滥发毕业文凭、学位证书，忽视质量标准、弄虚作假的单位，要按照国家有关规定严肃查处。

中国地方病协会在北京成立

1月6日

全国人大常委会委员长乔石在人民大会堂会见韩国议长李万燮

香港特别行政区筹委会预委会经济专题小组会议在北京结束

为期两天的香港特别行政区筹委会预委会经济专题小组会议在北京结束。小组组长方黄吉雯和高尚全会后在回答记者提问时说，会议取得一些实质性成果。

与会成员就香港新机场有关问题、香港与内地大型基建工程的协调发展问题、财政金融问题、社会保障等问题进行认真讨论。会议认为，香港新机场的建设对香港的繁荣稳定十分重要，符合港人的利益，希望新机场建设的进度更快、效率更高。经济专题小组已于5日和6日分别以口头和书面形式向港英政府发出邀请，希望港英政府派一位有关官员出席将于1月27日在北京举行的会议，以便就港英政府的《机场公司条例草案》中有些含义不清的条文提供必要的解释和说明。

在两地重大基建工程协调发展问题的讨论中，会议着重就解决深圳口岸交通堵塞问题提出一些提高效率的改进方法，如简化手续、加强硬件建设等等。

国家体改委主任李铁映在成都重庆调查研究

李铁映于1月6日至11日到成都、重庆调查研究，分别听取四川省和成都、重庆两市有关部门的汇报，并同成渝两市大中型企业经理、厂长及在蓉出席会议的全省各市、地、州负责人座谈，共同探讨改革和发展的有关问题。在重庆期间，李铁映还参观了庆铃汽车有限公司、建设工业(集团)公司、南坪农贸市场和重庆生产资料交易所。

全国冶金工作会议在上海宝钢召开

会上传达国务院总理李鹏日前对冶金工业的重要指示。李鹏希望冶金工业在新的一年里有新的进步。

李鹏指出，冶金工业是重要的原材料工业，毛主席等老一辈无产阶级革命家，党中央、国务院领导同志，一贯十分重视和关心冶金工业的发展。冶金工业要在已经达到了8800多万吨钢的基础上继续前进，认真贯彻党的十四届三中全会和经济工作会议精神，着重抓好品种质量，不断满足国民经济发展对钢材的需求。要把发展重点放到现有企业的挖潜改造扩建上来，充分利用企业现有的土地、公用设施、技术人才，进行技术改造。技术改造要依靠科技进步。要提高连铸比例，积极跟踪世界上新的冶金工艺技术。要加快企业改革，搞好现代企业制度试点。总结冶金企业改制的经验，下决心办好社会主义国有大中型企业。从宝钢、鞍钢、首钢、武钢等办得好的冶金企业看，证明社会主义的国有大中型企业完全能够办成高效益有竞争力的企业。

冶金部部长刘淇在会上指出，今后冶金工业产量统计要突出钢材的数量和品种。在市场经济条件下，用户关心的是钢材的数量和品种。冶金企业要根据市场需求组织生产，提高钢材的成材率，积极增产国家重点建设所需的钢材品种。

泰国国王普密蓬·阿杜德总理川·立派在曼谷分别会见中央军委副主席刘华清

泰国武装部队最高司令沃拉纳在曼谷东方饭店举行宴会欢迎中央军委副主席刘华清

外交部发言人吴建民在例行的记者招待会上指出英方撤回“政制方案”才能证明英方真诚愿意恢复谈判

外交部发言人吴建民就中法关系等问题答记者问

吴建民表示，希望中法关系在两国建交原则基础上早日恢复。

吴建民在应记者提问对法国外长朱佩近日再次表示希望尽快改善中法关系发表评论时说：“我们欢迎朱佩外长所作的积极表示。我们已多次表明中方对改善中法两国关系的原则立场和积极态度。我们希望中法两国关系能够在两国建交原则的基础上早日得到恢复和发展。”

吴建民应提问对巴统组织在今年4月初解散后将组成一个新组织，并将邀请中国参加一事发表评论时说，巴统组织是冷战的产物，早就应当解散了。不管成立什么新的组织，都应当有利于国与国之间经贸关系的发展和科学技术的合作与交流。

1月7日

国务院举行第14次常务会议

国务院总理李鹏主持会议，审议《中华人民共和国劳动法(草案)》和《中华人民共和国外资金融机构管理条例(草案)》。

常务会议原则通过《中华人民共和国劳动法(草案)》,待进一步修改后,将提请全国人大常委会审议。

为加强和完善对外资金融机构的监督管理,适应对外开放和经济发展的需要,会议还讨论并原则通过《中华人民共和国外资金融机构管理条例(草案)》,待进一步修改后,将由国务院正式发布施行。

香港特别行政区筹委会预备工作委员会政务专题小组第三次会议讨论关于港英最后一届立法局两个市政局和区议会的终结问题

委员们认为,根据中英联合声明规定,中华人民共和国于 1997 年 7 月 1 日对香港恢复行使主权;英国政府同日将香港交还给中华人民共和国。这就是说,英国政府对香港的管治至 1997 年 6 月 30 日即告终止。在此之前,英国政府以《英皇制诰》和《皇室训令》这两个宪制性文件作为其管治香港的法律基础。它通过一整套的政制架构,包括立法局、两个市政局、区议会等具体行使其管治。港英的政制架构是英国政府管治香港的集中体现。随着英国对香港的管治的终止,维系其权力的两个宪制性文件必然被废除,亦即法律基础消失,标志着这种管治的港英原有政制架构理所当然地也同时终结。它既不可能跨越 1997 年 6 月 30 日,也不可以作出任何使这些架构跨越 1997 年 6 月 30 日的决定。否则,就是越权,中英联合声明和基本法所确立的主权原则就没有任何意义。那样的话,无异于把英国的管治延续到 1997 年 7 月 1 日之后,这是绝对不可能的。

根据上述原则,港英最后一届三级政制架构的议员任期,只能到 1997 年 6 月 30 日为止。而港英目前有关法律规定三级架构议员的任期均为 4 年,委员们认为,这显然是同上述原则相抵触的,因而必然是无效的。1997 年 7 月 1 日中国对香港恢复行使主权之日,也就是港英原有政制架构结束之时。这也是英国将香港交还给中华人民共和国,中国政府对香港恢复行使主权的应有之义和必然结果,是联合声明确定的应由英国政府履行的义务和应由中国政府行使的权利。

委员们指出,1997 年 7 月 1 日后成立的香港特别行政区的第一届立法会和区域组织等与 1997 年 7 月 1 日前港英的一套政制架构的性质是截然不同的。它不是将港英原有政制架构"照单全收",而是一个依照香港特别行政区基本法和全国人大有关决定组建的、体现中国政府对香港恢复行使主权、体现"港人治港"、高度自治的政制架构。

香港特别行政区的立法会的地位、职权、组成等与作为港英咨询机构的立法局大不相同。基本法和全国人大关于香港特别行政区第一届政府和立法会产生办法的决定规定了议员乘"直通车"的条件和确认程序。为了平稳过渡,中国政府曾希望中英双方通过磋商合作就港英最后一届立法局议员的过渡问题作出安排。但由于中英关于香港 1994、1995 年选举安排的会谈未能达成协议,议员过渡的条件已不复存在。委员们指出,两个不同性质的立法机关并不因为中英之间达成有关过渡安排的协议,就可以混为一谈;也不是因为没有协议,现在才冒出两个立法机关性质不同的问题。两个立法机关的性质不同,如前所述,是由其各自法律基础所决定的。

委员们还指出,香港的区议会和两个市政局都是港英政制架构的组成部分,与港英的管治权是紧密相联的。因此,同立法局一样,1997 年 6 月 30 日港英最后一届区议会和两个市政局必然要结束。但作为非政权性的区域组织,本来只要中英双方达成协议,就可以过渡到香港特别行政区。由于众所周知的原因,中方的这一愿望无法实现。

《人民日报》发表《关于香港 1994/1995 年选举安排问题问答录》

最近一段时间来,不少读者给本报来信或打来电话,围绕中英关于香港 1994/1995 年的选举安排谈判提出了各种各样的问题。我们带着这些问题走访了有关人士,现将他们的解答整理如下,供大家参考。

问:香港 1994/1995 年选举具体指的是什么?

答:香港 1994/1995 年选举是指将于 1994 年 9 月举行的区议会选举,1995 年 3 月举行的市政局和区域市政局选举,以及 1995 年 9 月举行的立法局选举。由于这三级选举是在 1994 年和 1995 年期间进行的,所以统称为香港 1994/1995 年选举。

问:香港立法局、市政局、区域市政局及区议会是些什么机构?

答:香港立法局、市政局、区域市政局及区议会都属于港英当局政制架构的组成部分,它们的性质、职能及组成各有不同。现将一般情况分述如下:

香港立法局是根据《英皇制诰》而设立的。它是港英三级架构中的最高一级。在香港,港督集大权于一身,决策权和立法权均属于港督。立法局并没有立法权,立法局只是协助港督立法,参与法案的辩论、审议事务。立法局也无法案的动议权,法案的动议权在行政局或布政司,批准权也在港督。法例草案经立法局通过后,必须获得港督的同意,才能成为法律。另外,对于立法局通过又经港督批准的法律,英国有权否决,英国也可以代香港立法。因此,香港立法局同主权国家代议制的国会,即拥有最高权力的立法机关是根本不同的,它只是港督的立法咨询机构。香港立法局的主要职责有三个方面:一是讨论、通过行政局提出的法律议案,制订法例,包括拨款的法例;二是讨论并监督控制政府的财政开支;三是对政府的政策或民间关注事务进行质询、辩论。香港立法局于1843年设立以来,在组成方式上已经发生很大变化。本届立法局共有议员60人,其中分区直接选举产生的议员有18名,委任议员21名,功能团体选举产生的议员21名。

市政局和区域市政局是港英三级架构的中间一级,是非政权性的区域组织。两者的地位是平行的,所以也可简称为两个市政局。其管辖范围前者为港岛和九龙市区,后者为新界及离岛区。它们的职能是向市民提供文康市政服务,包括管理环境卫生、小商小贩,以及兴建和管理所有公共文娱、康乐、体育设施等。在议员的组成上,市政局本届共有议员40名,其中民选议员15名,委任议员15名,还有由各市区区议会选出的10名代表议员;区域市政局本届共有议员36名,其中民选议员12名,委任议员12名,由新界地区各区区议会选出的代表议员9名,另外还有3名当然议员由乡议局的主席和两个副主席出任。

区议会是港英三级架构中的最低一级。区议会同两个市政局一样,也是属于非政权性的区域组织。它的职能是提供咨询,具体来说,主要是就影响区内居住或工作人士福利的种种问题向政府提供意见,并协助监察政府各部门在地区层面上的工作及政策。另外,政府也经常就影响全港市民的重要问题,例如检讨城市规划条例、公共房屋政策、基层健康服务改革等事项征询区议会的意见。目前全香港共划分为19个区,每个区议会议员人数不同。本届区议会共有议员441名,其中民选议员274名,委任议员140名,另外还有由新界地区各乡事委员会主席出任的当然议员27名。

问:中英两国政府为什么要就香港1994/1995年的选举安排问题举行谈判?

答:根据中英联合声明和基本法的规定,中国政府将于1997年7月1日对香港恢复行使主权,英国政府于1997年7月1日将香港交还给中华人民共和国,它对香港的行政管理权到1997年6月30日终止,因而港英的所有政制架构也将随之终结。尽管港英立法局、两个市政局、区议会的任期分别由英国《皇室训令》和有关的条例规定为4年,从时间上来说,到1997年6月30日时尚未届满,但由于它们都属于港英当局政制架构的组成部分,这三级架构也应于1997年6月30日解散。届时将按照全国人大的决定和基本法的规定重新设立香港特别行政区立法会和区域组织。所以港英本来是无权过问1997年后的政制架构的。但是,中国政府从保持香港平稳过渡和政权顺利交接的大局出发,希望通过与英国政府的合作,在与基本法衔接的基础上,能为三级架构及其议员的过渡作出妥善安排。

早在基本法起草的过程中,中英两国政府就曾就香港政制发展问题进行过多次磋商(包括1990年初两国外长互换信件),达成了一些协议、谅解和共识。英国政府一再承诺香港过渡时期的政制发展要同基本法衔接。为了使香港最后一届立法局议员可以过渡为香港特别行政区第一届立法会议员,中国全国人大在1990年4月4日通过的《关于香港特别行政区第一届政府和立法会产生办法的决定》中对此还专门作出了规定,即"香港特别行政区第一届立法会由60人组成,其中分区直接选举产生议员20人,选举委员会选举产生议员10人,功能团体选举产生议员30人。原香港最后一届立法局的组成如符合本决定和香港特别行政区基本法的有关规定,其议员拥护中华人民共和国香港特别行政区基本法、愿意效忠中华人民共和国香港特别行政区并符合《香港特别行政区基本法》规定条件者,经香港特别行政区筹备委员会确认,即可成为香港特别行政区第一届立法会议员"。由于两个市政局和区议会是属于非政权性的区域组织,故全国人大未对这两级议员的过渡问题作出专门规定,而有待于中英两国政府磋商决定。

中英联合声明明确规定,中英两国政府在香港后过渡期要加强合作,共同审议为政权顺利交接和平稳过渡所要采取的措施。因为香港1994/1995年选举产生的立法局、两个市政局和区议会的议员均有一个过渡问题,所以有关1994/1995年的选举安排就必须经过中英两国政府磋商讨论,并达成一致。这次中英双方举行谈判,其目的就是要讨论香港1994/1995年选举产生的香港立法局、两个市政局和区议会如何实现与基本法衔接,使其议员能过渡到1997年7月1日以后,成为香港特别行政区第一届立法会和区域组织议员,以利于实现香港在政制方面的平稳过渡。

现在,在中英双方未就1994/1995年选举安排问题达成协议的情况下,英方就将有关的部分立法草案提交给立法局讨论,这意味着谈判已经终止。这样,港英1994/1995年选举产生的最后一届立法局、两个市政局和区议会议员的任期就只能到1997年6月30日为止。

问:这次中英关于香港选举安排问题的谈判是在什么背景下开始进行的?

答:众所周知,1992年10月,上任不到3个月的香港总督彭定康在事先未根据联合声明的有关规定与中方磋商的情况下,在他的第一份施政报告中单方面提出了对香港现行政治体制作出重大改变的"宪制方案",其中包括一套对香港1994/1995年选举安排的具体打算。这一《方案》从内容到提出的方式都违反了中英联合声明,违反了与基本法衔接的原则,也违反了中英双方已达成的有关协议和谅解。可将之概括为"三违反"的政制方案。

彭定康方案的提出,为中英双方在香港问题上的合作设置了障碍,也引起了香港社会的动荡和分化。如果按照彭定康那一套办,那就势必使1997年香港政权的交接不可能顺利进行,也不可能做到平稳过渡,并极大地影响香港的繁荣稳定。彭定康这一"三违反"方案一提出,中国政府当即就表示坚决反对。当时,外交部和国务院港澳办发言人在谈话中均严肃指出,香港在过渡时期的任何政制发展不能同基本法衔接,其责任不在中方。中国政府领导人在会见英国政府领导人时,也多次表示,希望英国政府能以维护香港繁荣稳定的大局和中英两国的共同利益为重,重新回到中英联合声明规定的磋商和合作的轨道上来。同时,彭定康方案也理所当然地遭到了香港各阶层群众和英国朝野有识之士的强烈反对和批评。正是在这种情况下,英国政府才不得不要求同中国政府就香港1994/1995年的选举安排问题举行外交谈判。中国政府从实现香港平稳过渡和维护香港繁荣稳定的大局出发,接受了英国政府提出的举行外交谈判的建议。

问:彭定康在香港1994/1995年选举安排问题上"三违反"的具体表现是什么?

答:在香港1994/1995年选举安排问题上,港督彭定康搞"三违反"具体表现主要有以下几点:

1. 改变功能团体间接选举的性质,把功能团体选举搞成变相直接选举。功能团体选举制度是港英政府根据香港的历史及社会发展的实际情况提出,并于1985年开始实施的。其目的是保证对香港经济繁荣和社会安定有重要影响的财经界及专业人士能有代表进入立法局。在起草基本法时,中国政府考虑到香港政治体制发展的现状,对这种选举方式给予了肯定,并在基本法中规定香港特别行政区成立后的头三届立法会保留功能团体选举产生的议员。由于这部分议员是由各法定的功能团体选举产生的,所以很明显,它是一种间接选举方式。港英政府在其法律文件中也规定,功能团体选举是间接选举。但彭定康在其"宪制方案"中却要全部取消法团投票,改为个人投票;同时将功能团体的选民范围扩大到整个香港工作人口中所有符合选民资格的人,"让社会上每名在职人士"除了参加直选外都有第二个投票机会。彭定康的做法,不但改变了设立功能团体选举的原意,而且要将功能团体的间接选举变为分行业的直接选举。

2. 彭定康提出的有关选举委员会组成的建议,违反了中英两国在这个问题上所达成的协议和谅解。早在1990年初,中英两国政府曾就选举委员会的组成进行过多次磋商,当时的中国外长钱其琛同英国外交大臣赫德曾经有过多次信件往来(这些外交文件已于1992年10月28日公布)。最后,中英双方就1995年选举委员会的组成达成了协议。英方原则同意中方提出的选举委员会按照基本法附件一第二项所规定的成分和比例组成,即由工商金融界;专业界;劳工、社会服务、宗教等界;立法会议员、区域性组织代表、香港地区全国人大代表、香港地区全国政协委员的代表四部分人组成,每部分人各占25%。但彭定康却无视中英双方早已达成的协议,在其"政制方案"中另外提出了选举委员会组成办法,即全部或大部分由直接选举产生的区议员组成。基本法之所以规定特区首届立法会采用选举委员会选举这种方式,目的在于增加立法会的代表性,使各阶层和各行各业人士都能均衡参与。彭定康的建议,不但直接违背了中英两国已达成的协议,而且不符合设立选举委员会选举的原意。

3. 在区议会和两个市政局选举问题上,彭定康在方案中提出,要取消全部委任议席。这种做法违背了中英联合声明和基本法所规定的香港政制发展要循序渐进的原则。另外,这也不符合区议会和两个市政局运作的实际需要。

问:中英双方围绕香港1994/1995年选举安排问题争论的实质究竟是什么?

答:彭定康是打着"扩大香港民主"的旗号推出他的"政制方案"的。这就容易给人一个错觉,似乎是彭定康要在香港发展民主,而中方不同意在香港发展民主。事实绝非如此。

英国统治香港一百几十年里,一直是港督大权独揽,根本无民主可言。香港立法局从它1843年成立时起,在长达140多年的历史中,其议员都是由港督委任的,只是到了中英联合声明签署后的1985年,才开始引入了少量的由间接选举产生的民选议员。因此,香港政治体制的发展要从香港的这个历史实际和社会实际出发,要循序渐进,要有利于保持香港的繁荣稳定。彭定康在香港过渡时期最后几年里,不顾中英已达成的协议、谅解和共识,迫不及待地"扩大香港民主",对香港的政治体制作出重大改变,企图把英国那一套议会民主照搬到香港,并要香港在几年内就走完西方资本主义国家用几百年的时间完善议会民主制所走过的路程,这只能为平稳过渡制造障碍,危害香港的繁荣稳定。

中国政府是一贯赞成在香港发展民主的。恰恰是中国政府,早在1982年开始同英方谈判香港前途问题时，就旗帜鲜明地提出，中国在恢复对香港行使主权后，将在香港实行“一国两制”、“港人治港”、“高度自治”的方针、政策。基本法更是对港人的民主权利提供了具体而充分的保障。基本法规定，香港特别行政区的行政长官由选举或协商产生，并最终达至由一个有广泛代表性的提名委员会按民主程序提名后普选产生的目标；立法会有充分的立法权和对行政的监督权，有弹劾行政长官的权力；立法会直接选举产生的议席从1997年到2003年的短短6年间，从20席增加到30席；立法会的产生办法根据香港特别行政区的实际情况和循序渐进的原则而规定，最终达至全部议员由普选产生。事实说明，基本法规定的1997年后香港所实行的民主，比英国统治香港150多年给予香港的民主要多得多。正因为如此，基本法受到了香港各阶层群众的普遍拥护。在1990年4月基本法颁布时，英国外交部发言人也明确表示，基本法“为香港的未来地位奠定了基础”，“是对联合声明的令人可以接受的反映”。在基本法起草的过程中，英方曾多次表示1997年前香港政制发展有必要与基本法衔接，中英双方还就此达成了共识。显然，英方理应按照与基本法衔接的原则和中英双方业已达成的协议和谅解，来安排香港1994/1995年选举，以利于1997年政权的交接和平稳过渡。但英方却公然背信弃义，另搞一套。

由此可见，中英双方围绕香港1994/1995年选举问题争论的实质，决非几个诸如功能团体选举和选举委员会选举如何安排等一些具体问题，也不是要不要在香港发展民主或民主步伐快慢的问题，而是英方守不守信义的问题，即中英联合声明还要不要履行，香港政制的发展还要不要同基本法衔接，中英双方过去所达成的协议和谅解还要不要遵守和执行的政治原则问题。

问：中方对这场谈判的基本立场和态度是什么？

答：在谈判开始前中英双方为谈判作准备的过程中，中方就申明了自己的立场，即中英关于香港1994/1995年选举安排问题的谈判，必须以中英联合声明、与基本法衔接的原则以及中英过去已达成的有关协议和谅解为基础。

中国政府认为，中英双方如能通过谈判就香港1994/1995年选举安排达成协议，实现1997年政权顺利交接和平稳过渡，对中英双方都有利，也符合600万香港居民的根本和长远利益。为了使谈判顺利进行，并早日达成协议，中方对谈判始终抱着诚恳、积极的态度，并在会内、会外为推动谈判，加快谈判的进程作出了巨大的努力。中方同意恢复中英联合联络小组的会议和机场委员会的会议；解决了香港有线电视的专营权合约、港灯续签管制计划协议书以及新界西垃圾堆填区问题；中英土地委员会解决了1993年至1994年的批地问题；在新机场财务安排未达成全面协议的情况下先同意了香港西区隧道和中区湾仔填海工程；建议年内在北京和伦敦再开两次中英联合联络小组会议以加快工作进度。这些都充分表现了中方对恢复中英在香港问题上合作的诚意。在谈判中，中方既坚持原则，又不乏灵活性。对于过去双方已达成过协议和谅解的问题，中方坚持按已有的协议和谅解办；对于中英联合声明、基本法和两国过去达成的协议和谅解中没有明确规定或过去没有商量过的问题，中方采取了灵活的态度，愿意同英方商量，寻求双方彼此都能接受的解决办法。

问：为什么这场谈判进展缓慢，迟迟达不成协议？

答：在谈判开始前，英方已经同意中方提出的以中英联合声明、与基本法衔接的原则以及中英过去所达成的协议和谅解作为谈判的基础。如果英方在谈判中能够按照这“三项原则”办，那么双方达成协议应是不困难的。但事与愿违，英方在谈判中出尔反尔，不仅拒绝按照基本法的有关规定提出自己的方案，而且对过去两国所达成的协议和谅解也拒不承认。在谈判中，英方在某些具体问题上虽有些松动，但其坚持彭定康“三违反”方案的立场并无实质改变。在那些基本法没有明确规定或在中英过去没有达成过协议和谅解的问题上，英方硬要中方全盘接受它的主张。不仅如此，在谈判中，英方还提出本属于中国主权范围内且与此次谈判无关的一些问题，要中方作出承诺，从而为谈判设置重重障碍。

英方在谈判一开始，就表白自己对谈判是抱着积极的有建设性的态度，但它在谈判中的实际做法却与此恰恰相反。在谈判过程中，英方不断搞“小动作”，破坏、干扰谈判的顺利进行。例如，在中英双方还未就选举安排达成协议的情况下，港英立法局就匆忙通过了《选区分界及选举事务委员会条例草案》，大幅度地增加区议会民选议席的数目，并在宪报上刊登《1993年宣布建议地区数目及指定地区名称令》，决定将香港区议会数目由现在的19个减为18个。港英当局还纵容、支持香港立法局宪制小组讨论港督彭定康的“政制方案”，企图达到其边谈判、边立法的目的。英国外交部的高级官员还公开声称将来中英协议要交由立法局讨论修改，从而将立法局的决定凌驾于中英两国政府的协议之上。在整个谈判过程中，英方还在谈判期限上不断对中方施加压力，声称“港督会在谈判没有明显进展的情况下作出决定”。

正是由于英方顽固坚持彭定康“三违反”方案的实质，并处处为谈判设置障碍，才致使谈判进展缓慢，迟迟达不成协议。

问:中方为什么提出将立法局选举安排同区议会和两个市政局选举安排分开讨论解决的建议,对此英方的态度如何?

答:为了推动会谈的前进,并考虑到区议会和两个市政局的选举时间比立法局的选举时间要早一些,问题也比较容易解决一些,因此,早在第4轮谈判时,中方就建议先讨论解决区议会和两个市政局的选举安排问题,并在就此问题达成协议后,再讨论立法局的选举安排问题。但这一建议被英方以1994/1995年的选举问题要"一揽子"解决为由而加以拒绝。当谈判进行了5个多月仍无大的进展的情况下,为了打破谈判的僵局,使谈判取得突破,钱其琛副总理兼外长于10月1日在纽约同英国外交大臣赫德会晤时,再次提出将1994/1995年选举安排分开讨论解决的建议。他指出,鉴于1994年即将来临,时间紧迫,而1994年的选举问题比较简单,双方可先就1994年的选举问题进行讨论并达成协议。1995年选举的问题比较复杂,时间还有一点,双方可继续讨论。这就是中方提出的按"先易后难"原则"分拆"处理香港1994/1995年选举安排问题建议的原意。对中方的这一建议,英方当时再次予以拒绝。彭定康在他于1993年10月所作的第二份施政报告中也明确表示"这是行不通的"。但中方的建议合情合理,得到了广大港人的赞同和拥护。后来英方虽不得不同意中方提出的先讨论区议会和两个市政局选举安排的建议,但却提出了三项先决条件,即要中方接受将选民年龄由21岁降为18岁,采取英方建议的投票方法,以及取消委任议席。英方的目的很明显,这就是一方面表示同意将1994/1995年选举安排"分拆"处理,以此向香港市民交待,避免造成被动;另一方面却企图通过三项先决条件,为"分拆"处理设置障碍,如果中方不满足英方的三项要求,就不可能实现"分拆"。

问:为什么说在区议会和两个市政局选举安排问题上中英双方是完全有可能达成协议的?

答:对英方作为同意"分拆"处理1994/1995年选举安排问题而提出三项先决条件的做法,中方给以了批评,指出这不是解决问题的建设性态度。尽管如此,中方仍从谈判的大局出发,同意了英方提出的将选民年龄从21岁降为18岁的要求,对英方提出的采用"单议席单票制"(分区选举中的一种投票方法,即有多少个议席,就划分多少个选区,每个选区只有一个议席。每个选民在选举时只能投一票)的投票方法也表示不持异议。在取消委任议席问题上,中方提出了不同意见。这个问题是中英双方在区议会和两个市政局选举安排问题上争论的焦点。

当彭定康在他的"宪制方案"中提出取消区议会和两个市政局的委任议席后,就立即遭到了区议会和两个市政局主席及大多数议员的强烈反对。香港大多数市民也不赞成取消全部委任议席。中方考虑到港人的这一愿望,并从区议会和两个市政局的实际运作看,认为保留部分委任议席有利于这些机构更好地履行其职责,符合香港的实际,因而主张保留区议会和两个市政局现有委任议席的数目。英方却以立法局将在1995年选举中废除委任制为由,坚持要求取消区议会和两个市政局的全部委任议席。英方的这个理由是根本站不住脚的。区议会和两个市政局的委任议席是否存在与立法局选举毫无关系,因为两者的性质和职能是不同的。双方在这个问题上进行了反复讨论,尽管中方作出妥协,表示根据循序渐进的原则,可将委任议席从现在约占全部议席的三分之一多降为四分之一,但英方执意不肯作任何松动,坚持取消全部委任议席。

为了能同英方尽快就区议会和两个市政局的选举安排问题达成协议,中方在第15轮谈判中再次作出了努力,提出了一个照顾双方立场、绕过分歧的妥协办法,即在双方达成的谅解中说明:英方主张取消区议会和两个市政局的委任议席;中方主张保留适当比例的委任议席。1997年6月30日后由香港特别行政区政府按基本法第98条的规定,自行决定区议会和委任议席的数目。中方提出的这一方案实际上使英方在1997年6月30日之前可以不再设立委任议席,而1997年6月30日之后由香港特别行政区政府按基本法的有关规定设立适当比例的委任议席。英方同意中方在委任议席问题上的这一表述意见。

这样,在区议会和两个市政局选举所涉及的选民年龄、投票方法及委任议席三个问题上,中方实际上已采纳了英方的意见,满足英方的要求。

除了上面三个问题外,涉及区议会和两个市政局选举的还有另外两个问题。一个问题是,为了与基本法的有关规定衔接,在过渡时期的最后几年里,香港区议会和两个市政局的非政权性质及其职能应保持不变。在这个问题上,中英双方没有大的分歧。另一个问题是,为了与基本法衔接,中方要求英方承诺取消对香港地区中国各级人大代表的参选限制。对这个问题,英方在拖了一段时间后也表示同意了。

以上情况表明,在涉及区议会和两个市政局选举的所有问题上,中英双方的立场已趋于一致。事实上双方完全有可能在第15轮谈判后,就区议会和两个市政局的选举安排达成协议。

问:既然在区议会和两个市政局选举所涉及的所有问题上中英双方立场已趋于一致,那么为什么双方没能就此达成协议呢?

答:中英双方之所以未能就区议会和两个市政局选举问题达成协议,其原因就在于英方节外生枝,提出了新的要求。

在第16轮谈判前,英方向中方提出,必须将区议会和两个市政局所采取的"单议席单票制"的投票方法同样也适用于1995年立法局的分区选举。英方提出的这一要求是毫无道理的,因为区议会和两个市政局同立法局选举既无规定也无先例一定要采用同一种投票方法。关于立法局的选举,包括它采用何种投票方法,可以在稍后讨论立法局选举问题时再讨论解决。否则,只会使问题复杂化,不利于谈判的进行。但英方仍然坚持将立法局也采取"单议席单票制"的投票方法包括在区议会和两个市政局选举安排的谅解备忘录中。英方表示,英方之所以要求这样做,是要求有一个"平衡"的协议,有着"实际和政治方面的原因"。

英方提出的所谓"平衡"问题,是指英方同意取消对香港地区中国各级人大代表参加三级架构选举的限制,且选举年龄的改变也适用于三级选举,如果中方不同意三级架构的选举采取同一个投票办法,那就是不平衡的。针对英方这种说法,中方在第17轮谈判中专门向英方递交了一个谅解草案,建议将选举年龄、投票方法和取消对人大代表限制的三点内容,全部只限于区议会和两个市政局选举,凡涉及立法局选举的问题都留待以后解决。但中方这一谋求解决问题的建议当即遭到英方的拒绝。

关于所谓"实际和政治方面的原因",英方主要是指以下两点:一是立法局投票方法的立法需尽快获得通过,否则要就投票方法进行两次立法,那样只会浪费时间。事实上区议会和两个市政局选举的投票方法与立法局选举的投票方法并没有必然的联系,而且过去都是分开立法,况且立法局的选举于1995年9月进行,在时间上并不那么紧迫,完全可以放到以后解决。因此,英方的这个理由是根本不能成立的。二是英方说立法局已于1992年就通过了1995年立法局选举办法采用"单议席单票制"的动议,因此,现在应把这一投票方法确定下来。英方这种说法,实际上是要中方接受香港立法局的意见,将香港立法局的意见凌驾于中英两国政府的谈判之上。对此,中方是决不能接受的。

在英方坚持把立法局选举的投票方法拉入区议会和两个市政局选举问题中一并解决的目的没有达到的情况下,英方在第17轮谈判结束前竟然发表"声明",称英方不能继续同中方讨论第一阶段的谅解,单方面宣布中断了关于区议会和两个市政局选举问题的谈判。事实说明,正是由于英方的蓄意破坏,使得中英双方在区议会和两个市政局选举安排问题上未能达成协议。

问:为什么说中英关于香港1994/1995年选举安排问题谈判终止的责任在英方?

答:早在这场谈判开始前,中英双方就举行谈判通过外交渠道进行磋商时,中方就明确指出,在中英谈判达成协议前,如英方将有关的法律草案提交立法局讨论,那将表明英方对谈判毫无诚意,意味着谈判的中断,其责任不在中方。在第17轮谈判结束后,中方再一次通过外交渠道表明了上述严正立场。但英方根本不顾中国政府的一再警告和劝阻。1993年12月2日,港督彭定康就香港1994/1995年的选举安排问题发表声明,宣布将于1993年12月10日将有关香港选举的部分立法草案刊登宪报,并于12月15日将该立法草案提交立法局讨论。

对英方这一行动,中国外交部、国务院港澳办以及新华社香港分社的发言人分别发表声明,再次指出,如果港英就香港1994/1995年选举的部分问题采取立法行动,就意味着英方单方面终止了谈判。但英方仍然一意孤行,如期将有关立法草案刊登在宪报上,并提交立法局进行首谈和二谈。

事实说明,中方对谈判已经做到了仁至义尽,英方应对谈判终止负完全责任。尽管英方口口声声说,希望就1994/1995年选举中剩下的一些比较复杂的问题继续与中方举行第18轮谈判,表示"英方绝不离开谈判桌",但这只不过是它企图欺骗舆论,推卸破坏谈判责任的手法罢了。如果英方真诚愿意恢复谈判,只有在英方撤回已提交立法局审议的部分立法草案后才有可能。谈判的大门是敞开的,关键在于英方的态度。

问:现在中英关于香港选举问题的谈判已经终止,中方将打算如何办?

答:事情非常清楚,既然中英双方未就香港1994/1995年选举安排问题达成协议,那么港英最后一届立法会、两个市政局和区议会的议员也就不存在过渡问题了。他们的任期只能到1997年6月30日为止。届时,中方将根据全国人大决定和基本法的有关规定"另起炉灶",重组香港特别行政区立法会和区域组织。

前不久,全国人大常委会香港特别行政区筹备委员会预备工作委员会举行了第二次全体会议。会议讨论了香港当前的形势,对英方在中英两国政府未达成协议的情况下,将有关香港1994/1995年选举安排的部分立法草案提交立法局的严重步骤表示强烈不满。会议认为,这是英方蓄意破坏谈判,由此而产生的一切后果应由英国政府承担。会议决定加快开展对香港恢复行使主权的各项准备工作。

治淮(河)治太(湖)第三次工作会议在北京召开

国务委员陈俊生在治淮、治太第三次工作会议上传达李鹏总理的重要指示:希望各有关省市和部门继续加强对淮河、太湖治理工作的领导,发扬自力更生、艰苦奋斗、团结治水的优良传统，保证治理资金及时到位，为治理创造必要的物质条件。调动广大群众治河、治湖的积极性，共同努力，把这件关系到消除大患、长治久安、造福子孙后代的大事办好。

外经贸部发言人就美国单方面宣布削减中国纺织品出口配额提出严正抗议

发言人说，中美双边纺织品协议于 1993 年 12 月 31 日到期，到期前，双方已经过三轮谈判，未能达成协议。正值双方将要进行第四轮谈判之际，美国却单方面宣布大幅度削减我国纺织品对美出口配额，这种做法是很不负责任的，不仅在中国引起强烈反应，而且也在美国国内激起广泛不满，这将严重影响中美经贸关系。

发言人郑重声明，我方将按原定计划继续进行谈判，通过协商解决问题。如果美方一意孤行，这将迫使我方不得不采取相应的报复措施。

全国政协副主席吴学谦在北京会见独联体执行秘书科罗特切尼亚

全国中学校长工作研究会年会在海口召开

中国中学校长工作研究会年会近日在海口召开，会议就新形势下如何进一步稳定教师队伍交流经验并提出建议。他们认为，当前中学教师队伍不稳定的状况，急需引起各地政府、教育行政部门和学校的关注，并采取切实措施予以解决。

近年来由于教育投入依然不足，教师工资待遇低、生活和工作条件差等多种原因，致使中学教师流失严重，出现教师队伍不稳定的状况。与会校长们反映，为改变这一状况，各地政府教育行政部门和学校尽快采取多种措施，并取得较好的效果。然而，从全国范围看，教师队伍的状况不容乐观。有关部门和学校要通过教育改革的不断深化，寻求有效的解决办法。

中宣部新闻出版署在南宁召开全国报纸周末版座谈会强调主旋律与多样化的统一

1月8日

国家主席江泽民在中南海会见韩国国会议长李万燮

江泽民说，中韩两国是近邻，建立和发展睦邻友好合作关系符合两国人民的利益，也有益于本地区的安全与稳定。

会见时，江泽民还说，中韩两国经济互补性强、经贸合作前景广阔。

李万燮说，韩国重视发展同中国睦邻友好的合作关系。他说，两国经济各有所长，只要双方相互加强合作，一定能对本地区乃至整个世界的经济发展起到积极的推动作用。

全国人大常委会副委员长田纪云等会见时在座。

国务院总理李鹏在中南海紫光阁会见韩国国会议长李万燮

李鹏说，你是中韩建交后第一位访华的韩国议长，相信议长的来访对促进两国关系的发展，增进两国人民和议会的相互了解与合作将发挥积极的作用。中韩建交一年多来，两国在各个领域的交流与合作取得了令人满意的发展。这是双方共同努力的结果，两国议会也为此作出了积极贡献。

李鹏表示，中韩经济有很大的互补性。韩国经济发展很快，经济技术方面有自己独特的长处。中国的经济也正在蓬勃发展，两国合作的前景十分广阔。

全国人大常委会委员长乔石在人民大会堂会见津巴布韦议长诺兰·奇波·马孔贝

香港特别行政区筹委会预备工作委员会政务专题小组第三次会议在北京结束

会议中，委员们讨论关于港英最后一届立法局、两个市政局和区议会的终结问题。委员们一致认为，港英对香港的管治将于 1997 年 6 月 30 日终止，维系其权力的法律基础亦将消失，体现其管治的原有政制架构理所当然地也同时终结，它既不能跨越 1997 年 6 月 30 日，也无权作出任何使这些架构跨越 1997 年 6 月 30 日的决定。

小组会议还就香港特别行政区第一届立法会和区域组织的选举制度进行研究和讨论。

司法部决定港澳台居民可参加全国律师资格考试

司法部决定从今年开始，允许港、澳、台居民参加全国律师资格考试，以取得中国大陆律师资格。

司法部副部长王巨禄在新闻发布会上说，此举目的在于使我国律师事业的发展能逐步符合建立社会主义市场经济体制的内在要求，适应加快改革开放和经济建设对法律服务的迫切需要；也是为了进一步密切大陆与港、澳、台地区律师界的交流与协作，从而更好地为大陆与港、澳、台地区之间的经济交往与合作提供法律服务。

王巨禄明确说，港、澳、台居民取得中国律师资格后，如何在内地或境外从事律师业务，办理中国法律事务,目前有关部门正在研究制定相应的政策与规定。

国务委员陈俊生在全国农业工作会议闭幕会上发表讲话

今年是改革关键的一年,国务院要相继出台一些重大改革措施,这是建立社会主义市场经济体制的重要步骤,为使这些改革措施顺利实施,需要我们全党上下共同努力。我们农业系统要紧紧围绕国务院的中心工作,一切从这个大局出发。搞好农业和农村经济工作,完成今年的生产任务,搞好菜篮子工程建设,稳定市场供应,为改革创造一个好的环境。

农村改革以来,党中央、国务院制定了一系列的政策,对推动农村改革、发展农村经济、富裕农民,发挥了巨大的作用。去年召开的十四届三中全会作出的《决定》和中央农村工作会议制定的十二项政策措施,以及《农业法》、《农业技术推广法》、《九十年代中国农业发展纲要》和《九十年代中国食物结构改革与发展纲要》等一批重要文献,在坚持农村基本经济政策不变的基础上,对一些体制和政策的重要环节和方面又进行了改革、丰富和完善。可以说,现在农村政策既有了比较明确的大政方针,又有了比较具体的政策措施,今后关键是扎扎实实地抓落实。

多年来,我们工作中存在的一个突出问题就是政策落实难,不到位,甚至执行中走样。特别是一些涉及农民切身利益、对农业生产实行支持保护的政策最难落实。这不仅不能发挥政策的巨大威力,反而影响党在群众中的威信。农业部去年组织干部蹲点调查,反映最多的就是这个问题。这必须引起我们的高度重视,要下决心把政策落实这件大事抓紧不放,抓出成效。我认为你们这次蹲点调查一个突出的特点,就是体现了党的从群众中来,到群众中去的根本路线,即深入到基层,深入到农民群众中去,直接反映基层的实际情况,反映农民群众的意见和要求,这种做法应大力提倡,这种精神值得表扬。

政策难以落实有体制原因,也有认识和工作上的原因。体制上的问题要通过深化改革逐步加以解决。但从大量的事实看,更多的是认识上和工作上的原因。过去向农民打"白条",当然也有体制的原因,如金融部门政策性业务和经营性业务没分开,"两行开户"等等,但很多地方有钱也不往收购农产品上用。对这个问题,后来朱镕基等领导同志要求各地拿党性作保证,并强行限期收回非法拆借的资金等,才基本解决了"白条"问题。当然在个别地方,"白条"的问题还存在,可见许多政策不落实的问题,不能全归咎于体制,还是要从主观上多找原因,即各级党政领导是否真正把政策作为党的生命来看待,是否牢固树立了以农业为基础的思想。如果没有对农村、农业和农民问题的深刻认识,就会缺乏执行政策的主动性和责任感,就很难做到严肃认真、一丝不苟地执行政策、落实政策。能不能很好地贯彻执行党在农村的各项政策是一个党性问题。各地、各部门都必须保证中央政策的畅通无阻,哪个地方政策不落实,哪个地方的领导就要负责任。

农业部门是负责农业生产和农村经济工作的政策职能部门,在落实农村政策上负有重要责任。当然,农业部门在现实条件下的职能和手段还不完备,还要受到方方面面的牵制。但这不能妨碍我们抓政策落实。我们要发挥主动性,属于自己职能范围的政策,落实一定要抓好,不属于自己职能范围内的,也要积极敦促,协助政府和有关部门把政策落到实处。

在落实政策中,还有一个政策与以法治农、以法护农的问题。农业"两法"已经颁布实施,为保护农业创造了法律环境。但是,要看到,现在普法宣传和执法监督还非常不力。这里,要强调的一点是,《农业技术推广法》已明文规定,国家财政要承担农业技术推广服务机构的事业经费,并保证逐步增加,要保持农业技术推广机构和队伍的稳定,但现在许多地方仍是我行我素,对农技部门实行什么"离娘"、"断奶"。对这种违法行为,必须尽快予以坚决制止和纠正。谁不注意科技队伍的建设,谁就是没有眼光的领导者。哪个地方再发生对农技人员"断奶"的行为,要通报批评。农业部今年准备对"两法"的执行情况进行一次全面的检查,很有必要,有关部门和地方要积极配合。落实政策,离不开各有关部门的配合和支持。发展农村经济,不能搞独奏曲,要搞大合唱。在抓好政策措施的落实上尤其必要。

抓农业和农村工作,要十分重视农民收入问题。刘江同志在会议开始讲话中提出农业发展目标为:稳定增加农民收入和农产品有效供给。这个提法很好,这是关系到国民经济繁荣发展的战略性问题。因为没有农民的小康,就没有全国人民的小康,没有农民购买力的提高和农村市场的繁荣,就不可能实现全国大市场的繁荣。农民收入已连续几年增长缓慢,今年如果农民收入再没有一个较大幅度的提高,我们已很难向农民交待了。据统计,去年全国农民人均纯收入预计可达880元,扣除物价因素,实际增长2%左右,而城镇居民人均生活费收入,扣除物价因素则增长12%。1985年至1992年八年间,农民人均纯收入年增长率仅为2.2%,可以说农民收入增长基本处于徘徊状态,有的省份是负增长。这个问题,在粮食生产区更为突出。这样下去,粮棉主产区的农民还有积极性吗?因此,千方百计增加农民收入,不能不说是一个首要问题。

要较快地增加农民收入,必须从整个经济发展全局出发，认真贯彻落实党和国家在农村的各项方针政策。今后，要把逐步提高农民生产水平，千方百计增加农民收入，作为考核各级干部的一项重要指标。评价一个地方的工作是不是有成绩，不仅要看打了多少粮食，还要看农民收入增加了多少。

今年的农业和农村工作怎么抓？在这里我再强调几点：

一是绝不放松粮棉生产。去年 11 月份全国不少地区粮价上涨，尽管不是供求失衡，但也从另一方面告诉我们，对粮食生产在任何时候都不可掉以轻心，我们国家大，情况千差万别，在这个问题上有了闪失，谁也帮了不我们的忙。这几年，沿海地区经济发展较快，但农业生产没有同步发展，有些地方粮食播种面积下降幅度很大，调入数量加大。认为有钱就不会缺粮。如果大家都照这样想、这样做，12 亿人吃什么？大量进口粮食，必然受制于人。我们要强调，凡是能做到粮食自给的省份，都要提高自给率，减少调入量。棉花生产已连续两年滑坡，再滑坡，问题就更严重了。今后一定要千方百计保面积，我很担心面积是否留足了，要力争使总产量恢复到正常年景的水平。

二是要以市场为导向，大力发展“三高”农业。发展“三高”农业是目前摆脱农业增产不增收、高产低效的有效途径。为适应市场需求和消费结构的变化，在确保粮棉生产稳定增加的前提下，放手让农民调整农业结构，抓好“三高”农业。为此，要抓好中央确定的一批高产优质高效农业示范区，各省也可根据具体情况，确定一批省级“三高”农业示范区。

三是要继续努力抓好全国菜篮子工程建设。大中城市郊区要确保有一定比例的菜田，形成远、中、近郊区不同的生产层次，抓好不同类型的副食品生产基地建设。大力发展蔬菜、畜牧业与水产业。畜牧业要注重发展以食草为主的畜产品，提高节粮型动物在肉类总产量中的比重。水产品生产要继续发展海淡水养殖业，重点发展远洋捕捞业。要进一步搞活流通，不断满足城乡居民对菜篮子产品的需求，稳定市场的供应。国务院最近要召开菜篮子工程工作会议，着重解决好春节前后的四、五月间(淡季)蔬菜供应问题，我们应当进一步努力，做好菜篮子工程工作。

四是要大力发展乡镇企业。过去几年，农民人均纯收入增长部分中有 60%以上来自乡镇企业，乡镇企业对增加农民收入作出了很大贡献。今后若干年内，农民收入能否持续增加，在很大程度上仍取决于乡镇企业的发展速度和效益。有规模，才有一定的速度；有一定的速度，才有一定的效益。因此，乡镇企业要在练好“内功”，上水平、上质量、上效益上下功夫。东部地区乡镇企业要向效益型、外向型转变，西部地区要加快步伐。要组织实施“东西合作工程”，促进优势互补，共同发展。要通过发展工业小区，带动小城镇建设，促进农村第三产业的发展。

五是坚持不懈地做好农民负担的监督管理工作。这是保护农民收入的一个重要环节。下一步工作，一是要抓文件审核关。中央和省级有关部门要依法审核涉及农民负担的文件和项目，严把出台关，未经审核的项目一律不得出台，防止“反弹”；二是抓政策落实关。中央有关减轻农民负担的政策、法规和已明确取消的农民负担项目一定要落到实处，做到家喻户晓，不能溃堤。

各级地方政府要按照中央的要求，切实把农业和农村工作放在一切经济工作的首位，加强领导并给予支持；各级主要领导同志要亲自过问，亲自抓农业；要确保各级政府投入农业的资金到位。有关部门要一如既往地关心和支持农业，要把党中央、国务院有关支持农业和农村经济发展的一系列政策不折不扣地落到实处。农业部门要切实转变职能和观念，开阔思路，扩大眼界，开拓工作领域，强化调控工作，既要抓生产、管技术，又要抓改革、管政策；既要管产中，又要向两头延伸，逐步做到产、购、销的衔接。同时，要注意有关部门的配合，争取各方面对农业工作的支持。在工作作风上，要继续发扬农业部门真抓实干，深入基层，为农民办实事的精神，真正把心系九亿农民的口号变为一个个实实在在的行动。

会议于 5 日开始举行。

国务院总理李鹏在中南海紫光阁会见日本国副总理兼外务大臣羽田孜

国务院副总理兼外交部部长钱其琛在北京与日本副总理兼外交大臣羽田孜举行会谈

在谈及中日经贸关系时，钱其琛说：“1993 年中日经贸合作又有了新的进展。中方赞赏日本政府在推动两国经贸合作方面所采取的积极态度，同时也希望日方在缩小对华贸易顺差方面作出努力。当然，中方主张在扩大双方贸易过程中实现积极的平衡。钱其琛还强调，中日两国是近邻，在发展经贸关系方面有许多有利条件。当前，中国经济进入了持续、快速、健康的发展轨道，我们愿意同日方共同努力，使两国的互利合作在现有基础上进一步扩大。”

羽田孜重申继续积极支持恢复中国在关贸总协定中的缔约国地位。他说，“中国是一个十分重要的国家，复关很有必要，日本将在这方面同中国密切合作”。

两位外长还同意加强两国在环境保护领域里的合作，认为这对双方有益，同时对全球环境保护也是一个重要的贡献。双方赞成两国有关部门要加紧研究，争取早日签署中日环保协定。两国外长对发展中日文化交流持积极态度，认为这对增进相互了解有重要意义。双方一致认为，中日两国关系很好，为了使两国关系持续稳定地发展，双方要保持高层来往的势头。

在谈及朝鲜半岛核问题时，钱其琛说，我们对朝美协商最近取得的积极进展表示欢迎，希望有关各方珍视已经取得的进展，继续对话，以利于这一问题早日得到妥善解决。羽田孜对朝鲜半岛核问题协商取得的进展给予积极的评价，希望各方的对话继续下去。

在谈及台湾问题时，羽田孜重申：日本将坚持按日中联合声明的原则办事，日本不会发展同台湾的官方往来，日本的这一立场今后也不会发生变化，日本决不会支持两个中国的政策。

外交部副部长唐家璇、日本驻华大使参加会谈。会谈结束后，中日双方签署日方向中国提供赠款的三个文件，总额为1.25亿日元。这三个文件分别由文化部部长刘忠德、广播电影电视部部长艾知生同羽田孜签署。

印度副总统纳拉亚南在新德里会见中共中央政治局候补委员书记处书记温家宝及其率领的中国共产党代表团

中共中央总书记江泽民到北京仿真中心视察

上午，江泽民到坐落在中国航天工业总公司第二研究院内的北京仿真中心，了解处于中国高科技领域前沿的仿真技术发展情况，调查研究我国高科技发展问题，看望在第一线工作的科技人员。

江泽民希望仿真中心扩大应用范围，为社会更多的领域服务；各部门要互相协调，要充分利用现有设备，不要搞重复建设。并希望认真搞好管理。

1月9日

中联部发言人就1993年中国共产党与各国政党交往的新发展接受《人民日报》记者采访

日前，中共中央对外联络部发言人就1993年中国共产党与各国政党交往的新发展接受了《人民日报》记者采访，全文如下：

记者：首先请你扼要介绍一下党的对外工作的总的情况。

发言人：党的对外工作历来是党的工作的一个重要方面，是我国总体外交的重要组成部分。江总书记在十四大报告中强调："中国共产党重视同各国政党的关系。"十一届三中全会以来，根据形势的发展，党的对外工作的方针也作了相应的重大调整，确定主要宗旨是为我国现代化建设争取有利的国际环境，为世界和平与发展多做贡献；提倡广交朋友，在党际交往中不以意识形态的异同为条件，主张求同存异；合作内容和形式也从单纯政治交往发展为包括推动经济技术交流在内的多方面、多形式的合作。这样，党的对外工作就大大拓宽了工作面，逐步扩大同世界各类政党和组织的接触与交往。我党正式确立了同各类政党建立党际关系的四项原则：独立自主、完全平等、互相尊重、互不干涉内部事务，并写入党章。随着中国建设事业取得举世瞩目的成就，世界各国政党出于不同的考虑，要求同我党建立和扩大交往与合作的趋势也在增强，我党与世界各类政党的交往日趋广泛和活跃。目前，我党同世界上100多个国家200多个政党保持着不同形式的联系，其中不仅有共产党，而且有社会党、社会民主党、工党，发达国家的其他政党，发展中国家的政党，等等。在广泛交往的基础上，我们特别重视发展同世界各国主要政党的关系。

记者：你对1993年国际形势，特别是各国政党形势有何评论？

发言人：1993年是世界进一步发生深刻变化的一年。我国同世界各国的关系有了新的发展，国际环境对我国更加有利。

在一年来世界发生的深刻变动中，不少国家政党的变化格外突出，对这些国家政局都产生了一定影响。西方有些国家曾经长期执政的大党在选举中失去执政地位，一些新党、小党则相继崛起；一些国家极右翼势力和地方分离主义有所抬头；在东欧和中亚一些国家，各种政治力量继续分化组合，政党力量呈现出错综复杂的局面。在过去的一年里，我党在新形势下与各国政党的关系有了新的发展。

记者：1993年中国共产党与周边国家政党的关系有什么进展？

发言人：中国共产党十分重视加强同各国政党特别是周边国家政党的关系。1993年，江泽民总书记和中央几位常委曾分别会见了一些重要的外国党的代表团。中共中央政治局常委胡锦涛同志曾率领我党政代表团参加朝鲜"祖国解放战争胜利40周年"庆祝活动，中共中央政治局委员、书记处书记丁关根同志率中共代表团访问了越南、老挝。1994年初，中共中央政治局候补委员、书记处书记温家宝同志率中共代表团出访印度、孟加拉国，并顺访新加坡。这些重要访问，进一步增进中国共产党同这些国家执政党之间的相互了解和友谊，对发展我国同这些周边的国家和人民之间的友好合作关系起到重要的推动作用。我们在继续保持同日本自民党、社会党等已有关系的同时，还同日本新党和新生党以及其他原先尚未建立关系的参政党进行了广泛接触。我们还新建立了同韩国民自党的交往。我党与蒙古执政党的友好关系也得到进一步发展。同印度等南亚、中亚各国政党的往来也有增加。孟加拉国执政党和最大的在野党的高级领导人 1993 年分别访华。迄今为止,我党同南亚各国的所有执政党和主要在野党都建立了关系。

记者:除了亚洲周边国家,你是否还可以介绍一下同拉丁美洲和非洲国家政党的交往情况?

发言人:发展中国家的政党普遍关注中国的改革开放和建设有中国特色社会主义的实践,有积极发展同中国共产党关系的良好愿望。拉丁美洲许多国家的主要政党和领袖人物相继访华,委内瑞拉新当选总统拉斐尔·卡尔德拉同我党领导人亲切会晤,并在友好访问西藏期间开始了他的竞选演说。墨西哥革命制度党领导人在访华时同我党领导人就如何治党、治国和共同关心的问题广泛交换了意见,交流了经验。拉美的一些未建交国,如洪都拉斯、萨尔瓦多、尼加拉瓜的重要政党和人士 1993 年也相继来访。中国人大代表团访问巴拉圭时,也受到了曾经访华的该国各政党朋友们的热情接待。坚持同这些未建交国家的执政党和重要在野党发展关系,无疑对推动国家关系产生了积极的影响。

我党同非洲国家发展党际交往由来已久,1993 年又同一些政党建立了新的联系。中国共产党同反对种族隔离、争取种族解放的政党和组织有着长期传统的友好关系。随着南非和平进程的发展,这种友好往来进一步增强。1993 年,非国大、南非共和泛非大的主要领导人都应邀访华,我党也两度派团出访南非。同时,我党同其他非洲国家的执政党、参政党、重要在野党 1993 年也都有友好的交往。

记者:据了解,近几年中国共产党的对外工作中充实了为经济建设服务的内容。这方面的工作 1993 年有哪些进展?

发言人:通过政党和群众团体的交往渠道,为国内有关经济部门和地区牵线搭桥,引进外资、技术和人才,直接为我国社会主义现代化建设服务,这的确是近些年我党开展对外交往的一个特点,并且在促进经贸和技术合作方面已经做了不少工作,取得了积极成果。同外国政党推荐的经济组织积极开展了经贸活动,受到各国政党的欢迎。通过政党渠道引进外资也初见成效。我们在安排有关省市党的领导同志出访时,也注意积极促进同有关国家建立经贸联系或合作。应有关政党或组织的邀请,我们还组织了几个团组,就中央与地方的关系、市场经济与宏观调控以及社会保障体系等问题分别赴有关国家进行专题研究,这也是我们直接为四化建设服务的一种尝试。

记者:同西方国家的政党关系如何?

发言人:坚持在党际交往中不以意识形态的异同为条件,这是新形势下中国共产党对外工作中的又一个重要特色。1993 年,在通过各种形式发展和改善与西方国家政党关系过程中,同德国、法国、英国的党际交往有了新的进展。与社会党国际和其他政党国际组织及其成员党的交往也趋于活跃。我们与德国北威州下属研究机构联合举办的"欧洲统一大市场与中国"研讨会,邀请了 10 多位欧共体和北威州的有关人士,围绕欧共体统一大市场对中国的机遇和挑战,以及反对贸易保护主义、产品质量和技术标准化、知识产权等问题同中国有关人士进行了广泛的开诚布公的讨论,对增进双方的了解和建立互惠的经贸合作关系起了积极作用。

记者:在政党交往方面,1993 年确实有了新的发展。希望你就一年来政党交往总的估价和今年的工作再向读者多说几句。

发言人:1993 年,党的对外工作以十四大精神为指针,始终注意从外交全局出发,突出了工作重点,收到了较好的效果。在以往已同各类政党建立广泛联系的基础上,又有 11 个国家 18 个政党同我党建立了新的关系。事实表明,中国共产党通过架设党际交往的桥梁,广交朋友,增进了解,发展友好合作,在国际事务中的影响不断扩大。

党的对外工作在新形势下之所以得到拓宽和发展,首先,是由于我国改革开放和经济发展取得了举世瞩目的巨大成就,引起世界各国政党的重视及同我党建立和扩大交往的兴趣和愿望。第二,中国共产党作为我国的执政党和领导党,在国内政治生活中的地位和作用举足轻重,各国政党都愿和我党进行接触交往,寻求合作。就我们党来说,历来重视党的对外工作,把党的对外交往看作是我国总体外交的一个重要组成部分。政党交往历来是国际交往的重要方面,尤其在世界格局大变动时期,许多国家的政党更希望通过党际交往就各种问题交换意见,交流经验,探讨合作。

可以预测,1994 年各种政治力量还将继续分化组合。色彩纷呈的世界为中国共产党的对外工作提供了更为广阔的活动空间。我们将一如既往地恪守独立自主、完全平等、互相尊重、互不干涉内部事务四项原则,更加广泛、深入地同各种政党加强联系,真诚合作,共同为世界的和平与繁荣,人类的进步与发展作出更大的贡献。

香港特别行政区筹委会预委会社会及保安专题小组在北京召开第二次会议

全国人民代表大会常务委员会香港特别行政区筹

备委员会预备工作委员会属下的社会及保安专题小组，1月9日至10日在北京召开第二次小组会议。

在为期两天的会议上，委员们讨论“以香港为永久居住地”的法定条件及1997年7月1日后香港居民的出入境自由问题。根据《香港特别行政区基本法》第二十四条第二款第(四)项的规定，非中国籍人士要成为香港特别行政区的永久性居民并在香港特别行政区享有居留权，必须同时具备3项条件：1. 持有效旅行证件进入香港；2. 在香港通常居住连续七年以上；3. 以香港为永久居住地。

委员们认为，非中国籍人士要做到“以香港为永久居住地”应具备主客观条件。这些条件需要在有关法律中加以明确界定。原则上应允许非中国籍人士采取简便易行的方法对“以香港为永久居住地”的有关条件加以确认。

《香港特别行政区基本法》第三十一条规定：“香港居民有在香港特别行政区境内迁徙的自由，有移民其他国家和地区的自由。香港居民有旅行和出入境的自由。有效证件的持有人，除非受到法律制止，可自由离开香港特别行政区，无需特别批准。”

委员们认为，与一些国家的宪法有关规定比较，香港基本法关于香港居民在1997年后出入境自由的规定，无论从内容和范围上讲，都是相当广泛的。对《香港特别行政区基本法》关于香港居民出入境自由的规定需加强宣传，以使广大香港居民了解。

国家主席江泽民在中南海会见日本内阁副总理兼外务大臣羽田孜

茅以升科技教育基金奖颁奖大会在清华大学举行

在茅以升教授诞辰98周年之际，汪闻韶等37位在科技、工程教育事业上取得优秀成就的工程技术人员、教育工作者和优秀学生，领取1993年度中国科技发展基金会茅以升科技教育基金奖。

李岚清副总理向大会发来贺信，雷洁琼、卢嘉锡、吴阶平及中科院、中组部、铁道部的有关领导参加颁奖大会。

中国男队在东京举行的世界青年乒乓球锦标赛获团体冠军

1月10日

国务院发出《关于进一步严格控制可用于生产化学武器的化工原料进出口的通知》

国务院副总理李岚清在浙江上海调查研究

中共中央政治局委员、国务院副总理李岚清近日在浙江、上海进行调查研究时反复强调，当前正处于一系列重大改革措施出台的关键阶段，必须精心组织，共同努力，确保顺利实施。

李岚清指出，今年经济方面一系列重大改革措施的出台，是向党的十四大确立的社会主义市场经济体制目标迈进的重要步骤。现在，我们要特别注意保持社会稳定，要平抑物价，进一步搞好反腐倡廉，控制固定资产投资规模，以减少风险，为加快改革创造良好的外部环境。

国家工商局等五部门就加强食盐市场管理问题发出通知

国家工商局、中国轻工总会、国内贸易部、卫生部、国家技术监督局日前发出通知，要求各地严格执行《盐业管理条例》和国家有关规定，加强对食盐产销的管理。对非法从事食盐生产、销售的要坚决取缔，坚决杜绝非食用盐冲销食盐市场，非加碘盐冲销碘缺乏地区。

碘缺乏病是严重危害人体健康、影响儿童智力发育的地方病，流行于我国大陆除上海市外的29个省、自治区、直辖市的1762个县，受威胁人口达4.25亿，占全世界的40%。

通知根据国家有关法规，对食盐生产、流通和管理等方面作了明确规定。主要有：对食盐产品实行生产许可证制度，对食盐批发业务实行经营许可证制度。现从事食盐生产、批发的单位，必须在1994年4月底前重新办理登记注册。对不符合规定的办理注销登记或变更登记。凡违反国家有关规定，从事食盐生产、批发、零售业务的单位和个人，必须停止经营活动。食盐零售单位和个体工商户必须从规定的渠道进货。从事食盐生产(含加工)和销售的单位，必须按照《产品质量法》的规定承担相应的产品质量责任，其食盐产品或食盐包装上的标识，应有产品质量检验合格证明，有中文产品名称、生产厂名和地址，标明产品规格、等级、所含主要成分的名称和含量等。

民航总局发出通知要求规范使用“中国民航”字样和徽志

印度总理拉奥在新德里会见中共中央政治局候补委员温家宝及其率领的中共代表团

解放军全军文艺工作会议在北京召开

总政治部主任于永波在会上讲话。会议以邓小平建设有中国特色社会主义理论为指导，认真研究解决在加快改革开放步伐,建立社会主义市场经济体制条件下军队文艺工作面临的新情况、新问题,并就如何繁荣军队文艺等问题进行认真讨论。

会议指出,军队文艺工作者要认真学习邓小平的文艺思想;要把握时代精神,大力弘扬主旋律;要重点抓好军事题材的创作演出;要加强文艺队伍建设;要丰富军营文艺生活,形成健康向上的文化环境。会议强调,要进一步认清形势,明确使命,团结鼓劲,开拓创新,弘扬主旋律,为社会和部队提供更多健康有益的精神食粮,推动军队文艺事业的发展和繁荣。

国务院发出《关于发布第三批国家重点风景名胜区名单的通知》

第三批国家重点风景名胜区名单已经国务院审定,现予发布。

风景名胜资源是不可再生的自然和文化遗产,保护工作是第一位的,只有在保护好资源的前提下,才能永续利用。地方各级人民政府要加强对风景名胜区工作的领导,搞好保护和利用的统一规划和管理,组织协调好有关部门的关系,保持风景名胜区内各单位的业务渠道不变,维护其合法权益。国务院各有关部门要密切配合,加强协作,促进风景名胜区各项工作的发展。

第三批国家重点风景名胜区名单(共 35 处)(略)

《博爱工程计划》开始实施

卫生部和国务院扶贫开发领导小组主办的"国家金奖"书画义卖活动,作为宏大的《博爱工程计划》中的第一项筹资项目,日前在北京拉开序幕。

卫生部在北京召开全国卫生系统进一步反腐倡廉纠正行业不正之风电话会议

卫生部于去年先后向全国卫生系统发出《关于严禁向患者收取红包的通知》和《关于坚决制止医疗卫生服务乱收费的通知》等文件,提倡建立"廉洁、高效、优质服务"的职业道德和敬业精神。

会议强调,今后要在卫生系统建立健全有效地防范不良行为和行业不正之风的监督约束机制,制定相应的激励机制;解决行业之风的深层次问题,努力使行业之风建设纳入法制化、规范化轨道,形成常态运行;进一步探索和深化医疗体制和医疗制度的改革。

《地震监测设施和地震观测环境保护条例》发布

第一章　总　则

第一条　为了保护地震监测设施及其观测环境,保障地震监测预报工作的顺利进行,制定本条例。

第二条　本条例所称地震监测设施,是指地震台(站)监测设施、地震遥测台网设施和其他地震监测设施。

本条例所称地震观测环境,是指保障地震监测设施得以正常发挥工作效能的周围各种因素的总体。

第三条　地震监测设施所在地的人民政府负有保护地震监测设施及其观测环境的责任。

第四条　县级以上人民政府管理地震工作的部门对地震监测设施及其观测环境的保护工作,负责监督、检查、指导和协调。

第五条　任何单位和个人都有保护地震监测设施及其观测环境的义务。

禁止任何单位或者个人危害、破坏地震监测设施及其观测环境。

任何单位或者个人对危害、破坏地震监测设施及其观测环境的行为,都有权检举、控告。

第六条　保护地震监测设施及其观测环境,应当尽量避免或者减少对国家、集体和个人造成损失。

第二章　保护范围

第七条　地震监测设施的保护范围:

(一)地震台(站)内的地震监测仪器设备、设施;

(二)地震台(站)外的观测用山洞、仪器房、观测井(水点)、井房、观测线路、通信设施、供电设施、供水设施、专用堤坝、专用道路、避雷装置,及其附属设施;

(三)地震遥测台网接收中心的观测设备、设施;

(四)地震遥测台网的中继站、遥测点观测用房、地震传输设备、供电设备,及其附属设施;

(五)地形变、地磁、重力、地电测线和测点的测量标志及其保护设施、测量场地以及专用道路等。

第八条　地震观测环境的保护范围,是指地震监测设施周围不能有影响其工作效能的干扰源的最小区域。

干扰源距地震监测设施的最小距离见附表一、附表二、附表三;未列入有关附表的铁路、电气化铁路、高压输电线、发电厂、建筑群、无线电发射装置等其他干扰源距地震监测设施的最小距离,由县级以上人民政府管理地震工作的部门会同有关部门通过现场实测确定。

第三章　保护措施

第九条　县级以上地方人民政府管理地震工作的部门应当将本行政区域内地震监测设施的分布地点及其观测环境的保护范围,通报同级公安机关和城乡规划部门。

第十条　新建或者扩建地震台(站)、地震遥测台网的规划和计划,县级以上地方人民政府管理地震工作的部门应当通报地震监测设施所在地同级城乡规划部门。

新建和扩建地震台(站)、地震遥测台网，应当征得建设地县级以上人民政府城乡规划部门同意，并按照国家有关地震台(站)观测规范的要求选址，避开各种干扰源。

第十一条 无人值守的地震台(站)、地震遥测台网以及其他地震监测设施，应当由拥有该监测设施的单位委托所在地乡级以上人民政府或者社会团体、企业事业单位负责保护。当事人双方应当签订《地震监测设施委托保管书》，明确各自的权利和义务。

第十二条 新建、改建、扩建建设工程，应当避免对地震观测环境造成妨害；确实无法避免而又必须建设的国家重点工程，建设单位在工程设计前应当征得县级以上人民政府管理地震工作的部门同意，并采取下列措施：

(一)增建抗干扰工程，确保地震监测设施发挥正常工作效能。所增加的工程建设费用由建设单位承担。

(二)拆迁地震监测设施。由地震监测设施使用单位负责办理拆迁手续，建设单位承担拆迁、新建地震监测设施的全部费用。在新的地震台(站)、地震遥测台网正常开展工作满一年后，原地震台(站)、地震遥测台网方可拆除；因建设国家重点工程，确需提前拆除地震台(站)、地震遥测台网的，应当由建设单位报请国务院管理地震工作的部门批准。

第十三条 禁止下列危害、破坏地震台(站)监测设施及其观测环境的行为：

(一)进入地震台(站)进行影响地震监测工作的活动，或者拆除、损坏地震台(站)建筑、设备、设施；

(二)在地震台(站)的观测环境保护范围内进行爆破、采石、设置振动设施或者堆放金属物品；

(三)在地电布极区埋设金属管道、修建变电所以及切断、损坏观测线路和地下设施；

(四)破坏、污染观测井(水点)；

(五)在地形变和地磁的观测墩至观测标志之间以及在观测标志周围设置有碍测量的障碍物；

(六)在地震观测环境保护范围内设置高频电磁辐射装置，影响地震台(站)监测设施工作效能；

(七)危害、破坏地震台(站)监测设施及其观测环境的其他行为。

第十四条 禁止下列危害、破坏地震遥测台网设施及其观测环境的行为：

(一)拆毁、损害地震传输设备和附属设施或者在距其10米范围内挖掘土石；

(二)移动、损坏观测线路；

(三)在距超高频天线接收端前方250米范围内种植成片林木、堆放金属物品；

(四)在距地震传输设备250米范围内点火烧荒；

(五)危害、破坏地震遥测台网设施及其观测环境的其他行为。

第十五条 禁止擅自移动、损毁地震测量标志或者在距地震测量标志50米范围内施工以及进行可能妨害其工作效能的其他活动。

第十六条 用于地震监测的通信网络和电力线路设施的保护，按照国家有关规定执行。

第四章 奖励与处罚

第十七条 对下列单位和个人，由县级以上人民政府或者其管理地震工作的部门给予奖励：

(一)严格执行本条例，为保护地震监测设施及其观测环境，作出显著成绩的；

(二)对破坏、哄抢、盗窃地震监测设施的行为检举有功的；

(三)制止破坏、哄抢、盗窃地震监测设施的行为，防止事故发生的。

第十八条 对违反本条例第十二条、第十三条、第十四条、第十五条规定的，地震监测设施所在地县级以上人民政府或者其管理地震工作的部门有权制止，并责令限期改正；造成损失的，应当承担赔偿责任；对有关责任人员，由其所在单位或者上级机关给予行政处分。

违反本条例的规定，构成违反治安管理行为的，由公安机关依照《中华人民共和国治安管理处罚条例》的有关规定处罚；构成犯罪的，依法追究刑事责任。

第十九条 当事人对行政处罚决定不服的，可以依法申请复议或者提起行政诉讼。当事人逾期不申请复议，也不提起行政诉讼，又不履行处罚决定的，作出处罚决定的机关可以申请人民法院强制执行。

第五章 附则

第二十条 本条例由国务院管理地震工作的部门负责解释。

第二十一条 本条例自发布之日起施行。一九七九年经国务院批准、由国家地震局发布的《国家地震局关于保护地震台站观测环境的暂行规定》同时废止。

1月11日

国务院作出《关于进一步深化对外贸易体制改革的决定》

为了贯彻党的十四届三中全会的决定，适应建立社会主义市场经济体制的需要，在金融、财税、投资、外汇等重点领域进行重大改革的同时，必须进一步深化对外贸易体制改革。

我国外贸体制改革的目标是：统一政策、放开经营、平等竞争、自负盈亏、工贸结合、推行代理制，建立适应国际经济通行规则的运行机制。

一、改革外汇管理体制，促进对外贸易发展

改革外汇管理体制是创造外贸平等竞争环境，深化外贸体制改革的一项重要措施。这对我国与国际经济接轨，进一步对外开放，推动对外贸易持续发展具有重要意义。根据国务院决定，从一九九四年一月一日起，国家实行新的外汇管理体制，实行以市场供求为基础的、单一的、有管理的人民币浮动汇率制；建立银行间外汇交易市场，改进汇率形成机制，保持合理及相对稳定的人民币汇率；实行外汇收入结汇制，取消现行的各类外汇留成、上缴和额度管理制度；实行银行售汇制，实现人民币在经常项目下有条件可兑换；对向境外投资、贷款、捐款等汇出继续实行审批制度。外商投资企业的外汇管理仍先按现行办法进行。

为保障进出口企业（包括除外商投资企业以外的所有有进出口经营权的企业，下同）出口用汇，作为一项过渡措施，改革初期对出口企业按结汇额的百分之五十在外汇指定银行设立台账。出口企业出口所需用汇及贸易从属费，凭规定的有效凭证，由银行在其台账余额内办理兑付。出口企业超过台账余额的用汇，仍可按照国家规定的办法，持有效凭证到外汇指定银行办理兑付。

二、运用法律、经济手段，完善外贸宏观管理

国家主要运用法律、经济手段调节对外贸易活动，使对外贸易按客观经济规律运行，充分利用国际国内两个市场、两种资源，优化资源配置。

加快完善外贸立法，依法管理。《中华人民共和国对外贸易法（草案）》经全国人大常委会审议通过后，要抓紧制定相关的法规、规章，争取尽快建成比较完善的外贸法律体系。所有外贸管理部门和进出口企业都要增强法制观念，严格依法管理和经营。

国家不再给各省、自治区、直辖市及计划单列市和进出口企业下达外贸承包指令性计划指标，对进出口总额、出口收汇和进口用汇实行指导性计划管理，对企业的经营目标进行引导。对少数重要的进出口商品实行配额控制，协调平衡内外销关系。

国家继续采取鼓励出口的政策措施，促进出口增长。完善出口退税制度，退税既要做到足额及时，简化手续，又要继续采取有力措施，有效防止骗税，严厉打击骗税的不法行为。对机电产品出口，继续给予扶持、鼓励。大力推动贸工技结合，加快科技成果转化，优化出口商品结构。设立出口商品发展基金和风险基金，主要用于少数国际市场价格波动较大的商品以丰补歉，开发新商品、促进现有出口商品的更新换代，开拓新市场等。实行有利于外贸出口发展的信贷政策，银行对各类外贸企业出口贷款应按照信贷原则予以优先安排，贷款规模的增长与出口的增长保持同步。设立中国进出口信贷银行，为机电产品、成套设备等资本货物进出口提供政策性金融支持。上述鼓励出口的具体政策措施，由外经贸部等有关部门另行制定。

继续拓展目前业已形成的专业外贸企业、有外贸经营权的生产企业和科研单位以及商业物资企业、外商投资企业共同推动进出口贸易的格局，加快授予具备条件的国有生产企业、科研单位、商业物资企业外贸经营权。进一步贯彻落实国务院关于促进生产企业自营进出口工作的有关规定，鼓励和扶持这些获得进出口自营权的企业积极从事出口经营，增加出口创汇。继续鼓励外商投资企业发展出口。

发挥进口对国民经济发展的促进作用，改革和完善进口管理，主要运用经济和法律手段，同时辅之以必要的行政手段，保持进出口基本平衡。按产业政策调整关税税率，引导进口商品结构的适时调整。为促进国内产业发展，按照关贸总协定的规则对幼稚产业实行适度保护。当出现国外进口商品以补贴或低价倾销方式抢占我国市场，并对国内生产和就业造成损害或构成威胁时，国家可采取必要措施，减轻或消除这些不利影响。在国际收支出现较大逆差时，依照国际惯例，采取临时限制进口的措施。对某些重要进口商品实行必要的配额、许可证管理。逐步降低关税总水平，禁止非政策性减免税。对需依法进行检验的某些进口商品，要采用先进的检验设施，改进检验方法，方便进出。

对关系国计民生的、属于战略性资源的、国际市场垄断性强的或我国在国际市场处于主导地位的特别重要的少数进出口商品，组建联合公司联合经营，统一对外。其他进出口商品由有外贸经营权的公司放开经营。对少数实行数量限制的进出口商品的管理，按照效益、公正和公开的原则，实行配额招标、拍卖或规则化分配。有关法规、规章由外经贸部会同有关主管部门起草、制定，并监督实施。

建立一套比较完善的海外企业的管理办法。制定海外投资的导向政策；讲求规模投资效益，促进企业间的联合；海外企业应按照所在国（地区）法律进行经营，按国际通行做法建立严格的财务申报和审计制度。外经贸主管部门要协助银行和外汇管理等部门加强跟踪结汇等项管理，坚决禁止国内企业利用海外企业逃汇、套汇。我国驻外使领馆经济和商务机构要加强对海外企业的指导、管理、协调、监督。

加强规划、信息服务和监测、预测工作。加快外贸管理部门和海关、外汇、财政、税务等相关部门的计算机联网建设步伐。各部门要在先搞好本系统联网的基

础上，实现全国的联网。

三、转换外贸企业经营机制，逐步建立现代企业制度

按照现代企业制度改组国有专业外贸企业，使其成为真正自主经营、自负盈亏、自我发展、自我约束的经营主体，加强凝聚力，充分发挥企业和职工的积极性，不断扩大进出口贸易，保证国有资产的保值和增值，增强企业实力。同时要加强企业管理和完善企业考核办法，以此引导对外贸易健康发展。

外贸企业要加快转换经营机制，由国家计划的单纯执行者真正转变为国家宏观政策指导下的进出口商品经营者；从单纯追求创汇指标转变为在坚持经济效益的基础上，实行一业为主，多种经营，努力扩大出口创汇；坚持“以质取胜”，多元化开拓市场；走实业化、集团化、国际化经营的发展道路；积极推行进出口代理制，转变经营作风，搞好代理服务。

所有进出口企业均有为国家创汇的责任，必须努力增加出口创汇，并依法纳税。专业外贸企业职工工资收入与出口收汇和经济效益挂钩，但也要防止与其他行业收入过分悬殊，以保持分配的公正、合理。具体办法由外经贸部商财政部、劳动部制定。

具备条件的专业外贸企业经批准可以改组为规范化的有限责任公司或股份有限公司，允许吸收法人股、职工内部少量持股(不上市的公司在试点期职工股以不超过百分之十为限)。对允许职工少量持职工股的办法，要十分慎重，由外经贸部批准选择少量企业经过试点，取得经验再决定是否推广。具体试点办法由外经贸部商有关部门制定。少数股份公司，按规定经过严格审查批准后，也可成为上市的股份有限公司。鼓励专业外贸企业与非外贸企业发挥各自优势，合资联营，共同开拓国际市场。推动专业外贸企业、生产企业和科研院所在平等互利的基础上，通过投资、参股、联合开发、联合生产、联合经营等方式，形成一批以贸易为龙头、贸工农技相结合的或以生产科研企业为核心的工贸技一体化的大型企业集团。

在进一步扩大专业外贸企业的自主权，搞活企业经营的同时，可在国有大中型专业外贸企业设立监事会，对企业国有资产的增值和经营状况进行监督、稽核，防止企业决策失误。监事会不干预企业的正常经营活动。

四、强化进出口商会的协调服务职能，完善外贸经营的协调服务机制

充分发挥进出口商会在外贸经营活动中的协调指导、咨询服务作用。进出口商会是经政府批准，由从事进出口贸易的各类型企业依法联合成立的行使行业协调、为企业服务的自律性组织。进出口商会应当遵守法律、行政法规，依照章程对其会员的进出口经营活动进行协调指导，提供咨询服务，积极开展对外贸易促进活动。其主要职责是：维护进出口经营秩序和会员企业的利益；组织对国外反倾销的应诉；为会员企业提供信息和咨询服务；调解会员之间的贸易纠纷；向政府反映企业的要求和意见，并对政府制定政策提出建议；监督和指导会员企业守法经营；根据政府主管部门的授权，参与组织进出口商品配额招标的实施；参与组织出口交易会、出国展览会；对外开展业务交流与联络，进行市场调研；向政府有关执法部门建议或直接根据同行协议规定，采取措施惩治违反协调规定的企业；履行政府委托或根据会员企业要求赋予的其他职责。

要在现有进出口商会基础上，按主要经营商品分类改组建立全国统一的各行业进出口商会。有外贸经营权的企业(包括外商投资企业)均应服从进出口商会协调。商会的经费可参照国际通行作法自行解决。进出口商会不得兼营进出口业务。外经贸部等政府部门对进出口商会的工作要给予积极支持和指导，同时对进出口商会的工作进行监督、检查。

建立社会的中介服务体系。发挥各研究咨询机构和各学会、协会的信息服务功能，形成全国健全的信息服务网络。建立必要的法律、会计、审计事务所，为企业提供有关外经贸方面的服务，并对企业的经营进行社会监督。

外贸行政主管部门要制定一系列维护正常经营秩序和查处违法经营的制度和措施。

五、保持外贸政策的统一性，增强外贸管理的透明度

全国实行统一的对外贸易制度和政策，是建立全国统一大市场的客观要求，也是国际贸易规范之一。为此，必须确保我国对外贸易制度的统一性，统一对外贸易立法和法律实施，统一管理对外贸易，对外统一承担国际义务。凡涉及对外贸易的全国性的法规、政策，国务院授权外经贸部统一对外公布。

目前地区间实行的涉及对外贸易方面的不同政策，要逐步统一规范。各类进出口企业均应逐步实行统一的外贸政策。

凡不涉及国家安全、商业秘密的各项外经贸法规、政策及对外服务的有关规定均应予以公布。过去制定的有关文件，凡继续有效的，也要予以公布，增强透明度。

各级地方人民政府、国务院各部门要继续加强对外贸工作的领导，支持进出口企业适应新形势，做好有关的各项工作，并协调解决好改革中出现的新问题。

全国农业综合开发会议在北京举行

会上传达国务院副总理朱镕基要求各地扎实工

作，努力把中央关于农村工作的方针贯彻落实到农业综合开发中去的意见。

国务委员陈俊生在会上强调指出，今年是我国深化改革关键的一年，国务院先后出台税制、金融、投资、外贸体制等一系列改革措施，这是建立社会主义市场经济体制的重要步骤，而农业综合开发与改革有着直接的联系，是保证改革顺利进行的一项重要工作，因此，农业综合开发工作要紧紧围绕这个大局，努力做好工作，多生产粮、棉、油、肉、菜，稳定和丰富市场供应，为改革措施顺利实施创造更好的物质基础。

陈俊生强调，今后要增加农业综合开发的资金投入，包括农林特产税比上年超收部分，要大部分用于农业综合开发；中央财政投资要随着中央财政状况的好转而逐步增加；多利用世界银行贷款；银行贷款规模要在原有的基础上逐年增加；政策性农业银行的投入只能加强，不能因改革而取消或减少农业综合开发贷款指标。他要求各地动员和组织农民增加综合开发的投入，利用剩余劳动力，开展农田基础建设事业。同时，各级政府要科学、规范开发项目的管理，切实提高开发效益。

国家副主席荣毅仁在人民大会堂会见美国参议院印第安人事务委员会主席民主党参议员李硕

国务院副总理李岚清在北京分别会见科威特海湾战争损失赔偿评估委员会主席阿卜杜·拉赫曼·侯特和美国参议院印第安人事务委员会主席民主党参议员李硕

全国人大常委会副委员长李沛瑶在人民大会堂会见美国参议员参院外委会成员约翰·克里

新加坡内阁资政李光耀在新加坡会见中央军委副主席刘华清

外交部部长钱其琛同埃塞俄比亚外交部部长塞尤姆·梅斯芬在斯亚贝巴举行会谈

双方对所讨论的问题取得广泛的一致。

梅斯芬在会谈中表示，埃塞俄比亚与中国关系很好，它在实现民族团结和发展经济中得到中国的支持与合作。埃塞俄比亚高兴地看到中国经济取得巨大成功，这对埃塞俄比亚是很大的鼓舞。

钱其琛说，中国与埃塞俄比亚都是发展中国家，对当前国际和地区问题有相同或近似的看法。中国珍视两国间的传统友谊，愿在和平共处五项原则基础上与埃塞俄比亚共同努力，将两国友好合作关系推进到一个新的水平。

中国和马来西亚科技合作混合委员会首次会议在吉隆坡结束

中国政府代表团团长、国家科委副主任邓楠和马来西亚科技环境部副部长陈华贵分别代表两国政府在会议纪要上签字。

马来西亚科技环境部部长刘贤镇在会议结束后举行的记者招待会上说，马中双方在会上共提出 25 个合作项目，其中包括微电子和计算机、机床、塑料与陶瓷、核技术、初级产品、计量、金属、气象、科学中心、遥感、化学、医学、海洋资源保护等。他说，为落实这些项目，双方将互派科技人员进行实地考察。

邓楠在记者招待会上说，列入纪要的合作项目，是双方共同关心并具有优势的项目，范围很广；更重要的是，它体现了非常友好的中马关系。

中马两国于 1992 年签订科技合作备忘录。

双方商定，混委会下次会议于 1995 年在北京举行。

全国教育系统邓小平建设有中国特色社会主义理论研究中心在北京成立

国家教委在北京召开 1994 年全国教育工作电话会议

台湾海基会举行酒会欢迎中央新闻单位负责人赴台访问团

台湾海基会名誉董事长孙运璇出席酒会。海基会董事长辜振甫在酒会上致欢迎辞时说，海峡两岸的交流和互访一天比一天多，这对增进两岸的相互了解有重要意义。中央新闻单位负责人赴台访问团团长南振中在致答词时对台湾海基会促成此次参观访问表示感谢，并希望台湾新闻媒介负责人能早日访问北京。代表团副团长余焕春、徐光春在酒会上接受台湾记者的采访。

到达台北的新华社访台代表团也应邀参加酒会。

王军霞获 1993 年欧文斯奖中国运动员首次获此殊荣

海协会再次致函台湾海基会希望促成林丽韫赴台奔丧探亲

全国人大华侨委员会副主任委员、海协顾问林丽韫为台湾省籍人士，其在台唯一的姑母于不久前逝世，林丽韫要求赴台奔丧。海协两次致函海基会，要求台

湾方面准其赴台。但台湾有关方面竟以所谓不符合“现行规定”为由不准其入台。为此,海协再次致函海基会,指出:

海协前函已将林女士赴台情由转述。林女士再度表示,离台53年,身为长房亲人,率弟为姑母奔丧,又欲送父亡灵安返故园与先人同在,再扫祖墓,以了悠悠半世纪怀念故土之情,理应通达成行。台湾有关方面拒绝赴台奔丧,实与情理有悖,希望重议。

海协希望海基会能与有关方面协调,促成林女士赴台奔丧、探亲。

1月12日

全国宗教局长会议在北京举行

全国各省、自治区、直辖市宗教部门及中央、国家机关有关方面负责人百余人出席会议。

国务委员司马义·艾买提在会上讲话。全国政协副主席、中共中央统战部部长王兆国及国务院副秘书长席德华等出席会议。国务院宗教局局长张声作作工作报告,副局长赤耐主持会议。

国务委员司马义·艾买提在全国宗教局长会议上发表题为《适应新形势的要求,开创宗教工作的新局面》的讲话

从上次全国宗教局长会议至今已整整两年。这两年,是我国改革开放和经济建设取得重大成就的两年,以邓小平同志南巡重要谈话和党的十四大为标志,我国改革开放进入了一个新阶段。各族人民在中国共产党的领导下,坚持党的基本路线,贯彻邓小平同志建设有中国特色社会主义理论,朝着建立社会主义市场经济体制的目标迈出了重要步伐。今日的中华大地,经济建设蓬蓬勃勃,政治稳定,各民族和睦团结,各项社会事业都取得了令人瞩目的成就。我国各族人民正满怀信心向着小康目标奋勇前进。这两年来,我国宗教工作战线认真贯彻党和国家有关的宗教政策、法规,贯彻全国宗教工作会议精神,引导宗教与社会主义社会相适应,做了大量的、卓有成效的工作,取得了多方面的成就。在这里,我向奋斗在宗教工作战线的同志们表示崇高的敬意。

为了国家的强盛,民族的振兴,我们必须抓住机遇,乘胜前进,加快发展。一九九四年是我国改革开放和经济建设至关重要的一年,在建立社会主义市场经济体制方面已经、还将推出一系列改革措施,摆在全党、全国各族人民面前的任务极为繁重。为确保各项政策措施的顺利实施,为了促进社会主义市场经济体制的建立,为了争取改革和建设事业新的更大成就,我们需要调动一切积极因素,需要团结一切可以团结的力量,需要有安定团结的社会环境。而这一切都要求我们加强宗教工作,并努力在新形势下把宗教工作做得更好。今年宗教工作总的要求是:认真学习贯彻邓小平同志建设有中国特色社会主义理论,继续贯彻落实一九九一年《中共中央、国务院关于进一步做好宗教工作若干问题的通知》,执行好党的宗教政策,依法加强对宗教事务的管理,巩固、扩大与宗教界的爱国统一战线,防范和打击敌对势力利用宗教进行的破坏活动,使宗教工作更好地为社会稳定服务,为改革开放和经济建设服务,为建设有中国特色的社会主义服务。

一、充分认识新的形势下做好宗教工作的重要性

党的十四届三中全会指出:在当前的改革中,“必须从整体上处理好改革、发展和稳定的关系”。继续保持和发展社会稳定、民族团结局面,最大限度地调动各族人民群众的积极性,对我国的改革开放和现代化建设事业的成功至关重要。在我国,宗教至今影响着数以千万计的群众,在社会生活中有着不容忽视的影响。正确处理宗教问题,做好宗教工作,不仅对建设有中国特色社会主义的伟大事业具有重要意义,而且也是建设有中国特色社会主义的应有之义。

江泽民同志在一九九三年十一月召开的全国统战工作会议上指出:民族、宗教无小事。这是对国内外经验教训的深刻总结,是对全党同志的重要告诫。东欧的演变和苏联的解体,当今世界一些地区因民族、宗教冲突导致的社会动荡,可以使我们从中得到许多警示。我国的宗教问题有着自己的特点,但对宗教问题处理是否得当,对社会主义事业有着很大影响,这一点是显而易见的,并已在实践中一再被证明。

宗教是一种社会历史现象。在我国社会主义历史时期,宗教在一部分人中的影响将长期存在,并在社会生活中发生作用,这不依任何人的意志为转移。因此,我们对待和处理宗教问题,要尊重客观规律,要有长远的眼光,树立长期工作的观念。我国实行政教分离,既不用行政力量去消灭宗教,也不用行政力量去发展宗教。我们是唯物主义者,不能用唯心主义的态度和形而上学的方法去处理纷繁复杂的社会问题。如果凭着我们的一厢情愿,凭着我们的主观意志和个人好恶去对待宗教问题,就会犯主观主义的错误。不从我国国情出发,不从实际出发,超越我国社会发展阶段,试图用行政的手段去解决我国的宗教问题,具有极大的危害性,也是行不通的,这方面我们是有过深刻教训的。同样,如果我们无视宗教现象,不运用正确的政策、法规去加以引导和管理,放任自流,也是极其有害的。我们要通过执行宗教信仰自由政策,团结宗教界人士和广大信教群众,激发他们建设祖国的热情和积极性,引

导宗教与社会主义社会相适应。李鹏总理讲过，宗教工作要有一个长期的积累，既急不得，也松不得。这句话是实践的总结，包含着深刻的哲理。

宗教问题是一个复杂的社会问题。在我国，宗教方面的矛盾基本上是人民内部矛盾，但受国际因素和国内一定范围内阶级斗争的影响，两类不同性质的矛盾有时相互交错，有些坏人利用宗教蒙骗群众，进行反对党和政府、破坏社会安定、分裂祖国统一和其他刑事犯罪活动。宗教内部、宗教与社会各方面之间，因具体利益不同，也会发生矛盾和纠纷，甚至引发重大事端，处理不当会严重影响社会安定。随着我国对外交往的日益扩大，宗教方面的交流也大量增加了，这有其积极的一面，但国际敌对势力也一直利用宗教对我进行渗透活动，意在利用宗教实现其政治图谋。宗教问题的这种复杂性，决定了宗教工作的艰巨性、长期性。

二、注意研究解决新情况、新问题

我国社会正处在伟大的变革之中，经济体制改革是一场涉及经济基础和上层建筑许多领域的深刻革命。我们必须认真地研究和解决新形势下宗教工作面临的新情况和新问题。

改革开放带来的社会各方面的巨大变化，带来的人的精神面貌焕然一新，这为做好宗教工作提供了有利的社会环境。改革开放所创造的巨大的物质财富，所获得的社会进步，可以使人民群众进一步坚定社会主义信念，增强爱国主义热情，从而更紧密地团结在社会主义旗帜下，一起为共同的目标而努力奋斗。改革开放所取得的成就，为我们进一步加强宗教工作提供了更多的工作手段，包括物质条件、信息手段等等。改革开放增强了我国的综合国力，提高了我国的国际地位，使我们能更有力地坚持宗教上的“三自”方针，有效地抵制西方敌对势力利用宗教对我国进行的颠覆渗透活动。改革开放带来了人们观念的变化，这就有可能使人们在提高物质生活水平的同时，逐步对宗教有一个正确的认识。这些，都有利于我们做好宗教工作。

当然，我们也必须清醒地看到，在新形势下，宗教工作面临着许多新情况、新问题，以下几个方面的问题我们应当有充分的认识。

第一，由于宗教属于意识形态范畴，且具有广泛的影响，加之像邓小平同志所说那样，过去思想教育上存在失误。近几年，在一些地方，宗教呈发展的趋势，一些人的宗教意识增强，信教的群众也明显增多，一些地方出现宗教狂热现象，这增加了我们的工作量和工作难度。

第二，由于信教群众素质不一，如果管理跟不上，就可能会出现违法活动，甚至会酿成激烈的冲突。从一些地区的情况来看，这方面的问题仍然存在，并且有发展的趋势。利用宗教干涉行政、司法、教育、婚姻的现象时有发生，有的地方早已废除的宗教特权死灰复燃。

第三，改革每前进一步，都会引起利益格局的变化，改革开放符合最广大的人民群众的利益，也符合最广大的信教群众的利益，但不可能每一个人同时、均等受益，有可能触动某些人的利益，触发某些矛盾。在这种情况下，有的人可能利用宗教与社会主义相对抗，衍生出破坏社会秩序、影响安定团结的活动。

第四，当前整个国际形势对我国的改革开放有利，我国的周边情况是建国以来最好的。但是，我们也不能不看到，世界并不安宁。做好宗教工作，与社会稳定关系密切。我们要坚决反对敌对势力利用民族、宗教问题干涉我国内政，甚至策动颠覆我人民民主专政的暴力活动。警惕世界一些地区激烈的民族宗教冲突可能对我国产生的影响。

第五，我国关于宗教方面的法律、法规还在建设的过程中，由于干部队伍的新老交替，有的同志对宗教工作重视不够，或法制观念不强，违反宗教政策、侵犯宗教界合法权益的事情如不能及时妥善处理，就可能引发一些矛盾，甚至造成对抗，影响社会的安定。

所以，对我们来讲，改革开放的任务很重，经济建设的任务很重，宗教工作的任务也很重。我们应在新形势下，努力开拓进取，把宗教工作做得更好，为我国社会主义市场经济体制的建立和完善创造有利条件。

三、坚定不移地贯彻执行好党的宗教政策

要做好宗教工作，必须像党的十四届三中全会指出的那样，认真贯彻党的宗教政策。我们党对宗教工作历来非常重视，宗教工作中的许多重要问题是由中央领导同志亲自处理的，我国的宗教政策已形成比较完整的体系。党的十一届三中全会以来，在建设有中国特色的社会主义的伟大事业中，我们党的宗教政策有了进一步发展，这比较集中地表现在一九八二年中共中央《关于我国社会主义时期宗教问题的基本观点和基本政策》的通知和一九九一年《中共中央、国务院关于进一步做好宗教工作若干问题的通知》中。党和国家领导人在有关的会议、调查研究中多次谈到宗教问题，阐述党的宗教政策，强调要做好宗教工作。十一届三中全会以来，我党关于宗教问题的思想理论和方针政策是建设有中国特色社会主义理论的一个组成部分，事实证明，它符合国情，深得人心，是正确的、成功的理论。我们在宗教工作中必须认认真真、扎扎实实地加以贯彻执行，这是做好宗教工作的基本保证。

认真贯彻执行党的宗教政策，必须全面、正确地理解政策的内容，在各项具体工作中严格按政策规定办事,处理问题。各地还应根据政策的原则精神和当地的具体情况,制定相应的实施办法,采取具体的措施,从而使政策得到更好的执行。

必须保持宗教政策的连续性和稳定性。我国社会正处在变革之中,特别在经济建设方面,许多政策在调整变化,这是完全必要的。但这决不意味着宗教政策也要变。宗教问题和宗教工作有自身的特点和规律,我国的宗教政策反映了这个特点和规律。也不能因为要认真执行党的经济政策、改革开放政策,就可以忽视对党的宗教政策的贯彻执行。或者把经济政策或其他政策同宗教政策对立起来,这都是不对的。当然,随着形势的发展变化,党的宗教政策也会不断发展充实,但其基本原则是不会改变的。

在执行宗教政策中,特别要注意处理好宗教问题中的人民内部矛盾。要提高政策观念,对发生的矛盾实事求是地确定其性质,凡属于人民内部矛盾的,都应当按照处理人民内部矛盾的方法,通过多做深入细致的思想工作,化解矛盾,除弊为利。同时要防止坏人推波助澜,激化矛盾。经验告诉我们,处理复杂敏感的宗教问题,一定要有敏锐的政治目光,善于透过复杂的现象抓住问题的本质,并通过恰当的方式,慎重、稳妥地加以解决。处理宗教方面的问题最忌简单化,不分青红皂白,简单地用行政手段甚至粗暴的手段去解决,后患无穷,不仅不能真正解决问题,还有可能会使我们失去群众的信任,使矛盾变得尖锐、复杂。但是,我们也不能因为宗教问题敏感复杂就缩手缩脚,不敢去碰,或者视而不见,绕道回避。这是对党的事业不负责任的表现。正因为宗教问题复杂敏感,我们要十分重视执行好政策,重视做好各个环节的工作,把问题尽量妥善地解决在萌芽状态,掌握工作的主动权。在处理宗教问题中,要注意发挥宗教上层人士的作用,同时也要求宗教爱国人士坚持原则,顾全大局,多做工作。

四、加强宗教法制建设

依法治国,是现代社会的重要特征。我国是社会主义国家,是重视法制的国家,做好宗教工作,必须加强法制建设,增强法制观念,依法对宗教事务进行管理。法律代表全国各族人民的共同意志和根本利益,是调整社会关系最基本、最有力的手段。在宗教工作中也必须重视法律的作用,依法办事。我国法律中关于宗教的原则规定,集中体现在《宪法》中。此外,我国一些重要法律中也有关于宗教问题的具体规定,专门的宗教行政法规正在制定之中,各地还制定了一些地方性法规,这些法规应得到切实的遵循。

依法管理就要求宗教活动的一切方面都纳入法制的轨道,宗教活动场所和宗教团体要依法登记并接受政府部门的管理和监督,宗教活动要依法进行,有关宗教的对外交往要依法办事,等等。

依法管理宗教必须十分重视保障信教群众的权利,保护宗教团体的合法权益。他们依法享有的权利,任何人不得侵犯。

依法加强对宗教事务的管理,也包括依法处理宗教方面的矛盾、纠纷,该劝阻的劝阻,该取缔的取缔,该禁止的禁止,构成犯罪的要依法打击。对那些利用宗教进行破坏活动的违法者,不管他是谁,不管来自何方,都应依法制裁。我这里要强调一下,对朝觐活动必须加强管理。正常的朝觐,政府是允许的,但必须做好组织管理工作,加强对朝觐人员的思想教育。要防止有人借朝觐之机进行分裂破坏活动,防止敌对势力利用朝觐对我进行渗透。

要加强宗教立法工作。国务院有关的行政法规正在送审之中,地方也可继续制定和完善地方性的法规。要搞好宗教法规的规划,通过若干年的努力,基本形成宗教方面的法规体系和执法监督机制。加强宗教法制宣传,使人们强化法制观念,知法守法。

在依法保障人民宗教信仰自由的同时,必须重视马克思主义宗教观的宣传。宗教信仰是个人的私事,我们充分尊重群众自己的选择,不能加以干预,并要保障信教群众宗教信仰自由。但这并不妨碍对马克思主义宗教观的宣传,应通过客观的宣传,使人们能正确地认识和对待宗教。当然,这种宣传一定要讲场合、讲对象、讲方法、讲实效。

五、进一步增进团结

在宗教工作中,必须十分重视做好团结工作。我们宗教工作的一项很重要的任务,就是团结信教与不信教群众,在政治上目标一致,在信仰上相互尊重,共同建设社会主义现代化国家。从整体情况来看,团结的情况是好的,但也存在一些不容忽视的问题。包括有的宗教的不同派别,互相争夺势力范围,互相排斥,甚至互相残杀,这是违背法律的,也是违反宗教教义的,所以,要十分重视做好维护团结的工作。信教群众与不信教群众要团结,信仰不同宗教的群众要团结,同一宗教内部也要团结,大家都在社会主义旗帜下,在根本利益一致的基础上,团结一心,共同进步,为建设现代化国家努力奋斗。

增强团结,在民族地区的宗教工作中显得尤为重要。在这里,我要特别讲一讲民族地区的宗教问题。近年来,民族地区的宗教工作形势总的是好的,但也存在隐患。突出表现在:极少数民族分裂主义分子利用宗教进行分裂破坏活动;涉及少数民族风俗习惯和宗教信仰而引发的事件在增多;有的宗教内部对立、争斗,酿成流血事件,有的因历史遗留问题演成影响社会安定的事件。这些必须引起我们的高度重视。我国有近二十个民族的大多数人信仰某种宗教，宗教在这些民族中的影响很深，这是我国宗教问题的一个特点。处理好民族地区的宗教问题，对国家的稳定和统一，对民族的团结和进步，都有着极其重要的意义。我们一定要重视和加强民族地区的宗教工作，大力进行宗教政策和马克思主义宗教观的教育，进行爱国主义和社会主义教育，进行遵纪守法和民族团结的教育，弘扬正气，使互相尊重、平等相待、团结合作成为良好的社会风气。要针对性地加强工作，讲究工作方法，把宗教活动纳入法律、法规和政策的范围，引导宗教界人士和广大信教群众把注意力集中到发展民族经济文化事业、促进民族团结和进步上来。

六、切实加强对宗教工作的领导

各级政府要关心、重视并认真做好宗教工作，列入重要的议事日程，进行指导、检查和督促，研究解决问题。各地对宗教工作是重视的，但在一些地方不重视宗教工作的现象还没有完全改变。主要是在平常工作中重视不够，出了问题再去抓，显得被动，并往往要付出比较大的代价。宗教方面出问题，一般有一个积累和发展的过程，如果我们不注意经常性的调查研究，及时发现苗头并妥善解决，就难免出问题。宗教方面一出问题，并形成一定气候，解决起来就有很大难度，不是一个行政命令就能奏效的，其后遗症要花很大的精力和很长的时间去治理。因此，我们各级政府都要从建设有中国特色社会主义伟大事业的高度去思考和处理宗教问题。根据新形势下的新情况、新问题，及时采取相应对策，使宗教工作沿着正确轨道前进。同时，要关心宗教工作部门的组织建设、思想建设和作风建设，并为他们的工作创造必要的物质条件。

做好新形势下的宗教工作，我们宗教工作部门责无旁贷。我们要认真学习邓小平同志建设有中国特色社会主义的理论，坚定地贯彻执行党的十四大精神和十四届三中全会精神，把党的基本路线贯穿到宗教工作的具体实践中去。当前，要认真学习江泽民总书记一九九三年十一月在全国统战工作会议上的讲话，以宗教工作者的使命感、责任感，创造性地开展工作。面对新形势，认真加强调查研究，真正了解实情，把握趋势，掌握工作的主动权。通过认真研究，把真实而重要的信息，合理而具体的建议，反映给党政领导和有关方面，真正发挥政府的参谋助手作用。

同志们！党中央、国务院对宗教工作的高度重视，对我们宗教工作部门和干部是一个巨大的鼓舞和鞭策。随着社会主义市场经济体制的逐步建立和改革开放事业的进一步发展，宗教工作任务也日益繁重，宗教工作只能加强，不能削弱。为适应形势发展的需要，进一步做好宗教工作，要搞好各级政府宗教工作部门的自身建设，一方面通过这次机构改革，切实转变职能，改进工作作风，建立起勤政高效、为政清廉的工作机制；另一方面，考虑到当前宗教工作机构的设置与所担负的任务不相适应的状况，需要继续健全和加强各级政府宗教工作部门，充实和加强宗教工作干部队伍。希望同志们充分认识到肩上担子的分量和使命的崇高，努力奋斗，知难而进，充分发挥自己的主动性、积极性，去开创我国宗教工作的新局面。

海协会第一届理事会第三次会议在北京举行

会议于 12 日至 13 日举行。在为期两天的会议中，全国政协副主席、中共中央台湾工作办公室主任、国务院台湾事务办公室主任王兆国到会讲话。海协会长汪道涵主持会议并讲话。这次会议审议并通过唐树备常务副会长所作的海峡两岸关系协会 1993 年会务工作报告，审议并通过副会长兼秘书长邹哲开关于聘请顾问报告和理事增免报告。理事会增聘中华全国工商业联合主席经叔平、中国国际贸易促进会会长郑鸿业为海协顾问。经叔平不再担任海协副会长。会议回顾海协去年的工作，研究了近期台湾局势和两岸关系发展，部署今年的工作。会议认为，1993 年是海峡两岸关系上有重要发展的一年，也是海协进行积极主动、富有成效工作的一年。王兆国和汪道涵在讲话中都充分肯定海协在过去一年里所取得的成绩：实现两岸授权民间团体负责人的首次会谈——“汪辜会谈”；积极推动两岸各项交流、交往；同时受委托与台湾当局授权的团体和人士就事务性问题进行商谈，取得重大进展，产生积极的影响；为推动两岸关系发展，促进祖国统一，做了大量卓有成效的工作。

会议认为，近几年台湾局势和两岸关系发生重大变化。在新的形势下，要继续坚决贯彻执行中央“和平统一、一国两制”的对台方针政策和江泽民总书记 1994 年元旦讲话精神，积极发展两岸关系，推进祖国和平统一进程。

会议要求在新的一年里，海协要在国务院台办的委托下，继续发挥民间团体的作用，推进两岸事务性议题和经济性议题的商谈，加强两岸的经贸合作，促进两岸关系的发展，并积极促成汪道涵会长和台湾海基会董事长辜振甫的第二次会晤早日顺利实现。

会议呼吁两岸同胞共同努力奋斗，为海峡两岸关系的进一步发展和祖国的和平统一大业作出贡献。

新华社香港分社邀请港事顾问就当前香港政治经济现状和未来发展走向举行专题座谈

新华社香港分社连日邀请港事顾问进行专题座谈。来自社会各界的顾问们就当前香港政治、经济现状和未来发展走向发表意见，指出加速进行后过渡期的各项准备工作，已经刻不容缓。

顾问们在座谈中认为，中国继续深化改革、经济蓬勃发展是香港得以保持繁荣稳定的可靠基础。如何保持香港稳定繁荣，并使政权顺利交接已经是摆在香港人面前最重要的课题。为此他们提出许多可供参考的意见，并在没有"直通车"的情况下，对有公信力和代表性的未来香港区政府筹委会预委会寄予厚望。

座谈中，香港分社副社长张浚生表示，中国政府绝不因为中英谈判的破裂而不遵守已有的原则，今后仍将严格执行中英联合声明，按照基本法规定以及中英双方达成的协议处理香港问题。

近四十位顾问分别参加政治、经济专题座谈。

中共中央政治局委员李铁映在贵州调查研究

李铁映于1月12日至15日到贵州调查研究，他先后深入到遵义、安顺、贵阳等地市的工厂、农村、粮库、开发区等基层单位了解情况，并与各地市和省委、省政府及有关部门负责人一起座谈。

李铁映指出，哪个地方的思想解放得好，哪个地方的改革就步子大、发展快。内陆省份要善于抓住机遇，发挥优势，深化改革，扩大开放，加快经济发展。他说，贵州虽然不沿江、不沿海、不沿边，但是，正如周恩来总理生前曾赞扬的那样，贵州山川秀丽，气候宜人，资源丰富，人民勤劳。贵州虽是唯一没有平原支撑的农业省，但是97%的山地丘陵蕴藏着丰厚的资源，要靠山吃山，靠山养山，努力做好"山"字这篇大文章。他对贵州丰富的矿产资源和能源资源，对贵州由典型的岩溶地貌秀丽风光和浓郁的民族风情构成的独特旅游资源表示极大的兴趣。在安顺蜡染总厂参观后，他对蜡染这一古老的少数民族手工绘染艺术给予高度评价，欣然题词："秦工汉艺花开千年，民族瑰宝艳惊人间。"他希望贵州的蜡染尽快形成绚丽多彩的系列产品，面向全国，走向世界。

在谈到粮食体制改革时，李铁映说，对粮食体制改革既要高度重视，又要十分谨慎，要作为一个重大课题进行研究。当前最重要的，一是要千方百计稳住粮价，二是要齐心协力确保今年粮食取得好收成。

国家经贸委副主任陈清泰就《公司法》颁布实施的有关问题答记者问

问：八届全国人大常委会第五次会议正式通过了《中华人民共和国公司法》。您认为《公司法》的颁布实施有何现实意义？

答：这是新中国的第一部《公司法》，是建立社会主义市场经济体制的一部重要法律。《公司法》的制定体现了党的十四届三中全会提出的改革决策与立法决策紧密结合，用法律引导、推进和保障改革顺利进行的精神。制定并实施这部法律就是为建立新型企业组织提供法律依据。

问：《公司法》对于建立社会主义市场经济体制有哪些作用？

答：主要体现在以下四个方面：

第一，有利于规范市场主体的组织行为，增强企业活力，深化企业改革，建立现代企业制度，形成良好的市场秩序。

第二，有利于加快转换企业经营机制的步伐；明晰产权关系，完善企业法人制度；保障资本的积聚和流通；维护公司、股东、债权人的合法权益；促进企业经营管理决策的科学化、民主化、法制化，从而使企业真正成为法人实体。

第三，有利于加快市场体系的培育和完善，规范市场交易行为，维护公平竞争秩序，从而更好地发挥市场机制在配置资源中的基础性作用。

第四，有利于促进政府转变职能，依法行政，真正实现政企分开，从而更好地运用法律手段进行宏观经济调控，促进国民经济持续、快速、健康发展与社会的全面进步。

问：《公司法》颁布后，如何组织好学习、宣传？

答：《公司法》颁布后，在7月1日正式施行前，首要的是组织好学习与宣传，真正领会其精神实质和熟悉具体条款。各级经贸委要采取多种形式深入学习、宣传，尤其是要组织好国有大中型企业领导人的学习。要广泛普及和宣传《公司法》的基本知识，把这项工作作为经贸系统"二五"普法的一项新的重要内容。

问：如何有效地贯彻落实《公司法》？

答：《公司法》的实施，是一项艰巨、复杂的工作，首先要在国务院的统一领导下有组织、有步骤地进行。国有企业依据《公司法》改建要注重实效，要经过试点，特别注意处理好转换经营机制与公司制改建的关系。国有企业只有合乎条件的，才可以逐步改建为公司，但须遵循一定的手续和程序，稳步推进，不具备条件的则不能设立或硬行改建为公司，更不能一哄而起，千万不要把这部好的"经"念歪了。总之，公司制度作为一种科学的企业组织形式，要真正发挥作用，就必须坚持规范化，坚持依法设立或改建公司。

问：您能否结合国家经贸委的职责，谈一谈如何具体实施《公司法》？

答：国家经贸委作为国务院管理国民经济的一个综合部门，有责任在国务院的统一部署下，在《公司法》的实施中发挥应有的作用。《公司法》是规范市场主体的最重要的一个法律，尚需有配套法规才便于执行。

要在抓好学习和宣传的基础上，经国务院授权会同有关部门抓紧制订相应的配套法规，不管是试点还是推行，都要有事前经过周密研究的配套法规作保障。贯彻实施好《公司法》，这是关系到企业改革和建立社会主义市场经济体制全局的一件大事，我们一定要积极而稳妥地办好这件大事。

问：在前不久召开的全国经贸工作会议上，国家经贸委提出了今年要搞"万千百十转机建制"规划，请问此项工作与《公司法》的贯彻实施有何关系？

答：我们提出并实施"万千百十转机建制"规划，是深化企业改革、建立现代企业制度的重要步骤和有益探索，总的目的是为了使企业进入市场，成为独立经营的竞争主体，实施"万千百十转机建制"规划与《公司法》的贯彻实施有着密切关系，在国有企业实行公司制的改建工作中，一定要严格依照《公司法》及其配套法规来进行。同时，还要把贯彻实施《公司法》与继续贯彻落实好《企业法》、《转机条例》有机地结合起来。

国家计委外经贸部颁布《一般商品进口配额管理暂行办法》

经国务院批准，国家计委、外经贸部日前颁布《一般商品进口配额管理暂行办法》，自 1994 年 1 月起施行。

《一般商品进口配额管理暂行办法》是根据我国改革开放、扩大对外贸易的需要，按照公开化、规范化原则制定的新的配额管理制度，对公开进口管理制度、规范进口秩序、指导进口将起积极作用，同时，也标志我国进口管理制度逐步与关贸总协定的有关规则接轨，并使国内外企业能及时了解我国有关贸易管理制度，更好地开展贸易往来。

按照这个办法，由国家计委及有关部门根据国家产业政策和行业发展规划，参照国际惯例，对尚需适量进口以调节市场供应，但过量进口会严重损害国内相关工业发展的商品和直接影响进口结构、产业结构调整的商品，以及危及国家外汇收支地位的进口商品，实行配额管理。同时颁布的还有包括原油、化纤原料、木材、橡胶、农药、化肥、酒等 26 种实行进口配额管理的一般商品目录。

国家主席江泽民在人民大会堂先后接受阿塞拜疆等三国首任和新任驻中国大使递交的国书

这几位大使是：阿塞拜疆共和国首任驻华大使塔梅尔兰·卡拉耶夫、西班牙新任驻华大使胡安·莱尼亚和孟加拉人民共和国新任驻华大使穆斯塔菲兹·拉赫曼。

埃塞俄比亚总理塔米拉特·莱内在亚的斯亚贝巴会见国务院副总理兼外交部部长钱其琛

埃塞俄比亚总统梅莱斯在亚的斯亚贝巴同国务院副总理兼外交部部长钱其琛举行会谈

梅莱斯对中国客人说，埃塞俄比亚遵循睦邻政策。

钱其琛对埃塞俄比亚为解决索马里冲突和维护本地区和平与稳定所作的努力表示赞赏。

钱其琛通报中国政府对索马里问题的原则立场。他说，中国政府对索马里问题十分关注。索马里问题的最后解决要靠索马里人民自己，国际社会的帮助是需要的，但是索马里问题的政治解决的关键是实现广泛的民族和解。

双方在会谈中还讨论进一步巩固和发展双边关系的途径。梅莱斯说，埃塞俄比亚欢迎中国企业家到埃塞俄比亚投资办企业。钱其琛说，中国政府将鼓励中国企业家加强同埃塞俄比亚企业家之间的往来与合作。

中国政府和法国政府发表联合公报

法兰西共和国总理爱德华·巴拉迪尔先生的特使雅克·弗里德曼先生于 1993 年 12 月 23 日至 28 日访问了北京。

雅克·弗里德曼先生受到李鹏总理和钱其琛副总理兼外长的接见，并与姜恩柱副外长举行了会谈。

经过会谈，双方达成以下结论：

双方认为，中法两国应在建交原则的基础上，恢复传统的友好合作关系。

中国方面重申了在台湾问题上的一贯原则立场。法国方面确认，法国政府承认中华人民共和国政府是中国的唯一合法政府，台湾是中国领土不可分割的一部分。

中国方面重申，向台湾出售任何武器都损害中国的主权、安全和统一，是中国政府坚决反对的。考虑到中方的关切，法国政府承诺今后不批准法国企业参与武装台湾。

中国政府和法国政府愿意加强政治磋商，举行定期会晤，发展两国间的经贸合作。中方表示，欢迎法国企业在中国市场上平等参与竞争。双方商定，法国总理爱德华·巴拉迪尔先生将于近期对中国进行正式访问。

中国政府与莱索托王国政府恢复两国大使级外交关系

中国政府与莱索托王国政府决定自今日起恢复两国大使级外交关系。两国政府代表于去年 12 月 30 日在肯尼亚首都内罗毕签署恢复外交关系的联合公报。

中国驻肯尼亚大使陈平初和莱索托驻肯尼亚高级专员米泽分别代表各自政府在联合公报上签字。公报全文如下：

中华人民共和国和莱索托王国

关于恢复外交关系的联合公报

一、中华人民共和国政府和莱索托王国政府根据相互尊重主权和领土完整、互不侵犯、互不干涉内政、平等互利、和平共处的原则，决定自1994年1月12日起恢复两国大使级外交关系。

二、中华人民共和国政府和莱索托王国政府同意互派大使，并为对方大使馆的重新工作提供方便。

三、中华人民共和国政府支持莱索托为维护国家主权和发展经济所作的努力。莱索托王国政府承认中华人民共和国政府为中国的唯一合法政府，台湾是中国领土不可分割的一部分。中华人民共和国政府对莱索托王国政府的上述立场表示赞赏。

莱索托于1983年与中国建立了外交关系。1990年4月莱又宣布与台湾“复交”，中国即宣布中止与莱的外交关系。

新加坡总理吴作栋在总统府会见中央军委副主席刘华清

新加坡总理吴作栋在首都新加坡会见最高人民法院院长任建新

双方就加强中新两国在司法仲裁方面的合作交换意见。

吴作栋说，两国司法界建立友好合作关系对推动经济科技文化等方面的合作有很大作用。

任建新说，随着中国和新加坡在经贸、科技、文化领域友好合作关系的不断发展，两国将加强在司法仲裁方面的合作。

中共中央政治局委员丁关根和全国人大常委会副委员长李沛瑶等前往老挝驻中国大使馆吊唁老挝人民革命党中央顾问前国家代主席富米·冯维希逝世

国家教委要求各地春节前全部兑现拖欠教师工资

中国选手在第二届世界青年乒乓球锦标赛中获男女团体青年组男女单打和少年组女子单打五项冠军

1月13日

国家主席江泽民根据全国人大常委会的决定任免驻外大使

一、免去朱应鹿的中华人民共和国驻阿拉伯埃及共和国特命全权大使职务。

任命杨福昌为中华人民共和国驻阿拉伯埃及共和国特命全权大使。

二、免去原焘的中华人民共和国驻西班牙特命全权大使职务。

任命宋国清为中华人民共和国驻西班牙特命全权大使。

三、免去沈允熬的中华人民共和国驻巴西联邦共和国特命全权大使职务。

任命原焘为中华人民共和国驻巴西联邦共和国特命全权大使。

新加坡内阁资政李光耀在新加坡会见最高人民法院院长任建新

外交部发言人吴建民就台湾“度假外交”等问题答记者问

有记者问：今年元旦前后，连战以“私人度假”名义访问了一些同中国建交的国家，台湾称之为“度假外交”。你对此有何评论？

吴建民指出，对与中国建交国同台湾进行民间性质的往来，我们历来不持异议。但是，最近有些与中国建交国同台湾之间的关系已经超出了这个范围。我们坚决反对与中国建交国同台湾进行任何形式的官方往来。

有记者问：1月12日，中法双方发表了两国政府的联合公报。你对中法关系的发展前景有何展望？

吴建民说：“中法建交30年来，在大部分时间里，两国在政治、经济等各个领域曾经进行了富有成效的合作。近年，法国前政府批准向台湾出售武器使中法关系受到严重的损害。我们认为，只要双方严格遵循建交原则和联合公报中阐述的有关原则，中法两国关系将能逐步得到改善和发展。”

中央军委主席江泽民在中南海怀仁堂会见出席全军文艺工作会议的代表和驻京部队专业文艺团体的代表

中央军委副主席张震以及中央军委委员迟浩田、张万年、于永波、傅全有等参加会见。

江泽民说，我们的文艺是人民文艺，是社会主义文艺。它的地位和作用十分重要。文艺工作做好了，就会为我们的改革和发展提供巨大的精神动力。因为它能够提高人民群众的精神境界、道德情操、审美能力，能够激励斗志、鼓舞士气，引导群众为振兴中华、建设美好未来而努力奋斗。会见前，江泽民同部分军队的老作家、老艺术家交谈，鼓励他们大胆创作，多出高质量的作品。

国务院中央军委批准成立《国防法》起草委员会并开始工作

西藏成立“珠穆朗玛”文学艺术基金会

民政部北京市人民政府在人民大会堂举行座谈会，交流《居委会组织法》贯彻落实情况

座谈会上，北京市海淀区、西城区、东城区、崇文区、朝阳区居委会、街道和民政部门的代表，就贯彻《居委会组织法》，推进规范化、制度化建设和开展社区服务、提高居委会工作整体水平等发表看法。

国务委员李贵鲜代表国务院向全国46万居委会干部表示感谢和慰问。他说，《居委会组织法》颁布实施4年来，我国城市居委会建设出现蓬勃发展的大好局面。实践证明，居委会是城市两个文明建设的一支重要力量，是城市稳定的基石，是党和政府工作的得力助手。

李贵鲜说，在建立社会主义市场经济体制过程中，居委会作为我国城市最基层的组织，担负着重要职责，发挥着重要作用。他希望各级政府切实重视城市基层组织建设，进一步贯彻落实《居委会组织法》，关心、支持居委会工作，为居委会干部做好工作创造条件。

铁道部在北京召开全国铁路治安综合治理工作电话会议

电话会议上，铁道部副部长国林提出把铁路治安综合治理工作推上一个新台阶的要求，强调要坚决刹住客车抢劫风，严厉打击拆盗铁路器材设备和盗窃运输物资犯罪，进一步整顿旅客列车和车站治安秩序，全路大多数旅客列车、车站治安秩序要有明显好转。

针对现在铁路治安秩序存在的问题，铁道部副部长国林提出1994年进一步开展围歼“车匪路霸”的斗争，重点是坚决刹住客车抢劫犯罪活动，打击犯罪分子的嚣张气焰。他要求铁路公安机关抽调精干警力，组织巡回打击小分队，对治安混乱的区段实行交叉和巡回打击，特别是打击流窜犯罪，打团伙，端窝点，除恶务尽，把确保旅客安全放在工作首位。

1月14日

中共中央台办国务院台办召开座谈会邀请从事对台工作的人员学习座谈《邓小平文选》第三卷

全国政协副主席，中共中央台办、国务院台办主任王兆国主持座谈会。他说，“一国两制”是马克思列宁主义在中国国情和时代特征下的具体运用，是党的实事求是思想路线的产物，是建设有中国特色的社会主义理论的重要组成部分。这些年来对台工作的重大进展，都是在邓小平思想的指导下取得的。党中央十分重视对台工作，江泽民总书记亲自挂帅领导对台工作。在新形势下，我们要继续认真学习和贯彻执行邓小平同志关于“和平统一、一国两制”的思想，要坚持一个中国的原则，坚决维护国家的主权和领土完整，反对任何形式的“两个中国”、“一中一台”和“台湾独立”。

海峡两岸关系协会会长汪道涵谈到，海协的宗旨是促进两岸交往，发展两岸关系，促进和平统一。这是邓小平关于“和平统一、一国两制”的思想的具体化。面临二十一世纪即将来临，两岸应加强经济合作，谋求互补互利，促进和平统一。长期在周总理身边工作的罗青长，以切身的经历，畅谈体会。他认为，邓小平“一国两制”构想是对毛主席、周总理等老一辈无产阶级革命家对台工作方针的继承和发展，是我们党指导对台工作的基本方针。多年从事对台工作的杨斯德说，“和平统一、一国两制”的构想，气度宏大，政策开明，内涵丰富，是非凡的创举。根据这个构想，已经成功地解决了港澳问题，也必将引导我们最终解决台湾问题，实现祖国统一。台盟中央主席蔡子民谈到，台湾人民具有光荣的爱国传统，他们的爱国情怀从未改变。“一国两制”既尊重两岸的现实，又符合台湾同胞当家作主的愿望，得到了广大台湾同胞越来越多的理解、支持和拥护。现在，岛内外有些人搞“两个中国”、“一中一台”，这是注定要失败的。

中纪委、监察部会同有关部门就贯彻执行《中共中央办公厅、国务院办公厅关于严禁用公费变相出国（境）旅游的通知》的有关问题发出文件

共青团中央发出《关于印发全国少工委〈跨世纪中国少年雏鹰行动〉的通知》

共青团各省、自治区、直辖市委，总政组织部，武警总部政治部，全国铁道团委，全国民航团委，中直机关团工委，中央国家机关团委，团中央机关各部门、各直属单位：

现将全国少工委《跨世纪中国少年雏鹰行动》（以下简称《雏鹰行动》）转发你们，这是全国少工委贯彻落实团中央十三届二中全会精神，实施《在建立社会主义市场经济体制进程中我国青年工作战略发展规划》有关“跨世纪青年人才工程”的重大举措，是中国少先队适应新时期少年教育工作需求，进一步加强少先队工作的重要突破口。

各级共青团组织要把实施《雏鹰行动》作为全团带队、落实“跨世纪青年人才工程”的一项重要内容，给予高度重视，切实加强领导，既注重发挥少先队组织的优势，又要积极争取当地教育行政部门的配合与支持。希望各地从本地区、本单位的实际出发，按照《雏鹰行动》的实施要求，先行抓好试点，认真总结经验，逐步推广和深化，并将好的作法与经验及时报全国少工委。

《跨世纪中国少年雏鹰行动》（略）

全国人大常委会委员长乔石接受《中华英才》半月刊杂志记者专访

中共中央政治局常委、全国人大常委会委员长乔石近日接受《中华英才》半月刊杂志记者采访。乔石说，建立社会主义市场经济体制是一项开创性的伟大事业。社会主义市场经济体制的建立和完善，必须有完备的法制规范和保障。

乔石说，从计划经济到市场经济的平稳过渡，在世界上还没有先例；如何建立社会主义市场经济的法律体系，同样没有现成的模式。这些都要靠我们去探索。党的十一届三中全会以来，全国人大及其常委会制定的法律和有关法律问题的决定达200多个。八届全国人大一次会议至今，已通过法律13件，有关法律问题的决定11件，今后将有一批重要法律陆续出台。这些法律的制定和实施，对于建立社会主义市场经济体制，起到了引导、规范、保障和约束的作用。但是，社会主义市场经济的法律体系包含的内容非常广泛，需要制定的法律很多，我们一定要搞好立法规划。就目前的情况看，全国人大及其常委会必须抓紧制订关于规范市场主体行为、维护市场经济秩序、完善宏观调控、健全社会保障等方面的法律。这些方面的立法，都是建立和完善社会主义市场经济体制所必需的。社会主义市场经济体制的建立和完善，必须有完备的法制来规范和保障。要以改革的精神加快经济立法，改变法律滞后的状况，使人们在市场经济条件下，知道允许做什么，不允许做什么；什么是合法的，什么是违法的，用法律引导、推进和保障改革的顺利进行，为社会主义市场经济提供法律依据。同时，要适时修改和废止与建立社会主义市场经济体制不相适应的法律和法规，这样才能保证市场经济法律体系的统一性和协调性。

在谈到立法工作当前突出的问题时，乔石说，制定社会主义市场经济的法律，必须以建设有中国特色社会主义的理论和党的十四大精神为指导，以宪法为依据，大胆探索，勇于实践，以改革的精神对待和解决立法中遇到的问题和难点。第一，立法要同改革开放进程相适应。我们要深刻领会邓小平同志讲的法律有比没有好，快搞比慢搞好的精神，加快经济立法步伐。一些应兴应革的事情，要尽可能先制定法律后行动，避免立法滞后于改革。第二，局部利益要服从国家整体利益。发展市场经济，必然要打破行政权力划分的传统格局。起草法律一定要从全局出发，从维护国家和人民的根本利益出发，避免不适当地强调局部的利益和权力。第三，立足于中国国情，大胆吸收和借鉴国外的有益经验。第四，搞好地方人大立法，抓紧制定有关市场经济方面的地方性法规。第五，更好地发挥专家在立法工作中的作用。邓小平同志早就说过，要多找一些各方面的专家参加立法工作。这个意见很重要。今后，无论哪个部门起草法律，都要吸收有关方面的专家参加起草工作。这样既可以把各方面的意见集中起来，做到集思广益，加快立法步伐，又有利于立法、司法和法制宣传教育等各方面干部队伍的建设。第六，在加快立法步伐的同时，注重提高立法质量。制定法律，要做深入的法理研究和反复论证；拟定条文，要尽可能明确、具体，便于操作，还要注意法律之间的衔接和配套。制定了法律，有的要抓紧制定实施细则，有的需要做好法律解释，同时加强法律实施情况的检查监督，使法律起到有效地保障和促进社会主义市场经济发展的作用。乔石指出，制定社会主义市场经济方面的法律，对我们是个新课题。制定法律和法规要从中国的实际出发，也要广泛地研究借鉴世界上所有国家的立法经验，吸收对中国有用的东西。所有的法律，都要有利于发展经济，有利于维护国家的安定团结。立法必须从我国国情出发，但这并不排除我们吸收国外的经验。凡是国外立法中比较好的又适合我们目前情况的东西，我们都应当大胆吸收；他们走过的弯路，也值得我们借鉴。有些适合我们的法律条文，可以直接移植，在实践中充实、完善。市场经济是开放型经济、国际性经济，我国有关市场经济的一些法律，需要同国外的有关法律和国际惯例相衔接。这样做，不仅会加快我国市场经济立法步伐，还有利于我国与国际经济的发展接轨，参与国际经济竞争。

谈到反腐败必须严格执法时，乔石指出，解决腐败问题要搞综合治理，需要运用教育的、行政的、法律的多种手段，才能取得成效。近些年来，全国人大及其常委会先后制定了一系列法律，对制裁贪污、贿赂、走私以及卖淫嫖娼、贩毒吸毒等违法犯罪活动，作出了明确、具体的规定，为打击经济犯罪、惩治腐败分子提供了法律依据。现在的问题是，这些法律执行得不够好。由于有法不依、执法不严、违法不究，甚至以言代法、以权压法、执法犯法的现象在一些地方和部门相当严重，致使有些犯罪分子逍遥法外，腐败行为得不到有效遏制。这种现象必须彻底改变。加强立法，严格执法，把惩治腐败纳入法制的轨道，就必须严格遵守和执行已经制定的法律、法规，坚持在法律面前人人平等，不允许任何组织或个人有超越法律的特权。人大及其常委会要加强对法律实施情况的检查监督，下大力气改变法律实施不力的状况。同时，还要认真研究社会主义市场经济条件下反腐败斗争的特点和规律，进一步制定和完善有关廉政建设的法律、法规，为更有力地惩治腐败提供法律依据。

乔石强调，加强反腐败斗争，还必须进一步健全党和国家的监督机制。我们搞社会主义市场经济，必然涉及中央和地方之间、各个部门之间经济管理权力的重新调整，需要同时建立起对权力的有效制约和监督机制。缺乏制约的权力很容易产生腐败。在建立社会主义市场经济体制的过程中，必须加强对权力的制约和监督。要把党组织的监督、国家机关的监督、政协的监督、人民群众的监督，以及舆论的监督等有机地结合起来，形成一个强有力的监督体系。社会主义市场经济法律体系的建立和完善，必将有助于从根本上防范腐败现象的产生。

国务院副总理邹家华在北京与全国各省煤管局各大矿务局负责人座谈

邹家华指出，煤炭企业进入市场后，不降低成本是不能展开竞争的，要提高煤炭企业的生产效率。我国煤矿长期存在的一个问题是用人太多。要发扬煤矿工人特别能战斗和艰苦创业的精神，大力发展多种经营。

国家主席江泽民在人民大会堂先后接受法国新任驻中国大使弗朗索瓦·普莱桑和巴西新任驻中国大使若昂·奥古斯特·德梅迪西斯递交的国书

国务院总理李鹏在钓鱼台国宾馆会见美国前总统乔治·布什

双方就中美关系和国际形势交换意见。李鹏总理表示，希望中美两国本着相互尊重、求同存异的精神进一步改善和发展关系。

李鹏对布什先生再次来访表示欢迎，对他担任美国副总统和总统期间为维护中美两国关系的基本框架，特别是在最惠国待遇问题上做出的正确决策表示赞赏。李鹏表示希望中美两国本着相互尊重、求同存异的精神，使两国关系得到进一步改善和发展。

布什说，时隔五年再次访华，亲眼看到中国在各方面发生的巨大变化。中国在经济上取得的成就给他留下深刻印象。他表示将继续为中美关系的不断发展作出自己的努力。

财政部代表中国政府正式向美国证券交易委员会注册登记发行10亿美元全球债券

债券发行的牵头机构为美国的美林证券公司。债券将由包括全球各主要证券公司和银行在内的包销团承销，并同时在美国、欧洲、亚洲分销。

中国财政部副部长金人庆称：“此债券是中国政府发行的第一笔全球债券，也是中国政府第一次进入美国资本市场。”

中共中央政治局候补委员温家宝率中共代表团在达卡拜会孟加拉国总统阿卜杜勒·拉赫曼·比斯瓦斯

中共中央政治局候补委员温家宝率中共代表团与孟加拉国民族主义党总书记阿卜杜勒·萨拉姆·塔卢克达尔在达卡举行两党正式会谈

中国政府和意大利政府关于双方扩大总领事馆领区的换文在北京签署

大容量快速移动交换系统在上海运行

中国首次引进的摩托罗拉公司 EMX2500 大容量快速电子移动交换系统最近在上海投入运行。

国家教委批准北京体育学院更名为北京体育大学

国家教委办公厅发布《全国师范专科学校面向农村深化改革座谈会纪要》

国家工商局就销售卫星电视广播地面接收设施问题作出五项规定

中国抗旱造林技术研究获得突破

“黄土高原以抗旱造林为中心的造林技术研究”近日通过鉴定。这项研究所取得的成果，标志我国抗旱造林技术研究获得重大突破。

世界地震大会采用中国研究成果

中国科学家向第二十七届世界地震学及地球内部物理结构协会大会提交的论文，受到来自40个国家的近400名科学家和学者的普遍重视和好评。

中国国家地震局副局长陈颙教授在会上提出关于地震灾害造成经济损失的科学评估方法，这一方法立即被协会采用。

1月15日

中国人民银行行长朱镕基在全国金融工作闭幕会议上发表讲话

朱镕基说，去年六月党中央、国务院决定，以整顿金融秩序为突破口，加强和改善对国民经济的宏观调控。金融系统的广大干部职工按照党中央、国务院的部署，整顿金融秩序，严肃金融纪律，推进金融改革，强化宏观调控，坚决执行"约法三章"，迅速扭转金融秩序混乱的局面；随后，又及时研究分析国民经济中出现的新情况、新问题，按照"堵邪门、开正路"的要求，恰如其分地掌握宏观调控的力度，坚决果断地调整资金投向的结构，国家重点建设项目资金到位率达到百分之九十九以上，农产品收购没有打"白条"，重点生产和外贸企业流动资金的紧张状况基本缓和，有效地避免国民经济发展的过大起伏波动。与此同时，货币过量发行的趋势得到抑制，全年货币发行总量基本控制在预定的宏观调控目标之内，市场汇率一直稳定，国家外汇储备增加。事实证明，金融系统的广大干部职工是一支经得起考验的队伍，也是一支值得信赖和能够战斗的队伍。他代表党中央、国务院对金融系统的广大干部职工表示感谢和慰问！

朱镕基指出，去年上半年经济工作中出现的一些问题，通过加强宏观调控，得到一定程度的缓解，但是深层次的问题并没有根本解决，固定资产投资的约束和风险机制没有建立，通货膨胀的压力随时都可能增加。国务院决定今年金融工作的方针是：继续整顿金融秩序，稳步推进金融改革，严格控制信用总量，切实加强金融监管。

朱镕基说，去年整顿金融秩序取得很大成绩，但并不意味着整顿金融秩序的任务已经完成，这项工作是金融系统长期、艰巨的任务，必须坚持不懈地抓下去。

朱镕基指出，去年七月全国金融工作会议上提出的"约法三章"，今年要继续贯彻执行。同时，他对金融系统的广大干部职工提出三点新的要求。

第一，要严格控制今年的信贷规模总量。控制信用总量的关键是控制各级银行的固定资产投资贷款。从今年开始，基础设施、基础工业重点项目的贷款规模均已划归新成立的国家开发银行统筹安排，其他银行不得挤占其他投资项目，特别是流动资金的贷款规模来扩大基本建设。各级银行对于超过贷款规模总量的项目、未经批准开工的项目、化整为零的项目，一律不予贷款，一个项目也不许贷、一块钱也不能超过。谁用不正当的手段突破信用总量，就要追查谁的责任。

第二，在政策性业务分离出去以后，各专业银行向商业银行过渡，今年要大胆探索，跨出开拓性的一步。考虑到当前国有企业正处在转换经营机制的过程中，各专业银行先实行贷款限额控制下的资产负债比例管理，逐步建立自我约束和风险责任机制，做到自主经营、自负盈亏。要配合《破产法》的实施，用好今年增加提取的呆账准备金。

第三，各级人民银行分行要切实转变职能，在地区金融监管方面发挥主导作用。各级分、支行要真正把主要精力放在稳定货币和金融监管上。当前特别要防止乱集资活动的抬头，发现一个要制止一个。只有控制住乱贷款和乱集资，才能控制住固定资产投资规模，也才能减轻通货膨胀的压力。

朱镕基希望金融系统的广大干部职工，认真学习《邓小平文选》第三卷，积极、正确、全面地理解和贯彻小平同志关于建设有中国特色社会主义的理论，加强金融队伍的建设。要切实贯彻小平同志指示，"把银行真正办成银行"，而不要办成"货币发行公司"和"金库"，更不能成为不上锁的"金库"。

国家主席江泽民在中南海会见美国前总统乔治·布什

江泽民说，同布什先生上次访华时相比，中国的面貌发生了很大变化。中国的安定、发展与繁荣不仅符合中国人民的利益，也符合包括美国人民在内的全世界人民的利益。中国的稳定与发展离不开世界的和平与发展，世界的和平与发展也需要中国的稳定和发展。中美是世界上两个有影响的大国，在维护世界和平与稳定、争取共同发展和繁荣等方面有着广泛的共同利益，也都负有重大责任。

江泽民指出，中美两国之间尽管存在分歧，但归根到底中美关系应当好起来才行，这是世界和平与稳定的需要，也是中美两国人民和世界人民的共同愿望。

布什说，时隔四年多重返中国进行友好访问，看到这里发生了巨大变化，感到很高兴。美中关系非常重要，维护和加强这种关系符合我们双方的共同利益。

国家主席江泽民在中南海会见由美国国会众议院多数党领袖理查德·格普哈特率领的美国国会众议院代表团

全国人大常委会委员长乔石在北京会见美国众议院多数党领袖理查德·格普哈特

乔石说，去年11月江泽民主席和克林顿总统在西雅图的会晤使两国关系有了新的开端。此后，很多美国参、众两院议员相继访华。访问不仅增进了美国国会对中国各方面情况的了解，也为中美双方就共同关心的问题广泛交换意见提供了机会。

关于最惠国待遇问题，乔石表示，最惠国待遇是中美间的一种对等、互利的安排。他强调，中国反对将最惠国待遇和人权等非贸易因素连在一起的做法，希望最惠国待遇问题能得到"一劳永逸"的解决。

乔石说，在新的时期，中美两国建立良好的政治、经贸等方面的关系，不仅符合两国人民的根本利益，也有利于世界的和平与发展。

格普哈特表示，美中关系对两国乃至全世界都是“攸关重要”的。对话和交流可以改善两国关系，美国非常希望美中关系在今后一段时间会取得进展。

中共中央政治局委员丁关根在北京会见并宴请朝鲜劳动党中央书记黄长烨

孟加拉国总理执政的民族主义党主席卡莉达·齐亚在达卡总理府会见中共中央政治局候补委员温家宝率领的中共代表团

中央军委副主席刘华清在雅加达会见印尼武装部队司令费萨尔·丹戎上将

外交部部长钱其琛在喀土穆友谊厅同苏丹外交部部长阿布·萨拉赫举行会谈

钱其琛说，中苏两国之间有着传统的友谊，两国在政治、经济、文化等领域的交流与合作持续稳定地发展，中国对此感到满意。他说，中苏两国合作建立在和平共处五项原则基础之上。中国认为，发展中苏友好关系，符合两国人民的愿望和利益，中国政府愿同苏丹政府共同努力，不断巩固和发展两国的友好合作关系。除两国政府的努力外，还应推动两国企业、公司直接接触，开展形式多样的互利合作。

萨拉赫说，苏中关系不论从历史，还是从现状看都是很好的，这是因为两国关系是建立在尊重主权、互不干涉内政和平等互利的基础之上的。苏丹期望进一步巩固和加强两国的友谊与合作。

萨拉赫赞同钱其琛副总理的上述看法。

苏丹总统巴希尔在喀土穆友谊厅会见国务院副总理兼外交部部长钱其琛

国家教委确定1994年高考范围

第六届远东及南太平洋地区残疾人运动会组委会在北京国际会议中心举行第二次全体委员会议

本届运动会的宗旨为“平等、参与、友谊、进步”。

会议还公布本届运动会的会徽和吉祥物。

全国双十佳体操运动员教练员评选揭晓

1993年“美菱杯”全国双十佳体操运动员、教练员评选活动在北京揭晓。体操运动员黄力平、李小双、黄华东、和雪梅、李大双、李莉、国林跃、陆莉、袁柯霞、罗莉和体操教练员黄玉斌、潘辰飞、陈雄、王群策、辛桂秋、陆善真、唐小丽、熊景斌、鲍献琴、白远韶分别获得十佳称号。

上海市中级法院判处上海市卢湾区原副区长祝文清徒刑祝文清利用职务之便收受巨额贿赂为他人谋利被判有期徒刑15年剥夺政治权利4年

1月16日

全国宗教局长会议在北京结束

与会人士深入学习江泽民在全国统战工作会议上的讲话，研究新形势下宗教工作面临的新情况、新问题，确定今后一段时期宗教工作的侧重点。

会议指出，在当前改革开放的新形势下，要以邓小平建设有中国特色社会主义理论为指导，更加全面、正确地贯彻执行党的宗教政策。宗教信仰自由政策是党和国家的一项基本政策，是建设有中国特色社会主义理论的组成部分，得到全国各族人民的拥护。尊重和保护宗教信仰自由，既要保护信仰宗教的自由，也要保护不信仰宗教的自由，两者不可偏废。同时，要积极引导宗教与社会主义社会相适应，通过党的宗教政策的全面贯彻，把广大信教群众和宗教界人士团结在党和政府周围，同心协力为社会主义经济建设作贡献。

会议强调，当前要依法加强对宗教事务的管理，推进宗教工作逐步走上法制化的轨道。依法管理宗教事务，是社会主义民主和法制建设的组成部分，是全面贯彻宗教信仰自由政策，使宗教与社会主义社会相适应的必然要求。政府宗教工作部门要对有关宗教的法律、法规和政策的实施进行有效的行政管理和监督，保护宗教团体和寺观教堂的合法权益，保护宗教教职人员履行正常的教务活动，保护信教群众正常的宗教活动。同时，协同政府有关部门制止超出法律和政策范围的非法活动，打击利用宗教进行的各种犯罪活动，以维护社会稳定。

《人民日报》发表评论员文章《防止房地产业盲目发展》

国务院副总理邹家华在唐山进行调查研究

1月16日至20日，邹家华在河北省委书记程维高、副省长陈立友陪同下，先后到京唐港及港口开发区、唐山钢铁公司、唐山陡河发电厂、冀东水泥厂等单位调查研究，并听取了唐山市委、市政府的工作汇报。

邹家华察看唐山钢铁公司新扩建的二期工程——2号高炉平台和中控室，同工人、干部和技术人员进行交谈。他说：“唐钢走技术改造的路子，在短短两年内所产生的效益，是一个新建厂五年时间也达不到的。企业的发展必须建立在不断的技术进步上。技术改造要年年搞，不断搞，不能等过了几年甚至一二十年后再搞，特别是要不断地采用新技术、开发新产品。今后，企业在整个经营过程中，要始终把技术改造放在突出位置。企业要不断了解国内和世界上的新技术，每年都要采用一批新技术。看一个企业好不好，主要不是看它产量多少，而是看它的效益和技术水平如何。”

广西钦州港万吨级码头落成开港实现了孙中山《建国方略》中提出的把钦州列为中国南方大港的夙愿

中国科学院院长周光召率团赴台湾参加“1994年两岸产业科技会议”

1月17日

国务院总理李鹏和柬埔寨王国政府第一首相诺罗敦·拉那烈亲王第二首相洪森在人民大会堂举行会谈

李鹏说：“中国人民对柬埔寨人民怀有深厚的情谊，中柬两国之间有着密切的友好合作关系。在新形势下进一步推动两国友好合作关系的发展具有重要意义。中国政府愿同柬埔寨王国政府共同努力，在和平共处五项原则基础上巩固和发展中柬传统友谊，恢复和发展两国在各个领域的合作。”

在谈到柬埔寨国内形势时，李鹏说，我们很高兴地看到柬埔寨形势发生了重大变化，进入了和平重建的历史新时期。西哈努克国王为此发挥了杰出的无可替代的作用，作出了宝贵的贡献。中国政府和人民真诚希望柬埔寨成为一个中立和不结盟的国家。我们赞赏柬政府为妥善处理同周边国家的关系所作的努力，柬埔寨的朋友越多越好。一个和平的周边环境对柬埔寨的重建和发展是必不可少的。中国政府希望，柬政府在西哈努克国王领导下，本着民族和解的精神，妥善解决好内部问题，维护柬和平和稳定大局，集中力量重建国家。

李鹏还向客人介绍中国的经济形势和改革开放，双方还就共同关心的地区和国际问题扼要地交换看法。

国务院副总理李岚清，农业部长刘江，国务院外办主任齐怀远，陪同团长、国家计委副主任佘健明，中国驻柬埔寨王国大使谢月娥等中国政府官员参加会谈。

中共中央党校校长胡锦涛在中央党校学员毕业典礼上要求正确把握改革、发展和稳定的关系

中共中央政治局常委、书记处书记、中央党校校长胡锦涛1月17日在中央党校毕业典礼讲话中指出，在加快建立社会主义市场经济体制过程中，一方面要发扬知难而进、锲而不舍的精神，坚定不移地把改革推向前进；另一方面要倡导严谨求实的科学态度，从实际出发，及时发现和解决前进中的突出问题。

参加毕业典礼的有中央党校第21期地厅级干部进修班和理论部，中直、中央国家机关分校，部队分部的学员共1964人。

胡锦涛在充分肯定学员们的学习收获后指出，1994年是关系到今后我国改革和发展进程的非常关键的一年。今年的任务繁重而艰巨，必须加强领导，总揽全局，调动一切积极因素，保证中央各项重大决策的贯彻落实。他指出，如何保持国民经济既快又好地发展，保证各项改革措施顺利实施，同时维护政治稳定，这是全党特别是各级领导干部必须高度重视并着力加以解决的大问题。

胡锦涛在讲话中着重强调，要加强改革中的思想政治工作，为改革开放和社会主义市场经济体制的建立提供精神动力和思想保证。他说，各级领导干部一定要发扬党的优良传统和作风，深入群众，宣传群众，回答和解决人们普遍关心的难点和热点问题。要配合重大改革措施的出台，集中搞好宣传解释和舆论引导，以消除群众的疑虑，化解矛盾，动员广大群众支持和参与改革。要把思想政治工作同解决群众的实际问题结合起来，密切联系群众，听取群众意见，体察群众情绪，关以群众疾苦，以人民群众为本，努力使我们的各项决策和措施符合广大人民群众的意愿。同时，要在全社会，特别是青年一代中倡导树立正确的理想、信念和价值观，大力弘扬新时期的艰苦创业精神。

胡锦涛还就深入学习和掌握邓小平同志建设有中国特色社会主义理论，正确把握改革，发展和稳定的关系，切实加强和改进党的建设等问题发表了意见。他最后希望学员把党校的集中学习作为新的起点，搞好在职学习，养成勤奋读书、深入思考的好习惯，不断把学习成果运用到改革和现代化建设实践中去，调查研究，总结经验，改进工作，提高研究新情况、解决新问题的能力。

毕业典礼由中央党校常务副校长汪家镠主持。中共中央政治局委员、书记处书记尉健行和有关方面负责人赵宗鼐、刘云山、郑科扬、陈福今，卢时彻、王一平、苏星、邢贲思、刘胜玉等出席了毕业典礼。

税收财务物价大检查办公室公布1993年查出违纪金额154亿元

据税收财务物价大检查办公室提供的材料，1993年全国共查出违纪金额154亿元，其中应补交入库金额102.2亿元，已补交入库90.6亿元，分别比上一年增加 78.4%、77.4%和 73%。

通过这次大检查,全国查出违纪金额在 5 至 10 万元的有 10359 户,10 至 50 万元的有 6305 户;50 至 100 万元的有 986 户,100 万元以上的有 472 户。其中受到经济处罚的有 89950 个单位、18149 人。受党纪政纪处分的有 47 人,移交司法机关立案查处的有 328 人。

国家计委在唐山召开环渤海地区经济规划座谈会

国务院副总理邹家华在座谈会上指出:发展区域经济,是在全国的总体规划下,把一个经济相关联地区的不同省市的区位优势、资源优势、市场优势、产业优势按照内在经济联系和打通对外通道的思路进行统筹规划,发挥区域内优势互补的活力。区域经济是我国经济发展的一种新格局。

邹家华在讲话中把我国区域经济规划的方针概括为:统筹规划、联合协作、优势互补、平等互利、面向市场、内引外联、合理分工、共同发展。

邹家华指出,环渤海地区区位条件优越,是东北亚经济圈的中心地带,是我国华北、东北和西北部分地区进入太平洋最便捷的出海口。环渤海地区地处我国政治中心,又是我国的经济中心,加快这一地区的经济发展,对于国民经济发展的全局具有举足轻重的战略作用。

邹家华说,这些优势是整个区域的优势,而不是每一个具体地方的优势,因此发展地方经济不应该新起炉灶、重复建设,而应该强调优势互补,相互依存,在协作中产生新的生产力。制定区域经济发展规划时,应该打破行政区划的限制,就这一区域内各地共同关心、利益相连的发展项目进行中长期规划。这种规划要有一定约束力,各地方有合作的义务,同时要和全国的和行业的规划相结合,纳入国家长远发展规划的体系。

会议于 19 日结束。

中共中央总书记江泽民在中南海会见朝鲜劳动党中央书记黄长烨

肯尼亚总统莫伊在内罗毕会见国务院副总理兼外交部部长钱其琛

国务院副总理兼外交部部长钱其琛在内罗毕同肯尼亚外交和国际合作部长穆斯约卡举行会谈

印尼总统苏哈托在总统府独立宫接见中央军委副主席刘华清

中美两国政府代表关于第四个双边纺织品贸易协议谈判结束并达成协议

中国外经贸部副部长石广生和美国贸易代表办公室首席纺织品谈判代表珍妮弗·希尔曼大使分别代表各自政府签署中美纺织品协议谅解备忘录文本。

在这一轮谈判中,中美双方都作一些让步。美方不再坚持扣减中方 25%至 35%的纺织品配额,在对待处理纺织品非法转口问题上,美方撤销原来的随意性条款。中方也作实质性让步,在有确凿证据说明中方企业参与纺织品非法转口时,可同意接受不超过 3 倍的纺织品配额扣减;此外,中方也接受美方对纺织品配额中某些类别自然增长的重大调整。

第三个中国和美国纺织品协议已于 1993 年 12 月 31 日到期。为商签第四个协议,中美双方自去年 9 月至 12 月进行三轮谈判,均未达成协议。

在第四轮谈判过程中,双方从中美经贸关系的大局出发,坚持平等协商、互谅互让的原则,使双方都十分关注的纺织品安排达成协议。这将有利于中美纺织品贸易的正常进行和发展,也有利于中美经贸关系的健康发展。

外经贸部部长吴仪出席签字仪式并会见以希尔曼大使为首的美国代表团。她说,中国重视同美国发展经贸等各个领域的合作。美国的资金、技术和设备对中国的现代化建设很有吸引力,中国有一个广大的市场和丰富的劳动力资源,两国经济上互补性很强。

吴仪说,在双方合作的过程中可能会出现各种各样的问题、困难和矛盾,多年的实践证明,解决问题的最好办法是通过平等的协商和对话,任何试图施加压力的做法都将是徒劳的,它只能引起贸易大战,这是我们不愿意看到的。

吴仪说,在打击纺织品非法转口方面,中美双方的利益和观点是一致的,希望双方能进一步密切配合,采取措施保证谅解备忘录的顺利实施。

希尔曼说,中美双方的谈判是富有成效和合作精神的,结果令双方满意。她还表示,中国是美国最大的纺织品供应国,这次达成的协议对发展两国经贸关系是"极为重要"的。

中国政府和柬埔寨政府《经济技术合作协定》签订

1 月 18 日

国家主席江泽民在人民大会堂会见由第一首相诺罗敦·拉那烈和第二首相洪森率领的柬埔寨王国政府代表团

拉那烈代表柬埔寨政府对中国在柬埔寨过渡时期

和恢复重建过程中提供的援助表示感谢。

江泽民说,柬埔寨王国政府成立后,两位首相很快率代表团访问中国,这体现柬埔寨政府对发展中柬友好合作关系的重视。这次访问是中柬关系中的一件大事,将为增进互相了解与友谊作出贡献,并进一步推动两国在各个领域的友好合作关系。

拉那烈说,代表团昨天同李鹏总理举行很好的会谈,柬埔寨政府重视发展同中国的友好合作关系。他相信这次访问将会巩固并进一步发展柬中关系。

江泽民说,一九九三年柬埔寨形势发生历史性的重大变化,历经二十多年战乱的柬埔寨进入和平重建的新时期。

中共中央总书记江泽民在首都市场调研

江泽民先后来到海淀区科学城商场、海中农贸市场和王府井百货大楼,了解春节前的市场供应和物价情况。江泽民说,老百姓开门7件事:柴米油盐酱醋茶,小小"菜篮子"关系到千家万户,也关系到社会的稳定。改革与发展都离不开稳定。凡是关系人民基本生活和切身利益的事,都是头等大事,各级党委、政府和各个工作部门也必须摆在头等位置上,要用高度的责任心和极大的精力密切加以关注和解决。在这样的大事面前,不允许有任何的疏忽和失职行为。

江泽民和中共中央政治局委员、北京市委书记陈希同,北京市市长李其炎等一起,乘坐面包车来到科学城副食品商场。

随后,江泽民同百货大楼(集团)股份有限公司的负责人、售货员和来自西单商场、崇文门菜市场的售货员,东城区安德里居委会、西城区丰盛街道居委会工作人员,北京市物价监督员等,围绕市场物价及供应等问题进行座谈,当面听取他们的意见。

江泽民指出,搞好物价工作极为重要。总的原则就是,要始终注意把物价水平保持在城乡居民和全社会能够承受的范围之内,既有利于改善人民的生活,又有利于经济的发展和社会的稳定。他说,去年11月下旬以来部分地区一度出现的消费者集中购买粮油和家电商品的现象,并不是由于商品的不足或供需不平衡引起的,而主要是在放开粮油价格后,对如何有效调控价格还缺乏经验,有一些人为了局部的利益提高价格造成的。同时,我们对一些出台的改革措施也解释得不够。对此,党中央、国务院十分重视,及时采取多项措施稳定市场,平抑物价,加强调控。目前市场已趋于平稳,基本恢复到市场正常运行的状况。

江泽民在讲话中充分肯定了居民委员会的工作,指出,居民委员会是密切政府与群众联系的重要桥梁,可以协助党和政府解决居民群众中存在的许多问题和困难,化解许多人民内部矛盾,对于增进群众团结和促进社会稳定起着很大的作用,这也是社会主义制度优越性的生动体现。居民委员会的工作必须适应新的形势大大加强,而绝不能削弱。

江泽民要求,各级领导干部要深入基层,继续下大力气抓好"菜篮子"工程,以保证市场的供应。各级工商、物价、技术监督和市场管理部门要加强管理,严厉打击和惩处那些乘机哄抬物价、破坏市场秩序、搞假冒伪劣产品、牟取非法暴利、坑害人民群众等不法行为,更好地稳定市场。他说,春节快要到了,各地方部门一定要采取切实有效的措施,关心群众特别是贫困地区群众的生活,组织好节日市场供应,让全国人民欢欢喜喜度过传统佳节。

随同江泽民调查研究的还有:国家计委副主任曾培炎、中央办公厅副主任胡光宝。

1992年农村综合实力百强县评比结果在北京公布

位列百强县前十名的依次是:江苏省无锡县、江苏省江阴市、广东省南海县、江苏省张家港市、广东省顺德县、江苏省常熟市、江苏省吴县、江苏省武进县、江苏省太仓县、北京市通县。

中国第一家中外合资饭店管理企业喜来登饭店管理有限公司在北京成立

这家以合作开发中国旅游饭店管理的"软件"工程为宗旨的企业是由中国国际旅行总社、中国银行信托咨询公司与美国ITT喜来登公司附属的喜来登国际有限公司合资建立的。

国家土地管理局国家工商行政管理局联合公布国有土地使用权出让合同和外商投资企业土地使用合同示范文本

中国航空结算中心加入国际航空运输协会清算所

从1994年起,代理国内近三十家民航企业对外结算的中国航空结算中心正式加入国际航空运输协会清算所,并开始运行。国内民航企业变一对一的双边结算方式为通过清算所统一结算,有利于加速民航企业资金周转。

德国汉堡市议长帕佩女士在汉堡洲际饭店会见并在市政厅设午宴招待全国人大常委会委员长乔石和夫人

全国人大常委会副委员长出纪云全国政协副主席叶选平在人民大会堂会见泰国泰华报人公益基金会会主

席中华民族文化促进会副会长陈世贤以及汕头金凤艺术团的主要成员

外交部部长钱其琛同马达加斯加交外交部部长西拉举行会谈

泰国总理川·立派在总理府会见国家科委副主任邓楠

中国代表沈茂成在阿根廷首都布宜诺斯艾利斯举行的第19届国际保护自然和自然资源联盟大会第101次会议上发言

林业部副部长、中国野生动物保护协会副会长沈茂成在发言中指出,"国际西藏律师委员会"并不是自然保护组织,它所从事的活动是煽动西藏独立、分裂中国,与保护西藏的自然和自然资源毫不相干。他还说,这个组织自1989年成立以来,从未对西藏的自然保护提供任何形式的实际援助和支持。

沈茂成强调,西藏历来是中国神圣领土不可分割的一部分,中国坚决反对任何外来势力进行分裂中国的活动。

中国政府向马达加斯加政府赠送一般物资的协议书签字

国家教委确定1994年高等学校毕业生就业办法

国家教委确定,今年大学毕业生的就业将实行几种办法:凡属国家任务招生计划的本、专科毕业生,原则上仍由国家负责在一定范围内安排就业,实行"供需见面"和一定范围内的"双向选择";委托和定向培养的学生按合同就业;自费生自主择业。

民政部派出五个工作组分赴河北湖南云南山东和北京等省市慰问灾贫地区

1月19日

德国总统魏茨泽克在汉默施米特别墅会见全国人大常委会委员长乔石

全国人大常委会委员长乔石在波恩德国联邦议院大楼与德国联邦议院议长聚斯穆特女士举行会谈

聚斯穆特说,德中两国的交流,尤其是1992年以来的交流非常密切。虽然两国相距遥远,但建交20多年来关系良好。她指出,德中关系保持着悠久的传统,这些传统对未来也是很重要的。她说,中国正在经历伟大的经济改革,德国对此很关注。中国有11亿多人口,50多个民族,中国保持稳定和统一,这是非常不容易的,是一个巨大的成绩。

乔石说,中德两国之间的交往有着悠久的历史,这种交往不仅仅是在经贸方面,而且也涉及文化、科学等各个方面。中国建国以来,一直很关注德国的发展,对德国民族的统一也从来是重视和关心的。所以当新的变动到来的时候,我们没有觉得突然,而且正确地处理中国和德国之间的关系。中德建交以来,关系发展良好,逐渐摆脱了各种阻力,积累和发展了我们之间的友好合作关系。过去几年,两国经贸关系发展是好的,1992年两国贸易额增长到60多亿美元,去年末达到八九十亿美元。与此同时,在文化、科技、教育等各个领域,中德之间的交流和合作都很多。当然,在前进的过程中总会碰到一些困难,但我们两国都设法克服困难,使双边关系向前发展。去年11月,科尔总理率领一个庞大的代表团访问中国,取得了圆满成功,开始了我们两国关系的新阶段。

乔石指出,中国人大和德国议会之间的关系也在不断发展。德国联邦议院的两位副议长已经访华,还有一些其他议员也相继访问了中国。这次我作为中国全国人大常委会委员长第一次访问欧洲,也是第一次访问德国。由于双方的努力,我相信这次访问会圆满成功。他正式邀请聚斯穆特议长在适当的时候访问中国。

乔石说,中国正在发展之中,中国地域辽阔,有56个民族,许多地方需要得到德国的了解,两国需要在许多问题上相互了解和交流情况。他说,中国目前正在集中力量搞建设,希望世界上保持一个和平稳定的国际环境。在国内,我们希望保持长时期的社会稳定,因为没有稳定,中国的经济建设和文化建设都谈不上。中国有一百多年的近代史,从来没有过真正的统一和稳定,人民没有安定的生活,遭受了巨大的痛苦。正因为如此,现在我们对外实行独立自主的和平外交政策,维护亚太地区和世界的和平,对内保持安定团结和稳定的社会环境。

乔石说,前苏联变化最剧烈的几年,中国已经走上了改革的道路。所谓走上改革道路,最初就是破除苏联的影响,根据中国的实际情况进行政治改革和经济改革。改革15年来,中国不仅经济上有了改善并将继续改善,而且人民的政治地位也有很大提高,可以自由地发表各种意见,人民的心情是舒畅的。他说,中国很大,中央政府的宏观调控不可缺少,同时又必须充分调动各地的积极性。这两个方面缺一不可。去年我们提出建立社会主义市场经济,并且在人大会议上修改宪法,把这一点写进了宪法。这在国内外影响很大,同时也向我们提出了艰巨的任务。我们将在本世纪末建立社会主义市场经济的框架，本届人大的5年，我们必须建立社会主义市场经济的法律框架。他指出，经济立法的任务是大量的，不仅经济立法，还有教育、科技等各个方面。我们正在加倍努力，把中国的法制建设好。

中宣部中组部中央政策研究室提出《关于农村社会主义思想教育工作的总结报告》

《报告》的主要内容是：

(一)两年多来工作发展的基本情况。

(二)主要成效和基本经验。主要有六个方面：(1)用邓小平同志建设有中国特色社会主义理论和党的基本路线武装广大农村干部和群众，为加快奔小康步伐打好思想基础。(2)紧紧扭住经济建设这个中心不放，努力促进农村改革的深化和经济的发展。(3)加强以党支部为核心的基层组织建设，为加快农村经济发展和社会进步提供组织保证。各地按照中央的部署，都把加强以党支部为核心的基层组织建设作为重点来抓，努力在农村基层建设一支"不走的工作队"。在教育活动中，全国农村共整顿后进党支部66150个，有变化的52432个，转化率一般为70%以上。(4)在解决实际问题的过程中抓好思想教育，做到虚实结合。(5)严格执行政策，做到既解决问题，又不伤害干部群众。(6)党委统一领导，各方面通力协作，形成加强农村基层工作的合力。

(三)对今后工作的几点意见。(1)地、县委要切实把工作重心和主要精力放在农村工作上。做出规划，用三五年时间把农村基层组织切实建设好。(2)各地各部门要经常保持一批机关干部驻乡驻村工作。(3)县以上各有关部门都要在党委和政府的领导下，坚持面向农村，服务农业，密切配合，协同行动，争取实现农业的新突破，为农村改革和发展作出积极贡献。(4)在农村基层建设中，要始终抓住以党支部为核心的村级组织配套建设，有计划地选拔、培养党支部书记和村委会主任，大力搞好村级组织各项工作的制度建设，进一步做好在优秀青年农民中发展党员的工作。对经济发展长期缓慢和社会矛盾突出的乡村，要及时选派强有力的干部下去，帮助解决问题，化解矛盾，进行必要的整顿。

中国人民银行副行长周正庆在全国金融工作会议上发表讲话

周正庆在日前召开的全国金融工作会议上强调，金融系统要认真贯彻党的十四届三中全会和全国经济工作会议精神，认真执行国务院确定的一九九四年金融工作方针，切实做好金融各项工作，为建立社会主义市场经济体制，支持国民经济持续、快速、健康发展作出新的贡献。

周正庆指出，为了有效地抑制通货膨胀，保证改革开放顺利进行和促进国民经济持续、快速、健康发展，我们要认真贯彻落实继续整顿金融秩序，稳步推进金融改革，严格控制信用总量，切实加强金融监管的金融工作方针。今年整顿金融秩序要在去年的基础上巩固和扩大成果。

周正庆说，今年的金融改革已经出台，当前的主要工作是组织落实好各项改革措施和具体的实施办法。要切实转变人民银行的职能，把中国人民银行办成真正的中央银行。要稳步推进国有商业银行的改革，当前主要是做好政策性银行机构分设和政策性业务与商业性业务的分离与划转工作；现有专业银行要重点加强内部管理，制定资产负债比例和风险管理的具体实施办法，建立自我约束和风险责任机制；要严格规范政策性银行的业务范围，强化固定资产投资总量控制，优化资金的有效配置，促进我国重点建设和基础产业的健康发展。实行汇率并轨和新的结汇、售汇制度后，要尽快完善相配套的操作规则，加强对结汇、售汇的监督管理并做好外债的统计、监督工作。

周正庆指出，要严格控制信用总量，进一步完善对各专业银行实行贷款限额控制下的资产负债比例管理。他强调，各家银行和金融机构都必须严格控制固定资产贷款。对固定资产贷款继续实行严格的指令性计划管理，未经批准，不得超过计划发放固定资产贷款。要坚决落实李鹏总理在全国经济工作会议上提出的今后新上项目必须坚持的三条原则。

周正庆要求各家银行和城乡信用社要继续采取各种积极措施，不断提高服务质量，大力组织和吸收存款，努力扩大信贷资金来源。要进一步严肃结算纪律，坚决制止有意压票、退票、延压客户资金的行为，对违反结算纪律的行为要严肃处理。

周正庆指出，人民银行作为中央银行，必须加强对金融机构的监督管理。人民银行各级行的领导干部要敢字当头，不怕困难，严格依照法规、制度实施监管。各专业银行和各金融机构也必须加强内部监管工作。周正庆同时要求各级金融部门要转变工作作风，提高领导水平；要坚持不懈地开展反腐败斗争，加强廉政建设；要加强调查统计和分析研究工作和加强金融法规、制度建设。

全国人大常委会委员长乔石就德国之行等问题在波恩接受德国记者采访

乔石接受"德国之声"电台的采访，就这次德国之行、中德双边关系和中国国内形势发表看法。

乔石指出，这次访问期间，他会晤魏茨泽克总统、科尔总理、金克尔外长、聚斯穆特议长以及其他德国领导人，已经并将访问一些联邦州，希望通过这次访问，进一步增进中德两国和两国人民之间的了解，扩大交流，加强合作，促进中德关系的新发展。

乔石指出，中国和德国都是在世界上有影响的重要国家，两国之间没有根本的利害冲突，在国际问题上有许多相同或相近的看法，两国经济互补性很强，发展中德友好合作有着良好的基础。我们应着眼于21世纪，从战略高度看待和处理相互关系。乔石说，中国一贯把发展对德关系放在重要的位置，希望加强两国在各个领域的合作，愿意本着求同存异、相互尊重、互不干涉内政和平等互利的原则同德国发展长期稳定的友好合作关系。中国欢迎德国为世界和平与发展在国际事务中发挥更大的作用。一个改革开放的中国与一个统一和爱好和平的德国进行友好合作，不仅符合中德两国人民的利益，也是对世界和平与发展的重要贡献。

乔石介绍目前中国文化、经济和政治状况以及未来的发展方向。他指出，中国目前经济发展，政治稳定，社会安定，文化繁荣。经济上，中国改革开放15年来，经济体制正在从计划经济向市场经济过渡，经济发展很快，去年国内生产总值突破3万亿元，增长速度达到13%。农业取得了好收成，对外贸易也有很大发展。人民生活水平有很大提高。同时，采取深化改革、加强宏观调控的措施，解决经济发展中出现的问题。今后，中国将继续坚持以经济建设为中心，深化改革，扩大开放。

乔石还介绍了中国在注意发扬优秀民族文化传统、吸收世界各国文化发展成果方面所作的努力。

国务院总理李鹏在中南海紫光阁会见加拿大前总理马丁·布赖恩·马尔罗尼

国务院总理李鹏在中南海会见美国财政部长劳埃德·本特森

李鹏表示，"从现实和长远的角度看，中美之间具有广泛的共同利益，中美两国应该保持健康良好的关系，增强在各个领域的互利合作"。

李鹏说，中美双方应该抓住去年11月江泽民主席和克林顿总统会晤所创造的机遇，扎扎实实地做一些事情，推动中美关系尽快走上正常发展的轨道。李鹏强调，中美两国之间存在一些分歧，但是，双方的分歧不应该影响两国关系发展的大局，应该更多地看到两国的共同点。彼此的分歧应通过对话和协商的办法来加以解决。双方在意识形态和价值观念方面的差异是客观存在，应本着相互尊重的精神求同存异。

在简要介绍中国的经济发展和改革开放的情况之后，李鹏说，中美在经贸方面具有很强的互补性，中国具有巨大的潜在市场，对美国在不少领域的先进技术设备有兴趣。可以预计，中美经济贸易关系会有很大的发展。

本特森说，这次克林顿总统派我来，表明美国政府对发展美中关系的重视，目的是通过访问寻求进一步发展中美关系特别是经贸关系的途径。我们认为，美国是世界上最大的发达国家，中国是最大的发展中国家，可以合作的领域是很多的。美方认为，一个强大的、繁荣的中国对美国乃至世界都是有利的。"我们看到，自1978年我访华以来，中国政府为改善人民的福利取得了巨大的成就，我们对此表示赞赏"。克林顿政府强烈地认为，美国应当参与亚洲特别是中国发展经济的进程。

李鹏表示赞同本特森的看法。李鹏说："中国的强大和繁荣不会对任何国家构成威胁。我们只想把我们12亿人口、960万平方公里的事情管好。中国愿意为世界的和平和发展作出自己的贡献。"

全国人大常委会委员长乔石在波恩德国外交部与德国副总理兼外交部部长金克尔举行会谈

国务院副总理李岚清在中南海会见俄罗斯记者代表团

首都科技界在政协礼堂举行迎春茶话会

首都四百多名老中青科技工作者欢聚在政协礼堂，清茶一杯迎新春。

中共中央政治局常委、全国政协主席李瑞环在茶话会上讲话说，同十几年前相比，我国知识界、科技界发生了根本性的变化，这得益于邓小平同志领导我们党纠正了以阶级斗争为纲的错误，确立了以经济建设为中心的方针；得益于邓小平同志提出的"知识分子是工人阶级的一部分"和"科学技术是第一生产力"的重要论断。

李瑞环说，目前我国知识界、科技界总的形势是好的，但也面临一些实际问题。解决这些问题，有一个领导重视的问题，国家经济实力的问题；还有一个进一步加深对邓小平同志这两个重要论断的理解，并在实际工作中切实贯彻的问题。希望有关部门和科技界像科技攻关那样，研究、落实"科学技术是第一生产力"的论断，借鉴外国的成功经验，制定相应的政策，使科技发展与生产发展紧密结合，互相促进，这样科技发展才能真正充满活力。

国务委员宋健在茶话会上代表国务院向全国广大科技工作者致以崇高的敬意和亲切的问候。他说，党的十四届三中全会通过的《关于建立社会主义市场经济体制若干问题的决定》对深化科技体制改革作出了重要部署，对贯彻落实“经济建设必须依靠科学技术，科学技术工作必须面向经济建设”的战略方针，必将产生巨大的推动力。宋健说，中央、地方和企业今年要继续加大科技投入；各级党委和政府以及社会各个方面应进一步改善科技工作者的工作、学习和生活条件，关心青年科技人才的成长，造就一批进入世界科技前沿的跨世纪的学术和技术带头人。

全国政协科技委员会主任、中国科协主席朱光亚也在会上讲话。

全国人大常委会副委员长吴阶平，科学家代表叶大年、白春礼、冯顺山、来鲁华、何祚庥在会上就如何加快我国科技发展，更好地发挥科技工作者的作用等问题提出一些意见和建议。

雷洁琼、叶选平、吴学谦、洪学智、胡绳、钱正英、孙孚凌等出席茶话会。

国办就做好春节前后民工流动疏导工作发出通知

1月20日

德国总理科尔在波恩总理府会见全国人大常委会委员长乔石

科尔说，非常欢迎乔石委员长对德国进行正式友好访问。他说，时隔不久我又看到阁下，感到非常高兴。去年十一月我访问中国，签订一些重要协议。我们承诺的我们一定会遵守。

乔石说，阁下上次访华时签订了许多协议，相信一定会很好地实现。我们两国在各个方面的合作是很有成效的。在经济贸易方面，中德之间有近九十亿美元的贸易额，比前年增加了近三分之一。今后，我们的关系还会进一步发展。科学、技术、教育、文化的合作也会进一步加强。在发展同德国的经济合作方面，我们不仅着眼于二十世纪九十年代，更着眼于二十一世纪。中国从战略高度看待中德关系，希望和德国在求同存异、相互尊重、相互信任和平等互利的基础上，发展跨世纪的长期稳定的友好合作关系。

科尔说，德中两国有特殊的关系，两国可以在各个方面紧密合作。除了经济方面，我们也很重视文化，仅仅看重经济是一个错误。中国有世界上最古老的文化。我们还可以在科学技术等方面合作，我本人愿意做很多事情。科尔还说，中国历来支持德国统一。我们过去支持中国统一，将来也会这样。

乔石的主要陪同人员、全国人大常委会秘书长曹志等参加会见。

中国延安精神研究会第二次会员大会在北京召开

邓颖超铜像在北京第一实验小学落成

国家工商行政管理局农业部发出《关于加强肥料农药种子市场管理的通知》

为保障农业生产，维护农民利益，制止近年来屡见的经销假冒伪劣肥料、农药、种子等行为，国家工商行政管理局和农业部最近联合发出《关于加强肥料、农药、种子市场管理的通知》。

《通知》说，各级工商行政管理机关应严格执行《国务院关于加强化肥、农药、农膜经营管理的通知》的有关规定，加强对肥料、农药经营单位的登记管理，把好核准登记关。凡从事商品性肥料、农药经营或直供业务的单位，必须向工商行政管理机关专项申请，经核准登记后，方可在规定的范围内经营。

肥料、农药的经营限于三条渠道，即农业生产资料公司和各级供销合作社；农业技术推广部门和农垦直供垦区；肥料、农药生产企业。除此之外，任何单位和个人不得经营肥料、农药。卫生杀虫剂的经营不受上述限制。

经核准登记从事肥料、农药生产经营的企业法人增设分支机构或开办联营单位的，必须按程序重新核准经营范围。经核准登记从事肥料、农药经营的单位委托代购、代销的，必须经原登记机关专项审核批准，其代销代购业务只限于零售农户，不准批发。个体工商户、私营企业、个人不得经营肥料、农药。对未经登记注册，无照经营或超范围经营肥料、农药、农作物种子的，由工商行政管理机关依照有关规定给予处罚。

严格执行肥料、农药检验登记制度和农作物品种审定制度。所有肥料、农药新产品和农作物新品种必须坚持试验、示范、推广的原则，因地制宜逐步扩大使用范围，防止盲目推广。

凡生产销售的肥料、农药、种子，必须有产品质量合格证，必须标明各种主要有效成分含量、产品质量登记证号、质量保证期和使用说明。出厂的肥料、农药产品的包装物标明量，必须与实物相符，不得采用代名词或相当成分。凡产品说明、包装物与实物不符者，应视为假冒伪劣产品。销售不符合质量标准的种子，或以次充好、掺杂使假的，由农业行政部门种子管理机构扣押种子，并移交工商行政管理机关处罚。产品质量出现问题的，由工商行政管理机关依照《产品质量法》的规定，责令停止生产销售，责令公开更正，没收违法所得，处以罚款。

肥料、农药、种子的生产者、经营者不得从事非法转手倒卖，将计划内转计划外，倒卖计划指标、发货票、提货凭证等投机倒把行为，不得从事假冒商标、名牌等不正当竞争活动。违反此规定的，由工商行政管理机关依据有关规定，给予通报批评、限价出售商品、强制收购商品、没收非法所得、没收用于投机倒把的物资、没收销货款、罚款、责令停止整顿、吊销营业执照等处罚。对农业生产造成损失的，要依法追究刑事责任并赔偿损失。

各级工商行政和管理机关和农业行政部门要加强对本地区肥料、农药、种子广告的日常监督管理，做好肥料、农药、种子广告发布前的审查工作。申请发布农药广告的，应向工商行政管理机关交验农业行政部门核准的《农药广告审批表》后方可发布。对违反规定的，由工商行政管理机关按照《广告管理条例》等法规，给予处罚。

各级农业行政部门要积极配合工商行政管理机关，负责对本地经销的肥料、农药和种子进行质量联合检查。经农业行政部门检验不合格的肥料、农药、农作物种子，一律不准在市场上销售。凡经监测鉴定属假冒伪劣及含有毒有害物质的肥料、农药、农作物种子，应及时提交工商行政管理机关依法查处。

外交部发言人吴建民就有关香港台湾问题答记者问

有记者问：英方正式建议中英就香港新机场财务安排问题重开谈判。中方对此作何反应？

吴建民答：香港新机场财务安排问题的症结是要不要遵守机场谅解备忘录。根据谅解备忘录的有关规定，中方已就如何解决未来香港特区的债务负担、提高机场成本效益以及加强监督机制等问题提出了一系列建议，希望英方作出积极的反应。但是，近日港英政府负责官员却公开发表言论攻击中方，这说明英方缺乏谈判的诚意。因此，如要重开谈判，英方应首先拿出诚意来。

有记者问：据报道，彭定康可能在 3 月向立法局提交第二部分政改方案。你对此有何评论？

吴建民说：我们希望英方从中英合作和维护香港长期稳定繁荣的大局出发，撤回已提交香港立法局审议的"部分政制方案"，回到谈判桌上来。如果英方不但不撤回，而且再将第二部分政制方案提交立法局审议，那只能进一步说明英方决心不再回到谈判桌上来，由此引起的一切后果必须完全由英方承担。我们已多次重申，在中英双方未达成协议的情况下，对香港立法局讨论通过的有关 94/95 年选举的任何立法，中方都不接受，据此产生的任何机构都只能到 1997 年 6 月 30 日为止。

有记者问：有报道说，台湾与英国就台引进英军民两用高科技达成了共识。你对此有何评论？

吴建民答："我们坚决反对与我建交国同台湾进行任何形式的官方往来。军民两用高科技合作是一个十分敏感的问题，我们希望有关国家在此问题上要谨慎从事。"

国家主席江泽民在中南海会见美国财政部部长劳埃德·本特森

江泽民说："你是我去年 11 月在美国西雅图与克林顿总统正式会晤后来中国访问的第一位美国内阁部长。希望你通过这次访问增进相互了解。"

本特森说，他很高兴有机会到中国来访问，"美中两国都是世界大国，两国贸易额很大。我们希望进一步促进两国的经贸合作。克林顿总统对在西雅图同你的会晤留下深刻的印象。他赞赏你在会谈时所阐述的很多明智意见"。

江泽民说："去年 11 月，我同克林顿总统在西雅图会晤，谈得很好。对中美关系，我们达成了这样的共识，即中美关系非常重要。这次会晤增进了相互了解，为两国关系的改善创造了一个良好的开端。我们希望双方能努力保持这一势头，并以此为契机，增加各个层次的接触和往来，建立相互信任，推动两国关系逐步走向正常。"

江泽民指出，中美经贸关系是整个中美关系中非常重要的一部分。中国正致力于现代化建设，美国也面临着振兴经济的任务，两国在经济方面有着很强的互补性。充分发挥这一特点，扩大经贸科技交往与合作，对我们两国人民有着切实的利益。在新的一年里，中国将进一步加快改革开放和建设社会主义市场经济的步伐，这些都为中美经贸关系的发展提供新的机会。希望本特森财长通过访问，增加对中国经济发展及潜力的感性认识。

财政部长刘仲藜、美国驻华大使芮效俭等会见时在座。

国务院副总理朱镕基在人民大会堂会见并宴请美国财政部部长本特森

毛里求斯总统乌蒂姆在路易港会见国务院副总理兼外交部部长钱其琛

外交部部长钱其琛同毛里求斯外交部部长卡斯纳里在路易港举行会谈

钱其琛在会谈时指出，中毛建交以来，两国关系顺利发展，在政治、经济、文化等领域的交流与合作不断扩大。中国政府一向珍视中毛两国的友谊，愿同毛里求斯政府一道努力探索和开拓两国互利合作的新途径。

会谈前，两国外长出席关于中国政府向毛里求斯赠送一般物资的协议书签字仪式，并代表各自政府在协议书上签字。

国务院副总理李岚清在北京新技术产业开发试验区进行调查研究

李岚清日前在北京市新技术产业开发试验区调查研究时指出，高科技产业化不仅能在当前产生较好的经济效益和社会效益，还将为今后我国的经济繁荣打下坚实的基础。

李岚清在北京市委书记陈希同等陪同下，参观北大方正集团的彩色照排系统、英斯泰克公司数控加工中心和视频技术公司的电视接收监视系统及华胜计算机公司、华科通信技术公司。李岚清在参观时说，新中国成立后，我国高教界和科技界已取得大量很有价值的科研成果，长期以来大量科技成果未能及时产业化和转化为商品，科技作为第一生产力的作用也没有得到充分发挥，这是很大损失。这次到试验区参观，感到科技产业化是加速科技转化为生产力的有效途径。北京在科学技术密集地区建立高科技开发试验区是很有远见的，而且试验区在起步阶段取得明显效果。

李岚清在听取试验区主任王思红介绍2000年发展规划后指出，宏伟的科技产业化计划要靠人才实现，尽管现在我们企业里有一些优秀人才，但这主要还是工作需要推动他们学习。试验区应有计划地创造条件，为试验区的发展进行国际贸易、国际金融、国际法律、财务会计等方面人才的培训和教育，强化培养出一批既懂技术又懂贸易，既懂工业又懂管理的复合型的高层次人才，这类人才是现代化建设和建设社会主义市场经济体制最需要的人才。他强调指出，中关村是个知识和科学技术密集的地方，尤其要重视对知识产权的保护，我们自己的一些新发明也要及时在国内外申请专利，以确保高科技成果顺利转化为生产力，从而形成有很强竞争力的产业。

北京大学数学系教授张恭庆荣获第三世界科学院1993年度数学奖

北京大学数学系教授张恭庆最近荣获第三世界科学院九三年度数学奖。

中科院学部委员张恭庆现年57岁，是国家级有突出贡献的专家。他在带间断非限性项偏微分方程、孤立临界点的无穷维、MORSE理论等重要基础数学理论方面取得突出成绩，曾获全国科学大会奖、国家自然科学奖和陈省身数学奖等重要奖项。

全国人口科学讨论会在北京举行

全国人口科学界200余人，汇集首都，就“社会主义市场经济与人口控制、计划生育”问题，各抒己见。宋平、吴阶平、钱正英等到会做发言。会议选举彭珮云担任第四届中国人口学会会长。

在这次讨论会上，进行首届中国人口科学优秀成果的评选活动，评出一等奖35项，二等奖75项，优秀奖111项，荣誉奖4项。

1月21日

中组部中宣部联合召开的全国党员教育工作会议在北京举行

会议提出，在发展社会主义市场经济的条件下，要切实加强和改进党员教育工作，全面提高党员队伍素质，为实现新的历史任务而奋斗。会议是由中央组织部和中央宣传部联合召开的。

中宣部副部长刘云山在会上提出，当前和今后一个时期党员教育应突出三个方面的内容：首先是进一步落实用邓小平建设有中国特色社会主义理论武装全党的任务。各级党委要认真落实中央关于学习《邓小平文选》第三卷的决定，把组织广大党员学习《邓小平文选》第三卷的工作引向深入，抓出成效。重点抓好党员干部特别是党员领导干部的学习，同时也要着力抓好基层党员的学习。第二，坚持不懈地抓好党性教育。要教育党员把共产主义理想与现阶段全国人民的共同理想结合起来，团结、带领广大人民群众为推进改革和建设共同奋斗；把坚持党的全心全意为人民服务的宗旨与发展社会主义市场经济的实践结合起来；把遵循共产主义道德与遵守社会公德、职业道德结合起来，培育高尚的道德情操；把开拓创新、开放搞活与严格遵守党的纪律结合起来，保持和发扬党的优良传统作风。搞好党性教育，要坚持领导干部以身作则。第三，进行社会主义市场经济基本知识、现代科学文化知识的学习教育，把这项教育作为一项紧迫的任务认真抓好。

中组部副部长赵宗鼐主持会议。吕枫、张全景、傅杰等中央有关部门的负责同志，各省、自治区、直辖市和部分城市党委组织部、宣传部和纪律检查委员会的负责人，出席了会议。

全国审计工作会议在北京结束

会议于18日开始。李贵鲜指出今年审计工作重点转向宏观管理服务方面，并说审计机关行使监督权不受干涉，审计署审计长吕培俭在会议上说，今年审计监督的重点要转向财政、金融和重点建设等方面。新实行的分税制以1993年财政收支为基数。因此，审计机关在审计地方财政决算时，要重点检查 1993 年财政收支是否真实、合法，有无弄虚作假、扩大基数等问题。金融审计工作，要加强对人民银行和政策性银行管理、经营国家资金等财务收支的审计，要监督国家专业银行转向商业银行过程中国有资产的变化。

中美联合经济委员会在北京举行第八次会议

这是联合委员会自 1988 年中断以来召开的首次会议。

中美联合经济委员会是邓小平在 1979 年 1 月访美时与美国总统卡特商定设立的。委员会作为两国在经济问题上相互交流与合作的中心，旨在协调和监督两国经济关系有序地发展。

自 1980 年至 1987 年，联委会召开了七次会议。这次会议是在美方提议下恢复的。

中国代表团团长、财政部部长刘仲藜与美国代表团团长、财政部长劳埃德·本特森共同主持会议。

刘仲藜在回顾了中美经济合作关系后说，中美之间存在着广泛的共同利益，在经济和贸易等许多领域有很强的互补性，发展互利合作的潜力很大，前景很广阔。

本特森表示，美国欢迎中国在市场取向的经济改革方面取得的进展。中国开放的、富有活力的经济不仅将促进亚洲的繁荣和稳定，也将为美国提供重要的商业机会，并增加美国的就业。

双方还就中国恢复关贸总协定缔约国地位、最惠国待遇问题以及中美知识产权、劳改产品和市场准入的 3 个谅解备忘录执行情况及多边开发机构等问题交换意见。

会上，中方代表财政部副部长刘积斌、中国人民银行副行长陈元、对外经济贸易合作部副部长谷永江及美方有关方面代表分别就财税、金融、对外贸易和对外投资等议题作专题发言。在本次会议上，双方还商定明年在美国华盛顿举行中美经济联委会第九次会议。

中美联合经济委员会第八次会议发表《联合声明》

一、美利坚合众国财政部长本特森应中华人民共和国财政部长刘仲藜的邀请，于 1994 年 1 月 19 日至 22 日对中国进行了正式访问，并与刘仲藜财长共同主持了在 1 月 21 日召开的中美联合经济委员会第八次会议。在访问期间，国家主席江泽民、国务院总理李鹏和副总理朱镕基分别会见了本特森财长。

新形式的中美联合经济委员会就双方感兴趣的一些经济问题提出了总体设想。

二、在友好、坦率的气氛中，两国财长同意中美联合经济委员会每年轮流在两国召开。

在总体设想下所进行的讨论将着重于促进双方共同的目标：

1. 继续增强彼此在经济互利方面具有巨大潜力的贸易和投资联系；

2. 中国成功地进行市场取向的经济改革并与世界经济接轨；

3. 完善旨在加强两国经济联系的更为透明的法律和法规体系。

三、为了就双方与直接利益有关的特殊经济问题进行对话，两国财长同意在 3 个重要领域建立准阁员级的工作小组：

——货币和银行

——汇率

——投资和经济合作

两国财长同意，3 个工作小组将每 6 个月或根据需要进行会谈，并向中美联合经济委员会报告进展情况。两国财长还同意，双方各自指定官员负责协调技术援助的工作。

四、本特森财长代表克林顿总统表明，美国将支持一个稳定的、繁荣的和现代化的中国。此外，美国赞赏中国近来在货币和金融体制、税收体制和外汇体制方面建立市场机制的改革决策。美方愿意对这些改革和其他的改革提供和扩大技术援助，即提供美国政府有关部门的经验和专业知识。这些部门包括美国财政部及所属的国内收入署、海关总署和通货检查局，证券交易委员会，联邦储备委员会。本特森财长通报，美国联邦储备委员会主席格林斯潘很愿意在今年访问中国，并就改革进程中有关货币问题进行讨论。

五、本特森财长欢迎中国方面有关统一汇率和改善进口商获得外汇的条件这一作为加入关贸总协定和实现货币自由兑换的重要步骤的决策。美国政府表示将在两国签署的市场准入备忘录所达成谅解的基础上，继续坚定地支持中国恢复关贸总协定缔约国的地位。

六、本特森财长提出了美国对支持中国努力发展和改革国内资本市场改革方面的兴趣，这包括改善外国金融机构参与的机会。

七、本特森财长对中国履行中美双方签订的关于市场准入备忘录所作出的努力表示赞赏，并对最近达成的中美纺织品贸易协议和中国同意从 2 月开始进行服务贸易谈判表示欢迎。同时，本特森财长注意到仍有许多障碍，他提出了进一步放松中国贸易限制的重要性，强调中国在开放它的服务市场和改善知识产权方面的必要。

八、刘仲藜财长提出，美国是世界上经济实力最大、科学技术最发达的国家，美国经济的景气增长对世界经济有着重大影响。刘仲藜财长对克林顿总统减少财政赤字的一揽子经济计划表示了兴趣。并对这项计划给美国经济带来的积极影响表示欢迎。

九、刘仲藜财长欢迎美国对中国的改革提供和扩大技术援助,并赞赏美国继续坚定地支持中国恢复关贸总协定缔约国的地位。同时,希望美国排除对华贸易障碍,并进一步放宽对中国在高科技出口方面的限制。

十、刘仲藜财长提出,中国最近实施的外汇体制改革,实行了以市场为基础的、单一的汇率体制,取消了经常项目下大部分对外支付用汇的政府审批制度。刘仲藜财长还表示,中国最终将实现人民币自由兑换。

十一、刘仲藜财长表示,中国将在试点的基础上,允许外资金融企业经营本币业务,并进一步扩大外资银行在其他一些主要城市设立营业性机构。

十二、刘仲藜财长提出,中国为履行中美双方签署的现有谅解备忘录,作出了真诚的努力。他希望双方对一些在执行中尚未取得谅解的问题,继续友好协商。

十三、刘仲藜财长和本特森财长表示,两国都对促进经济持续增长和改善经济关系的区域合作很感兴趣。本特森财长邀请刘仲藜财长出席将于今年早些时候召开的亚太区域财长会议。刘仲藜财长接受了本特森财长的邀请。两国财长积极支持亚太经济合作组织的活动,并希望财长会议能够推动亚太区域的经济合作。

国务院副总理钱其琛在结束非洲六国之行后就非洲局势和中国对非政策发表谈话

钱其琛在圆满结束对埃塞俄比亚、厄立特里亚、苏丹、肯尼亚、马达加斯加和毛里求斯6个非洲国家的访问之后,在离开路易港前夕,钱其琛就非洲局势和中国对非洲政策向新华社记者发表谈话。

钱其琛说,这次非洲之行给他留下的深刻印象是,国际形势剧变对非洲的冲击激发了非洲人民的新觉醒,不少非洲国家谋求经济发展,把重点放在维护国家稳定方面,同时地区合作的倾向也在加强。他说,非统建立了非洲安全机制,南非的和平进程取得了突破性进展。反对外来干涉、维护独立和主权的斗争正在发展。总之,非洲虽然面临挑战,但存在着历史机遇,非洲不是没有希望的。

钱其琛指出,在冷战结束后的新形势下,地区之间的和平相互关联,各国经济越来越相互依存,世界和平离不开非洲的稳定,非洲经济不发展,也不利于世界经济的繁荣。因此,国际社会应该关注非洲,发达国家有责任帮助非洲国家。非洲需要重视,而不是冷漠;需要帮助,而不是干预。

谈到中国对非洲的政策时,钱其琛强调说,加强同非洲国家和其他发展中国家的团结与合作,是中国外交政策的基本立足点。在国际和地区形势方面,中国同非洲国家有许多共同点。他说,中国完全尊重非洲国家选择适合本国国情的社会制度和发展模式,坚决支持非洲国家捍卫国家独立和主权的斗争。我们支持非洲国家为维护国内团结、发展经济、提高人民生活水平所进行的努力,支持非洲国家要求减免债务,维护经济利益以及加强南南合作和南北对话等一系列合理主张。

谈到中国和非洲经贸关系时,钱其琛认为,中国同非洲之间的经济合作,体现了互利互助、共同发展的精神。他说,中国向非洲提供的援助虽然有限,但是真诚的,不附带任何政治条件。

钱其琛指出,随着国际和非洲形势的不断变化,中国和非洲之间的友谊经历了历史的考验,变得更加巩固。中国永远不会忘记非洲在中国遇到困难时向我们表达的深情厚谊。钱其琛再次重申,不管国际风云如何变幻,不管非洲形势如何变化,中国坚持发展同非洲国家的团结与合作的方针不会改变。中国深信,在未来的岁月中,中国和非洲的友谊必定会继续得到发展与加强,中国和非洲之间的长期、稳定、互利的友好合作关系必将继续得到巩固与发展。

中国代表团团长沙祖康在联大关于《不扩散核武器条约》1995年大会第二次筹委会的一般性辩论中发言阐述中国对核裁军问题的原则立场

沙祖康说,中国政府一贯主张防止核武器的扩散。中国在一九六四年爆炸第一枚核武器时就郑重声明,中国发展核武器完全是为了自身的防御,是为最终实现全面禁止和彻底销毁核武器这一崇高目标。从这一基本立场出发,中国政府一贯坚定不移地奉行不主张、不鼓励、不从事核武器扩散,不帮助别国发展核武器的政策。中国自一九九二年正式加入《不扩散核武器条约》后,一直严格履行《条约》规定的不扩散核武器的义务。沙祖康指出,中国承认防止核武器扩散并为此保持有效的国际法律机制的重要性,但同时认为,防扩散本身不是人类所应追求的最终目标。真正的目标应是全面禁止和彻底销毁核武器,实现无核世界。沙祖康特别强调了关于不首先使用和不使用核武器问题。他说,首先这是中国政府的一贯立场,是中国单方面作出的庄严承诺。第二,中国政府认为,当前所有核国家承诺不首先使用核武器和不对无核国家使用或威胁使用核武器的条件已经成熟。原来以首先使用核武器为前提的东西方之间的核恐怖平衡随着冷战的结束已失去基础。第三,在绝大多数国际社会成员都自愿放弃核选择的情况下，他们完全有理由要求核国家向他们提供安全保障，即核国家在法律上承诺无条件地不对无核国家使用核武器；核国家之间相互不使用，至少不首先使用核武器。

国务院决定中国科学院学部委员改称为中国科学院院士

《应用基础与工程科学学报》创刊

中国首部全部由青年科学家为编委的综合性学术刊物《应用基础与工程科学学报》近日创刊。由国家国际人才交流与开发研究会主办，中国管理科学研究院应用基础与工程科学研究所承办的这个刊物，主要反映我国自然科学与工程科学、交叉科学及高科技主要领域中的最新成果。

国家体委副主任中国奥委会主席何振梁致电张丰绪祝贺他连任中国台北奥委会主席

台湾"行政院陆委会"通过《大陆地区人民在台湾地区居留数额表》

数额表决定将大陆配偶申请赴台居留的配额，从现行限制每年 300 人放宽至每年 600 人，从 1994 年 1 月 1 日起实行。

1 月 22 日

民主党派工商联无党派领导干部理论研讨班结业典礼在中南海怀仁堂举行

中共中央政治局常委李瑞环在民主党派工商联无党派领导干部理论研讨班结业时发表讲话

这次民主党派、工商联、无党派领导干部理论研讨班，办得很成功。同志们在十多天的紧张学习中，全面了解了《邓小平文选》第三卷的基本内容，紧密联系实际，认真研究问题，加深了对建设有中国特色社会主义理论的理解。胡锦涛同志和雷洁琼同志在开学典礼上作了重要讲话，朱镕基同志就当前经济工作作了重要报告，我没有更多的新话可讲了。听了大家的发言，我很受启发，借此机会也谈一点学习体会，和同志们一起研讨交流。

（一）建设有中国特色的社会主义是当代中国人民的最大共识

共识是团结统一的基础，是共同奋斗的目标，是规范行为的准则。因此，一个国家，一个地区，一个社会，一个时代，一般都非常重视取得广泛共识的问题。共识不是一成不变的，不同的时期，不同的历史条件，人们有着不同的共识。抗日战争时期，中华民族到了最危险的时候，"工农兵学商，一起来救亡"，抗日救国成为全国人民的共识。解放战争时期，国民党反动派卖国独裁打内战，人民大众奋起反抗，"打倒蒋介石，解放全中国"成为全国人民的共识。历史的经验说明，人们的思想的统一，行动的一致，力量的凝聚，各方面积极因素的调动，都需要以取得共识为前提。共识广泛形成之日，就是人民事业胜利推进之时。在我国改革开放和现代化建设的新时期，中国人民的最大共识是什么？就是邓小平同志倡导的建设有中国特色的社会主义。

当代中国人民取得这样一个共识是不容易的。建国初期，我们缺少建设社会主义的经验，在帝国主义长期孤立和封锁我们的条件下，只能以苏联为师。这样做确实起到过积极的作用，但这种体制存在着弊端，而且随着世界经济、科技的迅速发展，变得愈来愈不适应，最大的问题是生产力发展不快，人民生活改善不多。在毛泽东同志领导下，我们对中国建设社会主义的道路进行过独立的、规模空前的试验和探索，取得了伟大成就，但同时也走了不少弯路，出现了"左"的错误，特别是像"文化大革命"那样的错误，使国民经济一度濒临崩溃的边缘。邓小平同志作为中国共产党第一代中央领导集体的重要成员和第二代中央领导集体的核心，凭借他的丰富经验、卓越智慧、过人胆略和历史地位，把马克思主义的基本原理同中国实际和当今时代发展的新情况相结合，正确总结历史的经验，吸取人民群众的创造，经过拨乱反正和全面改革，提出了建设有中国特色社会主义的理论。十多年来，尽管在前进中遇到许多困难，国际上风云变幻，中国人民按照这个理论奋勇向前，使中国的面貌发生了巨大变化，国民经济持续高速增长，人民生活显著改善，综合国力日益增强，国际地位不断提高，国家统一大业稳步前进。这一切有目共睹，举世公认，中国人民身受其惠，有着深刻的体会。建设有中国特色的社会主义成为中国人民的最大共识，乃是历史的必然。

统一战线是同和异的统一体。有同无异，就没有必要建立统一战线；有异无同，就建立不起统一战线；求同存异，才能建立和发展统一战线。同，有大有小，有主有次，而在当今中国人民中间，最大、最重要的同，就是建设有中国特色的社会主义。这个同也就是共识。只有承认和坚持这个共识，统一战线才有灵魂，才可能不断巩固和扩大。坚持这个共识可以"警惕右"，右是否定社会主义，背离社会主义方向；坚持这个共识也可以"防止'左'"，"左"是否定中国特色，不看时代发展，固守关于社会主义的某些过了时乃至严重扭曲的观念。只有深刻领会、正确理解建设有中国特色社会主义的内涵与要义，才能不断增强恪守这个共识的坚定性，才能在这个最大共识的基础上把统一战线事业搞得更好，把范围搞得更宽，把人团结得更多，把工作方式方法搞得更活，从而为振兴中华、统一祖国作出更大的贡献。

许多常见的、似乎很熟悉的事物，我们未必理解它的本质和意义。“感觉到了的东西，我们不能立刻理解它，只有理解了的东西才更深刻地感觉它”。建设有中国特色的社会主义是一项史无前例的伟大事业，认识这一伟大事业的客观规律，解决好实践中不断遇到的新情况、新问题，必须有相当水平的理论修养。《邓小平文选》第三卷是邓小平同志建设有中国特色社会主义理论的集中体现，它全面、准确、生动地反映了邓小平同志对建设有中国特色社会主义事业中一系列重大问题的认识方法、思想观点及其形成脉络，是积极、正确、全面执行党的基本路线的最好教材和有力武器。学好这本书，不仅是中国共产党加强思想理论建设的根本措施，也是新形势下爱国统一战线开展自我教育、增进共识的重要途径。我理解，这就是举办《邓小平文选》第三卷研讨班，加强学习建设有中国特色社会主义理论的目的和意义。

(二)邓小平同志关于新时期统一战线的理论是中国当代马克思主义的重要组成部分

在我们党统一战线理论形成和发展的过程中，毛泽东同志以其特有的学识和才能，进行了深刻的研究和丰富的实践，作出了卓越的贡献，使统一战线发展到一个崭新的阶段，与武装斗争、党的建设并列为中国革命的三大法宝，在完成不同时期党的基本任务中发挥了巨大的作用。毛泽东同志提出的一些观点，如团结一切可以团结的力量，调动一切积极因素，努力化消极因素为积极因素；坚持共产党对统一战线的领导，尊重和照顾同盟者的利益；共产党与民主党派长期共存、互相监督，共产党员必须与党外人士合作共事，等等，至今仍然闪耀着真理的光辉，具有重要的现实指导意义。遗憾的是，由于种种原因，毛泽东同志未能将他的正确理论观点贯彻始终，五十年代中期以后，尤其是在他的晚年，坚持“以阶级斗争为纲”，一大批党外朋友受到了伤害，统一战线工作像党的其他事业一样遭到了严重的破坏，留下了深刻的教训。

中共十一届三中全会以后，邓小平同志领导我们党进行拨乱反正，实现了伟大的历史性转变。他确立了解放思想、实事求是的思想路线，纠正了在社会主义社会仍然“以阶级斗争为纲”的错误方针，完成了党和国家工作着重点的战略转移，开辟了改革开放的伟大事业，阐明了我国还处在社会主义初级阶段的科学论断，作出了建立社会主义市场经济体制的决策，制定了政治体制改革必须与经济体制改革相适应和建设社会主义民主政治的目标，强调了坚持党的基本路线一百年不动摇，提出了关于社会主义本质的概括和“三个有利于”的标准，明确了以公有制为主体多种经济成分并存的形式，阐述了科学技术是第一生产力和把科技、教育摆在发展战略的首位的观点，肯定了知识分子是工人阶级的一部分，创立了“和平统一、一国两制”的宏伟构想，等等。这一系列新思想、新论断、新概括，既是事关全局的大政方针，从总体上为我国的社会主义建设事业廓清了迷雾，指明了航向；同时所有这些论述都与统一战线密切相关，构成了新时期统一战线的宏观背景，对于统一战线的性质、范围、对象、任务、作用及工作方式等各个方面，都产生了极其深远的影响。

适应新时期改革开放和现代化建设的形势和需要，邓小平同志还就统一战线工作提出一系列具有时代特点的观点和方针政策，为我们党的统一战线理论宝库增添了全新的内容。比如关于新时期统一战线已经发展成为全体社会主义劳动者、拥护社会主义的爱国者和拥护祖国统一的爱国者的最广泛联盟的观点；关于统一战线的范围以宽为宜，宽有利，不是窄有利的观点；关于共产党领导的多党合作是我国政治制度的特点和优点，共产党在国家政治生活中处于领导和执政地位，更加需要听取、接受来自包括民主党派在内的各个方面的批评和监督的观点；关于人民政协是巩固和扩大我国爱国统一战线的重要组织，也是我国政治体制中发扬社会主义民主的重要形式的观点，等等。

总之，邓小平同志坚持了毛泽东同志关于统一战线的正确观点，完善了不够完备的地方，落实了尚未做到的事情，纠正了某些错误的提法和做法，并根据新的情况，提出了一系列毛泽东同志没有提出的观点。邓小平同志关于新时期统一战线的论述，是建设有中国特色社会主义理论的重要组成部分，是马克思列宁主义、毛泽东思想关于统一战线的基本原理与当代中国实际相结合的伟大创造，对于我们做好新时期的统一战线工作，发展、完善共产党领导的多党合作和政治协商制度，具有极为重要的指导意义。我们要认真学习建设有中国特色社会主义的理论，加深对邓小平同志新时期统一战线理论的理解，提高做好统战工作的水平，充分发挥统一战线在改革开放、现代化建设和统一祖国大业中的重要作用。

(三)学习建设有中国特色社会主义的理论，必须注重研究新问题、总结新经验

能不能坚持理论联系实际，不仅是一个学习方法问题，同时也是一个学习目的问题，学习态度问题，检验学习成绩大小的标准问题。我们学习这一理论，不

是为了挂在嘴上说、摆个样子看，而是为了掌握这一锐利武器，解决改革开放和现代化建设中的实际问题。实践证明，只有坚持理论联系实际，才能引起学习兴趣，才能钻得进去，也才能长期坚持学习。大家这次离开本职工作集中一段时间读《邓小平文选》第三卷，是很必要的，但这样的机会毕竟不多，更多的是在日常工作过程中的分散学习。大家工作都很忙，但只要坚持在实践中学习，使学习的过程同研究解决思想认识和工作中的实际问题有机结合起来，就能解决学习与工作在时间上的矛盾，就能使学习有明确的目标，工作得到有力的推动。

强调理论联系实际，不是不重视读书。不读书，没有理论知识，尽管海阔天空讲实际，也不能算是理论联系实际。读书必须认真、刻苦，做到真正读懂弄通。但读书一定要精，要学管用的，要学以致用。我们过去开展学习马克思主义理论的活动，有些人把很多时间用在掉书袋、抠字眼上，常常为几个字争来争去，没完没了，这种脱离实际的学风害了不少人，误了不少事。这是我们在理论学习中必须注意克服的。领导干部学习马克思主义理论，首先要学邓小平同志的著作。小平同志理论最大的特点就是有很强的现实针对性。他的文章大多是着眼于研究、解决一个时期、一个方面的突出的现实问题。小平同志的著作，深入浅出，通俗易懂，但其中包容了极其深刻的具有普遍意义的真理。要真正弄懂弄通小平同志的理论，并不简单。我们必须下大功夫，力求把握其精神实质。

在理论指导下，研究新情况、总结新经验，是当前工作的急迫需要，也是理论联系实际的一个很重要的途径。总结的过程就是把感性材料改造制作、上升为理性认识的过程。不掌握理论，没有加工的工具，就没有办法加工；同样，如果不了解实际，没有感性材料、或材料不全不准，也没办法加工。当前，我们正在努力建立社会主义市场经济体制，这是一个庞大的社会系统工程，要求对我国现有的经济结构进行深刻的改造，要求对传统的利益格局进行广泛的调整，要求对上层建筑的不适应部分进行必要的革新。在这个过程中急待解决的问题很多，其中既有理论问题也有实际工作问题。有的问题，在过去的条件下看似解决了，而在新的条件下又重新冒出来了；有的问题在书本上看似解决了，而在实践中却显得脱节；有的问题一般说说似乎已不成其为问题，而深究起来道理却未必成立。这就要求我们以建设有中国特色社会主义理论为指导，进行深入研究和总结。从一定意义上说，建立社会主义市场经济体制的过程，就是一个学习——实践——总结、再学习——再实践——再总结的过程。这个过程就是理论与实践相结合、使认识不断深化、经验逐步完善、工作日益自觉的过程，同时也是建设有中国特色社会主义理论不断丰富和发展的过程。我们统一战线也面临同样的任务，有许多新的问题需要研究和总结，比如，在建立社会主义市场经济体制的过程中，共产党领导的多党合作和政治协商究竟怎么搞才更有成效，在中国民主政治建设中，人民政协的特点和优点究竟怎么才能更好地发挥，等等。过去共产党和各民主党派互相配合、共同努力，使各个时期统一战线理论与实践不断丰富、发展。今后，我们要继承和发扬这个好传统，创造、总结更多的新经验，共同开创统一战线工作的新局面。

香港特别行政区筹委会预委会法律小组第二次会议在北京举行

香港特别行政区筹委会预委会法律专题小组第二次会议 1 月 22 日至 23 日在北京召开。预委会目前已进入实质性的工作阶段，开始依据香港基本法的有关规定，对香港的原有法律进行研究，为香港原有法律被采用为香港特别行政区法律作准备。小组召集人邵天任、罗德丞向记者表示，为期两天的会议主要讨论有关香港现行司法制度的 8 个条例，研究其中的内容有无抵触基本法之处以及解决的办法。

外交部部长钱其琛在法国外交部同法国外交部部长阿兰·朱佩进行会谈

钱其琛对法国外长说，上午，他同密特朗总统进行很好的会谈。中法两国政府不久前签署改善关系的联合公报，这表明两国关系经过曲折，翻开新的一页。中国希望两国关系在保持稳定发展的道路上，继续向前发展。钱其琛说，法方提议两国外长进行定期政治磋商，中方赞成这个提议。他认为，今天的会谈便是定期政治磋商的一个良好开端。钱其琛希望法国外长在今年之内访问中国。他说，巴拉迪尔总理近期内将访华，这样，中法两国的交流就恢复到很好的水平。

朱佩说，法国很高兴看到法中关系沿着戴高乐将军 1964 年确定的方向继续前进。法国人民对两国关系恢复正常化感到很高兴。钱其琛外长访问法国是关系正常化的具体表现。巴拉迪尔总理近期将对中国的访问，是两国关系中的一个重要里程碑。不久前，两国政府就改善法中关系签署了令人满意的协议。法方将信守公报的原则并实施公报的内容。法方认为，法中两国在国际事务中必须保持和加强接触，两国外长进行定期政治磋商，有利于两国关系的进一步发展，有利于维护世界和平与稳定。朱佩还强调，中国的经济取得令人钦佩的成就，他希望法国企业能参加到中国的经济建设中去。他表示，法中双方还应加强文化、科技等方面的交流与合作。

美国财政部长本特森结束对中国的访问

美国财政部长劳埃德·本特森在结束中国之行时说："中国是亚洲地区中经济增长最快的国家，中国的繁荣、稳定对美国和全世界都是有利的。"

《人民日报》发表评论员文章《现代化建设需要"硬骨头"精神》

30年前，人民解放军某部六连以战备思想硬、战斗作风硬、军事技术硬、军政纪律硬饮誉全军，被国防部命名为"硬骨头六连"，1985年又被中央军委授予"英雄硬六连"，成为历史上唯一两次获得最高荣誉称号的连队。几十年来，这个英雄连队在保卫祖国和社会主义建设中不断建立了新的功勋，"硬骨头"精神也在全军生根、开花、结果，一批又一批硬骨头六连式的连队涌现出来。

党中央、中央军委一贯高度评价硬骨头六连和"硬骨头"精神。邓小平同志在1977年军委座谈会上指出："对连队来说，学硬骨头六连是对的，因为硬骨头六连的作风不只是一个连队的作风，所有的连队以至各级干部都应该像他们那样勤学苦练，有他们那种政治思想。"江泽民同志1991年视察硬六连时，强调要大力弘扬"硬骨头"精神，他认为，"硬骨头"精神集中到一点，就是在任何艰难困苦面前都决不低头，敢于拼搏，勇于牺牲，夺取胜利。

"硬骨头"精神是我军的优良传统和宝贵的精神财富。战争年代，我们的军队就是靠这种"硬骨头"精神，顽强拼搏，勇往直前，从胜利走向胜利；新中国成立后，我们的军队同样靠这种"硬骨头"精神，在建设现代化、正规化军队的同时，积极参加社会主义建设，勇于承担抢险救灾和急难险重任务，为我国经济振兴和腾飞，立下了功勋，成为社会主义现代化建设的重要力量。

"硬骨头"精神也是中华民族的传统精神，社会主义现代化建设的各条战线同样需要这种精神。尤其是当前，我国经济体制改革进入了攻坚阶段，改革在深化，开放在扩大，社会主义市场经济体制正在逐步确立，有许多新问题需要解决，有许多困难需要克服，这就需要我们的干部群众学习和弘扬"硬骨头"精神，不怕任何困难，坚忍顽强，奋发进取，直到取得胜利。

学习和弘扬"硬骨头"精神，就要努力用科学的理论武装头脑。只有用马列主义、毛泽东思想武装起来，才能有坚定正确的政治方向，才能有强大的精神支柱。邓小平同志建设有中国特色社会主义理论是对毛泽东思想的继承和发展。认真学习《邓小平文选》第三卷，牢牢掌握建设有中国特色社会主义理论，就能够在任何情况下都有坚定的信念，坚持党的基本路线不动摇。

学习和弘扬"硬骨头"精神，就要努力掌握现代化建设所需要的知识和本领。现代化建设是异常艰巨复杂的事业，不能只凭一股勇气，一股热情，还必须掌握真本领，把革命精神和科学态度紧密结合起来。各行各业的同志都应抓紧时间学习专业知识，不断提高业务能力，为社会主义现代化建设贡献聪明和才智。

学习和弘扬"硬骨头"精神，就要顾全大局、团结奋斗。干革命也好，搞建设也好，我们之所以能够取得胜利，关键在于我们的党、我们的人民是一个团结一致的整体。个人的力量、小集体的力量再大也是渺小的，只有汇集、凝聚在一起，才能形成无坚不摧的力量。在改革开放和现代化建设中，我们要个人利益服从集体利益、局部利益服从全局利益，不断增强全党和全国人民的团结，不断提高我们的整体实力。

"硬骨头"精神具有强烈的时代特色，弘扬这种精神，不仅过去需要，现在需要，将来也永远需要。今后，我们国家的社会主义现代化建设将更加蓬勃发展，人民生活水平将会不断得到提高，但是，"硬骨头"精神仍将是我们克服困难、不断前进的精神支柱，并在伟大的实践中发扬光大、代代相传。

南京军区在杭州集会纪念"硬骨头六连"命名30周年

中央军委委员、总政治部主任于永波代表中央军委和三总部到会祝贺并讲话。

大会宣读中央军委主席江泽民和中央军委副主席刘华清、张震为"硬骨头六连"的题词。题词分别是："弘扬硬骨头精神，全面建设部队"；"硬骨头精神代代相传"；"继承老红军传统，弘扬硬骨头精神"。

于永波代表中央军委和三总部向"硬骨头六连"祝贺。

"硬骨头六连展览馆"在杭州开馆

在国防部授予"硬骨头六连"荣誉称号三十周年之际，"硬骨头六连展览馆"正式开馆。中共中央总书记、国家主席、中央军委主席江泽民为"硬骨头六连展览馆"题写馆名。中央军委委员、总政治部主任于永波出席开馆仪式。

51项科研成果荣获'93全国中医药科技进步奖

获得一等奖的是中国中医研究院针灸所完成的课题"大脑皮层及某些核团中缝大核下行痛抑制的调控

及其在电针镇痛中的作用”与由内蒙古自治区伊克昭盟医药公司和陕西省中药研究所完成的课题“甘草人工栽培技术的系统研究”。

1 月 23 日

中共中央政治局常委胡锦涛在全国党员教育工作会议上发表讲话

胡锦涛指出，新形势新任务迫切要求进一步加强和改进党员教育工作，全面提高党员队伍素质。用建设有中国特色社会主义理论武装广大党员，就是新时期党员教育工作最重要的改进；做好这项工作，就是党员教育工作最有效地加强；这项工作做好了，党的思想建设以至整个党的建设就会有新的进步，社会主义现代化建设事业的成功也就越有保证。

胡锦涛说，邓小平同志在领导我们开辟建设有中国特色社会主义道路、进行新的创业过程中，尤其是在重要关头，一再强调要把我们党建设好。邓小平同志关于新时期执政党建设的思想，大大丰富和发展了马列主义毛泽东思想的建党学说，有一系列新观点、新论断、新创造，我们必须很好地学习和掌握，用以指导党的建设实践。胡锦涛在列举了邓小平同志新时期关于加强党的思想建设，搞好党员教育，提高党员素质的部分论述后说，希望从事党的建设和党员教育工作的同志系统地学习和研究小平同志著作中的有关思想，深入领会精神实质，联系这些年来党员教育的实践，认真总结经验教训，进一步提高工作水平，把今后的事情办得更好。

胡锦涛强调，党员教育工作要把用邓小平同志建设有中国特色社会主义理论武装全党作为根本任务来抓，以此带动其他教育任务的完成。他指出，用建设有中国特色社会主义理论武装全党，是加强和改进党的建设，全面提高党员素质的根本措施，关系到党的基本理论和基本路线能不能坚持一百年不动摇，关系到我们党、国家和民族的前途命运。各级党组织务必要下功夫把这项事关根本大计的思想建设工程搞好。当前，要把组织党员和干部学习《邓小平文选》第三卷，同学习贯彻十四届三中全会的决定结合起来，引导大家用建设有中国特色社会主义理论，指导加快建立社会主义市场经济体制的改革实践，力求在三个问题上收到实效：(一)增强建立社会主义市场经济体制、发展社会主义市场经济的坚定性和自觉性，把思想进一步统一到十四大和十四届三中全会精神上来，坚定地执行中央为推进改革做出的各项决策。(二)努力掌握发展社会主义市场经济的知识，不断提高驾驭社会主义市场经济的能力，用适应建立新经济体制要求的新观念来认识问题，处理问题，尽快使自己的工作方式同深化改革的进程和措施相衔接。(三)在发展社会主义市场经济中自觉增强党性锻炼，为建立新经济体制努力学习、积极工作，正确看待深化改革必然要进行的某些利益调整，正确处理整体和局部、集体和个人之间的关系，坚持党的理想、信念，坚持正确的价值观，坚持廉洁自律，经受住新时期面临的新考验。

胡锦涛说，几十年来我们党在党员教育方面，积累了丰富的经验，形成了许多好的形式和方法，无疑应当坚持。同时必须看到，随着改革开放的深入发展，党员所处的环境和条件与过去相比有了很大的不同。在这种情况下，做好党员教育工作，光靠以往的办法已经不够了，必须在改进中加强，在务求实效上多下功夫。他提出：一要密切联系贯彻党的基本路线的实践，坚持为改革、发展和稳定服务；二要用好理论武器，做到有的放矢，加强教育的针对性、说服力和吸引力；三要把加强教育、解决思想问题同关心党员、解决实际问题结合起来；四要把加强党员教育同改进管理、严肃党纪结合起来；五要把加强党员教育管理同加强基层党组织建设结合起来。

胡锦涛在讲话中要求各级党组织抓紧做好在生产、科研和工作第一线发展党员特别是发展青年党员的工作。他指出，我们党领导的建设有中国特色的社会主义事业，是以最终实现共产主义为远大目标的事业，是不断开拓、走向未来的事业，需要一代又一代中国共产党人坚持不懈地为之奋斗，需要经常不断地为党的肌体补充新鲜血液。党员队伍的新老交替和干部队伍的新老交替一样，都是坚持党的基本路线一百年不动摇的组织保证，都是保持党的事业后继有人、兴旺发达的必备条件。各级党组织要从实际出发，分析发展党员工作中的新情况、研究解决新问题的途径和办法。发展新党员，要坚持党章规定的党员标准，确实保证质量合格。

胡锦涛希望各级党委带头贯彻“党要管党”的原则，加强和改进对党员教育工作的领导。要改进领导方法，转变工作作风，加强宏观指导和具体的督促检查，加强调查研究，认真分析建立社会主义市场经济体制这场大变革给党员价值观念、思想情绪和精神状态带来的新变化，经常总结、推广基层创造的加强党员教育的成功做法，在实践中不断积累经验，逐步掌握新形势下党员教育工作的规律，把党员教育工作做好。

国务院发出《关于取消集市交易税牲畜交易税烧油特别税奖金税工资调节税和将屠宰税筵席税下放给地方管理的通知》

各省、自治区、直辖市人民政府，国务院各部委、各直属机构：

为了简化和规范税制，推进分税制改革，现就有关问题通知如下：

一、国务院决定取消集市交易税、牲畜交易税、烧油特别税、奖金税和工资调节税，废止下列税收法规：

（一）《集市交易税试行规定》（1962 年 4 月 16 日国务院批准、财政部发布）；

（二）《牲畜交易税暂行条例》（1982 年 12 月 13 日国务院发布）；

（三）《关于征收烧油特别税的试行规定》（1982 年 4 月 22 日国务院批转）；

（四）《国营企业奖金税暂行规定》（1984 年 6 月 28 日国务院发布、1985 年 7 月 3 日国务院修订发布）；

（五）《国营企业工资调节税暂行规定》（1985 年 7 月 3 日国务院发布）；

（六）《集体企业奖金税暂行规定》（1985 年 8 月 24 日国务院发布）；

（七）《事业单位奖金税暂行规定》（1985 年 9 月 20 日国务院发布）。

二、下放屠宰税和筵席税的管理权。

屠宰税和筵席税下放地方管理后，各省、自治区、直辖市人民政府可以根据本地区经济发展的实际情况，自行决定继续征收或者停止征收。继续征收的地区，省、自治区、直辖市人民政府可以根据《屠宰税暂行条例》和《中华人民共和国筵席税暂行条例》的规定，制定具体征收办法，并报国务院备案。

三、本通知自一九九四年一月一日起执行。

中国土地租税费体系研究取得成果

由中国社会科学院刘维新高级研究员牵头、国家土地管理局、国家税务总局等部门专家学者参加的中国土地租税费体系课题研究取得成果，填补我国在这方面研究的空白。该成果对加强土地利用与管理、抑制土地特别是房地产投机、防止国有土地资产收益流失等将起重要推动作用。

全国文化厅局长会议在北京举行

文化部部长刘忠德在开幕式上指出，1994 年文化工作的指导方针和基本任务的主要内容可以用八个字来概括：学习、改革、市场、繁荣。

关于学习问题，刘忠德要求各级文化主管部门，一定要切实抓好《邓小平文选》第三卷的学习，要认真研读原著，学懂弄通并理解、掌握其内容和精神实质，密切联系文化工作实际，研究、思考事关文化建设与改革全局的重要问题；要使邓小平同志建设有中国特色社会主义的理论这一当代中国马克思主义的精神财富，变成我们建设有中国特色社会主义文化事业的巨大物质力量。

刘忠德指出，1994 年文化体制改革的重点仍然是艺术表演团体的体制改革，其核心是转换经营管理机制，探索和建立充满生机与活力的运行机制，增强其适应市场竞争的能力。他说，如果说过去的一年所做的工作是为加快和深化改革作了必要的酝酿和准备的话，那么今年应当是改革取得更大进展和明显成效的一年。文化部在加强对全国艺术表演团体体制改革工作指导的同时，决心集中力量抓好中直艺术院团的改革工作，特别是要抓好中央乐团等四个院团的改革试点。

对加强文化市场管理问题，刘忠德强调要正确把握文化市场的基本性质、当前的基本形势和管理的基本策略。他认为，社会主义文化市场的建设应当既符合市场经济的一般规律，又符合社会主义文化事业自身发展的规律和社会主义精神文明建设的要求。当前的文化市场，既比较繁荣兴旺，也出现了一些问题，应该辩证地看。要坚持“两手抓”，一手抓强化管理，扫除精神垃圾；一手抓繁荣，用健康有益的文化产品丰富文化市场。

刘忠德重申对文化市场要把握好四个“并重”的基本策略，并指出今年将在四个方面取得成果：推动文化立法进程，完善市场行为规则；大力整治音像市场、演出市场、娱乐市场、书刊市场中存在的问题；推动文化市场的规范化管理，努力实现横向的归口管理和纵向的分级管理；加强文化市场稽查工作。

会议开幕式由文化部常务副部长高占祥主持，副部长刘德有、徐文伯、陈昌本和中纪委驻文化部纪检组组长张华林等出席了会议。参加会议的还有各省、自治区、直辖市和计划单列市的文化厅、局长及一些文化单位的负责同志，还有中央、国务院有关部门的同志等共约二百人。

会议于 29 日结束。

《人民日报》发表评论员文章《要为子孙后代着想——再谈做好计划生育工作》

近几年来，在党中央、国务院的正确领导下，我国的计划生育工作取得了明显的成绩，有效地控制了人口过快增长，为加快改革、发展经济创造良好的人口环境迈出了重要的一步。但是，计划生育工作仍面临着不少困难和问题，从整体上看，还处于艰苦的爬坡阶段，不容我们有丝毫的懈怠。当前值得注意的是，一些同志由于对实际情况缺乏深入的了解和冷静的分析，过高地估计了近年来计划生育工作的成绩，盲目乐观，以为计划生育工作无须花多大力气了，因而很少过问这项工作。这是必须引起高度重视的问题。

江泽民总书记最近指出，在我们这样一个经历了几千年封建社会的国家里，要破除传宗接代、重男轻女的陈腐观念，十分不易；加上农民家庭需要男性劳动力和养儿防老等实际问题，迫使我们必须充分认识计划生育工作的艰巨性和长期性。各级领导干部要认真领会这个重要精神，坚持不懈地进行宣传教育，了解人口问题严重影响经济发展的人均水平这样一个现实的道理。我们要为子孙后代着想。要使计划生育工作深入到每一个家庭，落实到每一对育龄夫妇，确须付出极大的努力，做非常艰苦细致的工作。目前出现的低生育水平是不稳定的。由于群众的生育观没有完全转变，一些实际困难也没有得到根本解决，工作只要稍有放松，人口出生率就会出现回升。即使是计划生育工作取得较好成绩的地方也不例外。我国人口基数大，九十年代又处在第三次人口出生的高峰期，每年净增人口达一千四百万左右。根据"八五"人口计划和十年人口规划，到本世纪末，即使把计划生育工作抓得很紧很紧，大陆总人口也将接近十三亿。据测算，要到下个世纪中期全国总人口接近十六亿时，才会停止增长。因此，在控制人口问题上，今后几年几十年，都不能夸口说解决好了。我们必须保持清醒头脑，实事求是，在充分肯定工作成绩的时候，要敢于正视问题，找出差距，不断分析新情况，解决新问题。

今年是我国实施"八五"人口计划重要的一年。要认真执行人口与计划生育目标管理责任制，坚持现行生育政策和既定人口计划不变，加强检查督促，严格考核，兑现奖惩。现在人口数据统计不实、底数不清的情况仍然存在。要弄清真实情况，就必须提倡发扬我们党的实事求是的优良传统和作风，当老实人，说老实话，做老实事，不弄虚作假，不自欺欺人。各级干部都要以对人民利益负责的务实态度，切实改进工作作风，深入实际，深入基层，加强调查研究，积极推广科学的办法。

农村仍是当前工作的重点。要继续大力加强农村基层的计划生育工作，特别是村一级的建设。要把村党支部和村民委员会的干部真正发动起来，把工作做深，做细，做实。要自觉坚持群众路线，全心全意为人民服务，把抓紧与抓好正确地统一起来。农村的各项工作要与计划生育工作紧密结合，相互促进，走出一条人口与经济、社会协调发展的道路。

国务院总理李鹏签署国务院第 141 号令发布《农村五保供养工作条例》

现发布《农村五保供养工作条例》，自发布之日起施行。

总理 李　鹏

1994 年 1 月 23 日

农村五保供养工作条例

第一章 总　则

第一条 为做好农村五保供养工作，保障农村五保对象的正常生活，健全农村的社会保障制度，制定本条例。

第二条 本条例所称五保供养，是指对符合本条例第六条规定的村民，在吃、穿、住、医、葬方面给予的生活照顾和物质帮助。

第三条 五保供养是农村的集体福利事业。农村集体经济组织负责提供五保供养所需的经费和实物，乡、民族乡、镇人民政府负责组织五保供养工作的实施。

第四条 在五保供养工作中做出显著成绩的人员，由地方人民政府给予表彰、奖励。

第五条 国务院民政部门主管全国的五保供养工作。

县级以上地方各级人民政府民政部门主管本行政区域内的五保供养工作。

第二章 五保供养的对象

第六条 五保供养的对象（以下简称五保对象）是指村民中符合下列条件的老年人、残疾人和未成年人：

（一）无法定扶养义务人，或者虽有法定扶养义务人，但是扶养义务人无扶养能力的；

（二）无劳动能力的；

（三）无生活来源的。

法定扶养义务人，是指依照婚姻法规定负有扶养、抚养和赡养义务的人。

第七条 确定五保对象，应当由村民本人申请或者由村民小组提名，经村民委员会审核，报乡、民族乡、镇人民政府批准，发给《五保供养证书》。

《五保供养证书》由国务院民政部门制定式样，省、自治区、直辖市人民政府民政部门统一印制。

第八条 五保对象具有下列情形之一的，经村民委员会审核，报乡、民族乡、镇人民政府批准，停止其五保供养，收回《五保供养证书》：

（一）有了法定扶养义务人、且法定扶养义务人具有扶养能力的；

（二）重新获得生活来源的；

（三）已满 16 周岁且具有劳动能力的。

第三章 五保供养的内容

第九条 五保供养的内容是：

（一）供给粮油和燃料；

（二）供给服装、被褥等用品和零用钱；

(三)提供符合基本条件的住房；

(四)及时治疗疾病，对生活不能自理者有人照料；

(五)妥善办理丧葬事宜。

五保对象是未成年人的，还应当保障他们依法接受义务教育。

第十条 五保供养的实际标准，不应低于当地村民的一般生活水平。具体标准由乡、民族乡、镇人民政府规定。

第十一条 五保供养所需经费和实物，应当从村提留或者乡统筹费中列支，不得重复列支；在有集体经营项目的地方，可以从集体经营的收入、集体企业上交的利润中列支。

第十二条 灾区和贫困地区的各级人民政府在安排救灾救济款物时，应当优先照顾五保对象，保障他们的生活。

第四章 五保供养的形式

第十三条 对五保对象可以根据当地的经济条件，实行集中供养或者分散供养。

第十四条 具备条件的乡、民族乡、镇人民政府应当兴办敬老院，集中供养五保对象。

第十五条 敬老院实行民主管理，文明办院，建立健全服务和管理制度。

五保对象入院自愿，出院自由。

第十六条 敬老院可以开展农副业生产，收入用于改善五保对象的生活条件。地方各级人民政府和有关部门对敬老院的农副业生产应当给予扶持和照顾。

第十七条 实行分散供养的，应当由乡、民族乡、镇人民政府或者农村集体经济组织、受委托的扶养人和五保对象三方签订五保供养协议。

第五章 财产处理

第十八条 五保对象的个人财产，其本人可以继续使用，但是不得自行处分；其需要代管的财产，可以由农村集体经济组织代管。

第十九条 五保对象死亡后，其遗产归所在的农村集体经济组织所有；有五保供养协议的，按照协议处理。

第二十条 未成年的五保对象年满16周岁以后，按照本条例第八条规定停止五保供养的，其个人原有财产中如有他人代管的，应当及时交还本人。

第六章 监督管理

第二十一条 县级以上地方各级人民政府民政部门，应当制定五保供养工作的监督管理制度，并负责督促实施。

第二十二条 农村集体经济组织未按照本条例规定供养五保对象的，五保对象有权提出供养要求，县级人民政府民政部门应当督促农村集体经济组织限期纠正。

第二十三条 按照五保供养协议负有扶养义务的人拒绝扶养五保对象，情节恶劣构成犯罪的，依法追究刑事责任。

第二十四条 五保供养工作人员贪污、挪用五保供养款物的，县级人民政府民政部门应当责令其全部退还，并给予行政处分；构成犯罪的，依法追究刑事责任。

第七章 附 则

第二十五条 本条例自发布之日起施行。

1月24日

中共中央在北京召开全国宣传思想工作会议

会议提出，要牢牢把握邓小平同志建设有中国特色社会主义理论这一根本指针，紧紧围绕经济建设这个中心，服从和服务于全党工作的大局，全面落实宣传思想战线的任务，为加快建立社会主义市场经济体制，促进国民经济持续、快速、健康发展，维护政治稳定，推动社会全面进步，提供有力的思想保证和良好的舆论环境。

李瑞环、朱镕基、刘华清、胡锦涛、丁关根、李岚清、李铁映、尉健行、温家宝、任建新等出席会议。丁关根主持会议。

中共中央总书记江泽民作重要讲话。

文化部、广播电影电视部、国务院新闻办公室、新闻出版署和解放军总政治部以及人民日报、新华社等部门和单位的人员，也参加了会议。

中共中央总书记江泽民在全国宣传思想工作会议上发表讲话

同志们：

这次全国宣传思想工作会议，是在我国建立社会主义市场经济体制和现代化建设的关键时期，继全国经济工作会议之后，党中央召开的又 次具有全局意义的重要会议。

这次会议的主要任务是，在邓小平同志建设有中国特色社会主义的理论和党的基本路线指导下，贯彻党的十四大和十四届三中全会精神，按照“两手抓、两手都要硬”的方针，研究和部署在新形势下如何加强和改进宣传思想工作。通过这次会议，使党的各级领导和宣传思想战线的同志们进一步认清大局、统一思想、振奋精神、扎实工作，开创宣传思想工作的新局面，更好地动员、团结、激励广大党员和群众，把改革开放和现代化建设事业不断推向前进。

下面，我讲几个问题。

一、新时期加强宣传思想工作的重要性

在我们党领导的各条战线中，宣传思想战线是一条十分重要的战线。在我们党的各级领导机关中，宣传思想工作部门是一个十分重要的部门。在我们党的干部队伍中，宣传思想工作队伍是一支十分重要的力量。以毛泽东同志为核心的党中央第一代领导集体和以邓小平同志为核心的党中央第二代领导集体，都非常重视对宣传思想战线的领导，非常重视发挥宣传思想工作部门和宣传思想工作队伍的作用。几十年的历史表明，革命也好，建设也好，要取得伟大的胜利，都离不开宣传思想工作。这是我们党的一条基本经验。高度重视宣传思想工作，充分发挥宣传思想工作强有力的作用，是我们党的一大传统、一大优势。

建设富强、民主、文明的社会主义现代化国家，是人民的事业，是党领导人民依靠自己的力量实现自己利益的事业。在这一事业中，宣传思想工作部门承担着重大的使命。集中起来说，就是要正确地宣传党的理论、路线、方针、政策，生动地反映人民群众的伟大实践，调动一切积极因素，化消极因素为积极因素，团结一切可以团结的力量，为实现建设有中国特色社会主义的宏伟目标而奋斗。我们的宣传思想工作，必须以科学的理论武装人，以正确的舆论引导人，以高尚的精神塑造人，以优秀的作品鼓舞人，不断培养和造就一代又一代有理想、有道德、有文化、有纪律的社会主义新人，在建设有中国特色社会主义的伟大事业中发挥有力的思想保证和舆论支持作用。

邓小平同志一九九二年视察南方重要谈话和党的十四大以来，我国现代化建设的形势很好，改革开放大步前进，经济持续发展，各民族团结和睦，社会政治稳定。十四届三中全会通过了《中共中央关于建立社会主义市场经济体制若干问题的决定》，制定了我国在九十年代经济体制改革的行动纲领。我国经济体制改革已经进入整体推进和重点突破相结合的新阶段。当前，国际格局向多极化发展，扩大了我国在处理国际事务中的回旋余地。经济发达国家正在进行经济结构、产业结构的调整。我国同西方国家的关系有了新的改善。亚太地区继续保持政局相对稳定和经济蓬勃发展的良好态势。我国同周边国家以及广大第三世界国家的友好合作关系进一步加强。当然，我们在前进中还面临一些困难和问题，要注意不断研究解决。但总的来看，国际国内形势对我们推进改革和建设都比较有利，确实是一个难得的好时机。今年，全党工作的基本方针是：以邓小平同志建设有中国特色社会主义的理论和党的基本路线为指导，全面贯彻党的十四大和十四届三中全会精神，加快建立社会主义市场经济体制，保持国民经济持续、快速、健康发展，维护政治稳定，促进社会全面进步。抓住机遇，深化改革，扩大开放，促进发展，保持稳定，是今年全党工作的大局。全党同志都要认清这个大局，服从和服务于这个大局，在这个大局下自觉行动，做好各方面的工作。

新的形势对宣传思想战线提出了更高的要求。党的理论、路线、方针、政策和我们的奋斗目标，需要更深入更广泛地宣传，为群众所理解和掌握；党和政府所采取的一系列推进改革和建设的新举措，需要向群众做通俗的、有说服力的解释；人民群众创造的新经验，需要总结和推广；各条战线涌现的先进人物和他们的崇高精神，需要讴歌和传播；群众日益增长的精神文化需求，需要努力满足；实践中提出的许多课题，需要认真研究和回答；在改革中由于利益关系调整而出现的思想认识问题，需要疏导和解决；社会生活中存在的消极倾向，需要加以克服；推进改革开放和现代化建设，需要中国更多地了解世界和让世界更多地了解中国。这一切都说明，我们的宣传思想工作很重要，大有可为，只能更加重视，不能有任何忽视；只能大大加强，不能有丝毫削弱；只能改进提高，不能止步不前。

改革开放十五年来，宣传思想工作对于解放思想、更新观念、统一全党和全国人民的思想和行动，对于维护安定团结的社会政治局面，对于调动和发挥人民群众的积极性、主动性和创造性，对于促进改革开放和现代化建设顺利发展，起到了重要的作用。十三届四中全会以后，中央遵循邓小平同志建设有中国特色社会主义的理论和党的基本路线，在肯定宣传思想工作成绩的同时，采取一系列措施，努力纠正“一手比较硬，一手比较软”的现象。十四大以来，宣传思想战线的同志积极努力，做了大量工作，在理论、新闻、出版、文艺、对外宣传工作和队伍建设等方面取得了新的进展。在调查研究、总结经验和新的实践基础上，形成了新形势下宣传思想工作的基本思路，进一步明确了宣传思想工作的根本指针、基本原则、主要任务和工作布局。现在，宣传思想工作的大政方针已定，关键是抓好落实，扎扎实实工作，在实践中继续总结经验，不断开拓前进。

二、宣传思想工作的根本指针和主要任务

我们党要领导和团结全国各族人民进行改革开放和现代化建设，需要有正确的理论指导和统一的思想基础。我们党是以马克思列宁主义、毛泽东思想作为指导思想的工人阶级先锋队。马克思主义是深深植根于实践并在实践中不断发展的科学。邓小平同志建设有中国特色社会主义的理论，深刻反映了我国社会主义建设的客观规律，集中体现了党和人民的意志和愿望，是对毛泽东思想的继承和发展，是当代中国的马克思主义。这一理论是全党和全国各族人民的精神支柱，是我们夺取改革开放和现代化建设胜利的强大思想武器。十五年来，正是在这一理论指引下，我国社会主义事业开创了历史的新局面，经济建设、人民生活、综合国力都上了一个大台阶，取得了举世瞩目的成就；正是在这一理论指引下，建设有中国特色社会主义的事业在国际风云变幻的情况下，经受了严峻的考验，得到了蓬勃的发展。邓小平同志建设有中国特色社会主义的理论是全党各项工作的根本指导方针。宣传思想战线必须牢牢地把握这一根本指针，用以指导自己的全部工作。只有这样，才能保证宣传思想工作的正确方向，保证各项任务的顺利完成。

党的十一届三中全会以来，邓小平同志十分关注和重视宣传思想战线的工作。他在宣传思想工作的重要性、方针原则、主要任务、队伍建设和党对宣传思想工作的领导等方面，提出了一系列具有深远意义的重要思想。他的这些重要思想，既坚持了我们党的一贯主张，又包含了结合新时期的情况和任务提出的许多新内容、新要求，是建设有中国特色社会主义理论的重要组成部分，对做好宣传思想工作、加强社会主义精神文明建设，有着极其重要的指导意义。全党同志特别是各级领导干部和从事宣传思想工作的同志，一定要认真学习邓小平同志建设有中国特色社会主义的理论，进一步提高做好宣传思想工作的自觉性和坚定性，并努力贯彻到实际工作中去。

宣传思想工作战线很长，任务很重，要坚持解放思想、实事求是的思想路线，紧紧围绕经济建设这个中心，认真做好各方面工作，积极推进社会主义物质文明和精神文明建设。当前和今后一个时期，要着重抓好四个方面的工作。

第一，坚持用邓小平同志建设有中国特色社会主义的理论武装全党，是宣传思想战线最重要的任务。

党的十四大提出用邓小平同志建设有中国特色社会主义的理论武装全党。这是一项具有长远和根本意义的战略任务。实现这一战略任务，党的理论水平和思想水平将提到一个新的高度，党的领导水平和执政水平也将提到一个新的高度。 年多来，特别是《邓小平文选》第三卷出版和中央作出学习决定以后，一个学习理论的热潮正在兴起。但总的说，学习还是初步的。各级党委要进一步认识用这一理论武装全党的极端重要性、紧迫性和长期性，切实做好党员、干部学习的组织和指导工作。在继续办好省部级主要领导干部研讨班的同时，用两至三年的时间，分期分批地轮训县、团级以上党员干部。学习中，要认真研读邓小平同志的原著，全面系统准确地领会精神实质，掌握基本观点。宣传思想工作部门要同有关部门一道做好工作，使全党的学习深入、持久地进行下去。宣传思想工作部门的同志在学习理论方面应该起带头作用，学习得更深一些，运用得更好一些。同时，还要着重做好宣传和研究邓小平同志建设有中国特色社会主义理论的工作。要充分运用报纸、广播、电视、出版物等媒体，深入宣传这一理论，教育我们的人民，教育我们的青年。要及时总结广大党员和群众的学习经验，加以推广。在中央党校、国家教委、中国社会科学院、解放军国防大学和上海社会科学院组建的五个研究建设有中国特色社会主义理论的基地，要发挥骨干作用，深入研究改革和建设中的重大理论和实践问题，确定课题，集中力量，拿出一批有较高价值的研究成果。教育系统要编写建设有中国特色社会主义理论的教材，作为学校政治课的主要内容。

第二，坚持贯彻党的基本路线，做好正确引导舆论的工作。

党的以经济建设为中心、坚持四项基本原则、坚持改革开放的基本路线，要贯彻到各项工作中去，一百年不动摇。宣传思想战线必须牢牢把握党的基本路线，做好自己的工作，通过有力的宣传和思想动员，把全党全国人民的思想和行动进一步统一到党的基本路线上来。

在党的基本路线指引下，掌握实际情况，正确引导舆论，是党的宣传思想战线非常重要的工作。目前，我国报纸、刊物的数量很多，广播电视网遍布全国，每天同广大群众见面，随时随地影响着群众的思想和行动。舆论导向正确，人心凝聚，精神振奋；舆论导向失误，后果严重。正反两方面的经验告诉我们，引导舆论，至关重要。各级党委、宣传部门和新闻出版等单位的领导干部，必须以高度的责任心抓好舆论引导工作。

正确引导舆论，重要的是正确把握形势，增强全局观念，坚持宣传好党的路线、方针、政策，坚定不移地在政治上同党中央保持一致。要始终围绕经济建设这个中心开展工作，把群众的积极性、创造性引导到深化改革、扩大开放、促进社会主义市场经济发展上来，引导到实现现代化建设的各项任务上来。要以主要的力量积极反映有中国特色社会主义事业日新月异发展的现实，满腔热情地讴歌人民群众在改造世界、创造新生活中表现的崇高品格和取得的光辉业绩。要重视对社会舆论情况和群众思想情况的调查研究，积极地反映广大群众的意见和建议，加强舆论监督。舆论监督应着眼于帮助党和政府改进工作，解决实际问题，增进人民团结，维护社会稳定。宣传报道要注意把握好改革、发展和稳定的关系，局部和全局的关系，坚持唯物辩证法，防止片面性和简单化。要严格遵守宣传纪律。党报、党刊、国家通讯社和电台、电视台都要积极宣传党的主张，在正确引导舆论中发挥主干作用。我们强调正确引导舆论，同强调从事舆论宣传的部门和单位要创造性地工作是统一的。报刊、广播、电视等都要在坚持正确方向的前提下，勇于创新，努力形成各自的风格和特色。

坚持正确的舆论导向，就是要造成有利于进一步改革开放，建立社会主义市场经济体制，发展社会生产力的舆论；有利于加强社会主义精神文明建设和民主法制建设的舆论；有利于鼓舞和激励人们为国家富强、人民幸福和社会进步而艰苦创业、开拓创新的舆论；有利于人们分清是非，坚持真善美，抵制假恶丑的舆论；有利于国家统一、民族团结、人民心情舒畅、社会政治稳定的舆论。

第三，加强思想工作，培养“四有”新人，促进社会主义精神文明建设。

培养有理想、有道德、有文化、有纪律的新人，是建设社会主义精神文明的根本目标。要围绕这个目标，在人民群众特别是青少年中加强以爱国主义、集体主义、社会主义为核心内容的思想道德教育，开展艰苦奋斗、勤俭建国的教育，职业道德、社会公德的教育，基本国情的教育和普及法律基本知识教育。善于做群众的思想工作，提高群众的觉悟，激励群众为实现自己的根本利益而奋斗，是我们党的传家宝，任何时候都不能丢。近年来，群众性的思想工作是有成绩的，但在一些地方和部门存在着这项工作被忽视、被削弱的现象，应该引起高度重视。思想工作是全党的工作，不仅宣传部门要做，各级党委和企业、农村、学校、街道等基层党组织要做，各级行政部门和工会、共青团、妇联等也都有做群众思想工作的责任。当前，要重视引导人们特别是青少年树立正确的理想、信念、世界观、人生观和价值观，反对拜金主义、享乐主义、极端个人主义，抵御资本主义和封建主义腐朽思想的侵蚀。适应新形势要求，思想工作要在继承优良传统的基础上，充分运用大众传媒和文化设施，采取容易为群众所接受、所欢迎的方式方法进行。要善于疏导，注意发扬民主，尊重人、理解人、关心人，采取吸引群众广泛参与的方法、群众自己教育自己的方法、平等讨论的方法、批评和自我批评的方法。要注意区分层次，针对不同特点，把先进性的要求同广泛性的要求结合起来，把思想教育同行为规范的培养结合起来。宣传思想工作部门要注意总结群众性思想工作的经验，推广先进典型，不断提高全社会的思想工作水平。

第四，坚持为人民服务、为社会主义服务的方向和百花齐放、百家争鸣的方针，弘扬主旋律，繁荣社会主义文化。

“二为”方向和“双百”方针，深刻反映了我国宣传文化事业的发展规律，是对精神产品生产的基本要求，是宣传文化事业繁荣的重要保证。弘扬主旋律、提倡多样化，是坚持“二为”方向和“双百”方针的具体体现。

弘扬主旋律，就是要在建设有中国特色社会主义的理论和党的基本路线指导下，大力倡导一切有利于发扬爱国主义、集体主义、社会主义的思想和精神，大力倡导一切有利于改革开放和现代化建设的思想和精神，大力倡导一切有利于民族团结、社会进步、人民幸福的思想和精神，大力倡导一切用诚实劳动争取美好生活的思想和精神。弘扬主旋律，使我们的精神产品符合人民的利益，促进社会的进步，不断满足人民群众日益增长的精神文化需求，这是发展宣传文化事业、繁荣社会主义文化市场的主题。

要采取有效的政策措施，积极支持反映主旋律的精神产品的生产。每年都要拿出一批优秀的、为人民群众所喜闻乐见的影视、戏剧、音乐、舞蹈、美术和文学作品。反映主旋律的精神产品不仅思想内容要健康向上，艺术表现也应多种多样、生动活泼、精益求精，具有强烈的吸引力和感染力，在文化市场竞争中赢得优势。社会生活是丰富多彩的，人民群众的精神文化需求也是多方面、多层次的。只要是能够使人民得到教育和启发、得到娱乐和美的享受的精神产品，都应受到欢迎和鼓励。对民族文化精粹、优秀高雅艺术、有较高价值的学术著作，要给予扶持和保护。要努力发展新闻出版、广播影视、文学艺术、社会科学等事业，搞好社区文化、村镇文化、企业文化、校园文化建设。要继续增加对宣传文化领域的投人，进一步改善宣传文化事业发展的条件。

精神产品的生产是一项非常复杂的劳动，需要专家、学者和文艺工作者发挥个人的创造精神。我们应该尊重和爱护他们的辛勤劳动，坚持解放思想、实事求是，坚持“双百”方针，努力形成一种鼓励探索与创造的良好环境和气氛。在学术研究上提倡不同观点和学派的自由讨论，在艺术创作上提倡不同形式和风格的自由发展。邓小平同志说：“对人民负责的文艺工作者，要始终不渝地面向广大群众，在艺术上精益求精，力戒粗制滥造，认真严肃地考虑自己作品的社会效果，力求把最好的精神食粮贡献给人民。”希望从事精神产品生产的同志们，不断提高自己的思想业务水平，创造出更多振奋人们精神、鼓舞群众斗志、凝聚民族力量、激发社会活力的精神产品，使我们的宣传文化事业更加蓬勃繁荣、万紫千红。

在做好宣传文化工作、促进社会主义精神文明建设中，我再强调三个问题。

一是坚持把社会效益放在首位，在这个基本前提下实现经济效益和社会效益的统一。随着社会主义市场经济的发展，精神产品的生产流通同市场运行一般规律的联系愈益紧密，确实也有经济效益的问题。经济效益好，有助于宣传文化事业的发展。同时也要看到，精神产品又具有不同于物质产品的特殊属性，它的价值实现形式更重要地表现在社会效益上。有些精神产品，直接经济收益可能不大，但对推动社会生产力的发展和社会全面进步的作用很大。我们在宣传文化工作中要始终把社会效益作为最高准则，当经济效益同社会效益发生矛盾时，自觉服从社会效益。

二是要用科学的态度对待我们民族的传统文化和外来文化。我们民族历经沧桑，创造了人类发展史上灿烂的中华文明，形成了具有强大生命力的传统文化。我们要取其精华，去其糟粕，很好地继承这一珍贵的文化遗产。要认真研究和借鉴世界各国的文明成果，善于从其他国家和民族的文化中汲取营养，发展自己。我们讲继承、讲借鉴，目的是通过继承和借鉴，使民族传统文化、外来文化的精华，同我们党领导人民在长期革命和建设中形成的优良传统和革命精神有机地结合在一起，并在新的实践基础上不断创新，建设和发展有中国特色的社会主义文化。

三是坚持精神文明重在建设，重在加强管理。建设包括管理，管理促进建设。加强和改善管理是发展宣传文化事业、繁荣文化市场的有力保证。我们要花大力量抓繁荣，促发展，多生产人民群众喜爱的精神产品。同时，对那些错误的、违法的东西不能不管不问。在大的是非面前，宣传思想文化部门要坚持原则，提倡什么、允许什么、限制什么、反对什么，必须旗帜鲜明。那些散布否定党的领导和社会主义制度的东西，散布腐朽思想、颓废情绪以及传播封建迷信、渲染色情暴力的东西，危害我们的事业，损害人们特别是青少年的身心健康，群众十分不满，不能任其泛滥。应该看到，我们在管理中遇到的大量问题属于人民内部矛盾，工作中一定要坚持党的方针政策，坚持依法办事，讲究管理方式和工作方法。我们对宣传文化事业包括社会主义文化市场的发展规律，还有许多不熟悉的地方。要认真研究，积极探索，总结经验，健全管理体制，加强制度建设，提高管理水平。

繁荣宣传文化事业，建设社会主义精神文明，要制定发展规划。现在，我国经济发展已经有了三步走的发展目标，经济体制改革也勾画了社会主义市场经济体制的基本框架。社会主义精神文明建设，涉及各个方面，是一项系统工程。十二届六中全会曾经作了一个决议，现在需要根据新的情况，在已有基础上，经过深入调查研究，争取用两三年时间，提出精神文明建设的总体规划、阶段性目标和具体措施。

三、加强和改善党对宣传思想工作的领导

宣传思想工作关系到建设有中国特色社会主义事业的全局。对这项工作，各级党委务必十分重视，务必加强领导，切实负起责任。邓小平同志指出："我们要在建设高度物质文明的同时，提高全民族的科学文化水平，发展高尚的丰富多彩的文化生活，建设高度的社会主义精神文明。"他还强调："搞四个现代化一定要有两手，只有一手是不行的。"两个文明都搞好，这才是有中国特色的社会主义。要把坚持两手抓、两手都要硬这个问题郑重地提到全党面前，提到各级党委的重要议事日程上来。应当明确，一个地区、一个部门的宣传思想工作和精神文明建设，责任主要在这个地区和部门的党组织。各级党委，首先是主要负责同志一定要深入实际，调查研究，总结经验，精心指导，督促检查，加强和改进宣传思想战线的工作。有些需要多方面配合的工作，党委要统一研究，统一部署，协调行动。各级党委和政府要经常向宣传文化教育部门介绍形势、任务、方针政策，帮助他们了解改革和建设的进展情况，以利于他们做好工作。

要把宣传文化事业的改革作为一项重要工作，统筹安排，积极推进。宣传文化事业的改革要同发展社会主义市场经济、同整个社会主义现代化建设相适应，符合社会主义精神文明建设的要求，符合宣传文化事业自身发展的规律。要通过管理体制的改革，转变职能，理顺关系，精兵简政，提高效率，增强宣传文化事业发展的活力。要重视加强宣传文化领域的制度化、规范化建设，抓紧制定必要的法规、规章。

建设一支政治强、业务精、作风正的宣传思想工作队伍，是做好宣传思想工作的组织保证。各级党委要从政治上、思想上、工作上、生活上关心这支队伍，建设好这支队伍。加强队伍建设，关键是抓好领导班子建设。应当按照干部队伍"四化"方针和德才兼备的原则，把坚持党的基本路线、具有马克思主义基本理论素养、有高度政治责任感和事业心的干部，配备到宣传思想战线的重要领导岗位上来。宣传思想战线汇集着大量知识分子。要很好地贯彻尊重知识、尊重人才的方针，努力创造民主舒畅、生动活泼、团结协作的环境，充分发挥这条战线广大知识分子的聪明才智，使优秀人才脱颖而出，特别是使青年人才更快更好地成长，逐步造就一大批在全国乃至国际上有影响的各类专门人才。对有突出贡献的，要特别爱护和珍惜。要设立若干种代表我们民族科学文化水平的、被社会视为崇高荣誉的奖励。宣传思想战线的工作责任很重，难度很大。对这条战线的同志，要充分理解，积极支持，既严格要求，又不求全责备，要满腔热情地帮助他们总结经验，提高水平。宣传思想工作者要努力学习理论，学习一点社会主义市场经济和科学技术知识，学习一点文学史、音乐史、美术史，了解中国文化和世界文化发展的梗概。要深入基层、深入群众、深入生活，从人民群众的历史创造活动中汲取营养，充实自己，提高自己。

如果脱离实际,脱离群众,是拿不出好作品的,也做不好宣传思想工作。

我们宣传思想战线群英荟萃、人才济济。这条战线上的广大同志忠诚于党和人民的事业,勤奋工作,兢兢业业,任劳任怨,为宣传党的基本理论和基本路线,促进改革开放和现代化建设,发展社会主义精神文明,做了大量工作和重要贡献。实践证明,这是一支富有奉献精神的队伍,是一支有战斗力的队伍。党中央信任这支队伍。党和人民对这支队伍寄予厚望。在新时期,我们这支队伍肩负着重要的责任。希望大家在邓小平同志建设有中国特色社会主义的理论指导下,励精图治,积极进取,努力把宣传思想工作提高到新的水平。

同志们!我国的现代化建设是以经济建设为中心,社会主义市场经济、社会主义民主政治、社会主义精神文明共同发展的历史进程。坚持党的基本路线一百年不动摇,经过几代人的努力,到下世纪中叶我们一定能够基本实现社会主义现代化,取得建设有中国特色社会主义事业的伟大胜利。让我们坚定不移地朝着这个目标,团结一致,奋勇前进!

全国人大常委会委员长乔石在伯尔尼瑞士议会大厦同瑞士联邦议会国民院议长哈勒举行会谈

乔石说,中国改革开放 15 年来发生了巨大的变化,我们将争取在本世纪末达到第二步战略目标,现在看来可以提前实现。我们将在全国范围内深化改革,扩大开放。为了保持中国政治稳定,经济持续发展,我们还要加强中国的法制建设。乔石说,中国只有在国内保持稳定,在国际上维护世界和平,经济才能够发展,人民才能在政治上和经济上得到更多的自由。

在会谈中,双方还就共同感兴趣的其他问题交换意见。

中国代表在国际保护自然和自然资源联盟第十九届大会上要求撤销西藏问题提案

发言人指出,由澳大利亚的原野学会提出的关于西藏问题的提案是纯政治性的提案,它称西藏是“一个国家”并煽动西藏独立,这是公然干涉、侵犯中国主权和违反国际法的行为。众所周知,西藏是中国神圣领土不可分割的一部分。提案所说的“对西藏自然生态的迅速破坏”是违背事实的。大量事实说明,西藏在保护森林和野生动物方面取得成就,中国代表团的要求得到一些国家的支持。

国务院副总理钱其琛同美国国务卿克里斯托弗在巴黎中国驻法国大使馆举行会晤

双方就中美关系、裁军、防止武器扩散、人权等共同关心的地区和国际问题交换意见,会晤是积极和富有建设性的。

会晤中,双方都认为,中美是世界上具有重要影响的大国,尽管国际形势发生了很大的变化,两国在维护国际和平与安全等广泛的领域里仍然存在着许多共同利益和重大责任。双方认为,两国经济有各自的长处和优势,经贸合作具有重大的潜力和广阔的前景,扩大经贸和科技交往与合作,符合两国人民的根本利益。

双方认为,江泽民主席同克林顿总统去年 11 月的西雅图会晤,标志着中美关系有了一个良好的开端。此后,在中美双方的共同努力下,重要官员的互访增多,两国各个部门间的往来有所增加,经贸合作势头有所加强。今年以来,已有 6 批美国议员代表团先后访华,这些访问有助于增进相互了解,符合中美双方利益。双方认为,两国外长这次巴黎会晤,对保持两国关系改善的势头,具有重要的现实意义。

中美外长会晤前钱其琛和克里斯托弗向记者发表谈话

中国外交部领事司司长张宏喜在北京与美国助理国务卿罗博特·格尔巴德就打击偷渡制止非法移民问题进行磋商

双方本着相互尊重、平等协商、加强合作的精神坦率地交换看法。

中方分析产生偷渡和非法移民的主要原因,重申中国政府一贯反对从事偷渡和非法移民的原则立场,介绍中方为此作出的不懈努力和采取的坚决措施。中方要求美方严厉打击在美境内组织偷渡活动的“蛇头”。

中方还指出,对以所谓“中国人权状况不好”,向谎称“遭受政治迫害”和以反对中国计划生育政策为由申请“政治避难,”的偷渡者提供“政治庇护”,中方是坚决反对并不能接受的。这种错误做法实际上起到了鼓励和刺激偷渡的作用,给国际偷渡集团和偷渡者以可乘之机。

中方认为,在坚决打击偷渡、制止非法移民的同时,应积极维护中美双方人员的正常往来,希望美方对以正当理由、通过正常渠道申办签证的中方因公、因私赴美人员提供方便,保证正常往来的畅通无阻。

美方在磋商中表示,美国内正在制定新的法律,以便打击日益突出的国际犯罪集团的违法活动。美方重视打击偷渡活动,愿与中方加强合作,密切两国执法部门的直接联系,沟通信息,从重惩处犯罪分子,堵塞漏洞。美有关机构愿与中方有关部门加强往来,增进了解。

经过磋商,双方同意建立不定期磋商制度,进一步加强两国执法部门的往来和合作,及时沟通信息,采取有效措施严厉打击“蛇头”,制止偷渡和非法移民。双方认为,这是符合两国的共同利益的。

1月25日

《党建》杂志今年第1期发表中共中央总书记江泽民关于宣传工作的重要批示

今年第1期的《党建》杂志刊载了江泽民总书记在1993年10月28日作的一份关于宣传工作的重要批示。

江泽民的批示是:“宣传工作历来是我们党的工作的一个重要方面,党中央非常重视。新的历史时期对宣传工作提出了更高的要求,同时也要看到思想领域存在着许多复杂的情况。这一个时期以来,宣传部门的工作总的说来是做得好的,是有成绩的。各级党委的主要领导一定要看到宣传思想工作的重要性,加强对它的领导。希望宣传部门的同志,牢牢抓住宣传思想工作的重点,继续努力,切实认真地进一步把它做好。”

《党建》编辑部在同期还发表了以《学习批示 落实批示》为题的文章,文章说:“江泽民同志的批示非常重要。全文不到200字,但内涵却极为丰富。它再一次表明党中央对宣传工作历来十分重视,进一步指明了在新的历史条件下宣传工作的方向,无疑地,它将成为全国宣传思想战线继续切实认真地做好工作的动员令。”文章还说:“江泽民同志在批示中指出思想领域存在着许多复杂的情况,新的形势对宣传工作提出了更高的要求,他殷切地希望宣传部门的同志要牢牢抓住宣传思想工作的重点,继续努力把工作推向前进。这是我们进一步做好宣传思想工作的重要的指导思想。抓住宣传思想工作的重点,就是抓好主旋律,突出主旋律,唱响主旋律,使主旋律在我们的一切宣传思想领域都明朗起来。主旋律明朗了,有一些噪音也不怕。主旋律唱响了,就能保持整个宣传思想战线的工作健康发展。”

全国新闻出版局长会议在北京举行

新闻出版署署长于友先在会上作报告指出,学习贯彻江泽民总书记的重要讲话精神,坚持方向,依法管理,深化改革,促进繁荣,实现新闻出版工作由总量增长向质量效益的阶段性转移,是这次会议的重要课题。

于友先在报告中对十四大以来新闻出版工作的新进展作了回顾,充分肯定了新闻出版工作在改革开放中取得的成绩。同时他指出,新闻出版业,特别是出版业,在经过十几年的迅猛发展以后,正在经历着从规模数量的发展向优质高效转变,从实际存在的总量过快增长转向提高质量效益。他说,新闻出版业在市场经济条件下,如果不提高质量和效益,不走内涵发展的道路,便缺少竞争能力,难以生存和发展。他希望各地的同志清醒地意识到新闻出版业正在发生的这个转变,并采取切实措施推动和实现这个转变。

于友先强调指出,新闻出版工作实现阶段性转移的指导思想是:坚持方向,依法管理,深化改革,促进繁荣。一是通过坚持方向来引导转移。坚持政治方向、思想情操方向和文化品位方向,正确处理好社会效益和经济效益的关系、主旋律和多样化的关系、高精尖和通俗化的关系等问题,抵御拜金主义的影响,防止出版物质量的滑坡。二是通过依法管理保障转移。力求在年内完成出版法的立法程序;抓紧制订新闻法及其他一系列有关法规;促进地方性新闻出版立法工作的进展;努力克服执法不严、执法不力问题。三是通过深化改革加快转移。把人事、劳动、分配三项制度的改革作为突破口,进一步转换出版单位经营机制;推进新华书店产权制度改革,搞活国营图书发行主渠道;进一步转变新闻出版管理职能,加强和改善宏观调控。四是通过促进繁荣实现转移。促进繁荣不能坐等,要敢于创新,有所设计,要克服平庸,要有具体措施,重在抓好落实。要特别注重抓好新闻出版队伍的建设。

会议于29日结束。

国务院港澳事务办公室发言人就当前香港新机场问题发表谈话

英方不顾中方的反对,在双方就香港新机场财务安排问题达成协议之前,就于上周让港英立法局通过了为机场工程拨款,现又决定向立法局再申请拨款46亿港元。根据英方目前的新机场财务安排,1997年后留给特别行政区政府的债务将超过450亿港元,这将是中英两国政府首脑签署的谅解备忘录规定债务总额的9倍以上。因此,英方在其整体财务安排违反谅解备忘录基础上继续拨款,只能为中英关于香港新机场问题的谈判进一步制造障碍。

中方声明,在中英双方就香港新机场财务安排达成协议前:

一、中方和未来的特区政府对有关新机场的一切支出和债务不负任何责任;

二、有关新机场的用地及其地价,包括机场本身用地及机场铁路沿线用地,都应按照中英联合声明附件三的规定,一律须经中英土地委员会讨论后批出;

三、所有未征得中方同意的、港英批出的跨越1997年6月30日的与机场有关的合约,1997年7月1日起一律无效;

四、港英立法局所通过的有关新机场的任何法例，1997 年 7 月 1 日起一律无效。

中国政府一直支持香港新机场的建设，为把政治问题和经济问题分开，已先后同意批出中区湾仔填海和西区海底隧道两项工程。中方对英方一再违反两国政府达成的协议表示十分遗憾，但仍然希望英方认真考虑中方就降低成本、减少债务、加强监管等所作的积极建议，早日提出一个符合谅解备忘录的财务安排，以便双方恢复香港新机场问题的谈判。

国务院发出《关于继续加强固定资产投资宏观调控的通知》

1993 年，我国改革开放、经济建设和各方面工作都取得了新的进展，但投资增长过猛、在建总规模偏大和投资结构改善滞后等矛盾依然存在。1994 年是加快建立社会主义市场经济体制的关键一年。为了抓住机遇、深化改革、促进发展、保持稳定，防止经济形势出现大起大落，今年必须继续加强对固定资产投资的宏观调控。为此，特作如下通知：

一、对固定资产投资的宏观调控必须进一步加强

各级领导干部要全面正确地理解和贯彻党的十四届三中全会精神，正确处理改革、发展和稳定的关系，把工作的重点转移到调整结构和提高效益上来，决不能再走不顾客观条件，一味争投资、上项目、扩大建设规模的老路。金融秩序混乱和固定资产投资规模失控，是导致和加剧通货膨胀的主要原因，因此，在建立社会主义市场经济体制过程中，必须对固定资产投资严格进行宏观调控。各地区、各部门要把思想真正统一到全国经济工作会议确定的指导方针上来，结合本地区、本部门的实际情况，采取切实有效的措施，强化对固定资产投资的宏观调控。

二、集中财力物力，保证重点建设

各地区、各部门要在去年清理审核建设项目的基础上，对建设项目进行排队，优先保重点收尾、投产项目和重点续建项目。对去年已经决定停建、缓建的项目，不得擅自恢复建设。对基础设施和基础产业项目，也要按照国家统筹规划和合理布局、注重效益、量力而行的原则，集中力量打歼灭战，避免盲目、重复建设。

各地区、各部门要严格执行国家下达的固定资产投资规模计划，不得层层加码，不得突破。各级财政和银行不得对计划外项目拨付建设资金和发放贷款。对国家计划内的重点项目，各级政府、银行和企业要从今年初开始，安排好分季度的资金拨付计划，逐月调度资金，保证国家重点建设项目的资金到位率，第一季度不低于 15%，上半年不低于 40%。保证重点的范围，要继续按《国务院批转国家计委〈关于加强固定资产投资宏观调控具体措施〉的通知》(国发〔1993〕59 号)规定执行。要结合项目的排队，对国家重点建设项目中地方自筹资金重点予以落实，严禁用银行贷款和非法集资充抵自有资金来源。地方人民政府、有关部门和企业的自筹建设资金，要优先保证国家重点建设项目和重点技术改造项目的需要。对资金不落实的项目，要推迟建设进度，以至下决心停缓建。凡是自筹资金不到位的项目，中央财政不得拨付资金，各级银行不许发放贷款。

三、从严审批新开工项目，缩短建设战线

为了防止继续扩大建设规模，今年原则上不再批准新开工项目。对未经批准擅自开工的，要追究有关单位和领导人的责任。各级银行也不得对化整为零、逃避审批的项目发放贷款。今后新开工项目必须坚持三条原则：一是不能搞无本投资，新建项目必须落实一定比例的资本金；二是不能挪用流动资金贷款搞投资；三是新建项目必须打足铺底流动资金，流动资金不落实的不能开工。

四、加强对项目审批工作的管理，搞好项目规划

各省、自治区、直辖市及计划单列市人民政府的项目审批权不能横向分散，除国务院授予项目审批权的国家级开发区和按《全民所有制工业企业转换经营机制条例》规定可由企业自行审批的项目外，地方项目的审批权要集中由地方人民政府的计委(计经委)、经委(经贸委)掌握。省以下各级人民政府享有的审批权限，不能超越其综合平衡能力，更不能层层下放，省级人民政府对此应重新作出统一规定。

国家计委要会同有关部门、地区抓紧制定一些热点产品和项目(如乙烯、聚酯、粘胶纤维、炼油、炼钢、汽车、机场、港口、大型桥梁和通信设备等)的专项规划，防止盲目布点、重复建设。今后项目审批工作必须依据国家中长期规划进行。

五、加强资金源头控制，严格固定资产投资贷款管理

人民银行要严格控制固定资产投资贷款的总量和投向。国家下达的固定资产投资贷款计划，是指令性计划，各级银行必须严格执行，不得突破。

国家开发银行成立后，政策性(即基础设施、基础工业和支柱产业)大中型和限额以上项目以及与其配套的小型项目贷款，已划归国家开发银行统筹安排，各专业银行已没有相应的贷款规模，不得再发放此类贷款。国家开发银行要把工作重点放在强化固定资产贷款总量控制和优化资金配置上，集中资金确保国家政策性重点建设项目。各专业银行也要按照国家统一的产业政策发放贷款，各专业银行在向商业银行过渡时

期，实行贷款限额控制下的资产负债比例管理，今年固定资产贷款仍实行指令性计划管理。

各金融机构不准挪用银行同业拆借资金发放固定资产贷款，不准用银行贷款垫付自筹资金缺口；未经批准，非银行金融机构不准发放固定资产贷款；不准对未经国务院和国家计委批准的新开工项目发放贷款。

六、加强对资金市场的规范化管理

各地区、各部门必须严格执行国家下达的证券发行计划，发行债券和股票必须严格履行国家规定的审批程序，不得擅自扩大债券发行规模和股份制试点范围。要继续严格执行《国务院办公厅转发国家体改委等部门〈关于立即制止发行内部职工股不规范做法意见〉的紧急通知》（国办发〔1993〕22号）的有关规定，不得以内部股份制试点名义进行高利率集资。国家体改委正会同国家计委、国家经贸委抓紧制定对企业发行内部职工股实行规范化管理的办法，在新办法出台前，暂停内部职工股的审批和发行工作。

各地人民政府在集中和引导各种建设资金用于国家重点项目和本地区的基础设施、基础产业项目的同时，要继续严格执行国务院制定的集资管理条例，严禁非法集资。对继续用国家已明令废止的收费科目或自立收费科目进行乱收费的单位和直接责任人，要及时通报，坚决查处。

各级财政部门要加强对预算外资金的管理，采取具体措施，对财政资金以信用化形式搞计划外投资的情况进行清理和纠正。各级银行要按人民银行的统一部署，继续抓紧纠正和清收违章拆借的工作。

建设项目借用国际商业贷款（包括商业贷款和出口信贷），必须严格按照国家利用外资计划执行，并实行指令性计划管理，不得突破。不准用国际商业贷款倒换人民币扩大建设规模。

七、对在建项目进行普查和建立项目登记备案制度

为了全面、及时地掌握投资项目信息，加强对固定资产投资规模和结构的宏观监测和调控，国家计委和国家统计局将部署对全国固定资产投资在建项目进行一次普查。各地区、各部门要积极配合，做好这项工作。今年要抓紧建立固定资产投资项目登记备案制度，具体条例由国家计委商国家经贸委起草，报国务院批准颁布施行。

八、加强对房地产开发建设和开发区建设的管理

各地区房地产开发建设投资必须纳入国家固定资产投资计划，贷款规模必须同时纳入国家信贷计划和固定资产投资计划。银行不得向计划外项目发放房地产开发建设贷款。房地产开发建设的重点是配合住房制度改革进行的解困、解危商品住宅项目。“安居工程”今年着重搞好规划等前期工作，根据资金的可能逐步实施，不能一哄而上。

今年原则上不再批准设立新的各类开发区，去年经清理撤销的开发区不得变相恢复建设。因对外开放确需兴建的旅游设施、宾馆、写字楼等项目，要按规定程序报批，从严控制。

九、加强对外商直接投资项目的引导和规范化管理

要严格执行《国务院关于进一步加强外商投资管理工作若干问题的通知》（国发〔1993〕83号），积极鼓励和引导外资用于国内基础设施和基础产业项目。对关系国计民生且易于形成垄断的基础设施和支柱产业，一般不允许外商独资经营，对其中的合资、合作经营项目要保证国家控股或拥有调控权。

对国有企业向外出售股权或以存量资产与外商进行合资或合作经营的，必须严格履行报批手续，由有资格的资产评估机构进行评估，并经国有资产管理部门确认。对外方实物投资部分，也要经合营双方认可的中介公证机构进行价格认定。

对注册资本和投资不能在合同规定期限内足额到位的外商投资项目，要区别情况给予处罚，直至吊销营业执照。不能以中资银行贷款充抵外商注册资本或用中方名义为外方投资贷款提供担保。中方不能比照贷款、债券的方式或以其他形式保证合营外方投资的回报率。对外汇不能自行平衡的项目，中方不得自行承诺保证外方的外汇收入。外商投资项目以合资企业名义在国外借款，凡需境内机构担保或用资产抵押的，都须纳入国家外债计划。此类限额以下项目的审批权限集中在省、自治区、直辖市及计划单列市计委（计经委），不得下放，并由同级外汇管理部门监督执行。

外商投资进行房地产开发，继续严格执行《外商投资开发经营成片土地暂行管理办法》（国务院第56号令）和《国务院关于发展房地产业若干问题的通知》（国发〔1992〕61号）的有关规定。

十、加强对投资宏观调控工作的领导

各省、自治区、直辖市及计划单列市人民政府要由主管投资工作的副省长（副主席、副市长）亲自负责，计划、财政、银行、审计等部门密切配合，及时研究解决固定资产投资中的重大问题，对保证重点、资金到位、投资规模、审批立项和新开工项目等情况进行定期检查，并及时将分析结果和处理意见通报有关方面。国家计委要加强对投资宏观调控工作的领导和监督检查。从今年一季度开始，由国家计委会同经贸委、财政部、人民银行、审计署等部门组成调查组，分赴各地监督检查贯彻落实本通知的情况。

严格控制固定资产投资规模，是关系今年改革能

否顺利实施、国民经济能否持续健康发展、社会能否保持稳定、通货膨胀压力能否缓解的关键。各级人民政府必须严肃对待此项工作，认真贯彻落实本通知的各项要求，决不能掉以轻心，等闲视之，更不能走过场、搞对策。各地区、各部门要同心协力，团结一致，处理好改革、发展和稳定之间的关系，保证国民经济持续、健康、稳定地发展。

城乡小康型住宅示范工程启动

国家禁毒委员会副主任公安部副部长白景富在北京同美国助理国务卿盖尔巴德就禁毒问题举行会谈

双方就共同关心的打击国际毒品犯罪，特别是如何解决"金三角"毒源等问题充分交换意见，并一致认为，两国有必要进一步加强在禁毒领域的合作。

中方希望美方采取积极步骤排除障碍，使两国的禁毒合作更顺利健康地发展。盖尔巴德表示将为此作出努力。

美国驻华大使芮效俭参加会谈。

中国科学院1994年度会议在北京召开

中共中央总书记江泽民向会议发来贺信。

江泽民的贺信说，45年来，特别是改革开放以来，中国科学院经过几代科学家和广大职工的艰苦奋斗，为我国科技事业的进步和经济社会的发展作出了重大贡献。

江泽民说，在新的一年里，希望同志们在邓小平同志建设有中国特色社会主义理论和党的基本路线的指引下，认真贯彻党的十四大和十四届三中全会精神，深化改革，调整结构，充分利用已有的优势和积累，抓住那些能带动新产业革命的前沿科技项目，集中力量加以突破，发挥科学技术第一生产力的作用。希望大家继续艰苦奋斗，努力把中国科学院建设成国具有国际先进水平的科学研究基地，成为培养造就高级科技人才的基地和促进我国高技术产业发展的基地，为推进我国的现代化建设作出更大的成绩。

国务委员兼国家科委主任宋健代表国务院向会议表示祝贺。宋健说，中国科学院一直走在全国科技体制改革的前列。为我国科技体制改革扩大对外开放等方面创造了宝贵的经验和新的模式。中央发布科技体制改革决定以后，中国科学院提出了新的办院方针和"一院两制"的运行模式，为落实中央"面向、依靠"方针开创切实可行的新模式。他希望中科院为国家作出新的更大的贡献。

宋健说，随着我国社会主义市场经济体制的建立，我国科技界将面临着新的挑战和机遇，我们的方针是"稳住一头，放开一片"。"稳住一头"与"放开一片"是相辅相成的。

中国科学院院长周光召作总结报告，肯定1993年中科院改革与发展所取得的成绩。1993年，中国科学院进一步深化改革，全面推进综合配套改革，成效显著，中国科学院由院士组成的各个学部，一年来向国家提交多项研究报告，受到有关方面重视；从1993年开始，学部开始正常化、制度化、规范化的院士增选，并在1993年选出59名新院士，在过去的一年里，中国科学院获国家自然科学奖20项，占获奖总数的40%；获国家的科技进步奖21项；获国家发明奖5项；申请国家发明专利228项，实用新型专利139项；评出院自然科学奖和科技进步奖共303项。高技术企业的发展开始进入集团化、规范化的新阶段。特批300多名优秀年轻科技人员晋升高级专业技术职务，去年博士生招生数超过700名。评选第三届青年科学家奖，40名优秀青年学者当选。鼓舞立足国内发展事业的一大批青年科技人员。

周光召说，中科院确定今年和今后几年的改革任务，是在进行综合配套改革的同时，进行包括学科方向、人才队伍、运行机制等主面的结构性调整。以建立与社会主义市场经济相适应的体制和运行机制，更好地发展中国科技事业，促进经济和社会发展，使中国科学院与国际接轨而走向世界。中国科学院要努力发展成为三个基地，即：成为在国际科学前沿拼搏，具有国际先进水平的科学研究基地；成为培养高级科技人才的基地；成为促进我国的高技术产业形成和发展的基地。

国务院副总理李岚清在人民大会堂会见《教师法》执行情况检查组全体成员

检查《教师法》执行情况的四个专门小组，将于本月27日和29日分赴安徽、河南、陕西、湖北四省。李岚清在人民大会堂会见检查组全体成员时说，兑现拖欠教师工资不是权宜之计，不能前清后欠。

李岚清说，八届全国人大常委第四次会议通过的《教师法》，是我国教育事业中的一个重要法律。有了这个法，就要严格执法；不能有法不依。全国各地、各部门要坚决贯彻执行《教师法》，并以法律为武器，解决教师的实际问题，在全社会进一步形成尊师重教的良好风气。

李岚清说，我国教育的宏观结构中，最根本的是基础教育；这是关系到全民素质和民族未来希望的大事。因此，要千方百计把基础教育搞好；搞好包括普及九年制义务教育在内的基础教育，是各级政府的重要任务。前年下半年以来发生的拖欠中小学教师工资的问题，经过各级政府的努力，虽然大部分地区已经解决；但据了解，仍有少数地区还未完全解决。解决拖欠教师工资问题是尊师重教的具体表现，应当引起各级政府和社会各界的普遍重视。兑现拖欠教师的工资不是权宜之计，不能前清后欠；必须建立相应的保障机制。

全国人大教科文卫委员会主任委员赵东宛、国家教委主任朱开轩会见时在座。

这次检查活动由全国人大教科文卫委员会牵头组织，全国政协、国家教委派出有关负责人参加。

全国卫生工作会议在天津举行

江苏省南京市中级人民法院判处劫持航空器罪犯孙宪禄无期徒刑剥夺政治权利终身

1月26日

国务院总理李鹏在全国宣传思想工作会议上发表讲话

李鹏的讲话分为四个部分：一、关于国际形势和我国的外交工作；二、关于经济发展；三、关于经济体制改革；四、对宣传思想工作的几点希望。

李鹏在讲话中说，江泽民同志在会议开始时的重要讲话，深刻地阐述新时期宣传思想工作的地位和作用，明确提出宣传思想工作的根本指导方针和主要任务。宣传思想战线的各个部门，都要认真贯彻落实江泽民讲话精神，把工作搞得更好。

关于国际形势和我国的外交工作，李鹏指出，当前国际形势仍处在复杂而深刻的变动之中。世界格局多极化的趋势加速发展。振兴经济成为世界各国的普遍愿望，经济优先正在成为影响国际关系发展的主导因素。一系列地区热点得到解决或降温。这是国际形势发展的积极方面。但我们还应该看到，霸权主义和强权政治依然存在，部分地区的武装冲突和动荡局面仍在持续，不测因素有增无减，南北经济差距进一步拉大，许多发展中国家面临更大的困难。这一切说明，天下还不太平。总之，和平与发展两大主题还没有解决。他说，同世界其他地区相比，亚洲地区特别是东亚地区的政局相对稳定，特别是经济持续增长，贸易和投资发展很快，区域合作势头良好。

李鹏指出，我国贯彻独立自主的和平外交政策，对外工作取得重大进展。去年十一月，江泽民主席同克林顿总统举行正式会晤，这不仅有利于中美关系的改善和发展，对亚太地区和世界局势也产生了积极影响。我们主张，双方应本着“增加信任、减少麻烦、加强合作、不搞对抗”的精神，争取中美关系尽快走上正常发展的轨道。他说，我国同西欧的关系在总体上也有改善和发展。德国总理科尔访华标志着中德关系进入新的发展阶段。法国总理巴拉迪尔即将对我国的正式访问，标志着中法关系的正常化。我国奉行睦邻友好政策，周边环境是建国以来最好的时期之一。我们同广大发展中国家的友好合作关系进一步加强。

李鹏指出，今年国际关系将会有新的变化和调整。总的国际形势仍将对我有利。在新的一年里，我们应继续贯彻执行独立自主的和平外交政策，不以社会制度和意识形态的异同划线，在和平共处五项原则基础上，同所有国家发展友好合作关系，为我国的现代化建设创造一个有利的外部环境。

关于经济发展，李鹏说，我国正处在历史上少有的发展时期。邓小平同志指出，要“抓住时机，发展自己，关键是发展经济”。现在，国际环境比较有利，国内条件具备，我们完全有可能在一个比较长的时期内，争取国民经济持续快速健康发展。他指出，改革开放给经济发展注入了强大的活力。按照党的十四大和十四届三中全会精神，积极推进建立社会主义市场经济体制的改革，将为经济发展提供体制上的保证。同时，我国政治稳定，民族团结，社会进步，也为经济持续快速健康发展提供了有利的社会政治条件。

李鹏说，经济工作的安排要总揽全局，正确分析和把握形势，既要看到有利条件，又要重视不利因素，做到既积极发展，又量力而行，力求保持一个积极而又稳妥的发展速度。他指出，提高经济效益，实现速度与效益的统一，是我国经济发展的重要方针。提高效益要从优化经济结构、推动技术进步和改善经营管理等多方面努力。在积极推进企业经营机制转换的同时，各类企业都要切实加强经营管理，严肃内部纪律，把这两件事作为一项长期的基础性工作认真抓好。

李鹏指出，今年经济工作的方针是：全面贯彻党的十四大和十四届三中全会精神，迈出建立社会主义市场经济体制的重要改革步伐，进一步扩大对外开放，加强和改善宏观调控，大力调整经济结构，推动技术进步，提高经济效益，保持国民经济持续、快速、健康发展。要着重抓好全面发展农村经济、搞好国有大中型企业、加强和改善宏观调控三方面工作。

关于经济体制改革，李鹏说，今年经济体制改革的主要内容，概括起来是三个方面：一是组织好建立健全宏观调控体系各项重大改革措施的出台和实施。重点是财税体制和金融体制改革。二是积极稳妥地推进价格改革。要采取十分慎重的态度，充分考虑到国家、企业和群众的承受能力，保持社会的安定。三是建立适应社会主义市场经济发展要求的现代企业制度。这是我国国有企业改革的方向。企业改革要有助于增强国有企业的活力，实现国有资产的保值增值，有利于保持社会的安定。

李鹏说，今年改革和发展的任务都比较重。我们要正确处理好改革、发展、稳定三者之间的关系。经济发展是我们一切工作的中心，改革是推动社会经济发展的强大动力，稳定又是改革与发展不可缺少的条件。改革既要积极推进又要谨慎从事。我们要抓住时机在重要环节取得实质性进展，带动改革的全局，又要使改革做到综合配套。

在谈到宣传思想工作时，李鹏说，宣传思想工作是我们党的政治优势。革命和建设事业的发展，离不开宣传思想工作的支持和保证。在15年来的改革开放和现代化建设中，宣传思想战线发挥了重要作用。宣传思想战线认真贯彻党的十四大和十四届三中全会精神，宣传邓小平同志建设有中国特色社会主义的理论，在推动全党和全国人民学习《邓小平文选》第三卷，进行爱国主义、集体主义和社会主义教育，进行改革开放和经济建设的宣传报道，加强对外宣传以及丰富人民群众的文化生活等方面，做了大量工作。总的看，宣传思想工作指导思想是明确的，舆论导向的把握是好的。

李鹏希望宣传思想战线的同志要继续把握好舆论导向，更好地为改革开放和现代化建设服务。宣传报道力求全面客观准确，防止片面性。宣传思想工作必须从党和国家的根本利益出发，自觉地与党中央在政治上保持一致。他说，宣传思想工作的各个部门要坚持解放思想、实事求是，结合自身特点，认真总结经验，创造性地开展工作，积极探索社会主义市场经济条件下宣传思想工作的新方法。要努力学习邓小平同志建设有中国特色社会主义的理论，学习党和国家的方针政策，学习社会主义市场经济知识，学习和精通自己专业的业务知识。不仅要向书本学习，还要向实践学习，向群众学习，向社会学习。

李鹏指出，这几年，我国的对外宣传部门做了大量的工作，取得了一定的成绩。我们要扩大对外开放，就要更好地做好对外宣传工作，让世界了解中国。

李鹏说，各级政府部门都要重视和支持宣传思想工作，为从事宣传思想工作的干部提供工作需要的条件，并积极帮助他们解决实际困难。要舍得花一点钱，宁可在别的地方省一点，也要逐步为宣传战线改善条件，使宣传工作更富有成效。他强调，宣传思想工作在社会主义现代化建设事业中肩负着光荣的使命，任重道远。相信通过这次会议，宣传思想工作一定会出现一个新的局面。

全国组织部长座谈会在北京闭幕

为期两天的全国组织部长座谈会今天结束。会议的中心议题是，研究和部署1994年的组织工作。

中组部常务副部长张全景在座谈会上指出，1994年组织工作要以建设有中国特色社会主义理论和党的基本路线为指导，从改革开放和现代化建设的大局出发，努力适应新形势，切实提高各级领导班子驾驭社会主义市场经济的本领和解决自身矛盾的能力，加强和改善基层党组织建设和党员教育管理，为深化改革、扩大开放、促进发展、保持稳定提供组织保证。

张全景强调：要以思想作风建设为重点，加强领导班子建设。进一步提高各级领导班子成员贯彻执行民主集中制的自觉性，正确处理好局部和全局、地方与中央、当前利益与长远利益的关系，做到有令则行、有禁则止，坚决维护中央的权威，保证中央的决策和各项改革措施的顺利实施。要把加强领导班子思想作风建设与开展反腐败斗争，加强廉政、勤政建设结合起来。要坚持干部队伍“四化”方针和德才兼备原则，防止和纠正选人用人上的不正之风。要大力抓好中青年干部的培养教育和选拔工作，各级党委和组织部门都要注意发现素质较好、特别是发展潜力较大的人选，加强培养，为他们全面锻炼成长创造条件。

在谈到适应深化改革和加快发展的需要，大力加强党的基层组织建设时，张全景说，对国有企业、外商投资企业的党建工作，主要是抓落实，抓督促检查，总结推广典型经验。农村基层组织建设，重点是整顿好处于落后状态的党支部。要研究探索在建立现代企业制度中如何加强党组织建设问题，要加强对乡镇企业党建工作的研究。对于企业集团、股份制企业、私营企业中党的组织如何设置，党组织作用如何发挥，也要积极研究和探索。

张全景指出，要加大干部人事制度改革的力度。当前和今后一个时期，干部人事制度改革将从过去以单项突破为主转向全面配套进行的新阶段。其基本任务是，在坚持党管干部原则的前提下，逐步建立起科学的、分级分类的干部管理体制；公平、平等、竞争、择优的用人机制；科学考核、奖惩分明、能上能下的激励机制；有利于人才资源合理配置、干部有序流动的机制；多种形式的干部监督、约束机制和以需求为导向，多层次、多类别、多渠道的干部培训机制。今年要在积极参与指导国家公务员制度的实施、推进实行干部分类管理的进程，进一步提高干部工作中的民主程度，加大干部交流的力度，切实加强对干部的监督等方面，迈出新的步伐。

《中国共产党地方组织选举工作条例》发布

第一章　总　则

第一条　为健全党的民主集中制，完善党内选举制度，加强党的地方组织建设，根据《中国共产党章程》制定本条例。

第二条 本条例适用于党的省、自治区、直辖市，设区的市、自治州，县(旗)、自治县、不设区的市、市辖区的代表大会及其委员会和纪律检查委员会全体会议的选举工作。

第三条 党的地方各级组织任期届满，应按期进行换届选举。如需延期或提前换届选举，应经上级党的委员会批准。延长期限不得超过一年。

第四条 党的地方各级代表大会代表，委员会委员、候补委员、常务委员会委员，纪律检查委员会委员、常务委员会委员实行差额选举。

党的地方各级委员会和纪律检查委员会书记、副书记实行等额选举。

第五条 选举应充分发扬民主，尊重和保障选举人的民主权利，体现选举人的意志。任何组织和个人不得以任何方式强迫选举人选举或不选举某个人。

第六条 选举采用无记名投票方式。

第七条 选举可以直接采用候选人数多于应选人数的差额选举办法进行正式选举；也可以先采用差额选举办法进行预选，产生候选人名单，然后进行正式选举。

第二章　代表的产生

第八条 代表应是共产党员中的优秀分子，能够认真贯彻执行党的基本路线和方针、政策，按党性原则办事，严守党的纪律，有一定的议事能力。

第九条 党的地方各级代表大会的代表名额，由召开代表大会的党的委员会全体会议，按照有利于充分发扬党内民主、有利于讨论决定问题和代表具有广泛性的原则确定。

党的省、自治区、直辖市代表大会代表名额，一般为四百至八百名。

设区的市、自治州代表大会代表名额，一般为三百至五百名。

县(旗)、自治县、不设区的市和市辖区代表大会代表名额，一般为二百至四百名。

党员和所辖党组织较多或较少的，可以适当增加或减少代表名额。

第十条 代表名额的分配由召开代表大会的党的委员会按照所辖党组织的数量、党员人数和工作需要确定。

第十一条 党的地方各级代表大会代表中应有各级领导干部、各类专业技术人员、各条战线先进模范人物、解放军、武警部队等各方面的代表。代表构成的指导性比例由召开代表大会的党的委员会根据实际情况确定。妇女代表和少数民族代表所占比例一般不少于本地区妇女、少数民族党员占党员总数的比例。党的省、自治区、直辖市代表大会代表中各类专业技术人员和各条战线的先进模范人物占代表总数的比例一般不少于百分之二十五。

第十二条 党的地方各级代表大会代表候选人的差额比例，不少于百分之二十。

第十三条 代表产生的程序：

(一)选举单位按照分配的名额，采用自下而上的方式提名，经过充分酝酿协商，根据多数党组织或多数党员的意见提出代表候选人初步人选；

(二)选举单位对候选人初步人选进行考察；

(三)选举单位召开党的委员会全体会议确定代表候选人预备人选，报召开代表大会的党的委员会审查；

(四)选举单位召开党员大会或代表大会或代表会议，对候选人预备人选进行充分酝酿，根据多数选举人的意见确定候选人，进行选举，选出的代表报召开代表大会的党的委员会审批。

第十四条 党的地方各级委员会在代表大会召开前，负责对代表的产生程序和代表资格进行初步审查。代表大会成立的代表资格审查委员会在听取党的委员会的审查情况报告后，提出代表资格审查报告。经大会或大会主席团通过的代表，获得正式资格。

第三章　委员会委员的产生

第十五条 党的地方各级委员会委员、候补委员和纪律检查委员会委员候选人的提名，必须贯彻干部队伍革命化、年轻化、知识化、专业化方针，坚持德才兼备的原则和结构合理的要求。

第十六条 党的地方各级委员会候补委员人数，一般不少于委员、候补委员总数的百分之十五。

第十七条 党的地方各级委员会委员、候补委员和纪律检查委员会委员候选人的差额比例，不少于百分之十。

第十八条 党的地方各级委员会委员、候补委员和纪律检查委员会委员产生的程序：

(一)党的委员会全体会议确定下届委员会、纪律检查委员会组成的原则；

(二)常务委员会负责组织同级党政机关、群众组织和下一级党政机关中的党员领导干部酝酿推荐，在广泛听取意见的基础上，提出候选人初步人选；

(三)党委组织部对初步人选进行考察；

(四)常务委员会根据考察情况确定候选人预备人选，报上级党的委员会审批；

(五)大会主席团审议候选人预备人选，提请各代表团充分酝酿，根据多数选举人的意见确定候选人，由大会进行选举。

第十九条 党的地方各级委员会委员、候补委员一般应分别选举，先选举委员，再选举候补委员。委员候选人落选后，可以作候补委员候选人。也可以实行委员、候补委员一并选举，在获得赞成票超过半数的候选人中，依得票多少，先取足委员，再取足候补委员。

第四章 常务委员会委员和书记、副书记的产生

第二十条 党的地方各级委员会和纪律检查委员会常务委员会委员候选人数，应分别多于应选人数一至二人。

第二十一条 党的地方各级委员会和纪律检查委员会常务委员会委员和书记、副书记产生的程序：

(一)常务委员会提出候选人预备人选，报上级党的委员会审批；

(二)新选举产生的党的委员会和纪律检查委员会分别召开全体会议，对候选人预备人选进行充分酝酿，根据多数委员的意见确定候选人；

(三)党的委员会和纪律检查委员会全体会议进行选举时，先选举常务委员会委员，再选举书记、副书记。

第二十二条 党的纪律检查委员会选举产生的常务委员会委员和书记、副书记，需经同级党的委员会全体会议通过。

第五章 呈报审批

第二十三条 召开代表大会的请示，党的省、自治区、直辖市委员会一般于召开代表大会四个月前报中央委员会审批；其他党的地方委员会一般于召开代表大会两个月前报上一级党的委员会审批。请示的内容包括：代表大会召开的时间和大会议程；代表名额、差额比例，代表构成的指导性比例；党的委员会委员、候补委员和常务委员会委员名额、差额比例，书记、副书记名额；纪律检查委员会委员和常务委员会委员名额、差额比例，书记、副书记名额；选举办法。

第二十四条 党的委员会委员、候补委员，常务委员会委员和书记、副书记候选人预备人选；纪律检查委员会委员，常务委员会委员和书记、副书记候选人预备人选，一般于召开代表大会一个月前报上一级党的委员会审批。

第二十五条 当选的党的委员会委员、候补委员，纪律检查委员会委员，报上一级党的委员会备案；

当选的党的委员会常务委员会委员和书记、副书记，纪律检查委员会常务委员会委员和书记、副书记，报上一级党的委员会审批。

第六章 选举的实施

第二十六条 参加选举的人数超过应到会人数的半数，方能进行选举。

第二十七条 代表大会选举工作中的重大问题，由大会主席团集体讨论决定。

代表大会的选举工作由主席团常务委员会主持。

大会主席团成员由党的委员会或各代表团从代表中提名，经大会预备会议表决通过。主席团常务委员会委员由党的委员会提名，经主席团会议表决通过。

第二十八条 党的地方各级委员会、纪律检查委员会第一次全体会议的选举，由大会主席团各委托一名新当选的委员主持。

第二十九条 代表大会主席团或选举单位党组织应实事求是地向选举人介绍候选人的有关情况，并对选举人提出的询问作出负责的答复。

第三十条 代表大会选举设总监票人一名，必要时也可以设副总监票人一名；设监票人若干名。监票人由各代表团从不是候选人的选举人中推荐，总监票人、副总监票人由大会主席团常务委员会从监票人中提名，经主席团或大会表决通过。

党的委员会和纪律检查委员会第一次全体会议的选举设监票人若干名。监票人由会议主持人从不是候选人的委员中提名，经选举人表决通过。

第三十一条 选举设计票人若干名。计票人由大会秘书长或委员会第一次会议的主持人指定，在监票人的监督下工作。

第三十二条 代表、委员、候补委员、常务委员会委员候选人按姓氏笔划排列，书记、副书记候选人按上级党委批准的顺序排列。

第三十三条 选举人不能写选票的，可由本人委托他人按选举人的意志代写。

因故未出席会议的选举人，不能委托他人代为投票。

第三十四条 选举人对候选人可以投赞成票，可以投不赞成票，也可以弃权。投不赞成票者可以另选他人。

第三十五条 选举收回的票数，等于或少于发出的票数，选举有效；多于发出的票数，选举无效，应重新选举。

每张选票所选的人数，等于或少于规定应选人数的为有效票，多于规定应选人数的为无效票。

第三十六条 差额预选时，可以集中投票，也可以分代表团投票，由大会统一计票。

第三十七条 正式选举时，被选举人获得赞成票超过应到会有选举权人数半数的，始得当选。获得赞成票超过半数的被选举人数多于应选名额时，以得票多少为序，至取足应选名额为止；如遇票数相等不能确定当选人时，一般应就票数相等的被选举人重新投票，得票多的当选。获得赞成票超过半数的被选举人数少于应选名额时，不足的名额可以从未当选的得票多的被选举人中重新选举；如果接近应选名额，经半数以上选举人同意，也可以不再选举。

预选时，获得赞成票超过应到会有选举权人数半数的候选人，才能列为正式候选人；确定正式候选人，原则上按得票多少为序。如遇票数相等不能确定当选人或获得赞成票超过半数的被选举人少于、接近应选名额时，按正式选举时的相应办法处理。

第三十八条 被选举人得票情况，预选时，由总监票人向大会主席团报告；正式选举时，由总监票人向选举人报告，当选人名单由会议主持人向选举人宣布。

第三十九条 当选的党代表大会代表，党的委员会委员，纪律检查委员会委员，其名单按姓氏笔划排列；

当选的党的委员会候补委员，其名单按得票多少排列，得票相等的按姓氏笔划排列；

当选的党的委员会和纪律检查委员会常务委员会委员、书记、副书记，其名单按上级党的委员会批准的顺序排列。

第七章 监督和处分

第四十条 本条例由党的中央委员会和地方各级委员会、纪律检查委员会负责监督实施。

第四十一条 党的地方各级代表大会的选举，如果发生违反党章的情况，上一级党的委员会在调查核实后，应作出选举无效和采取相应措施的决定，并报再上一级党的委员会审查批准，正式宣布执行。

第四十二条 凡违反本条例规定，妨害选举人行使民主权利，或对检举选举中违纪行为的人进行压制、打击报复的，应根据问题的性质和情节轻重，对有关党组织或党员进行批评教育或给予党的纪律处分。

第八章 附 则

第四十三条 党的地方各级组织的选举，应根据本条例制定具体选举办法，经半数以上应到会选举人同意后实施。

第四十四条 民族自治地方党组织执行本条例需要采取某些变通办法的，应报上级党组织批准。

第四十五条 本条例由中共中央组织部负责解释。

第四十六条 本条例自发布之日起实施。过去有关党的地方组织选举工作的规定与本条例不一致的，按本条例执行。

邓小平社会主义市场经济思想研讨会在深圳举行

研讨会由中国市场经济研究会、广东省社科联及中共深圳市委共同发起召开。

中共中央政治局委员、全国人大常委会副委员长田纪云出席研讨会并发表讲话。中共中央政治局委员、国务院副总理李岚清致电祝贺。

田纪云在讲话中说，改革开放15年来，我们国家之所以取得巨大成就、顺利实现第一步战略目标，目前正在向小康目标奋进，根本原因是什么？根据我的亲身体验，集中到一点，就是党的十一届三中全会以来，在邓小平建设具有中国特色社会主义理论的指引下，贯彻改革开放、放权搞活的结果。坚持这一思想，也是今后继续胜利前进，实行第二步以至第三步战略目标的关键所在。要充分认识到，向市场经济转变是一个十分艰巨的过程，困难、阻力和曲折将是难免的。我们必须注意爱护经过十多年的努力、好不容易才调动起来的中央、地方、各行各业、广大干部群众的积极性。他指出，我们应该沿着邓小平指引的航向，向社会主义市场经济转变，扎扎实实地一步一个脚印地为建设具有中国特色的社会主义而努力。

国务委员兼国家体改委主任李铁映在人民大会堂会见以常务理事糠沢和夫为团长的日本经济团体联合会中国委员会调查团

外交部副部长刘华秋在华盛顿分别同美国副国务卿塔诺夫和戴维斯进行三轮磋商

26日和27日，外交部副部长刘华秋分别同美国副国务卿塔诺夫和戴维斯进行三轮磋商，双方就双边关系、人权、武器不扩散、贸易以及地区和国际问题广泛深入地交换意见。在许多问题上，双方有着相同或相似的看法，但在一些问题上仍然存在分歧。双方表示，应本着相互尊重和向前看的态度，继续通过平等的磋商，寻求妥善、公正、合理的解决办法。

中央军委在人民大会堂举行驻京部队老干部迎新春茶话会

江泽民、刘华清、张震等领导和军队的老将军、老同志欢聚一堂，喜迎春节。

中共中央总书记、国家主席、中央军委主席江泽民发表讲话。他代表党中央、中央军委向出席茶话会的老同志、军队离退休干部、全军指战员、武警官兵、民兵预备役同志们，致以亲切问候和崇高敬意！

江泽民说，过去的一年，我国人民在邓小平同志建设有中国特色社会主义理论和党的基本路线指引下，抓住机遇，深化改革，促进发展，取得新的成就。我国社会政治安定，经济快速发展，国内市场繁荣，对外贸易活跃，人民生活继续得到改善。《邓小平文选》第三卷的出版，是我们党和国家政治生活中的一件大事。《邓小平文选》第三卷同十年前出版的第二卷相衔接，是邓小平同志领导我们进行改革开放和社会主义现代化建设丰富经验的理论总结，是引导我们继续胜利前进的科学指南。中央作出了学习《邓小平文选》第二卷的决定，全国迅速掀起了学习热潮。根据党的十四大精神，十四届三中全会作出了《中共中央关于建立社会主义市场经济体制若干问题的决定》,这是我们在 90 年代进行经济体制改革的行动纲领,必将对我国的改革开放和社会主义现代化建设产生深远的影响。我们深信,在新的一年中,全党和全国人民将会在改革和发展的道路上继续胜利前进。

江泽民向老同志通报一年来军队建设取得的成就。他说,在过去的一年,我们军队建设迈出新的步伐。全军指战员在党中央、中央军委的领导下,团结一心,扎实工作,圆满完成各项任务。广大官兵精神面貌好,部队保持高度稳定和集中统一,整个军队建设呈现稳步发展的好形势。

江泽民说,全军认真学习党的十四大精神和邓小平同志建设有中国特色社会主义理论、新时期军队建设思想,深入进行了党的基本路线教育,普遍组织团以上干部的理论学习和轮训,增强广大官兵贯彻执行党的路线、方针、政策的自觉性和坚定性。加强对国防和军队建设的战略指导。各部队狠抓军事训练,广泛开展高新技术知识的学习,全军训练出现了多年来少有的好形势。各级下大力抓干部队伍和领导班子建设。强调发扬我军优良传统,保持老红军的本色。军队党风建设、廉政建设取得较大成果。国防科研和武器装备建设取得了新的进展。努力改善部队的物质文化生活条件,增强部队的吸引力和凝聚力。

江泽民强调说,1994 年,是我国改革开放和经济建设非常关键的一年。我们要始终不渝地遵循邓小平同志建设有中国特色社会主义理论,凝聚全民族的力量,调动各方面的积极因素,紧紧围绕经济建设这个中心,努力把社会主义现代化建设事业不断推向前进。在新形势下,我们军队肩负着重大的历史责任,必须进一步抓好军队的建设和改革,全面提高部队战斗力,为国家的改革开放和现代化建设提供坚强有力的安全保证。我们要大力加强思想政治建设,认真抓好《邓小平文选》第三卷的学习,用邓小平同志建设有中国特色社会主义理论和新时期军队建设思想武装广大官兵的头脑,坚持党对军队的绝对领导,坚持党的基本路线一百年不动摇。要继续按照军委的要求,进一步加强军队质量建设,走有中国特色的精兵之路。要根据社会主义市场经济和军队建设的发展规律,积极稳妥地推进军队改革。我军是建设有中国特色社会主义的重要力量,应当在精神文明建设上走在社会的前列。可以坚信,我们这支伟大的军队,一定不会辜负党和人民的重托,一定不会辜负老同志的期望,在新的一年中取得更大的进步!

江泽民赞扬老同志在几十年漫长的革命生涯中,为中国人民的解放事业,为创建新中国,出生入死,奋勇拼搏,建立了丰功伟绩,为人民军队的发展壮大作出了不可磨灭的贡献,这是我党我军的光荣。老同志有着非凡的斗争经历,经验非常丰富,一直关心和支持军队的建设,倾注了大量心血。军队建设取得的成绩,有老同志的一份功劳。江泽民希望老同志继续关心党和军队的事业,多出主意,多献良策;要求全军指战员特别是中青年领导干部,学习老同志的革命精神和崇高风范,继承和发扬我党我军的优良传统,使我们这支人民军队永远保持老红军的本色。各级党委、各部队要从政治上关心老同志,从生活上照顾好老同志。要进一步加强对老干部工作的领导,多为老同志办实事、办好事。

中共中央政治局常委、中央军委副主席刘华清主持茶话会。

中央军委委员迟浩田、张万年、于永波、傅全有,王平、李德生、杨得志、萧克、陈锡联、王恩茂以及贺龙元帅夫人薛明、罗荣桓元帅夫人林月琴等,解放军各总部、驻京各大单位和武警总部的负责人出席茶话会。

中国生物工程学会在北京成立谈家桢当选为学会理事长

为缅怀“法王”八思巴爱国业绩西藏萨迦寺修复元朝国师经堂竣工

卫生部部长陈敏章在全国卫生工作会议上作报告

一、面对新情况,研究新问题,切实加强农村卫生工作

在新的一年里要扎扎实实推进农村卫生事业,应当抓好以下几方面工作:

第一,继续加强加深对农村卫生工作重要性的认识,各级卫生部门要主动向政府和有关部门宣传农村卫生对社会经济发展的意义与作用,加大宣传的力度。

第二,要坚持实施《我国农村实现“2000 年人人享有卫生保健”的规划目标》。

第三,总结经验,因势利导,发展和完善多种形式的农村合作医疗制度。

第四,进一步动员全社会参与,多渠道筹措农村卫生资源。

第五,深化农村卫生管理体制改革,逐步调整农村卫生机构的布局和结构,以适应社会主义市场经济体制。

二、深化卫生改革,努力适应社会主义市场经济体制,更好地为经济建设和人民健康服务

1992 年 9 月卫生部下发的《关于深化卫生改革的几点意见》(第 34 号文件)和去年全国卫生工作会议上提出的“三保三放”政策措施在总体上是符合党的十四

大和三中全会《决定》的精神，在新的一年里，在贯彻落实中，要坚定不移地推进卫生改革，在改革中不断完善和规范化。当前，要着重抓好以下几个方面：

第一，继续深化医疗卫生机构内部管理体制和人事、分配制度改革，完善微观运行机制。

第二，坚持“预防为主”方针，进一步落实加强预防保健的改革政策。

第三，改善医疗卫生服务价格体系，完善医疗卫生机构的补偿机制。

第四，推进医院分级管理，搞好分层次服务，促进质量、效益全面提高。

第五，改革和健全卫生监督体制，进一步转变卫生行政管理职能。

第六，积极推进公费医疗制度改革，抓好社会医疗保险制度的改革试点。

三、坚持“两手抓，两手都要硬”的方针，进一步搞好卫生系统精神文明建设

要认真学习毛泽东思想，当前尤其要学好《邓小平文选》第三卷，用邓小平同志建设有中国特色的社会主义理论武装卫生系统全体干部、职工的头脑。部党组决定党组全体成员在今年上半年都要带领部分司局负责同志蹲到农村基层第一线，扎扎实实地搞点调查研究。

其次，精神文明建设一定要密切结合当前形势和任务，从实际出发，讲求实效。建立社会主义市场经济体制是一场深刻的社会革命，必然要引起社会经济利益关系的重大调整。希望各级医疗卫生单位争创一流的医德医风，为人民群众提供优质、高效的医疗卫生保健服务。

《人民日报》发表新华社评论员文章《严惩劫机犯》

1月27日

全国人大常委会委员长乔石在维也纳与奥地利国民议会议长菲舍尔举行会谈

菲舍尔说，这是乔石委员长第一次对奥地利的正式友好访问，是奥中关系史上的重大事件。奥中交往有着悠久的历史，两国自50年代以来关系一直良好。奥地利非常关注中国的发展，尤其是中国以前和今后在经济方面的发展，这对奥地利乃至欧洲都有意义。

乔石说，中奥建交以来两国关系的发展是良好的，特别是近年来，由于菲舍尔议长的努力，我们双方的关系不断向前发展。我们双方在绝大多数问题上的观点和认识是比较一致或相近的。他表示相信，这次访问一定会进一步增进两国之间的了解和友谊，为两国合作的全面发展作出贡献。乔石委员长还通过对中国近代史的回顾，阐明了中国对人权问题的看法。菲舍尔议长表示理解。

全国民委工作会议在北京召开

会议传达和学习中央关于做好新时期民族工作的有关指示精神，总结近年来民族工作的成就和经验，并研究部署今年的民族工作。

王光英、程思远、布赫、王兆国等出席全体会议。国务委员兼国家民委主任司马义·艾买提作报告。他说，近年来，我国的民族工作在改革开放中不断前进，取得了很大成就。1992年中央民族工作会议以后，各民族地区大大加快经济建设与改革开放的步伐，经济建设有飞速发展。在各级民族工作部门的帮助下，民族地区乡镇企业得到很大发展，民族地区扶贫工作取得显著成效，两年共有近25万人摆脱贫困。在经济发展的基础上，民族地区的各项社会事业有巨大进步，社会主义新型民族关系得到进一步巩固和发展，各族人民更加热爱统一的多民族的祖国，更自觉地为中华民族振兴而努力奋斗。同时，民族法制建设有很大进展，许多法律法规出台施行，民族关系、民族工作正逐步被纳入法制化轨道。

司马义·艾买提强调，民族工作者要认真学习《邓小平文选》第三卷，用建设有中国特色社会主义理论武装头脑，要认真研究建立社会主义市场经济体制中少数民族和民族地区的新情况、新问题，大力促进少数民族地区经济发展和改革开放，为各民族团结进步，不断作出新贡献。

国务院妇女儿童工作委员会在北京举行第二届二次全体会议

全体会议总结1993年的妇女儿童工作，对1994年的工作做出计划和部署。

国务委员、国务院妇女儿童工作委员会主任彭珮云提出，今年国务院妇女儿童工作委员会要抓好两件大事，抓住几项重点，使妇女儿童工作取得更加明显的成效。她说，第一件大事就是要全面推动《九十年代中国儿童发展规划纲要》的实施。这个纲要是李鹏总理代表我国政府对中国广大儿童和国际社会作出的承诺。各单位要增强使命感和紧迫感，把目标分级分项按年度分解，实行目标管理，使纲要目标一个一个扎扎实实地推进。第二件大事是完成《九十年代中国妇女发展规划纲要》的编制工作。制定这个纲要是为了规范、指导和促进中国妇女发展、维护妇女权益，提高我国妇女素质，使各族各界妇女更好地参与平等、发展与和平，为我国现代化建设发挥“半边天”作用，也是为了

实现《内罗毕战略》所提出的目标，迎接 1995 年第四次世界妇女大会的召开。

国务院妇女儿童工作委员会办公室主任、全国妇联副主席刘海荣在会上报告 1993 年的工作和 1994 年的计划。

国务院召开的全国“菜篮子”和粮棉油工作会议在北京结束

国务院副总理朱镕基主持会议。

北京市市长李其炎、天津市市长张立昌、上海市市长黄菊、沈阳市副市长金明仕和重庆市副市长周建中先后在会上发言。

会议的主题是，统一思想认识，汲取自 1993 年 11 月以来局部地区出现粮油和副食品销售价格波动的教训，进一步解决在“菜篮子”和粮棉油工作方面如何适应社会主义市场经济体制要求的问题。

国务院总理李鹏在会议上发表讲话。

朱镕基在第一天会议上讲话。他在讲话中分析当前的经济形势，强调做好“菜篮子”和粮棉油工作对于保证市场供应，维护社会安定和改革开放大局的重要性和紧迫性；并对统一思想认识、明确责任，进一步做好“菜篮子”和粮棉油工作作全面部署，提出明确的要求。

国务院总理李鹏在全国“菜篮子”和粮棉油工作会议上发表讲话

党中央、国务院历来十分重视农村工作，这些年采取了一系列加强农村工作的措施。党中央在去年 10 月召开农村工作会议，部署了今年的农村工作。当前我国农产品生产和市场供应形势总体上是好的。农业连续几年丰收，去年除棉花、糖料减产外，粮食、油料、肉类、禽蛋、水产品等都是增产的，“菜篮子”工作也取得明显成效。我国农产品尤其是食品的供给总量，已经由过去的长期短缺变为相对充裕。特别是自 1990 年国家建立了粮食专项储备制度以来，国家手里掌握了数量可观的储备粮。这些年，各级政府对“菜篮子”工作很重视。农副产品市场供应是稳定的，不会发生大的问题。对于这些，广大城乡人民是有切身体会的，也是比较满意的。

但是，在这样好的形势下，从去年 11 月以来的一段时间内，局部地区在粮油和副食品供应方面出现了一些问题。南方一些地方的大米价格涨幅较大，部分大中城市的蔬菜价格也出现大幅度上涨的势头。由局部地区波及全国不少地区，导致物价上涨。这引起了城市居民比较大的反应，也引起了党中央、国务院的高度重视。经过一段工作，加强了宏观调控，抛售一部分国家储备粮，过高的粮油价格降下来了，蔬菜价格上涨的势头也得到了抑制。为什么会出现这些问题，很值得我们深思。这些问题的出现是多种原因造成的，除了市场体系不健全等客观原因外，我看最大的教训是各级领导在放开价格的新形势下对市场是否还需要进行宏观调控认识不清，经验不足。发展社会主义市场经济并不是对物价完全放任不管。国内外的经验都证明，物价的大幅度上涨，无论对于改革和发展都是不利的。这次会议，就是要统一思想认识，总结经验教训，进一步解决“菜篮子”和粮棉油工作适应社会主义市场经济体制要求的问题。

一、各级政府都要十分关心和注意改善人民生活

在向社会主义现代化强国迈进的历史进程中，我们在经济工作中始终要注意抓好吃饭和建设这两件大事，正确处理好二者之间的关系。吃饭问题也就是人民生活问题，这是各级政府必须抓好的大事。我们要从这个高度来统一思想认识，努力做好“菜篮子”和粮棉油工作，保持市场的充足供应和价格的相对稳定。

我们的政府是人民的政府，人民政府的宗旨就是全心全意为人民服务。时刻关心人民群众的切身利益，是我们各级政府的天职。粮棉油和副食品是广大人民群众的基本生活必需品。过去常说，开门七件事，柴米油盐酱醋茶，现在还应该加上菜，而且还要把菜放在首位。在目前我国城乡大多数人民群众收入水平比较低、食品支出占生活消费品支出的比重还比较高的情况下，粮、油、肉、菜、蛋和水产品等主要食品的价格，直接影响着人们的消费水平。食品价格太高，城乡居民支付的基本生活费用就会增加，必然会减少其他支出，使居民的实际生活水平受到影响。我们的党和政府是人民利益的代表，要把不断改善人民生活作为一切工作的出发点和落脚点。人民选举我们，我们就要维护人民群众的利益。邓小平同志讲的三个“有利于”，很重要的一条，就是提高人民的生活水平。各级政府首先要努力使全体人民基本生活有保障，并且在此基础上不断提高人民群众的生活水平。只有把人民群众最关心的生活问题解决好，人民群众才会拥护我们，党和政府说话才有力量。解决好“菜篮子”和粮棉油的生产、供应问题，确实事关重大，切不可掉以轻心。

正确处理改革、发展与稳定的关系，是做好“菜篮子”和粮棉油工作必须遵循的一个原则。保持社会稳定是深化改革、促进发展的前提条件，而做好“菜篮子”和粮棉油工作对于保持社会稳定具有重要意义。今年是我国经济体制改革迈出重大步伐的一年。顺利进行改革，需要保持社会的稳定和人心的安定。物价的大幅度上涨，会引起人心动荡和社会不安，影响改革的顺利进行，影响国民经济发展的大局。广大人民群众是

改革的主体力量，离开人民群众的支持，任何改革都是不可能成功的。在所有的商品中，广大人民群众对粮、油、肉、菜、蛋、奶和水产品等主要食品的价格波动，感受最直接。我们一定要下很大的力量，保持粮油和主要副食品价格的相对稳定，巩固和发展当前安定团结的社会局面。

深化改革必须兼顾城乡各阶层群众的利益。改革是符合广大人民群众根本利益的，广大群众确实从十多年的改革中得到了巨大的实际利益。但是在改革进程中，并不是每个阶层、每个人都能同时得到相同的利益和实惠，这也是事实。因此，在我们的工作中，要特别关心暂时还不富裕、甚至生活还相当困难的那部分群众。为了进一步调动农民的生产积极性，适当提高粮食和棉花的收购价格是必要的，这对广大农民来说，是得到实惠的。但是农副产品价格的提高，对城镇的一部分低收入者，特别是停产半停产企业职工、大中专院校学生、离退休人员、贫困地区和灾区群众的生活，将会产生一定的影响。各级政府要采取有力措施，努力做好工作，切实解决好这些低收入者的生活困难，保障这部分群众的基本生活。

二、掌握充裕的货源，建立大流通的格局

发展生产、搞活流通，是保持副食品和粮棉油市场供应充足、价格相对稳定的基本条件。保证副食品和粮棉油供给的基础在于发展生产，必须以“菜园子”保“菜篮子”。由于自然条件的限制，一个地区或者一个城市，是很难做到样样自给的。各地尤其是大中城市，要树立大生产观念，在增强必要的自给能力的同时，发展地区间的协作，联合建设生产基地，建立稳定的产销关系，以保证市场的均衡供应，弥补淡季不足和改善品种结构。

绝不能平时不重视，在市场供应发生问题时到处抢购，以至引起市场价格的上涨。对于副食品和粮棉油生产基地建设，各地都要安排专项资金，增加投入，加快建设步伐。生产基地的建设，要运用现代科学技术。如广泛地推广塑料大棚、秸秆过腹还田、喷灌滴灌、机械化养猪养鸡和水产品的养殖、配合饲料的制作、太阳能的利用，以及从国内外引进粮种等，依靠科学技术进步，增加产量，提高质量，降低成本，增进效益。

在大力发展生产的基础上，要建立商品大流通的格局，搞活流通，形成总量平衡、物流畅通、经营灵活的运行机制。就全国范围来说，现在的问题不是没有货源，而是有货源不能及时运到销区，结果造成产区滞销积压与销区市场短缺同时并存的局面。各地政府要重视运输、贮存、保鲜等流通基础设施的建设，为南菜北运、北粮南运和中粮西运提供方便，真正做到货畅其流，把产区与销区紧密地联结起来。农业部、内贸部和有关部门要继续抓好“菜篮子”工程建设，继续在资金、技术、物资等方面给予支持。各地政府要进一步清除各种流通障碍，严厉打击车匪路霸。除省政府批准的极少数必设的检查站外，其余各种“关卡”一律撤销。铁路、交通部门要优先安排农产品运输计划。各大中城市都要创造条件吸引外地蔬菜进城销售，确保安全，公平交易。

三、建设好农副产品市场，进一步管理好市场

做好副食品和粮油的生产、供应工作，必须重视市场建设，建立以批发市场为中心的农贸市场和零售商业相结合的市场网络。这是近几年来一些大中城市抓“菜篮子”工程的一条重要经验。目前全国已有为数不少的批发市场，发挥了积极作用。但是，总的来说，农产品的市场建设仍然不适应经济发展和人民生活的需要，还是大有作为的。各级政府要对现有批发市场有计划地进行改造、扩建和完善，并新建一些区域性的农产品批发市场。国家计划今后几年在重点产区和重点城市建立若干个中央农产品批发市场。通过建立中央的和区域性、地方性相结合的批发市场网络，促进全国统一市场的形成，实现全国范围的商品大流通。

在放开经营的条件下，各级政府都要特别重视加强市场管理。放开搞活并不等于撒手不管。从产销特点看，农产品尤其是副食品既是风险产业，又是直接关系人民生活的极为重要的商品，也是市场上敏感的商品，单靠市场自发调节是很难稳定的。越是放开搞活，越是要加强市场管理。

市场交易制度不规范，市场秩序混乱，各种不正当交易行为的存在，是当前许多地区和大中城市农产品市场建设中面临的突出问题。这些不健康的因素，严重影响市场交易的正常进行，必须采取有效措施，认真解决。对于欺行霸市、哄抬物价、掺杂使假、坑蒙拐骗的不法分子和不法行为，要严厉打击。要减少经营环节，使生产者和消费者真正得益。工商、公安、物价、交通等部门，要密切配合，协调行动，务必使市场交易秩序有明显好转，并长期保持下去。

四、掌握强有力的宏观调控手段

市场经济的成熟程度与宏观调控密切相关。成熟的市场经济制度，必须建立适应经济发展要求、运转有效的宏观调控机制。放开价格是完全正确的，但任何时候都不可放松宏观调控。这种宏观调控，主要用经济手段和法律手段，必要时也不排斥行政手段。当前，我国农产品的市场调控应主要抓好三件事：

一是要建立粮、棉、油、肉、糖等主要农产品的储备制度。农产品产量受气候影响，往往时多时少，建立适当储备，吐存淡吐，对平衡市场供求十分必要。这次粮价波动给我们一个重要启示，就是“手中有粮，心里不

慌”,说明粮食储备的极端重要性。粮食是生活必需品,粮价牵动面很大。一旦粮价大幅度上涨,必然带动其他商品的价格上涨。掌握足够的粮食储备,我们就有能力平抑物价。这次国家粮食储备局抛售了为数不多的粮食,全国粮价就降下来了。一定要下决心把中央和地方的粮、棉、油、肉、糖储备制度建立起来。要进一步完善储备管理办法和使用办法,把政策性储备和经营性的周转库存分开。

二是要建立粮食和副食品风险基金。这个问题在去年中央农村工作会议和全国“菜篮子”工作会议上已经定下来了,就是把中央和地方减下来的粮、肉、菜等项补贴全额用于建立粮食和副食品风险基金,还要从其他方面筹集一些资金,形成一定的规模。风险基金要形成一种机制,滚动使用,不断地有所增加。风险基金主要用于平抑市场物价和保护生产者的利益。

三是要建立农产品市场监控体系,强化农产品信息网络的建设。信息工作做好了,对于促进生产,安定民心,都是有利的。准确的信息可以为政府实施有效的宏观调控提供科学的决策依据。去年 11 月以来,一些地方出现粮油销售价格涨幅过大和消费者集中购买的现象,教训之一就是部门工作见事迟,行动慢。商业、粮食部门要把监控市场、平抑物价作为一种经常性的业务,在关键时刻要发挥国有商业主渠道作用。在新税制实施过程中,财税部门要研究制定对国有、集体粮油、副食品经营企业的扶持措施,积极支持他们去完成政府赋予的平抑物价、稳定市场的任务。

五、进一步落实市长负责制

从商品特性看,肉、禽、蛋、菜等副食品,不同于粮油食品。粮油可以长期贮存,可以长途调运,甚至可以通过进出口适当调剂品种。副食品多属鲜嫩易腐、不耐贮运的产品,又是人民群众每天都要消费的食品,其商品特性决定了这类问题必须主要依靠当地政府来解决。我多次强调,“菜篮子”工作要由各地尤其是大中城市的政府来抓,实行市长负责制。安排好人民群众的生活,是市长的首要职责,是稳定大局的头等大事。哪个城市不能为居民提供价格比较稳定、品种丰富而又充裕的“菜篮子”商品,不找省长,也不找副市长,就找这个市的市长是问。因为市长是一个城市的最高行政首长,执掌了统筹调配人力、物力、财力,保证副食品生产与销售的手段和权力。这一点要列入市长岗位目标责任制中,每年都要进行考核,并将考核结果向市人代会和全市人民报告。

市长如何抓好“菜篮子”工作?最重要的是确保副食品供求的总量平衡。各大中城市都要自己负起综合平衡的责任。不仅平时做到供求平衡,更要注意保证淡季供应平衡。要看到,农民对种菜是有积极性的,因为种菜的比较效益高,问题是要通过市场把菜农与消费者连接起来,做到货畅其流。我们讲总量平衡,决不是要求各大中城市都搞自给自足,而是要通过发展生产增强自给能力,不足部分通过市场机制吸引外地货源。各大中城市的市长要切实负起责任来,积极主动地做好工作,及时发现问题,及时解决问题。千万不能等出了问题再抓,那样损失就太大了。要确保必需的菜田面积,严格制止滥占菜地。现在有的城市挤占菜田过多,补充不足,是造成当地蔬菜供应短缺的一个重要原因。这个问题要尽快解决。在城市规划和建立经济开发区时,要尽可能避开老菜田,确实需要占用的也必须先开垦、后占用。各大中城市在建立本地副食品生产基地的同时,还要根据需要与外埠建立稳定的副食品产销协作关系。蔬菜生产要逐步形成以郊区为主、邻近农区为辅、外埠品种调剂的格局。

必须下决心落实蔬菜等副食品的生产基地建设基金、价格风险基金和冷库等流通基础设施建设基金。只要这三项基金落实了,市场副食品的充足供应和价格相对稳定就有保障了。这三项基金的筹集,主要靠地方。只要严格控制基本建设规模,少搞点开发区,少上点房地产开发项目,这三项基金并不难筹集。

江泽民同志最近强调指出:各级党委、政府要高度重视“菜篮子”和粮棉油工作。我相信,只要全党重视,各级政府重视,市长亲自动手抓,这项工作一定能够做得更好。

香港特别行政区筹委会预委会新机场课题小组讨论《机场公司条例(草案)》

香港特别行政区筹委会预委会经济专题小组属下的“新机场课题研究小组”7 名委员在北京开会,就港英政府《机场公司条例(草案)》进行讨论。

委员们根据中英两国政府签署的机场谅解备忘录的有关规定,站在维护香港整体和长远经济利益的立场上,对该条例草案进行了认真细致的研究,并提出了初步的修改建议。

《人民日报》发表社论《加快基础设施建设也要量力而行》

加快交通运输等基础设施的建设,对实现第二步发展战略目标、保证国民经济持续、快速、健康发展具有重大的战略意义。基础设施建设滞后一直困扰和制约着国民经济发展。90 年代,我国国民经济发展将跃上一个新的台阶,基础设施建设面临的任务更加艰巨和繁重。我们必须抓住机遇,统筹规划,合理布局,把基础设施建设规划好、建设好、管理好,最大可能地发挥社会经济效益。

改革开放以来，基础设施建设领域逐步改变了过去完全依赖国家投资的旧格局，形成了中央、地方、企业联合投资以及广泛利用外资、多渠道分层次开发基础设施的新局面，极大地调动了各方面的积极性。各地基础设施建设蓬勃兴起，正在进入一个快速发展阶段。但是，近年来，在基础设施建设中，也出现了一些不顾客观条件，不计经济效益，盲目贪大求快的苗头。有些地区出于加速发展的急切愿望，竞相提出一些不切实际的发展目标，在基础设施建设中，脱离统一规划，在局部范围内搞“小而全”和重复布点；有的不顾当地财力、物力的实际可能，热衷于铺摊子和竞相攀比，造成资金浪费，使用效率不高，经营亏损；有的违反建设程序，鼓励“以干促批”、“先斩后奏”；有的重大项目为了逃避国家审批，将大项目化整为零，在审批后又自行提高项目的建设规模和标准；有的在合资、合作建设的基础设施项目中擅自为外商担保高回报率等等。这样做的后果，不利于社会主义市场经济的健康发育，不利于资源的合理配置，不利于发挥综合经济效益，不利于整个经济的协调发展，有的甚至损害了国家的利益，因此，必须引起各级领导的高度重视。

我们做任何事情都要讲求实事求是，既要尽力而为，更要量力而行。重大基础设施项目的决策和实施，直接关系到国民经济的整体布局和宏观经济总量的平衡，必须在国家统一规划指导下进行。基础设施项目一般都是资金投入量大、建设周期较长、协作配套条件复杂的系统工程；必须遵循国家规定的建设程序。建设程序体现着工程建设内在规律的要求，严格履行建设程序，是建设项目科学决策和顺利实施的必要保障。经济建设的落脚点是效益问题，基础设施建设也要充分考虑社会效益与经济效益的统一，对事关全局的、经济发展急需的基础设施项目，要千方百计、集中力量搞上去。但基础设施建设也要循序而进，滞后不行，盲目大上，不顾可能和效益，过度超前也不行。在我们这个经济发展水平还比较落后的国家，财力、物力短缺的状况还会长期存在，更应该集中力量打歼灭战，防止因重复建设、盲目建设造成大的浪费。

对基础设施建设，各地区、各部门都要在国家统一规划指导下，结合本地区、本部门的实际情况和特点，搞好地区发展规划。各级领导干部要带头学习《邓小平文选》第三卷，全面、准确地理解小平同志关于建设有中国特色社会主义的理论，牢固树立全国一盘棋的思想，实事求是，量力而行，讲求效益，扎扎实实地搞好各项基础设施的建设。

中葡澳门货币发行工作小组举行第三次会议

中葡澳门货币发行工作小组举行第三次会议，就中国银行参与澳门发钞工作进行进一步研究和磋商。

中葡澳门货币发行工作小组于1993年7月成立，由中葡联合联络小组双方代表和有关专家组成。中方代表在会后说，中国银行参与澳门发钞工作意义重大。他说，做好这项工作，对保证澳门经济和金融的稳定，确保澳门货币发行体制的顺利过渡都是有利的。

国务院副总理兼外交部部长钱其琛在北京与俄罗斯外交部部长科济列夫举行会谈

钱其琛说，中国是世界上人口最多、经济正在蓬勃发展的发展中大国，俄罗斯是世界上幅员最为辽阔、工业技术基础相当雄厚且资源十分丰富的大国，两国既是邻国又都是安理会常任理事国，加强双边友好合作十分重要。

科济列夫希望两国今后能有一些大型经贸合作项目。他称俄方愿意参加诸如三峡工程那样的项目。

钱其琛表示，中国欢迎俄罗斯参加三峡工程建设的投标。

会谈后，两国外长签署中俄两国政府关于中俄边境口岸协定中俄两国外交部磋商议定书。根据第一个协定，双方确认在中俄边境开放21对口岸，其中包括满洲里—后贝加尔斯克、黑河—布拉戈维申斯克、绥芬河—波格拉尼奇内等。

中国俄罗斯和蒙古国政府在乌兰巴托签订《关于确定三国国界交界点的协定》

中华人民共和国政府、俄罗斯联邦政府与蒙古国政府（以下简称缔约三方），为巩固和发展三国睦邻友好关系，遵循相互尊重主权和领土完整、平等互利和和平共处的原则，使三国边境地区成为持久和平和友好合作的地区，基于以条约确定三国国界两个交界点的必要性，根据一九九一年五月十六日《中华人民共和国和苏维埃社会主义共和国联盟关于中苏国界东段的协定》及有关中俄界约、一九七六年十月十九日《苏维埃社会主义共和国联盟和蒙古人民共和国关于苏蒙边界西段条约，自塔班·包格德·乌拉（塔班包格德）4104.0米高地至阿斯哈欣·塔班·夏尔（阿斯嘎腾·塔湾·夏尔）及其东段自大萨彦山脊（伊赫·萨彦·努尔）上2855.8米高地至塔尔巴干达呼敖包（塔尔巴干·达呼）》及一九六二年十二月二十六日《中华人民共和国和蒙古人民共和国边界条约》，商定如下：

第一条 中俄蒙国界东端交界点位于塔尔巴干达呼敖包的中心，645.0米高地上。该点位于中华人民共和国境内希林浩来音乌拉709.0米高地以北约14.8公里，俄罗斯联邦境内741.4米高地以南约5.0公里，蒙古国境内 692.4 米高地东偏东北约 6.1 公里。在三国国界东端交界点上设立界标(即"塔尔巴干达呼"零号单立界桩)。三国国界东端交界点的直角坐标待测量后确定。

第二条　中俄蒙国界西端交界点位于奎屯山山顶(塔班·包格德·乌拉,塔班包格德乌拉)4082.0 米(4104.0 米)高地上。该点位于中华人民共和国境内 3608.0 米高地北偏东北约 4.8 公里,俄罗斯联邦境内 3511.5 米高地西偏西南约 9.4 公里,蒙古国境内 3884.0 米高地西偏西北约 6.1 公里。缔约三方商定,三国国界西端交界点在实地不设标志。三国国界西端交界点的直角坐标待测量后确定。

第三条　本协定第一条所述的三国国界东端交界点标绘在俄方一九八一年版 1∶10 万地图上(附件一)。本协定第二条所述的三国国界西端交界点标绘在俄方一九八二年版的 1∶10 万地图上(附件二)。上述地图作为本协定的附件。以上所述距离和高程均从上述两图上量取。方位物的地理名称用中、俄、蒙三种文字注明。

第四条　为了确定中俄蒙国界两个交界点的具体位置,缔约三方决定成立联合工作小组,负责起草三国国界两个交界点的叙述议定书,绘制比例尺为 1∶1 万的东端交界点的叙述议定书附图、比例尺为 1∶2.5 万的西端交界点的叙述议定书附图,在东端交界点上树立"塔尔巴干达呼"界标,并填写该界标登记表。上述叙述议定书及其附图和界标登记表由缔约三方代表签署。上述文件生效后,联合工作小组的工作即告结束。本协定自签字之日起生效。

本协定于一九九四年一月二十七日在乌兰巴托签署,一式三份,每份都用中、俄、蒙文写成,三种文本同等作准。

中华人民共和国
政府代表　裴家义(签字)
俄罗斯联邦
政府代表　谢·谢·拉佐夫(签字)
蒙古国政府代表　扎·乔音霍尔(签字)

国务院副总理兼外交部部长钱其琛为庆祝中法建交 30 周年在钓鱼台国宾馆举行宴会

美国国务卿克里斯托弗在美国国务院会见外交部副部长刘华秋

外交部发言人吴建民就美国参议院通过设立"亚洲自由电台"的议案发表谈话

中国外交部发言人吴建民说,美国参议院通过设立"亚洲自由电台"的议案,践踏公认的国际关系准则,也违反了中美间三个联合公报的基本原则。美方应取消设立"亚洲自由电台"的计划。

吴建民是应记者要求对美国参议院通过"亚洲自由电台"的议案发表评论时说这番话的。他说,设立这一电台的真实目的,是利用新闻媒介干涉中国和其他亚洲国家内政,制造混乱。亚洲各国的事应由亚洲各国人民自己管。在酝酿设立电台的过程中,中国和许多亚洲国家均表示强烈反对的意见。美方这一行动践踏了公认的国际关系准则,也违反了中美间 3 个联合公报的基本原则。美方应取消设立"亚洲自由电台"的计划。

在回答记者问到的"据报道,美国打算在韩国部署'爱国者'导弹"一事有何评论时,吴建民说:保持朝鲜半岛和平与稳定符合朝鲜民族的根本利益,也有利于本地区的和平与安全。我们不赞成任何有损于朝鲜半岛和平与稳定的行动。

国务院副总理李岚清在北京考察成人教育和师范教育并与教师代表座谈

李岚清考察北京市成人教育学院新址、教师家庭、北京广播电视大学和北京师范大学,看望教职员工和正在参加研究生招生考试的考生。

李岚清在与教师代表座谈后说,成人教育是我国教育事业中非常重要的一个组成部分。当前能够接受普通高等教育的人只是少数,而社会需要各种层次的人才,这是中国目前的国情。因此需要大力发展职业教育、成人教育包括广播电视教育。成才的道路不该是普通高等学校这一个"独木桥",而应当构筑多渠道成才的"阳关道"。要逐步做到学者有其校,使尽可能多的人在接受义务教育后,能够继续接受职业教育、成人教育、广播电视等各种形式教育,有进一步深造的机会。只有有了多种成才的道路,才能避免孩子们从一进小学就开始为考大学做准备、千军万马争过"独木桥"的现象。因此我国成人教育包括广播电视教育目前面临的问题决不是要削弱,而是要继续大力发展。

李岚清说,我国普通高等教育的改革与发展要吸取成人教育在办学体制、办学模式和办学方法方面的某些经验。普通高等教育不是终极教育,即便有了一个大学文凭,也不能受用终生。普通高等教育主要是给受教育者提供比较雄厚的基础知识,在走上工作岗位后所需的进一步专业技术知识和知识更新的教育,主要的也要靠成人教育担当起来。成人教育也要注意避免"小而全"和自我封闭的模式。

李岚清说,成人教育在过去曾为那些因上山下乡而错过求学机会的一代人提供了受教育的机会,在历史上曾发挥了重大的作用。随着经济结构、产业结构的调整,国家旧的宏观教育结构和内容也要相应调整,更多的人需要更新和补充知识,成人教育将发挥愈来愈重要的作用。我们衡量一种教育办得好不好的最根本的标准,就是看它能否培养出符合社会当前和长远需要的人才。

李岚清还就办好有中国特色的社会主义的教育事业、改革普通高等教育及改善德育工作等问题发表了意见。

1月28日

全国人大常委会委员长乔石在奥地利议会大厦同联邦议会议长格斯特尔常务副议长施特鲁岑贝格和沙姆贝格举行会谈

格斯特尔说,中华民族在第二次世界大战期间在上海收留很多奥地利犹太难民,使他们免遭灾难。他对此表示感谢。

乔石说,犹太民族在二战中受到的迫害对我们都有教育意义,中国人民始终同情犹太民族为生存而进行的奋斗。

乔石还说,中奥两国处在不同的发展阶段。中国目前还处在发展之中,与奥地利还有差距,但这并未影响我们的关系,而且使我们更加重视我们之间的友谊和合作关系的发展。

常务副议长沙姆贝格说,我非常赞成乔石委员长的意见,民主必须与稳定、安定联系在一起,这样才能给人民带来幸福。中国根据自己的情况发展民主,走这样的道路是对的。施特鲁岑贝格常务副议长说,奥中建交23年来,两国关系的发展是很好的,中国的改革开放政策很成功,奥地利对此非常欢迎和赞赏。

中共中央政治局常委朱镕基在全国宣传思想工作会议上发表讲话

朱镕基首先充分肯定这些年宣传思想战线的同志在邓小平同志建设有中国特色社会主义理论和党的基本路线指引下积极为改革开放和现代化建设事业服务,作出了巨大贡献。他希望宣传思想战线的同志在改革和发展中继续发挥更大的作用。

朱镕基向大会介绍去年全国的经济情况。他说,1993年是全面贯彻党的十四大精神,沿着邓小平同志指引的建设有中国特色社会主义道路胜利前进的一年。一年来,工业保持快速增长,企业经济效益有所提高;农村经济进一步发展,粮油再创新纪录;重点建设得到加强,建设速度大大加快;消费品市场繁荣活跃,人民生活水平继续提高。去年上半年,针对经济快速增长中出现的一些突出矛盾和问题,中央毅然决定采取加强和改善宏观调控措施,信贷规模过大和货币投放过多以及人民币汇价下降过快的势头迅即得到抑制,金融秩序和流通秩序明显好转。宏观调控取得积极成效。

朱镕基说,当前是深化改革最有利的时机。第一,经过十多年的改革,建设有中国特色社会主义理论已经深入人心。特别是1992年邓小平同志重要谈话和党的十四大胜利召开,我们党明确社会主义市场经济的改革目标,摆脱姓"资"姓"社"的观念束缚,思想获得解放。这样我们就有可能在没有任何顾虑和障碍的情况下,按照市场经济的一般规律,借鉴发达国家的成功经验,从中国国情出发,针对当前经济生活中的突出问题,制定出比较积极稳妥的改革方案。第二,党中央、国务院在十多年的改革中积累了丰富的经验。我们曾经历过不少改革难关,既有成功的经验,也有挫折和教训。这次的改革方案总结多年的实践经验,就其原则、框架来说,已经酝酿多年。理论界也反复讨论、比较,多数取得共识。第三,1992年小平同志发表重要谈话以来,我国经济发展势头很好。外国政治家和投资者普遍看好中国的经济发展,外国资金以前所未有的速度进入中国。前进中发生的一些问题,中央采取加强和改善宏观调控的一系列措施加以解决,取得积极成效,为今后改革过程中及时妥善地处理各种突发情况积累了经验。十四届三中全会集中全党的智慧,构筑社会主义市场经济的基本框架,为实施当前的改革措施奠定了思想基础。

朱镕基强调,必须紧紧抓住和十分珍惜当前这一难得的历史机遇,坚决推进我们酝酿多年想干而又没有条件干的改革。如果我们不能抓住机遇,攻克体制改革中的重重难关,就不可能保持经济持续、快速、健康发展,实现国民经济和社会发展第二步战略目标。

朱镕基说,今年的改革方案准备工作是比较充分的。这套改革方案,是在以江泽民为核心的党中央领导下,组织两支队伍,集中各方面的优秀人才和骨干力量,经过长时间精心周密的研究,广泛征求各方面的意见后制订的。我们充分估计到这场改革的艰巨性和复杂性。当然,任何改革方案都不可能事先设计得完美无缺,只能在改革过程中不断实践,不断总结,不断调整。正如邓小平同志所说:"要让全党和全国人民懂得,这是很艰苦的工作,十全十美的方针、十全十美的办法是没有的,面临的都是新事物、新问题,经验靠我们自己创造。""这就要求我们每走一步,都兢兢业业,大胆心细,及时总结经验,发现问题就作些调整,使之符合实际情况。”只要认真按照邓小平同志的讲话精神去做，我们一定能够把改革搞好。朱镕基指出，目前主要风险并不在改革本身，而在于：固定资产投资规模过大，超过国力能够承受的范围；农业问题依然突出。有些同志上项目、铺摊子的劲头很足，热衷于比速度、讲排场、高消费；但对抓经济效益、勤俭节约、扭亏增盈、加强管理的兴趣不大，抓农业和“菜篮子”工程，抓市场、抓物价、关心群众生活的热情不高，这种倾向必须改变。

朱镕基说，1994 年的改革和发展的任务都很重，人民关心，世界瞩目。能否打好这场改革攻坚战，是对我们的一场严峻考验。要下大决心控制固定资产投资规模。要继续稳定和发展农村经济。邓小平同志在 1988 年就说过：“改革要成功，就必须有领导、有秩序地进行。没有这一条，就是乱哄哄，各行其是，怎么行呢？”“党中央、国务院没有权威，局势就控制不住。”“宏观管理要体现在中央说话能算数。”各级领导干部和全体党员要进一步统一认识，统一步调，励精图治，同舟共济。各级党委和政府要把更多的精力集中到改革上来，主要领导干部必须站在方案实施的第一线。

朱镕基最后说，我们相信，在邓小平同志有中国特色社会主义理论指引下，在以江泽民为核心的党中央正确领导下，通过全党和全国人民的共同努力，十四届三中全会决定和中央经济工作会议部署的改革方案，一定能够取得圆满成功，今年经济发展也一定能够取得更大成绩。

中纪委常委会第六十五次会议通过《中国共产党纪律检查机关案件检查工作条例》

第一章　总　则

第一条　检查中国共产党内违纪案件是中国共产党的纪律检查机关的一项重要工作，是严肃党纪的中心环节。为使案件检查工作规范化、制度化，提高办案质量和效率，根据中国共产党章程有关规定，结合案件检查工作的实践，制定本条例。

第二条　案件检查工作的指导思想是，通过执纪办案，维护党的章程和其他党内法规，严肃党的纪律，加强党风廉政建设，保护改革开放，促进经济发展，保证党的基本路线的贯彻执行。

第三条　纪检机关依照党章和本条例行使案件检查权，不受国家机关、社会组织和个人的干涉。

第四条　案件检查必须坚持实事求是的原则，以事实为根据，以党纪为准绳，做到事实清楚，证据确凿，定性准确，处理恰当，手续完备。

第五条　案件检查要坚持在党的纪律面前人人平等的原则，对任何党员和党组织违犯党的纪律的行为，都必须依据本条例进行检查。

第六条　案件检查要依靠党的各级组织，走群众路线，加强纪检系统内部以及与有关部门的协调配合。

第七条　案件检查要贯彻惩前毖后、治病救人的方针，达到既维护党纪的严肃性，又教育本人和广大党员的目的。

第八条　案件检查中，要切实保障党员包括被检查的党员行使党章所赋予的各项权利。

第九条　案件检查实行分级办理、各负其责的工作制度。

第二章　受理和初步核实

第十条　纪检机关对检举、控告以及发现的下列违纪问题，予以受理：

（一）同级党委委员、纪委委员的违纪问题；

（二）属上级党委管理在本地区、本部门工作的党员干部的违纪问题；

（三）同级党委管理的党员干部的违纪问题；

（四）下一级党组织的违纪问题；

（五）领导交办的反映其他党员和党组织的违纪问题。

属下级党委管理的党员和党组织重大、典型的违纪问题，必要时也可以受理。

第十一条　纪检机关受理反映党员或党组织的违纪问题后，应根据情况决定是否进行初步核实。需初步核实的，应及时派人进行，必要时也可委托下级纪检机关办理。

第十二条　初步核实的任务是，了解所反映的主要问题是否存在，为立案与否提供依据。

第十三条　初步核实可以采用本条例第二十八条中（一）、（二）、（三）、（四）、（五）、（八）的方法收集证据。

第十四条　初步核实后，由参与核实的人员写出初步核实情况报告，纪检机关区别不同情况作出处理：

（一）反映问题失实的，应向被反映人所在单位党组织说明情况，必要时还应向被反映人说明情况或在一定范围内予以澄清；

（二）有违纪事实，但情节轻微，不需追究党纪责任的，应建议有关党组织作出恰当处理；

（三）确有违纪事实，需要追究党纪责任的，应予立案。

第十五条　初步核实的时限为两个月，必要时可延长一个月。重大或复杂的问题，在延长期内仍不能初核完毕的，经批准后可再适当延长。

第三章　立　案

第十六条　对检举、控告以及发现的党员或党组织的违纪问题，经初步核实，确有违纪事实，并需追究党纪责任的，按照规定的权限和程序办理立案手续。

第十七条 对党员的违纪问题，实行分级立案。

（一）党的中央委员会委员、中央纪律检查委员会委员违犯党纪的问题，由中央纪委报请中央批准立案。

（二）党的中央以下各级委员会、纪律检查委员会常务委员（基层党委、纪委为书记、副书记）违犯党纪的问题，与党委常务委员同职级的党委委员违犯党纪的问题，由上一级纪委决定立案，上一级纪委在决定立案前，应征求同级党委的意见。其他委员违犯党纪的问题，由同级纪委报请同级党委批准立案。

（三）其他党员干部违犯党纪的问题，均按照干部管理权限，由相应的纪委或纪工委、纪检组决定立案，在决定立案前应征求同级党委或党工委、党组的意见。未设立纪委或纪工委、纪检组的，由相应的党委或党工委、党组决定立案。

（四）不是干部的党员违犯党纪的问题，由基层纪委决定立案。未设立纪委的，由基层党委决定立案。

第十八条 党的关系在地方、干部任免权限在主管部门的党员干部违犯党纪的问题，除另有规定的外，一般由地方纪检机关决定立案。

若地方纪检机关认为由部门纪检机关立案更为适宜的，经协商可由部门纪检机关立案；根据规定应由部门纪检机关立案的违纪问题，经协商也可由地方纪检机关立案。

第十九条 对于党组织严重违犯党纪的问题，由上一级纪检机关报请同级党委批准立案，再上一级纪委在征求同级党委意见后也可直接决定立案。

第二十条 属于下级纪检机关立案范围的重大违纪问题，必要时上级纪检机关可直接决定立案。

第二十一条 上级纪检机关发现应由下级纪检机关立案的违纪问题，可责成下级纪检机关予以立案。

第二十二条 凡需立案的，应写出立案呈批报告，并附检举材料和初步核实情况报告，按立案批准权限呈报审批。

立案审批时限不得超过一个月。

经批准立案的案件，纪检机关应通报同级党委组织部门。

第四章 调　查

第二十三条 对已经立案的案件，立案机关应根据案情组织调查组。

第二十四条 调查组要熟悉案情，了解与案件有关的政策、规定，研究制订调查方案，并将立案决定通知被调查人所在单位党组织。

被调查人所在单位党组织应积极支持办案工作，加强对被调查人和案件知情人的教育。未经立案机关或调查组同意，不得批准被调查人出境、出国、出差，或对其进行调动、提拔、奖励。

第二十五条 调查开始时，在一般情况下，调查组应会同被调查人所在单位党组织与被调查人谈话，宣布立案决定和应遵守的纪律，要求其正确对待组织调查。调查中，应认真听取被调查人的陈述和意见，做好思想教育工作。

第二十六条 调查组认为被调查的党员干部确犯有严重错误，已不适宜担任现任职务或妨碍案件调查时，可建议对其采取停职检查措施。停止党内职务，属党委批准立案的，停职检查由党委决定；属纪检机关直接立案的，停职检查由纪检机关征求同级党委意见后决定。停止党外职务的，由纪检机关向有关党外组织提出建议。

第二十七条 证明案件真实情况的一切事实，都是证据。证据包括：物证、书证、证人证言、受侵害人的陈述、被调查人的陈述、视听材料、现场笔录、鉴定结论和勘验、检查笔录。

证据应经过鉴别属实，才能作为定案的根据。

第二十八条 凡是知道案件情况的组织和个人都有提供证据的义务。调查组有权按照规定程序，采取以下措施调查取证，有关组织和个人必须如实提供证据，不得拒绝和阻挠。

（一）查阅、复制与案件有关的文件、资料、账册、单据、会议记录、工作笔记等书面材料；

（二）要求有关组织提供与案件有关的文件、资料等书面材料以及其他必要的情况；

（三）要求有关人员在规定的时间、地点就案件所涉及的问题作出说明；

（四）必要时可以对与案件有关的人员和事项，进行录音、拍照、摄像；

（五）对案件所涉及的专门性问题，提请有关的专门机构或人员作出鉴定结论；

（六）经县级以上（含县级）纪检机关负责人批准，暂予扣留、封存可以证明违纪行为的文件、资料、账册、单据、物品和非法所得；

（七）经县级以上（含县级）纪检机关负责人批准，可以对被调查对象在银行或其他金融机构的存款进行查核，并可以通知银行或其他金融机构暂停支付；

（八）收集其他能够证明案件真实情况的一切证据。

第二十九条 调查取证要做到：

（一）收集物证、书证，应尽量收取原物、原件；不能收取原物、原件的，也可拍照、复制，但须注明保存单位和出处，书证还须由原件的保存单位或个人签字、盖章。

（二）收集证言，应对出证人提出要求，讲明责任。证言材料要一人一证，可由证人书写，也可由调查人员作笔录，并经本人认可。所有证言材料应注明证人身份、出证时间，并由证人签字、盖章或押印。证人要求对原证作出部分或全部更改时，应重新出证并注明更改原因，但不退原证。与证人谈话，调查人员不得少于二人。收集被侵害人的陈述、被调查人的陈述，适用本项规定。

（三）对于有关机关移送的调查材料，必须认真审核，经调查人员认定后才可作证据使用。

第三十条 调查中，如需公安、司法机关和其他执法部门等提供与违纪案件有关的证据材料，有关机关应予积极配合。

第三十一条 应认真鉴别证据，严防伪证、错证。发现证据存在疑点或含糊不清的，应重新取证或补证。

第三十二条 认定错误事实须有确实、充分的证据。只有被调查人的交代，而无其他证据或无法查证的，不能认定；被调查人拒不承认而证据确实、充分的，可以认定。

第三十三条 调查组应将所认定的错误事实写成错误事实材料与被调查人进行核对。对被调查人的合理意见应予采纳，必要时还应作补充调查；对不合理的意见，应写出有事实根据的说明。

被调查人应在错误事实材料上签署意见。对拒不签署意见的，由调查组在错误事实材料上注明。

第三十四条 调查取证基本结束后，调查组应经过集体讨论，写出调查报告。调查报告的基本内容是：立案依据；主要错误事实及性质；有关人员的责任；被调查人对错误的态度；处理建议。对调查否定的问题应交代清楚。对难以认定的重要问题用写实的方法予以反映。调查报告须由调查组全体成员签名。

如调查组内部对错误性质、有关人员的责任及处理建议等有较大分歧，经过讨论仍不能一致时，应按调查组长的意见写出调查报告。但对不同意见应在报告中作适当反映，或另以书面形式反映。

调查组应将调查报告的主要内容向被调查人所在单位党组织通报，并征求意见。

第三十五条 调查中，发现检举人确属诬告或证人出具伪证等妨碍案件检查的行为，应予追究。

第三十六条 要保护办案人、检举人、证人。对上述人员进行诬告陷害、打击报复的，应予追究。

第三十七条 调查中，若发现违纪党员同时又触犯刑律，应适时将案件材料移送有关司法机关处理。

第三十八条 调查结束后，调查组要总结工作，并应协助发案单位党组织总结经验教训。

第三十九条 案件调查的时限为三个月，必要时可延长一个月。案情重大或复杂的案件，在延长期内仍不能查结的，可报经立案机关批准后延长调查时间。

第五章 移送审理

第四十条 凡属立案调查需追究党纪责任的案件，调查终结后，都要移送审理。

个别重大复杂的案件，调查过程中，可提前介入审理。

第四十一条 移送审理时，应移送下列材料，并办交接手续：

（一）分管领导同意移送审理的批示；

（二）立案依据；

（三）调查报告和承办纪检室的意见；

（四）全部证据材料；

（五）与被调查人见面的错误事实材料；

（六）被调查人对错误事实材料的书面意见和检讨材料；

（七）调查组对被调查人意见的说明。

第四十二条 案件经审理并报本级纪委常委会讨论后，应将调查报告、被调查人对错误事实材料的书面意见和检讨材料以及调查组对被调查人意见的说明材料的复制件，送交被调查人所在单位党组织作出处理决定。

被调查人所在单位党组织应在一个月内作出处理决定，并按照处分党员的批准权限呈报审批。

特殊情况下，由县以上纪检机关直接作出处分决定的，事前应征求被调查人所在单位党组织的意见。

第四十三条 审理过程中，发现证据不足的，应予补证；认为案件主要事实不清的，应补充调查。

第四十四条 对公安、司法机关已处理的案件中所涉及的党员，需要给予党纪处分的，由纪检机关直接审理。如需进一步调查的，应由纪检机关办理立案手续。

第六章 对办案人员的要求

第四十五条 办案人员应遵守以下纪律：

（一）不准对被调查人或有关人员采取违犯党章或国家法律的手段；

（二）不准泄露案情，扩散证据材料；

（三）不准伪造、篡改、隐匿、销毁证据，故意夸大或缩小案情；

（四）不准接受与案件有关人员的财物和其他利益。

第四十六条 办案人员有下列情形之一的，应当自行回避，被调查人、检举人及其他与案件有关的人员也有权要求回避：

（一）是本案被调查人的近亲属；

（二）是本案的检举人、主要证人；

（三）本人或近亲属与本案有利害关系的；

（四）与本案有其他关系，可能影响公正查处案件的。

办案人员的回避，由纪检机关有关负责人决定。

对办案人员的回避作出决定前，办案人员不停止对案件的调查。

第七章 附 则

第四十七条 本条例是党的纪律检查机关案件检查工作的规则，各级党组织和纪检机关都必须严格执行。

第四十八条 中国人民解放军党的纪律检查机关的案件检查工作，军委纪委可参照本条例的精神作出规定，报中央军委批准施行，并报中央纪律检查委员会备案。

第四十九条 本条例由中央纪律检查委员会负责解释；实施细则由中央纪律检查委员会制定。

第五十条 本条例自一九九四年五月一日起施行，《中国共产党纪律检查机关案件检查工作条例(试行)》同时废止。

中央统战部全国人大民委国家民委和国务院宗教局在人民大会堂西藏厅召开纪念第十世班禅大师逝世五周年座谈会

全国政协副主席、中央统战部部长王兆国代表中共中央统战部对班禅额尔德尼·确吉坚赞这位伟大的爱国主义者、中国藏传佛教的杰出领袖表示崇高的敬意和深切的怀念。他说，班禅大师热爱和维护祖国统一、民族团结。在西藏和平解放、民主改革、社会主义革命和建设的各个历史时期，他旗帜鲜明地坚持爱国主义立场，反对分裂；他关心西藏工作，关心藏族人民的富裕、幸福和社会进步，为西藏的建设发展做了大量工作。

王兆国说，班禅大师作为党的忠诚朋友和著名国务活动家，为藏族人民所敬仰，也为全国各族人民所怀念。我们要用维护祖国统一、民族团结、社会安定的实际行动，用全面贯彻党的宗教信仰自由政策，团结和鼓励宗教界爱国进步守法，引导宗教与社会主义社会相适应的实际行动来完成班禅大师未竟的事业。

全国政协副主席阿沛·阿旺晋美在书面发言中说，从1978年到1989年的10多年间，班禅大师不辞辛劳先后12次到西藏和青海、四川等省区视察工作，为贯彻落实党的民族政策、宗教政策，为西藏局势的稳定和民族经济的发展，进行坚持不懈的努力。作为藏传佛教的杰出领袖，班禅大师把爱国与爱教有机地结合起来，把维护祖国统一和维护本民族利益有机地结合起来。我们要学习他爱国、爱党、爱民族、爱教，并把四者完美地统一起来的精神，为西藏的发展进步作出新的贡献。

李学智、却西活佛、图道多吉、洛桑、赤耐、李佐民等也在会上缅怀班禅大师的丰功伟绩。帕巴拉·格列朗杰、布赫、赵朴初以及首都各族人士七十多人参加座谈会。

香港特别行政区筹委会预委会政务小组第四次会议在北京举行

香港特别行政区筹委会预备工作委员会政务专题小组第四次会议1月28日至29日在北京举行。会议重点讨论香港特别行政区第一届立法会的产生办法，就其中的分区直选、功能团体选举和选举委员会的组成以及候选人资格等问题提出了原则性意见。

委员们认为，在研究和制定有关选举办法时，必须以基本法的规定为依据，符合体现国家主权和平稳过渡的原则。

预委会副主任鲁平、周南等出席会议。

国务院总理李鹏在广东考察

李鹏于1月28日至2月5日先后考察佛山、中山、珠海、深圳等地的基础设施和一些高新技术项目，并和当地党政领导座谈。李鹏说，越是经济发展，越是不要忘记关心和帮助贫困地区群众的生活；越是改革开放，越要加强精神文明建设，为改革与发展创造良好的社会环境。

国务院总理李鹏签署国务院第142号令发布《中华人民共和国个人所得税法实施条例》

现发布《中华人民共和国个人所得税法实施条例》，自发布之日起施行。

总理 李 鹏

1994年1月28日

中华人民共和国个人所得税法实施条例

第一条 根据《中华人民共和国个人所得税法》(以下简称税法)的规定，制定本条例。

第二条 税法第一条第一款所说的在中国境内有住所的个人，是指因户籍、家庭、经济利益关系而在中国境内习惯性居住的个人。

第三条 税法第一条第一款所说的在境内居住满一年，是指在一个纳税年度中在中国境内居住365日。临时离境的，不扣减日数。

前款所说的临时离境，是指在一个纳税年度中一次不超过30日或者多次累计不超过90日的离境。

第四条 税法第一条第一款、第二款所说的从中国境内取得的所得，是指来源于中国境内的所得；所说的从中国境外取得的所得，是指来源于中国境外的所得。

第五条 下列所得，不论支付地点是否在中国境内，均为来源于中国境内的所得：

(一)因任职、受雇、履约等而在中国境内提供劳务取得的所得；

(二)将财产出租给承租人在中国境内使用而取得的所得；

(三)转让中国境内的建筑物、土地使用权等财产或者在中国境内转让其他财产取得的所得；

(四)许可各种特许权在中国境内使用而取得的所得；

(五)从中国境内的公司、企业以及其他经济组织或者个人取得的利息、股息、红利所得。

第六条　在中国境内无住所,但是居住一年以上五年以下的个人,其来源于中国境外的所得,经主管税务机关批准,可以只就由中国境内公司、企业以及其他经济组织或者个人支付的部分缴纳个人所得税;居住超过五年的个人,从第六年起,应当就其来源于中国境外的全部所得缴纳个人所得税。

第七条　在中国境内无住所,但是在一个纳税年度中在中国境内连续或者累计居住不超过 90 日的个人,其来源于中国境内的所得,由境外雇主支付并且不由该雇主在中国境内的机构、场所负担的部分,免予缴纳个人所得税。

第八条　税法第二条所说的各项个人所得的范围:

(一)工资、薪金所得,是指个人因任职或者受雇而取得的工资、薪金、奖金、年终加薪、劳动分红、津贴、补贴以及与任职或者受雇有关的其他所得。

(二)个体工商户的生产、经营所得,是指:

1. 个体工商户从事工业、手工业、建筑业、交通运输业、商业、饮食业、服务业、修理业以及其他行业生产、经营取得的所得;

2. 个人经政府有关部门批准,取得执照,从事办学、医疗、咨询以及其他有偿服务活动取得的所得;

3. 其他个人从事个体工商业生产、经营取得的所得;

4. 上述个体工商户和个人取得的与生产、经营有关的各项应纳税所得。

(三)对企事业单位的承包经营、承租经营所得,是指个人承包经营、承租经营以及转包、转租取得的所得,包括个人按月或者按次取得的工资、薪金性质的所得。

(四)劳务报酬所得,是指个人从事设计、装潢、安装、制图、化验、测试、医疗、法律、会计、咨询、讲学、新闻、广播、翻译、审稿、书画、雕刻、影视、录音、录像、演出、表演、广告、展览、技术服务、介绍服务、经纪服务、代办服务以及其他劳务取得的所得。

(五)稿酬所得,是指个人因其作品以图书、报刊形式出版、发表而取得的所得。

(六)特许权使用费所得,是指个人提供专利权、商标权、著作权、非专利技术以及其他特许权的使用权取得的所得;提供著作权的使用权取得的所得,不包括稿酬所得。

(七)利息、股息、红利所得,是指个人拥有债权、股权而取得的利息、股息、红利所得。

(八)财产租赁所得,是指个人出租建筑物、土地使用权、机器设备、车船以及其他财产取得的所得。

(九)财产转让所得,是指个人转让有价证券、股权、建筑物、土地使用权、机器设备、车船以及其他财产取得的所得。

(十)偶然所得,是指个人得奖、中奖、中彩以及其他偶然性质的所得。

个人取得的所得,难以界定应纳税所得项目的,由主管税务机关确定。

第九条　对股票转让所得征收个人所得税的办法,由财政部另行制定,报国务院批准施行。

第十条　个人取得的应纳税所得,包括现金、实物和有价证券。所得为实物的,应当按照取得的凭证上所注明的价格计算应纳税所得额;无凭证的实物或者凭证上所注明的价格明显偏低的,由主管税务机关参照当地的市场价格核定应纳税所得额。所得为有价证券的,由主管税务机关根据票面价格和市场价格核定应纳税所得额。

第十一条　税法第三条第四项所说的劳务报酬所得一次收入畸高,是指个人一次取得劳务报酬,其应纳税所得额超过 20000 元。

对前款应纳税所得额超过 20000 元至 50000 元的部分,依照税法规定计算应纳税额后再按照应纳税额加征五成;超过 50000 元的部分,加征十成。

第十二条　税法第四条第二项所说的国债利息,是指个人持有中华人民共和国财政部发行的债券而取得的利息所得;所说的国家发行的金融债券利息,是指个人持有经国务院批准发行的金融债券而取得的利息所得。

第十三条　税法第四条第三项所说的按照国家统一规定发给的补贴、津贴,是指按照国务院规定发给的政府特殊津贴和国务院规定免纳个人所得税的补贴、津贴。

第十四条　税法第四条第四项所说的福利费,是指根据国家有关规定,从企业、事业单位、国家机关、社会团体提留的福利费或者工会经费中支付给个人的生活补助费;所说的救济金,是指国家民政部门支付给个人的生活困难补助费。

第十五条　税法第四条第八项所说的依照我国法律规定应予免税的各国驻华使馆、领事馆的外交代表、领事官员和其他人员的所得，是指依照《中华人民共和国外交特权与豁免条例》和《中华人民共和国领事特权与豁免条例》规定免税的所得。

第十六条 税法第五条所说的减征个人所得税，其减征的幅度和期限由省、自治区、直辖市人民政府规定。

第十七条 税法第六条第一款第二项所说的成本、费用，是指纳税义务人从事生产、经营所发生的各项直接支出和分配计入成本的间接费用以及销售费用、管理费用、财务费用；所说的损失，是指纳税义务人在生产、经营过程中发生的各项营业外支出。

从事生产、经营的纳税义务人未提供完整、准确的纳税资料，不能正确计算应纳税所得额的，由主管税务机关核定其应纳税所得额。

第十八条 税法第六条第一款第三项所说的每一纳税年度的收入总额，是指纳税义务人按照承包经营、承租经营合同规定分得的经营利润和工资、薪金性质的所得；所说的减除必要费用，是指按月减除 800 元。

第十九条 税法第六条第一款第五项所说的财产原值，是指：

（一）有价证券，为买入价以及买入时按照规定交纳的有关费用；

（二）建筑物，为建造费或者购进价格以及其他有关费用；

（三）土地使用权，为取得土地使用权所支付的金额、开发土地的费用以及其他有关费用；

（四）机器设备、车船，为购进价格、运输费、安装费以及其他有关费用；

（五）其他财产，参照以上方法确定。

纳税义务人未提供完整、准确的财产原值凭证，不能正确计算财产原值的，由主管税务机关核定其财产原值。

第二十条 税法第六条第一款第五项所说的合理费用，是指卖出财产时按照规定支付的有关费用。

第二十一条 税法第六条第一款第四项、第六项所说的每次收入，是指：

（一）劳务报酬所得，属于一次性收入的，以取得该项收入为一次；属于同一项目连续性收入的，以一个月内取得的收入为一次。

（二）稿酬所得，以每次出版、发表取得的收入为一次。

（三）特许权使用费所得，以一项特许权的一次许可使用所取得的收入为一次。

（四）财产租赁所得，以一个月内取得的收入为一次。

（五）利息、股息、红利所得，以支付利息、股息、红利时取得的收入为一次。

（六）偶然所得，以每次取得该项收入为一次。

第二十二条 财产转让所得，按照一次转让财产的收入额减除财产原值和合理费用后的余额，计算纳税。

第二十三条 二个或者二个以上的个人共同取得同一项目收入的，应当对每个人取得的收入分别按照税法规定减除费用后计算纳税。

第二十四条 税法第六条第二款所说的个人将其所得对教育事业和其他公益事业的捐赠，是指个人将其所得通过中国境内的社会团体、国家机关向教育和其他社会公益事业以及遭受严重自然灾害地区、贫困地区的捐赠。

捐赠额未超过纳税义务人申报的应纳税所得额 30％的部分，可以从其应纳税所得额中扣除。

第二十五条 税法第六条第三款所说的在中国境外取得工资、薪金所得，是指在中国境外任职或者受雇而取得的工资、薪金所得。

第二十六条 税法第六条第三款所说的附加减除费用，是指每月在减除 800 元费用的基础上，再减除本条例第二十八条规定数额的费用。

第二十七条 税法第六条第三款所说的附加减除费用适用的范围，是指：

（一）在中国境内的外商投资企业和外国企业中工作的外籍人员；

（二）应聘在中国境内的企业、事业单位、社会团体、国家机关中工作的外籍专家；

（三）在中国境内有住所而在中国境外任职或者受雇取得工资、薪金所得的个人；

（四）财政部确定的其他人员。

第二十八条 税法第六条第三款所说的附加减除费用标准为 3200 元。

第二十九条 华侨和香港、澳门、台湾同胞，参照本条例第二十六条、第二十七条、第二十八条的规定执行。

第三十条 在中国境内有住所，或者无住所而在境内居住满一年的个人，从中国境内和境外取得的所得，应当分别计算应纳税额。

第三十一条 税法第七条所说的已在境外缴纳的个人所得税税额，是指纳税义务人从中国境外取得的所得，依照该所得来源国家或者地区的法律应当缴纳并且实际已经缴纳的税额。

第三十二条 税法第七条所说的依照税法规定计算的应纳税额，是指纳税义务人从中国境外取得的所得，区别不同国家或者地区和不同应税项目，依照税法规定的费用减除标准和适用税率计算的应纳税额；同一国家或者地区内不同应税项目的应纳税额之和，为该国家或者地区的扣除限额。

纳税义务人在中国境外一个国家或者地区实际已经缴纳的个人所得税税额，低于依照前款规定计算出的该国家或者地区扣除限额的，应当在中国缴纳差额部分的税款；超过该国家或者地区扣除限额的，其超过部分不得在本纳税年度的应纳税额中扣除，但是可以在以后纳税年度的该国家或者地区扣除限额的余额中补扣，补扣期限最长不得超过五年。

第三十三条 纳税义务人依照税法第七条的规定申请扣除已在境外缴纳的个人所得税税额时，应当提供境外税务机关填发的完税凭证原件。

第三十四条 扣缴义务人在向个人支付应税款项时，应当依照税法规定代扣税款，按时缴库，并专项记载备查。

前款所说的支付，包括现金支付、汇拨支付、转账支付和以有价证券、实物以及其他形式的支付。

第三十五条 自行申报的纳税义务人，应当向取得所得的当地主管税务机关申报纳税。从中国境外取得所得，以及在中国境内二处或者二处以上取得所得的，可以由纳税义务人选择一地申报纳税；纳税义务人变更申报纳税地点的，应当经原主管税务机关批准。

第三十六条 自行申报的纳税义务人，在申报纳税时，其在中国境内已扣缴的税款，准予按照规定从应纳税额中扣除。

第三十七条 纳税义务人兼有税法第二条所列的二项或者二项以上的所得的，按项分别计算纳税。在中国境内二处或者二处以上取得税法第二条第一项、第二项、第三项所得的，同项所得合并计算纳税。

第三十八条 税法第九条第二款所说的特定行业，是指采掘业、远洋运输业、远洋捕捞业以及财政部确定的其他行业。

第三十九条 税法第九条第二款所说的按年计算、分月预缴的计征方式，是指本条例第三十八条所列的特定行业职工的工资、薪金所得应纳的税款，按月预缴，自年度终了之日起 30 日内，合计其全年工资、薪金所得，再按 12 个月平均并计算实际应纳的税款，多退少补。

第四十条 税法第九条第四款所说的由纳税义务人在年度终了后 30 日内将应纳的税款缴入国库，是指在年终一次性取得承包经营、承租经营所得的纳税义务人，自取得收入之日起 30 日内将应纳的税款缴入国库。

第四十一条 依照税法第十条的规定，所得为外国货币的，应当按照填开完税凭证的上一月最后一日中国人民银行公布的外汇牌价，折合成人民币计算应纳税所得额。依照税法规定，在年度终了后汇算清缴的，对已经按月或者按次预缴税款的外国货币所得，不再重新折算；对应当补缴税款的所得部分，按照上一纳税年度最后一日中国人民银行公布的外汇牌价，折合成人民币计算应纳税所得额。

第四十二条 税务机关按照税法第十一条的规定付给扣缴义务人手续费时，应当按月填开收入退还书发给扣缴义务人。扣缴义务人持收入退还书向指定的银行办理退库手续。

第四十三条 个人所得税纳税申报表、扣缴个人所得税报告表和个人所得税完税凭证式样，由国家税务总局统一制定。

第四十四条 税法和本条例所说的纳税年度，自公历 1 月 1 日起至 12 月 31 日止。

第四十五条 1994 纳税年度起，个人所得税依照税法以及本条例的规定计算征收。

第四十六条 本条例由财政部会同国家税务总局解释。

第四十七条 本条例自发布之日起施行。1987 年 8 月 8 日国务院发布的《中华人民共和国国务院关于对来华工作的外籍人员工资、薪金所得减征个人所得税的暂行规定》同时废止。

国务院总理李鹏在中南海紫光阁会见法国总理特使阿兰·佩雷菲特

李鹏说："佩雷菲特先生作为总理特使专程来华参加中法建交 30 周年纪念活动并为巴拉迪尔总理访华作准备，我们表示热烈欢迎。"

李鹏说："30 年前，毛泽东主席和戴高乐总统这两位伟大的政治家，以他们的远见卓识和胆略，作出中法建交的正确决策，开创两国关系发展的新阶段，意义深远。建交以来，中法关系总的来看是好的，各个领域的合作有很大的发展。中法两国都是世界上有影响的重要国家，没有根本的利害冲突，在国际形势发生重大变化的情况下，我们两国更应加强合作。在处理两国关系时，应面向 21 世纪，着眼于未来，使两国关系保持长期稳定的发展。"李鹏说："中法两国经济各有优势，互补领域十分广阔，双方已在不少方面建立良好的合作关系。法国的一些著名企业在中国用户中有着很好的信誉。我希望双方本着积极和务实的态度探讨扩大合作的途径。"

国家主席江泽民在中南海会见俄罗斯外交部部长科济列夫

国务院总理李鹏在中南海紫光阁会见俄罗斯外交部部长科济列夫

李鹏说，叶利钦总统访华期间，两国领导人共同确定的睦邻友好互利合作的方针是十分正确的，符合两国和两国人民的根本利益，应当长期坚持下去。

李鹏在谈及两国关系时说，中俄关系源远流长。两国有很长的共同边界线，两国的边界应当是和平、友好的边界。中俄两国经济有很强的互补性，近几年来，两国的经贸关系迅速发展。去年两国贸易额达 76 亿美元，这同我们两国的实力比较仍是一个不大的数字，还不到去年我国进出口贸易的 4%。中俄双方可以从实际出发，共同探讨两国扩大合作的新途径。两国有关部门和企业要增加来往，开展一些较大规模的合作。

李鹏说，俄罗斯自然资源和人才资源都比较丰富，相信俄罗斯人民是能够克服暂时困难的，我们愿意看到俄罗斯经济发展、局势稳定。

会见中，李鹏还介绍中国的对外政策。他说，冷战结束后，世界的多极化趋势在发展，但世界并不太平，新的矛盾和冲突不断出现，南北差距进一步扩大。

科济列夫说，世界并非是一极，也不是两极，而是在走向多极。在这个动荡的世界上，发展同中国的关系是俄罗斯外交的优先领域，两国建设性的伙伴关系要不断发展，不断走向新的高度。

美国总统经济政策助理鲁宾和副助理卡特总统国家安全事务助理莱克分别在白宫会见前来华盛顿进行中美副外交部部长级政治磋商的外交部副部长刘华秋

美方对中国改革开放以来取得的显著成就表示敬佩，并对中国的发展前景表示乐观。鲁宾说，只要对比一下中国最近 15 年的变化，就有理由相信，中国在下世纪上半叶将发展成为世界最大的经济之一。美国已充分看到中国发展给美国经济提供的良好机会，希望能尽快解决两国关系中存在的困难，以使双方潜力巨大的多方面互利合作得到进一步加强与扩大。

卡特说，中国对美国来说具有重要的战略意义，这是谁也不能否认的。美中之间尽管有分歧，但双方发展合作的机会大于存在的问题。只有从长远的角度处理对华关系，才真正符合美国的利益，也符合中国的利益。美中两国已有以成熟的、理智的方法解决分歧的经验，美方愿继续同中方共同努力消除分歧，加强合作。

莱克说，美中首脑西雅图会晤对双方都十分重要，双方都认为继续改善和发展中美关系具有重要战略意义。现在两国之间往来不断增多，对话渠道已畅通，这是令人高兴的。美中双方都为改善关系作出了努力，这是共同的，平等的。美方决不贬低中方采取的积极措施，更不把此视为美外交上的胜利。中方也是同样对待美方所采取的措施，相信通过这样共同的不断努力，中美关系肯定能够不断改善与发展。

刘华秋说，中美首脑西雅图会晤，为两国关系的改善和发展开辟了新开端。我们应抓住这一良好的时机，推动中美关系走上正轨。刘华秋说，中美之间存在着广泛的共同利益，双方都应从两国人民的根本利益出发，着眼长远和大局，发展两国间互利合作。世界形势的变化并没有改变中美关系的重要性。对于两国存在的分歧，双方可以通过开诚布公的对话寻求妥善的解决办法，解决不了的可求同存异，而不能使其妨碍两国关系的发展。

刘华秋强调说，我们双方都要面对现实，尊重对方国情，采取实事求是的态度，在相互尊重和平等的基础上共同作出切实努力，妥善解决双方存在的问题，使中美关系能沿着健康、稳定的道路发展。

中国政府和突尼斯政府签订《关于中国派遣医疗队赴突尼斯工作的议定书》

外交部发言人就台湾李登辉计划前往一些东南亚国家“度假”一事答记者问

外交部发言人在回答记者提问时指出，中国政府坚决反对与中国建交国家同台湾进行官方往来。

有记者问，据报道，台湾李登辉计划于 2 月前往一些东南亚国家“度假”，你对此有何评论？

发言人说，我们对此甚为关注。台湾当局最近搞所谓“度假外交”，以度假和私人访问名义，发展同一些国家的“实质关系”，企图挤进一些国际和地区组织，进而谋求“政治实体”地位。李登辉无论以何种名义和方式出访，都无法掩饰其政治图谋和官方性质。他指出：“中国政府坚决反对与我建交国家同台湾进行官方往来。我们希望有关国家珍惜中国同其关系全面发展的成果，对台湾当局的政治图谋保持警惕，不使中国同这些国家的友好合作关系受到干扰和破坏。”

1 月 29 日

政协第八届全国委员会第十次主席会议举行

李瑞环主席主持召开政协第八届全国委员会第十次主席会议。主要议题：决定政协八届二次会议于 3 月 8 日召开；审议常委会工作报告（讨论稿）；听取胡绳副主席作《中国人民政治协商会议章程（修正案）》（草案）的说明，李瑞环主席就章程总纲部分的修改发表意见。

中共中央政治局常委李瑞环在中南海会见全国宗教团体领导人并进行座谈

受江泽民的委托，李瑞环首先代表中共中央向全国宗教团体领导人以及广大信教群众致以新春佳节的节日慰问。

座谈会上，中共中央统战部副部长李德洙汇报前不久在海南召开的全国宗教团体领导人研讨会的有关情况。这次研讨会的主题是研讨宗教如何与社会主义社会相适应。与会者从理论与实践相结合的角度，深入探讨了宗教与社会主义社会相适应的历史必然性和可行性，并就如何使宗教与社会主义社会相适应提出了一些建设性的意见和建议。

座谈中，全国政协副主席、中国佛教协会会长赵朴初，全国政协副主席、中国基督教三自爱国会主席、中国基督教协会会长丁光训，中国天主教主教团主席、中国天主教爱国会主席宗怀德，中国伊斯兰教协会会长安士伟，中国道教协会副会长谢忠信等先后发言，就进一步做好新时期的宗教工作以及关于宗教与社会主义社会相适应等问题发表意见。

李瑞环说，当前，我国宗教工作的形势是好的。在过去的一年里，各级党和政府组织以及宗教管理部门认真贯彻执行党的宗教政策，取得了显著成绩。宗教界同党和政府密切合作，团结广大信教群众，为促进两个文明建设、维护社会稳定、推进祖国统一大业、扩大对外交往等做了大量的工作。

李瑞环说，当前，全国人民正在以邓小平同志建设有中国特色社会主义理论为指导，建立社会主义市场经济新体制，宗教工作面临着新的形势。各级党政部门要深入学习、正确理解和切实贯彻党的宗教政策，帮助爱国宗教团体和人士解决各种实际困难和问题，搞好对宗教事务的依法管理。宗教界要积极协助党和政府贯彻宗教政策，团结引导信教群众参加改革开放和现代化建设，要加强自身建设，提高素质，研究如何找准位置，发挥特有的作用，以不断适应蓬勃发展的新形势。

参加座谈会的宗教团体领导人还有帕巴拉·格列朗杰、嘉木样·洛桑久美·图丹却吉尼玛、明旸、刀述仁、傅元天、黎遇航、闵智亭、沈遐熙、阿不都拉·大毛拉、宛耀宾、阿夷明、金鲁贤、傅铁山、罗冠宗、沈以藩等。司马义·艾买提、王兆国以及有关部门负责人出席座谈会。

全国宣传思想工作会议在北京结束

会议期间，宣传思想战线几个部门的工作会议同时召开。在全国宣传思想工作会议上，江泽民作了主报告，李鹏、朱镕基作了重要讲话，大家认真地进行了学习讨论。会议编印了《邓小平论社会主义精神文明建设》，大家进行了很好的学习。会议再次学习了中央批准的中央宣传部《关于进一步做好宣传思想工作的报告》，讨论了《一九九四年宣传思想工作要点（讨论稿）》。有关部门负责人作了专题发言，部分省、市负责人介绍了工作体会和经验。

国务院台办发言人就台湾开放官员以民间身份来大陆参加两岸交流活动发表谈话

国务院台办发言人就台湾开放官员以民间身份来大陆参加两岸交流活动发表谈话指出，近年来，两岸民间交流日趋活跃，各种形式和内容的交流活动在两岸不断举行。这些交流和人员往来，增进了两岸人民的理解与感情，有助于两岸关系的发展，成果惠及两岸。

他说，在以往的交流活动中，少量台湾当局官员曾以民间身份来大陆参加交流活动。对此我们一向持欢迎的态度。据台湾报纸最近报道，台湾当局将放宽规定，允许台湾官员以学术机构或民间团体名义来大陆从事文教交流活动。对台湾当局的这一决定，我们表示欢迎。同时希望台湾方面的官员以民间身份来大陆进行交流和其他各项民间活动时，事先经由台湾海峡交流基金会与大陆海峡两岸关系协会联系，以便大陆有关方面给予必要的协助，使交流活动顺畅稳妥地进行，并取得好的成果。

台办发言人表示，我们希望台湾当局也能采取同样的态度，为促进两岸交流，进一步放宽限制，开放大陆官员以个人或民间身份赴台湾参加交流活动。

中共中央总书记江泽民在山西考察

江泽民于 1 月 29 日至 2 月 3 日在中央军委委员、总后勤部部长傅全有，山西省委书记胡富国、代省长孙文盛，北京军区司令员李来柱的陪同下，先后考察忻州、吕梁、运城、临汾、太原、晋中地区，访农家，看学校，进工矿，到军营，看望农民、工人、解放军指战员、公安干警、武警官兵和学校师生，看望革命老区、贫困地区的群众，看望在基层工作的干部。

中国政府和科摩罗国政府在莫罗尼签订《关于中国派遣医疗队赴科摩罗工作的议定书》

国务院外事办公室主任齐怀远在世界经济论坛年会关于中国经济特别会议上发表讲话

齐怀远说，中国真诚地希望加强同世界各国的合作，欢迎世界各国的企业家到中国的市场上一展身手。

齐怀远表示，中国希望尽快恢复关贸总协定的缔约国地位，这个问题的解决，将会进一步促进中国同世界各国在平等互利基础上的贸易关系和经济合作的发展，并且将使多边贸易体制得到加强。

于27日在达沃斯开幕的世界经济论坛年会汇集了来自世界各国的1200名政府领导人、企业家、银行家和经济学家。与会者就经济领域的各项主题交换看法，充满活力的中国经济是人们注意的主题之一。

齐怀远说，中国政府的目标是保持经济的持续、快速、健康增长，到本世纪末实现国民生产总值在1980年的基础上翻两番，使人民的生活达到小康水平。对于实现这一目标，中国政府和人民抱有充分的信心。

齐怀远说，中国正处在新旧经济体制转轨和交叉的时期，旧体制的某些弊端仍然存在，新体制尚未形成，这是中国经济运行中发生问题的深层原因。要从根本上解决制约中国经济发展的症结，必须进一步深化改革。1994年将有一系列新的重大改革措施出台，涉及国有企业、金融、财税、外贸、外汇、投资等许多重要领域。齐怀远说，中国还准备进一步开放市场，以前不允许外国人经营的行业也准备让外国企业参与经营，如电站、铁路、机场、高速公路等。随着经济体制改革的深入，中国的投资环境将会越来越好。

中国科学院1994年度工作会议结束

国务院总理李鹏发来贺信。

中国科学院院长周光召说，实现持续发展的出路在科学技术，而科技发展的关键在人才。中国科学院要充分发挥作用，就必须要成为培养和造就跨世纪的科技接班人的基地，必须创造一个有利于人才成长的环境。周光召还在讲话中，从宏观上描述了中国科学院长远发展模式，提出了为实现中科院的长远目标，建设有中国特色、有国际水平的中国科学分三步走的战略。

会议期间，向获得1993年度中国科学院自然科学奖和科技进步奖的40个单位颁发奖状，宣布授予中科院成都生物所"高技术企业创业扶植奖"和成都生物所制药厂厂长李伯刚"中国科学院有突出贡献的科技企业家"的决定，并向他们颁发奖状。

第四次全国希望工程工作会议在北京召开

会议于1月29日至2月1日在北京召开。

会议认为，希望工程是从国情出发，从青少年需求出发，为发展贫困地区基础教育事业，解决贫困地区适龄儿童失学问题而采取的一项重要措施。四年来，希望工程在探索中发展和前进，取得了积极成效并已经建立了一套科学有效的运行机制。会议提出了希望工程跨世纪推进目标，这就是：全面推进，加速发展，努力争取到本世纪末基本解决我国贫困地区学龄儿童因贫困而失学和无校可上的问题，协助政府完成到本世纪末基本普及九年义务教育的计划。

会议对1994年配合"国际家庭年"，开展"希望工程1(家)＋1助学行动"进行了部署。"1(家)＋1助学行动"，就是动员我国城乡一切有条件的家庭，救助贫困地区一名失学儿童重返校园。助学行动志愿报名，将通过今年3月份邮电部发行的专用邮资明信片进行。希望工程今年救助失学少年总规模将突破100万。

共青团各省、自治区、直辖市委主管希望工程工作的书记、希望工程工作机构的负责人，总政组织部、武警总部政治部、全国铁道团委、全国民航团委、中直机关和中央国家机关团工委的负责人以及获得"希望工程建设奖"的代表共80多人出席会议。

西藏发现三千年前古文字

近日，西藏自治区藏语文指导委员会在西藏传说中"玛尔文"的发源地古代象雄王国——今天的阿里地区，发现大量古代岩画上有"玛尔文"的踪迹。这些岩画有的是公元前一千多年前的作品。这一发现把藏族文字的历史提前了将近两千年。传统观点认为，藏文是松赞干布时代仿照古代梵文创制的，距今约一千三百余年。但是，在西藏本教徒撰写的史书中，藏文起源被认为距今七至八千年以前，当时人们使用一种叫"玛尔文"的文字。这一发现表明"玛尔文"确实存在。

山西发现战国大型车马坑

山西文物工作者近日在晋阳古城遗址发掘出一座战国早期大型车马坑。

1月30日

国务院总理李鹏签署国务院第143号令发布《国务院关于农业特产收入征收农业税的规定》

现发布《国务院关于对农业特产收入征收农业税的规定》，自发布之日起施行。

总理 李 鹏

1994年1月30日

国务院关于对农业特产收入征收农业税的规定

第一条 为了合理调节农林牧渔各业生产收入，公平税负，促进农业生产全面发展，根据国家有关法律，制定本规定。

第二条 国家依照本规定对农业特产收入征收农业税。

在中华人民共和国境内生产农业特产品的单位和个人，为农业特产农业税(以下简称农业特产税)的纳税义务人(以下简称纳税人)，应当依照本规定缴纳农业特产税。

第三条 对下列农业特产品收入征收农业特产税：

(一)烟叶收入，包括晾晒烟、烤烟收入；

(二)园艺收入，包括水果、干果、毛茶、蚕茧、药材、果用瓜、花卉、经济林苗木等园艺收入；

(三)水产收入，包括水生植物、滩涂养殖、海淡水养殖及捕捞品收入；

(四)林木收入，包括原木、原竹、生漆、天然橡胶、天然树脂、木本油料等林木收入；

(五)牲畜收入，包括牛猪羊皮、羊毛、兔毛、羊绒、驼绒等牲畜收入；

(六)食用菌收入，包括黑木耳、银耳、香菇、蘑菇等食用菌收入；

(七)省、自治区、直辖市人民政府确定的其他农业特产品收入。

第四条 全国统一的农业特产税税目、税率，依照本规定所附的农业特产税税目税率表执行。个别税目、税率的调整，国务院授权财政部决定。

前款规定以外的农业特产税税率，由省、自治区、直辖市人民政府在百分之五至百分之二十的幅度内规定。

第五条 农业特产税的应纳税额，按照农业特产品实际收入和规定的税率计算征收。农业特产品实际收入以人民币计算。

农业特产品实际收入，由当地征收机关按照农业特产品实际产量和国家规定的收购价格或者市场收购价格计算核定。计算公式：

农业特产品实际收入＝实际产量×收购价格

个别农业特产品实际收入的计算方法，由财政部另行规定。

第六条 农业特产税的减税、免税：

(一)农业科研机构和农业院校进行科学试验所取得的农业特产品收入，在试验期间准予免税；

(二)对在新开发的荒山、荒地、滩涂、水面上生产农业特产品的，自有收入时起一至三年内准予免税；

(三)对老革命根据地、少数民族地区、边远地区、贫困地区及其他地区中温饱问题尚未解决的贫困农户，纳税确有困难的，准予免税；

(四)对因自然灾害造成农业特产品歉收的，酌情准予减税、免税。

农业特产税的减税、免税，由纳税人提出申请，经县(市)财政机关审核，报上级财政机关批准后执行。

第七条 农业特产品的纳税义务发生时间为农业特产品收获、出售的当天。

第八条 纳税人应当自纳税义务发生之日起 30 日内，向当地征收机关申报纳税。具体缴纳税款期限，由征收机关确定。

第九条 农业特产税在农业特产品生产地缴纳。

第十条 纳税人未如实申报农业特产品实际收入的，由当地征收机关核定征税。

第十一条 收购农业特产品的单位和个人应当按照收购金额和规定的税率，根据财政部的规定缴纳或者代扣代缴税款。

第十二条 农业特产税由地方财政机关征收。

第十三条 农业特产税的征收管理，依照本规定执行；本规定未尽事宜，参照《中华人民共和国税收征收管理法》有关规定执行。

第十四条 1994 纳税年度起，农业特产税依照本规定计算征收。

第十五条 省、自治区、直辖市人民政府可以根据本规定制定实施办法，并报财政部备案。

第十六条 本规定由财政部负责解释。

第十七条 本规定自发布之日起施行。1983 年 11 月 12 日国务院发布的《国务院关于对农林特产收入征收农业税的若干规定》和国务院关于对农林牧水产品征税的有关规定同时废止。

农业特产税税目税率表(略)

海关总署署长钱冠林在全国海关关长会议上说海关稽查制度今年全面推行

我国今年将改革海关监督管理模式，全国推行海关稽查制度，并相应改革通关制度。

海关总署署长钱冠林在 1 月 31 日召开的全国海关关长会议上说，推行海关稽查制度是今年海关业务改革的重点，海关将把对进出口的监督管理建立在企业管理和账册稽核的基础上，扩大监督管理的空间和时间，使口岸通关更便捷，监管更科学、更有效，更好地适应对外开放的扩大和开放型经济的发展。

他指出，要改变把海关仅仅看作是“守门人”的传统观念，改变把人力、物力和监管手段过分集结在口岸通关的狭小空间和短暂时间的传统模式。

旧的监管模式显然已难以适应飞速发展的开放形势：1993 年，全国海关监管的进出口货物达 3.47 亿吨，比上年增长 23.60%，全年验放了 1.05 亿人次的进出境旅客的行李物品，比上年增长近 9.7%。

据悉，国务院已批准海关总署设立稽查司，统一管理和协调全国海关的稽查工作，推行海关稽查制度的实施方案即将下发执行。

海关通关制度也将相应作出进一步改革。钱冠林说，要改革报关体制，培育报关服务市场，国务院已明确由海关负责报关行的审批管理，要逐步把专业报关行塑造成既对企业负责、又对海关负责的具有社会中介机构性质的经营实体；并要着手研究并逐步建立对进出境货物的收发货人及其代理人通关的分类管理制度，研究制定以风险分析为基础的分类通关管理规范；要尽快建立适应高速公路特点的通关办法，并研究电子数据交换的配套应用；进一步扩大海运联检改革取得的成果，年内在全国推广；适时修订海关对行邮物品的监管办法，进一步突出监管重点，向国际规范靠拢。

国务院副总理李岚清在河北山区调查研究农村教育工作

1月30日至31日，李岚清走访石家庄市、保定市和保定地区，对农村教育工作进行调查研究，深入到平山县、顺平县的5所山区中小学，看望教师。

近年来，河北省委、省政府和各级领导重视教育，及时解决了一度出现的拖欠教师工资问题，并正在研究、提出实现"两基"目标、杜绝教师工资拖欠的保障机制。李岚清对此给予充分肯定。石家庄市平山县是革命老区，全县总的情况并不富裕。但县委作出决定：全县只要有一个教师被拖欠工资，县级领导成员都不得领取工资。李岚清高度赞扬平山县领导这种尊师重教的态度与决心。

在考察中，李岚清反复强调，基础教育是各种教育的基础，它关系到整个民族的素质。我国八亿人口在农村，基础教育的难点和重点在农村。如果农民没有文化和业务技术技能，农村经济的发展和全国奔小康的目标就无法实现。因此，各级政府和教育行政部门必须下大力气，认真抓好农村的基础教育。

调查期间，李岚清还就高等教育、职业教育和成人教育的改革和发展问题，与河北省领导、有关方面负责人及教师代表进行座谈，听取与会人员的意见和建议。

香港特别行政区筹委会预委会文化专题小组第二次会议在北京举行

香港特别行政区筹委会预备工作委员会文化专题小组第二次会议1月30日至31日在北京举行。

这次会议主要就宣传《香港特别行政区基本法》和教科书编写问题进行讨论。

委员们认为，宣传香港基本法，是一项为中国政府于1997年7月1日对香港恢复行使主权，确保香港平稳过渡造舆论、打基础的工作，应调动香港社会各方面的力量进行广泛、深入的宣传。同时，港英政府在香港后过渡期有责任采取有效措施，认真宣传基本法。

在讨论教科书编写问题时，委员们认为，现行教科书、课本，只要不与基本法相抵触，原则上可以过渡到1997年7月1日。大家认为，会后还要进一步听取香港教育界人士的意见和建议。

中国青少年发展基金会名誉会长万里为希望工程系列丛书第一卷《跨世纪的丰碑》作序

首届国家图书奖在人民大会堂颁奖

《中国大百科全书》、《中国美术全集》、《中国经济体制改革的模式研究》、《宋庆龄——二十世纪的伟大女性》、《随想录》、《西藏简明通史》(藏文)、《杂交水稻育种栽培学》、《汉语大字典》、《汉语大词典》等135种图书分别获得国家图书奖荣誉奖、国家图书奖、国家图书奖提名奖。

全国人大常委会副委员长雷洁琼、农工民主党中央主席卢嘉锡等出席领奖会。中宣部副部长徐惟诚、新闻出版署署长于友光在会上讲话。

1月31日

国务院总理李鹏签署国务院第144号令发布《中华人民共和国境内外国人宗教活动管理规定》

现发布《中华人民共和国境内外国人宗教活动管理规定》，自发布之日起施行。

总理 李 鹏

1994年1月31日

中华人民共和国境内外国人宗教活动管理规定

第一条 为了保障中华人民共和国境内外国人的宗教信仰自由，维护社会公共利益，根据宪法，制定本规定。

第二条 中华人民共和国尊重在中国境内的外国人的宗教信仰自由，保护外国人在宗教方面同中国宗教界进行的友好往来和文化学术交流活动。

第三条 外国人可以在中国境内的寺院、宫观、清真寺、教堂等宗教活动场所参加宗教活动。经省、自治区、直辖市以上宗教团体的邀请，外国人可以在中国宗教活动场所讲经、讲道。

第四条 外国人可以在县级以上人民政府宗教事务部门认可的场所举行外国人参加的宗教活动。

第五条 外国人在中国境内，可以邀请中国宗教教职人员为其举行洗礼、婚礼、葬礼和道场法会等宗教仪式。

第六条 外国人进入中国国境，可以携带本人自用的宗教印刷品、宗教音像制品和其他宗教用品；携带超出本人自用的宗教印刷品、宗教音像制品和其他宗教用品入境，按照中国海关的有关规定办理。

禁止携带有危害中国社会公共利益内容的宗教印刷品和宗教音像制品入境。

第七条 外国人在中国境内招收为培养宗教教职人员的留学人员或者到中国宗教院校留学和讲学，按照中国的有关规定办理。

第八条 外国人在中国境内进行宗教活动，应当遵守中国的法律、法规，不得在中国境内成立宗教组织、设立宗教办事机构、设立宗教活动场所或者开办宗教院校，不得在中国公民中发展教徒、委任宗教教职人员和进行其他传教活动。

第九条 外国人违反本规定进行宗教活动的，县级以上人民政府宗教事务部门和其他有关部门应当予以劝阻、制止；构成违反外国人入境出境管理行为或者治安管理行为的，由公安机关依法进行处罚；构成犯罪的，由司法机关依法追究刑事责任。

第十条 外国组织在中华人民共和国境内的宗教活动适用本规定。

第十一条 侨居国外的中国公民在中国境内，台湾居民在大陆，香港、澳门居民在内地进行宗教活动，参照本规定执行。

第十二条 本规定由国务院宗教事务部门负责解释。

第十三条 本规定自发布之日起施行。

国务院总理李鹏签署国务院第 145 号令发布《宗教活动场所管理条例》

现发布《宗教活动场所管理条例》，自发布之日起施行。

总理 李 鹏

1994 年 1 月 31 日

宗教活动场所管理条例

第一条 为了保护正常的宗教活动，维护宗教活动场所的合法权益，有利于对宗教活动场所的管理，根据宪法，制定本条例。

第二条 本条例所称宗教活动场所，是指开展宗教活动的寺院、宫观、清真寺、教堂及其他固定处所。

设立宗教活动场所，必须进行登记。登记办法由国务院宗教事务部门制定。

第三条 宗教活动场所由该场所的管理组织自主管理，其合法权益和该场所内正常的宗教活动受法律保护，任何组织和个人不得侵犯和干预。

第四条 宗教活动场所应当建立管理制度。在宗教活动场所进行宗教活动，应当遵守法律、法规。任何人不得利用宗教活动场所进行破坏国家统一、民族团结、社会安定、损害公民身体健康和妨碍国家教育制度的活动。

宗教活动场所不受境外组织和个人的支配。

第五条 宗教活动场所的常住人员和外来暂住人员，应当遵守国家户籍管理的规定。

第六条 宗教活动场所可以接受信教群众自愿捐献的布施、奉献、乜贴。

宗教活动场所接受境外宗教组织和个人的捐赠，按照国家有关规定办理。

第七条 在宗教活动场所内，宗教活动场所管理组织可以按照国家有关规定经营销售宗教用品、宗教艺术品和宗教书刊。

第八条 宗教活动场所的财产和收入由该场所的管理组织管理和使用，其他任何单位和个人不得占有或者无偿调用。

第九条 宗教活动场所终止、合并，应当向原登记机关备案，其财产按照国家有关规定处理。

第十条 宗教活动场所管理、使用的土地、山林、房屋等，由该场所的管理组织或者其所属的宗教团体按照国家有关规定领取证书。

国家征用宗教活动场所管理、使用的土地、山林、房屋等，按照《中华人民共和国土地管理法》和国家其他有关规定办理。

第十一条 有关单位和个人在宗教活动场所管理的范围内改建或者新建建筑物，设立商业、服务业网点或者举办陈列、展览，拍摄电影电视片等活动，必须征得该宗教活动场所管理组织和县级以上人民政府宗教事务部门的同意后，再到有关部门办理手续。

第十二条 被列为文物保护单位或者位于风景名胜区内的宗教活动场所，应当按照有关法律、法规的规定，管理、保护文物和保护环境，并接受有关部门的指导、监督。

第十三条 县级以上人民政府宗教事务部门对本条例的执行情况进行指导、监督。

第十四条 宗教活动场所违反本条例规定的，县级以上人民政府宗教事务部门可以根据情节轻重，给予警告、停止活动、撤销登记的处罚；情节特别严重的，提请同级人民政府依法予以取缔。

第十五条 违反本条例规定，构成违反治安管理行为的，由公安机关依照《中华人民共和国治安管理处罚条例》有关规定处罚；构成犯罪的，由司法机关依法追究刑事责任。

第十六条 当事人对行政处理决定不服的，可以依照有关法律、法规的规定，申请行政复议或者提起行政诉讼。

第十七条 违反本条例规定，侵犯宗教活动场所合法权益的，由县级以上人民政府宗教事务部门提请同级人民政府责令停止侵权活动；造成经济损失的，应当依法赔偿损失。

第十八条 省、自治区、直辖市人民政府可以根据本条例，结合本地实际情况，制定实施办法。

第十九条 本条例由国务院宗教事务部门负责解释。

第二十条 本条例自公布之日起施行。

全国物价检查所长会议在成都结束

日前结束的全国物价检查所长会议强调，今年要把人民生活必需品价格和各种服务收费作为检查重点。

1993年1—11月，全国查处的价格违法行为和案件达22万多件，查出非法所得3.53亿元，退还用户8700万元，为保护消费者利益、维护社会稳定作出了贡献。

会议强调，当前各地要突出抓好大中城市粮、油、肉、蛋、菜等的价格检查，要采取得力措施坚决查处哄抬物价、牟取暴利、扰乱市场价格的违法行为。对于在铁路、公路、水运等各种运输中乱涨价、乱收费和在出售或办理各种票证时强迫顾客购买保险的，都要依法检查；农村物价检查要把着重点放在各种乱收费、主要农业生产资料价格、电价和粮棉收购价格上。县级物价检查机构应把农村物价检查工作作为重点，真正为农民群众办几件实在的好事。

这次会议还对检查行政事业性乱收费工作作出具体部署。

财政部决定第二次向社会发行百亿非实物国库券

中国保险学会组团首次赴台湾参加“海峡两岸保险学术研讨会”

第六次国家自然科学奖评审结果揭晓

自然科学基础研究和应用基础研究领域的52项优秀成果获奖，其中3项为香港地区科学家的研究成果，共181位科学工作者榜上有名。

这些研究成果均处于科学发展前沿，有重要的科学价值，有的已具有明显的应用前景，展示了近年我国自然科学研究所取得的突出成绩。

本次国家自然科学奖共受理了国务院各部委、中科院、中国科协、中国人民解放军各总部、各省市及港澳地区的推荐成果331项，其中港澳地区有21项。经过国家自然科学基金委的专家评审系统初选、复选，最后遴选出56项候选成果，又经公开征求异议，最终评选出获奖成果52项。其中一等奖1项，二等奖18项，三等奖21项，四等奖12项。

1993年中国运动员38人7队124次创造57项世界纪录

1993年中国运动员获得103个世界冠军

中组部中宣部中央统战部人事部国家科委文化部解放军总政治部在人民大会堂联合举办“1994年专家学者迎春茶话会”

来自工农业、教科文卫和体育、国防等各行各业的800多位专家学者汇聚一堂，共庆新春佳节。

出席茶话会的有，中共中央政治局常委、中央书记处书记胡锦涛，中共中央政治局委员、中央书记处书记丁关根，中共中央政治局候补委员、中央书记处书记温家宝，国务委员宋健，全国政协副主席王兆国，中央军委委员于永波和有关部委的负责人。参加茶话会的专家学者主要是中国科学院院士、有突出贡献的中青年专家、享受政府特殊津贴的专家艺术家代表等。

宋健代表党中央、国务院向在座的专家、学者，向全国广大知识分子致以节日祝贺和亲切慰问。

在迎春茶话会上，中国科学院院士、清华大学教授周炳琨，中国社会科学院历史研究所研究员李学勤，中国科学院院士、军事医学科学院研究员吴祖泽，中国科学院院士、北京大学教授王选，中央乐团艺术顾问、一级指挥李德伦等先后即席发言。

2月1日

中组部解放军总政治部中共北京市委在人民大会堂举行在北京老同志迎春茶话会

在新春佳节即将到来之际,中共中央组织部、解放军总政治部、中共北京市委在人民大会堂举行在京老同志迎春茶话会。中共中央政治局常委胡锦涛在茶话会上发表讲话。

出席茶话会的有:李岚清、邹家华、陈希同、尉健行、温家宝、张震、陈慕华、雷洁琼、程思远、布赫、王兆国等领导,宋平、宋任穷等老同志,中央和国家机关、解放军、北京市退下来的在京老同志,已故党和国家领导人的亲属代表,部分老工人、老农民、老战士、老知识分子代表等共二千余人。

中共中央政治局常委胡锦涛在中组部等举行的老同志迎春茶话会上发表讲话

同志们:

在我国人民的传统佳节——春节即将来临之际,中央组织部、解放军总政治部、中共北京市委,今天在这里举行在京老同志迎春茶话会,大家欢聚一堂,共贺新春。我代表党中央、国务院,向在座的诸位老同志,向全国离退休老干部,向各条战线的老同志,致以节日的问候和崇高的敬意!

过去的一年,是全党全国各族人民全面贯彻党的十四大精神,沿着邓小平同志指引的建设有中国特色社会主义道路胜利前进的一年。我国改革开放和现代化建设继续保持蓬勃发展的好势头。工业、农业、科技、教育、文化、国防、外交等各条战线都取得了新的成就。社会主义民主法制建设和精神文明建设有了新的进展。党的建设得到进一步加强和改进。整个国家经济发展,政治稳定,民族团结,社会进步,呈现一派生机勃勃的景象。

一九九四年,是关系我国改革开放和现代化建设发展进程非常关键的一年。今年工作的基本方针是:以邓小平同志建设有中国特色社会主义的理论和党的基本路线为指导,全面贯彻党的十四大和十四届三中全会精神,加快建立社会主义市场经济体制,保持国民经济持续、快速、健康发展,维护政治稳定,促进社会全面进步。抓住机遇,深化改革,扩大开放,促进发展,保持稳定,是全党工作的大局。我们要认清这个大局,服从和服务于这个大局,兢兢业业,扎实工作,坚定不移地发展社会主义市场经济、发展社会主义民主政治、发展社会主义精神文明,不断把建设有中国特色社会主义的伟大事业推向前进。

党的十四届三中全会通过的《中共中央关于建立社会主义市场经济体制若干问题的决定》,标志着我国的经济体制改革进入了全面推进和重点突破相结合的新阶段。我们建立的社会主义市场经济体制,是同社会主义基本制度结合在一起的,就是要使市场在国家宏观调控下对资源配置起基础性作用,根本目的是为了进一步解放和发展生产力,为我国经济的持续、快速、健康发展提供体制保证。同时也要看到,改革的深化,不可避免地涉及利益格局、利益关系的调整,不可避免地要触及到一些深层次矛盾,不可避免地会遇到许多过去不曾遇到的复杂情况和问题。我们是在国民经济高速运行中推进经济体制改革的,又要在加快体制转换的过程中保持国民经济快速增长,还要高度重视维护社会政治稳定。为了保证中央各项改革决策的实施,必须加强领导,总揽全局,正确处理好改革、发展和稳定的辩证关系,推动改革和建设健康有序地向前发展。

实现今年改革和建设的繁重任务,我们必须更好地坚持党的解放思想、实事求是的思想路线,更好地坚持党的一切为了群众,一切依靠群众,从群众中来到群众中去的根本工作路线,更好地坚持党的思想路线和群众路线的统一。要进一步转变与建立社会主义市场经济体制不相适应的思想观念,坚定不移地把改革推向前进。要切实转变作风,深入实际,调查研究,坚持按唯物辩证法办事,把主要精力用在抓好各项任务的落实上,用在解决改革和建设中的突出问题上。要认真听取群众的呼声,体察群众的情绪,关心群众的疾苦,深入细致地做好群众的思想政治工作,努力解决好关系群众切身利益的实际问题,始终注意把广大人民群众的积极性发挥好、引导好、保护好。人民群众是我们党的力量源泉和胜利之本。只要我们紧紧地依靠群众,密切地联系群众,凝聚全民族的力量,调动各方面的积极因素,就可以克服前进道路上的一切困难,我们的各项事业就会无往而不胜。

中国共产党是我国社会主义现代化建设的领导核心。进一步把我们党建设好,是夺取建设有中国特色社会主义事业胜利的根本保证。我们要以邓小平同志建设有中国特色社会主义理论和党的基本路线为指导,紧紧围绕经济建设这个中心,努力适应建立社会主义市场经济体制的新形势,自觉坚持党的工人阶级先锋队性质和全心全意为人民服务的宗旨,进一步加强和改进党的建设,增强各级党组织在改革、发展和稳定中的凝聚力、吸引力、战斗力,更好地发挥党的核心领导作用。邓小平同志建设有中国特色社会主义的理论,是我们进行改革开放和社会主义现代化建设丰富经验的理论总结,是指引我们继续胜利前进的精神支柱和科学指南。在新的一年里，我们要继续组织广大干部和党员深入学习好《邓小平文选》第三卷，把十四大提出的用建设有中国特色社会主义理论武装全党的任务进一步落到实处。切实加强领导班子思想作风建设，坚持和健全民主集中制，保持全党在政治上、思想上和行动上的高度一致。按照干部队伍"四化"方针和德才兼备的原则，大力培养选拔优秀年轻干部。适应新形势的要求，不断提高各级领导班子驾驭社会主义市场经济的能力。扎实抓好基层党组织建设，探索各类新经济组织中党的建设的途径和方法。反腐败斗争是加强党的建设和政权建设的重要工作，关系到党和国家的前途命运。要深刻认识反腐败斗争的长期性和艰巨性，在巩固已有成果的基础上，持久、深入、更有成效地开展下去，以取信于民，保证改革开放和社会主义现代化建设的顺利进行。

同志们！建设一个富强、民主、文明的社会主义现代化国家，是中华民族的共同理想，也是我们党在新的历史时期的伟大目标，它需要一代又一代人坚持不懈地努力奋斗。老同志是我们党和国家的宝贵财富。在革命和建设的各个历史时期，老同志尽心竭力，鞠躬尽瘁，无私奉献，艰苦创业，为夺取新民主主义革命的胜利，为社会主义制度的建立和社会主义事业的发展，为推进改革开放和现代化建设，为祖国的繁荣富强，建立了不可磨灭的历史功勋，创造了彪炳史册的光辉业绩。老同志在长期斗争实践中形成的坚定的立场和信念、丰富的智慧和经验、崇高的精神和风范、优良的传统和作风，永远值得我们珍视、继承和发扬光大。在新的历史时期，老同志在发展经济、推进改革开放、维护社会稳定、加强精神文明建设等各项工作中，仍然有着不可替代的重要作用。我们相信，老同志一定会继续关心支持改革和建设的各项事业，帮助扶持广大中青年干部健康成长，在新的形势下不断作出新的贡献。广大中青年干部，一定要虚心向老同志学习，接好老一辈革命斗争精神的班，承前启后，继往开来，努力为推进改革开放和社会主义现代化建设建功立业。

老干部工作是党和政府的一项重要工作。目前，全国离退休老干部已达700多万人。各级党委和政府要进一步提高对老干部工作的认识，加强对老干部工作的领导，认真研究老干部工作面临的新情况和新问题，总结新的经验。对老干部政治上要关心，生活上要照顾。要紧密结合改革措施的出台，逐步建立和完善社会保障制度，及时研究、妥善解决老干部生活中出现的实际困难，为他们老有所养、老有所为、老有所学、老有所乐，努力办实事、办好事。

同志们！90年代是我们党和国家发展的重要年代。我们的事业无比壮丽，我们的前途无限光明。让我们在邓小平同志建设有中国特色社会主义理论和党的基本路线指引下，更加紧密地团结在以江泽民同志为核心的党中央周围，同心同德，锐意改革，自力更生，艰苦创业，为在本世纪末初步建立起社会主义市场经济体制，为实现我国社会主义现代化建设的宏伟目标而努力奋斗！

最后，祝大家春节愉快，身体健康，阖家欢乐！

中央社会治安综合治理委员会在人民大会堂举行第十一次全体会议

中央社会治安综合治理委员会委员、中共中央政法委员会秘书长束怀德传达中央领导同志有关指示精神。中共中央政法委员会副秘书长、中央社会治安综合治理委员会委员兼办公室主任陈冀平就《1994年社会治安综合治理工作要点》和中央综治委等6部、局《关于进一步加强刑满释放、解除劳教人员安置和帮教工作的意见》作了说明，并通报了关于设立特邀巡视员的设想。出席会议的中央综治委委员就这两个文件进行了审议，有关部门交流了今年开展社会治安综合治理的工作打算。

中共中央书记处书记、中央社会治安综合治理委员会主任任建新提出，今年是加快建立社会主义市场经济体制非常关键的一年，维护政治稳定和社会安定的任务更加繁重，社会治安综合治理工作更加艰巨，我们肩上的担子更重了。对此，我们必须有清醒的认识，以对党对人民高度负责的精神，发挥各自职能作用，共同努力做好工作，坚决保证完成任务。

任建新首先肯定过去一年的社会治安综合治理工作在维护社会稳定，保障改革开放和现代化建设方面取得的成绩。他说，"两手抓、两手都要硬"是建设有中国特色社会主义的基本方针，党的十一届三中全会以来小平同志一直反复强调这个方针，以江泽民同志为核心的党中央也反复强调坚持"两手抓、两手都要硬"的极端重要性。认真贯彻落实这一方针，正确处理改革开放、经济发展和政治稳定、社会安定的辩证关系，是全党的共同任务，尤其是各级党政主要领导同志的重要职责，因此必须严格执行社会治安综合治理领导责任制。任建新指出，面对新情况、新问题，各级党委、政府和综合治理委员会一定要进一步改进工作作风和领导方法，深入实际，深入群众，多做调查研究，善于发现影响政治稳定和社会安定的突出问题，以及群众反映强烈的治安问题，密切注视综合治理工作的薄弱环节，及时采取措施，认真加以解决。要加强对社会治安形势的分析，研究在新形势下治安问题的发展趋向，从打击、防范、教育、管理等多方面制定出切实有效的措施，掌握斗争的主动权。他说，社会治安综合治理工作要进一步拓宽思路，最根本的一条还是要进一步贯彻好专门工作与群众路线相结合的方针，充分调动广大人民群众和社会各个方面和各有关部门的积极性，要进一步加大社会治安综合活动宣传工作的力度，更好地动员群众、组织群众积极参与综合治理。

任建新强调，要充分发挥各部门在维护社会稳定中的职能作用，充分体现齐抓共管的特点。只有把各方面的力量凝聚起来，把各方面的工作衔接好、协调好，才能真正显示出综合治理的特殊优势。

任建新说，要把工作的重点放在基层，把各项措施真正落实到基层。今年要通过对城市公共复杂场所和农村社会治安的重点整治，进一步加强综合社会治理的基层基础工作。加强乡镇、街道的基层党组织建设的工作，二三年内要大见成效，使社会治安综合治理的各项措施，真正在基层扎根、开花、结果。

中央社会治安综合治理委员会副主任张思卿、曹志出席会议。

海协会与台湾海基会负责人在北京举行商谈会

商谈会于 2 月 1 日至 5 日在北京举行。

商谈的内容是落实海协会会长汪道涵和海基会董事长辜振甫签署的《两会联系与会谈制度协议》的工作。会谈双方是海协常务副会长唐树备、副会长兼秘书长邹哲开与海基会副董事长兼秘书长焦仁和。双方认为，在过去 9 个月里，两会执行协议的配合大致良好。双方重申，劫机犯原则上应一律予以遣返。双方同意，两个民间团体在处理有关协议问题时，应坚持“民间性、事务性”的原则，回避政治敏感问题，不要把各自的政治诉求强加于对方。2 月 5 日，发布两会工作性商谈共同新闻稿。

会谈达成的共识为：一、双方认为，在两会事务性商谈中，应以务实的态度回避政治问题。双方讨论了“违反有关规定进入对方地区人员之遣返及相关问题”等三项事务性议题，达成高度认识，但仍应努力克服若干歧见，以期尽速达成书面协议；双方商定第四次事务性商谈于 3 月下旬在北京举行，达成协议后，仍由两会负责人在台北签署。二、双方商定《两会商定会务人员入境往来便利办法》，并以交换函件方式生效实施。三、双方原则同意依据《两岸公证书使用查证协议》第二条规定，增加寄送公证书副本种类，具体事项另行规定。四、双方愿就两岸有关遗产继承问题相互提供协助。五、双方同意今年继续促成新闻媒体负责人及记者互访、青少年交流、科技人员互访等活动。

海协会会长汪道涵在钓鱼台国宾馆会见台湾海基会副董事长兼秘书长焦仁和

台湾“经济部”重新修改大陆经贸人士赴台办法

台湾“经济部”日前将去年底公布的《大陆经贸人士来台许可办法》撤回，重新加以修改。

据报道，按去年底公布的“许可办法”，对赴台的大陆经贸人士限定为“参加国际性经贸会议或活动及处理贸易纠纷”，开放对象只能为“大陆国有或者省营企业总经理级以上的高层主管及同级经贸团体的负责人”，以及“台湾在大陆合资企业的合伙人及台资企业的高层主管”。这些限制与两岸经贸关系的发展仍很不适应，更无法涵盖两岸经贸发展的部分。迫于岛内工商界的呼吁和压力，有关当局不得不研究对大陆经贸人士赴台的限制进一步加以放宽。

台“经济部”已决定修订《大陆经贸人士来台许可办法》，开放大陆经贸人士赴台的条件，除了赴台参加国际性会议或活动以及处理经贸纠纷之外，还开放台商在大陆的经销商可以申请赴台受训或参观访问。

国家副主席荣毅仁在广东考察

2 月 1 日至 15 日，荣毅仁在广东省人大常委会主任林若、副主任谢颂凯和副省长李兰芳陪同下，深入到国有大型企业、珠海经济特区、农业高科技养殖基地和农贸市场进行考察。

在江门浮法玻璃厂，荣毅仁听取情况汇报。江门浮法玻璃厂自 1988 年建成投产后，一直生产不景气，到 1991 年亏损额达 1000 多万元。近两年他们在市场开拓上下功夫，大力兴办合资企业，去年实现利税达 1.4 亿元。荣毅仁听完汇报后高兴地说，你们这两年发展这样快，从亏损中站起来很不容易，要认真地总结经验教训。在市场变化日益加大的新形势下，有的产品要压缩，有的则要大上。你们依靠科技进步，进行深加工，开发新产品，适应了市场需要，增强了企业后劲，这很好。国有企业利用外资办合资企业，可以扩大企业的生产规模和经营范围，但要注意评估好国有资产，确保国有资产的保值和增值。与外商进行合资合作，外商赚钱，我们也不能吃亏。这是平等互利。

荣毅仁参观中山威力集团公司的洗衣机和空调器两条生产线，仔细询问了这个公司的生产经营情况和发展规划。他强调指出，企业发展要用好“竞争”二字，而不衰的竞争力要从不断满足人们的需要中去增强，这就要有过硬的产品质量、不断开发出新产品和良好的售后服务。有些困难企业要学习你们依靠自身力量走改造开发的发展新路。

荣毅仁冒雨视察珠海西区正在建设中的港口和机场，听取珠海市委书记、市长梁广大关于珠海发展情况的介绍。他对珠海特区取得的成就和实施中的整体发展规划表示满意，希望珠海的同志精心规划，稳步发展，并做好筹集建设资金和引进各类人才这两项重要工作。荣毅仁还深入到江门鸵鸟养殖基地和中山市三乡镇农贸市场考察。他鼓励江门市的农业科技人员搞好鸵鸟养殖这个科技含量高、经济效益好的项目，努力向产业化发展，用科学化创新事业。

春节前夕，荣毅仁还在著名侨乡中山市通过电视向中山市人民和海外侨胞拜年，欢迎海外的"老乡"们回故乡看看，多多支持故乡的经济建设。

广东大亚湾核电站一号机组正式投入商业运行

中国第一家出售转让专利专有技术的拍卖行——北京嘉人拍卖有限公司在北京成立

国家教委在人民大会堂举办慰问留学回国人员新春文艺晚会

国家教委举办的慰问留学回国人员新春文艺晚会在人民大会堂举行。中共中央政治局常委胡锦涛参加晚会。中共中央政治局委员、国务院副总理李岚清代表党中央、国务院在会上向所有学成后归国辛勤工作在各条战线上的同志们，向远离祖国和亲人尚在国外学习的全体留学人员和他们的亲属致以节日的慰问。

全国人大常委会副委员长布赫和中组部、中宣部、统战部、国家科委、人事部、文化部、中国科学院、团中央、解放军总政治部和北京市等有关部门的负责人出席晚会。

全国第三次边防工作会议在北京召开

国家边防委员会2月1日至4日在北京召开全国第三次边防工作会议。

会议要求新时期边防工作要以服务国家经济建设为中心，积极发展同周边国家的睦邻友好关系，大力促进边境地区的经济发展和繁荣稳定，保障改革开放和经济建设的顺利进行。

国务委员兼国务院秘书长、国家边防委员会主任罗干在工作报告中指出，1979年第二次全国边防工作会议以来，我国边防工作认真履行巩固边防、睦邻友好、兴边富民、维护稳定的职责，逐步走上了和平时期建设和管理的轨道，为改革开放创造了一个和平安宁的环境；我国在坚持和平共处五项原则的基础上，与周边邻国全部实现了关系正常化，使周边环境进入了建国以来最好的历史时期；边境地区经济建设，特别是边境贸易迅速发展；边境地区的军政、军民关系及民族团结得到进一步巩固和加强，军警民联防成为新形势下边境地区加强边防工作的一种好形式。

罗干指出，在新的历史时期，我国边防工作必须以邓小平同志建设有中国特色社会主义的理论为指导，坚持党的基本路线，认真贯彻执行党中央、国务院、中央军委关于边防工作的方针政策和国家有关法律法规，坚决保卫国家主权和领土完整，维护和发展与周边国家的睦邻友好关系，加强民族团结，坚持改革开放，促进边境地区的经济发展，保持边境地区的安全与稳定，为社会主义现代化建设创造良好的周边环境。为此，要牢固树立国家安全和领土主权意识，积极开展与邻国各种形式、各个层次的合作与交往，大力发展边境贸易，严厉打击走私、贩毒、贩枪和贩卖妇女等各种违法犯罪活动，维护边境地区的正常秩序，保障改革开放和经济建设在和平安宁的内外环境中进行。

中共中央政治局常委胡锦涛国务院副总理李岚清在人民大会堂会见20多名有突出贡献的留学回国人员代表

国务院副总理李岚清在讲话中向一切支持和重视留学回国工作，充分发挥留学回国人员作用的各部门、地方、各院校所的同志，向培育人才的全体教育工作者表示感谢。

李岚清说，出国留学是与改革开放大业紧密相连的。15年来，我国派出留学人员的总数达20多万人，目前回国的留学人员已有7万人。这些回国的留学人员以及各个时期回国的留学人员在改革开放和国家现代化建设中发挥了重要作用，他们中的许多人作出突出的贡献。大家的辛勤劳动和奉献精神受到全社会的尊重和肯定。

李岚清指出，当前的国际国内形势对我们的现代化建设十分有利。我们国家正在抓住机遇，深化改革，扩大开放，促进发展，保持稳定，为建立社会主义市场经济，促进社会生产力的不断提高而努力。要实现我们的奋斗目标，必须继续扩大对外开放，大胆吸收和借鉴人类社会创造的一切文明成果，博采各国之长，为我所用；必须努力跟踪世界科学技术的发展，并不断创新，力争在高科技领域占有一席之地。李岚清说，在这些方面，广大留学人员具有知识的优势和国际交流的经验，肩负着重大而光荣的使命。祖国和人民期望已回国的留学人员再接再厉，不断作出新贡献。他说，仍在海外的留学人员热爱祖国，关心国家的建设和发展，并做了许多有益的工作。邓小平同志曾说过："要作出贡献，还是回国好。"我们热忱欢迎更多的留学人员回国建功立业。

李岚清说，今后，希望各地方、部门和各院校所继续认真执行"支持留学、鼓励回国、来去自由"的方针，进一步做好留学回国工作，努力为留学回国人员创造良好的工作和生活条件，使他们在改革开放和现代化建设的大业中发挥应有的作用，作出更大的贡献。

中共中央总书记江泽民为中央文献出版社出版的文集《忆邓大姐》题词“学习邓颖超同志无私奉献清正廉洁艰苦奋斗的革命精神”

中华见义勇为奖励基金会向徐洪刚等见义勇为青年英雄颁奖

在团中央授予徐洪刚等四位“见义勇为青年英雄”命名大会上，中华见义勇为奖励基金会向徐洪刚和张环礼、刘远波、李洪生的亲属各颁发奖金1万元。

中华见义勇为奖励基金会的宗旨是倡导和弘扬中华民族见义勇为、扶正祛邪的传统美德，激励广大人民群众以英雄为榜样，开创社会新风。中华见义勇为奖励基金会自去年6月由中宣部、公安部、民政部、中国人民保险公司、解放军总政治部牵头成立以来，得到国内外各界人士的大力支持，目前已募集基金1500万元，共向社会各行业涌现出来的见义勇为者500余人次发放奖金200多万元。

共青团中央在河南宁陵举行“见义勇为青年英雄”荣誉称号命名大会

大会授予徐洪刚、张环礼、刘远波、李洪生四青年为“见义勇为青年英雄”荣誉称号，并号召全国青年向他们学习，开展为青年英雄志愿服务活动。

徐洪刚是人民解放军济南军区某部班长。去年8月17日，他在回云南探亲归队途中，挺身而出与四名抢劫、侮辱妇女的歹徒进行殊死搏斗，被刺中14刀，身负重伤。

张环礼烈士生前是河南省宁陵县抽纱厂工人。去年3月26日，在一辆汽车坠入河底时，他毅然跳进冰冷的河水连救两人，终因体力不支而献身。

刘远波烈士生前是深圳市龙岗区布吉镇农民。去年9月26日，布吉镇境内山洪暴发，深惠公路布吉南门墩段的30多辆客货车被洪水围困。刘远波带领民兵多次冲进激流抢救遇险群众，在抢救一名落水女青年时献出生命。

李洪生烈士生前是武警甘肃总队酒泉地区支队一中队藏族战士。去年4月9日，他探亲归队时乘坐的客车行至大渡河支流梭磨河畔时，坠入激流中。李洪生在自身多处受伤的情况下，奋力抢救出两名汉族群众和4名藏族同胞，最后光荣牺牲。

会上宣读共青团中央的决定。决定指出，徐洪刚、张环礼、刘远波、李洪生的先进事迹集中体现中华民族见义勇为、扶正祛邪的传统美德，展示了建立社会主义市场经济体制进程中当代中国青年的崇高追求和精神风貌，他们无愧是全国青年学习的榜样。

《婚姻登记管理条例》发布

第一章 总 则

第一条 为了保障婚姻自由、一夫一妻、男女平等的婚姻制度的实施，加强婚姻登记管理工作，保护婚姻当事人的合法权益，依法处理违法的婚姻行为，根据婚姻法和有关法律，制定本条例。

第二条 中国公民在中国境内结婚、离婚、复婚的，必须依照本条例的规定进行登记。

中国公民同外国人、华侨同国内公民以及香港、澳门、台湾地区的居民同内地居民之间的婚姻登记，分别按照有关规定办理。

第三条 依法履行婚姻登记的当事人的合法权益受法律保护。

第四条 国务院民政部门主管全国的婚姻登记管理工作。

县级以上地方各级人民政府的民政部门主管本行政区域内的婚姻登记管理工作。

第二章 婚姻登记管理机关

第五条 婚姻登记管理机关，在城市是街道办事处或者市辖区、不设区的市人民政府的民政部门，在农村是乡、民族乡、镇的人民政府。

第六条 婚姻登记管理机关的职责：

(一)办理婚姻登记；

(二)出具婚姻关系证明；

(三)依法处理违法的婚姻行为；

(四)宣传婚姻法律，倡导文明婚俗。

第七条 婚姻登记管理机关的婚姻登记管理人员，应当由县级以上人民政府民政部门进行业务培训，经考试合格，发给婚姻登记管理员证书。

第三章 婚姻登记

第八条 申请婚姻登记的当事人，应当如实向婚姻登记管理机关提供本条例规定的有关证件和证明，不得隐瞒真实情况。

婚姻登记管理机关办理婚姻登记，不得要求当事人出具本条例规定以外的其他证件和证明。

第九条 当事人结婚的，必须双方亲自到一方户口所在地的婚姻登记管理机关申请结婚登记；申请时，应当持下列证件和证明：

(一)户口证明；

(二)居民身份证；

(三)所在单位、村民委员会或者居民委员会出具的婚姻状况证明。

离过婚的，还应当持离婚证。

在实行婚前健康检查的地方，申请结婚登记的当事人,必须到指定的医疗保健机构进行婚前健康检查,向婚姻登记管理机关提交婚前健康检查证明。

第十条 在具备条件的地方,应当建立婚前健康检查制度。实施婚前健康检查的具体地域范围,由省、自治区、直辖市人民政府的民政部门、卫生行政部门提出意见,报本级人民政府批准。

第十一条 婚姻登记管理机关对当事人的结婚申请进行审查,符合结婚条件的,应当即时予以登记,发给结婚证;对离过婚的,应当注销其离婚证。当事人从取得结婚证起,确立夫妻关系。

第十二条 申请结婚登记的当事人有下列情形之一的,婚姻登记管理机关不予登记:

(一)未到法定结婚年龄的;

(二)非自愿的;

(三)已有配偶的;

(四)属于直系血亲或者三代以内旁系血亲的;

(五)患有法律规定禁止结婚或者暂缓结婚的疾病的。

第十三条 申请结婚登记的当事人受单位或者他人干涉,不能获得所需证明时,经婚姻登记管理机关查明确实符合结婚条件的,应当予以登记。

第十四条 当事人离婚的,必须双方亲自到一方户口所在地的婚姻登记管理机关申请离婚登记;申请时,应当持下列证件和证明:

(一)户口证明;

(二)居民身份证;

(三)所在单位、村民委员会或者居民委员会出具的介绍信;

(四)离婚协议书;

(五)结婚证。

第十五条 离婚协议书应当写明双方当事人的离婚意思表示、子女抚养、夫妻一方生活困难的经济帮助、财产及债务处理等协议事项。协议的内容应当有利于保护妇女和子女的合法权益。

第十六条 婚姻登记管理机关对当事人的离婚申请进行审查,自受理申请之日起一个月内,对符合离婚条件的,应当予以登记,发给离婚证,注销结婚证。当事人从取得离婚证起,解除夫妻关系。

第十七条 离婚的当事人一方不按照离婚协议履行应尽义务的,另一方可以向人民法院提起民事诉讼。

第十八条 申请离婚登记的当事人有下列情形之一的,婚姻登记管理机关不予受理:

(一)一方要求离婚的;

(二)双方要求离婚,但是对子女抚养、夫妻一方生活困难的经济帮助、财产及债务处理等事项未达成协议的;

(三)一方或者双方当事人为限制民事行为能力或者无民事行为能力的;

(四)未办理过结婚登记的。

第十九条 离婚的当事人恢复夫妻关系的,必须双方亲自到一方户口所在地的婚姻登记管理机关申请复婚登记。婚姻登记管理机关对当事人的复婚申请,按照结婚登记的程序办理,可以不再进行婚前健康检查。

第二十条 婚姻登记管理机关对当事人的婚姻登记申请不予登记的,应当以书面的形式说明不予登记的理由。

第四章 婚姻登记档案和婚姻关系证明

第二十一条 婚姻登记管理机关应当建立婚姻登记档案。婚姻登记档案的管理办法由国务院民政部门按照档案法的有关规定制定。

第二十二条 当事人遗失或者损毁结婚证、离婚证的,可以持所在单位、村民委员会或者居民委员会出具的婚姻状况证明,向原办理婚姻登记的婚姻登记管理机关申请出具婚姻关系证明。

第二十三条 婚姻登记管理机关对当事人出具婚姻关系证明的申请进行审查,并根据当事人的婚姻登记档案,为遗失或者损毁结婚证的当事人出具夫妻关系证明书,为遗失或者损毁离婚证的当事人出具解除夫妻关系证明书。

夫妻关系证明书、解除夫妻关系证明书,与结婚证、离婚证具有同等的法律效力。

第五章 监督管理

第二十四条 未到法定结婚年龄的公民以夫妻名义同居的,或者符合结婚条件的当事人未经结婚登记以夫妻名义同居的,其婚姻关系无效,不受法律保护。

第二十五条 申请婚姻登记的当事人弄虚作假、骗取婚姻登记的,婚姻登记管理机关应当撤销婚姻登记,对结婚、复婚的当事人宣布其婚姻关系无效并收回结婚证,对离婚的当事人宣布其解除婚姻关系无效并收回离婚证,并对当事人处以200元以下的罚款。

第二十六条 有配偶的当事人重婚,其配偶不控告的,婚姻登记管理机关应当向检察机关检举。

第二十七条 单位或者组织为申请婚姻登记的当事人出具虚假证件和虚假证明的,婚姻登记管理机关应当予以没收,并建议该单位或者组织对直接责任人员给予批评教育或者行政处分。

第二十八条 违反本条例第十二条、第十八条的规定予以登记的,婚姻登记管理机关应当对婚姻登记管理人员给予行政处分或者撤销其婚姻登记管理员的资格;并对仍不符合婚姻登记条件的当事人撤销婚姻登记,收回婚姻登记证书。

第二十九条 当事人认为符合婚姻登记条件而婚

姻登记管理机关不予登记的，或者当事人对处罚不服的，可以依照行政复议条例的规定申请复议；对复议决定不服的，可以依照行政诉讼法的规定提起诉讼。

第六章 附则

第三十条 本条例规定的婚姻登记证书和婚姻关系证明书，由国务院民政部门制定统一式样，省、自治区、直辖市人民政府民政部门负责印制。

第三十一条 当事人领取婚姻登记证书和婚姻关系证明书，应当交纳工本费。工本费的标准由国务院民政部门会同有关部门规定。

第三十二条 省、自治区、直辖市人民政府可以规定适当的限制性措施，制止低于法定结婚年龄的人结婚。

第三十三条 民族自治地方人民政府可以依照本条例的原则，结合当地民族婚姻登记管理的具体情况，制定变通的或者补充的规定。

第三十四条 本条例自发布之日起施行。1985 年 12 月 31 日国务院批准，1986 年 3 月 15 日民政部发布的《婚姻登记办法》同时废止。

全国政协委员全国台联副会长徐兆麟及夫人张瑞芝日前获准赴台为其 1 月 10 日在台湾新竹去世的父亲奔丧

长江万县港水域发生翻船事故

2 月 2 日

《人民日报》发表社论《全党都要重视宣传思想工作》

全国宣传思想工作会议已经胜利闭幕。目前，各地正在传达、贯彻会议精神。这次宣传思想工作会议以邓小平同志建设有中国特色社会主义的理论和党的基本路线为指导，贯彻党的十四大和十四届三中全会精神，按照“两手抓、两手都要硬”的方针，研究和部署了在新形势下如何加强和改进宣传思想工作。在党中央的亲切关怀、直接领导和与会同志的共同努力下，这次会议开成了一个认清大局、统一思想、明确任务的会议，民主团结、和谐舒畅、高效务实的会议，坚定信心、鼓舞斗志、共同奋进的会议。这次具有历史意义的会议，对于保证和促进建设有中国特色社会主义事业胜利前进，必将发挥重大的作用。

江泽民、李鹏、朱镕基同志在会上作了重要讲话。江泽民同志的讲话，阐明了新时期加强宣传思想工作的重要意义，提出了宣传思想工作的根本指针和主要任务，指出必须加强和改善党对宣传思想工作的领导，对宣传思想战线的同志们寄予殷切的希望。这是新时期我们党关于宣传思想工作的纲领性文件，具有重大的指导意义。各级党委和宣传思想工作部门，要认真学习领会，进一步统一认识，服从全局，解放思想，实事求是，振奋精神，积极进取，按照中央的要求，把确定的工作思路、工作部署真正落到实处。

宣传思想战线是社会主义现代化建设中的一条重要战线。我们党历来十分重视宣传思想工作。党的十一届三中全会以来，邓小平同志一再强调，“我们一定要把思想政治工作放在非常重要的地位，切实认真做好，不能放松”，“整个思想战线的工作都需要加强”。近两年来，在邓小平同志视察南方重要谈话和党的十四大精神的指引和鼓舞下，我国改革开放和社会主义现代化建设进入生机勃勃的新阶段。不久前召开的党的十四届三中全会对于建立社会主义市场经济体制作了全面、系统的规划，全国经济工作会议对于国民经济持续、快速、健康发展也作了具体部署。抓住机遇，深化改革，扩大开放，促进发展，保持稳定，是全党工作的大局。新的形势对宣传思想工作提出了一系列新任务、新课题、新要求。历史经验告诉我们，越是深化改革，促进发展，越需要加强和改进宣传思想工作，越需要加强社会主义精神文明建设。当前，党内多数同志对宣传思想工作是重视的，抓得也比较紧，但是有一部分同志对加强宣传思想工作和精神文明建设的重要性还认识不足，“一手比较硬，一手比较软”的问题在实际工作中还不同程度地存在。在精神文明建设中，在党风和社会风气方面都存在一些值得注意的问题，这种状况亟待改变。我们的同志要从建设有中国特色社会主义的战略全局认识宣传思想工作的重要性，从深化改革、促进发展的历史任务认识宣传思想工作的紧迫性，从社会主义精神文明建设的现实需要认识宣传思想工作的艰巨性，切实做好宣传思想工作。

做好宣传思想工作不仅是宣传思想部门和宣传思想工作者的任务，而且是全党特别是党的各级领导机关的任务。邓小平同志早就提出，党的领导机关除了掌握方针政策和决定重要干部的使用以外，要腾出主要的时间和精力来做思想政治工作。各级党委的主要负责同志要努力克服把宣传思想工作看成“软任务”的思想，坚决贯彻“两手抓、两手都要硬”的方针，把宣传思想工作和精神文明建设提到党委的重要议事日程上来，切实加强和改善对宣传思想工作的领导。要注意研究和掌握宣传思想工作的规律，善于把宣传思想工作同经济工作及其他工作紧密结合起来，用宣传思想工作促进、带动经济建设和其他各项工作。要经常深入宣传思想战线，调查研究、总结经验、提出办法、解决问题，给宣传思想工作以更多的关心、支持和帮助。今后，对领导干部和领导班子的考察，要把是否重视宣传思想工作，是否善于抓好宣传思想工作，作为衡量政治上强不强、领导水平高不高的重要标志之一；要把宣传思想工作和精神文明建设的成效，作为评价一个地区、一个部门、一个单位工作的重要方面。

加强宣传思想工作，需要一支以建设有中国特色社会主义理论这个当代中国的马克思主义武装起来的，忠诚于党和人民的事业，政治强、业务精、作风正的队伍。现在我们已经有了一支包括理论、新闻、出版、文艺工作者和基层宣传思想工作者在内的数百万人的队伍，这是促进两个文明建设的一支极为宝贵的大军。党和人民对这支队伍寄予厚望。宣传思想工作既是十分重要、十分光荣的工作，又是相当艰巨、比较清苦的工作。这就要求我们的宣传思想工作者要有无私奉献、艰苦奋斗的精神。或许，我们的工作不会给个人带来许多实惠，但是它将造福于祖国、造福于人民；或许，在时代的英雄榜上不会留下我们的名字，但是我们所作的奉献将融汇到亿万人民的伟大事业中彪炳史册。马克思说过："如果我们选择了最能为人类福利而劳动的职业，那么，重担就不能把我们压倒，因为这是为大家而献身；那时我们所感到的就不是可怜的、有限的、自私的乐趣，我们的幸福将属于千百万人……"这应当成为我们每个宣传思想工作者的座右铭。我们的党、政府和人民一贯对宣传思想工作者给以高度信任和大力支持，宣传思想工作者应当引以自豪，增强荣誉感、责任感，不负党和人民的重托，不断创造新业绩。

在建设有中国特色社会主义的伟大事业中，宣传思想工作是构建两个文明大厦的脚手架，是改革开放的航船破浪前进的助推器，是亿万建设大军攀登新高峰的进军号。新年伊始，以江泽民同志为核心的党中央召开全国宣传思想工作会议，这对全党同志特别是宣传思想战线的全体同志是极大的鼓舞和鞭策。我们一定要抓住机遇，扎实工作，努力把宣传思想工作提高到一个新水平，做到以科学的理论武装人，以正确的舆论引导人，以高尚的精神塑造人，以优秀的作品鼓舞人，为夺取建设有中国特色社会主义事业的新胜利作出新的贡献。

全国政协在北京举行迎春茶话会招待已故党外全国政协委员的夫人和已故知名人士的夫人

全国人大常委会副委员长程思远，全国政协副主席叶选平、吴学谦、钱正英，以及全国人大常委会办公厅、国务院办公厅、中共中央统战部、国务院机关事务管理局等部门的领导同志与三百多位夫人欢聚一堂，共祝新春佳节。

钱正英代表全国政协向大家致以节日的问候。

已故党外全国政协委员夫人及已故知名人士夫人陈兰、黄葳、林一、王定国、惠国芳、吴筱元、王新兰、李月华、吴元戍、冯慧德、浦洁修、郭翼青、胡青、张素我、王光美、盛此君、马存贞、廖望月、赵恕之、史逸清、宋晓菡、孟淑惠、斯桂珍、郑小箴、邓季惺、陈宣昭等参加迎春茶话会。

全国政协主席李瑞环与全国工商联干部进行座谈

李瑞环上午到全国工商联机关看望干部，进行座谈，并向全体工商联会员拜年。

全国政协副主席王兆国参加座谈。全国工商联名誉主席王光英、名誉副主席孙孚凌，主席经叔平，副主席朱文渠、胡德平，执委孙安平等在座谈中介绍工商联参政议政，开展商务和会务活动，开展海外联络，做好非公有制经济代表人士的"团结、帮助、引导、教育"等方面的工作情况，并就工商联当前亟待解决的问题发言。

在座谈中，李瑞环充分肯定全国工商联在过去一年所做的大量工作。他指出，以公有制经济为主体、多种经济成分并存，是党的十一届三中全会以来实行的一项重大政策，是邓小平同志建设有中国特色社会主义理论的重要内容。十几年来，这项政策对发展经济、繁荣市场、改善生活、安排就业等发挥了积极的作用。

李瑞环说，当前，在党的十四大和十四届三中全会精神指引下，非公有制经济发展的形势很好，当然也面临着新情况、新问题。他希望工商联的同志们解放思想，实事求是，深入实际，大胆探索，从理论与实践的结合上研究这些新情况和新问题，为非公有制经济的发展作出贡献。

全国工商联副主席蒋民宽主持座谈会，副主席张绪武、桓玉珊、刘敏学、陈景新、齐景发、王治国、刘一民，顾问李定、黄凉尘、叶宝珊等参加座谈会。

纪念邓颖超诞辰90周年暨《邓颖超文集》《忆邓大姐》出版座谈会在人民大会堂举行

胡锦涛、陈慕华、王光英、王兆国、赵朴初、胡绳等出席座谈会。

中共中央政治局常委、全国政协主席李瑞环在座谈会上讲话。他说，邓颖超同志是中华民族的杰出女性，也是得到世界上普遍承认的政治家和社会活动家；她为争取中华民族和中国妇女的解放，为社会主义现代化建设事业的发展，为开创新时期有中国特色的社会主义道路，作出了不可磨灭的贡献。

李瑞环说，在漫长的革命岁月里，邓颖超参与过党的许多重要工作，其中她对妇女解放事业和统一战线工作付出的心血最多。在担任六届全国政协主席期间，她坚持和完善中国共产党领导的多党合作和政治协商制度，大力倡导和发扬“政治协商、民主监督、合作共事、广交朋友”的作风，以无产阶级革命家的宽阔胸怀和独有的人格魅力，广泛团结了各界朋友，使爱国统一战线不断巩固和发展。在与各方面人士的交往中，她总是以诚相待，平易近人，赢得了大家的信赖和爱戴。

全国妇联副主席黄启璪在纪念会上讲话。

赵朴初、黄华、钱正英和刘英也先后发言。

中央文献研究室顾问李琦主持座谈会。

座谈会由全国政协、全国妇联和中央文献研究室联合主办。

天津邓颖超纪念馆落成开馆

江泽民总书记题写馆名“天津邓颖超纪念馆”。宋平和中共中央办公厅副主任杨德中为纪念馆揭幕。

海协会常务副会长唐树备与海基会副董事长兼秘书长焦仁和在钓鱼台国宾馆举行第二次会谈后的新闻发布会

唐树备在会谈结束后的新闻发布会上说，会谈很务实地讨论了涉及“汪辜会谈”执行的问题，确定双方核对文字后，在 4 日就两会人员因执行《两会联系与会谈制度协议》相互提供出入境便利办法通过换文正式生效。双方就 3 项事务性协商存在的问题进行了深入探讨，同意由有关人员根据台北会谈及这次会谈的情况就此进一步讨论。双方还就经济交流如何开始启动一般性交换了意见。唐树备还详细介绍了大陆方面关于发展两岸经济交流的主张。

唐树备说，台商来大陆投资对大陆经济繁荣起了很大作用；去年台湾贸易保持相当大的顺差，与两岸贸易有很大关系。事实证明，“汪辜会谈”关于两岸经济互补互利的共识是正确的，应当把经济交流的议题很快提上日程。

关于劫机犯问题，唐树备在回答记者提问时说，双方已达成劫机犯原则上应一律遣返的共识。两会事务性商谈应坚持民间性原则，回避政治、法律问题，实践证明，这些问题是可以回避的。

双方还就台商在大陆投资权益及相关问题、两岸科技交流、筹开两会民间性经济会议、扩大文教交流交换了意见。

公安部在北京召开电话表彰会

表彰会授予 100 个单位和 1000 名个人为 1993 年度全国优秀县(市)公安局、城市公安分局和全国优秀人民警察。

公安部从 1991 年开展优秀县(市)公安局、城市公安分局活动以来，已有 22 个单位连续 3 年被评为全国优秀公安局。

在被评为全国优秀人民警察的 1000 名个人中，北京市公安局公交分局刑警王忠义等 100 人被授予全国特级优秀人民警察荣誉称号。

公安部长陶驷驹在会上讲话。

监察部在北京召开来自民主党派和群众团体的特邀监察员座谈会

中央纪委副书记、监察部部长曹庆泽在会上充分肯定特邀监察员参与惩治腐败，在加强廉政建设中的民主监督、参谋顾问的作用，并通报一九九三年反腐败工作的情况，以及一九九四年的打算。

曹庆泽说，去年以来，特邀监察员们有的参加国务院组织的减轻农民负担执法检查组；有的同志参加中央组织的对二十个中央和国家机关以及二十个省区市贯彻落实反腐败三项任务的调查组；有的协助监察部处理不少群众来信来访；有的则积极提建议。监察部在深入开展反腐败斗争、加强廉政建设和执法监察、保证政令畅通等方面做了不少工作，取得一定成绩，这与特邀监察员们的支持和帮助是分不开的。

民盟、九三学社、台盟、民进、民建、农工民主党以及全国总工会、全国妇联、共青团中央的特邀监察员在座谈会上发言。他们充分肯定监察部对特邀监察员工作的重视和支持，对监察部在过去的一年的工作表示满意。

座谈会由监察部副部长冯梯云主持。中央纪委常委、监察部副部长李至伦等出席。

“中国经济效益纵深行”活动组委会举行“学习邓小平同志关于提高经济效益思想座谈会”

名誉主任薄一波即席讲话。

薄一波着重就学习邓小平关于速度与效益的关系的论述谈了自己的体会。在座谈会上，国家经贸委主任王忠禹、国务院发展研究中心主任孙尚清发言。他们认为当前要上新的台阶、提高整个国民经济的水平，需要把速度和效益问题统一起来。提高效益的根本，在于企业提高科技水平、降低成本。

国家商检局发布《进出口商品重量鉴定管理办法》

国家商检局最近发布《进出口商品重量鉴定管理办法》，从 1994 年 3 月 1 日起施行。进出口商品重量鉴定是《进出口商品检验法》及其实施条例规定的一项重要内容，由法定检验部门对进出口商品的重量实施鉴定，并出具重量证明，作为买卖双方交接结算或者处理索赔的依据。

国家工商局发布《关于禁止公用企业限制竞争行为的若干规定》

国家工商局根据《中华人民共和国反不正当竞争法》制定的《关于禁止公用企业限制竞争行为的若干规定》，日前发布实施。

《规定》指出，所谓公用企业，是指涉及公用事业的经营者，包括供水、供热、供气、邮政、电讯、交通运输等行业的企业。根据《关于禁止公用企业限制竞争行为的若干规定》，公用企业不得利用自身的优势地位妨碍其他经营者的公平竞争，也不得侵害消费者的合法权益。具体来说，公用企业不得实施这些限制竞争的行为：

——限定用户、消费者只能购买和使用其附带提供的相关商品，而不得购买和使用其他经营者提供的符合技术标准要求的同类商品；

——限定用户、消费者只能购买和使用其指定的经营者生产或经销的商品，而不得购买和使用其他经营者提供的符合技术标准要求的同类商品；

——强制用户、消费者购买其提供的不必要的商品及配件，购买指定的经营者提供的不必要的商品；

——以检验商品质量、性能等为借口，阻碍用户、消费者购买和使用其他经营者提供的符合技术标准要求的其他商品等。

公用企业如果发生这些行为，工商行政管理机关将依法责令其停止违法行为，并可根据情节的轻重，处以5至20万元的罚款。如果公用企业拒不执行处罚决定，继续实施上述违法行为，视为新的违法行为，从重予以处罚。

国家主席江泽民根据全国人大常委会的决定任免驻外大使

一、免去王桂新（女）的中华人民共和国驻挪威王国特命全权大使职务。

任命朱应鹿为中华人民共和国驻挪威王国特命全权大使。

二、免去黄志良的中华人民共和国驻委内瑞拉共和国特命全权大使职务。

任命孙延珩为中华人民共和国驻委内瑞拉共和国特命全权大使。

三、免去李钦平的中华人民共和国驻密克罗尼西亚联邦特命全权大使职务。

任命陈永成为中华人民共和国驻密克罗尼西亚联邦特命全权大使。

国务院副总理钱其琛在钓鱼台国宾馆会见智利政府秘书长恩里克·科雷亚·里奥斯

解放军总参谋长张万年在总参机关军以上干部会上发表讲话

张万年在总参机关军以上干部会上讲话时强调，领导干部要带头贯彻邓小平同志建设有中国特色社会主义理论和新时期军队建设思想，团结一心，扎实工作，继续大力推进部队的建设和改革，圆满完成各项任务。

张万年对新的一年军事工作提出要求。他说，1994年，是我国改革开放和经济建设非常关键的一年。形势的发展，要求我们进一步抓好军队的建设和改革，全面提高部队战斗力，为国家的改革开放和现代化建设提供坚强有力的安全保证。在新的一年里，我们要坚持以邓小平建设有中国特色社会主义理论和新时期军队建设思想为根本指针，认真贯彻党的十四届三中全会精神，按照江泽民提出的“政治合格、军事过硬、作风优良、纪律严明、保障有力”的总要求，进一步加强军队建设，把学习《邓小平文选》第三卷作为头等大事和首要任务，用建设有中国特色社会主义理论武装全体官兵的头脑。要继续以新时期军事战略方针统揽军队工作的全局，增强坚持党指挥枪的政治意识，善于宏观谋略的战略意识，对国家安全和军队建设高度负责的责任意识，处处严于律己的表率意识，从根本上提高广大官兵的思想觉悟和军事技能。要加强干部队伍尤其是各级领导班子建设，抓好中央军委重新颁发的《军队基层建设纲要》的落实，推动党风廉政建设和社会主义精神文明建设，在新的一年里取得更大的成绩。

全国环境保护工作会议在北京召开

会议推出的1994年至1998年全国环境保护工作纲要提出，到1998年环境保护具体指标与1992年相比，工业废水处理率将提高11.4个百分点，达到80%；工业废水排放达标率提高5.1个百分点，达到58%；工业废气处理提高8.4个百分点，达到88%；工业固体废物综合利用率提高5.4个百分点，达到45%；城市放射性废物集中存贮率达到80%；自然保护区面积达到7760万公顷，占国土总面积的8%左右；自然资源开发中遭破坏的生态环境的恢复治理率力求超过5%。国务委员宋健提出，要更快、更有力地推进我国的环境法制建设，同时把环境执法检查作为今年工作的重点。

会议于4日结束。

2月3日

全国政协主席李瑞环在人民大会堂会见巴基斯坦参议院主席瓦西姆·萨贾德

李瑞环表示，中巴加强在各个领域的交流与合作符合两国人民的根本利益,也有利于南亚地区乃至整个亚洲的和平、稳定与发展。

会见中,萨贾德还代表巴基斯坦政府和人民对中国政府和人民对巴经济发展所给予的大力帮助表示感谢。

全国政协副主席中央台办主任王兆国在人民大会堂会见台湾海峡交流基金会副董事长兼秘书长焦仁和

王兆国向焦仁和介绍大陆改革开放所取得的成绩、存在的问题及大陆发展社会主义市场经济的情况。王兆国对客人的来访表示欢迎,对会谈表示肯定,对海基会保持与海协商谈渠道的畅通表示赞赏。他说,汪辜会谈的成功举行,标志着两岸关系发展迈出了历史性的重要一步。他希望今年海峡两岸能共同努力,进一步加强两岸经济合作与各项交流,全面落实汪辜会谈有关协议,并能尽快实现两会高层领导的第二次会谈。焦仁和也向王兆国介绍台湾政治多元化的情况。

在谈到两会事务性商谈中的分歧问题时,王兆国对双方已就原则上应一律遣返劫机犯一事达成共识表示欢迎。他说,双方应坚持汪辜会谈中"民间性、经济性、事务性、功能性"的共识,回避敏感的政治问题,就事论事,通过协商,求同存异,寻求双方均能接受的解决办法,推动各项事务性商谈取得更大进展,促进两会合作与两岸关系的发展。王兆国说,两岸同胞都希望两会会谈取得成果,他鼓励两会人员更加努力取得进展。

国务院总理李鹏签署国务院第 146 号令公布《国务院关于职工工作时间的规定》

《国务院关于职工工作时间的规定》已经 1994 年 1 月 24 日国务院第十五次常务会议通过,现予发布,自 1994 年 3 月 1 日起施行。

总理 李　鹏

1994 年 2 月 3 日

国务院关于职工工作时间的规定

第一条　为了合理安排职工的工作和休息时间,维护职工的休息权利,调动职工的积极性,促进社会主义现代化建设事业的发展,根据宪法有关规定,制定本规定。

第二条　本规定适用于在中华人民共和国境内的国家机关、社会团体、企业事业单位以及其他组织的职工。

第三条　国家实行职工每日工作 8 小时、平均每周工作 44 小时的工时制度。

第四条　在特殊条件下从事劳动和有特殊情况,需要适当缩短工作时间的,按照国家有关规定执行。

第五条　因工作性质和工作职责的限制,需要实行不定时工作制的,职工平均每周工作时间不得超过 44 小时。

第六条　任何单位和个人不得擅自延长职工工作时间。因特殊情况和紧急任务确需延长工作时间的,按照国家有关规定执行。

第七条　国家机关、事业单位实行统一的工作时间,自本规定施行之日起,第一周星期六和星期日为休息日,第二周星期日为休息日,依此循环。

第八条　本规定由劳动部、人事部负责解释;实施办法由劳动部、人事部制定。

第九条　本规定自 1994 年 3 月 1 日起施行。1994 年 3 月 1 日施行有困难的,可以适当延期,但是最迟不得超过 1994 年 5 月 1 日。

《人民日报》发表评论员文章《以科学的理论武装人》

中央统战部国务院办公厅在北京举办国务院参事室中央文史研究馆迎新春茶话会

中共中央政治局委员、国务院副总理钱其琛出席茶话会,并代表国务院向全体国务院参事、中央文史研究馆馆员致以亲切的问候。

全国人大常委会副委员长程思远,国务委员、国务院秘书长罗干,全国政协副主席胡绳出席茶话会。

全国工商联和中国民间商会在北京举行迎春招待会

全国工商联主席经叔平在会上讲话。

全国人大常委会副委员长、全国工商联名誉主席王光英,全国政协副主席、全国工商联名誉副主席孙孚凌,以及中共中央统战部、外交部、北京市人民政府等部门的负责人,30 多个国家驻华使馆的代表,部分在京海外工商社团的代表参加迎春招待会。

民政部部长多吉才让走访解放军总政治部总参谋部总后勤部和武警总部

国务院副总理朱镕基在福州市和厦门市考察

朱镕基于 2 月 3 日至 5 日在福州市和厦门市考察。朱镕基在考察厦门海沧工程投资区时指出,自一九九〇年特别是一九九二年以来,在国务院有关部门大力支持下,经过福建省和厦门市党政领导和广大群众几年的努力,海沧工程投资区的基础设施建设取得了很大进展。道路、供水、供电、通信等已经具备初步条件，能够满足整体开发建设的需要，区内征地平整和区外生活配套设施，以及其他配套工程的建设进展也很快。这些都为今后的开发建设和厦门的进一步发展打下了良好的基础。

朱镕基说，在邓小平同志建设有中国特色社会主义理论的指引下，在以江泽民同志为核心的党中央领导下，地处沿海的福建作为全国开放最早的省份，面貌发生了很大的变化，改革和发展取得了显著成绩。

朱镕基在省委书记、省长贾庆林的陪同下，考察了福建最大的农贸市场——福州市台江农贸市场。他兴致勃勃地穿行在熙熙攘攘的人群中，不时在菜摊、鱼摊、米摊边逗留，向摊主详细询问货源、进价、销售、销价和收入的情况。朱镕基在听取了群众对市场供应的反映后，对福州市场供应丰富、价格平稳表示满意。他说，福建省重视农业，重视菜篮子工程，工作扎实。副食品特别是蔬菜供应充足，价格回落，群众满意，社会安定，有利于为今年的改革和发展创造一个宽松的环境。

在闽期间，朱镕基先后与福州和厦门市的工商企业和税务系统的同志进行了税制改革座谈，认真听取与会同志的意见。

朱镕基指出，这次税制改革有28%左右国有企业的税负略有增加，希望这些企业要像福日公司一样，进一步加强企业管理，争取用节约开支、降低成本的办法在企业内部多消化一些，不要采取提价措施，推动物价上涨。要为改革增光添彩，不要给改革抹黑添乱。当听到福建灯泡厂反映一些垄断性行业的产品在税制改革中，一方面提价，一方面又在提价基础上再加收17%的价外税时，朱镕基要求有关部门立即查清情况，进行严肃处理。朱镕基要求国务院有关部门认真总结税制改革方案出台一个月来的情况，对座谈会上大家提出的带有普遍性的意见和问题，要抓紧研究，采取改进和完善的措施，保证税制改革顺利进行。朱镕基考察海沧工程投资区时，海沧管理委员会的负责同志向朱镕基汇报说，海沧工程一些项目已经开始建设，年产18万吨聚酯产品的翔鹭涤纶纺纤工程主体土建已大部分完成，即将进入设备安装阶段；同时，海沧工程下游产品PVC管材厂等项目也即将进入工程前期工作。听了这些情况，朱镕基高兴地说，海沧工程投资区的开发建设已经步入了一个新阶段，海沧的开发建设必将推动厦门经济的发展。

朱镕基对海沧工程投资区下一步的开发建设提出了重要的意见。朱镕基要求加快嵩屿电厂和煤码头等基础设施的建设，进一步完善投资环境。对在建的翔鹭涤纶纺纤工程，要抓紧土建施工，做好设备安装的各项准备工作，争取如期建成投产。同时，还要继续积极推进海沧工程其他项目的前期准备工作，开创海沧开发建设的新局面。

随同朱镕基考察的还有国务院有关方面的负责同志何椿霖、陈锦华、王忠禹、顾秀莲、于珍、戴相龙、李延龄、李毅中、潘连生、张相海等。

国务院副总理李岚清在全国海关关长会议上发表讲话

李岚清说，全国海关要服从、服务于“抓住机遇、深化改革、扩大开放、促进发展、保持稳定”的大局，进一步深化业务改革，更好地为建立社会主义市场经济体制和保持国民经济持续、快速、健康发展服务。

李岚清指出，海关是国家宏观经济管理的一个重要部分，海关制度改革必须同国家整体的经济体制改革同步，逐步建立起与社会主义市场经济体制相适应、与对外开放相配套、与国际通行规则相衔接，方便与严密、制约与效能有机统一的有中国特色的现代海关制度。

李岚清说，在改革中要注意把握力度，考虑各方面的承受能力。通过改革，要堵住邪门、开好正门，该管的一定要管住，该放的一定要放开。为达到这两方面的要求，要推行稽查制度，改革报关制度，改革海关管理体系和管理模式，同时把业务改革和现代化技术手段的应用结合起来，建立现代化、高效率的海关。

李岚清强调指出，依法对进出关境的经济活动进行监督管理，保障国家对外经济贸易政策法规的有效实施，是海关的主要职责。要加强对进出口的监管，严格查处逃证、逃税和骗税等违法活动，维护正常的经济秩序。李岚清说，在党中央、国务院的直接领导下，当前反走私斗争已经取得了阶段性成果，但决不能因此而有丝毫懈怠。要充分认识反走私斗争的长期性和艰巨性，继续严厉打击走私违法活动。

外交部发言人吴建民就台港澳三地航运等问题答记者问

有记者问：“有报道说，台湾当局派官员秘密赴港、澳两地与港、澳政府就航空运输事宜进行洽谈。你对此有何评论？”

吴建民说：“中国政府的一贯立场是，坚决反对与中国建交的国家与台湾进行任何形式的官方往来。台湾与香港和澳门之间的航线，是中国领土内三地之间的航线。在1997年和1999年以前由英国和葡萄牙分别负责香港和澳门的行政管理。如果在香港和澳门的过渡时期，两地的航空公司准备与台湾航空公司就台、港、澳三地的航空运输作出跨越1997年或1999年的民间安排，英方和葡方需事先与中国政府磋商。”

吴建民回答记者问题时指出:"我们坚决反对以人权为借口干涉我国内政。"

有记者问:美国国务院的"人权报告"对中国的人权状况持批评态度,你对此有何评论?

吴建民说:"人权问题本质上是属于一国主权范围内的事,并通过各国的国内立法来体现。中国的宪法和有关法律充分保证了我国各族人民的各项民主权利。"他说:"美国国务院 2 月 1 日发表的'人权报告'无视这一事实,对中国的国内情况进行歪曲、指责和攻击,这是毫无道理的,也是不负责任的。美国无权对中国以及其他国家的内部事务说三道四。"

中印边界问题专家小组会议在新德里举行

2 月 3 日至 4 日,中印边界问题外交和军事专家小组举行首次会议。该小组是根据去年 9 月拉奥总理访华时,中印双方签署的关于两国边境实际控制线地区保持和平与安宁的协定成立的,目的是具体落实保持双方边界地区和平与安宁的措施。

中国石化扬子石化公司与德国巴斯夫公司合资建设乙苯苯乙烯聚苯乙烯项目签字仪式在北京举行

国务院有关部委、石化总公司、江苏省、南京市的有关领导出席项目签字仪式。

合资项目包括年产 13 万吨乙苯装置、年产 12 万吨苯乙烯装置和年产 10 万吨聚苯乙烯装置。据初步测算,该项目总投资为 15 · 6 亿元人民币。该项目是迄今为止中国石化行业最大的中外合资项目之一。

中央军委副主席刘华清张震等与见义勇为英雄战士徐洪刚座谈

中央军委委员迟浩田、张万年、于永波在座谈会上勉励徐洪刚要努力学政治、学军事,不断提高自己;希望全军各部队把学习徐洪刚的活动推向新的高潮。

徐洪刚在发言中表示,一定不辜负党和人民的期望,刻苦学习,练好本领,永远做合格军人。

中共中央政治局常委李瑞环给钱学森拜年

广电部发布《〈卫星电视广播地面接收设施管理规定〉实施细则》

广播电影电视部根据国务院颁布的《卫星电视广播地面接收设施管理规定》(简称《管理规定》)中的有关条款,发布《〈卫星电视广播地面接收设施管理规定〉实施细则》,对卫星电视广播地面接收设施(简称卫星地面接收设施)的设置、使用、生产、销售、进口及法律责任等方面作出具体规定。

《实施细则》明确广播电影电视部是卫星地面接收设施的归口管理部门,会同公安部、国家安全部负责全国卫星地面接收设施管理工作。

地方各级广播电视行政部门是当地的卫星地面接收设施的归口管理部门,会同地方各级公安部门和国家安全部门负责本辖区内的卫星地面接收设施的管理工作。

对于卫星地面接收设施的设置,《实施细则》规定,任何单位均可申请设置卫星地面接收设施接收卫星传送的境内电视节目。

下列单位和场所可申请设置卫星地面接收设施接收卫星传送的境外电视节目:(一)级别较高、规模较大的教育、科研、新闻、金融、经贸等确因业务工作需要的单位;(二)三星级或国家标准二级以上的涉外宾馆;(三)专供外国人和港、澳、台人士办公或居住的公寓等。

凡需设置卫星地面接收设施接收境内电视节目的单位,必须向当地县级以上(含县级)广播电视行政部门提出申请,报地、市级广播电视行政部门审批。省、自治区、直辖市的直属单位可直接报省、自治区、直辖市广播电视行政部门审批。经审查批准的单位,凭审批机关开具的证明购买卫星地面接收设施。卫星地面接收设施安装完毕,经审批机关检验合格后由其发给《接收卫星传送的境内电视节目许可证》(简称《许可证》)。

凡需设置卫星地面接收设施接收境外电视节目的单位,必须向当地县级以上(含县级)广播电视行政部门提出申请,经地、市级广播电视行政部门和国家安全部门签署意见后,报所在省、自治区、直辖市广播电视行政部门审批。经审查批准的单位,凭审批机关开具的证明购买卫星地面接收设施。卫星地面接收设施安装完毕,经省、自治区、直辖市广播电视行政部门和国家安全部门检验合格后,由省、自治区、直辖市广播电视行政部门发给《接收卫星传送的境外电视节目许可证》(简称《许可证》)。

对于个人设置卫星地面接收设施,《实施细则》规定,个人不得安装和使用卫星地面接收设施。

但在收不到当地电视台、电视转播台、电视差转台、有线电视台(站)的电视节目的地区,个人可申请安装卫星地面接收设施接收境内电视节目。

个人需设置卫星地面接收设施的,必须经所在单位同意并持其开具的证明,向当地县级以上(含县级)广播电视行政部门提出申请,经地、市级广播电视行政部门和国家安全部门签署意见后报省、自治区、直辖市广播电视行政部门审批。经审查批准的个人,凭审批机关开具的证明购买卫星地面接收设施。卫星地面接收设施安装完毕,经省、自治区、直辖市广播电视行政部门和国家安全部门检验合格后,由省、自治区、直辖市广播电视行政部门发给《接收卫星传送的境内电视节目许可证》。

个人设置的卫星接收天线不得占用公共场所、影响环境美观和邻里日常生活。

《管理规定》发布前,单位未经批准已经设置的卫星地面接收设施,不符合《实施细则》中有关设置卫星地面接收设施申报条件的,应予拆除。符合《实施细则》中有关设置卫星地面接收设施申报条件的,必须自《管理规定》发布之日起六个月内依照《管理规定》和《实施细则》办理审批手续。

禁止未持有《许可证》的单位和个人设置卫星地面接收设施接收卫星传送的电视节目。

安装卫星地面接收设施的施工单位,必须持有《卫星地面接收设施安装许可证》。申领安装许可证的条件和办法,由各省、自治区、直辖市广播电视行政部门自行制定。

单位和个人设置卫星地面接收设施,必须由持有《卫星地面接收设施安装许可证》的单位提供安装和维修服务。

关于卫星电视节目的接收和使用,《实施细则》规定,持有《许可证》的单位和个人,必须按照《许可证》载明的接收目的、接收内容、接收方式和收视对象范围等要求,接收和使用卫星电视节目。

持有《接收卫星传送的境外电视节目许可证》的涉外宾馆可以通过宾馆的有线(闭路)电视系统向客房传送接收的境外电视节目。

持有《接收卫星传送的境外电视节目许可证》的其他单位,要根据工作需要限定收视人员范围,不得将接收设施的终端安置到超越其规定接收范围的场所。禁止在本单位的有线(闭路)电视系统中传送所接收的境外电视节目。

禁止在车站、码头、机场、商店和影视厅、歌舞厅等公共场所播放或以其他方式传播卫星传送的境外电视节目。

禁止电视台、电视转播台、电视差转台、有线电视台、有线电视站、共用天线系统转播卫星传送的境外电视节目。

有关卫星地面接收设施的宣传、广告不得违反《管理规定》及《实施细则》的有关规定。

关于卫星地面接收设施的生产、销售和进口,《实施细则》确定了定点生产,定点销售的管理原则。卫星地面接收设施由电子工业部指定的企业生产。定点生产企业的审批和管理办法,由电子工业部商有关部门另行制定。

卫星地面接收设施实行定点销售。定点销售单位的审批和管理办法由省、自治区、直辖市人民政府工商行政管理部门会同国内贸易、广播电视和电子工业行政部门另行制定。

定点销售单位只能向持有地、市级以上(含地、市级)广播电视行政部门开具的证明的单位和个人销售经质量认证合格的卫星地面接收设施。

卫星地面接收设施的质量认证证书和认证标志,由国家技术监督局或其授权的部门认可的认证机构按照有关质量认证的法律、法规的规定认证合格后发放;未经质量认证的,不得销售和使用。

进口卫星地面接收设施必须持广播电影电视部开具的证明,进口卫星地面接收设施的专用元部件必须持电子工业部开具的证明,到国家机电产品进出口办公室办理审批手续,海关凭审查批件放行。

禁止个人携带、邮寄卫星地面接收设施入境。

对于违反《实施细则》的法律责任,《实施细则》明确规定,对违反有关卫星地面接收设施的设置和使用方面规定的单位和个人,由县级以上(含县级)广播电视行政部门给予行政处罚。其处罚措施有:警告、五万元以下罚款、没收违规者使用的卫星地面接收设施、吊销《许可证》等。

对违反有关卫星地面接收设施的生产、销售、质量认证、进口方面规定的,由电子工业、工商、技术监督、海关等行政部门按职责分工分别给予行政处罚。

抗拒、阻碍管理部门依法对卫星地面接收设施的生产、销售、设置、安装和使用进行管理的,由公安部门依照《中华人民共和国治安管理处罚条例》的规定处罚;情节严重、构成犯罪的,由司法机关依法追究当事人的刑事责任。

利用卫星地面接收设施从事危害国家安全活动的,由国家安全、公安部门依照《国家安全法》的规定处理。

此外,各省、自治区、直辖市广播电视行政部门还可依照《管理规定》和《实施细则》,结合各地实际情况,商有关部门制定卫星地面接收设施的具体管理办法。

1993年游泳跳水双十佳评选在北京揭晓

游泳十佳是:杨文意、林莉、庄泳、戴国宏、乐靖宜、贺慈红、瞿韵、胡滨、陈剑虹、熊国鸣。

跳水十佳是:伏明霞、谭良德、熊倪、孙淑伟、余卓成、兰卫、谈舒萍、池彬、王天凌、余晓玲。

林业部部长徐有芳就中国野生动物保护问题答《人民日报》记者问

问:我国现在有多少野生动物濒临灭绝,对这些物种我国采取了哪些措施？

答：我国政府历来十分重视保护濒危物种，并积极采取措施，拯救、保护、恢复和发展濒危物种资源。一是对濒危物种资源建立自然保护区，保护栖息地，恢复自然种群。二是国家规定严禁猎捕97种国家一级保护野生动物、238种二级保护野生动物。三是建立了濒危动物拯救中心和大熊猫、朱、海南坡鹿、扬子鳄、麋鹿、高鼻羚羊、野马等濒危野生动物拯救工程14处。四是加强反偷猎和反走私。以惩处偷猎、倒卖大熊猫的罪犯为例，我国就已判处死刑5人，无期徒刑数十人，有期徒刑数百人。通过严格的保护，许多濒危物种的数量明显增加。如：朱由过去的7只增加到30多只，海南坡鹿由过去的26头增加到300多头，东北虎人工种群由过去的10多头发展到70多头，并使麋鹿、野马、高鼻羚羊重返故乡，已分别发展到300多头、60多匹和10多只。扬子鳄通过人工繁殖由过去的200条发展到4000多条，并可望每年以1000至2000条的速度增加。事实上，我国为拯救世界濒危物种作出了重大贡献。

问：现在国际上有些人认为，我国的中医制药，造成了对野生动物资源的大量破坏，对此您怎么看？

答：这个问题我想从以下几个方面来回答：第一，我国对保护野生动物的立场是坚定的，措施是有力的，并且取得了显著成效。第二，保护野生动物最根本的措施是保护栖息地和加强反偷猎、反走私措施。把其他国家的野生动物资源遭到破坏强加在中国头上是极不公正的。第三，我国过去制药用的犀牛角和虎骨，一是1981年4月以前获得的，二是人工养殖淘汰的，是合法的。我国自加入《濒危野生动植物种国际贸易公约》以来，从没有核发过犀牛角允许进口证明书。去年5月29日国务院发出通知，重申禁止犀牛角、虎骨及其产品的生产和贸易活动。这充分说明了我国政府对保护濒危物种的态度和决心。第四，我国的中医已有数千年的历史，我们既要保护好野生动物，又要保护人类优秀的文化遗产。为了解决我国人民防病治病传统用药需要，一方面我们对野外资源严加保护，另一方面通过人工繁殖促进野生种群的保护，通过人工繁殖提供药用资源。同时，我国自70年代就开始了药用濒危物种代用品的研究。

问：我国国务院去年5月29日下令禁止犀牛角、虎骨的贸易并停止生产含其成分的药品。请问对现存的犀牛角和虎骨将作何处理？

答：国务院的通知发出后，林业部、卫生部等部门和地区迅速组织实施。现在各地犀牛角、虎骨已经封存，含犀牛角和虎骨成分的中成药已经停止了生产、销售，已生产出来的产品也已封存，我们将按照国务院的通知精神作出处理。第一，对标有犀牛角、虎骨字样而实际上是用代用品代替的，将由卫生部门验证并更换包装后方可出售；第二，对确实含有犀牛角和虎骨成分的药品，将由卫生部门验证并在其严格控制下仅限国内医疗单位使用；第三，封存的犀牛角、虎骨今后将用作代用品的科学研究，以彻底取代犀牛角、虎骨，为保护犀牛和虎作贡献。

问：《濒危野生动植物种国际贸易公约》将于今年3月召开常委会决定是否制裁我国，对此您如何看待？

答：我国对保护世界濒危物种所作出的巨大努力和取得的重大成就，这是有目共睹的。为表彰我国所取得的巨大成绩，1987年第四届世界自然资源保护大会授予我国"自然资源保护领导奖"。当然，由于种种原因，我国野生动物保护工作也不是十全十美，破坏野生动物的现象仍然存在，非法经营、倒卖、走私野生动物及其产品的违法犯罪活动仍时有发生。特别是与有100多年野生动物保护历史的发达国家相比还有差距。要提高人们的保护意识和法制观念，实现人与动物和谐相处需要时间，需要财力，仅查禁含犀牛角、虎骨成分的中成药，中国每年就要付出20亿元。但我国政府完全有信心把工作做好。

问：据英国电视台报道，广东一家公司的经理说，政府禁止犀牛角贸易是为了申办奥运会，骗骗联合国。您对此有何评论？

答：我国自加入《濒危野生动植物种国际贸易公约》以来，从没有核发过犀牛角允许进口证明书，难道这也是为了申办奥运？去年5月29日国务院重申禁止犀牛角、虎骨及其产品的生产和贸易活动后，林业部、卫生部等立即组织实施，包括存放于吴川县的犀牛角已由当地政府封存。但是，国际环境调查局的两名成员于7月23日伪装成商人，以高价购买为诱饵，导致案犯林成杰等人私自启封，企图进行买卖，林成杰等人已被公安机关逮捕，这充分说明我国政府执行法律的严肃态度。

问：据报道，广东省吴川县有人在进行犀牛角的倒卖活动，吴川案件将作何处理？

答：经我国警方调查证实，吴川的犀牛角在去年5月29日国务院通知下发后，已由当地政府按通知规定封存。在这里我想请国际社会充分注意到，没有国际环境调查局人员的高价引诱，吴川倒卖走私犀牛角案件是不可能发生的。按照我国法律规定，我国司法机关将保留对国际环境调查局成员依法进行调查取证，在审判该案时传其出庭作证并追究其法律责任的权利。希望国际环境调查局能给予积极配合。该案尚在审理中，对有关人员我国司法部门将依据我国法律作出处理。

2月4日

中共中央在中南海举行党外人士迎春座谈会

中共中央总书记江泽民和各民主党派中央、全国工商联负责人和无党派人士欢聚一堂，共商国是。

中共中央政治局常委、全国政协主席李瑞环主持座谈会。胡锦涛、李岚清、王汉斌、吴学谦、王兆国等出席座谈会。民盟中央主席费孝通、民建中央主席孙起孟、民进中央主席雷洁琼、全国工商联名誉主席王光英，先后在座谈会上发言。他们畅谈在中国共产党领导下去年我国各条战线取得的辉煌成就，赞扬中国共产党领导的多党合作不断加强和发展。他们表示，中共中央提出的1994年的基本方针十分重要，各民主党派、工商联成员和无党派人士要为完成中共中央提出的宏伟目标努力工作，再立新功。在发言中，他们就发展经济、改革开放、廉政建设、精神文明建设、教育工作等问题发表意见，提出建议。

四位党外朋友发言后，江泽民发表重要讲话。

在谈到过去一年的工作时，江泽民说，1993年是我们党领导全国各族人民全面贯彻十四大精神，沿着建设有中国特色社会主义道路胜利前进的一年。中共中央从全局考虑，抓了一些大事，保持和发展了改革开放和经济建设的好形势。概括起来，主要是抓了三个方面的大事：一是通过深化改革，加强和改善宏观调控，坚持两手抓、两手都要硬的方针，促进了国民经济又快又好地发展，促进了社会各项事业的全面进步。工业保持快速增长，企业经济效益有所提高，农村经济进一步发展，重点建设得到加强。宣传思想工作、精神文明建设和反腐倡廉工作取得新的进展。二是召开中共十四届三中全会，通过了《关于社会主义市场经济体制若干问题的决定》，制定了我国社会主义市场经济体制的基本框架和总体规划，对推进改革开放和现代化建设正在并将继续产生深远影响。三是认真组织了《邓小平文选》第三卷的宣传学习和毛泽东同志诞辰100周年纪念活动，把全国各族人民进一步团结在建设有中国特色社会主义的伟大旗帜下。同时，我们党的建设、国防建设和外交工作，也取得了新的成绩。这一切，都为我们在新的一年里继续前进，创造了好的条件。

江泽民介绍了1994年党和国家工作的基本方针和工作大局后说，中共中央确定的这个基本方针和工作大局，要贯彻和体现到各个方面和各项工作中去，而最重要的是要首先抓好在广大农村和广大国有企业中的贯彻落实，这两个重点必须紧紧抓住抓好，由此推动全面的改革、发展和稳定。

江泽民指出，今年总的来说要做好七个方面的工作。一是保持国民经济持续、快速、健康发展，继续促进社会全面进步。经济建设要真正转移到依靠科技进步和提高劳动者素质的轨道上来，在调整结构、提高效益上狠下功夫。要全面发展农村经济、切实增强国有大中型企业实力、加强和改善宏观调控、大力发展教育和科学技术事业。二是加快建立社会主义市场经济体制的改革步伐。组织好建立健全宏观调控体系各项重大措施的出台和实施，继续转换国有企业经营机制，探索建立适应社会主义市场经济要求的现代企业制度的有效途径，适时推进价格改革，发展统一、开放、竞争、有序的市场体系。三是进一步做好宣传思想工作。继续把《邓小平文选》第三卷的学习和宣传作为根本性的思想建设抓紧抓好，认真贯彻落实最近召开的全国宣传思想工作会议的精神。四是积极推进社会主义民主和法制建设。坚持和完善人民代表大会制度，坚持共产党领导的多党合作和政治协商制度。继续搞好社会治安综合治理，保持社会稳定。五是加强新时期的统一战线工作。在建设有中国特色社会主义和爱国主义的旗帜下，团结一切可以团结的力量。切实发挥人民政协在政治协商和民主监督中的作用。六是努力争取有利于我国改革和发展的国际环境。七是进一步加强我们党的自身建设和廉政建设，加强各级领导机关和各条战线的班子建设、队伍建设和思想作风建设。

江泽民强调，正确认识和处理好改革、发展和稳定的关系，对完成今年各项任务至关重要。经过十几年的改革开放，我们积累了丰富的经验。改革的目的是为了解放和发展生产力。各项改革措施的出台，都要为经济发展创造更好的体制条件。我们既要有历史的紧迫感，又要脚踏实地过细地做好每一项改革工作，务期取得成功。发展是硬道理。我们任何时候都要紧紧抓住经济建设这个中心，不能有丝毫放松和动摇。讲发展，要有新的思路，不仅要力争经济总量的增长，更要重视经济质量的提高，通过结构调整、技术改造、产品开发和科学管理来提高效益，不能走盲目追求产值和扩大投资规模的粗放经营老路。稳定是改革和发展的前提。我们要深化改革，扩大开放，促进经济社会的全面发展，必须进一步维护和巩固安定团结的政治局面。同时，只有坚持改革开放和发展经济，才能从根本上保持稳定。所以，改革、发展和稳定是辩证统一、相互促进的，一定要全面正确地把握。

江泽民说，在全面推进改革、加快建立社会主义市场经济体制的新形势下，继续发扬我们党的群众路线的优良传统，极为重要。干革命也好，搞改革和建设也好，都必须处处关心群众，事事依靠群众，一切为了群众,这是我们党的根本宗旨和工作路线,也是我们党的鲜明特点和政治优势。时代越前进,事业越发展,我们越要信任、关心和依靠群众,尊重群众的意愿和首创精神,及时发现和解决前进中的新问题,把群众的积极性引导好、保护好、发挥好。这样我们就能不断地取得改革、发展的新成果,不断地维护社会政治稳定,不断地把社会主义现代化事业推向前进。

江泽民指出,长期以来,各民主党派、工商联的同志们、朋友们和无党派人士,利用自己的优势,积极发挥参政议政、民主监督作用,在经济、科技咨询,智力支边、扶贫,海外联络,牵线搭桥引进资金和技术等方面,做了大量卓有成效的工作,为推进我国的改革开放和现代化建设作出了重要贡献。我们相信,在新的一年里,大家一定会继续和我们一道,更好地坚持"长期共存,互相监督,肝胆相照,荣辱与共"的方针,想大事、议大事、抓大事,为祖国的经济建设和改革开放事业作出更大的贡献。

谈到祖国统一大业时,江泽民说,完成祖国统一大业,是全中国人民的共同夙愿,也是中华民族的发展趋势。我们要继续按照"一国两制"的方针,坚定不移地推进祖国和平统一的进程。在台湾问题上,我们坚决反对任何形式的"两个中国"、"一中一台"或"一国两府",反对任何旨在制造"台湾独立"的言论和行动。随着港澳回归祖国的日期越来越近,我们在这方面的工作必然越来越繁重。无论今后遇到什么情况,我们都将如期完成历史赋予我们的这一神圣使命。我们希望党外朋友们继续多渠道、多层次、多领域、多形式地展开工作,为实现"一国两制"的战略构想和完成祖国统一大业,做出新的成绩。

江泽民强调,现在国际环境比较有利,国内条件具备,在我们党的基本路线指引下,中国人民沿着建设有中国特色社会主义的道路,正在不断地从胜利走向胜利。我们对社会主义祖国的灿烂前景充满信心。让我们更紧密地团结起来,为完满实现 1994 年的各项任务而努力奋斗。

《人民日报》发表评论员文章《以正确的舆论引导人》

正确引导舆论,是党的宣传思想战线极其重要的工作。目前,我国有几千家报纸,上万家刊物,几百座电台、电视台,覆盖面广,影响力大,每天同广大群众见面,随时随地影响着人民群众的思想和行动。正如"水能载舟,亦能覆舟"一样,正确的舆论导向,能够凝聚人心,振奋精神,激励斗志,促进团结;而错误的舆论导向,却会混淆视听,涣散人心,瓦解斗志,造成政治、经济和社会不稳定的严重后果。现在,我们这样一个有十一亿人口的大国,有五千万党员的大党,正在从事建立社会主义市场经济体制,实现"三步走"发展战略目标的前无古人的伟业,而面临的国际形势复杂多变,国内情况又千差万别。在这种情况下,坚持以正确的舆论引导人,保持安定团结而又生动活泼的政治局面,为全党和全国人民有领导有秩序地进行改革和建设创造一个良好的社会舆论环境,就显得更加重要了。

党的十一届三中全会以来,正反两方面的经验告诉我们,正确发挥新闻舆论的作用,对于把人民群众的思想和行动引导到建设有中国特色社会主义事业的正确方向上来,至关重要。各级党委、宣传部门和新闻出版等单位的领导干部,都要以高度的责任心抓好舆论引导工作,千万不可掉以轻心。

正确引导舆论,最根本最重要的是要牢牢把握党的基本路线不动摇,通过有力的宣传和思想动员,把全党全国人民的思想进一步统一到党的基本路线上来。要在纷繁复杂、眼花缭乱的社会现象中,正确把握形势,增强全局观念,切实生动地宣传好党的路线方针政策,让党和政府改革开放的重大举措,尽快地为人民群众所理解,变为人民群众的自觉行动,最大限度地动员和鼓舞人民群众投身于建设有中国特色社会主义的事业。

今年,是深化改革、促进发展非常关键的一年。建立社会主义市场经济体制的改革措施出台最多,改革的广度、深度、力度、难度超过以往任何一年。这就要求新闻宣传工作务要紧密配合,加强对社会舆情和群众心态的调查研究,及时掌握人们价值观念、思想情绪和精神状态的变化,做到见微知著,未雨绸缪,化解矛盾,理顺情绪,旗帜鲜明地引导群众理解改革,支持改革,参与改革,保证今年深化改革初战必胜。要坚持唯物辩证法,防止片面性和简单化,把握好改革和发展的关系,改革、发展和稳定的关系,局部和全局的关系。注意一种倾向掩盖另一种倾向,防止刮风,一刀切,一哄而起。要以主要的力量反映有中国特色社会主义事业日新月异发展的现实,满腔热情地讴歌人民群众在改造世界、创造新生活中取得的光辉业绩和表现的崇高品格。要审时度势,把握时机,善于引导;对关系全局的重大原则问题,要旗帜鲜明,不能含含糊糊;对敏感的热点问题,要及时疏导,避免"炒热",不搞无谓争论;对涉及群众切身利益问题,要把握好宣传报道的"度",并有针对性地解疑释惑,反映群众的呼声。

通过舆论工具反映人民群众的意见和要求,监督党政机关及其工作人员的工作,是人民群众行使民主权利的重要途径之一,有利于促进我们的科学决策和改进工作。加强舆论监督,同样是正确引导社会舆论的需要。做好舆论监督工作,关键在于要有对党对人民高度负责的精神,批评报道和反映群众意见,从选择典型事例、采取的方式方法,以至把握时机,都要严肃认真对待,一切要着眼于推动工作、解决问题、增进团结、维护稳定,增强人们前进的信心。

在引导舆论过程中,一定要严格遵守宣传纪律。从中央到地方,党报、党刊、电台、电视台和通讯社都要积极地宣传党的主张和政治观点,发挥主干作用。同时,要勇于创新,提倡报刊、广播、电视报道方法的多样性和形成各自的风格、特色。

总之,要以正确的舆论引导人,就是要以有利于进一步改革开放,建立社会主义市场经济体制,发展社会主义社会生产力的舆论引导人;以有利于加强社会主义精神文明建设和社会主义民主法制建设的舆论引导人;以有利于鼓舞和激励人们为国家富强、人民幸福和社会进步而艰苦创业、开拓创新的舆论引导人;以有利于人们分清是非,坚持真善美,抵制假恶丑的舆论引导人;以有利于国家统一、民族团结,实现政治稳定、经济稳定和社会稳定的舆论引导人。这样,我们就一定能够把人民群众和各方面的积极性引导好、保护好、发挥好,鼓舞和激励人民群众坚定信心,同心同德,顾全大局,奋发进取,打好今年深化改革的攻坚战,夺取经济发展的更大成绩。

海协会常务副会长唐树备副会长兼秘书长邹哲开与台湾海基会副董事长兼秘书长焦仁和事务性商谈在北京结束

唐树备在商谈结束后表示,双方经过 4 天的认真讨论和共同努力,最后达成共识如下:

一、双方都认为,包括"劫机犯遣返"、"违反有关规定进入对方地区人员遣返及相关问题"、"台湾海峡海上海事纠纷之处理"三项事务性议题的商谈已取得很大共识,为举行第四次商谈达成书面协议提供了良好的基础。双方商定,将在今年 3 月下旬在北京就三项议题协议达成一致的文本草案进行副秘书长级的商谈。焦仁和先生希望在协议文本草案达成后,由唐树备和海协有关人员前往台北正式签订协议。

二、双方还商定,预定于 3 月下旬举行的两会第四次工作商谈,还将就《汪辜会谈共同协议》中规定的其他方面,包括知识产权、双方合作打击台湾海峡海上抢劫、走私等犯罪活动,以及经济、科技的交流与合作等议题正式开始商谈。

三、唐树备受汪道涵会长的委托于 2 月 1 日转交了汪会长邀请海基会辜振甫董事长今年内访问大陆的信函。焦仁和先生表示,愿意积极创造条件促成第二次汪辜会面,会面的时间与地点将在下一次商谈时确定。

四、双方还同意,将就部分大陆去台人员的遗产处理互相提供协助。

双方在达成上述共识的基础上,将于明天发表共同新闻稿。

唐树备表示,经过讨论,双方增进了互相了解,促进了共识的形成。这一事实再次证明,高层次的当面沟通是很重要的,有利于增加互信,达成相互谅解。焦仁和先生今次前来北京商谈是完全必要的。他说,正是在这样的意义上,汪会长邀请辜董事长访问大陆。

交通部部长黄镇东同澳门总督韦奇立就澳门国际机场工程建设情况在澳门举行会谈

黄镇东表示,在双方友好合作下,机场工程很快就会竣工,澳门几代人拥有自己机场的梦想就要实现了。他说,澳门国际机场的竣工将会给澳门居民带来巨大利益,对改善澳门的投资环境和促进澳门的经济繁荣将起积极作用,并将大大提高澳门的国际化程度。

全国人大常委会委员长乔石同海南干部群众共度春节

中纪委主持召开信访工作座谈会

中纪委副书记侯宗宾日前在 7 省市纪委负责信访工作的领导参加的座谈会上说,中央纪委二次全会以来,群众的参与意识和监督意识大大增强,前一段群众检举揭发的大量违纪问题有的已得到查处,有的正在调查处理中。各级纪检监察机关务必把群众揭发的问题查出结果,把工作抓出成效来。

座谈会研究 1993 年、特别是中央纪委二次全会后群众参与反腐败斗争,信访举报大量增加的新情况,分析信访工作面临的新形势,确定今年工作的方针和任务。

会议提出,在新的一年里,纪检监察信访工作总的思路和要求是,用邓小平同志建设有中国特色的社会主义理论统一思想,紧紧围绕建立社会主义市场经济体制和深入开展反腐败斗争,强化信访举报工作的职能作用,把为改革、发展、稳定服务作为全年工作的指导方针,努力把信访举报工作提高到一个新水平。

中央社会治安综合治理委员会司法部联合发出关于做好春节期间社会治安工作的通知

日前,中央社会治安综合治理委员会、中华人民共和国司法部联合发出通知,要求各地在春节期间进一步加强维护社会治安和法制宣传教育工作。

国务委员陈俊生在全国农资供应工作会议上发表讲话

陈俊生强调,供销社农资部门要发挥主渠道作用,千方百计保证农资市场的供应。

陈俊生强调,从当前看,一要避免农资市场价格的大幅度波动。农业稳、天下定,这是一个大局。要搞好农业,不是哪一个部门的事情,需要大家有全局观念。发挥供销社的主渠道作用的目的,就是要更好地为农业生产服务,而不是为了赚取更多的利润。因此,各级供销社要尽量减少环节,降低费用。某些过去所谓正常的流通环节,凡能减少的都应减少,这也是一种改革;那些非正常环节更应该坚决减掉,这样才能减少费用,降低价格,最后以合理价格保证市场供应,农民才能够承受。二要配合有关部门维护好农资市场秩序。对于多家插手经营农资商品、哄抬物价、倒买倒卖,坑害农民的行为,各地一定要严肃查处,以保证良好的流通秩序。三要加强农资商品质量管理,建立完善的管理机构、体系和管理办法,严厉打击假冒伪劣商品。各级供销社更不能有假冒伪劣农资商品出现,要确保农资商品保质保量地供应到农民手中。四要建立必要的储备体系,以保证农业生产和救灾的需要。

劳动部煤炭部在北京联合召开全国煤矿安全生产电话会议

会议通报近来一些煤矿相继发生的特大伤亡事故,要求各级领导深入下去实实在在抓安全生产,迅速采取有力措施,坚决控制瓦斯煤尘事故继续发生,尽快扭转全国煤矿安全生产被动局面。

会议通报四起特大事故:1月23日,河北省兴隆矿务局汪庄煤矿火神庙井发生瓦斯煤尘爆炸事故,死亡12人;1月24日,黑龙江省鸡西矿务局二道河子矿多种经营七井发生特大瓦斯煤尘爆炸事故,死亡数十人;1月27日,湖南省怀化地区辰溪县板桥乡一乡村联办煤矿发生瓦斯煤尘爆炸,死亡30人;1月29日,贵州省六枝矿务局地宗矿发生瓦斯爆炸事故,死亡14人。

煤炭部部长王森浩在会上指出,事故发生的原因从根本上讲主要是有些单位的领导对安全工作不重视,既未保证安全上的必要投入,也不在安全管理上下功夫。能否控制住重大瓦斯煤尘事故,关键在于各级领导能否深入下去实实在在抓安全生产。王森浩要求各煤矿都要把防止瓦斯煤尘爆炸事故作为安全工作的重点,从现在开始到3月底,各级行政第一把手要亲自组织,集中开展以消灭瓦斯煤尘事故隐患为重点的大检查。对乡镇集体煤矿和重点煤矿开办的多种经营小井这两个事故多发的主要源地,必须进行整顿治理。

劳动部部长李伯勇指出,目前重大、特大事故屡屡发生,关键是对国家安全生产的法律、法规执行不够,要下决心严肃查处事故。今后各级主管部门要切实加强对煤矿重大事故的查处工作,严格履行《矿山安全法》,有法必依、执法必严、违法必究。特别对一些损失大、影响坏的重大责任事故,要严肃处理,该曝光则曝光,该法办则法办,决不姑息迁就。

中国政府宣布中止同布基纳法索的外交关系

中国驻布基纳法索大使李永谦向布基纳法索政府进行严正交涉,郑重声明,由于布基纳法索政府同台湾当局"恢复"所谓"外交关系",中国政府向布基纳法索政府提出强烈抗议,并宣布中止同布基纳法索的外交关系。

李永谦指出,布基纳法索政府同台湾当局"恢复"所谓"外交关系"的行动,完全违背1973年9月15日中国同布基纳法索建交公报中布方所作承认中华人民共和国政府是代表全中国人民的唯一合法政府的郑重承诺,严重损害了业已存在的中布友好合作关系和两国人民的友谊。为此,中华人民共和国政府决定自即日起中止同布基纳法索的外交关系。

中国外交部发言人发表谈话指出:中国与布基纳法索关系发生逆转是中国方面所不愿看到的,责任应完全由布基纳法索政府承担。

发言人说,2月2日,布基纳法索政府置中布两国长期友好合作关系于不顾,与台湾"恢复"所谓"外交关系"。中国政府已向布基纳法索政府提出强烈抗议,并宣布中止中布外交关系,两国政府间的一切协议也随即停止执行。

发言人指出:近年来,台湾当局利用一些国家经济暂时困难,大肆推行"金钱外交",企图制造"两个中国"或"一中一台"。这种做法很不光彩,完全违背中华民族的根本利益,必将遭到海峡两岸全体中国人民的反对,也是注定要失败的。

全国政协主席李瑞环出席巴基斯坦驻中国使馆为萨贾德主席访问中国举行的答谢宴会

中央军委委员迟浩田张万年于永波傅全有等慰问驻京部队向三军将士祝贺新春

中国原子尺度操纵技术国际领先

国务院副总理李岚清在中南海邀请部分国务院参事座谈听取他们对教育改革工作的意见

张厚粲、唐笙、周锡卿、吕德润、沈达明、汤宗舜、邓引引、李嘉华、周镜等参事先后在座谈中发言。他们肯定我国教育工作取得的成绩。同时指出，当前教育改革要适应建立社会主义市场经济体制的要求；各级领导要进一步提高教育在社会主义建设中的战略地位的认识；学校学科的设置要依循教学的自身规律，要有科学性；在培养学生掌握知识的同时还要培养他们独立性、创造性能力；要加强对在职教师的进修和培训等。他们还就重视提高教师的待遇等方面的问题提出了一些意见和建议。

李岚清听取参事们的意见，感谢他们对中国教育事业的关心和支持。他说，中国是一个经济上不富裕的发展中国家，但要办世界上规模最大的教育，除了要随着经济的发展逐步增加对教育的投入外，根本出路还在于改革。国务院和各地区领导正根据《中国教育改革和发展纲要》的要求，以提高教学质量和办学社会效益为目标，积极而稳妥地推进教育改革。

李岚清说，当前首先要集中力量办好基础教育，这是关系到提高全民素质的根本大计；同时要大力发展初、中、高级职业教育和成人教育，培养更多的社会需要的实用人才。高等教育要以进一步提高教学质量和办学效益为目标进行改革。办好教育还必须提高全社会、特别是各级领导干部对教育的优先发展的战略地位的认识，在全社会形成一个尊师重教的社会风气。

国务委员宋健在全国环保工作会议上发表讲话

宋健提出，要更快、更有力地推进我国的环境法制建设，同时把环境执法检查作为今年工作的重点，这是落实各项环保政策和部署的最根本的措施。

宋健说，推进环境法制建设，一是要加快完善立法，像自然保护区条例、固体废物污染防治法和一些环保管理法规，要加快制定，各地也要加快自己的环保立法工作。另一方面，就是要强化执法监督。各级政府是否切实负起了责任，首先要从政府机关，从领导人做起。管理环境是政府的一项基本职能，环保部门代表政府行使环境保护行政执法职权，这是法律赋予的使命。要敢于执法、严于执法。如果环保工作做不好，污染严重，影响人民群众的生产和生活，也就不可能保持社会的稳定和进步。

宋健说，今年还要对十几个省市自治区进行环保执法检查，各地也要组织本地的执法检查。重点仍是查处严重违反环保法的现象，对危害严重的污染源要关掉一批，限期治理一批。今年还要增加生物多样性方面的内容，这方面存在的问题比较多。对乡镇企业的环境问题要加强管理的力度。如淮河上游的小造纸厂对淮河造成的严重污染等，不能让这种趋势继续发展下去了。

今年将着手编制“九五”环境保护计划和 2010 年环境保护长远发展规划，组织制定晋陕蒙接壤地区的环境规划和长江三峡库区污染防治规划等。编制区域酸雨综合防治方案。开展对饮食服务行业等第三产业的污染调查和排污申报登记制度。同时，加强农村环境管理，开展乡镇工业污染与管理现状调查，公布全国乡镇企业重点污染行业和重点污染地区的名单。积极开展环保国际领域的合作，认真实施我国已加入的国际公约，进一步推进我国的环保事业。

国家决定再次提高部分优抚对象抚恤补助标准

春节前夕，国家再次提高部分优抚对象的抚恤补助标准，并要求各地党政领导机关认真做好对优抚对象的春节慰问工作，为他们排忧解难。

这次提高抚恤补助标准的部分优抚对象是：革命伤残人员（革命伤残军人、伤残人民警察、伤残工作人员、参战伤残民兵民工）；革命烈士、因公牺牲军人和病故军人家属。这些人新的抚恤补助标准，从今年 1 月 1 日起执行。鉴于对在乡退伍红军老战士、在乡西路军红军老战士、红军失散人员的生活补助标准前两年刚作出过大的调整，这次对这部分人的抚恤补助标准从今年 7 月 1 日开始提高。据介绍，这次对上述优抚对象的抚恤补助标准平均提高幅度达 30%左右。

民政部有关负责人指出，全国各省、自治区、直辖市要高度重视这次抚恤金的发放工作。各级政府及民政、财政部门要抓紧落实，不错不漏不少地及时把钱发到优抚对象手中。各地对上述优抚对象自然减员所结余的经费，不能挪作他用，要继续用在解决优抚对象的生活、医疗、住房等临时性补助上。

2月5日

国家主席江泽民在中南海会见巴基斯坦参议院主席瓦西姆·萨贾德

江泽民说，中巴两国友谊有着坚实的基础。

江泽民说：“不久前，我同贝·布托总理进行很友好的会见，我们谈得很好。我相信，通过两国政府和人民的共同努力，中巴关系将得到不断巩固和发展。”

江泽民对萨贾德的来访表示欢迎。他对萨贾德说：“阁下是中国人民的老朋友，曾多次访华，为发展两国友好合作关系作出积极贡献。全国政协与巴参议院的交往和合作为中巴友谊史册增添新的一页。”

首都军民迎新春大型文艺晚会在中国剧院举行

江泽民、李瑞环、刘华清、胡锦涛等和来自全国各地的爱民英雄、拥军模范代表及首都军民代表欢聚一堂，观看演出，同贺新春。

出席文艺晚会的还有：李岚清、钱其琛、尉健行、王汉斌、张震、任建新、倪志福、李锡铭、迟浩田、李贵鲜、彭珮云、罗干、洪学智、张万年、于永波、傅全有等。

文艺晚会由全国双拥工作领导小组、民政部、广播电影电视部、解放军总政治部联合举办。

中央和国家机关有关部门、解放军三总部、驻京部队各大单位、武警部队的领导出席晚会。

中央军委主席江泽民在北京会见爱民英雄拥军模范代表

江泽民在出席首都军民迎新春文艺晚会前会见见义勇为的英雄战士徐洪刚等 20 名来自全国的双拥模范代表时指出，要发扬我们党和军队的优良传统，弘扬中华民族的传统美德，在全社会形成良好的社会风尚，搞好社会主义精神文明建设。

李瑞环、刘华清、胡锦涛、张震、迟浩田、张万年、于永波、傅全有等参加会见。

江泽民高度赞扬徐洪刚不畏强暴、见义勇为的英雄壮举和詹本方等人积极救护子弟兵的高尚行为。他说，徐洪刚、詹本方等人的事迹体现我们共产党的传统，老红军的传统，军爱民、民拥军的传统，也体现中华民族的传统美德。要很好宣传徐洪刚等人的事迹，弘扬正气，保持社会的团结稳定，为改革开放和经济建设创造良好的社会环境。

《人民日报》发表评论员文章《以高尚的精神塑造人》

邓小平同志指出："思想战线上的战士，都应当是人类灵魂工程师。"这是我国改革开放和社会主义现代化建设的总设计师对宣传思想战线的同志们的重托和期望。

改革开放十多年来，我国的社会生产力得到极大的解放和发展，社会主义经济建设取得了举世瞩目的辉煌成就。社会主义精神文明建设也有新的进展。但是在实际工作中，许多地方还不同程度地存在精神文明建设抓得不紧、不实的状况，以至拜金主义、享乐主义、极端个人主义得以蔓延，党风和社会风气不如人意，腐败现象也有所滋长。不坚决扭转这种状况，没有高度的社会主义精神文明，就不可能建设有中国特色的社会主义。因此，以高尚的精神塑造人，即以高尚的精神培育一代新人，是宣传思想战线一项艰巨而光荣的重要任务。

我们所说的高尚的精神是什么呢？就是毛泽东同志早就倡导的全心全意为人民服务的精神；就是邓小平同志反复强调的"有理想、有道德、有文化、有纪律"的精神；就是江泽民同志概括的 64 个字的创业精神，即：解放思想、实事求是，积极探索、勇于创新，艰苦奋斗、知难而进，学习外国、自强不息，谦虚谨慎、不骄不躁，同心同德、顾全大局，勤俭节约、清正廉洁，励精图治、无私奉献。这些精神既体现了共产党人的优良作风，又继承了我们民族的传统美德，既凝聚了长期创业的宝贵经验，又有鲜明的时代特色，是建设有中国特色社会主义的强大精神支柱。今后，我们要加强以爱国主义、集体主义、社会主义为核心内容的思想道德教育，开展艰苦奋斗、勤俭建国的教育，职业道德、社会公德的教育，基本国情的教育，做好群众性的思想工作。

以高尚的精神塑造人，要紧密结合当前的实际，紧密结合我们党提出的奋斗目标、奋斗任务来进行。当前全党和全国人民正在贯彻十四届三中全会的决定，抓住机遇，深化改革，扩大开放，促进发展，保持稳定，为在本世纪末初步建立起社会主义市场经济体制、实现小康而奋斗。思想道德教育要服从这个大局、服务于这个大局。我们是在开放的条件下而不是在封闭的条件下进行培育新人的工作，这就必须发扬爱国主义精神，提高民族自尊心和民族自信心，在借鉴和吸收外来文化中好的东西的同时，识别和抵制不好的东西。

以高尚的精神塑造人，要区别不同对象，采取不同方式，而不能不看对象，固守一套程式。儿童、少年、青年是祖国的希望和未来，要进一步加强和改进对他们的理想、道德、纪律教育。方向要坚持，方法要讲究。教育的具体内容和形式要适合他们的年龄特点、心理特点，把形象的和抽象的相结合，把历史的和现实的相结合，把引导和批评相结合，把语言和行动相结合，使他们逐步树立起正确的世界观、人生观、价值观、道德观，走上正确的人生之路，为我们的社会主义现代化事业的百年大计造就可靠的接班人。

以高尚的精神塑造人，是一项长期的、复杂的社会系统工程，不是仅靠一两个部门开展几项工作就能完成的，需要各个部门通力合作，各项工作互相配合。从宣传思想战线内部来说，需要理论、教育、新闻、出版、文艺等各个部门，都充分发挥各自的独特功能和积极作用，为塑造社会主义新人做贡献。此外，也需要执纪、执法部门的有力配合。离开法纪的教育是苍白的教育。严格执纪、执法是塑造人必不可少的手段。

教育者必须先受教育。各级领导干部和广大宣传思想工作者，首先要以高尚的精神塑造自己，做到以身作则，言行一致，廉洁奉公。要牢记邓小平同志的谆谆告诫："党和政府愈是实行各项经济改革和对外开放的政策，党员尤其是党的高级负责干部，就愈要高度重视，愈要身体力行共产主义思想和共产主义道德。否则，我们自己在精神上解除了武装，还怎么能教育青年，还怎么能领导国家和人民建设社会主义！"

建设富强、民主、文明的社会主义现代化国家，需要一代又一代有理想、有道德、有文化、有纪律的社会主义新人为之奋斗。宣传思想战线的同志应当通过自己辛勤、扎实、卓有成效的劳动，使更多的党员成为“四有”党员，更多的干部成为“四有”干部，更多的青年成为“四有”青年，共同肩负起历史的重任。

全国双拥工作领导小组第六次全体会议在北京召开

会议提出，1994年的双拥工作要坚持以建设有中国特色的社会主义理论为指导，认真贯彻党的十四届三中全会精神，适应建立社会主义市场经济体制和落实新时期军事战略方针的新形势，拓宽领域，丰富内容，面向基层，注重实效，进一步增强军政军民团结，为促进社会稳定、促进改革开放和现代化建设作出新贡献。

会议确定了今年全国双拥工作要点：加强国防教育和双拥宣传教育，在全社会形成军政军民相互团结、相互支持的良好风尚；加强双拥模范城（县）的命名管理，推动创建活动向广度和深度发展；加强调查研究和工作指导，逐步健全适应市场经济发展的双拥政策法规制度；加强军地关系协调，及时妥善处理新情况、新问题。

全国双拥工作领导小组组长、国务委员兼国务院秘书长罗干在会上讲话。

会议通过《关于召开全国双拥模范城（县）命名大会的意见》，决定于今年建军节前夕在北京召开全国双拥模范城（县）命名大会。

海协会常务副会长唐树备与海基会副董事长兼秘书长焦仁和就在北京举行的两会工作性商谈发布共同新闻稿

双方认为两会会谈取得了高度共识，对两会会务及两岸关系的发展起到很大的推动作用。新闻稿总结了会谈所达成的几项共识为：

一、双方认为，在两会事务性商谈中，应以务实的态度回避政治问题。双方讨论了“违反有关规定进入对方地区人员之遣返及相关问题”等三项事务性议题，达成高度共识，但仍应努力克服若干歧见，以期尽速达成书面协议；双方商定第四次事务性商谈于3月下旬在北京进行，达成协议后，将由两会负责人在台北签署。在第四次事务性商谈中并得就“有关共同打击海上走私、抢劫等犯罪活动”、“两岸知识产权（智慧财产权）保护”、“两岸有关法院之间的联系与协助（两岸司法机关之相互协助）”，及《汪辜会谈共同协议》中所列的若干经济、科技议题等交换意见或进行商谈。

二、双方商定《两会商定会务人员入出境往来便利办法》，并以交换函件方式生效实施。

三、双方原则同意依据《两岸公证书使用查证协议》第二条规定，增加寄送公证书副本种类，具体项目另行商定。

四、双方愿就两岸有关遗产继承问题相互提供协助。

五、双方同意今年继续促成新闻媒体负责人及记者互访、青少年交流、科技人员互访等活动。

双方将继续全面履行“汪辜会谈”各项协议，保持两会联系、会谈渠道畅通，并为第二次“汪辜会谈”创造有利条件。

海协会常务副会长唐树备举行记者招待会就他与台湾海基会副董事长兼秘书长焦仁和的会谈答记者问

唐树备评价说，会谈所形成的共同新闻稿，是“汪辜会谈”后两会厦门、台北会谈成果的总结，对加强两会合作、发展两岸关系有积极意义。

唐树备说，去年由于台湾当局提出“参与联合国”问题，中国政府发表了《中国统一与台湾问题》白皮书，海峡两岸政治上对立尖锐。这次焦仁和先生到北京来商谈，对双方回避政治问题、解决事务性问题是有好处的。我们一直主张两会商谈应本着互相尊重、平等协商、实事求是、求同存异的精神来进行。在5天的会谈中，双方不断协调，考虑对方的意见，调整自己的意见，终于找到双方都能接受的结果。这一结果在双方增进互信的基础上产生，又反过来有利于增进互信。

在回答有关共同新闻稿中写明将在两会第四次事务性商谈时，就若干经济、科技议题等交换意见或进行商谈一事的意义时，唐树备说，《汪辜会谈共同协议》中所列的经济议题应尽早提上商谈日程是海协的一贯主张。我们认为，两岸目前政治上有分歧，而经济上的交流与合作可以促进双方关系的接近，经济上有了共同的利益，政治上也就有了更多的共同语言。现在两会的商谈侧重点在解决两岸交流所衍生的事务性问题方面，虽然这是两会的义务，但我们认为，更重要的是应通过两会的联系与合作，促进两岸关系的良性发展。在此意义上，经济议题是很重要的一面，有前瞻性。两会应积极推动两岸经济交流与合作关系的发展。

有关台商大陆投资权益保护问题，唐树备说，大陆方面总结了关于鼓励台胞大陆投资的22条规定，考虑了海基会与台商的意见，经过反复调研，制订了《台胞大陆投资保护法》草案，一经全国人大常委会通过，就是大陆对台商投资权益提供保护的最高单项法律。我们并不反对与海基会就台商权益保护问题进行讨论，也希望在第四次商谈中纳入有关经济的议题。基于互利互惠的原则，我们提出，希望台湾方面能够开放大陆商品入台，放宽大陆工商界人士赴台限制、进行两岸劳务合作等，在此基础上，我们也不排除与海基会签订台商投资权益保护的民间协议。

当有记者要求唐树备谈谈对海基会副董事长兼秘书长焦仁和的印象时，唐树备说，与焦先生第一次见面和商谈，感到他和他的几位前任一样，是愿意积极促进两岸关系发展的，我们虽然政治立场不同，但发展两岸关系的愿望一致，所以双方能够克服困难，达成多项共识。

在回答有关海协是否在香港设立办事处的问题时，唐树备表示，海协没有这个考虑。海协的主要联系对象是海基会和台湾各社会团体与各界人士，现在两会之间已建立沟通渠道，联系密切，因而没有在港设分支机构的必要。

国务院副总理朱镕基在四川考察

朱镕基和国务院部分部、委领导，到四川考察。

在四川期间，朱镕基出席四川省及重庆市的春节团拜会，会见当地党政军领导同志和离退休老同志，对他们表达亲切的慰问，同时对四川省近年来各个领域取得的成绩给予充分肯定。

考察期间，朱镕基一行还深入工厂车间、研究所，给生产第一线的工人和科研人员拜年，同时与厂长们一道，对困难企业进行"会诊"。

2月6日下午，朱镕基一行来到重庆第一棉纺织厂，在现场召开了有9个困难企业厂长、经理参加的"困难企业座谈会"。朱镕基同志认真听取了厂长、经理们反映的情况，分析了造成困难和问题的原因。他指出，建立现代企业制度，首先就要政企分开，政府不能对企业瞎指挥，经营管理由企业自主决策；决策失误，厂长要负责任，这要形成一种制度，让职工监督。对那些已经资不抵债、扭亏无望的企业，应该进行破产试点，然后进行企业重组，使企业得到新生。他还指出，要顺利转换机制，又能保持社会安定，就必须进行社会保险制度的改革。

朱镕基勉励困难企业的厂长们，困难是暂时的，前途是光明的，暂时的困难一定会逐步得到解决。解决的办法，一些要靠国家政策，但主要是依靠企业自力更生、艰苦奋斗，靠企业研究市场，开发新产品，加强经营管理，转变经营机制，要眼睛向内，苦练内功。目前尤其要注意关心职工生活，保证职工基本生活和社会安定。

随同朱镕基到四川考察的有何椿霖、陈锦华、王忠禹、顾秀莲、于珍、李延龄、戴相龙、李毅中、潘连生、张相海等。

中共中央书记处书记温家宝在福建东部农村考察

2月5日至9日，温家宝在古田、屏南、周宁、福安等县的贫困山区、库区和畲族村寨，看望农民，同干部群众座谈，了解农民生活和农业生产情况。

温家宝说，今年是经济体制改革的关键一年，农村工作的基本任务是，认真贯彻党的十四届三中全会和中央农村工作会议精神，稳定党在农村的基本政策，深化农村改革，进一步调动农民的积极性，促进农村经济发展、农民收入增长、农村社会稳定，为各项重大改革措施的顺利实施和国民经济的持续快速健康发展，奠定坚实的基础，创造良好的环境。

温家宝强调，我国是一个农业大国，农民占全国人口的80%。切实加强对农村工作的领导，加强农业的基础地位，直接关系国民经济建设的大局，关系社会稳定的大局，从事农村工作的各级领导，一定要时时想着农民，处处关心农民，事事依靠农民，一切为农民。要尊重农民的首创精神，重视农民的切身利益，解决农民的实际困难，把农民的积极性引导好、保护好、发挥好。当前，要千方百计发展农村经济，增加农民收入，继续减轻农民的负担，搞好农村社会治安，为农民提供技术、信息等服务。要关心革命老区、少数民族地区、贫困地区以及灾区、库区的群众，帮助他们安排好生产和生活。

西藏扎木至墨脱公路通车

一条简陋公路已修到全国唯一不通公路的县西藏墨脱县城。在墨脱县扎木物资转运站举行扎(木)墨(脱)公路线初通试运行仪式。至此全国县县通公路。

国务委员宋健会见以《濒危野生动植物种国际贸易公约》常委会主席霍斯金为团长的《公约》高级代表团

宋健指出，环境保护是中国的一项基本国策。中国政府历来重视野生动物的保护，已制定和颁布了一系列环境保护和野生动物保护方面的法律法规；建立了400多处森林和野生动物类型的保护区；在野生动物保护的科研和宣传教育方面都取得了很大成绩，并与国际组织进行了长期的富有成效的合作。

中国是发展中国家，由于受到财力、技术和教育水平的限制，中国在保护野生动物的机构、人员培训、公众意识和法制观念等方面还不尽如人意。我们已经并且还将作出巨大的努力，以改变这种状况。但是，在中国这样一个有11亿多人口、各地区发展水平有很大差异的国家，要完成这项工作，还需要时间，需要有一个循序渐进的过程。希望国际社会既了解中国政府在保护野生动物方面的决心和取得的成绩，同时又理解中国在濒危物种保护中的实际困难。中国愿意以"多一些合作,少一些指责"的精神,加强与有关分布国和国际组织的合作,保护好这些濒危物种。

霍斯金此次来华,主要了解中国《关于禁止犀牛角和虎骨贸易的通知》的执行情况,并就进一步加强濒危物种的保护问题与有关部门交换意见。

中央军委副主席刘华清张震等看望军队老同志

在春节即将到来之际,中央军委副主席刘华清、张震和军委委员迟浩田、张万年、于永波、傅全有,分头看望曾经担任过党、国家和军队领导人的军队老同志王平、李德生、杨得志、萧克、张爱萍、陈锡联、耿飚、王恩茂、李聚奎等。

刘华清、张震还专程看望全国政协副主席、著名科学家钱学森。中共中央组织部领导参加看望。

中央军委还委托军委办公厅给在京外的伍修权、余秋里、叶飞、廖汉生、杨成武、吕正操等打电话,转达节日问候。

连日来,解放军三总部和全军各大单位的领导都看望本单位的老同志,向老同志拜年。看望中,各级领导认真听取老同志对军队建设的意见和建议。

国家教委等四单位在人民大会堂举行慰问教师迎春茶话会

来自北京、天津和河北的三千名教师与部分教育工作者代表欢聚在人民大会堂,出席国家教委、北京市人民政府、中国中小学幼儿教师奖励基金会和北京市人民教育基金会举行的慰问教师迎春茶话会。

中共中央政治局委员、国务院副总理李岚清到会代表党中央、国务院向辛勤工作在教育战线上的广大教师和教育工作者致以节日的祝贺和慰问。他说,尊师重教是我们中华民族的优良传统,也是党和政府的一贯方针。建国40多年来,全国的1000多万教师,为培养建设社会主义新中国的各类人才,辛勤耕耘,呕心沥血,无私奉献,不计较清苦的生活条件和艰苦的工作条件,忠诚于人民的教育事业,作出了不可磨灭的贡献。对此,党和政府感谢你们,人民感谢你们,人民共和国的历史也永远不会忘记你们。

人事部国家教委发出《关于印发高等学校中小学中等专业学校贯彻〈事业单位工作人员工资制度改革方案〉三个实施意见的通知》

中宣部国务院办公厅发出通知要求全国企事业和行政单位人员收看中央电视台播出的《当前几项重大经济体制改革》电视讲座

1993年全国十大考古发现评选在北京揭晓

一九九三年十大考古新发现(按出土文物年代排列)是:

一、盘县大洞旧石器时代遗址

二、高邮龙虬庄遗址

三、莫角山良渚文化大型建筑基址

四、晋侯邦父及夫人墓

五、长沙西汉长沙王室墓

六、丰城洪州窑窑址

七、云冈第三窟窟前遗址

八、扬州唐城遗址

九、宣化下八里辽壁画墓群

十、绥中元代水下考古调查

劳动部监察部最高人民检察院全国总工会联合发出《关于必须严肃查处煤矿重大恶性事故的通知》

《通知》说,1993年,全国煤矿共发生一次死亡10人以上重大恶性事故56起,死亡1,059人,分别比1992年同类事故上升9.8%和2.6%。特别是第四季度,煤矿重大恶性事故频繁,安全生产形势更加严峻。10月发生6起,死亡177人;11月发生7起,死亡162人;12月发生10起,死亡170人。

煤矿重大恶性事故的频繁发生,给国家和人民生命财产造成巨大损失,严重影响改革开放和经济建设的发展。事故多发固然有对安全生产重视不够、安全管理松懈等多方面的因素,但对事故的查处不力,执法不严是一个十分重要的原因。这一问题应当引起各级政府及有关部门领导,特别是煤矿企业领导的高度重视。发生了事故,一些地区、部门和煤矿企业不是认真地查找事故原因、依法追究事故的责任者、制定预防事故的对策,而是在事故调查处理过程中,对事故处理不及时或对事故的责任者迁就袒护,处理偏轻;有的推诿扯皮,推卸事故责任,淡化事故性质,致使一些事故迟迟不能结案;更有甚者是不依法办事,置国法与职工生命于不顾,发生事故拖延或隐瞒不报。当前查处煤矿重大恶性事故,并非无法可依,而是有些单位和地区过分强调特殊性,我行我素,有法不依,一些执法部门疏于检查监督,致使一些事故长期得不到处理,以至不能使煤矿企业及有关部门从已经发生的事故中吸取教训、改进工作。特别值得指出的是,1993年1月20日安徽省淮南矿务局潘一矿和5月8日河南省平顶山矿务局十一矿的两起瓦斯爆炸事故,都死亡了39人,因有关部门不依法办事,干扰了正常的事故处理程序,致使前一起事故拖延了11个月才得以结案,后一起事故至今仍未能结案。

据统计,在1993年全国煤矿共发生的一次死亡10

人以上的56起重大恶性事故中，已经批复结案的只有25起，结案率仅为44.6％，尚有31起未结案。

《通知》要求：

一、各地要立即行动起来，对本地区煤矿重大伤亡事故，特别是重大恶性事故的查处情况进行一次检查。认真贯彻落实《国务院关于加强安全生产工作的通知》(国发〔1993〕50号)和《国务院关于控制重大、特大恶性事故的紧急通知》(国发明电〔1993〕17号)以及最高人民检察院和劳动人事部《关于查处重大责任事故的暂行规定》等精神，强化各类煤矿的安全工作，严肃查处煤矿重大伤亡事故。对于严重官僚主义和忽视安全生产工作造成重大恶性伤亡事故的责任者要从重处理，不得姑息迁就。凡构成犯罪的，必须绳之以法。对已处理结案的事故要进行复查，对事故的处理决定未予落实的应督促尽快落实。对于在事故查处工作中玩忽职守、徇私舞弊和弄虚作假的，要依照国家有关的法律和法规给予严肃处理，触犯刑律的，由司法机关依法追究刑事责任。请各地按照《国务院办公厅关于煤矿连续发生重大伤亡事故的通报》(国办发明电〔1992〕5号)要求，将1993年煤矿重大伤亡事故的查处情况于1994年4月1日前报国务院，抄报劳动部、监察部、最高人民检察院、全国总工会。

二、煤矿企业及各级管理煤矿的主管部门，必须认清当前煤矿安全生产的严峻形势，认真贯彻执行《矿山安全法》及国家有关安全法规，严格履行安全管理职责，自觉学习法律、法规，用法律、法规规范言行，接受法律、法规的约束，对重大的事故隐患和危害采取切实有效的技术和管理措施，迅速扭转煤矿安全生产不断恶化的局面。发生了重大恶性伤亡事故，必须按规定程序向有关部门报告，并认真查明原因，吸取教训，制定防范措施，改进安全管理工作，并按照国务院《企业职工伤亡事故报告和处理规定》及劳动部根据国务院授权所作的《解释》等，认真执行对事故有关责任人员的行政处分决定和组织实施防范措施。

三、各级劳动行政主管部门、行政监察部门、人民检察院和工会组织，要特别注意强化对煤矿重大恶性伤亡事故查处的监督工作。各级劳动行政主管部门，必须严格履行《矿山安全法》所赋予的监督职责，做到有法必依，执法必严，违法必究，坚持“三不放过”的原则。在监督法律实施的同时，必须改进工作作风，讲究工作实效，廉洁奉公；必须遵守法纪和接受人民群众的监督。

四、各级劳动行政主管部门、行政监察部门、人民检察院和工会组织，在查处煤矿重大恶性伤亡事故工作中，要及时沟通情况，加强联系，密切配合，各司其职，各尽其责，注意刑事处罚与行政处分的衔接，共同依法做好煤矿重大恶性伤亡事故的查处工作，对触犯刑律的责任者，人民检察院必须依法行使检察权，维护国家法律、法规的严肃性和权威性。

五、各地要选择一些损失大、影响坏、典型的煤矿重大恶性事故，进行公开查处，一抓到底，对忽视矿山安全生产，草菅人命的人员要严肃处理，并利用新闻媒介予以曝光，造成声势，让全社会都来关心、重视和监督煤矿伤亡事故的查处工作，以及关系到国计民生的安全生产工作。

钱之光逝世

中国共产党的优秀党员，久经考验的忠诚共产主义战士，无产阶级革命家，国务院原顾问，原轻工业部部长、纺织工业部部长，中共九届、十届、十一届中央委员会委员，原中央顾问委员会委员钱之光，因病医治无效，在北京逝世，终年94岁。

钱之光是浙江诸暨人。大革命初期在浙江共产党创始人张秋人、宣中华等指引下，积极从事革命活动。1927年2月，加入中国共产党。大革命失败后，在白色恐怖下，坚持地下斗争，在上海负责党中央秘密印刷厂工作，印发党的报刊材料，宣传党的纲领。1933年夏进入中央苏区，任中华苏维埃中央政府国民经济委员会委员、贸易总局局长。他依靠和组织群众，不顾艰难险阻，打破国民党反动派的重重封锁，从白区运进食盐、医药、布匹等苏区军民战斗和生活所急需的物资，保障了反围剿斗争的需要。1934年参加二万五千里长征，并任中央征发没收委员会组长，在极端困难的情况下，精心筹措物资。到达陕北后，任陕甘宁边区苏维埃政府国民经部对外贸易总局局长。1936年2月，他奉命与李克农赴洛川同张学良、王以哲会谈，就互不侵犯、各守原防，恢复县(今富县)、甘泉、肤施(今延安)公路交通，苏区与白区通商等重大事项达成协议。1937年春，他先后到西安、太原等地采办军需物资和粮食，为陕北根据地的物资供应做了大量工作。抗日战争时期，先后任八路军、新四军驻武汉、南京办事处，十八集团军驻重庆办事处处长。1944年任中共重庆工作委员会委员。1945年抗战胜利后，任中共南方局(后称重庆局)委员，中共南京局委员兼财政委员会副书记，并任南京中共代表团办公厅主任。在周恩来、董必武同志的直接领导下，他为发展统一战线，团结进步力量，与国民党当局进行针锋相对的斗争，向解放区输送军需民用物资和革命干部，以及加强对海外侨胞联系，为夺取抗日战争的胜利做了卓有成效的工作。解放战争时期，由党中央派往香港从事经济工作，创建华润公司并任董事长，同时进行上层统战工作。在此期间，奉中央指示，先后将留住在香港的李济深、沈钧儒、黄炎培、郭沫若等一批著名民主党派、爱国人士秘密接送到解放区参加筹备我党领导的新的政治协商会议，为新中国的建立作出了积极贡献。1949年中华人民共和国建立后，任政务院财经委员会委员，参与领导新中国的经济恢复工作，并任纺织工业部副部长、党组书记。1970年纺织、一轻、二轻三部合并成立轻工业部，他担任部长、党组书记。1978年纺织、轻工分部后，任纺织工业部部长、党组书记。1981年任国务院顾问。钱之光同志在我国经济战线上作出过重大贡献，是新中国纺织工业主要领导人之一，在他主持纺织工业部工作的三十二年中，始终坚持执行独立自主、自力更生、艰苦奋斗、勤俭建国的方针，很快建立了新中国的纺织机械制造业体系，适时满足了大规模建设的需要，使我国棉、毛、麻、丝等纺织业得到全面发展。为了克服粮、棉争地的矛盾，解决十多亿人口的穿衣问题，他提出了发展天然纤维和化学纤维并举的方针，引进国外先进技术，建设了上海金山、辽宁辽阳、天津、四川长寿和江苏仪征等大型化纤生产基地，使我国一跃成为世界化纤工业大国之一。他注重技术进步，尊重科学，重视教育，珍惜人才，爱护干部，重视吸收国外的先进技术和生产管理经验，使纺织工业的生产建设和科技教育得到重大的发展，建立了完整的纺织工业体系。他是新中国现代纺织工业的主要奠基人，是中国共产党第八届至第十二届全国代表大会代表，党的十三届、十四届代表大会特约代表，还是第二届、第三届全国人大代表。

2月6日

中共中央政治局常委胡锦涛与在北京的藏族同胞欢庆藏历新年

2月11日是藏历木狗新年。胡锦涛与在京的300多藏族同胞，欢庆藏族人民这一传统节日。

西藏自治区驻京办事处主任尼玛次仁在藏历木狗年新春茶话会上致词。

国务委员、国务院秘书长罗干，全国政协副主席、中共中央统战部部长王兆国，全国政协副主席赵朴初，西藏自治区党委书记陈奎元，西藏自治区党委副书记、自治区人大常委会主任热地，以及中央有关部委、北京市等部门的领导参加茶话会。

国务院总理李鹏出席为大亚湾核电站一号机组投入商业运行举行的庆典

李鹏讲话指出，大亚湾核电站是改革开放的产物。早在1979年我国改革开放政策刚刚开始实行时，电力部与广东省根据深圳有利的地缘条件，提出引进外资，借贷建设，售电还钱的设想，开创了我国利用外资建设大型基础产业项目的新路子。大亚湾核电站是我国较早建立的最大中外合资企业，按照国际惯例，建立了现代企业的管理体制，实行董事会领导下的总经理负责制，做到了政企分开，责任明确，管理科学。在核电站建设中，引入了竞争机制，采取招标、投标制度，选择中外优秀的供货商和施工企业参加设计、施工、调试和咨询。大亚湾核电站建设的可贵之处，不仅在于引进国外的先进设备和技术，而且吸收国外施工组织和管理的先进经验，从而较大幅度地提高了现代化施工水平。

李鹏说，大亚湾核电站项目一直得到党中央、国务院的关心与支持。国务院多次召开会议论证这个项目。在1985年广东核电合营合同签字时，邓小平同志亲自接见了该公司的港方开拓者、原香港中华电力公司董事长嘉道理勋爵，对这个改革开放的新生事物给予了充分的肯定和支持。江泽民同志对核电站工作也十分关心，亲临工地给予指导。在工程的关键时刻，很多中央和国务院领导同志亲自过问，解决前进中的困难，使工程建设得以顺利进行。电力部、核工业总公司、广东省、深圳市等地方和部门，也为大亚湾核电站建设做了大量工作，创造了条件，从各方面给予有力支持。大亚湾核电站是发挥中央和地方两个积极性的产物。

李鹏希望，中外供应商、承包商和现场中外工作人员，要一如既往，继续作出努力，为全面、优质、高效完成整个核电站工程作出贡献。我们不仅要建设好这座现代化核电站，而且要管理好这座电站。在某种意义上讲，管理好比建设好更难。因此，在今后核电站的运行中，全体工作人员必须自始至终贯彻"质量第一，安全第一"的方针，确保安全、优质发供电，向广东省和香港地区提供源源不断的电力，为这些地区的经济繁荣服务。

李鹏说，我国电力需求量很大，在大力发展火电、水电的同时，还要因地制宜地适当发展核电。大亚湾核电站的建设，为我国核电事业发展积累了成功的经验，培养了大批核电专业人才；同时，也为大亚湾核电站二期工程的建设创造了良好的条件。当前，我国正在全面贯彻党的十四大和十四届三中全会的精神，深化改革，扩大开放。国外来华投资的势头也很好，我国的投资环境不断改善，投资领域进一步拓宽，我们欢迎外资参与基础工业、基础设施的建设，热情欢迎各国朋友与我国进一步开展经济技术合作。

法、英两国驻华大使，香港中华电力有限公司和香港核电投资有限公司，法国电力公司，法国法马通公司，法英通用电器阿尔斯通公司，英国通用电气集团公司等企业的负责人，应邀出席庆典和招待会。

中共中央总书记江泽民为《现代科学技术基础知识》(干部选读)作序《用现代科学技术知识武装起来》

《人民日报》发表评论员文章《以优秀的作品鼓舞人》

2月7日

党和国家领导人江泽民等分别向彭真万里等老同志祝贺新春

中共中央总书记江泽民和中共中央政治局常委刘华清、胡锦涛下午先后来到彭真、万里住处,向他们致以新春的祝贺。

江泽民询问彭真、万里的生活和健康情况,并向他们介绍去年党中央、国务院所做的主要工作和今年工作的基本方针。他希望老同志继续对中央的工作多提建议,为祖国的经济建设和改革开放事业作出更大的贡献。

国务院总理李鹏上午来到彭真、万里的住处,向两位老同志介绍当前的国内形势和党中央、国务院发展经济与改革开放所采取的一系列方针政策,并认真听取他们对各项工作的意见和建议。彭真、万里对中共中央、国务院的工作表示满意,对我国的改革开放和经济发展表示高兴,并表示完全支持党中央对今年工作提出的"抓住机遇、深化改革、扩大开放、促进发展、保持稳定"的要求。

中共中央政治局常委李瑞环、胡锦涛上午代表中共中央、国务院向宋平、薄一波、宋任穷拜年。

中央统战部全国人大民委国家民委全国政协民委在中央统战部礼堂共同举办'94首都各民族迎春联欢会

中共中央政治局常委胡锦涛等在人民大会堂和两万多名各族群众参加老干部迎春联欢晚会

外交部发言人就台湾李登辉计划春节期间前往印尼泰国"度假"一事答记者问

发言人称,与中国建交国接受李登辉访问将损害与中国的友好合作关系。

国务院作出简化和规范税制推进分税制改革的决定

国务院最近决定,取消集市交易税、牲畜交易税、烧油特别税、奖金税和工资调节税,废止《集市交易税试行规定》、《牲畜交易税暂行条例》、《关于征收烧油特别税的试行规定》、《国营企业奖金税暂行规定》、《国营企业工资调节税暂行规定》、《集体企业奖金税暂行规定》和《事业单位奖金税暂行规定》7个税收法规。与此同时下放屠宰税和筵席税的管理权,各省、自治区、直辖市人民政府可以根据本地区经济发展的实际情况,自行决定继续征收或者停止征收。

《人民日报》发表评论员文章《改革开放的丰硕成果——祝贺大亚湾核电站一号机组投入商业运行》

国家主席江泽民在中南海会见艾泼斯坦等外国老专家

外国老专家们就他们所关心的经济、教育、新闻出版、对外宣传等方面的工作发表看法和意见。江泽民对专家们提出的建议表示感谢。

江泽民向外国专家们介绍1993年中国经济发展的情况和所抓的几件大事。江泽民说,今年要继续沿着建设有中国特色社会主义道路前进,要抓住机遇、深化改革、扩大开放、促进发展、保持稳定,使国民经济持续、快速、健康发展,使社会全面进步。

目前在华的外国老专家共28人,另有配偶或遗孀5人。他们来自美国、法国、英国、加拿大、德国、奥地利、日本、泰国、马来西亚等国家,分别在我国新闻、广播、出版和高校工作。

钱其琛、李贵鲜、罗干和有关方面负责人曾庆红、宋德福、马俊如等参加会见。

国务院就教育费附加征收有关事项发出紧急通知

通知的主要内容是:

一、教育费附加以各单位和个人实际缴纳的增值税、营业税、消费税的税额为计征依据,附加率为3%,分别与增值税、营业税、消费税同时缴纳。对从事生产卷烟和烟叶生产的单位,减半征收。

二、按照改革后的税务征收管理规定,教育费附加分别由国家税务局和地方税务局负责征收。国家税务局系统征收的按铁道、各银行总行、保险总公司营业税附征的教育费附加,作为中央预算固定收入;国家税务局系统征收的按增值税、消费税附征的教育费附加和地方税务局征收的按营业税附征的教育费附加,作为地方预算固定收入。

三、国家税务局系统和地方税务局征收的教育费附加,原则上应单独填开"缴款单",以"教育费附加收入"科目,按上述收入归属的规定,分别缴入中央金库和地方金库。

四、其他事项暂按现行规定执行,具体使用管理办法另行制定下发。

第四次世界妇女大会中国组委会在北京召开第三次全体会议

会议对去年的工作作全面总结，并提出今年的工作计划。

第四次世界妇女大会中国组委会副主席兼秘书长徐志坚在会上说，去年，中国组委会成功地接待第四次世界妇女大会秘书长蒙盖拉率领的联合国考察团，组织编写了我国执行《提高妇女地位内罗毕前瞻性战略》国家报告，有步骤、分层次地开展广泛的社会动员工作，通过各种渠道向国际社会宣传我国筹备妇女大会的情况，组团出席了国际和区域的有关会议等。

徐志坚说，为确保大会各项工作的顺利完成，今年组委会要加大宣传力度，使这次会议做到家喻户晓；要完成会场设施的总体落实方案；各职能委员会要加强与联合国筹备第四次世界妇女大会的相关机构的联系；制定大会及非政府论坛的会务与接待工作预案；分层次组织大会人员培训；参与《行动纲领》的起草和磋商；出席有关国际会议等。

第四次世界妇女大会中国组委会主席、国务委员彭珮云在会上对做好这次大会的筹备工作提出3条要求：珍惜机遇，增强紧迫感；精心组织，狠抓落实；搞好培训，提高队伍素质。要抱着对国家负责、为国增光的高度责任感，顾全大局，克服困难，坚定信心，把大会的各项筹备工作做好。

全国人大常委会副委员长、全国妇联主席陈慕华出席大会并讲话。出席会议的还有第四次世界妇女大会中国组委会副主席刘华秋、何鲁丽、黄启璪等。

2月8日

国家副主席荣毅仁在广州出席广州地区1994年军民春节联欢会

中央政法委书记任建新副书记罗干向全国公安武警官兵拜年

国家工商局发布《关于禁止有奖销售活动中不正当竞争行为的若干规定》

国家工商局根据《中华人民共和国反不正当竞争法》制定的《关于禁止有奖销售活动中不正当竞争行为的若干规定》，日前已发布实施。

根据《规定》，禁止进行的欺骗性的有奖销售包括：对中奖概率、最高奖金额、总金额，以及奖品种类、数量、质量、提供方法等作虚假不实的表示；采取不正当手段故意让内定人员中奖，故意将中奖标志的商品、奖券不投放市场或者不与商品、奖券同时投放市场；故意将带有不同奖金金额或者奖品标志的商品、奖券按不同时间投放市场。

按照《规定》，经营者进行抽奖式的有奖销售，最高奖金额不得超过5000元，以非现金的物品或者其他经济利益作奖励的，按照同期市场同类商品或者服务的价格折算其金额；另外，还不得利用有奖销售手段推销质次价高的商品。在《反不正当竞争法》实施前发生的属于该法禁止的有奖销售行为，现在一律不得继续实施，但预先设定开奖、兑奖时间在1993年12月1日之后的，经营者仍应在预定时间履行其开奖、兑奖的义务。

国家主席江泽民在接见参加《中国二十一世纪议程》高级国际圆桌会议部分国外代表时发表讲话

中国以极其认真负责的历史责任感对待环境与发展问题，对可持续发展是非常重视的。联合国环境与发展大会之后不到两年的时间，我们就编制了《中国二十一世纪议程》。我们进一步认识到了环境与发展的关系。在经济快速发展的进程中，一定要注意协调发展的问题，注意处理好人口、资源、环境与经济和社会发展的关系。如果在发展中不注意环境的保护和改善，是很难可持续地发展下去的。中国有句俗话："人无远虑，必有近忧。"中国政府有决心走可持续发展的道路。刚才许多先生在发言中都提到，应该把《中国二十一世纪议程》与国民经济和社会发展计划有机结合起来，特别是要纳入"九五"计划。我认为这个意见很好。

落实《中国二十一世纪议程》，我们首先要自力更生，用自己的力量来解决问题。毫无疑问，我们也欢迎世界各国政府、国际金融组织和联合国机构，如世界银行、亚洲开发银行、联合国开发署等的支持和合作。对于环境和发展问题，我们都要向前看。在巴西的环境与发展大会上，发达国家许诺拿出国民生产总值的百分之零点七，也就是每年拿出一千二百五十亿美元，用来支持发展中国家的可持续发展，但现在这一承诺并未落实。

二战以后，科学技术发展很快。如制冷技术，过去都是用氨，后来发明了氟利昂。当时认为用氟利昂比较好，但现在认识到氟利昂破坏臭氧层，要逐步取代。中国将认真实施氟利昂的替代方案。刚才，通用汽车公司总裁史密斯先生讲到用电池来驱动汽车，对此我很感兴趣。电池能用多长时间是个很大的问题，而充电也要便利。使用汽油的汽车也要靠技术进步来减少污染。

中国将不遗余力地实施《中国二十一世纪议程》。我们要加强宣传教育，让全体中国人民都明白可持续发展的道理，坚持走可持续发展的道路。我仔细听了你们的意见，大家都支持《中国二十一世纪议程》。让我们为了共同的目标，携起手来，造福于整个人类。

中国代表团副代表庞森在联合国人权委员会第五十届会议上就发展权问题发言

庞森强调指出，实现发展权的基本日标是促进经济发展，特别是发展中国家的经济发展。

庞森说，世界各国的发展是相互联系的，实现发展对发展中国家和发达国家都是重要的。随着各国经济相互依存的加深，实现发展权的普遍意义将更加明显。他指出，在探讨发展权的执行问题时，应考虑当前国际经济关系的现实和发展中国家的困难处境，特别应考虑到发展中国家的发展需要。

庞森还说，发展、民主与人权是相互促进、相互加强的。中国通过改革开放的切身经验体会到，必须在确保国家和社会稳定的前提下集中精力发展本国经济、提高人民生活水平，同时加强民主与法制建设，才能使国家稳步发展，人民才能充分享受发展的成果。片面强调一种因素而忽视另一种因素，生搬硬套不适合本国国情的发展战略和政治模式，都将对发展权的实现、对广大人民充分享受各项人权和基本自由带来不利的后果。

中央军委副主席刘华清在福建考察

2 月 8 日至 13 日，刘华清在福建考察工作并看望部队官兵。

节日期间，刘华清慰问在厦门东渡码头及其二期工程、海关联检大楼工地坚守岗位、坚持生产的一线工人。2 月 11 日，刘华清听取福建省委书记、省长贾庆林的工作汇报。他说，福建省委、省政府深入贯彻邓小平同志建设有中国特色社会主义理论和党的基本路线，贯彻党的十四大和十四届三中全会精神以及中央一系列重大决策，坚持以经济建设为中心，采取有力措施，使国民经济持续、快速、健康地发展，提前 7 年翻了两番。刘华清说，党的十四届三中全会作出了《关于建立社会主义市场经济体制若干问题的决定》，各级领导一定要了解新情况，研究新问题，学习新知识，坚持物质文明和精神文明两手抓、两手硬，处理好整体利益与局部利益的关系，一心一意把经济建设搞上去。他说，福建与台湾一水之隔，要加强民间往来，加强经济技术合作。我们经济强大了，两岸人民都高兴。

在福建期间，刘华清在南京军区司令员固辉的陪同下，看望驻厦部队官兵，勉励他们在新形势下保持和发扬老红军传统，按照军委主席江泽民提出的“政治合格、军事过硬、作风优良、纪律严明、保障有力”总要求，全面加强部队建设。

2 月 13 日，刘华清来到某集团军看望基层官兵。

国家科委发布《国家高技术研究发展计划知识产权管理办法(试行)》

制定此《办法》的目的是为加强国家高技术研究发展计划(即八六三计划)科技成果的管理，保护知识产权，保障项目参加各方的合法权益，推动高技术研究及其成果商品化、产业化。《办法》共 26 条，自 1994 年 7 月 1 日起试行。

中国新型运载火箭“长征三号甲”在西昌卫星发射中心首次发射成功

“长征三号甲”是为发射中国新型通信广播卫星而研制的新型运载火箭。它在“长征三号”的基础上，采用多项先进技术，火箭的运载能力由原来的 1.4 吨提高到 2.5 吨。这次是这种火箭的首次发射试验。

劳动部人事部发布《〈国务院关于职工工作时间的规定〉的实施办法》

第一条　根据《国务院关于职工工作时间的规定》(以下简称《规定》)，制定本办法。

第二条　本办法适用于在中华人民共和国境内的一切机关、团体、企业事业单位(包括国有、集体、私营、个体、外资、中外合资等各类单一或混合型经济所有制和矿山、工厂、建筑、交通运输、森林采伐、农场、商业、服务业等行业及科研设计、文化体育、医疗卫生、大专院校、中小学校、托幼园所等)的职工。

第三条　在保证完成生产和工作任务，不增加人员编制和财政支出的条件下，职工实行每天八小时，平均每周四十四小时的工时制度。

第四条　各单位应有计划、有步骤地执行《规定》，必须加强管理。不能因实行每周四十四小时工时制度而影响经济效益，也不能因此而减少职工的收入。

第五条　在特殊条件下从事劳动和有特殊情况的职工，按照国务院或者国务院劳动、人事行政主管部门的规定，可以再适当缩短工作时间。属于中央直属企业事业单位的职工，经主管部门审核上报后，由国务院劳动、人事部门批准。属于地方企业事业单位的职工，经当地主管部门审核上报，由当地劳动、人事部门批准。

第六条　由于工作性质和职责的限制，不宜采用定时工作制的职工，经国务院劳动、人事等有关部门批准，可以实行不定时工作制。

第七条　各单位在正常情况下不得安排职工加班加点。下列情况除外：

(一)在法定节日和公休假日内工作不能间断，必须连续生产、运输或营业的；

(二)必须利用法定节日或公休假日的停产期间进行设备检修、保养的；

(三)由于生产设备、交通运输线路、公共设施等临时发生故障，必须进行抢修的；

(四)由于发生严重自然灾害或其他灾害，使人民的安全健康和国家资财遭到严重威胁，需进行抢救的；

(五)为了完成国防紧急生产任务，或者完成上级在国家计划外安排的其他紧急生产任务，以及商业、供销企业在旺季完成收购、运输、加工农副产品紧急任务的。

第八条 审批企业在上述情况下组织职工加班加点的权限，由各省、自治区、直辖市人民政府和国务院各行业主管部门研究确定。

第九条 企业单位实行平均每周四十四小时工时制度。根据具体情况，可将每两周中的两个半天休息时间调换为一天休息。

第十条 国家机关、事业单位、人民团体从《规定》实施之日(即1994年3月1日)起，全国统一实行第一周的星期六和星期日为休息日，第二周的星期日为休息日，按此循环，不受月份、年份限制。根据工作需要，在休息日须留值班人员。

第十一条 从1994年3月1日开始执行每周四十四小时工时制度确有困难的个别行业、企业，可以适当延期实行，但不得迟于1994年5月1日。

第十二条 各级劳动、人事部门对《规定》的执行情况进行监察，对违反《规定》，强迫职工加班加点的单位和个人，视情节轻重给以处罚。

第十三条 省、自治区、直辖市人民政府根据本办法可制定实施细则。

第十四条 本办法由劳动部和人事部在各自的职责范围内负责解释。

第十五条 本办法自1994年3月1日起施行。

劳动部人事部就《国务院关于职工工作时间的规定》作出说明

《国务院关于职工工作时间的规定》已经发布。劳动部、人事部对《规定》作出如下说明：

这项规定使职工有较多的时间学习、教育子女和料理家务，必将进一步调动职工建设社会主义的积极性，保护和激发他们的生产热情，增加他们从事生产建设的活力，适当地缩短工作时间，科学合理地安排工作和休息时间，对于保障职工的健康，提高工作效率和劳动生产率，促进机关、企业、事业单位加强管理，推动生产的发展，都具有重要的意义。

工时制度在全国应是统一的。国务院发布这项《规定》，适用于中华人民共和国境内的一切机关、社会团体、企业、事业单位以及其他组织的职工。企业包括国有、集体、私营、个体、外商投资等各类单一或混合型经济所有制和矿山、工厂、建筑、交通运输、森林采伐、农场、商业、服务业等行业的单位。

我国对特殊条件下从事劳动和有特殊情况的职工的工作时间有过特殊规定。比如，化工行业对从事有毒有害作业的工人，根据生产的特点和条件分别实行“三工一休”制和6小时至7小时工作制；煤矿井下实行四班每班6小时工作制；纺织业实行“四班三运转”制度；有不满一周岁婴儿的女职工，每天可在工作时间内有一小时哺乳时间，等等。在实行本规定后，对在特殊条件下从事劳动和有特殊情况的职工，需要适当缩短工作时间的，仍按照国家有关规定执行。

国家机关、事业单位的工作和休息时间必须统一。自《规定》施行之日起，第一周的星期六和星期日为休息日，第二周的星期日为休息日，依此循环，不受月份、年份限制。这样便于全社会各项工作正常运行。至于企业，可根据每日工作8小时，平均每周工作44小时的规定，结合实际情况作出规定。除国家机关必须统一工作和休息时间外，医院、托幼园、小学校等与人民生活密切相关的单位也要统一，因此将事业单位和国家机关一样统一规定工作和休息时间。民航、铁路等行业的职业，有的每天工作时间超过8小时，但平均每周不超过44小时。

在执行《规定》的过程中，各单位应加强管理，严格纪律，努力挖潜，保证完成生产和工作任务，不增加人员编制和财政支出，不能因实行每周44小时工时制度而影响正常工作和经济效益，也不能因此而减少职工的收入。企业和个人均不得擅自延长职工的工作时间。要纠正那种依靠加班加点来完成生产任务的做法。因特殊情况和紧急任务必须延长职工工作时间的，应当按照国家有关规定执行。各社会服务单位，如商业、饮食、公共交通、邮电、运输等单位，在调整生产和工作时间的过程中，必须考虑广大群众的利益，对出现的问题，应采取有效措施，予以解决，为人民群众创造更便利的生活和工作条件。各级劳动、人事部门对《规定》的执行情况进行监督检查，对违反《规定》的，按有关规定予以处罚。

2月9日

邓小平同上海人民共迎新春佳节

上海市委书记吴邦国和上海市市长黄菊等向正在

上海的陈云拜年

国务院总理李鹏参加国务院办公厅机关在中南海举行的春节团拜会

国务院中央军委致电祝贺"长征三号甲"运载火箭首次飞行试验成功

《贺电》主要内容是：值此新春佳节来临之际，欣悉你们进行的"长征三号甲"运载火箭首次飞行试验获得成功，搭载发射的"实践四号"空间探测卫星和一颗模拟星进入预定轨道。这是我国航天高科技领域取得的又一重大成果，是你们团结一致、刻苦攻关、奋力拼搏的结果。国务院、中央军委特向你们表示热烈的祝贺，并致以亲切的节日慰问！

"长征三号甲"运载火箭发射试验成功，对于实现我国新一代应用卫星发展战略目标，扩大航天领域的对外交流与合作，必将产生重大而深远的影响。

希望你们谦虚谨慎，不断进取，勇攀科技高峰，为加速我国现代化建设作出新的贡献！

国家科委主任宋健代表国务院和中国科技界向南极考察队员拜年

2月10日

中共中央国务院在人民大会堂举行春节团拜会

团拜会由中共中央总书记、国家主席、中央军委主席江泽民主持，中共中央政治局常委、国务院总理李鹏发表讲话。

丁关根、李岚清、李铁映、杨白冰、邹家华、陈希同、钱其琛、尉健行、温家宝、王汉斌、宋平、宋任穷、张震、任建新、倪志福、陈慕华、费孝通、孙起孟、雷洁琼、王光英、程思远、卢嘉锡、布赫、李沛瑶、吴阶平、迟浩田、宋健、李贵鲜、陈俊生、彭珮云、罗干、张思卿、王兆国、洪学智、赵朴初、钱伟长、胡绳、钱正英、孙孚凌等出席团拜会。

参加团拜会的还有：王平、王首道、李德生、杨得志、张劲夫、陈锡联、段君毅、耿飚、黄华、严济慈、谷牧、马文瑞、王恩茂、吕正操、杨易辰等。

国务院总理李鹏在春节团拜会上发表讲话

同志们，朋友们！

在这辞旧迎新，举国上下共同欢庆新春佳节的时刻，我代表党中央和国务院，向在座的各位拜年！向全国各族人民，向台湾同胞、港澳同胞和海外侨胞恭贺新禧！向关心和支持我国现代化建设的国际友人致以亲切的问候！

1993 年是全面贯彻党的十四大精神，沿着建设有中国特色社会主义道路胜利前进的一年，改革开放和现代化建设事业取得重要成就，各方面工作出现了崭新的局面。国民经济保持快速发展的势头，为解决经济发展中出现的一些困难和矛盾而采取的宏观调控措施，已经取得积极成效。农业获得好收成，农村经济得到全面发展。工业快速增长，企业效益有所提高，投资结构得到改善，交通、电力、通讯等重点建设成绩显著。城乡市场丰富多采，购销两旺，人民生活继续得到改善。按照建立社会主义市场经济体制的要求，继续深化改革，经济关系进一步理顺。对外开放步伐加快，进出口贸易持续增长，外商投资大幅度增加。社会主义精神文明建设和民主法制建设得到加强，科技取得重大突破，教育事业稳步发展，文化艺术、新闻出版、广播影视、体育卫生等各项事业在改革中不断壮大。在动荡多变的国际环境中，我们伟大的社会主义祖国经济发展，政治稳定，民族团结，社会进步，巍然屹立在世界的东方。

同志们，朋友们！1994 年是国民经济继续保持良好发展势头的一年，也是推进改革的关键一年。我们要以邓小平同志建设有中国特色社会主义的理论和党的基本路线为指导，全面贯彻党的十四大和十四届三中全会精神，加快建立社会主义市场经济体制，保持国民经济持续、快速、健康发展，维护政治稳定，促进社会全面进步。

我们要坚定不移地以经济建设为中心，经济发展也要有新的路子，把经济建设转移到依靠科技进步和提高劳动者素质的轨道上来，在调整结构、提高效益上狠下功夫。民以食为天，什么时候都不能放松农业。要全面发展农村经济，千方百计争取今年农业有个好收成，确保粮棉油稳产增产，千方百计增加农民收入，改善农民生活。认真搞好国有大中型企业，增强企业活力。企业要以市场为导向，调整产品结构，生产适销对路的产品。要加强技术改造和经营管理，确保国有资产的保值和增值。要加强和改善宏观调控，合理控制基本建设规模，努力保持经济总量基本平衡。同时，要进一步深化教育、科技、文化体制改革，促进各项事业的发展与繁荣。

党的十四届三中全会为我们制定了建立社会主义市场经济体制的蓝图，是进一步深化改革的行动纲领。今年改革的主要任务，一是组织好财税、金融、投资等重大改革措施的实施，建立和完善宏观调控体系；二是继续转换国有企业经营机制，探索建立适应社会主义市场经济要求的现代企业制度的有效途径；三是在充分考虑各方面承受能力的前提下适当推进价格改革，发展和完善市场体系。今年改革的任务是繁重的，但是，只要我们同心协力，按照党中央和国务院确定的方针和部署，精心组织，综合协调，及时发现和及时处理前进中的矛盾与问题，就一定能够保证各项改革的顺利推进。

我们要继续扩大开放，更多地利用国外资金、技术和管理经验，进一步发展对外贸易，发展科技、教育、文化等领域的交流与合作。现在中国具有天时、地利、人和的良好条件，国民经济持续快速增长，市场潜力很大，可以预料，我国同世界各国的经济技术合作将展现出非常广阔的前景。

同志们，朋友们！抓住机遇，深化改革，扩大开放，促进发展，保持稳定，是今年全国工作的大局，各项工作都要服从和服务于这个大局。我们在国民经济快速增长中推进经济体制改革，又要在经济体制转换中保持国民经济持续增长，必须认真处理好改革、发展和稳定的关系。我们要坚持"两手抓、两手都要硬"的方针，在集中精力搞好经济改革和发展的同时，继续抓好中国共产党自身的建设，大力加强社会主义精神文明建设，发展社会主义民主，健全社会主义法制，深入开展反腐败斗争，搞好社会治安的综合治理，为改革和发展创造一个良好的环境。

每逢佳节倍思亲。在欢度春节之际，我们倍加思念台湾同胞和港澳同胞和海外侨胞。按照"和平统一，一国两制"的构想推进祖国统一，是全体中国人民的共同心愿。在过去一年里，台湾海峡两岸经济合作持续发展，人员往来和各种交流日益增加，事务级商谈达成初步谅解，我们对此感到高兴。希望台湾方面以民族大义为重，与我们一道，为发展两岸关系、推进祖国和平统一而共同努力。我国恢复对香港和澳门行使主权的时间日益临近。现在，中葡两国在澳门问题上的合作进展顺利，我们对此感到满意。中英两国政府谈判终止，责任在英方。我们希望港英当局不要在错误的道路上愈陷愈深。无论发生什么波折，中国政府和中国人民都有决心有能力，按期恢复对香港行使主权，并且对保持香港的长期稳定繁荣充满信心。

同志们，朋友们！在过去的一年里，中国政府坚定不移地奉行独立自主的和平外交政策，外交工作取得新的成就。我国同世界各国的友好关系不断扩大，国际地位日益提高，在国际事务中发挥了重要作用。我们的朋友遍天下。中国政府和中国人民将一如既往，继续同各国政府和人民一起，为建立公正合理的国际政治经济新秩序，为维护世界和平，促进共同发展，作出不懈的努力。

同志们，朋友们！回顾过去，我们无比自豪；展望未来，我们充满信心。我们面临着改革和发展的大好历史机遇，社会主义现代化建设的前景无限光明。让我们在邓小平同志建设有中国特色社会主义理论指引下，在以江泽民同志为核心的党中央领导下，坚定不移地贯彻执行党的基本路线，加强全国各族人民的大团结，同心同德，艰苦奋斗，夺取社会主义现代化事业的新胜利！

中央军委副主席刘华清出席厦门市春节团拜会

2月11日

国务委员宋健在江苏考察

2月11日至17日，宋健考察苏州、无锡、常州高新技术开发区和苏锡常火炬带内的高新技术企业。宋健说，我们要努力增加产业的科技含量，大幅度提高劳动生产率，推动传统产业向高新技术产业转化。他说，当前，我国高新技术产业正处于萌芽阶段，开发区要为这一萌芽产业提供发展基地，成为建立新体制的试验示范区。通过推动大中型企业与科研院所合作，扶植民营科技企业，精心培育一些年产值十亿元至百亿元的大企业集团，让它们占领大市场，参与国际竞争。宋健指出，产业要上档次，上规模，就要下功夫培养一批高层次、国际化的科技人才。要吸引一批有较强技术能力、商业能力、外语能力的博士、硕士和留学生到开发区的领导机构、管理部门工作。

国务委员李铁映在江苏考察

2月11日至20日，李铁映考察苏州、无锡、常州、扬州、镇江等市的企业、农村，调查了解城乡经济、文化等方面的改革进展情况。李铁映指出，当前的经济形势、改革形势很好，面临着难得的机遇。中央关于宏观体制和其他方面的一系列改革方案已经出台或即将出台，改革已进入全面深化、综合配套的新阶段。各地改革的主要任务就是认真学习、深入领会、全面落实好十四届三中全会《决定》和中央部署的改革方案。今年是改革的攻坚年，规模和范围都是空前的，要充分认识其艰巨性和复杂性。各地要结合实际，制定贯彻方案，精心组织，具体指导，发展当前的好形势。改革过程中必然会出现新的问题，新的情况，对此要及时研究，及时调整，认真总结经验。要用务实的精神，保证各项改革的顺利实施，通过改革进一步促进发展。

考察中，李铁映邀请苏锡常三市的领导、计经委和体改委的负责人，以及部分企业家进行座谈，征求对《建立现代企业制度试点方案》的意见。与会者反映，各地都在认真研究如何建立现代企业制度，认为这是建立社会主义市场经济体制的微观基础，是探索公有制与市场经济相结合的有效途径，对于搞活国有大中型企业、建立社会主义市场经济新体制具有重要的意义。李铁映指出，现代企业制度的提出，是十多年来企业改革实践和理论探讨的经验总结，是国有企业改革的方向，标志着我国企业改革已从放权让利的政策调整发展到企业制度创新。从目前来看，建立现代企业制度还处在试点阶段。国务院准备抓的100家左右企业的试点，是企业制度创新的探索，为建立现代企业制度积累经验。对于大多数企业来说，突出的问题是提高质量，加强管理、注重效益；要认真按照《企业法》、《转机条例》等转换机制，按“两则”建立适应市场经济要求的财会制度，为下一步的改革创造条件，做好基础性工作。

李铁映说，十几年来，苏锡常经济发展得很快，三市1993年国民生产总值达1000多亿元，工农业产值达3000多亿元，分别占全省的1/2和3/5。这主要是得益于改革。他们抓住机遇，在深化改革，扩大开放方面进行了大胆探索，积累许多有益的经验，这些经验值得认真总结。李铁映特别指出，乡镇企业是这一地区的优势，但也要通过深化改革，进一步发挥机制灵活的优势。

李铁映与苏锡常三市的领导共同研究了如何在新的时期加强区域性合作，深化改革，扩大开放，充分发挥毗邻上海的地理优势，促进苏锡常地区的发展问题。李铁映说，国家体改委、省体改委要全力支持这一地区的改革试点工作，围绕建立现代企业制度，在政府职能转变、市场建设、社会保障制度、人事干部制度和分配制度等综合配套改革方面，认真做好上下之间、部门之间的协调工作，为苏锡常发展和改革的区域合作、整体推进，创造一个更好的外部环境，让他们在以改革促发展、以改革促稳定方面创造更多的经验。

中国代表团成员曲加在日内瓦召开的联合国人权委员会第五十届会议上就民族问题发言

曲加说，中国是一个统一的、多民族的国家，有56个民族，能否正确处理民族问题是关系到国家稳定和各民族权利平等的大事。因此，中国政府十分重视民族问题，把民族平等、民族团结、实行民族区域自治作为处理民族问题的基本方针和政策，并为此制定了一整套适合中国国情的法律和政治体制。

曲加说，坚持各民族一律平等是中国宪法所确定的一条基本原则。在中国，各民族不论人口多少，社会经济发展程度如何、风俗习惯、宗教信仰、语言文字的不同，都具有平等的地位，享有相同的权利。

曲加说，中国政府重视加强国内各民族的团结与和睦。在一个多民族的国家，各民族是否团结、和睦，不仅关系到整个社会的稳定与发展，而且也直接影响到各民族自身的进步。因此，中国政府在制订政治、经济、社会发展政策时，十分注意保护少数民族的权益；在处理民族事务时，广泛征求各有关民族的意见，充分协商。

曲加说，民族区域自治是中国宪法所规定的一项重要政治制度。这一制度的实行对于保障少数民族权利、促进少数民族地区的发展发挥了重要作用。

藏胞喜迎藏历新年

今天是藏历新年初一，凌晨两点，坐落在拉萨古城中心的千年古刹——大昭寺即燃起了千盏酥油佛灯。无眠的人们身着节日盛装，手持转经筒、酥油灯，在这里开始了他们一年中最为隆重的转经、朝佛活动。

2月12日

外交部就李登辉与印尼和菲律宾领导人进行会晤一事向印度尼西亚和菲律宾提出抗议

台湾李登辉等“高级官员”抵达印度尼西亚巴厘等地进行“度假”访问。2月11日，印度尼西亚总统苏哈托在巴厘岛与李登辉进行会晤。李登辉在赴印度尼西亚途中，还在菲律宾苏比克停留，会晤菲律宾总统拉莫斯。

中国外交部就此事分别召见印度尼西亚和菲律宾驻华使节提出抗议。

2月13日

解放军总政治部共青团中央联合发出向徐洪刚学习的通知

解放军总政治部、共青团中央近日联合发布通知，号召向徐洪刚学习。

通知说，济南军区某团通信连班长徐洪刚，云南省彝良县人，1971年3月出生，1990年12月入伍，1993年7月入党。1993年8月17日，徐洪刚在探家归队途中，当乘坐的长途公共汽车行至四川省筠连县境内时，车上四名歹徒向一女乘客勒索钱物，肆意侮辱。徐洪刚见危相助，挺身而出，同歹徒展开了英勇搏斗。他的胸部、腹部、臂部被歹徒连捅了14刀，肠子流出体外50多厘米。他忍着剧痛，用背心兜着肠子，从车窗跳下，追赶歹徒，昏倒在地。后经当地群众和医院全力抢救，转危为安。

徐洪刚见义勇为的英雄行为，在军内外引起了强烈反响。最近，党和国家领导人江泽民、李瑞环、刘华清、胡锦涛和军委副主席张震等先后接见和嘉勉徐洪刚，称赞他是人民的好儿子，解放军的英雄，号召全国人民和全军指战员向徐洪刚学习。济南军区于1994年1月10日，授予他“见义勇为的英雄战士”荣誉称号。团中央于1994年2月1日，命名他为“见义勇为青年英雄”，并授予“全国新长征突击手”称号。

通知指出，徐洪刚同志不畏强暴、勇斗歹徒的英雄壮举和地方党政领导、人民群众关怀厚爱他的动人事迹，是一曲社会主义精神文明建设的时代颂歌。是军民在建立和发展社会主义市场经济条件下共同奏响的建设精神文明的正气歌。徐洪刚成为一名英雄战士不是偶然的，他出生在红军长征经过的乌蒙山区，从小就受到红军传统的熏陶。入伍后，来到具有光荣历史的“铁军”部队，他继承先烈遗志，发扬优良传统。特别是部队近年来开展的人生观、价值观教育，为他的成长奠定了坚实的思想基础。他多次被评为“军事训练标兵”、“优秀团员”和“学雷锋标兵”，先后8次受嘉奖。他不愧是红军的好后代，不愧是我军的优秀战士，不愧是当代青年的突出代表。他是军队的骄傲，青年的骄傲，也是全社会的骄傲。

通知指出，为了弘扬社会新风正气，维护社会稳定，加强社会主义精神文明建设，保证改革开放和建立社会主义市场经济体制的顺利进行，促进国民经济持续、快速、健康发展和社会全面进步，总政治部、共青团中央决定在全军部队和全国广大青少年中，广泛宣传徐洪刚的英雄事迹和崇高思想，大力开展向徐洪刚同志学习的活动。要学习他忠于党、忠于祖国、忠于人民，献身军队和国家现代化建设事业的优秀政治品格；学习他发扬我们党和军队的优良传统，自觉实践全心全意为人民服务的宗旨，为了人民利益甘愿牺牲一切的奉献精神；学习他奋发向上，爱军精武，恪尽职守，身体力行社会新道德、新风尚的高度责任感；学习他见义勇为，见难相助，临危不惧，勇于献身的英雄气概。部队广大指战员，还要学习地方党政领导和人民群众关心热爱子弟兵的感人事迹，自觉向人民群众学习，更加广泛地开展拥政爱民活动，进一步加强军政军民团结。学习活动中，要教育广大官兵和青少年用建设有中国特色社会主义理论武装头脑，树立正确的理想、信念、人生观和价值观，发扬邓小平同志倡导的“五种革命精神”和江泽民同志提出的“64字”创业精神，抵制拜金主义、极端个人主义和腐朽生活方式的侵蚀。要在部队和广大青年中进一步形成崇尚英雄、学习先进、见义勇为、助人为乐的良好氛围，推动部队的革命化、现代化、正规化建设，推进共青团“跨世纪青年文明工程”、“跨世纪青年人才工程”的深入发展。地方团组织要动员青年志愿者开展为见义勇为英雄服务活动，努力造成一种学英雄、帮英雄的生动局面。

2月14日

国务院副总理兼外交部部长钱其琛在钓鱼台国宾馆会见巴基斯坦总理贝·布托的特使汗教授

出席联合国人权委员会第五十届会议的中国代表团副代表张义山在会议上发言驳斥个别非政府组织就西藏问题对中国的攻击

个别非政府组织在当天的发言中鼓吹“西藏独立”，诬蔑中国政府在西藏侵犯人权和限制宗教自由。对此，张义山在发言中严正指出，这些攻击只是在重复一些陈旧的谎言。张义山说，众所周知，西藏自公元13世纪起就是中国领土不可分割的一部分。700多年来，中国对西藏一直行使着有效的主权管辖，世界上没有任何国家承认过“西藏独立”。1950年，中国中央政府与当时的西藏地方政府所达成的有关西藏问题的协议，完全是中国的内部事务。把这一本质上属于一个国家内部管辖的事项说成是中国对西藏的“占领”，并以此指责中国在西藏“侵犯人权”，显然是对《联合国宪章》宗旨和原则的粗暴践踏。

关于西藏人口问题，张义山说，根据1990年7月中国人口普查的结果，西藏自治区的藏族人口为209.6万多人，占自治区总人口的95.46%，汉族人口为8万多人，仅占3.7%。因此，所谓藏族人口在西藏正在成为少数的说法是毫无根据的。

张义山指出，某些组织和个人出于某种政治目的，不负责任地编造和散布谎言。但是，谎言终究是谎言。

2月15日

国务院在北京召开第五次全体（扩大）会议

国务院总理李鹏下午主持召开国务院第五次全体（扩大）会议，讨论即将提交八届全国人大二次会议审议的《政府工作报告（征求意见稿）》。

李鹏在会上讲话指出，1993年，是全面贯彻中国共产党十四大精神，沿着建设有中国特色社会主义道路胜利前进的一年，改革开放和现代化建设取得重大成就，各方面工作出现了新的局面，基本上完成了八届全国人大一次会议确定的年度任务。

李鹏说，1994年是国民经济继续保持良好发展势头的重要一年，也是推进改革的关键一年。中共中央在全面分析当前国内外形势的基础上，明确提出今年全党全国工作的基本方针，这就是，以邓小平同志建设有中国特色社会主义的理论和党的基本路线为指导，全面贯彻党的十四大和十四届三中全会精神，加快建立社会主义市场经济体制，保持国民经济持续、快速、健康发展，维护政治稳定，促进社会全面进步。中共中央强调指出，抓住机遇，深化改革，扩大开放，促进发展，保持稳定，是全党和全国工作的大局。国务院和各级政府在各项工作中都要认清这个大局，认真处理好改革、发展和稳定三者之间的关系。要始终坚持两手抓、两手都要硬的方针，在集中力量搞好经济发展和改革的同时，积极发展科技教育文化事业，加强社会主义精神文明建设，加强社会主义民主和法制建设。这也是我们起《草政府工作报告》所遵循的基本方针。

会上，国务院研究室副主任、《政府工作报告》起草小组负责人王梦奎，介绍有关报告的起草情况。

国家教委主任朱开轩、监察部部长曹庆泽、劳动部部长李伯勇、邮电部部长吴基传、农业部部长刘江、林业部部长徐有芳、卫生部部长陈敏章、审计署署长吕培俭、地矿部部长朱训、建设部部长侯捷、电力部部长史大桢、化工部部长顾秀莲、外经贸部部长吴仪等先后发言，对《政府工作报告(征求意见稿)》进行讨论，并提出修改意见。

朱镕基、邹家华、钱其琛、李岚清、迟浩田、李贵鲜、陈俊生、彭珮云、罗干，同其他国务院组成人员一起出席会议。

中国政府边界谈判代表团工作小组和哈萨克斯坦吉尔吉斯斯坦俄罗斯塔吉克斯坦四国政府边界谈判联合代表团工作小组在北京举行第十二次会议

“实践四号”卫星由“长征三号甲”运载火箭搭载发射成功

正在太空飞行的“实践四号”卫星，这几天连续向地面发回一系列科学数据。中科院空间科学与应用研究中心的专家们下午宣布：该中心的地面接收站跟踪状态良好，星上全部仪器均已投入正常运行，说明我国这次搭载发射已取得圆满成功。

“实践四号”是中国第一颗大偏度、高轨道的研究太空环境的专用卫星，重约 400 公斤，本月早些时候由“长征三号甲”运载火箭，送入远地点高度 36133 公里、近地点高度 217 公里的转移轨道。

国家教委发出关于学校实行新工时制度的通知

国家教委发出通知，就 3 月 1 日起学校实行新工时制度提出意见。

通知指出，在全国实行新工时制度之后，根据学校工作的特点和教学规律，中等和中等以上各类学校，如无特殊困难，以先试行每周 5 天半工作制度为宜；同一地区的学校，应尽量实行统一的工时制度，由省(自治区、直辖市)或授权地(市)，作出统一安排；学校的教学内容和课程安排，应根据新工时制度的规定精神进行适当调整。

通知要求，各级教育行政部门，应根据新工时制度的要求，认真做好各项准备工作，以保证在新的工时制度实行后学校正常的工作和教学秩序。

刘宁一逝世

全国人大常委会原副委员长兼秘书长刘宁一，在北京逝世，终年 87 岁。

刘宁一，原名史连甲，1907 年 12 月出生在河北满城。1925 年，参加当地的五卅运动。1925 年 9 月，加入中国共产党。1927 年 7 月，担任了中共满城县委书记。1932 年 5 月任中共唐山市委书记兼组织部部长，积极发展工人加入中国共产党，并成立了中国共产党领导的工会。1943 年 7 月，赴延安中央党校学习。1944 年后，他任中共中央城市工作部秘书长，并参与了中共七大报告的起草工作。1946 年 5 月至 1948 年 8 月任中共中央职工运动委员会书记兼中国解放区职工联合会筹备委员会主任，负责推动中国共产党领导的工会工作。1946 年 5 月，受中共中央派遣至上海，通过对国统区合法工会组织中国劳动协会的统战工作，实现了中国工会运动的统一。1946 年 6 月，赴莫斯科，出席世界工会联合会执行委员会会议。1946 年 8 月 6 日，国民党当局制造了武装接收中国劳动协会重庆办事处及其附属重庆工人福利社、拘捕劳协人员的重庆“八·六”事件后，在上海出席了中国劳动协会理事长朱学范举行的外国记者招待会，支持中国劳协抗议当局暴行。在国民党单方面召开的“制宪国民大会”召开前夕，经周恩来批准，刘宁一帮助朱学范和中国劳协总部撤往香港。1946 年 11 月，刘宁一帮助朱学范在上海向国内外发表声明，反对一党“国大”召开、反对国民党当局破坏解放区工会与中国劳协的合作。1948 年 8 月，第六次全国劳动大会在哈尔滨举行，与朱学范当选为全国统一的工会组织——中华全国总工会副主席并任党组副书记。与朱学范在大会结束后联名致信世界工联总书记路易·赛扬，通报大会情况，申明从此由中华全国总工会取代中国劳协作为参加世界工联的会员。1948 年后，任中共欧洲委员会书记。1949 年 10 月起，任中华全国总工会副主席。1953 年 5 月至 1959 年 2 月，兼中共中华全国总工会党组副书记。1957 年 5 月至 1966 年 5 月，任中共中央对外联络部副部长，1966 年 5 月至 1968 年 4 月任中共中央对外联络部代理部长。1958 年 3 月，中共中央外事小组成员，1958 年 3 月至“文化大革命”初期，他任国务院外事办公室副主任。1958 年 8 月至 1966 年 12 月，任中华全国总工会主席。1959年2月至"文化大革命"初期任中共中华全国总工会党组书记。1949年，出席世界人民保卫和平大会，并当选为大会理事。1953年，任世界工会联合会副主席。1960年，作为刘少奇、邓小平率领的中国共产党代表团成员，赴莫斯科参加八十一国共产党、工人党代表会议。1965年1月，当选为全国人大常委会副委员长兼全国人大常委会秘书长。1966年在中共八届十一中全会上，补选为中共中央书记处书记。1979年7月，在第五届全国政协第二次会议上选为全国政协常务委员。1979年7月至1980年2月任中共中央统战部副部长。1979年10月至1981年11月兼任全国政协副秘书长，1979年10月至1980年9月，兼任中共全国政协机关党组副书记。1980年5月至1982年10月，任中国国际信托投资公司党组书记，后任顾问。还担任过国家进出口管理委员会和国家外资管理委员会顾问，中华人民共和国对外经济联络委员会纪律检查委员会书记。1983年6月，当选为第六届全国政协常务委员。1988年起他退居二线，任中国老龄委员会顾问，中国老年书画研究会会长，中国书画函授大学名誉校长。是第一、第二、第三届全国人大常委会委员。第一、第五、第六届全国政协常务委员。中共八大、十二大代表，第八届中央委员。

2月16日

全国妇联七届二次常委会在北京举行

全国妇联主席陈慕华在人民大会堂会见1995年第四次世界妇女大会非政府组织论坛总召集人坤仁素·帕达拉·玛萨滴女士

中国动植物检疫部门决定允许有条件进口美国华盛顿州苹果

中国动植物检疫部门最近决定，同意有条件进口美国华盛顿州苹果。为此，国家动植物检疫总所和美国农业部动植物健康检疫局商签《美国华盛顿州苹果输华的植物卫生条件》。

根据中美双方商签的进口华盛顿州苹果的植物卫生条件，输华的美华盛顿州苹果必须产自经中华人民共和国动植物检疫总所确认的指定果园，并经指定包装厂包装和冷冻贮藏。在包装过程和出口前，须经美国动植物检疫机关严格检疫，并保证符合中方检疫要求。并且输华苹果到达我国后须在指定港口入境，并经我动植物检疫机关检疫合格后方可投入市场。

地中海实蝇是水果的毁灭性害虫，我国无此虫发生。为了防止其传入，保护我国水果生产的安全，我国禁止从美国等发生此虫的国家进口水果。这次解禁，仅限于美华盛顿州生产的、以直运方式输华的贸易性苹果。

国务院批准湖北省神农架自然保护区对外国人开放

根据《中华人民共和国外国人入境出境管理法》第四章第二十条规定，外国人持有效签证或居留证件，即可前往神农架自然保护区旅行，不必申办旅行证件。

2月17日

国务院总理李鹏邀请党外人士座谈听取对《政府工作报告(征求意见稿)》的意见

李鹏下午邀请各民主党派中央、全国工商联的负责人和无党派人士到中南海紫光阁座谈，听取他们对《政府工作报告(征求意见稿)》的意见。与会者认为，李鹏总理主持座谈会，就修改《政府工作报告》听取意见，是党和政府与民主党派、无党派人士肝胆相照、共商国是的生动体现，是重视和发挥民主党派参政议政、民主监督作用的好形式。

民建中央主席孙起孟、无党派人士程思远等，在发言中着重谈到转换国有企业经营机制，建立适应社会主义市场经济要求的现代企业制度的问题。孙起孟说，报告中关于这一问题的论述，基本思路是清楚的，但在一些具体措施方面还应讲得再充实些。

民进中央主席雷洁琼认为，今年的报告关于精神文明建设的内容有所突出，但还需进一步加强，尤其是对发展教育事业的重要性和紧迫性的论述还要加以强调，要体现如何进一步贯彻落实义务教育法和教师法。

九三学社中央主席吴阶平建议，报告在关于精神文明建设的部分中，要强调新闻出版部门要坚持正确的舆论导向，为广大群众提供高质量的精神产品，抵制各种腐朽思想的侵蚀，净化社会环境，为经济建设和改革开放创造良好的环境。

民盟中央副主席钱伟长谈到，当前有法不依，执法不严，违法不究的状况比较严重，建议报告进一步突出加强民主与法制方面的内容，要在全体公民和各级干部中继续深入开展民主与法制的教育，增强法制观念，使大家自觉地依法办事。

台盟中央主席蔡子民、民革中央常务副主席彭清源等在发言中都谈到了加强廉政建设、清除腐败的问题。他们认为，已经开展的反腐败斗争深得人心，并取得了初步的成效，报告要进一步强调这一问题的紧迫性和长期性，以增强广大群众的信心。农工党中央常务副主席方荣欣、致公党中央常务副主席杨纪珂、全国工商联常务副主席张绪武,作书面发言。

李鹏总理听了发言后说,大家在发言中谈了许多很好的意见,不仅对于修改好政府工作报告,而且对于进一步改进政府工作,都很有帮助。希望继续通过各种形式提出意见和建议,我们一定认真地加以吸收和采纳。

国家副主席荣毅仁出席座谈会。出席座谈会的还有:全国工商联名誉主席王光英、农工党中央主席卢嘉锡、民革中央副主席李赣骝、民盟中央副主席丁石孙、民建中央常务副主席万国权、民进中央常务副主席陈舜礼、致公党中央副主席王宋大、九三学社中央常务副主席徐采栋、台盟中央副主席陈仲颐。

中共中央政治局常委李瑞环在福建考察

春节刚过,李瑞环在福建省委书记、省长贾庆林和省政协主席游德馨的陪同下,先后到福州市的企业、开发区、居民住宅区和学校进行考察,了解企业生产经营和居民生活情况,与工人、干部、科技人员和教师进行交谈,征询他们对改革和建设的意见。在听取福建省委和福州市委的工作汇报后,李瑞环对福建省改革开放以来,尤其是近几年来所取得的工作成绩给予了充分的肯定,并就建立社会主义市场经济体制的有关问题,发表了重要意见。

李瑞环说,建立社会主义市场经济的过程实际是人民群众创造历史的过程。没有群众的支持和拥护,失去了群众的智慧和力量,离开了群众的自觉与主动,得不到群众的理解和谅解,我们的事业就不可能取得成功。我们必须始终树立群众观点,要一切为了群众,把维护群众的切身利益作为根本出发点,把握好总体受益原则和总体承受能力原则,努力使群众从我们的各项决策和工作中获得最大的益处;要一切依靠群众,尊重群众的首创精神,把群众的积极性充分调动起来并合理发挥出去,从而克服各种艰难险阻。

李瑞环指出,建立社会主义市场经济体制,说到底是一个实践问题。无论是克服困难解决问题,还是研究政策制定措施;无论是总结经验发展理论,还是判别是非统一认识,都必须通过实践。因此,我们在任何时候都要牢固树立实践第一的观点,重视实践,勇于实践,善于实践。做到在理论指导下进行实践,在实践过程中学习理论,提高认识,总结和创造新鲜经验。这样,我们才能少走弯路,避免失误,推动各项改革事业的稳步前进。

李瑞环强调,各级领导干部要深化群众观点和实践观点重要性的认识,就必须认真学习马克思主义理论,特别是学习邓小平同志关于群众和实践问题的论述,提高尊重群众、重视实践的自觉性,这样就能帮助我们的干部成为既有理论有实践,又为广大群众拥护的人民公仆。

新华社香港分社副社长朱育诚在出席中华总商会春节酒会时就英方企图在撤退前从香港攫取最大经济利益向记者发表谈话

朱育诚指出,英方的这种行为损害香港广大市民的利益,给香港经济造成负担,港人对此要提高警觉。

朱育诚说,新机场财务安排问题的关键是英方始终想最大限度地花钱,想把债务留给未来的特区政府。中英新机场及有关问题的谅解备忘录已明确规定,建设新机场十项核心工程留下的债务不得超过 50 亿元,但英方一直千方百计想突破这个规限,提出的财务方案总是要给特区政府留下财政负担。英方提出的第四套财务方案仍然想把 230 亿元的债务推给特区政府。

朱育诚指出,港府把向香港机场管理局、地铁公司所借的用于建设新机场的债款说成非政府债务,实在是缺乏说服力的,因为上述两个机构都是港府全资拥有,港府是这两个机构的唯一股东,当然要为它们的债务承担责任。实际上,随着 1997 年政权移交,上述两个机构的巨额债务必将对香港的财政造成压力,并转嫁到未来的特区政府身上。而承担这些压力的无疑会是香港的纳税人。

国家科委国家体改委印发《适应社会主义市场经济发展,深化科技体制改革实施要点》

改革和发展是当代中国两大主题。以邓小平同志 1992 年初重要谈话和党的十四大为标志,我国改革开放事业进入新的历史时期。党的十四届三中全会发布的《中共中央关于建立社会主义市场经济体制若干问题的决定》,对深化经济体制改革做出了全面部署。科技体制改革作为经济体制改革的配套工程,将走向全面推进、配套实施的新阶段。为此,根据中央《决定》确定的科技体制改革目标,结合十多年科技体制改革的实践经验,国家科委、国家体改委联合制定了《适应社会主义市场经济发展,深化科技体制改革实施要点》,请结合本地区、本部门实际情况,认真组织实施。

各地方、各部门在实施过程中,要在总结我国成功经验和借鉴国外有益做法基础上,大胆探索,勇于实践,按照"稳住一头,放开一片"的方针,加速科技经济一体化。要坚持改革与发展相统一,通过改革的深化促进发展,根据发展的要求深化改革。要把统筹规划、宏观指导和分步实施、重点推进结合起来,抓好试点城市和试点单位,发挥示范和辐射作用。要把改革决策与立法决策结合起来,运用法律手段推动、引导、保障和规范改革实践，促进科技战线改革与发展步入社会主义法制轨道。

适应社会主义市场经济发展，深化科技体制改革实施要点

改革和发展是当代中国两大主题。适应发展社会主义市场经济和科学技术事业的需要，深化科技体制改革，合理配置科技资源，优化科技运行机制，进一步解放和发展科技第一生产力，是实现我国本世纪末改革开放和现代化建设宏伟目标的重要组成部分。为此，提出如下实施要点。

一、总体目标与方针

(1)我国的科技体制改革已经走过了十多年的历程。十几年来，在邓小平同志建设有中国特色社会主义理论和科学技术是第一生产力的伟大战略思想指导下，科技体制改革遵循“经济建设必须依靠科学技术，科学技术工作必须面向经济建设”的基本方针，进行了卓有成效的创造性实践，初步打破了原有高度集中的计划管理体制，不断增强市场机制在资源配置和科技运行中的作用，多层次、大力度、全方位地推进了科技与经济结合，逐步形成了面向经济建设主战场、发展高新技术及其产业、加强基础性研究三个层次的战略布局和纵深部署。在日益成熟的理论指导和丰富的实践经验基础上，我国科技体制改革作为经济体制改革的配套工程，正走向全面推进、配套实施的新阶段。

以邓小平同志一九九二年初重要谈话和党的十四大为标志，我国的改革开放事业进入了历史新时期。党的十四届三中全会发布的《中共中央关于建立社会主义市场经济体制若干问题的决定》，对经济体制改革进行了全面部署。在新形势下，我们要全面贯彻落实十四届三中全会重要决定，进一步加大科技体制改革力度，为加快建立社会主义市场经济体制和实现现代化建设第二步、第三步战略目标作出贡献。

(2)科技体制改革的总体目标是建立适应社会主义市场经济发展，符合科技自身发展规律和市场经济运行规律，科技与经济密切结合的新型体制，促进科技进步，实现科技、经济和社会的综合协调发展。建立这一体制，要求科技资源配置在国家宏观调控下以市场调节为基础进行；科学技术进步由政府、科研机构、企业和全社会共同推动；科技经济行为用法律、法规予以规范。二〇〇〇年前，要构筑起新体制的基本框架，即：

——组织结构：形成结构优化、布局合理、精干高效、纵深配置的现代化研究开发体系；

——运行机制：形成开放、流动、竞争、协作的科学研究机制，市场经济与技术创新有机结合、富有生机和活力的科技成果转化机制；

——微观基础：建立现代科研院所制度，现代科技企业制度和具有数量和质量相对优势的跨世纪人才梯队；

——宏观管理：建立符合精简、统一、效能原则的，统筹协调的科技行政管理体制，健全完善的科技政策体系和法律体系。

(3)实现科技体制改革的总体目标，必须坚持“稳住一头、放开一片”的方针，推进科技经济一体化；坚持解放思想与实事求是相统一，在总结我国成功经验和借鉴国外有益做法基础上，大胆探索，勇于实践；坚持改革与发展相统一，通过改革的实践促进发展，根据发展的要求深化改革；坚持改革科技体制与建立社会主义市场经济体制相统一，促进科技体制改革与经济、金融、外贸、教育体制改革相配套；坚持统筹规划、宏观指导与分步实施、重点推进相结合，抓好试点城市和试点单位，发挥深化改革先行区域的示范和辐射作用；坚持改革决策与立法决策相结合，运用法律手段推动、引导、保障和规范改革实践，促进科技战线改革与发展步入社会主义法制轨道。

二、推进科技系统调整结构，分流人才

(4)实行“稳住一头，放开一片”的方针，调整科技系统组织结构，分流科技人员，从根本上改变科研机构重叠、科技力量分散、科技工作低水平重复的状况，实现科技资源的优化配置和合理布局，是今后一个时期内深化科技体制改革的中心任务。

“稳住一头”，是指稳定支持基础性研究、高技术研究、事关经济建设、社会发展和国防事业长远发展的重大研究开发，形成优势力量，力争重大突破，提高我国整体科技实力、科技水平和发展后劲。“放开一片”，是指放开放活各类直接为经济建设和社会发展服务的研究、开发、创新机构，放开放活科技成果商品化、产业化活动，使之以市场为导向运行，对经济建设和社会发展作出新贡献。按照这一方针推进我国科技系统的分流和调整，要解放思想，更新观念，拓宽视野，提高起点，大胆借鉴发达国家近百年来经过实践证明是行之有效的科技结构体系和社会公共机制，使我国科技战线的改革开放迈出大步伐，再上新台阶。

(5)贯彻“稳住一头，放开一片”的方针，要以发展战略为主导推进改革，以深化改革为动力促进发展，围绕下列战略目标加速科技经济一体化：

——瞄准我国新兴支柱产业和二十一世纪主导产业，推进研究开发，组织协同攻关，培育新生产力；

——调动大部分科技力量进入经济建设主战场，解决关键技术，推广适用技术，逐步实现大部分工农业生产技术和装备现代化；

——聚集科技力量，加速高新技术产业、尖端幼稚产业和资源优势产业群体的发展；

——启动重大区域开发，推动地缘战略产业的发展，并通过科学技术的注入改变中西部地区经济技术落后局面；

——培养和造就高水平科技队伍，开展大科学研究，实施大科技工程；

——实施二十一世纪议程的社会发展研究，解决环境与发展问题，全面改善社会发展状况。

(6)适应世界经济竞争格局向科技竞争逐步转移，提高科技经费投人的总体水平，改革科技计划体制，使"稳住一头"的政策到位。各级人民政府要严格执行《科技进步法》关于财政用于科学技术的经费增长幅度高于财政经常性收入增长幅度的规定，制定保障在本世纪末全国研究开发经费占国民生产总值的比例，达到百分之一点五以上的实施步骤和监督机制。各项科技计划要突出重点领域，资金投放要向重点项目、重点承担单位倾斜，使我国的重大研究、开发和创新取得标志性的重大进展。

保持一支能在国际前沿拼搏的精干队伍，重点武装一批达到世界先进水平和国内领先水平的研究机构，不断提高其素质和水平，在科研经费、实验手段和其他物质条件方面给予充分保障，形成适应新科技革命挑战和实施跨世纪发展战略的中坚力量。这些研究机构、重点实验室，加快分流人才步伐，优化内部结构，打破部门之间、地区之间、中央机构与地方机构之间以及不同学科之间的壁垒，建立开放、流动、竞争、协作的科研机制，克服研究开发小型化、短期化和封闭化趋势，率先建立现代科研院所制度。国家择优支持少部分机构通过就地改造或易地重建等方式，积极探索国立、省立科研院所的新模式，努力攀登世界科学技术高峰。

充分发挥经济杠杆对推进科技进步的激励作用和调节功能，对于科研机构和企业在国家重大科学研究、科技工程、支柱产业和区域开发所做的科技投人，应参照国际惯例给予退税优惠；对设立科学基金资助和奖励科学研究的国内外组织和个人，应给予荣誉和鼓励。

(7)设立国家研究机构，是世界主要国家实施发展战略、组织科学研究、推动科技进步的重要措施，也是我国科技战线实现"稳住一头"，建立现代化研究开发体系的一大举措。国家科委将会同有关部门，借鉴国外经验，根据科技发展战略，选择五——十个学科前沿、人才拔尖、结构合理和机制先进的科研机构进行建立新型国家研究院试点。具备条件的省(市)可以选择一——三个科研机构进行省(市)立研究所试点。

在试点单位推行现代科研院所制度，实行院所长负责制、理事会决策制、监事会监管制，试行固定编制与人员流动相结合、职务工资与课题工资相结合的双层人事制度和分配制度。对任期内的院所长和固定研究岗位，按照逐步达到国际相对可比原则核定工资标准；对聘任的其他研究开发人员试行课题工资制。院所按技术合同或定货合同承担国家计划和科学基金支持的研究开发项目，承接社会委托的研究开发项目。有关科技成果的知识产权，其终极产权属于国家所有，院所在国家科技政策指导下行使持有权和支配权。

建立新型研究院所试点要积极探索，稳步推进，认真研究通过机构内改革向现代科研院所转轨的过渡措施。要在试点的基础上，建立评估机构，形成评价标准，确定示范章程，使这一改革探索逐步步入法制化、规范化的轨道。

(8)按照"放开一片"的方针，大力推动大批研究开发机构以多种形式进入经济、长入经济，实行企业化管理，推行民营化经营方式，走社会化发展道路，是今后几年深化改革的重点。要根据建立社会主义市场经济体制的要求，对能够纳入市场轨道运行，直接为经济建设和社会发展服务的研究开发机构，包括从事技术开发、科技咨询、信息服务、专业培训的机构，对科技企业、高新技术企业和与科技进步有关的第三产业，大幅度放开，进一步放活，依照《科技进步法》充分保障其研究开发、生产经营、经费使用、机构设置、人员聘用等自主权，保障其对自身发展模式和经营方式的选择权、探索权。在其进入经济、长入经济的过渡期内，可保留原机构名称，继续享受国家对科研机构的有关优惠政策。

继续鼓励研究开发机构以开发科技产业为目标，探索和实践技工贸、技农贸一体化经营。国家对这类机构在新产品、中试产品和技术性收入方面，实行扶植政策；支持科研机构与企业联合进行技术开发；支持有条件的科研机构直接进入大中型企业或企业集团，成为企业技术开发部或技术开发中心。

具备条件的研究开发机构，可以投资兴办多种产权形式和经营方式的科技企业；可以兼并、承包中小型企业发展科技产业；可以通过联营、参股、控股等形式，组建成以科技为先导、产权连接为纽带的跨地区、跨行业的科技产业并发集团。实力雄厚的大院大所，可以充分发挥综合科技优势，进行由科研机构领办科技企业集团、科研生产联合体的试点。

支持研究开发机构改制转型为现代科技型企业。有条件的机构可以按照《公司法》和国家关于高新技术股份制公司的特殊规定，作为发起人吸收法人和个人投资入股，改造成有限责任公司、股份有限公司；从事某些特定领域高新技术产品的研究开发和生产经营的大院大所，可以改组成国家独资公司。进行上述改造时，高新技术成果作价入股可以占公司注册资本的百分之三十。鼓励改制转型的机构通过吸收国外投资，以科技为依托组建中外合资、中外合作经营企业。积极推进国有中小科技机构采取民营方式，包括通过吸收内部职工入股，改造成股份合作制企业；通过租赁、长期承包、委托经营和重组产权，向国有民营企业过渡；经有关部门批准也可以通过拍卖、分期出售、租售结合等方式转化成民有民营企业。

继续鼓励研究开发机构改组或创办生产力促进中心、工程技术中心、集成配套开发中心、高新技术创业服务中心、科技咨询与服务中心等技术创新组织。全国选择十至二十个各类组织进行试点，探索有利于发挥和拓宽其功能的结构和机制。支持科研院所、高等学校依照《科技进步法》的规定，与外国组织或者个人合办科研院所、开放实验室。

(9)借鉴国外经验，结合具体国情，探索具有中国特色的非营利的公共科研机构发展模式。率先在社会公益、社会发展、农业科研、科技咨询、信息服务领域选择五——十个机构进行试点。社会公共科研机构以国家的政策性资助、社会无偿投入和国外捐赠作为发展基金；通过承接国家计划任务、社会委托项目、转让科技成果、提供咨询服务等多种途径，形成自我积累和发展能力。机构财产实行社会公有制和信托经营制，由营运者依据信托规约和机构章程经营管理，但财产和收益不归捐款者、营运者所有，财产增值和创收用于发展科学技术事业。

鼓励和支持国内外组织和个人设立各类科学基金，纳入社会公共组织的新型机制运行，与政府部门、企事业单位无行政隶属关系和产权归属关系，国家对其实行法制管理并视情况实行某些优惠政策。

(10)改革社会公益型科研机构和农业科研机构。要根据国民经济和社会发展当前和长远需要，统筹规划我国社会公益机构的总体结构和布局，支持重点机构进行组建现代国立研究院所的探索，推动部分机构同社会公共科技机构过渡，引导大部分社会公益型科研机构由事业型向经营型转变，为社会提供有偿服务，逐步实行企业化管理和经营，建立起具有生机和活力的自我发展机制。要立足经济、社会、科技发展需要，逐步构筑成结构网络化、功能专业化、服务社会化的公益型研究开发与服务体系，发展新兴第三产业。

按照自然区划调整农业科研机构的布局。国家就农业科研、教育、生产的结构体系发布指南，以省为主推动农业科研机构的分流和调整，指导部分机构转化成区域性科研中心，从事应用研究，兼顾基础研究和技术开发。大力加强地、县农业科技机构和示范推广服务机构，实现农业科技机构的结构性调整。地方各级人民政府要全面贯彻实施《科技进步法》，鼓励和支持以农民为主体的专业技术协会、研究会和科技经济合作组织的发展，建立科技机构、示范推广服务机构与各类群众性科学技术组织相结合的，面向农村各业的产前、产中、产后全程科技服务体系。

三、培育、发展技术市场和信息市场

(11)技术市场和信息市场是重要的生产要素市场。改革开放十多年来，我国技术市场蓬勃发展并已初具规模，《技术合同法》的贯彻施行，推动技术市场步入法制轨道。信息市场也开始萌生。要坚定不移地按照"放开、搞活、扶植、引导"的方针，在国家宏观调控下，以技术市场为基础加速科技成果由知识形态向商品形态，由潜在生产力向现实生产力转化。要深化科技经济配套改革，优化市场机制，强化市场基础，完善市场体系，规范市场秩序，综合运用经济的、法律的和必要的行政手段，促进技术市场在规模、结构、水平和管理上再上新台阶。要发挥技术市场的纽带作用和信息市场的媒介作用，加速科技与经济一体化进程。

(12)加强技术市场的中间环节，加速技术市场和信息市场现代化步伐。要在全国统筹规划，合理布局，积极推进现代技术交易所、综合技术商社的试点，按新型机制运作，加强基础条件建设，形成常设技术市场的基本构架。要发展信息高速通道，使信息采集、贮存、处理和传递手段现代化，发展和完善区域性信息网络，促进全国性信息网络的形成。

按照中央和地方政府投资、民间投资、社会集资相结合的方式，试建面向技术交易主体的中间试验、工业性试验基地和风险投资基金，支持沿海地区、经济发达地区先行一步，并发挥其示范辐射功能。有重点地疏通技术、信息流通环节，支持农村和中西部地区技术市场的发育和发展。

(13)建立公平、公开、公正的竞争秩序。制定技术市场管理条例和公正技术交易规则，加强流通领域知识产权保护，加强对不为公众所知悉、能为权利人带来经济利益、具有实用性并经权利人采取保密措施的技术信息、经济信息等商业秘密的保护，严厉制裁欺诈、胁迫和严重侵害知识产权的行为，制止地方保护主义、部门分割主义和违反诚信原则的不正之风。加强各地技术市场管理机构和技术合同认定机构建设，进一步做好技术合同认定、登记、管理和争议的处理工作，提高技术合同规范性和履约率。加强技术市场的执法力度，办好各省、自治区、直辖市和省会城市建立的技术合同仲裁机构，按照客观、公正和有利于科技进步的原则处理技术合同争议。有条件的省市可以试办市场信息调查组织，为当事人提供法律咨询、科技信息和侵权取证等服务。

(14)促进科技计划管理与技术市场接轨。要把市场需求作为科技计划项目的重要来源，项目实施实行公开招标，平等竞争。立项、签约、履行、验收以及科技成果的产权归属和分享，应当全面贯彻执行《技术合同法》的规定。执行科技计划产生的知识产权，属于承担单位的，单位有使用、转让，或经评估后作为法人财产入股参股的权利，但主管部门有决定该项成果实施的权利。

(15)加速技术和信息市场的统一性、开放性和国际性步伐。加快培育农村技术和信息市场，发展城乡结合和技术、人才、生产、市场贯通的综合服务体系。推动技术市场向商品市场扩散，大力提高产品的技术附加值；促进技术和信息市场向服务市场辐射，发展具有较高技术含量的科技第三产业；加强技术市场、信息市场与劳动力市场的衔接，形成人才、技术、信息相互融通、合理流动的良性循环；建立无形资产评估制度和风险投资机制，使技术市场与金融市场、产权市场相互对接，在全国形成大流通、大循环格局。建立符合国际惯例的技术贸易制度，发展对外技术交易窗口和高技术产品出口基地，建立利用国内国际两个资源、面向国内国际两个市场的中介、咨询、经纪、代理、信托、资产评估、市场调查、知识产权、科技经济信息等服务网络，以促进技术和信息市场与国际市场接轨。

四、大力发展民营科技型企业

(16)发展以公有制为主体、多种经济成分并存的民营科技型企业，促进科技与经济结合，加速科技成果的商品化、产业化、国际化，是科技、经济体制改革的重要成果。民营科技型企业已成为发展我国科学技术事业和新兴科技产业的有生力量，成为社会主义市场经济的有机组成部分。要全面贯彻落实国家科委、国家体改委《关于大力发展民营科技型企业若干问题的决定》，进一步解放思想，更新观念，动员社会力量创办和发展多种组织形式和经营方式的科技型企业；鼓励国有科技企业转换经营机制，探索国有民营的发展模式；引导乡镇企业增强研究开发与成果转化能力，向科技先导型企业转轨。从而形成以国有国营科技机构和多种形式的民营科技型企业长期并存、优势互补、平等竞争、共同发展的兴旺局面。

(17)根据国家的产业政策和市场需求指导民营科技型企业的发展。积极鼓励创办开发和经营技术密集产品的企业，特别是高新技术企业，形成新兴产业群，促进我国产业结构调整和升级。支持在与科技进步有关的咨询业、信息业、培训业以及技术服务业，兴办民营科技第三产业。根据发展高产、优质、高效农业的需要，积极发展面向农业生产全过程提供社会化科技服务的技术经济实体。重点扶植一批科技含量高、产业规模大、具有较强研究开发与市场开拓能力的大型民营科技型企业，引导其进入国际市场，参与国际竞争。

(18)进一步完善民营科技型企业规范化发展的政策环境。加快民营科技型企业股份制改造，每年选择几家科技含量大、经营效益好、管理科学化的民营股份有限公司进行境外融资试点，为民营科技型企业完善机制、发展产业拓宽道路。进一步改革国家科技计划管理体制，引入竞争机制，采取有效措施，鼓励并保障民营科技型企业通过平等竞争，承担更多的国家计划项目。深化外贸体制改革，赋予具有较强出口创汇能力的民营高科技企业自营进出口权和境外投资权，支持其向跨国集团公司方向发展。

要加快社会保障制度改革，因地制宜地建立面向民营科技型企业职工的医疗、待业、养老保障制度和保险基金，逐步实现社会统筹。

进一步推进民营科技型企业制度建设。要通过深化改革，逐步解决部分企业中存在的产权关系不清晰、管理制度不健全、技术经济行为不规范等问题，按照现代企业制度规范成集体企业、合作企业、合伙企业、有限责任公司、股份有限公司等。指导个体经济组织实行股份合作制改造，鼓励有条件的私营企业改造为公司法人。

(19)积极探索国有民营科技型企业的组织形式和经营方式。鼓励国有企业在不改变国有资产所有权和保障国有资产保值增值前提下，以科技人员为经营主体，以“四自”原则为经营机制，以科技经济一体化为经营方向，加速机制转换和创新。国有科技企业可以采取委托经营、租赁经营、长期承包等多种经营方式，也可以通过股权转让和资产重组成立新的公司法人，订立规范协议和章程，建立相应的经营监管制度，创办富有生机和活力的现代国有民营企业。

五、推进区域性综合改革和发展

(20)按照国家科委、国家体改委《关于深化高新技术产业开发区改革，推进高新技术产业发展的决定》精神，进一步深化高新技术产业开发区综合改革。当前，一要进一步推进高新技术产业开发区总公司股份制试点，形成人才、技术、资金的组合优势，支持主导高技术产业发展，并发挥其扩散效应。二要加速高技术企业建立现代企业制度，贯彻执行《公司法》的规定，重点推进多个法人持股的有限责任公司，选择部分技术含量高、盈利状况好、管理科学化的企业，改组为股份有限公司，其中有条件的企业，股票可以公开发行和上市，包括境外上市；高新技术企业的股份制改造，技术入股可以占注册资本百分之三十，并允许从中提取百分之三十奖励对创业作出突出贡献的科技人员；开发区管理机关要建立股份制改造指导小组和资产评估制度，解决高技术无形资产评估的特殊问题。三要进一步深化人事制度、分配制度、社会保障制度等方面的改革，创造有利于高新技术产业蓬勃发展的外部环境和内在机制。四要抓住机遇，吸引国际资本，采取中外合资、中外合作等形式，创办风险投资公司和产业发展基金，支持高新技术成果商品化、产业化、国际化。

选准新兴支柱产业和世界范围内正在形成的二十一世纪主导产业，进行培育大产业，塑造大企业的实践。要加强宏观指导，通过发布技术政策，发布高技术产品在研信息，引导企业正确选择研究开发方向，避免各开发区产业趋同，形成合理的高技术产业结构；通过"火炬"等科技计划向重点项目、重大科技工程及产业化攻关倾斜，实施高科技产业发展战略。

(21)启动星火技术密集区综合改革。大力发展各类农村技术经济合作组织，完善以科技为先导的农村社会化服务体系，在星火技术密集区重点发展集科技、金融、供销、市场于一体的区域性支柱产业，创办以科技为先导的农业开发公司，探索农村、农业实现专业化、市场化、社会化大生产的途径和形式。

(22)启动社会发展综合实验区改革，指导科技、经济与社会、环境的协调发展，提高人民的生活质量和水平。围绕实施《中国二十一世纪议程》，促进全社会参与推进社会进步的实践，依靠科技进步，建立持续发展机制。率先在社会发展综合实验区进行建立社会公有制社会发展基金试点，办好社会公共科研机构，取得经验，逐步推广。

(23)推动高新技术产业开发区、星火技术密集区、社会发展综合实验区改革与发展的联动，并与经济技术开发区相互促进。通过各区之间优势互补和良性互动，促进区域经济的发展和传统产业的改造。要着眼跨世纪发展战略，根据沿海、沿边、沿江和沿路的科技、资源、环境优势，探索协作和联合机制，建立高技术产业发展带、资源优势产业发展带、地缘技术经济贸易区，促进高新技术成果和现代管理体制大面积、大幅度地辐射和扩散。各区之间要认真研究在融资方式、产业分市、技术与信息共享、研究开发与生产经营结合等方面的统筹配套政策和综合协调机制，以利于运用多区综合优势，培育支柱产业，推进区域开发和实施重大工程。

六、努力创造人才辈出、人尽其才的良好环境

(24)发展科技，振兴经济，人才是关键。努力造就一支宏大的人才队伍，并充分发挥其作用，是迎接世界新科技革命挑战的战略要求。要进一步解放思想，摒弃一切僵化的管理制度和陈旧的思想观念，推进科技、经济、教育体制配套改革，建立充满活力的人才培养、使用、激励和保护机制，创造人才辈出、人尽其才的良好环境，最大限度地发挥广大科技人员的积极性和创造才能，努力开创我国科技人员工作的新局面。

(25)加速培养跨世纪科技人才，加速学科带头人的代际转移。要在充分发挥老一辈科学家指导作用和中年科技工作者骨干作用的同时，大胆地把优秀青年人才推上重要的学术岗位和管理岗位。要切实贯彻落实《科技进步法》第二十九条关于"国家支持优秀青年的科学研究活动，在自然科学基金中设立青年科学基金"的规定，逐步扩大青年科学基金比例，并从各项科技计划经费中划出一定比例专项用于支持青年科技人员的研究开发活动。要广开渠道，建立多种面向跨世纪人才的科学研究基金和风险投资基金，选准对象，择优支持，培养能够在世界科技前沿拼搏的青年学科带头人，造就懂经营、善管理的科技企业家，吸引海外学者参与重大科学研究、创办科技企业。要在科技经济发达地区试行青年科技工作者住房公积金制度，大力推进"安居"工程，建设一批青年科学家公寓，解决日趋突出的住房困难问题。要在总结各部门和各地方实施青年人才培养计划的经验的基础上，由国家科委、人事部、国家教委统筹协调，抓紧制定和实施二十一世纪人才工程，充分发挥中央和地方两个积极性，有计划、有步骤地把培养和造就青年科技人才工作推向前进。

(26)创造有利于人才合理流动的环境和条件，是充分发挥科技人员作用的重要环节。要抓好人才流动的中介环节，有条件的省、市科委和人事局要联合建立科技人才服务组织，为科技人员择业和流动提供服务。要进一步改革人事制度，户籍制度，待业、医疗和养老保健制度，率先在高新技术产业开发区、科技经济体制配套改革试点城市和科技人员相对集中的地区建立新型制度。要综合运用国家政策和经济杠杆的调控作用，充实和加强重点行业、重点领域的科技力量，引导科技人员为加速中小企业、乡镇企业、农村贫困地区的科技进步贡献力量。

(27)改革科技人员分配制度，按照按劳分配原则，从优核定科技人员的最低工资标准。对于承担国家研究开发任务的科技人员，要逐步提高工资水平，试行岗位工资制和课题工资制相结合的工资制度，其中达到国际水平的，工资标准要逐步提高，力争至本世纪末达到国际可比。从事技术开发、科技服务的科技人员，实行联系其所创造的经济、社会效益计算报酬的办法，上不封顶，拉开工资距离。从实施和转让技术成果、发明创造所获收益中提成一定比例作为报酬发给科技成果完成者，是《科技进步法》、《技术合同法》和国家政策的明确规定，要切实予以贯彻，其比例一般可按技术转让使用费的百分之十五左右，和技术实施后新增留利的百分之零点五至百分之二执行。

(28)完善科技奖励制度，进一步激发和调动科技

人员的积极性。要在自然科学奖、技术发明奖、科技进步奖、国际科技合作奖的基础上，设置农村科技奖，完善国家科技奖励体系。鼓励国内外组织和个人设置科技奖励基金，奖励和资助做出重要成就的科技人员。从今年起，要依据《科技进步法》的规定，授予科学技术的开拓者、培育者和奠基者国家荣誉称号。对于创造重大经济效益、作出突出贡献的科技人员要实行重奖，实行股份制的科技企业，可参照高新技术产业开发区政策，试行将无形资产股份的一定比例用于该项奖励。

(29)倡导"尊重知识、尊重人才"的社会风尚，保障科技工作者合法权益。要认真执行最高人民法院和国家科委有关正确处理科技纠纷若干问题的意见，贯彻执行最高人民检察院、国家科委关于办理科技活动中经济犯罪案件的意见，正确掌握科技活动中的是与非、合法与违法、罪与非罪的界限，正确对待和处理科技人员在改革实践中产生的失误，依法保护科技人员的物质权利和精神权利。对于违法犯罪案件，要本着"一要坚决、二要慎重、务求搞准"的原则依法惩处，以维护科技工作的正常秩序。要教育广大科技工作者自觉遵守社会公德和职业道德，牢固树立爱祖国、爱人民的思想，团结协作，无私奉献，做促进社会主义精神文明和物质文明建设的模范。

七、进一步扩大科技工作的对外开放

(30)全方位对外开放，是我国发展国际科技合作与交流的长期方针，必须坚定不移地贯彻执行，并在实践中不断丰富和发展其内涵。要进一步巩固和发展与世界各国的科技合作关系，加强与各国际组织的多边合作。要下放外事、外贸权限，发挥部门、地方对外合作的积极性和主动性。要在加强政府间合作关系的同时，简化手续，推进民间对外科技合作的发展。

(31)加强科技合作与对外贸易的结合，为高新技术企业进入国际市场拓宽渠道。要进一步深化科技体制和外贸体制的配套改革，推动出口产品结构逐步转向以高新技术产品和成套设备为主导。授予更多的具备条件的科研机构、高等学校、高新技术企业外贸经营权，把高新技术产业开发区建成我国高技术产品出口的基地。

积极支持外贸企业、科技组织组建国际综合商社和外贸企业集团；或者以科技开发和技术辐射能力强，并拥有外贸经营权的科技组织为龙头，联合中小企业、乡镇企业组建科技型外贸企业集团。对赋予外贸经营自主权的大院大所、高等学校和科技企业，要在银行担保和结算等方面为其产品出口提供便利条件，对其生产出口商品所需的原材料、零部件和技术设备等，免交进口关税和免领进口许可证。要按照《科技进步法》第三十六条规定，允许其在国外投资，设立分支机构，进行研究开发、生产经营、市场开拓和售后服务。

(32)推动科研院所、科技企业进入国际市场，利用外资发展科技产业。积极吸引国外企业、组织和个人以多种形式到国内创办科技企业，共建科技、工业园区，并依法保护其正当权益。要按照《科技进步法》规定，鼓励国外、境外的科研机构、高等学校、企业和个人在我国境内单独设立或者与我国科技机构合作设立科研院所、实验室、试验基地和其他研究开发机构，鼓励外国投资者采取独资、合资、联办等多种方式到国内设立研究开发基金和风险投资公司，开创全方位、多层次、大跨度对外开放的新局面。

八、健全宏观调控体系，完善科技法制建设

(33)我国《科技进步法》规定："国务院科学技术行政部门，负责全国科学技术工作的宏观管理和统筹协调。""地方各级人民政府应当采取有效措施，推进科学技术进步。"要按照精简、统一、效能的原则，建立健全宏观管理体系，大力组织重大科学研究和技术开发，加速科技成果在生产实践中的推广和应用。要适应社会主义市场经济的发展要求，把加强软科学研究和培育科技咨询产业结合起来，进一步推进决策的科学化和民主化，为科技战线的改革和发展创造良好环境，提供支撑条件。要大力开展科技兴市、科技兴县活动，推进经济建设和社会发展切实转到依靠科技进步和提高劳动者素质的轨道上来。

(34)社会主义市场经济是法制经济，加强科技法制建设是巩固和发展改革成果，推动科技进步的根本保障。是否懂得和善于运用法律手段指导和推进现代化进程，是对各级领导能否指导改革开放事业的严峻考验。

科技法制建设要发挥中央和地方两个积极性，强化法律制定和实施监督两个环节，把加快科技立法与法律的贯彻落实和实施监督紧密结合起来，加速我国科技改革与发展步入法制轨道，取得更大发展。经全国人大常委会审议通过的《科技进步法》确定了新时期推进科学技术事业发展的基本准则，是制定配套法律、法规的基本依据。要以贯彻落实《科技进步法》这一科技基本大法为主导，把立法决策与改革决策结合起来，发挥立法的超前性、预见性和权威性，引导、促进、保障和规范科技体制改革的深化和发展，力争在三至五年内抓紧制定科技成果转化法、科技投入法等配套法律，制定科技奖励条例、技术市场条例、高新技术产业开发区条例和有关外国组织和个人在华设立科研机构、科技基金的管理办法等配套法规，推动各省、自治区、直辖市和有关地区制定地方性科技进步条例，尽快形成以《科技进步法》为核心、健全完善的科技法律体系，在新型科技体制的法律调节方面，实现纲领性与操作性、指导性与实践性、高度与力度的统一。

中英联合联络小组中方首席代表郭丰民在出席新界乡议局新春团拜活动后答记者问时指出拖延解决香港新机场问题的责任在英方

中英联合联络小组中方首席代表郭丰民日前指出，中方早在去年8月就对新机场总体财务安排提出系统的意见，而英方现在才提出新的财务安排，拖延解决新机场问题的责任不在中方。

郭丰民说，中方已初步研究英方新提出的第四个新机场财务方案。由于新机场问题涉及面很广，中方现在正对一些问题进行深入的研究，有些问题中方还要同英方交换意见。中英会先在专家层面上交换意见。

郭丰民指出，前一段时间，港英方面有人说中方根本没有就新机场问题提出全面的意见，最近又有人说英方提出的这个方案完全满足了中方的要求，这不是自相矛盾吗？既然中方没有提出全面的意见，又何来什么"完全满足中方的要求"呢？他说，去年8月的机场委员会会议上，中方已经系统地提出自己的意见，由8月至今已经过去将近半年的时间，英方才提出这个方案来，谁在拖延，是相当明显的。

郭丰民期望下周举行的中英联合联络小组防务与治安专家小组会议能取得较大的进展。他批评英方在这个问题上也拖得太久。他说，现在有人故意制造一种说法，好像是中方在拖延时间，实际上并非如此。在防务、军事用地问题上，也是英方拖延了许多年。

中国代表曲加在联合国人权委员会第五十届会议上驳斥某非政府组织对中国西藏人权状况进行的诽谤

曲加在发言中指出，某非政府组织的代表借用连他自己都承认未经证实的传言，对中国西藏地区的人权状况肆意造谣诽谤，并在发言中多次提及所谓西藏流亡政府，其用心是借用人权问题搞分裂中国的活动。

曲加说："我作为一个藏族人，亲身经历了西藏解放以来几十年的历史变迁，西藏的人权状况到底如何，我们是最有发言权的。"

曲加说，西藏和平解放以来，西藏广大人民的人权状况发生了根本的变化，经济、社会得到了很大的发展，人民生活有了明显改善，藏民族的风俗习惯得到了尊重，宗教信仰自由政策得到了全面落实。中央政府在西藏实行的各项政策，尤其是近十几年来为西藏制定的一系列特殊政策，深得广大藏族人民的衷心拥护。

曲加说，1993年，除近万名外国和港澳台人士进藏旅游外，还有24个国家的政府、议会、政党要员、驻华使领馆官员以及新闻记者到西藏参观。他们到西藏城市、农村、工厂、学校、医院、寺庙进行了访问，广泛接触了各界人士。到实地看过以后，普遍承认西藏的发展和进步，就连过去对西藏问题抱有很大偏见的人士也不得不表明只听信一面之词看待西藏是不公正的。

曲加最后说："事实胜于雄辩，我们相信国际社会不会被极少数人的谎言所蒙蔽。中国政府一贯重视和努力促进包括藏族人民在内的全体中国人民的各项人权。这种努力和所取得的成就也不会被他们的几句谎言所抹杀。"

2月18日

全国人大常委会委员长乔石在人民大会堂会见意大利参议院议长斯帕多利尼

国家计委国家税务总局联合发出《关于务必保持税制改革后物价稳定的通知》

国家计委、国家税务总局最近发出《关于务必保持税制改革后物价稳定的通知》。

《通知》说，今年1月1日起，我国税收体制进行了重大改革。这是建立社会主义市场经济体制的一项重要措施。实行新税制后，有些纳税人不完全了解新税制，认为实行增值税就是在原来价格上再加17%或13%；也有些纳税人趁税制改革之机，哄抬物价，从中渔利，推动价格上涨，造成价格秩序混乱，引起群众不满。为了保障新税制的正确贯彻和执行，避免推动物价上涨，保持市场稳定，安定人民生活，特通知如下：

一、这次税制改革的一个主要内容是把原来的大部分产品税或营业税改为增值税。新设计的增值税率，总体上不增加企业税负。但由于原有税制的税率档次高低不一，现在简化、统一定为两档税率后，多数企业的税负持平或有所下降，但也有少数产品税负有所增加。企业对增加的税负应通过转换经营机制、挖掘企业内部潜力、提高经济效益来消化；同时国家也相应采取降低企业所得税率、免除国有企业上缴的"两金"等措施，减轻企业的负担。因此，税制改革后，税负没有上升的企业不得涨价，税负下降较多的企业应适当降价，税负上升的企业原则上也不应涨价，个别企业因税负上升过大，需要提高价格的，必须经物价部门批准。

二、目前，现行价格均包含税金在内，即为含税价格。企业由原含税价格转换成不含税价格的计算公式是：

不含税价格＝原含税价格÷(1＋增值税税率)

所有纳税人都不得在现行价格之外另加增值税或其他税负，增加消费者负担。

三、现行出厂价格、批发价格和零售价格不能因税制改革而提价。纳税人均应在现行价格内缴纳增值税及其他税费。凡属国家定价(包括最高限价)的商品,要认真执行现行价格(含税)。衡量企业是否增加了负担,要综合考虑进项税扣减、减免“两金”、减免所得税、固定资产贷款利息进成本的多种因素。未经批准,企业不得擅自调价。属于市场调节价的商品,企业也应按上述要求认真做好工作,保持价格稳定。

四、所有消费品和生产资料(包括化肥、农药等农业生产资料)的批发、零售环节的进销差率(按现行含税价格计算)一律保持不变,各种税负一律在差率内征收。任何企业和单位不得擅自扩大差率。

五、各级物价部门要加强对价格的监督检查。对属于国家定价商品未经价格管理部门批准擅自调价和由于对税制理解错误、计算有误而提高价格以及利用税制改革之机擅自涨价牟利等行为,要严肃查处,立即纠正。

六、各地物价和税务主管部门要密切注视税制改革出台后的市场动向,并请将出现的新情况、新问题及解决建议,及时向国家计委价格管理局和国家税务总局报告。国家计委将召开专门会议,研究税制改革后有关作价中的一些问题。

国家副主席荣毅仁在人民大会堂会见美国前国务卿柏克德工程公司董事兼高级顾问乔治·舒尔茨

国务院副总理朱镕基在北京会见巴西新任驻中国大使德梅迪西斯

中国海外交流协会在北京召开第二次理事会

国务院副总理钱其琛代表国务院到会祝贺并讲话。

钱其琛说,中国海外交流协会自1990年成立后,在传播和展示中国改革开放和经济建设成就,开展海外华侨、华人团结友好工作,发展与华侨、华人多领域合作交流等方面,发挥了积极的作用。钱其琛对海外交流协会今后的工作提出了希望。他说,海外交流工作要服从于经济建设这个中心,发挥民间团体优势,为发展我国对外关系和祖国统一大业服务。

全国政协副主席、中国海外交流协会会长钱伟长主持会议,海外交流协会副会长廖晖作工作报告。

廖晖说,一年来,海外交流协会充分发挥民间组织的优势,以为经济建设服务为中心,集中力量抓重点、办大事,积极促进与华侨、华人及其社团的经济、科技、文化、教育等多层次的合作交流。去年10月,海外交流协会会同有关部门在深圳举办了中国大中型企业对外经济技术合作洽谈会,取得圆满成功。海外交流协会还先后向许多国家和地区派出各种艺术团体进行交流,受到欢迎。

国家海洋局负责人就中国政府正式接受《1972伦敦公约》缔约国协商会议1993年在伦敦通过的三项决议发表谈话

中国政府日前正式接受《1972伦敦公约》缔约国协商会议去年在伦敦通过的三项决议,即《关于海上处置放射性废物的决议》、《关于逐步停止工业废物海上处置的决议》和《关于海上焚烧的决议》。这三项决议将于2月20日生效。

国家海洋局副局长杨文鹤就此向记者发表谈话。杨文鹤说,这三项决议的通过和生效,意味着全球海洋倾废管理制度比过去更加严格。根据决议,今后在我国海域处置一切放射性废物和其他放射性物质、处置部分工业废物以及焚烧工业废物和阴沟污泥等活动将被禁止。

杨文鹤说,《1972伦敦公约》是一项全球性海洋环境保护公约,全称为《防止倾倒废物及其他物质污染海洋的公约》,迄今已有65个国家和地区加入。我国是该公约的缔约国,我国政府接受缔约国协商会议三项决议,将使我国的海洋倾废管理进一步与国际公约接轨,对于保护我国海洋环境,防止由于倾废造成的海洋污染损害,保障人类健康和保持生态平衡,都有着十分深远的意义。

杨文鹤在谈到我国海洋倾废管理的措施和现状时指出,我国的海上倾废活动是在严格管理和控制下进行的。现在我国政府决定接受这三项决议,因此,将按照这三项决议,对国内有些法规进行必要的修订。

解放军总参谋部总政治部就少数民族干部队伍建设问题联合发出通知

解放军总参谋部、总政治部根据中央军委指示,日前联合发出通知,要求各部队通盘制订少数民族干部队伍建设规划,加强培养补充数量,努力建成一支政治合格、素质较高、结构合理的少数民族干部队伍,以适应军队现代化建设的要求。

通知要求,驻少数民族聚居地区的部队,团以上领导班子中都要配有少数民族干部;各级机关和县、市人民武装部也要配备一定数量的少数民族干部。为了提高少数民族干部的素质,确定院校对数量较多的少数民族士兵考生单独编班训练,加强文化补习;在有关院校试办藏族少年培训班,招收藏族小学和初中毕业生,经过系统培训后提拔为干部,分配到部队工作;同时从地方高等院校和中等专业学校中,尽量多招收一些品学兼优的少数民族毕业生,充实军队干部队伍。通知还要求对少数民族干部在离退休、转业安置等方面实行优惠政策。

中央军委对军队少数民族干部队伍的建设十分重视。军委领导多次强调，要把这项工作作为整个干部队伍建设的重要组成部分来抓。目前，全军少数民族干部中百分之八十以上经过院校培训。按照少数民族干部的成长特点，在工作安排、提升职务、晋升军衔等方面，都给予一定照顾，使他们各尽其才，各展所长。全军数万名优秀少数民族干部在各级领导岗位上施展才华，成为我军建设的重要力量。据统计，全军服现役的蒙古、回、藏、维吾尔、壮、朝鲜、满、侗、白、土家、鄂温克等少数民族干部中，被授予少将以上军衔的有四十多人。少数民族干部队伍的发展，有力地推动了军队现代化建设，增进了军民和民族团结。

国务院总理李鹏签署国务院第147号令发布《中华人民共和国计算机信息系统安全保护条例》

现发布《中华人民共和国计算机信息系统安全保护条例》，自发布之日起施行。

总理 李 鹏

1994年2月18日

中华人民共和国计算机信息系统安全保护条例

第一章 总 则

第一条 为了保护计算机信息系统的安全，促进计算机的应用和发展，保障社会主义现代化建设的顺利进行，制定本条例。

第二条 本条例所称的计算机信息系统，是指由计算机及其相关的和配套的设备、设施(含网络)构成的，按照一定的应用目标和规则对信息进行采集、加工、存储、传输、检索等处理的人机系统。

第三条 计算机信息系统的安全保护，应当保障计算机及其相关的和配套的设备、设施(含网络)的安全，运行环境的安全，保障信息的安全，保障计算机功能的正常发挥，以维护计算机信息系统的安全运行。

第四条 计算机信息系统的安全保护工作，重点维护国家事务、经济建设、国防建设、尖端科学技术等重要领域的计算机信息系统的安全。

第五条 中华人民共和国境内的计算机信息系统的安全保护，适用本条例。

未联网的微型计算机的安全保护办法，另行制定。

第六条 公安部主管全国计算机信息系统安全保护工作。

国家安全部、国家保密局和国务院其他有关部门，在国务院规定的职责范围内做好计算机信息系统安全保护的有关工作。

第七条 任何组织或者个人，不得利用计算机信息系统从事危害国家利益、集体利益和公民合法利益的活动，不得危害计算机信息系统的安全。

第二章 安全保护制度

第八条 计算机信息系统的建设和应用，应当遵守法律、行政法规和国家其他有关规定。

第九条 计算机信息系统实行安全等级保护。安全等级的划分标准和安全等级保护的具体办法，由公安部会同有关部门制定。

第十条 计算机机房应当符合国家标准和国家有关规定。

在计算机机房附近施工，不得危害计算机信息系统的安全。

第十一条 进行国际联网的计算机信息系统，由计算机信息系统的使用单位报省级以上人民政府公安机关备案。

第十二条 运输、携带、邮寄计算机信息媒体进出境的，应当如实向海关申报。

第十三条 计算机信息系统的使用单位应当建立健全安全管理制度，负责本单位计算机信息系统的安全保护工作。

第十四条 对计算机信息系统中发生的案件，有关使用单位应当在24小时内向当地县级以上人民政府公安机关报告。

第十五条 对计算机病毒和危害社会公共安全的其他有害数据的防治研究工作，由公安部归口管理。

第十六条 国家对计算机信息系统安全专用产品的销售实行许可证制度。具体办法由公安部会同有关部门制定。

第三章 安全监督

第十七条 公安机关对计算机信息系统安全保护工作行使下列监督职权：

(一)监督、检查、指导计算机信息系统安全保护工作；

(二)查处危害计算机信息系统安全的违法犯罪案件；

(三)履行计算机信息系统安全保护工作的其他监督职责。

第十八条 公安机关发现影响计算机信息系统安全的隐患时，应当及时通知使用单位采取安全保护措施。

第十九条 公安部在紧急情况下，可以就涉及计算机信息系统安全的特定事项发布专项通令。

第四章 法律责任

第二十条 违反本条例的规定，有下列行为之一的，由公安机关处以警告或者停机整顿：

(一)违反计算机信息系统安全等级保护制度，危害计算机信息系统安全的；

（二）违反计算机信息系统国际联网备案制度的；

（三）不按照规定时间报告计算机信息系统中发生的案件的；

（四）接到公安机关要求改进安全状况的通知后，在限期内拒不改进的；

（五）有危害计算机信息系统安全的其他行为的。

第二十一条 计算机机房不符合国家标准和国家其他有关规定的，或者在计算机机房附近施工危害计算机信息系统安全的，由公安机关会同有关单位进行处理。

第二十二条 运输、携带、邮寄计算机信息媒体进出境，不如实向海关申报的，由海关依照《中华人民共和国海关法》和本条例以及其他有关法律、法规的规定处理。

第二十三条 故意输入计算机病毒以及其他有害数据危害计算机信息系统安全的，或者未经许可出售计算机信息系统安全专用产品的，由公安机关处以警告或者对个人处以5000元以下的罚款、对单位处以15000元以下的罚款；有违法所得的，除予以没收外，可以处以违法所得1至3倍的罚款。

第二十四条 违反本条例的规定，构成违反治安管理行为的，依照《中华人民共和国治安管理处罚条例》的有关规定处罚；构成犯罪的，依法追究刑事责任。

第二十五条 任何组织或者个人违反本条例的规定，给国家、集体或者他人财产造成损失的，应当依法承担民事责任。

第二十六条 当事人对公安机关依照本条例所作出的具体行政行为不服的，可以依法申请行政复议或者提起行政诉讼。

第二十七条 执行本条例的国家公务员利用职权，索取、收受贿赂或者有其他违法、失职行为，构成犯罪的，依法追究刑事责任；尚不构成犯罪的，给予行政处分。

第五章 附 则

第二十八条 本条例下列用语的含义：

计算机病毒，是指编制或者在计算机程序中插入的破坏计算机功能或者毁坏数据，影响计算机使用，并能自我复制的一组计算机指令或者程序代码。

计算机信息系统安全专用产品，是指用于保护计算机信息系统安全的专用硬件和软件产品。

第二十九条 军队的计算机信息系统安全保护工作，按照军队的有关法规执行。

第三十条 公安部可以根据本条例制定实施办法。

第三十一条 本条例自发布之日起施行。

中国青少年发展基金会名誉会长万里就希望工程实施情况发表谈话

万里日前对中南海与中国青少年发展基金会的同志强调，一定要把教育摆在优先发展的位置上，各级政府都要重视教育，下大力气把教育搞好，特别是基础教育。

万里谈起希望工程实施情况时说，现在一些地方连教师的工资都保证不了，有了钱，不修学校，不搞教育，却去买小轿车，大吃大喝，这是非常不应该的。有些地方因为财政困难，发不出工资。我看，再穷、再难，也不能拖欠教师的工资。万里说，国力的竞争说到底是人才的竞争，我们要在21世纪跟上世界发展的步伐，我们现在强调跨世纪，说到底是要培养跨世纪一代新人，而关键在于教育。

万里说，现在贫困地区教育存在的问题，一是无校上学，二是有校却上不起学。文盲使得经济落后，愚昧造成贫困，形成恶性循环。要加倍努力，多建学校，让全体人民都关心教育、关心国家的未来。我赞成提这样的口号：在本世纪末基本消除因贫困而失学的现象，让所有的孩子都念上书。

谈到农村办学方向时，万里说，农村教育要向职业教育的方向发展，我赞成走农科教相结合办学的路子。比如牧区，除了要教孩子识字，还应该教给他们畜牧业的知识，教会他们发展草原经济的本领。人创造财富，有了掌握科技知识的人才，农村就能致富，国家就能富强。

万里强调，发达地区，也要重视发展教育。应该把教育搞得好坏作为考核领导干部的标准之一。听说发达地区的一些孩子不念书去做生意，这绝不允许。要用法律的手段保障孩子念书，不读书是任何事情都做不好的。现在城里的父母对独生子女娇生惯养，只求升学、考高分，不重视培养自立、自理等实践能力，不考虑孩子的全面发展，这怎么能适应现代社会的需要呢。万里最后说，希望工程是件好事，大家都出力，教育肯定能搞好。

2月19日

国务院副总理兼外交部部长钱其琛在中南海紫光阁会见罗马尼亚外交部国务秘书格奥尔基·廷卡

国务院副总理兼外交部部长钱其琛在中南海紫光阁会见意大利参议院议长斯帕多利尼

2月20日

《邓小平特区建设思想与实践》和《邓小平特区建设思想研究》最近出版

国家安全部发布《中华人民共和国国家安全部侦察证》使用公告

根据《中华人民共和国国家安全法》(以下简称《国家安全法》)的有关规定，国家安全机关工作人员在执行国家安全工作任务时，依法使用由国家安全部统一制作、签发、全国通用的《中华人民共和国国家安全部侦察证》(以下简称《侦察证》)。现将有关事项公告如下：

一、《侦察证》为红色，封面印有“中华人民共和国国家安全部侦察证”字样和由盾牌、五星、国家安全、短剑组成的徽章图案。封里印有持证人的照片、姓名、性别、单位、职务、编号、签发机关及行使的职权。

二、国家安全机关工作人员依法执行国家安全工作任务时，出示《侦察证》，可以行使《国家安全法》规定的有关职权。

三、维护国家安全是全体公民的义务。国家安全机关工作人员持《侦察证》依法执行任务时，个人和组织应根据《国家安全法》的有关规定，积极提供便利条件和其他协助；不得以任何借口妨碍或者阻挠，违者依法处理。

四、严禁任何组织和个人非法使用《侦察证》，或者伪造《侦察证》，违者依法追究其刑事责任。

五、国家安全机关及其工作人员在国家安全工作中，应当严格依法办事，不得超越职权、滥用职权，不得侵犯组织和个人的合法权益。违者视其情节轻重，给予行政处分；构成犯罪的，依法追究刑事责任。

六、任何组织和个人，如发现国家安全机关及其工作人员有超越职权、滥用职权和其他违法违纪行为，应当检举、控告，我们将及时查清事实，严肃处理。国家安全部投诉电话为：8219617。

特此公告。

中国船舶工业总公司和辽宁省及大连市各界在大连召开认真贯彻中央领导题词精神向陈文松学习活动大会

著名造船专家、大连造船厂厂长陈文松，为发展中国造船事业勇于开拓、忘我工作的感人事迹，在社会各界引起强烈反响，中央领导人题词号召人们向陈文松学习。

2 月 21 日

国家主席江泽民在中南海会见意大利参议院议长斯帕多利尼

江泽民对斯帕多利尼再次访华表示欢迎，并对他为促进中意两国友好关系的发展所作的努力表示赞赏。斯帕多利尼曾于 1985 年以国防部长身份访问过中国。江泽民说，近年来中意关系发展顺利，双边高层互访比较频繁，双方在各个领域的合作取得了长足的进展，经贸合作关系日益密切，两国议会也有不少来往。江泽民对意大利政府为推动欧洲共同体同中国关系全面正常化做出的积极努力表示赞赏。江泽民说，中意两国在世界上都负有重要责任。斯帕多利尼说，意大利对中国经济的发展抱有兴趣，意大利企业家对来华投资信心十足。斯帕多利尼说，他此行目的之一是促进意中文化交流。江泽民说，中意两国文化交流源远流长，双方在文化领域合作前景广阔。

国家主席江泽民在中南海会见斯洛伐克总理弗拉迪米尔·梅恰尔

国务院总理李鹏与斯洛伐克共和国总理弗拉迪米尔·梅恰尔在人民大会堂举行会谈

李鹏说，梅恰尔总理是中斯两国建交后第一位访华的斯洛伐克共和国领导人，这种高级接触和直接对话对增进相互了解和信任、推动两国友好合作关系的进一步发展有着重要的意义。梅恰尔表示，很高兴有机会访问中国，并同中国领导人就双边和国际问题交换意见。梅恰尔对中国在斯洛伐克独立后率先对其予以承认表示感谢。梅恰尔说，斯中两国没有悬而未决的问题，两国经济贸易合作有很大的潜力。中国是一个重要的国家，斯洛伐克虽然国家小，但将会是中国可靠的合作伙伴，双方可以探索进一步发展在政治、经济等各个领域中的友好合作关系的途径。

李鹏指出，中斯两国建交一年多来在各个领域的友好合作关系得到顺利发展，中斯两国这次将签署的经贸合作协定将为两国经贸合作关系的进一步发展奠定可靠的法律基础。目前，两国经贸额虽然不大，但扩大合作还是有潜力的。希望两国经贸部门进行研究，探索扩大发展经贸合作关系的具体领域和办法。

梅恰尔通报斯洛伐克独立后国内的政治、经济情况。梅恰尔对中国改革开放取得的成果表示赞赏并希望通过这次访问更多地了解中国的做法和经验。梅恰尔重申斯洛伐克政府坚持一个中国的立场，即中华人民共和国政府是中国唯一的合法政府，斯洛伐克政府不同台湾发生任何官方关系。李鹏对斯洛伐克政府在台湾问题上的立场表示赞赏。

中国方面参加会谈的有国务院副总理李岚清、中国民主建国会中央副主席白大华、文化部部长刘忠德、国务院外事办主任齐怀远等。斯洛伐克共和国副总理谢尔盖·科兹利克和副总理兼财政部长尤利乌斯·托特等参加会谈。

会谈结束后，双方签署了《中华人民共和国政府和斯洛伐克共和国政府经济贸易协定》与《中华人民共和国文化部和斯洛伐克共和国文化部 1994 年至 1995 年文化合作计划》。

全国人大常委会委员长乔石在人民大会堂会见土库曼斯坦大国民议会议长穆拉多夫·萨哈特·涅佩索维奇

全国人大常委会委员长乔石在人民大会堂会见由主席卡洛斯·阿尔韦托·冈萨雷斯率领的巴拉圭参议院外交委员会代表团

《人民日报》发表评论员文章《努力做好统计工作》

今天，全国统计工作会议开幕。这次会议的主要议题是总结邓小平同志视察南方重要谈话和党的十四大以来统计工作的主要经验，按照建立社会主义市场经济体制的要求，深入研究统计调查体系的改革问题，进一步提高统计工作水平，促进国民经济持续、快速、健康发展。

统计，是国家实行科学决策和科学管理的一项重要基础工作。以江泽民同志为核心的党中央十分重视和关怀统计工作。最近，李鹏总理为《中华人民共和国统计法》颁布实施十周年题词："依法统计，准确及时。"实践证明：只有依法统计，才能做到准确及时；只有准确及时，才能保证统计信息、咨询和监督职能的有效发挥，保证决策正确，执行有效。

准确，就是要坚持实事求是，如实反映情况，既要坚决反对浮夸，也要坚决反对瞒报。如果在统计上不够严谨细致，甚至弄虚作假，就很有可能导致决策失误，给经济建设造成不可估量的损失。这是有过极为深刻教训的，应该牢牢记取。

信息贵在及时。及时，就是要加快信息传递的速度，强化对国民经济运行态势的监测和预警、预报工作，力求将信息提供在领导决策之前，把问题消灭在萌芽状态。

经过十多年的改革和建设，我国的统计工作已从单纯提供信息，发展到向党政领导机关提供咨询，对经济运行进行有效监督，并逐步走上了法制的轨道。在当前加快建立社会主义市场经济体制的新形势下，统计工作面临着新的严峻挑战。一方面，由于经济基础的变化，使统计的调查对象发生了变化，不仅数量日益增多，而且多种经济成分、多种经营方式和分配方式同时并存，构成日趋复杂，从而使统计调查工作的难度增大了。另一方面，由于利益格局的变化，浮夸、瞒报、迟报和拒报的现象在一些地方和单位已有所抬头，统计的准确性和及时性受到影响。因此，必须积极改革统计管理体制和统计调查方法，大力加强统计的法制建设，走依法办统计、依法治统计、依法兴统计的道路。

党的十四届三中全会指出："社会主义市场经济体制的建立和完善，必须有完备的法制来规范和保障。"这个要求同样适用于统计工作。我国的统计法是在十年前制定的，其中一些条款已经不能适应建立社会主义市场经济体制的要求，所以，必须抓紧修改，尽快完善。统计立法一定要体现改革精神。要认真总结国内的实践经验，大胆借鉴国外的成功做法，用法律来引导、推进和保障统计工作的改革顺利进行，使之在国家科学决策和宏观调控中发挥更大作用。

各级领导机关、领导干部要坚决支持统计部门依法做好工作。要进一步加强统计普法教育。无论什么人，只要与统计工作有关，都要学法、懂法，并自觉地守法、用法。对统计机构和统计人员依法上报的统计数据和统计报告，任何地区、部门、单位和个人都不得干预。对拒不履行统计义务，有意逃避或破坏国家统计监督，在统计数据上弄虚作假，干扰统计机构、统计人员独立行使法定职权的行为，都必须依法予以查处。对个别影响较大的案件，还要通过新闻媒介予以曝光，做到查处一个，教育一片，以保证统计工作的顺利进行。

中国航天工业总公司在北京召开第一次工作会议

国务院总理李鹏，中央军委副主席刘华清向大会发来贺信。李鹏在信中说，航天事业在我国国民经济建设和国防现代化建设中占有十分重要的地位。保持我国航天事业的发展势头，加速航天技术向国民经济建设的转移是党中央、国务院、中央军委的一贯方针。在过去的 30 多年中，你们通过自己的不懈努力，取得了巨大成就，为我国航天事业发展作出了贡献。我衷心希望，你们通过这次大会，进一步用小平同志建设有中国特色社会主义理论统一思想，转变观念，抓住机遇，深化改革，加速发展，为加强我国的国防实力，促进国民经济的发展，增强我国的综合国力作出新贡献。

刘华清在信中说，现在中国航天事业又翻开了继往开来的新的一页，希望你们牢记自己的神圣使命，从世界战略高度和国家的最高利益出发，迎接挑战，锐意改革，勇攀高峰，去开创中国航天事业更加灿烂的未来。

122 名为航天事业作出突出贡献的先进个人被授予 1993 年度"航天奖"。

国务委员兼国务院秘书长罗干在钓鱼台国宾馆会见并宴请美国前国务卿劳伦斯·伊格尔伯格及其率领的"美国对华投资和贸易"代表团

罗干说，近年来国际形势发生的深刻变化并没有改变中美关系的重要性。中美作为世界上有重大影响的大国，在维护世界和平与稳定，促进国际经济与合作方面存在着广泛的共同利益。双方在经贸等许多领域也有很强的互补性，发展互利合作潜力巨大，前景广阔。中美保持正常良好的关系不仅符合中美两国人民的根本利益，也是世界人民的愿望。希望双方能抓住当前中美关系得到改善的良好势头，共同努力，多做实事，推动两国关系早日走上正轨。

伊格尔伯格对此表示完全同意，他说，美中友好关系对下一世纪很重要，希望能尽早看到中美关系进一步得到改善和发展。

外交部副部长刘华秋、随同来访的美国参议院前共和党领袖霍华德·贝克和前教育部长拉马尔·亚历山大等参加会见和宴请。

新华社香港分社副社长秦文俊就有关港英当局声称要公布中英十七轮会谈内容问题发表谈话

秦文俊出席"香港各界妇女联合协进会春节联欢会"时，被记者问及有关港英当局声称要公布中英十七轮会谈内容的问题。秦文俊回答说，港英政府在这个问题上要明白三点：一、中英有关香港1994/1995年选举安排的会谈，是中英两国政府的事，港府没有任何资格来公开会谈内容；二、中英两国政府在开始会谈时曾经达成一个共同的原则——保密原则，港府对此要慎重考虑；三、英方要公布中英会谈的内容，须通过外交途径来进行，如果英方单方面公布会谈内容，就是违反两国政府已经达成的原则。秦文俊希望英方对此采取慎重态度。

中国代表张义山在日内瓦联合国人权委员会第五十届会议上发言驳斥大赦国际等非政府组织对中国的攻击

张义山说，冷战结束后，国际形势发生不少积极的变化，给国际社会提供了一个加强合作的机会。然而，有些人虽然进入了新的时期，但思想和灵魂却仍留在冷战时代。他们不是努力创造和培育合作气氛，而仍是沿循旧习，进行攻击，制造对抗。张义山说，大赦国际等组织怀着强烈的偏见，戴着有色眼镜看待中国，又怎么能够了解中国的人权。

张义山说，全面和充分享有各项人权是中国人民和中国政府几十年来始终如一的奋斗目标，在这方面，中国作出了巨大的努力，也取得了巨大的成就。中国人在历史上曾被殖民主义者称为东亚病夫，而现在中国人的平均寿命已从旧中国的35岁提高到72岁。难道这些不是切切实实地维护和促进人权吗？

张义山指出："大赦国际等组织的捏造和攻击抹杀不了我们的成绩，也动摇不了我们进一步促进中国人民人权的决心。"

2月22日

国务院总理李鹏在钓鱼台国宾馆会见法国参议院议长勒内·莫诺里

李鹏说，中国政府一贯重视同法国的关系。建交30年来，两国关系虽然一度出现过困难和波折，但从总体上来讲，两国在政治、经贸、科技、文化等各个领域都进行富有成效的合作。

李鹏说："这次莫诺里参议长来访的时机很好。经过双方的共同努力，中法关系得到了改善，并重新走上正常发展的轨道。不久前，双方举行庆祝建交30周年的活动。"李鹏表示相信，莫诺里参议长的来访和巴拉迪尔总理即将对中国的访问都将进一步推动中法关系的改善和发展。

会见时，李鹏着重介绍了中国发展经济和科学、教育事业的情况以及价格体制等改革措施。

全国人大常委会委员长乔石在人民大会堂会见越南国会主席农德孟

国务院发出《关于外商投资企业和外国企业适用增值税消费税营业税等税收暂行条例有关问题的通知》

根据第八届全国人民代表大会常务委员会第五次会议审议通过的《全国人民代表大会常务委员会关于外商投资企业和外国企业适用增值税、消费税、营业税等税收暂行条例的决定》(以下简称《决定》)，现对外商投资企业和外国企业适用税种等有关问题通知如下：

一、关于外商投资企业和外国企业适用税种问题

根据《决定》的规定，外商投资企业和外国企业除适用《中华人民共和国增值税暂行条例》、《中华人民共和国消费税暂行条例》、《中华人民共和国营业税暂行条例》和《中华人民共和国外商投资企业和外国企业所得税法》外，还应适用以下暂行条例：

(一)国务院1993年12月13日发布的《中华人民共和国土地增值税暂行条例》；

(二)国务院1993年12月25日发布的《中华人民共和国资源税暂行条例》；

(三)国务院1988年8月6日发布的《中华人民共

和国印花税暂行条例》；

（四）中央人民政府政务院 1950 年 12 月 19 日发布的《屠宰税暂行条例》；

（五）中央人民政府政务院 1951 年 8 月 8 日发布的《城市房地产税暂行条例》；

（六）中央人民政府政务院 1951 年 9 月 13 日发布的《车船使用牌照税暂行条例》；

（七）中央人民政府政务院 1950 年 4 月 3 日发布的《契税暂行条例》。

在税制改革中，国务院还将陆续修订和制定新的税收暂行条例，外商投资企业和外国企业应相应依照有关条例规定执行。

二、关于外商投资企业改征增值税、消费税、营业税后增加的税负处理问题

（一）1993 年 12 月 31 日前已批准设立的外商投资企业，由于改征增值税、消费税、营业税增加税负的，由企业提出申请，税务机关审核批准，在已批准的经营期限内，准予退还因税负增加而多缴纳的税款，但最长不得超过 5 年；没有经营期限的，经企业申请，税务机关批准，在最长不超过 5 年的期限内，退还上述多缴纳的税款。

（二）外商投资企业既缴纳增值税，又缴纳消费税的，所缴税款超过原税负的部分，按所缴增值税和消费税的比例，分别退还增值税和消费税。

（三）外商投资企业生产的产品直接出口或销售给出口企业出口的，按照《中华人民共和国增值税暂行条例》的规定，凭出口报关单和已纳税凭证，一次办理退税。

（四）外商投资企业因税负增加而申请的退税，原则上在年终后一次办理；对税负增加较多的，可按季申请预退，年度终了后清算。

（五）增值税、消费税的退税事宜由国家税务局系统负责办理，各级国库要认真审核，严格把关。退税数额的计算、退税的申请及批准程序等，由国家税务总局另行制定。

（六）营业税的退税问题，由省、自治区、直辖市人民政府规定。

三、关于中外合作开采石油资源的税收问题

中外合作油（气）田开采的原油、天然气按实物征收增值税，征收率为 5%，并按现行规定征收矿区使用费，暂不征收资源税。在计征增值税时，不抵扣进项税额。原油、天然气出口时不予退税。

中国海洋石油总公司海上自营油田比照上述规定执行。

本通知自 1994 年 1 月 1 日起施行。

全国气象局长会议在昆明召开

会议于 2 月 22 日至 26 日召开。国家气象局长邹竞蒙指出，去年我国气象事业在加快改革、服务社会、调整事业结构的同时，现代化建设迈上新台阶。主要取得以下成就：

一、重点骨干工程建设取得了可喜成果。中期数值预报系统全面完成了土建工程，我国首台“银河—Ⅱ”巨型计算机正式投入中期数值预报新业务系统应用，使我国的中期天气预报时效延长到现在的 4—5 天，成为世界上少数几个能进行中期数值预报的国家之一。“风云 2 号”气象卫星地面接收处理系统已完成地面指令数据接收站系统建设，进行了星地联试；气象卫星综合应用业务系统已确定了试验方案，开始组织试点工作。

二、中期数值预报产品的应用和人工智能系统的推广工作取得良好进展。

三、人工影响局部天气工作的范围和规模日益扩大。

四、区域气候工作进展良好。上海、广东、四川、天津等省市气候业务系统建设已通过了总结验收。

五、国际气象技术交流与合作进一步加强。

国务委员宋健致信会议，代表国务院向气象部门的广大科技工作者和全体职工，表示衷心的敬意和感谢。

中宣部等五部委在北京举办市场经济法制讲座

国家体改委副主任洪虎为中央国家机关各部门、各系统的近千名司局级以上干部，作题为《学习贯彻公司法，规范公司的组织和行为》的辅导报告。

这是由中宣部、中央政法委员会、中直工委、国家机关工委和司法部共同组织的中央国家机关部级领导干部市场经济法制讲座的第二讲。第一讲是在 1993 年 10 月进行的。

国务院发出《关于调整企业离退休人员离退休金的通知》

《通知》的主要内容是：

一、国有企业中 1993 年 9 月 30 日以前离退休的人员，从 1993 年 10 月起分别按下列标准增加离退休金：

1978 年 12 月 31 日以前离退休的人员，每月分别增发 100 元离休金和 60 元退休金。

1979 年 1 月 1 日至 1985 年工资改革前离退休的人员，每月分别增发 85 元离休金和 45 元退休金。

1985 年工资改革后至 1988 年 12 月 31 日离退休的人员，每月分别增发 70 元离休金和 30 元退休金。

1989 年 1 月 1 日至 1993 年 9 月 30 日离退休的人

员，每月分别增发60元离休金和20元退休金。

1993年10月1日以后离退休的人员和已实行以岗位技能工资为基数计发离退休金的人员，这次不增加离退休金。

1992年以来，有些地区、部门和单位未按国家规定自行给国有企业离退休人员增加了离退休金。其增加金额高于本通知规定标准的，这次不再增加离退休金；低于本通知规定标准的，按实际差额增加离退休金。

按本通知规定增加的离退休金并入本人离退休金基数。

二、国有企业中根据国家政策规定办理退职的人员，可适当增加退职生活费。增加退职生活费的具体标准，由各省、自治区、直辖市人民政府参照本通知精神自行确定。

三、城镇集体所有制企业的离退休人员和退职人员增加离退休金和退职生活费问题，由各省、自治区、直辖市人民政府参照本通知精神制定具体办法。

四、按照本通知规定增加离退休金和退职生活费所需的费用，凡参加退休费用社会统筹的，从统筹基金中解决；未参加退休费用社会统筹的，按原资金渠道解决。对于发放离退休金和退职生活费确有困难的单位，主管部门和财政部门应给予适当帮助。

五、这次给企业离退休人员适当增加离退休金，是在国家财力紧张和相当一部分企业有不少困难的条件下进行的，已经作了很大的努力。国家将抓紧研究建立企业离退休人员离退休金的正常调整机制问题。由于调整离退休金的工作较为复杂，涉及离退休人员的切身利益，历史上遗留的一些问题又难以通过这次调整全部解决，各地区、各部门一定要加强领导，深入细致地做好思想政治工作，严格执行国家政策规定并尽快组织实施，及早把增加的离退休金发下去，切实把这件事情办好。

本通知贯彻执行中的具体问题，由劳动部负责解释。

劳动部人事部发出《关于颁发〈职业资格证书规定〉的通知》

为了贯彻落实《中共中央关于建立社会主义市场经济体制若干问题的决定》中有关实行职业资格证书制度的精神，适应建立社会主义市场经济体制的需要，加强劳动人事科学化管理，保护社会公共利益，维护正常职业秩序，劳动部、人事部共同制定了《职业资格证书规定》，现颁发给你们请遵照执行。

中共中央政治局常委胡锦涛在人民大会堂会见日本新党国会议员海江田万里

国家副主席荣毅仁在人民大会堂会见美洲开发银行行长伊格莱西亚斯

外交部部长钱其琛与巴基斯坦外长萨达尔·阿希夫·艾哈迈德·阿里在伊斯兰堡举行会谈

国务院副总理兼外交部部长钱其琛在伊斯兰堡分别拜会巴基斯坦参议院主席瓦西姆萨贾德和国民议会议长优素福·吉拉尼

南非非洲人国民大会(非国大)主席纳尔逊·曼德拉在约翰内斯堡非国大总部会见外交部副部长田曾佩及其随行人员

外经贸部部长吴仪在北京会见美国助理贸易谈判代表道斯金

中美关于中国“复关”问题第八轮磋商在北京结束

中国第一座国际海事卫星地面站在北京通过部级工程验收

印度洋、太平洋地区的用户都可使用该地面站进行全球通信。

经过一段时间的试运转证明，中国建造的地面站，性能稳定可靠，工程质量达到了国际一流水准，已通过了国际海事卫星组织的质量鉴定，正式加入全球通信服务。

2月23日

国家主席江泽民在中南海会见越南国会主席农德孟

农德孟率领的越南国会代表团是中越关系正常化后越南国会的第一个访华团。

江泽民说，近几年来，中越关系得到很大发展，双方高层往来不断。不久前，越南国家主席黎德英应邀访华，双方就两国关系以及国际和地区问题交换意见，在许多重大问题上取得共识。江泽民说，进一步巩固和加强两国睦邻友好与互利合作关系，不仅符合两国和两国人民的根本利益，也有利于本地区的和平、稳定与发展。

会见中，农德孟向江泽民介绍越南国内的社会和经济发展情况。他说，越南正在实行革新开放，中国在改革开放方面有着许多成功的经验值得越南借鉴。

江泽民也简要地向客人介绍中国改革开放和建立社会主义市场经济的情况。

全国人大常委会副委员长王汉斌等会见时在座。

全国人大常委会委员长乔石在人民大会堂会见法国参议院议长勒内·莫诺里

乔石对莫诺里访华表示热烈欢迎。

乔石说:"这些年来,中国经济发展很快,但要使中国得到全面的发展还需几代人的努力。正因为如此,我们希望法国成为发展中国经济的很好合作者,希望加强两国在各个领域的合作。"

乔石说,今年是中法建交30周年,总的讲,30年来两国进行了富有成效的合作。当然,两国关系也曾遇到困难和曲折。最近两国关系翻开了新的一页,希望双方共同努力促进两国关系的发展。

莫诺里说,他此次访华是为同中方进行对话、加强相互了解,也是为巴拉迪尔总理来访创造良好的气氛。他说,他希望法中关系中的困难时期尽快结束,使两国关系恢复和谐气氛。

陈慕华副委员长等参加会见。

国务院副总理邹家华在全国统计工作会议上发表讲话

邹家华在全国统计工作会议上强调指出,统计信息是监测国民经济和社会运行的一把尺子。统计工作要做到准确、及时、全面、方便,而准确是第一位的。要建立以必要的周期性普查为基础,经常性的抽样调查为主体,同时辅之以重点调查、科学推算和少量的全面报表综合运用的统计调查方法体系。

邹家华说,国家对经济管理的方式,要由过去的管硬件、管微观、直接管,转向管软件、管宏观、间接管。党中央和国务院在进行宏观经济决策和调控时,就经常碰到这样三个问题:一是当前的国民经济和社会运行处于什么状态,二是国民经济和社会运行是否正常,如果不正常的话又怎样进行调控?三是宏观调控措施实施之后的效果如何,这三个问题都与统计密切相关,一刻也离不开统计。如果没有统计系统及时提供的丰富信息、科学咨询和有效监督,国民经济就难以作出决策。

邹家华说,建立社会主义市场经济体制,要培育和发展信息市场,实现信息的商品化、产业化,就是市场体系建设的重点之一。由于统计信息所反映的是国民经济和社会发展的总体情况,是经济、社会、科技信息的主体,因此,积极培育和大力发展统计信息市场是一项刻不容缓的任务。统计部门要充分发挥社会经济信息主体部门的作用,努力做好全国社会经济信息咨询服务行业的规划和管理工作,大力促进社会经济信息的有效流通和社会共享。

邹家华指出,统计工作必须按照建立社会主义市场经济体制的要求进一步改革开放。要打破传统的统计观念,按照市场经济的一般规律,大胆借鉴国际上先进的统计科学和技术,建立起适合中国国情的统计体系。要加强集中统一领导,科学有效地组织全国的统计和国民经济核算工作。要从根本上改革统计调查方法,发展非全面的调查方法,特别要大力推广抽样调查。

邹家华强调指出,国家统计局依法制发或批准的统计调查方案具有国家法规效力,任何法人和公民都必须如实填报,是每一个法人和公民应尽的义务。现在,有些地方、部门和单位的领导,为了个人的荣辱升迁或小团体的某种政治荣誉和物资利益,而在统计上弄虚作假的现象比较严重,有的甚至对敢于坚持原则的统计人员进行打击报复。对于这种消极腐败行为要严肃查处。

全国人大财经委员会副主任董辅礽就股市发展问题发表谈话

全国人大财经委员会副主任、著名经济学家董辅礽日前在谈到促进股市健康发展时提出,目前很有必要大力发展机构投资者,尤其是要发展基金。

董辅礽说,在一个成熟的股市里,更多的应是机构投资人,散户过多是股市不健康的表现。基金入市将产生三大益处:一是减少股市的投机性。基金采用的是组合投资方式,主要做中、长线投资,有利于稳定股市,也有利于社会安定。二是可以降低投资风险。基金是投资代理者,基金多了,散户就会少。散户本钱有限,信息不灵,承受风险的能力小。所以散户更多地通过基金间接参与股市,这样就能大大降低风险。三是能维持正常的工作秩序,现在各行业的人都泡在股市上,分散了很大精力,这不是好现象。

董辅礽指出,从发展市场经济和建立现代企业制度这一要求来看,需要有大批企业改造为股份公司;各地政府也普遍希望进行股份制改造,通过发行股票进行融资,其中部分企业的股票还要上市,这种要求不能说不对。但另一方面,社会上的资金毕竟是有限的,目前我国的市场规模也容纳不了这么多的股票上市。掌握好股市扩容的节奏,拉长股票发行和上市之间的时差,是解决这一矛盾的比较好的方法。

国务院副总理朱镕基访问日本离开北京前在机场就中日关系等问题答中外记者问

国务院副总理朱镕基说,日本是中国一衣带水的友好邻邦,中日两国的关系一直在不断地发展,最近几年尤其发展得快。去年中日两国之间的贸易达到创纪录的390亿美元,比前年增加54%。这使日本超过香港成为中国最大的贸易伙伴,而中国也第一次成为日本的第二大贸易伙伴。朱镕基说,这个数字和中日之间存在的经济贸易技术合作的巨大潜力比较起来还是一个小的数字。

朱镕基指出,"我们要继续在各个领域,在深度和广度方面拓宽我们合作的渠道,进一步增进我们的友好合作关系。这不但有利于中日两国人民,也有利于亚太地区和世界的和平、稳定和发展。"

朱镕基说,今年是中国进行社会主义市场经济体制改革的关键的一年,各项重大改革都已经基本上在1月1日出台。改革进行50天以来,进展情况良好,没有出现什么重大问题,市场稳定,物价稳定,人心稳定。"因此坚定了我们继续进一步把改革进行到底的决心。"

朱镕基说,日本也处在一个采取重大措施,推动其国民经济振兴的一个重要时刻。"在这个时候,我相信双方都有兴趣而且有需要进行相互的交谈和交流。"

在回答记者提出的有关中国经济问题时,朱镕基指出,中国的经济不会再次过热。他说,自去年以来,中国加强宏观调控的政策,这个政策得到全国人民、全党的一致拥护,收到很大的效果。

朱镕基说,之所以现在还保持较高的发展速度,是因为根据中国国民经济的实情,我们不能搞大起大落,我们要保持的国民经济发展速度是一个快速、持续而又健康的发展速度。

朱镕基说,中国今年将保持9%左右的发展速度,这个速度在今后若干年内还是能够持续保持的。他指出,中国宏观调控力度的强弱是根据国民经济的实际情况决定的,因此,我们可以保证国民经济稳定、快速和持续的发展。

国家主席江泽民在中南海会见美国前国务卿劳伦斯·伊格尔伯格

江泽民说,自去年中美两国首脑举行会晤以来,两国关系出现了一些积极的发展,高层接触有所增多,经贸合作得到了加强,这对增进相互了解、解决分歧是有益的。只要双方都能着眼于大局和21世纪,把握两国的长远利益,严格遵循中美间三个联合公报的原则,尊重现实,加强磋商,求同存异,两国关系就能在正常的轨道上不断地向前发展。江泽民还说,当前国际形势仍处在复杂而深刻的变化之中,世界格局继续朝着多极化的方向发展,世界经济区域化和集团化的趋势明显加快。但同时被冷战掩盖的各种矛盾和争端等逐渐地暴露了出来,有的地区还造成了新的动乱甚至流血冲突,和平与发展仍是世界面临的两个尚未解决的问题。

伊格尔伯格表示,中国发生的变化给人们留下了深刻的印象,任何关心21世纪稳定的人都必须认识到正确处理美中关系的重要性,因为良好的美中关系不仅对美中两国有利,而且有利于世界的稳定与和平。

外交部副部长刘华秋、美国驻华大使芮效俭等参加会见。

国务院副总理朱镕基在东京分别会见日本商工会议所会长稻叶兴作和日本经团联会长平岩外四

国务院副总理兼外交部部长钱其琛在伊斯兰堡拜会巴基斯坦总统法鲁克·莱加里

2月24日

国务院总理李鹏在中南海与科技教育文化界人士座谈听取对《政府工作报告(征求意见稿)》的意见

国务院总理李鹏近日分别召开三次座谈会,邀请科技界、教育界、文艺界人士到中南海,听取大家对即将提交八届人大二次会议审议的《政府工作报告(征求意见稿)》提出的修改意见。

中国科学院院士何祚庥、冶金部自动化研究院院长于常友、冶金部钢铁研究总院副院长才让、北京高新技术开发试验区主任王思红、四通集团公司总裁段永基、中国农业科学院学术委员会主任卢良恕、中科院地学部副主任孙枢、北京大学生命科学学院院长陈章良、北京大学校长吴树青、清华大学党委书记方惠坚、北京农业大学副校长黄铁城、南开大学校长母国光、中央广播电视大学校长谢新观、北京第一实验小学校长田玉坦、天津市一中校长沈德才、北京昌平农业职业学校校长欧学广、上海市教卫委党委书记秦绍德、表演艺术家英若诚、刘长瑜、白淑湘、于蓝、作家玛拉沁夫、中国电视剧制作中心导演潘霞、文物专家王世襄、中央电视台台长杨伟光、商务印书馆总经理兼总编林尔蔚、北京图书馆馆长任继愈等分别在座谈会上发言。

谈到《政府工作报告(征求意见稿)》的科技部分,有些与会者提出,报告关于科技工作"稳住一头,放开一片",应包括一部分不能立即用于开发的应用研究在内。一些同志建议,科研大院、大所应当在经济建设主战场找到自己的位置,发挥国家队的作用,希望继续采取有力措施促进高新技术的形成和发展,建议国务院尽快制定科技进步法实施办法。不少同志还分别就加强科技投入、科技必须与经济建设相结合、培育新兴产业、塑造现代化大企业、高新技术开发区的政策环境、农业科技和青年科技人才的培养等问题，发表意见。

大家都充分肯定 1993 年教育事业在改革中不断前进，对报告中提出的“从战略上优先发展教育”感到振奋。

同时一些与会者认为，目前一些地方和部门对发展教育缺乏紧迫感，建议重视与加强广播电视教育、职业教育、师范教育和义务教育，教育要加大改革的力度，文化教育要有利于促进青少年的健康成长；还有同志就增加教育投入、稳定教育队伍等问题提出意见。

有人建议要继续进行文艺事业的体制改革；国家要扶持、资助文化艺术精粹；继承和发扬民族文化传统，提倡高雅艺术，要多创作一些符合时代精神、内容积极向上的优秀作品。

有人建议在文化领域里也应扩大开放，加强对外交流，加强基础文化研究。

李鹏与大家进行坦诚的交流。他说，综合国力的提高，科技起着重要作用。增加科技投入，要靠政府和企业、社会各界的共同努力。科研单位要通过深化改革，进一步增强自身的活力，通过竞争机制，使科技和经济建设全面结合。我国科技的未来还是要靠青年，要重视青年科学家，发挥我国科技人才的优势。

李鹏对去年中小学校放映百部爱国主义影片给予肯定。他还说，电视教育机动灵活，覆盖面大，今后要继续加强。

李鹏说，我们现在正处在一个伟大的时代，面临着很好的发展机遇，也应该是文化艺术高度发展的辉煌时代。时代与文化艺术的发展是息息相关的，我希望文艺界能产生出无愧于伟大时代的作品。

李鹏强调重视舆论的作用，他说，要引导人民群众发扬爱国主义、集体主义精神，发扬我们的传统美德，给人以积极向上的力量。同时，也要揭露社会上的丑恶现象。对精神产品既要重视社会效益，也要考虑到其经济效益的一面。对各种文化现象要注意加以引导，提高我们民族的文化素质。

应邀出席座谈会的还有，清华大学校长王大中、国防科工委科技委常任委员汪成为、清华大学教授张光斗、中国人民大学校长黄达、北京师范大学副校长许嘉璐、中科院物理所所长杨国桢、中国航天工业总公司高级技术顾问梁守、中国航空工业总公司科技委副主任顾诵芬、北京农业大学校长石元春、国家智能计算机研究开发中心主任李国杰、中国气象科学院名誉院长周秀骥、中国医学科学院研究员强伯勤、中国中医研究院教授陈可冀、天津大学校长李光泉、北京林业大学教授沈国舫、北京航空航天大学校长沈士团、北京理工大学教授冯长根、北京实用美术学校校长李广明、中国电视剧制作中心导演王扶林、新闻出版署特约顾问王益、人民出版社编审张惠卿、东方歌舞团团长高志平、中国美术馆副馆长杨力舟、作曲家谷建芬、中央乐团副团长顾夏阳、中国青年艺术剧院院长石维坚、中央戏剧学院院长徐晓钟。

国务院副总理李岚清，国务委员李铁映、宋健，国务委员兼国务院秘书长罗干等出席座谈会。

国务院总理李鹏为修改《政府工作报告》在中南海与基层代表座谈征求关于如何进一步搞好社会治安综合治理的意见

国务院总理李鹏下午在中南海就如何进一步搞好社会治安综合治理，为人民安居乐业创造良好的社会环境——围绕即将提请八届全国人大二次会议审议的《政府工作报告(征求意见稿)》，与一些来自北京市基层政法部门、企事业单位和中央有关方面的同志座谈，征求意见。

结合基层社会治安的现状，与会者纷纷发言，发表意见和建议。

与会者认为，当前社会治安形势仍比较严峻，群众对此意见较大。当前影响社会治安综合治理的突出问题有：盗窃犯罪和车匪路霸、城市公共复杂场所治安问题和一些流氓恶势力的滋扰等。为此，他们提出，进一步搞好社会治安综合治理的关键是各级党政领导部门的重视和支持，要认真贯彻执行邓小平同志“两手抓、两手都要硬”的战略思想，切实加强对社会治安综合治理的领导，依法坚决打击严重危害人民生命财产安全和现代化建设的各种刑事犯罪活动，深入开展扫除社会丑恶现象的斗争，真正担负起“保一方平安”的责任。

李鹏说，进一步搞好社会治安的综合治理，维护社会稳定，是今年党和政府工作中的一项重要任务。这不仅是广大群众的要求，也是各级党和政府特别是政法部门义不容辞的责任，要作为一项重要的经常性工作来抓。

李鹏指出，做好这项工作，最根本的一条是，贯彻好专门工作与群众路线相结合的方针，充分调动广大人民群众和社会各方面和各有关部门的积极性，广泛地动员群众、组织群众积极参与综合治理，充分发挥各部门在维护社会稳定中的职能作用，体现齐抓共管的特点。只有把各方面的力量都凝聚起来，才能发挥出综合治理的优势。

李鹏强调，在社会治安综合治理的工作中，还要特别注意正确处理好新时期出现的各种人民内部矛盾，要善于缓解纠纷，疏导矛盾，化解消极因素，把各种影响社会治安的因素解决在萌芽状态。同时，作为人民的政府，要始终牢记全心全意为人民服务的宗旨，把倾听群众的呼声，关心群众的利益，解决群众的疾苦，放在工作的首位，多为群众办好事、办实事，以进一步密切党和政府同群众的血肉联系，使我们的工作赢得人民群众的支持和拥护。

李鹏要求，各级政府要加强对社会治安形势的分析，坚持以治安防范为主，专项打击为重点，打防并举，标本兼治的方针，把社会治安综合治理工作做得更好。

中共中央书记处书记、中央社会治安综合治理委员会主任任建新，国务委员、中央社会治安综合治理委员会副主任罗干等，出席座谈会。

中共中央政治局委员丁关根在北京会见香港《香港之窗》周刊董事长罗德丞和夫人

香港特别行政区筹委会预委会政务专题小组在北京举行第五次会议

香港特别行政区筹委会预备工作委员会政务专题小组2月24日至25日在北京举行第五次会议，讨论和研究97年后香港特别行政区行政与立法机关的关系问题，第一届政府的产生办法，包括行政长官产生的办法和时间、行政会议如何组成及其角色，以及咨询委员会的设置与职能等问题。

政务小组组长梁振英和肖蔚云在会议结束后向记者介绍会议情况。肖蔚云说，未来香港的政治体制要以行政为主导，行政机关与立法机关既互相制衡又互相配合。这在基本法中早有相应的明确规定，只有保持行政主导，政府的运作才有效率，社会才能保持稳定，香港经济也才能繁荣，香港人民的生活水平才能提高。在任何时候我们都要坚持这一条。如果有人在97年前通过各种大小动作改变以行政为主导的体制，1997年7月1日后一定要改过来，因为那不符合基本法的规定、不符合香港广大人民的利益，不利于香港的长期稳定繁荣。

肖蔚云在回答记者关于中方如何另起炉灶的问题时说，彭定康的"政改方案"违反中英联合声明、香港基本法和中英双方已达成的协议，现在，英方又一意孤行，把它提交港英立法局通过，这就意味着中英谈判的大门由于英方的破坏而关死了。毫无疑问，中国政府将根据基本法的规定"另起炉灶"。为此，预委会将加紧步伐，以实实在在的工作准备确保香港的平稳过渡和长期的稳定繁荣。

国家副主席荣毅仁在人民大会堂会见英国太古集团董事长施雅迪爵士

荣毅仁说，1992年初邓小平视察南方发表重要谈话后，中国经济发展很快。今年我们设想国民经济增长率为9%。中国将继续深化改革，扩大开放。改革的重点主要在财、税、金融、转换国有企业经营机制等方面。从今年一、二月份改革的情况看，各方面的积极性很高。我们的目的是要通过改革，使中国经济持续、快速、健康地发展。

谈到香港问题时，荣毅仁说，香港是一个从事金融、贸易和运输的重要地区，我们一直很关注香港的发展。关于建设香港新机场一事，他指出，中英双方已有谅解备忘录，应按该备忘录的原则来办，英方应采取真诚、公正的态度。目前香港问题上出现的麻烦是英方采取不合作的态度造成的，责任不在中方。

荣毅仁强调，中国对香港的长期繁荣、稳定充满信心。

施雅迪说，太古集团对香港和中国内地一向抱有信心，因此一直在香港和中国内地发展业务，今后也将如此。现在，太古集团90%的业务在香港、中国内地和台湾。

国务院副总理朱镕基在东京会见日本银行总裁三重野康

朱镕基说："中日两国在金融领域的合作是中日经贸合作中很重要的一个领域。"

朱镕基说，"日本驻中国的金融机构就有一百零八家。中日两国都是东方国家，文化上有很深的渊源。中国在金融改革方面也借鉴日本的经验。"朱镕基还向三重野康介绍了中国金融改革的情况。

日本首相细川护熙在首相官邸会见正在日本访问的国务院副总理朱镕基

朱镕基说，细川首相就职以来，十分重视中日关系。我们对此表示赞赏。去年11月，江泽民主席与细川首相在美国西雅图进行富有成果的会晤，双方在许多重大问题上取得共识，对中日两国关系的发展有重要的作用。细川说，我和江泽民主席在西雅图的确谈得很好。我本人也期待着在3月中、下旬访问贵国，进一步促进日中关系的发展。

朱镕基说，我们正在为首相访华作积极准备，阁下在中国将受到隆重的欢迎。江泽民主席和李鹏总理都期待着下月在北京同阁下会晤。

细川说，日本政府高兴地看到，日中两国经贸关系的发展十分迅速。日中友好意义重大，不仅有利于日中两国，而且将造福于亚太地区和全世界。中国经济生气勃勃，发展很快。日中关系的发展对日本经济的复苏有重要的促进作用。羽田副首相不久前访问贵国，双方就第四批日元贷款的方式达成一致意见，我对此给予高度评价。

朱镕基表示同意细川的上述看法。他说，中日经贸关系的发展，不仅是量的增加，而且有质的变化。去年中日技术贸易发展很快，这主要是通过合资企业进行的。这不仅不会同日本产品竞争，而且会增加日本产品在国际市场上的开拓能力。

朱镕基强调，中国实行社会主义市场经济的改革，投资环境大为改善，这将有利于日本企业去中国投资和发展两国经贸合作，希望日本政府对此继续给予支持。中日两国互利的、相互依存的经贸合作的深化，将会促进中日两国的繁荣，并有利于亚太地区和世界的和平与发展。

代表团成员、国务院副秘书长何椿霖和中国驻日本大使徐敦信等参加会见。

国务院副总理朱镕基在日本外务省日本经济新闻社日本国际贸易促进协会联合举办的演讲会上发表演讲

朱镕基上午在日本外务省、日本经济新闻社、日本国际贸易促进协会联合举办的演讲会上，围绕1993年中国经济发展的回顾、1994年中国经济体制改革情况和中日两国经济技术合作关系展望这三个日本各界普遍关心的问题，发表重要演讲，并回答与会者提出的问题。

朱镕基说，刚刚过去的1993年是中国改革开放和现代化建设事业取得辉煌成就的一年。10多年来，在邓小平建设有中国特色的社会主义理论的指引下，我们已经走出了卓有成效的改革和发展之路，在经济体制和社会结构发生巨大变化的同时，保持了社会政治稳定。中国将坚定地沿着建立社会主义市场经济体制的道路走下去。

朱镕基说，从1992年开始，中国经济进入高速发展的新阶段，增长率连续两年达到13%。在经济持续高速增长的情况下，也出现了一些值得注意的问题，主要是基本建设投资规模过大、投资结构不合理，出现了房地产热、开发区热等现象。交通、能源等对经济发展的"瓶颈"约束有所加剧。为了保持经济持续、快速、健康的发展，我们在去年6月及时提出了一系列加强和改善宏观调控的措施，迅速扭转了形势，保持了经济发展的良好势头。朱镕基强调指出，我们加强宏观调控不是全面紧缩，而是通过正确执行金融货币政策，整顿金融秩序，按照产业政策和市场需求，对投资方向和结构进行调整，把资金引向制约国民经济发展的农业、交通、能源等方面来。执行的结果是经济保持了快速增长，货币没有过多投放，通货膨胀得到了控制。

朱镕基说，我们做任何事情都必须适度。在我们这样一个有11亿多人口的国家，更要注意避免经济出现大起大落。宏观调控的力度，银根的紧松，都是根据我们的国情和经济发展的现实情况决定的。事实证明我们的作法是成功的。

朱镕基说，这阶段的宏观调控虽然取得成功，但要治本必须深化改革，按照中国共产党十四届三中全会决定的方向，建立社会主义市场经济体制。

在谈到今年改革问题时，朱镕基说，中国政府在经过长期准备之后，今年已经出台了财税、金融、投资、外贸、企业机制等方面的改革措施。这是为建立社会主义市场经济体制作出的重大部署。这些改革措施是在以江泽民总书记为核心的党中央领导下，集中了全国人民的智慧，并借鉴发达国家的成功经验提出的。从已经过去的50多天的执行情况看，总的情况是好的，没有出现大的问题。当前，市场稳定、社会稳定、人心稳定，这就更加坚定了我们把改革进行到底的决心。朱镕基指出，上述改革措施可以在今年基本成型，明年将为广大人民所熟悉，后年中国将开始进入社会主义市场经济的轨道。

朱镕基强调，中国的改革充分照顾外国投资者的利益。改革的实施只会更有利于改善中国的投资环境。目前税制改革的目的是为了体现规范、统一、公平竞争的原则。这次税制改革没有增加外商投资企业的负担，对个别可能受影响的外资企业，我们将采取补偿措施。对外资企业的所有优惠政策没有变化。

在谈到中日经济关系时，朱镕基表示，中日经贸关系发展得很好，去年尤其出色。双边贸易额达到390亿美元，比1992年增长54%。日本已成为中国的最大贸易伙伴；中国也成为日本第二大贸易伙伴。日本同时也是中国最大的技术贸易伙伴。在外商投资企业中，日商对中国投资的资金到位率名列榜首。但是，同中日经济合作的潜力和中国市场的潜力相比，390亿美元的数字还是太小了。我们应共同努力，扩大两国经济合作的规模。这对我们两国的发展都具有重要的意义。日本为促进经济复苏，制定了刺激经济的对策。开拓海外市场特别是中国市场，对振兴日本经济也将起到重要作用。朱镕基援引了松下电器公司与中国企业进行全面合作生产录像机的成功实例，希望日本经济界朋友为推动两国经济领域的友好合作关系继续作出不懈的努力。

日本副首相兼外相羽田孜在东京饭仓公馆举行晚宴欢迎国务院副总理朱镕基一行

晚宴前，双方就双边关系问题交换意见。

朱镕基副总理介绍当前中国的经济形势和改革措施的实施情况。

朱镕基说，我们对中国经济在比较长的时期内保持9%的增长率是有信心的。我们在改革中注意保护外国投资者的利益。希望日本政府继续鼓励和引导日本企业到中国去投资办厂。这也是振兴日本经济的重要手段。

羽田孜重申日本积极支持恢复中国在关贸总协定中的缔约国地位。

国务院副秘书长何椿霖、中国驻日本大使徐敦信等参加宴会。

孟加拉国外交部部长穆斯塔菲兹·拉赫曼在达卡举行宴会欢迎外交部部长钱其琛

国务院副总理兼外交部长钱其琛与孟加拉国外长穆斯塔菲兹·拉赫曼举行会谈，就双边关系、地区性问题和国际事务广泛地交换意见。

朝鲜劳动党中央总书记金日成在平壤锦绣山议事堂会见中联部部长李淑铮

李淑铮重申中共中央和江泽民总书记对金日成主席的邀请，欢迎他在今年方便的时候访问中国，也欢迎金正日书记今后访问中国。金日成对此表示感谢，并表示愿意在今后方便的时候随时访问中国。

金日成说，朝中两党之间有着传统的亲密无间的友谊。朝中两国是战友，像亲戚一样，关系十分密切。朝中友谊是用鲜血凝成的。金日成特别强调，希望进一步加强和发展朝中两党间的传统友谊。

朝鲜劳动党中央书记黄长烨和中国驻朝鲜大使乔宗淮会见时在座。

外交部发言人沈国放就香港立法局通过彭定康的部分"政改方案"和英方单方面公开中英会谈内容发表谈话

外交部发言人沈国放下午在记者招待会上就香港立法局通过彭定康的部分"政改方案"和英方单方面公开中英会谈内容发表评论。沈国放指出，中英谈判的大门已被英方关闭，中英在香港政制问题上合作遭到破坏的责任完全在英方。

有记者问：二月二十四日，香港立法局通过了关于一九九四——一九九五年选举安排的第一阶段立法草案，港府亦将把第二阶段立法草案提交立法局讨论。你对此作何评论？

沈国放说，去年十二月，英方在中英双方还未就区域组织选举安排达成协议的情况下，即向香港立法局提交第一阶段立法草案，直接导致了中英会谈的终止。现在英方又不顾中方的再三劝告，无视香港社会各界希望中英通过谈判解决一九九四——一九九五年选举安排的愿望，由香港立法局通过了关于一九九四——一九九五年选举安排的第一阶段立法草案，并且决定将第二阶段立法草案也提交立法局讨论，这充分表明了英方没有与中方合作解决问题的诚意，执意要在错误道路上越走越远。

沈国放指出："谈判的大门已被英方关闭，中英在香港政制问题上合作遭到破坏的责任完全在英方。中方重申，在中英双方没有达成协议的情况下，根据港英当局立法产生的三级政制架构都不能跨越到一九九七年六月三十日之后。"

另有记者问：英方今天公开发表一份白皮书，交代中英会谈的详情，你对此有何评论？

沈国放说，中英双方早在去年谈判开始以前，就已达成不向外透露谈判内容的谅解。英方单方面公开双方会谈的内容违反双方已达成的谅解。中方将不得不作出应有的反应。

在应记者提问就澳大利亚外长埃文斯近日在接受澳大利亚电视台采访时表示坚决支持彭定康的政改方案一事发表评论时，沈国放说，中英目前在香港问题上的争论的实质，根本不是要不要民主的问题，而是守不守信义的问题。中英两国曾就香港政制发展的问题达成了一系列协议和谅解。而英方现在要推翻这些协议和谅解，另搞一套，这是中方绝对不能同意的。

沈国放说，英国统治香港 百多年，根本无民主可言。英国在撤离之前在香港搞彭定康方案是别有用心的，为这一方案进行辩解是徒劳的。

沈国放强调，保持香港的社会稳定和经济繁荣，不仅符合中英两国的利益，也对那些在香港有经济利益的国家有利。香港问题在一九九七年六月三十日之前是中英两国的事，从一九九七年七月一日起则纯属中国内政。对香港政治问题说三道四是不适当的。

国务院港澳事务办公室发言人就港英立法局通过港督彭定康提交的部分政制方案向记者发表谈话

港英立法局通过港督彭定康提交的部分政制方案，国务院港澳事务办公室发言人就此事向《人民日报》记者发表谈话如下：

中英关于香港一九九四、一九九五年选举安排的谈判在举行了十七轮之后，由于英方首先离开了谈判桌，并置中方早先的声明于不顾，把部分政制方案提交立法局，从而导致了谈判的终止。尽管如此，我们还是一再表示：对中方来说，谈判的大门是敞开的，但前提是英方必须从立法局撤回已提交的部分方案。但是英方对此置若罔闻，一意孤行，不但在立法局通过已提交的部分方案，而且单方面决定公布十七轮中英谈判的内容，并决定将其余的政制方案提交立法局，这就把恢复谈判的大门关死了。因此，破坏谈判的责任完全在英方。中英联合声明和基本法规定，英国对香港的行政管理到一九九七年六月三十日为止，中国政府于一九九七年七月一日对香港恢复行使主权。根据这一规定，中方重申：作为英国管治香港政制架构的组成部分，即港英最后一届区议会、两个市政局和立法局，必将随英国管治期的结束而终结。在中英双方没有就一九九四、一九九五年选举安排达成协议的情况下，无论根据港英立法局现在通过的部分选举法案还是以后可能通过的其余选举法案产生的三级架构都不能跨越一九九七年。届时，香港特别行政区政制架构将依据全国人大的决定和基本法的有关规定予以组建。

新华社香港分社副社长张浚生就英方单方面公布中英会谈内容接受记者采访

张浚生晚上在出席新华社香港分社社会工作部举行的新春酒会表示，英方单方面公布中英会谈内容，欺骗市民，误导舆论，充分说明英方历来不遵守外交协议，对此中方一定会作出相应的回应。

张浚生说，中英双方就香港九四—九五年选举安排问题进行的谈判，是由中英两国政府派出代表进行的，现在谈判破裂了，英方要公布谈判内容，我们不反对，但理应经过中英两国的外交磋商，因为当时就已讲得很清楚，会谈的内容是保密的。现在英方不经过外交磋商，单方面自已整理一个什么“白皮书”公布，自说自话，以欺骗市民，误导舆论，这不是很明显地违反外交惯例吗？不是明显地不遵守外交协议吗？

张浚生说，英方不遵守中英联合声明，不遵守自己已经作出的香港政制发展要与基本法衔接的承诺，不遵守中英之间已经达成的谅解和协议，以致有了所谓一年多的中英争论。现在竟又单方面公布十七轮谈判的内容，英方从不遵守外交协议，这是很清楚的了。

张浚生说：“我们本来期待着中英能够就香港问题很好地合作，但是现在合作的基础遭到了英方的严重破坏，在这种情况下，英方还好像没有发生过任何事情一样，这不是自欺欺人吗?”他一再强调指出，英方单方面公布谈判内容是为了欺骗市民，误导舆论，中方对此一定会作出相应回应。

中国同哈萨克斯坦等四国在莫斯科举行边境裁军谈判

2 月 24 日至 3 月 10 日，中国外交和军事专家代表团同哈萨克斯坦、吉尔吉斯斯坦、俄罗斯、塔吉克斯坦的外交和军事专家联合代表团，就中国与上述四国边境地区裁减军事力量和加强军事信任问题在莫斯科举行第一轮谈判。

双方商定下一轮谈判在北京举行。谈判期间，俄罗斯副外长帕诺夫会见中方代表团。中国代表团还应俄罗斯国防部邀请，参观访问列宁格勒军区。

美国贸易非常委员会代表肯尼思·威廉斯在国会听证会上呼吁美国国会和政府长期给予中国贸易最惠国待遇

党和国家领导人在人民大会堂与首都知识界人士联欢

江泽民、李鹏、乔石、李瑞环、刘华清、胡锦涛、荣毅仁等和首都知识界 200 多位知名人士欢聚在人民大会堂东大厅。

胡锦涛代表党中央向在座的同志们、朋友们，向全国知识界的同志们、朋友们致以节日的祝贺和亲切的问候，感谢大家为我国的改革开放和社会主义现代化建设作出的突出贡献。

江泽民等一边观看演出，一边与同桌的科学家、教育家、艺术家交谈，并亲切地询问他们的工作、生活情况。在欣赏琵琶独奏《灯月交辉》时，江泽民说：“琵琶是我们民族的艺术，我们要弘扬民族艺术。”听到熟悉的《游击队之歌》，江泽民说：“这是不朽之作！”

出席联欢会的还有：李岚清、李铁映、温家宝、雷洁琼、王光英、布赫、宋健、罗干、王兆国、赵朴初、胡绳、钱正英等。

公安部部长陶驷驹签发在全国各地正式施行《城市人民警察巡逻规定》的命令

《规定》对巡警的职责权限、执勤方式、警容风纪等作出了明确规定，以便于巡警依法执勤，履行职责和接受群众监督。

《规定》明确了人民警察在巡逻执勤中应当履行的职责，包括：维护警区内的治安秩序；预防和制止违反治安管理的行为；预防和制止犯罪行为；警戒突发性治安事件现场，疏导群众，维持秩序；参加处理非法集会、游行、示威活动；参加处置灾害事故，维持秩序，抢救人员和财物；维护交通秩序；制止妨碍国家工作人员依法执行职务的行为；接受公民报警；劝解、制止在公共场所发生的民间纠纷；制止精神病人、醉酒人的肇事行为；为行人指路，救助突然受伤、患病、遇险等处于无援状态的人，帮助遇到困难的残疾人、老人和儿童；受理拾遗物品，设法送还失主或送交拾物招领部门；巡察警区安全防范情况，提示沿街有关单位、居民消除隐患；纠察人民警察警容风纪；执行法律、法规规定由人民警察执行的其他任务。

《规定》还明确了人民警察在巡逻执勤中可依法行使以下权力：盘查有违法犯罪嫌疑的人员，检查涉嫌车辆、物品；查验居民身份证；对现行犯罪人员、重大犯罪嫌疑人员或者在逃的案犯,可以依法先行拘留或者采取其他强制措施;纠正违反道路交通管理的行为;对违反治安管理的人,可以依照《中华人民共和国治安管理处罚条例》的规定,执行处罚;在追捕、救护、抢险等紧急情况下,经出示证件,可以优先使用机关、团体和企业、事业单位以及公民个人的交通、通讯工具。用后应当及时归还,并支付适当费用,造成损坏的应当赔偿;行使法律、法规规定的其他职权。

《规定》要求人民警察在巡逻执勤时必须做到:穿着警服,系武装带,佩带枪支、警械和通讯工具;恪尽职守,遵守法律和纪律;严格执法,秉公办事,不得超越或滥用职权;举止规范,文明执勤,礼貌待人。

《规定》提出,人民警察在巡逻执勤中应当接受公民的监督;公民发现人民警察在巡逻执勤中有违法违纪行为的,有权提出控告和检举。

2月25日

中纪委第三次全体会议在北京开幕

全会的主要任务是:以邓小平同志建设有中国特色社会主义理论和党的基本路线为指导,全面贯彻党的十四大和十四届三中全会精神,围绕“抓住机遇,深化改革,扩大开放,促进发展,保持稳定”这个全党工作的大局,按照中央关于深入开展反腐败斗争的要求,回顾总结中央纪委二次全会以来贯彻执行中央关于反腐败斗争近期抓好几项工作的决定的情况,研究部署今年反腐败斗争的任务。

中共中央政治局委员、书记处书记、中央纪委书记尉健行代表中共中央纪律检查委员会常务委员会作题为《深入持久反腐败,为改革、发展和稳定服务》的报告。

中纪委书记尉健行在中纪委第三次全体会议上作报告(节录)

一、(略)

二、这一阶段反腐败斗争的一些思路和做法

经过这一阶段反腐败斗争的实践,充分证明中央关于反腐败的部署是完全正确的。中央提出的指导思想和一系列方针、政策、原则,如:坚持党的基本路线,紧紧围绕经济建设这个中心,为推进改革、开放和发展,维护政治、社会稳定服务;坚持实事求是,严格掌握政策,正确区分和处理两类不同性质的矛盾;重点放在党政领导机关、领导干部和司法部门、行政执法、经济管理部门;从领导干部做起,首先从高级干部做起;严格依法办案,对违法违纪案件,要一查到底,严肃处理;紧紧依靠人民群众开展反腐败斗争,但不搞群众运动;实行惩治腐败与扶持正气相结合等,对保证斗争健康有序地发展,起到了重要的指导作用。这些,今后都需要坚决执行。

这场反腐败斗争,对各级党政干部,对我们纪检监察机关的广大干部是一次锻炼,也是在新形势下如何反对消极腐败现象的一次新的尝试。通过这一阶段的实践,我们对党中央关于开展反腐败斗争的思路和对策,在认识和感受上比以前更深了,并且摸索、总结了一些有效的做法。

(一)反腐败必须从改革、发展和稳定的全局高度来认识和把握。要紧紧围绕经济建设中心,自觉贯彻“两手抓,两手都要硬”的战略方针,抓住妨碍和影响改革、发展和稳定的突出问题,确定反腐败的阶段任务和目标,把反腐败同党中央、国务院的重大改革和建设的决策、措施的实施紧密结合起来。如:针对前段时间股票、房地产等领域出现的问题,规定县(处)级以上领导干部不准买卖股票,并把查处挪用公款炒股、炒地、炒房牟取暴利的行为作为办案的一个重点,打击了一批利用职权,钻法律不健全、管理不完善的空子,追逐非法利益的腐败分子,有效地遏制了以股票、房地产谋私的违法违纪现象,对于建立良好的股票、房地产市场秩序起到了积极的促进作用。实践表明,反腐败不但不影响改革和发展,而为改革和发展提供条件和保证。

(二)反腐败是一项长期的战略任务,不可能毕其功于一役,但又必须有现实紧迫感,一个阶段一个阶段地进行,不断抓出阶段性成果。实践表明,中央决定反腐败在战略上总体规划,战术上分阶段部署,针对一个时期的需要与可能,实事求是地提出明确、具体、经过努力又可以达到的阶段性要求和目标,作为全党全国必须共同完成的任务的思路和做法,是正确的、有效的。从治标入手,通过专项治理集中力量解决几个群众反映强烈、带有普遍性、是非和政策界限容易分清的问题,首先把消极腐败现象蔓延发展的势头遏制住,同时提出治本的要求,逐步解决引发腐败现象的源头和深层次问题,达到标本兼治。这样做,切合实际,容易取得效果,有助于增强广大干部群众反腐败的信心。中央去年提出的廉洁自律五条规定,就是从治标入手,通过自查自纠,先遏制住这几个方面的不正之风,同时,把这五条规定作为领导干部必须遵守的行为规范,起到教育防范的作用,这又具有治本的意义。今后还要根据形势的要求不断作出对领导干部廉洁自律的规定。经过一个时期的探索和实践,形成一套适合我国国情,适应社会主义市场经济要求的党风和廉政建设方面的规范和准则,把反腐败纳入法制轨道。

(三)反腐败要从宏观着眼,坚持中央确定的三项工作的格局。既要坚决打击腐败分子,这主要是依法惩处违法犯罪行为，又要坚决克服各种消极腐败现象，包括纠正行业不正之风，这主要是立足于教育，着眼于防范。而要抓好这两方面的任务，关键又在于各级党政领导干部带头廉洁自律。把每个阶段的三项工作都抓好了，就能取得反腐败斗争的总体效果，就会使斗争一步步地深入。

(四)反腐败不仅要提出阶段性明确具体的任务和目标，还必须加强自上而下和自下而上的监督检查和指导。这次由中央组织有全国人大、全国政协、中央直属机关、中央国家机关，以及民主党派负责人参加的调查组，到各地各部门督促检查和调查研究，及时发现问题，解决问题，推动斗争深入发展，并总结和积累经验，是一个好办法。各单位召开领导干部生活会进行廉洁自律检查，在会前注意征求群众的意见，会上本人对所提意见要有所交待，会后将领导干部廉洁自律检查情况及时向群众通报，接受群众监督，同时组织进行核查。这种把领导干部的自查自纠与组织、群众监督相结合的做法，应当形成制度加以坚持。

(五)反腐败必须全党动员，党政一起抓。各个方面都要按照党中央、国务院的统一部署，上下一起动，打总体战。尤其是各级党政主要领导要认真负起责任，不仅亲自动员和部署工作，更要着力抓贯彻落实。各行各业的领导机关、领导干部不仅要抓好机关自身的反腐败，还要用相当精力指导本行业的反腐败和纠风工作。在反腐败进程中，纪检、法院、检察、监察和各个行政执法监督部门既要各司其职，又要加强相互之间联系和协作，把党纪、政纪、法纪以及经济处罚协调起来，发挥监督部门的整体作用。涉及跨地区、跨部门的重大案件的查办，还必须在更大范围加强协调配合，以利于及时突破案件。反腐败不但要依靠专门机关，各个业务部门都必须加强业务管理和制度建设，强化内部和外部的监督制约机制，及时研究和解决反腐败涉及的深层次问题。

(六)反腐败要有强有力的舆论声势，形成大气候。为了促进反腐败斗争的开展，这一段时间，报刊、广播、电视、文化和教育等部门都加强了对反腐败斗争的宣传教育，扶正气，压邪风，讲艰苦奋斗的多了，宣扬高消费讲究生活享受的有所减少；讲树立正确人生观、价值观的多了，宣扬拜金主义、享乐主义的有所减少；宣传党的好传统好作风和好人好事的多了，宣扬极端个人主义的有所减少，使整个舆论气氛有了比较明显的改变，为反腐败斗争的健康发展提供了较好的舆论环境。

以上这些有效的做法，在今年和今后的反腐败斗争中要继续坚持，并根据新的形势加以充实和发展。

三、关于一九九四年反腐败的任务

今年是全面贯彻党的十四大和十四届三中全会精神，使国民经济持续、快速、健康发展的重要一年，是实现经济体制转轨的关键一年。改革、发展和稳定的任务都十分繁重。反腐败和党风廉政建设必须从全党工作的大局来认识和把握，并服从和服务于这个大局。经济的快速发展和改革的深化，必然涉及各方面的利益调整和思想观念的变化，必然会出现一些新情况、新矛盾，也不可避免地会有一些人，趁改革措施出台之机，钻法规制度、监督管理不健全、不完善的空子，违法违纪谋取私利。在这种形势下，我们更加需要坚定不移地贯彻邓小平同志关于“两手抓，两手都要硬”的战略方针，更加需要坚决、扎实地反对腐败，加强党风和廉政建设，为各项改革措施落实到位，为经济建设的持续、快速、健康发展，为保障政治、社会稳定提供条件和保证。

一九九四年反腐败总的要求是，坚持以邓小平同志建设有中国特色社会主义的理论和党的基本路线为指导，全面贯彻落实党的十四大和十四届三中全会精神，紧紧围绕经济建设中心，把握全党工作的大局，继续贯彻中央关于反腐败斗争的决定，在巩固已有成果的基础上，把反腐败工作深入、持久、更有成效地进行下去。

按照中央的指示，今年反腐败三项工作的大格局不变，但要根据形势特点，赋予三项工作以新的内容。

(一)领导干部廉洁自律方面。

领导干部廉洁自律是反对腐败、加强党风廉政建设的关键。党政机关县(处)级以上领导干部，必须严格执行党中央、国务院关于加强党风廉政建设的各项规定。中央去年提出的廉洁自律的五条规定，要继续狠抓落实。要严格执行《关于党政机关县(处)级以上领导干部廉洁自律“五条规定”的实施意见》及违反规定的处理办法，经调查确有违反“五条规定”行为而自己不作自律检查的，以及在中央关于反腐败斗争近期抓好几项工作的决定发布后，继续违反去年的“五条规定”的，都必须按照有关规定严肃处理。在继续落实去年“五条规定”的基础上，经中央批准，今年再提出和重申以下规定：

1. 不准违反规定购买和更换进口豪华小汽车；不准利用职权向企业、下属单位换车、借车和摊派款项买车；不准用贷款、集资款和专项资金购买供领导干部使用的小汽车；县(市)党政领导机关和单位，凡拖欠职工工资的不准购买小汽车。

2. 不准违反国务院关于住房制度改革的规定压价购买住房；不准利用职权为自己和子女、亲友购买住房提供优惠条件；不准用公款超标准为个人装修住房。

3. 领导干部在国内公务活动中要轻车简从，食宿不准超过当地接待标准；不准为领导干部举办专场舞会。

4. 不准利用本人及家庭成员婚丧嫁娶以及工作调动、过生日、迁新居等机会大操大办，挥霍浪费，更不准动用公款公物操办和借机敛财。

5. 不准利用职权拖欠公款不还；不准借用公款为个人及其亲友买房、建私房和从事营利活动。

上述五条规定，党政机关县(处)级以上领导干部都必须严格执行。中央纪委将商有关部门抓紧制定五条规定的实施办法。各地各部门可以结合实际适当增加一些领导干部廉洁自律的内容，并制定具体的落实措施。

企业事业单位的领导干部也必须廉洁自律、遵纪守法，反对以权谋私、贪污贿赂、挥霍浪费等各种消极腐败现象。

(二)查处案件方面。

抓好查办大案要案的工作，是反腐败斗争深入的一个重要标志。今年要继续坚持以查办党政领导机关、领导干部和司法部门、行政执法部门、经济管理部门及其工作人员的违法违纪案件为重点。要集中力量查办大案要案，着重查处领导干部贪污受贿、以权谋私案件，执法执纪人员徇私舞弊、贪赃枉法、执法犯法、执纪违纪案件，以及法人违法违纪案件。要选择典型案件公布于众，扩大办案的社会效果。

各级党委、政府要加强对办案工作的领导，坚决排除各种阻力和干扰，大力支持纪检监察等机关对重要案件线索的初查工作和对查结案件的处理工作。要严格办案纪律，对瞒案不报、压案不办、阻挠查案以及提供伪证、拒不出证的人员要追究责任。行政执法部门经调查认为构成犯罪的，可请检察机关提前介入，经调查属实的，要及时依法起诉、审理、判决。下级查办有困难的重大案件，上级机关要派人协办或督办。纪检监察机关的领导要亲自查办重大案件。要进一步加强纪检监察机关同司法机关、组织人事部门和行政执法监督部门之间的协调配合，形成办案的整体合力，加大突破大案要案的力度。要进一步加强信访举报工作，充分发挥其提供案源的重要作用。要采取有效措施保护举报人。

(三)纠正行业不正之风方面。

针对群众反映强烈的问题，继续刹风整纪，搞好专项治理。

1. 继续狠刹乱收费的不正之风。在进一步清理整顿、分批公布取消乱收费项目的基础上，把工作的侧重点放在加强督促检查、狠抓落实上。今年还要认真清理党政机关及其工作人员利用职权无偿占用企业的车辆、电脑、通讯等设备归机关或个人使用的问题，清理假借各种名义调用企业的资金充作本单位的小金库或乱发钱物的问题。还要坚决刹住以各种名义向企业索要赞助的歪风。要继续抓好减轻农民负担的工作。

经过初步清理，全国县以上各级政府已取消不符合规定的行政性收费两万七千八百七十三项，但落实的只有一万两千三百一十七项，占百分之四十四点二；部分落实的两千二百五十五项，占百分之八点一；没有落实的一万三千三百零一项，占百分之四十七点七。有的地方乱收费现象甚至有所回潮。其中一个重要原因，是中央提出的对行政性收费、罚没收入实行“收支两条线”问题没有解决。因此，在这一阶段，必须继续贯彻落实中央关于行政性收费、罚没收入实行“收支两条线”管理的规定。有关部门要抓紧制定具体办法并组织实施，加强督促检查，认真抓好落实。这要作为今年狠刹乱收费不正之风的重点工作，务必抓出明显的成效。关于党政机关与所办经济实体脱钩问题，经调查这类经济实体共十三万七千零八十八个，其中已脱钩三万四千四百七十六个，占百分之二十五点一；没有脱钩的十万两千六百一十二个，占百分之七十四点九。这方面还有大量工作要做，应当进一步采取有效措施，狠抓落实。

2. 继续纠正用公款出国(境)旅游的不正之风。中央纪委、监察部等七个部门一九九二年十二月三十日联合发出的关于执行《中共中央办公厅、国务院办公厅关于严禁用公费变相出国(境)旅游的通知》有关问题的意见，对有关政策问题作了说明和规定，各地区和各部门要认真执行，并针对当前存在的突出问题进一步开展专项治理。各地各部门对一九九四年公务出国(境)计划也要从严审批，控制住热门地区的公费出国活动，制止一般性的公务考察和出国培训，坚决把过多过滥的公务出国(境)活动压下来。同时要研究发生用公款出国(境)旅游不正之风的源头，制定相应的政策和管理办法，防止这类问题再次发生。

3. 各地各部门要继续下大力气抓好纠风工作，切实解决一两个突出问题。要实行标本兼治，重视研究解决刹风整纪涉及到的深层次问题。坚持把反腐败斗争、加强党风廉政建设与深化改革紧密结合起来。要加强对党员干部经常性的党风廉政教育，逐步形成制度。各级党政机关要坚持全心全意为人民服务的宗旨，把廉政和勤政紧密结合起来抓。要加快端正党风和加强廉政建设的立法工作，逐步建立并完善党的工作者和国家公务人员的行为规范。各行各业都要重视加强职业道德建设，通过试点逐步建立健全适合自身特点的职业道德行为规范，特别要在执法部门和直接掌管人、财、物的岗位建立起防范以权谋私的监督制约机制，提高干部职工的思想素质和业务素质。

今年的反腐败斗争任务仍然艰巨，有的工作难度大，各级党委、政府和纪检监察机关，都要在把斗争引向深入上、见实效上狠下功夫。无论是提高干部坚持“两手抓，两手都要硬”战略方针的认识，还是执行领导干部廉洁自律的各项规定，落实查处大案要案和纠正行业不正之风的任务，都要在总结已有经验的基础上，研究新的对策，采取更有效的办法，真正把三项任务落到实处，抓得更有成效。

各级纪检监察机关在着重抓好反腐败斗争的同时，今年还要进一步加大执法监察的分量，切实监督民主集中制的贯彻，维护政治纪律的严肃性，保证政令畅通。今年，中央关于建立社会主义市场经济体制的重大改革措施陆续出台，过去已形成的一些利益格局，在改革中将会有所变化，因利益调整而带来的新矛盾、新问题会变得突出起来。能否正确处理好这些矛盾和问题，保证中央决定的贯彻和政令的畅通，关系到能否维护改革、发展和稳定这个大局。各级党委、政府在重大改革措施出台时，要注意研究可能出现的涉及党风和廉政建设方面的问题，提出防范和治理对策，把反腐败同改革发展和稳定的任务统一起来抓。纪检监察机关要紧紧围绕党的十四届三中全会通过的《关于建立社会主义市场经济体制若干问题的决定》，围绕党中央、国务院关于深化改革、发展经济、维护稳定的一系列重大决策措施的贯彻落实，有计划、有重点地开展执法监察。要着重抓好三个方面的工作：一是揭露和查处在财税、金融、外贸、投资、计划体制改革以及企业改革措施的落实过程中发生的有令不行、有禁不止、各行其是、严重违反政治纪律的行为；二是揭露和查处那些弄虚作假、欺上瞒下、干扰改革和发展的行为；三是对失职渎职、严重官僚主义，造成重大经济损失和人身伤亡事故的，必须严肃查处。开展执法监察，要同反腐败、加强党风廉政建设这一重点工作有机地结合起来，同建立和完善规章制度，加强思想政治工作和职业道德建设结合起来，坚持廉政和勤政一起抓，使之相互促进，推动改革开放和经济建设的健康发展。

四、做好今年反腐败工作需要强调的几个问题

今年反腐败的任务十分繁重。为完成好反腐败三项工作，需要强调以下几点：

（一）各级党委、政府要进一步加强对反腐败斗争的领导。今年改革、发展和稳定的任务十分繁重，各级党政主要领导既要抓改革、发展和稳定的工作，又要抓反腐败斗争和党风廉政建设。这就更加需要统筹安排，切实做到“两手抓，两手都要硬”，否则就可能出现顾此失彼，“一手硬、一手软”的现象。还应当看到，新的形势给反腐败和党风廉政建设提出了更高的要求，增加了难度。要做好今年的三项工作，需要狠下功夫；同时上一阶段一些没有落实的工作涉及深层次问题的，解决起来有不少的困难。为了保证今年的反腐败斗争更有成效地进行，要求各级党委和政府把党风廉政建设和反腐败工作继续纳入重要议事日程，切实加强领导。这对于保证斗争取得胜利至关重要。反腐败和加强党风廉政建设的实践，尤其是中央纪委第二次全会以来的工作经验表明，反腐败必须全党动员，党政一齐抓，党政主要领导亲自抓，一级抓一级，层层抓落实。没有各级党委和政府的坚强领导，没有各个业务部门的主动工作，要想把反腐败工作抓出成效是不可能的。各级党政领导机关要把反腐败斗争作为加强党的建设和政权建设的大事，作为保障改革、发展和维护稳定的必要条件，在研究、部署深化改革、经济建设和维护稳定工作的同时，要对反腐败、加强党风廉政建设的工作提出要求，作出部署，做到协调发展。对反腐败工作党政主要领导不仅要亲自动员、部署，而且要狠抓贯彻落实。要进一步建立和完善各级领导干部党风廉政建设责任制，使党政领导干部切实担负起全面的领导责任。

各级党委和政府要继续加强对纪检监察工作的领导。纪检监察机关是加强党风廉政建设和反腐败斗争的一支重要力量，在上一阶段的反腐败工作中发挥了积极的作用。各级党委、政府要继续支持、指导纪检监察机关做好工作，要主动听取汇报，及时掌握纪检监察工作的进展情况和遇到的重大问题，帮助排除各种干扰和解决难题，为纪检监察干部创造和改善必要的工作、生活条件，帮助纪检监察机关更好地履行职能，发挥应有的作用。

（二）要进一步加强对反腐败三项工作落实情况的监督检查。今年反腐败斗争能不能取得明显成效，关键在于中央部署的反腐败三项工作能不能真正得到落实。各级党委、政府要按照逐级负责的原则，采取各种形式，适时组织对贯彻落实中央关于反腐败三项工作情况的检查。检查的主要任务是发现问题，加强指导，总结经验，督促反腐败工作的落实。今年中央将继续组织调查组对省区市和部委的反腐败工作进行检查。各级党委、政府也要按中央要求组织对所辖地区、部门的反腐败工作进行检查，并将检查结果报告上级党委、政府。上一级党委和政府在检查过程中，要及时指导下级党委、政府的反腐败工作，帮助解决困难，排除阻力。对工作不力的，要进行严肃批评，并责令其按要求、按时间完成上一级党委、政府布置的工作。这项监督检查工作要形成制度，长期坚持下去。

纪检监察机关要在各级党委、政府的领导下，充分履行在开展反腐败斗争中的监督检查的职责，发挥好组织、协调和指导的作用。纪检监察机关既是监督部门，又是抓党风廉政建设的综合部门，是各级党委、政

府在这方面工作的参谋和重要助手。根据新形势的需要，纪检监察机关要善于从宏观上着眼，加强与司法机关、组织人事、宣传等部门和政府各个执法监督部门的联系，共同研究落实反腐败三项工作中的重要情况和重大问题，使之既各司其职，又搞好协调配合，以充分发挥监督机关的整体效能，推动反腐败斗争的深入进行。

（三）进一步加强纪检监察机关的自身建设。要继续深入学习《邓小平文选》第三卷。《邓选》第三卷是邓小平同志建设有中国特色社会主义理论的集中体现，是全面执行党的基本路线最好教材和有力武器。《邓选》第三卷的出版发行是全党加强思想理论建设的根本措施。各级纪检监察干部要认真研读原著，掌握精神实质，用邓小平同志建设有中国特色社会主义的理论武装头脑，指导我们的工作。通过学习，不断增强贯彻党的基本路线的自觉性和坚定性，更加坚定不移地执行“两手抓，两手都要硬”的战略方针，善于从全党工作的大局来认识和把握反腐败斗争。同时要认真学习党的十四届三中全会的决定，学习了解社会主义市场经济的知识和有关政策；钻研与纪检监察工作相关的业务知识，开阔视野，增强本领。

要加强各级纪检监察机关的领导班子建设，严格执行民主集中制，增强领导班子的团结，提高战斗力。纪检监察干部，特别是领导干部要深入到改革开放和经济建设的第一线，加强调查研究，重点是围绕反腐败斗争，弄清情况，提出对策，指导三项工作的落实。同时从理论和实践的结合上研究和探索在建立社会主义市场经济体制新形势下开展反腐败斗争、加强党风廉政建设的特点、思路和对策。

要加强党纪条规和监察法规建设，重点是围绕反腐败斗争三项工作，及时研究制定有关政策和实施办法，以推进和保障三项工作的落实，同时要做好其他法规的起草工作。要继续加强党风廉政教育和反腐败舆论宣传工作，大力宣传廉洁奉公、勤政为民的模范人物和先进集体，弘扬党的优良传统和作风，增强广大党员、干部抵御腐朽思想侵蚀的能力和反对腐败的信心。要加强纪检监察的信息和统计工作，及时反映反腐败斗争中的新情况、新问题、新经验，完善统计制度，加强动态分析，为更有成效地开展反腐败斗争提供条件和决策依据。

纪检监察机关担负的任务十分繁重，在机构改革中，需要加强纪检监察机关，而不能削弱。要总结纪检监察机关合署以来的实践经验，进一步在体制、机构、运行机制以及工作程序和业务分工等方面理顺关系，该调整的要调整，该改革的要改革，使机关的组织建设、业务建设更有利于反腐败和充分发挥纪检监察两项职能。

要进一步加强纪检监察队伍的思想作风建设。广大纪检监察干部要继续发扬无私奉献、艰苦奋斗的优良作风和忠于职守、勤奋工作的敬业精神，始终坚持全心全意为人民服务的宗旨，真心实意地依靠群众，深入实际，勇于探索，解放思想，实事求是，全面发挥职能作用，创造性地开展工作。

同志们，今年是贯彻党的十四届三中全会决定，使我国经济继续保持好的发展势头的重要一年，是实现经济体制转轨的关键一年，任务十分繁重。纪检监察机关广大干部肩负光荣而神圣的使命，面临着经受锻炼的良好机遇。广大纪检监察干部一定要以高度的政治责任感，在邓小平同志建设有中国特色社会主义理论和党的基本路线的指引下，紧密团结在以江泽民同志为核心的党中央周围，克服困难，努力工作，为深入、持久、更有效地开展反腐败斗争、加强党风廉政建设，为促进经济发展、推动改革开放和维护政治稳定作出积极的贡献。

共青团中央发出通知要求各地团组织组织青年志愿者开展学雷锋奉献日活动

新华社香港分社副社长张浚生在香港东区各界协会举办的“香港前景问题”讲座上就香港前景问题发表演讲

张浚生分析中国政府确保香港平稳过渡的五种有利因素：

首先，中国恢复对香港行使主权是顺应潮流、合理合法、并得到香港同胞在内的所有炎黄子孙广泛支持的正义事业。在中华民族历经劫难，如今屹立于世界民族之林的历史大背景下，中国洗雪民族百余年耻辱，堪称大快人心之举。中华民族盼统一、求富强的意愿是任何力量也阻挡不了的。

其次，中国政府宣布的一系列对香港的方针政策是完全正确的，这些政策的基本点是1997年恢复对香港行使主权后，按照“一国两制”的方针实行港人治港、高度自治。这些方针都通过基本法，用法律的形式确定下来。十多年来，中国政府始终如一地坚守这些政策，既不为国内外各种因素而动摇，也不因英方的背信弃义所改变，使香港在迄今为止的过渡期内基本保持社会稳定，经济发展，从而人心安定，移民也大量回流。绝大多数港人和外来投资者都对香港继续保持繁荣安定充满信心。

第三，经济的稳定增长是香港平稳过渡的基础。随着内地改革开放的不断深入和扩大，内地与香港之间的经济联系越来越紧密，香港作为内地与国际市场之间的桥梁和纽带的作用也发挥得越来越充分。现在，香港与内地的经济已经融为一体，内地经济保持持续快速健康的发展，香港就将继续受惠。

第四，经过近几年的风风雨雨，港人对祖国的归属感和认同感逐步增强，从来没有像现在这样深切地把国家前途和自己的切身利益联系在一起，从来没有像现在这样以当家作主的姿态关心和参与社会事务，支持平稳过渡。他指出，爱国力量在香港政治生活和社会事务中的影响逐渐扩大，稳定的因素日益增强。如果有人胆敢冒天下之大不韪，在香港制造大的混乱，港人是绝不会答应的。

第五，英方改变对香港的政策，使中英两国的互信合作关系受到严重破坏，从而损害香港，也损害英国的自身利益，理所当然地遭到越来越多的香港乃至英国有识之士的不满和反对。正义在中方一边，人心在中方一边，时间也在中方一边。香港平稳过渡的各种积极因素正在逐渐扩大，最终的主动权在我们手里，香港的前途充满光明。

国务院总理李鹏签署国务院第 148 号令发布《中华人民共和国外资金融机构管理条例》

《中华人民共和国外资金融机构管理条例》已经 1994 年 1 月 7 日国务院第十四次常委会议通过，现予发布，自 1994 年 4 月 1 日起施行。

总理 李　鹏

1994 年 2 月 25 日

中华人民共和国外资金融机构管理条例

第一章 总　则

第一条　为了适应对外开放和经济发展的需要，加强和完善对外资金融机构的管理，制定本条例。

第二条　本条例所称外资金融机构，是指依照中华人民共和国有关法律、法规的规定，经批准在中国境内设立和营业的下列金融机构：

(一)总行在中国境内的外国资本的银行(以下简称外资银行)；

(二)外国银行在中国境内的分行(以下简称外国银行分行)；

(三)外国的金融机构同中国的金融机构在中国境内合资经营的银行(以下简称合资银行)；

(四)总公司在中国境内的外国资本的财务公司(以下简称外资财务公司)；

(五)外国的金融机构同中国的金融机构在中国境内合资经营的财务公司(以下简称合资财务公司)。

设立外资金融机构的地区，由国务院确定。

第三条　外资金融机构必须遵守中华人民共和国法律、法规，不得损害中华人民共和国的社会公共利益。

外资金融机构的正当经营活动和合法权益受中华人民共和国法律保护。

第四条　中国人民银行是管理和监督外资金融机构的主管机关；外资金融机构所在地区的中国人民银行分支机构对本地区外资金融机构进行日常管理和监督。

第二章 设立与登记

第五条　外资银行、合资银行的最低注册资本为 3 亿元人民币等值的自由兑换货币；外资财务公司、合资财务公司的最低注册资本为 2 亿元人民币等值的自由兑换货币；其实收资本不低于其注册资本的 50%。

外国银行分行应当由其总行无偿拨给不少于 1 亿元人民币等值的自由兑换货币的营运资金。

第六条　设立外资银行或者外资财务公司，申请者应当具备下列条件：

(一)申请者为金融机构；

(二)申请者在中国境内已经设立代表机构 2 年以上；

(三)申请者提出设立申请前 1 年年末总资产不少于 100 亿美元；

(四)申请者所在国家或者地区有完善的金融监督管理制度。

第七条　设立外国银行分行，申请者应当具备下列条件：

(一)申请者在中国境内已经设立代表机构 2 年以上；

(二)申请者提出设立申请前 1 年年末总资产不少于 200 亿美元；

(三)申请者所在国家或者地区有完善的金融监督管理制度。

第八条　设立合资银行或者合资财务公司，申请者应当具备下列条件：

(一)合资各方均为金融机构；

(二)外国合资者在中国境内已经设立代表机构；

(三)外国合资者提出设立申请前 1 年年末总资产不少于 100 亿美元；

(四)外国合资者所在国家或者地区有完善的金融监督管理制度。

第九条　设立外资银行或者外资财务公司，应当由申请者向中国人民银行提出书面申请，并提交下列资料：

(一)设立外资银行或者外资财务公司的申请书，其内容包括：拟设外资银行或者外资财务公司的名称，注册资本和实收资本额，申请经营的业务种类等；

(二)可行性研究报告；

（三）拟设外资银行或者外资财务公司的章程；

（四）申请者所在国家或者地区有关主管当局核发的营业执照（副本）；

（五）申请者最近3年的年报；

（六）中国人民银行要求提供的其他资料。

第十条 设立外国银行分行，应当由外国银行总行向中国人民银行提出书面申请，并提交下列资料：

（一）法定代表人签署的申请书，其内容包括：拟设外国银行分行的名称，总行无偿拨给的营运资金数额，申请经营的业务种类等；

（二）申请者所在国家或者地区有关主管当局核发的营业执照（副本）；

（三）申请者最近3年的年报；

（四）中国人民银行要求提供的其他资料。

第十一条 设立合资银行或者合资财务公司，应当由合资各方共同向中国人民银行提出书面申请，并提交下列资料：

（一）设立合资银行或者合资财务公司的申请书，其内容包括：拟设合资银行或者合资财务公司的名称，合资各方名称，注册资本和实收资本额，合资各方出资比例，申请经营的业务种类等；

（二）可行性研究报告；

（三）合资经营合同及拟设合资银行或者合资财务公司的章程；

（四）申请者所在国家或者地区有关主管当局核发给合资各方的营业执照（副本）；

（五）合资各方最近3年的年报；

（六）中国人民银行要求提供的其他资料。

第十二条 本条例第九条、第十条、第十一条所列资料，除年报外，凡用外文书写的，应当附有中文译本。

第十三条 中国人民银行对设立外资金融机构的申请初步审查同意后，发给申请者正式申请表。申请者自提出设立申请之日起满90日未接到正式申请表的，其设立申请即为不予受理。

第十四条 申请者应当自接到正式申请表之日起60日内将填写好的申请表连同下列文件报中国人民银行审批：

（一）拟设外资金融机构主要负责人名单及简历；

（二）对拟任该外资金融机构主要负责人的授权书；

（三）设立外国银行分行的，其总行对该分行承担税务、债务的责任担保书；

（四）中国人民银行要求提供的其他文件。

第十五条 外资金融机构自接到中国人民银行批准文件之日起30日内，应当筹足其实收资本或者营运资金，并调入中国境内，经中国注册会计师验证后依法向工商行政管理机关办理登记，并依法自开业之日起30日内向税务机关办理税务登记。

第十六条 外资金融机构自中国人民银行审查批准之日起30日内，应当向国家外汇管理局领取《经营外汇业务许可证》。

第三章 业务范围

第十七条 外资银行、外国银行分行、合资银行按照中国人民银行批准的业务范围，可以部分或者全部经营下列种类的业务：

（一）外汇存款；

（二）外汇放款；

（三）外汇票据贴现；

（四）经批准的外汇投资；

（五）外汇汇款；

（六）外汇担保；

（七）进出口结算；

（八）自营和代客户买卖外汇；

（九）代理外币及外汇票据兑换；

（十）代理外币信用卡付款；

（十一）保管及保管箱业务；

（十二）资信调查和咨询；

（十三）经批准的本币业务和其他外币业务。

第十八条 外资财务公司、合资财务公司按照中国人民银行批准的业务范围，可以部分或者全部经营下列种类的业务：

（一）每笔不少于10万美元，期限不少于3个月的外汇存款；

（二）外汇放款；

（三）外汇票据贴现；

（四）经批准的外汇投资；

（五）外汇担保；

（六）自营和代客户买卖外汇；

（七）资信调查和咨询；

（八）外汇信托；

（九）经批准的本币业务和其他外币业务。

第十九条 本章所称外汇存款，是指以外币表示的下列存款：

（一）中国境内、境外同业存款；

（二）中国境外非同业存款；

（三）中国境内外国人的存款；

（四）华侨和香港、澳门、台湾同胞的存款；

（五）外商投资企业存款；

（六）外资金融机构对非外商投资企业放款的转存款；

（七）经批准的其他外汇存款。

第二十条 本章所称外汇汇款，是指境外汇入汇款和境内外商投资企业、外国人、华侨以及香港、澳门、台湾同胞的汇出汇款。

第二十一条 本章所称进出口结算，是指外资银行、外国银行分行、合资银行办理的外商投资企业的进出口结算和经批准的非外商投资企业的出口结算以及放款项下的进口结算。

第四章 监督管理

第二十二条 外资金融机构的存款、放款利率及各种手续费率，由外资金融机构按照中国人民银行的有关规定确定。

第二十三条 外资金融机构经营存款业务，应当向所在地区的中国人民银行分支机构缴存存款准备金，其比率由中国人民银行制定，并根据需要进行调整。存款准备金不计付利息。

第二十四条 外国银行分行的营运资金的 30％应当以中国人民银行指定的生息资产形式存在，包括在中国人民银行指定的银行的存款等。

第二十五条 外资银行、合资银行、外资财务公司、合资财务公司的总资产不得超过其实收资本加储备金之和的 20 倍。

第二十六条 外资银行、合资银行、外资财务公司、合资财务公司对 1 个企业及其关联企业的放款，不得超过其实收资本加储备金之和的 30％，但是经中国人民银行特许的除外。

第二十七条 外资银行、合资银行、外资财务公司、合资财务公司的投资总额不得超过其实收资本加储备金之和的 30％，但是经中国人民银行批准投资于金融机构的除外。

第二十八条 外资银行、合资银行、外资财务公司、合资财务公司的固定资产不得超过其实收资本加储备金之和的 40％。

第二十九条 外资金融机构应当确保其资产的流动性。具体办法由中国人民银行另行制定。

第三十条 外资金融机构从中国境内吸收的存款不得超过其总资产的 40％。

第三十一条 外资金融机构应当按照规定计提呆账（坏账）准备金。

第三十二条 外资银行、合资银行、外资财务公司、合资财务公司的实收资本低于注册资本的，必须每年从其税后利润中提取 25％予以补充，直至其实收资本加储备金之和等于其注册资本。

第三十三条 外资金融机构应当聘用至少 1 名中国公民为高层管理人员。

第三十四条 外资金融机构应当聘用中国注册会计师，并经所在地区的中国人民银行分行认可。

第三十五条 外资金融机构有下列情况之一的，须经中国人民银行批准，并依法向工商行政管理机关办理有关登记：

（一）设立分支机构；

（二）调整、转让注册资本，追加、减少营运资金；

（三）变更机构名称或者营业场所；

（四）更换高层管理人员。

第三十六条 外资金融机构应当按照规定向中国人民银行及其有关分支机构报送财务报表和有关资料。

第三十七条 中国人民银行及其有关分支机构有权检查、稽核外资金融机构的经营管理和财务状况。

第五章 解散与清算

第三十八条 外资金融机构自行终止业务活动，应当在距终止业务活动 30 日前以书面形式向中国人民银行提出申请，经中国人民银行审查批准后予以解散并进行清算。

第三十九条 外资金融机构无力清偿到期债务的，中国人民银行可以责令其停业，限期清理。在清理期限内，已恢复偿付能力、需要复业的，必须向中国人民银行提出复业申请；超过清理期限，仍未恢复偿付能力的，应当进行清算。

第四十条 外资金融机构因解散、依法被撤销或者宣告破产而终止的，其清算的具体事宜，参照中国有关法律、法规的规定办理。

第四十一条 外资金融机构清算终结，应当在法定期限内向原登记机关办理注销登记。

第六章 罚　则

第四十二条 违反本条例第二章的规定，未经批准擅自设立外资金融机构的，由中国人民银行予以取缔，没收其非法所得，并可以处 5 万元至 10 万元人民币等值外汇的罚款。

第四十三条 外资金融机构违反本条例第三章的规定，超越批准的业务范围从事经营的，由中国人民银行或其有关分支机构责令其停止所超越部分的经营活动，没收其超越部分的非法所得，并可以处 1 万元至 5 万元人民币等值外汇的罚款。

第四十四条 外资金融机构违反本条例第四章的有关规定从事经营的，中国人民银行或其有关分行有权责令其纠正、调整业务或者补足有关资金，并可以处 5000 元至 3 万元人民币等值外汇的罚款。

第四十五条 外资金融机构违反第四章的有关规定，未按期报送财务报表和有关资料的，由中国人民银行或其有关分支机构予以警告、通报，责令限期补报，并可以处 3000 元至 2 万元人民币等值外汇的罚款。

第四十六条 外资金融机构违反本条例，除依照本章第四十三条、第四十四条、第四十五条的有关规定予以处罚外，情节严重的，中国人民银行可以责令其停业直至吊销其营业许可证。

第四十七条 外资金融机构违反中华人民共和国其他法律、法规的，由有关主管机关依法处理。

第七章 附 则

第四十八条 香港、澳门和台湾的金融机构在境内设立和营业的金融业务机构，比照适用本条例。

第四十九条 对外国金融机构驻华代表机构的管理办法，由中国人民银行另行制定。

第五十条 本条例由中国人民银行负责解释；实施细则由中国人民银行制定。

第五十一条 本条例自 1994 年 4 月 1 日起施行。1985 年 4 月 2 日国务院发布的《中华人民共和国经济特区外资银行、中外合资银行管理条例》和 1990 年 9 月 7 日国务院批准、1990 年 9 月 8 日中国人民银行发布的《上海外资金融机构、中外合资金融机构管理办法》同时废止。

中国证监会发言人就证券市场的若干政策问题向首都新闻界发表谈话

发言人说，经过证监会与国家计委的充分协商，今年股票发行规模 55 亿元的初步分配方案业已确定。中国证监会将根据企业改变经营机制后是否真正达到上市公司标准、股票市场的承受能力及其变化情况，适当控制新股发行节奏，并分别选择不同时机，正式下发分配方案，受理企业申请公开发行股票的复审材料，批准企业向社会公开发行股票，批准企业将已公开发行的股票到证券交易所上市交易。今年的新股发行不排除由于市场变化而将一部分或相当一部分发行规模结转下年，各地已获得的股票发行规模继续有效。

在谈到深圳证券交易所 2 月 23 日发出“深交所暂停新股上市”公告的问题时，证监会发言人表示，证券交易所可以根据《股票发行与交易管理暂行条例》和《证券交易所管理暂行办法》的规定，在其职权范围内，对股票上市具体时间做出具体安排，事先无须向中国证监会请示。公告的内容符合国务院证券委关于 1994 年股票发行要“视股票市场情况适时推出”的原则。

证监会发言人在就国家体改委、国务院证券委发布的《关于社会募集股份有限公司向职工配售股份的补充规定》问题转达国家体改委有关负责同志的说明时说，社会募集公司在国家批准的股票发行额度内可按不超过 10% 的比例向职工配售股份，本公司职工均可以购买一定数量股票，而社会个人要通过购买认购表或存款方式采用抽签的方法才能购买到股票，两种购买股票的机遇不均等。因此，在所购股票上市时间上应拉开一定距离，《补充规定》以距本次发行股票后推迟 6 个月上市转让的时间差加以平衡，拉开档次。

定向募集股份有限公司转为社会募集公司时，在国家没有新的规定前，其过去已经发行的内部职工股，可以按不超过国家批准的股票发行额度 10% 的比例转为社会公众股。其上市时间从股份配售之日起，满 3 年后才能上市转让。超过 10% 比例的部分仍按内部职工股处理，不转让，不交易，只参与分红。

共青团中央国家经贸委劳动部联合发出《关于开展争做青年岗位能手活动的通知》

日前，共青团中央、国家经贸委、劳动部联合发出通知，要求各地在企业青年职工中广泛开展争做青年岗位能手活动。

《通知》指出，青年岗位能手是指年龄在 35 岁以下，有优良的思想品德和职业道德，敬业爱岗，熟练掌握本岗位各项业务技能和理论知识，能够优质并超额完成本岗位各项年度考核指标，创造了较好经济效益的企业青年职工。这项活动是实施“跨世纪青年人才工程”的一项重要内容。

《通知》指出，今后一个时期总体目标是：在企业普遍开展活动的基础上，使多数青工成为技术熟练、作风过硬的各级青年岗位能手，同时造就一大批“品德优良、技能精湛、贡献突出”的优秀青年人才。拟每年表彰命名 100 至 200 名全国青年岗位能手，10 名全国杰出青年岗位能手。

《通知》要求，各地要抓住全面提高青工素质关键环节，以规范标准、组织活动、建立机制为内容，认真组织实施。要结合企业内部经济责任制，层层制定青工岗位能手考核标准，严格考核认定；要采取多种形式，广泛组织岗位培训、拜师学艺、操作练兵、示范表演、技能竞赛，切实深化青工“五小”等群众性活动；要制定奖励政策并纳入企业管理序列，建立活动的保障机制。

《通知》提出了 1994 年青年岗位能手活动的实施意见，并决定今年 9 月为全国青工技能月。要求各地认真抓好试点，总结经验，逐步在面上推开；以技能月为契机，积极开展“跨世纪与青工技能”大型宣传、青年岗位能手巡回示范表演、青年岗位能手为社会志愿服务等以青年岗位能手为主题的系列活动，首批表彰 10 名杰出青年岗位能手和 100 名全国青年岗位能手。初步建立起青年岗位能手培养、评价、奖励的工作机制。

日本明仁天皇在皇宫会见国务院副总理朱镕基

明仁天皇说，听说朱镕基副总理两天来会见日本官民各界人士，为推进日中友好取得积极成果，我对此感到高兴。

朱镕基副总理向天皇转达江泽民主席和李鹏总理

的亲切问候和良好的祝愿。天皇表示感谢,并请朱镕基副总理回国后向江泽民主席等中国领导人转达他的问候。天皇陛下愉快地回忆起前年访问中国的情景。他说,我访华时还去了西安和上海。在上海,我看到了中国经济迅速发展的情况,印象深刻。朱镕基副总理向天皇陛下介绍中日关系,特别是中日经贸关系迅速发展的情况。天皇对中日关系迅速发展表示高兴。

中国驻日本大使徐敦信会见时在座。

国家主席江泽民在人民大会堂分别接受安哥拉等四国新任驻中国大使递交的国书

他们是:安哥拉驻华大使曼努埃尔·贝尔纳多·德索萨、科特迪瓦驻华大使阿诺·科菲·帕特里斯、伊朗驻华大使赛义德·侯赛因·米尔法哈尔和泰国驻华大使沙瓦尼·空西里。

国家主席江泽民在人民大会堂会见瑞典爱立信公司总裁拉斯·兰奎斯特

国务院总理李鹏在中南海会见美国摩根一士丹利集团公司总裁约翰·麦克

李鹏说,随着经济的发展,中国对石油、电力、交通和通讯等方面的需求将日益增大,欢迎外商对这些基础产业项目进行投资。

李鹏说,中国今后除继续利用国际金融机构、政府贷款、出口信贷和商业贷款等资金外,还将通过证券市场筹集更多的建设资金。

李鹏说,中国愿意与世界上知名的、实力雄厚且享有良好信誉的证券和投资公司建立和加强联系,并进行长期合作。他希望摩根公司在这方面发挥更大的作用。

李鹏说,中国的投资环境越来越好,它将通过一系列法律和法规来保障外国投资者的合法权益。

约翰·麦克在向李鹏介绍摩根公司开展跨国业务的情况后说,他的公司十分重视中国大陆和香港的市场。他说,香港的发展离不开中国大陆,而香港又是摩根公司同中国大陆进行合作的桥梁。

约翰·麦克说,摩根公司拥有为大型工程融资的经验和专业知识,公司愿意为中国的三峡工程和其他基础产业的建设作贡献。

电力部部长史大桢和国家证券监督管理委员会主席刘鸿儒等会见时在座。

国家副主席荣毅仁在人民大会堂会见土库曼斯坦大国民议会议长穆拉多夫·萨哈特·涅佩索维奇

国务院副总理兼外交部部长钱其琛在达卡会见孟加拉国外交部部长穆斯塔菲兹·拉赫曼

国务院副总理朱镕基在东京出席日本国际贸易促进协会成立40周年午餐会

朱镕基发表即席讲话。朱镕基说,日本国际贸易促进协会成立以来,40年如一日,为促进中日友好,推动经贸合作,加深日本朝野人士与中国的接触与交流作出了宝贵贡献。中国政府和人民高度评价日本国贸促所起的重要作用。

朱镕基强调,当前的形势为中日两国进一步发展友好合作关系提供历史性机遇。中国经济的发展,市场经济改革的成功必将推动中日合作达到新水平。朱镕基希望日本国贸促的新老朋友与中方一道,共同为此作出不懈的努力。朱镕基的讲话受到与会的近百名日本经济界人士的欢迎。

晚上,朱镕基在东京出席日中友好六团体举行的晚餐会。

国务院副总理朱镕基在日本记者俱乐部举行记者招待会

当记者问及中国方面希望中日经贸关系在哪些方面发展时,朱镕基说,在中国经济快速发展的过程中,中日两国之间的合作十分重要。我们一向重视这种合作,并予以大力推进。去年,中日贸易额创纪录,达到了390亿美元。然而,从两国合作的潜力来看,390亿美元这个数字太小了,发展到3900亿美元还差不多。近几年来,中日贸易出现了一个新特点,即日本对中国的技术出口增加。去年日本对华技术出口已占我国技术进口总量的28%,在向我国出口技术的国家中居第一位。这是一个十分重要的进展。过去日本是以出口商品为主,转让技术不多,现在通过同中国企业合资、合作经营,转让技术,共同开拓市场。这样,既加快了日本技术的更新,又增强了在国际市场上的竞争力,在这方面,中日两国之间是很好的合作伙伴,不是竞争对手。这有利于中国,也有利于日本经济的振兴。转让技术,这就是我向日本经济界发出的信息。

在谈及台湾当局的"度假外交"时,朱镕基说,对此我们是坚决反对的。中国外交部已经向有关国家提出了抗议。由于历史的原因,台湾问题是中日关系中一个十分敏感的问题。我相信,日本政府会严格遵守中日联合声明所确定的原则,不会做违背这些原则、伤害中国人民感情的事。

有记者问,根据日本的经验,随着日本经济的发展,日元不断升值。人民币是否会升值,并成为可兑换货币?朱镕基说,日元升值有外来因素。我们不希望日元升值，因为这会增加我们偿还日元债务的负担。去年人民币汇率一度波动较大。但从去年 7 月开始，在政府采取宏观调控措施后，人民币汇率迄今是稳定的。我相信会继续稳定下去。今年我国实行汇率并轨，在经常项目下，实行有管理的可兑换。我相信，在不太久远的将来，人民币将会成为可完全兑换的货币。

在谈及 1997 年后，包括日本在内的外国投资者在香港的利益是否会受到影响时，朱镕基说，中国一定要在 1997 年 7 月 1 日恢复对香港行使主权。届时，香港将成为我国的一个特别行政区，按香港基本法行事。根据一国两制的原则，香港现行的资本主义制度不变。中国政府有能力保持香港长期的繁荣和稳定。包括日本在内的外国商人在香港的利益不会受到影响。如果说有什么影响的话，那就是随着香港更加繁荣，外国商人、投资者在香港将会获取更多的赚钱机会和利润。

中越陆地边界联合工作组在河内签署首轮会谈纪要

会谈中，双方就中越陆地边界工作组的工作内容和程序达成协议，并决定第二轮会谈在北京举行。

越南外交部副部长武宽下午会见中方工作组全体成员。中国驻越南大使张青参加会见。

中葡联合联络小组三大问题工作小组第十一次会议在澳门举行

双方就解决澳门过渡期公务员、法律本地化以及中文的官方地位三大问题进行磋商。

全军纪检工作会议在北京召开

会议主要总结分析军队 1993 年，特别是贯彻党中央、中央军委反腐倡廉工作部署以来的情况和经验，研究部署 1994 年军队反对腐败加强党风廉政建设的工作。军委纪委书记、总政治部副主任周子玉作工作报告。

中共中央政治局常委、中央军委副主席刘华清在会上讲话。

张震、迟浩田、张万年、傅全有等出席会议。

国务院批转国家科委中国科学院《关于建立中国工程院有关问题的请示》并发出通知

各省、自治区、直辖市人民政府，国务院各部委、各直属机构：

党中央、国务院批准国家科委、中国科学院《关于建立中国工程院有关问题的请示》，现转发给你们，请配合实施。

中国工程院将实行院士制度，是我国工程技术界的最高荣誉性、咨询性学术机构。中国工程院院士，是国家设立的工程技术方面的最高学术称号，必须从已作出重大成就和贡献的优秀工程技术专家中选举产生。第一批中国工程院的院士，根据统一的标准和条件，经过一定遴选程序，报请国务院批准，由中国工程院聘任。

同时决定，中国科学院学部委员改称为中国科学院院士。

现经党中央、国务院批准成立了以宋健同志为组长的中国工程院筹备领导小组，负责组织和协调建院的筹备工作。中国工程院建立后隶属国务院，为国务院的直属事业单位，其办事机构挂靠国家科委。中国工程院的人员编制和事业经费，由中央机构编制委员会和财政部分别审核商定。

党中央、国务院希望，中国工程院成立后，要广泛团结全国工程技术专家和科学家，同心同德，开拓进取，为加速我国基础工程建设，增强综合国力，提高国际竞争能力，为实现四个现代化，把我国建设成为一个伟大的社会主义强国而努力作出贡献。

国务院

1994 年 2 月 25 日

关于建立中国工程院有关问题的请示

国务院并党中央：

近年来，我国科学家、工程技术专家和有关人士，曾多次提出建立中国工程院问题。

全国政协七届五次会议和中国科学院第六次学部委员大会期间，不少政协委员、学部委员和工程技术专家，又先后提出提案和建议。党中央和国务院领导同志十分重视这一建议。曾就建立中国工程院问题，多次作过批示。根据中央和国务院领导同志的批示精神，组成了专家研究小组，经过广泛调查研究，听取各方面人士和有关产业部门的意见，进行反复酝酿和讨论，形成工程院的初步组建方案。现就建立中国工程院的有关问题报告如下。

一、关于建立中国工程院的必要性

进入 20 世纪以来，工程技术以前所未有的速度和规模迅猛发展，在促进经济和社会发展中显示了巨大推动力，越来越为各国科技界和决策层所重视，纷纷采取措施以强化工程技术的地位和作用。国际上已成立了（国际）工程技术科学院理事会，我国曾六次应邀派中国科学院技术科学部学部委员列席该理事会，并于 1990 年正式以中国科学院技术科学部的名义，申请加入该组织，但因我技术科学部不是独立的学术机构等原因，未被接纳。成立独立的中国工程院，将有利于我国与国际工程科学技术界的学术交流。

从国内工程技术界的情况看，几十年来，我国广大工程科技人员发扬爱国主义和自力更生精神，在各自的岗位上，为国民经济的发展和国防建设作出了卓越贡献,成长起一大批优秀的工程技术专家和工程师。党和政府一向重视工程技术的作用,早在 50 年代批准建立中国科学院学部时,就设立了技术科学部。到目前,技术科学部的学部委员人数虽有较大幅度增加,专业覆盖面逐渐扩大,但是,由于总名额所限,以及科学与工程技术的特点和要求各有侧重等原因,许多工程技术界的优秀专家仍未能当选。

根据我国的实际情况和发展战略目标,在今后数十年内,努力提高工程技术水平和研究、设计、建造能力,将是我国面临的战略性任务。为此,大家一致认为,在我国建立一个以工程技术专家为主体的独立的最高荣誉性、咨询性的学术机构,对进一步提高工程技术界的社会地位,广泛调动工程技术人员的积极性,并发挥其整体作用,加速我国的基础工程建设,提高综合国力,增强国际竞争能力,将产生直接的重大影响。

二、关于组建中国工程院的一些原则

(一)关于名称

根据我国科技体制发展的历史和现状,同时考虑大多数工程技术专家的意见,建议我国采用"中国工程院"这一名称。用此名称,既能简洁明了地突出工程技术的主体地位,又能反映我国主要科学技术机构分工的特点。此外,工程院这一名称,在国际交往中,也易于相互理解。

(二)关于中国工程院的性质和作用

根据我国目前和长远发展情况,参照各国类似机构的宗旨,中国工程院应是一个由我国工程技术专家组成的工程技术界的最高荣誉性、咨询性学术机构。工程院不具有行政的管理和决策职能,其主要任务是:接受政府委托,对重大工程技术规划、计划和方案等提供咨询;研究、讨论重大工程技术的发展问题,提出建议;团结全国工程技术专家,推动"经济建设必须依靠科学技术、科学技术工作必须面向经济建设"方针的贯彻与落实;开展学术交流并代表我国工程技术界参加相应国际组织的活动,促进工程技术领域的广泛合作。

(三)关于中国工程院成员的称谓

讨论和征求意见过程中,大家认为中国工程院成员的称谓,以称院士为好,这既与其荣誉性质相符合,又便于国际联系,有利交流。同时建议,中国科学院学部委员亦改称为中国科学院院士。从目前我国科技实力和对外影响等方面情况看,学部委员改称为院士,条件已经成熟,时机是有利的,而且这也是长期以来全国科技界的普遍呼声。

(四)关于中国工程院与中国科学院(学部)的关系

中国工程院建立后,它与中国科学院(学部)是互不隶属、工作上各有侧重而独立存在的两个最高学术机构,根据各自不同的特点发挥作用。同时,许多科学家、工程技术专家提出,工程院建立后,一定要注意工程技术与科学的密切结合,避免理工截然分家;要注意体现现代科学技术相互渗透、综合交叉的特点,以有利于我国科学技术事业和经济、社会的整体协调发展。为此,采取相应措施,保持两院的有机联系是十分重要的,如:在两院院士中,根据各自的标准和规定程序,允许少数成员交叉当选,兼有两个称号;两院院士在开展重大咨询工作和承担其他任务时,可根据需要,组织联合活动,便于交流和互补。

(五)关于中国工程院院士的标准和条件

中国工程院院士,作为国家在工程技术方面的最高学术称号,必须经过严格的程序,由选举产生。其标准和条件应与中国科学院院士各有侧重,对工程院院士应特别注意其在工程技术方面的贡献和应用成就。

凡在工程技术领域作出重大的、创造性的成就和贡献,热爱祖国,学风正派的高级工程师、研究员、教授或同等职称的工程技术专家、学者,可被推荐当选为中国工程院院士。其中,"重大的、创造性的成就和贡献",主要是指:在某工程技术领域,取得重要研究成果和有重大发明创造;或在重大工程设计和建设中,创造性地解决工程技术问题有重大贡献;或为某重要工程技术领域的奠基者和开拓者;或在工程技术应用方面,成绩卓著者。

(六)关于中国工程院第一批院士的产生及以后的增选制度

参照我国首批学部委员和各国第一批院士产生的做法,中国工程院第一批院士可根据确定的标准和条件,按照一定程序,经过提名、协商和遴选,由筹备领导小组提出 100 人左右的拟聘名单(其中含 30 名工程背景比较强的现中国科学院学部委员),报请国务院批准后,以中国工程院名义聘任。在中国工程院成立大会上颁发院士证书,履行聘任手续。以首批院士为基础,随即在全国范围内按规定程序,再增选一批(300 名左右)工程院院士;尔后,每两年增选一次。到本世纪末,工程院院士的总人数,将达到比中国科学院院士总人数更多一些。

在第一批工程院士拟聘名单中,来自产业部门的不少于三分之二,年龄在 65 岁以下的不少于二分之一。此后的增选中,60 岁以下的应不少于二分之一。

为保持工程院的活力和维护老年学者的健康,同时鉴于国务院 1990 年在批准增选中国科学院学部委员时,已提出过实行名誉学部委员制度,为此,工程院建立后,即实行名誉院士制度。具体做法是,从召开第二次院士大会起,凡年龄达到 80 周岁的院士,自动转为名誉院士。对于少数德高望重,作出过卓越贡献的工程技术专家,也可直接授予工程院名誉院士称号。

中国科学院学部委员改称院士后,亦照此实行。

(七)关于中国工程院的领导体制及学部设置

中国工程院建立后,除了不设置和不管辖各类研究、设计、开发、生产等实体外,其性质和职能基本同于现中国科学院和中国社会科学院,因而从管理的隶属关系上,工程院应隶属于国务院,为直属事业单位。为精兵简政,工程院的办事机构可挂靠在国家科委。

中国工程院设院长一人,副院长二至三人及秘书长一人,并组成主席团领导全院工作。院长、副院长由国务院在院士中遴选任命,实行任期制。秘书长由院长提名,主席团聘任。

根据工程技术的不同专业领域,结合我国国民经济建设的特点,工程院将分设若干学部。关于学部的具体划分及其名称,将在首届院士大会上讨论商定。学部确定后,由各学部的院士选举产生学部主任、副主任和常务委员会,领导本学部的工作。学部主任、副主任及常务委员实行任期制,其人事、工资、医疗关系等均在原工作单位。

三、关于中国工程院的筹建工作及进度安排

筹建中国工程院,有大量的组织和协调工作。为此,建议成立一个筹备领导小组,在国务院领导下,协调和组织工程院的各项筹备工作。经过反复酝酿、协商和征求意见,建议宋健同志任工程院筹备领导小组组长,钱正英、周光召、丁衡高、朱丽兰、戚元靖、林汉雄、师昌绪同志任副组长,朱丽兰同志负责筹备领导小组的常务工作。为便于对第一批院士人选的酝酿和遴选,领导小组成员中,除了几位最早提出倡议的专家,主要根据遴选工作的需要,从各产业部门挑选一些从事过工程技术工作、比较熟悉情况、有代表性的同志参加,共45人(名单附后)。领导小组经批准后,即着手组织对第一批院士人选的提名和遴选,组织起草工程院章程,酝酿工程院领导班子人选,争取在1994年春夏召开第七次中国科学院学部委员(院士)大会的同时,举行中国工程院成立大会。

为使工程院的筹备及建院后的工作正常进行,在国家科委设立筹备领导小组办公室。待工程院建立后,请中央机构编制委员会单独核准该院编制40人。请国家财政拨专款150万元,作为工程院筹备工作及召开第一届院士大会的专项经费,建院后的经常费用,届时将由中国工程院向财政部提出计划,列入国家年度财政预算。

以上报告当否,请批示。

国家科委
中国科学院
1993年11月12日

中国工程院筹备领导小组名单

组　长:宋　健　国务委员、国家科委主任

副组长:钱正英(女)　全国政协副主席

周光召　中国科学院院长

丁衡高　国防科工委主任

(常　务)朱丽兰(女)　国家科委常务副主任

戚元靖　全国人大环保委员会副主任

林汉雄　原建设部部长

师昌绪　国家自然基金委特邀顾问、中国科学院技术科学部主任

成　员:(略)

中共中央总书记江泽民国务院总理李鹏分别为中国社会科学院题词

全国爱卫会主任彭珮云在新一届全国爱卫会上发表讲话

经国务院批准接任新一届(第十届)全国爱国卫生运动委员会主任的彭珮云国务委员,首次在这个委员会的扩大会上,就社会主义市场经济下如何深入开展具有中国特色的爱国卫生工作,从理论上作新的阐述。

彭珮云说,爱国卫生运动是中国人民的一项伟大创举。

彭珮云指出,开展爱国卫生运动的一个主要目标,是要提高全民族的卫生素质,卫生素质既包括卫生意识的增强、卫生行为的改变,也包括健康水平的提高。这是一场移风易俗的大事。在除害防病、改造环境、促进人民健康幸福的同时,人民群众也受到了爱国主义、集体主义和社会主义教育;增强了卫生观念,公共道德观念和法制观念,建立了良好的卫生行为和健康文明的生活方式。对直接促进经济发展和社会进步,对社会主义精神文明建设的作用很大。

据资料表明,继1990年命名威海市为第一个"国家卫生城市"之后,至今全国已有"卫生城市"、"十佳卫生城市"和"国家卫生城市"100个,占全国城市的1/5。全国所有城市和70%的县都开展了群众性灭鼠活动。到1992年底,我国农村改水受益人口已达74057万人,占农村总人口的80.78%,其中饮上了自来水的已占农村总人口的35.7%;至去年6月,全国已有40多个县的卫生厕所普及率在80%以上。

彭珮云认为,改革给爱国卫生工作注入新的活力,也带来新的课题。社会卫生和除害防病任务是长期的、艰巨的、复杂的。爱国卫生运动,一定要坚持不懈地开展下去。

2月26日

全国政协八届十一次主席会议召开

李瑞环主席主持召开政协第八届全国委员会第十一次主席会议。会议审议政协八届二次会议的各项准

备工作;会议决定由王兆国副主席兼任政协八届二次会议秘书长,朱训为第一副秘书长。

国家主席江泽民就巴勒斯坦平民惨遭杀害致电巴勒斯坦国总统亚西尔·阿拉法特表示哀悼

国家主席江泽民致电巴勒斯坦国总统亚西尔·阿拉法特,对 25 日约旦河西岸无辜的巴勒斯坦平民惨遭杀害的严重暴行表示强烈谴责,并向遇害者亲属表示深切哀悼。江泽民重申:中国政府将一如既往地支持巴勒斯坦人民恢复合法民族权利的正义事业,推动中东和平进程。

国务院总理李鹏在钓鱼台国宾馆会见新加坡总理吴作栋和内阁资政李光耀

李鹏说,近两年来,中新关系发展顺利,两国在各个领域进行了有效的合作。中新两国政府决定合作建设工业园区,这是中新关系发展中的一件大事,为两国的经济合作提供了一个新的模式,注入了新的内容,对推动两国友好合作关系的深入发展有积极的意义。

李鹏说,中新双方在较短的时间内就能达成协议,体现了彼此的合作诚意。当然,协议签署以后还有许多工作要做,需要在具体实施过程中不断探索和完善。苏州—无锡—常州地区投资环境好,劳动力素质高,可以说是人杰地灵。相信在两国政府的支持下,通过双方有关部门的密切配合,苏州工业园区一定会结出丰硕的成果。

李鹏总理还向客人介绍了去年和今年以来中国经济的情况以及当前我国在财税、金融、投资体制和价格体制等方面的改革措施。

李鹏说,去年以来,外商在华投资出现了前所未有的良好势头。在基础产业的投资比重增大,投资领域已经扩大到第三产业。中国的市场更加开放,我们欢迎新加坡以及其他国家的企业家和金融家前来进行各种形式的合作。

吴作栋总理表示,这次到中国进行工作访问,同李鹏总理会见,并有机会参加苏州工业园区的签字仪式,感到非常高兴。他说,苏州工业园区协议的签定,反映了双方的共同愿望,是两国经济合作的新发展。我们希望苏州工业园区启动以后,很快就能取得具体成果,新方对此抱有信心并将与中方共同努力。

李鹏总理夫人朱琳和李光耀资政夫人柯玉芝女士参加会见。

香港特别行政区筹委会预委会经济专题小组会议在北京举行

香港特别行政区筹委会预备工作委员会经济专题小组会议于 2 月 26 日至 27 日在北京举行。

这次会议讨论并通过本小组对港英政府公开咨询的关于香港新机场管理和运作方式的《机场公司条例(草案)》修改意见;讨论英方最近提交中方的关于香港新机场建设的第四个财务安排方案,并提出处理的建议。会议听取关于年初部分委员视察深圳陆运口岸及国家经贸委召开的现场办公会议的情况通报。国家经贸委负责人向委员们报告深圳陆运口岸现场办公会议议定的改革措施的落实情况。会议期间,国务院主管部门有关负责人还向委员们介绍港英政府拟上马的污水排放工程的基本情况及中方对这一工程的基本立场。

3 月 1 日,预委会经济专题小组的委员将赴深圳视察陆运口岸管理改革措施的实施情况。

国务院总理李鹏致信全国农村水电电气化工作会议

国务院总理李鹏致信全国农村水电电气化工作会议强调,国务院各个部门和各级政府要把建设 200 个电气化县,作为一件大事来抓,加强领导,精心组织,努力给予支持和帮助。

李鹏在信中说,近几年来,全国水利部门走大家办水电的路,水电建设发展很快,每年完成水电装机都在百万千瓦以上。第二批 200 个农村水电初级电气化县任务的实施已取得可喜的成绩。他指出,200 个电气化县建设,对于广大山区人民脱贫致富,发展经济,促进精神文明建设,都有十分重要的意义。

全国农村水电电气化工作会议强调,根据国务院领导指示和国家计委的安排,全国水利部门结合江河治理开发,到 2000 年要完成水电装机 1500 万千瓦;"八五"完成 200 个农村水电初级电气化县的建设;"九五"完成 300 个农村水电电气化县建设。今明两年是完成"八五"200 个农村水电初级电气化县和 1500 万千瓦水电装机任务十分关键的时期。会议要求各地水利部门,进一步抓好水电建设,为农村经济的发展和贫困地区脱贫致富作出新贡献。

国务院发出《关于认真抓好春耕生产的通知》

《通知》指出,春耕大忙季节已经到来,各级人民政府要紧急行动起来,认真落实各项农村经济政策,继续减轻农民负担,进一步调动农民生产积极性,不失时机地抓紧做好春耕备耕工作,为夺取今年的农业丰收作出艰苦的努力。

《通知》说,去年我国农业获得了较好收成,农村经济得到全面发展,粮食生产跨上了四千五百亿公斤的新台阶。这对于增加农产品有效供给,促进国民经济的发展发挥了重要作用。今年我们要抓住机遇，深化改革，进一步加强农业和农村工作，发展农村的大好形势。国务院在通知中提出六条要求：

一、提高认识，高度重视春耕备耕工作。

二、加强领导，保证各项政策落实到位。

三、积极引导，下大力落实好粮棉面积。

四、统筹安排，全面发展农村经济。

五、加强服务，做好农业生产资料和贷款供应等工作。

六、妥善安排贫困地区和灾区群众的生活和生产。

各级政府必须切实保证贫困地区和灾区群众的口粮供应，绝不能断粮。针对少数受灾地区出现春荒的情况，国家已从专项储备粮中安排10亿公斤，用以解决这些地区群众的口粮。

中国政府和新加坡政府在北京签署《关于合作开发建设苏州工业园区的协议》

第15届世界石油大会组委会在北京成立

第十五届世界石油大会将于1997年在中国举行，大会组织委员会在北京正式成立。

经国务院批准，由中国石油天然气总公司、中国石油化工总公司、中国海洋石油总公司、外交部、国家科委、北京市、地矿部、中国科学院等部门的领导组成世界石油大会组委会。45个部委和部门的领导等200多人出席成立大会。

李鹏总理发来贺信，邹家华副总理出席成立大会并讲话。

中宣部解放军总政治部共青团中央在北京举行徐洪刚见义勇为先进群体事迹报告会

中央军委委员、总政治部主任于永波在会上讲话。

中宣部副部长刘云山主持报告会并讲话。团中央第一书记李克强也在会上讲话。

国务院总理李鹏签署国务院第149号令发布《医疗机构管理条例》

现发布《医疗机构管理条例》，自1994年9月1日起施行。

总理 李 鹏

1994年2月26日

医疗机构管理条例

第一章 总 则

第一条 为了加强对医疗机构的管理，促进医疗卫生事业的发展，保障公民健康，制定本条例。

第二条 本条例适用于从事疾病诊断、治疗活动的医院、卫生院、疗养院、门诊部、诊所、卫生所(室)以及急救站等医疗机构。

第三条 医疗机构以救死扶伤，防病治病，为公民的健康服务为宗旨。

第四条 国家扶持医疗机构的发展，鼓励多种形式兴办医疗机构。

第五条 国务院卫生行政部门负责全国医疗机构的监督管理工作。

县级以上地方人民政府卫生行政部门负责本行政区域内医疗机构的监督管理工作。

中国人民解放军卫生主管部门依照本条例和国家有关规定，对军队的医疗机构实施监督管理。

第二章 规划布局和设置审批

第六条 县级以上地方人民政府卫生行政部门应当根据本行政区域内的人口、医疗资源、医疗需求和现有医疗机构的分布状况，制定本行政区域医疗机构设置规划。

机关、企业和事业单位可以根据需要设置医疗机构，并纳入当地医疗机构的设置规划。

第七条 县级以上地方人民政府应当把医疗机构设置规划纳入当地的区域卫生发展规划和城乡建设发展总体规划。

第八条 设置医疗机构应当符合医疗机构设置规划和医疗机构基本标准。

医疗机构基本标准由国务院卫生行政部门制定。

第九条 单位或者个人设置医疗机构，必须经县级以上地方人民政府卫生行政部门审查批准，并取得设置医疗机构批准书，方可向有关部门办理其他手续。

第十条 申请设置医疗机构，应当提交下列文件：

(一)设置申请书；

(二)设置可行性研究报告；

(三)选址报告和建筑设计平面图。

第十一条 单位或者个人设置医疗机构，应当按照以下规定提出设置申请：

(一)不设床位或者床位不满100张的医疗机构，向所在地的县级人民政府卫生行政部门申请；

(二)床位在100张以上的医疗机构和专科医院按照省级人民政府卫生行政部门的规定申请。

第十二条 县级以上地方人民政府卫生行政部门应当自受理设置申请之日起30日内，作出批准或者不批准的书面答复；批准设置的，发给设置医疗机构批准书。

第十三条 国家统一规划的医疗机构的设置，由国务院卫生行政部门决定。

第十四条 机关、企业和事业单位按照国家医疗机构基本标准设置为内部职工服务的门诊部、诊所、卫生所(室),报所在地的县级人民政府卫生行政部门备案。

第三章 登　记

第十五条 医疗机构执业,必须进行登记,领取《医疗机构执业许可证》。

第十六条 申请医疗机构执业登记,应当具备下列条件:

(一)有设置医疗机构批准书;

(二)符合医疗机构的基本标准;

(三)有适合的名称、组织机构和场所;

(四)有与其开展的业务相适应的经费、设施、设备和专业卫生技术人员;

(五)有相应的规章制度;

(六)能够独立承担民事责任。

第十七条 医疗机构的执业登记,由批准其设置的人民政府卫生行政部门办理。

按照本条例第十三条规定设置的医疗机构的执业登记,由所在地的省、自治区、直辖市人民政府卫生行政部门办理。

机关、企业和事业单位设置的为内部职工服务的门诊部、诊所、卫生所(室)的执业登记,由所在地的县级人民政府卫生行政部门办理。

第十八条 医疗机构执业登记的主要事项:

(一)名称、地址、主要负责人;

(二)所有制形式;

(三)诊疗科目、床位;

(四)注册资金。

第十九条 县级以上地方人民政府卫生行政部门自受理执业登记申请之日起 45 日内,根据本条例和医疗机构基本标准进行审核。审核合格的,予以登记,发给《医疗机构执业许可证》;审核不合格的,将审核结果以书面形式通知申请人。

第二十条 医疗机构改变名称、场所、主要负责人、诊疗科目、床位,必须向原登记机关办理变更登记。

第二十一条 医疗机构歇业,必须向原登记机关办理注销登记。经登记机关核准后,收缴《医疗机构执业许可证》。

医疗机构非因改建、扩建、迁建原因停业超过 1 年的,视为歇业。

第二十二条 床位不满 100 张的医疗机构,其《医疗机构执业许可证》每年校验 1 次;床位在 100 张以上的医疗机构,其《医疗机构执业许可证》每 3 年校验 1 次。校验由原登记机关办理。

第二十三条《医疗机构执业许可证》不得伪造、涂改、出卖、转让、出借。

《医疗机构执业许可证》遗失的,应当及时申明,并向原登记机关申请补发。

第四章 执　业

第二十四条 任何单位或者个人,未取得《医疗机构执业许可证》,不得开展诊疗活动。

第二十五条 医疗机构执业,必须遵守有关法律、法规和医疗技术规范。

第二十六条 医疗机构必须将《医疗机构执业许可证》、诊疗科目、诊疗时间和收费标准悬挂于明显处所。

第二十七条 医疗机构必须按照核准登记的诊疗科目开展诊疗活动。

第二十八条 医疗机构不得使用非卫生技术人员从事医疗卫生技术工作。

第二十九条 医疗机构应当加强对医务人员的医德教育。

第三十条 医疗机构工作人员上岗工作,必须佩带载有本人姓名、职务或者职称的标牌。

第三十一条 医疗机构对危重病人应当立即抢救。对限于设备或者技术条件不能诊治的病人,应当及时转诊。

第三十二条 未经医师(士)亲自诊查病人,医疗机构不得出具疾病诊断书、健康证明书或者死亡证明书等证明文件;未经医师(士)、助产人员亲自接产,医疗机构不得出具出生证明书或者死产报告书。

第三十三条 医疗机构施行手术、特殊检查或者特殊治疗时,必须征得患者同意,并应当取得其家属或者关系人同意并签字;无法取得患者意见时,应当取得家属或者关系人同意并签字;无法取得患者意见又无家属或者关系人在场,或者遇到其他特殊情况时,经治医师应当提出医疗处置方案,在取得医疗机构负责人或者被授权负责人员的批准后实施。

第三十四条 医疗机构发生医疗事故,按照国家有关规定处理。

第三十五条 医疗机构对传染病、精神病、职业病等患者的特殊诊治和处理,应当按照国家有关法律、法规的规定办理。

第三十六条 医疗机构必须按照有关药品管理的法律、法规,加强药品管理。

第三十七条 医疗机构必须按照人民政府或者物价部门的有关规定收取医疗费用,详列细项,并出具收据。

第三十八条 医疗机构必须承担相应的预防保健工作,承担县级以上人民政府卫生行政部门委托的支援农村、指导基层医疗卫生工作等任务。

第三十九条 发生重大灾害、事故、疾病流行或者其他意外情况时,医疗机构及其卫生技术人员必须服

从县级以上人民政府卫生行政部门的调遣

第五章 监督管理

第四十条 县级以上人民政府卫生行政部门行使下列监督管理职权：

(一)负责医疗机构的设置审批、执业登记和校验；

(二)对医疗机构的执业活动进行检查指导；

(三)负责组织对医疗机构的评审；

(四)对违反本条例的行为给予处罚。

第四十一条 国家实行医疗机构评审制度，由专家组成的评审委员会按照医疗机构评审办法和评审标准，对医疗机构的执业活动、医疗服务质量等进行综合评价。

医疗机构评审办法和评审标准由国务院卫生行政部门制定。

第四十二条 县级以上地方人民政府卫生行政部门负责组织本行政区域医疗机构评审委员会。

医疗机构评审委员会由医院管理、医学教育、医疗、医技、护理和财务等有关专家组成。评审委员会成员由县级以上地方人民政府卫生行政部门聘任。

第四十三条 县级以上地方人民政府卫生行政部门根据评审委员会的评审意见，对达到评审标准的医疗机构，发给评审合格证书；对未达到评审标准的医疗机构，提出处理意见。

第六章 罚 则

第四十四条 违反本条例第二十四条规定，未取得《医疗机构执业许可证》擅自执业的，由县级以上人民政府卫生行政部门责令其停止执业活动，没收非法所得和药品、器械，并可以根据情节处以1万元以下的罚款。

第四十五条 违反本条例第二十二条规定，逾期不校验《医疗机构执业许可证》仍从事诊疗活动的，由县级以上人民政府卫生行政部门责令其限期补办校验手续；拒不校验的，吊销其《医疗机构执业许可证》。

第四十六条 违反本条例第二十三条规定，出卖、转让、出借《医疗机构执业许可证》的，由县级以上人民政府卫生行政部门没收非法所得，并可以处以5000元以下的罚款；情节严重的，吊销其《医疗机构执业许可证》。

第四十七条 违反本条例第二十七条规定，诊疗活动超出登记范围的，由县级以上人民政府卫生行政部门予以警告、责令其改正，并可以根据情节处以3000元以下的罚款；情节严重的，吊销其《医疗机构执业许可证》。

第四十八条 违反本条例第二十八条规定，使用非卫生技术人员从事医疗卫生技术工作的，由县级以上人民政府卫生行政部门责令其限期改正，并可以处以5000元以下的罚款；情节严重的，吊销其《医疗机构执业许可证》。

第四十九条 违反本条例第三十二条规定，出具虚假证明文件的，由县级以上人民政府卫生行政部门予以警告；对造成危害后果的，可以处以1000元以下的罚款；对直接责任人员由所在单位或者上级机关给予行政处分。

第五十条 没收的财物和罚款全部上交国库。

第五十一条 当事人对行政处罚决定不服的，可以依照国家法律、法规的规定申请行政复议或者提起行政诉讼。当事人对罚款及没收药品、器械的处罚决定未在法定期限内申请复议或者提起诉讼又不履行的，县级以上人民政府卫生行政部门可以申请人民法院强制执行。

第七章 附 则

第五十二条 本条例实施前已经执业的医疗机构，应当在条例实施后的6个月内，按照本条例第三章的规定，补办登记手续，领取《医疗机构执业许可证》。

第五十三条 外国人在中华人民共和国境内开设医疗机构及香港、澳门、台湾居民在内地开设医疗机构的管理办法，由国务院卫生行政部门另行制定。

第五十四条 本条例由国务院卫生行政部门负责解释。

第五十五条 本条例自1994年9月1日起施行。1951年政务院批准发布的《医院诊所管理暂行条例》同时废止。

国务院第三届环保委第三次会议在北京召开

会议确定1994年全国环境保护执法检查将在各地自查的基础上，重点检查十个省、自治区的环境保护和生态问题。国务委员宋健提出，要通过检查，进一步强化环境保护执法监督，扭转有法不依、执法不严、违法不究的局面，强化群众参与和监督作用，促进环境与经济协调发展。

宋健说，会议确定了环境保护工作的重点。目前一些地区存在的严重环境污染和生态问题，应当引起各级政府的重视。像小造纸、土法炼焦、土法炼硫等，污染了河流和大气。有些明令禁止的污染严重的项目，限期内不能治理的应当关闭。我国正处于经济加速发展的时期，环境面临着发展与人口的双重压力。必须抓紧抓狠环保的法制建设和执法检查，这是我国今年环保工作的重点。要逐步增加环保执法的强度和力度，堵塞各种环保执法上的漏洞。

宋健说，经济比较发达的地区环保工作必须先行一步。要形成全社会的力量，管好管住对河流和大气的污染。要加快立法，从法律上明确，哪些项目、哪些企业能上，哪些不能上。对城乡主要污染源，要从源头抓起。大力加强环保工作的执法监督和舆论宣传，对严重污染环境的问题和重点地区，要抓住不放。对重大的案件必须严肃处理。要彻底纠正为了眼前利益破坏生态与环境，危害人民和全民族长远利益的倾向。同时，提高全社会环境意识、忧患意识。对野生动物的保护要作为群众性的事业动员广大群众参加。把野生濒危动物的保护，扩大到全国各地，特别是沿海富裕地区。在全国形成爱护、保护野生濒危动植物的良好风尚。

会议还原则通过《中国生物多样性保护行动计划》，以及关于我国自然保护区情况的报告。

2 月 27 日

全国人大常委会委员长乔石会见新加坡总理吴作栋资政李光耀

乔石会见吴作栋、李光耀时表示，中新两国正式签署合作建设苏州工业园区的协议标志着两国经济合作的新发展，对推动两国关系的深入发展具有积极意义。

乔石表示，中国愿同新加坡合作把这个项目搞好。

国务院总理李鹏签署国务院第 150 号令发布《矿产资源补偿费征收管理规定》

《矿产资源补偿费征收管理规定》已经 1993 年 6 月 29 日国务院第六次常务会议通过，现予发布，自 1994 年 4 月 1 日起施行。

总理 李 鹏

1994 年 2 月 27 日

矿产资源补偿费征收管理规定(略)

国务院副总理朱镕基在大阪出席日中贸易中心会长木村一三举行的欢迎晚餐会

外交部部长钱其琛在达卡举行的记者招待会上就国际地区形势等问题答记者问

钱其琛在达卡帕德玛国宾馆举行记者招待会，就国际、地区形势以及中国与南亚关系回答记者们的提问。

钱其琛在回答关于南亚无核区问题时指出，中国支持南亚无核区的主张，中国也希望这一地区不进行军备竞赛，因为任何军备竞赛都对这个地区的和平与稳定不利。

关于中国和印度关系，钱其琛说：中印关系实现正常化以后，我们对中印关系的发展是满意的。我们认为中印关系的发展不应该妨碍中国和南亚其他国家的友好合作关系，也希望发展中印关系能有利于中国与整个南亚地区合作关系的发展。

钱其琛强调，西藏是中国领土不可分割的一部分，对此，印度政府也多次公开表示承认，中国希望印度能够遵照这个原则来处理出现的一些问题。

国家体改委国务院证券委就社会募集股份有限公司向内部职工配售股份问题作出补充规定

国家体改委、国务院证券委日前就此作出补充规定，社会募集股份有限公司在国家批准的股票发行额度内，可按不超过 10％的比例向职工配售股；公司向职工发行股票，发行价格应与公司本次向社会公众发行股票的价格相同，发行方式应经国家证券管理部门同意，并由主承销机构按承销协议在承销期间进行；向职工配售的股份在公司本次发行股票站市后 6 个月，即可上市转让，但公司与证券交易所订有多于 6 个月期限协议的，可按此协议执行。

外交部部长钱其琛在曼谷与泰国外交部部长巴颂会见

巴颂外长当晚到钱其琛副总理下榻的旅馆与钱其琛副总理兼外长进行会见。两国外长就一些共同关心的问题交换意见。巴颂外长重申泰国将恪守泰中两国建交公报的原则，奉行一个中国的政策。他强调，泰方珍惜泰中两国建交 19 年来的友好合作关系，不使这种关系受到损害。

中宣部常务副部长中共友好代表团团长郑必坚在新德里分别会见印度共产党(马)总书记苏吉特和印共中央政治局委员法鲁基

中国科协四届四次全委会议在北京举行

中共中央政治局候补委员、书记处书记温家宝出席开幕式并讲话。中国科协主席朱光亚作题为《贯彻党的十四届三中全会精神，深化科协改革，实现凝聚力、影响力、实力协调发展》的工作报告。

温家宝在讲话中说，1994 年是我国改革开放和现代化建设发展过程中非常关键的一年，科协及其所属团体要认清大局，更好地发挥人民团体的桥梁和纽带作用，团结广大科技工作者，积极投身改革开放和各项建设。要充分发挥农村专业技术协会(研究会)的作用，围绕发展“两高一优”农业、农业综合开发和发展乡镇企业，广泛开展多种形式的科技服务，大力推广农业适用技术，引导农民走科技致富的道路；要办好厂矿科协，动员广大科技工作者积极参与企业技术改造和科学管理，促进国有大中型企业、高等院校和科研单位合作进行技术开始，在优化结构、提高质量、开拓市场和提高效益上，更好地发挥科学技术的作用，提高科技进步因素在经济增长中的含量；要充分发挥科协的学科和人才优势，搞好重大建设项目的咨询服务，在制订国家中长期发展规划和宏观科技、经济政策等方面，发挥好参谋和助手作用；要充分发挥各类学会的作用，把握科技发展趋势，不断提高学术研究和学术交流水平；要在广大群众中普及科学知识，在青少年中开展科普活动，提高群众的科学文化素质，发现和培养科技人才。

会议于3月11日结束。

2月28日

中共中央总书记江泽民在中纪委第三次全体会议上发表讲话

为了研究前一段反腐败斗争的情况，根据中央的意见部署下一段的反腐败工作，中央纪委召开这次全会，很有必要。尉健行同志在全会上所作的报告很好，我完全同意。我们要再接再厉，在巩固已有成果的基础上，努力取得新的成绩。下面我讲三个问题。

一、实事求是地估计前一段的反腐败工作

去年8月中央对近期加强反腐败斗争、推进党风和廉政建设作出具体部署，到现在已经半年了。对这一段的工作怎么估计，我看应该讲四条。

第一，取得了一定成绩。总的看，各级党委、政府和纪检监察机关、司法机关贯彻落实中央的部署，态度是积极的，做了大量艰苦的工作，基本上达到了预期的要求。广大干部群众对党和政府加强反腐败斗争积极支持，反映是好的。经过各方面的共同努力，中央要求近期着重抓好的三项工作，不同程度地取得了成效，腐败现象蔓延的势头得到遏制，工作做得好的地方和部门收效更明显一些。解决腐败问题虽然难度很大，但只要领导重视，依靠群众，从上到下同心协力去抓，就能够逐步把腐败现象减少到最低程度。

第二，工作进展是健康的。中央在部署近期反腐败斗争任务时，提出了一系列明确的方针政策，从根本上保证了这项工作同改革和建设工作的紧密结合。实践的结果表明，反腐败工作不仅没有影响改革和建设，而且成为改革开放和经济发展的重要保证。

第三，揭露出来的问题是严重的。腐败现象已渗透到社会生活的广泛领域，尤其是侵蚀到我们的党政机关和干部队伍。利用职权营私舞弊、贪赃枉法、索贿受贿等犯罪行为，达到了惊人的程度。这些情况说明，如果我们不坚决打好反腐败这个硬仗，确实有亡党亡国的危险。

第四，任务艰巨，不能松劲。同实际存在的问题相比，同人民群众的要求相比，我们的工作还有不小差距。有些问题解决得还不够好，群众还不满意。各地各部门的工作进展也不平衡，有些地方和部门在传达、部署以后，抓落实不够，有的甚至在走过场。对揭露出来的问题，有很多还没有查清和作出处理。有的地方和单位保护主义严重，查处大案要案还有干扰和阻力。有些领导干部对反腐败斗争还存在这样那样的错误认识，工作不够主动。因此，反腐败的工作必须继续抓紧。

总之，我们要肯定成绩，看到问题，总结经验，保持清醒的头脑，继续下功夫把反腐败工作做得更好。

二、搞好下一段反腐败工作的几点意见

（一）中央已经确定了今年全党工作的基本方针和大局。反腐败工作要服从和服务于这个方针和大局，深入、持久、更有成效地进行下去。这是总的要求。

（二）反腐败不可能毕其功于一役，要一个问题一个问题地解决，一个案子一个案子去查处，一步一步地引向深入。如果稍有放松，就可能前功尽弃。一定要树立持久作战的思想，一个阶段一个阶段地把工作推向前进。决不能让腐败行为有“宽松的环境”，决不能让腐败分子为所欲为、逍遥法外。

（三）在去年8月中央提出的三项主要任务基础上，这次会议又提出了一些新的要求。各地各部门要把这三项任务和新的要求结合起来，认真查处和解决本地本部门的突出问题。前一段抓得不好的，更要振奋精神，迎头赶上。

（四）前一段反腐败斗争有一条重要经验，就是坚决相信和依靠群众，把发动群众举报和专门机关依法查处结合起来。这样做的好处是，既有助于发现问题，又有助于有秩序地进行。这条经验，要继续坚持下去。对举报人要注意保护，举报有功的要给予表彰和鼓励。

（五）对揭露出来的腐败问题，尤其是大案要案，要认真查处，决不能大事化小，小事了之，决不能搞官官相护、地方保护主义、单位保护主义。对于袒护罪犯的，要绳之以党纪、国法。

（六）必须要有重点、讲政策。对于触犯刑律和党纪的，要按法纪党纪严肃处理。对有一般不正之风问题的人，主要是进行批评教育，本人主动检查了，改正了，就好；对拒绝接受教育、不改正错误的，要给予必要的党纪、政纪处分。这样做，也是为了教育和严肃纪律。

（七）要充分发挥各民主党派、无党派人士的作用，组织他们参与反腐败斗争有关任务的实施，多听取他们的意见和建议

（八）要边反边改，边反边建，标本兼治。已经揭露出来的问题说明，我们在管理上、制度上存在不少漏

洞,在领导作风上存在严重问题,使犯罪分子、腐败分子有机可乘。要吃一堑长一智,认真总结经验教训,堵塞漏洞,健全制度,加强管理,坚决克服官僚主义。

(九)关键是加强领导。各级党委和政府要处理好改革、发展、稳定的关系,牢牢把握经济建设这个中心,坚持两手抓、统筹兼顾,把反腐败同深化改革、扩大开放、促进发展、保持稳定很好地结合起来。党政主要领导人要亲自抓,重大问题亲自动手解决。要支持纪检、监察机关、司法机关的工作,协调各方面关系,形成合作,推动反腐败斗争深入发展。

三、进一步巩固和加强党同人民群众的血肉联系

开展反腐败斗争,说到底是要在新形势下巩固和加强党同人民群众的联系,巩固我们党的执政地位,使我们党更好地担负起领导改革开放和社会主义现代化建设的历史重任。党同人民群众的关系如何,是关系到党的事业兴衰成败和党的生死存亡的一个根本政治问题。这个道理要反复讲,警钟长鸣,务必引起全党同志的高度重视。

中国共产党是中国工人阶级的先锋队,以全心全意为人民服务为唯一宗旨。我们党是代表人民执掌政权,党的全部活动都是为了保护和实现广大人民群众的利益。如果不注意加强党同人民群众的联系,不注意克服脱离群众的现象,听任腐败现象蔓延,处于执政地位的共产党也会蜕变,丧失人心。经济搞不好会垮台。经济搞上去了,如果腐败现象泛滥,贪污贿赂横行,严重脱离群众,也会垮台。邓小平同志早在 1980 年就指出:“要坚决批评和纠正各种脱离群众、对群众疾苦不闻不问的错误。群众是我们力量的源泉,群众路线和群众观点是我们的传家宝。党的组织、党员和党的干部,必须同群众打成一片,绝对不能同群众相对立。如果哪个党组织严重脱离群众而不能坚决改正,那就丧失了力量的源泉,就一定要失败,就会被人民抛弃。全党同志,各级干部,特别是领导干部,必须经常记住这一点,经常用这个标准检查自己的一切言行。”这段话讲得非常深刻,非常好,我们任何时候都不能忘记,而且要坚决贯彻到实际工作中去。

广大干部特别是领导干部要学习马克思主义的群众观点,坚持党的群众路线,经常深入到群众中去,切实改进思想作风和工作作风。这不仅是贯彻执行党的路线方针政策的需要,是做好各项工作的需要,也是不断改造世界观,拒腐防变的需要。现在仍有一部分地区的群众还未解决温饱问题,生活还很苦,作为一个党的干部,心里应该始终记挂着他们的困难。立场问题、思想感情问题是一个根本问题。脱离劳动群众,对群众疾苦漠不关心、麻木不仁,思想上必然蜕化,行为上难免腐败。

现在全国的形势很好。但是也必须看到,我们在前进中还面临一些矛盾和问题,社会上还存在一些不安定因素。对这些问题要引起高度重视,切不可掉以轻心。各级领导干部,特别是主要领导干部,要亲自动手解决好本地的突出问题。哪个地方的问题严重,领导就要到那里去解决问题。如果天天坐在机关里讲空话,做官当老爷,严重脱离群众,不解决实际问题,还谈什么反腐败?我们担负的任务很重,一定要坚定不移地依靠各级党组织和广大干部群众,党群一心,干群一致,共同维护稳定的政治局面,创造良好的社会环境,加快建立社会主义市场经济体制,保持国民经济持续、快速、健康发展,促进建设有中国特色社会主义事业的顺利进行。

国务院在北京召开全国扶贫开发工作会议

会议的主要任务是全面部署实施“国家八七扶贫攻坚计划”。会上国务委员陈俊生代表国务院作题为《为完成“八七扶贫攻坚计划”而努力奋斗》的讲话。他首先阐述实施这一计划的历史背景和重要意义。陈俊生说,“国家八七扶贫攻坚计划”是党中央、国务院在我国扶贫开发工作取得巨大成就的基础上作出的重大决策。这一计划的实施,意味着我国以解决温饱为目标的扶贫开发工作已经进入最后攻坚阶段,计划的如期实现,将标志着我国消灭绝对贫困历史任务的终结和从下世纪初进入解决相对贫困新阶段的开始。他说,这是我们中华民族历史上的一件大事,具有十分重大的政治、经济和社会意义。

国务院制定的“八七扶贫攻坚计划”共分 9 部分、42 条,分析扶贫工作的形势,提出今后 7 年扶贫开发的总任务和奋斗目标,制定了扶贫开发的方针、途径和具体措施。

“国家八七扶贫计划”作为今后七年全国扶贫工作的纲领性文件,其主要奋斗目标:一是到本世纪末,使绝大多数贫困户年人均纯收入按 1990 年不变价格计算达到 500 元以上,并形成稳定解决温饱、减少返贫的基础条件;二是加强基础设施建设,基本解决人畜饮水困难,使绝大多数贫困乡和有农贸市场、商品基地的地方通路、通电;三是改变文化、教育、卫生的落后状态,基本普及初等教育,积极扫除青壮年文盲,大力发展职业教育和技术教育,防治和减少地方病,把人口自然增长率控制在国家规定的范围内。

陈俊生在会上指出,要充分看到实施计划的有利条件。今后国家将继续增加对贫困地区的投入,提高扶贫开发的力度。国务院已经决定,从 1994 年到 2000 年,每年再增加 10 亿元以工代赈资金、10 亿元扶贫专项贴息贷款;同时,全社会将继续给予大力支持。

陈俊生在谈到实施这一计划的主要措施时指出，顺利实施并取得预期成果的关键在于扶贫工作深化改革。总的要求是，坚持开发式扶贫的方针，努力提高扶贫开发经济效益，积极创造稳定解决贫困户温饱问题的基础条件。从七个方面提出了具体措施：

第一，集中力量，保证重点。要重点解决集中连片贫困地区的592个贫困县的扶贫开发问题。

第二，由政策性银行集中管理扶贫信贷资金，从根本上解决一些地方长期存在的资金捆不起来、使用分散、济富不济贫的问题。

第三，以提高经济效益为核心，进一步改革扶贫资金的管理使用方式；扶贫资金的管理和使用必须坚持社会效益与经济效益统一的原则。

第四，要变封闭式开发为开放式开发，把山里开发与山外开放结合起来，把贫困地区的开发与发达地区的发展结合起来，在更大的范围寻找脱贫致富的途径。

第五，认真抓好智力开发，科技、教育扶贫，努力提高劳动者和管理者的素质，这是扶贫的根本。

第六，要认真贯彻在中央统一领导下，分级负责、以省为主的责任制。

第七，实行广泛的社会动员，积极争取国际合作，形成强大的扶贫攻坚支持力量。

陈俊生特别强调扶贫开发工作要发扬自力更生、艰苦创业的精神。扶贫县在完成解决群众温饱问题的攻坚任务之前，要下定决心做到：不买小汽车，不建宾馆和高级招待所，不新盖办公楼，不搞县改市。陈俊生指出，这既是纪律，也是一种精神。要用这种卧薪尝胆的精神取信于民，激励民众，实现扶贫攻坚的任务。

国务院副秘书长、国务院扶贫开发工作领导小组副组长刘济民主持会议。

香港特别行政区筹委会预备工作委员会属下社会及保安专题小组在北京举行第三次小组会议

会议研究了关于已加入外国国籍的回流移民取得香港特别行政区永久性居民身份的问题。委员们倾向适用香港基本法第二十四条第四项的规定来解决此问题。考虑到回流移民与香港有着密切的联系，委员们主张在回流移民重新取得永久性居民身份之前，可享有香港的入境权，并可在香港作不受条件限制的居留。会议还讨论了香港的退休保障问题，回顾并讨论了这个问题在香港历史上的发展过程及现状，委员们一致认为，退休保障问题是一件既关系民生，又同香港社会整体密切相关的大事，应予高度重视。委员们指出，退休保障应有别于社会福利，要根据香港的实际情况来考虑香港的退休保障制度，坚持有利于香港社会稳定、经济繁荣的原则。

国家统计局发布《关于1993年国民经济和社会发展的统计公报》

1993年，各地区、各部门深入贯彻党的十四大精神，改革开放和现代化建设迈出新步伐，加强和改善宏观调控取得积极成效，国民经济持续快速增长，人民生活继续改善，社会事业进一步发展。初步统计，全年国内生产总值31380亿元，比上年增长百分之十三点四，其中第二产业增加值16245亿元，增长百分之二十点四；第三产业8485亿元，增长百分之九点三。经济运行中的主要问题是：市场价格涨幅高；固定资产投资在建规模过大；基础产业和基础设施发展还不适应国民经济快速发展的需要。

一、农业

农业生产获得好收成，农林牧渔业持续发展。全年农业增加值6650亿元，比上年增长百分之四。

主要农产品产量中，粮食、油料产量创历史最好纪录，蔬菜、水果生产再获丰收，但棉花、糖料产量下降。

主要农产品产量如下：

	1993年	比上年增长%
粮食	45644万吨	3.1
其中：谷物	40956万吨	2.0
油料	1761万吨	7.3
其中：花生	801万吨	34.6
油菜籽	695万吨	−9.2
棉花	376万吨	−16.6
黄红麻	65万吨	4.5
甘蔗	6413万吨	−12.2
甜菜	1210万吨	−19.7
烤烟	308万吨	−1.2
蚕茧	76万吨	9.6
茶叶	60万吨	6.8
水果	2988万吨	22.5

林业建设取得新成就。1993年，全国完成造林面积8833万亩。造林质量提高，国家林业重点工程建设进展显著，森林防火和病虫害防治工作进一步加强，实现了森林面积和森林蓄积量双增长的目标，森林覆盖率继续提高。

畜牧业生产稳步发展，肉、禽、蛋、奶等畜产品和牧畜存栏数继续增加。

主要畜产品产量和牧畜存栏头数如下：

	1993年	比上年增长%
肉类	3780万吨	10.2
其中：猪牛羊肉	3224万吨	9.7
禽肉	516万吨	13.7
牛奶	498万吨	−1.0

绵羊毛	24万吨	持平
猪年末存栏数	39087万头	1.7
羊年末存栏数	21832万只	5.3
大牲畜年末存栏数	13803万头	2.4

渔业生产稳定增长。全年水产品产量1785万吨，比上年增长百分之十四点六。共中，淡水产品产量741万吨，增长百分之十八点九；海水产品产量1044万吨，增长百分之十一点九。

农业生产条件进一步改善。1993年末全国农业机械总动力3.18亿千瓦，比上年末增长百分之四点八；大中型拖拉机72万台，下降百分之五点三；小型和手扶拖拉机784万台，增长百分之四点四；农用载重汽车68万辆，增长百分之六点三；排灌动力机械7545万千瓦，增长百分之二点八；农村用电量1253亿千瓦小时，增长百分之十三点二。农田水利建设继续加强，全年新增有效灌溉面积1387万亩。但滥占耕地现象依然突出，不利于农业生产的稳定增长。

二、工业和建筑业

工业生产继续高速增长。全年完成工业增加值14140亿元，年增长百分之二十一点一。在全部工业中，国有企业增长百分之六点四；集体企业增长百分之二十八点六，共中乡办工业增长百分之四十一点三；中外合资、合作经营和外资企业增长百分之四十六点二。大中型企业增长百分之十四点一，保持了稳定增长的势头。

轻重工业全面发展。全年轻工业完成增加值6690亿元，比上年增长百分之十九点九；重工业完成增加值7450亿元，比上年增长百分之二十二点二。受市场需求变动影响，主要工业产品产量有升有降。

主要工业产品产量如下：

	1993年	比上年增长%
化学纤维	221.5万吨	3.9
纱	502万吨	0.1
布	191亿米	0.2
机制纸及纸板	1820万吨	5.5
糖	744.6万吨	−10.4
原盐	2953万吨	4.1
卷烟	3367万箱	2.5
合成洗涤剂	176.5万吨	5.9
彩色电视机	1387万部	4.1
家用洗衣机	876.3万吨	23.8
家用电冰箱	622万吨	28.0
能源生产总量（折标准燃料）	10.61亿吨	2.2
原煤	11.41亿吨	2.2
原油	1.44亿吨	1.3
发电量	8200千瓦时	8.8
钢	8868万吨	9.6
钢材	7600万吨	13.5
十种有色金属	329.8万吨	10.2
水泥	3.6万吨	16.8
木材	6100万立方米	−1.2
硫酸	1314万吨	−6.7
纯碱	530万吨	16.5
化肥（折百分之一百）	2016万吨	−1.6
化学农药（折百分之一百）	24.9万吨	−11.3
发电设备	1534万千瓦	18.3
金属切削机床	26.2万台	14.5
汽　车	131万辆	22.8
拖拉机	3.7万台	−35.3

工业经济效益有所提高。1993年工业企业经济效益综合指数由上年的89.5提高到96.6。其中工业产品销售率由百分之九十五点五提高到百分之九十六点四；资金利税率由百分之十点一提高到百分之十点六；成本费用利润率由百分之四点二提高到百分之四点七；流动资金周转次数由1.66次加快到1.71次；按增加值计算的全员劳动生产率提高百分之十九点八。但工业增加值率比上年下降0.6个百分点，国有企业亏损面由百分之二十六点四上升到百分之三十点三，亏损额增加。

建筑业生产经营继续快速发展。全年建筑业增加值为2105亿元，比上年增长百分之十五。国有建筑施工企业房屋建筑施工面积为3.05亿平方米，增长百分之十七点八；房屋建筑竣工面积超过1亿平方米。全员劳动生产率比上年提高百分之八点五；人均创利税达到900元，增长百分之四。

地质勘查取得新成果。1993年新发现或新证实为工业矿床的主要矿产地166处；取得重大新发现的勘查矿区90处；有30种矿产新增加了探明储量，其中煤矿7.63亿吨，铁矿1.45亿吨，铜矿258万吨（金属量），铝土矿7586万吨。地质勘查行业完成机械岩心钻探工作量750万米。

三、固定资产投资

固定资产投资高速增长。全年全社会完成固定资产投资11829亿元，比上年增长百分之五十点六（扣除价格因素，实际工作量增长百分之二十二）。其中国有单位投资8321亿元，增长百分之五十七点八；集体所有制单位投资2092亿元，增长百分之五十三点九；城乡居民个人投资1416亿元，增长百分之十五点八。在国有单位投资中，基本建设投资4647亿元，增长百分之五十四点二；更新改造投资2192亿元，增长百分之五十点一；商品建设投资1138亿元，增长百分之一百二十四点九；其他投资344亿元，增长百分之十七。但固定资产投资在建总规模过大，投资结构不尽合理。年末国有单位基本建设和更新改造项目的计划总投资达23271亿元，比上年末增长百分之四十一点五；扣除已完工程，年末未完工程工作量达13200亿元，增长百分之六十。

国有单位投资中，第一产业投资158亿元，比上年增长百分之十九点六，投资比重由百分之二点八下降到百分之二点二；第二产业投资3850亿元，增长百分之三十七点一，投资比重由百分之五十八点九下降到百分之五十三点六，其中能源、原材料工业投资比重由百分之三十九点五下降到百分之三十五点六；第三产业投资3175亿元，增长百分之七十三点七，投资比重由百分之三十八点三上升为百分之四十四点二，其中，交通运输邮电通信业投资增加较多，所占比重由百分之十四点七上升为百分之二十点二。但高消费的楼堂馆所、高级别墅、度假村、游乐场项目上得过多。

全年全部建成投产的大中型基本建设项目133个，限额以上更新改造项目128个。建成投产的重大工程主要有：发电机组容量100万千瓦的山西神头二电厂，发电机组容量70万千瓦的无锡利港电力有限公司，兰新铁路复线新增正线铺轨里程309.7公里，浙赣铁路复线新增正线铺轨里程143.9公里，吞吐能力1500万吨的青岛前湾港区一期工程，上海30万吨乙烯工程，年加工原油500万吨的洛阳石油化工总厂，年产水泥66万吨的长春双阳水泥厂。

1993年，全国通过基本建设新增加的主要生产能力有：煤炭开采800万吨，发电机组容量1438万千瓦，石油开采1542万吨，天然气开采10亿立方米（石油开采和天然气开采含更新改造和其他投资增加的能力），炼铁100万吨，木材采运23.5万立方米，水泥192万吨，新建铁路交付运营里程274公里，增建铁路复线交付运营里程553公里，电气化铁路交付运营里程192公里，新扩建港口吞吐能力3752万吨，新建公路3556公里，其中高速公路493公里。

四、交通和邮电

交通运输生产稳步发展。全年完成增加值1661亿元，比上年增长百分之七点五。但铁路运输“瓶颈”制约矛盾依然突出，车皮保证率进一步下降。

	1993年	比上年增长%
货物周转量	30405亿吨公里	4.1
铁路	11936亿吨公里	3.1
公路	4175亿吨公里	11.2
水运	13672亿吨公里	3.1
其中：远洋	9324亿吨公里	3.2
民航	16亿吨公里	22.4
管道	606亿吨公里	－1.8
旅客周转量	7807亿人公里	12.4
铁路	3505亿人公里	11.2
公路	3582亿人公里	12.2
水运	205亿人公里	3.5
民航	515亿人公里	26.9
沿海主要港口货物吞吐量	6.7亿吨	10.1

邮电通信业迅速发展。全年完成增加值240亿元，比上年增长百分之五十五。邮电业务总量461亿元，比上年增长百分之五十八点九。无线寻呼、移动电话增幅均在1倍以上。电话已成为一些居民家庭新的消费对象。到1993年末，住宅电话用户达782.6万户，比上年末增加367.2万户。

五、国内贸易和市场物价

国内消费品市场繁荣。1993年社会消费品零售总额12237亿元，比上年增长百分之二十六点一（扣除价格因素，实际增长百分之十一点六）。其中城市7176亿元，增长百分之三十一点二；农村5061亿元，增长百分之十九点五。

各类消费品销量中，吃的商品有增有减，其中食用植物油增长百分之七点一，水产品增长百分之五，酒增长百分之四，粮食、猪肉、鲜蛋、食糖等销量有不同程度的减少；穿的商品中，棉布销量与上年持平，各种服装销量增长百分之十六点一，呢绒、绸缎分别下降百分之三点六和百分之四点四；耐用消费品中，除电风扇、黑白电视机、自行车销量比上年减少外，其余均有不同程度增长，其中彩色电视机增长百分之十七点四，录音机增长百分之八点九，录像机增长百分之六，照相机增长百分之六点五，洗衣机增长百分之二十二点一，电冰箱增长百分之二十三点九。

生产资料市场活跃。1993年全国县及县参上物资供销企业购进生产资料7423亿元，比上年增长百分之三十四点六；销售7796亿元，增长百分之三十二点三。但全年农业生产资料零售额1356亿元，扣除价格因素，实际下降百分之七点八。

价格改革进一步深化。1993年国家加大了价格改革力度，放开了大部分钢材及部分统配煤炭的出厂价格；提高了铁路货运价格和电力价格；放开了统配水泥的出厂价格；提高了原油价格；继续放开了粮食购销价格。这些价格调整措施，对改变基础产品价格和基础设施收费标准长期偏低状况，促进市场机制的形成发挥了重要作用。

市场价格总水平涨幅高，特别是大中城市涨幅更高，服务项目价格涨势较猛。

1993 年各类价格比上年上涨幅度(％)

1. 居民生活费用价格	14.7
其中：城镇	16.1
35 个大中城市	19.6
农村	13.7
2. 零售物价	13.0
其中：食品类	14.3
粮食	27.7
食用植物油	16.2
衣着类	6.2
日用品类	7.9
文化娱乐用品类	1.6
书报杂志类	7.1
药及医疗用品类	9.2
建筑装潢材料类	28.8
燃料类	35.0
3. 服务项目价格	27.9
其中：城镇	30.8
35 个大中城市	38.6
农村	25.7
4. 工业品出厂价格	24.0
5. 农业生产资料零售价格	14.1
6. 农副产品收购价格	13.8

六、对外经济

进出口规模扩大。据海关统计，1993 年出口总额 918 亿美元，比上年增长百分之八；进口总额 1040 亿美元，增长百分之二十九。进出口商品结构进一步改善，出口中机电产品比重由上年的百分之二十三上升到百分之二十四点七，传统初级产品减少较多；进口中国内紧缺的原材料及机械运输设备类明显增加。外商投资企业出口继续大幅度上升，全年出口额 252.4 亿美元，增长百分之四十五点四，占出口总额的比重由上年的百分之二十点四提高到百分之二十七点五。扣除不收付外汇的货物，全年出口大于进口 46 亿美元。

利用外资继续高速增长。1993 年新签利用外资协议金额 1227 亿美元，比上年增长百分之七十六点七；实际使用外资 367.7 亿美元，增长百分之九十一点五。共中外商直接投资协议金额 1109 亿美元，实际投资 257.6 亿美元，分别增长百分之九十点七和 1.3 倍。到 1993 年末，已注册的外商投资企业达 16.75 万户，比上年末增加 8.31 万户。

对外经济技术合作取得较大发展。1993 年对外承包工程和劳务合作新签合同 67.6 亿美元，比上年增长百分之二点八；完成营业额 45.2 亿美元，增长百分之四十八点二。

国际旅游业取得好成绩。1993 年来我国旅游、访问、从事商务以及各项活动的外国、台湾、港澳和华侨旅游者达 4153 万人次，比上年增长百分之九；旅游外汇收入 46.8 亿美元，增长百分之十八点七。

七、金融和保险业

1993 年，金融系统认真贯彻执行中央加强和改善宏观调控的精神，实施稳健的货币政策，及时纠正金融工作中出现的问题，在抑制过高的固定资产投资规模和较高的货币投放以及保持币值稳定的基础上，大力组织存款，及时增加信贷投人，调整结构，保证了国家重点建设和工农业生产以及农副产品收购等合理资金需要，缓解了一些重点企业的流动资金紧张状况，有力地支持了国民经济持续、快速、健康发展。

1993 年末，国家银行各项存款余额为 23245 亿元，比上年末增加 4339 亿元，增长百分之二十三，其中：企业存款余额为 7672 亿元，比上年末增加 855.9 亿元，增长百分之十二点六，城乡储蓄存款余额达 14764 亿元，比上年末增加 3219 亿元，增长百分之二十七点九；银行各项贷款余额为 26461 亿元，比上年末增加 4846 亿元，增长百分之二十二点四，其中流动资金贷款余额为 18689 亿元，增长百分之十九点五；固定资产贷款余额为 5171 亿元，增长百分之三十一点七。到 1993 年末，市场现金流通量为 5865 亿元，比上年增长百分之三十五点三，当年现金发行量为 1529 亿元；广义货币 M2 比上年增长百分之二十四。

国家外汇储备增加。1993 年末国家现汇结存为 212 亿美元(不包括中国银行外汇存款)，比年初增加 17.6 亿美元。

保险事业进一步发展。1993 年全国财产险承保总额 51372 亿元，比上年增长百分之十二点六。全国有 77.6 万户企业参加了企业财产保险，1.3 亿户居民参加了家庭财产保险，有 2.5 亿人次参加了人身保险。保险公司共处理国内财产险赔案 690.3 万件，支付赔款 137 亿元，为 664 万人次支付人身保险金 91 亿元。

八、科学、教育、文化和卫生、体育

科技队伍扩大。1993 年末国有企事业单位共有各类专业技术人员 2551 万人，比上年末增长百分之二点三。全国县级以上国有独立研究开发机构 5852 个，高等院校办科研机构 3000 个，大中型工业企业办科研机构 10200 个；从事科技活动人员 234.5 万人，其中科学家和工程师 137.3 万人。

科技经费投入增加。1993年,全国科技机构、高等院校和大中型工业企业等单位用于科技活动的经费支出为563亿元,比上年增长百分之三十三点七。其中研究与发展经费支出196亿元,增长百分之十六,相当于国内生产总值的百分之零点六二。

科技事业蓬勃发展。1993年,全国共取得省部级以上重大科技成果3.3万项;获国家奖励的成果781项,其中国家发明奖175项,国家自然科学奖52项,国家科学技术进步奖441项,国家星火奖113项。受理国内外专利申请7.7万件,授权专利6.2万件,分别比上年增长百分之十五和百分之九十七。1993年新建成国家重点实验室4个。到1993年末,我国批准设立的国家级高新技术产业开发区52个,有高新技术企业1.4万家。

质量检测、标准化建设和天气预报服务进一步完善。1993年,全国共有产品质量监测机构1500个,其中国家检测中心233个。全年制定、修订各类国家标准1411个。全国共建立了超短波天气警报服务系统发射台1874个。

技术市场更加活跃。全年全国共签订技术合同24.6万份,成交金额207.6亿元,分别比上年增长百分之四点四和百分之三十七点四。

各类教育事业取得新的进展。普通高等教育规模继续扩大。1993年全国招收研究生4.2万人,比上年增加0.9万人;在学研究生10.7万人,增加1.3万人。普通高等学校招收本、专科学生92.4万人,增长百分之二十二点五;在校学生253.6万人,增加35.1万人。中等职业技术教育不断发展。1993年各类中等职业技术学校在校学生762.3万人(含技工学校学生173.9万人),占高中阶段在校学生总数1419万人的百分之五十三点七。

基础教育稳步发展,普及九年义务教育有新进展。1993年全国初中在校学生4082万人,小学在校学生1.24亿人。小学学龄儿童入学率达百分之九十七点七;小学毕业生升学率由上年的百分之七十九点七提高到百分之八十一点八。普通初中和小学学生辍学率分别为百分之七点一和百分之二点三。

成人学历教育招生迅速增加,多种形式的技术培训蓬勃开展。1993年成人高等学校招收本、专科学生(包括电大、函授及夜大招生的普通班学员)86.3万人,比上年增长百分之四十五点八;在校学生186.3万人,增长百分之二十六;成人中等专业学校在校学生206.8万人,增加32.4万人;成人技术培训学校培训学员5342万人次;成人中、小学在校学生856.3万人;全年共扫除文盲548.2万人。

文化事业稳步发展。1993年末全国共有艺术表演团体2723个,文化馆2897个,公共图书馆2585个;博物馆1116个,档案馆3585个,广播电台983座,中、短波广播发射台和转播台725座,电视台683座,一千瓦以上电视发射台和转播台1085座,各类电影放映单位11.3万个。1993年生产电影故事片154部,发行各种新片(长片)222部,有30部(次)影片在国际电影节上获奖。全国性和省级报纸全年出版199亿份,各类杂志出版24.3亿册,图书出版64.1亿册(张)。

卫生事业继续发展。1993年末全国医院共有病床279.5万张,比上年末增长百分之一点九。专业卫生技术人员411.7万人,增长百分之一点一;其中医生183.2万人(含中、西医师137.3万人),增长百分之一点三;护师、护士105.6万人,增长百分之一点六。

体育事业取得优异成绩。在1993年国内外重大比赛中,我国运动员在18个项目中获得103个世界冠军;38人7队124次创57项世界纪录,81人3队242次创81项亚洲纪录,176人16队368次创173项全国纪录。群众体育事业蓬勃发展,近百分之八十九的学校推行《国家体育锻炼标准》,百分之八十六的学生达到合格标准。

九、人口与人民生活

1993年全国人口出生率为千分之十八点零九,死亡率为千分之六点六四,自然增长率为千分之十一点四五。1993年末全国人口为118517万人,比上年末增加1346万人。

居民收入继续增加。1993年城镇居民人均生活费收入为2337元,比上年增长百分之二十八,扣除价格因素,实际增长百分之十点二。农村居民人均纯收入921元,比上年增长百分之十七点五,扣除价格因素,实际增长百分之三点二。但地区之间、城乡之间的收入差距扩大,一部分居民生活水平下降。

劳动领域的改革步伐加快,劳动就业服务体系进一步发展。1993年各级职业介绍所发展到1.3万个,全年城镇新增就业人员705万人,年末城镇失业率为百分之二点六。国家还为12.8万失业职工提供了生活救济。劳动合同制有了较大进展,国有单位合同制职工达2330万人,占城镇国有单位全部职工的百分之二十一。年末全国职工人数为15040万人,比上年末增加248万人。城镇私营企业从业人员和个体劳动者1116万人,增加278万人。

职工工资水平进一步提高。1993年全国职工工资总额4770亿元,比上年增长百分之二十一点一;职工平均工资3236元,增长百分之十九点四。

城乡居住条件继续改善。1993年城镇新建住宅2.66亿平方米,农村新建住宅5.7亿平方米。

社会福利事业不断发展。1993年全国各类社会福利院床位达 95.4 万张，收养 70.6 万人；城乡各种社会救济对象得到国家救济的达 4051 万人次。全国已有百分之三十一点五的乡镇建立了农村社会保障网络，城镇社会服务网络也有较快发展，已建立起各种社区服务设施 9.7 万个。职工养老保险社会统筹面继续扩大。

环境保护事业进一步加快发展。1993 年末全国环境保护系统人员共有 8.1 万人，各级环境监测站 2290 个，环境监测人员 3.3 万人。全国自然保护区中有 10 个自然保护区加入了国际人与生物圈保护区网，有国家级自然保护区 77 个。到 1993 年末，制定的各类环境保护标准已达 313 项，在全国 472 个城市中建成了 2935 个烟尘控制区，面积达 10492 平方公里，在 363 个城市中建成了 1774 个环境噪声达标区，面积达 3689 平方公里。1993 年完成环境污染限期治理项目 5737 个，总投资 25.4 亿元。

注释：

(1)本公报各项统计数据未包括台湾省和香港、澳门地区。

(2)公报中国内生产总值和各产业增加值指标绝对数按现价计算，增长速度按可比价格计算。

外交部发言人公布中英关于香港 1994/1995 年选举安排问题谈判中几个主要问题的真相

自 1993 年 4 月至 11 月，中英两国政府代表就香港 1994/1995 年选举安排问题举行了 17 轮谈判。会谈前，双方曾达成会谈内容不向外透露的谅解。英方在未经与中方磋商的情况下，发表《香港代议政制》白皮书，单方面公布了会谈内容，对中方的立场进行歪曲和攻击，企图推卸破坏会谈的责任。对此，中方不得不公布有关事实真相（全文略）。中方指出：（一）英方在会谈中顽固坚持“三违反”的改制方案；（二）英方企图干预中国主权范围内的事务；（三）在选举委员会问题上双方达成的协议和谅解必须遵守；（四）功能团体选举的原意必须坚持；（五）“直通车”问题只能在人大决定和基本法有关规定的范围内加以解决；（六）中方为争取在区域组织选举安排问题上达成协议作出了巨大努力；（七）英方蓄意破坏会谈。

国家计委发布《关于商品和服务实行明码标价的规定》

第一条　为维护市场价格正常秩序，促进正当竞争，保护消费者合法权益，根据有关法律、法规，制定本规定。

第二条　凡在中华人民共和国境内收购、销售商品或收取费用的企业、行政事业单位和个体工商户，都必须执行本规定。

第三条　商品和服务的明码标价实行标价签、价目表等标价方式，具体标价方式、内容除按本规定有关条款执行外，省、自治区、直辖市价格主管部门或其授权的地（市）级价格主管部门可结合本地区实际情况及各行业的不同特点确定。

标价签或价目表由价格监督检查机构统一监制。由于行业特点需要制作特色价签的，应经价格监督检查机构核准监制。其他单位和个人不得擅自印制。

第四条　实行明码标价制度，必须做到价签价目齐全、标价准确、字迹清晰、货签对位、一货一签、标示醒目，价格变动时应及时更换。商品价格和收费标准一律使用阿拉伯数码标明人民币金额。对于少数用外币出售商品的商店、饭店，需要有一个过渡到人民币单一标价的过渡期，在此期间，可按市场汇率折算后，同时标明外币金额。

不得高于标价出售商品和收取费用，收取费用应列出具体收款项目和标准，不得另行收取未标明的费用。

第五条　从事零售业务的，商品标价签应包括品名、产地、规格、等级、计价单位、零售价格等主要内容，标价签由专、兼职物价员或指定专人签章。削价处理商品，必须以公开方式表示，以区别于正常商品价格。

从事批发业务的，应实行明码标价。

由于行业特点需要减少标价签内容或某些特殊商品（如艺术珍品、古董等）不宜标价的，均须经价格主管部门核准。

第六条　凡提供有偿服务的单位和个人，均须在其经营场所或交缴费用的地点的醒目位置公布其收费项目明细价目表。价目表应包括收费项目名称、等级或规格、服务内容、计价单位、收费标准等主要内容。

第七条　收购农副产品和废旧物资的，必须在收购点公布收购价目表，标明品名、规格、等级、计价单位和收购价格。

第八条　进入生产资料交易市场的商品，应标明其品名、产地、规格、等级、型（牌）号、计价单位和销售价格等内容；进入批发市场交易的农副产品和工业消费品，也应实行明码标价；进入房地产市场交易的房、地产，应标明其坐落位置、结构、规格、计价单位、面积和销售（出租）价格。

价格主管部门对某些商品规定有最高限价、最低保护价或参考价的，市场管理部门应在市场醒目位置予以公布。

第九条　城乡集贸市场按规定允许上市的农副产品和其他商品，参照本规定第五条实行明码标价，价格主管部门对某些商品规定有参考价或临时销售限价的，市场管理部门应在市场醒目位置予以公布。

第十条 对不按规定执行明码标价的商品经营者和收费单位，由价格监督检查机构处以1万元以下的罚款。

对确属初犯，情节轻微，且经检查后主动改正的可从轻处罚。

对屡查屡犯、抗拒检查、态度恶劣的，或在标价内容上有欺诈行为的，应从重处罚。

对不按明码标价结算的，超出标价金额以上的收入为非法所得，应退还消费者，不能退还消费者的由价格监督检查机构予以没收。

第十一条 对不按规定执行明码标价的单位的直接责任人员和主管人员可分别处以50元至500元的罚款。

第十二条 被处罚的单位和个人对处罚决定不服的，可以在收到处罚通知之日起15日内，向上一级价格检查机构申请复议。上一级价格检查机构应当在收到复议申请之日起30日内做出复议决定。复议期间，原处罚决定照常执行。申诉人对复议决定不服的，可以在收到复议通知之日起15日内，向人民法院起诉。

第十三条 行政事业性收费单位除参照第六条规定执行外，还应当在收费场所悬挂价格主管部门核发的收费许可证，实行亮证(持证)收费。有多处收费场所的，可悬挂收费许可证副本或复印件。

第十四条 本规定由国家计划委员会负责解释。

第十五条 本规定自1994年3月1日起执行。1990年2月1日原国家物价局发布的《关于商品和收费实行明码标价制度的规定》同时废止。

国务院办公厅转发国家经贸委《关于改进深圳陆运口岸管理工作的意见》

国家经贸委、公安部、交通部、农业部、外经贸部、卫生部、海关总署，广东省人民政府：

国家经贸委《关于改进深圳陆运口岸管理工作的意见》已经国务院同意，现转发给你们，请贯彻执行。

国务院副总理邹家华在中南海怀仁堂与大型国有企业领导干部专题研究班学员座谈

邹家华指出，在当前新旧体制转换过程中，矛盾、问题很多，需要有一个磨合的过程，国有大中型企业的作用就是要使这个磨合过程尽可能地平稳，并且缩短这个磨合期。邹家华说，只要大型国有企业首先模范地按中央的改革方案办、按新规矩办，对改革成功会起很大的作用。

温家宝出席座谈会。

全国民航工作会议在北京召开

国家主席江泽民在北京会见参加美国JP摩根公司国际理事会第四十次会议的理事会成员

国务院副总理李岚清在中南海会见欧共体代表团团长布列坦

中国—欧共体混合委员会第十三次会议在北京举行

中国代表团团长、外经贸部长吴仪和欧共体代表团团长、欧共体委员会委员布列坦共同回顾了中国和欧共体的经贸关系，并就双边合作关系进行广泛的讨论和磋商。

随着双边贸易的继续增长以及贸易不平衡状况的改善，双方在会上同意，要全力以赴推动双边贸易更为平衡地发展。

双方同意，今年6月在布鲁塞尔举行经贸事务工作组第二次会议，继续讨论双边经贸合作中仍然存在的一些问题，主要涉及农业、知识产权和金融服务业。

混委会肯定去年在知识产权和海上运输领域会议纪要的执行情况，并重申双方将继续互相适用非歧视性原则。

会上，双方对在不同领域内的合作所取得的进展表示满意，并同意继续在环境、工业以及培训有关中国贸易政策、经济学、法律、管理和电讯的专家等方面开展合作。

双方还同意今年在上海建立中欧国际工商学院，并为此在会后签署备忘录。

会议结束后，吴仪和布列坦举行联合新闻发布会，回答记者提出的有关问题。

对外友协致电巴勒斯坦—中国友好协会谴责在约旦河西岸希布伦清真寺发生的屠杀巴勒斯坦人的暴行并向遇难者亲属表示哀悼和慰问

中央军委副主席刘华清在全军纪检工作会议上发表讲话

刘华清强调，军队的反腐倡廉工作必须坚持高标准，各级领导，特别是高级干部要严格执行中央和军委在党风廉政建设上的各项制度和规定，做全心全意为人民服务的模范，做遵守纪律的模范。

刘华清说，中纪委第三次全体会议是一次十分重要的会议。江泽民总书记在会上作了重要讲话。中央军委决定召开全军纪律检查工作会议，就是要及时学习贯彻江总书记的重要讲话和中纪委全会精神，按照党中央的部署，进一步加强军队的党风廉政建设。

刘华清说，全军认真学习邓小平同志关于加强党风廉政建设的论述、军委江泽民主席的有关指示和军委的决定，增强了反腐倡廉的自觉性。各级党委普遍开展了思想作风整顿和自查自纠；严肃查处了一些重大违法违纪案件；教育了部队，促进了领导作风的转变，推动了部队的全面建设。

刘华清指出，全军同志必须深刻认识加强党风廉政建设的长期性和艰巨性。今年军队的党风廉政建设要坚决贯彻党中央关于反腐败斗争的决定，继续贯彻军委关于发扬优良传统加强廉政建设的决定。要在思想认识上有新的提高，在查处大案要案方面取得新的突破，在重点部位重点环节多下功夫，在制度建设和监督检查方面迈出新的步伐。刘华清说，我们有邓小平同志建设有中国特色社会主义理论的强大思想武器，有以江泽民同志为核心的党中央、中央军委的坚强领导，全军上下共同努力，我军的反腐倡廉工作一定能取得新的成绩。

刘华清强调说，在新的形势下，我军肩负重大的历史使命，要为国家的改革开放和现代化建设提供坚强有力的安全保证。这就要求我们必须把自身搞得很坚强，做到在任何情况下都能完成党和国家赋予的任务。党中央明确要求我军在社会主义精神文明建设方面走在全社会的前列，这是对军队的高度信任，对我军建设提出了很高的要求。党风廉政建设作为精神文明建设的重要方面，我军理所当然地要做得更好一些。各级党委和领导，一定要坚持高标准，严要求，进一步增强反腐倡廉的自觉性和责任感。

刘华清指出，搞好一个单位的党风，党委是关键。党委自身搞坚强了，反腐倡廉的成果就能够得到巩固，即使出问题，也容易解决。党内要开展批评和自我批评，要反对自由主义，这是我党我军的优良传统，在当前反腐倡廉的新形势下，一定要继续发扬光大。各级党委要把党的民主集中制、党的组织生活制度贯彻落实好。党委正副书记要坚持原则，带头讲党性，带头开展批评和自我批评。

在谈到领导干部应当在党风廉政建设上作表率时，刘华清说，作为军队的高级干部，必须有大局观念，严守政治纪律。凡是党中央和军委定了的事情，就要坚决贯彻；凡是明令禁止的，就绝对不能办；凡是制度上有规定的，就要老老实实照着去做，真正在政治上、思想上、行动上同党中央保持一致。领导干部特别是高级干部要在廉洁自律上言行一致，身体力行。要严格执行中央和军委在党风廉政建设上的各项制度和规定，做全心全意为人民服务的模范，做执行纪律的模范。

中央军委主席江泽民签署命令颁发《中国人民解放军绿化条例》

中央军委主席江泽民近日签署命令，颁发《中国人民解放军绿化条例》。《条例》对军队的绿化建设、绿化管理、绿化资源的保护、绿化资源的利用、奖励与处罚作出明确的规定。

《条例》规定，中国人民解放军绿化委员会领导全军的绿化工作。团以上单位绿化委员会（绿化领导小组）领导本单位、本系统的绿化工作。军队绿化的基本任务是在军用土地上及部队驻地附近，植树造林，种草栽花，绿化荒山、荒地、荒滩，实现营区园林化，保护和开发利用绿化资源，为军队建设和国家经济建设服务。军队绿化的目的是追求军事、生态、社会、经济效益的一致性。《条例》对营区绿化提出了新要求，驻城市市区的单位绿化用地面积不低于营区占地面积 25%，驻城市郊区、乡镇的单位绿化用地面积不低于营区占地面积的 30%。条例规定，军队造林成活率要比地方高 5%。

全军绿化委员会负责人在接受记者采访时指出，《条例》是依据《中华人民共和国森林法》和全国人民代表大会常务委员会《关于开展全民义务植树的决议》，总结了军队十多年来绿化工作的经验而制定的，是依法治军的组成部分。《条例》的制定和实施标志着我军绿化工作进入法制轨道，必将促进全军绿化工作进一步健康发展。

爱新觉罗·溥杰逝世

第八届全国人大常委会委员、全国人大民族委员会副主任委员、全国政协文史资料委员会专员爱新觉罗·溥杰因病在北京逝世，享年 87 岁。

爱新觉罗·溥杰，1907 年 4 月 16 日出生在北京，满族，是清朝末代皇帝爱新觉罗·溥仪的胞弟。幼年在醇王府作溥仪伴读。1929 年后，被送往日本东京学习院，日本陆军士官学校学习。1935 年回东北后，在日军扶植的伪满洲国任军职。1937 年与日本国王亲侯爵嵯峨实胜之女嵯峨浩结婚。1945 年日军投降后，与溥仪一道被苏联红军俘获，1950 年 8 月移交中国政府关押，接受改造，1960 年 11 月获特赦释放。获释后，受到了党和政府无微不至的关怀和照顾。60 年代曾受到周恩来总理的亲切接见，并得与远在日本的妻子女儿在国内团聚。1962 年 5 月起，溥杰先生担任全国政协文史资料委员会专员，北京市政协委员。1978 年后，当选为第五届、六届、七届全国人大代表，第六届、七届全国人大常委会委员、全国人大民族委员会副主任委员。

3月1日

中纪委第三次会议公报

中国共产党中央纪律检查委员会第三次全体会议，于1994年2月25日至3月1日在北京举行。这次全会是在全党深入学习《邓小平文选》第三卷，全面贯彻党的十四大和十四届三中全会精神，加快建立社会主义市场经济体制，使国民经济持续、快速、健康发展的新形势下召开的。全会以邓小平同志建设有中国特色社会主义理论和党的基本路线为指导，围绕抓住机遇、深化改革、扩大开放、促进发展、保持稳定这个全党工作的大局，按照中央关于深入、持久、更有成效地开展反腐败斗争的要求，回顾总结了中央纪委二次全会以来全党贯彻执行中央《关于反腐败斗争近期抓好几项工作的决定》的情况，研究部署了1994年反腐败斗争的任务。

中央纪律检查委员会委员103人出席了会议，各省、自治区、直辖市，中央和国务院各部门、解放军等纪检监察机关的负责人列席了会议。中央纪律检查委员会常务委员会主持了会议。全会审议通过了中央纪律检查委员会书记尉健行代表中央纪律检查委员会常务委员会作的《深入持久反腐败，为改革、发展和稳定服务》的报告。

中国共产党中央委员会总书记江泽民在全会上发表了重要讲话。李鹏、李瑞环、刘华清、胡锦涛等党和国家领导人出席了会议。参加会议的还有中央国家机关和有关方面的负责同志。

全会认真学习讨论了江泽民同志的重要讲话，一致认为江泽民同志的讲话非常深刻，具有很强的针对性和指导意义。全党同志要认真学习贯彻讲话中强调的“肯定成绩，看到问题，总结经验，保持清醒的头脑，继续下功夫把反腐败工作做得更好”的精神，落实讲话中提出的搞好下一阶段反腐败工作的几点要求。同时，各级党组织要切实按照江泽民同志关于进一步巩固和加强党同人民群众的血肉联系的要求，结合反腐败斗争的实践，对党员、干部特别是领导干部加强坚持党的群众观点和群众路线教育，并要求他们经常以全心全意为人民服务的宗旨对照检查自己的言行，进一步形成党群一心，干群一致，共同维护深化改革、扩大开放、促进发展、保持稳定的局面。

全会回顾总结了中央纪委二次全会以来全党贯彻执行中央关于反腐败斗争决定的情况。指出，自去年8月以来，各级党委、政府贯彻党中央、国务院《关于反腐败斗争近期抓好几项工作的决定》，态度坚决，行动迅速，做了大量的工作，广大干部、群众衷心拥护，积极参与。各级纪检监察干部恪尽职守，努力工作。经过半年的艰苦努力，反腐败斗争取得了一定成绩，中央提出的三项工作不同程度地取得了成果，抓得好的地区和部门，在一些方面取得了比较明显的成效。其他一些消极腐败现象也有所收敛。总的来说，反腐败斗争的势头是好的，进展是健康的，基本上达到了中央预期的要求，对维护政治稳定、推进改革开放、促进经济发展、保障国民经济宏观调控任务的落实，起到了积极的作用。全会认为，反腐败工作的发展还不平衡，有些成果还不巩固。既要实事求是地肯定前一阶段反腐败斗争的成绩，又要看到消极腐败现象仍然是严重的，需要继续做艰苦工作，绝不能有丝毫的松懈。

全会认为，中共中央、国务院去年作出的关于反腐败斗争的决定是完全正确的，决定中提出的指导思想和方针、政策、原则，保证了反腐败斗争健康有序地发展。经过前一段的实践，各级党委、政府对党中央关于开展反腐败斗争的思路和对策，在认识上更深刻了，并总结了一些有效的做法：(1)反腐败必须从改革、发展和稳定的全局来把握，抓住妨碍和影响改革、发展和稳定的突出问题，确定反腐败的阶段任务和目标，把反腐败同党中央、国务院的重大改革和建设的决策、措施的实施紧密结合起来。(2)反腐败是一项长期的任务，要在战略上总体规划，又必须有现实紧迫感，一个阶段一个阶段地进行，不断抓出阶段性成果。从治标入手，逐步解决深层次问题。(3)反腐败要从宏观着眼，坚持中央确定的三项工作的格局，既要坚决惩治腐败分子，又要坚决克服各种消极腐败现象，包括纠正行业不正之风，关键又在于领导干部廉洁自律。(4)反腐败不仅要提出明确具体的阶段性任务和目标，还必须加强自上而下、自下而上的监督检查和指导。(5)反腐败必须全党动员，党政一起抓，党政主要领导亲自抓。各行各业、各个方面都要按照党中央、国务院的统一部署，上下一起行动，打总体战。(6)反腐败要有强有力的舆论声势，形成大气候。这些有效做法应当继续坚持，并逐步充实和发展。

全会指出，今年反腐败斗争总的要求是，坚持以邓小平同志建设有中国特色的社会主义理论和党的基本路线为指导，全面贯彻落实党的十四大和十四届三中全会精神，紧紧围绕经济建设中心，把握全党工作的大局，继续贯彻中央关于反腐败斗争的决定，在巩固已有成果的基础上，把反腐败斗争深入、持久、更有成效地进行下去。按照中央指示，今年反腐败三项工作的格局不变，根据形势特点赋予新的内容。

第一，中央去年提出的党政机关县(处)级以上领导干部廉洁自律的五条规定，要继续狠抓落实，在此基础上提出和重申以下规定：(1)不准违反规定购买和更换进口豪华小汽车；不准利用职权向企业、下属单位换车、借车和摊派款项买车；不准用贷款、集资款和专项资金购买供领导干部使用的小汽车；县(市)党政领导机关和单位，凡拖欠职工工资的不准购买小汽车。(2)不准违反国务院关于住房制度改革的规定压价购买住房；不准利用职权为自己和子女、亲友购买住房提供优惠条件；不准用公款超标准为个人装修住房。(3)领导干部在国内公务活动中要轻车简从，食宿不准超过当地接待标准；不准为领导干部举办专场舞会。(4)不准利用本人及家庭成员婚丧嫁娶以及工作调动、过生日、迁新居等机会大操大办，挥霍浪费，更不准动用公款公物操办和借机敛财。(5)不准利用职权拖欠公款不还；不准借用公款为个人及其亲友买房、建私房和从事营利活动。

企业事业单位的领导干部也必须廉洁自律，遵纪守法，反对以权谋私、贪污贿赂、挥霍浪费等各种消极腐败现象。

第二，要继续抓好查办大案要案的工作。坚持以查办党政领导机关、领导干部和司法部门、行政执法部门、经济管理部门及其工作人员的违法违纪案件为重点，着重查处领导干部贪污受贿、以权谋私案件，执法执纪人员徇私舞弊、贪赃枉法、执法犯法、执纪违纪案件，以及法人违法违纪案件。各级党委、政府要加强对办案工作的领导，坚决排除各种阻力和干扰。下级查办有困难的重大案件，上级机关要派人协办或督办。要进一步加强纪检监察机关同司法机关、组织人事、宣传部门和行政执法监督部门之间的协调配合，形成办案的整体合力，加大突破大案要案的力度。

第三，进一步加强纠正行业不正之风工作，刹风整纪，搞好专项治理，切实解决一、两个突出问题。要继续狠刹国家机关及其所属部门乱收费的不正之风，要把贯彻落实中央关于行政性收费、罚没收入实行“收支两条线”管理的规定作为今年狠刹乱收费的重点工作来抓，务必抓出明显成效。要认真清理党政机关及其工作人员利用职权无偿占用企业的财物归机关或个人使用的问题，清理假借各种名义调用企业的资金充作本单位的小金库或乱发奖金的问题。还要坚决刹住以各种名义向企业索要赞助的歪风。要继续抓好减轻农民负担的工作。要采取有效措施狠抓党政机关与所办经济实体脱钩规定的落实。要继续纠正用公款出国(境)旅游的不正之风，从严审批公务出国(境)计划，坚决把过多过滥的公务出国(境)活动压下来，并制定相应的政策和管理办法，从源头上解决问题。

全会要求，在重点抓好反腐败三项工作的同时，纪检监察机关还要围绕党中央、国务院关于深化改革、发展经济、维护稳定的重大决策、措施的贯彻落实，加强执法监察，切实监督民主集中制的贯彻，维护政治纪律的严肃性，保证政令畅通。

全会分析了反腐败斗争所面临的形势。指出，今年是全面贯彻党的十四大和十四届三中全会精神，使我国经济持续、快速、健康发展的重要一年，是实现经济体制转轨的关键一年。反腐败和党风廉政建设必须围绕全党工作的大局来认识和把握，并服从服务于这个大局。随着经济的快速发展和改革的深化，必然涉及各方面的利益调整和思想观念的变化，反腐败斗争和党风廉政建设也将会出现一些新情况、新问题。反腐败斗争面临的形势仍然是严峻的，任务十分艰巨。各级党委、政府及纪检监察机关必须更加坚定不移地贯彻邓小平同志关于“两手抓，两手都要硬”的战略方针，深入、持久、更有成效地开展反腐败斗争，加强党风廉政建设。为了保证反腐败斗争更有成效地进行，各级党委和政府，特别是党政主要领导同志一定要继续把这项关系党和国家前途命运的大事摆到重要议事日程，切实加强领导。要大力支持纪检监察机关的工作。要按照逐级负责的原则，加强监督检查，保证反腐败三项工作落到实处。

全会要求，为适应反腐败繁重任务的需要，纪检监察机关要进一步加强自身建设。纪检监察干部要深入学习《邓小平文选》第三卷，用建设有中国特色社会主义理论武装头脑，指导工作，同时要认真学习党的十四届三中全会的决定，学习社会主义市场经济的知识，提高政治和业务素质。要加强各级纪检监察机关的领导班子建设，严格执行民主集中制，增强战斗力。要进一步理顺工作关系，更好地发挥纪检监察两种职能，把工作提高到一个新的水平。

全会坚信，只要各级党委、政府坚决贯彻执行中央关于反腐败斗争的决定，统一思想认识，切实加强领导，充分依靠群众，狠抓工作落实，今年的反腐败工作一定能够取得新的阶段性成果。

全会号召，全党同志要在邓小平同志建设有中国特色社会主义理论和党的基本路线的指引下，紧密团结在以江泽民同志为核心的党中央周围，认真学习贯彻江泽民同志在中国共产党中央纪律检查委员会第三次全体会议上的重要讲话精神，以锲而不舍的实干精神，克服一切困难和阻力，坚定不移地开展反腐败斗争，为维护政治稳定、保障改革开放、促进经济发展作出新的贡献。

全国政协八届常委会五次会议在北京举行

这次会议的主要内容是为政协第八届全国委员会第二次会议作准备。会议审议通过常委会的工作报告和报告人，讨论《政府工作报告》(征求意见稿)，审议通过政协章程修正案草案，听取和讨论尉健行关于当前反腐败斗争情况的报告、审议通过有关人事事项等。

中共中央政治局常委、全国政协主席李瑞环主持了今天的会议。

全国政协副秘书长朱作霖、陈进玉、卢之超先后在会上就政协第八届全国委员会第二次会议议程(草案)和日程(草案)、政协第八届全国委员会常务委员会工作报告(草案)的起草情况和《中国人民政治协商会议章程(修正案草案)》作说明。

全国政协副主席王兆国在会上作关于政协第八届全国委员会第二次会议增补委员名单(草案)的说明。

全国政协委员史久镛因在去年 11 月 10 日经联合国大会和安全理事会同时选为国际法院法官，任期 9 年，为遵守并执行国际法院规约的有关规定，经第十次全国政协主席会议审议，同意本人提出辞去委员职务的请求。全国政协委员钱青因身体健康原因要求辞去外事委员会委员职务，经主席会议审议也同意她的辞职请求。以上两项已报告此次常委会议备案。

会议同意宋德敏因病提出辞去全国政协秘书长职务的请求，通过同意宋德敏辞去全国政协秘书长职务的决定。

会议还审议通过关于撤销刘汉桢、马烈孙中国人民政治协商会议第八届全国委员会委员、常务委员资格的决定。

中央党校校长胡锦涛在中央党校新学期开学典礼上发表讲话

参加新学期开学典礼的有第 16 期省部级领导干部进修班、第 22 期地厅级干部进修班、新疆民族干部培训班、中青年干部培训班、理论宣传骨干培训班以及中直机关分校、国家机关分校、部队分部的学员共 2600 多人。

胡锦涛在分析了当前国际国内形势后指出，到中央党校学习的同志，人都是来自各条战线的领导干部，大家无论处在什么领导岗位，主持哪方面的领导工作，都有一个从战略高度着眼，总揽全局的问题。邓小平同志善于从战略全局上思考和处理问题的马克思主义立场、观点和方法，在他的著作中得到集中体现，各级领导干部都必须努力学习和掌握。实事求是地分析和认识形势，是正确决策，服从和服务于全党工作的大局，做好各项工作的前提和基础。只有紧密联系当前国际国内的形势，学会从宏观战略上考虑问题，才能够站得高，看得远，认清形势，把握全局，全面贯彻好中央确定的今年全党工作的基本方针。

胡锦涛在讲话中着重阐述了领导干部带头学好理论的重要性和紧迫性。他指出，邓小平同志建设有中国特色社会主义理论是当代中国的马克思主义，是指引我们继续胜利前进的精神支柱和科学指南。现在我们党正领导各族人民进行建设有中国特色社会主义的伟大实践。在前进的道路上，不可避免地会遇到过去不曾遇到过的复杂情况和问题，尤其是在加快建立社会主义市场经济体制的过程中，错综复杂的深层次矛盾必然日益突出起来。只有学好建设有中国特色社会主义理论，才能统一思想，正确把握改革、发展和稳定的关系，妥善处理各种社会矛盾，统揽全局，审时度势，不断增强工作的原则性，系统性，预见性和创造性，保证改革开放和现代化建设的顺利进行。

胡锦涛强调，在学习建设有中国特色社会主义理论的过程中，要加强对社会主义市场经济理论和基本知识的学习。首先要全面系统地钻研邓小平著作中的有关论述，领会精神实质。党的十四大报告和十四届三中全会通过的决定，是我们学习社会主义市场经济理论的必读教材。要学习中央为建立社会主义市场经济体制而制定的方针政策和各项改革方案。还要学习社会主义市场经济的基本知识，不断提高驾驭社会市场经济的能力。

《人民日报》发表社论《打好扶贫攻坚战》

从现在起到本世纪末，我国将实施一项宏伟的扶贫工程——“八七扶贫攻坚计划”，即用 7 年时间，力争基本解决目前农村 8000 万贫困人口温饱问题。这是党中央、国务院在我国扶贫开发工作取得巨大成就的基础上作出的一项重大决策。

邓小平同志指出：贫穷不是社会主义，社会主义要消灭贫穷。中华人民共和国成立 40 多年来，在党和政府的领导下，我国各族人民为消灭贫困，实现民族的繁荣和富强，进行了艰苦卓绝的努力，取得了举世瞩目的成就。特别是党的十一届三中全会以后，以家庭联产承包责任制为主要内容的一系列农村改革，使农村经济出现了前所未有的发展，农民收入大幅度提高，一些地方农民领先走向小康，大部分地区农民实现了温饱，长期困扰我国农村的贫困问题得到明显缓解。

党和政府历来关心贫困地区群众的生产和生活，始终把扶贫作为重要工作来抓。改革开放以来，采取各种措施，加强扶贫工作，增加资金投入，并对传统的扶贫方式进行了调整与改革，实现了从救济式扶贫向开发式扶贫的转变，使相当一些长期贫困的地区较快地改变了面貌，农村贫困人口大大减少。这是一个了不起的历史性成就，它是在 80 年代世界贫困人口居高不下、贫困状况进一步恶化的背景下取得的，充分体现了社会主义制度的优越性。

但是，我们国家大，情况千差万别，发展很不平衡。

在全国基本解决温饱的同时，仍有一部分地区发展缓慢，一部分群众的温饱问题还没有解决，特别是少数特困地区的群众生活还很困难。"八七扶贫攻坚计划"的实施有着更为重大的现实意义和深远的历史意义。到本世纪末解决8000万贫困人口的温饱问题，就预示着占世界人口1/4的中国人民的生存权问题得到解决，这既是永载中华民族史册的一件大事，也是人类发展史上的一个壮举。尽管贫困人口只占全国农村总人口的少数，但由于这些贫困人口主要集中在中西部的深山区、石山区、荒漠区、高寒山区、黄土高原区、地方病高发区及水库库区等，地域偏远，交通不便，生态失衡，经济发展缓慢，文化教育落后，生活生产条件恶劣。因此，要用7年的时间解决这些地区贫困人口的温饱问题，比前一阶段扶贫工作难度要大得多。

我们有决心、有信心、有条件打赢这场扶贫攻坚战。首先，有党中央、国务院的高度重视。党的十四大和去年召开的党的十四届三中全会、中央农村工作会议及其相关的重要文件，都强调了扶贫开发工作的重要意义，提出了新的目标和要求；党中央、国务院领导同志多次深入贫困地区调查研究，组织指导。这些是我们打好扶贫攻坚战最重要的保证。其次，贫困地区广大干部群众有着改变贫穷落后面貌的强烈愿望，他们中间蕴藏着极大的脱贫致富的积极性，这是打好这场扶贫攻坚战的巨大的内在动力。在以往的扶贫开发中，已经涌现出一大批在国家必要扶持下，依靠自己的力量脱贫致富的典型，就充分证明了这一点。第三，改革的进一步深化，特别是社会主义市场经济体制的逐步确立，为贫困地区经济发展提供了前所未有的机遇和更加广阔的前景。比如，由于全方位对外开放，大批一向边远落后、封闭冷清的内陆边疆贫困地区正在成为对外开放的前沿、边贸的重要口岸；沿海经济发达地区经济的高速增长形成巨大而广阔的劳务市场，给贫困地区充裕的劳动力资源提供了大量的就业机会；随着流通体制的改革以及价格的逐步全面放开，贫困地区丰富的自然资源将真正有可能与沿海发达地区逐步实现等价交换，增加贫困地区的收入。第四，国家将继续增加对贫困地区的投入，加大扶贫开发的力度。国务院已经决定从今年到2000年，每年再增加10亿元以工代赈资金和10亿元扶贫专项贴息贷款，各省、市、自治区也将相应增加扶贫开发投入。这些正是打好扶贫攻坚战的物质保证。

加强贫困地区各级领导班子建设，是打好这场扶贫攻坚战的十分重要的条件。政策、资金、项目等条件固然重要，但还必须要有坚强的、有战斗力的领导班子。这个领导班子要有自强不息、义无反顾的英勇气概；要有同群众心连心、共甘苦、长期奋斗的创业精神；要有办实事、重实效、脚踏实地的优良作风。有了这样好的领导班子，就会团结和带领党员、干部、群众去改变贫困落后面貌。

扶贫攻关，不只是贫困地区的事，也是全社会的共同责任，需要动员全社会的力量共同完成。各行各业、各个部门、各民主党派、人民团体都要把扶贫看作是自己工作的一个部分，发扬中华民族扶贫济困的传统美德，为扶贫攻坚奉献爱心，贡献力量。

"八七扶贫攻坚计划"的实施，标志着我国以解决农村温饱为目标的扶贫开发工作进入了最后攻坚阶段，这一计划的如期实现，又将标志着我国贫困地区经济社会发展进入新的历史时期。各级领导干部要以高度的使命感、责任感把这场具有重大历史意义的攻坚战打好。古人尚有"邑有流亡愧俸钱"之说，我们今天难道不应该有"邑有贫困愧俸钱"的感悟吗？我们相信，在党中央、国务院的正确领导下，全国各族人民团结一心，努力奋斗，一定能善始善终地打好打赢这场硬仗，意气风发地迈向21世纪！

中国记协在北京举行四届四次常务理事会议

国家教育发展研究中心在北京召开邓小平教育思想研讨会

北京市人民政府发布国务院批复的1991至2010年《北京城市总体规划》

北京市人民政府向首都新闻界发布国务院1993年10月6日关于《北京城市总体规划》的批复，同意北京市从首都的具体情况出发而制定的1991—2010年的城市总体规划，要求在城市总体规划的指导下，通过不懈的努力，将北京建成经济繁荣、社会安定和各项公共服务设施、基础设施及生态环境达到世界一流水平的历史文化名城和现代化国际城市。

中国与亚洲开发银行在亚洲银行总部签订贷款协定

国务院总理李鹏在人民大会堂会见阿塞拜疆等八国离到任大使

这8位大使是：新到任的阿塞拜疆大使卡拉耶夫、西班牙大使莱尼亚、法国大使白乐尚、巴西大使德梅迪西斯、科特迪瓦大使帕特里斯、伊朗大使米尔法哈尔、即将离任的巴布亚新几内亚大使拉里·胡洛和欧共体委员会驻华代表团团长杜侠都。

中央军委副主席刘华清在人民大会堂会见巴基斯

坦陆军参谋长阿卜杜勒·瓦希德

国务院副总理兼外交部部长钱其琛在科伦坡同斯里兰卡外长哈米德举行会谈

国务院副总理李岚清在中南海紫光阁会见外国企业界人士

李岚清先后会见美国JP摩根公司国际理事会成员、可口可乐公司国际总裁亨达、韩国现代集团会长郑世永和美国高盛公司副董事长贺文和格里菲斯勋爵等。

全军基层政治工作座谈会在北京召开

中华医学会在北京召开第二十一次全国会员代表大会

中共中央总书记江泽民为大会题词:"依靠科学技术,发展卫生事业,为人民健康服务。"

3月2日

八届全国人大常委会举行第六次会议

全国人大常委会委员长乔石主持会议。126位常委会组成人员出席会议,首先通过委员长会议建议的本次常委会的议程。

会议分别听取法律委员会副主任委员项淳一、王叔文《关于严惩组织、运送他人偷越国(边)境犯罪的补充规定(草案)》和《台湾同胞投资保护法(草案)》审议结果的报告。会议听取劳动部部长李伯勇关于中华人民共和国《劳动法(草案)》的说明,交通部部长黄镇东关于提请审议决定我国加入《统一船舶碰撞某些法律规定的国际公约》和关于我国加入1974年海上旅客及其行李运输雅典公约和《1974年海上旅客及其行李运输雅典公约》的议定书的说明,外交部副部长刘华秋关于中国和泰王国引渡条约、中国和吉尔吉斯领事条约的说明。

会议审议《全国人大关于授权厦门市人大及其常委会和厦门市人民政府分别制定法规和规章在厦门经济特区实施的决定(草案)》。审议《八届全国人大第二次会议议程(草案)》、《八届全国人大第二次会议主席团和秘书长名单(草案)》、《全国人大常委会工作报告(稿)》、列席八届全国人大第二次会议人员名单草案。听取代表资格审查委员会副主任委员李学智《关于补选代表的代表资格的审查报告》。李学智说,最近,地方人大常委会补选八届全国人大代表9名,经审查,确认他们的代表资格有效,提请全国人民代表大会常务委员会审议。审议乔石委员长访问德国、瑞士、奥地利三国情况的书面报告。

国务院总理李鹏向八届全国人大常委会六次会议提交关于提请审议《劳动法(草案)》的议案

李鹏在议案中说,为了适应建立社会主义市场经济体制的需要,推动劳动制度改革,保护劳动者的合法权益,确立、维护和发展用人单位与劳动者之间稳定和谐的劳动关系,促进经济发展和社会进步,劳动部会同有关部门草拟了《劳动法(草案)》。这个草案已经国务院常务会议讨论通过。

劳动部部长李伯勇受国务院委托就劳动法草案的有关问题向本次会议作说明。李伯勇说,根据邓小平在中央工作会议上关于制定《劳动法》的指示,原国家劳动总局会同有关部门开始着手起草《劳动法》。十几年来,经过大量的调查研究,反复论证,先后形成了30余稿。党的十四大以后,根据建立社会主义市场经济体制的要求,国务院法制局会同劳动部、全国总工会对草案进一步作研究、论证、修改。当前,各方面均认为制定《劳动法》十分必要和迫切,条件也已成熟。

八届全国人大补选九名代表

这9名由地方人大常委会补选的代表是:辽宁张荣茂、梁增镖,吉林郑龙哲(朝鲜族),福建金能筹,山东李荣勤(女,回族),河南李长春,广西韦继松(壮族),贵州陈士能,新疆张秀明。

全国人大常委会代表资格审查委员会副主任委员李学智在报告这些代表资格审查结果时说,委员会经审查,确认这些代表的资格有效。

李学智介绍说,在过去的一年里,八届全国人大代表有五名代表逝世,其中辽宁杨烈宇、爱新觉罗·溥杰,河南范好古,四川高贤华4名代表因病逝世,辽宁沈阳市市长武迪生代表因交通事故丧生。此外,山东代表焦祖光辞去全国人大代表职务,云南代表王正光和新疆代表徐效成被原选举单位罢免代表资格。

全国政协八届常委会五次会议举行全体会议

政协八届常委会五次会议上午举行全体会议,听取中共中央政治局委员、书记处书记尉健行关于当前反腐败斗争情况和今后打算的报告。

全国政协主席李瑞环出席会议。会议由政协副主席杨汝岱主持。

尉健行的报告共分三个部分:一、去年八月以来,全国开展反腐败斗争情况的基本估计;二、前一阶段反腐败斗争的一些体会和做法;三、一九九四年反腐败的任务。

全国政协副主席王兆国在会上就政协第八届全国委员会第二次会议增补副主席、常务委员和改选秘书长建议名单(草案)作说明。

会议还通过政协第八届全国委员会第二次会议增补委员名单。

这次新增补的三十名委员中,中共党员十六名,党外人士十四名;妇女三名;少数民族三名;民主党派成员三名;非公有制经济代表人士一名。增补后,全国政协共有委员二千零九十八名,中共党员八百三十四名,占总数的百分之三十九点七五;非中共人士一千二百六十四名,占总数的百分之六十点二五。

全国政协八届常委会五次会议通过《中国人民政治协商会议第八届全国委员会第二次会议增补委员名单》(30人,按姓氏笔划排列)

王成喜　王茂祥　王海彦　云照光(蒙古族)
方　放　石国宝　卢天骄(女)　朱　训　朱树豪
刘宇新　刘海荣(女)　杨成哲(朝鲜族)　杨祥波
张成伦　陈玉书　陈进玉　陈建生　迟云秀
罗祥国　郑　荃　郑君里　赵乙生(瑶族)
胡兆森　胡德平　施展熊　高敬德　唐龙彬
谢丽娟(女)　蔡延松　瞿弦和

中组部《党建研究》杂志社在中南海召开党的建设座谈会暨《党建研究》杂志创刊五周年纪念会

座谈会上,胡锦涛、宋平和有关方面负责人与应邀到会的老同志及党务工作者、新闻单位的同志一起,畅谈在加快改革开放和发展社会主义市场经济的新形势下,如何进一步加强党建理论的研究和宣传,更好地为党的基本路线服务。

胡锦涛在讲话中肯定《党建研究》杂志所取得的成绩,强调要进一步发展好形势,把建设有中国特色社会主义的伟大事业不断推向前进,关键是把我们党建设好。在新的历史时期,党的建设积累许多有益的经验,同时也面临着许多新的情况和问题。我们要从国际国内大局的高度,从着眼长远、面向未来的高度,来认识党建工作的地位和作用,来研究和解决党建工作的新课题,大胆实践,勇于探索,及时总结群众和基层的创造,从思想上、组织上、作风上全面加强党的建设,进一步增强各级党组织的凝聚力、吸引力、战斗力,更好地发挥党的领导核心作用。

党和国家领导人江泽民李鹏乔石分别为《党建研究》杂志创刊五周年题词

新疆维吾尔自治区八届人大二次会议选举阿不来提·阿不都热西提为自治区主席

国家计委国家科委国家经贸委公布《九十年代我国经济发展的关键技术》

这次发布的关键技术包含农业、能源与环境、交通运输、原材料与资源、信息与通信、制造技术、生物技术等7个领域共352项关键技术,以产业技术领域为重点,基本覆盖了我国的主要经济领域。

全国人大常委会委员长乔石在人民大会堂会见以大酋长吉班为首的贝劳国会代表团

国务院副总理朱镕基在日本接受日本广播协会(NHK)电视台记者井上孝利的采访

当记者问及这次访问的印象和成果时,朱镕基再次对日本政府的盛情邀请和周到安排,以及日本各界人士的热情欢迎表示感谢。他说:“我在访问期间会见了天皇,和细川首相、羽田副首相以及朝野各界人士进行了会谈,气氛很好。特别要提到的是,我同日本经济界人士进行了广泛接触和深入交流。同我会见和座谈的日本大企业集团、大公司和大银行的主要领导达260人;直接听我讲演和讲话的企业界人士有1400多人。”

朱镕基强调,通过上述活动,我有两点突出印象。第一,中日友好合作深入人心,成为席卷日本的一个潮流。不论日本政局如何变化,也不管世界上发生什么事情,我深信,中日友好的主流是不会改变的。第二,日本企业界要求加强中日经济合作的愿望非常迫切。通过这次访问,日本经济界加深了对中国经济高速发展的了解,消除了对中国经济改革的一些疑虑,坚定了扩大中日经济、贸易、技术合作的信心。

在展望中日经济合作的前景时,朱镕基说,中日经济互补性很强,双方可以取长补短。天时、地利、人和,以及政治、经济、文化等方面的因素,都有利于中日经济合作的进一步发展。去年,中日经贸关系创造三个“第一”。一是中日贸易额创历史纪录,达390亿美元。日本成为中国第一大贸易伙伴,中国也首次成为日本的第二大贸易伙伴;二是日本对中国的技术出口贸易占中国技术进口的28%,居第一位;三是日本企业界对中国投资的资金到位率也居第一位。我们对中日经贸关系迅速发展感到满意。这不仅有利于中国,也有利于日本经济的振兴。390亿美元这个数字与中日双方合作的潜力相比不算大。前景令人鼓舞。由于日本向中国转让技术的主要方式是合作生产、合资经营,因此,只会增强日本产品在海外的竞争能力。中日合作开拓世界市场,是平等互利的合作伙伴,而不是竞争对手。

当记者问及对日本经济不景气的看法时，朱镕基说，经济不景气不仅是日本，整个西方经济都不景气。日本要克服目前的经济困难，除采用政府干预、刺激需求的传统办法外，重要的一条就是要调整产业结构，增强产品竞争能力，开拓海外市场。加强同当今世界上经济最富有活力、发展最快的亚洲地区，特别是中国的合作，这是最有效的办法。过去两年的事实证明，这种经济合作的发展对日本经济振兴十分有利。

在谈及细川护熙首相即将对中国的访问时，朱镕基说，中国政府和人民十分重视细川首相的访问。这是今年中日关系中的一件大事。江泽民主席和李鹏总理期待着同细川首相进行富有成果的会谈。他的访问一定会把中日睦邻友好、互利合作关系推向新的水平。

当记者问及中美间最惠国待遇问题和中美经贸关系的前景时，朱镕基说，这是个热门话题，每年要吵一次。最惠国待遇是中美进行正常贸易的基础，如果基础发生动摇，双方都会受到损害。实际上受害最大的不是中国，而是美国。我们希望这个问题能一劳永逸地解决。美国国内对此也有两种看法。一种意见要把“人权”问题同最惠国待遇问题扯在一起；另一种意见认为这完全是两回事，不应该联系在一起。在美国，持后一种意见的人越来越多。我希望理智将会占上风。

朱镕基指出，近两年来，中美经贸关系发展迅速。大批美国企业变相到中国投资，美国对华投资已超过日本。中美经贸合作关系的前景十分广阔。

在谈及中国的通货膨胀问题时，朱镕基说，在发展中国家，一定程度的通货膨胀是很难避免的。1990 年至 1992 年，我国的年物价增长指数一直保持在 6%以下。去年为 13%，高了一点。究其原因，除了投资规模过分膨胀带动物价上涨外，实行物价改革，放开粮食和一些生产资料的价格也是一个拉动因素。但是，物价改革又是实行市场经济所必需的。但我相信，今年的物价增长率能保持在 10%以内；明年，当物价改革基本完成以后，就可能回落到 6%左右。

朱镕基指出，我们控制通货膨胀的措施是，首先，严格控制投资膨胀，基建规模不能过大，好事不能一天办完。为此，党中央、国务院决定采取从紧的货币政策，严格控制货币的发行。其次，要采取从严的财政政策，严格控制支出。我们改变了过去从银行透支，即发行钞票来弥补赤字的做法，改为发行国库券。我们今年发行的国库券在财政预算中所占的比例与日本发行国债所占的比例差不多。我相信，今年财政收支是能够平衡的。第三，是重视和支持农业的发展，抓好“菜篮子”工程。现在，中国市场上的消费品供过于求，需要注意的是农业。把粮食和“菜篮子工程”抓紧、抓好，物价就不会出大问题。

在回答记者问及的中国地区差别和公民收入差别问题时，朱镕基说，在中国经济高速发展的过程中，沿海地区经济发展比内地快；城市居民收入增加比农民快；某些阶层的收入增加比公教人员快。这些问题在许多发展中国家也发生过，已经引起我们的注意。

朱镕基强调，中国沿海地区条件好，发展当然会快一些。但是，我国内地经济近几年来也有很大发展。要缩小沿海与内地的差别，最重要的是发展交通运输。内地有丰富的自然资源，只要运输问题解决了，经济发展就能大大加快。因此，中国政府在发展交通、能源及原材料工业的投资安排方面，大力向中西部倾斜。这次提请日本政府考虑的第四批日元贷款项目中，中西部地区的项目占 70%。

朱镕基说，至于个人收入差别的出现，这是因为我们实行的政策是把个人收入与经济效益挂钩；多劳多得；允许一部分人先富起来；反对平均主义。解决社会分配不公的问题，根本措施是要迅速把经济搞上去，增强国家实力，普遍改善人民生活。同时，也要通过税制改革调节分配，并且逐步健全社会保障制度，保证社会稳定。

出席联合国人权委员会第五十届会议的中国代表团团长金永健在会上发言时指出中国坚决反对利用人权干涉主权国家内政和施加政治压力

金永健说，“在人权领域里，我们主张本着《维也纳宣言和行动纲领》所强调的国际合作和平等协商的精神，各国通过平等和相互尊重的对话，增进理解，扩大合作”。他指出，有些西方国家对中国的进步和发展、对中国人民广泛享受人权和基本自由的事实视而不见，一再炮制所谓中国人民局势的决议草案。这是将人权问题政治化和利用人权向中国施压的典型例证，中国政府对此予以坚持反对。

金永健强调，中国是一个发展中国家，也是一个人口大国。根据中国的国情，中国政府始终把发展国民经济、提高人民的生活水平放在重要地位。他说，发展经济和改善人民生活条件是实现人权和基本自由的基本保障。政治改革必须符合国情，必须确保社会稳定，确保并推动经济建设的顺利发展。

金永健指出，目前，中国人民正在按照一条适合自己国情的发展道路，集中精力进行经济建设，同时，加强民主与法制建设，进行政治改革。由于各国的历史、文化背景和所处的发展阶段等各不相同，各国人民有权选择适合各自国情的社会制度和发展道路，任何国家都不应把自己的意识形态和发展模式强加于人。

金永健说，中国一贯致力于维护《联合国宪章》的宗旨和原则，支持国际社会为维护和促进人权所作的积极努力。中国政府已加入了 8 个国际人权公约并严格按公约规定履行自己所承担的义务。在国际人权事务中,中国一直发挥着积极和建设性的作用。今后,中国政府将一如既往地为保护和促进人权继续作出自己的贡献。

国务院副总理兼外交部部长钱其琛在马累与马尔代夫外交部部长法图拉·贾米尔举行会谈

会谈后,两位外长签署了中马航空协定和经济技术协定。

国务院军队转业干部安置工作小组在北京召开工作会议

国务委员李贵鲜,军委委员、解放军总政治部主任于永波及国务院军转安置工作小组组长、人事部长宋德福等参加会议。

要求今年继续搞好军转安置工作,执行好现行安置政策,逐步与社会主义市场经济体制的建立和国家人事制度相配套。

今年有近五万名军队(含武警部队)干部转业到地方工作。这些转业干部除回原籍和入伍地安置外,对急需的特殊人才可跨地区予以安置。部分服役时间长、职务较高、贡献较大和有实际困难的可以照顾就地就近安置。转业干部的工作分配要面向经济建设第一线,分配的重点是政法、公安、金融、税务、工商、保险等部门。国家行政机关和党群部门将根据建立国家公务员的有关要求,采取选调和考试考核的办法接收。分配工作采取供需见面,双向选择和考试考核的办法,逐步建立适应转业干部特点的人才竞争机制;要继续把师团职转业干部作为安置的重点,安排好他们的工作和生活;军转培训工作要进一步加强,为转业干部尽快适应地方工作打好基础。

解放军总后勤部财政部国内贸易部和国家粮食储备局在北京共同召开全国第八次军粮工作会议

会议研究改革军粮供应体制。

国内贸易部副部长、国家粮食储备局局长白美清在讲话中强调指出军粮供应体制改革的必要性。他说,军粮供应体制改革从今年 4 月开始进行,其具体要点是:改变原来按国家定购价筹措粮源的办法,实行议价筹措粮源,按规定价格供应部队的办法;军供粮、油、豆的差价补贴,由中央财政和省级财政分担;军粮财务实行专项、专户、专账管理,军粮财务统一上收到省一级财政部门管理;军粮供应体制改革后,军粮供应仍由国有粮食企业负责,粮食部门是军粮供应的职能部门,粮食部门在各地设立的军供粮站(店、库)是军粮供应的专门网点,军供粮油货源继续由粮食部门负责筹措,确保供应。

民政部和黑龙江人民出版社编辑的《中华英烈大辞典》出版

全书共 700 万字,共收集鸦片战争至今 1.5 万余位英烈人物。

霍英东体育基金会在首都体育馆向在第 17 届冬奥会上获奖的中国冰雪健儿颁奖

3 月 3 日

国务院召开的全国扶贫开发工作会议在北京结束

中共中央总书记江泽民在会议上讲话。

国务院总理李鹏在会上作题为《扶贫开发是一项重大的战略任务》的讲话。

国务委员、国务院扶贫开发领导小组组长陈俊生主持会议。会上,云南、新疆、河北、山东、北京、宁夏等省市自治区政府负责人汇报贯彻落实《国家八七扶贫攻坚计划》的打算。

中共中央总书记江泽民在全国扶贫开发工作会议闭幕会上发表讲话

这几年我看过不少贫困地区。总的说来,扶贫开发抓得比较紧,工作做得是好的。各级党委、政府都注意加强领导,各个部门和社会各界热心支持,加上贫困地区广大干部群众的艰苦努力,现在全国农村没有完全稳定解决温饱问题的贫困人口,已经减少到 8000 万人。这是一个巨大的历史性成就。

取得这个成就的经验是丰富的,我看最重要的就是把救济式扶贫改变为开发式扶贫,确立了新的扶贫工作方针。实践说明,实行开发式扶贫,以市场需求为导向,依靠科技进步,开发利用当地资源,发展商品生产,不仅能解决温饱,而且可以脱贫致富。这样,把国家的扶持同贫困地区干部群众自力更生、艰苦奋斗结合起来,立足当地实际搞开发性生产,效果很好。正像许多同志所说的"开发式扶贫,越扶人越勤,越勤越富"。我看过陕北延安地区,他们修梯田解决了吃饭问题,发展"烟、果、羊、薯"四大支柱产业,解决了花钱问题。那里产的苹果质量很好,达到了出口水平。搞开发扶贫,是扶贫工作的一个根本性转变,是一个重大创造,这个方针必须长期坚持。

扶贫工作面临的任务还很艰巨。8000 万人不是个小数目。而且,这些年来已经脱贫的相对说来是难度比较小的地方,现在剩下的地方,正像大家所说的,都是一些难啃的硬骨头。为了在今后7年解决剩下的这8000万人的温饱问题，国务院制定了《国家八七扶贫攻坚计划》。这个计划是好的，是鼓舞人心的，关键是要有一股子攻坚精神。到本世纪末，我们解决了8000万人的温饱问题，占世界人口1/4的中国人民的生存这个最大最基本的人权问题，从此就彻底解决了。这不仅在我们中华民族的历史上是一件大事，而且在人类发展史上也是一个壮举。

总起来说，扶贫工作成绩很大，面临的任务还很艰巨，要坚持不懈、锲而不舍、扎扎实实地长期抓下去。

一、要坚持长期抓下去，必须进一步认识扶贫开发工作的艰巨性和重要性

扶贫开发工作的艰巨性可以从两个方面来理解：一是完成《八七扶贫攻坚计划》的难度很大，需要付出巨大的努力；二是完成了八七扶贫计划提出的任务，也只是解决了绝对贫困问题，进一步解决相对贫困问题，任重而道远，还需要更长期的努力。当今世界上的一些发达国家，尽管平均收入水平很高，但都有一部分人处于低收入水平，还没有解决相对贫困问题。我们是社会主义国家，我们的目标是实现全体人民的共同富裕，我们的扶贫工作不是权宜之计，必须长期坚持下去。

消灭贫困，实现共同富裕，是社会主义的本质要求和社会主义优越性的体现。我们党领导人民搞革命、搞社会主义，就是为了解放和发展生产力，使人民富裕起来。改革开放以来，我们允许和鼓励一部分人、一部分地区先富起来，也是为了带动其他人、其他地区富起来，更好地实现共同富裕的目标。我们发展社会主义市场经济体制，既要追求资源配置的效率目标，也要兼顾公平原则，更要对贫困地区采取有效的扶持政策。

消灭贫困、实现共同富裕，是改革和发展的要求，也是维护稳定的重要条件。各地发展不平衡，有的快一些，有的相对慢一些，这是不可避免的。但是在这个过程中，我们必须始终关注贫困地区经济的发展。如果这些地区老是处于贫困状态，不仅会影响社会主义现代化目标的实现，也会影响全国的稳定。如果一部分地方很富，一部分地方长期很穷，就潜在着不稳定因素。我国目前的贫困地区，相当一部分集中在边疆和少数民族聚居区。帮助这些地方尽快摆脱贫困，实现共同发展，不仅是重大经济问题，而且是关系到民族团结、国家统一和边防巩固的重大政治问题。还有一些贫困地区是革命老区。老区人民在战争年代为中国革命作出过巨大贡献。做好老区扶贫工作，使老区人民的生活一天天好起来，是我们应尽的责任。总之，把老少边穷地区、西部地区发展起来，是关系到国家长治久安的大事。

二、要坚持长期抓下去，关键在于各级党委和政府要加强对扶贫开发工作的领导

扶贫不是单纯的经济工作，也是一项具有很强的政治性、群众性的工作，既包括物质文明建设，也包括精神文明建设。

各级党委和政府要一如既往，进一步加强对扶贫工作的领导。各级党委和政府的主要负责人要关心扶贫、过问扶贫，把扶贫作为关心群众疾苦和密切党群关系的一件大事来抓。处处关心群众、事事依靠群众、一切为了群众，诚心诚意为群众谋福利，是我们党的根本宗旨。经济发展比较慢的地区、生活比较困难的群众，更应成为各级党委和政府关注的重点。你这个地区的党委和政府是不是脱离群众，能不能安定团结，一个重要方面，要看是不是做好了生产生活比较困难的群众的工作。各级党委和政府的主要负责人要统筹全局，重点抓好薄弱环节，要经常到贫困地区、少数民族地区去，同群众谈谈心，做些调查研究，亲自帮助那里的干部群众解决一些实际问题。最近我就想到这么一件事，大中城市和经济发达的地方，人们衣被都比较充裕，而有些贫困地区群众缺衣少被，难以避寒，可以考虑在今年冬天到来以前，动员机关干部和城市居民发扬团结、友爱、互助精神，为贫困地区捐送衣被。

坚持选派干部分期分批地到贫困地区帮助工作，是加强对扶贫开发工作领导的必不可少的组织措施，这是实践经验已经充分证明了的。越是贫困地区越需要上级领导的帮助指导。应当从省、地、县机关抽调一批干部，到贫困乡、贫困村蹲点，向群众宣传党的政策，帮助他们搞好班子建设，找准脱贫致富的路子，引进人才、技术，组织他们搞开发性生产。有些贫困村一时选不到得力干部，可以考虑从县级机关抽调一些干部下去任职。坚持派干部到贫困乡村蹲点、任职，对于锻炼干部，培养人才，改进党政领导机关的工作作风，也大有好处。要把改变贫困乡、贫困村落后面貌的政绩，作为考核和选拔县乡领导干部的一个重要方面。

各级党委和政府要善于动员和组织各方面的力量，开创全社会扶贫济困的新局面，这也是我们加强对扶贫开发工作领导的一个重要内容。中华民族历来有扶贫济困的传统美德，在建立社会主义市场经济体制的今天，发扬这一传统美德尤其必要。国家机关、人民解放军、民主党派、社会团体，以及有条件的企事业单位，都要一如既往地积极支持、参与扶贫工作，各尽所能，各尽其力。扶贫是要有一定投入的，财政、金融等部门要在资金上给予支持和倾斜。还要组织经济比较发达地区与落后地区对口帮助，促进互惠互利，共同发展，共同富裕。希望京津沪三大市和沿海各省，在这个方面多出一把力。中央有这么一个意见：沿海比较发

达的省市，自己拿钱扶贫，中央扶贫资金集中用在中西部困难大的地方，同时还要求你们通过合作、技术转让、干部交流等多种形式，帮助和支持中西部贫困地区。各级地方党委都要在本地区内积极开展富县帮穷县、富乡帮穷乡、富村帮穷村、富裕户帮助贫困户的活动，结成对子，相互帮助。

三、要长期坚持抓下去，贫困地区的干部群众必须充分发扬自力更生、艰苦奋斗的创业精神

国家对贫困地区一定的扶持，社会各界开展扶贫济困，是完全必要的。但是，贫困地区解决温饱问题，进而脱贫致富，最终还是要靠自身的努力。这就要求贫困地区的广大干部和群众，发扬自力更生、艰苦奋斗的精神，去战天斗地，发展经济。有了这种艰苦创业的精神，困难就容易克服。这是我们党的优良传统，也是脱贫致富的基本经验。去年春节前我到山西考察，这个省的临汾市乔李村，就是靠艰苦创业改变面貌，由穷变富的。他们现在已经富起来了，村党支部仍然保持着与群众风雨同舟、甘苦与共的精神。我希望贫困地区的人民都要学习发扬这种精神。

坚持自力更生、艰苦奋斗，要体现出扶贫开发的新思路。要从传统和习惯势力的禁锢中摆脱出来，真正做到改革、开放、搞活。解放思想、找准路子是关键。不少贫困地区，吃亏就吃在思想上放不开，经济工作的路子太窄，一方面荒山、荒坡、荒滩、荒水还在那里荒着，另一方面许多劳动力却在那里闲着。要把劳动力多当作财富看待，不要把它当作包袱。许多地方常年坚持组织劳动力修田造地、修桥筑路、兴修小型水利、植树造林，效果很好。这些年用粮食和工业品搞的以工代赈造田修路，效果也很好，应当坚持下去。贫困山区耕地少，荒山多，要因地制宜地发展林果、畜牧以及其他经济作物。贫困地区还有这样一条经验，叫"远抓林果，近抓牧，当年见效出劳务"。劳动力输出实际上是劳务培训，智力开发，出去几年，开了眼界，长了知识，回来就是人才。当前的问题是，对劳务输出，对规模越来越大的"民工潮"，必须加强领导和管理，大力提倡有组织有计划的劳务输出，尽快减少自发的盲目流动。这一点务必引起各级党委和政府特别是贫困地区的党委和政府充分的注意，认真总结好的经验。否则不但不利于正常的劳务输出，而且会带来严重的社会后果。

坚持自力更生、艰苦奋斗，抓好人才培养是关键。要把这种创业精神转化成物质力量，最终要靠发挥劳动者的聪明才智。因此，要把科教扶贫、智力开发摆到重要的位置上。《八七计划》强调普及初等教育，积极扫除文盲，对青壮年进行职业技术教育，防止地方病，抓好计划生育，都很好，我都赞成。贫困地区一方面要稳住现有人才，另一方面要培养新的人才。很多地方的实践表明，启用一个优秀人才，就能带动一片，富裕一方。农村党的组织，要在政治上帮助他们，关心他们，团结、鼓励他们带领周围群众脱贫致富、改变家乡面貌。

自力更生、艰苦奋斗的创业精神能不能得到发挥，在很大程度上取决于贫困地区的领导班子是否过硬、基层组织是否坚强。重点是两个：一是加强贫困县的工作，根据扶贫开发的需要，选拔和配备好县级领导班子，主要是挑选那些工作能力强、能吃苦耐劳、联系群众的优秀干部担任县委书记、县长，并保持相对稳定。二是加强贫困村党支部的建设。扶贫工作中有一条好的经验，就是"给钱给物，更要建设一个好支部"。要建设一个好的支部领导班子，就必须把那些积极能干、廉洁公道、联系群众的优秀党员选拔到领导岗位上来。

总之，只要我们的各级领导干部脑子里始终装着贫困地区，与群众同甘共苦，坚持邓小平同志建设有中国特色社会主义的理论和党的基本路线，在国家的必要扶持和社会各界的帮助下，立足实际，开发扶贫，持续奋斗，讲求实效，到本世纪末，贫困地区的落后面貌一定会变个样。

国务院总理李鹏在全国扶贫开发工作会议闭幕会上发表题为《扶贫开发是一项重大的战略任务》的讲话

一、实施《八七扶贫攻坚计划》，帮助贫困地区改变落后面貌，是党和政府的历史责任

在全国范围大规模地搞扶贫开发已经七八年了。由于始终坚持了开发式扶贫的方针，取得了很大成绩。全国贫困地区广大干部群众为此付出了巨大努力，从中央到地方的各有关部门和社会各界大力支持，为扶贫开发作出了重要贡献。

邓小平同志说，社会主义要消灭贫穷。这是一个长期艰巨的历史任务。这次会议讨论的"八七计划"的任务，就是要从现在起到本世纪末的7年里，解决农村8000万人口的温饱问题，帮助他们脱贫致富。这是我们这一代共产党人和各级人民政府义不容辞的历史责任。

如期完成《八七计划》的任务具有重要意义。一是关系到我国现代化建设第二步战略目标能否圆满实现。现在全国上下都在为实现国民生产总值再翻一番、人民生活达到小康水平努力奋斗。假如到本世纪末在我国仍有几千万人的温饱问题没有解决，第二步战略目标就不能说是圆满实现。二是关系到我们党和人民政府是否坚持了共同富裕的目标。到2000年，人民共和国建立了半个多世纪。经过了两代人的奋斗，如果仍有几千万人没有解决温饱，生活在贫困之中，怎

么体现共产党人全心全意为人民服务的宗旨？怎么体现社会主义制度的优越性？我们这些身负重任的各级共产党人，一想起这个问题就会寝不安席、食不甘味。国务院制定《八七扶贫攻坚计划》，就是要下决心在本世纪末稳定地解决群众温饱问题，绝不能把这个问题推到下个世纪。这是一个重大的战略计划，不仅有经济上的意义，而且有政治上的意义，只能实现，不能落空。各级党委和政府的领导同志，各部门各系统的负责同志，必须把这项任务作为一件大事，抓紧抓好，务必如期完成。

二、实施《八七扶贫攻坚计划》，扶持贫困地区发展经济，是逐步缩小东西部地区差距的战略措施

现在全国没有完全稳定解决温饱问题的8000万人口，80%以上集中在中西部地区，其中大多数又集中在西南、西北地区。从这个意义上讲，解决贫困地区群众的温饱，扶持他们脱贫致富，就是逐步缩小东西部发展差距的问题。

对这个问题，应该有一个正确和全面的认识。(一)差距是客观存在。事物的发展是不平稳的。世界范围内各国之间存在差距，一个国家内部也同样存在差距。这是历史、自然、地理、社会、经济等多方面因素决定的，要在短期内完全消灭差距是不可能的。(二)要以积极的态度去逐步缩小差距，最后消灭差距。我们坚持鼓励一部分人、一部分地区靠诚实劳动和合法经营先富起来的政策，带动、帮助后进地区发展，就是为了最终达到全民族共同富裕的目标。如果大家都穷，就谁也帮不了谁。有的地区先发展一步，有了较强的经济实力，才能有条件帮助后进地区。邓小平同志说："贫穷不是社会主义。"他又说"社会主义不是少数人富起来、大多数人穷"，"社会主义最大的优越性就是共同富裕，这是体现社会主义本质的一个东西"。为了缩小差距，实现共同富裕，我们已做了大量工作。从纵向看，比比自己，发达地区在发展，贫困地区也在发展；从横向看，贫困地区与发达地区之间的差距还有扩大的趋势。对此，必须引起各级党委和政府的高度重视，要采取有力措施，为缩小地区间差距做出努力。

提倡和鼓励先富起来的沿海发达地区大中城市带动和帮助贫困地区。帮助和扶持贫困地区，从大的方面说有两条渠道，一条渠道是通过国家对国民收入的第二次分配，向贫困地区倾斜。另一条渠道是先富帮后富、先富带后富。京津沪等大城市以及沿海经济比较发达的省都有这个责任和义务。但这不是简单无偿地给钱给物，而主要是通过互利互惠，在共同发展基础上的联合与合作。形式可以多种多样，可以联合开发资源，把资源优势转变为经济优势，可以提供技术方面的支持，帮助产品上档次、上水平，提高经济的增长能力；可以提供稳定的销售市场，带动生产发展；可以通过输入劳务，提供就业机会。通过各种方式把贫困地区的资源优势、劳动力优势和发达地区的技术、信息、资金优势结合起来，实现资源的合理配置。这既有利于贫困地区的开发，有利于发达地区的发展，也有利于整个国民经济的协调发展。这种合作，值得大力提倡，务必落到实处。

国家从财政和金融上给贫困地区以足够的支持。搞扶贫开发当然要有相应的资金投入。没有投入就没有产出，就没有温饱和发展。这些年各级财政、银行都为增加扶贫开发的投入作了很大努力，效果是好的。但是现在扶贫已经进入了攻坚阶段。要在本世纪末完全稳定解决群众的温饱问题，难度很大，时间也很紧。没有相应的资金保证，很难做到。国务院已经决定，从今年起，每年再增加10亿元以工代赈资金，10亿元扶贫贴息贷款。今后随着财力的增长，国家还将继续增加扶贫投入。各级地方政府也要相应增加对贫困地区的投入。京、津、沪三大市和广东、江苏、浙江、山东、福建、辽宁等沿海6省，扶贫资金由自己解决，中央的扶贫资金要集中用于中西部困难省(区)。

增加扶贫投入，也不能只依靠政府，还要依靠社会的力量，在国家政策允许的范围内，多方面筹集扶贫资金。

国家重大项目要向贫困地区倾斜。虽然西部贫困地区目前比较困难，但是有丰富的资源，这是一大优势。国务院各部门在制定发展规划时，要充分考虑到贫困地区的这个优势。要按照同等优先的原则，向贫困地区安排一些规模较大的资源开发项目，安排一些基础设施的项目。从根本上说，要彻底改变贫困地区的落后状态，在很大的程度上，要依靠这些大型骨干项目的带动。

通过改革逐步理顺原材料和初级产品的价格。在过去计划经济体制下，原材料和初级产品的价格很低，农产品的价格也不高。现在，价格体制、流通体制正在按照建立社会主义市场经济体制的要求进行改革。随着改革的深化，贫困地区的木材、石油、煤炭和有色金属以及各类资源都可以在全国的统一市场内与发达地区实现等价交换。这是促进中西部发展的一个重要措施。中西部贫困地区也要充分利用改革开放的有利契机，发展自己。

提高贫困地区的人才素质和科学技术水平。这是一项非常重要的带有根本性的措施。这些年，我们搞贫困地区的人才培训，搞东西部干部交流，很有成效，今后要继续坚持，不断扩大。现在，全国范围有两种大规模的流动，值得重视。一是贫困地区的劳动力由西向东流动，劳务输出的规模不断扩大；二是发达地区的能工巧

匠由东向西流动，已经遍布西部地区城乡的各个角落。劳务从西向东的流动，这既可以使贫困地区利用沿海发达地区创造的大量就业机会，参与整个国民经济的发展过程，而且也可以提高贫困地区劳动者的素质。这是一种特殊的培训。能工巧匠由东向西流动，实际上也是一种技术输出，可以提高贫困地区的技术水平和层次，这是一种更有效更实用的形式。这两种流动对于提高劳动者的素质和提高科学技术水平都有非常重要的意义，必须充分的肯定，继续发展。对于大规模的"民工潮"，不能放任自流，要积极疏导，合理流动，有秩序地进行，以减少社会秩序的混乱和经济上的损失。

要在坚持开发式扶贫的基础上，进行开放式扶贫的试点。贫困地区要发展，确实要办一些乡镇企业，发展第三产业。在实行就地办乡镇企业的同时，也可以进行把贫困地区的工业办到条件具备地区的试点，把利润、税收返还给贫困地区，安排贫困地区的劳动力去就业。这样做也许可以克服贫困地区办企业的劣势，有利于提高企业的效益，提高扶贫资金的效益，提高整个扶贫工作的水平。

动员社会力量支持贫困地区的开发建设。这些年，国家机关、群众团体、民主党派、大中城市、发达地区、工商企业、大专院校、科研院所、人民解放军等方方面面发扬扶贫济困的精神，积极参与贫困地区的开发建设，除了给予财力、物力支持外，还发挥各自优势，实施智力扶贫、科技扶贫、人才扶贫；为贫困地区牵线搭桥，出谋划策，引进项目和技术；实行包一个地区，一包到底，包到脱贫致富为止。这些作法都为前一阶段的扶贫工作作出了重要贡献。这不仅表现了社会各界关注贫困地区的一片爱心，而且体现了我们中华民族的传统美德。希望社会各界能够进一步动员起来，动一份真情，献一片爱心，作一份贡献。这里我要特别强调一下，希望国家大型工商、外贸企业要向贫困地区延伸，在贫困地区摆一些项目，选择一些有效益的项目，把自己的发展和贫困地区的开发结合起来。

缓解贫困，消灭贫困，是世界性的问题，也是联合国和众多国际组织的任务。中国消灭贫困是世界消灭贫困的一个重要组成部分。因此，要加强我国与国际组织在扶贫开发方面的合作，让国际社会更多地理解和支持中国扶贫工作。

贫困地区要发扬自力更生、艰苦奋斗的精神。国家的支持，社会的帮助，都是必要的，但更重要的是贫困地区自身的努力。外因是通过内因起作用的。像河南的林县，以及许许多多先富起来的县、乡、村，都有一本艰苦创业的历史，要学习他们的精神和经验。有了这一条，才能战胜困难，脱贫致富。同时，要注意挑选有献身精神、能吃苦耐劳、联系群众的好干部，充实贫困县的各级领导班子，并保持相对稳定，让他们安下心来，带领群众改变落后面貌。

三、实施《八七扶贫攻坚计划》，要在党中央、国务院统一领导下，实行分级负责、以省为主的省长负责制

《七八扶贫攻坚计划》强调统一领导，分级负责，以省为主的原则，我赞成。以省为主，就是要求省委、省政府主要负责同志都要关心扶贫、抓好扶贫，但还要明确一点，就是省长负责。实施《八七扶贫攻坚计划》，解决群众温饱问题，是一个系统工程，涉及财政、金融、农业、林业、水利、工业、商业等经济活动，也涉及文化、教育、卫生、计划生育等各个方面。这几年的实践证明，单靠分管的副省长抓是不够的，很难协调方方面面，上上下下。因此，必须靠政府一把手统揽全局，统筹安排。

能否如期完成《八七扶贫攻坚计划》，解决本地区贫困人口的温饱问题，是衡量各级领导干部是不是真正为人民谋利益、关心人民群众的疾苦的一项硬指标。看一个省、区、市的工作好不好，不能只看经济发展速度快不快，还要看效益好不好，人民生活改善快不快，贫困人口的温饱问题解决得怎么样。我们的各级领导同志不能只注意发达地区，更要把贫困地区的父老乡亲的疾苦冷暖放在心上。各省、区、市要按照《八七扶贫攻坚计划》的要求，制定本省、区、市的攻坚计划。必须要有进度要求，今年解决多少，明年解决多少，怎么解决，要有具体规划。每年组织一次检查，好的表扬，不好的批评，以督促大家按期完成任务，不能有丝毫懈怠。

政府系统各部门，要继续把扶贫开发作为自己责无旁贷的任务，除了重点联系帮助一片贫困地区外，还要根据《八七扶贫攻坚计划》提出的任务，分别制定本行业、本系统的扶贫计划，作为落实"八七扶贫攻坚计划"的具体内容和措施。

实施《八七扶贫攻坚计划》是一个艰巨而光荣的任务。我相信只要大家树立信心，团结一致，同心协力，奋勇攻坚，就一定能够在本世纪末实现《八七计划》的奋斗目标，贫困地区经济社会发展将进入新的阶段。

国务院宗教事务局和法制日报社在北京联合举行《中华人民共和国境内外国人宗教活动管理规定》《宗教活动场所管理条例》座谈会

山西省八届人大二次会议选举孙文盛为省长

中国工业经济协会全国会员代表会议暨第二届理事会第一次会议在北京举行

国务院副总理朱镕基、邹家华、李岚清、国家计委主任陈锦华、国家经贸委主任王忠禹等分别在工经协

会5年工作情况报告上作重要批示。

中国工经协会名誉会长薄一波在会上作了题为《以提高经济效益为中心促进发展》的讲话。

工经协会会长吕东作了题为《努力奋斗开创协会工作的新局面》的报告。

工经协会目前已有500多个团体会员，其中有108个全国性行业协会联系着6万多个企业，并聚集了300多位专家学者成为会员。

第十次亚洲议员人口与发展会议在北京开幕

本次会议旨在进一步加强和促进各国议员之间在人口方面的相互交流与合作。国务院总理李鹏向会议发来贺信。

李鹏在贺信中说，亚洲是世界人口最多的地区，同时，亚洲也是举世公认的经济增长最具活力的地区。研究和解决亚洲的人口问题，不仅对亚洲的繁荣与稳定具有积极的作用，而且对整个世界的和平与发展都具有十分重要的意义。人口问题从本质上讲是个发展问题。只有综合考虑经济社会发展与控制人口增长的关系，才能从根本上解决人口问题。由于各国国情不同，经济发展水平、自然条件、文化传统和宗教习惯有很大的差别，所以各国有必要根据各自的具体情况，结合自身经济和社会发展的现实，制定有效的人口与发展政策，并在此基础上加强国际合作。中国是人口最多的国家，也是经济发展最快的国家之一。中国政府一贯高度重视人口与发展问题，将计划生育定为一项基本国策，坚持在努力促进社会经济发展的同时，推行计划生育，使人口增长同社会经济发展相适应，以促进国家富强、人民生活水平不断提高。中国愿意继续加强同世界各国和国际组织之间的交流与合作，为稳定亚洲和世界人口，为亚洲和世界的繁荣与和平，作出不懈的努力。

中国全国人大代表团团长、全国人大教科文卫委员会主任委员赵东宛在开幕式上致欢迎词。

全国人大常委会委员长乔石在北京会见参加第十次亚洲议员人口与发展会议的各国代表

中国比利时卢森堡经济贸易混合委员会在北京举行第十次会议

中国对外贸易经济合作部部长吴仪和比卢代表团团长、比利时外贸及欧洲事务大臣于尔班共同主持会议。

吴仪在会上说，1993年，中国和比利时的经贸科技合作在1992年的基础上持续发展，比利时在中国的投资呈现积极发展的趋势。中国为从比利时进口先进技术和设备作了很多努力，使这方面的进口有很大增长。吴仪指出，中方在贸易上出现逆差，希望比方在进口中国产品方面作出努力。

吴仪说，在过去的一年里，中卢在钢铁、金融等方面的合作令人满意。她指出，中比卢在上述领域的合作所取得的成就，是三国政府和工商企业界共同努力的结果。中比卢在经济上有很强的互补性，合作的潜力很大、前景广阔。她表示中国愿在平等互利的基础上进一步发展同比卢的经贸科技合作。

于尔班说，中比两国在经贸方面的联系越来越紧，尤其在电信方面的合作非常成功。他希望本届混委会的召开能促进比卢和中国之间的友好合作关系。

下午，国务院副总理李岚清在中南海会见于尔班，祝贺中比卢经贸混委会第十次会议取得圆满成功。

马尔代夫总统穆蒙·加尧姆在马累会见国务院副总理兼外交部部长钱其琛

外交部发言人沈国放在北京就美国表示永久性解决中国最惠国待遇问题答记者问

沈国放强调说，中美两国互相给予最惠国待遇是一种对等互惠的安排，不应把最惠国待遇同其他无关的问题挂钩。

记者问：美方称若中国在人权方面取得重大进展，美可考虑采取数年审议一次对华最惠国待遇的做法。你对此有何评论？

沈国放说，克林顿总统和美国政府近来都表示要把一年一度关于此问题的辩论置于身后，永久性解决最惠国待遇问题，将中美关系建立在更牢固的基础之上。我们认为这种想法是积极、明智的，但这要见诸于美方的实际行动。

沈国放说，美国把最惠国待遇问题与人权问题挂钩的做法也违反了《联合国宪章》关于尊重国家主权的原则。与人权问题挂钩听起来似乎是为了促进人权，实际上是侵犯人权的做法，违反了《发展权宣言》和去年世界人权大会通过的《维也纳宣言和行动纲领》所阐明的发展权。美国的这种做法是对促进人权设置障碍。

解放军全军法制工作会议在北京召开

会议于3月3日至5日召开。会议期间，中共中央政治局常委、中央军委副主席刘华清，军委副主席张震，军委委员张万年、于永波、傅全有会见与会代表。刘华清说，军事法制工作成绩很大。今后的任务还很重，希望大家继续努力。他强调，加强军事立法和执法，实现依法治军。

国务委员兼国防部长、军委委员迟浩田到会讲话。他说，依法治军是邓小平同志新时期军队建设思想的重要组成部分，要把深入学习贯彻这一思想摆在全军法制建设的首要地位，与学习贯彻军委主席江泽民的有关指示精神结合起来。深入贯彻中央军委依法治军方针，是新形势下坚持党对军队绝对领导的可靠保证，是适应建立社会主义市场经济体制的客观要求，是新时期加强国防和军队现代化建设的迫切需要，是维护国家利益和军人合法权益的根本性措施。今后一个时期的军事法制建设，主要有 6 个方面的任务：必须切实把军事法制建设摆到国防和军队建设全局的重要位置，做到"一手抓建设，一手抓法制"，二者同步发展；必须制定一整套完备的军事法律，使国防和军队建设的各个领域、各个方面、各个环节有法可依；必须建立能够保证军事法律顺利实施的运行机制，充分发挥军事法律在国防和军队建设中的引导、推进和保障作用；必须大力加强司法、执法、法律监督检查工作，真正做到有法可依、执法必严、违法必究；必须在全军广泛深入开展法制宣传教育，提高广大官兵守法、执法的自觉性；必须加强法制机构和法制干部队伍建设，使其与担负的任务相适应。

会议认真贯彻党中央、全国人大关于加强立法工作的要求和军委依法治军的方针，着重研究适应建立社会主义市场经济体制和新时期军队建设的形势下，加快军事立法步伐，开创军事法制建设新局面等问题。

中央社会治安综合治理委员会等六部门联合发出《关于加强对刑满释放解除劳教人员安置帮教工作的意见》

中央社会治安综合治理委员会、公安部、司法部、劳动部、民政部、国家工商行政管理局日前在一份联合发出的意见中提出，各级党委、政府及有关部门要把这项工作纳入社会发展总体规划和各有关部门工作计划之中，统筹安排，抓好落实。

《意见》说，在建立社会主义市场经济的新形势下，刑满释放、解除劳教人员安置和帮教工作既面临挑战，又有新的机遇。一方面，随着劳动制度的改革和人口流动性增强，某些行政性安置、帮教措施落实难度加大；另一方面，经济的不断发展和各项工作机制的逐步健全，又为安置、帮教工作创造了有利条件。因此，既要充分估计、正确对待这项工作中的困难和问题，又要看到这方面的有利条件和积极因素，坚定信心，增强开拓进取精神；既要积极探索安置、帮教工作的新路子，又要坚持过去行之有效的好办法。要按照社会主义市场经济发展的目标，不断调整思维方式，改进工作方法。要由行政手段为主逐渐向法律手段、经济手段为主转变；要由部门行为为主逐渐向政府行为、社会行为为主转变；要由引导、提倡为主逐渐向制定工作目标、落实工作责任为主转变；要着眼于启动安置、帮教对象奋发向上、自强自立的精神，化消极因素为积极因素。

《意见》提出，各级党委、政府应重视对刑满释放、解除劳教人员的安置、帮教工作，把做好这项工作列入社会治安综合治理的工作目标，作为落实社会治安综合治理领导责任制的一项重要内容。刑满释放、解除劳教人员的重新违法犯罪率能否逐步下降，要作为考核党政领导干部抓社会治安综合治理工作能力和实绩的一个重要指标。各级社会综合治理委员会要积极协助党委、政府，加强对这项工作的组织、协调、检查和监督。特别是街道、乡镇党政基层组织，要承担起具体组织落实对刑满释放、解除劳教人员安置、帮教工作的责任。街道、乡镇专抓社会治安综合治理的副职，要把协助党委、政府做好这项工作作为自己的重要任务。

《意见》要求，劳改、劳教单位对即将回归社会的服刑、劳教人员要加强法律教育和社会主义市场经济知识教育，因地制宜进行就业技能培训。在刑满释放、解除劳教人员离开监、所半个月前，须将他们服刑、劳教期间的表现情况及其他有关材料移交给其户口所在地公安机关，并严格履行交接手续。对离开监、所三年之内的刑满释放、解除劳教人员要建立定期考察和地方反馈制度。意见提出，劳动部门要积极协助街道、乡镇党政基层组织对尚未就业的刑满释放、解除劳教人员开展就业指导和技能培训，并做好各项就业服务工作，为其就业创造条件。对参加过待业保险的，劳动部门应按规定核发失业救济金。工商行政管理部门对尚未就业的刑满释放、解除劳教人员依法申请从事个体工商业经营和开办其他经济实体的，应一视同仁，保护其合法权益。并通过有关组织加强教育、管理，落实治安责任制，增强他们守法经营的观念，提高职业道德水平。司法行政部门和劳动部门要继续做好"过渡性"安置实体的试点工作。各地要不断解决试点工作中出现的新问题，总结推广经验。民政部门要鼓励乡镇、街道、村(居)委会兴办的经济实体安置刑满释放、解除劳教人员，并把做好安置、帮教工作作为基层政权组织参与社会治安综合治理的一个重要任务，作为评先的一项重要条件。

《意见》要求，公安机关要会同党政基层组织做好对刑满释放、解除劳教人员的帮教工作。对重新违法犯罪的，要从重惩处。派出所要建立对刑满释放、解除劳教人员帮教责任制，与干警工作实绩考核、晋级晋职、政治荣誉和物质奖励切实挂钩。

《意见》提出，对刑满释放、解除劳教人员的安置和帮教工作需要各有关部门、有关方面大力协作，密切配合。要继续大力提倡工厂、企业和各种经济实体接收、安置刑满释放、解除劳教人员，主动承担社会责任。有关部门要对安置工作作出突出成绩的单位予以表彰，并在生产经营上给予支持，政策上实行优惠。刑满释放、解除劳教人员依法享有公民权利，履行公民义务。在分配住房、责任田、社会救济等方面对他们要一视同仁，不得歧视。工会、青年团、妇联、关心下一代委员会、个体劳动者协会以及各种社会群团组织要共同关心、支持、参与这项工作。

3月4日

全国党校工作会议在北京开幕

中共中央政治局常委、书记处书记、中央党校校长胡锦涛在会议上发表讲话。

中央党校校长胡锦涛在全国党校工作会议上发表讲话

一、进一步明确党校工作面临的新形势和新任务

党的十一届三中全会以来，在邓小平同志建设有中国特色社会主义理论和党的基本路线指引下，在各级党委领导下，各级党校为加强新时期的干部培训轮训，加强党的思想理论建设，做了大量工作，作出了重要贡献。一九九〇年中央发出《关于加强党校工作的通知》，特别是邓小平同志视察南方发表重要谈话和党的十四大以来，各级党校积极探索新形势下做好党校工作的新路子，以教学为中心的各项改革迈出了新的步伐。在教学活动中，认真贯彻“学马列要精，要管用的”原则，加强建设有中国特色社会主义理论的教学和研究，增加了社会主义市场经济知识和其他新知识的内容。《邓小平文选》第三卷出版发行前后，中央在中央党校先后举办了两期省部级主要领导干部理论研讨班，把学习掌握建设有中国特色社会主义理论，同学习贯彻《中共中央关于建立社会主义市场经济体制若干问题的决定》结合起来，取得了明显的效果，积累了新的经验，带动了各地各部门领导干部的学习。党校工作的成绩必须充分肯定。但是也要看到，党校的工作和建设发展还不平衡，教学与科研水平有待进一步提高，理论联系实际的问题解决得还不够好，党校工作还不能完全适应形势发展的要求。忽视干部教育和理论学习的情况，在有些地方和部门仍然不同程度地存在。对这些问题都必须正视，并认真加以解决。

我国的改革开放和社会主义现代化建设已经进入一个新的发展阶段。我们党领导的改革，是一场涉及经济、政治、思想、文化等各个领域和诸多方面的深刻变革，是一次史无前例的崭新创业，是一项伟大、复杂、艰巨的社会系统工程。要团结带领全国十一亿多各族人民完成这个历史任务，对我们党的领导水平和执政水平，对广大干部的素质和能力，都提出了新的更高的要求。我们是在国际环境复杂多变，世界范围内的竞争激烈，不确定的因素较多的情况下进行现代化建设的。我们走的是一条建设有中国特色社会主义的道路，要坚持以经济建设为中心，发展社会主义市场经济，发展社会主义民主政治，发展社会主义精神文明。我们的目标是，到本世纪末，在中国初步建立起社会主义市场经济体制，使全国人民的生活达到小康水平；到建党一百周年的时候，在各方面形成一整套更加成熟更加定型的制度；到下个世纪中叶，基本实现社会主义现代化。我们的目标宏伟，任重道远，前途光明，但道路并不平坦。当前，全党全国人民正在为抓住机遇、深化改革、扩大开放、促进发展、保持稳定而努力奋斗。在建立社会主义市场经济体制的进程中，不可避免地涉及利益格局、利益关系的调整，一些深层次矛盾将日益突出起来。加上国外敌对势力的渗透，某些地区、某些方面，不安定因素也将增多。在我们前进的道路上，必然会遇到许多不曾遇到的复杂情况。要总揽全局，正确处理好改革、发展、稳定的关系，妥善解决经济和社会生活中的各种矛盾，把改革和建设事业不断推向前进，任务极为繁重艰巨。这是在新形势下锻炼提高我们党的执政水平和领导水平的良好时机，也是对全党特别是各级领导干部的严峻考验。

在历史发展的关键时期，在新的形势和任务面前，我们必须比以往任何时候都更加重视党的思想理论建设，更加重视用马列主义、毛泽东思想，特别是用邓小平同志建设有中国特色社会主义理论武装全党，更加重视培养和提高广大干部，造就时代所需要的合格人才。我们党需要有一大批具有较高的理论素养和坚强的党性，能够坚定地全面贯彻执行党的基本路线和各项方针政策，能够密切联系广大群众，懂得社会主义市场经济和现代科技知识，善于总揽全局和正确处理复杂矛盾的领导骨干；需要有成千上万经过严格的锻炼和考验，能够坚持党的基本路线，具有朝气蓬勃、奋发向上、开拓进取、务实创新的精神，德才兼备，可以担当跨世纪历史重任的年轻干部；需要有一大批理论功底扎实，能够坚持马克思主义的立场、观点、方法，善于理论联系实际，运用建设有中国特色社会主义理论去分析新情况、研究新问题、总结新经验的理论骨干。我们党已经有了一条实践证明是完全正确的政治路线。培养造就一支能够坚定不移而且富有成效地执行这条路线的干部队伍，就成为真正关系党的事业全局的头等大事。对这个问题，全党上下必须保持十分清醒的认识，必须看到它的战略意义，必须有强烈的现实紧迫感。

改革开放以来，我们党领导人民取得的举世瞩目的成就，证明党解决新时期干部问题的路线和政策是正确的，工作成绩是巨大的，包括各级领导干部在内的整个干部队伍总的状况也是好的。现在，各级领导骨干中的大多数同志，是党的十一届三中全会以后陆续走上领导岗位的。他们文化水平较高，接受新事物较快，在不同层次、不同岗位上经受过锻炼，积极执行党的路线方针政策，为改革开放和社会主义现代化建设事业作出了贡献。有些同志成长得更快些，工作也更为出色。但是，应当看到，在新的历史时期，我们党需要解决许多前人没有解决过的极其复杂的新问题，我们的各级领导干部，尤其是年轻同志，在马克思主义基本理论的掌握和运用上，在领导改革开放和社会主义现代化建设、驾驭全局的能力上，在严格的党内政治生活锻炼和党性修养上，同新的形势和新的任务所提出的要求相比，还程度不同地存在着差距与不足，迫切需要进一步学习提高。

培养干部需要全党从多方面努力，各级党校担负着特殊重要的责任。我们的党校，是在党委领导下，按照社会主义现代化事业的要求教育训练干部的学校。它是培训各级领导干部，培养理论骨干，学习和研究马列主义、毛泽东思想、邓小平同志建设有中国特色社会主义理论的重要阵地，也是干部增强党性锻炼的熔炉。这就是党校的地位和应尽的职责。紧密结合改革开放和社会主义现代化建设的实践，用邓小平同志建设有中国特色社会主义理论武装领导干部，培养理论骨干，开展理论研究和宣传，是新形势下党校的根本任务，也是党中央对党校工作的基本要求。在当前和今后一个时期，各级党校都要适应深化改革，加快建立社会主义市场经济体制，促进国民经济持续、快速、健康发展，保持社会稳定，推动社会全面进步的需要，突出抓好《邓小平文选》第三卷的学习，以此带动党校教学、科研和其他各项工作的不断进步。

首先，要抓好现职领导干部的培训轮训。要从不同层次领导干部的实际需要出发，着重于提高理论水平、政策水平和领导能力。组织他们深入研究和把握当前改革和建设中的重大问题，比如，什么是有中国特色的社会主义，怎样以党的基本理论和基本路线为指导去领导这场新的革命和创业；怎样在新的国际环境和国内条件下，正确判断形势，抓住有利时机，又好又快地发展自己；怎样在发展社会主义市场经济条件下，处理好改革、发展、稳定的关系，计划与市场的关系，速度和效益的关系，物质文明建设与精神文明建设的关系，社会主义现代化建设与党的建设、党的领导的关系，等等。尤其要引导他们以邓小平同志为榜样，坚持解放思想与实事求是的统一，结合新的实践，学习和掌握马克思主义的辩证唯物主义和历史唯物主义，努力提高探索解决新时期政治、经济、社会、文化基本问题的本领，提高总揽全局的能力、驾驭社会主义市场经济的能力、两手抓的能力和处理复杂矛盾的能力。

第二，切实抓好青年干部的培训。这是立足当前，面向二十一世纪的一项根本性的组织任务、政治任务、战略任务。党校要研究新形势下青年干部成长的规律和如何对他们进行培训才更有成效，总结积累这方面的教学经验。着重帮助他们掌握邓小平同志建设有中国特色社会主义理论，学习马克思主义基本原理和党的基本知识，打好比较扎实的理论功底，牢固确立共产主义的理想和无产阶级的世界观、人生观、价值观；努力增强党性和党的观念，牢固树立全心全意为人民服务的根本宗旨，学习和掌握党的群众观点、群众路线；熟悉中国近现代史，了解国情，把握未来，增强历史责任感和使命感，继承发扬我们党和中华民族的优良传统。同时，根据各自工作的需要，努力学习掌握履行岗位职责所必需的知识。

第三，加强对理论骨干的培养。一个坚强的成熟的马克思主义政党，应当具有理论研究和创造的活力，必须造就一批优秀的理论人才。党校在这方面处于特殊重要的地位，承担着义不容辞的责任。中央和省级党校，要从培养党的高层次理论人才、建设马克思主义理论家队伍的要求出发，积极改进和加强这方面的工作。培养理论队伍，要坚持党性与科学性相统一、理论与实际相一致、学习与研究相结合，组织学员在着重深入地、系统地学习邓小平同志建设有中国特色社会主义理论的同时，精选一些马列和毛主席的著作进行学习。鼓励他们精通专业，力求博学，切实提高从实际出发进行理论思维、理论概括和理论创造的能力。

第四，做好理论研究和理论宣传工作。深入研究、宣传建设有中国特色社会主义理论和党的基本路线，对广大干部和群众在实践中创造的新经验进行科学的理论概括和理论说明，正确回答改革和建设发展中提出的新问题，推动党的理论建设和党员、干部的理论学习。这是党的理论工作和实际工作发展的客观要求，也是提高党校教学质量的基础和迫切需要。党校聚集的理论人才比较多，有自己的优势。党校培训的对象，大都是各级领导干部，他们在实践中积累了一定的经验，希望在掌握理论上有所提高，也希望通过学习，从理论和实践结合上寻找回答现实问题的答案。江泽民总书记在全国宣传思想工作会议上的讲话中，明确要求在中央党校等单位组建的五个研究建设有中国特色社会主义理论的基地，要在理论研究和宣传中发挥骨干作用。党校应当充分发挥本系统的联合优势，发挥教学科研力量的群体优势，同有关理论研究机构密切合作，为提高教学和科研质量，为坚持、丰富和发展马克思主义理论不断作出新的贡献。

党校作为党委的一个重要部门，除了要努力完成上述各项任务外，还担负着对下级党校进行业务指导的责任。其目的，是为了发挥党校系统在教育提高干部、培育和聚集人才、开展理论研究和宣传方面的整体功能。加强上级党校的这种业务指导，是为了更好地给下级党校服务。中央和省级党校要从自己做起，认真贯彻落实中央有关党校工作的方针政策，着重在提高教学与科研质量、提高办校水平、增强工作实效等方面，为下级党校起示范作用。

在新的形势下，党校肩负的任务是光荣的、繁重的、艰巨的。越是从社会主义现代化事业全局出发来认识问题，我们就越能深刻地体会到这一点。同时应当看到，党校的工作和建设也面临着发展的好时机。建设有中国特色社会主义理论和党的基本路线的形成与发展，十几年来我国改革开放和社会主义现代化建设积累的丰富经验，当前全党和全国各族人民为实现九十年代改革和发展目标努力奋斗的生动实践，全党抓党的建设、重视理论武装的大气候的逐步形成，等等，所有这些都为我们加强党校建设，做好党校工作，提供了有利的条件和机遇。各级党委和党校的同志要抓住机遇，进一步振奋精神，开动脑筋，扎实工作，肩负起自己的历史责任，努力完成新形势下党校工作的新任务。

二、坚持用建设有中国特色社会主义理论指导党校工作

邓小平同志建设有中国特色社会主义理论，是马列主义、毛泽东思想的最新发展，是我们在新时期做好各项工作的根本指针，也是加强党校工作的根本指针。过去我们这样做了，今后应当做得更好。

邓小平同志一贯重视党的建设，重视干部教育和理论工作。早在一九五四年他就提出："办好学校，培养干部，才是最基本的建设。"以后他又强调，"要造成一种学习的空气，学习理论的空气"，并希望把党校教育搞好。党的十一届三中全会以来，在领导改革开放和社会主义现代化建设的过程中，邓小平同志根据党所面临的新形势和肩负的新任务，对加强干部教育和理论工作提出了一系列十分重要的指导思想、基本要求和工作原则。他在这方面的论述，已经成为我们党在新时期加强执政党建设思想的重要内容，是建设有中国特色社会主义理论不可分割的组成部分，对于我们做好新时期的党校工作，无论从当前还是从长远来看，都具有十分重要的指导意义。在这里，我作一些概括的列举：

1. 要把我们党建设成为有战斗力的马克思主义政党，成为领导全国人民进行社会主义物质文明和精神文明建设的坚强核心。只是确定了正确的思想路线，确定了四个现代化的目标还不够，还需要有人来干。我们急需培养、选拔一大批合格的人才。中国的事情能不能办好，社会主义和改革开放能不能坚持，经济能不能快一点发展起来，国家能不能长治久安，从一定意义上说，关键在人。要注意培养人，要按照革命化、年轻化、知识化、专业化的标准，选拔德才兼备的人进班子。我们说党的基本路线要管一百年，要长治久安，就要靠这一条。真正关系大局的是这个事。

2. 实现四个现代化是一场深刻的伟大的革命。在这场伟大的革命中，我们是在不断地解决新的矛盾中前进的。因此，全党同志　定要善于学习，善于重新学习。几百个中央委员，几千个中央和地方的高级干部，要带头钻研现代化经济建设。

3. 学习什么？根本的是要学习马列主义、毛泽东思想，要努力把马克思主义的普遍原则同我国实现四个现代化的具体实践结合起来。当前大多数干部还要着重抓紧三个方面的学习：一个是学经济学，一个是学科学技术，一个是学管理。

4. 我们多次重申，要坚持马克思主义，坚持走社会主义道路。但是，马克思主义必须是同中国实际相结合的马克思主义，社会主义必须是切合中国实际的有中国特色的社会主义。真正的马克思主义者必须根据现在的情况，认识、继承和发展马克思列宁主义。我们建设社会主义，准确地说是建设有中国特色的社会主义，这样才是真正地坚持了马克思主义。世界形势日新月异，特别是现代科学技术发展很快。不以新的思想、观点去继承、发展马克思主义，不是真正的马克思主义者。要把什么叫社会主义搞清楚，把怎样建设和发展社会主义搞清楚。把马克思主义的普遍真理同我国的具体实际结合起来，走自己的路，建设有中国特色的社会主义，这就是我们总结长期历史经验得出的基本结论。

5. 全党各级干部，首先是领导干部，要熟悉马克思主义的基本理论，从而加强我们工作中的原则性、系统性、预见性和创造性。要努力针对新的实际，掌握马克思主义基本理论。因为只有这样，才能提高我们运用它的基本原则和基本方法，来积极探索解决新的政治、经济、社会、文化基本问题的本领，既把我们的事业和马克思主义理论本身推向前进，也防止一些同志，特别是一些新上来的中青年同志在日益复杂的斗争中迷失方向。

6. 学马列要精，要管用的。实事求是是马克思主义的精髓。要提倡这个，不要提倡本本。我们改革开放的成功，不是靠本本，而是靠实践，靠实事求是。只

有解放思想，坚持实事求是，一切从实际出发，理论联系实际，我们的社会主义现代化建设才能顺利进行，我们党坚持的马列主义、毛泽东思想的理论也才能顺利发展。要深入研究中国实现四个现代化所遇到的新情况、新问题，并且作出有重大指导意义的答案。

7. 我们要向资本主义发达国家学习先进的科学、技术、经营管理方法以及其他一切对我们有益的知识和文化。闭关自守、故步自封是愚蠢的。但是，属于文化领域的东西，一定要用马克思主义对它们的思想内容和表现方法进行分析、鉴别和批判。

8. 要教育干部成为有理想、有道德、有文化、有纪律的“四有”干部。所有共产党员都要增强党性，遵守党的章程和纪律。要教育全党同志发扬大公无私、服从大局、艰苦奋斗、廉洁奉公的精神，坚持共产主义思想和共产主义道德。党和政府愈是实行各项经济改革和对外开放政策，党员尤其是党的高级负责干部，就愈要高度重视、愈要身体力行共产主义思想和共产主义道德。为了促进社会风气的进步，首先必须搞好党风。党是整个社会的表率，党的各级领导同志又是全党的表率。高级干部要带头发扬党的优良传统。

9. 各级党委一定要把思想理论工作放在正确轨道和重要地位上。要加强对思想战线的领导。思想理论问题的研究和讨论，一定要坚决执行百花齐放、百家争鸣的方针，一定要坚决执行解放思想、破除迷信、一切从实际出发的方针。

10. 思想战线上的战士，都应当是人类灵魂工程师。在当前这个转变时期，社会主义精神文明建设和整个社会主义建设中，他们在思想教育方面的责任尤其重大。作为灵魂工程师，应当高举马克思主义的、社会主义的旗帜，用自己的文章、作品、教学、讲演、表演，教育和引导人民正确地对待历史，认识现实，坚信社会主义和党的领导，鼓舞人民奋发努力，积极向上，为伟大壮丽的社会主义现代化建设事业而英勇奋斗。

从以上列举的内容，我们可以看到，十几年来邓小平同志对新时期党的干部教育和理论工作的指示，内容丰富，观点鲜明，论述精辟，思想深刻，具有强烈的现实针对性。联系前些年的实践和今天的现状，重新系统地学习邓小平同志的教导，我们都会倍觉亲切，深受教益。从中体会到，邓小平同志怎样站在时代的高度，以伟大的马克思主义者和无产阶级政治家的战略眼光，从社会主义现代化建设和新时期党的建设的全局出发，来看待培养和教育干部的问题；怎样科学地看待马克思主义理论的继承与发展，并根据新的情况，在干部教育和理论工作中创造性地运用理论联系实际的方针，使之达到新的高度；怎样使干部教育和理论工作为造就新的时代所需要的合格人才，为推进党的事业、实现党的历史任务服务；在新形势下，党的干部应当怎样学习，从事干部教育和理论工作的同志应当怎样履行自己的职责。各级党委和从事党校工作的同志，在学习建设有中国特色社会主义理论的时候，一定要认真学习邓小平同志关于干部教育和理论工作的论述，深刻领会精神实质，紧密结合工作实践，认真贯彻落实。我们强调加强和改进党校工作，首先就要在用建设有中国特色社会主义理论指导党校工作方面下功夫。这样，党校工作才能真正得到加强和改进。各级党校都必须用极大的努力，解决好这个根本问题。

三、深化党校改革，全面提高党校工作水平

党校工作要适应新形势新任务的需要，党校教学要有新的发展和提高，科学研究要进一步开展和更有成效，关键在于深化改革。深化党校改革总的要求是什么？我想，是不是可以这样讲：以建设有中国特色社会主义理论和党的基本路线为指导，以大力提高教学质量为中心，以强化科研为基础，更好地坚持理论联系实际的方针，密切联系改革开放和社会主义现代化建设的实践，正确认识和把握新时期党的干部教育工作的规律，逐步建立与完善具有中国特色的党校教育体制、科研体制、管理体制，进一步办好党校，更好地为党培养德才兼备的领导人才服务，为党的理论建设和党委、政府的科学决策服务，为改革开放和社会主义现代化建设服务。

当前和今后一个时期，党校的改革，主要应在以下几方面进行努力：

第一，关于深化教学改革。党校的中心任务是教学。新形势下教学改革的关键环节，是要建立和完善一套适应培养社会主义现代化事业领导骨干需要的教学体系。经过前几年的努力，党校系统开始打破了按“老五门”设置课程的框框，突出了以建设有中国特色社会主义理论为中心内容，按照“学马列要精，要管用的”原则安排教学，并适当增加了新知识的学习。这是一个进步。但改革还是初步的，新的教学体系还不够完备、不够稳定。要下决心尽快解决这个问题，处理好主要学习邓小平同志在新时期的著作，同学习马列著作和毛泽东同志著作之间的关系；学习理论，同学习党的路线、方针、政策的关系；学习政治理论，同学习经济、科技、现代管理知识的关系。教学既要充分考虑党校的特殊性，又要博采众长，借鉴一切对干部教育有益的经验。要根据各级党校培训、轮训的不同对象，合理设置课程，并抓紧组织精干力量，编写适应新的教学体系要求的教学大纲。党校的班次、学制设置，也要按照中央的要求进行合理规范，应集中精力把主体班次办好。首先进一步办好现职主要领导干部研讨班和各级领导干部轮训班，逐级负责，统筹安排轮训、培训对象，

严格执行调训计划，保证落实到人。同时要高度重视并抓好后备干部的培训。中央党校和有关省区党校还要大力办好民族干部班，切实加强对少数民族干部的培训。这件事，对于民族地区的经济、社会发展和政治稳定，对促进我国各民族共同进步和繁荣，对维护祖国统一和打破敌对势力“分化”中国的图谋，关系重大，切不可疏忽。在办好主体班次的基础上，各级党校可以量力而行，灵活多样，适当举办当地改革开放和经济、社会发展需要的短期学习研讨班。党校函授教育，前几年有效果、有成绩，也有些问题，要认真总结经验，针对存在的问题，控制规模，加强管理，深化教学改革，保证办学质量。

党校教学改革的一个带根本性的问题，是根据新的情况贯彻好理论联系实际的方针。理论联系实际是我们党的优良学风和传统作风，弘扬这个好学风、好作风，是新形势下坚持和发展马克思主义的需要，促进改革开放和经济建设又好又快地发展的需要，也是新时期加强和改进党的建设的需要。一定要努力学习马列主义、毛泽东思想，中心内容是学习邓小平同志建设有中国特色社会主义理论，而学习的全部目的就在于应用。党校的教学要联系党的历史，特别是十一届三中全会以来我们党所走过的道路，联系改革开放和社会主义现代化建设中的现实问题，联系干部的思想实际，引导和帮助学员深刻认识马克思主义的真理性，提高用这个理论特别是它的立场、观点、方法去分析解决现实问题的能力，提高贯彻执行党的基本路线的自觉性和坚定性，自觉增强党性锻炼。衡量党校教学改革成效大小和教学质量高低，主要就看我们结合新的形势、新的任务、新的实践，来学习邓小平同志建设有中国特色社会主义理论，运用这个理论去研究解决新问题、总结新经验，做得怎么样。教师和学员都要以改革的精神贯彻理论联系实际的方针，弘扬马克思主义的学风。要坚决防止和克服把来自实践而又生动活泼的马克思主义理论当成教条，同时要坚决防止和克服轻视理论的倾向。在这个问题上，大家都要下大决心，作出大的努力，力求取得明显的效果。

第二，关于科研改革。提高科研水平，是提高教学质量的重要基础。党校的科研工作，要着重加强对邓小平同志建设有中国特色社会主义理论的系统深入研究，同时坚持对马列主义、毛泽东思想进行基础性研究。这两方面的思想内容，本身就有着不可分割的联系。立足于建设有中国特色社会主义的实际，把两者很好地结合起来进行研究，我们就能够看到邓小平同志建设有中国特色社会主义理论的新思想、新论断，同马克思列宁主义、毛泽东思想的科学真理，既有各自的时代特色，又有继承、丰富、发展、完善的内在联系。这样就大有助于我们加深对建设有中国特色社会主义理论的正确理解，把握其精髓和实质，在科研活动中不断获得新的知识、取得新的成果。在理论研讨中，要坚持解放思想、实事求是的思想路线，切实贯彻执行“百花齐放，百家争鸣”的方针，活跃学术空气，引导大家探索新问题，发表新见解，努力造成民主的、生动活泼的学术讨论环境。学术讨论要提倡敞开思想、畅所欲言，鼓励不同的观点间的相互切磋，不能听不得不同意见。研讨的目的在于对一些重要的理论和实际问题求得正确的认识，因而要提倡研讨时心平气和，相互取长补短，做到坚持真理、修正错误。党校的一切科研活动，都要以研究改革和建设中的实际问题为中心，以普遍关心、影响全局的问题为重点，使研究成果为提高教学质量服务，为党委和政府科学决策服务。要加强科研活动的组织协调工作，发挥党校科研力量的整体优势。各地党校要根据自己的长处和特点，争取把一些重点科研项目纳入国家或本地区的科研规划。要有一些具体的政策、措施，鼓励科研人员多出成果，快出成果，出高质量成果。

此外，党校行政、人事和后勤管理的改革，也要根据党和国家总的要求，结合党校的实际情况，积极加以推进。要通过机构改革，理顺内部关系，明确机构职责，建立岗位责任制，改革干部人事制度，推行激励竞争机制，促进改善人员素质，提高工作效率。党校后勤管理，要坚持为教学科研工作提供优质服务的指导思想，这方面的改革也要围绕更好地为教学与科研服务来进行。行政后勤工作很重要，也很辛苦，要尊重这些同志的劳动，肯定他们的成绩，支持他们的工作。

全国人大常委会委员长乔石在人民大会堂会见芬兰议会议长丽塔·沃苏凯宁

中宣部国务院办公厅共青团中央在北京联合召开全国第三次“岗位学雷锋行业树新风”座谈会

国务院在北京召开全国外资工作座谈会

会议以全面总结改革开放15年来利用外资工作的经验、研究今后利用外资工作的方针、政策，促进利用外资工作持续、快速、健康地向前发展为宗旨。

中共中央总书记、国家主席江泽民于3月7日会见了参加座谈会的全体代表。会见时，江泽民对我国15年来引进外资工作取得的成绩给予充分肯定。江泽民指出，引进外资对我国国民经济发展起了积极的作用。他希望大家认真总结经验，研究和解决新形势下出现的新情况、新问题，把利用外资工作做得更好。

3月4日，李鹏总理出席座谈会，在听取上海、天津、福建、广东和重庆等省、市负责人的发言后强调指出：利用外资是我国经济工作的一个重要方面。在当前改革开放的有利形势下，要研究如何进一步做好利用外资的工作。

李鹏讲话时首先概括地分析和阐述我国进一步扩大利用外资的必要性、可能性和面临的国内外新形势、新环境。接着他着重谈了当前进一步做好利用外资工作需要认真研究和解决的几个问题。

在谈到怎样保持和发展利用外资的好势头时，李鹏说，我们要抓住当前的有利时机，更多更好地利用外资，促进我国经济的发展。吸引外资要进一步改善投资环境，建立健全法制、完善市场机制、提高政府办事效率和人员素质，这是十分重要的。在吸引外资上，我国具有劳动力价格便宜、技术人才数量多、比较优秀的优势，但最大的优势还是我们有一个广阔的市场。今后主要是依靠以上优势吸引外资，让外资在中国市场上能获得合法的利润。但我们不能牺牲社会主义精神文明去吸引外资，不能搞那些黄色、低级、庸俗的东西，因为这些东西是和社会主义精神文明不相容的。下一步要吸引更多的实力雄厚的财团、跨国公司来华投资，和他们进行经济合作。

在谈到利用外资如何实现互惠互利时，李鹏指出，利用外资的基本要求是在市场经济条件下实现互惠互利。一方面要保护外商的合法权益，另一方面也要确保我们的利益。对外资企业不正当转移利润，我们应加强依法管理。为此，既要大力吸引外资，同时又要切实加强管理。对进入我国的外资，我们应货比三家，争取对我们更有利的条件。

在谈到如何引导外资合理投向时，李鹏强调，我们要制定完善的产业政策，用产业政策引导外资投向。不仅要有全国的产业政策，还要有各个行业的发展战略及其具体的政策。在对一般外资项目进行指导的同时，重大利用外资项目要统筹规划，使吸引外资避免盲目性与重复引进。

在谈到关于利用外资改造老企业问题时，李鹏说，适当利用外资改造老企业，可以缓解企业资金紧张，带来先进的技术与管理，也有助于转变企业经营机制。但要加强资产评估，防止国有资产低估，造成国有资产流失。中外合资双方应共担风险、共同发展。在利用外资改造老企业问题上，要合理分摊企业负担。对关系到国计民生和国民经济命脉的基础产业与支柱产业的骨干企业，国家应保持控股。

在谈到关于外债偿还能力问题时，李鹏指出，现在我国外债规模已不小，因此，要加强对外债的规模结构和使用效果的监控，确保还本付息的能力。借外债能否偿还，核心是经济效益问题，利用外资如能产生较高经济效益，那肯定就有偿还能力。利用外资同时要考虑外汇的总量平衡。

在谈到关于外资企业职工合法权益的保护问题时，李鹏说，最近外资企业发生几起严重的安全事故，说明一些外资企业劳动安全条件很差，有的甚至侵犯职工的权益。保护外资企业职工合法权益，应该提到各级政府和工会的议事日程上来。

和李鹏一起出席座谈的还有邹家华、李岚清、李铁映、李贵鲜、司马义·艾买提、彭珮云等。

座谈会于 3 月 7 日结束。

全国民航工作会议在北京闭幕

国务院副总理邹家华在会上讲话说，去年底，党中央、国务院调整民航总局的领导班子。总的看来，1993 年民航系统的广大职工和各级干部认真贯彻党中央、国务院的指示精神，各方面都取得了好成绩，但也存在着一些问题。目前，民航存在的管理不严、事故征候多、服务质量不高等问题还没有从根本上解决；一些深层次的问题，如管理体制不顺、企业机制不健全等也还没有很好地整顿治理。民航形势仍然严峻，任务仍很艰巨。

邹家华说，确保飞行安全是民航的首要任务。民航总局要认真总结、推广经验，同时要依据发展变化的情况，努力探索在新情况下如何确保飞行安全的新途径和新办法。民航工作是个系统工程，不能不顾其他条件盲目成立航空公司。

国家民航总局副局长蒋祝平在总结讲话时说，贯彻落实民航工作的总方针，任何时候都必须坚持安全第一，决不能有丝毫的犹豫和动摇。要针对影响航班正常的主要因素，采取有力措施，巩固和提高航班正常率。服务工作一定要解决低标准的问题，决不能自我感觉良好。

国务院在北京召开电话会议部署森林防火工作

国家主席江泽民根据全国人大常委会的决定任免驻外大使

一、免去王永成的中华人民共和国驻赤道几内亚共和国特命全权大使职务。任命徐绍海为中华人民共和国驻赤道几内亚共和国特命全权大使。

二、免去黄国材的中华人民共和国驻老挝人民民主共和国特命全权大使职务。任命李家忠为中华人民共和国驻老挝人民民主共和国特命全权大使。

全国人大常委会副委员长陈慕华在北京同芬兰议会议长丽塔·沃苏凯宁进行工作会谈

中国政府和喀麦隆政府在雅温得签订《关于中国派遣医疗队赴喀麦隆工作的议定书》

3月5日

全国政协主席李瑞环在人民大会堂会见芬兰议会议长丽塔·沃苏凯宁

八届全国人大常委会六次会议在北京闭幕

《全国人大常委会关于严惩组织、运送他人偷越国(边)境犯罪的补充规定》和《中华人民共和国台湾同胞投资保护法》分别以126票和118票获得通过。会议还通过《全国人大常委会关于我国加入〈统一船舶碰撞某些法律规定的国际公约〉的决定》、《全国人大常委会关于我国加入〈1974年海上旅客及其行李运输雅典公约〉和〈1974年海上旅客及其行李运输雅典公约的议定书〉的决定》、《全国人大常委会关于批准〈中华人民共和国和泰王国引渡条约〉的决定》、《全国人大常委会关于批准〈中华人民共和国和吉尔吉斯共和国领事条约〉的决定》。

会议还通过:将《全国人大关于授权厦门市人大及其常委会和厦门市人民政府分别制定法规和规章在厦门经济特区实施的决定(草案)》提请八届全国人大二次会议审议;将《八届全国人大二次会议议程(草案)》提请八届全国人大二次会议预备会议审议;将《八届全国人大二次会议主席团和秘书长名单(草案)》提请八届全国人大二次会议预备会议选举;将《全国人大常委会工作报告》提请八届全国人大二次会议审议;决定列席八届全国人大二次会议人员名单;《八届全国人大常委会代表资格审查委员会关于补选代表的代表资格的审查报告》。

会议还通过全国人大专门委员会、最高人民检察院和驻外大使的任免名单。

八届全国人大常委会发布补选九名代表公告

自第八届全国人民代表大会常务委员会第三次会议以来,有5名全国人大代表逝世:辽宁杨烈宇、武迪生、爱新觉罗·溥杰(满族),河南范好古(回族),四川高贤华。辞职1名:山东焦祖光。罢免2名:云南王正光(苗族),新疆徐效成。

最近,地方人大常委会补选了八届全国人大代表9名:辽宁张荣茂、梁增镖,吉林郑龙哲(朝鲜族),福建金能筹,山东李荣勤(女,回族),河南李长春,广西韦继松(壮族),贵州陈士能,新疆张秀明。全国人民代表大会常务委员会同意代表资格审查委员会关于补选代表的代表资格的审查报告,确认第八届全国人民代表大会代表张荣茂、梁增镖、郑龙哲(朝鲜族)、金能筹、李荣勤(女,回族)、李长春、韦继松(壮族)、陈士能、张秀明等9人的代表资格有效。特此公告。

现在第八届全国人民代表大会实有代表2980名。

全国人民代表大会常务委员会

1994年3月5日

八届全国人大常委会六次会议批准任命名单

批准任命张品华为江苏省人民检察院检察长。

国家主席江泽民签署第19号令公布《全国人民代表大会常务委员会关于严惩组织、运送他人偷越国(边)境犯罪的补充规定》

《全国人民代表大会常务委员会关于严惩组织、运送他人偷越国(边)境犯罪的补充规定》已由中华人民共和国第八届全国人民代表大会常务委员会第六次会议于1994年3月5日通过,现予公布,自公布之日起施行。

中华人民共和国主席 江泽民

1994年3月5日

全国人大常委会关于严惩组织运送他人偷越国(边)境犯罪的补充规定

为了严惩组织、运送他人偷越(偷渡)国(边)境(以下简称偷越国(边)境)的犯罪分子,制止偷越国(边)境的违法犯罪活动,维护出入境管理秩序,对刑法作如下补充规定:

一、组织他人偷越国(边)境的,处二年以上七年以下有期徒刑,并处罚金;有下列情形之一的,处七年以上有期徒刑或者无期徒刑,并处罚金或者没收财产:

(一)组织他人偷越国(边)境集团的首要分子;

(二)多次组织他人偷越国(边)境或者组织他人偷越国(边)境人数众多的;

(三)造成被组织人重伤、死亡的;

(四)剥夺或者限制被组织人人身自由的;

(五)以暴力、威胁方法抗拒检查的;

(六)违法所得数额巨大的;

(七)有其他特别严重情节的。

对被组织人有杀害、伤害、强奸、拐卖等犯罪行为,或者对检查人员有杀害、伤害等犯罪行为的,可以依照法律规定判处死刑。

二、以劳务输出、经贸往来或者其他名义,弄虚作假,骗取护照、签证等出境证件,为组织他人偷越国(边)境使用的,依照本规定第一条的规定处罚。

单位有前款规定的犯罪行为的,对单位判处罚金,并对直接负责的主管人员和其他直接责任人员,依照本规定第一条的规定处罚。

三、为他人提供伪造、变造的护照、签证等出入境证件,或者倒卖护照、签证等出入境证件的,处五年以下有期徒刑,并处罚金;情节严重的,处五年以上有期徒刑,并处罚金。

四、运送他人偷越国(边)境的,处五年以下有期徒刑、拘役或者管制,并处罚金;有下列情形之一的,处五年以上十年以下有期徒刑,并处罚金:

(一)多次实施运送行为或者运送人数众多的;

(二)所使用的船只、车辆等交通工具不具备必要的安全条件,足以造成严重后果的;

(三)违法所得数额巨大的;

(四)有其他特别严重情节的。

在运送他人偷越国(边)境中造成被运送人重伤、死亡,或者以暴力、威胁方法抗拒检查的,处七年以上有期徒刑,并处罚金。

对被运送人有杀害、伤害、强奸、拐卖等犯罪行为,或者对检查人员有杀害、伤害等犯罪行为的,可以依照法律规定判处死刑。

运送他人偷越国(边)境,情节轻微不需要判处刑罚的,由公安机关处十五日以下拘留,并处五千元以上五万元以下罚款。

五、偷越国(边)境的,公安机关可以处十五日以下拘留,单处或者并处一千元以上五千元以下罚款;情节严重的,处二年以下有期徒刑或者拘役,并处罚金。

六、负责办理护照、签证以及其他出入境证件的国家工作人员,对明知是企图偷越国(边)境的人员予以办理出入境证件的;边防、海关等国家工作人员,对明知是偷越国(边)境的人员,予以放行的,处三年以下有期徒刑、拘役或者管制;情节严重的,处三年以上十年以下有期徒刑。

与组织、送运他人偷越国(边)境的犯罪分子相勾结,实施前款规定的行为的,依照本规定第一条、第四条的规定处罚。

七、犯本规定规定之罪的违法所得和供犯罪使用的犯罪分子所有的或者明知他人为犯罪使用而提供其本人所有的运输、通讯工具或者其他财物,一律予以没收。

八、本规定自公布之日起施行。

国家主席江泽民签署第 20 号令公布《中华人民共和国台湾同胞投资保护法》

《中华人民共和国台湾同胞投资保护法》已由中华人民共和国第八届全国人民代表大会常务委员会第六次会议于 1994 年 3 月 5 日通过,现予公布,自公布之日起施行。

中华人民共和国主席 江泽民

1994 年 3 月 5 日

中华人民共和国台湾同胞投资保护法

第一条 为了保护和鼓励台湾同胞投资,促进海峡两岸的经济发展,制定本法。

第二条 台湾同胞投资适用本法;本法未规定的,国家其他有关法律、行政法规对台湾同胞投资有规定的,依照该规定执行。

本法所称台湾同胞投资是指台湾地区的公司、企业、其他经济组织或者个人作为投资者在其他省、自治区和直辖市投资。

第三条 国家依法保护台湾同胞投资者的投资、投资收益和其他合法权益。

台湾同胞投资必须遵守国家的法律、法规。

第四条 国家对台湾同胞投资者的投资不实行国有化和征收;在特殊情况下,根据社会公共利益的需要,对台湾同胞投资者的投资可以依照法律程序实行征收,并给予相应的补偿。

第五条 台湾同胞投资者投资的财产、工业产权、投资收益和其他合法权益,可以依法转让和继承。

第六条 台湾同胞投资者可以用可自由兑换货币、机器设备或者其他实物、工业产权、非专利技术等作为投资。

台湾同胞投资者可以用投资获得的收益进行再投资。

第七条 台湾同胞投资,可以举办合资经营企业、合作经营企业和全部资本由台湾同胞投资者投资的企业(以下统称台湾同胞投资企业),也可以采用法律、行政法规规定的其他投资形式。

举办台湾同胞投资企业,应当符合国家的产业政策,有利于国民经济的发展。

第八条 设立台湾同胞投资企业,应当向国务院规定的部门或者国务院规定的地方人民政府提出申请,接到申请的审批机关应当自接到全部申请文件之日起四十五日内决定批准或者不批准。

设立台湾同胞投资企业的申请经批准后,申请人应当自接到批准证书之日起三十日内,依法向企业登记机关登记注册,领取营业执照。

第九条 台湾同胞投资企业依照法律、行政法规和经审批机关批准的合同、章程进行经营管理活动,其经营管理的自主权不受干涉。

第十条 在台湾同胞投资企业集中的地区,可以依法成立台湾同胞投资企业协会,其合法权益受法律保护。

第十一条 台湾同胞投资者依法获得的投资收益、其他合法收入和清算后的资金,可以依法汇回台湾或者汇往境外。

第十二条 台湾同胞投资者可以委托亲友作为其

投资的代理人。

第十三条 台湾同胞投资企业依照国务院关于鼓励台湾同胞投资的有关规定，享受优惠待遇。

第十四条 台湾同胞投资者与其他省、自治区和直辖市的公司、企业、其他经济组织或者个人之间发生的与投资有关的争议，当事人可以通过协商或者调解解决。

当事人不愿协商、调解的，或者经协商、调解不成的，可以依据合同中的仲裁条款或者事后达成的书面仲裁协议，提交仲裁机构仲裁。

当事人未在合同中订立仲裁条款，事后又未达成书面仲裁协议的，可以向人民法院提起诉讼。

第十五条 本法自公布之日起施行。

全国政协八届常委会五次会议闭幕

会议决定：全国政协八届二次会议于三月八日至三月十九日在北京举行。

中共中央政治局常委、全国政协主席李瑞环在会上发表讲话。

常委会议通过《全国政协八届二次会议议程（草案）》和《日程（草案）》；通过《政协第八届全国委员会常务委员会工作报告》，决定由叶选平副主席代表常委会向全国政协八届二次会议作报告；通过《中国人民政治协商会议章程（修正案草案）》；通过了政协第八届全国委员会增选副主席、常务委员，补选秘书长建议名单；通过政协第八届全国委员会提案委员会《关于政协八届一次会议以来提案工作情况的报告》；通过全国政协八届二次会议分组办法、小组召集人名单以及政协部分专门委员会副主任、委员增补名单。以上各项草案和建议名单将提请全国政协八届二次会议审议。

本次常委会还决定在选举秘书长之前，全国政协八届二次会议秘书长由王兆国副主席兼任，朱训任第一副秘书长。

全国政协主席李瑞环在全国政协八届常委会五次会议上发表讲话

这次常委会议我本来没有打算讲话。昨天主席会议认为还是应当讲一讲，并建议讲一下如何开好全国政协八届二次会议的问题。

即将召开的全国政协八届二次会议是一次非常重要的会议，会议讨论决定的问题都是事关我国改革、发展与稳定，具有全局意义的大问题。全国人民、全体委员都十分关心这次会议，希望把会开好。为开好这次会议，全国政协向中共中央专门写了报告，提出了开好会议的指导方针，这就是以邓小平同志建设有中国特色社会主义的理论为指导，以民主、求实、团结、鼓劲为方针。中共中央批准了这个报告，同时也批准了这个方针。我认为要开好这次会议，就必须深入理解、认真贯彻这个方针。

指导方针之所以强调"民主"，我理解，首先是由人民政协组织的性质所决定的。人民政协是实现中国共产党领导的多党合作和政治协商这一基本制度的组织形式，是发扬社会主义民主的重要渠道，政协的会议理所当然要强调民主。第二是大会的内容所要求的。这次大会要讨论许多重要问题，只有充分发扬民主，集思广益，才能作出正确的决定。第三是全国人民所希望的。每年的"两会"已经成为全国人民政治生活中的大事，社会舆论关注的热点。他们希望把"两会"开得生动活泼，富有成效，希望会议严格履行民主程序，希望切实保证行使民主权利，希望形成浓厚的民主气氛，希望真正体现人民群众当家作主的原则。

之所以强调"求实"，因为我们的会议不是摆样子，走过场，而是要真心实意地研究问题、探讨问题。当前我们正在努力建立社会主义市场经济新体制，在这个过程中，大事多、新事多、难事多、复杂的事情多，需要全面考虑、多方权衡、反复比较。研究和决定问题，既要看到当前又要看到长远，既要看到总体又要看到局部，既要看到有利因素又要看到不利因素，既要看到需要又要看到可能，既要充分听取多数人的意见又要重视少数人的意见。这就要求我们在开会时有科学的态度，进行深入的探讨，做到热烈而不离题，广泛而有重点，全面而不片面、深刻而不肤浅，从而充分体现高度负责的精神，反映参政议政的水平。

之所以强调"团结"，因为我们强调会议要发扬民主，畅所欲言，认真负责地研究讨论问题，这样，不同意见的争论，批评与反批评就难以避免。我们认为这是必要的、有益的；同时我们也必须明确，所有这些，都是为了更好地研究和决定问题，都是为了追求真理，都要从团结的愿望出发，达到团结的目的。团结是大局，大局是团结。人民政协是大团结的象征。政协的会议理应体现团结、促进团结，会议的结果要促进全国人民的团结。我们希望会议中大家相互尊重、取长补短，多一些理解宽容，少一些斤斤计较。要通过开会，加深了解，消除误解，增进共识，加深友谊。总之，要团结起来开好会议，开好会议促进团结。

之所以强调"鼓劲"，因为改革开放以来我们所取得的成就是举世公认的，去年工作的成绩是显著的，当前各方面的形势也是好的。但是，我们这么大的国家，这么多的人口，从事这样前所未有的、艰巨复杂的事业，必然有成功的一面，也有失误的一面；有令人振奋的一面，也有令人忧虑的一面；有积极的一面，也有消极的一面；有美好的一面，也有丑恶的一面。对于社会生活中这种客观的现象，我们必须有清醒的认识，全面的分析，准确的判断，妥善的处理。我们允许批评揭露一切消极丑恶现象，但是我们同时也希望在批评揭露时要看到积极的、正确的那一面，要看到主流。批评揭露的目的是为了研究解决问题。我们要注意社会效果，注意提出解决问题的办法，注意鼓士气、长志气。在整个会议的过程中要给全体委员鼓劲，而且要通过我们的会议给全国人民鼓劲。

"民主、求实、团结、鼓劲"这八个字是互相联系、相辅相成的有机整体，要全面理解。强调民主、求实，不能忽视团结、鼓劲；强调团结、鼓劲，不能丢掉民主、求实。忽视团结、鼓劲，最终达不到开会的良好目的，而丢掉了民主、求实，就失去了开会的意义，民主、求实要有利于团结、鼓劲，团结、鼓劲要促进民主、求实。

"民主、求实、团结、鼓劲"是 1990 年提出的"两会"宣传报道的方针。1990 年以来两会宣传报道都沿用了这个提法，事实上它已经成了开好"两会"的指导方针。最近几年许多省市召开"两会"时，也都把这八字作为会议的指导方针。我们这次大会贯彻这个方针，既是客观实际的要求，也符合全体委员的愿望。希望大家细心体会，认真实行这个方针，在以江泽民同志为核心的中共中央领导下，把我们的会议真正开成民主的大会、求实的大会、团结的大会、鼓劲的大会。

全国政协八届常委会五次会议通过全国政协八届二次会议秘书长副秘书长名单

中国人民政治协商会议第八届全国委员会第二次会议秘书长、副秘书长名单

秘书长：王兆国（兼）

第一副秘书长：朱训

副秘书长：朱作霖、赵伟之、张洽、卢之超、经叔平、范康、吴修平、刘延东、郑万通、陈进玉、周干峙、李赣骝、朱元成、宋金升、罗豪才、陈益群、潘渊静

首都中外妇女隆重集会纪念"三八"国际劳动妇女节 84 周年并迎接"一九九五年第四次世界妇女大会"在北京召开

李鹏、胡锦涛、荣毅仁以及李铁映、尉健行、温家宝、张震、司马义·艾买提、彭珮云、罗干、王兆国、阿沛·阿旺晋美、钱正英等及与会者一万余人出席大会。

大会由全国人大常委会副委员长、全国妇联主席陈慕华主持。

中共中央政治局常委、国务院总理李鹏讲话。

出席大会的还有柬埔寨王国诺罗敦·莫妮克王后、芬兰议会议长丽塔·沃苏凯宁，第四次世界妇女大会中国组织委员会委员，各国驻华使节夫人、女外交官、女专家、联合国驻京机构代表夫人、驻京商社代表，全国各地的优秀女企业家、受表彰的女职工和全国"巾帼建功"报告团的八位成员以及首都各界妇女群众。

国务院总理李鹏在首都中外妇女纪念"三八"国际劳动妇女节 84 周年并迎接"一九九五年第四次世界妇女大会"上发表讲话

各位来宾，同志们，朋友们，姐妹们：

今天，中外妇女在这里欢聚一堂，隆重庆祝"三八"国际劳动妇女节。我代表中共中央、国务院，向全国各族妇女，向台湾、港澳女同胞、海外女侨胞，表示节日的祝贺！向参加今天大会的各国来宾，表示热烈的欢迎。

中国妇女是改革开放和现代化建设事业的一支伟大力量。改革开放以来，我国妇女的精神面貌发生了重大变化，素质有明显提高。她们以满腔的热忱积极参与发展经济，在政治、文化、社会各个领域以及在维护家庭生活幸福等方面，都作出了极其重要的贡献。中国妇女在社会生活中的地位是崇高的，她们在建设有中国特色社会主义的伟大事业中，真正起到了"半边天"的作用。

当前，我们国家在邓小平同志建设有中国特色社会主义理论和党的基本路线指引下，经济发展，政治稳定，民族团结，社会进步。在国际关系上，中国政府坚定不移地奉行独立自主的和平外交政策，为发展同周边国家的睦邻友好关系，为加强与世界各国的友好合作，为促进世界的和平与发展，作出了积极贡献。我国的国际地位显著提高，我们的朋友遍天下。

1995 年联合国将在北京召开第四次世界妇女大会。这是一次在全球范围内研究妇女问题的重要会议。中国能够有机会作为东道主筹办这次会议感到十分荣幸。中国政府和人民以及中国的妇女界，将全力以赴地做好准备工作，为这次世界妇女的盛会作出应有的贡献。从现在算起，离第四次世界妇女大会的召开只有 500 多天的时间了，我们要抓紧准备工作，要加强对大会筹备工作的领导，各有关部门要共同努力，为会议的召开创造良好的社会环境和一流的服务条件。要进一步重视和做好国内妇女工作，保障妇女的地位，维护妇女的合法权益，促进妇女的发展和进步，确保本世纪《内罗毕战略》各项目标的实现。广大妇女要为社会多作贡献，社会要为妇女多办实事。全社会的动员与参与，是我国能够成功地举办第四次世界妇女大会的可靠保证。

抓住机遇，深化改革，扩大开放，促进发展，保持稳定，是今年全国工作的大局，也是妇女工作的大局。各级妇联组织要认清这个大局，努力做好各方面的工作，发动广大妇女积极投身到现代化建设的伟大事业中

去。中国妇女的力量一旦充分发挥出来，将对社会的进步与繁荣起到不可估量的作用。我们殷切希望，中国妇女在努力提高自己的思想道德素质、文化科技知识和身体素质的基础上，为促进物质文明建设和精神文明建设，实现祖国和平统一，维护世界和平，作出更大的贡献。

同志们，朋友们！现在我们的国家正处在一个重要的发展时期。把我国建设成为富强、民主、文明的社会主义现代化国家，是包括中国妇女在内的全体中国人民的共同愿望。我们相信，中国的前景无限光明，世界的前景无限广阔。让我们在以江泽民同志为核心的党中央领导下，团结起来，同心同德，为夺取社会主义现代化事业的更大胜利而努力奋斗！

《人民日报》发表评论员文章《让雷锋精神在每个岗位上闪光》

国家计委等六部委局在北京联合召开全国粮食风险基金工作会议

会议由国家计委、财政部、内贸部、国家经贸委、农业部、国家粮食储备局等有关部门共同主持召开。国家计委副主任罗植龄在会上介绍目前关于建立粮食风险基金制度的目的、要求的总体框架。他说，粮食风险基金，是国家针对关系国计民生的重要商品建立的一项宏观调控资金，是加强政府宏观调控的重要措施。中央粮食风险基金的来源由中央财政预算安排。地方粮食风险基金的资金来源由中央补助和地方预算安排构成，以达到需要的资金规模为标准，但各地实际筹措资金总额加上中央补助资金不得少于最低规模。除中央补助资金外，缺额部分全部由地方自筹，最低规模所需资金必须在今年内全部到位。以后在年度预算中要年年安排。

罗植龄强调指出，粮食风险基金属于专项资金，有专门用途，不得挤占；粮食企业正常的经营性亏损和粮食企业正常周转库存所需要的费用、利息等不得用粮食风险基金来弥补。任何单位和个人不得截留、挪用、克扣给农民的补助款。

国务院印发《关于开展全国物价大检查的通知》

外交部部长钱其琛在德黑兰与伊朗外交部部长韦拉亚提举行会谈

伊朗总统拉夫桑贾尼在德黑兰总统府会见国务院副总理兼外交部部长钱其琛

解放军全军学雷锋先进典型代表座谈会在北京举行

3月6日

党政军领导人江泽民李鹏刘华清张震为见义勇为战士徐洪刚题词

共青团中央等单位决定实施“中国青年志愿者‘一助一’长期服务计划”

共青团中央、全国青联、全国学联近日作出决定，以“全国青年志愿者学雷锋奉献日”活动为开端，实施“中国青年志愿者‘一助一’长期服务计划”。

“一助一”长期服务计划的内容是由一支青年志愿者服务队或一名青年志愿者为一个人或一个家庭提供其所需要的经常性服务，服务内容主要包括医疗保健、生活服务、家教服务、科技服务、科研成果整理、助耕助收等。参加“一助一”长期服务计划的青年志愿者服务时间一般不少于三到五年。“中国青年志愿者‘一助一’长期服务计划”的主题是：“热心献社会，真情暖人心；让青年志愿者走进千家万户，向需要帮助的人伸出援助之手。”

“中国青年志愿者‘一助一’长期服务计划”的服务对象是有特殊贡献的老知识分子、老干部、老英模、见义勇为英雄和有特殊困难的烈军属、伤残人、五保户及其他特困户等社会成员。

3月7日

国家主席江泽民在北京同阿塞拜疆共和国总统阿利耶夫举行会谈

江泽民说，中阿两国人民的友好往来可以追溯到2000多年前的丝绸之路。阿塞拜疆拥有悠久的历史和文化，中国人民一直对勤劳智慧的阿塞拜疆人民怀有友好情谊，阿塞拜疆的独立和中阿建交为两国关系的发展创造良好条件。近年来，我们在各个领域的交往和合作都已开始，中阿关系正在稳步健康地向前发展。

江泽民强调指出，中国重视同阿塞拜疆的关系，愿意与阿塞拜疆共同努力，进一步发展在各个方面的友好合作。在国际事务中，包括在联合国范围内，中阿双方可以加强协调与合作。在总统阁下访华期间，中阿将签署中阿联合声明及其他双边合作文件，相信阁下的这次访问将把中阿的友好合作关系提高到一个新的水平。

在谈到阿塞拜疆同亚美尼亚间旷日持久的纳卡冲突时，江泽民说，我们对纳卡冲突的不断升级并造成的大量人员伤亡和财产损失深表关切。纳卡冲突使双方都付出了巨大的代价，拖下去对双方都不利。我们真诚希望阿亚双方能通过心平气和的谈判，尽早妥善解决彼此间的争端。

阿利耶夫总统说，阿塞拜疆重视中国作为一个大国在国际政治和经济中的作用和影响，并怀着很大的兴趣注视着中国正在顺利进行的改革。中国的改革成就巨大，阿塞拜疆政府和人民十分愿意了解中国的经验。他相信此次访问将会使阿中关系进入到一个新阶段。

两位领导人还一致认为，和平共处五项原则应成为处理国与国之间关系的准则。两位领导人还介绍各自国内的情况及其对外政策。

会谈结束后，江泽民同阿利耶夫共同签署了中国和阿塞拜疆两国友好关系基础的联合声明，并出席了其他6个文件的签字仪式。这6个文件分别是，中阿两国关于建立航空运输的纪要、中阿两国科学技术合作协定、中阿两国政府文化合作协定、中阿两国卫生与医学科学合作协定、中阿两国政府旅游合作协定、中阿两国政府广播电视合作协议。

中共中央总书记江泽民在中南海怀仁堂同出席全国党校工作会议的代表座谈

座谈会由中央政治局常委、书记处书记、中央党校校长胡锦涛主持。中央政治局委员、书记处书记尉健行，中央政治局候补委员、书记处书记温家宝出席座谈会。中共中央总书记、国家主席江泽民在中南海怀仁堂同出席全国党校工作会议的同志座谈时发表讲话。

中共中央总书记江泽民在同出席全国党校工作会议的人员座谈时发表题为《学习学习再学习》的讲话

一、全党一定要重视和加强学习

近年来，我们反复要求大家，要“学习学习再学习”。这个问题太重要了。去年7月，我在一次讲话中专门谈到过这件事。今天，借这个机会，我想再一次强调，全党要重视和加强学习。

大家记得，1978年12月，在中央决定把全党工作重点转移到社会主义现代化建设上来的时候，邓小平同志就明确提出：“全党必须再重新进行一次学习。”他说，根本的是要学习马列主义、毛泽东思想，要努力把马克思主义的普遍原则同我国实现四个现代化的具体实践结合起来。同时，广大干部还要抓紧学经济学，学科学技术，学管理。学习好，才可能领导好高速度、高水平的社会主义现代化建设。1980年，小平同志又说：“在不断出现的新问题面前，我们党总是要学，我们共产党人总是要学，我们中国人民总是要学。谁也不能安于落后，落后就不能生存。”他在1985年召开的党的全国代表会议上强调指出：“现在我还想提出一个新的要求，这不仅是专对新干部，对老干部也同样适用，就是要学习马克思主义理论。或者会有同志问：现在我们是在建设，最需要学专业知识和管理知识，学马克思主义理论有什么实际意义？同志们，这是一种误解。”“我希望党中央能作出切实可行的决定，使全党的各级干部，首先是领导干部，在繁忙的工作中，仍然有一定的时间学习，熟悉马克思主义的基本理论，从而加强我们工作中的原则性、系统性、预见性和创造性。只有这样，我们党才能坚持社会主义道路，建设和发展有中国特色的社会主义，一直达到我们的最后目的，实现共产主义。”在1992年春视察南方的谈话中，小平同志针对一些国家出现严重曲折，又指出：“不要认为马克思主义就消失了，没用了，失败了。哪有这回事！”小平同志这些话，寓意深远，大家都要认真领会，切实贯彻。

我们党历来是重视学习的。每当革命和建设发展到一个重大转折时期，全党面临新的形势和任务的时候，更是特别强调加强学习。70多年来，我们党的事业取得的每一个发展和每一个胜利，都是同全党的学习进步密不可分的。有几次全党范围的大学习活动，成效尤为明显。

延安时期，中国革命由过去的10年内战转入了全民族的抗日战争，党内结束了错误路线占统治地位的历史，毛泽东同志为代表的正确路线得到全党拥护，毛泽东思想成为全党的指导思想。在这样一个新形势新条件下，全党同志通过学习马克思列宁主义，总结历史经验，在毛泽东思想的基础上统一了认识，增强了团结，这对于夺取抗日战争和解放战争的胜利，起了非常重大的作用。

建国前夕，我们党和全国各族人民面临一个前所未有的伟大历史转折，这就是由旧中国向新中国的转变，由新民主主义革命向社会主义革命和建设的转变，党的工作重心由农村向城市的转变。在这样一个重大转折关头，毛泽东同志号召全党同志为迎接崭新的任务，努力学习过去不熟悉、不懂得的东西。这一次学习，也取得了很好的效果。进城以后，我们很快实现了社会稳定，恢复了国民经济，顺利完成了社会主义改造，并开始了全面的社会主义建设。这些胜利的取得，同学习是分不开的。

党的十一届三中全会以后，我国社会主义事业进入了新的发展时期，在邓小平同志倡导下，全党又开始了一次重新学习。十几年来我国改革开放和社会主义现代化建设的发展，取得的伟大成就，在很大程度上也是得益于全党的学习。当前，我们面临许多新的任务和新的问题。世界格局发生了重大变化，科学技术日新月异。国内正处在由过去的计划经济体制向社会主义市场经济体制转变的过程中。新的形势给我们提出了新的学习任务。

在我们党几十年积累的丰富经验中,最重要的一条,就是坚持马克思主义基本原理同中国具体实际相结合,坚定不移地走自己的路,根据各个时期党所面临的形势和任务的需要,刻苦学习,不断地进行新的创业。在重大的历史转折关头,新矛盾、新问题、新情况、新知识、新经验层出不穷,我们更要注重学习。分析新矛盾,解决新问题,研究新情况,掌握新知识,摸索新经验,既是新的实践过程,也是新的学习过程。不加强学习,就会处于盲目、被动和落后状态,就不可能取得领导的主动权。正因为我们党有坚持学习的优良传统,善于根据形势和任务的变化,不断推进和深化马克思主义基本原理同中国具体实际相结合,我们党才能战胜艰难曲折,由小到大,由弱到强,由幼稚走向成熟,团结带领广大人民群众,在不同的历史时期坚定地走符合中国实际的革命和建设道路,不断开创新的局面,从胜利走向新的胜利。

邓小平同志建设有中国特色社会主义的理论的形成,标志着我们党对建设社会主义的认识实现了新的飞跃。它是马克思主义同中国实际相结合的最新成果,是毛泽东思想的新发展。在这个理论指导下,党的十四大提出了建立社会主义市场经济体制的改革目标。十四届三中全会通过的决定,勾画了新经济体制的基本框架。我们的改革,已经发展到了整体推进和重点突破相结合的新阶段,涉及经济、政治、文化、社会生活等各个领域。现在,大家都感到形势发展很快,新问题很多,棘手的事情很多,工作的难度加大了。这说明,创造一种崭新的经济体制,进一步解放和发展生产力,加快社会主义现代化建设的步伐,对我们的理论水平、政策水平、知识水平、工作水平,都提出了新的更高的要求。我们不熟悉、不懂得的东西很多。怎么办呢?出路就在于承认自己的不足,老老实实地学习,努力掌握新知识,不断增长新本领。如果停留在原来的水平上,就如"逆水行舟,不进则退",很难适应形势发展的需要。形势越向前发展,这个问题会越突出。还要充分看到,我们的社会主义现代化建设是在复杂多变的国际环境中进行的。两极格局结束以后,世界并不太平。当前的国际竞争,尽管形式多样,矛盾错综复杂,实质是以经济和科技实力为基础的综合国力的竞争,从一定意义上说,也是人才的竞争,是领导者的能力和民族素质的竞争。在激烈的国际竞争中,我们要抓住时机,发展自己,始终立于不败之地。我们必须努力工作,同时也必须努力学习。一个党、一个国家、一个民族,特别是像我们这样一个大党、大国和人口众多的民族,如果没有科学理论的武装和对各种新知识的掌握,就不可能有真正的腾飞,不可能有现代化的前途。所以,学习问题,关系到广大干部自身的进步,关系到国家、民族的兴衰和社会主义现代化事业的成败。我们全党全民族都必须有这个共识。

全党同志要努力学习,各级领导干部更要带头努力学习。"以其昏昏,使人昭昭",是不能担当改革开放和社会主义现代化建设的领导重任的。在新的形势和任务面前,领导干部需要学的内容很多。大的是两个方面,一个是学习马克思主义理论,一个是学习社会,学习人民群众的实践。从领导工作的要求来说,最根本的是要学好建设有中国特色社会主义的理论,同时要努力学习社会主义市场经济的基本知识和有关的方针、政策、法律、法规,学习现代科学技术的基本知识,还要学习中国历史和世界历史,特别是近代史和现代史。

今天,我想再着重强调一下,学习邓小平同志建设有中国特色社会主义的理论,要紧紧抓住解放思想、实事求是这个精髓,努力学习和掌握贯穿在小平同志著作中的辩证唯物主义、历史唯物主义的科学世界观和方法论。有了正确的立场、观点、方法,对党的路线方针政策和各项改革方案,就比较容易全面正确地把握,防止片面性、绝对化;在贯彻执行中就比较容易形成统一的认识,减少不必要的争论;工作中就会发扬开拓进取、务实创新的精神,避免主观主义和盲目性。这些年来,大家都在学习和运用邓小平同志建设有中国特色社会主义的理论,但是工作效果不一样。在处理"一个中心、两个基本点"的关系上,在处理改革、发展和稳定的关系上,在处理速度和效益的关系上,在处理发挥市场作用和加强宏观调控的关系上,在处理物质文明和精神文明建设的关系上,在处理改革开放和打击犯罪、反对腐败的关系上,等等,有的地方和部门解决得好些,有的就差些。问题产生的原因很多,从思想方法上看,学习和运用科学世界观和方法论上的差异,是一个十分重要的原因。通过学习,多掌握一点唯物辩证法,少一点唯心论和形而上学,是对各级领导干部的一条重要要求。

学习历史唯物论,当前要更多地强调掌握马克思主义的群众观点和党的群众路线。这是坚持党的基本路线,贯彻党的各项方针政策的需要,是改进领导作风、做好各项工作的需要,也是改造世界观、反腐倡廉的需要。关于这个问题,党的十三届六中全会专门作出了决定,这几年来我们也多次强调过。在前几天召开的中纪委第三次全会上,我又强调了这个问题。目的是要进一步引起全党同志的高度重视。我们各级领导干部、尤其是中青年干部,一定要像小平同志要求的那样，把“人民拥护不拥护”、“人民赞成不赞成”、“人民高兴不高兴”、“人民答应不答应”，作为各项工作的出发点和归宿。一定要经常深入群众，深入基层，认真向实践学习，向群众学习，坚决防止、克服脱离群众的官僚主义和形式主义。

总之，我们要抓好全党的学习，希望从领导干部做起，来一个脚踏实地、讲求实效的学习竞赛，看谁学得更多一点，更好一点，收获更大一点。要在全党全国努力造成一种普遍的、浓厚的学习风气，保证各项工作的顺利进行。

二、党校工作要贯彻好理论联系实际的方针

理论联系实际，是我们党的一个好传统，一个好作风、好学风，一个特有的优势。坚持理论联系实际，是我们加强和改进理论学习必须解决好的一个重大问题，也是我们做好工作的一条重要方针。

我们要处理好改革、发展和稳定的关系，推动社会主义现代化建设取得新的突破，就要下苦功夫在理论联系实际上有一个大的进步。当前，在我们的干部中，存在着学习理论不够的问题，也存在着脱离实际的问题，理论与实际的结合还解决得不那么好。要正视这个问题。毛泽东同志曾经讲过，学习马克思主义的目的全在于应用，要用马克思主义之“矢”，去射中国革命之“的”。小平同志也讲，学马列要精，要管用。要坚持马克思主义基本原理同中国社会主义现代化建设的具体实际相结合。

党校工作要得到加强和改进，党校的教学和科研水平要有新的提高，从根本上说，是要从党校的特点出发，进一步解决好理论联系实际的问题。党校的培养对象主要是各级领导干部。党校教育的主要任务，是帮助学员提高马克思主义理论水平，提高运用马克思主义理论解决实际问题的能力，并且通过学习增强学员的党性锻炼。因此，理论联系实际，对党校来说尤其重要。坚持党的基本路线一百年不动摇，关系党和国家的前途命运，决不能有丝毫含糊。党的基本路线，是建立在科学理论的基础上的。我们强调坚持党的基本路线不动摇，就必须强调坚持党的基本理论不动摇，这两者是一致的。只有坚持党的基本理论不动摇，才能坚持党的基本路线不动摇。

党校的教学，只有坚持理论与实际相统一，质量才能不断提高。坚持理论联系实际，首先要重视理论，学好理论，不能浅尝辄止，满足于字面的一般理解。邓小平同志建设有中国特色社会主义理论的形成，标志着我们党的理论水平达到了一个新的高度。但这并不意味着每一个党组织、每一名党员干部都自然而然地解决了理论武装的问题。要提高各级党组织和广大党员干部的理论水平，需要一个艰苦学习的过程。你能用这个理论解决前进中的问题，才说明真正把理论学到手了。无“的”放“矢”不行，有“的”无“矢”也不行。要坚持用理论指导实践。这是我们学习理论的根本目的。学习党的基本理论，要联系我们党的历史，联系自己的工作实际和思想实际，总结经验教训，提高全面、正确地贯彻执行党的基本路线的自觉性和坚定性。现在，我们的改革和建设都面临许多重大问题，亟须在党的基本理论和基本路线指导下，通过深入的调查研究，找到正确的答案。比如搞好国有大中型企业问题，加强农业基础地位问题，确保社会主义公有制的主体地位问题，缩小东西部地区经济发展差距问题，解决社会分配不公问题，加强各民族大团结问题，加强和改善党的领导问题，在国际竞争中立于不败之地问题，等等。总之，国内国际的各个方面，需要我们研究的大问题很多。党校要组织学员从理论和实际结合的高度进行深入研究，形成一些对党和政府决策有帮助的成果。

坚持理论联系实际，是对学员的要求，也是对党校教师和科研工作者的要求。大家都要在这方面作出努力。

三、加强党委对党校工作的领导

我们要从社会主义现代化事业的战略全局，从党和国家长治久安的高度，来看待干部教育工作，看待党校的重要地位和作用。坚决防止和克服只抓用人、不抓育人，重视使用、轻视培养的短期行为，注意把干部的选拔、使用同培养、教育结合起来。

这些年各级党校的工作成绩很大，为党培养了许多领导干部和理论人才。现职省部级和地厅级领导干部，很大一部分是进过中央党校或省级党校的同志。我们的党校要继续培养更多的人才。现在的问题是，党校要适应新的形势，提高办学质量。这就要求党校在深化改革上下功夫。各级党委务必要加强领导，把办好党校列入自己的重要议事日程，作为加强党的自身建设的重要一环来抓。要指导党校围绕全党工作的大局，把握正确的办校方向。要按照干部管理权限，逐级负责，落实干部轮训培训任务。要及时研究解决党校工作中的重大问题。党委负责同志要到党校讲课，参加一些重大理论和现实问题的研讨。要注意充实和加强党校领导班子和教师队伍，逐步改善党校的办学条件。

当前，全党同志和全国各族人民正在为抓住机遇，深化改革，扩大开放，促进发展，保持稳定而努力奋斗。新的形势和任务对党校工作提出了更高的要求，也为进一步办好党校提供了新的动力。希望党校系统的同志们进一步认清形势，明确任务，增强使命感和责任感，勤奋学习、扎实工作，在各级党委领导下，努力开创党校工作的新局面，为把党校教育事业提高到一个新水平,推动建设有中国特色社会主义伟大事业继续生机勃勃地发展,作出新的贡献!

国务院在北京召开第三次部署反腐败工作会议

监察部部长曹庆泽、国家经贸委副主任陈清泰、财政部副部长刘积斌首先在会上发言。他们介绍前一阶段反腐败工作的基本情况和取得的成果,并对今年开展反腐败斗争中的几项工作提出意见和要求。

李鹏总理在会上发表讲话。

国务委员李贵鲜主持会议。

朱镕基、邹家华、迟浩田、宋健、陈俊生、司马义·艾买提、彭珮云、罗干等,中央纪委书记尉健行,以及国务院各部门和有关单位的主要负责人,各省、自治区、直辖市的领导出席会议。

中共中央办公厅、中央纪委、中央国家机关党工委、最高人民法院、最高人民检察院、全国人大常委会办公厅、中央军委办公厅、全国政协办公厅和各民主党派中央、全国工商联的负责人以及无党派人士应邀参加会议。

国务院总理李鹏在国务院第三次部署反腐败工作会议上发表讲话

李鹏说,这次会议是去年八月党中央、国务院作出反腐败斗争的决定以来,国务院召开的第三次专题研究部署反腐败工作的会议。会议的目的是动员国务院各单位和各级政府认真贯彻落实江泽民同志在中纪委三次全会上的讲话,和中纪委三次全会关于一九九四年开展反腐败斗争的部署,在新的一年把政府系统的反腐败斗争深入、持久、更有成效地进行下去,取得新的阶段性成果。

李鹏就新的一年里如何进一步抓好反腐倡廉工作发表意见。他强调,要正确处理改革、发展与稳定的关系,切实加强对反腐败工作的领导。李鹏说,今年全党工作的基本方针已经确定。各级党委和政府正在按照党中央、国务院的部署和要求,用邓小平同志建设有中国特色社会主义理论进一步统一广大党员和各级干部的思想,把注意力集中到抓住机遇、深化改革、扩大开放、促进发展、保持稳定这个大局上来,健康有序地开展各项工作。改革开放、发展、稳定,互相促进、相辅相成。只有坚持改革和发展才能实现社会的长期稳定,而要进行改革和发展,又必须有一个稳定的社会环境。

社会不稳定,不仅改革和建设无法顺利进行,其他什么事情都搞不成。因此,每个共产党员、每个政府工作人员,都要自觉维护这个大局;我们开展各项工作,包括反腐败斗争都要服从和服务于这个大局。他指出,实践证明,抓好反腐倡廉工作是深化改革、促进发展和保持稳定的必要保证。去年八月,党中央、国务院作出《关于反腐败斗争近期抓好几项工作的决定》以后,国务院各部门和各级政府的反腐败斗争取得了一定成绩,抓得好的地区和部门取得了比较明显的效果。总的看,广大群众对前一段反腐败斗争反映较好,信心有所增强。事实证明,我们抓反腐败斗争不仅得人心、出成效,而且有利于改革开放,促进了社会发展和稳定。当然,我们必须清醒地认识到,反腐败斗争的进展与人民群众的要求相比还有很大的差距,取得的成果有些还不巩固。我们既要实事求是地肯定前一阶段取得的成绩,又要看到腐败现象和不正之风仍然是严重的,需要继续摆到重要位置上,切实加强领导,一个阶段一个阶段地长期抓下去,不断抓出阶段性成果来。不论哪个地区、哪个部门,对反腐败斗争决不能放松,更不能停滞不前。

李鹏说,今年改革和发展的任务很重,很艰巨。中央制定的几个重要改革方案已陆续出台,初步看来,效果是好的,进展是顺利的。今年的工作做好了,对今后的改革与发展意义重大,影响深远。这样全方位的改革,将触及我国经济体制中的一些深层次问题,涉及中央、地方和部门之间利益格局和利益关系的调整,必然会出现许多新情况、新问题、新矛盾,对此必须有充分的认识。国务院各部门和各级政府的领导同志,一定要保持清醒的头脑,学会统揽全局,处理好改革、发展、稳定的关系,以经济建设为中心,坚持"两手抓、两手都要硬"的方针。

李鹏要求国务院各部门和各级政府在反腐败工作中要充分发挥作用,着重抓落实,见成效。他说,最近,江泽民同志在中纪委三次全会上作了重要讲话,对今年深入开展反腐败斗争进行了全面部署。国务院各部门和各级政府要组织全体工作人员认真学习江泽民同志讲话精神,进一步统一思想,把反腐败工作的重点继续放在抓好三项任务的落实上,认真查处和解决本地区、本部门的突出问题。在领导干部廉洁自律方面,去年提出的五项规定和今年提出的五项规定,既有很强的针对性,又考虑了不同层次干部的实际情况,有助于将反腐败斗争引向深入。每个领导干部都要严肃地对照这两个五条认真自查,有什么问题就纠正什么问题,并且在今后的工作、生活中严格执行这些规定。各级政府都要狠刹一下群众痛恨的大吃大喝风,庸俗不堪的送礼风。务必在这方面抓出成效,以取信于民。查处案件是惩治腐败的重要内容和措施,特别是查处大案要案已成为社会关注的热点。因此,既要抓好大量案件的查处工作,更要组织力量,突破一些重要案件,及时处理,适时曝光。查处大案要案,不管涉及到哪一级干部,都要坚决查处,决不手软。对严重违法乱纪的腐败分子要坚决清除，依法惩治，决不姑息养奸，决不允许地方、部门保护主义影响和干扰大案要案的查处。各级政府要积极支持查处案件的工作，在人力、物力和经费上给予必要的保证。要继续加大纠正不正之风的力度。今年在治理乱收费和用公费出国(境)旅游这两个问题上，要继续下大力气抓出明显成效，同时，要继续抓好减轻农民负担的工作。已经宣布取消的收费项目要坚决落实，不能一面宣布取消，一面暗中恢复继续乱收费，更不能借口情况特殊搞照顾，对行政性收费、罚没收入实行“收支两条线”的管理和党政机关与所办经济实体脱钩的两个规定，有关部门要尽快制定出具体办法，以便贯彻落实。各级政府部门不仅要加强自身的廉政建设，还要加强对本行业和下属单位的督促检查。

李鹏说，加强廉政建设，开展反腐败斗争，要标本兼治，综合治理。要研究一些深层次问题，依靠健全制度，完善法制，强化监督来加以解决。要继续搞好职业道德建设，建立并完善政府各级工作人员、各行业职工的行为规范并不断总结经验，逐步建立起一套有效防止腐败现象滋生蔓延的制度和机制。

在讲到保持和发扬廉洁奉公、勤政为民的优良传统，坚持廉政、勤政一起抓时，李鹏说，我们党和政府的根本宗旨是全心全意地为人民服务，廉政和勤政则是这一根本宗旨的必然要求。廉政才能稳定，勤政才有希望。廉洁奉公、勤政为民是对每个国家公务人员最基本的要求和必须遵循的行为准则，发展市场经济不等于到处要钱；发展市场经济，仍然要讲奉献精神。决不允许把商品交换原则引入国家机关的政务活动，利用手中的权力做权钱交易、谋取私利。也决不能容忍对群众漠不关心、对工作不负责任、办事拖拉、互相推诿扯皮等不良作风。对一切行政人员的营私舞弊、假公济私、失职、渎职行为，都要加以追究。

李鹏说，为了改进工作作风，提高办事效率，国务院要求各级政府工作人员在勤政方面要做到以下几点：

多学习，少应酬。建设有中国特色的社会主义，是前无古人的大事。今年以至今后几年，深化改革的任务很重，我们要抓住机遇把经济建设搞上去，有许多新东西需要我们去熟悉，有许多新的问题需要我们去处理。所以，我们要提倡多学习，少参加或不参加那些不必要的活动。

查实情，办实事。深入实际，调查研究，了解实情，倾听群众呼声，关心群众疾苦，脚踏实地地为群众办实事是我们党的优良传统，走群众路线的根本工作方法。县处级以上领导干部每年都要抽出一定时间，深入基层，解剖麻雀，解决群众关心的实际问题。

重质量，讲效率。各级政府机关都要克服脱离群众的官僚主义作风，树立全心全意为人民服务的思想，提倡按工作程序办事，提倡处理事务要快，要准，注意质量，讲求效率，接受群众监督。

顾大局，守纪律。今年财政、税务、金融、投资、外贸等改革措施已经陆续出台，全国各地区、各部门都要树立一盘棋的思想，保证这些改革任务的顺利完成。对于那些有令不行、有禁不止，违法违纪的行为，必须坚决加以反对和制止。

李鹏说，反腐倡廉不是权宜之计，而是国家长治久安的一项战略措施。邓小平同志反复告诫我们：“在整个改革开放的过程中都要反对腐败，对干部和共产党员来说，廉政建设要作为大事来抓。”反腐倡廉绝不能搞形式主义“一阵风”，更不许自欺欺人“走过场”。以江泽民同志为核心的党中央已经下了最大决心，把反腐败斗争深入持久地开展下去。国务院各部门和各级政府都要在中央的统一部署下，认真负责，扎实工作，争取今年的反腐倡廉取得比去年更大的成效。

全国物价大检查工作电话会议在北京举行

中国和阿塞拜疆在北京签订关于友好关系基础的联合声明

应中华人民共和国主席江泽民的邀请，阿塞拜疆共和国总统盖·阿利耶夫于一九九四年三月七日至十一日对中国进行了正式访问。两国领导人在友好、诚挚、求实的气氛中就中华人民共和国和阿塞拜疆共和国之间的关系和共同关心的国际问题交换了意见。根据会谈结果，双方声明如下：

一、中华人民共和国和阿塞拜疆共和国(以下简称“双方”)相信，两国人民相近的历史、文化、风俗和友好联系将为双方发展多方面的紧密合作奠定必要的基础，认为进一步发展双方的友好和互利合作关系符合两国人民的根本利益，并有利于地区和平与安全。

二、两国作为友好国家，将按照联合国宪章，在互相尊重主权和领土完整、互不侵犯、互不干涉内政、平等互利、和平共处五项原则及其他国际法准则的基础上发展关系。

三、双方将在互利和相互信任基础上促进两国在政治、经贸、科技、文教、卫生和其他领域的合作关系，并将为此目的签署相应的协议。

四、双方将共同为巩固国际和平与信任、加强稳定与安全作出努力，并就上述问题经常交换意见和进行磋商。

五、双方高度重视发展两国议会和议员间的来往，并将促进这一领域的合作。

六、双方将在打击非法贩毒、恐怖主义、危害航海与民航安全的非法行为、文物走私等有组织的和国际性的犯罪活动方面进行积极合作，并可根据需要签署单独协议。

七、阿塞拜疆共和国政府承认中华人民共和国政府是中国的唯一合法政府。台湾是中国领土不可分割的一部分。阿塞拜疆共和国政府确认不和台湾建立官方关系。

八、中华人民共和国政府支持阿塞拜疆共和国政府为维护民族独立和发展经济所做的努力，承认并尊重阿塞拜疆共和国的主权和领土完整。

九、双方将不参加任何第三国针对另一方的行动或措施。双方承诺，不允许第三国利用其领土和领土上的设施反对另一方。

十、本声明不涉及第三国的利益，不涉及双方对其他国际条约所承担的权利与义务。

中华人民共和国代表 江泽民(签字)

阿塞拜疆共和国代表 盖 · 阿 利 耶 夫(签字)

一九九四年三月七日于北京

国务院总理李鹏在中南海紫光阁会见美国美林集团董事长兼首席执行官丹尼尔·塔利

李鹏对塔利说："去年春天我曾见过你的前任施莱尔先生，我同他进行了很好的交谈。一年来，美林集团在中国信用等级评估、债券发行等方面做了大量的工作，取得了不少成果，我们对双方的合作表示满意。"

李鹏说，美林集团是国际上富有经验的金融公司，欢迎美林集团在金融业务方面继续提供咨询和帮助。

塔利表示，美国对中国经济发展前景持乐观态度。他说，通过实地考察，美林集团认为中国众多项目的融资条件十分有利，愿意在诸如电力、钢铁等多种领域向中国提供服务和咨询。

中国代表团副代表王光亚张义山在日内瓦联合国人权委员会第五十届会议上分别阐述中国在人权问题上的立场

王光亚强调，所谓"中国人权问题"完全是某些人出于政治动机编造出来的，中国坚决反对任何借"人权"问题对一个主权国家进行诬蔑和诽谤的行为。

王光亚指出，近年来，少数西方国家和一些非政府组织多次在人权会议上肆意攻击中国"侵犯人权"，甚至一再炮制反华决议草案。他们对中国的真实情况或视而不见或知之甚少。

王光亚说，如果中国发生动荡，不仅是中国人民的灾难，而且对亚洲乃至世界的稳定与和平也会带来严重影响。一些国家和非政府组织不顾事实，借所谓"中国人权问题"大做文章，其目的在于向中国施加政治压力，干扰中国的稳定和发展，迫使中国人民改变自己所选择的符合中国国情的发展道路。

关于所谓"西藏人权问题"，王光亚指出，某些别有用心的人无视事实，一再重复"中国在西藏侵犯人权"的谎言，实质上是想以人权为借口，怂恿并支持一小撮西藏分裂主义分子，把西藏从中国分裂出去。

王光亚强调，鼓动民族仇恨，分裂主权国家，已经在世界许多地区造成动乱、冲突、战乱，这不仅威胁了地区及世界稳定，也给千百万人民的人权和基本自由带来极大危害。这与本委员会促进和保护人权的宗旨是根本相违背的。

中国副代表张义山晚上作发言，驳斥某些西方国家对中国的攻击。他说，这些西方国家本身存在着大量的侵犯人权问题。它们的人权记录无论是过去还是现在都不很光彩。但这些国家一点也不谈自己，一味指责别人。世界上有140多个发展中国家，被他们点名的竟超过了1/3。这种典型的双重标准只能说明他们是在把人权当作施加压力的政治工具。

委内瑞拉总统卡尔德拉在加拉加斯会见外交部副部长刘华秋

3月8日

国务院总理李鹏在人民大会堂会见阿塞拜疆共和国总统盖达尔·阿利耶夫

在谈及两国经贸关系时，李鹏说，两国经济具有互补性。去年两国的贸易额较低，这里既有交通不便的因素，也有贸易形式单一以及合作领域尚未开拓的原因。希望双方共同作出努力，扩大合作领域，推动两国互利经贸合作关系向前发展。这符合两国人民的愿望和利益。

阿利耶夫说，中国十几年来的经济改革成绩卓著，改革从中国的实际出发，考虑到了中国的特点，方针和路线十分明智，中国的做法引起全世界的重视。阿利耶夫强调，阿塞拜疆十分愿意进一步发展同中国在各个领域的合作。

全国政协八届二次会议在人民大会堂开幕

中国人民政治协商会议第八届全国委员会第二次会议下午在人民大会堂开幕。李瑞环主持会议。

委员们首先审议通过全国政协八届二次会议的议程。根据议程，这次会议审议政协第八届全国委员会常务委员会工作报告；列席第八届全国人民代表大会第二次会议；审议通过《中国人民政治协商会议章程（修正案）》；审议通过政协第八届全国委员会提案委员会关于政协八届二次会议提案审查情况的报告；审议通过政协第八届全国委员会第二次会议的各项决议；增选政协第八届全国委员会副主席、常务委员，补选秘书长。

全国政协副主席叶选平受常务委员会委托在会上作中国人民政治协商会议全国委员会常务委员会工作报告。

会议将《中国人民政治协商会议章程（修正案草案）》提请委员审议。

全国政协副主席叶选平在全国政协八届二次会议上作《中国人民政治协商会议全国委员会常务委员会工作报告》

各位委员：

我受中国人民政治协商会议第八届全国委员会常务委员会的委托，向大会作工作报告，请予审议。

一

过去的一年，全国各族人民在邓小平同志建设有中国特色社会主义的理论和中共十四大精神指引下，进一步解放思想，抓住机遇，深化改革，扩大开放，我国经济健康快速发展，社会政治保持稳定，民族团结更加巩固，各项事业继续前进。特别是中共十四届三中全会作出了《关于建立社会主义市场经济体制若干问题的决定》，表明我国经济体制改革进入整体推进和重点突破相结合的阶段。尽管在前进的道路上还会有这样那样的矛盾和困难，但从总体上看，我国确实正处在历史上少有的大发展时期。

我国改革和建设的新形势，对人民政协提出了新的任务和要求，也为开创政协工作新局面提供了更有利的时机和条件。政协第八届全国委员会第一次会议以来，常务委员会以邓小平同志建设有中国特色社会主义的理论为指针，在前几届政协工作经验的基础上，努力探索新形势下履行政治协商、民主监督职能的新路子，强调要充分认识人民政协在新时期的重要地位和作用，做到尽职而不越位；正确认识人民政协的特点，注意选好角度、发挥优势；围绕国家的中心工作，切实而不表面地搞好参政议政；充分发挥专门委员会的作用，组织委员开展多种形式的经常性活动；加强信息工作，及时、准确地反映民情民意；配合国家外交的整体部署，积极拓展人民政协的对外交往，等等。所有这些，都是为了使政协这一中国人民独创的民主政治形式更好地适应社会主义现代化建设新时期的要求，在国家政治、经济、文化生活中充分发挥其重要作用，扎实而有效地推进社会主义民主政治建设，从而更好地保证我们事业的兴旺发达、国家的长治久安和祖国和平统一大业的实现。

一年来，全国政协常委会认真组织实施八届一次大会确定的任务，紧紧围绕国家的中心工作参政议政，各项工作取得了新的进展，出现了更加生动活跃的局面，主要是：

——切实开好常委会议，加强对国家重大事务的讨论协商。人民政协每年举行全体会议，履行政协职权，讨论国家大政，并列席全国人大大会，围绕政府工作报告、最高法院和最高检察院的工作报告、国民经济与社会发展计划以及国家预决算等重大问题参政议政。常务委员会会议是全委会议闭会期间履行政治协商、民主监督职责的主要形式。一年来，常委会共举行了五次全体会议，分别就国家经济形势和对策、国际形势、建立社会主义市场经济体制、加强国家机关的廉政建设和惩治腐败等问题，进行讨论协商。中共中央和国务院的有关领导同志朱镕基、钱其琛、温家宝、尉健行等分别应邀到会作报告。常委们围绕中心议题，敞开思想，直抒己见，提出许多很好的意见和建议，使参政议政出现了新气象。去年 6 月主席会议讨论通过了经济委员会提出的《关于加强宏观调控抑制通货膨胀的建议》。这个建议中关于国家经济形势的分析和抑制通货膨胀的若干对策，为中共中央和国务院所采纳，对国家加强宏观调控，保证国民经济持续、快速、健康发展起了积极的作用。

——加强专门委员会的工作，组织委员开展经常性活动。人民政协的专门委员会是组织委员进行经常性活动的工作机构，是政协履行政治协商和民主监督职能，做好参政议政的重要基础。一年来，专委会的工作更加活跃，组织委员开展了多种形式的活动，进一步激发了委员参政议政的积极性。各专门委员会还就两个文明建设和统一战线中的一些重要问题开展专题调研，共提出调查报告 24 份。其中，《关于稳定发展粮棉生产的几点建议》、《关于三峡文物抢救和保护问题的建议》、《关于我国高新技术产业开发区建设的调查报告》、《关于少数民族地区脱贫和经济发展问题的调查报告》等，受到中共中央、国务院及有关部门和有关地方的重视，不少意见已被采纳。有关专委会还就制订《宗教法》、《华侨捐赠法》和贯彻执行《妇女权益保障法》、《未成年人保护法》、《教师法》、《税法》等问题进行座谈，积极提出意见和建议。

——拓宽对外交往领域，增进友谊与合作。去年 11 月底至 12 月初，李瑞环主席应尼泊尔上议院议长、印度联邦院议长和巴基斯坦参议院主席的邀请，对南亚三国进行了正式友好访问，取得了圆满成功。这是去年我国主要领导人的一次重大外交活动，也是政协全国委员会主席的首次出访，在政协的对外交往史上具有重要意义。李瑞环主席向三国领导人和有关组织、各界人士介绍了我国改革开放和经济建设的形势，阐明了我国和平友好的对外政策，还介绍了中国共产党领导的多党合作和政治协商制度及我国政协的性质、特点和职能，增进了三国对中国社会主义建设的基本情况特别是社会主义民主政治体制的了解，促进了我国政协同三国议会及有关组织之间的交往与合作，加深了中国人民与三国人民之间的友谊。叶选平、吴学谦、赛福鼎·艾则孜、洪学智、胡绳、钱伟长、孙孚凌等副主席也先后率团出访一些国家，结识了许多朋友。一年来，政协全国委员会共组成15个代表团出访20个国家，接待了一些国家有关代表团的来访，与14个国家的有关组织或议会新建立了联系。到目前为止，本会已同36个国家的46个组织或议会建立了友好关系。

——扩大海内外联谊，促进祖国和平统一。常委会以促进海峡两岸的双向交流和"三通"为目标，加强与台湾同胞、港澳同胞和海外侨胞的联谊与交往。过去一年间，共邀请和接待来访团组20个，近500人次。通过与台港澳地区有影响、有名望的人士和其他各界人士的广泛接触，宣传了政策，沟通了思想，增进了共识。政协委员来自五湖四海，同海内外同胞有着广泛的联系，在推动大陆内外、海峡两岸的经济、贸易、科技、文化交流与合作方面，做了许多有益的工作。特别是港澳委员为保持香港与澳门地区的稳定和长期繁荣，促进祖国和平统一，发挥了积极的作用。

——积极参加反腐败斗争，协助国家机关搞好廉政建设。去年8月，中共中央和国务院作出开展反腐败斗争的部署，得到各民主党派和各界代表人士的衷心拥护。在这场斗争中，常委会认真履行民主监督的职能，积极参加中共中央组织的反腐败斗争大检查活动。由全国政协常委或委员任组长或副组长的六个中央调查组，先后对国务院四个部和地方八个省贯彻中央的反腐败斗争部署情况进行了调查。第五次常委会议把反腐倡廉列为重要议题，进行了认真的讨论，提出许多切中时弊的意见和建议。委员们还通过各种会议和提案等形式，就深入开展反腐倡廉活动，及时反映各界人士的呼声和意见，并积极提出各种建设性的建议。

——改进委员视察工作，为改革和发展建言献策。为了有利于委员加深对我国改革与建设形势的了解，更好地知情议政，办公厅组织京内外委员进行了就地视察或跨省区视察。全年共有12个省、自治区、直辖市的466名全国政协委员参加了视察活动。委员们深入基层了解情况，提出许多好的意见和建议，得到中央有关部门和当地政府的重视。办公厅还组织香港、澳门地区的委员分赴新疆、江西和海南三省区视察，使他们更多地了解国情，并为当地经济建设与社会发展献计献策。

——加强提案工作，推动办复落实。提案是人民政协各参加单位与个人履行协商监督职能、行使民主权利的重要方式。近些年来，政协的提案工作已逐步走上经常化、制度化轨道。八届常委会着力提高办案质量，高度重视提案的处理，采取追踪调查、联合办案、协商座谈等方式，促进办理。一年来，共审查立案1900件，其中包括党派、团体提案13件。提交提案的委员共1506人，占委员总数的百分之七十二。截至1994年2月15日，已办复提案1881件。尽管有些提案的办理结果尚不能令人满意，但确有许多重要意见和建议被有关部门采纳，在实际工作中产生了良好效果。

——认真听取各方面意见，筹备修改政协章程。现行政协章程是1982年修订的，它为开创人民政协工作的新局面发挥了十分重要的作用。十二年来，我国社会主义现代化建设取得了巨大成就，国家面貌发生了深刻变化，特别是邓小平同志视察南方发表谈话和中共十四大召开以来，我国的改革开放和社会主义现代化建设进入新的发展阶段。宪法、中国共产党和各民主党派的章程都已相应作了必要的修改。有鉴于此，政协的章程也需要进行必要的修改。本届常委会第二次会议通过了《关于建议部分修改中国人民政治协商会议章程的决定》，并成立了以李瑞环为组长，叶选平、吴学谦、胡绳为副组长的修改章程工作小组。经过半年多的工作，在征求各民主党派、工商联负责人，地方政协和中央有关单位意见的基础上，形成了政协章程修正案。这个修正案，主要是在一些重要提法上同宪法修正案相衔接，突出建设有中国特色社会主义的理论、社会主义初级阶段的基本路线、共产党领导的多党合作和政治协商制度及社会主义市场经济体制等，并吸收中共十一届三中全会以来我国社会主义民主政治建设和政协工作的新经验、新成果，对人民政协履行政治协商、民主监督职能的有关条款予以充实。修改建议案明确提出，"中国人民政治协商会议全国委员会和地方委员会的主要职能是政治协商和民主监督，组织参加本会的各党派、团体和各族各界人士参政议政"、"政治协商是对国家和地方的大政方针以及政治、经济、文化和社会生活中的重要问题在决策之前进行协商和就决策执行过程中的重要问题进行协商"。这两处和其他有关条文的修改，是吸收了《中共中央关于坚持和完善中国共产党领导的多党合作和政治协商制度的意见》、中共中央转发的《政协全国委员会关于政治协商民主监督的暂行规定》的有关内容，以及全国政协八届一次会议的有关精神，比较具体地规定了政协的主要职责,相信它对规范和推动政协工作将产生重要的影响。这次修改章程,本着只作必要的、部分的修改的原则,原章程中可改可不改的一律不改。凡属政协工作中需要解决,但不属于政协章程本身所能承担的,将建议通过由国家立法和其他途径予以解决。现在,政协章程修正案已经八届五次常委会议讨论通过,提请本次大会审议。

——密切同地方政协的联系与协作,加强工作上的指导。去年,多数地方政协与全国政协大体同步换届,在开创地方政协工作新局面的过程中,更需加强上下沟通。因此,常委会依照章程进一步加强了对地方政协工作的指导。例如,邀请各省、自治区、直辖市政协的主要负责同志列席常委会议,共同议政和研究政协工作;主席、副主席到地方考察工作时,会见地方政协的同志,听取他们的工作汇报;有关专委会同地方政协专委会协作,联合召开工作会议,或就共同关心的问题联合调研;对部分市县两级政协负责同志分批进行培训。这些做法,受到地方政协的欢迎。

各位委员,全国政协八届一次会议以来,常委会工作取得了一定的进展,但我们工作上还存在诸多缺点和不足。比如,对重大问题的协商还需在充分调查研究基础上予以加强;政协的民主监督要配合国家改革开放和政治、经济、社会各项建设事业的发展更切实地展开;对党派、团体和委员提案的办理工作还有待于继续改进等。我们相信,只要大家同心同德,发扬成绩,克服不足,就能继续前进。

二

各位委员,1994 年是我国改革开放和社会主义现代化建设进程中关键的一年。党和国家工作的基本方针已经确定,这就是全面贯彻中共十四大和十四届三中全会精神,抓住机遇,加快建立社会主义市场经济体制,保持国民经济持续、快速、健康发展,维护政治稳定,促进社会全面进步。今年是政协八届全国委员会工作开展的第二个年头,常委会工作的基本方针是,以邓小平同志建设有中国特色社会主义的理论为指导,高举爱国主义、社会主义的旗帜,紧紧围绕党和国家的中心工作,更好地履行政治协商、民主监督职能,提高参政议政的实效,为抓住机遇、深化改革、扩大开放、促进发展、保持稳定作出应有的贡献。据此,常委会本年度工作的要点是:

1. 深入学习建设有中国特色社会主义的理论,不断增进共识。邓小平同志关于建设有中国特色社会主义的理论,是拥有十多亿人口的大国消灭贫穷走向富裕、消灭落后走向现代化的行动指南。近十五年来,我国各族人民按照这个理论去实践,已经取得了举世瞩目的伟大成就。建设有中国特色的社会主义,已成为当今我国各族人民最大的共识。参加政协的各党派、各团体、无党派民主人士和各族各界人士,都应在自愿的基础上,理论联系实际,学好这个理论,使我们对马克思主义基本原理有较为深刻的领会,对现阶段中国国情有科学的认识,对国家的总方针、总政策有完整准确的理解。《邓小平文选》第三卷是建设有中国特色社会主义理论的集中体现,要把它作为新形势下开展自我教育、增进共识的最重要教材。在邓小平著作中,有一系列关于新时期统一战线和人民政协的性质、任务、作用的论述,这是毛泽东同志关于统一战线和人民民主理论在新的历史条件下的继承和发展,我们应当系统地、深入地进行学习。要着力研究在建立社会主义市场经济体制过程中政协工作的新情况、新特点,勇于探索,勇于实践,坚持“民主、求实、团结、鼓劲”的方针,把共产党领导的多党合作和政治协商制度落实得更好。

2. 选择经济建设、改革开放、精神文明建设和人民生活中的重要课题,有组织地开展调查研究,切实搞好参政议政。搞好参政议政,是政协履行政治协商、民主监督职责的本质要求,也是衡量政协工作的重要尺度。要紧密围绕党和国家的中心任务参政议政,提高实效,发挥政协智力密集、信息来源广、上下渠道比较通达等优势,积极促进社会主义现代化建设。去年底和今年初,国务院相继出台了一系列旨在加快建立社会主义市场经济体制的改革措施。不断深化经济体制改革,将为促进经济发展提供体制上的保证,我们应该坚定不移地团结人民支持政府推行深化改革的措施,并正视改革中带来的一系列新矛盾、新困难,促进改革、发展、稳定三者的结合。这是国家的大局。人民政协开展协商监督、参政议政的各项活动都要自觉地服从和服务于这个大局。常委会将慎重选择改革、开放和两个文明建设中若干带有全局性的课题,由全国政协办公厅或有关专门委员会牵头组织,必要时邀请地方政协或有关民主党派参加,开展较为系统、较为深入的调查研究,摸清情况,提出对策,常委会或主席会议要认真审议,形成建议案,正式报送中共中央和国务院。

3. 发扬优良传统,更好地发挥民主党派和人民团体在参政议政中的作用。民主党派和人民团体是人民政协组织的重要基础,在多党合作和政治协商中具有特殊重要的地位。几十年来,在毛泽东、周恩来、邓小平等老一代革命家的长期倡导和培育下,形成了中共同各民主党派“长期共存、互相监督、肝胆相照、荣辱与共”的优良传统,形成了人民政协中各党派密切合作、共商国是的优良传统。现在,我们不仅要继承而且要发扬光大这些传统。去冬今春,李瑞环主席分别走访各民主党派中央和全国工商联,沟通情况,交换意见。今后全国政协要切实加强同民主党派、人民团体的联系,充分发挥它们在参政议政中的作用。要更加重视党派、团体的发言和提案，为他们参政议政提供更多的机会，创造更便利的条件。各专门委员会要经常同民主党派、人民团体互通情况，加强工作上的配合与协作。

4. 密切同各族各界人士的联系，认真做好下情上达、协调关系的工作，维护政治和社会的稳定。政协要多联系各参加单位和委员，各参加单位和委员要多联系各界群众。随着经济改革力度的加大，出台措施的增多，势必涉及不同社会群体的利益调整，难免会产生一些新的社会矛盾和问题。因此，维护安定团结的政治局面，调动一切积极因素，化消极因素为积极因素，保证政府各项改革方案的顺利实施，是各级政协组织义不容辞的责任。政协各参加单位、各专门委员会和各位委员，首先要做顾全大局的模范，维护稳定的模范，不做不利于团结稳定的事；同时要积极主动地深入到自己所联系的那一部分群众中去，倾听和反映他们的意见、要求和呼声。对那些广大群众关注、呼声强烈的热点问题，要积极寻求妥善解决的途径和方法，并通过参政议政的各种渠道和形式，促请政府解决。对那些一时难以解决的问题，也要协助政府做好疏导工作，避免矛盾激化。要努力促进不同民族之间、不同信仰的群众之间的相互理解，相互信任，协调关系，增进团结。有关专门委员会要特别重视智力支边和智力扶贫工作，帮助老少边穷地区寻找生产门路，脱贫致富，改善群众生活，发展教育文化科技事业。

5. 改进和加强视察、提案等项工作，切实推进民主监督。人民政协的民主监督，主要通过提出建议和批评来实现。因此，对政协各参加单位和委员在各种会议上与视察过程中发表的意见和建议，特别是那些批评性的意见，应予以高度重视并及时反映。要努力发挥党派、团体和委员提案的民主监督作用，提高提案质量，加强对提案的立案审定工作，力求每件提案都有情况、有分析，尤其是应该尽量做到有解决问题的具体建议。在此基础上，进一步加强提案的催办工作，使之件件有回音、有着落。对提案借故置之不理、拖延不办或敷衍塞责的官僚主义作风，要通过社会舆论加以批评督促。要鼓励委员勇于检举揭发各种违纪违法行为。各级政协组织应依法维护参加政协的单位和个人履行民主监督职责的权利。

6. 拓宽海外联谊渠道，促进祖国和平统一工作。随着1997年和1999年收回香港、澳门日期的临近以及台湾海峡两岸关系的发展，人民政协的促进祖国和平统一工作要进一步加强。要扩大交往的范围，拓宽联谊的渠道，增进友谊；加强“和平统一、一国两制”方针的宣传，增进共识，加强对台港澳地区有关情况的研究；密切与有关方面的协作。我们将继续促进与台湾地区实现直接的、双向的通邮、通航、通商。我们将继续致力于香港地区的稳定与长期繁荣，不管遇到什么风浪，不论出现什么人为的障碍，都坚决支持我国政府如期对香港恢复行使主权。我们将继续按照澳门基本法的原则，为实现澳门地区政权的顺利交接和平稳过渡作出努力。

7. 发挥政协的优势，继续发展同各国议会和民间组织的友好往来。人民政协的对外交往，是我国外交总格局中的重要组成部分，必须本着服从和服务于国家经济建设和整体外交任务的原则，发挥融官方民间为一体的优势，积极展开对外活动。在新的一年里，要在继续巩固已有的友好关系的同时，增加同那些对我了解不多的国家与地区的接触。在对外交往中，既可同外国议会往来，又可同民间友好组织建立联系。要有针对性地宣传我国社会主义民主制度的特点，使人民政协的对外交往成为有助于国际社会了解中国、增进合作的纽带和桥梁，努力为我国的社会主义现代化建设创造良好的国际环境。

8. 全面加强机关建设，提高干部素质，提高工作效率。开创政协工作的新局面，必须切实加强机关的思想建设、组织建设、作风建设和制度建设。要以机构改革为契机，以提高工作效率和服务质量为目标，切实推进机关的各项建设。要求机关干部认真学习业务，特别是学习统战理论和政策，学习现代经济和科技知识，增强服务意识，提高文化修养和业务素质，提高为统战工作服务、为政协会议服务和为政协委员服务的才干。在全机关大力倡导积极进取、团结协作、严守纪律、讲求效率、廉洁奉公的良好风尚。要关心、培养干部，为中青年干部队伍的稳定与成长创造良好的条件。总之，要努力造就一支热爱人民政协事业，思想、业务、作风都过硬的政协工作队伍。

各位委员，今年是中华人民共和国成立四十五周年，也是人民政协四十五岁华诞。让我们高举爱国主义和社会主义的旗帜，紧密地团结在以江泽民同志为核心的中共中央周围，为全面完成本次大会确定的各项任务，谱写人民政协事业的新篇章而努力奋斗！

《人民日报》发表社论《为改革发展稳定献计献策——祝贺全国政协八届二次会议开幕》

国务院副总理李岚清在中南海会见“巾帼建功”报告团部分成员

国务院副总理邹家华在全国安全生产工作电话会议上发表讲话

邹家华在全国安全生产工作电话会议上说，去年我国安全生产状况不好，发生许多起特大、重大事故，特别是第三季度事故频繁，各级政府和部门要接受这个教训，从今年一开始就要抓紧安全生产工作。

邹家华说，安全生产工作抓与不抓大不一样。各级领导对本地区、本部门的安全生产形势，要进行检查分析，确定重点地区、重点行业、重点问题，以及采取的措施。

邹家华说，扭转安全生产不好的状况，还要进行综合治理。具体地来说，要着重抓好六个方面的工作：一是把安全生产工作当作突出的大事来抓，提高大家对安全生产重要性、紧迫性的认识。安全生产是贯彻中央"抓住机遇，深化改革，扩大开放，促进发展，保持稳定"方针的重要内容，特别是保持政治稳定和社会安定的重要方面。二是加强立法和严格执法，要尽快制定《安全生产法》，要健全安全生产责任制，对官僚主义和忽视安全生产工作造成重大事故的行为，要依据现有的法规严肃处理。三是加强对事故处理结案工作的领导，规定省级政府和国务院各部门结案的重大事故的调查和处理结果，今年内要报劳动部审定。四是切实治理事故隐患。每个企业都必须想方设法，挤出资金进行隐患治理和安全技术措施的改造，摆正增产措施和安全措施的关系。五是大力开展安全生产检查活动，安全检查要根据重点和薄弱环节来进行，要加强对外商投资企业和乡镇企业进行检查，更多地对危险行业和事故多发地区、行业和企业进行检查。六是加强安全生产知识的宣传教育，包括进行专门的安全培训，提高职工队伍的安全素质。

中国代表团团长王淑贤在联合国妇女地位委员会第38次会议上发言就联合国秘书处草拟的旨在提高妇女地位的《行动纲领》提出修改建议

王淑贤说，《行动纲领》是一个比较能反映全面情况的初稿，它较符合简明、面向实际和突出重点的原则。但她指出，提高妇女地位的战略目标还应进一步明确和具体化。《行动纲领》中应明确提出：到2000年，要消灭成人文盲中的男女差距、消除教科书中带有性别偏见的内容，消灭"法盲"，使5岁以下儿童的死亡率减少1/3等。

第三届环太平洋渔业会议在北京举行

国家主席江泽民在中南海会见美国国际商业机器(IBM)公司董事长兼总裁郭士纳

中国政府和阿塞拜疆政府关于鼓励和相互保护投资协定在北京签订

国务院总理李鹏在人民大会堂会见荷兰外交大臣科伊曼斯

李鹏说，荷兰是西欧最早承认新中国的国家之一，中国与荷兰没有根本的利害冲突，中国重视发展与荷兰的友好合作关系。荷兰是中国在西欧的第五大贸易伙伴，中荷经济合作涉及不少领域，其中包括电子、船舶、石化、水利和农业等方面，有的大项目还在谈判。我们希望双方本着平等互利的精神取得进展。李鹏指出，中国经济正在持续、快速、健康地发展，市场潜力很大，这为包括荷兰在内的许多西欧国家发展同中国的经贸合作提供了新的机会。希望中荷两国经贸合作的良好势头能够保持下去。

科伊曼斯表示同意李鹏总理的上述讲话。他说，荷中两国经贸关系得到加强，合作的前景是很好的。他在同中国外交部长和外经贸部长会谈时表达荷兰方面愿意同中国一道进一步发展两国关系的诚意。

外交部部长钱其琛在钓鱼台同荷兰外交大臣科伊曼斯举行会谈

在谈到双边关系时，钱其琛指出，根据中国海关的统计，去年两国的贸易额达到二十三点二亿美元，但我们不应以此为满足，中荷发展经贸合作的潜力还很大。中国经济正在持续、快速和健康地发展，我们欢迎更多的荷兰企业家来华投资，同时也希望荷兰政府在贷款等方面予以积极支持，荷兰的产品也要提高竞争力。

关于中国同欧洲联盟的关系，钱其琛说，双方在国际事务中发挥着重要作用；在经贸关系上又互为重要合作伙伴。双方的关系是重要的，它不仅有利于双方，而且还有利于世界的和平、稳定与发展。希望荷兰为推动中国同欧洲联盟之间的关系作出努力。

科伊曼斯说，荷中关系，特别是经贸关系发展很快，荷兰方面对此感到满意。他此次访华的目的就是要加强两国的交往与合作。荷兰同时也高兴地看到，欧洲联盟同中国的关系正在改善和发展。欧洲联盟负责对外关系的委员会委员布里坦不久前对中国的访问十分成功。荷兰作为欧洲联盟的成员国愿意为促进欧中关系的发展而努力。钱其琛还应客人的要求介绍他刚刚结束的南亚之行的有关情况。

国务院印发《关于加强对居民基本生活必需品和服务价格监审的通知》

3月9日

八届全国人大二次会议举行预备会议

全国人大常委会委员长乔石在会上宣布：八届全国人大二次会议将于3月10日开幕，会议的各项准备工作已经就绪。

八届全国人大二次会议应到代表2980人，已经报到的代表2924人，出席今天预备会议的代表2593人。

乔石委员长主持了预备会议。他指出，八届全国人大二次会议是在我国建立社会主义市场经济体制和现代化建设的重要时期召开的一次重要会议。开好这次会议，对抓住机遇，深化改革，扩大开放，促进发展，保持稳定，围绕经济建设这个中心，把社会主义市场经济、社会主义民主政治、社会主义精神文明全面推向前进，具有重要的意义。

乔石说，这次会议的指导思想是，以邓小平同志建设有中国特色社会主义的理论和党的基本路线为指导，全国贯彻党的十四大和十四届三中全会精神，解放思想，实事求是，努力把这次大会开成一个民主团结、求真务实、开拓奋进的大会，进一步动员全国各族人民齐心协力，艰苦奋斗，加快建立社会主义市场经济体制，加强社会主义民主法制建设，保持国民经济持续、快速、健康发展，维护政治稳定，促进社会全面进步，夺取改革开放和社会主义现代化建设的胜利。他希望这次会议认真贯彻民主集中制原则，集思广益，群策群力，争取圆满成功。

乔石说，这次会议在审议政府工作报告时，国务院和有关部委负责同志将列席各代表团的全体会议，听取代表们的意见。

在乔石对这次大会的安排以及主席团和秘书长名单草案、大会议程草案作了说明后，代表们经过表决选出了由163人组成的大会主席团，田纪云被选为秘书长，通过了八届全国人大二次会议议程。

八届全国人大二次会议主席团举行第一次会议

在乔石委员长主持下，到会的137位主席团成员首先推选本届全国人大常委会委员长、副委员长、秘书长担任主席团常务主席。

会议通过大会会议日程、执行主席分组名单，并决定大会副秘书长人选、表决议案的办法。会议还通过大会选举办法草案、关于确认全国人大常委会接受杨衍银辞去全国人大常委会委员职务的请求的决定草案。

八届全国人大二次会议预备会议通过八届全国人大二次会议议程

一、听取和审议国务院总理李鹏关于政府工作的报告

二、听取和审议国家计划委员会主任陈锦华关于1993年国民经济和社会发展计划执行情况与1994年国民经济和社会发展计划草案的报告

审查和批准1993年国民经济和社会发展计划执行情况与1994年国民经济和社会发展计划

三、听取和审议财政部部长刘仲藜关于1993年国家预算执行情况和1994年国家预算草案的报告

审查和批准1993年国家预算执行情况和1994年国家预算

四、审议《中华人民共和国预算法(草案)》

五、审议《全国人民代表大会关于授权厦门市人民代表大会及其常务委员会和厦门市人民政府分别制定法规和规章在厦门经济特区实施的决定(草案)》

六、听取和审议全国人民代表大会常务委员会副委员长田纪云关于全国人民代表大会常务委员会工作的报告

七、听取和审议最高人民法院院长任建新关于最高人民法院工作的报告

八、听取和审议最高人民检察院检察长张思卿关于最高人民检察院工作的报告

九、其他

八届全国人大二次会议新闻发言人周觉在人民大会堂举行首次新闻发布会介绍即将开幕的八届全国人大二次会议有关情况

《人民日报》记者首先提问：刚刚结束的八届全国人大常委会六次会议通过《中华人民共和国台湾同胞投资保护法》，这对于扩大海峡两岸经贸交流有何影响？周觉说，目前两岸经济联系日益密切，台湾同胞对大陆投资大幅度增加，但两岸还没有直接实现“三通”，在这种情况下制定这个法律是非常必要的。相信这个法律的制定必将受到台湾同胞的欢迎。

在回答记者提出的全国人民代表大会如何加强执法监督问题时，周觉说，监督法律实施和政府机构工作是宪法赋予全国人大及其常委会的一项神圣而重要的职权。一年来，全国人大常委会根据全国工作的重点和人民最关心的问题，抓紧了对法律实施和政府部门工作的检查，先后派出十个检查组分别到十五个省、市、自治区，就社会治安综合治理、生产销售假冒伪劣商品等问题进行了检查。各专门委员会组织二十七个检查组对十五个法律的实施情况开展了检查。常委会还就教育、金融、外贸、廉政以及民航等方面的问题，听取了国务院有关部门和最高人民检察院的汇报。在听

取民航部门工作汇报后，常委会要求民航方面切实加强管理，改进工作，提高服务质量和人员素质，要尽快改变民航服务工作的落后面貌。常委会在听取了高检等部门关于依法查办大案要案工作汇报后，对他们的反腐败工作给予了充分肯定和极大支持。今后全国人大及其常委会还将加强执法监督和对政府工作的检查，更好地行使宪法赋予的监督权利。

谈到全国人大及其常委会如何使立法适应社会主义市场经济发展需要，推动我国改革进程时，周觉说，一年来，全国人大把立法特别是经济立法作为第一位的任务。八届人大一次会议以来，全国人大及其常委会制定了二十一个法律，其中关于社会主义市场经济方面的法律有十二个，在本届人大任期内，全国人大常委会将以邓小平同志建设有中国特色社会主义理论和党的基本路线为指导，以宪法为依据，全面贯彻党的十四大和十四届三中全会精神，加快立法步伐，争取大体上完成社会主义市场经济法律体系框架。同时，还将继续制定和健全其他方面的法律制度。这是全国人大及其常委会重要而光荣的任务。

在回答香港记者提出的有人建议中方承认港英政府最近制定的选举方案问题时，周觉严正指出，中英关于香港一九九四、一九九五年选举安排的会谈，由于英方的不合作和破坏态度，使谈判破裂、会谈失败。责任完全在英方。根据中英联合声明规定，英国对香港的行政管理到一九九七年六月三十日为止，中国将于一九九七年七月一日对香港恢复行使主权。作为英国管治香港的三级政制架构，也必将随着英国管治期的结束而结束。从一九九七年七月一日起，香港特别行政区政制架构将根据全国人大的决定和基本法的有关规定予以组建。周觉重申，香港即将回到祖国怀抱，这是任何势力都阻挡不了的，中国政府和中国人民完全有信心、有能力按期恢复对香港行使主权，落实“一国两制”的方针，贯彻基本法，保持香港的平稳过渡和香港的长期繁荣稳定。

针对外国记者提出的在人民代表大会上出现分散意见是否更能体现民主的问题时，周觉指出，中国实行的人民代表大会制度是符合中国国情的，与外国议会制度是不同的，中国不照搬外国的模式。

有台湾记者提出，一些台湾同胞对新近通过的投资保护法还不放心，两岸能否签订一个投资保护协议？周觉指出，台胞来大陆投资是属于特种国内投资，因此对台胞投资利益的保护问题只能用国内法来解决。台湾是中国领土不可分割的一部分，中央政府与台湾的关系是中央与地方的关系，不存在签订协议的问题。

周觉在回答香港记者提出的有香港代表联署议案建议人大常委会设立廉政工作专门委员会的问题时说，按照有关法律规定，任何代表都可以提出建议、议案，但必须通过法律规定的程序审议通过。中国反腐败工作将深入、长期、更有效地坚持下去，香港代表提出好的建议、议案都是会受到欢迎的。

有记者问邓小平是否出席明天的大会，周觉说，邓小平同志是我国改革开放和社会主义现代化建设的总设计师，是建设有中国特色社会主义理论这一当代中国的马克思主义的创立者，他受到全国各族人民的崇敬和爱戴。他是否出席这次大会，到明天大会开幕时大家就知道了。

周觉还回答了中外记者的其他提问。

《八届全国人大二次会议主席团秘书长名单》公布

主席团（163 人，按姓名笔划排列）

丁关根　刀爱民（傣族）　于永波（满族）　于是之
马万祺　马思忠（回族）　王丙乾　王汉斌
王光英　王维山（蒙古族）　王朝文（苗族）
王　群　韦钰（女，壮族）　毛冬声　毛致用
亢龙田　方惠坚　邓小平
艾斯海提·克里木拜（哈萨克族）　布赫（蒙古族）
卢功勋　卢嘉锡　叶公琦　田纪云　田期玉
田富达（高山族）　史来贺
生钦·洛桑坚赞（藏族）　白清才　曲格平
朱世保　朱良　乔　石　任现春（瑶族）　任继愈
全树仁　刘夫生　刘长瑜（女）　刘华清　刘国光
刘明祖　关山月　江泽民　阮崇武　孙起孟
孙鸿烈　孙维本　苏晓云（土家族）　李长春
李先猷（哈尼族）　李　后　李克强　李沛瑶
李泽民　李绍珍（女）　李　振　李登海　李瑞环
李锡铭　李　灏　杨凤（纳西族）　杨文贵（黎族）
杨代蒂（女，彝族）　杨白冰　杨汝岱　杨纪珂
杨初桂（女，侗族）　杨析综　杨　明（白族）
杨泰芳　吴仁宝　吴邦国　吴阶平　何竹康
何　康　余秋里　沈达人　张万年　张兴让
张克辉　张彦宁　张健民（满族）　张绪武
张　震　陆文夫　陆载德
阿木冬·尼牙孜（维吾尔族）　陈士能　陈光健
陈作霖　陈希同　陈章良　陈舜礼　陈慕华（女）
陈邃衡　林兰英（女）　林丽韫（女）　林　若
罗尚才（布依族）　帕巴拉·格列朗杰（藏族）
周正庆　周　南　周　觉　周冠五　孟连崑
孟富林　赵东宛　赵梓森　郝诒纯（女）　荣毅仁
胡锦涛　柳随年　姜春云　宜爵才郎（藏族）
费子文　费孝通　贺光辉　秦基伟
热　地（藏族）　耿昭杰　贾庆林　贾志杰
顾诵芬　顿珠多吉（藏族）

铁木尔·达瓦买提(维吾尔族) 倪志福 徐采栋
高德占 高 潮 唐佩珠(女,壮族) 陶大镛
曹龙浩(朝鲜族) 曹 志 章师明 章瑞英(女)
阎海旺 梁广大 尉健行 屠由瑞 彭士禄
彭清源 董建华 惠永正 程思远 程维高
傅全有 傅铁山 普朝柱 曾庆红 温家宝
谢 军(女) 谢 非 谢铁骊 蓝丁寿(畲族)
雷洁琼(女) 蔡子民 廖 晖 滕昭蓉(女,苗族)
滕 藤 颜龙安 薛明伦 薛 驹 霍英东
秘书长
田纪云

八届全国人大二次会议主席团常务主席名单

乔 石 田纪云 王汉斌 倪志福 陈慕华(女)
费孝通 孙起孟 雷洁琼(女) 秦基伟 李锡铭
王丙乾 帕巴拉·格列朗杰 王光英 程思远
卢嘉锡 布赫 铁木尔·达瓦买提 李沛瑶
吴阶平 曹 志

八届全国人大二次会议副秘书长名单

曹 志 罗 干 薛 驹 周 觉

出席全国政协八届二次会议的香港区委员就港英总督彭定康将其政改方案其余部分提交立法局一事发表声明

三月九日,港英总督彭定康将其政改余下方案原本提交立法局首读。这是港英当局蓄意'三违反',坚持同中国对抗政策的再一次表现。为此,我们发表严正声明如下:

(1)中英两国政府代表关于香港94/95年选举安排的谈判,由于英方单方面将其违反中英联合声明、基本法及有关谅解协议的政改方案提交立法局,因而彻底破坏了会谈,令谈判终止,港英政府按其政改方案组织的三级议会架构理所当然在1997年6月30日终结。全国政协香港区委员全力支持中央政府的有关声明和立场,根据基本法及人大有关决议,在1997年7月1日组成首届香港特别行政区政府及其三级议会架构。

(2)我们要求中央政府加速推进香港特别行政区筹备工作,加快工作进程,做好一切准备,以确保香港顺利过渡和保持稳定繁荣。

全国政协中央统战部在钓鱼台国宾馆宴请参加八届全国人大二次会议和全国政协八届二次会议的港澳地区人大代表和政协委员

全国政协副主席叶选平在宴会上讲话。叶选平说,今年的"两会"是在我国的改革开放进入关键阶段时召开的,去年中共十四届三中全会确立加快建立社会主义市场经济体制的目标,在此形势下,希望代表和委员们畅所欲言,为保持国民经济持续、快速、健康发展,维护政治稳定,保证香港的繁荣稳定与平稳过渡作出更多的贡献。今后不论香港遇到什么问题,我们都有信心把香港的事情处理好。

全国政协副主席安子介、澳门地区人大代表何厚铧也在宴会上讲话。

国务院副总理李岚清在中南海紫光阁会见全国政协委员香港合和集团董事总经理胡应湘先生和夫人等

国务院关税税则委员会决定降低三种进口产品关税

根据国民经济运行情况,为减轻企业税负,发展生产,国务院关税税则委员会决定对空调压缩机、复印机零部件、空调冷凝器用内螺纹铜管制定暂定税率,降税幅度分别为10%至33%。

联合国人权委员会第五十届会议决定对一些西方国家提出的所谓"中国人权局势"决议草案不采取行动

全国人大常委会委员长乔石在人民大会堂会见由委员长郑在文率领的韩国国会外务统一委员会代表团

中国银行同西班牙中部美洲银行牵头的银团在西班牙首都马德里签署总额为3.2亿美元的买方信贷和商业贷款协议

中国银行总行信贷二部副总经理陈富根和中部美洲银行副董事长费尔南多在协议上签字。中国驻西班牙大使宋国清以及西班牙有关方面的高级官员出席签字仪式。

这是中西两国银行之间迄今签署的最大一笔买方信贷协议。

这笔贷款是为兴建河南鸭河口电站而从西班牙引进发电机组提供的融资。中国银行通过筹集各种形式的贷款,已为国内包括大亚湾核电站在内的几十个大型电站提供了近百亿美元融资,有力地支持了我国能源行业和国家重点项目的建设。

全国人大常委会委员长乔石在人民大会堂会见美国国家半导体公司总裁欧勉国博士

**国务院副总理兼外交部部长钱其琛在北京同摩洛哥国王特使外交与合作国务大臣阿卜杜拉蒂夫·菲拉

利举行会谈

国务院副总理兼外交部部长钱其琛在钓鱼台国宾馆会见韩国国会外务统一委员会委员长郑在文

国务院副总理兼外交部部长钱其琛在钓鱼台国宾馆会见日本首相细川护熙的经济顾问宫崎勇

智利总统艾尔文在圣地亚哥会见中国政府特使外交部副部长刘华秋

3月10日

八届全国人大二次会议开幕

上午代表到会听取政府工作报告。报告过程中，大会工作人员为少数民族代表作蒙古、藏、维吾尔、哈萨克、朝鲜、彝、壮7种少数民族语言的同声传译。

开幕式由大会执行主席、主席团常务主席乔石主持。

江泽民、李瑞环、朱镕基、刘华清、胡锦涛、荣毅仁等和大会主席团成员一起在主席台就座。

国务院总理李鹏在八届全国人大二次会议作《政府工作报告》。

出席全国政协八届二次会议的委员，中央党政军领导机关负责人，各民主党派中央和群众团体负责人，列席大会。各国驻华使节旁听大会。

国务院总理李鹏在八届全国人大二次会议上作《政府工作报告》

各位代表：

现在，我代表国务院向大会作政府工作报告，请予审议，并请全国政协各位委员和其他列席人员提出意见。

一、1993年国内工作的回顾和1994年工作的基本方针

过去的一年，是全面贯彻中共十四大精神，沿着建设有中国特色社会主义道路胜利前进的一年。改革开放和现代化建设取得重大成就，各方面工作出现了新的局面。在动荡多变和经济不景气的国际环境中，我们伟大的社会主义祖国经济发展，政治稳定，民族团结，社会进步，巍然屹立在世界的东方。

国民经济快速增长。在1992年快速增长的基础上，1993年我国经济继续蓬勃发展。国内生产总值突破3万亿元大关，比上年增长百分之十三点四。农业获得丰收，农林牧副渔稳定发展，农业增加值增长百分之四。除棉花和糖料减产外，主要农产品产量都有显著增加，粮食总产量4564亿公斤，达到历史最高水平。乡镇企业继续迅速发展。全国工业增加值增长百分之二十一点一，一些重要产品产量大幅度增加，钢产量达到8868万吨。企业技术改造和产品结构调整步伐加快，经济效益有所提高。国内市场繁荣，社会消费品零售总额扣除价格因素增长百分之十一点六。投资结构有所改善，重点建设得到加强，能源、交通、通信建设成绩显著。新增发电机组容量1438万千瓦，京九、南昆等铁路干线建设进展顺利，高等级公路和重点港口建设加快，邮电事业发展迅速，全国城乡新增电话586万户。针对经济快速发展中出现的突出矛盾和问题，中共中央和国务院及时采取宏观调控措施，大力整顿金融秩序，稳定经济形势，保持了经济发展的良好势头，为今年经济持续发展和改革顺利推进提供了必要条件，并且积累了在社会主义市场经济条件下进行宏观调控的宝贵经验。

改革开放取得新的进展。按照建立社会主义市场经济体制的要求，继续推进了各方面的改革。以转换经营机制为重点的企业改革继续深化，企业自主权逐步落实，市场主体地位得到加强。在国有经济、集体经济发展的同时，个体、私营和外资经济继续得到发展。价格关系进一步理顺，基本上放开了粮食购销价格。资本、劳动力、土地、技术和信息等生产要素市场发展步伐加快。在深入调查研究，广泛征求各方意见的基础上，制定了财税体制、金融体制、投资体制和外贸体制等改革方案。这些改革方案现已基本出台，进展比较顺利。这标志着我国向建立社会主义市场经济体制迈出了重要步伐。一年来，对外开放继续扩大。外商投资显著增加，投资领域拓宽，投资结构改善，直接投资达到258亿美元，是改革开放以来最多的一年。对外贸易全面发展，进出口贸易总额达到1958亿美元，比上年增长百分之十八点二。在出口商品中，制成品的比重上升，加工深度提高。对外科技合作与文化交流进一步扩大，国际旅游事业迅速发展，对外承包工程和劳务合作更加活跃。

各项社会事业进一步发展。科技事业在深化改革中取得新的进步。基础性研究、应用技术研究、科技攻关等计划实施顺利，取得重大科技成果3万多项，银河Ⅱ型计算机、曙光一号并行计算机等一批科研成果达到世界先进水平。高新技术产业开发区建设取得新进展，在科技成果商品化和产业化方面发挥了明显作用。教育事业在改革中前进，基础教育、职业教育、成人教育和高等教育继续发展与提高。成功地举办了第七届全国运动会和首届东亚运动会，体育健儿在世界重大比赛中夺得103个世界冠军，群众体育活动继续发展。文学艺术、新闻出版、广播影视、社会科学、卫生医药、

计划生育、环境保护、防灾减灾等项事业，都取得了新的成绩。纪念毛泽东主席诞辰一百周年和播映百部爱国主义影片，收到良好的社会效果。社会治安综合治理工作进一步开展。国防事业取得新的成就。社会主义精神文明和民主法制建设得到加强。

城乡人民生活继续改善。扣除物价上涨因素，去年全国城镇居民人均生活费收入比上年增长百分之十点二，农村居民人均纯收入增长百分之三点二。城乡居民储蓄存款大幅度增加，年末存款余额达到14764亿元，增长百分之二十八。全年城镇新建住宅2.7亿平方米，农村新建房屋5.7亿平方米。城乡居民消费水平稳步上升，精神文化生活不断丰富。

各位代表！一年来，在中国共产党领导下，经过全国各族人民团结奋斗，基本上完成了八届全国人大一次会议确定的1993年的各项任务。我代表国务院，向全国各族人民对政府工作的信任和支持，表示衷心的感谢！向台湾同胞、港澳同胞、海外侨胞和一切关心、支持我国现代化建设的国际友人，致以诚挚的谢意！

在肯定成绩的同时，我们清醒地看到，政府工作中还有缺点和不足，前进中还存在一些矛盾和困难。主要是固定资产投资规模过大，物价上涨幅度比较高，经济结构不合理的问题仍然突出，不少国有大中型企业生产经营比较困难；有些地方社会治安状况不好，对社会丑恶现象打击不够有力；少数政府工作人员中存在贪污受贿、徇私舞弊等腐败现象，政府机关中存在形式主义和官僚主义，影响了政府与人民群众的密切联系。党中央和国务院对这些问题十分重视，已经并且正在采取积极措施，切实加以解决。

各位代表！中共中央在全面分析国内外形势的基础上，明确提出了今年全党和全国工作的基本方针，这就是：以邓小平同志建设有中国特色社会主义的理论和党的基本路线为指导，全面贯彻党的十四大和十四届三中全会精神，加快建立社会主义市场经济体制，保持国民经济持续、快速、健康发展，维护政治稳定，促进社会全面进步。中共中央强调指出，抓住机遇，深化改革，扩大开放，促进发展，保持稳定，是全党和全国工作的大局。我们在各项工作中都要服从和服务于这个大局，认真处理好改革、发展、稳定三者之间的关系。经济建设是一切工作的中心，改革开放是推动发展的动力，发展与改革是社会稳定和国家长治久安的基础，而保持社会稳定则是发展经济和顺利进行改革的必不可少的条件。从国内外情况来看，现在我国面临着改革和发展的不可多得的历史机遇。只要我们认真做好各方面的工作，及时发现改革和发展中的新情况，解决新问题，保持改革、发展、稳定的相互协调和相互促进，我们的社会主义现代化事业就一定能够不断从胜利走向新的胜利。

二、保持国民经济持续快速健康发展

1994年是国民经济继续保持良好发展势头的一年，也是推进改革的重要一年。今年的经济工作，要深化改革，扩大开放，加强和改善宏观调控，大力调整经济结构，推动技术进步，积极开拓市场，提高经济效益，控制通货膨胀，保持国民经济持续、快速、健康发展。

根据这个要求，今年计划国内生产总值增长百分之九。在连续两年增长百分之十三的基础上，安排这样的速度是比较合适的。只要我们能够再连续若干年保持百分之八至百分之九的增长率，就是了不起的成绩。江泽民同志指出："发展要有新思路，真正转到以提高经济效益为中心的轨道上来，不能继续走盲目追求产值速度和扩大投资规模的老路。"当前经济增长的一些条件已经偏紧，"瓶颈"制约和通货膨胀的压力加大，改革又需要比较宽松的环境。我们必须正确分析和把握形势，既看到有利条件，又重视不利因素，力求保持积极而又稳妥的发展速度。各地都要从自己的实际情况出发，确定合理的发展速度，不要竞相攀比，盲目追求产值。

加强农业基础地位，全面发展农村经济。农业是关系全局的问题。我国绝大多数人口在农村，任何时候都不能忽视农民利益和农村经济的发展。农产品供应直接关系物价的稳定和城乡人民生活的改善，农民收入的增加直接关系市场的开拓。各级政府要认真贯彻落实去年召开的中央农村工作会议精神，稳定党在农村的各项基本政策，进一步深化农村改革，妥善解决农村经济发展中的突出矛盾和问题，在确保粮食和棉花产量稳定增加的基础上，促进农林牧副渔全面发展，保持乡镇企业持续增长，千方百计增加农民收入。

主要措施有以下几项：适当提高粮食收购价和棉花定购价，支持农用工业发展，加强农业生产资料价格管理；增加中央和地方对农业的投入，鼓励并引导集体和农民增加投入，加强农业基本建设和综合开发；完善国家粮食储备体系，建立粮食风险基金，保持粮食市场的稳定；在稳定粮食棉花种植面积和提高单位面积产量的基础上，调整农业生产结构，发展多种经营，国家准备重点扶持500个商品粮大县、150个优质棉大县，建设一批各具特色的高产优质高效农业示范区；发展乡镇企业是农村奔小康的必由之路，要继续支持乡镇企业尤其是中西部地区乡镇企业的发展；继续实行科教兴农，培养一大批用得上、留得住的农业技术人才，稳定农业科研队伍和技术推广机构，积极防治病虫害，推广优良品种和先进适用技术；继续落实减轻农民负担的措施，并对突出问题进行专项治理。要认真实施扶贫攻坚计划，在从现在起到本世纪末的七年时间里，积极扶持贫困地区特别是老、少、边地区发展经济，帮助他们脱贫致富，基本解决 8000 万人的温饱问题。这是政府义不容辞的责任。我们相信，这个计划一定能够得到全国人民的热烈支持。要十分爱惜和重视保护耕地，继续加强农村社会化服务体系建设，进一步发育和完善农产品市场，推进供销社体制和小城镇户籍管理制度等方面的改革。农村剩余劳动力向非农产业转移和在地区间的合理流动，是经济发展的客观要求和必然趋势，要积极引导，加强管理，有组织有步骤地进行。

改善经营管理，搞好工交生产。搞好工交生产特别是国有大中型企业的生产和经营，对保持国民经济持续发展具有极为重要的意义。今年出台的改革措施，从总体上说，将对企业生产和经营产生积极作用，但也会给一些企业带来暂时的不利影响。目前有些国有大中型企业处境比较困难，经济效益不好，既有经营机制方面的原因，也有企业社会负担重，历史包袱多，内部管理差等方面的原因，要从多方面积极努力，加以解决。在国家财政比较困难的情况下，国务院决定，从今年起免除国有企业缴纳的能源交通基金和预算调节基金，并且拨出专项资金用于破产企业的调整和职工安置。各地区各部门都要把搞好国有大中型企业摆在重要的议事日程，切实采取措施，为企业生产经营创造良好的外部环境，帮助企业扭亏增盈。国有企业要依靠自身努力扭转困难局面。企业要在积极推进改革的同时，根据国内外市场的需求，主动调整产品结构，努力生产适销对路产品，不断开发新产品，增强市场适应能力和竞争能力。各级政府都要重视商业工作，疏通城乡市场，进一步搞活流通，做到货畅其流。

企业技术改造要紧紧围绕优化产品结构，提高产品质量，减少消耗，降低成本来进行。基础产业要通过技术改造提高生产能力，加工工业要依靠技术改造求发展。要重视和支持老工业基地改造，使其继续发挥在国民经济中的重要作用。

现在有些企业安全状况不好，人身伤亡和重大设备事故时有发生，管理不善是重要原因，必须引起高度重视。要采取有效措施，加强安全生产管理，务必尽快取得明显成效。

保持合理投资规模，优化投资结构。合理的投资规模是保持经济稳定和增强发展后劲的重要条件。目前全国的在建规模已经很大，今年安排的投资规模也不小，不能再继续扩大。即使基础工业和基础设施建设，也要量力而行。为了实现国民经济持续、快速、健康发展，各地区各部门都要从全局出发，分别轻重缓急，做出合理安排，把财力、物力首先用于在建的交通、通信、能源、重要原材料工业，以及大江大河大湖治理等方面的重点建设。鼓励沿海地区到中西部地区投资，发挥当地劳动力优势，共同开发资源。今年不再批准设立各类新的开发区。今后上新的基本建设项目，不能搞无本投资，要有一定比例的资本金；不能挪用流动资金搞投资，银行要加强监督和管理；要打足投产时所需的铺底流动资金。

深化投资体制改革，是保持合理投资规模、优化投资结构和提高投资效益的根本保证。今年的投资体制改革，主要是：组建国家开发银行，为基础性重点建设项目提供稳定的资金来源，同时通过资金平衡来抑制投资膨胀；建立投资约束机制，投资主体和提供贷款的银行都必须承担风险责任；健全对投资规模和投资结构的宏观调控，规范投资决策行为，减少投资的盲目性。

扩大开放，发展对外合作与交流。当前国际环境总的看对我有利，我们要抓住时机，进一步搞好经济特区、上海浦东新区、沿海开放城市开放地带和经济技术开发区，以及沿边、沿江和内陆中心城市的对外开放，进一步提高对外开放的水平。为了保持和发展外商来华投资的良好势头，要进一步改善投资环境，完善涉外经济法规，切实保护外资企业合法权益，用国家产业政策引导外资投向，鼓励外资参与基础工业和基础设施建设。外资企业要遵守中国法律和规定，依法经营。要注意保持适度的外债规模和合理的债务结构。

保持国际收支基本平衡，是实现经济持续健康发展的重要条件。中国经济正在迅速发展，市场前景非常广阔。去年进口增长较多，出口增长相对缓慢，对外贸易出现较大逆差。为了保证进口用汇需要，必须积极扩大出口。要实行以质取胜和市场多元化战略，提高加工深度，增加技术含量，加强售后服务，在巩固和发展现有市场的同时，积极开拓新的市场。要进一步完善出口退税制度，有秩序地放开进出口商品经营，赋予更多具备条件的企业对外经营权。外贸企业要认真转变经营机制、经营思想和经营作风，向实业化、集团化、国际化方向发展。要加强对境外投资的审核管理和对境外企业的监督。努力发展国际旅游业，扩大对外工程承包和劳务合作。

在经济发展的基础上，继续提高人民生活水平。不断提高人民物质和文化生活水平，是发展经济的根本目的，也是政府工作的基本出发点。我们要牢固树立群众观点，时刻关心群众疾苦。近年来农业丰收，但粮棉比较效益下降，农民收入增长相对缓慢。各级政府务必高度重视这个问题，加强对农村经济发展的领导和支持，通过发展农村经济和适当提高粮棉收购价格，增加农民收入。继续积极发展第三产业，扩大城乡就业。国有企业要通过提高经济效益，增加职工收入。

对国家公职人员实行新的工资制度，并逐步加以完善。要结合住房制度改革，有计划地加快城镇住房建设，重点建设中低档民用住宅，改善居民住房条件。现在一部分贫困地区和受灾地区的群众，以及效益不好、停产半停产企业的职工等生活比较困难，离退休人员实际收入有所下降，各级政府要特别给予关心，积极采取措施，帮助他们解决困难。要坚持鼓励一部分地区、一部分人通过诚实劳动和合法经营先富起来的政策，提倡先富带动和帮助后富，逐步实现共同富裕。同时，要通过合理的分配政策和税收的调节作用，对收入过分悬殊进行必要的调节。

各位代表！计划生育和环境保护是我国的基本国策。计划生育工作已经取得很大成绩，但进展很不平衡，有些成绩还不够巩固，不能有丝毫放松。要进一步完善目标管理责任制，严格执行计划生育的法规和政策，切实加强基层特别是村一级的宣传教育和服务工作。认真解决新形势下出现的新问题，把计划生育工作重点放在农村和流动人口上，同发展经济、普及教育、提高人口素质和脱贫致富很好地结合起来。各级政府要把环境保护纳入经济和社会发展计划，坚持经济建设、城乡建设、环境建设同步规划、同步实施、同步发展，实行城乡环境综合治理，依法加强监督检查。合理开发和保护自然资源，大力植树造林，改善生态环境。

三、加快建立社会主义市场经济体制

党的十四届三中全会制定的建立社会主义市场经济体制的总体蓝图，是进一步深化改革的行动纲领。今年要把重点突破和整体推进结合起来，在经济体制改革方面取得实质性的进展。

认真实施财税改革方案，理顺中央与地方、国家与企业的分配关系。今年财税体制改革的主要内容是：改变现行的地方财政包干制，实行在合理划分中央与地方事权基础上的分税制，按税种划分中央和地方财政收入，建立中央税收和地方税收体系；改革税制，建立以增值税为主体的流转税制度，统一内资企业所得税和个人所得税，同时改革国有企业利润分配制度。改革方案既注意到逐步增加中央财力的需要，也充分照顾了地方利益和企业的经营状况，有利于发挥中央和地方两个积极性，是切实可行的。各级政府要顾全大局，确保改革方案顺利实施。

目前国家财政比较困难。随着经济发展和财税体制改革，财政收入会稳步增长，但缓解财政困难需要有一个过程。今年由于国家内外债还本付息数额较大，以及减轻企业负担、进行价格改革和增加工资等原因，财政减收增支的因素较多，中央财政仍有较大赤字。财税部门要严格税收征管，努力增加财政收入；财政支出要坚持从紧原则，加强预算约束。地方财政预算要量入为出，收支平衡，不列赤字。中央财政收支差额通过发行国债来加以解决，不再向银行透支。国家准备给购买国债以优惠的条件，并改进发行办法，发展和完善国债市场。这是一件利国利民的好事，希望全国人民踊跃购买国债，支持国家建设。

稳步进行金融体制改革，顺利实现汇率并轨。随着社会主义市场经济的发展，金融在国民经济中的作用日益重要。要稳步推进金融体制改革，建立强有力的中央银行宏观调控体系，使人民银行能够有效地调控货币供应量，保持币值稳定。要积极而又稳妥地实行政策性银行和商业性银行职能的分离。除组建国家开发银行外，还要组建支持成套设备进出口的中国进出口银行，以及承担国家粮油储备、农副产品合同收购和农业开发的中国农业发展银行。现在的国有专业银行要逐步转变为国有商业银行。各级政府要支持银行工作，使银行能够独立履行自己的职责。银行要自觉执行国家的宏观调控政策，建立自我约束机制。

我国经济处于快速增长时期，资金紧张问题将长期存在。近两年货币、信贷总量增加很多，但由于经济发展很快，建设规模过大，资金供需矛盾仍很突出。今年要努力保持货币发行和信贷的适度规模，防止投资膨胀，同时要继续优化信贷结构，整顿金融秩序，严格结算纪律，采取积极措施解决企业之间的“三角债”，提高资金使用效益。

实现人民币牌价与外汇调剂市场价并轨，是一项具有重要意义的改革措施，对于沟通国内外市场，扩大对外开放，将发挥重要作用。要严格实施出口全额结汇和进口付汇的管理制度，严格资本项目外汇收支的监管，防止外汇流失。要进一步发展和完善外汇市场。中国人民银行要加强外汇市场管理，为供求双方提供方便，适时调节供求，平抑汇价。

转换国有企业经营机制，探索建立现代企业制度的有效途径。国有大中型企业是国民经济的支柱，国有企业改革是经济体制改革的重点和难点。增强国有大中型企业活力，根本出路在于深化改革，转换经营机制，建立产权清晰、责权明确、政企分开、管理科学的现代企业制度。这是发展社会化大生产和市场经济的必然要求，也是一项艰巨复杂的工作。今年国家将组织一批国有大中型企业，按照《公司法》进行建立现代企业制度的试点，积极总结经验，逐步形成规范化的实施办法，以利推广。继续积极推进社会保障制度改革，减轻企业办社会的负担，为企业平等参与市场竞争创造条件。

面上的企业改革也要抓紧抓好。要继续转换经营机制，把企业的各项权利和责任真正落到实处。继续深化企业劳动人事制度和分配制度改革，完善内部机制，增强企业活力。要切实加强国有资产管理，做好清产核资工作，保证国有资产保值增值。严格禁止将国有资产低价折股，低价出售，甚至无偿分给个人。

进一步理顺价格关系，发展和培育市场体系。十几年来，我们在社会震动较小的情况下，基本放开了商品价格，改革是成功的。今年要适当调整粮棉和能源价格，以调动广大农民的生产积极性，支持能源工业的发展，促进能源的节约。价格改革要充分考虑国家、企业和群众的承受能力，统筹安排，积极稳妥地进行。各级政府和社会有关方面要采取积极有效的措施，努力把全年零售物价上涨幅度控制在百分之十以内。要特别注意控制与广大人民群众生活密切相关的基本消费品价格和服务收费的上涨幅度。继续实行市长负责制，抓好“菜篮子”工程，稳定城乡副食品价格。

进一步深化流通体制改革，促进国内市场的统一和开放。在继续发展和完善商品市场的同时，积极发展各类生产要素市场。要完善市场规则，健全市场秩序，加强市场管理和监督，坚决依法惩处生产和销售假冒伪劣产品的行为，以保护消费者的合法权益。

继续搞好机构改革，切实转变政府职能。一年来，国务院按照八届全国人大一次会议批准的方案，进行了机构改革，各部门定职能、定机构和定编制的工作已经基本结束。今年要基本完成省级政府的机构改革，并在部分市县级政府进行机构改革。各级政府都要在转变职能，提高工作效率上下功夫。要坚持政企分开，把属于企业经营自主权范围的事情交给企业，把应由市场解决的问题交给市场，充分发挥行业协会、商会等市场中介组织的作用。加强统计、行政监察和审计监督工作。政府主要搞好宏观调控、综合协调和社会管理。各级干部特别是领导干部，都要努力学习市场经济知识，掌握好重大改革方案和政策法规，以提高自己的领导水平，增强工作的主动性，减少盲目性。国务院决定成立国家行政学院，加强对高、中级公务人员的培训。

今年在建立社会主义市场经济体制方面迈出了重要的改革步伐。各级政府要把更多的精力放到搞好改革上来，精心组织，综合协调，并做好关于改革的舆论引导和宣传教育，保证改革的顺利推进。

各位代表！加强勤政廉政建设，同各种腐败现象作斗争，是政权建设的一项基本任务，也是改革和发展顺利推进的重要保证。去年以来，反腐倡廉工作在干部廉洁自律、查处大案要案、纠正行业不正之风等方面，不同程度地取得了成效。在新的一年里，各级政府决不能稍有松懈，一定要认识到反腐败斗争的紧迫性、艰巨性和复杂性，充分依靠群众，标本兼治，努力取得新的成绩。政府工作人员特别是各级领导干部必须牢记，我们手中的权力是人民给的，以权谋私完全违背人民政府的宗旨，是同我国的社会制度格格不入的。将商品交换原则引入国家机关的政务活动，搞权钱交易，是对社会主义市场经济原则的严重歪曲，也是对改革开放和现代化建设的破坏，是绝对不能允许的。要继续抓紧查处严重以权谋私、贪污贿赂、失职渎职以及走私等重大案件，对那些违法乱纪和腐败分子必须绳之以法，决不姑息养奸。反对铺张浪费、弄虚作假、形式主义、官僚主义和浮夸作风，狠刹行业不正之风。要通过深化改革，健全法制，建立有效的监督机制和制约机制，从制度上防范和消除腐败现象，在各级党委领导下，把关系国家生死存亡的反腐败斗争深入持久地开展下去。各级干部都要廉洁自律，勤勤恳恳，励精图治，和广大人民群众保持血肉般的联系，全心全意为人民服务。

四、发展科技教育文化事业

发展科技教育文化事业，加强社会主义精神文明建设，既是现代化建设的重要内容，也是改革开放和经济建设顺利进行的重要保证。我们在集中精力进行经济建设的同时，要十分重视这些领域的改革和发展。

促进科技和经济的紧密结合。科学技术是第一生产力，经济建设必须依靠科学技术，科学技术工作必须面向经济建设。今年要全面实施科技进步法，加大对科技的投入，办好高新技术产业开发区，促进科技成果向现实生产力的转化。要实行“稳住一头，放开一片”的方针，大力支持基础研究、应用研究和高新技术研究，鼓励科技开发机构同企业联合，积极走向市场，增强自身的发展活力。科技开发和应用，要紧紧围绕用先进技术装备国民经济各行各业，着重解决发展高产优质高效农业、企业技术改造、军工技术向民用领域转移，引进国外先进技术的消化、吸收和创新等迫切问题。要广泛开展群众性的技术革新和合理化建议活动。大力培育技术市场，发展技术中介组织，切实保护知识产权。集中力量办好现有的国家高新技术产业开发区，使之在推动技术进步、改造传统产业和发展新兴产业等方面发挥示范和辐射作用。今年要继续在基础研究和高新技术研究中，选出若干项能够对下世纪科技发展产生深远影响的课题，组织攻关。为了推动我国工程科学技术的发展，国务院决定成立中国工程院，筹备工作正在进行。

抓好教育改革和发展。现代化建设有赖于国民素质的提高和人才的培养。各级政府要有长远眼光和紧迫感，认真落实《中国教育改革和发展纲要》，把教育放在优先发展的战略地位。要加快教育改革步伐，切实增加教育投入，加强教育经费管理，促进教育事业的发展。各级政府宁可在别的方面节省一点,也要千方百计为教育办几件实事。教育改革要把重点放到调整教育结构、提高教学质量和经费使用效益上来。各类学校都要贯彻德智体全面发展的方针,加强和改善德育教育,重视国情教育、形势教育和优良传统教育,培养有理想、有道德、有文化、有纪律的新人。中小学教育是全民教育的基础。基本普及九年义务教育,基本扫除青壮年文盲,是九十年代一项重要任务,必须切实抓紧抓好。要重视做好农村适龄儿童入学的工作,努力降低辍学率。动员社会力量,继续实施"希望工程"。要采取切实措施,减轻学生过重的负担,改变学生学习只是为了应付考试的状况。要充分调动社会各界的积极性,利用广播电视等现代传播手段,大力发展职业教育、成人教育和各种社会教育,逐步做到"先培训再就业"、"先培训后上岗",培养大量的专业人才和熟练劳动者。在有些地区,义务教育要适当增加职业教育的内容。高等教育要改革办学体制,积极稳妥地改革招生、收费和毕业生就业制度,调整学科结构,加强内部管理,重点建设一批院校和学科。认真执行《教师法》,充分发挥教师的作用,努力改善教师待遇,在全社会形成尊师重教的良好风尚。

积极创造人尽其才、人才辈出的环境和条件。逐步形成人才合理流动的机制,把积极培养人才和合理使用人才结合起来。继续改善知识分子的工作条件和生活条件,重视中青年知识分子的培养和使用。继续实行"支持留学、鼓励回国、来去自由"的政策,鼓励海外人才以多种方式为祖国服务。

繁荣社会主义文化。要坚持为人民服务、为社会主义服务的方向和百花齐放、百家争鸣的方针,大力弘扬民族优秀文化,繁荣有中国特色的社会主义文化。进一步发展文学艺术、新闻出版、广播影视等事业,丰富人们的精神生活,激发人们投身社会主义现代化建设的积极性。要积极推进文化体制改革,增强文化事业发展的活力。完善文化经济政策,正确处理精神产品社会效益与经济效益的关系,把社会效益放在首位。对需要扶持的文化艺术精粹和公益性的文化事业,各级政府都要有重点地给予支持和帮助。要加强文物保护,重视图书馆、文化馆、博物馆、科技馆、档案馆等的建设。推广和普及普通话,促进语言文字规范化和标准化。加强基层文化工作,搞好企业文化、校园文化、社区文化,特别是广大农村的文化建设,活跃城乡人民的文化生活。依法加强文化市场管理,用丰富多彩、内容健康的精神产品繁荣文化市场,反对和抵制有害于人民团结、社会进步和青少年身心健康成长的坏作品。发展对外文化合作与交流,在汲取世界各国文明成果的同时,积极向世界介绍中华民族的优秀文化。文化工作者肩负繁荣社会主义文化的光荣使命,要深入群众,深入实际,高扬主旋律,讴歌积极开拓、艰苦创业、无私奉献的先进人物,努力创作内容积极向上、反映社会主义现代化建设和改革开放、无愧于我们伟大时代的优秀作品。

发展卫生体育事业。卫生工作要坚持预防为主。今年要结合社会保障制度的改革,继续抓好城镇医疗保险制度改革的试点。要加强农村卫生工作,采取农民自愿和互助相结合的办法,发展农村合作医疗制度,稳定农村医务人员队伍,建立健全县、乡、村三级医疗预防保健网,逐步实现人人享有初级卫生保健的目标。重视对严重危害人民健康的地方病、职业病和传染病的防治。充分发挥传统医药的优势。加强药品生产和销售的管理。广大医务人员要发扬救死扶伤的崇高医德,实行优质服务。积极探索新时期体育管理体制的改革,广泛开展群众体育活动,增强人民体质。体育健儿要努力拼搏,争取在第十二届亚运会和其他国际比赛中取得好成绩。

各位代表!

我在这里要特别强调,在整个改革开放和现代化建设进程中,必须始终不渝地坚持"两手抓、两手都要硬"的方针,加强社会主义精神文明建设。社会主义精神文明建设包括教育科学文化建设和思想道德建设,体现在经济、政治、文化、社会生活各个方面。加强精神文明建设是各条战线和各个部门的共同任务。思想建设的重点,是用邓小平同志建设有中国特色社会主义的理论武装全国人民。《邓小平文选》第三卷的出版,是我国政治生活中的大事,我们要认真学习,并结合实际贯彻其精神。要按照江泽民同志提出的要求,以科学的理论武装人,以正确的舆论引导人,以高尚的精神塑造人,以优秀的作品鼓舞人。要加强以马克思列宁主义、毛泽东思想为指导的哲学社会科学研究工作,重视哲学社会科学的作用。坚持不懈地开展爱国主义、集体主义和社会主义教育。榜样的力量是无穷的,要大力表彰各条战线上的英雄模范人物,学习徐洪刚见义勇为、不畏强暴的高尚思想和英雄行为,弘扬新时期的雷锋精神。要发挥思想政治工作的优势,引导人民群众特别是青少年树立正确的理想和人生观、价值观,加强职业道德和社会公德教育,提倡勤俭节约和艰苦奋斗精神,反对拜金主义、极端个人主义和腐朽的生活方式,形成良好的社会风尚。

五、加强社会主义民主和法制建设

发展社会主义民主,健全社会主义法制,是建设有中国特色社会主义的重要组成部分。今年要取得新的进展,保证改革和发展顺利进行,促进社会全面进步。

继续加强社会主义民主建设。改革开放和现代化建设是亿万人民群众的事业，必须全心全意依靠工人阶级和广大人民群众，充分发扬民主，把群众的积极性发挥好、保护好、引导好。各级政府都要建立健全民主的科学的决策制度，虚心听取各方面的意见，集思广益，不断提高决策水平。要自觉接受同级人民代表大会及其常委会的监督，接受广大人民群众的监督。要进一步发挥人民政协以及各民主党派、无党派人士在政治协商与民主监督中的作用。重视工会、共青团、妇联等群众团体的桥梁和纽带作用，发挥舆论监督作用。重视群众来信来访，开辟和疏通多种渠道，体察民情。继续加强基层政权建设，健全企业民主管理制度、城镇居民自治和村民自治制度，完善民主监督制度，保障公民的合法权益不受侵犯。

高度重视社会主义法制建设。社会主义市场经济体制的建立和完善，要依靠完备的法制来保障。改革开放以来，全国人大及其常委会加快了立法步伐，大批重要法律相继颁布实施，为各方面的工作提供了法律依据。各级政府必须学会用法律手段管理经济和社会，全体政府工作人员都要依法行政，坚决纠正有法不依、执法不严、违法不究的现象，以维护法律的尊严。今年要抓紧制定一批行政法规。加强执法队伍建设，提高执法水平。加强和改善司法、执法监督工作。建立和发展法律服务机构，培养大批合格的法律人才，以适应法制建设的需要。继续在全体公民特别是各级干部中深入开展法制教育，普及法律知识，增强全社会的法制观念。

认真搞好社会治安综合治理。这是人民群众的强烈愿望，也是各级政府的重要职责。稳定治安形势是今年政法工作的突出任务。要着重抓好四个方面的工作：一是依法打击危害人民生命财产安全和破坏现代化建设的各种刑事犯罪活动；二是严肃查处大案要案，依法惩处经济犯罪分子，继续开展反走私斗争；三是深入开展禁止卖淫嫖娼、拐卖妇女儿童、吸毒贩毒等“除六害”和“扫黄”斗争；四是以法治警，加强队伍建设，充实治安力量。各级政府要把社会治安综合治理作为一项重要的经常性工作，严格执行领导责任制，对群众反映强烈的犯罪活动和社会丑恶现象，开展集中打击和专项斗争。正确处理人民内部矛盾，及时调解民事纠纷，防患于未然。坚持专门机关和群众工作相结合，齐抓共管，把社会治安综合治理的措施落实到基层，为经济建设和人民安居乐业创造良好的社会环境。

各位代表！

我国是统一的多民族国家，加强民族团结是全国各族人民的根本利益和共同愿望。毛泽东主席说过：“国家的统一，人民的团结，国内各民族的团结，这是我们的事业必定要胜利的基本保证。”改革开放和现代化建设，为巩固和发展平等、团结、互助的社会主义民族关系，促进共同繁荣，开创了前所未有的局面。目前部分民族地区经济比较落后，主要是历史、地理及社会等方面的原因形成的，根本改变这种状况需要有一个过程。促进民族地区经济发展和社会进步，是政府的重要责任，也是全国各族人民的共同任务。民族地区在国家支持和经济发达地区帮助下，通过改革开放，一定能够发挥自身优势，增强经济发展活力，逐步缩小与经济发达地区的差距，实现共同富裕。要认真贯彻《民族区域自治法》，全面执行民族政策，完善民族区域自治制度，保障自治地方的自治权利和民族平等权利，维护民族团结和祖国统一，反对民族分裂。全面正确地贯彻宗教政策，依法加强对宗教事务的管理，积极引导宗教与社会主义社会相适应，引导不信教群众与信教群众、各教派群众相互尊重，和睦相处，为我们伟大祖国的现代化建设大业团结奋斗。

为了保卫国家安全，必须加强国防现代化建设。我国实行积极防御的战略。中国人民解放军要在毛泽东军事思想和邓小平新时期军队建设思想的指引下，按照江泽民同志提出的“政治合格、军事过硬、作风优良、纪律严明、保障有力”的总要求，努力搞好军队的各项建设和改革，走有中国特色的精兵之路。大力发扬人民军队的优良传统，加强思想政治工作，狠抓军事训练，增强现代条件下的作战和防卫能力，积极支持改革开放和地方经济建设。各级政府要关心国防建设，支持军队完成各项任务。坚持不懈地进行国防教育，增强全民国防意识。深入开展拥政爱民、拥军优属活动，维护军人的合法权益，巩固和发展军政团结和军民团结。认真做好民兵预备役工作，加强国防后备力量建设。切实加强人民武装警察部队和公安、安全部门建设，维护国家安全和社会稳定。

六、积极促进祖国和平统一

在新的一年，我们要继续坚定不移地执行“和平统一、一国两制”的方针，积极推进祖国统一大业。

我国恢复对香港和澳门行使主权的时间日益临近。中国政府将一如既往，坚持以《香港特别行政区基本法》、《澳门特别行政区基本法》和全国人大及其常委会的有关决议为依据，抓紧各项准备工作，确保香港和澳门政权的顺利交接和平稳过渡。现在，中葡两国在澳门问题上的合作进展顺利。中英两国政府代表关于香港 1994/1995 年选举安排谈判终止，责任完全在于英方。根据基本法和全国人大常委会的决定，香港特别行政区筹委会预备工作委员会已经开始工作，任务艰巨，责任重大。希望预委会最广泛地团结香港同胞，为筹建香港特别行政区及其第一届政府和立法机关做好各项准备工作，以不辜负全国人民的期望和重托。

英国在香港的殖民统治行将结束，这是任何力量也不能阻挡的。无论发生什么波折，中国政府和中国人民都有决心、有能力，按期恢复对香港行使主权，并且保持香港的长期稳定繁荣。希望香港同胞和全国人民一道，共同努力，为此作出自己的贡献。

经过海峡两岸人民的共同努力，去年两岸经贸合作持续发展，人员往来和文化、科技、体育等领域的交流进一步增加，事务性商谈达成初步谅解。我们坚持在一个中国的原则下，通过增加接触与协商，解决海峡两岸之间存在的分歧。实现祖国和平统一，是全体中国人民的共同愿望，任何分裂祖国的图谋和行为，不论花样如何翻新，违背了中华民族根本利益，都是徒劳的。我们寄希望于台湾当局，更寄希望于台湾人民，希望台湾方面以民族大义为重，与我们一道，为发展两岸关系、推进祖国和平统一而共同努力。

七、关于外交工作

当前国际形势仍处于复杂而深刻的变动之中。世界格局多极化的趋势明显增强。国际形势总体上走向缓和，发展问题更为突出，经济优先正在成为影响国际关系发展的主导因素。谋求缓和、合作、发展与进步是世界各国人民的普遍愿望。但世界并不安宁，一些地区局势动荡，甚至战乱连绵，霸权主义和强权政治依然存在。维护世界和平与促进经济发展，仍然是国际社会面临的主要任务。

在复杂多变的国际形势下，我国坚定不移地奉行独立自主的和平外交政策，外交工作取得新的成就。我国同世界各国的友好合作关系不断扩大，国际地位日益提高，在维护世界和平与促进经济发展方面发挥了重要作用。我们的朋友遍天下。

我国同周边各国的睦邻友好关系进一步加强。中朝友谊继续发展。我国同日本、俄罗斯、韩国的互利合作关系不断扩大。我国同东南亚、南亚和中亚国家的关系继续取得进展。与此同时，我国同亚洲其他国家、非洲、拉丁美洲和南太平洋地区的广大发展中国家，友好合作关系也有进一步发展。

中国同西欧国家和欧共体的关系有了新的改善。中德关系进入新的发展阶段。中法关系翻开了新的一页。中国同西欧国家经贸合作有着广阔前景，只要双方共同努力，相互关系就能进一步巩固和加强。

中美两国保持正常稳定的关系，不仅符合两国人民的根本利益，也有利于亚太地区乃至世界的稳定与发展。处理中美关系应着眼于全球，着眼于二十一世纪。我们主张在相互尊重的基础上，通过对话解决分歧。只要严格遵循中美三个联合公报确立的各项原则，增加信任，减少麻烦，发展合作，不搞对抗，中美关系就会继续得到改善和发展。

中国作为联合国安理会常任理事国，积极参与国际事务，在和平解决国际争端、保护环境、促进社会发展等问题上，发挥了积极作用。第四届世界妇女大会1995年将在北京召开，中国政府和人民正在积极准备。中国主张积极扩大国与国之间的经贸关系，发展南南合作和南北对话。中国主张全面禁止和彻底销毁包括核武器在内的各类大规模杀伤性武器，建议有核国家缔结承诺不首先使用核武器条约，支持通过谈判签订全面禁止核试验条约。中国不搞军备竞赛，不参加军事集团，不谋求势力范围。中国支持就亚太地区的安全与合作问题进行对话，并对此作出了应有的贡献。

无论国际风云如何变幻，中国坚持和平共处五项原则的立场不会改变，同世界各国发展友好合作关系的政策不会改变，同广大发展中国家加强团结合作的方针不会改变。当今世界是多样化的，必须承认各国在社会制度、意识形态、文化传统、民族特点和宗教信仰等方面的差别，相互尊重，互利合作，把国与国之间的关系建立在公认的国际关系准则的基础之上。中国重视人权，愿意在相互平等的基础上参加国际社会就人权问题进行的讨论，但绝不允许任何人以任何借口干涉中国的内政。中国政府支持联合国人权委员会最近通过的谴责某些国家向发展中国家施加压力的决议。我向各位代表报告一个刚刚收到的消息：联合国人权委员会在昨天进行的表决中，某些国家提出的利用人权问题反华的决议案，又一次遭到失败。这充分说明反华是不得人心的。在这里，我代表中国政府和人民，向所有主持正义的国家表示衷心的感谢。中国反对任何形式的霸权主义，中国现在不称霸，将来经济发展起来了，也永远不称霸。中国不会对世界任何国家和地区构成威胁，而始终是一支维护地区和世界和平的可靠力量。中国人民将继续同世界各国人民一道，为建立公正合理的国际政治经济新秩序，为维护世界和平和促进共同发展而努力。

各位代表！

实现祖国强盛和人民富裕，是全国各族人民的共同愿望。现在形势很好，机遇难得。在新的一年里，我们要在邓小平同志建设有中国特色社会主义理论的指引下，在以江泽民同志为核心的党中央领导下，坚定不移地贯彻执行党的基本路线，加强全国各族人民的大团结，同心同德，锐意创新，自力更生，艰苦创业，夺取改革开放和现代化建设的新胜利！

《人民日报》发表社论《胸怀大局共商大计——祝贺八届全国人大二次会议开幕》

全国扭亏增盈工作电话会议在北京召开

国务院发出通知要求切实抓好今年棉花生产

国务院近日向山东、河北、河南、新疆、江苏、湖北等18个省、自治区、直辖市发出通知，要求切实抓好今年的棉花生产。

通知说，棉花是关系国计民生的重要物资。当前棉花春播在即，为把今年的棉花生产抓上去，特作如下通知：

一、要千方百计落实春播棉田面积，确保完成国家今年下达的植棉任务。棉花生产要上去，落实播种面积是基础，抓好春播是重点。黄淮海棉区现有春白地、预留行要优先种棉，有条件的地区要适当扩大夏播棉面积，积极安排荒地植棉。山东、河北、河南三省的棉田面积要有大的恢复。南方棉区除落实好春播棉面积外，有条件的要增加一些麦后棉和大苗移栽面积。新疆棉区要稳步发展。农业部门要做好棉花种子的串换调剂工作。

二、大力扶持棉花生产大县，促进产棉区经济快速发展。国家将安排专项贷款扶持棉花生产大县发展经济，专项贷款和今后对优质棉基地县的建设投资规模，与棉田面积、棉花产量、收购量等挂钩安排。

三、坚持科教兴棉，大力提高单位面积产量。要加强棉花生产技术培训工作，普及种棉知识，积极推广“两膜”棉、育苗移栽、棉麦两熟、化学调节、模式栽培、综合防治病虫害等适用增产技术，扩大良种棉种植面积。

四、产棉区各级政府要立即对今年的棉花生产作出部署安排，主要负责同志要直接过问棉花生产。

建设部发表《中国风景名胜区形势与展望》绿皮书

建设部近日发表《中国风景名胜区形势与展望》绿皮书，号召全社会支持风景名胜区事业的发展，共同保护好人类文化的宝贵遗产。

我国共有风景名胜区512处，面积约9.6万平方公里，占国土面积的1%。1993年接待国内外游客近3亿人次，回笼货币200多亿元人民币。风景名胜区的建立和发展，对保护自然和文化资源，带动旅游、经济、文化以及其他相关事业的发展起到了积极的作用。但是，在目前的开发建设热潮中，一些地方把风景名胜区这一特殊的资源事业等同于经济产业，片面追求经济效益，产生一些破坏性建设行为，使风景名胜区人工化、城市化倾向严重。据此，建设部特公布《中国风景名胜区形势与展望》绿皮书，阐述国家对风景名胜区事业的态度，提出今后风景名胜区事业的发展方向以及对策。

第三批国家重点风景名胜区是：盘山风景名胜区、嶂石岩风景名胜区、北武当山风景名胜区、五老峰风景名胜区、凤凰山风景名胜区、本溪水洞风景名胜区、莫干山风景名胜区、雪窦山风景名胜区、双龙风景名胜区、仙都风景名胜区、齐云山风景名胜区、桃源洞——鳞隐石林风景名胜区、金湖风景名胜区、鸳鸯溪风景名胜区、海坛风景名胜区、冠豸山风景名胜区、王屋山——云台山风景名胜区、隆中风景名胜区、九宫山风景名胜区、韶山风景名胜区、三亚热带海滨风景名胜区、西岭雪山风景名胜区、四面山风景名胜区、四姑娘山风景名胜区、荔波樟江风景名胜区、赤水风景名胜区、马岭河峡谷风景名胜区、腾冲地热火山风景名胜区、瑞丽江——大盈江风景名胜区、九乡风景名胜区、建水风景名胜区、宝鸡天台山风景名胜区、崆峒山风景名胜区、鸣沙山——月牙泉风景名胜区、青海湖风景名胜区。

外交部发言人就中国在联合国人权委员会第五十届会议上挫败西方反华提案一事发表谈话

发言人说，“这不仅是中国的胜利，而且更重要的是国际社会的正义力量团结斗争的胜利。”

3月9日，联合国人权委员会第五十届会议以20票赞成，16票反对，决定对一些西方国家提出的所谓“中国人权局势”决议草案不采取行动，挫败了借口人权问题干涉中国内政的企图。

发言人说，近年来，中国改革开放取得了举世瞩目的成就，呈现了中国历史上前所未有的政局稳定、经济发展、人民安居乐业的局面。然而，少数西方国家却全然不顾这些事实，在联合国人权会上又一次搞反华提案，这只能说明它们对中国人民所取得的成就是不高兴的。实际上，它们关心中国人权是假，对中国施加政治压力，干涉中国内政是真。这种把人权问题政治化和霸权主义的做法，理所当然地遭到了人权委员会大多数成员国的反对。

发言人说，一些西方国家在1990年、1992年和1993年，提出的反华提案都未能付诸表决，今年再次遭到挫败。得道多助，失道寡助。少数国家想凭借强权政治来操纵联合国人权领域活动的企图是不得人心的、完全徒劳的。中国受人欺凌干涉的时代已一去不复返了。任何人都无法阻挡中国人民沿着自己选择的正确道路胜利前进的步伐。发言人说，中国政府对所有主持正义、支持中国的国家表示钦佩和感谢；对那些没有支持反华决议案的国家表示感谢。中国政府重申，愿在相互平等和相互尊重的基础上，在《联合国宪章》原则的指导下，与国际社会一起，为促进和保护人权共同努力。

**外交部发言人就港府将第二部分政制法案提交立

法局讨论一事答记者问

有记者问:港府于3月9日将第二部分政制法案提交立法局讨论,你对此有何评论?

发言人答:中方已多次重申,在中英双方未达成协议的情况下,对香港立法局讨论通过的有关1994/95年选举的任何立法和据此产生的任何机构都只能到1997年6月30日终止。

国家教委办公厅国家民委办公厅印发《全国教育对口支援协作工作会议纪要》

为贯彻《中国教育改革和发展纲要》精神,加快落实全国民族教育工作会议提出的《关于对全国143个少数民族贫困县实施教育扶贫的意见》,国家教委、国家民委于1993年11月27日至29日,在宁夏回族自治区银川市召开了全国教育对口支援协作工作会议。

这次会议,交流了第四次全国民族教育工作会议以来教育对口支援协作的进展情况和经验,研究了进一步搞好这项工作的有关问题,并就会议的有关主要问题形成了会议纪要。现将会议纪要印发给你们,请结合本省、自治区、直辖市的具体情况,按纪要的要求,把教育对口支援协作工作提高到一个新的水平,并将工作进展情况和问题及时报送国家教委和国家民委。

全国教育对口支援协作工作会议纪要(略)

3月11日

八届全国人大二次会议举行第二次大会

会议上午在人民大会堂举行,听取国家计委主任陈锦华作《关于1993年国民经济和社会发展计划执行情况与1994年国民经济和社会发展计划草案的报告》、财政部部长刘仲藜作《关于1993年国家预算执行情况和1994年国家预算草案的报告》。

应全国人大常委会的邀请,正在中国进行友好访问的由芬兰议长丽塔·沃苏凯宁率领的芬兰议会代表团,也旁听大会。

大会执行主席是:王丙乾、孙起孟、王光英、铁木尔·达瓦买提、吴阶平、马万祺、王朝文、毛致用、白清才、刘夫生、阮崇武、李泽民、何竹康、柳随年、宦爵才郎、贾志杰、阎海旺、程维高、普朝柱。王丙乾主持会议。

国家计委主任陈锦华在八届全国人大二次会议上作《关于1993年国民经济和社会发展计划执行情况与1994年国民经济和社会发展计划草案的报告》

各位代表:

现在,我受国务院委托,向大会报告1993年国民经济和社会发展计划执行情况与1994年国民经济和社会发展计划草案,请予审议,并请全国政协各位委员和其他列席人员提出意见。

一、1993年国民经济和社会发展基本情况

1993年,在邓小平同志建设有中国特色社会主义的理论和党的十四大精神指引下,全国各族人民团结奋斗,继续胜利前进。总的来看,1993年国民经济和社会发展计划执行情况是好的。建立社会主义市场经济体制的各项改革,正在按照中共十四届三中全会的决定有计划有步骤地深入展开,并取得重要进展,对外开放进一步扩大,国民经济持续、快速、健康发展,各项社会事业全面进步。

(一)社会生产继续快速增长。全年国内生产总值达到31380亿元,比上年增长百分之十三点四,超过计划增长百分之八的速度。其中,第一产业增长百分之四,第二产业增长百分之二十点四,第三产业增长百分之九点三。农村经济全面发展。粮食、油料产量创造历史最好纪录,全年粮食总产量4564亿公斤,完成计划的百分之一百零三点一,比上年增加138亿公斤。油料总产量1761万吨,完成计划的百分之一百零六点七,比上年增加120万吨。棉花、糖料生产由于种植面积减少和病虫害影响,产量减少,没有完成计划。农作物种植结构向优质、高产、高效方向发展。畜牧业、渔业生产增长较快。肉类总产量比上年增长百分之十点二;水产品产量增长百分之十四点六。乡镇企业继续蓬勃发展,特别是中西部地区乡镇企业发展速度加快。全国完成工业增加值14140亿元,比上年增长百分之二十一点一,其中重工业增长百分之二十二点二,轻工业增长百分之十九点九。主要产品产量持续增加。煤炭产量达到11.41亿吨,增长百分之二点二;原油1.44亿吨,增长百分之一点三;发电量达到8200亿千瓦时,增长百分之八点八;钢8868万吨,增长百分之九点六;乙烯203.9万吨,增长百分之一点八;十种有色金属329.8万吨,增长百分之十点二;水泥3.6亿吨,增长百分之十六点八;汽车131万辆,增长百分之二十二点八;化学纤维221.5万吨,增长百分之三点九;家用洗衣机和电冰箱增长百分之二十以上。工业经济效益有所提高。工业产品销售率由百分之九十五点五提高到百分之九十六点四;资金利税率由百分之十点一提高到百分之十点六;流动资金周转次数由1.66次加快到1.71次。建筑业生产经营继续快速发展。地质勘探取得新成果。第三产业得到新的发展。交通、通信业挖掘潜力,努力满足生产和生活需要。铁路货物周转量完成11936亿吨公里,比上年增长百分之三点一;邮电业务总量完成461亿元,比上年增长百分之五十八点九。金融、会计、审计、信息、咨询以及为居民生活直接

服务的行业发展较快。

（二）重点建设和技术改造得到加强。全年全社会固定资产投资完成 11829 亿元，为年计划的百分之一百四十七点九，比上年增长百分之五十点六，扣除价格因素，实际工作量增长百分之二十二；其中，国有单位基本建设投资完成 4647 亿元，更新改造投资完成 2192 亿元。为缓解国民经济发展的“瓶颈”制约，交通、通信业投资增加较多，在国有单位基本建设投资中所占比重由上年的百分之十四点七上升到百分之二十点二。铁路建设的投资强度和施工进度都是建国以来少有的。全国人民代表大会决定兴建的长江三峡水利枢纽工程施工准备全面展开，一期土石围堰工程和导流明渠施工进展顺利，移民工作正在抓紧进行，建设资金的筹措和到位情况较好，有关重大装备和技术问题的研究取得新的进展。国家重点项目建设完成情况好于往年，一批属于结构调整的骨干项目建成投产。全年全部建成投产的大中型基本建设项目 133 个，限额以上更新改造项目 128 个。新增加的发电装机容量 1438 万千瓦，石油开采能力 1542 万吨，铁路新线、复线和电气化线路交付运营里程 1019 公里，公路 3556 公里，港口吞吐能力 3752 万吨，住宅电话 367.2 万户。还有一批社会公益性项目建成交付使用。

（三）对外贸易和经济技术交流进一步扩大。沿海地区对外开放向优化产业结构的方向发展，上海浦东开发开放步伐加快，新设立了一批沿边、沿海、沿江城市的经济技术开发区。对外贸易持续发展，全年进出口总额 1958 亿美元，比上年增长百分之十八点二。其中出口总额 918 亿美元，增长百分之八；进口总额 1040 亿美元，增长百分之二十九。出口商品结构进一步优化，工业制成品比重上升，其中附加值较高的机电产品已上升到百分之二十四点七。利用外资大幅度增加，全年实际利用外资 367.7 亿美元，比上年增长百分之九十一点五。其中，外商实际直接投资 258 亿美元，增长 1.3 倍；利用国外贷款 108 亿美元，增长百分之三十六点五。外商投资结构有所改善，中长期开发投资增多，境外大公司、大财团投资增加，投资领域逐步向基础设施、基础工业扩展，向中西部地区的投资增多。国际旅游业取得好成绩，旅游外汇收入增加较多。年末国家现汇结存达到 212 亿美元，比年初增长百分之九。

（四）国内市场繁荣活跃。1993 年社会消费品零售总额 12237 亿元，比上年增长百分之二十六点一，扣除价格因素，实际增长百分之十一点六。消费品货源充裕，花色品种丰富，供求平衡和供过于求的商品占百分之九十以上。生产资料流通量扩大。全年县及县以上物资供销企业销售生产资料 7796 亿元，比上年增长百分之三十二点三。全年农业生产资料零售额 1356 亿元，扣除价格因素，实际下降百分之七点八。

（五）科技、教育和各项社会事业蓬勃发展。国家重点科技项目取得新成果。1993 年全国共取得省部级以上重大科技成果 3.3 万项，获国家奖励的成果 781 项。科技成果向现实生产力转化取得新进展。主要粮食作物新品种推广面积 2000 多万亩。工业新产品、新技术、新工艺的开发和应用取得较好的经济效益和社会效益。铁路重载运输配套技术在一些重要干线推广应用；光纤通信技术已进入产业化阶段，建成开通了北京—武汉—广州四次群光纤通信线；新一代钻井技术在开发特殊油藏中发挥了作用；“曙光一号”计算机在技术方面取得重大突破。国家对基础科学研究增加了投入，在超导、植物基因工程、大气与地球科学、信息技术研究等领域取得一批达到国际先进水平的成果。技术市场健康发展，全年技术交易额达到 207.6 亿元。

教育事业进一步发展。基础教育得到加强，小学学龄儿童入学率达到百分之九十七点七，各类中等职业教育又有新发展。普通高等学校招收本专科生 92.4 万人，比上年增长百分之二十二点五；在校学生 253.6 万人，增长百分之十六点一。研究生招生 4.2 万人，增长百分之二十七点三。文化、新闻、出版、广播、电影、电视、卫生、体育等事业都取得新的成绩。计划生育工作取得新进展，人口自然增长率为千分之十一点四五，比计划要求低 2.43 个千分点。环境污染治理取得新成绩。

（六）城乡人民生活继续改善。居民收入总体上继续增加。全年城镇居民人均生活费收入 2337 元，扣除价格因素，比上年增长百分之十点二；农村居民人均纯收入 921 元，扣除价格因素，增长百分之三点二。城乡居民储蓄存款余额 14764 亿元，比上年末增加 3219 亿元，增长百分之二十七点九。居民持有的股票、债券等金融资产也有较多增加。城镇新安排就业 705 万人，年末城镇失业率为百分之二点六。城乡居住条件继续改善，全年新建住宅 8.36 亿平方米；其中，城镇 2.66 亿平方米，农村 5.7 亿平方米。

1993 年是国民经济和社会发展取得重大成就的一年，也是建立社会主义市场经济体制的改革取得重要进展的一年。以公有制为主体的多种经济成分继续发展，国民经济的市场化程度进一步提高。农村改革不断深化。《企业法》和《全民所有制工业企业转换经营机制条例》进一步贯彻落实，国有企业改革取得新进展。价格改革迈出较大步伐，价格关系进一步理顺。绝大多数地方放开了粮油购销价格，放开了大部分统配煤炭和钢材价格，提高了部分原油、铁路货运、电力和棉花定购价格。资本、劳动力、技术和信息等生产要素市场发展加快。在金融、财税、投资、计划、外贸、劳动、工资、住房和社会保障制度等领域，研究制定了深化改革的方案，有的已经付诸实施，有的将逐步实施。

1993年各项成就的取得，是全国人民在党中央领导下，继续贯彻邓小平同志重要谈话和党的十四大精神，抓住机遇，加快改革开放和现代化建设的结果。同时，也是党中央和国务院针对经济运行中出现的突出矛盾，及时采取深化改革、加强和改善宏观调控措施的结果。去年的实践证明，为了实现国民经济持续、快速、健康发展，加快建立社会主义市场经济体制，既要充分发挥市场对配置资源的基础性作用，又必须切实加强和改善国家对经济的宏观调控。宏观调控要适应新形势，主要采用经济的和法律的手段，实行间接调控。

1993年，国民经济在取得重大成就的同时，经济生活中还存在着一些突出的矛盾和问题。主要是：固定资产投资规模过大，投资结构不够合理，经济增长的结构性矛盾还很突出，交通、通信、石油、电力等基础设施和基础工业仍然是国民经济的"瓶颈"制约环节。一部分国有企业比较困难，亏损额和亏损面较大。特别是物价上涨幅度比较高，较多地超过了计划确定的宏观调控目标，全国商品零售物价总水平比上年上涨百分之十三；居民生活费用价格指数上升百分之十四点七，其中35个大中城市职工生活费用价格指数上升百分之十九点六。这些前进中的问题，引起了各级政府的严重关注，已经和正在采取积极措施加以解决。在物价方面，国务院先后召开了平抑粮油价格和"菜篮子"工作会议，投放粮食等重要物资，平抑市场价格，增加有效供给能力，加强市场物价监管，以保障居民生活的稳定。

二、1994年国民经济和社会发展计划的主要目标与任务

1994年是建立社会主义市场经济体制改革的关键一年，是继续保持国民经济良好发展势头的重要一年。抓住机遇，深化改革，扩大开放，促进发展，保持稳定，是全国工作的大局。1994年国民经济和社会发展计划的制订和实施，应服从和服务于这个大局，要以邓小平同志建设有中国特色社会主义的理论和党的基本路线为指导，全面贯彻党的十四大和十四届三中全会精神，加快建立社会主义市场经济体制，扩大对外开放，加强和改善宏观调控，大力调整经济结构，推动技术进步，积极开拓市场，提高经济效益，控制通货膨胀，保持国民经济持续、快速、健康发展。

按照以上要求，1994年国民经济和社会发展计划的主要宏观调控目标是：

——国内生产总值比上年增长百分之九。其中，第一产业增长百分之三，第二产业增长百分之十点七，第三产业增长百分之十一或略高一些。

——全社会固定资产投资总规模13000亿元。其中，国有单位投资8750亿元，集体和个体投资4250亿元。

——当年财政赤字669亿元，加上今年到期需归还的国内外债务本息和专项用于重点建设的国外借款，今年内外债务总额为1292亿元。

——银行新增贷款4700亿元。

——社会商品零售总额16000亿元。其中，农业生产资料零售额1490亿元。

——进出口总额2000亿美元。其中，出口1000亿美元，进口1000亿美元。

——全国商品零售物价总水平上涨幅度控制在百分之十以内。

——提高经济效益，企业的产品销售率、资金利税率、劳动生产率、流动资金周转次数和节能率都要有所提高。

——全国人口自然增长率控制在千分之十三左右。

以上宏观调控目标，既考虑了国民经济持续、快速、健康发展的要求，又注意到为今年各项重大改革出台和实施创造比较宽松的环境；既考虑到今年经济继续又快又好地发展，又考虑到为明年乃至以后几年保持持续增长创造条件。

1994年国民经济和社会发展的主要任务有以下几个方面：

（一）坚持把农业放在首要位置，全面发展农村经济。

继续加强农业的基础地位，繁荣农村经济，增加农民收入，关系到国民经济发展和社会稳定的全局。要千方百计争取农业有个好收成，确保粮食、棉花、油料等主要农产品稳产增产。全年计划粮食产量4500亿公斤，棉花485万吨，油料1765万吨。全面落实党的十四届三中全会和中央农村工作会议精神，继续执行党在农村的各项经济政策，贯彻落实《农业法》、《农业技术推广法》和《九十年代中国农业发展纲要》。进一步深化改革，稳定和完善以家庭联产承包为主的责任制和统分结合的双层经营体制，逐步把农业和农村经济引入社会主义市场经济轨道。今年着重抓好以下几个方面：(1)切实保护好耕地，稳定主要农作物播种面积，其中粮食播种面积16.5亿亩，棉花播种面积争取9000万亩，抓好旱籼稻等高产作物的种植，努力提高单位面积产量。(2)因地制宜地开发农、林、牧、副、渔等各种资源，大力发展多种经营、农产品加工业和第三产业，提高农产品附加值，增加农民收入。继续落实减轻农民负担的各项措施。(3)从新粮新棉上市起，适当提

高粮食收购价格和棉花定购价格。(4)支持粮棉主产区发展经济。国家将重点扶持500个商品粮大县和150个优质棉大县发展经济。(5)大力发展高产优质高效农业,建立一批各具特色的示范区,实行科技、资金和物资综合配套投入。(6)加强农业基础设施建设,改善农业生产条件。继续搞好大江大河大湖的综合治理骨干工程建设,抓紧南水北调中线工程的前期准备工作。进一步加强农田水利基本建设。继续进行"三北"、长江中上游、沿海等大型生态防护林体系工程建设,搞好长江、黄河中上游的水土保持工作。(7)增加对农业的投入。1994年中央安排的基本建设预算内拨款和银行基建贷款中用于农林水利的投资,比1993年计划增长百分之三十五点六。各级地方政府也要尽力增加对农业的投入,同时引导农民增加劳动积累和资金积累。(8)加快推广先进适用的农业科学技术成果。1994年推广杂交水稻2.3亿亩,杂交玉米2.7亿亩,配方施肥面积6.5亿亩,秸秆还田4亿亩次,地膜覆盖面积7000万亩,改良涝洼盐碱地5000万亩。积极推广化肥深施技术、农作物模式化栽培技术和农牧渔主要病虫害防治技术。加强对灾害性天气的预报和监测。搞好农业社会化服务体系建设。(9)继续引导乡镇企业按照国家产业政策优化结构,提高效益。落实中央关于扶持中西部地区和少数民族地区乡镇企业发展的措施。加强规划,引导乡镇企业适当集中,按照注重效益的原则,充分利用和改造现有小城镇,建设新的小城镇。(10)认真贯彻落实党中央、国务院确定的用7年时间解决8000万贫困人口温饱和脱贫致富问题的"攻坚计划"。1994年国家安排61亿元库存工业品和粮食以工代赈计划,比上年增长百分之十九点六,重点支持"老少边穷"地区发展经济。

(二)大力调整结构,改善经营管理,提高效益,搞好国有大中型企业。

经济结构不合理,经济效益低下,是当前我国经济发展中的突出问题。1994年工业生产必须真正把重点放到优化结构、提高效益上来,通过深化改革、开拓市场、强化管理、加快技术进步,保持有效益的增长速度。为此,应当着重抓好以下工作:一是积极增产短线的基础工业产品,增强对国民经济持续快速增长的支撑能力。1994年计划原煤产量11.6亿吨,原油1.441亿吨,发电量8900亿千瓦时,钢9100万吨,十种有色金属330万吨,乙烯210万吨。二是以市场需求为导向,及时调整产品结构,积极扶持适销对路产品的生产,做好积压产品的限产压库促销工作,大力开拓国内外市场,特别是农村市场。适应不同消费层次的需要,积极开发新产品、新花色、新款式、新品种。三是切实把提高产品质量放在首位,健全质量管理和保障体系,实行质量否决制度,充分发挥市场竞争机制在提高产品质量方面的优胜劣汰作用。坚决依法惩处生产和销售假冒伪劣产品的行为。四是努力减少能源、原材料消耗,加快资金周转,降低生产成本。进一步抓好扭亏增盈。全年要求,每万元工业总产值耗电比去年降低百分之八至百分之十,工业产品销售率保持在百分之九十六以上,流动资金周转次数由上年的1.71次提高到1.75次,全员劳动生产率、资金利税率、成本费用利润率进一步提高,企业亏损面和亏损额都要有所减少。

国有企业特别是国有大中型企业,是我国经济发展和振兴的支柱,要在搞好国有大中型企业上花更大的力量。按照转换企业经营机制、建立现代企业制度的要求,深化企业改革,把企业应有的各项权利和责任真正落到实处,增强企业活力,提高企业适应市场变化的竞争能力和新产品、新技术开发能力。认真贯彻《企业财务通则》和《企业会计准则》,建立规范化的财务会计制度。切实加强国有资产管理,落实企业国有资产保值增值责任,防止国有资产流失。积极发挥大型企业集团在调整产业结构和企业组织结构中的作用。高度重视和切实加强安全生产。

(三)保持合理的固定资产投资规模,着力优化投资结构。

鉴于当前固定资产投资在建规模已经很大,今年必须严格控制投资的过快增长,把工作的重点放在优化投资结构、提高投资效益上。1994年国有单位固定资产投资中,基本建设投资4850亿元,技术改造投资2500亿元,房地产开发建设投资800亿元。按照产业政策的要求,加大基础设施、基础产业和支柱产业的投资强度,把增加的国家投资主要用于农业、水利、交通、通信、能源、重要原材料、电子以及科技、教育等方面,增加开发中西部资源的投资。重点建设投资,首先集中用于竣工投产项目和续建项目,列入"八五"计划必须新开工的重点项目,特别是集中力量抓好一批关系全局的重大项目。包括淮河、太湖、洞庭湖治理工程,黄河小浪底水利枢纽工程等水利项目,京九、兰新等铁路工程,秦皇岛、大连、上海等重点港口工程,京沈哈、京汉广、西兰乌等光缆干线,东部地区和山西、内蒙古、陕西大型煤炭基地和大型水、火电站等重要工程,抓紧建设国家定点的轿车项目、无锡微电子工程和应用卫星专项等。搞好长江三峡工程前期准备工作,左右岸工程同时展开,对外交通工程和西陵大桥全面施工,完成坝区征地移民工作。继续抓好宝钢三期等一批重大项目的前期准备工作。对生产能力过剩的加工工业的项目投资严格加以控制。基础设施和基础工业项目,也要按照国家统筹规划、合理布局、注重效益、量力而行的原则,分别轻重缓急,首先抓好关系全局的国家重点项目,避免盲目建设、重复建设。今年不再批准设立各类新的开发区。因对外开放确需兴建的旅游设施、宾馆、写字楼等项目，必须按国家规定程序报批，从严控制。

进一步抓好现有企业特别是国有大中型企业和老工业基地的技术改造，以提高经济效益为中心，增强企业自我发展实力，走内涵扩大再生产的道路。技术改造投资按照调整结构、提高效益的要求，重点用于开发新产品，提高产品性能、质量和档次，降低能源、原材料消耗，以及有利于安全生产和环境保护等方面。加大交通运输、通信、能源、原材料工业企业技术改造资金的投入。

控制投资规模、优化投资结构、提高投资效益，关键在于加快投资体制改革。逐步建立法人投资和银行信贷投资的风险责任，按不同的投资领域实行不同的投融资方式，逐步使企业成为投资主体。合理划分各级政府在基础设施和公益事业投资方面的范围和责任。发挥国家开发银行政策性投融资的职能。根据国家的政策和法规，采取联合投资、股份投资等多种形式，引导地方和企业把更多的资金投向基础设施和基础产业。推行建设项目法人代表责任制、招标投标制，建立建设项目申报备案制度。

（四）进一步扩大对外开放，积极有效地利用国外资金、资源、技术和市场。

抓住当前国际上对我有利的时机，进一步扩大对外贸易和经济技术交流。通过外贸外汇体制改革，促进扩大出口，合理引导进口，努力实现当年外汇收支平衡。出口贸易必须坚定不移地贯彻市场多元化和以质取胜的战略，在保持和发展现有市场的同时，开拓新市场。继续改善出口商品结构，加快由初加工制成品向深加工制成品的转变，鼓励和促进高新技术产品出口。实行技、工、贸结合，大力促进国际竞争力强、技术含量高、附加价值大、出口前景好的机电产品和成套设备出口。抓紧建立质量认证制度。鼓励和支持有实力、有信誉的大中型企业，以高质量的商品和优良的售后服务，开拓国外市场。发展国际化、实业化、集团化的综合贸易公司。严格执行出口结汇、售汇制度，提高出口结汇率，完善出口退税制度。加强进口管理，优化进口结构。继续严厉打击走私。从严控制境外投资和资本项目的外汇流出，加强对境外企业的监督管理。继续大力发展国际旅游业，增加非贸易外汇收入。认真抓好进出口贸易和非贸易收付汇的核销，加强外汇收付的监督、检查，堵塞逃汇、套汇和资本外流的漏洞。

继续搞好经济特区、上海浦东新区、沿海开放城市和开放地带、经济技术开发区，以及沿边、沿江和内陆中心城市的对外开放。进一步改善投资环境，拓宽利用外资领域，提高利用外资的效益和质量，积极有效地利用外资。根据国内资金配套能力，更多吸收外商直接投资，提高外商资金到位率。按照国家产业政策引导外资投向，使外资更多地投向基础设施、基础产业，引向重点建设和现有企业技术改造，特别是出口创汇项目。支持中西部地区利用外资开发资源。中外合资、合作经营企业应当严格遵守中外双方利益共享、风险共担的原则，做到外汇自求平衡。国有企业对外出售股权或以存量资产与外商进行合资或合作经营的，必须经过资产评估，防止国有资产流失。借用国际商业性贷款要从严控制，继续实行指令性计划管理。鼓励和支持地方、部门及外债较多的企业建立偿债基金制度，确保外债按期还本付息。

（五）切实把经济建设转到依靠科技进步的轨道，进一步发展教育事业。

继续贯彻科学技术是第一生产力的指导思想，贯彻《国家中长期科学技术发展纲要》。今年科技工作着重抓好以下几个方面：一是大力推进产业技术进步。通过技术市场和必要的信贷、投资支持，抓好一批覆盖面广、附加值高、效益好、带动作用强的科技成果的推广应用，促使科技成果更多更快地应用于生产建设。二是继续抓好对经济和社会发展有重大作用的科技攻关和重大科技的产业化工程。在一些重点产业和高技术领域，安排一批国家重点工业试验项目，继续抓好高技术研究发展计划、“火炬”计划的贯彻实施，加快高新技术商品化、产业化、国际化进程。三是加强科研基础设施和队伍的建设。新建和扩建一批工程技术研究中心和国家重点实验室。进一步实施“攀登”计划。四是尽快使企业成为技术开发的主体。进一步发挥市场机制作用，积极促进科技经济一体化。鼓励和引导科技开发机构面向市场、创办高新技术企业。提倡企业与高等院校、科研单位联合建立不同形式的技术开发机构，支持有条件的企业集团和大中型企业建立技术开发中心。在科技人才的分布和科技开发资金的使用上，增加企业所占的比重，形成市场、科研、生产密切结合的技术进步机制。

继续把教育摆在优先发展的战略地位，认真贯彻落实《中国教育改革和发展纲要》。进一步加强基础教育，重点抓好九年制义务教育，对边远和贫困地区实施义务教育要给予更多的扶持。大力发展中等职业教育和各种形式的成人教育。在保证办学条件和教学质量的前提下，稳步发展高等教育。1994 年全国普通高等学校本专科招生 89.5 万人，研究生 4.2 万人。各级各类学校都要注重提高教学质量和办学效益。继续增加教育投入。义务教育主要由政府投资办学，同时鼓励多渠道、多形式社会集资办学和民间办学。职业教育、成人教育更多地面向市场需求，发挥社会各方面办学的积极性。改革高等学校办学体制，鼓励联合办学，逐步实行中央和地方两级管理的体制，扩大地方和院校的办学自主权。各级各类学校都要重视和改善德育教育。认真贯彻执行《教师法》，努力改善教师待遇，进一步加强教师队伍建设。

（六）继续改善人民生活，发展各项社会事业。

在发展经济和提高劳动生产率的基础上，继续提高人民生活水平。要把努力增加农民收入，作为今年经济工作的一项重要任务。全面发展农村经济，适当提高粮、棉收购价格，使农民收入有较多增加。国有企业要随着生产发展和经济效益的提高，相应增加职工工资。继续推行公务员制度和事业单位工资改革。注意关心和妥善安排离退休人员、生产经营困难企业职工和贫困地区农民的生活，采取措施，帮助他们解决困难。继续广开门路，拓宽劳动力市场，合理引导机关、企业和农村富余人员的流动，增加城镇就业。积极推进城镇居民住宅商品化改革，降低住宅建设成本，增加居民住房建设。适应深化改革、保持社会稳定的需要，加快社会保障制度的改革，逐步建立多形式、多层次的社会保障体系。

促进社会事业全面进步是国家宏观调控的重要任务。进一步加强社会主义精神文明建设，积极发展文化、新闻、出版、广播、影视、卫生、体育等事业。通过多渠道、多形式增加投入，改善社会发展领域的基础设施。继续认真抓好计划生育工作，重点放在农村和流动人口上，努力将人口自然增长率控制在宏观调控目标之内。进一步加强环境保护，切实搞好污染治理，大力植树造林，改善生态环境。保护和合理利用土地、矿藏、森林和水等自然资源。今年国家还要组织制定全国社会事业发展纲要，以引导社会事业更好地发展。

三、加强和改善宏观调控，全面实现1994年国民经济和社会发展计划

1994年改革和发展的任务都很繁重。全面完成今年国民经济和社会发展计划，必须从多方面积极努力，进行扎扎实实的工作。其中一个重要方面，是要根据建立社会主义市场经济体制、深入进行各项重大改革和保持经济持续发展良好势头的要求，加强和改善宏观调控。

（一）宏观调控的基本出发点是保持改革、发展和稳定的相互协调、相互统一。我们面临着加快改革开放和现代化建设的难得的历史性机遇。我们要在国民经济的快速发展中推进经济体制改革，又要在加快建立社会主义市场经济体制进程中保持国民经济的快速增长，同时还必须保持社会环境的稳定。改革是经济社会发展的动力，发展是改革和稳定的基础，而稳定是改革和发展的前提，没有社会环境的稳定，一切都无从谈起。

今年，在国民经济连续两年高速增长之后，“瓶颈”产业制约强化，通货膨胀压力加大。在这种情况下，处理好改革、发展和稳定的关系，必须十分注意把握几点：一是国民经济既要继续保持快速增长的势头，又要注意宏观经济环境趋紧的情况，不能不顾实际可能盲目追求过高的速度。就全国来说，今年计划百分之九的经济增长速度，是比较符合实际的，各地区应当根据自己的实际情况确定适当的增长速度，不要互相攀比。发展是硬道理。发展要有新思路，关键是把重点放到优化经济结构，加快技术进步，强化经营管理，提高经济效益上。这样，才能为改革创造比较好的经济环境，又有利于保持社会稳定。二是按照党中央和国务院的部署，精心组织好财税、金融、投资、外贸和企业制度等重大改革的实施，搞好各项改革措施的协调配套和新旧体制的过渡衔接，继续做好舆论引导和宣传思想工作。同时，密切注意并及时解决改革进程中出现的新情况、新问题。三是抑制通货膨胀，保持市场稳定，这是关系到经济稳定增长和广大人民切身利益的大事，是当前维护社会稳定的重要方面。各地区、各部门要高度重视，通力合作，综合协调运用好各种经济手段、法律手段和必要的行政手段，保证国民经济的健康运行。

（二）宏观调控的主要任务是保持社会总供给与总需求的大体平衡。当前，为了保持社会供求总量大体平衡，要在千方百计增加有效供给的同时，注意控制社会总需求的过快增长。

首先，严格控制固定资产投资规模。认真执行今年一月国务院《关于继续加强固定资产投资宏观调控的通知》，任何地方和部门都不能突破国家下达的固定资产投资规模，对去年已经决定停建、缓建的项目，不得擅自恢复建设。各级银行必须严格执行国家的固定资产投资贷款计划，严格控制固定资产投资贷款，不准对未经国务院和国家计委批准的新开工项目和计划外项目发放贷款。加强对银行同业拆借市场的规范化管理，严格执行国家下达的证券发行计划，坚决制止各种形式的非法集资活动。切实防止开发区热和房地产热再次抬头。房地产开发建设重点是配合住房制度改革进行商品住宅建设，各地不得以住宅建设为名，扩大固定资产投资规模。为了防止盲目布点、重复建设，国家计委将会同有关部门、地区抓紧制定一些热点产品和项目的专项规划，更好地运用市场和计划两种手段进行资源优化配置。

其次，合理控制和引导消费需求的增长。认真执行去年国务院《关于机关和事业单位工作人员工资制度改革问题的通知》，严格控制工资增加的水平。采取有力措施保证企业职工工资总额的增长率低于企业经济效

益增长率，职工平均工资增长率低于本企业劳动生产率的增长幅度。防止以侵蚀国有资产的方式增加个人收入。运用经济手段对个人收入进行调节，加强税收征管，特别是个人收入所得税的征收。坚决制止各种滥发奖金、津贴的现象。在全社会提倡崇俭尚实、艰苦创业的作风，坚决克服比较普遍存在的铺张浪费现象。

第三，继续把好货币和信贷两个闸门，强化财政预算约束。通过深化金融体制改革，强化中央银行的货币调控和对各类金融机构的监管职能，从严控制基础货币投放。各家银行和其他金融机构都要严格控制贷款规模，大力优化信贷结构，保证重点生产建设需要，提高资金使用效益。继续整顿金融秩序。积极推进财税改革，大力开源节流，增加财政收入，控制财政支出的过快增长，缩小收支差额，把财政赤字控制在宏观调控目标之内。

（三）宏观调控要着力控制物价总水平的上涨幅度。为了进一步理顺价格关系，培育和发展市场体系，促进经济结构调整和经济发展，今年要在充分考虑国家、企业和群众承受能力的基础上，适当调整能源和粮、棉等价格。鉴于去年以来物价上涨的幅度较高，今年的物价上涨面临着较大压力，在推进价格改革的同时，必须千方百计把物价总水平上涨幅度控制在计划确定的宏观调控目标之内。为此，需要采取以下措施：(1)努力增加社会有效供应，用最大的力量抓好居民生活必需品的生产和供应，特别是抓好粮、棉、油、糖、肉等主要农产品生产和城市"菜篮子"工程。(2)按照中央的统一部署，周密组织好国家已安排的调价措施，各部门各地方都不得趁机"搭车"出台新的提高商品价格和服务收费的措施。同时，正确贯彻执行新的税收制度，不准借机提高现行出厂价、批发价和零售价。(3)疏通流通渠道，清除各种流通障碍，减少流通环节，降低费用，建立城市副食品产区与销区长期稳定的供销关系，加强粮、油等重要商品的调运工作。(4)建立和完善粮、棉、油、肉、糖等主要农产品储备制度和粮食、副食品风险基金，搞好市场吞吐调节，平抑市场价格。(5)完善市场监控体系。加强对居民基本生活必需品和基本服务价格的监管。各地区都要从本地的实际情况出发，明确提出实行价格监管的重要商品目录。同时，建立和实行对商品和服务项目的明码标价制度和少数重要商品提价备案申报制度。国务院颁布的《关于加强对居民基本生活必需品和服务价格监审的通知》和国家计委《关于商品和服务项目实行明码标价的规定》，各地方必须认真贯彻执行。继续清理各种乱收费，制止垄断行业的乱涨价和变相涨价，充分发挥舆论部门、消费者组织和行业组织的作用，加强对物价的社会舆论监督和群众监督。(6)规范市场秩序，加强市场管理。加快市场立法和价格立法，鼓励正当竞争，反对垄断，保护合法盈利，制止欺诈暴利。加强物价的执法检查。国务院决定，今年上半年和下半年要组织力量分别进行两次全国性的物价大检查，严肃查处非法涨价和扰乱市场秩序的行为。(7)各级物价、工商行政管理等部门要切实加强对市场物价和市场秩序的监督检查，更好地履行对物价和市场的监管职能。

（四）宏观调控体系需要在深化改革中不断完善。发展社会主义市场经济，保持国民经济持续、快速、健康发展，必须按照中共十四届三中全会《关于建立社会主义市场经济体制若干问题的决定》，逐步建立健全宏观调控体系。一是各部门、各地区都必须维护国家宏观调控的权威性，努力保证今年国家宏观调控目标和任务的实现，在制定本部门、本地区工作部署时，认真考虑和服从国家宏观调控的大局。二是建立计划、金融、财政之间相互配合和制约的机制，加强对经济运行的综合协调，促进各项宏观经济政策的相互衔接，以及经济手段、法律手段和必要的行政手段的综合运用，使之密切配合，形成合力，及时地进行微调，避免矛盾积累，防止经济大起大落，提高宏观调控的有效性。三是加强对经济走势的监测和预警、预报。密切跟踪经济运行的态势，研究经济生活中可能出现的矛盾和问题，及时发出预警并采取切实有效的政策措施。加强和完善国民经济和各类市场的信息收集、分析、发布制度，充分发挥信息引导对促进国民经济健康运行的作用。四是继续深化计划体制改革，发挥国家计划在宏观调控中的应有作用。按照中共十四届三中全会决定的要求，计划工作要突出宏观性、战略性、政策性，搞好中长期计划和年度计划的制定，合理确定国民经济和社会发展的战略、宏观调控目标和产业政策，规划重大经济结构、生产力布局、国土整治和重点建设，综合协调宏观经济政策和经济杠杆的运用。

各位代表：做好今年的经济计划工作，对于加快建立社会主义市场经济体制，保持国民经济持续、快速、健康发展，促进社会全面进步，具有重要意义。我们要更加紧密地团结在以江泽民同志为核心的党中央周围，在邓小平同志建设有中国特色社会主义理论和党的基本路线指引下，解放思想，实事求是，服从大局，扎实工作，为全面完成 1994 年国民经济和社会发展计划而努力奋斗！

财政部部长刘仲藜在八届全国人大二次会议上作《关于 1993 年国家预算执行情况和 1994 年国家预算草案的报告》

各位代表：

我受国务院委托，向大会提出 1993 年国家预算执行情况和 1994 年国家预算草案的报告，请予审议，并请全国政协各位委员和其他列席人员提出意见。

一、1993 年国家预算执行情况

1993 年，全国各族人民在邓小平同志建设有中国特色社会主义理论和党的基本路线指引下，全面贯彻党的十四大精神，同心协力，真抓实干，各方面都取得了巨大成就。经济体制改革不断深化，国民经济保持了持续、快速、健康发展的势头。农业获得了好的收成；工业生产快速增长；国内市场繁荣，居民收入增加，人民生活水平继续提高；固定资产投资结构有所改善，基础设施和基础产业建设得到加强；对外开放进一步扩大，国际经济合作和贸易往来明显增加。以上情况表明，改革开放已经给我国经济带来了生机勃勃的活力和巨大的发展潜力，整个经济运行继续向健康的方向发展，党中央和国务院采取加强和改善宏观调控的措施是完全必要和正确的。

在此基础上，1993 年国家财政总收入 5114.82 亿元（包括国内外债务收入 693.84 亿元），完成预算的百分之一百一十三点一，比上年增长百分之二十三点二；国家财政总支出 5319.82 亿元（包括国内外债务还本付息支出 337.35 亿元），完成预算的百分之一百一十二点五，比上年增长百分之二十一点二。收入和支出相抵，支出大于收入 205 亿元，未突破预算确定的数额。其中，中央财政赤字 205 亿元，与预算持平；地方财政收支平衡。这些数字是根据预算执行月报初步汇总的，在国家决算审编后，还会有一些变化。

1993 年国家财政收支按复式预算汇总的完成情况是：

经常性预算收入 4073.91 亿元，完成预算的百分之一百一十九点三。主要收入项目的完成情况是：（一）各项税收 4028.05 亿元，完成预算的百分之一百一十六点三。（二）国家预算调节基金收入 101.72 亿元，完成预算的百分之八十六点二。（三）其他收入 178.89 亿元，完成预算的百分之一百八十七点七。（四）非生产性企业亏损补贴 205.27 亿元，比预算减亏 14.73 亿元，已相应冲减收入。经常性预算支出 3348.34 亿元，完成预算的百分之一百一十一点三，占国家预算支出的百分之六十二点九。主要支出项目的完成情况是：（一）非生产性基本建设支出 195.19 亿元，完成预算的百分之一百一十二点四。（二）事业发展和社会保障支出 1297.18 亿元，完成预算的百分之一百一十二点一。其中，农林水事业费 142.14 亿元，完成预算的百分之一百零七点五；文教科学卫生事业费 960.46 亿元，完成预算的百分之一百一十二点七；抚恤和社会救济支出 75.16 亿元，完成预算的百分之一百零八点四。（三）国家政权建设支出 1024.06 亿元，完成预算的百分之一百一十二点二。其中，行政管理费 540.33 亿元，完成预算的百分之一百二十一点五；国防费 432.48 亿元，完成预算的百分之一百零一点八。（四）价格补贴支出 296.22 亿元，完成预算的百分之七十九点五。（五）其他支出 517.19 亿元，完成预算的百分之一百四十九点七。经常性预算收入和支出相抵，结余 725.57 亿元，转入建设性预算。

建设性预算收入（不包括国内外债务收入，下同）1072.64 亿元，完成预算的百分之一百二十二点五。主要收入项目的完成情况是：（一）经常性预算结余转入 725.57 亿元。（二）专项建设性收入（包括能源交通重点建设资金收入和城市维护建设税等）486.99 亿元，完成预算的百分之九十六点七。（三）企业收入 54.33 亿元，完成预算的百分之六十五点一。（四）调入资金 13.02 亿元，完成预算的百分之二十六。（五）生产性企业亏损补贴 207.27 亿元，比预算增亏 38.77 亿元，已相应冲减收入。建设性预算支出 1971.48 亿元（包括国内外债务还本付息支出），完成预算的百分之一百一十四点六，占预算总支出的百分之三十七点一。主要支出项目的完成情况是：（一）生产性基本建设支出 731.87 亿元（含用国外借款安排的 260 亿元），完成预算的百分之一百零二点八。（二）企业挖潜改造资金和新产品试制费 423.62 亿元，完成预算的百分之一百七十点五。（三）增拨企业流动资金 18.82 亿元，完成预算的百分之一百三十四点四。（四）地质勘探费 51.6 亿元，完成预算的百分之一百零五。（五）支援农业生产支出 179.77 亿元，完成预算的百分之一百一十二点六。（六）城市维护建设支出 194.7 亿元，完成预算的百分之一百二十四点七。（七）支援经济不发达地区发展资金 22.26 亿元，完成预算的百分之一百零四点六。（八）国内外债务还本付息支出 337.35 亿元，完成预算的百分之九十六点五。建设性预算收入和支出相抵，差额 898.84 亿元，全部反映在中央财政上。其中，通过举借国内债务弥补了 384.84 亿元，向国外借款弥补了 309 亿元，其余 205 亿元为财政硬赤字，按照去年八届全国人大一次会议批准的预算，将通过向人民银行借款弥补。

1993 年国家预算执行结果，收入和支出都较大幅度地超过了预算数额。我们初步分析，财政收入大幅度超收，主要是三方面因素促成的：一是国民经济持续快速增长，财政收入相应增加。1993 年，国内生产总值比上年增长百分之十三点四；工业增加值比上年增长百分之二十一点一；社会消费品零售总额比上年增长百分之二十六点一。国民经济的快速增长和商品流通的扩大，使财政收入中与经济增长密切相关的一些主要税种超收较多，仅产品税、增值税、营业税收入，就比预算超过495亿元。二是加强和改善宏观调控的措施取得积极成效，收入流失明显减少。去年以来，随着党中央、国务院加强和改善宏观调控措施的落实，擅自减免税、随意退税、包税等违犯财税法纪的情况得到了有效控制，并且停止了临时性、困难性减免税的审批，财政收入出现了逐月增长的态势。据国家税务总局统计，仅清理收回减免的税款和历年欠税，就有300亿元左右。三是中央确定1994年实行分税制财政体制，以1993年为基期年核定中央财政对地方税收返还数额，调动了地方组织财政收入的积极性，各地在严格收入征管，堵塞跑、冒、滴、漏方面，采取了不少措施，第四季度的财政收入大幅度增长。但是，也有一些地区为扩大中央返还基数，采取不正当手段，弄虚作假，寅吃卯粮，收"过头税"。我们已要求各地自查自纠，并将组织力量，按国务院要求核实处理。

财政支出超过预算较多，主要是按照原来财政包干体制的规定，地方财政在完成包干上缴任务以后，根据收支平衡的原则，多收了可以多支，因此地方财政收入的大幅度增长带来了支出的相应增长。从增支的项目看，一是与经济发展相关联的支出增加较多。其中，国内基本建设支出比预算超过41.64亿元，企业挖潜改造支出比预算超过169.82亿元，支援农业支出比预算超过30.04亿元。二是各项事业发展所需开支增加较多。其中，文教、科学、卫生事业费比预算超过108.16亿元，仅教育事业费就比预算超过64.63亿元，城市维护建设支出也比预算超过38.6亿元。三是行政事业单位职工调整工资，预算安排40亿元，执行中由于工资调整标准比测算数提高，加上一年来人员增加和职务、级别变化等原因，实际开支比预算超过近一倍。应该说，这些开支大部分属于合理增长，是保证改革、建设和各项事业发展所必需的。但同时也应当看到，建设上乱铺摊子，行政事业经费使用中贪新求洋、铺张浪费等现象还相当严重，少数地区还有虚列支出的情况，这也是支出超过预算的重要原因。

总的看，1993年预算执行情况是好的。为了保证各项改革的不断深入和国民经济的持续、快速、健康发展，各级财税部门在党委、政府的统一领导下，做了大量工作。一是积极组织收入，严格征收管理，清理收入减免和拖欠工作取得了积极成效。按照国务院的统一部署，各地对自定减免税收和"两金"的政策进行了全面清理，取消了一些不适当的政策规定，不少地方还针对经济发展中的税源变化情况，及时调整征管重点，改进管理工作，保证了各项收入的合理增长。二是千方百计调度资金，保证重点开支。尤其是在上半年收入增长缓慢的情况下，各级财政部门在压缩非重点开支、合理调度资金等方面，想了不少办法，尽最大努力保证了重点开支的需要。三是财政改革和法制建设工作取得重要进展，《企业财务通则》和《企业会计准则》已于去年7月1日顺利实施，财税体制的全面改革也在去年做了大量准备工作。《注册会计师法》和修订后的《个人所得税法》、《会计法》已经颁布实施，增值税、消费税、营业税、资源税、企业所得税和土地增值税等一些税收暂行条例已由国务院发布，《预算法》也将提交本次会议审议。特别值得一提的是，在去年国库券一度滞销的情况下，各级党委、政府和有关部门对国库券销售工作给予了高度重视和热情支持，各级财政部门也投入了大量人力开展促销服务，保证了国库券发行任务的完成，这对去年预算任务的完成是至关重要的。

各位代表：当前我们正处在经济体制转轨和经济快速发展的重要时期，不仅资金供需矛盾十分突出，各方面的管理工作也有不少亟待改进的地方。1993年财政收支大幅度增长都体现在地方财政，中央财政收支没有完成预算。在地方财政收入大幅度增长的同时，属于中央的流转税比预算短收较多，进一步加剧了中央财政的困难局面，这些都从不同侧面暴露了财税体制中的问题。特别是在收入大幅度增长以后，仍有一些地方不能正常发放职工工资，这是应当引起各级政府高度重视的。为了从根本上解决上述问题，按照党中央、国务院的决定和统一部署，今年对财税体制进行全面改革，我们将抓住这一有利时机，进一步改进财税管理，逐步建立起适应社会主义市场经济要求的财税运行机制，使财税管理更加规范化、法制化，尽快改善国家财政状况。

二、1994年国家预算草案

1994年是全面贯彻党的十四届三中全会《决定》、实现社会主义市场经济体制改革，继续保持经济持续、快速、健康发展的关键一年。改革的深化和经济的发展，为国家财政提供了许多有利条件，同时也带来一些困难，财政面临的形势仍然相当严峻。一方面，在投资增长、农产品收购价提高和职工工资增加等因素的共同作用下，今年的市场需求仍将保持旺盛。另一方面，我国经济在经过两年高速增长之后，"瓶颈"制约和通货膨胀的压力加大，经济增长的总体环境并不宽松，资金的供需矛盾相当突出。为了保持社会总供给与总需求的基本平衡，减轻通货膨胀的压力，今年国家预算安排仍然要坚持从紧的原则。

基于上述认识，1994年国家预算安排的指导思想是：全面贯彻党的十四大和十四届三中全会精神，保证财税改革及其他重大经济改革的顺利推进，继续加强和改善宏观调控；积极培植财源，注重企业效益的提高，使财政收入增长与经济发展相适应；坚持量力而行，调整支出结构，适当增加农业、教育、科技和基础设施等重点投入，保持国防和政法部门经费的必要增长，严格控制一般性固定资产投资和消费性支出，促进国民经济持续、快速、健康发展和社会全面进步。

按照党中央、国务院的总体部署，今年对税收制度、财政体制和国有企业利润分配制度进行了重大改革。财税改革后，预算编列口径变化较大。例如，流转税制改革后，由于在生产和流通领域普遍实行增值税，原来对批发零售商业征收的营业税和对部分产品征收的产品税都改为征收增值税，使增值税收入比原来增加近一倍，营业税收入相应减少、产品税取消后，对极少数产品开征了消费税。又如，按照新的财政体制有关中央与地方税种划分的规定，将中央固定收入和地方固定收入分别列为中央和地方本级收入，共享税部分，将增值税的百分之七十五列为中央本级收入。同时将中央对地方的税收返还并入了中央补助地方支出科目当中。由于税收返还数额较大，使中央财政支出增加较多。这些预算编列口径的变化，在 1994 年国家预算草案中已作了相应调整。

根据预算安排的指导思想和预算口径的变化情况，我们对 1994 年预算作了初步安排：国家财政收入安排 4759.95 亿元（不含国内外债务收入），比上年同口径执行数增长百分之七点七；财政支出安排 5429.14 亿元（不含归还国内外债务支出），比上年同口径执行数增长百分之十五；收支相抵，差额 669.19 亿元。同上年比较，国内外债务收支编列和财政赤字的计算口径也有一些变化。主要是过去我们是把债务收入计算在总收入内，把归还债务本息支出计算在总支出内，收支相抵后的差额，作为财政硬赤字，并通过向人民银行借款弥补。对于这种列法，国内外不少专家学者都提出过不同意见。为了更好地反映国家正常财政收支的平衡状况和债务规模，从今年起，我们对赤字编列口径作了调整，调整后的债务收入不包括在预算总收入之内，归还债务本息支出也不包括在预算总支出之内，财政收支的差额全部通过债务弥补。同时，到期需归还的国内外债务本息，也通过借债来归还。这样调整以后，只是计算口径发生了变化，并不影响实际赤字额。

1994 年财政收入，计划比上年执行数增长百分之七点七，增长比例不算高，这主要是因为上一年财政收入超过预算较多，基数高了，使今年财政收入的增长余地受到很大限制。同时，今年对国有企业免征“两金”、实行《企业财务通则》以及出口退税增加等政策性因素，也使财政收入减少约 300 亿元。这些政策性减收，都是为了支持企业、支持出口和支持改革。如果按可比口径计算，今年财政收入则比上年增长百分之十四点四。因此，现在的收入安排是积极的，已经充分考虑了经济快速发展和改善管理工作等增收因素。在支出方面，尽管我们对固定资产投资作了适当压缩，但由于 1993 年支出基数较高，仅保证农业、教育、科技等重点开支的必要增长，以及行政事业单位调整工资翘尾和汇率并轨后汇价补贴增加等政策性增支因素的影响，就需要增加开支 500 多亿元，收支平衡的难度相当大，致使赤字比上年增加较多。

国家预算草案按复式预算编列的情况是：

经常性预算收入 4489.11 亿元，比上年执行数增长百分之九点九。主要收入项目的安排情况是：（一）各项税收 4461.23 亿元。（二）国家预算调节基金收入 28 亿元。（三）其他收入 152.88 亿元。（四）非生产性企业亏损补贴 193 亿元，已相应冲减收入。经常性预算支出 3928.46 亿元，比上年执行数增长百分之十七点三，占国家预算总支出的百分之七十二点四。主要支出项目的安排是：（一）非生产性基本建设支出 194.86 亿元。（二）事业发展和社会保障支出 1535.66 亿元。其中，农林水事业费 167.37 亿元；文教、科学、卫生事业费 1132.96 亿元；抚恤和社会救济支出 83.86 亿元。（三）国家政权建设支出 1191.99 亿元。其中，行政管理费 613.59 亿元，国防费 520.4 亿元。（四）价格补贴支出 373.42 亿元。（五）其他支出 543.53 亿元。（六）中央和地方预备费 35 亿元。经常性预算收入和支出相抵，结余 560.65 亿元，转入建设性预算。

建设性预算收入 831.49 亿元，比上年执行数下降百分之二十二点五。主要收入项目的安排情况是：（一）经常性预算结余转入 560.65 亿元。（二）专项建设性收入 437.18 亿元。其中，征集能源交通重点建设资金收入 48 亿元。（三）生产性企业亏损补贴 166.34 亿元，已相应冲减收入。建设性预算支出 1500.68 亿元，比上年执行数增长百分之九点二。占国家预算支出的百分之二十七点六。主要支出项目的安排情况是：（一）生产性基本建设支出 457.56 亿元（不含用国外借款安排的 142.45 亿元）。（二）企业挖潜改造资金和新产品试制费 385.08 亿元。（三）增拨企业流动资金 18.82 亿元。（四）地质勘探费 61.98 亿元。（五）支援农业生产支出 210.63 亿元。其中，农业发展专项资金支出 66.85 亿元。（六）城市维护建设支出 216 亿元。（七）支援经济不发达地区发展资金 25.5 亿元。建设性预算收入和支出相抵，差额为 669.19 亿元。这也就是当年财政的赤字。这个差额将全部通过债务弥补。加上今年到期需归还国内外债务本息 480.81 亿元和今年国家财政用于国家重点建设的国外贷款 142.45 亿元，1994 年当年债务总额为 1292.45 亿元。

在 1994 年国家预算草案中，中央财政收入安排 3329.1 亿元，比上年执行数增长百分之三点八。其中，中央财政本级收入 2720.56 亿元，地方上解收入

608.54 亿元。中央财政支出安排 3998.29 亿元，比上年执行数增长百分之十四。其中，中央财政本级支出 1862.89 亿元，对地方税收返还和补助地方支出 2135.4 亿元。收入和支出相抵，差额 669.19 亿元。按我们代编的地方预算，地方财政总收入安排 4174.79 亿元，比上年执行数增长百分之六点八，其中，地方财政本级收入 2039.39 亿元，中央税收返还和补助收入 2135.4 亿元。地方财政总支出 4174.79 亿元，比上年执行数增长百分之六点八，其中，地方本级支出 3566.25 亿元，上解中央支出 608.54 亿元。地方财政收支平衡。

中央预算按复式预算编列的情况是：

中央财政经常性预算收入 3259.23 亿元，比上年执行数增长百分之六。主要收入项目的安排情况是：(一)各项税收 2645.29 亿元。(二)国家预算调节基金收入 16.4 亿元。(三)其他收入 14.9 亿元。(四)地方上解中央收入 608.54 亿元。中央财政经常性预算支出 3106.67 亿元，比上年执行数增长百分之十点七。主要支出项目的安排情况是：(一)非生产性基本建设支出 120.46 亿元。(二)事业发展和社会保障支出 194.57 亿元。(三)国家政权建设支出 623.61 亿元。(四)价格补贴支出 131 亿元。(五)其他支出 93.91 亿元。(六)中央预备费 15 亿元。(七)中央财政补助地方经常性支出 1874.12 亿元。中央财政经常性预算收入和支出相抵，结余 152.56 亿元，转入建设性预算。

中央财政建设性预算收入 222.43 亿元，比上年下降百分之四十四点三。主要收入项目的安排情况是：(一)经常性预算结余转入 152.56 亿元。(二)专项建设性收入 132.1 亿元。(三)生产性企业亏损补贴 62.23 亿元，已相应冲减收入。建设性预算支出 891.62 亿元，比上年执行数增长百分之二十七点二。主要支出项目的安排情况是：(一)生产性基本建设支出 298.99 亿元。(二)企业挖潜改造资金和新产品试制费 119.98 亿元。(三)增拨企业流动资金 11.5 亿元。(四)地质勘探费 61.58 亿元。(五)支援农业生产支出 10 亿元。(六)支援经济不发达地区发展资金 13.85 亿元。(七)中央财政补助地方建设性支出 261.28 亿元。中央财政建设性预算收入和支出相抵，支出大于收入 669.19 亿元，这个差额将通过债务弥补。加上今年到期需归还国内外债务本息 480.81 亿元和今年国家财政用于国家重点建设的国外贷款 142.45 亿元，1994 年债务总额将达到 1292.45 亿元。

1994 年国家预算草案，是根据财税改革以后新的情况编制的。在预算编制过程中，我们尽可能对各种影响预算收支的因素作了考虑。尽管如此，与实际情况的差距也是难以避免的。特别是税制改革以后税种之间的收入转移、企业之间的负担变化、地区之间的收入增减等很难完全估算准确，至于财税改革对各方面经济行为的影响，更需要在执行一段时间以后才能看得比较清楚。因此，在不确定因素较多的情况下编制预算，执行中可能会发生一些变化，如果变化较大，我们将对预算作出调整，报全国人大常委会审批。为便于各位代表审议，现将国家预算草案编制中的有关政策问题说明如下：

(一)关于 1994 年债务问题。1994 年国内外债务计划为 1292.45 亿元，比上年增加 393.61 亿元；债务总额占当年国内生产总值的比例为百分之三点八，比上年略有提高。债务数额增加较多，主要是由三部分构成的：一是为弥补正常财政收支的差额发行国内债券 669.19 亿元，这一方面是因为赤字数额增加较多，另一方面，从今年起财政收支差额全部要靠债务弥补，不再向银行借款解决，也相应扩大了债务数额。二是今年到期需归还的国内外债务本息达 480.81 亿元，也要通过发行债券解决。三是为了加强重点建设，今年国家财政用于国家重点建设投资的国外借款安排 142.45 亿元。需要说明的是，今年的债务发行数额比较大，尽管我们按照市场经济要求对国债的发行和管理办法作了较大改革，但发行任务的圆满完成还需要得到各级领导和全国人民的理解和支持。只要我们把宣传解释工作做好，相信不仅能够完成今年的国债任务，而且国债市场运行状况也会好于上年。

(二)关于促进农村经济全面发展问题。农业的发展和农民收入的提高，是保证社会总供需基本平衡和维护社会稳定的重要基础条件。为此，今年国家预算安排的支援农业生产支出和各项农业事业费支出 378 亿元，比上年实际开支增长百分之十七点四。如果加上预算内其他科目中用于农业的支出，国家财政安排的农业投入达 523 亿元，比上年执行数增加 70 亿元。同时，为了全面落实中央《关于当前农业和农村经济发展的若干政策措施》，今年国家财政还将采取一些政策措施，包括完善粮食储备体系，建立中央和地方两级粮食风险基金制度；从新粮棉上市起，适当提高粮食收购价格和棉花定购价；调整国家对农业投入的结构，以保障粮食市场的稳定和农民收入的提高，促进农村经济的全面发展。

(三)关于进一步搞好国有大中型企业问题。进一步搞好国有大中型企业，是保持国民经济持续、快速、健康发展的关键所在，也是建立社会主义市场经济体制的重要基础。按照中央关于转换企业经营机制和建立现代企业制度的要求，今年的财税改革重在转换机制，统一各类企业的税收制度，这对于增强国有企业的发展后劲和竞争能力将产生积极的作用。同时，税制改革中取消国有企业调节税和免征国有企业的"两金",相应增加企业财力140多亿元;"两则"实施后,由于企业盈亏计算方法的改变,实现了企业资本金保全,也相应减少了企业上交国家的收入,扩大了技术改造资金来源。上述减收影响,我们已在国家预算草案中作了考虑。

(四)关于增加科技、教育等重点投入问题。1993年,国家财政实际用于科技、教育的投入比上年增加较多,文教、科学、卫生事业费支出的增长比例超过了百分之二十。在这个基础上,今年预算安排的文教、科学、卫生事业费支出,又比上年增加170多亿元,增长比例达百分之十八。其中,教育事业费安排662.33亿元,科学事业费安排79.89亿元,分别比上年执行数增长百分之十八点五和百分之十九点八,均高于财政收入的增长幅度。加上预算内其他科目中用于教育、科技的开支,今年国家财政用于教育的投入为815亿元,用于科技的投入为234亿元。此外,由于物价水平上升、军队工资改革和生活费标准提高,今年对国防费支出也作了适当安排。

三、深化财税改革,狠抓增收节支,为完成1994年国家预算而奋斗

抓住机遇,深化改革,扩大开放,促进发展,保持稳定,是今年全党和全国工作的大局。确保财税改革的顺利推进和完成1994年国家预算,是财税工作服从和服务于这个大局的关键所在。对这两项工作,各地区、各部门的领导同志必须给予高度重视并切实加强领导。各级财税部门要抓住机遇,实事求是,转变作风,努力工作,确保财税改革的成功和预算任务的完成。

(一)扎扎实实做好工作,确保财税改革取得预期效果。今年财税改革的主要内容是:改革现行的地方财政包干体制,实行在合理划分中央与地方事权基础上的分税制财政体制;改革税制,建立以增值税为主体的流转税制,统一企业所得税和个人所得税,同时改革国有企业利润分配制度。这些改革,对于我国建立社会主义市场经济体制、促进国民经济持续、快速、健康发展和国家长治久安是十分重要的。财税改革是今年经济体制改革的中心环节,涉及面广,政策性强。改革方案的设计,既注意到逐步增加中央财力的需要,又充分照顾了地方的利益和企业的经营状况,并且把改革重点放在转换机制上,对收入分配格局没有作很大的调整。这三项改革从今年1月1日实施以来,经过两个多月的改革实践,已经可以看出,改革方案是正确的,实施基本顺利,没有发生大的问题。但是,我们仍必须保持清醒头脑,不能掉以轻心。尽管我们在改革方案的设计过程中,进行了大量的调查研究,广泛听取了各方面意见,并据以对方案作了反复调整,但是方案设计与实际情况的差距也是难以避免的,需要在执行中调整和完善。这次财税改革涉及各个方面和广大群众的切身利益,直接关系到整个经济改革的进行和社会的稳定,关系到今年的经济和财政状况,必须精心组织,稳步推进,务求必胜。各地区、各部门的领导同志要切实加强对财税改革的领导和各项改革的协调,及时解决改革中出现的新情况和新问题,并注意发现苗头,防患未然。各级财税部门要加强调查研究,及时发现新情况,总结新经验,解决新问题,特别要妥善处理好体制转换中的政策衔接问题,确保各项改革方案的落实。改革的成功,关键在于认识的一致和行动的统一,有问题可以反映,但执行中必须顾全大局,不能自行其是,超越权限,自立章法,扭曲改革方案或使改革走样,若有此类问题发生,一经查实,就要严肃处理。

(二)改善和加强宏观调控,促进经济持续、快速、健康发展。财税部门是国家实施宏观调控的重要部门,对经济的健康发展负有重要责任。要按照社会主义市场经济体制的要求和建设规模一定要与国力相适应的原则,切实改善和加强宏观调控,促进企业的平等竞争,协调地区间经济发展,努力做好增产节约、增收节支工作。要通过财政资金的分配和财税政策的运用,严格控制固定资产投资规模,促进农业、科技和基础产业的发展,促进产业结构的调整和企业经济效益的提高,引导企业走内涵型发展的道路。要严格按国家预算办事,不许再开新的减收增支口子。中央财政要按国家批准的债务规模控制发行,地方财政要坚持量入为出、收支平衡的原则,不得编制赤字预算。要狠抓国有企业的扭亏增盈工作,结合价格改革和企业经营机制转换,停止经营性亏损补贴,减少政策性亏损补贴。要加快财税法制建设的进程,维护财经法纪的严肃性,使财税管理尽快走上法制化的轨道。

(三)抓住财税改革的有利时机,改进和加强收入征管工作。税制改革以后,纳税人必须依法纳税,税务机关必须依法征税;税收必须按税法规定依率计征,不得"包税"和任意改变税率;除税法规定的减免税外,各级政府和任何部门都不能开减免税的口子。要把反偷税漏税的工作作为一件大事来抓,密切注意新税制实施后新的偷漏税动向,特别对伪造增值税专用发票和利用填开专用发票进行偷漏税的犯罪分子,一定要严惩不贷。要适应财税改革的新情况,切实改进和加强各项收入的征管工作,防止收入流失。要按照中央的统一部署,有步骤地完成中央和地方税务机构的组建工作,妥善处理好机构组建过程中的业务分工和工作协调问题,确保税收征管工作正常运行。同时,要按照规定,继续抓好"两金"清欠和非国有企业、事业单位的"两金"征管工作,不得随意减免。

（四）改进国库券发行办法，确保发行任务的完成。今年的国债发行数额很大，直接关系到财税改革的成效和财政收支平衡。完成今年的国债发行任务是财政工作的一个重要方面，必须大力加强宣传，认真做好组织工作，确保发行任务的完成。要按照发展和完善金融市场的要求，改革国债发行办法，组织好承购包销工作，完善和扩大国债一级自营商制度，规范和发展国债二级市场，增强国债的流通性和稳定性。并把国债发行同银行的公开市场业务结合起来。各级财政部门要在当地党政的统一领导下，与银行等有关部门密切配合，保证国债的优先发行。养老保险、待业保险和邮政储蓄结余应主要购买国债。要想尽一切办法，把国库券卖到群众手中，这就要让群众随时可以方便地买到国债，也随时可以将国债脱手变现。同时，也要组织机关、事业、企业单位方便地认购国库券。各级财政、金融部门要在国债发行中积累经验，积极探索市场经济条件下的国债发行方式。

（五）控制支出总额，保证重点开支。

财政支出安排要坚持量力而行，保证重点，压缩一般。今年除继续增加农业、教育、科技和基础设施等重点投入，保证国防和政法部门经费的必要增长外，要优先保证工资发放和国家粮食储备费用的开支，绝不允许挪用职工吃饭的钱去铺摊子、上项目。凡是拖欠职工工资的地区，要坚决停建、缓建用财政资金安排的建设项目；凡是拖欠职工工资的单位，一律不得购买小汽车及其他高档消费品。对这个问题，各级财政部门必须引起高度重视。要从严控制固定资产投资规模，除经批准非上不可的项目外，一般不再上新项目；对资金不落实，前景不明确的建设项目，要坚决停建或缓建。当前，资金使用中的浪费问题相当严重，房屋装修、设备购置追求高档，会议旅游、公款吃喝屡禁不止，特别是对人员编制缺乏有效控制，"人头费"吃掉了不少事业发展的资金。因此，今年要着重压缩人、车、会开支，大力提倡勤俭节约的优良传统，号召广大干部群众同一切铺张浪费的行为做斗争。同时，要随着价格改革的深入，逐步减少财政补贴项目，支出总水平不能突破预算。要深化事业单位财务管理的改革，继续鼓励和支持他们在政策法律允许的范围内合理组织收入，实行全部收入和支出的综合收支计划管理；要坚决、全面地执行"收支两条线"的规定，对土地有偿使用收入、公有住房出售收入等应该纳入预算管理的收入，实行统一的预算管理。

各位代表：1994 年的财税工作任务是相当繁重的。但是，在以江泽民同志为核心的党中央的领导下，只要我们全面贯彻党的十四届三中全会的《决定》精神，认真落实各项改革措施，切实改进和加强宏观经济调控，妥善处理好改革、发展与稳定的关系，就一定能克服各种困难，取得各项改革的预期效果，圆满完成 1994 年国家预算任务。

国家副主席荣毅仁在人民大会堂会见芬兰议会议长丽塔·沃苏凯宁女士

全国绿化委员会对全民义务植树作出新部署

新部署强调：全民义务植树是一项长期的战略任务，今后一个时期的全民义务植树工作必须强化管理，逐步做到规范化、基地化、科学化、制度化。

国家教委发出《关于印发〈关于加强和改进高等学校人文社会科学研究工作的若干意见〉的通知》

劫机犯张大兴陈江福被判刑

两名劫持东方航空公司飞机、犯有劫持航空器罪的犯罪分子日前由杭州市中级人民法院依法作出判决，主犯张大兴被判处无期徒刑，剥夺政治权利终身；从犯陈江福被判处有期徒刑十年，剥夺政治权利一年。

3 月 12 日

北京上海湖北广东分别举行仪式纪念孙中山先生逝世 69 周年

国务院发出《关于印发〈汽车工业产业政策〉的通知》

国务院同意国家计委会同国家经贸委、机械部等有关部门制订的《汽车工业产业政策》，现印发给你们，请遵照执行。

汽车工业是党的十四大确定的我国国民经济的支柱产业，对新时期我国经济发展具有重要影响。我国的汽车工业正处于起步和发展阶段，其现状难以满足国民经济发展的需要，为了尽快解决散乱问题，实现规模经济，促进产业结构合理化，进一步增强企业开发能力，提高产品质量、技术装备水平和国际竞争力，国家制定《汽车工业产业政策》势在必行。通过实施《汽车工业产业政策》，使我国汽车工业在本世纪末打下坚实的基础，力争到 2010 年成为国民经济的支柱产业，并带动其他相关产业迅速发展。

国务院有关部门要根据《汽车工业产业政策》的基本原则，抓紧研究制定相应的实施细则和配套政策，尽快组织实施。各省、自治区、直辖市人民政府要根据本地区的实际，认真贯彻落实本通知精神，避免出现新的"汽车热"，促进我国汽车工业健康发展。

汽车工业产业政策(略)

国务院副总理邹家华在全国化肥生产电话会议上发表讲话

邹家华在全国化肥生产电话会议上指出,各级领导以及各级经贸委、化工部门等有关单位要立即动员起来,狠抓一下化肥的生产、运输和供应,保证农业的需要。

全国打击走私领导小组在北京举行第三次会议

全国打击走私领导小组第三次会议日前在北京召开。中共中央政治局委员、国务院副总理、全国打击走私领导小组组长李岚清主持会议。

会议认为,自去年8月以来,全国各地开展了一次大规模的反走私斗争,各级党政领导机关和海关、公安、工商、司法等部门认真贯彻党中央、国务院的指示,统一认识,加强领导,协调行动,严肃纪律,坚持"海上抓、岸上堵、口岸查、市场管、处罚严"的方针,开展了打击走私的联合行动,把集中打击和综合治理结合起来,遏制了部分地区走私猖獗的势头,清理和整顿了私货交易市场,惩处了一批走私犯罪分子,反走私斗争取得了阶段性成果。据不完全统计,半年来全国共查获走私贩私案件10062起,案值26.4亿元。

会议提出,在1994年全国反走私工作中,要进一步提高对反走私斗争重大意义的认识,加强对反走私斗争的组织领导;要根据走私热点问题,适时地、有针对性地开展反走私专项斗争,防止出现走私恶浪回潮,严防已被遏制的汽车走私势头出现反复,严厉打击海上走私香烟、家用电器的违法活动。要进一步加强对走私大要案的查处工作,依法严惩走私犯罪分子;要严格执法监督和检查,加强缉私队伍建设。

国家主席江泽民在中南海会见国际奥比斯组织执行主席奥利弗·傅达

国务院总理李鹏在中南海紫光阁会见美国国务卿沃伦·克里斯托弗

李鹏说,国务卿先生10年前来过中国。10年来,世界变化巨大,中国面貌焕然一新。国际形势的变迁非但没有改变中美关系的重要性,反而要求中美两大国加强多方面的合作。中国历来是从世界大局和中美两国人民根本利益的角度来看待中美关系。中国政府重视对美关系,并为两国关系的改善与发展作出了巨大努力。"我在两天前发表的《政府工作报告》中,再次表示了改善和发展中美关系的积极愿望。"

李鹏强调,中美关系从来不是建立在共同的意识形态和价值观念的基础上,而只能建立在共同利益的基础上。中美之间存在一些分歧,这是客观事实。我们认为,双方应本着相互尊重、求同存异的精神,通过平等磋商求得妥善解决。单方面施加压力的做法只能使问题复杂化,无助于问题解决。

在谈及中美经贸关系时,李鹏说,中美经济互补性很强。近年来,两国经贸关系迅猛发展,两国贸易额已达276.5亿美元,比1979年增加了10倍多。中国经济正在持续、快速、稳定地发展,市场不断扩大。今后7年,我国进口总额将达1万亿美元。当前,中国发展的重点——交通、通信和能源等领域,正是美国的强项。如果中美关系搞好了,两国经贸合作摆脱了人为的羁绊,美国经济界将在中国面临一个发展中美经贸合作的历史性的机遇。

在谈及人权问题时,李鹏说,中美两国存在着不同的人权观,中国是一个发展中国家,发展中国家的人口占世界人口的4/5。把发达国家的人权观强加于发展中国家是不公正的,中国绝对不会接受美国的人权观。对发展中国家来说,讲到人权首先是生存权和发展权。"人权,人权,作为一个人首先要能生存下去才能谈得上权利。"中美在人权问题上的分歧,可以在平等的基础上进行讨论,增进相互了解,而不应当施加压力。

在谈及最惠国待遇问题时,李鹏说,中美两国保持正常的经贸关系,这是互利的安排。坦率地说,如果取消了最惠国待遇,受到损害的不只是中国,美国所受到的损害不会比中国小。中国主要是依靠国内市场,自力更生能力强,美国失去的将是一个巨大的中国市场,希望美方妥善处理这个问题。

克里斯托弗国务卿说,"我同意阁下在《政府工作报告》中指出的中美关系十分重要的说法"。他说,克林顿总统认为,保持和中国的关系符合美国的国家利益。美中合作的领域十分广泛,既有全球问题,也有地区问题;既有和平与安全领域,也有经济领域;既有双边,又有多边。美中两国都是联合国安理会常任理事国,美国方面十分愿意改善和发展美中关系。

克里斯托弗国务卿还介绍了美国对人权问题和最惠国待遇问题的看法。

国务院副总理兼外交部部长钱其琛在钓鱼台国宾馆同美国国务卿沃伦·克里斯托弗举行会谈

钱其琛说,去年11月,江泽民主席同克林顿总统在西雅图的会晤标志着中美关系进入了一个新阶段。在此之后,两国关系出现了良好的改善势头。双方的来往增多,合作在发展。一个多月前,我们两人在巴黎举行了会晤,讨论了中美关系的各个方面,双方都表示了积极努力以取得进展的愿望。我们希望国务卿先生这次访问能够取得具体成果。

钱其琛说："在国务卿先生来访前发生的一些事使我们深感失望。美国一位高级官员来华为国务卿来访做准备时，置中国的法律于不顾，采取了干涉中国内政的行动。此后，美国舆论界大肆渲染，美国的官方人士也多次发表谈话对中国进行指责。这些做法显然与克林顿总统在西雅图所强调的美国支持一个强大、稳定、繁荣的中国的说法背道而驰，也是对国务卿这次访问的干扰。"

钱其琛指出："对话需要双方有诚意，需要有良好的气氛。我希望和国务卿能够在相互尊重的气氛中进行坦率的对话，增进了解，减少麻烦，不搞对抗，使我们的对话有利于改善中美关系，使国务卿先生这次访问取得成功。"

克里斯托弗向中国方面阐述了美方所关心的问题。对此，钱其琛说，中国是一个注重法制的国家，我们只能做中国法律所允许的事情。

钱其琛也向美方阐述了中方所关心的问题，比如美国向台湾出售武器、对中国进行制裁等等。

在谈及中美禁毒合作时，钱其琛指出，中美两国有《中美禁毒合作备忘录》。1990年1月，美国法院竟无视中国的司法主权，置中国方面多次交涉于不顾，同意让赴美作证的锦鲤鱼贩毒案案犯王宗晓在美政治避难，为双方在禁毒方面的合作设置了障碍。

在谈及最惠国待遇问题时，钱其琛说，中美相互给予最惠国待遇，是双方根据两国贸易关系协定做出的对等互惠安排，是中美正常贸易的基础。破坏这个基础，就会断送中美经贸关系发展的前景，中美双方都会受到损害。中国方面坚决反对把贸易和无关的问题联系起来。

克里斯托弗说，美中两国都是负有全球责任的国家，双方在维护和平和安全方面有共同的利益。两国在许多全球问题和地区问题上，有共同和相似的看法。两国的互利经贸关系在发展，正在为实现两国的繁荣作出贡献。一个强大、稳定和繁荣的中国符合美国的国家利益。克林顿总统希望美中两国建立更为建设性的关系。

国务院副总理兼外交部部长钱其琛在钓鱼台国宾馆会见卢森堡大公国亨利亲王

会见后，钱其琛和亨利出席了中国和卢森堡《关于对所得和财产避免双重征税和防止偷漏税的协定》的签字仪式。

文献纪录片《土震将军》和画册《王震》及《尊师重教的典型——王震同志》发行座谈会在北京举行

3月13日

《人民日报》发表社论《把握好改革发展和稳定的关系》

抓住机遇，深化改革，扩大开放，促进发展，保持稳定，是今年全党和全国工作的大局，各项工作都要服从和服务于这个大局。把握好改革、发展和稳定的关系，对完成今年各项任务至关重要。

改革开放十多年来的实践经验告诉我们，改革、发展和稳定三者之间，关系密切。稳定是改革和发展的前提，没有稳定的社会环境，一切都无从谈起。只有坚持改革开放和发展经济，才能从根本上保持稳定。我国的国民经济已经连续两年高速增长，取得的新成就举世瞩目，与此同时，在经济发展中，"瓶颈"制约和通货膨胀的压力加大，经济增长的一些条件趋紧，如何保持国民经济持续、快速、健康地发展，保证各项改革措施顺利实施，维护社会政治稳定，成为全党特别是各级领导干部必须高度重视并着力加以解决的大问题。

今年是贯彻十四届三中全会决定，实现经济体制转轨的关键一年。年初以来，建立社会主义市场经济体制的各项重大改革措施已经出台。今后的任务就是要精心组织实施。按照建立社会主义市场经济体制的目标，今年的许多改革措施带有起步性质，从一开始就要把握好方向，着力于新体制的确立。财政、税收、金融、投资、计划、外贸体制的改革都要在这方面下功夫，首先把新体制的框架建立起来。要继续贯彻《企业法》和《条例》，积极转换国有企业经营机制，探索建立现代企业制度的有效途径。要适时推进价格改革，发展统一、开放、竞争、有序的市场体系。要解决前进中遇到的突出问题和经济中的深层次问题，根本出路在于深化改革。没有改革的深化，就不可能促进发展，也难以实现稳定。各级领导要团结和带领广大干部和群众，旗帜鲜明地支持改革，积极主动地投身改革，扎实细致地推进改革。对于那些不顾大局，打着改革的旗号自行其是，例如乱涨价等错误行为必须严肃批评，坚决纠正，以保证各项改革健康顺利地进行。

加快建立社会主义市场经济体制的改革步伐，目的是进一步解放生产力，发展生产力。我们要紧紧抓住经济建设这个中心，集中力量把国民经济搞上去，任何时候都不能动摇。发展是硬道理。讲发展要有新思路、新办法。在确定经济发展目标时，要坚持解放思想和实事求是的统一，要力求总量的增长，更要重视质量的提高，不能再走盲目追求产值和扩大投资规模的老路。经济建设要真正转到依靠科技进步和提高劳动者素质的轨道上来，在调整结构、提高效益上狠下功夫，向提高经营管理水平、提高技术水平、提高质量要速度。这样实现的发展速度才是过得硬的。要继续加强和改善宏观调控，搞好经济运行的综合协调，保持经济总量的基本平衡。国民经济持续、快速、健康发展，是社会稳定的基础，也为改革顺利进行提供有利的经济和社会环境。

深化改革，扩大开放，促进国民经济和社会的全面发展，必须进一步巩固安定团结的政治局面，保持社会的稳定。随着改革的深化和经济的发展，必然涉及利益格局、利益关系的调整和思想观念的转变，不可避免地会触及到一些深层次的矛盾，会遇到许多过去不曾遇到的复杂情况和问题。要正确区分和处理两类不同性质的矛盾，要认真研究和正确处理新形势下的人民内部矛盾，特别要注意见微知著，防微杜渐，把问题妥善解决在萌芽状态。要反对官僚主义、主观主义，深入实际，调查研究，随时了解思想情况，加强和改进思想政治工作。要密切联系群众，关心群众生活，时刻把群众的冷暖记在心头。我们的改革符合最广大人民群众的根本利益。但是在改革的过程中，并不是每个阶层、每个人都能同时得到相同的利益和实惠。我国各地的经济发展也很不平衡。因此，要特别注意关心和帮助那些暂时还不富裕，甚至生活还相当困难的群众。要坚持“两手抓、两手都要硬”的方针，加强社会主义精神文明建设和民主法制建设，严厉打击刑事犯罪活动。要保持清醒的头脑，坚持打击敌对势力的破坏活动。

总之，发展是目的，改革是动力，稳定是保证。三者是有机的统一整体。理解并把握好三者的内在联系，是各级领导特别是高级干部必须具备的领导水平和领导艺术。在新的一年里，我们要在以江泽民同志为核心的党中央领导下，认真坚持以邓小平同志建设有中国特色社会主义的理论和党的基本路线为指导，全面贯彻党的十四大和十四届三中全会精神，夺取建设有中国特色社会主义事业新的更大的胜利。

国家主席江泽民在人民大会堂会见美国国务卿沃伦·克里斯托弗

江泽民说，克里斯托弗先生曾亲身参与中美关系正常化的进程，对两国关系的历史是熟悉的。过去四十五年中，中美关系历经曲折，既有经验，也有教训。时间证明，如果中美双方都能着眼于世界大局，从两国根本利益出发，相互尊重，超越意识形态分歧，发展合作，中美关系就前进，不仅造福于两国人民，也有利于世界和平与稳定。与此相反，中美关系就会产生困难，遭受挫折。我们都应牢记历史的教训。

江泽民强调：“我在西雅图同克林顿总统会晤时提出，中美关系不仅是双边关系，还应当放在世界范围内和着眼于未来，着眼于二十一世纪来考虑。在许多重大问题上，中美是有共同利益的。双方应当增加信任，减少麻烦，发展合作，不搞对抗。克林顿总统对我的意见是赞成的。我们一致认为，中美关系应从长远的观点和更广泛的范围来对待。有分歧，应通过对话来解决，而不应强加于人。”

江泽民指出，中美两国社会制度和意识形态不同，在一些问题上存在分歧是很自然的。分歧不应成为双方开展互利合作的障碍。中美都是主权国家，有分歧可以讨论，但要平等，要相互尊重，而不能干涉对方内政。中美关系应当好起来，这是两国人民的共同愿望，也是世界和平与稳定的需要。

在谈及人权问题时，江泽民说，西方有些人关心的不是广大中国人民的权益和福祉，而只是那些少数企图颠覆中国政府、破坏中国稳定的人。这实质是政治问题、法律问题，不是人权问题。维护法律和秩序，保持国家的政治稳定，这是各国政府天经地义的职责，有些人对中国政府横加指责是毫无道理的。

克里斯托弗说，克林顿总统决心在美中两国之间建立广泛的、更富有建设性的关系。美中双方要抓住机遇，采取积极的行动把两国关系推向前进。他还向江泽民主席介绍美方在人权、最惠国待遇和武器扩散等问题上的立场。

3月14日

中央军委主席江泽民同出席八届全国人大二次会议的解放军代表团一起审议《政府工作报告》并发表讲话

江泽民就如何适应深化改革的新形势，全面加强军队建设，为促进国家的改革、发展、稳定不断作出贡献问题，发表重要讲话。

全军要努力适应深化改革的新形势

江泽民说，今年是我们推进改革开放和现代化建设关键的一年。我们将围绕建立社会主义市场经济体制，把重点突破与整体推进结合起来，力求在经济体制改革方面取得实质性进展。党的十四届三中全会确定的财税、金融、投资、计划、外贸体制改革以及建立现代企业制度等重大改革方案的出台和实施，是我们改革开放进程中的一场“攻坚战”。这一战胜利了，社会主义市场经济体制的基本框架确立起来了，就会为我国经济的持续、快速、健康发展提供有力的保障，许多事情就好办了。

江泽民指出，全国的形势很好。但是随着改革的不断深化，一些经济关系和利益关系需要调整，出现了不少新的矛盾和问题。深化改革、扩大开放、促进发展，必须有一个安全和稳定的社会政治环境。我们军队的同志一定要充分认识自己的历史责任，努力加强部队的全面建设，更好地担负起维护祖国安全统一和捍卫社会主义现代化建设的神圣使命。

江泽民说，这些年来，全军在改革开放中经受住了考验，始终保持高度集中统一，保持同党中央的高度一致。建立社会主义市场经济体制是一场深刻的社会变革，新情况新问题不断出现，在干部战士中也难免产生这样那样的一些思想问题。我们要注意做好部队的思想工作，而且这个思想工作要做细做实做活做深。要用邓小平同志建设有中国特色社会主义理论和党的方针政策，回答和解决部队中出现的各种思想认识问题。要引导大家从党和国家的根本利益出发，讲理想、讲纪律、讲团结、讲大局，自觉地以个人利益服从整体利益，始终坚持党的基本路线，为促进国家的改革、发展、稳定不断作出贡献。

进一步调动全军官兵的工作积极性

江泽民说，改革开放和现代化建设是一项宏伟而艰巨的事业，需要把整个民族的精神振奋起来，把全国各方面的积极因素调动起来。对我们军队来说，就是要充分发挥全军官兵的积极性创造性，为军队的现代化建功立业，为国家的繁荣富强和长治久安多做贡献。当前，最根本是要搞好邓小平同志建设有中国特色社会主义理论和新时期军队建设思想的教育，党的基本路线教育，军队职能教育和爱国主义教育，更加激发广大官兵献身国防和军队建设事业的热忱。思想政治教育一定要增强感染力，增强针对性，增强有效性。要教育广大官兵牢固树立正确的人生观、价值观，始终以党和国家的利益为重，志存高远，淡泊名利，艰苦奋斗，积极奉献，努力为军队的建设和改革贡献自己的力量。

江泽民强调指出，领导干部密切联系群众，严以律己，以身作则，树立良好的自身形象，对调动各方面的积极性至关重要。哪个单位的领导和群众打成一片，一切走群众路线，哪个单位就会团结好，风气正，有战斗力。军队各级领导都要发扬密切联系群众的优良作风，坚持上下一致、官兵一致的原则，真正做到心想群众，情系士兵，扑下身子，真抓实干，多听群众的意见，多听基层的呼声，从群众中汲取智慧和经验，把工作做得更好。

江泽民还强调，必须关心部队官兵的生活。这几年，党中央、国务院、中央军委为改善部队生活采取了不少措施，各级也都想了不少办法。但一些基层单位特别是驻艰苦地区的部队，还有不少实际困难。对此，军委、总部是很重视的，已经采取了一些措施。各级也要多想一些办法，尤其要抓好部队的农副业生产。在部队物质文化生活的改善问题上，当干部的要先想到士兵、多想到士兵，领导机关要先想到基层、多想到基层，让群众让基层先改善，领导干部、领导机关可以后改善一点。应该提出这么个要求，并应形成风尚，代代相传。

把军队的精神文明建设不断提高到新的水平

江泽民说，在努力建设社会主义物质文明的同时，努力建设社会主义精神文明，这是小平同志的一贯思想，是我们党领导现代化建设的一个重要方针。大家要始终不渝地贯彻这一方针。改革开放，发展社会主义市场经济，对人们思想道德方面的积极影响是主要的，但对消极影响也不容忽视。改革开放越深入，物质文明越发展，越要抓好精神文明建设。人民解放军应该在精神文明建设方面走在社会的前列。在这方面，军队是做得好的，无论是理论学习，思想道德建设，科学文化教育，还是文艺工作，都取得了明显成绩，涌现出了一大批先进典型。徐洪刚临危不惧，见义勇为，见难相助，充分展示了人民战士的精神风貌，弘扬了我党我军的优良传统。徐洪刚的英雄事迹，在全军全社会引起了强烈反响。这说明，我们的时代不仅能够产生像徐洪刚这样的英雄，而且需要徐洪刚这种精神。如果大家都能像徐洪刚那样，社会风气就会越来越好，我们民族和社会的凝聚力就会越来越强。要更广泛更深入地开展向雷锋、向苏宁、向徐洪刚等英雄模范学习的活动，进一步弘扬革命正气，树立良好道德风尚，推进社会主义精神文明建设。

江泽民强调，提高军队精神文明建设的水平，最重要的是提高官兵的思想道德素质。要针对新形势下官兵在人生观、价值观、道德观上出现的新情况、新问题，采取多种形式进行教育，引导干部战士牢记我军全心全意为人民服务的宗旨，坚定建设有中国特色社会主义的理想和信念，发扬小平同志倡导的“五种革命精神”，用自我牺牲、大公无私、先人后己、艰苦奋斗的思想道德来规范自己的言行，自觉抵制拜金主义、极端个人主义和腐朽生活方式的影响，努力成为社会主义新道德新风尚的实践者和传播者。

始终注意抓好基层建设

江泽民说，这些年来，全军部队认真贯彻军委的指示精神，大力加强基层建设，是很有成绩的。军队的基础工作在基层。各级领导机关要进一步端正工作指导思想，始终把出发点和立足点放在基层，在打牢部队基础上狠下功夫。去年底，中央军委重新颁布了《军队基层建设纲要》，这是军委贯彻小平同志新时期军队建设思想，全面加强基层建设的一个重大措施。各单位务必抓好落实，务必使基层建设有一个全面进步。要把党支部建设作为加强基层建设的关键环节来抓。在加强基层党的建设上，军队有很多好的传统，组织也比较健全，在新的形势下应该做得更好些。

江泽民强调，军队是高度集中统一的武装集团，一定要坚持严格训练，严格管理。长期的和平环境，加上部队成员的不断变化，容易出现管理松懈的现象。这就更需要坚持从严要求部队，按照条令条例管理和训练部队，真正做到令行禁止。但是严格管理绝不等于简单粗暴。我们这支军队历来有官兵一致的优良传统，这是我军性质、宗旨的体现，在新形势下要很好地坚持和发扬。各级都要注意摸索新时期带兵的特点和规律，不断提高管理部队的水平。

江泽民最后说，要进一步搞好军政军民团结。毛主席讲过，"军民团结如一人，试看天下谁能敌"。我们在这方面历来做得是好的，在新形势下更要巩固和发展军政、军民关系。各级地方政府要关心和支持国防和军队建设。军队要搞好拥政爱民，积极参加和支援国家经济建设，特别是驻贫困地区的部队，要尽力而为地做好扶贫工作，为国家的发展和人民的富裕作出积极的贡献。

解放军代表团团长刘华清主持全体会议，张震及迟浩田、张万年、于永波、傅全有等军队人大代表参加会议。邢世忠、李元正、杨怀庆、李云生等代表在会上分别就国防现代化建设等问题发言。

国务院副总理香港特别行政区筹委会预委会主任钱其琛在钓鱼台国宾馆宴请出席人大和政协会议的港澳地区的代表和委员

钱其琛说，"一国两制"方针一定能在香港开花结果，香港基本法规定的各项目标必将实现，1997年后的香港一定更加繁荣发达。

钱其琛说，几天来，各位代表和委员满怀爱国热情，不辞辛劳，畅抒己见，共商国是，尤其是对香港问题提出了很好的意见和建议。我们十分重视这些意见和建议。借此机会，我代表李鹏总理和国务院向大家表示感谢并致以敬意；同时预祝人大、政协两个会议取得圆满成功。

钱其琛说，就在八届全国人大二次会议召开的前一天，港英政府将港督彭定康的"政改方案"的第二部分提交港英立法局讨论。这是继港英立法局通过彭定康的第一部分政改草案及英国政府首先公布了关于中英政制会谈内容的白皮书后，英方又一破坏中英合作的单方面举措。英方虽然总是口口声声高唱"合作"，但近年来英国政府在香港问题上的所作所为却完全与此背道而驰，我们对此不能再抱不切实际的幻想。

钱其琛说，在中英谈判开始以前我们早已有所预见，有言在先。去年10月，我在纽约对英国赫德外交大臣说过，中英谈判无非两种可能，一种是中英谈判达成协议，九四、九五选举产生的政治架构可以过渡到九七年之后；一种是达不成协议，港英当局单方面选举产生的政治架构只能到九七年六月三十日为止。现在，我们要同广大爱国爱港的香港同胞一起，依靠自己的力量确保香港平稳过渡、长期繁荣稳定。邓小平先生十年前就曾说过："要相信香港的中国人能治理好香港。不相信中国人有能力管好香港，这是老殖民主义遗留下来的思想状态。"今天的中国不再是19世纪40年代时的中国，中国人民受外国殖民主义压迫和欺辱的时代已经一去不复返了！几天前，李鹏总理在《政府工作报告》中就香港问题所作的阐述，就是中国政府和中国人民这一坚定立场的庄严宣告。

钱其琛表示，中国政府实现香港平稳过渡和保持香港稳定繁荣的决心、信心和能力，不仅仅基于"香港过去的繁荣主要是以中国人为主体的香港人干出来的"的事实，源于"香港人是能治理好香港的"的信念，还在于我们的政策是从香港的实际出发的，在于内地正在实行的深入改革开放政策对香港经济发展的积极影响。我坚信，有我们伟大的祖国做后盾，有广大香港同胞的齐心协力，"一国两制"的方针一定能在香港开花结果，基本法规定的各项目标必将实现，九七年后的香港一定更加繁荣发达。

钱其琛最后说，香港、澳门回归祖国的日子越来越近了，一个充满光明和希望的新世纪即将来临，我们肩负的责任更加重大而光荣。我们衷心希望各位继续发扬"爱祖国、爱港澳"的光荣传统，运用各自的经验、智慧和影响力，在港澳回归祖国的关键阶段作出新的、更大的贡献。

国家主席江泽民在中南海会见日本自民党顾问众议员二阶堂进

江泽民说，中日邦交正常化以来，两国在各个领域的友好合作都取得了很大发展，中日关系迎来了新的发展阶段。江泽民强调指出，中国将一如既往重视同日本发展睦邻友好关系。他希望中日两国不断增进了解、加强合作，使中日关系发展到一个新高度。

二阶堂进说，自从1972年日中实现邦交正常化以来，日中友好合作关系不断向前发展。他表示，他虽已84岁高龄，仍要为日中友好关系的进一步发展而尽力。

中日友协会长孙平化、外交部副部长唐家璇等会见时在座。

国务院副总理兼外交部部长钱其琛就中美双方会谈向中外记者发表谈话

钱其琛说，中美双方共进行10多个小时的会谈，会谈的特点是开诚布公、坦率求实。中美双方一致认为，中美关系不仅是双边关系，还应当放在世界范围内和着眼于未来、着眼于二十一世纪。中美间的3个联合公报是中美关系的基石。中美是两个具有世界影响的大国，又都是安理会常任理事国，在全球事务中，在维护国际和平与安全方面，双方有不少共同利益。在维护地区和平与稳定上双方的立场也有不少吻合之处。

钱其琛强调，在会谈中，双方对在经贸领域所取得的迅速进展表示满意，认为两国经贸合作潜力巨大，前景广阔。

钱其琛指出，人权和最惠国待遇问题是双方这次讨论的重点。中国反对把人权与最惠国待遇问题挂钩。人权问题有两个方面，一方面是中美两国有不同的人权观，这将是长期存在的现实。另一方面，在处理分歧的做法上也不同。我们认为，人权问题双方可以在平等、相互尊重和互不干涉内政的基础上进行对话。中国方面只能做中国法律允许的事情。以人权问题为借口对中国施加压力的做法是徒劳的，也是有害的。

在谈及这次会晤的具体成果时，钱其琛列举了以下五点：

一、双方同意继续保持两国高层来往的势头。今年4月份，国务委员宋健和外经贸部部长吴仪将赴美分别出席两国的科技、商贸混委会。

二、美方重申美国坚定支持中国恢复关贸总协定缔约国的地位。

三、中美双方同意恢复和发展两军之间的交往，双方同意成立国防工业军转民混委会。

四、中方出于对美国人民的友好感情和人道主义考虑，同意美方近期派小组来华对越南战争期间3起美军人员失踪案进行实地调查。

五、中美双方签署关于执行监狱劳动产品备忘录的合作声明。

钱其琛说："除此之外，还达成了一些其他方面的协议。我们希望国务卿先生这次访问有益于增进双方的相互了解和两国关系的改善和发展。"

在回答有关中美双方在人权问题上的分歧问题时，钱其琛指出："美国国务卿说，他要执行美国总统的行政命令，遵守美国的法律，把人权问题和最惠国待遇问题联系起来，这也可以理解。国务卿是位律师，我告诉他，他一定懂得美国总统的行政命令也好，美国的法律也好，都管不到中国，中国没有执行的义务。中美之间的分歧只能通过平等的磋商和谈判来解决。"

在谈及最惠国待遇问题时，钱其琛说："美国国内的意见也是有分歧的。美国商界十分支持延长对华最惠国待遇。也有人有不同意见。中国和美国有许多共同利益，也存在着分歧，这是事实。中国不会变成美国。如果要发展贸易就要求中国接受美国的那一套，变得同美国一个样，那怎么可能呢？世界上还有什么贸易可言？我相信，中美贸易还会继续下去。"

当记者问及美国国务卿克里斯托弗这次访问对中美关系的影响时，钱其琛说："国务卿的这次访问对中美关系来讲是很关键的。我认为，从中美关系发展的趋势看，双方还是要执行去年11月中美两国元首在西雅图会议上达成的谅解。我相信美国国务卿来华还是想解决问题的，虽然有困难，中美关系发展的势头还会继续。"

国务院副总理兼外交部部长钱其琛在钓鱼台国宾馆同美国国务卿沃伦·克里斯托弗继续举行会谈

国务院副总理邹家华在北京会见加拿大铝业公司总裁雅克·博杰

邹家华说，中国自1978年实行改革开放政策以来，经济发展很快。我们欢迎加拿大企业界人士到中国考察和投资。

邹家华指出，中国与各国发展经济合作，主要遵循两个原则：一是平等互利，如果合作只对一方有利，则合作难以进行；二是着眼长远，合作不仅要看到近期效益，还应照顾到双方的长远利益。

邹家华说，中国有丰富的资源，有40多年的建设经验，有巨大的市场，与中国进行各种经济合作是很有前途的。

中央军委副主席刘华清国防部部长迟浩田分别会见美国国防部副部长弗兰克·魏斯纳

《国务院教学成果奖励条例》发布

第一条 为奖励取得教学成果的集体和个人，鼓励教育工作者从事教育教学研究，提高教学水平和教育质量，制定本条例。

第二条 本条例所称教学成果，是指反映教育教学规律，具有独创性、新颖性、实用性，对提高教学水平和教育质量、实现培养目标产生明显效果的教育教学方案。

第三条 各级各类学校、学术团体和其他社会组织、教师及其他个人，均可以依照本条例的规定申请教学成果奖。

第四条 教学成果奖，按其对提高教学水平和教育质量、实现培养目标产生的效果，分为国家级和省(部)级。

第五条 具备下列条件的，可以申请国家级教学成果奖：

(一)国内首创的；

(二)经过 2 年以上教育教学实践检验的；

(三)在全国产生一定影响的。

第六条 国家级教学成果奖分为特等奖、一等奖、二等奖三个等级，授予相应的证书、奖章和奖金。

第七条 国家级教学成果奖的评审、批准和授予工作，由国家教育委员会负责；其中授予特等奖的，应当报经国务院批准。

第八条 申请国家级教学成果奖，由成果的持有单位或者个人，按照其行政隶属关系，向省、自治区、直辖市人民政府教育行政部门或者国务院有关部门教育管理机构提出申请，由受理申请的教育行政部门或者教育管理机构向国家教育委员会推荐。

国务院有关部门所属单位或者个人也可以向所在地省、自治区、直辖市人民政府教育行政部门提出申请，由受理申请的教育行政部门向国家教育委员会推荐。

第九条 不属于同一省、自治区、直辖市或者国务院部门的两个以上单位或者个人共同完成的教学成果项目申请国家级教学成果奖的，由参加单位或者个人联合向主持单位或者主持人所在地省、自治区、直辖市人民政府教育行政部门或者国务院有关部门教育管理机构提出申请，由受理申请的教育行政部门或者教育管理机构向国家教育委员会推荐。

第十条 国家教育委员会对申请国家级教学成果奖的项目，应当自收到推荐之日起 90 日内予以公布；任何单位或者个人对该教学成果权属有异议的，可以自公布之日起 90 日内提出，报国家教育委员会裁定。

第十一条 国家级教学成果奖每 4 年评审一次。

第十二条 省(部)级教学成果奖的评奖条件、奖励等级、奖金数额、评审组织和办法，由省、自治区、直辖市人民政府、国务院有关部门参照本条例规定。其奖金来源，属于省、自治区、直辖市人民政府批准授予的，从地方预算安排的事业费中支付；属于国务院有关部门批准授予的，从其事业费中支付。

第十三条 教学成果奖的奖金，归项目获奖者所有，任何单位或者个人不得截留。

第十四条 获得教学成果奖，应当记入本人考绩档案，作为评定职称、晋级增薪的一项重要依据。

第十五条 弄虚作假或者剽窃他人教学成果获奖的，由授奖单位予以撤销，收回证书、奖章和奖金，并责成有关单位给予行政处分。

第十六条 本条例自发布之日起施行。

国家教委颁发《中学生日常行为规范》

国家教委近日正式颁发《中学生日常行为规范》，并要求各地教育行政部门和学校要把贯彻实施《规范》列入重要议事日程。

《中学生日常行为规范》自 1988 年试行以来，对提高广大中学生思想道德素质，形成良好校风、学风等起到积极作用，也受到社会各方面的好评。为使《规范》在中学德育工作中更好地发挥作用，国家教委在试行过程中不断总结各地的经验，反复征求各方面的意见，进行了必要的修改。

国家教委在颁发《规范》的通知中指出，《规范》集中体现了国家对中学生日常行为的基本要求，目的在于使其养成良好行为习惯，促进身心健康发展，加强对中学生的道德教育。国家教委要求，贯彻实施《规范》要做到知行统一，重在做到做好。各地各校要区分不同年龄、学段，从实际出发制定切实可行的教育训练计划。各地教育行政部门和学校在贯彻实施《规范》中要把师德建设作为根本环节抓紧抓好，教师要言传身教，率先垂范。

国办转发农业部《关于实施“绿色证书工程”的意见》的通知

各省、自治区、直辖市人民政府，国务院各部委、各直属机构：

农业部《关于实施“绿色证书工程”的意见》已经国务院同意，现转发给你们，请结合实际情况，认真贯彻执行。

农业部关于实施“绿色证书工程”的意见(略)

3 月 15 日

八届全国人大二次会议举行第三次大会

大会听取关于《预算法(草案)》的说明、《关于授权厦门市人大及其常委会和厦门市人民政府分别制定法规和规章在厦门经济特区实施的决定(草案)》的说明、关于全国人大常委会和最高人民法院、最高人民检察院的工作报告，并进行其他几项议程。

《预算法(草案)》曾于 1993 年 10 月由国务院提交全国人大常委会审议。根据全国人大有关专门委员会和常委会委员们的审议意见，国务院对草案又作修改。会上，刘仲藜受国务院委托，就草案中的一些主要问题向代表作说明。

刘仲藜说，长期以来，由于我国在预算管理方面一直没有以法律的形式作出规定，因此在预算的编制、审批、执行、调整、决算以及监督等方面都存在着不少问题，如预算编制程序不清、预算管理权责不明、预算审批不严格、预算执行不认真以及预算监督不力等，致使预算缺乏应有的法律严肃性。他指出，党的十四大提出了建立社会主义市场经济体制的目标，强调要充分发挥财政在建立健全社会主义市场经济体制中的宏观调控作用。在这种情况下，迫切需要加快财政改革的步伐，完善国家的宏观管理。同时，也迫切需要以法律的形式明确各级权力机关、政府机关、各级财政部门以及各部门、各单位在预算管理中的职权，加强对预算编制、预算审批、预算执行的管理和监督，保障和促进经济和社会的健康发展。因此，制定《预算法》是十分必要的。

刘仲藜还就制定《预算法》的指导思想和草案中的几个主要问题，向大会作说明。

受全国人大常委会的委托，全国人大法律委员会主任委员薛驹，向大会作《全国人民代表大会关于授权厦门市人民代表大会及其常务委员会和厦门市人民政府分别制定法规和规章在厦门经济特区实施的决定(草案)》的说明。

薛驹说，厦门经济特区是我国最早建立的经济特区之一，也是国务院批准可以实施自由港某些政策和进行城市经济体制综合改革的经济特区。考虑到厦门经济特区发展的需要，全国人大法律委员会建议全国人大常委会决定提请全国人民代表大会第二次会议审议决定授权厦门市人民代表大会及其常务委员会根据经济特区的具体情况和实际需要，遵循宪法的规定以及法律和行政法规的基本原则，制定法规，在厦门经济特区实施，并报全国人民代表大会常务委员会、国务院和福建省人民代表大会常务委员会备案；授权厦门市人民政府制定规章并在厦门经济特区组织实施。

受八届全国人大常委会的委托，田纪云副委员长向大会报告八届全国人大一次会议以来常委会的工作和今后一年的主要工作任务。

会上，最高人民法院院长任建新、最高人民检察院检察长张思卿，也先后向大会报告法院和检察院的工作。

会议经过表决，先后通过关于确认全国人大常委会接受杨衍银辞去全国人大常委会委员职务的请求的决定、八届全国人大二次会议选举办法。根据选举办法，本次会议补选全国人大常委会委员实行等额选举，采用无记名投票方式。

全国人大常委会副委员长田纪云在八届全国人大二次会议上作《全国人民代表大会常务委员会工作报告》

各位代表：

我受第八届全国人民代表大会常务委员会的委托，向大会报告八届全国人大一次会议以来常委会的工作和今后一年的主要工作任务，请予审议。

一、一年来的主要工作

第八届全国人大常委会任期的五年，是我国加快建立社会主义市场经济体制，实现现代化建设第二步发展目标的重要时期。常委会根据国家总的形势和任务，制定了本届工作要点，确定了工作的指导思想，这就是：坚持以建设有中国特色社会主义理论和党的基本路线为指导，把加强社会主义民主和法制建设作为根本任务，进一步完善人民代表大会制度，保障宪法和法律的贯彻实施，积极推进社会主义市场经济的发展。一年来，常委会根据这一指导思想，认真履行宪法赋予的各项职责，加强经济立法，健全监督机制，促进改革和发展，维护社会稳定，各方面工作都有新的进展。

(一)把经济立法放在第一位，立法工作取得显著成绩

八届全国人大一次会议通过的《宪法修正案》明确规定，“国家实行社会主义市场经济”，“国家加强经济立法”。按照宪法的要求，常委会把经济立法作为第一位的任务，争取在本届任期内大体形成社会主义市场经济法律体系的框架。一年来，立法步伐明显加快，常委会共制定、修改法律和通过有关法律问题的决定21个，其中有关社会主义市场经济方面的占13个。此外，还批准了同外国缔结的或我国加入的条约、公约和协定17个。

为了引导、推进和保障社会主义市场经济健康发展，及时制定了一些规范市场主体、维护市场秩序和加强宏观调控方面的重要法律。《公司法》对有限责任公司和股份有限公司的设立、组织机构、财产责任等作了规定，有利于规范市场主体，建立现代企业制度，促进社会主义市场经济发展。《反不正当竞争法》、《消费者权益保护法》、《注册会计师法》，以及《关于惩治生产、销售伪劣商品犯罪的决定》，《关于外商投资企业和外国企业适用增值税、消费税、营业税等税收暂行条例的决定》，对维护市场秩序，制止不正当竞争行为，完善宏观调控，保护经济活动当事人的合法权益，有重要作用。《农业法》总结了我国农村改革的经验，以法律形式肯定了国家稳定农村以家庭联产承包为主的责任制，完善统分结合的双层经营体制，维护了农业生产经营组织和农业劳动者的合法权益。为了保护和鼓励台湾同胞投资，促进海峡两岸的经济发展，制定了《台湾同胞投资保护法》。适应社会主义市场经济的要求，还及时修改了《经济合同法》、《个人所得税法》、《会计法》，初步审议了《预算法》、《证券法》、《对外贸易法》、《劳动法》等法律草案，并决定将预算法草案提交本次大会审议。

为了促进科技、教育、卫生事业的发展，常委会通过了《科学技术进步法》、《教师法》、《农业技术推广法》

和《红十字会法》。《科学技术进步法》为国家实行经济建设和社会发展依靠科学技术,科学技术面向经济建设和社会发展的基本方针,保障科学技术优先发展的战略地位,提供了法律依据。《教师法》的制定,有利于保障广大教师的合法权益,建设一支具有良好思想品德和业务素质的教师队伍,促进社会主义教育事业的发展。此外,还通过了全国人大常委会《关于严惩组织、运送他人偷越国(边)境犯罪的补充规定》,初步审议了《国家赔偿法》、《国家勋章和国家荣誉称号法》等法律草案。

制定社会主义市场经济方面的法律,是一项紧迫而艰巨的任务。在立法工作中,我们注意做到以下几点:一是,以建设有中国特色社会主义理论和党的基本路线为指导,以宪法为依据,以改革的精神对待和解决立法工作中遇到的问题和难点;二是,从总体上、法理上对社会主义市场经济法律体系进行调查研究,根据需要和可能制定立法计划,使立法工作有计划、有重点地进行;三是,充分调动各方面的积极性,注意发挥专家、学者在立法工作中的作用,进一步实行实际工作者同理论工作者相结合;四是,加强对法律起草的组织、指导和协调,督促起草单位按时完成起草任务,保证起草质量;五是,坚持从我国国情出发,大胆吸收和借鉴国外经验,使制定的法律符合社会主义市场经济发展的特点和规律,体现公平、公正、公开、效率的原则,有利于进一步解放和发展生产力。

(二)努力改进和加强监督工作,进一步健全监督机制

在加快改革开放,实现新旧经济体制转换的过程中,加强了法律监督和工作监督。一年来,围绕国家工作的重点和人民群众关心的重大问题,常委会和专门委员会先后派出37个检查组,对18个法律的实施情况进行了检查。同时,常委会听取和审议了国务院及其有关部门、最高人民检察院关于金融、外贸、教育、廉政、民航等8个方面的工作报告。专门委员会还定期听取了有关部门的工作情况汇报。

执法检查注重实效。针对群众反映强烈的社会治安问题,常委会重点检查了关于加强社会治安综合治理的决定的实施情况,强调必须坚决贯彻两手抓、两手都要硬的方针,加强专门机关的工作,动员和组织全社会的力量齐抓共管,运用各种手段进行综合治理,严厉打击车匪路霸、贩毒吸毒、卖淫嫖娼等违法犯罪活动,保障人民群众的生命财产安全。针对生产、销售伪劣商品违法犯罪猖獗的现象,组织检查了关于惩治生产、销售伪劣商品犯罪的决定的实施情况,强调必须进一步抓好法制宣传和教育,使生产者、经营者明确自己对商品质量应负的社会责任,使广大消费者学会运用法律武器维护自己的权益,并充实执法力量,克服地方保护主义,禁止以罚代刑。适应建立现代企业制度的需要,对进一步贯彻企业法,转换企业经营机制,落实企业自主权,提出了意见和建议。有关专门委员会对环境保护方面法律的实施情况进行了广泛、深入的检查,新闻单位进行了连续报道,促使一些被检查的部门和地区及时采取治理污染的措施,收到了较好的效果。

加强宏观调控,是去年国家采取的一项重大措施。常委会听取和审议了国务院副总理朱镕基作的《关于当前金融形势和政策措施的报告》。委员们赞成国务院为改善和加强宏观调控、整顿金融秩序所采取的一系列措施,并对深化金融体制改革提出了建议。听取和审议了国家计委、财政部关于国家计划、预算执行情况的报告,审查批准了1992年国家决算。为了促进反腐败斗争的深入开展,听取和审议了最高人民检察院《关于检察机关在反腐败斗争中集中精力查办大案、要案情况的报告》,肯定了检察机关查办大案要案、依法惩治腐败的成绩,对执法机关依法办案表示坚决支持。委员们认为,加强廉政建设、反对腐败,是建立社会主义市场经济体制的重要保证,关系到改革事业的成败和国家的命运,必须常抓不懈,切实抓出成效。

在开展监督工作中,注意完善监督机制,依法进行监督。在总结近几年开展执法检查经验的基础上,制定了《关于加强对法律实施情况检查监督的若干规定》,使这项工作进一步程序化、制度化。为了维护国家法制的统一,对报送常委会备案的地方性法规进行审查,对同法律相抵触的规定作了纠正。对各地提出的有关法律实施的问题,常委会办事机构也作了认真研究和答复。

(三)认真对待代表议案和建议,密切同人民群众的联系

代表在代表大会上提出议案和建议,是代表行使管理国家事务权力的重要形式,它有利于国家机关接受人民监督,改进工作。八届全国人大一次会议上,代表共提出611件议案。其中,广东省代表团提出的关于建议成立香港特别行政区筹备委员会预备工作委员会的议案,列入了大会议程。根据大会的授权,常委会决定设立了预备工作委员会,并已开始工作。这对保证我国恢复对香港行使主权,实现1997年的平稳过渡和香港的长期稳定繁荣,有重要意义。有93件议案交有关专门委员会审议,这些议案大部分是有关立法方面的,常委会在立法中充分考虑和采纳了代表的意见。另外的517件议案作为建议、批评、意见,连同代表提出的2325件建议,由常委会办公厅交有关单位研究处理,已答复代表。经过各承办单位的共同努力,办理速度和办理质量都有所提高。

视察是代表联系人民群众，了解实际情况，反映人民群众的意见和要求的重要方式。这次大会前，全国人大常委会和省级人大常委会共同组织全国人大代表，就1993年计划和预算执行情况、转换国有企业经营机制、减轻农民负担、搞好社会治安和反腐败等事项，开展了视察。还组织港澳地区和台湾省代表，分别视察了黑龙江省、广东省和福建省的一些地方。在视察中注意了解真实情况，提出了一些重要意见，效果较好。

重视人民群众来信来访工作。一年来，共收到来信60907件，接待来访13248人(次)。通过办理信访，督促有关部门和地方解决了一些群众急需解决的问题，密切了国家机关同人民群众的联系。

加强对地方人大常委会工作的指导，支持地方人大依法行使职权。召开了省级人大常委会负责同志座谈会，听取意见，交流经验，研究加强人大工作的问题。委员长、副委员长到各地视察、调查时，注意了解地方人大工作情况，指导和帮助地方人大开展立法、监督等工作。专门委员会和常委会办事机构与地方人大共同召开了一些座谈会、研讨会，进一步密切了联系。

(四)积极开展同外国议会的交往，为我国改革开放和现代化建设创造良好的国际环境

开展同外国议会的交往，是常委会的一项重要任务，也是国家外事工作的组成部分。一年来，由委员长和副委员长率领的全国人大代表团访问了26个国家，常委会派团出席了6次国际会议，接待了37个国家议会和议会国际组织的访华团。专门委员会派出12个代表团，出访了23个国家，参加了20个有关的国际性会议，接待了59个国家议会委员会和议会国际组织的访华团。还调整和新建了35个全国人大同外国议会的双边友好小组。并注意吸收省级人大常委会负责人和全国人大代表参加全国人大的一些外事活动。

乔石委员长对东盟五国的访问，促进了中国人大同五国议会之间的交流，加强了同这些国家领导人的接触，巩固和发展了我国同这些国家的友好合作关系，对维护亚太地区的稳定和繁荣，具有重要意义。乔石委员长对德国、瑞士、奥地利的访问，不仅促进了全国人大与三国议会之间的交流与合作，而且通过同三国领导人的广泛接触，有助于扩大我国影响，推动我国同三国关系的发展，加强合作，促进西欧国家进一步改善对华关系。全国人大代表团还分别访问了朝鲜、韩国、中亚五国、北欧三国及其他一些国家。通过开展多层次、多渠道的对外交往活动，加深了同这些国家的相互理解和信任，扩大了我国改革开放政策的影响，推动了国家间关系的发展。我们还注意通过议会外交，推动和促进经贸合作及科技、教育、文化等各个领域的交流与合作。同时，也注意了解和借鉴外国立法和经济建设的经验。

世界局势的变化和国内形势的发展，需要我们进一步加强全国人大的外事工作，以扩大影响，广交朋友，增进同外国议会和人民之间的友谊与合作，为我国社会主义现代化建设和改革开放创造有利的国际环境。今后，我们将继续贯彻我国对外工作方针，充分发挥议会外交特点，把全国人大的外事工作做得更好。

(五)加强常委会的组织制度建设，发挥专门委员会的作用

适应新形势对人大工作的要求，常委会把加强自身建设，特别是组织制度建设放在重要位置。制定了《全国人大常委会组成人员守则》，要求常委会组成人员努力学习建设有中国特色社会主义的理论，学习宪法和法律，密切联系群众，清正廉洁，遵守会议制度和工作纪律，严格依法履行职责。修改和完善了《委员长会议议事规则》、《秘书处工作规则》等工作制度，使常委会的日常工作基本上做到了有章可循。各专门委员会也制订或修改了工作规则和议事规则，对本委员会组成人员的职责、会议制度、工作程序等作了规定。

专门委员会是全国人民代表大会的常设机构，在大会闭会期间受常委会领导，它的工作具有经常性和专门性的特点。充分发挥专门委员会的作用，对于常委会完成立法、监督等任务至关重要。去年，常委会两次召开专门委员会负责人座谈会，研究加强专门委员会建设等问题，推动了专门委员会工作的开展。一年来，各专门委员会积极主动履行职责，协助常委会行使职权，在研究、审议、拟订法律议案和其他议案，开展执法检查，听取有关部门汇报，进行专题调查以及开展外事活动等方面，做了大量工作，取得了显著成绩。

常委会重视加强机关建设。委员长、副委员长多次召开机关干部会议，对机关建设提出要求。一年来，组织机关干部认真学习《邓小平文选》第三卷，学习宪法和法律，提高干部的政治素质和业务水平。各部门、各单位建立了工作责任制，努力加快工作节奏，提高工作水平，保证各项任务的完成。

一年来，常委会在全体代表和地方人大的支持下，各方面工作都有新的起色，取得了较大成绩。同时也要看到，我们的工作还存在一些不足和缺点，主要是：立法工作还不完全适应改革开放和经济发展的需要；监督工作仍然是薄弱环节，特别是对法律实施情况的检查监督还不够有力；常委会自身建设，也还不适应新形势下人大工作的要求。我们要采取切实有效措施，逐步加以解决。

二、今后一年的主要工作任务

1994年，是我国加快建立社会主义市场经济体制，

保持国民经济持续、快速、健康发展的重要一年。常委会要继续以建设有中国特色社会主义理论和党的基本路线为指导，全面贯彻党的十四大和十四届三中全会精神，把社会主义民主和法制建设作为根本任务，认真履行宪法和法律赋予的职责。要深入实际，深入群众，调查研究，倾听群众的意见，随时注意了解经济建设中出现的新问题，了解有可能影响社会稳定和改革顺利进行的各种情况，积极提出建设性意见，处理好改革、发展与稳定的关系。要进一步加强经济立法，有效地监督法律的实施和改革措施的落实。各项工作都要服从和服务于抓住机遇、深化改革、扩大开放、促进发展、保持稳定这个大局。

第一，继续把经济立法放在第一位，使立法适应发展社会主义市场经济的需要。

今年是改革措施出台比较集中的一年，需要法律来引导、推进和保障改革。这就迫切要求进一步加快立法特别是经济立法的步伐。我们要继续把经济立法放在第一位，逐步建立适应社会主义市场经济的法律体系。

常委会已经制定了五年立法规划。其中，规范市场主体、维护市场秩序、加强宏观调控、完善社会保障等方面的主要法律项目，是立法工作的重点。同时，也安排了加强社会主义民主政治建设、健全国家机构组织制度、惩治各种犯罪活动、维护社会治安、促进科学教育文化事业发展、保护环境和加强国防建设等方面的一些法律。实现这个规划，就可以大体上形成社会主义市场经济法律体系的框架，进一步健全其他方面的法律制度。常委会要加强对实施立法规划的指导、协调和督促工作。专门委员会除积极完成自己承担的起草任务外，还要加强同其他起草单位的联系。凡是承担法律起草工作的部门，都要做到任务、班子、时间三落实，在保证质量的前提下，按时完成起草任务。

根据立法规划的安排，今年需要制定的法律很多。要分清轻重缓急，妥善加以安排，急需的法律先立。对已出台的改革措施，要及时总结经验，尽可能地用法律形式固定下来，使之规范化。要抓紧制定《中央银行法》、《商业银行法》、《审计法》、《对外贸易法》、《期货交易法》、《房地产法》、《证券法》、《票据法》、《担保法》、《信托法》、《保险法》、《仲裁法》、《劳动法》等法律。其他方面的法律，凡是条件成熟的，也要抓紧制定。我们要树立社会主义市场经济的新观念，大胆探索，勇于实践，提高立法的速度和质量，以适应改革和发展的需要。

第二，切实抓好执法检查和工作监督，促进各项改革措施的实施。

改革是全国人民的事业，也是人民的最高利益所在。常委会要从人民的根本利益出发，充分调动一切积极因素，全力支持和促进各项改革措施的顺利实施。要代表人民的意志，按照宪法规定的职权，围绕改革和建设的重大问题，进一步开展对法律实施的检查监督，加强对行政、审判、检察机关的工作监督。

要把对法律实施的检查监督放在非常重要的位置，认真执行《关于加强对法律实施情况检查监督的若干规定》，强化监督力度，增强监督实效。今年要重点检查监督有关市场经济方面法律的贯彻实施情况，特别是对新出台的维护市场秩序和加强宏观调控等方面法律的实施情况，组织力量，深入检查，以促进社会主义市场经济的健康发展。要继续抓好有关维护社会治安、打击各种犯罪活动等方面法律实施情况的检查监督，维护社会秩序，保障社会稳定，促进精神文明建设。

为了促进经济建设和改革开放的发展，常委会要及时听取和审议国务院及其有关部门、最高人民法院、最高人民检察院的工作报告，监督各项改革措施的落实，支持和督促他们做好工作。要加强对国民经济和社会发展计划、国家预算执行情况的监督，保证代表大会批准的计划和预算的顺利执行。要加强对人大及其常委会选举和任命的工作人员的廉政监督，如发现有贪污、受贿等腐败行为，该罢免的罢免，触犯刑律的依法追究刑事责任。要支持、督促执法机关严格执法，抓紧查处大案要案。要认真受理人民群众的申诉、控告和检举。还要不断总结监督工作的经验，使监督工作更加规范化、程序化。

第三，增强全社会的法律意识，为改革和建设创造一个良好的法制环境。

增强全社会的法律意识，是社会主义法制建设的重要内容，也是现代化建设顺利进行的必要条件。改革开放和现代化建设的发展，要求全社会特别是各级领导干部的法律意识有一个较大提高。我国有几千年的封建社会历史，缺乏民主和法制的传统，加上长期以来习惯于单纯依靠行政手段管理经济和处理社会事务，以致一些干部和群众的法律意识淡薄，不依法办事。有的干部对法律采取实用主义态度，认为对自己不利的就不执行，甚至滥用权力，为了本地区、本部门、本单位的利益而公然违反法律。这种状况同发展社会主义市场经济是不相容的。解决这个问题，是一项紧迫而又长期、艰巨的任务，必须坚持不懈、扎扎实实地做好。

提高全社会的法律意识，最根本的是教育人。常委会要把促进法律知识的宣传和法制教育作为一项经常性的重要工作。要充分发挥电视、广播、报刊等新闻媒介的作用，形成一个强大的法律宣传声势。要督促各部门、各地方继续深入开展普法教育，做好宪法的宣传，大力普及有关市场经济方面的法律知识，使广大群众知法守法，学会运用法律武器保护自己的合法权益。要树立宪法和法律的权威，任何组织或个人都必须以宪法为根本的活动准则，不允许有超越宪法和法律的特权。各级国家机关工作人员，特别是领导干部，要带头学法懂法，模范地遵守法律，学会运用法律手段处理各项事务。人大及其常委会在选举和任免干部时，应当把是否具备必要的法律知识和能否认真执法，作为衡量干部是否称职的一个条件。要加强执法队伍建设，提高执法人员的素质和执法水平，切实做到有法必依，执法必严，违法必究。总之，必须采取各种有力措施，逐步改变有法不知道、知道不执行、执行不严格的状况，在全社会形成守法光荣、违法可耻、依法办事的风尚，为改革和建设创造一个良好的法制环境。

第四，加强常委会自身建设，造就一支坚强的人大干部队伍。

在新形势下，常委会面临的任务相当繁重，必须进一步加强自身建设。常委会组成人员和全体机关干部都要认真学习邓小平同志的著作，用建设有中国特色社会主义理论武装头脑，指导工作。要充分认识社会主义民主法制建设是现代化建设的重要组成部分，人大工作是民主法制建设的第一线。我们应当集中精力，兢兢业业，认真履行职责，不辜负人民的重托。

要进一步改革和完善常委会的组织制度和工作制度，理顺关系，提高议事效率和水平。按照统一、精简、效能的原则，搞好全国人大机关的机构改革。适应日益繁重的立法、监督等任务的需要，必须加强立法工作机构和研究咨询机构。要改善干部队伍的结构，提高干部的素质，有计划地充实一些有专业知识和实践经验的人才，抓好干部培训，逐步培养一支用建设有中国特色社会主义理论武装的，懂得宪法和法律的，密切联系群众、作风扎实的，廉洁奉公、富有献身精神的人大干部队伍。

各位代表！人民代表大会制度是我们国家的根本政治制度。坚持和完善这一制度，对于保证人民当家作主，巩固人民民主专政政权，充分调动广大人民群众建设有中国特色社会主义的积极性，维护国家的长治久安，促进改革开放和现代化事业的顺利发展，具有极其重要的意义。今年是全国人民代表大会成立四十周年。要围绕人民代表大会制度发展的光辉历程开展纪念活动，广泛宣传人民代表大会制度的优越性，提高对新形势下加强人大工作重要性的认识，更好地发挥人民代表大会及其常务委员会的作用。我们要在建设有中国特色社会主义理论和党的基本路线指引下，积极开拓，锐意进取，努力把人大工作做得更好，为夺取改革和建设事业的更大胜利，作出应有的贡献！

最高人民法院院长任建新在八届全国人大二次会议上作《最高人民法院工作报告》

各位代表：

现将人民法院1993年的工作情况和1994年的工作任务报告如下，请予审议。

一、坚持“严打”斗争，维护社会稳定

稳定是改革和发展的重要保障。1993年，全国法院继续坚持“两手抓，两手都要硬”的方针，严厉打击严重刑事犯罪活动。全年共受理一审刑事案件403267件，审结403177件。判决并已发生法律效力的人犯451920人。其中，判处五年以上有期徒刑、无期徒刑和死刑（包括死刑缓期二年执行）的173897人，占总数的百分之三十八点四八，比上年上升3.86个百分点；判处五年以下有期徒刑和拘役、管制的269652人；免予刑事处分的6371人；宣告无罪的2000人。百分之九十五点一一的案件在法定期限内审结。人民法院依法惩处刑事犯罪分子，对加强社会治安综合治理，维护社会稳定，保障改革开放和经济建设的顺利进行，发挥了重要作用。

紧紧抓住打击重点，强化打击力度。根据一些地方治安比较混乱，重大恶性案件不断发生的情况，各级人民法院把杀人、抢劫、强奸、爆炸、绑架勒索、流氓等犯罪，特别是带有黑社会性质的集团犯罪作为打击的重点，依法从重从快惩处。全年共判决并已发生法律效力的严重危害国家安全和社会治安的犯罪分子237164人。其中，判处五年以上有期徒刑、无期徒刑和死刑（包括死刑缓期二年执行）的141406人，占百分之五十九点六二，比上年上升了2.6个百分点，有力地打击了严重刑事犯罪分子，社会效果较好。

深入开展专项斗争，遏制严重犯罪蔓延。近几年来，一些地方铁路、公路沿线“车匪路霸”猖獗，盗窃，拐卖、绑架妇女、儿童，组织、强迫妇女卖淫等犯罪活动仍然很严重。去年，各级人民法院根据中央社会治安综合治理委员会的部署，与公安、检察机关密切配合，集中力量，在全国范围内开展了打击这几类犯罪活动的专项斗争，收到了明显成效。同时，各地法院还从本地区的实际情况出发，什么犯罪突出，就集中打击什么犯罪。如云南、广东等省查获的走私、贩卖毒品犯罪案件较多，人民法院认真执行全国人大常委会《关于禁毒的决定》，依法严厉打击毒品犯罪。根据广东地区打击毒品犯罪活动的实际需要，最高人民法院于1993年6月依法授权广东省高级人民法院核准部分毒品犯罪死刑案件。全国法院共审结毒品犯罪案件5020件，依法从严惩处了一批严重毒品犯罪分子，推动了禁毒斗争的开展。前一个时期，福建、浙江、广东等少数沿海、沿边地区偷渡违法犯罪活动增多。最高人民法院及时作出部署，发出了《关于严厉打击偷渡犯罪活动的通知》。偷渡案件多发地区的人民法院同公安等有关部门密切配合，开展了打击这类违法犯罪的专项斗争，严惩组织偷渡的犯罪分子，基本上遏制了偷渡违法犯罪活动的蔓延。

密切结合审判工作，积极参与社会治安综合治理。去年，各级人民法院在依法严惩犯罪分子的同时，把参与社会治安综合治理，特别是对治安比较混乱地区的重点治理作为一项重要工作来抓。一是通过公开审理、公开宣判、以案讲法等形式，开展法制宣传教育，增强公民的法制观念，震慑犯罪分子，鼓舞人民群众同违法犯罪行为作斗争。二是加强司法建议工作。一年来，各级人民法院针对审判工作中发现的问题，向有关部门和单位提出关于加强管理、堵塞漏洞、完善制度的司法建议共6万余份，多数被采纳。三是加强少年法庭工作，保护未成年人的合法权益，预防和减少青少年犯罪。四是继续贯彻专门机关与群众路线相结合的方针，在有条件的地方对罪行较轻的犯罪分子依法适当多判处一些缓刑、管制。全年共判处缓刑、管制犯罪分子60992人，依靠群众加强对这些犯罪分子的教育改造工作。同时，对劳改中确有悔改或者立功表现的犯罪分子，依法裁定减刑或者假释。全年共办理减刑案件230052件，假释案件33388件。五是加强基层工作，充分利用人民法庭接近群众、方便诉讼的特点，依法及时调处大量民事、经济纠纷和轻微刑事案件，指导人民调解工作，防止矛盾激化，减少违法犯罪。

二、坚决开展反腐败斗争，严厉打击严重经济犯罪

1993年，特别是在8月中共中央作出关于加强反腐败斗争的决策和部署之后，全国法院把依法严厉打击贪污受贿等严重经济犯罪活动的斗争摆到突出的地位，取得了新的进展。全年共受理一审经济犯罪案件27463件，审结27323件。其中，8月至12月受理15204件，审结16143件，分别比前7个月月均上升百分之七十三点六二和百分之一百零二点一三。除正在上诉的、检察院撤诉的和退回检察院补充侦查的以外，全年共判决并已发生法律效力的人犯22106人。其中，判处五年以上有期徒刑、无期徒刑和死刑（包括死刑缓期二年执行）的6863人，占百分之三十一点零五，比上年上升7.17个百分点；判处五年以下有期徒刑和拘役、管制的14351人；免予刑事处分的540人；宣告无罪的352人。

大力抓好经济犯罪大案要案的审判。去年7月，最高人民法院召开了全国高级法院院长会议，对抓好经济犯罪特别是贪污受贿的大案要案的审判作了专门部署，强调要把这项工作作为衡量反腐败斗争成果的重要标志。各级人民法院采取了一系列措施，集中力量，精心组织，狠抓落实。最高人民法院和各高级人民法院加强了对大案要案审判工作的指导和监督。去年，全国法院共审结犯罪金额万元以上的案件7872件，占经济犯罪案件总数的百分之五十四点七五，比上年上升10.66个百分点。其中，犯罪金额在30万元以上的案件443件。在判处的犯罪分子中，有县处级干部69人，司局级干部7人。为了推动反腐败斗争的深入开展，人民法院通过公开审理、公开宣判，广泛进行宣传；最高人民法院和一些地方法院还多次举行新闻发布会，公布了一些重大经济犯罪案件的审判结果，在全国引起很大反响，收到了良好的社会效果。

依法严惩贪污、受贿、挪用公款犯罪分子。近几年来，一些国家工作人员包括极少数领导干部利用职务贪污、受贿、挪用公款等犯罪严重，广大群众深恶痛绝。人民法院坚持把依法严惩党政领导机关、司法部门、行政执法部门和经济管理部门中的工作人员贪污、受贿、挪用公款犯罪作为打击的重点。全年共判处这几类犯罪分子11388人。其中，有建国以来审结的贪污犯罪金额最大的海口市工商银行东风办事处原会计薛根和伙同他人贪污人民币3344万元的案件，主犯薛根和等4人被依法判处死刑。还有社会各界普遍关注的国家科委原副主任李效时受贿、贪污和原北京市长城机电科技产业总公司总裁沈太福贪污、行贿案。李效时利用职务之便，支持沈太福非法集资，收受沈太福等人贿赂5.2万余元、贪污2万元，今年3月4日，被北京市中级人民法院一审数罪并罚判处有期徒刑20年。沈太福通过非法集资伙同其妻共同贪污100万元、个人贪污200万元、行贿25万元，3月4日，被北京市中级人民法院一审数罪并罚判处死刑。李效时、沈太福提出上诉，北京市高级人民法院正在进行二审。

坚决打击走私犯罪活动。近年来，一些地方走私犯罪特别是单位走私犯罪相当严重，走私数额越来越大。各地法院根据党中央、国务院关于打击走私犯罪的部署，依法严惩走私犯罪分子。人民法院陆续受理了一些单位走私大案，对直接责任人员和主管人员坚决依法判处。全年共判处走私犯罪分子307人。山东省乳山市商业局原局长刘起山等走私香烟大案，走私数额特别巨大，与境外走私分子相勾结，情节特别严重，在社会上造成了恶劣影响。今年2月15日，山东省威海市中级人民法院一审分别以走私罪、受贿罪数罪并罚判处刘起山、威海市边防分局原政委范占武和该局业务处原副处长刘宁死刑，以受贿罪、徇私枉法罪数罪并罚判处乳山市原市委书记王建智死刑，缓期二年执行。被告人已向山东省高级人民法院提出上诉，二审正在审理中。

严厉制裁制造销售假冒伪劣商品的犯罪行为。这

是广大人民群众的强烈愿望，也是维护社会主义市场经济秩序的迫切需要。去年，全国法院认真执行全国人大常委会《关于惩治假冒注册商标犯罪的补充规定》和《关于惩治生产销售假冒伪劣商品犯罪的决定》等法律，对那些制造销售假冒伪劣商品的犯罪分子，坚决依法严惩，并依法适用罚金、没收财产。全年共判处这类犯罪分子314人。

一年来，打击经济犯罪的斗争虽然取得了很大成绩，但也存在一些问题，主要是有些已构成犯罪、依法应当追究刑事责任的案件，没有起诉到法院，其中走私、制造销售假冒伪劣商品、偷税抗税等案件尤为突出。由于地方和部门保护主义的影响，“以罚代刑”的问题仍然没有得到解决。为了把打击经济犯罪分子的斗争引向深入，必须严格依法办事，切实解决这些问题。

三、运用司法手段调节经济关系，保障市场经济的发展

随着经济体制改革的深化，社会主义市场经济的发展，人民法院通过审判调节经济关系的领域进一步拓宽。1993年，经济纠纷案件大幅度上升，并出现了不少新类型案件。全年共受理一审经济纠纷案件894410件，比上年上升百分之三十七点一五，审结883681件，比上年上升百分之三十六点零八；诉讼标的总金额达705亿元，比上年上升百分之一百一十一点三八。

加强对金融纠纷案件的审理，为国家宏观调控提供司法保障。去年中共中央、国务院作出加强宏观调控的决策后，最高人民法院对通过审判工作保障宏观调控顺利实施的问题，及时作出了具体部署。各级人民法院针对近年来资金拆借混乱，部分贷款逾期不能收回，造成银行信贷部门资金周转困难的情况，大力开展清理拆借资金和收回逾期贷款的专项审判活动。全年共审结这类合同纠纷案件267853件，比上年上升百分之四十六点三八。人民法院还依法受理了一批在深化改革、扩大开放中出现的新类型金融纠纷案件。全年共审结股票、债券、票据和融资租赁纠纷案件1838件，比上年上升百分之五十七点零九，促进了金融市场的发育。

加强对购销合同纠纷等案件的审理，维护商品生产和流通秩序。去年，全国法院共审结购销合同纠纷案件308240件，比上年上升百分之四十三点九七。人民法院审理这类案件，坚持依法平等地保护当事人的合法权益，维护合同效力，严格合同责任，合理承担风险；保护正当竞争，反对不正当竞争，制裁诈欺行为，维护统一、开放的市场秩序。

加强对企业承包、破产等案件的审理，促进企业走向市场。去年，人民法院积极受理企业在承包经营、租赁经营、联营和兼并等经济活动中发生的案件，全年共审结这类案件22056件，比上年上升百分之五十四点一九，依法维护了企业的经营管理权，促进了国有企业经营机制的转换。在深化经济体制改革和市场竞争中，申请宣告破产的案件增多。全年共审结企业破产案件478件，比上年上升百分之八十点三八。其中国有企业破产案件171件，非国有企业破产案件307件。实践证明，依法妥善处理破产案件，对优化产业结构，实现资源合理配置，建立现代企业制度，有着积极的作用。

加强对知识产权、技术合同等纠纷案件的审理，促进科技事业和技术市场的发展。人民法院十分重视运用司法手段保护知识产权。为了适应审判工作的需要，一些省市和沿海开放城市，如北京、广东、上海、海南、福建、深圳等地法院相继设立了知识产权审判庭。去年，全国法院共审结专利、商标、著作权等知识产权和技术合同纠纷案件2777件，比上年上升百分之十六点三九。通过对这类案件的审理，保护了中外知识产权所有人的正当权益，加速了科技成果向商品化和产业化的转化。

加强对农村承包合同和乡镇企业经济纠纷案件的审理，促进农村经济的振兴。人民法院从稳定以家庭联产承包为主的责任制和促进统分结合的双层经营体制出发，认真审理农村承包合同纠纷案件，依法维护承包合同的稳定性。去年，全国法院共审结这类案件47452件。同时，人民法院还及时审理了乡镇企业在生产经营中发生的经济纠纷案件，对完善乡镇企业承包经营责任制和推行股份合作制，加快乡镇企业的健康发展，起了积极的作用。

加强对海事、海商案件和涉外、涉港澳、涉台经济纠纷案件的审理，为扩大开放服务。随着我国对外经济贸易和海上运输业的蓬勃发展，海事、海商纠纷逐年增多。去年，全国海事法院共受理一审海事、海商案件1830件，比上年上升百分之十点六四；审结1607件，比上年上升百分之十一点九一。人民法院还审结涉外、涉港澳和涉台经济纠纷案件1311件，比上年上升百分之三十九点六二。人民法院审理涉外案件，坚持维护国家主权原则，充分行使我国的司法管辖权，依照我国参加或者缔结的国际条约，参照国际惯例，平等地保护中外当事人的合法权益。对这类案件及时妥善审理，有利于改善我国的投资环境，促进对外经济贸易的发展。

四、通过审判活动，保护公民、法人的合法权益

1993年，人民法院更加重视通过民事审判、行政审判等司法手段，保护公民、法人的合法权益，依法处理了大量涉及人身权利和财产权利的案件。我国人权的

司法保障有了新的发展。

依法切实保护公民、法人的民事权利。去年，全国法院共受理一审民事案件2089257件，比上年上升百分之七点二一，占各类一审案件总数的百分之六十一点一八；审结2091651件，比上年上升百分之七点三二。一是离婚案件继续上升，全年受理离婚案件946682件，比上年上升百分之五点五七；审结950835件，比上年上升百分之五点九一。在处理离婚案件中，由于夫妻共同财产增多，双方争财产、争房屋所有权和使用权等问题经常发生，认定和分割共同财产比较困难，人民法院本着男女平等、实事求是、合情合理的原则予以解决。人民法院还依法处理了大量的扶养、抚育和赡养等案件，保护了妇女、儿童和老人的合法利益，促进了社会主义婚姻家庭关系和社会主义新风尚的发展。二是名誉权、荣誉权、名称权、姓名权、肖像权等案件上升较大。诉讼主体的情况也发生变化，有公民、法人或者其他组织，还有港、澳、台居民和外国人。许多名誉权案件直接与生产、科技、经营活动密切相关，社会影响较大。去年，全国法院共受理这类案件4760件，比上年上升百分之二十六点五六；审结4650件，比上年上升百分之二十九点零九。三是劳动力市场的活跃，企业自主权的扩大，劳动合同纠纷以及有关工资、保险、福利、劳动保护等劳动争议案件明显上升。去年，全国法院共受理劳动争议案件1092件，比上年上升百分之十九点八七。人民法院处理这类案件，依法维护职工的合法权益，保护职工的生产积极性，同时依法保护企业用人自主权，维护正常的生产秩序。四是在私营、个体经济的发展过程中，民间债务案件逐年上升。去年，全国法院共受理民间债务案件639266件，比上年上升百分之十二点六一；审结638318件，比去年上升百分之十二点八零。人民法院处理这类案件，坚持有利于生产、生活的原则，保护了合法的借贷关系。五是由于房地产业的发展，土地开发、房屋销售、房地产抵押等案件不断出现，诉讼标的额大、法律关系复杂。去年，全国法院共受理房地产案件和民间房屋纠纷案件82024件，比上年上升百分之十点八零；审结81366件，比上年上升百分之八点零七。人民法院坚持平等自愿、诚实信用、等价有偿的原则，妥善处理这类案件，促进了房地产市场的健康发展。

依法保护公民、法人和其他组织的合法权益不受侵犯，维护和监督行政机关依法行政。一年来，人民法院的行政审判工作有了新的进展。全年共受理一审行政案件27911件，审结27958件。其中，维持行政机关决定的占百分之二十三点五六，撤销和变更行政机关决定的占百分之二十点三九，撤诉的占百分之四十一点三一，作其他处理的占百分之十四点七四。人民法院受理的行政案件，涉及土地、公安、工商、城建、环保、税务等三十多个方面，其中着重抓了有关企业转换经营机制和加重农民负担的行政案件的审理，对行政机关违法的具体行政行为加以纠正，对合法的具体行政行为予以支持。通过审理企业在转换经营机制中出现的行政案件，对向企业乱集资、乱摊派、乱收费，侵犯企业经营自主权的违法行为，依法予以制止和纠正。通过审理少数行政机关加重农民负担，非法要求农民承担费用或者劳务而引起的行政案件，保护了农民的利益，调动了农民的生产积极性。一些法院对审判中发现的行政执法中的问题，及时提出司法建议。如有的法院针对本地区存在的加重农民负担的行为，向当地政府提出司法建议，将农民依照法律和政策应当承担的费用和劳务，通过签订协议书的办法，纳入法制管理的轨道，被采纳后在全省推行。各级法院还根据行政机关的申请，依法强制执行了行政决定88147件，有力地支持了行政机关依法行政。当前，行政审判工作存在的主要问题是，有些公民怕打击报复，不敢提起行政诉讼；有些行政机关怕影响威信，不愿出庭应诉；有些审判人员怕影响与行政机关的关系，有畏难情绪。为了更好地开展行政审判工作，应当更加广泛、深入地学习、宣传行政诉讼法，认真解决存在的思想认识问题和其他实际问题。

加强处理告诉、申诉的工作，依法保护公民的诉讼权利。去年，全国法院共处理来信1838254件，接待来访3820477(人)次，共5658731件(人)次。其中，提出申诉的785802件(人)次，提出告诉的3508562件(人)次，反映其他问题的1364367件(人)次。人民法院对提出告诉或者申诉的，认真进行审查，依法及时立案或者提起再审；对反映其他问题的，及时转给有关部门处理。为了改进处理告诉、申诉的工作，一些法院成立了立案专门机构；很多法院制定了便利群众诉讼的规章制度，改进了立案审查方法；有的还到街道、乡村主动服务，在边远地区设立投诉站等，使"告状难"的问题进一步缓解。

五、坚持严肃执法，加强法院的队伍建设

一年来，全国法院在严肃执法、提高司法水平、加强队伍建设特别是廉政建设方面采取了一些措施，取得了一定成效。

坚持依法公正审判。针对近年来有些地方在审判工作中存在的执法不严的问题，最高人民法院强调，各级人民法院在审判工作中必须坚持以事实为根据，以法律为准绳，严格依照实体法和程序法办案，以对人民利益和国家法律高度负责的精神处理好每一起案件；坚持依法独立行使审判权，坚决反对和抵制地方保护主义和部门保护主义及其他各种干扰，维护法律的统一和权威；坚持公开审判制度，通过公开调查、公开辩论、公开宣判，将审判活动置于人民群众的监督之下。从去年底全国法院开展的执法执纪大检查的结果看，办案质量基本上是好的。为了确保严肃执法，最高人民法院对地方各级人民法院和专门人民法院，上级人民法院对下级人民法院加强了审判监督。同时，各级人民法院还加强了内部自我监督机制，一些法院试行了错案追究制。对不公正的裁判和执法中的错误行为，本着"实事求是，有错必纠"的原则，坚决依法纠正。对下级人民法院因受干扰难以依法公正审理的案件，上级人民法院依法提审。去年，全国法院适用审判监督程序再审了建国以来历年判决的刑事、民事、经济、行政和海事、海商案件73121件，其中改判了原判确有错误的案件14271件。全国法院还审理了检察机关按照审判监督程序提起抗诉的刑事、民事、经济纠纷、行政案件226件，按照二审程序提起抗诉的刑事案件1715件，共计1941件。其中，抗诉有理，原判确有错误，依法改判的686件；抗诉理由不能成立，原判正确，予以维持的792件；检察机关撤回抗诉的219件；作其他处理的244件。

进一步加强执行工作。为了使裁判所确认的当事人的实体权利得以实现，各级人民法院针对当前存在的"执行难"问题，普遍建立了执行机构，充实了执行力量，强化了执行措施。最高人民法院要求各地法院认真做好委托执行工作，并加强了对全国法院执行工作的指导和协调。对当事人有能力履行而拒不履行、拖延履行的，坚决依法强制执行；对抗拒执行构成犯罪的，坚决依法制裁；对当事人确实无力执行的，依法中止或者终结执行。各级人民法院还及时制止和纠正了一些地方采取强制措施不当的问题，严肃查处了少数干警在执行工作中的违法行为。去年，由人民法院执行的民事、经济、行政判决和裁定共912354件，占申请执行总数的百分之八十点三七；裁判执行标的总金额达212亿元，比上年增长百分之一百三十二点一六，执行工作有所进展。

努力提高队伍素质。坚持严肃执法，必须有一支公正廉明的司法队伍。一年来，我们在抓好组织全体干警认真学习《邓小平文选》第三卷、加强领导班子建设、采取多种形式进行业务培训的同时，狠抓了队伍自身的廉政建设。根据中央关于反腐败斗争的部署，最高人民法院先后下发了《关于纠正执法不严和乱收费等不正之风的通知》和《关于开展执法执纪大检查的通知》。各级人民法院认真贯彻执行中央部署，领导干部按照廉洁自律的"五条规定"进行了自查、自纠；针对一些法院存在的"乱收费"等不正之风，进行了专项清理和纠正；严肃查处了少数干警违法违纪案件，全年共处理850人，其中受刑事处分的53人（内有审判人员35人）。在被查处的违法违纪干警中，有的徇私枉法，贪污受贿；有的办"关系案"、"人情案"，枉法裁判；有的吃请受礼，搞不正之风；有的生活腐化堕落。通过认真查处违法乱纪分子和纠正不正之风，法院系统反腐败斗争取得了一定成果。总的来说，法院队伍是好的。去年，全国法院广大干警在工作、生活条件比较差的情况下，发扬艰苦奋斗的优良传统，兢兢业业，埋头苦干，为人民法院的工作作出了奉献，涌现了一批先进集体和先进个人。全年有1480个单位分别荣立集体一、二、三等功，有5607名法官和其他工作人员分别荣立一、二、三等功，其中6名法官被最高人民法院授予全国法院模范称号。

各位代表，1993年，全国法院在党的领导和人大的监督下，进一步解放思想，实事求是，全面开展审判工作，为改革、发展、稳定服务。全年共审结各类一审案件3406467件，比上年上升百分之十一点六九。去年，各级人民法院和专门人民法院的工作虽然取得了成绩，但也存在一些缺点，主要是：一些案件处理不够及时，少数刑事案件判处失轻失重；有些法院执法不严，特别是在处理经济纠纷案件中搞地方保护主义，裁判不公；执行工作中采取强制措施不当和执行不力的问题时有发生；法院干警违法违纪的情况在某些地方有所增加；最高人民法院对建立社会主义市场经济体制条件下法院工作面临的新情况、新问题的调查研究不够深入，对下级人民法院的业务指导和审判监督不够有力，不适应形势发展的需要。对此，在新的一年里，我们要采取有效措施，认真加以解决。

六、1994年人民法院的主要工作任务

1994年是我国国民经济继续发展和经济体制改革整体推进的重要一年。党的十四届三中全会确定了社会主义市场经济体制的基本框架，全国人大及其常委会对制定适应社会主义市场经济的法律体系提出了初步构想。抓住机遇，深化改革，扩大开放，促进发展，保持稳定，是今年全党全国工作的大局。人民法院要认清这个大局，各项审判工作都要服从和服务于这个大局。1994年，全国法院工作的指导思想是：以邓小平同志建设有中国特色社会主义的理论和党的基本路线为指导，认真贯彻党的十四大和十四届三中全会精神，坚持"两手抓、两手都要硬"的方针，严肃执法，努力提高司法水平，改革和完善司法制度，为维护社会稳定，加快建立社会主义市场经济体制，保持国民经济持续、快速、健康发展，提供有力的司法保障。今年要着重抓好以下几项工作：

第一，继续坚定不移地严厉打击严重危害社会治安刑事犯罪和贪污、受贿等严重经济犯罪活动。当前，有些地方社会治安状况不好,群众很有意见。维护稳定仍然是今年人民法院的重要任务。必须坚持"严打"方针,依法严惩严重危害国家安全和社会治安的犯罪分子,坚决打击拐卖妇女儿童、贩卖毒品等"六害"犯罪活动,扫除社会丑恶现象,积极参与社会治安综合治理,全力维护国家和社会的稳定。

现在,全国反腐败斗争正在深入开展,一些贪污受贿等严重经济犯罪分子陆续被揭露出来,起诉到人民法院的经济犯罪案件将会增多。人民法院要把贪污、受贿等严重经济犯罪作为打击的重点,集中力量,精心组织好大案要案的审判,坚决排除干扰,依法严惩犯罪分子,以增强群众对反腐倡廉的信心,推动反腐败斗争的不断深入。

第二,更好地运用司法手段,调节经济关系,保护公民、法人的合法权益。今年,我国经济体制改革迈出了重大步伐。在新旧体制转换过程中产生的各种利益冲突和纠纷,越来越多地需要通过诉讼来解决,经济纠纷案件将继续上升,涉及的范围会越来越广。人民法院要通过审判活动,为规范市场行为、维护市场秩序、促进市场发育,积极发挥司法保障作用。同时,依法及时妥善处理与群众生产、生活密切相关的大量民事、行政和告诉申诉案件,防止矛盾激化,保护公民的人身权利和财产权利,维护和监督行政机关依法行政,促进社会的安定团结和社会主义精神文明建设。

第三,大力加强调查研究和司法解释工作。各级人民法院特别是最高人民法院和高级人民法院要组织力量,着重就建立社会主义市场经济体制新形势下审判工作中遇到的带有普遍性、典型性的问题,开展深入的调查研究,总结审判实践经验,提出解决的办法和意见。同时,针对审判案件中发现的问题,及时向人大提出立法建议,向有关单位提出司法建议。随着新的法律不断公布施行,最高人民法院的司法解释和审判监督工作要大大加强,以指导全国法院审判工作的开展。

第四,进一步加强法院的改革和建设。党的十四届三中全会强调要改革、完善司法制度,提高司法水平,这对人民法院的改革提出了明确的要求。今年全国法院要进一步改革法官制度,完善法院体制,健全法院机构,改进审判方式,加强基层建设。与之相适应,要做好《法官法(草案)》、《人民法院组织法(修改草案)》和《人民法庭组织法(草案)》三个法案的起草或者修改工作。这三个法律草案已被全国人大常委会列入本届立法工作规划。为了更好地完成审判工作任务,推进法院改革,各级人民法院要进一步加强队伍建设,重点是廉政建设和思想作风建设。继续抓好《邓小平文选》第三卷的学习,加强和改进思想政治工作。加强干部教育培训工作,努力提高政治素质和业务素质,坚持做到有法必依,执法必严,违法必究。必要的物质条件是完成审判任务的保证。去年,在各级人大、政府的关怀和支持下,人民法院的工作条件得到一定程度的改善。但是,目前全国不少法院办案经费短缺,装备落后,还有约百分之二十的人民法院没有审判法庭,百分之三十一点八的人民法庭没有办公用房,严重影响严肃执法,必须加以解决。我们衷心希望继续得到各级人大、政府的关怀和支持。

各位代表!

在新的一年里,全国法院广大干警要在邓小平同志建设有中国特色社会主义理论和党的十四大精神指引下,在以江泽民同志为核心的党中央领导下,坚持党的基本路线,同心同德,艰苦奋斗,充分发挥人民法院的审判职能作用,为加强社会主义民主与法制建设,为保障改革开放和社会主义现代化建设的顺利进行,作出我们新的贡献!

最高人民检察院检察长张思卿在八届全国人大二次会议上作《最高人民检察院工作报告》

各位代表:

现在,我就 1993 年检察工作的主要情况和 1994 年的主要工作任务向大会作报告,请予审议。

过去的一年,最高人民检察院根据党的十四大和八届全国人大一次会议精神,以"严格执法,狠抓办案"的工作方针统揽各项检察活动。各级人民检察院和军事、铁路运输等专门检察院强化法律监督职能,集中力量查办贪污贿赂等大案要案,严厉打击严重刑事犯罪活动,依法查处侵犯公民民主权利和渎职犯罪案件,为维护国家稳定和社会安定,保障社会主义市场经济体制的建立和现代化建设的顺利进行,作出了积极贡献。

一、在反腐败斗争中集中力量查办大案要案,取得了一定成绩

1993 年,全国检察机关共立案侦查贪污贿赂等犯罪案件 56491 件,其中,贪污贿赂案 30877 件,内有万元以上不满 10 万元的 13148 件,10 万元以上不满 50 万元的 955 件,50 万元以上不满 100 万元的 77 件,百万元以上的 57 件;挪用公款案 13663 件,内有百万元以上的 208 件;偷税、抗税、骗取国家出口退税案 7475 件,内有百万元以上的 40 件;假冒商标案 3436 件,内有百万元以上的 50 件。立案查办犯有上述罪行的县处级以上干部 1037 名,其中厅局级干部 64 名,副部级干部 1 名。到去年底,除正在审查起诉和罪行轻微免予起诉、不构成犯罪转有关部门处理的以外,已向人民法院起诉上述各类案犯 19357 名,其中县处级干部 201 名,厅局级 16 名。通过办案,追缴赃款赃物折合人民币 22 亿元。

去年8月21日江泽民同志在中纪委第二次全体会议上发表重要讲话以后，各级党委、政府对开展反腐败斗争十分重视，态度坚决，行动迅速，做了大量工作。广大干部、群众响应党中央号召，积极检举、揭发贪污贿赂等犯罪分子。9至12月，检察机关受理举报线索12万多件。各级检察院坚决贯彻党中央关于反腐败的指示精神，坚持“一要坚决，二要慎重，务必搞准”的原则，逐件排查群众举报的大案要案线索，实行检察长办案责任制，加强统一指挥与协调，集中力量侦破了一批大案要案。9至12月检察机关共立案侦查贪污贿赂万元以上、挪用公款5万元以上的大案8538件，比1992年同期增加5883件；立案查办犯贪污受贿等罪行的县处级以上干部715名(其中厅局级干部61名)，比1992年同期增加约6.8倍。去年9月至今年1月，检察机关向法院起诉贪污贿赂等案犯14649名，其中县处级干部182名，厅局级14名。通过侦破大案要案和宣传法律政策，促使一批犯罪分子投案自首，9至12月有671名贪污贿赂等案犯到检察机关投案自首。

(一)查办党政机关工作人员及领导干部贪污贿赂犯罪案件情况。去年立案侦查的贪污贿赂等案犯中，有党政机关工作人员6011名，有的是高级领导干部。如国家科委副主任李效时利用职务便利，支持北京长城机电科技产业公司的非法集资活动，收受该公司总裁沈太福贿赂4万元，还收受港商贿赂并犯有贪污罪和巨额财产来源不明罪。检察机关已侦查终结并提起公诉。在清理“长城公司”非法集资款过程中，检察机关对该公司及其分支机构职员和股民中涉嫌贪污、受贿、行贿等犯罪线索进行了调查。到去年底，北京、辽宁、贵州、广东、甘肃、黑龙江等省市检察机关共立案侦查与“长城公司”案有关的罪案35件，收受贿赂并为该公司非法集资活动提供便利的党政机关干部、新闻记者、会计师等20余人。“长城公司”总裁沈太福犯有重大贪污、行贿罪，已被提起公诉。从办案情况看，一个地区、部门的主要领导贪污受贿、腐化堕落，这个地区和部门的犯罪情况往往比较严重。福建省检察机关在电力部闽江工程局侦破了特大贿赂犯罪窝案，该局局长和党委书记等5名局级干部及10名处级干部，利用发包工程等职务便利索取、收受贿赂达300多万元。辽宁省铁岭市检察机关去年9月在昌图县粮食系统侦破了特大贪污、贿赂、挪用公款、偷税犯罪窝案，该县粮食局长桂秉权、副局长杨茂元等人，利用职权向该县粮库推销劣质器材，从中索贿受贿，合伙贪污。检察机关已对43人立案侦查，决定逮捕25人，收缴和扣押赃款3200万元。

(二)查办司法人员索贿受贿、徇私舞弊等犯罪案件情况。去年，检察机关共立案查办构成犯罪的司法人员1804名。有的司法人员滥用职权，贪赃枉法。如贵州省公安厅厅长、党委书记郭政民，利用职权非法批准他人办理出境通行证等，从中收受贿赂10多万元。北京市昌平县检察院检察长陈志文利用职务之便收受贿赂2万余元。湖北省高级法院审判委员会委员、刑一庭庭长李开甫收受一死刑犯亲属的贿赂1万元，答应要为该犯活动改判死缓。个别司法人员甚至与社会上的犯罪团伙相勾结，为非作歹。检察机关严肃查办这些司法人员执法犯法的犯罪案件，维护了国家法律的严肃性和公正性。

(三)查办行政执法部门工作人员索贿受贿等犯罪案件情况。据不完全统计，1993年立案侦查行政执法人员犯罪案件1000余件。一些行政执法人员滥用权力索贿受贿，不给好处不办事，甚至与犯罪分子同流合污，进行走私放私、骗取国家出口退税款等犯罪活动，使国家蒙受巨额损失。甘肃省税务局副局长王天鹏收受该省某进出口公司有关人员的贿赂，明知行贿人伪造单据骗取国家出口退税款，仍批准向该公司退税81万元，致使国家巨额款项被骗。福建漳州海关关长黄有义支持漳海公司弄虚作假，以17家“三资”企业的名义，办理免税自用钢材指标1万吨进口销售，经营额达3470万元，非法获利180万元，致使国家损失税款600多万元。检察机关依法查办行政执法人员的犯罪案件，对于维护国家行政管理秩序和保障社会主义市场经济体制的建立，具有重要意义。

(四)查办金融等经济管理部门工作人员贪污受贿等犯罪案件情况。去年特别是下半年以后，为紧密配合贯彻中共中央、国务院关于加强宏观调控的决策，各级检察院认真查办在整顿金融秩序、加强证券市场和房地产市场管理过程中发现和揭露出来的犯罪案件。金融部门一些工作人员违章贷款、以贷谋私、索贿受贿以及挪用公款，犯罪数额一般都比较大。在去年查办的案件中，发生在金融系统的仅百万元以上大案就有72件。中国农业银行北京信托投资公司业务部经理赵凯先后向两个公司违章贷款1亿元，从中收受贿赂130万元和“奔驰500”小轿车1辆并予以变卖。检察机关在其他经济管理部门也查办了一批大案要案。重庆市检察机关从一封举报信入手，在市、县(区)财政部门侦破了在违章拆借资金过程中收受贿赂的大案要案28件36人，其中有6名处级干部。北京市检察机关查办了中国煤炭销售运输总公司总经理郭子文贪污、受贿案，郭将本单位1934万元的外汇额度倒卖给9家企业，从中贪污、受贿达190万元。全国铁路运输检察机关共立案侦查铁路系统工作人员以车、以票谋私的贪污贿赂等罪案563件640人。如广州铁路运输检察院侦破了羊城铁路运输总公司一些工作人员利用审批安排车皮计划等职务便利收受贿赂的窝案，涉嫌受贿的20多人，行贿的16人。现已对15人立案侦查，依法扣押现金、存折、股票等270多万元，各类金器近1000克。近年来，证券、股票市场、房地产市场相继形成，在这些领域里，有的国家工作人员为了牟取私利，贪污、挪用公款从事炒股、炒房、炒地活动；一些证券、房地产开发等管理部门工作人员利用职权进行贪污受贿，或搞内幕交易、证券欺诈等犯罪活动。去年，上海、广东、广西、四川、浙江、湖南等地检察机关都在这些单位查办了一批犯罪案件。上海市检察机关查办了挪用公款炒股等罪案45件，犯罪数额达5720万元。广东省检察机关侦破了深圳工程咨询公司副总经理曾利华受贿案，该案犯利用确定开发房地产合作伙伴的职务便利，索取、收受外商、港商贿赂计人民币700多万元。检察机关依法查办金融等经济管理部门工作人员的犯罪案件，对保证国家加强宏观调控、整顿金融秩序重大决策的贯彻落实，发挥了积极作用。

(五)查办机关和企业事业单位走私、骗取国家出口退税款和假冒商标犯罪案件情况。近年来，一些企事业单位、机关、团体走私、骗取国家出口退税款、假冒商标犯罪活动滋长蔓延，屡禁不止，主要原因是有的地方领导支持、纵容，有的执法部门搞以罚代刑、放纵犯罪，这是一些地方腐败现象的突出表现。

为了解决对机关、单位走私犯罪打击不力的问题，去年8月，最高人民检察院和最高人民法院联合下发了《关于严厉打击走私犯罪活动的通知》，要求各级检察机关根据刑事诉讼法第十三条关于“人民检察院认为需要自己直接受理的其他案件，由人民检察院立案侦查和决定是否提起公诉”的规定，对于有关部门搞以罚代刑没有依法移送司法机关追究刑事责任的重大走私犯罪案件，特别是机关单位走私的重大案件，直接立案侦查、提起公诉，并严肃查办某些领导人包庇、放纵走私的案件。去年，最高人民检察院指挥协调有关检察院立案查办了11起机关单位走私犯罪大案。在中央有关部门的组织指挥下，检察机关与其他部门通力协作，查处了山东省乳山市商业局特大走私香烟罪案。该商业局局长刘起山勾结威海市边防分局政委范占武和业务处副处长刘宁、市公安局副局长孙锡平等进行走私活动；乳山市委书记王建智徇私舞弊，为走私分子开脱罪责，并受贿22万多元。案发后这些犯罪分子还订立攻守同盟，对抗侦查。检察机关对该案有关案犯已向人民法院提起公诉。据统计，去年全国检察机关共起诉走私案犯322人，其中走私汽车、香烟等重大案犯214人。

骗取国家出口退税款犯罪，是近年来出现的一种新的犯罪形式。犯罪分子与税务、海关、外贸等部门的一些工作人员相勾结，伪造发票、征税证明和报关单据，骗取国家退税款。针对这种情况，检察机关严格执行全国人大常委会《关于惩治偷税、抗税犯罪的补充规定》，查办了一批包括一些机关单位犯罪在内的重大骗税案件。共立案侦查骗税罪案81件259人；立案查办参与骗税活动或在骗税活动中犯有索贿受贿、徇私舞弊、玩忽职守等罪行的国家工作人员48名；为国家追缴被骗退税款7000多万元。

近年来，假冒商标和生产、销售假冒伪劣商品犯罪活动具有量大、面广、种类多的特点，一些数额大、危害严重的假冒商标犯罪活动，多数是由企事业单位进行的。各级检察机关严格执行全国人大常委会关于惩治假冒注册商标犯罪和惩治生产、销售伪劣商品犯罪活动的法律规定，坚决查办制售假冒伪劣商品的犯罪案件，去年立案侦查假冒商标案3436件，比上年增加百分之十，其中属于单位犯罪的有720件。通过办理此类案件挽回经济损失近亿元。河南省检察机关依法查办了周口地区第一兽药厂制售假药案，对收受贿赂，支持、包庇制售假药活动的6名党政领导干部和行政执法人员依法追究了刑事责任，其中沈丘县委书记刘炜东、副县长崔东华被人民法院分别判处有期徒刑8年和9年。

(六)缉捕了一批携款潜逃的重大贪污贿赂等案犯。近年来，贪污贿赂等犯罪分子携款潜逃情况突出，有的犯罪分子备有多国护照，把巨款存到国外境外，犯罪得逞或罪行败露后就外逃。针对这种情况，检察机关加强了追捕逃犯工作。据不完全统计，去年共捕获了600余名携款潜逃的案犯，其中有19名是犯罪金额在百万元以上的重大案犯。骗取国家巨额出口退税款潜逃3年之久的深圳海城贸易公司经理文石兴，侵吞巨额公款后潜逃的深圳市原野实业股份有限公司董事长彭建东，与他人共同受贿677万元之后潜逃的深圳市计划局财贸处处长王建业等，均已被从国外境外缉捕归案。

(七)加强贪污贿赂等犯罪的预防工作。各地检察院注意以案释法，通过剖析典型案例，对国家工作人员进行法制教育和廉政教育；运用各种新闻舆论工具宣传国家法律和党的政策，增强人们的法制观念；加强反贪污贿赂的信息工作，增强检察机关发现犯罪的能力；结合办案，对有关单位管理上、制度上存在的漏洞提出检察建议，督促在执法部门和直接掌握人、财、物的岗位建立健全防范贪污贿赂犯罪的机制。

从检察机关查办案件的情况看，当前贪污贿赂等犯罪的严重性和特点突出表现为：一是犯罪数额大，重特大案件增多。二是在市场经济中具有重要职能的部门和经济建设的热点领域发案多；股票、证券市场、房地产市场等出现了一些新的犯罪形式。三是直接掌管某项具体权力的人作案的多,贪污的多是管钱管物的,受贿的多是掌管人财物权力的。四是享乐型犯罪占相当大比例,不少犯罪分子作案后大肆挥霍,花天酒地,赌博嫖娼。五是不正之风严重的地区和部门,特别是主要领导人贪污受贿腐败堕落的,发案较多,查办一人,往往带出一串。六是共同犯罪增多,内外勾结,跨行业、跨地区作案的情况突出。

从总体上说,党和国家工作人员的绝大多数是廉洁自律、勤政为民的,但是,确实存在少数严重腐败分子。对其危害性和危险性我们一定要有足够的认识,正如江泽民同志在中纪委第二次全体会议上所指出的,如果我们掉以轻心,任其泛滥,就会葬送我们的党,葬送我们的人民政权,葬送我们的社会主义现代化大业。

当前反腐败斗争形势很好,正在深入发展。存在的主要问题是:反腐败工作发展不平衡;以言代法、以权压法、阻碍司法机关查办大案要案的现象时有发生;有的单位对发现的犯罪线索,没有移送司法机关查处。从检察机关自身看,举报线索积压比较严重;有的地方检察长秉公执法的勇气不足,不敢碰硬;少数干警的执法水平还不适应斗争需要,发现犯罪和证实犯罪的总体水平仍有待提高。这些问题需要在今后的工作中逐一加以解决。反腐败、惩治贪污贿赂犯罪是一项长期的、艰巨的任务,是改革开放和发展经济的重要保证。因此,检察机关要认真履行职责,坚持不懈地把惩治贪污贿赂等犯罪的斗争深入开展下去。

二、依法严厉打击严重刑事犯罪活动,维护国家政治稳定和社会安定

去年,在党中央和各级党委的领导下,检察机关和公安、安全、法院、司法行政等部门一道,认真贯彻对社会治安实行综合治理的方针,坚持依法从重从快严厉打击严重刑事犯罪活动,妥善处置了一些影响较大的突发事件,维护了国家的政治稳定和社会安定。

打击严重刑事犯罪活动是维护社会安定的一个重要方面。去年,公安、检察、法院、司法行政等部门密切配合,针对刑事犯罪活动的突出情况,开展了多种形式的集中打击和重点整治活动。在全国范围内开展的围歼"车匪路霸"、反盗窃、打击绑架、拐卖妇女儿童犯罪和查禁卖淫嫖娼等专项斗争,云南、广西的禁毒缉枪斗争,东南沿海和沿边省区的反走私、反偷渡斗争,山西打击城乡流氓恶势力的斗争,河北打击绑架、拐卖妇女儿童犯罪的斗争,北京、上海、广东等地取缔色情活动的斗争,以及各地普遍开展的"打团伙、追逃犯、破大案"的斗争,都取得了较好的效果。

在打击刑事犯罪活动中,各级检察机关发挥职能作用,及时批捕、起诉公安机关提请批捕、移送起诉的刑事案犯。加强国家安全检察工作,批捕起诉了一批危害国家安全的犯罪分子。积极做好检察环节社会治安综合治理工作。1993年,全国检察机关共受理公安机关、国家安全机关提请批捕的各类刑事案犯607945名,经审查批准逮捕532394名;受理公安机关移送起诉的案犯574176名,提起公诉479860名,其中重大特大案犯129219名。

在"严打"斗争中,检察机关把杀人、抢劫、强奸、爆炸以及持枪作案等恶性犯罪活动和带有黑社会性质的犯罪集团作为打击重点。1993年共批捕这几类案犯152764名,提起公诉137523名。还批捕重大盗窃案犯63670名,起诉48536名;批捕毒品案犯7677名,起诉6830名;批捕组织、强迫、引诱、容留妇女卖淫的案犯1634名,起诉1512名;批捕拐卖、绑架妇女儿童的案犯11706名,起诉10548名。

去年,通过集中打击"车匪路霸"对铁路治安进行了整治。在围歼"车匪路霸"斗争中,各级铁路运输检察机关共受理铁路公安机关提请逮捕的各类刑事案犯10596名,经审查批准逮捕9383名。对发生在K3次国际列车上的特大抢劫案,北京铁路运输检察分院提前介入公安机关的侦查活动,批捕了103名案犯。

去年发生多起劫机犯罪活动。这种犯罪行为严重危害公共安全,是依法从重从快严厉打击的对象之一。检察机关对劫机犯罪分子及时作出了批捕决定;对劫机外逃未遂的犯罪分子及时向法院提起公诉。

维护国家政治稳定和社会安定,是深化改革,扩大开放,促进发展的重要保证。目前我国社会治安总体上是稳定的,但治安形势仍然严峻。境内外敌对势力和敌对分子一直没有停止对我国进行分裂、颠覆、渗透等破坏活动和窃密活动,国内民族分裂主义分子的破坏活动和利用宗教进行非法活动突出。重大恶性刑事案件增多,暴力型犯罪增加幅度大,不少农村地区治安秩序混乱,一些城镇团伙犯罪活动严重,群众缺乏安全感。盗窃、破坏国家重要生产设施、哄抢国家资财和群众性械斗事件屡有发生。随着改革的不断深化和利益关系的调整,还会出现新的矛盾和问题。在工作中,对刑事犯罪活动打击不力的问题在一些地方依然存在。依法从重从快打击严重刑事犯罪,维护政治稳定和社会安定的任务仍十分繁重。

三、加强执法监督,在促进严格执法方面取得了新的进展

去年以来,最高人民检察院突出强调了狠抓严格执法的问题。各级检察机关采取具体措施,一方面狠抓自身的严格执法,加强对直接立案侦查案件的内部制约;一方面认真履行宪法和法律赋予的法律监督职

责，加强对有关部门的执法监督。

（一）加强侦查监督，重点抓了有罪不究、以罚代刑的问题。各级检察机关严格履行对公安机关侦查活动实施法律监督的职责，一些地方检察机关还开展了对重大刑事案件立案情况的监督。对有关部门有罪不究、搞以罚代刑的，依法督促纠正，经提出纠正意见后仍该立不立、该移送不移送的，依法直接立案侦查、提起公诉。湖南省检察机关去年直接立案侦查了有关部门有罪不究、以罚代刑的重大刑事案件 12 件 29 人，取得了良好的社会效果。在侦查监督中，检察机关对发现的有罪不究和无罪作有罪追究的情况均依法予以纠正。去年检察机关在审查批捕、审查起诉中追捕人犯 6534 名，追诉人犯 2720 名，对不构成犯罪和没有逮捕必要的 40439 名人犯作出了不批准逮捕的决定。对侦查活动中的违法情况提出纠正意见 8596 件次。

（二）加强刑事审判监督，重点抓了对有罪判无罪、重罪轻判等错误判决、裁定的抗诉工作。各级检察机关共对 1879 件确有错误的刑事判决、裁定提出了抗诉；对审判活动中的违法情况提出纠正意见 1765 件次。北京市人民检察院对改判无罪的铁道部运输局原局长助理魏国范受贿案，依法向北京市高级人民法院提出了抗诉。魏在任职期间受贿 3000 元及价值 2300 余元的电冰柜一台。1991 年 3 月被一审法院判处有期徒刑 1 年，缓刑 1 年。魏不服判决提出申诉，1992 年 11 月北京市中级人民法院对此案再审后宣告魏国范无罪。检察机关发现后，认为改判不当，程序违法，被告人犯有受贿罪，证据确凿，而依法提出抗诉。北京市高级人民法院审理后，撤销了无罪判决，维持一审的有罪判决。

（三）加强法纪监督，重点查办国家工作人员滥用职权侵犯公民权利和渎职犯罪案件。去年立案查办司法人员构成徇私舞弊罪的 207 人，刑讯逼供罪的 378 人。查办非法拘禁案 4363 件，其中百分之九十以上是公民之间、法人之间因经济、民事等纠纷乱抓人，也有少数是司法人员和基层干部滥用职权，非法拘禁他人。天津市检察机关查办了大邱庄发生的非法拘禁致人死亡案，主犯禹作敏犯有非法拘禁、行贿等罪行，已被判处有期徒刑 20 年。在去年各级人民代表大会换届选举过程中，检察机关立案侦查破坏选举案 110 件。还查办非法搜查、非法侵入他人住宅、非法管制案 1949 件；妨害邮电通讯案和侵犯公民通信自由案 133 件；报复陷害案 29 件。依法严肃查办侵犯公民权利的犯罪案件，是保障人权的重要方面，我国在保障人权，同侵犯公民权利行为做斗争方面是卓有成效的，人权状况是好的。

去年，检察机关立案侦查玩忽职守案 3098 件；重大责任事故案 4605 件。

（四）加强民事审判和行政诉讼活动的法律监督，重点抓了对确有错误的民事、经济和行政判决、裁定的抗诉工作，突出查办了在民事、行政审判中因审判人员徇私舞弊、索贿受贿而导致错误裁判的案件。去年检察机关对 310 件裁判确有错误的民事、经济和行政案件提出了抗诉。通过对判决、裁定明显不公案件的审查，发现并立案侦查徇私舞弊、索贿受贿的审判人员 44 人。

（五）加强监所检察，重点查办了以钱抵刑、违法办理减刑、减期、假释、保外就医从中索贿受贿的案件，以及徇私舞弊、私放罪犯的案件。共立案查办了监所工作人员贪污、索贿受贿、徇私舞弊、私放罪犯、体罚虐待被监管人等执法犯法的犯罪案件 599 件。吉林省长春监狱一大队副指导员朱文甲收受 29 名罪犯及其家属的贿赂 3 万余元，并利用职权违法为这些罪犯呈报办理了减刑、假释、保外就医等。朱犯已被依法判处有期徒刑 12 年。对于监所内发生的无证关押、应交付劳改而未投入劳改、应释放而未释放等违法问题，检察机关及时检察纠正。对监所活动中的违法情况提出纠正意见 39342 件次，有关部门已纠正 17823 件。纠正超期羁押问题也取得了较大成绩，对超期羁押人犯的情况提出纠正意见 73416 件次，有关部门已纠正 34432 件。

（六）加强控告申诉检察，重点抓了不服法院判决、裁定和检察机关免诉决定的申诉案件的复查工作。坚持实事求是、有错必纠的原则，对确有错误的，依法提出抗诉或予以纠正。1993 年，各级检察机关共受理各类控告、申诉 485851 件；复查不服逮捕的申诉案 63 件，改变原决定 12 件；复查不服免予起诉决定的申诉案 1995 件，改变原决定 776 件；复查不服法院判刑的刑事申诉案 217 件，依照审判监督程序，提请法院重新审理并已改判 21 件。原蒙绥公安部队副司令李仲玉，1953 年被以报复杀人罪判处死缓，后改判有期徒刑 10 年。李不服判决，多次提出申诉。最高人民检察院经认真复查，查清了主要事实，依法履行监督职责，向最高人民法院提出改判意见，最高人民法院责成有关法院重新审理，作出了无罪判决，使这起 40 年的错案得到了纠正。

检察机关通过加强执法监督，对推动有关部门严格执法，保障国家法律的统一正确实施，保护公民的民主权利和人身权利，产生了积极的作用。当前，我国司法和行政执法中有法不依、执法不严、违法不究的问题仍比较突出，严格执法的环境和条件有待进一步改善。建立社会主义市场经济体制的新形势迫切要求加强执法监督，树立国家法律的权威。因此，要进一步加强法律监督工作。

四、依法建院、从严治检，加强检察队伍建设

一年来，各级检察院坚持依法建院、从严治检的方针，加强了自身的建设，队伍的政治素质、业务素质都有了新的提高。

改进工作作风，深入实际，开展调查研究。各级检察院领导带头深入实践、深入基层，对检察工作的重点、难点和薄弱环节，对建立社会主义市场经济体制过程中检察工作遇到的新情况和新问题，开展调查研究，收获很大，使我们认识更符合实际，工作措施更有针对性。

认真抓了各级检察院的领导班子建设。1993年通过换届，全国大多数检察院调整充实了领导班子，一批德才兼备、具有专业知识和丰富实践经验的优秀中青年干部走上领导岗位，领导班子在革命化、年轻化、知识化、专业化建设方面迈出了新步伐。

加强了思想政治工作。组织干警认真学习《邓小平文选》第三卷，用建设有中国特色社会主义理论武装头脑，增强贯彻党的基本路线的坚定性和自觉性。全系统普遍开展了严格执法教育，全心全意为人民服务的宗旨教育和廉政勤政教育。

认真开展了自身的反腐败工作。各级检察院领导干部严格对照中央关于廉洁自律的规定，进行了自查自纠；坚决纠正了少数基层检察院利用检察职权乱收费等违法现象；严肃查处了检察干警中的违法违纪案件。1993年共查处了568名违法违纪的检察人员，其中构成犯罪被依法追究刑事责任的87人。清调了987名不适合做检察工作的人员。各级检察院进一步加强了勤政廉政制度建设，健全内部监督制约机制，从制度上保障检察人员秉公执法，清正廉洁。

近年来，我们一直把检察人员的教育培训作为一项战略任务来抓。1993年重点抓了任职资格培训、晋升职务培训和知识更新培训。中央检察官管理学院培训了78名新上任的省、自治区、直辖市检察院和分、州、市院正副检察长，还对202名分、州、市院和县、区院正副检察长进行了知识更新培训。地方检察培训机构培训了9000余名基层检察长和各级业务骨干。

去年6月，最高人民检察院制定了《关于检察机关接受人民代表大会及其常委会监督的规定》，使检察机关接受人大及其常委会监督进一步规范化。各级检察院定期向同级人民代表大会及其常委会报告工作；认真贯彻落实人民代表大会及其常委会作出的决议，接受人大常委会对检察活动的监督；认真负责地办理人大交办的事项和人大代表的议案、建议；加强与人大代表的联系，邀请人大代表视察检察工作，虚心听取人大代表对检察工作的批评、意见和建议，不断改进工作。

在过去的一年里，广大检察人员在任务繁重、斗争艰苦的情况下，表现出了良好的精神风貌，在反腐败斗争中经受了锻炼，涌现出大批先进集体和先进个人。最高人民检察院和地方各级人民检察院表彰了4318个先进集体和15550名先进个人。

去年的检察工作虽然取得了一定的成绩，但也存在一些问题和不足，主要是：检察人员的执法水平和观念还不完全适应发展社会主义市场经济新形势的需要；有的地方还存在执法不严的问题，有的案件该向人民法院起诉而作了免诉处理；个别基层检察院参与地方保护，非法插手经济纠纷，越权办案、违法办案；有的检察人员甚至利用职权索贿受贿、徇私舞弊。另外，不少地方检察院办案经费紧缺，交通工具和技术装备落后，影响了查办大案要案工作的顺利进行。

各位代表：

1994年是我国推进改革的关键一年。抓住机遇，深化改革，扩大开放，促进发展，保持稳定，是今年全党全国工作的大局。检察工作必须紧紧围绕这个大局来进行，并自觉服从服务于这个大局。在去年底召开的全国检察长工作会议上，我们分析了检察工作面临的形势，提出了《关于进一步强化法律监督职能，保障社会主义市场经济体制建立和发展的意见》，确定当前和今后一个时期检察工作的主要任务是：坚持以邓小平同志建设有中国特色社会主义理论为指导，贯彻党的十四大和十四届三中全会精神，坚持“两手抓，两手都要硬”的方针，强化法律监督职能，严格执法，狠抓办案，集中力量查办贪污贿赂等犯罪大案要案，打击各种犯罪活动，保障国家利益不受侵犯，保护公民和法人的合法权益，维护政治稳定和社会安定，为改革开放和现代化建设创造良好的法制环境，促进社会主义市场经济体制的建立和发展。

1994年，全国检察机关要着重抓好以下几项工作：

一是在反腐败斗争中，集中力量查办大案要案，坚持以查办党政领导机关、领导干部和司法部门、行政执法部门、经济管理部门及其工作人员的犯罪案件为重点，着重查办领导干部贪污受贿犯罪案件，司法和行政执法人员徇私舞弊、贪赃枉法、包庇犯罪等执法犯法案件，以及法人犯罪案件。不论涉及什么人，都坚决一查到底，决不手软。最高人民检察院和省、自治区、直辖市检察院进一步加强查办大案要案的组织指挥和督促检查，及时排查举报线索特别是大案要案线索，改变举报线索积压的状况。要一级抓一级，一级帮一级，排除干扰和阻力，把斗争一步步推向深入。

二是坚持依法从重从快方针，严厉打击严重刑事犯罪活动。对杀人、抢劫、强奸、爆炸、盗抢枪支等暴力犯罪和团伙犯罪，特别是带有黑社会性质的犯罪，依法快捕快诉，配合有关部门严厉惩处。积极参加围歼车

匪路霸、反盗窃、扫“黄”、除“六害”等专项斗争。加强国家安全检察工作，严厉打击各种危害社会政治稳定的犯罪分子。同时，加强检察环节的社会治安综合治理工作。

三是加强执法监督，注意从办案中发现各种不依法办案、不严格执法的情况，及时提出纠正意见。对于司法部门和行政执法部门工作人员滥用权力，以权谋私，贪污、受贿、徇私舞弊、私放罪犯、刑讯逼供、非法拘禁、体罚虐待被监管人员、玩忽职守放纵犯罪、包庇、窝藏、知情不举、伪证等，构成犯罪的，坚决依法追究刑事责任，推动有关部门严格执法。

四是加强检察队伍建设，提高检察人员素质和执法水平。坚持依法建院，遵循宪法规定，本着立法在先的原则，积极推进检察体制改革，强化法律监督职能，保障依法独立行使检察权，建立与社会主义市场经济相适应的、具有中国特色的社会主义检察制度。根据全国人大常委会的立法规划，尽早完成《人民检察院组织法(修正草案)》、《检察官法》、《惩治贪污贿赂法》和《关于玩忽职守罪的补充规定》的起草任务，积极参加《刑法》、《刑事诉讼法》的修改工作。

各位代表，在新的一年里，最高人民检察院将领导地方各级人民检察院、专门人民检察院和全体检察人员，坚持以邓小平同志建设有中国特色社会主义理论和党的基本路线为指导，紧密地团结在以江泽民同志为核心的党中央周围，发扬成绩，克服困难，开拓进取，在建立社会主义市场经济体制中，在加强社会主义民主、完善社会主义法制中做出新的成绩。

八届全国人大二次会议通过《关于确认全国人大常委会接受杨衍银辞去全国人大常委会委员职务的请求的决定》

关税及贸易总协定中国工作组在日内瓦举行第16次会议继续审议恢复中国关贸总协定缔约国地位问题

第八次中日经贸定期协商会议在上海举行

外经贸部副部长、中国对日经济贸易协调会会长郑斯林和日本日中贸易扩大协议委员会委员长河合良一出席会议并讲话。

中国对日经济贸易协调会自1985年成立以来，已同日方举行过七次定期协商，对扩大双边贸易，扭转贸易不平衡发挥了积极作用。这次会议全面介绍了中国经济体制改革情况和日本经济情况。中日双方还分别就机械、五金矿产、轻工工艺、粮油土畜产方面的经贸合作进行洽谈。

中英金融合作研讨会在北京举行

旨在促进中英两国金融合作的研讨会“开拓资本市场——伦敦：中国的国际化门户”在北京举行。

伦敦证券交易所主席安德鲁·史密斯爵士在研讨会上就伦敦金融市场对中国经济发展的意义等问题发表演讲。

中国国际经济咨询公司董事长、中国证券市场研究设计中心理事长经叔平在会上致开幕词。

此次由英中贸易48集团和英国无形贸易集团共同举办的研讨会旨在介绍英国在国际融资方面的经验，促进中英在金融等领域的合作。研讨会还将于本月17日在上海举行。

在会议上，十多位英国银行家、律师和金融业专家介绍英国国内资本市场发展的经验、公司海外上市的要求以及项目融资等方面的情况。来自中国有关政府部门、银行、企业等方面近200名人士出席研讨会。

国家主席江泽民国务院总理李鹏等在首都剧场观看由北京人民艺术剧院创作演出的话剧《旮旯胡同》

公安部作出承担海域缉私任务的边防船艇要统一编制出海执勤人员要佩戴臂章标识的规定

针对去年以来一些海域缉私秩序混乱，一些非缉私职能部门受利益驱动多头下海，有的引发多起涉外事件的情况，公安部日前规定，从今年4月1日开始，承担海上维护治安、缉私任务的边防船艇，统一列入编制，使用全国统一的“公边×××”字样船名船号，持有公安部下发的具有防伪性能的“海上执勤证”。出海执勤人员，也必须佩戴统一制作的臂章标识。

3月16日

全国政协八届二次会议在人民大会堂举行第三次全体会议

全国政协主席李瑞环出席会议。会议执行主席是杨汝岱、赵朴初、安子介。中共中央政治局候补委员、书记处书记温家宝，国务委员彭珮云和国务院一些部委的负责同志应邀参加大会。方荣欣、朱光亚等八位委员在会上发言。

全国政协副主席叶选平、吴学谦、王兆国、洪学智、钱伟长、胡绳、钱正英、丁光训、董寅初、孙孚凌出席大会。

全国政协主席李瑞环在贵宾楼饭店看望出席政协八届二次会议的港澳地区政协委员并发表讲话

李瑞环强调指出，在过渡期的最后几年中保持港澳地区的稳定与繁荣，是港澳同胞和全国人民的共同责任。当前要特别警惕有人在政治上制造混乱的同时，在漂亮的言辞和时髦的“包装”之下，干一些偷偷摸摸的勾当，把香港的经济搞乱掏空。

李瑞环说，十多年来，港澳同胞对内地改革开放和经济建设作出了重大贡献。内地能有今天这样快速发展、繁荣兴旺的局面，港澳同胞功不可没。当然，内地的稳定与发展，对港澳地区的繁荣也提供了可靠的保障和有力的支持。港澳地区的稳定与繁荣同内地的稳定与繁荣是一致的。随着 1997 年和 1999 年的临近，这种相辅相成的关系越来越明显。无论是港澳同胞还是全国人民都应当有这样一个共识：把港澳地区同内地的稳定与繁荣紧密联系起来，把维护和促进这种稳定与繁荣当作义不容辞的责任，尽心竭力为之作出贡献。他说，继续保持港澳地区的稳定与繁荣，不仅是一个政治原则问题，也是港澳同胞与全国人民共同经济利益之所在。恢复对港澳行使主权之后，中国政府将坚持“一国两制”，积极而慎重地对待有关港澳的各类问题，大家对此尽可放心。

李瑞环指出，这次中英关于香港 1994/1995 年选举安排谈判终止，责任完全在英方。英方以民主为幌子，企图利用其殖民统治的最后一段时间，在香港制造分裂和混乱，为平稳过渡设置障碍，并在 1997 年后尽可能影响、操纵香港的政局，这是我们绝不能允许的。谈判破裂是我们所不愿意看到的，但破裂了也没有什么了不起，无非是我说的你不听，你做的我不认。1997 年恢复行使主权后，终止殖民主义统治及一切不符合基本法的安排是顺理成章的事。在政制问题上，关键是大家齐心合力，把 1997 年后的工作安排好，使届时特别行政区的政治架构迅速形成并有效运转。

李瑞环说，现在重要的是大家在关注政治问题时，不要忽视了经济问题。如果说过去殖民者是明火执仗公开掠夺，那么现在则是用现代化的方式攫取经济利益。香港的钱属于香港同胞。如果不加警惕，钱就会被掏走，经济就会被搞乱，而给未来的特区政府和香港同胞留下庞大的财政包袱。这是一个值得十分重视和提防的问题。他指出，中国政府是支持香港修建新机场的，但是港英当局却违反两国政府达成的有关谅解的规定，把机场造价提到世所罕见的程度。修机场要多少钱，填海要多少钱，是可以算出来的，世界上也是有先例可循的。香港情况比较特殊，造价超出一些也可以理解，但高到如此离谱，项目被哪些人承包？钱被哪些人拿走？这就不能不使人联想一些问题。

国家工商局和公安部发出《关于个体工商户私营企业人员出国(境)中办护照问题的通知》

《通知》说，随着改革开放的不断深入和对外交往的日益频繁，个体工商户和私营企业人员要求出国(境)学习考察、洽谈生意、推销产品的日益增多。为促进个体和私营经济健康发展，方便其走向国际市场，经研究决定，个体劳动者协会会员和私营企业协会会员因商务和其他私人事务出国(境)，归口由个体劳动者协会和私营企业协会负责出具意见。

《通知》规定，个体工商户、私营企业中的个人或团体因商务、学习考察、短期培训、技术交流等私人事务需要出国(境)，依法向户口所在地的市、县公安机关出入境管理部门提出申请。所需工作单位对申请人出国(境)的意见，由市、县级个体劳动者协会或私营企业协会负责出具。申请出国(境)的个体工商户、私营企业人员户口所在地与其参加的个体劳动者协会或私营企业协会所在地不一致的，应依法向户口所在地公安机关办理申请手续。没有成立私营企业协会的地区，私营企业人员出国(境)，由同级个体劳动者协会出具意见。

《通知》要求，公安机关与个体劳动者协会和私营企业协会要加强配合，对手续齐全的申请，要及时依法审批。

国务院副总理兼外交部部长钱其琛在八届全国人大二次会议记者招待会上答中外记者问

八届全国人大二次会议新闻发言人周觉上午在人民大会堂举行新闻发布会，邀请钱其琛就李鹏总理《政府工作报告》中关于积极促进祖国和平统一和中国的外交工作部分回答中外记者的提问。

新华社记者问：美国总统克林顿前天对美国国务卿克里斯托弗访华的成果表示失望。你对此有何看法？你对美国延长对中国最惠国待遇问题有何估计？

答：关于克里斯托弗国务卿的访问，我也同样感到有点失望，因为本来可以期望取得更多的成果。这次访问达成了一些协议，有成果，但不如预期的那样多。同时，我想最惠国待遇如果能保持，对中美两国都是好消息，如果取消，对中美两国就都是坏消息。

法国《欧洲时报》记者问：法国总理即将访华，你如何看待中法关系的前景？

答：今年 1 月 12 日发表的中法联合公报表明中法关系恢复了正常，法国政府承诺今后不批准法国企业参与武装台湾，其含义是非常明确的。在这之后我对法国进行了正式访问，其目的之一就是为巴拉迪尔总理访华作准备。我认为巴拉迪尔总理访华是中法关系中的一件大事，对推动中法关系包括经济贸易关系的发展将产生重要影响。这次访问将在 4 月初进行。

台湾《联合报》记者问：前几天你在人大台湾代表团会议上提到两岸不排除签署投资保护协议的可能，

请问可能签署什么样的协议?

答:全国人大常委会制定的《台湾同胞投资保护法》有利于从法律上保护台胞的投资,有利于促进两岸的经济合作,比过去的有关条例更全面、更权威。至于两岸民间组织签订投资保护协议事,这种可能性将来不能排除,但目前条件还不具备,因为最重要的现在还没有实现双向交流。

香港无线电视台记者问:美国国务卿说与你会晤以后双方的分歧缩小了,你是否同意?此外,在香港问题上,你何时与英国外交大臣再见面?

答:我想双方对人权问题的根本观点上的分歧未必缩小,但在具体处理这个问题的措施上达成了一些共识,可以说缩小了分歧。

关于中英外长是不是要会见,我现在还看不到这个可能性。但将来会有机会,至少是在联合国大会期间。

德国新闻社记者问:你为什么对克里斯托弗国务卿访华结果感到失望?

答:我们双方举行这次会晤是依据1月24日在巴黎见面时我向他发出的邀请。在2月中旬他给我来信,提出准备在3月中旬到中国来访问,我表示同意,希望通过访问达成有利于进一步发展两国关系的协议。但是在国务卿先生访华之前,就出现了一些事情,使我们感到很失望。发生这些事情至少表明美方对这次访问的诚意不够。

新加坡《联合早报》记者问:李鹏总理在《政府工作报告》中说,中国现在不称霸,将来经济发展起来也不称霸。中国今年的国防开支达520.4亿元,占中国国民生产总值的百分之几?

答:中国国防经费去年是432亿元,今年预算是520亿元,从表面上来看是有所增加。但实际上主要是弥补物价上涨的部分。因为大家都知道去年物价上涨大约是13%,今年预计还会上涨10%。这样,军费开支实际上并没有增加。从占预算的比例来看,军费占预算的比例是11%,没有大的变化;从占国民生产总值的比例看,今年只占不到1.7%,还有所下降;如果折合成美元,整个军费基本上没有变化。同世界各国的军费来比较,中国军费是很少的,不成比例。美国的军费是二千几百亿美元,日本的军费是三百多亿美元。所以,我们现在的军费预算恰恰说明,中国努力集中一切财力发展经济建设,而不是谋求做一个军事大国。

意大利安莎社记者问:如果美国不延长对华最惠国待遇,两国的经济关系就会恶化。这是否也会导致政治关系的恶化?

答:我想经济关系的恶化当然会有影响,但是我们现在双方努力要做的是避免出现这种恶化。

台湾中央社记者问:海基会和海协会就两岸关系的第四次商谈即将在本月底举行,请问大陆方面将如何评价台湾民众要求台湾当局拓展空间的做法?

答:我们赞成海峡两岸民间组织就具体事务进行经常磋商,就有关问题达成一致,这无疑有利于改善海峡两岸的关系。但是,世界上只有一个中国,台湾是中国的一部分,这是海峡两岸的共识,也是世界各国所公认的。所以,如果说"拓展空间"是指发展一些经济联系,这是可以理解的。但如果是要搞"两个中国"或"一中一台",那就违背了民族大义,违反了祖国统一的原则。现在台湾当局说,搞"度假外交"是为了拓展经济。这就有点"此地无银三百两"。搞"度假外交"是有政治意图的。有些国家想同台湾发展经济关系也是可以理解的,但台湾当局想利用这种经济关系来拓展所谓"外交空间",搞"一中一台"或"两个中国",这就不合潮流、不合时宜,也是违反海峡两岸人民意愿的。

日本《朝日新闻》记者问:日本首相细川护熙即将访华,中方对此次访问有何期待?

答:中日两国是近邻,领导人经常来往,最近国务院副总理朱镕基访问日本,获得了圆满成功。中国领导人期待着细川首相的来访。我相信,细川首相的访问对促进中日关系的进一步发展和经济领域的合作将起到重要作用。访问期间中日两国还将签订关于加强环境保护方面的协定。

美联社记者问:你刚才谈到中美两国正在作出努力,以避免关系恶化。请问中方今后为此将作出什么努力?中美两国外长是否要再次举行会晤?

答:这次双方未谈及是否还要举行会晤,但双方同意继续保持联系。中国准备做些什么事情,美方准备做些什么事情,由双方根据情况自行决定。我们无意干涉美国的内政,美方也不应该干涉中国的内政。

《中国日报》记者问:田曾佩副外长前不久访问了南非。请问中国和南非建交的前景如何?

答:中国和南非现在有一些接触,相互驻有民间机构。南非现在正准备4月份的大选,要产生一个新的民主的摒弃种族隔离政策的政府。在此之前,谈不到建交的问题;在南非大选之后,这个问题当然就提上议事日程。

香港《信报》记者问:中英两国总理和外长都曾同意要加快联合联络小组的工作,可现在联络小组的工作进展缓慢。你对以后联络小组的工作有何看法?这个小组的工作会不会影响香港的稳定繁荣和平稳过渡?

答:中英关于香港94、95年选举安排的谈判已经破裂,但是这并不意味着联合联络小组的工作也要中断。联合联络小组还要继续工作,同时有关香港新机场的谈判也在进行。我认为双方都应该致力于香港的繁荣稳定。尽管中英关于香港94、95年选举安排的谈判破裂,但我们从关心香港的经济和民生出发,仍然愿意尽可能同英方合作。至于合作能否顺利进行,则取决于英方的态度和行动。

路透社记者问:你对朝鲜核核查问题目前的情况作何评论?

答:我们希望朝鲜半岛的形势走向缓和与稳定,也希望朝鲜半岛无核化,这符合中国利益,也符合这个地区和世界的利益。我们支持朝鲜同美国、同南方、同国际原子能机构谈判,过去这种谈判经历了一些曲折,也有了一些进展,可以说是:"山重水复疑无路,柳暗花明又一村。"现在又出现了一些曲折和困难。我们相信,只要有关各方面都耐心谈判,不采取任何使形势复杂化的行动,谈判还是会取得重大进展的。

中央电视台记者问:有人说,美国是否延长中国最惠国待遇,不仅是中美两国之间的事情,而且将对世界产生影响。你是否赞成这种意见?

答:中美相互给予最惠国待遇是一种双边对等、互惠的安排,也是进行正常贸易的基础。美国和其他国家进行贸易都有最惠国待遇,没有听说要取消的。如果美国取消了对华最惠国待遇,那么中美之间的正常贸易就无法进行了,受到影响的是美国和中国,同时其他一些地区和国家也会受到影响。所以我希望不要出现这种事情。

香港《南华早报》记者问:在美国总统克林顿的行政命令中,有哪些条件是中方可以接受,哪些是不能够接受的?

答:中国没有义务来执行美国总统的行政命令。但是"行政命令"中有些提到的"条件"是不存在的问题。比如劳改产品出口,尽管美国向其他国家也出口劳改产品,这一点他们也承认,但是他们不希望别国的劳改产品进入美国。这很简单,中国的商品市场大得很,不向美国出口这些产品是完全可以做到的。这个问题已经签署了协议,这次又签了具体实施办法,应该说已经解决。又比如《杰克逊—瓦尼克修正案》规定如果没有移民自由,就要取消最惠国待遇。中国在这方面也没有问题。相反倒是美国常以"移民倾向"为理由对中国公民拒发签证。类似这样的事,你说它是条件又不是个条件,要把它"上纲上线"(也就是小题大做的意思)就变成了条件。如果实事求是解决就不是个问题。我们不赞成根据政治需要把事情夸大或者缩小。只要实事求是,问题不难解决。

3月17日

八届全国人大二次会议主席团举行第二次会议

在主席团常务主席乔石主持下,会议经过表决,首先通过关于政府工作报告的决议草案。

这个草案将印发各代表团审议,提请大会表决。

会议通过全国人大财经委员会《关于1993年国民经济和社会发展计划执行情况与1994年国民经济和社会发展计划草案的审查报告》、《关于1993年国家预算执行情况和1994年国家预算的审查报告》,并将这两个报告印发全体代表;通过《关于1993年国民经济和社会发展计划执行情况与1994年国民经济和社会发展计划的决议(草案)》、《关于1993年国家预算执行情况和1994年国家预算的决议(草案)》,并将这两个决议草案印发各代表团审议,提请大会表决。

会议最后还通过《补选八届全国人大常委会委员候选人名单(草案)》,并将这个名单草案作为主席团提名,印发各代表团进行酝酿协商。

全国政协八届二次会议在人民大会堂举行第四次全体会议

全国政协主席李瑞环出席会议。会议执行主席是钱伟长、胡绳、丁光训。李岚清等应邀参加了大会。袁纯清、肖岗等九位委员在会上就如何进一步搞好我国各方面的工作发言。

叶选平、吴学谦、杨汝岱、王兆国、洪学智、赵朴初、董寅初、孙孚凌、马万祺出席会议。

出席八届全国人大二次会议的西藏代表团人大代表答中外记者问

西藏自治区党委副书记、人大常委会主任热地告诉记者:"西藏目前政局稳定,经济发展,社会进步,民族团结,人民生活提高,形势喜人,前景乐观!"

西藏的民族关系是中外记者普遍关心的问题。热地说,西藏是祖国神圣不可分割的一部分,藏民族是中华民族大家庭中的一员。自1951年和平解放以来,西藏与各民族共同走过了光辉的40多年历程。尽管近年来由于国际反华势力的支持、纵容,境内外分裂分子进行了大量的分裂祖国活动,包括在拉萨制造骚乱闹事,但是,这些分裂活动遭到了藏族同胞在内的全国各族人民的坚决反对。

"治则兴,乱则衰"。西藏各族人民从历史与现实中得出了这样的结论。热地说:"几十年来,中央始终非常关心西藏的建设和社会发展,各地也给予了大力支持和帮助,实行了一系列优惠政策,在财力、物力上极力支持，使长期落后的西藏的生产力迅速发展，整个社会面貌与和平解放前相比已发生了历史性的巨变。”

当一位外国记者提到国际上有些人对所谓西藏的人权问题颇感兴趣时，拉萨城关区一居委会主任洛桑代表答道：“要谈西藏的人权问题，那就不能不了解历史。我是农奴出身，我最有发言权！”

“旧西藏是一个政教合一的农奴制社会。”洛桑情绪激动，一把摘下头上的黑色藏帽，大声用藏语说，“对于广大人民来说，在旧西藏只有当农奴受欺压的权利，根本就没有什么做人的权利，毫无人权可言。政治上没有权利，经济上不平等，就连婚姻也没有自主权。一辈子受苦受累，挨打挨骂，农奴主稍不高兴，就让你坐监狱，或砍头剁腿，连生存都没有什么保障，又哪里谈得上人权！”

洛桑说：1959 年西藏民主改革后，广大的西藏人民开始真正享受到做人的权利，感受到民族大家庭的温暖。特别是改革开放以来，群众生活一天比一天好，在政治、经济、社会、文化等各个方面，人们充分享受到了作为一个人、作为一个公民的权利，如同换了一个天地，与解放前有着天壤之别。

洛桑说：“不了解历史，就无法了解现在。我们这些从旧西藏走过来的农奴，最知道什么是人权！那种想利用所谓的人权问题达到自己不可告人目的的企图是不会得逞的，是可笑的。”

在回答记者关于内地是否大量向西藏移民的提问时，西藏自治区政府副主席、拉萨市长洛桑顿珠代表肯定地称这种情况根本不存在。洛桑顿珠说，拉萨市近 40 万人，其中藏族占 87%以上，而汉族只有不足 12%。近年来，有不少内地人做生意进藏，活跃了市场，促进了经济的发展，这是我们改革开放的结果。他们与当地各族人民一道，为西藏经济作出了很大的贡献。

西藏人大常委会副主任、西藏佛教协会会长生钦·洛桑坚赞在谈到宗教信仰问题时说，现在西藏共有宗教寺庙 1400 多座，僧尼 3 万多人。近年来，随着党的宗教政策的不断贯彻落实，各族群众充分享受信仰自由的权利。在西藏，既有信教的，也有不信教的，这也从一个侧面说明西藏是做到了宗教信仰自由的。

当有记者问到中央对达赖喇嘛的态度有没有改变时，热地代表说，达赖自 1959 年参加西藏叛乱外逃后一直流亡国外，从事分裂祖国、破坏民族团结的活动。中央政府对达赖喇嘛的立场一直很明确，那就是只要他放弃分裂祖国、破坏民族团结的立场，就欢迎他回到西藏共同建设自己的家园。热地代表对在场的中外记者说：“在党的十四大、八届全国人大一次会议以及党的十四届三中全会精神指引下，西藏各族人民决心在改革开放、发展社会主义市场经济的大潮中，抓住有利时机，努力建立社会主义市场经济新体制，深化改革，集中精力把国民经济搞上去。”热地表示相信，西藏一定会更加团结、富裕、民主、文明。

全国人大财经委员会建议批准国务院提出的 1994 年国家计划草案

全国人大财经委员会在对国家计委主任陈锦华代表国务院作的《关于 1993 年国民经济和社会发展计划执行情况与 1994 年国民经济和社会发展计划草案的报告》进行审查后认为，1994 年国民经济和社会发展计划草案的指导思想、方针和重点是正确的，提出的各项措施也是可行的。财经委员会建议批准国家计划委员会主任陈锦华所作的《关于 1993 年国民经济和社会发展计划执行情况与 1994 年国民经济和社会发展计划草案的报告》，批准 1994 年国家计划草案。在国家计划执行的过程中，如果情况有重大变化，计划需要作部分调整时，应事先报全国人民代表大会常务委员会审查、批准。

审查报告指出，1993 年在邓小平同志建设有中国特色社会主义的理论、党的基本路线和党的十四大精神指引下，根据八届全国人大一次会议精神，全国各族人民团结奋斗，经济建设和改革开放取得了重大成就。国民经济持续发展；农业丰收，粮食产量继续有所增长；工业生产保持较高增长速度，主要产品产量完成国家计划；一批国家重点建设项目和技术改造项目相继建成投产；国内市场繁荣活跃；城乡居民收入增加，人民生活继续改善；对外开放继续向高档次、多领域、全方位扩展，利用外资大幅度增加；科技、教育等各项社会事业进一步发展。

报告认为，在取得成绩的同时，也存在一些值得重视的问题。主要是：农业生产特别是粮棉生产的后劲不足，棉花减产幅度较大；全社会固定资产投资规模过大，结构也不够合理；产业结构调整进展缓慢，有些基础设施和基础工业，特别是运输的“瓶颈”制约加剧；相当部分国有企业比较困难，亏损额和亏损面较大；物价涨幅过高；外贸进口增长率大大超过出口增长率。对这些问题应予高度重视，在新的一年里切实加以解决。

为了顺利完成 1994 年计划，财经委员会提出意见和建议：

（一）大力加强和改善宏观调控，保证国民经济持续、快速、健康发展。

（二）继续全面发展农村经济，切实保护农民的经济利益。

（三）努力提高经济效益。

（四）严格控制固定资产投资规模，着重优化投资结构。

(五)努力控制信贷规模,从紧掌握货币投放。

(六)严格控制通货膨胀,切实关心群众生活。

(七)解决好科技、教育、文化、卫生等社会事业发展中大家关心的几个问题。

报告指出,1994年改革开放和经济发展的任务是繁重的,前进中将面临许多新情况、新问题,但有利条件很多。为了顺利完成各项任务,必须把思想切实统一到邓小平同志建设有中国特色社会主义理论、党的基本路线和党的十四大精神上来,统一到党的十四届三中全会的决定上来,抓住机遇,用好机遇。各级政府要进一步调动群众积极性,动员和组织群众,以最大的热情理解改革,支持改革,投入改革的伟大实践。各级领导干部要同心同德,以身作则,艰苦奋斗,真抓实干,说实话,办实事,防止形式主义、搞花架子甚至弄虚作假。要深入实际,密切联系群众,全心全意为人民服务,为胜利完成1994年的国民经济和社会发展计划而努力。

全国人大财经委员会建议批准国务院提出的1994年国家预算

全国人大财经委员会在对财政部部长刘仲藜代表国务院作的《关于1993年国家预算执行情况和1994年国家预算草案的报告》进行审查后认为,总的来看,1993年国家预算执行情况是好的。1994年国家预算安排的指导思想是正确的。财经委员会建议,全国人民代表大会批准财政部部长刘仲藜所作的《关于1993年国家预算执行情况和1994年国家预算草案的报告》,批准国务院提出的1994年国家预算。同时,建议在1993年国家决算编成后,授权全国人民代表大会常务委员会审议批准。

财经委员会认为,1993年全国各族人民全面贯彻邓小平同志重要谈话和中国共产党第十四次代表大会精神,认真执行中共中央和国务院《关于当前经济情况和加强宏观调控的意见》,经济发展和改革开放取得了重大成就。这 年,在财源增加的基础上,财税部门积极努力,加强收入征管,严格依法征税,财政收入有较大幅度的增长,财政支出基本上保障了重点建设、改革开放和各项事业发展的需要。总的来看,国家预算的执行情况是好的。

报告指出,1993年预算执行中存在的主要问题是:中央财政收支没有完成预算,而地方财政在收入增加较多的情况下,支出增长过多,不少地方基本建设投资增长过快,有些地方还拖欠了部分公教人员的工资等。对这些问题应当认真分析,总结经验教训,切实改进工作。

财经委员会认为,1994年国家预算安排的指导思想,基本上体现了保证重点支出、促进国民经济和社会发展的要求。同时,也为顺利推进各项重大经济改革,加强和改善宏观调控,提供了必要的财力保障。在收入安排方面,保持了一定的增长速度;在支出安排方面,注意增加了农业、教育、科技和基础设施等的重点支出,保持了国防和政法部门经费的必要增长,注意控制了固定资产投资。

报告认为,1994年国家预算安排的主要问题是收入增长较慢,支出增长较快,赤字数额增加较多。这是因为1994年经济体制改革的力度较大,为了推进财税体制改革的顺利实施,求得机制的转换,采取了一些重要措施,财政减收增支的因素增加。

为了保证1994年预算的顺利实现,报告提出必须继续贯彻执行去年中共中央、国务院关于加强宏观调控的措施,进一步强化收入征管,争取在预算执行中增加收入,控制住支出,缩小财政收支差额,以利于经济发展和各项改革措施的落实。根据代表们审议的意见,财经委员会提出建议:(一)千方百计减少财政赤字。(二)努力增加财政收入。(三)从严控制财政支出。(四)增加资金投入,支持经济不发达地区的发展。

财经委员会希望各级政府、财税部门和企业、事业单位,一定要有全局观念,维护国家整体利益,维护国家预算的严肃性,坚决执行财税法律、法规,严格财经纪律,反对弄虚作假、虚报瞒报。要发扬勤俭建国、勤俭办一切事业的优良传统,齐心协力,同舟共济,千方百计增加收入,减少支出,为更好地实现1994年国家预算而努力。

国务院发出《关于组建国家开发银行的通知》

各省、自治区、直辖市人民政府,国务院各部委、各直属机构:

根据党的十四届三中全会精神,为了更有效地集中资金保证国家重点建设,缓解经济发展的"瓶颈"制约,增强国家对固定资产投资的宏观调控能力,进一步深化投融资体制改革,国务院决定组建国家开发银行。

国家开发银行是直属国务院领导的政策性金融机构,对由其安排投资的国家重点建设项目,在资金总量和资金结构配置上负有宏观调控职责。国家开发银行的主要任务是:建立长期稳定的资金来源,筹集和引导社会资金用于国家重点建设,投资项目不留资金缺口,从资金来源上对固定资产投资总量及结构进行控制和调节,按照社会主义市场经济的原则,逐步建立投资约束和风险责任机制,提高投资效益,促进国民经济持续、快速、健康发展。

《国家开发银行组建和运行方案》及《国家开发银行章程》业经国务院批准,各有关方面要认真贯彻执行。上述方案及章程的具体组织实施工作,由国家开发银行负责。

一、**国家开发银行组建和运行方案**(略)

二、**国家开发银行章程**(略)

中国国际贸促会发布《中国国际经济贸易仲裁委员会仲裁规则》(略)

最高人民检察院发出《关于加强法人犯罪检察工作的通知》

《通知》指出,近一个时期,法人犯罪活动相当严重,破坏社会主义经济基础和市场秩序,腐蚀干部,败坏党风和社会风气。依法严肃查办法人犯罪案件,是建立和完善社会主义市场经济体制的必然要求,是保证严格执法的有效措施,是深入开展反腐败斗争的重要步骤。

《通知》要求:

一、各级检察机关应当对当前法人犯罪活动的严重性和查办法人犯罪案件的重要性有充分的认识。认真学习和掌握有关的政策和法律,切实履行检察机关的法律监督职责,加强对各类法人犯罪案件的检察工作,包括直接立案侦查和对公安机关侦查案件的批捕、起诉工作。对法人犯罪案件,必须依法严肃查办,并将其作为今后检察机关的重点工作之一,力争今年在查办法人犯罪案件工作方面取得大的进展。

二、依照法律和有关案件管辖的规定,对下列法人犯罪案件,检察机关应当直接立案侦查:1. 受贿案、行贿案;偷税案;骗取国家出口退税款案;妨碍追缴欠税案;假冒注册商标案、销售假冒注册商标的商品案、伪造、擅自制造他人注册商标标识案、销售伪造、擅自制造的商标标识案;为组织他人偷越国(边)境骗取出境证件案等案件。2. 检察机关查办国家工作人员职务犯罪案件牵连出的其他法人犯罪案件。3. 已经构成犯罪,依法应当追究刑事责任而没有追究,或者有关部门作了其他处理的其他法人犯罪案件(如法人走私犯罪案件),依据刑事诉讼法第十三条第二款规定,人民检察院应当直接立案侦查。对非法人单位犯罪案件,亦应根据法律规定和本通知精神办理。

三、各级检察机关在查办法人犯罪案件中,要严格依法办事。要严格掌握法律规定的各类法人犯罪的构成条件,凡法律规定应当追究犯罪法人刑事责任的,均应在法律文书中将法人和直接负责的主管人员和其他直接责任人员列为被告人。在有关法律文书中要同时载明法人及有关责任人员的犯罪事实,分清法人和有关直接负责的主管人员及其他直接责任人员各自应负的法律责任。

四、各级检察机关在查办各类法人犯罪案件中,要敢于碰硬,善于碰硬。特别是对一些党政领导干部和其他国家工作人员隐瞒、掩饰、包庇犯罪法人,阻挠、威胁对犯罪法人案件查办的,要及时向上级检察机关、法人主管领导机关报告。对其中构成犯罪的,要依法追究刑事责任。

五、继续完善检察机关查办各类法人犯罪案件的工作制度。对法人犯罪案件的立案侦查,应当层报省级检察院备案,其中对机关法人犯罪案件的立案侦查,要层报省级检察院批准,并报最高人民检察院备案。各省级检察院要逐月向最高人民检察院报告查办法人犯罪案件的工作情况。上级检察机关要加强对下级检察机关查办法人犯罪案件的督促、检查和指导,并帮助解决工作中的困难和问题。查办法人犯罪案件涉及县处级以上干部的,按照高检院关于要案分级管辖的规定办理。在立案时应按规定向党委报告,积极争取党委的支持和指导。各级检察机关要加强同党的纪检机关、行政监察机关等有关部门及法人主管部门的协调配合,及时通报情况,依法相互移送案件。各级检察机关通过查办法人犯罪案件,要及时总结经验,重要情况要及时向最高人民检察院报告。

3月18日

全国政协八届常委会举行第六次会议

会议由全国政协主席李瑞环主持。副主席王兆国首先向与常委会汇报政协大会各小组讨论情况。他说,委员们基本同意政协章程修正案草案,并提出一些原则性和文字方面的修改意见。委员们对各项决议草案普遍表示满意。对政治决议草案基本同意,同时提出修改意见。

王兆国说,委员们在讨论中认为,过去一年我国各族人民贯彻中共十四大精神,经济发展,政治稳定,民族团结,社会进步。李鹏作的《政府工作报告》对一年来政府工作的总结是实事求是的,提出的一九九四年工作的基本方针和各项主要任务是切实可行、鼓舞人心的。与会委员对前进中存在的一些突出矛盾和问题,如物价上涨幅度较高,部分国有大中型企业生产经营困难,各种腐败现象以及应重视农业等问题表示关注,并提出一些意见和建议,希望政府采取有力措施,切实加以解决。

会议通过《全国政协八届二次会议政治决议(草案)》;政协八届二次会议《关于常务委员会工作报告的决议(草案)》;《关于〈中国人民政治协商会议章程〉(修正案)的决议(草案)》;《政协八届全国委员会增选副主席、常务委员,补选秘书长候选人名单》;政协八届全国委员会提案委员会《关于政协八届二次会议提案审查情况的报告(草案)》。以上决议草案和候选人名单,将提请明天举行的全体会议通过。

中共中央在中南海举行民主协商会

中共中央政治局常委李瑞环、胡锦涛受中共中央委托,近日在中南海举行民主协商会,就全国政协八届二次会议增选全国政协副主席、常务委员及补选全国政协秘书长的人选问题,与各民主党派中央、全国工商联主要领导人及无党派代表人士进行充分协商。

中共中央政治局常委、全国政协主席李瑞环主持协商会。全国政协副主席、中共中央统战部部长王兆国就增选和补选的人选问题作说明。王兆国指出,经过增选,我国百万以上人口的少数民族在全国政协常务委员会中都将有自己的代表。

全国政协八届二次会议在人民大会堂举行第五次全体会议

会议执行主席是:王兆国、钱正英、孙孚凌、霍英东。国务院副总理邹家华和国务院一些部委的负责人应邀参加大会。施宁荪、康泠等10位全国政协委员围绕经济建设发言。施宁荪作题为《抑制通货膨胀,维护社会稳定,保证国民经济的健康发展》的发言;全国妇联书记处书记康泠作题为《走向九五世界妇女大会》的发言。

出席大会的全国政协副主席还有:叶选平、吴学谦、杨汝岱、洪学智、赵朴初、钱伟长、胡绳、丁光训。

中国证券业协会在北京举办企业兼并与收购国际研讨班

企业兼并与收购国际研讨班日前在北京开班。据统计,全国已有二十多个产权交易市场初步形成上海、深圳、南京、浙江、成都、山东等地区的区域性产权交易中心。

财政部发布《关于发行1994年2年期3年期国库券的公告》

国务院副总理钱其琛在中南海会见香港新世界集团董事总经理郑家纯

国家主席江泽民国务院总理李鹏在人民大会堂会见出席国家科学技术奖励大会的部分获奖者代表

江泽民发表即席讲话,他首先向所有取得优秀科技成果的获奖者表示祝贺,向全国各条战线上的科技工作者致以敬意。他希望广大科技工作者把科技进步的火种进一步撒向各地,为祖国的经济发展和社会进步作出更大的贡献。

江泽民说,邓小平同志精辟地提出“科学技术是第一生产力”的重要论断,发展了马克思主义的科技学说,对我国科学技术工作和整个经济建设起到了不可估量的推动作用。科技工作要坚持贯彻“稳住一头,放开一片”的方针,这个方针正确解决了基础研究、应用研究和开发研究的关系。

江泽民指出,改革和发展的伟大实践,需要有正确的理论武装和丰富的知识武装。各级干部都要努力学习邓小平同志建设有中国特色社会主义理论,学习社会主义市场经济知识,学习现代科技知识,不断夺取我国现代化建设的新胜利。

联合国粮食计划署与中国联合举办的“联合国粮食计划署亚太地区粮援用于发展研讨会”在北京国际会议中心举行

1993年全国体育十佳评选在北京揭晓

辽宁女子中长跑运动员王军霞以513248票高居榜首。另外9位当选者为(依得票多少排列):谢军(国际象棋)、曲云霞(田径)、叶乔波(速滑)、邓亚萍(乒乓球)、黄志红(田径)、戴国宏(游泳)、王涛(乒乓球)、杨文意(游泳)、李小双(体操)。

公安部发出要求简化手续方便留学人员户口登记的通知

3月19日

全国政协八届二次会议在人民大会堂闭幕

全国政协主席李瑞环在闭幕会上发表讲话。

党和国家领导人江泽民、李鹏、乔石、朱镕基、刘华清、胡锦涛、荣毅仁等出席会议。

会上,委员们用电子表决器逐个进行表决的方式,增选朱光亚、万国权为八届全国政协副主席;补选朱训为秘书长;增选王蒙、王思明、吴冠中、张永珍、赵乙生、梅向明、谢晋为常务委员。

会议还通过政协第八届全国委员会第二次会议政治决议,通过政协第八届全国委员会第二次会议关于常务委员会工作报告的决议,通过关于《中国人民政治协商会议章程》(修正案)的决议,通过政协提案委员会关于政协八届二次会议提案审查情况的报告。

全国政协主席李瑞环在政协八届二次会议闭幕会上发表讲话

各位委员、各位同志:

中国人民政治协商会议第八届全国委员会第二次会议，经过全体委员的共同努力，按照预定的议程，胜利地完成了任务。这次会议审议并通过了叶选平副主席代表政协第八届全国委员会常委会所作的工作报告，审议并通过了《中国人民政治协商会议章程(修正案)》，增选了政协全国委员会的领导成员。委员们列席了八届全国人大二次会议，听取并讨论了李鹏总理所作的《政府工作报告》和其他重要报告。大家以高度负责的精神，对涉及改革开放、现代化建设和广大人民群众切身利益的重大问题，提出了许多很好的意见和建议。这是一次民主的大会，求实的大会，团结的大会，鼓劲的大会。

(一)

过去的一年，全国各族人民认真贯彻中共十四大精神，沿着邓小平同志指引的建设有中国特色社会主义的道路继续前进，改革开放和现代化建设取得了新的巨大成就。在这一年中，人民政协适应新的形势，发扬优良传统，加强自身建设，积极履行各项职能，各方面工作都取得了新的进展。委员们认真学习《邓小平文选》第三卷，加深了对建设有中国特色社会主义理论的理解，进一步增强了全面贯彻社会主义初级阶段基本路线的自觉性与主动性；围绕两个文明建设中的一些重大问题开展专题调研，取得了一批有重要价值的成果；努力宣传和贯彻"和平统一、一国两制"的方针，为推进祖国统一大业做了许多有益的工作；积极开展对外友好交往，增进了我国人民同世界各国人民之间的友谊与合作；加强了政协机关的建设，活跃了各专门委员会的工作。我们的工作受到社会各界的普遍重视和海外人士的广泛关注，显示了人民政协在国家政治生活中的重要地位和独特优势。本届政协的工作有了一个良好的开端，为今后四年的工作奠定了基础。

今年是我国改革开放和现代化建设进程中非常重要的一年。李鹏总理在《政府工作报告》中对今年经济建设和深化改革的方针任务作了明确的阐述。应当看到，完成这些任务，对于全面贯彻中共十四大和十四届三中全会精神，建立社会主义市场经济体制；对于解决经济生活中的深层次矛盾，保持国民经济持续快速健康发展；对于维护政治稳定，促进社会全面进步，都具有极为重要的意义。还应当看到，完成这些任务一定会遇到许多问题和困难：新旧经济体制的转换，常常呈现出矛盾交织、利弊伴生的局面；各项改革措施出台的时机、力度和贯彻实施，往往受到诸多因素的制约；利益格局的调整所带来的连锁反应，有些在事前很难准确预测。同时更应当看到，完成这些任务具有许多有利条件：邓小平同志建设有中国特色社会主义理论的指导地位的确立，《邓小平文选》第三卷的出版，为我们提供了强大的思想武器；经过十多年的改革开放和现代化建设，我国的经济体制已经发生深刻的变化，国民经济总体实力和综合国力空前增强；广大人民群众在建立社会主义市场经济体制问题上取得了广泛的共识，对改革的承受能力明显提高；各级领导干部对改革、发展和稳定的认识不断深化，解决复杂问题的经验日益丰富；和平与发展仍然是当今世界的两大主题，国际形势总的来说对我有利。抓住机遇，深化改革，扩大开放，促进发展，保持稳定，是今年全国工作的大局。各个方面、各个领域的工作都要服从和服务于这个大局。人民政协必须在这个大局中找准位置，发挥优势，作出更大的贡献。

(二)

发展社会主义民主，是建设有中国特色社会主义的重要内容，是中国共产党和各民主党派的共同任务，也是进行经济建设和经济体制改革的必要条件。没有民主就不能充分调动群众的积极性，就不能实现广泛的团结；没有民主就没有社会主义，就没有社会主义的现代化。我国宪法、中国共产党章程、各民主党派章程都规定，要为建设富强、民主、文明的社会主义现代化国家而奋斗。李鹏总理在《政府工作报告》中指出，要继续加强社会主义民主和法制建设，并要求今年在这方面取得新的进展。人民政协是我国发扬社会主义民主的重要组织形式，多年来在民主政治建设中积累了有益经验，在新的历史条件下，需要继续深入探索，努力改进工作，进一步发挥作用。

民主是历史的、具体的、相对的，必然要受一定的社会经济、政治、文化等条件的制约。民主建设不能脱离现实，不能超越阶段，离开具体条件谈民主，不但达不到发展民主的目的，而且还会对经济发展和社会稳定带来不良影响。民主必然要随着社会的发展而发展。当前，我国改革不断深化，社会主义市场经济体制逐步建立，人民群众的文化素质进一步提高，人们的参与意识和竞争观念日益增强，积极稳妥地推进社会主义民主政治建设，既是客观需要，也有现实可能。

研究当今中国的民主政治建设，必须从中国的国情出发，必须立足于建设有中国特色社会主义的客观现实，必须坚持以马克思主义基本原理为指导。马克思主义的历史唯物主义有两个基本观点，一个是生产力观点，一个是群众观点。生产力观点深刻揭示了生产力是一切社会发展的最终决定因素，社会主义的根本任务就是解放生产力，发展生产力。中共十一届三中全会以来，根据这个观点，我们认真总结历史经验，纠正了"以阶级斗争为纲"的"左"的错误，坚持了以经济建设为中心的指导方针，走上了改革开放之路，使我们国家的面貌发生了根本性变化。群众观点深刻揭示了人民群众是历史的创造者，是实践和认识的主体，是推动人类社会前进的动力。这个观点决定和影响着当代中国的许多方面，也决定和影响着我国的民主政治建设。中国共产党把全心全意为人民服务作为最高宗旨，把从群众中来到群众中去的群众路线作为根本的工作路线，把尽心竭力为人民群众谋利益作为全部活动的出发点和归宿，这一切都是群众观点在党的活动中的具体运用。社会主义民主的本质内容就是人民群众当家作主。人民群众通过多种形式和渠道了解情况，参与国家大事，行使管理国家和社会事务的权利，监督执政党和政府的工作人员，发挥建设社会主义的积极性和主动性，这一切都是群众观点在国家政治生活中的生动体现。群众观点与我国民主政治建设有着密切的血缘关系。把民主政治建设同马克思主义世界观联系起来，同执政党的领导方法、工作作风联系起来，同政府的各项职能和工作联系起来，同人民群众的实践活动联系起来，就使我国社会主义民主政治建设有了科学的理论依据和深厚的社会基础。在群众观点的指导下进行民主政治建设，在民主政治建设中体现群众观点，这是我国民主政治的显著特征和固有优势，也是发展我国民主政治的必然途径和基本方法。

积极稳妥地推进社会主义民主政治建设，必须始终坚持一切为了群众、一切依靠群众。要努力做到悉心体察群众的情绪，及时了解群众的意愿，坚持不懈为群众办实事；要善于集中群众的智慧，充分尊重群众的首创精神，自觉接受群众的监督；要在密切联系群众的过程中，培养民主作风，增强民主意识，创造和积累民主政治建设的经验。必须把民主建设同法制建设结合起来。要把社会公认的、具有普遍意义的、体现群众当家作主的做法和经验从制度上、法律上确认下来，使之成为社会政治生活的共同准则；要逐步建立健全比较完备的法律体系，实现民主的制度化、法律化，使这种制度和法律不因领导人的改变而改变，不因领导人的看法和注意力的改变而改变；要维护法律、制度的严肃性和权威性，增强群众依法维护自身权益的意识，制止和制裁一切侵害群众民主权利的行为，使群众享有的各项民主权利得到可靠保障。人民代表大会制度、共产党领导的多党合作和政治协商制度是我国社会主义民主的主要形式，在今后的实践中要认真坚持，并使之更加完善、更加切实、更加有效；同时要随着形势的发展，不断建立和完善基层各种民主形式，使群众在基层的社会政治生活中更好地发挥当家做主的作用。总之，我们要立足国情，吸收和借鉴人类社会一切文明成果，努力建设继承优良传统又富于时代特征、体现社会主义基本制度又适应社会主义市场经济的，这样一种有中国特色的社会主义民主。

（三）

刚刚通过的政协章程修正案把参政议政列入政协的主要职能，是政协工作的经验总结，是本次会议的重要成果。

参政议政与政治协商、民主监督是一致的。人民政协参政议政的主要内容和基本特征就是政治协商、民主监督。参政议政又不简单等同于政治协商、民主监督，而是它的拓展和延伸。一般说来，政治协商、民主监督以国家和地方的大政方针、重大问题为中心议题，以各级领导机关为具体对象，以会议为主要形式，并依据一定的程序和规则进行。参政议政则不完全受上述条件的局限，对象更加广泛，内容更加丰富，形式更加多样，方法更加灵活。把参政议政列入政协的主要职能，拓宽了政协工作的渠道和领域，为广大政协委员及其所联系的各界人士参与国事、发挥专长提供了更多的机会，同时也为各级政协切实有效地组织政治协商、民主监督，从题目的选择、信息的收集、材料的积累、人员的组织等方面创造了良好的条件。

各级政协组织和政协委员要紧紧围绕经济建设这个中心，在建立社会主义市场经济体制的过程中，结合各自的实际情况，把参政议政生动活泼、富有成效地开展起来。要根据政协章程的有关规定，建立和完善各项具体工作制度，使政协的会议制度、视察制度、提案制度、专门委员会活动制度、联系委员制度等更加适应参政议政的要求。要选择一些人民群众关心、党政部门重视、政协组织能做的题目，制定规划，使参政议政活动有计划有重点地进行。要完善已有的参政议政形式，并创造新的形式，使参政议政活动更加灵活多样，委员的积极性得到更好的发挥。要加强专门委员会的建设，密切同有关部门、民主党派、社会团体的联系，进一步发挥其在参政议政中的基础性作用。要充分发挥政协人才荟萃的优势，利用政协下通各界、上达中央的有利条件，反映民情民意，提出意见建议。要改进机关作风，提高工作质量，更好地为委员服务，为参政议政服务。我相信，有以往政协工作的成功经验，有广大委员的共同努力，有社会各界的大力支持，我们应该也能够把人民政协的参政议政工作提高到新的水平。

各位委员、各位同志：

稳定和谐的社会局面，是全国各族人民的共同愿望，是我们为人民谋利益的重要内容，是搞好一切工作的必需条件。人民政协是最广泛的爱国统一战线组织，应该也可以在巩固和发展稳定和谐的局面中发挥特有的作用。

团结奋斗的伟大精神，是中国人民的优良传统，是中华民族历经沧桑、创造辉煌业绩的强大动力，是我们完成建设有中国特色社会主义历史使命的基本保证。

人民政协是大团结的象征，应该也可以为保持和发扬团结奋斗的精神作出突出的贡献。

让我们在以江泽民同志为核心的中共中央领导下，高举大团结的旗帜，团结起来，扎实工作；团结起来，战胜困难；团结起来，夺取新的更大的胜利！

现在我宣布：中国人民政治协商会议第八届全国委员会第二次会议胜利闭幕！

全国政协八届二次会议通过《全国政协八届二次会议关于常委会工作报告的决议》

中国人民政治协商会议第八届全国委员会第二次会议，同意叶选平副主席代表常务委员会所作的工作报告。会议认为，一年来，常委会紧紧围绕国家的中心任务，开展政治协商、民主监督，组织参政议政，各项工作取得了新的进展，出现了更加生动活跃的局面。会议对常委会的工作表示满意。会议赞同常委会提出的本年度工作的基本方针和工作部署，要求常委会认真组织实施，努力完成本次大会提出的各项任务。

全国政协八届二次会议通过《全国政协八届二次会议政治决议》

中国人民政治协商会议第八届全国委员会第二次会议，赞同李鹏总理所作的《政府工作报告》，赞同《1993 年国民经济和社会发展计划执行情况与 1994 年国民经济和社会发展计划草案的报告》、《1993 年国家预算执行情况和 1994 年国家预算草案的报告》，赞同最高人民法院和最高人民检察院的工作报告。会议认为，过去的一年，我国各族人民全面贯彻中共十四大精神，沿着建设有中国特色社会主义道路胜利前进。我国经济发展，政治稳定，民族团结，社会进步，改革开放和社会主义现代化建设取得重大成就，各方面工作出现了新局面。政府工作报告对一年来政府工作的总结是实事求是的，提出的 1994 年工作的基本方针和各项主要任务是切实可行、鼓舞人心的。与会委员对当前存在的一些突出矛盾和问题，如固定资产投资规模过大，物价上涨幅度较高，农业基础还比较脆弱，部分国有大中型企业生产经营困难，精神文明建设中许多值得重视的问题，各种腐败现象和一些地方的社会治安状况不好等表示关注，积极提出意见和建议，希望政府采取有力措施，切实加以解决。

会议认为，按照“和平统一、一国两制”的方针实现祖国统一大业，这是包括台湾同胞、港澳同胞和海外侨胞在内的全体中国人民的共同愿望。参加中国人民政治协商会议的各党派、各团体和各族、各界人士，坚决支持我国政府依据《香港特别行政区基本法》、《澳门特别行政区基本法》和全国人大及其常委会的有关决议，为确保香港和澳门政权的顺利交接与平稳过渡所做的各项准备工作；坚决支持我国政府按期恢复对香港行使主权、保持香港长期稳定繁荣的严正立场。会议坚决反对任何分裂祖国的图谋和行为，希望在坚持一个中国的原则下，通过增加接触与协商，解决海峡两岸之间存在的分歧。我们寄希望于台湾当局，更寄希望于台湾人民。

会议认为，1994 年是我国推进改革开放和社会主义现代化建设非常重要的一年，必须坚定不移地以邓小平同志建设有中国特色社会主义的理论和中国共产党的基本路线为指导，全面贯彻中共十四大和十四届三中全会精神，加快建立社会主义市场经济体制，保持国民经济持续、快速、健康发展，加强民主、法制建设和社会主义精神文明建设，维护政治稳定，促进社会全面进步。抓住机遇，深化改革，扩大开放，促进发展，保持稳定，这是全国工作的大局。人民政协的各项工作都要服从和服务于这个大局。

会议要求，人民政协的各参加单位、各级组织和委员，高举爱国主义和社会主义的旗帜，坚持“长期共存、互相监督、肝胆相照、荣辱与共”的方针，认真贯彻本次大会的精神，围绕经济建设这个中心，切实搞好政治协商、民主监督，积极参政议政，在以江泽民同志为核心的中共中央领导下，振奋精神，开拓进取，艰苦奋斗，为社会主义现代化建设和祖国和平统一作出新的贡献。

全国政协八届二次会议通过《中国人民政治协商会议章程(修正案)》

总　纲

中国人民在长期的革命和建设进程中，结成了由中国共产党领导的，有各民主党派、无党派民主人士、人民团体、少数民族人士和各界爱国人士参加的，由全体社会主义劳动者、拥护社会主义的爱国者和拥护祖国统一的爱国者组成的，包括台湾同胞、港澳同胞和国外侨胞在内的最广泛的爱国统一战线。

中华人民共和国宪法规定：中国共产党领导的多党合作和政治协商制度将长期存在和发展。

中国人民政治协商会议是中国人民爱国统一战线的组织，是中国共产党领导的多党合作和政治协商的重要机构。一九四九年九月，中国人民政治协商会议第一届全体会议代行全国人民代表大会的职权，代表全国人民的意志，宣告中华人民共和国的成立，发挥了重要的历史作用。一九五四年第一届全国人民代表大会召开后，中国人民政治协商会议继续在国家的政治生活和社会生活以及对外友好活动中进行了许多工作，作出了重要的贡献。一九七八年十二月中国共产党十一届三中全会以来，在拨乱反正、巩固和发展安定团结的政治局面，实现国家工作中心向经济建设转移，推进改革开放和社会主义现代化建设，争取实现包括台湾在内的祖国统一，反对霸权主义、维护世界和平的斗争中，中国人民政治协商会议进一步发挥了重要作用。

中华人民共和国成立以后，我国各族人民在中国共产党的领导下，消灭了剥削制度，建立了社会主义制度。我国社会阶级状况发生了根本的变化。工农联盟更加巩固。知识分子同工人、农民一样是社会主义事业的依靠力量。原来属于剥削阶级的人，绝大多数已经成为自食其力的劳动者。在人民革命和建设事业中同中国共产党一道前进、一道经受考验并作出重要贡献的各民主党派，已经成为各自所联系的一部分社会主义劳动者和拥护社会主义的爱国者的政治联盟，日益发挥其重要作用。全国各民族已经形成平等、团结、互助的社会主义民族关系。宗教界的爱国人士积极参加祖国的社会主义建设。台湾同胞、港澳同胞和国外侨胞热爱祖国，拥护祖国统一，支援祖国建设事业。在新的历史时期，我国的爱国统一战线具有更强大的生命力，仍然是中国人民团结战斗、建设祖国和统一祖国的一个重要"法宝"，它将更加巩固，更加发展。

我国正处于社会主义初级阶段，面临的主要矛盾是人民日益增长的物质、文化需要同落后的社会生产之间的矛盾。由于国内的因素和国际的影响，我国人民同国内外的敌对势力和敌对分子的斗争还将是长期的，阶级斗争还将在一定范围内长期存在，但已经不是我国社会的主要矛盾。我国各族人民的根本任务是，根据建设有中国特色社会主义的理论，坚持社会主义初级阶段的基本路线，集中力量进行社会主义现代化建设，自力更生、艰苦奋斗，逐步实现工业、农业、国防和科学技术现代化，把我国建设成为富强、民主、文明的社会主义国家。中国人民政治协商会议要在热爱中华人民共和国、拥护中国共产党的领导和拥护社会主义事业的政治基础上，尽一切努力，进一步巩固和发展爱国统一战线，调动一切积极因素，团结一切可能团结的人，同心同德，群策群力，以经济建设为中心，维护和发展安定团结的政治局面，促进社会主义民主和法制的建设，促进社会主义精神文明建设，推动社会主义市场经济的发展，为实现我国各族人民的根本任务而奋斗。

中国人民政治协商会议是我国政治生活中发扬社会主义民主的一种重要形式，根据中国共产党同各民主党派和无党派人士"长期共存、互相监督、肝胆相照、荣辱与共"的方针，对国家的大政方针和群众生活的重要问题进行政治协商，并通过建议和批评发挥民主监督作用。

中国人民政治协商会议的一切活动以中华人民共和国宪法为根本的准则。

中国人民政治协商会议全国委员会和地方委员会，依法维护其参加单位和个人按照本章程履行职责的权利。

第一章 工作总则

第一条 中国人民政治协商会议全国委员会和地方委员会，按照中国人民政治协商会议章程进行工作。

第二条 中国人民政治协商会议全国委员会和地方委员会的主要职能是政治协商和民主监督，组织参加本会的各党派、团体和各族各界人士参政议政。

政治协商是对国家和地方的大政方针以及政治、经济、文化和社会生活中的重要问题在决策之前进行协商和就决策执行过程中的重要问题进行协商。中国人民政治协商会议全国委员会和地方委员会可根据中国共产党、人民代表大会常务委员会、人民政府、民主党派、人民团体的提议，举行有各党派、团体的负责人和各族各界人士的代表参加的会议，进行协商，亦可建议上列单位将有关重要问题提交协商。

民主监督是对国家宪法、法律和法规的实施，重大方针政策的贯彻执行、国家机关及其工作人员的工作，通过建议和批评进行监督。

第三条 中国人民政治协商会议全国委员会和地方委员会宣传和贯彻执行国家的宪法、法律和各项方针、政策，推动社会力量积极参加物质文明和社会主义精神文明的建设事业，协助国家机关打击经济领域和其他领域内破坏社会主义的犯罪活动。

第四条 中国人民政治协商会议全国委员会和地方委员会密切联系各方面人士，反映他们及其所联系的群众的意见和要求，对国家机关和国家工作人员的工作提出建议和批评，协助国家机关进行机构改革和体制改革，改进工作，提高工作效率，克服官僚主义，加强廉政建设。

第五条 中国人民政治协商会议全国委员会和地方委员会调整和处理统一战线各方面的关系和中国人民政治协商会议内部合作的重要事项。

第六条 中国人民政治协商会议全国委员会和地方委员会通过各种形式，积极传播先进思想，开展爱祖国、爱人民、爱劳动、爱科学、爱社会主义的公德以及革命的理想、道德和纪律的宣传教育工作。

第七条 中国人民政治协商会议全国委员会和地方委员会坚持发展科学、繁荣文化的"百花齐放、百家争鸣"的方针，密切联系国家机关和其他有关组织，在政治、法律、经济、教育、科学技术、文化艺术、医药卫生、体育等方面开展调查研究等活动，广开言路，广开才路，充分发挥委员的专长和作用。

中国人民政治协商会议全国委员会和地方委员会推动和协助社会力量兴办各种有利于社会主义建设的事业。

第八条 中国人民政治协商会议全国委员会和地方委员会组织委员视察、参观和调查，了解情况，就各项事业和群众生活的重要问题进行研究，通过建议案、提案和其他形式向国家机关和其他有关组织提出建议和批评。

第九条 中国人民政治协商会议全国委员会和地方委员会组织和推动委员在自愿的基础上学习马克思列宁主义、毛泽东思想，学习建设有中国特色社会主义的理论，学习时事政治，学习和交流业务和科学技术知识，增强为祖国服务的才能。

第十条 中国人民政治协商会议全国委员会和地方委员会宣传和参与贯彻执行国家关于统一祖国的方针政策，积极开展同台湾同胞和各界人士的联系，促进祖国统一大业的实现。

加强同港澳同胞的联系和团结，鼓励他们为保持港澳地区的繁荣和稳定，为建设祖国和统一祖国作出贡献。

第十一条 中国人民政治协商会议全国委员会和地方委员会宣传和协助贯彻执行国家的知识分子政策，以利于充分发挥知识分子在社会主义现代化建设中的作用。

第十二条 中国人民政治协商会议全国委员会和地方委员会宣传和协助贯彻执行国家的民族政策，反映少数民族的意见和要求，为发展少数民族地区的经济、文化，维护少数民族的合法权利和利益，改善和发展社会主义的民族关系，增进各族人民的大团结和维护祖国的统一贡献力量。

第十三条 中国人民政治协商会议全国委员会和地方委员会宣传和协助贯彻执行国家的宗教政策，团结宗教界爱国人士和宗教信仰者为祖国的建设和统一贡献力量。

第十四条 中国人民政治协商会议全国委员会和地方委员会宣传和协助贯彻执行国家的侨务政策。加强同国外侨胞的联系和团结，鼓励他们为祖国的建设事业和统一祖国的大业作出贡献。

第十五条 中国人民政治协商会议全国委员会和地方委员会宣传和协助贯彻执行国家的外交政策，根据具体情况，积极主动地开展人民外交活动，加强同各国人民的友好往来和合作。

第十六条 中国人民政治协商会议全国委员会和地方委员会根据统一战线组织的特点进行关于中国近代史、现代史资料的征集、研究和出版工作。

第十七条 中国人民政治协商会议全国委员会加强同地方委员会的联系，沟通情况，交流经验，研究地方委员会带共同性的问题。

第二章 组织总则

第十八条 中国人民政治协商会议设全国委员会和地方委员会。

第十九条 中国人民政治协商会议全国委员会由中国共产党、各民主党派、无党派民主人士、人民团体、各少数民族和各界的代表，台湾同胞、港澳同胞和归国侨胞的代表以及特别邀请的人士组成。

中国人民政治协商会议地方委员会的组成，根据当地情况，参照全国委员会的组成决定。

第二十条 凡赞成本章程的党派和团体，经中国人民政治协商会议全国委员会常务委员会协商同意，得参加中国人民政治协商会议全国委员会。个人经中国人民政治协商会议全国委员会常务委员会协商邀请，亦得参加中国人民政治协商会议全国委员会。参加地方委员会者，由各级地方委员会按照本条上述规定办理。

第二十一条 参加中国人民政治协商会议全国委员会或地方委员会的单位和个人，都有遵守和履行本章程的义务。

第二十二条 中国人民政治协商会议地方委员会对全国委员会的全国性的决议，下级地方委员会对上级地方委员会的全地区性的决议，都有遵守和履行的义务。

第二十三条 中国人民政治协商会议全国委员会对地方委员会的关系和地方委员会对下一级地方委员会的关系是指导关系。

第二十四条 中国人民政治协商会议全国委员会全体会议的议案，应经全体委员过半数通过。全国委员会常务委员会的议案，应经全体常务委员过半数通过。各参加单位和个人对会议的决议，都有遵守和履行的义务。如有不同意见，在坚决执行的前提下可以声明保留。地方委员会同。

第二十五条 中国人民政治协商会议全国委员会和地方委员会的委员，在本会会议上有表决权、选举权和被选举权；有对本会工作提出批评和建议的权利。

第二十六条 参加中国人民政治协商会议全国委员会和地方委员会的单位和个人，有通过本会会议和组织参加讨论国家大政方针和各该地方重大事务的权利，对国家机关和国家工作人员的工作提出建议和批评的权利，以及对违纪违法行为检举揭发、参与调查和检查的权利。

第二十七条 参加中国人民政治协商会议全国委员会和地方委员会的单位和个人，有声明退出的自由。

第二十八条 参加中国人民政治协商会议全国委

员会和地方委员会的单位和个人，如果严重违反中国人民政治协商会议章程或全体会议和常务委员会的决议，由全国委员会常务委员会或地方委员会常务委员会分别依据情节给予警告处分，或撤销其参加中国人民政治协商会议全国委员会或地方委员会的资格。

受警告处分或撤销参加资格的单位或个人，如果不服，可以请求复议。

第三章 全国委员会

第二十九条 每届中国人民政治协商会议全国委员会的参加单位、委员名额和人选，由上届全国委员会常务委员会协商决定。

每届全国委员会任期内，有必要增加或者变更参加单位、委员名额和决定人选时，由本届常务委员会协商决定。

第三十条 中国人民政治协商会议全国委员会每届任期五年。如遇非常情况，由常务委员会以全体组成人员的三分之二以上的多数通过，得延长任期。

第三十一条 中国人民政治协商会议全国委员会设主席，副主席若干人和秘书长。

第三十二条 中国人民政治协商会议全国委员会全体会议每年举行一次。常务委员会认为必要时，得临时召集之。

第三十三条 中国人民政治协商会议全国委员会全体会议行使下列职权：

一、修改中国人民政治协商会议章程，监督章程的实施；

二、选举全国委员会的主席、副主席、秘书长和常务委员；

三、听取和审议常务委员会的工作报告；

四、讨论本会重大工作方针、任务并作出决议；

五、参与对国家大政方针的讨论，提出建议和批评。

第三十四条 中国人民政治协商会议全国委员会设常务委员会主持会务。

常务委员会由全国委员会主席、副主席、秘书长和常务委员组成，其候选人由参加中国人民政治协商会议全国委员会的各党派、团体、各民族和各界人士协商提名，经全国委员会全体会议选举产生。

第三十五条 中国人民政治协商会议全国委员会常务委员会行使下列职权：

一、解释中国人民政治协商会议章程，监督章程的实施；

二、召集并主持中国人民政治协商会议全国委员会全体会议；每届第一次全体会议由会议选举主席团主持；

三、组织实现中国人民政治协商会议章程规定的任务；

四、执行全国委员会全体会议的决议；

五、全国委员会全体会议闭会期间，审查通过提交全国人民代表大会及其常务委员会或国务院的重要建议案；

六、根据秘书长的提议，任免中国人民政治协商会议全国委员会副秘书长；

七、决定中国人民政治协商会议全国委员会工作机构的设置和变动，并任免其领导成员。

第三十六条 中国人民政治协商会议全国委员会主席主持常务委员会的工作。副主席、秘书长协助主席工作。

主席、副主席、秘书长组成主席会议，处理常务委员会的重要日常工作。

第三十七条 中国人民政治协商会议全国委员会设副秘书长若干人，协助秘书长进行工作。设立办公厅，在秘书长领导下进行工作。

第三十八条 中国人民政治协商会议全国委员会根据工作需要，设立若干专门委员会及其他工作机构，由常务委员会决定。

第四章 地方委员会

第三十九条 省、自治区、直辖市设中国人民政治协商会议的省、自治区、直辖市委员会；自治州、设区的市、县、自治县、不设区的市和市辖区，凡有条件的地方，均可设立中国人民政治协商会议各该地方的地方委员会。

第四十条 每届中国人民政治协商会议地方委员会的参加单位、委员名额和人选，由上届地方委员会常务委员会协商决定。

每届地方委员会任期内，如有必要增加或者变更参加单位、委员名额和决定人选，由本届地方委员会常务委员会协商决定。

第四十一条 中国人民政治协商会议的省、自治区、直辖市、自治州、设区的市、县、自治县、不设区的市和市辖区的地方委员会每届任期五年。

第四十二条 中国人民政治协商会议各级地方委员会设主席，副主席若干人和秘书长。县、自治县、不设区的市和市辖区的地方委员会根据具体情况，也可不设秘书长。

第四十三条 中国人民政治协商会议各级地方委员会的全体会议每年至少举行一次。

第四十四条 中国人民政治协商会议各级地方委员会全体会议行使下列职权：

一、选举地方委员会的主席、副主席、秘书长和常务委员；

二、听取和审议常务委员会的工作报告；

三、讨论并通过有关的决议；

四、参与对国家和地方事务的重要问题的讨论，提出建议和批评。

第四十五条 中国人民政治协商会议各级地方委员会设常务委员会主持会务。

常务委员会由地方委员会主席、副主席、秘书长和常务委员组成，其候选人由参加各该地方委员会的各党派、团体、各民族和各界人士协商提名，经全体会议选举产生。

第四十六条 中国人民政治协商会议地方委员会常务委员会行使下列职权：

一、召集并主持地方委员会全体会议；每届第一次全体会议由会议选举主席团主持；

二、组织实现中国人民政治协商会议章程规定的任务和全国委员会所作的全国性的决议以及上级地方委员会所作的全地区性的决议；

三、执行地方委员会全体会议的决议；

四、地方委员会全体会议闭会期间，审议通过提交同级地方人民代表大会及其常务委员会或人民政府的重要建议案；

五、根据秘书长的提议，任免地方委员会的副秘书长；

六、决定地方委员会工作机构的设置和变动，并任免其领导成员。

第四十七条 中国人民政治协商会议各级地方委员会的主席主持常务委员会的工作。副主席、秘书长协助主席工作。

主席、副主席、秘书长组成主席会议，处理常务委员会的重要日常工作。

第四十八条 中国人民政治协商会议各级地方委员会可以按照需要设副秘书长一人至数人，协助秘书长进行工作。

第四十九条 省、自治区、直辖市的地方委员会设立办公厅，专门委员会及其他工作机构的设置，按照当地实际情况和工作需要，由常务委员会决定。

自治州、设区的市、县、自治县、不设区的市和市辖区的地方委员会的工作机构的设置，按照当地实际情况和工作需要，由常务委员会决定。

第五章 附 则

第五十条 本章程经中国人民政治协商会议全国委员会全体会议通过后施行。

全国政协八届二次会议通过《提案委员会关于政协八届二次会议提案审查情况的报告》

截至三月十四日下午五时，中国人民政治协商会议第八届全国委员会第二次会议共收到提案一千八百九十三件，提出提案的委员一千四百一十三人，占全体委员人数的百分之六十七点四。民革、民盟、民进、农工、致公、九三、台盟以党派组织名义提出提案十三件。

提案委员会根据《政协全国委员会提案工作条例》的有关规定和本次会议工作方案，分组对提案进行了认真的审查，立案一千八百五十一件，占全部提案的百分之九十七点八。其中经济建设方面的七百二十六件，占百分之三十九点二；科教文卫体方面的五百五十六件，占百分之三十；政治法律、劳动人事方面的三百七十三件，占百分之二十点二；统一战线、民族宗教、港澳台侨等方面的一百九十六件，占百分之十点六；对不符合立案条件的四十二件提案，商得委员同意后，改作委员来信处理。

委员们遵循本次大会“民主、求实、团结、鼓劲”的方针，着眼于抓住机遇、深化改革、扩大开放、促进发展、保持稳定的大局，就改善宏观调控，加强基础设施建设，强化农业基础地位，增强国有大中型企业活力，扶持民族地区经济发展，加强环境保护，保持国民经济持续快速健康发展；加快建立社会主义市场经济体制，平抑物价，完善税制，健全市场机制；发展科技，振兴教育，繁荣文化，推进医药卫生体制改革，加强社会主义精神文明建设；健全法制，反腐倡廉，搞好社会治安；实现香港平稳过渡，促进祖国和平统一等有关国家长治久安的重大问题和人民群众关心的热点问题，提出许多积极的意见和建议。许多委员的提案，尤其是党派团体提案，是在认真调查研究的基础上形成，论证比较充分，不仅提出问题，而且提出解决问题的办法和途径。

提案委员会对已经立案的提案，经研究确定分别送请中共中央有关部门，国务院有关部委、直属机构，全国人大常委会办公厅，中央军委办公厅，最高人民法院、最高人民检察院，有关人民团体，有关省、自治区、直辖市党委、人民政府等一百四十五个单位承办。会议期间，提案委员会根据委员提案，围绕《教师法》的贯彻实施，请国家教委有关领导同志到委员驻地通报情况，交换意见。对急需办理的十件提案，提案委员会及时与有关单位协商，已在会议期间予以办理。

八届二次会议闭会后，全国政协办公厅将召开在京各承办单位办公厅负责人会议，研究落实有关提案承办事宜。

全国政协八届二次会议通过《中国人民政治协商会议第八届全国委员会增选副主席常务委员补选秘书长名单》

副主席：朱光亚、万国权；

常务委员（按姓氏笔划排列）：

王蒙、王思明(布依族)、吴冠中、张永珍(女)、赵乙生(瑶族)、梅向明、谢晋;

秘书长:朱训

八届全国人大二次会议主席团举行第三次会议

在主席团常务主席乔石主持下,会议表决通过全国人大法律委员会《关于预算法草案审议结果的报告》;先后通过《预算法(草案)》和《关于授权厦门市人大及其常委会和厦门市人民政府分别制定法规和规章在厦门经济特区实施的决定(草案)》,决定将这两个草案分别提请大会审议。

会议还通过《关于全国人大常委会工作报告的决议(草案)》、《关于最高人民法院工作报告的决议(草案)》、《关于最高人民检察院工作报告的决议(草案)》,决定将这三个草案印发各代表团审议,提请大会表决。

根据全国人大环境保护委员会向大会提出的建议将全国人大环境保护委员会改为全国人大环境与资源保护委员会的议案,经大会主席团常务主席讨论,建议将这个议案列入本次大会议程。主席团会议经过表决,决定增加这项议程。同时,表决通过大会秘书处草拟的关于将全国人大环境保护委员会改为全国人大环境与资源保护委员会的决定草案。这一议案和决定草案将一并印发各代表团审议,提请大会表决。

经各代表团酝酿,同意由主席团提名补选的全国人大常委会委员候选人人选。主席团会议经过表决,决定将这个名单作为正式候选人提请大会选举。

根据各代表团推选的监票人,主席团会议表决通过总监票人、监票人名单草案,提请大会通过。

最后,会议通过大会副秘书长曹志作的大会秘书处关于代表提出的议案和建议的处理意见的报告。

国务院总理李鹏和夫人在人民大会堂会见日本首相细川护熙和夫人

《人民日报》发表社论《保持国民经济持续快速健康发展》

国务院副总理兼外交部部长钱其琛在人民大会堂接受美国《纽约时报》社论版主编雷恩斯等的采访

3月20日

国家主席江泽民在中南海会见日本首相细川护熙

国务院总理李鹏在北京同日本首相细川护熙会谈

李鹏在会谈中强调指出:“中日两国都是本地区的重要国家。冷战结束后,亚洲的地位明显上升,中日关系的影响已经超出了双边关系的范畴。中国政府高度重视同日本的睦邻友好和互利合作,愿意与日方一道,面向未来,面向二十一世纪,进一步加强、协调和发展两国在各个领域的关系,为亚洲的和平与繁荣,为使二十一世纪真正成为和平和发展的世纪而共同努力。”

李鹏说,江泽民主席前年对日本的访问和天皇及皇后陛下访华标志着中日关系进入一个新的发展时期。两国高层来往增多,经贸关系迅速发展,这是两国政府和人民长期共同努力的结果,值得双方珍惜。细川阁下就任首相以来,继续高度重视中日关系,并致力于两国友好合作,我们对此予以高度评价。

细川表示,经过双方的努力,日中关系已经进入了新的发展阶段。日本政府十分重视日中关系,愿意继续积极支持中国的改革开放政策和现代化建设。

在谈到过去的那段历史时,细川说,我们对过去由于我国的侵略行为和殖民统治而给亚洲各国人民带来的难以忍受的苦难表示深刻的反省和道歉。日本将在对过去历史反省的基础上,为与中国建立面向未来的日中友好关系而进一步努力。

李鹏说,我们一贯主张要正确对待历史,同时又要向前看。两国的政治家要着眼于未来,着眼于二十一世纪。

李鹏说,两国的经贸合作迅速发展,这是两国关系进入新的发展时期的重要标志。中日两国经济互补性强,中国经济发展的重点是交通、能源和电信等领域,这些领域正好是日本的强项,两国进一步发展合作不仅潜力巨大,而且是互利的。对此两国经济界已有明确的认识,并表现出很高的积极性。两国政府更应抓住时机,推动和促进这一趋势。

两国总理希望今年的中日二十一世纪委员会能在开会时就如何发展二十一世纪的两国关系提出建议。

在谈到中国的国防预算时,李鹏指出,我国奉行独立自主的和平外交政策,在国外没有一兵一卒。中国的军费无论是绝对数字还是人均数字都是世界上最低的国家之一。中国今年的军费额为五百二十亿人民币,仅合五十多亿美元。中国军费的绝对数字之所以比去年增加,主要是为了抵消通货膨胀因素,维持军队的日常费用和改善官兵的生活。美国军费今年为两千多亿美元,日本军费为四百多亿美元。外界对中国军费绝对数字增加的忧虑是没有根据的。细川对此表示理解。

细川说,日中两国都是国际社会中负有责任的国家。近几年来,日本对华贸易和投资在扩大,相互依存的关系在加深,这是令人高兴的。中国经济迅速发展举世瞩目,对日本经济也有积极影响。日中两国加强在各个领域的合作，前途是光明的。

在谈到中国的复关问题时，细川重申，日本将继续积极支持并给予合作。他希望中国早日复关，恢复其在关贸总协定中的缔约国地位。李鹏对此表示感谢并表示赞赏。

关于第四批日元贷款，细川表示，他已指示日方有关部门要提出一个能够为今后的日中友好合作作出贡献的金额。

在谈及台湾问题时，细川重申，日本将严格遵守日中联合声明的原则，不同台湾发展任何官方关系。李鹏总理对此表示赞赏。

两位总理还就朝鲜核问题交换了意见。李鹏阐述了中方对此的基本立场。他强调，应坚持通过对话和谈判方式妥善解决。保持朝鲜半岛的稳定对包括日本在内的周边邻国有利，对本地区的和平与稳定也有利。细川首相表示，日本也认为谈判解决最好。他同时表示了对当前事态发展的忧虑和担心。

会谈后，两国总理还出席了中日两国政府《环境保护合作协定》签字仪式。

国务院副总理朱镕基在钓鱼台国宾馆会见日本首相细川护熙及夫人

3月21日

国家主席江泽民在人民大会堂同厄瓜多尔总统西斯托·杜兰一巴连举行会谈

江泽民说，中厄建交14年来，两国关系得到稳步和顺利的发展。两国的贸易不断增加，经济技术合作发展较快。自阁下1992年执政以来，中厄关系又有了新的发展。中国政府对发展两国关系十分重视，愿同厄瓜多尔政府一起为促进两国友好合作关系、特别是促进在平等互利基础上的经贸关系的进一步发展作出新的努力。

关于台湾问题，江泽民说，近年来，海峡两岸的交流有了很大的发展。我们主张以一国两制的方式和平统一祖国。江泽民对厄瓜多尔政府长期以来遵循两国建交原则，坚持一个中国的政策表示赞赏和感谢。

江泽民说，世界各国地理位置、文化背景和经济发展水平很不一致，要做到彼此相互了解十分不容易。我们希望各国领导人能够经常交流看法，这对促进彼此了解、消除分歧是很有益的。

杜兰一巴连表示赞同江泽民主席的看法。他说，世界各国国情不同，处理本国事务应采取适合本国国情的办法，不能照抄外国。对此，中国是这样做的，厄瓜多尔也是这样做的。

会谈中，两国领导人认为，双方在许多重大的国际和地区性问题上，有着相同和相似的看法，也有许多共同的利益。双方还就进一步开展经贸、教育等方面的合作交换意见。

会谈结束后，中厄两国政府签署了经济技术合作协定、关于鼓励和相互保持投资协定、中国向厄瓜多尔赠送一般物资的换文。中国石油天然气总公司与厄瓜多尔国家石油公司签署了关于两国在石油领域合作的总协议。江泽民主席和杜兰一巴连总统出席了签字仪式。

八届全国人大二次会议举行第四次全体会议

田纪云说，全国人大环境保护委员会向大会提出建议将全国人大环境保护委员会改为全国人大环境与资源保护委员会的议案，主席团决定，将这一议案列入本次会议议程。这个议案和主席团通过的全国人大关于将全国人大环境保护委员会改为全国人大环境与资源保护委员会的决定草案已印发各代表团，请审议。

会议的第二项议程是补选八届全国人大常委会委员。经过无记名投票，会议以等额选举方式补选聂力、曾宪梓为八届全国人大常委会委员。经过补选，全国人大常委会现有委员153名。

今年64岁的聂力，是解放军中将，现任全国妇联副主席、中国科协常委、全国人大内务司法委员会妇女儿童组副组长等职。

今年60岁的曾宪梓代表，是香港金利来集团有限公司董事局主席。他还担任全国工商联副主席、香港特别行政区筹委会预备工作委员会委员、香港事务顾问等职。

八届全国人大二次会议主席团发布《中华人民共和国全国人民代表大会公告》

中华人民共和国第八届全国人民代表大会第二次会议于一九九四年三月二十一日补选聂力（女）、曾宪梓为第八届全国人民代表大会常务委员会委员。

现予公告。

中华人民共和国
第八届全国人民代表大会
第二次会议主席团
一九九四年三月二十一日于北京

中国和哈萨克斯坦在阿拉木图草签关于中哈国界的协定

3月22日

八届全国人大二次会议闭幕

会议表决通过本次会议审议的各项决议、决定后，下午在人民大会堂闭幕。会议号召，全国各族人民在中国共产党领导下，在邓小平同志建设有中国特色社会主义的理论和党的基本路线指引下，同心同德，锐意改革，自力更生，艰苦创业，为夺取改革开放和现代化建设事业的新胜利而努力奋斗。

闭幕会由大会执行主席、主席团常务主席乔石主持。

江泽民、李鹏、李瑞环、朱镕基、刘华清、胡锦涛、荣毅仁等出席会议。

到会代表经过表决，通过《关于〈政府工作报告〉的决议》，批准了这个报告。

会议经过表决，还先后通过《关于1993年国民经济和社会发展计划执行情况与1994年国民经济和社会发展计划的决议》、《关于1993年国家预算执行情况和1994年国家预算的决议》。

由国务院提出的《中华人民共和国预算法》，经过大会审议和修改，在会上经表决获得通过。会议表决通过《关于授权厦门市人民代表大会及其常务委员会和厦门市人民政府分别制定法规和规章在厦门经济特区实施的决定》。

会议还批准《全国人大常委会工作报告》，并表决通过关于这个报告的决议。决议要求，常委会要继续坚持以建设有中国特色社会主义理论和党的基本路线为指导，把社会主义民主和法制建设作为根本任务，更好地发挥最高国家权力机关常设机关的作用。

会议经过表决，还先后通过《关于〈最高人民法院工作报告〉的决议》、《关于〈最高人民检察院工作报告〉的决议》，并决定将全国人大环境保护委员会改为全国人大环境与资源保护委员会。

乔石发表讲话。

吴学谦、杨汝岱、王兆国、洪学智、钱伟长、胡绳、钱正英、孙孚凌、马万祺、朱光亚、万国权等，应邀参加大会。

各国驻华使节旁听大会。

全国人大常委会委员长乔石在八届全国人大二次会议闭幕会上发表讲话

各位代表：

八届全国人大二次会议，经过全体代表的共同努力，各项议程已经进行完毕，取得了圆满成功。

会议期间，代表们从国家的整体利益和人民的根本利益出发，认真履行宪法赋予的职责，解放思想，实事求是，畅所欲言，共商国是，使会议通过的各项决议、决定充分反映和表达了全国各族人民的意志和愿望。会议显示了全国各族人民的大团结和推进改革、发展的必胜信心。这是一次民主团结、求真务实、开拓奋进的大会。它对于围绕经济建设这个中心，把社会主义市场经济、社会主义民主政治、社会主义精神文明全面推向前进，必将产生重大的作用。

这次会议审议和批准李鹏总理的《政府工作报告》和其他报告，确定了1994年国家工作的基本方针和主要任务。我们一定要坚持以邓小平同志建设有中国特色社会主义的理论为指导，毫不动摇地坚持党的基本路线，全面贯彻党的十四大和十四届三中全会精神，贯彻落实这次会议通过的各项决议、决定。要抓住当前国际国内的有利时机，加快建立社会主义市场经济体制，保持国民经济持续、快速、健康发展，维护政治稳定，促进社会全面进步。全国各项工作都必须服从和服务于今年工作的大局，正确处理改革、发展和稳定的关系，努力做到在稳定中推进改革和发展，以改革和发展来实现社会的稳定和国家的长治久安。

今年是实现经济体制转换的重要一年，改革的措施出台较多，任务艰巨繁重。我们必须兢兢业业，全力以赴，精心组织，周密安排，真抓实干，确保这些改革措施的顺利实施。要进一步解放思想，坚持一切从实际出发，大胆探索，勇于实践，及时总结经验，妥善解决改革措施实施过程中出现的矛盾和问题，使各项改革措施不断完善。各地方、各部门要顾全大局，正确处理中央与地方、整体与局部的利益关系，服从国家改革和发展的整体部署，善于根据各地的具体情况贯彻执行中央的方针政策。要做好改革的宣传解释工作，使各项改革措施得到人民群众的充分理解和有力支持。只要我们思想一致，齐心协力，改革就一定能够达到预期的目标。

适应建立社会主义市场经济体制和现代化建设的需要，必须加强社会主义民主和法制建设。我们要努力建设有中国特色的社会主义民主政治，进一步完善人民代表大会制度，保障人民当家作主的民主权利。要加快立法步伐，用法律引导、推进和保障社会主义市场经济体制的建立和各项事业的顺利进行。八届全国人大常委会已经制定了五年立法规划，一定要认真组织实施，争取在本届任期内大体形成社会主义市场经济法律体系的框架。各级人大及其常委会要加强对法律实施的检查监督，坚决纠正有法不依、执法不严、违法不究的现象，维护法律的尊严，树立法律的权威，使改革开放和现代化建设事业沿着社会主义法制轨道健康发展。

现在,大家最关心的是这次会议后的落实问题。我们的各项工作,必须建立在人民群众利益的基础上,有利于解放和发展生产力,有利于增强我国的综合国力,有利于提高人民的生活水平。各级国家机关和国家工作人员要切实转变作风,深入实际,调查研究,倾听群众意见,关心群众疾苦,对关系群众切身利益的事情,绝不能掉以轻心,要一件一件地解决好。要坚决反对官僚主义,反对浮夸作风,力戒形式主义,不开不解决问题的会议,不发不解决问题的文件,不停留于一般号召,不说空话、套话,不要报喜不报忧,更不允许说假话。要廉洁奉公,勤政为民。要脚踏实地,埋头苦干,紧密依靠群众,创造性地开展工作。

会议结束后,各位代表就要回到自己的工作岗位。希望大家积极宣传和贯彻本次会议的精神和通过的各项决议、决定,认真履行代表职责,模范地遵守宪法和法律,积极投身于改革和建设的伟大实践。

各位代表!我们国家正在沿着有中国特色的社会主义道路阔步前进。全国各族人民要在邓小平同志建设有中国特色社会主义的理论和党的基本路线指引下,紧密地团结在以江泽民同志为核心的党中央周围,同心同德,艰苦奋斗,为在本世纪末初步建立起社会主义市场经济体制,为把我国建设成为富强、民主、文明的社会主义现代化国家而努力奋斗!

各位代表!现在我宣布:第八届全国人民代表大会第二次会议胜利闭幕!

八届全国人大二次会议通过《关于〈政府工作报告〉的决议》

第八届全国人民代表大会第二次会议,审议了李鹏总理代表国务院作的《政府工作报告》。会议认为,1993 年是沿着建设有中国特色社会主义道路胜利前进的一年,改革开放和现代化建设取得了重大成就,各方面工作出现了新的局面。报告对过去一年工作的总结是实事求是的,提出的新的一年的任务是积极稳妥的。会议决定批准这个报告。

会议指出,1994 年是加快建立社会主义市场经济体制,保持国民经济持续、快速、健康发展的重要一年。要胜利完成本次会议确定的各项任务,全国各项工作都必须以邓小平同志建设有中国特色社会主义的理论和党的基本路线为指导,全面贯彻党的十四大和十四届三中全会精神,服从和服务于抓住机遇、深化改革、扩大开放、促进发展、保持稳定这个大局,努力做到改革、发展、稳定三者相互协调,相互促进。

会议强调,要坚定不移地以经济建设为中心,把经济建设转移到以提高经济效益为中心的轨道上来。农业是关系国民经济全局和社会稳定的大问题,必须采取切实有力措施,加强农业的基础地位,重点抓好粮棉油肉糖菜的生产,积极扶持乡镇企业的发展,全面发展农村经济,认真实施扶贫计划,减轻农民负担,千方百计增加农民收入。要下大气力搞好国有大中型企业,继续转换国有企业经营机制,积极进行建立现代企业制度的试点,改善企业内部管理,增强企业的活力和发展后劲,保证国有资产的保值和增值,发挥国有企业在国民经济中的主导作用。要加强和改善宏观调控,大力调整经济结构,保持合理投资规模,严格控制物价上涨幅度,坚决遏制通货膨胀,努力保持经济总量的基本平衡。要进一步扩大开放,发展对外合作与交流。要在经济发展的基础上,继续提高人民生活水平。

会议指出,今年改革的措施出台较多,要精心组织,确保改革措施的顺利实施。要顾全大局,正确处理中央与地方、整体与局部的利益关系,调动各方面的积极性。要及时总结经验,妥善解决改革中出现的问题和矛盾。要严守纪律,做到令行禁止。

会议要求,要进一步加强社会主义民主和法制建设,切实保障公民的合法权益,保证改革和发展顺利进行,促进社会全面进步。要加强勤政廉政建设,从制度上防范腐败现象,同各种腐败现象作坚决的斗争。要提倡勤俭建国,反对铺张浪费。要继续在全体公民中深入开展法制教育,增强全社会的法制观念。各级领导干部要带头学法、守法,严格执法,维护法律的尊严。各级政府都必须学会运用法律手段管理经济和社会事务,依法行政。要依法坚决打击严重危害人民生命财产安全和现代化建设的各种刑事犯罪活动,认真搞好社会治安综合治理。要坚持和完善民族区域自治制度,维护民族团结和国家统一,促进各民族共同繁荣。要增强全民的国防意识,加强国防现代化建设。

会议要求,要始终不渝地坚持“两手抓,两手都要硬”的方针,加强社会主义精神文明建设。要用邓小平同志建设有中国特色社会主义的理论武装全国人民,努力培养有理想、有道德、有文化、有纪律的新人。要努力发展科技教育文化卫生体育事业,促进科技和经济的紧密结合,抓好教育的改革和发展。要坚定地执行计划生育和环境保护的基本国策,合理开发和利用自然资源。

会议指出,我们要继续坚定不移地执行“和平统一、一国两制”的方针,积极推进祖国统一大业。要坚持以《中华人民共和国香港特别行政区基本法》、《中华人民共和国澳门特别行政区基本法》和全国人民代表大会及其常务委员会的有关决定为依据,抓紧做好我国恢复对香港和澳门行使主权的各项准备工作,确保香港和澳门政权的顺利交接和平稳过渡。中葡两国在澳门问题上的合作进展顺利。中英两国政府代表关于香港1994—1995年选举安排谈判终止，责任完全在于英方。香港特别行政区筹备委员会预备工作委员会要最广泛地团结香港同胞，按照《全国人民代表大会关于香港特别行政区第一届政府和立法会产生办法的决定》，为筹建香港特别行政区及其第一届政府和立法机关做好各项准备工作。中国政府和中国人民有决心、有能力，按期恢复对香港行使主权，保持香港的长期稳定繁荣。我们坚持在一个中国的原则下，通过增加接触与协商，解决海峡两岸之间存在的分歧。实现祖国和平统一，是全体中国人民的共同愿望，任何分裂祖国的图谋和行为，都是徒劳的。我们寄希望于台湾当局，更寄希望于台湾人民，希望台湾方面以民族大义为重，与我们一道，为发展两岸关系、推进祖国和平统一而共同努力。

会议指出，我们要继续坚定不移地奉行独立自主的和平外交政策，坚决反对任何形式的霸权主义和强权政治，在和平共处五项原则基础上同世界各国保持和发展友好合作关系。中国重视人权，愿意在相互平等的基础上参加国际社会就人权问题进行的讨论，但绝不允许任何人以任何借口干涉中国的内政。中国人民将继续同世界各国人民一道，为建立公正合理的国际政治经济新秩序，为维护世界和平和促进共同发展作出贡献。

会议号召：全国各族人民在中国共产党的领导下，在邓小平同志建设有中国特色社会主义的理论和党的基本路线的指引下，同心同德，锐意改革，自力更生，艰苦创业，为夺取改革开放和现代化建设事业的新胜利而努力奋斗！

国家主席江泽民签署第21号令公布《中华人民共和国预算法》

《中华人民共和国预算法》已由中华人民共和国第八届全国人民代表大会第二次会议于1994年3月22日通过，现予公布，自1995年1月1日起施行。

中华人民共和国主席　江泽民

1994年3月22日

中华人民共和国预算法

第一章　总　则

第一条　为了强化预算的分配和监督职能，健全国家对预算的管理，加强国家宏观调控，保障经济和社会的健康发展，根据宪法，制定本法。

第二条　国家实行一级政府一级预算，设立中央，省、自治区、直辖市，设区的市、自治州，县、自治县、不设区的市、市辖区，乡、民族乡、镇五级预算。

不具备设立预算条件的乡、民族乡、镇，经省、自治区、直辖市政府确定，可以暂不设立预算。

第三条　各级预算应当做到收支平衡。

第四条　中央政府预算（以下简称中央预算）由中央各部门（含直属单位，下同）的预算组成。

中央预算包括地方向中央上解的收入数额和中央对地方返还或者给予补助的数额。

第五条　地方预算由各省、自治区、直辖市总预算组成。

地方各级总预算由本级政府预算（以下简称本级预算）和汇总的下一级总预算组成；下一级只有本级预算的，下一级总预算即指下一级的本级预算。没有下一级预算的，总预算即指本级预算。

地方各级政府预算由本级各部门（含直属单位，下同）的预算组成。

地方各级政府预算包括下级政府向上级政府上解的收入数额和上级政府对下级政府返还或者给予补助的数额。

第六条　各部门预算由本部门所属各单位预算组成。

第七条　单位预算是指列入部门预算的国家机关、社会团体和其他单位的收支预算。

第八条　国家实行中央和地方分税制。

第九条　经本级人民代表大会批准的预算，非经法定程序，不得改变。

第十条　预算年度自公历1月1日起，至12月31日止。

第十一条　预算收入和预算支出以人民币元为计算单位。

第二章　预算管理职权

第十二条　全国人民代表大会审查中央和地方预算草案及中央和地方预算执行情况的报告；批准中央预算和中央预算执行情况的报告；改变或者撤销全国人民代表大会常务委员会关于预算、决算的不适当的决议。

全国人民代表大会常务委员会监督中央和地方预算的执行；审查和批准中央预算的调整方案；审查和批准中央决算；撤销国务院制定的同宪法、法律相抵触的关于预算、决算的行政法规、决定和命令；撤销省、自治区、直辖市人民代表大会及其常务委员会制定的同宪法、法律和行政法规相抵触的关于预算、决算的地方性法规和决议。

第十三条　县级以上地方各级人民代表大会审查本级总预算草案及本级总预算执行情况的报告；批准本级预算和本级预算执行情况的报告；改变或者撤销本级人民代表大会常务委员会关于预算、决算的不适当的决议；撤销本级政府关于预算、决算的不适当的决定和命令。

县级以上地方各级人民代表大会常务委员会监督本级总预算的执行；审查和批准本级预算的调整方案；审查和批准本级政府决算（以下简称本级决算）；撤销本级政府和下一级人民代表大会及其常务委员会关于预算、决算的不适当的决定、命令和决议。

设立预算的乡、民族乡、镇的人民代表大会审查和批准本级预算和本级预算执行情况的报告；监督本级预算的执行；审查和批准本级预算的调整方案；审查和批准本级决算；撤销本级政府关于预算、决算的不适当的决定和命令。

第十四条 国务院编制中央预算、决算草案；向全国人民代表大会作关于中央和地方预算草案的报告；将省、自治区、直辖市政府报送备案的预算汇总后报全国人民代表大会常务委员会备案；组织中央和地方预算的执行；决定中央预算预备费的动用；编制中央预算调整方案；监督中央各部门和地方政府的预算执行；改变或者撤销中央各部门和地方政府关于预算、决算的不适当的决定、命令；向全国人民代表大会、全国人民代表大会常务委员会报告中央和地方预算的执行情况。

第十五条 县级以上地方各级政府编制本级预算、决算草案；向本级人民代表大会作关于本级总预算草案的报告；将下一级政府报送备案的预算汇总后报本级人民代表大会常务委员会备案；组织本级总预算的执行；决定本级预算预备费的动用；编制本级预算的调整方案；监督本级各部门和下级政府的预算执行；改变或者撤销本级各部门和下级政府关于预算、决算的不适当的决定、命令；向本级人民代表大会、本级人民代表大会常务委员会报告本级总预算的执行情况。

乡、民族乡、镇政府编制本级预算、决算草案；向本级人民代表大会作关于本级预算草案的报告；组织本级预算的执行；决定本级预算预备费的动用；编制本级预算的调整方案；向本级人民代表大会报告本级预算的执行情况。

第十六条 国务院财政部门具体编制中央预算、决算草案；具体组织中央和地方预算的执行；提出中央预算预备费动用方案；具体编制中央预算的调整方案；定期向国务院报告中央和地方预算的执行情况。

地方各级政府财政部门具体编制本级预算、决算草案；具体组织本级总预算的执行；提出本级预算预备费动用方案；具体编制本级预算的调整方案；定期向本级政府和上一级政府财政部门报告本级总预算的执行情况。

第十七条 各部门编制本部门预算、决算草案；组织和监督本部门预算的执行；定期向本级政府财政部门报告预算的执行情况。

第十八条 各单位编制本单位预算、决算草案；按照国家规定上缴预算收入，安排预算支出，并接受国家有关部门的监督。

第三章 预算收支范围

第十九条 预算由预算收入和预算支出组成。

预算收入包括：

（一）税收收入；

（二）依照规定应当上缴的国有资产收益；

（三）专项收入；

（四）其他收入。

预算支出包括：

（一）经济建设支出；

（二）教育、科学、文化、卫生、体育等事业发展支出；

（三）国家管理费用支出；

（四）国防支出；

（五）各项补贴支出；

（六）其他支出。

第二十条 预算收入划分为中央预算收入、地方预算收入、中央和地方预算共享收入。

预算支出划分为中央预算支出和地方预算支出。

第二十一条 中央预算与地方预算有关收入和支出项目的划分、地方向中央上解收入、中央对地方返还或者给予补助的具体办法，由国务院规定，报全国人民代表大会常务委员会备案。

第二十二条 预算收入应当统筹安排使用；确需设立专用基金项目的，须经国务院批准。

第二十三条 上级政府不得在预算之外调用下级政府预算的资金。下级政府不得挤占或者截留属于上级政府预算的资金。

第四章 预算编制

第二十四条 各级政府、各部门、各单位应当按照国务院规定的时间编制预算草案。

第二十五条 中央预算和地方各级政府预算，应当参考上一年预算执行情况和本年度收支预测进行编制。

第二十六条 中央预算和地方各级政府预算按照复式预算编制。

复式预算的编制办法和实施步骤，由国务院规定。

第二十七条 中央政府公共预算不列赤字。

中央预算中必需的建设投资的部分资金，可以通过举借国内和国外债务等方式筹措，但是借债应当有合理的规模和结构。

中央预算中对已经举借的债务还本付息所需的资金，依照前款规定办理。

第二十八条 地方各级预算按照量入为出、收支平衡的原则编制，不列赤字。

除法律和国务院另有规定外，地方政府不得发行地方政府债券。

第二十九条 各级预算收入的编制，应当与国民生产总值的增长率相适应。

按照规定必须列入预算的收入，不得隐瞒、少列，也不得将上年的非正常收入作为编制预算收入的依据。

第三十条 各级预算支出的编制，应当贯彻厉行节约、勤俭建国的方针。

各级预算支出的编制，应当统筹兼顾、确保重点，在保证政府公共支出合理需要的前提下，妥善安排其他各类预算支出。

第三十一条 中央预算和有关地方政府预算中安排必要的资金，用于扶助经济不发达的民族自治地方、革命老根据地、边远、贫困地区发展经济文化建设事业。

第三十二条 各级政府预算应当按照本级政府预算支出额的百分之一至百分之三设置预备费，用于当年预算执行中的自然灾害救灾开支及其他难以预见的特殊开支。

第三十三条 各级政府预算应当按照国务院的规定设置预算周转金。

第三十四条 各级政府预算的上年结余，可以在下年用于上年结转项目的支出；有余额的，可以补充预算周转金；再有余额的，可以用于下年必需的预算支出。

第三十五条 国务院应当及时下达关于编制下一年预算草案的指示。

编制预算草案的具体事项，由国务院财政部门部署。

第三十六条 省、自治区、直辖市政府应当按照国务院规定的时间，将本级总预算草案报国务院审核汇总。

第三十七条 国务院财政部门应当在每年全国人民代表大会会议举行的一个月前，将中央预算草案的主要内容提交全国人民代表大会财政经济委员会进行初步审查。

省、自治区、直辖市、设区的市、自治州政府财政部门应当在本级人民代表大会会议举行的一个月前，将本级预算草案的主要内容提交本级人民代表大会有关的专门委员会或者根据本级人民代表大会常务委员会主任会议的决定提交本级人民代表大会常务委员会有关的工作委员会进行初步审查。

县、自治县、不设区的市、市辖区政府财政部门应当在本级人民代表大会会议举行的一个月前，将本级预算草案的主要内容提交本级人民代表大会常务委员会进行初步审查。

第五章 预算审查和批准

第三十八条 国务院在全国人民代表大会举行会议时，向大会作关于中央和地方预算草案的报告。

地方各级政府在本级人民代表大会举行会议时，向大会作关于本级总预算草案的报告。

第三十九条 中央预算由全国人民代表大会审查和批准。

地方各级政府预算由本级人民代表大会审查和批准。

第四十条 乡、民族乡、镇政府应当及时将经本级人民代表大会批准的本级预算报上一级政府备案。县级以上地方各级政府应当及时将经本级人民代表大会批准的本级预算及下一级政府报送备案的预算汇总，报上一级政府备案。

县级以上地方各级政府将下一级政府依照前款规定报送备案的预算汇总后，报本级人民代表大会常务委员会备案。国务院将省、自治区、直辖市政府依照前款规定报送备案的预算汇总后，报全国人民代表大会常务委员会备案。

第四十一条 国务院和县级以上地方各级政府对下一级政府依照本法第四十条规定报送备案的预算，认为有同法律、行政法规相抵触或者有其他不适当之处，需要撤销批准预算的决议的，应当提请本级人民代表大会常务委员会审议决定。

第四十二条 各级政府预算经本级人民代表大会批准后，本级政府财政部门应当及时向本级各部门批复预算。各部门应当及时向所属各单位批复预算。

第六章 预算执行

第四十三条 各级预算由本级政府组织执行，具体工作由本级政府财政部门负责。

第四十四条 预算年度开始后，各级政府预算草案在本级人民代表大会批准前，本级政府可以先按照上一年同期的预算支出数额安排支出；预算经本级人民代表大会批准后，按照批准的预算执行。

第四十五条 预算收入征收部门，必须依照法律、行政法规的规定，及时、足额征收应征的预算收入。不得违反法律、行政法规规定，擅自减征、免征或者缓征应征的预算收入，不得截留、占用或者挪用预算收入。

第四十六条 有预算收入上缴任务的部门和单位，必须依照法律、行政法规和国务院财政部门的规定，将应当上缴的预算资金及时、足额地上缴国家金库（以下简称国库），不得截留、占用、挪用或者拖欠。

第四十七条 各级政府财政部门必须依照法律、行政法规和国务院财政部门的规定，及时、足额地拨付预算支出资金，加强对预算支出的管理和监督。

各级政府、各部门、各单位的支出必须按照预算执行。

第四十八条 县级以上各级预算必须设立国库；具备条件的乡、民族乡、镇也应当设立国库。

中央国库业务由中国人民银行经理，地方国库业务依照国务院的有关规定办理。

各级国库必须按照国家有关规定，及时准确地办理预算收入的收纳、划分、留解和预算支出的拨付。

各级国库库款的支配权属于本级政府财政部门。除法律、行政法规另有规定外，未经本级政府财政部门同意，任何部门、单位和个人都无权动用国库库款或者以——其他方式支配已入国库的库款。

各级政府应当加强对本级国库的管理和监督。

第四十九条 各级政府应当加强对预算执行的领导，支持政府财政、税务、海关等预算收入的征收部门依法组织预算收入，支持政府财政部门严格管理预算支出。

财政、税务、海关等部门在预算执行中，应当加强对预算执行的分析；发现问题时应当及时建议本级政府采取措施予以解决。

第五十条 各部门、各单位应当加强对预算收入和支出的管理，不得截留或者动用应当上缴的预算收入，也不得将不应当在预算内支出的款项转为预算内支出。

第五十一条 各级政府预算预备费的动用方案，由本级政府财政部门提出，报本级政府决定。

第五十二条 各级政府预算周转金由本级政府财政部门管理，用于预算执行中的资金周转，不得挪作他用。

第七章 预算调整

第五十三条 预算调整是指经全国人民代表大会批准的中央预算和经地方各级人民代表大会批准的本级预算，在执行中因特殊情况需要增加支出或者减少收入，使原批准的收支平衡的预算的总支出超过总收入，或者使原批准的预算中举借债务的数额增加的部分变更。

第五十四条 各级政府对于必须进行的预算调整，应当编制预算调整方案。中央预算的调整方案必须提请全国人民代表大会常务委员会审查和批准。县级以上地方各级政府预算的调整方案必须提请本级人民代表大会常务委员会审查和批准；乡、民族乡、镇政府预算的调整方案必须提请本级人民代表大会审查和批准。未经批准，不得调整预算。

第五十五条 未经批准调整预算，各级政府不得作出任何使原批准的收支平衡的预算的总支出超过总收入或者使原批准的预算中举借债务的数额增加的决定。

对违反前款规定作出的决定，本级人民代表大会、本级人民代表大会常务委员会或者上级政府应当责令其改变或者撤销。

第五十六条 在预算执行中，因上级政府返还或者给予补助而引起的预算收支变化，不属于预算调整。接受返还或者补助款项的县级以上地方各级政府应当向本级人民代表大会常务委员会报告有关情况；接受返还或者补助款项的乡、民族乡、镇政府应当向本级人民代表大会报告有关情况。

第五十七条 各部门、各单位的预算支出应当按照预算科目执行。不同预算科目间的预算资金需要调剂使用的，必须按照国务院财政部门的规定报经批准。

第五十八条 地方各级政府预算的调整方案经批准后，由本级政府报上一级政府备案。

第八章 决 算

第五十九条 决算草案由各级政府、各部门、各单位，在每一预算年度终了后按照国务院规定的时间编制。

编制决算草案的具体事项，由国务院财政部门部署。

第六十条 编制决算草案，必须符合法律、行政法规，做到收支数额准确、内容完整、报送及时。

第六十一条 各部门对所属各单位的决算草案，应当审核并汇总编制本部门的决算草案，在规定的期限内报本级政府财政部门审核。

各级政府财政部门对本级各部门决算草案审核后发现有不符合法律、行政法规规定的，有权予以纠正。

第六十二条 国务院财政部门编制中央决算草案，报国务院审定后，由国务院提请全国人民代表大会常务委员会审查和批准。

县级以上地方各级政府财政部门编制本级决算草案，报本级政府审定后，由本级政府提请本级人民代表大会常务委员会审查和批准。

乡、民族乡、镇政府编制本级决算草案，提请本级人民代表大会审查和批准。

第六十三条 各级政府决算经批准后，财政部门应当向本级各部门批复决算。

第六十四条 地方各级政府应当将经批准的决算，报上一级政府备案。

第六十五条 国务院和县级以上地方各级政府对下一级政府依照本法第六十四条规定报送备案的决算，认为有同法律、行政法规相抵触或者有其他不适当之处，需要撤销批准该项决算的决议的，应当提请本级人民代表大会常务委员会审议决定；经审议决定撤销的，该下级人民代表大会常务委员会应当责成本级政府依照本法规定重新编制决算草案，提请本级人民代表大会常务委员会审查和批准。

第九章 监 督

第六十六条 全国人民代表大会及其常务委员会对中央和地方预算、决算进行监督。

县级以上地方各级人民代表大会及其常务委员会对本级和下级政府预算、决算进行监督。

乡、民族乡、镇人民代表大会对本级预算、决算进行监督。

第六十七条 各级人民代表大会和县级以上各级人民代表大会常务委员会有权就预算、决算中的重大事项或者特定问题组织调查，有关的政府、部门、单位和个人应当如实反映情况和提供必要的材料。

第六十八条 各级人民代表大会和县级以上各级人民代表大会常务委员会举行会议时，人民代表大会代表或者常务委员会组成人员，依照法律规定程序就预算、决算中的有关问题提出询问或者质询，受询问或者受质询的有关的政府或者财政部门必须及时给予答复。

第六十九条 各级政府应当在每一预算年度内至少二次向本级人民代表大会或者其常务委员会作预算执行情况的报告。

第七十条 各级政府监督下级政府的预算执行；下级政府应当定期向上一级政府报告预算执行情况。

第七十一条 各级政府财政部门负责监督检查本级各部门及其所属各单位预算的执行；并向本级政府和上一级政府财政部门报告预算执行情况。

第七十二条 各级政府审计部门对本级各部门、各单位和下级政府的预算执行、决算实行审计监督。

第十章 法律责任

第七十三条 各级政府未经依法批准擅自变更预算，使经批准的收支平衡的预算的总支出超过总收入，或者使经批准的预算中举借债务的数额增加的，对负有直接责任的主管人员和其他直接责任人员追究行政责任。

第七十四条 违反法律、行政法规的规定，擅自动用国库库款或者擅自以其他方式支配已入国库的库款的，由政府财政部门责令退还或者追回国库库款，并由上级机关给予负有直接责任的主管人员和其他直接责任人员行政处分。

第七十五条 隐瞒预算收入或者将不应当在预算内支出的款项转为预算内支出的，由上一级政府或者本级政府财政部门责令纠正，并由上级机关给予负有直接责任的主管人员和其他直接责任人员行政处分。

第十一章 附 则

第七十六条 各级政府、各部门、各单位应当加强对预算外资金的管理。预算外资金管理办法由国务院另行规定。各级人民代表大会要加强对预算外资金使用的监督。

第七十七条 民族自治地方的预算管理，依照民族区域自治法的有关规定执行；民族区域自治法没有规定的，依照本法和国务院的有关规定执行。

第七十八条 国务院根据本法制定实施条例。

第七十九条 本法自1995年1月1日起施行。1991年10月21日国务院发布的《国家预算管理条例》同时废止。

八届全国人大二次会议通过《关于〈全国人大常委会工作报告〉的决议》

第八届全国人民代表大会第二次会议审议了田纪云副委员长代表全国人民代表大会常务委员会作的工作报告。会议认为，常务委员会按照第八届全国人民代表大会第一次会议决议的要求，认真履行宪法赋予的职责，加快立法特别是经济立法步伐，健全监督机制，各方面的工作取得了新的进展。报告实事求是地总结了过去一年的工作，提出的今后一年的主要工作任务切实可行。会议决定批准这个报告。

会议指出，发展社会主义民主，健全社会主义法制，是建设有中国特色社会主义的重要组成部分。适应经济发展和经济体制改革的需要，必须积极推进社会主义民主政治建设，坚持和完善人民代表大会制度，切实保障人民当家作主、依法管理国家事务的权利；要加强社会主义法律制度建设，用完备的法制来引导、推进和保障社会主义市场经济的发展，促进社会全面进步；要深入开展法制教育，提高全社会的法律意识和法制观念，为改革开放和现代化建设创造一个良好的法制环境。

会议要求，常务委员会要继续坚持以建设有中国特色社会主义理论和党的基本路线为指导，把社会主义民主和法制建设作为根本任务，更好地发挥最高国家权力机关常设机关的作用。要继续把经济立法放在第一位，认真贯彻落实《八届全国人大常委会立法规划》，抓紧建立社会主义市场经济法律体系的框架。要加强法律监督和工作监督，特别要把对法律实施的检查监督放在重要位置，坚决纠正有法不依、执法不严、违法不究的现象。要密切同人民群众的联系，进一步加强常务委员会的组织制度和工作制度建设，积极开拓，锐意进取，努力做好各项工作，为促进改革、发展和维护稳定作出应有的贡献。

八届全国人大二次会议通过《关于1993年国家预算执行情况和1994年国家预算的决议》

第八届全国人民代表大会第二次会议经过审议并

根据全国人民代表大会财政经济委员会的审查报告，决定批准国务院提出的 1994 年国家预算，批准财政部部长刘仲藜代表国务院所作的《关于 1993 年国家预算执行情况和 1994 年国家预算草案的报告》。

会议同意全国人民代表大会财政经济委员会在审查报告中对实现 1994 年国家预算提出的各项建议。要求各级政府树立全局观念，坚决维护国家预算的严肃性，认真执行财税法律、法规，严格财经纪律。在预算执行中，要加强税收征管，千方百计增加收入，控制支出，减少赤字，促进国民经济持续、快速、健康发展。

会议授权全国人民代表大会常务委员会审查和批准 1993 年国家决算。

八届全国人大二次会议通过《关于〈最高人民法院工作报告〉的决议》

八届全国人大二次会议通过《关于〈最高人民检察院工作报告〉的决议》

八届全国人大二次会议通过《全国人大关于将全国人大环保委改为全国人大环境与资源保护委员会的决定》

第八届全国人民代表大会第二次会议审议了全国人民代表大会环境保护委员会提出的关于将全国人民代表大会环境保护委员会改为全国人民代表大会环境与资源保护委员会的议案，决定：将全国人民代表大会环境保护委员会改为全国人民代表大会环境与资源保护委员会。

八届全国人大二次会议通过《全国人大关于授权厦门市人大及其常委会和厦门市人民政府分别制定法规和规章在厦门经济特区实施的决定》

第八届全国人民代表大会第二次会议审议福建省袁启彤等 36 名全国人大代表在八届全国人大一次会议上提出的关于授权厦门市人大及其常委会和厦门市政府分别制定法规和规章的议案，决定授权厦门市人民代表大会及其常务委员会根据经济特区的具体情况和实际需要，遵循宪法的规定以及法律和行政法规的基本原则，制定法规，在厦门经济特区实施，并报全国人民代表大会常务委员会、国务院和福建省人民代表大会常务委员会备案；授权厦门市人民政府制定规章并在厦门经济特区组织实施。

《人民日报》发表社论《再写神州万里春——祝贺八届全国人大二次会议全国政协八届二次会议闭幕》

八届全国人大二次会议新闻发言人周觉在人民大会堂举行中外记者招待酒会邀请国务院总理李鹏副总理朱镕基邹家华钱其琛李岚清同中外记者见面并答记者问

招待酒会上，李鹏首先讲话说，这次“两会”有 1500 多名中外记者参加采访，表现了对两个大会浓厚的兴趣，基本上来说，报道也是公正、客观的，这有助于中国人民了解这两个大会，也有助于世界了解这两个大会。因此，我要对在大会期间各新闻媒介所做的努力表示感谢。

李鹏说，大会新闻发言人向我转来了记者们提出的一些问题。为了节省时间，我准备就大家普遍关心的几个问题先作一些回答。

第一个问题，有人问我对这次大会的结果是否满意，大会最重要的成果是什么？

人大刚刚闭幕，大会通过了《政府工作报告》和其他报告，并且通过了预算法。这就是说，大会肯定了去年政府的工作，并且批准了政府向大会提出的今年的工作方针和任务。在这次大会上，代表们一致赞同把“抓住机遇、深化改革、扩大开放、促进发展、保持稳定”20 个字作为今年工作的大局。还有很重要的一条，就是代表们就正确处理改革、发展、稳定三者的关系形成了一致的看法。对此我感到满意。正确处理这三者之间的关系过去也提过、讨论过，但是像这次这样达成共识，过去还没有过。会议充分发扬了民主。中共中央和国务院的领导以及各部委的负责同志都直接到小组或到代表团参加会议，听取代表们的批评和建议，与历次大会比较起来这也是次数最多的一次，同代表的接触也是最广泛的一次。因此，可以这样评价：这次会议是一次民主的、务实的、团结的、奋进的大会。

第二个问题，有人问，今年以来物价上涨幅度比较大，有些代表对能否把零售物价上涨指数控制在 10% 以内表示怀疑，政府将采取哪些措施稳定物价？

应该说，政府对保持物价的基本稳定这件事非常重视。政府工作报告提出要把物价上涨幅度控制在规定的范围之内。既然这个报告已经得到批准，各级政府就都要为完成这个任务而努力。不仅是政府方面需要作出努力，也需要企业和全社会共同作出努力，这是大家共同的任务。促使物价上涨的原因是多方面的。中国现在正在从计划经济向社会主义市场经济过渡，过去的价格不合理，所以要主动地调整价格，逐步形成合理的价格机制，因此出台一些调整的项目，这就会促使价格上涨。另外，由于我们的基建规模过大，消费基金增长过快，也促使了价格的上涨。但应该指出的是，我们的改革开放已经十多年了，我们采取了渐进的价格改革，每次出台价格改革措施的时候都充分考虑到国家、企业和个人的承受能力，没有引起社会大的震荡。实践证明，采取这样一种方法是成功的。为了保持物价的基本稳定，我们准备采取以下三条重要的措施：第一条就是保持商品的供求关系大体上平衡，特别是使得我们的农产品，如粮食、棉花的生产保持稳定增长，这是保持物价稳定的基础。同时，我们要抓好“菜篮子”工程，实行市长负责制。就我国城镇居民的消费水平来看，副食品供应的好坏，是广大居民最关心、也是影响物价指数最大的一个因素。第二条，虽然我国绝大多数商品价格已经放开，实行市场定价，但对那些关系国计民生的重要商品仍然需要宏观调控。搞社会主义市场经济不能没有政府的宏观调控。如果说过去对这个问题的看法还不那么一致，那么通过这次会议已经达到了认识上的一致。国家已经决定把20多种生活必需品和服务价格列为国家的监审对象。第三条，我们要采取一系列措施坚决控制固定资产投资的膨胀和货币的过量发行。

第三个问题，有人问我如何评价美国国务卿克里斯托弗这次访华的成果，对中美关系的前景有什么看法？

我的回答是，中国一贯重视中美关系，希望和美国恢复和发展正常的关系。因为这不仅有利于中国和美国，而且有利于世界的和平与发展。至于究竟如何才能改善和发展中美关系，我在《政府工作报告》中已全面阐述了中国政府的看法。关于如何评价这次克里斯托弗国务卿的访问，我认为他的这次访问还是有成果的，也许我们希望能够获得更多的成果。不过，我想成果除了表现在达成一些具体的谅解外，还有一项很重要的就是通过克里斯托弗同江泽民主席、我本人和钱副总理的会谈、会见，增进了对彼此观点的了解。我们就中美关系等广泛的问题，也包括国际问题交换了看法，就人权、最惠国待遇、《导弹及其技术控制制度》及其他问题进行了坦率的、深入的讨论。应该说，通过这些会见、会谈，克里斯托弗掌握了第一手材料，从中国领导人的口中亲自听到了中方对他所关心的问题所持的立场和观点。这也许有助于在将来的两个多月时间内，美方经过慎重的考虑能够做出既符合美国利益，也符合中国利益的决定。我们注意到了克林顿总统16日的讲话，认为这是一种积极的迹象。我借此机会在这里重申，中国愿意改善中美关系，并且为此已做出了努力，并将继续做出努力。但有一点也应该讲清楚，中国是一个主权国家，当然不会拿原则做交易。总之，我们对中美关系的前景并不感到悲观。随后，李鹏总理回答了记者们的现场提问。

美国有线新闻广播公司记者：我想问中国是否对全面检查朝鲜的核设施问题表示关心，以及在什么样的环境下，中国可以考虑支持联合国对朝鲜实行制裁？

李鹏：中国是核不扩散条约的签字国。我们不支持、不鼓励核扩散的立场是一贯的。中国一贯主张在朝鲜核核查问题上采取谈判的方法加以解决，而不赞成施加压力，因为这样无助于问题的解决。实践已经证明，核核查的问题通过谈判是可以逐步达到一致的。如果将这个问题提交联合国安理会，中国将坚持一贯的立场，也就是说通过对话、通过谈判使问题得到妥善的解决，而不主张施加压力。我国常驻联合国代表将全面阐述中国的观点，也希望其他安理会成员国能采纳中国的意见。如果采取施加压力的做法，那么只会促使朝鲜半岛的形势更加复杂、更加紧张，这对这个地区的和平与安全是不利的。

香港无线电视台记者问：自从中英会谈破裂后，中方说要在一些政治以外的问题上与英方合作，但为什么在《政府工作报告》中没有提到这一点，这是否说明两国政府在未来合作的机会已经不多了？

李鹏：众所周知，由于英方的不合作态度，导致了中英两国关于香港94/95年选举安排谈判的破裂。这是我们不愿意看到的，也是英国许多有识之士和企业家所不愿意看到的。有人担心，由于中英谈判中断，会不会影响到中英在其他方面的关系，比如经济、贸易上的关系。我可以告诉诸位，中国将不会对英国企业采取歧视的政策。我们欢迎它们到中国来参与平等竞争，发展平等互利的合作。我们在英国有许多传统的合作伙伴，我们并没有因为中英关系的现状而中断同它们的合作。

当然，应该指出的是，两个国家如果有良好的政治、外交关系，无疑对经济关系有促进作用；反过来，政治、外交关系不好，要说对经济关系一点影响都没有，这也是不可能的。我们应作出努力，尽量减少影响英国企业到中国来参加竞争、投资的负面因素。

德国电视二台记者问：这次全国人大会议非常强调的一点是保持社会的稳定，有些代表在讨论中提到了一些对稳定形成威胁的问题，这一点会不会导致中国改变改革政策或放慢改革速度？

李鹏：我们讲正确处理改革、发展、稳定三者的关系，就是为了保持我们的经济能够持续、快速、健康地发展。我们的目的是为了发展，而发展必须要有一个稳定的环境，改革又是发展的动力。因此，我们采取一系列稳定社会的措施，只能有利于发展和改革的推进。

《中国日报》记者：请问李鹏总理，您对我国复关的进程有何评论？复关对我国未来经济的发展有何利弊？

李鹏：李岚清副总理负责经贸工作，也是主持复关工作的，这个问题请李岚清副总理来回答。

李岚清：总的说，这次关于中国复关问题的谈判还是取得了重要进展。主要表现在，除个别的缔约方以外，绝大多数缔约方不仅在口头上，而且在行动上支持中国尽快复关。复关不但对我国的改革开放和经济发展有利，同时也应看到，中国对外贸易额居世界第 11 位，而且经济在快速增长，恢复中国关贸总协定的缔约国地位，对于世界贸易的健康发展也是一个重要贡献。因此，我们将一如既往地本着权利和义务均等的原则，积极地同有关缔约方进行这方面的谈判。欧共体等缔约方已经提出了复关的议定书草案，正在同我们进行磋商。其他有些缔约方也在进行这方面的磋商。令人遗憾的是，确实有个别的缔约方在这次会议上对我们的复关问题进行了阻挠。就是这样一个缔约方，在双边协议中却明确表示要坚定地支持中国恢复关贸总协定的缔约国地位。我希望该方能够履行其承诺，改变阻碍中国复关的态度，积极推动中国复关的进程。

八届全国人大二次会议通过《关于 1993 年国民经济和社会发展计划执行情况与 1994 年国民经济和社会发展计划的决议》

第八届全国人民代表大会第二次会议经过审议并根据全国人民代表大会财政经济委员会的审查报告，决定批准国务院提出的 1994 年国民经济和社会发展计划，批准国家计划委员会主任陈锦华代表国务院所作的《关于 1993 年国民经济和社会发展计划执行情况与 1994 年国民经济和社会发展计划草案的报告》。

会议同意全国人民代表大会财政经济委员会在审查报告中对顺利完成 1994 年计划提出的各项建议。要求各级政府从国民经济全局出发，维护国家整体利益，在经济发展中，处理好改革、发展和稳定的关系，做到有机结合，下决心把经济工作转到优化经济结构、加快技术进步、强化经营管理、提高经济效益的轨道上来。切实加强农业的基础地位，促进农村经济的全面发展。关心群众生活，控制固定资产投资规模、信贷规模和消费的过快增长，坚决遏制通货膨胀，各级领导干部，要统一思想，同心同德，艰苦奋斗，动员和依靠群众，全面完成 1994 年的国民经济和社会发展计划。

国务院总理李鹏在人民大会堂会见厄瓜多尔总统西斯托·杜兰一巴连和夫人

中共中央国务院在北京召开全国计划生育工作座谈会

中共中央总书记国家主席江泽民在座谈会上发表重要讲话。江泽民强调指出：计生工作要坚持不懈，党政第一把手亲自抓。李鹏、乔石、李瑞环、朱镕基、刘华清、胡锦涛、陈希同、陈慕华、吴阶平、彭珮云、罗干等出席座谈会。

座谈会上，国务委员、国家计划生育委员会主任彭珮云首先汇报当前人口形势与计划生育工作以及筹备第四次世界妇女大会的情况。

国务委员彭珮云说，在过去的一年里，各地控制人口增长方面都取得新的成绩。原来计划生育工作基础较好的北京、天津、上海、辽宁、吉林、黑龙江、江苏、浙江、山东、四川等十个省市，人口出生率平均水平已低于千分之五。原来工作基础较差的河南、湖南、广东、河北、安徽、湖北、山西、福建、江西、陕西、甘肃等 11 个省经过近几年努力，人口出生率明显下降，这对保证人口控制目标的实现起了重要作用。在党中央、国务院的正确领导下，人口出生率持续平稳下降，在生育旺盛期妇女占全国总人口比例处在高峰的年份，抑制了人口过快增长的势头。但是，我们必须清醒地看到人口形势仍不容乐观。人口出生的绝对数依然很大，工作稍一放松，人口出生率就会回升。要组织和协调各有关部门对人口问题进行综合治理，创造一个鼓励人们晚婚晚育、少生优生，生男生女都一样的良好社会环境，使我们的计划生育工作在现有的基础上再上一个新台阶。

国务院总理李鹏也在座谈会上讲话。他说，去年我国计划生育工作取得很大成绩。但在成绩面前，我们应当清醒地认识到控制人口过高的增长率还是一个艰巨、长期的任务，不能盲目乐观。计划生育工作必须常抓不懈，防止统计数字中的水分，防止工作中的麻痹、放松情绪。计划生育工作的重点和难点在农村。在当前，要十分重视并抓好流动人口的计划生育工作，各地、各部门要互相支持、积极配合。

李鹏指出，要把计划生育工作和脱贫致富、精神文明建设密切结合起来。加强宣传教育，使计划生育工作成为广大人民群众的自觉行动，更好地促进人口、社会和经济建设的协调发展。

国家主席江泽民在全国计划生育工作座谈会上发表讲话

江泽民在认真听取国务委员、国家计生委主任彭珮云关于当前人口形势与计划生育工作以及筹备第四次世界妇女大会的情况汇报和四川省委书记谢世杰、河北省省长叶连松、湖南省省长陈邦柱的发言后，发表重要讲话。江泽民在分析我国人口形势后指出，计划生育工作的成绩应该充分肯定。能取得这样的成绩，是各级党委、政府和广大干部、群众共同努力的结果。在肯定成绩的同时，也必须看到，我国人口形势仍不容乐观，千万不可麻痹大意，应该始终保持清醒的头脑，充分认识计划生育工作的长期性、艰巨性,坚持不懈、持之以恒、锲而不舍地抓紧抓好。

江泽民指出,我国实行计划生育,是依据马克思主义关于人口生产要与物质资料生产相适应的理论,从我国的基本国情出发所作出的正确决策。党的十一届三中全会以来,邓小平同志对我国人口和计划生育问题作了一系列精辟的论述,提出了严格控制人口增长是我国的重大战略决策、实行计划生育可以使中国更快地发达起来等重要观点,为解决我国人口问题指明了正确的方向。我们应当站在建设有中国特色社会主义全局的高度,自觉地坚持计划生育这项基本国策。

江泽民谈到,现在有一种观点认为,在市场经济条件下,人口控制也应当由市场调节。这种观点是不正确的。实行计划生育,是由我国的基本国情和社会主义现代化建设的需要所决定的。我国人口多,耕地少,底子薄。人多有好的一面,但是在生产还不够发展的条件下,又会给吃饭、教育和就业带来一系列严重的问题。

即使若干年后人口不再增加,人口多的问题在一段时间内也仍然存在。我们要赶上发达国家,实现现代化,严格控制人口过快增长是必须长期坚持的基本国策。如果不实行计划生育,人口盲目增加,会严重影响经济发展的人均水平的提高,对国家对个人都是极为不利的。中国要发展,就必须在集中力量发展经济的同时,认真抓好计划生育工作,这绝对不能动摇。在建立社会主义市场经济体制的条件下,控制人口增长属于政府调控的职能。企图依靠市场调节来控制人口增长,是无法实现我国的人口计划的。这一点必须明确,不能含糊。

江泽民说,实行计划生育是婚姻、家庭、生育领域里移风易俗的思想革命,是新时期的一项艰苦、细致的群众工作。计划生育是一件利国利民的大事,只有依靠群众的自觉行动,才能取得良好的成果,因此必须发动群众,依靠群众,对群众进行深入细致的思想教育工作,把道理说清楚,切实帮助群众解决在生产、生活、生育中遇到的实际困难。各级党委宣传部门要重视计划生育的宣传思想工作,组织有关部门和群众团体的力量,坚持不懈地加强计划生育的宣传思想工作。应使广大干部群众明了,按照国家的政策要求实行计划生育是每个公民应尽的义务,也是对国家和社会所作的一种奉献,这样做不仅对国家和集体有利,对家庭和个人也有利,在全社会树立计划生育光荣的新风尚,树立男女平等、生男生女都一样的正确观念。各级党委应教育党员、干部带头实行计划生育,这应作为党员教育和干部教育的一项重要内容。今年,党中央要采取措施加强农村基层党组织建设,应该把基层计划生育工作开展得如何,作为考察农村基层党组织是否坚强有力的一项内容。

江泽民强调指出,对计划生育工作,党政第一把手必须亲自抓,负总责,这是从多年的实践中总结出来的一条基本经验,应当长期坚持下去。去年,根据大家的意见和经验对党政一把手提出了五条要求,希望大家认真落实。领导重视贵在自觉、贵在务实、贵在持久。为此,再强调几点:第一,要学习理论,进一步提高自觉性。各级领导干部都要认真学习马克思主义人口理论的基本观点,学习毛泽东同志和邓小平同志关于人口和计划生育的重要论述,学习计划生育的方针政策,用科学的理论武装自己的头脑,真正理解人口与经济社会发展的辩证关系,从而保证计划生育这项工作能够一届接一届地抓下去,而且越抓越好。第二,要真抓实干,持之以恒。衡量领导是否重视计划生育工作,不能停留在发文件、作报告、提口号上,而是要扎扎实实地落实在行动上。抓计划生育必须办实事,求实效,认真解决工作中的困难和实际问题。计划生育是一项长期、艰巨的任务,必须持之以恒、锲而不舍地抓,而不能时紧时松。第三,要提倡摸实情、讲实话、报实数。各级干部要深入实际,调查研究,掌握真实情况,及时发现问题、解决问题。要下决心最大限度地减少统计水分,把数字搞实,不要自欺欺人。

中国与亚洲开发银行在菲律宾马尼拉签署贷款协定

中华人民共和国(以下简称“借款人”)与亚洲开发银行(以下简称“亚行”)于一九九四年三月二十二日签订贷款协定。鉴于:(一)借款人已向亚行提出用于本贷款协定附件1中所述项目的贷款申请。(二)本项目将由唐山市煤气公司(以下简称煤气公司),唐山市热力公司(以下简称热力公司),唐山陶瓷工业煤气有限公司(以下简称陶瓷煤气公司),唐山市第二瓷厂(以下简称二瓷厂),唐山市第六瓷厂(以下简称六瓷厂)、唐山市污水处理公司(以下简称污水处理公司)和承德市煤气公司负责实施,为此,借款人将按照亚行满意的条件和条款,把本协定规定提供的贷款资金转贷给唐山市政府和承德市政府,唐山市政府和承德市政府再按照借款人和亚行满意的条件和条款,把本协定规定提供的贷款资金分别转贷给煤气公司、热力公司、二瓷厂、六瓷厂、污水处理公司、陶瓷工业煤气公司和承德煤气公司。(三)亚行已同意按照本协定、亚行与唐山市政府、煤气公司、陶瓷工业煤气公司、二瓷厂、六瓷厂和污水处理公司以及亚行与承德市政府和承德煤气公司同日签订的项目协议书中规定的条件和条款,为借款人提供一笔普通资金贷款,双方就此达

成协议如下:(略)

国家副主席荣毅仁在北京会见由理事长丰岛格率领的日本贸易振兴会代表团

中葡联合联络小组第十九次全体会议在钓鱼台国宾馆举行

巴基斯坦总理人民党主席贝·布托在总理府接见并宴请由中共中央委员中央纪律检查委员会副书记侯宗宾率领的中国共产党友好代表团

中国与国际开发协会在美国哥伦比亚特区签署开发信贷协定(松辽平原农业开发项目)

中德两国政府科技合作第十二次联委会会议在北京举行

《中芬合作数字地籍工程》项目在广东三水市通过鉴定

3月23日

中共中央在北京召开农村工作会议

会议的中心议题是,全面部署今年的农业和农村工作,要求各级党委、政府和各个部门,进一步加强对农业和农村工作的领导,进一步落实去年中央农村工作会议提出的各项政策措施,尤其是抓好粮棉油生产和"菜篮子"工程,争取今年农业有个好收成。

会议明确提出,今年全国农业和农村工作的基本任务是:在邓小平同志建设有中国特色社会主义理论和党的基本路线指引下,认真贯彻党的十四届三中全会和去年10月召开的中央农村工作会议精神,稳定党在农村的基本政策,深化农村经济体制改革,提高农业综合生产能力,促进农村经济发展、农民收入增加、农村社会稳定,为各项重大改革措施顺利实施和国民经济持续、快速、健康发展,创造良好的经济环境和稳定的社会环境。

中共中央总书记、国家主席江泽民,中共中央政治局常委、国务院总理李鹏在会上分别作重要讲话。中共中央政治局常委乔石、李瑞环、刘华清、胡锦涛出席会议。中共中央政治局常委朱镕基主持会议并讲话。

国家主席江泽民在中央农村工作会议上发表讲话

最近,中央政治局常委会研究了农业和农村工作,决定在人大、政协会后,请各省、区、市党政主要负责同志留下来,召开农村工作会议。根据常委研究的精神,我讲几点意见。

一、当前农村工作面临的形势

农业、农村、农民问题一直是关系全局的根本性问题。搞好今年农业和农村工作,对于贯彻落实中央确定的今年工作基本方针,处理好改革、发展和稳定的关系,尤其具有重要的现实意义。今年是贯彻党的十四届三中全会决定,建立社会主义市场经济体制关键性的一年。我们在财政、税收、金融、投资、外贸等领域出台的一系列改革措施正在实施。保证改革的顺利进行,需要一个良好的经济环境和稳定的社会环境。当前,经济增长的一些条件已经偏紧,突出的问题是通货膨胀的压力很大。今年以来,市场物价在去年上涨幅度较大的基础上继续攀升。如果通货膨胀控制不住,各项改革就难以进行下去。社会上也存在一些不稳定因素。一些国家企业亏损严重,停产半停产,职工生活比较困难。有相当数量的县出现财政赤字,有的连工资都不能按时发放。不少群众对社会分配不公、有些地方治安状况不好和某些公职人员的腐败行为极为不满。这些问题如果处理不好,就可能影响社会的稳定。抑制通货膨胀和保持社会稳定,要求今年农业和农村经济有较好的发展。粮、油、肉、蛋、菜,都是人们生活离不开的。目前城乡居民生活费开支中,一半以上用于购买食品。最近以来,物价上涨幅度最大的是吃的东西。抓好"米袋子"、"菜篮子",是保证供给,抑制通货膨胀的关键性的一着。保持社会稳定,必须首先保证占全国人口80%的农村的稳定。农业加强了,农村稳定了,全国才能稳定,改革才能顺利地进行,经济才能持续、快速、健康地发展。如果农业和农村出了大问题,后果就难以设想。因此,中央一直非常关注农业和农村的情况。

应当肯定,农村总的形势是好的,农业连年丰收,农村经济持续发展,有力地支持了整个国民经济的发展和社会的稳定。但是必须清醒地看到,当前农业和农村工作还存在着一些比较紧迫的问题。这些问题如不抓紧解决,将会对全局产生重大的影响。

一是南方粮食产量下降。前不久我在扶贫开发工作会议上已经讲过,进入九十年代以来,南方不少省、区、市粮食产量呈下降趋势,去年又有减产。特别是有些沿海省份,粮田减少,投入下降,粮食产量下滑较多,已成为调进粮食较多的地区。据农业部预测,今年全国粮食播种面积将比去年减少,如果亩产搞不上去,粮食产量可能低于去年。粮价带百价,一旦粮食出现紧缺,粮价上涨,整个市场物价就稳不住。这是中央一直非常担心的问题。

二是棉花生产连续两年滑坡,供求矛盾越来越突出。虽然动用库存，安排进口，仍补不上缺口，部分棉纺厂将要停产。据农业部调查，今年国家计划安排的棉花播种面积不少地方难以完成。如果今年棉花产量仍上不去，停产的棉纺厂将会更多。这不仅严重影响财政收入和出口创汇，而且会增加城市的不稳定因素。

三是副食品价格上涨。食油连续两年挖库存，不得不紧急进口。食糖也出现缺口，要靠挖库存和进口解决。猪肉库存下降，调控市场能力薄弱，价格上涨幅度较大。肉、菜价格的上涨，使低收入居民很难承受，大专院校学生反映也很强烈。

四是农民收入增长缓慢。前几年，农民人均纯收入基本处于徘徊状态，1992年增长幅度回升到5.9%，去年又降到3.2%，而且地区之间很不平衡。按照这样的增长速度，到本世纪末相当一部分农村难以实现小康目标。这不仅影响农业的投入和农民的生活，而且影响工业品的销售。我国市场大，大就大在农村。农民购买力上不去，工业的发展就要受到严重制约。

五是民工潮的规模越来越大。据估计，全国流动的民工至少有5000万人，其中跨省流动的约2000万人。今年春运期间，仅铁路部门就运送民工2100万人，大大超过往年。从我国国情出发，主要应通过发展乡镇企业和小城镇，实现农村劳动力的就地转移。如果大量涌入城市，并且无序流动，就会带来一系列社会问题。

六是农村存在不少不稳定的因素。相当一部分农村基层组织软弱涣散，有的处于瘫痪状态，不起作用。有的基层组织被宗教、宗族势力把持，甚至出现黑社会势力和帮会组织。一些乡村封建迷信抬头，偷盗赌博成风。有的地方车匪路霸猖獗，流氓团伙横行，群众生命财产安全得不到保障。这些问题不解决，农村就不可能稳定，更谈不上推进改革和发展。

对农业和农村工作出现的新情况、新问题，党中央、国务院一直是很重视的。去年中央农村工作会议，对深化农村改革，发展农村经济提出了明确的要求，制订了相应的政策措施。各地贯彻会议精神，做了大量工作，取得了一些成效。但是，不少扶持农业的政策措施尚未落到实处，发挥预期的效应，而制约农业发展的因素却在不断增加，尤其是农用生产资料大幅度涨价，对农业发展非常不利。目前，春耕大忙已经开始，解决这些问题迫在眉睫。因此，中央认为有必要专门召开一次会议，进行研究和部署。

二、今年农业和农村工作的基本任务

中央认为，今年农业和农村工作的基本任务是：在邓小平同志建设有中国特色社会主义理论和党的基本路线指引下，认真贯彻党的十四届三中全会和中央农村工作会议精神，稳定党在农村的基本政策，深化农村经济体制改革，提高农业综合生产能力，促进农村经济发展、农民收入增加、农村社会稳定，为各项重大改革措施顺利实施和国民经济持续、快速、健康发展创造良好的经济环境和稳定的社会环境。关于今年农业和农村工作的安排，中央农村工作领导小组拟定了一个要点，李鹏同志还要讲具体要求和措施。这里，我就当前需着力抓好的几项工作讲一些意见。

第一，保证粮、棉、油和“菜篮子”的生产和供应。这是保证市场稳定、社会稳定的基本条件。我们必须看到，粮食在任务时候都是特殊商品和战略物资，任何国家都要保护本国的粮食生产。我们这样一个拥有12亿人口的大国，粮食必须立足于自给，供求必须大体平衡。不管某些西方国家怎样卡我们，我们有粮食吃，就没什么可怕。如果粮食出了问题，就会叫天天不应，叫地地不灵，谁也救不了我们。我们必须从政治上、战略上认识粮食问题的特殊重要性。

各省、区、市都要对本地粮食生产和供应情况认真进行调查分析。对现有粮食库存要全面核实，账面上有多少，实际上有多少，能吃的有多少，能调的有多少，一定要搞准确。对今年粮食生产，包括如何保证面积、提高单产，要认真进行研究部署。不但集中产粮区要这样做，沿海发达地区也要稳定面积、稳定产量、稳定库存，决不能再往下滑。我们的方针是确保粮食稳定增长，积极发展多种经营。发达地区不能光抓钱不抓粮，更不能有了钱就不种粮。要本着有利于发展生产，有利于市场供应，有利于保护生产者和消费者利益的原则，改革粮食购销体制，加强宏观调控，确保国家掌握必要的粮源。中央和省两级对粮食的调进调出、保持必要的库存、建立粮食风险基金、健全粮食储备体系等问题，要明确职责，各司其职，哪个环节出了问题哪个环节承担责任。要加强粮食市场管理，对囤积居奇、扰乱市场的要进行打击，防止市场粮价出现大的波动。产棉区要下功夫抓好棉花生产。大中城市郊区要抓好“菜篮子”工程，保证主要副食品的生产和供应。中央关于扶持粮、棉、油、“菜篮子”生产的政策，要一项一项地落实。这几年工农业产品价格剪刀差越来越扩大，最近更加突出。这个问题必须尽快解决。总的趋势，应该是逐步缩小。对农用生产资料供应不足、价格过高的问题，要认真研究解决。对其他障碍粮、棉生产的问题，也要逐一研究解决。

第二，全面发展农村经济，增加农民收入。几年来农民收入增长缓慢，城乡之间、地区之间收入差距拉大，成为我国经济发展中的一个突出问题，也是导致民工潮规模越来越大的一个重要原因。尽快扭转这种状况，使农民随着生产的发展收入有较大的增长，是农业和农村工作的一项根本任务。农民收入上不去，最终

会影响农产品供给。因此,在农村经济工作指导上,要把增加农民收入同保证农产品有效供给放在同样重要的地位,千方百计做到增产增收。

首先,要在保证粮、棉等主要农产品稳定增长的基础上,适应市场需求,积极稳妥地调整农村产业结构,发展高产、优质、高效农业,发展高附加值、高商品率、高创汇率的产业和产品,努力提高农业的经济效益。

其次,要立足于我国整个土地资源的开发利用,向生产的深度和广度进军,大力发展多种经营,发展林果业、畜牧业、水产业以及各种特种养殖业。我国人多地少,但荒山、荒滩、荒水、荒坡的开发潜力还是不小的,只要加大开发力度,拓宽开发领域,就会使一些后备资源得到开发利用。

再次,要在加强农业的同时,积极发展农村二、三产业,促进农村剩余劳动力转移。发展乡镇企业,不仅关系农村经济发展,而且关系农村劳动力就业。发展乡镇企业是振兴农村经济、促进农民富裕、吸纳农村劳动力的重要途径。要正确引导,积极扶持,使乡镇企业在提高质量、优化结构、增进效益的基础上健康发展。要把发展乡镇企业同有步骤地发展小城镇结合起来,以现有小城镇为依托,引导乡镇企业适当集中,使小城镇逐步成为区域性的经济中心和农村劳动力就地转移的主要场所。对中西部地区乡镇企业要重点扶持,加快发展。

第三,保持农村社会的稳定。鉴于目前许多农村程度不同地存在一些不稳定的因素,各级领导同志务必居安思危,兢兢业业,恪尽职守,及时处理好群众反映强烈的热点问题。当前尤其需要抓好以下工作:

(一)坚定不移地减轻农民负担。去年以来,减轻农民负担收到明显成效,但仍存在一些不容忽视的问题。有些地方和部门有令不行,有禁不止。这是不能允许的。减轻农民负担的工作绝不能有丝毫放松,必须坚定不移地抓下去。这不仅关系农村的稳定,而且关系党和农民的联系,各级各部门领导同志必须从政治上看待这个问题,坚决做到以下几点:(1)中央明令取消的收费项目,一律不许继续收费;中央明令取消的达标升级活动,一律不许继续进行。(2)今年凡是涉及让农民出钱的事情,决不能乱开口子。(3)坚决清理和制止乱收费、乱集资、乱摊派、乱罚款。各级农民负担监督管理部门要认真履行职责,严格把关。

(二)抓好农村社会治安综合治理。这个问题,我们已经讲了多次,为什么在有些地方没有取得预期的效果?主要是我们一些同志的手太软,对犯罪分子打击不力,综合治理抓得不紧。因此,各地党政主要领导同志要切实负起"保一方平安"的责任,亲自动手,组织几次战役,坚决打击各种刑事犯罪活动,坚决把犯罪分子的嚣张气焰打下去。要加强司法、公安队伍的自身建设、整饬纪律,严格执法,严明警纪,提高政治和业务素质。同时要开展警民联防,办好治安联防队,依靠群众维护治安,务求在较短时间使农村社会治安状况有明显的好转。

(三)坚决刹住群众反映强烈的党内和社会上的不良风气。据一些同志反映,当前群众意见最强烈的,一是奢侈。不少地方大吃大喝、请客送礼、挥霍浪费十分严重。有的地方教师开不出工资,老干部的医疗费没钱报销,而机关的小汽车不断增加,档次愈来愈高。二是卡要。有些单位的工作人员不是尽职尽责地为群众办事,而是利用手里的权力敲诈勒索,不给钱不办事,给了钱乱办事。三是浮夸。据反映,近年来不少地方上报数字不实,这个问题带有相当的普遍性。一些地方粮食产量、农民收入、乡镇企业产值等数字,有较大的水分。这些风气不改变,我们不仅会严重地脱离群众,还可能使一些地方矛盾激化,酿成事端。对此,各级领导同志必须警觉起来,采取有效措施,认真加以解决。这里,最重要的是各级领导干部以身作则,廉洁自律,为基层干部做出榜样,为群众做出表率。最近,中纪委第三次全会部署了今年反腐败斗争的任务,除继续落实中央提出的廉洁自律的五条规定,又提出了五条要求,各级领导干部必须严格执行。只要各级领导同志都严格这样做,目前群众痛恨的不良风气就会明显好转,我们就会取得群众的拥护,就会在任何风浪中立于不败之地。

(四)做好困难较多、不稳定因素较多地方的工作,防止突发事件的发生。一定要安排好贫困地区、受灾地区、水库移民地区群众的生产和生活。各级领导同志要经常到这些困难的地方,进行具体的帮助和指导,使群众尽快地解决温饱问题,走上致富的道路。对矛盾突出的村要派出得力干部,针对群众反映强烈的热点问题,深入细致地进行工作。要正确处理新时期出现的各种人民内部矛盾,坚持思想教育同解决实际问题相结合,善于缓解纠纷,疏导矛盾,化解消极因素,把各种影响社会安定的因素和有可能激化的矛盾解决在萌芽状态,防止酿成事端。要按照党的民族政策、宗教政策,进一步做好民族、宗教工作,坚决打击民族分裂分子,取缔非法宗教活动。总之,今年一定要更加坚定不移地贯彻"两手抓,两手都要硬"的方针,通过艰苦细致的工作,保持农村的稳定,促进农村经济的发展和社会的进步。

第四,搞好农村基层组织建设。农村工作千头万绪,最基础的工作是抓好基层组织建设。我到下面看到,凡是经济发展快、农民收入高、社会风气好的村,都有一个坚强的领导班子。相反,基层领导班子软弱涣散，甚至瘫痪半瘫痪，党在农村的各项工作就很难落实，物质文明建设上不去，精神文明建设更上不去，奔小康也就只能成为一句空话。

农村基层组织要抓好以下工作。一是党支部建设。重点是选配好支部书记，一定要把那些思想作风好，勇于开拓进取，能够带领群众致富的人选上来。同时，要加强对党员的教育，使其发挥先锋模范作用。二是村委会建设。重点是建立健全民主管理制度，实行村务公开、财务公开。凡涉及群众切身利益的大事，都要由群众讨论决定，并由群众监督实施，使村务管理逐步走向制度化、规范化。三是村级集体经济组织建设。要稳定完善以家庭联产承包为主的责任制和统分结合的双层经营体制，建立健全社会化服务体系，逐步壮大集体经济实力。大量事实证明，集体经济实力比较雄厚、服务功能比较健全的村，村级组织都有较强的凝聚力。各地要从实际情况出发，充分利用当地资源，搞好开发性生产，兴办集体企业。四是要抓好青年、妇女、民兵等组织的建设。要充分发挥村级组织的作用，切实保护和调动村干部的积极性。各级党委要热情支持他们的工作，建立健全选拔、考核、培训、奖惩等制度，帮助他们提高工作能力，改进工作作风。

去年中央农村工作会议提出，要用三五年的时间，把全国80多万个农村基层组织分期分批建设好。为了做好党在农村的这项基础性工作，中央正在考虑专门召开一次会议，就加强农村基层组织建设工作进行具体部署。各地和中央有关部门要认真做好准备。

三、加强党对农业和农村工作的领导

目前，农村改革和发展涉及的范围越来越广，内容越来越多，任务越来越重。尤其是农村如何发展社会主义市场经济，有许多新的问题需要研究解决。在发展社会主义市场经济的过程中，如何搞好农村精神文明建设，也有一系列问题需要研究解决。因此，党对农村工作的领导只能加强和改善，绝不能削弱。这里，我强调以下几点。

(一)在整个经济工作指导上，必须坚定不移地真正把农业放在首位。这个问题讲了多年，但在实际工作中并没有完全落实。不少地方工作安排、领导精力、资金投放，还没有把农业放在应有的地位。有的地方热衷于搞开发区、房地产，对农业和农村工作还没有真下功夫。不少地方讲到支持农业，这也没钱，那也没钱，为什么上那么多基建项目，搞那么多非生产性建设却有钱呢？我看，根本的还是指导思想问题。中央认为，是不是真正把农业摆在首位，这是关系到是否真正坚持以经济建设为中心的大问题。不确保农业的基础地位，不下功夫解决农业和农村工作存在的问题，经济全局稳不住，还谈什么以经济建设为中心，还谈什么改革和发展？这里我提出一个问题，请大家研究。我们一定要处理好工、农业两大部类的关系。这几年工业发展快，农业发展慢，一条腿长，一条腿短。比如，1992年工业增长20.8%，农业增长3.7%；1993年工业增长21.1%，农业增长4%。如果农业长期得不到应有的发展，工业早晚也要掉下来，最后不得不进行大的调整。请中央有关部门和各省认真研究这个问题，提出具体办法。各级都要在确保农业持续稳定增长的前提下，安排好国民经济发展的规模和速度，安排好一、二、三产业资金投放的比例。宁可暂时少上几个项目，放慢一点工业发展速度，也要保证农业发展的需要。这对保持大局的稳定至关重要。

(二)坚定不移地贯彻落实党中央、国务院关于加强农业和农村工作的政策措施。去年党的十四届三中全会和中央农村工作会议，对深化农村改革、发展农村经济制订了一系列政策措施。中央制定这些政策措施的基本出发点，是保护和调动广大农民的积极性，促进农村经济全面发展，农民收入逐步增加，农村社会保持稳定。当前的问题是，不少政策措施还没有落实下去。现在时间已非常紧迫，从中央到地方，各级各部门要立即动手，层层检查，党中央、国务院制订的政策措施哪一条落实不了，哪一条还没有落实，不落实的原因是什么，究竟卡在哪里，要抓住症结，提出解决的对策和落实的措施。各地在检查中，要突出重点。尤其对有关今年农产品生产、增加农民收入的政策措施，包括扶持粮、棉、油生产和“菜篮子”工程的政策，扶持高产、优质、高效农业和乡镇企业的政策，搞好农用生产资料生产和供应的政策，增加农业资金投入的政策，更要抓紧时间，迅速落实，绝不能贻误时机。

(三)省、区、市党委必须用很大精力抓农村工作，地、县委必须把主要精力放在农村工作上。尤其是今年农村各项工作任务非常艰巨，各级党委主要领导同志更要亲自动手，切实抓紧抓好。对此，要实行责任制，把农业和农村工作抓得如何作为考核各级主要领导干部政绩的一项重要标准。

(四)进一步转变工作作风，改进工作方法。我们许多工作不落实的一个重要原因是，有些领导同志浮在上面多，深入基层少；一般号召多，具体指导少。这种作风不改变，许多工作难以抓出实效。因此，这次会后，各省、区、市党政主要负责同志，都要抽出一段时间，深入农村调查研究，同基层干部、群众促膝谈心，认真倾听他们的意见和要求，真正搞清楚党中央、国务院制订的政策措施究竟落实到什么程度，农村改革、经济发展、农民生活究竟是什么状况，影响农民积极性和农村经济发展的主要问题是什么，这些问题如何解决。把情况搞清，把问题抓准，找到有效的解决办法。在此基础上，对本地区今年的农业和农村工作作出切实的部署。希望各省、区、市负责同志把调查的第一手材料和自己的见解，写出报告，报送中央。我们殷切地期待看到你们的有情况有分析的调查报告。这不仅是改进对农村工作领导的需要，也是密切党群关系的需要。我们有些领导同志轻车简从，深入基层，以公仆的形象出现在群众之中，虚心向群众请教，热心帮助他们解决生产生活中的问题，受到群众的欢迎。

省、地、县党政机关要组织干部分期分批下到农村，和乡、村干部一起，落实各项政策，搞好基层建设，开辟致富门路，组织带领群众完成今年农村工作的各项任务。这是一项重要的组织措施。这样做，一是有利于帮助一部分后进村改变面貌；二是有利于培养锻炼干部；三是有利于改进机关作风。一举数得，各地都要这样做。

这次会议时间很短，但很重要。希望大家认真讨论，会后切实贯彻落实会议精神，把今年的农村工作做好。

国务院总理李鹏在中央农村工作会议上发表讲话

刚才，江泽民总书记作了重要讲话，我完全同意。希望大家回去认真传达，切实贯彻。这里，我就农村工作问题讲几点补充意见。

首先讲讲农村形势和进一步提高认识的问题。

从总体上看，我国农村形势是好的。去年农业获得丰收，农民收入水平有不同程度的提高，目前粮食等主要农产品的供应比较充足。棉花、食油、食糖供应有些缺口，国家准备通过适当进口和动用部分储备加以解决，供求关系不会出现大的波动。越是在形势好的时候，各级领导干部越要保持清醒的头脑，对抓好今年农业和农村经济工作绝不能有丝毫的松懈。去冬今春以来，出现了一些新情况，暴露出一些新问题，形势不容乐观。这些问题给我们发出了信号：一是粮食面积减少，今年冬小麦减少700万亩，更值得注意的是，南方水稻种植面积出现下降趋势。去年11月粮食价格上涨与南方水稻面积减少有很大的关系。沿海地区水稻面积下降幅度更大一些。棉花计划种植面积也有完不成的可能。二是农用生产资料的供应比较紧张，化肥供给不足，缺口较大。化肥、农药、农膜、柴油等价格上涨。三是这些年来由于粮棉比较效益低，农民收入增长缓慢，工农产品剪刀差有所扩大，影响了农民生产粮棉的积极性，农民不愿意在农业方面增加投入。这些问题如果解决不好，就会影响到今年的粮棉生产，也可能影响到其他农作物的生产。如果粮棉油和副食品生产不能保持稳定增长，势必影响到经济的全局。

从多年的经验教训看，什么时候农业发展，农村稳定，整个社会就比较稳定。只有在这种条件下，才能够顺利地推进改革和发展。今年物价指数要控制在10%以内，难度是相当大的。昨天人大会议闭幕后，我和四位副总理在回答记者们的提问时重点谈了这个问题。实现今年的物价控制目标，很重要的一条，是要抓好粮棉油工作和“菜篮子”工程。粮价是众价之首，一价带百价。副食品是城乡居民每天必需的，在物价指数中占很重要的比重。只有保持粮食生产的稳定增长，保证“菜篮子”工程的顺利实施，才能保持整个物价的相对稳定。农业生产具有很强的时间性，现在春耕已经开始，千万不可误了农时。中央召开这个会议，就是要大家进一步提高对农业重要性的认识，树立信心，克服困难，解决好存在的问题，争取今年农业特别是粮棉生产，能够获得一个好收成。

其次，讲讲今年农村工作的主要任务。

主要任务有3项：一是力争农业稳定增长，确保粮食产量稳定在9000亿斤以上，努力实现棉花产量计划，增加“菜篮子”产品，保证农副产品市场有效供给。二是增加农民收入，力争农民收入增长达到“八五”计划所规定的目标。三是解决好目前农村存在的热点问题，保持农村社会稳定。为了完成上述任务，具体来讲，要采取以下10项措施：

（一）确保粮食、棉花、蔬菜种植面积。江泽民同志讲“三稳定”，首先就是稳定面积。稳定种植面积是实现粮棉稳产增产、丰富“菜篮子”目标的基本条件。今年必须保证完成16.5亿亩的粮食种植计划。鉴于冬小麦播种面积已经减少，当前要着重抓好扩大秋粮播种面积，有条件的地方要提高复种指数。北方粮食产区种植面积要做到稳中有增。南方地区特别是沿海经济发达地区，粮食播种面积要有较大幅度的回升。前两年由于“卖粮难”，早籼稻和杂交稻种植面积有所下降，今年要恢复。有条件的地区，要推广再生稻。要从保证面积和提高单位面积产量两个方面，来增加粮食的总量。今年棉花计划种植9000万亩，各产棉区要认真落实。特别是山东、河南、河北等北方重点产棉区要尽最大努力恢复种植面积。长江中下游的重点产棉区，效益比较好，要稳定发展。西北地区特别是新疆要建设成为新的优质棉生产基地。要采取有效措施，确保蔬菜种植面积，严禁乱占菜田。占用一亩老菜田，至少要开垦一亩到两亩新菜田加以补充，而且要先垦后占。距离城市远一点是可以的，但一定要补上。各大中城市为了保证“菜篮子”产品的供应，要按人口确定菜田面积，保证建设一部分永久性菜田，任何情况下都不得占用。

（二）提高粮棉收购价格，调动农民生产积极性。国务院已经决定，从今年新粮新棉上市起，提高粮食、棉花收购价格。经过反复研究,粮食平均每斤提高0.10元,加上价外加价,使粮食综合价格水平提高到每斤0.50元左右,由于品种不同,地区不同,价格也有所不同;棉花平均每担提高70元,加上价外加价和调整等级差价,使每担标准棉的综合价格达到420元左右。目前市场的棉花价格比这个价高得多,看来这个价还不能调动农民的种棉积极性,要有新的对策。从5月1日起要提高石油价格,但为了稳定农业,决定推迟提高农用柴油价格,先看一、两个月,在新粮上市前再定农用柴油价格如何调整,这期间农用柴油价格不动,由政府补贴。

(三)保证农业生产资料供应,控制价格上涨。这是夺取今年农业丰收的一个重要保证。国务院各有关部委都要认真负责地做好协调工作。要求化工部安排好化肥生产。外经贸部要抓紧组织化肥进口。铁道部、交通部要抓紧安排并保证农用生产资料运输。为了保证进口化肥的价格稳定,国务院决定从今年3月1日起,对进口化肥实行零关税,增值税先征后返还。要求各级物价、工商部门加强对农业生产资料市场的管理。现在化肥出厂价格不高,进口价格合理,但农民买到的化肥价格却很高,原因是流通环节获利过多,把价格抬上去了。所以要整顿市场秩序,打击出售假冒伪劣商品的不法行为,控制价格上涨。支持生产企业与用户直接挂钩,减少中间环节和流通费用。在提高粮棉收购价格的同时,各级政府必须采取严格措施,控制农业生产资料涨价,使农民真正得到实惠。

(四)积极推广农业适用技术,加强农业科技队伍建设。当前主要是推广高产、优质、抗病虫害的优良品种,扭转某些农产品品种退化的趋势。如大豆,销路好,价格高,农民有生产积极性,但品种开始退化,不解决品种更新问题,就会影响生产。要抓好合理施肥和综合施肥,提高化肥利用率。大力提倡施用农家肥。推广节水灌溉、旱作技术和水稻旱育稀植、地膜覆盖技术。做好棉铃虫等病虫害防治工作。防治棉铃虫,去年有很好的经验,就是要早打、打小。这里,我要强调指出,推广秸秆过腹还田,发展养牛业,可以增加优质动物蛋白,改善食物结构,可以增加农家肥,节约化肥,改良土壤,是农民致富的一条有着广阔前景的路子。我国有丰富的秸秆资源,应充分利用。这方面,河北的三河县、河南的周口和南阳地区都有成功的经验。

推广农业科学技术,必须有稳定的科技队伍和必要的经费作保证。总的要求是,县乡农业技术推广机构稳定,队伍要充实,手段要加强,经费要增加。对此,各级政府都要给予高度重视,切实帮助农业科技部门解决一些实际问题。我在政府工作报告中也谈到,要培养一大批用得上、留得住的农业技术人才,才能做好农业技术推广工作。

要大力办好农村教育,重视适龄儿童入学工作,努力降低辍学率。经济不发达地区,在义务教育的一定阶段,要适当增加农业科学技术和职业教育的内容,才能学有所用。实行农科教相结合。农村教育经费,包括财政预算、乡统筹提留以及乡镇企业三税教育附加,必须足额征收用于农村教育,严禁挪用。

(五)国家要掌握充足的粮源。这是保证粮食的有效供给、保持市场粮价相对稳定的基本条件。为此,除提高粮食收购价格、吸引农民向国有粮食部门交售粮食外,还要采取以下措施:粮食批发环节要由国家控制。当然,我们还是允许农民到集贸市场上出售多余的粮食,但是不能允许粮食商贩进行大量的批发。对社会上现有的批发商重新进行工商登记,并加强管理。银行贷款,要优先保证国家粮食部门的资金需要。铁路运输,在粮食主产区和购销旺季,优先满足国有粮食部门的运输要求。为了保持市场粮价稳定,国有粮食部门在零售环节也要发挥主渠道作用。要形成国家粮食调节机制,在粮食价格上涨时,主动抛售粮食,平抑粮价,进行调控。要培育粮食市场,建立以批发市场为中心的市场体系,规范交易行为,提倡和支持地区间的大宗粮食贸易,维护城乡集贸市场的正常经营。现在已经建立了一些批发市场,如郑州的小麦批发市场,长江一带的大米批发市场,东北的玉米批发市场,都发挥了积极作用,要不断地完善。

(六)改革粮食购销体制,建立粮食风险基金。现在有个问题,就是储备粮和商业周转粮在省以下往往都由粮食商业企业经营,两项不同性质的业务交错在一起,不容易分清楚,需要通过粮食购销体制改革来解决这个问题。国有粮食部门的政策性经营和商业性经营要从业务上、机构上分开,从上到下建立独立的国家粮食储备调节体系。专项储备要保持适当规模,做到随用随调。逐步建立一批永久性粮库。粮库的布局要合理,在销区多存放一些储备粮。食油、食糖、猪肉等重要农副产品,也要有一定的储备。要建立中央和地方粮食风险基金,纳入中央和地方财政预算。有关部门已经起草了关于改革粮食购销体制和建立粮食风险基金的文件,这次印发大家征求意见。国务院将根据大家的意见,修改审定后正式下达。

(七)增加农业投入。国家在安排今年投资计划时,要充分体现农业的基础地位。要提高国家基本建设投资、财政预算内资金、信贷资金用于农业的比重。从今年开始,各级财政增加用于农业的资金,不能低于经常性财政收入的增长幅度。去年颁布的《农业法》在这方面有明确的规定,要依法办事。各级政府都要认真扶持500个商品粮大县、150个优质棉基地县发展经济的工作。65 亿元专项贷款要确保落实，并与这些县的粮食、棉花收购任务挂钩。建立高产、优质、高效农业示范区的 10 亿元贷款也要保证落实。

(八)促进乡镇企业持续健康发展。从长远发展看，提高农民收入水平，转移农村富余劳动力，合理疏导“民工潮”，主要依靠就地发展乡镇企业。要引导乡镇企业从过去侧重速度增长转向优化结构，提高产品质量，提高管理水平，提高经济效益。要促进乡镇企业的相对集中和连片发展，从而带动小城镇的发展。这是一个很重要的问题。我们不能走一些发展中国家已经走过的将大批农民引向大城市的道路，实践证明这会给社会造成很大的危害。乡镇企业太分散有很多弊端，水、电、路、信息传播等公用设施不便统一规划，实际上是造成浪费。为了促进乡镇企业集中连片发展，要改革小城镇户籍管理制度。对不同地区、不同发展水平的乡镇企业，要实行分类指导。东部沿海地区乡镇企业要上水平、上规模，向高科技、外向型方向发展。中西部地区和少数民族地区要因地制宜，发挥地区资源和劳动力优势，探索加快发展乡镇企业的有效途径。进一步扩大东西合作，要制定优惠政策，鼓励沿海发达地区到中西部资源丰富、劳动力充裕的地区投资办厂。没有优惠政策，是很难吸引沿海发达地区到中西部投资办厂的。去年国务院决定对中西部地区和少数民族地区乡镇企业增加 50 亿元贷款，中央农村工作会议又决定从今年开始再增加 50 亿元贷款，共计 100 亿元，这就是优惠政策，有关部门要在规模和资金上予以保证。

(九)改善农业生产条件，提高农业综合生产能力。要大力开展农田水利基本建设，增加有效灌溉面积。这几年每年冬季开展农田水利建设是有成效的，必须坚持下去，持之以恒。当前在抓好抗旱的同时，要做好防汛准备工作。按照我国多年来的气象规律，每五年中一般有三个平年，一个丰收年，一年歉收年。我们已经连续四、五年丰收了，气候条件不错。虽然气象部门没有预报今年有大灾，但我们要提高警惕，要两手抓，既抗旱也防汛。要坚持农业综合开发，努力改造中低产田。山区要修梯田，梯田是提高山区粮食单产的有效途径。要通过以工代赈改变山区面貌，加快造林绿化和重点生态工程建设。植树造林要重点加快“三北”、长江中上游、沿海防护林和平原农田防护林体系建设。在全国开展“千佳村、百佳乡、百佳县、十佳城市绿化工程”活动，带动整个造林绿化事业的发展。

(十)妥善解决农村热点问题，保持农村社会稳定。各级政府要高度重视农村的社会问题，努力缓解农村各种不安定因素。各级领导干部要深入农村，抓好农村社会治安，安排好贫困地区、灾区和水库移民地区农民的生产、生活。要认真实施“国家八七扶贫攻坚计划”。国务院决定从今年开始在原有基础上，每年增加 10 亿元以工代赈资金，10 亿元扶贫贴息贷款，要保证落实。减轻农民负担深得人心，要继续坚持，不能动摇。去年解决得好的地区，要巩固已有成果，不能出现反复；去年抓得不够好的地区，今年要下决心抓好这项工作。各级地方政府和各部门、各单位，都不能新开增加农民负担的口子。今年粮棉收购价格提高，农产品收购资金也要相应增加，绝不允许再出现“打白条”现象。

最后讲讲狠抓落实。

通过这次会议，今年农业和农村经济工作的任务和措施都已明确，关键在于落实。

在我国从计划经济体制向社会主义市场经济体制转换的时期，各级政府部门的责任不是减轻了，而是更重了。支持农业和农村经济发展，增加农民收入，保持农村社会稳定，是各级政府义不容辞的责任。去年中央农村工作会议上，把政府的主要职能归纳为“引导、支持、保护、调控”四个方面。对农村工作要实行各级政府负责制，哪一个地方、哪一级出了问题，哪一级政府就要承担责任。如果今年粮食、棉花、“菜篮子”出了问题，不只是分管的领导要承担责任，而是政府一把手要承担主要责任。

去年中央农村工作会议制定了一些支持农业和农村经济发展的政策措施，产生了很大反响，但至今没有完全落实。各有关部委和各级政府一定要有紧迫感，要提高工作效率，要认真负责地、积极主动地狠抓落实。早在 1992 年底国务院就决定，把各地减少的粮食补贴全部用于建立粮食风险基金，但检查的结果表明，去年却没有几个省份是这样做的。希望这次会议以后，各省从今年开始都要落实这项措施，把粮食风险基金建立起来。这样才能保护农民的积极性，稳定粮食生产。我在这里重申，凡是中央出台的政策措施，由国务院及各有关部委负责兑现；中央要求地方政府采取的措施，地方政府要坚决执行；各级地方政府制定的政策措施，地方政府同样要保证兑现。

刚才江泽民同志讲粮食要做到“三个稳定、两个平衡”，既稳定面积、稳定产量、稳定库存，全国供求总量平衡、地区供求总量平衡。这是一个很重要的精神，对稳定农业有重大意义。我再补充一点，地方政府要承担粮油和副食品供需自求平衡的责任。以前也是这么要求的，有的地方做得不错，辽宁、内蒙古、甘肃都做到了粮食自给。今后各省、自治区、直辖市的粮油供应，实行省长(自治区主席、直辖市市长)负责制，由省、自治区、直辖市自求平衡。各省、自治区、直辖市要建立自己的正常周转库存和机动库存，以保证市场供应和余缺调剂。缺粮省(自治区、直辖市)的粮食产量只能增加,不能减少。对需要调入的部分,要及早与产粮区通过合同建立稳定的购销协作关系,及时组织调运。国务院有关部门将核定各省(自治区、直辖市)粮食产量、调入调出量、进出口量的指标,实行指标管理责任制。各大中城市的副食品供应实行市长负责制。做好“菜篮子”工作,这一条要列入市长岗位目标责任制,每年都要考核,并将考核结果向市人代会和全市人民报告,接受群众监督。

这次会议是十分重要和十分及时的。现在,春耕生产已经开始,时间相当紧迫。机不可失,时不我待,农时不可误。这次会后,各级领导要首先抓好农业。我坚信,只要从中央到地方都认真落实这次会议精神,今年的农业和农村经济工作一定能够取得新的进展,为保持国民经济持续、快速、健康发展作出新的贡献。

国务院副总理李岚清在中南海紫光阁会见由香港总商会中国委员会主席罗素率领的香港总商会代表团全体成员

国家主席江泽民在中南海会见美国微软公司总裁比尔·盖茨

国家副主席荣毅仁在人民大会堂会见世界知识产权组织总干事鲍格胥博士

国务院副总理李岚清在北京会见南非贸工部副部长大卫·格拉夫

国务院副总理邹家华在北京会见德国总理特使宝马公司董事赫斯特·特尔切克

中国政府和智利政府在圣地亚哥签署《关于鼓励和相互保护投资协定》

中国与国际复兴开发银行在美国哥伦比亚特区签订贷款协定(苏南环保项目)

中国与国际开发协会在美国哥伦比亚特区签订开发信贷协定(第二期红壤开发项目)

3月24日

中纪委书记尉健行主持召开国务院部分部委纠风工作座谈会

为了贯彻落实党中央、国务院今年反腐败斗争的部署,研究今年纠风工作要抓的重点问题、预期目标和需要采取的措施,3月24日、25日,中共中央政治局委员、书记处书记、中央纪委书记尉健行主持召开国务院部分部委纠风工作座谈会。农业部、铁道部、卫生部、建设部、公安部、电力部、邮电部、国家教委、人民银行、海关总署、国家税务总局和工商局的负责人参加座谈,国务委员李贵鲜、罗干以及中央纪委、监察部的负责人出席会议。

尉健行在座谈会结束时强调,各行各业领导的重视,是深入开展纠风工作的关键。实践证明:哪个部门的党政主要领导亲自抓,并且善于把纠风工作同本部门、本行业的改革措施、行政业务工作结合起来抓,把廉政和勤政统一起来抓,哪个部门和哪个行业纠风工作的效果就比较好;不然的话,就会停留于一般的部署和泛泛的号召,而不能达到预期的目的。

尉健行强调,纠风工作要深入,不仅领导要重视,而且方法要得当,要注意抓好以下四个环节:一是要突出重点,目标明确具体。二是要有一套科学的考核办法。三是要体现政策。四是要标本兼治。

《人民日报》发表社论《坚定不移把农业放在今年各项工作首位》

第十三届国际档案大会组委会在北京召开第二次会议

会议听取国家档案局局长、组委会副主席王刚关于1996年在北京召开第十三届国际档案大会筹备工作的汇报。

国务委员兼国务院秘书长、第十三届国际档案大会组委会主席罗干出席会议并讲话。

罗干说,党的十一届三中全会以来,我国档案事业在党和政府的关怀下发展很快,初步形成了一个有中国特色的社会主义档案事业体系。外国的一些切合实际、经济可行的保管、保护和利用等方面的经验,我们要学习和借鉴。在我国召开这届大会,又可以充分利用这个机会,向世界各国及广大档案工作者宣传、介绍我国档案事业的发展和我国改革开放的大好形势。

罗干强调,为保证开好大会,经国务院批准,重新调整了组委会成员,由北京市和有关部门的负责人参加组委会的工作,大家要把这次大会的组织筹备工作做好。

外交部部长钱其琛在钓鱼台国宾馆会见也门副外交部部长阿卜杜·卡迪尔

国务院副总理兼外交部部长钱其琛在钓鱼台国宾

馆会见南太平洋论坛副秘书长萨瑟兰和夫人

国务委员兼国家科委主任宋健在中南海会见德国联邦研究技术部议会国务秘书贝尔恩德·诺依曼

中国人口福利基金会在北京召开理事会会议

3月25日

国务院召开第16次常务会议

国务院总理李鹏主持会议，讨论通过《中国21世纪议程》即《中国21世纪人口、环境与发展白皮书》。

会议还讨论并原则通过中国《九十年代国家产业政策纲要(草案)》。

国务院常务会议通过《中国21世纪人口、环境与发展白皮书》

第一章 序　言

1992年6月联合国环境与发展大会在巴西里约热内卢召开，中国政府高度重视这次大会，并严肃、认真地履行自己的政治承诺。根据环发大会通过的《21世纪议程》的要求，1992年7月，中国政府决定由国家计划委员会和国家科学技术委员会牵头，组织52个部门、机构和社会团体编制《中国21世纪议程——中国21世纪人口、环境与发展白皮书》(以下简称《议程》)，在联合国开发计划署的支持和帮助下，完成了《议程》的编制。1994年3月25日，国务院第16次常务会议讨论通过了《议程》。为推动《议程》的实施，同时制定了中国21世纪议程优先项目计划。

《议程》包括20章，设78个方案领域。《议程》从我国具体国情和人口、环境与发展总体联系出发，提出人口、经济、社会、资源和环境相互协调，可持续发展的总体战略、对策和行动方案。

制定和实施《议程》，是中国在未来和下一世纪发展的自身需要和必然选择。中国是发展中国家，要毫不动摇地把发展国民经济放在第一位，各项工作都要紧紧围绕经济建设这个中心来开展。同时，中国是在人口基数大，人均资源少，经济和科技水平都比较落后的条件下实现经济快速发展的，在这种形势下，只有遵循可持续发展的战略思路，才能实现国家长期、稳定的发展。

中国政府决定将《议程》作为各级政府制订国民经济和社会发展计划的指导性文件，其目标和内容将在“九五”计划和2010年规划中得到具体体现。

第二章 中国可持续发展的战略与对策

《议程》构筑了一个综合性的、长期的、渐进的可持续发展战略框架和相应的对策，这是中国走向21世纪和争取美好未来的新起点。

可持续发展的前提是发展，既要满足当代人的基本需求，又不危害子孙后代满足其需求的能力。中国现阶段必须保持较快的经济增长速度，并逐步改善增长的质量；谋求社会的可持续发展；加强环境保护，经济、社会发展要与资源与环境的承载能力相适应，才能逐步实现中国人口、经济、社会、资源与环境的协调发展。

实现可持续发展的主要对策包括：以经济建设为中心，深化改革开放，建立和完善社会主义市场经济体制；加强能力建设，完善可持续发展的经济、社会、法律体系及综合决策机制；实行计划生育，控制人口数量，提高人口素质，改善人口结构；因地制宜地推广可持续农业技术；调整产业结构与布局，实施清洁生产，推动资源合理利用；开发清洁煤技术，大力发展可再生和清洁能源；加速改善城乡居民居住环境；实施重大环境污染控制项目；认真履行中国加入的全球环境与发展方面的各项公约，不懈地致力于全球环境问题的解决。

可持续发展的战略与重大行动。建立可持续发展的协调管理机制；运用经济手段，促进保护资源和环境；研究把自然资源和环境因素纳入国民经济核算体系；把自然资源和环境保护工作作为各级政府的一项基本职能；污染防治逐步从浓度控制转变为总量控制，从末端治理转变到全过程防治；加强可持续发展的宣传教育，提高全民族的可持续发展意识。

可持续发展的国际合作。中国政府把推进可持续发展的国际合作作为中国改革开放的重要组成部分。中国深知自己在全球可持续发展和环境保护中的重要责任，将以强烈的历史责任感，主要依靠自己的力量，以积极、认真、负责的态度参与保护地球生态环境，追求全人类可持续发展的各种国际努力。同时，也呼吁国际社会在资金、技术方面对中国提供必要的支持，以使中国尽快走上可持续发展的道路。

第三章 与可持续发展有关的立法与实施

可持续发展立法是可持续发展战略和政策定型化、法制化的途径。

可持续发展立法。加快经济领域的可持续发展立法，完善环境和资源保护立法，把可持续发展的原则纳入经济发展、人口、产业、社会保障等立法中；基本实现与国际立法的接轨，积极吸收国外行之有效的与可持续发展有关的立法的做法和内容；通过宣传和培训，增强可持续发展立法能力。

可持续发展有关法律的实施。建立健全可持续发展法律的实施体系和保障支持机制。要加强可持续发展法律法规的宣传和教育，提高全社会的法律和可持续发展意识。促进司法和行政程序与可持续发展法律实施的结合，把可持续发展法律的实施纳入司法程序，司法机关通过处理违法案件、处理纠纷等，保护公民、法人的合法权益，保障可持续发展战略的实施。加强对可持续发展法律实施的监督检查，建立健全可持续发展法律实施执行的监督体制。

第四章 可持续发展经济政策

建立社会主义市场经济体制。社会主义市场经济体制坚持以公有制为主体、多种经济成分共同发展的方针，使市场在国家宏观调控下对资源配置起基础性作用。中国经济体制改革的总体目标是在本世纪末初步建立起社会主义市场经济体制。建立以公有制为主导的现代企业制度；鼓励企业间自主的经济联合，发展企业集团；培育全国统一、开放、竞争、有序的市场体系。同时，加强政府对自然资源和环境保护的宏观调控作用，用政策指导协调经济发展与自然资源和环境保护之间的关系。

促进经济发展。在国家统一规划指导下，搞好横向经济联合和协作，加强发达地区与贫困地区的经济技术合作，促进地区经济合理布局和健康发展，特别是扶持少数民族地区、边疆地区和贫困地区的经济发展；在制定产业政策和进行产业结构调整时，严格限制能耗高、资源消耗大、污染重的企业发展；努力开发高产优质高效农业，大力发展可持续农业；推行清洁生产，支持环保产业的发展；大力发展第三产业，促进中国的人口、经济、社会、资源与环境的协调发展。

有效利用经济手段和市场机制。通过调整各种经济政策，促进可持续的经济发展；改革或调整现有的经济与财政鼓励措施，使其符合可持续发展目标；制定政策框架，促进污染控制和无害环境的资源配置机制的建立；建立符合可持续发展目标的价格体系。

建立综合的经济与资源环境核算体系，在国民经济核算体系中考虑和体现资源环境的因素。

第五章 费用与资金机制

《议程》实施费用主要依靠中国政府和有关单位及个人的投入，同时也要广泛吸收国际社会和民间的投入；推动金融界以信贷、保险业务等形式支持可持续发展。

可持续发展财税、经济法规建设。建立健全财税制度和经济法规政策，研究制定有利于可持续发展的财税新制度、经济法规体系、技术经济政策体系。

第六章 教育与可持续发展能力建设

健全可持续发展管理体系。在国务院领导下，《议程》的实施和管理由国家计委和国家科委负责组织与协调，各级政府和部门承担相应领域的职责和任务；不断完善可持续发展的协调管理机制；采取各种措施，提高计划管理决策人员的可持续发展的能力，实现人口、经济、社会、资源和环境的综合决策。

教育建设。贯彻实施《中国教育改革和发展纲要》和高等教育重点建设工程；提高受教育者的可持续发展意识，将可持续发展思想贯穿于从初等到高等的整个教育过程中。

人力资源开发和能力建设。综合开发人力资源，提供新的就业领域和机会，满足可持续发展对人力资源的需求；组织和吸引农村剩余劳动力从事生态工程建设（如植树种草）和其他社会公益性建设，同时加强其知识教育和技能培训。建立职业培训机构，促进职业培训和技能训练。

科学技术支持能力建设。贯彻实施《中长期科技发展纲领》和各类科技计划；吸引优秀人才从事可持续发展科学技术研究；深化科技体制改革，建立科学研究、技术开发、生产、市场有机相连的“一条龙”体系。

可持续发展信息系统。建立可持续发展信息网络，使有关部门和机构能够比较方便地获得有关可持续发展的国内外最新的和综合的信息。

《议程》将在实施中不断完善和修订，《议程》的优先项目计划也将不断滚动实施。

第七章 人口、居民消费和社会服务

控制人口增长与提高人口素质。坚持计划生育政策，改善计划生育服务质量，把计划生育与扶贫、妇幼保健结合起来；提高人口素质，特别注意改善妇女受教育的条件，提高农民文化素质并转变他们的生育观念；促进社区经济发展，为农村妇女提供就业机会；建立老年社会保障制度。

引导建立可持续的消费模式。改进居民消费结构，促进社会消费多样化；增加营养食品和绿色食品的生产，改进居民膳食质量和营养构成；抑制不健康的消费，反对铺张浪费。

大力发展社会服务与第三产业。贯彻执行《中共中央国务院关于加快发展第三产业的决定》，加快商业、流通业、旅游业、饮食业、社会保障、金融业、信息业等的发展。

第八章 消除贫困

本世纪末，实现国家《八七扶贫攻坚计划》目标，基本解决8000万贫困人口的温饱问题。实施行之有效的扶贫政策和措施，增加对贫困地区的投入；继续实行“以工代赈”政策；重点发展投资少、见效快、效益高的种植业、养殖业和加工工业；改善生态环境和基本生产和生活条件，扭转生态环境恶化的趋势，基本解决人、畜饮水困难；通过教育、培训等措施，提高贫困地区人民的自我发展能力；广泛开展国际合作，重点实施一批可持续发展的扶贫优先项目和示范工程。

第九章 卫生与健康

满足基本的保健需求。2000年，省会城市形成技术比较先进的卫生服务和技术指导中心；大部分的县、乡卫生机构健全，具备开展初级卫生保健的基本条件；争取绝大多数的行政村建有卫生室，有治疗常见病及地区流行病的常用药物及开展社区综合卫生保健的基本条件；健全检疫的组织机构和制度，促进民众参与禁毒、反毒，严防毒品危害。

减少因环境污染和公害引起的健康危害。预防和减少因环境污染而引起的传染病、职业病、职业中毒、食物中毒等，减少各种环境污染因素对健康的潜在性威胁。

控制传染病，降低发病率。

继续推行碘盐、补硒、改水、改善膳食和营养等措施，减少地方病的危害。

保护易受害人群。增加妇幼保健投入，使危害妇幼健康的主要疾病得到控制；增加残疾人就业，保障残疾人生活；提高老年病的医疗水平。

迎接城市的卫生挑战。逐步完善城市规划的卫生和住宅卫生标准体系，改善城市基础卫生设施，提高精神卫生、心理咨询、康复医疗的覆盖面。

第十章　人类住区可持续发展

城市化与人类住区管理。适当控制大城市人口增长过快的势头，发展大城市的卫星城，积极发展中小城市，大力发展小城镇。制订或修订区域和城市的总体规划。

基础设施建设与完善人类住区功能。提高城市供水普及率、提高城市燃气普及率、增加城市居民采暖的集中供热面积；加快城市交通网络建设；完善城乡邮电、通讯、金融、文化设施、商业网点、信息服务、社会福利等配套设施建设，提高综合社会经济功能。

改善人类住区环境。提高城市污水处理率，采取综合措施控制和降低城市中工业噪声和交通噪声，增加绿化覆盖面积。

所有人具有适当住房。

促进建筑业可持续发展。持续提高住宅建设能力，加强建筑监理和质量保证体系，提高设计水平和建筑质量；提高建筑业的现代化水平，加强建筑队伍的技术培训。

建筑节能和提高住区能源利用效率。健全建筑节能的法规、标准和施工技术规范。积极开发和采用可降低能耗和物料消耗的新型技术与材料。

第十一章　农业与农村的可持续发展

推进可持续发展的综合管理。进一步强化有关农业生态环境保护和资源管理的法规、政策体系；建立农业和农村可持续发展综合管理体系；扩大生态农业建设试验点，新建一批与持续发展相结合的高产、优质、高效农业示范区。

加强食物安全和预警系统。加强食物安全监测，发展无污染的绿色食品，健全各级食物储备、加工、运销体系。

调整农业结构，优化资源和生产要素组合。在稳定发展粮食生产的前提下，按照因地制宜和充分发挥资源优势的原则，积极稳妥地调整农业结构，形成结构合理的农林牧渔全面发展的大农业格局。

提高农业投入和农业综合生产力。扩大农田灌溉面积，提高农业机械化水平；加强防护林体系和农田基本建设，改良退化土地，增加农业生产抗灾能力；增加农村能源开发利用的投入，推广加强可再生能源和新能源的开发利用，增加农村能源供应。

农业自然资源可持续利用和生态环境保护。完善与农业自然资源和生态环境有关的法规、标准；强化农业资源与环境管理体系建设，提高管理效率和能力。建立基本农田保护区；改造中低产田，分期分批实施中低产田改造规划，加快建成高产稳产农田，大力发展节水农业；促进土地复垦，防止土地退化；采取措施鼓励农户实行秸秆还田和秸秆过腹还田，多施有机肥。

发展可持续性农业科学技术。开发和推广节约资源、提高产量和品质、保护环境的农业技术，培育优质高产、抗逆和动植物新品种。研究动植物重大病虫害综合防治和预警技术，建立健全广泛、有效的农业技术推广体系。

发展乡镇企业和建设农村乡镇中心。将乡镇中心的建设有机结合起来，依靠科技进步，改善产业结构，使乡镇企业走上高效、节能、无污染的可持续发展之路。

第十二章　工业与交通、通信业的可持续发展

根据国家经济、社会可持续发展战略的要求，调整和优化产业结构和布局；运用科学技术特别是以电子信息、自动化技术改造传统产业，使传统产业生产技术和装备现代化；有重点地发展高技术，实现产业化；提高产品质量，使工交产业尽快步入可持续发展的轨道。

改善工业结构和布局。国家从宏观上加强对基础工业和基础设施的支持，缓解其滞后的问题；从强化节约和增加供给两个方面入手，提高能源和重要原材料及交通、通信等对经济发展的支持能力；发挥各地优势，加快地区工业经济的协调发展，促进全国工业布局合理化。

开展清洁生产和生产绿色产品。科学规划和组织协调不同生产部门的生产布局和工艺流程，优化生产诸环节，由单纯的尾端污染控制转向生产全过程的污染控制，减少单位经济产出的废弃物排放量；鼓励采用清洁生产方式使用能源和资源，提高能源和资源的使用效率；制定与中国目前经济发展水平和国力相适应的清洁生产标准和原则，并配套制定相应的法规和经济手段；开发无公害、少污染、低消耗的清洁生产工艺和产品，特别鼓励可再生资源、能源的使用。更新、替代有害环境的产品，大力发展绿色产品，特别要促进具有环境保护标志的产品的生产与使用。

工业技术的开发和利用。发展机电一体化技术和先进设计、制造技术和农业、能源及原材料等的重大成套设备。

加强和改善行业管理。制定行业管理的政策和措施，转换企业经营机制，建立统一的市场，为工业和交通、通信业的可持续发展创造条件；关停资源、能源消耗高，环境污染重的企业；继续严格贯彻执行一系列工业污染控制的法规和制度。

加强交通、通信业的可持续发展。本世纪末使交通、通信紧张的状况有较大的缓解。

第十三章 可持续的能源生产与消费

综合能源规划与管理。制订能源——环境——经济综合规划方法和实施方案；改善能源供应结构的布局，提高清洁能源和高质量能源的比例；提高能源利用效率和节能。加快农村能源和电气化建设。制定和实施中国的节能法规。开发和推广先进的节能技术，加强电网建设，推广热电联产，对电站锅炉、工业锅炉和工业窑炉进行节能技术改造，提高终端用能设施的能源利用效率。

推广少污染的煤炭开采技术和清洁煤技术。制定有利于发展少污染的煤炭开采技术和清洁煤技术的政策、法规；促进煤炭开采和加工技术向环境无害化转变；运用经济手段推动煤炭开采中矿井水和甲烷的利用，促进煤矸石综合利用和煤炭高效、清洁利用；开发和引进高效清洁的燃煤技术，建立相应的示范点。

开发利用新能源和可再生能源。把开发可再生能源放在优先地位，加快水能、生物质能、太阳能、风能、地热能、海洋能的开发，提高可再生能源在能源结构中的比例。

第十四章 自然资源保护与可持续利用

建立基于市场机制与政府宏观调控相结合的自然资源管理体系。

在自然资源管理决策中推行可持续发展影响评价制度。逐步在制定有关自然资源管理的重大政策、规划和开发项目时采用可持续发展影响评价，实施自然资源保护和管理政策的费用效益分析。

水资源的保护与开发利用。改革现行的水资源管理体制，采用法律和经济措施，逐步实行综合性水资源规划和管理；依据《水法》实行节约用水、计划用水，以缓解目前存在的城市和农村严重缺水状况；加强水环境污染控制和污水资源化；在维护和改善生态环境的前提下，合理、充分地利用水资源，使得经济建设与水资源保护同步发展。

土地资源的管理与可持续利用。完成国家、省、地（市）、县四级土地资源调查和土地利用总体规划；健全土地管理政策与法规，全面推行土地有偿使用和分阶段地实现土地市场化；整治退化的土地，加强山地资源的综合利用与管理，提高土地利用效率；依法管理现有湿地资源，保护一批重要湿地。

森林资源的培育、保护、管理与可持续发展。加速造林绿化，大力培育和保护森林资源，重点抓好速生丰产用材林基地建设和五大防护林体系建设，加强培育森林资源和制止森林破坏与退化的管理，制定监测体系发展规划和有关技术规范。

海洋资源的可持续开发与保护。强化海洋资源管理；建立海洋系统监测与保护体系和环境预报服务体系。开发海水养殖，推动海洋渔业发展，防止、减少和控制海洋生态的退化和长期的不利影响，维持海洋生态平衡和海洋资源的永续利用。

矿产资源的合理开发利用与保护。在继续合理开发利用国内矿产资源的同时，适当利用国外资源，提高资源的优化配置和合理开发利用资源水平；加强地质勘查工作，最大限度保证国民经济建设对矿产资源的需要；减少矿产资源开发所造成的环境代价。

草地资源的开发利用与保护。贯彻实施《草原法》及其有关法规，增加人工草场和优良草场面积，基本控制草原及其生态环境退化趋势。

第十五章 生物多样性保护

到2000年，建成类型齐全、不同级别、布局合理、面积适宜的自然保护区网络；保护特殊环境和生态系统，如湿地、珊瑚礁生态系统、红树林生态系统、河口生态系统、高原陆地生态系统、高原湖泊生态系统等；保护农业生态系统和农业用物种，建立一批农作物野生亲缘种就地保护点；建立和完善全国珍稀濒危动植物迁地保护网络；建立和完善生物多样性保护的监测网络；积极开展生物多样性的国际与区域合作，组织实施《中国生物多样性保护行动计划》。

第十六章 荒漠化防治

荒漠化土地综合整治与管理。扩大造林种草面积，减缓荒漠化土地蔓延速度，农牧交错地带和某些湿润与半湿润地区的土地荒漠化基本得到控制；建立荒漠化监测及信息系统，减少人为破坏导致的荒漠化扩展。

北方荒漠化地区经济发展。发展各种药材、经济植物和温室农业；兴办一批工矿企业，为荒漠化地区居民开辟新的就业途径，建设荒漠化地区生态农业示范工程。

水土流失综合防治。贯彻《水土保持法》，全面管护，重点治理，把加强水土流失预防、监督、管理工作放在首位，使水土流失恶化的势头得到有效的遏止。

水土保持生态工程建设与管理。建设“三北”防护林体系、长江中上游防护林体系、太行山绿化、沿海防护林体系等工程。

第十七章 防灾减灾

对中国社会、经济发展影响最大的自然灾害是洪水、干旱以及地震、台风、泥石流、生物灾害等。

提高对自然灾害的管理水平。健全灾害管理的法律、制度、规范，增强灾害管理的协调、监督机制。

加强防灾减灾体系建设，减轻自然灾害损失。建立与中国社会经济发展水平相适应的灾害综合防御体系，提高社会防灾抗灾总体能力。

减少人为因素诱发加重的自然灾害。通过调整人类活动方式或减缓人类活动强度，减少未来自然灾害可能发生的频率，减轻自然灾害的危害。

第十八章 保护大气层

控制大气污染和防治酸雨。本世纪末，重点城市和局部地区环境质量要有所改善；城市大气总悬浮微粒要基本得到控制。

防止平流层臭氧耗损。开发、引进、推广消耗臭氧层物质的替代技术；2010 年前实现全面淘汰消耗臭氧层物质的目标。

控制温室气体排放。尽管中国到 2000 年人均二氧化碳排放量仍不到 1989 年世界人均水平的一半，但仍将积极参与国际社会控制温室气体排放的行动；根据中国能源资源特点和经济发展水平，通过产业结构调整、加强节能降耗、改进终端用能技术以降低二氧化碳排放的增长速度。

气候变化的监测、预报及服务系统的建设。

第十九章 固体废物的无害化管理

固体废物的处理与管理。建立科学的固体废物和有害废物管理机制；固体废物的回收利用得到良性发展；基本控制有害废物的污染；开展有害废物管理技术、废物最小量化技术、资源化技术和处理处置工程技术研究，建设安全填埋场、焚烧场等示范工程；提高管理能力，贯彻实施《巴塞尔公约》。

放射性废物安全和无害化管理。制定中国含放射性物质废物管理的总体对策，强化放射性废物的安全与无害化管理；建设中、低放射性废物示范性处置场、高放射性废物中间贮存场、核技术应用废物库以及放射废物监督跟踪系统。

生活垃圾管理和无害化系统。加强生活垃圾管理与法规建设，尽快制定和完善地区和城市生活垃圾管理办法，逐步推行垃圾处理收费制度；大力推行城市垃圾减量化和资源化。

废旧物资资源化管理。制定废旧物资资源化管理的有关法律，促进废旧物资分类回收规范化，重新加工与深度开发合理化。

第二十章 团体及公众参与可持续发展

实现可持续发展目标，必须依靠公众及社会团体包括工人、农民、妇女、青少年、科技界、教育界等的支持和参与。

妇女参与可持续发展，制订和公布消除阻碍妇女参与可持续发展障碍的国家战略，制定、执行有关妇女参与可持续发展的国际公约和行动计划的国家方案，促进相应领域的国内立法。建立保障妇女参与可持续发展的执法监督检查机制。

青少年参与可持续发展。加强政府与青年界的联系与沟通。以青年组织代表为联系形式，使男女青年能够在国家、区域、地方的有关环境与发展问题上发表意见，参与有关的决策过程。

工人和工会参与可持续发展。在推进中国社会主义市场经济体制建立和促进社会经济持续发展过程中切实发挥工人和工会的作用，使其充分参与制定和执行国家可持续发展战略，以推动经济发展，消除贫困，实现充分就业，促进安全、清洁、卫生的工作环境、社区环境和自然环境的实现。

科技界在可持续发展中的作用。科技界和教育界应成为加强政府与公众之间的联络与合作的强有力的纽带，对可持续发展问题进行研究，并探入了解社会的意见，并反馈给决策者，并使重大决策和方案准确地为社会公众了解，传播可持续发展科学知识和技能。

党和国家领导人江泽民李鹏为黄帝陵的题词刻制成碑

全国政协在人民大会堂举行纪念缪云台百年诞辰座谈会

全国政协主席李瑞环会见参加全国政协八届二次会议的全国政协委员第十世班禅大师的母亲尧西·索朗卓玛

新华社香港分社副社长朱育诚就新界原居民继承权问题接受记者采访

新华社香港分社副社长朱育诚在接受记者采访时说，新界原居民的继承权是历史遗留下来的问题，港府现在支持《新界土地(豁免)条例》的修订，是违反中英联合声明和基本法的。这个问题属于跨越 1997 年的一个重大事务，应由中英双方通过外交磋商加以解决。

他批评有人借此分化港人，制造对立，引起社会不稳定。

新界原居民先祖自宋朝末年在新界定居，1000多年来一直维持典型的家族制农村社会，有关土地物业一向依循先人传统习俗，只由男丁继承。1910年，港英当局制订《新界条例》，强行宣布新界内所有土地属英女皇所有，遭到新界居民的强烈抗争，港英当局只得在条例中允诺新界居民的土地物业继承权"可按传统方式不变"，即"男性继承"。70年代，香港新市镇拓展计划向新界渐次推进，港英当局在迫令新界居民拆迁的同时，另行批地给原居民重建家园，沿用旧村名称，并承诺原有继承关系、继承方式不变。

1993年11月，港英当局向立法局提交《新界土地(豁免)条例》草案。为了尽快解决受《新界条例》影响的新市镇几十万非原居民土地物业继承权问题，草案中对可免受《新界条例》约束的非农村用地继承权问题作了详细规定。新界原居民对此表示支持。但是，今年3月10日，港英当局突然宣布，要修订正在立法局审议的《新界土地(豁免)条例》草案，规定包括原居民在内的所有新界女性，对新界土地物业都拥有继承权，引起新界原居民的强烈抗议。

对此，朱育诚说，新界原居民的权益是历史上遗留下来的。中英联合声明和基本法都对此作了明确、详细的规定。港英当局提出的有关修改意见，违反了基本法和中英联合声明。香港立法局作为一个法律咨询机构，没有权力作这样的修改。如要修改也要征求新界原居民和他们的乡议局意见。港英当局的做法是不尊重新界原居民的合法权益的表现。

朱育诚说，中方一贯支持男女平等。现在有人提出这个问题，其目的不是男女平等，而是要分化港人，制造对立，引起社会的不稳定，这是中方反对的。朱育诚强调，修改新界原居民的继承权，这是跨越1997年的一个重大问题，应由中英双方通过外交磋商加以解决。

中国政府和丹麦政府在北京签署《关于丹麦在中国上海设立总领事馆的换文》

国务院总理李鹏在中南海紫光阁会见韩国大宇集团会长金宇中

国务院总理李鹏在中南海紫光阁会见美国安达信公司总裁温博志

《中国共产党纪律检查机关案件检查工作条例》发布

《中国共产党纪律检查机关案件检查工作条例实施细则》发布

3月26日

全国人大常委会委员长乔石在人民大会堂会见贝宁国民议会议长阿德里安·温贝吉

最高人民检察院检察长张思卿在全国检察机关纪检工作会议上发表讲话

张思卿在全国检察机关纪检工作会议上指出，检察机关是反腐败斗争的重要力量，又是中央确定的反腐败斗争的重要部门之一；正人先正己；全国各级检察机关必须做好自身反腐败，纯洁检察队伍，更好地履行法律监督职能。

张思卿说，检察人员既是反腐败斗争第一线的战士，又是腐败犯罪分子拉拢、腐蚀的重要目标。从目前已经暴露出来的问题看，检察队伍中的违法违纪人员虽然只是极少数，但在群众中造成的影响极坏，严重败坏检察机关的形象，损害国家法制的尊严。有的检察人员利用检察职权谋取私利或滥用检察职权侵犯公民权益，如利用检察职权徇私舞弊、索贿受贿、泄漏办案机密以及滥用职权、非法拘禁、刑讯逼供等，这是检察机关存在的腐败现象的主要表现。对这类违法乱纪案件，要作为重点严肃查处，绝不能放纵宽容，更不能包庇袒护。

香港特别行政区筹委会预委会法律小组第三次会议在北京举行

会议于3月26日至28日在北京港澳中心举行。会议主要根据香港基本法的规定，对香港现行法律中有关建筑与建设、家事法、土地与不动产等45个法律条例进行审核。委员会认为，除个别词句和条款具有殖民主义色彩与基本法不符外，这些条例可予保留。

法律专题小组会第四次小组会议定于5月下旬举行。

中国人民银行行长朱镕基签署第3号中国人民银行令发布经国务院批准的《结汇售汇及付汇管理暂行规定》

第一章　总　则

第一条　为规范结汇、售汇及付汇行为，实现经常项目下人民币有条件可兑换，特制定本规定。

第二条　外汇指定银行须按本规定办理结汇、售汇、开立外汇账户及对外支付业务。

第三条　境内所有企事业单位、机关和社会团体

(以下简称“境内机构”)的各类外汇收入必须及时调回境内，按本规定办理结汇、购汇、开立外汇账户及对外支付。

第二章　结　汇

第四条　除本规定第五条、第六条限定范围外，境内机构取得的下列外汇须全部结售给外汇指定银行：

(一)出口或先支后收转口货物及其他交易行为收入的外汇；

(二)境外贷款项下国际招标中标收入的外汇；

(三)海关监管下境内经营免税商品收入的外汇；

(四)交通运输(包括各种运输方式)及港口(包括海港、空港)、邮电(不包括国际汇兑款)、旅游、广告、咨询、展览、寄售、维修等行业及各类代理业务提供商品或服务收入的外汇；

(五)行政、司法机关收入的各项外汇规费、罚没款等；

(六)土地使用权、著作权、商标权、专利权、非专利技术、商誉等无形资产转让收入的外汇；

(七)向境外出售房地产及其他资产收入的外汇；

(八)境外投资企业汇回的外汇利润、对外经援项下收回的外汇和境外资产的外汇收入；

(九)对外索赔收入的外汇、退回的外汇保证金等；

(十)保险机构受理外汇保险所得外汇收入；

(十一)取得《经营外汇业务许可证》的金融机构经营外汇业务的收入；

(十二)国外捐赠、资助及援助收入的外汇；

(十三)国家外汇管理局规定的其他应结汇的外汇。

第五条　境内机构的下列外汇，可以向国家外汇管理局或其分支局(以下简称“外汇局”)申请，在外汇指定银行开立外汇账户，按规定办理结汇：

(一)经营境外承包工程、向境外提供劳务、技术合作及其他服务业务的公司，在上述业务项目进行过程中收到的业务往来外汇；

(二)从事代理对外或境外业务的机构代收待付的外汇；

(三)暂收待付或暂收待结项下的外汇，包括境外汇入的投标保证金、履约保证金、先收后支的转口贸易收汇、邮电部门办理国际汇兑业务的外汇汇兑款、一类旅行社收取的国外旅游机构预付的外汇、铁路部门办理境外保价运输业务收取的外汇、海关收取的外汇保证金、抵押金等；

(四)保险机构受理外汇保险、需向外分保以及尚未结算的保费。

上述各项外汇，根据会计制度按期结算实现的收入，应全部结售给外汇指定银行。

第六条　下列范围内的外汇可不结汇，在外汇指定银行开立外汇账户：

(一)国家批准专项用于偿还境内外外汇债务并经外汇局审核的外汇；

(二)捐赠协议规定用于境外支付的捐赠外汇；

(三)境外借款、发行外币债券、股票取得的外汇；

(四)境外法人或自然人作为投资汇入的外汇；

(五)外国驻华使领馆、国际组织及其他境外法人驻华机构的外汇；

(六)外商投资企业的外汇；

(七)居民个人及来华人员个人的外汇。

第七条　本规定第五条、第六条允许开立外汇账户的境内机构，需持外汇局核发的开户凭证，在外汇指定银行办理开户。

第三章　售　汇

第八条　境内机构下列贸易及非贸易经营性对外支付用汇，持与支付方式相应的有效商业单据和所列有效凭证到外汇指定银行兑付：

(一)实行进口配额管理或特定产品进口管理的货物进口，持有关部门签发的许可证或进口证明以及相应的进口合同；

(二)实行自动登记制的货物进口，持相应的登记文件和进口合同；

(三)除上述两项以外，其他符合国家进口管理规定的货物进口，持进口合同；

上述(一)至(三)项进口项下的预付款(规定比例以内)、开证保证金、尾款、运输费、保险费及从属费用和出口项下的佣金(规定比例以内)、运输费、保险费及从属费用，持(一)至(三)项规定的有效凭证或有关批准文件；

(四)从保税区、保税库购买商品以及购买国外入境展览展品的用汇，持(一)至(三)项规定的有效凭证；

(五)专利权、著作权、商标、计算机软件等无形资产的进口，持进口合同或协议；

(六)出口项下对外退赔外汇，持结汇水单、索赔协议、理赔证明及退汇证明；

(七)境外承包工程所需的投标保证金持投标文件，履约保证金及垫付工程款项持合同。

第九条　境内机构下列贸易及非贸易经营性对外支付，外汇指定银行凭用户提出的支付清单先兑付，事后核查：

(一)进料加工生产复出口商品的进口，持外经贸部门批准的进料加工合同；

(二)经国务院批准的免税品公司按规定范围经营免税商品的进口支付；

(三)民航、海运、铁道部门(机构)支付境外国际联运费、设备维修费、站场港口使用费、燃料供应费、保险费、非融资性租赁费及其他服务费用；

（四）民航、海运、铁道部门（机构）支付国际营运人员伙食、津贴补助；

（五）邮电部门支付国际邮政、电信业务费用。

第十条　境内机构下列贸易及非贸易经营性对外支付，持外汇局核发的售汇通知单到外汇指定银行兑付：

（一）超过规定比例的预付货款、佣金；

（二）转口贸易项下先支后收发生的对外支付。

第十一条　财政预算内的机关、事业单位和社会团体的非贸易非经营性用汇，按《非贸易非经营性外汇财务管理暂行规定》办理。

第十二条　财政预算外的境内机构下列非经营性用汇，持外汇局核发的售汇通知单到外汇指定银行兑付：

（一）在境外举办展览、招商、培训及拍摄影视片等用汇；

（二）对外宣传费、对外援助费、对外捐赠外汇、国际组织会费、参加国际会议的注册费、报名费；

（三）在境外设立代表处或办事机构的开办费和经费；

（四）国家教委国外考试协调中心支付境外的考试费；

（五）其他非经营性用汇。

第十三条　个人的下列非贸易非经营性用汇，由外汇局授权的外汇指定银行按有关规定兑付：

（一）应聘在境内机构工作的外国专家领取人民币工资、生活费和离职补贴费后需兑换的用汇；

（二）个人因私出境、朝觐用汇；

（三）移居出境的个人，需购汇汇出的离休金、退休金、离职金、退职金、抚恤金；

（四）境内居民个人从境外邮购少量药品、医疗用具等特殊用汇。

第十四条　境内机构资本融资项下的下列用汇，持所列有效凭证到外汇指定银行兑付：

（一）偿还境内金融机构自营外汇贷款本息、费用，持贷款协议和债权机构还本付息通知单；

（二）境内外汇担保履约用汇，持担保合同和债权机构支付通知；

（三）经国家批准以外币支付的股息，持董事会分配利润的决议书及完税证明。

第十五条　境内机构资本融资项下的下列用汇，持所列有效凭证向外汇局申报，凭外汇局的核准件到外汇指定银行兑付：

（一）偿还外债和外汇（转）贷款本息、费用，持《外债登记证》或《外汇（转）贷款登记证》及债权机构还本付息通知单；

（二）境外外汇担保履约用汇，持担保合同、外汇局核发的《外汇担保登记证》及境外机构支付通知；

（三）境外投资资金的汇出，持项目审批部门的批准文件和投资合同；

（四）外商投资企业的中方投资者经批准需以外汇投入的注册资金，持项目审批部门的批准文件和合同。

第十六条　外国驻华使领馆的合法人民币收入（如签证费、认证费等）要求汇出境外时，到外汇局授权的外汇指定银行兑付。

境外法人驻华机构的合法人民币收入（如外航驻华机构代办客货运费等）要求汇出境外时，须持证明材料向外汇局申报，持外汇局售汇通知单到外汇指定银行兑付。

第十七条　临时来华的外国人、华侨、港澳台同胞出境时未用完的人民币，可以凭本人护照、原兑换水单（有效期为六个月）兑回外汇，携出境外。

第四章　付　汇

第十八条　所有对外支付，有外汇账户的，且支付用途符合外汇账户规定的使用范围的，首先使用其外汇账户余额；外汇账户使用范围以外的付汇及没有外汇账户或账户余额不足的，方可购汇。

第十九条　从外汇账户对外支付的，开户银行应根据规定的外汇账户收支范围进行审核，并按第三章相应的规定进行审核，办理支付。

第二十条　购汇支付和从外汇账户支付的，均须在有关结算方式或合同规定的日期办理，不得提前对外付款。

第二十一条　需提前偿还境外债务本息的，经外汇局批准后方可购汇并对外支付。

第五章　附　则

第二十二条　为使有远期支付合同或偿债协议的用汇单位避免汇率风险，外汇指定银行可按有关规定为其办理人民币与外币的远期买卖及其他保值业务。

第二十三条　易货项下进口不得购汇或用外汇账户支付。

第二十四条　外汇指定银行应按出口企业结汇额的百分之五十为其设立台账。出口企业为扩大出口所需用汇（包括进料加工、包装物料、出口基地、索理赔、运保费、售后服务及其他贸易从属费等），按本规定第八条、第九条办理兑付，兑付银行从台账余额中扣减其相应数额。

第二十五条　外汇指定银行应按旬向外汇局报送结汇、售汇及付汇情况报表。

第二十六条　境内机构可在注册地区选择外汇指

定银行办理开立外汇账户、结汇、购汇业务并向当地外汇局备案。

经营外汇业务的金融机构和有结汇、购汇、付汇业务的境内机构应无条件接受外汇局的监督、检查，并出示、提供有关材料。

第二十七条 对违反本规定的，外汇局可对其处以警告、罚款或暂停办理结汇、售（购）汇、付汇业务的处罚。

第二十八条 本规定第三章各条不适用于外商投资企业。

第二十九条 本规定由国家外汇管理局负责解释。

第三十条 本规定自1994年4月1日起施行。以前规定与本规定相抵触的，以本规定为准。

国务院总理李鹏签署国务院第152号令发布《中华人民共和国矿产资源法实施细则》

现发布《中华人民共和国矿产资源法实施细则》，自发布之日起施行。

总理 李　鹏

1994年3月26日

中华人民共和国矿产资源法实施细则

第一章 总　则

第一条 根据《中华人民共和国矿产资源法》，制定本细则。

第二条 矿产资源是指由地质作用形成的，具有利用价值的，呈固态、液态、气态的自然资源。

矿产资源的矿种和分类见本细则所附《矿产资源分类细目》。新发现的矿种由国务院地质矿产主管部门报国务院批准后公布。

第三条 矿产资源属于国家所有，地表或者地下的矿产资源的国家所有权，不因其所依附的土地的所有权或者使用权的不同而改变。

国务院代表国家行使矿产资源的所有权。国务院授权国务院地质矿产主管部门对全国矿产资源分配实施统一管理。

第四条 在中华人民共和国领域及管辖的其他海域勘查、开采矿产资源，必须遵守《中华人民共和国矿产资源法》（以下简称《矿产资源法》）和本细则。

第五条 国家对矿产资源的勘查、开采实行许可证制度。勘查矿产资源，必须依法申请登记，领取勘查许可证，取得探矿权；开采矿产资源，必须依法申请登记，领取采矿许可证，取得采矿权。

矿产资源勘查工作区范围和开采矿区范围，以经纬度划分的区块为基本单位。具体办法由国务院地质矿产主管部门制定。

第六条 《矿产资源法》及本细则中下列用语的含义：

探矿权，是指在依法取得的勘查许可证规定的范围内，勘查矿产资源的权利。取得勘查许可证的单位或者个人称为探矿权人。

采矿权，是指在依法取得的采矿许可证规定的范围内，开采矿产资源和获得所开采的矿产品的权利。取得采矿许可证的单位或者个人称为采矿权人。

国家规定实行保护性开采的特定矿种，是指国务院根据国民经济建设和高科技发展的需要，以及资源稀缺、贵重程度确定的，由国务院有关主管部门按照国家计划批准开采的矿种。

国家规划矿区，是指国家根据建设规划和矿产资源规划，为建设大、中型矿山划定的矿产资源分布区域。

对国民经济具有重要价值的矿区，是指国家根据国民经济发展需要划定的，尚未列入国家建设规划的，储量大、质量好、具有开发前景的矿产资源保护区域。

第七条 国家允许外国的公司、企业和其他经济组织以及个人依照中华人民共和国有关法律、行政法规的规定，在中华人民共和国领域及管辖的其他海域投资勘查、开采矿产资源。

第八条 国务院地质矿产主管部门主管全国矿产资源勘查、开采的监督管理工作。国务院有关主管部门按照国务院规定的职责分工，协助国务院地质矿产主管部门进行矿产资源勘查、开采的监督管理工作。

省、自治区、直辖市人民政府地质矿产主管部门主管本行政区域内矿产资源勘查、开采的监督管理工作。省、自治区、直辖市人民政府有关主管部门，协助同级地质矿产主管部门进行矿产资源勘查、开采的监督管理工作。

设区的市人民政府、自治州人民政府和县级人民政府及其负责管理矿产资源的部门，依法对本级人民政府批准开办的国有矿山企业和本行政区域内的集体所有制矿山企业、私营矿山企业、个体采矿者以及在本行政区域内从事勘查施工的单位和个人进行监督管理，依法保护探矿权人、采矿权人的合法权益。

上级地质矿产主管部门有权对下级地质矿产主管部门违法的或者不适当的矿产资源勘查、开采管理行政行为予以改变或者撤销。

第二章 矿产资源勘查登记和开采审批

第九条 勘查矿产资源，应当按照国务院关于矿产资源勘查登记管理的规定，办理申请、审批和勘查登记。

勘查特定矿种，应当按照国务院有关规定办理申请、审批和勘查登记。

第十条 国有矿山企业开采矿产资源，应当按照国务院关于采矿登记管理的规定，办理申请、审批和采矿登记。开采国家规划矿区、对国民经济具有重要价值矿区的矿产和国家规定实行保护性开采的特定矿种，办理申请、审批和采矿登记时，应当持有国务院有关主管部门批准的文件。

开采特定矿种，应当按照国务院有关规定办理申请、审批和采矿登记。

第十一条 开办国有矿山企业，除应当具备有关法律、法规规定的条件外，并应当具备下列条件：

（一）有供矿山建设使用的矿产勘查报告；

（二）有矿山建设项目的可行性研究报告（含资源利用方案和矿山环境影响报告）；

（三）有确定的矿区范围和开采范围；

（四）有矿山设计；

（五）有相应的生产技术条件。

国务院、国务院有关主管部门和省、自治区、直辖市人民政府，按照国家有关固定资产投资管理的规定，对申请开办的国有矿山企业根据前款所列条件审查合格后，方予批准。

第十二条 申请开办集体所有制矿山企业、私营矿山企业及个体采矿的审查批准、采矿登记，按照省、自治区、直辖市的有关规定办理。

第十三条 申请开办集体所有制矿山企业或者私营矿山企业，除应当具备有关法律、法规规定的条件外，并应当具备下列条件：

（一）有供矿山建设使用的与开采规模相适应的矿产勘查资料；

（二）有经过批准的无争议的开采范围；

（三）有与所建矿山规模相适应的资金、设备和技术人员；

（四）有与所建矿山规模相适应的，符合国家产业政策和技术规范的可行性研究报告、矿山设计或者开采方案；

（五）矿长具有矿山生产、安全管理和环境保护的基本知识。

第十四条 申请个体采矿应当具备下列条件：

（一）有经过批准的无争议的开采范围；

（二）有与采矿规模相适应的资金、设备和技术人员；

（三）有相应的矿产勘查资料和经批准的开采方案；

（四）有必要的安全生产条件和环境保护措施。

第三章 矿产资源的勘查

第十五条 国家对矿产资源勘查实行统一规划。全国矿产资源中、长期勘查规划，在国务院计划行政主管部门指导下，由国务院地质矿产主管部门根据国民经济和社会发展中、长期规划，在国务院有关主管部门勘查规划的基础上组织编制。

全国矿产资源年度勘查计划和省、自治区、直辖市矿产资源年度勘查计划，分别由国务院地质矿产主管部门和省、自治区、直辖市人民政府地质矿产主管部门组织有关主管部门，根据全国矿产资源中、长期勘查规划编制，经同级人民政府计划行政主管部门批准后施行。

法律对勘查规划的审批权另有规定的，依照有关法律的规定执行。

第十六条 探矿权人享有下列权利：

（一）按照勘查许可证规定的区域、期限、工作对象进行勘查；

（二）在勘查作业区及相邻区域架设供电、供水、通讯管线，但是不得影响或者损害原有的供电、供水设施和通讯管线；

（三）在勘查作业区及相邻区域通行；

（四）根据工程需要临时使用土地；

（五）优先取得勘查作业区内新发现矿种的探矿权；

（六）优先取得勘查作业区内矿产资源的采矿权；

（七）自行销售勘查中按照批准的工程设计施工回收的矿产品，但是国务院规定由指定单位统一收购的矿产品除外。

探矿权人行使前款所列权利时，有关法律、法规规定应当经过批准或者履行其他手续的，应当遵守有关法律、法规的规定。

第十七条 探矿权人应当履行下列义务：

（一）在规定的期限内开始施工，并在勘查许可证规定的期限内完成勘查工作；

（二）向勘查登记管理机关报告开工等情况；

（三）按照探矿工程设计施工，不得擅自进行采矿活动；

（四）在查明主要矿种的同时，对共生、伴生矿产资源进行综合勘查、综合评价；

（五）编写矿产资源勘查报告，提交有关部门审批；

（六）按照国务院有关规定汇交矿产资源勘查成果档案资料；

（七）遵守有关法律、法规关于劳动安全、土地复垦和环境保护的规定；

（八）勘查作业完毕，及时封、填探矿作业遗留的井、硐或者采取其他措施，消除安全隐患。

第十八条 探矿权人可以对符合国家边探边采规定要求的复杂类型矿床进行开采；但是，应当向原颁发勘查许可证的机关、矿产储量审批机构和勘查项目主管部门提交论证材料，经审核同意后，按照国务院关于采矿登记管理法规的规定，办理采矿登记。第十九条 矿产资源勘查报告按照下列规定审批：

（一）供矿山建设使用的重要大型矿床勘查报告和供大型水源地建设使用的地下水勘查报告，由国务院矿产储量审批机构审批；

（二）供矿山建设使用的一般大型、中型、小型矿床勘查报告和供中型、小型水源地建设使用的地下水勘查报告，由省、自治区、直辖市矿产储量审批机构审批；

矿产储量审批机构和勘查单位的主管部门应当自收到矿产资源勘查报告之日起六个月内作出批复。

第二十条 矿产资源勘查报告及其他有价值的勘查资料，按照国务院有关规定实行有偿使用。

第二十一条 探矿权人取得临时使用土地权后，在勘查过程中给他人造成财产损害的，按照下列规定给以补偿：

（一）对耕地造成损害的，根据受损害的耕地面积前三年平均年产量，以补偿时当地市场平均价格计算，逐年给以补偿，并负责恢复耕地的生产条件，及时归还；

（二）对牧区草场造成损害的，按照前项规定逐年给以补偿，并负责恢复草场植被，及时归还；

（三）对耕地上的农作物、经济作物造成损害的，根据受损害的耕地面积前三年平均年产量，以补偿时当地市场平均价格计算，给以补偿；

（四）对竹木造成损害的，根据实际损害株数，以补偿时当地市场平均价格逐株计算，给以补偿。

（五）对土地上的附着物造成损害的，根据实际损害的程度，以补偿时当地市场价格，给以适当补偿。

第二十二条 探矿权人在没有农作物和其他附着物的荒岭、荒坡、荒地、荒漠、沙滩、河滩、湖滩、海滩上进行勘查的，不予补偿；但是，勘查作业不得阻碍或者损害航运、灌溉、防洪等活动或者设施，勘查作业结束后应当采取措施，防止水土流失，保护生态环境。

第二十三条 探矿权人之间对勘查范围发生争议时，由当事人协商解决；协商不成的，由勘查作业区所在地的省、自治区、直辖市人民政府地质矿产主管部门裁决；跨省、自治区、直辖市的勘查范围争议，当事人协商不成的，由有关省、自治区、直辖市人民政府协商解决；协商不成的，由国务院地质矿产主管部门裁决。特定矿种的勘查范围争议，当事人协商不成的，由国务院授权的有关主管部门裁决。

第四章　矿产资源的开采

第二十四条 全国矿产资源的分配和开发利用，应当兼顾当前和长远、中央和地方的利益，实行统一规划、有效保护、合理开采、综合利用。

第二十五条 全国矿产资源规划，在国务院计划行政主管部门指导下，由国务院地质矿产主管部门根据国民经济和社会发展中、长期规划，组织国务院有关主管部门和省、自治区、直辖市人民政府编制，报国务院批准后施行。

全国矿产资源规划应当对全国矿产资源的分配作出统筹安排，合理划定中央与省、自治区、直辖市人民政府审批、开发矿产资源的范围。

第二十六条 矿产资源开发规划是对矿区的开发建设布局进行统筹安排的规划。

矿产资源开发规划分为行业开发规划和地区开发规划。

矿产资源行业开发规划由国务院有关主管部门根据全国矿产资源规划中分配给本部门的矿产资源编制实施。

矿产资源地区开发规划由省、自治区、直辖市人民政府根据全国矿产资源规划中分配给本省、自治区、直辖市的矿产资源编制实施；并作出统筹安排，合理划定省、市、县级人民政府审批、开发矿产资源的范围。

矿产资源行业开发规划和地区开发规划应当报送国务院计划行政主管部门、地质矿产主管部门备案。

国务院计划行政主管部门、地质矿产主管部门，对不符合全国矿产资源规划的行业开发规划和地区开发规划，应当予以纠正。

第二十七条 设立、变更或者撤销国家规划矿区、对国民经济具有重要价值的矿区，由国务院有关主管部门提出，并附具矿产资源详查报告及论证材料，经国务院计划行政主管部门和地质矿产主管部门审定，并联合书面通知有关县级人民政府。县级人民政府应当自收到通知之日起一个月内予以公告，并报国务院计划行政主管部门、地质矿产主管部门备案。

第二十八条 确定或者撤销国家规定实行保护性开采的特定矿种，由国务院有关主管部门提出，并附具论证材料，经国务院计划行政主管部门和地质矿产主管部门审核同意后，报国务院批准。

第二十九条 单位或者个人开采矿产资源前，应当委托持有相应矿山设计证书的单位进行可行性研究和设计。开采零星分散矿产资源和用作建筑材料的砂、石、黏土的，可以不进行可行性研究和设计，但是应当有开采方案和环境保护措施。

矿山设计必须依据设计任务书，采用合理的开采顺序、开采方法和选矿工艺。

矿山设计必须按照国家有关规定审批；未经批准，不得施工。

第三十条 采矿权人享有下列权利：

（一）按照采矿许可证规定的开采范围和期限从事开采活动；

(二)自行销售矿产品,但是国务院规定由指定的单位统一收购的矿产品除外;

(三)在矿区范围内建设采矿所需的生产和生活设施;

(四)根据生产建设的需要依法取得土地使用权;

(五)法律、法规规定的其他权利。

采矿权人行使前款所列权利时,法律、法规规定应当经过批准或者履行其他手续的,依照有关法律、法规的规定办理。

第三十一条 采矿权人应当履行下列义务:

(一)在批准的期限内进行矿山建设或者开采;

(二)有效保护、合理开采、综合利用矿产资源;

(三)依法缴纳资源税和矿产资源补偿费;

(四)遵守国家有关劳动安全、水土保持、土地复垦和环境保护的法律、法规;

(五)接受地质矿产主管部门和有关主管部门的监督管理,按照规定填报矿产储量表和矿产资源开发利用情况统计报告。

第三十二条 采矿权人在采矿许可证有效期满或者在有效期内,停办矿山而矿产资源尚未采完的,必须采取措施将资源保持在能够继续开采的状态,并事先完成下列工作:

(一)编制矿山开采现状报告及实测图件;

(二)按照有关规定报销所消耗的储量;

(三)按照原设计实际完成相应的有关劳动安全、水土保持、土地复垦和环境保护工作,或者缴清土地复垦和环境保护的有关费用。

采矿权人停办矿山的申请,须经原批准开办矿山的主管部门批准、原颁发采矿许可证的机关验收合格后,方可办理有关证、照注销手续。

第三十三条 矿山企业关闭矿山,应当按照下列程序办理审批手续:

(一)开采活动结束的前一年,向原批准开办矿山的主管部门提出关闭矿山申请,并提交闭坑地质报告;

(二)闭坑地质报告经原批准开办矿山的主管部门审核同意后,报地质矿产主管部门会同矿产储量审批机构批准;

(三)闭坑地质报告批准后,采矿权人应当编写关闭矿山报告,报请原批准开办矿山的主管部门会同同级地质矿产主管部门和有关主管部门按照有关行业规定批准。

第三十四条 关闭矿山报告批准后,矿山企业应当完成下列工作:

(一)按照国家有关规定将地质、测量、采矿资料整理归档,并汇交闭坑地质报告、关闭矿山报告及其他有关资料;

(二)按照批准的关闭矿山报告,完成有关劳动安全、水土保持、土地复垦和环境保护工作,或者缴清土地复垦和环境保护的有关费用。

矿山企业凭关闭矿山报告批准文件和有关部门对完成上述工作提供的证明,报请原颁发采矿许可证的机关办理采矿许可证注销手续。

第三十五条 建设单位在建设铁路、公路、工厂、水库、输油管道、输电线路和各种大型建筑物前,必须向所在地的省、自治区、直辖市人民政府地质矿产主管部门了解拟建工程所在地区的矿产资源分布情况,并在建设项目设计任务书报请审批时附具地质矿产主管部门的证明。在上述建设项目与重要矿床的开采发生矛盾时,由国务院有关主管部门或者省、自治区、直辖市人民政府提出方案,经国务院地质矿产主管部门提出意见后,报国务院计划行政主管部门决定。

第三十六条 采矿权人之间对矿区范围发生争议时,由当事人协商解决;协商不成的,由矿产资源所在地的县级以上地方人民政府根据依法核定的矿区范围处理;跨省、自治区、直辖市的矿区范围争议,当事人协商不成的,由有关省、自治区、直辖市人民政府协商解决;协商不成的,由国务院地质矿产主管部门提出处理意见,报国务院决定。

第五章 集体所有制矿山企业、私营矿山企业和个体采矿者

第三十七条 国家依法保护集体所有制矿山企业、私营矿山企业和个体采矿者的合法权益,依法对集体所有制矿山企业、私营矿山企业和个体采矿者进行监督管理。

第三十八条 集体所有制矿山企业可以开采下列矿产资源:

(一)不适于国家建设大、中型矿山的矿床及矿点;

(二)经国有矿山企业同意,并经其上级主管部门批准,在其矿区范围内划出的边缘零星矿产;

(三)矿山闭坑后,经原矿山企业主管部门确认可以安全开采并不会引起严重环境后果的残留矿体;

(四)国家规划可以由集体所有制矿山企业开采的其他矿产资源。

集体所有制矿山企业开采前款第(二)项所列矿产资源时,必须与国有矿山企业签定合理开发利用矿产资源和矿山安全协议,不得浪费和破坏矿产资源,并不得影响国有矿山企业的生产安全。

第三十九条 私营矿山企业开采矿产资源的范围参照本细则第三十八条的规定执行。

第四十条 个体采矿者可以采挖下列矿产资源:

(一)零星分散的小矿体或者矿点;

(二)只能用作普通建筑材料的砂、石、黏土。

第四十一条　国家设立国家规划矿区、对国民经济具有重要价值的矿区时，对应当撤出的原采矿权人，国家按照有关规定给予合理补偿。

第六章　法律责任

第四十二条　依照《矿产资源法》第三十九条、第四十条、第四十二条、第四十三条、第四十四条规定处以罚款的，分别按照下列规定执行：

（一）未取得采矿许可证擅自采矿的，擅自进入国家规划矿区、对国民经济具有重要价值的矿区和他人矿区范围采矿的，擅自开采国家规定实行保证性开采的特定矿种的，处以违法所得百分之五十以下的罚款；

（二）超越批准的矿区范围采矿的，处以违法所得百分之三十以下的罚款；

（三）买卖、出租或者以其他形式转让矿产资源的，买卖、出租采矿权的，对卖方、出租方、出让方处以违法所得一倍以下的罚款；

（四）非法用采矿权作抵押的，处以 5000 元以下的罚款；

（五）违反规定收购和销售国家规定统一收购的矿产品的，处以违法所得一倍以下的罚款；

（六）采取破坏性的开采方法开采矿产资源，造成矿产资源严重破坏的，处以相当于矿产资源损失价值百分之五十以下的罚款。

第四十三条　违反本细则规定，有下列行为之一的，对主管人员和直接责任人员给予行政处分；构成犯罪的，依法追究刑事责任：

（一）批准不符合办矿条件的单位或者个人开办矿山的；

（二）对未经依法批准的矿山企业或者个人颁发采矿许可证的。

第七章　附　则

第四十四条　地下水资源具有水资源和矿产资源的双重属性。地下水资源的勘查，适用《矿产资源法》和本细则；地下水资源的开发、利用、保护和管理，适用《水法》和有关的行政法规。

第四十五条　本细则由地质矿产部负责解释。

第四十六条　本细则自发布之日起施行。

矿产资源分类细目

（一）能源矿产

煤、煤成气、石煤、油页岩、石油、天然气、油砂、天然沥青、铀、钍、地热。

（二）金属矿产

铁、锰、铬、钒、钛；铜、铅、锌、铝土矿、镍、钴、钨、锡、铋、钼、汞、锑、镁；铂、钯、钌、锇、铱、铑；金、银；铌、钽、铍、锂、锆、锶、铷、铯；镧、铈、镨、钕、钐、铕、钇、钆、铽、镝、钬、铒、铥、镱、镥；钪、锗、镓、铟、铊、铪、铼、镉、硒、碲。

（三）非金属矿产

金刚石、石墨、磷、自然硫、硫铁矿、钾盐、硼、水晶（压电水晶、熔炼水晶、光学水晶、工艺水晶）、刚玉、蓝晶石、硅线石、红柱石、硅灰石、钠硝石、滑石、石棉、蓝石棉、云母、长石、石榴子石、叶蜡石、透辉石、透闪石、蛭石、沸石、明矾石、芒硝（含钙芒硝）、石膏、（含硬石膏）、重晶石、毒重石、天然碱、方解石、冰洲石、菱镁矿、萤石（普通萤石、光学萤石）、宝石、黄玉、玉石、电气石、玛瑙、颜料矿物（赭石、颜料黄土）、石灰岩（电石用灰岩、制碱用灰岩、化肥用灰岩、熔剂用灰岩、玻璃用灰岩、水泥用灰岩、建筑石料用灰岩、制灰用灰岩、饰面用灰岩）、泥灰岩、白垩、含钾岩石、白云岩（冶金用白云岩、化肥用白云岩、玻璃用白云岩、建筑用白云岩）、石英岩（冶金用石英岩、玻璃用石英岩、化肥用石英岩）、砂岩（冶金用砂岩、玻璃用砂岩、水泥配料用砂岩、砖瓦用砂岩、化肥用砂岩、铸型用砂岩、陶瓷用砂岩）、天然石英砂（玻璃用砂、铸型用砂、建筑用砂、水泥配料用砂、水泥标准砂、砖瓦用砂）、脉石英（冶金用脉石英、玻璃用脉石英）、粉石英、天然油石、含钾砂页岩、硅藻土、页岩（陶粒页岩、砖瓦用页岩、水泥配料用页岩）、高岭土、陶瓷土、耐火粘土、凹凸棒石黏土、海泡石黏土、伊利石黏土、累托石黏土、膨润土、铁矾土、其他黏土（铸型用黏土、砖瓦用黏土、陶粒用黏土、水泥配料用黏土、水泥配料用红土、水泥配料用黄土、水泥配料用泥岩、保温材料用黏土）、橄榄岩（化肥用橄榄岩、建筑用橄榄岩）、蛇纹岩（化肥用蛇纹岩、熔剂用蛇纹岩、饰面用蛇纹岩）、玄武岩（铸石用玄武岩、岩棉用玄武岩）、辉绿岩（水泥用辉绿岩、铸石用辉绿岩、饰面用辉绿岩、建筑用辉绿岩）、安山岩（饰面用安山岩、建筑用安山岩、水泥混合材用安山玢岩）、闪长岩（水泥混合材用闪长玢岩、建筑用闪长岩）、花岗岩（建筑用花岗岩、饰面用花岗岩）、麦饭石、珍珠岩、黑曜岩、松脂岩、浮石、粗面岩（水泥用粗面岩、铸石用粗面岩）、霞石正长岩、凝灰岩（玻璃用凝灰岩、水泥用凝灰岩、建筑用凝灰岩）、火山灰、火山渣、大理岩（饰面用大理岩、建筑用大理岩、水泥用大理岩、玻璃用大理岩）、板岩（饰面用板岩、水泥配料用板岩）、片麻岩、角闪岩、泥炭、矿盐（湖盐、岩盐、天然卤水）、镁盐、碘、溴、砷。

（四）水气矿产

地下水、矿泉水、二氧化碳气、硫化氢气、氦气、氡气。

外交部部长钱其琛在中南海紫光阁会见克罗地亚外交部常务副部长伊沃·萨纳戴尔博士

中葡联合联络小组第十九次会议发表新闻公报

中葡联合联络小组第十九次会议自3月22日至25日在北京举行。

双方就公务员本地化、中文官方地位及法律翻译和本地化问题进行了长时间的讨论,并研究了有关这些问题的进展情况。

双方签署了关于澳门政府分别同比利时、卢森堡和荷兰政府之间的航空协定的会谈纪要,并强调上述协定对未来澳门国际机场的重要意义。葡方向中方提交了同巴西草签的航空协定文本,以便研究。

关于国际组织问题,双方注意到两国政府在日内瓦正式提出了澳门加入世界气象组织的申请,并注意到,最近国际航标协会章程已予修改,双方重申对完成澳门加入该组织进程的关注。

双方还研究了中国银行和大西洋银行参与发钞问题工作小组工作的进展情况,并指示该小组继续工作。

双方还讨论了对澳门经济发展和社会稳定有关的重大议题,包括澳门部分居民的国籍问题。

会议是在友好合作的气氛中进行的。中葡联合联络小组第二十次会议将自7月5日起在里斯本举行。

3月27日

全国人大外委会主任委员朱良在北京会见并宴请由主席彼得·杜曹夫特率领的丹麦议会外交政策委员会代表团

3月28日

国家主席江泽民在人民大会堂与韩国总统金泳三举行会谈

江泽民强调说,中韩关系的发展应着眼于朝鲜半岛的和平与稳定,着眼于亚洲地区的发展与繁荣,着眼于21世纪。

江泽民曾于去年11月在美国的西雅图与金泳三总统进行会晤,他对四个月之后能够在北京再次同金泳三总统见面并就两国关系和共同关心的问题交换意见表示高兴。

金泳三表示很高兴有机会访问中国。他说,韩中两国有着几千年的传统关系,两国在经济合作方面有很大的互补性,也有不少有利条件。他说,昨天到上海访问,感受很深。两国在经济贸易合作方面有很大潜力。两国可以进行航空、汽车、电子程控交换机等产业部门的合作。进一步密切两国的经贸合作关系,将会对稳定亚太经济乃至世界经济有很大作用,也有助于促进世界的和平与稳定。金泳三表示相信,通过这次访问,韩方将积极推动本国企业到中国投资,使韩国成为中国可以信赖的经贸合作伙伴,并进一步推动两国在各个领域中的合作关系。

江泽民说,中韩建交时间不长,但在双方的共同努力下,两国关系有了迅速发展,交流与合作的领域日趋广泛,我们对两国关系的顺利发展感到高兴。现在中韩友好关系已经有了一个很好的基础,同时还具备了进一步发展的条件和可能,尤其是在加强和深化两国经济互利合作方面前景良好。两国可以对具体的产业合作部门和合作方式做些探讨。金泳三总统的这次访问对两国关系的进一步发展必将起到积极的推动作用。

在谈到朝鲜半岛局势时,江泽民说,中国政府真诚希望朝鲜半岛保持长期和平与稳定,支持朝鲜半岛无核化的主张。没有朝鲜半岛的和平与稳定,也就不会有亚太地区真正的和平与稳定。处理朝鲜半岛问题都要从维护和发展朝鲜半岛和平与稳定这个大局出发。江泽民强调,朝鲜半岛核问题应该在四方三边对话框架内通过对话求得妥善解决。

金泳三表示韩方也希望通过对话谈判方式解决朝鲜核问题,而不希望施加压力,希望中国能为此继续发挥作用。

国家主席江泽民和韩国总统金泳三出席在人民大会堂举行的中韩两国政府两项合作文件的签字仪式

财政部长兼国家税务总局局长刘仲藜和韩国外务部长官韩升洲分别代表本国政府签署中韩两国政府《关于对所得避免双重征税和防止偷漏税的协定》。这是中国同外国正式签署的第36个有关这一内容的协定。

中韩政府文化合作协定是由文化部部长刘忠德和韩升洲签署的。根据这一协定,两国将加强和促进在教育、科学、文化艺术、新闻、广播、电影、电视、出版、青少年和体育领域的交流与合作。

全国人大常委会委员长乔石在人民大会堂会见由主席彼得·杜曹夫特率领的丹麦议会外交政策委员会代表团

全国人大常委会委员长乔石在人民大会堂会见由议长米格尔·马丁内斯率领的欧洲委员会议会代表团

最高人民法院最高人民检察院公安部国家税务总局联合发出《关于开展打击伪造倒卖盗窃发票专项斗争的通知》

《通知》指出,近一时期,伪造、倒卖、盗窃发票的违法犯罪活动在一些地方,特别是南方沿海开放城市相当猖獗，并已向内地发展蔓延，在局部地区已经泛滥成灾，成为社会公害。一些不法分子利用发票虚报冒领骗取多抵扣税款以及进行贪污、走私，投机倒把等违法犯罪活动，大肆侵吞和诈取国家财产，严重扰乱经济秩序。更为严重的是，一些不法分子利用假增值税专用发票直接偷税、骗税，严重干扰了税制改革的正常进行，这一问题已经引起各级党政部门的高度重视和社会各界的广泛关注。

为了维护国家税收秩序和社会治安秩序，保证税制改革的顺利实施，坚决刹住伪造、倒卖、盗窃发票违法犯罪活动的发展势头，现决定在全国范围内开展集中打击伪造、倒卖、盗窃发票活动的专项斗争。

《通知》要求：

一、工作范围、重点和行动时间

这次专项斗争主要是在伪造、倒卖、盗窃发票违法犯罪活动比较严重的大中城市和地区开展，其他地区可结合日常工作进行。打击的重点是：伪造、倒卖、盗窃发票的犯罪团伙特别是利用地下印刷厂大量印刷假发票的；以伪造、倒卖发票为常业或牟取暴利的；利用假发票从事偷税、骗取出口退税的违法犯罪分子。对伪造、倒卖、盗窃增值税专用发票的，应及时惩处，以确保新税制的顺利推行。各地应当结合具体情况，在1994 年 4 月至 6 月间开展集中打击行动。

二、措施和步骤

（一）加强学习，提高认识。各级审判、检察、公安、税务机关要组织有关工作人员，认真学习《中华人民共和国刑法》、《中华人民共和国税收征收管理法》、《中华人民共和国发票管理办法》和最高人民法院、最高人民检察院即将下发的《关于办理伪造、倒卖、盗窃发票等犯罪案件适用法律的规定》等有关法律、法规和司法解释的有关规定，充分认识当前伪造、倒卖、盗窃发票违法犯罪活动的严重性和危害性，深刻领会严厉打击这类违法犯罪，对于保证税制改革，遏制偷税、骗取出口退税，维护税收秩序，促进廉政建设，保证改革开放和经济建设顺利进行的重要意义。

（二）切实加强组织领导。为推动和指导这次专项斗争的顺利开展，由国家税务总局、公安部会同最高人民法院、最高人民检察院成立打击伪造、倒卖、盗窃发票专项斗争协调办公室。各地审判、检察、公安、税务机关要及时向当地党委、政府汇报此专项斗争的情况，主要领导应当亲自抓这项工作。各地审判、检察、公安、税务机关要组成临时领导小组，并设临时办公室，负责协调、组织专项斗争的日常工作。行动前要制订行动方案，严密部署，精心组织，抽调精干力量，确保这次专项斗争的顺利开展。地区之间要加强联系，互通情况，协同作战。

（三）摸清线索，为统一行动做好准备。各地要根据近期伪造、倒卖、盗窃发票违法犯罪活动的情况、特点和规律，清理、汇集已有线索，认真分析研究，确定重点地区和重点对象，发动群众检举揭发，摸清有关动向情况，采取公开与秘密相结合的方法，搞好调查摸底，搜集必要的证据。

（四）突出打击重点，狠抓大案要案。各级审判、检察、公安、税务机关在专项斗争中要充分履行各自职责，坚决排除地方保护主义和部门保护主义以及行业腐败现象的干扰，严格执法，秉公办案，认真查处每一起案件。要加快办案速度，对于已经查明的案件，检察机关应当及时提起公诉，审判机关应当及时审理。在具体办案过程中，要坚持犯罪基本事实清楚、基本证据确凿的原则，及时查处，不要纠缠不影响定罪量刑的枝节问题，更不允许扯皮推诿贻误查处。

（五）注意总结交流、通报情况。各地要切实掌握这次专项斗争的工作情况，及时通报工作进展及重大案件的查处情况。工作结束后，由各省、自治区、直辖市专项斗争临时领导小组写出总结报告，于 1994 年 8 月 15 日前报国家税务总局、公安部、最高人民法院、最高人民检察院专项斗争协调办公室。

三、正确适用法律，严肃执法

在这次专项斗争中，要严格掌握法律、法规和政策界限。对伪造、倒卖、盗窃发票或利用发票从事不法活动构成犯罪的，应当依照刑法、全国人大常委会《关于惩治偷税、抗税犯罪的补充规定》和最高人民法院、最高人民检察院即将下发的《关于办理伪造、倒卖、盗窃发票等犯罪案件适用法律的规定》追究刑事责任。对于伪造、倒卖、盗窃发票或利用发票从事不法活动，尚不够刑事处罚的，由税务机关根据《中华人民共和国税收征收管理法》、《中华人民共和国发票管理办法》及其实施细则进行处理；对于构成违反治安管理行为的，由公安机关根据《中华人民共和国治安管理处罚条例》的规定处罚；符合劳动教养条件的，予以劳动教养。

四、加强宣传教育工作

在专项斗争中，必须做好宣传教育工作。对处理的大案要案和重大统一行动，要及时通过电视、电台、报刊等新闻媒介报道。这类案件的多发地区，人民法院应当选择一些典型案例公开宣判，以形成强大的舆论攻势，震慑不法分子，教育鼓舞人民群众。要采取多种形式广泛宣传税法和有关司法解释，教育公民遵纪守法，增强全社会依法使用发票的意识，提高对发票的“识伪”、“防伪”能力。

五、加强经常性管理，巩固斗争成果

要通过这次专项斗争，进一步加强发票管理。严格执行《中华人民共和国发票管理办法》，对发票的印刷、使用和保管实行严格监督和管理，防止偷税、骗取出口退税和侵吞国家财产等违法犯罪案件的发生，消除产生此类违法犯罪的诱因和条件，控制和减少违法犯罪，保障正常的经济秩序和税收秩序。专项斗争结束后，各地还要不断开展打击伪造、倒卖、盗窃发票的工作，做到常抓不懈，决不放松，并可根据当地的实际情况，适时开展此类专项斗争，以巩固专项斗争的成果。

行动中有何具体问题，请及时报告各上级主管部门。

全国乡镇煤矿工作会议在北京召开

国务院副总理邹家华在会上讲话指出，要坚持“扶持、改造、整顿、联合、提高”的方针，促进全国乡镇煤矿的健康发展。

国家土地管理局和中国驻新加坡大使馆在新加坡联合举办“中国地产投资政策国际研讨会”

共青团中央全国绿化委员会林业部决定建设青字号太行山绿色工程

共青团中央、全国绿化委员会、林业部最近决定，组织动员北京、河北、河南、山西四省(市)团员青年，积极投身国家太行山绿化工程建设，开展以建设“青字号太行山绿色工程”为主要形式的造林绿化活动。

国家副主席荣毅仁在人民大会堂会见贝宁国民议会议长阿德里安·温贝吉

国家主席江泽民根据全国人大常委会的决定任免驻外大使

一、免去王弄笙(女)的中华人民共和国驻巴布亚新几内亚独立国特命全权大使职务。

任命袁祖德为中华人民共和国驻巴布亚新几内亚独立国特命全权大使。

二、免去乐俊清的中华人民共和国驻萨摩亚独立国特命全权大使职务。

任命王弄笙(女)为中华人民共和国驻萨摩亚独立国特命全权大使。

全国卫生防疫工作会议在厦门举行

会议提出农村卫生工作的重点是初级卫生保健和预防保健。

3月29日

国务院总理李鹏在钓鱼台国宾馆会见韩国总统金泳三

全国人大常委会委员长乔石在人民大会堂会见韩国总统金泳三

国务院召开第十七次常务会议

国务院总理李鹏主持召开国务院第十七次常务会议，讨论并原则通过《中华人民共和国城市房地产管理法(草案)》。

会议讨论认为，为加强对城市房地产的管理，维护房地产市场秩序，保障房地产权利人的合法权益，促进房地产业的健康发展，需要把城市房地产管理纳入法制的轨道。

国务院港澳办公室发言人就港英当局同意修订《新界土地(豁免)条例草案》事发表谈话

港英当局同意修订《新界土地(豁免)条例草案》，已引起新界原居民强烈不满。国务院港澳事务办公室发言人就此事发表谈话说，英国通过不平等条约强行租借“新界”之初，宣布把新界土地全部收归英皇室所有，蛮横地剥夺新界原居民的土地所有权，这是不合理的，新界原居民为此起而抗争，后来规定原居民的农村用地只交名义租金就是新界原居民斗争的成果。因此，新界原居民的合法传统权益必须受到保护，它已载入中英联合声明和基本法，这一点不能修改。

发言人说，中英联合声明附件三清楚写明，对新界原居民承租的农村土地，“只要该土地的承租人仍为该人或其合法父系继承人，租金将维持不变”。在中英谈判时，英方当时的解释是，为了便于确定哪些人是属于原居民，只能从父系往上追溯，正像一般的家庭子女都随父姓一样，这并不意味着歧视妇女。我们一贯主张男女平等，反对歧视妇女。但是，不能把新界原居民的这一传统权益与歧视妇女扯为一谈。

发言人强调，我们的立场是：不能将中英联合声明和基本法中的“新界原居民”的概念取消，也不能将上述原居民经过与英斗争取得的合法权益取消。发言人表示，港英在事先没有咨询新界原居民的情况下，同意修订上述条例草案，自然要招致新界原居民的强烈不满。他进一步强调，港英方面必须正视新界广大原居民的不满情绪，要按照基本法的规定，通过与新界居民充分磋商，对此事妥善加以处理，不要人为地制造社会动荡和分化。

香港特别行政区筹委会预委会政务专题小组在北京召开第六次会议

会议于3月29日至30日在北京召开。会议讨论香港公务员关注的若干问题。委员们认为有必要就当前公务员中存在的疑虑加以解释或澄清，并且欢迎香港的公务人员继续向预委会反映他们的问题，政务专题小组将一如既往地予以高度重视。

有关香港公务员关注的若干问题，预委会政务专题小组解答如下：

1. 九七年香港公务员会“大换班”吗？

答：不会。香港特别行政区基本法第一百条明确规定：香港特别行政区成立前在香港政府各部门，包括警察部门任职的公务人员均可留用。这也就是说，九七年七月一日前在香港政府任职的公务人员九七年七月一日后均可继续在香港特别行政区政府工作。

香港取得今天的成就，与有一支高素质的公务员队伍和一套行之有效的公务员制度是分不开的。对香港公务员为香港社会的稳定和繁荣作出的贡献，小组的委员一致给予充分的评价。保持九七年前后香港公务员队伍的稳定和连续性是香港平稳过渡的一个重要方面，委员们真诚地期望目前在香港政府各部门任职的公务员九七年后都能安心工作，九七年后继续为特别行政区政府、为港人服务。

2.“秋后算账”的说法有根据吗？

答：没有根据。九七年七月一日前在香港政府部门工作的公务员，无论其在哪个政府部门，所从事的工作是否具有政治敏感性，都是依照香港的法律执行公务。九七年七月一日后，他们留在香港特别行政区政府工作，同样是依法履行公职。此外，九七年后香港特别行政区政府将保留香港原有的一整套有关任用、纪律等方面的制度和专门机构，对公务人员进行管理，这样，无论是在政治上或是在制度上，都根本不存在所谓的“秋后算账”问题。

3. 九七年后香港公务员需要对中央人民政府各部门负责吗？

答：基本法第九十九条第二款规定：公务员必须尽忠职守，对香港特别行政区政府负责。这已明确了九七年七月一日后香港公务员“负责”的对象。当然，香港特别行政区政府作为一个直辖于中央人民政府的地方政府，它应当向中央人民政府负责。但这是就香港特别行政区政府整体而言，这种负责关系通过行政长官对中央人民政府负责来体现。对此，基本法第四十三条已作了规定。基本法第二十二条还规定：中央人民政府所属各部门、各省、自治区、直辖市均不得干预香港特别行政区根据基本法自行管理的事务。因此，就香港特别行政区政府各部门来说，它们的工作并不存在向中央人民政府各部门负责的问题。

4. 九七年后香港公务员是否仍可担任原来的职务？

答：九七年七月一日原在香港政府工作的公务人员，一般均可留在原来的职位上工作。但主要官员将依照基本法的规定，由行政长官提名，报中央人民政府任命。至于七月一日后香港特别行政区公务员的任用和提升，将依照基本法第一百零三条的规定以公务员本人的资格、经验和才能为依据，这与目前香港公务员的任用和提升的依据没有什么差别。

5. 九七年后外籍人士可以在政府部门担任公务员吗？

答：当然可以。依据基本法第一百零一条的规定，除主要官员外，政府部门的其他各级公务员，外籍人士都可担任，但是他们必须是香港永久性居民，或者九七年前即在香港政府任职的外籍公务员。

6. 九七年后香港公务员必须会普通话和中文写作吗？

答：基本法第九条规定：香港特别行政区的行政机关、立法机关和司法机关，除使用中文外，还可使用英文，英文也是正式语文。可见，懂得普通话和中文写作并不是在香港特别行政区政府担任公务员的必备条件。但是懂得普通话和中文写作将有利于与内地各部门的交流和沟通。

7. 九七年后不能由外籍人士或在外国有居留权的人士担任的职位有哪些？

答：九七年后不能由外籍人士或在外国有居留权的人士担任的职位是很少的。依据基本法第六十条和第一百零一条的规定，这些职位有：政务司、财政司、律政司的正、副司长，各局局长，廉政专员，审计署署长，警务处处长，入境事务处处长，海关关长等。此外，特别行政区终审法院和高等法院的首席法官，也不能由外籍人士或在外国有居留权的人士担任。

8. 香港原有关于公务员的招聘、雇用、考核、纪律、培训和管理的制度九七年后是否保留？

答：基本法第一百零三条对此有明确规定，即：香港原有关于公务人员的招聘、雇用、考核、纪律、培训和管理的制度，除有关给予外籍人员特权待遇的规定外，予以保留。

9. 公务员叙用委员会、有关公务员薪俸和服务条件事宜的常务委员会九七年后是否仍然存在？

答：按照基本法第一百零三条的规定，香港原有关于公务人员的招聘、雇用、考核、纪律、培训和管理的制度，包括负责公务人员的任用、薪金、服务条件的专门机构，除有关给予外籍人员特权待遇的规定外，予以保留。因此，公务员叙用委员会以及关于公务员薪俸及服务条件的专门机构，包括首长级薪俸及服务条件常务委员会、司法人员薪俸及服务条件常务委员会、公务员薪俸及服务条件常务委员会等，九七年后可以继续存在，就公务员的招聘、晋升以及有关公务员薪俸和服务条件的事宜履行其应有的职能。

10. 九七年后香港公务员的薪金、津贴、福利待遇和服务条件会低于原来的标准吗？

答：不会。基本法第一百条明确规定香港特别行政区成立以前在政府各部门工作的公务人员留用后，其年资予以保留，薪金、津贴、福利待遇和服务条件不低于原来的标准。第一百零二条也规定香港特别行政区政府将按不低于原来的标准向退休或符合规定离职的公务人员（包括香港特别行政区成立前者）或其家属支付应得的退休金、酬金、津贴和福利费。

11. 政务小组对设立公务员长俸基金问题是否持积极态度？

答：基本法第一百零二条对退休或符合规定离职的公务人员的福利待遇已作了明确的规定，即特别行政区政府会按不低于原来的标准向他们或其家属支付应得的退休金、酬金、津贴和福利费。可见，九七年后公务员的退休金是有法律保障的。从香港目前的财政状况和经济前景来看，应该说，将来公务员退休金的支付不应成为问题。

委员们理解香港公务员对退休金问题的关注和担忧，并支持设立公务员长俸基金的要求。希望港英政府为此采取积极的、切实的措施。

12. 如何看待因"居英权计划"取得英国居留权的公务员？

答：中国政府反对"居英权计划"的严正立场，是针对英国政府蓄意违反联合声明的行径和政治图谋，并不是针对取得"居英权"的个人。取得"居英权"的公务员，九七年后可以继续留在香港特别行政区政府工作。不过，他们的所谓"英国公民"身份将不会得到中国政府的承认，也不得在香港特别行政区和中国的其他地区享受英国的领事保护。此外，由于在外国有居留权，根据基本法的有关规定，他们将和外籍人士一样，不能担任香港特别行政区政府的主要官员。

13. "九七年后中国武警部队将到香港代替香港警察行使职能"的说法确实吗？

答：这种说法没有依据。按照基本法规定，香港特别行政区的治安由特别行政区政府负责。中国人民武装警察部队九七年后不派驻香港。

劳动部制定《建立社会主义市场经济体制时期劳动体制改革总体设想》

劳动部最近围绕培育和发展劳动力市场这个中心，提出了劳动体制改革的新目标和要求，争取用5年左右的时间建立起适应社会主义市场经济体制的新型劳动体制的基本框架。

劳动部最近研究制定《建立社会主义市场经济体制时期劳动体制改革总体设想》，对劳动用工、工资分配、社会保障、就业服务、职业技能开发等各项制度改革提出了新的目标和要求。劳动部新闻发言人刘贯学介绍，我国劳动体制改革已经进入全面推进、重点突破的新阶段。其主要标志是：

第一，企业用人自主权，特别是工资分配自主权进一步落实。新进入企业人员基本上是通过双向选择、订立劳动合同确立劳动关系，对原来没有订立劳动合同的人员，通过在企业或全地区实行全员劳动合同制的方式，也纳入法制化的轨道，企业和劳动者享有依法订立、终止和解除劳动关系的权利。

第二，企业外部的各项配套改革有新的发展。主要表现在：职业介绍机构初步形成网络。目前各类职业介绍机构共计1.7万多个，每年通过职业介绍机构实现就业的达800万人次，通过市场就业已经成为就业的主渠道。

第三，集中力量攻坚，着力在若干重点和难点问题上取得突破。其中最突出的难点问题是社会保险制度改革。劳动部最近提出推行社会保险一体化，即不分所有制性质、不分企业隶属关系、不分职工身份，实行统一的保险制度、统一的缴费比例和统一的待遇标准，保险基金统一调剂使用，以此来打开社会保险制度改革的新局面。另一个难点问题是企业富余人员问题。今年，准备在一些试点地区和试点企业适当放开，允许企业在因濒临破产进行法定整顿期间或因生产经营状况发生严重困难的情况下，经征得企业工会组织同意后，可以根据生产经营需要裁减人员。固定工与劳动合同制工人两种用工制度并存问题，今年也将取得突破性进展。

最高人民法院最高人民检察院公安部等单位在北京联合召开电话会议部署打击盗窃破坏铁路油田电力通讯等器材设备的犯罪活动的专项斗争

国务委员兼国务院秘书长罗干出席会议并讲话。

会议要求各地公安机关要加强对此类案件的侦查破案工作，深入开展调查研究、确定打击的重点地区，力争在短期内破获一批有影响的重大案件。公安机关要与法院、检察院密切配合，坚定不移地贯彻依法从重从快严厉打击刑事犯罪活动的方针，对于给工农业生产、国防建设造成重大损失的盗窃犯、销赃犯、窝赃犯以及盗窃团伙的主要成员，要依法严惩。

会议强调，对于盗窃、破坏军用通讯器材、铁路、电力设施和其他重要生产设备的犯罪分子，要充分考虑其行为的危害后果和社会影响，决不能降格处理。要坚决纠正以罚代刑的现象，严禁以治安处罚代替刑罚。

罗干在会上讲话指出，铁路、油田、电力、通讯等行业是国家的基础行业，在国民经济建设中处于举足轻重的地位。这些行业的发展和安全,事关国计民生,事关改革开放大局,必须予以高度重视。他要求有关部门要在各级党委、政府的领导下,密切配合,协调作战,全力以赴地搞好这场斗争。联合召开电话会议的部门和单位还有铁道部、电力部、邮电部、国内贸易部、国家工商行政管理局和中国石油天然气总公司。

财政部公布《非贸易非经营性外汇财务管理暂行规定》

国家主席江泽民在人民大会堂会见美国时代华纳出版公司董事长贝雷克

国家主席江泽民在北京同菲律宾菲华商联总会考察团的企业家会面

国家主席江泽民在人民大会堂分别接受挪威印度尼西亚伊拉克和马耳他新任驻中国大使递交的国书

国务院总理李鹏在钓鱼台国宾馆会见八国离任和新任驻中国大使

全国人大常委会委员长乔石在人民大会堂会见菲律宾菲华商联总会东北亚工商考察团

国家副主席荣毅仁在北京会见利比亚对外联络和国际合作秘书奥马尔·穆斯塔法·蒙塔赛尔

国家副主席荣毅仁在人民大会堂会见由议长米格尔·马丁内斯率领的欧洲委员会议会代表团

国务院副总理兼外交部部长钱其琛在北京同利比亚对外联络和国际合作秘书奥马尔·穆斯塔法·蒙塔赛尔举行会谈

3月30日

国家主席江泽民在中南海会见欧洲核子研究中心新任总主任卢埃林-史密斯教授夫妇和诺贝尔物理奖获得者丁肇中教授

中共中央总书记江泽民在人民大会堂会见正在北京访问的香港《文汇报》《大公报》《香港商报》《新晚报》《紫荆》杂志和《经济导报》的负责人

全国人大常委会委员长乔石在人民大会堂会见欧洲核子研究中心新任总主任卢埃林—史密斯教授夫妇和诺贝尔物理奖获得者丁肇中教授

人事部颁布《国家公务员考核暂行规定》

国家人事部近日颁布《国家公务员考核暂行规定》,这标志着今后国家公务员的考核将步入规范化、制度化的轨道。

《规定》明确国家公务员考核要坚持客观公正原则,实行领导与群众相结合,平时与定期相结合。国家公务员考核的内容为德、能、勤、绩四个方面,重点考核工作实绩。考核标准以公务员职位职责和所承担的工作任务为基本依据。考核等次分为优秀、称职、不称职;其中定为优秀等次的公务员不超过本部门公务员人数的15%。

《规定》要求对国家公务员考核应注重实效,简便易行,宜于操作。确定考核国家公务员由部门负责人实行。考核分为平时考核和年度考核。平时考核随时进行,由被考人如实填写工作记录;年度考核每年年末或者翌年年初进行。年度考核以平时考核为基础,基本程序是被考核人进行自我总结;主管领导人在听取群众意见的基础上,根据平时考核记录和个人总结写出评语,提出考核等次意见;考核委员会或者考核小组对主管领导人提出的考核意见进行审核;部门负责人确定考核等次后,考核委员会或考核小组将考核结果以书面通知本人。

《规定》还要求国家行政机关在年度考核时设立非常设性的考核委员会或考核小组,在部门负责人的领导下负责国家公务员的年度考核工作。考核委员会或考核小组由部门负责人和国家公务员代表组成。国家公务员代表由民主推选产生,人数不得少于考核委员会或考核小组总人数的1/3。考核委员会或考核小组的职责任务是依据有关规定制定年度考核实施办法;组织、协调、监督本部门年度考核工作;审核主管领导人写出的考核评语以及提出的考核等次意见;审核国家公务员对考核结果不服的复核申请。

为了增强考核效用,《规定》对依据考核结果实施奖罚确定相应措施:国家公务员年度考核定为称职以上等次的,发给相当本人一个月工资额的奖金;国家公务员年度考核连续两年定为称职以上的,在本职务工资标准内晋升一个工资档次;国家公务员连续两年定为优秀或连续三年定为称职以上等次的,具有晋升职务的资格;国家公务员考核连续三年定为优秀等次或连续五年定为称职以上等次的,在本职务对应级别内晋升一级。当年考核确定为不称职的,予以降职;连续两年考核确定为不称职的,予以辞退。

《规定》还对国家公务员不服考核结果的复核、申诉等作出具体规定。

香港特别行政区筹委会预委会经济小组第五次小组会议在北京举行

国务院副总理朱镕基在建设部国家税务总局国家土地管理局国家工商局呈送中共中央国务院的《关于房地产市场宏观调控情况的报告》上作出批示

朱镕基批示:还要建立和完善房地产市场预测机构和力量,现在是各地随意夸大房地产的需要而盲目发展,实际上卖不出去。

最高人民检察院最高人民法院公安部税务总局联合在北京召开打击伪造倒卖盗窃发票违法犯罪活动的电话会议

国务院副总理朱镕基出席会议并作重要指示。国务委员兼国务院秘书长罗干在会上讲话。

罗干说,当前,我国社会主义市场经济体制改革已经进入了整体推进和重点突破的关键时期。作为今年几大改革举措之一的税制改革,其核心内容就是要建立以增值税为主体的流转税制度。增值税实行的是国际上通行的凭发票注明税额抵扣的运行机制。增值税专用发票如同一根"链条",从生产到流通,从批发到零售,把各个环节紧密连接在一起。如果其中任何一个环节出了问题,就会造成"链条"的中断,税款的流失。

罗干指出,最近一段时间,一些地区出现了一种动向,就是一些利欲熏心的不法分子利用非法手段取得假发票,以此进行偷税、骗税、走私贩私等违法犯罪活动,特别是伪造、倒卖、盗窃增值税专用发票的违法犯罪活动,将会危及整个新税制的贯彻实施。因此,对这种利用非法手段取得假发票进行各种违法犯罪活动、特别是对伪造、倒卖、盗窃增值税专用发票的违法犯罪活动,必须严厉打击,决不能手软。

罗干要求各地区、各部门要统一思想、提高认识,加强领导,密切配合。同时要综合治理,常抓不懈。各级政府要把这项工作列入议事日程,摆上重要位置。各地区、各部门要有一名领导具体负责组织、协调,公、检、法、税四部门的主要负责人要亲自抓,精心组织,严格督促。要迅速调集公、检、法、税各部门的精兵强将,按照统一部署,各司其职,协同作战,坚决把伪造、倒卖、盗窃发票的犯罪势头打下去,确保取得预期效果,为新税制的顺利实施和整个国民经济持续、快速、健康发展创造良好的环境。

会议同时还要求各级审判、检察、公安、税务机关在开展这项工作中,要坚决排除地方保护、部门利益和行业腐败现象的干扰,突出打击重点,狠抓大案要案,严格执法,秉公办事,从快查处。并且在进行专项打击的同时,要做好宣传教育工作,对大案要案和重大统一行动,要及时通过电视、电台、报刊进行报道。

国家主席江泽民在中南海会见由著名建筑师贝聿铭率领的美国百人会代表团

全国人大常委会委员长乔石在人民大会堂会见哥伦比亚宪法法院院长埃雷拉

全国政协主席李瑞环在北京会见由著名建筑师贝聿铭率领的美国百人会代表团

国务院副总理兼外交部部长钱其琛在钓鱼台国宾馆同安哥拉外交部部长维南西奥·达西尔瓦·莫拉举行会谈

国务院副总理兼外交部部长钱其琛在钓鱼台国宾馆会见美国前副国务卿罗伯特·金米特

中宣部解放军总政治部联合发出《关于表彰军民共建社会主义精神文明先进单位的通知》

中共中央宣传部、解放军总政治部日前联合发出《关于表彰军民共建社会主义精神文明先进单位的通知》,要求各地、各部队更加深入扎实地开展军民共建文明单位活动,为改革开放和现代化建设提供精神动力与智力支持。

国务院办公厅发出《关于进行1995年全国百分之一人口抽样调查的通知》

中国加入《1989年国际救助公约》

3月31日

全国政协主席李瑞环在钓鱼台国宾馆会见柬埔寨国王西哈努克和王后莫尼克

外交部发言人就1997年后香港主要官员提名任命问题答记者问

记者的问题是:港英方面表示过渡97年的主要官员名单拟妥,希望与中方讨论。中方作何反应?外交部发言人表示,关于1997年后香港主要官员的提名和任命问题,中方将严格按照中英联合声明和基本法的规定办事。

发言人说,中英联合声明和基本法已明确规定,香港特别行政区政府的主要官员由香港特别行政区行政长官提名，报请中央政府任命。可见主要官员的提名权和任命权分别属于行政长官和中央政府，而不是由英方提名，与中方商定。中方将会严格按照联合声明和基本法的这些规定办事。

发言人说："中方真诚地希望目前在香港政府各部门任职的公务员安心工作，97 年后继续为特别行政区政府、为港人服务。"

最高人民检察院发出《关于严格执行〈全国人大常委会关于严惩组织、运送他人偷越国（边）境犯罪的补充规定〉和〈台湾同胞投资保护法〉的通知》

各省、自治区、直辖市人民检察院，军事检察院：

第八届全国人大常委会第六次会议通过了《全国人大常委会关于严惩组织、运送他人偷越国（边）境犯罪的补充规定》（以下简称《补充规定》）和《台湾同胞投资保护法》。各级检察机关要按这两个法律的规定，依法严惩组织、运送他人偷越国（边）境等犯罪活动；依法保护台湾同胞投资。

一、各级人民检察院要提高对组织、运送他人偷越国（边）境等犯罪活动严重危害性的认识，增强同这类犯罪作斗争的紧迫感和责任感。要组织检察干警认真学习《补充规定》，全面、深刻、准确地领会立法精神和具体条款，在办理有关案件中准确适用。特别是此类犯罪案件发生较多的地区，检察机关要集中时间，组织力量，重点打击，遏制这类犯罪活动的发生。

各级人民检察院要加强对依法保护台湾同胞投资重要性的认识。在检察工作中，依照《台湾同胞投资保护法》的规定，依法保护台湾同胞投资者的投资、投资收益和其他合法权益不受侵犯。

二、各级人民检察院要认真履行法律监督职能，加强对《补充规定》中所规定的各种犯罪案件的检察工作。对《补充规定》第一条、第三条、第四条、第五条规定的组织他人偷越国（边）境，为他人提供伪造、变造的护照、签证等出入境证件，倒卖护照、签证等出入境证件，运送他人偷越国（边）境，偷越国（边）境等犯罪案件，检察机关要依法严格做好批捕、起诉工作，对公安机关的工作予以积极配合。

根据《刑事诉讼法》第十三条有关检察机关管辖案件的规定，对《补充规定》第二条规定的个人或者单位以劳务输出、经贸往来或者其他名义，弄虚作假，骗取护照、签证等出境证件，为组织他人偷越国（边）境使用的犯罪案件；第六条规定的负责办理护照、签证以及其他出入境证件的国家工作人员对明知是企图偷越国（边）境的人员予以办理出入境证件和边防、海关等国家工作人员对明知是偷越国（边）境的人员予以放行等与国家工作人员的职务有关的犯罪案件，检察机关应直接立案侦查。

三、《补充规定》自公布之日（1994 年 3 月 5 日）起施行。对于《补充规定》公布施行后发生的犯罪行为，应当依照《补充规定》办理，对《补充规定》公布施行前发生的犯罪行为，按照刑法第九条规定的原则办理。

四、各级人民检察院在贯彻执行《补充规定》和《台湾同胞投资保护法》中，要注意调查研究，不断总结积累经验。对执行这两个法律中遇到的问题，要及时层报最高人民检察院。

国务委员兼国家体改委主任李铁映在天津考察

3 月 31 日和 4 月 1 日，李铁映和国家体改委副主任贺光辉等国务院有关部门负责人在天津市委书记高德占、市长张立昌的陪同下实地考察天津证券交易中心、力生制药厂和立达集团国际商场，听取天津市委、市政府关于城市综合配套改革试点工作情况的汇报。

李铁映在听取汇报后说，党的十四届三中全会以后，天津市委、市政府积极探索率先建立社会主义市场经济体制的途径，多次研究提出在天津进行城市综合配套改革试点。天津市委、市政府对城市综合配套改革试点工作十分重视，制定的试点方案和专项实施方案，思路是好的，措施也是得力的。国家体改委与国务院有关部门认真研究了天津综合配套改革试点方案，并于今年 1 月 15 日同意天津市列为国家经济体制综合配套改革试点城市。天津作为全国三大直辖市之一，是环渤海经济区的一个经济中心，是我国北方重要的经济、贸易城市和港口城市，它的改革和发展对全国有着极为重要的影响。

在谈到经济中心城市下一步改革中要注意的问题时，李铁映指出，第一，产业结构调整的步子可再大一些。大力发展第三产业，对发挥中心城市的功能与作用，是极为重要的。第三产业不发达，地方财政收入的来源必然压在工业企业身上，工业企业的困难更大。第三产业发展了，地方财源拓宽了，就给老企业提供了休养生息的机会。第二，注意培养新的经济增长点。乡镇企业的发展要走股份合作制的路子，少数有条件的乡镇企业也可以搞股份制，这是经济发展的一个大趋势。非公有制经济的发展，是社会主义市场经济的客观要求，要鼓励个体经济、私人经济和外资经济的健康发展。第三，重视国有资产的保值和增值。国有资产存量结构的调整，是一项很重要的工作。搞活国有经济，国有企业的产权交易是不可缺少的。但是，产权交易必须规范化进行，从资产评估到产权转让的全过程，都要避免国有资产的流失。国有企业的产权转让，要征得国家授权的投资机构的批准；中央企业的产权转让要由中央授权的投资机构批准。要按国家统一所有,政府分级监管的原则来办,建立资产评估和政府审批制度,避免出现混乱现象。

国内贸易部中国农业银行国家工商行政管理局国家粮食储备局联合召开全国油菜籽收购和稳定粮油市场电话会议

国家副主席荣毅仁在人民大会堂会见安哥拉外交部部长维南西奥·达西尔瓦·莫拉

国家副主席荣毅仁会见美国前副国务卿美国莱曼兄弟公司常务董事罗伯特·金米特

外交部部长钱其琛在钓鱼台国宾馆同冰岛外交部部长约恩·巴·汉尼巴尔松举行会谈

外经贸部副部长石广生在北京同冰岛外交部部长汉尼巴尔松签署《中冰投资保护协定》

中国和古巴在哈瓦那签署《1994年贸易议定书》

国务院中央军委发出关于对现行军粮供应体制实行改革的通知

国务院、中央军委日前发出通知,对现行军粮供应体制实行改革。新的军粮供应体制4月1日起正式实施。

通知指出,粮食价格和经营放开后,各级粮食部门仍是军粮供应工作的职能部门,各地开设的军粮供应网点仍是军粮供应的主渠道。粮食部门负责筹措议价货源,按统销价格供应部队,不准乱收费和随意加价或变相加价。部队所需粮食和马料凭"军用粮油豆供应证"和军用粮(料)票到军粮供应网点购买,粮油大豆按定量标准购买。供应部队的军粮,执行中国人民解放军粮食(食物)定量标准和国家规定的等级标准与质量标准。军粮财务实行专项、专户、专账管理,与原粮食财务脱钩。军粮财务上收到省级财政部门,不得下放,更不得层层包干。军粮"议转平"差价由中央和省级财政共同负担,实行预、决算制度。总后勤部统筹供应西藏、新疆、青海高原部队(含武警)粮油豆及加工野战食品所用粮油豆的全部差价补贴,由中央财政负担。人民银行和有关专业银行对筹措军粮所需贷款,要优先安排,优惠利率,对军粮差价补贴款要及时划拨;铁路、交通部门对调运军粮所需运力要优先保障;质量监督部门对军粮质量检测工作要给予协作和支持。

解放军国防大学面向全军招收首批军事学博士研究生

经国务院学位委员会批准,国防大学开始面向全军招收解放军首批军事学博士研究生。即将招收博士生的学科专业是:合同战役学、作战指挥和后勤组织指挥。

4月1日

中央军委主席江泽民和全军第一期军以上干部轮训班学员进行座谈并发表讲话

江泽民在和全军第一期军以上干部学习《邓小平文选》第三卷轮训班学员座谈时强调，用建设有中国特色社会主义理论武装全军是一项长期的战略任务，要把学习成果运用到实际工作中去，提高行动的自觉性。

江泽民听取几位学员发言后讲话。他指出，深入学习《邓小平文选》第三卷，要坚持不懈地抓下去。《邓小平文选》第三卷出版以来，全党、全军、全国迅速掀起了一个学习热潮，这对于进一步统一全党的思想，促进改革开放和社会主义现代化建设，起到了巨大作用。邓小平同志建设有中国特色社会主义的理论，是当代中国的马克思主义，是鼓舞全党、全军和全国各族人民同心同德，实现宏伟目标的强大精神支柱。改革开放和现代化建设越向前发展，我们面临的新情况新问题越多，就越需要用科学的理论武装头脑。如果我们党有一大批同志，系统地而不是零碎地、实际地而不是空洞地掌握了马克思主义的基本原理，掌握了建设有中国特色社会主义理论，并且能够运用它们去研究和解决重大问题，我们的改革开放和现代化建设事业就会不断从胜利走向新的胜利。要真正把邓小平同志建设有中国特色社会主义理论学懂弄通，运用自如，不是一件容易的事，不是一两次学习可以解决的。必须结合实际，经常地学，反复地学，把学习这一理论当作一项长期的战略任务，坚持不懈地抓下去。

江泽民指出，邓小平同志一贯倡导，学习马克思主义要学立场、学观点、学方法，反对教条主义和实用主义。建设有中国特色社会主义理论，是一个完整的科学体系，其中的各个基本观点、基本原理都不是孤立的，而是有着内在联系的，我们在学习和运用中，也要始终注意从总体上、相互联系上和精神实质上去全面地正确地把握。要紧紧抓住解放思想、实事求是这个精髓，善于把小平同志的基本观点联系起来学习，联系起来思考，真正做到融会贯通。

江泽民说，学好小平同志的著作，很重要的一条，是要结合学习十一届三中全会以来党的重要文献，学习党中央、中央军委的重大决策。这样，既有利于加深对小平同志的重要思想和基本理论观点的理解，又有利于加深对党的方针政策的认识。当前，特别要学好十四届三中全会的决定，学好社会主义市场经济理论和基本知识。

江泽民强调，深入学习《邓小平文选》第三卷，要紧密联系今年全党工作的大局，提高在大局下行动的自觉性。中央确定今年全党工作的大局是：抓住机遇，深化改革，扩大开放，促进发展，保持稳定。这是基于对当前国内外形势的全面分析和正确判断提出来的。从推进我国改革开放和现代化建设的全局看，关键是处理好改革、发展、稳定的关系。今年在建立社会主义市场经济体制方面，出台了不少重大改革措施，这是一场“攻坚战”。这一仗打胜了，成功地建立起社会主义市场经济体制的基本框架，就会为我国的经济振兴奠定重要的基础。夺取这场“攻坚战”的胜利，特别需要全党、全军、全国各族人民亲密团结，同舟共济，步调一致，开拓奋进。党的各级领导干部都要深刻认识全党工作的大局，自觉地服从和服务于这个大局。我们军队要为改革开放和现代化建设提供坚强有力的安全保证，肩负起历史责任。要通过学习小平同志的著作，进一步把全军官兵的思想统一到全党工作的大局上来，统一到党和国家深化改革的各项重大决策上来，立足本职岗位，多做促进改革、促进发展、促进稳定的工作。要教育广大官兵正确对待改革中的利益关系调整，自觉以个人利益服从整体利益，做讲理想、讲纪律、讲团结、讲大局的模范。

江泽民强调，深入学习《邓小平文选》第三卷，要努力提高领导班子的整体素质，促进部队的全面建设。我们学习小平同志的著作，必须紧密联系部队的实际，贯彻落实好军委的各项决策，不断推进部队建设。关于加强领导班子建设问题，一是要按照革命化、年轻化、知识化、专业化的要求加强班子建设。小平同志一贯重视培养选拔年轻优秀干部，在这方面有很多重要论述，我们要很好地领会和贯彻。二是要提高战略意识和决策水平。努力学习小平同志的治党治国治军的丰富经验和高超领导艺术，学习他的革命胆略、求实精神和科学方法，善于把握事物发展的特点和规律，想大局，议大事，谋大计，不断提高指导部队建设、驾驭复杂局面的能力。三是要加强党性修养，保持清正廉洁。领导干部坚强纯洁的党性，是实现党的纲领路线的极其重要的条件。在发展社会主义市场经济的过程中，领导干部要带头抵制拜金主义、极端个人主义和腐朽生活方式的影响。四是要切实转变领导作风，真抓实干。现在无论是国家的建设和改革，还是军队的建设和改革，大政方针都已经明确，关键是抓好贯彻落实，在实干上下真功夫、苦功夫、深功夫。各级领导干部都要深入实际，加强调查研究，将一般号召和具体指导结合起来，以利于把各项工作做得扎扎实实，富有成效。要坚决反对做表面文章、搞花架子，坚决反对搞浮夸、弄虚作假。部队工作千头万绪，最终都要在基层落实。我们一定要把基层建设搞好，一定要把基层广大干部战士的积极性充分调动起来，进一步打牢部队的基础，全面提高部队的战斗力。

这期轮训班是总政治部委托国防大学举办的。

中央军委副主席刘华清、张震，中央军委委员张万年、于永波、傅全有出席座谈会。

总政治部副主任徐才厚，国防大学校长朱敦法、政委李文卿等参加座谈。

国务院副总理李岚清在北京一轻总公司综合配套改革经验现场会上发表讲话

在轻工总会召开的近30个大中城市轻工厅局负责人学习推广北京一轻综合配套改革经验现场会上，李岚清的发言指出，北京一轻总公司创造的经验证明，国有企业的困难不是不可以克服的，国有企业不是不能搞活，更不是没有优越性的，关键还是在于改革。

李岚清说，北京一轻的领导和同志们在小平同志南巡重要谈话和十四大精神指引下，在北京市委、市政府和中国轻工总会、国家体改委、国家经贸委等部门的大力支持下，从实际出发，探索新路子，把企业产权制度改革、土地使用制度改革、人事劳动制度改革、职工培训制度改革、社会保障制度改革和政府职能转变等通盘考虑，提出了"资产增值、产业转移、职能转变、机制转换、职工分流"的综合配套改革思路，并在系统内运作实施，取得了明显成效，促进了北京一轻工业的发展和经济效益的提高。这个经验的成功之处，就是他们把单个企业的搞活发展为综合、协调、整体地搞活国有企业，并同城市改造规划、产业和产品结构的调整，同新的运行机制有机结合，使资金、劳力、技术等生产要素在市场中优化组合，产生了新的产业和新的效益。

农业部作出减轻农民负担六项部署

为贯彻落实中共中央农村工作会议精神，农业部近日对减轻农民负担工作作出六项部署，要求狠抓落实。

一、依法把好审核关。对党中央、国务院已经宣布取消或暂缓执行的项目，要依法审核。对未按法定审批程序出台的农民负担文件和项目，要严肃查处。二、管好用好提留统筹费。各级农民负担监督管理部门要按照《农民承担费用和劳务管理条例》关于5%定项限额的规定，加强村提留乡统筹费等集体资金管理。加强农民负担的专项审计。坚决纠正明令禁止的10种错误的收取与管理方法，决不允许向农民多收费。三、认真查处加重农民负担恶性案件。有关部门要严肃查处1993年本地区发生的恶性案件；对于1994年发生的恶性事件要从严处理，发现一件，查处一件。四、开展专项治理。各级农民负担监督管理部门要配合纪检、监察等部门，对农民反映强烈的几个问题，结合当前反腐纠风工作，进行专项治理。五、切实加强法制建设。农业部将与有关部门抓紧制定《农民承担费用和劳务专项审计规定》、《加重农民负担行为处罚规定》，推行农民负担监督卡制度和农民负担预决算制度。逐步实行农民负担监督员制度。六、进行农民负担试点示范和监测。农业部将会同有关部门进行农民负担试点示范和监测工作，建立农民负担监测网点，为宏观决策提供服务。

全国人大常委会委员长乔石在人民大会堂会见美国前国务卿赛勒斯·万斯

乔石说，中国正在加强法制建设，在这方面，全国人大发挥着重要作用。他说，全国人大正在加紧经济立法，这对建立和发展社会主义市场经济是十分必要的。

乔石对万斯再次访华表示欢迎，并赞赏他为中美建交和两国关系的发展所作的努力。乔石说，中美双方应加强合作，把关系搞好，这不仅符合两国人民的根本利益和共同愿望，而且有利于亚太地区和世界的和平、稳定与繁荣。

外交部副部长刘华秋、随同来访的美国前副国务卿怀特黑德和美驻华大使芮效俭等会见时在座。

国家副主席荣毅仁在人民大会堂会见冰岛外交部部长汉尼巴尔松

国务院副总理兼外交部部长钱其琛在钓鱼台国宾馆同澳大利亚外交部部长加里思·埃文斯举行会谈

国务院副总理兼外交部部长钱其琛在钓鱼台国宾馆会见美国前国务卿赛勒斯·万斯

中国常驻联合国副代表陈健在联合国安理会朝鲜核问题的磋商会上发言

陈健说，在朝鲜核问题上，我们始终把实现朝鲜半岛无核化、维护和发展朝鲜半岛的和平与稳定作为双重目标。国际社会的一切行动都应有助于实现这一目标。实践证明，四方三边对话和谈判是解决朝鲜核问题的根本出路。相反，任何威胁或施压只能激化矛盾，起破坏作用。

国家教委印发《普通中等专业学校学生学籍管理规定》

4月2日

党和国家领导人江泽民李鹏乔石李瑞环朱镕基刘

华清胡锦涛等到圆明园遗址公园植树

国务院总理李鹏在中南海紫光阁会见正在北京访问的香港《文汇报》《大公报》《香港商报》《新晚报》《紫荆》杂志和《经济导报》的负责人

李鹏在会见时说,四报两刊各有特色,多年来为增进香港和内地的了解、合作与交流做了大量的工作,取得了成绩。他希望四报两刊今后继续坚持正确的舆论导向,在内容和形式上有所创新,并注意吸取、借鉴其他报纸的长处。

李鹏说,我们在香港实行"一国两制"的方针不会改变。实现香港的平稳过渡、保持长期繁荣稳定,四报两刊肩负的任务更重了,形势要求大家把报纸和刊物办得更好。

丁关根、李岚清和有关方面负责人鲁平、曾建徽、张浚生、李冰参加会见。

国务院副总理邹家华在吉林调查研究

邹家华于 4 月 2 日至 6 日在吉林进行调查研究工作。

邹家华在调研中指出,当前要把国有企业特别是国有大中型企业扭亏增盈工作当作经济工作的重要环节来抓。各级政府和有关部门要积极为搞好国有大中型企业创造良好的外部环境,搞好调查研究,分类指导,一个企业一个企业地想办法、定措施。企业要把着眼点放在建立社会主义市场经济体制这个大目标上,各项工作要围绕市场转,关键是不断开发出适应市场需要、质量高、信誉好的新产品,并在降低成本、提高效益上做文章。企业的技术改造的重点要放在技术进步上,不能把目标只放在扩大面积、增加人员上,而采用的仍是老技术、老工艺、老装备。解决资金不足的问题不能光是眼睛向上,要多渠道筹措资金,企业要搞好内部挖潜,加大流动资金中的自有资金,减少对银行的依赖。同时,要妥善解决深化改革中部分企业职工所面临的实际困难,维护稳定大局。

邹家华强调,工农业需要协调发展。作为工业的原料基地和产品市场,农业和农村经济的发展如果滞后,就会制约工业的发展。当前农业的发展,必须首先安排好粮、棉、油等基本农产品的发展,同时,要从全面发展农村经济和增加农民收入来指导农村经济工作。要把农业、农村经济、农民收入三者从总体上安排好。农业和农村经济发展了,农民收入增加、购买力提高了,又会推动工业的发展。农业生产要在稳定粮食生产的面积、产量和库存的同时,调整种植业结构、鼓励农民发展养殖业、大力发展以农产品为原料的深加工和乡镇企业。要把提高劳动生产率和单位面积产量作为发展农业的一个重要环节来抓好。

国务院总理李鹏在中南海紫光阁会见澳大利亚外交部部长埃文斯

李鹏在会见时指出,由于中澳双方的共同努力,两国关系发展势头很好,希望两国在各个领域的友好合作关系不断得到发展。他说,中澳两国没有根本的利益冲突,在当前国际形势下,双方在维护亚太地区的和平与安全,促进合作和各自繁荣方面有广泛的共同利益。在当今国际关系中,经济因素的作用日益重要。两国在钢铁、能源、交通、通讯等方面的合作已经有很好的基础,潜力是很大的。

双方就人权问题交换意见。

埃文斯表示,澳大利亚支持去年通过的《维也纳宣言》。

李鹏说,中国同样支持《维也纳宣言》,并为这一文件的起草作出很大努力。李鹏强调,这个文件中包括了广大发展中国家在人权问题上的基本观点和要求,明确提出发展权是基本人权的一个不可分割的组成部分。在肯定人权的普遍性的同时,不能忽视"国家和地区的特点以及各种历史、文化和宗教背景的重要性",也就是说,不能忽视各国的国情,不能要求人权只有一种模式。

李鹏说,这个文件还讲到,贫困、外债负担是影响人权享有的严重障碍,因此,发展权是不可剥夺的人权。

李鹏指出,从不久前联合国人权委员会的情况来看,将一国的人权观强加于别人的作法是行不通的。唯一正确的办法是彼此相互尊重、求同存异、平等和友好地进行讨论。

国务院总理李鹏在中南海紫光阁会见美国前国务卿万斯和夫人美国前副国务卿怀特黑德和夫人

国务院副总理兼外交部部长钱其琛在北京会见日本社会党副委员长兼国际部部长井上一成

中国科学技术学会主席朱光亚在人民大会堂会见香港科技协进会代表团

4月3日

国务院宗教事务局负责人就《中华人民共和国境内外国人宗教活动管理规定》和《宗教活动场所管理条例》的制定与实施答《人民日报》记者问

1994 年 1 月 3 日,国务院总理李鹏签署国务院第

144号、145号令，发布《中华人民共和国境内外国人宗教活动管理规定》(以下简称《规定》)和《宗教活动场所管理条例》(以下简称《条例》)，并于公布之日起开始施行。《人民日报》记者走访国务院宗教事务局负责人，就这两个宗教行政法规的制定与实施进行采访。

问：为什么要制定《规定》和《条例》?

答：为了保持宗教政策的长期性和稳定性，将我国处理宗教问题的行之有效的政策制度化、法律化，加强我国社会主义民主和法制建设，要加快宗教立法工作。《规定》和《条例》只是宗教立法中的两个法规。这两项法规的颁布实施，是全面、正确地贯彻党的宗教信仰自由政策的客观要求。

问：是否能具体讲讲制定《规定》和《条例》的目的?

答：第一，保障中华人民共和国境内外国人的宗教信仰自由权利和正常的宗教活动。我国的几种主要宗教都与世界上的同类宗教有着历史的、广泛的联系。随着我国改革开放的不断深入和国际交往的日益扩大，我国宗教界同国外宗教界交往活动日益增多，而且还有大量的信仰各种宗教的外国人来华同我国有关部门进行经济、科技、文化、教育、卫生、体育等多方面的交流合作，或来华探亲、旅游、访问、经商。宗教生活是在华外国人精神生活的一部分。信仰宗教是他们个人的私事。中国政府尊重他们的宗教信仰，保护他们正常的宗教活动，这是我国政府历来就执行的一项政策。《规定》将这一政策以法规的形式加以确定，充分表明了我国政府在这一问题上的鲜明态度。第二，保障宗教方面的国际友好交往和文化学术交流活动。宗教方面的国际友好交往和文化学术交流活动是各国人民之间友好交往的组成部分，它有利于增进各国人民之间的相互了解和友谊，有利于我国的改革开放事业，也有利于维护世界和平。中国政府一贯予以支持。对此，也需要用法律、法规加以保护。第三，维护我国社会的公共利益。中国是一个独立的主权国家，任何国际间的交往都不得损害我国的主权和国家安全。宗教方面的交往也不例外。因此，外国人在中国境内参与宗教活动、同中国宗教界进行友好交往和文化学术交流活动，都必须遵守中国的法律、法规。以上三点，就是制定《规定》的目的。

《条例》第一条明确规定了它的宗旨，这就是“为了保护正常的宗教活动，维护宗教场所的合法权益，有利于对宗教活动场所的管理”。宗教活动场所是信教群众表达宗教感情、集体进行宗教活动的场所，也是宗教教职人员生活和履行教务的处所。同时，它又是一种社会组织。它的活动是否正常，合法权益能否得到保障，它与社会其他方面的关系是否协调，对它们自身、对社会都有重要的影响。为了全面正确地贯彻执行宗教信仰自由政策，保护正常的宗教活动，维护宗教活动场所的合法权益，有利于对宗教活动场所的管理，需要制定本《条例》。

问：我已经看到《规定》绝大部分条款是充分尊重在华外国人的宗教信仰和保护外国人正常的宗教活动。您是否还需要说点什么?

答：正如你所说，《规定》第二条、第三条、第四条、第五条、第六条中的第一款以及第七条都充分体现了尊重在华外国人的宗教信仰自由权利，保护他们正常的宗教活动。在中国境内的所有外国人，不论其是否信仰宗教、信仰何种宗教，我国政府都予以尊重。他们出于自己的信仰所进行的正常宗教活动，只要不涉及中国公民，中国政府和公民都不会干预。随着改革开放的不断深入，今后在我国将会举办一些大型国际会议、大型体育比赛和大型文化学术交流等活动，为满足来华外国人集体宗教生活的需要，经主办单位申请，中国政府主管宗教事务部门同意，可以为外国人指定专用宗教活动场所或专门地点，用以举行非中国公民参加的宗教活动。所有这些规定，都充分体现了中国政府尊重在华外国人的宗教信仰自由，保护他们过正常宗教生活的权利，体现了我国改革开放精神。

问：《规定》第七条中的“中国的有关规定”的精神是什么?

答：我国实行宗教与教育相分离的原则。选派培养宗教教职人员的留学生与我国普通高等学校选派留学生不同，选派这类留学生涉及我国宗教内部事务，必须执行我国宪法所规定的中国的“宗教团体和宗教事务不受外国势力的支配”的原则。我国政府规定，选派这类留学生须由各全国性宗教团体统筹安排，并报政府宗教事务部门批准。任何外国宗教组织和国际宗教组织及其驻华机构和个人不得擅自在华招收。

问：台湾、香港、澳门居民在大陆进行宗教活动将如何处理?

答：台湾、香港、澳门同大陆在宗教方面有着广泛密切的联系，交往日益扩大，人员来往日益增多。这方面的活动也需要用法律规范，以便有法可依。台湾是中国不可分割的领土，中华人民共和国也即将恢复行使对香港和澳门的主权。根据香港、澳门基本法，在中国恢复行使对香港和澳门主权后，我们将在香港、澳门实行“一国两制”。处理宗教方面关系的原则是“互不隶属、互不干涉和互相尊重”。“和平统一，一国两制”是我国政府处理海峡两岸关系的方针。处理宗教方面的关系，也将执行上述“三互”原则。在“一国两制”的情况下，台湾、香港、澳门的同胞不同于大陆居民，因此，本《规定》第十一条作了原则规定。

中央军委主席江泽民国务院总理李鹏致信全国军队转业干部安置工作会议

同志们：

全国军队转业干部安置工作会议在济南召开，我们代表党中央、国务院、中央军委对大会的召开表示热烈的祝贺！向在全国各行各业努力工作的广大军队转业干部和为军队转业干部安置工作作出贡献的同志们表示亲切的慰问！

军队转业干部是国家的宝贵财富，是社会主义现代化建设的一支重要力量。在人民解放军这所大熔炉里，锻炼培养了一批又一批的优秀干部，他们有较好的政治素质和较强的组织领导能力，有较高的文化水平和一定的专业技术知识，有优良的作风和无私奉献的精神。今年这批干部转业后，将会给地方的经济建设和各项事业增添新的活力。

今年是我国改革开放和现代化建设发展过程中非常关键的一年。抓住机遇，深化改革，扩大开放，促进发展，保持稳定，是全党和全国工作的大局。做好军队转业干部安置工作，是关系大局的一件大事。它对促进军队建设和经济建设，保证军队稳定和社会安定，推动改革开放顺利发展，都具有重要意义。各级党委和政府，要把军队转业干部安置工作作为一项重要政治任务认真抓好，千方百计克服困难，把每一个转业干部安置好、使用好，使他们各得其所，人尽其才。军队的同志要体谅地方的困难，与地方积极协商，密切配合，共同做好工作。

预祝会议开得圆满成功。

江泽民

李　鹏

1994 年 4 月 3 日

4 月 4 日

国家主席江泽民在人民大会堂同厄立特里亚总统伊萨亚斯·阿费沃基举行会谈

江泽民说，中厄自 1993 年 5 月建交以来，时间虽短，但两国关系发展很快。我们对两国关系顺利发展感到满意。中国政府和人民十分重视中厄关系和两国人民的友谊，愿和厄方共同努力不断巩固和发展两国友好合作关系。江泽民对厄立特里亚政府坚持“一个中国”的政策，不与台湾发生官方关系的原则立场表示赞赏。

在谈到两国经济关系时，江泽民说，中厄建交尚不到一年，两国互利合作已逐步开展，而且潜力很大。中国愿继续参加厄经济重建工作。江泽民说，中国是发展中国家，向厄提供的政府援助有限，但这是友谊的表示。我们更重视与厄在平等互利、共同发展的基础上，开展形式多样的民间经济合作。

伊萨亚斯对中国政府向厄提供的援助表示感谢。伊萨亚斯说，厄经历了长期战争的破坏，亟须重建国家和民族振兴。中国的援助是真诚、充满善意的。厄将中国的援助看作是重振厄经济的重要因素。厄赞同中方关于积极开展民间经济合作的观点。今后厄将在各个领域重点开展同中国企业的合作。

在谈到国际问题时，江泽民说，国际政治新秩序应建立在和平共处五项原则的基础上，其核心是互不干涉内政，尊重各国人民根据本国国情选择社会制度和发展模式的权利。世界上不存在能够适合所有国家的政治、经济统一模式。一国的具体的政治制度和经济发展道路只能根据本国的国情建立。江泽民强调，中国的经历表明，新生国家只有始终把发展经济作为中心工作，才能巩固政治独立，改变贫困落后的面貌。

伊萨亚斯表示赞同江泽民关于互不干涉内政的原则。伊萨亚斯说，各国都有自己的文化传统，应当受到尊重。他表示，厄立特里亚重视中国的经验，一直密切注视着中国发生的巨大变化。这种发展和变化使包括厄在内的整个非洲大陆都受到鼓舞。

会谈中，两国领导人还分别介绍各自国内的情况。他们表示，双方在许多重大的国际和地区问题上、在民主和人权等问题上有许多相同和类似的看法。会谈后，江泽民主席和伊萨亚斯总统出席中国政府向厄立特里亚政府提供贷款协定和中厄两国政府文化协定的签字仪式。

全国人大常委会委员长乔石在北京会见以议长彼得·塔普塞尔为团长的新西兰议会代表团

会见时，乔石说，中新两国自 1972 年建交以来，两国关系一直稳步发展，两国议会间也保持着友好关系。他说，新西兰议会代表团的这次来访，必将为促进两国议会间的友好关系发挥重要作用。

乔石委员长夫人郁文和全国人大常委会副委员长田纪云参加会见。

国家体改委召开北京一轻改革试点经验交流会

交流会于 4 月 4 日至 6 日在北京召开。中共中央政治局委员、国家体改委主任李铁映在闭幕会上就北京一轻改革试点经验发表讲话。

外交部部长钱其琛在钓鱼台国宾馆同来访的巴西外交部部长塞尔索·阿莫林举行会谈

国务委员兼国防部部长迟浩田参观巴西第一陆军

师及驻里约热内卢军事村部队演习

国家科委主任宋健在人民大会堂会见巴西外交部部长阿莫林

会见后，双方出席两国政府在1982年签署的科技合作协定的三个补充协议的签字仪式。

这三个文件是：新材料领域的补充协议、生物技术在农业上的应用领域的补充协议和中医中药领域的补充协议。

亚洲及太平洋经济社会委员会第50届年会主席印度商业部部长慕克吉在新德里会见外交部副部长刘华秋率领的中国代表团

国家科委国家体改委在北京举行新闻发布会推出《适应社会主义市场经济发展，深化科技体制改革实施要点》

4月5日

全国人大常委会委员长乔石在人民大会堂会见厄立特里亚总统伊萨亚斯·阿费沃基

全国政协主席李瑞环在陕西桥山与海内外同胞共祭中华始祖轩辕黄帝陵

国办关于禁止在宣传品出版物及其他商品上滥用人民币和国家债券图样的通知

各省、自治区、直辖市人民政府，国务院各部委、各直属机构：

1991年3月，中国人民银行、公安部、国家工商行政管理局、新闻出版署、广播电影电视部等五部门联合下发了《关于禁止在宣传品出版物及有关商品上使用人民币、外币和国家债券图样的通知》，这对加强人民币和国家债券的管理起到了积极作用。最近，在福建省福鼎县发现，有人用不正当手段，把人民币缩印后作为小糖球包装袋公开出售；在新疆有人用缩小的人民币小卡片购买商品，兑付时还找回了零钱。目前，在宣传品、出版物及商品上滥用人民币和国家债券图样的行为时有发生，给一些犯罪分子进行诈骗活动以可乘之机并扰乱了金融秩序，也给反伪造货币工作带来了一定困难。为了维护人民币、国家债券的信誉和尊严，经国务院同意，现就有关事项通知如下：

一、未经中国人民银行批准，任何单位和个人均不得以任何形式模仿人民币式样印制内部票券，也不得在宣传品、出版物及其他商品上印制人民币和国家债券图样（不论是原大或缩印样）。

二、要加强对印制、出版、影视、广告制作及其他商品制作部门的监督管理，凡未经中国人民银行批准，出版和销售印有人民币和国家债券图样的宣传品、出版物及其他商品，一经发现，要立即查封，并就地销毁；对已经售出的，应没收非法所得，处以销售款等值以下的罚款，并追究有关单位及其制作审批部门直接负责人员和经办人员的责任。

三、各地区、各部门要按照上述要求，认真组织检查，新闻单位要做好宣传工作，有关单位要加强监督和管理。迅速制止滥用人民币和国家债券图样的行为。

国务院总理李鹏等为都江堰建堰2250周年题词

世界上最古老的水利工程都江堰，以它实际灌溉1000万亩的成果和仿古放水仪式，度过它的2250周岁。

国家商检局财政部颁布《外商投资财产鉴定管理办法》

国家商检局、财政部最近发布《外商投资财产鉴定管理办法》，并从5月1日起开始施行。

此次发布的《办法》是在全面总结已开展的外资财产鉴定工作的基础上，参照国际惯例制定的，充分体现了公正、真实、合理和平等互利原则，并便于具体操作执行。该办法适用于国外（包括港、澳、台地区）的公司、企业和其他经济组织或个人在中国境内举办的外商投资企业及各种对外补偿贸易方式中，国外投资者投入的或者受外商投资企业委托在境外购进财产的鉴定。这是我国扩大开放中的又一重要举措。

国家主席江泽民在北京会见巴西外交部部长塞尔索·阿莫林

江泽民在谈到双边关系时说，近年来中巴两国高层领导人互访频繁，领导人的直接接触对增进相互了解，推动两国友好合作关系的发展具有重要意义。江泽民还介绍了中国的经济建设情况。

阿莫林外长说，江泽民主席对巴西的成功访问在巴西产生巨大影响，是巴中关系史上新的里程碑。巴中两国在科技、水电、农业等方面卓有成效的合作为发展中国家树立了榜样。他说，中国在经济发展中积累的经验值得巴西借鉴。

全国人大常委会委员长乔石在人民大会堂会见奥地利联合国协会主席前联合国秘书长奥地利前总统库尔德·瓦尔德海姆

中共中央政治局常委胡锦涛在北京会见巴西外交

部部长塞尔索·阿莫林

国家副主席荣毅仁在北京会见新西兰议长彼得·塔普塞尔以及他所率领的议会代表团

中国代表团团长外交部副部长刘华秋在联合国亚洲及太平洋经济社会委员会第五十届年会上发表讲话

刘华秋在讲话中向大会提出 5 点建议,即:基础设施应符合各国的国情;基础设施建设应广开财路,多渠道筹资;基础设施建设需加强人力资源的开发;基础设施建设应得到国际社会,特别是发达国家的大力支持;基础设施建设需要开展广泛的区域合作。

全国军队转业干部安置工作会议在济南召开

1994 年全国军队转业干部安置工作会议在济南召开。中共中央总书记江泽民、国务院总理李鹏代表党中央、国务院、中央军委给大会发来贺信。中共中央政治局委员、山东省委书记姜春云,国务委员李贵鲜,中央军委委员、总政治部主任于永波和济南军区政委宋清渭在会上讲话。

中央军委主席江泽民等为孙占元烈士纪念馆题词

伟大的国际共产主义战士、中国人民志愿军一级战斗英雄、朝鲜民主主义人民共和国英雄孙占元烈士纪念馆落成典礼上午在红旗渠故乡——河南省林州市(原林县)举行。

考古学家贾兰坡研究认为人类起源的时间地点将改写

著名考古学家贾兰坡最近完成的一项研究证实,他和他的同事多年来在河北省阳原县泥河湾盆地的小长梁发现大批石器和骨器,是距今 160 万年前人类使用的工具,属迄今所知世界上最早的细石器文化。

科学家根据这一重大成果推测,人类起源的地点在亚洲(有可能是中国);人类起源的时间至少应往前推至距今四五百万年前。

文化部第四届文华奖评选在北京揭晓

文化部第四届文华奖评奖结果日前在京揭晓。浙江省小百花越剧团的《西厢记》等 3 个戏曲获得文华奖大奖。《一夜皇妃》等 25 个剧目获“文华新剧目奖”和“文华新节目奖”。

4 月 6 日

国务院总理李鹏在人民大会堂同芬兰总理埃斯科·阿霍举行会谈

李鹏指出,近几年来中芬关系发展顺利,特别是经贸关系有了较大发展。两国经贸额平均每年递增 20% 以上。科技合作项目目前已有几十项,大多数成果显著,有的已走上了技贸结合的轨道。在文化、教育等其他领域,两国也进行了良好的合作。

李鹏说,芬兰在森林培育、木材加工、环保等方面经验丰富,值得我们借鉴。双方在这些方面合作机会很多,发展的潜力很大。这次随同总理来访的还有许多企业家,这对增进中芬两国企业的接触和合作十分有利。我们欢迎更多的芬兰企业家参与中国的建设。

在谈到国际形势时,阿霍总理说,冷战结束后新的国际秩序没有建立起来,世界上还存在许多地区性的问题,联合国在解决这些问题上应发挥重要作用。

李鹏指出,虽然国际形势从总体上讲有趋向缓和的一面,但仍存在许多不稳定因素,如经济衰退、民族矛盾、领土争端、地区冲突、许多发展中国家的贫困化等。我们应努力建立一种新的国际秩序,具有不同意识形态、社会制度和经济发展水平的所有国家应和平共处,共同努力解决世界和平与发展两大问题。

在谈到人权问题时,阿霍总理表示,芬兰主张就人权问题进行坦率、友好的讨论,而不去批评或指责别人。

李鹏阐述中国政府对人权问题的原则立场。他强调,生存权和发展权对发展中国家来说至关重要。谈人权不能忽视国与国之间在文化、历史、传统和经济发展水平等方面的差异,也就是说不能忽视一国的国情。这一重要主张已经载入了去年通过的《维也纳宣言和行动纲领》。中国愿意在平等、友好、相互尊重和理解的基础上就人权问题进行对话。

会谈结束后,双方签署了中芬 1994 年至 1996 年文化交流计划和黄河防洪减灾系统建设项目的技术及商务合同。两国总理出席了签字仪式。

共青团中央等单位联合发出《关于在全国范围内开展“三评一展”活动的通知》

日前,共青团中央、文化部、广播电影电视部、新闻出版署联合发出通知,决定今年联合开展以爱国主义为主题,以向青年提供高品位的思想文化精品为主要内容的“三评一展”活动。

“三评一展”活动是:评选“中国青年优秀图书奖”,“中国青年优秀歌曲奖”,“中国青年优秀影视奖”和举办“94 中国青年文化精品展”。

《通知》指出,“三评一展”活动旨在坚持青年文化的正确导向,弘扬爱国主义、集体主义、社会主义和中华民族优秀传统文化,大力倡导并组织青年读好书、唱好歌、看好片，提高思想道德素养和科学文化素质；大力倡导并组织基层开展丰富多彩、适合青年特点的文化活动，活跃基层，服务青年，凝聚青年；大力倡导并鼓励思想文化等精神产品部门，为青年提供更多更好的精神产品，正确引导青年文化潮流和文化消费，创造更加有利于青年健康成长的文化环境。

国办转发国务院证券委员会《关于停止钢材、食糖、煤炭期货交易的请示的通知》

各省、自治区、直辖市人民政府，国务院各部委、各直属机构：

经国务院批准，现将国务院证券委员会《关于停止钢材、食糖、煤炭期货交易的请示》转发给你们，请遵照执行。各地人民政府和有关部门要积极稳妥地做好善后处理工作，以保证社会安定和各项经济工作的正常运转。

中共中央政治局委员国家体改委主任李铁映在北京一轻综合配套改革试点经验交流会闭幕会上发表讲话

国务院副总理李岚清在北京出席纺织工业座谈会并发表讲话

李岚清强调，要解决纺织行业目前存在的问题，一方面要靠行业自身振奋精神，艰苦奋斗；一方面要靠方方面面的理解和支持。他希望各部门、各地区要采取相应措施，促进纺织工业尽快走上健康发展之路。

李岚清说，今年以来，纺织行业出现了这样一些新问题：棉花资源供应紧张，价格失控，调拨任务只完成42%左右；棉纱棉布价格上涨幅度过大；企业停工停产面增加，经济效益下降的矛盾十分突出，出口形势严峻。

李岚清指出，国家收购的棉花要牢牢掌握在国有主渠道手中，按国家调配计划和分等论级的价格进行调拨，首先严禁自己从中倒卖提价牟利，计委、物价部门要会同有关部门制订分等价格，登报公布，“明码标牌”，工商管理等执法部门要加强棉花市场管理，依法严厉打击倒卖棉花，投机牟利的不法分子。

李岚清强调，棉花调拨任务是国家委托各级棉麻公司代收调拨的，必须按计划调拨，对此要各级负责，并严格检查，对没有完成调拨任务的省、市、区要进行检查，省要检查到县；对未完成调拨任务的县要对棉花的去向作出交待；对利用国拨棉投机牟利和私自挪用的，要严肃查处。

李岚清说，目前要确保骨干出口企业纺用棉供应，同时要防止质量低、技术低、效益低的小棉纺企业占用计划调拨棉，以及棉贩子炒棉花，有效措施之一就是一方面在贷款上支持重点企业，另一方面对“三低”的小棉纺企业和棉贩子停止贷款，要釜底抽薪，发挥货币政策的宏观调控作用，银行要认真贯彻，并尽快作出安排。

在谈到棉花流通体制改革时，李岚清提出，棉花是关系到国计民生的特殊商品，今后既不能完全采取像过去那种统购统销的模式，也不能放任不管，要探索一条新路子。可以尝试建立国有制内外贸结合、购储销结合的现货批发市场，掌握棉花购销、批发的主渠道，并起到调控市场、减少中间环节和保证供应的作用。在价格方面，按照比较利益的原则制定合理的保护价，鼓励和调动棉农的积极性，保证棉花的总量平衡。

就如何帮助纺织行业摆脱困境，李岚清发表这样的看法：第一步，“抢救，稳住病情”；第二步，“治病”；第三步，“康复、进一步发展”。他说，当然，这三步不是截然分开的，而应“标本兼治”。

在解释了纺织行业调整与改革的具体构想与措施后，李岚清谈到企业改组工作。李岚清说，要参照北京一轻综合配套改革的经验，进行产业结构调整，对企业进行改组、转换机制，人员的分流，调动企业和职工的积极性。有条件的要发展以工业企业为龙头或以外贸企业为龙头，以股份为纽带的技、工、贸相结合的企业集团，发挥联合优势，增强市场竞争力。

谈及纺织品出口创汇时，李岚清说，要进一步加大改革力度，提高出口产品质量、档次和效益。按照效益、公正和公开原则，由外经贸部会同中国纺织总会共同研究制定纺织品出口配额招标办法，并发挥进出口商会的协调指导作用。李岚清表示，各地有配额和出口许可证的企业可以允许进行“两纱两布”的来料加工。李岚清在讲话中特别强调，要抓紧制定纺织行业的产业政策。产业政策应包括消费政策、技术政策、产业组织政策、进出口政策、供销营运政策、利用外资政策、区域布局政策等，以及保证这些政策的措施。

国务院副总理兼外交部部长钱其琛在钓鱼台国宾馆同蒙古国对外关系部部长策·贡布苏伦举行会谈

会谈时，钱其琛说，中蒙自1989年恢复正常关系以来，在各个领域的合作都取得令人满意的进展，尤其是两国领导人的互访对推动两国关系的发展起了重要的作用。

钱其琛说，蒙古是中国的重要邻国。中国重视同蒙古的关系，愿意在和平共处五项原则的基础上发展中蒙睦邻友好关系。

贡布苏伦说，蒙中关系近年来经过双方努力得到进一步的发展。蒙古政府领导人对此深感满意。他指出，蒙古对外政策的重要内容之一是发展同中国的睦邻友好关系。

双方还对李鹏总理不久将正式访问蒙古的有关事宜进行磋商。他们一致认为李鹏总理访蒙将对发展两国关系产生十分重要的意义。

会谈后，钱其琛和贡布苏伦签署《中华人民共和国外交部和蒙古国对外关系部合作议定书》，草签《中华人民共和国政府和蒙古国政府关于保护和利用边界水的协定》。

国家副主席荣毅仁在人民大会堂会见日本日兴证券株式会社会长梅村正司

国务院副总理兼外交部部长钱其琛在钓鱼台国宾馆会见喀麦隆总统特使藏加·阿奔达

国务院副总理兼外交部部长钱其琛在北京会见奥地利联合国协会主席前联合国秘书长奥地利前总统瓦尔德海姆

中国政府和几内亚政府在科纳克里签署关于向几内亚派遣医疗队的议定书

中国和哈萨克斯坦首次领事磋商在北京举行

世界首批连续细胞核移植山羊在中国诞生

中国在家畜胚胎工程研究领域获得重大突破。由中国科学院发育生物学研究所承担并与江苏农学院合作的"山羊连续细胞核移植"，已经顺利完成。专家认为，这是在世界上首次获得的连续细胞核移植山羊，从而使我国在该领域的研究水平跻身国际先进行列。

中国科学家发现叶绿体吞噬线粒体现象

四川师范学院生物多样性研究中心主任汤泽生教授等人在观察小麦叶片的超微结构中，首次发现了叶绿体吞噬线粒体的现象。这一重大发现，为认识植物细胞内的细胞器、细胞器与细胞器之间的吞噬现象过程和机理提供了重要的根据，也为探明细胞器的起源提供了重要的线索和思路。

全国政协主席黄帝陵基金会名誉会长李瑞环在陕西听取关于整修黄帝陵工作汇报时发表讲话

李瑞环日前在西安听取陕西省委、省政府和黄帝陵基金会负责人关于整修黄帝陵工作汇报。

李瑞环强调，整修和保护好黄帝陵，对弘扬中华文化，激励爱国热情，增强民族凝聚力，促进现代化建设具有重要意义。要广泛联系海内外同胞，群策群力，坚持不懈，把这件事办好。

全国体委主任会议在北京举行

4月7日

国务院总理李鹏与法国总理爱德华·巴拉迪尔在人民大会堂举行会谈

李鹏在会谈时说："通过双方的共同努力，中法两国就恢复传统的友好合作关系达成了谅解，于今年1月12日发表了两国政府联合公报。结束过去，开辟未来，中法两国关系重新进入正常发展的轨道。对此，我们感到高兴。"

李鹏指出，中华民族和法兰西民族都是伟大的民族，中国和法国都是联合国安理会常任理事国，近几年来，国际形势变化很大，中法两国合作的重要性不仅没有减少，而且还增加了。中法两国在维护世界和平、促进经济发展等方面有许多共同点。在经济上，我们两国有很强的互补性，发展潜力很大。中国一贯珍视中法关系，愿意本着求同存异、相互尊重、互不干涉内政和平等互利的原则同法国发展长期稳定的友好合作关系。巴拉迪尔总理和法国现政府为恢复和改善两国关系作出了积极的努力，对此我们表示赞赏。我们要着眼于21世纪，从战略的高度来看待和处理中法关系，使中法关系健康地向前发展下去。

关于双边经贸关系，李鹏说："中法两国在经贸领域里的合作有着现实的、良好的前景，这首先是因为当前中国经济进入了持续、快速和健康的发展轨道。中国的外贸与国民经济增长将大体上保持同步，在今后的7年中，中国的进口总额约1万亿美元，这将为中国同包括法国在内的世界各国扩大经贸关系提供了巨大的可能性。其次，交通、能源、电信等基础设施是中国经济的优先发展领域，而在这些领域中，法国的企业拥有优势。我们欢迎法国的企业来中国参加平等竞争。第三，中国政府对与法国发展互利经贸合作关系持积极态度。不少法国企业是中国长期的合作伙伴，即使在中法关系遇到困难时，它们仍致力于双方的互利合作，对此，我们是十分赞赏的。"李鹏总理指出，"中国市场潜力很大，但国际竞争也很激烈，因此希望法国企业提高在中国市场的竞争力，以利于进一步发展和扩大中法经贸合作。"

巴拉迪尔表示很高兴和各位部长一起来访问中国。他说，20年前，他曾有幸陪同蓬皮杜总统访问中国，他这次来中国访问是为了促进法中关系的发展。他高度评价了法中关系的重要性，认为两国合作的潜力很大。他说，法国工业、邮电和外贸部长热拉尔·隆盖不久之后将率领法国企业家访华，推进法中经贸合作。法国方面也欢迎中国电力部长史大桢不久之后访问法国。

两位总理还讨论了双方在重要项目上的合作可能和谷物贸易的前景。两位总理商定，双方将保持高层互访的势头，加强政治磋商，并确认钱其琛副总理今年1月正式访问法国时，双方达成的两国外长、副外长等举行定期会晤和磋商的谅解。

在谈及中国"复关"问题时，巴拉迪尔表示法国支持中国恢复在关贸总协定缔约国地位并成为世界贸易组织的创始国，他说中国在世界贸易中的地位越来越重要。李鹏对法国的支持表示感谢。

李鹏向客人介绍了美国国务卿克里斯托弗最近访华的情况，阐述了中国政府在人权问题上的原则立场。巴拉迪尔介绍了法国在人权问题上的主张，表示法国无意干涉别国的内政，愿意在平等的基础上与别的国家讨论这一问题。

李鹏应客人要求介绍了中国的独立自主的和平外交政策和与周边国家的关系。两位总理还就广泛的、共同关心的国际问题、亚洲、欧洲地区问题深入地交换了意见，并注意到双方的立场存在众多的一致点。双方一致认为，在国际事务中，中法两国是具有重要影响的国家，两国保持良好关系符合两国的根本利益，也有利于世界的和平与稳定。

国办转发国务院三峡工程建设委员会移民开发局《关于深入开展对口支援三峡工程库区移民工作意见的报告》

各省、自治区、直辖市人民政府，国务院各部委、各直属机构：

国务院三峡工程建设委员会移民开发局《关于深入开展对口支援三峡工程库区移民工作意见的报告》已经国务院同意，现转发你们，请认真贯彻执行。

做好对口支援三峡工程库区移民工作是搞好三峡工程建设的关键，是功在当代，利在千秋的一件大事。各地、各部门要采取措施，进一步落实对口支援计划并切实组织实施。在对口支援过程中，要及时总结经验，吸取教训，使全社会支援三峡工程库区移民工作深入持久地开展下去，为三峡工程建设作出更大的贡献。

国务院三峡工程建设委员会移民开发局关于深入开展对口支援三峡工程库区移民工作意见的报告

国务院：

根据1993年12月三峡工程移民工作会议精神，为深入贯彻开发性移民方针和国办发〔1992〕14号文件，进一步动员和组织全国支援三峡工程库区移民工作，促进三峡工程建设，综合三峡工程移民工作会议上支援与受援双方的建议，并考虑到已建立的协作关系，现将深入开展对口支援三峡工程库区移民工作的意见报告如下：

一、提高认识，深入发动

三峡工程是实施国家经济发展战略布局，促进长江流域经济崛起的重点工程。参与三峡工程建设是历史赋予我们这代人的神圣职责，对口支援库区移民就是直接参与三峡工程建设。中央国家机关有关部门和有关省（区、市），要树立全国一盘棋的思想，同心协力，广泛深入地动员和组织对口支援工作。库区各级人民政府要把三峡工程移民安置搬迁作为重要任务，教育并带领广大干部、群众发扬自力更生、艰苦奋斗和顾全大局的精神，积极、主动、热情地做好对口支援各项准备工作，创造深入开展对口支援工作的良好环境，珍惜来自各方的支援。

二、进一步完善对口支援方式

为巩固和发展已建立的对口支援和经济合作关系，使之更有成效，1994年的对口支援工作拟实施"巩固发展原有支援协作关系，突出重点，以点带面，各有侧重，多方参加，扎实推进"的方针，由参与支援的各省（区、市）或大中城市分别确定横向支援的重点，在原结对支援协作的基础上，通过抓库区一个县（市、区）的重点支援，形成以一省（区、市）为主，多省（区、市）参加，责任明确，同心协力的支援格局。中央国家机关以及四川、湖北两省有关部门的对口支援，应从行业布局规划入手，抓点促面，深化对全库区的支援，具体由中央国家机关有关部门和四川、湖北两省分别协调组织。四川、湖北两省除抓好一个重点县（市）外，要继续动员和组织省内各地市、各部门、大型企业、大专院校以横向支援的方式实施对库区县（市、区）的对口支援。

三、进一步明确对口支援的目标任务

有关省（区、市）要根据优势互补、互惠互利、各方支援、共同发展的原则，不断探索与库区优势互补、共同发展的结合点，要在合作兴办项目、技术支援、信息交流、市场拓展、劳务输出、经营管理、人才培训、产品开发等方面多下功夫，帮助受援方增强自我发展的能力，不断提高移民安置效益。

纵向支援库区的部门和单位，应以支持库区经济、社会发展与移民安置为主要目标，制定对口支援规划，为三峡库区生产力合理布局、基础设施的改善、优势资源开发、经济与社会发展和移民安置创造条件。建议国家计委在组织有关部门实施三峡地区经济和社会发展规划上给予协调与支持；国家经贸委在库区工厂搬迁结合技术改造所需专项贷款上给予重点安排；水利部在兴修水利、水土保持等方面为库区移民安置给予重点帮助；农业部、林业部在中低产田改造、植树造林、农林产品基地建设、大农业开发、乡镇企业发展等方面重点扶持；交通部、铁道部、邮电部、民航总局在恢复和兴建公路、桥梁、港口、码头、铁路、机场、通信等基础设施和专业设施的布局以及投资上给予倾斜；能源、原材料、机械、电子、航空、船舶、轻纺、食品、旅游等部门，要在行业生产力布局、资金的安排等方面给予照顾；财政、金融部门在有关资金的安排和调度等方面给予支持；科技、教育、文化、体育、广播等部门应在事业发展和智力开发、科学技术进步与推广应用方面给予大力支援；计划、物资、铁路、交通部门，要为对口支援优先安排物资供应和解决交通运输等实际问题；全国工、青、妇等群众团体，也要积极行动起来，促进形成全社会、全方位对口支援三峡库区移民的生动局面。

四、加强领导，建立健全检查制度

中央国家机关有关部门和有关省（区、市），要把对口支援三峡库区移民的工作纳入议事日程，指定具体的工作部门负责组织，并落实到人。要定期检查督促，形成制度。全国对口支援三峡库区移民的工作，由国务院三峡工程建设委员会移民开发局负责组织协调、总结推广经验和执行情况的检查。

五、用政策调动各方对口支援的积极性

一是有关部门和有关省（区、市）及库区各级政府为推动对口支援而出台的政策措施要继续执行；二是各地、各部门要用好国家对三峡工程库区的各项优惠政策；三是除移民资金将有计划地投入外，各地、各部门其他渠道的资金要结合库区移民安置工作予以优先安排。

以上报告如无不妥，建议批转有关省（区、市）和有关部门执行。

有关省（区、市）对口支援三峡库区移民工作关系一览表（略）

国务院副总理李岚清在中国进口汽车贸易中心工作会议上发表讲话

李岚清日前在中国进口汽车贸易中心的一次工作会议上说，我国对于汽车这样的重要商品的进口，既允许多渠道，又要有主渠道，这样有利于宏观管理和汽车工业的健康发展。

李岚清说，我国的汽车工业，中型车的发展较为健康，重型车的问题也不大，问题最多的是轻型车，叫做散、乱、差、低。全国有 125 家轻型汽车厂，生产太分散，国产化水平低，经营太零乱，技术素质差，质量水平低，花了不少钱，但批量上不去，尚未形成经济生产规模。如果将这笔钱集中起来，可以兴建很大的、很好的汽车生产基地。

李岚清指出，汽车工业是我国重点发展的支柱产业，有关部门已制定汽车工业发展的产业政策，今后要利用这一政策促进汽车工业的健康发展。进口汽车作为对国产汽车的一种补充，要抓好技术引进方面的工作。中国进口汽车贸易中心是国家进口汽车的主渠道，应当把服务工作搞好，经营方针是保本微利，不以盈利为目的，避免“官商”作风，树立公正、可靠的企业形象。

国务院总理李鹏在人民大会堂会见蒙古国对外关系部部长贡布苏伦

李鹏在会见时说，中国政府重视同蒙古发展睦邻友好关系，并且希望中蒙边界成为一条和平友好的边界。

李鹏说，一个国家建立什么样的社会制度是该国人民的选择。蒙古国内近年发生了一些变化，我们尊重蒙古人民的选择，同时希望蒙古国经济发展，人民幸福。李鹏请贡布苏伦回国后转达他对蒙古国总统和政府总理的良好祝愿。

全国人大常委会委员长乔石在人民大会堂会见由市长埃贝哈德·迪普根率领的德国柏林市政府代表团

国务院副总理钱其琛在北京会见由主席罗康瑞率领的香港工商专业联会访京代表团

对外贸易经济合作部部长吴仪在北京会见法国工业邮电和外贸部部长热拉尔·隆盖

中央军委副主席刘华清在钓鱼台国宾馆会见美国前国防部部长美国战略与国际问题研究中心顾问哈罗德·布朗及随行人员

4月8日

国家主席江泽民在中南海会见法国总理爱德华·巴拉迪尔

第三期省部级主要领导干部学习《邓小平文选》第三卷理论研讨班在中央党校开学

中共中央政治局常委、书记处书记、中央党校校长胡锦涛在研讨班上指出，坚持党的基本路线不动摇的自觉性和坚定性，首先来自掌握邓小平同志建设有中国特色社会主义理论的系统性和完整性。只有真正掌握这一科学理论体系，才能更好地把握和坚持党的基本路线，做到在任何情况下都不动摇。

胡锦涛在讲话中说，邓小平同志建设有中国特色社会主义的理论，是一个完整的科学的理论体系，是马克思主义在当代中国进入新境界、达到新高度的集中体现。要真正掌握这个理论体系，做到融会贯通，并不是一件容易的事情，必须结合实际，经常地学，反复地学，注意从总体上、相互联系上全面地正确地理解和掌握科学的理论体系，尤其注意在以下三个方面下功夫。一是紧紧围绕"什么是社会主义、怎样建设和发展社会主义"这个首要的基本的理论问题，力求全面系统地把握这一理论中的基本观点，特别是其中的新思想、新观点、新论断，把十四大报告概括的九个基本问题真正学懂弄通。二是正确理解小平同志著作中一系列基本观点之间的内在联系，完整、准确地把握"一个中心、两个基本点"的基本路线的理论依据。三是抓住解放思想、实事求是这个精髓，理解和掌握贯穿在小平同志著作中的辩证唯物主义、历史唯物主义的世界观和方法论，避免和减少唯心论和形而上学。

胡锦涛强调，学习建设有中国特色社会主义的理论，掌握科学理论体系，目的全在于应用，在于以这个理论为指导，结合改革和建设的实际，总结新经验，研究和解决面临的新问题。目前，全党正在贯彻十四大和十四届三中全会精神，建立社会主义市场经济体制的改革已经进入整体推进与重点突破相结合的新阶段。今年是经济体制转换的攻坚之年，年初开始实施的一系列重大改革措施，涉及经济基础和上层建筑的许多领域，改革的深度、广度、力度都是前所未有的，会遇到大量的新情况、新矛盾、新问题，迫切需要我们去研究、去解决。

胡锦涛说，抓住机遇、深化改革、扩大开放、促进发展、保持稳定，是中央确定的今年工作的大局。辩证地理解和把握改革、发展、稳定的关系，在实际工作中把三者有机地结合起来，是十多年来建设有中国特色社会主义经验的总结，是全面贯彻党的基本路线在认识和实践上的一个新的进步。对这个问题有了共识以后，关键就是要研究，在我们的领导工作中，应当从总体上抓住哪些重要环节做好工作，当前应当着力解决哪些突出问题，才能维护大局，加快经济体制改革，通过深化改革促进国民经济持续、快速、健康发展，在改革和发展中保持社会稳定。

胡锦涛指出，在《邓小平文选》第三卷中，反复强调的一个重要思想，就是要坚持两个文明全面发展，坚持两手抓和两手都要硬。现在大家越来越认识到，经济建设越发展，改革任务越重，情况越复杂，矛盾越多，越要重视精神文明建设，越要注意用科学的理论武装人、用正确的舆论引导人、用高尚的精神塑造人、用优秀的作品鼓舞人。大家也都赞成坚持"两手抓，两手都要硬"的方针。怎样按照小平同志的要求，在抓好物质文明建设的同时，使精神文明建设这一手真正硬起来，收到实效；如何在改革开放的全过程中，深入、持久、卓有成效地开展反腐败斗争，打击各种犯罪活动，加强廉政建设；在建立社会主义市场经济体制的新形势下，如何加强和改善党的领导，加强和改进党的自身建设，更好地在改革和现代化建设中发挥领导核心作用。所有这些问题都需要我们进行深入的研究。

中共中央政治局委员、书记处书记丁关根主持会议并讲话，丁关根说，中央决定分期举办省部级主要领导干部理论研讨班，是为了更好地用建设有中国特色社会主义理论武装高级干部，进而带动全党的学习。《邓小平文选》第三卷出版五个月来，一个全党全国学习建设有中国特色社会主义理论的热潮开始形成，这对认真贯彻落实党的十四大和十四届三中全会精神，推动全党抓住机遇、深化改革、扩大开放、促进发展、保持稳定，巩固和发展我们国家的好形势，都起了重要作用。这说明，人民需要掌握科学的理论，实践需要科学的理论去指导，科学的理论一旦为广大干部和群众所掌握，与改革开放和现代化建设的伟大实践相结合，就会变为巨大的物质力量。我们要加强和改进党的建设，做好宣传理论工作，因势利导，继续抓住用科学理论武装领导干部这个重点，促进这个学习热潮向着持久、深入、扎实的方向发展。

出席会议的有中共中央政治局候补委员、书记处书记温家宝、中共中央书记处书记任建新。

全国物价局长会议在武汉结束

全国物价局长会议5日至8日在武汉召开。国家计委主任陈锦华在会议结束时发表重要讲话。

陈锦华指出，当前经济生活中的突出问题是通货膨胀进一步加剧，市场物价上涨过快。今年一、二月份，全社会零售物价指数每月增长超过三个百分点，是改革以来少有的现象。特别是关系群众生活和国民经济发展最为密切的基本生活必需品、基本服务项目和基本生产资料价格上涨过多，各方面难以承受。稳定市场物价、抑制通货膨胀，已成为当前妥善处理改革、发展和稳定三者关系的关键环节，是经济工作中最紧迫的任务。

陈锦华说，最近国务院采取一系列措施稳定物价，主要是：一、严格进行"双控"，控制固定资产投资规模过快增长，控制消费基金的过度膨胀；二、认真抓好农业生产和"菜篮子"工程，增加有效供给；三、加强政府对市场物价的调控管理，包括建立粮食和副食品价格风险基金，加强对20种居民基本生活必需品和服务价格的监审，对商品和服务实行明码标价，在全国开展物价大检查;四、果断采取若干平抑物价的经济措施,加强物资的调运和调剂,保证市场供应。

陈锦华要求各级物价部门坚决贯彻国务院制定的有关措施,突出抓住粮、油、副食品、基本服务收费和重要生产资料特别是农业生产资料等重点品种的价格,坚持边宣传、边检查、边处理、边整改。特别是对群众关心的热点问题,要抓住典型案例,及时纠正,严肃查处,充分发挥物价检查的威慑作用。

陈锦华指出,在社会主义市场经济条件下,政府必须对市场物价进行调控和管理,这是所有市场经济国家的一条共同经验。但是同时要注意按照市场经济的要求,用新思路、新办法进行调控管理。要规范市场,抑制物价过度上涨,防止价格剧烈波动,同时又要避免把价格管死,重新回到计划价格的老路。

陈锦华强调,当前物价工作十分繁重、艰巨。建立新的价格机制是构筑社会主义市场经济体制框架的一个重要组成部分,价格调控是国家宏观调控的一个重要环节,物价工作是各级政府经济管理中不可缺少的一项重要工作。要按照国务院的要求,保持物价部门机构和队伍的稳定,充实必要的检查力量。各级物价部门要勇于探索、扎实工作,充分发挥其职能作用,稳定大局,促进国民经济持续、快速、健康地发展。

国家国有资产管理局就国家股配股权问题发出紧急通知

国家国有资产管理局日前发出紧急通知,强调出售国家股配股权目前宜采用协议转让方式。

近一时期以来,一些上市公司在送配股时,对国家股、法人股和个人股采取不同做法,或者要求,国家股放弃配股权,转归个人股东享用,或者给国家股分派现金红利而其他股东按面值分红股,或者不向国家股东送股,这种同股不同权的做法损害国家股的正当权益,同时也很不规范,不符合国际惯例。

为此,国家国有资产管理局在与中国证监会协商后,发出紧急通知,要求国家股持股单位应正确、有效地行使股权,在股东会决定送配股事宜时要维护国家股利益,不得盲目赞成配股,只有在股份公司确需筹集资金;筹资最佳途径为增加股本;股东要求保持现有股权比例不被稀释;国家股东有能力追加股本投资这几方面条件同时具备时,国家股持股单位才可以同意上市公司采用配股方式发行新股。

如果筹资目的不明确,或采用非配股方式筹资更为有利,或国家股东无意追加投资,则国家股持股单位应在股东会上运用表决权阻止配股;无力阻止的应设法购买配股或有偿转让配股权;任何情况下不得随意放弃配股权。如属国家有控股要求的上市公司,转让国家股配股权造成的股权结构变化应以不影响国家控股地位为限。

紧急通知强调,目前国家股配股权宜采用协议方式转让,证券监管机构另有规定的,可按其规定执行。

紧急通知明确要求国家股持股单位应在股东会上反对国家股分派现金股利,而其他股分派等值红股的做法。强调要坚持按照同等条件向全体股东分派现金红利或红股的原则。同时,上市公司股东会决定将全体股东共享的公积金转增股本,应按持股比例向全体股东派送新股。不向国家股东送股,侵害了国家股对公积金享有的权利,将会导致国家股比例单方面缩小。因此国家股持股单位应在股东会上明确反对此种做法,不得以任何理由、任何方式同意单方面缩小国家股的比例。紧急通知强调,各地方国有资产管理部门和国务院各行业主管部门不得擅自批准国家股持股单位放弃配股权,接受不平等的送配股和分红方案,或者单方面缩股。

国家国有资产管理局有关方面负责人在接受记者采访时指出,国资局发出这一紧急通知目的是为保障国家股正当权益不受侵犯,推动股份制试点企业和股市的健康发展。他说,规定国家股配股权可采用协议方式转让,并不表示国家股的配股权可以上市转让,它只是作为国家股的所有者对过去不规范、不符合国际惯例的做法进行纠正。

中国证监会秘书长新闻发言人朱利就中国期货市场问题发表谈话

《谈话》提出要加强宏观调控、制止期货市场盲目发展,保证试点工作健康进行。期货市场存在的主要问题是:一、交易所、经纪公司过多、过乱。二、从事境外期货交易的大部分属投机性质,给国家造成很大损失。三、有些中外合资或变相合资的期货经纪公司采用各种手段,欺诈国内客户,造成大量外汇流失。四、许多国内交易所和经纪公司运作不够规范。五、地下期货交易比较严重。为制止期货市场盲目发展,国务院作出规定:一、一律暂停审批注册新的期货交易和经纪机构,未经证券委批准,不得设立期货交易所(中心),已经成立的各种期货交易机构,要由证监会从严审核后报国务院批准,统一在国家工商行政管理局重新登记注册;重新审核后未予批准的,一律停止进行期货交易。二、取缔非法期货经纪活动。三、对国有企、事业单位参与期货交易,要从严控制。执法部门及其所属单位不得参与期货经纪活动。严禁用银行贷款和保函从事期货交易。未经中国人民银行和国家外汇管理部门批准,一律不得从事金融期货业务和进行外汇期货交易。

国务院副总理兼外交部部长钱其琛在钓鱼台国宾馆与法国外交部部交部长阿兰·朱佩进行会谈

在谈及柬埔寨问题时,钱其琛说,中法两国在柬埔寨问题上进行了良好的合作,为柬埔寨问题的解决作出了自己的贡献。他说,联合国在柬埔寨的行动是成功的。柬埔寨现在已经组成了新的政府。中国一贯支持,并将继续支持西哈努克国王领导柬埔寨。柬埔寨问题作为国际问题已经解决,至于现在柬埔寨国内的问题,则是柬埔寨的内政,应当由柬埔寨人民自己去解决。

朱佩表示同意钱其琛的看法。他说,法中两国在柬埔寨问题上合作得很好,希望双方继续合作。

朱佩介绍了波黑地区形势的近况。他认为在萨拉热窝的形势出现了转折。这个城市的居民开始正常生活,但这个地区的问题很多,要彻底解决需有一个全局观念,现在离最后解决还很远。

钱其琛表示,希望谈判解决波黑问题的努力能取得进展。

国务院副总理兼外交部部长钱其琛在钓鱼台国宾馆与巴勒斯坦国外交部部长巴解组织政治部主任卡杜米举行会谈

钱其琛说,国家之间的争端只能通过和平谈判解决,巴以自治协议的签署表明,巴勒斯坦问题最终是可以通过谈判解决的。

钱其琛说,中东问题是第二次世界大战以来持续时间最长的地区冲突,和平的道路仍是曲折而又漫长。今年2月发生的希布伦惨案更加表明了解决巴勒斯坦问题的紧迫性。

钱其琛表示,中国坚决支持中东和平进程并将一如既往地支持巴勒斯坦人民的正义事业。

会谈后,钱其琛与卡杜米签署一项中巴经济技术合作协定及中国向巴勒斯坦提供50万美元现金赠款的换文。

国务院副总理兼外交部部长钱其琛在中南海紫光阁会见由美国前国防部部长布朗率领的美国战略和国际研究中心代表团

钱其琛说,即将过去的20世纪曾经爆发过两次世界大战,并发生过许多地区性的冲突。中国希望新的世纪既无热战,也无冷战,而是一个多样化的、各国互相平等的世界。

钱其琛指出,中美关系虽有曲折和矛盾,但并不是对抗性的关系。中美没有根本的利益冲突,两国应在各个领域不断发展合作关系。

中央军委副主席刘华清在钓鱼台国宾馆会见美国前国防部部长摩根斯坦利金融投资公司董事迪克·切尼

全国人大常委会副委员长雷洁琼在人民大会堂会见由总检察长图雅克巴耶夫率领的哈萨克斯坦检察代表团

中国政府老挝政府和缅甸政府在仰光签署关于确定三国交界点的协定

《现代科学技术基础知识》出版

由中共中央总书记江泽民倡议编写的《现代科学技术基础知识》(干部选读)公开发行。

江泽民为这本教材撰写序言和题写书名。

党和国家领导人江泽民李鹏等为四川联合大学成立题词

全国体委主任会议在北京闭幕

会议主要议题是讨论和修改《全民健身计划》与《奥运争光计划》。

中共中央政治局委员、国务委员李铁映在会议上指出,在社会主义市场经济条件下,体育行政部门的干部要学会用法律的、经济的、行政的手段进行宏观管理。行政机关要从直接办体育转向办管结合、以管为主。

李铁映说,两个计划关系到本世纪最后七八年的体育事业发展,并直接影响到下个世纪的体育工作。制定和实施这两个计划,是实现奥运战略和全民健身战略的两项重大工程。全民健身计划是国富民强的基础,奥运争光计划是综合国力的重要体现。国务院有关部门和地方党委、政府要给予积极支持和密切配合,把两个计划纳入社会发展规划。

4月9日

国家主席江泽民在中南海会见芬兰总理埃斯科·阿霍

全国政协主席李瑞环在人民大会堂会见芬兰总理埃斯科·阿霍

甘肃省八届人大二次会议补选张吾乐为省长

国家副主席荣毅仁在人民大会堂会见巴勒斯坦国外交部部长巴解组织政治部主任卡杜米

中共中央政治局常委胡锦涛在人民大会堂会见阿根廷驻中国大使卡洛斯·卢卡斯·布兰科巴西驻中国大使若昂·奥古斯托·德梅迪西斯和乌拉圭驻中国大使杜福卢

中国政府和文莱达鲁萨兰国政府在斯里巴加湾市签署关于双方机组人员签证及入境手续的换文

中国政府和越南政府在河内签署关于货物过境的协定

国家教育督导团成立

经国务院批准,国家教育督导团于近日成立,这是国家为保证有关教育的方针、政策、法规的执行、推动义务教育的实施和中等及中等以下教育的改革和发展所采取的一项重大措施。国家教委就此向各省、自治区、直辖市教委、教育厅发出通知。

国务院已任命国家教委副主任柳斌任第一任总督学。郭福昌、陈德珍任副总督学。

环球环境地质大断面国际研讨会在北京举行

国务院台湾事务办公室负责人就浙江千岛湖游船火灾事故发表谈话

这位负责人说,3月31日浙江省千岛湖发生游船火灾事故,24位来大陆旅游的台湾同胞和8名大陆同胞不幸遇难。国务院台办对遇难者表示哀悼,并向遇难的台湾、大陆同胞的亲属表示深切的慰问。

这位负责人说,国务院领导对这起事故的处理非常重视。责成浙江省人民政府认真处理好善后工作并迅速查明事故原因。公安部、国家旅游局及浙江省方面迅速采取措施,认真地进行了现场抢险、勘察和遇难者遗体查找等工作。海峡两岸关系协会根据浙江省有关方面的通报,及时主动地向台湾的海峡交流基金会通报了有关情况。目前有关部门正在继续努力,进一步做好事故善后工作,深入调查事故原因,争取尽快查明后公布。

这位负责人指出,发生这一不幸事故是我们两岸都不愿看到的。我们相信,广大台湾同胞理解大陆有关方面对处理此事故采取的措施和所作的努力。我们也愿意听取包括台湾同胞在内的各方面提出的积极建议和意见。我们希望台湾有关方面能够客观地、冷静地看待这一事故,防止有人利用这一事故制造不利于两岸关系发展的舆论与事端。

4月10日

中共中央国务院颁发《关于1994年农业和农村工作的意见》

去年,党中央、国务院采取一系列政策措施,重点解决农副产品收购打“白条”和农民负担过重问题,保护和调动了农民的积极性,使农业和农村经济保持了持续发展的好势头。针对农村在向社会主义市场经济体制转化过程中出现的新情况、新问题,中央召开了农村工作会议,提出了加快农业和农村经济发展的若干政策措施。通过贯彻会议精神,各地区、各部门对增强农业基础地位重要性和紧迫性的认识进一步提高,对农业和农村工作的领导和服务进一步加强。这些,都为做好今年的农业和农村工作创造了有利条件。

当前,农业和农村工作还存在一些不容忽视的问题。突出的是:农业特别是粮棉生产比较效益低的问题没有解决,加上化肥等农业生产资料货源不足,价格过高,完成今年农业生产计划的难度大;农民收入去年虽有增长,但增长幅度明显下降,城乡之间、地区之间的收入差距有进一步扩大的趋势;一些地方对农业和农村工作重视不够、领导不力,基层组织软弱涣散,社会治安不好,乱占滥用耕地等问题比较严重。今年是贯彻党的十四届三中全会决定、建立社会主义市场经济体制的关键一年,也是保持国民经济良好发展势头的重要一年。必须进一步加强对农业和农村工作的领导,切实解决目前存在的问题,争取农业和农村经济有较大的发展。这对于缓解通货膨胀压力,维护改革、发展和稳定的大局,具有极为重要的意义。

今年农业和农村工作的基本任务是:在邓小平同志建设有中国特色社会主义的理论和党的基本路线指引下,认真贯彻党的十四届三中全会和中央农村工作会议精神,稳定党在农村的基本政策,深化农村经济体制改革,提高农业综合生产能力,促进农村经济发展、农民收入增加、农村社会稳定,为各项重大改革措施的顺利实施和国民经济持续、快速、健康发展创造良好的经济环境和稳定的社会环境。围绕这一任务,要着重抓好以下六方面的工作:

一、突出抓好粮棉生产和“菜篮子”工程,增加农产品有效供给

粮食生产要稳步增长。第一,播种面积必须保持在十六点五亿亩以上。南方要扩大水稻面积,北方要扩种春小麦,种足秋粮,努力提高复种指数。部分沿海省区近年来粮食减产较多,今年要有所恢复,并做到稳定面积、稳定产量、稳定库存。第二,狠抓关键性增产措施,主攻单产,提高总产。适当恢复早籼稻和杂交稻，积极推广再生稻、水稻旱育稀植等实用增产技术。第三，提高粮食收购价格，调动农民的生产积极性。

棉花已连续两年减产，供需矛盾突出，今年一定要有较大的恢复。要下很大的力量落实棉花种植面积，冀、鲁、豫棉区要尽快恢复，长江流域棉区要稳步发展，西部棉区要积极扩大，力争完成九千万亩的计划。确保种子供应，扩大地膜覆盖面积，抓好棉铃虫等病虫害的防治，努力增加棉花单产。落实好国家提高棉花定购价格的政策，调动棉农发展生产的积极性。

从今年起，在粮棉主产区选择五百个商品粮大县、一百五十个优质棉大县，集中一定的资金给予扶持。这是调动广大农民和地方政府积极性、确保粮棉生产稳步增长的重大举措。有关部门要抓紧组织实施，确保支持资金及时、足额到位，力争早见成效。今年适当时候分别召开商品粮棉大县工作会议，总结工作，表彰先进，作出具体部署。

抓好"菜篮子"生产，保障主要副食品市场供给和价格的基本稳定。第一，加强副食品基地建设，在区域布局、产品结构、基础建设、企业管理和经济效益上要有新的突破，把"菜篮子"工程建设提高到一个新的水平。大中城市郊区都要建立基本菜田保护制度和菜地补偿制度，坚决制止乱占菜地。稳定发展生猪生产，提高牛、羊、禽肉的比重。第二，建立副食品风险基金。中央和地方原有的副食品生产和销售补贴，要用于建立副食品风险基金，还要从其他方面筹集一些资金，使其形成一定的规模。第三，加强市场建设和管理，逐步形成副食品大流通的新格局。第四，进一步明确责任。"菜篮子"工作要由各地尤其是大中城市的政府来抓，实行市长负责制。

做好农业生产资料的供应工作，切实解决化肥、柴油供给不足、价格过高的问题。第一，支持农用工业，增加国内生产，按计划落实进口，确保农资充足，供应及时。第二，提倡联购分销、产销直挂，减少中间环节，缩小批零差率，降低流通费用。第三，加强农资市场的监督和管理，坚决纠正或取缔违章经营，依法严惩制造和销售假冒伪劣化肥、农药等农资的单位和个人。各级物价部门要严格规定经销企业的进销差率，加强价格管理，对违反价格政策乱涨价的单位和个人要严肃处理。

二、全面发展农村经济，促进今年农民收入有较大的增长

农业生产要坚持以市场为导向，积极稳妥地调整结构，优化资源配置，走高产、优质、高效的道路。在保持粮棉油等主要农产品稳步增长的基础上，放手发展各种高附加值、高商品率、高创汇率的产品，努力提高农业的经济效益。调整农业结构要尽量不占或少占耕地，严格控制非农占地。大力开发荒地、水面、滩涂、荒沙、草原和庭院等非耕地资源，实行农、林、牧、副、渔业全面发展。在稳步发展农业的同时，积极发展农村的第二、第三产业，尤其要发展多种农副产品的加工业，实现农产品的增值增效。已定的建立高产、优质、高效农业示范区和支持贸工农一体化经营组织的各项措施，要抓紧落实。

对乡镇企业要实行分类指导：东部地区的乡镇企业要向效益型、外向型转变，着力于调整产业和产品结构，上水平、上档次、上规模，提高企业素质，增强竞争能力；对中西部地区的乡镇企业要重点扶持，加快发展。已定的专项贷款，今年要保证规模和资金全部到位。组织实施好乡镇企业东西合作示范工程，推进地区间的经济合作。发展农村小城镇，改革小城镇户籍管理制度，促进乡镇企业适当集中。做好信息、疏导、培训等服务工作，培育劳动力市场，引导农村劳动力合理流动。

在努力增加农民收入的同时，要坚持不懈地做好减轻农民负担的工作。已明令取消的收费项目，一律不得恢复，有关部门要加强监督检查。加快立法，把减轻农民负担的工作纳入法制化、规范化管理。

加强贫困地区的经济开发工作，使这些地区的农民收入有较大增长。今年是实施《国家八七扶贫攻坚计划》的第一年，要按照攻坚计划的部署，发扬自力更生精神，动员社会力量，齐心协力做好工作，争取有个好的开端。

三、按照建立社会主义市场经济体制的目标，进一步深化农村改革

今年农村改革要着重抓好以下五方面的工作：

（一）进一步改革粮食购销体制，确保粮食供给和价格的基本稳定。根据当前粮食供求状况，改革的重点是加强国家对粮食的宏观调控，防止市场粮价出现大的波动。一是在提高粮食收购价格的基础上，进一步完善收购办法，确保国家掌握必要的粮源。二是建立粮食风险基金，健全粮食储备体系，形成灵活的吞吐调节机制，平抑粮价，稳定市场。三是加强粮食市场的管理。管好批发，放活零售。今年上半年对粮食批发企业进行清理，符合条件的重新登记，保证国有粮食企业掌握批发。四是把粮食的政策性经营和商业性经营从业务上、机构上彻底分开。商业性企业一律独立核算，自主经营，自负盈亏，照章纳税。提倡粮食加工企业实行代加工，仓储企业实行栈租制，粮食零售企业在控制批零差的基础上进一步放开经营。

（二）完善农村基本经营制度。重点抓好延长耕地承包期和土地使用权有偿转让等政策的贯彻落实。当前要特别注意两个问题：一是借机撕毁或变更尚未到

期的承包合同;二是随意提高承包费,变相增加农民负担。要认真研究在三十年的承包期内,如何发展多种形式的适度规模经营,研究土地使用权依法有偿转让的具体规则。实行"增人不增地、减人不减地"的地方,对可能出现的新情况和新矛盾,也要及早确定妥善的解决方法。

(三)引导农村股份合作制健康发展。股份合作制目前在农村已相当普遍,正在引起农村经济组织形式和经营方式的创新,应给予高度重视。要积极扶持,正确引导,总结经验,逐步规范。发展股份合作制,要尊重农民的意愿,不要一哄而起,不要层层下达指标。对股份合作制以外的其他形式的经济组织,只要有利于发展经济,也要给予支持。不能将股份合作制作为一种单纯的集资方式,而要把注意力放在清晰产权关系、转变经营机制、形成有效的资产积累制度上。在调查研究的基础上,探索规范股份合作制的方法和途径。

(四)深化农村金融体制改革。根据十四届三中全会和中央农村工作会议的精神,加快政策性金融与商业性金融分开的步伐,抓紧组建农村政策性银行。在组建过程中,各项信贷业务要正常进行,保证农村资金供应及时。及早做好农副产品收购资金的筹措工作,确保今年收购不打"白条"。继续整顿金融秩序,禁止高利乱集资。农村合作基金会要办成社区性的资金互助组织,不搞存贷业务。

(五)深化供销合作社的体制改革。按照去年中央农村工作会议的有关精神,组织调查研究,提出深化供销社体制改革的总体方案。抓紧组建全国供销合作总社,从政府行政序列中分离出来,使之真正成为农民群众的合作经济组织。

农村改革试验区要围绕上述改革重点,适当调整改革试验内容和试验区的布局,为推进农村改革探索新的路子,积累新的经验。

四、改善农业生产条件,提高农业综合生产能力

今年要集中力量,建设一批重点水利工程。继续推进农村初级电气化县的建设,坚持搞好黄河中游、长江中上游的水土保持。广泛开展以改土治水为重点的群众性农田水利基本建设,加快中低产田改造步伐,大力积造农家肥,扩大稳产、高产农田面积,确保今年有效灌溉面积净增六百万亩。要立足防大汛、抗大旱,认真抓好防汛抗旱工作。做好气象服务,努力减少自然灾害损失。

林业要有一个大的发展。继续抓好"三北"、长江中上游、沿海、平原农田、太行山防护林体系及防沙治沙工程和速生丰产用材林基地建设。在风沙危害大、水土流失严重地区建设一批重点防护林和治沙工程。积极建设一批短周期工业原料林和名特优新品种经济林。坚持全民义务植树造林,加快造林绿化事业的发展。切实抓好森林防火和林政管理工作。

农业综合开发从今年起要适当缩小范围,投资要相对集中,选择一些重点开发区特别是粮棉主产区,集中资金、技术和物资,实行集约投入。把农业综合开发和农田水利建设、国家商品粮棉基地建设、小流域综合治理、植树造林、扶贫开发等农业建设项目结合起来,相互配套,形成合力。

加强农业基础建设,改善农业生产条件,必须多渠道增加农业投入。中央关于提高国家基本建设投资、财政预算内资金、信贷资金用于农业的比重的有关规定,一定要落实。加强各种农业资金的管理,提高使用效益,严格防止农业资金外流、挤占和挪用。

五、推进科技进步,强化科教兴农

农业科研单位要组织力量,对影响当前农业生产的重大科研项目集中攻关,尤其在棉铃虫、畜禽传染病和虾病防治的攻关研究上,争取尽快有新的突破。要加强动植物高产、优质、抗病新品种的引进、选育和推广工作,不断提高良种的生产能力。大力推广机械深施化肥、测土配方施肥、地膜覆盖、农作物模式化栽培、节水灌溉、优良畜禽和水产品养殖、秸秆氨化等实用技术。

稳定农业技术推广机构和队伍。在机构改革中,农业技术推广系统机构要稳定,力量要充实,手段要加强,切不可简单地撤并,更不得"脱钩断奶"。要抓紧落实乡镇农业推广机构的定编定员,稳定农业科技人员,改善他们的工作和生活条件,充分发挥他们在科技兴农、实现农业稳产、增产中的骨干作用。要抓紧扫除农村青壮年文盲,切实加强基础教育,大力发展农村职业教育和成人教育,深化农村教育改革,推进农、科、教结合。农业行政部门要做好农业教育、科研和技术推广的组织协调工作,增强为农业服务的整体功能。要继续宣传、实施《农业法》和《农业技术推广法》。

扶持民办专业技术协会的健康发展。加强调查研究,总结交流经验,抓紧制定《农民专业协会示范章程》,引导农民专业协会真正成为"民办、民管、民受益"的新型经济组织。

六、加强农村基层组织建设

继续加强以党支部为核心的农村基层组织建设,是做好新时期农村工作的基本保证。中央已经明确提出,用三五年时间,把全国八十多万个农村基层组织分期分批建设好,使其都能充分发挥作用。各级党委和政府要按照这一要求,做出具体规划和部署,并狠抓落实。各级领导班子尤其是县级领导班子成员,要每年帮助一两个后进乡村改变面貌,建设好基层组织,并取得经验,指导面上的工作。各级领导要关心和爱护农

村基层干部;基层干部要密切同农民群众的关系。在做好调查研究的基础上,今年适当时候召开专门会议,研究和部署农村基层组织建设工作。

加强农村社会主义精神文明建设。广泛开展爱国主义、社会主义和集体主义教育,破除封建迷信和陈规陋习。加强农村社会治安的综合治理,严厉打击违法犯罪活动。安排好贫困地区、灾区、水库移民地区群众的生产和生活。要特别关注农村中的一些热点问题,化解矛盾,消除隐患,使广大农村社会稳定,使广大农民安居乐业。

做好今年的农业和农村工作,任务十分繁重,各级党委和政府务必加强领导,明确责任,做好工作。今后要把粮棉油、"菜篮子"抓得好不好,作为考核省(自治区、直辖市)党委和政府主要领导干部政绩的一项重要标准。各级干部要转变作风,深入群众,切实抓好各项政策措施的贯彻落实,保证完成今年农业和农村工作的各项任务。

外经贸部海关总署国家商检局在广州联合召开全国第四次打击纺织品非法转口工作会议

在全国第四次打击纺织品非法转口工作会议上,外经贸部贸管司司长周可仁宣布关于严厉处罚沈阳、福建和广东的 4 家企业从事纺织品非法转口贸易的通报。

通报要求有关外经贸委对通报中涉及的本地区纺织品服装加工企业进行重点检查,杜绝此类事件再次发生,并请海关对这几家暂停纺织品出口经营权的企业不予出口报关。

中央军委副主席刘华清在钓鱼台国宾馆会见越南人民军总参谋长陶庭练

刘华清说,中越两国都需要有一个和平安定的国际环境。发展两国睦邻友好关系有助于促进两国经济和两国人民生活的改善。双方在一些问题上存在的分歧或不同看法是可以通过和平协商的方法加以解决的。

陶庭练说,越方将保证为继续巩固和发展两国和两军之间的传统友谊而努力。

中国人民解放军总参谋长张万年上将等会见时在座。

最高人民法院院长任建新在人民大会堂会见斯里兰卡最高法院首席大法官西尔瓦

中国政府和苏丹政府在喀土穆签署关于中国派遣医疗队赴苏丹工作的换文

解放军全军实行国防通信网通信设备器材进网许可证制度

解放军总参谋部最近决定,自 1994 年 6 月 1 日起,在全军实行国防通信网通信设备器材进网许可证制度,以确保国防通信网安全稳定运转和通信顺畅。据了解,全军实行国防通信网通信设备器材进网许可证制度后,各单位订购的国防通信网工程建设所需通信整机设备、附属设备、电源设备、配套仪器仪表和专用工具,通信电(光)缆、电力电缆,架空明线、天线器材等通信设备器材,必须具有总参谋部颁发的进网许可证或总参通信部下达的进网使用批文。无进网许可证或批文的通信设备器材,不得订购和使用。

詹天佑铁道科技发展基金奖在北京首次颁奖

4月11日

国务院总理李鹏在人民大会堂与葡萄牙总理阿尼巴尔·卡瓦科·席尔瓦举行会谈

李鹏在会谈时说,中葡建交十五年来,两国关系发展顺利。特别是近些年,两国高层互访增多,两国关系不断发展。中国重视同葡萄牙在平等互利的基础上发展经贸关系,愿在适当的时候派采购团去葡萄牙。我们欢迎葡企业家跟随总理阁下访华,希望两国企业界广泛接触,共同探讨加强合作的途径,使两国的贸易额有较大幅度的增长,经济合作的内容和规模进一步扩大。

李鹏指出,中葡在澳门问题上进行了富有成效的合作。当前,澳门社会稳定,经济持续发展,广大居民对前途充满信心。事实证明,认真贯彻联合声明,符合两国的利益,合作对双方有利。"我相信,只要我们双方始终如一地本着友好协商的精神办事,就能妥善解决澳门过渡时期面临的各种问题,从而实现一九九九年的平稳过渡和政权的顺利交接。"

在谈到国际问题时,李鹏说,冷战结束后,世界人民要求建立国际政治和经济新秩序的呼声日益强烈,这是时代的要求,是国际形势发展的必然结果。国际新秩序应以和平共处五项原则为基础,国家不分大小、强弱和贫富,都有权参与国际事务,都可以做出自己的贡献。国际事务不应由一国或几个大国说了算,因此,中国支持世界格局的多极化趋势。李鹏总理重申,中国重视发展与欧洲国家的关系,我们之间没有利害冲突,经济上互补性强,合作潜力大。中国感谢葡萄牙对恢复中国关贸总协定缔约国地位的支持。

会谈结束后,两国总理出席了中葡之间迄今金额最大的信贷协议签字仪式,双方代表签署了中国银行同葡萄牙国民海外银行买方信贷总协议。

全国政协主席李瑞环在人民大会堂会见尼泊尔上院议长贝尼·巴哈杜尔·卡尔基

国务院在北京召开对台经济工作会议

国务院于 4 月 11 日至 15 日在北京召开对台经济工作会议。会上，江泽民、李鹏、李岚清、钱其琛作重要讲话。

江泽民指出，实现祖国统一是全中国人民的历史使命，是人心所向，是不可抗拒的历史潮流，我们为此作了不懈的努力。近几年来，两岸经济关系的发展非常活跃，非常迅速，已经有了相当的规模和良好的基础。江泽民强调，不断加强两岸的经济交流与合作，既可以促进两岸经济共同发展，又可以增加彼此了解，增进共识，从而推动两岸关系的发展和国家的统一。所以各地、各部门都要切实把对台经济工作这件大事抓紧抓好。

李鹏说，两岸经济存在着客观的互补性，发展两岸的经济合作，对两岸人民都有巨大利益。我们要重视对台经济工作。努力改善投资环境，既要重视基础设施等硬件的建设，也要重视精神文明建设。李鹏还谈到对台经济工作的特殊性。他说国务院要做好有关方面的协调工作，及时解决出现的问题，促进对台经济工作的健康发展，让来大陆投资的台商企业既符合我们的产业政策，又使他们有利可图。只有两岸经济携手合作，才能互补互益共同繁荣。

这次对台经济工作会议对近年来的对台经济工作进行了认真总结。会议认为，近年来在中央"和平统一、一国两制"基本方针的正确指引下，国务院有关部门制定了大量行之有效的政策措施，各地、各部门认真帮助台胞解决在经贸活动中产生的各种实际问题，逐步消除了台胞疑虑，增加了共识，突破了台湾当局的种种限制，使两岸经贸关系向着互补互益、共同繁荣的方向发展，取得了显著成绩。全国各省、自治区、直辖市都已有了台资企业。

会议认为，对台经济工作取得的这些成绩的根本原因是我们坚持了党的对台工作的基本方针；认真贯彻了邓小平提出一系列对台工作的指导思想；我们坚持扩大改革开放，实行社会主义市场经济，形成了政治稳定、民族团结、社会安定、经济发展的新局面；我们的投资环境，特别是保护台商投资合法权益的涉台经济法律、法规不断完善。我们加快改革，扩大开放，建立社会主义市场经济体制，经济快速发展，市场潜力巨大，是台湾经济继续发展的腹地。

会议认为，当前国内、国际和两岸形势，对两岸经济交流与合作提供了有利条件和良好的机遇。为了全面推动两岸经济交流与合作，会议提出，一方面要努力办好现有台资企业，另一方面要继续积极推动两岸经济的全面交流与合作。进一步发挥科技、经济资源、市场、人才和劳动力等方面的优势，加强两岸在农业、科技产业以及共同开辟国际市场等方面的合作，实现直接"三通"。认真贯彻落实《中华人民共和国台湾同胞投资保护法》，切实保护台商在大陆的合法权益，采取有力措施，制止一些地方乱摊派、乱收费的现象，积极改善台商在大陆的投资环境。还要解决台商在投资贸易等其他经济活动中的信息、政策和法律咨询问题。要提高办事效率和服务质量。为台商来大陆投资创造更为方便有利的条件。

1994 年全国十大杰出职工评选揭晓

他们是：包起帆、郭登华、冯长根、余国印、孙春明、侯振清、鲁冠球、陶建幸、姜健、王振华。

中国和葡萄牙两国总理向中外记者发表谈话

适逢庆祝中葡关于澳门问题联合声明签署七周年，国务院总理李鹏和葡萄牙总理席尔瓦举行会谈之前，共同在人民大会堂东大厅向中外记者发表谈话。双方均表示，联合声明的签署具有历史性意义，两国在解决澳门问题上进行卓有成效的合作。双方定能通过共同的努力，实现澳门的平稳过渡和政权的顺利交接。

李鹏在谈话中说："首先我热烈欢迎席尔瓦总理和夫人以及其他葡萄牙贵宾访华。席尔瓦总理此次访华恰逢中葡关于澳门问题的联合声明签署七周年，更具有特殊的意义。中葡联合声明是具有深远意义的历史性文件，为国与国之间解决历史遗留问题树立了典范。自联合声明签署以来，中葡两国友好合作关系发展顺利。双方认真贯彻执行联合声明，在澳门问题上进行了卓有成效的合作。澳门社会稳定，经济发展，居民安居乐业，这是中葡双方共同努力的结果。保证澳门的平稳过渡和稳定发展，是我们的共同目标，也是两国的共同利益所在。我相信，通过双方继续努力，加强友好合作，澳门的平稳过渡和政权的顺利交接是一定能够实现的。

"我相信，席尔瓦总理这次对中国的访问一定会取得圆满成功！"

席尔瓦在谈话中说，七年前，他在北京同中国政府总理签署了关于澳门问题的联合声明，这是一个历史性事件，它符合两国通过政府间坦率、开诚、友好的对话解决澳门问题的愿望。关于澳门问题的解决办法，葡方有两方面的考虑：一是要确保澳门的稳定，经济和社会的进步以及居民对前途的信心；二是要从新的角度发展葡中关系。今天,我们看到联合声明正在顺利实施。

他重申,葡萄牙政府将认真执行联合声明的规定,继续同中国进行有关澳门问题的对话,“葡萄牙和中国定将履行其历史责任,并将通过保证澳门的稳定来进一步加强联系两国人民的纽带,澳门是其中最牢固的一环”。

全国人大常委会委员长乔石在人民大会堂会见由总参谋长陶庭练率领的越南高级军事代表团

国家副主席荣毅仁在人民大会堂会见斯里兰卡首席大法官西尔瓦

中国和蒙古国在北京草签两国友好合作关系条约

钱其琛副总理兼外长在钓鱼台国宾馆同正在我国访问的蒙古对外关系部长策·贡布苏伦草签中华人民共和国和蒙古国友好合作关系条约。

中国政府科技代表团在华盛顿出席美中贸易全国委员会举行的欢迎招待会

美国众议员和许多大公司企业负责人等出席招待会。美中贸易全国委员会会长柯白先生及前国会众议院科学委员会主席罗伯特先后致词,一致指出美中应减少矛盾,加强合作,强调美国应无条件延长中国的贸易最惠国待遇。

国务委员兼国家科委主任宋健在华盛顿会见美国能源内政国防等部部长

宋健在会见美国能源部长奥利里时着重讨论加强新能源、核能和清洁煤利用等方面的合作。在利用清洁煤方面,美国能源部承诺向中国提供价值5000万美元的煤气化联合循环技术装置,合建示范电厂。双方还希望扩大能源方面的其他合作领域。

宋健与美国内政部长巴比特的会见主要探讨大熊猫等野生动物的保护问题。巴比特称赞中国近年来在保护野生动物方面作出很大努力,尤其是执法严格,给人留下深刻印象。宋健建议双方今后可对大熊猫繁殖问题进行共同研究,美方表示响应。

在与美国国家科学基金会主任莱恩的会见中,宋健希望两国除在基础科学方面继续合作外,还应在大科学方面多进行合作,尤其是在热核试验反应堆、空间以及人类和植物基因方面加强合作。莱恩对此表示支持。

日本首相细川护熙在东京会见由副会长王效贤率领的对外友协代表团

中国代表冯士斌在亚太地区非法移民问题非正式磋商会上发言阐明中国政府反对非法移民的立场

在亚太地区非法移民问题非正式磋商会上,与会中国代表、中国驻澳大利亚大使馆参赞冯士斌在发言时指出,非法移民的原因是复杂和多方面的。南北经济差距的进一步拉大,有关国家法律上存在漏洞和执法不严,国际偷渡集团采取欺骗手段牟取暴利,加剧了非法移民浪潮。

冯士斌说,中国政府一贯反对非法移民和偷渡行为,并采取有力措施制止非法出境,严厉打击组织偷渡、非法移民活动的不法分子。在立法方面,中国在原有出入境法规的基础上,制定了《中华人民共和国公民出境入境管理法》,最近又颁布实施了《关于严惩组织、运送他人偷越国(边)境犯罪的补充规定》。

冯士斌指出,非法移民已是一个国际性问题,中国愿意同有关国家合作,共同制止非法移民。

楚图南逝世

中国民主同盟中央委员会名誉主席、第六届全国人大常委会副委员长楚图南逝世,享年95岁。

楚图南,1899年8月生于云南文山。1919年,考入北京高等师范学校。当时正值“五·四”运动时期,在李大钊的指导下,开始接受马克思主义的思想熏陶。因是由云南考入的官费生,按规定毕业后必须回到云南敬恭桑梓。1923年的秋天,他带着李大钊“一要尽可能多地接触学生,多组织读书会,阅读进步书刊;二要适当地宣传马列主义和十月革命的胜利,为建立党团组织准备条件”的嘱托,回到昆明,在省立一中任教。著名哲学家艾思奇,是此时的得意弟子。1926年春在李大钊的指导下,楚图南从云南又到了北京,迅即转到哈尔滨、长春在中学任教。这年春天,加入中国共产党。1936年至1941年,进行了大量的翻译工作,并将他翻译的德国陀劳尔、德米尔、贝赫尔,俄国的莱蒙托夫、尼克拉索夫,美国的惠特曼、匈牙利的沙罗西、欧特瓦士等进步诗人的16首诗作结集为《枫叶集》。1944年由昆明北门出版社出版。“七·七”卢沟桥事变爆发后,楚图南从上海回到云南。整整抗战八年,期间,始终以云南大学教授的公开身份,积极投身于昆明的抗日救亡运动,成为云南省民盟的重要领导人和云南文化教育界抗日救亡活动,以及昆明民主运动的重要组织者、领导者之一。1943年,与闻一多、吴晗、费孝通等先后加入了云南民盟。1945年12月,被选为云南民盟主委。抗战胜利了,内战的阴云又笼罩在全国的上空。1947年11月6日,听从沈钧儒意见,把家属留在上海,秘密启程到香港。1948年后,再从香港先后转到上海、天津、北平,1949

年10月1日，和全体参加新政协的代表一起，登上了庄严的天安门城楼，参加隆重的中华人民共和国开国大典。1949年岁末，遵照邓小平指示，又南下重庆任西南文化教育委员会主任。1953年，调回北京，担任中央人民政府扫除文盲工作委员会主任委员。1954年5月，楚图南担任中国人民对外文化协会会长。"文革"期间，遭到了迫害。1986年1月，被推选为民盟中央代主席。同年4月，被补选为第六届全国人大常委会副委员长，民盟五届三中全会上又当选为民盟中央主席。楚图南早年受到李大钊等先辈的启蒙，接触马克思主义，并成为其终身的信念。在70余年的革命活动中，笔耕不辍。其作品涉及多方面的内容，既有历史、地理的专门论述，还有民族及民俗的研究，写过教育学、心理学的论文，翻译过国外的著名哲学著作，又翻译出版了在世界文坛上有声誉的作品，这些作品，从初版到现在，经历了半个世纪，至今仍有相当影响。此外还是一位世界语的爱好者与推动者。楚图南于1988年辞去领导职务。在退出领导岗位后，仍关心国家的经济发展，政治民主和社会进步，尤其关心青年、教育、知识分子问题。曾撰文并发表谈话，呼吁全社会重视教育，关心人才。他鼓励和支持青年对中国和世界前途的探索，并寄希望于青年。

李效时被开除党籍撤销国家科委副主任职务

国家科委副主任李效时利用职权，收受贿赂共计52690元，贪污公款2万元，分别构成贪污罪和受贿罪。经党中央、国务院批准，中共中央纪委和监察部近日分别作出决定，开除李效时的党籍，撤销其国家科委副主任的职务，被依法判处有期徒刑20年，剥夺政治权利4年。

沈太福被处决

北京市长城机电科技产业公司总裁沈太福因犯有贪污罪和行贿罪，北京市中级人民法院一审依法判决沈太福死刑，沈太福不服，提出上诉。北京市高级人民法院二审裁定驳回上诉，维持原判，并已报经最高人民法院核准，上午被押赴刑场，依法处决。

4月12日

国务院印发《90年代国家产业政策纲要》

各省、自治区、直辖市人民政府，国务院各直属机构：

现将《90年代国家产业政策纲要》印发给你们，请认真贯彻执行。

国务院

1994年4月12日

90年代国家产业政策纲要

（1994年3月25日国务院第16次会议审议通过）

制定产业政策是国家加强和改善宏观调控，有效调整和优化产业结构，提高产业素质，促进国民经济持续、快速、健康发展的重要手段。为贯彻党的十四大精神和十四届三中全会决定，根据我国经济发展的现状和趋势，特制定《九十年代国家产业政策纲要》，作为今后制定各项产业政策的指导和依据。

制定国家产业政策必须遵循以下原则：(1)符合工业化和现代化进程的客观规律，密切结合我国国情和产业结构变化的特点；(2)符合建立社会主义市场经济体制的要求，充分发挥市场在国家宏观调控下对资源配置的基础性作用；(3)突出重点，集中力量解决关系国民经济全局的重大问题；(4)具有可操作性，主要通过经济手段、法律手段和必要的行政手段保证产业政策的实施，支持短线产业和产品的发展，对长线产业与产品采取抑制政策。

90年代国家产业政策要解决的重要课题是：不断强化农业的基础地位，全面发展农村经济；大力加强基础产业，努力缓解基础设施和基础工业严重滞后的局面；加快发展支柱产业，带动国民经济的全面振兴；合理调整对外经济贸易结构，增强我国产业的国际竞争能力；加快高新技术产业发展的步伐，支持新兴产业的发展和新产品开发；继续大力发展第三产业。同时，要优化产业组织结构，提高产业技术水平，使产业布局更加合理。

一、大力发展农业和农村经济，增加农民收入

大力发展农业和农村经济，增加农民收入，这是九十年代我国经济发展的首要任务。要牢固树立大农业观念，全面发展农林牧副渔业，大力发展高产、优质、高效和创汇农业，使农产品的数量、品种和质量适应全国人民小康生活水平和国际市场的要求。合理调整农村产业结构，积极发展农村第二、第三产业，逐步转移农村剩余劳动力，把农村的综合生产能力和经济效益提高到一个新水平。

发展农业和农村经济，必须认真贯彻党中央、国务院已经确定的一系列政策措施，贯彻落实《九十年代中国农业发展纲要》。要延长耕地承包期，稳定并完善以家庭联产承包为主的责任制和统分结合的双层经营体制；合理调整农业生产组织结构，推行种植、养殖、加工一体化，农业、贸易、工业一条龙等新的生产组织形式；积极培育农村市场，建立健全粮食保护价格和粮食风险基金制度及粮食储备体系；建立并完善农业社会化服务体系，形成国家、集体和民办三级服务网络；切实保护耕地，逐步建立基本农田保护区并制定相应的管理办法；中央和地方政府要逐年增加对农业的投资，扶

持农用工业，同时引导农民增加生产投入，鼓励利用外资发展农业；积极使用和推广适用的农业新技术，开展科教兴农；减轻农民负担，保护农民的利益和合法权益。

随着农业劳动生产率的提高，合理转移农村剩余劳动力，是促进农业和农村经济发展，增加农民收入的重要措施。要进一步加快乡镇企业特别是中西部地区乡镇企业的发展。加强规划和政策引导，促进乡镇企业适当集中。充分利用和改造现有小城镇，建设新的小城镇。

认真实施党中央、国务院确定的扶贫攻坚计划，用七年时间，基本解决贫困地区八千万人口的温饱问题。

二、切实加强基础设施和基础工业

要努力缓解基础设施和基础工业严重滞后的矛盾，使之逐步与整个经济发展相适应。要本着"统筹规划、合理布局、突出重点、尽力而为、量力而行、注重效益"的方针，加快基础设施建设和基础工业发展。

交通运输业要以增加铁路运输能力为重点，以发展运输大通道为中心，充分发挥公路、水运、空运、管道等多种运输方式的优势，加快综合运输体系的建设。通信业要以高速、高质、大规模为基点，积极采用国际先进技术与装备，尽快提高国产化比例，有重点、分层次地大力推进信息高速网络建设。能源工业要实行开发与节约并重的方针，做到能源、经济与环境协调发展。其中，煤炭工业要加快国有重点煤矿的建设，促进地方矿、乡镇矿的改造和提高；石油工业要稳住东部、开发西部，增加探明储量，合理利用国际资源；电力工业要实行因地制宜、水火电并举、适当发展核电的方针。巩固和改善现有水利设施，有重点地对大江、大河、大湖进行综合治理，防止水土流失，保护和合理配置水资源，提高抗御水旱灾害的能力，逐步解决缺水地区和城市用水问题。根据"统一规划、合理布局、综合开发、配套建设"的方针，加快城市市政公用事业的发展。

为了加快基础设施建设和基础工业的发展，国家将主要采取以下政策：充分发挥中央和地方两个积极性，建立明确的各级政府责任分工制度；制定基础设施和基础工业的专项规划，促进其健康发展；建立和完善政策性长期投融资体系，向国家鼓励发展的建设项目提供政策性金融支持；鼓励和引导社会各方面资金参与基础设施和基础工业建设，股票和债券的发行要优先考虑基础设施和基础工业建设需要；扩大利用外资的规模和领域，鼓励外商直接投资基础设施和基础工业；进一步理顺价格体系，发挥价格机制的重要调节作用，对垄断性行业的产品和服务价格，政府要继续加强管理；对基础设施和基础工业继续实行低价征用土地的办法；政府出让土地资源获得的收入，要用于基础设施建设；经批准，允许交通设施建设的投资主体优先获得沿线和港区、机场附近的房地产开发经营权，以进行综合经济补偿。

三、积极振兴支柱产业

努力加快机械电子、石油化工、汽车制造和建筑业的发展，使它们成为国民经济的支柱产业。

机械工业要以关键的基础机械、基础零部件和重大技术成套设备为重点，促进产品结构优化，提高产业技术水平和竞争力；电子工业要以微电子为基础，以通信、计算机等新兴信息产业为主体，加快现代化的步伐；石化工业要积极促进生产规模的大型化，提高技术水平和加工深度；汽车工业要尽快形成少厂点、大批量的生产体制和有序竞争的市场结构，提高其国内市场占有率和国际竞争力；建筑业要以城乡居民住宅、国家重点工程、城镇建设为重点，积极建立统一、开放、竞争、有序的建筑市场，提高建筑产品质量。

国家将通过以下措施，加快支柱产业的发展：制定和发布统一的产业政策，并以法律、法规等形式保证实施；逐步建立有利于促进支柱产业发展的投融资体系和规范化的企业直接融资机制，国家在年度股票和债券发行规模中对支柱产业优先予以安排；政府将从财力、物力上支持支柱产业中某些重要领域的技术开发，经国务院批准，赋予少数大型企业集团与其资本和收益比例相适应的海外直接融资权和担保权。按照国际惯例和有关协定条款，将支柱产业的部分产品作为幼稚工业品，采取适当的、有时限的保护；同时，为了换取关键技术和设备，允许有条件地开放部分国内市场。

四、积极发展对外经济贸易

继续扩大对外贸易，积极调整贸易结构，发挥比较优势，大力提高出口效益，以促进产业结构的调整和优化，增强国际竞争能力，保持国际收支平衡。

国家鼓励以下产品扩大出口：具有比较优势的农副产品、轻工产品和纺织产品；国内生产技术趋于成熟的家用电器和其他机电产品；具有高附加值和国际竞争力的产品；高新技术产品。国家不鼓励国内紧缺的大宗资源性产品出口，逐步减少初级产品和能源含量高的产品出口，有些将要限制和禁止出口。

国家鼓励进口新技术和相关的关键设备、关键零部件；适当扩大进口国内短缺的某些初级产品；支持幼稚产业加快引进、消化、吸收新技术以及生产新设备和关键零部件。国家不鼓励高档消费品的进口。

在调整对外经济贸易结构方面，国家将采取以下措施：发挥中国进出口银行的重要作用，支持企业增加成套设备和机电产品出口；对少数实行数量限制的进出口商品的管理，按照效益、公正和公开的原则，实行配额招标、拍卖或规则化分配；健全促进深加工、高附加值制成品和成套设备出口的政策；赋予具备条件的各类企业外贸经营权，鼓励大型企业（集团）建立海外直销渠道；按照国家产业政策合理调整关税税率。

五、产业组织、产业技术和产业布局

（一）产业组织政策的目标是：促进企业合理竞争，实现规模经济和专业化协作，形成适合产业技术经济特点和我国经济发展阶段的产业组织结构。对规模经济效益显著的产业，应形成以少数大型企业（集团）为竞争主体的市场结构；对产品由大量零部件组成的产业，应形成大、中、小企业合理分工协作、规模适当的市场结构；对规模经济效益不显著的产业，应鼓励小企业的发展，形成大、中、小企业并存、企业数目较多的竞争性市场结构。

实现上述目标，要采取以下调整措施：对具有区域自然垄断性质的产业，逐步引入市场机制，鼓励合理竞争。对规模经济效益显著的产业和产品，陆续制定最低经济规模标准。同时，要打破地区、部门分割，限制以至禁止不符合经济规模标准的项目建设，促进规模经济的实现。鼓励企业通过平等竞争和合并、兼并、相互持股等方式，自主进行联合改组，或组建跨地区、跨部门、跨所有制乃至跨国经营的企业集团。加快关于市场竞争的法规建设，为企业平等竞争和企业组织结构的调整创造良好的外部环境。

（二）产业技术政策的重点是：促进应用技术开发，鼓励科研与生产相结合，加速科技成果的推广，推动引进和消化国外的先进技术，显著提高我国产品的质量、技术性能，大幅度降低能耗、物耗及生产成本，努力提高我国产业的技术水平。

国家要采取以下措施，促进产业的技术进步：多渠道、多形式地增加对科学技术研究和发展的投入，逐步提高其占国民生产总值的比重；分行业制定并实施对产业发展有重大作用的关键技术研究和开发计划，支持和鼓励对引进先进技术的消化吸收和创新；加强对高新技术产业的规划，搞好国家批准的高新技术开发区的建设；推进标准化、系列化的进程，提倡采用国际标准和国外先进标准以及更为严格的企业内部标准；增强企业自主开发新产品的能力，鼓励企业加强与科研机构和大专院校的联系，加快科技成果商品化的速度；以法规形式定期公布必须淘汰的落后生产工艺和设备。

（三）产业布局政策的主要原则是：在继续发挥经济较发达地区优势并加快其发展的同时，积极扶持欠发达地区的经济发展，逐步缩小经济发达地区与欠发达地区的差距；国家支持发挥自然资源和经济优势，体现地区间专业化分工协作的产业带的发展。

要逐步形成沿海、沿江、沿路、沿边产业的合理分布格局，以交通干线上的大城市为中心，带动大的经济区域发展。东部沿海地区要大力发展外向型经济，重点发展附加值高、创汇高、技术含量高和能源、原材料消耗低的产业及产品，多利用一些国外资金、资源，求得经济的持续快速发展和更好的效益；中西部地区要发挥资源优势和沿边地区对外开放的地理优势，努力发展优势产业和产品。国家将逐步在投资、贷款、项目布局、利用外资等有关经济政策方面，由地区倾斜转为产业倾斜，对中西部地区开发建设中的重大项目给予必要的支持。支持中西部地区大力发展乡镇企业，鼓励经济发达地区与其进行联合开发、技术合作、对口支援和人才交流。

因势利导地引导城市化的健康发展，形成大、中、小城市结构协调和布局合理的城镇建设体系。

六、产业政策的制定程序和实施

产业政策包括产业结构政策、产业组织政策、产业技术政策和产业布局政策，以及其他对产业发展有重大影响的政策和法规。为了保证产业政策的科学性、权威性和产业政策实施的有效性，特对产业政策的制定和实施作如下规定：

（一）国家产业政策由国务院决定。国家计委是具体负责研究制订、协调国家产业政策的综合部门。各项产业政策的制订由国家计委牵头，会同有关部门进行。产业政策的实施以各行业主管部门为主，由国家计委进行综合协调。

（二）建立国家产业政策审议制度。有关部门提出的产业政策草案和对产业发展有重大影响的政策草案，须经国家计委审查和协调，并由国家计委组织国务院有关部门、产业界、学术界和消费者群体进行科学论证和民主审议后，由国家计委会同有关部门报国务院批准后发布执行。

（三）建立国家产业政策的实施保障制度。计划、财政、银行、税务、内外贸易、关税、证券管理、工商行政管理、国有资产管理等经济管理部门，必须认真贯彻执行国家产业政策，在制定涉及产业发展的重大政策措施之前，须与国家计委协调。

（四）建立国家产业政策的监督、检查及评价制度。国家计委会同有关部门负责对产业政策的实施进行监督、检查和分析，定期向国务院报告实施情况和效果，并根据经济形势、产业结构的变化，提出修改建议。

（五）省级地方人民政府根据本纲要的要求，结合本地区实际情况，研究制定具体实施细则，并报国家计委备案。

（六）国家在近期内将根据本纲要提出的要求，制定交通、通信、建筑、电子、机械、石化和外资、外贸、技术及产业组织调整等产业政策草案，制定工作由国家计委负责具体组织协调。

(七)本纲要由国家计委负责解释。

本纲要自发布之日起执行。

〔注〕纲要的附件:《关于实施固定资产投资项目经济规模标准(第一批)的若干规定》和附表《固定资产投资项目的经济规模标准(第一批)》，在收入时从略。

国家主席江泽民在中南海会见葡萄牙总理席尔瓦

江泽民在会见时说，席尔瓦总理为中葡友好合作关系的发展做出了积极的努力，对此我们表示赞赏。中葡两国虽然在地理位置上相距遥远，社会制度各异，但在维护世界和平与稳定方面却有着共同的利益，在发展双边合作关系方面有着共同的需要。江泽民表示相信，只要遵循相互尊重、平等互利的原则，两国关系将会继续顺利地向前发展。

谈及澳门问题时，江泽民说，席尔瓦总理阁下1987年访华时，同中国政府签署具有重大意义的关于澳门问题的联合声明。联合声明签署生效以来，双方均认真贯彻执行联合声明，合作是好的。事实表明，联合声明为澳门的稳定发展、为中葡双方在澳门问题上的友好合作奠定了坚实的基础，也为国与国之间和平解决历史遗留问题树立了典范。江泽民说，澳门的后过渡期只剩下5年多的时间，摆在中葡双方面前的工作是很繁重的，需要加快许多问题的解决进程。只要中葡双方加强磋商、密切合作，一定能妥善解决过渡时期中这样或那样的问题。

全国人大常委会委员长乔石在人民大会堂会见尼泊尔上院议长贝尼·巴哈杜尔·卡尔基

全国人大常委会委员长乔石在人民大会堂会见由议长阿尔布诺利率领的阿尔巴尼亚议会代表团

国家副主席荣毅仁在人民大会堂会见葡萄牙总理席尔瓦

中宣部中央统战部在北京召开座谈会就《爱国主义教育实施纲要》征求民主党派和无党派人士意见

座谈会上，各民主党派中央、全国工商联负责人在发言中表示，在新的历史条件下，迫切需要在广大群众中特别是青少年中加强爱国主义教育，这对于振奋民族精神，增强民族凝聚力，激发人们振兴中华的使命感，具有十分重要的意义。

中宣部常务副部长徐惟诚、中央统战部副部长刘延东主持座谈会。在座谈会上先后发言的有:台盟中央主席蔡子民、民革中央副主席沈求我、九三学社中央副主席金开诚、民进中央副主席楚庄、民盟中央副主席吴修平、全国工商联副主席胡德平、民建中央副主席朱元成、致公党中央副主席陆榕树、农工民主党中央副主席宋金升。

《纲要》分为8个部分，40个条目，对爱国主义教育的意义和目的，主要内容和基本方法，以及重点教育对象等作明确的阐述和规定。

国务院副总理朱镕基在黑龙江省调查研究

4月12日至17日，朱镕基在黑龙江省党政领导孙维本、丛福奎等陪同下，先后到大庆、肇东、哈尔滨等地进行考察和调查研究。

朱镕基在调研中强调，黑龙江经济发展中出现的困难是前进中的暂时困难，是完全可以克服的。解决这些问题，最重要的是统一全省广大干部群众的思想，提高认识，转变观念。黑龙江的经济特点是资源型经济、产业结构偏重、国有企业比重大。这既是制约当前经济发展的因素，也恰恰是振兴黑龙江经济的优势。只要按照发展社会主义市场经济的要求，扎扎实实做好工作，这些制约因素就可以转化为发展经济的有利条件。

朱镕基说，黑龙江是全国产粮大省，也是全国最大的粮食后备战略基地。粮食生产的潜力很大。只要黑龙江坚持以农业为基础的方针，充分发挥自身优势，通过调整种植结构，推广优良品种，发展多种经营，就能使农业变成振兴黑龙江经济的重要支柱。他指出，黑龙江的乡镇企业还不发达，农民收入增加不快，而黑龙江的工业也有足够的技术力量支持乡镇企业的发展，这方面大有可为。

朱镕基说，黑龙江省是中国重要的工业基地，特别是重工业门类齐全，技术力量强，设备条件也不错。要把搞好国有大中型企业作为经济工作的重点，发挥国有企业的主导作用。解决国有企业困难的根本出路是深化改革，按照建立现代企业制度的要求，切实转换经营机制。建立现代企业制度，最重要的一条是政企分开，政府不要干预企业的正常经营决策，主要是把领导班子管好，把宏观经济环境管好。

朱镕基在哈尔滨考察了困难较大的兵工企业，他强调兵工企业要继续发扬自力更生、艰苦创业的精神，按照市场经济要求，从经营思想和管理方法上进行变革，同时要选准军转民的项目。一是少搞资金密集型项目，多搞劳动密集型项目，以更多地吸收富余的职工;二是少搞基本建设项目，多搞技术改造项目，这是投入少、收益快的有效途径;三是不能再期望靠拨款搞项目，要立足于用自有资金和银行贷款，要考虑还贷能力；四是不能只着眼于工业项目，要多搞第三产业项目。

在谈到企业相互拖欠货款时，朱镕基说，这次清理拖欠要针对新的特点采用新的办法。由于固定资产投资项目资金不到位引起的拖欠，不能指望国家注入大量资金来解决。凡是地方自筹资金不落实的项目，有关地区必须迅速调整基建规模、资金投向，保证资金到位，否则银行将停止对项目的贷款。要建立法制观念，严肃结算纪律，在清理陈欠的同时，要防止产生新的拖欠。

朱镕基说，黑龙江具有对外开放的优势。要加强吸收和利用外资的工作。要在发展全方位贸易的同时，注意搞好边境贸易，整顿秩序、调整结构，严管质量，使边境贸易进一步健康发展。

在考察大庆时，朱镕基指出，大庆为改变“中国贫油”的观念立下不朽的功勋。要继承和发扬会战时期形成的艰苦创业的优良传统，为国家作出更大贡献。要采取先进技术，千方百计力争在2000年以前把产量稳定在现有水平上。同时要注意农林牧副渔全面发展，搞好城市规划，把大庆建成北国江南。

国务委员国家体改委主任李铁映在广东调研

4月12日至20日，李铁映在广州、深圳、惠州、佛山、湛江等市，对如何搞好现代企业制度试点进行调查研究。

李铁映在调研中指出，建立现代企业制度的试点企业，将主要围绕完善企业法人制度、确定企业国有资产投资主体、确立企业的法人组织形式、建立科学规范的管理结构、改革企业劳动人事制度、健全企业财务会计制度、发挥党组织政治核心作用、完善工会工作和职工民主管理八个方面进行探索。

李铁映强调，试点工作要加强领导，建立责任制。对列入国务院指导试点的百家企业，各地、各部门的主要负责同志应亲自抓，并有精干的班子具体负责。责任要落实到人。要实抓，不能虚抓。李铁映说，现代企业制度是产权明晰、权责明确、政企分开、管理科学的企业制度的统称。现代企业制度可以有多样的具体形式。各地要因地制宜，从实际出发，吸收借鉴国外有益的经验，继承和创新相结合。随着改革的不断深化，观念要不断更新，不能以现在的认识为定式，束缚改革的深入。

国务院新闻办公室就保护外国在中国注册商标专用权问题在北京举行中外记者招待会

国务院新闻办公室举行中外记者招待会，邀请国家工商行政管理局局长刘敏学、副局长兼商标局局长白大华介绍我国保护外国在华注册商标专用权情况，并回答记者的提问。

刘敏学向中外记者介绍我国商标事业的发展情况。刘敏学说，近十余年来，我国有效注册商标数量发展很快，1993年底达41万多件，其中外国在我国注册的商标59466件，是1979年的10倍。外国在华注册商标的迅速增加，表明外国厂商对我国知识产权保护充满信心。

在回答记者关于中国在保护商标专用权方面有何具体规定和做法时，刘敏学说，其一，修改后的《商标法》及其实施细则，加重了对商标侵权行为的处罚，罚款最高可达非法经营额的50%；同时，全国人大常委会通过了《关于惩治生产、销售伪劣商品犯罪的补充规定》，将生产、销售伪劣商品的犯罪，从处以有期徒刑3年提高到7年。其二，工商行政管理机关对商标专用权的保护，除了受理商标注册人的投诉案件以外，还进行经常性的市场检查，依法主动查处商标侵权案件。其三，工商执法部门和司法部门均可对商标侵权行为和假冒商标犯罪进行查处，被侵权人既可向工商行政管理机关投诉，也可向人民法院起诉。

有记者问，中国在保护外国商标专用权方面有何特殊规定。刘敏学回答，中国是《保护工业产权巴黎公约》的成员国，坚决履行“巴黎公约”的各项义务，“国民待遇”原则在我国得到了认真地履行。不仅保护本国的注册商标，对外国在华注册商标一视同仁，依法对商标专用权给予保护。但有一点需要说明的是，按照中国的《商标法》，外国人或者外国企业在中国申请商标注册和办理其他商标事宜，应当委托国家工商行政管理局指定的涉外代理组织代理。

白大华在回答记者问及深圳微软公司的侵权案件时说，目前有关部门正在查处过程当中，涉及商标侵权的问题，深圳市工商行政管理局已作了处罚。这个案件除了商标侵权，还涉及其他方面的问题，不属于《商标法》调整的范围。

当记者问中国商标机关对“抢注”商标问题如何处理时，白大华说，中国《商标法》规定了“申请在先”的原则，因此对一般性商标不作特殊的保护，但对驰名商标例外。根据《巴黎公约》，经商标注册国或商标主管机关认定的驰名商标，予以特殊保护。

国务院总理李鹏在人民大会堂会见由市长铃木俊一率领的日本东京都友好代表团

国务院总理李鹏在中南海紫光阁会见美国雪佛龙集团董事长肯尼斯·德尔

李鹏说，中国不仅重视陆上油气的开发，也重视海洋石油天然气的开发，希望在这方面加强与包括雪佛龙集团在内的国外有实力的石油公司合作。

在谈及中国今后新的油田发展设想时，李鹏说，位于中国西北部的塔里木油田是具有巨大开发潜力的陆上油田，欢迎国外石油企业前来参与合作。

与中国有10多年海洋石油合作历史的雪佛龙集团去年与中方签订一项东海石油合作协议，李鹏希望雪佛龙在东海石油地球物理勘探方面取得成功。

德尔说，作为美国最大的能源公司之一，雪佛龙集团具有资金和技术方面的优势，集团决定进一步加强同中国的合作，并对与中国的合作充满信心。

中国和美国在华盛顿签署联合公报和科技合作协定

以中国国务委员兼国家科委主任宋健为团长的中国政府科技代表团和以美国总统科技顾问兼白宫科技政策办公室主任吉本斯为首的美国政府代表团在华盛顿举行中美科技合作联合委员会第六次会议，并签署联合公报和科技合作协定。

会议的联合公报指出，本次联委会会议开得非常成功。宋健和吉本斯作为联合主席共同主持了会议。

双方表示将一如既往地积极支持中美科技合作的不断发展，强调扩大医药、环保、能源和先进材料等领域的合作以及促进两国有关政府部门和企业间的实质性科技合作。

双方签署《中美石化能科技合作协议书》的《清洁煤附件》，续签《中美海洋科技合作议定书》。

国家副主席荣毅仁在人民大会堂会见由日本经济同友会中国委员会委员长渡边率领的日本经济同友会访华团

国务院副总理兼外交部部长钱其琛在北京会见俄罗斯外交部副部长亚历山大·潘诺夫

国务院副总理兼外交部部长钱其琛在钓鱼台国宾馆会见葡萄牙外交部部长巴罗佐

钱其琛说，中葡成功地解决了澳门问题，这已成为通过友好协商解决历史遗留问题的典范。我们希望澳门政权顺利交接，这一过程将在平稳和两国合作的情况下实现。

谈到中国同欧洲联盟的关系时，钱其琛说，欧洲联盟是中国的重要贸易伙伴，同美国、日本相比发展经贸的潜力尚未发挥出来。巴罗佐说，葡主张欧洲联盟发展同中国的关系。葡认为，发展葡中两国友好合作关系符合两国人民的利益，葡支持恢复中国在关贸总协定中的缔约国地位。钱其琛强调，在国际事务中中国致力于维护和平与稳定，不管国际上发生什么事情，中国都将发挥和平、稳定的作用。

会见中两国外长还就其他国际问题交换意见。

外交部副部长姜恩柱会见时在座。

国务院副总理兼外交部部长钱其琛在钓鱼台国宾馆同莱索托王国外交大臣莫拉波·科贝拉举行会谈

中央军委副主席刘华清在钓鱼台国宾馆会见俄罗斯武装力量总参谋长米·彼·科列斯尼科夫

1996年第三届亚洲冬季运动会组委会在哈尔滨成立

《人民日报》发表社论《反腐倡廉必须警钟长鸣》

4月13日

国家主席江泽民在中南海会见尼泊尔上院议长贝尼·巴哈杜尔·卡尔基

《人民日报》发表评论员文章《友好合作平稳过渡——庆祝中葡关于澳门问题的联合声明签署七周年》

今天是我国和葡萄牙两国政府关于澳门问题的联合声明签署七周年纪念日。这个具有重大意义的日子适逢当年来华签署联合声明的葡萄牙总理席尔瓦再次访问我国，我们热烈庆祝中葡联合声明签署七周年并祝席尔瓦总理此次访华圆满成功。

澳门问题是历史遗留下来的问题。我国政府根据邓小平同志关于“一国两制”的伟大构想，于1986年6月起在北京同葡萄牙政府就解决澳门问题举行了谈判。双方本着友好、坦诚和务实的精神，在短短的九个月时间里就达成了协议，并于1987年4月13日正式签署了关于澳门问题的联合声明。联合声明规定澳门地区是中国领土，中国政府将于1999年12月20日对澳门恢复行使主权；届时设立中华人民共和国澳门特别行政区，实行“一国两制”；澳门现行的社会、经济制度和生活方式不变，法律基本不变；在澳门过渡时期内，葡萄牙政府负责澳门的行政管理，将继续促进澳门的经济发展和保持其社会稳定，对此，中国政府将给予合作。中葡联合声明是具有深远意义的历史性文件，为国与国之间解决历史遗留问题树立了典范。联合声明的签署使中葡两国双边关系进入了一个新的阶段。

去年3月，我国第八届全国人民代表大会第一次会议审议通过了《中华人民共和国澳门特别行政区基本法》。基本法是澳门的根本大法，把中国政府在中葡联合声明中阐述的对澳门的基本方针政策以法律的形式固定下来，对澳门社会、政治、经济、文化等基本制度的主要内容作了具体规定，得到了澳门同胞的热烈欢迎和广泛拥护。

联合声明签署七年来，中葡两国友好合作关系发展顺利。近年来，中葡两国高层领导人的互访有力地推动了双边关系的发展，并促进了中葡两国在澳门问题上的友好合作。中葡双方认真贯彻执行联合声明，进行了卓有成效的合作。中葡联合联络小组先后举行了 19 次全体会议和多次专家会议。双方在解决澳门过渡时期面临的语文、公务员、法律及澳门参加有关国际组织等一系列问题上取得了进展，并成功地解决了澳门国际机场建设的融资和航空协定范本问题。近年来，澳门大型工程的陆续竣工为澳门经济发展注入了新的活力。澳门社会稳定，经济发展，居民安居乐业。中葡双方贯彻联合声明的诚意和友好合作是保持澳门稳定和发展的保证。认真贯彻联合声明，实现澳门的平稳过渡和 1999 年的政权顺利交接，是中葡两国的共同利益所在。实践证明，合作对中葡双方有利，对澳门有利。

现在，澳门过渡期只剩下五年多时间，中葡双方面临的工作十分繁重。只要双方以澳门的稳定和发展的大局为重，始终坚持密切磋商、加强友好合作，一定能够解决好澳门过渡时期中的各种问题，为澳门的平稳过渡和政权的顺利交接创造有利的条件。我们相信，通过中葡双方的友好合作和共同努力，澳门的平稳过渡和政权顺利交接是一定能够实现的。

解放军总政治部发出《关于全军部队积极开展五四运动七十五周年纪念活动的通知》

解放军总政治部日前发出通知，要求全军部队积极开展五四运动 75 周年纪念活动。

《通知》说，组织开展纪念五四运动的活动，对于动员部队广大团员青年继承革命传统具有重要的意义。通知要求要以“热爱党、热爱祖国、热爱军队”为主题，教育引导青年官兵努力为国家和军队的现代化建设做贡献。在开展纪念活动中，要站在党和国家工作大局的高度，组织青年官兵认真学习邓小平同志建设有中国特色社会主义的理论，学习党的十四届三中全会和八届全国人大二次会议精神。《通知》要求深入开展向雷锋、苏宁、徐洪刚等英雄模范学习的活动，促进军队的精神文明建设。要引导官兵自觉用艰苦奋斗、无私奉献的思想道德规范言行，以实际行动做社会主义新道德、新风尚的实践者。

国务院总理李鹏等在中南海会见出席第三次全国农区发展畜牧业座谈会代表

李鹏、李岚清、陈俊生、罗干等国务院领导同志，在中南海会见了出席第三次全国农区发展畜牧业座谈会的代表。

李鹏说，发展农业既要抓好粮棉油生产，又要发展多种经营，增加农民收入，养牛就是一条很好的路子。他说，利用秸秆做饲料，可以促进养牛业的发展，而后又带动相关加工业的发展。养牛业本身是一种生态农业，“秸秆养牛、过腹还田”有利于农业的良性循环。他说，发展养牛业可以用集体大规模饲养与群众分散饲养相结合的办法，充分利用劳动力资源的优势，同时要更多地应用科学技术，实现养牛业的现代化。他提出，要发展制革工业，目前这方面产品的市场潜力很大，科技和工业部门要研究开发相关的生产机械，以促进制革工业水平的提高。李鹏强调，我国有丰富的秸秆资源，发展秸秆养牛业的潜力很大，各地要采取积极的措施，进一步促进秸秆养牛业的发展。

国家开发银行行长姚振炎就国家开发银行的主要任务接受记者采访

经国务院批准，国家开发银行正式成立。日前记者就有关问题采访姚振炎。

姚振炎说，建立开发银行，是世界上许多国家特别是发展中国家的通行做法。目前，全世界各类开发银行有 400 多家，其中最大的开发银行就是世界银行。我国成立国家开发银行是建立和发展社会主义市场经济的内在要求。他说，今年进行的金融体制改革已明确提出要把政策性金融业务与商业性金融业务分离，成立政策性银行，以此来贯彻政府政策意图，引导社会投资方向，实现经济资源配置的合理性。另一方面，从我国投融资体制改革看，我国的经济发展长期受到基础产业和基础设施“瓶颈”的制约，受到投资规模膨胀、结构不合理、效益不高这三个问题的困扰，在目前经济快速增长时期，尽快解决这些问题，已成了当务之急，而解决的关键在于建立投资约束和风险责任机制。

姚振炎指出，国务院决定成立国家开发银行，就是要更有效地集中资金和力量保证国家重点建设，解决经济发展中的“瓶颈”制约，增强国家对固定资产投资的宏观调控能力。这是党中央、国务院的重大决策，是进一步深化金融体制改革和投资体制改革的重大举措。

姚振炎介绍，国家开发银行是一个政策性的金融机构，它同商业性金融机构相比，有自己不同的特性：一是任务特殊，着重于贯彻政府政策意图，支持国家进行宏观经济管理，促进经济和社会的发展；二是经营目标特殊，不以盈利为目标，而主要从经济发展的角度来评价和选择项目；三是融资原则特殊，它的主要资金来源是国家财政划拨的资金和其他财政性资金；向金融机构发行的债券；向社会发行由财政担保的建设债券和经批准在国外发行的债券，它不吸收居民储蓄存款。

据姚振炎透露，国家开发银行成立后，今年将承担600亿元的基本建设贷款的管理任务，这一数字相当于今年国家新增基本建设贷款规模的2/3，总共涉及345个大中型项目，其中包括三峡的前期工程、京九铁路、西藏的羊卓雍湖抽水蓄能电站等大型项目。另外，还将承担50亿元的重要政策性技术改造项目的贷款管理。

为保证重点项目的资金供应，国家开发银行今年将发行650亿元的金融债券，其中四五月份将发行280亿元。

全国人大常委会委员长乔石在四川考察

4月13日至18日，乔石先后在四川省委书记谢世杰、省长肖秧等省领导的陪同下在四川考察工作。

考察中，乔石说，去年四季度以来，改革的措施出台比较多，力度比较大，这是形势的迫切需要，是把我国社会主义现代化建设事业推向前进的需要。我们要抓住国际国内十分有利于我国建设的机遇，在邓小平同志建设有中国特色的社会主义理论的指导下，认真落实十四大和十四届三中全会精神，坚定不移地把已经出台的各项改革措施贯彻下去。大家都看到，这些改革措施已经发挥了重要作用，收到初步成效，国际国内反映是好的。当然，在我们这样大的国家进行广泛深刻的改革，必然会遇到一些问题。在这些问题面前，要沉着冷静。有的问题能够早一点儿解决，就抓紧尽快解决；有的问题一时解决不了，可以积极创造条件，逐步予以解决。

乔石指出，在落实各项改革措施的过程中，要切实加强党的领导。各级领导和干部都要廉洁自律，反对腐败，勤政为民。要改进工作作风，扎扎实实开展工作。要深入基层、深入群众，进行细致的调查研究，善于体察民情，关心群众的工作和生活，带领群众克服困难，解决问题，把各项事业推向前进。

在谈到企业改革，特别是国有大中型企业的改革时，乔石强调，企业必须面向市场，搞活机制，提高产品质量和经济效益，增强竞争能力。要吸收国际国内新技术，搞好企业的技术改造。要为企业的改革和发展创造良好的环境。通过逐步建立社会保障体系，减轻企业的负担，以利于吸引投资和人才。

乔石强调，要继续加强对农业和农村工作的领导，实实在在地解决农业发展中遇到的问题。要逐步提高农民种粮的比较效益，增加农民收入，确保粮棉油生产的稳定增长。同时要根据大农业的观点，努力发展多种经营。我们这样大的国家，这样多的人口，总得要通过宏观调控，使农业长期稳定地发展下去。在这个基础上，积极发展乡镇企业，努力加强小城镇建设，我国广大农村将呈现出更加兴旺发达的景象。

在谈到农村剩余劳动力的利用问题时，乔石说，除了搞好劳务输出和发展乡镇企业外，还应通过多种形式进行基础设施建设，例如修公路、修水利等，使更多的剩余劳动力发挥作用。乔石很关心扶贫工作，他说，中央已确定扶贫政策向中西部地区适当倾斜，这一点要落到实处。

在谈到人大工作时，乔石说，越是深化改革、扩大开放，越要加强社会主义民主和法制建设。要充分发挥各级人大的作用，基层人大的建设尤其要加强。人大代表依法行使权力是得到全社会支持和重视的。地方人大在立法、监督等项工作中创造的好经验，要认真总结，逐步推广。

乔石考察四川省博物馆等文化事业单位时说，在建设社会主义现代化的过程中，我们要借鉴国外一切优良的文化成果，同时也要继承和弘扬我国优秀的民族文化，在这个基础上，创造新的更加灿烂的文化。

乔石说，四川有自己的优势，有其他地方难以比拟的条件。近年来四川在改革开放和现代化建设中取得了可喜的成绩，相信在省委、省政府的领导下，通过广大干部和群众的辛勤努力和创造性的劳动，四川的各项事业一定会有更大的发展。

1993年度全国优秀企业(金马奖)和第五届全国优秀企业家(金球奖)评选揭晓

评选活动由中国企业管理协会、中国企业家协会与企业管理科学基金会组织。30家企业、60名企业家榜上有名。

获得全国优秀企业殊荣的有宝山钢铁集团公司、中国化工进出口总公司、南京无线电厂、青岛双星集团公司、中国兖州矿务局、北人集团公司、广深铁路总公司、佳木斯造纸股份有限公司、四平市红咀农工商联合公司和四通集团公司等。

获得全国优秀企业家殊荣的企业家有黄关从、吴仁宝、权义鲁、贝兆汉、王润生、李世昌、张文达、彭哲春、陈忠表、倪润峰等。

国家主席江泽民在中南海会见美国华盛顿州州长麦克·洛瑞

美国副总统戈尔在白宫会见中国政府科技代表团

团长国务委员兼国家科委主任宋健和中国政府经贸代表团团长外经贸部部长吴仪

第八届中美商贸联委会会议在华盛顿开幕

中国代表团团长、外经贸部部长吴仪和美国商务部部长布朗联合主持会议。

在开幕式上,吴仪和布朗分别发表讲话。

吴仪部长在讲话中指出,中美两国间商务、贸易的合作实绩是令人鼓舞的。

吴仪认为,这几年中美经贸关系也遇到不少困难,她就如何解决这些问题提出了看法和主张。如在美国对华出口管制问题上,吴仪指出,"美国对华出口管制始终是影响美国扩大对华出口的障碍之一"。"我们希望美方从有利于国际间正常的贸易和技术交流出发,摈弃冷战时期遗留下来的歧视政策,采取更有效的放宽措施。"

关于中国"复关"问题,吴仪说,美国是唯一以书面方式承诺坚定地支持中国"复关"的国家,但在实际行动上却表现出缺乏诚意,希望美方言行一致,真正支持中国"复关"。

对于最惠国待遇问题,吴仪指出,最惠国待遇是维持两国经贸关系的基础,不仅对中国有利,同样也对美国有利。但是我们也不怕取消最惠国待遇。吴仪说:"把最惠国待遇和人权挂钩是很不明智的,是缺乏战略眼光的。特别是以人权问题来向中国施加压力,我认为是徒劳的。"

美国国务卿克里斯托弗在华盛顿会见中国政府科技代表团团长国务委员兼国家科委主任宋健

国家副主席荣毅仁在人民大会堂会见莱索托王国外交大臣莫拉波·科贝拉

国务院副总理兼外交部部长钱其琛在钓鱼台国宾馆会见由议长阿尔布诺利率领的阿尔巴尼亚议会代表团

国务院副总理兼外交部部长钱其琛在钓鱼台国宾馆同孟加拉国外交部部长穆斯塔菲兹·拉赫曼举行会谈

会谈中,两位外长就中孟双边关系、地区和国际问题交换意见。

钱其琛说,中国政府重视同孟加拉国的睦邻友好关系,两国在各个领域的合作前景是好的。他表示希望南亚各国通过和平谈判解决国与国之间的问题,努力发展区域经济合作,以拓展潜力巨大的南亚市场。

智利总统爱德华多·弗雷在总统府会见正在智利访问的国务委员兼国防部部长迟浩田上将

全国人大常委会副委员长吴阶平分别前往卢旺达和布隆迪驻中国大使馆吊唁遇难的卢旺达总统朱韦纳尔·哈比亚利马纳总理乌维吉伊马娜·阿加特和布隆迪总统西普里安·恩塔里亚米拉

中国和德国两银行签订出口信贷总协议

中国商业银行与德国工业银行日前签订了出口信贷总协议。该协议无金融限制,利率灵活,还款条件较优惠,主要用于支持大中型企业的技术改造和更新。

中国代表团团长中国对外贸易经济合作部副部长谷永江在马拉喀什会晤美国贸易谈判代表坎特

美国承诺继续支持中国加入世界贸易组织。

双方在会晤中就中美经贸关系、特别是中国复关问题交换了意见。谷永江阐述中国希望加速复关谈判进程和成为世界贸易组织创始成员国的立场,并再次重申中国在复关谈判中坚持权利与义务平衡、发展中国家地位等重要原则。

海协会就千岛湖游船事件致函台湾海基会

函中说,贵会4月7日"关于协商处理千岛湖船难事"函悉。关于来函所提问题,国务院台办负责人4月9日发表的谈话,我会4月4日的函和4月6日的电话中,已经作了回答。

函中指出,广大台湾同胞到大陆探亲、旅游、投资和从事各项交流活动,其人身财产安全均受到保护,是有法律保障的。对"海瑞号"游船的意外不幸事件,有关方面正大力查清事故原因。贵我两会应从共同维护两岸同胞正当权益、发展两岸关系的大局出发,理性地、冷静地处理有关问题,不使两会合作及两岸关系发展受到影响。

函中说,在两岸的交往中,大陆同胞、台湾同胞生命财产遭受损失的事件已发生多起,我会对此类问题一直十分关注。建议双方进行必要的准备后,进行商谈。对"海瑞号"游船事故的善后工作,我会愿意听取贵会意见,并向有关部门转达。

4月14日

国家主席江泽民在中南海会见英国大东电报局公共有限公司董事长兼香港电讯有限公司主席杨勋爵

国务院总理李鹏在中南海紫光阁先后会见美国CS第一波士顿集团公司董事长兼首席执行官约翰·汉纳西和德国博世公司总裁绍尔

李鹏在会见美国客人时说，最近一个时期，他有幸同美国几家主要证券公司的高级负责人见面。他们相继访华表明美国经济和企业界人士对扩大同中国合作有浓厚兴趣，也标志着中美经济合作注入新的重要内容。他说，中国委托美国证券公司发行债券和股票的工作是成功的。

李鹏说，中国的股票市场还很年轻，尚处于试验阶段，“我们将根据自己的国情和改革的思路，注意借鉴国际上成功的经验和做法，把这项工作逐步做好”。

李鹏说，中国的市场向一切愿意同中国开展互利合作的美国企业家和投资者开放。中国希望中美关系在各个方面都能得到改善和发展，希望美国企业家不要丧失机遇。李鹏说，中国的经济保持了发展的势头，但是交通、运输和能源等基础产业和基础设施仍是国民经济发展中比较薄弱的环节，也是今后发展的重点，在这些方面，中外进行合作有广阔的前景。李鹏还向客人介绍了中国财税改革的情况。

李鹏在会见德国客人时说，博世公司的技术和产品在中国享有盛名，是中国很好的合作伙伴。中德在贸易和技术领域的合作历史很长，成绩显著。去年科尔总理率众多企业家访华非常成功，为两国经贸关系开辟了新的前景。

中英联合联络小组专家就香港居留权互免签证等问题举行非正式会谈

中英联合联络小组双方的专家日前就香港居留权、互免签证等问题举行非正式会谈。

会谈结束后，中英联合联络小组中方代表陈佐洱表示，中方将宽松处理移民外地的香港人的居留权问题，鼓励香港移民回流。他强调，宽松处理居留权的目的，是帮助回流人士继续为香港服务，而不是鼓励现在仍在香港的人士移民国外。陈佐洱还表示，中方无论采取何种处理办法，都将依据有关法律，使现在港英的有关条例及规定，与未来香港特别行政区基本法的有关规定衔接起来。

国务院总理李鹏在中南海紫光阁会见孟加拉国外交部部长穆斯塔菲兹·拉赫曼

在谈到国际问题时，李鹏对孟加拉国对中国的支持表示感谢。他指出，南亚国家是中国的近邻，中国希望该地区稳定、发展，中国愿在和平共处五项原则基础上同所有南亚国家保持和发展友好关系。李鹏说，孟加拉国作为南盟倡议国和现任主席国，为推动南盟区域合作的发展作出了积极努力和贡献，中国对此表示赞赏。穆斯塔菲兹·拉赫曼对中国在国际、地区事务中发挥的作用给予高度评价，希望中国在这些领域发挥更大的作用。

智利陆军司令皮诺切在圣地亚哥特设晚宴欢迎国务委员兼国防部部长迟浩田上将

林业部颁发《消灭宜林荒山荒地主要指标及其要求》

林业部日前颁发《消灭宜林荒山荒地主要指标及其要求》。《要求》规定，消灭宜林荒山荒地的省，其宜林荒山荒地的剩余率不超过10%，并将全国分为三个不同类型：

一类灭荒地区包括上海、江苏、浙江、安徽、福建、江西、湖北、湖南、广东、广西、海南等11个省(市、区)，10亩以上的宜林荒山荒地之和不超过宜林荒山荒地总面积的1%。

二类灭荒地区包括北京、天津、河北、黑龙江、辽宁、吉林、山东、河南、四川、云南、贵州等11个省(区、市)，20亩以上的宜林荒山荒地面积之和不超过宜林荒山荒地总面积的3%。

三类灭荒地区包括山西、内蒙古、西藏、陕西、青海、甘肃、宁夏、新疆等8个省(区)，每省30亩以上的宜林荒山荒地面积之和不超过宜林荒山荒地总面积的5%。

第八届中美商贸联委会会议在华盛顿结束

中国政府经贸代表团团长、外经贸部部长吴仪和美国商务部长布朗分别在联委会工作组联合声明上签字。

该声明宣布，双方同意在中美双边贸易与投资工作组和双边贸易促进工作组中建立若干小组，积极推动双边贸易的进行。双方还同意恢复中美联合法律研讨会，并建立一个商业法律工作组，以增进双方对相互贸易投资法律体系的了解。

吴仪说，中美双方所进行的讨论是坦诚的，会谈对双方增进相互了解和信任也十分有利。她说在联委会期间，拜会戈尔副总统等，双方一致认为，中美之间的经贸关系十分重要，中美合作将对两国经济乃至亚太地区的经济发展与繁荣产生不可估量的影响。中美两国有一切理由摆脱最惠国待遇问题带来的消极影响，并为在下一世纪到来之前两国经贸领域的合作取得突破性进展而共同努力。

全国政协副主席中国科学技术协会主席朱光亚在人民大会堂会见并宴请香港科学会访京代表团

“巴金与世纪研讨会”在北京举行

4月15日

国务院印发《国家八七扶贫攻坚计划》

各省、自治区、直辖市人民政府，国务院各部委、各直属机构：

现将《国家八七扶贫攻坚计划》印发给你们，请结合本地实际情况，认真贯彻执行。

全国扶贫开发工作，在各级党委和政府的领导下，经过贫困地区广大干部、群众的艰苦努力，各级有关部门和社会各界的大力支持，取得了巨大成就。现在，全国农村没有完全稳定解决温饱问题的贫困人口已经减少到八千万人，以解决温饱为目标的扶贫开发工作进入了攻坚阶段。为此，国务院决定，制定和实施《国家八七扶贫攻坚计划》，从现在起到本世纪末的七年时间里，基本解决八千万人的温饱问题。这对加快贫困地区经济和社会发展，逐步缩小东西部地区差距，加强民族团结，促进社会稳定，实现共同富裕，为改革和发展创造更为有利的条件，都具有极其重大的意义。各省、自治区、直辖市人民政府要高度重视和切实加强扶贫开发工作，要根据《国家八七扶贫攻坚计划》的要求，结合本地区的情况和任务，制定具体的攻坚计划，动员贫困地区干部、群众，发扬自力更生、艰苦奋斗的精神，努力贯彻实施。国务院各有关部门、社会各界和经济较发达地区，要继续发扬扶贫济困的精神，从多方面给贫困地区大力支持，促进和保障《国家八七扶贫攻坚计划》目标的实现。

国务院

1994年4月15日

国家八七扶贫攻坚计划

(1994—2000年)

社会主义要消灭贫穷。为进一步解决农村贫困问题，缩小东西部地区差距，实现共同富裕的目标，国务院决定：从一九九四年到二〇〇〇年，集中人力、物力、财力，动员社会各界力量，力争用七年左右的时间，基本解决目前全国农村八千万贫困人口的温饱问题。这是一场难度很大的攻坚战。为此，国务院制定《国家八七扶贫攻坚计划》，这是今后七年全国扶贫开发工作的纲领，也是国民经济和社会发展计划的重要组成部分。

一、形势与任务

(一)扶持贫困地区尽快改变贫穷落后的面貌，是党中央、国务院的一贯方针。特别是八十年代中期以来，国家在全国范围内开展了有组织、有计划、大规模的扶贫工作，不仅大幅度增加了扶贫投入，制定了一系列扶持政策，而且对先期的扶贫工作进行了根本性的改革与调整，实现了从救济式扶贫向开发式扶贫的转变。经过连续多年的艰苦努力，全国农村的贫困问题已经明显缓解，没有完全稳定解决温饱的贫困人口已经减少到八千万人。这是一个巨大的历史性成就，证明党中央、国务院制定的扶贫方针、政策是正确的，充分体现了社会主义制度的优越性。

(二)尽管目前的贫困人口只占全国农村总人口的百分之八点八七，但是扶贫开发的任务十分艰巨。这些贫困人口主要集中在国家重点扶持的五百九十二个贫困县，分布在中西部的深山区、石山区、荒漠区、高寒山区、黄土高原区、地方病高发区以及水库库区，而且多为革命老区和少数民族地区。共同特征是，地域偏远，交通不便，生态失调，经济发展缓慢，文化教育落后，人畜饮水困难，生产生活条件极为恶劣。这是扶贫攻坚的主战场，与前一阶段扶贫工作比较，解决这些地区群众的温饱问题难度更大。

(三)建立社会主义市场经济体制，给贫困地区的发展带来了前所未有的机遇和更加广阔的前景，但在这个过程中贫困地区与沿海发达地区的差距也在扩大。在这种新形势下，抓紧扶贫开发，尽快解决贫困地区群众的温饱问题，改变经济、文化、社会的落后状态，缓解以至彻底消灭贫困，不仅关系到中西部地区经济的振兴、市场的开拓、资源的开发利用和整个国民经济的持续、快速、健康发展，而且也关系到社会安定、民族团结、共同富裕以及为全国深化改革创造条件，这是一项具有重大的、深远的经济意义和政治意义的伟大事业。因此，各级政府必须遵循邓小平同志建设有中国特色社会主义理论和党的基本路线，坚持效率优先、兼顾公平的原则，进一步加强扶贫开发工作。

二、奋斗目标

(四)到本世纪末解决贫困人口温饱的标准：

——绝大多数贫困户年人均纯收入达到五百元以上(按一九九〇年不变价格)。

——扶持贫困户创造稳定解决温饱的基础条件：

有条件的地方，人均建成半亩到一亩稳产高产的基本农田；

户均一亩林果园，或一亩经济作物；

户均向乡镇企业或发达地区转移一个劳动力；

户均一项养殖业，或其他家庭副业。

牧区户均一个围栏草场，或一个“草库伦”。

与此同时，巩固和发展现有扶贫成果，减少返贫人口。

(五)加强基础设施建设。

——基本解决人畜饮水困难。

——绝大多数贫困乡镇和有集贸市场、商品产地的地方通公路。

——消灭无电县，绝大多数贫困乡用上电。

（六）改变教育文化卫生的落后状况。

——基本普及初等教育，积极扫除青壮年文盲。

——开展成人职业技术教育和技术培训，使大多数青壮年劳力掌握一到两门实用技术。

——改善医疗卫生条件，防治和减少地方病，预防残疾。

——严格实行计划生育，将人口自然增长率控制在国家规定的范围内。

三、方针与途径

（七）继续坚持开发式扶贫的方针：鼓励贫困地区广大干部、群众发扬自力更生、艰苦奋斗的精神，在国家的扶持下，以市场需求为导向，依靠科技进步，开发利用当地资源，发展商品生产，解决温饱进而脱贫致富。

（八）扶贫开发的基本途径：

——重点发展投资少、见效快、覆盖广、效益高、有助于直接解决群众温饱问题的种植业、养殖业和相关的加工业、运销业。

——积极发展能够充分发挥贫困地区资源优势、又能大量安排贫困户劳动力就业的资源开发型和劳动密集型的乡镇企业。

——通过土地有偿租用、转让使用权等方式，加快荒地、荒山、荒坡、荒滩、荒水的开发利用。

——有计划有组织地发展劳务输出，积极引导贫困地区劳动力合理、有序地转移。

——对极少数生存和发展条件特别困难的村庄和农户，实行开发式移民。

（九）扶贫开发的主要形式：

——依托资源优势，按照市场需求，开发有竞争力的名特稀优产品。实行统一规划，组织千家万户连片发展，专业化生产，逐步形成一定规模的商品生产基地或区域性的支柱产业。

——坚持兴办贸工农一体化、产加销一条龙的扶贫经济实体，承包开发项目，外联市场，内联农户，为农民提供产前、产中、产后的系列化服务，带动群众脱贫致富。

——引导尚不具备办企业条件的贫困乡村，自愿互利，带资带劳，到投资环境较好的城镇和工业小区进行异地开发试点，兴办第二、第三产业。

——扩大贫困地区与发达地区的干部交流和经济技术合作。

——在优先解决群众温饱问题的同时，帮助贫困县兴办骨干企业，改变县级财政的困难状况，增强自我发展能力。

——在发展公有制经济的同时，放手发展个体经济、私营经济和股份合作制经济。

——对贫困残疾人开展康复扶贫。

四、资金的管理使用

（十）为确保本计划的实施，国家现在用于扶贫的各项财政、信贷资金要继续安排到二〇〇〇年。以工代赈资金和“三西”专项建设资金在规定期限内保持不变。适当延长开发周期长的项目的扶贫信贷资金使用期限。

（十一）国务院决定：从一九九四年起，再增加十亿元以工代赈资金，十亿元扶贫贴息贷款，执行到二〇〇〇年。今后随着财力的增长，国家还将继续增加扶贫资金投入。

各级地方政府也要根据各自的扶贫任务，逐年增加扶贫资金投入，确保本计划的实现。

（十二）原来由人民银行和专业银行办理的国家扶贫贷款，从一九九四年起全部划归中国农业发展银行统一办理。

（十三）调整国家扶贫资金投放的地区结构。从一九九四年起，将分一年到两年把中央用于广东、福建、浙江、江苏、山东、辽宁六个沿海经济比较发达省的扶贫信贷资金调整出来，集中用于中西部贫困状况严重的省、区。中央支援经济不发达地区发展资金原来用于上述六省的部分，留在当地继续使用，今后中央发展资金的增量不再向六省投放。中央过去投放六省的有偿使用扶贫资金，到期回收后，仍留地方周转使用。今后，上述六省的扶贫投入由自己负责，并要抓紧完成脱贫任务。

各有关省、区也要根据这个原则，对扶贫资金的投放作必要的调整。

（十四）中央的财政、信贷和以工代赈等扶贫资金要集中投放在国家重点扶持的贫困县，有关省、区政府和中央部门的资金要与其配套使用，并以贫困县中的贫困乡作为资金投放和项目覆盖的目标。其他非贫困县中的零星分散的贫困乡村和贫困农户，由地方政府安排资金扶持。

银行扶贫贷款要用于经济效益较好、能还贷的开发项目；财政扶贫资金主要用于社会效益较好的项目；新增的以工代赈主要用于修筑公路，以及解决人畜饮水困难。要重点修筑县乡之间的公路和通往商品产地、集贸市场以及为扶贫开发项目配套的道路。三者要密切结合，提高资金使用的整体效益。

（十五）改革扶贫资金的使用管理方式，建立约束和激励机制。

——国务院扶贫开发领导小组根据本计划的要求和各有关省、区的贫困县数、贫困人口及贫困程度，讨论决定扶贫资金及以工代赈资金的分配方案，并通知各省、区政府。具体计划由有关部门分别下达。

——各省、区扶贫开发领导小组根据本省、区情况讨论决定各类扶贫资金以及以工代赈资金的分配方案。各省、区和贫困县扶贫办公室要建立项目库，并商有关部门共同规划、设计、论证、筛选扶贫开发项目，报扶贫开发领导小组批准进入项目库，然后由银行和资金管理部门评估、选定。县内项目由县扶贫开发领导小组批准进入项目库。跨县项目由省、区扶贫开发领导小组批准进入项目库。

各省、区每年要从支援经济不发达地区发展资金中拿出一部分，用于扶贫项目的前期准备。

——扶贫项目一般由相应的经济实体承包开发，承贷承还扶贫资金。跨省、区的示范性项目由全国性扶贫经济组织和有关省、区的经济实体联合开发。扶贫项目必须覆盖贫困户，把效益落实到贫困户。

——扶贫资金的投放要与使用效益和贷款的回收直接挂钩，建立综合的考核指标，实行严格的贷款使用责任制。各级扶贫开发办公室要加强项目管理和监督，保证顺利实施，并把协助银行和资金管理部门组织到期资金的回收作为一项重要的任务。要完成核定的催收贷款最高比例和到期贷款回收率的指标，否则扣减下年度的贷款规模。

——严格扶贫资金的审计制度。严禁挤占、挪用扶贫资金，违者必究。

——中央扶贫资金管理的具体办法，由财政、银行等资金管理部门根据本计划的要求，商国务院扶贫开发办分别制定，报国务院扶贫开发领导小组备案。各省、区、市的扶贫资金使用办法自行制定。

五、政策保障

(十六)信贷优惠政策

——对贫困户和扶贫经济实体使用扶贫信贷资金，要从实际出发，在保证有效益、能还贷的前提下，贷款条件可以适当放宽，要有一定灵活性。

——国有商业银行，每年要安排一定的信贷资金，在贫困地区有选择地扶持一些效益好、能还贷的项目。

——对广东、福建、浙江、江苏、山东、辽宁沿海六省的贫困县，以及各省、区刚摘掉贫困县帽子的县，要增加地方财政和商业信贷的投入，一般不低于原来国家对这些县的扶持规模。

(十七)财税优惠政策

——对国家确定的“老、少、边、穷”地区新办的企业，其所得税可在三年内予以征后返还或部分返还。

——各级政府要把扶贫资金列入财政预算，保证用于扶贫开发。

——为减轻贫困地区农民由于生产资料价格放开和粮食提价而增加的负担，各省、区、直辖市可使用地方粮食风险基金对吃返销粮的贫困户以适当补贴。

(十八)经济开发优惠政策

——中央和地方安排开发项目时，应向资源条件较好的贫困地区倾斜。中央和省、区在贫困地区兴办的大中型企业，要充分照顾贫困地区的利益，合理调整确定与当地的利益关系。

——国家制定和执行产业政策时，要考虑贫困地区的特殊性，给予支持和照顾。

——对贫困地区的进出口贸易，要坚持同等优先的原则，列入计划，重点支持。

六、部门任务

(十九)政府各有关部门要根据本计划总的要求，分别制定本部门、本系统的八七扶贫攻坚实施方案，充分发挥各自优势，在资金、物资、技术上向贫困地区倾斜。

(二十)计划部门：要结合“九五”计划，制定有利于贫困地区经济和社会发展的宏观规划和产业政策；国家的资源开发型项目对贫困地区实行同等优先的原则；管好和用好以工代赈资金；做好涉及扶贫开发的宏观协调工作；组织和推动贫困地区与发达地区的经济合作。

(二十一)内贸和外贸部门：要积极帮助贫困地区建立商品生产基地，兴建商业设施，开拓市场，搞活流通，扩大包括边贸在内的对外贸易。

(二十二)农林水部门：

——农业部门要继续在贫困地区组织和实施“温饱工程”；推广“丰收计划”，发展高产优质高效农业；加强农业技术推广体系建设，农民技术培训、实用技术的推广；搞好农村能源建设；农业院校应在贫困地区定向招生，定向分配，培养一批稳定的农业技术骨干；采取有力措施，加快贫困地区乡镇企业发展。

——林业部门要支持贫困地区发展速生丰产用材林、名特优经济林以及各种林副产品，协同有关部门，形成以林果种植为主的区域性支柱产业；加快植被建设、防风治沙，降低森林消耗，改善生态环境。

——水利部门要配合以工代赈项目的实施，加快贫困地区的基本农田建设和小流域综合治理；兴修小型水利设施，采用多种形式解决人畜饮水困难；利用山区资源，发展小水电；认真解决库区移民和滩区、蓄滞洪区群众的贫困问题。

(二十三)科教部门：

——科技部门要制定科技扶贫战略规划，指导和推动扶贫工作转到依靠科学技术和提高农民素质的轨道上来。要增强实施“星火计划”的力度，动员各方面力量开展多种形式的科技开发和科技服务，认真抓好扶贫开发的科学研究和科技示范。

——教育部门要积极推进贫困地区农村的教育改革，继续组织好贫困县的“燎原计划”，普及初等教育，做好农村青壮年的扫盲工作，加强成人教育和职业教育。

（二十四）工交部门：

——交通部门要配合实施以工代赈计划，增加投入，加快贫困县、乡公路建设；在有水运条件的贫困地区，要积极发展水上运输。

——铁路部门要根据国家总体计划，尽可能兼顾贫困地区的铁路建设；要把贫困地区的货物运输优先纳入计划，支持其商品物资流通。

——电力部门要与有关部门和地方协作，尽早消灭无电县；调整地处贫困地区大型电站的留利政策，尽可能照顾当地尤其是水库移民的利益，帮助发展工农业生产。

——地矿、煤炭、冶金、建材等部门，要继续帮助贫困地区探明矿产资源，并在统一规划下帮助合理开发和利用。

——化工部门要帮助贫困地区改造小化肥厂，扩大化肥的就地供应量，支持有条件的地方发展其他化工产品。

——邮电部门要加快贫困县程控电话的改造进度，努力扩大贫困乡村通电话、通邮政的网络。

（二十五）劳动部门要为贫困地区的劳动力开拓外出就业门路，做好就业服务和技术培训工作，努力扩大合理有序的劳务输出规模。

（二十六）民政部门要加强贫困地区的救灾和救济工作，建立和健全社会保障体系，为贫困人口中优抚、救济对象创造基本生活条件。

（二十七）民族工作部门要把解决少数民族贫困地区温饱问题并进一步脱贫致富作为工作重点，协调和配合有关部门做好少数民族贫困地区的科技扶贫、智力支边、普及教育和干部交流等项工作。

（二十八）文化卫生和计划生育部门：

——文化部门要为贫困地区安排一定的文化设施建设，坚持采取电影巡回放映队、文化流动车等灵活多样的形式改善群众文化生活。

——广播电影电视部门要为贫困地区建设电视差转台，扩大电视收视率和有线广播覆盖范围。

——卫生部门要建立和完善贫困地区三级医疗预防保健网；大中专医学院校要为贫困地区培养定向招生、定向分配的医务人员，稳定乡村医疗队伍，提高乡村医生服务水平；制定和落实控制地方病的措施。

计划生育部门要特别加强贫困地区的计划生育工作，把实行计划生育与扶贫结合起来，积极开展人口与计划生育基础知识教育，提供必要的避孕药具，努力降低人口自然增长率。

（二十九）财政、金融、工商、海关等部门，要根据扶贫开发任务的要求，结合各自的职能，采取积极措施促进贫困地区的经济发展。

七、社会动员

（三十）中央和地方党政机关及有条件的企事业单位，都应积极与贫困县定点挂钩扶贫，一定几年不变，不脱贫不脱钩。

（三十一）各民主党派和工商联应继续发挥人才众多、技术密集、联系广泛的优势，进一步开展科技扶贫和智力开发，帮助贫困地区培训人才、推广技术、沟通信息、发展经济技术合作。

（三十二）各级工会、共青团、妇联、科协、残联要积极参与扶贫开发工作。

——工会系统要继续组织企业管理技术人员和能工巧匠到贫困地区传授技术，培训人才，攻克技术难点，救治亏损企业，开展经济协作。

——共青团组织要动员贫困地区青年带头学习技术，开拓脱贫致富门路；继续组织东西部地区青年相互交流、对口支援的工作；配合劳动部门组织劳务输出；扩大“希望工程”的范围和规模，提高贫困地区适龄儿童的入学率和巩固率。

——妇联组织要进一步动员贫困地区妇女积极参与“双学双比”竞赛活动，兴办家庭副业，发展庭园经济，也要办一些劳动密集型和适合妇女特点的扶贫项目；组织妇女学习实用技术，提高脱贫致富的能力；配合教育部门扫除文盲；配合劳动部门组织妇女的劳务输出。

——各级科协要发挥网络优势，组织广大会员在贫困地区大力开展科普活动，帮助贫困地区引进人才，引进技术，提供信息，组织培训，推广实用技术。

——中国残疾人联合会要继续做好贫困残疾人的康复扶贫工作。

（三十三）充分发挥中国扶贫基金会和其他各类民间扶贫团体的作用。

（三十四）北京、天津、上海等大城市，广东、江苏、浙江、山东、辽宁、福建等沿海较为发达的省，都要对口帮助西部的一两个贫困省、区发展经济。动员大中型企业，利用其技术、人才、市场、信息、物资等方面的优势，通过经济合作、技术服务、吸收劳务、产品扩散、交流干部等多种途径，发展与贫困地区在互惠互利的基础上的合作。凡到贫困地区兴办开发性企业，当地扶贫资金可通过适当形式与之配套，联合开发。

（三十五）大专院校、科研单位要充分发挥人才和技术优势，与贫困地区直接挂钩，通过科技承包、技术推广、选派科技副县长、副乡长等形式，提高贫困地区科技发展水平。

(三十六)人民解放军和武警部队要继续发扬拥政爱民的光荣传统,帮助驻地群众解决温饱、脱贫致富。

八、国际合作

(三十七)积极开展同扶贫有关的国际组织、区域组织、政府和非政府组织的交流,让国际社会及海外华人了解我国贫困地区的经济发展状况和扶贫工作。要积极扩大和发展与国际社会在扶贫方面的合作,广泛地争取对实施八七扶贫攻坚计划的支持。

(三十八)努力改善贫困地区的投资环境,以资源优势和优惠政策吸引海外客商到贫困地区兴办开发型企业,促进贫困地区的经济发展。

九、组织与领导

(三十九)本计划由国务院扶贫开发领导小组统一组织中央各有关部门和各省、自治区、直辖市具体实施。领导小组的主要任务是:全面部署和督促检查本计划的执行;抓好扶贫资金、物资的合理分配,集中使用,提高效益;组织调查研究、总结推广计划实施过程中的成功经验;制定促进本计划实施的政策和措施;协调解决计划实施中的问题。

(四十)坚持分级负责、以省为主的省长(自治区主席、市长)负责制。各省、自治区、直辖市特别是贫困面较大的省、区,要把扶贫开发列入重要日程,根据本计划的要求制定具体实施计划;省长(自治区主席、市长)要亲自抓,负总责,及时协调解决重要问题;要集中使用财力、物力,保证按期完成本计划规定的任务。

(四十一)所有的贫困县,要把扶贫开发、解决群众温饱作为中心任务,集中力量认真实施扶贫攻坚计划;省(区)、地(州)、市要挑选精明强干、吃苦耐劳、联系群众的干部,充实加强贫困县领导班子,并保持相对稳定;把计划的实施和解决群众温饱的成效作为衡量贫困县领导干部政绩和提拔重用的主要标准。同时,着力加强贫困乡、贫困村的基层组织建设,配备好带领群众脱贫致富的班子。

(四十二)贫困地区广大干部要一如既往地发扬自力更生、艰苦奋斗、与群众同甘共苦的精神。在完成解决群众温饱的攻坚任务之前,贫困县不准购买小轿车,不准兴建宾馆和高级招待所,不准新盖办公楼,不准县改市。

(四十三)充实和加强各级扶贫开发工作机构,提供必要的工作条件。机构的规格与编制要与本地的扶贫开发任务相适应。

中纪委监察部召开新闻发布会公布《中国共产党纪律检查机关案件检查工作条例》

《条例》共有七章、五十条,约六千三百字,将于5月1日实施。

中纪委新闻发言人范新德指出,《条例》的修改和颁布,是党的纪律检查工作条规建设的一件大事。这个《条例》,将从程序上有力地保证党的纪检机关提高办案质量和效率,使之能及时、准确、有效地惩处违纪行为,从而有力地支持和保护改革开放,促进经济建设的发展,保证党的基本路线的贯彻执行;对于进一步强化纪检机关的职能,更有成效地开展反腐败斗争,也将起到十分重要的作用,使纪检机关通过执纪办案,有力地维护党的章程的权威性和其他党内法规的严肃性,加强党风廉政建设;使党的纪检机关办理违纪案件所需要的程序性条规有了一个比较完备的体系,这个体系的建立,使纪检工作逐步走上规范化、制度化、科学化的轨道。

国家科委副主任陈耀邦邓楠在国务院新闻办公室举办的中外记者招待会上就《中国21世纪人口、环境与发展》白皮书实施的有关情况答记者问

国务院新闻办公室举行中外记者招待会,就《中国21世纪议程》即《中国21世纪人口、环境与发展》白皮书开始实施的有关情况,公布《议程》优先项目计划(第一批),请陈耀邦、邓楠回答记者有关问题。

陈耀邦首先介绍制定和组织实施《议程》的重要性。他说,中国是发展中国家,既面临着发展社会生产力,增强综合国力和提高人民生活水平的历史任务,又面临着人口基数庞大、资源短缺、环境污染、经济发展水平低等一些相当严峻的问题和困难。因此,我国的基本国情和要实现的发展战略目标,都决定了中国今后不能走只注重数量增长、不考虑资源持续利用的发展模式和生活方式。制定并组织实施《中国21世纪议程》,是我国未来发展的自身需求和必然选择。

陈耀邦说,优先项目计划是从《议程》行动方案中分解出来的可操作项目,将作为国家中长期国民经济计划的重要内容。第一批项目包括9个优先领域,60多个项目,内容主要涉及能力建设、关键技术和示范工程。优先项目计划的推出,是实施《议程》的一个重要步骤。我国将采用滚动、灵活的方式实施这个计划,包括多边、双边援助、贷款、独资、合资等。联合国持续发展委员会设立了"21世纪能力建设基金",我们希望得到该基金和有关国际组织的合作。如果我们的项目投资的40%能得到国际基金的合作,将会大大加快计划的实施速度。

陈耀邦指出,优先项目投资的总原则,必须立足于国内解决,不管国际合作情况如何,我们都会想办法落实项目资金。在谈到国内资金来源时,他说,一是国家投入,二是国家贷款,三是通过地方企业联合实施。他希望新闻宣传单位加强《中国21世纪议程》的宣传报道工作，让广大干部、群众充分认识组织实施优先项目，走可持续发展之路的重要意义。

在记者问到优先项目计划的教育建设时，邓楠说，我们的计划需要人们的广泛支持和参与，所以提高大家对人口—环境—经济协调发展的认识，加强教育建设，是《议程》的重要内容，是提高我国综合能力建设的核心。邓楠在回答有关民居建设问题时，介绍了有关部门正在组织实施的"康居工程"和"小康住宅重大科技工程"。她说，《中国21世纪议程》的一个重要环节，是改善人的生存环境和人的居住条件。这两项工程的实施，主要是针对民居建设存在的问题，特别着重于解决农村住宅问题，我们希望更多的人能尽早住上安全、舒适、价格便宜的住宅。

国务院总理李鹏签署国务院第153号令发布《种畜禽管理条例》

现发布《种畜禽管理条例》，自1994年7月1日起施行。

总理 李 鹏

1994年4月15日

种畜禽管理条例

第一章 总 则

第一条 为了加强畜禽品种资源保护、培育和种畜禽生产经营管理，提高种畜禽质量，促进畜牧业发展，制定本条例。

第二条 本条例所称种畜禽，是指种用的家畜家禽，包括家养的猪、牛、羊、马、驴、驼、兔、犬、鸡、鸭、鹅、鸽、鹌鹑等及其卵、精液、胚胎等遗传材料。

第三条 从事畜禽品种资源保护、培育和种畜禽生产、经营的单位和个人，必须遵守本条例；农户自繁自用种畜禽的除外。

第四条 国家鼓励并扶持繁育、推广、使用畜禽良种和培育畜禽新品种。

在畜禽品种资源保护、培育和种畜禽科研、生产中作出显著成绩的，由人民政府或者畜牧行政主管部门给予奖励。

第五条 国务院畜牧行政主管部门主管全国的种畜禽管理工作。县级以上地方人民政府畜牧行政主管部门主管本行政区域内的种畜禽管理工作。

第二章 畜禽品种资源保护

第六条 国家对畜禽品种资源实行分级保护。保护名录和具体办法由国务院畜牧行政主管部门制定。

第七条 国务院畜牧行政主管部门和省、自治区、直辖市人民政府有计划地建立畜禽品种资源保护区(场)、基因库和测定站，对有利用价值的濒危畜禽品种实行特别保护。

第八条 县级以上人民政府对畜禽品种资源的普查、鉴定、保护、培育和利用，给予扶持。

第九条 从国外引进或者向国外输出种畜禽的，依照国家有关规定办理。

第三章 畜禽品种培育和审定

第十条 国务院畜牧行政主管部门和省、自治区、直辖市人民政府畜牧行政主管部门根据畜禽品种资源分布、自然条件和经济状况，制定良种繁育体系规划。

第十一条 建立种畜禽场，应当根据良种繁育体系规划，合理布局。建立地方种畜禽场，必须经省、自治区、直辖市人民政府畜牧行政主管部门批准；建立国家级种畜禽场，必须经省、自治区、直辖市人民政府畜牧行政主管部门审核同意，并报国务院畜牧行政主管部门批准。

第十二条 跨省、自治区、直辖市的畜禽品种的认可与新品种的鉴定命名，必须经国家畜禽品种审定委员会或者其委托的省级畜禽品种审定委员会评审后，报国务院畜牧行政主管部门批准。省、自治区、直辖市内地方畜禽品种的认可与新品种的鉴定命名，必须经省级畜禽品种审定委员会评审后，由省、自治区、直辖市人民政府畜牧行政主管部门批准，并报国务院畜牧行政主管部门备案。

经批准的畜禽品种，由批准单位颁发品种证书，予以公布，并列入国家的或者地方的畜禽品种志。

国家畜禽品种审定委员会和省级畜禽品种审定委员会由畜牧行政主管部门及科研、教学、生产单位的有关专家组成。

第十三条 依照本条例第十二条的规定经过评审并批准的畜禽品种，方可推广。

第十四条 国务院畜牧行政主管部门和省、自治区、直辖市人民政府畜牧行政主管部门或者其委托的单位负责进行畜禽良种登记和生产性能测定。

第四章 种畜禽生产经营

第十五条 生产经营种畜禽的单位和个人，必须向县级以上人民政府畜牧行政主管部门申领《种畜禽生产经营许可证》；工商行政管理机关凭此证依法办理登记注册。

生产经营畜禽冷冻精液、胚胎或者其他遗传材料的，由国务院畜牧行政主管部门或者省、自治区、直辖市人民政府畜牧行政主管部门核发《种畜禽生产经营许可证》。

第十六条 生产经营种畜禽的单位和个人，符合下列条件的，方可发给《种畜禽生产经营许可证》：

(一)符合良种繁育体系规划的布局要求；

(二)所用种畜禽合格、优良，来源符合技术要求，并达到一定数量；

(三)有相应的畜牧兽医技术人员；

(四)有相应的防疫设施；

(五)有相应的育种资料和记录。

第十七条 国有种畜禽场为事业单位，承担培育和提供良种、保护品种资源、开发新品种和新技术推广的任务，实行独立核算、自主经营，坚持繁育优良畜禽为主、积极开展多种经营的方针。

实行企业化经营、国家不再核拨经费的国有种畜禽场，具备企业法人条件的，经工商行政管理机关核准，为企业法人。

第十八条 生产经营种畜禽的单位和个人，必须按照规定的品种、品系、代别和利用年限从事生产经营；变更生产经营范围的，必须办理变更手续。

第十九条 生产经营种畜禽的单位和个人，必须遵守种畜禽繁育、生产的技术规程，建立生产和育种档案，并依照《家畜家禽防疫条例》及有关兽医卫生规定，建立和实施防疫制度。

第二十条 销售的种畜禽，应当达到种畜禽的国家标准、行业标准或者地方标准，并附有种畜禽场出具的《种畜禽合格证》、种畜系谱。

第二十一条 进行畜禽专业配种(包括人工授精)、孵化的，必须使用从种畜禽场引进并附有《种畜禽合格证》、种畜系谱的种畜禽。

第二十二条 从事畜禽人工授精的人员，取得县级以上人民政府畜牧行政主管部门核发的证书后，方可从事该项工作。

畜禽人工授精人员必须执行操作规程。

第五章 罚 则

第二十三条 有下列行为之一的，由畜牧行政主管部门责令改正，可以没收违法所得，并可以处以违法所得二倍以下的罚款：

(一)未取得《种畜禽生产经营许可证》生产经营种畜禽的；

(二)未按照规定的品种、品系、代别和利用年限生产经营种畜禽的；

(三)推广未依照本条例评审并批准的畜禽品种的；

(四)销售种畜禽未附具《种畜禽合格证》、种畜系谱的。

有前款第(二)项、第(四)项行为之一，情节严重的，可以吊销《种畜禽生产经营许可证》。

第二十四条 销售不符合质量标准的种畜禽的，以次充好、以假充真的，或者有其他违反工商行政管理法规行为的，由工商行政管理机关依法处罚。

第六章 附 则

第二十五条 国务院畜牧行政主管部门根据本条例制定实施细则。

省、自治区、直辖市人民政府可以根据本条例制定实施办法。

第二十六条 本条例由国务院畜牧行政主管部门负责解释。

第二十七条 本条例自 1994 年 7 月 1 日起施行。

中央国家机关行政财务工作会议向中央国家机关各部门提出严格控制支出的要求

国务院机关事务管理局领导在会议上提出，目前，国家财政比较困难，今年的行政经费预算仍有缺口，供需矛盾突出。中央国家机关各部门必须顾全大局，有多少钱办多少事，少花钱多办事、办好事。行政经费支出中，人员、车辆、会议费用支出较大，各部门要采取切实措施，解决好人多、车多、会多的问题。要把人员控制在新的编制以内。进一步加强车辆管理，将实有车辆控制在核定的编制之内，不得超编制、超标准购置车辆。车辆更新，不得贪新求洋、追求高档化，要乘用国产车。严格控制各类会议。各部门召开的会议，必须事先有计划；能发文或电话解决的问题，不集中开会；必须召开的会议也要压缩人数和会期，不得到高级宾馆、饭店开会。

全国农村改革试验区第八次会议在北京召开

国务院副总理邹家华在地矿部机构改革“三定”方案贯彻执行动员大会上发表讲话

地矿部机构改革“三定”方案已经国务院正式批准。在地矿部召开的动员大会上，国务院副总理邹家华提出，地矿部要把适应社会主义市场经济发展作为改革的目标，加强全国矿产资源的统一管理，建立我国地矿管理工作的新体系。

邹家华说，政企分开是转变职能的根本途径，要不断加强和完善地矿行政管理工作。矿产资源属于国家所有。国务院代表国家行使矿产资源的所有权。国务院授权地质矿产主管部门对全国矿产资源分配实施统一管理。矿产资源的勘查与开发应由国家统一规划，不能谁想探就探，谁想采就采。地矿部要统一部署、协调全国地质勘查工作，认真担负起《矿产资源法》的组织实施和执法监督主管部门的责任，加强对矿产资源合理开发利用和保护的监督管理等。

国务院副总理兼外交部部长钱其琛在钓鱼台国宾馆会见中国人民的老朋友加拿大著名社会活动家文幼章博士的遗孀埃拉女士

中国人民银行外事局办公室原副主任田野和香港《明报》记者席扬因窃取刺探国家金融经济秘密分别被北京市高级人民法院判处有期徒刑15年和有期徒刑12年

4月16日

《求是》杂志第8期发表本刊评论员文章《牢牢把握全党全国工作的大局》

福建省八届人大二次会议选举贾庆林为省人大常委会主任陈明义为省长

交通部部长黄镇东在治理公路“三乱”座谈会上发表讲话

黄镇东近日在有19个省区市交通厅局负责人参加的治理公路“三乱”座谈会上强调，对于公路上出现的乱设卡、乱收费、乱罚款“三乱”问题，要加大力度综合治理。

黄镇东提出，治理“三乱”首先要从公路交通部门抓起，把交通部门管理权限内存在的问题解决好，制定收费站(点)管理办法，强化收费稽查队伍建设，尽快实现规范化管理。

国务委员兼国家科委主任宋健在美国新泽西州纽瓦克马里奥特饭店会见旅美华人科技工作者

4月17日

中国职工思想政治工作研究会第八次全会在四川德阳市开幕

中共中央政治局候补委员温家宝在北京与参加全国农村改革试验区第八次工作会议的部分代表座谈

温家宝指出，农村改革是建立社会主义市场经济体制的重要组成部分，在我国整个经济体制改革中处于十分重要的地位。我们要紧紧围绕建立社会主义市场经济体制的总体目标，进一步深化农村改革。

温家宝说，农村改革进行到现阶段，与以往相比有新的特点：一是农村改革越来越触及到深层次的问题；二是农村改革越来越与城市改革相交织，这就需要我们在改革方案的设计、时机的选择、力度的把握上更加慎重。深化农村改革，不仅要明确目标和任务，还要十分注意讲究方法。过去十几年的农村改革，在这方面也有很多经验应很好地继承和发扬。

温家宝指出，我国农村正处在从温饱到小康，从传统农业到现代农业的转变阶段。农业和农村经济的发展面临两大极其艰巨的任务：一是保证农产品的有效供给；二是保证农民收入的稳定增长。要实现这两方面的目标，必须根据建立社会主义市场经济体制的总体规划和要求，坚持和深化农村改革。当前，深化农村改革的主要任务是：第一，在稳定家庭联产承包责任制的基础上，促进农村生产要素的合理流动，实现农村经济资源的优化配置。第二，大力培育市场中介组织，采取多种方式把农户的生产经营与市场联系起来。第三，加强政府对农业的宏观调控，切实支持和保护农业。

国家计委发布《工程咨询业管理暂行办法》和《工程咨询单位资格认定暂行办法》

经国务院领导同意，国家计委主任陈锦华最近签署国家计委第二、第三号令，发布实施《工程咨询业管理暂行办法》和《工程咨询单位资格认定暂行办法》。

《管理办法》规定，凡需各级政府部门批准立项的建设项目，应遵守国家有关法规和规定，委托有资格的工程咨询单位进行阶段的或全过程的咨询；其他建设项目可自主选择有资格的工程咨询单位进行必要的咨询，以提高宏观和微观的经济效益。《管理办法》明确规定，工程咨询行业由国家计委归口管理，并受国家经贸委指导，行业管理具体工作委托中国工程咨询协会承担。

《管理办法》还规定，工程咨询实行有偿服务。工程咨询单位除不可抗拒原因外，未能按合同完成咨询任务，给委托方造成经济损失者，应承担合同规定的违约责任。使用国际金融组织贷款或外国政府贷款的建设项目，以及我国在境外投资的建设项目，其工程咨询应按同等优先的原则由中国有资格的工程咨询单位承担。

中国最大的炭黑合资企业在山东胶州成立

由青岛振亚炭黑集团公司与德国两家公司合资成立的青岛德固萨化学有限公司，日前正式落户山东省胶州市。这是目前中国炭黑产量最大、品种最全的炭黑专业生产企业，共有七条炭黑生产线。

4月18日

国家主席江泽民在钓鱼台国宾馆会见澳大利亚总督比尔·海登

江泽民说，中澳自1972年建交以来，两国关系得到了全面的发展。去年6月，基廷总理访华获得了圆满成功。今天海登总督又来我国访问。两国领导人之间保持经常性的交往，对两国拓展友好互利合作十分重要。江泽民说，中澳两国是未来亚太地区有影响的大国，在维护地区安全与稳定、促进地区经济合作与繁荣等方面负有重要责任。江泽民强调指出，我们在考虑如何发展中澳关系时，不应只局限于双边的角度，而应着眼于整个世界和 21 世纪。希望中澳两国友好地携手合作，共同迎接 21 世纪的挑战。

在谈到两国经济关系时，江泽民说，中澳经济互补性强，扩大贸易和经济技术合作的潜力很大，前景非常广阔。去年中澳双边贸易额创下了历史最高纪录，澳已成为中国在海外投资最多的国家之一。中国市场的容量非常大，但竞争也非常激烈。我们愿同澳方共同努力，取长补短，使两国经贸合作再上一个新台阶。

海登总督表示，他对中国 6 年来在经济方面获得的显著成就以及这些建设成就给中国老百姓带来的好处十分赞赏。海登说，近年来，两国关系发展顺利，高级互访频繁，两国友好合作关系的发展，符合两国的利益，应当继续保持下去。

会见中，两国领导人介绍各自国内的经济发展情况并就共同关心的问题交换意见。

国务院总理李鹏访问乌兹别克斯坦等五国离开北京前在人民大会堂会见中外记者

李鹏在讲话中指出，即将访问的五国均是中国的友好邻邦。中国与中亚国家建交后，各个领域的双边关系都得到长足的发展；中国同蒙古国有长期的友好合作关系。这五个国家的领导人都访问过中国，我们之间建立相互信任的关系。这次访问是我对这些国家的回访。他表示，希望通过这次访问增进相互了解，促进睦邻友好，发展互利合作。

李鹏宣布，在他出访期间，由国务院副总理朱镕基任国务院代总理，主持国务院工作。

在回答有关"千岛湖"事件的问题时，李鹏总理说，千岛湖案件现在已经破案，凶犯已被抓获。这是一件重大的刑事案件，我们将按照司法程序进行严肃处理。他说："我想借此机会，对在这次事件中遇难的海峡两岸同胞表示深切哀悼，并向他们的家属表示慰问。"

李鹏回答了中外记者关于中国与中亚四国和蒙古国双边关系的问题。

李鹏访问的五国是：乌兹别克斯坦、土库曼斯坦、吉尔吉斯斯坦、哈萨克斯坦和蒙古国。

中组部中宣部发布《关于加强和改进党员教育工作的若干意见》

一、做好党员教育工作是实现党在新时期历史任务的重要保证

以邓小平同志视察南方重要谈话和党的十四大为标志，我国改革开放和现代化建设进入了蓬勃发展的新阶段。党的十四届三中全会通过的《中共中央关于建立社会主义市场经济体制若干问题的决定》，为全面深化经济体制改革提出了明确的目标和行动纲领。我们要认真贯彻党的十四大和十四届三中全会精神，坚定不移地全面执行党的基本路线，抓住机遇，深化改革，扩大开放，促进发展，保持稳定，通过全国各族人民共同奋斗，到本世纪末初步建立起社会主义市场经济体制，实现人民生活达到小康水平。这是建设有中国特色社会主义分"三步走"战略部署中具有关键意义的战略任务。实现这个伟大而艰巨的任务，关键在于我们党，在于用邓小平同志建设有中国特色社会主义的理论武装全党。各级党组织要充分认识在完成新的历史任务中党的思想建设和党员教育工作所处的重要地位和担负的重大责任，高度重视并切实加强党员教育工作。

建立和完善社会主义市场经济体制，发展社会主义市场经济，是涉及我国经济、政治、文化等各个领域的一场深刻的社会大变革，必然对党员的思想观念和各方面素质产生重大影响，也对加强党员教育工作提出了新的要求。这些年来，广大党员在改革开放和现代化建设的伟大实践中得到锻炼，以经济建设为中心的观念、实践第一的观念、竞争观念、效益观念、平等观念、法制观念等许多适应时代发展和历史进步的观念得到增强，思想道德素质和科学文化素质有所提高。实践证明，我们的党员队伍总体上是好的，在生产、工作和社会生活中发挥了先锋模范作用，是改革开放和现代化建设中不可缺少的中坚力量。同时必须看到，党员队伍中也存在着一些亟待解决的问题。比较突出的是：不少党员的思想观念不适应新形势、新任务的要求，认识跟不上迅速发展变化了的客观实际，特别是加快建立社会主义市场经济体制的实际；一些党员理想、信念动摇，人生观、价值观严重扭曲，拜金主义、享乐主义、极端个人主义膨胀，以权谋私、贪污受贿等腐败现象滋长；相当一些党员掌握新知识不够，缺少在本职岗位上发挥先锋模范作用的本领。我们必须正视这些问题，进一步做好党员教育工作，全面提高党员队伍素质，这样才能在全面深化改革、推动经济发展和社会进步中更好地发挥党组织的战斗堡垒作用和党员的先锋模范作用。

过去几年中，各级党组织围绕党的中心任务，联系改革开放、经济发展和社会稳定的实际，对广大党员进行了马克思列宁主义毛泽东思想基本理论、党的基本路线和党的基本知识的教育，经常性的形势、任务、政策教育，党风党纪教育和科学文化知识教育，收到了较好的效果。目前，一个学习建设有中国特色社会主义

理论的热潮正在全党兴起。对党员教育的形式和方法,也正在积极进行有益的探索,积累新的经验。但是,从总体上看,党员教育工作还不适应新形势的需要,有些党组织对党员教育工作不够重视,不少地方的党员教育工作针对性不强,缺乏吸引力和感染力。必须认真总结经验,采取改进措施,使党员教育工作得到应有的加强。

二、当前和今后一个时期党员教育工作的指导思想

总的指导思想是,在邓小平同志建设有中国特色社会主义的理论和党的基本路线指引下,紧紧围绕经济建设这个中心,积极适应建立社会主义市场经济体制、实现社会主义现代化建设第二步战略目标的需要,加强党的思想建设,全面提高党员素质,增强党组织的战斗力,动员全党为完成十四大提出的各项战略任务而共同奋斗。

党员教育工作,必须以邓小平同志建设有中国特色社会主义的理论为根本指针。坚持以建设有中国特色社会主义的理论为指导,党员教育工作才能沿着正确的政治方向不断前进,才能有效地提高党员素质,才能保证全党坚持党的基本路线一百年不动摇。

党员教育工作,必须始终贯彻党的基本路线,自觉地以经济建设为中心,坚持为改革、发展和稳定服务。党员教育的各项工作和活动,都要有利于解放和发展生产力,有利于加强党的自身建设,提高党员执行党的基本路线的自觉性和坚定性。党员教育工作必须根据改革建设的需要,看准两者的结合点,适当确定教育内容,通过各种形式,把教育工作渗透到建立社会主义市场经济体制,促进经济持续、快速、健康发展,推动社会全面进步的各个环节中去,引导党员自觉经受锻炼,积极建功立业。

党员教育工作必须坚持"重在建设",以立为本。要把坚持党性原则与适应发展社会主义市场经济的要求统一起来,充分调动广大党员的主动性、积极性、创造性,充分发挥他们的先锋模范作用。新时期共产党员的党性和先锋模范作用,应主要体现在以下几个方面:

(一)具有坚定的社会主义、共产主义信念。坚决全面贯彻执行党的基本路线和各项方针政策,坚定地站在改革和建设的前列,解放思想,更新观念,勇于开拓,大胆创新,带领群众为完成党的任务努力奋斗。

(二)具有做好本职工作的知识和本领。尊重科学,勤奋学习,熟练掌握本职工作领域的业务知识和科学文化知识,充分发挥自己的聪明才智,成为生产和工作中的骨干。

(三)具有克己奉公、无私奉献的高尚情操。能够正确处理局部利益与全局利益、眼前利益与长远利益、个人利益与党和人民利益的关系,诚心诚意为人民谋利益。

(四)具有扎实工作、密切联系群众和艰苦奋斗的优良作风。说实话、办实事、求实效,关心群众疾苦,维护群众利益。带头勤劳致富,并带领群众共同致富。

(五)具有自觉的组织纪律观念和法制观念。能够严格执行党内生活准则,模范地遵守党的纪律和国家的法律、法规,廉洁自律,发扬社会主义新风尚,乐于接受各方面的监督,勇于同消极腐败现象和违法乱纪行为作坚决的斗争。

三、党员教育工作的根本任务

用邓小平同志建设有中国特色社会主义的理论武装全党,是党员教育工作的根本任务。《邓小平文选》第三卷和十年前出版的《邓小平文选》第二卷,汇集了邓小平同志在形成和发展建设有中国特色社会主义的理论过程中最重要最富有独创性的著作,是马克思主义理论在当代中国进入新境界、达到新高度的代表作,是党员教育的最好教材和最有力武器。当前和今后一个时期,党员教育工作要集中精力认真落实《中共中央关于学习〈邓小平文选〉第三卷的决定》,把组织广大党员学习的工作切实抓好,抓出成效。

进行建设有中国特色社会主义理论的学习和教育的基本要求是,联系新的形势和任务,结合改革和建设的实际,突出重点,区分层次,注重实效。通过学习教育,帮助党员深刻领会解放思想、实事求是的思想路线;深刻领会关于社会主义本质的科学论断和"一个中心、两个基本点"的基本路线;深刻领会建设有中国特色社会主义的宏伟目标和"分三步走"基本实现现代化的战略任务;深刻领会正确把握改革、发展、稳定相互促进的指导思想;深刻领会一手抓物质文明、一手抓精神文明,一手抓建设、一手抓法制,一手抓改革开放、一手抓惩治腐败等一系列"两手抓,两手都要硬"的基本方针;深刻领会维护国家的独立和主权,发扬民族自尊心自信心自豪感,致力振兴中华的爱国主义精神。学习邓小平同志的战略思想和理论观点,要同学习他运用马克思主义的立场、观点、方法研究新情况、解决新问题的科学态度、探索勇气、创造精神和革命风格结合起来,同学习他一切以人民利益为重、坚决相信和依靠群众、尊重群众的实践和创造、把人民是否赞成作为工作根本出发点的崇高品格和优良作风结合起来。

为了深入持久地开展建设有中国特色社会主义理论的学习和教育,保证取得实效,要注意解决好以下五个问题:

(一)要重点抓好各级党员干部特别是党员领导干部的学习,以此影响和带动基层党员的学习,形成全党

学习理论的浓厚风气。党员领导干部要起表率作用，无论工作多忙，都要挤时间学习，力求融会贯通，掌握精神实质。把认真看书学习，同做好本地区、本部门、本单位的工作结合起来，增强工作中的原则性、系统性、预见性和创造性。

(二)要根据学习要精、要管用的原则，从不同层次、不同类型党员的特点出发，提出不同的学习要求。在学习中，注意解决广大党员关注的热点、难点、疑点问题，从理论与实际的结合上给予解答，使广大党员在思想上受到启发，理论上得到武装，增强信心，提高本领，卓有成效地做好工作。

(三)要把学习建设有中国特色社会主义的理论同学习党章结合起来。重点进行党的纲领、党的宗旨、新时期共产党员的标准、党内生活准则以及党风党纪教育，使广大党员懂得在新的历史条件下，如何坚持共产党员的纯洁性和先进性，不断加强党性锻炼，时刻牢记自己是一个共产党员。

(四)要把学习建设有中国特色社会主义的理论，同引导和组织党员学习十四届三中全会通过的《关于建立社会主义市场经济体制若干问题的决定》结合起来，同学习社会主义市场经济知识和有关的改革方案、法律法规结合起来，同学习业务知识、学习科学文化、学习实用技术结合起来，使广大党员真正成为发展社会主义市场经济的先锋战士，成为做好本职工作的内行和能手。党组织要把上述学习作为党员教育的重要内容，主动协同科技、经济、文化等部门，把这项工作落到实处，抓出成效。

(五)要把学习建设有中国特色社会主义的理论同开展党内各种活动结合起来。教育党员关心和了解国家改革开放和社会主义现代化建设的大局，紧密联系本地区、本单位改革和建设的部署、要求，在本职工作中积极地为推动改革和建设想实招、办实事、比服务、讲奉献。

建设有中国特色社会主义理论的学习和教育，要精心组织，讲求实效。要形成一定的气氛，但决不能搞形式主义。各地区、各部门要从实际情况出发，研究制定今后两三年内开展党员学习教育的工作规划和实施方案，并加强督促检查，总结推广经验。学习教育的时间、进度、形式、方法等，由各地区、各部门根据总的精神进行安排。

四、坚持党员教育的基本原则，改进党员教育的方式方法

党员教育工作，要在改进中切实加强，力求更加生动活泼，富有成效。

(一)坚持理论联系实际，加强教育的针对性，做到有的放矢。党员教育工作者要经常深入基层，及时掌握党员的思想动态，努力做到按需施教，注意把解决思想认识问题同解决实际问题结合起来。

(二)坚持以正面教育为主，正面灌输与自我教育相结合。采取启发式的教育方法和耐心说理、平等讨论、互教互学的民主方式，激发党员自我教育的积极性和主动性。要多表扬先进，树立榜样，同时要选择反面典型，引导党员汲取教训，警戒自己，努力在党内造成一种奋发向上的良好风尚。

(三)坚持分类分层次施教。对不同类型、不同层次的党员，党组织要区别情况，分别提出教育的侧重点，采取不同的教育方法。对广大基层党员，要把适当的集中学习和轮训同自学结合起来，内容要少而精，方法要灵活多样，注重实效。

(四)坚持加强教育同改进管理、严肃党纪相结合。继续探索融教育与管理、监督为一体的好办法。通过有效的组织管理，增强教育效果。要坚持从严治党，严格执行党的纪律，增强党员的法纪观念，提高拒腐防变能力。

几年来，各地对党员教育的方式方法，进行了大量有益的探索，创造出一些行之有效的方式方法，要继续推广并加以完善。

(一)基层党校轮训党员，是对党员进行教育的主要阵地，要认真总结经验，在巩固、提高和充分发挥作用上下功夫。要因地制宜地解决好党校专、兼职教员与管理人员的配备和教学条件等方面的问题，努力提高党校教员的素质。基层党校教育的内容，应更加切合实际，适当增加经济理论、经济知识和科学文化知识的分量。教育方式要更加开放和灵活，适当开展一些富有教育意义的实践活动，使基层党校教育更加丰富多彩。

(二)定期上好党课。讲授党课，要紧密联系实际，针对党员普遍关心的问题，进行积极正确的引导，努力做到深入浅出，生动形象，增强吸引力。领导干部要带头讲党课。

(三)坚持民主评议党员的制度。评议内容，应随形势的发展进行调整和充实，评议重点是党员在改革开放和现代化建设中的表现与作用。具体做法应从实际出发，简化手续，注重实效。

(四)严格党的组织生活，实行党员目标管理，搞好经常性的党内活动。党的组织生活，要注重研究解决存在的突出问题，使党员真正从思想上受到教育和启发。要开展批评和自我批评，坚持积极的思想斗争，达到提高认识、增强团结、共同进步的目的。日常组织生活和教育活动，要根据生产、工作条件妥善安排，每次时间要短，内容要精，力求解决一两个问题。

(五)围绕“两个文明”建设开展各种活动，如党员

联系户、党员责任区、党员义务服务、党群共同致富等。这些活动要围绕经济建设这个中心，为搞好“两个文明”建设服务，具体内容可以多种多样。每项活动都要脚踏实地，善始善终。

（六）电化教育形象直观，感染力强，应继续用好这种手段，做好党员教育工作。当前要加强对现有设备的管理和开发使用，着重在提高制片质量和组织播放上下功夫。

（七）运用大众传播媒介和各种社会教育手段，开展党员教育。党员教育刊物，要紧密结合本地改革和建设的实际与党员的思想实际，突出思想性，扩大知识面，增强指导性和可读性。要把报刊、广播、电影、电视、出版等有关部门的力量组织起来，发挥各自的优势，共同为党员教育工作作出贡献。

五、加强对党员教育工作的领导和组织

加强对党员的教育，全面提高党员素质，是新形势下加强党的建设的一项经常性的基础工作。各级党委要把这项工作摆上重要议事日程，加强领导，建立目标责任制，坚持不懈地抓下去。党委主要负责同志要亲自抓，分管的领导要具体抓。要加强对党员教育的宏观指导，建立健全党员教育机制。要深入调查研究，积极探索加强和改进党员教育工作的新途径、新方法。领导干部要帮助基层研究解决工作中的问题，总结推广好的经验和做法。要注意发挥基层党组织的积极性，使党员教育工作更贴近实际，更具有生机和活力。

加强和改进党员教育，必须全党动手。党委各职能部门要在党委统一领导下，主动配合，形成合力。党员教育工作在中央的统一领导下，中央组织部着重抓党员教育工作的协调和党员的组织管理，负责党的基本知识教育和经常性思想教育的组织和安排；中央宣传部着重负责理论教育、路线方针政策教育、形势教育的计划、安排、辅导，以及教材的编审，党员先进典型的宣传。各地职能部门的具体分工，由各省、自治区、直辖市党委根据实际情况决定。

要搞好党员教育教材的选编工作。中央有关部门，应结合各个时期的特点，及时研究编制党员教育纲要。地方党委应根据当地实际，编写适合于不同行业和不同层次党员的教材。编选教材一定要少而精，防止重复编写，粗制滥造。

要妥善解决党员教育经费。地方各级党委的党员教育经费和企事业单位的党员教育经费，应按有关规定予以保证。党费应主要用于党员教育，作为党员教育经费的补充。

要建设一支素质较高的精干的党员教育干部队伍。省、地（市）委组织、宣传部门，要有专门负责党员教育工作的机构和人员，县委和基层党委要有专人负责党员教育工作。要从各方面关心从事党员教育工作的干部，帮助他们不断提高思想政治素质和业务能力，更好地担负起新时期加强党员教育的任务。当前特别要引导他们解放思想，经常研究新情况和新问题，注意熟悉经济建设和改革开放，学会在发展社会主义市场经济条件下做好党员教育工作的本领。党组织要积极创造条件，通过选送干部进修深造、外出考察学习等方法，帮助他们开阔眼界，拓宽知识面。还要帮助他们改善工作条件，解决生活中的困难，增强光荣感与责任感，激励他们更加努力地做好本职工作。

当前，我国社会主义现代化建设总的形势很好，改革和发展都是机遇难得。随着经济的发展，改革的深化，开放的扩大，特别是学习邓小平同志建设有中国特色社会主义理论热潮的掀起和社会主义市场经济体制的逐步建立，将为进一步开展党员教育工作提供更有利的条件和环境。各级党委要抓住机遇，努力开拓，把党员教育工作提高到一个新水平，积极开创党员教育工作的新局面。

国家副主席荣毅仁在人民大会堂会见日本大阪商工会议所副会长上山保彦

国务院副总理兼外交部部长钱其琛在北京同科特迪瓦外交部部长阿马拉·埃西会谈

钱其琛在会谈中说，中科自1983年建交以来，在政治、经贸、文化等各领域的关系顺利发展。近两年，两国间进行的高层交往是这一友好关系的真实体现，中方对此感到满意。

钱其琛说，科特迪瓦是西非的重要国家，中国珍视同科特迪瓦的友谊，高度评价科政府积极发展两国关系的愿望。他说，中国政府高度赞赏科政府奉行的和平、中立和不结盟政策，积极评价它为维护非洲的团结与和平、为建立国际新秩序所作的不懈努力。钱其琛表示，中科在许多重大的国际问题上有共同的认识，在国际事务中相互支持和合作，这在当前复杂多变的国际形势下是十分有益的。

钱其琛重申，发展同非洲国家的团结与合作是中国外交政策的重要组成部分。他指出，非洲实现非殖民化以后，最主要的任务是发展经济。只有提高人民的生活水平，解决人民的生存权和发展权，才能谈得上其他。没有持续的经济发展，发展民主也是困难的。

钱其琛说，中国政府支持非洲加强团结、争取非洲经济一体化的努力。中国对非洲一些地区最近出现的冲突表示关注，认为在这些地区最重要的是首先要恢复和平。

乌拉圭副总统兼国民议会主席贡萨洛·阿吉雷在议会大厦会见中共中央政治局常委 书记处书记胡锦涛和由他率领的中国共产党代表团

乌拉圭前总统中国人民的老朋友桑吉内蒂在他的蒙得维的亚家中会见中共中央政治局常委 书记处书记胡锦涛和由他率领的中国共产党代表团

中美两国科学家在世界上首次实现“航天—航空—地面”遥感平台三位一体的立体实时观测

上午 10 时 40 分，美国“奋进号”航天飞机按预定计划飞越以北京为中心的华北地区上空，遨游在 225 公里以外太空的美国宇航员同在 6000 米高度乘坐遥感飞机以及在地面工作的中国科学家合作，利用机载合成孔径雷达，对 5 万平方公里的地面摄取雷达图像。

4 月 19 日

国务院总理李鹏同乌兹别克斯坦总统卡里莫夫在乌兹别克斯坦友谊宫举行会谈

两国领导人就双边关系、地区问题以及共同关心的国际问题广泛而深入地交换意见。

卡里莫夫总统高度评价乌中两国友好合作关系。李鹏说，乌兹别克斯坦所处的中亚是一个潜力很大的市场。扩大两国的商业交往符合两国根本利益，也有利于该地区的稳定和繁荣。在发展经贸关系的同时，两国还应加强和扩大文化等其他领域的合作关系。

卡里莫夫表示相信，李鹏总理的这次访问将有力地推动两国关系的进一步发展。

国务院总理李鹏在塔什干乌兹别克斯坦议会大厦向数百名议员政府官员和各界人士发表演讲

在最近两年多的时间里，卡里莫夫总统和其他中亚国家的领导人先后访问中国。现在，我应中亚各国领导人的邀请，带着中国人民的友好情谊，踏上作为此次访问的第一站——乌兹别克斯坦美丽富饶的国土，开始了对中国的友好邻邦乌兹别克斯坦、土库曼斯坦、吉尔吉斯斯坦和哈萨克斯坦的访问。中国和中亚国家领导人之间如此频繁的交往，在历史上是空前的，这是我国同中亚国家的关系进入一个新纪元的重要标志。

乌兹别克斯坦共和国是中亚的一个重要国家，它有悠久的历史，灿烂的文化，丰富的资源，勤劳智慧的人民。乌兹别克斯坦独立以来，在卡里莫夫总统的领导下，对内致力于保持稳定、发展民族经济，对外扩大和邻国以及世界各国的友好交往，并取得了积极的成果。中国人民对此表示由衷的高兴，并真诚祝愿乌兹别克斯坦人民在建设自己国家的事业中取得更大的成就。

中乌两国是友好近邻。不论就历史和现实来说，两国都有许多共同之处：过去，古老的丝绸之路曾经把我们两国紧密联结在一起；今天，我们都在集中力量建设自己的国家，都希望有一个长期稳定的国际环境，都愿意发展平等互利的合作，建立长期稳定的睦邻友好关系。这两天来，我同卡里莫夫总统就国际形势、地区形势和双边关系，广泛地深入地交换了意见，会谈是愉快的，友好的，富有成果的。两国政府负责经贸的官员以及企业家，就进一步加强经济合作进行了认真的讨论，并签订了一系列协议。双方对合作的态度是积极的，对前景的估计是乐观的。我相信，通过这次访问，一定会增进彼此的了解，加强合作，这无疑会使业已存在的中乌友好关系得到进一步的发展。

中国人民同中亚各国人民的友谊源远流长。历史上中亚国家作为丝绸之路的主要通道，曾经对活跃欧亚大陆的商业往来和文化交流，做出过重要贡献。今天中亚各国对外交往日益扩大，正在为促进欧亚两大洲的共同发展和友好交往谱写新的篇章。中国十分重视同中亚国家的关系。我们愿同中亚各国一道，着眼于未来，着眼于下个世纪，为建设新的丝绸之路作出自己的努力。关于中国发展同中亚关系的基本政策，可以简要地归纳为以下四点：

第一，坚持睦邻友好，和平相处。中国同中亚国家或者是有着共同边界的邻国，或者是近邻。睦邻友好是中国和中亚各国人民的共同愿望，完全符合我们彼此的根本利益。现在，中国人民正在专心致志地建设自己的国家，需要一个长期稳定的和平国际环境，特别是良好的周边环境。我们对中亚各国人民始终抱有善意和友好之情。我们永远是你们的好朋友、好邻居。中国在世界上包括在中亚地区从不谋求任何私利，不搞自己的势力范围。就是将来经济发展了，国家强盛了，也决不搞霸权主义和强权政治。中国将永远同自己的邻国保持平等友好的关系。你们完全可以相信，不管世界上发生什么事情，中国的这一方针都不会改变。我们说话是算数的。

第二，开展互利合作，促进共同繁荣。发展经贸合作在相互关系中占有重要地位。在这一方面，我们已经有了良好的开端。我们应当做也可以做的事情还很多。我们在同中亚各国的经济合作中，将严格遵守平等互利原则，不附加任何政治条件。中国愿同中亚各国一道，不断改善合作的环境，扩大合作的领域，提高合作的水平，互利互惠，走共同发展之路。

第三，尊重各国人民的选择，不干涉别国内政。世界是多样性的，中亚各国的国情也各不相同，世界上从来没有也不可能有适合所有国家国情的单一的发展模式。我们认为中亚各国同中国一样，同世界上所有的国家一样，都有权独立自主地选择适合本国实际情况的社会制度、价值观念和发展道路。我们相信，中亚各国完全有能力、有智慧把自己的事情办好。

第四，尊重独立主权，促进地区稳定。中国衷心希望中亚地区保持长期的和平和稳定。我们赞赏和支持中亚各国为维护国家独立与主权、促进本地区的和平与稳定、促进各国的友谊与合作所做的一切努力。我们发展同中亚各国的关系不针对任何第三国。我们愿意看到中亚各国彼此和睦相处，并且同包括俄罗斯和其他独联体国家在内的世界各国发展友好关系。中亚各国的发展需要世界的和平与稳定，世界也需要一个稳定繁荣的中亚。

朋友们！当今世界正在向多极化发展，中国政府认为这一趋势具有积极意义。维护和平、加强合作和促进发展是各国人民的普遍愿望。但是我们也应该看到，冷战时期遗留下来的一些问题尚未完全解决，而不少新的冲突和矛盾不断出现，世界还很不太平。不少发展中国家贫困化加剧。世界和平问题没有解决，发展问题更加突出。从总体上看，当今世界仍处于复杂和深刻的变化之中。因此建立国际政治经济新秩序已成为世界各国人民的迫切愿望。我们主张的国际政治经济新秩序，同以霸权主义和强权政治为特征的旧秩序有着本质的区别。我们认为，这种新秩序可以包括许多内容，但最核心的是以下几个方面：

处理国与国之间的关系应严格遵守相互尊重主权和领土完整、互不侵犯、互不干涉内政、平等互利、和平共处的原则。

尊重各国人民根据本国国情选择社会制度和发展模式的权利。

所有国家不分大小、强弱、贫富，都有权参与国际事务，国际事务不应由一个或由几个大国说了算。

国与国之间的争端应本着平等协商，互谅互让的精神，通过和平谈判，求得公正合理的解决。条件不成熟的，可以暂时搁置，求同存异。在某些问题上的分歧不应该影响发展正常的国家关系。

本着平等互利和等价交换的原则，开展贸易和经济合作。在逐步缩小南北差距方面发达国家有着不可推卸的责任。

建立公正合理的世界政治经济新秩序是一项长期艰巨的任务。我们愿同中亚和世界各国一起，为此进行不懈努力。

朋友们！在这里我还想向大家简要介绍一下中国的情况。从70年代末期以来，在我国改革开放的总设计师邓小平建设有中国特色社会主义的理论指导下，我国的改革开放和现代化建设取得显著成绩。从1979年到1993年，中国经济平均每年增长9%以上，城乡人民生活得到明显改善，从而使我们的事业得到人民的广泛支持和衷心拥护。现在我国经济发展，政治稳定，民族团结，社会进步，全国人民正在以江泽民主席为核心的中国共产党中央委员会的领导下，满怀信心地沿着建设有中国特色的社会主义道路继续前进。

中国经济体制改革的目标，是建立社会主义市场经济体制。我们要建立的社会主义市场经济体制，就是要使市场在国家的宏观调控下对资源配置起基础性作用，使经济活动遵循价值规律的要求，适应供求关系的变化。为了逐步实现从计划经济向市场经济的过渡，我们重视发挥市场和计划两种手段的作用，即一方面充分发挥市场机制的作用，同时积极转变政府管理经济的职能，改善和加强国家对经济的宏观调控，主要是运用经济政策、经济法规、计划指导和必要的行政管理，引导国民经济健康发展。社会主义市场经济体制又是同社会主义基本制度结合在一起的。在所有制结构上，我们坚持以公有制为主体、多种经济成分共同发展的方针；在分配制度上，我们坚持以按劳分配为主体，鼓励一部分地区一部分人先富起来，逐步达到共同富裕的目标。实践证明，发展社会主义市场经济是符合中国实际情况的正确选择。

我国的经济体制改革和政治体制改革是同步配套进行的。在逐步建立社会主义市场经济体制的过程中，我们十分重视加强社会主义民主和法制建设，加强精神文明建设。我们重视吸收和借鉴外国的先进科学技术、管理经验和优秀的文化成果，同时也十分注意抵制腐朽的东西。建设有中国特色社会主义的重要标志之一，就是在重视物质文明建设的同时，重视精神文明建设。在精神文明建设中，我们特别注意继承我们自己民族的优良传统和文化。

在中国的改革进程中，我们特别注意处理好改革、发展和稳定三者之间的关系。经济建设是我们一切工作的中心，改革开放是发展的动力，而保持社会稳定则是发展经济和顺利进行改革的必不可少的条件。我们把建立社会主义市场经济看作一个长期发展的过程。中国的改革，如果从1979年算起，已经进行了15年以上的时间。按照我们现在的设想，是要在90年代初步建立起新的经济体制。在此基础上再经过20年左右的努力，在各方面形成一套更加成熟和定型的制度。现在，我们在不断总结实践经验的基础上，正有步骤地向着这个目标前进。我们对中国的前途是充满信心的。

中国发展经济的根本目的是提高全体人民的物质和文化生活水平。中国目前仍然是一个发展中国家，人民生活还不富裕。中国要赶上世界上中等发达国家生活水平，还需要几十年时间的艰苦努力。中国的建设不仅需要长期稳定的国内环境，也需要长期稳定的国际和平环境，特别是良好的周边环境。现在人类正在迈向一个新的世纪。为了中国和世界的美好未来，中国将努力办好自己的事情，并将坚定不移地奉行独立自主的和平外交政策，同世界上所有国家特别是我们的邻国在和平共处五项原则基础上发展友好合作关系，努力为促进亚洲和世界的和平、稳定与发展作出应有的贡献！

谢谢大家！

全国人大常委会委员长乔石在人民大会堂会见来访的澳大利亚总督比尔·海登

国务院发出《关于严格控制减免进口税收问题的通知》

各省、自治区、直辖市人民政府，国务院各部委、各直属机构：

党中央、国务院关于加强宏观调控的意见要求，税务部门要依法治税，强化税收征管，堵塞减免税漏洞，加强和完善宏观调控，确保国家财政收入。据此，国务院及其有关部门也已停止审批临时性减免关税和进口环节增值税、消费税（以下简称进口环节税），并对减免关税和进口环节税政策规定进行了清理。但是，今年以来，仍有不少地方和单位向国务院及有关部门提出减免关税和进口环节税要求。为了进一步严格控制减免关税和进口环节税，加强税收征管，发挥税收调节经济的作用，保证财税体制改革的顺利进行，现就有关问题通知如下：

一、关税和进口环节税是中央税，是调节宏观经济的重要手段，也是中央财政收入的重要来源，任何部门、地方、单位和个人都无权决定减免。

二、各地区、各部门不要再向国务院及有关部门申请减免关税和进口环节税。对各地区、各部门申请减免关税和进口环节税的请示、报告，国务院及其有关部门不再受理和审批。各地区、各部门有困难主要应依靠本地区、本部门的力量克服。对贫困地区和因严重自然灾害造成的特殊困难，原则上应采用生产自救和各级财政补贴的办法解决。

三、国务院关税税则委员会和财政部、税务总局要继续对现行的减免关税和进口环节税的政策规定进行清理，逐项列出具体清单并提出处理意见报国务院。对符合国际惯例和建立社会主义市场经济体制要求的减免税政策规定，经修订、调整，予以保留并对外公布；对少数因产业政策以及其他特殊需要，目前保留的减免税政策，按执行期限或使用额度，到期或额度用完，即予废止，一律不再延长时间或增加额度；除上述以外的所有减免税政策规定，要在 1995 年底以前分批予以清理废止。

四、关税和进口环节税是调节宏观经济的重要经济手段，必须实行统一、规范、公平、公开的政策。根据产业发展情况和宏观经济调控、扩大对外经济交往的需要，国家将适时调整关税和进口环节税税率。各地区、各部门对税率结构和税率水平有调整建议，可向国务院关税税则委员会（办公室设在国家经贸委）和财政部、税务总局提出，由国务院关税税则委员会和财政部、税务总局统一研究，并报国务院决定。

五、海关和税务部门要切实加强税收征管，严格执行各项税收政策规定。各地区、各部门都要从国家整体利益出发，维护税法的严肃性，支持税收工作。对违反规定，擅自扩大政策性减免税范围的，要严肃查处。

国务院发出《关于组建中国农业发展银行的通知》

各省、自治区、直辖市人民政府，国务院各部委、各直属机构：

根据党的十四届三中全会精神，为了完善农村金融服务体系，更好地贯彻落实国家产业政策和区域发展政策，促进农业和农村经济的健康发展，国务院决定组建中国农业发展银行。

中国农业发展银行是直属国务院领导的政策性金融机构。其主要任务是：按照国家的法律、法规和方针、政策，以国家信用为基础，筹集农业政策性信贷资金，承担国家规定的农业政策性金融业务，代理财政性支农资金的拨付，为农业和农村经济发展服务。

《中国农业发展银行组建方案》和《中国农业发展银行章程》业经国务院批准，各有关方面要认真贯彻执行。上述方案及章程的具体组织实施工作，在中国人民银行的领导和监督下，由中国农业发展银行负责。

中国农业发展银行组建方案（略）

中国农业发展银行章程（略）

宋平在山东考察农村工作

4 月 19 日至 30 日，宋平在中共中央政治局委员、中共山东省委书记姜春云，省委副书记、省长赵志浩等省领导陪同下，先后在潍坊、淄博两市的九个县市区考察工作。考察中宋平说，强化农业的基础地位，必须不断增加投入，没有大的投入，就不会有大的发展。要建立和完善农业投入新机制，多渠道增加对农业的投入。国家要增加投入，但单靠这一条是有限的；要充分利用农村富余劳力，重视劳动积累，同时要引导乡镇企业以工补农，并尽快使其制度化、规范化，保证支农资金兑现到位。

宋平每到一县，都直接到村到户。他说要多看看，多听听。他在考察乡镇企业时说，发展乡镇企业是实现农村奔小康的重要途径。农村要实现小康单靠发展种植业是不够的，必须大力发展乡镇企业。山东自改革开放以来，乡镇企业发展是快的，也是健康的，目前已经是三分天下有其二了。今后要继续充分利用乡镇企业的灵活机制，围绕建立社会主义市场经济这个大目标，加大改革力度，促进乡镇企业上档次、上规模、上水平。

国务院代总理朱镕基在钓鱼台国宾馆会见澳大利亚总督比尔·海登

会见时，朱镕基说，中澳两国经济结构互补性强。澳大利亚盛产铁矿和羊毛，这两种产品是中国从澳大利亚进口的大宗商品，中国希望在其深加工方面进行合作。他认为，只要澳大利亚产品在国际市场上保持竞争力，并提供先进技术，中澳在这方面的合作将有广阔的前景。朱镕基强调，澳大利亚是中国在海外投资最多的国家，两国在澳合办的企业是成功的。中方希望今后不仅要加强两国政府间的合作，而且要很好地引导和促进双方企业之间的合作。

中美两国间大型经贸洽谈会在纽约罗斯福饭店举行

500多位中国企业家、美国投资商、贸易商就美中两国的贸易以及到中国进行投资等问题进行了紧张的洽谈活动。

两国企业家在6个大型投资、贸易协议意向书上签字。这些项目包括在中国修建电站、钢厂及向中国出售计算机、石油勘探设备及仪器仪表等，协议资金达10亿多美元。

来美国参加第八届中美商务贸易联委会会议的中国对外贸易经济合作部部长吴仪出席签字仪式。

吴仪在签字仪式上发表讲话说，中国社会安定，经济快速增长，人民生活水平迅速提高，为外国企业家到中国投资创造了良好的环境。她说，“从现在起到2000年，中国将进口1万亿美元的商品。巨大的中国市场是所有有远见的企业家进行投资的最好的场所。”

参加这次洽谈活动的中国企业家来自26个省市、8个部委及驻3个国家的公司，共200多人。

对外贸易经济合作部部长吴仪在纽约就中国的经济改革对外贸易和中美贸易情况发表演讲

吴仪在美国亚洲协会举行的“中美贸易和投资研讨会”上发表演讲，介绍中国的经济改革、对外贸易和中美贸易的情况。吴仪强调，中美两国经济上有很大的互补性，如果能在平等互利的基础上加强和发展两国经济合作，是符合两国的利益的。中国重视和美国的经贸关系。我们欢迎美国的企业家到中国去开辟市场。

吴仪说，最惠国待遇问题纯粹是贸易的问题，也是两国经贸关系的基础。把它与其他问题联系在一起是不明智的。希望以务实的态度，排除人为障碍，使中美经贸关系能稳定健康发展。

共青团中央发出通知部署实施“青年扶贫开发志愿行动”活动

日前共青团中央发出的通知说，该活动旨在动员和组织全国的青年星火带头人和青年乡镇企业家积极参与贫困地区的资源开发、实现共同富裕；并以此弘扬助人为乐的社会风尚。

国家主席江泽民在中南海会见科特迪瓦外交部长阿马拉·埃西

中国和乌兹别克斯坦两国有关部门负责人在乌兹别克斯坦友谊宫签署四项文件

国务院总理李鹏和乌兹别克斯坦卡里莫夫总统出席签字仪式。

这四项文件是：《中国政府向乌兹别克斯坦政府提供贷款协定》、《中国和乌兹别克斯坦民用航空运输协定》、《中国贸促会和乌兹别克斯坦外经部合作协议》和《中国政府向乌兹别克斯坦政府赠送物资的换文》。

新西兰总理博尔格在惠灵顿会见全国人大常委会副委员长田纪云

新西兰议长塔普塞尔在惠灵顿举行午宴款待田纪云副委员长及其率领的全国人大代表团

乌拉圭总统路易斯·阿尔韦托·拉卡列·埃雷拉在位于科洛尼亚省的总统别墅会见中共中央政治局常委书记处书记胡锦涛和由他率领的中国共产党代表团

国家主席江泽民根据全国人大常委会的决定任免驻外大使

免去胡本耀的中华人民共和国驻奥地利共和国特命全权大使职务。

任命王延义为中华人民共和国驻奥地利共和国特命全权大使。

中国和朝鲜国境河流航运合作委员会第33次会

议在长春结束

中国代表侯志通大使在联合国裁军委员会上发言

侯志通指出，五个核大国缔结不首先使用核武器条约的条件已完全成熟。中国希望尽早谈判缔结这一条约。

关于全面禁止核试验条约问题，侯志通表示，中国政府支持早日缔结这一条约，并将与其他国家一道，争取至迟在1996年缔结条约。

侯志通说，中国在推动核裁军方面从不回避自己的责任，并作出了不懈的努力。去年12月，中国政府正式提出，中、美、英、法、俄五国尽早开始有关条约的谈判，并向四国提交了条约草案。中国认为，在当前新的国际形势下，五个核国家谈判达成这一条约的条件已完全成熟。中国这一重要倡议已得到俄罗斯的响应。中国希望其他三国也能作出积极响应，以尽早谈判缔结这一条约。

国务院副总理李岚清在中南海紫光阁会见由主席梁锦松率领的香港大学及理工教育资助委员会代表团

中宣部等七部门联合发出《关于加强对激光唱盘视盘复制工作的管理的通知》

中共中央宣传部、新闻出版署、国家计划委员会、对外贸易经济合作部、海关总署、国家工商行政管理局、国家版权局最近联合发出通知，要求加强对激光唱盘、激光视盘复制工作的管理，严肃查处盗版行为。

《通知》要求，对激光唱盘、激光视盘复制业务进行归口管理，凡开展激光唱盘、激光视盘复制业务，均需报新闻出版署审批，并接受新闻出版署及各地音像归口管理部门的日常管理，对未经新闻出版署审批已经自行建立的激光唱盘生产线，由各省、自治区、直辖市音像归口管理部门会同有关部门进行一次全面清查，并于1994年5月底以前，将审查意见报新闻出版署，外商投资企业的审查意见同时上报外经贸部。对条件不具备或有严重违反法律、法规行为的，限期改正；超过期限仍不能达到要求的，依法责令停止生产。

《通知》要求，要严肃查处盗版行为，切实保护著作权人、出版者和消费者的合法权益。要求立即组织力量，对音像市场进行一次认真清理。发现盗版或违法翻录行为，应会同当地版权部门和工商行政管理部门，立即予以纠正或依法查处。各海关要加强对激光唱盘、激光视盘模版进口及其成品批量出口的查验。

中国首起涉外非法出版案审结

湖北省沙市市新世纪文娱发展有限公司总经理尚建国因倒卖境外书号，日前被沙市市中级人民法院判处有期徒刑12年，剥夺政治权利两年。至此，这一首起涉外非法出版案结案。

4月20日

中纪委发布《关于党政机关县(处)级以上领导干部廉洁自律"五条规定"的实施意见》

经中共中央批准，中央纪律检查委员会第三次全体会议重申和提出的党政机关县(处)级以上领导干部廉洁自律"五条规定"(以下简称"新五条规定")，是县(处)级以上领导干部必须遵守的行为规范。为保证"新五条规定"的贯彻执行，正确处理违反"新五条规定"的行为，特制定本实施意见。

一、"新五条规定"适用于党政机关县(处)级以上领导干部，即党的机关、人大机关、行政机关、政协机关、审判机关、检察机关中副县(处)级以上(含副县、处级，下同)领导干部，包括已到退(离)休年龄，尚未办理退(离)休手续的上述干部。

具有行政管理职能的企业(公司)和具有行政管理职能的事业单位(总会)以及工会、共青团、妇联、文联、科协等群众团体机关中副县(处)级以上领导干部，各级党政机关所属的报社、杂志社、出版社、广播电台、电视台等单位和各级党校、行政学院(校)，工会、共青团、妇联所属干部院校中的副县(处)级以上领导干部适用"新五条规定"。

上述机关中任非领导职务的副县(处)级以上干部，也适用"新五条规定"。

二、党政机关的县(处)级以上领导干部，都要按照《关于对照领导干部廉洁自律规定开好专题民主生活会的通知》的要求(中纪发〔1994〕3号)，在专题民主生活会上，对照"新五条规定"进行检查，重点是检查1992年7月1日以来是否有违反"新五条规定"的情况，并主动进行纠正。各级党的组织和各级政府要组织力量对领导干部自查自纠的情况认真进行检查和清理。

三、1992年7月1日以来，违反中央有关规定，购买供县(处)级以上领导干部乘坐的进口豪华小轿车，以及追求享受，更换进口豪华小轿车的，必须在现有车辆范围内换乘其他符合规定的车辆。不主动检查纠正的，以及在中央纪委三次全会后违反规定购买和更换小轿车的，小轿车予以收缴，并给予有关领导干部党纪政纪处分。

利用职权向企业、下属单位调换、借用和摊派款项购买的各种机动车辆，属调换、借用的，必须归还原单位；属摊派款项购买的，所摊派的款项应归还被摊派单位。不主动检查纠正的，以及在中央纪委三次全会后向企业、下属单位调换、借用和摊派款项购买机动车辆的，责令其限期纠正，并给予有关领导干部党纪政纪处分。

用贷款、集资款和专项资金购买小汽车供领导干部使用的，应予纠正。其中挪用救灾款、救济款、扶贫款、教育基金等专项资金购买的，以及在中央纪委三次全会后违反规定的，小汽车予以拍卖或变卖，如数归还钱款，并给予有关领导干部和责任者党纪政纪处分。

非法购买走私车的，车子予以没收，并给予有关责任者党纪政纪处分。

拖欠职工工资(由财政负担的部分)的县(市)，县(市)党政领导机关购买小汽车的，以及拖欠本单位职工工资的其他单位购买小汽车的，应作出检查，小汽车予以拍卖或变卖，钱款用于补发职工工资。不主动检查纠正的，以及在中央纪委三次全会后违反规定的，责令其限期纠正，并给予有关领导干部党纪政纪处分。

四、违反国务院关于住房制度改革的规定，利用职权以低于当地房价评审机构依据省、自治区、直辖市人民政府审查批准的公有住宅出售方案审定的价格购买住房的，必须如数交清少付的房价款。不主动检查纠正的，以及1993年12月31日《国务院办公厅关于制止低价出售公有住房问题的通知》发布后利用职权压价购买住房的，责令其限期交清少付的房价款，并给予党纪政纪处分。

超过国家规定的住房标准购买住房，对超过的部分未按市场价购买的，必须补交少付的房价款。不主动检查纠正的，以及在中央纪委三次全会后对超过标准的部分不按市场价购买的，责令其限期纠正，并给予党纪政纪处分。

利用职权在购房资格、房源、价格等方面为子女、亲友购买住房提供优惠条件的，必须退出非法获得的利益。不主动检查纠正的，以及在中央纪委三次全会后利用职权为子女、亲友购买住房提供优惠条件的，责令限期退出非法获得的利益，并给予党纪政纪处分。

用公款超过规定标准为个人装修现住房的，必须将超标准部分所用的公款如数退回。不主动检查纠正的，以及在中央纪委三次全会后用公款超标准为个人装修住房的，责令其限期将超标准部分所用公款退出，并给予党纪政纪处分。在公房出售前用公款超标准装修本人现住房屋的，从重处理。

利用职权用公款超标准装修住房后供个人居住的，按前款规定处理。

五、党政机关领导干部在国内公务活动中，大吃大喝，追求豪华奢侈，食宿违反中央有关规定以及超过省、自治区、直辖市政府制定或批准的当地接待标准的，应作出检查。其中情节严重、造成恶劣影响的，经济上应适当退赔，并给予党纪政纪处分。不主动检查纠正的，以及在中央纪委三次全会后违反规定的，责令其在经济上适当退赔，并给予党纪政纪处分。

中央纪委三次全会后，有关部门和单位追求豪华奢侈，铺张浪费，超过标准接待领导干部的，给予有关责任者党纪政纪处分。

中央纪委三次全会后，用公款公物在营业性舞厅和其他场合为领导干部举行专场舞会的，给予有关责任者党纪政纪处分；领导干部参加为其举办的专场舞会的，由本人承担一定费用，并给予党纪政纪处分。

六、利用本人及家庭成员婚丧嫁娶以及工作调动、过生日、迁新居等机会大操大办，挥霍浪费的，应作出检查。

利用职务上的便利大操大办，挥霍浪费的，应作出检查。不主动检查的，以及在中央纪委三次全会后利用职务上的便利大操大办，挥霍浪费的，责令其作出检查，并给予党纪政纪处分。

利用职务上的便利，借本人及家庭成员婚丧嫁娶以及工作调动、过生日、迁新居等机会，动用公款公物操办或借机敛财的，所用的公款公物必须退赔，借机收取的钱物上缴国库；情节较重的，给予党纪政纪处分。不主动检查纠正的，以及在中央纪委三次全会后违反规定的，责令其将动用的公款公物或借机收取的钱物退赔或上缴，并给予党纪政纪处分。

七、借用公款供个人进行营利活动或非法活动的，所借用的公款必须立即归还并按银行同期贷款利率付息，所获利润和非法所得，予以没收，上缴国库，并给予党纪政纪处分。不主动检查纠正的，以及在中央纪委三次全会后借用公款进行营利活动或非法活动的，从重处理。

借用公款为本人及其亲友买房、建私房的，应在1994年9月底以前将所借公款归还，并按同期银行贷款利率付息。到期不还的，以及在中央纪委三次全会后借用公款买房、建私房的，追缴所借公款，并给予党纪政纪处分。

因其他原因借用公款的，所拖欠的公款应在1994年9月底以前全部归还。到期不还的，以及在中央纪委三次全会后因其他原因借用公款6个月不还的，追缴所欠公款；情节严重的，给予党纪政纪处分。个别确实生活困难借用公款不能按期归还的，应定出分期还款计划，经批准后可延期归还。

八、自查中的问题凡构成贪污、受贿、挪用公款等错误的，按有关规定处理；触犯刑律的移送司法机关处理。

九、各省、自治区、直辖市，中直机关和中央国家机关各部委可根据实际情况和本实施意见制定具体实施办法，报中央纪委备案。

在本实施意见发布前，一些地方和单位对“新五条规定”中有关问题，按照省一级党政机关制定的规定已经作了检查、处理的，可以不再重新检查、处理。

十、本实施意见由中共中央纪律检查委员会负责解释。

中共中央纪律检查委员会

1994年4月20日

中国就国务院总理李鹏访问乌兹别克斯坦发表新闻公报

应乌兹别克斯坦共和国总统卡里莫夫的邀请，中华人民共和国国务院总理李鹏于1994年4月18日至20日对乌兹别克斯坦共和国进行了正式访问。

李鹏总理同乌兹别克斯坦共和国总统卡里莫夫举行了会谈。两位领导人在友好、相互理解和信任的气氛中就进一步发展双边关系和双方感兴趣的地区问题以及国际问题深入交换了意见，相互通报了各自国内的社会政治和经济情况。双方对会谈结果表示满意。

双方对两国建交以来在政治、经贸、文化等领域合作的发展感到满意，并愿进一步扩大和加深在上述领域的合作。

双方认为，中乌两国恪守和平共处五项原则，保持和发展长期稳定的睦邻友好、互利合作关系，符合两国人民的根本利益，也有利于亚洲的和平、稳定与发展。双方将继续为此作出努力。

双方同意进一步发展两国间的经济贸易合作，包括地方和企业之间的直接联系，完善其法律基础和经济基础设施，努力为发展双方各种形式的经济贸易合作创造更良好的条件。双方将加强合作，以建设现代化的丝绸之路。双方同意就扩大两国航空、铁路和公路运输能力问题进行磋商，以制定双边或多边的协定。

双方认为，亚太地区总的形势继续朝着缓和与稳定的方向发展，在亚洲地区保持和平与稳定符合这一地区及世界各国的共同利益。双方愿意根据亚洲的情况和特点，为维护亚洲的和平与安全作出努力。双方对在亚洲地区进行多边经济合作持积极态度。

双方认为，中亚各国政局稳定、经济发展，不仅符合该地区各国人民的根本利益，而且对维护亚洲乃至世界和平都有重要意义。中方对卡里莫夫总统所表达的加强中亚地区安全与稳定的良好愿望表示赞赏，支持乌兹别克斯坦政府为巩固国内和地区局势及发展民族经济所作出的努力。

双方认为，两国领导人保持经常接触和往来有着重要的意义。双方同意继续加强这种接触和往来。李鹏总理代表江泽民主席邀请卡里莫夫总统再次访华，卡里莫夫总统愉快地接受了邀请。

李鹏总理对乌兹别克斯坦共和国政府和人民给予他及随行人员热情友好的款待深表谢意。

劳动部国家工商行政管理局中国个体劳动者协会发出《关于个体工商户、私营企业从业人员职业技能培训及职业技能鉴定(考核)问题的通知》

改革开放以来，我国个体、私营经济发展迅速。到1993年底，全国个体工商户已发展到1,766.9万户，从业人员2,939.3万人，其中从事技术性生产经营的约有210多万户，从业人员500多万人；私营企业23.8万户，从业人员372.6万人，其中从事技术性经营的约有10万多户，从业人员190多万人。随着社会主义市场经济的发展，个体工商户和私营企业从业人员要求学习职业技能、进行技术等级鉴定的愿望日益强烈。为了贯彻落实《中共中央关于建立社会主义市场经济体制若干问题的决定》中关于“要采取多种形式和途径培养大量的熟练劳动者和各种专业人才”及“实行学历文凭和职业资格两种证书制度”的精神，进一步调动个体工商户、私营企业从业人员学习职业技能的积极性，提高他们的劳动技能和服务质量、促进个体、私营经济的健康发展，根据劳动部、人事部《关于颁发〈职业资格证书〉的通知》(劳部发〔1994〕8号)和劳动部《关于颁发〈职业技能鉴定规定〉的通知》(劳部发〔1993〕134号)的有关规定，现就个体工商户、私营企业从业人员开展职业技能培训，实行职业技能鉴定的问题通知如下：

一、各级劳动、工商行政管理部门要加强对个体工商户和私营企业从业人员的职业技能培训、职业技能鉴定(考核)工作的领导，作出规划，分类指导，进行监督检查和做好协调咨询工作。各级个体劳动者协会和私营企业协会负责组织个体工商户、私营企业从业人员的职业技能培训工作。没有成立私营企业协会的地区，私营企业从业人员的职业技能培训，暂由同级个体劳动者协会负责组织。

二、各级劳动、工商行政管理部门要积极支持个体劳动者协会、私营企业协会的培训工作，并为他们的工作提供服务。各级个体劳动者协会和私营企业协会要采取有效措施，认真组织个体工商户、私营企业从业人员参加各类职业技能培训。尚未具备培训能力的，可以委托劳动部门或有关单位开展培训业务，也可以采取联合或委托办学的方式。经过职业技能培训的人员，由当地劳动行政部门认定的职业技能鉴定站(所)进行职业技能鉴定。

三、对个体工商户和私营企业从业人员，按照《国家职业技能标准》或《工人技术等级标准》和职业技能鉴定的有关规定，进行职业技能鉴定(考核)。合格者由劳动行政部门颁发国家统一的《技术等级证书》、《技师合格证书》和《高级技师合格证书》。上述证书是职业技能水平的凭证，作为申请办理开业的有效证件。按照劳动部、司法部联合颁发的《对出国工人技术等级、技术职务证书公证的规定》（劳培字〔1992〕1号），这些证书也是他们境外就业、出国劳务法律公证的有效证件。

四、各级劳动、工商行政管理部门要加强对劳动力市场和生产经营秩序的管理。对从事关系人民生命安全、涉及消费者利益和身心健康的职业（工种）的人员和法律、法规规定必须取得资格证书才能上岗的人员应首先进行职业技能培训和职业技能鉴定，并实行职业资格证书（即技术等级证书等）制度。

五、各级劳动、工商行政管理部门和个体劳动者协会、私营企业协会可根据本通知精神，结合当地实际情况，制定具体实施办法。

国家经贸委外经贸部发布《关于烟草专卖品进出口管理问题的公告》

国家经济贸易委员会和对外贸易经济合作部根据《中华人民共和国烟草专卖法》和对外贸易经济合作部发布的《出口商品管理暂行办法》（1992）年第4号令，日前就烟草专卖品进出口管理问题联合发布公告。公告全文如下：

一、国家烟草专卖行政主管部门国家烟草专卖局对烟草专卖品的进出口业务依法实行专卖管理。凡经营烟草专卖品进出口业务的企业，必须向国家烟草专卖局申领特种烟草专卖经营企业许可证。

二、国家烟草专卖局授权中国烟草进出口总公司根据国家外贸政策，具体负责全国烟草专卖品的进出口工作。

违反上述公告者属非法经营，将依法追究。

铁道部发出《关于铁路局更改名称的通知》

《通知》说，根据国家工商行政管理局发布的《企业名称登记管理规定》的要求，经部研究决定，部属各铁路局的名称不再冠“铁道部”三字。

中国与乌兹别克斯坦两国企业在塔什干签署协议和意向书

随同李鹏总理访问的中国企业家代表团与乌兹别克斯坦有关经贸部门及公司进行广泛接触和谈判，并签署一系列协议和意向书。

中国纺织品进出口总公司与乌兹别克斯坦外经部“国际关系外贸公司”达成协议，商定从乌进口棉花和棉短绒，还将建立合资纸浆加工厂。中国电子进出口总公司与乌无线电及电工企业协会也达成协议，将就在乌建立家电组装生产线等方面进行探讨与合作。中国建筑工程总公司与乌兹别克斯坦国家工业和民用建筑总公司、塔什干国家建筑股份有限公司分别签订了意向书，打算在生产装修材料、建设宾馆和办公楼等方面进行合作。中国石油天然气总公司与乌国家石油天然气工业公司还在交换信息等方面签订了意向书。中国钢铁工贸集团与乌外经部原材料公司签署了在冶金领域开展合作的意向书。中国贸促会同乌外经部还就共同开展民间促进贸易活动签署合作协议。

中共中央政治局常委胡锦涛率领的中国共产党代表团与阿根廷正义党全国委员会在布宜诺斯艾利斯举行工作会谈

双方介绍各自党的建设情况和国内形势。双方认为，多年来两党之间的交往对增进两国和两国人民的友谊以及国家关系的发展起了积极的作用。双方对中阿两国和两党友好合作关系的发展表示满意，希望今后这种关系进一步得到加强。

正义党第一副主席马林对中共代表团的来访表示欢迎。他说，这次访问将进一步增进两党之间的友好合作关系。胡锦涛说，中阿两国相距遥远，社会制度不同，但过去有相似的历史遭遇，今天面临着共同的任务，可以成为互相信赖的伙伴。两党两国在各自的建设中积累经验，经济发展具有互补性，可以加强交流，双方合作的前景是广阔的。

国务院代总理朱镕基在人民大会堂会见参加中国工合国际委员会全会的委员

中共中央总书记江泽民视察北京国际通信中心

上午九时半，江泽民总书记在邮电部长吴基传等陪同下来到北京国际通信中心。

在国际数据传送中心及业务演示室参观时，江泽民对这里开展的分视交换、电子信箱、可视图文、语音信箱、话上数字数据及验卡机、电视会议等新业务作仔细的了解。江泽民指出，邮电通信事业的主管、运行部门与通信设备的制造部门之间，既要有明确的分工，又要有一定的联系与合作，大家要互相配合，协同作战，用好有限资金，避免不必要的重复建设，充分发挥国家投资的效益，使通信事业得到更快的发展，在我国的现代化建设中发挥更大的作用。

国家教委发布《关于改革和发展成人中等专业教育的意见》

为了进一步贯彻、落实《中国教育改革和发展纲要》提出的"把提高劳动者素质,培养初、中级人才提到突出的位置"的精神,加速培养适应社会主义市场经济体制需要的中等专门人才,现对改革和发展成人中等专业教育提出以下意见:

一、成人中等专业教育的发展目标

九十年代成人中等专业教育的发展目标是:全面提高成人中等专业教育水平,建立规模适度、布局合理、结构优化、质量和效益较高、具有地方、行业特色及较强职业性和开放型的成人中等专业教育体系。

县(市)、区成人中等专业教育应有较大的发展。到 2000 年全国大多数县(市)、区要建立成人(农民)中等专业学校或成人教育中心。

部门(行业)、企事业单位成人中等专业教育应进一步巩固和加强。

广播电视、函授中等专业教育要在地方政府统筹规划下积极发展。要逐步与中专自学考试相互沟通,发挥各自优势,创造新的办学模式。"九五"期间,使管理水平和教育质量上一个新台阶。

到本世纪末,成人中等专业教育总体规模达到在校生 600 万,其中学历生 300 万。评选一批国家级、省(部)级示范性成人中等专业学校。

二、成人中等专业教育的改革措施

(一)坚持直接有效地为社会主义现代化建设服务的办学方向,培养德、智、体全面发展的建设人才。各类成人中等专业学校和办学机构,应积极了解本地区、本部门(行业)、本单位及农村的发展规划、资源优势、项目开发、技术引进、人才需求,及经济建设的急需,及时调整专业。行业(部门)举办的成人(职工)中等专业学校,应根据企业经营机制的转换,结合企业目标管理、生产实际及社会需求,开办各种成人教育,全面提高企业人员素质。广播电视、函授中等专业学校应积极为大中城市社区、中小城镇、广大农村及边远地区服务。县、区举办的成人(农民)中等专业学校要为当地两个文明建设服务;为全面加强农业基础地位、面向乡镇企业及农村劳动力转移服务;为农村商品生产、贸工农一体化、产加销一条龙经营形式服务。为发展农村的主导产业设置专业。积极参与"星火计划"、"燎原计划"、"丰收计划"的实施,会同农业、科技部门组成农业技术推广网络,促进农村教育、科学技术、经济发展的结合、承担乡(镇)村农民文化技术学校教学、管理人员的培养及教材编写任务。

(二)进一步完善成人中等专业教育管理体制。各部门(行业)要健全各级成人中等专业教育管理机构,继续完善分级办学,分级管理的体制。国家教委对全国成人中等专业教育进行宏观管理和总体规划,负责制定有关成人中等专业教育的方针政策、学校设置标准、学历教育基本规格要求,协调中央业务部门与地方有关成人中等专业教育工作。有关部委要办好所属成人中等专业学校,并对本系统(行业)范围内各类成人中等专业学校的布局、专业设置、教学计划、教材建设等方面进行业务指导和协调;对本部委及直属单位举办成人中等专业学校和设置专业,在征得学校所在省、自治区、直辖市及计划单列市教育行政部门同意后,可由部委教育行政部门负责审批。省、自治区、直辖市及计划单列市教育行政部门,负责对全省(市)的成人中等专业教育进行全面规划、督导和指导,加强对各类成人中等专业学校的领导和管理,负责审批学校和专业,调整学校布局,确定教学计划和教材,检查评估教学质量和办学条件,进行统考、抽考,把好毕业验印关,并可根据情况,适当放权到地(市)教育部门。

(三)改革学校内部管理体制和运行机制,扩大办学自主权。各地教育行政部门和业务主管部门应充分运用立法、规划、督导检查、信息服务及政策指导等手段进行宏观管理,给学校更多办学自主权。学校要改革人事制度和分配制度,逐步实行全员聘任制和结构工资制,建立起主动适应经济和社会发展需要的办学机制。学校实行校长负责制,建立岗位责任制、全员考核制。

(四)突破单一学历教育模式、采取各种教育形式,促进学校教育与社会的紧密结合,培养多规格人才。学校在办好学历教育的基础上,要大力举办岗位培训、实用技术培训及各种短期业务技术培训;开展单科、专业证书及结业证书教育,建立和完善学历文凭、技术等级证书、岗位资格证书并重的制度。国家教委将选择少数学校进行"双证"或"多证"教育试点的总结推广工作。打破封闭式的办学模式,提倡职前职后教育的结合,促进成人学校与职业学校的联系与合作,一所学校可挂多块牌子,进行职前和职后的中等专业技术教育,以合理利用教育资源,提高办学效益。开展学校之间,学校与地区、部门、企事业单位之间的多形式联合办学。

(五)建立一支素质较高、以专职为骨干,专兼结合的教师队伍。教师要教书育人,为人师表,积极进行教育教学活动,开展教育、教学改革实验。有关部门要创造条件,合理安排教师的业务进修和深入生产工作一线调查研究,增强实践教学能力;学校要制定奖励政策,鼓励教师一专多能,对优秀教师和教育工作者要进行精神和物质奖励;有计划、有目的地选拔优秀毕业生进入成人高等学校学习,不断充实成人中等专业学校教师队伍;教师职称评定工作要转入经常化、制度化,对杰出的中、青年教师可破格晋升职称。对符合条件、相对稳定的兼职教师可评定相应的教师职称。今后,要把改革更新教学内容、改进教学方法等成绩、教学研究成果及推广应用效果作为对教师考核、奖励和评定职称的重要内容;有条件的学校可实行双师制。

(六)深化教学改革,加强理论研究,全面提高教育质量。各地、各部门(行业),成人教研机构和成人中等专业学校,要提高对教学改革重要性、紧迫感的认识,把教学领域的改革作为一项战略任务来抓,加强教学改革实验研究。成人中等专业教育的教学改革应贯彻按需施教、理论联系实际、学用结合、讲求实效的原则,优化课程结构,更新教材、教学内容、改革教学方法,加强实践性教学环节,注重能力培养。省、自治区、直辖市及计划单列市或国务院有关部委教育行政部门,要积极推进成人中等专业学校进行教改实验。改革方案从实际出发,把理论教学与能力训练落实到从业人员素质与任职资格的要求上。充分利用校办产业(企业)、工厂、科研单位及社会的有关条件作为学习理论知识和实践相结合、提高动手能力的实习基地。

要加强理论研究,建立研究机构,鼓励校内、校际间、地区和部门(行业)间开展学术研究、学术交流活动,主管部门要创造条件让学校参加国际交流。

(七)坚持和完善由地方、部门(行业)、企事业单位按需办学的体制。办学单位要根据国家有关规定,确保对学校的投入,应根据财政经常性收入的增长而增长。学校可接受社会捐资和多方面筹措资金。校办产业(企业)可开展有偿服务,在自愿互利的原则下,学校之间、学校与企业之间可联合创办产业(企业),把学校办成教学、科研、生产、咨询服务的实体,校办产业收入用于改善办学条件。地方政府和有关部门要积极扶持成人中等专业学校校办产业(企业),按当地条件尽可能给予优惠政策;在启动、流动资金和生产贷款等方面给予支持。

(八)加强评估督导工作,不断提高整体办学水平。各省、自治区、直辖市及计划单列市和国务院有关部委教育部门,要把检查评估成人中等专业教育质量作为一项经常性工作坚持下去,要不断完善评估指标体系,每隔5年左右对成人中等专业学校开展一次较全面的检查评估。对领导不够重视、办学方向不明确、条件简陋、办学效益差的学校,进行调整或撤并;建立由教育部门、协会、学会、专业委员会和专家组成的评估督导队伍,不定期地深入到成人中等专业学校进行必要的督导检查,坚持督导与评优相结合、分散与集中相结合、一般与重点相结合等多种督导检查方式,促进成人中等专业教育事业的健康发展。

海协会致函邀请台湾海基会派员来杭州听取千岛湖“海瑞”号游船案情况介绍

函中就浙江千岛湖“海瑞”号游船案告破说:“浙江千岛湖‘海瑞’号游船案现已侦破,特邀请贵会尽速在双方商定的时间派员,并可邀同有关专家来杭州,我会将请有关专家介绍此案的具体情况。”

4月21日

国家主席江泽民在钓鱼台国宾馆同阿拉伯埃及共和国总统穆罕默德·胡斯尼·穆巴拉克举行会谈

江泽民说,中国和埃及虽然远隔千山万水,但两国关系非常密切。总统阁下是我们的老朋友,曾5次访华。1990年总统阁下访华时,我们有幸结识,我对再次与总统阁下相会感到非常高兴。

江泽民表示,中埃都是文明古国,两国友谊源远流长。中埃建交38年来,双边友好合作关系持续稳定发展,在政治、经贸等各个领域的交流与合作都在顺利进行。两国对重大国际问题都有相同或相似的看法,在国际事务中进行了很好的协调与合作。他说,总统阁下一贯重视中埃友谊,为推动两国友好合作关系的发展作出了积极的努力和重要贡献。我们对此表示赞赏。正如中国一句古诗所说,“海内存知己,天涯若比邻”。

江泽民指出,当前中埃两国都面临深化改革、发展经济、提高人民生活水平的重大任务,彼此在许多方面可以相互学习和借鉴。他说,中国政府和人民非常珍视中埃友谊,对中埃关系的发展感到满意。

江泽民表示,中国对巴以和谈取得突破性进展表示欢迎和支持。历史经验证明,国家之间的争端只能通过和平谈判予以解决。但中东问题十分复杂,谈判中难免会遇到困难和障碍。希望各方继续采取灵活、务实的态度,排除障碍,坚持不懈,争取谈判尽快取得成果。中国已经并将继续为推动中东和平进程,早日在中东实现全面的和平作出努力。中国重视埃及在中东和平进程中所发挥的积极作用,对总统阁下及埃及政府为维护阿拉伯民族利益和巴勒斯坦人民的合法权利、积极推动中东和平进程所作的努力表示赞赏。

在谈到朝鲜半岛核问题时,江泽民说,中国一贯主张在四方三边的框架内以谈判和协商的方式妥善解决。我们历来不赞成对朝鲜施加压力和实行制裁。我们认为,施压和制裁只能使问题复杂化。

两位领导人还就索马里和南非等问题广泛地交换看法。

会谈后,国务院副总理兼外长钱其琛和埃及外长阿母鲁·穆萨签署了中埃两国政府关于鼓励和相互保护投资协定以及两国政府司法协助协定。江泽民主席和穆巴拉克总统出席了签字仪式。

国务院总理李鹏同土库曼斯坦总统尼亚佐夫在阿什哈巴德总统府举行两轮会谈

李鹏说："贵国独立后，中土两国就迅速建立了外交关系，并保持了高层来往。总统阁下一九九二年十一月对中国的访问很成功，在中土友谊史册上揭开了新的一页。中土两国都是亚洲国家，虽不接壤，却是近邻。两国不仅有良好的政治关系，而且经济关系也正在发展，发展潜力很大。我们相互理解，相互信任。有理由相信，两国关系将会得到更大的发展。"

李鹏说，中国政府充分理解并尊重土库曼斯坦政府的内外政策。每个国家的政府和人民最了解自己国家的历史、传统和特点，不应照搬别国的发展模式，而应该走适合本国国情的发展道路。土库曼斯坦政府正是这样做的。土库曼斯坦在尼亚佐夫总统领导下，社会更加稳定，经济不断发展，人民安居乐业。

在谈到中土经贸合作关系时，李鹏说，目前中土贸易额还不算大，经贸合作还处在起步阶段，但值得高兴的是，双方都有合作的诚意，两国经贸部门正在讨论扩大合作领域、挖掘合作潜力的途径。李鹏说，土库曼斯坦政治稳定，石油、天然气等资源十分丰富，振兴经济具有良好的条件。目前，土库曼斯坦正在进行经济结构的调整，这是很明智的。它必将为土库曼斯坦经济的发展起推动作用。

在谈到有关天然气管道的合作时，李鹏说，这将是一个跨世纪的工程，需要进行周密的论证。如可行，将对各方都有利。中国愿与土库曼斯坦等有关国家就此进行探讨。李鹏说，中土双方还可以在其他领域加强合作。这次随他来访的，有一批包括石油、化工、建筑、纺织等领域的企业界人士。希望双方企业家加强接触，争取取得具体成果。

全国工商联在北京召开七届二次常委会

农业部发布《乡镇企业产权制度改革意见》

最近，农业部提出了《乡镇企业产权制度改革意见》。

《意见》在肯定我国乡镇企业在改革开放中形成的独具特色的经营机制的同时，指出乡镇企业在经营机制和企业制度上存在的问题也日益显露出来，主要是产权责任不明确；政企职责不清楚，乡村行政领导随意干预企业的行为时有发生，职工主人翁意识淡薄，企业凝聚力不强；部分农民联户（合作）企业和股份合作企业的法律地位和经济性质没有确定，合法权益得不到保障等。

《意见》提出的目标是：通过改革，使各种生产要素在不同地区、不同行业、不同企业、不同所有制之间自由流动和优化组合；使各种经营方式得到完善和发展；使企业真正成为企业法人实体和市场竞争主体。

《意见》要求各地要不断丰富乡镇企业产权制度改革的形式和内容。并提出现阶段乡镇企业产权制度改革的主要形式：(1)具有一定规模、效益较好的企业，改建成股份合作制企业；(2)以股份合作制形式组建新企业；(3)规模较大，效益较好，有一定知名度的企业，组建规范化的股份制企业；(4)以优势产业、名牌产品和骨干企业为龙头，组建企业集团；(5)对小型、微利、亏损企业实行兼并、租赁、拍卖和风险抵押承包等。

劳动部发出《关于制定〈国家职业技能鉴定规范〉的通知》

为进一步加快职业技能鉴定社会化管理工作，逐步完善国家职业技能鉴定制度和国家职业资格证书制度，劳动部决定选择部分社会需求大、通用性强、覆盖面广的工种，在第三次修订颁布的工人技术等级标准的基础上，制定《国家职业技能鉴定规范》（以下简称《鉴定规范》）。现就有关问题提出如下意见：

一、制定《鉴定规范》的目的和意义

为了进一步完善我国的职业技能标准体系，为职业技能鉴定提供科学、规范的依据，促进职业技能鉴定社会化管理工作的开展，经调查研究和专家的论证，决定在工人技术等级标准的基础上，制定《鉴定规范》。《鉴定规范》是针对某一工种的特点和性质，根据职业技能鉴定工作的要求，在标准的基础上进一步细化和量化的考核纲要。它既是编制考核试题的依据，也是进行技能培训的参考大纲，对于促进鉴定行为的科学性和规范化、保证鉴定质量等都具有重要意义。

二、制定《鉴定规范》的原则

1. 制定《鉴定规范》要以《工人技术等级标准》为依据，不得随意拔高或降低标准的要求；

2. 要充分考虑到《鉴定规范》的适用性和可操作性，在文字表述上要准确和科学；

3. 鉴定规范既是进行技能鉴定工作的依据，也是进行技能操作训练的教学参考大纲，制定时应兼顾到这两方面的功能；

4. 行业主管部门在制定本行业《鉴定规范》时，要考虑到通用性的特点，使之具有代表性和权威性。

三、制定《鉴定规范》的组织与实施

《鉴定规范》的制定工作由劳动部统一部署，由各行业主管部门负责组织编写。劳动部将根据全国技能鉴定试点工作的进展情况，对覆盖面广、通用性强、关系到产品（工程）质量和服务质量以及企业生产中关键技术岗位的工种，经专家论证后，确定为全国社会化管理的职业技能鉴定工种，并陆续颁布这些工种的目录。

首批颁布的进行职业技能鉴定社会化管理的50个工种(见附件一),涉及七个行业,请有关行业主管部门尽快着手组织专家进行《鉴定规范》的编写工作。

四、制定《鉴定规范》的有关要求

制定《鉴定规范》是一项新的工作,涉及面广、工作量大、技术要求高,必须精心组织、慎重行事,既要抓紧时间,又要保证质量。具体要求如下:

1. 对首批制定《鉴定规范》的50个工种,先安排组织制定工作。尚未完成第三次全国"修标"工作的行业,对有些工种可将"修标"工作与编制《鉴定规范》工作结合起来。

2. 制定《鉴定规范》的格式及内容按《〈国家职业技能鉴定规范〉的编写要求》(附件二)执行。

3.《鉴定规范》经组织专家审定后,由劳动部与行业主管部门会签颁发。

首批进行职业技能鉴定社会化管理工种目录(略)

《国家职业技能鉴定规范》的编写要求(略)

外交部发言人吴建民就英国议会下院外交委员会发表的有关中英关系的报告等问题答记者问

外交部发言人吴建民在下午举行的记者招待会上,就英国议会下院外交委员会发表的有关中英关系的报告、邹家华副总理即将对美国的访问和李鹏总理正在进行的中亚四国之行等问题回答记者的提问。

记者问:你对英国议会下院外交委员会发表的一份有关中英关系的报告有何评论?

发言人答:4月13日,英国议会下院外交委员会发表了一份有关中英关系的长篇报告。这份报告的结论同它声称要发展中英关系的愿望完全背道而驰。

该报告不顾事实,混淆是非,执意为英国政府在香港问题上采取的错误政策张目,支持英国政府继续沿着同中方对抗的道路走下去,充分暴露了英方制造混乱,企图延续其在香港的殖民影响的真实用心。

香港回归祖国是任何势力都阻挡不了的。中国政府完全有信心有能力按期恢复对香港行使主权,实行"一国两制"方针,落实基本法,保持香港长期的稳定繁荣。

这个报告在承认中国经济发展和在国际上的重要地位的同时,对中国的内政说三道四,妄加评论,并企图插手中国的内部事务。我们愿意提醒这个报告的作者,应该有点历史现实感。今日的中国早已不是昔日任人欺凌的旧中国。人们不会忘记英国历史上在西藏问题上扮演过的角色,希望他们吸取历史教训,采取谨慎态度。任何制造"两个中国"或"一中一台"的企图都是违背中英两国建交原则的,是我们所坚决反对的。

问:邹家华副总理此次访美目的何在?何时出访?主要谈什么问题?中方在最惠国待遇问题上是否准备作出让步?

答:应美国政府的邀请,邹家华副总理将于4月27日至5月8日对美国进行正式访问。

自江泽民主席同克林顿总统去年11月在美国西雅图举行正式会晤以来,中美双边各层次和各领域的交流与接触不断增多。邹家华副总理此次应邀访美的主要目的是保持双方高层交往的势头,增进了解,发展合作。邹副总理访美期间将同美国领导人、美政府官员及工商企业界人士进行广泛接触,就中美关系和中美经贸合作等共同关心的问题交换意见,以推动两国关系的进一步改善和发展。

问:有报道称李鹏总理此次中亚四国之行旨在抗衡俄罗斯在独联体国家中的影响,你对此有何评论?

答:李鹏总理中亚四国之行是对这些国家领导人访华的回访,目的是为了增进同中亚国家的相互了解,促进睦邻友好,发展互利合作,根本不存在针对任何第三国的问题。目前,中俄各方面的友好合作都在稳步发展。我们愿意看到俄罗斯与我们的共同邻邦——中亚各国之间的友好关系不断得到发展。

发明家王湘生在第二十二届日内瓦国际发明展上获发明展大奖和金牌

全国体育竞赛工作会议在武汉结束

中共中央总书记江泽民等党和国家领导人为中国大陆助孤救孤社会福利计划题词

4月22日

全国人大常委会委员长乔石在人民大会堂会见埃及总统穆巴拉克

中共中央政治局常委乔石在人民大会堂会见越共中央书记红河

全国政协主席李瑞环在人民大会堂会见香港新世界集团董事局主席郑裕彤

国务院代总理朱镕基在钓鱼台国宾馆会见埃及总统穆巴拉克

国务院举行第18次常务会议讨论并原则通过《〈中华人民共和国治安管理处罚条例〉的补充规定(草案)》

《人民日报》发表评论员文章《下功夫化解矛盾——加强和改进企业思想政治工作》

全国省区市纪委办公厅(室)主任会议在青岛市结束

全国法院政治工作会议在天津闭幕

中共中央政治局候补委员温家宝在四川调查研究

4月22日至29日,温家宝在德阳、绵阳地区调查研究。

调研中温家宝说,我国农村正处在从温饱到小康、从传统农业到现代农业的转变阶段,农业和农村经济的发展面临两大战略任务:一是保证农产品的有效供给;二是保证农民收入的稳定增长。他说,实现这两方面的目标,必须根据建立社会主义市场经济体制的总体规划和要求,深化农村改革,发展农村经济。

温家宝指出,保证农产品的有效供给,最根本的是保护和调动农民的积极性,加强农业的基础地位,保证农业的稳定发展。要制定有利于促进粮棉油等主要农产品生产的政策,主要是合理的价格政策和购销政策,提高农业的比较效益;要依靠科学技术,发展"两高一优"农业,提高农业劳动生产率;要增加国家、集体和个人对农业的投入,增强农业综合生产能力。他说,增加农民收入,最根本的是全面发展农村经济,提高农村经济的综合效益。

温家宝强调,实现两大目标,离不开深化改革。一方面要加快培育市场体系。另一方面要加强政府对农业的宏观调控,主要是运用经济的和法律的手段,支持和保护农业,促进市场的稳定和繁荣,维护农民和消费者的利益。

中国和土库曼斯坦在阿什哈巴德签署合作文件

中国和土库曼斯坦签署《中国向土库曼斯坦提供政府贷款协定》、《中土外交部磋商议定书》、《中国石油天然气总公司与土库曼斯坦石油天然气部开展合作的意向书》等项文件。李鹏总理和尼亚佐夫总统出席签字仪式。

中国企业家代表团在陪同李鹏总理访问土库曼斯坦期间,与对方有关部门和公司进行广泛磋商和谈判,并签署多项合作文件。

中国和土库曼斯坦就李鹏访问土库曼斯坦发表新闻公报

在李鹏总理结束对土库曼斯坦的正式访问之际,中土双方发表新闻公报如下:

应土库曼斯坦总统萨·尼亚佐夫的邀请,中华人民共和国国务院总理李鹏于1994年4月20日至22日对土库曼斯坦进行了正式访问。

访问期间,李鹏总理同土库曼斯坦总统萨·尼亚佐夫举行了会见和会谈。两国领导人在友好、相互理解和信任的气氛中就进一步发展双边关系和双方感兴趣的国际问题深入地交换了意见,相互通报了各自国内的社会政治和经济情况。李鹏总理还会见了土库曼斯坦内阁成员、各部委负责人、国民议会议员、企业家等。

双方对两国建交以来在政治、经济、贸易、文化等领域合作的发展感到满意,并愿进一步扩大和加深在上述领域的合作。

双方认为,中土两国恪守和平共处五项原则,保持和发展长期稳定的睦邻友好、互利合作关系,符合两国人民的根本利益,也有利于亚洲的和平、稳定与发展。双方将继续为此作出努力。

双方同意进一步发展两国间,包括地方间和企业之间的经济贸易合作与直接联系,完善其法律基础和经济基础设施,努力为发展双方各种形式的经济贸易合作创造更良好的条件。双方对两国首都之间直接通航持积极态度。双方将为建设现代丝绸之路加强合作。

双方对建设土库曼斯坦—中国—日本天然气管道问题交换了意见,并表示愿意继续进行认真探讨。

双方表示将进一步扩大两国立法机构及社会组织之间的联系和接触。

双方商定将就双边关系问题和国际问题进行经常的各级别的磋商,包括在访问期间签署的两国外交部磋商议定书基础上的磋商。

双方认为,亚太地区总的形势朝着缓和与稳定的方向发展,保持这一积极趋势符合这一地区各国的共同利益。双方愿根据亚洲的情况和特点,为维护亚洲的和平与安全、促进地区经济合作作出努力。

双方认为,中亚各国政局稳定、经济发展,不仅符合该地区各国人民的根本利益,而且对维护亚洲乃至世界和平都有重要意义。中国政府支持土库曼斯坦为稳定国内和地区局势以及发展民族经济所作出的努力。

双方对会见和会谈的结果表示满意,认为两国领导人保持并继续加强经常接触和往来具有重要意义。

李鹏总理对土库曼斯坦总统和人民给予他及其随行人员热情友好的款待深表谢意。

全国人大外事委员会发言人就英国议会下院外委会关于中英关系的一份报告发表谈话

自去年以来,英国议会下院外委会多次举行所谓中国问题听证会。今年4月13日，该外委会发表题为《1997年前后的英中关系的报告》。这个报告公然鼓吹在香港问题上对中国采取进一步对抗的政策，并对中国内部事务妄加评论，粗暴干涉中国内政。对此，我们表示极大的愤慨和遗憾。

报告在香港问题上实际上供认了英方从其对中国局势发展前景的错误估计出发，确实改变了对香港的政策，支持港督彭定康在香港问题上的错误做法，并继续同中方对抗，甚至鼓动在香港问题上“寻求国际支持”。就在中英关于香港政制问题争论的真相已越来越为人们所了解、而英方又口口声声表示希望在其他方面同中方进行合作之时，英国议会下院外委会竟然发表这样的文件，在香港问题上采取这样的立场，不能不使我们感到震惊。

报告妄称，中国到1997年时未必会改变按港督的“三违反”方案建立起来的三级政制架构。中国政府已多次声明，为了维护中英联合声明和基本法的尊严，按照港督方案搞起来的立法局和区域组织只能存在到1997年6月30日，在此以后，必须按基本法的规定设立香港特别行政区第一届政府和立法机构及区域组织。我们坚决支持中国政府这一严正立场。

报告竟然攻击《中华人民共和国香港特别行政区基本法》第18条和第158条，声称这些条款是“对香港特别行政区的自治和执行联合声明的严重潜在威胁”。根据《基本法》第18条的规定，全国人大常委会有权在必要时决定香港特别行政区进入紧急状态。《基本法》第158条规定，《基本法》的解释权属于全国人大常委会。这些规定是1997年7月1日起中国政府对香港恢复行使主权的具体体现。报告对这些规定进行攻击，这是毫无道理的，恰恰暴露了英方企图延续英国对香港的控制和影响的真实用心。

报告鼓吹在香港推进民主和维护人权，这只能让人们更加看清英方在香港问题上的虚伪和别有用心。中国政府多次指出，中英关于香港政制问题争论的实质，并不是什么要不要发展民主的问题，而是要不要遵守国际信义、要不要与基本法衔接实现香港平稳过渡的问题。事实胜于雄辩。是中国政府根据“一国两制”的方针，最早提出了要在香港实行“高度自治”、“港人治港”；香港特别行政区基本法对香港回归祖国后的民主发展和港人享有的权利和自由作了充分而又具体的规定。香港在英国长达一百多年的管治下，哪里有什么民主和人权可言？英国至今还在用《英皇制诰》、《皇室训令》这类殖民统治的法典来管治香港，有什么资格侈谈香港的民主和人权？现在，英国到了撤离香港的前几年，却假惺惺地匆匆忙忙大谈所谓的民主和人权，其真实用心是“司马昭之心，路人皆知”，不过是为了分化港人，在香港制造混乱。

报告建议在香港成立一个所谓的人权委员会和人权监督机构，其目的无非是为香港的平稳过渡设置新的障碍。英方应该明白，同政制架构问题一样，英方在过渡期内就跨越1997的重大事务单方面作出的任何决定，中方都不会承认。

报告还肆无忌惮地企图插手和干预中国的内政，公然鼓吹西藏自决。众所周知，西藏自古以来就是中国领土不可分割的一部分。在1959年以前，西藏实行封建农奴制度，其黑暗、残酷比欧洲中世纪的制度有过之而无不及。可以说，旧西藏是世界上侵犯人权最为严重的地区之一。西藏在废除封建农奴制后，走上了民族团结、经济发展、人民安居乐业的康庄大道。这是维护人权、促进社会进步的具有划时代意义的变革。报告的作者不喜欢这样的变化，反把那些摧残人权的农奴主捧为“人权卫士”，这是对人权的莫大嘲弄。他们这样做，实际上是企图破坏中国的统一和民族团结。我们奉劝报告的作者，鉴于历史上英国曾扮演过的角色，在西藏问题上还是采取谨慎态度为好。我们要严正指出，任何利用所谓西藏问题干涉中国内政的企图，都是中国政府和包括藏族同胞在内的全体中国人民坚决反对的，也是绝对不能得逞的。

英议会下院外委会还建议加强英议会与台湾“立法院”的联系，要求英政府放松对台限制。应当指出，世界上只有一个中国，台湾是中国的一部分，中华人民共和国政府是代表全中国的唯一合法政府，这早已得到了国际社会的公认。英议会下院外委会有关台湾问题的谬论违背了中英两国建交原则，其真正目的在于制造“两个中国”或“一中一台”。这是包括台湾人民在内的全体中国人民所坚决反对的。

报告还别有用心地宣扬“中国威胁论”，挑拨我与邻国的关系。众所周知，中国一贯奉行独立自主的和平外交政策。中国是维护世界和平与稳定的积极因素。编造“中国威胁论”是毫无根据的，也是徒劳的。

中国全国人大外委会十分重视与英国议会外委会保持和发展友好合作关系。中方没有做任何损害英国和英国议会以及中英关系的事情。而英国议会下院外委会的某些人，近来一方面强调保持和发展中英关系，另一方面却不断做出有损中英关系的事情，人们不禁要问，他们的居心何在？究竟要把两国关系引向何处？可以肯定，这份报告提出的敌视中国的观点和建议，不仅对中英关系是极其有害的，而且也会给英国的长远利益带来损害。我们相信，这是真正关心和维护中英两国传统友好关系的人们所不愿看到的。

国务院副总理兼外交部部长钱其琛在中南海与埃及外长穆萨举行会谈

钱其琛说，昨天穆巴拉克总统与江泽民主席进行很好的会谈，相信穆巴拉克总统的此次访问一定能促进中埃两国关系的进一步发展。

钱其琛指出，我们主张有关各方以和平手段解决争端，不赞成采取导致局势进一步复杂化的行动。中国愿意与国际社会一道继续推动波黑和平进程，为波黑实现民族和解，使波黑人民早日摆脱战争苦难作出努力。

穆萨说，埃及对波黑问题，特别是对波黑穆斯林人民所受苦难和不公正待遇表示关切，希望联合国和国际社会采取切实行动终止波黑战乱。

在谈到联合国改革时，钱其琛说，我们赞成在适当时候扩大安理会组成，并认为在此问题上应顾及地域分配原则，特别是发达国家和发展中国家的平衡。穆萨表示赞同这一立场。

阿根廷总统梅内姆在布宜诺思艾利斯总统官邸奥利沃斯会见中共中央政治局常委书记处书记胡锦涛和由他率领的中国共产党代表团

国务委员兼国家科委主任宋健在斯德哥尔摩会见瑞典国际发展合作与人权问题大臣阿尔夫·斯文松

双方在会见时一致强调今后要继续努力，在互利互助的基础上进一步加强中瑞两国的科技合作，特别是加强双方在环保方面的合作。

宋健是前来参加"发展中国家新兴技术开发援助政策国际研讨会"，于 19 日抵达瑞典的。在瑞期间，他还分别会见瑞典皇家科学院院长和皇家工程科学院院长，参观爱立信电讯器材公司和位于斯德哥尔摩以北约 200 公里的福什马克核电站，观看设在海底 150 米以下的核废料处理设施。他还在瑞中贸易理事会举行的晚宴上，同瑞典工商界人士进行接触。

宋健下午乘机离开瑞典回国。

全国人大常委会副委员长田纪云在奥克兰向新西兰工商界发表演讲

田纪云说，中新关系自建交后稳步发展。在经贸方面，这种关系的发展更是令人振奋。特别是进入 90 年代后，两国贸易出现了飞速发展的势头。1990 至 1992 年，双边贸易平均每年增长 53.6%。1993 年，两国贸易额达到 5.16 亿美元。与此同时，两国在相互投资、开放各种市场以及技术方面的合作也有了喜人的发展。目前，中国在新西兰的投资项目已达 20 多个，新西兰在中国的投资项目达 100 多个。这一切成绩是与新西兰工商界人士的远见卓识、勇气和智慧分不开的。

田纪云向新西兰工商企业界人士介绍了中国扩大开放和深化改革的最新进展情况。他说，1993 年，中国的宏观调控取得了积极成效，经济发展，政治稳定，民族团结，社会进步。今年，中国在财税、金融、外汇、价格、投资、企业经营、计划和外贸等方面已经或即将推出进一步深化改革的措施。他说，中国的投资环境将得到进一步改善，外资企业的合法权益将得到充分保护。他希望新西兰工商企业界抓住有利时机，到中国投资和开展经贸交流与合作。

国务院副总理邹家华在多伦多与加拿大国际贸易部部长麦克拉伦举行会谈

中国与加拿大北方电讯公司在多伦多签署四项合作协议

加拿大著名的北方电讯公司下午在多伦多市洲际饭店，与中国签署四项合作协议。

根据协议，将在广东兴建 DMS 程控交换机制造厂、在上海建立超大规模集成电路芯片生产合资企业、在上海建立超大规模集成电路设计公司以及贝尔北方研究所在北京邮电学院建立一个电讯研究实验室。

中共中央总书记江泽民批示慰问呼盟扑火指战员

江泽民在一份林火扑救情况简报上批示：请向扑火前线的全体指战员表示亲切的慰问。希望你们全力以赴，周密部署，精心指挥，团结协作，连续作战，尽快将火扑灭，为保护国家森林资源作出贡献。

4 月 23 日

中国红十字会第六次全国会员代表大会在北京举行

大会通过以江泽民为名誉会长的新一届领导成员名单，讨论 1995 至 1999 年五年工作规划纲要，确立"认真实施红十字会法，努力发展中国特色红十字事业"的工作方向。

国务委员彭珮云在大会的开幕式上讲话。

国家主席中国红十字会名誉会长江泽民在中南海会见中国红十字会第六次全国会员代表大会代表

江泽民代表党中央、国务院向这次会议表示热烈的祝贺，向辛勤工作在红十字战线上的干部和 2000 万会员，表示亲切的问候和崇高的敬意。

江泽民说，中国红十字会为国际性的从事人道主义工作的社会救助团体，按照国际红十字与红新月运动的基本原则，90 年来为人民做了大量好事，为国家的发展作出了不少贡献，以实际行动赢得了广大群众的尊敬和支持。

江泽民说，红十字事业是一项崇高的社会事业，对建设社会主义物质文明和精神文明有着积极的促进作用。改革开放以来，在党和政府的关怀支持下，中国红十字会根据新的实践要求，开展了卓有成效的人道主义工作，在社会上产生了广泛而良好的影响，走出了有中国特色的发展红十字事业的新路。可以坚信，随着改革的深化和社会主义市场经济的发展，中国红十字事业的发展前景将会越来越广阔。希望各级政府和社会各界都要积极支持红十字会的工作，红十字会各级组织和广大会员要努力宣传和贯彻实施《中华人民共和国红十字会法》，注意借鉴国外经验，紧密结合我国实际，解放思想，实事求是，开拓进取，勤奋工作，为开创有中国特色的红十字事业的新局面，为促进世界和平与人类进步事业作出更大的贡献。

党和国家领导人江泽民等为中国红十字会成立 90 周年暨第六次全国代表大会题词

中共中央文献研究室举行《任弼时传》和《任弼时年谱》出版发行暨任弼时同志诞辰 90 周年纪念座谈会

江泽民、李瑞环、朱镕基、王汉斌等党和国家领导人出席。江泽民发表重要讲话。

李瑞环主持座谈会，他说："今天，我们正在以江泽民同志为核心的党中央领导下，以邓小平同志建设有中国特色社会主义理论为指导，沿着党的十四大和十四届三中全会确定的方向，抓住机遇，深化改革，扩大开放，促进发展，保持稳定，为把我国建设成为一个伟大的社会主义现代化国家而奋斗。我们一定要把老一辈无产阶级革命家开创的事业不断推向前进，这正是我们对任弼时等老一辈革命家的最好纪念。"

中共中央总书记江泽民在《任弼时传》《任弼时年谱》出版发行暨任弼时诞辰 90 周年纪念座谈会上发表讲话

同志们：

在任弼时同志诞辰 90 周年到来的时候，中共中央文献研究室举行《任弼时传》和《任弼时年谱》出版发行暨纪念任弼时同志座谈会，缅怀他为中国人民解放事业做出的卓越贡献和他的高贵品德。这是很有意义的。我和在座各位同志一样，对他充满着崇敬的心情。

任弼时同志是以毛泽东同志为核心的中国共产党第一代领导集体的成员。他从年轻时起就投身革命，在中国共产党成立前，加入中国社会主义青年团。接着，到莫斯科东方大学学习，他是十月革命后中国最早赴苏俄学习的先进青年中的一个，并在那里转为中国共产党党员。从 16 岁起，他度过了整整 30 年的革命生涯，成为我们党的卓越领导人之一。

大革命时期，任弼时同志担任中国共产主义青年团中央总书记。那时候，党还处在幼年时期，团所起的作用十分重要。他明确提出把团置于党的绝对领导之下的根本原则。五卅运动期间，团的组织迅速发展到全国大多数地区，而且有 1/3 的团员输送给党，壮大了党的队伍。

在大革命濒临失败的紧急关头，任弼时同志挺身而出，旗帜鲜明地同陈独秀的右倾投降主义错误作斗争，积极主张党要有自己的独立主张，要实行土地革命。面对陈独秀的粗暴压制，他始终以维护革命利益为重，坚持真理，坚持原则。那时，他只有 23 岁。

大革命失败后，党组织遭受严重摧残。任弼时同志怀着对共产主义事业的坚定信念，在严酷的白色恐怖包围下，置个人安危于度外，沉着奋战，在总结实践经验的基础上积极参与纠正党内的盲动主义错误。在极端困难的环境中，他同党的其他领导同志和全党同志一道，为发展工农武装，推进土地革命，巩固和扩大农村革命根据地，并在国民党统治区把党的秘密工作同合法半合法斗争密切结合起来，使革命运动逐步走向复兴，进行了艰苦卓绝的斗争。在 1928 年和 1929 年，任弼时同志曾两次被捕，受到敌人严刑折磨，但他大义凛然，始终坚贞不屈，后经组织营救出狱，充分表现了共产党人的高尚气节。

红军长征时，任弼时同志已经成长为一个政治上成熟的领导人。他率领红六军团，从湘赣革命根据地出发，突围西征，作为中共中央和中央红军战略转移的先遣队伍，在湘鄂川黔边建立新的根据地，策应中央红军的转移。

任弼时同志有着坚强的党性。他敢于斗争，又善于斗争。当红二、红四方面军会合时，由于张国焘的反党活动，党和红军面临着分裂的严重危机。他和朱德、刘伯承、贺龙、关向应、徐向前等同志一起，坚定地拥护以毛泽东同志为代表的党中央，维护党的团结，同张国焘的分裂行为作斗争，终于使党和红军摆脱危机，实现红军三大主力的胜利会师。

抗日战争爆发后，作为八路军政治部主任和军委总政治部主任，任弼时同志和朱德、彭德怀同志一起，率领八路军深入山西敌后，扩大人民武装，开辟抗日根据地，开创了敌后抗日的新局面。

当王明以共产国际代表自居，推行右倾投降主义错误时，任弼时同志受中央委托，到共产国际去系统地介绍中国的实际情况，阐明以毛泽东同志为代表的抗日民族统一战线的正确路线，取得共产国际的理解和支持。不久，党的六届六中全会基本上克服了王明的错误，这和任弼时同志进行的卓有成效的工作是分不开的。

四十年代初，任弼时同志回到延安，参加中央书记处工作。协助毛泽东同志领导整风运动和大生产运动，筹备召开党的七大，成为毛泽东同志的亲密助手之一。

任弼时同志富有政治远见。在领导开展大生产运动时，他就明确指出，革命的目的就是为着建设。共产党人如果只晓得用战争和暴力来推翻旧的制度和统治，而不善于建设新的丰衣足食的幸福快乐的社会，那我们是不会胜利的，就是胜利了也不能巩固。

解放战争时期，任弼时同志和毛泽东、周恩来同志一起留在陕北主持党中央工作。他善于在复杂的斗争中正确地把握航向。在土地改革运动蓬勃发展时，他带病到陕北米脂县杨家沟周围二十多个村子进行调查，还了解了各解放区的土改情况，及时指出土改中出现的“左”的错误，要求各地立即加以纠正。他所作的《土地改革中的几个问题》的报告，经党中央批准作为指导文件印发全党，对提高大家的政策水平，纠正土改中的“左”的错误倾向，保证土地改革的健康进行，起了重要的作用。

任弼时同志的工作作风有一个突出的特点，就是实在。他历来注意调查研究，严格尊重事实，对具体问题进行具体分析，敢于坚持实事求是。他头脑冷静，思维缜密，办事细致周到，善于正确解决复杂的重大问题。

任弼时同志为人正直，对同志严格要求，又循循善诱，公道正派，不分亲疏，从而得到干部、群众的普遍尊敬和爱戴。他身患严重的高血压症，长期抱病坚持繁重的工作。当他病情加重时，同志们劝他休息，他却说：“我们都是共产党员，肩负着革命的重任，能坚持走一百步，就不该走九十九步！”他这种坚韧不拔、甘于做出自我牺牲的精神，被同志们形象地誉为“骆驼精神”。

任弼时同志在我们党的历史上是立下很大功劳的。党和人民将永远怀念他。他去世的时候只有 46 岁，但他留给我们的宝贵精神财富，将永远激励我们奋发前进。

现在，全党同志和全国各族人民正在邓小平同志建设有中国特色社会主义理论和党的基本路线指引下，全面进行社会主义现代化建设，这是时代赋予我们后继者的历史重任。在这样的时刻，缅怀任弼时同志和其他老一辈无产阶级革命家的光辉业绩和思想风貌，学习他们坚定不移、百折不挠的革命意志和坚强党性；学习他们严格从中国实际出发的开拓创造精神；学习他们为了民族解放、人民幸福、社会进步而无私奉献的高贵品格，将会极大地鞭策我们在建设有中国特色社会主义的道路上努力奋斗，不断开创新局面，夺取新胜利，满怀信心地跨向二十一世纪。

国务院总理李鹏和吉尔吉斯斯坦总统阿卡耶夫在比什凯克政府大楼举行会谈

阿卡耶夫在会谈时说，李鹏总理此次访问对进一步推进吉中友好关系具有历史性意义。阿卡耶夫说，李鹏总理在塔什干的重要演讲提出中国发展同中亚各国睦邻友好关系的明确原则，这些原则对吉尔吉斯斯坦和整个中亚地区的和平与稳定具有重要意义。中国作为联合国安理会常任理事国，在国际事务中发挥着特殊的积极作用。阿卡耶夫表示，吉尔吉斯斯坦是一个独立不久的年轻国家，需要借鉴中国的经验，包括中国在国际活动中的经验。希望两国的外交代表在国际组织中保持磋商，加强合作。

李鹏说，中吉两国有共同的边界和传统的友谊。吉尔吉斯斯坦独立以后，两国关系发展顺利。中国愿意为不断加深这种友谊作出自己的努力。

两位领导人还谈到中吉边界问题。双方一致认为，两国目前应抓紧时间，以法律形式落实以往达成的协议。同时对某些剩下的问题继续进行友好的谈判。鉴于双方都抱有诚意，相信一定会在不太长的时间内圆满解决两国的边界问题。李鹏说，尽早达成边界协议对加强中吉关系具有重要意义。希望两国边界能成为和平友好的纽带，促进经济繁荣的桥梁。阿卡耶夫说，两国经贸合作关系的势头很好，中国目前已成为吉尔吉斯斯坦的重要贸易伙伴。吉尔吉斯斯坦希望将两国经贸关系提高到一个新的水平，欢迎中国企业界到吉尔吉斯斯坦进行工业投资。吉尔吉斯斯坦同中国的新疆地区之间的一些合作项目已取得积极成果，这方面还有很大的潜力。

李鹏说，中吉两国应加强经贸、科技、文化等领域中的合作关系。自从吉尔吉斯斯坦独立以后，两国贸易额有了较大增长，但主要是边境贸易。我同意在平等互利的基础上，进一步扩大两国的经贸关系。对中国企业家到吉尔吉斯斯坦投资，中国政府持积极态度。

李鹏指出，中国支持中亚各国之间以及它们同俄罗斯之间保持友好关系。阿卡耶夫说，中亚各国同俄罗斯的关系是历史长期形成的，保持相互间的良好关系是很重要的。

国务院总理李鹏在吉尔吉斯斯坦政府大厦同吉尔吉斯斯坦总理朱玛古洛夫举行会谈

朱玛古洛夫在会谈时说，吉中两国有着传统的友好关系。两国人民几千年来一直友好相处，能够相互理解。两国间的这种关系正在日益充实，不断发展。他说，吉尔吉斯斯坦当前正处于经济改革阶段。吉十分重视同中国加强经济联系，借鉴中国的经验，包括中国农业改革的经验。贵国新疆和其他一些地区在吉已建立了包括食品、皮毛等领域的70多个合资企业，而且运行情况良好。双方正在对卫生、造纸、医疗等合作项目进行论证。朱玛古洛夫总理指出，两国在能源、采矿、交通、农业、燃料等方面的合作还有很大的潜力。希望双方专家对此能进一步加以探讨。在这些方面加强相互协作和互补性，不仅有利于吉中两国，而且对促进本地区的经济繁荣具有重要作用。朱玛古洛夫总理还向李鹏总理介绍了吉的经济形势。

李鹏说，吉尔吉斯斯坦在改革时所面临的经济困难是暂时的。只要经过努力，是完全能克服的。李总理说，两年多来，两国经贸合作已经顺利起步，而且是可观的。中吉贸易发展很快，但仍有潜力。中国政府，特别是新疆维吾尔自治区将为发展同吉的经贸等各个领域的合作关系作出贡献。今后两国要更充分地发掘和利用两国的有利条件，按照经济规律办事。保障双方获益，不断丰富合作形式，更多地开办一些对双方有利的合资企业，提高两国贸易水平和档次。为此双方都要努力工作，创造条件，包括解决妨碍经贸合作发展的交通运输问题。有些项目可由双方专家接触，进行探讨。对总理阁下提出的采矿、水力发电等大型项目，双方专家可进行探讨。李鹏总理说，这次随我来访的有一批企业家代表，双方可以加强接触。中国政府鼓励和支持中国企业界在平等互利的基础上参与吉的经济建设。

中组部发出《关于加强股份制企业中党的工作的几点意见》

《意见》内容如下：一、在组建股份制企业时，党组织的设置与调整工作应同步考虑和安排；二、股份制企业中党的基层组织，处于政治核心地位，发挥政治核心作用，围绕生产经营开展工作；三、股份制企业党组织领导班子的配备，必须坚持干部队伍"四化"方针和德才兼备的原则；四、股份制企业党组织在人事管理方面的主要职责；五、股份制企业中的股东会、董事会、监事会与党委会、职工代表大会、工会等组织，不能互相代替，但有关负责人员可以适当相互兼职；六、股份制企业中党的工作机构设置和专职党务工作人员的配备，应有利于加强企业党的建设和思想政治工作，有利于促进企业生产经营，符合精干、高效、协调的要求；七、股份制企业党组织的工作方法和活动方式，要从企业资产结构、领导体制、经营机制、用工与分配制度等方面的特点和各个企业的不同情况出发，把原则性灵活性结合起来；八、切实加强对股份制企业党的工作的领导。

《意见》指出，股份制企业党组织的设置按照《中国共产党章程》的规定，根据企业的规模、党员人数和工作需要，经上级党组织批准，及时改建或组建党的基层委员会、总支部委员会、支部委员会。有的企业党组织初建时，如选举的条件尚不成熟，党组织负责人可以先由上级党组织指派，经过一段时间，再按规定选举产生。

《意见》指出，股份制企业中党的基层组织的主要任务是：(1)贯彻执行党的基本路线，保证监督党和国家的方针政策的贯彻执行；(2)对企业生产经营、技术开发、行政管理、人事管理等方面的重大问题提出意见和建议，参与企业重大问题的决策；(3)加强党组织的思想、组织、作风建设，在企业的改革和发展中充分发挥基层党组织的战斗堡垒作用和共产党员的先锋模范作用；(4)领导企业思想政治工作和精神文明建设，培育适应现代企业制度和企业发展要求的有理想、有道德、有文化、有纪律的职工队伍；(5)支持股东会(股东大会，下同)、董事会、监事会和经理(总经理，下同)依法行使职权，领导职工代表大会和工会、共青团等群众组织，协调企业内部各方面的关系，引导、保护和发挥各方面的积极性，同心同德办好企业。

《意见》指出，股份制企业党组织领导班子的主要成员一般应具备做好党务工作与经济工作的双重素质。党组织负责人可与董事会、监事会负责人或经理、副经理适当交叉任职。条件具备的，党委书记和董事长，或者党委书记和总经理可以由一人担任。规模较大，职工和党员人数较多的企业，应设专职党委副书记。党委书记与董事长、总经理分设的，董事长或总经理具备条件的可以兼任党委副书记。党委成员进入董事会、监事会，董事、监事、经理、副经理进入党委班子，要严格按照《党章》、《公司法》和其他有关规定办理。股份制企业中的共产党员，无论在哪个岗位上工作，都要牢记自己是一名共产党员，要讲党性，顾大局，认真执行党组织的决议，注意按党内生活准则和党员标准规模自己的言行。

《意见》指出，股份制企业党组织在人事管理方面的主要职责是：从组织上保证监督党的干部路线和有关方针、政策的贯彻执行；会同有关方面，对董事会拟聘任的经理、经理提名的副经理和管理部门负责人的人选进行考察，提出意见和建议；抓好企业领导班子的思想作风建设；会同有关方面，做好企业管理人员的日常培训、教育、考察、监督工作，发现和推荐优秀人才；负责管理党群系统领导班子和工作人员。

海协会致函台湾海基会就涉及大陆同胞　台湾同胞生命财产损害事件交换意见

函中说，4 月 12 日，海协负责人即表示海协原则上同意在双方进行必要准备后，就近年两岸交往交流涉及大陆同胞、台湾同胞生命财产受到损害的事件交换意见。我会认为，当前双方应首先商定交换意见的议题和内容，再来考虑人员层级及时间、地点等问题。如果双方在议题和内容上无法达成共识，交换意见就无法找到共同点，这样的商谈不是两岸同胞所乐见的。

海协认为交换意见的内容应包括：1.就两岸旅游交往问题，包括两岸同胞旅行中的安全问题交换意见。早在去年 8 月底两会落实汪辜会谈第一次工作性商谈中，海协即在“落实汪辜会谈有关协议商谈的时间表”中提出两会尽快就“加强两岸旅游交往问题”进行专题商谈，但至今并未得到海基会回应。2.海协一贯主张全面落实《汪辜会谈共同协议》中规定的事务性和经济、科技议题商谈，多次向海基会建议及早开始“台商在大陆投资权益及相关问题”的商谈。我会认为，台商在大陆投资的人身财产安全是有法律保障的，如海基会认为需要，可以在商谈“台商在大陆投资权益及相关问题”中交换意见。海协一再要求两会应就近年来台湾军方打死打伤大陆沿海渔民、造成严重生命财产损失问题进行协商。自海协成立以来，不断向海基会指明这一严重伤害两岸同胞感情、破坏两岸和谐气氛的不人道行为，望能引起台湾有关方面的重视，赔偿损失、追究责任、严惩凶手，并呼吁通过两会协商从根本上制止这一暴行。但至今也未得到海基会回应。

函中明确指出，上述涉及两岸同胞交往交流中的权益包括人身安全诸问题，之所以迟迟未能开始商谈，责任不在我会。

函中说，两会目前的联系与合作方式，应严格依照去年签署的《两会联系与会谈制度协议》。“千岛湖事件”发生以来，海协依据协议向海基会通报了情况，解释并回答海基会所提的若干问题与要求。而海基会却一再提出超出两会上述协议的要求，虽经海协提示，但海基会仍一再坚持，这是不尊重两会协议的做法。至盼两会的联系与合作能依照现有协议进行。

函中指出，就“千岛湖事件”而言，当务之急是依法查处案件。同时，海协为表示进一步的善意，已主动邀请海基会及有关专家来浙江，海协安排专家介绍案件的具体情况，并回答问题。如海基会愿意了解此案详情，又真正体谅罹难者家属之心情，何以又设置前提，令人难解。海协再次重申上述邀请，望海基会早日提出行期和名单。据有关方面告，现已将三名涉嫌犯罪分子逮捕，即将依司法程序进行审判。

国务院副总理李岚清在天津视察

4 月 23 日至 25 日，李岚清在市委书记高德占、市长张立昌等的陪同下，视察天津大学、南开大学、中华职业中专、耀华中学、市一中等校，并同天津各高等院校负责人就教育改革等问题进行座谈。李岚清听取南开大学、天津大学、医科大学、师范大学及商学院等 5 所高校的情况汇报后指出，教育问题是关系着全民族素质、国家繁荣昌盛和 21 世纪的发展的根本大计，是一件有十分重大战略意义的事业。我国的教育包括基础教育、成人教育、职业教育和高等教育，当然还有残疾人教育等特殊教育。在基础教育方面，要全力以赴，到本世纪末在 85％人口的地区基本普及九年义务教育，在 90％人口的地区基本扫除青壮年文盲，这些已确定的目标必须实现。他强调，在办好基础教育的基础上，大力发展职业教育，这是中国教育的根本出路。要多快好省地办好职业教育，职业教育要进行三级分流，根据不同地区的实际情况，可从小学、初中、高中分级进行，以适应社会主义市场经济的需要，培养大批适应现代化建设急需的人才。高等教育要进一步提高教学质量和办学效益。要改变条块分割体制下的“小而全”、低水平重复、自我封闭的办学格局，要积极探索高等教育办学的新模式，采取各种方式的联合办学，充分发挥有限人力和物力的作用，实行资源共享。

李岚清反复强调，一定要在全社会形成尊师重教的良好风气，我们的干部不论职位高低，见到教师都要有几分敬意，更不能摆架子。要多关心教师的工作和生活，尊重他们，理解他们。李岚清在学校视察时同教师们亲切交谈，他说，教师的职业是辛苦、清苦而崇高的职业，中国的繁荣昌盛、建立社会主义市场经济关键是看人才，人才的培养关键又是办好教育，希望教师们努力工作，为我国的现代化建设事业培养出更多的人才。

李岚清还视察天津内燃机厂、天津港保税区和经济技术开发区，听取天津汽车工业总公司的汇报。在谈到天津汽车行业发展时，李岚清说，天津汽车生产的实力是夏利轿车。这几年天津汽车发展比较快，今后要集中人力、物力和资金，到 1995 年底形成 15 万辆夏利轿车的生产能力。要在工程建设和产品生产等方面，坚持高质量、高技术水平、低成本。李岚清特别强调，要把汽车的质量当成生命一样看待，每一道工序、每一个零部件的生产和每一个装配工序都必须做到一丝不苟。在谈到保税区的建设时，李岚清明确指示，保税区必须按照国际规范管理，要充分发挥保税区应有的功能，但不能办一些不该办的事。李岚清还说，建设经济技术开发区要两个文明一起抓，做到设施完善，服务周到，一流管理，但决不能搞不健康的东西。

李岚清说，天津已发生了很大变化，经济繁荣，社会稳定，人民生活及“菜篮子”工程抓得很好，成片危房改造工程成绩很大，受到人民群众好评。天津重视两个文明一起抓，各方面都取得明显的进展。

国务院批转国家计委《关于改革化肥价格管理办法的请示》并发出通知

各省、自治区、直辖市人民政府，国务院各部委、各直属机构：

国务院同意国家计委《关于改革化肥价格管理办法的请示》，现转发给你们，请认真贯彻执行。

国家计委关于改革化肥价格管理办法的请示（略）

国家主席江泽民和国务院总理李鹏电唁美国前总统理查德·尼克松逝世

国务院副总理朱镕基电唁美国前总统理查德·尼克松逝世

国务院副总理兼外交部部长钱其琛电唁美国前总统理查德·尼克松逝世

中国和吉尔吉斯斯坦在比什凯克签署六项合作文件

中国和吉尔吉斯斯坦签署一系列合作文件。它们是：《中国向吉尔吉斯提供政府贷款》、《成立中吉政府间经贸混委会协定》、《中国向吉尔吉斯斯坦赠送物资换文》、《中吉两国文化合作协定》、《互换两国领事条约批准书证书》、《中国贸促会和吉尔吉斯斯坦工商会合作协议》。李鹏总理、阿卡耶夫总统、朱玛古洛夫总理等出席签字仪式。

中国政府和伊拉克政府在巴格达签署1994至1996年文化合作执行计划

人事部和国家医药管理局公布《执行药师资格制度暂行规定》

人事部和国家医药管理局日前公布《执业药师资格制度暂行规定》，决定实行执业药师资格制度。

鉴于中国医药市场的实际情况，并参照国际惯例，由人事部和国家医药管理局共同制订《执业药师资格制度暂行规定》。按照这一规定，今后凡从事药品生产、经营活动的企事业单位，在其关键岗位必须配备有相应的执业药师资格人员。执业药师通过资格考试取得执业资格。

明年将进行第一次执业药师资格的全国统考，此后每年统考一次。考试合格者，由国家统一颁发《执业药师资格证书》。

中共中央国务院中央军委致电林业部公安部等祝贺扑救呼盟森林大火取得决定性胜利

贺电说，内蒙古自治区呼伦贝尔盟红花尔基林业局境内发生的森林火灾，严重威胁着国家森林资源的安全。在内蒙古自治区党委、人民政府和林业部的统一领导下，在黑龙江省、吉林省及国务院有关部门的大力支持下，按照党中央、国务院领导同志的指示，全力以赴，精心指挥，严密组织，团结协作，在气候十分恶劣，扑救条件十分不利的情况下，经过7000多名警军民英勇奋战七昼夜，于4月22日晚将明火扑灭，取得了扑救这场森林大火的决定性胜利。为此，党中央、国务院、中央军委向你们，并通过你们向红花尔基扑火总指挥部全体人员和奋战在扑火第一线的森林警察、解放军指战员、公安干警及林区干部工人，表示亲切的慰问。

希望发扬不怕疲劳、连续作战的顽强作风，彻底清理火场，防止复燃，做好善后工作，夺取扑火的彻底胜利，为保护国家森林资源和人民生命财产作出新的贡献。

4月24日

国家建设部命名第二批园林城市和1993年园林绿化先进城市

国家建设部日前在合肥召开的全国城市园林绿化工作会议上命名了全国第二批园林城市和1993年园林绿化先进城市，名单如下：

全国园林城市：杭州市、深圳市

全国园林绿化先进城市：北京、太原、大连、长春、南京、杭州、合肥、厦门、广州、深圳、南宁、贵阳、拉萨、兰州、西宁、乌鲁木齐、唐山、包头、抚顺、吉林、佳木斯、无锡、马鞍山、三明、景德镇、九江、烟台、威海、洛阳、十堰、沙市、襄樊、株洲、珠海、中山、柳州、桂林、宝鸡、石嘴山、昆山、赣州、莱州、胶南、郴州、通什、宜宾、个旧、伊宁、奎屯。

中国人民银行副行长陈元在24国集团部长级会议1994年春季例会上发表讲话

陈元说，发达国家应当承担更多的义务，帮助发展中国家摆脱贫困和落后，从而使世界经济“持久良性发展”。

陈元说，为促进世界经济及贸易的健康发展和为广大发展中国家经济发展创造一个良好的外部环境，发达国家应进一步开放它们的市场，同时也应继续做出努力，大规模减免低收入国家的债务。

陈元指出，中国认为，国际社会对帮助发展中国家摆脱贫困和落后负有不可推卸的责任。发达国家更应做出努力。在此，中国呼吁发达国家拿出具体行动，早日实现联合国提出的官方发展援助占国内生产总值 0.7%的目标。当今，发达国家和发展中国家经济相互依存，只有广大发展中国家的经济走上持续、稳定发展之路，世界经济方能持久良性发展。

中国和吉尔吉斯斯坦两国企业在比什凯克签订合作协议和意向书

随同李鹏总理出访的中国企业家代表团在访问吉尔吉斯斯坦期间与吉有关部门和企业进行谈判，签订一些合作协议和意向书。

中国贸促会与吉尔吉斯斯坦工商会签订合作协议。根据协议，双方将通过各种形式开展促进贸易的活动。中国纺织品进出口总公司与吉“尼卡”公司签订进口 3 万吨化肥的合同，合同额约 225 万美元。中国钢铁工贸集团与吉尔吉斯斯坦国家黄金局签订意向书，双方准备合作开采黄金和稀有金属。此外，中国建筑工程总公司分别与吉尔吉斯斯坦建筑集团股份公司和吉国家工业建筑材料集团公司签订合作意向书。

4 月 25 日

国家主席江泽民在钓鱼台国宾馆会见加拿大总督纳蒂辛

江泽民说，中加建交二十四年来，两国关系在各个领域都获得了富有成效的发展。我们高兴地看到，近年来通过双方的共同努力，克服了两国关系中出现的暂时困难，使中加关系恢复了蓬勃发展的势头。去年十一月，他在西雅图会见了克雷蒂安总理，同他进行了很好的交谈。这次总督来华访问，中国邹家华副总理正在加拿大访问，两国领导人增加交往对推动中加关系发展具有重要意义。

江泽民强调，只要中加双方能够从两国和两国人民的根本利益出发，在求同存异、相互尊重、平等互利的基础上加强友好交往与合作，相信两国关系一定会步入全面发展的新时期。

在谈及两国经贸关系时，江泽民说，中加两国经济互补性很强。近年来，双边贸易额有了较大幅度的提高，相互投资和经济技术合作不断扩大。目前，加拿大已经成为中国的主要贸易伙伴之一。加拿大在通讯、交通、水电等方面具有优势，而这些领域正是中国今后几年需要发展的重点。中国经济持续高速增长，市场不断扩大，投资环境越来越好。这为中加两国扩大互利合作提供了良机。江泽民希望总督能够推动加拿大政府抓住这一有利时机，使两国经贸合作进一步发展。

中宣部发出《关于坚持不懈地抓好新闻队伍职业道德建设的通知》

中宣部日前发出通知，要求各地党委宣传部门和新闻单位坚持不懈地抓好新闻队伍职业道德建设。

《通知》说，最近，司法机关对原北京市长城机电科技产业公司非法集资大案中的经济犯罪分子依法作出判决，同时对收受贿赂、为这一非法集资活动制造舆论欺骗公众的新闻记者依法惩处。少数新闻工作者经不住金钱的诱惑，为非法集资活动编写虚假新闻，蒙骗视听，严重扰乱了经济秩序，损害了国家和人民的利益，败坏了党的新闻事业的声誉。我们应以此为鉴，进一步加强新闻队伍的职业道德建设。

《通知》指出，党的十一届三中全会以来，我国新闻工作在党的领导下，为改革开放和社会主义现代化建设做出了突出成绩和重要贡献。我们新闻队伍的总体素质是好的，特别是去年发出禁止“有偿新闻”和“买卖书号”通知以来，新闻出版界违反职业道德准则的不正之风受到遏制。我们一定要把禁止“有偿新闻”、“买卖书号”，加强新闻队伍职业道德建设作为一项长期任务，坚持不懈地抓下去。要结合长城公司非法集资案中少数新闻记者违法犯罪的反面典型，深入开展新闻职业道德教育，加强新闻队伍建设。

《通知》要求各地党委宣传部门和新闻单位认真贯彻全国宣传思想工作会议精神，结合实际，对一年来贯彻落实中央宣传部、新闻出版署《关于加强新闻队伍职业道德建设，禁止“有偿新闻”的通知》的情况进行检查。对做得好的，要进行表彰；对继续搞“有偿新闻”的，要严肃查处。要结合长城公司非法集资活动中少数记者违法犯罪的事实，组织新闻工作者认真进行讨论，从中引出教训。新闻单位要根据本单位的工作特点，制定相应的规章制度，严格自律，并自觉接受社会监督。要大力倡导新闻工作者深入实际，深入群众，发扬密切联系群众和艰苦奋斗的作风。大力表彰深入基层，清正廉洁，遵纪守法，为改革开放和现代化建设作出突出贡献的集体和个人。

中国地理信息系统协会在北京成立

经民政部批准，由国家测绘总局与 16 个部委局共同组建的中国地理信息协会在北京成立。国务委员兼国家科委主任宋健任协会名誉会长，全国人大科教文卫委员会副主任委员李绪鄂任会长，国家测绘局局长金祥文任常务副会长。

国家主席江泽民在人民大会堂先后接受文莱和意大利新任驻中国大使递交的国书

这两位大使是：文莱驻华大使阿卜杜拉·贾法尔和意大利驻华大使亚历山德罗·夸罗尼。

中国和吉尔吉斯斯坦就李鹏访问吉尔吉斯斯坦在比什凯克发表新闻公报

应吉尔吉斯斯坦共和国总统阿卡耶夫的邀请，中华人民共和国国务院总理李鹏于1994年4月22日至25日对吉尔吉斯斯坦共和国进行了正式访问。

李鹏总理同吉尔吉斯斯坦共和国总统阿卡耶夫、总理朱玛古洛夫举行了会谈，会见了议长舍利姆古洛夫。在友好、相互理解和信任的气氛中，两国领导人就进一步发展双边关系和双方感兴趣的地区问题及国际问题深入交换了意见，相互通报了各自国内的社会、政治和经济情况。双方对会谈结果表示满意。

双方对两国建交以来在政治、经贸、文化等领域合作的发展感到满意，并愿进一步扩大和加深在上述领域的合作。

双方重申，两国恪守和平共处五项原则，保持和发展长期稳定的睦邻友好、互利合作关系，符合两国人民的根本利益，也有利于亚洲的和平、稳定与发展。双方决心继续为此作出努力。

两国领导人对中华人民共和国代表团和哈萨克斯坦、吉尔吉斯斯坦、俄罗斯联邦和塔吉克斯坦联合代表团进行的边界谈判和关于在边界地区相互裁减军事力量和加强军事领域信任措施谈判给予积极评价。双方同意尽快开始有关制订中吉边界协定草案的工作，同时就尚未达成协议的地段继续谈判，以尽早取得圆满成果。双方同意，在边界问题解决前，双方采取措施维持边界现状，以保证边境地区的和平与稳定。

双方同意进一步发展两国间，包括边境地区间、省州间和城市间的经济贸易合作与直接联系，完善其法律基础和经济基础设施，努力为发展双方各种形式的经济贸易合作创造更良好的条件。双方愿意为建设现代"丝绸之路"加强合作，并认为这一合作有利于扩大中亚各国与东西方的经济文化交流。

双方认为，亚太地区总的形势继续朝着缓和与稳定的方向发展，在亚洲地区保持和平与稳定符合这一地区及世界各国的共同利益，双方愿意根据亚洲的情况和特点，为维护亚洲的和平与安全作出努力，双方对在亚洲地区进行多边经济合作持积极态度。

双方认为，中亚各国政局稳定、经济发展，不仅符合该地区各国人民的根本利益，而且对维护亚洲乃至世界和平至关重要。中国政府支持吉尔吉斯斯坦为稳定国内和地区局势，发展民族经济所作的努力。

双方认为，两国领导人保持经常接触和往来有着重要的意义，双方同意继续加强这种接触和往来。

李鹏总理对吉尔吉斯斯坦共和国政府和人民给予他及其随行人员的热情友好款待表示衷心感谢。

印尼总统苏哈托在雅加达总统府会见全国人大常委会副委员长中国—印尼经济社会和文化合作协会会长王光英

西萨摩亚国家元首马列托亚在惠灵顿会见由全国人大常委会副委员长田纪云率领的全国人大代表团

中国与国际复兴开发银行在美国哥伦比亚特区签署贷款协定(福建公路和电信发展项目等)

国际原子能机构国际核安全管理评议团开始对中国核安全监督管理的有效性进行评议

国家核安全局有关负责人说，自1984年国家核安全局成立以来，我国已建立比较齐全的核安全法规及监督体系。这次评议是首次对我国10年来的核安全监督管理工作进行国际评价。它将有助于提高我国核安全工作水平，扩大我国在国际上的影响，还将促进我国的国际核安全合作。

《人民日报》就"南海前哨钢八连"被国防部命名30年发表评论员文章《用坚定的信念培养新人》

4月26日

国务院总理李鹏在阿拉木图总统府同哈萨克斯坦总统纳扎尔巴耶夫举行两轮会谈

李鹏表示，很高兴能有机会再次同纳扎尔巴耶夫总统会见。他说，我们的会谈很有成果，加深彼此的了解和信任，有利于两国关系在各个领域的进一步发展。中哈是具有漫长共同边界的邻国。中国重视同哈的友好关系，两国在许多国际问题上有共同点和相似点。去年总统阁下访华时双方签署关于两国友好关系基础的联合声明。这次我们又签署边界协定以及关于铁路联运问题的会谈纪要等文件。可以说，中哈关系是一种平等互利、相互尊重、互不干涉内政的新型关系。

李鹏对纳扎尔巴耶夫总统关于哈政府表示不允许民族分裂主义者在哈从事反华活动的立场表示赞赏。他对哈政府在台湾、西藏等问题上所持的正确立场表示感谢。他说,中国政府赞赏阁下和哈政府为发展中哈关系以及维护和平与稳定所作出的努力。

两国领导人高度评价中哈边界协定,认为这是两国关系中具有历史意义的事件,是中哈睦邻友好关系发展的又一重要标志,对扩大两国经济合作具有积极意义。中哈边界协定的签订,向全世界表明,中哈关系是建立在相互信任的基础上的,具有很强的生命力。李鹏说,我们将为建设新的"丝绸之路"共同作出努力,使中哈边界永远成为一条和平、安宁、友好合作的纽带。纳扎尔巴耶夫说,发展两国平等互利的经贸合作关系有着广泛的基础。哈希望能进一步丰富合作的内容,扩大合作的领域,使目前的合作水平和两国的潜力相适应。李鹏说,近几年中哈两国的贸易关系有很大的发展,但仍有潜力。我完全同意总统阁下关于进一步发展两国合作关系的设想。中国对此将持积极的态度。两国政府应鼓励有实力、有信誉的企业开展合作,让它们在两国经贸关系中发挥主导作用。我们认为,运输条件的改善将为中哈以及中国同整个中亚地区各国之间的经贸合作关系创造良好的条件。

国务委员兼国家民委主任司马义·艾买提、国务院外事办主任齐怀远和哈萨克斯坦副总理阿比舍夫、外长萨乌达巴耶夫等参加会谈。

全国人大常委会委员长乔石在人民大会堂会见加拿大总督纳蒂辛

国务院代总理朱镕基在钓鱼台国宾馆会见加拿大总督纳蒂辛

中共中央政治局常委胡锦涛在巴西利亚拜会巴西参众两院议长

参议院议长卢塞纳和众议院议长奥利维拉对中共代表团的来访表示欢迎。卢塞纳赞扬中国在经济建设中取得的成就,认为中国在经济发展等方面为发展中国家做出了榜样,巴西愿意借鉴中国的经验。奥利维拉详细地向胡锦涛介绍巴西议会的有关情况。他表示希望两国立法机构进一步加强合作与交往。

胡锦涛向巴西议会领导人介绍中国经济建设情况。胡锦涛强调,中国和巴西分别作为亚洲和拉丁美洲的两个发展中大国,应当对世界和平与稳定以及人类进步和发展发挥应有的作用,中国政府十分重视发展同巴西的友好关系。

中共中央总书记江泽民在上海视察

江泽民于4月26日至5月6日在上海视察工作,就改革开放、经济发展和社会稳定等方面的工作深入基层调查研究,广泛听取各方面的意见。

江泽民由中共中央政治局委员、中共上海市委书记吴邦国,上海市市长黄菊等陪同,视察了国有大中型企业,并同一批企业的厂长(经理)就现代企业制度试点的问题进行座谈。视察中,他强调国有大中型企业在建立和发展社会主义市场经济体制中的重要地位和作用,指出搞好国有大中型企业的根本出路是进一步深化改革,转换经营机制,建立现代企业制度。他认为上海很有条件进行现代企业制度试点,要求市委、市政府继续为企业改革创造良好的环境和条件,在转变政府职能,完善国有资产管理,健全企业内部管理,建立社会保障制度,健全市场体系,解决企业过重负担等方面进行积极探索,使试点工作有组织、有步骤、一步一个脚印地进行。

江泽民在与上海市部分区、县、局和企业领导干部座谈加强党的建设问题时指出,在整个改革开放和现代化建设的过程中,都要十分注重加强党的建设,改善党的领导。他要求各级党委认真学习邓小平同志建设有中国特色的社会主义理论,把这一根本性的思想建设进一步抓紧抓好;要坚持和健全党的民主集中制;注重年轻干部的培养和选拔;加强和改进基层党组织建设,增强党的凝聚力和战斗力。为适应发展社会主义市场经济的要求,要大力推进社会主义精神文明建设,提高人民的整体素质,推动社会全面发展。

江泽民在上海视察期间,还就经济建设和改革开放形势,浦东开发、市政建设、"菜篮子"工程、党的建设和精神文明建设等听取了上海有关方面的汇报。他充分肯定了上海市委、市政府在坚决执行中央确定的今年全国工作大局和经济工作方针,把握改革、发展、稳定的关系,确保改革开放和经济建设的良好发展势头取得的成绩。江泽民说,党中央、国务院关于开发、开放浦东的决策坚定不移,政策坚持不变。开发、开放浦东不仅关系到上海的发展,并且是中国改革开放的重要标志。开发、开放浦东四年来,有力地推动了上海的经济建设,也带动了整个长江流域经济的发展。实践证明,中央关于开发、开放浦东的决策是完全正确的。我们一定要按照邓小平同志所说的"抓紧浦东开发,不要动摇,一直到建成",把这项跨世纪的伟大工程搞好。江泽民希望上海同志坚持解放思想、实事求是,根据改革、发展和社会稳定的新情况,保持和发展好的形势,把今后的各项工作做得更好。

国务院副总理朱镕基在浙江考察

朱镕基四月二十六日至五月二日在浙江省考察农业时强调:建立适应社会主义市场经济的粮食购销体制,核心是要有合理的粮食价格。这个价格既能够调动农民种粮积极性、缩小工农产品剪刀差、城市居民又可以承受。从国民经济的全局看，沿海地区发展粮食生产不仅十分必要，而且也大有可为。

朱镕基充分肯定了浙江省在发展农业经济和恢复粮食生产方面所做的工作和取得的成绩之后说，浙江省是我国重要的产粮省份，尤其是杭嘉湖平原，更是粮食的主产区，决不能放松粮食生产。

当看到有些地方存在撂荒耕地现象时，朱镕基指出，这个问题在沿海地区比较普遍。这些地区的气候、土壤等自然条件优越，农业生产基础较好，如果在经济富裕以后就把农业丢掉，把吃饭问题寄托于到内地高价购粮或进口粮食，无论从我国的耕地资源、粮食总量和外汇平衡来看，都是无法承受的。同时，单靠提高粮食价格，也难以解决这些地区种粮比较效益低的问题，还是应当探索农业适度规模经营的办法。

朱镕基高度评价浙江省扶持种粮大户承包经营的做法。他说，要通过立法制止撂荒现象，同时鼓励种田能手集中承包闲置的土地。他认为这个办法有利于稳定粮食生产，有利于增加农民收入，有利于科学种田和生产社会化。

朱镕基强调，实行大户承包、发展适度的规模经营，符合家庭联产承包责任制的原则，符合邓小平同志关于中国社会主义农业的改革和发展两个飞跃的思想。实践证明，小平同志指引的道路是正确的、行之有效的，必须长期坚持，不能动摇。事实上发达国家发展农业也是基本上采取家庭农场的形式。耕地使用权向种粮大户集中，要建立在农民自愿的基础上，不能一哄而起。尤其要考虑农业机械化的条件。因此，要大力发展社会化农业生产服务体系，要在农业机械、化肥、种子、科技、流动资金贷款等方面给种粮大户以支持。

朱镕基重点调查粮食购销体制。他说，要认真汲取去年市场混乱、粮价猛涨的教训。主要经验教训有三条：

一是必须有一个合理的粮食价格。这个价格应当是既能够调动农民种粮积极性，缩小工农产品剪刀差，广大城市居民又可以承受的价格。

二是这个价格根据粮食市场的供求情况形成，但是，这个市场必须由各级政府管理和调控，放而有管，管而不死，以保持市场粮价的基本稳定。即使发达国家，也不是对粮食市场放开不管，粮价放任自流的。地区间的粮食交易、调动必须通过政府管理的市场进行，不能允许不具备粮食经营资格的批发商进入农村、田头哄抬粮价、扰乱市场。

三是国有粮食部门必须掌握必要的粮源，充分发挥主渠道的作用。粮食部门要根据市场供求情况吞吐粮食，在粮食歉收、市场供应紧张时，要抛售粮食，平抑价格；在粮食丰收、价格下跌时，要以合理价格收购，防止谷贱伤农。国有粮食系统要深化体制改革，将政策性和经营性两个部分从业务上、机构上分开。政策性部分主要从事收购、加工、批发、仓储，执行国家政策，稳定粮食市场，国家通过粮食风险基金予以支持。经营性部分从事粮食零售，多种经营，面向市场，自负盈亏。

朱镕基针对夏收在即和工业企业流动资金紧张的情况指出，各级人民银行和专业银行行长要深入农村、工厂，认真调查资金落实情况，帮助基层解决困难。首先要确保农产品收购资金，从总行到分行、支行、信用社都要层层落实，决不能重新出现任何“打白条”现象。

朱镕基指出，为了缓解部分国有企业的困难，促进这些企业转换经营机制，国务院对工业企业流动资金的信贷政策进行了一些调整。对于国有企业有市场、有效益的生产，银行要支持贷款。即使是企业处于亏损，负债欠息，对于那部分能销得出去、贷款收得回来的产品所需流动资金仍应贷款。但是决不能贷款支持没有市场的积压产品的生产。至于解决亏损企业职工的基本生活费用，银行可以给予贷款，但是要由地方政府给予财政贴息，共同维护社会稳定。对于长期亏损、扭亏无望的企业应该依法实行破产，先试点、后推广。

朱镕基说，当前国有企业的流动资金紧张，一个重要原因是投资规模过大、开工项目过多而资金不落实和工业产品产销率大幅度下降所造成的企业相互拖欠。国务院已确定由综合部门负责牵头，会同银行等有关部门组织清欠。他相信通过各级政府和企业共同努力，资金问题将会逐步缓解。

《人民日报》发表社论《切切实实抓好效益——为深入开展“中国经济效益纵深行”而作》

国务院总理李鹏在阿拉木图商务中心会见哈萨克斯坦经贸和企业界人士

李鹏就进一步发展中国同哈萨克斯坦等中亚国家的经贸关系问题发表六点意见：

一、坚持平等互利原则，按经济规律办事。经济合作和贸易往来必须做到平等互利。这就是说，双方要互通有无，互利互惠，等价交换，基本做到进出口平衡，贸易行为也要规范化。中国在哈萨克斯坦等中亚各国举办合资企业，既有利于中方，也有利于对方，其根本目的是帮助有关国家发展民族经济。

二、合作形式要多样化。从当前贸易水平看，易货贸易占的比重较大，但现汇贸易是发展趋势。当然现汇贸易必须要有完善的银行结算手段。哈萨克斯坦等中亚各国表示，除了同中国的新疆维吾尔自治区开展经济合作外，还希望同中国的其他省份建立经济联系，对此我们是赞成的。

三、从实际出发，充分利用当地资源。搞经济合作要有一个过程，从无到有，从小到大，从少到多，从低到高。合作办厂、办企业，从一开始就要考虑到产品有无市场。市场是决定企业生存的重要因素。要充分利用当地的资源和原材料优势，要使企业真正做到有效益，使产品具有竞争力。为此，要充分发挥那些既有实力、又有信誉的企业的作用。

四、改善交通运输条件，建设新的"丝绸之路"。要进一步扩大经贸合作，必须逐步改善交通运输条件。为此，中哈两国铁道、交通部长进行了很有成效的会谈，达成了一项重要协议。双方应继续共同努力，贯通欧亚大陆桥，使之造福于有关各国人民。

五、中国向中亚国家提供少量经济援助是一种友谊的表示。中国本身是一个发展中国家，经济的人均水平很低，经济建设任务十分艰巨。中国目前向包括中亚国家在内的一些发展中国家提供力所能及的援助，数量是很少的，只是中国人民同这些国家人民友谊的一种象征。

六、发展多边合作，促进共同发展。中国实行对外开放，既面向发达国家，也面向发展中国家，特别是面向我们的邻国。中国将继续保持和发展同哈萨克斯坦等中亚各国的友好合作关系，也乐于看到中亚各国同世界其他国家发展经贸关系和友好往来。其他国家来中亚国家投资办厂，这是理所当然的，中国愿意参与公平竞争。在中亚地区，中国既不谋求政治上的势力范围，也不谋求所谓的经济上的势力范围。

中国和哈萨克斯坦在阿拉木图签署边界协定等文件

李鹏总理和纳扎尔巴耶夫总统分别代表中哈两国政府，在《中国和哈萨克斯坦边界协定》上签字。

此外，中国铁道部长韩杼滨和哈交通部长伊辛加林签署《关于发展国际铁路客货联运问题会谈纪要》。两国有关部门负责官员签署《中国向哈萨克斯坦提供政府贷款协定》和《中国向哈萨克斯坦赠送物资换文》。

李鹏总理和纳扎尔巴耶夫总统出席以上三项文件的签字仪式，并回答记者的提问。

纳扎尔巴耶夫说，边界协定的签署表明哈中将建立长期的睦邻友好关系。他相信，两国共同的边界会成为"友好的边界、和平的边界"。

李鹏总理说，边界协定是具有历史意义的文件。他表示相信，中哈边界将是一条睦邻友好的边界。协定的签署将推动两国友好关系的发展。

全国政协主席李瑞环在人民大会堂会见芬兰等五国驻中国使节

即将出访芬兰、瑞典、挪威、丹麦和比利时的李瑞环下午在人民大会堂会见五国大使和公使，就进一步发展中国与五国的关系交换意见。

李瑞环首先对芬兰、瑞典、挪威、丹麦四国政府和比利时参、众两院的访问邀请表示感谢，对五国为访问所做的周到安排表示满意。

丹麦大使符巍廉代表五国使节对李瑞环主席的访问表示欢迎。他说，五国政府和人民非常重视李瑞环主席的访问。希望通过这次访问，加强双方了解，促进双边关系发展，为五国政府和议会提供一个了解中国的机会。

国务院副总理李岚清在中南海会见韩国国会商工资源委员会委员长安东善

国务院副总理李岚清在中南海会见美国林肯国民股份公司董事长兼首席执行官伊恩·罗兰

国家副主席荣毅仁在北京会见以卡尔曼为首的匈牙利检察代表团

巴西总统伊塔马尔·佛朗哥在巴西利亚会见中共中央政治局常委书记处书记胡锦涛

中国政府和毛里塔尼亚政府在努瓦克肖特签署关于中国派遣医疗队赴毛里塔尼亚工作的议定书

中国在马尼拉与亚洲开发银行签署贷款协定(普通业务:化肥行业贷款项目)

4 月 27 日

国务院总理李鹏在阿拉木图同哈萨克斯坦总理捷列先科举行会谈

国务院总理李鹏在阿拉木图举行的记者招待会上就中亚四国之行和中国与俄罗斯关系等问题答记者问

李鹏下午在他下榻的国宾馆举行记者招待会，就中亚四国之行取得的成果以及中国与俄罗斯的关系、中国在核试验问题上的立场和中国的民族政策等问题回答记者们的提问。

李鹏首先说，此次中亚之行是中国与四国建交以来中国政府首脑的首次访问。"访问期间，我同各国领导人进行了富有成果的会谈，增进了彼此的了解。我认为,访问是成功的。"

李鹏应中国中央电视台记者的要求,进一步评价访问的具体成果。他说,"我同四国领导人就国际问题、地区形势和双边关系广泛深入地交换了意见。""我发现,我们之间有许许多多的共同点。例如,当我谈到中国在保持社会和政治稳定的情况下实行改革开放政策,经济不断发展时,四国领导人也表达了同样的想法,他们感到保持国内稳定对进行经济改革和发展国民经济是至关重要的。同时,我们都愿意彼此友好相处,都希望成为好邻居、好朋友,这一点也是共同的。"

李鹏说:"我在塔什干的演说阐述了中国发展同中亚国家关系的四项基本政策,在阿拉木图又提出了发展与中亚各国经贸合作的六点主张。据我所知,我的讲话得到了四国领导人、企业界和舆论界的广泛支持,反应是好的。"

李鹏强调,中哈边界协定的签署具有十分重要的意义。中哈之间的边界问题是历史遗留下来的,长期没有得到解决。现在得以解决是双方共同努力的结果。这个文件以法律形式确定了两国边界。"我们希望并相信,中哈1700多公里的漫长边界将永远成为和平的边界,友好的边界。"

李鹏指出,这次访问在推动经济合作方面也取得了实质性成果。陪同访问的有主管经贸的高级官员,也有一批企业家。他们同四国的经贸、企业界进行了广泛的接触,并达成了一系列协议、合同和意向书,取得了比预期更丰硕的成果。在这方面,还有一项重要成果,那就是中哈铁道、交通部门就改善和加强国际铁路联运达成了谅解,以更好地解决目前在过境铁路运输中存在的问题。今年下半年我们还邀请俄罗斯和中亚各国的铁道、交通部长到北京开会,进一步讨论这个问题,使新的"丝绸之路"充分发挥作用。

在回答所谓"中国要填补苏联解体遗留下来的真空"问题时,李鹏说:"首先我要就问题本身表示我的看法。苏联解体后新独立的国家都是主权国家,不存在所谓'真空'问题。但我愿借此机会重申,中国不谋求政治势力范围,也不谋求什么经济上的势力范围。中国自己要做的事情还很多,我们没有兴趣也没有意图去填补什么'真空'。我这次访问是为了发展中国同中亚各国的友好关系,不针对任何国家。"

关于中哈边境贸易问题,李鹏说,确有不少中国商人来哈萨克斯坦做生意,其中个体商贩居多。总的说来,他们为促进两国之间的边贸起到了一定的作用。但是,也有少部分人同当地的一些人相勾结,从事投机倒把活动,贩卖假冒伪劣产品。对这种行为中国政府是反对的。

李鹏进而强调,我们愿意和哈萨克斯坦政府一起共同制定相应的法规和措施,制止这种不良倾向,减少双边贸易中的这种负面影响。他认为,两国贸易的主渠道应该是两国贸易公司,特别是那些信誉好、实力强的公司。

在回答俄罗斯记者提出的有关中俄关系问题时,李鹏说:"苏联解体后,中俄两国关系的发展是正常的。双边经贸关系不仅没有削弱,而且超过了原苏联时期的水平。叶利钦总统1992年对中国进行了访问,今年内两国领导人还将进行高层互访。"他还说:"俄罗斯是一个伟大的民族,有丰富的资源、辽阔的土地和勤劳智慧的人民。我相信,俄罗斯人民只要依靠自己的力量一定会克服目前遇到的暂时困难。"

在被问及有关中国如何看待彻底禁止核试验的问题时,李鹏指出,中国虽然是一个有核国家,但其核武器数量同其他核国家相比是微不足道的。在有核国家中,中国首先提出不首先使用核武器、不以核武器对无核国家相威胁。中国政府历来主张,全面禁止和彻底销毁核武器,并在此范畴内实现全面禁止核试验。为此,中国认为通过谈判达成一项全面禁止核试验条约是具有积极意义的。中国已明确声明争取1996年缔结全面禁核试条约。他说,目前中国正在积极参加在日内瓦举行的关于全面禁止核试验条约的谈判。

在哈萨克斯坦记者问及中国作为一个多民族国家是如何处理好民族问题、保持国家稳定的问题时,李鹏说,中国宪法规定,各民族之间是平等的。我们还有关于民族区域自治的法律。少数民族和汉民族一样,享有同等的政治权利,少数民族聚居地区的经济也在日益发展,人民生活水平和文化素质也不断提高。应当说我们的民族关系是十分和睦和融洽的。

李鹏请陪同访问的国务委员兼国家民族事务委员会主任司马义·艾买提详细介绍了中国的民族政策。

当记者问到李鹏总理同纳扎尔巴耶夫会谈的情况时,李鹏说,"虽然我在这里逗留时间不长,但我们彼此进行了多次会谈,就双边关系和国际问题达成了许多共识,我们都认为各国应当独立自主地选择自己的发展道路,确定自己的外交政策,不允许外国干涉。双方都很重视为自己国家的经济建设创造一个良好的环境,都反对民族分裂主义。纳扎尔巴耶夫在会谈中还表示,他坚持一个中国的立场,认为台湾和西藏是中国领土不可分割的一部分。纳扎尔巴耶夫还明确表示,哈萨克斯坦政府不允许所谓'东土耳其斯坦'在哈进行反对中国的活动,反对泛突厥主义。纳扎尔巴耶夫向我介绍了他关于亚洲安全问题的一些主张,我向他表示,中方理解并赞赏纳扎尔巴耶夫总统为维护亚洲和平与安全所作的努力。"

国务院发出《关于召开全国劳动模范和先进工作者表彰大会的通知》

各省、自治区、直辖市人民政府，国务院各部委、各直属机构：

为进一步调动全国人民改革开放和建设社会主义的积极性，更好地完成党的十四大提出的各项任务，国务院决定，1995年"五一"国际劳动节前夕召开全国劳动模范和先进工作者表彰大会，表彰全国各行各业、各条战线在改革和建设中作出突出贡献的先进个人。现将有关事项通知如下：

一、表彰范围

这次大会拟表彰全国劳动模范和先进工作者3000名。表彰范围是：1989年以来，在改革开放、经济建设、工农业生产和各项社会事业中做出突出贡献的工人、农民、专业技术人员、管理人员、机关工作人员及其他人员。

二、组织领导

国务院成立全国劳动模范和先进工作者表彰大会筹备委员会(以下简称筹委会)。筹委会受国务院委托负责审批全国劳动模范和先进工作者，并领导表彰大会的筹备工作。国务委员、国务院秘书长罗干担任筹委会主任，中华全国总工会副主席、书记处第一书记张丁华，人事部部长宋德福，劳动部部长李伯勇，国家经贸委主任王忠禹，国家教委主任朱开轩，国家科委副主任朱丽兰，农业部部长刘江，中共中央办公厅副主任胡光宝，国务院副秘书长李树文担任副主任，国务院有关部门及中宣部、团中央、全国妇联、北京市的负责同志担任委员。

筹委会下设办公室，国务院副秘书长李树文兼任办公室主任，并设副主任若干人。筹委会办公室设在全国总工会。

三、工作要求

评选、表彰全国劳动模范和先进工作者是我国各族人民政治生活中的一件大事。为切实做好这项工作，各省、自治区、直辖市人民政府和各有关部门，一定要加强领导，认真做好表彰大会的筹备工作。评选全国劳动模范和先进工作者，要面向基层，面向经济建设第一线。要评选坚持党的基本路线，一贯勤勤恳恳、任劳任怨、改革创新、事迹突出的先进人物。妇女、少数民族应占一定比例。通过评选活动，广泛宣传各行各业先进人物的模范事迹和崇高精神，动员广大群众以先进模范人物为榜样，努力工作，为夺取改革开放和现代化建设事业的新胜利而努力奋斗。

劳动模范和先进工作者评选条件、评选方法、评选数额分配等事项，由筹委会另行通知。

国家计委外经贸部中国人民银行海关总署和国家外汇管理局制定《一般商品进口配额管理暂行办法实施细则》

国家计委外经贸部中国人民银行海关总署国家外汇管理局制定《特定商品进口自动登记管理暂行办法》

国务院副总理兼外交部部长钱其琛等前往美国驻中国大使馆吊唁美国前总统理查德·尼克松

全国政协主席李瑞环在人民大会堂会见法国经社理事会主席马泰奥利

国务委员兼国防部部长迟浩田在广州会见芬兰国防军总司令扬·克伦贝格

中央军委主席江泽民中央军委副主席刘华清张震分别为广州军区某部"南海前哨钢八连"题词

中华全国新闻工作者协会第四届理事会第二次全体会议在北京开幕

中宣部副部长徐惟诚代表丁关根和中宣部向大会的召开表示祝贺。徐惟诚说，现在，摆在我们宣传思想战线面前的任务很明确，就是要适应新的形势，贯彻全党今年工作的基本方针，围绕全党工作的大局，做好"以科学的理论武装人，以正确的舆论引导人，以高尚的精神塑造人，以优秀的作品鼓舞人"的工作。

徐惟诚说，要提倡新闻单位领导、编辑、记者深入实际，深入群众，了解群众的意见和呼声，把握社会发展的趋向，见微知著，未雨绸缪，增强舆论引导的前瞻性和科学性。

徐惟诚说，记协工作是党的整个宣传思想战线特别是新闻战线的一个重要组成部分。要进一步做好记协的工作，抓住工作重点，发挥群众团体的优势，进一步做好新形势下的记协工作。

全国记协副主席李彦向大会作工作报告。

4月28日

首都庆祝"五一"国际劳动节大会在人民大会堂举行

中共中央政治局常委、全国政协主席李瑞环，中共中央政治局委员李岚清、尉健行等中央领导同"全国十大杰出职工"，全国劳动模范、先进工作者代表，港澳工会"五一"参观团的朋友和首都各界3500多名职工一起共庆节日。

全国总工会副主席、书记处第一书记张丁华主持会议。中共中央政治局委员、书记处书记、全国总工会主席尉健行作题为《工人阶级要做推动改革、促进发展、维护稳定的模范》的报告。

尉健行首先代表党中央、国务院,向全国各族工人、农民、知识分子和其他劳动群众,向英勇保卫祖国、保护人民和社会主义现代化事业的中国人民解放军、武警部队指战员和公安干警,致以节日的祝贺和亲切的问候!向在改革开放和社会主义现代化建设中作出突出贡献的劳动模范、先进集体,表示崇高的敬意!

尉健行指出,我国工人阶级有着光荣的历史。无论在革命战争年代,还是在和平建设时期,工人阶级都为人民的解放、民族的振兴作出了巨大贡献。党的十一届三中全会以来,工人阶级为改革开放和现代化建设建立了新的功勋。这充分显示了工人阶级作为改革和建设主力军的伟大作用。今天,我们庆祝"五一"国际劳动节,就是要进一步发扬工人阶级的优良传统,并以此激励亿万人民群众,为建设有中国特色的社会主义而努力奋斗。

尉健行说,改革是强国富民的必由之路。工人阶级要以改革为己任,锲而不舍,迎难而进,坚定不移地支持改革,积极主动地投身改革,不断把改革推向前进。国有大中型企业是国民经济的支柱,国有大中型企业的改革搞好了,才能充分显示社会主义制度的优越性,才能为工人阶级和广大人民群众当家作主奠定更加坚实的物质基础。工人阶级要为深化企业改革,加快建立现代企业制度,搞好国有大中型企业作出应有的贡献。

尉健行最后说,全心全意依靠工人阶级,是我们党始终坚持的一条根本指导方针。深化改革,促进发展,保持稳定,更要认真执行好这个方针。一切背离这个方针的思想和行动都是错误的。当前,要更多地关心亏损企业、停产半停产企业职工和生活困难职工以及离退休职工,积极采取措施,帮助他们解决困难。要深入扎实地实施"送温暖工程",努力为职工群众多办实事、好事。要认真研究和解决在发展社会主义市场经济过程中落实这一方针遇到的新情况、新问题,制定和完善有关法律法规,为贯彻这一方针提供保障。

全国总工会副主席杨兴富在会上宣读《中华全国总工会关于在全国职工中开展向"全国十大杰出职工"学习的决定》。

中办国办关于党政机关工作人员在国内公务活动中食宿不准超过当地接待标准的通知

中共中央政治局常委李瑞环在北京会见参加庆祝"五一"活动的95名全国劳动模范代表

全国总工会作出《关于在全国职工中开展向"全国十大杰出职工"学习的决定》

《决定》要求各级工会组织认真抓好这一群众性的学习活动,以推动社会主义物质文明和精神文明建设。

《决定》说,在改革开放和社会主义现代化建设的伟大事业中,我国工人阶级以高度的主人翁责任感和历史使命感,努力工作,忘我劳动,取得了光辉的成就和伟大的业绩。一大批先进模范人物脱颖而出,他们以崇高的思想道德和丰硕的劳动成果,为社会主义祖国的物质文明和精神文明建设作出了重大的贡献。

《决定》强调,学习"全国十大杰出职工",关键是学思想、学精神。要像他们那样,热爱党、热爱祖国、热爱社会主义,以坚定的共产主义信念和炽热的爱国热情在岗位上尽职尽责,为建设社会主义奋发图强;要像他们那样,锐意改革,开拓进取,为发展社会主义市场经济,早日跻身于世界强国的行列贡献力量;要像他们那样,以强烈的求知欲望,学习技术、学习科学、学习管理,不断增长才干,努力攀登世界科学技术的高峰;要像他们那样,树立良好的职业道德,敬业爱业,遵章守纪,立足本职,团结同志,不断加强行业的风气建设,全心全意为人民服务;要像他们那样,发扬集体主义精神,反腐倡廉,自觉抵制拜金主义、享乐主义、极端个人主义思想的侵蚀,把自己锻炼成"四有"新人。

《决定》要求把学习"全国十大杰出职工"同反腐倡廉、反对行业不正之风结合起来,要同反对各种腐朽的资产阶级思想结合起来,同维护社会安定结合起来,鼓舞、激励全国广大职工继承发扬工人阶级的优良传统,发挥工人阶级的主力军作用,以高度的主人翁责任感,肩负起改革开放、经济发展、社会进步和社会稳定的崇高历史使命,用实际行动推动社会主义市场经济体制的建立,推进建立现代企业制度的伟大进程。

全国总工会主席尉健行在北京会见香港和澳门工会"五一"参观团

国务院决定组建中国进出口银行

决定规定中国进出口银行是直属国务院领导的政策性金融机构,主要任务是执行国家产业政策和外贸政策,为机电产品和成套设备等资本性货物进出口提供政策性金融支持。

中国进出口银行的资本金由国家财政拨给。

佟志广任中国进出口银行董事长,雷祖华任中国进出口银行行长。

全国民航空防安全会议在福州召开

中国和哈萨克斯坦发表中国国务院总理李鹏访问哈萨克斯坦新闻公报

应哈萨克斯坦共和国总统努·纳扎尔巴耶夫的邀请，中华人民共和国国务院总理李鹏于1994年4月25日至28日对哈萨克斯坦共和国进行了正式访问。

李鹏总理同纳扎尔巴耶夫总统在友好、相互理解和信任的气氛中进行了小范围会谈和大范围会谈。

两国领导人就双边关系和双方感兴趣的地区及国际问题深入地交换了意见。双方对会谈结果表示满意，并强调，中哈两国愿意根据睦邻友好的精神进一步发展双边关系，在国际舞台上相互合作，以巩固亚洲的稳定与安全。中方对纳扎尔巴耶夫总统关于建立亚洲信任措施的倡议表示赞赏。哈方重申支持中国在台湾和西藏问题上的原则立场。双方一致表示反对民族分裂主义。

双方重申决心恪守和平共处五项原则和1993年纳扎尔巴耶夫总统访华期间签署的中哈联合声明的各项原则，保持、维护和发展中哈两国间长期稳定的睦邻友好、互利合作关系。双方认为，这不仅符合两国人民的根本利益，也有利于亚洲的和平、稳定与发展。

两国领导人高度评价签订的中哈国界协定，认为这一具有历史意义的文件是两国睦邻友好关系的证明。

双方同意进一步扩大两国经贸合作，并认为完善交通运输具有重要意义。双方签署了关于铁路运输合作的会谈纪要。

两国领导人表示愿意继续保持高层往来。李鹏总理转达了江泽民主席对纳扎尔巴耶夫总统的良好祝愿，并代表江主席邀请纳扎尔巴耶夫总统在方便时访问中国。

李鹏总理对哈萨克斯坦共和国政府和人民给予他及随行人员的热情友好款待深表谢意。

国务院副总理兼外交部部长钱其琛在中南海会见法国经社理事会主席马泰奥利

毛里塔尼亚总统塔亚在努瓦克肖特会见国务委员陈俊生和由他率领的中国政府农业代表团

4月29日

国务院总理李鹏同蒙古国总理彭·扎斯莱在乌兰巴托蒙古国国家宫举行会谈

李鹏在会谈时强调，中国政府在同蒙古的交往中将遵循以下5个基本点：一、坚持在和平共处五项原则基础上同蒙古国发展面向21世纪的睦邻友好合作。二、尊重蒙古的独立、主权和领土完整，尊重蒙古人民对自身发展道路的选择。三、在平等互利的基础上开展经贸合作，促进共同发展和繁荣。四、希望东亚地区保持和平稳定，赞赏蒙古为维持本地区和平稳定所作出的积极努力。支持蒙古成为无核区，以及关于不在蒙古领土部署外国军队、核武器及其他大规模杀伤性武器，不允许其通过本国领土的政策。五、中国政府也愿意看到蒙古同其他国家发展友好合作关系。李鹏总理说，巩固和发展中蒙睦邻友好关系不仅符合两国人民的根本利益，也有利于本地区的和平、稳定与发展。

李鹏说，1960年周恩来总理访蒙期间签署的中蒙友好互助条约曾经为发展两国关系奠定基础。现在两国和国际形势发生了很大的变化。考虑到蒙方的愿望，为进一步发展中蒙友好关系，我们双方对条约作了修订、完善，今天将正式签署新的友好合作关系条约。李鹏总理说，这个条约的签订是两国关系史上划时代的事件，它从法律上把中蒙友好合作关系固定了下来，为开辟两国关系的未来提供了新的政治基础，也是规范我们双边各项事务的基本原则。这一条约将使中蒙两国成为更好的邻居和朋友。

在谈到两国的经贸合作关系时，李鹏说，中蒙两国的贸易关系发展很快，双边贸易额基本平衡。两国签署了一系列的务实协定，开放了许多边境口岸。中国已成为蒙古第二大贸易伙伴。中国今后愿继续与蒙古国发展互利合作。李鹏总理说，中国已经实行社会主义市场经济，双方今后不仅要发展政府间的合作关系，还应推动企业界的平等互利合作。在经济合作方面，两国还可以发展合资、独资企业，进一步扩大两国的合作领域。

国务院总理李鹏在蒙古国乌兰巴托国家宫会见蒙古国总统奥其尔巴特

国务院总理李鹏在乌兰巴托会见蒙古国大呼拉尔主席那·巴嘎班迪

中国蒙古在乌兰巴托签署友好合作关系条约

《中华人民共和国和蒙古国友好合作关系条约》下午正式签署。李鹏总理和彭·扎斯莱总理分别代表两国政府在条约上签字。

该条约是在1960年签订的中蒙友好互助条约的基础上修订并签署的。

今天，中蒙双方还签署了两国政府文化协定、经济技术合作协定、保护和利用边界水协定、动物检疫和兽医工作合作协定及保证进出口商品质量和相互认证的合作协定等一系列文件。

李鹏总理、奥其尔巴特总统、扎斯莱总理和巴嘎班迪主席出席了签字仪式。

中华人民共和国和蒙古国友好合作关系条约

中华人民共和国和蒙古国(以下简称"缔约双方")鉴于1960年5月31日缔结的中华人民共和国和蒙古人民共和国友好互助条约对发展两国关系所起的重要作用;

愿意巩固和加强中蒙两国人民之间的传统友谊;

深信进一步加强中蒙两国的睦邻友好合作关系符合两国人民的根本利益,有利于亚太地区的和平、稳定与发展;

重申遵循联合国宪章的宗旨和原则;

为此,决定修订中华人民共和国和蒙古人民共和国友好互助条约,并达成协议如下:

第一条

缔约双方应在互相尊重独立、主权和领土完整、互不侵犯、互不干涉内政、平等互利、和平共处原则基础上发展两国睦邻友好合作关系。

第二条

一、缔约双方将就发展双边关系经常进行磋商,以促进两国议会、政府机关、社会团体和地方之间关系的发展。

二、缔约双方将在政治、经济、贸易、文化、教育、科技、卫生、环保、交通、邮电等领域长期稳定地发展平等互利合作。

第三条

一、缔约双方将就亚太地区以及共同关心的其他国际问题根据需要进行磋商。

二、缔约双方将在联合国及其他国际组织范围内进行合作,以促进各国间合作关系的发展,推动地区及世界性紧迫问题的解决。

第四条

缔约双方不参加任何针对对方的军事政治同盟;不同第三国缔结任何损害另一方国家主权和安全的条约;任何一方均不得允许第三国利用其领土损害另一方国家主权和安全。

第五条

本条约不涉及缔约双方根据同其他国家签订的双边和参加的多边条约所承担的义务。

第六条

本条约长期有效,经缔约双方同意,可对本条约进行补充或修改。缔约任何一方可提前一年书面通知缔约另一方终止本条约。

本条约须经批准,并自互换批准书之日起生效。

本条约于1994年4月29日在乌兰巴托签订,共两份,每份都用中文和蒙文写成,两种文本同等作准。

中华人民共和国
国 务 院 总 理 李 鹏

蒙古国政府总理 彭·扎斯莱

中国和蒙古国就李鹏访问蒙古国在乌兰巴托发表联合新闻公报

一、应蒙古国总理彭·扎斯莱的邀请,中华人民共和国国务院总理李鹏于1994年4月28日至29日对蒙古国进行了正式访问。

蒙古国总统彭萨勒玛·奥其尔巴特和国家大呼拉尔主席那楚克·巴嘎班迪分别会见了李鹏总理。李鹏总理同彭·扎斯莱总理举行了会谈。在会见和会谈中,双方相互通报了各自国内情况和对外政策,并就进一步发展中蒙关系和共同关心的国际问题交换了意见。会见和会谈是在诚挚、友好的气氛中进行的,并取得了广泛共识。访问期间,双方还签署了中华人民共和国和蒙古国友好合作关系条约,中华人民共和国政府和蒙古国政府文化合作协定、经济技术合作协定、保护和利用边界水协定、动物检疫和兽医工作合作协定及保证进出口商品质量和相互认证的合作协定等一系列文件。

二、双方对中蒙关系近年来的顺利发展感到满意,并一致认为,在和平共处五项原则基础上进一步发展面向21世纪的中蒙睦邻友好合作关系,完全符合两国人民的根本利益,也有利于亚太地区的和平、稳定和发展。

三、双方一致指出,1960年签订的中蒙友好互助条约曾为发展两国关系发挥了重要作用,在此基础上修订并签署的中华人民共和国和蒙古国友好合作关系条约为进一步开辟两国睦邻友好合作的未来提供了新的法律保证,确定了发展两国关系的基本原则。

四、中国方面重申,尊重蒙古国的独立、主权、领土完整及无核区地位。蒙古国阐述了关于不在本国领土驻扎外国军队、部署核武器和其他大规模杀伤性武器以及不允许其经过本国领土的政策,中国对此表示尊重。蒙古方面重申,中华人民共和国政府是代表中国的唯一合法政府,台湾是中华人民共和国领土不可分割的一部分。

五、双方一致认为,中华人民共和国国务院总理李鹏的访问取得了圆满成功,对进一步扩大和发展中蒙友好关系具有重要意义。中华人民共和国国务院总理李鹏感谢蒙古政府和人民热情友好的接待,邀请蒙古国总理彭·扎斯莱在方便的时候正式访问中华人民共和国。

彭·扎斯莱对此表示感谢，并愉快地接受了邀请。

全国人大常委会委员长乔石在人民大会堂会见日本国会参议院议长原文兵卫和夫人

中国妇联获莫里斯·佩特奖

联合国儿童基金会宣布将本年度的莫里斯·佩特奖授予中华全国妇女联合会，以奖励它在促进中国妇女和儿童的福利方面所发挥的杰出的领导作用。

中央统战部发言人就西藏自治区的发展建设和中央政府对达赖喇嘛的政策等问题答新华社记者问

今年 5 月 23 日是西藏和平解放 43 周年纪念日。日前，中央统战部发言人接受了新华社记者的采访，就西藏自治区的发展建设和中央政府对达赖喇嘛的政策等问题发表谈话。

问：43 年来，西藏发生了哪些深刻的变化？

答：1951 年 5 月 23 日，中央人民政府与西藏地方政府签订了和平解放西藏办法的“十七条协议”，实现了西藏的和平解放。西藏的和平解放是中国人民解放事业的重要组成部分。西藏人民从此和祖国各兄弟民族一样，充分享受到民族平等的一切权利，开始走上了自由幸福的光明大道。

43 年来，西藏经历了从极端落后的封建农奴制状况走向现代化的天翻地覆的变化。百万农奴翻身做主人，大批藏族工人、知识分子和干部成长起来，担负起建设和管理西藏的重任。在中央政府的帮助支持下，在各兄弟省市的支援协作下，通过西藏人民的共同努力，西藏的各项建设事业有了很大发展。1993 年，粮食产量达 62 万吨，创历史最高水平；牲畜发展到 2320 万头(只)；现代工业从无到有，初具规模，总产值达 4.7 亿元；能源、交通、邮电通讯条件大为改善。在经济发展的同时，藏族优秀的传统文化得到继承和发展。教育、科学、文化、卫生等项事业都取得了长足的发展和进步。人民生活水平显著提高，藏族人口从五十年代的 100 万增长到现在的 300 多万。党和国家的民族、宗教政策得到西藏人民和各界爱国人士的衷心拥护。西藏处处呈现出生机勃勃、欣欣向荣的景象。西藏人民为维护祖国统一、民族团结，为国家的现代化建设作出了重要贡献。

今后，在改革开放、建立社会主义市场经济体制的过程中，中央政府将继续实行有利于西藏经济发展，有利于改善西藏人民生活的各项政策，继续动员全国各族人民大力帮助西藏，加快发展，同时把中央政府的帮助与西藏地方的自我发展相结合，与改革的大环境相衔接，增强西藏发展的实力、活力和后劲，走向富裕。

问：西藏作为中国不可分割的一部分，这是历史事实。但是，时至今日，达赖喇嘛仍流亡国外从事分裂祖国的活动。请问中央政府对达赖喇嘛的政策是什么？这些政策现在有没有变化？

答：中央政府对达赖喇嘛和跟随他的一些人的原则立场和基本态度是一贯的、明确的，始终没有变化。只要达赖喇嘛承认西藏是中国不可分割的一部分，彻底放弃“西藏独立”的主张，停止从事分裂祖国的活动，中央政府欢迎他早日结束流亡生活，回归祖国，为维护祖国统一、民族团结和发展经济作贡献，为西藏人民的富裕、幸福做些有益的事情。

1979 年，邓小平同志就曾明确地对达赖喇嘛的私人代表说过：“根本问题是，西藏是中国的一部分，对与不对，要用这个标准来判断。”1991 年 5 月 19 日，李鹏总理答新华社记者问时，再一次重申了中央的政策，指出：“我们的根本原则只有一条，即西藏是中国不可分割的一部分。在这个根本问题上没有任何讨价还价的余地。中央政府一贯表示愿意同达赖喇嘛进行接触，但是达赖喇嘛必须停止从事分裂祖国的活动，改变‘西藏独立’立场，除了‘西藏独立’不能谈，其他问题都可以谈。”中央政府的上述政策没有变化。

西藏事务是中国的内政。任何把“西藏问题国际化”的企图都不可能得逞，并为中国人民所坚决反对。

问：据外电报道，达赖喇嘛最近到处声称，他是按“除了‘西藏独立’不能谈，其他问题都可以谈”的谈判框架，“在一系列行为和建议上作出了最大的让步”，果真如此吗？

答：如果达赖喇嘛真正放弃了“西藏独立”的立场，那将是他最大的进步。遗憾的是，至今我们并没有看到这种进步的迹象。达赖喇嘛流亡国外之后，从来没有承认西藏是中国不可分割的一部分，没有停止从事分裂祖国的活动。他的这种说法那种建议，步步都在围绕着“西藏独立”兜圈子。最近他还在称西藏为“被占领的国家”，说“我坚信，……将最终命名我们被占领的国家获得应有的自由和和平”。他的那些所谓“让步”不过是策略手法的调整，实质上仍在坚持“西藏独立”的主张。

问：据说中央政府在同达赖喇嘛的谈判问题上作了很多努力，而达赖喇嘛却多次指责中央政府不愿与他接触谈判，事实真相怎样？

答：达赖喇嘛至今仍未放弃“西藏独立”的主张，这是影响谈判的最大障碍。为了促成通过谈判，解决达赖喇嘛和跟随他的一些人放弃独立主张、回归祖国的问题，中央政府进行了种种努力，体现了充分的诚意和耐心。

自 1979 年以来，中央政府有关部门曾多次同意并接待了达赖喇嘛的私人代表回国,认真听取来人向中央政府反映达赖喇嘛的想法。来人还受到过中央政府有关领导同志的接见。

1989年初,班禅大师圆寂。中国佛教协会会长赵朴初居士亲自将一封邀请信交到达赖喇嘛的私人代表手中,邀请达赖喇嘛回国参加班禅大师的追悼活动。这次纯属宗教事务的邀请,给达赖喇嘛提供了一个在流亡30多年后,同国内佛教界人士见面的良机。然而,达赖喇嘛拒绝了这次邀请。

1989年下半年,随着国际形势的变化,达赖喇嘛一度中断了与中央政府的联系。同年,达赖喇嘛在他写的《流亡中的自由》一书所附的地图中,公然把中国分成了"西藏、新疆、蒙古、满洲"等"几大块"。

由于中国国内的形势并没有按照达赖喇嘛所预言的方向发展,1992年,达赖喇嘛又要求恢复与中央政府的联系。1992年、1993年中央政府有关部门两度接待了达赖喇嘛的私人代表。

中央政府之所以没有对外公布十几年来与达赖喇嘛私人代表接触谈话的情况,是因为中央政府有关部门在同达赖喇嘛的私人代表历次接触时都曾说明,目前的接触属于秘密接触,不对外公布。达赖喇嘛的私人代表对此也作了承诺。令人遗憾的是,达赖喇嘛方面却多次违背承诺,不仅向外公布接触情况,而且对谈话内容做歪曲宣传,企图混淆视听。

问:为什么双方的接触至今没有结果呢?

答:事实说明,双方过去的接触没有结果,现在谈判不能进行的原因,在于达赖喇嘛方面在"西藏是中国不可分割的一部分"这个根本原则问题上,没有与我们取得共识。他们甚至把中央政府所坚持的这条根本原则说成是"谈判的先决条件和障碍"。我们认为,这条根本原则绝不是所谓妨碍谈判的先决条件和障碍,而是谈判的基础和取得成果的保证。

问:看来谈判不能进行的责任确实在达赖方面。但这样僵持下去,事情还有无可能取得进展?

答:中国有句俗话:"瓜熟蒂落,水到渠成"。任何事情都有其自身的发展规律,有些事情不发展到一定程度还不能让人看得明白、受到教育。中央政府仍将以充分的诚意和耐心,继续作出努力。达赖喇嘛毕竟是一个中国人,我们仍然希望他在有生之年能够放弃独立主张,结束流亡生活,回归祖国。谈判是为解决这个问题作出安排的唯一适当的办法。希望达赖喇嘛审时度势、顺应潮流,作出正确选择。

中国监察学会在北京召开常务理事会

为贯彻落实党中央关于今年反腐败斗争的部署,研究监察学会如何在新形势下反腐败斗争中发挥积极作用,中国监察学会常务理事会近日在京召开。中央纪委副书记、监察部部长、中国监察学会名誉会长曹庆泽,中央纪委副书记、中国监察学会会长徐青分别在会上讲话。

中宣部司法部发出《关于组织好市场经济法律知识宣传教育的通知》

中共中央宣传部、司法部近日发出通知,要求各级党委宣传部门和司法行政机关组织好社会主义市场经济法律知识的宣传教育,更好地为建立和完善社会主义市场经济体制服务。

《通知》说,党的十四届三中全会通过的《关于建立社会主义市场经济体制的决定》,明确提出了我国建立社会主义市场经济体制的蓝图,标志着我国经济体制改革进入了整体推进和重点突破相结合的新阶段。这一方面要求加快经济立法的步伐,另一方面要求学会用法律手段管理经济和其他各项事业。近年来,我国已陆续出台和修改了一批有关市场经济的法律、法规。根据本届全国人大的工作目标,未来几年将初步形成规范社会主义市场经济的法律框架。面对我国加快社会主义市场经济立法步伐的新形势,进一步搞好市场经济法律知识的宣传教育,提高广大干部群众的市场经济法制观念,已成为法制宣传教育工作的一项重要而紧迫的任务。

《通知》要求各级党委宣传部门和司法行政机关要充分认识搞好社会主义市场经济法律知识宣传教育的重要性,在"二五"普法的后两年,突出抓好与市场经济密切相关的法律、法规的宣传和学习,尤其对涉及人民群众切身利益的法律、法规,要深入地进行宣传。在专业法学习中,也要突出市场经济法律、法规的内容。

国务院副总理兼外交部部长钱其琛在北京会见香港旅游业议会访问团

国务院副总理李岚清在广东调查研究

李岚清4月29日至5月3日在广东省调查研究时指出:今年的外贸形势较好。但值得注意的是换汇成本增加较快,必须严厉禁止抬价争购、压价竞销,否则将会产生出口后劲不足的严重后果。外经贸部今年实行十几种出口商品有偿招标,取得很好效果,有助于抑制抬价争购和压价竞销,要总结经验,尽快推广;同时,要采取有效措施,防止国有外贸企业国有资产流失和变相流失,要通过改革来增强活力,保证国有资产的保值、增值,关键是转换企业经营机制。他希望金融部门要对那些出口收汇好、效益好的外贸企业提供必要的流动资金。改革开放先行一步的地区要积极地进一步完善投资环境，特别是完善软环境，为我国发展外贸和引进外资探索新路子。

李岚清说，为建立社会主义市场经济体制的基本框架，中央今年推出财税、金融、现代企业制度、投资体制、外贸外汇等一系列重大的改革措施，从前四个月的情况来看，运行比较平稳。目前面临的困难和问题，主要不是改革本身带来的，而是改革深化后使旧体制固有的弊端暴露出来。要解决问题，退回去没有出路，关键是要靠深化改革，转换机制，各级领导一定要把如何搞活国有企业作为一个重要问题提到议事日程上来。他仔细地听取并同大家共同研讨搞活国有企业特别是国有外贸企业的思路。

在谈到特区今后的发展方向时，李岚清指出，经过15年发展，特区正面临从过去减税让利等特殊政策、灵活措施向主要靠完善机制、自我积累、自我发展的大转变。特区要特，必须要按照国际惯例进一步完善投资环境，特别是软环境，利用外资要上水平、上档次，按照我国的发展战略和产业政策，重点吸引大财团、跨国公司来投资。与此同时，国内改革的试点及国际上适用于我国的好经验要在特区先试行一步。

李岚清还十分关注教育的投入及教师的待遇尤其是住房等问题。在中山市考察路过居民住宅区时，他主动要求到退休教师家里访问，看到一位退休老教师由于政府给予优惠政策而达到人均13平方米以上的住房面积时，他十分高兴，对中山市采取特别优惠政策解决教师住房的经验予以充分肯定。与暨南大学领导座谈时，李岚清强调大学要以提高教学质量和办学效益为目标进行改革，探索一条调动各方面积极性，加强国内外合作办学的新路子，大力培养发展适应社会主义经济要求，既懂经济贸易，又懂一些工业技术的复合式人才。在各级政府加强教育投入的同时，学校也要加快自身改革。他对广东省近年来重视教育的做法十分称赞。

李岚清还谈到要长期、不断地打击走私活动，保税区要按国际惯例发挥好仓储、转口贸易、来料加工三大功能等问题。

国务院副总理兼外交部部长钱其琛在钓鱼台国宾馆会见日本国国会参议院议长原文兵卫

巴西里约热内卢州州长尼罗·巴蒂斯塔在州首府会见中共中央政治局常委胡锦涛和由他率领的中国共产党代表团

中国石油天然气总公司和美国阿莫科公司签署《关于鄂尔多斯盆地南部地区煤层气研究合作意向书》

中国和印尼在雅加达签署经济社会文化合作协议

4月30日

国家主席江泽民出席上海市群众歌会与上海人民共庆“五一”国际劳动节

国务院总理李鹏在内蒙古自治区考察

李鹏在结束对中亚四国和蒙古国的访问后，于4月30日至5月3日在内蒙古自治区进行工作考察。在自治区党委书记王群和自治区政府主席乌力吉陪同下，李鹏考察工厂企业、微波通信设备和建设中的大型坑口电站，冒雨参观成吉思汗陵，并访问牧民家庭。

5月3日上午，李鹏听取了自治区党委和政府领导同志的工作汇报。他首先肯定了内蒙古自治区各族人民在邓小平同志建设有中国特色社会主义理论指引下，在改革开放和经济建设中所取得的重大成绩。李鹏说，党的十一届三中全会以来，我先后来过内蒙古六次，目睹了内蒙古发生的巨大变化。内蒙古由过去缺粮到现在粮食自给有余，这是一个了不起的成就。畜牧业也有很大发展。包钢的钢产量由1989年的100多万吨增长到现在年产300万吨。内蒙古利用丰富的煤炭资源，建设大型坑口电站，不仅解决了自己用电，而且向京、津、唐电网提供了日益增多的电力。他指出，变运煤为输电，这是内蒙古经济上的一个战略转变。李鹏说，看到内蒙古政治稳定，民族团结，经济发展，人民生活水平提高，非常高兴。在谈到内蒙古的经济工作时，李鹏强调，要进一步抓好农牧业生产。随着中国人口的增加，对粮食的需求将进一步增长。一是要改造中低产田，提高单产；二是在有条件的地方增加耕地。内蒙古在这方面是有潜力的，希望内蒙古成为农牧业商品生产基地。针对内蒙古国有重工业比例较大的特点，他要求下大力量切实抓好国有大中型企业，要认真分析国有大中型企业的状况，对存在的问题找出具体解决办法。要树立搞好国有大中型企业的信心，事实上内蒙古就有不少国有大中型企业是搞得好的，要总结推广这些企业的经验。但是，目前内蒙古还有不少企业由于多种原因经营状况不好，困难较多，自治区政府有责任帮助它们，企业本身也要发扬自力更生精神，努力转变经营机制，逐步摆脱困境。内蒙古资源丰富，随着经济发展，资源优势正在变为经济优势，在以江泽民同志为核心的党中央领导下，依靠各民族干部群众团结奋斗，经济振兴大有希望。

李鹏强调指出，内蒙古的民族团结是好的。我国是一个多民族国家，民族团结是搞好各项工作的一个重要条件。希望内蒙古自治区进一步发展民族团结的大好形势，实现共同繁荣富裕。

随同李鹏总理在内蒙古考察工作的国务委员兼国家民委主任司马义·艾买提在听取工作汇报后说，我国各民族平等团结，互相合作，正在共同发展进步。但由于民族问题的长期性、复杂性，我们必须始终重视维护民族团结，为我国的改革开放和经济建设创造良好的社会环境。他强调，加强民族团结要充分依靠各民族的干部群众；各族人民要把维护祖国统一和民族团结作为公民应尽的法律义务和道德责任；对民族间的人民内部矛盾要依法及时、稳妥地加以解决；各族各级干部要做维护祖国统一和民族团结的带头人；积极发展少数民族地区的经济和各项社会事业，不断增强各民族团结的经济基础。

随同李鹏总理考察工作的还有国务院有关部门负责人叶青、韩杼滨、姚振炎、王梦奎、姜云宝等。

国务院总理李鹏在内蒙古参加自治区庆祝“五一”国际劳动节活动并会见劳动模范

全国总工会在民族文化宫礼堂举行“五一”慰问劳模文艺晚会

全国总工会在北京举行“做主人、议大事”全国劳模座谈会

中国记协第四届理事会第二次会议在北京闭幕

会上提出坚持正确舆论导向，加强新闻队伍建设的要求。

中华全国新闻工作者协会第四届第二次全体会议修订《中国新闻工作者职业道德准则》

中国新闻事业是中国共产党领导下的社会主义事业的重要组成部分。新闻工作者要适应新形势的需要，努力宣传马列主义、毛泽东思想和邓小平同志建设有中国特色社会主义的理论，宣传党和政府的方针政策，报道新闻和传播信息，反映并引导社会舆论，充分发挥党和人民的耳目喉舌作用，推进社会主义市场经济、社会主义民主法制和社会主义精神文明建设，为实现我国的社会主义现代化宏伟目标而努力奋斗。

新闻工作者要忠诚于社会主义新闻事业，坚持党的基本路线，坚持为人民服务、为社会主义服务的方向，解放思想，实事求是，发扬党和人民新闻事业的优良传统和优良作风，反对拜金主义、享乐主义、极端个人主义，加强职业道德修养。

一、全心全意为人民服务

全心全意为人民服务是我国新闻工作的根本宗旨。

新闻工作者要在党的领导下，坚持正确的舆论导向，发挥党和政府密切同人民群众联系的桥梁、纽带作用，坚持对党与国家负责和对人民负责的一致性。

努力使党和政府的政策主张及时、准确、广泛地同群众见面，为人民群众提供履行主人翁的职责、参加政治、经济、文化等社会生活以及了解世界所需要的新闻和信息，讴歌他们建设社会主义的创造才能和劳动业绩，正确反映他们的愿望、呼声和要求。

支持符合人民利益的正确思想和行为，勇于批评、揭露违背人民利益的错误言行和消极腐败现象，积极发挥舆论监督作用。

满腔热情地做好群众工作，密切联系群众，重视群众来稿，妥善处理群众有关建议、批评、申诉和检举的来信、来访，开展多种多样为受众服务的活动。

二、以社会效益为最高准则

新闻工作者要正确处理社会效益与经济效益的关系，把社会效益放在第一位，在这个基本前提下实现经济效益和社会效益的统一。新闻、言论、图片和音像要弘扬爱国主义、集体主义、社会主义，动员和团结全国各族人民投身到建设祖国、振兴中华的伟大事业中来。要坚持正面宣传为主的方针，对社会负责，对群众负责，以有利于发展社会主义社会的生产力，有利于坚持四项基本原则和坚持改革开放，有利于维护社会稳定，有利于提高整个中华民族的思想道德素质和科学文化素质。新闻报道不得宣扬色情、凶杀、暴力、愚昧、迷信及其他格调低劣、有害于人们身心健康的内容，要促进积极向上、健康文明的社会风尚。

新闻报道要严格遵循国家的民族政策和宗教政策，维护国家利益，维护民族团结，维护和促进祖国统一。

三、遵守法律和纪律

新闻工作者必须在宪法和法律的范围内活动，自觉遵守宪法、法律及宣传纪律。

坚定地宣传、贯彻党中央的路线、方针、政策，不得利用自己掌握的舆论工具，宣传同中央决定相违背的内容。

维护宪法规定的公民权利，不揭人隐私，不诽谤他人，要通过合法和正当的手段获取新闻，尊重被采访者的声明和正当要求。

维护司法尊严。对于司法部门审理的案件不得在法庭判决之前作定性、定罪或偏袒的报道；公开审理案件的报道，应与司法程序一致。

保守党、国家、军队和科技、金融、商情等秘密，注意保护国家的利益和安全。

维护新闻工作者合法权益,维护包括申诉权在内的应有权利。

四、维护新闻的真实性

真实是新闻的生命。新闻工作者要坚持实事求是,深入实际,深入群众,加强调查研究,不得捕风捉影,不得想象虚构,不得弄虚作假,不得为追求轰动效应而歪曲事实。

力求全面地看问题,防止主观性、片面性、绝对化,努力做到从总体上、本质上把握事物的真实性。

工作要认真负责,避免报道失实。如有失实,应主动承担责任,采取补救措施。

五、坚持客观公正的原则

新闻工作者要坚持辩证唯物主义和历史唯物主义的观点,从人民的根本利益出发,按照事物的本来面目反映事物,做到客观公正。

采写和发表新闻,不得从个人或小团体私利出发,不得利用自己掌握的舆论工具发泄私愤,或作不公正的报道。

贯彻"百花齐放、百家争鸣"方针,尊重科学,尊重实践,对于有争议的学术问题,不任意褒贬,不武断偏袒。

六、保持廉洁奉公的作风

新闻工作者要坚持和发扬艰苦朴素的优良传统,廉洁自律,自觉遵守财经纪律和财务制度。

克服行业不正之风。不刊发各种形式的"有偿新闻",不得以新闻或版面做交易,索要钱物,牟取私利。不得以任何方式接受被报道地区、单位和个人的礼金或有价证券。

新闻活动和经营活动要严格分开。记者编辑不得从事广告或其他经营活动,从中牟利。

保持勤俭作风,不得向采访地区或单位提出生活接待方面的特殊要求。

七、发扬团结协作精神

团结协作,发挥整体优势,是社会主义新闻工作的一大特色。新闻工作者要谦虚好学,向群众学习、向实践学习、向同行学习。同行之间应建立平等、团结、友爱、互助的关系,提倡正当的业务竞争,反对从个人或小团体私利出发,故意给同行制造困难,败坏同行声誉。

尊重同行和其他作者的著作权,反对抄袭、剽窃他人的劳动成果。

八、增进同各国新闻界的友谊与合作

新闻报道应在和平共处五项原则的基础上增进各国人民之间的了解、友谊和合作,尊重各国的主权和民族传统,反对霸权主义和强权政治,维护世界和平,促进共同发展。

发展同各国新闻界的交流与合作,在相互交往中互尊互重,维护祖国和中国新闻工作者的尊严。

第七十五届广交会闭幕

《人民日报》发表社论《加强睦邻友好促进互利合作——热烈祝贺李鹏总理五国之行圆满成功》

中国发明协会会长中国科学院院士武衡获伊菲亚杯奖

在维也纳日前召开的国际发明家协会联合会大会上,武衡获得特别奖——伊菲亚杯。

5月1日

《人民日报》发表社论《工人阶级是改革、发展和稳定的主力军——庆祝五一国际劳动节》

在这充满勃勃生机的春天里，在抓住机遇，深化改革，扩大开放，促进发展，保持稳定的奋斗中，全世界劳动人民的共同节日——五一国际劳动节来到了，我们谨向全国各族工人、农民、知识分子，向全体劳动者，致以节日的问候！

今年是我国加快建立社会主义市场经济体制的关键一年。要在保持经济持续、快速、健康发展的前提下进行经济体制改革，又要在加速经济体制改革的情况下实现经济持续、快速、健康发展，需要我们做大量的工作，把握好改革、发展与稳定的关系，这对于把握大局、做好今年的工作至为重要。必须坚定不移地依靠工人阶级，在深化改革、促进发展和保持稳定中充分发挥工人阶级主力军作用。

在改革中发挥工人阶级主力军的作用，就要广泛深入地宣传党的十四大精神和十四届三中全会决定，使广大职工理解改革，支持改革，参与改革，推进改革。工人阶级是先进生产力的代表，过去如此，现在如此，将来仍是如此。转换企业经营机制，建立现代企业制度，是实行体制转轨的重要一环。它与企业职工的切身利益息息相关，也只有得到广大职工的理解和支持才能成功。改革不仅不是要改变职工主人翁的地位，而且是为了更好地调动和发挥职工的积极性，增强企业在日趋激烈的市场竞争中的生机和活力。在企业改革的过程中，要积极探索民主管理和民主监督的新形式，确保职工的主人翁地位，行使应有的权利，履行自己的义务。

在发展中发挥工人阶级主力军的作用，就要把广大职工的积极性、主动性、创造性引导到增加生产、厉行节约、提高质量、增加品种、提高效益、革新技术上来，引导到办好企业、促进生产力的发展上来。统计数字表明，全国职工的劳动创造约占国内生产总值的70%、国家财政收入的90%以上。十余年来我国经济实力和综合国力显著增强，取得了举世瞩目的成就，特别是近两年来连续保持了经济的高速增长，同工人阶级的辛勤劳动是分不开的。今后，工人阶级也将不断为中华民族的振兴作出新的贡献。

在保持稳定中发挥工人阶级主力军作用，就要切实保障宪法和法律赋予工人阶级的正当权益。我国是工人阶级领导的、以工农联盟为基础的人民民主专政的社会主义国家，工人阶级对于国家的长治久安、兴旺发达负有重大的责任。要讲理想，讲纪律，讲团结，讲大局，自觉地以个人利益服从集体利益，以局部利益服从整体利益，以眼前利益服从长远利益，努力维护社会稳定，维护安定团结的政治局面。

处在伟大社会变革当中的中国工人阶级，要肩负起重大的历史使命，就要加强学习，全面提高自身的素质。要认真学习《邓小平文选》第三卷，以邓小平建设有中国特色社会主义的理论武装自己的头脑，提高贯彻党的基本路线的自觉性和坚定性，在两个文明建设中发挥积极作用。要学一点社会主义市场经济的基本知识、基本理论和法律知识，在经济体制转轨中做到头脑清醒，明确自己在改革中所处的地位和应当发挥的作用。要努力学习经营管理知识和科学技术知识，提高进行社会主义现代化建设的本领。

关心职工生活，为职工排忧解难，是使工人阶级更好地发挥主力军作用的重要保证。由于种种原因，目前有部分职工生活提高不快，甚至遇到一些暂时的困难。各级党委、政府和工会组织要以高度负责的精神，关心他们的生活，下大力气帮助他们克服困难。根本的出路还在深化改革，发展经济。在这过程中有的问题一时难以解决或难以完全解决，要做好解释工作。党中央一再指示各级党组织和领导干部，要全心全意为人民服务，密切联系群众，关心群众生活。各级工会组织要倾听群众的呼声，如实及时地向党政部门反映，并且尽心竭力地帮助群众。最近，全国总工会在全国范围内实施了“送温暖工程”，发动社会各界为困难职工和困难企业排忧解难。这对于提高企业职工战胜困难的信心和勇气是很必要和及时的。各级党委、政府和全社会都要积极支持这项工程，把党和政府的温暖送到困难职工的心坎上。

全国广大的工人、农民、知识分子以及全体劳动者在以江泽民同志为核心的党中央领导下，更紧密地团结起来，用我们坚韧不拔、锲而不舍的奋斗精神，用我们的智慧和汗水，在改革与建设的实践中，创造我们国家光明灿烂的未来，创造亿万劳动者光明灿烂的未来！

5月2日

中共中央总书记江泽民国务院总理李鹏分别为在四川江津的聂荣臻元帅陈列馆题词

聂荣臻元帅陈列馆在四川省江津市奠基

中国银行发行港币庆祝典礼和剪彩仪式在香港中银大厦举行

中国银行董事长王启人，中国人民银行副行长陈元，全国政协副主席安子介、霍英东，国务院港澳办主任鲁平，新华社香港分社社长周南等 200 多名嘉宾出席庆典。

王启人在庆祝典礼上致辞表示，中国银行成为发钞银行之后，将严格按照香港的金融法规运作，并与汇丰银行和渣打银行一道，为香港金融市场的稳定繁荣做出自己应有的贡献。

中国银行发行的港币在香港正式流通。

香港特别行政区筹委会预备工作委员会政务专题小组第七次会议在香港召开

会议于 2 日至 3 日召开。在为期两天的会议中，委员们交换对香港当前形势的看法，进一步讨论香港特别行政区第一届立法会的组建问题，并讨论香港特别行政区在北京设立办事处的问题。

在谈到英国下议院外委会最近发表的关于英中关系的报告时，委员们指出，这份报告充分暴露英方企图将英国对香港的控制和影响延续至九七年后的真实用心。他们认为，报告对基本法有关条款的攻击也是十分荒谬的。委员们还指出，在中英没有就香港 1994/1995 年选举安排达成协议的情况下，依照香港立法局通过的有关选举法案产生的香港最后一届立法局已无“直通车”可言，也不存在某一部分议员不能过渡而另一部分可以过渡的可能性。

香港特别行政区筹委会预备工作委员会副主任兼秘书长鲁平、副主任周南出席这次会议。会后，委员们还将在香港开展咨询活动，广泛听取香港各界人士对预委会工作的建议以及如何实现香港平稳过渡等方面的意见。

美国总统克林顿在华盛顿白宫会见国务院副总理邹家华

克林顿说，中国是一个非常重要而伟大的国家。它在世界上历史最悠久，文化最丰富。无论是美国政府，还是他本人，都非常重视发展同中国的友好关系。美中两国应该在维护世界和平与促进经济发展方面成为合作的伙伴，美国愿意参与中国发展事业。美中两国应该建立诚恳和相互尊重的关系。无论是美国政府，还是他本人，都愿意与中方作出共同努力，克服现存的分歧，使两国关系获得进一步的发展。

邹家华说，在中美关系上，中国一向持认真、积极和向前看的态度。他此次访美的主要目的就是要增加相互了解，促进中美友谊，发展互利合作。他指出，长期以来，中方为两国关系的改善和发展作出了持续不懈的巨大努力。中国是从长远和全世界的广阔角度来看待和处理中美关系的，认为中美之间确实存在着广泛的共同利益，中美关系搞好了，不断增强和扩大各个领域的互利合作，不仅对中美两国人民有好处，对全世界人民也都有好处。当前，中美关系处于关键时期，双方在一些问题上仍存在分歧，但双方的共同利益远远超过分歧，希望双方能多寻求共同点，多发展共同利益，尽早结束过去的纠葛，恢复和加强两国在各个领域的交流与合作，开辟中美关系的未来。

全国总工会主席尉健行在北京会见由理事会主席胡尔加尔·加马洛夫率领的乌兹别克斯坦工会联合会代表团

巴布亚新几内亚代总督比尔·斯卡特在堪培拉会见由全国人大常委会副委员长田纪云率领的中国全国人大代表团

国务院副总理邹家华于华盛顿在美中贸易全国委员会就中国改革开放和经济发展形势等问题作演讲

邹家华首先介绍中国的改革开放和经济发展形势。他说，我国经济无论是近期形势还是长期远景，都是很乐观的。

邹家华说，从 1979 年开始我们在经济中引进市场机制，取得了良好的效果。中共十四大总结十多年经济体制改革和经济发展经验，确立中国经济体制改革的基本目标是建立社会主义市场经济体制，这是中国改革历程上意义极为深远的一步。

邹家华说，中国当前改革的主要措施为：转换国有企业经营机制；培育和发展市场体系；转换政府职能，建立以间接调控为主的宏观调控体系；建立多层次的社会保障体系，近期的重点是完善企业养老和失业保障制度。

邹家华说，过去 15 年，我国对外开放不断扩大，人民得到巨大经济实惠，衷心拥护这一政策。今后我国将继续坚定不移地实行对外开放。现在我国已经形成从沿海到内地的全方位对外开放格局。我们愿意同一切友好国家和各界人士，按照平等互利的原则发展经济技术合作和交流。我们欢迎国外的有识之士不仅同中国发展贸易，而且更多地到中国投资办厂，或同中国企业合资、合作经营，转让技术，共同开拓中国的市场。

在谈到中美两国关系时，邹家华说，中美建交 15 年来，尽管两国关系有起有伏，存在困难和分歧，然而总的趋势是向前发展的，各个领域的交流与合作日益扩大。近年来，世界形势经历了重大而深刻的变化，但这并没有改变中美关系的重要性。中美都是联合国安理会常任理事国，对当今世界有着重大影响。我们在维护世界和平与稳定，确保亚太地区安全与发展，促进全球经济繁荣和改善人类环境等许多领域，有着广泛的共同利益和共同责任。

邹家华说,近几年来,中美关系遇到了不少困难,但在两国企业界的合作和努力下,双边贸易、相互投资及经济技术合作继续保持了强劲的发展势头。实践证明,不同社会制度、不同意识形态的国家完全可以积极发展对双方都有利的经济技术合作关系。

邹家华指出,在过去十几年里,中美经贸合作在迅速发展的同时,双方还解决经贸关系中出现的一些问题。他强调,中国政府将按照三个谅解备忘录的要求,一如既往地履行自己的承诺。同时,中国也希望美国政府严格履行自己的承诺。只要中美双方本着平等互利的原则,所存在的问题都是可以通过谈判、协商的渠道解决的。

邹家华说,展望未来,进一步发展中美经贸关系的前景是十分广阔的。当前中国经济持续快速增长以及庞大的经济发展规划,在世界上已引起广泛注意,也必将给美国企业界带来更多的机会。中美双边贸易的潜力是巨大的。

邹家华指出,各国对中国市场的竞争是很激烈的。仅靠先进的技术设备和良好的服务是远远不够的。必须还要有一个长期稳定和友好的经贸合作环境,坦率地说,同欧日等国相比,美国企业家并不处于有利地位。事实很清楚,一年一度围绕最惠国待遇问题的争执,确实严重干扰两国经贸关系的发展。众所周知,最惠国待遇是一种对等、互利、互惠的安排。它不是一方给予另一方的恩赐。很多有识之士已经清醒地认识到,中美互予最惠国待遇是两国发展经贸关系的基石。如果这一基石遭到破坏,将给双方的经济贸易和消费者都造成损害。中美两国政府有责任鼓励和支持两国企业家开展互利合作,为双方扩大经贸合作创造良好的条件。

美中贸易全国委员会的会员公司负责人和代表近百人,以及华盛顿州的联邦众议员麦克德草特出席演讲会。邹家华副总理还会见美中贸易全国委员会主席格林伯格。

美国财政部长本特森在华盛顿会见国务院副总理邹家华

美国商务部部长布朗和能源部部长奥利里在华盛顿分别同中国国务院副总理邹家华举行会谈

布朗和奥利里同邹家华讨论两国经贸科技合作的前景。

布朗重申美国支持恢复中国关贸总协定缔约国地位的立场。

5月3日

芬兰总统阿赫蒂萨里在赫尔辛基会见全国政协主席李瑞环

芬兰议长沃苏凯宁女士在赫尔辛基芬兰议会大厦会见全国政协主席李瑞环

芬兰总理埃斯科·阿霍在赫尔辛基会见全国政协主席李瑞环

香港特别行政区筹委会预备工作委员会政务专题小组第七次会议在香港结束

共青团中央决定表彰刘立华杨光等优秀团干部优秀团员

共青团中央作出决定,授予刘立华等40名团干部"全国优秀共青团干部"称号;授予杨光等40名团员"全国优秀共青团员"称号。

邮电部邮政总局在人民大会堂举行全国"十佳""百优"表彰大会

这次被评为"十佳"乡邮员的是:赛都拉·杜拉提(新疆、塔吉克族)、杨开显(云南、白族)、朱佐贤(江西)、色音德力格(内蒙古、蒙古族)、万付佬(湖北)、李光华(江苏)、方仲亮(广东)、冯洪义(河北)、白世友(辽宁、满族)、包鑫(甘肃)。他们将分别获得奖牌一枚、证书和奖金2000元。艾文友等100名乡邮员获得了"优秀乡邮员"称号,他们将分别获得证书和奖金1000元。

全国人大常委会副委员长全国妇联主席陈慕华在纽约会见中国记者

陈慕华在会见时说,将于1995年9月在北京召开的第四次世界妇女大会的筹备工作进展一直顺利,她代表东道主中国欢迎各国代表届时到北京聚会。

陈慕华还介绍说,中国政府非常重视这次会议,很早以前就建立有国务院几十个部委高层代表参加的中国组织委员会,并计划抽调和组织3万多人参加大会的接待工作,以保证会议取得圆满成功。

芬兰外交部部长哈维斯托与全国政协主席李瑞环在芬兰赫尔辛基举行会谈

国务院副总理朱镕基在中南海紫光阁会见由议员英格里德·瓦尔茨率领的德国联邦议院德中友好小组

访华团

美国代理国务卿塔尔博特在美国国务院会见国务院副总理邹家华

巴布亚新几内亚总理帕亚斯·温蒂在堪培拉会见由全国人大常委会副委员长田纪云率领的全国人大代表团

中日两国核安全合作协议在北京签字

中国国家核安全局和日本国通商产业省签订《核安全合作协议》

中华人民共和国国家核安全局(以下称 NNSA)和日本国通商产业省(以下称 MITI)(以下称缔约双方)在和平利用核能方面,希望促进缔约双方之间的合作。按照一九八六年七月十日生效的《中华人民共和国和日本国政府和平利用核能合作协定》(以下称《协定》)和双方代表间最近互商的结果,在商业用核电厂的安全管理领域的合作,根据《协定》第二条的规定,达成协议如下:

第一条 目的与范围。一、本协议旨在加强缔约双方的合作,有助于提高中华人民共和国与日本国商业用核电厂的安全水平。本协议对两国各自核电厂的安全所负的责任无任何影响。二、本协议包括商业用核电厂的安全管理方面的如下内容:(一)共同召开会议;(二)情报交换;(三)技术专家交换;(四)相互协商举办其他活动。

第二条 合作活动方式。一、合作活动的方式,如附件所述;附件构成本协议的一部分。二、合作活动的方式,经缔约双方协商同意,可随时修改。

第三条 实施。一、缔约双方本着适当分担责任与分享利益的原则,协调各种合作活动,为促进双方的合作而努力。二、缔约双方各自指定一名协调人(以下称协调人)负责本协议的执行。

第四条 其他。一、本协议的实施以《协定》为基础。二、本协议自签字之日起生效,有效期五年。缔约各方如未得到对方终止协议的书面通知,本协议可自动延长五年。今后也可用同样方法延长。三、虽有本条第二款的规定,但如 NNSA 或 MITI 提前六个月向对方提出书面通知,本协议可在任何时候终止。四、本协议经缔约双方相互协商同意,随时可以修改。五、在本协议基础上交换的资料,应尽可能使用英文记述,在没有英文版的情况下,各方应尽可能在原件上附上英文的摘要,英文版制成后应尽快提供。六、根据实际情况,除非互相同意,财产情报不应包括在本合作活动中的情报交换范围内。七、为了便于缔约双方进行合作活动,经缔约双方同意可将交换的情报提供给指定机构。八、若事先未经提供方的书面同意,不得出版或用其他方法公开发表所交换的情报。九、NNSA 在本协议的实施中,得到以下机构合作:(一)北京核安全中心(BNSC);(二)NNSA 指定的其他机构。十、MITI 在本协议的实施中,得到以下机构合作:(一)(财)原子力发电技术机构(NUPEC);(二)(财)发电设备技术检查协会(JAPEIC);(三)(社)海外电力调查会(JEPIC);(四)MITI 指定的其他机构。十一、本协议于一九九四年五月三日在北京签订,一式两份,每份都用中文、日文和英文写成,每种文本具有同等效力,如对文本解释有分歧,以英文文本为准。

中华人民共和国
国 家 核 安 全 局 黄 齐 陶(签字)
日本国通商产业省 川田洋辉(签字)

中美两国签署《关于中国从美国购买棉花的协议》和《关于在中国海南省三亚和广东省湛江兴建发电站的协议》

中国银行与加拿大出口发展公司和北方电信国际财务公司在加拿大首都渥太华签署一项由加方向中国提供三亿美元贷款的协议

解放军总参谋部在北京举行学雷锋学徐洪刚先进青年典型事迹报告会

世界首例转基因水稻在安徽合肥市问世

这是中国科学院合肥分院等离子体物理研究所科研人员,用本所在国际上首创的离子束介导法,与安徽省农科院联合攻关多年育成的。经检验证明,其外源基因在后代中遗传。这一重大突破为定向育种开拓新路。

5月4日

《人民日报》发表社论《肩负起跨世纪的历史重任——纪念五四运动75周年》

中国青年志愿者授旗仪式在人民大会堂举行

八支青年志愿者服务队的代表从中共中央政治局常委、全国人大常委会委员长乔石,中共中央政治局委员、书记处书记丁关根手中接过“中国青年志愿者”的大旗。

乔石在授旗仪式上发表讲话。

授旗仪式之后，他们将奔赴井冈山、大别山、吕梁山、三峡库区等重点贫困地区开展志愿服务活动。

参加授旗仪式的八支青年志愿服务队是：

——青年志愿者大学生支教扫盲服务队，由思想觉悟高、学习成绩好、有一定社会经验的大学生、研究生组成，通过高校与地方建立长期联系，利用假期或实习期帮助贫困地区培训师资和在农村开展扫盲活动；

——青年志愿者科技扶贫服务队，由青年科技人员组成，赴贫困地区举办科技讲座，开展技术指导，解决乡镇企业技术难题；

——青年志愿者为贫困地区送温暖服务队，由国家机关、事业单位团员青年组成，重点开展为革命老区、贫困地区义务募捐、自愿捐助活动；

——青年志愿者山区医疗服务队，由城市卫生行业组织的专业性青年组成，以结对、定向服务的方式开展活动，重点帮助偏远山区乡解决缺医少药、地方病防治问题；

——"希望工程"志愿服务队，为支持"希望工程助学行动"而在北京地区招募，目前主要参与接待捐赠者来访、热线咨询电话和处理数据等工作；

——青年志愿者绿化垦荒队，由城镇有志于献身山区开发事业的青年组成，主要参加建设荒山荒滩绿化工程、青年林场、青年果园、青年绿化基地等；

——青年志愿者扶贫开发服务队，由青年星火带头人、青年乡镇企业家组成，主要是组织农村青年人才到贫困地区领办项目、转让技术，进行开发性生产，帮助贫困地区青年到其所在企业或生产基地学习实用技术，走共同富裕之路；

——青年志愿者重点工程服务队，将围绕重点工程建设和大型社会公益活动急需而招募，开展突击性、阶段性志愿服务活动。

团中央书记处第一书记李克强主持仪式。

中共中央政治局常委乔石在中国青年志愿者授旗仪式上发表讲话

团中央提出并实施"跨世纪青年文明工程"和"跨世纪青年人才工程"，开展青年志愿者行动，这是具有时代特点的非常有意义的事。青年志愿者行动适应我国发展社会主义市场经济的需要，适应建设社会主义精神文明的需要，适应培养跨世纪一代新人的要求，在社会上产生了良好的影响，受到人民群众的欢迎。这是青年工作中的一个创造，也是社会主义精神文明建设的一个创造。

我们已经高兴地看到，青年志愿者深入社区，走进千家万户，开展服务活动。今天，又有大批青年志愿者服务队将要奔赴贫困地区，到艰苦的地方去，到最需要的地方去，志愿把自己的青春奉献给社会，并在实践中锻炼成长。

希望共青团组织要以邓小平同志建设有中国特色社会主义理论为指导，贯彻江泽民同志提倡的新时期的创业精神，坚持不懈地推进"跨世纪青年文明工程"和"跨世纪青年人才工程"，深入、持久地开展青年志愿者服务活动，引导和带领青年开风气之先，做"四有"新人，为社会主义物质文明和精神文明建设再立新功。我们相信，青年们一定会用自己的实际行动，来倡导团结友爱、助人为乐、见义勇为、无私奉献的志愿者精神，来弘扬爱国主义、集体主义、社会主义思想道德。

我们也希望全党和全社会都要从战略高度出发，支持各级团组织开展工作，支持青年志愿者行动。志愿者活动正在受到国际社会的关注。

共青团中央和建设部在北京举行全国公交系统创建"青年文明号"活动先行示范单位授牌仪式

中共中央政治局委员、国务院副总理李岚清，中共中央政治局委员、中共北京市委书记陈希同向北京市10路公共汽车4702号车组等6个单位颁授"青年文明号"的标牌。"青年文明号"是由江泽民总书记题写的。

被授予全国公交系统"青年文明号"称号的单位还有：长春市6路公共汽车526号车组、上海市49路公共汽车PC50号车组、成都市4路公共汽车36080号车组、广州白云小汽车出租公司5024号车、武汉轮渡公司轮渡5号船。

香港特别行政区筹委会预备工作委员会经济专题小组第六次会议在香港举行

会议讨论香港特别行政区土地基金的交接及1997年后管理问题的研究报告。报告指出：土地基金是未来香港特别行政区政府一笔重要的财政储备，并建议于1997年7月1日即全部移交给香港特别行政区政府，其后的管理方式由特别行政区政府自行决定。

国务院发出《关于调整无线电管理办事机构设置的通知》

《中国日报》在纽约举行大型市场经济研讨会

出席研讨会的有200多位中美金融、投资、贸易及新闻媒介的专家。

国家副主席荣毅仁在人民大会堂会见美国旅行家公司副董事长兼执行总裁弗兰克·扎布

国务院副总理兼外交部部长钱其琛在中南海会见

由美国运通公司副董事长庄年龙率领的世界旅游理事会代表团

澳大利亚联邦议会众议长斯蒂芬·马丁参议长迈克尔·比汉在堪培拉议会大厦举行晚宴欢迎田纪云副委员长及其率领的全国人大代表团

解放军总参谋长张万年在布加勒斯特同罗马尼亚国防部国务秘书罗军队总参谋长乔夫利纳举行正式会谈

罗马尼亚总理沃克罗尤在布加勒斯特会见解放军总参谋长张万年

外交部发言人就日本法务大臣永野茂门否认侵华历史问题答记者问

5月3日，日本法务大臣永野茂门声称："南京大屠杀是捏造的。"外交部发言人在回答时事社、美联社等驻京记者就此提问时指出：

日本军国主义过去发动的侵华战争使中国人民遭受了深重灾难，南京大屠杀是日本军国主义犯下的严重罪行之一。国际社会对日本侵华战争的侵略性质和南京大屠杀的历史事实早有定论。

正确对待历史问题，是中日两国发展友好合作关系的重要政治基础。中国政府一贯主张以向前看的态度对待那段不幸历史，以史为鉴，共同发展面向未来的友好合作关系。这也是众多日本政府领导人和有识之士的共同认识和主张。有的政治家还曾在国会对二次世界大战中日本对外侵略行为表示谢罪和反省。

在战争结束近50年，中日关系进入新的发展阶段的今天，有的日本内阁成员竟然公开篡改历史、否认事实，为日本军国主义侵略行径辩解，我们感到震惊和愤慨，希望日本政府从维护两国关系大局出发，认真严肃对待这一问题。

中国政府代表团团长中国人民银行常务副行长周正庆在亚洲开发银行理事会第二十七届年会上发言

周正庆在发言中就亚行九十年代工作议程和业务政策方面的问题阐述了中国的立场。

周正庆说，在过去一年中，尽管世界经济增长十分缓慢，但亚太地区经济却保持了百分之七的高速增长，为加快世界经济复苏和发展作出了贡献，这主要是亚太各国与地区根据各自的具体情况，积极推行改革、进行结构调整、实行开放的经济政策的结果。

在谈到亚行增资、经济增长与社会进步的关系时，周正庆说，"中国政府始终积极支持亚行增资"，并为亚行实现第四次普遍增资进行了不懈的努力，但"中国不同意将政策问题与增资问题联系起来"。最近在亚行增资谈判中出现了"把某些政策主张与增资联系起来的做法"，中国"对此不得不表示极大的遗憾"。

周正庆说，发展中国家存在的贫困、环境和妇女等问题，根本原因是经济落后。亚行在制定政策时首先应考虑发展经济，使这些国家逐渐具备解决上述问题的条件。中国认为，"把项目生硬地与解决某些社会问题联系起来，不利于支持成员国的经济发展，最终不利于社会的进步"。

关于贷款项目质量问题，周正庆说，中国赞赏亚行"就改善和提高项目质量所进行的努力"，但"改进项目质量的关键是加强亚行与借款国之间的合作"。周正庆表示，中国将一如既往，进一步加强与亚行合作，学习和借鉴各借款成员的先进经验。

美国 SYBASE 软件研究所在北京成立

钱学森现代科技体系研讨会在北京召开

中国科协学会部、中国马克思主义哲学史学会、中国历史唯物主义学会等10个单位联合召开"钱学森现代科学技术体系研讨会"。

我国杰出的科学家钱学森运用马克思主义辩证唯物主义哲学原理，创造性地构筑一个现代科学技术体系。这个体系分为10个部门，即自然科学、社会科学、数学科学、系统科学、文艺理论、思维科学、军事科学、行为科学、人体科学及地理科学，每一个科学部门又分3个层次，即基础科学、技术科学及工程技术。他认为"这个科学技术体系是个开放的体系，不断演化的，随着社会的进步，内容会发展变化，会有新的大部门出现"。

与会人士指出，钱学森关于现代科学技术体系的构想，揭示马克思主义哲学与现代各门科学技术的内在联系。

工程师科技成果奖评奖在北京揭晓

为弘扬近代科技界和铁路建设的先驱詹天佑工程师爱国、务实、献身的崇高精神，经联合国"国际科学与和平周"中国组委会批准立项的"詹天佑生平事迹巡回展"和"工程师科技成果奖"展览、评奖日前在京圆满结束。"工程师科技成果奖"共评奖一百四十七项，其中二等奖二十项、三等奖五十九项、鼓励奖六十九项，一等奖空缺。当日还在中国铁路工程师的摇篮北方交大举行"天佑馆"命名典礼。

中宣部等11个单位联合发出《关于开展第四次"全国助残日"活动的通知》

根据《中华人民共和国残疾人保障法》规定，五月十五日是第四次“全国助残日”。中宣部、国家教委、国家体委、民政部、广电部、全国总工会、共青团中央、全国妇联、解放军总政治部、武警部队政治部及中国残疾人联合会等十一个单位日前联合发出《关于开展第四次“全国助残日”活动的通知》。通知指出，为配合今年九月四日至十日在北京举办的第六届远东及南太平洋地区残疾人运动会的召开，十一个部委及团体联合决定，第四次“全国助残日”的主题为：我们同行——为“远南”残疾人运动会献爱心。通知要求，助残日期间要广泛发动社会，运用多种形式，使广大群众了解“远南”残疾人运动会；宣传中国残疾人体育事业；努力开展群众性残疾人体育活动；鼓励残疾人运动员为国争光。同时，亦可针对各地特点，开展多种形式的扶残助残活动，促进残疾人保障法和残疾人事业“八五”计划纲要的贯彻实施。

5月5日

八届全国人大常委会举行七次会议

120位常委会组成人员出席会议。全国人大常委会委员长乔石主持会议。

会议首先听取全国人大法律委员会副主任委员项淳一、蔡诚、王叔文分别所作的关于《对外贸易法（草案）》，关于《国家赔偿法（草案）》，《关于惩治违反公司、企业管理的犯罪行为的决定（草案）》等三个法律草案审议结果的报告。国务院总理李鹏向会议提交两份议案，提请全国人大常委会审议《治安管理处罚条例的补充规定（草案）》和《城市房地产管理法（草案）》。公安部部长陶驷驹、解放军总政治部主任于永波、建设部副部长叶如棠、全国人大常委会法工委主任顾昂然、最高人民法院院长任建新、最高人民检察院检察长张思卿分别向会议作关于《治安管理处罚条例的补充规定（草案）》、《解放军现役军官服役条例修正案（草案）》和《军衔条例修正案（草案）》、《城市房地产管理法（草案）》、《惩治侵犯著作权的犯罪的决定（草案）》、《法官法（草案）》和《检察官法（草案）》的说明。

副委员长王汉斌、倪志福、费孝通、雷洁琼、秦基伟、李锡铭、王丙乾、王光英、程思远、卢嘉锡、布赫、李沛瑶、吴阶平、秘书长曹志出席会议。国务院副总理李岚清列席会议。

八届全国人大常委会七次会议听取《国家赔偿法（草案）》等的审议报告

八届全国人大常委会第七次会议，分别听取全国人大法律委员会副主任委员项淳一、蔡诚、王叔文关于《中华人民共和国对外贸易法（草案）》、《中华人民共和国国家赔偿法（草案）》、《关于惩治违反公司、企业管理的犯罪行为的决定（草案）》的审议结果的报告。

法律委员会在审议报告中均提到，草案修改稿已按上述意见作了修改，法律委员会建议全国人大常委会审议通过。

国务院提请八届全国人大常委会七次会议审议《城市房地产管理法（草案）》和《治安管理处罚条例的补充规定（草案）》

国务院向八届全国人大常委会第七次会议提交两份议案，提请审议《中华人民共和国城市房地产管理法（草案）》、《中华人民共和国治安管理处罚条例的补充规定（草案）》。

在关于提请审议《城市房地产管理法（草案）》的议案中，李鹏说，制定这部法律，是为了加强对城市房地产的管理，维护房地产市场秩序，保护房地产权利人的合法权益，促进房地产业的健康发展。

在关于提请审议《治安管理处罚条例的补充规定（草案）》的议案中，李鹏说，这个条例自1987年1月1日施行以来，对维护社会治安秩序、保障社会稳定起了重要作用。随着社会治安形势的变化，一些新情况、新问题的出现，对条例有必要进行一些补充。

李鹏说，这两个草案都已经国务院常务会议讨论通过。

建设部副部长叶如棠和公安部部长陶驷驹受国务院委托分别就两个草案向委员们作说明。

国务院中央军委提请八届全国人大常委会七次会议审议修正两部有关军队建设方面法律草案

国务院总理李鹏、中央军委主席江泽民提请审议《中国人民解放军现役军官服役条例修正案（草案）》；中央军委主席江泽民提请审议《中国人民解放军军官军衔条例修正案（草案）》。

八届全国人大常委会七次会议审议《法官法（草案）》《检察官法（草案）》

新中国历史上第一部《法官法（草案）》和《检察官法（草案）》提交全国人大常委会会议审议，最高人民法院院长任建新、最高人民检察院检察长张思卿，分别向八届全国人大常委会第七次会议作关于这两个法律草案的说明。

全国人大常委会法工委就《关于惩治侵犯著作权的犯罪的决定（草案）》作说明

我国将把严重侵犯著作权的行为视为犯罪，并将对这种犯罪行为予以刑事处罚。由全国人大常委会法制工作委员会起草的《关于惩治侵犯著作权的犯罪的决定(草案)》提交八届全国人大常委会第七次会议审议。

受委员长会议委托,全国人大常委会法制工作委员会主任顾昂然就这部法律草案向常委会作说明。

国家主席江泽民前往上海华东医院看望正在治疗和养病的全国人大常委会原副委员长周谷城和全国政协副主席刘靖基苏步青

国务院妇女儿童工作委员会向各省自治区直辖市妇女儿童工作(协调)委员会发出《关于1994年庆祝"六一"国际儿童节的通知》

国家计委农业部财政部三部委公布第二批减轻农民负担项目

三部委对需要修改的涉及农民负担项目进行认真审核,第一批核减项目已于1993年9月公布。最近,三部委又对属于农业系统自身的项目按照程序进行审核,对一些项目进行具体修改,由农业部全国农民负担监督管理办公室正式向社会发布。

通知指出:农机监理费和农机服务费由省、市、区物价、财政部门制定收费管理办法和收费标准,报国家计委和财政部备案。同时,宣布取消安全宣传教育收费等,并相应核减部分收费标准。

三部委还决定取消从地方集中上交农业部1%的乡镇企业管理费。乡镇企业按销售收入的总额,以不超过0.5%的比例提取、缴纳管理费,在销售收入中列支。个别经济不发达地区经省级财政、物价部门批准可适当提高提取比例,但不能超过0.7%;确属亏损的企业,经其主管部门审计和批准,可免缴乡镇企业管理费;乡镇企业管理费纳入财政预算管理,实行收支两条线等。

渔业资源增殖保护费,黄渤湾、东海、南海区渔业资源增殖保护费和黄渤湾对虾资源保护增殖基金等项目可以继续保留,按原规定继续执行。

此外,三部委还宣布:畜禽及畜禽产品防疫费、检疫费项目中,取消省级兽医卫生监督检验机构从防疫收入中提取的平衡调剂费用。

国家主席江泽民致电南非非洲人国民大会主席纳尔逊·曼德拉祝贺南非非洲人国民大会在南非首次不分种族的大选中获胜

国家主席江泽民在上海会见由议长原文兵卫率领的日本国国会参议院代表团

澳大利亚总督比尔·海登在堪培拉总督府会见全国人大常委会副委员长田纪云

澳大利亚总理基廷在堪培拉会见全国人大常委会副委员长田纪云

对外友协在人民大会堂举行招待会庆祝成立40周年

在中国人民对外友好协会成立40周年之际,党和国家领导人分别题词祝贺。800余位社会各界人士及外国友人出席晚上在人民大会堂举行的庆祝招待会,国务院副总理兼外交部长钱其琛在会上讲话。

中共中央总书记、国家主席江泽民题词是:"广交朋友增进了解加强合作。"国务院总理李鹏题词是:"发展各国人民友谊促进世界和平繁荣。"

钱其琛在讲话中首先代表党中央、国务院向中国人民对外友好协会成立40周年表示衷心的祝贺,向所有从事民间外交事业,为加强中国人民和世界各国人民的友谊作出积极贡献的中外人士表示崇高的敬意和亲切的慰问。

对外友协会长韩叙在招待会上致词。

外交部副部长田曾佩奉命约见美国驻中国大使芮效俭就美国《1994和1995财政年度对外关系授权法》中含有多项反华条款事向美方提出强烈抗议

田曾佩说,4月28日美国国会通过了美国《1994和1995财政年度对外关系授权法》,并经美国总统于4月30日签署。在该法酝酿伊始,中方就对其中包含的多项反华条款表示过严重关切,并向美方进行过多次严正交涉。我们曾向美方郑重指出,这些条款严重损害了中国主权,粗暴干涉了中国内政,必将对中美关系带来严重损害。但美方不顾中方的强烈反对和交涉,悍然通过并签署了这一包括多项损害中国根本利益条款的法案,这不能不激起中国人民的愤慨。我奉命就此向美国政府提出强烈抗议。

田曾佩指出,众所周知,世界上只有一个中国,台湾是中国不可分割的一部分。中华人民共和国政府作为代表全中国的唯一合法政府,得到了联合国和国际社会的公认。关于台湾问题,美国政府在中美间三个联合公报中都作出明确承诺,是负有国际义务的。但《授权法》却宣称"《与台湾关系法》的第三节优于政府的政策声明,包括公报、规定、指令以及基于上述的政策",公开践踏了中美两国政府的"八·一七"公报,是对中美关系基础的严重破坏。该法还主张美内阁级官员访台,并要求美国总统采取步骤明确表示在双边关系上和在美国是成员的多边国际组织中"支持台湾"。这不仅完全违背了美国政府关于奉行"一个中国"的承诺，而且蓄意在国际上制造“两个中国”、“一中一台”。美方这种企图破坏中国和平统一大业、制造台湾海峡紧张局势的行为，必将遭到包括台湾同胞在内的所有中国人民的坚决反对，是注定要失败的。

田曾佩还指出，西藏自公元十三世纪起就是中国不可分割的一部分，世界上包括美国在内没有一个国家承认西藏是一个独立的国家。《授权法》却公然把西藏称为“国家”，胡说什么西藏“是被占领的主权国家，其真正的代表是达赖喇嘛及西藏流亡政府”，这种蔑视国际关系基本准则，明目张胆破坏中国主权、企图分裂中国的行径，实在到了令人吃惊的程度。中国人民为了维护国家主权和领土统一，进行过长期的浴血斗争。历史上，所有妄想把西藏从中国领土分裂出去的图谋，无不以彻底的失败告终。如果今天任何人还要走这条老路，也决不会有好下场。我们要求美国政府严守自己关于西藏是中国一部分的立场，保证不再参与任何分裂中国的活动。

关于设立“自由亚洲电台”问题，田曾佩说，中国和其他许多亚洲国家曾多次明确指出，美国设立“自由亚洲电台”的真实目的，是利用新闻媒介干涉中国和其他亚洲国家的内政，制造混乱，破坏这些国家的稳定局面。但《授权法》却批准设立这一电台，美方的这一行动再一次置公认的国际关系准则于不顾，并违反中美三个联合公报的原则，必将遭到中国人民和亚洲其他国家人民的坚决反对。

田曾佩最后强调，目前，中美关系正处于关键时刻。我们希望中美关系能朝着积极的方向发展，但中美关系的改善和发展，是要靠双方共同作出努力的。美国《对外关系授权法》中的上述内容严重地破坏了中美关系的基础，是与中美两国和两国人民的根本利益完全背道而驰的，也是与美国政府所称要同中国发展积极的、建设性的关系的表示极不相称的。我们在此郑重声明，该法所有的反华条款，中国政府和人民都是坚决反对和绝对不能接受的。我们要求美国政府严格遵守诺言，采取切实措施，恪守中美三个联合公报的原则和国际关系基本准则，改变其错误立场和决定。否则，美方将承担由此产生的一切后果。

外交部发言人吴建民在北京举行记者招待会就日本羽田孜首相的谈话等问题答记者问

有记者问，据报道，羽田孜首相在法国就日本法务大臣关于南京大屠杀属捏造的发言发表了谈话。你对羽田首相的谈话有何评论？

吴建民说，中方已就永野法务大臣篡改侵略历史的言论向日方提出了交涉，要求日本政府认真严肃地对待这一问题。

吴建民还说：“我们注意到羽田首相就永野法务大臣的言论所作的表态。日本正确对待其侵略历史，继续走和平发展道路，符合日本人民的利益，有利于亚洲的和平与稳定，也是中日两国发展友好合作关系的重要政治基础。”

国务委员国务院妇女儿童工作委员会主任彭珮云在人民大会堂会见菲律宾妇女代表团

最高人民法院院长任建新在钓鱼台国宾馆会见孟加拉国司法部长古拉姆·哈菲兹

中国政府代表团团长刘成果在巴巴多斯首都布里奇敦举行的联合国“小岛屿发展中国家可持续发展全球会议”高级别会议上发言

刘成果指出，本届会议确定的建立可持续发展的伙伴关系的原则应成为环境与发展领域内国际合作的基础。

刘成果认为，小岛屿发展中国家的可持续发展是全球可持续发展的重要组成部分。小岛屿发展中国家发展经济和保护环境，是对在世界范围内实现可持续发展目标的贡献。

刘成果说，国家虽有大小强弱之别，但在国际合作中都应是平等的伙伴，这样，合作方有基础。如果动辄对别国指手画脚，总想把某种特定模式或对一部分国家适用的政策和做法强加于人，甚至把资金和技术援助作为政治筹码，对受援国内部事务提出无理要求，伙伴关系就无从谈起。

纪念任弼时诞辰90周年书画展和馆藏任弼时生平照片及文物陈列在中国革命博物馆开幕

展览展出毛泽东、周恩来、刘少奇、朱德等老一代无产阶级革命家和江泽民、李鹏等党和国家领导人赞颂任弼时革命精神的题词手迹。江泽民题词是：“发扬为了党和人民的事业不辞重负奋力前行的骆驼精神。”李鹏题词是：“革命先驱，学习楷模。”

丁关根和宋平、王恩茂、方毅、马文瑞、汪锋等和任弼时的夫人、92岁的老红军陈琮英及各界人士观看展览。

党和国家领导人江泽民乔石李瑞环胡锦涛等向部分革命老区和贫困地区捐款捐书

由中直机关团工委组织的“希望连着我和你再为老区献爱心”活动，以向部分革命老区和贫困地区捐献钱款、书刊为内容，目前正在中央直属机关各单位开展。江泽民、乔石、李瑞环、胡锦涛等党和国家领导人，陈云、万里、薄一波、彭冲等老同志以及许多中央部委的负责同志纷纷捐款捐书，支持和参与这项活动。

5月6日

国家主席江泽民在钓鱼台国宾馆同肯尼亚总统莫伊会谈

江泽民对肯尼亚政府奉行"一个中国"的立场表示赞赏，对肯尼亚在西藏和恢复中国在关贸总协定缔约国地位问题上给予中国的支持表示感谢。他说，在人权问题上，中肯两国相互支持，进行很好的合作。中国愿在国际事务中继续加强同肯尼亚的合作与磋商。

在谈到两国经济技术合作时，江泽民说，中国政府积极鼓励中国的公司和企业到国外开展合作，参加当地的经济建设。我们希望在开展政府间经济合作的同时，与肯尼亚在平等互利、共同发展的基础上，开展形式多样的民间经济合作。

江泽民说，莫伊总统主张非洲的事务由非洲人自己处理，反对外部干涉，主张非洲国家建立适合非洲情况的政治制度和经济体制，主张加强民族团结，我们赞赏阁下的见解。

江泽民还向客人介绍了中国改革开放、经济发展情况和实行社会主义市场经济的设想以及独立自主的和平外交政策。

中共中央发布《关于新形势下加强党校工作的意见》

近几年来，特别是邓小平同志视察南方发表重要谈话和党的十四大以来，各级党委以建设有中国特色社会主义的理论和党的基本路线为指导，加强对党校工作的领导，各级党校积极推进教学改革，探索其他方面的改革，取得了很大成绩。当前，我国改革开放和社会主义现代化建设已经进入一个新的发展阶段，要求我们比过去任何时候都更加重视党的思想理论建设，更加重视用马列主义、毛泽东思想，用邓小平同志建设有中国特色社会主义的理论武装广大党员和干部，更加重视党校工作，充分发挥党校的作用。

一、进一步加强党校工作是新的形势和任务的迫切要求

政治路线确定之后，干部就是决定的因素。要办好中国的事情，关键是要有千千万万真正掌握并善于运用马克思主义基本观点去分析新情况、研究解决新问题，能够坚定正确地执行党的基本路线和各项方针政策的干部。我们的领导干部队伍总的状况是好的。但应当看到，有些领导干部，尤其是有些年轻干部，在马克思主义基本理论的掌握上，在驾驭全局的能力上，在严格的党内政治生活锻炼和党性修养上，现有的水平与形势的要求相比，还程度不同地存在着差距与不足。要适应新的形势，完成好面临的艰巨任务，迫切需要进一步学习提高，需要各级干部特别是各级领导干部系统地、深入地学习和掌握建设有中国特色社会主义的理论，增强执行党的基本路线的自觉性，保持清醒的头脑，加强工作的原则性、系统性、预见性和创造性。同时，我们要放眼未来，面向二十一世纪，努力造就能够担负历史重任的德才兼备的优秀年轻干部。总之，无论是从当前干部队伍的实际状况看，还是从长远的战略需要看，培养有坚实的马克思主义理论基础、善于理论联系实际的合格的领导骨干，都是必须认真对待、切实抓好的大事。

各级党校要努力办成轮训和培训党员领导干部，培养党的理论队伍，学习、研究、坚持和发展马克思列宁主义、毛泽东思想的重要阵地，成为干部增强党性锻炼的熔炉。当前，在全党加强马克思主义理论的学习，特别是用邓小平同志建设有中国特色社会主义的理论武装各级领导干部、培养后备干部和理论骨干方面，在结合新的实践对这个伟大理论进行系统地、深入地研究和宣传方面，党校都要发挥其特殊的作用。党校作为党委的一个重要部门，还要在同级党委领导下，对下级党校进行业务指导。包括对下级党校执行中央有关党校工作的方针、政策的情况进行调查了解，提出意见和建议；对党校的班次、学制、课程设置、教材编写、师资培训和科研等进行研究和协调；按照有关规定，对党校系统的学历、学位、专业职务评定工作加强研究和指导。在业务指导方面，中央党校要更好地发挥作用，以利于发挥党校系统的整体功能。各级党校都要及时研究办学中的新情况，解决新问题，总结新经验，切实加强自身建设，进一步做好工作，努力适应新形势和新任务的要求。

二、以建设有中国特色社会主义的理论为指导，深化党校教育改革

党校办学水平的提高和事业的发展，关键在于解放思想、实事求是、深化改革。党校改革的重点是教学和科研改革，根本的问题是根据新的情况进一步贯彻好理论联系实际的方针。党校改革总的要求是，以邓小平同志建设有中国特色社会主义的理论和党的基本路线为指导，以提高教学质量为中心，以强化科研为基础，更好地坚持理论联系实际的方针，密切联系改革开放和社会主义现代化建设的实践，正确认识和把握新时期党的干部教育工作的规律，逐步建立与完善具有中国特色的党校教学体制、科研体制、管理体制，进一步办好党校，更好地为党培养德才兼备的人才服务，为党的理论建设和党委、政府的科学决策服务，为改革开放和社会主义现代化建设服务。

深化教学改革，要着重于继续建立和逐步完善新的教学体系，逐步形成以学习邓小平同志建设有中国特色社会主义的理论为中心内容，针对新的实际学习马克思主义经典作家的著作，辅之以学习社会主义现代化建设需要的各种新知识的教学格局。在教学中，要坚决贯彻“学马列要精，要管用”的原则。当前和今后一个时期，要组织学员认真学习《邓小平文选》第三卷，并把这一学习同学习党的十四届三中全会通过的《中共中央关于建立社会主义市场经济体制若干问题的决定》和各项改革措施结合起来。要帮助学员努力掌握邓小平同志建设有中国特色社会主义的理论，了解社会主义市场经济理论和基本知识，引导他们既放眼世界，积极研究和大胆借鉴西方发达国家在发展市场经济中的有益做法，又注意使之同我国社会主义基本制度相结合；要引导学员在牢牢把握经济建设这个中心，坚持两手抓的方针，集中力量搞好经济建设和改革开放的同时，注意加强社会主义精神文明建设以及社会主义民主和法制建设。要把学习理论同学习法律基本知识、现代管理基本知识、科学技术基本知识和中外历史经验等结合起来。中央党校和省级党校要根据上述原则和精神，抓紧研究编写新的教学大纲和教材，供各级党校参考。教师要努力提高讲授质量，加强现实针对性。通过教学，引导学员全面准确地把握马克思主义基本原理、特别是邓小平同志建设有中国特色社会主义的理论，联系深化改革、扩大开放、促进发展、保持稳定的实际，加强对一些重大现实问题的研究，提高贯彻执行党的基本路线的自觉性和坚定性，增强运用唯物辩证法的世界观和方法论判断形势、把握全局、分析和解决实际问题的能力。地方党校还要结合当地情况，把推进本地区改革开放和社会发展作为理论联系实际的着力点。党校的教学都要密切联系学员的思想实际，使学习和掌握理论同改造世界观、增强党性锻炼结合起来。要通过教学使学员做到，有坚定的社会主义理想和信念，坚持全心全意为人民服务的宗旨，保持清正廉洁，拒腐防变，有较强的全局观念和组织性、纪律性，维护党的团结统一，坚持理论联系实际、密切联系群众和自我批评三大作风。

党校的班次、学制设置，要根据新的情况认真进行规范。要进一步办好主要领导干部研讨班和各级领导干部轮训班，搞好现职领导干部的轮训。每一次研讨班和轮训班，都要有针对性地切实解决几个问题。要高度重视后备干部的培训，在现有基础上适当扩大招生人数。中央党校和有关省、自治区党校要大力办好少数民族干部班，下决心经过几年努力，培养出一批少数民族优秀中青年干部。已按规定向国务院学位委员会申请并获准招收研究生的党校，要认真做好培养工作，以造就德才兼备的高层次理论人才。党校主体班次的学制要稳定，中央党校的进修班不能少于三个月，省级党校的进修班一般不能少于二个月；中央党校和省级党校的中青年干部培训班不能少于一年。中央和各省、自治区、直辖市党校举办的学制二年以上的长期班次，学员学完必修课程，经考核合格的，授予党校学历，可享受国民教育相应学历的有关待遇。在办好主体班次的基础上，各级党校可举办适应改革开放和经济社会发展需要的短期班次。党校函授教育要在总结经验的基础上，深化教学改革，控制规模，加强管理，保证办学质量。

切实加强和改进党校的科研工作。要着重研究邓小平同志建设有中国特色社会主义的理论，同时坚持对马克思主义基本原理进行基础性研究。党校的科研必须贯彻理论与实际相结合的方针，加强对社会普遍关心的重大理论问题和实际问题的研究，为提高教学质量服务，为党委和政府科学决策服务。中央党校要成立建设有中国特色社会主义理论研究中心，就一些根本性的理论问题和重大实际问题，组织各学科人才共同攻关，争取出一批高质量的科研成果。各级党校要根据自己的长处和特点，争取把一些重点科研项目纳入国家或本地区的科研规划。要加强同实际工作部门的联系，为教研人员进行调查研究创造条件。加强科研信息交流和科研组织管理工作，发挥党校科研力量的整体优势。党校的科研工作，要坚持以马克思主义为指导，切实贯彻“百花齐放、百家争鸣”的方针，鼓励探索新问题，发表新见解，相互切磋，平等研讨，努力形成民主的、生动活泼的学术讨论环境。

要积极推进党校的行政、人事和后勤管理的改革。通过改革，理顺内部关系，明确机构职责，建立岗位责任制；改善人员素质和结构，提高工作效率；为教学科研提供优质服务。

三、加强师资队伍建设，大力培养中青年教师

加强和改进党校的建设，做好党校工作，迫切要求建设一支能够坚持党的基本理论、基本路线，善于研究新情况、探索新问题，具有坚强党性和优良学风的教师队伍。党校系统已经有了一支政治、业务素质较好，热心党校教育事业的队伍。但这支队伍也存在着知识结构不够合理、实践经验较少和青黄不接、不够稳定等问题。要采取有力措施，使问题逐步得到解决。

要从党校系统培养一批学术水平较高、学术成果突出，在全国教育和理论战线上有相当影响、能够承担重要研究任务、并在课堂上受到普遍欢迎的中青年教师。其中有些人，还应成为某一学术领域的专家和社会科学方面站在全国学术前沿的学者。要物色一批各方面素质好、有发展潜力和培养前途的年轻教师，采取

某些特殊措施，为他们成长、深造提供必要的条件，使他们摆脱事务性工作，专心致力于教学与科研。同时，要继续发挥老教师对中青年教师进行传、帮、带的作用。

各级党委要根据本地党校的实际情况和需要，创造条件，使党校每年都能有计划地安排一些教师到实际业务部门参加工作，或到一定领导岗位挂职锻炼；把一些教师送到中央和省级党校或高等院校进修，补充新的知识。要帮助和支持省级以上党校开辟和拓宽对外交往的渠道，适当安排党校教师到国外、境外进行必要的考察进修和学术交流。要在党校内部加强和改进管理工作，建立起充满活力的竞争和激励机制，为确有突出贡献的人才脱颖而出，为优秀中青年教师和科研骨干成长，创造良好的环境和条件。党校系统要建立评选优秀教师和先进工作者的制度，对他们所取得的成绩和事迹，予以表彰和奖励。

要关心教师的生活，帮助解决实际困难。通过分配制度改革和政策、法规允许的其他方式，逐步增加教师收入。党校的专业教研人员，继续实行专业技术职务制度和相应的工资制度。党校从事行政管理工作和党务工作部门的干部，参照实行国家公务员制度和公务员工资制度。切实改进党校教师的专业职务评定工作，有条件的省级党校按现行规定经有关主管部门批准授权后可以单独成立专业职务评审委员会。在专业职务评定工作中要认真掌握标准，保证质量。为适应教学和学员工作的需要，要让党校教师阅读到相应的党内文件，使骨干教师能够根据需要参加党委和政府部门召开的有关工作会议，参与有关的调研活动，及时了解中央和党委的指示精神，了解实际工作情况，提高理论联系实际的能力。

各级党校可以从实际情况出发，选聘党政领导同志担任党校的兼职教师，充分发挥他们了解全局、掌握政策、熟悉最新情况、能够从理论和实际结合上阐述问题的优势，以增强党校的教学效果。受聘的领导同志，要尽职尽责。

四、党委要切实加强对党校工作的领导

各级党委要从思想上、政治上、组织上加强对党校工作的全面领导，注重抓好领导班子建设，管好办校方向，帮助解决党校工作中的重大问题。今后考核各级党委的政绩，要把贯彻落实中央有关党校工作的指示办好党校，作为考核内容之一。

党委要做好对干部教育工作的宏观协调和管理，统筹规划，合理安排，避免重复调训，充分发挥党校作为干部理论教育主要阵地的作用。要按照干部管理权限和范围，制定党员领导干部进党校轮训培训的规划，并组织实施，落实到人。对后备干部要安排到党校接受系统的理论培训，打好基础。坚持把参加党校主体班次学习的学历，作为干部被推荐、任命担负一定领导职务的必备条件之一。认真执行轮训培训干部与考核使用干部相结合的原则，党校与组织、人事部门应密切配合，做好对学员学习期间表现的考核工作，并根据干部的政治理论素质和工作能力提出使用建议。

中央关于“党校校长一般由同级党委的书记或副书记兼任”的规定，要继续执行。要根据党校工作的特点，选配一批有较高马克思主义理论水平和较多实际工作经验、适宜做党校工作的干部，充实党校领导班子。特别要配好一二把手。主持党校日常工作的副校长，可列席党委常委讨论思想、理论和党建工作等有关问题的会议。

各级党委和政府要把解决党校经费、改善办学条件作为一件实事来抓。党校经费实行财政全额拨款。要根据本地财力情况，保证党校经费。对少数民族地区和贫困地区的地县党校，要给予更多的帮助。各地对党校校舍的改造和建设，要给以支持，做到逐步有所改善。有条件的地方，要积极帮助党校逐步实现教学手段现代化。党校可以按照国家的有关法律和规定，分流一部分人员创办第三产业，执行校办企业的有关政策，并加强指导和管理。

各省、自治区、直辖市党委要结合本地实际，认真贯彻落实中央有关党校工作的指示，积极解决党校工作和建设中的问题，促进党校教育事业有一个新的发展，不断取得新的成绩。

全国先进青年个体劳动者表彰会在人民大会堂举行

表彰会由共青团中央、国家工商行政管理局、中国个体劳动者协会联合举办。中共中央政治局委员、国务院副总理李岚清，全国人大常委会副委员长王丙乾，全国政协副主席万国权等会见207名代表并同他们一起合影。

李岚清在会见代表时说，我同个体劳动者的先进代表见面感到非常高兴，并对各位获得这样的荣誉表示祝贺。大家知道，社会主义市场经济是由公有制为主体的多种经济成分组成的，它们之间平等竞争、互相促进、共同发展，这是一项长期的国策。这几年个体私营经济充满了生机和活力，主要一是靠党的开放政策，二是靠个体劳动者艰苦创业的精神和勤奋的劳动。个体劳动者在推动经济发展方面发挥了重要作用，这是有目共睹的。希望大家依法经营，靠自己的诚实劳动和经营能力来发展自己的事业，为我国的经济发展作贡献；还希望大家不要忘记中国人的美德，即个人致富，不忘他人，要带动本地的人们共同致富，同时，还提倡助人为乐的精神，例如开展捐资助教活动。

李岚清说,在个体劳动者当中,除了出现一批优秀的企业家,还出现了许多英雄模范人物,这次会议的代表中,有一位浙江的个体劳动者因救火被烧伤,他的事迹很感人,希望大家发扬这种见义勇为的精神,共同努力,使我们的经济进一步发展,并在精神文明建设方面取得成就。

王丙乾在讲话中说,发展个体、私营经济,在促进生产、繁荣经济、活跃市场、搞活流通、方便生活、扩大就业、维护社会安定等方面发挥着日益显著的作用。现在全国个体工商业已达1760多万户,从业人员2900多万人,这是我国社会主义建设事业一支不可缺少的重要力量。个体劳动者从事的是光彩的事业,是受到国家法律保护的,应当得到社会的承认和人们的尊敬。

国务院港澳办公室主任鲁平在香港五大商会举行的午餐会上谈“一国两制”政策

鲁平在香港五大商会举行的午餐会上,就中国政府提出和实行“一国两制”方针的由来和如何付诸实践的问题,发表长篇演说。他强调,“一国两制”方针是中国的长期政策,而为了把“一国两制”方针付诸实践,必须采取让香港人管理香港和允许香港享有高度自治权的政策。

鲁平以邓小平在1979年会见当时的港督麦理浩爵士、1984年会见当时的英国外交大臣贺维爵士时提出的“一个国家,两种制度”的说法,作为演说的开头。他指出,这一说法是大量调查研究后得出的结论,由此才制定了十二条方针,并被写进了联合声明及其后的基本法。

鲁平指出,这些基本政策是“中国政府对香港的基本政策,不是中英会谈的结果”。鲁平说,事实是,在中英谈判一开始,中国政府就把它们摆到谈判桌上了。

鲁平在演说中,把中国为什么采取“一国两制”方针解决香港问题,归结为三条理由,这是保持香港繁荣稳定最好的、也是唯一的解决方案,在1997年应尽可能少出现变化和波动;为了四个现代化建设,中国市场和西方世界之间需要一座桥梁,中国需要香港保持资本主义特色以继续起到这一作用,这对国家整体有好处;它是中国统一大业的一大步,以香港作为解决台湾和澳门问题的样板,中国向世界提供了一个中国可以通过互谅互让以和平方式解决争端的范例。

鲁平由此得出结论说,“一国两制”方针决非一项过渡性的或临时的政策,也不是一种策略,它确实是中国的长期政策。

对于某些担心中国政策会改变的想法,鲁平的答复是“我预见,一国两制方针不仅五十年不变,而且在更长的时间内仍将不变”。他说,因为我们需要数百年的时间把中国建设成为强大的社会主义国家。在整个进程中,香港将继续作为中国与西方世界之间的桥梁而发挥重要的作用。

对“一国两制”方针不会改变,鲁平分两个方面作了说明,即香港的资本主义制度保持不变,国家的社会主义基本制度也不改变。他说,任何外国政府或香港人试图向中国政府施加压力,以改变中国建设社会主义方向和干扰中国经济的做法都不会成功。

鲁平举事实为例,说明保持中国的稳定是至关重要的。他提请与会者思考:如果香港的背后是一个动荡不已的大陆,香港还能继续繁荣吗?

为使“一国两制”方针付诸实践,鲁平以专门的章节论述了港人治港的问题。鲁平指出,必须采取让香港人管理香港和允许香港享有高度自治的政策。为了保持香港的资本主义制度,需要熟悉资本主义运作的香港人来管理自己。鲁平强调说,设立预备工作委员会的目的,正是为港人提供一个参与筹备特区的机会,为未来的香港特区提供一个坚实的基础和最佳的出发点。鲁平继续说:“这样,当1997年7月1日来临时,香港人能够在有条不紊和充分准备的情况下继续拥有一个经济繁荣、金融健全、社会安定的香港。”演说的最末,他向莅会的香港朋友预言:香港人将继续享有他们的生活方式,而在座的所有各位将有机会继续“发财”!午餐会是由香港美国商会、香港中华总商会、香港中华厂商联合会、香港工业总会、香港总商会为欢迎鲁平莅港而联合举办的。鲁平讲演完毕后,香港中华总商会主席霍英东向他赠送纪念品。

香港特别行政区筹委会预委会副主任兼秘书长鲁平与香港全国人大代表全国政协委员座谈

鲁平就港人普遍关心、港英当局蓄意误导的几个问题发表讲话。鲁平在预委会内地委员与香港地区全国人大代表、全国政协委员座谈时发表讲话指出:一、由于英方把大门死死关上,中英关于香港九四——九五年选举安排的谈判已经破裂,“直通车”已不可能实现。到1997年7月1日,我们将根据基本法和全国人大的有关规定重新产生特区的第一届立法会,英国最后一届立法局议员将全部下车,港英区域组织不能成为特区的区域组织。二、中方愿在其他领域与港英合作,但原则问题上不能妥协。港英必须真正拿出合作的诚意来。三、设立作为权力机构的人权委员会与基本法抵触,就是把基本法设置的整个架构破坏了。两个人权公约不能直接使用于香港。四、土地基金每一分钱都是未来特区政府的,由中英土地委员会中方代表根据中华人民共和国政府授权,以土地基金受托人身份负责收取、保管及保值,1997年后应当由特区政府管理。

国务院总理李鹏在对外友协成立 40 周年和新一届全国理事会上谈中国的外交方针

李鹏首先代表党中央和国务院祝贺对外友协成立四十周年和新一届全国理事会的召开。

李鹏说,对外友协成立四十年来,高举和平友好的旗帜,面向世界,广交朋友,为我国的建设事业争取国际上的支持和同情,做了大量工作。今天我国的国际地位空前提高,我们的朋友遍天下,这里凝聚着老一辈无产阶级革命家开创民间外交事业的心血,也倾注了广大从事民间外交工作的同志的辛勤劳动。

李鹏说,外交工作与国内工作密切相关,国内工作的成就是外交工作的基础,而外交工作的成就又推动国内工作的发展。我国奉行独立自主和平外交政策的根本目的,就是为我国的四化建设创造一个良好的国际环境。

李鹏说,对外友协等民间友好组织和团体的工作证明,民间外交是官方外交的有力补充,官民结合,相辅相成,民间外交大有可为。

李鹏说,上届理事会召开时我曾会见过友好城市工作会议的代表。当时我曾说过:我国外交事业的春天已经到来。现在看来,我们的估计已经成为事实。

李鹏在谈到国际形势和我国的外交方针时指出,国际形势正处在新旧格局转换的时期,多极化趋势进一步发展。近几年,我们始终按照邓小平同志提出的方针,对国际形势的发展保持了冷静的观察、清醒的分析和判断,使我国的外交工作不断开拓新的局面。我们提出以和平共处五项原则为基础建立公正合理的国际新秩序,尊重各国人民独立自主地选择本国的发展道路,在国际上开展平等互利的经济合作和贸易往来等重要主张,都赢得了国际社会的普遍赞赏。我们坚持睦邻友好,同邻国发展友好合作关系的政策,为巩固和发展良好的周边环境发挥了越来越大的作用。我国同中亚四国和蒙古国以及其他亚洲国家的关系就充分证明了这一点。

李鹏希望友协工作要适应新形势的要求,所有从事民间友好工作的同志,要把握有利的国际形势,进一步广交朋友,多交朋友,开创民间友好工作的新局面;要熟悉国内外形势,掌握外交政策,加强学习,提高自身的素质;要加强团结,搞好协作;要充分发挥多年从事民间友好工作的老同志的作用,希望他们为新时期民间友好工作作出新贡献。

国务院副总理李岚清、全国人大常委会副委员长王光英、国务委员罗干等参加会见。

中宣部共青团中央在北京举行《邓小平著作选读(青年读本)》出版座谈会

国际许可贸易工作者协会 1994 年国际大会在北京开幕

最高人民法院院长任建新在开幕式上指出,中国对知识产权及其他无形财产权保护的法律制度已基本完善。

任建新指出,目前中国对《专利法》和《商标法》的修订已经完成,进一步扩大了对专利权和商标权的保护范围,加强了保护的力度。中国已经加入了《伯尔尼公约》和《世界版权公约》,因而对著作权的保护也基本上与国际惯例接轨。对商业秘密的保护,在 1993 年 12 月实施的《反不正当竞争法》中作了规定。在中国的一些省市,如北京市、广东省、上海市、海南省、福建省、深圳市的人民法院,相继设立了知识产权审判庭。这对许可贸易和技术转让在中国的顺利发展,无疑将是一个有力保障。

罗马尼亚总统伊利埃斯库在布加勒斯特会见解放军总参谋长张万年

国家教委解放军总参谋部总政治部发出《关于印发新修订的〈高等学校学生军事训练教学大纲〉的通知》

为贯彻落实党的十四大精神和《中华人民共和国兵役法》的有关规定,按照 1993 年 2 月中共中央、国务院颁布的《中国教育改革和发展纲要》关于“重视国防教育,增强国防观念。继续组织高等学校、中等专业学校和高级中学学生参加多种形式的军事训练”的要求,结合几年来学生军事训练的实际,我们对《高等学校学生军事训练大纲》进行了修订。现将新修订的《高等学校学生军事训练教学大纲》印发给你们,作为高等学校实施军事训练教学的基本依据。

各级教育部门和军事部门要加强对高等学校学生军训工作的指导,并对高等学校执行新《大纲》的情况实施检查。高等学校和承训部队要依据新《大纲》的内容、要求,认真搞好集中军事训练和军事理论课教学,注重提高军事理论课教学质量,切实保证教学时间、内容、效果的落实。新修订的《高等学校学生军事训练教学大纲》自 1994 年至 1995 学年度开始实行。

高等学校学生军事训练教学大纲(略)

中华职业教育社 1994 年全国社员代表会议在人民大会堂开幕

中共中央政治局委员、国务院副总理李岚清代表中共中央、国务院到会祝贺并讲话。

李岚清说,职教社自成立以来,致力于研究、推行职业教育，举办各种形式的职业学校；倡导“尊重劳动”、“双手万能”、“手脑并用”等教育与劳动相结合的新思想，为社会培养出了一大批有知识、有技能的专门人才。

李岚清说，党和政府强调，必须坚定不移地把教育事业放在优先发展的战略地位，必须高度重视和大力发展职业教育。他希望职教社进一步发挥具有统一战线性质的职业教育团体的特点，进一步发挥同包括各民主党派在内的各界人士有密切联系的优势，为发展我们的教育事业出主意、想办法、提建议，为发展有中国特色的职业教育事业，为实现祖国的统一和中华民族的振兴作出新的、更大的贡献！

5月7日

国务院总理李鹏在钓鱼台国宾馆会见肯尼亚总统莫伊

八届全国人大常委会七次会议分组审议六个法律草案

中国法官协会中国女法官协会在北京成立

最高人民法院院长任建新和最高人民法院副院长马原分别当选为这两个协会的会长。最高人民法院原院长郑天翔被推举担任中国法官协会名誉会长，全国人大常委会副委员长陈慕华、雷洁琼被推举担任中国女法官协会名誉会长。

中宣部邀请国家科委新闻出版署国家教委文化部国家民委团中央等15个部门负责人座谈征求对《爱国主义教育实施纲要》(征求意见稿)的修改意见

国务院副总理李岚清在全国商检局长会议上发表讲话

李岚清在全国商检局长会议上提出，要进一步加强商检工作，坚持依法施检，依法管理，严格把好进出口商品质量关。

李岚清说，质量不但是企业的生命，是外贸的生命，也是关系到国家声誉、民族素质、一个国家经济和社会发展的大问题。大家要有“质量兴国”的意识。产品质量主要是企业的事，要“粗粮细做”，一丝不苟；但是，质量把关，商检部门责任重大。随着我国改革开放和对外经贸事业的发展，商检部门的任务越来越重。商检部门主要是在质量上把好关，但也要采取可能的措施帮助和推动企业提高商品质量。商检部门要铁面无私，不能心慈手软；要“吹毛求疵”，不能“高抬贵手”，坚决把不合格出口商品堵在国门之内。对进口商品的质量也要继续依法把关，减少国家和业主不应有的损失。要不断扩大商检覆盖面，提高检验率。同时要进一步提高工作质量和效率，为生产和外贸经营单位提供服务。要加强同国外有关机构的技术交流与合作，努力与国际规范接轨，按国际惯例办事。商检部门已在国内认可社会各行业的实验室400多个，要充分发挥他们的作用。商检是“主力军”，还要充分利用社会力量，以弥补自身力量的不足。

煤炭部副部长张宝明就乡镇煤矿清理整顿工作答记者问

改革开放15年来，乡镇煤矿年产量由1978年的0.95亿吨增加到去年的4.7亿吨，已占全国总产量41.2%，为缓解中国煤炭供应紧张局面发挥了重要作用。但是，在充分肯定乡镇煤矿成绩的同时，也不能不看到其存在的严重问题。日前记者就此走访煤炭部副部长张宝明。

问：邹家华副总理在全国乡镇煤矿工作会议上指出，乡镇煤矿存在的问题已严重制约了它的健康发展，到了非整顿不可的地步。请问，乡镇煤矿主要存在哪些问题？

答：乡镇煤矿存在的主要问题是非法开采、乱采滥挖和安全生产无保证，这些问题已造成十分严重的后果：

一是伤亡事故多，去年乡镇煤矿的百万吨死亡率是国有重点煤矿的六七倍。

二是煤炭资源浪费大。乡镇煤矿资源回收率一般在10%左右，国有煤矿的矿井资源回收率一般在50%以上。

三是对国有煤矿生产和安全造成严重影响。目前，在全国103个国有重点煤矿井田范围内非法开采的小煤矿达5800个。据近11年来统计，这些小煤矿与大矿掘通2297处，直接造成严重透水事故397起，瓦斯爆炸30次，死亡2780人。仅397起透水事故造成的直接经济损失就达15.6亿元。

鉴于以上情况，只有通过清理整顿，实现安全生产，保护煤炭资源，增强矿井发展后劲，乡镇煤矿的发展才能上一个新水平。

问：请问这次清理整顿的具体范围是什么？

答：这次清理整顿的范围是：全部乡镇煤矿，包括乡(镇)、村开办的集体煤矿、军队煤矿、二轻煤矿，各行业各企业事业单位(含国有煤炭企业)开办的煤矿、小型联营矿、股份制煤矿，以及个体采煤。

整顿的重点一是无证开采的小煤矿；二是超层越界开采的小煤矿；三是威胁国有煤矿安全生产、危及公共设施和人民财产安全的小煤矿；四是不具备安全生产条件的小煤矿；五是行政机关开办或参与开办的小煤矿。

问：自1978年以来，有关部门对乡镇企业进行过几次整顿，但往往是整顿之后不久又有反复。这次清理整顿将采取什么措施，以切实保证做好这项工作？

答：以往清理整顿的教训，我们认为主要是这样几点，一是行业管理薄弱；二是法制不健全；三是只堵不导，没有既治标又治本。这次清理整顿与以往有很大的不同。首先，国家对乡镇煤矿的政策是"扶持、改造、整顿、联合、提高"，整顿不是抹杀成绩，不是限制发展。整顿的重点是非法开采、乱采滥挖的矿。对合法开采的矿要采取扶持政策，引导其改造、联合、提高。比如今年要在全国乡镇煤矿推广控制瓦斯事故的四项装备；争取用3年左右时间帮助乡镇煤矿全部达到"五消灭"(消灭独眼井、自然通风、明火明电照明、明火明电放炮、明刀闸开关)要求，具备基本安全生产条件；在近几年内将现职的乡镇煤矿矿长、技术负责人、特殊工种人员轮训一遍，培训合格后才能上岗。

第二，是煤炭行业管理加强了。去年国家机构改革中重新成立了煤炭部，就是为了加强对全国煤炭工业的行业管理。这次邹家华副总理在全国乡镇煤矿工作会议上重申，煤炭资源由煤炭部统一规划，具体管理，各地区、各部门及各种所有制的煤矿都要服从和支持煤炭部门实行统一的行业管理。

第三，实施行业管理最有力的手段就是纳入法制轨道，目前依法办矿、管矿的条件也大大提高，《矿产资源法》、《矿山安全法》已经出台。去年重新成立煤炭部后，加快了《煤炭法》的起草工作。同时，从保证乡镇煤矿健康发展的实际需要出发，修改了《乡镇煤矿管理条例》，起草了《煤炭生产许可证管理办法》和《关于煤炭企业职工伤亡事故报告、调查和处理的意见》。这三个法规性的文件已基本成熟，报国务院批准后即可出台。

问：通过这次整顿要使乡镇煤矿达到什么样的目标呢？

答：一是本地区没有无证非法开采的小煤矿；二是超层越界的小煤矿，全部退回原规定的开采界限内，再违反者，吊销其证照，不准再开采；三是乱采滥挖，破坏资源的现象得到制止，煤炭资源得到合理开发，回采率达到规定的要求；四是达到规定的办矿条件，符合安全生产标准，安全状况明显好转，重大伤亡事故得到控制，百万吨死亡率达到国家规定标准；五是形成规范的煤炭市场秩序；六是生产矿井均持有地矿部门颁发的采矿许可证，煤炭部门颁发的煤炭生产许可证，工商行政管理部门颁发的营业执照。

问：这次国务院召开的全国煤炭工作会议对开展乡镇煤矿清理整顿工作有什么要求？

答：清理整顿乡镇煤矿涉及面广，政策性强，难度很大，各级政府、各有关部门要各司其职，密切配合，认真对待。要层层实行领导负责制，一级抓一级。县、市政府是整顿乡镇煤矿的关键，在近两年内要把整顿乡镇煤矿作为一项重要工作，组织煤炭、地矿、劳动、工商、税务、公安、环保、土地和乡镇企业管理等部门，切实把乡镇煤矿的事办好。

国家技术监督局发布1994年第一号质量通报

第一季度抽查的48类1516种产品，抽样合格率为69.1%。大型企业的产品质量稳中有升，中小型企业产品质量状况较差的局面仍未根本扭转。抽查结果表明，相当一部分企业存在管理滑坡、产品质量下降的问题。

国务院副总理李岚清会见国际许可贸易工作者协会1994年大会部分代表

李岚清下午在中南海紫光阁会见时说，中国将引进更多先进而适用的技术，同时努力对外转让技术。

李岚清说，中国保护知识产权的法律制度日益完善，这对许可贸易的发展提供了有力的法律保障。

李岚清说，经过对专利法和商标法的修订，扩大了对专利权和商标权的保护范围，加强了保护的力度；中国在加入《伯尔尼公约》和《世界版权公约》以后，对著作权的保护也基本适应了国际规范，《反不正当竞争法》实施后，对商业秘密的保护也有了法律规定。

国务院副总理李岚清在中南海紫光阁会见前来北京参观访问的美国斯科拉电视台1994年世界年会的代表

国务院副总理兼外交部部长钱其琛在北京会见伊拉克政府特使外交部次长里亚德·凯希

钱其琛说，中国同情伊拉克人民目前的困难处境，主张国际社会客观评价伊拉克执行联合国决议的情况，并根据情况的变化和从人道主义出发，逐步消除对伊的制裁，以缓解伊人民的苦难。

钱其琛还希望伊拉克继续加强同联合国的合作与对话，妥善解决在执行安理会决议方面所产生的分歧。他说，伊拉克明确承认科威特主权、独立和领土完整，对恢复伊科两国正常的睦邻关系和争取早日解除对伊拉克的制裁都是至关重要的。

会见中，里亚德向中方介绍伊拉克执行安理会有关决议的情况以及伊在实施对其武器长期监督计划和制裁等问题上的立场。

对外友协全国理事会在北京闭幕

国务院外事办公室主任齐怀远当选为对外友协会长。理事会还选举陈昊苏、王效贤、许群为对外友协副会长，王金城为秘书长，并聘请王光英、司马义·艾买提、伍修权、杨静仁、赵朴初、夏衍、钱正英、姬鹏飞、赛福鼎·艾则孜为对外友协顾问。

电子部和美国 IBM 公司签署信息技术项目合作协议

中央军委副主席刘华清在钓鱼台国宾馆会见由国防部部长朱马里·赛雅颂率领的老挝国防部高级代表团

国防部部长迟浩田在北京与老挝国防部部长朱马里·赛雅颂举行会谈

5月8日

中央军委副主席刘华清在上海考察工作

刘华清于5月8日至10日在上海考察工作时强调，全党、全军和全国人民都要服从经济建设这个大局，进一步加强军民、军政团结，齐心协力，为社会主义现代化建设作出更大的贡献。

刘华清在上海期间还视察驻沪海军舰艇部队，勉励海军官兵认真学习现代军事科学知识，严格训练，努力提高军事素养，进一步巩固发展“双拥”工作和军民共建活动的成果。

首届全国优秀发明企业家评选在北京揭晓

评选是由中国发明协会、中华全国总工会、中国专利局共同举办的。10名发明企业家榜上有名，他们是：台震林、伍尚魁、陈肇兆、周文志、赵国欣、张振英、梁克诚、葛亮明、詹庆富、李冬绮。其中年龄最大的62岁，最小的仅29岁。女发明家1名。

中国爆破器材行业协会在北京成立

中共中央政治局委员尉健行在北京会见并宴请由越共中央政治局委员书记处书记越共中检委主任杜光胜率领的越共中检委代表团

5月9日

国家主席江泽民致电南非非洲人国民大会主席纳尔逊·曼德拉祝贺他当选南非共和国总统

比勒陀利亚南非共和国总统纳尔逊·曼德拉阁下：

欣闻阁下当选为南非共和国总统，我谨代表中国人民，并以我个人的名义向阁下致以最热烈的祝贺。

南非种族主义统治的最终结束，在非洲乃至人类文明史上揭开了光辉灿烂的新篇章。阁下为南非实现种族平等进行了长期艰苦卓绝的斗争，作出了重大贡献，不仅赢得了南非人民的拥护和爱戴，而且受到中国人民的敬佩。我相信，在阁下的领导下，南非一定能够成为一个种族平等、和平稳定、繁荣富强的国家，并对非洲和世界的和平与发展作出积极贡献。

中国人民一贯坚定支持南非人民的正义事业。新南非的诞生为中、南非两国关系的发展展示了广阔的前景。我愿借此机会重申，中国十分珍视两国人民在长期共同斗争中结下的深厚友谊，愿在和平共处五项原则基础上与南非建立和发展友好合作关系。我深信，在我们双方共同努力下，中国和南非人民之间的传统友谊必将在新的基础上不断发展。

祝贵国繁荣昌盛，人民幸福！

中华人民共和国主席 江泽民

一九九四年五月九日于北京

辽宁省档案馆馆藏记录侵华日军南京大屠杀罪恶行径的南满铁道株式会社档案首次披露

真实记录侵华日军南京大屠杀罪恶行径的南满铁道株式会社部分档案，将公开披露在5月20日出版的1994年第二期《民国档案》上。据称，用日本侵略者自己形成的历史档案来揭露南京大屠杀的真相，还尚属首次。

南满铁道株式会社是日本侵略者设在中国的一个机构。这次公布的部分档案，清楚地记载着1937年12月13日日军占领南京后，满铁会社上海事务所立即派出松冈功、佐藤鹤龟人、小岛友于、马渊诚刚、丸山进等人组成的“南京特务机关”（亦称南京特务班）进驻南京后的工作情况，这个特务班于昭和十二年十二月二十四日（1937年12月24日）开始工作，并于1938年1月21日到同年3月底，向满铁有关部门写了三次报告。这些报告均列为“极秘”材料。在第二次报告中说：“红卍字会的尸体掩埋队（队员约有600名）一月上旬以来，在特务机关指挥下连日涉足城内外掩埋死尸，截至2月末已埋葬的尸体约达5000具，成绩昭著。”第三次报告说：“红卍字会自进行尸体收容工作以来，已默默工作了三个月，其工作成果值得称赞，目前已用完全部资金，工作开始陷入困境。”报告还说，到3月中旬，“在城外各地还散搁着一些尸体，经过积极工作，取得了显著成果。至3月15日止，已把城内1793具、城外29998具，共计31791具尸体，收容在城外下关地区和上新河地区的指定地点”。

据专家介绍,红卍字会尸体掩埋队仅为众多收尸组织中的一个,当时还有红十字会、慈善组织同善堂……也同样参加了尸体掩埋工作。单单经红卍字会截至3月中旬掩埋的尸体即已逾三万余具,可见被侵华日军杀戮的南京平民百姓数目之大。

南满铁道株式会社的上述档案,现保藏在辽宁省档案馆内。

"红军渡江纪念碑"在云南禄劝县金沙江皎平渡渡口落成

陈云为纪念碑题写碑名。中共中央政治局常委、中央军委副主席刘华清题词:"滔滔金沙话巧渡巍巍云崖托丰碑";中央军委副主席张震题词:"继承发扬红军光荣传统,开发祖国西南边疆。"萧克、杨成武等也为纪念碑题词。在红军当年巧渡金沙江的渡口,云南和四川两省上千名群众和党、政、军负责人参加红军渡江59周年纪念暨渡江纪念碑落成典礼活动。

国务院发出《关于深化粮食购销体制改革的通知》

粮食是关系国计民生的特殊重要商品。做好粮食购销工作,对于促进我国粮食稳步增长,保持粮食市场稳定,安排好人民生活,保证各项改革顺利进行关系重大。为加强国家对粮食的宏观调控,深化粮食购销体制改革,稳定粮食市场,特作如下通知:

一、切实做好粮食收购工作,确保国家掌握必要的粮源

国家掌握必要的粮源是稳定粮食市场、安定大局的重要物质基础。根据近年来我国粮食市场供求情况,粮食部门必须收购社会商品粮的70—80%,即900亿公斤左右(贸易粮)。其中:(一)500亿公斤为国家下达的任务(含农业税征实),也是农民应尽的义务。各级政府落实到生产单位和农户,确保完成。收购价格由国家根据粮食市场的供求情况和按照既能调动农民种粮的积极性、缩小工农产品的剪刀差,城镇居民又能承受的原则,合理确定;允许各省、自治区、直辖市适度浮动,形成合理的地区差价、品种差价、季节差价和质量差价。(二)其余400亿公斤由各省、自治区、直辖市政府按照价格随行就市的原则组织收购。各级政府和粮食部门要加强对粮食市场的管理和调控,运用经济手段,确保粮食市场价格的基本稳定。

油脂的购销数量及其政策,由各省、自治区、直辖市人民政府,本着粮食部门要掌握主要油源、确保市场供应的原则,自行决定。

二、保证城镇人民口粮供应,安排好人民生活

各级政府要安排好城镇居民和农村缺粮农民所需口粮的供应。特别要保证军粮和工矿区职工、大专院校学生、低收入居民的口粮,以及灾区、常年缺粮的贫困区、水库移民区群众的口粮供应。销售价格的确定应以进货价为基础,加上必要的费用和合理利润。各地政府要确保普通粮食品种的供应和销售价格的基本稳定。

三、平抑粮价,稳定市场

建立健全灵活的粮食吞吐调节机制,适时平抑粮价,稳定粮食市场,促进生产,保证供应,是粮食部门的重要任务。要建立市场信息网络,密切注视市场动向,及时采取措施稳定市场,防止乱涨价。当市场粮价低于国家规定的收购价时,各地政府要组织粮食部门按规定的收购价及时收购粮食,防止谷贱伤农,以保护生产者的利益。当市场价格过高时,要及时组织抛售,以平抑价格,保护消费者的利益。在需要抛售时,首先动用地方储备粮,必要时再动用国家储备粮。抛售方法:一是通过国有粮店公开挂牌销售;二是通过粮油批发市场抛售,平抑粮油批发价格。抛售粮油发生的价差和运费,按照财政隶属关系分别从中央和地方的粮食风险基金中解决,具体办法另定。

四、组织好产区和销区的购销衔接,疏通粮食流通渠道

做好产区和销区粮食购销衔接工作,对安排好当地粮食的总量平衡,稳定粮食生产,保证粮食供应,具有重要作用。一是逐步建立产区和销区之间长期稳定的购销关系。今后,每年由国内贸易部、国家粮食储备局组织粮食企业在国家和省的区域性粮食批发市场进行交易,签订购销合同,调剂产销余缺。对北京、天津、上海、广东、福建、海南等粮食主销区,在铁路运输等方面,给予重点帮助。为保证购销合同兑现,要按合同成交额交付一定比例的保证金。二是销区粮食批发企业出省采购粮食,必须到产区县以上粮食批发市场购买。实行产销企业直接见面,以现货交易为主,也可协商签订购销合同。销区不得直接到产区农村抬价抢购粮食。银行和铁路、交通部门对正常的粮食贸易,要在资金、运输等方面给予优先安排。

五、加强粮食市场管理,掌握批发,放活零售

加强市场管理。为维护粮食市场秩序,各级政府要组织工商、粮食、物价、公安、税务部门加强对粮食市场的监督管理和执法检查,坚决取缔无执照经营。对欺行霸市、哄抬粮价等扰乱粮食市场的行为要严加惩处。要加快制定粮食市场法规,逐步使市场行为规范化、法制化、现代化。

要掌握粮食批发。今年要对粮食批发企业进行清理、整顿,对不符合条件的不予重新登记。粮食批发企业应具备以下基本条件:有一定的资信和自有资

金;有必要的经营设施,包括固定场地、仓容和检验手段等;有一定的库存量,并承担社会责任。具体办法由工商、粮食、税务、物价等部门制定。在粮食收购季节,对多渠道的粮食批发企业还应在铁路、交通运输上加强管理,在宏观上进行调控,做到放而有管、多而不乱。

要加强市场体系建设。总的原则是积极发展粮油初级市场,巩固发展批发市场,逐步建立健全统一、开放、竞争、有序的粮油市场体系。要以农村乡镇集散地为中心,以粮站、粮库为依托,发展农村粮油初级市场,允许农民之间、农民与城镇居民之间在市场上进行粮食零星交易。在粮食主产区建立和完善省、市(地区)、县的区域性粮食批发市场。在铁路中转站、水运码头等粮食集散地,发展一批现货批发市场,以方便粮食由主产区向销区流动。

六、积极筹措资金,确保收购不打“白条”

各级政府在粮食收购旺季到来之前,要组织有关部门积极筹措资金,实行分级分部门责任制,保证不给农民打“白条”。财政部门要把应拨的资金及时足额拨补到位,不得以任何借口缓拨、欠拨。粮食部门要做好粮油的调销工作,积极催收货款,确保销售货款及时回笼;要认真清理、压缩不合理资金占用,不得发生新的挪用。今年6月底前,粮油收购所需银行贷款,由具备条件的粮食企业到农业银行、工商银行办理。7月1日开始,统一到农业发展银行办理,或由农业发展银行委托农业银行办理,实行规定的优惠利率。各有关银行要集中资金保证粮油收购。销区采购粮食,是当地粮食总量平衡的重要组成部分,对省间调剂、调运所需资金必需保证供应。对粮油加工、批发、采购、储备、进出口、多种经营等所需资金,也由农业发展银行和其他商业银行提供。

七、建立健全粮食储备调节体系,增强国家宏观调控能力

完善国家粮食储备调节制度,健全国家粮食宏观调控体系,是粮食购销体制改革的重点。为加强国家对粮食储备的管理和调度,对少数重点的大型粮油仓库和港口转运站,进行逐步转为国家粮食储备局的直属库(站)的试点。要有计划地由主产区向主销区和多灾地区转移一部分国家储备粮。要将分散储存的国家储备粮适当向国家储备库和交通便利的大型库集并。要充分利用国际、国内两个市场,适时进行品种调剂串换,增值搞活。

各地要掌握必需的周转粮和储备粮。周转粮的规模同确保当地的供应相适应,防止脱销。

从1994年度起建立国家油脂储备制度,包括甲字油及506油,要逐步达到5亿公斤的储备规模。

要加强对储备粮油的管理。国家储备粮油权属中央,未经国务院批准,各级政府、任何单位和个人都不准动用。要尽快建立定人定岗、定期清查、离任交接等制度,全面核查存库,切实做到账实相符。要加强对储备粮油的监督检查,发现问题,要及时处理。在一、两年内,实现国家储备库计算机管理,逐步联网,提高粮油储备管理的现代化水平。

八、建立两条线运行机制,深化粮食企业改革

在粮食行政管理部门的统一领导下,粮食经营实行政策性业务和商业性经营两条线运行机制,业务、机构、人员彻底分开。这项工作在今年内完成,以后逐步完善。具体办法,由国内贸易部会同有关部门制定。

各级粮食行政管理部门及其领导下的粮管所(站)、粮库是政策性机构,承担掌握粮源、吞吐调节、稳定市场、救灾等政策性经营任务,所需费用按财政隶属关系分别由中央和地方财政补贴。国家专项储备粮油的保管费用和贷款利息,由财政部根据国家粮食储备局提供的数据,通过省级财政部门拨给省级粮食部门,以利于共同管理,加强监督。对储备粮油的轮换,要给予一定的费用补贴,以保持储备粮油的推陈出新。对粮食企业的财务挂账,由财政部商有关部门按照《中共中央、国务院关于当前农业和农村经济发展的若干政策措施》(中发〔1993〕11号)的要求,尽快制定具体办法,抓紧清理,落实措施。

大中城市和县的粮食行政管理部门要引导国有粮食企业,改变目前收购、储运、加工、销售各自为政、小而散的状况,使其有机地结合起来,实行工商、批零、购销的联合,充分发挥群体优势,提高规模效益。要加强经营管理,减少环节,降低费用,提高经济效益。要加强对粮油加工的行业管理,掌握住加工环节。国有粮食加工企业应主要承担城镇和农村缺粮农民的口粮加工任务。中外合资的粮油加工企业要执行国家产业政策,避免重复引进和重复建设。仓储企业要发挥仓储设施的优势,实行栈租制。农村粮站要继续推广“两代一换”(代农储存、代农加工、品种兑换)的经验,办成农村粮油服务中心,并要试办与农民联合的粮油合作组织,更好地为农业生产和农民生活服务。

国有粮食零售企业是商业性经营单位,主要承担粮食的零售业务,实行独立核算,自主经营,自负盈亏,照章纳税。对零售网点实行合理的批零差,要合理调整经营布局和经营结构,保留骨干,方便群众。

国有粮食企业在经营好本业的基础上,要大力开展多种经营。要探索新的经营方式,试办快餐店、连锁店,发展粮食的小包装和高档次品种,建立配送中心,利用各大商场销售粮油及制成品。

九、进一步加强领导和管理，充分发挥粮食部门的主渠道作用

为了适应发展社会主义市场经济的新形势，各级政府必须进一步加强对粮食工作的领导，决不能撒手不管，放任自流。要贯彻中央统一领导、地方分级负责的粮食管理原则。中央主要负责全国粮食的总量平衡，实施对全国粮油价格和市场的宏观调控、行业管理，并管好国家的粮油储备，根据市场需要组织好主要粮油品种的进出口。实行省、自治区、直辖市政府领导负责制，负责本地区粮食总量平衡，稳定粮田面积，稳定粮食产量，稳定粮食库存，灵活运用地方粮食储备进行调节，保护粮食供应和粮价稳定。

国务院重申，各级政府必须有相应部门承担粮食行政管理职能，要精简机构，政企分开，提高效率。要充实和完善粮油收购、储存、批发、加工和零售网络的服务体系建设。基层粮食企业的财产属国家所有，农村粮管所(站、店、库、厂)的隶属关系要保持稳定，要采取切实措施防止国有资产的流失，使之更好地发挥主渠道作用。

国务院发出关于《印发〈粮食风险基金实施意见〉的通知》

各省、自治区、直辖市人民政府，国务院各部委、各直属机构：

国务院同意财政部等六部委提出的《粮食风险基金实施意见》，现印发给你们，请结合本地区、本部门的实际情况，认真贯彻执行。

粮食是关系国计民生的特殊商品，政府必须进行宏观调控。粮食专项储备制度和粮食风险基金制度是政府对粮食进行宏观调控的最重要的经济手段。经过近几年的努力，粮食专项储备制度已经初步建立起来了，今后还需要进一步完善。当务之急是尽快把粮食风险基金制度建立起来。粮食风险基金是中央和地方政府用于平抑粮食市场价格，补贴部分吃返销粮农民因粮食销价提高而增加的开支，促进粮食生产稳定增长，维护粮食正常流通秩序，实施经济调控的专项宏观资金。这是我国针对关系国计民生的重要商品而建立的第一个专项宏观调控基金。

建立粮食风险基金制度，是我国经济生活中的一件大事，也是一件新事，是党和政府对加强粮食宏观调控的一项重大政策，也体现了党和政府对农民的关心。各省、自治区、直辖市人民政府要高度重视，加强领导，充分认识建立粮食风险基金制度的必要性和紧迫性，务必抓好《粮食风险基金实施意见》的落实，做到用途明确、范围清楚、资金到位，尽快将省级粮食风险基金真正建立起来；要根据《粮食基金实施意见》抓紧制定具体操作办法和实施细则；要做好宣传解释工作，使广大干部、群众特别是县、乡、村干部，真正明白政策，认真贯彻执行，落到实处。国家计委、国家经贸委、财政部、内贸部、农业部、国家粮食储备局等部门要密切配合，加强指导、协调和督促。

各省、自治区、直辖市人民政府和国务院有关部门在贯彻执行《粮食风险基金实施意见》的过程中，要注意总结经验，使粮食风险基金制度在实践中逐步得到完善。

粮食风险基金实施意见(略)

国家计委副主任佘健明向记者介绍国务院批准的《国家计委职能配置内设机构人员编制“三定”方案》

国家计委副主任佘健明对记者介绍国家计委的改革思路。他说，国家计委的改革有三个要点：首先是明确主要职能是为党中央、国务院作好经济工作的参谋；二是明确市场是工作的立足点和出发点；三是明确集中精力抓大事，凡是该由市场、地方和企业办的事，计委决不再包揽。根据国务院批准的《方案》，国家计委属于宏观调控方面的职能将进一步加强，主要包括对国民经济和社会发展的中长期规划和重大方针政策的研究和制订；对国民经济运行动态的预测、监测和分析；对国家产业政策、重大生产力布局以及地区经济发展规划的研究、制订并监督实施和协调；综合协调财政、信贷等经济杠杆以及国家直接掌握的经济手段；监控全国物价总水平；指导管理关系国计民生的重要产品和生产资料的国家储备等。

国务院总理李鹏在钓鱼台国宾馆会见印度人力资源开发部部长阿琼·辛格

全国政协主席李瑞环在斯德哥尔摩与瑞典外交大臣乌格拉斯女士举行会谈

全国政协主席李瑞环在斯德哥尔摩瑞典皇家歌剧院饭店宴会厅发表题为《中国的改革开放和现代化建设》的演讲

李瑞环说，在中国这样一个大国进行现代化建设，必须始终重视并处理好改革、发展和稳定的关系。这是以往我们之所以能取得巨大成就的一条基本经验，也是今后仍然要十分关注的一项重大课题。

改革是动力。实践使我们认识到，改革是使中国摆脱贫穷、走向富强的根本途径。没有改革开放，就不能实现经济的发展，就没有中国的现代化，就没有人民的富裕和国家的富强。发展是目标。长期蒙受贫穷落后之苦的全体中国人民迫切要求发展经济。近些年中

国的国民生产总值有了较大幅度的增长,但按人口平均在世界上仍然处于较低水平,中国仍然是一个发展中国家。过高地估计中国的经济实力是不符合实际的。中国拥有世界1/5的人口,每年新增加的人口即相当于一个中等规模的国家,不保持一定的发展速度就必然导致人民生活水平的下降。当然,我们也反对脱离实际的高速度,我们主张经济的发展既要快速又要持续、健康。稳定是前提。我国和世界上一些国家正反两方面的经验都证明,稳定是深化改革、促进发展必不可少的先决条件。没有稳定和谐的社会环境,各项事业都难以进行。因此,我们提出任何一项改革措施,都十分注意把握好人民群众总体受益原则和总体承受能力原则,以便把改革可能引起的社会震动缩小到最低限度。总之,不深化改革,就不能解放和发展生产力;不重视发展,就不能提高人民生活水平;不保持稳定,一切都无从谈起。当然,没有改革和发展,也难以实现和保持稳定、和谐的社会局面。把握好改革的力度、发展的速度、稳定的程度,是我们研究处理中国问题始终重视的一大原则。

李瑞环说,中国人民在一百多年的近现代历史上备受战乱之磨难,在近几十年中又经历了像"文化大革命"这样的社会动乱,因而百倍珍惜来之不易的安定团结局面。我们警惕和反对来自任何方面、以任何形式和借口破坏中国稳定局面的做法。我们认为,拥有11.8亿人口的中国稳定与否,对世界的和平与稳定具有重要的影响。如果中国这样一个大国出现了混乱,对世界也是一场灾难。中国人民为自己国家稳定付出的努力,也是对世界和平与稳定作出的贡献。

李瑞环在演讲中特别指出,中国人民由衷地将自己取得的成就归功于改革开放和现代化建设的总设计师邓小平同志。邓小平同志总结汲取中国革命和建设的经验教训,结合新的历史条件和时代特征,在亿万群众社会实践的基础上,创造性地提出了一系列指导改革开放、现代化建设的思想观点和重大方针政策,逐步形成了建设有中国特色社会主义的理论。我们的国家和人民之所以有今天,与我们拥有这一正确的、富于预见性的理论作为指导是分不开的。今后,我们仍然要从邓小平同志的深邃思想中汲取智慧和力量,沿着建设有中国特色社会主义的道路继续前进。

最后,李瑞环高度评价中瑞友好合作关系。他说,早在十三年前,邓小平同志在会见访华的瑞典国王卡尔十六世·古斯塔夫陛下时说:瑞典有很多好的东西值得我们学习。我们认为中瑞两国经济合作和科技文化交流都还有巨大的潜力。我相信,随着中国改革开放的不断深化,中瑞两国的互利合作将不断扩大,两国人民之间的友谊将进一步发展。

中共中央政治局常委胡锦涛在人民大会堂会见由主任杜光胜率领的越共中央检查委员会代表团

国际原子能机构国际核安全管理评议团专家结束对中国的工作访问

评议团认为,中国独立行使核安全监督的政府部门——中国国家核安全局无论是从组织机构及其人力、物力方面,法规和规定方面,还是安全审评、许可证和调试管理方面,均已达到国际通常的标准。甚至可以说,国家核安全局在其自身发展中采用的方法可以作为其他新发展核电国家的一个范例。

同评议团一起考察大亚湾核电厂核安全管理活动的国际原子能机构总干事核安全助理罗森先生接受《人民日报》记者采访时说,中国政府邀请评议团访华本身就表明中国政府很开放、很愿意开展在核安全方面的国际性合作。他强调指出:"中国整个核安全管理体系与国际标准是一致的。这主要是因为中国把国际原子能机构建立的NUSS核安全标准系列文件作为建立中国核安全法规的基础。"他还强调指出:"中国大亚湾核电厂和秦山核电站的管理程序也是与国际上的要求相一致的。"

评议团还向国家核安全局提出加强核电站运行经验反馈等方面的宝贵建议。

联合国第十三届亚太测绘会议在北京开幕

农业部决定推广种子体系建设等四项重点农业技术

为进一步推动科技兴农、实现农业发展目标,农业部决定,将种子体系建设、化肥深施技术、"一虫两病"(棉铃虫、畜病、虾病)防治和秸秆过腹还田4项技术作为今年及今后一个时期农业技术推广工作的重点。

农业部副部长洪绂曾介绍这4项重点技术推广工作的目标和要求。种子体系建设,到本世纪末,上一新台阶。化肥深施技术,从今年起,力争用5年时间推广面积达到10亿亩,"一虫两病"将作为今年"丰收计划"的重点技术推广项目,在河北、山东、河南建立3个棉铃虫防治示范区,在山东、河北、辽宁选5个县作为虾病综合防治示范区,指导全国的防治工作。

全国最大的招生受贿案在四川泸州市终审判决

建国以来全国最大的一起招生受贿案——四川泸州市大中专招生委员会办公室原副主任石仁富受贿案,已经最高人民法院核准。石仁富犯受贿罪和巨额财产来源不明罪,数罪并罚被判处死刑,剥夺政治权利终身。泸州市中级人民法院已在泸州对石仁富执行枪决。

5月10日

国务院召开第十九次常务会议

李鹏总理主持国务院第十九次常务会议，审议并原则通过《中华人民共和国国家安全法实施细则(草案)》，并讨论其他事项。

会议认为，《中华人民共和国国家安全法》一九九三年二月二十二日由第七届全国人大常委会第三十次会议通过并施行以来，对维护国家安全，保卫我国人民民主专政和社会主义制度，保障改革开放和社会主义现代化建设的顺利进行，起到了重要作用。为了更好地贯彻实施这个法律，需要根据国家安全法制定实施细则。

会议确定，这个实施细则(草案)经进一步修改后，由国务院发布。

中央党校第四期省部级主要领导干部学习《邓小平文选》第三卷理论研讨班在中央党校开学

中共中央政治局常委、书记处书记、中央党校校长胡锦涛在研讨班上发表讲话。

首届10名全国优秀发明企业家颁奖大会在人民大会堂举行

颁奖大会前，国务院总理李鹏会见台震林、伍尚魁、陈肇雄、周文志、赵国欣、张振英、梁克诚、葛亮明、詹庆富、李冬绮10位优秀发明企业家，并发表重要讲话。

李鹏在讲话中首先代表党中央、国务院向十位优秀发明企业家表示祝贺。他接着说，邓小平同志说，科学技术是第一生产力。一个企业的兴旺发达，要靠科学技术进步，靠发明创造，一个国家要兴旺发达，增强国力，提高人民生活水平，实现四个现代化，也要靠科学技术进步。奖励优秀发明企业家是一件非常有意义的事情。你们是发明家，又是企业家。你们把科学技术成果转化为生产力，推出好的产品，适应市场需要，给企业创造好的经济效益，这是很值得提倡的。

李鹏说，发明有大、中、小等各种各样的发明。大的发明可以开创科学的新纪元，我国的基础科学和应用科学都有了一定基础，具有很大潜力，是大有可为的。小的发明，同样可以促进社会进步，方便群众，给社会带来效益。我们国家需要重大发明，攀登科学高峰。但是，在重视重大发明的同时，也要重视小的、实用性的发明。

李鹏在讲话中希望，各条战线上涌现出更多的发明，更多的创造，以促进祖国繁荣昌盛。

李鹏讲话之后，举行颁奖大会。除获奖的10名优秀发明家外，获首届全国优秀发明企业家提名奖者15名。他们是：万重义、于海清、马树彬、李殿荣、叶在源、宋祥顺、林纪功、范崇武、张力、徐学洪、郦志隆、崔健军、梁文海、路成玉、李建华。

倪志福、李沛瑶、宋健、罗干等参加会见并出席颁奖大会。

国家主席江泽民在人民大会堂会见出席将于11日开幕的'94中国北京国际高级经济论坛会议的部分外国与会者

国家副主席荣毅仁在人民大会堂会见香港百富勤投资集团总裁杜辉廉

国际经济科技法律结合与发展会议在北京举行

国务院副总理兼外交部部长钱其琛在中南海会见古巴政府部部长(不管部长)纳兰霍

国务院副总理兼外交部部长钱其琛在钓鱼台国宾馆会见并宴请美国前国务卿基辛格博士

国务院副总理李岚清在北京会见关税和贸易协定总干事彼得·萨瑟兰

外交部发言人就在也门的中国人员撤离问题答记者问

有记者问：最近也门发生严重武装冲突，各国已经将他们的侨民撤出，中国在也门的人员是否已经撤离？

发言人答：5月5日，也门南、北双方发生武装冲突，战斗主要在也门南方地区进行。中国政府十分关心我国在也门工作的外交以及工程技术和劳务人员的安全，并指示我国有关部门作出撤离的安排。到目前为止，我国在也门的全体人员平安无恙，在也门南方工作的大部分人员已从海路安全撤至吉布提，其余人员也将尽快撤离。撤离工作正在顺利进行。

第五届国际化纤会议在北京召开

铁道部通讯系统主建的国内第一家全国联网无线寻呼系统试开通成功

国家教委财政部印发《关于在普通高等学校设立勤工助学基金的通知》

《汉语大词典》出版庆功会在人民大会堂举行

来自华东五省一市的300多位语言工作者在人民大会堂聚会,庆贺中国辞书出版史上的里程碑——《汉语大词典》编纂出版胜利完成。中共中央总书记、国家主席江泽民,中央政治局常委、国务院总理李鹏等莅临祝贺,并向辞书编纂人员表示感谢。

庆功会上,还宣读了中共中央总书记江泽民、国务院总理李鹏题词。江泽民题词是"弘扬中华民族优秀文化,建设社会主义精神文明"。李鹏题词是"继往开来,源远流长"。有关部门还向《汉语大词典》主要编纂出版人员颁发荣誉证书。

中国残联主席邓朴方就第六届远东及南太平洋地区残疾人运动会的筹备情况答记者问

在国务院新闻办公室举行的中外记者招待会上,第六届远东及南太平洋地区残疾人运动会组委会负责人邓朴方就运动会的筹备情况等问题,回答中外记者的提问。

美国广播公司记者问,邓小平的身体状况如何?邓朴方说,他的身体很好,在家里过着正常的退休生活。现在天气渐渐暖了,到室外散步有益于他的健康。

在回答安莎社记者提出的有关人道主义和人权的问题时,邓朴方说,人道主义与人权有着密切的联系,它包括人的价值等许多方面的内容。

邓朴方说,我们做残疾人工作的,对人道主义、人权是经常强调的。这些年来,我们经常为保护残疾人的权益鼓与呼。他说,改革开放以来,残疾人的整体生活水平有了很大提高,但也有一些残疾人得不到温饱。残疾人工作要着眼于最困难的残疾人,比如,他们能否得到就业、受教育的机会,能否实现温饱等。抛开这些基本问题去谈抽象的人道主义和人权是不现实的。

最高人民法院宣布四起重大盗窃破坏铁路油田电力通讯等器材设备的犯罪案件审理结果

刘晓光、张国斌、陈贵罗、臧文立、臧根柱、胡新其6名被判处死刑的罪犯分别在大庆、柳州、驻马店、黄冈被执行枪决。

5月11日

八届全国人大常委会七次会议举行全体会议

乔石委员长出席会议。

会议听取法律委员会主任委员薛驹作关于对外贸易法(草案修改稿)、国家赔偿法(草案修改稿)的修改意见和对惩治违反公司法犯罪的决定(草案)建议的汇报;关于修改治安管理处罚条例的决定草案审议结果的报告;关于修改中国人民解放军现役军官服役条例的决定草案和关于修改中国人民解放军军官军衔条例的决定草案审议结果的报告。会议还进行大会讨论。

雷洁琼副委员长主持大会。王汉斌、倪志福、陈慕华、费孝通、秦基伟、李锡铭、王丙乾、王光英、程思远、卢嘉锡、布赫、李沛瑶、吴阶平副委员长和曹志秘书长出席会议。国务委员宋健、最高人民法院院长任建新列席会议。

挪威议长格伦达尔在奥斯陆议会大厦会见全国政协主席李瑞环

挪威代首相外交大臣戈达尔在奥斯陆与全国政协主席李瑞环举行正式会谈

'94中国北京国际高级经济论坛会议在北京开幕

这是迄今在中国举行的第一次级别最高、规模最大的国际高级经济论坛会议。国务院副总理李岚清出席开幕式并致词。

李岚清在致词中首先代表中国政府和李鹏总理,对会议的举行表示祝贺,对各位与会来宾表示欢迎。他强调指出,在目前的国际形势下,在中国召开规格如此之高的会议是有重要意义的。

李岚清说,1994年对于中国来讲是加快建立社会主义市场经济体制,保持国民经济持续、快速、健康发展的重要一年。中国确定了"抓住机遇、深化改革、扩大开放、促进发展、保持稳定"的方针,努力做到改革、发展、稳定三者相互协调,相互促进。

李岚清说:"中国对外开放的大门是永远敞开的,对外商的优惠政策将继续保留,并将对外商投资企业逐步实施国民待遇,为中外企业创造平等竞争的环境。"

本届会议由中国国家经济体制改革委员会和《国际先驱论坛报》联合举办。国务委员兼国家体改委主任李铁映和《国际先驱论坛报》总裁麦克科林分别在开幕式上致欢迎词之后,李铁映发表题为《中国经济体制改革和社会主义市场经济体制的建立》的讲演。详细介绍中国15年改革开放的进程及成就、今年经济体制改革的主要任务和中国经济体制改革的基本经验。

国务院总理李鹏在人民大会堂会见并宴请出席'94中国北京国际高级经济论坛会议的代表

在宴会前的会见中,李鹏总理着重概括介绍社会主义市场经济的特点、国有大中型企业的效益问题,以及当前我国采取的主要改革措施和加强宏观调控的步骤。他说,中国的改革已经过15年的历程,通过不断地探索和总结，提出了建立社会主义市场经济体制的目标，中国一直重视正确处理改革、发展和稳定三者之间的关系。

谈及恢复中国在关贸总协定缔约国地位的问题时，李鹏强调，中国希望尽早恢复在关贸总协定缔约国的地位，并为此做出了很大的努力。中国同关贸总协定乃至同未来的世界贸易组织之间的关系是双向的，中国需要关贸总协定这样的多边贸易组织，关贸总协定和未来的世界贸易组织也同样需要中国。如果把一个拥有12亿人口、经济和贸易迅速发展的中国排斥在外，世界贸易组织就很难说是一个完整的组织，既不利于中国，也不利于世界。

李鹏说，这次会议讨论的议题不仅涉及中国的经济，而且也谈到了世界当前的经济和长远的发展问题，所以说，解决和平与发展这两大主题是我们的共同目的和任务。李鹏说，包括中国在内的亚洲，是当前世界经济发展最活跃的地区，前景十分广阔。我们希望以这届北京经济论坛会议为起点，使这种世界性的会议能够每年或每隔一年在我国举行一次，中国政府愿为此提供大力的支持。

全国人大常委会委员长乔石在人民大会堂会见出席国际经济科技法律结合与发展会议的中外代表

外经贸部部长吴仪在90年代中国外经贸战略国际研讨会上发表讲话

吴仪在会上说，中国在新的财税、外贸体制改革中，对外商投资的优惠政策没有变化。

吴仪告诉前来与会的中外人士，中国在深化经济、贸易体制改革中，一贯注意尊重和保护外商的合法权益。在新一轮外贸体制改革中，我国对国有外贸企业实行结汇、售汇制，而对所有外商投资企业则实行过渡办法，即允许它们继续保留现汇账户，以便利其生产经营包括进出口经营活动。

吴仪还指出，在新一轮财税体制改革中，从总体上讲，外商投资企业的税负没有增加；对个别税负确有增加的企业，我国确定了相应的补偿办法，以保证外商能切实享有我国法律及合作协议中规定的优惠条件。

吴仪表示，我国对外商投资的优惠政策没有变化。我国将坚持不懈地完善投资环境，创造条件，让外商享受“国民待遇”。

国务委员兼国家体改委主任李铁映和《国际先驱论坛报》总裁麦克科林在国际高级经济论坛会议上致欢迎词并答记者问

李铁映在致词中说，在中国举办这样高层次的经济论坛会议尚属首次，中国政府对此十分重视。

李铁映在回答关于今年出台的改革措施时指出，我国的改革措施运行顺利，今年下半年会更顺利，我们对下半年的经济形势充满信心。

当有记者问及通货膨胀的压力是否会使中国放慢改革步伐时，李铁映说：中国政府正在采取种种措施抑制通货膨胀，中国不仅不会放慢改革步伐，而且还会继续在各个领域深化改革。

麦克科林在致词中说，众多的与会代表不远万里来到中国，那是因为大家都关心中国正在建设社会主义市场经济。“中国今天又开始了一项新的长征”，当年的长征是举世皆知的壮举，现在的新长征则是开创了世界史上一个新的篇章。

麦克科林在回答记者关于中国改革开放的提问时说：世界希望了解中国市场经济，“中国改革开放对世界经济的影响是巨大的”。

国家经贸委主任王忠禹在'94中国北京国际高级经济论坛会议上发表讲话

王忠禹指出，当前国有企业改革和发展的势头良好，生产经营状况改善，实现利润大幅度增加，实际亏损面减少。

王忠禹介绍说，今年1～4月，按可比口径统计，国有工业企业总产值增长4.7%，其中4月份比去年同月增长5%，并未出现所传国有企业大面积停产、半停产的状况。根据对16个省市的问卷调查，目前停产和开工不足的企业大体占企业总数的10%，其中停产的占4%左右。通过实地调查，北京地区的这个比例还要小，只占国有企业总数的2%左右。王忠禹指出，在我们这么大的一个国家，在经济发展和改革过程中出现少数企业停产、开工不足和季节间歇是正常的。从全国看，停产和开工不足的企业，大多是中小企业；分行业看，主要集中于煤炭、纺织等行业；而且大部分是由于历史包袱，早就存在的。

王忠禹指出，导致企业停产和开工不足的原因很多，主要是某些行业生产能力过大、产品不适销对路，也有企业本身经营管理不善的问题。有些是根据国家产业政策及企业组织结构调整和城市改造、搬迁，本来就需要“关、停、并、转”的。

针对有些方面关于今年国有企业亏损面扩大、亏损额增加的反映，王忠禹说，这是一个误解，从去年7月开始，为了适应社会主义市场经济体制改革的需要，国有企业实施《企业财务通则》和《企业会计准则》，实行制造成本法，同国际会计制度接轨，把过去从企业利润中支出的一些费用，如长期贷款利息，新增工资、奖金等列入成本，同时为加快技术改造，允许企业提高设备折旧率等，这些规定对扩大企业经营自主权和长远发展是有利的。虽然由此造成企业账面利润减少，使一些企业由微利变亏损，潜亏转明亏，但企业的实际效益是增加的。据财政部统计，如调整到去年同期口径，今年1～3月份，企业在成本中多提折旧、固定资产贷款利息、奖金、福利教育经费等项就增加成本支出110亿元，加上账面实现利润81亿元，比去年同期实现利润增长50%以上。由此可见，国有企业实际盈利水平不是下降，而是上升。企业的亏损面（包括明亏和潜亏）不是扩大，而是减少了。还要指出，企业亏损面是按企业个数统计的，亏损企业大多数是中小企业，数量大，比例高，但其产值和亏损额绝对数并不大。

王忠禹强调，对当前部分企业亏损问题，区别不同情况采取措施是可以解决的。属于企业经营管理不善的问题，要靠深化改革，转换企业经营机制，建立现代企业制度和狠抓扭亏增盈工作来解决。目前国务院有关部门和各级政府正在积极采取措施加以落实。

王忠禹指出，为了缓解部分国有企业的困难，促进这些企业转换经营机制，国务院对工业企业流动资金的信贷政策进行了一些调整。对于国有企业有市场、有效益的生产，银行会贷款支持，即使是企业处于亏损，负债欠息，对于那部分能销得出去、贷款收得回来的产品所需流动资金仍给予贷款。但是决不能贷款支持没有销路的积压产品的生产。至于亏损企业职工的基本生活费用，在社会保障制度之外，银行也将给予贷款解决，但是地方政府要给予财政贴息，共同维护社会稳定。对于长期亏损、扭亏无望的企业，将根据《破产法》实行破产，先试点、后推广。

王忠禹说，当前部分国有企业对流动资金紧张反映强烈，主要原因是投资规模过大、开工项目过多而资金不落实，占用现有企业的流动资金；加上企业追求产值，盲目生产，产品产销率大幅度下降，货款不能回收，造成企业相互拖欠。解决这个问题只能是严格控制固定资产投资膨胀和消费基金的扩张，同时坚持对没有市场的产品实行“限产、压库、促销”的方针。国务院已确定由综合部门负责牵头，会同银行等有关部门组织清理企业间的相互拖欠。通过各级政府和企业共同努力，部分企业资金紧张问题将会逐步缓解。

国务院副总理兼外交部部长钱其琛在钓鱼台国宾馆会见海湾阿拉伯合作委员会秘书长法希姆·卡西米

中国和俄罗斯在北京举行首次领事磋商

中国外交部领事司司长张宏喜与俄罗斯外交部领事局局长维诺格拉多夫于5月11日至12日在京举行中俄首次领事磋商。

双方在保护本国公民和法人在对方国家的合法权益、共同制止非法移民、合作打击涉及双方公民在对方国家的违法犯罪活动和增设领事机构等方面达成共识。双方还就执行两国政府签订的关于公民往来签证协定过程中存在的问题交换意见。双方表示，两国领事部门要增加接触、加强合作，为促进两国睦邻友好关系和经贸等各个领域的交流，作出更大努力。双方同意，有些问题将通过外交途径继续商谈。

外交部副部长唐家璇曾会见维诺格拉多夫局长。

中国参赛项目在第八十五届巴黎国际博览会莱皮纳发明奖竞赛中获7项奖

劳动部发出《关于实行职业技能鉴定社会化管理试点工作的通知》

中华职业教育社1994年全国社员代表会议在北京闭幕

文化部印发《关于加强农村文化工作的若干意见》

《意见》提出1994年的农村文化事业建设主要做好以下几方面的工作：(一)抓紧乡镇文化站编制标准的制定工作；(二)加快农村文化设施建设；(三)积极拓宽农村文化经费渠道。

《人民日报》发表评论员文章《严惩盗窃破坏犯罪活动》

最高人民检察院发出《关于认真做好贪污贿赂等大案要案案犯潜逃、脱逃备案工作的通知》

各省、自治区、直辖市人民检察院，军事检察院：

为及时准确地掌握贪污贿赂等经济案犯潜逃、脱逃的动向，分析案犯潜逃、脱逃的特点、规律，研究抓捕逃犯的对策，指挥协调抓捕逃犯的工作，确保大案要案查办工作的顺利进行，现就做好贪污贿赂等大案要案案犯潜逃、脱逃的备案工作，提出如下要求：

一、各级检察机关在办案中一经发现贪污贿赂等经济案犯潜逃、脱逃，应逐级层报省、自治区、直辖市人民检察院贪污贿赂检察部门和税务检察部门备案。其中，对立案前，有重大犯罪嫌疑，贪污贿赂五万元以上，挪用公款十万元以上，偷税三十万元以上，骗取出口退税一百万元以上，假冒商标非法所得五十万元以上；对立案后，贪污贿赂一万元以上，挪用公款五万元以上，偷税十万元以上，骗取出口退税五十万元以上，假冒商标非法所得二十万元以上；县处级以上干部携款潜逃、脱逃的案犯，应上报最高人民检察院贪污贿赂罪案侦查指挥中心(以下简称“指挥中心”)备案。

二、上报备案应逐案填写“贪污贿赂等大案要案案犯潜逃、脱逃报告表”,注明案犯的基本情况,是否持有出国护照及立案、采取强制措施情况,主要犯罪事实、家庭成员及主要社会关系的工作单位、住址情况,可能潜逃、脱逃的方向和采取缉捕措施情况。备案材料应附二张案犯近期照片。

三、上报贪污贿赂等经济案犯潜逃、脱逃情况要做到及时、迅速、保密。县区院在发现案犯潜逃、脱逃后的三天内应向分州市院报告(边远和交通不便的地区可延长至五天);分州市院在接到县区院报告或自己在办案中发现案犯潜逃、脱逃的,应在两天内向省、自治区、直辖市院报告;省、自治区、直辖市院接到分州市院报告或自己在办案中发现案犯潜逃、脱逃的,应在两天内向“指挥中心”报告。情况特别紧急需采取边控、堵截等措施的,应加密电传直报最高人民检察院“指挥中心”。

四、各级检察机关对1992年以来潜逃、脱逃至今尚未抓获的贪污贿赂等经济案犯亦应参照上述一、二、三条的规定逐级向上级院报告。此项工作应于7月底前完成。

五、负责查办案件的检察机关对已潜逃的案犯应及时立案,并组织力量缉捕。对潜逃、脱逃后被抓获或潜逃、脱逃中死亡的案犯,应写出简要情况,逐级上报最高人民检察院“指挥中心”销号。

六、各级人民检察院贪污贿赂检察部门和税务检察部门要重视做好潜逃、脱逃案犯的备案工作并指定专人负责。“指挥中心”将对各地备案工作定期进行检查。

七、各省、自治区、直辖市人民检察院对原“贪污贿赂等案犯潜逃自杀情况统计专报表”,仍应继续执行,按月统计填写,上报“指挥中心”。

贪污贿赂等大案要案案犯潜逃、脱逃个案报告表(略)

最高人民检察院发出《关于印发〈最高人民检察院奖励举报有功人员暂行办法〉的通知》

各省、自治区、直辖市人民检察院,军事检察院:

现将《最高人民检察院奖励举报有功人员暂行办法》印发给你们,请参照执行。

最高人民检察院奖励举报有功人员暂行办法

(一九九四年五月七日第八届最高人民检察院检察长办公会第三十二次会议通过)

为了鼓励人民群众举报贪污、贿赂等犯罪,特制定本办法。

第一条 向最高人民检察院举报国家工作人员贪污、贿赂、挪用公款、偷税抗税等经济犯罪和“侵权”、渎职等法纪犯罪的大案要案,经侦查属实,被举报人被依法追究刑事责任的,对举报有功人员和单位给予精神、物质奖励。

第二条 对举报经济犯罪的有功人员和单位,按其贡献大小和追缴赃款赃物数额发给奖金。有重大贡献的,要给予重奖。

第三条 对举报法纪犯罪的有功人员和单位,视具体情况,比照第二条给予奖励。

第四条 拟予奖励的人员和单位名单,由举报中心会同贪污贿赂检察厅、法纪检察厅和省、自治区、直辖市人民检察院审查提出,报检察长审批。

第五条 发放奖金由举报中心负责。受奖人员,在北京的可通知本人到最高人民检察院或其认为方便的地方领取;在外地的可委托其所在的省(自治区、直辖市)人民检察院代发。

第六条 奖励举报有功人员,应在对被举报人作出有罪终审判决或免诉决定以后进行。

第七条 奖励情况要适时向社会公布,以弘扬正气,扩大影响,激励群众举报积极性。

第八条 宣传报道奖励工作,要注意保密,非经本人同意,不得公开受奖人的姓名、单位。

第九条 建立最高人民检察院举报奖励基金。奖励基金可以接受企业、事业单位和个人的捐赠。在奖励基金建立之前,奖励经费从业务费列支。

第十条 各省、自治区、直辖市人民检察院可参照本办法,制定本地区的奖励办法。

第十一条 本办法自公布之日起施行。

5月12日

国家主席江泽民在钓鱼台国宾馆会见马来西亚总理马哈蒂尔

江泽民在会见时说,中国的稳定不仅是中国发展的需要,而且有利于亚洲乃至全世界的稳定和繁荣。

江泽民说:“阁下再次访华适逢中马建交20周年。20年来,中马关系全面发展,双方在政治、经济、科技、文化等各个领域进行了富于成效的合作。两国人民的传统友谊继续发展。中马合作的潜力很大。”他说:“中马双边关系的不断发展不仅有利于促进我们两国的共同繁荣,而且还会对本地区的经济合作起到积极的推动作用。”

江泽民说:“总理阁下去年访华时曾说,发展经济,政治稳定是一个重要因素,这是很有道理的。我们在实践中对此也深有体会。中国需要稳定,亚洲需要稳定,世界也需要稳定,这是真正的大事。回顾1989年春夏之交的那场政治风波，如果没有当时的断然措施，就不会有中国今天的稳定局面。坏事变成了好事，使我们改革开放的步子迈得更稳、更好，甚至于更快。使我们的长处发扬得更好。”历史证明，只要有利于中国稳定的就是好事。这5年来，中国经济发展、社会安定，人民生活改善，得益于我们始终把稳定作为头等大事来抓。事实说明，这样做是完全正确的。

江泽民强调，稳定是前提，改革是动力，发展是目的，三者相互促进。保证我国长治久安，这已成为全体中国人民的共识。中国的稳定不仅是中国发展的需要，而且有利于亚洲乃至全世界的稳定和繁荣，因为中国作为一个拥有近12亿人口的大国，其稳定与否，影响将是世界性的。10多年来，中国的稳定和发展不仅造福于中国人民，而且有助于世界的和平与发展。江泽民在谈到地区形势时指出，目前亚洲地区总的形势看好，政局相对稳定，经济持续增长，地区安全态势不断改善。进一步维护和促进本地区的和平与发展是亚洲国家领导人都十分关切的问题。他说：“我们愿意与马来西亚等亚洲国家一道共同为亚洲的和平与发展而努力。”

国务院总理李鹏在中南海紫光阁会见马来西亚总理马哈蒂尔

八届全国人大常委会七次会议闭幕

历时8天的八届全国人大常委会第七次会议，在审议通过对外贸易法等5项法律草案后，在北京闭幕。123位常委会组成人员出席由乔石委员长主持的全体会议。

新中国历史上第一部对外贸易法和国家赔偿法分别以121票和122票赞成获得通过。会议还表决通过全国人大常委会关于修改《中华人民共和国治安管理处罚条例》的决定，通过关于修改中国人民解放军现役军官服役条例和军官军衔条例的决定。

会议还通过关于增补香港特别行政区筹委会预备工作委员会委员的决定，通过任命聂力为全国人大内务司法委员会委员，以及免去朱训地质矿产部部长、免去艾知生广播电影电视部部长、免去吕培俭审计署审计长职务和任命宋瑞祥为地质矿产部部长、任命孙家正为广播电影电视部部长、任命郭振乾为审计署审计长的名单。会议还通过其他任免名单。这次会议初步审议关于三峡工程准备工作进展情况的汇报。

王汉斌、倪志福、陈慕华、费孝通、孙起孟、雷洁琼、秦基伟、李锡铭、王丙乾、王光英、程思远、卢嘉锡、布赫、铁木尔·达瓦买提、李沛瑶、吴阶平副委员长和曹志秘书长出席会议，国务委员李铁映、最高人民法院院长任建新、最高人民检察院检察长张思卿列席会议。

八届全国人大常委会七次会议通过增补王英伟等13人为香港特别行政区筹委会预委会委员的决定

第八届全国人民代表大会常务委员会第七次会议决定，增补王英伟、乌兰木伦、刘汉铨、李祖泽、吴家玮、吴清辉、张良栋、郑明训、贾施雅、徐泽、翁心桥、郭丰民、黄宜弘为香港特别行政区筹备委员会预备工作委员会委员。

国家主席江泽民签署第22号令公布《中华人民共和国对外贸易法》

《中华人民共和国对外贸易法》已由中华人民共和国第八届全国人民代表大会常务委员会第七次会议于1994年5月12日通过，现予公布，自1994年7月1日起施行。

中华人民共和国主席 江泽民

1994年5月12日

中华人民共和国对外贸易法

第一章 总 则

第一条 为了发展对外贸易，维护对外贸易秩序，促进社会主义市场经济的健康发展，制定本法。

第二条 本法所称对外贸易，是指货物进出口、技术进出口和国际服务贸易。

第三条 国务院对外经济贸易主管部门依照本法主管全国对外贸易工作。

第四条 国家实行统一的对外贸易制度，依法维护公平的、自由的对外贸易秩序。

国家鼓励发展对外贸易，发挥地方的积极性，保障对外贸易经营者的经营自主权。

第五条 中华人民共和国根据平等互利的原则，促进和发展同其他国家和地区的贸易关系。

第六条 中华人民共和国在对外贸易方面根据所缔结或者参加的国际条约、协定，给予其他缔约方、参加方或者根据互惠、对等原则给予对方最惠国待遇、国民待遇。

第七条 任何国家或者地区在贸易方面对中华人民共和国采取歧视性的禁止、限制或者其他类似措施的，中华人民共和国可以根据实际情况对该国家或者该地区采取相应的措施。

第二章 对外贸易经营者

第八条 本法所称对外贸易经营者，是指依照本法规定从事对外贸易经营活动的法人和其他组织。

第九条 从事货物进出口与技术进出口的对外贸易经营，必须具备下列条件，经国务院对外经济贸易主管部门许可：

(一)有自己的名称和组织机构；

(二)有明确的对外贸易经营范围；

(三)具有其经营的对外贸易业务所必需的场所、资金和专业人员；

(四)委托他人办理进出口业务达到规定的实绩或者具有必需的进出口货源；

(五)法律、行政法规规定的其他条件。

前款规定的实施办法由国务院规定。

外商投资企业依照有关外商投资企业的法律、行政法规的规定，进口企业自用的非生产物品，进口企业生产所需的设备、原材料和其他物资，出口其生产的产品，免予办理第一款规定的许可。

第十条 国际服务贸易企业和组织的设立及其经营活动，应当遵守本法和其他有关法律、行政法规的规定。

第十一条 对外贸易经营者依法自主经营、自负盈亏。

第十二条 对外贸易经营者从事对外贸易经营活动，应当信守合同，保证商品质量，完善售后服务。

第十三条 没有对外贸易经营许可的组织或者个人，可以在国内委托对外贸易经营者在其经营范围内代为办理其对外贸易业务。

接受委托的对外贸易经营者应当向委托方如实提供市场行情、商品价格、客户情况等有关的经营信息。委托方与被委托方应当签订委托合同，双方的权利义务由合同约定。

第十四条 对外贸易经营者应当按照国务院对外经济贸易主管部门的规定，向有关部门提交与其对外贸易经营活动有关的文件及资料。有关部门应当为提供者保守商业秘密。

第三章 货物进出口与技术进出口

第十五条 国家准许货物与技术的自由进出口。但是，法律、行政法规另有规定的除外。

第十六条 属于下列情形之一的货物、技术，国家可以限制进口或者出口：

(一)为维护国家安全或者社会公共利益，需要限制进口或者出口的；

(二)国内供应短缺或者为有效保护可能用竭的国内资源，需要限制出口的；

(三)输往国家或者地区的市场容量有限，需要限制出口的；

(四)为建立或者加快建立国内特定产业，需要限制进口的；

(五)对任何形式的农业、牧业、渔业产品有必要限制进口的；

(六)为保障国家国际金融地位和国际收支平衡，需要限制进口的；

(七)根据中华人民共和国所缔结或者参加的国际条约、协定的规定，需要限制进口或者出口的。

第十七条 属于下列情形之一的货物、技术，国家禁止进口或者出口：

(一)危害国家安全或者社会公共利益的；

(二)为保护人的生命或者健康，必须禁止进口或者出口的；

(三)破坏生态环境的；

(四)根据中华人民共和国所缔结或者参加的国际条约、协定的规定，需要禁止进口或者出口的。

第十八条 国务院对外经济贸易主管部门应当会同国务院有关部门，依照本法第十六条、第十七条的规定，制定、调整并公布限制或者禁止进出口的货物、技术目录。

国务院对外经济贸易主管部门或者由其会同国务院有关部门，经国务院批准，可以在本法第十六条、第十七条规定的范围内，临时决定限制或者禁止前款规定目录以外的特定货物、技术的进口或者出口。

第十九条 对限制进口或者出口的货物，实行配额或者许可证管理；对限制进口或者出口的技术，实行许可证管理。

实行配额或者许可证管理的货物、技术，必须依照国务院规定经国务院对外经济贸易主管部门或者由其会同国务院有关部门许可，方可进口或者出口。

第二十条 进出口货物配额，由国务院对外经济贸易主管部门或者国务院有关部门在各自的职责范围内，根据申请者的进出口实绩、能力等条件，按照效益、公正、公开和公平竞争的原则进行分配。

配额的分配方式和办法由国务院规定。

第二十一条 对文物、野生动植物及其产品等货物、物品，其他法律、行政法规有禁止进出口或者限制进出口规定的，依照有关法律、行政法规的规定办理。

第四章 国际服务贸易

第二十二条 国家促进国际服务贸易的逐步发展。

第二十三条 中华人民共和国在国际服务贸易方面根据所缔结或者参加的国际条约、协定中所作的承诺，给予其他缔约方、参加方市场准入和国民待遇。

第二十四条 国家基于下列原因之一，可以限制国际服务贸易：

(一)为维护国家安全或者社会公共利益；

(二)为保护生态环境；

(三)为建立或者加快建立国内特定的服务行业；

(四)为保障国家外汇收支平衡；

(五)法律、行政法规规定的其他限制。

第二十五条 属于下列情形之一的国际服务贸易，

国家予以禁止：

（一）危害国家安全或者社会公共利益的；

（二）违反中华人民共和国承担的国际义务的；

（三）法律、行政法规规定禁止的。

第二十六条 国务院对外经济贸易主管部门和国务院有关部门，依照本法和其他有关法律、行政法规，对国际服务贸易进行管理。

第五章 对外贸易秩序

第二十七条 对外贸易经营者在对外贸易经营活动中，应当依法经营，公平竞争，不得有下列行为：

（一）伪造、变造或者买卖进出口原产地证明、进出口许可证；

（二）侵害中华人民共和国法律保护的知识产权；

（三）以不正当竞争手段排挤竞争对手；

（四）骗取国家的出口退税；

（五）违反法律、行政法规规定的其他行为。

第二十八条 对外贸易经营者在对外贸易经营活动中，应当依照国家有关规定结汇、用汇。

第二十九条 因进口产品数量增加，使国内相同产品或者与其直接竞争的产品的生产者受到严重损害或者严重损害的威胁时，国家可以采取必要的保障措施，消除或者减轻这种损害或者损害的威胁。

第三十条 产品以低于正常价值的方式进口，并由此对国内已建立的相关产业造成实质损害或者产生实质损害的威胁，或者对国内建立相关产业造成实质阻碍时，国家可以采取必要措施，消除或者减轻这种损害或者损害的威胁或者阻碍。

第三十一条 进口的产品直接或者间接地接受出口国给予的任何形式的补贴，并由此对国内已建立的相关产业造成实质损害或者产生实质损害的威胁，或者对国内建立相关产业造成实质阻碍时，国家可以采取必要措施，消除或者减轻这种损害或者损害的威胁或者阻碍。

第三十二条 发生第二十九条、第三十条、第三十一条规定的情况时，国务院规定的部门或者机构应当依照法律、行政法规的规定进行调查，作出处理。

第六章 对外贸易促进

第三十三条 国家根据对外贸易发展的需要，建立和完善为对外贸易服务的金融机构，设立对外贸易发展基金、风险基金。

第三十四条 国家采取进出口信贷、出口退税及其他对外贸易促进措施，发展对外贸易。

第三十五条 对外贸易经营者可以依法成立和参加进出口商会。

进出口商会应当遵守法律、行政法规，依照章程对其会员的对外贸易经营活动进行协调指导，提供咨询服务，向政府有关部门反映会员有关对外贸易促进方面的建议，并积极开展对外贸易促进活动。

第三十六条 中国国际贸易促进组织依照章程开展对外联系，举办展览，提供信息、咨询服务和其他对外贸易促进活动。

第三十七条 国家扶持和促进民族自治地方和经济不发达地区发展对外贸易。

第七章 法律责任

第三十八条 走私禁止进出口或者限制进出口的货物，构成犯罪的，依照惩治走私罪的补充规定追究刑事责任；不构成犯罪的，依照海关法的规定处罚。国务院对外经济贸易主管部门并可以撤销其对外贸易经营许可。

第三十九条 伪造、变造进出口原产地证明、进出口许可证，依照刑法第一百六十七条的规定追究刑事责任；买卖进出口原产地证明、进出口许可证或者买卖伪造、变造的进出口原产地证明、进出口许可证，比照刑法第一百六十七条的规定追究刑事责任。

单位犯前款罪的，判处罚金，并对单位直接负责的主管人员和其他直接责任人员依照或者比照刑法第一百六十七条的规定追究刑事责任。国务院对外经济贸易主管部门并可以撤销其对外贸易经营许可。

明知是伪造、变造的进出口许可证而用以进口或者出口货物，依照本法第三十八条的规定处罚。

第四十条 违反本法规定，进口或者出口禁止进出口或者限制进出口的技术，构成犯罪的，比照惩治走私罪的补充规定追究刑事责任。

第四十一条 国家对外贸易工作人员玩忽职守、徇私舞弊或者滥用职权，构成犯罪的，依法追究刑事责任；不构成犯罪的，给予行政处分。

国家对外贸易工作人员利用职务上的便利，索取他人财物，或者非法收受他人财物为他人谋取利益，构成犯罪的，依照惩治贪污罪贿赂罪的补充规定追究刑事责任；不构成犯罪的，给予行政处分。

第八章 附 则

第四十二条 国家对边境城镇与接壤国家边境城镇之间的贸易以及边民互市贸易，采取灵活措施，给予优惠和便利。具体办法由国务院规定。

第四十三条 中华人民共和国的单独关税区不适用本法。

第四十四条 本法自1994年7月1日起施行。

国家主席江泽民签署第23号令公布《中华人民共和国国家赔偿法》

《中华人民共和国国家赔偿法》已由中华人民共和国第八届全国人民代表大会常务委员会第七次会议于

1994年5月12日通过，现予公布，自1995年1月1日起施行。

中华人民共和国主席 江泽民

1994年5月12日

中华人民共和国国家赔偿法

第一章 总 则

第一条 为保障公民、法人和其他组织享有依法取得国家赔偿的权利，促进国家机关依法行使职权，根据宪法，制定本法。

第二条 国家机关和国家机关工作人员违法行使职权侵犯公民、法人和其他组织的合法权益造成损害的，受害人有依照本法取得国家赔偿的权利。

国家赔偿由本法规定的赔偿义务机关履行赔偿义务。

第二章 行政赔偿

第一节 赔偿范围

第三条 行政机关及其工作人员在行使行政职权时有下列侵犯人身权情形之一的，受害人有取得赔偿的权利：

（一）违法拘留或者违法采取限制公民人身自由的行政强制措施的；

（二）非法拘禁或者以其他方法非法剥夺公民人身自由的；

（三）以殴打等暴力行为或者唆使他人以殴打等暴力行为造成公民身体伤害或者死亡的；

（四）违法使用武器、警械造成公民身体伤害或者死亡的；

（五）造成公民身体伤害或者死亡的其他违法行为。

第四条 行政机关及其工作人员在行使行政职权时有下列侵犯财产权情形之一的，受害人有取得赔偿的权利：

（一）违法实施罚款、吊销许可证和执照、责令停产停业、没收财物等行政处罚的；

（二）违法对财产采取查封、扣押、冻结等行政强制措施的；

（三）违反国家规定征收财物、摊派费用的；

（四）造成财产损害的其他违法行为。

第五条 属于下列情形之一的，国家不承担赔偿责任：

（一）行政机关工作人员与行使职权无关的个人行为；

（二）因公民、法人和其他组织自己的行为致使损害发生的；

（三）法律规定的其他情形。

第二节 赔偿请求人和赔偿义务机关

第六条 受害的公民、法人和其他组织有权要求赔偿。

受害的公民死亡，其继承人和其他有扶养关系的亲属有权要求赔偿。

受害的法人或者其他组织终止，承受其权利的法人或者其他组织有权要求赔偿。

第七条 行政机关及其工作人员行使行政职权侵犯公民、法人和其他组织的合法权益造成损害的，该行政机关为赔偿义务机关。

两个以上行政机关共同行使行政职权时侵犯公民、法人和其他组织的合法权益造成损害的，共同行使行政职权的行政机关为共同赔偿义务机关。

法律、法规授权的组织在行使授予的行政权力时侵犯公民、法人和其他组织的合法权益造成损害的，被授权的组织为赔偿义务机关。

受行政机关委托的组织或者个人在行使受委托的行政权力时侵犯公民、法人和其他组织的合法权益造成损害的，委托的行政机关为赔偿义务机关。

赔偿义务机关被撤销的，继续行使其职权的行政机关为赔偿义务机关；没有继续行使其职权的行政机关的，撤销该赔偿义务机关的行政机关为赔偿义务机关。

第八条 经复议机关复议的，最初造成侵权行为的行政机关为赔偿义务机关，但复议机关的复议决定加重损害的，复议机关对加重的部分履行赔偿义务。

第三节 赔偿程序

第九条 赔偿义务机关对依法确认有本法第三条、第四条规定的情形之一的，应当给予赔偿。

赔偿请求人要求赔偿应当先向赔偿义务机关提出，也可以在申请行政复议和提起行政诉讼时一并提出。

第十条 赔偿请求人可以向共同赔偿义务机关中的任何一个赔偿义务机关要求赔偿，该赔偿义务机关应当先予赔偿。

第十一条 赔偿请求人根据受到的不同损害，可以同时提出数项赔偿要求。

第十二条 要求赔偿应当递交申请书，申请书应当载明下列事项：

（一）受害人的姓名、性别、年龄、工作单位和住所，法人或者其他组织的名称、住所和法定代表人或者主要负责人的姓名、职务；

（二）具体的要求、事实根据和理由；

（三）申请的年、月、日。

赔偿请求人书写申请书确有困难的，可以委托他人代书；也可以口头申请，由赔偿义务机关记入笔录。

第十三条 赔偿义务机关应当自收到申请之日起两个月内依照本法第四章的规定给予赔偿；逾期不予

赔偿或者赔偿请求人对赔偿数额有异议的，赔偿请求人可以自期间届满之日起三个月内向人民法院提起诉讼。

第十四条 赔偿义务机关赔偿损失后，应当责令有故意或者重大过失的工作人员或者受委托的组织或者个人承担部分或者全部赔偿费用。

对有故意或者重大过失的责任人员，有关机关应当依法给予行政处分；构成犯罪的，应当依法追究刑事责任。

第三章 刑事赔偿

第一节 赔偿范围

第十五条 行使侦查、检察、审判、监狱管理职权的机关及其工作人员在行使职权时有下列侵犯人身权情形之一的，受害人有取得赔偿的权利：

（一）对没有犯罪事实或者没有事实证明有犯罪重大嫌疑的人错误拘留的；

（二）对没有犯罪事实的人错误逮捕的；

（三）依照审判监督程序再审改判无罪，原判刑罚已经执行的；

（四）刑讯逼供或者以殴打等暴力行为或者唆使他人以殴打等暴力行为造成公民身体伤害或者死亡的；

（五）违法使用武器、警械造成公民身体伤害或者死亡的。

第十六条 行使侦查、检察、审判、监狱管理职权的机关及其工作人员在行使职权时有下列侵犯财产权情形之一的，受害人有取得赔偿的权利：

（一）违法对财产采取查封、扣押、冻结、追缴等措施的；

（二）依照审判监督程序再审改判无罪，原判罚金、没收财产已经执行的。

第十七条 属于下列情形之一的，国家不承担赔偿责任：

（一）因公民自己故意作虚伪供述，或者伪造其他有罪证据被羁押或者被判处刑罚的；

（二）依照刑法第十四条、第十五条规定不负刑事责任的人被羁押的；

（三）依照刑事诉讼法第十一条规定不追究刑事责任的人被羁押的；

（四）行使国家侦查、检察、审判、监狱管理职权的机关的工作人员与行使职权无关的个人行为；

（五）因公民自伤、自残等故意行为致使损害发生的；

（六）法律规定的其他情形。

第二节 赔偿请求人和赔偿义务机关

第十八条 赔偿请求人的确定依照本法第六条的规定。

第十九条 行使国家侦查、检察、审判、监狱管理职权的机关及其工作人员在行使职权时侵犯公民、法人和其他组织的合法权益造成损害的，该机关为赔偿义务机关。

对没有犯罪事实或者没有事实证明有犯罪重大嫌疑的人错误拘留的，作出拘留决定的机关为赔偿义务机关。

对没有犯罪事实的人错误逮捕的，作出逮捕决定的机关为赔偿义务机关。

再审改判无罪的，作出原生效判决的人民法院为赔偿义务机关。二审改判无罪的，作出一审判决的人民法院和作出逮捕决定的机关为共同赔偿义务机关。

第三节 赔偿程序

第二十条 赔偿义务机关对依法确认有本法第十五条、第十六条规定的情形之一的，应当给予赔偿。

赔偿请求人要求确认有本法第十五条、第十六条规定情形之一的，被要求的机关不予确认的，赔偿请求人有权申诉。

赔偿请求人要求赔偿，应当先向赔偿义务机关提出。

赔偿程序适用本法第十条、第十一条、第十二条的规定。

第二十一条 赔偿义务机关应当自收到申请之日起两个月内依照本法第四章的规定给予赔偿；逾期不予赔偿或者赔偿请求人对赔偿数额有异议的，赔偿请求人可以自期间届满之日起三十日内向其上一级机关申请复议。

赔偿义务机关是人民法院的，赔偿请求人可以依照前款规定向其上一级人民法院赔偿委员会申请作出赔偿决定。

第二十二条 复议机关应当自收到申请之日起两个月内作出决定。

赔偿请求人不服复议决定的，可以在收到复议决定之日起三十日内向复议机关所在地的同级人民法院赔偿委员会申请作出赔偿决定；复议机关逾期不作决定的，赔偿请求人可以自期间届满之日起三十日内向复议机关所在地的同级人民法院赔偿委员会申请作出赔偿决定。

第二十三条 中级以上的人民法院设立赔偿委员会，由人民法院三名至七名审判员组成。

赔偿委员会作赔偿决定，实行少数服从多数的原则。

赔偿委员会作出的赔偿决定，是发生法律效力的决定，必须执行。

第二十四条 赔偿义务机关赔偿损失后，应当向有下列情形之一的工作人员追偿部分或者全部赔偿费用：

（一）有本法第十五条第（四）、（五）项规定情形的；

（二）在处理案件中有贪污受贿，徇私舞弊，枉法裁判行为的。

对有前款（一）、（二）项规定情形的责任人员，有关机关应当依法给予行政处分；构成犯罪的，应当依法追究刑事责任。

第四章 赔偿方式和计算标准

第二十五条 国家赔偿以支付赔偿金为主要方式。

能够返还财产或者恢复原状的，予以返还财产或者恢复原状。

第二十六条 侵犯公民人身自由的，每日的赔偿金按照国家上年度职工日平均工资计算。

第二十七条 侵犯公民生命健康权的，赔偿金按照下列规定计算：

（一）造成身体伤害的，应当支付医疗费，以及赔偿因误工减少的收入。减少的收入每日的赔偿金按照国家上年度职工日平均工资计算，最高额为国家上年度职工年平均工资的五倍；

（二）造成部分或者全部丧失劳动能力的，应当支付医疗费，以及残疾赔偿金，残疾赔偿金根据丧失劳动能力的程度确定，部分丧失劳动能力的最高额为国家上年度职工年平均工资的十倍，全部丧失劳动能力的为国家上年度职工年平均工资的二十倍。造成全部丧失劳动能力的，对其扶养的无劳动能力的人，还应当支付生活费；

（三）造成死亡的，应当支付死亡赔偿金、丧葬费，总额为国家上年度职工年平均工资的二十倍。对死者生前扶养的无劳动能力的人，还应当支付生活费。

前款第（二）、（三）项规定的生活费的发放标准参照当地民政部门有关生活救济的规定办理。被扶养的人是未成年人的，生活费给付至十八周岁止；其他无劳动能力的人，生活费给付至死亡时止。

第二十八条 侵犯公民、法人和其他组织的财产权造成损害的，按照下列规定处理：

（一）处罚款、罚金、追缴、没收财产或者违反国家规定征收财物、摊派费用的，返还财产；

（二）查封、扣押、冻结财产的，解除对财产的查封、扣押、冻结，造成财产损坏或者灭失的，依照本条第（三）、（四）项的规定赔偿；

（三）应当返还的财产损坏的，能够恢复原状的恢复原状，不能恢复原状的，按照损害程度给付相应的赔偿金；

（四）应当返还的财产灭失的，给付相应的赔偿金；

（五）财产已经拍卖的，给付拍卖所得的价款；

（六）吊销许可证和执照、责令停产停业的，赔偿停产停业期间必要的经常性费用开支；

（七）对财产权造成其他损害的，按照直接损失给予赔偿。

第二十九条 赔偿费用，列入各级财政预算，具体办法由国务院规定。

第五章 其他规定

第三十条 赔偿义务机关对依法确认有本法第三条第（一）、（二）项、第十五条第（一）、（二）、（三）项规定的情形之一，并造成受害人名誉权、荣誉权损害的，应当在侵权行为影响的范围内，为受害人消除影响，恢复名誉，赔礼道歉。

第三十一条 人民法院在民事诉讼、行政诉讼过程中，违法采取对妨害诉讼的强制措施、保全措施或者对判决、裁定及其他生效法律文书执行错误，造成损害的，赔偿请求人要求赔偿的程序，适用本法刑事赔偿程序的规定。

第三十二条 赔偿请求人请求国家赔偿的时效为两年，自国家机关及其工作人员行使职权时的行为被依法确认为违法之日起计算，但被羁押期间不计算在内。

赔偿请求人在赔偿请求时效的最后六个月内，因不可抗力或者其他障碍不能行使请求权的，时效中止。从中止时效的原因消除之日起，赔偿请求时效期间继续计算。

第三十三条 外国人、外国企业和组织在中华人民共和国领域内要求中华人民共和国国家赔偿的，适用本法。

外国人、外国企业和组织的所属国对中华人民共和国公民、法人和其他组织要求该国国家赔偿的权利不予保护或者限制的，中华人民共和国与该外国人、外国企业和组织的所属国实行对等原则。

第六章 附 则

第三十四条 赔偿请求人要求国家赔偿的，赔偿义务机关、复议机关和人民法院不得向赔偿请求人收取任何费用。

对赔偿请求人取得的赔偿金不予征税。

第三十五条 本法自 1995 年 1 月 1 日起施行。

法律有关条文

一、刑法

第十四条 已满十六岁的人犯罪，应当负刑事责任。

已满十四岁不满十六岁的人，犯杀人、重伤、抢劫、放火、惯窃罪或者其他严重破坏社会秩序罪，应当负刑事责任。

已满十四岁不满十八岁的人犯罪，应当从轻或者减轻处罚。

因不满十六岁不处罚的，责令他的家长或者监护人加以管教；在必要的时候，也可以由政府收容教养。

第十五条 精神病人在不能辨认或者不能控制自己行为的时候造成危害结果的，不负刑事责任；但是应当责令他的家属或者监护人严加看管和医疗。

间歇性的精神病人在精神正常的时候犯罪，应当负刑事责任。

醉酒的人犯罪，应当负刑事责任。

二、刑事诉讼法

第十一条 有下列情形之一的，不追究刑事责任，已经追究的，应当撤销案件，或者不起诉，或者宣告无罪：

(一)情节显著轻微、危害不大，不认为是犯罪的；

(二)犯罪已过追诉时效期限的；

(三)经特赦令免除刑罚的；

(四)依照刑法告诉才处理的犯罪，没有告诉或者撤回告诉的；

(五)被告人死亡的；

(六)其他法律、法令规定免予追究刑事责任的。

国家主席的江泽民签署第24号令公布《全国人大常委会关于修改〈中华人民共和国治安管理处罚条例〉的决定》

《全国人民代表大会常务委员会关于修改〈中华人民共和国治安管理处罚条例〉的决定》已由中华人民共和国第八届全国人民代表大会常务委员会第七次会议于1994年5月12日通过，现予公布，自公布之日起施行。

中华人民共和国主席 江泽民

1994年5月12日

全国人大常委会关于修改《中华人民共和国治安管理处罚条例》的决定

第八届全国人民代表大会常务委员会第七次会议审议了国务院关于《〈中华人民共和国治安管理处罚条例〉的补充规定(草案)》的议案，决定对《中华人民共和国治安管理处罚条例》作如下修改：

一、第十九条第五项修改为："捏造或者歪曲事实、故意散布谣言或者以其他方法煽动扰乱社会秩序的；"

二、第二十条第二项修改为："违反爆炸、剧毒、易燃、放射性等危险物品管理规定，生产、销售、储存、运输、携带或者使用危险物品，尚未造成严重后果不够刑事处罚的；"

三、对第二十四条作以下修改：

(一)第一项修改为："明知是赃物而窝藏、销毁、转移，尚不够刑事处罚的，或者明知是赃物而购买的；"

(二)第四项修改为："利用会道门、封建迷信活动，扰乱社会秩序、危害公共利益、损害他人身体健康或者骗取财物，尚不够刑事处罚的；"

(三)增加一项规定，作为第六项："违反社会团体登记管理规定，未经注册登记以社会团体名义进行活动，或者被撤销登记、明令解散、取缔后，仍以原社会团体名义进行活动，尚不够刑事处罚的；"

(四)增加一项规定，作为第七项："被依法执行管制、剥夺政治权利或者在缓刑、假释、保外就医和其他监外执行中的罪犯，或者被依法采取刑事强制措施的人，有违反法律、行政法规和国务院公安部门有关监督管理规定的行为，尚未构成新的犯罪的；"

(五)增加一项规定，作为第八项："冒充国家工作人员进行招摇撞骗，尚不够刑事处罚的。"

四、第三十一条增加一款规定，作为第二款："非法运输、买卖、存放、使用罂粟壳的，收缴其非法运输、买卖、存放、使用的罂粟壳，处十五日以下拘留，可以单处或者并处三千元以下罚款；构成犯罪的，依法追究刑事责任。"

本决定自公布之日起施行。

《中华人民共和国治安管理处罚条例》根据本决定作相应的修正，重新公布。

国家主席江泽民签署第25号令公布《全国人大常委会关于修改〈中国人民解放军现役军官服役条例〉的决定》

《全国人民代表大会常务委员会关于修改〈中国人民解放军现役军官服役条例〉的决定》已由中华人民共和国第八届全国人民代表大会常务委员会第七次会议于1994年5月12日通过，现予公布，自公布之日起施行。

中华人民共和国主席 江泽民

1994年5月12日

全国人大常委会关于修改《中国人民解放军现役军官服役条例》的决定

第八届全国人民代表大会常务委员会第七次会议审议国务院、中央军事委员会关于《中国人民解放军现役军官服役条例修正案(草案)》的议案，为进一步加强军官队伍的革命化、年轻化、知识化、专业化建设，决定对《中国人民解放军现役军官服役条例》作如下修改：

一、第三条修改为："军官的选拔和使用，坚持任人唯贤、德才兼备、注重实绩、适时交流的原则，实行民主监督。"

二、第九条修改为："经军队院校培训提拔军官不能满足需要时，平时可以优秀士兵经过人民解放军总部指定的其他训练机构培训合格后提拔为军官，也可以招收军队以外的高等学校毕业生和专业技术人员入伍，任命为军官；战时可以从士兵、征召的预备役军官和非军事部门的人员中直接任命军官。”

三、第十一条第(一)项修改为：“总参谋长、总政治部主任至正师职军官职务，由中央军事委员会主席任免”。

四、第十一条第(二)项修改为：“副师职(正旅职)、正团职(副旅职)军官职务和高级专业技术军官职务，由总参谋长、总政治部主任、总后勤部部长和政治委员、大军区及军兵种司令员和政治委员或者相当大军区级单位的正职首长任免，副大军区级单位的正团职(副旅职)军官职务由副大军区级单位的正职首长任免”。

五、第十一条增加一款，作为第二款：“前款所列军官职务的任免，按照中央军事委员会规定的程序办理。”

六、第十三条修改为：“作战部队的军事、政治、后勤军官平时任职的最高年龄：

“担任排级职务的，三十岁；

“担任连级职务的，三十五岁；

“担任营级职务的，四十岁；

“担任团级职务的，四十五岁；

“担任师级职务的，五十岁；

“担任军级职务的，五十五岁；

“担任大军区级职务的，副职六十三岁，正职六十五岁。

“在舰艇上服役的营级和团级职务军官，任职的最高年龄分别为四十五岁和五十岁。

“作战部队的师级和军级职务军官，少数工作需要的，按照任免权限经过批准，任职的最高年龄可以适当延长，但是师级和正军职军官延长的年龄最多不得超过五岁，副军职军官延长的年龄最多不得超过三岁。”

七、第十四条修改为：“省军区(卫戍区、警备区)系统、后勤基地和分部、院校、科技单位的团级以下职务军官，任职的最高年龄依照本条例第十三条第一款的相应规定执行；师级职务军官，任职的最高年龄为五十五岁；副军职和正军职军官，任职的最高年龄分别为五十八岁和六十岁。”

八、第十五条第一款修改为：“人民解放军各总部机关、大军区级机关的营级以下职务军官，任职的最高年龄依照本条例第十三条第一款的相应规定执行；师级职务军官，任职的最高年龄为五十五岁；副军职和正军职军官，任职的最高年龄分别为五十八岁和六十岁。总部机关的团级职务军官，任职的最高年龄为四十五岁，工作需要的，可以延长五岁；大军区级机关的团级职务军官，任职的最高年龄为四十五岁，少数工作需要的，可以延长三岁。”

九、第十六条第一款修改为：“专业技术军官平时任职的最高年龄：

“担任初级专业技术职务的，四十岁；

“担任中级专业技术职务的，四十八岁；

“担任高级专业技术职务的，六十岁。”

十、第二十六条第二款修改为：“行政处分分为：警告、严重警告；记过、记大过；降职、降衔、降级；撤职；开除军籍以及中央军事委员会规定的其他行政处分。”

十一、第二十九条修改为：“军官实行职务军衔等级工资制和定期增资制度，并按照国家和军队的有关规定享受津贴和补贴。具体办法由中央军事委员会规定。

“军官按照规定离职培训、休假、治病疗养以及免职待分配期间，工资照发。

十二、第三十四条修改为：“军官达到平时服现役的最高年龄的，应当退出现役。

“军官平时服现役的最高年龄：

“担任作战部队师级职务的，五十五岁；

“担任作战部队军级职务的，副职五十八岁，正职六十岁；

“担任其他职务的，服现役的最高年龄与任职的最高年龄相同。”

十三、第三十七条第五款修改为：“服现役满三十年以上或者服现役和参加工作满三十年以上，或者年满五十岁以上的军官，担任师级以上职务，本人提出申请，经组织批准的，退出现役后可以作退休安置；担任团级职务，不宜作转业或者其他安置的，可以由组织批准退出现役后作退休安置。”

十四、第三十九条改为第三十八条。第三十八条改为第三十九条，修改为：“军官退出现役后，由政府安置管理。具体办法由国务院和中央军事委员会规定。”增加一款作为第二款“军官离职休养和军级以上职务军官退休后，按照国务院和中央军事委员会的有关规定安置管理。”

本决定自公布之日起施行。

《中国人民解放军现役军官服役条例》根据本决定作相应的修正，重新公布。

国家主席江泽民签署第 26 号令公布《全国人大常委会关于修改〈中国人民解放军军衔条例〉的决定》

《全国人民代表大会常务委员会关于修改〈中国人民解放军军官军衔条例〉的决定》已由中华人民共和国第八届全国人民代表大会常务委员会第七次会议于 1994 年 5 月 12 日通过，现予公布，自公布之日起施行。

中华人民共和国主席 江泽民

1994 年 5 月 12 日

全国人大常委会关于修改《中国人民解放军军官军衔条例》的决定

第八届全国人民代表大会常务委员会第七次会议审议了中央军事委员会关于《中国人民解放军军官军衔条例修正案(草案)》的议案,为了进一步完善军官军衔制度,决定对《中国人民解放军军官军衔条例》作如下修改:

一、第七条修改为:“军官军衔设下列三等十级:

“(一)将官:上将、中将、少将;

“(二)校官:大校、上校、中校、少校;

“(三)尉官:上尉、中尉、少尉”。

二、第十条第一款修改为两款,第一款为:“中华人民共和国中央军事委员会领导全国武装力量。中央军事委员会实行主席负责制。中央军事委员会主席不授予军衔”;第二款为:“中央军事委员会副主席的职务等级编制军衔为上将”。第十条第二款作为第三款,并修改为:“中央军事委员会委员的职务等级编制军衔为上将”。

三、第十一条修改为:“军事、政治、后勤军官实行下列职务等级编制军衔:

“人民解放军总参谋长、总政治部主任:上将;

“正大军区职:上将、中将;

“副大军区职:中将、少将;

“正军职:少将、中将;

“副军职:少将、大校;

“正师职:大校、少将;

“副师职(正旅职):上校、大校;

“正团职(副旅职):上校、中校;

“副团职:中校、少校;

“正营职:少校、中校;

“副营职:上尉、少校;

“正连职:上尉、中尉;

“副连职:中尉、上尉;

“排职:少尉、中尉”。

四、第十二条第二项修改为:“中级专业技术职务:大校至上尉”,第三项修改为:“初级专业技术职务:中校至少尉”。

五、第十六条删去第二款。

六、第十七条第一项修改为:“平时军官军衔晋级的期限:少尉晋升中尉,大学专科以上毕业的为二年,其他为三年;中尉晋升上尉、上尉晋升少校、少校晋升中校、中校晋升上校、上校晋升大校各为四年;大校以上军衔晋级为选升,以军官所任职务、德才表现和对国防建设的贡献为依据”。

七、增加一条,作为第二十二条:“被决定任命为中央军事委员会副主席、委员职务的军官晋升为上将的,由中央军事委员会主席授予上将军衔”。

八、第二十二条改为第二十三条,修改为:“本法第二十二条规定以外的军官军衔的晋级,按照军官职务的任免权限批准。但是,下列军官军衔的晋级,按照以下规定批准:(一)副师职(正旅职)军官晋升为大校的,专业技术军官晋升为大校、少将、中将的,由中央军事委员会主席批准;(二)专业技术军官晋升为上校的,由人民解放军各总部、大军区、军兵种或者其他相当于大军区级单位的正职首长批准;(三)副营职军官晋升为少校的,专业技术军官晋升为少校、中校的,由集团军或者其他有军官职务任免权的军级单位的正职首长批准”。

本决定自公布之日起施行。

《中国人民解放军军官军衔条例》根据本决定作相应的修正,重新公布。

国家主席江泽民签署第27号令公布《全国人大常委会任免名单》

根据中华人民共和国第八届全国人民代表大会常务委员会第七次会议1994年5月12日的决定:

一、免去朱训的地质矿产部部长职务。

任命宋瑞祥为地质矿产部部长。

二、免去艾知生的广播电影电视部部长职务。

任命孙家正为广播电影电视部部长。

三、免去吕培俭的审计署审计长职务。

任命郭振乾为审计署审计长。

中华人民共和国主席 江泽民

1994年5月12日

全国总工会召开《邓小平论工人阶级与工会》出版座谈会

国务院主持召开的第十次民政会议在中南海怀仁堂开幕

中共中央总书记、国家主席江泽民代表党中央、国务院向出席这次会议的代表,向民政工作先进集体、先进个人代表,向在民政战线辛勤工作的广大干部职工,表示慰问和敬意。

江泽民在讲话中指出,民政工作非常重要。陈毅曾经很贴切很形象地把民政工作概括为“上为中央分忧,下为百姓解愁”。江泽民说:几十年来,民政战线的同志们发扬全心全意、诚心诚意为人民服务的“孺子牛”精神,任劳任怨,团结奋斗,在关心群众疾苦、解决群众困难、缓解社会矛盾、处理社会问题方面,做了大量艰苦细致的工作,取得了很大成绩,为促进国家和社会的稳定,促进改革开放和国民经济的发展,促进两个文明建设和国防建设，做出了重要的贡献。党和政府感谢你们，人民感谢你们。

江泽民说，党和人民对民政战线的同志们寄予厚望，希望大家继续开拓进取，认真贯彻党的基本路线和中央今年提出的"抓住机遇、深化改革、扩大开放、加快发展、保持稳定"的方针，努力做好各项民政工作，为建设有中国特色社会主义的事业作出新的贡献。

国务委员李贵鲜主持大会。受国务院委托，民政部长多吉才让在会上作题为《加快民政工作改革发展，保障人民群众的基本生活权益，维护社会稳定，为实现我国第二步战略目标贡献力量》的工作报告。

多吉才让在报告中回顾总结五年来的民政工作，分析民政工作面临的形势和今后工作的指导思想、基本思路，提出今后五年民政工作的发展目标和主要任务。他说，民政工作今后五年乃至本世纪末的发展目标是：

——在农村初步建立起与经济发展水平相适应的层次不同、标准有别的社会保障制度，到本世纪末使民政救济对象的生活随着当地群众生活水平的提高得到相应的提高，使其跟上奔小康的步伐。

——在城市要建立起立足民政、面向社会的以社区服务为重点的社会福利服务体系，对城市社会救济对象逐步实行按当地的生活保障线标准进行救济。

——建立和完善国家、社会、群众相结合的优抚安置管理体制和服务体系，优抚对象的生活略高于当地一般群众生活水平，依法保障对城市退伍义务兵、志愿兵和军队离退休干部的安置。

——基层政权的职能普遍得到加强，逐步建立较为完善的村(居)民委员会民主自治制度。

——建立起运转协调、高效灵活、管理和服务有机结合的民政社会行政管理体制，健全法制，依法行政，依法管理。

各省、自治区、直辖市和计划单列市主管民政工作的负责人，各级民政部门的代表，民政工作先进县、全优乡的代表和民政战线先进模范代表和中央、国务院有关部门负责人等共 400 多人出席会议。

国家主席江泽民在钓鱼台国宾馆会见美国前国务卿基辛格博士

江泽民在会见时说，基辛格博士总是以战略家的眼光和政治家的勇气，始终不渝地为中美关系的发展积极努力。这是难能可贵的。

江泽民说，冷战结束后，世界格局多极化的趋势在增强，国际形势总的是在走向缓和；经济利益正成为影响国际关系发展的主要因素。谋求缓和、合作与进步是各国人民的普遍愿望。但冷战的结束并没有给世界人民带来普遍和平。一些地区局势动荡甚至战火连绵。这种状况不能不引起人们的普遍关切。他强调："中美作为具有世界影响的两个大国，对世界的前途和人类的命运都负有重大责任。我们应当为世界人民做点事情。"

江泽民在回顾中美两国关系发展历程后指出，中美两国相互对抗对谁都没有好处；而两国发展合作就能造福于中美两国人民和世界人民。中美两国之间尽管有些纠葛，有这样那样的问题和分歧，但归根到底中美关系是要好起来才行。这是世界和平和稳定的需要。

江泽民说，实践充分证明，中美关系历来就不局限于双边，而是同国际局势息息相关的。凡是中美关系能够顺利发展的时候，都是双方能够超越社会制度和价值观念的分歧，从共同利益出发，在相互尊重、互不干涉内政、平等相待的基础上发展互利合作，不断扩大共同点。而每当违背这些原则，突出意识形态的分歧，不考虑对方利益，把自己的观点强加于人，甚至诉诸制裁和施压，中美关系就产生困难，发生波折甚至倒退。这些历史的教训是十分深刻的。

江泽民说，中美关系正面临良好的发展机遇，希望双方能抓住机遇，在中美之间三个联合公报所确立的原则基础上，相互尊重，求同存异，共同努力，使中美关系在健康、正常的轨道上发展。

基辛格说，美中之间保持友好关系对亚洲和世界的和平与稳定是至关重要的。他表示，他一向反对利用最惠国待遇作为对中国施加压力的手段，也反对对中国施加压力的做法。他希望看到美中关系有更大的改善。

外经贸部部长吴仪和外交部副部长刘华秋等参加会见。

国务院总理李鹏在中南海紫光阁会见来访的关贸总协定总干事彼得·萨瑟兰

李鹏向客人介绍中国的经济贸易情况。他说，中国对外贸易的增长与国民生产总值的增长大体同步，发展潜力很大。初步预测，到 2000 年，中国的年进出口总额将达到 4000 亿美元。

李鹏说，中国将在继续进口它所需要的技术和设备的同时，继续进口它短缺的原材料和初级产品。中国同外国进行经济贸易合作的前景十分广阔。

李鹏说，中国申请恢复关贸总协定缔约国地位，是实行改革开放的必然结果。经过十多年的经济体制改革，它的对外经贸体制已基本符合关贸总协定的要求。

李鹏表示，中国将按乌拉圭回合的规定承担相应的义务，同时享受应有的权利。

李鹏说，“我们赞成权利与义务平衡的原则”。中国愿意尽早恢复其关贸总协定缔约国地位，并且在权利与义务平衡的原则下，作出自己最大的努力。但是他认为，“我们所做的一切努力必须符合中国经济发展的水平。”

李鹏说，中国签署乌拉圭回合最后文件和成立世界贸易组织的协议，表明它重返世界多边贸易体制的决心和诚意。

李鹏还对萨瑟兰总干事和关贸总协定秘书处在中国“复关”问题上给予的协助和支持表示感谢，并希望这种密切的合作能继续下去。

国家副主席荣毅仁在北京会见美国前国务卿基辛格博士并就中美双边关系和国际形势等问题进行交谈

中国海洋石油总公司与美国阿科国际公司签署五个合作协议和意向书

外交部发言人吴建民就日本羽田首相致国务院总理李鹏信中关于决心不使过去的不幸历史重演的表态和施政演说等问题答记者问

在记者招待会上，有记者问：中方是否收到了羽田首相给中国领导人的信？中方对羽田首相的信和施政演说有何评论？

吴建民说，5月10日，日本驻华大使国广道彦向唐家璇副外长转达了羽田首相就前法务大臣永野茂门歪曲侵华历史言论致李鹏总理的口信。

他说，我们注意到羽田首相就日本过去的侵略行为和殖民统治给许多人造成难以忍受的痛苦所表示的深刻反省。他表示要正确对待过去的历史，用正确的历史观教育年轻一代，决心不使过去的不幸历史重演。

吴建民说，“我们认为羽田首相的这一态度是明智的，而且是符合历史潮流发展的，我们对此表示赞赏。”

有记者问：西哈努克国王计划邀请红色高棉领导人参加新的全国选举，红高方面表示支持西哈努克国王的倡议。你对此有何评论？

发言人说：“这是柬埔寨的内政。我们希望柬各方在西哈努克国王的领导下妥善解决本国内部问题，实现民族和解。”

有记者问：据报道，美国助理国务卿洛德5月4日在美参议院外委会关于对中国政策的听证会上表示，中国过去可能对朝鲜发展弹道导弹提供过帮助，而且肯定帮助过朝鲜的核计划。你对此有何评论？

吴建民说：“这种说法是毫无根据的，也是很不负责任的。”

在记者招待会上，外交部发言人还宣布，应全国人大常委会的邀请，由主席雷布金率领的俄罗斯联邦国家杜马代表团将于5月14日至18日对我国进行正式友好访问。

应全国人大常委会的邀请，由参议长胡安·卡洛斯·杜兰率领的玻利维亚议会代表团将于5月18日至24日对我国进行正式友好访问。

国务委员兼国家科委主任宋健在人民大会堂会见由总主任弗朗索瓦·库里斯基教授率领的法国国家科学研究中心代表团

中国海军舰艇编队离开青岛首次访问俄罗斯

解放军总政治部召开的全军理论宣传座谈会结束

中国残联主席邓朴方在北京会见全国扶残助残先进单位海军105舰和青岛市盲校代表

5月13日

纪念焦裕禄逝世30周年大会在郑州举行

中共中央政治局常委胡锦涛在纪念焦裕禄逝世30周年大会上发表讲话

同志们：

今天，河南省委主持在郑州隆重集会，纪念焦裕禄同志逝世30周年。我受江泽民总书记的委托参加大会，并代表党中央对焦裕禄同志表示深切的怀念，对焦裕禄同志的亲属表示亲切的慰问，对弘扬焦裕禄精神，在改革开放和社会主义现代化建设的伟大实践中涌现出的优秀共产党员、优秀干部和其他先进分子表示崇高的敬意。

焦裕禄同志是全党同志和全国各族人民公认的中国共产党的好党员，人民的好公仆，县委书记和广大干部的好榜样。他的一生，是为党的事业、为人民利益鞠躬尽瘁的一生。60年代初，焦裕禄同志任中共兰考县委书记，为了改变兰考灾区的贫困面貌，抱病带领全县人民向严重的自然灾害进行顽强的斗争。他深入实际，深入基层，认真调查研究，倾听群众呼声，关心群众疾苦，切切实实为群众排忧解难，把党的温暖带给千家万户。他忠于职守，勤奋工作，清正廉洁，艰苦奋斗，始终同人民群众心连心，保持着共产党人的本色。直到生命的最后一刻，他想的仍然是如何让人民幸福富裕，国家兴旺发达。焦裕禄同志自觉把实现共产主义最高理想同现阶段脚踏实地地拼搏联系在一起，无私奉献，奋力开拓，全心全意服务于人民，紧紧依靠人民，用自己的行动塑造了一个优秀共产党员和党的干部的光辉形象，在人们心中建起了一座巍峨的丰碑。30年来，他的感人事迹，教育和激励着千千万万的党员、干部和群众不断前进，他的伟大精神，在历史发展进程中始终焕发着夺目的光彩。

党的十一届三中全会以来，在邓小平同志建设有中国特色社会主义理论和党的基本路线指引下，我国改革开放和现代化建设事业取得了举世瞩目的成就，整个国家的面貌发生了深刻变化。同焦裕禄同志所处的年代相比，我们现在所担负的任务不同了，社会环境、工作条件和人们的思想观念也有很大变化。全党同志和全国人民以经济建设为中心，在建设社会主义物质文明和精神文明，推动社会历史实现新的飞跃的同时，自己也在不断进步，解放思想、实事求是，积极探索、勇于创新，艰苦奋斗、知难而进，学习外国、自强不息，谦虚谨慎、不骄不躁，同心同德、顾全大局，勤俭节约、清正廉洁，励精图治、无私奉献等时代精神，得到了进一步发扬。同时，我们必须看到，"一切向钱看"的拜金主义，贪图安逸的享乐主义，把个人利益看到高于一切的极端个人主义等思想作风，也在一部分人当中滋长和蔓延起来。在这种情况下，无论是弘扬新的时代精神，还是抵制各种消极的、腐朽的思想影响，我们都更加需要坚持党的全心全意为人民服务的宗旨，更加需要继承与发扬密切联系群众、努力艰苦创业的优良作风，更加需要大力倡导焦裕禄精神。可以说，在今天，认真学习和弘扬焦裕禄精神仍然是我们这个伟大时代的要求，是全国各族人民的呼唤，是加强党的建设、发展社会主义现代化事业的需要。

我们在现阶段的目标，是建设有中国特色的社会主义。全党全国当前的大局，是抓住机遇，深化改革，扩大开放，促进发展，保持稳定。在新时期学习和弘扬焦裕禄精神，就应该像焦裕禄那样立足当前，放眼未来，把最终实现共产主义的崇高理想同脚踏实地建设社会主义现代化结合起来。我们实行改革开放，建立社会主义市场经济体制，根本目的是要解放和发展社会生产力，增强社会主义国家的综合国力，提高人民的生活水平，最终实现共同富裕。作为一个真正的共产党员，就要牢固树立正确的理想、信念和人生观，坚定不移地执行党的"一个中心、两个基本点"的基本路线，增强建设有中国特色社会主义的责任感和使命感，在为改革开放和现代化建设事业多做贡献的过程中，体现自己的人生价值。

在新时期学习和弘扬焦裕禄精神，就应该像焦裕禄那样全心全意为人民服务，密切联系群众，一切为了群众，事事相信和依靠群众。焦裕禄同志"心里装着全体人民，唯独没有他自己。"他所想的和做的，正是广大群众最需要的；他所批评和反对的，也正是广大群众所厌恶和憎恨的。他总是"在群众最困难的时候，出现在群众的面前，在群众最需要帮助的时候，去关心群众，帮助群众"。这是焦裕禄在人民群众心目中享有崇高威望的根本原因。

我们现在所从事的改革开放和社会主义现代化建设，是人类历史上全新的事业，也是人民群众自己的事业。在前进中必然会遇到许多新情况和新问题，只有依靠群众的智慧和力量才能解决。特别是在当前深化改革过程中，一些深层次的矛盾会逐步突出起来，部分群众在生产、生活方面会遇到一些新的困难，这就需要我们认真负责地同群众一起研究解决。各级领导干部必须进一步增强群众观点，坚持群众路线，维护人民群众的根本利益，到群众中去，了解群众的疾苦，倾听群众的呼声，努力解决群众关心的热点、难点问题，妥善处理人民内部的各种矛盾。人民群众是我们党的力量源泉和事业的胜利之本。全党同志要牢牢扎根于群众之中，实实在在地服务于人民。有了人民群众的信任和支持，我们的事业就有了胜利的保证。

在新时期学习和弘扬焦裕禄精神，就应该像焦裕禄那样坚持党的实事求是的思想路线，一切从实际出发，讲真话，办实事，大胆开拓，创造性地工作。焦裕禄同志深入实际，调查研究，尊重群众的实践，从兰考的实际情况出发，和县委同志一起，作出和实施了治理"三害"的正确决策，为改变兰考面貌做出了重要贡献。他认真贯彻上级的决定，在执行中注意与当地实际相结合，他爱好看书学习，但从不死抠"本本"；他重视研究别人的经验，借鉴时从不生搬硬套。这也是焦裕禄能够出色地工作，受到群众爱戴的一个重要原因。今天，我们要抓住机遇，发展自己，把建设有中国特色的社会主义事业推向前进，必须更加重视把握解放思想、实事求是这个马克思主义的精髓，刻苦学习，掌握科学的世界观和方法论，坚持实践第一，尊重事物发展的客观规律，全面理解和执行党的路线、方针、政策和各项改革措施，正确认识和处理面临的矛盾和问题，防止片面性、绝对化，减少主观主义和盲目性。对于面临的新问题，更要悉心研究，积极解决，大胆探索，创造性地工作，不断提高自己的领导水平和工作能力。

在新时期学习和弘扬焦裕禄精神，就应该像焦裕禄那样不怕困难，不畏艰险，顽强拼搏，艰苦创业。艰苦奋斗，自强不息，是我们党和中华民族的优良传统。这种优良传统在焦裕禄身上得到了充分体现。当严重的自然灾害向兰考人民压来的时候，焦裕禄以共产党人大无畏的英雄气概，知难而进，敢于"在困难面前逞英雄"，用自己的行动鼓起了人民群众战胜困难的决心和斗志。我们的事业是充满希望而又布满艰辛的伟大事业。伟大的事业需要伟大的精神。艰苦奋斗既是一种崇高的节操，又是一种披荆斩棘、开拓进取的巨大力量。在改革和建设中，尤其在遇到困难的时候，更需要发扬艰苦奋斗的精神。作为共产党员，我们应当不怕困难、不怕艰险，决不能畏缩不前，无所作为；要自强不息、开拓奋进，决不能因循守旧，不求进取；要勤俭节约，珍惜人民创造的财富，决不能讲排场、比阔气、铺张浪费。

在新时期学习和弘扬焦裕禄精神，就应该像焦裕禄那样廉洁奉公，勤政为民。焦裕禄到兰考，不是为了做官，而是去为人民谋利益。他廉洁自律的动人事迹，至今在人民群众中广泛传颂。"历览前贤国与家，成由勤俭败由奢"。这个古训，值得永远记取。我们党和政府的各级干部特别是领导干部，一定要以焦裕禄为榜样，自觉增强党性锻炼，处处以党的事业为重，严格要求自己。要正确运用人民赋予的权力，勤奋工作，努力为人民群众办实事、办好事，坚决同腐败现象作斗争，不辜负广大人民群众的厚望。

焦裕禄同志是我们广大党员、特别是各级领导干部学习的光辉榜样。各级党委要把学习和弘扬焦裕禄精神当作加强党和政权机关思想作风建设，加强社会主义精神文明建设，促进我国改革开放和社会主义现代化建设的一项重要措施，继续切实抓好，抓出成效，在全党以至全社会进一步形成弘扬正气、压倒邪气、催人向上的舆论环境，推动学习焦裕禄活动更广泛更深入地开展起来。要把学习和弘扬焦裕禄精神，与贯彻落实党的十四大和十四届三中全会精神结合起来，与学习《邓小平文选》第三卷结合起来，与维护和促进改革、发展、稳定的大局结合起来，在这个过程中努力培养和造就千千万万焦裕禄式的好党员、好干部。在学习焦裕禄活动中，各级领导干部要率先垂范，身体力行，全面提高自身素质，带领广大干部群众投身于抓住机遇，深化改革，扩大开放，促进发展，保持稳定的实践，在建设有中国特色社会主义的伟大事业中创造新的成绩，作出更大的贡献！

国务院副总理邹家华在人民大会堂会见香港青年总裁协会中国分会和香港分会代表

国务院副总理朱镕基召开湖北河北等七省经济工作座谈会

5月13日至22日，朱镕基先后在武汉、郑州两地，召开湖北、湖南、安徽、江西和河北、山东、河南经济工作座谈会，并考察湖北、河南的粮棉生产和购销情况。

朱镕基强调，为了巩固和发展当前大好经济形势，保持社会稳定，各级领导同志都要把经济工作的重点放在搞好农业生产和国有企业上，这是当前处理好改革、发展和稳定之间关系的关键。要认真贯彻落实党中央、国务院的各项农业政策，充分调动农民种粮、种棉的积极性，努力争取粮棉丰收，为有效平抑市场物价打下坚实的物质基础。要深入企业进行调查研究，切实帮助企业解决实际问题。进一步深化国有企业的改革，转换经营机制，搞好建立现代企业制度的试点。

朱镕基认真听取各省关于当前经济工作情况的汇报。国务院有关部门的负责人介绍当前全国宏观经济形势和粮食购销体制的改革方案。湖北等七个省的领导贾志杰、陈邦柱、傅锡寿、吴官正、叶连松、赵志浩、李长春等以及有关经济部门的负责人参加座谈会。

朱镕基充分肯定湖北等七个省在深化改革、扩大开放、促进发展、保持稳定方面所取得的成绩。他说，目前全国经济形势很好，各项改革正在顺利推进，不断完善，新体制逐步进入了正常运行的轨道。实践证明，去年以来，以江泽民同志为核心的党中央所作的一系列加强和改善宏观调控、进一步深化经济体制改革的决策，是十分正确的，得到广大人民的拥护，受到国际舆论的好评。各级党委和政府认真贯彻中央决策，已经取得明显成效。

朱镕基反复强调当前狠抓农业的重要意义。他指出，今年头四个月固定资产投资规模过快增长的势头得到控制，生产资料价格有所回落；工业消费品十分丰富，价格趋于稳定。因此，抑制通货膨胀，保持社会稳定的重点，是进一步贯彻中央农村工作会议精神，切实抓好粮棉油和"菜篮子"生产。这个工作做好了，市场就稳定了，物价就下来了。当前各地要千方百计做好夏季粮油的收购工作，加强粮油市场的管理，维护正常的收购秩序，并且充分保证收购资金，坚决不打"白条"。

朱镕基指出，当前国有企业改革和发展的势头良好，按可比口径计算，今年1至4月实现利润不是减少而是增加，亏损面不是扩大而是缩小，这是主流。极少数国有企业，主要是中小型企业，确实处于开工不足甚至停产的困难境地。从国家经贸委等有关部门日前对北京等十多个省市调查的情况，以及这次对武汉、黄石市几户企业的实地调查看，这些停产和开工不足的企业，确实有流动资金不足的问题，但主要是某些行业生产能力过大、企业内部管理不善、产品不适销对路、产成品占压资金增加、企业间互相拖欠严重。这些问题都不是靠放松银根、扩大贷款就能够解决的。各级领导同志和企业负责人应当用更多的精力关注市场的变化趋势,加强技术改造,调整产品结构,改善企业管理,并且坚决执行"限产、压库、促销"方针。

朱镕基强调,解决国有企业的困难,最根本的还是要进一步深化企业改革,转换经营机制,建立适应市场经济要求、政企分开、产权清晰、权责明确、管理科学的现代企业制度。对各方面反映的企业流动资金紧张问题,各级经济主管部门和银行的主要负责人要带头深入基层,扎扎实实做好调查研究。对于产品销得出去、货款收得回来、企业有效益的生产,银行要充分给以支持。即使企业已经出现亏损,银行也要给予贷款,帮助企业扭亏。对于发放职工工资有困难的停产国有企业,在发挥社会保障制度作用的前提下,银行要和地方政府配合,共同维护社会稳定,并且帮助这些企业恢复生产,摆脱困境。对于那些长期亏损、扭亏无望的企业,要切实搞好准备工作,依法实行破产,先试点,后推广,以此推动现代企业制度的改革。

在湖北期间,朱镕基由湖北省委、省政府负责人贾志杰等陪同,考察地处江汉平原腹地的汉川县,在洪淌村、晨光村访问正在田间耕作、治虫的农民,在刘隔镇调查粮食的销售价格和粮管所的经营管理情况。在河南期间,朱镕基由河南省委、省政府负责人李长春等陪同,考察尉氏县、扶沟县的粮棉产销和蔬菜大棚的情况。他还到人民银行湖北省分行和河南省分行,看望金融战线的干部职工。

财政部建设部国家土地管理局国家国有资产管理局联合发出要求各地做好清产核资中土地清查估价工作的通知

国务院副总理朱镕基在人民大会堂会见并宴请专程来北京举行何梁何利基金发布典礼的香港金融界捐款人及其代表

何梁何利基金是由香港恒生银行名誉董事长何善衡、资深董事梁琚、何添和董事长利国伟各捐款 1 亿元港币在香港注册成立的,以奖励中国取得杰出成就的科学技术工作者、促进中国科技事业发展的基金。

会见时,朱镕基称赞设立这一基金为壮举和善举,并代表国务院和江泽民主席、李鹏总理向 4 位捐款人的这一义举表示衷心感谢。

朱镕基说,这是迄今为止海内外华人为中国科技界捐献的最大一笔基金,是一件"功在千秋"的大好事。它将有利于创造一种尊重科学、尊重教育和尊重人才的社会风气。

国家副主席荣毅仁在人民大会堂会见海湾阿拉伯国家合作委员会秘书长法希姆·卡西米

国务院副总理兼外交部部长钱其琛在钓鱼台国宾馆会见吉尔吉斯共和国楚河州州长古洛夫

国防部部长迟浩田上将在人民大会堂会见泰国皇家空军司令西里蓬·通亚上将

第三届全国"美好家庭"恩威杯评选揭晓

荣获金奖的 3 户家庭是:上海市长宁区长宁路李吉友、天津市静海县李春先、广东省深圳市沙头角镇陈观玉。

中国农业银行河北省衡水支行百亿美元备用信用证诈骗案由河北省高级人民法院二审终结策划参与这一诈骗活动和与之有关的八名犯罪分子分别被判刑

5 月 14 日

焦裕禄纪念馆在河南兰考落成

焦裕禄纪念馆落成暨焦裕禄铜像揭幕仪式同时在河南兰考县焦裕禄烈士陵园举行。中共中央总书记江泽民为焦裕禄纪念馆题写馆名。中共中央政治局常委、书记处书记胡锦涛,中共河南省委书记李长春等为纪念馆剪彩并为铜像揭幕。

纪念馆里悬挂着中央领导的题词。江泽民题词是:"向焦裕禄同志学习,全心全意为人民服务。"李鹏题词是:"让焦裕禄精神更加弘扬光大。"乔石题词是:"学习焦裕禄同志廉洁自律,勤政为民。"李瑞环题词是:"学习焦裕禄,尽心为人民。"刘华清题词是:"以焦裕禄同志为榜样,永远做人民公仆。"邓小平为《焦裕禄》一书题写书名。陈云为焦裕禄题词:"向人民的好干部焦裕禄学习。"薄一波、宋任穷、李铁映等也题了词。

《人民日报》就司法机关对发生在河北衡水地区的百亿美元备用信用证诈骗案依法作出了判决发表评论员文章《罕见的大案　深刻的教训》

中共中央政治局常委胡锦涛在河南农村考察

胡锦涛在郑州、兰考参加焦裕禄逝世 30 周年的纪念活动后,由中共河南省委书记李长春等陪同,于 5 月 14 日至 18 日,先后考察豫东、豫北的一些乡村,参观一些乡镇企业,走访一些农户,看到这些地方经济迅速发展,农民生活明显改善,干部、群众精神振奋,他非常高兴。在开封、新乡、焦作、郑州等地,胡锦涛同市、县、乡(镇)、村党组织的负责人座谈,共同研究如何加强和改进党的建设,特别是农村基层党组织的建设。在同基层干部和群众交谈中，当有的农民说"现在日子过得挺满意"时，他勉励说："满意好，但不要满足。日子过得富裕了，不要忘记勤俭节约、艰苦奋斗。经济发展了，还要继续开拓，更上一层楼。"当听到许多农民称赞"党的政策好，领导带得好"时，他说："中央有了好政策，基层有了好班子，加上大家齐心协力、共同奋斗，奔小康、建设社会主义新农村就大有希望。"

胡锦涛在同地方和基层领导同志座谈时指出，当前全党上下正在贯彻党的十四大和十四届三中全会精神，加快建立社会主义市场经济体制的步伐，全国的形势是好的，河南的形势也是好的。十多年来的实践，这几天我们接触到的一些先进典型经验，都充分证明，邓小平同志建设有中国特色社会主义的理论，包括邓小平同志关于进行社会主义现代化建设必须坚持和改善党的领导、加强和改进党的建设的思想，是完全正确的。

现在，要进一步巩固发展好形势，深化改革、促进发展、保持稳定，同样要靠党的正确领导，靠各级党组织和广大共产党员去团结、凝聚群众，把党的正确决策变成广大群众的自觉行动。坚持党的基本路线一百年不动摇，关键在党；按照基本路线的要求，深化改革、促进发展、保持稳定，关键也在党。把我们党建设好了，建设有中国特色社会主义事业的成功，就有了根本的保证。

胡锦涛指出，密切联系基本路线建设党，是新时期党的建设的一条基本经验。运用这个经验，当前就是要密切联系改革、发展、稳定的实践，全面加强党的建设，提高执政水平和领导水平，增强各级党组织的凝聚力、吸引力和战斗力。做党建工作一定要胸怀大局，服从和服务于大局，在维护和促进大局中搞好党的建设，通过加强党的建设来巩固和发展大局。

在谈到加强和改进农村基层党组织建设的问题时，胡锦涛提出，农村基层党组织要把团结带领农民群众奔小康，大力发展农村经济，壮大集体经济实力，勤劳致富，走共同富裕的道路，发展"两个文明"，建设社会主义新农村，作为自己的根本任务。要完成好这个任务，关键是把领导班子建设好，把带头人选好。有了好的带头人，就能够团结一班人，带动全村人，就可以不断开创新局面，后进村也可以很快改变面貌。要关心爱护村干部，调动他们的积极性，支持和保护那些努力工作的同志。尤其要结合当地实际，加强对乡、村两级干部的培训，全面提高他们的素质。要从农村实际出发，建立激励机制，为基层的优秀人才脱颖而出、建功立业创造条件。要采取有效措施，使补充村干部队伍有稳定的来源。努力做好在农村生产一线的优秀青年中培养积极分子和发展党员的工作，改变农村青年党员偏少的状况。要适应农村发展变化的新形势，及时合理调整基层党组织的设置，积极探索以党支部为核心的村级各种组织配套建设的有效途径，推行"依法建制、以制治村、民主管理"的经验，使村级各种组织的工作逐步走上制度化、规范化的路子。

胡锦涛最后强调，要切实加强和改进对农村基层组织建设的领导。农村基层组织建设，中央要抓，省地县各级党委都要抓，县(市)委更要把这项工作坚持不懈地抓在自己手里，抓紧抓好。

随同胡锦涛考察的有中共中央办公厅主任曾庆红、中央政策研究室副主任郑科扬。

中国首次评选出500名企业创业者

这500名企业创业者中有首钢总公司党委书记周冠五、中国第一汽车集团公司总经理耿昭杰、中国宝安集团股份有限公司总经理陈政立、内蒙古电力总公司总经理乌力吉、四通集团公司总经理段永基、中国长江动力公司(集团)总经理于志安、中国乐凯胶片公司总经理陈兆初、万向集团公司董事长鲁冠球等。由国务院研究室工交司、国家经贸委企业司、中国企业管理协会研究部等单位联合组成的中国企业家调查系统主办这次评选。

全国人大常委会委员长乔石在人民大会堂会见由主席雷布金率领的俄罗斯国家杜马代表团

解放军总参谋部总政治部联合发布《中国人民解放军军人体育锻炼标准》

5月15日

《人民日报》发表评论员文章《开好领导干部廉洁自律生活会》

国办发出《关于加强国有企业产权交易管理的通知》

针对当前一些地方在进行国有企业产权交易过程中，出现的一些问题，国务院办公厅日前发出《关于加强国有企业产权交易管理的通知》。

《通知》强调，省、自治区、直辖市人民政府组织国有企业的产权交易活动，必须报国务院审批。未履行报批手续的，要立即停止交易活动，补办报批手续。地级市以下人民政府不准组织国有企业产权交易活动。

国有企业产权属国家所有。地方管理的国有企业产权转让，要经地级市以上人民政府审批。中央管理的国有企业产权转让，由国务院有关部门报国务院审批。所有特大型、大型国有企业(包括地方管理的)产权转让,要报国务院审批。

《通知》指出,转让国有企业产权前,必须按照《国有资产评估管理办法》的规定,对包括土地使用权在内的企业资产认真进行评估,并按国家有关规定办理产权变动和注销登记手续。转让国有企业产权的收入,首先要偿还银行债务和安置好本企业职工,其余才能由本级人民政府专项用于支持结构调整或补充需要扶持的国有企业资本金,不准用于经常性支出和弥补财政赤字、发放工资奖金。国有资产管理部门要加强对国有企业产权转让收入使用方向的监督。严格禁止将国有企业产权低价折股、低价出售,甚至无偿分给个人,不准以赊销等方式转让国有企业产权或股权。已经这样做的,必须纠正。转让国有企业产权,必须有具体措施妥善解决好职工就业和社会保障问题,同时做好职工(包括离退休职工)的思想工作,保持社会安定。

《通知》要求,暂停企业产权交易市场和交易机构的活动,由国务院有关部门尽快制订国有企业产权交易的管理办法,使国有企业产权交易及收入纳入规范化、法制化管理。各省、自治区、直辖市人民政府和国务院有关部门,要认真执行这一通知的规定,切实加强对企业国有资产的监督和管理。对违反国家规定造成国有资产流失的,要严肃追究当事人及主要行政领导的责任。

全国人大常委会委员长乔石在天津考察

乔石于 5 月 15 日至 18 日先后考察了天津钢管公司、天津微型汽车厂、天津锻压机床厂、长城电视机有限公司、本田摩托车有限公司和西青区小南河养鸭场,参观了天津广播电视塔。在津期间,乔石听取了市委、市政府的工作汇报,与市人大常委会主要领导人进行了座谈。

乔石说,去年四季度以来,改革措施出台比较集中,步子比较大,是完全必要的,方向是正确的。实践证明,效果也是好的。这一系列措施的贯彻落实,还有许多实际工作要做。对深化改革过程中遇到的各项具体问题,要在认真调查研究的基础上,按照轻重缓急,一个一个地妥善予以解决。只有这样,才能把改革的重大举措,真正落到实处。各级领导和广大干部要深刻认识中央推出的改革措施的战略意义,提高落实这些措施的自觉性,带领人民群众努力把改革事业推向前进。

乔石认真询问国有大中型企业的情况。乔石说,搞好国有大中型企业,一定要领导重视,切实解决一些关键性的问题,引导企业真正面向市场,深化改革,搞活机制,提高效益。要鼓励学习和引进先进的技术和管理经验,通过嫁接和改造,使企业在设备、工艺、产品、管理等方面提高档次、质量和水平。要通过多种形式的培训,不断提高职工的素质。通过逐步建立社会保障体系等途径,努力减轻企业负担,为企业的发展创造良好的条件和环境。国有大中型企业经营机制真正搞活了,经济效益真正上去了,在市场竞争中就会显示出强大的生命力。在谈到农业问题时,乔石强调,我们国家幅员辽阔,人口很多,粮棉油等主要农产品的生产任何时候也不能有丝毫放松。同时,要根据不同条件,努力发展多种经营。在城郊,尤其要抓好“菜篮子工程”。乔石说,对于农村的剩余劳动力,要作为一种重要的资源通过多种形式加以利用,如组织起来修公路和水利设施等。他还说,发展乡镇企业、逐步建设小城镇将使我国农村的面貌发生进一步的变化,同时也将使剩余劳动力得以在建设中发挥积极的作用。

乔石在同市人大常委会主要领导人座谈时说,天津在加强社会主义民主和法制建设方面做了许多工作,希望进一步加强研究,做得更好。他强调,加强民主和法制建设,对于现代化建设的顺利进行,对于建设有中国特色的社会主义,是非常重要的。人大在立法、监督及其他各方面工作中担负的任务相当繁重。我们一定要抓紧工作,用五年时间把社会主义市场经济法律体系的框架逐步建立起来。各级人大要密切联系群众,充分发扬民主,从人民的根本利益和国家的根本利益出发,认真履行职责,严格依法办事,充分发挥自己的作用。乔石希望,地方人大在立法、监督等项工作中积极探索,注意总结新鲜经验,从实际出发,努力有所作为,有所创造。各级人大,尤其是基层人大,要不断加强自身建设,以适应工作的需要。

国务院副总理钱其琛在四川调研

钱其琛于 5 月 15 日抵达成都,在蓉期间,出席了全国旅游局长座谈会,听取了四川省、成都市领导的汇报,之后又考察了四川境内的著名旅游区,并于 5 月 18 日参加了’94 中国文物古迹游乐山国际旅游大佛节开幕式。钱其琛在川期间,就旅游业发展现状和前景与四川省领导及各省旅游业负责人广泛地交换了意见。

钱其琛指出,旅游业是一个综合性行业,它的发展需要交通、通讯、旅馆、运输、安全等各行各业作为基础,旅游业的发展同时也带动了这些行业的发展。作为一个可创汇的外向型行业,旅游业是我国非贸易创汇的主要途径。据统计,从 1978 年至 1993 年,旅游创汇收入累积达 321 亿美元,成为我国非贸易创汇的一个重要部分,已为今后的进一步发展奠定了一个很好的基础。

钱其琛指出,四川作为一个人口大省,旅游资源也十分丰富，这是一个不可多得的有利条件，四川要在开发、综合配套和服务上下功夫，使旅游业有一个大的发展。

由民建中央和《经济日报》社联合主办的“农村劳动力转移和流动的问题与对策研讨会”在北京召开

国家土地管理局与联合国城市管理计划亚太中心和世界银行联合举办中国土地市场国际研讨会

全国政协主席李瑞环在哥本哈根与丹麦外交大臣彼得森举行会谈

李瑞环说，丹麦是最早与新中国建立外交关系的西方国家之一。建交后，两国在政治、经济、文化和科技等各个领域的合作关系都得到了较大发展。近年来，经过双方共同努力，这种关系得到进一步发展。高层互访不断增加，经济贸易日益增多。丹麦一些大中型企业已在华投资建厂，另一些也在扩大在华业务，两国科技合作进展顺利，文化交往日趋活跃。中方对此表示满意。

李瑞环说，当前中国正在集中力量进行经济建设，需要学习和借鉴发达国家的先进技术和管理经验。丹麦在一些领域具有世界先进水平。中丹两国经济互补性强，合作潜力很大，前景良好。

丹麦外交大臣彼得森说，丹中友好关系可以追溯到几个世纪前，近年来，丹中关系有较大发展，双边贸易增长较快，有越来越多的丹麦企业家到中国投资。他说，丹麦重视与中国的关系。丹麦愿与中国发展经济合作，开展双边贸易。

5月16日

国家主席江泽民在中南海会见由主席雷布金率领的俄罗斯国家杜马代表团

江泽民对雷布金访华表示欢迎并希望他的访问能在进一步发展两国睦邻友好关系和促进两国互利合作方面起到积极的推动作用。

江泽民对近年来中俄两国关系的发展感到高兴。他说，中俄有着4000多公里的共同边界，两国都面临着发展经济的繁重任务，都需要有一个和平安全的外部环境。中俄两国发展长期稳定的睦邻友好关系，是两国人民的共同愿望和根本利益所在，也有利于亚太地区和世界的和平与稳定。两国领导人和政治家有责任把人民的要求和愿望付诸实践。

江泽民希望双方能用长远的眼光来看待和处理两国关系，使双方睦邻友好关系具有持久的生命力。

雷布金说，俄罗斯人民希望与中国人民保持密切的合作关系，俄罗斯国家杜马愿与中国全国人大开展认真的、建设性的合作与交流。

全国人大常委会副委员长王汉斌、俄罗斯驻华大使罗高寿等参加会见。

国家主席江泽民在钓鱼台国宾馆同苏里南总统费内希恩进行正式会谈

江泽民在回顾中国和苏里南建交以来两国关系的发展时，对两国关系的顺利发展和在政治、经济和文化等领域进行的富有成果的合作表示满意。江泽民说，我们两国同属发展中国家，有着相似的历史遭遇，彼此之间发展友好合作关系有着坚实的基础和广阔的前景。中国政府一贯重视发展同苏里南的关系，希望两国友好互利合作关系不断加强和发展。

在谈到两国经济合作时，江泽民说，两国都在致力于发展本国经济，双方经济合作有着很大的潜力。我们愿本着平等互利、取长补短、共同发展的原则，开展多种形式的合作。

江泽民说，在费内希恩总统的领导下，苏里南人民在为维护国内政治稳定、振兴民族经济方面作出了不懈的努力。在地区事务中，苏里南近年来积极参与加勒比一体化进程，为促进本地区的稳定和发展发挥着日益重要的作用。中国政府对此表示钦佩。

关于国际形势，江泽民说，建立和平、稳定、公正、合理的国际经济政治新秩序是国际社会、特别是发展中国家的迫切要求。发展中国家最渴望和平，最渴望国家取得发展和进步。

在谈到加勒比地区形势时，江泽民表示，中国关心加勒比地区形势的发展，愿进一步加强同加勒比国家的友好合作关系，为维护世界和平与发展作出贡献。他说：“加勒比地区是第三世界的重要组成部分，是连结南北美洲的桥梁。近年来，加勒比国家在促进地区和平与稳定、推动经济合作等方面取得显著成就。”他还说：“在当前国际经济、贸易趋于集团化的形势下，加勒比国家联合自强，积极推动地区一体化进程，我们对此表示赞赏。”

中国和苏里南两国政府代表签署中华人民共和国政府和苏里南政府贷款协定等4个文件。

全国政协主席李瑞环在哥本哈根会见丹麦首相波尔·尼鲁普·拉斯穆森

国务院总理李鹏签署国务院第154号令发布《国务院关于废止1993年底以前发布的部分行政法规的决定》

《国务院关于废止1993年底以前发布的部分行政

法规的决定》，已经国务院审查批准，现予发布。

总理　李　鹏

1994 年 5 月 16 日

国务院关于废止 1993 年底以前发布的部分行政法规的决定

自 1985 年对建国以来至 1984 年国务院（含政务院）发布或者批准发布的行政法规进行全面清理以来，客观情况已发生了很大变化。为了适应改革开放和建立社会主义市场经济体制新形势的需要，根据国务院对清理法规的要求，国务院各部门对那次清理后继续有效的 286 件行政法规（已扣除 1988 年国务院关于废止部分涉外法规的通知中决定予以废止和宣布自行失效的行政法规，同时增加 1985 年发布的行政法规）、那次清理中遗漏的 33 件行政法规和 1986 年至 1993 年国务院发布的 365 件行政法规共计 684 件再次进行了全面清理。经过这次清理，并经国务院法制局逐件复核，国务院决定予以废止（含自行失效）的 21 件，其中：已制定新的相应法律或者由新的行政法规代替而应予废止的 13 件；由于调整对象消失、适用期限已过或者对某一特定问题作出的具有法律约束力的具体规定已经过时而自行失效的 8 件。过去根据这些行政法规对有关问题作出的处理仍然有效。

此外，1986 年至 1993 年公布的法律和发布的行政法规已明令废止 86 件行政法规，为了使各地区各部门全面了解已废止的行政法规的情况，便于工作，现将这些已废止的行政法规目录一并附后。

1993 年底以前发布的予以废止或者自行失效的行政法规目录（21 件）（略）

1986 至 1993 年公布的法律和发布的行政法规已明令废止的行政法规目录（86 件）（略）

《求是》杂志第 10 期发表评论员文章《正确处理改革、发展与稳定的关系》

今年是我国向着建立社会主义市场经济体制的目标整体推进的关键一年，我们所面临改革和发展的任务艰巨繁重。正确认识和处理好改革、发展与稳定的关系，对于把握中央确定的工作大局，顺利完成各项任务有着重要的意义。

改革、发展与稳定是辩证统一、相互联系、相互促进的，三者是社会全面进步缺一不可的三大支点。改革是动力，发展是目的，稳定是改革、发展必不可少的前提条件，同时改革与发展也为社会稳定和国家长治久安提供坚实的基础。我们一定要从大局出发，把改革、发展与稳定的每一项工作都做好。如果其中一项工作跟不上去，其他两项工作必然要受到影响，全局就会受挫。

深化改革、扩大开放，是促进经济发展的必由之路。改革是社会主义制度的自我完善与发展，它通过对社会主义社会生产力与生产关系、经济基础与上层建筑关系的深刻调整，使社会生产力进一步充满生机活力，使社会经济有更大的发展。改革开放越是向前迈进，经济发展就越具备更多的有利条件。我国的经济在前进中还存在一些矛盾和困难。如宏观调控体系不健全，经济结构不合理，中央财税流失严重；固定资产投资规模过大，物价上涨幅度比较高，经济增长的“瓶颈”制约和通货膨胀压力加大；以及不少国有大中型企业经营比较困难，农业基础地位不巩固，等等。这些是旧体制弊端未完全消除和新体制机制尚未健全交织作用的结果，是改革整体推进中不可避免的深层次问题。解决问题的根本出路必须是进一步深化改革。自去年以来，中央按照建立社会主义市场经济体制的进程要求，把改革推进到重点突破与整体推进的新阶段，在以转换经营机制为重点的企业改革继续深化，培育和发展市场体系，建立健全宏观调控体系的同时，又制定和出台了财税体制、金融体制、投资体制和外贸体制等改革方案。这些新措施、新方案，是深化改革的客观需要和有效保证。如果不能认真及时地将它们贯彻落实，改革就难以深化，建立社会主义市场经济体制的过程就要拉长，经济的长远发展就要受损害。打好改革这场“攻坚战”，成功地建立起社会主义市场经济体制的基本框架，就会为我国经济振兴奠定重要的基础。

因此，各级领导要把更多的精力放到搞好改革上来，兢兢业业，周密安排，真抓实干，确保改革不断深化；要进一步解放思想，坚持一切从实际出发，大胆探索勇于创造，及时总结经验，妥善解决深化改革中出现的矛盾和问题，使各项改革目标务期取得成功。

发展是硬道理，是改革的出发点和归宿，改革的成果最终要通过发展体现出来。要使有中国特色社会主义的各项事业拥有雄厚的物质基础，关键取决于经济的发展。发展要有新思路、新办法。新思路、新办法来自于改革。发展绕开改革这个关键环节，就只能沿袭旧体制、旧方法。只有通过改革，建立新体制、创造新方法，才能实现发展。我们讲发展，不仅要力争总量的增长，更要重视经济质量的提高，通过调整结构、技术改造、产品开发和科学管理来提高效益，再不能走盲目追求产值和扩大投资规模的粗放经营老路。社会主义市场经济的正常运行和健康发展，要讲究行业与行业、局部与全局的协调，讲究效益和速度的统一。在谋求本地区、本部门发展时，决不能以局部利益牺牲全局利益，以眼前利益牺牲长远利益。局部服从全局，全局照顾局部，才有局部和全局的共同发展。经济发展的速度和效益必须两轮并进。速度要量力而定，既要快速，又要稳妥可靠，保证效益同步提高。这样的发展是实实在在的发展，是建设有中国特色社会主义所要求的发展，也是保持稳定所需要的发展。

改革、发展需要一个稳定的社会环境。没有稳定，任何社会制度下的经济都不可能繁荣发展，中外历史无不呈现这样的规律。只有在政治稳定、社会稳定、人心稳定的条件下，改革才能有条不紊地进行，发展才能实现预期的目标。不稳定，什么事情都办不成，改革搞不好，发展更谈不上。正如邓小平同志所指出的，“没有稳定的环境，什么都吹了，已经取得的成果，也会失掉”。当然，改革、发展对稳定也起着积极的促进作用。通过改革，消除已有的弊端和矛盾，建立更加科学合理的新体制，由此带来经济的繁荣兴旺和人民生活水平的提高。这也是实现稳定的可靠途径和根本保证。

处理好改革、发展与稳定的关系，是建设有中国特色社会主义全局性的重大战略问题。越是深化改革加速发展，越要保持清醒的头脑。对于改革、发展与稳定的基本状况，要从实际出发，实事求是地进行全面分析，准确判断，妥善处理。

要从改革、发展与稳定的大局出发，去对待和解决经济过热和通货膨胀问题。目前，我国在建规模已经很大，今年安排的投资规模也不小，经济发展中“瓶颈”制约和通货膨胀压力加大。尽管如此，一些地区和部门盲目追求产值速度和扩大投资规模的势头仍然不小。如果投资规模严重失控，必然要加剧通货膨胀和物价上涨。这不仅会导致经济发展大起大落，影响经济持续、快速、健康发展，而且要给人民基本生活造成很多困难。物价大幅度上涨，会引起人心动荡和社会不安，影响改革的顺利进行和国民经济发展大局。因此，这个问题不仅影响改革、发展，也会影响社会稳定，必须切实加以解决。各地区、各部门都要从大局出发，严格执行国家的宏观调控政策，根据自己的实际情况，确定适当的发展速度，积极地配合中央搞好国民经济的综合协调、总量平衡工作。

要从改革、发展与稳定的大局出发，下大气力搞好国有大中型企业和农业。国有大中型企业和农业是国民经济的支柱和基础，是社会发展和稳定的根基。它们的状况如何，不仅决定着国民经济能否持续、快速、健康发展，而且关系着广大职工、农民、干部生活水平的提高。搞好国有大中型企业和农业体制改革，不仅对全局其他各项工作有着巨大的促进作用，也有助于进一步密切党群关系、巩固工农联盟，使党群一心、工农一心，共同维护大局。各地区各部门都要把搞好国有大中型企业摆在重要的议事日程，抓紧抓好国有企业经营机制转换，逐步建立现代企业制度，积极改善企业内部管理，增强企业活力和发展后劲，保证国有资产的保值和增值，发挥国有企业在国民经济中的主导地位。各级党委主要领导要亲自动手，采取切实有力措施，加强农业的基础地位，在确保粮食和棉花产量稳定增加的基础上，促进农林牧渔全面发展，保持乡镇企业持续增长，千方百计增加农民收入。

要从改革、发展与稳定的大局出发，正确处理改革、发展中出现的各种社会问题。改革是利益格局、利益关系的调整，不可避免会出现这样那样的社会问题，处理不好就会影响大局。各级干部都要认真研究新形势下的人民内部矛盾，正确区别和处理两类不同性质的矛盾。要注意正确处理城市与乡村、中西部地区与沿海地区的关系，正确处理民族团结与少数民族地区经济发展问题，以及社会分配不公、收入差距悬殊等问题。要关心群众生活。改革使人民群众生活水平有了普遍大幅度地提高，但还有一部分人收入较少或者没有摆脱贫困。因此，各级干部在集中精力搞好深化国有大中型企业和农业体制改革的同时，要把群众的疾苦冷暖时刻挂在心上，对生活困难的部分群众一定要给予特别的关心和帮助。在放开物价的同时，切不可放松市场管理，与人民生活直接相关的重要商品，单靠市场调节是很难稳定的，必须加强宏观调控平抑物价。各地要抓好“菜篮子”工程，努力提高人民生活水平。

要从改革、发展与稳定的大局出发，深入、持久、更有效地进行反腐败斗争，切实加强社会治安综合治理。反腐败是关系到党生死存亡的一个根本问题。如果听任腐败现象蔓延，就会丧失人心，即使经济搞上去，也难以保持社会稳定。目前反腐败任务还很艰巨，不能松劲。反腐败关键是加强领导，长期坚持，要把反腐败同深化改革、扩大开放、促进发展很好地结合起来，充分依靠群众，标本兼治，不断努力取得新成绩。社会治安不好，对改革开放、经济建设和社会稳定都有很大的影响。搞好社会治安是人民群众的强烈愿望，是各级政府的重要职责。这个问题必须引起各级领导的重视并着力解决。要严厉打击危害人民生命安全、危害国家安全、破坏民族团结的各种犯罪行为和流氓盗窃分子，坚决纠正一手硬、一手软的现象，两个文明建设一起抓，从根本上搞好社会治安的综合治理。

建设有中国特色社会主义的理论，是我们处理好改革、发展与稳定关系的科学理论依据。邓小平同志在他的《文选》第三卷中，对这些问题有准确科学的论述，江泽民总书记在党的十四大报告和他的一系列讲话中，对此也作了精辟的阐述。认真学习这些思想理论，深刻领会其精神实质，把它们应用到改革开放的社会实践中，这样我们就能不断地取得改革、发展的新成果，不断地维护社会政治稳定，不断地把社会主义事业推向前进。

全国政协办公厅举办的'94 政协工作研讨班在全国政协干部培训中心开学

台湾当局重申南海诸岛是中国领土

台湾警方两艘400吨级的巡务船完成对南沙群岛的巡弋任务。这是台湾警方首次到南沙群岛活动。

台湾警方此次航行的主要任务是勘察太平岛周围水域，了解台湾至太平岛航线情况，为今后在太平岛建置保七中队以及船舰航行提供重要依据。随行的两名台"中油公司"的地质副总工程师将对可供钻探油气位址进行初步勘探，一艘"渔训二号"渔研船搭载31位海洋专家一同前往。

近几年，台湾当局一再重申南沙是中国固有领土的一部分，其主权属于中国。1992年12月，台湾当局成立了"南海小组"，制定了"南海政策纲领"，其政策目标是坚定维护南海主权。1993年9月，台"内政部"主持召开了大规模、高层次的南海问题讨论会。连战在开幕式上表示，无论就法理或历史来看，任何国家都无法否认南海诸岛的主权属于中国。台"内政部"官员表示，以后仍将不定期地执行南海巡弋任务。

台湾旅行公会宣布取消抵制赴大陆旅游活动

台湾旅行业者在旅行公会理事会上达成共识，不应以抵制赴大陆旅游作为"千岛湖事件"谈判的筹码。他们向各界宣布，取消对前往大陆旅游的抵制，由业者自行决定出访大陆。

台湾当局借口"千岛湖事件"而搞的所谓抵制台胞赴大陆旅游活动，已使一些旅行业者难以生存。业者纷纷呼吁，不应以"千岛湖事件"为由，限制旅行业的正常经营。

国务院召开的第十次全国民政会议在北京结束

国务委员李贵鲜要求各级政府充分重视做好民政工作的重要意义，加强对民政工作的领导，把贯彻这次会议精神同制定和实施当地"奔小康"规划和"八七"扶贫攻坚计划紧密结合起来，使民政工作更好地为党的中心工作服务，为维护社会稳定服务。

李贵鲜认为，当前和今后一个时期，民政工作的重点是做好社会保障和基层组织建设工作。

李贵鲜还要求各地民政部门切实做好行政区划、社会管理、婚姻管理、殡葬管理、收容遣送等工作。

会上，河北省丰南县等128个县(市、区、旗)，北京市朝阳区十八里店乡等211个乡镇(街道)分别被民政部命名为全国民政工作先进县(市、区、旗)和全优乡镇(街道)。民政部、人事部还做出决定，授予韩淑珍等163名同志全国民政系统先进工作者称号；授予刘爱珍等37名同志全国民政系统劳动模范称号。在全国民政系统大批先进模范人物中涌现出的12名杰出代表，还被民政部授予最高荣誉奖——"孺子牛"奖。

国务院总理李鹏在北京与第十次全国民政会议代表座谈

李鹏指出，民政部门任务很重，民政工作只能加强，不能削弱。民政部门要始终把维护群众的切身利益和保障人民群众的基本权益作为民政工作的出发点，加强基层工作，搞好各项社会民政管理，深入基层，因地制宜，通过多种渠道，切实为群众排忧解难，维护社会秩序，促进两个文明建设的健康发展。

李鹏指出，保持社会稳定，是从中央到地方都在抓的大事。各部门从各自的职能出发，解决社会矛盾，维护社会稳定，构成了我国较为完整的社会稳定机制，为改革和发展创造了良好的社会环境。几十年来，民政部门通过解决各种社会问题，在维护社会稳定方面做了大量的工作，付出了艰苦的劳动，发挥了重大的作用。广大民政工作者常年奔波在基层，为军烈属、退伍兵，为孤老残幼、贫困户送去党和政府的关怀。他们宁愿自己千辛万苦，也要把温暖带给千家万户，不愧是人民群众的"孺子牛"。40多年来民政工作所取得的成绩，从一个方面体现了我国社会主义制度的优越性，同时也是对西方敌对势力以人权问题攻击我国的有力回击。民政工作做好了，就能为经济建设创造良好的社会环境，从而促进社会和经济的协调发展。

李鹏说，我国自然灾害频繁，每年都有大量受灾人口。也有孤老病残和低收入者等社会困难群体。这些生活相对贫困的社会群体，大部分集中在农村，所以，对部分农村存在的贫困问题，各级政府要引起高度重视。他说，我们要改革现行的单纯依靠政府救济的办法，要拓宽渠道，逐步建立救灾工作分级负责的体制。

李鹏提出，在新形势下，民政部门要继续解放思想，深化改革，切实履行自己的职责，保障人民群众的基本生活权益，调节社会关系，缓解社会矛盾，解决社会问题，在维护社会稳定，促进社会主义精神文明建设方面进一步做好工作。特别是要在社会保障方面发挥更大作用；要在促进国防建设方面发挥更大作用；要在基层政权和基层自治组织建设方面发挥更大作用。

李鹏希望各级党委和政府从改革、发展和稳定的大局出发，高度重视民政工作，列入议事日程，切实加强领导。

国办转发国务院证券委员会《关于坚决制止期货市场盲目发展若干意见的请示》

各省、自治区、直辖市人民政府，国务院各部委、各直属机构：

经国务院批准，现将国务院证券委员会《关于坚决制止期货市场盲目发展若干意见的请示》转发给你们，请各有关方面密切配合，认真贯彻落实。

关于坚决制止期货市场盲目发展若干意见的请示（略）

国办发出《关于加强森林资源保护管理工作的通知》

各省、自治区、直辖市人民政府，国务院各部委、各直属机构：

近几年，各地在加快造林绿化步伐，加强森林资源保护，强化林业管理，建设绿色屏障，发展森工产业等方面都取得了新的进展，全国林业生产建设呈现蓬勃发展的好势头。但是，目前我国林业工作出现了一些新情况、新问题，主要是：全国林木资源过量消耗呈上升趋势，局部地区超限额采伐相当严重；基础设施建设薄弱；乱砍滥伐林木和乱捕滥猎野生动物又重新抬头；森林资源保护管理职能有所削弱，国有森林资源资产大量流失；木材流通秩序混乱，违法运输、非法经营木材活动加剧；林业案件尤其是大案要案急剧上升，森林资源和林政管理队伍不稳，有些林业生产经营单位的合法权益受到侵害。对此，各级人民政府和各有关部门要高度重视，认真研究解决。

为进一步强化森林资源保护管理，经国务院同意，特通知如下：

一、高度重视林业的重要地位，加强对林业工作的领导，促进林业持续、快速、健康发展

当前环境和生态问题已成为全球关心的热点。发展林业是环境建设的首要任务，造林绿化是保护环境和改善生态环境的重要措施。发达的林业不仅对于改善生态环境，保障农牧业稳产高产，保障水利设施充分发挥效益有着重要的作用，而且对于加快国民经济发展，促进我国改革开放和社会全面进步，推动农民脱贫致富具有重要意义。保护和发展森林资源是林业工作的根本，是深化林业改革，加快林业发展，适应社会主义市场经济的迫切需要。我国虽然实现了森林面积和蓄积量双增长，但仍是一个少林国家，森林资源的基础还很薄弱，可采伐利用的成过熟林资源越来越少，质量不高，潜在危机仍然存在。各级人民政府要正确处理改革开放、经济发展与森林资源保护管理的关系，强化造林绿化和森林资源保护意识，加强对森林资源的保护管理。要综合运用经济和法律手段，采取有利于森林资源保护和发展的行政措施，进一步健全森林资源保护管理体系，切实把森林资源保护好，管理好。

二、严格执行森林采伐限额和木材凭证运输制度，坚决扭转林木资源过量消耗的局面

国务院批准的一定时期内分年度森林采伐限额，是各地每年采伐林木资源的最大消耗量，具有法定的效力。凡未经国务院或授权单位批准，各地不得突破限额，严禁乱开口子，乱批条子。要建立健全监督检查机制，坚持凭证采伐，总量控制，全额管理。各地要在1994年下半年，对近几年采伐限额执行情况，进行一次全面清理。凡是超限额采伐的单位，特别是对领导干部违反有关法规擅自超限额批准采伐林木的，必须严肃处理，坚决扭转林木资源过量消耗的局面。

要积极探索既有利于保护森林资源，又有利于搞活木材流通，实行贸工林一体化的改革措施。继续坚持重点产材县的木材由林业部门统一管理和组织进山收购的政策，不得随意撤销依法设立的木材检查站。林业部门要保护农民的合法权益，认真搞好服务，严禁压等压价收购。铁路、交通等部门要坚持木材凭证运输制度，积极协助林业主管部门依法查处违章运输木材的行为，凡没有国家统配木材调拨通知书或者县级以上人民政府林业主管部门签发木材运输证的木材，不得承运。林区和重点产林县的木材经营、加工单位必须先经林业主管部门审核同意后，再向工商行政管理机关申请登记，领取营业执照并严格持照经营、加工。严禁行政机关和执法部门以各种名义和形式经营木材。各地林业、工商、税务、物价等有关部门要密切配合，加强对木材流通的监督管理，坚决取缔非法的木材经营、加工单位。

三、强化林地利用监督管理，实行有偿使用林地的制度

各地要制定、完善林地管理地方性法规和征用、占用林地补偿制度，维护国有林业企、事业单位的合法权益。凡未依法办理手续的单位和个人，都不得以任何借口侵占和无偿划拨国有林业企、事业单位使用的林地。林权证是森林、林木和林地权属的法律凭证，对没有核发林权证的单位，各级人民政府要按有关法规抓紧办理。征用、占用林地要先经林业主管部门初审同意，严格履行审批手续，严禁乱批滥占林地。各级人民政府要对1992年下半年以来非法征用、占用林地情况进行一次清理，限期办理审批补偿手续，凡不补办有关手续者，其非法征用、占用的林地应予收回。要抓紧制定调处山林权属纠纷的有关法规，对于有争议的林木、林地在权属争议未解决以前，任何一方不得以任何借口砍伐争议区的林木和侵占争议区的林地。为适应发展社会主义市场经济的需要，林业部应会同有关部门制定国有林地有偿使用政策和法规，报国务院审定后施行。

四、切实加强对野生动物和珍稀植物的保护管理

各级人民政府要把保护野生动物和珍稀植物作为重要职责，建立岗位责任制，落实各项保护措施。对当前乱捕滥猎和倒卖、走私珍稀、濒危野生动物和珍稀植物及其产品的违法活动，要坚决打击。要进一步加强野生动物及其产品的经销和进出口管理，坚持实行狩猎证、特许猎捕证、驯养繁殖许可证和经营许可证制度，严格对猎枪、弹具生产、销售和使用的管理，实行定点生产，统一分配，凭证持枪。严格对捕杀野生动物的管理，为野生动物创造一个良好的栖息和繁衍环境。

五、加强森林资源林政基础建设，稳定林业执法队伍

各级人民政府及其有关部门，尤其是县级林业主管部门，要高度重视森林资源保护管理的基础建设，稳定林政、林业公安和木材检查站、林业工作站等管理和执法队伍，支持他们依法行使职权，维护他们的合法权益，积极解决人员编制、经费等实际问题，逐步改善装备设施，为他们创造良好的工作条件。要加强林业行政执法人员的自身建设。林业执法人员要忠于职守，廉洁自律，文明执法，依法办事，努力提高执法水平，实现资源保护管理规范化、制度化。

六、坚持依法治林，严厉打击各种破坏森林资源的违法犯罪活动

各级人民政府要组织林业、公安、司法、工商和税务等有关部门，对哄抢、盗伐国家和集体所有林木，非法侵占林地，非法猎杀、走私贩卖国家重点保护的野生动物及其产品，破坏珍稀植物，以及殴打、伤害林业执法人员等违法犯罪行为，要采取果断措施，及时开展专项打击。对影响大、危害重的案件要公开处理，以震慑罪犯，教育群众，保护森林资源，维护林区社会治安。对非法干涉、阻挠林业执法和包庇、怂恿犯罪造成严重后果的，要严格依法处理，决不姑息。

七、坚持实行领导干部保护、发展森林资源任期目标责任制

森林资源保护管理是各级人民政府的重要职能，强化森林资源林政管理是国家在新形势下保护森林资源和宏观调控生态环境的主要手段。各级人民政府要切实加强对森林资源保护管理工作的领导，把保护、抚育和发展森林资源，制止乱砍滥伐林木、非法侵占林地，以及乱捕滥猎野生动物，作为重要任务来抓。坚持把森林资源消长作为考核各级领导，特别是考核县、乡领导政绩的内容之一。凡任期内对乱砍滥伐、非法侵占林地和乱捕滥猎制止不力，造成重大损失的，必须追究行政主要领导人的责任。对保护、抚育和发展森林资源成绩卓著者，要给予表彰和奖励。要提高全民法制观念，增强全社会保护管理森林资源和生态环境的意识，动员和组织广大人民群众共同做好森林资源的保护和管理工作。

中共中央政治局候补委员温家宝在北京郊区农村调研

5月16日至19日，温家宝到平谷、顺义、通县调查研究，走访农户，到田间地头、养牛场、养猪场，认真了解粮食生产和“菜篮子”工程建设，详细询问农村经济发展和农民生活情况，与农民群众共同探讨农业生产中的一些问题。

温家宝充分肯定北京市在农业和农村工作中所取得的成绩。他说，城郊农村是城市副食品供应的直接基地，搞好城郊农业生产，保证“菜篮子”的充足供应和市场稳定，对于保证城市经济发展和社会稳定，具有至关重要的作用。温家宝说，京郊农业和农村经济的发展，对我国整个城郊农业和农村经济都有示范作用，广大干部群众要坚持解放思想，实事求是，努力探索一条我国大中城市郊区农业和农村经济发展的新路子。

国务院总理李鹏在中南海紫光阁会见美国前国家安全事务助理布热津斯基

国务院总理李鹏在中南海紫光阁分别会见即将离任和新到任的五国驻中国大使

他们是即将离任的土耳其大使雷夏特·阿勒姆、阿根廷大使卡洛斯·卢卡斯·布兰科和委内瑞拉大使爱德华多·索托，新到任的文莱大使阿卜杜拉·贾法尔和意大利大使亚历山德罗·冠罗尼。

中美市场经济与经贸合作研讨会在北京举行

埃及总统兼执政的民族民主党主席穆巴拉克在开罗会见由中共中央政治局委员尉健行率领的中国共产党代表团

第一次国家防汛抗旱总指挥部会议在北京召开

国务委员、国家防汛抗旱总指挥部总指挥陈俊生强调指出：今年防汛抗旱总的要求是，立足于防大汛、抗大旱，防汛抗旱两手抓，做好防大灾的必要准备，保证人民生命财产的安全，力争把洪涝和干旱灾害的损失减少到最低程度。在防汛工作中，要突出把减少人员伤亡作为首要的任务。

陈俊生要求各地和国家有关部门，在今年汛期不仅要确保大江、大河、大湖的安全，而且对中小河流、中小水库、中小城镇、交通干线、重要厂矿企业以及热带风暴、山洪泥石流、滑坡等山地灾害也要给予高度重

视，一定要加快制订防御大洪水的措施预案，落实以行政首长负责制为核心的各种责任制，决不能让恶性事故重演。各地要建立健全防汛抗旱办事机构，增加防汛抗旱经费。

5月17日

中共中央总书记江泽民在中南海会见由总书记参议员久保亘率领的日本社会党第六次访华代表团

江泽民对久保亘率代表团访华表示欢迎。他说：“我在北京和东京曾数次同贵党领导人会晤。我认为我们两党高层领导人之间经常保持接触，对增进了解和友谊是十分重要的。我希望贵党以这次访问为新的起点，进一步促进中日关系向前发展。”

江泽民说，中日两国是近邻，发展睦邻友好和合作关系，不仅符合中日两国人民的利益和愿望，也有利于亚洲以及世界的和平与发展。中日两国应不断增进睦邻友好和互利合作关系。

江泽民对日本社会党多年来为维护和推进中日友好所做的努力给予高度评价。他说，长期以来，日本社会党为推动实现中日邦交正常化和促进中日两国关系的健康发展作出了重要贡献。

《人民日报》发表社论《做好民政工作促进社会稳定和发展》

国务院召开的第十次全国民政会议今天闭幕。各级党政领导和民政工作者汇聚一堂，共商民政工作改革发展大计，这将对今后民政工作的改革、发展和促进社会稳定起到积极的作用。我们对大会的召开表示热烈的祝贺。

民政工作是党和政府的一项重要工作。十一届三中全会以来，各级民政部门在邓小平同志建设有中国特色社会主义理论和党的基本路线指引下，在党和政府的领导下，紧紧围绕经济建设这个中心，自觉地把民政工作同国家的经济发展和社会稳定这个大局紧密联系起来，把确保民政对象的基本生活作为维护社会稳定的基本任务来抓，坚持改革，扎实工作，在为社会主义现代化建设事业创造安定团结、民主和谐的社会环境方面，发挥了重要作用。改革为民政工作注入了活力。救灾管理体制的改革和农村社会养老保险的开展，促进了农村社会保障事业的发展；社区服务的蓬勃兴起，形成了城市社会福利服务的新格局；争创“双拥”模范城（县）活动，开创了优抚安置工作的新局面。民政工作的各个方面在改革中得到了长足发展，呈现出勃勃生机。

党中央强调，抓住机遇，深化改革，扩大开放，促进发展，保持稳定，是全党和全国工作的大局。民政工作作为政府工作的一个重要组成部分，要坚决服从和服务于这个大局，充分发挥民政部门的职能作用，做好救灾救济、社会福利、优抚安置、基层政权和基层群众自治组织建设、农村社会养老保险以及社团、婚姻、收养、殡葬等社会福利工作和社会管理工作。民政工作的基本任务是根据国家赋予的职能，依法维护和保障人民群众的基本生活权益，这是社会主义的本质要求，也是社会主义制度优越性的重要体现。

民政工作涉及千家万户，同人民群众的生活有着密切的关系，与我国社会主义现代化建设各项事业的发展息息相关，具有很强的社会性和群众性。民政工作部门要注意了解研究社会主义市场经济体制下面临的新情况，总结新经验，解决新问题。各级党委和政府要加强领导，把这项工作列入重要议事日程，各有关部门要关心、支持民政工作，要动员社会各方面的力量来共同做好民政工作。民政工作任务艰巨，责任重大，我们相信，在邓小平同志建设有中国特色社会主义理论和党的十四大精神的指引下，在党中央、国务院的领导下，民政工作将会取得更大成绩，为维护社会稳定，促进社会主义物质文明和精神文明建设作出新贡献。

海协会会长汪道涵在杭州就“千岛湖案件”发表谈话

汪道涵向新华社记者说，“千岛湖案件”发生后，中共中央、国务院领导非常重视，浙江有关方面本着认真负责的态度，全力侦破了案件。目前，案犯已缉拿归案，司法部门将依据法律对罪犯进行严惩。同时，大陆有关方面从维护两岸关系发展的大局出发，妥善处理善后事宜。大陆的有关专家向海基会人员和台湾有关专家详细介绍了案件的经过和破案的过程，并回答了台湾方面有关案情的各种疑问，还安排台湾方面的专家观看现场，体现了大陆方面尽最大努力向台湾方面说明案件真相的诚意。

汪道涵说，案件发生后，两岸同胞同悲同恨。台湾各界人士也提出了许多意见和建议。我们认为在两岸交往蓬勃发展、经济合作不可阻挡的洪流中，“千岛湖事件”只是意外不幸的惨案。这一事件不应使两岸关系的正常发展受到影响，更不能让少数别有用心的人利用来作为煽动反对大陆、阻挡两岸交流、鼓吹台湾独立的借口。两岸应以中华民族的整体利益为重，理性、冷静、客观地看待案件及处理过程中发生的各种问题，认真地从中吸取教训。大陆方面将继续加强治安管理，给台湾同胞来大陆以安全感。

汪道涵说，一年前汪辜会谈的成功举行，对两岸关系的发展产生了积极的推动促进作用。根据汪辜会谈签署的协议,海协与海基会建立了制度化的沟通渠道,对于增进了解、增加互信、缩小分歧起到了重要的作用。随着两岸关系的不断发展,应当说两会的合作前景是广阔的。两岸同胞对两会寄予厚望。双方应进一步加强两会的沟通渠道,特别要加强高层的接触,增加对话,消除误会,克服分歧,推进合作。只有这样,才符合两岸同胞的愿望,也才能承担起历史赋予我们的重任。

香港特别行政区筹委会预委会社会及保安专题小组第四次会议在北京结束

国务委员兼国家体改委主任李铁映在中国体改研究会海口年会上发表讲话

李铁映说,自从党的十四大,特别是党的十四届三中全会作出关于建立社会主义市场经济体制若干问题的决定之后,我国的经济体制改革形象地讲,已经从拆旧房子转到建新大厦。整个改革进程的这种深刻变化,反映到改革的各个主要领域:微观改革,开始由减税让利的政策调整转到深层次的制度创新;价格改革,开始由放开商品价格转到生产要素价格的市场化;市场体系建设,开始由重点培育商品市场转到重点培育生产要素市场;宏观调控,开始由着重依靠行政手段转到着重依靠经济、法律和必要的行政手段,已经进入理顺基本经济关系(包括国家与企业、中央与地方)的深层次改革阶段。今年的改革不论从广度和深度来看,都是前所未有的。转换国有企业经营机制,进行建立现代企业制度试点,国务院和各地都在抓紧实施。财政、税收、金融、外汇等几项宏观改革措施出台后,总体上进展是顺利的,这标志着中国向建立社会主义市场经济体制迈出了重要步伐。

李铁映指出,经济生活和经济体制改革中也存在一些需要认真解决的问题,这些问题从根本上讲还是企业经营机制没有根本转换;产权制度改革和企业制度创新力度不够;政府管理经济职能的转变滞后;社会保障制度建立的进程比较缓慢。李铁映说,经济发展中的难点和热点,就是改革的重点。从某种意义上讲,经济发展问题实质上是改革问题,抓住发展的机遇,就是抓住改革的机遇。改革就是要解决妨碍经济发展的各种体制问题,从而解放和发展生产力,这就是邓小平同志所说的"改革是中国的第二次革命"的深刻意义。

李铁映说,总结15年的改革开放,集中到一点,那就是在邓小平同志创立的建设有中国特色社会主义理论的指引下,走了一条有中国特色的社会主义道路。15年来,我们在建立社会主义市场经济的体制大厦的同时,已基本建立起了新的理论大厦。这就是邓小平同志建设有中国特色的社会主义理论。李铁映指出,邓小平的经济思想是他的建设有中国特色社会主义理论的重要组成部分。邓小平同志关于经济发展、经济改革以及稳定是发展与改革的前提条件的论述,既是推动改革和现代化建设的理论基础和行动指南,又是对不断深化改革进程的经验总结和高度概括。用邓小平同志的经济思想武装头脑,指导改革实践,是体改战线责无旁贷的历史使命,也是顺利推进改革的重要保证。

国务院总理李鹏在江苏考察

李鹏于5月17日至22日对江苏进行为期6天的考察。李鹏指出,鸦片战争以来,我们中华民族前赴后继奋斗150多年,现在正面临一个很好的发展时机。只要我们坚定地沿着邓小平同志建设有中国特色社会主义的方向走下去,把握好改革、发展、稳定的关系,团结奋斗,中国的发展大有希望。

李鹏等在江苏省委书记、省长陈焕友的陪同下,沿大运河,先后考察连云港、淮阴、扬州、镇江等地的商品粮生产基地和国有大中型企业,走访农民家庭,并和当地干部、群众进行座谈。

李鹏说,江苏我来过多次,目睹了江苏在改革开放中的发展变化。江苏认真贯彻中央的方针政策,经济迅速发展,城乡人民生活明显改善,对国家也作了积极的贡献。他说,在经济发展过程中,地方既要考虑到本地的利益,也要服从国家的需要,处理好局部与全局的关系。他希望江苏再接再厉,取得更大的发展。

国有大中型企业、乡镇企业是李鹏这次考察的一个重点。在连云港港务局、扬州通运集装箱有限公司、扬州客车制造厂、镇江江奎电子实业有限公司,李鹏详细询问了这些企业的生产经营情况。他说,我国很多国有大中型企业办得是好的,这些企业面向国内外市场,产品适销对路,技术先进,管理严格,竞争力强,经济效益高。但也要看到,在深化改革,向市场经济体制转化的过程中,也有些企业程度不同地遇到一些困难,经济效益低。这是多种因素引起的。我们既要对搞好国有大中型企业充满信心,也要重视国有大中型企业现在存在的问题。他指出,国有大中型企业要面向市场,使产品不断适应国内外市场的需求,同时要重视销售,积极开拓市场;要建立一个适应社会主义市场经济的好机制;要重视技术进步,增强企业发展后劲和竞争力。在发展方面要重视结构合理和经济效益。他说,有人把国有大中型企业与经济效益不好的企业划等号。这是没有根据的。我们有充分信心,相信经过我们努力,一定能把国有大中型企业搞好。

无论是在苏北腹地的淮阴,还是在长江两岸的扬州、镇江，李鹏都十分关心农业、农村和农民的问题。在涟水县高沟镇晏庄村，他和省、市、县、镇、村、村民小组的干部一起座谈如何加强农业生产、调整农业结构、提高农民生活水平等问题。在高邮市武安乡，他来到田头察看夏粮长势，走访农民家庭。在丹徒县龙山村，他考察了龙山鳗业联合公司的发展情况。他强调，农业是关系到国民经济全局和社会稳定的大问题。要重视农业的发展，特别是在农业效益比较低的情况下农业基础地位不能动摇。他希望江苏在稳定粮食生产的前提下，充分发挥当地的优势，发展多种经营。在稳定粮食种植面积的条件下，提高单产，同时还要讲究效益。在稳定和完善以家庭联产承包为主的责任制的前提下，要支持农村集体经济与乡镇企业的发展，并逐步发展适度规模经营。

考察期间，李鹏来到伟大的无产阶级革命家周恩来的故乡——淮安，瞻仰周恩来纪念馆和故居，参观周恩来业绩展览。他说，我们要学习周恩来同志对革命事业无限忠诚，对人民无限热爱的崇高品德。

李鹏在听取江苏省委和省政府的汇报时强调指出，这两个月来，物价涨幅趋缓，但稳定市场、稳定物价仍是各级政府一项很重要的任务。

谈到苏南、苏北的差距时，李鹏说，从全国看，江苏经济发达，但从江苏省内看，苏北与苏南还有一定差距。先富起来的苏南有责任帮助苏北发展经济，使苏北也尽快地富起来。苏北有自己的优势，如土地优势、资源优势和劳动力优势，当前的关键问题是要进一步解决交通问题，提高技术和管理水平，逐步缩小差距。

随同考察的有陈锦华、何椿霖、刘江、黄镇东、国林、姜云宝等国务院有关部门负责人。

国务院副总理邹家华在全国邮电管理局长会议闭幕式上发表讲话

邹家华在会议闭幕式上指出，邮电行业在贯彻统筹规划、条块结合、分层负责、联合建设这“十六字”方针的基础上，要抓住当前机遇，强化服务，加快通信事业的发展。

邹家华说，交通和通讯的发展，直接促进我国社会主义市场经济的发展。目前国际环境对我们有利，国内也具备发展条件，社会对通信的需求日趋旺盛，我国邮电正处在历史上很好的发展时期。去年完成固定资产投资 400 亿元，新增局用电话交换机容量 1286 万门，而且开通了 8 条光缆，这在世界电讯史上都是少有的，这是很大的成绩。

针对“十六字”方针，他解释说，统筹规划指邮电部转变以往的做法，加强对全国通信行业的宏观管理，实现从偏重邮电系统的微观管理，向对全国通信的宏观管理的转变。邮电部要认真制订我国通信发展的战略方针，编制全国通信发展的长远规划和年度计划。在条块结合方面，他指出，要树立联合的思想、协同的思想，要集中各部门、各省市的科研力量、生产力量，不能搞重复建设，不但建好全国的公用网，同时要发挥专用网的作用，要充分地发挥地方和各部门的积极性。

国办转发铁道部《关于对无人看守的铁路道口加强管理的意见》

外交部发言人就中国的劳改犯问题答记者问

有记者问：据报道，英国广播公司 16 日播放一部由英国人罗伯茨在中国新疆用秘密手段拍摄的劳改营情况的纪录片，声称中国的劳改犯有一千万人，正处于绝望的境地。你对此有何评论？

发言人说：“这完全是捏造。据向有关方面了解，中国在押犯总数为一百来万，与美国差不多。对罪犯给予人道主义待遇，依法对他们进行文明管理是我司法部门的一贯做法。”

发言人指出：“国际上有少数对中国怀有敌意的人，在当前形势下，捏造材料，散布谎言，其用心是十分险恶的。”

外交部发言人就美国重申不承认西藏流亡政府一事发表谈话

外交部发言人发表谈话，对美国国务院发言人关于美国不承认西藏流亡政府的声明表示赞赏，并希望美国政府切实履行其承诺。

5 月 16 日，美国国务院发言人发表声明重申，西藏是中国的一部分，这是美国长期的政策。不论是美国，还是其他任何国家，都不认为西藏是一个主权国家。美国不承认西藏流亡政府。

发言人说，众所周知，西藏是中国不可分割的 部分，西藏事务完全是中国的内政，不容任何外国进行干涉。

这位发言人重申，中央政府对达赖喇嘛和跟随他的一些人的政策是一贯的、明确的，始终没有变化。中央政府同达赖喇嘛的代表一直有接触的渠道，谈判的大门始终是敞开的。

发言人表示，只要达赖喇嘛承认西藏是中国不可分割的一部分，彻底放弃“西藏独立”的主张，停止从事分裂祖国的活动，中央政府随时愿意与达赖喇嘛进行谈判，除“西藏独立”不能谈，其他问题都可以谈。

埃及总理西德基在开罗总理府会见由中共中央政治局委员尉健行率领的中国共产党代表团

中共中央政治局委员尉健行和埃及民族民主党总书记瓦利分别代表两党在开罗民族民主党总部签署中埃两党合作议定书

全国人大常委会副委员长陈慕华在钓鱼台国宾馆会见苏里南总统鲁纳多·费内希恩

国务委员兼国防部部长迟浩田在北京会见美国前国家安全事务助理布热津斯基

国家科委财政部联合在北京召开中央级科研院所财务管理改革经验交流会

中国环境标志产品认证委员会成立

中国环境标志产品认证委员会是依据《中华人民共和国产品质量认证管理条例》,由国家技术监督局授权国家环保局设立的环境标志产品认证机构,是代表国家对各类环境标志产品进行认证的唯一第三方认证机构。

5 月 18 日

全国政协主席李瑞环在布鲁塞尔与比利时众院议长诺东和参院议长斯瓦伦举行会谈

李瑞环说,自 1971 年建立外交关系以来,两国在政治、经贸等领域的合作得到很大发展。近年来,两国高层互访增加,经贸合作继续扩大,对此我们表示满意。他说,中比两国互有优势,互利性强,合作潜力很大。希望共同努力开辟更加广阔的合作领域。

应对方要求,李瑞环还介绍中国政协和中国政党制度的有关情况。

斯瓦伦说,比利时正在向亚洲开放,世界经济重心在不断向亚洲转移,而中国在亚洲发挥着重要作用,随着中国经济的发展,在国际经济和国际事务中的影响将会越来越大。李瑞环主席的来访表明中国重视发展与比利时的关系,希望此访进一步推动两国在各个领域的友好合作关系不断发展。

国务院纠风办和外事办联合召开纠正用公款出国(境)旅游不正之风座谈会

中纪委副书记、国务院纠风办主任徐青就今年的工作讲了三点意见:

——要继续坚持不懈地做好对 1992 年 7 月 1 日以来用公款变相出国(境)旅游问题的清理工作,刹住用公款变相出国(境)旅游的歪风。任何地区、部门都不允许假借各种名义组织公费出国旅游,凡属用公款变相出国旅游的,要严格按照规定,清缴"三费",认真处理,不能搞下不为例。

——今年刹出国旅游风要标本兼治,工作的重点要放在刹风整纪、防止反弹上。一是要从源头抓起,特别是中央国家机关从制定和审批公务出国(境)计划开始,要从严把关,切实负起责任;二是要紧紧盯住热门地区,坚决把过多过滥的出访活动压下来;三是要卡住公费出国从旅游部门办手续的渠道,加强对出国(境)培训工作的归口管理;四是加强制度建设,完善出国审批手续。

——加强监督检查,接受广大群众的监督。对顶风上的单位和个人,要立案查处,追究责任,严肃处理。

国务院副总理邹家华在中南海会见以梁祺祐为团长的香港塑胶业五商会联合北京访问团

香港特别行政区筹委会预委会文化专题小组第三次会议在北京举行

会议讨论关于在香港加强宣传和推广基本法的工作规划以及香港现行教科书的有关问题。委员们提出,要采取多种形式,通过多种渠道,争取到 1997 年前后,使广大市民了解"一国两制"方针的重大意义,熟悉基本法的主要内容,并为 1997 年后全面贯彻落实基本法做好准备。原则上,现行教科书中凡违背基本法和带有明显殖民色彩的东西,应在予以删改或作技术性处理后,才能被采用为 1997 年后的教科书。

国务院发出通知要求各级政府和部门认真贯彻《国家八七扶贫攻坚计划》

通知指出,全国扶贫开发工作,在各级党委和政府的领导下,经过贫困地区广大干部、群众的艰苦努力,各级有关部门和社会各界的大力支持,取得了巨大成就。现在,全国农村没有完全稳定解决温饱问题的贫困人口已经减少到 8000 万人,以解决温饱为目标的扶贫开发工作进入了攻坚阶段。为此,国务院决定,制定和实施《国家八七扶贫攻坚计划》,从现在起到本世纪末的 7 年时间里,基本解决 8000 万人的温饱问题。这对加快贫困地区经济和社会发展,逐步缩小东西部地区差距,加强民族团结,促进社会稳定,实现共同富裕,为改革和发展创造更为有利的条件,都具有极其重大的意义。

通知强调,各省、自治区、直辖市人民政府要高度重视和切实加强扶贫开发工作,要根据《国家八七扶贫攻坚计划》的要求,结合本地区的情况和任务,制定具体的攻坚计划,动员贫困地区干部、群众,发扬自力更生、艰苦奋斗的精神,努力贯彻实施。国务院各有关部门、社会各界和经济较发达地区，要继续发扬扶贫济困的精神，从多方面给贫困地区大力支持，促进和保障《国家八七扶贫攻坚计划》目标的实现。

宝鸡中卫铁路全线铺通

宝中铁路南起陇海铁路的虢镇东站，穿越陕西省的宝鸡、凤翔、千阳、陇县，甘肃省的华亭、崇信、平凉，宁夏回族自治区的固原、彭阳、海原、同心、中宁、中卫等三省(区)的十四个县市，北与包兰铁路的迎水桥车站接轨，全长四百九十八点一九公里。

国家土地管理局和国家体改委批准成立的中介服务机构——中国地产市场在北京成立

全国政协主席李瑞环在比利时布鲁塞尔发表题为《中国的外交政策和现代化建设》的演讲

李瑞环应邀在比利时皇家国际关系研究所作题为《中国的对外政策和现代化建设》的演讲，就我国独立自主的和平外交政策、对人权问题的基本观点、改革开放和现代化建设等问题进行阐述。比利时前首相廷德曼斯主持演讲会。

李瑞环指出，观察国际问题同观察任何其他问题一样，必须重视客观实际，研究客观实际，做到从客观实际出发，我们所在的这个星球上共有180多个独立主权国家，它们的社会制度、历史文化传统、民族和宗教信仰以及所处的社会发展阶段都不尽相同，都具有自己的个性。正是这种个性，使我们这个世界丰富多彩，使各有长处与不足的不同国家可以相互学习、取长补短，不同社会制度和意识形态的国家可以求同存异、和平共处。世界上各个不同国家之间也有许多相同的东西，有许多共同的利益，共同的愿望，共同的任务，存在着共性。正是这种共性，构成了国际合作与交流的基础，使各个国家在相互尊重的基础上，通过平等协商寻求建立大家共同遵循的国际行为准则，这是人类进步的重要条件，也是人类在处理相互关系中更加成熟的重要标志。人类应当超越历史遗留下来的种种陈腐观念，共同面对我们这个星球上越来越多的、需要谅解与合作才能解决的问题。

李瑞环说，在这次访问过程中，一些国家的领导人和朋友们从不同角度、以不同方式谈到了人权问题。我愿借此机会就中国的人权观点作一个简要介绍。

首先，我们尊重国际社会关于人权的普遍性原则。国际社会公认的关于人权的正确原则对于人类发展与进步具有积极的意义。中国作为联合国人权委员会的成员国，支持联合国按照《联合国宪章》的宗旨和原则，为促进和保护人权与人的基本自由所作的努力，并积极参加了联合国人权领域的各项活动。中国参与了联合国人权文书的起草和制订工作，加入了《世界人权宣言》、《德黑兰宣言》、《发展权宣言》等八个国际人权文书。对去年世界人权大会通过的《维也纳宣言和行动纲领》，中国积极参与了讨论、起草和制订，作出了重要贡献。

第二，我们强调人权的普遍性原则必须与各国的具体情况相结合。人权问题也像其他事物一样，离开了一般与特殊、共性与个性的统一，就无法收到实际效果而变成空话。由于历史背景、文化传统和社会经济发展水平不同，各国在实行人权的普遍性原则时，从内容到形式，从方法到步骤，都会有所不同。要求不同国家套用同一模式，沿用同样办法，采用同等步骤是行不通的。只有考虑到各种不同的情况，才能使人权的普遍性原则得到切实贯彻。对于许多发展中国家来说，首先需要实现的人权是生存权和发展权。如果那里的多数人连起码的生存条件都不具备，还有什么其他人权和自由可言？当前许多发展中国家人民生活贫困，外债负担沉重，国际社会尤其是发达国家对那里人权状况的关注，应当充分考虑和认真推动这些问题的解决。

第三，我们认为人权表现为历史的过程。所有的国家都毫无例外地处在这个过程之中。各个国家的人权状况都不可避免地受到社会发展程度的制约，同时又都应随着社会的发展和对人权认识的深化而不断改善，因而都有进一步提高人民享有人权程度的任务，都不能置身事外。如果把世界各国分为两类，一类专门监督他国人权状况而自己却无需改善，一类只被别国监督而没有发言权，这本身就是对人权的普遍性原则的否定。事实上在一些发达国家，也有相当一部分人生活在贫困线以下，一些少数民族遭受歧视，也存在着进一步改善人权状况的问题。

第四，中国人民警惕有的国家借口人权干涉别国内政。我们赞成在实施人权普遍性原则的过程中，各国互相尊重，增进了解，求同存异，共同进步。但我们反对将人权问题作为施加政治压力、干涉别国内政的手段，因为这本身就是对别国全体人民人权的侵犯。中国人民百余年来饱受帝国主义的侵略和欺凌，深知个人的人权与自由同整个国家的主权是紧密联系的，如果国家丧失独立，那么任何个人的人权也必然丧失干净。因此，中国人民对以任何形式干涉中国内政的做法都是十分敏感和不能容忍的。

第五，中国政府愿意参与人权领域的国际性对话。国际社会中对人权问题存在不同看法是正常的，有了分歧可以协商对话、交换意见，而不应动辄诉诸压力和制裁。对话总比对抗好。大量事实证明，通过对话可以增进了解，加强理解，消除误解，达到谅解。中国作为联合国安理会常任理事国，将一如既往地为增进国际社会在人权领域的合作，尽到自己的责任，作出应有的贡献。

李瑞环还谈到了中国的改革开放和现代化建设、中国与西欧以及比利时的关系。他说，邓小平同志曾经深刻地指出："我们的现代化建设要取得成功，决定于两个条件。一个是国内条件，就是坚持现行的改革开放政策，安定团结的政治局面。还有一个是国际条件，就是持久的和平环境。"中国奉行的独立自主的和平外交政策，是我们实现经济发展和社会进步所需要的。只有具备了长期和平、稳定的国际环境，我们才可能集中力量进行经济建设，才可能同世界各国友好合作，学习借鉴别国一切先进的文明成果。

国家主席江泽民在中南海会见沙特阿拉伯王国石油和矿产资源大臣希沙姆·纳泽尔

国务院副总理邹家华在中南海紫光阁会见沙特石油和矿产资源大臣希沙姆·纳泽尔

国务院副总理李岚清抵达新加坡出席"未来的浪潮——东盟、越南和中国：全球的商业机遇"国际研讨会并与新加坡副总理李显龙共同主持中新苏州工业园联合协调理事会第一次会议

匈牙利共和国总统根茨在布达佩斯会见中央军委委员解放军总参谋长张万年

全国中小学爱国主义教育现场会在上海召开

5 月 19 日

国家主席江泽民在钓鱼台国宾馆同刚果总统帕斯卡尔·利苏巴举行会谈

江泽民说："总统这次访华适逢两国建交 30 周年。30 年前，阁下任刚果政府总理时，曾为中刚建交作出了贡献，可以说是中国人民的老朋友。我相信阁下此次访问必将进一步增进我们之间的相互了解。把中刚友好合作关系推向一个新的水平。"

江泽民说："刚果政府和人民在总统阁下领导下，致力于维护国家稳定、民族团结，在探索符合本国国情的政治制度和经济模式、振兴经济、建设国家方面，作出了很大的努力。我们对此表示钦佩。我们赞赏阁下关于民主必须和刚果传统文化相结合，没有社会安定就不可能有发展的见解。"

江泽民接着说，中刚两国和两国人民有着传统的友谊。建交以来，双方在政治、经济、文教等各个领域进行了卓有成效的合作，取得了十分显著的成果。我们对两国关系的顺利发展感到满意。中国十分重视中刚关系和两国人民的友谊，将在和平共处五项原则的基础上与刚果共同努力，不断巩固和发展两国在各个领域的友好合作关系。

江泽民说："刚果政府一贯奉行一个中国的政策，不与台湾发生官方关系，支持恢复中国在关贸总协定中的缔约国地位，我们对此深表赞赏和感谢。"在谈到两国经贸关系时，江泽民说，中刚合作属于南南合作的范畴，中国政府一贯重视南南合作，并将其作为我国对外开放政策的一个重要组成部分。近年来，中刚双边贸易不断发展，但仍有很大潜力。我们将继续增进双边贸易往来，进一步扩大贸易额，推动我公司到刚果设立贸易机构，也欢迎刚果工商界人士访华洽谈贸易。

利苏巴总统说："由于中国领导人的远见和勇气以及对刚果人民的一贯支持，刚中两国 30 年的良好合作具有典范的意义。两国人民成了真诚的朋友。"利苏巴说："刚果人民从亲身经历中体会到，社会稳定及地区和平是经济发展的重要条件。目前，刚果面临困难的形势，刚果人民向其领导人提出了复兴国家的要求。我这次访华的目的之一，就是想了解伟大的中国人民是如何振兴自己国家的。特别是想知道，中国如何在农业领域实现了粮食大幅度增产并保持了农村人口的稳定。"

利苏巴说："访华期间，我还将会见中国企业界人士。刚果是一个自然资源丰富的国家，现在还没有得到充分的开发和利用，欢迎中国的企业到刚果开展经济合作。"

比利时首相德阿纳在布鲁塞尔会见全国政协主席李瑞环

《人民日报》发表评论员文章《时刻不忘关心群众生活》

国家副主席荣毅仁在山东省调研

荣毅仁 5 月 19 日至 26 日就国有大中型企业问题在山东进行考察。荣毅仁指出，这些年来乡镇企业发展很快，为农村的繁荣和稳定以及整个国民经济的发展，立下了汗马功劳。相对而言，国有大中型企业发展比较缓慢，存在不少困难。应该看到，国有大中型企业搞不好，在国民经济中的主导作用发挥不出来，乡镇企业的持续健康发展也就无法实现。现在，国有大中型企业的有些厂长经理，面对困难感到有压力，这是可以理解的。正在推行的社会主义市场经济,为国有大中型企业提供了一个很好的发展时机。国有大中型企业具有人才、技术、设备等多方面优势,一些搞得比较好的企业已做出了榜样,相信国有大中型企业的干部职工会有充分信心,振作起来,奋发向上。

荣毅仁强调指出,搞好国有大中型企业,要走改革的路子,建立现代企业制度,通过改革企业用工、分配、干部制度等综合配套措施,建立一个适应社会主义市场经济的好机制,充分调动干部职工的生产经营积极性;要切实改变计划经济体制下的经营管理方式,根据市场需求,大力开发质量好、花色多、成本低、有销路的产品,及时淘汰质次、老化产品;要树立大协作观念,摒弃大而全、小而全的生产方式;要在坚持一业为主的前提下,搞好多种经营,这一方面可以消化企业精简下来的富余人员,另一方面可以拓宽市场活动空间。当然,手不能伸得太长,那样什么也抓不好。

荣毅仁说,有条件的大企业应有自己的科研所,这有利于加快产品的更新换代,提高产品的科技含量和市场竞争力;要重视和加强企业的职工培训,提高企业的整体素质。

针对一些企业反映的流动资金紧张问题,荣毅仁指出,关键是把资金搞活,调度好,国家投放一点资金也是有限的,主要还是靠社会和企业自己。他说,目前,相当多企业资金周转偏慢,企业要把着力点放在精打细算、加速资金周转上。这方面搞不好,我们的市场经济发展就会受影响。企业间比较突出的互相拖欠问题,中央已着手整顿。他强调,企业在经营中必须讲信用,不能赖账,不能搞歪门邪道,一定要正当经营,信誉为本。只有这样,我们的社会主义市场经济才会活而有序。

外交部发言人吴建民在新闻发布会上就台湾准备接受南非对海峡两岸的双重承认一事发表谈话

吴建民说,5月17日,钱复在台"立法院"声称,台湾准备接受南非对海峡两岸的双重承认。这是台湾当局不顾民族大义,制造"两个中国"或"一中一台",分裂祖国的又一图谋。

他说,世界上只有一个中国,中华人民共和国政府是代表全中国的唯一合法政府,台湾是中国领土不可分割的一部分,这一事实得到了联合国和国际社会的公认。中国正是在此基础上同世界上158个国家建立了外交关系。

吴建民指出,台湾当局企图通过"双重承认"来摆脱国际孤立处境的努力是徒劳的。只有顺应潮流,早日实现祖国统一才是唯一的正确选择。

吴建民说,中国政府赞赏南非总统曼德拉和非国大坚持"一个中国"、并将按照联合国等国际组织惯例解决对华关系问题的立场,相信中国与新南非的关系将在和平共处五项原则基础上得到全面发展。

记者问:据报道,经济合作与发展组织愿意加强与中国的关系。中国对该组织持何态度?是否愿意加入该组织?

发言人答:我们注意到有关报道。我们同经合发组织的许多成员国保持着良好合作关系,也愿与该组织共同探讨发展合作关系的途径。我们相信,在平等互利基础上发展合作关系,对双方都是有益的。

问:西哈努克国王再次建议在平壤召开圆桌会议,邀请谢辛、拉那烈、洪森和乔森潘与会。你对此有何评论?

答:我们高度赞赏和支持西哈努克国王为实现柬埔寨民族和解、保持和平与稳定所作的努力,衷心希望柬各方领导人以民族大义为重,互谅互让,共同努力,实现民族和解。

问:据报道,5月18日美众议员史密斯等声称中国在继续向美国出口劳改产品。你对此有何评论?

答:这纯系捏造。关于劳改产品出口问题,中美两国已经签署了中美《关于禁止监狱劳动产品进出口贸易的谅解备忘录》。中方是严格按照《备忘录》办事的,前不久中美又签署了具体实施的合作声明。中美双方都认为,这两个文件的执行情况良好。有人在这一问题上散布谎言,恶意诽谤,完全是别有用心的。

问:中英香港机场委员会5月20日将在香港举行会议。中方对此次会议有何期待?双方是否有望在新机场财务安排问题上达成协议?

答:中英机场委员会会议将于5月20日在香港举行。中方将一如既往,根据新机场谅解备忘录,积极争取双方能早日就新机场建设财务安排问题达成协议。

全国政协主席李瑞环在布鲁塞尔会见比利时外贸大臣于尔班

全国政协主席李瑞环在布鲁塞尔会见比利时副首相兼外交大臣咸利·克拉斯

新加坡总理吴作栋内阁资政李光耀在新加坡分别会见国务院副总理李岚清

中共中央政治局候补委员温家宝在北京会见玻利维亚前参议长左派革命阵线主席奥斯卡·萨莫拉

中方代表韩肇康在中葡三大问题工作小组会议召开后就三大问题发表谈话

韩肇康会后向记者表示,就有关问题交换意见,对增进双方的进一步理解，对进一步的深入磋商是有好处的。

韩肇康说，中方认为公务员和法律本地化以及中文的官方地位三大问题，对澳门的平稳过渡和政权的顺利交接都很重要。他指出，公务员本地化涉及人才问题，法律本地化涉及法律体制问题，而语言问题又介乎于这两个问题之间，三个问题联系紧密。

韩肇康说，中方对葡方工作积极的方面予以肯定，同时也希望葡方能看到解决三大问题的紧迫性和重要性，加快有关工作的进行。

中日友好环境保护中心项目换文签字仪式在北京举行

中葡公务员本地化法律本地化中文的官方地位等三大问题工作小组举行会议

中葡联合联络小组属下的三大问题工作小组举行第十二次会议，就有关问题进行进一步磋商，为在七月中旬在里斯本举行的联络小组第二十次全体会议做准备。

5 月 20 日

全国人大常委会委员长乔石在人民大会堂会见刚果总统帕斯卡尔·利苏巴

国家主席江泽民国务院总理李鹏全国人大常委会委员长乔石国务院副总理兼外交部部长钱其琛分别电唁日中友好议员联盟前会长伊东正义逝世

中国民间团体电唁日中友好议员联盟前会长伊东正义逝世

中日民间人士会议中方委员会、中国人民对外友好协会会长齐怀远，中日友好协会会长孙平化和中国人民对外友好协会前会长韩叙，分别打电报给日中友好议员联盟会长林义郎先生，请他转伊东辉子夫人，对伊东正义先生逝世，表示深切的哀悼。

中共中央政治局委员李铁映在人民大会堂会见以副总书记兼国防财政部部长詹姆斯·阿里克斯·米歇尔为团长的塞舌尔人民进步阵线代表团

新加坡总统王鼎昌在新加坡会见国务院副总理中新合作开发苏州工业园区联合协调理事会中方主席李岚清

中英机场委员会会议在香港举行

中英双方就香港新机场财务安排问题进一步进行讨论并取得积极进展，并在一些问题上有了共识。

国务院宗教事务局在广州市召开全国宗教信息工作会议

中央民族大学壮侗学研究所成立

壮侗学主要研究使用壮侗语族语言的各民族的语言、历史和文化。这些民族包括壮族、布依族、傣族和侗族等八个民族，人口达二千三百七十多万，占中国少数民族总人口的三分之一以上。

北京知识产权国际研讨会召开

中国队在第十届世界中学生运动会中获金牌总数第一

5 月 21 日

中央社会治安综合治理委员会在人民大会堂举行第 12 次全体会议

根据中央农村工作会议的精神，研究加强农村社会治安综合治理的工作措施。中共中央书记处书记、中央社会治安综合治理委员会主任任建新指出，各级党委、政府和各部门积极认真地贯彻落实中央的方针，在维护稳定方面采取了许多扎实有效的措施，做了大量艰苦细致的工作。从目前的情况看，只要我们坚持不懈地认真抓下去，保持社会的持续稳定，是可以做到的。

中央社会治安综合治理委员会副主任罗干、曹志以及在京的中央综治委委员和中央各有关部门负责人参加会议。中央综治委委员兼办公室主任陈冀平就召开全国农村社会治安综合治理工作会议的设想作汇报；出席会议的同志对如何开好这次会议，对将在会上提出的各项任务和措施发表意见。

任建新在讲话中强调加强农村社会治安综合治理的重要性和必要性。他说，今年以来，全国的社会治安形势仍然十分严峻。对此，各级党委、政府必须高度重视。一方面政法各部门要加大打击力度，狠狠打击严重刑事犯罪活动和严重经济犯罪活动；另一方面要认真落实社会治安综合治理的其他措施。目前部分农村地区治安问题大量增多，群众反映强烈。我们千万不能小看农村治安问题对全国形势的影响，必须从全党、全国工作的大局出发来认识这个问题。

任建新强调，在继续抓好大中城市严厉打击严重刑事犯罪活动，深入开展严厉打击严重经济犯罪的斗争，加强社会治安综合治理的同时，统一部署一场集中整治农村治安的斗争是十分必要的。他要求各级党委、政府，对农村社会治安综合治理工作一定要高度重视，中央有关部门、有关方面要积极参与、大力支持，把这项工作真正摆上日程，集中力量抓紧抓好。要大力推行社会治安综合治理领导责任制，促进综合治理各项措施的落实，确保社会稳定，为改革开放和经济发展创造良好的社会环境。

会议认为，加强农村社会治安工作一是要加大打击力度，确保依法从重从快严惩严重刑事犯罪分子的各项措施落实到基层，使农村地区严重的刑事犯罪活动受到严厉打击；二是对那些干扰、破坏治安秩序的轻微违法犯罪人员，加强法制教育，矫正其不良行为；三是整顿瘫痪半瘫痪的村党支部、村委会及群防群治组织，加强乡镇治安综合治理工作力量，并落实各级领导的治安责任制，真正做到“维护治安有人负责”，确保一方平安；四是推动依法治村，扭转“好人受气、坏人神气”的不良社会风气。务求在较短时间内使农村社会治安状况有明显好转。

国家计委最高人民检察院公安部发出《关于依法惩处妨碍物价检查人员执行公务的违法犯罪活动的通知》

各省、自治区、直辖市及计划单列市物价局(委员会)、人民检察院、公安厅(局)：

今年3月国务院发出了《关于开展全国物价大检查的通知》，这是从“抓住机遇，深化改革，扩大开放，促进发展，保持稳定”大局出发所采取的一项重要举措。各地物价部门为此做了大量工作。但是，最近一个时期，围攻、殴打执行公务的物价检查人员的恶性事件时有发生，给物价检查人员执行公务造成严重威胁，直接妨碍了物价大检查工作的正常进行，社会影响很坏。为认真贯彻国务院的通知精神，保证物价大检查工作的顺利进行，依法惩处以暴力手段妨碍物价检查人员执行公务的违法犯罪活动，特作如下通知：

一、提高认识，依法打击妨碍物价检查人员依法执行公务的违法犯罪活动。各级物价部门和公安、检察机关要从维护社会稳定，保障人民群众切身利益的高度，充分认识物价检查工作的重要性。对伤害物价检查人员和以暴力、威胁手段妨碍物价检查人员依法执行公务的案件，要发现一件，查处一件，坚决依法处理，以确保物价检查人员的人身安全，保证物价检查工作的顺利进行。

二、各地物价部门要与当地公安、检察机关加强配合，密切协作，建立情况通报制度。各级公安、检察机关要严格执法，依法办案。对妨碍物价检查人员依法执行公务，构成违反治安管理行为的案件，公安机关要依照《治安管理处罚条例》的有关规定处罚；对以暴力、威胁方法阻碍物价检查人员依法执行公务构成犯罪的案件，只要基本事实清楚，基本证据确凿，公安机关要及时移送审查批捕、移送审查起诉，检察机关要及时批捕、起诉，依法追究犯罪分子的刑事责任。

三、各地物价部门和公安、检察机关要结合办案加强宣传教育工作，广泛宣传国家各项物价政策法规和《治安管理处罚条例》、《刑法》等法律法规，增强公民的法制观念和守法意识。要教育经营者自觉遵守国家各项物价政策法规，守法经营，主动接受物价检查人员的检查。各级物价检查机构要加强对物价检查人员的法制教育，提高执法水平，坚决依法办事。

中共中央政治局常委胡锦涛在人民大会堂会见由越南共产党中央政治局委员胡志明市市委书记武尘志率领的胡志明市党政代表团

胡锦涛说，中国党和政府十分珍视中越两国人民的传统友谊。近年来，随着中国共产党和越南共产党交往的不断扩大，两党间每年都有一些代表团互访，就党的工作广泛交流情况和经验。这不仅有利于两党关系的发展，符合两国人民的共同愿望，也促进了中越两国友好合作关系的发展。

武尘志向胡锦涛介绍代表团在广东、杭州、上海和苏州等地参观访问的情况。他表示，中国经济发展所取得的成绩给代表团留下深刻印象。他们从中国改革开放的经验中得到有益的启示。

胡锦涛对胡志明市同上海市加强友好合作表示赞赏，并希望双方共同努力，采取积极措施，使中越双方的合作与交流进一步顺利健康地发展。

中联部部长李淑铮等会见时在座。

苏州发现六千年前古稻田遗址

5月22日

《人民日报》发表评论员文章《爱国主义教育要从小抓起》

中国政策科学研究会在北京成立

由中共中央政策研究室、国务院研究室、国务院发展研究中心、国家统计局等有关政策研究和决策咨询部门联合发起组织的我国首家专门从事政策科学研究、广泛开展调查研究活动，为各级决策部门和社会各界提供政策和决策咨询服务的全国性学术团体——中国政策科学研究会在北京成立。

大会推选全国人大常委会副委员长王丙乾担任该会名誉会长，推选著名经济学家、国务院发展研究中心名誉主任马洪为会长，聘请中共中央政策研究室主任王维澄、国务院研究室主任袁木、国务院发展研究中心主任孙尚清、国家统计局局长张塞为顾问，还聘请中央、国务院有关部委及各有关省、市、自治区负责人为特邀顾问。

《侵华日军南京大屠杀罪行史料陈列》在卢沟桥畔的中国人民抗日战争纪念馆展出

辽宁省八届人大八次会议任命闻世震为代省长

中国农业普查准备顾问委员会在北京举行首次会议

“中国农业普查准备”顾问委员会第一次会议于5月22—24日在北京召开。普查准备工作始于1987年，由联合国粮农组织、我国政府和意大利政府三方面合作进行，目标是在中国开展第一次农业普查，改善中国的国家农业信息体系。

中国确定首次农业普查内容

据国家统计局透露，这次农业普查的内容有我国耕地面积、分布及增减情况；粮食、棉花等主要农产品的产量、质量及储备情况；农村劳动力及其流动状况；乡镇企业状况；农业生产资料生产、需求状况；乡镇企业状况；重要的农田水利设施状况等。根据目前世界上许多国家把农业普查作为经常性制度的情况，我国今后也将逐步建立比较稳定的农业普查统计制度，并在普查中采用国际标准，使普查既符合我国实际，又符合国际惯例。

中央军委副主席刘华清在人民大会堂会见独联体老战士组织联盟协调委员会和俄罗斯老战士委员会联合代表团

国防部部长迟浩田在北京同科特迪瓦国防部部长科南·科菲举行会谈

国际疫苗研究所选址委员会抵达北京进行考察

选址考察团在京期间，朱镕基副总理会见他们。代表团与卫生部、北京市及北京大学等组成的联合申办委员会进行工作会谈，参观考察北京大学。他们对北大关于国际疫苗研究所的各方面安排设想表示浓厚兴趣，并对中国申办工作给予积极评价。

二十一世纪中国环境与发展研讨会在北京召开

在著名物理学家、诺贝尔物理奖获得者李政道教授和中国科学院院长周光召教授的倡议和指导下，中国高等科学技术中心和中国科学院联合举办的“二十一世纪中国环境与发展研讨会”在北京召开。

此次研讨会是我国学术界第一次在“环境与发展”领域中举行的大规模、高水平的学术研讨会。国务委员、国家科委主任宋健在开幕式上讲话指出，很多重大决策需要科学的支持，需要有科学的民主程序，这就是为什么中国特别需要建立进行重大决策的科学的民主程序和制度。80年代以来，中国科学界在这方面做出很好的成绩，科学界的意见受到中央、国务院和各级政府的重视。可以说，这种关于决策的科学的民主程序和制度已逐步建立起来，正发挥着重要作用。

这次会议将从科学的角度，对中国下世纪的发展方向、发展模式和发展前景，进行多层次、全方位和广视角的探讨，其中包括中国持续发展方略、中国人口、资源、环境对发展的制约效应等7个方面的问题。

政府有关部门负责人曲格平、邓楠、洪绂曾、解振华、魏礼群等在会上介绍情况，朱光亚、马洪、孙鸿烈、刘东生等86位科学家出席会议。

5月23日

全国政协主席李瑞环在人民大会堂会见泰国王姐甘拉亚妮·瓦塔娜公主

新华社香港分社副社长张浚生就香港新机场财务安排方案问题答记者问

张浚生表示，最近举行的中英机场委员会会议，双方没有就香港新机场财务安排达成协议，原因不在中方。他说，中方希望新机场尽早建成，不应当再拖延下去。

张浚生是在出席香港’94中国贸易投资洽谈会回答记者的问题时讲这番话的。他说，上周举行的中英机场委员会会议已对双方的意见进行讨论。中方希望英方认真考虑，双方按照机场谅解备忘录的规定与精神，达成新机场财务安排方案的协议。

张浚生认为，财务安排问题能得以解决，将有利于新机场的顺利建成。他再次表示，中方一直希望香港新机场工程不要拖延。

公安部发布《人民警察警容风纪管理和纠察办法》

办法要求全国各级公安机关把警容风纪管理和加强纠察制度作为加强人民警察队伍正规化建设的一项

重要措施来抓。

此办法是在对1989年《人民警察警容风纪管理办法》进行修改的基础上制定的，共24条，包括人民警察着装、在公共场所的行为举止等方面的内容。

办法强调，人民警察着警服在街道或公共场所均视为执行勤务，遇有治安、刑事案件或灾害事故等必须履行职责，及时处理或迅速报告附近的公安机关；不得以人民警察的名义、肖像做商业广告；人民警察不准着警服在公共场所饮酒。凡因违反警容风纪规定而受到处分的人民警察，在当年不得评为先进；情节特别严重的，主管单位在当年不能评为先进，主管领导不得受奖。

国务院办公厅转发财政部《关于农业综合开发的若干政策》

各省、自治区、直辖市人民政府，国务院各部委、各直属机构：

财政部《关于农业综合开发的若干政策》已经国务院同意，现转发给你们，请贯彻执行。

关于农业综合开发的若干政策

国家立项的农业综合开发是政府保护、支持农业发展，对农业实施宏观调控的重要手段之一。为适应社会主义市场经济体制的要求，不断提高农业综合开发工作的整体水平，现将国家关于农业综合开发的若干政策通知如下：

一、农业综合开发的目标。重点是从各地的实际情况出发，通过对水土资源的开发治理，改善农业生产基本条件(包括农业生态环境)，提高粮棉油肉糖等主要农产品的综合生产能力，增强农业的发展后劲。同时，以市场为导向发展多种经营，以龙头项目带动农产品的系列开发，把保证粮棉油肉糖等农产品的稳定增长与增加农民收入的目标结合起来。

二、土地资源开发治理的原则。土地资源开发治理要坚持治理与开发相结合的原则，以改造中低产田为主，依法酌量开垦宜农荒地(包括已围滩涂)，逐步扩大牧区草原建设和沙区绿洲农业建设的面积。

土地资源开发治理的要求：

(一)按流域或灌区统一规划。

(二)进行山水田林路综合治理。

(三)综合运用工程措施、生物措施和科学技术。

(四)达到经济效益、社会效益、生态效益的统一。

新开垦的耕地和新建的果园、林场、牧场等要进行适度规模经营，提高机械化水平。

三、以龙头项目带动农产品系列开发的原则。以龙头项目带动农产品的系列开发，要充分利用和发挥当地农业资源优势，发展当地的主导产业；以效益为中心，根据国内外市场需求，逐步形成拳头产品，实行贸工农一体化、产加销一条龙经营。龙头企业要一头连接市场，一头连接农户，带动农户发展商品生产，其产品在市场上要有竞争能力，并具有一定的生产规模。

以龙头项目带动农产品的系列开发，原则上应在农业综合开发区范围内安排。可以是现有企业的改造，也可以组建新的公司或企业集团。

四、农业综合开发的管理。国家立项的农业综合开发，要按项目安排投入和加强管理。坚持择优立项，集中投入，连片开发。要逐步加大对中西部地区的投资力度。对已到期的项目，要严格验收，验收合格后再立新项目。投资不搞“基数”。农业综合开发的工程建设，必须坚持高起点、高标准、高质量。土地开发治理必须按照国家规定的标准进行设计、施工和验收。

五、农业综合开发的资金投入政策。农业综合开发的资金由财政资金、银行专项贷款、集体(企业)自筹资金和农户集资，以及引入资金组成，统一纳入国家批准的项目投资计划。国家立项的农业综合开发项目、农业综合开发投资纳入国家固定资产投资计划。国家相应增加固定资产投资规模。

(一)农业综合开发的财政资金，主要来自各级财政征集的农业发展基金、国家征收的土地增值税收入和当年财政预算安排的资金。各级财政安排的农业综合开发资金，要逐年有所增加。中央财政资金与地方财政资金的配套比例，依各省、自治区、直辖市及计划单列市的财政状况分类确定(办法另定)。地方财政配套资金中，省级财政要承担70%以上，地、县级财政承担30%以下。地方财政配套资金不落实，中央财政资金不予拨款。中央和地方财政资金的投入，70%以上用于改善农业生产基本条件，30%以下用于发展多种经营和农产品的系列开发。

(二)国家立项开发投入的专项贷款为政策性贷款，贷款指标要在1994年的基础上逐年增加。这项贷款专项用于农业综合开发区，与财政资金统筹安排，根据资金使用的性质分别投入，分口管理，贷款的指标和资金要及时到位，做到有指标有资金。当年贷款指标结余，可结转下年继续使用。这项贷款原则上30%用于改善农业生产基本条件，70%用于发展多种经营和农产品的系列开发。

(三)集体、农户、国有农业企业自筹的资金就地用作国家批准项目的配套投入。在农业综合开发中，要坚持并不断完善以国家投入为导向、农民投入为主体的投入机制。依照谁投入、谁利用、谁受益的原则，鼓励农民自筹资金和投入劳动力进行开发。农民的投入要因地制宜，量力而行。

六、要依靠科学技术，提高农业综合开发的综合效益。大力推广经济效益好的科技成果、优良品种及配套技术,加强项目区农民群众和干部的技术培训,鼓励科技人员参加农业综合开发,对贡献突出的科技人员给予奖励。

七、逐步建立经营式开发、滚动式开发、开放式开发的机制。在条件具备的地方,项目的实施可以试办投资股份制开发,中外合资开发,与发达地区、大中城市联合开发,有条件的可以举办股份合作农场或家庭农场。凡投入经营性的财政资金,一律实行有偿使用,回收的资金继续投入到农业综合开发中,做到滚动使用。到期收回的银行专项贷款,也要继续用于农业综合开发。

八、建立健全管理维护责任制。对已竣工的项目要明确管护单位,及时办理交接手续。已建工程的维护费和设备的更新改造资金,应坚持以工程养工程的原则,尽量由管护单位自筹,对于确有困难的,由地方政府统筹解决。

九、农业综合开发的优惠政策:

(一)在农业综合开发范围内,实行谁开发、谁利用、谁受益。在一定时期内使用权不变,可以继承,可以依法有偿转让。

(二)建立竞争机制,实行奖优罚劣。

十、各级政府要切实加强对农业综合开发工作的领导,把这项工作列入政府工作的议事日程。要加强和充实农业综合开发的办事机构。农业综合开发办事机构负责制定规划、选择项目、筹集资金、综合协调、实施工程管理等项业务工作。

各有关部门要在各级政府的统一领导下密切配合,互相支持,把农业综合开发这件事情办好。

国务院办公厅发出《关于调整大中城市工商行政管理体制的通知》

各省、自治区、直辖市人民政府,国务院各部委、各直属机构:

为适应建立社会主义市场经济体制的要求,改善和加强大中城市工商行政管理部门对市场的监督管理,建立有权威的、统一的执法机构,经中央机构编制委员会办公室审核并报国务院批准,对现行的全国大中城市工商行政管理体制进行调整。现将有关问题通知如下:

一、全国大中城市(设区的市)区工商行政管理局,一律改为市工商行政管理局的分局,作为市局的派出机构,由市局统一领导、统一管理。

二、关于大中城市所辖县的工商行政管理体制问题,各地可结合实际情况,选择少数有条件的地方,进行市工商行政管理局对县一级工商行政管理局直接领导的试点,以取得经验,逐步完善。

三、关于省工商行政管理局对市、县工商行政管理局领导体制是否改变问题,因各地情况不一,由中央机构编制委员会办公室和国家工商行政管理局会同有关部门进行调查研究后,提出具体方案,报国务院审定。

四、各省、自治区、直辖市人民政府、国家工商行政管理局和各大中城市人民政府要加强领导,稳定队伍,切实做好大中城市区工商行政管理局管理体制的调整工作。要注意协调理顺各方面的关系,充分发挥区人民政府的积极性,确保大中城市工商行政管理体制改革的平稳过渡和顺利进行。

国办发出《关于成立注册会计师培训工作领导小组的通知》

各省、自治区、直辖市人民政府,国务院各部委、各直属机构:

为适应社会主义市场经济发展的需要,进一步做好注册会计师的培训工作,国务院同意成立部际协调机构——注册会计师培训工作领导小组,负责组织全国注册会计师培训工作,并协调有关问题。领导小组人员名单如下:

组长:刘仲藜(财政部部长)

成员:(略)

办公室主任:张佑才(兼)

注册会计师培训工作领导小组办公室设在中国注册会计师协会,负责日常工作。

第七届全国十大最佳合资企业(生产型)评选在北京揭晓

摘取"十佳"桂冠的合资企业是:西安杨森制药有限公司、上海贝尔电话设备制造有限公司、上海大众汽车有限公司、深圳康佳电子集团股份有限公司、深圳中华自行车集团股份有限公司、上海易初摩托车有限公司、中国南玻集团股份有限公司、中国迅达电梯有限公司、江苏春兰制冷设备股份有限公司、广州美特容器有限公司和上海大江公司(并列第10名)。其中,上海大众、上海易初和中国迅达3家公司已是第七次获此殊荣。

国务院总理李鹏在上海考察

5月23日至25日李鹏在上海考察工作是结束对江苏的考察后来到上海的。李鹏考察浦东新区,察看杨浦大桥,并和上海同志进行座谈。

李鹏指出,上海是万里长江的出海口,有广阔的腹地,有雄厚的工业基础和人才优势,商业发达,交通便捷。我们要充分利用这些有利条件,把上海建设成国际经济、金融、贸易中心之一。他说，中央关于浦东开发开放的决策坚定不移。浦东目前正处于开发的建设阶段，因此中央还需要对浦东开发给予政策上的支持，要保持浦东开发开放政策的连续性，随着社会主义市场经济体制的建立和逐步规范化，并从中国实际情况出发进行有益探索。他说，上海要建成国际经济、金融、贸易中心之一，还必须大力发展国际航运，形成四通八达的国际国内交通网络。经过长江航道治理，上海成为国际航运中心是可能的。他指出，要成为贸易中心，必须开拓更多的国内外贸易渠道，培养一大批熟悉国际贸易的专门人才。

李鹏肯定了上海提出的“大力发展第三产业，调整提高第二产业，加强第一产业”的产业结构调整方针。他指出，上海要建成为国际经济中心，应该大力发展第三产业，特别是金融、贸易和航运，为整个长江流域乃至全国的经济发展服务。第二产业要提高结构层次，有重点地建设一些大型高新技术和外向型项目，形成新的支柱产业。上海作为一个大工业城市，同样要重视和加强农业，抓住“菜篮子”工程不放。上海的郊区乡镇企业要支持农业，为上海市区提供一个稳定的农产品基地。他希望上海在实践中不断完善“三二一”方针。李鹏还肯定了上海有计划、有步骤地进行旧城改造的路子。

谈到上海社会主义精神文明建设时，李鹏强调，要多宣传工人、农民、干部、知识分子的奉献精神和高尚品德。谈到上海青年学生精神面貌的可喜变化时，李鹏说，我国广大青年学生把自己的前途和祖国的命运结合在一起，说明广大青年大有希望，我们伟大的祖国大有希望。他说，只要我们坚定不移地贯彻执行邓小平同志建设有中国特色社会主义理论，在以江泽民同志为核心的党中央领导下，真抓实干，上海一定会实现宏伟的目标。

随同考察的国务院有关部门负责人有：陈锦华、何椿霖、刘江、黄镇东、姜云宝等。

国家主席江泽民根据全国人大常委会的决定任免驻外大使

一、免去郑达庸的中华人民共和国驻伊拉克共和国特命全权大使职务。

任命孙必干为中华人民共和国驻伊拉克共和国特命全权大使。

二、免去孙必干的中华人民共和国驻沙特阿拉伯王国的特命全权大使职务。

任命郑达庸为中华人民共和国驻沙特阿拉伯王国特命全权大使。

三、免去祝成才的中华人民共和国驻马达加斯加共和国特命全权大使兼驻科摩罗伊斯兰联邦共和国特命全权大使职务。

任命赵宝珍（女）为中华人民共和国驻马达加斯加共和国特命全权大使兼驻科摩罗伊斯兰联邦共和国特命全权大使。

四、免去江翔的中华人民共和国驻几内亚共和国特命全权大使职务。

任命孔明辉为中华人民共和国驻几内亚共和国特命全权大使。

中央军委副主席刘华清在钓鱼台国宾馆会见泰国武装部队最高司令瓦拉那·阿披乍里上将

中央军委副主席张震在人民大会堂会见科特迪瓦国防部长科南·科菲

国防部部长迟浩田在人民大会堂会见泰国武装部队最高司令瓦拉那·阿披乍里

中办发出通知要求各地组织广大干部学习现代科技知识

中共中央办公厅日前发出通知，要求各地组织广大干部学习现代科学技术知识。通知全文如下：

当前，世界高新技术发展日新月异，国际间的科技竞争更加激烈。如果不抓紧用现代科技知识武装我们的党员和干部，提高整个中华民族的科学文化水平，就不可能在国际竞争中处于主动地位。因此，中央决定，在全党同志认真学习邓小平同志建设有中国特色社会主义的理论，学习社会主义市场经济理论和基础知识的同时，要认真学习现代科学技术知识。

学习现代科学技术知识，要学习马克思主义关于科学技术的基本观点，特别要认真学习邓小平同志的有关重要论述，牢固树立“科学技术是第一生产力”的观念，更加自觉地贯彻“经济建设必须依靠科学技术，科学技术工作必须面向经济建设”的方针，切实把经济建设、社会发展转移到依靠科技进步和提高劳动者素质的轨道上来。要较多地熟悉现代科技基本知识，了解当今世界新科技革命的趋势，掌握科技进步的一般规律，从整体上提高干部队伍的科学文化素质。自觉运用科学理论、科技知识、科学方法来观察和处理问题，不断提高科学决策能力和工作水平。由江泽民同志倡议、国家科委牵头组织编写的《现代科学技术基础知识》一书，深入浅出地论述了世界科技发展的新知识、新进展和我们的对策，可以作为干部学习现代科技知识的“入门”读本。

各级党委要对组织干部学习现代科学技术知识作

出具体安排，经常督促检查。领导干部要率先垂范，带头学好。各级党校和各类干部培训院校应将现代科技知识的教学纳入干部培训计划，并与各级科委、科协和当地的科研院所、大专院校紧密合作，搞好教学内容的安排和师资力量的选配工作。在职干部要以自学为主，同时进行灵活多样、行之有效的学习辅导。新闻宣传部门要密切配合干部的学习，加大科技宣传的分量，大力普及现代科技知识。

5 月 24 日

中共中央总书记江泽民为“跨世纪中国少年雏鹰行动”题词

江泽民题词为：自学、自理、自护、自强、自律，做社会主义事业的合格建设者和接班人。

国务院纠风办在上海召开座谈会

国务院纠风办 5 月 24 日至 27 日在上海召开部分省市纠风工作座谈会。中纪委副书记、国务院纠风办主任徐青在会上强调指出，今年纠风工作是去年的继续和深入，任务更重，难度加大，如不着力抓落实，存在着走过场的危险。各级领导对今年纠风工作面临的形势必须保持清醒的认识，坚决克服松劲和厌倦情绪，集中目标，突出重点，切实搞好“三清一刹”，确保今年的纠风工作取得进一步的阶段性成效。

会议期间，来自北京、天津、江苏、山东等 15 个省市的代表，就纠风工作的“热点”和“难点”问题交流情况和经验，提出许多很好的思路和意见。

中共中央政治局常委胡锦涛在人民大会堂会见由老挝人民革命党中央委员万象市市长本扬·沃拉吉率领的老挝高级干部代表团

中共中央政治局常委胡锦涛在人民大会堂会见韩国民主自由党秘书长文正秀

以中共中央政治局委员尉健行为团长的中国共产党代表团同以民族领导副总书记阿卜杜拉·艾哈迈尔为团长的叙利亚阿拉伯复兴社会党代表团在大马士革举行会谈

葡萄牙议会议长巴尔博扎·德梅洛在里斯本议会大厦会见全国人大常委会副委员长王光英

首都文化界人士举行座谈会纪念毛泽东《在延安文艺座谈会上的讲话》发表 52 周年

5 月 25 日

国务院在中南海召开电话会议部署“防诈骗、防盗窃、防抢劫、保银行资金安全”工作

国务院副总理、中国人民银行行长朱镕基出席会议并讲话。

朱镕基说，金融诈骗等犯罪活动，已成为当前金融系统的一个突出的问题，各级金融部门的干部、职工一定要切实增强保护国家资产、维护国家利益的责任心，严格执行国家有关金融方面的法律、法规和制度，努力提高自身的政治素质和业务素质，为保证国家正常的金融秩序作出应有的努力。

全国县以上各级人民政府主管金融工作的负责人和各级金融、公安等部门的负责人，分别在 2000 多个分会场参加电话会。

国家计委国家经贸委和电力工业部在北京联合召开全国农村电气化工作会议

会议讨论和确定 90 年代中国农村电气化改革与发展目标及“电力扶贫共富工程”。会议提出本世纪内在全国消灭无电县，让 1.2 亿还没有用上电的贫困地区农民用上电，使全国农村通电农户达到 95%以上。邹家华副总理代表国务院向会议提出，实现农村电气化，一要靠政策，二要靠自力更生，三要靠积极开发利用当地丰富自然资源。

电力部在会上提出《90 年代中国农村电气化发展纲要》，其主要目标是，到本世纪末在全国消灭无电县，让绝大多数贫困乡村用上电，使农村通电农户达到 95%，并建设 1000 个电气化县。这已成为国务院“八七扶贫攻坚计划”的重要组成部分。

中国与俄罗斯经贸科技合作委员会第二次会议在北京举行

委员会中方主席、国务院副总理李岚清和俄方主席、俄联邦政府副主席绍欣共同主持这次会议，双方就进一步加强两国经贸科技合作等问题建设性地交换意见。

李岚清说，中俄两国的经贸关系取得很大的进展，去年的双边贸易额达 77 亿美元，比中国与原苏联的最高年贸易额多约 1 倍。他指出，中俄贸易额还不到中国外贸总额的 4%，因此，双边经贸合作尚有巨大的潜力。

双方一致认为，中俄两国经济互补性强，地理位置优越，这为双边经贸合作的进一步发展提供了良好的基础。

李岚清表示相信，尽管目前中俄双边贸易额还不大，但是俄罗斯将来一定会成为中国的重要贸易伙伴。

双方还就两国经贸科技合作中的一些问题交换看法。

中央军委副主席刘华清在北京会见俄罗斯政府副总理绍欣

刘华清说，在平等互利的基础上进一步发展中俄两国友好合作关系不仅符合两国人民的根本利益，而且有利于两国所在地区及世界的和平与稳定。

他说，中俄两国在各个领域的合作具有广阔的前景。中俄两国都在努力发展经济。两国加强合作、取长补短，对发展两国的经济、科技具有重大意义。

绍欣表示，俄罗斯政府十分重视与中国发展友好合作关系。俄罗斯将不断扩大两国在经济、科技、文化等领域的合作，促进两国经济的共同繁荣。

在叙利亚进行访问的中国共产党代表团在大马士革与阿拉伯复兴社会党签署中叙两党友好合作议定书

叙利亚总理马哈茂德·祖阿比在大马士革会见以中共中央政治局委员尉健行为团长的中国共产党代表团

全国人大常委会副委员长王光英在里斯本会见葡萄牙外交部部长杜朗·巴罗佐

国务院副总理兼外交部部长钱其琛出席非洲驻中国使节庆祝非洲解放日31周年招待会

全国优秀对台(湾)宣传作品颁奖会在北京举行

国务院台湾事务办公室主任王兆国出席会议并讲话。王兆国说，现在大陆改革开放的形势很好，经济发展很快，台湾同胞非常关心。我们应当根据台湾同胞的要求，采取多种形式进行宣传，使他们更多地了解大陆情况，以增强对祖国的凝聚力和向心力。

王兆国还说，从事对台宣传工作的同志要认真学好邓小平同志关于“和平统一、一国两制”的论述，学好党的各项对台方针政策，努力提高自己的思想水平和业务水平。

这次评选活动共评选出一、二、三等奖的对台宣传稿件80篇，对台宣传图书30种，对台宣传录像节目23个，并表彰46名在对台宣传岗位上勤奋敬业、成绩突出的同志。

国务院台办和有关方面的领导出席颁奖会。

中国残疾人福利基金会在人民大会堂召开第十次理事会

会上，残疾人福利基金会向中华见义勇为基金会和“青年志愿者行动”各捐赠50万元人民币。

国务委员彭珮云在会上发表讲话。

国务委员彭珮云在中国残疾人福利基金会第十次理事会上发表讲话

同志们、朋友们：

中国残疾人福利基金会已经成立十年了。今天，我有机会出席基金会第十次理事会，感到很高兴。

十年来，我国残疾人事业发生了巨大变化。人们已不再把残疾人称为“残废人”，而将“理解、尊重、关心、帮助”残疾人看作社会义不容辞的责任与文明进步的标志；残疾人更加珍惜人生价值，把“自尊、自信、自强、自立”作为自己的座右铭；残疾人组织由机构不完善、功能不健全、力量分散，发展为半官半民的、统一的、综合性的新型事业团体；残疾人工作，由以福利救济为主，拓展到康复、教育、就业、文化、福利、环境等各领域，成为扶助残疾人“平等·参与·共享”的业务广泛的事业；残疾人工作力量，由少数部门扩大为许多部门参与，由过多依赖政府走向动员社会力量，形成了以政府为主导、社会为基础、有关部门和组织密切协作的工作体系；残疾人事业，开始走上法制轨道；残疾人事业国家计划的制定和实施，给残疾人带来了实实在在的利益。概括十年的发展，在党和政府的关怀与领导下，经过各有关部门、社会各界和广大残疾人的共同努力，我国残疾人事业取得了举世瞩目的历史性成就。

在这一进程中，中国残疾人福利基金会，高举社会主义人道主义旗帜，怀着对残疾人的一片爱心，在一批德高望重的老同志、知名人士和社会各界代表的支持下，发挥自己的特点和活力，广泛联系和动员社会，为残疾人事业作出了特殊贡献，受到残疾人的爱戴和社会的尊重，在海内外产生良好影响，荣获联合国“和平使者奖”、“残疾人十年特别奖”。在此，我代表国务院向基金会各位名誉理事、理事和全体工作人员表示衷心的感谢和亲切的慰问！今天你们又从有限的资金中，拿出一部分捐助中华见义勇为基金会和“中国青年志愿者行动”，充分体现了基金会对社会主义精神文明建设的重视和支持，应该受到赞扬。

但是，我们也要看到，由于历史的原因，我国残疾人事业起点低，基础薄弱，残疾人的生活状况与社会平均水平相比还存在不小的差距，他们是社会中最困难的群体。同时，在建立社会主义市场经济体制的过程中，又使残疾人工作面临着一些新情况、新问题。为了加快发展残疾人事业，进一步改善残疾人状况，各级党委、政府和全社会应该对残疾人事业给予更多的支持和帮助。希望各位名誉理事、理事，继续一如既往地热情关怀，积极促进残疾人事业的发展。

残疾人事业是崇高而伟大的事业。我相信，在党和政府的领导下，在新任名誉理事长宋平同志的指导下，经过同志们的努力，基金会的工作一定会取得更大成效，残疾人事业一定会得到更大的发展。

5月26日

国家主席江泽民致电祝贺穆卢齐当选马拉维新总统

国务院总理李鹏在钓鱼台国宾馆会见俄罗斯联邦政府主席维克托·斯捷潘诺维奇·切尔诺梅尔金和夫人

第三批港事顾问聘书颁发仪式在人民大会堂举行

江泽民、李鹏、乔石、朱镕基等国家领导人出席颁发仪式。

新华社香港分社社长周南向第三批港事顾问颁发聘书。

国务院港澳事务办公室主任鲁平出席聘书颁发仪式并讲话。他说，从1992年起，我们已先后聘请过两批港事顾问。两年来的实践证明，聘请港事顾问的做法是成功的。这次我们又新聘了49位港事顾问。这样，三批港事顾问的总人数已达141人。港事顾问的队伍壮大了，代表性也更加广泛了。我们将按照港事顾问以个人身份受聘的原则，广泛听取顾问们提出的建议，以及各种不同的意见和批评，为着我们的同一个目标——实现香港的平稳过渡和长期稳定繁荣，齐心协力，共同把工作做好。

他还说，我们希望各位能以主人翁的态度，本着知无不言、言无不尽的精神，对香港的平稳过渡，对1997年的政权顺利交接，对保持香港的长期稳定繁荣，提出你们的宝贵意见。

邹家华、钱其琛、李岚清、罗干、姬鹏飞等领导出席颁发仪式。

国家领导人江泽民李鹏乔石朱镕基等在人民大会堂会见第三批港事顾问和新增补的香港特别行政区筹备委员会预备工作委员会委员

国家主席江泽民发表重要讲话。他首先对第三批港事顾问和新增补的预委会委员表示祝贺。

江泽民指出，对香港九七年以后的管理，中央已有一系列的重要方针政策。早在十年前，邓小平同志就语重心长地对我们说过：要相信香港的中国人能治理好香港。不相信中国人有能力管好香港，这是老殖民主义遗留下来的思想状态。我们满怀信心地相信，香港人是可以治理好香港的。他说，香港有今天这样的经济稳定和繁荣，与香港人的勤奋创造是分不开的。过去是这样，今天是这样，香港人也一定能够创造香港美好的未来。当然，香港的经济稳定繁荣，与大陆经济发展也是密不可分的。

江泽民最后说，我们成立预委会、聘请港事顾问，一个重要目的就是要为港人参与有关香港回归和平稳过渡的事业提供机会和渠道，为九七年后实现"港人治港"奠定基础。他希望香港人都来关心中国恢复对香港行使主权的事务，关心香港的长期繁荣、稳定，因为这些都是与港人利益密切相关的。他希望港事顾问和预委会委员通过多种渠道，与内地加强联系，更好地做好港人参与工作，为九七年的到来做好充分的准备。

参加会见的还有邹家华、钱其琛、李岚清、罗干、姬鹏飞、鲁平、周南等。

国务院副总理钱其琛在钓鱼台国宾馆设宴款待第三批港事顾问和新增补的预委会委员

全国人大常委会委员长乔石向香港特别行政区筹委会预备工作委员会新增补的13位委员颁发任命书

任命书颁发仪式由全国人大常委会副委员长田纪云主持。乔石在颁发任命书仪式上说，香港特别行政区筹委会预备工作委员会从去年7月成立以来，紧张而务实地开展了工作，赢得了广泛的关注和好评。

乔石说，随着我国恢复对香港行使主权的日期日益临近，预委会承担的工作任务会越来越重。我们这次增补委员，就是为了加强预委会的工作力量。我们相信，新增补的委员一定会不负众望，和其他成员一起，在"一国两制"的总方针指导下，按照基本法和全国人大的有关决定，积极主动，踏踏实实，为香港特别行政区筹备委员会的成立做好各项准备工作。

乔石指出，预委会的工作直接关系到九七年香港的政权交接和平稳过渡，关系到保持香港的长期稳定和繁荣，希望预委会继续广泛听取港人的意见，注重调查研究，并通过多种方式和途径，使广大港人共同关心和参与我国恢复对香港行使主权的准备工作。只要我们的工作得到千千万万港人的共同参与，得到全国人民的坚强支持，我们就一定能够胜利完成历史赋予我们的光荣使命！

中央党校建设有中国特色社会主义理论研究中心在北京成立

中共中央政治局常委、书记处书记、中央党校校长胡锦涛出席成立大会并且讲话。

胡锦涛强调，邓小平建设有中国特色社会主义理论是毛泽东思想的继承和发展，是当代中国的马克思主义，是我国改革开放和现代化建设这场新的革命的指导思想，是我们全民族的精神支柱。全国各有关研究和教学机构，都在对这个理论进行研究。中央党校和党校系统，作为培养党的领导干部和党的理论干部的专门机构，在这个理论的学习、研究和宣传中，要义不容辞地承担起自己的责任，发挥自己的优势，成为这个理论研究的一个重要基地。

胡锦涛指出，我们党历来十分重视中央党校和党校系统在党的理论建设中的作用。早在延安整风时期，毛泽东同志给中央党校题词“实事求是”。这是给党校制定的校训，后来成为党的思想路线。毛泽东、刘少奇、周恩来、邓小平等老一辈无产阶级革命家的重要著作和文章，许多是在中央党校讲的。重视党校这个理论基地，是我们党在长期革命和建设的实践中形成的一个传统。

胡锦涛说，中央党校和党校系统在全党全国学习、研究和宣传邓小平同志建设有中国特色社会主义理论中的地位和作用；邓小平同志建设有中国特色社会主义理论的学习、研究和宣传在党校全部工作中的地位和作用，这是关系到党校工作方向的两个根本问题。党校的教学和科研工作要改革，改革的根本方向，就是要进一步把邓小平同志建设有中国特色社会主义理论贯彻到党校的教学和科研工作中去。中央党校这个理论研究中心的建立，应当成为一个契机，使上述两个方面的地位和作用得到进一步加强。

少数民族干部挂职锻炼工作经验交流会在北京结束

中组部、中央统战部和国家民委在会上联合决定，对一批接受少数民族干部挂职锻炼的先进单位予以表彰。

受表彰的单位是：中央办公厅人事局、中宣部干部局、国家教委人事司、国家科委人事司、林业部人事司、卫生部人事司、北京市委组织部、北京市委统战部、北京市民委、天津市委组织部。

全国政协副主席、中央统战部部长王兆国在会议上讲话。

中央组织部副部长李铁林在会上代表中组部、统战部和国家民委，就进一步做好少数民族干部挂职锻炼工作发表意见。

《90年代中国儿童发展规划纲要》工作会议暨儿童工作先进表彰会在北京召开

中共中央政治局常委、书记处书记胡锦涛代表中共中央对会议的召开表示祝贺，向全国儿童工作先进集体和优秀儿童工作者表示敬意，向全国各族小朋友表示节日的祝贺，并向辛勤培育祖国花朵的广大教师、家长、儿童工作者以及关心儿童事业的社会各界人士表示慰问。

胡锦涛说，儿童是祖国的未来，民族的希望。亿万儿童能否健康成长，关系到国家的前途命运，关系到党的事业的兴衰成败。做好儿童工作，发展儿童事业，培养造就一代新人，是提高民族素质的一项基础工程，是实现我们宏伟目标的重要保证，是社会主义现代化建设事业兴旺发达的必然要求。胡锦涛指出，我们党和政府历来关心和重视儿童的成长，关心和重视儿童工作和儿童事业。建国以来特别是改革开放以来，我国的儿童工作取得很大成绩，儿童事业有长足的发展。为适应新形势的需要，进一步发展儿童事业，国务院制定《九十年代中国儿童发展规划纲要》。这是我国儿童工作的一件大事，是我国政府促进儿童事业发展的重大步骤。胡锦涛指出，改革开放和现代化建设事业的发展，为儿童工作创造有利的环境和条件，注入了生机和活力，同时也向儿童工作提出更高的要求。他希望各级党委和政府从战略的高度充分认识儿童工作的重要性，以强烈的使命感、责任感和紧迫感，把儿童工作提到议事日程，切实加强对儿童工作的领导。各地各部门要结合自己的实际，积极创造条件，采取有效措施，把规划纲要贯彻好，落实好。他说，关心和促进儿童的健康成长，也是每个公民应尽的义务和神圣职责，“爱护儿童，教育儿童，为儿童做表率，为儿童办实事”，应当成为每个公民的自觉行动。

在开幕式上，国务委员、国务院妇女儿童工作委员会主任彭珮云宣读国务院妇女儿童工作委员会的表彰决定，决定授予辽宁省鞍山市轧钢厂工程师白雪洁等40人，北京市西城区等77个市、县“热爱儿童”荣誉奖章。

国务院副总理李岚清在人民大会堂会见由主席方铿率领的香港纺织业联会访京团

李岚清说，保持香港的繁荣与稳定，这不仅是香港同胞的希望，也是国家的需要。香港是内地与外界进行交流与合作的重要桥梁，它与内地是互补互利、相互促进的。

李岚清说，香港的公务员在行政管理工作方面有丰富的经验。他们对香港取得今天这样的繁荣起了重要作用。李岚清说：“我们理解他们今天的处境，希望他们安心工作，希望他们在1997年中国恢复对香港行使主权之后，继续为保持香港的繁荣与稳定作出贡献。”

李岚清还回答客人们提出的有关国际贸易方面的问题。

国务院关税税则委员会第六次会议审议通过《中华人民共和国海关关于入境旅客行李物品和个人邮递物品征收进口税办法》

第一条 为了照顾个人进口自用物品的合理需要，简化计税手续，根据《海关法》和《进出口关税条例》的有关规定，特制定本办法。

第二条 准许应税进口的旅客行李物品、个人邮递物品以及其他个人自用物品（以下简称应税个人自用物品），除另有规定的以外，均由海关按照《入境旅客行李物品和个人邮递物品进口税税率表》征收进口税。

本办法所称的进口税，包括关税和增值税、消费税。

本办法所称的应税个人自用物品，不包括汽车、摩托车及其配件、附件。对进口应税个人自用汽车、摩托车及其配件、附件，应按《中华人民共和国海关进出口税则》和其他有关税法、规定征收进口税。

《入境旅客行李物品和个人邮递物品进口税税率表》（以下简称《税率表》）是本办法的组成部分。《税率表》中税率的调整，由国务院关税税则委员会审定后，海关总署对外公布实施。

第三条 进口税的纳税义务人是：携有应税个人自用物品的入境旅客及运输工具服务人员，进口邮递物品的收件人，以及以其他方式进口应税个人自用物品的收件人。

纳税义务人可以自行办理纳税手续，也可以委托他人办理纳税手续。接受委托办理纳税手续的代理人，应当遵守本办法对其委托人的各项规定。

第四条 海关总署依据《税率表》制定《入境旅客行李物品和个人邮递物品税则归类表》（以下简称《税则归类表》）

海关对应税个人自用物品按《税则归类表》进行归类，确定适用的税率。进口物品如《税则归类表》中没有具体列名，可由海关按照《税率表》规定的范围归入最适合的税号归类征税。

第五条 进口税从价计征。

第六条 应税个人自用物品由海关按照填发税款缴纳证当日有效的税率和完税价格计征进口税。

进口税税额为完税价格乘以进口税税率。

纳税义务人应当在海关放行应税个人自用物品之前缴纳税款。

第七条 应税个人自用物品放行后，海关发现少征税款，应当自开出税款缴纳证之日起一年内，向纳税义务人补征；海关发现漏征税款，应当自物品放行之日起一年内向纳税义务人补征。因纳税义务人违反规定而造成的少征或者漏征，海关可自违反规定行为发生之日起三年以内向纳税义务人追征。

海关发现或确认多征的税款，海关应当立即退还，纳税义务人也可自缴纳税款之日起一年内，要求海关退还。

第八条 纳税义务人同海关发生纳税争议时，应当先按海关核定的税额缴纳税款，然后自海关填发税款缴纳证之日起三十日内向海关书面申请复议。逾期申请的，海关不予受理。

海关应当自收到复议申请之日起十五日内作出复议决定，并通知纳税义务人。纳税义务人对复议决定不服，可以自接到海关通知之日起十五日内向海关总署申请复议。海关总署在接到复议申请后，应当在三十日内作出复议决定，并通知纳税义务人。

纳税义务人对海关总署的复议决定仍然不服的，可以自收到复议决定书之日起十五日内，向人民法院起诉。

第九条 本办法由国务院关税税则委员会负责解释。

第十条 本办法自1994年7月1日起实施。

全国《统计法》执行情况大检查开始

经国务院领导同意，由国家统计局、监察部、国务院法制局有关负责人组成的大检查领导小组已全面布置这项工作。这次大检查的范围包括组织统计调查的所有调查单位和有义务提供统计数据的全部被调查单位。其内容主要是查处近几年来特别是1993年以来，为了个人或小团体的某种政治荣誉和经济利益，而置国家的统计法律法规于不顾，在统计活动中虚报、瞒报、伪造、篡改统计数据，强迫或授意统计机构和统计人员在统计数据上弄虚作假，对敢于坚持原则、勇于检举揭发统计违法行为的人员进行打击报复，阻挠对统计违法案件进行查处的违法行为。

国务院副总理邹家华在全国《统计法》执行情况大检查电话会议上讲话

邹家华强调指出，对于胆敢以身试法，严重违反党的实事求是的思想路线，在统计上弄虚作假的消极腐败行为，必须及时采取有效措施加以制止。各地区、各部门必须把这次大检查工作列入重要议事日程，切实抓紧抓好，抓出成效。

邹家华指出，《统计法》颁布实施以来，我国统计工作经过十多年的改革与建设,取得了很大的成绩。同时,我们应当清醒地看到存在的问题。当前除了迟报、拒报现象十分突出外,主要是由于利益格局的变化,浮夸、瞒报之风在一些地方和单位有所抬头,某些地方还相当严重,对于这种行为必须坚决制止。否则,就必然会造成统计数据失实,进而导致国家宏观决策失误,给经济建设带来严重后果。

邹家华要求各地区、各部门首先要通过检查,大力加强统计普法教育,切实严肃统计法纪。无论什么人,哪怕是管统计、用统计的各级党政领导,只要与统计工作有关,就必须学法、知法、懂法,并自觉地守法,严格地执法。其次,要通过检查,深入研究并认真总结《统计法》在贯彻执行过程中的新情况、新问题,抓紧做好其修订工作,尽快完善统计法律法规体系。要认真总结国内的实践经验,大胆借鉴国外的成功做法,力求做到明确、具体,以便建立有效的监督机制和制约机制,用法律法规来引导、推进和保障统计工作改革的顺利进行,从制度上防范和消除人为干扰、弄虚作假的腐败现象。

邹家华强调,对凡是拒不履行统计义务,迟报、拒报统计数据的;凡是虚报、瞒报、伪造、篡改统计数据,强迫或授意统计机构和统计人员在统计数据上弄虚作假的;凡是弄虚作假掩饰严重过失、骗取荣誉地位或达到其他个人目的,给国家和人民利益造成损失或不良影响的;凡是对敢于坚持原则、勇于检举揭发统计违法行为的人员进行打击报复,阻挠查处统计违法案件的,都要严肃查处。对个别影响较大的案件,还要通过新闻媒介予以曝光,做到查处一个,教育一片。

中央军委副主席刘华清在钓鱼台国宾馆会见并宴请美国前国防部部长前世界银行行长麦克纳马拉及其率领的美中关系全国委员会访华团

中国企业文化促进会成立

为使我国企业文化建设向正规化、高层次方向发展,经民政部批准,中国企业文化促进会近日在京成立。该会由文化部主管,其宗旨是组织、协调全国各部门各行业的企业文化建设工作,推动国内外企业文化交流,繁荣和发展我国社会主义企业文化事业,促进社会主义市场经济体制的建立和经济发展。

5月27日

国家主席江泽民在中南海会见俄罗斯联邦政府主席切尔诺梅尔金

江泽民说,1992年底叶利钦总统访华,中俄关系进入了一个新阶段。两国在各个领域的互利合作得到了健康稳定的发展。他认为,切尔诺梅尔金主席此次来访是中俄关系中的又一件大事,将进一步推动两国关系向前发展。

江泽民强调:"今年初叶利钦总统在给我的信中,主张把我们两国的关系提高到面向21世纪的、建设性伙伴关系的水平,这同中国方面关于建立两国长期稳定的、睦邻友好、互利合作关系的思想是完全一致的。我也认为,应当着眼于21世纪,从战略的高度来考虑和处理中俄关系。"

江泽民指出,战后的历史充分证明,中国和俄罗斯国内形势的发展和相互关系的状况往往牵动着世界形势的全局。我们两国和睦相处,开展平等互利的合作,这本身就是对人类和平与发展事业的巨大贡献。

江泽民说,中国政府十分重视同俄罗斯发展长期稳定的睦邻友好、互利合作关系,愿意在中俄联合声明所确立的各项原则的基础上,不断把两国关系推向前进。

切尔诺梅尔金说:我同李鹏总理谈得很好,这次访问对俄罗斯的经济有重要意义,访问期间双方签署的协议对两国经贸关系的发展将有重要的推动作用。俄中两国还要加强在国际问题上的合作。我们两国发展睦邻友好关系,不仅会造福于两国人民,而且还有利于世界的和平与稳定。

两位领导人还相互通报各自国内的情况。

国务院总理李鹏在钓鱼台国宾馆同俄罗斯联邦政府主席切尔诺梅尔金举行会谈

在谈到双边关系时,李鹏对近年来中俄两国关系健康顺利地发展表示满意。他说,中国和俄罗斯有着漫长的共同边界,两国人民都是伟大的人民。中国十分重视同俄罗斯的关系,中俄发展长期稳定的睦邻友好关系,在中国的对外政策中占有十分重要的位置,长期睦邻友好是两国人民的共同愿望。

李鹏说,中国政府和人民愿意同俄罗斯一道,在和平共处五项原则基础上不断丰富和充实两国在各个领域的友好合作。中俄两国都是在世界上有影响的国家,两国关系的进一步发展符合双方的根本利益,也有利于本地区乃至世界的和平与发展。

李鹏在谈及双边经贸关系时说,中俄两国近年来经贸关系总的发展情况是好的。去年两国贸易额达到七十六点八亿美元,大大超过了过去中国同原苏联贸易的最高水平。中俄两国地理上毗邻,经济上互补性强,发展多种形式的经贸合作有很多有利条件,潜力巨大,前景广阔。当前的发展水平还是很不够的,应进一步提高合作的档次和质量,并开辟新的合作途径,特别要推动双方有信誉的企业加强合作，充分发挥它们的主渠道作用。在经贸关系中应坚持平等互利的原则。至于两国经贸关系在发展过程中出现的一些问题，只要双方采取积极态度，加强宏观管理，这些问题是可以逐步得到解决的，从而为两国地区和企业间的经贸合作创造更为有利的条件。

切尔诺梅尔金说，俄中两国人民的交往源远流长，他这次来访的目的就是要进一步发展俄中两国的友好合作关系，双方即将签定的七个文件就是两国关系健康稳定发展的具体体现。他说："此次所签的文件中有一个是边界协定，我希望俄中两国的边界将永远成为和平、友好、合作的边界，造福于两国人民。"切尔诺梅尔金同意李鹏总理所说的两国经贸合作潜力巨大，发展前景广阔，今后两国要特别注重发展两国有信誉企业间的交往与合作的观点。

李鹏指出，两国边境地区的贸易和合作是中俄两国经贸合作的重要组成部分，应当继续发展，积极引导。为了促进两国经贸合作，改善交通运输条件是一个重要环节。要重视和发挥欧亚大陆桥的作用，同时在两国东部毗邻地区，双方的铁路应当连接起来，中俄双方可以在这方面加强合作。

切尔诺梅尔金对此表示赞同。他认为，欧亚大陆桥意义重大，同时要重视完善和发挥西伯利亚大铁路的作用。

两位领导人一致认为，双方的会谈是富有成果的，对推动两国睦邻友好、互利合作，特别是经贸合作的进一步发展有重要作用。双方还就国际问题交换意见。双方认为，两国在许多问题上存在着一致和相似的立场。中俄两国加强在国际事务中的合作是亚洲稳定、安全，全面改善国际环境的重要因素。

会谈结束后，李鹏总理和切尔诺梅尔金主席签署了两国政府关于中俄国界管理制度协定和关于对所得避免双重征税和防止偷漏税的协定，双方代表还同时签署了政府间经贸和科技合作混委会第二次会议纪要，关于农工综合体经济与科技合作、海运合作、环境保护合作等协定。以及关于黑龙江、乌苏里江边境水域合作开展渔业资源保护、调整和增值的议定书。

5月28日

八届全国政协举行第十五次主席会议

会议决定6月下旬在北京举行政协第八届全国委员会常务委员会第七次会议，建议这次会议的中心议题是讨论农业问题。

受全国政协主席李瑞环的委托，全国政协副主席叶选平主持会议。

政协八届常委会第七次会议将听取国务院有关领导同志关于农业形势和农村情况的报告，审议全国政协常委赴安徽省和全国政协委员赴河南、山西省视察农业生产、农村工作及乡镇企业情况的报告（书面），审议全国政协副主席吴学谦访问韩国、全国政协代表团访问约旦和吉布提情况的报告（书面）。

全国政协副主席吴学谦、杨汝岱、王兆国、阿沛·阿旺晋美、赛福鼎·艾则孜、洪学智、钱正英、孙孚凌、朱光亚、万国权，秘书长朱训出席会议。

上海市龙华烈士陵园开工奠基

国家主席江泽民在中南海会见美国美孚公司董事长兼首席执行官罗修

江泽民对美孚公司同我国石化部门在平等互利基础上进一步扩大经济技术合作表示赞赏。他说，石化工业是我国经济发展的支柱产业之一，有着广阔的发展前景。

罗修说，美孚很高兴有机会参与到中国的经济建设中来，与中国的石化部门进行多种形式的合作。他表示，美孚正准备进一步扩大在中国的各种业务。

会见时，中国石化总公司总经理盛华仁，国家计委副主任叶青和国家经贸委副主任杨昌基在座。

中国和俄罗斯企业家在北京举行经贸科技合作座谈会

近80位中国和俄罗斯企业家以及中国政府有关部委负责人下午，就中俄两国经贸科技合作事宜举行座谈会。

来访的俄联邦政府主席切尔诺梅尔金出席座谈会并发表讲话。

中国贸促会副会长徐大有也在座谈会上作简短讲话。

中国代表团团长国家环保局副局长张坤民在联合国可持续发展委员会讨论贸易与环境问题时发言

张坤民指出，国际社会应该以积极的态度处理好贸易与环境的关系。对此，他提出三点看法：

第一，应该使发展贸易和保护环境相互促进，而不是人为地使两者彼此成为障碍。要从长远、积极的角度处理好环境与贸易的关系，把两方面的事情都做好，避免顾此失彼。

第二，应该着眼于使最大多数人受益。掌握先进的、对环境无害的技术和产品以及必要的财力来推广这些技术和产品的国家为数不多，应当通过开放的、不歧视的和公平的国际贸易，通过技术转让与合作，使全人类都能从这些技术和产品中受益，要特别注意防止从狭隘的商业利益出发，不公平地损害广大发展中国家贸易机会的倾向。

第三，应该把重点放在帮助和扶植上。国际社会应该采取实际行动帮助发展中国家建立和提高自身能力，包括资金支持、技术转让和向他们开放市场。

外交部在北京发表一项关于美国总统克林顿决定延长对华最惠国待遇的声明

5月26日，美国总统克林顿宣布延长1994年至1995年度中国的最惠国待遇，并表示在以后年度审议时将人权问题与最惠国待遇脱钩。这一决定为双方进一步加强和扩大经贸合作，促进两国关系的改善和发展创造了有利条件，符合中美两国和两国人民的根本利益。对克林顿总统这一决策，中国政府和人民表示欢迎。

中美根据两国政府间贸易关系协定相互给予最惠国待遇，完全是一种有利于双方的对等、互惠安排。这是两国进行正常贸易的基础。我们历来反对把最惠国待遇与贸易无关的问题联系在一起，反对附加任何条件和要求。美方近几年在最惠国待遇上的做法，已给中美经贸往来和两国关系造成损害，中美两国人民对此都深为不满。我们不得不遗憾地指出，美方在宣布延长对华最惠国待遇的同时维持现有的对华制裁。特别应指出的是，美方对中国人权状况进行无理指责，干涉中国内政，这是完全不能接受的。我们要求美国政府从维护中美两国和两国人民的根本利益出发，尽早解除所有对华制裁，取消一切不利于两国关系发展的措施。

中美两国间存在着广泛的共同利益，当前形势给中美关系的发展提供了历史性机遇。中国政府重视中美关系，并为两国关系的改善和发展作出并将继续作出巨大的努力。我们希望美国政府也能面对现实，着眼于大局和未来，以切实的具体行动，表明对发展中美关系的诚意。我们相信，只要严格遵循中美三个联合公报确定的方针和原则，增加信任，减少麻烦，发展合作，不搞对抗，中美关系就会得到顺利、健康的发展。

外经贸部发言人就美国总统克林顿宣布延长1994—1995年中国最惠国待遇并表示在以后年度审议时将人权问题与最惠国待遇脱钩一事发表谈话

这位发言人说，我们欢迎克林顿总统作出这一符合中美两国和两国人民根本利益的决定。这一举措有利于改善和发展两国关系，特别是有利于进一步加强和扩大两国经济贸易合作。他说，中美互予最惠国待遇是一种对等、互惠的安排，是中美贸易关系协定的核心条款，是两国发展正常经贸关系的基石。我们历来反对把最惠国待遇同与其无关的问题挂钩，反对任何附加条件。

这位发言人说，我国政府一向高度重视中美经贸关系，为维护、改善和发展两国经贸关系作出了多方面的巨大努力。美方近几年在最惠国待遇上的做法，已给中美经贸往来和两国关系造成损害，对双方都不利，两国人民尤其是美国工商企业界人士和广大消费者对此都深表关注和忧虑。对美方朝着改变这种状况作出的积极努力我们表示欢迎。但我们也十分遗憾地指出，美方在宣布延长对华最惠国待遇的同时，仍维持现有的对华制裁。我们希望美国政府从维护中美两国和两国人民的根本利益出发，尽早取消对华一切制裁，以使中美经贸关系得到健康、顺利发展。最后，这位发言人说，当前形势给中美关系特别是两国经贸关系的发展提供了良好的历史性机遇。我们相信，只要双方本着互相尊重、平等互利的精神，采取积极步骤，排除人为障碍，中美两国经贸关系一定会得到进一步发展。

中国长城工业总公司总裁无线电和雷达技术专家张通当选为俄罗斯宇航科学院外籍院士并被莫斯科动力学院授予“荣誉博士”称号

新的上海大学正式成立

经国家教委批准，由上海工业大学、上海科技大学、上海大学、上海科技高等专科学校合并组建的新的上海大学，正式成立。江泽民主席为上海大学题写校名。国务院总理李鹏为上海大学题词：发扬光荣传统，培育跨世纪人才。李岚清、杨尚昆、费孝通、安子介、汪道涵等写了贺词。国家教委发来贺电。

全国政协副主席、中科院院士钱伟长教授出任上海大学校长。

香港亚太通信卫星有限公司和中国通信广播卫星公司关于租用“亚太一号”通信卫星上的八个C波段转发器合同在北京正式签字

国务院副总理李岚清在湖北考察

5月28日至6月2日李岚清在湖北考察时说，我国是一个发展中国家，要办世界上规模最大的教育，面临的困难很多，各级政府要逐步增加教育的投入，但根本出路还是在于改革。

在武汉地区高校负责人座谈会上，李岚清指出，高校改革的目标是要提高教学质量和办学效益。要适应社会主义市场经济的需要，使现有的人力、物力、设施得到充分、合理的利用，不能搞“小而全”和低水平的重复。要提倡走联合办学的道路，联合可以充分利用人力物力资源，可以出效益。联合的形式是多种多样的，最高形式是几个高等院校合并，还可以进行各种形式的联合办学。李岚清同时强调，高校联合办学要分步骤、稳妥实施，不能搞形式主义，要讲究实效。

李岚清指出，要在办好基础教育的基础上大力发展职业教育，这是我国宏观教育结构调整的需要，也是多快好省地为国家培养建设人才的途径，是解决我国教育问题的必由之路。目前我国有两亿青少年在学校里读书，但上大学的总是很少的一部分，中小学生毕业后大多数要分流到各种职业学校去。这样也有助于克服把中小学教育办成“升学教育”、“应试教育”的弊端。

李岚清说，基础教育要坚决贯彻“德、智、体全面发展”的教育方针，要注重德育教育。他要求党、政领导同志挤些时间到学校里走一走，同他们谈谈心，介绍介绍形势。

国办发出《关于成立全国外资工作领导小组的通知》

各省、自治区、直辖市人民政府，国务院各部委、各直属机构：

为了加强对外商投资工作的领导，进一步扩大利用外资，促进国民经济的健康发展，国务院决定成立全国外资工作领导小组。现将全国外资工作领导小组组成人员名单通知如下：

组　长：李岚清（国务院副总理）

副组长：何椿霖（国务院副秘书长）

甘子玉（国家计委副主任）

郑斯林（外经贸部副部长）

俞晓松（国家经贸委副主任）

成　员：（略）

全国外资工作领导小组办公室设在外经贸部，由郑斯林兼任办公室主任。

国家副主席荣毅仁在人民大会堂会见参加“中国的经济改革”研讨会的11国管理专家代表

在简要介绍中国经济以后，荣毅仁说，我们正在进行社会主义市场经济建设，十分重视学习外国先进的管理经验。我们要加强在经济管理领域的国际交流，请各位管理专家提出宝贵意见，以改进我们的工作。

国际管理学会会长纽诺对荣毅仁说，这是该组织第一次在中国举办研讨会，会议开得很好。与会专家们对中国的经济形势及未来的发展前景普遍表示乐观。他们加深了对中国改革开放取得的成就及经济发展情况的了解。

国务院副总理邹家华在钓鱼台会见国际基金经理访华团

由香港新世界集团董事、总经理郑家纯带领，香港新世界发展有限公司与美国美林证券联合组织的国际基金经理访华团一行30多人昨天抵达北京，邹家华副总理对访华团成员的到来表示欢迎。

邹家华说，中国经济的发展主要还是靠我们自己，同时我们也希望海外的朋友们和我们一起共同发展，欢迎大家来华投资。邹家华说，中国政府愿意进一步改善投资环境，并延长合作的年限。

国务院副总理邹家华在北京会见参加中国BOT投资方式国际研讨会的外国代表

邹家华说，加强国际合作要发挥中外双方的优势，坚持两条原则：一是平等互利；二是建立起长期稳定的关系。

瑞典副首相兼社会大臣本·韦斯特贝里在斯德哥尔摩会见中国残联主席邓朴方

《邓小平》大型图片展览首展式在广州举行

5月29日

中国政府和俄罗斯政府《关于俄罗斯联邦政府主席切尔诺梅尔金访华的新闻公报》

应中华人民共和国国务院总理李鹏的邀请，俄罗斯联邦政府主席维·斯·切尔诺梅尔金于一九九四年五月二十六日至二十九日对中华人民共和国进行了正式访问。

李鹏总理同切尔诺梅尔金主席举行了会谈。江泽民主席会见了切尔诺梅尔金主席。两国领导人在友好、求实和建设性的气氛中就双边关系及共同感兴趣的国际问题深入交换了意见。访问取得了圆满成功。

访问期间，双方签署了《中华人民共和国政府和俄罗斯联邦政府关于中俄国界管理制度的协定》、《中华人民共和国政府和俄罗斯联邦政府关于对所得避免双重征税和防止偷漏税的协定》、《中华人民共和国和俄罗斯联邦经贸科技混委会第二次会议会议纪要》、《中华人民共和国政府和俄罗斯联邦政府农工综合体合作协定》、《中华人民共和国政府和俄罗斯联邦政府海运合作协定》、《中华人民共和国环境保护局和俄罗斯联邦自然资源及环境保护部关于环境保护的协议》和《中华人民共和国政府和俄罗斯联邦政府关于黑龙江、乌苏里江边境水域渔业资源保护、调整和增殖的议定书》。

双方满意地指出，两国近年来在政治、经贸、科技、文化、军事、社会治安等方面建立了卓有成效的合作，并愿意进一步扩大和加深在各个领域的合作。

双方重申恪守一九九二年十二月十八日中俄相互关系基础的联合声明的各项原则，决心着眼于二十一世纪，把两国睦邻友好关系推向新的发展阶段。双方坚信，中俄两国保持长期稳定的睦邻友好和互利合作关系符合两国和两国人民的根本利益，也是促进亚太地区和世界和平、稳定与发展的重要因素。

进一步发展中俄经贸和科技合作是会谈的主要议题。双方对近年来两国在上述领域的互利合作取得的成果给予积极评价。双方认为，中俄经贸关系有着巨大的发展潜力，双方愿意充分利用两国作为邻国的地缘优势和经济的互补性，在平等互利的基础上大力发展和扩大这些领域中的合作，使之达到同中俄睦邻友好关系和两国经济潜力相适应的更高水平。为此，双方对发展合作的新领域、新形式的前景以及进一步提高合作效率，完善基础设施等问题进行了认真的探讨，达成了广泛共识。双方表示，愿意参加包括建设欧亚大陆桥在内的双边和多边的合作项目。双方重申，将在遵守两国国际义务的条件下继续加强两国军事合作关系。

双方认为，边境和地区间经济合作是中俄经贸关系的重要组成部分。双方表示，将进一步完善有关法律基础，促进边境和地区间的贸易往来、共同经营、投资合作和其他形式的联系。

双方积极评价两国间正在举行的边界谈判和关于在边境地区相互裁减军事力量和加强军事领域信任的谈判，表示将恪守中俄国界东段协定的各项条款，愿意继续就遗留的边界问题进行谈判并加快中俄国界西段协定的准备工作。双方认为，尽快达成关于在边境地区相互裁减军事力量和加强军事领域信任的协议具有重要意义。

双方一致认为，进一步确立两国边境地区的和平、睦邻与合作气氛不仅有利于加强两国间的相互信任和相互了解，而且有助于维护亚太地区的安全与稳定。

双方就经济改革问题广泛交换了意见，增进了相互了解。双方对改革进程的看法存在不少共同点，认为两国尽管情况不同，但相互介绍改革理论和实践、交流经验是有益的。

两国领导人就国际局势和重大的国际问题交换了意见，在许多方面双方存在一致或相近的立场。双方同意加强两国在地区和国际事务中多方面的建设性合作，并认为这是亚洲稳定、安全和全面改善国际环境的重要因素。双方指出在东北亚和亚太地区多边经济合作的重要意义，愿意在参加亚太地区经济合作方面相互促进。

除北京外，切尔诺梅尔金主席及其一行还参观访问了上海和大连。所到之处俄罗斯贵宾受到了热情、友好的接待。

双方同意继续保持和发展包括最高级在内的各个级别的积极对话，并认为这对增进相互理解和相互信任、促进中俄睦邻友好、互利合作关系的不断发展具有重要的意义。切尔诺梅尔金主席代表俄联邦政府邀请中华人民共和国国务院总理李鹏于一九九五年正式访问俄罗斯。李鹏总理表示感谢并愉快地接受了邀请。访问的时间将通过外交途径另行商定。

第四次世界妇女大会组委会副主席 外交部副部长刘华秋在北京同第四次世界妇女大会秘书长蒙盖拉夫人举行会谈

刘华秋回顾一年来第四次妇女大会筹备工作的进展情况。

刘华秋说，中国政府作为东道主十分重视开好这次会议。在中国国务院直接领导和组委会的具体指导下，会议的筹备工作已按计划全面展开。他说，根据中国地大人多的特点，利用各种媒介，对第四次世界妇女大会的重要意义和背景情况广为传播，引起热烈反响，得到社会各界的有力支持。

刘华秋说："中国为会议所作的筹备工作得到联合国的积极支持。联合国秘书长加利和副秘书长德赛向中方介绍了很好的经验，提出了切实可行的建议，蒙盖拉女士也给我们出了很好的主意，对我们很有启发。我们希望继续保持和加强这种良好的合作关系。"

蒙盖拉夫人说，她来中国后考察北京及一些外省市第四次世界妇女大会的准备情况。她了解到中国政府对这次会议是很重视的。中国妇女在提高自身社会地位方面行动得很快，表现出很强的自信心。她们对将在中国召开的第四次世界妇女大会表现出极大的热情，给予强有力的支持。这是这次会议取得成功的重要条件。她表示相信，通过联合国和中国政府的友好合作，这次会议一定会开得很成功。

全国第三次刑事检察工作会议在合肥结束

最高人民检察院副检察长梁国庆在会议上强调，全国各级检察机关必须切实把维护政治稳定和社会安定摆在各项工作首位，严格执法，狠抓办案，严惩贪污贿赂犯罪行为，依法严厉打击各种刑事犯罪活动。

梁国庆谈到，社会丑恶现象往往伴生着严重刑事犯罪，重大诈骗特别是金融诈骗、商业诈骗、法人犯罪对社会治安危害突出。犯罪分子往往与内部人员相勾结，同流合污。他要求各级检察机关把严厉打击严重刑事犯罪同反腐败斗争结合起来，下大力气抓好贪污贿赂等经济犯罪案件的起诉出庭工作,加大对贪污贿赂等经济犯罪的打击力度。梁国庆强调,检察机关要在近期内选择一批有影响的大案要案,向人民法院提起公诉,在社会上造成严厉打击各种刑事犯罪和严惩贪污贿赂犯罪的强大声势。

与会者在会上还就检察机关的批捕、起诉、出庭公诉、抗诉等问题,进行探讨。

国务院批准国家税务总局职能配置内设机构人员编制的"三定"方案

国务院最近批准《国家税务总局职能配置、内设机构和人员编制方案》。根据方案的要求,国家税务总局需要强化的职能主要包括:参与拟定税法、税收条例及其实施细则;研究、完善税制改革方案并组织实施;强化税收在执行国家产业政策、促进经济结构调整、合理配置资源和保证企业公平竞争等方面的重要调节;加强税收,保障财政收入稳定增长;加强税收管理,建立健全以税收征管法为核心的规范、科学的征管体系,运用各种现代化手段提高税收征管水平;加强税法宣传,增强全民的纳税意识以及建立适应分税制要求的国家税务局系统的垂直领导体制。

国务院总理李鹏在人民大会堂会见世界银行和六国银行代表

李鹏在人民大会堂会见世界银行和以联合融资方式向中国扬州电厂贷款的来自六个国家的 17 家银行代表,欢迎他们更多地向中国电力工业和其他基础设施投资。

李鹏首先对这些银行以联合融资方式向扬州电厂提供 1.2 亿美元贷款表示欢迎和祝贺。他说,中国的经济正持续发展,电力工业的发展是重点之一。在今后相当长的时间内,我国将继续引进国外资金和设备,以加强电力和其他基础设施的建设。

李鹏说,几十年来,我国的电力工业有了很大的发展,但仍与整个国民经济的发展和人民生活水平的提高很不适应。为此,政府正采取各种措施加速电力工业的发展,使电力工业在今后五年内以每年 8%—9%的速度增长。

李鹏说,在过去 14 年中,中国与世界银行进行了卓有成效的合作,中国不仅从世界银行获得了贷款,也学到了管理经验。中国希望与世界银行和其他外国金融机构继续加强在电力和其他基础产业建设方面的合作。

李鹏赞扬世界银行和有关国家的金融机构为促成扬州电厂联合融资项目的成功所作出的努力。他说,联合融资是一很有前途的合作方式。这次合作的成功表明,中国与世界银行及其他国际金融机构的合作前景是广阔的。李鹏还希望扬州电厂项目在各方共同努力下顺利进展。

李鹏说,随着中国经济的发展和经济实力的增强,以及外汇体制改革的成功,中国外汇贷款的偿还能力是完全没有问题的。

提供联合融资贷款的外国银行代表表示,他们对能在较短时间内完成这一融资项目表示满意。世界银行及一些外国银行还将参照扬州电厂的经验着手筹备下一个在中国的联合融资项目,使与中国的合作规模进一步扩大。

会见时,财政部部长刘仲藜和电力部部长史大桢等在座。

中日现代企业制度暨证券市场发展高级研讨会在北京召开

由中国证券报、日本野村证券公司联合主办的"中日现代企业制度暨证券市场发展高级研讨会"日前在北京召开。会议就如何建立现代企业制度以及中日两国股份制企业和股票市场在管理、运作模式上有何差异等问题展开讨论。

全国人大常委会副委员长陈慕华在北京会见第四次世界妇女大会秘书长蒙盖拉夫人及联合国考察团

科威特国埃米尔贾比尔王储兼首相萨阿德在科威特分别会见来访的外交部副部长田曾佩

最高人民法院公布对山东省乳山市和广东省珠海市两起重大走私案判决结果

山东威海公安局边防保卫分局政委范占武、业务处副处长刘宁与乳山市商业局局长刘起山、市委书记王建智等与走私分子相勾结走私香烟作案。刘起山受贿 6.2 万多元,范占武受贿 15.4 万多元,刘宁受贿 25.8 万多元,均被判处死刑;王建智受贿 22.1 万多元,被判处死刑、缓期二年执行;其余人员分别判处有期徒刑。广东省珠海市公安局边防分局三灶边防大队原副大队长兼缉私组组长杨明基与走私分子相勾结,走私香烟总价额人民币 517 万多元,收取掩护费 17.2 万元,自己分得 4.8 万多元,被判处死刑。

5 月 30 日

《人民日报》发表社论《严厉打击走私犯罪活动》

最高人民法院公布,对发生在乳山市和珠海市的两起重大走私案件的犯罪分子,依法予以严惩。这两起案件走私数额特别巨大,情节恶劣;前一起还掺杂着严重的受贿、行贿、徇私舞弊犯罪；罪犯中有商业局长、公安边防分局政委、副大队长、市委书记等党政领导机关和执法机关的领导干部，他们知法违法，执法犯法，法理难容，不严惩不足以平民愤、正国法。

严肃查处这两起重大走私案，是反腐败斗争取得的一个成果。江泽民同志在党的十四届三中全会上明确指出："共产党员尤其是高、中级领导干部，必须提高自觉性，廉洁自律，当好表率。对于腐败分子，不管什么人，都必须依照党纪国法惩办，绝不能姑息养奸。"乳山市的这起案件，是走私单位与少数执法人员相勾结，当地极少数干部支持、包庇下发生的一起严重的武装掩护走私案。珠海市的这起案件，则是一个执法人员为牟取私利，利用职权，与走私分子共同策划的武装掩护走私案。从这两起案件，我们看到了走私犯罪活动的猖獗；从严惩处这两起案件的犯罪分子，使我们看到了中央在开展反腐败斗争中抓大案要案的坚定决心和有力措施。事实说明，凡是触犯法律的，不管是谁，不管发生在什么部门、什么地方，都要受到法律的制裁。即使在过去的改革和建设中做出了贡献的，只要触犯了法律，就必须绳之以法。公民在法律面前一律平等，这是社会主义法制的基本原则。

走私是一种逃避国家对国际贸易的管理、非法牟取暴利的严重经济犯罪活动。走私犯罪严重冲击国内市场，损害民族工业的发展，破坏国际间的正常贸易，扰乱经济秩序，败坏社会风气，腐蚀干部队伍，损害国家主权和尊严。因此，走私犯罪既是重大的经济问题，也是重大的政治问题。

许多事实表明，走私犯罪活动所以在一些地方屡禁不止，愈演愈烈，直至一些领导干部、执法人员也卷了进去，是同一些领导干部的错误认识相联系的，是同一些地方和部门保护小团体利益的不正当做法相联系的，是同一些政府机关和执法机关中滋长的腐败风气相联系的。地方保护主义、部门保护主义已经自觉或不自觉地成了走私犯罪活动的"防空洞"、"保护伞"。少数地方和部门把地方利益、局部利益置于国家利益、全局利益之上，搞"上有政策，下有对策"，挖国家，损大局。这是十分错误的，发展下去是危险的。从乳山这起案件可以看出，这些罪犯并不是像自我标榜的那样"一心为公"、"钱没落自己腰包"，他们很不干净，除了走私，还有受贿等一大堆其他经济犯罪问题。经验和教训告诉我们，必须按照党纪国法，严格要求干部，教育干部识大体，顾大局，以国家和人民的根本利益为重。严，是真正的爱护；松，就会毁掉一批干部。这是比经济损失更大、更令人痛惜的损失。

有人认为，发展社会主义市场经济，似乎就可以或明或暗地走私，有的地方甚至有所谓"走私致富"的谬论。这是为走私找借口。发展社会主义市场经济，必须有严格的规范和健全的法制，还必须加强和改善宏观调控，维护中央的政令统一，保证经济运行和社会生活的正常秩序。严厉禁止和打击走私犯罪，世界各国概莫能外。没有哪一个国家是靠走私而建立起市场经济体制，实现经济腾飞的。试想，在我国改革开放，建立社会主义市场经济体制的进程中，如果走私活动泛滥，容忍坑国家而肥自己，那谁还愿意从事诚实劳动、正当经营？哪个外国人还愿意来办工厂、做生意？

这两起走私案教训深刻，很值得人们深思。邓小平同志 1992 年在视察南方的重要谈话中指出："要坚持两手抓，一手抓改革开放，一手抓打击各种犯罪活动。这两只手都要硬。打击各种犯罪活动，扫除各种丑恶现象，手软不得。"今年我国的经济体制改革进入了全面推进和重点突破的新阶段，把握好改革、发展和稳定的关系，做好各项工作，意义重大。只有我们的两手都真正硬起来，才能真正做到抓住机遇，深化改革，扩大开放，促进发展，保持稳定，才能保证建设有中国特色社会主义的伟大事业不断取得胜利。

国务院总理李鹏和马来西亚总理马哈蒂尔互相致电致信祝贺中马建交 20 周年

全国人大常委会委员长乔石在人民大会堂会见由议长约瑟夫·奥莱克西率领的波兰众议院代表团

国务院办公厅发出《关于成立 1995 年全国劳动模范和先进工作者表彰大会筹备委员会及办公室的通知》

各省、自治区、直辖市人民政府，国务院各部委、各直属机构：

1995 年全国劳动模范和先进工作者表彰大会筹备委员会及办公室成员名单已经国务院批准，现通知如下：

筹备委员会

主　任：罗干（国务委员、国务院秘书长）

副主任：宋德福（人事部部长）

张丁华（全国总工会副主席、书记处第一书记）

李伯勇（劳动部部长）

王忠禹（国家经贸委主任）

朱开轩（国家教委主任）

朱丽兰（国家科委副主任）

刘　江（农业部部长）

胡光宝（中共中央办公厅副主任）

李树文（国务院副秘书长）

委　员：（略）

筹备委员会办公室

主 任:李树文(兼)

常务副主任:滕一龙(全国总工会副主席)程连昌(人事部副部长)

副主任:(略)

最高人民检察院发出《关于认真做好〈国家赔偿法〉实施准备工作的通知》

《通知》的主要内容是:

一、各级检察机关和全体检察干警要认真学习《国家赔偿法》,充分认识制定这部法律的重要性和必要性,转变执法观念。对国家机关及其工作人员侵犯公民权利所造成的损失要求赔偿是宪法赋予公民的权利。司法机关及其工作人员在刑事诉讼中违法行使职权侵犯了公民、法人或者其他组织的合法权益,就应当实事求是,有错必纠,对侵权行为造成的后果勇于负责,赔偿受害人的损失,使不当行使或滥用司法权力造成的危害尽可能地减少,这样才能体现司法机关对人民的负责精神,维护和提高司法机关的威信,才能赢得人民群众的信任和支持。要清除"官打民挨"、"只有民错,没有官错"的封建专制司法观念的影响,纠正那种认为刑事赔偿会损害司法机关威信,影响同犯罪作斗争,挫伤司法人员积极性的错误认识。检察机关作为国家法律监督机关要模范地遵守国家的法律,在刑事赔偿问题上也应当严格执法。

二、全面领会和掌握《国家赔偿法》关于刑事赔偿的规定。根据《国家赔偿法》的规定,检察机关对于没有犯罪事实的人错误批准或者决定逮捕的,违法对财产采取查封、扣押、冻结、追缴等措施的,检察人员刑讯逼供或者以殴打等暴力或者唆使他人以殴打等暴力造成公民身体伤害或者死亡的,以及违法使用武器、警械造成公民身体伤害或者死亡的要承担赔偿责任。全体检察干警要通过学习《国家赔偿法》,熟悉和掌握刑事赔偿的范围、条件、赔偿义务机关、赔偿程序、赔偿方式和标准的规定,深刻领会立法精神,明确检察机关在刑事赔偿中的责任,以保证严格,准确地适用法律,正确办理刑事赔偿案件。

三、切实做好《国家赔偿法》实施的准备工作。从现在起各级检察机关就应当按照《国家赔偿法》规定的精神,严格执法,在办案中要重事实、重证据,严格区分罪与非罪的界限,严格掌握采取强制措施特别是逮捕的条件,严防错捕错押。同时,要对正在查处办理中的案件进行一次清理检查,对以捕代侦、不当关押的要加以纠正;对超期限羁押或久押不决的要抓紧审查结案,对不应关押的应当予以释放。要坚持有错必纠的原则,认真负责地对待刑事申诉案件。

四、要建立健全各项办案责任制和错案追究制度,以增强检察人员的责任感和负责精神,提高严格执法、依法办事的自觉性,有效地减少和防止错案的发生。《国家赔偿法》实施后,对于贪赃受贿、徇私舞弊、枉法渎职造成错案的,以及刑讯逼供、违法使用武器、警械等造成公民身体伤害或者死亡的检察人员,除根据情节依法追究其行政或刑事责任外,还要向其追偿向受害人支付的赔偿费用的部分或者全部。

五、最高人民检察院将根据《国家赔偿法》的规定,结合检察工作的实际,制定检察机关办理刑事赔偿案件的具体办法,各级检察机关对在复查纠正错案中积累和总结的经验,以及学习、研究《国家赔偿法》和实施准备工作中发现的情况和问题,要及时层报最高人民检察院。

全国政协主席李瑞环在人民大会堂会见香港健康食品企业有限公司董事长赵汉钟及夫人张跃莉

国务院总理李鹏在北京会见美国雷曼兄弟公司董事长兼总经理李学民

中央党校校长胡锦涛在人民大会堂会见叙利亚高等政治学院副院长欧曼尔·阿卜杜勒

外交部部长钱其琛和马来西亚外交部部长巴达维互致贺电祝贺中国和马来西亚建交 20 周年

外交部部长钱其琛在钓鱼台国宾馆会见由众议长约瑟夫·奥莱克西率领的波兰众议院代表团

第四次世界妇女大会中国组委会主席 国务委员彭珮云在人民大会堂会见联合国第四次世界妇女大会秘书长蒙盖拉夫人

外交部发言人在北京就平壤柬埔寨圆桌会议答记者问

问:你对在平壤举行的柬埔寨和平与民族和解圆桌会议有何评论?

答:柬埔寨圆桌会议的举行有利于促进柬埔寨和平与民族和解。我们赞赏和支持西哈努克国王为此所作的努力,真诚希望柬王国政府和民柬方面以民族大义为重,继续通过协商,妥善解决国内问题。

国务委员兼国防部长迟浩田就现行《中华人民共和国兵役法》颁布 10 周年向新华社记者发表谈话

迟浩田对如何进一步贯彻实施兵役法提出明确要求。他强调,深入贯彻实施兵役法,必须大力弘扬爱国主义和无私奉献精神，形成全民关心国防、支持国防的社会环境。他指出，新中国成立后，中华民族爱国主义的传统美德进一步得到发扬光大，人民军队中涌现出雷锋、王杰、苏宁、徐洪刚等英雄模范人物；人民群众中涌现出子弟兵的母亲戎冠秀、赵趁妮，拥军模范庄印芳、邵林媛等先进模范人物。军政军民团结进一步加强，涌现出一大批双拥共建先进单位。他们的模范事迹，充分体现了我国各族人民的爱国主义和无私奉献精神。迟浩田指出，这种精神，正是我们国家和民族历经劫难而不毁、屡遭侵略而未亡的精神支柱，也是中华民族自强不息、兴旺发达的强大动力。在新形势下，只有大力弘扬爱国主义和无私奉献精神，才能为贯彻实施兵役法，加强国防和武装力量建设，打下坚实的思想基础。

迟浩田指出，深入贯彻落实兵役法，必须努力学习、运用邓小平同志法制建设的思想，发挥兵役法在国防建设和武装力量建设中的保障作用。邓小平具有中国特色的法制建设的思想，是制定兵役法的理论基础，也是贯彻实施兵役法的行动指南。因此，要把学习邓小平同志法制建设的思想与学习兵役法紧密结合起来，广泛开展兵役法教育，大力普及兵役法知识，使每个公民都了解兵役法的基本内容；懂得加强军队建设，增强国防实力，是建设有中国特色社会主义的重要组成部分；明确依法服兵役，关心和支持国防，是爱国主义和无私奉献精神的集中体现。

迟浩田提出，各级党委、人民政府、企事业单位以及社会各界，要一如既往地关心和支持国防建设，持之以恒地抓好国防教育，努力增强全民的国防观念，认真做好兵役工作、民兵预备役工作和优抚安置工作。人民解放军和武装警察部队全体官兵要牢记全心全意为人民服务的宗旨，按照中央军委主席江泽民提出的“政治合格，军事过硬，作风优良，纪律严明，保障有力”的总要求，全面加强现代化正规化革命军队建设，积极支援国家经济建设，为改革开放和经济发展提供坚强有力的安全保证。广大民兵、预备役人员，要按照兵役法的规定，积极参加军事训练和执行战略勤务，带头参加社会主义精神文明和物质文明建设，成为经济建设、勤劳致富的生力军，成为维护社会治安的卫士，成为人民军队的强大后备力量。

《万里论城市建设》首发式在北京举行

5月31日

中共中央总书记江泽民在中南海怀仁堂举行的省部级主要领导干部第四期理论研讨班结业会上发表讲话

中共中央政治局常委、书记处书记、中央党校校长胡锦涛主持会议。中共中央政治局委员、书记处书记丁关根、尉健行，中共中央政治局候补委员、书记处书记温家宝，中共中央书记处书记任建新参加会议。

江泽民在讲话中指出，中央为落实用邓小平同志建设有中国特色社会主义理论武装全党的任务，在中央党校举办的四期省部级主要领导干部理论研讨班，各方面反映很好，达到了预期目的。他在充分肯定了几期研讨班的成绩和收获后说，领导干部的学习已经有了一个好的开端，但切不可估计过高，满足现状，停滞不前。要真正实现用邓小平同志建设有中国特色社会主义理论武装全党的任务，我们的认识还要进一步提高，学习还要不断深入，运用理论指导实践还要继续努力，党的各级组织还要做大量艰苦细致的工作。

江泽民强调，党在新时期所处的地位和肩负的历史任务，要求各级干部尤其是领导干部比过去任何时候都要更加重视理论学习，加强理论修养。有了理论上的清醒和坚定，才能保持政治上的清醒和坚定，贯彻执行党的基本路线才能更加全面和自觉，才会有社会主义现代化事业的成功。领导干部马克思主义理论水平的高低，在很大程度上决定着党的执政水平和领导水平的高低，决定着建设有中国特色社会主义事业的成败。无论是老干部还是中青年干部，都应当立足全局，面向二十一世纪，以高度的历史责任感和使命感，继续刻苦学习邓小平同志的这个理论，并且带动全党同志长期地、深入地、更有成效地学习，决不能有任何懈怠。

在谈到如何使理论学习不断深入时，江泽民说，前一段中央办的研讨班和各地办的学习班积累了一些经验，其中最重要最值得推广的一条经验，是密切结合新的形势和任务，认真贯彻理论联系实际的方针，坚持学习理论与研究现实问题相结合的方法，发扬学用结合、学以致用的学风。一定要细心研读《邓小平文选》原著，紧紧抓住建设有中国特色社会主义这个主题，围绕党的基本路线这条主线，深刻领会解放思想、实事求是这个精髓，全面把握这个理论的科学体系。同时要深入实际，以党的基本理论和基本路线为指导，运用科学的世界观和方法论认真进行调查研究，针对改革和建设、特别是发展社会主义市场经济中遇到的现实问题，努力寻求正确的答案。

江泽民说，中央提出抓住机遇、深化改革、扩大开放、促进发展、保持稳定是全党全国工作的大局，这是在认真分析国际国内形势，深刻研究现实生活中的各种矛盾，广泛听取各方面意见的基础上形成的。它体现了党的“一个中心、两个基本点”的基本路线的要求，反映了我们党十几年来在领导社会主义现代化建设中对客观规律认识上的深化。高级干部都是管大事、管全局的，要很好领会中央的精神，时刻胸怀大局，牢牢把握大局，善于从大局出发思考问题、分析问题和解决问题，不断提高总揽全局的能力，促进经济的持续、快速、健康发展。

关于怎样正确把握全党工作的大局，江泽民提出：第一，要用邓小平同志关于改革、发展、稳定的论述教育广大党员、干部和群众，统一大家的思想。现在学习和宣传邓小平同志建设有中国特色社会主义理论，要特别注意从理论与实际的结合上学习和宣传有关改革、发展、稳定的辩证思想，教育引导党内外干部和群众自觉维护大局，坚持以发展为目标，以改革为动力，以维护社会政治稳定为前提和条件，使三者有机结合、相互促进。第二，要实事求是地认识和判断当前总的形势。这是把握大局、做好工作的前提。领导者保持头脑清醒，首先对形势的判断要清醒。第三，要积极妥善地解决影响改革、发展、稳定中的突出问题。对于这些问题，要精心研究，抓准症结，区别情况，在深化改革中周密安排，力求一个一个地妥善解决。第四，要坚持党的群众路线，调动各方面的积极性。深化改革、促进发展、保持稳定，是人民群众的根本利益所在，也只有紧紧地依靠人民群众才能够实现。越是关键时刻，越要发挥我们党密切联系群众的优势。只要有了群众的拥护和支持，大局就能得到维护，我们的各项事业就能够搞好。

江泽民强调，建立社会主义市场经济体制，全面深化改革，必须更加重视加强和改善党的领导，加强和改进党的建设，充分发挥党组织和广大党员的作用。放松党的建设、不重视发挥党组织的作用是不对的，把改革开放和现代化建设同党的领导、党的建设割裂开来、对立起来，淡化和削弱党的领导，更是错误的。各级党组织都要坚持党要管党的原则。党要管党，要求全体党员、特别是各级党员领导干部都关心党的建设，党委要带头管党，党委书记要以身作则。在党的建设方面，中央已经作出的部署，包括坚持抓好用邓小平同志建设有中国特色社会主义理论武装全党，搞好党风和廉政建设、坚持不懈地开展反腐败斗争，都要认真贯彻执行。在组织建设上，要加强民主集中制建设，解决这方面的问题，根本的是靠加强制度建设，需要制定新规矩的要制定，制度不够完善的要完善，已有的正确的规则要认真执行。要大力加强党的基层组织建设，建立抓基层党组织建设的责任制，实行分类指导，紧紧结合深化改革、促进发展、保持稳定的工作，锻炼提高党组织的战斗力，切实改变一部分党组织软弱涣散的状况。要坚持干部队伍“四化”方针和德才兼备原则，努力把各级班子建设成为坚决贯彻党的基本路线、勇于务实创新、密切联系群众、带头廉洁奉公的领导集体。同时要认真做好年轻干部的培养选拔工作，抓紧培养能够跨世纪担当重任的领导人才。

江泽民最后指出，我们党是执政党，省地县各级党委是同级各种组织、各方面工作的领导核心。党委要加强对经济工作和其他各方面工作的领导，同时也要改进领导方法。今年，是我国深化改革、促进发展、保持稳定的关键之年。领导干部责任重大。希望上下一心，紧密团结，兢兢业业，艰苦奋斗，脚踏实地，积极开拓，把我国的改革开放和社会主义现代化建设事业不断推向前进。

中共中央总书记江泽民国务院总理李鹏在中南海接待参加全国少年儿童“手拉手”互助活动的 200 名孩子

国务院在北京召开农业综合开发联席会议

中央有关部门的负责人就辽河小三角洲开发等农业综合开发项目安排问题交换意见。国务委员陈俊生在会上指出，我们面临一项十分重要的任务，即在人口不断增长、耕地逐年减少的情况下，如何采取积极措施，在认真抓好计划生育和控制耕地占用的同时，最大限度地利用、开发耕地资源，长期稳定地保障农产品的有效供给。

陈俊生强调，在沿海经济发达省份，发展农业和发展二、三产业不是对立的，也不是可以相互替代的，那种认为发展二、三产业势必影响农业发展的观点是不对的。他说，只要各级领导干部真正树立全局观念，一、二、三产业是可以相互促进、共同发展的，若把二、三产业的发展建立在大农业短腿的基础上，后果是危险的。

陈俊生强调，当前在开发利用土地资源方面，各地要重点抓好以下几方面工作：

第一，进一步改造中低产田，同时加快合理开垦荒地的步伐。他说，从 1988 年到 1993 年，全国已改造了 1.45 亿亩中低产田，开垦荒地 1725 万亩，通过这两项措施，已新增粮食 191.5 亿公斤，每亩平均增产 105 多公斤，这是一个巨大的成果。目前，全国还有 8.55 亿亩中低产田待改造，增产潜力很大。搞好这项工作的关键在于水利建设、良种推广及发展新的栽培技术。今后还要进一步调动各方面积极性，加大开垦荒地的力度，在这方面，要坚持经济效益、社会效益和生态效益并重。

第二，变沙漠为绿洲。目前我国有可利用的沙荒地 10 亿亩，如果用 10 年时间开发 1 亿亩沙荒地，其社会和生态效益是不可估量的。他说，我国治沙工作已积累许多成功的经验，要因地制宜地加以推广。

第三，开发沿海滩涂，围海造田。陈俊生说，我国沿海省份有适宜开发的滩涂面积近2000万亩，如果10年后能有1000多万亩变为良田，可产生巨大效益。

陈俊生高度赞扬辽宁省近几年大搞农业综合开发、实现农产品自给有余的做法。全国重工业和原材料基地的辽宁省，过去长期粮食和主要副食品不能自给。从1988年开始，辽宁大搞农业综合开发，粮食增产效果十分明显，从1990年开始，全省粮食产量达到150亿公斤，实现自给，从此开始不再调入粮食，目前这个省的禽、蛋、奶、肉、菜等副食品也已自给有余。陈俊生指出，辽宁省为沿海地区实现一、二、三产业的协调发展作出了榜样。

中办国办关于严格彩票市场管理禁止擅自批准发行彩票的通知

近期少数地方不顾党中央和国务院的有关规定，未经国务院批准擅自发行彩票，有关部门正在进行查处。为保证国民经济大局和社会的稳定，严格彩票市场管理，经党中央、国务院同意，中共中央办公厅、国务院办公厅通知要求：

一、1991年《国务院关于加强彩票市场管理的通知》和1993年《国务院关于进一步加强彩票市场管理的通知》中明确规定：发行彩票的审批权集中在国务院，任何地方或部门均无权批准发行彩票；已批准发行的彩票必须按国务院批准的方案执行，不得擅自超规模或改变发行办法。由认购人自主选择号码的主动型彩票（包括“六合彩”、“四合彩”和万字彩票等），一律不得发行。自行与外商或中外合资企业合资或变相合资在境内发行的彩票，一律停止发行，对外签定的有关协议一律无效。中共中央办公厅、国务院办公厅的通知重申：上述规定，各地区、各部门要认真贯彻执行，不得以任何借口违反。

二、各地区要对当地彩票市场进行一次自查、清理。凡由地方或部门自行搞的彩票，包括各种名目的“自选数”形式的主动型彩票、自行与外商或中外合资企业合资（合作）或变相合资（合作）在境内发行的彩票，一律限期纠正，并认真做好善后工作。对有令不行、有禁不止，继续违反规定擅自批准、发行彩票的和有意拖延自查、清理工作进度的地方及单位，一经查出，要对有关责任者进行严肃处理。

三、未经批准印制彩票的企业不准印制彩票；经指定承印彩票的企业，不得印制未经国务院或国务院授权部门批准的彩票。各地人民政府要组织当地公安、工商、人民银行等有关部门，对印制企业加强监督、检查，严格管理。

四、国务院有关部门要加强对彩票市场的监督和管理。中国人民银行是国务院主管彩票的机关，要会同民政部、国家体委和国家工商局等有关部门认真把彩票市场的管理工作做好。

首届国际金融中心研讨会在上海举行

首届国际金融中心研讨会日前在上海举行。来自15个国家和地区150多位银行家、经济学家就金融市场运作及重建上海金融中心等问题进行讨论。

中国土地估价师协会成立

我国的土地估价人员开始有了自己的全国性行业组织。经国家民政部正式批准，其业务受国家土地管理局指导的中国土地估价师协会日前在北京成立。

全国物价大检查工作会议在北京举行

国务院副总理邹家华出席会议。陈锦华在会上总结了前一段的物价大检查工作。陈锦华指出，自3月份以来，物价部门会同有关部门，经过传达贯彻、宣传发动、组织实施等一系列工作，物价大检查已取得初步成效。主要收获是：

——提高了市场经济条件下对价格必须进行调控管理的认识。今年以来，党中央、国务院领导同志多次强调，要加强宏观调控，抑制通货膨胀，保持社会稳定。在物价大检查中，国家计委会同宣传部门组织了一个以深化改革、加强调控、推动市场健康发育为基调的舆论宣传，从而初步形成了市场经济条件下对价格必须调控管理的大气候，开始扭转对放开的价格撒手不管的现象。

——推动了国家制定的各项价格调控管理措施的贯彻落实。部分省（自治区、直辖市）已落实了粮食风险基金；明码标价制度在国有、集体零售商业和有收费的行政事业单位基本普及，私营企业和个体固定摊贩实行明确标价的情况有明显好转；相当一部分省（自治区、直辖市）制定了对人民生活必需品和服务价格实行监审的具体办法。

——查处了一批价格违法案件。各地检查了与人民生活关系密切的消费品价格、垄断性生产资料价格和服务收费。据不完全统计，3月10日至5月10日，全国共查出各类价格违法案件19万多件，非法所得近4亿元，已处理10万多件，实行经济制裁8800多万元。通过对一些价格违法案件的查处，使乱涨价、乱收费的势头开始得到遏制。各地特别注意选择了一批情节严重、性质恶劣、影响较大的案件进行公开处理，到目前为止，各地已公开处理价格违法案件1200多起。

——促进了生产者和经营者加强内部价格管理。在物价大检查中，很多企业进行了自查自报自纠，主动规范自身的定价行为。

陈锦华强调，这次全国物价大检查，党中央、国务院非常重视，广大人民群众寄予很大期望，时间紧，任务重。下一步，各级政府要认真总结前一段工作，找出问题，分析原因，制定对策，扎扎实实把物价大检查引向深入。要进一步加强领导，集中精力，对影响物价总水平上涨较多的重点品种和群众反映比较强烈的热点项目，开展重点检查。第一是粮食、棉花等人民基本生活必需品，第二是化肥、农村用电、钢材和成品油等主要生产资料价格，第三是基本服务收费。通过对重点品种的检查，要坚决制止价格违法行为，保持人民群众基本生活的稳定。要充分发挥舆论的引导和监督作用。要宣传先进典型；集中精力抓一批乱涨价、乱收费的坏典型，予以严肃查处，公开曝光。从而对群众起到鼓舞作用，对企业价格行为起到示范作用，对价格违法违纪单位和个人起到威慑作用。要标本兼治，着力健全规章制度，加快价格立法进程。要坚持物价大检查同调查研究相结合，总结经验，堵塞漏洞，研究加强价格调控管理的措施。

中国民航总局和外经贸部联合颁发《关于外商投资民用航空业有关政策的通知》

经国务院批准，中国民航总局和外经贸部日前联合颁发《关于外商投资民用航空业有关政策的通知》。通知指出，为了加速民用航空业的发展，提高经营管理水平，经国务院批准同意，在以国家投资建设为主的原则下，有条件地允许外商投资民用航空业。

通知说，允许外商以合资、合作方式在中华人民共和国境内投资建设民用机场（军民合用机场除外，下同）飞行区（包括跑道、滑行道、停机坪），中方出资应在企业注册资本中占51%以上，董事长、总经理由中方人员担任；优先考虑投资建设民用机场飞行区的外商，投资建设候机楼（贵宾室的建设及管理除外）、货运仓库、地面服务、飞机维修、航空食品、宾馆、餐厅、航空油料等机场配套项目。其中候机楼建设项目，中方出资应在51%以上，董事长、总经理由中方人员担任；投资建设民用机场飞行区的外商投资企业经批准可适当扩展其经营范围，空中交通管制系统由国家投资和管理，不吸收外商投资或参与管理。

通知指出，允许外商，首先是外国航空运输企业与中国航空运输企业共同投资，以合资或合作方式设立航空运输企业；允许外商，首先是外国航空运输企业购买中国航空运输企业的股份或与中国航空运输企业互相参股，设立航空运输企业；外商投资设立航空运输企业，由中国民用航空总局会同有关部门选择一、二家航空运输企业进行试点。待试点成熟后，再逐步推广；外商投资设立航空运输企业，外商在该航空运输企业的注册资本或实收资本中所占比例不得超过35%，其代表在董事会的表决权不得超过25%；外商投资设立航空运输企业的董事长、总经理均由中方人员担任；外商投资设立的航空运输企业，在各项税收方面与国内同类企业享受同等待遇。

加拿大总理克雷蒂安在渥太华会见上海市代表团团长吴邦国

马耳他总统邦尼奇在总统官邸会见以全国人大常委会副委员长王光英为团长的全国人大代表团

中科院和日本电气公司就成立软件公司达成协议

日本电气公司和中国科学院日前在北京达成协议，共同建立一个以计算机软件研究开发为目的的合资公司“恩益禧——中科院软件研究所有限公司”。这是我国首次与外国合资成立计算机软件公司。

《人民日报》发表评论员文章《光荣的义务 共同的职责——纪念现行〈中华人民共和国兵役法〉颁布十周年》

第五届全国大学生运动会主赛场土建工程在西安破土动工

第五届全国土学生运动会主赛场土建工程日前在西安破土动工。江泽民总书记为大运会题词：“发展学校体育运动促进社会主义精神文明建设。”

6月1日

国家主席江泽民在中南海会见由议长约瑟夫·奥莱克西率领的波兰众议院代表团

《人民日报》发表评论员文章《教雏鹰展翅》

今天是"六一"国际儿童节,我们向全国的小朋友们致以热烈的祝贺！向为少年儿童的健康成长辛勤奉献的老师、家长及社会各界人士致以崇高的敬意!

在欢庆"六一"国际儿童节的喜庆日子里,江泽民总书记为全国的少先队员题词:"自学、自理、自护、自强、自律,做社会主义事业的合格建设者和接班人。"这充分表达了党中央和革命前辈对下一代的殷切希望,也使全国的少先队工作者进一步明确了教育的任务和方向。

中国要在跨世纪的竞争中取得主动,中华民族要腾飞,亿万人民要实现建立社会主义现代化强国的宏愿,最终决定于数以亿计的德、智、体全面发展的各类专业人才的涌现。在科技日新月异,各种竞争加剧的现代社会中,人们对人才也有了新的认识。人才的德的内涵,不仅包括以坚持党的"一个中心、两个基本点"的基本路线为基本要求的政治觉悟,健康的思想意识,良好的道德品格,还有坚强的意志,积极而又丰富的情感,与法律社会规范相一致的自觉行为。智,已不能单纯以拥有知识的程度来衡量,即不仅要有广博的知识,更应具有获得知识和将知识转化为现实生产力的能力。体,不仅是一种体力的概念,更包涵敢拼敢闯的搏击力,坚韧的忍耐力。

然而,现实生活与人们的愿望和要求有明显的差距。在一些青少年学生中,还存在某些突出的弱点和问题,引起全社会的普遍关注。因此,如何按照邓小平同志提出的"教育要面向现代化,面向世界,面向未来"的要求,培养学生的全面素质,使他们担负起跨世纪的重任,成为一个亟待解决的战略课题。

正是基于这种认识,全国少工委在少先队组织中倡导开展了"五自"活动。"五自"是指自学——养成一种自己学习和获得知识的意识和本领,成为知识的主人;自理——学会自己独立自主地解决日常生活中遇到的困难和问题,具有生活和劳动的基本能力;自护——了解法律、社会规范、生活的常识,能保护自身正当的权益,机智勇敢地处置遇到的困难甚至危险;自强——有进取自信的意识,顽强坚韧的心理,能够战胜困难的勇气和能力;自律——自觉遵守中小学生的行为规范,具有对自己行为的调控和约束能力。

开展"五自"活动是人才培养的基础工程,它符合少年的特点和需求,是他们未来健康成长所必需的。它的直接目的在于帮助少年儿童学会做生活的小主人,提高生活、学习、劳动、创造诸方面的意识和能力。"五自"活动是少年儿童自己的活动,是一种训练式的学习,它的主要方针是实践,在实践中去提高。少年儿童是活动的主体和主人,学校、老师和少先队工作者所要做得更多是引导的工作,铺路搭桥的工作。

我们相信,江泽民总书记的题词,一定会进一步激发少年儿童的参与热情,丰富的想象力,积极的进取心,以及学习和创造的潜能,一定能使"五自"活动丰富多彩,硕果累累。我们真诚地祝愿广大少年儿童从这里起步,练硬翅膀,展翅高飞!

国务院新闻办公室发布《中国妇女的现状》白皮书

1992年3月,联合国决定第四次世界妇女大会于1995年在中国首都北京召开,这使中国妇女的状况备受世界关注。

在几千年的封建社会和百余年的半殖民地半封建社会中,中国妇女曾经有过长期受压迫、受屈辱、受摧残的悲惨历史。从本世纪上半叶起,广大妇女在中国共产党的领导下,为了民族和自身的解放,经过几十年不屈不挠的英勇奋斗,直到中华人民共和国成立,占全世界妇女四分之一的中国妇女终于获得了历史性的解放。

新中国宣告了中国妇女在政治、经济、文化、社会和家庭生活等各方面均享有与男子平等的权利,她们和全体中国公民一样成为国家与社会的主人。中国的各种法律保障妇女与男子具有同等的权利和地位,具有同等的人格和尊严。中国政府运用法律的、行政的和教育的手段消除对妇女的各种歧视,保护妇女的特殊权益。今天,中国妇女已享有中国社会几千年来从未达到、许多发达国家历时数百年方才得到承认的平等权利。

在社会主义制度下,中国妇女曾被禁锢的聪明才智极大地释放出来。她们以主人翁的姿态积极地投身于中国的建设和发展,成为创造物质文明和精神文明的伟大力量。她们是中国改革开放和现代化建设的生力军,在工农业生产、科学、文化、教育、卫生等各项事业中作出了极其重要的贡献。在中国,"半边天"成为全社会对妇女作用最形象的赞誉。

在推动社会发展的同时,中国妇女的精神面貌发生了重大变化,她们自尊、自信、自立、自强,在参政能力、文化水平、科学知识、生产技能等各方面都有了长足的进步。

中国妇女有着热爱和平的光荣传统。她们从未忘记侵略战争带来的深重灾难,坚决支持中国政府的和平外交政策。无论世界上发生什么样的冲突，她们总是站在正义与被侵略者一边，反对暴力与侵略。中国妇女是维护世界和平的重要力量。

建国四十五年来，特别是改革开放十五年来，中国妇女在"平等、发展、和平"的方向上取得了历史性的伟大进步。这是世界妇女进步事业的重要组成部分，也是中国人权进步的重要组成部分。

中国是一个发展中国家，受社会发展水平的制约和旧观念的影响，中国妇女的状况还有不尽如人意的地方，在现实生活中，妇女的参政、就业、受教育以及婚姻家庭中平等权利的完全实现，还存在着各种困难和阻力，轻视、歧视甚至侵害妇女的现象还时有发生，妇女的整体素质也有待于进一步提高。因此，中国妇女解放和发展的道路远没有完结。中国政府正在致力于发展经济，加强法制，消除一切歧视或轻视妇女的落后观念，促进中国法律赋予的男女平等权利在社会生活中全面实现，争取本世纪在中国实现《内罗毕战略》的各项发展目标。

中国政府、中国妇女和全体中国人民热情地欢迎第四次世界妇女大会在北京召开，正在全力以赴地为会议做好各项准备工作。为使国际社会更好地了解东道国的妇女情况，现将中国妇女的状况公诸于世界。

一、中国妇女的历史性解放

在半殖民地半封建的旧中国，妇女长期被压在社会的最底层。20 世纪上半叶，中国共产党领导中国人民在这块古老的土地上进行了一场伟大而深刻的民族民主革命，伴随着这场革命掀起了大规模的群众性妇女解放运动，使中国妇女获得了举世瞩目的历史性解放。

延续了几千年的封建宗法制度对中国妇女的压迫和摧残特别深重。妇女在政治、经济、文化、社会、家庭等方面，都处于与男子不平等的地位。这突出表现在：

政治上无权，完全被排斥在社会政治生活之外。经济上依附，没有财产所有权和继承权，没有独立的经济来源。社会上无地位，被要求在家从父、出嫁从夫、夫死从子，没有独立的人格和身份，被剥夺了接受文化教育和参加社会活动的权利。婚姻上不自主，必须听从"父母之命，媒妁之言"，丈夫死了不得再嫁。身心上受摧残，不仅受到一夫多妻制的压迫和娼妓制度的迫害，而且绝大多数人从小被迫缠足，数百年来，"小脚女人"竟成了中国妇女的一个代称。

1840 年鸦片战争以后，西方列强的相继入侵更加重了中国妇女的苦难。在 1937 年开始的日本全面侵华战争中，有 3000 多万男女老幼惨遭杀害，其中妇女儿童占多数。仅在日军占领南京后的一个月内，就发生日军强奸中国妇女的事件 2 万多起。帝国主义、封建势力和官僚资本主义相勾结对中国人民进行残酷的压迫和剥削，把中国推向了亡国灭族的边缘，也把中国妇女推向了前所未有的苦难深渊。

为挽救民族的危亡和谋求自身的解放，中国妇女与全国人民一道，进行了长达一百多年的不屈不挠的斗争，掀起了一次又一次的妇女解放运动。太平天国运动制定、颁布了一系列男女平等的政策；戊戌维新运动倡导并一度引发了戒缠足和兴女学运动；辛亥革命兴起了以实现男女平权、争取女子参政为主要目标的女权运动。这些运动促进了中国妇女的觉醒，但终究没有能够从根本上改变中国妇女被压迫、受奴役的悲惨命运。

中国共产党从诞生之日起，便将实现妇女解放和男女平等作为奋斗目标之一。在共产党的领导下，妇女被动员和组织起来，形成了以工农劳动妇女为主体、团结全国各族各界妇女的广泛的统一战线，开展了与中国革命紧密结合的群众性妇女解放运动。特别是在共产党领导的根据地，革命政权颁布了一系列法律和法令，保障妇女权利，提高妇女地位，使全中国的妇女看到了光明和希望。

中华人民共和国的成立，结束了中国妇女千百年来受封建社会压迫、奴役和受外国侵略者宰割、欺凌的历史，她们以崭新的姿态站立起来，与全国人民一起成了新中国的主人。1949 年，中国人民政治协商会议第一届全体会议在北京召开，占全体代表 10.4％的 69 名妇女出席了会议。她们与男代表一起共商建国大计。宋庆龄在这次会议上当选为中央人民政府副主席。李德全、史良等一批女性担任了政府的领导职务。会议通过的具有临时宪法性质的《共同纲领》庄严宣布，废除束缚妇女的封建制度，妇女在政治、经济、文化教育和社会生活各个方面均享有与男子平等的权利，从此开创了中国妇女解放的新时代。

建国后，为迅速改变旧中国遗留下来的经济文化落后面貌，革除束缚、歧视和摧残妇女的旧制度和旧习俗，在全国范围内掀起了一系列波澜壮阔的群众运动，使妇女的社会地位和状况发生了翻天覆地的历史性变化。

——土地改革。在旧中国，占农村人口 70％的贫雇农只占有 10％的土地，而妇女则根本没有土地所有权。新中国建立伊始，就根据"按人口分配土地"的原则，在农村开展了广泛深刻的土地改革运动。广大农村妇女与男子一样分得了土地，成为土地的主人，从根本上改变了男女经济不平等的状态。

——普选。1953 年公布的《中华人民共和国选举法》明确规定，妇女有与男子同等的选举权和被选举权。同年 12 月开始在全国范围内进行的基层选举，是中国有史以来第一次大规模的普选运动,90%以上的妇女踊跃参加了投票,当选为基层人民代表的妇女占代表总数的17%。在此后选举出的全国人民代表大会代表中,女代表占12%,其中少数民族女代表占少数民族代表总数的11%。这表明,新中国成立后,全国各族妇女便不仅在法律上而且在事实上开始参与国家和社会事务的管理。而某些西方国家建国一、二百年之后才在法律上规定妇女享有与男子平等的选举权。

——妇女走出家门。随着经济的恢复和发展,在全国范围内兴起了妇女走出家门参加社会生产的热潮。1957年,全国有70%的农村妇女参加了农业生产;城市女职工达到328.6万人,与1949年相比,增加了4.5倍。这彻底改变了旧中国将妇女排斥在社会生产劳动之外的状况,使妇女有了独立的经济来源。

——扫盲。旧中国妇女文盲比例达90%。新中国为提高全民族的文化水平,有计划、有步骤地开展了群众性扫除文盲运动,先后于1952年、1956年和1958年掀起三次扫盲高潮。从农村到城市都举办了各种识字班、民众夜校、职工业余学校,成千上万的妇女参加了扫盲学习。到1958年,有1600万妇女摆脱了文盲状态,初步改变了中国妇女愚昧落后的状况。

——宣传和贯彻《婚姻法》。1950年颁布的《中华人民共和国婚姻法》是新中国的第一部法律。该法明确宣布:废除包办强迫、男尊女卑、漠视子女利益的封建主义婚姻制度,实行男女婚姻自由、一夫一妻、男女平等、保护妇女和子女合法利益的新的婚姻制度。这是中国社会几千年来婚姻家庭生活的深刻变革。《婚姻法》颁布后,全国开展了大规模的宣传和贯彻《婚姻法》的群众运动,使大量封建婚约得到解除,打骂、虐待妇女的现象迅速减少,自由恋爱、婚姻自主蔚然成风。经过几年的艰苦工作,终于从根本上打碎了几千年来封建婚姻制度所强加于妇女的枷锁,基本实现了婚姻自由。

——禁娼。妓院和卖淫嫖娼是旧中国遗留下来的社会丑恶现象之一。新中国一成立便迅速采取有力措施禁娼。1949年11月,北京市第二届人民代表会议率先作出禁娼决定,当即关闭妓院,将妓女集中起来加以教育,改造其思想,医治其性病,引导和帮助她们建立正常生活,使其成为自食其力的劳动者。继北京之后,包括上海、天津在内的全国各大中小城市纷纷开展禁娼运动。在很短的时间内,就使这种在旧中国屡禁不绝、严重摧残妇女身心和侮辱妇女人格的社会痼疾绝迹,社会面貌为之一新。

新中国通过这些规模宏大的群众运动,仅用了短短几年的时间,就荡涤了几千年封建社会遗留下来的污泥浊水,使妇女在政治、经济、文化、社会和家庭生活各方面都获得了根本性解放。这是中国近代社会发展史上值得自豪的重大变革,也是中国革命对世界妇女解放运动的重大贡献。

二、平等的法律地位

中国十分重视对女性的法律保障,妇女享有与男子平等的法律地位。现在,已形成了以宪法为基础,以妇女权益保障法为主体,包括国家各种单行法律法规、地方性法规和政府各部门行政法规在内的一整套保护妇女权益和促进男女平等的法律体系。

中国妇女立法的基本原则是男女权利平等,保护妇女特殊权益,禁止歧视、虐待、残害妇女。《中华人民共和国宪法》明确规定,"妇女在政治的、经济的、文化的、社会的和家庭生活等各方面享有同男子平等的权利。""国家保护妇女的权利和利益,实行男女同工同酬,培养和选拔妇女干部。""婚姻、家庭、母亲和儿童受国家保护。""禁止破坏婚姻自由,禁止虐待老人、妇女和儿童。"依据宪法确定的原则,新中国陆续颁布了《婚姻法》、《选举法》、《继承法》、《民法》、《刑法》等十余部基本法,国务院及所属部委颁布了40余种行政法规与条例,地方政府制定了80余种地方性法规,这些法规都明确规定了保护妇女权益的条款。任何一部中国法律都不存在对妇女的歧视性条款。

1992年颁布实施的《中华人民共和国妇女权益保障法》,为进一步提高妇女的社会地位,保障妇女的基本权益,提供了有力的法律武器。

依据中国法律,妇女享有的法定权利有以下六个方面:

——妇女享有与男子平等的政治权利。妇女有权通过各种途径和形式,管理国家和社会事务,并享有平等的选举权和被选举权。为了切实保障妇女的参政权,法律规定,各级人民代表大会的代表中,应当有适当数量的妇女代表,并逐步提高妇女代表的比例;在任用领导人员时,必须坚持男女平等,重视培养、选拔女性担任领导职务。

——妇女享有与男子平等的文化教育权利。这种平等的权利包括入学、升学、毕业分配、授予学位、派出留学等各个方面,以及妇女从事科学技术研究和文学艺术创作等文化活动的权利。政府、社会、学校和家庭要保证女童接受义务教育的权利。

——妇女享有与男子平等的劳动权利。这主要有:劳动就业的权利,同工同酬的权利和休息的权利,获得安全和卫生保障以及特殊劳动保护的权利,享受社会保险的权利。法律规定,任何单位在录用职工时不得以性别为理由拒绝录用妇女或者提高对妇女的录用标准;不得以结婚、怀孕、产假、哺乳等为由,辞退女职工或单方面解除劳动合同;在晋升、晋级、评定专业技术职务以及分配住房和享受福利待遇等方面，不得歧视妇女；不得安排不适合妇女从事的工作和劳动；妇女在经期、孕期、产期和哺乳期受特殊保护。

——妇女享有与男子平等的财产权利。法律规定，妇女在农村划分责任田、口粮田以及批准宅基地等方面享有同男子平等的权利；妇女在婚姻、家庭财产关系中，享有与男子平等的所有权和继承权；丧偶妇女有权处分继承的财产，任何人不得干涉。

——妇女享有与男子平等的人身权利。妇女享有生命健康权、人身自由权、肖像权、名誉权等人格权，享有亲属权、监护权、荣誉权、制造者身份权等身份权。法律禁止溺、弃、残害女婴；禁止歧视、虐待生女婴的妇女和不育妇女；禁止用迷信暴力手段残害妇女；禁止虐待、遗弃老年妇女；禁止拐卖、绑架妇女；禁止组织、强迫、引诱、容留、介绍妇女卖淫。

——妇女享有与男子平等的婚姻家庭权利。法律规定，妇女享有平等的结婚和离婚自由权，在夫妻关系中男女平等。妇女有独立的姓名权，有参加社会生产和社会活动的自由。在离婚问题上妇女受到特殊保护。

中国法律在明确规定妇女的各种具体权益的同时，强化国家机关在保障妇女权益方面的职责，明确妇联等妇女组织在诉讼中的特殊地位和作用，全面确定了保障妇女权益的法律机制。在《妇女权益保障法》的54条规定中，有75%的条文详细列举了侵权行为的后果和法律责任，为执法工作提供了可供操作的法律依据。

中国目前尚处于社会主义初级阶段，经济、文化等方面的发展还较为落后，因此妇女法律权利的某些规定和保障机制也还有待于进一步完善。随着中国现代化建设的深入发展，中国保障妇女权益的法律体系将会不断完善。

三、在经济领域中的平等权利与重要作用

妇女经济地位的提高，是实现男女平等最重要的基础。中国政府为改善和提高妇女的经济地位作出了卓有成效的努力。在新的社会条件下，中国妇女成为社会发展的伟大力量，在社会主义经济建设中作出了巨大的贡献。

中国妇女享有与男子平等的就业权利。新中国成立以来，妇女就业人数不断增加。目前，中国女性从业人员已占社会总从业人员的44%左右，高于世界34.5%的比例；1992年女性从业人口占女性15岁以上人口的72.33%；农村妇女劳动力约占农村劳动力总数的一半，城镇女职工人数已由1949年的60万人增加到5600万人，占全国职工总数的比例也由7.5%提高到38%。妇女就业领域十分广泛。在国民经济12个行业中，女职工达100万人以上的行业就占9个，包括工业、农业、建筑业、交通运输业、商业、卫生、教育以及党政机关和社会团体等。妇女就业层次有了较大提高。1992年，在科学研究和综合技术服务事业、党政机关和社会团体业以及金融保险业中，女职工已分别占在业人数的34.4%、21.6%和37.3%。中国妇女尽管在就业方面有了长足的进步，但近年来也出现了一些新的问题，主要是一些单位不愿接收女性，造成女性就业难等。中国政府正积极采取措施促进这些问题的解决。

男女同工同酬原则已基本得到实行。在中国，同一行业、同一工种中技术熟练程度相同的劳动者，都可以获得同等报酬。但是，由于目前男女职工文化业务素质和职业构成的差异，男女实际收入尚有一定差距。据1990年调查，城市男女职工平均月收入分别为193.15元和149.60元，女性的平均收入是男性的77.4%；农村男女年平均收入分别为1518元和1235元，女性年均收入是男性的81.4%。此外，农村妇女年均收入在一万元以上的人数占女性总数的1.2%，男性的这一比例也是1.2%。这表明，在农村先富起来的人群中，男女收入差距已不明显。

中国政府对女职工采取了全面的劳动保护措施。据调查，城市女职工中85.3%的生育妇女都享有三个月的带薪产假，有些单位的女职工还享有半年的带薪产假；对处于孕期和哺乳期的女职工减少其工作量和工作时间；女职工比较多的国有企业大都建立了女职工卫生室、孕妇休息室、哺乳室、托儿所、幼儿园等设施。

随着中国妇女经济地位的提高，她们在经济领域中发挥的作用也愈来愈大。

70年代末开始的农村经济体制改革，大大解放了妇女劳动力，妇女成为振兴和发展农村经济不可缺少的重要力量。在农、林、牧、渔、水利业劳动者中，女性劳力占半数以上；产棉区的棉田管理大部分由妇女承担。在1400万农村商业服务业个体从业人员中，女性约占三分之一。在商品经济比较发达的地区，从商农民中妇女约占二分之一。在农业生产总值中，农村妇女创造的产值占50%至60%。

中国农村妇女是乡镇企业发展的重要推动者。目前，中国农村有一亿多乡镇企业劳动者，其中女性约有4000万人。在食品、服装、编织、玩具、电子产品、传统工艺和服务等行业的乡镇企业中，女性从业人数更多，创造的产值占总产值的65%左右。女职工占主体的纺织、丝绸、茶叶、编织、刺绣、玩具等行业的乡镇企业是中国出口创汇最多的企业。在乡镇企业中，不少女性担任了企业领导职务。如江苏、广东、安徽、福建、河南等省的乡镇企业中,各有约2000—3000名的女厂长、女经理,并各有数万人成为车间和班组的生产技术骨干。

中国妇女在农村经济建设中的伟大作用获得了某些国际组织的赞扬。山东省龙口市的农村是联合国开发计划署和粮农组织选定的农村妇女问题国际监测点。这里的农村妇女不仅担负着40%至60%的农田作业量,而且在纺织、服装、刺绣等乡镇企业中担负着74%的生产任务。她们制作的刺绣工艺品每年可出口创汇约250万美元。近几年,来这里考察的20多个国家的100多名专家一致认为,龙口农村妇女发挥着与男性同等重要的作用。

在城市,广大妇女为推动经济的改革与发展作出了重要贡献。1982—1990年,在金融、文教、广播电视、卫生、体育、社会福利、商饮供储、机关团体等行业中女职工人数增长速度分别超过男性21至78个百分点。1993年,全国企事业单位专业技术人员中,女性的比例达36.8%。女职工还积极参与企业的管理,为促进企业的发展献计献策。据调查,仅陕西、江苏等十省的女职工近三年内就提出合理化建议387万条,创经济效益21亿元。

与此同时,一大批女厂长、女经理在经济改革与开放的浪潮中脱颖而出。她们积极参与竞争,勇于迎接挑战,在企业的生存与发展中发挥了关键性的作用。1992年,辽宁省28个改革试点企业中有97名女职工通过激烈的竞争由一般职工成为企业的管理者和领导者。1988年和1992年共有107名女厂长、女经理当选全国优秀女企业家。

建国四十多年来,中国妇女自尊、自信、自立、自强,不断提高自身素质,她们在经济建设中的历史功绩和伟大作用赢得了社会的称颂。1949—1988年,全国有2485.8万人获先进生产(工作)者称号。1978—1992年,有572名杰出的女性获全国劳动模范光荣称号,有20152名优秀女性获全国"三八"红旗手光荣称号。1988—1993年,有936名女性获全国"五一"劳动奖章。

四、广泛参与国家和社会事务的管理

在中国,妇女全面参与国家和社会事务的管理,为中国的民主和法制建设作出了巨大贡献。

中国妇女在各级人民代表大会中占有重要的位置。1954年召开第一届全国人民代表大会时,共有女代表147人,占代表总数的12%;到1993年召开第八届全国人民代表大会时,女代表已增至626人,占代表总数的21.03%。全国人民代表大会常务委员会是全国人民代表大会的常设机构。一届全国人大有4名女常委,占常委总数的5%,到八届全国人大时已有19名女常委,占常委总数的12.3%。1954年到1993年,先后有宋庆龄、何香凝、蔡畅、陈慕华等8位妇女担任全国人大常委会副委员长。

人大女代表在立法以及国家和社会事务管理中发挥了重要作用。她们尤其关注教育卫生、生态环境、妇女儿童和残疾人权益的保护、社会治安和社会风气等问题,积极提出立法和政策建议,努力促进这些方面的进步与发展。《妇女权益保障法》等一些法律的制定就是在女代表的提议和参与下实现的。

中国妇女积极参加政治协商会议活动。1993年召开的第八届全国政协会议的委员中,有女委员283人、女常委29人,分别占委员和常委总数的13.52%和9.2%。参加政协的女委员都是社会各界的优秀人士,具有广泛的代表性。她们从不同角度对国家大事和政府工作提出意见,进行协商,发挥民主监督作用。邓颖超、康克清、钱正英等7位女性曾分别担任过全国政协主席、副主席。

中国共产党领导的多党合作和政治协商制度是中国的一项基本政治制度。中国共产党中,目前已有女党员700多万人,占党员总数的14%。许多优秀妇女担任了党内各级领导职务。第十四届中央委员会中有24名女中央委员和候补中央委员;中共中央各部正副部长有6位女性。在中国的八个民主党派中,有近11万名女党员,有的党派女党员占41%。八个民主党派的中央领导机构中,女性有203人,八届全国人大常委会副委员长、著名学者和社会活动家雷洁琼女士,即是中国民主促进会的主席。

参加政府工作是中国妇女参与国家和社会事务管理的重要途径。建国以来,曾有一位女性担任过国家副主席、名誉主席,有两位女性担任过国务院副总理,两位女性担任过国务委员。中国的改革开放政策不但促进了经济发展和社会进步,而且为妇女参政进一步创造了条件。1993年,国家机关工作人员中妇女已占32.44%。1994年国务院各部委有女正副部长16名,全国有女省长、副省长18名。在全国517个城市中,有300多名女性当选为正副市长。中国妇女是加强法制建设、维护国家安全的重要力量。在司法机构中有一大批女法官、女检察官、女律师。1992年,全国有女法官21012名,女律师4512名。

广大妇女关心国家大事,关心政府工作,积极参政议政。自1953年第一次基层人民代表选举开始,历次换届中妇女参选比例都在90%以上,1984年以来则高达95%。妇女除经常通过各种群众组织反映意愿和要求外,还用信访方式就政府工作和社会问题向有关部门提出意见和建议,并通过新闻媒介表达对各种问题的看法。

各级妇女联合会代表各族各界妇女对国家和社会事务进行民主管理和民主监督，这是中国妇女参与政治的重要途径之一。在中国，妇联组织能够代表妇女参与人大和政府制定涉及妇女切身利益的法律、法规工作，并监督法律法规的实施。妇联组织可以建议政府有关部门下发关于解决妇女问题的政策性文件，也可以向国家机关、社会团体和企事业单位推荐女干部。

中国共产党和中国政府把妇女参政作为中国民主建设的一项重要内容。为了改善女干部成长的外部环境，提高妇女参政比例，确保妇女真正享有宪法赋予的政治权利，党和政府多次专门就培养选拔女干部工作发出文件，召开会议，作出一系列规定。目前，全国已有23个省(自治区、直辖市)、244个地(市、州、盟)、2106个县(旗、区)的党政领导班子中有了女性领导人。为促进民族平等、团结、进步和各民族共同繁荣，政府特别重视培养少数民族女干部，建立少数民族学校，举办少数民族妇女干部培训班，选送少数民族妇女进修学习，促进少数民族女干部的迅速成长。到1992年，全国已有少数民族女干部60.76万人，占全国少数民族干部总数的26.6%；第八届全国人民代表大会代表中，有少数民族女代表106人，占女代表总数的17%，而且有三位少数民族妇女当选为八届全国人大常委会委员。少数民族女干部已成为少数民族地区政治、经济、社会发展的骨干力量。

中国政府正在制定《中国妇女发展规划》，以进一步推动妇女参政和全面参与发展。

五、在社会生活领域中充分发展

旧中国，广大妇女被排斥在社会生活之外。新中国，妇女在社会生活各个方面，特别是在教育、科技、文化体育、卫生等领域，获得了令人瞩目的发展。

中国政府大力发展妇女教育事业。在正规教育中，国家积极采取措施，提高女性入学率、在学率和升学率。在部分边远、贫困和少数民族地区，采取办女童班、办女校、实行免费上学等办法，努力消除女性受教育的障碍。1992年，中国7—11周岁女儿童入学率由建国前的不足20%提高到96.2%；中学生、大学生及研究生中的女性比例分别达到43.1%、33.7%和24.8%，在大学工科毕业生中女性也达到27%。自1982年恢复学位制到1993年，中国已有1149名女性获得了博士学位，占博士总数的9.4%。中国政府还特别注意发展妇女成人教育、职业技术教育和扫盲教育。目前，全国已建立了1679所女子中等职业学校和3所女子职业大学，开设了60多个适合妇女的专业，有1300多万妇女在成人高校学习。建国四十多年来，累计扫除女性文盲1.1亿人，使女性文盲比例从1949年的90%下降到1993年的32%。

中国妇女为教育事业的发展作出了积极的贡献。1992年，各级各类学校中女教师占教师总数的比例为30%至44.5%。北京大学是中国著名的高等学府，在近3000名教师中，约三分之一是女性，其中有19位博士生导师、68位教授、300多位副教授。全国有20多位女性担任了大学的校长、副校长。1990年全国评选出的5万名特级教师中，女教师占70%。1993年，全国共表彰、奖励“全国教育系统优秀教师和教育工作者”5971人，其中女性1702人，占总数的28.5%；评选出“全国教育系统劳动模范”592人，其中女性150人，占总数的25.3%。

中国政府重视对女科技人员的培养，致力于改善她们的工作和生活条件，鼓励和扶持她们进行科学研究。不少妇女跨进了高能物理、遗传工程、微电子技术、卫星发射等尖端科学技术领域，与男科学家一道取得了突破性成果。1993年，中国已有女科技人员809.7万人，占科技人员总数的35%。在中国科学院，女性担任研究室主任的有186人，占11.9%；任课题组长的有514人，占14.8%。在中国医学科学院具有高级专业技术职称的科学家中，女性占40%以上；院级112个重点科研课题中，女课题负责人占47.3%。1993年，有29名妇女荣任中国科学院院士，占总数的5.4%。截止1992年，有204名妇女成为国家级专家，占总数的5.7%。在享受政府特殊津贴的专家、学者中，女性有11374人，约占总数的10%。中国妇女已成为科技界一支重要力量。

中国妇女的聪明才智在文化艺术领域得到充分的发挥。中国作家协会、电影家协会、美术家协会、民间文学研究会等12个全国性的文学艺术团体中，女会员十分活跃，比例最高的占41.8%。女性作家、表演艺术家、画家、导演和音乐家不断涌现。改革开放以来，中国文坛上女作家群的出现，给文学创作带来了前所未有的繁荣。1980年至1988年在芭蕾舞、钢琴、小提琴、声乐等国际艺术比赛中，女性获奖者占中国获奖者的50%以上，其中女杂技演员获奖人数占70%以上。

中国政府积极创造条件使妇女与男子一样有参加各种体育训练和国际比赛的机会。女运动员在国际运动场上锐意进取，成绩辉煌。1985年到1993年，中国有国际级女运动健将404人，占中国国际级运动健将总数的51%。从新中国成立到1993年，中国运动员共获世界冠军775个，其中女子冠军460个，占总数的59%；中国运动员打破和超过世界纪录725次，其中女运动员458次，占总次数的63%。在1992年的第二十五届奥运会上，中国女运动员共夺得12枚金牌，占中国获金牌总数的四分之三。中国女运动员不畏艰苦、顽强拼搏的精神，体现了中华儿女的时代风貌。

在医疗卫生事业中，中国妇女作出了突出贡献。到1993年，中国已有妇幼卫生专业技术人员227万人，占全部医务人员总数的55%。曾任中国医学科学院副院长、中华医学会妇产科学会主任委员的林巧稚，医术精湛，医德高尚，生前长期从事妇产科的教学、科研和妇女常见病、多发病的普查普治工作，是开拓中国现代妇产科学、弘扬救死扶伤的人道主义精神的杰出典型。改革开放十五年来，中国有382项医学科学技术成果获国家级奖励，其中由女性独立完成的占四分之一，女性参与完成的占50%以上。从1983年到目前，中国有15位女性获得国际护士最高荣誉奖章——南丁格尔奖。

中国妇女在促进社会文明与道德进步、维护社会稳定方面发挥了不可替代的作用。

遍布中国城镇的居民委员会，是群众性的自治组织，它的一项重要职责就是调解邻里纠纷。担任这一工作的绝大部分是妇女。她们耐心细致、尽心尽力地为街坊邻居排解矛盾，制止了大量可能激化为刑事案件的民间纠纷，促进了邻里之间的团结和睦。许多妇女主动配合政府做失足人员的帮教工作。早在建国初期，就有不少热心社会公益的妇女利用节假日到监狱看望素不相识的罪犯，给他们写信，鼓励他们服刑期间好好改造，重新做人。近几年，参与这一活动的妇女越来越多，以妇女为主的帮教小组就有几万个。帮教小组不仅做失足青年的思想转化工作，还努力帮助刑满释放人员解决就业和婚姻问题。中国是世界上刑事犯罪发案率和重新犯罪率最低的国家之一，这与妇女所起的作用是分不开的。

中国妇女积极响应政府关于倡导文明科学进步生活方式的号召，热心于社会公益事业。在众多的敬老院和社会福利院服务的大都是妇女，她们像照顾自己的亲人一样照顾年迈的老人和年幼的孩子。在广大城市和乡村，还有许多妇女义务赡养孤寡老人和收养孤儿。一些城镇退休妇女也主动承担起社区服务工作，兴办托儿所、快餐店、代销店，设立卫生监督岗等，受到社会欢迎。在许多地方，妇女自愿组织禁赌协会，挽救了一些因赌博而濒临破裂的家庭，促进了民风和社会风气的好转。

由于历史的原因和社会经济文化水平的制约，中国妇女在参与社会生活方面还存在一些不容忽视的问题，特别是多数妇女受教育程度还较低，女童受教育的权利在部分农村特别是边远地区尚未得到充分保障。目前，政府和社会团体正在采取措施解决这些问题。

六、婚姻家庭领域中的平等地位

新中国使延续了几千年的封建婚姻家庭制度成为了历史，以爱情为基础的自主婚姻和男女平等的家庭生活已成为当代中国婚姻家庭的主流。

中国妇女获得了婚姻自主权。旧中国，95%以上的婚姻是包办买卖婚姻。四十多年来，中国自主婚姻的程度已大大提高。据抽样调查，目前由男女双方自己决定或与父母共同商定的婚姻占74%，40岁以下的已婚妇女自主婚姻率为80%。妇女离婚和再婚的权利也得到了应有的保障。这不仅促进了婚姻质量的提高和家庭的稳定，也为家庭中夫妻关系的平等奠定了感情基础。

独立的姓名权是中国妇女获得的一项重要人身权利。旧中国男性姓氏是家族传宗接代的标志，女性出嫁前大多没有正式名字，出嫁后随夫姓，子女则随父姓。新中国，夫妻有了平等的姓名权，子女随父姓的旧习俗也有了变化。在中国城市，子女随母姓的现象已为数不少。

中国妇女经济的自立促进了妇女家庭地位的改善。旧中国，绝大多数家庭由男人当家。在新中国，妇女通过劳动有了独立的经济收入。目前，中国妇女的收入占家庭总收入的比例已由50年代的20%提高到40%，有的家庭特别是农村以妇女为主的专业户家庭，妇女收入的比例甚至高达60%至70%。经济的独立，使妇女赢得了对家庭经济和家庭重大事务的管理决策权。据抽样调查，在中国城乡，由夫妻共同决定家庭重大事务的家庭占58%以上，并且呈不断上升的趋势。

中国妇女与男子一样获得了家庭财产的所有权和继承权。旧中国，家庭财产只能由男性占有和继承，寡妇再嫁不得带走财产，出嫁的女儿也不能继承父母遗产。现在的绝大多数家庭，夫妻同是家庭财产的所有者，平等地支配和使用家庭财产。夫妻相互继承遗产和子女平等继承父母遗产的权利普遍得到了保障。

中国家庭的人际关系发生了历史性变化，以夫权和家长制为代表的传统家庭关系已逐步被平等、民主、和睦的现代家庭关系所代替。在中国城乡家庭中，夫妻之间、公婆与儿媳之间的关系是平等的，妻子受丈夫虐待、儿媳受公婆虐待的现象已为社会所不容。妇女的人格、学习、劳动权利以及理想、追求，普遍受到了丈夫和其他家人的尊重。过去，家务劳动全部由妻子承担；现在，由夫妻双方共同承担家务劳动的家庭，已占中国家庭的绝大多数。夫妻在事业上相互支持，在生活上相互帮助，出现了许许多多互敬互爱、携手共进的好家庭。

中国现有2.67亿个家庭，每年约有1000万对新婚夫妇组成新家庭。中国政府一贯主张保护婚姻家庭，强调夫妻平等，倡导家庭和睦、尊老爱幼的中华民族传统。目前，中国的离婚率为1.54‰。由于中国家庭基本稳定，使家庭安排生活、教养子女、赡养老人的多方面职能充分体现，中国多数老年人得到子女和社会的照料与扶助。

中国政府重视家庭建设，把家庭的稳定与进步作为促进社会稳定与进步的基础。各级政府把家庭文化建设纳入本地区精神文明建设的总体规划，开展了大量富有成效的工作。许多地方建立了敬老协会、道德协会、红白理事会等，有效地改进了家风、村风。多年来在中国城乡兴起的创建文明家庭、美好家庭活动和各类家庭文化建设活动，对提高家庭成员整体素质，促进家庭民主、夫妻和谐和家庭人际关系的改善起到了积极作用。

中国政府大力发展各种社会福利事业，努力推进家务劳动社会化的进程。国家重视并支持地方开展社区服务，兴办了大批便民利民的服务网点，大力发展食品、蔬菜、商业、煤气、轻工业品等与日常生活相关的产业。目前，多种形式、多种项目的家务劳动服务设施，正在中国城乡迅速发展。全国各级各类托儿所、幼儿园有近 45 万所，入园入托率城市达 70%，农村达 32%。方便食品、家用电器等已逐步进入家庭。就业妇女的家务劳动时间普遍降低。城市职业妇女家务劳动日均 3.75 小时，已接近发达国家妇女家务劳动的平均时间。

中国妇女的生育自主权得到了应有的保障。旧中国，妇女是生育的工具，因不育或没有生男孩而被公婆歧视、被丈夫遗弃的现象比较普遍。新中国，妇女成了生育的主人，可以同丈夫平等地商议决定生与不生。历史上曾深受早婚和多子女拖累之苦的中国妇女，对国家实行的计划生育政策表现了极大的热情，绝大多数人自愿晚婚晚育，少生优育。目前，中国已婚妇女的避孕率达 83%，有的地区达 90%以上。1992 年中国人口出生率为 18.24‰，人口自然增长率为 11.6‰，比 1970 年分别下降了 45.4%和 55%，总和生育率也由 1970 年的 5.81 降至 2.0 左右。

中国妇女的生育健康受到国家的保护。旧中国没有专门的妇幼保健院，因孕产期病或其他妇女病丧失生命的妇女不计其数。新中国十分重视并积极发展妇幼保健事业。各级政府都设有妇幼卫生管理职能部门，城乡逐级建立了妇幼保健院所。到 1992 年底，中国已有妇幼保健院 346 所，妇幼保健所 2841 所，儿童医院 34 所，初步形成了覆盖全国城乡的妇幼保健网。目前，城市 98%和农村 70%的孕产妇能获得产前检查，全国新法接生率达 84.1%。与建国初期相比，孕产妇死亡率由 1500/10 万下降到 94.7/10 万，婴儿死亡率由 200‰下降到 31.42‰。一些威胁妇女健康的常见病、多发病得到了有效防治，每年接受预防性普查的妇女近 4000 万人。针对少数民族地区卫生和医护条件差、妇女患病率高的状况，国家特别重视发展少数民族地区的妇女保健事业，大力普及新法接生、妇幼保健、多发病防治和生活卫生常识，积极开展对民族地区妇幼保健医护人员和接生员的培训工作。各级政府还经常组织医学专家、医务人员到农牧区和少数民族聚居区进行巡回医疗。为保障少数民族妇女的健康，国家对西藏等地区的妇女普遍实行免费医疗。目前，中国妇女的平均预期寿命已由旧中国的 36.7 岁提高到 72 岁，与中国男性相比高出 3 岁，比联合国提出的 2000 年世界妇女平均预期寿命 65 岁的目标高出 7 岁。

由于封建传统观念的影响和各地经济文化发展的不平衡，在中国农村特别是比较偏僻落后的农村，还残存着少数包办买卖婚姻的陋习，溺弃女婴、拐卖妇女的案件也时有发生。中国政府非常重视这些问题，大力宣传男女平等的思想，教育妇女学会运用法律武器保护自己；严厉打击各种残害妇女的违法犯罪活动，保障妇女的正当权益不受侵犯。

七、中国妇女权益的组织保障

在中国，保障妇女的合法权益是全社会的共同责任。国家机关、社会团体、企事业单位、城乡基层群众性组织，从自己的工作职能和任务出发，依法维护和保障妇女权益。

中国的各级人民代表大会负责制定和修改有关保护妇女权益的法律、法规，监督有关法律的实施及政府保障妇女权益方面的工作。为切实保障妇女儿童权益，全国人民代表大会内务司法委员会及 16 个省、自治区、直辖市的人民代表大会常委会成立了妇女儿童专门小组，负责办理有关事务。中国人民政治协商会议的各级委员会对有关妇女权益保障的立法及其实施情况进行民主监督、政治协商，就有关妇女的重大问题进行调查研究，提出意见和建议。全国政协及部分省、市政协还设立了妇女青年委员会。

中国的各级人民政府及政府各部门负责制定和修改有关的行政法规，发布有关决定和命令，把发展妇女事业纳入社会发展计划，采取行政措施，领导和管理妇女权益保障工作。各级司法机关按照法律程序，审理和判决各类案件，打击侵犯妇女权益的犯罪分子，保障有关法律的执行。为更好地协调和推动政府各部门做好妇女权益的保障工作，国务院成立了由 16 个部委和 4 个群众组织的负责人组成的国务院妇女儿童工作委员会，全国各省、自治区、直辖市（台湾省除外）一级政府也成立了相应的组织。

中国 5800 多个群众性的妇女组织经常向政府反映广大妇女的意见和面临的问题，提出解决问题的建议。它们是维护妇女权益的重要力量。中华全国妇女联合会是其中最大的组织，该会由中国各族各界妇女联合组织而成，具有广泛的代表性和群众性，拥有健全的工作网络，其基层组织遍布城市的街道和农村的乡村。中华全国妇女联合会以代表和维护广大妇女利益为基本宗旨，致力于促进男女平等，提高妇女地位。妇联以其卓有成效的工作赢得了社会的好评和广大妇女的信赖，许多其他全国性的、地区性的或行业性的妇女组织(如女职工委员会、女科技工作者联谊会、基督教女青年会以及女企业家、女工程师、女新闻工作者、女法官、女律师、女作家、女书法家等各种行业的妇女协会等)大多以团体会员的形式，加入中华全国妇女联合会。由于各级妇联在团结妇女参与社会发展和维护妇女权益方面的努力与政府的目标一致，妇联的工作也得到了各级政府的积极支持和鼓励。中国的八个民主党派均设立了妇委会，它们在维护妇女权益方面做了切实有效的工作。

各类宣传媒介、研究机构为保障妇女权益，促进妇女的进步与发展，起到了重要的配合作用。中国的报刊、广播、电视等传媒注重宣传国家有关维护妇女权益的法律法规和文明进步的妇女观，增进全社会对妇女权利、作用的认识。各种妇女群众组织创办了不少妇女报纸刊物，仅各级妇女联合会就有报刊47家。一些综合性的报纸和电台、电视台也辟有妇女专栏，向全社会进行妇女问题的宣传。中国还成立了一些全国性、地方性的妇女问题研究机构，它们的研究成果也促进了保障妇女权益的工作。

上述这些组织机构相互配合、协调，在消除对妇女的歧视，维护男女平等，提高妇女素质，促进妇女发展等方面，做了大量的工作，取得了积极的成果。

《中华人民共和国妇女权益保障法》就是在国家权力机关、行政机关及群众团体的共同努力下颁布实施的。该法由中华全国妇女联合会首先倡议，全国人大代表、政协委员以及妇女大会的代表提出议案、提案和建议，得到了全国人大常委会的重视和采纳，并委托全国妇联、民政部和中华全国总工会承担起草任务。全国人大内务司法委员会和国务院妇女儿童工作委员会积极参与了起草工作。该法颁布后，上述各机构还就这部法律的普及和实施，开展了调查和宣传活动。

针对近年来有的地区重新出现的拐卖妇女儿童及卖淫嫖娼的犯罪活动，1989年国务院发布了《关于坚决打击拐卖妇女儿童犯罪活动的通知》；1991年全国人大根据有关党派、团体的建议，又制定了《严惩卖淫嫖娼的决定》和《严惩拐卖、绑架妇女、儿童的犯罪分子的决定》。有关部门连续召开了三次工作会议，加强了社会治安的综合治理，使上述犯罪活动得到了遏制。1992年中国拐卖人口的案件立案数比1991年下降了35.2%，1993年又比1992年下降了9%。

提高妇女素质是保障妇女权益的一项基础性和战略性工作。1989年以来，中华全国妇女联合会联合十几个政府部门，在全国农村各族妇女中开展了“学文化、学技术，比成绩、比贡献”的“双学双比”竞赛活动，在城镇开展了“做‘四有’(有理想、有道德、有文化、有纪律)、‘四自’(自尊、自信、自立、自强)女性，为‘八五’计划建功”的“巾帼建功”活动。到1993年底，全国有1.2亿农村妇女参加“双学双比”活动，其中9000万人接受了各种实用技术培训，1000万妇女在双学中脱盲；51万妇女获得了农民技术员职称；在老少边穷地区，举办了扶贫培训班250期，建立扶贫联系点4500个，联系点的贫困户中80%解决了温饱问题。有3776万城镇妇女参加了“巾帼建功”活动，4672人被评为省级以上“巾帼建功标兵”，15132人获省级以上女能手称号。中国妇女第六次全国代表大会提出的“自尊、自信、自立、自强”的口号及第七次全国代表大会上通过的90年代中国妇女发展的十项目标，在妇女中和社会上产生了广泛影响。亿万妇女在“四自”口号和十项目标的鼓舞和激励下，正在推动社会的发展和进步中实现自身的发展与进步。

八、积极参与国际妇女活动

中国承认和尊重《联合国宪章》中关于男女平等的原则，赞赏和支持联合国作出的提高妇女地位、实现男女平等的努力。中国积极参与联合国系统妇女领域的活动，遵照独立自主的和平外交政策，积极发展同世界各国妇女的友好交往与合作，为在全世界实现男女平等、妇女参与社会发展、维护世界和平进行了不懈的努力。

1971年10月，联合国恢复中国的合法席位之后，中国积极参与了联合国系统妇女领域的活动。

中国在联合国系统的有关妇女机构中发挥了积极的作用。中国自1974年以来先后五次当选为联合国妇女地位委员会成员国。中国代表在妇女会的会议上，以不同的形式向各国代表阐述了中国妇女对于维护和平、参与发展、促进男女平等的主张，与各国妇女广泛交流提高妇女地位、发挥妇女作用的经验和信息，增进了相互了解，发展了友好合作关系。1982年以来，中国专家连续四次被选为消除对妇女歧视委员会委员，并积极参与审议各国政府提交的报告，努力促进消除歧视妇女的现象。1985—1988年，中国当选为提高妇女地位国际研究训练所董事会董事，为开展妇女研究和培训工作作出了积极的努力。

中国是1980年首批签署《消除对妇女一切形式歧视公约》的国家之一，并按规定及时提交了执行“公约”情况的报告。中国参与审议和制定了《到2000年提高妇女地位内罗毕前瞻性战略》，并结合本国的具体情况，制定了一系列法律、法规，采取了切实可行的措施，来实现《内罗毕战略》所规定的目标。中国政府一贯实行男女同工同酬政策，并于 1990 年正式批准了国际劳工组织的《男女工人同工同酬公约》。

中国支持并参与“国际妇女年”和“联合国妇女十年”的活动。中国政府曾派代表团出席在墨西哥城、哥本哈根和内罗毕举行的三次世界妇女大会，并出席了五次国际筹备会和两次区域性筹备会议。在会上，中国代表充分肯定“联合国妇女十年”的活动，并就制定未来提高妇女地位的战略和一些重大的国际问题阐述了中国的立场和观点，为历次大会的成功作出了积极贡献。中国的妇女组织还派代表参加了与三次大会同时举行的非政府组织论坛的活动。中国先后十七次参加联合国系统举办的旨在实现妇女十年目标的培训班和研讨会，同与会各国交流了经验，增进了友谊。

中国妇女积极发展同世界各国妇女组织及妇女人士的交往。目前，中华全国妇女联合会已同 130 多个国家和地区的近 480 个政府和民间妇女、儿童组织机构，建立了友好联系。近年来，接待各国和地区的来宾已突破万人。来访的宾客有总统夫人、政府女部长、女议员、女企业家、女专家学者、妇女儿童组织负责人及其工作者。十五年来，中国共派 280 批妇女代表团出访。中国妇女的朋友遍天下。

中国认为，虽然各个国家的历史和现状不同，经济发展水平相异，但是在妇女问题上都面临一些共同课题，存在某些相似的情况或困难。中国愿与世界各国妇女相互交流、相互借鉴、共同提高。近几年来，中国妇女界先后与美国、俄罗斯、日本等国的妇女组织举办妇女问题研讨会，就妇女普遍关心的问题进行探讨和交流。

中国积极开展妇女方面的国际合作项目。应联合国教科文组织、亚太发展中心和联合国大学的要求，中国多次承担了关于中国妇女问题的研究项目，提交的报告被广泛散发，受到普遍好评。十多年来，全国妇联陆续与联合国儿童基金会、联合国妇女发展基金、联合国大学、加拿大国际发展署及一些国家的官方和民间援助机构合作，开展合作项目 700 余个，培训 30 多万人，执行合作项目范围遍及中国 30 个省、自治区和直辖市，内容涉及农村妇女扫盲和实用技术培训，城市待业女青年的培训，学前教育师资培训和普及妇幼卫生、家庭教育知识等。合作项目所取得的成果受到各方的称赞，其中“帮助青年就业项目”荣获联合国妇女发展基金特别奖。中华全国妇女联合会被誉为国际合作项目的理想伙伴。

中国一贯支持发展中国家为促进妇女参与经济发展所作的努力。1980 年以来，中国共向 50 个国家的妇女儿童组织提供了 101 批实物援助，主要有缝纫机、绣花机、文化体育用品、服装玩具等，为受援国培训待业女青年和开展妇女工作提供了一定的帮助。近年来，根据某些发展中国家经济发展的需要和要求，中国分别派草麻编、玉米皮编和刺绣技术小组赴莫桑比克、墨西哥、毛里求斯、乌干达和厄瓜多尔等国传授技术，帮助培训当地妇女，受到当地政府和人民的好评。

中国在广泛参加国际妇女双边和多边活动中，始终坚持联合国提出的平等、发展与和平的主题。

中国一贯主张男女平等。中国认为，男女权利的平等，不仅关系到妇女的切身利益，而且关系到人类智慧能否得到全面发挥，社会生产力能否得到充分解放。平等是保证妇女充分参与发展的重要条件。1985 年 3 月，在审评联合国妇女十年成就世界会议第三届筹备会上，中国代表指出：“实现男女平等，这是妇女运动长期以来奋斗的目标，妇女十年在平等立法制定方面，有了显著进展，但仅有立法条文，还很不够……我们认为，战略中应着重强调在国际、区域、国家各级制定行动措施来实现事实上的平等，各国政府和非政府组织应为妇女提供法律咨询，帮助妇女真正有可能运用法律武器维护自己的合法权利。”现在世界上一些国家在政治、经济、社会、家庭以及种族方面仍然不同程度地存在着对妇女的歧视，因此，大幅度地缩短法律与事实上平等的差距仍是国际社会和各国政府进一步努力的重要目标。

中国认为，实现男女平等，关键是让妇女平等地参与发展。妇女是人类发展中的一支伟大力量，没有妇女的参与，发展是不可能取得成功的。目前，妇女充分参与发展的障碍还很多，除了要制定有关法律、法规，保障妇女与男子享有平等参与发展的权利之外，尤其要大力发展妇女教育，培养妇女人才，提高妇女的科学文化水平和管理能力。广大发展中国家由于历史的原因和不公正、不合理的国际经济秩序的束缚，大多经济发展水平低下，科学技术落后，严重妨碍了妇女参与社会经济的发展，导致妇女社会地位低下。为此，必须彻底改变旧的国际经济秩序，发展双边和多边的经济技术合作，使世界各国妇女，尤其是发展中国家妇女充分参与社会的发展，进而实现男女平等。

中国认为，妇女是维护世界和平的伟大力量。和平关系到世界的前途，关系到各国人民特别是妇女的命运。没有和平就谈不上发展，谈不上男女平等。然而，当今世界上，以大欺小、以强凌弱、干涉内政、侵犯主权、武装侵略和占领他国领土等违背联合国宪章和国际法准则的行径仍然存在，局部战争和地区冲突从未停止。中国坚决支持各国人民和妇女反对外来侵略和干涉，为维护国家主权和民族独立、发展民族经济、促进妇女发展所作出的努力。中国主张,世界上所有国家,不分大小贫富强弱,应该一律平等,按照和平共处五项原则和睦相处,各国的事务应由各国人民自己解决,世界的事应由各国协商解决。多年来,中国妇女为维护世界和平,反对帝国主义、新老殖民主义、霸权主义、一切形式的种族主义、法西斯主义、各种形式的恐怖主义等,进行了不懈的努力。

中国积极承办第四次世界妇女大会,努力当好东道主。自联合国接受中国政府的邀请,决定于1995年9月在北京举行第四次世界妇女大会以来,中国政府十分重视做好大会的筹备工作。1992年8月,国务院成立了由国家有关部委、北京市政府和群众团体等30个单位的负责人组成的第四次世界妇女大会中国组织委员会,全面负责大会的筹备工作。以国务委员彭珮云为主席的组委会强调,要将迎接第四次世界妇女大会的过程作为进一步推动中国妇女全面参与发展、实现平等权益的过程。1993年3月,中国总理李鹏在全国人大八届一次会议上的政府工作报告中强调"要办好1995年在北京召开的第四次世界妇女大会",这是中国政府向全国人民进行的动员,也是向国际社会做出的庄严保证。目前,中国政府正认真履行东道国应承担的义务,积极与联合国机构、各国政府和有关非政府组织加强联系、密切合作,为大会的顺利召开竭尽全力,为推动全世界妇女的进步作出贡献。

国办关于取缔自发黄金市场加强黄金产品管理的通知

各省、自治区、直辖市人民政府,国务院各部委、各直属机构:

为了加强对黄金产品的管理,保证国家经济建设对黄金的需要,《中华人民共和国金银管理条例》(以下简称《条例》)规定,国家对黄金实行统一管理、统购统配的政策,境内机关、部队、团体、学校和国有企业、事业单位以及城乡集体经济组织的一切黄金的收入和支出,都必须纳入国家黄金收支计划,由中国人民银行统购统配。但是,一段时期以来,一些地方相继出现了自发的黄金市场,一些企业和个人,违反《条例》的有关规定,擅自买卖黄金,非法生产、批发、零售黄金及制品,造成了金银管理秩序的混乱,严重干扰了国家黄金收购和配售工作的正常进行,致使国家黄金收购量大幅度下降。1993年9月国家调整黄金收购价格以后,黄金收购情况有所好转,但各地自发的黄金市场尚未全部取缔,非法交易活动仍然十分严重。为彻底取缔自发的黄金市场,整顿黄金生产和交易秩序,加强黄金产品管理,经国务院批准,特通知如下:

一、地方各级人民政府、各有关部门和单位,要继续严格贯彻执行《条例》的有关规定,采取坚决措施,严禁黄金私下交易和走私贩私活动。未经人民银行批准,任何地区、部门、单位和个人不得擅自收购黄金,不得从事黄金的生产、批发、加工和零售业务。各省、自治区、直辖市人民政府要立即组织银行、工商、公安、海关、黄金工业和金饰品生产管理部门,采取有力措施,进行综合治理。要从严查处黄金生产企业私下买卖黄金产品的案件,加强执法监督和检查,在1994年6月底前坚决取缔各地已有的和正在筹建的自发黄金交易市场;对于态度不坚决,贯彻不力,7月1日以后仍有非法黄金交易市场的地区,要依法追究有关人员和当地政府主要负责同志的责任。

二、冶金部和各级黄金工业管理部门要加强对黄金生产和交售的管理。黄金生产企业必须把生产的黄金全部交售给人民银行,不得私下交易,不得自行留用,更不得化整为零,由个人出售,逃避纳税义务与贷款清偿责任。对违反者除依照《条例》予以处罚外,还要追究当地黄金工业管理部门和生产企业主要负责同志的责任,对违法者要依法从严查处。黄金生产企业要按规定向主管部门上报黄金生产、交售情况;对黄金交售量明显少于生产量的企业,可视情况停止发放其金银专项贷款和流动资金贷款,并取消其减免税的优惠政策。冶金部和中国有色金属工业总公司每年年初应向国务院报告本系统所属企业上年的黄金生产量和交售量。

三、认真贯彻《国务院关于对黄金矿产实行保护性开采的通知》(国发〔1988〕75号)精神,严禁个体及无证非法采金,严禁个体选冶、加工黄金及倒卖黄金矿石。对经有关部门确认,不能实行机械化开采的边远、零星金矿资源,按程序批准后,可由当地人民政府组织人员集体开采,黄金产品必须全部交售给人民银行。

四、凡金饰品生产、经营单位跨省携带批量黄金,必须经所在地人民银行省(自治区、直辖市)分行的批准,航空、铁道和交通等运输部门凭人民银行批件查验放行;携带批量黄金饰品的,航空、铁道和交通等运输部门凭定点企业经营执照营业副本和单位介绍信查验放行。对不能提供有效证件的,有关部门比照缉私罚没有关规定进行处理。

国家对黄金饰品生产、加工、批发、零售业务实行定点管理。定点单位必须严格按照批准的经营范围经营。生产所用黄金原料按系统申请,切块下达,由企业向人民银行购买,不得私自采购。凡没有经人民银行批准而擅自开办的黄金饰品生产经营单位要立即予以取缔。

五、公安、检察、工商、海关等部门要加强对非法收购、倒买倒卖、走私黄金案的查办,依照《最高人民法院、最高人民检察院、公安部、司法部关于严厉打击倒卖走私黄金犯罪活动的通知》(〔87〕公发24号)精神,严厉打击倒卖走私黄金的犯罪活动，凡累计查获黄金50克以上的，可视为大案处理。罚没黄金一律交售给当地人民银行；当地人民政府要保证执法部门的办案经费，对办案过程中有突出贡献的单位和个人应给予奖励。

六、国内免税品商店经批准兼营金银饰品零售业务的，要严格限制销售对象，凭外国护照、回乡证和境外员工居住证收外汇销售。保税区内的金银管理仍按现行管理程序和规定由各职能部门管理。保税区内的金银首饰加工企业和经营单位所生产和经营的金银产品原则上应出口，不能销往非保税区（包括批发和零售）。如遇特殊情况需将金银产品销往非保税区时，应视同进口，按国家有关规定办理进口手续并照章纳税。

七、严禁从事黄金期货交易，严禁设立各类形式的黄金期货市场。

八、各级人民银行要切实加强黄金收购工作，要根据国际市场金价变化等情况及时调整黄金收购和配售价格，制定严格的收购计划，改进收购方式，提高服务水平，为企业交售黄金提供方便。

各地区、各有关部门要从大局出发，认真贯彻执行上述通知事项。国务院有关部门要组织人员分赴重点产金省进行调查研究，帮助解决问题，总结经验，及时向国务院反映情况。

国务院办公厅

一九九四年六月一日

中国政府和斯洛文尼亚政府在北京签署关于互免持外交和公务护照者签证的协定

国务院副总理兼外交部部长钱其琛在钓鱼台国宾馆同斯洛文尼亚副总理兼外交部部长洛伊泽·佩泰尔莱举行会谈

中国政府和冈比亚政府在班珠尔签署关于中国派遣医疗队赴冈比亚工作的补充议定书

加拿大总督纳蒂辛在渥太华总督府会见来访的上海市代表团团长吴邦国

法国国民议会外事委员会主席吉斯卡尔·德斯坦法国参议院议长莫诺里在巴黎分别会见全国人大外事委员会副主任委员周觉率领的全国人大外事委员会代表团

中国和澳大利亚在墨尔本发表经贸合作联合公报

澳大利亚贸易部长鲍勃·麦克马伦和中国外经贸部副部长谷永江发表联合新闻公报说，'94中国贸易与投资研讨洽谈会的举行体现了中澳两国政府对发展双边贸易和经济关系的高度重视。

两位部长一致认为，尽管两国的经贸关系取得了迅速发展，但目前尚未达到应达到的水平。他们重申，双方将按照中澳贸易与投资框架协议，继续采取有目的和系统的方法取消贸易和投资壁垒；继续以最惠国待遇作为两国贸易的基础；希望尽快解决中国在关贸总协定的地位问题；进一步密切两国在矿产、农业和原材料加工领域的一体化；继续鼓励由政府部长率领的贸易代表团和高级商界人士的互访。

公报呼吁两国工商界密切合作，建立更多互惠互利的合资企业。

6月2日

《人民日报》发表评论员文章《持久、深入、学以致用——谈进一步学好〈邓小平文选〉第三卷》

党中央主办的第四期省部级主要领导干部学习《邓小平文选》第三卷理论研讨班结束了。至此，全国在职省部级主要领导干部已全部在研讨班学习了一遍。各地领导干部学习《邓小平文选》第三卷的读书班、轮训班正在按计划举办。总的来说，前一阶段学习形势不错，学习成果喜人。各级领导干部，特别是县处级以上领导干部要再接再厉，不失时机地在持久、深入、学以致用上下功夫，把学习《邓小平文选》第三卷提高到一个新水平，把全党的思想、理论建设提高到一个新水平。

持久，就是要长期坚持学习邓小平同志的著作。不要以为自己已经进过"科班"，通读了一遍、两遍甚至三遍，主要内容掌握得差不多了，似乎可以松一松了。邓小平同志的著作朴实通俗，大多数领导干部能够一看就懂，但是要真正掌握其基本原理，并能运用自如，绝非轻而易举，绝非一日之功。必须坚持不懈地下大功夫、韧功夫。当然，日常工作繁忙，不可能都像在"班"上那样，集中很多时间埋头研读，这就要善于挤时间学。要制定切实可行的计划，把集中学习同日常学习、集体学习同个人学习很好地结合起来。每一个领导干部特别是高级干部，都应当把《邓小平文选》摆在自己的案头，当作自己的"座右书"，遇到问题就随时翻读，这样坚持下去，形成习惯，日积月累，必会大有裨益。

深入，就是不要浅尝辄止，而要在掌握小平同志建设有中国特色社会主义理论的精髓上、科学体系上下硬功夫、深功夫。通过一段学习，了解建设有中国特色的社会主义理论的主要内容是什么，小平同志在每个时期论述过什么问题，对某个问题有些什么观点，在什么时候是怎么讲的，等等，确有必要；但这不过是了解了“登堂入室”的“路径”而已，我们应当循着这条“路径”继续前进，结合改革和发展实践中提出的各种问题，围绕着怎样认识当代中国、怎样理解当代中国的马克思主义这两大问题深入学习，力求融会贯通。深入钻研小平同志理论的过程，也就是使小平同志理论深入自己头脑的过程，用小平同志理论的精髓和科学体系武装自己头脑的过程。这就要求我们在反复学习的时候，要以《邓小平文选》的论述为指针，认真对照思想，总结工作，从而提高认识，把握大局，坚持正确的，克服错误的，纠正片面的，这样才能真正达到深入的目的。

学以致用，这是持久、深入学习的根本目的，也是学好理论的根本途径。毛泽东同志早就说过：“对于马克思主义的理论，要能够精通它、应用它，精通的目的全在于应用。”邓小平建设有中国特色社会主义的理论是当代中国的马克思主义，精通这一理论的目的全在于用它来分析和解决我国改革开放和社会主义现代化建设中的一系列重大问题。学以致用必须下真功夫、苦功夫。今年在建立社会主义市场经济体制方面，出台了一系列重大改革措施，这是一场改革的“攻坚战”，许多新情况新问题需要正确认识、正确解决。可以说，实践正迫切地呼唤理论，应用理论有广阔的天地。当前，最重要的是要在服从大局、服务大局上建功立业。今年全党和全国工作的大局是：抓住机遇，深化改革，扩大开放，促进发展，保持稳定。关键是处理好改革、发展、稳定的关系。党中央确定的这一基本方针，是运用小平同志的理论对当前国内外形势进行全面分析和正确判断的结果，是理论联系实际的产物。各级领导干部要以小平同志的理论为指导，加深对大局的理解，提高贯彻“二十字方针”的自觉性和坚定性，在自己所领导的地区、部门和单位创造性地开展工作，为促进改革、促进发展、促进稳定作出切实的贡献。

坚持不懈地抓好领导干部自身的理论学习，是“以科学的理论武装人”的“重点工程”，是抓好全党学习的关键。各级党委要认真总结前一段的经验，把这一具有根本意义、长远意义的大事抓得更好。

国务院召开的全国物价大检查会议在北京闭幕

国务院副总理邹家华在会上指出，在各方面的共同努力下，前一阶段物价大检查进展顺利，查处了一批价格违法案件，纠正了部分乱涨价、乱收费的错误行为，促进了生产者、经营者加强内部的价格管理，整顿了价格秩序和市场秩序。这对稳定市场、平抑物价、安定人心起到积极作用，为各项重大改革措施的出台和顺利实施创造了有利的经济和社会环境。

邹家华说，尽管近来物价涨势趋缓，但抑制通货膨胀，稳定市场，平抑物价，仍然是当前正确处理改革、发展、稳定三者关系的关键环节。为了继续搞好物价大检查，需要进一步统一思想认识，增强搞好物价大检查的自觉性。主要是正确认识和处理三个关系：

一是正确认识和处理深化价格改革与加强价格管理的关系。我们要建立社会主义市场经济体制，就必须进行价格改革。概括起来说，就是转换价格形成机制，建立以市场形成价格为主的价格机制；理顺价格体系，建立能合理配置资源的比价关系；改革传统的价格管理制度，建立健全以政府间接管理为主的价格调控体系。为了实现这个目标，在价格改革中必须坚持“调放管”相结合的方针，在调放中有管，做到放而不乱，管而不死。即使价格改革任务完成了，国家对那些具有垄断性、公益性的商品和服务价格仍要实行不同形式的管理，而不是放任自流。

二是正确认识和处理价格监督检查与价格改革和管理的关系。在价格大部分放开以后，价格改革任务并没有完成，还要继续转换价格机制，继续有计划有步骤地提高基础产品、基础设施的价格，进一步理顺价格体系。同时，要适应价格放开后的新情况，建立健全新的价格调控体系和管理办法。这是当前价格改革中的一项紧迫任务。当前，假冒伪劣、牟取暴利、漫天要价、欺行霸市的问题相当突出，对价格上涨起了推波助澜的作用。必须通过物价大检查，规范价格行为。暴利、欺诈是不符合市场经济规律要求的，是绝对不允许的，我们就是要旗帜鲜明地反对和制止。

三是正确认识和处理落实价格调控管理措施与经济增长的关系。开展物价大检查，落实价格调控和管理措施，目的是整顿市场价格秩序，控制物价过度上涨，促进经济既快又好地发展。这对经济全局和各地方经济发展都有利。所有地方、部门都要做到局部服从全局，统一思想，协同动作。

邹家华强调指出，搞好物价大检查工作，必须目标明确，重点突出。各级政府主要领导同志必须亲自过问，分管领导要具体负责，抓好物价大检查各项部署的落实，为物价检查人员执行公务创造必要的条件，帮助他们解决检查工作中遇到的困难和问题。国务院各部门要认真贯彻《国务院关于开展全国物价大检查的通知》精神，联系本部门职能，采取具体措施，与物价部门协同配合，发挥整体优势，确保物价大检查顺利开展。

最后，邹家华要求各地在开展物价大检查中，要十分注意抓好价格立法工作，尽快做到依法治价。特别要抓紧起草《价格法》，制定反欺诈、反暴利、反垄断的法律法规，以及价格监督检查条例，逐步使价格管理和监督检查做到规范化、法制化。物价检查人员要严格执法，廉洁自律，积极探索按市场经济规律开展价格监督检查的新思路、新办法，为稳定大局、深化改革、促进发展做出更大的成绩。

国务院总理李鹏签署国务院第155号令发布《中华人民共和国船舶登记条例》

现发布《中华人民共和国船舶登记条例》，自1995年1月1日起施行。

总理 李 鹏

1994年6月2日

中华人民共和国船舶登记条例(略)

中国国际贸易学会第五届会员代表大会在北京结束

大会提出要把学会办成"思想库"，要继续为外经贸的发展献计献策，并积极开拓有关外经贸的咨询服务等。这个学会成立于1981年。这次选出新的领导机构。

国务院总理李鹏在中南海紫光阁会见美国帝杰证券公司总裁约翰·曹思帝

国务院总理李鹏在中南海紫光阁会见斯洛文尼亚副总理兼外交部部长洛伊泽·佩泰尔莱

马耳他总理阿达米和副总理兼外长德马尔科在瓦莱塔分别会见以全国人大常委会副委员长王光英为团长的全国人大代表团

对外贸易经济合作部部长吴仪与日本通商产业大臣畑英次郎在东京举行正式会谈

会谈中，吴仪介绍中国改革开放以来经济和贸易发展的情况，并介绍2000年中国外贸发展的目标。她说，目前中国外贸总的来说还是进口增长的幅度超过出口。但中国政府并不是靠压进口来达到贸易平衡，而是努力扩大出口。中日贸易发展很快，去年达到历史最高水平。对中日贸易中存在的问题，应通过友好协商来解决。不要因小失大。她感谢日本政府对中国"复关"问题一贯给予的支持。

畑英次郎说，羽田内阁将继承对华友好合作的政策。日中关系已不仅是单纯的双边关系，为了世界经济的发展也应不断增强日中友好合作关系。他再次表示，中国"复关"不仅有助于中国，也有助于世界经济的发展。因此，日本政府支持中国"复关"。他说日本政府对第4批日元贷款问题持积极态度。

中国和挪威两国财政部在北京联合召开国际研讨会

中国财政部和挪威王国财政部日前在北京联合召开国际研讨会。研讨会在国务院副总理朱镕基的倡议下召开，就市场经济下的财税体制和宏观财政政策问题进行交流和探讨。

中国与国际复兴开发银行在美国哥伦比亚特区签署上海环境项目 小浪底水利枢纽项目 天津工业发展项目三项贷款协定

中日双方投资促进机构第四次联席会议在东京举行

本次联席会议是在中国对外贸易经济合作部部长、中方会长吴仪和日方会长池浦喜三郎的共同主持下召开的。会上，中国政府有关部门负责人分别就中国利用外资政策、产业政策、海外税收体制改革、对外商投资企业的外汇管理以及在利用外资过程中的土地作价入股等问题，向日本的企业界、金融界人士作介绍，并解答日方所关心的问题。

吴仪希望中日双方投资促进机构共同努力，把中日投资合作和两国的经贸关系推向新的水平。

国务院批准公布中国工程院首批院士名单

中国工程院首批院士(96人)是(以姓氏笔划为序)：丁德文、丁衡高、马福邦、王选、王涛(女)、王越、王大珩、王永志、王光远、王明庥、王淀佐、王德民、韦钰(女)、文伏波、石元春、卢良恕、师昌绪、朱光亚、朱高峰、刘天泉、刘永坦、刘先林、刘更另、刘鸿亮、关桥、阮雪榆、严东生、苏君红、李大东、李同保、李国豪、李恒德、李鸿志、李德仁、杨奇逊、吴中伟、吴有生、何继善、何德全、邹竞(女)、闵桂荣、闵恩泽、汪成为、汪槱生、沈志云、宋健、张维、张光斗、张直中、张宗祜、张锦秋(女)、陆元九、陈力为、陈俊亮、范维唐、林华、罗沛霖、季国标、金国藩、金怡濂、周镜、周廉、周干峙、周仲义、郑哲敏、赵仁恺、胡启恒(女)、胡海涛、段镇基、侯祥麟、姚福生、顾诵芬、钱易(女)、钱七虎、钱学森、钱皋韵、倪光南、徐更光、徐承恩、殷瑞钰、郭孔辉、黄旭华、黄培云、戚元靖、常印佛、章基嘉、梁应辰、屠善澄、彭士禄、蒋新松、傅熹年、谢友柏、谢礼立、路甬祥、管德、潘家铮

6月3日

国家主席江泽民在钓鱼台国宾馆会见柬埔寨国王西哈努克和莫尼列王后陛下

国务院召开第20次常务会议

国务院总理李鹏主持会议，审议并原则通过《中华人民共和国中国人民银行法(草案)》和《中华人民共和国审计法(草案)》。

会议讨论认为，制定《中华人民共和国中国人民银行法(草案)》，是为了确立中国人民银行的地位和职责，保证货币政策制定、执行的科学性、权威性，加强对金融业的监督管理，建立和完善中央银行宏观调控体系。这部法律草案共八章、四十六条，对中国人民银行的性质和地位、组织机构、人民币、业务、金融监督管理、财务会计等方面内容作出了规定。关于《中华人民共和国审计法(草案)》，会议讨论认为，为了加强对国家财政收支和与国有资产有关的财务收支的审计监督，提高经济效益，维护国家财政经济秩序，保障国民经济健康发展，制定这部法律是十分必要的。这部法律草案共七章、四十七条，对我国审计监督制度的原则、审计机关和审计人员、审计机关职责、审计机关权限、审计程序、法律责任等方面的内容作了规定。

会议原则通过的这两部法律草案，经进一步修改后，将由国务院提请全国人大常委会审议。

全国人大常委会副委员长全国妇联主席陈慕华就《中国妇女的状况》白皮书的有关问题答记者问

《中国妇女的状况》白皮书发表后，陈慕华在全国妇联新办公大楼，接受记者的采访，就白皮书的有关问题回答记者的提问。

记者：为什么要发表《中国妇女的状况》白皮书？

陈慕华：一九九二年三月，联合国决定在中国首都北京召开第四次世界妇女大会，这使中国妇女的状况更加受到世界的关注。这也是中国和世界增进了解的一个机会。因此，白皮书的发表有助于与世界各国交流促进妇女事业进步发展的经验，共同推进全世界妇女的进步，并促进我国社会各界更加关心妇女状况，进一步推动妇女地位的提高。

《中国妇女的状况》白皮书运用马克思主义的妇女观，系统、全面、历史地阐述了中国妇女的地位、妇女事业取得的成绩、存在的问题，以及中国政府和全中国人民为妇女解放做出的努力，可以使全中国和全世界人民对中国妇女的状况有一个全面真实的了解。希望新闻界要广为宣传。

记者：如何评价中国妇女在经济建设中的作用？

陈慕华：中国妇女是经济建设的生力军，是改革开放和现代化建设的一支伟大和重要的力量。在我国，女职工有五千六百万，占总职工人数的百分之三十八，其中有相当一部分是女技术人员和女管理人员。在乡镇企业中，女职工超过百分之四十。在农村，百分之五十的劳动力是妇女。在文化、卫生、教育等战线，妇女占有一定优势。

改革开放为妇女提供了施展才能的舞台，也向我们提出了挑战。比如在企业转换经营机制中，下岗的女职工就相对多一些。针对这一新问题，我们积极采取措施，从提高妇女自身素质入手，组织她们接受专业技术培训，寻找新的就业门路，以适应改革开放的需要。在这方面，我们已取得一定成绩，不久前在辽宁召开会议，总结推广这方面的经验。我认为，这些问题会随着改革开放的不断深入，逐步得到解决。

记者：中国妇女在参与国家和社会事务管理方面还存在哪些问题，如何解决？

陈慕华：中国妇女在参与国家和社会事务管理方面，发挥着重要作用。目前，全国女干部占干部总数的百分之三十多。但我认为，女性参政的比例仍然较低，与女性在总人口中所占比例及她们参与经济、社会发展的程度不相适应。要解决这一问题，一是妇女自身要提高素质，具备一定的参政能力和领导水平；二是政府和有关部门要为妇女参政创造有利条件；三是要克服重男轻女传统观念的影响。

记者：请您介绍一下第四次世界妇女大会目前的筹备情况。

陈慕华：我国政府对这次大会非常重视，李鹏总理及其他领导同志多次就开好这次大会做过指示。一九九二年八月二十八日，成立了第四次世界妇女大会中国组委会，组委会由国务院有关部委、北京市政府、新闻单位和社会团体等三十个单位组成。目前大会会场已经确定，拟定了非政府组织论坛的研讨题目，选定了十四条旅游路线，编写了组委会工作人员手册和工作人员培训手册，制定了大会安全措施，组委会宣传会标也已确定，纪念邮票、纪念币的设计制作正在进行，《中国妇女的状况》白皮书已发表，组委会还拍摄了有关的电视片等等。

全国保税区工作座谈会在天津举行

中共中央政治局委员、国务院副总理李岚清在座谈会上强调，要统一认识，规范和完善保税区的管理，使保税区真正成为我国开放型经济的新的生长点，带动区域经济，推动我国开放型经济的发展。

在介绍我国对外贸易持续快速增长的情况之后，李岚清充分肯定了保税区兴办两年多时间来取得的成绩。他说，保税区是我国在借鉴国际上通行的做法，如保税仓储和出口加工区等管理模式优点的基础上形成的，是符合中国国情的新型的经济开放试点。两年多来，保税区在招商引资、发挥出口加工、转口、仓储功能，推动国内国际市场接轨、带动区域经济发展等方面，显示出独特的优势，发挥了积极的作用。在我国对外开放的大格局中，保税区独特的地位和优势正日益得到体现，示范效应明显。

李岚清指出，保税区尽管取得了很大的成绩，但是我国的保税区制度与国际通行的做法相比，还存在许多不规范、不完善的方面；这些问题的存在，制约了我国保税区的健康发展。他提出要从两个方面来解决这些问题。

首先，要正确认识并充分发挥保税区的三项基本功能，即充分发挥保税区的出口加工功能，努力开拓国际转口贸易的功能，积极发挥保税区的仓储、商品展示等贸易服务功能，特别在保税仓储方面，要针对国内需求，有目的地做好如农药、石油制品等重要商品的储存，以备急需。这些基本功能是保税区与经济开发区和特区的主要区别。

其次，要进一步规范和完善保税区管理。目前多数保税区在管理体制上还有待进一步改进。保税区应是海关监管下的一个特定区域，主要应由海关和保税区管委会来管理，不能方方面面的行政管理和执法机关都进去。另外，保税区的管理法规也不完善、不规范。到目前为止，全国13个保税区还没有一个统一完整的法规，这些都影响了保税区的健康发展。

李岚清特别强调指出，各保税区都应当根据各自的条件和特点，研究制定自己的发展方向和战略，充分发挥综合比较优势，带动区域经济发展。他说，我国保税区要得到健康有序的发展，就必须对保税区管理加以规范。总的说来，应当参照国际上通行的做法来规范保税区的管理，把保税区建成国际、国内市场的连接点和融合体，使经营者直接面向国际大市场。保税区与国际市场之间除国家禁止进出口和配额管理的商品外，货物、资金在区内可以自由流动。

全国政协主席第43届世界乒乓球锦标赛组委会名誉主席李瑞环在人民大会堂会见国际乒联主席荻村伊智朗

国务院副总理邹家华在钓鱼台国宾馆会见大韩民国韩华集团访华团

国务院副总理邹家华在钓鱼台国宾馆会见加拿大鲍尔公司副董事长兼鲍尔金融公司董事长小保尔·德马雷

中国与俄罗斯等五国边界协定起草小组在北京举行第五轮会谈

中国政府代表团边界协定起草小组与俄罗斯、哈萨克斯坦、吉尔吉斯、塔吉克斯坦4国政府联合代表团边界协定起草小组6月3日至14日在北京举行第五轮会谈。双方就中俄国界西段边界线走向的叙述达成一致意见，完成《中华人民共和国和俄罗斯联邦关于中俄国界西段的协定》的起草工作。双方组长签署会谈纪要。

韩国副总理李洪九在汉城会见中国外交部副部长唐家璇

中国工程院成立大会和中国科学院第七次院士大会在中南海怀仁堂同时举行

会议开幕前，党和国家领导人江泽民、李鹏、乔石、李瑞环、朱镕基、刘华清、胡锦涛会见了两院全体院士，并与大家合影留念。中共中央总书记、国家主席江泽民即席发表重要讲话。

江泽民说，从现在起到下世纪中叶，是中华民族振兴的伟大历史时期。在我们这样一个人口多、底子薄、人均资源占有相对比较低的国家，要搞现代化建设，要使经济发展、社会进步、人民富裕、国家富强，我们必须坚持以邓小平同志建设有中国特色社会主义理论和党的基本路线为指导，我们必须依靠科学技术进步。我们的改革，是要进一步解放和发展我国的生产力。科学技术作为第一生产力，更要有一个新的解放和大的发展。中国科学技术的发展水平，将会成为中国现代化实现程度的一个重要标志。

江泽民指出，中国工程院的成立，必将大大鼓舞和激励广大工程技术人员的创造精神，必将对推动工程技术发展，提高工程技术水平和研究、设计、建造、运行能力，发挥积极作用。

国务院总理李鹏出席两院院士大会，并在会上作重要讲话。

中国科学院学部主席团名誉主席卢嘉锡在开幕词中说，这次两院院士大会，新老院士共聚一堂，共商国家科技发展大计，同议中华振兴强国之路，在新中国的历史上还是第一次。这次大会，将作为我国科技发展史上的一个里程碑而载入史册。

中国科学院院长、学部主席团执行主席周光召和中国工程院成立大会主席团执行主席朱光亚，分别在大会上作工作报告。

国务院总理李鹏在中国工程院成立大会和中国科学院第七次院士大会上发表讲话

各位院士，同志们：

首先，我代表党中央和国务院，热烈祝贺中国工程院的成立！热烈祝贺中国科学院第七次院士大会的召开！并且借此机会，向对我国科技事业做出突出贡献的两院全体院士，向全国科学技术工作者，表示亲切的慰问和崇高的敬意！

中国工程院的成立，是工程技术界的一件大事，对于我国的社会主义现代化建设具有重要意义。工程技术是人类应用科学理论改造和保护自然的实践结晶，在科技成果转化为现实生产力的过程中起着必不可少的重要作用。当代工程技术以前所未有的速度迅猛发展，在促进经济和社会发展中显示出巨大的威力。新中国成立以来，我国广大工程技术人员发扬爱国主义和艰苦奋斗精神，努力提高工程技术水平和设计、施工能力，建成了大批重大工程和基础设施，为促进经济建设和国防事业发展作出了卓越贡献。在建设实践中，我国的工程技术在某些领域形成了自己的特色和优势，成长起一大批优秀的工程技术人员。成立以工程技术界优秀专家为主体的中国工程院，对肯定工程技术界的业绩，提高工程技术界的社会地位，进一步调动工程技术人员的积极性，并发挥其整体优势，加速我国工程技术的发展，都将产生重要影响。中国工程院是工程技术界的最高荣誉性、咨询性学术机构，希望成立之后能够按照章程规定，在接受政府委托，对重大工程技术规划、计划和方案等提供咨询方面，在研究、讨论重大工程技术的发展问题并提出建议方面，在团结和带领全国工程技术界贯彻落实党和国家关于科技工作的方针政策方面，在开展国内外学术交流与合作方面，作出积极的贡献。

1955 年成立的中国科学院学部，是国家在科学技术方面的最高咨询机构，为国家制订和实施重大的科技决策和科技规划，发挥了重要作用。为便于进行国际交流，体现其权威性和荣誉性，国务院决定，在中国工程院实行院士制度的同时，将原中国科学院学部委员改称为院士。这是符合国际科技界惯例的重要举措，也是全国科技界的强烈愿望和普遍呼声。作为中国科学院院士大会，这是第一次，但考虑到和过去学部委员制的继承关系，我们还是把这次大会称为中国科学院第七次院士大会。在这次院士大会上，还将选举产生中国科学院第一批外籍院士，这对我国科技领域的进一步对外开放，加强同国际科技界的交流与合作，促进我国科技事业的发展，将会产生积极的影响。

在社会主义现代化建设进程中，我们要始终不渝地贯彻邓小平同志关于“科学技术是第一生产力”的指导思想，坚持“经济建设必须依靠科学技术，科学技术工作必须面向经济建设”的方针，努力形成面向经济建设主战场、发展高新技术及其产业、加强基础性研究三个层次的合理布局。改革开放以来，我国科技战线在组织重大科技课题攻关，应用和推广科技成果，推动企业和农村的科技进步，开展高新技术研究，加强基础研究，以及重点工程项目建设等方面，取得了显著的成就。国家科学基金制度和专利制度的实行，高科技园区的建设，“863 计划”、“星火计划”、科技兴农和科技扶贫计划的实施，科技成果的商品化和产业化，都取得了明显的进展。同经济体制改革相适应，科技体制改革也在逐步深入。科技体制改革的目标，是建立适应社会主义市场经济发展，符合科技自身发展规律，科技与经济密切结合的新型体制，促进科技进步，攀登科技高峰，以实现经济、科技和社会的综合协调发展。

当前，国际上以经济和科技实力为基础的综合国力较量日益激烈。我国的科学技术队伍，是国家实现现代化和迎接国际竞争挑战的一支十分重要的力量。中国科学院与中国工程院，作为中国科学技术界的两个最高学术机构，要携起手来，密切配合，为祖国的现代化事业作出更大的贡献。中国科学院与中国工程院的院士们，作为我国科学界和工程技术界的杰出代表和中坚力量，重任在肩，要团结合作，带领全国广大的科技工作者，发愤图强，积极进取，努力攀登科技高峰，赶超世界先进水平，为把我国建设成为伟大的社会主义强国，贡献自己的聪明才智。科学家和工程技术专家是我们国家不可多得的宝贵财富。我希望各级党政领导，都能在政治上、工作上和生活待遇上，爱护我们的科学家和工程技术专家，关心他们的工作和生活，为他们更好地发挥作用创造条件。

预祝大会圆满成功！

第三次全国化工科技进步工作会议在北京闭幕

会议总结两年来我国化学工业科技体制改革的成绩和经验，提出促进科技经济一体化、加强化工科技法制建设、进一步扩大对外开放的目标。

会议讨论《化学工业“九五”科技进步规划》等文件，鼓励科研机构转型为科技企业，联合进行中试开发，并努力进入高新技术产业开发区，在加快工程中心建设，提高成果的转化能力的同时，推进化工科技法制的建设。

全国政协副主席朱光亚、国家科委副主任朱丽兰、中科院院长周光召、化工部部长顾秀莲等出席闭幕式并讲话。

农业部在天津召开全国“定点屠宰、到点检疫”现场会

国家环保局发布《1993 年中国环境状况公报》

《公报》表明，去年我国在经济较快发展的情况下，尽管环境污染与生态破坏仍在发展，少数地区污染较为严重，但是由于国家采取了一系列措施，从总的方面来看，局部地区的污染有所控制，生态环境开始出现转机，环境状况相对较为稳定。

由农业部、林业部、水利部、国家环保局等11个部门编写的上述《公报》显示：去年我国废气排放量达11万立方米，其中烟尘有1416万吨，与上年基本持平；全国废水排放总量355亿多吨，比上年下降了3%，其中工业废水排放量比上年下降6.2%；全国大江大河干流的水质状况基本良好。说明工业污染防治已经取得成效。

据统计，去年全国防治工业污染的直接投资达144.9亿元，比上年增加26.6亿元。工业废水处理率为72%，比上年提高了3.4个百分点；外排工业废水达标率为54.9%，比上年提高两个百分点。

至去年底，全国已有57%的城市居民用上了燃气，居民用气普及率比上年提高4.5%，这对节约能源和改善城市环境起了重要作用。

城市公共绿地面积继续增加，已达7.4万公顷，人均享有4.5平方米。

由于各地区多年来的不懈努力，去年我国森林面积和森林蓄积量呈“双增长”趋势。占用耕地的增长势头也得到控制。然而，从去年情况看，我国环境保护任务仍很艰巨。这主要表现在：城市地面水污染普遍严重，地下水超采现象仍很普遍；全国遭受不同程度污染的农田面积已达1000万公顷，每年因此损失粮食120亿公斤；草原退化、沙化、盐碱化仍在发展；水土流失严重；渔业生态环境恶化的状况尚未得到有效控制。

据统计，1993年，全国发生工业污染事故2761起，比上年增加94起，直接经济损失2.2亿元。

国家环保局局长解振华在新闻发布会上强调，环境保护作为物质文明和精神文明的重要内容，必须与经济建设同步发展。在我国进入扩大改革开放、加快经济发展的新时期，尤其要吸取发达国家的经验教训，采取相应的对策和措施，处理好环境与发展的关系。

6月4日

国务院总理李鹏在钓鱼台国宾馆会见柬埔寨国王西哈努克和王后莫尼列

全国人大常委会委员长乔石和夫人郁文在人民大会堂会见柬埔寨国王诺罗敦·西哈努克和王后诺罗敦·莫尼列·西哈努克

国务院总理李鹏签署国务院第157号令发布《中华人民共和国国家安全法实施细则》

《中华人民共和国国家安全法实施细则》已经1994年5月10日国务院第十九次常务会议通过，现予发布，自发布之日起施行。

总理 李 鹏

1994年6月4日

中华人民共和国国家安全法实施细则

第一章 总 则

第一条 根据《中华人民共和国国家安全法》(以下简称《国家安全法》)，制定本实施细则。

第二条 国家安全机关负责本细则的实施。

公安机关依照《国家安全法》第二条第二款的规定，执行国家安全工作任务时，适用本细则有关规定。

第三条《国家安全法》所称的“境外机构、组织”包括境外机构、组织在中华人民共和国境内设立的分支(代表)机构和分支组织；

“境外个人”包括居住在中华人民共和国境内不具有中华人民共和国国籍的人。

第四条《国家安全法》所称的“间谍组织代理人”，是指受间谍组织或者其成员的指使、委托、资助，进行或者授意、指使他人进行危害中华人民共和国国家安全活动的人。

间谍组织和间谍组织代理人由中华人民共和国国家安全部(以下简称国家安全部)确认。

第五条《国家安全法》所称的“敌对组织”，是指敌视中华人民共和国人民民主专政的政权和社会主义制度，危害国家安全的组织。

敌对组织由国家安全部或者公安部确认。

第六条《国家安全法》第四条所称“资助”实施危害国家安全的行为，是指境外机构、组织、个人的下列行为：

(一)向有危害国家安全行为的境内组织、个人提供经费、场所和物资的；

(二)向境内组织、个人提供用于进行危害国家安全活动的经费、场所和物资的。

第七条《国家安全法》第四条所称“勾结”实施危害国家安全的行为，是指境内组织、个人的下列行为：

(一)与境外机构、组织、个人共同策划或者进行危害国家安全活动的；

(二)接受境外机构、组织、个人的资助或者指使，进行危害国家安全活动的；

(三)与境外机构、组织、个人建立联系，取得支持、帮助，进行危害国家安全活动的。

第八条 下列行为属于《国家安全法》第四条所称“危害国家安全的其他破坏活动”：

(一)组织、策划或者实施危害国家安全的恐怖活动的；

(二)捏造、歪曲事实，发表、散布文字或者言论，或者制作、传播音像制品，危害国家安全的；

（三）利用设立社会团体或者企业事业组织，进行危害国家安全活动的；

（四）利用宗教进行危害国家安全活动的；

（五）制造民族纠纷，煽动民族分裂，危害国家安全的；

（六）境外个人违反有关规定，不听劝阻，擅自会见境内有危害国家安全行为或者有危害国家安全行为重大嫌疑的人员的。

第二章 国家安全机关在国家安全工作中的职权

第九条 境外个人被认为入境后可能进行危害中华人民共和国国家安全活动的，国家安全部可以决定其在一定时期内不得入境。

第十条 对背叛祖国、危害国家安全的犯罪分子，依据《国家安全法》第六条的规定，国家安全机关可以通缉、追捕。

第十一条 国家安全机关工作人员依法执行国家安全工作任务时，对发现身份不明、有危害国家安全行为的嫌疑人员，可以检查其随带物品。

第十二条 国家安全机关执行国家安全工作紧急任务的车辆，可以配置特别通行标志和警灯、警报器。

第十三条 依据《国家安全法》第十一条的规定，国家安全机关对查验中发现的不符合维护国家安全要求的电子通信工具、器材等设备、设施，可以责令有关组织和个人进行必要的技术处理；拒绝或者没有能力进行技术处理的，可以予以封存、扣押，依照有关法律、行政法规的规定处理。

第十四条 国家安全机关工作人员依法执行国家安全工作任务的行为，不受其他组织和个人的非法干涉。

国家安全机关工作人员依法执行国家安全工作任务时，应当出示国家安全部侦察证或者其他相应证件。

国家安全机关及其工作人员在国家安全工作中，应当严格依法办事，不得超越职权、滥用职权，不得侵犯组织和个人的合法权益。

第三章 公民和组织维护国家安全的义务和权利

第十五条 机关、团体和其他组织对本单位的人员进行维护国家安全的教育，动员、组织本单位的人员防范、制止危害国家安全行为的工作，应当接受国家安全机关的协调和指导。

第十六条 公民发现危害国家安全的行为，向所在组织报告的，所在组织应当及时向国家安全机关或者公安机关报告，不得延误。

第十七条 公民和组织支持、协助国家安全工作，有权要求国家安全机关、公安机关采取有效措施，防范、制止侵犯其合法权益的行为。

第十八条 下列情形属于《国家安全法》第五条所称的“重大贡献”：

（一）为国家安全机关提供重要线索，发现、破获严重危害国家安全的犯罪案件的；

（二）为国家安全机关提供重要情况，防范、制止严重危害国家安全的行为发生的；

（三）密切配合国家安全机关执行国家安全工作任务，表现突出的；

（四）为维护国家安全，与危害国家安全的犯罪分子进行斗争，表现突出的；

（五）在教育、动员、组织本单位的人员防范、制止危害国家安全行为的工作中，成绩显著的。

第十九条《国家安全法》第二十条所称“非法持有属于国家秘密的文件、资料和其他物品”是指：

（一）不应知悉某项国家秘密的人员携带、存放属于该项国家秘密的文件、资料和其他物品的；

（二）可以知悉某项国家秘密的人员，未经办理手续，私自携带、留存属于该项国家秘密的文件、资料和其他物品的。

第二十条《国家安全法》第二十一条所称“专用间谍器材”，是指进行间谍活动特殊需要的下列器材：

（一）暗藏式窃听、窃照器材；

（二）突发式收发报机、一次性密码本、密写工具；

（三）用于获取情报的电子监听、截收器材；

（四）其他专用间谍器材。

专用间谍器材的确认，由国家安全部负责。

第四章 法律责任

第二十一条 实施危害国家安全行为所使用的工具和其他财物，或者本细则第六条所列的经费、场所和物资，国家安全机关可以予以查封、扣押、冻结；所查封、扣押、冻结的财物，根据不同情况，由国家安全机关予以没收或者移送司法机关依法处理。

国家安全机关没收的财物，一律上缴国库。

因泄露国家秘密所获取的财物，依照《中华人民共和国保守国家秘密法实施办法》第三十四条的规定处理。

第二十二条 实施危害国家安全的行为，构成犯罪的，依法追究刑事责任；不构成犯罪的，由其所在单位或者上级主管部门予以行政处分，国家安全机关也可以予以警告、训诫或者责令具结悔过。

第二十三条 下列情形属于《国家安全法》第二十四条所称的“立功表现”：

（一）揭发、检举危害国家安全的其他犯罪分子，情况属实的；

（二）提供重要线索、证据，使危害国家安全的行为得以发现和制止的；

(三)协助国家安全机关、司法机关捕获其他危害国家安全的犯罪分子的;

(四)对协助国家安全机关维护国家安全有重要作用的其他行为。

"重大立功表现",是指在前款所列立功表现的范围内对国家安全工作有特别重要作用的。

第二十四条 有证据证明知道他人有危害国家安全的犯罪行为,或者经国家安全机关明确告知他人有危害国家安全的犯罪行为,在国家安全机关向其调查有关情况、收集有关证据时,拒绝提供的,依照《国家安全法》第二十六条的规定处理。

第二十五条 国家安全机关依法执行国家安全工作任务时,公民和组织依法有义务提供便利条件或者其他协助,拒不提供或者拒不协助,构成故意阻碍国家安全机关依法执行国家安全工作任务的,依照《国家安全法》第二十七条第二款的规定处罚。

第二十六条 故意阻碍国家安全机关依法执行国家安全工作任务,造成国家安全机关工作人员人身伤害或者财物损失的,应当依法承担赔偿责任,并由司法机关或者国家安全机关依照《国家安全法》第二十七条第二款的规定予以处罚。

第二十七条 国家安全机关工作人员玩忽职守、徇私舞弊、非法拘禁、刑讯逼供,构成犯罪的,依法追究刑事责任。

第五章 附 则

第二十八条 本细则自发布之日起施行。

《人民日报》发表评论员文章《群贤荟萃 科技昌盛——热烈祝贺中国工程院成立暨中科院第七次院士大会开幕》

中国国际质量认证咨询促进会在北京成立

中国国际质量认证咨询促进会日前在北京成立。该会将加强与世界各国质量认证、咨询机构的交流,根据国际通行做法规范我国质量认证工作,帮助我国企业健全质量体系。

国家主席江泽民根据全国人大常委会的决定任免驻外大使

一、免去林廷海的中华人民共和国驻冈比亚共和国特命全权大使职务。

任命王家骥为中华人民共和国驻冈比亚共和国特命全权大使。

二、免去黄士康的中华人民共和国驻墨西哥合众国特命全权大使职务。

任命张沙鹰为中华人民共和国驻墨西哥合众国特命全权大使。

三、任命林廷海为中华人民共和国驻莱索托王国特命全权大使。

首都的女律师女将军女企业家等各界妇女代表就《中国妇女的状况》白皮书进行座谈

中国政府和吉尔吉斯政府在北京签署汽车运输协定

6月5日

中共中央政治局常委朱镕基在中组部等联合组织的部级干部党课讲座上作题为《党的建设必须围绕经济建设,经济建设必须依靠党的建设》的报告

在建立社会主义市场经济体制过程中,需要大力提倡廉政勤政,深入开展反腐败斗争。腐败现象是目前一个严重的问题,其表现可概括为,一是贪污行贿,触目惊心;二是道德败坏,廉耻丧尽;三是帮派拉拢,结党营私。助长上述腐败现象的,则是我们一些干部身上存在的庸俗的风气。少数领导干部对腐败行为睁一只眼,闭一只眼,漠然处之,"和稀泥";甚至支持或默许一些坏人为本部门谋利益,对其封官许愿;一旦出了问题,便弄虚作假,顶着不办,干扰组织部门对其违法违纪行为的查处。这种风气若不改变,腐败现象很难遏制。

应该说,腐败现象是从计划经济过渡到社会主义市场经济这一发展过程中,难以避免发生的历史现象。在逐步向市场经济过渡的过程中,人们的观念发生了很大变化,也难免混乱;有关的法律制度不健全,市场管理和监督稽查也不规范。这种情况下在一个时期内发生腐败现象,也不应大惊小怪,我们党完全有能力解决这些问题。历史上我们曾碰到过比这些大得多的问题,都顺利解决了,目前的问题也完全能够解决。解决这些问题,除了对那些触犯刑律的腐败分子应依法从严打击外,还要提倡一些正确的东西,努力转变社会风气。我想应该从三个层次上去做:在共产党员特别是领导干部中要进行马克思主义的世界观、人生观和高尚的共产主义道德的教育。只要我们党的肌体是健康的,就可以抵制腐朽的东西。所以,每一个共产党员都应该树立马克思主义的世界观和人生观,不能讲一切向钱看;在广大干部中要提倡为人民服务的优良品德。要向孔繁森同志学习。机关干部工资比较低,需要增加,但更重要的是发扬全心全意为人民服务的精神;在广大职工和人民群众中应该提倡热爱祖国,热爱工作,遵纪守法,克己奉公的社会公德和敬业精神。转变社会风气，要多做一些工作，包括讲党课，提高大家的思想认识。党员特别是党员领导干部要发挥带头作用。

总之，反腐倡廉是关系到我们党生死存亡的大问题。这个问题在党的历史和国际共产主义运动的历史上长期都没有得到解决。我相信我们党终究能够解决这一问题。以江泽民同志为核心的党中央在反腐倡廉问题上是坚决的，坚定的，毫不动摇的，无所畏惧的。全党对此应该统一认识、统一思想。最近一个时期经过工作，用公款吃喝玩乐的人明显少了，前呼后拥剪彩的也少了，这是好现象。保持这个力度，严肃地查处一批大案要案，腐败现象一定可以遏制，党风和社会风气一定可以好转。

首届中国妇女与环境会议在北京召开

国家环保局和全国妇联联合召开中国妇女与环境会议，以此纪念"六五"世界环境日。会议郑重发表"中国妇女环境宣言"，号召全国妇女积极投身环境保护事业，勇敢承担起历史和社会赋予的重任，在持续发展中发挥至关重要的作用。

会议上，来自全国各地的妇女代表交流各自为保护环境所作的努力和取得的成就，并就持续发展及妇女在其中的地位和作用等问题作探讨。

会议表彰100名为环境保护事业作出了突出贡献的妇女工作者，授予她们"妇女环保100佳"荣誉称号。

国务委员宋健在大会发言中强调，中国妇女在环境保护事业中发挥着巨大的作用。母亲们对青少年有着最直接的影响，而孩子们是社会的未来。我们希望每一位妇女都能积极热情地参与发展经济和环境保护这一伟大事业，只要有她们的积极参与，经济建设和环境保护事业就会有健康和持续的进步。

会议宣言还动员全国妇女自觉遵守环境保护法，努力学习与传授环境保护和持续发展的思想，积极参与环境保护活动，热情配合社会对青少年进行环境教育，与世界各地妇女携手并肩，共同为发展经济、保护全球环境而努力奋斗。

国务院批准国家民委职能配置内设机构和人员编制方案

国务院最近批准国家民委职能配置、内设机构和人员编制方案。根据方案的要求，国家民委将进一步强化宏观管理职能，贯彻执行党中央、国务院关于民族工作的路线、方针、政策和国家关于民族问题的法规，加强调查研究、综合协调、监督检查工作，当好党中央、国务院在民族工作方面的参谋和助手。

国家民委副主任陈虹日前对记者介绍说，在新的历史发展时期，国家民委作为国务院管理民族事务的职能部门，要坚持以经济建设为中心，积极参与研究制定有关社会管理和发展经济与文化教育事业的政策，促进少数民族和民族地区改革开放和现代化建设事业的发展，促进各民族的平等、团结、互助和共同繁荣，维护国家的统一和稳定。陈虹说，国务院批准的国家民委"三定"方案，不仅强化国家民委的职能，而且对国家民委的职责提出了更高的要求。国家民委将在邓小平同志建设有中国特色社会主义理论指引下，上为党中央、国务院当好参谋助手，下为少数民族和民族地区竭诚服务。

国家税务总局发布《关于增值税专用发票换版的公告》

为了加强增值税专用发票（以下简称专用发票）的印制和使用管理，确保我国增值税制的顺利实施，经国务院批准，自1994年7月1日起，全国将统一使用新版专用发票，现将有关问题公告如下：

一、新版专用发票由国家税务总局制定，委托中国人民银行印钞造币总公司统一印制，其他任何单位和个人不得印制。

二、为了便于使用，新版专用发票分为中文版（包括藏文、维吾尔文两种少数民族文字版），中英文版和电子计算机版；中文版、中英文版分为万元、百万元和千万元版；各种版式的联次分为四联票和七联票。纳税人可根据实际需要选择使用。

三、新版专用发票使用全国统一的防伪标志。

四、新版专用发票启用后，原版专用发票一律停止使用，由税务机关集中收缴，统一销毁。

五、新版专用发票使用后，各地要继续按照国家税务总局颁布的《增值税专用发票使用规定》严格管理，严禁私印、伪造、变造、倒卖、转借和代开。对违反专用发票使用规定造成偷税的，税务机关将依法予以严厉处罚；情节严重，构成犯罪的，要移送司法机关惩处。

特此公告。

叙利亚总统阿萨德在大马士革会见来访的外交部副部长田曾佩

中国工程院召开全体院士会议

大会主席团成员朱高峰作关于起草《中国工程院章程》的说明。

制订该章程，是中国工程院工作的一项重要基础性建设，是为使中国工程院在建立之初，各方面工作有章可循，健康发展。讨论制订一个章程，作为指导中国工程院工作的法规性文件，是十分必要的。《中国工程院章程》旨在对中国工程院的性质、职能和任务，以及关于院士的增选制度、程序和学部设置作规定说明。

6月6日

国务院总理李鹏在钓鱼台国宾馆同马耳他总理爱德华·芬内克—阿达米举行会谈

李鹏指出，中马建交以来两国经贸关系发展顺利，去年又有新的进展，双方相继签署海运合作、避免双重征税等协定。中方对同马耳他的经贸合作持积极态度，愿同马方一道继续探索发展互利合作的新途径，使两国经贸合作关系取得新的进展。

两位总理一致希望，双方的政府官员和企业界人士利用这次访问的机会进行对口讨论，探索中马合作新领域。

在谈到国际问题时，李鹏说，两极格局结束后，世界正在加速向多极化方向发展。建立和平、稳定、公正、合理的国际新秩序已成为当务之急。中国愿意为解决世界和平与发展两大主题作出自己的努力。

李鹏表示，中国政府重视与西欧国家发展长期的友好合作关系，双方发展合作关系具备良好的基础和广阔的前景。他说："我们相信，只要双方认真遵循求同存异、相互尊重、互不干涉内政和平等互利的原则，中国同西欧国家的关系就能得到进一步发展。"

阿达米总理赞同李鹏总理关于建立国际政治和经济新秩序的主张，并表示支持恢复中国关贸总协定缔约国地位。

中共中央政法委员会在北京就进一步部署狠抓查处经济犯罪大案要案召开全国电话会议

中共中央书记处书记、中央政法委书记任建新要求，近期要加大对贪污贿赂、金融诈骗、走私等严重经济犯罪的打击力度，特别要认真查处大案要案，把反腐败斗争向前推进一步。

在总结前一段反腐败斗争中查处大案要案的情况时，任建新说，经过各级党委、政府和纪检监察机关、司法机关大量艰苦的工作，反腐败斗争取得了阶段性成果，腐败现象蔓延的情况得到了一定的遏制。但是，当前查处经济犯罪大案要案的工作，同实际存在的问题相比，同人民群众的呼声相比，同党中央、国务院的要求相比，还有不小差距，还存在很多问题。他说，这些问题主要是，斗争发展不平衡；办案阻力重重，进展迟缓；处理偏轻，打击不力。

任建新指出，今年下半年，政法部门要集中力量，突出重点，加速查处经济犯罪大案要案。他说，要把贪污贿赂、金融诈骗、走私等犯罪案件作为集中查处的重点；把党政领导机关、司法部门、行政执法部门和经济管理部门，作为查处经济犯罪的重点部门；要抽调精兵强将，下决心排除一切阻力，集中力量尽快查办县处级以上领导干部中进行上述几种犯罪的案件；要陆续公开报道一些对全国有影响的大案特别是领导干部犯罪的要案，以进一步形成声势，扩大社会效果。

任建新强调，查处大案要案的工作能否深入持久进行下去并不断取得成效，关键在于领导。各级党委、政府和各部门的领导同志必须进一步统一思想，提高对查办大案要案重大意义的认识，增强使命感和紧迫感，真正把查处大案要案作为反腐败斗争的重大政治任务；要切实加强对查处大案要案工作的领导，大力支持和帮助政法部门冲破阻力、排除干扰、秉公执法，使反腐败斗争取得更大的突破和进展。

任建新要求，政法部门、纪检监察部门、行政执法部门和各部门各单位要依法各司其职，加强协调，密切配合，提高办案效率，加快办案进度，共同做好从重从严查办大案要案的工作；要严肃纪律，排除干扰，对于贪赃枉法、徇私舞弊、故意设置障碍、干扰办案、包庇放纵犯罪分子的党政领导和执法执纪人员，要依法追究刑事责任；要发动和依靠群众，大胆举报经济犯罪线索，大力协助司法部门查证、拘捕、惩处犯罪分子；要保证办案经费，为查办大案要案提供必要的物质条件。

最高人民检察院检察长张思卿和公安部部长陶驷驹、最高人民法院副院长高昌礼也在电话会议上讲话。

全国无线电管理工作会议在北京召开

国家无委会常务副主任、邮电部部长吴基传就此次会议无线电管理体制和办事机构调整的意义等作报告。

国务院副总理、国家无线电管理委员会主任邹家华在会议上强调，要加强无线电的管理，推动无线电事业的发展。

邹家华指出，我国无线电管理工作在过去的几十年里特别是改革开放的十几年中取得了很大的成绩。但是，事业的发展又暴露出现行体制存在的问题和不足，突出表现在层次多，管理不严，组织指挥系统不那么协调，监测手段还有待进一步加强。

邹家华指出，去年九月发布的《中华人民共和国无线电管理条例》是我国无线电管理工作的基本法律依据，是我们从事这项工作的同志们多年来辛勤劳动的结晶。《条例》的基本精神就是强调集中统一领导，加强国家对无线电的集中统一管理，加强规划，加强技术设施建设。

针对体制调整工作，邹家华指出，这次体制调整的重要内容是加强集中统一管理，重点是加强中央和省这两级，加重他们的责任和权力，在地市一级不设无线电管理委员会，而设省无委会的派出机构。

全国人大常委会委员长乔石在人民大会堂会见东盟各国议会组织代表团

中国外交部和阿尔巴尼亚外交部在北京签署合作议定书

中国和韩国在北京签署关于成立中韩产业合作委员会的协议和民用航空工业技术合作与开发的备忘录

国家经贸委主任王忠禹上午和韩国驻华大使黄秉泰分别代表本国政府在北京人民大会堂签署《中华人民共和国政府和大韩民国政府关于成立"中韩产业合作委员会"的协议》和《中华人民共和国政府和大韩民国政府关于民用航空工业技术合作与开发的谅解备忘录》。国务院副总理李岚清出席签字仪式。

成立"中韩产业合作委员会"，旨在交流两国政府在相关领域中的产业技术政策和管理经验，指导和协调产业合作和技术交流活动，努力促进两国产业领域内的合作项目实施。

中国和波兰在华沙签署科技合作议定书

中国和波兰两国政府代表在华沙签署1994年中波科技合作议定书，双方表达进一步加强中波科技交往与合作的愿望。

中国国家科学技术委员会副主任黄齐陶和波兰科学研究委员会主席卡尔切夫斯基分别代表本国政府在文件上签字。

双方科技专家认为，中波两国在电子材料、造船技术、核技术、航空、电力、煤炭、精密机械、生物技术与医学研究、环保和花卉养植等诸多方面合作潜力很大。

国家科委副主任邓楠和意大利外交部副部长利维奥·卡布托在意大利外交部分别代表两国政府签署《中意科技合作谅解备忘录》

中国21世纪议程代表团在日本东京举行报告会

以中国国家计划委员会副主任佘健明为团长的中国21世纪议程代表团在东京经团联会馆举行报告会，全面地介绍21世纪中国促进经济、社会、资源和环境协调发展的总体战略、对策和行动方案，受到与会的日本经济界和政界人士的高度重视。

佘健明在报告会上说，在1992年6月联合国在巴西召开全球环境与发展首脑会议后，中国政府经过一年半的努力，编制了《中国21世纪议程——中国21世纪人口、环境与发展白皮书》。

佘健明说，经初步匡算，完成计划中的62个项目，5年内需要总投资40多亿美元，其中60%由中国中央政府、地方政府、企业和个人投入，40%要寻求广泛的国际合作和支持。

中央军委副主席刘华清张震同在军队工作的中国科学院中国工程院院士座谈共商军队现代化建设大计

座谈会上，朱光亚、吴孟超、汪成为、张效祥、陈芳允、周廷冲、钱七虎、孙曼霁、周兴铭、程开甲、王永志等院士分别就发展国防科学技术，加强高科技人才培养，重视科学技术交流，组织协作攻关，进一步调动科技工作者积极性等问题发表意见。

刘华清在听取院士们的发言后讲话。

刘华清说，邓小平同志指出，科学技术是第一生产力。军队现代化建设离不开科学技术，发展国防科学技术是一项长期、艰巨的任务，广大科技工作者、工程技术人员肩负重任。我们要进一步调动大家的积极性，培养高层次的人才，着眼未来，集中力量，搞好协同，在现代科学技术领域不断取得成果。

刘华清希望军队的科技工作者要加强同国际、国内同行的联系，搞好学术交流，取长补短，促进自身发展，在以江泽民同志为核心的中央军委领导下，团结一心，开拓进取，为国防现代化建设作出更大的贡献。

中国科学技术协会工程学会联合会和香港工程师学会在北京签订有关工程师专业技术资格互认的协议书

为促进内地与香港两地之间科学技术交流，并在经济、贸易和其他领域开展合作，中国科协工程联合会受中国科协委托，和香港工程师学会签订协议。

双方认为，香港工程师学会开展工程师专业资格评审、注册的经验和内地有关专业工程师资格评审认定的管理办法和经验，可作为互认工作的借鉴。

新闻出版署发布《对台出版交流管理暂行规定》

《规定》指出，大陆进销台湾版图书、台湾在大陆举办两岸图书展销会、台湾出版人员在大陆从事合作出版活动、与台湾合资办印刷企业，以及大陆出版机构人士赴台进行出版交流活动等要进行审批，并强调，台湾出版发行机构不得在大陆设立办事处、派常驻人员；在大陆的台湾企事业机构亦不得在大陆从事出版发行活动。

西北航空公司2303号班机执行西安至广州飞行任务时在西安东南30公里处坠毁机上160人全部遇难

6月7日

国家主席江泽民在中南海会见马耳他总理爱德华·芬内克—阿达米

新华社香港分社社长周南在香港会见并宴请香港华员会主要负责人

周南表示，希望香港的广大公务员九七年后留下来，为未来的特别行政区服务，继续为广大港人的福祉服务。

华员会是目前香港最大的公务员团体。周南说，在对待公务员的问题上，包括公务员的任用、升迁和福利待遇等，中国政府将严格按照基本法的有关规定办事，不会出现所谓的“大换班”情况，更不存在什么“秋后算账”的问题。

周南表示，希望香港公务员今后在服务社会、保证九七年的平稳过渡和维护香港的长期稳定繁荣等方面作出更大贡献。他同时希望香港华员会在这方面进一步发挥其影响力，继续团结广大公务员在九七年后留任服务。

席间，周南赞扬华员会长期以来为争取公务员合理权益所作的努力，肯定该会对香港社会所作的贡献，并对该会主张公务员“非政治化”的立场以及务实稳健和认真负责的工作作风表示赞赏。

华员会负责人谈到该会今年 80 周年会庆的情况，并就公务员长俸储备基金、公务员聘用及服务条件、公务员本地化及转制等问题谈了看法。

全国人大常委会委员长乔石在贵州考察

6 月 7 日至 14 日，乔石先后考察了黔南布依族苗族自治州首府都匀和黔东南苗族侗族自治州首府凯里及其所辖的荔波、三都、雷山等县，访问了工厂、学校及瑶族、水族、苗族等少数民族村寨和一些农户，接触了各民族的干部、工人、农民和教师，了解了他们的生产、生活、教育、脱贫等情况。

乔石在听取省委、省人大、省政府的工作汇报后指出，现在是我国建设发展的极好时期。他回顾了鸦片战争以来的中国近代史，分析了当前国际国内有利于我国经济建设的各种条件，勉励大家深刻领会小平同志的重要指示，抓住机遇，把贵州的经济建设搞上去。

在谈到贵州的经济工作时，乔石说，贵州是个“三不沿”的内陆省，山地和丘陵占百分之九十七，贫困面较大，困难确实是不小的。解决这些困难，固然需要中央的支持和各方面的帮助，但归根结底还要靠自己。重要的是要看到贵州有很大的潜力和很多优势。要紧紧依靠人民群众，充分发挥这些优势来搞好搞活贵州的经济。

乔石对贵州省委、省政府始终把农业和农村工作放在经济工作首位的做法予以充分肯定。他说，贵州发展农业很有成效，还要把眼光放远一点，把大农业的思想实实在在地贯彻到各方面的工作中去。贵州发展农业的潜力很大，在搞好粮食生产的同时，可以因地制宜地发展畜牧、养殖、林果、茶叶、蚕桑、药材等经济作物。并在立足本地原材料的基础上发展乡镇企业，特别是加工企业。经济发展到一定程度，还可以有规划、有指导地建立一批小城镇，促进农村在更高层次上发展。对于农村剩余的劳动力，可以组织起来，参加公路、水利等基础设施的建设，充分发挥作用。

乔石指出，贵州资源十分丰富，特别是能源和有色金属。“江南煤海”的优势一定要充分发挥，丰富的水利资源也要加快开发利用。火电、水电可以并举。铝的生产你们已有相当基础，又有充裕的电能，前景是很好的。公路建设，主干道一定要力争搞得好些，以便和周边省区的高等级公路接轨联网。还要动员和组织各方面力量，加快其他方面的建设。这些，当然要有计划有步骤地来进行。对于已经具备基本条件的项目，要千方百计地加紧开发。

乔石强调，加快贵州发展的步伐，总的要靠充分调动贵州全省 3400 万各族人民群众的积极性，也要争取中央和有关部门的支持帮助，还要加强同兄弟省、市、区的横向联系和合作。要加快改革开放的步伐，搞好软、硬投资环境的建设，吸引更多的外资和技术。总之，希望贵州的同志思想更解放一些，视野更开阔一些，路子更宽广一些，渠道更多样一些，力争使贵州经济有较快的发展。

在谈到人大工作时，乔石强调，要按照邓小平同志建设有中国特色社会主义理论，加强社会主义民主与法制建设，建立与社会主义市场经济相适应的法律体系。乔石说，人大的任务很繁重也很重要，各级人大的工作，包括立法工作、法制宣传、执法监督等都要加强。建立社会主义市场经济法律体系，要调动社会各方面的力量，这也是个广泛发扬民主的过程。乔石指出，加强基层人大工作，对于加强基层党的建设、政权建设、法制建设都有很重要的意义。

《人民日报》发表评论员文章《依法维护三资企业职工权益》

第五届亚太贸易博览会在北京揭幕

国家主席江泽民在中南海会见由朝鲜人民军总参谋长崔光率领的朝鲜军事代表团

国家主席江泽民在人民大会堂会见东盟各国议会组织代表团

国家主席江泽民接受刚果等五国新任驻中国大使国书

江泽民在人民大会堂接受5个国家新任驻中国大使递交的国书。并在接受国书后分别与他们进行交谈。

这5个新任驻华大使是:刚果共和国大使万桑·雷蒙·翁巴卡·埃科里,巴布亚新几内亚独立国大使梅姆·拉卡诺,土耳其共和国大使贝尔汗·埃金基,智利共和国大使爱德华多·阿里亚加达·莫雷诺和秘鲁共和国大使豪尔赫·戈迪略·巴雷托。

国务院总理李鹏在中南海紫光阁会见日本赛宗企业集团会长堤清二

外交部部长钱其琛在钓鱼台国宾馆会见马耳他副总理兼外长圭多·德·马科教授

外交部部长钱其琛在北京会见阿尔巴尼外交部副部长阿里扬·斯塔罗瓦

国务院副总理钱其琛在北京会见缅甸宗教事务部部长妙纽中将

国务委员兼国防部部长迟浩田在人民大会堂会见泰国武装部队最高司令部参谋长查伦·蓬沙侬

国务委员兼国防部部长迟浩田会见并宴请朝鲜人民军总参谋长崔光

中国政府和以色列政府在北京签署旅游合作协定

中国政府和保加利亚政府在索非亚签署关于植物检疫的协定

中国音乐著作权协会和意大利作者出版者协会在北京正式签订中意音乐著作权相互代表协议

中国音乐著作权协会主席兼总干事王立平和意大利作者出版者协会代主席罗曼拉德代表各自协会在协议上签字。此次签订的协议是中国音乐著作权协会与外国协会签订的第一份相互代表协议。

中国工程院首届院士大会通过《中国工程院章程》

总 则

第一条 中国工程院(以下简称“工程院”),是全国工程科学技术(简称工程技术)界的最高荣誉性、咨询性学术机构。

第二条 工程院的职能和任务

1. 团结全国工程技术界,推动我国工程技术水平不断提高和工程技术队伍建设,激励优秀人才成长;

2. 接受政府委托,对国家重大工程技术决策、发展规划、计划、方案及其实施提供咨询;

3. 研究、讨论重要工程技术领域的发展目标,结合国民经济和社会发展规划、计划,对工程技术的发展与应用,提出报告和建议;

4. 组织开展工程技术领域的学术交流与合作,代表中国工程技术界,参加对口的国际组织和有关国际学术活动。

第一章 院 士

第三条 中国工程院院士(以下简称院士),是国家设立的工程技术方面的最高学术称号,为终身荣誉。

第四条 院士的义务和权利

积极促进工程技术的研究、发展和应用,不断作出成绩,维护科学精神,发扬优良学风,起表率作用,积极培养人才,促进工程技术队伍建设;参加工程院及其学部的活动,承担工程院及其学部组织的咨询、评议任务,对国家工程技术的发展和决策有建议权。对院士候选人和外籍院士候选人有提名权,在院士会议上有选举权和被选举权;享有国家规定的特有待遇。

第五条 院士的标准和条件

在工程科学技术方面作出重大的、创造性的成就和贡献,热爱祖国,学风正派,具有中国国籍的高级工程师、研究员、教授或具有同等职称的专家(含居住在台湾省和香港、澳门地区,以及侨居他国的中国专家),可被提名并当选为中国工程院院士。

第六条 增选院士每两年进行一次,每次增选总名额不超过100人。各学部的增选名额,由院士大会常设领导机构讨论决定。

第七条 增选院士,不受理本人申请。院士候选人通过以下两途径提名。

(一)本院院士直接提名候选人。每次增选,每位院士提名候选人限额不超过两名;获得两名或两名以上院士提名的候选人为有效;(二)国内各有关工程技术研究、设计、建造、运行机构、高等院校、厂矿等,按组织系统并经过遴选程序,提名候选人。

第八条 对候选人的评审,由各学部组织院士进行。选举时,实行差额、无记名投票。选举结果,经院士大会常设领导机构审议后，书面向全体院士通报。

第九条 根据《中华人民共和国国籍法》第三条关于中华人民共和国不承认其公民具有双重国籍的规定，院士加入外国国籍后，即为自动放弃院士称号。

第十条 当院士的个人行为触犯国家法律，危害了国家利益和科学荣誉，有五名或五名以上院士提议，要求撤销其院士称号时，由其所在学部常务委员会受理并审议后，交本学部全体院士投票表决，在参加投票人数达到本学部院士人数的三分之二、赞同撤销其院士称号的票数达到投票人数的三分之二的情况下，可作出撤销其院士称号的决定。此项决定，经院士大会常设领导机构审查批准生效，并通报全体院士。

第二章 外籍院士

第十一条 对中国工程技术事业发展作出重要贡献，在国际上具有很高声誉的外国学者，可被提名并当选为中国工程院外籍院士(以下简称外籍院士)。

第十二条 选举外籍院士，每两年进行一次。外籍院士候选人，必须获得不少于五名本院院士的提名，否则无效。外籍院士由院士大会实行无记名投票选举产生。

第十三条 外籍院士，对中国工程技术发展和本院工作有建议权；可应邀出席本院及学部组织的有关会议，可获得本院赠送的出版物。对院士候选人和外籍院士候选人，不享有提名权；在院士会议上，不享有选举权和被选举权。

第十四条 本院外籍院士，如取得了中国国籍，可转为本院院士。

第三章 院士大会

第十五条 中国工程院院士大会，是中国工程院的最高权力机关。院士大会每两年举行一次。

第十六条 院士大会的职能

1. 审议工程院的工作报告；

2. 制定和修改中国工程院章程；

3. 决定学部的设置与调整；

4. 选举院长、副院长及部分常设领导机构成员；

5. 选举外籍院士；

6. 开展学术活动，讨论重大工程技术问题；

7. 讨论、审议院士大会常设领导机构提出的其他议题和议案。

第四章 常设领导机构

第十七条 院士大会闭会期间的常设领导机构，是中国工程院主席团(简称主席团)。主席团由院长、副院长、各学部主任和经院士大会选举的若干名成员组成。院长为主席团执行主席，主持主席团会议。主席团会议一般每半年举行一次。

邀请中国科学院院长、中国社会科学院院长、中国科学技术协会主席、国家自然科学基金委员会主任和若干政府部门负责人，为主席团顾问。顾问列席主席团会议。

第十八条 工程院设院长一人，副院长四人。院长负责全院工作，副院长协助院长工作。院长、副院长由院士大会在本院院士中选举产生，实行任期制，每届任期四年，连选连任不得超过两届。

工程院设秘书长一人。秘书长可由非院士担任，由院长提名，经主席团通过任命。秘书长协助院长、副院长处理日常事务和协调院内办事机构的工作。秘书长列席主席团会议。

工程院设立精干的办事机构，承办日常工作。

第十九条 主席团的职能

1. 决定召开并主持院士大会；

2. 审议并决定院士大会议程和议案；

3. 通过并邀请主席团顾问；

4. 批准各学部常务委员会的组成和主任、副主任任职名单；

5. 任免秘书长；

6. 决定和调整各学部增选院士名额，审议院士选举结果；

7. 讨论并确定外籍院士正式候选人名单；

8. 审查和批准撤销院士称号的决定；

9. 讨论并通过工程院年度工作计划及经费预决算报告；

10. 根据需要，决定设立跨学部的临时性或永久性的专门委员会；

11. 院士大会授予的其他职能。

第五章 学 部

第二十条 院士按其专业，确定参加一个学部的活动。根据工程技术的类别，工程院暂设：机械与运载工程学部，信息与电子工程学部，化工、冶金与材料工程学部，能源与矿业工程学部，土木、水利与建筑工程学部，农业、轻纺与环境工程学部。学部的全体会议，每年召开一次。

第二十一条 学部全体会议选举十一至十五名常务委员，组成学部常务委员会，负责学部工作。学部常务委员每届任期四年，连选连任不得超过两届。

学部常务委员会推选学部主任一人，副主任二至三人。学部主任、副主任的任期与常务委员的任期规定相一致。

学部常务委员和主任、副主任，由主席团批准任职。

第二十二条 学部的职能和任务

1. 根据工程院的性质和职能，结合本学部特点，组织院士开展咨询、评议工作，提出报告和建议；

2. 根据国内外发展趋势，组织对重要工程技术问题进行研讨，提出发展动态和研究报告；

3. 开展学术活动，举行学术报告会；

4. 组织院士的选举工作；

5. 在学部全体院士会议上，审议常务委员会的工作报告。

第二十三条 根据需要，学部内可设立专业组。

第六章 出版物

第二十四条 工程院定期编印《中国工程院院刊》，刊载工程院及学部的工作报告、决议、规章、协议、纪要及大事记等。不定期编印本院院士或由院士主持的各项咨询建议、研究报告和论述等。

第七章 经费和财务管理

第二十五条 中国工程院为独立法人团体，院长为法人代表。工程院的经费来源，由国家拨款，也接受国内外组织、团体及个人捐赠。

第二十六条 工程院实行一级财务核算，每年度向国家财政管理部门报预决算。

第八章 附 则

第二十七条 除有特别规定外，院士大会、主席团会议及各学部全体会议、常务委员会会议，出席人数达到三分之二为法定人数，可作决议。决议在付诸表决时，以超过出席人数二分之一的多数通过。

第二十八条 本章程由院士大会通过制定并发布实施。根据本章程制定的实施细则，由主席团批准实施。

第二十九条 本章程的解释权在中国工程院主席团。

（据中国工程院主席团 1994 年 10 月 24 日公告，因中国工程院建院伊始，某些条件尚需一段准备过程，因此，《中国工程院章程》中的第二章各条目前暂缓施行。）

国务院批转外经贸部等《关于加快科技成果转化优化出口商品结构的若干意见》并发出通知

外经贸部、国家科委、国家经贸委、财政部、人民银行、税务总局：

外经贸部、国家科委、国家经贸委《关于请批转〈关于加快科技成果转化、优化外贸出口商品结构的若干意见〉的请示》(〔1993〕外经贸技发第 321 号)收悉，现批复如下：

一、促进贸工技结合，加快科技成果商品化、产业化，是优化我国出口商品结构，提高出口商品技术含量和技术附加值的重要举措，对我国外贸出口在国际竞争中不断发展，具有重要的意义。

二、原则同意《关于加快科技成果转化、优化外贸出口商品结构的若干意见》，请你们联合下发执行。

关于加快科技成果转化、优化出口商品结构的若干意见

进入九十年代，科技竞争成为世界经济贸易竞争的重要因素，更新观念、转变机制，推动高新技术成果商品化、科技商品产业化、科技产业国际化，优化我国出口商品结构，依靠科技进步提高我国出口商品的技术含量和技术附加值，是当前急需解决的问题。保证我国对外贸易持续发展的根本出路在于将现有的外贸企业、生产企业和科研机构三方面的优势结合成一个整体优势。为扶持、鼓励技术、成套设备和高新技术产品出口，大力推动贸工技结合，加快科技成果转化，优化出口商品结构，特提出以下意见：

一、鼓励外贸企业、生产企业与科研机构结合

在授予有条件的生产企业和科研院所外经贸权的同时，鼓励科研院所、生产企业同外贸企业组织联营公司。外贸企业可依靠科研机构、生产企业并在科研、生产领域积极投资联营。科研机构可以科技成果或专业技术折资作为股份或投资，积极参与生产或外贸经营活动。外贸企业、生产企业和科研机构对研究与发展(R&D)应予以重视并投入一定资金，通过人员交流、相互派人任职、相互投资、合办企业等多种方式加强贸工技结合。

二、拓宽实施贸工技结合、加快科技成果转化的资金渠道

(一)国家鼓励部门、地方有选择地对市场前景较好的科技成果投资。

(二)为促进科技成果商品化、产业化和扩大出口所需人民币贷款，由国家银行予以重点支持。

(三)国家实行有利于技术和成套设备出口发展的信贷政策，每年继续安排一定数额的人民币贷款和外汇贷款，专项用于技术和成套设备出口的卖方信贷和买方信贷。

(四)积极支持外贸企业、生产企业和科研机构利用外资，促进科技成果商品化、产业化。

(五)鼓励科研机构、生产企业、外贸企业按国家有关规定，经批准后，筹集资金用于科技成果商品化、产业化。

(六)外贸企业、有进出口经营权的大中型生产企业和科研机构可根据《全民所有制工业企业转换经营机制条例》的有关规定，留用一定比例的资金作为技术开发资金。外贸企业可将此资金用于科技成果商品化投资，也可用于增加出口商品生产的技术改造。

三、在外汇、税收等方面给予支持

(一)对出口技术、成套设备和高新技术产品所需外汇优先予以支持。

(二)外贸企业、有进出口经营权的生产企业和科研院所、高等院校开展进料加工业务,为出口技术、成套设备和高新技术产品而进口的原材料、零部件,按进料加工的有关规定办理。

(三)自营出口技术、成套设备和高新技术产品的生产企业和科研院所享受与外贸企业同等的出口退税待遇。

(四)鼓励贸工技结合企业出口技术、成套设备和高新技术产品。对出口技术、成套设备和高新技术产品,出口单位可在工资总额中提取一定比例的奖金,用于奖励从事出口的科技、外贸和其他有关业务人员。

四、简化审批管理程序

(一)有进出口经营权的各类企业、科研机构,为执行合同或推销技术、成套设备、高新技术产品及从事售后服务和开拓市场等业务需经常出入境的商务、技术人员,其出国手续可实行一次审批、一年内多次有效,其办法可参照国发〔1993〕37号文件和国办发〔1993〕2号文件的规定执行。

(二)各地方人民政府在外贸企业开展实业化活动中,在土地使用、招聘科技人员和工人、注册登记等方面简化审批手续,并提供其他便利条件。

五、建立加快科技成果转化和国际贸易信息传递、交流的中介机构

(一)为促进贸工技结合,加快科技成果商品化,优化出口商品结构,对现有出口生产企业进行技术改造,提高技术含量和技术附加值,有必要建立科技成果转化的中介机构,在外贸企业、生产企业和科研机构之间建立科技成果信息和国际经贸信息的传递与交流机构。

(二)中介机构应具有搜集出口前景好的科技成果信息和搜集出口商品的技术更新信息的能力,并把这些信息迅速介绍给外贸企业或愿意承担研制开发任务的生产企业、科研机构。

(三)中介机构实行有偿服务,经有关部门批准后合理收费。

本意见所指的技术、成套设备出口,按国家技术出口管理的有关规定的范围界定。高新技术产品出口目录由国家科委会同国家经贸委、财政部、外经贸部制定。

国家民委中宣部等七部委就新闻出版和文艺作品涉及民族和宗教内容的要求和审查联合发出通知

通知重申,坚决禁止在新闻、出版和文艺作品中出现伤害民族团结的内容;对于涉及重大民族、宗教问题的新闻稿、出版物和文艺作品要送上一级主管部门审查。

6月8日

全国农村社会治安综合治理工作会议在江苏省吴江市召开

中共中央总书记江泽民国务院总理李鹏全国人大常委会委员长乔石对农村社会治安综合治理工作作出批示

江泽民、李鹏、乔石对农村社会治安综合治理工作和在江苏吴江召开的全国农村社会治安综合治理工作会议作出批示。

江泽民的批示是:农村的社会治安状况对于农村的稳定与发展乃至全国的稳定与发展都有着极其重要影响。中央综治委召开这次会十分重要,各级党政领导要认真贯彻落实会议所提出的各项措施,狠抓农村社会治安综合治理,力争在较短时间内使农村治安状况有明显改观。

李鹏的批示是:搞好农村社会治安综合治理是各级政府不可推卸的责任,县、乡镇两级政府更负有直接的责任。对中央综治委部署的整顿农村治安的斗争,各级政府要加强领导,狠抓落实,经过不懈的努力,务求取得实效。政府各有关部门要积极参与,在人、财、物上给予必要的支持,为农村经济发展,人民安居乐业,创造必要的条件。

乔石的批示是:搞好农村治安,必须坚持综合治理的方针,尤其要注意调动农村广大党员、干部和农民群众的积极性,加强农村的民主法制建设。希望综治委将这次会议开好,并狠抓各项措施的贯彻落实。

中共中央书记处书记任建新在江苏考察

6月8日至16日,中共中央书记处书记、中央社会治安综合治理委员会主任任建新在江苏省主持召开全国农村社会治安综合治理工作会议。会议期间及会后,他在江苏省高级法院院长李佩佑陪同下,先后视察苏州、无锡、常州、南京等地,会见当地党政领导及政法部门的负责人,听取汇报,与当地干警进行座谈,并发表重要讲话。

任建新在对政法部门的讲话中要求,要继续坚持"严打"的方针,丝毫不能动摇,丝毫不能松劲。要从社会治安的实际状况出发,不断总结经验,进一步强化打击手段,加强打击力度,依法从重从快严厉打击严重危害社会治安的犯罪活动。他还要求,要认真贯彻刚刚召开的全国农村社会治安综合治理工作会议精神。他说,社会治安综合治理是中国维护社会稳定的一大创举。政法部门要通过"严打",通过综合治理,创造一个

良好的社会环境。

任建新指出，要进一步抓好打击严重经济犯罪活动的斗争。今年下半年，政法部门要和各有关部门密切配合，狠抓一下对经济犯罪特别是对贪污贿赂、金融诈骗、走私等经济犯罪大案要案的查处。要查处一批、重判一批、公布一批大案要案，把反腐败斗争继续引向深入。

任建新每到一地都特别强调："要严肃执法，秉公办案，坚决克服地方保护主义。"他说，这次我一路上听到各地、各方面纷纷反映，地方保护主义严重。对此，要引起高度重视。他说，如果不能秉公执法，搞地方保护主义，到头来不仅不能真正保护地方经济利益，而且会损害国家利益，甚至损害我国在国际经济贸易中的形象。

任建新指出，我们要扩大开放，要积极吸引外资，不仅要有一个稳定的社会环境和好的技术条件、基础设施建设，还要有一个良好的法制环境。要公正审理国内的和涉外的经济纠纷案件，依法平等地保护当事人合法权益。

任建新强调："从严治警，加强队伍建设。"他说，要坚决纠正政法干警队伍中少数人的不正之风，对执法犯法、违章违纪的要坚决查处。要采取行之有效的措施，增强政法队伍的战斗力，使这支队伍真正成为受党和人民信赖的、维护社会稳定的坚强力量。

中国人权研究会发表文章《评美国国务院人权报告的中国部分》

文章共分四个部分，第一部分谈美国政府在人权问题上使用双重标准；第二部分揭露了美国人权报告自相矛盾与罗织罪名；第三部分谈美国人权报告对中国的指责缺乏事实根据；第四部分指出美国的人权报告攻其一点不及其余。

文章通过一系列事例指出，美国国务院的这份报告(以下简称《报告》)在人权问题上使用的是双重标准。例如，《报告》以大量篇幅攻击中国逮捕关押反革命罪犯。实际上，中国刑法中的反革命罪，是有明确界定的，就是危害国家安全罪。纵观当今世界，每一个主权国家都对危害国家安全与社会安全的犯罪活动制定了严格的法律。以美国为例，《美国法典》就明文规定不允许造反、叛乱、煽动暴乱或鼓吹推翻政府。《美国法典》第2383条"叛乱或造反"中规定："任何煽动、实施、协助或进行叛乱或造反以反对美国当局或其法律，或对上述行为给予援助或表示支持者，应判处最高至1000美元罚款或至多10年有期徒刑或两者并罚，不得再担任任何美国公职。"在《美国法典》第2385条中，规定对"蓄意或故意鼓吹、煽动、劝说推翻美国政府"的人要判处最多20年有期徒刑。文章指出，既然美国对反政府活动给予严厉的惩罚，美国国务院的人权报告有什么理由来指责中国对危害国家安全的罪犯进行制裁呢？

谈到《报告》指责中国"滥施逮捕"、"虐待罪犯"时，文章指出，据统计，1993年中国在押犯与全国人口相比，只占十万分之一百零三，而美国是十万分之四百五十五。中国把监狱作为改造罪犯的学校，因此刑满释放的人员重新犯罪的只有6%至8%，而美国重新犯罪的却在40%以上。中国早就加入联合国大会1984年通过的《禁止酷刑和其他残忍、不人道或有辱人格的待遇或处罚公约》，而美国至今还没有加入。

谈到美国《报告》指责中国歧视妇女时，文章指出，要完全实现男女平等这个目标，世界各国都须付出艰巨的努力，中国也还存在许多不足之处。但如果拿中美两国来比较，中国妇女的地位和权利要比美国好得多。文章说，美国至今不加入联合国大会1979年通过的《消除对妇女一切形式歧视公约》，而中国已经加入这一公约。1990年至1993年，中国各级人大代表中，女代表所占比例均超过20%，而美国在被称为"国会妇女年"的1992年，各级议会中女议员的比例只占18.4%。据调查，1990年中国城镇职工中，女职工平均收入是男性的77.4%，农村中女性收入是男性的81.4%；相比之下美国女性工资则只占男性的51%。1992年中国大学生及研究生的女性比例分别为33.7%和24.8%，在大学工科毕业生中，女性占27%，高于美国15%的比例。1993年中国的女科技人员近810万人，占科技人员总数的35%，大大高于美国同期的12.2%。

文章指出，《报告》把中国描绘成人民生命和安全得不到保障的国家，这不符合事实。文章说，中国人民的生活不断改善，生命安全得到保障；而作为世界第一富国的美国，许多人的生命安全受到威胁。今年1月20日，美国东部大风雪，气温下降到零下20摄氏度，据美联社1月21日报道，仅美国首都华盛顿就冻死130多人。而在中国这样一个发展中国家，拥有数百万人口的哈尔滨市今年奇寒，1月5日那一天，气温降到零下34.5摄氏度。即使这样，整个冬天哈尔滨也没有冻死一个人。

文章说，美国首都冻死130多人的惨剧发生在今年1月21日。10天以后，美国国务院却发表《人权报告》，对中国和其他许多国家的人权状况进行批评指责。这真是莫大的讽刺。

文章列举了大量事实，逐一揭露了美国人权报告中自相矛盾、罗织罪名和与事实不相符的地方。

文章指出，科学地评价一国的人权状况，不应仅仅着眼于个别事例或极少数人，而不顾绝大多数人；不应局限于一时一事，而应当用客观的、历史的和发展的眼光进行总体上的评价。文章说，现在世界上没有哪一个国家能说它的人权状况已经尽善尽美，关键是看它整体人权状况及其历史发展趋势。对于中国的人权状况也应当这样来看待。但是，美国国务院的报告却只抓住个别的、枝节的或一时的问题，以此来全面评价中国。这就是中国常说的"攻其一点，不及其余"。公正地说，自1949年中华人民共和国成立以来，中国人民彻底摆脱了任人欺凌、任人宰割的毫无人权可言的状况，成为国家的主人。建国40多年来，特别是近十多年来，近12亿中国人民基本解决了温饱问题，开始奔向小康，日子一天比一天好。全国呈现出政治稳定、经济发展、人民安居乐业的局面。1993年，中国国内生产总值突破了3万亿元，全国城镇居民人均生活费收入比上年增长10.2%。中国人民的人权状况也随之有了很大的改善，并且还在不断取得进步。中国大力加强社会主义民主政治建设和法制建设，自1979年以来，颁布和实施了刑法、刑事诉讼法、民法通则、民事诉讼法、行政诉讼法等众多基本法律。中央和省级制定的有关人权的立法即有1000多件。执法机关严格依法办事，监察和检察机关及时纠正个别执法人员的错误行为，各种群众团体认真进行监督，人民群众有各种申诉渠道，新闻媒介起着监督作用……中国在维护人权方面取得了很大成绩，这是世界公认的。文章指出，对于这些基本的事实和良好的发展态势，美国国务院的人权报告不仅不给予客观公正的评价，反而道听途说，特别是听信少数妄图颠覆中国政府、推翻中国社会主义制度的人的造谣诽谤，拼凑材料，指责中国。

文章说，人权是全世界人民都关心的问题。享有充分的人权是世界人民的共同理想和奋斗目标。《联合国宪章》对人权问题给予高度重视。《宪章》第二条明确规定了联合国及其会员国应遵行的原则，其中第一个原则是"各会员国主权平等原则"，另一个原则是"不得干涉在本质上属于任何国家国内管辖之事件"。美国政府以"世界人权法官"自居，年复一年地发表审查别国人权状况的报告，指责别国的政治、经济、社会、文化及司法制度，这是违背《联合国宪章》精神的，给本来就不安宁的世界又添加了不安定因素。这样的报告理所当然地招致了许多国家的批评和谴责。

文章最后说，由于各国的历史、文化、社会和国情有诸多不同，在人权问题上从来就存在着不同的观点。国际社会成员应该在平等的基础上进行对话和开展国际合作，求同存异，这样才有利于世界人权的维护和改善。中国人权研究会反对那种把自己的观点强加于人、借口人权问题干涉别国内政、对别国施加压力的霸权主义。

香港特别行政区预委会经济专题小组在北京港澳中心召开第七次会议

会议于6月8日至9日在北京召开。会议期间，委员们讨论了有关退休保障问题、经济小组上半年工作报告及下半年的工作计划。

退休保障是香港市民十分关心的问题，小组委员们对此进行了充分的讨论，并达成三点共识。

一、建议有关方面敦促英方对全港雇员的退休保障问题提出全面方案，从平稳过渡及香港社会的长远利益出发，尽早提到中英联络小组磋商，定出方案，早日推行。

二、港英提出的"老年退休金计划"实际上是养老金问题，属于社会福利，不能和雇员的退休保障混为一谈。从问题的性质来说，应先解决雇员的退休保障问题，两者宜分步骤实行。

三、若在1997年前这个问题得不到解决，建议特区政府在1997年后推行有利于香港社会稳定繁荣的退休保障计划。

国务院批转国家体改委《1994年经济体制改革实施要点》并发出通知

国务院同意国家体改委《1994年经济体制改革实施要点》，现转发给你们，请结合本地区、本部门的实际情况认真贯彻。

党的十四届三中全会通过的《中共中央关于建立社会主义市场经济体制若干问题的决定》，是进一步深化经济体制改革的行动纲领。今年的几项重大改革方案已经出台，从各方面保证这些改革措施真正落实，组织好整体改革的协调推进，在经济体制改革方面取得实质性进展，是重大而艰巨的任务，必须下功夫认真抓好。抓住机遇，深化改革，扩大开放，促进发展，保持稳定，是今年全党和全国工作的大局，各项工作都要服从和服务于这个大局。各地区、各部门要进一步统一思想，转变观念，提高认识，认真处理好改革、发展、稳定三者之间的关系，抓住重点，加强协作，搞好配套，精心组织，扎实工作，密切注意并及时研究解决改革过程中出现的新问题，确保各项改革任务的顺利完成。

中华人民共和国国务院

1994年6月8日

1994年经济体制改革实施要点

根据《中共中央关于建立社会主义市场经济体制若干问题的决定》（以下简称《决定》）和国务院关于财税、金融、外贸、外汇体制等项改革的部署，1994年经济体制改革的重点：一是转换国有企业经营机制，积极探索建立现代企业制度的有效途径；二是加快财税、金融、外贸、外汇体制改革。围绕这两个重点，配套推进其他方面的改革。

一、转换国有企业经营机制，积极探索建立现代企业制度的有效途径

1. 继续抓好转换国有企业经营机制工作，增强国有企业的活力。一是继续贯彻《中华人民共和国全民所有制工业企业法》和《全民所有制工业企业转换经营机制条例》，把企业的各项权利和责任真正落到实处。认真贯彻《中华人民共和国公司法》（以下简称《公司法》），抓好配套法规建设。二是加强国有资产的监督管理，保证国有资产保值增值。严格禁止将国有资产低价折股、低价出售，甚至无偿分配给个人。按照政府的社会经济管理职能和国有资产所有者职能分开的原则，探索国有资产管理和经营的合理形式与途径。三是继续深化企业内部劳动、人事、分配制度改革，转换企业内部经营管理机制。四是有步骤、有重点地进行清产核资，评估资产，清理债权债务，界定产权，核实企业法人财产占用量。五是继续贯彻《企业财务通则》、《企业会计准则》，加快向科学的、符合国际惯例的企业财务会计制度过渡。六是认真研究并有重点地妥善解决国有企业的历史包袱，探索解决产业结构不合理、债务负担沉重、职工社会保险费积累不足、企业办社会、富余人员过多等问题的具体办法，为国有企业参与市场平等竞争创造必要条件。

2. 国家将组织一批国有大中型企业，按照《公司法》的要求进行建立现代企业制度试点，探索建立产权清晰、责权明确、政企分开、管理科学的现代企业制度，积累经验，创造条件，逐步推进。

3. 新组建公司要严格按《公司法》规定进行。现有公司不具备《公司法》规定条件的，要按照有关规定依法规范。

新组建公司不是简单更换名称，也不是单纯为了筹集资金，而要着重于转换机制。要通过试点，逐步推行，绝不能搞形式主义，一哄而起。要防止把不具备条件的企业硬行改为公司。

二、深化财税、金融等管理体制改革，初步确立新型宏观调控体系的基础构架

4. 要按照《国务院关于实行分税制财政管理体制的决定》、《国务院批转国家税务总局工商税制改革实施方案的通知》、《国务院关于金融体制改革的决定》的原则和具体要求，深化财税、金融体制改革，初步确立新型宏观调控体系的基础构架。

5. 根据《决定》要求，深化投资体制改革，逐步建立法人投资和银行信贷的风险责任，研究把竞争性项目推向市场的途径和办法。继续进行计划体制改革，进一步转变计划管理职能。计划工作要突出宏观性、战略性、政策性，把重点放到中长期计划上，综合协调宏观经济政策和经济杠杆的作用。

深化投融资体制改革，建立科学和严格的投融资决策责任制。努力办好国家开发银行，建立长期稳定的资金来源，筹集和引导社会资金用于国家重点建设，并且加强国家对固定资产投资的总量控制。

三、适时推进价格改革，继续发展商品市场，重点培育生产要素市场，建设统一、开放、竞争、有序的市场体系

6. 在保持价格总水平相对稳定的前提下，适时推进价格改革，进一步完善市场价格形成机制。逐步放开竞争性产品价格，合理调整政府定价产品和服务的价格，搞好生产资料价格并轨。价格改革要充分考虑国家、企业和群众的承受能力，要切实加强对居民基本生活必需品和服务价格的监审，规范价格行为，控制居民基本生活必需品和服务项目的价格上涨幅度，保障人民生活安定。

7. 继续深化商品流通体制改革，促进国内市场的统一和开放。对大宗农产品、工业消费品和生产资料的批发市场，要完善市场的信息、服务功能和市场规则，健全市场秩序，加强市场管理，规范交易手段，提高交易效率。对期货市场的试点，要加强宏观管理，实行统一指导和监管；未经批准，不得擅自设立期货交易所（中心）；加快期货交易立法步伐。

继续改革物资订货会制度，探索国家订货和远期合同制度，逐步取代指令性计划分配办法，进一步理顺生产资料的流通渠道。

尽快建立中央和地方的粮、棉、油、肉、糖储备制度，进一步完善储备管理、使用办法。尽快建立粮食和副食品风险基金，保证各项基金及时、足额到位。建立农副产品市场监控体系，强化农副产品信息网络建设。粮棉收购价格既要能够调动农民的生产积极性，又要考虑整个市场物价的稳定，以加强国家对粮食的宏观调控和防止市场粮价出现大的波动为重点，进一步改革粮食购销体制。

8. 进一步改革劳动制度，稳步发展劳动力市场。结合产业结构和企业组织形式的调整，改革劳动就业和用工制度，着重创造用人单位与劳动者双向选择和劳动力合理流动的就业机制。完善就业服务体系，加强就业和转业培训，发展多种就业形式，加强区域劳务合作和相应的管理服务，积极引导农村劳动力有序流动。

9. 推进土地使用制度改革，规范和发展城市房地产市场。国家垄断城镇土地一级市场，加强土地二级市场的管理。商业性建设用地的土地使用权要实行有

偿有限期出让、转让，一般要采用公开招标、拍卖的方式。坚决清理取缔土地隐形市场。要切实保护耕地，严格控制农业用地转为非农业用地，继续做好农村土地使用制度改革的试点工作。

10. 推进科技体制改革，发展技术市场。按照“稳住一头，放开一片”的方针，加强基础性研究，发展高新技术研究，技术开发和科技服务机构的研究开发经营活动要逐步进入市场，促进科技经济一体化。要规范技术市场规则和秩序，推进科技系统的结构调整、机制转换和人才分流。创造条件，促进技术成果商品化、产业化。

四、深化社会保障制度和住房制度的改革

11. 社会保障政策要统一，管理要法制化。社会保障水平要与我国社会生产力发展以及各方面的承受能力相适应。根据城乡居民的不同情况，逐步建立多层次的社会保障体系。配合企业改革，进行城镇社会养老保险和失业保险制度改革，积极探索社会统筹和个人账户相结合的具体途径。发展和完善农村合作医疗制度，稳定农村医务人员队伍，健全医疗预防保健网。

12. 根据国务院统一部署，稳步改革城镇住房制度，促进住房社会化、商品化和住房建设的发展。要搞好住房制度改革政策的有机衔接。严格贯彻国务院确定的定价原则，坚决制止低价售房。对突击低价售房和在售房中以权谋私、违反政策者要严肃查处。公房租金支出占城镇职工家庭收入比重应逐步达到一定比例，提高租金要选择经济平稳的时机出台。促进住房建设，通过土地、税费、信贷等方面的支持，发展经济适用住房，推进集资、合作建房。有步骤地推行住房公积金制度，加强住房公积金管理和制度建设。

五、转变政府职能，加强经济法制建设，积极培育中介组织

13. 今年要基本完成省级政府机构改革，并在部分市县级政府进行机构改革。各级政府要转变职能，提高工作效率，坚持政企分开，把属于企业经营自主权范围的职能切实交给企业。抓紧实施国家公务员制度方案，在中央政府、大部分省级政府及计划单列市政府机构中尽快建立起国家公务员制度。

14. 高度重视法制建设，改革决策与立法决策紧密结合。按照《国务院关于加强政府法制工作的决定》要求，切实搞好政府法制工作。要继续完善现有经济法规，对目前尚不具备制定法律条件的，可先制定行政法规，保障社会主义市场经济沿着规范化、制度化、法制化的轨道健康发展。

15. 有计划、有步骤地发展市场中介组织。当前要着重发展和完善会计师、审计师和律师事务所，公证和仲裁机构，计量和质量检验认证机构，信息咨询机构，资产和资信评估机构等市场中介组织。市场中介组织要依法通过资格认定，依据市场规则，建立自我协调、自我保护和自我约束的自律性运行机制。各种中介组织要接受政府有关部门的管理和监督，对其行为后果，要承担相应的法律责任和经济责任。

六、继续深化农村经济体制改革

16. 稳定和完善以家庭联产承包为主的责任制和统分结合的双层经营体制。在坚持土地集体所有的前提下，延长耕地承包期，允许继承开发性生产项目的承包经营权，允许土地使用权依法有偿转让。

农村集体经济组织，要积极兴办服务性的经济实体，为家庭经营提供服务，促进农业生产专业化、商品化、社会化。通过多样化服务体系将分散的小规模经营的农户与市场紧密联系起来。在国家的宏观调控和管理下，逐步放活农产品经营，改变部门分割、产销脱节的状况，发展各种形式的贸工农一体化经营，把生产、加工、销售环节紧密结合起来。

17. 进一步深化乡镇企业改革。继续完善乡镇企业经营机制，进行产权制度和经营方式改革的探索。按照国家产业政策对乡镇企业实行分类指导，加强规划、积极推行、正确引导、不断完善、逐步规范，在明晰企业产权的基础上，对股份合作制要积极扶持，正确引导，对有利于发展经济的股份制试点，也要给予支持。要强化乡镇企业环境保护和劳动保护。乡镇企业的发展要与小城镇建设统筹规划，引导乡镇企业适当集中。逐步改革小城镇的户籍管理制度，合理转移农村剩余劳动力。

18. 围绕解决“买难卖难”、剩余劳动力转移和提高农民收入等重点问题，进一步加强农村市场体系建设，并加强配套的信息、仓储、运输、加工、保鲜等设施建设，提高服务水平和运行效率。

19. 建立健全政府对农业的支持、保障、调控和服务体系，强化支持和保护农业的调控手段。各级政府要逐步增加对农业的投入，并通过运用财政、税收、价格、信贷、保险等手段，鼓励和引导社会、农村集体经济组织和农民把更多的资金投向农业。

七、进一步扩大对外开放

20. 在继续搞好现有开放地区发展的基础上，进一步扩大对外开放要向产业倾斜，促使国家鼓励的产业得以更快地发展。经济特区要进一步调整产业结构，向更高层次发展；经济开发区的建设要统筹规划、合理安排，并与老城市、老企业的改造相结合，避免盲目发展。

21. 深化对外贸易体制改革，搞好外汇管理体制改革工作。按照《国务院关于进一步深化对外贸易体制改革的决定》要求，完善外贸宏观管理，转换外贸企业

经营机制，完善外贸经营的协调服务机制，保持外贸政策的统一性。按照《国务院关于进一步改革外汇管理体制的通知》要求，搞好外汇管理体制改革工作。

22. 认真做好资金、技术、人才和管理经验的引进工作。利用外资工作，要加强国家发展规划和产业政策的引导，并逐步从提供优惠政策转向提供良好的投资环境。扩大利用外资的规模和领域，鼓励外商直接投资基础设施、基础产业和高新技术；按照国家有关规定，搞好利用外资对国有大中型企业进行技术改造的工作；鼓励大型跨国公司来华投资。

八、进一步抓好综合配套改革试点工作

23. 进一步抓好市县综合配套改革试点工作，为全国经济体制改革工作和建立社会主义市场经济体制探索经验。各试点市县要根据《决定》精神和国家的具体部署，制定符合本地实际情况并具有可操作性的综合配套改革实施方案，把深化改革与本地经济发展战略、调整结构、扩大对外开放很好地结合起来。综合配套改革试点县，要在推进农工商、贸工农一体化建设，深化乡镇企业改革，培育农村市场体系，发展农村社会化服务体系，加快县级机构改革，促进小城镇建设等方面，创造好的经验。综合试点市县还要在建立社会保障体系，深化科教文体制改革，建立健全民主法制，抓好精神文明建设，发展各项社会事业方面成为模范和表率。

24. 按照市场经济的原则，结合贯彻《中华人民共和国民族区域自治法》，根据国家有关政策和规定，搞好民族地区经济体制改革工作。要从当地实际情况出发，围绕经济体制改革和经济发展中存在的重点问题，制订切实可行的综合配套改革措施。从发展和解决温饱问题入手，促进资源的有效开发和利用，加快这些地区的经济发展。

25. 今年经济体制改革的步子大，任务重，要认真贯彻执行《决定》，统一认识，按照党中央和国务院的统一部署，制订切实可行的具体实施方案，把各项改革措施真正落到实处。要防止政出多门、各行其是、一哄而起。

国家体制改革委员会

1994年4月26日

国办批转国家计委《关于建设高产优质高效农业示范区和扶持粮棉大县发展经济的报告》并发出通知

各省、自治区、直辖市人民政府，国务院各部委、各直属机构：

国家计委《关于建设高产优质高效农业示范区和扶持粮棉大县发展经济的报告》已经国务院同意，现转发给你们，请认真贯彻执行。

建设高产优质高效农业示范区和扶持商品粮棉大县发展农村经济，是党中央、国务院的重要举措，对促进粮棉增产，稳定供应，全面发展农村经济，具有重要的意义。各地区、各有关部门要重视这项工作，加强领导，团结协作，共同努力，把这件事情办好。

关于建设高产优质高效农业示范区和扶持粮棉大县发展经济的报告（略）

国务院副总理邹家华在马鞍山钢铁公司考察并召开现场办公会

6月8日至9日，国务院副总理邹家华冒雨考察新投产的马钢2500立方米大高炉系统工程中的码头、料场、烧结厂和车轮轮箍厂等生产建设现场，对马钢职工艰苦创业，一举将马钢由年产200万吨钢铁规模增至400万吨钢铁生产能力给予赞扬。

邹家华还出席大高炉系统工程全面投产仪式，并发表讲话。

考察之后，邹家华在马钢召开现场办公会。他详细听取马钢和各方面负责人的汇报，仔细询问搞好大中型企业的经验。他说，马钢这个大企业抓住了机遇，深化改革，转换经营机制，把企业办得生机勃勃。马钢在省、市党政领导下，班子是团结的，队伍是有战斗力的，工作取得了很大成绩。希望在已取得成绩的基础上，得到更大发展。

邹家华指出，经济工作要远处着眼，近处着手，一步一步实施。钢铁工业是重要的基础工业。发展钢铁工业除建设少数新厂外，重点是改造现有钢铁企业，这样花钱少见效快。邹家华强调指出，搞好国有大中型企业，重要的是要以市场为导向，开发新产品，采用新技术，保证质量，降低成本，提高效益。他还要求企业继续重视精神文明建设工作。

中共中央政治局常委胡锦涛在人民大会堂会见朝鲜职业总同盟中央委员会委员长朱成日

国务院副总理朱镕基在中南海会见澳大利亚南威尔士州总理费伊

国务院副总理兼外交部部长钱其琛在北京先后会见由主席何塞·德维内西亚率领的东盟各国议会组织代表团和韩国前外交部部长李相玉

劳动部部长李伯勇在日内瓦召开的第八十一届国际劳工大会上发言

在日内瓦出席第八十一届国际劳工大会的中国劳动部部长李伯勇在大会上发言强调，劳工组织应把促进就业作为首要优先工作目标，解决失业问题对于发达国家和发展中国家都是当务之急。

世界银行批准向中国贷款3.8亿美元支持中国的公路建设

世行介绍，这笔贷款用来建设石家庄和新乡之间长达340公里的高速公路。这段公路是北京至深圳高速公路的一部分，也是中国运输最繁忙的路段之一。

中央军委在北京举行晋升上将军官军衔仪式

中共中央总书记、国家主席、中央军委主席江泽民向晋升上将军官军衔的同志颁发命令状并讲话。

这次被晋升上将军衔的19位高级军官是：中国人民解放军副总参谋长徐惠滋、李景，总参谋部警卫局局长杨德中，总政治部副主任王瑞林，总后勤部政治委员周克玉，国防科工委主任丁衡高，国防科工委政治委员戴学江，国防大学政治委员李文卿，沈阳军区司令员王克，北京军区司令员李来柱，北京军区政治委员谷善庆，兰州军区司令员刘精松，兰州军区政治委员曹芃生，济南军区司令员张太恒，济南军区政治委员宋清渭，南京军区司令员固辉，广州军区司令员李希林，广州军区政治委员史玉孝，成都军区司令员李九龙。

授衔仪式由中央军委副主席张震主持。中央军委副主席刘华清宣读由中央军委主席江泽民签发的晋升上将军官军衔的命令。

这次被晋升上将军衔的19位军官，是我军1988年首批向17位高级军官授予上将军衔和1993年向6位高级军官授予上将军衔后，又一次晋升上将军衔的高级军官。

中央军委主席江泽民在中央军委晋升上将军官军衔仪式上发表讲话

同志们：

刚才，宣布了中央军委关于徐惠滋等19名同志晋升上将军衔的命令，为这19名同志授予了新的军衔。我代表党中央、国务院、中央军委向晋升上将军衔的同志表示热烈祝贺！

这些同志晋升上将军衔，再一次体现了党和国家对军队建设的高度重视，体现了中央军委的高度信任和关怀。希望晋升军衔的同志，一定要十分珍惜党和人民给予的崇高荣誉，认清自己肩负的重大责任，不辱使命，不负重托，虚心学习，努力工作，为加强我军的革命化、现代化、正规化建设作出新的贡献。

党的十四大以来，中央军委坚持以邓小平同志建设有中国特色社会主义理论和新时期军队建设思想为指针，加强对国防和军队建设的战略指导，大力发扬我军优良传统，进一步加强领导班子和干部队伍建设，在军事、政治、后勤、国防科研、装备建设、后备力量建设等方面作了一系列工作，部队的凝聚力和战斗力有新的提高，军队建设取得较大进步，圆满完成了党和国家赋予的各项任务。

当前，我国社会主义现代化建设正处在关键时期。抓住机遇，深化改革，扩大开放，促进发展，保持稳定，是全党工作的大局。实现和维护这个大局，是坚持党的基本路线的必然要求，目的是为了保证我国经济的持续、快速、健康发展，保证有中国特色社会主义事业的全面进步和最终成功。全党全军全国人民都要自觉地维护这个大局，服从这个大局，促进这个大局。在整个现代化建设的过程中，我们都必须处理好改革、发展和稳定的关系，努力做到在稳定中推进改革和发展，以改革和发展确保社会的长期稳定。一支强大的军队，一个巩固的国防，始终是改革开放和现代化建设的坚强后盾，是国家政权巩固、社会稳定、经济发展、人民安宁的可靠保障。全军同志都要充分认清我军所担负的重大责任，一切服从服务于全党工作的大局，居安思危，常备不懈，努力把军队建设搞好，为促进改革和发展，为维护祖国的安全统一和社会的安定团结作出更大的贡献。

我军的高级干部是治军的骨干，党中央和中央军委的战略意图，首先要通过高级干部去贯彻执行。现在中央大政方针已定，军委工作指导也很明确，关键在落实，各级领导干部务必身体力行。高级干部更要抓紧政治学习，增强党性观念，坚决听党的话，坚定不移地贯彻执行党的路线方针政策，坚决听从党中央、中央军委的指挥，以强烈的事业心和责任感，忠心耿耿地为党和人民勤奋工作，出色地履行历史赋予的重大使命。

早在全党工作重点转移到社会主义现代化建设的时候，邓小平同志就明确指出："全党必须再重新进行一次学习。"他说："在不断出现的新问题面前，我们党总是要学，我们共产党人总是要学，我们中国人民总是要学。"现在，我们国家和军队的建设发展很快，新矛盾、新问题、新知识、新经验层出不穷，我们更要注重学习，注重调查研究。有了理论上的清醒和坚定，才能更加自觉地贯彻党的路线方针政策。作为军队的高级干部，加强学习研究，不仅关系到自己的进步和提高，而且关系到军队的长远建设。全军的高级干部，一定要紧密联系实际，认真学好邓小平同志建设有中国特色社会主义的理论和新时期军队建设的思想。要深刻领会解放思想、实事求是这个精髓，努力学习和掌握贯穿在小平同志著作中的辩证唯物主义、历史唯物主义的科学世界观和方法论，努力继承和发展毛泽东军事思想。要重视学习现代科学技术知识，研究高技术条件下人民战争的战略战术，掌握驾驭现代战争的本领。通过学习，提高马克思主义的理论素养，坚定社会主义的政治信念，自觉改造世界观，积极改进领导作风和领导方法，不断提高领导水平和指挥才能。总之，每一个高级干部，都要老老实实地学习、学习、再学习。

要带头发扬艰苦创业精神和密切联系群众的优良作风。建设有中国特色的社会主义，是一项前无古人的崭新事业。国家和军队的伟大创业实践，非常需要我们发扬老红军的传统，发扬邓小平同志倡导的“五种革命精神”，始终保持同人民群众的血肉联系，齐心协力地把我们的事业不断推向前进。全军的高级干部，一定要始终坚持全心全意为人民服务，诚心诚意为人民谋利益，艰苦奋斗，廉洁奉公，谦虚谨慎，求真务实。一定要以这样的良好形象出现在广大干部、战士面前，出现在社会上，这是关系到军心、士气的大问题，关系到军队崇高声誉的大问题。要时刻牢记我军的性质和宗旨，不追求个人名利，不计较个人得失，把自己全部的精力和心血都用在党的事业、军队的事业上。要正确使用手中的权力，自觉置身于党组织和群众的监督之中，十分警惕酒绿灯红的侵蚀，防止权钱交易，永葆共产党人和革命军人的本色。要注意倾听干部战士的呼声，身居高位而不忘群众疾苦，想方设法解决基层的实际困难，一时一刻也不能脱离群众。要深入实际、深入基层，扑下身子抓落实，力戒空谈、力戒形式主义。通过高级干部的率先垂范，把我党我军的优良传统、优良作风在新形势下发扬光大。我们在领导班子建设上，要认真培养选拔德才兼备的优秀年轻干部，推进领导班子的年轻化，做到老中青梯次配备，使新生力量源源不断地成长起来，这是军队建设的一项紧迫任务。高级干部要担负起培养选拔优秀年轻干部的庄严责任。我们选拔的干部必须是真正的共产党人，必须具有为建设有中国特色社会主义事业献身的精神，能接好老同志坚持革命斗争方向的英勇精神的班。要抓好这方面的教育，搞好传帮带，使我们的事业后继有人，使我党我军的优良传统代代相传。

要坚持从严治军。这是毛泽东同志和邓小平同志一贯强调的重要思想。治军要严，不仅是我们一个重要的建军原则，也是我们全面加强军队建设的必然途径。严，才能保证有纪律有秩序有团结有战斗力。我们这支人民的军队一向以严密的组织、严明的纪律而著称，这是我军所以有强大凝聚力、战斗力的一个重要原因。治军要严，首先对高级干部要严。高级干部要成为听从指挥、严守纪律、严格执行规章制度的模范。要不折不扣地贯彻执行党中央、中央军委的决策、命令、指示，保证政令、军令的畅通。要严肃军纪，严明赏罚，严格对部队的管理，切实按照条令条例规范部队的行动。要从难、从严、从实战需要出发，抓好部队的教育训练。要按照《军队基层建设纲要》的要求，全面加强基层建设，切实打牢部队的基础。要狠抓部队作风纪律建设，加强经常性思想工作和经常性管理，下功夫提高基层干部的带兵能力，增强官兵团结。要进一步搞好“双拥”工作，积极开展军民共建社会主义精神文明活动，增强军政军民团结。我们军队一定要在全社会面前保持遵纪守法、军容严整、令行禁止的良好形象，成为人民爱戴的威武之师、文明之师。要通过严格的训练和管理，通过深入细致的思想政治工作，保持部队的高度稳定和集中统一，真正做到政治合格、军事过硬、作风优良、纪律严明、保障有力，不断提高战斗力。

同志们，当前我国改革开放和现代化建设的总的形势很好，我们充满信心。同时也要看到，前进中还面临着不少新矛盾新问题，不允许我们有丝毫的懈怠。我们必须加倍努力地工作，把党中央、中央军委的决策变为全军指战员的自觉行动。在这样的历史时刻，党和人民把带兵的重任交给我们高级干部，我相信大家一定能够担负起历史的重托，励精图治，开拓进取，把我们党绝对领导下的这支人民军队建设得更好，坚定不移地实现邓小平同志提出的建设一支强大的现代化、正规化革命军队的宏伟目标。

中央军委主席江泽民同正军职以上学《邓小平文选》第三卷第二期轮训班学员举行座谈

中共中央总书记、国家主席、中央军委主席江泽民同中央军委副主席刘华清、张震一起与全军正军职以上领导干部学习《邓小平文选》第三卷第二期轮训班学员座谈。

座谈会上，学员们就深入贯彻落实邓小平同志新时期军队建设思想和中央军委的决策、方针，全面加强部队建设，进一步增强军政军民团结等问题，分别发言。

江泽民在听取学员们的发言后指出，抓住机遇，深化改革，扩大开放，促进发展，保持稳定，是党中央确定的全党全国工作的大局。这是在邓小平同志建设有中国特色社会主义理论指导下提出来的，体现了全国各族人民的根本利益。我们联系实际学习理论，就要联系这个最大的实际，就要维护这个大局。军队高级干部要带头保证党中央、国务院、中央军委的政令、军令畅通，高标准、严要求地做好各项工作；要有坚强的党性，高度的组织纪律性，做到令行禁止，一切行动听指挥。

江泽民接着指出，军队要进一步发扬优良传统，加强社会主义精神文明建设。要坚持全心全意为人民服务的宗旨，提倡无私奉献精神。要更深入地开展向雷锋、苏宁、徐洪刚等英雄模范学习的活动，进一步弘扬革命正气，树立良好的道德风尚，始终保持老红军的本色，始终保持人民子弟兵的形象。

江泽民强调，求真务实，狠抓落实，是做好一切工作的关键环节。领导干部一定要有艰苦细致的工作作风，一步一个脚印地做工作，一个环节一个环节地抓落实。要大兴调查研究之风，尽量减少上层活动，经常深入部队，深入基层，对部队的真实情况做到心中有数，增强领导决策和工作指导的针对性、有效性。讲落实，归根结底是要往基层落实。领导机关作决策、发指示，一定要从基层的实际出发，充分考虑到基层的承受能力。要在全军上下努力形成抓落实的浓厚空气，切实把军委的各项决策落到实处，把部队全面建设不断推向前进。

参加座谈会的还有军委委员迟浩田、张万年、于永波、傅全有。国防大学政委李文卿也参加了座谈会。

座谈会由国防大学校长朱敦法主持。

中国科学院第七次院士大会和中国工程院成立大会在北京闭幕

闭幕式由新当选的中国工程院院长朱光亚主持。两院全体院士、国务院有关部委领导以及陈嘉庚基金理事会有关人士参加闭幕式。国务委员兼国家科委主任宋健在闭幕会上发表讲话。

中国科学院院长、学部主席团执行主席周光召致闭幕词。

中科院第七次院士大会选举产生中国科学院首批外籍院士

他们是(按姓氏英文字母排列)：巴顿(英国)、张立纲(美国)、陈省身(美国)、冯元桢(美国)、李政道(美国)、林家翘(美国)、李约瑟(英国)、雷文(美国)、司马贺(美国)、田长霖(美国)、丁肇中(美国)、吴健雄(美国)、杨振宁(美国)、丘成桐(美国)。

根据新修订的中国科学院院士章程规定，新当选的这些外籍院士，对中国科学技术发展和中国科学院学部工作，有建议权；可应邀出席中国科学院学部组织的有关会议和学术活动；在院士会议上，不享有选举权和被选举权。外籍院士在取得中国国籍后，可直接被接纳为院士。选举外籍院士，每两年进行一次。那些对中国科学技术事业作出重要贡献，在国际上具有很高学术地位的外籍学者，可被推荐当选为中国科学院外籍院士。这批对中国科学技术的发展做出过重大贡献的国际知名学者，将为中国科学技术进一步走向世界、加强国际交流和合作，发挥重大作用。

《中国科学院院士章程》修订

(1992 年第六次学部委员大会通过，1994 年第七次院士大会修订)

第一章　院　士

第一条　中国科学院院士(以下简称院士)，是国家设立的科学技术方面的最高学术称号，为终身荣誉。

第二条　院士的义务与权利

积极促进科学技术的发展和应用，努力作出成绩，培养人才；维护科学精神，发扬优良学风，起表率作用；参加院士会议，承担中国科学院学部组织的咨询、评议任务，积极推动科学技术领域的国际联系与合作。对院士候选人和外籍院士候选人有推荐权；在院士会议上有选举权和被选举权；对国家科学技术的发展和决策有建议权。

第二章　院士的标准及选举程序

第三条　在科学技术领域有系统的、创造性的成就和重大贡献，热爱祖国，学风正派，具有中国国籍的研究员、教授或同等职称的学者、专家(含居住在台湾省和香港、澳门地区及侨居他国的中国学者、专家)，可被推荐当选为中国科学院院士。

第四条　增选院士每两年进行一次，每次增选总名额不超过六十名。各学部的增选名额，由院士大会的常设领导机构确定。

第五条　院士候选人通过以下途径推荐，不受理本人申请。

(一)院士可直接推荐候选人。每次增选，每位院士推荐候选人限额不超过两名；获得三名或三名以上院士推荐为有效。对居住在台湾省和香港、澳门地区以及侨居他国的中国学者、专家的推荐，适用此款。

(二)国内各有关科学技术研究机构、高等院校等和中国科协所属一级学会，按组织系统推荐候选人。此类候选人，必须经过其主管部门、中国科协或省、自治区、直辖市组织严格初选。

第六条　对候选人的评审，由各学部常务委员会组织院士进行。评审必须严格坚持标准，遵循公正、客观的原则，对候选人进行全面、科学的评价。

选举分别按学部进行，实行差额无记名投票，差额比例为百分之四十。各学部参加投票选举的院士人数，不得少于本学部院士人数的三分之二；获得超过投票人数二分之一赞同票的候选人，按本学部应选名额，根据得票数依次当选，满额为止。选举结果分别由各学部常务委员会检查确认，经院士大会常设领导机构审议后，以书面形式向全体院士通报认定。

第七条　根据《中华人民共和国国籍法》第三条关于中华人民共和国不承认其公民具有双重国籍的规定，院士加入外国国籍后，即为自动放弃院士称号。

第八条 当院士的个人行为触犯国家法律，危害了国家利益和科学荣誉，有不少于五位院士书面提议，要求撤销其院士称号时，由其所在学部常务委员会受理并审议后，通过本学部全体院士投票表决，可作出撤销其院士称号的决定。作出此项决定时，参加投票表决的院士人数，不得少于本学部院士人数的三分之二，赞同撤销其院士称号的票数不得少于投票人数的三分之二。该项决定，需经院士大会常设领导机构审查批准生效，并通报全体院士。

第三章 外籍院士的标准及选举程序

第九条 对中国科学技术事业作出重要贡献，在国际上具有很高学术地位的外国籍学者、专家可被推荐当选为中国科学院外籍院士(以下简称外籍院士)。

第十条 选举外籍院士，每两年进行一次。外籍院士候选人，应获得不少于五名院士的推荐。由院士大会实行无记名投票选举。参加投票选举的院士人数，不得少于院士总人数的三分之二；获得赞同票不少于投票人数三分之二的候选人可当选。

第十一条 外籍院士，对中国科学技术发展和中国科学院学部工作，有建议权；可应邀出席中国科学院学部组织的有关会议和学术活动；可获得中国科学院学部赠送的有关出版物。不享有对院士候选人和外籍院士候选人的推荐权；在院士会议上，不享有选举权和被选举权。

第十二条 外籍院士在取得中国国籍后，可直接被接纳为院士，并享有同等义务、权利及有关待遇。

第四章 学 部

第十三条 中国科学院学部，是国家在科学技术方面的最高咨询机构。院士按其学科领域，分别参加一个学部的活动。现设数学物理学部、化学部、生物学部、地学部、技术科学部。学部的全体院士会议，每年可召开一次。

第十四条 各学部分别从本学部的院士中，选举产生十五至二十一名常务委员，组成学部常务委员会，主持本学部的工作。学部常务委员每届任期两年，连选可连任，至多连任两届。学部常务委员会，每届至少应更换三分之一的成员。

学部常务委员会推选学部主任一人、副主任三至四人，主持学部工作和学部全体院士会议。学部主任、副主任的任期与常务委员的任期规定相一致。学部常务委员和主任、副主任，由院士大会常设领导机构批准任职。

第十五条 学部的职能

(一)接受政府委托或根据院士的建议，组织院士对国家经济建设、社会发展中的重大科学技术问题，科学技术发展规划、学科发展战略和重大科学技术决策提供咨询，推动科学技术政策和措施的制定与实施。

(二)接受委托，组织院士对重要研究领域、研究计划和研究机构的学术问题，进行评议或指导。

(三)组织选举院士的工作。

(四)开展学术活动，促进科学技术的广泛交流与合作。

(五)在学部全体院士会议上，审议常务委员会的工作报告和各项职能、任务的完成情况。

第十六条 根据需要，经院士大会常设领导机构决定，可设立若干跨学部的、临时性的专门委员会。

第五章 院士大会

第十七条 中国科学院院士大会，是中国科学院学部的最高组织形式。院士大会每两年召开一次。

第十八条 院士大会的职能

(一)审议常设领导机构的工作报告。

(二)选举常设领导机构成员，并宣布其组成。

(三)制定和修订院士章程。

(四)决定学部的设置和调整。

(五)选举外籍院士。

(六)进行学术报告，提出各项建议。

第六章 常设领导机构

第十九条 院士大会闭会期间的常设领导机构，是中国科学院学部主席团(简称主席团)。主席团由中国科学院院长、各学部主任和经院士大会选举产生的十二名成员组成。院长为主席团执行主席，主持主席团会议。

院士大会选举产生的主席团成员，任期为四年，不连任。

聘请中国工程院院长、中国社会科学院院长、中国科学技术协会主席、国家自然科学基金委员会主任和若干政府部门的负责人，为主席团顾问。顾问列席主席团会议。

第二十条 主席团下设执行委员会，执行院士大会和主席团的决议，领导学部工作。执行委员会由主席团执行主席和各学部主任组成。主席团执行主席主持执行委员会会议。

第二十一条 执行委员会设秘书长一人，受执行委员会委托，负责学部的日常工作。秘书长可由非院士担任，人选由主席团执行主席提名，主席团通过并聘任。秘书长列席主席团会议和执行委员会会议。

第二十二条 主席团的职能

(一)决定召开并主持院士大会。

(二)审议并决定提交院士大会的各项议案。

(三)通过并聘请主席团顾问。

(四)批准各学部常务委员会组成和主任、副主任任职名单。

(五)通过并聘任执行委员会秘书长。

(六)决定和调整各学部增选院士名额。

（七）审议各学部增选院士的选举结果。

（八）确定外籍院士正式候选人名单。

（九）审查和批准撤销院士称号的决定。

（十）院士大会授予和本章程规定的其他职能。

第七章 出版物、经费

第二十三条 中国科学院学部编印以下出版物：

论文集。刊载院士在院士大会、各学部全体院士会议和学部组织的学术会议上宣读的学术报告。

年报。刊载院士大会和各学部全体院士会议上的工作报告、决议、章程及院士活动大事记等。

咨询报告专刊。刊载院士及由院士主持的对重大科学技术问题和各项咨询的研究报告、建议等。

第二十四条 院士和学部的活动经费，主要来自国家拨款，同时接受国内外团体和个人的捐赠。

第八章 附 则

第二十五条 除特别规定外，院士大会、各学部全体院士会议和常务委员会会议，以及主席团会议和执行委员会会议，出席人数达到三分之二为法定人数，可作决议；决议在付诸表决时，以超过出席人数二分之一的多数通过。

第二十六条 本章程，由中国科学院院士大会通过并发布实施，其修订亦同。

第二十七条 根据本章程可制定有关实施细则，经主席团批准后实施。

第二十八条 本章程的解释权在中国科学院学部主席团。

中国工程院院长朱光亚就中国工程院今后的工作接受记者采访

新当选的中国工程院院长朱光亚，中国工程院成立大会闭幕式结束后，接受首都几家报社记者的采访。谈到工程院今后的工作时，朱光亚说，中国工程院成立后近期将做四件事。

朱光亚说，我们将团结全国广大工程技术人员，为经济、科技和社会的综合协调发展而努力。工程院成立后，当务之急的一项任务是要尽快在全国范围内选举一批工程院院士；其次，工程院将组织院士，配合将要出台的“九五”科技计划和15年科技发展规划，对国家重大工程问题和规划进行咨询、审议；另外，近期内还要积极开展与对口的国际组织的学术交流活动；第四项工作是加强工程院自身的组织建设。

国务院总理李鹏在中南海与民主党派负责人无党派人士举行座谈征求对教育工作的意见

党中央、国务院将于6月中旬召开全国教育工作会议。国务院总理李鹏在中南海与各民主党派和全国工商联中央负责人、无党派人士进行座谈，征求他们对《全国教育工作会议报告（征求意见稿）》的意见。

李鹏说，“协商在决策之前，监督在执行之中”，是中国共产党领导的多党合作和政治协商制度的一个重要方面，也是中国共产党的一个优良传统。我们在每一项重大政策出台以前，都要同各民主党派和无党派人士进行充分的民主协商。这次全国教育工作会议，是改革开放以来党中央、国务院召开的第二次教育工作会议，也是我国教育发展史上一次重要的会议。这次会议对全面部署和动员实施《中国教育改革和发展纲要》，研究和解决我国教育改革和发展中的重大问题，实现90年代教育改革和发展的战略目标，促进我国社会主义现代化建设，必将产生重大影响。

民进中央主席雷洁琼、无党派人士程思远、民革中央副主席李赣骝、民盟中央副主席冯之浚、民建中央副主席冯梯云、农工民主党中央副主席蒋正华、致公党中央副主席罗豪才、九三学社中央副主席徐采栋、台盟中央主席蔡子民、全国工商联副主席张绪武，先后在座谈会上发言。他们在发言中一致认为，党中央、国务院决定召开这次全国教育工作会议，是非常重要和及时的。它体现党中央国务院对教育事业的关心和重视，相信通过这次会议的推动，我国教育事业将会有一个大的发展。他们在发言中就如何普及九年义务教育、大力发展职业教育和成人教育、增加教育投入、深化教育改革，实现到本世纪末我国教育发展的目标等问题，提出许多积极的意见和建议。

6月9日

国家主席江泽民在钓鱼台国宾馆与秘鲁总统藤森举行会谈

江泽民说：“中秘两国人民有着传统的友谊。近年来，两国高层互访不断，增进了相互了解，密切了友好合作关系。中秘已成为相互信赖的合作伙伴。我们对总统阁下和秘鲁政府为两国关系的顺利发展所作出的努力表示赞赏。中国政府十分珍视中秘友谊，重视发展同秘鲁的关系。相信阁下的第三次访华必将有力地推动两国关系进一步发展。”

江泽民指出，近年来，两国在各个领域的友好合作关系发展顺利，贸易额逐年增长，秘鲁已成为我国在拉美国家中第四大贸易伙伴。我们两国贸易的互补性强，还有很大的发展潜力。中秘经济、技术合作发展也较快，我们对此表示满意。我们愿意继续同秘鲁开展多种形式的互利合作，鼓励中国企业到秘鲁投资，也欢迎秘鲁企业到中国投资。

藤森说："秘鲁十分重视发展同中国的友好合作关系。中国是我唯一进行过两次正式访问的国家。希望通过这次访问将两国关系进一步推向前进。"他说："秘鲁政府对中国政府为加强两国经贸合作所作出的努力表示赞赏，对中国向秘鲁所提供的援助和在贸易中向秘鲁提供的优惠表示感谢。秘中两国经贸合作的潜力很大，中国的商品适合秘鲁消费者的要求，希望进一步扩大双边贸易，更多地引进中国的技术，欢迎中国的企业家到秘鲁投资。"

在谈到台湾问题时，藤森说："秘鲁坚持'一个中国'的立场，我连续三次访华就是最好的证明。"江泽民主席对秘鲁政府的这一原则立场表示赞赏。藤森表示支持中国加入泛美开发银行。他说："中国加入泛美开发银行后更有利于中国与秘鲁以及其他拉美国家的经济合作，符合中国和秘鲁的利益。"

在谈到中国和拉美关系时，江泽民说："近几年来，中拉友好合作关系不断发展，双方保持着密切的政治交往和高层接触。中拉之间开展多种形式的经济合作，合作的领域日益拓宽，贸易关系也有迅速的发展。中拉有许多共同点，维护世界和平、促进经济发展是我们的共同要求。在当前国际形势下，进一步加强中拉友好合作关系具有重大的现实意义。"

会谈结束后，国务院副总理兼外长钱其琛和秘鲁部长会议主席兼外长戈登堡分别代表两国政府签署中秘领事条约和中秘关于鼓励和相互保护投资协定。中国银行行长王雪冰和戈登堡部长会议主席兼外长签署中国银行向秘鲁共和国提供出口买方信贷协议。江泽民主席和藤森总统出席签字仪式。

中办国办发出《关于在反腐败斗争中注重抓好经济犯罪大案要案查处工作的通知》

去年八月，中央作出了加强反腐败斗争、推进党风廉政建设的具体部署；十月，中共中央、国务院作出了《关于反腐败斗争近期抓好几项工作的决定》。各级党委、政府和纪检监察机关、司法机关做了大量艰苦工作，反腐败斗争健康进展，取得了一定成绩，获得了阶段性成果。

但是，当前反腐败斗争特别是大案要案的查处工作还存在很多问题。一是斗争发展很不平衡。有的经济发达地区查办的要案很少，去年以来没有查处一起厅局级以上干部的犯罪案件。有的地方以烟谋私、以酒谋私、走私汽车成风，群众反映强烈，而这方面的大案要案查处甚少。二是办案阻力重重，进展迟缓。一些地方查处大案特别是领导干部犯罪的要案阻力很大，而有些政法部门的领导干部腰杆不硬，勇气不足，瞒案不报，压案不查。有的省掌握着几十件司局级干部贪污贿赂线索，迟迟查不下去。三是处理偏轻，打击不力。有些罪该处刑的案件，或由行政执法部门以罚代刑，或由党政机关给予党纪政纪处分，而不移送到司法机关处理。有的到了司法机关也往往是"检察环节免一批，审判环节缓一批，执行环节放一批"，轻纵罪犯。群众对此反映强烈。存在这些问题的根本原因，是部分领导干部的思想认识问题还未真正解决，有的对反腐败抱着"不可不反，不可真反，不可大反"的敷衍应付态度，有的混淆严重犯罪与"敢闯、敢干"的界限，对犯罪分子百般同情袒护，有的甚至设置重重障碍，施加种种压力，阻挠司法机关依法办案。

中央认为，反腐败斗争要继续按照中央的部署，深入、持久、更有成效地进行下去。在开展反腐败斗争中，要注重抓好经济犯罪大案要案的查处工作，并不断取得成效。

一、加强领导，统一认识，加大对严重经济犯罪分子的打击力度

反腐败斗争能否深入持久地进行下去并不断取得成效，关键在于领导。必须进一步统一各级党委、政府领导同志的思想认识，使他们真正懂得，社会主义市场经济是法制经济，经济犯罪与改革开放中的敢闯敢干毫无共同之处；使他们真正理解，认真查处大案特别是领导干部犯罪的要案，是推动反腐倡廉、取信于民的最有效的举措，也是教育广大干部、保障改革开放和现代化建设顺利进行的有力措施。对于贪污贿赂、金融诈骗、走私等经济犯罪活动的人员，切不可姑息养奸，败坏党和国家的声誉，损害广大人民群众的利益。各级党委、政府特别是各省、自治区、直辖市党委、政府的主要负责同志，要对查处大案要案的工作高度重视，切实加强领导，大力支持政法部门和纪检监察机关依法从重从严查处经济犯罪和违纪违法的大案要案。要帮助政法部门和纪检监察机关冲破阻力、排除干扰、秉公执纪执法，以充分体现党和政府反腐败的坚强决心。

二、今年下半年特别是第三季度，政法部门和纪检监察机关要集中力量，突出重点，加速查处若干批经济犯罪的大案要案

要把贪污贿赂、金融诈骗、走私等犯罪案件作为集中查处的重点。要继续把党政领导机关、行政执法部门、司法部门和经济管理部门作为查处经济犯罪的重点部门。要抽调精兵强将，下决心排除一切阻力，集中力量，首先尽快查办县处级以上领导干部中进行上述几种犯罪的案件。今年六至九月，中央司法部门要力争每个月判处几件对全国有影响的大案要案并公开报导，纪检监察机关也要查处一批大案要案予以公布，以进一步形成声势，引起震动。各省、自治区、直辖市也

可有选择地进行适当报导。

三、加强协调，密切配合，重点帮助，严格执法

在党中央的领导下，中央政法委员会要进一步加强对全国反腐败斗争中查处经济犯罪案件的协调指导工作；各地党委及其政法委也要加强这方面的协调指导工作；政法各部门要大力加强对本系统查处大案要案的检查、指导、督办工作，逐案排出时间表，及时催办。政法部门、纪检监察机关、行政执法部门和各部门各单位都要各司其职，密切配合，避免脱节，减少扯皮，提高办案效率，共同做好从重从严查办大案要案的工作。对于阻力大、难度大的大案要案，中央和省一级的主管政法部门和纪检监察机关要派人下去重点支持帮助，推动查处工作。要坚持严格依法办案，该移送的移送，该初查的初查，该立案的立案，该批捕的批捕，该起诉的起诉，该重判的重判，该处极刑的处以极刑，该投入劳改的及时投入劳改，任何办案环节都不得轻纵罪犯。

四、严肃纪律，排除干扰

对各级党政领导、政法干警、纪检监察干部都要进一步严明纪律，严格要求。党委、政府对政法工作的领导，主要是思想政治领导、路线方针政策的领导，要支持司法部门依法独立行使职权。党政领导不准为犯罪分子说情开脱，不准以言代法、以权压法、以罚代刑，不准阻挠、干扰政法部门和纪检监察机关依法办案，不准瞒案、压案不报。政法干警、纪检监察干部要敢于顶住压力，排除干扰，敢于同一切歪风邪气作斗争，秉公执法；不得为犯罪分子通风报信，不得贪赃枉法，徇私舞弊，包庇放纵犯罪分子。上级党委和主管部门对于违反纪律，妨碍大案要案查处工作的党政领导和执法执纪人员，要坚决给予严肃处理；对于坚持原则，秉公办案的人员，要大力支持，给予表彰奖励；对于受到打击报复的，要坚决给予保护。

五、务必保证办案经费，为查办大案要案提供必要的物质条件

目前，政法部门办案经费不足，严重影响了对案件的查处工作。为了加快经济犯罪大案要案的查处工作，中央和地方各级财政部门要给有关政法部门增拨一笔专款，用于办案急需。各级纪检、监察机关也按此精神办理。

各地区、各部门贯彻本通知、查办经济犯罪大案要案的情况和问题，请随时报告党中央、国务院和中央主管政法部门；涉及党纪、政纪的要及时报告中央纪委和监察部。

中纪委监察部在北京召开全国纪检监察系统电话会议

中共中央政治局委员、中央书记处书记、中央纪委书记尉健行在会上讲话指出，各级党委、政府，各级纪检监察机关，要继续按照党中央的部署，切实抓好反腐败三项工作的落实，近期内，尤其要注重抓好经济犯罪大案要案查处工作，加大办案力度，集中力量查办一批县处级以上领导干部经济犯罪大案要案；同时，对一切影响改革、发展和稳定的各种消极腐败现象也必须加强治理，抓出更大成效，进一步把反腐败斗争引向深入。

尉健行强调，必须进一步加强对办案工作的领导，加大力度，在今后几个月内，办结一批重大案件。他指出，各地区各部门要制订计划，采取措施，把主要力量放在查处贪污、贿赂、金融诈骗、走私、严重违反财经纪律等大案要案上；要继续把党政领导机关、司法部门、行政执法部门和经济管理部门作为重点，着重查处县处级以上领导干部经济犯罪大案要案。

尉健行要求，在注重查办大案要案的同时，继续抓好领导干部廉洁自律和纠风工作。领导干部廉洁自律要在自查自纠上狠下功夫，凡没有召开领导干部廉洁自律民主生活会的，必须尽快召开；已经开过会的，必须把民主生活会的情况如实向干部群众反馈，接受干部群众的评议和监督；对自查和核查出来的问题要及时纠正，按规定处理。他说，今年纠风工作的主要内容是清理乱收费，清理用公款出国（境）旅游，清理党政机关及其工作人员利用职权无偿占用企业钱、物，刹部门和行业突出的不正之风。

尉健行同时强调，要组织各方面力量对反腐败开展督促检查，对三项工作落实情况都要认真进行督促检查，尤其要对大案要案的查处工作进行督促检查，以推动反腐败斗争的深入开展。

国务委员李贵鲜就各部门、各级政府要抓紧纠正行业不正之风和加强廉政建设问题讲话。

全国总工会表彰全国职工自学成才先进单位和个人

共青团中央农业部在郑州召开第三届全国优秀青年乡镇企业家表彰大会

国务院副总理兼外交部部长钱其琛在钓鱼台国宾馆同韩国外交部部长韩升洲进行工作会晤

中共中央政治局候补委员温家宝在钓鱼台国宾馆会见由总书记哈·辛·苏吉特率领的印度共产党（马克思主义）代表团

印尼国会议长瓦霍诺在雅加达会见全国人大常委

会副委员长陈慕华

外交部发言人沈国放就朝鲜核问题答记者问

沈国放在每周一次的新闻发布会上回答记者提问时指出，中国希望有关各方继续努力，寻求妥善解决朝鲜核问题的和平途径。

有记者问：在当前朝鲜核问题上出现了一些新的变化的情况下，中国对解决朝核问题持何立场？

答：我们对在朝核问题上出现的事态十分关注。我们希望有关各方保持克制、冷静的态度，不要轻易关上谈判大门，不应放弃对话，有关各方应继续作出努力，寻求妥善解决朝核问题的和平途径。解决问题最终要达到的目标应该是维护半岛的和平与稳定，实现半岛无核化。

中国残联主席邓朴方在西班牙萨拉曼卡世界特殊教育大会上就中国残疾人组织的作用问题作专题发言

邓朴方说，中国有5000多万残疾人，占全国人口的5%，其中6至14岁的残疾儿童有600多万，因此可以说，中国举办着世界最大的特殊教育。

邓朴方说，中国残疾人联合会成立以前，特殊教育已有一定发展，1987年时就有特殊教育学校500所，特殊教育班600个，在校学生5万人。由于中国政府的重视和残疾人联合会的积极推动，近6年来特殊教育有了较大发展，特殊教育学校增加700所，特殊教育班增加3500个，在全国普遍推行了残疾儿童随班就读，在校学生增加32万。

邓朴方在谈到中国残疾人事业发展状况时说，自1988年以来，中国政府制订了两个关于残疾人事业的5年计划，全国人大颁布实施了《中国残疾人保障法》，残疾人在康复、教育、就业、文化生活、福利等方面得到了全面发展。

国务院副总理李岚清受总理李鹏委托邀请全国人大全国政协的教育界代表和委员到中南海座谈征求对全国教育工作会议主题报告(征求意见稿)的意见

6月10日

国务院总理李鹏在钓鱼台国宾馆会见秘鲁总统藤森

李鹏和秘鲁总统阿尔韦托·藤森表示，双方对两国关系的顺利发展表示满意，希望在现有基础上进一步发展双边友好合作关系。

李鹏说："双方贸易互补性强，产品适销对路，两国应在平等互利的基础上进一步发展经贸关系。"李鹏说："中国和秘鲁都是发展中国家，在人权和民主等问题上观点很相近，在国际人权会议上相互磋商。中国政府感谢秘鲁政府在国际人权会议上对中国的支持。"李鹏还对秘鲁政府支持恢复中国关贸总协定缔约国地位和加入泛美开发银行的立场表示赞赏。李鹏说："我们高兴地看到近年来拉美的债务负担有所缓解，秘鲁经济平稳发展。中国与拉美国家在政治、经济、文化和国际事务中的交往日益增加，双方都有发展合作的愿望。我们相信，在双方共同努力下，两国关系一定会发展到一个新的水平。"

藤森愉快地回忆了前两次访问的情景。他说："这些访问增进了对中国的了解，促进了两国经贸关系的发展。在经贸方面，双方各有特点。"他表示赞同李鹏总理关于两国经济互补性强，合作潜力很大的看法。他说："秘中在许多国际问题上都有共同看法，都反对利用人权、民主等问题干涉他国内政的做法。"藤森强调，两国政治上的共同点是两国经贸合作的基础。

中共中央直属机关思想政治工作会议结束

中共中央政治局常委、书记处书记胡锦涛在会上发言指出，建设有中国特色的社会主义，是全国人民的共同愿望和根本利益所在，必须依靠全国人民发扬创业精神、团结奋斗才能完成。当前，要卓有成效地抓住机遇、深化改革、扩大开放、促进发展、保持稳定，向着宏伟的目标继续前进，从根本上说，要靠邓小平同志建设有中国特色社会主义理论和党的基本路线的指导，靠我们党的坚强领导，也要靠强有力的思想政治工作去最大限度地调动亿万群众的积极性，充分发挥他们的聪明才智。他说，思想政治工作是我们党的优良传统和政治优势，在建设有中国特色社会主义的历史时期，在当前建立社会主义市场经济体制过程中，必须进一步发扬这个传统，发挥这个优势，不能稍有削弱。

胡锦涛说，邓小平同志一贯高度重视思想政治工作。他关于新时期思想政治工作的一系列论述，是建设有中国特色社会主义理论的重要内容，是做好新时期思想政治工作的正确指导方针。他高度重视、身体力行地做思想政治工作，为全党树立了光辉的典范。我们要认真学习领会小平同志关于思想政治工作的论述，使新形势下的思想政治工作得到切实加强和改进。

胡锦涛强调，用邓小平同志建设有中国特色社会主义的理论武装全党，是一项长期的战略任务。要从中直机关的特点出发，引导大家密切联系新的形势和任务，全面坚持理论联系实际的方针，在深入钻研理论上下功夫，在深入研究现实重大问题上下功夫，在学用结合、学以致用上下功夫。通过学习提高思想理论水平、政策水平和政治素质，更好地发挥中直机关为中央服务、为基层服务、为人民群众服务、为改革开放和社会主义现代化建设服务的作用。

胡锦涛指出，思想政治工作必须紧密联系贯彻执行党的基本路线和方针、政策，完成党的中心任务来进行，这是新时期思想政治工作的一条重要原则。现在，加强和改进思想政治工作，必须紧密结合“抓住机遇、深化改革、扩大开放、促进发展、保持稳定”这个全党全国工作的大局来进行。这是新形势新任务提出的新要求，既是对机关思想政治工作的考验，也是进一步加强和改进思想政治工作的机遇。要抓住有利时机，针对新的实际，加强思想教育和思想引导，使思想政治工作的水平有一个明显的提高。

胡锦涛说，机关思想政治工作同机关党的建设紧紧相连，把各级党组织建设得更加坚强，富有战斗力，充分发挥党的优势，就会带动整个机关的思想政治工作，促进机关的各项建设。要继续抓好领导班子思想作风建设，要在坚持和健全民主集中制基础上活跃党的生活，要坚持从严治党，不断提高党员队伍素质。中直机关的共产党员，要不断增强党性锻炼，在各自的岗位上和机关生活中，做坚决执行党的基本路线和各项方针政策，维护和发展全党全国工作大局的模范；做全心全意为人民服务、密切联系群众、自觉维护群众利益的模范；做艰苦创业、廉洁勤政，自觉抵御拜金主义、享乐主义、极端个人主义的模范；做努力学习、勤奋工作、务实创新的模范。

胡锦涛最后指出，加强和改进思想政治工作，关键在于领导。中直机关各部门主要领导同志要带头重视，身体力行，切实加强对机关思想政治工作的领导。各单位要把思想政治工作列入工作计划和议事日程，深入研究，检查督促。机关党组织要担负起做好经常性思想政治工作的责任，通过各种有效的活动，积极开展思想政治工作。机关领导同志和党组织要全面关心机关政工干部队伍的成长，从事思想政治工作的同志要进一步增强责任感，继续发扬无私奉献、积极进取的精神，兢兢业业做好工作，推动机关工作进一步开创新的局面。

香港特别行政区筹委会预委会政务专题小组在北京召开第八次会议

会议于 6 月 10 日至 11 日召开，会议讨论小组将向预委会第三次全体会议提交的工作报告和下半年工作计划。

政务专题小组工作报告将涉及第一届立法会的组建问题，第一届区域组织的组建问题，第一届政府的组建问题，行政与立法关系问题，公务员队伍的稳定与有关制度的衔接问题，中央各部门、各地方在香港特别行政区设立机构和香港特别行政区在北京设立办事机构问题以及与香港政治形势有关的问题等七个方面内容。报告反映委员们的初步意见和建议。会议还确定了下半年政务专题小组要讨论的问题，并进一步开展咨询工作，广泛听取香港有关人士的意见。预委会副主任鲁平、周南、姜恩柱出席会议。

《人民日报》发表评论员文章《民族之魂　时代之光——谈林州人民的艰苦创业精神》

首次全国商品市场总裁座谈会在成都召开

国家主席江泽民在中南海就中国国内形势和重大国际问题接受日本记者采访

江泽民上午在中南海接受日本广播协会解说委员长高岛肇久的采访，就中国国内形势和重大国际问题回答记者的提问。

当记者问到中国在朝鲜核问题上的立场时，江泽民说，我们对当前出现的事态非常关注。我们始终认为解决诸如朝鲜半岛核问题这样复杂的问题需要有足够的耐心。越是在困难的时候越要保持冷静。我们呼吁各方都采取克制的态度，慎重行事。解决问题最终要达到的目标应该是维护半岛的和平与稳定，实现半岛无核化。只要不偏离这两个基本目标，无论出现什么样的暂时困难，总有可能找到妥善解决问题的办法。

应该看到，谈判的大门目前尚未完全关死，对话的余地和可能性尚存。有关各方应当采取积极措施，避免危机深化，不要使一年多来各方的努力付之东流。中国不赞成搞制裁，因为制裁无助于问题的解决，反而使事态升级，以至引发各方都不愿看到的严重后果。我认为坚持对话磋商才是解决问题的有效途径和根本出路。

在谈到中美关系时，江泽民说，克林顿总统最近宣布延长对华最惠国待遇，并表示今后将人权问题与最惠国待遇脱钩，这一决定有利于中美加强和扩大经贸合作，符合中美两国和两国人民的根本利益。我认为，只要双方都着眼于未来和世界大局，从两国根本利益出发，遵循中美三个联合公报所确立的原则，增加信任、减少麻烦、发展合作、不搞对抗，中美关系就会得到顺利、健康的发展。

江泽民还对中日关系的发展发表看法，他说，日本政局几经变动，但是中日两国在各个领域的友好合作依然稳定地向前发展。日本朝野各党派和广大的日本人民在加强和发展中日睦邻友好合作关系上的认识是一致的。中日友好建立在两国广泛的共同利益、悠久的历史文化渊源和深厚的群众基础之上，是富有强劲生命力的。作为政治家，应当顺应历史潮流，扎扎实实地为发展两国关系做些实事。20世纪快要结束了。中日之间有一个民间的21世纪委员会，这表明中日两国人民都愿意将一个相互理解、相互信赖、平等合作、共同繁荣的中日关系带入21世纪，使中日友好世代相传。我对中日关系的未来充满信心。

当记者问到中国对日本成为联合国安理会常任理事国持什么立场时，江泽民说，我们注意到日本希望成为安理会常任理事国，在国际事务中发挥更大的作用，对此愿望我们表示理解和重视。中国赞成在时机成熟时适当扩大安理会的组成，以反映国际形势变化和联合国会员国增加的现实。同时我们认为，不应将国家贫富作为考虑该问题的唯一条件，还要充分体现公平地域分配原则及协商一致原则。目前安理会改革正处于酝酿阶段，具体如何进行应充分听取广大会员国的意见。

外交部发言人就中国进行地下核试验发表谈话

外交部发言人在北京宣布："一九九四年六月十日，中国进行了一次地下核试验。"

这位发言人说："中国一贯主张全面禁止和彻底销毁核武器，并在此范畴内实现全面禁止核试验。从这一根本立场出发，中国对核试验历来采取十分克制的态度，进行核试验的次数极为有限。"

这位发言人说，中国充分尊重和理解广大无核国家在核试验问题上的立场和关切。中国正积极参加"全面禁止核试验条约"的谈判，支持在不晚于一九九六年谈判达成这项条约。这项条约应当成为走向全面禁止和彻底销毁核武器的一个步骤。发言人说："我们呼吁其他核武器国家放弃核威慑政策，明确承诺全面禁止和彻底销毁核武器。我们愿与国际社会一道，为尽早实现这一最终目标继续作出不懈的努力。"

国家主席江泽民在中南海会见美国数字设备公司总裁罗伯特·帕尔默

国家副主席荣毅仁在人民大会堂会见韩国前外务部长官李相玉

国务院副总理朱镕基在钓鱼台国宾馆同澳大利亚副总理兼住房和地区发展部部长布赖恩·豪举行会谈

朱镕基说，近年来，中澳友好合作关系得到令人满意的发展，双方高层交往频繁，双边贸易大幅度增长，经济技术合作的领域不断扩大。豪副总理此次来访，是今年两国领导人之间又一次重要往来，对促进双方的互利合作具有重要意义。

朱镕基说："今年以来，中国在财税、金融、投资和外贸体制等方面推出一系列重大改革措施，都已取得了明显效果。这也为中澳两国发展贸易和经济技术合作注入了新的活力。"

朱镕基说，城市建设是中国正在实行改革的一个领域，需要借鉴其他国家的先进技术和经验，中国愿同澳大利亚在这方面交流经验、开展合作。

布赖恩·豪说，中国经济建设高速发展，引起世界注目。澳大利亚十分重视同中国发展友好合作关系，支持中国恢复关贸总协定缔约国地位，并愿同中方共同为此作出努力。布赖恩·豪说："澳中两国经济互补性强，发展经贸合作有利于双方。我们两国应成为合作的伙伴，不断探索合作的新途径、新方式和新领域。"

国务院副总理钱其琛在中南海紫光阁会见由旅游部长尤兹·巴拉姆率领的以色列旅游代表团

煤炭部与美国安然石油和天然气公司签署两项协定和一项合作意向书

中国煤炭工业部与美国安然石油和天然气公司在休斯敦安然公司总部就双方合作在中国山西省三焦煤矿和安徽省淮南煤矿勘探煤层气签署两项协定和一项合作意向书。

中国煤炭工业部部长王森浩、安然公司董事长肯尼斯·莱和中国驻休斯敦总领事邱胜云等出席签字仪式。

解放军全军夜间训练改革现场会在济南军区举行

现场会议深化训练改革，解决高技术条件下夜间仗怎么打、兵怎么练为主题，进行夜战理论讲课、经验交流和实兵演示，认真研讨夜战战法、训练、内容、保障等问题。中央军委副主席刘华清指导观看演习并讲话。刘华清、张震副主席和有关领导，以及参加现场会的代表，还在潍坊参加了夜视装备暨夜战训练新器材展览。

现场会议于6月18日结束。

全国文化市场管理处长会议在北京召开

最高人民法院就进一步抓好经济犯罪大案要案的审判工作召开电话会议

电话会议要求全国各级法院在认真总结前一时期审判工作的经验基础上，进一步抓好经济犯罪大案要案的审判工作，力争在短时间内迅速取得新进展。

最高人民法院副院长刘家琛在会上对下阶段的审判工作提出具体意见和安排。其一，领导干部要真抓实干。第一把手要亲自过问，主管院长要亲自抓大案要案的审理，严格把关，积极督办和指导。其二，依靠党委领导，确保审判正常进行。各级法院要自觉把审理经济犯罪大案要案工作置于党委的统一领导下，使审判经济大案要案工作与党委开展反腐败斗争的工作要求和部署紧密配合。其三，提前了解审情，加快办案速度。其四，建立健全工作制度，确保信息及时畅通。不仅要建立专人负责的登记立卡制度，同时还应健全案件进展和审理结果的随时报告制度。其五，加强宣传报道，扩大办案社会效果。今后，要有计划、有针对性地选择一些具有典型性的经济犯罪大案要案，适时集中公开审理，公开宣判，公开宣传报道。

6 月 11 日

全国农村社会治安综合治理工作会议在江苏省吴江市结束

中共中央政治局候补委员温家宝在苏南农村调研

6 月 11 日至 15 日，温家宝在苏州市的吴江、吴县、昆山、常熟、张家港、太仓等县(市)调查研究，了解农业和农村经济发展情况。温家宝充分肯定了苏州市经济和社会发展取得的巨大成就。他说，乡镇企业是我国农民的一大创举，是农村经济发展的支柱。乡镇企业从一开始就同农村经济发展联系在一起，同农业现代化联系在一起，同农民致富奔小康联系在一起。大力发展乡镇企业是农村经济工作的一项重要任务。乡镇企业比较发达的地区，要通过以工补农、以工建农，进一步加强农业的基础地位，使粮食生产、多种经营和乡镇企业协调发展，全面振兴农村经济。

温家宝参观一些乡村建立的高标准农田和蔬菜基地，并详细地询问有关情况。他说，建立高标准的基本农田和蔬菜基地，可以带动农业基础设施建设、农业服务体系建设和现代农业科学技术的运用，也有利于保护耕地。经济比较发达的地区应当有计划地加强高标准农田、菜田保护区建设。在有条件的地方，要因地制宜地发展多种形式的适度规模经营，提高集约化水平。苏州在抓住机遇加快经济发展的同时，还十分重视农村精神文明建设。教育、文化、卫生事业发展比较快，农村社会治安也比较好。温家宝表扬他们的做法。

国务院总理李鹏致电祝贺第三十届非洲统一组织国家元首和政府首脑会议在突尼斯召开

在非洲统一组织第三十届国家元首和政府首脑会议胜利召开之际，我谨代表中国政府和人民，向会议致以热烈的祝贺。

以纳尔逊·曼德拉为总统的新南非胜利诞生并作为非洲统一组织第 53 个成员国参加本届首脑会议，标志着非统和全体非洲人民在政治领域取得了令人振奋的伟大胜利，体现了非洲大陆统一和团结的进一步加强。新南非加入非洲统一组织为非洲人民在非洲统一组织的旗帜下争取更加美好的未来注入了活力，也为非洲统一组织的历史开辟了新纪元。我们衷心祝愿非洲人民在捍卫民族独立和主权、维护非洲团结和统一、改善和提高生存条件的斗争中不断取得新的成就。

我们高兴地获悉，非洲经济共同体条约已正式生效。加速实现非洲经济一体化，对非洲人民通过集体自力更生，振兴非洲经济，具有重要意义。它显示了非洲国家和人民在不利的国际环境下联合自强的坚定意志和坚强决心。中国政府和人民对此深表敬佩，并衷心希望非洲人民在经济领域的集体努力取得成功。

随着国际形势的变化，维护非洲国家的政治稳定以利经济发展已变得越来越重要。一些地区动荡局势持续，特别是卢旺达的战乱已造成大量的人员伤亡和对经济的严重破坏，引起国际社会的普遍关注。我们坚决支持非洲统一组织在积极调解非洲地区冲突、维护非洲国家的政治、社会稳定方面所作的努力。

中国和非洲国家在长期共同斗争中结下了深厚友谊。在当前复杂的国际形势下，我们更需要互相同情，互相支持，为加强中国与非洲的团结合作而共同努力。中国政府和人民非常珍视中非友谊，不管国际风云如何变幻，加强中非友好合作关系始终是中国政府对外政策的重要组成部分。

国务院环境保护委员会召开的淮河流域环保执法检查现场会在蚌埠闭幕

淮河流域环保执法检查现场会日前在蚌埠闭幕。会议号召沿淮各地政府及社会各界紧急动员起来，下定决心，团结治污。

6 月 12 日

国务院总理李鹏慰问广东遭受洪涝灾区群众

国务院副总理兼外交部长钱其琛在钓鱼台国宾馆会晤日本外相沛泽弘治

钱其琛指出，促进朝鲜半岛无核化，维护半岛和平与稳定，是中国政府在朝鲜半岛核问题上始终坚持的基本目标。这两个目标符合东北亚地区所有国家的根本利益，应当成为谋求妥善解决当前问题的根本出发点。

钱其琛指出，目前围绕朝鲜半岛核问题出现严重困难,中方对此十分关切。我们对国际原子能机构理事会6月10日就暂停对朝鲜的技术援助采取的行动和导致的后果表示遗憾。在面临困难时,有关各方尤其需要保持冷静和克制,不要轻易关死对话的大门,尽一切可能保持通过对话解决这一问题的余地和可能。制裁无助于问题的解决,只能激化矛盾,可能导致各方都不愿看到的后果。我们呼吁有关各方努力启动对话,缓解矛盾,寻求稳妥解决问题的途径。

中国和秘鲁在北京发表新闻公报

一、应中华人民共和国主席江泽民的邀请,秘鲁共和国总统阿尔韦托·藤森于一九九四年六月八日至十二日对中华人民共和国进行了第二次国事访问。陪同藤森总统来访的有部长会议主席兼外交部长埃弗拉因·戈登堡先生,司法部长费尔南多·维加·圣加德亚博士,工业、旅游、一体化和国际贸易谈判部部长莉莲娜·卡纳莱·诺韦利亚女士,与藤森总统随行的还有民主制宪议会副议长维克托·许会工程师和总审计长维克托·恩里克·卡索·莱先生。

访华期间,江泽民主席同藤森总统举行了正式会谈,李鹏总理会见了藤森总统。

藤森总统还参观了几个工业展览,并在上海主持了秘鲁图片展开幕式。

二、两国领导人讨论了双边关系,并对建交二十三年来中秘在政治、经贸、文化、科技等领域的友好合作关系的发展和在国际事务中的高度一致表示满意。双方强调了建筑在悠久的历史交往、经济互补和互利基础上的两国关系的特点,并表示愿继续为这一关系的长期、稳定发展共同作出努力。

秘方重申恪守两国建交公报原则,坚持"一个中国"的立场,即中华人民共和国政府是代表全中国的唯一合法政府。中方对此表示赞赏。

双方签署了中秘鼓励和相互保护投资协定、中秘领事条约和关于中国银行向秘鲁共和国提供出口买方信贷的协议。

三、两国领导人就当前国际形势和各自地区形势及一些重大国际问题交换了意见,并取得了广泛的一致。

中方表示愿进一步加强同拉美国家的友好合作关系。双方注意到在发展太平洋盆地和拉美关系方面存在着共同利益,并愿意为此继续作出贡献。

中方承认秘鲁为加强同太平洋盆地国家的关系和合作在政治和经济上作出的努力。

四、双方还相互通报了各自国内形势。中方对秘鲁政府在推进现代化进程、国家的和平与稳定和参与国际经济方面取得的成就表示高兴。秘方赞扬中国的改革开放进程及其成就。

五、双方一致认为,藤森总统对中国的访问取得了圆满成功,访问必将推动中秘友好合作关系的进一步发展。藤森总统对中国领导人和人民给予他及随行人员的热情款待表示感谢。藤森总统邀请江泽民主席在方便的时候访问秘鲁。江泽民主席愉快地接受了邀请。

日本船舶振兴会在北京就该会在中国五所大学增设"笹川良一优秀青年教育基金"事和国家教育委员会签署备忘录

国家教育委员会副主任韦钰和日本船舶振兴会理事长笹川阳平分别在备忘录上签字。

根据签署的备忘录,日本船舶振兴会将于今年6月起在重庆大学、内蒙古大学、新疆大学、云南大学、中山大学分别设立100万美元的"笹川优秀青年教育基金",用基金每年所产生的利息奖励各校人文、社会科学专业的在校研究生和部分青年教师,以培养跨世纪的优秀人才。

中国女篮在悉尼第十二届世界女篮锦标赛上获亚军

浙江省杭州市中级人民法院对千岛湖特大抢劫故意杀人案作出一审判决

法院认定被告人吴黎宏、胡志瀚、余爱军构成抢劫罪、故意杀人罪,两罪并罚。分别判处三名罪犯死刑,剥夺政治权利终身。

发生在今年3月31日的浙江千岛湖抢劫、故意杀人案,共有32人遇害身亡,其中24人为前来大陆旅游的台胞。经法庭审理查明,被告人吴黎宏(男,22岁,浙江淳安县人,无证从事摩托艇营运)、胡志瀚(男,24岁,淳安县人,原巴陵石化公司研究院杭州联营厂职工,自动离厂)在去年9月至10月间为还债和挥霍,密谋抢劫他人钱财,并由吴黎宏纠集被告人余爱军(男,23岁,淳安县人,无证从事摩托艇营运)一起参与抢劫。尔后,三被告人多次策划抢劫的时间、地点、对象、手段及抢劫后沉船杀人、灭迹。同时,准备了猎枪、子弹、炸药、斧头、匕首等凶器。

党和国家领导人江泽民李鹏乔石为助孤儿百日慈善募捐活动题词

为救助孤儿,筹建那曲儿童福利院,解决贫困地区儿童福利院资金短缺问题,中国社会服务促进会、北京市社会福利慈善协会等单位将联合举办助孤儿百日慈善募捐活动。

6月13日

国家主席江泽民在钓鱼台国宾馆与爱沙尼亚总统伦纳特·梅里举行会谈

江泽民表示:“每个国家在人口、面积上存在着差异,但我们历来主张国家不分大小、贫富、强弱,都是国际社会中平等的成员,反对在国际事务中推行霸权主义和强权政治,干涉别国内政。我们主张建立一种新的国际政治经济秩序,其核心内容是不干涉内政。”

江泽民说:“国家领导人之间保持往来有助于领导人彼此增进了解,对于推动国家关系的发展有特别重要的作用。”江泽民说,阁下的来访是两国关系史上的一件大事,必将为两国的合作关系注入新的活力。江泽民对爱沙尼亚政府和梅里总统在发展中爱关系上所持的积极态度表示赞赏。他说:“中爱建交三年来,在双方共同努力下,两国关系发展顺利,中方对此满意,并对今后的发展前景充满信心。”

梅里感谢中国在爱沙尼亚重新获得独立后不久就承认爱沙尼亚。他说:“我这次访问中国非常重要,具有历史意义。爱中两国有差异,也有不少共同点。两国发展互利合作关系有着良好的基础。”梅里说:“爱沙尼亚虽然是一个小国,但在地缘政治经济方面处于有利位置,可以为中国走向西欧市场发挥重要作用。爱中两国签有经济贸易合作和投资协议,这次还有一批爱沙尼亚企业界人士随我访华。我希望爱中两国企业界人士能加强合作,以扩大爱中两国间的经济合作。在这方面两国还有很大的潜力。”

江泽民表示,中方为爱沙尼亚在巩固国家主权和民族独立、振兴经济、保持社会稳定、保障人民生活等方面取得的成就感到高兴。他说:“爱沙尼亚是一个重新获得独立的国家,中国尊重并理解爱沙尼亚根据本国具体情况、所处环境决定自己的社会经济发展道路和对外政策。”江泽民强调:“中国坚持奉行独立自主的外交政策。中国的首要任务是把自己的事情办好,把经济发展起来。把自己的事情办好了,就是对世界的重大贡献。”江泽民表示相信,中爱两国在这方面有着共同点。

关于两国经贸关系,江泽民说:“经贸关系是两国关系中的重要组成部分,也可以说是两国政治关系的物质基础,中爱两国进行直接贸易时间虽然不长,但起步不错。这次总统阁下来访,带来一个企业家代表团,这为两国实业界人士进行接触提供了一个好机会。我们愿同爱方共同努力,挖掘潜力,在平等互利、共同繁荣的基础上,开拓经济合作新领域,丰富合作形式,提高合作质量,把两国经贸合作关系推向一个新水平。”

会谈中,两国领导人分别介绍各自国家的情况,并就共同关心的地区和国际问题交换意见。梅里总统表示赞同江泽民主席关于稳定是发展前提的看法,并认为每个国家的经济发展都应该有“刹车”机制。他说:“中国在经济改革方面已经取得积极的成果。”

国家主席江泽民在人民大会堂会见由会长李泽添率领的香港工会联合会访京团

国务院副总理李岚清在人民大会堂会见以梁钦荣为团长的香港中华厂商联合会代表团

中国又有47个县(市)对外国人开放

公安部新闻发言人宣布,经国务院批准,中国又有47个县(市)列入对外国人开放地区。至此,我国已有1147个县(市)对外国人开放。

根据《中华人民共和国外国人入境出境管理法》第四章第二十条规定,外国人持有效签证或居留证件,即可前往上述地区旅行,不必申办旅行证件。

此次对外国人开放的县(市)是:山西省:朔州市、忻州市、榆次市、原平市、霍州市、繁峙县、定襄县、祁县、昔阳县、交城县、离石县、柳林县、方山县、临县、兴县、隰县、蒲县、曲沃县、新绛县、稷山县、河津市、临猗县、垣曲县、绛县、夏县、平陆县、永济市。江西省:波阳县、横峰县、万年县、余干县、广丰县、玉山县、安义县、莲花县、武宁县、修水县、分宜县、临川市、资溪县、峡江县、吉水县、万安县、安福县、信丰县。安徽省:贵池市。云南省:勐腊县。

中国和爱沙尼亚政府在北京签署联合声明

应中华人民共和国主席江泽民的邀请,爱沙尼亚共和国总统伦纳特·梅里于一九九四年六月十二日至十八日对中华人民共和国进行了国事访问。

中华人民共和国主席江泽民、国务院总理李鹏分别和爱沙尼亚共和国总统伦纳特·梅里在友好、坦率和求实的气氛中进行了会谈和会见,讨论了双边关系的现状和前景以及其他共同关心的问题。双方声明如下:

一、中华人民共和国和爱沙尼亚共和国之间的互利合作关系正在顺利发展。双方重申愿在互相尊重主权和领土完整、互不侵犯、互不干涉内政、平等互利、和平共处原则基础上发展两国关系。

二、双方认为,通过磋商交流两国在经济、科技、文化和法律等领域内的情况和经验是必要的。

三、双方将根据《维也纳外交关系公约》和《维也纳领事关系公约》为对方派驻的使、领馆的活动提供便利。

四、爱沙尼亚共和国政府承认中华人民共和国政府是中国唯一的合法政府，台湾是中国领土不可分割的一部分，确认不和台湾建立任何形式的官方关系。

中华人民共和国政府尊重爱沙尼亚共和国的独立、主权和领土完整。

五、双方认为，协助两国社会团体及商业和文化机构建立联系是非常重要的。

六、为推动两国关系不断发展，双方外交部官员将就双边关系和共同关心的地区及国际问题举行政治磋商。

七、双方愿根据《联合国宪章》和公认的国际法准则，在联合国及其他国际组织范围内加强合作。

八、双方表示反对任何形式的国际恐怖主义活动，并愿在打击国际恐怖主义活动、有组织犯罪、走私武器、毒品、文物及艺术品等领域进行合作。

九、双方指出，各国都有权根据自己的利益和传统选择适当的社会制度、经济体制和发展道路，这些方面的差异不应妨碍彼此间保持和发展正常的国家关系。

十、双方确认，本声明不针对任何第三国，也不涉及双方根据各自同其他国家签订的双边和多边条约所规定的权利和义务。

中华人民共和国代表 江泽民(签字)

爱沙尼亚共和国代表 伦纳特·梅里(签字)

一九九四年六月十三日于北京

国务院总理李鹏在中南海会见澳大利亚副总理布赖恩·豪

中央军委副主席刘华清在钓鱼台国宾馆会见朝鲜人民军总参谋长崔光率领的朝鲜军事代表团

中共中央书记处书记丁关根在人民大会堂会见以老挝人民革命党中央委员党中央宣传训练部部长奥沙甘·坦马铁瓦为团长的老挝人民革命党中央宣训部代表团

中英联合联络小组属下的防务及治安专家小组正式举行会议

中英双方谈判代表昨日均对新闻界表示，经过双方专家非正式会晤，双方分歧缩小，希望本次正式会议能取得更加积极的成果，争取早日达成协议。

防务及治安小组中方代表陈佐洱说，中英双方专家自本月8日以来以积极务实的态度进行了紧张的工作，会内会外相结合，工作方式相当灵活，使双方分歧缩小，取得了进展。他说，经双方磋商，中英关于香港防务与治安的第十六次会议现已开始，我们期待这次专家会议取得更加积极的成果，争取早日达成协议。

英方代表包雅伦表示同意陈佐洱的谈话。他希望在此基础上，正式会谈能早日取得成果，并为下周在港举行中英联合联络小组全体大会铺路。

全国妇联主席陈慕华在第二次亚太妇女参与发展部长级会议上发言

陈慕华说："提高妇女地位与改善妇女赖以生活的政治、经济、社会环境密切相关。只有在和平的环境中，经济发展，社会进步，妇女才能获得广泛参与发展的机会和平等的权利。很多事实表明，妇女往往是武装冲突、社会动乱、极端贫困、经济落后和环境恶化的最直接受害者。所以，我们应当将实现《内罗毕战略》所确定的平等、发展、和平的总目标，与维护和平、促进经济发展和社会进步结合起来，建立起公正合理的国际政治经济新秩序，消除贫困，发展经济，努力帮助广大妇女、特别是发展中国家的妇女解决她们面临的困难和问题。"

她指出，亚太地区贫困妇女人数最多，占全球贫困妇女的60%左右。因此，解决亚太地区妇女贫困问题，对提高全球妇女地位将是一项了不起的成就。

她表示相信，曾经对人类文明作出过杰出贡献的亚太各国和地区的政府和人民，在全球妇女的进步与发展事业中，也一定能够发挥出不可低估的重大影响。同时，她吁请有关援助国、国际组织和整个国际社会继续提供实质性援助，共同努力解决亚太地区的妇女贫困问题，以利于早日实现《内罗毕战略》的各项目标。

陈慕华向与会代表介绍中国政府在重视妇女的进步与发展，致力于提高妇女地位方面所做的努力和取得的成就。

她说，1995年将在北京召开第四次世界妇女大会，中国政府和人民对此都十分重视，将全力以赴做好准备工作，认真履行东道国应尽的义务和职责，为确保这次世界性盛会的成功召开作出应有的贡献。

人民教育出版社与美国世界图书出版公司在北京签署版权协议

人民教育出版社取得《世界百科全书》中文版的出版权和在国内销售此书的独家权利。

为此，该社与美国世界图书出版公司在北京签署正式协议。作为版权转让的报酬，人民教育出版社向美国世界图书出版公司支付版税。

解放军全军生产经营整顿改革座谈会在北京召开

中央军委副主席张震在讲话中强调，要以中央军委主席江泽民和军委的有关指示和决定精神为指导，发扬我军全心全意为人民服务和自觉服从大局的优良传统,使军队的生产经营进一步健康发展。中央军委委员、总后勤部部长傅全有在会上讲话。中央军委委员迟浩田、于永波出席会议。

张震在讲话中指出,整顿改革军队生产经营是中央军委根据邓小平同志新时期军队建设思想作出的重大决策。江泽民主席就这项工作作出过一系列重要指示。我们必须认真领会,把思想真正统一到江泽民主席重要指示和军委决策精神上面来,进一步增强贯彻落实军委决策的自觉性和坚定性。

张震强调,整顿改革生产经营涉及利益关系的重大调整,尤其要强调纪律性。要发挥纪检部门和审计部门的作用,加强监督检查。他指出,搞好生产经营整顿改革,是对高级领导机关的一次实际检验,也是加强机关建设、改进领导作风的一个重要方面。在下一阶段的整顿改革工作中,总部和各大单位要抓好自身的整顿改革,主要领导要亲自抓,一个部门一个部门地抓落实。机关部门领导要顾大局、识大体,高质量、高标准地完成整顿改革任务。

傅全有在讲话中总结前一阶段全军生产经营整顿改革工作,具体部署下一阶段的任务。他说,下一步要着重抓好五项工作:一是立即展开对部分地区部队生产经营的"撤、清、停、统"的清理整顿工作;二是认真搞好军办企业组织体制的调整工作;三是进一步清理整顿生产经营项目,凡是违反规定的,要限期改正;四是努力完成今年的生产任务;五是严格进行检查验收工作。三总部领导及各大单位和武警总部负责人出席会议。

座谈会于6月17日在北京结束。

中央军委副主席刘华清考察驻豫鲁部队

刘华清6月13日至18日在总参谋长张万年陪同下,考察驻河南、山东的部队。

13日,刘华清在豫西听取部队训练改革情况的汇报后说,邓小平同志一再强调要把军事训练摆到战略地位上来。江泽民同志要求部队要把军事训练作为经常性的中心工作抓紧抓好。近几年我经常考虑这样一个问题,我们的部队怎样才能实现由应付一般条件下的战争到打赢高技术条件下局部战争的转变?经过深化训练改革,我们已经摸索了一些成功的路子,一个新的全军性的练兵热潮已经初步形成。

当天晚上,陆军和空军在某山地进行夜间合成演练。刘华清赶赴演练现场。他对在场的部队领导说,夜训改革以解决高技术条件下夜间仗怎么打、兵怎么练为主题,突破口选得好。夜训改革全军都动起来了,是个历史性的发展。路子探对了,要普及,要发展,要提高,要一步一个脚印,扎扎实实抓落实。

刘华清来到某坦克团观看夜视器材展览。当他看到由部队自己研制的炮兵群昼夜指挥自动化系统效果很好时,高兴地说,我军在现有装备条件下搞现代化建设,要走技术革新的路子,在现有装备上挖潜,成倍地提高作战效能。关键是思想要解放,意志要坚定,把主观能动性、创造性发挥出来。只要我们钻进去,多探索,就能够找到以劣胜优的对策。

《中国生物多样性保护行动计划》正式发布实施

6月14日

第五次全国归侨侨眷代表大会在人民大会堂举行

来自全国各省、自治区、直辖市、中央和国家机关、解放军以及港澳地区的800余名代表出席了大会。江泽民、李鹏、李瑞环、胡锦涛、荣毅仁等党和国家领导人亲切接见出席会议的全体代表并与他们合影留念。

江泽民代表党中央、国务院向大会表示祝贺,向广大归侨、侨眷和海外侨胞致以良好的祝愿,向各级侨联干部、侨务工作者致以亲切的问候。

江泽民说,侨务工作是我们党和国家的一项长期的重要工作,也是一项政策性很强的工作。过去归侨、侨眷和海外侨胞为民族的振兴,国家的建设作出了卓越的贡献。在我国加快改革开放和经济建设的新时期,认真做好侨务工作,对于顺利实现我国经济发展战略目标,增进同各国人民的友好交往,促进和平统一祖国,有着重要的作用。邓小平同志把发挥广大海外侨胞的积极作用,作为我国大发展的一个独特机遇,这对于指导我们在新形势下进一步做好工作,具有极其重要、深远的意义。让我们以邓小平同志建设有中国特色社会主义理论为指导,抓住机遇、把握大局、齐心团结、艰苦奋斗,为开拓侨联工作新局面,为振兴中华、统一祖国作出更大贡献。

钱其琛代表中共中央、国务院向大会致祝辞。

中国科协党组书记、副主席高潮代表全国总工会、共青团中央、全国妇联、中国科协、中国文联、中国作协、全国工商联、全国台联、全国青联、中国残联向大会致祝辞。

庄炎林代表全国侨联第四届委员会向大会作了题为《为振兴中华统一祖国的伟大事业作出新贡献》的工作报告。他在报告中回顾了第四次侨代会以来的工作,并总结了改革开放以来侨联工作的主要经验和体会。他在谈到侨联今后五年的工作时指出重点要做好以下几方面的工作:紧密团结广大归侨、侨眷和海外侨胞,为加快改革开放和现代化建设作出新贡献;进一步发挥参政议政和民主监督的作用,促进《归侨侨眷权益保护法》及其《实施办法》的全面实施;进一步发挥侨联组织民间交往的优势，开创对外联络工作的新局面；在社会主义精神文明建设中发挥积极的作用；大力加强侨联的自身改革和建设。

大会主要议程为：审议《全国侨联第四届委员会工作报告》；讨论通过《全国侨联章程》(修改草案)；选举全国侨联第五届委员会等。

参加接见全体代表并出席开幕式的还有雷洁琼、王光英、程思远、王兆国、阿沛·阿旺晋美等。

国务院副总理钱其琛代表党中央国务院在第五次全国归侨侨眷代表大会上致辞

各位代表、各位同志：

全国归侨、侨眷第五次代表大会隆重开幕。这是侨界的一次盛会，也是3000多万归侨、侨眷和广大海外侨胞普遍关注的一件大事。这次大会的召开，对进一步动员广大归侨、侨眷认真贯彻党的十四大和十四届三中全会精神，推动建设有中国特色社会主义事业的发展，具有重要的意义。在此，我代表中共中央和国务院，向大会表示热烈的祝贺！向广大归侨、侨眷和海外侨胞致以良好的祝愿！向辛勤工作的侨务工作者致以亲切的问候！并向将在大会上受表彰的侨务工作先进集体和个人表示敬意！

归侨、侨眷和广大侨胞在中国革命和建设的各个历史时期，都作出了巨大的贡献，为祖国的繁荣和昌盛，为中华民族的进步和振兴，谱写了可歌可泣的历史篇章。在新的历史时期，广大归侨、侨眷活跃在各行各业的工作岗位上，以高度的使命感和责任感，积极投身于改革开放和社会主义现代化建设事业，为促进我国经济发展和社会进步做出了出色成绩，为祖国和平统一的伟大事业发挥了积极作用。广大海外侨胞是我国对外开放、发展对外经贸合作和科技、文化交流中最积极热情的一部分。他们同当地人民携手共进，为居住国的繁荣与进步，为发展所在国同我国的友好关系，做了大量工作。为我国的改革和建设倾注了赤诚之情。

从现在起到下个世纪中叶，是中华民族振兴和我国实现社会主义现代化的伟大历史时期。在90年代，我们要争取提前实现国民生产总值再翻一番、人民生活达到小康水平的第二步战略目标，初步建立起社会主义市场经济体制。我们要按照中英、中葡联合声明，按期恢复行使对香港、澳门的主权，保持香港、澳门长期稳定繁荣。按照“一国两制”的方针，推进祖国和平统一大业。这就需要充分调动和发挥全体人民包括归侨、侨眷和海外侨胞的积极性。广大归侨、侨眷和海外侨胞，有着爱国爱乡的优良传统，有着海外关系广泛、信息资源丰富的优势，是我国现代化建设的一支重要力量，一定能在振兴中华、统一祖国的伟大事业中作出更大贡献。

今年是我国社会主义现代化进程中的关键一年。“抓住机遇，深化改革，扩大开放，促进发展，保持稳定”，是全党和全国工作的大局。侨务工作要自觉服从、服务于这个大局。要紧紧围绕这个大局，认真贯彻落实新时期侨务工作的各项方针、政策，广泛团结、动员归侨、侨眷积极投身改革开放和现代化建设，积极促进海外侨胞与祖国进行经贸合作和科技文化交流，维护社会的稳定，促进经济的发展和社会的全面进步。广大侨务工作者要同心同德，奋发进取，努力开创侨务工作的新局面。

侨联是我们党领导下的全国归侨、侨眷的人民团体，是党和政府联系归侨、侨眷和海外侨胞的桥梁和纽带。党的十一届三中全会以来，各级侨联在改革开放和现代化建设中发挥了重要作用。广大侨联干部兢兢业业，辛勤工作，做出了很大成绩。在新的形势下，侨联面临的任务更加繁重，侨联组织的地位和作用更加重要。各级侨联要以邓小平同志建设有中国特色社会主义理论为指导，坚持党的基本路线，紧紧围绕经济建设开展工作，全面履行自己的职能，发挥自己的优势，通过卓有成效的工作，进一步把全国归侨、侨眷动员起来，团结起来，为推进我国改革开放和现代化建设事业贡献更大的力量。要充分发挥归侨、侨眷参政议政和民主监督的作用，依法保护归侨、侨眷和海外侨胞在国内的合法权益和正当权利。要充分发挥侨联组织民间交往的优势，加强对外联络工作。要热心协助归侨、侨眷和海外侨胞在国内兴办文教、卫生和其他社会公益事业。要充分发挥侨联在社会主义精神文明建设中的作用，进一步抓好侨乡精神文明建设。要加强自身的改革和建设，培养一支德才兼备、热心为归侨、侨眷和海外侨胞服务的侨务工作干部队伍。侨联工作要面向基层，深入实际，积极向归侨、侨眷宣传和解释党的方针政策及改革开放的一系列重大措施，了解他们的心声，关心他们的疾苦，及时向党和政府反映他们的意见和要求。侨联组织应当建设成为广大群众信赖、具有生机和活力的“归侨侨眷之家”。

代表们，同志们，党和政府历来非常重视归侨、侨眷和海外侨胞在革命和建设中的作用，非常重视侨务工作。在新形势下，各级党委和政府要进一步加强和改善对侨务工作的领导，充分发挥侨联组织的作用，热情关心和支持他们的工作。我深信这次代表大会后，侨务工作必将会出现团结、奋进的崭新局面。让我们以邓小平同志建设有中国特色社会主义理论为指导，在以江泽民同志为核心的党中央领导下，抓住机遇，扎实工作，开拓进取，为建设富强、民主、文明的社会主义现代化国家，维护世界的和平与发展而努力奋斗！

祝大会圆满成功！

国家主席江泽民在中南海会见由会长梁钦荣率领的香港中华厂商联合会访京团部分成员

国务院副总理钱其琛在钓鱼台国宾馆会见由会长李泽添率领的香港工会联合会访京团

国务院港澳办公室主任鲁平在北京港澳中心会见以李泽添郑耀棠为正副团长的香港工会联合会访京团

国务院副总理朱镕基在吉林辽宁考察

朱镕基于 6 月 14 日至 21 日，先后听取吉林、辽宁两省经济工作的汇报；考察农贸市场、粮库，走访种粮大户，召开农业生产资料流通体制改革座谈会；还考察工厂，与部分国有大中型企业领导人进行座谈。

朱镕基在考察中指出，两省粮食购销体制改革进展顺利，市场粮价基本稳定，农民比较满意，种粮积极性大大提高，城镇居民也表示理解和支持。两省的情况充分说明，党中央、国务院的决策是正确的。粮食价格是党的农村政策的核心，是调动农民积极性的重要经济杠杆。现在农民的积极性提高了，我们必须把化肥等农业生产资料价格稳住，力求有所回落，使农民真正得到实惠。这样，农业发展的高潮就会到来。农业生产发展了，农民收入增加了，农村购买力提高了，工业品就会有广阔市场，国民经济的发展才能有坚实基础。因此，对这次粮食购销体制和价格改革的深远影响不可低估。

如何改革农业生产资料流通体制，切实控制化肥等农业生产资料价格上涨，是朱镕基这次考察和调查研究的重点。他在走访农户，与各级干部及农民座谈时指出，今年以来化肥价格猛涨，有产销矛盾突出、原材料价格上涨、货源组织不及时等因素，但主要是流通环节多、市场混乱、一些生产企业和经营单位违反国家规定竞相抬价谋利、主管部门监督管理不力。为稳定化肥价格，巩固粮食购销体制改革成果，他提出，一要搞好总量平衡。当前要开足马力生产优质化肥，提高产品质量，抓好进口化肥的到货和分配，努力增加货源，满足农民需要。二是改革农业生产资料流通体制。国家要掌握绝大部分货源，充分发挥供销社经营农业生产资料的主渠道作用，严格执行国家规定的价格，搞好农村市场供应。农业生产资料经营管理部门要减少环节，精简机构和人员，改善经营管理，降低流转费用。要统一化肥等主要农业生产资料的基准价格和经营费率，允许合理的地区、季节等差价。三要切实加强市场管理，整顿流通秩序。所有单位必须严格按国家规定经营，对违反规定、扰乱市场、哄抬价格、谋取暴利者，必须坚决查处。国务院将就农业生产资料流通体制改革问题进一步研究，抓紧制定文件下达执行。

朱镕基还指出，现在极少数地方出现肉、禽、蛋和食用植物油借机涨价的苗头，值得注意。玉米市场价格没有涨，饲料价格没有涨，肉、禽、蛋货源充足，涨价不符合市场规律。国营商业部门要组织货源，抛售库存，平抑价格，同时工商、物价等有关部门要下去检查、制止乱涨价，这也是巩固粮食购销体制改革成果的一个重要方面。

针对当前一些国有企业的困难，朱镕基说，从总体上看，国有企业的状况正在逐步好转，解决当前有些企业的困难，一定要正确分析造成困难的原因，理清办好国有企业的思路。一是要坚持政企分开，政府要帮助企业建好领导班子，为企业创造一个好的宏观环境，监督企业执行国家的方针政策。二是企业要转换经营机制，练好"内功"，按市场需求调整产品结构，提高产品质量和企业信誉。三是投资要讲求效益，搞好技术改造，不要盲目铺新摊子。

国务院总理李鹏在钓鱼台国宾馆会见爱沙尼亚总统伦纳特·梅里

国务院总理李鹏在钓鱼台国宾馆会见德国萨尔州州长奥斯卡·拉封丹

国务院总理李鹏在钓鱼台国宾馆会见由主席路易吉·阿贝特率领的意大利工业总联合会访华团

国务院副总理兼外交部部长钱其琛在钓鱼台国宾馆会见爱沙尼亚总统伦纳特·梅里

国务委员李贵鲜在北京会见匈牙利国家审计署署长哈格玛亚·伊斯特万

中共中央国务院在北京召开全国教育工作会议

党和国家领导人江泽民、李鹏、李瑞环、朱镕基、胡锦涛等出席大会。国家主席江泽民在会议上发表讲话，李鹏总理代表党中央、国务院作主题报告。

会议的主要任务是，以邓小平同志建设有中国特色社会主义理论和党的基本路线为指导，贯彻党的十四大和十四届三中全会精神，进一步落实教育优先发展的战略，动员全党全社会认真实施《中国教育改革和发展纲要》，为实现九十年代我国教育改革和发展的任务而奋斗。

国务院副总理李岚清主持大会。

中共中央总书记国家主席江泽民在全国教育工作会议上发表讲话

同志们：

这次全国教育工作会议，是在我国加快建立社会主义市场经济体制和现代化建设步伐的新形势下，由党中央、国务院召开的一次重要会议。会议的主要任务是，以邓小平同志建设有中国特色社会主义理论和党的基本路线为指导，贯彻党的十四大和十四届三中全会精神，进一步落实教育优先发展的战略，动员全党全社会认真实施《中国教育改革和发展纲要》，为实现九十年代我国教育改革和发展的任务而奋斗。李鹏同志将代表党中央、国务院作重要报告，希望各部门、各地区认真学习和贯彻执行。

十一届三中全会以来，在各级党委和政府的领导下，经过广大教育工作者的辛勤努力，我国教育事业得到了迅速发展，教育改革逐步展开，教育工作取得显著成绩，提高了国民素质，培养了大量人才，对国家的经济建设、科技进步和社会发展作出了重大贡献。我代表党中央、国务院，向辛勤工作在教育战线的广大教师和教育工作者致以崇高的敬意，向关心、支持教育工作的社会各界人士表示衷心的感谢！

党中央和邓小平同志一贯重视教育工作，在建设有中国特色社会主义的总体发展战略中，始终把教育作为关系社会主义现代化建设全局和社会主义历史命运的一个根本问题。小平同志反复强调教育在社会主义现代化建设中的重要地位和作用，认为在“三步走”的发展战略中第一位就是发展教育和科学技术。他指出，实现现代化，科学技术是关键，基础在教育，要尊重知识、尊重人才。各级领导要像抓好经济工作那样抓好教育工作，少讲空话，多干实事，再穷也要照顾科教经费，要千方百计，在别的方面忍耐一些，甚至牺牲一点速度，也要把教育问题解决好。不论怎么困难，也要提高教师的待遇，切切实实地帮助他们解决一些具体问题。他对教育改革和发展也作出了许多重要指示：教育要面向现代化，面向世界，面向未来，要全面地正确地执行党的教育方针，端正方向，真正搞好教育改革，使教育事业有一个大的发展、大的提高；要抓紧对青少年学生的思想政治教育，培养有理想、有道德、有文化、有纪律的社会主义新人。小平同志关于教育的一系列论述，是我们党制定新时期教育方针政策的理论基础，为教育改革和发展指明了方向，提供了强大的思想武器，全党同志特别是各级领导干部在学习邓小平同志建设有中国特色社会主义理论中，要认真领会小平同志的教育思想，要像小平同志那样从战略高度上重视教育，促进教育的改革和发展。

同志们，在我们这样一个有近十二亿人口、资源相对不足、经济文化比较落后的国家，依靠什么来实现社会主义现代化建设的宏伟目标呢？具有决定性意义的一条，就是把经济建设转到依靠科技进步和提高劳动者素质的轨道上来，真正把教育摆在优先发展的战略地位，努力提高全民族的思想道德和科学文化水平。这是实现我国现代化的根本大计。十四届三中全会再一次向全党郑重指出：社会主义市场经济体制的建立和现代化的实现，最终取决于国民素质的提高和人才的培养。

改革开放以来，全党全社会对教育的重要性和战略地位的认识有了新的提高，涌现出许多在教育的改革和发展中取得显著成绩的地区、部门和单位。但是发展不平衡，一些地区和部门，还没有把教育摆到应有的位置。有的同志对工作重点转移到经济建设为中心是理解的，而对经济建设转到依靠科技进步和提高劳动者素质轨道上来这个战略方针则认识不足。有的同志认为“经济要上，教育要让”，“先把经济搞上去，再来发展教育”，甚至出现了挤占、挪用教育经费上经济项目、盖楼堂馆所、拖欠教师工资的现象。有的同志对坚持两手抓的方针贯彻不力，社会主义精神文明建设抓得不紧，放松了对青少年的思想政治教育。这些认识和做法，都是同党中央和邓小平同志的要求不相符的，是缺乏远见的和有害的。

各级领导干部必须充分认识，大力发展教育，加快培养社会主义现代化建设人才，提高全民族的思想道德和科学文化素质，是贯彻党的基本路线的必然要求，是坚持基本路线一百年不动摇的必然要求。只有把教育搞上去，才能从根本上增强我国的综合国力，才能在激烈的国际竞争中取得战略主动地位。只有培养一代又一代有理想、有道德、有文化、有纪律的献身有中国特色社会主义事业的建设者和接班人，才能保证我们国家的长治久安。在整个社会主义现代化建设的过程中，教育优先发展的战略地位必须始终坚持，不能动摇。如果我们现在不是这样来认识教育问题，就会丧失时机，贻误大事，就要犯历史性的错误。

要加快教育改革和发展，必须全面实现党中央、国务院颁布的《中国教育改革和发展纲要》。这不仅是教育部门的大事，也是全党全社会的一件大事。各级党委和政府要切实加强对教育工作的领导，结合本地区的实际情况，制定具体的实施方案，精心筹划，统一部署，组织贯彻落实。主要负责同志要经常深入学校和基层单位，调查研究，指导工作，及时处理重大紧迫的问题。各级党委和政府在研究制订发展规划和年度计划时要保证优先发展教育事业。中央要求，凡是教育战略地位落实得不好的地区和部门，必须进一步提高认识，下决心调整本地区本部门的建设布局和投资结构，确保教育事业优先发展。要把重视人才培养、保证教育投入、为教育办实事，作为各级党政领导干部任期目标责任制的重要内容和政绩考核的重要标准。这一条组织部门在考核干部时务必注意。一切对党、对人民高度负责的领导干部，都应为本地区教育的改革和发展作出努力。关于学校的领导体制，实行党委领导下的校长负责制的高等院校，党委要对重大问题进行讨论并作出决定，同时保证行政领导人充分行使自己的职权。试行或实行校长负责制的其他学校和中小学，也要切实发挥党组织的政治核心作用。

落实教育优先发展的战略地位，要求在全党全社会形成和保持尊师重教的良好风气。振兴民族的希望在教育，振兴教育的希望在教师。教师是人类灵魂的工程师。这个职业是崇高而又艰辛的，应该受到全党全社会的尊敬。尊师重教，首先要从各级领导干部做起，特别是高级领导干部更应起带头作用。要认真贯彻执行《教师法》，维护教师的合法权益，按照规定保证和提高他们的待遇，为他们创造工作、学习、生活的必要条件。现在，不少省区市党委和政府每年都要为教师办几件实事，这个做法很好，应该大力提倡。各个部门、各条战线、各行各业都要满腔热情、积极主动地关心和支持教育工作，尊重教师的劳动，使我们中华民族尊师重教的优良传统发扬光大。

各级各类学校都要全面贯彻党的教育方针，坚持社会主义办学方向，努力培养德智体全面发展的“四有”新人。要针对改革和建设过程中出现的新情况、新问题，不断加强和改进学校的思想政治工作和政治课教育。要加强对学生进行马列主义毛泽东思想基本理论特别是邓小平同志建设有中国特色社会主义理论的教育，加强党的基本路线的教育，加强爱国主义、集体主义和社会主义思想的教育，加强中国近代史、现代史和国情的教育，加强我国优秀文化传统和革命传统的教育。要通过总结经验、改进教学方法，使各级各类学校的政治课上得更好。加强理论教育、思想教育和政治工作的目的，就是要引导和帮助青年学生树立正确的世界观、人生观、价值观，打下科学理论的基础，确立为建设有中国特色社会主义而奋斗的政治方向。这样，才能增强青少年抵制错误思潮和拜金主义、享乐主义、极端个人主义等腐朽思想侵蚀的能力。各地区、各部门的主要领导同志要经常同师生座谈，作形势报告，这要形成制度。要认真维护学校的教学秩序，促进安定团结。全社会都要关心和保护学生的健康成长，共同创造良好的育人环境。

这里我要特别讲一下教育与生产劳动相结合的问题。这一条已经明确写入《纲要》，是我们教育方针的重要组成部分。教育与生产劳动相结合是坚持社会主义教育方向的一项基本措施。建国后我们一直实行这一条，方向是对头的，虽然在贯彻执行中也出现过一些问题，但总的是成功的，对青年学生的健康成长很有好处。事实证明，如果只是让学生关起门来读书，不参加劳动，不接触社会实践，不了解工人农民是怎样辛勤创造社会财富的，不培养劳动人民感情，是不利于他们健康成长和全面发展的。学生适当参加一些物质生产劳动，应成为一门必修课，不是可有可无，这一点务必要充分认识和高度重视。为了落实教育与生产劳动相结合的原则，要从几个方面做好工作。一是学校要结合自己的实际情况把这件事列入教学计划，统筹安排。二是各级教育部门要进行具体指导和督促检查。三是各级党委和政府要加强领导。四是有关方面要积极支持和配合，为学生参加生产劳动提供必要条件。

我们的基本国情之一，是在经济比较落后的条件下办大教育。我们必须立足于这个实际，深化教育改革，使我们的教育结构和教育体制适应社会主义市场经济发展和社会全面进步的要求。财政再困难，也必须舍得投资把义务教育办好，这是提高全民素质的奠基工程。高等教育要通过改革，进一步提高教育质量和办学效益。要大力发展各种层次的职业教育和成人教育，使大部分人思想文化素质和职业技能得到提高。调整教育结构的关键环节，是要多办一些各类职业学校，培养大量的各种初级中级人才。这既有利于学生的分流，又能满足当前经济社会发展的多方面需要。各级教育部门和学校的广大教育工作者要进一步解放思想，实事求是，积极探索社会主义市场经济条件下教育的新体制和发展的新路子，努力建设有中国特色的社会主义教育体系。

同志们，实现九十年代我国教育改革和发展的宏伟目标，是十分光荣和艰巨的任务。经过建国四十多年的努力，特别是改革开放十五年来的发展，教育事业有了一定规模，教育改革积累了许多宝贵的经验，形成了一支上千万人的教师队伍，这些都为今后教育改革和发展奠定了良好的基础。中央相信，在邓小平同志建设有中国特色社会主义理论和党的基本路线指引下，只要我们坚定不移地把教育放在优先发展的战略地位，抓住机遇，扎扎实实地组织实施《中国教育改革和发展纲要》，中华民族的教育事业一定会越来越繁荣昌盛。

国务院总理李鹏在全国教育工作会议上作题为《动员起来，为实施〈中国教育改革和发展纲要〉而努力》的报告

同志们：

这次会议，是改革开放以来党中央、国务院召开的第二次全国教育工作会议，也是我国教育发展史上的一次重要会议。这次会议的召开，对全面部署和动员实施《中国教育改革和发展纲要》，研究解决我国教育改革和发展中的重大问题，实现90年代教育改革和发展的战略目标，促进我国的社会主义现代化建设，必将产生重大影响。

刚才江泽民总书记作了重要讲话，希望大家深入领会，认真贯彻。下面，我就全国教育工作讲几点具体意见。

一、目前教育工作的形势和任务

当前，我国改革开放和社会主义现代化建设事业进入了一个新的发展时期。我们要在九十年代实现第二步战略目标，必须坚持党的基本路线，深化改革，扩大开放，集中精力把经济建设搞上去。在加强物质文明建设的同时，要切实加强社会主义民主法制和精神文明建设，促进社会全面进步。经济建设和社会进步，从根本上讲，必须依靠科技和教育。适应建立社会主义市场经济体制的需要，面对21世纪的发展机会和挑战，必须进一步深化教育改革，加快教育事业的发展，提高全民族的素质，为实现我国国民经济和社会发展战略目标培养跨世纪的人才。这是摆在我们面前的一项紧迫任务。

党的十一届三中全会以来，在邓小平同志重视教育、尊重知识、尊重人才的思想指导下，全党全社会对教育的认识有了很大提高，教育工作取得重大成就。就全国来说，九年义务教育全面展开，小学入学率达到百分之九十八，初等教育基本普及；大城市和部分经济较发达地区基本普及了义务教育。职业教育迅速发展，中等职业技术学校在校学生已占高中阶段学生人数的百分之五十。成人教育成绩显著，众多职工参加了岗位培训，广大农民接受了各种形式的文化和技术教育。扫除文盲有明显进展，青壮年中的文盲率下降到百分之七左右。高等教育有很大发展，在校普通高校和成人高校本科和专科学生共439万人，硕士生8.9万人，博士生1.8万人。此外，还派出大批留学生，不少人已经学成归国。高等学校已经成为我国基础科学、高科技和应用科学研究的重要阵地。教育与科技、经济的结合日益密切，取得了相得益彰的效果。许多地方提出了“科教兴省”、“科教兴市”的方针，涌现出一大批改革和发展教育事业的先进地区和单位。广大的教师、教育工作者和社会各界人士，为发展教育事业作出了重要贡献。

必须清醒地看到，我国教育事业的发展还不适应现代化建设的需要，教育改革还滞后于建立社会主义市场经济体制的要求。一些地方和部门不同程度地存在着忽视教育，特别是忽视基础教育的现象，对教育改革缺乏紧迫感，教育优先发展的战略地位在实际工作中还没有完全落实。在改善办学条件和教师待遇等方面也做得不够，还存在不少困难和问题。一些地方中小学生特别是初中生辍学问题比较突出。各级党委和政府对此必须引起高度重视，在实际工作中认真研究解决。

教育是我国现代化建设的重要组成部分和战略重点。江泽民同志在党的十四大报告中指出：“我们必须把教育摆在优先发展的战略地位，努力提高全民族的思想道德和科学文化水平，这是实现我国现代化的根本大计。”教育事业能否得到较快较好的发展，将直接影响到我国现代化战略目标能否顺利实现。党中央、国务院发布的《中国教育改革和发展纲要》，是我国教育事业发展的纲领性文件。为了实现《纲要》所确定的发展目标，必须重点做好以下几个方面的工作：

在本世纪末基本普及九年义务教育，基本扫除青壮年文盲。这是提高全民族素质的根本要求，也是今后一个时期我国教育事业发展的“重中之重”。要力争到本世纪末在百分之八十五左右人口的地区普及九年义务教育，使青壮年中的非文盲率达到百分之九十五左右。实现这个任务的难点在农村，特别是占人口百分之二十左右的边远和贫困地区。广大的农村地区要根据不同情况，因地制宜，实行“三教”统筹，农科教相结合。应当把普及九年义务教育、扫除青壮年文盲和职业技能教育结合起来，作为脱贫致富的一项根本性措施，制定规划，分步实施。要重视少数民族教育事业，进一步做好对边远、贫困地区和少数民族教育事业的对口支援。重视发展幼儿教育，解决好女童入学问题。重视发展特殊教育。“希望工程”是一种有益的社会助学活动，所筹集资金应主要用于资助贫困儿童就读。

大力发展职业教育和成人教育。职业教育和成人教育是现代化教育的重要组成部分。大力发展职业教育和成人教育，是提高劳动者素质和振兴经济的必由之路，其重要性不仅为经济发达国家的经验所证明，也为我国这些年来的经验所证明。现在我国职工队伍的总体素质还不适应现代化建设的要求，必须十分重视办好各类职业学校和成人学校，积极开展多种层次的职业培训，使城乡新增劳动者受到必要的职业训练，使广大从业人员的文化素质、职业技能和职业道德得到普遍提高。要特别重视电视教育，提高电视教材的制作水平，这是一种花钱少效率高的办学方式。对函授教育、业余进修以及自学辅导等各种办学形式以及在职人员的继续教育，都要予以重视和支持。

以提高教育质量和办学效益为重点发展高等教育。高等学校是培养高级专门人才，发展高新科学技术的重要力量。高等教育要通过改革，走内涵发展为主的道路，使规模适当，结构合理，质量和效益明显提高。今后一个时期，适当扩大规模的重点是高等专科教育和高等职业教育，注重培养广大农村、中小型企业以及乡镇企业所需要的人才。大学本科教育要把重点放在提高教育质量上。面向 21 世纪，重点建设 100 所左右的高等学校和一批重点学科点，即“211”工程，是一项国家重点建设项目，要分期分批地加以实施。要通过这一计划的实施，推动高等教育改革和多种形式联合办学，促使高校布局和结构趋于合理，提高办学规模效益和教育质量。要充分发挥科研优势，发展同企业的结合，推进科研成果的产业化，特别是发展高新技术产业。

要积极开展国际学术交流与合作。硕士生、博士生的培养要基本上立足于国内。同时要进一步做好派遣留学生的工作，对出国留学人员继续实行“支持留学，鼓励回国，来去自由”的政策，鼓励他们以多种形式为祖国服务。

二、全面深化教育改革，促进教育事业发展

社会主义市场经济体制的建立为教育的改革和发展提供了机遇和动力，同时也要求加快教育改革步伐，使教育与经济紧密结合起来，逐步建立起有中国特色的社会主义教育体制。在教育方面，我国的基本国情是发展中国家办大教育，这就要求我们在以政府办学为主体的前提下，积极鼓励社会各界多方筹集资金办学。同时要通过改革，把教育办成高质量和高效益的教育。加快教育改革步伐，重点是做好以下几个方面的工作：

调整教育结构，把提高劳动者素质，大力发展职业教育，摆在突出的位置。从我国当前社会生产力水平出发，教育结构应以九年义务教育为基础，办好普通高中，大力发展初、中级职业教育和成人教育，适当发展高等专科教育和高等职业教育，努力提高高等院校本科教育的质量和水平。近年来，人们对职业教育的认识有了明显提高，但还没有达到应有的高度，在实际工作中也没有得到足够的重视。要克服轻视职业教育的陈腐观念。必须明确，在相当一个时期内，我国教育工作的一项十分重要而紧迫的任务，是在普及九年义务教育的基础上，大力发展职业教育。这是符合我国国情的培养大量应用型人才的一条根本出路。各级政府都要结合当地的资源条件和产业优势，因地制宜地办好各类职业学校或职业培训中心。要根据初、中级专门人才的需求情况和基础教育的普及程度，有计划地实行小学后、初中后、高中后三级分流。小学后的分流，主要是在九年义务教育尚未普及的地区进行，相应发展初级职业教育。有的地区，九年义务教育中也可以根据实际需要，适当增加一些职业教育的课程。初中后的分流是开展职业教育的重点，要逐步做到初中毕业生的百分之五十至百分之七十进入中级职业学校或职业培训中心。高中后的分流，即高中毕业生除进入普通高等学校外，都能逐步接受多种形式的职业培训或进入高等职业学校。接受过各级各类职业教育的毕业生，根据本人的意愿、条件和可能，都允许接受更高层次的教育，获得继续深造的机会。要通过上述结构调整，逐步形成初等、中等、高等普通教育和职业教育共同发展、相互衔接、比例合理的教育体系。职业学校的招生要逐步规范化，克服高、初中毕业生交叉报考各种职业学校的混乱现象，提高教育质量。在全社会实行学历文凭和职业资格证书并重的制度。国家教委和地方教育行政部门，对职业教育和成人教育负有统筹、协调和宏观管理的责任。以进行学历教育为主的各级各类职业学校和成人学校，原则上由各级教育部门进行管理。在职的岗位培训工作，原则上由各级劳动、人事部门和有关业务部门进行管理。职业学校的培养目标应以各行各业熟练劳动者和社会需要的各类技术人员、管理人员为主，当前要特别注意培养发展社会主义市场经济迫切需要的财税、金融、工商管理等各类应用学科的人才。企业的岗位培训要法制化。新招职工上岗前必须经过培训，取得合格资格才能上岗。

改革办学体制。过去由政府包揽的办学体制，在当时的历史条件下曾经起过积极作用，现在已经不能适应发展社会主义市场经济的要求，不能满足社会日益增长的需要，也不利于调动社会各方面力量办学的积极性。近年来，由政府包揽办学的格局已经开始打破。今后，要把这项改革进一步引向深入，逐步建立以政府办学为主体、社会各界多方筹集资金办学的体制。基础教育特别是义务教育主要由政府来办，同时鼓励企事业单位和其他社会力量按照国家法律和政策，采取多种形式办学，有条件的地方也可以采取“民办公助”、“公办民助”等办学形式。职业教育和成人教育应在政府的管理下，主要依靠行业、企事业单位、社会团体举办，或者由社会各方面和公民个人联合举办，政府给予适当资助和扶持。职业学校要走教育和产业相结合的路子，增强学校自身发展的能力。高等教育实行以政府办学为主、社会积极参与、各方面联合办学的体制。某些高等学校可以试行以学生缴费、社会集资为主、国家补助为辅的办学模式。社会各界办学应以职业学校为主。企业举办的中小学应继续办好，有条件的地方在政府统筹下也可以逐步交给社会来办。欢迎境外机构和个人按照我国法律和教育法规，来华捐资办学或合作办学。

改革教育管理体制。要按照各级各类教育的特点，理顺政府、社会和学校的关系，建立科学的管理体制。

基础教育自1985年实行地方负责、分级管理以来，增强了地方各级政府的责任，调动了社会各方办学的积极性，改革方向是对的。但是，一些地方将农村管理基础教育的责任层层下放到乡、村，由此带来经费筹措和教育管理上的某些困难，这也是近两年来出现拖欠农村中小学教师工资问题的一个原因。要进一步明确中央和省、地、县、乡管理基础教育的责任，对县、乡分级管理作出相应的调整。农村基础教育的办学责任，除少数经济比较发达的地区可以实行县、乡两级管理外，多数地区应该责任主要在县。在学校经费无法保证的贫困地区，教育经费的统筹管理权要放在县级政府，县以上各级政府要设立专项基金支持这些地区义务教育的实施。教育管理体制改革的难点和重点在高等教育。现行的高等教育管理体制，基本上是五十年代初院系调整时按大区和按行业为主布局的。后来各省因发展地方经济的需要又办了不少院校，其中相当一部分与中央部委所属院校性质雷同。随着部门管理职能的转变，部门办学的管理体制也应逐步改变。今后，高等教育要逐步实行中央和省、自治区、直辖市两级办学、两级管理，以省级为主的办学与管理体制。中央部委所属高校要扩大服务面和专业面，拓宽经费来源渠道，面向社会自主办学。中央行业主管部门除继续办好少量行业特点明显、有特殊需要的高等学校外，多数中央部委所属高等院校要逐步下放给省级政府领导，或实行中央部委和省级政府多种形式的联合办学。加强省级政府对所在地区高校的协调、统筹和领导的责任。要打破条块分割和“小而全”的状况，逐步减少单科性院校，对校、院、系、学科或专业进行调整、联合、合并，充分发挥现有师资和设备等方面的潜力，提高教学质量和办学效益。这项改革牵动面比较大，要通过试点，总结经验，逐步展开，不要一哄而起，搞形式主义。高校数量不宜再增加，应集中人力、财力、物力，办好现有大学。要深化高等学校内部管理体制的改革，增强学校办学活力。要合理调整系科、专业和课程设置，拓宽专业基础和知识面，逐步实行“学分制”，在确定必修课的同时设立和增加选修课，扩展学生知识视野，激发学生学习的主动性和创造性，增强他们适应社会实践需要和进一步学习、研究的能力。

改革普通高等学校、中等及中等以上各类职业学校招生、收费和毕业生就业制度。高等学校和中等专业学校、技工学校的招生，现在实行的是国家任务与调节性计划相结合的体制。在劳动力市场逐步完善，全面实行上学缴费制度后，国家教育行政主管部门的主要任务，是调控招生总规模和结构，管好学历文凭，参与制定和监督教育经费使用，监督教学质量和教育行政法规的贯彻执行。普通高等教育、普通高中、中等及中等以上职业教育属于非义务教育，实行缴费上学是世界许多国家通行的做法。从我国已经试行的学校看，都取得了比较好的效果，已经逐步为社会所接受。收费的标准，要按培养成本的一定比例确定，也要考虑社会和学生家长的承受能力。在建立收费制度的同时，要有相应的配套措施。收费主要是为了转换机制，调动学生学习的积极性，而不是减少教育经费的财政拨款。对家境困难的学生设立贷学金，面可以适当宽一点；对品学兼优的学生设立奖学金，奖学金的发放面可以小一点，数额应该大一些。需要毕业生的部门、地区或单位可以出资设立定向奖学金，但在招生时不得降低录取标准，毕业后要按合同规定到定向的部门、地区或单位工作。对一些国家特殊需要的专业实行特殊优惠政策。缴费上学制度在试行阶段，实行“老生老办法、新生新办法”。条件成熟后，毕业生除少量按合同就业外，其余的在国家政策指导下自主择业。改革方案要周密制定，加强宣传和思想工作，处理好改革、发展和稳定之间的关系。

三、加强和改进学校德育工作，努力提高教育质量

教育质量是教育事业发展的生命力所在。各级各类学校都要认真贯彻“教育必须为社会主义现代化建设服务，必须与生产劳动相结合，培养德、智、体全面发展的建设者和接班人”的方针，把提高教育质量摆在突出的位置。

贯彻教育方针，提高教育质量，必须十分重视德育。现在，广大青少年学生总的思想倾向是好的，是积极向上的。他们把个人的命运和国家的发展联系在一起，为社会主义现代化事业而努力学习，这是主流。但也出现了新的“读书无用论”和拜金主义等错误思想，对青少年学生产生了不良影响。面对新的形势和要求，必须切实加强党的领导，加强和改进学校德育工作，积极探索新形势下德育工作的新思路。要用通俗易懂的方式向学生讲解马克思主义理论，进行毛泽东思想特别是邓小平同志建设有中国特色社会主义理论的教育，进行爱国主义、集体主义、社会主义思想教育，进行中国历史特别是近代史、现代史教育和国情教育，进行中华民族传统美德教育、革命传统教育和法制教育。要教育学生树立科学的世界观、正确的人生观和高尚的道德情操，以及民族自尊、自信、自强的精神。帮助学生增强抵制剥削阶级腐朽思想和腐朽生活方式的能力，使中华民族传统美德和光荣革命传统能结合时代精神在青年一代身上发扬光大。德育要根据形势发展的要求和学生各个阶段身心发展的特点来进行。对中小学生，重点进行文明礼貌、遵纪守法、公民义务和基本道德规范教育。对高中生和大学生，要简明扼要地讲授马克思主义的基本观点，学习毛泽东同志的

重要哲学著作，学习邓小平同志建设有中国特色社会主义的理论。中小学的美育(包括音乐、美术、劳作等)对全面提高学生素质，陶冶学生情操，培养全面发展人才，具有重要作用，应该切实加强。各级领导干部要经常深入学校调查研究，与师生座谈，听取他们的意见，给他们做形势报告，进行生动而实际的国情教育。全社会都要关心和保护青少年的健康成长。广大教师和教育工作者要发扬敬业奉献精神，以身作则，为人师表。

必须下决心纠正长期存在的单纯应付考试的倾向。这种不良倾向使学校和学生忽视德育、体育，脱离实际，脱离社会，不注重素质的全面提高而一味应付考试。如果不认真解决这个问题，势必误人子弟，造成严重后果。要大胆吸收和借鉴当今世界先进的教育方法，认真总结我国成功的教育经验，坚决摒弃陈旧过时的、与现代教育不相适应的教育内容和方法。要努力改变教育同社会和生产实践相脱离的状况，培养学生的进取精神、创造精神和适应社会需要的良好心理素质。要加强教材建设，改革和完善考试方法和考试制度，切实减轻中小学生过重的课业负担，使青少年一代全面发展和茁壮成长。

四、各级党委和政府要进一步加强对教育工作的领导，努力为教育办实事

加强党和政府对教育工作的领导，是落实教育优先发展战略地位的根本保证。改革开放以来，各级党委和政府对教育的重视程度有了很大的提高。但是也要看到，在一些地方和部门，对教育重视不够的现象依然存在。邓小平同志曾尖锐地指出："忽视教育的领导者，是缺乏远见的、不成熟的领导者。"各级党委和政府的主要负责同志，都要用邓小平同志的教育思想衡量一下，看你那个地区或部门，教育优先发展的战略地位是否真正得到了落实。对于实现《纲要》提出的目标，必须有紧迫感。各级领导要从本地实际出发，加强对教育工作的全面统筹，把教育发展目标纳入社会发展的总体规划之中，并采取切实措施加以实现。要把重视教育、为教育办实事作为各级领导干部的任期目标责任和政绩考核的重要内容。各级政府要就教育发展和改革情况每年向同级人大作出报告，并接受社会各界的监督。

各级政府都要注意解决教育工作中以下几个方面的实际问题：

切实增加教育投入。改革开放以来，我国教育经费的总量有了一定的增加，但教育经费紧缺的状况依然存在，必须尽快改善。各级党委和政府要树立教育投资是战略性投资的观念，合理调整投资结构，在安排财政预算时，优先保证教育的需求，并切实做到《纲要》提出的"三个增长"。

国家财政对教育的拨款，是教育经费来源的主渠道，必须予以保证。《纲要》提出，到本世纪末，国家财政性教育经费支出占国民生产总值的比重应达到百分之四，国务院有关部门要制定相应的政策措施，认真加以落实。关于各级财政支出中教育经费所占的比重，财政部要会同教委，根据财税体制改革后财政计算口径的变化，尽快提出中央财政和省财政中教育经费应占的比例，确保教育投入实际有较大的增长。

农村和城市教育费附加问题，已明确城乡教育费附加以新三税的百分之三为准。农村不缴纳三税的乡镇企业、个体企业，缴纳教育费附加的办法要认真落实。农民负担的百分之五里面，已规定教育费附加占1.5至2个百分点，具体比例由各个地方规定。教育费附加是农村民办教师工资补贴和学校公用经费的主要来源，不能扣减，更不得挪用甚至取消。各地对此都要建立严格而有效的监督检查制度。

实施义务教育主要是政府的责任，各级政府要对义务教育的投入作出切实安排。为保证贫困地区实施义务教育，中央、省、地、县四级政府要设立专项经费。中央财政现有的扶助贫困地区义务教育专项经费要逐年增加。省、地、县财政预算也应作出相应的安排。

实施"211工程"，需要设立专项基金，各级政府和有关部门要作出统筹安排。今年中央财政将拨出专款，作为实施这一工程的启动资金，以后还要逐年增加。省级政府和有关部门也要相应地作出安排。

改革国家教育经费管理体制，实行教育经费预算单列，使教育事权和财权相统一。教育经费预算应由各级教育部门每年提出方案，由各级政府列入预算，批准后认真实施。从今年开始，国家统计局、国家教委要对教育经费支出情况分别统计并予以公布。

进一步完善多渠道筹措教育经费的体制。根据财税体制改革的新情况和当地实际需要，允许各省、自治区、直辖市政府，开征用于教育的地方税费，但必须专款专用。根据人民群众的承受能力，适时调整义务教育阶段的杂费标准和非义务教育阶段的收费标准，各类学校不得以任何名目乱收费；国家支持学校开展勤工俭学，兴办校办产业，对包括各类职业学校在内的校办产业继续实行税收优惠政策。继续鼓励厂矿企业、社会力量以及境内外各界人士捐资助学和农村集资办学。城乡中小学危房改造和新建校舍要列入政府基建计划，农村教育集资审批权放在县一级，这部分集资款也主要用于义务教育的危房改造和新增校舍。教育方面除此之外的乱集资必须严格禁止，社会也不得向学校乱摊派。

为使用金融手段支持教育的发展，原则同意建立

教育银行。

加强教师队伍建设，提高教师待遇。建设一支具有良好思想品德和业务素质的教师队伍，是教育事业发展的关键。依靠广大教职工，充分调动他们的积极性和创造性，是我们制定教育政策的一个基本出发点。改革开放以来，党和国家坚持尊师重教的方针，加强教师队伍建设，不断提高教师的社会地位和待遇，取得很大的成绩，但是还有许多不够的地方。现在要采取切实有力的政策措施，认真落实以下几件实事：

努力提高教师素质。认真办好各类师范教育，鼓励优秀学生报考师范学校，师范学校毕业生要乐于从教。有计划地对教师进行培训，以提高其思想、业务素质和教学水平。

依法提高教师工资待遇。《教师法》规定教师的平均工资水平应当不低于或者高于国家公务员的平均工资水平的目标，各级人事、财政和教育部门应采取切实措施认真加以落实，并尽快到位。要建立有效机制，杜绝拖欠教师工资的现象，对侵犯教师合法权益和挪用教育经费的，要坚决依法追究责任。

加快改善教师住房条件。应把城市教师住宅建设纳入城市建设总体规划和建设计划，对教师采取优先和优惠政策，使城镇教职工家庭人均住房面积达到当地居民的平均水平。

切实解决教师尤其是农村教师看病就医的问题。教师的医疗要同当地国家公务员享受同等待遇。

妥善解决民办教师问题。我国农村中小学民办教师，为发展农村教育事业作出了重要贡献。各地政府要采取积极措施，改善民办教师待遇，逐步做到民办教师与公办教师同工同酬。合格的民办教师要逐步经过考核转为公办教师，不合格的要予以调整。有关部门要作出规划，分年度实施，争取在今后六七年内基本解决民办教师的问题。教师必须按照编制和资格聘用，不得以代课教师等名义增加教师编制。

大力表彰和奖励优秀教师。各级政府都要表彰和奖励优秀教师，让那些为教育事业做出优异成绩的教师和教育工作者，获得应有的精神和物质奖励。要继续通过多种途径，在全社会进一步形成尊师重教的良好风尚。要进一步做好离退休教职工的工作。

加强教育法制建设。社会主义市场经济体制的建立和完善，需要有完备的法制作保证，教育发展和改革目标的实现也有赖于法制的健全。改革开放以来，我国相继颁布了《学位条例》、《义务教育法》、《教师法》等一批重要的法律和行政法规。但是，教育立法工作还不能适应教育改革和发展的要求，无法可依、有法不依、执法不严的现象还比较普遍。今后，要加快教育立法步伐，尽快制定《教育法》、《职业教育法》、《高等教育法》以及《教师法》的配套法规。各地也要制定和完善地方教育法规，逐步形成适合我国国情的教育法规体系。各级政府要带头执法，也希望各级人大加强执法的检查和监督。

同志们！

实现《中国教育改革和发展纲要》提出的目标和任务，是一项伟大而光荣的使命，任重而道远。让我们在邓小平同志建设有中国特色社会主义理论和党的基本路线指引下，紧密地团结在以江泽民同志为核心的党中央周围，艰苦奋斗，少说空话，多干实事，坚定不移地实施《纲要》，努力把我国教育改革和发展推向一个新的阶段，为社会主义现代化建设作出更大的贡献！

国务院副总理朱镕基在全国教育工作会议上作关于经济工作的报告

朱镕基说，教育是我国现代化建设的重要组成部分和战略重点。在邓小平同志重视教育、尊重知识、尊重人才的思想指导下，我国教育工作取得了很大的成就。各级领导都要按照小平同志的教导，像抓经济一样抓教育。

朱镕基说，当前我国经济形势是好的。今年全面推出了财税、金融等多项重大改革措施，我国社会主义市场经济体制的基本框架已经形成，进展顺利。随着我国国民经济的发展，在以江泽民同志为核心的党中央领导下，通过这次全国教育工作会议，一定能把我国教育事业推向一个新阶段。

6月15日

全国政协主席李瑞环在人民大会堂会见由会长梁钦荣率领的香港中华厂商联合会访京团

国家主席江泽民到广东考察经济特区

江泽民于6月15日到21日在中共中央政治局委员、广东省委书记谢非，省长朱森林的陪同下，先后考察广州、佛山、中山、珠海、深圳、梅州等地，深入工厂、农村了解当前工农业生产和基层党组织的建设情况。

江泽民先后听取珠海市委、深圳市委、梅州市委和广东省委的工作汇报。他充分肯定15年来经济特区以及广东全省取得的巨大成绩和作出的贡献。他说，创建经济特区，是遵照邓小平的倡导，党中央、国务院作出的一项重大的战略决策。经过15年来的探索与奋斗，深圳、珠海等经济特区的发展，积累许多可贵的经验，为全国的改革开放和现代化建设作出重大贡献，确实发挥"窗口"作用、"试验"作用和"排头兵"作用。实践证明，我们兴办经济特区是完全正确的。特区成就和贡献的取得，是特区广大建设者同心同德进行艰苦创业的结果，也是同全国各地的大力支持分不开的。

江泽民说，我们的改革开放和现代化建设，全国各地的经济和社会发展，是一个紧密联系的统一整体。经济特区与其他地区之间，珠江三角洲与长江三角洲以及渤海湾地区之间，沿海地区与内地的中西部地区之间等等，都要在发挥各自优势的基础上，加强相互合作、相互补充、相互促进，以利于更好地协调发展，而不是相互代替，更不是相互排斥。各地特别是经济特区和沿海比较发达的地区，都要自觉为促进全国统一的社会主义市场经济的发展，不断作出自己的贡献。

20日，江泽民就如何继续办好经济特区发表意见。

江泽民对群众的生产、生活和疾苦时刻放在心上。考察期间正遇广东部分地区发生严重洪涝灾害，他多次询问灾情和灾区人民的生活安排及抗灾自救工作，并向灾区群众表示深切问候。在珠海考察期间，正遇一纺织厂发生塌楼事故，他听取了市委的汇报，指示他们要全力做好救治工作，并亲自前往医院看望受伤的工人。当得知广西、湖南、江西、福建、浙江等省区也相继发生洪涝灾害后，江泽民作重要指示，要求各级主要领导干部要迅速深入灾区第一线，组织和领导群众进行抗灾救灾。对有可能发生灾情的地区也要预作准备，做到有备无患。他还要求大家一定要发扬社会主义的优越性，发扬“一方有难，八方支援”的优良传统，党政军民，同心协力，夺取抗灾救灾工作的胜利。

江泽民在广州考察期间，还到广州军区听取司令员李希林、政委史玉孝的汇报，勉励军区同志加强学习，做好工作，全面提高部队的素质和战斗力。他还要求部队广大官兵在当前的抗灾救灾中发扬不怕危险、不怕疲劳、连续奋斗的作风，为保障灾区群众的生命财产安全，迅速恢复灾区的生产和建设作出最大的贡献。

期货市场监管工作座谈会在天津举行

座谈会由中国证监会主持召开。全国三十个省、自治区、直辖市和计划单列市的期货市场监管部门、国务院有关部委、解放军总后勤部的有关负责人和部分经济专家参加会议。

国务院证券委副主任、中国证监会主席刘鸿儒在期货市场监管工作座谈会上强调，我国目前尚不具备全面发展期货市场的条件，期货市场只能通过试点，积累经验，按照规范起步，加强立法，一切经过试验和严格控制的原则稳步发展。

刘鸿儒说，目前在我国已建立的期货交易所和经纪公司中，有一部分起点比较高、运作比较规范，硬件和软件都比较先进，交易规则符合国际市场惯例。有的交易所形成的价格已成为我国生产、流通领域的重要参考价格，对生产、流通企业起到一定的指导作用。

刘鸿儒指出，我国期货市场在发展过程中也存在许多问题，其中包括期货交易所数量过多，交易品种重复；部分交易所和期货经纪公司运作不够规范；盲目开展境外期货交易及地下非法交易盛行等。刘鸿儒说，期货市场盲目发展和自身不规范的问题，不仅影响期货市场功能和作用的发挥，而且某些交易所和经纪公司不规范的交易行为还影响国家宏观调控政策的落实和社会稳定，存在很大隐患。

刘鸿儒说，期货市场的发展需要一定的条件，如法律法规、各类人才、交易经验以及人们的风险意识等。而这些条件我国还不完全具备，相关的市场环境和市场机制也还有待于进一步完善。对期货市场出现的问题必须进行规范整顿，同时必须加强国家对期货市场的监管工作，这是保证期货市场试点工作健康进行的重要条件。

刘鸿儒说，为加强对期货市场的管理，经国务院批准，国务院办公厅日前转发了国务院证券委《关于坚决制止期货市场盲目发展若干意见的请示》报告，并下发通知要求各地方政府、有关部门认真贯彻落实。他强调，目前要根据国务院文件精神，清理、整顿现有的交易所和期货经纪公司，加强对交易所和经纪公司的管理，特别是要严格控制境外期货和金融期货交易，坚决打击各类非法期货交易活动。

刘鸿儒说，各部门和各地方要坚决贯彻执行国务院的有关规定，立即停止审批新的期货交易所，对已有的期货交易所要重新进行审核和规范。要严格限定期货交易的范围，各交易所要以商品期货交易为主，对开办金融期货业务要严格控制；一律不得开展国内股票指数和其他各类指数的期货业务；在没有规定之前，任何机构都不得开办人民币对外币的汇率期货业务；国债期货交易要由证监会商财政部批准后，选择少数交易所进行试点。各期货经纪公司均不得从事境外期货业务。

刘鸿儒强调，要严格审批各类期货经纪公司，从严控制国有企业、事业单位参与期货交易，坚决查处各种非法期货经纪活动。对未在国家工商行政管理局登记注册而擅自开展期货交易的非法交易，要坚决予以取缔，没收其非法所得和各类设备，对主要负责人要依法给予必要处罚直至追究刑事责任。

全国总工会副主席李奇生在第八十一届国际劳工大会上发言

李奇生向国际劳工大会介绍了中国工会动员和组织广大职工积极参与改革的情况。其工作主要有：

一、中国工会代表职工参与国家事务和社会事务管理。积极参与各项涉及职工利益的改革，特别是积极参与涉及亿万职工切身利益的工资、劳动就业、社会保障、医疗、住房等制度的改革方案的制订，参与有关法律、法规的制定。

二、中国工会提出了在推行各项改革时，必须坚持的几项原则：一是坚持民主科学决策。凡涉及职工切身利益的重大措施和改革方案，必须经过职工的充分讨论。二是坚持职工总体受益。三是坚持不超过职工实际承受能力。在改革中必须考虑绝大多数职工经济上的综合负担能力。四是坚持基本生活保障。

三、中国工会在调查研究和广泛发动职工群众讨论的基础上，积极反映职工群众的要求和呼声，使所有改革都能考虑到职工心理和经济上的实际承受能力，兼顾国家、集体和职工个人的利益。

李奇生指出，中国工会愿意加强与国际劳工组织和各国工人代表的合作，为实现国际劳工组织的目标和宗旨而贡献力量。

国务委员宋健在北京会见法国宇航代表团

外经贸部部长吴仪率领的中国经贸代表团同印度商业部部长普拉纳布·穆克吉及其他官员在新德里举行中印经贸科技合作联合小组第五次会议

国家教委新闻发言人就发表九国全民教育首脑会议通过的《德里宣言》对新华社记者发表谈话

发言人指出，《德里宣言》的公开发表，不仅显示了中国政府和领导人对在2000年时达到"基本普及九年义务教育和基本扫除青壮年文盲"以及实现全民教育目标的决心，同时也表明我国执行国际承诺的严肃态度。

这位新闻发言人介绍，1993年12月16日，国务院副总理李岚清率中国政府代表团出席了在印度新德里召开的九国全民教育首脑会议，并代表中国政府签署了会议通过的《德里宣言》。这次会议由联合国儿童基金会、人口基金和教科文组织共同发起，由印度政府具体承办。出席会议的其他八国是印度、印度尼西亚、孟加拉国、埃及、尼日利亚、巴西、墨西哥、巴基斯坦。这些国家的总统、总理、部长或总理特别助理分别代表本国政府在《德里宣言》上签字。会议的宗旨是争取这九个发展中人口大国领导人和政府积极推动实施全民教育的承诺，普及初等教育，扩大儿童、青少年及成人的学习机会，满足本国人民基本的学习要求。中国政府代表团在会上发言，介绍了我国实施义务教育和扫除文盲的基本经验，受到与会各国代表的好评。

这位新闻发言人指出，《德里宣言》的公开发表，将会推动我国教育事业的改革和发展。我国愿意在自力更生的基础上，与国际组织和社会团体在教育领域开展更广泛的合作。

6月16日

全国政协在人民大会堂召开黄埔军校建校70周年暨黄埔同学会成立10周年纪念大会

纪念大会下午在北京人民大会堂举行。

江泽民、刘华清为大会题词祝贺。中共中央总书记、中央军委主席江泽民的题词是："发扬爱国革命的黄埔精神，促进祖国和平统一。"中央军委副主席刘华清的题词是："祝黄埔军校建校七十周年。发扬黄埔精神，促进祖国统一。"

纪念大会由全国政协副主席叶选平主持。

全国政协主席李瑞环在纪念会上讲话。

黄埔同学会副会长李默庵代表侯镜如会长在讲话中指出，黄埔同学会成立10年来，始终不渝地发扬黄埔精神，联络同学感情，促进祖国统一，致力振兴中华，已同近千名在台湾的同学进行接触，同十几个国家或地区的同学有所交往。在同台湾、港澳和海外同学接触中，黄埔同学会不失时机地阐释"和平统一，一国两制"的对台方针，同时为引进资金、技术和人才，为促进海峡两岸关系的发展和各项交流，进行了许多有益的工作。

来自台湾的黄埔同学周乐军先生在讲话中说，由孙中山先生和中国共产党于1924年共同创立的黄埔陆军军官学校，当时是为建立革命武装培养骨干，为国民革命储训干部，以实现内除军阀、外抗列强的目标。今天两岸同学相互往来，令人高兴。在20世纪快要结束之时，我们希望早日达成中国的和平统一，为在21世纪确立中国在世界上强而有力的地位加快脚步。应该放大眼光，绝对不能再有兄弟阋墙之争。我们绝对反对分裂，更反对外国势力干涉或阻挠我们伟大祖国统一。愿我黄埔同学本着校总理孙中山先生确定的"亲爱精诚"校训，团结奋斗，早日完成统一大业。

全国政协主席李瑞环在黄埔军校建校70周年暨黄埔同学会成立10周年纪念大会上发表讲话

朋友们、同志们：

今天，是黄埔军校建校70周年和黄埔军校同学会成立10周年，来自海内外的黄埔同学欢聚一堂，在这里举行纪念大会，我代表中共中央向到会各位黄埔同学，并通过你们向海内外所有黄埔师生，表示热烈的祝贺和诚挚的问候。

70年前，中国伟大的爱国主义者、民主革命的伟大先行者孙中山先生，在追求民族独立、民权自由和民生幸福的革命道路上迭起迭挫，历经磨难，终于在共产国际和中国共产党的支持与帮助下，总结沉痛教训，毅然改组国民党，提出“联俄、联共、扶助农工”的三大政策，实现了第一次国共合作。为了创立革命军队，用武装的革命力量同武装的反革命作斗争，中山先生同以周恩来为代表的中国共产党人一道，共同创建了黄埔军校。当时，全国各地热血青年，满怀报国之志，云集“革命的黄埔”。一批批革命军人在黄埔成长起来，成为北伐的中坚。国共两党的黄埔志士携手合作，为“打倒列强，铲除军阀”浴血奋战，击溃了反动的北洋军阀。当日本帝国主义对华发动全面侵略战争，中华民族面临亡国灭种危险的紧急关头，在中国共产党倡导的抗日民族统一战线的伟大旗帜下，国共两党再度合作，共同抗日，取得了反对外来侵略的伟大胜利。那些为反击侵略者、维护民族独立做出了重大贡献的黄埔先烈，永远值得我们怀念。

70 年过去了，中国共产党和毛泽东同志领导中国人民完成了孙中山先生没有完成的民主革命，并且把这个革命发展为社会主义革命。祖国大地发生了翻天覆地的变化。中华民族已巍然屹立在世界的东方，受到国际社会的尊重。当前，我们的国家经济发展，政治稳定，民族团结，社会进步，各项事业欣欣向荣，充满着勃勃生机。全国人民在邓小平同志建设有中国特色社会主义理论的指引下，在以江泽民同志为核心的中共中央领导下，抓住机遇，深化改革，扩大开放，建设富强、民主、文明的社会主义现代化中国的宏伟理想，正在中华儿女艰苦奋斗、开拓进取的伟大实践中逐步变为现实。

实现祖国和平统一是人心所向，民族所求，是包括台湾同胞在内的全中国各族人民的神圣使命。我们将继续按照“一国两制”的构想，推进和平统一事业。我们一再表示，赞成统一就是爱国，在一个中国的原则下，只要通过增加接触和协商，就能够逐步解决海峡两岸之间存在的分歧。我们的这一主张，受到了有识之士的普遍赞扬和支持。希望台湾当局以民族大义为重，采取实际步骤，同我们一道共同完成祖国统一大业。

孙中山先生说过：“统一是全体国民的希望，能够统一，全国人民便幸福。不能统一，便要受害。”徐向前、聂荣臻元帅在世时，曾于 1990 年 1 月说过：“祖国尚未统一，同学仍须努力。”黄埔同学会成立 10 年来，为海峡两岸之间的交流、交往，做了大量工作。希望你们再接再厉，取得更大的工作成效。祝愿海峡两岸黄埔同学团结起来，为统一祖国、振兴中华作出更多贡献。

党和国家领导人江泽民李鹏乔石李瑞环为《光明日报》创刊 45 周年题词

《国家公务员录用暂行规定》颁布实施

《国家公务员录用暂行规定》近日正式颁布并开始实施。继《国家公务员暂行条例》颁布施行之后，人事部已相继制订了职位分类和考核的两个暂行规定。这次颁布的录用暂行规定，是人事部为建立和推行国家公务员制度制订的又一配套法规，标志着我国国家公务员的录用将步入规范化、制度化轨道。

近几年来，各地对县及县以上国家行政机关补充工作人员，贯彻公开、平等、竞争的原则，实行考试择优录用。截至 1992 年底，全国已有 29 个省和国务院 63 个部门，不同程度地采用过考试办法补充工作人员，从 47 万余名报考者中，择优录用了 7.1 万余人。这次制订的国家公务员录用暂行规定，在继承和发扬我国干部选拔制度的优良传统，借鉴吸收国外人员测评办法有益经验的基础上，认真总结了近几年考试录用工作的实践，对公务员录用的适用范围及其原则、基本程序、监督与违纪处罚和管理机构等各个环节都作了明确规定。

人事部常务副部长程连昌在新闻发布会说，严格执行国家公务员录用暂行规定，对于把住国家行政机关的“入口”，保障新录用的国家公务员的基本素质，促进政府机关的廉政勤政建设都将产生积极的作用。他要求各地区、各部门严格按照录用暂行规定的要求，逐步建立起公开、平等、竞争的机制，录用担任主任科员以下非领导职务的人员，一律进行公开考试，严格考核，择优录用。地方各级政府新补充的人员，要按照规定由具有审批权的政府人事部门审批。

国办关于加强粮食市场管理保持市场稳定的通知

各省、自治区、直辖市人民政府，国务院各部委、各直属机构：

粮食是具有战略意义的特殊商品。粮食市场的稳定，事关全局。加强粮食市场管理是国家对粮食进行宏观调控的重要内容和必要措施，为了维护正常的粮食流通秩序，保持市场粮油价格的基本稳定，经国务院批准，特作如下通知：

一、各级政府要高度重视粮油收购，认真做好组织安排，保持良好的收购秩序。国有粮食企业要充分发挥主渠道作用，按照国家下达的粮食收购任务（全国 500 亿公斤）和有关政策，积极收购。除承担国家粮食收购任务的单位和具备规定资格并经核准的粮食批发企业外，其他单位和个人，都不许到农村直接采购粮食。县和县以上政府要根据当地粮食生产季节等情况，提出具体收购方案，精心组织实施，确保完成国家收购任务。

二、销区粮食批发企业和用粮单位到产区采购粮食，必须到县以上粮食批发市场购买，严禁场外交易，杜绝偷漏税费，如有违反，要严肃处理。凡在批发市场场内成交的粮食，国家在调运、资金等方面给予优先安排。粮油集贸市场常年开放，零星交易仍按现行办法执行。

三、各级政府要组织工商管理、税务、粮食、物价等部门按照《国务院关于深化粮食购销体制改革的通知》(国发〔1994〕32号)的有关规定，对粮食批发企业进行清理、整顿。对已登记注册的粮食批发企业，县以上工商行政管理部门要抓紧调查摸底，并按照国家规定的条件要求，征得当地粮食行政管理部门同意后，尽快办理重新登记手续(未完成重新登记前，县以上工商行政管理部门可发给临时证明)。坚决取缔无照经营，对囤积居奇，欺行霸市，哄抬粮价等扰乱粮食市场的行为，要严加惩处。

四、要安排衔接好产区和销区之间的粮食购销，认真执行粮食调运计划。国家粮食调拨实行归口管理，统一安排运输计划。属于省间和经交通部门、铁路限制口安排调运的粮食，运输计划由各省、自治区、直辖市粮食部门分别汇总报国家粮食储备局平衡后，由铁路、交通部门负责安排落实；属于省、自治区、直辖市区域内调运的粮食，运输计划经省级粮食部门平衡后，由铁路、交通部门安排落实。要坚持合理调运。进口粮要就近靠港，节约运力。粮食部门要严格执行下达的调运计划。对国家安排调运的储备粮，调出单位拖延不办的要取消其专储资格，今后不再安排专储任务。粮食调入单位要积极组织接卸抢运，不得压车压船。铁路、交通部门对粮食运输要优先核批计划，优先安排发运。国家经贸委要加强协调和检查督促，及时召开铁路、交通、粮食等有关部门参加的联席办公会，研究解决存在的问题。

五、要保证粮食调运和进口粮油所需资金。各级政府要积极组织银行、财政、粮食等部门，落实粮食调运和进口粮油资金；对过去所欠货款要抓紧清理，积极偿还，不得再发生新的拖欠。哪个地区因资金等问题不能及时调进粮食，影响粮食市场供应的，由哪里的政府负责。

六、抓紧粮食进口，确保进口计划的完成。国家统一下达的粮食进口计划(包括中央和地方)，已纳入全国粮食总量平衡，由中国粮油进出口总公司或委托中国良丰谷物进出口公司统一代理订货。其中中央进口部分，由国家粮食储备局按国家计委下达的计划，及时委托订货；地方进口部分，各地政府应尽快解决资金，由粮食部门提出货单，抓紧委托订货，以保证地方进口计划的完成，安排好当地市场，不按计划如数组织进口的，国务院将追究责任，严肃处理。

七、培育市场机制，加强粮食市场体系建设。县以上主产区和主销区要尽快建立和完善粮食批发市场，并在批发市场之间尽快实现计算机联网，逐步建立起统一、开放、竞争、有序的粮油批发市场体系。要采取措施，逐步使市场行为规范化、法制化，向现代化市场发展。物价、工商等部门要加强对批发市场和集贸市场粮油交易价格、交易行为的监督管理。受各级政府委托，国有粮食企业应在市场上适度吞吐调节，稳定粮油价格。各级粮食批发市场，要坚持以服务为宗旨，努力为粮食交易提供优质服务，扩大市场的辐射力和影响力，搞活流通，促进生产，满足消费。

国家计委副主任叶青在国务院新闻办公室举行的记者招待会上谈国务院颁布的《90年代国家产业政策纲要》

记者从国务院新闻办公室举行的记者招待会上获悉，经国务院第十六次常务会议讨论通过的《90年代国家产业政策纲要》，日前已由国务院正式颁布实施。

国家计委副主任叶青出席招待会，并向中外记者介绍国务院颁布的《90年代国家产业政策纲要》和《汽车工业产业政策》制定的背景、过程和主要内容。

叶青指出，这次制定产业政策纲要，遵循以下四个原则：一是符合工业化和现代化进程的客观规律，密切结合我国国情和产业结构变化的特点；二是符合建立社会主义市场经济体制的要求，充分发挥市场在国家宏观调控下对资源配置的基础性作用；三是突出重点，集中力量解决关系国民经济全局的重大问题；四是具有可操作性，主要通过经济手段、法律手段和必要的行政手段，保证产业政策的实施。

叶青指出，《纲要》明确指出90年代我国产业结构调整的主要方向和内容，全面勾画我国产业结构调整的总格局。根据《纲要》的要求，要不断强化农业的基础地位，全面发展农村经济；要大力充实基础产业，努力缓解基础产业和基础设施严重滞后的局面；要加快发展支柱产业，带动国民经济的全面振兴；要合理调整对外贸易结构，增强我国产业的国际竞争力；同时，要继续大力发展第三产业，并加快高新技术产业的发展。要与调整产业结构相适应，优化产业组织，提高产业技术水平，使产业布局更加合理。

叶青强调说，保证产业政策的科学性、权威性和实施的有效性。

在回答外国记者提问时，叶青指出，发展轿车工业是我国汽车工业今后的主要方向。鉴于我国汽车工业存在的分散、零碎及技术水平低等缺陷，国家在 1996 年 1 月 1 日以前不再考虑上整车项目(包括国内厂家和国外厂家)，国外厂家可以在生产汽车零部件方面与我们合作。

外交部发言人沈国放在北京就南沙群岛问题发表谈话

沈国放重申中国对南沙群岛及其附近海域拥有无可争辩的主权，要求越南停止其在南沙的一切侵犯中国主权的行动。

沈国放说，今年 5 月中旬以来，越南方面派出勘探船只进入中国南沙海域万安滩地区进行地球物理勘探作业。他说，众所周知，中国对南沙群岛及其附近海域拥有无可争辩的主权，万安滩是南沙群岛的一部分。近年来越南在这一地区划出区块进行对外招标，多次干扰中国船只正常的科学考察和渔业活动，现在又进入这一地区进行油气勘探开发。必须指出，这些活动严重侵犯了中国在南沙海域的主权，也严重损害了中国海洋石油总公司与美国克里斯通能源公司就这一区域所签订的南沙“万安北—21”合同。

沈国放指出，对于越南侵犯中国在南沙的主权的行动，中国方面曾多次向越方提出严正交涉。中国政府再次要求越南政府，从维护和发展两国关系大局以及维护地区的和平与稳定出发，停止上述一切侵犯中国主权的行动。

国务院总理李鹏在中南海会见法国法中委员会主席德乔治

国务院总理李鹏在中南海会见塞拉利昂等九国离到任驻中国大使

5 位即将离任的大使是塞拉利昂大使谢库·敦布亚、沙特阿拉伯大使陶菲克·哈立德·阿里迈达尔、突尼斯大使穆罕默德·哈比卜·卡巴奇、埃塞俄比亚大使阿卜杜梅南·谢卡和布隆迪大使普奥塞·比吉利马纳。

4 位新到任大使是巴布亚新几内亚大使梅姆·拉卡诺、土耳其大使贝尔汗·埃金基、智利大使爱德华多·阿里亚加达·莫雷诺和秘鲁大使豪威赫·戈迪略·巴雷托。

全国政协主席李瑞环在人民大会堂会见丹麦环境部部长斯文德·奥肯

中共中央政治局常委胡锦涛在人民大会堂会见以中央委员会第二书记扎罗洛夫为团长的乌兹别克斯坦人民民主党代表团

国务院副总理兼外交部部长钱其琛在北京会见也门总统萨利赫的特使阿卜杜勒·加尼

中国日本韩国波兰俄罗斯美国在华盛顿联合签署《中白令海峡鳕资源养护与管理公约》

中国政府和圣多美和普林西比政府在圣多美签署《关于中国派遣第 10 期医疗队赴圣多美和普林西比工作的议定书》

国务院新闻办公室发表《中国知识产权保护状况》白皮书

前　言

中国是一个有着悠久文明历史的国家。中华民族蕴藏着极大的创造性，她创造的灿烂文化对人类文明的进程产生过深刻的影响。数千年来中国众多杰出的科学家、发明家、文学家、艺术家，曾以其辉煌的智力劳动成果为人类文明发展做出过巨大的贡献。

伴随着人类文明与商品经济发展，知识产权保护制度诞生了，并日益成为各国保护智力成果所有者权益，促进科学技术和社会经济发展，进行国际竞争的有力的法律措施。由于历史上的各种原因，从整体上看，中国知识产权制度的建设起步较晚。但是，实行改革开放后，为了更快地发展社会生产力和推动社会全面进步，适应社会主义市场经济发展的需要，促进与世界经济的接轨，中国加快了知识产权保护制度建设的步伐。从七十年代末至今的短短十几年间，中国做了大量卓有成效的工作，走过了一些发达国家通常需要几十年甚至上百年时间才能完成的立法路程，建立起了比较完整的知识产权保护法律体系，在知识产权的立法和执法方面取得了举世瞩目的成就。

当前，知识产权保护成为国际间政治、经济、科学技术和文化交往中一个受到普遍关注的问题。围绕这个问题展开的国际间双边、多边的谈判，特别是关税与贸易总协定《与贸易有关的知识产权协议》的达成，促使世界范围内对知识产权的保护标准达到了一个新的水平。

在国际社会高度重视知识产权保护的今天，中国保护知识产权的立场是什么？中国知识产权立法和执法的现状如何？中国采取了哪些措施承担知识产权保护的国际义务？有必要做一基本的介绍。

一、中国保护知识产权的基本立场和态度

中国政府认为，知识产权保护制度对于促进科学技术进步、文化繁荣和经济发展具有重要意义和作用，它既是保证社会主义市场经济正常运行的重要制度，又是开展国际间科学技术、经济、文化交流与合作的基本环境和条件之一。中国把保护知识产权作为改革开放政策和社会主义法制建设的重要组成部分，从七十年代末即着手制定有关法律、法规，同时积极参加相关国际组织的活动，加强与世界各国在知识产权领域的交往与合作。因而，中国知识产权保护制度的建设，在初始阶段就显示了面向世界、面向国际保护水平的高起点。在改革开放的推动下，中国知识产权立法速度之快，也是史无前例的。

1980 年 3 月 3 日，中国政府向世界知识产权组织递交了加入书。从 1980 年 6 月 3 日起，中国成为世界知识产权组织的成员国。

1982 年 8 月 23 日，第五届全国人民代表大会常务委员会第二十四次会议通过了《中华人民共和国商标法》，并于 1983 年 3 月 1 日起施行。这是中国开始系统建立现代知识产权法律制度的一个重要标志。

1984 年 3 月 12 日，第六届全国人民代表大会常务委员会第四次会议通过了《中华人民共和国专利法》，并于 1985 年 4 月 1 日起施行。

1984 年 12 月 19 日，中国政府向世界知识产权组织递交了《保护工业产权巴黎公约》(简称巴黎公约)的加入书。从 1985 年 3 月 19 日起，中国成为巴黎公约成员国。

1986 年 4 月 12 日，第六届全国人民代表大会第四次会议通过了《中华人民共和国民法通则》，该法于 1987 年 1 月 1 日起施行。知识产权作为一个整体首次在中国的民事基本法中被明确，并被确认为公民和法人的民事权利。该法也首次明确公民、法人等享有著作权(版权)。

中国政府积极促进建立集成电路国际保护的环境。1989 年世界知识产权组织在华盛顿召开的外交会议上通过了《关于集成电路知识产权保护条约》，中国是该条约首批签字国之一。

1989 年 7 月 4 日，中国政府向世界知识产权组织递交了《商标国际注册马德里协定》(简称马德里协定)的加入书。从 1989 年 10 月 4 日起，中国成为马德里协定成员国。

1990 年 9 月 7 日，第七届全国人民代表大会常务委员会第十五次会议通过了《中华人民共和国著作权法》，该法于 1991 年 6 月 1 日起施行。

1992 年 7 月 10 日和 7 月 30 日，中国政府分别向世界知识产权组织和联合国教育、科学、文化组织递交了《保护文学和艺术作品伯尔尼公约》(简称伯尔尼公约)和《世界版权公约》的加入书。分别从 1992 年 10 月 15 日和 10 月 30 日起，中国成为伯尔尼公约和世界版权公约的成员国。

1993 年 1 月 4 日，中国政府向世界知识产权组织递交了《保护录音制品制作者防止未经许可复制其录音制品公约》(简称录音制品公约)的加入书。从 1993 年 4 月 30 日起，中国成为录音制品公约的成员国。

1993 年 9 月 2 日，第八届全国人民代表大会常务委员会第三次会议通过了《中华人民共和国反不正当竞争法》，该法于 1993 年 12 月 1 日起施行。

1993 年 9 月 15 日，中国政府向世界知识产权组织递交了《专利合作条约》的加入书。从 1994 年 1 月 1 日起，中国成为专利合作条约成员国，中国专利局成为专利合作条约的受理局、国际检索单位和国际初步审查单位。

上述历史事实仅是中国知识产权立法和参加相关国际组织活动的部分记录，已足以证明了中国高度重视知识产权保护的立场和态度。

中国知识产权法律制度的基本框架主要完成于八十年代。进入九十年代后，国际经济关系和环境发生了很大的变化。1990 年 11 月，在关税与贸易总协定(乌拉圭回合)多边贸易谈判中，达成了《与贸易有关的知识产权协议》草案，它标志着保护知识产权的新的国际标准的形成。中国政府积极参与了这一谈判进程，并为推动该协定的达成作出了极大的努力。出于扩大开放的需要，中国积极履行保护知识产权的国际义务，努力使知识产权保护水平向新的国际标准靠拢，采取了许多重大措施，进一步提高中国现行的知识产权保护水平。

中国政府恪守保护知识产权有关国际公约及双边协定的真诚立场和充分承担国际义务的能力，得到了国际舆论广泛的赞誉和支持。世界知识产权组织总干事阿帕德·鲍格胥博士在回顾该组织与中国合作 20 年的历史时指出，“在知识产权史上，中国完成所有这一切的速度是独一无二的”。

中国坚持“有法可依，有法必依，执法必严，违法必究”的法制原则。为了更好地贯彻这一原则，中国在健全、完善法律制度，严肃执法、坚决打击侵权违法行为的同时，针对知识产权制度在中国建立的时间较短，公民的知识产权意识比较薄弱等情况，大力开展知识产权保护的法制宣传教育，并加速知识产权领域专业人员的培训。在中国，每一部知识产权法律的颁布，都有广播电台、电视台和报刊等新闻传媒广为宣传，并大量出版单行本和有关录像教育片等。同时，各级政府有关部门通过举办法律知识讲座、培训班等，在广大公民中迅速普及知识产权法律知识。如，中国专利法修改后，全国有数百万人接受了培训，仅湖南省接受培训的人员就达 60 万。在中国各地，近年来运用法律武器解决知识产权纠纷的现象增多，从一个侧面说明了全社会知识产权法律意识的增强和知识产权知识的普及。

为了加速培养知识产权方面的人才，中国政府还同有关国际组织密切合作，组织有关人员出国考察学习、参加各种培训班和研讨会。仅与世界知识产权组织合作举办的培训班和研讨会就达30多次，接受培训的人员达3000多人(次)。在中国的高等院校中，目前已有70多所院校开展了知识产权的教学研究。如，中国人民大学于1986年设立了知识产权教学研究中心，招收大学非法学专业的毕业生攻读知识产权第二学位；北京大学在开展有关教学研究的基础上，于1993年成立了知识产权学院。中国已逐步形成包括第二学位、硕士生、博士生的培养知识产权领域专业人才的教育体制，一批批知识产权专业化人才正在向社会不断地输送。

二、中国具有高水平保护知识产权的法律制度

伴随着改革开放的步伐，中国在知识产权保护方面取得了长足的进展。中国根据国情和国际发展趋势制定和完善各项知识产权法律、法规，至今已形成了有中国特色的社会主义保护知识产权的法律体系。中国知识产权的保护范围和保护水平逐步同国际惯例接轨，已对知识产权实行高水平的法律保护。

1983年3月开始实施的《中华人民共和国商标法》及其实施细则，在商标注册程序中的申请、审查、注册等诸多方面的原则，与国际上通行的原则是完全一致的。为适应改革开放和经济形势发展的需要，更有效地打击假冒商标、制止商标侵权行为，切实保护商标注册专用权，中国于1993年又分别对商标法及其实施细则进行了修改，扩大了商标的保护范围，除商品商标外，增加了服务商标的注册和管理的规定。在形式审查中增加了补正程序，在实质审查中建立审查意见书制度，方便了商标注册申请人，这同关税与贸易总协定达成的《与贸易有关的知识产权协议》要求全部吻合。国家工商行政管理局还发布《商标印制管理规定》、《商标使用许可合同备案管理办法》等一系列规章。1993年2月，全国人民代表大会常务委员会作出了《关于惩治假冒注册商标犯罪的补充规定》，进一步强化了惩治假冒注册商标犯罪和处罚商标侵权行为的力度。这些法律、法规和规章为充分、有效地保护中外注册商标专用权提供了保障。

1985年4月开始实施的《中华人民共和国专利法》及其实施细则，使中国的知识产权保护范围扩大到对发明创造专利权的保护。为了使中国的专利保护水平进一步向国际标准靠拢，全国人民代表大会常务委员会于1992年9月4日通过了专利法修正案，对专利法作出了重要修改。新修改的专利法，从扩大对外开放和有利于科学技术、经济发展的需要出发，一是扩大了专利的保护范围，专利授予所有技术领域的发明，不论它是产品还是方法，即对药品和化学物质产品，对食品、饮料和调味品均无例外地授予专利；二是将发明专利的保护期限从自申请日起15年延长为自申请日起20年，将实用新型专利和外观设计专利的保护期限从自申请日起5年延长为自申请日起10年；三是进一步强化了对专利权的保护，除对专利方法的保护延及到该专利方法直接得到的产品外，还明确规定进口专利产品必须得到专利权人同意，使得对专利权人权益的保护更加充分；四是重新规定了对专利实施强制许可的条件。这使中国对专利权的保护达到了一个新的水平。这样，中国的专利法同关税与贸易总协定达成的《与贸易有关的知识产权协议》基本接轨。

《中华人民共和国著作权法》及其实施条例，明确了保护文学、艺术和科学作品作者的著作权以及与其相关的权益。依据该法，中国不仅对文字作品，口述作品，音乐、戏剧、曲艺、舞蹈作品，美术、摄影作品，电影、电视、录像作品，工程设计、产品设计图纸及其说明，地图、示意图等图形作品给予保护，而且把计算机软件纳入著作权保护范围。中国是世界上为数不多的明确将计算机软件作为著作权法保护客体的国家之一。国务院还颁布了《计算机软件保护条例》，规定了保护计算机软件的具体实施办法，作为著作权法的配套法规，于1991年10月施行。国务院于1992年9月25日颁布了《实施国际著作权条约的规定》，对保护外国作品著作权人依国际条约享有的权利作了具体规定。

此外，全国人民代表大会常务委员会制定的《中华人民共和国技术合同法》和《中华人民共和国科学技术进步法》等，以及国务院制定的一系列保护知识产权的行政法规，使中国的知识产权法律制度进一步完善，在总体上与国际保护水平更为接近和协调。

中国具有完备的知识产权保护法律措施。中国的知识产权法律规定了违反法律规定的行为应承担的法律责任，包括民事责任、行政处罚和刑事责任。

中国的专利法规定，对专利侵权行为，专利权人或者利害关系人可以请求专利管理机关进行处理，也可以直接向人民法院起诉。专利管理机关处理的时候，有权责令侵权人停止侵权行为，赔偿损失。对于将非专利产品或非专利方法冒充专利产品或专利方法的，由专利管理机关责令停止冒充行为，公开更正，并处以罚款。对于假冒他人专利情节严重的，对直接责任人员，比照刑法的有关规定追究刑事责任，即可以对直接责任人员，处3年以下有期徒刑、拘役或者罚金。

中国的商标法律法规规定，对于侵犯商标专用权的，工商行政管理部门可以依其职权或者消费者举报，进行主动检查和处理；被侵权人可以向侵权人所在地或者侵权行为地县级以上工商行政管理部门要求处理，有关工商行政管理部门有权责令侵权人立即停止

侵权行为，赔偿被侵权人的损失；对于侵犯商标专用权，未构成犯罪的，工商行政管理部门可以处以罚款。当事人对于工商行政管理部门行政处理不服，可以在规定时限内向人民法院起诉，由法院进行判决。这些规定，方便了当事人，也保证了行政执法和司法审判的一致性、公正性和严肃性。对侵犯注册商标专用权的，被侵权人也可以直接向人民法院起诉。对于假冒他人的注册商标，构成犯罪的，除赔偿被侵权人的损失外，依法追究刑事责任。根据《关于惩治假冒注册商标犯罪的补充规定》，对于假冒注册商标违法所得数额较大或者有其他严重情节的，处3年以下有期徒刑或者拘役，可以并处或者单独处以罚金；对于违法所得数额巨大的，处3年以上7年以下有期徒刑，并处罚金。对于企业事业单位犯假冒注册商标罪的，对单位判处罚金，并对直接负责的主管人员和其他直接责任人员依法追究刑事责任。对于国家工作人员故意包庇假冒注册商标犯罪或者执法人员徇私枉法，规定追究其渎职罪。

中国的著作权法规定，对于未经著作权人许可发表其作品的；未经合作作者许可，将与他人合作创作的作品当自己单独创作的作品发表的；没有参加创作，为谋取个人名利，在他人作品上署名的；歪曲、篡改他人作品的；未经著作权人许可，以各种方式使用其作品的；使用他人作品，未按规定支付报酬的；以及未经表演者许可，从现场直播其表演等侵权行为，应当根据情况，承担停止侵害、消除影响、公开赔礼道歉、赔偿损失等民事责任。对剽窃、抄袭他人作品的；未经著作权人许可，以营利为目的，复制发行其作品的；出版他人享有专有出版权的图书的；未经录音、录像制作者许可，复制发行其制作的录音录像等侵权行为，根据情况，应承担民事责任，并可以由著作权行政管理部门给予没收非法所得、罚款等行政处罚。对于侵犯著作权以及与著作权有关的权益的行为，当事人也可以直接向人民法院起诉。对于那些严重危害社会秩序，侵害著作权人及其他权利人合法权益的违法行为，情节严重构成犯罪的，可以根据有关法律，对侵权犯罪的行为人追究刑事责任。

随着中国保护知识产权法律的实施，知识产权在中国得到有效的保护，对于鼓励发明创造和创作及公平竞争等起到了积极的作用。如，对商标注册专用权的保护，促使中外厂商在中国注册的商标数量迅速增加。截至1993年底，在中国的有效注册商标达41万余件。其中，国内注册商标35万余件，来自67个国家和地区的注册商标近6万件。以美国为例，1979年前，在中国注册的商标仅122件，到1993年达到16221件，增加了100多倍。1993年中国商标年申请量达17万件，其中新商标注册申请达13万余件，已跃居世界前列。又如，中国的专利法极大地鼓励了本国的发明创造，同时也有力地鼓励了外来的专利申请。1985年4月1日，专利法实施的首日就受理专利申请3455件。到1993年底，中国专利局累计受理专利申请36万多件。其中，发明、实用新型、外观设计分别占27.5%、62.8%和9.7%；国内申请占86.4%，外来申请占13.6%，分别来自于70个国家和地区。截至1993年底，已累计批准17.5万件专利。其中，发明专利2万多件，实用新型专利13万多件，外观设计专利2万多件。

三、中国具有完备的保护知识产权的执法体系

中国不仅制定了一整套知识产权法律法规，在执法方面也是严肃公正的，并取得了显著的成效。

中国在执行知识产权法律法规方面所取得的成效，首先归因于知识产权法律中规定了完备的知识产权保护的司法途径与知识产权保护的行政途径。

1. 中国知识产权保护的司法途径

在中国，享有知识产权的任何公民、法人和其他组织，在其权利受到侵害时，均可依法向人民法院提起诉讼，享受切实有效的司法保护。

人民法院依法独立行使审判权，只服从法律，不受任何其他行政机关、社会团体和个人的干涉。

严肃执法是司法工作的核心。人民法院进行审判活动坚持以事实为根据、以法律为准绳，严格按照实体法和程序法办案，实行合议、回避、公开审判、两审终审和审判监督等制度，依法受各级人民代表大会、人民检察院和人民群众的监督，保证审判活动的公开性、公正性和严肃性。

建立健全知识产权案件审判组织，完善审判制度，是人民法院正确审理知识产权案件，切实依法保护知识产权的重要保障。鉴于审理知识产权案件专业性强、技术含量高的特点，一些省份和直辖市如北京市、上海市、广东省、福建省、海南省等高级人民法院根据实际需要，自1992年以来，设立了知识产权审判庭，各经济特区以及北京市、上海市中级人民法院也设立了知识产权审判庭。其他省、自治区、直辖市人民政府所在地的中级人民法院在有关的审判庭里设立了专门审理知识产权案件的合议庭。这样集中审理知识产权案，有利于保证执法的统一性，有利于积累经验，提高知识产权案件的司法水平。

随着中国知识产权法律的实施和司法保护力量的不断加强，各级人民法院受理和及时审结了一大批知识产权民事纠纷案件。据统计，1986年至1993年底，全国人民法院共受理知识产权民事纠纷案3605件，其中著作权案1168件；专利权案1783件；商标权案554件。人民法院通过对知识产权纠纷案件的审理，依法

保护了中外知识产权所有人的合法权益。例如,"钻孔压降成桩法"发明专利的发明人诉北京市地铁地基工程公司发明专利权属纠纷案。北京市高级人民法院审理认为,该项发明不属于专利法规定的职务发明,判决"钻孔压降成桩法"发明专利权归发明人所有。又如,香港山顿国际有限公司诉深圳华达电子有限公司侵犯商标专用权纠纷案。深圳市中级人民法院审理认为,原告在中国大陆申请注册的"SENDON"商标受法律保护;被告未经商标注册人许可,在同一种商品上使用"SENDON"商标构成侵犯注册商标专用权。判决被告赔偿原告 468314.4 元。

知识产权是一项重要的民事权利,对于民事侵权行为,人民法院除可以依法责令侵权人承担停止侵害、消除影响、赔礼道歉、赔偿损失等民事责任外,还可依法对行为人给予必要的没收非法所得、罚款、拘留等制裁。

对那些侵犯他人知识产权情节严重,扰乱经济秩序,构成犯罪的,还可以依法追究其刑事责任。对于检察机关依法提起公诉的知识产权刑事犯罪案件,只要有充分证据,证明被告人假冒他人商标或专利,情节严重,构成犯罪的,人民法院严格依照法律规定,及时准确地予以惩处。据统计,1992 年至 1993 年,人民法院受理假冒商标刑事案 743 件,审结 731 件,判处有期徒刑或拘役等刑事处分的共 566 人。广东省中山市人民法院对假冒美国美孚石油公司"MOBIL"商标的 5 名责任人除依法处以罚金外,还分别判处被告 1 至 2 年半的有期徒刑。这充分表明中国人民法院依法惩治犯罪,保护知识产权的坚定立场。

依据中国行政诉讼法,人民法院对公民、法人和其他组织因不服知识产权行政管理机关处理的知识产权纠纷决定提起的行政诉讼,有责任进行审理,并依法作出维持、撤销或变更行政决定的判决。

人民法院审理涉外知识产权纠纷依据中国法律和中国加入或缔结的有关国际公约,坚持在适用法律上的国民待遇原则和对等原则,为促进国际经济技术和文化的交流与合作,提供了坚实的法律保证。深圳市中级人民法院审结的美国好富顿公司诉深圳市海联化工有限公司侵犯商标权纠纷案,在查明被告的侵权事实,确认其应承担侵权责任的基础上,经调解,双方当事人达成调解协议,被告立即停止侵权行为,公开向原告赔礼道歉,赔偿其经济损失 13 万元。同时,法院还对被告的违法行为作出罚款的民事制裁决定,该案从受理到结案仅用 10 天时间,受到了美方当事人的好评。美国好富顿公司将写有"中国法律公正,法官办案快速"的锦旗送到法院。

近几年来,人民法院为提高司法水平,采取了许多有力措施,使办案质量和效率都得到较快提高。为了扩大办案的影响,人民法院注意选择典型案件通过新闻媒介予以宣传报道,以案讲法,取得了明显的社会效果,维护了社会主义法制的尊严。

2. 中国知识产权保护的行政途径

中国的知识产权保护制度,除按国际惯例采取司法途径外,从中国现实的国情出发,中国的专利法、商标法、著作权法等知识产权法律中都规定了知识产权保护的行政途径。

根据专利法的规定,国务院有关主管部门或地方人民政府可以设立专利管理机关。目前,中国地方设立的专利管理机关有 50 多个,国务院各部门设立的专利管理机关有 20 多个。根据著作权法的规定,设立了国家版权局和地方著作权行政管理机关。商标管理实行中央统一注册,地方分级管理的原则,从中央到省、市、地、县级的工商行政管理局,都内设商标管理机构,县以下还设有工商行政管理所。全国商标管理专职人员 7000 多,兼职人员达 30 万。

中国知识产权行政管理机关依据法律规定的职权,维护知识产权法律秩序,鼓励公平竞争,调解纠纷,查处知识产权的侵权案件,保障广大人民群众的利益和良好的社会经济环境。

中国知识产权行政执法程序简便,立案迅速,查处速度快,办案效率高。这对于权利所有人来说是极为有利的。中国专利管理机关对提出的专利侵权申诉均认真对待,及时依法处理。

著作权法 1991 年 6 月施行后,到 1993 年底,中国各地方的著作权行政管理机关已查处了非法复制音像制品、非法复制图书等方面的侵权行为 150 多起,收缴销毁了侵权复制品,并对侵权者作出了行政处罚。1994 年,中国政府组织有关部门对激光唱盘复录生产中的非法复制和图书出版中的非法复印进行了严厉打击。4 月,广东省版权、文化、广播影视、工商行政管理、公安等部门联合组织了大规模的突击清查非法激光唱盘等音像制品行动。其后,上海、江苏、湖南等地也相继采取了类似的清查行动。这些行动,狠狠地打击了生产销售盗版制品活动。同时,中国政府有关部门采取措施,对激光唱盘生产加工企业的设立加强管理,对其生产加工活动依法进行监督。

中国商标法实施 10 余年来,工商行政管理机关共查处了商标侵权假冒案 13 万件。其中,包括一大批大案,如"中华"卷烟,"永久"、"凤凰"、"飞鸽"自行车,"贵州茅台"酒,"新开河"人参等商标侵权假冒案件,有效地保护了商标注册人的合法权益。

中国知识产权行政管理机关,依据中国法律和中国加入或缔结的有关国际公约,坚持在适用法律上的国民待遇原则和对等原则,依法对外国人的知识产权进行保护。例如,浙江省专利管理机关就一起外国人提出的打火机专利侵权案件进行了公正处理,责令厂家停止侵权行为和赔偿损失。国家版权局查处了福建、广东等地十几家工艺美术品厂仿制外国公司玩具造型案、江苏一家电子工业公司翻版生产激光唱盘案。工商行政管理机关依法查处了诸如"TDK"、"TOSHIBA"、"SONY"、"IBM"、"3M"、"ESSO"、"P&G"、"海飞丝"、"小天才"、"飞利浦"等3000多件涉外商标侵权案件。

中国知识产权行政管理机关在处理的涉外知识产权侵权案件中,依照职权主动查处的案件占有很大的比例。中国工商行政管理机关肩负维护经济秩序的职责,可以主动对市场进行检查,有效保护了商标注册人的权益。如广东省各级工商行政管理机关,1988年以来共查处涉美侵权案301件。在这301件商标侵权案中,有三分之一是美方当事人投诉的,大部分是工商行政管理机关在市场检查中发现的或消费者检举的。知识产权行政管理机关秉公执法,坚决维护知识产权所有人的合法权益,赢得了许多外资或中外合资企业的赞扬。他们将绣(刻)有"清正廉洁,执法如山"、"秉公执法,扶正灭邪"、"秉公办理,保驾护航"、"公正严明,伪冒克星"、"执法严明,大公无私"的锦旗、金匾等赠送给中国工商行政管理机关,称赞办案人员"工作认真,行动果敢"、"办案速度之快在世界上是少有的"。

结束语

改革开放的中国,日新月异。如今,从知识产权保护领域看中国,一些国际人士评价说,中国已步入了知识产权领域世界领先水平国家的行列。知识产权制度建设落后的历史在中国已经结束了。

然而,世上总有某些人视而不见中国的发展变化,不顾基本的事实,对中国知识产权保护现状妄加评论,说什么中国没有建立"充分、有效的知识产权制度"、"缺乏承担国际义务的能力"。对此论调,无需争辩,事实是最好的回答。

中国并不满足于已有的成就,中国作为一个发展中国家,在完善知识产权制度方面还有许多工作要做。由于中国建立现代知识产权制度的时间不长,全社会的知识产权意识还比较薄弱,有的地区和部门对保护知识产权的重要性缺乏足够认识,一些严重侵权行为不仅损害了权利人的合法权益,而且损害了法律的尊严。为此,中国在继续完善知识产权法律制度的同时,国务院作出了关于进一步加强知识产权保护工作的决定。可以确信,随着决定中各项重要举措的落实,中国的知识产权保护工作将迈上新的台阶。

中国将继续积极推进知识产权领域的国际合作。中国在建立和完善知识产权制度的过程中,得到了世界知识产权组织和国际知识产权界的积极帮助,中国也将一如既往地积极参加有关国际组织的活动,履行知识产权领域各项国际条约和协定中应尽的义务。中国愿意在和平共处五项原则的基础上,根据平等互利原则与世界各国继续合作,为完善和发展国际知识产权制度共同努力,作出积极的贡献。

一九九四年六月　北京

国家科委主任宋健就《中国知识产权保护状况》白皮书的有关问题发表谈话

国务院新闻办公室发表《中国知识产权保护状况》白皮书。宋健就白皮书的目的、意义及中国保护知识产权的基本立场等问题发表谈话。

宋健说,知识产权制度是保护科学技术和文化艺术成果的重要法制,也是国际发展科技、经济、文化合作与交流的环境条件之一。我国科学技术进步法宣布"国家和全社会尊重知识、尊重人才、尊重科学技术工作者的创造性劳动,保护知识产权"。为了使国际社会全面了解我国保护知识产权的基本状况,了解我国所奉行的原则立场和承担的国际义务以及所采取的重要措施,并在广大社会公众中进一步树立保护知识产权的法律意识,国务院新闻办公室发表了《中国知识产权保护状况》白皮书,系统地介绍了中国知识产权立法与执法情况,阐明中国政府在加强知识产权保护方面的指导思想。它的发表必将对进一步加强我国的知识产权保护工作起到积极的作用。

宋健指出,我国保护知识产权的基本立场归纳起来,一是把保护知识产权作为改革开放政策和社会主义法制的重要组成部分,加强知识产权的立法步伐,逐步完善相关的法律体系;二是在保护范围和保护水平上走国际化道路,向国际规范靠拢;三是进一步加强法律实施监督,保障各项知识产权法律制度切实得以贯彻执行。基于这种立场,改革开放以来,为了加速现代化建设和建立社会主义市场经济体制并与世界规范接轨,中国高度重视知识产权立法工作。我国于1980年加入世界知识产权组织,此后又相继制定了商标法、专利法、民法通则、技术合同法、著作权法、计算机软件保护条例和反不正当竞争法等一系列保护知识产权法律法规。特别是进入90年代以来,我国适应知识产权国际保护潮流,使我国知识产权制度全面与国际规范接轨,修订了专利法、商标法。在著作权保护方面,我国著作权法及其实施条例明确规定保护作者的著作权以及与其相关的权益,把计算机软件纳入著作权保护范围。加入有关国际公约后,国务院于1992年9月颁布了《实施国际著作权条约的规定》,对保护外国作品著作权人依国际条约享有权利作了具体规定。我们完全可以说,中国的知识产权法律体系不仅已基本建立,而且在保护范围和保护水平上达到了国际水准。当然,这并不是说,中国知识产权立法已完美无缺了。我们还将进一步健全法制。在全国人大常委会和国务院的立法计划中,近期我们还将抓紧制定《商业秘密保护法》、《科技成果转化法》、《集成电路保护条例》、《植物新品种保护条例》,等等。我相信,中国必将成为世界上具有完备知识产权保护体系的国家之一。

宋健说,中国的法制原则是"有法可依、有法必依、执法必严、违法必究"。中国不仅制定了一整套知识产权法律法规,在执法方面也是严肃公正的,并取得显著成效。鉴于知识产权司法工作专业性强,目前,北京、上海、广东、海南、福建等地的人民法院还专门设立了知识产权审判庭,以集中高素质的审判人员专门审理知识产权案件。最近,我国的著作权行政管理机关与有关行政执法机关配合,在某些地区对非法复制和销售音像制品侵权产品进行查处,打击了生产盗版音像制品活动,收到良好成效。但我们应当看到,一些企业和个人的知识产权法制观念比较淡薄,侵权现象时有发生并在某些地区还比较严重,制裁力度也有待进一步加强。中国政府有决心、有能力把这个问题解决好。

宋健最后指出,科学技术是没有国界的。随着中国知识产权制度的建立和完善,中国已成为保护知识产权国际社会中的重要一员。中国在建立和完善自己的知识产权立法的同时,也将认真地履行自己的国际义务,向知识产权保护的国际标准靠拢,在国际合作中发挥自己的作用。

新闻出版署发出《关于加强图书审读工作的通知》

《通知》指出:政府出版管理部门要加强对图书出版选题和已出版图书的审读工作,侧重于检查图书政治的和政策性的内容可能对社会产生的后果与影响;各出版社必须严格坚持和认真执行图书编辑出版的"三审制"和"终审终校"制度。

《人民日报》发表李家泉署名文章《中国人的感情在哪里?——评李登辉与司马辽太郎对话》

6 月 17 日

国务院副总理钱其琛在广东考察

6 月 17 日至 22 日,钱其琛在广东省副省长刘维明陪同下,考察深圳、珠海、中山、佛山等地,听取广东省和深圳市、珠海市主要负责人的工作汇报,并到港口、机场、口岸、旅游景点了解情况。

钱其琛说,广东省作为我国最先开放的地区,利用区位优势和政策优势,取得了改革、开放和加快发展的经验,创造了具有社会主义特色的"深圳速度",成效是显著的。今后应该发挥已具有的这些优势,经济结构要向高新技术产业调整,发展方向要高层次、高水平。

钱其琛在考察几个连接香港和澳门的边防口岸后指出,边防口岸的有关部门,既要严格把关,又要方便贸易往来,二者不可偏废。口岸建设的基础条件要上去,各种配套服务也要搞好,形成货畅其流的系统网络,为港澳地区的繁荣稳定创造良好条件,做出新的贡献。

钱其琛强调指出,在经济进一步发展的同时,精神文明建设更要加强。对社会各种不良现象必须坚决打击,清除对社会的污染,为对外开放树立良好的国际形象。要把精神文明建设作为今后进一步深化改革、加快发展的一项主要工程来抓。

6 月 19 日,钱其琛一到珠海,便赶到发生火灾、塌房事故的珠海裕新染织厂,询问了救灾善后工作的进展情况,并代表国务院看望慰问伤员。6 月 22 日,钱其琛还登临正在抗洪抢险的广州北江大堤,代表党中央、国务院慰问了解放军指战员。

海协会会长汪道涵再次函邀台湾海基会董事长辜振甫进行两会高层沟通接触

汪道涵致函台湾海峡交流基金会董事长辜振甫,再次邀请辜振甫择地进行两会高层沟通接触。

函中说,一年前,汪辜会谈迈出两岸关系发展的历史性重要一步。之后,欣见两岸各项交往交流蓬勃开展,海协与海基会同仁五度举行落实协议的商谈,取得一定进展。特别是年初唐树备先生与焦仁和先生的会谈,就两会事务性商谈达成高度共识,规划了今年两会商谈与会务诸问题,使两会关系与合作取得汪辜会谈后又一阶段性成果。吾以为,对汪辜会谈以来取得的各项成果,应倍加珍惜。

函中说,"千岛湖事件"不幸发生后,两岸关系发展受到不应有之影响。先生以积极、理性的态度维护两岸关系发展大局,令人感佩。当前,在迷雾重障之中,两会应更加积极努力推动两会商谈及各项交流,以百倍热情维护、促进两岸关系发展,此关系到汪辜会谈初衷与成果的巩固发展,诚不应稍怠,亟须两会高层沟通接触。

函中说,年初,曾具函邀请先生于春夏之交访问北京。已闻先生表示非常乐意前来大陆会面。日前先生又撰文提出,希望能进一步加强两会高层的接触。对此,吾深感十分必要。加强两会高层接触,有利于进一步增进了解、消除误会、克服分歧、推进合作,期能形成一种常来常往、轻松自然的会晤氛围。特再申前邀,可回顾两会合作情况，探讨加强两会联系、扩大两会合作的途径，并就双方关心的政策性问题及其他问题进行沟通。如尊驾不便，亦可在台北或另商地点进行。

香港特别行政区筹委会预委会社会及保安专题小组在北京召开第五次会议

香港特别行政区筹委会预委会社会及保安专题小组6月17至18日在北京港澳中心召开第五次会议。就原中国公民中的香港永久性居民的回流移民问题继续进行讨论。

委员们认为，1997年前香港居民中的中国公民移民外国，并取得外国国籍后，他们不再是中国公民，因此，他们不能根据基本法第24条第2款(1)(2)项的规定获得永久性居民身份，而应依据第24条第2款第4项，并符合该项规定的三个条件才能获得永久性居民身份。但是在研究这个问题时需考虑到基本法到1997年7月1日才生效，规定以香港为永久居住地主客观条件的法律1997年后才能制订，这个问题实际上是一个过渡问题，因此要敦促港英尽快修改《人民入境条例》，使其规定的永久性居民的条件与基本法的规定完全一致。

最高人民检察院发布《奖励举报有功人员暂行办法》

《暂行办法》规定，凡向最高人民检察院举报国家工作人员贪污、贿赂等经济犯罪和"侵权"、渎职等法纪犯罪的大案要案线索，经侦查属实，被举报人被依法追究刑事责任的，对举报有功人员和单位给予精神、物质奖励。对举报有功人员和单位，按其举报内容对侦破案件所起的作用和协助破案贡献大小及追缴赃款赃物数额发给奖金。有重大贡献的，要给予重奖。

最高人民检察院决定奖励的13名举报人员，向检察机关举报11件大案要案的线索，经检察机关立案侦查，4名厅局级干部和7名处级干部受到查处；检察机关从中追缴赃款1863万元。

最高人民检察院副检察长赵登举要求各省、自治区、直辖市人民检察院参照本办法，结合当地实际，制定各自的奖励办法，将奖励举报有功人员作为一项制度长期坚持下去。

最高人民检察院和国家科委批转《关于办理科技活动中经济犯罪案件的意见》并发出通知

各省、自治区、直辖市人民检察院、科学技术委员会：

为了依法保护科技单位和科技人员的合法权益，维护正常的科技秩序，正确办理科技活动中经济犯罪案件，更好地促进科学技术为经济建设服务，现将《关于办理科技活动中经济犯罪案件的意见》印发给你们，请参照执行。对执行中遇到的问题请分别及时报告。

最高人民检察院、国家科学技术委员会关于办理科技活动中经济犯罪案件的意见

一、科学技术是第一生产力，科学技术的进步在我国社会主义现代化建设中起着决定性的作用。检察机关要将依法促进科技进步作为一项重要任务，依法保护科技单位和科技人员的合法权益，严惩在科技活动中贪污、受贿，侵害科技成果使用权、转让权，非法窃取技术成果等犯罪行为，推动科学技术为经济建设服务。

二、办理涉及科技活动的经济犯罪案件，要贯彻"一要坚决，二要慎重，务必搞准"的方针。各级检察机关要注意了解科技体制改革的情况，掌握和执行国家关于科技发展的方针政策；对于破坏科技体制改革，严重侵害科研单位和科技人员的合法权益，触犯刑法的犯罪分子，依法追究刑事责任；对于技术开发、技术转让、技术咨询、技术服务中出现的一般违法、违纪行为，应交由有关部门通过民事、行政方法处理。

三、国家工作人员、集体经济组织工作人员或者其他从事公务的人员，在技术成果转让活动中，利用职务上的便利，擅自转让单位的职务技术成果，从中索取或者非法收受他人财物的，以受贿论处。

国家工作人员、集体经济组织工作人员或者其他经手、管理公共财物的人员，非法占有职务技术成果或者职务技术成果的转让收益的，以贪污论处。

为非法获取技术成果和技术秘密，给予国家工作人员、集体经济组织工作人员或者其他经手、管理职务技术成果的人员以财物的，以行贿论处。

对于单位职务技术成果的完成人擅自转让该技术成果，获取非法利益的案件；或者个人转让本人完成的非职务技术成果而与单位发生纠纷的案件，应交由有关部门依照国家有关规定处理。依法保护科技人员在技术转让中的合法权益。

四、国家工作人员、集体经济组织工作人员或者其他经手、管理公共财物的人员，在技术开发、技术服务、技术咨询等职务技术活动中，利用职务上的便利，将属于单位的收入占为己有的，以贪污论处。

国家工作人员、集体经济组织工作人员或者其他从事公务的人员，在上述职务技术活动中，利用职务上的便利，索取或者收受对方财物的，以受贿论处。

对于在单位职务技术活动中，个人向对方提供合同规定以外的技术咨询、技术服务获取财物，侵害单位利益而发生纠纷的案件，应交由有关部门依照国家有关规定处理。

科技人员从事非职务技术活动和业余兼职活动，应当在法律和有关政策规定的范围内进行。从事非职务技术活动和业余兼职活动，侵害本单位技术权益发生纠纷的，由有关部门依照国家有关规定处理。依法保护科技人员从事业余兼职和非职务技术活动获取的合法收入。

五、对假冒他人专利，情节严重的，比照《全国人大常委会关于惩治假冒注册商标犯罪的补充规定》追究刑事责任。对非法窃取技术秘密，情节严重的，以盗窃罪追究刑事责任。

上述技术秘密，是指不为公众所知悉，具有实用性、能为拥有者带来经济利益或竞争优势，并为拥有者采取保密措施的技术信息、计算机软件和其他非专利技术成果。

六、检察机关要加强对侵害科研单位、科技人员合法权益的民事案件审判活动的法律监督，认真受理科研单位和科技人员的申诉，对确有错误的判决、裁定要依法提出抗诉。

七、检察机关办理涉及科技人员的案件，要加强与各级科委的配合和联系，对于技术成果的性质、用途、归属等专业技术问题，应当委托省级以上科委推荐的专家进行鉴定。对于其中的重大、疑难案件，可以听取科委和有关专家的意见。

各级科委要积极配合检察机关工作，及时提供有关科技咨询，解释有关专业技术问题，协助检察机关组织专家对技术问题进行鉴定和评估。

公安部发出查处娱乐场所“三陪”活动的通知

公安部日前发出通知，要求各地公安机关加强对歌舞厅、卡拉 OK 厅、夜总会、咖啡厅、音乐茶座等公共娱乐场所的治安管理，坚决查处以各种形式进行的色情活动。

通知指出，以“三陪”（陪酒、陪舞、陪唱）等形式进行色情活动的问题日趋严重，加剧了卖淫嫖娼等违法犯罪活动蔓延，严重污染社会环境，败坏社会风气，腐蚀毒害青年，危害治安秩序，是滋生卖淫嫖娼等违法犯罪活动的温床，与社会主义精神文明建设格格不入。公安机关作为管理治安的专门机关，必须旗帜鲜明地同“三陪”等不健康的行为作斗争，并把清除这种现象作为一项重要的治安管理任务来抓，绝不允许以任何理由、任何形式纵容、庇护“三陪”活动。

通知要求，各级公安机关要真正发挥职能作用，切实纠正对公共娱乐场所的治安管理不力的问题，大力加强对公共娱乐场所的管理，做到管严、管住。对存在“三陪”活动的娱乐场所，要会同文化、工商部门发整改通知书，限期整改。对利用“三陪”进行卖淫嫖娼等活动的，公安机关要及时查办，依法从重处理，并通过新闻媒介公开曝光，为彻底清除“三陪”这种丑恶现象制造社会舆论，把公共娱乐场所办成文明健康的场所。

通知还强调，各级公安机关要认真执行《公安机关和公安干警十不准》的规定，不得以任何形式经营、参与或变相参与经营娱乐场所。已经与公安机关脱钩的保安公司、劳动服务公司等开办的娱乐场所，必须带头取缔“三陪”，严禁以色情招徕顾客。挂靠在公安机关的娱乐场所，必须立即解除挂靠关系；以入股合办等形式经营的娱乐场所，必须退股，解除合同。凡发现公安干警参与“三陪”进行色情活动的，一律开除，情节严重的要依法处理；凡违反要求不立即纠正的，要对部门的主要领导和直接责任者给予党纪政纪处理。

外交部发言人沈国放就港英政府单方面制定和公布涉及香港政府各部门运作的措施发表谈话

外交部发言人沈国放发表谈话，批评港英政府在未与中方磋商的情况下，单方面制定和公布涉及香港政府各部门运作的措施。

沈国放说，6 月 16 日，港英政府单方面公布一系列所谓加强资讯公开的措施。这些措施涉及香港政府各部门运作的重大变动，不利于香港的平稳过渡。

沈国放说，根据中英联合声明的有关规定，此类事项需通过中英联合联络小组讨论。港英政府在未与中方磋商并取得一致意见的情况下，采取单方面行动，这是中方不能接受的，由此产生的一切责任和后果只能由英方承担。

全国政协主席李瑞环在人民大会堂会见美国芝加哥大学教授全美华人协会副会长何炳棣

国务院副总理李岚清在北京会见旅美青年数学家田刚

卫生部部长陈敏章在巴黎防治艾滋病部长级国际会议上发表讲话

陈敏章指出，鉴于艾滋病不断流行，严重地威胁着人类的生存和发展，中国政府建议：

“定期召开由发达国家支持的针对重点地区和有关发展中国家控制艾滋病共同行动的政府和非政府组织的高级协调会议。

“促进控制艾滋病斗争跨区域的国际合作，更多地关注和支持发展中国家控制艾滋病规划的实施。

“支持相邻国家之间建立为控制艾滋病协调行动、交流信息的网络和区域合作项目。提高已经建立控制艾滋病中、长期规划的国家管理规划的能力，增加国际间专业人员的培训和交流活动”。

陈敏章还谈到艾滋病在中国的流行情况及中国政府采取的对策。

全国教育工作会议在北京闭幕

中共中央政治局委员、国务院副总理李岚清代表党中央、国务院作会议总结讲话。

中共中央政治局委员、书记处书记丁关根主持闭幕大会。出席会议的有尉健行、温家宝、宋健、李贵鲜、司马义·艾买提等领导同志。各民主党派中央和全国工商联的负责同志也应邀出席会议。

丁关根在讲话中说,这次会议是我国教育发展史上一次重要会议,会议在党中央和国务院的直接领导下,经过与会同志的共同努力,取得了圆满成功。教育工作关系到培养面向21世纪的人才,关系到我国经济振兴和民族的未来。我们要以对国家、民族高度负责的精神,认真贯彻落实这次会议提出的各项任务,开创中华民族教育事业进一步繁荣昌盛的局面。

全国计生委主任座谈会在江苏盐城市召开

与会人员实地考察盐城市郊县农村实施的“少生快富文明工程”,交流研讨在社会主义市场经济条件下,开展计划生育工作的新思路、新经验。大家认为,建立利益导向和社会制约相结合的新机制,是新时期计划生育管理体制和管理方法的新发展,有利于从更广泛的领域解决人口问题,抓紧抓好计划生育工作。

国务委员、国家计生委主任彭珮云在会上说,盐城的经验可以给人们三点启示:一是把计划生育与发展经济密切结合,可以直接促进农村经济发展,还可以有力推动计划生育工作的深入开展。二是建立利益导向机制,通过组织多种形式的少生快富经济联合体,实实在在地帮助农民致富,从而激发群众实行计划生育的内在动力。三是为群众提供生产、生活、生育等全方位的优质服务,既提高计划生育水平,又推动社区两个文明建设。

彭珮云强调,强化计划生育利益导向机制,并不是削弱人口与计划生育目标管理责任制,而是进一步加强计划生育管理和计划生育法制建设,保证完成人口控制指标。

6月18日

中央反腐败调查组在北京举行全体会议

为进一步贯彻落实党中央、国务院关于反腐败斗争的工作部署,党中央决定组织20个调查组,于本月下旬和7月上旬分别到中央国家机关24个部委和24个省、自治区、直辖市,对开展反腐败工作的情况进行督促检查。

在中央调查组全体会议上,中共中央政治局委员、书记处书记、中纪委书记尉健行指出,自去年8月中纪委二次全会以来,全党反腐败斗争取得了阶段性成果,搞得好的地区和单位取得了比较明显的成果,但各地反腐败斗争的进展情况不平衡,所取得的成就也有待巩固,影响反腐败斗争的深层次问题还有待于进一步解决,反腐败斗争的形势依然比较严峻。他说,我们要按照党中央、国务院关于反腐败斗争的工作部署,在已取得成绩的基础上,坚持不懈,深入持久,更有成效地把反腐败斗争开展下去。根据中央指示精神,考虑到当前贪污、贿赂、走私、诈骗等经济犯罪比较严重的实际,要在今年下半年尤其是第三季度,加大打击各种经济犯罪的力度,把反腐败斗争进一步引向深入。

尉健行要求调查组坚持实事求是的原则,不掩盖矛盾,不回避问题,深入实际,扎实工作。他指出,调查组承担着两个任务:一是督促检查,掌握和检查督促党中央提出的三项工作的执行情况;二是调查研究,广泛听取干部群众对反腐败斗争的反映和意见,研究反腐败斗争中存在的问题。

各中央调查组组长由部级领导干部担任,成员从中央党政机关、全国人大、全国政协、最高人民法院、最高人民检察院等单位和部门抽调,并邀请民主党派负责人、无党派人士和特邀监察员参加。

国家计委制定《物价检查人员廉洁自律的若干规定》

国家计划委员会近日制定《物价检查人员廉洁自律的若干规定》,并印发给各地要求按照执行。

《规定》说,全体物价检查人员(包括社会物价监督组织人员)要坚持全心全意为人民服务的宗旨。要增强公仆意识,做到勤政、廉政,自觉抵制不正之风的侵蚀,不得有损害政府声誉的行为,自觉维护物价检查队伍的良好形象。要正确行使行政执法权力。以维护国家利益,保护公民、法人和其他组织的合法权益为己任,恪尽职守,秉公执法,不得有任何损害国家利益的弄权渎职行为。

《规定》指出,执行物价检查公务,必须由两人或两个以上检查人员同行,并出示物价检查证件或由物价检查机构开具的介绍信;要做到礼貌、耐心、文明;不得接受吃请及从事与检查无关的活动;确因条件所限需要在被检查单位就餐时,只吃工作餐,并按规定交纳伙食费。物价检查人员不得向被检查单位以任何方式索要和收受礼品、礼金和有价证券;不得借办案之机为自己和亲友谋取任何形式的利益;不得接受被检查单位的旅游邀请和高消费的娱乐活动。

《规定》还要求物价检查人员虚心接受社会各界的批评意见,不得对检举揭发单位或个人进行打击报复。

第五次全国归侨侨眷代表大会在北京闭幕

新当选的中国侨联主席杨泰芳在会上说，要把为经济建设服务作为侨联工作的中心任务，充分利用我们独特的优势，发挥桥梁和纽带作用，为更多地引进海外资金、技术和人才作贡献。各级侨联要团结和动员归侨、侨眷，联系海外侨胞，同全国人民一道，在建立和完善社会主义市场经济体制中，施展才华，建功立业。

杨泰芳在闭幕词中指出，中国侨联要进一步加强海外联谊工作，以适应我国深化改革、扩大开放形势的需要。要立足国内，面向海外，多形式、多渠道、多途径地开展联谊活动，增进与海外华侨、华人及其社团，包括港澳地区的归侨、侨眷及其社团的合作与交流。要深交老朋友，广交新朋友，把联谊工作扩展到经贸、科技、文化、教育、卫生、体育等各个领域，发展同各国人民的友好合作，让世界更加了解中国，让中国进一步走向世界。

大会审议通过全国侨联第四届委员会工作报告和修改后的《中华全国归国华侨联合会章程》；经过民主选举，产生中国侨联新一届领导机构；聘请 40 位同志为五届中国侨联顾问，26 位同志为中国侨联名誉委员；表彰为“八五”计划和十年规划做出贡献的 899 名先进个人和 96 个先进集体。

第五次全国归侨侨眷代表大会通过第五届中国侨联领导人名单

主　席：杨泰芳

副主席(按姓氏笔划排列)：

古华民、庄世平、朱添华(兼秘书长)、陈兰通、陈彬藩、林丽韫(女)、罗豪才、郭瑞人、郭麟恭、黄长溪、黄军军(女)、黄其兴、黄翠玉(女)、廖灿辉

国务院副总理李岚清在中南海会见美国信孚银行副董事长乔治·沃伊塔

全国教育工作“两基”督导工作会议在北京举行

会议就落实全国教育工作会议精神，进一步加强督导工作作出部署。

“两基”是指在本世纪末基本普及 9 年义务教育，基本扫除青壮年文盲。

中共中央政治局委员、国务院副总理李岚清在会前会见 58 名国家督学。他在讲话中说，全国教育工作会议提出要加快教育改革和发展的步伐，明确各类教育的主要目标，明确指出，在本世纪末基本普及九年义务教育，基本扫除青壮年文盲，是提高全民族素质的根本要求，也是今后一个时期我国教育事业发展的重中之重。会议之后，关键是抓落实，这次督导工作会议就是落实全国教育工作会议精神的第一个行动。他指出，督导工作是实现“两基”目标的有力保证，各级党委、政府必须十分重视和加强这一工作。实现“两基”目标是政府的责任，要把这项工作列为各级政府的任期目标，作为政绩考核重要内容之一。

会议反映，我国自 1986 年恢复教育督导制度以来，已形成完整的督导体系，建立国家教委督导团和省、地(市)、县四级督导机构。他们监督执法，对下级政府的教育工作和教育行政部门、学校的工作进行监督、检查、评估和指导。现阶段教育督导的范围，主要是督导中等和中等以下的教育及其有关工作，重点是义务教育和扫盲工作。

《人民日报》发表评论员文章《坚决落实教育优先发展的战略——祝贺全国教育工作会议闭幕》

中共中央总书记江泽民致电广西壮族自治区党委书记赵富林询问广西洪涝灾情并慰问抗洪救灾第一线的干部群众

国家防汛抗旱总指挥部研究部署当前防汛抗洪救灾工作

6 月 19 日

《人民日报》发表评论员文章《做好“侨”字大文章——热烈祝贺第五次全国归侨、侨眷代表大会胜利闭幕》

中共中央书记处书记尉健行在人民大会堂会见并宴请以总书记穆罕默德·纳法为团长的以色列共产党代表团

国务院总理李鹏致电国家防汛抗旱总指挥办公室询问广西广东湖南江西四省(区)汛情和灾情并慰问抗洪抢险第一线群众

6 月 20 日

中共中央政治局常委乔石在人民大会堂会见印度共产党(马)总书记哈·辛·苏吉特和夫人考尔女士

中共中央总书记江泽民在广东深圳考察时发表讲话

随着全国多层次、多形式，全方位对外开放新格局的形成和发展，随着原来在经济特区实行的某些优惠

政策和灵活措施在内地的不少地方逐步推行，并取得显著成效，于是在特区的一些干部和群众中，出现了特区已经不“特”，特区还要不要“特”，还要不要继续发展的议论。因此，我认为有必要代表党中央、国务院郑重地加以重申：中央对发展经济特区的决心不变；中央对经济特区的基本政策不变；经济特区在全国改革开放和现代化建设中的历史地位和作用不变。要把发展经济特区贯穿于社会主义现代化建设的整个过程，基本实现国家的现代化要搞多久，经济特区就要搞多久。对这一点不能有任何动摇。就是说，经济特区不仅要继续办下去，还要办得更好；对经济特区实行的基本政策要坚持下去；经济特区不仅要继续发挥“窗口”作用、“试验”作用、“排头兵”作用，而且要发挥得更充分。那种认为在全国形成全方位对外开放格局的新形势下，经济特区的地位和作用可以削弱甚至可以逐步消失的看法，是不对的。

经济特区既然要坚持办下去，要发挥更大的作用，毫无疑义特区还要“特”，还要保持它应有的特色。同时也要认识到，随着全国改革开放的深入、社会主义市场经济体制的建立和现代化建设的发展，经济特区的特色也要相应地随之发展。原来主要靠实行一些优惠政策和灵活措施而形成的特区的一些特色，自然要有所变化。今后特区发展所必需的而又有可能实行的一些灵活政策的优势还得有，但保持特区优势的立足点和重点不应再放在这上面了，而主要应通过深化各项改革、调整经济结构、加强全面管理、提高人员素质、完善投资环境、增进经济效益、健全法制规范，使整体经济水平再上一个台阶。总之，要增创新优势，更上一层楼。通过增创和发挥特区的新优势来发展特区的新特色。在这一点上，看来还需要有一个观念的更新。当然，在服从和有利于国家宏观调控的前提下，中央和特区所在的省将会继续关心与支持特区的发展，促进特区的改革和建设继续顺利进行。

下面，我想就如何继续办好经济特区，提出几点意见。

第一，经济特区要为加快建立全国的社会主义市场经济体制和运行机制，继续积极探索和创造更多的经验。

我们已经确定建立社会主义市场经济体制的目标，党的十四届三中全会又为实现这个目标勾画了总体的框架。但是在新经济体制建立的进程中，不可能在所有的地区都同时、同步建立起这种体制。深圳、珠海经济特区在这方面已积累了不少成功的经验，又有毗邻港澳的良好区位优势，应该进一步大胆试验，加快经济体制的综合配套改革。

具体来说，就是要加快转换国有企业经营机制，建立现代企业制度；加快培育和发展市场体系，重点是发展各类要素市场和中介组织；加快转变政府职能，建立和健全宏观经济调控体系；加快建立以按劳分配为主的效率优先、兼顾公平的收入分配制度和完善社会保障制度；进一步扩大开放，加快参与国际经济合作和同国际经济的必要接轨的步伐。在搞好这些综合配套改革的同时，还必须处理好改革、发展、稳定的关系，使之相互协调、相互促进。

总之，中央希望经济特区在建立社会主义市场经济体制方面走在前面，在全国继续起到深化改革的试验作用。

第二，经济特区要通过深化改革和扩大开放，保持经济又快又好地向前发展。

为此，我认为要着重做好以下几方面的工作。

一是要大力抓好经济结构的调整。这可以说是当前经济特区的一项紧迫任务，必须放在重要日程上加紧部署和实施。要遵照邓小平同志“发展高技术，实现产业化”的要求，更多地发展高新技术产业。“三来一补”的技术含量低的劳动密集型产业，原则上不应再在经济特区兴办了，而应逐步向内地梯度转移和发展。特区比内地经济发展得早，发展经济的基础与条件比内地好，同时生产与劳动力成本也在上升，所以特区的经济应向更高的层次发展。沿海比较发达的地区也应照此原则去办。劳动密集型产业多在内地兴办，既有利于经济特区和沿海地区加快产业结构的升级换代，又有利于带动内地经济的发展，还有利于减少内地劳动力的盲目流动，有利于缩小地区之间的发展差距，一举数得啊！各经济特区要继续下大力气发展外向型经济，关键是要提高水平，以质取胜，要狠抓高技术含量、高附加值的产品的生产和出口。同时，要积极组建跨国界的大型企业集团，努力培养懂得国际金融、国际贸易的人才，努力形成和发挥规模经济效益，不断提高企业在国际市场上的竞争能力。还要努力发展同特区总体经济水平相适应、为外向型经济服务的第三产业。

二是要下大力气搞好管理工作。经济要发展，管理要加强。管理工作要全面，管理水平要提高。无论是经济的、法律的、行政的、社会的管理水平都要提高。搞现代化建设，没有现代化的管理是不可想象的。要向管理要秩序、要速度、要效益。提高管理水平，关键是要加强学习培训，提高管理人员的素质，同时严格管理制度。在实现和加强现代化管理方面，经济特区也应走在全国前列，也应起到“排头兵”的作用。

三是要进一步完善经济特区的投资环境。既包括完善基础设施的“硬”环境，也包括完善法律、制度和提高办事效率、服务水平的“软”环境。投资环境真正完善了，才能大大增强对国外大企业集团来投资的吸引力。

四是要高度重视和加强经济特区建设的总体规划。总体规划不仅必须有，而且要科学，要切实可行。各经济特区在确定自己的建设总体规划时，首先要有一个全局观念，也就是必须置于国家的总体规划之下。其次要充分考虑自己的实际，比如市场、资源、地缘条件、物质技术基础、人才结构等等，还要充分考虑发展的辐射功能。尤其是重大基础设施项目、重要支柱产业项目，更要注重总体协调。规划不仅要有近期的，还要有中长期的。有了科学的总体规划，才能防止、减少建设中的盲目性和损失。梁广大同志说，有一个科学的总体规划，本身就是财富；总体规划制定好了，就可以迅速转化为新的财富。我看这个话说得好，符合唯物辩证法。

第三，经济特区要为继续发展外引内联，带动和促进全国其他地区的共同发展、共同繁荣做出新的贡献。

要坚持经济特区以及沿海经济比较发达地区同内地的横向联合，在发挥各自优势的基础上，做到分工协作，优势互补。这一点极为重要。它对于促进全国统一的社会主义市场经济的发展，逐步缩小沿海与内地的发展差距，实现共同富裕，对于维护社会稳定和巩固国家统一，具有深远的历史意义。

前些年，一说"内联"，往往是指内地的资金和人才单方面向经济特区和沿海地区流动。近年来这一情况正在发生变化，"内联"变成双向的，经济特区的一些资金、人才也开始向内地流动。我看这是一种好现象。据说深圳去年就有四十多亿元流向内地。经济特区实行外引内联的方针，实践证明是正确的。

在过去十几年中，特区的发展更多的是借助内地的支援，今后特区应该更多地带动和帮助内地经济的发展。我们创建经济特区的目的，并不只是为了特区本身的发展和现代化，更重大的意义在于要通过特区的发展，充分发挥它们对全国其他地区发展的推动作用和辐射功效。这要作为特区建设的基本方向和重要原则进一步明确起来。

各经济特区要不断增强引进外资、引进国外先进技术和先进管理经验的本领，不断提高参与国际市场竞争，赚取外汇的本领。不但特区自己在利用外资和利用国外先进技术、先进管理经验上要越来越有成效，而且要积极地把它们扩散、辐射到内地去。不但特区要把自己的产品打入国际市场，而且要联合内地、联系港澳，使更多的中国产品进入世界市场。这样，特区的本事和力量就会更大起来，贡献也会更大起来。这样，特区也会在促进其他地区的共同发展、共同繁荣中，进一步发展自己。

我希望各经济特区的领导同志，要经常研究加强特区和内地经济技术联合的措施与办法，研究如何更好地从人力、财力、物力上扶助内地贫困地区的发展，坚持走共同富裕的道路。这对于特区和全国经济的发展，都是一件很重要和大有可为的事情。

第四，经济特区尤其是深圳、珠海特区要继续为香港、澳门的平稳过渡和保持香港、澳门的长期繁荣，发挥更大的促进作用。

我们对香港、澳门按期恢复行使主权，这是一件举世瞩目的大事情，对国内国外都有重大影响。由于深圳、珠海毗邻港澳的这种特殊的经济地理位置，对于促进香港、澳门的稳定和发展，具有其他地区不可替代的作用。深圳、珠海的经济社会发展得越好，就越会对香港、澳门增强吸引力，就越有利于激发香港、澳门广大同胞的爱国主义热情。

我们对香港、澳门恢复行使主权以后，按照"一国两制"的方针，这两个地方是特别行政区，仍然实行资本主义，发展资本主义市场经济；深圳、珠海是经济特区，是坚持社会主义制度，发展社会主义市场经济。这个大的社会政治界限一定要有，不能含糊。深圳不会也不能成为香港的扩大或延伸，珠海同样不会也不能成为澳门的扩大或延伸。对此，深圳、珠海特区的同志，特别是我们领导同志的认识一定要清醒。深圳、珠海的社会主义市场经济、社会主义民主政治、社会主义精神文明的发展，越是显示出强大的生命力和优越性，香港、澳门就会越稳定，它们的长期繁荣就会越有保证。相反，如果深圳、珠海的经济不能再上新台阶，如果不注意抵制消极腐朽东西的影响，社会秩序、社会风气搞得不好，不仅对香港、澳门的稳定繁荣不利，深圳、珠海也会失去自己的优势。这一点务必充分注意。

第五，要大力加强经济特区的社会主义精神文明建设，加强和改善党对特区工作的领导。

邓小平同志在视察南方的重要谈话中特别明确地指出，只有把物质文明建设和精神文明建设都搞好了，才是有中国特色的社会主义。就是说，建设有中国特色社会主义，既包括高度的物质文明，又包括高度的精神文明，缺了哪一个，都不成其为有中国特色的社会主义。对于邓小平同志这个重要思想，大家一定要深刻领会，自觉地坚持两手抓。邓小平同志这个谈话，是对全国提出的要求，但首先是对经济特区和沿海开放地区提出的要求。

应该看到，这些年来，经济特区和沿海开放城市经济发展很快，物质文明建设的形势很喜人，相对而言，精神文明建设，虽然也做了很多努力，也有进步，但存在的问题还不少。比如：权钱交易、畸形高消费、拜金主义思想滋长起来，卖淫、嫖娼、吸毒等社会丑恶现象屡禁不止，影响了社会治安、社会秩序、社会风气。当然，这些现象不只是经济特区和沿海地区有，内地也有。对此，广大群众是不满意的。应该引起我们的高度重视，并采取坚决果断措施，标本兼治，真正把两个文明建设都搞好，做到互相促进，共同进步。

必须明确，增创特区优势，既包括增创经济优势、物质文明优势，也包括增创精神文明优势、思想政治优势、社会全面进步优势。两个文明都要更上一层楼。很明显，一个缺乏安全感的城市，外商也好、外资也好，都不会愿意来的。要下定决心，把精神文明建设这一手比较软的问题真正解决好，应像抓物质文明那样抓精神文明。物质文明抓得好，精神文明抓得不好，不能说是一个合格的领导。看一个领导干部的政绩，不仅要看他抓物质文明建设的能力和成果，还要看他抓精神文明建设的能力和成果。在任何时候任何情况下，发展物质文明都不应以削弱甚至牺牲精神文明建设作为代价，而应积极促进精神文明的发展，既满足人民的精神生活需要，又为发展物质文明不断提供动力和智力支持。这些都是我们在处理两个文明建设的关系时，在坚持两手抓的工作中，应该全面把握的一些重要原则精神。

在新形势下，发展社会主义精神文明，确实难度不小。但只要大家思想上真正重视了，发展措施真正配套了，落实工作真正抓紧了，领导与群众真正结合起来了，再难的问题也可以解决，精神文明建设一定能够搞上去。我衷心希望，经济特区不仅要在全国的改革开放和经济发展中当好“排头兵”，同样也要在全国的社会主义精神文明建设中当好“排头兵”。

随着深化改革、扩大开放和发展社会主义市场经济的向前推进，经济特区也面临着许多新矛盾新问题。迫切需要进一步加强和改善党对特区工作的领导，迫切需要进一步加强特区党的思想、作风、组织建设。关键是要组织特区的广大干部和党员，认真学好邓小平同志关于新时期党的建设的重要论述，不断增强党性和党的观念，牢固树立正确的理想、信念、人生观、价值观，牢固树立全心全意为人民服务的思想，坚决抵制各种消极腐朽东西的侵蚀和影响，以达到维护党的集中统一的领导，真正发挥各级党委的领导核心、政治核心作用，真正发挥基层党组织的战斗堡垒作用，真正发挥广大党员的先锋模范作用。

只要我们遵循邓小平同志的要求，始终坚持“两手抓”，不断加强和改善党的领导，我们的经济特区就一定能够进一步实现和保持经济繁荣、文化发达、风气优良、社会稳定、富裕文明的昌盛局面。

中共中央政治局常委胡锦涛在天津考察

6月20日至25日，胡锦涛在天津市委书记高德占、市长张立昌等陪同下，考察天津的部分乡村和乡镇企业，与区县乡村的干部一起，就新形势下进一步加强农村基层党组织建设问题进行座谈。在西青区大任庄村，当胡锦涛了解到这个村党支部高度重视并下大力气在农村青年中培养科技和管理人才时，他充分肯定说：“这是有战略眼光、有超前意识的高明的一招”。胡锦涛还深入市区农贸市场、粮店和大中型企业与工人和市民交谈，询问他们的生产和生活情况，听取他们的意见和建议。

胡锦涛在考察中看到天津经济持续发展，改革深入展开，对外开放进一步扩大，社会稳定、人心安定，各项工作在过去基础上又有了新的进步和起色，感到非常高兴。他充分肯定了当前天津的好形势，希望广大干部群众进一步振奋精神，再接再厉，加强团结，扎实工作，推动天津的发展再上新台阶。

胡锦涛强调，要始终坚持以经济建设为中心，紧紧抓住有利时机，扎扎实实解决好前进中面临的突出矛盾，进一步深化改革、扩大开放，促进国民经济持续、快速、健康地发展。他指出，正确处理好改革、发展和稳定的关系，是从十多年来的实践中总结出的一条重要经验，是全面贯彻执行党的基本路线的必然要求，也是全面推进社会主义现代化建设必须遵循的客观规律。在改革开放和现代化建设的整个过程中，必须始终牢牢把握好这一点。

胡锦涛说，中国共产党已经走过了七十三年光辉战斗的历程。我们党在领导人民实现不同历史时期任务的过程中，始终高度重视党的自身建设。毛泽东同志把党的建设作为领导中国革命的“三大法宝”之一；邓小平同志强调要实现社会主义现代化的宏伟目标，关键在人，关键在党；江泽民同志也指出，越是改革开放、发展经济，越要加强党的建设。在新的形势下，我们一定要发扬重视党的建设的好传统，坚持党的基本路线，紧紧围绕党的中心任务，进一步把我们党建设好。

胡锦涛指出，在新形势下进一步加强和改进党的建设，从根本上说，必须抓好用邓小平同志建设有中国特色社会主义理论武装全党的工作。要大力加强领导班子的思想作风建设、组织建设和制度建设，进一步坚持和健全民主集中制，从坚持党的基本路线一百年不动摇的战略高度，重视做好培养选拔优秀年轻干部的工作。要发扬党的密切联系群众的优良作风，尽心竭力为群众办实事、办好事，要结合新的形势，针对广大群众的思想实际，进行正确的思想教育和舆论引导。要深入、持久、更有成效地开展反腐败斗争，进一步巩固和加强党同人民群众的联系。

胡锦涛在考察农村基层党组织建设情况后指出，

进一步把农村基层党组织建设好，是农村奔小康的重要组织保证。农村基层党组织建设要紧紧围绕党在农村的中心工作来进行。要下功夫把村党支部班子建设好，把那些政治素质好、作风正派、热心为群众服务，懂经营、会管理，能团结带领群众发展经济、共同致富、建设社会主义新农村的党员选拔到党支部书记的岗位上来。要因地制宜，发展壮大村级集体经济实力，以增强党支部在群众中的吸引力和号召力。要重视培养农村人才，做好在生产一线中发展青年党员的工作。农村基层党组织的设置，要有利于发展农村经济，有利于发挥党组织的核心领导作用和党员的先锋模范作用。

全国人大常委会委员长乔石在人民大会堂会见各国议会联盟秘书长皮埃尔·科尼永

全国政协主席李瑞环在人民大会堂会见德国菲利蒲·霍尔兹曼股份公司总裁洛·麦耶

国家副主席荣毅仁在钓鱼台国宾馆与菲律宾副总统约瑟夫·埃斯特拉达举行会谈

会谈结束后，荣毅仁和埃斯特拉达出席了两国政府 1994 年进出口商品议定书签字仪式。

国务院副总理邹家华在中南海会见德国总理科尔的特使德国宝马公司董事特尔契克

国务委员兼国家体改委主任李铁映在惠灵顿参加新西兰财政部秘书长默里·霍恩主持的招待会上发表讲话

李铁映说，中国将继续坚持改革开放政策，尽快建立市场经济新体制，加速中国新经济体制与国际惯例的对接，积极参与国际竞争与国际经济合作。

李铁映说："15 年来，在邓小平建设有中国特色社会主义理论指引下，中国的改革开放和现代化建设取得了显著成绩，经济体制格局和运行机制已经发生了深刻的变化。"

李铁映说，中国已初步形成了以公有制为主体，国有、集体、个体、私营经济和外资经济等多种经济成分并存、平等竞争、共同发展的新格局；中国不断扩大国有企业改革，探索建立现代企业制度的具体途径；中国正培育市场体系，推进价格改革，市场机制的作用不断增强；国家的宏观调控，正由行政指令性的直接控制，向主要运用经济、法律手段的间接调控转变；初步形成了以按劳分配为主体、多种分配方式相结合的分配格局，并开始建立新的社会保障制度；中国农村普遍实行了家庭联产承包责任制，通过调整农产品价格和购销体制，调动了农民的积极性。

李铁映说："中国改革开放坚持市场取向的路子是正确的，我们的事业得到人民的广泛支持和衷心拥护，中国人民正朝着建立新体制、实现现代化的目标前进。"

李铁映说，中国现在的任务，主要是通过建立社会主义市场经济体制，使经济走上持续、快速、健康发展的轨道，从而确保第三步战略目标的实现，即到 21 世纪中叶，赶上或超过中等发达国家目前的水平。

李铁映说，发展和加强与亚太周边国家和地区的经济合作关系，是中国全方位对外开放政策的组成部分。中国愿意本着平等互利、讲究实效、形式多样的原则，积极扩大同新西兰在政治、经济、科技、文化等多方面的合作。

国家主席江泽民致电慰问包括南极长城站和中山站在内的各国南极考察站上的考察队员

在你们欢度仲冬节的时候，我谨代表中国政府和中国人民，并以我个人的名义，向在漫长极夜中忘我奋斗的科学家和工程技术人员致以亲切的慰问，并祝你们仲冬节快乐。

南极，是地球上最后一块保持洪荒本色的大陆。你们高举和平、合作、友好的旗帜，战风雪、斗严寒，不断取得科学考察的进展，为揭开南极大陆的奥秘，保护全球生态环境，促进人类社会的共同繁荣与进步，作出了巨大贡献。

借此机会，我向为探索、研究、保护南极做出成绩的各国考察队员致敬。

十一亿中国人民祝贺你们已经取得的丰硕成果，期待着你们为人类和平利用南极作出更大贡献。

我祝你们越冬顺利，事业成功。

国务院总理李鹏主持会议部署防汛和抗洪救灾工作

会议首先传达江泽民对当前防汛和抗洪救灾工作的重要指示，并听取国家防汛抗旱总指挥部、水利部、民政部、国家计委、卫生部、农业部、财政部、气象局和解放军总参谋部等部门有关入汛以来抗洪救灾工作的汇报。

李鹏说，今年 4、5 月份，江西、福建、湖南等地相继出现较大洪水，特别是 6 月份，广西的西江、广东的北江、湖南的湘江均出现建国以来最大洪水。受灾面积较大，目前一些地区汛情比较严峻。党中央、国务院深切关注当前部分省、区的灾情和汛情。现在有关地方各级党政部门，正在动员广大干部群众和解放军、武警官兵防汛、抗洪、抢险、救灾。

李鹏强调，目前防汛工作的重点，一是确保北江大堤和珠江三角洲堤围的安全,二是尽快解救被洪水围困的灾民,三是保证灾区人民有粮吃,不饿死人,不发生瘟疫,切实安排好灾区人民群众的生活,尽快恢复生产,重建家园。

李鹏说,几个省发生灾情后,江泽民总书记已打电话慰问,并对搞好抗洪救灾工作提出要求,现在决定派工作组帮助灾区人民抗洪救灾,希望各级党委、政府切实负起责任,带领人民群众和解放军指战员、武警官兵,夺取抗洪救灾的胜利。

会议决定,立即派出由邹家华、温家宝、陈俊生等带领的有中央党政军有关部门负责人参加的工作组,分赴广东、广西、湖南、江西,和当地党政军民一起抓好防汛、抗洪和救灾工作。

国务院副总理朱镕基致电湖南省委副书记省长陈邦柱询问湘江汛情和灾情并慰问抗洪抢险第一线的军民

解放军总参谋部总政治部总后勤部发出《关于抢险救灾的通知》

《通知》指出,我军是人民的子弟兵,是国家和人民利益的忠实保卫者,积极做好防汛抗洪、抢险救灾工作,是我军义不容辞的责任,也是支持改革开放、支援国家经济建设的实际行动。各部队要牢记我军全心全意为人民服务的宗旨,发扬拥政爱民的优良传统,坚决执行党中央、国务院、中央军委的命令,奋勇参加抢险救灾,为保护国家和人民群众生命财产安全,为国家的改革、发展、稳定作出应有的贡献。

《通知》要求各部队要立足于防大汛、抗大灾,切实做好各项准备工作,主动与地方政府和有关部门联系,掌握汛情,明确任务,健全组织,制定预案,确保一声令下,立即出动。参加防汛抗洪、抢险救灾的部队,要发扬英勇顽强,连续作战,不怕疲劳,不怕牺牲的革命精神,把国家和人民的利益摆在首位,哪里有灾情就奔赴哪里,哪里最危险就在哪里战斗。要克服一切困难,奋力抢救国家和人民群众的生命财产,把灾害造成的损失减少到最低限度。洪水过后,要积极帮助群众恢复生产,重建家园,夺取抗洪救灾的全面胜利。

《通知》要求,领导干部要以高度的政治责任感,深入抗洪救灾第一线,精心组织,周密部署,既当指挥员,又当战斗员。基层党组织要发挥战斗堡垒作用,勇于承担急难险重任务,广大共产党员要发挥先锋模范作用,勇挑重担,严守纪律,团结带领群众完成各项抗洪救灾任务。

《通知》强调,参加抗洪救灾的部队要在地方党委、政府的领导下,军政军民团结协作,密切配合。要尊重地方领导,主动承担艰巨任务。省军区系统要积极组织民兵、预备役部队参加抗洪救灾。全军部队要以不畏艰险、勇于牺牲、遵纪守法、拥政爱民的实际行动,进一步密切军政军民之间同呼吸、共命运、心连心的血肉联系。

6月21日

中宣部等单位联合举办"国家中高级干部学法讲师团"成立一周年座谈会

中共中央书记处书记、中央政法委书记任建新在由中共中央宣传部、司法部、中国法学会联合举办的"国家中高级干部学法讲师团"成立一周年座谈会上讲话。

任建新说,法制宣传教育是我国法制建设的基础性工作,也是中国法制建设的一大特色。"国家中高级干部学法讲师团"是在我国加快建立社会主义市场经济体制的形势下,进一步深化法制宣传教育,提高广大干部特别是中高级领导干部市场经济法律意识,提高依法管理、依法行政能力的一个好形式。中宣部、司法部、中国法学会组织的这项工作很有意义。

任建新指出,在建立和完善社会主义市场经济体制的过程中,普及市场经济法律知识,提高广大公民市场经济法律意识,维护社会稳定,保证市场经济秩序,是当前乃至今后很长一段时间内法制宣传教育工作的重要任务。要广泛地向公民、特别是向领导干部进行宣讲,使各级领导干部进一步树立起社会主义市场经济法制观念。实践证明,各级领导干部法制观念和依法决策、依法办事能力的高低,对于社会主义现代化事业起着至关重要的作用。一个不懂法律,不会运用法律手段来管理经济、管理社会的领导,就不可能是一个称职的领导。他希望讲师团通过为中央和国家机关的领导,为各省、市、自治区的领导上法制课,不仅使他们掌握法律知识,而且要进一步树立市场经济法制观念。要使各级领导干部更加明确:建立和完善社会主义市场经济体制,必须有健全的法制予以保证;领导干部带头学法、带头用法,依法行政、依法办事,是建立和发展社会主义市场经济的必然要求。

中国法学会会长邹瑜主持会议。司法部部长肖扬也在会上讲话。一些讲师团成员在会上作了发言,就如何进一步搞好法制宣传教育提出意见和建议。

中组部批转《中央国家机关工委关于中央国家机关各部门党组指导机关党委工作的意见》

党和国家领导机关党的建设,是整个党的建设中的一个重要组成部分。国家机关部门党组指导机关和直属单位党组织的工作，是党章规定的党组的主要任务之一。近几年来，中央国家机关许多部门党组（党委），在加强对机关党委工作的指导方面，积累了一些好的经验和做法。中共中央国家机关工委经过调查研究，经商中央国家机关各部门党组，提出了《关于中央国家机关各部门党组指导机关党委工作的意见》，对党组指导机关党委工作的主要任务、主要做法，以及机关党委在党组指导下积极主动地做好工作，工委与各部门党组在加强和改进机关党的工作中的关系等重要问题，提出了明确的意见。经中央领导同志同意，现将《中央国家机关工委关于中央国家机关各部门党组指导机关党委工作的意见》转发给你们，请结合实际情况参照执行。

中央国家机关工委关于中央国家机关各部门党组指导机关党委工作的意见(略)

全国金融机构监管工作会议在北京召开

会议期间，国务院副总理兼中国人民银行行长朱镕基到会并作讲话。

会议认为，去年下半年以来，人民银行分支行在认真贯彻落实"约法三章"、坚决整顿金融秩序方面做了大量工作，加强金融的监管，为全国金融形势的迅速好转打下基础。但是，当前在对金融机构的监管上也存在一些问题。有的地方政府和部门擅自批准设立金融机构；一些人民银行的分支行也擅自越权批准设立金融机构；部分金融机构存在着违规、违章、超业务范围经营的问题；金融机构法人登记和招股增资等管理工作需要进一步完善。

会议指出，中国人民银行是国家领导、管理金融业的职能部门，当前，特别要加强对金融机构的严格监管，保证金融体系安全、有效地运行。首先，必须对违法设立和越权批设的金融机构进行认真的清理整顿。所有金融机构的设立都必须经过人民银行总行批准，未经批准，不得设立和经营。同时，要进一步加强对现有金融机构的监督管理。会议还指出，清理违章设立金融机构，要从经济发展客观需要及保障人民大众利益和金融机构安全经营出发，做到清理和疏导相结合，用深化改革的办法解决问题。在金融机构发展上，要制订设立金融机构的标准和审批程序，根据经济发展需要经中国人民银行严格审批，适当增设一些金融机构。要监督信托投资公司、证券公司等非银行金融机构依法经营。

会议强调，金融宏观调控权必须集中在中央，这一点决不能动摇，但金融机构设立也要考虑地方经济发展需要。城乡信用合作社要坚持为城乡个体经济、私营经济和集体经济服务的方向，同时，可由城乡信用合作社入股组建合作银行，调剂信用合作社资金余缺，逐步扩大对地方国营中小企业的信贷服务。关于组建发展合作银行，要先立法后推广，先城市后农村，不搞试点，分批进行。城乡合作银行必须坚持自主经营、自负盈亏、自我约束、资金自求平衡、自我发展的原则。地方政府和部门不要干预他们的经营自主权。人民银行要加强对合作银行的管理。在农村，要扩大农村信用合作社经营自主权；要把农村合作基金会真正办成社区内资金互助组织，不得办理存贷款金融业务。

国务院总理李鹏在中南海会见菲律宾副总统约瑟夫·埃斯特拉达

全国人大常委会委员长乔石全国政协主席李瑞环在人民大会堂分别会见菲律宾副总统埃斯特拉达

国家副主席荣毅仁在人民大会堂分别会见英国通用电气公司董事长普赖尔勋爵和美国埃克森公司总裁希特

全国人大常委会副委员长田纪云在人民大会堂会见由副议长维法·塔奈尔率领的土耳其大国民议会代表团

国务委员兼国家体改委主任李铁映会见新西兰社会福利部部长彼得·格雷沙姆财政部长比尔·伯奇

新西兰总理詹姆斯·博尔格在政府大厦会见国务委员兼国家体改委主任李铁映

中国和葡萄牙签署化工合作协定

中国化工部部长顾秀莲和葡萄牙工业和能源部部长米拉·阿马拉尔在里斯本签署有关的合作协议。

双方一致决定加强两国在化工和石油化工企业间的贸易，促进投资、金融和产品市场的开发，发展在技术、科研、环保、培训和信息交流等方面的合作。双方商定成立一个工作组以保证双边合作和交流。

中英联合联络小组在香港举行第二十九次会议

会上，双方就香港军事用地、法律本地化、公务员长俸基金、特区护照等有关问题进行讨论。双方宣布，中英双方一致同意，于本月24日召开中英联合联络小组机场委员会会议。会议发表新闻公报称，联合联络小组就日前香港用于防务目的的土地的前途问题达成协议。

中央军委主席江泽民副主席刘华清张震分别为空军地空导弹某部“英雄营”命名30周年题词

江泽民、刘华清、张震最近分别为空军地空导弹某部“英雄营”题词。

江泽民题词是：建设强大的地空导弹部队保卫祖国领空安全；

刘华清题词是：保持英雄营本色全面提高部队战斗力；

张震题词是：发扬英雄营光荣传统按照基层建设纲要全面建设过硬部队。

6月22日

中共中央总书记江泽民在福建考察

6月22日至27日，中共中央总书记、国家主席、中央军委主席江泽民在中共福建省委书记贾庆林、省长陈明义和南京军区司令员固辉、福建省军区司令员任永贵陪同下，不顾炎夏高温，沿着海峡西岸，先后考察厦门、泉州、莆田、福州等地市的国有企业、三资企业、乡镇企业，了解农业和党的建设的情况，同各地干部、群众座谈。江泽民还十分关心三明、南平等地市的受灾情况，多次询问灾情，并请省委转达他对灾区人民的慰问。

江泽民充分肯定福建在改革开放以来所取得的巨大成绩和为全国经济社会发展所作出的贡献。他说，福建变化大，发展快，形势好。一个突出的印象，就是你们通过发挥自己的各种优势，已基本上走出了一条适合福建实际情况的对外开放和经济发展的具体路子，形成了自己的发展特色。所有成绩和经验的取得，都是全省广大干部和群众在省委、省政府领导下，坚持以邓小平同志建设有中国特色社会主义理论和党的基本路线为指导，坚持执行中央各项重要决定和方针政策，并立足福建的实际，抓住改革和发展的机遇，解放思想，实事求是，积极探索，艰苦创业的结果。中央对福建的工作是满意的。

江泽民在和各地干部谈话中，对福建今后的发展还提了四点要求和希望。一是要围绕建立社会主义市场经济体制的基本框架，加快深化各项改革的步伐。他说，福建是中央确定的综合改革试验区之一，肩负的各类改革试验的任务很多。希望你们坚持从实际出发，实事求是，大胆试验，勇于创新，为全国改革的深化，提供更多更好的新鲜经验。二是抓紧进行经济结构、产业结构的调整，加快福建一些重要产业和产品的升级换代，努力提高外向型经济的整体素质和水平。要通过引进高新技术，提高劳动者素质，加强全面管理，提高产品质量，不断增强外向型企业在国际市场的竞争能力。三是要继续发挥福建毗邻台湾、华侨多、有经济特区、海岸线长和港口多的优势，促进经济既快又好地持续发展。他说，全省沿海一线地区，经过十几年的改革和发展，基础、条件都比较好了，可以适当地搞得快一些，把闽东南建成海峡西岸的繁荣地带，以带动内地山区的开发。引进和利用台资、侨资和国外资金方面，不但在引进的数量上要进一步扩大，更重要的是要在提高利用效率和效益上下功夫。四是要坚持两手抓，两手都要硬。他说，在任何时候任何情况下，都不能用牺牲精神文明作为代价来换取经济的发展。我在全国宣传思想工作会议上讲了四句话：以科学的思想武装人，以正确的舆论引导人，以高尚的精神塑造人，以优秀的作品鼓舞人。大家普遍认为这四句话讲得对，坚持照此去做，社会主义精神文明建设就一定能不断得到加强。

6月26日下午，江泽民在听取省委的工作汇报会上，就当前形势和经济发展工作发表了重要意见。

在谈到加强农业的问题时，江泽民强调指出，我们是一个人口众多的大国，必须始终立足于粮食自给，而且还要自给有余，因为有一个补歉备荒的问题，以备不时之需。各个省区原则上都应各自做到粮食基本自给，都要采取有力措施，落实粮食的“三稳定”，即稳定粮田面积、稳定粮食产量、稳定粮食库存。同时，都要坚决保护好耕地。这个问题在沿海一些工业、第三产业发展比较快的省份，更要引起注意和重视。他还指出，为了加强农业的基础地位，过去我们提出了“一靠政策、二靠科技、三靠投入”，实践证明这三条是正确的，今后仍然要坚持执行。现在根据建立社会主义市场经济体制的新形势和全国农业的现实状况，还应加上两条，就是还要靠保护，靠工作。所谓要靠保护，就是由于农业既有市场风险，又有自然风险，国家必须有保护和扶持的措施。所谓要靠工作，就是鉴于当前不少农村地区工作比较薄弱的实际状况，各级党委和政府必须加强对农业和农村经济的领导工作、组织工作、服务工作。

在谈到如何搞好国有企业时，江泽民强调有五个问题要在思想上进一步提高和统一认识。第一，国有企业特别是大中型国有企业在我国经济的发展中，作出过重大贡献，是经济发展的主要增长点。现在面临的许多困难是多年积累下来的，原因很复杂。不要因为遇到了这些困难，就动摇对搞好国有企业的信心，更不能把它们当作“包袱”。第二，国有企业特别是大中型国有企业是我国国民经济的骨干，在发展社会主义市场经济中仍然起着主导作用。经过几十年的努力，我们建成了一个门类齐全的国有工业体系，这是我国经济独有的优势，要充分认识它的重要性。第三，我们允许和鼓励个体、私营和外资企业的发展，积极发挥它们对国民经济的补充作用，这一条要长期坚持，而决不可以动摇。同时也要看到，非公有制经济尽管是我们国民经济的重要组成部分，也是重要的经济增长点，但它们毕竟是处于起补充作用的地位，而起主导作用、占主体地位的始终是包括国有企业和集体企业在内的公有制经济。因此，各级党委和政府以及主管经济部门，一定要把主要精力用在抓好国有企业的发展上。第四，国有企业在深化改革，转换经营机制中，可以根据自己的实际情况选择合适的经营形式，不同类型、不同条件的国有企业的经营形式可以多种多样。但是，不管采取什么经营形式，都必须确保国有企业资产的保值和增值，而决不能造成国有资产的流失。第五，搞好国有企业的关键是加快转换经营机制，建立产权明晰、责任明确、政企分开、管理科学的现代企业制度。各级政府要努力创造为企业转机建制的内外部环境，并抓好试点工作。各地应结合自己的实际，派一批得力的干部分头下到国有企业去，进行调查研究，加强分类指导。江泽民还强调说，搞好国有企业的根本出路在于深化企业的改革。企业微观经济改革，是建立和完善国家宏观调控体系的宏观经济改革的基础。微观经济改革跟不上去，或者搞得不好，宏观经济改革的措施也就难以到位，难以落实，甚至有可能影响已经取得成效的宏观改革。因此企业微观经济改革，同国家的宏观经济改革，必须相互配套地进行，做到相互适应，相互促进。明年的经济体制改革重点，就是要围绕加快深化企业改革，进一步研究和推进相关的各项配套改革措施，使企业转变经营机制，建立现代企业制度有一个新的突破。

江泽民在谈到正确处理沿海与内地发展的关系时指出，改革开放以来，我们实行一部分地区先富起来的政策，实践证明是完全必要的、正确的。我们国家这么大，各地状况千差万别，发展很不平衡，让一部分条件、基础比较好的地区先富起来，并以实际的成绩和成功的经验来带动未富的地区也逐步富起来，最终实现共同富裕，这是合乎我国经济的客观实际和发展规律的。中央的态度很明确，一部分地区先富起来的政策坚持不变。沿海地区根据自己的实际条件和实际基础，能够发展得快一点，就搞快一点。当然一定要讲求速度与效益的统一，快一点发展也要掌握量力而行的原则。内地也要通过发挥自己的优势，努力创造条件，逐步加快发展。最终各个地区都要达到共同繁荣、共同富裕，这是我们社会主义的本质要求，是改革开放和现代化建设的要求，也是维护社会稳定和巩固国家统一的重要条件。江泽民还指出，提倡沿海比较发达的地区支持内地中西部地区的发展，办法主要是通过加强横向经济联合，通过向内地辐射先进技术、管理经验，向内地投资，转移劳动密集型产业，传递经济信息，进行联合生产经营，参与改造内地的一些老企业，帮助内地开发出口货源基地，以及对口扶助内地一些贫困地区脱贫致富等方式来进行。总之，要通过沿海与内地的相互协作，形成联手发展的态势，以促进共同发展、共同进步、共同繁荣。全国是如此，一个省区内，比较发达的地区和比较落后的地区之间，包括福建的沿海和山区之间，也应建立和发展这样一种关系。

江泽民还要求福建加强同台湾的经济贸易联系。他说，福建与台湾有着地缘、血缘的密切关系，希望你们发挥优势，多做工作，为推动两岸经贸联系和两岸关系的发展，促进祖国统一大业作出更多的贡献。

在福建考察期间，江泽民还看望驻闽部队、公安武警指战员。他要求进一步加强军政军民团结。他说，军队的同志要继续在保卫海防、支援地方两个文明建设、承担抢险救灾等急难险重任务中，更好地发挥坚强柱石和生力军的作用，为地方的建设多作贡献。地方的同志要进一步关心部队的建设，积极帮助他们解决生产、生活的实际困难。只要军政军民坚强团结，全党坚强团结，全国各族人民坚强团结，我们的改革、发展、稳定和安全就有了可靠的保证。

中央纪委书记尉健行在河北调研

尉健行6月22日至7月2日在河北省进行调查研究时指出，要坚持以经济建设为中心，深入、持久、更有成效地开展反腐败斗争。近期要加大办案力度，集中力量查处经济犯罪大案要案，务求在下半年特别是第三季度取得明显成效。同时继续下大力气抓好领导干部廉洁自律和纠风工作。要善于把反腐败作为经常性的工作来抓，通过建立各种反腐败监督机制，形成一套科学的工作秩序，扎扎实实把反腐败斗争推向深入。

尉健行在石家庄、保定等地与河北省各级纪检、监察干部进行了座谈，走访部分企业，就如何处理在建立社会主义市场经济体制中反腐败斗争的新情况、新问题进行调查研究，并听取河北省委、省政府关于党风廉政建设情况的汇报。

尉健行说，党中央去年提出反腐败的三项工作格局，切合实际，今年要下力气继续狠抓落实。他强调，当前必须进一步加强对办案工作的领导，加大力度，各地区各部门要制订计划，采取措施，着重查处贪污、贿赂、金融诈骗、走私、严重违反财经纪律等大案要案；同时要继续抓好领导干部廉洁自律和纠风工作。干部自查自纠要和组织核查与群众监督结合起来。要从实际出发，抓住群众反映强烈的行业不正之风，有重点地加以清理、纠正，每个时期切实解决一、两个突出问题，常抓不懈，抓出成效。

在谈到企业的情况时，尉健行说，反腐败的重点在党政机关，但企业的领导干部也必须廉洁自律、遵纪守法。企业也要建立和加强内部约束机制，要把纪检、监察部门的监督和职代会的监督结合起来，把专业监督和职工群众监督结合起来，把自上而下的监督和自下而上的监督结合起来。

尉健行在河北期间还主持和出席6月23日至26日在石家庄召开的全国总工会十二届三次主席团会议和全国职工民主管理工作会议，会后与石家庄、保定等地的各级工会干部进行了座谈。尉健行强调，要以邓小平同志建设有中国特色社会主义理论武装工会干部头脑和指导工会工作。

海协会和台湾海基会会务人员入出境往来便利办法开始生效

经一年多的磋商，双方通过交换函件予以确认的方式，宣布两会商定会务人员入出境往来便利办法生效。

该办法如下：

一、依 据

本办法依《两会联系与会谈制度协议》第五条订定。

二、商定会务人员范围

本办法所称商定会务人员系指：

1. 海协会长、副会长、秘书长；海基会董事长、副董事长、秘书长。

2. 海协副秘书长、主任、副主任；海基会副秘书长、主任秘书、处长、副处长。

三、具体便利

两会商定会务人员因本协议所定事由入出境，由对方代为办证并持证，按指定地点入出境。

对两会主任或处长级以上主管相互给予适当查验通关等便利。

前项主管之随行会务人员及经同意之同行人员亦得享有前二项之便利。

四、申请期限

两会商定会务人员因本协议所定事由入出境，应于10日前提出申请，遇特殊情况，另行商定。

五、交换资料

两会应相互提供商定会务人员学历及职务等资料，如有变动亦同。

六、必要协助

两会商定会务人员因本协议所定事由入出境，对方应提供通讯便利等必要协助，但携带特殊通讯设备，应先知会对方同意，并于出境时携出。

全国棉花生产会议在杭州召开

全国17个产棉省的代表参加会议。

会议反映，今年全国棉花播种面积8100多万亩，比上年增加700多万亩。据各地反映，今年大部分棉区播种适时，棉苗长势好，生育期提前。

农业部要求各产棉区加强棉田中后期管理，主攻单产，夺取棉花丰收。一是对现有棉田实行分类指导，积极促进三类棉苗转化；对出现旱情的棉田要积极抗旱保苗；对雨涝棉区要搞好棉田排水，防渍防病；黄淮海夏棉区要坚持促“早”措施。二是进行适时棉田管理，不失时机地进行中耕除草，施肥浇水，整枝打杈，全程化调，特别是对早发棉田要增施肥料，防止早衰。三是继续打好防治棉铃虫战役。四是立足抗灾夺丰收。

会议于6月24日结束。

最高人民检察院发出《关于严格执行人民代表大会代表执行职务司法保障规定的通知》

各省、自治区、直辖市人民检察院，军事检察院：

《中华人民共和国全国人民代表大会和地方各级人民代表大会代表法》对人民代表大会代表（以下简称人大代表）执行职务的司法保障作了规定。近来，有的地方和部门法制观念淡薄，非法侵犯人大代表人身权利的现象时有发生，严重影响了人大代表依法执行职务。为严格执行法律有关人大代表执行职务司法保障的规定，保障人大代表的权利不受侵犯，正确履行法律监督职责，现通知如下：

一、人大代表代表人民的利益和意志，依照宪法和法律赋予本级人民代表大会的职权，参加行使国家权力。人民检察院要依法为人大代表执行代表职务提供司法保障，对于非法拘禁人大代表或以其他方法非法剥夺人大代表人身自由的，以暴力、威胁方法阻碍代表依法执行代表职务的，国家工作人员对人大代表依法执行代表职务进行打击报复构成犯罪的，应当严肃追究有关人员的法律责任。在办案中，遇有违反法律规定限制人大代表人身自由情形时，应当及时予以纠正，切实保障人大代表依法行使职权。

二、审查公安机关、安全机关提请批准逮捕的刑事案件被告人为县级以上人大代表时，经审查符合逮捕条件的，应当按照《中华人民共和国全国人民代表大会和地方各级人民代表大会代表法》第三十条的规定报告并经许可后再办理批捕手续。

三、各级人民检察院直接立案侦查的刑事案件，依法需要对本级人大代表决定采取逮捕，或者监视居住、取保候审、拘传等限制人身自由措施的，应当报经同级人民代表大会主席团或人民代表大会常务委员会许可。

各级人民检察院办理直接立案侦查的案件,对人大代表依法拘留的,应当由执行拘留的机关立即向该代表所属的人民代表大会主席团或者常务委员会报告。

四、各级人民检察院办理本级人大代表的案件,依法决定立案、决定提起公诉、免予起诉、不予起诉或撤销案件决定的,应当向本级人民代表大会主席团或人民代表大会常务委员会通报。

五、办理上级人大代表的案件,需要履行本通知第二、三、四条程序的,应当层报人大代表所属人民代表大会同级的人民检察院办理。

办理下级人大代表的案件,需要履行本通知第二、三、四条程序的,可以自行直接办理,也可以委托人大代表所属人民代表大会同级的人民检察院办理。

对于乡、民族乡、镇的人民代表大会代表依法决定或者批准逮捕,采取监视居住、取保候审、拘传等限制人身自由的措施,由人民检察院执行的,应当由县级人民检察院或上级人民检察院委托县级人民检察院立即报告乡、民族乡、镇的人民代表大会。

六、各级人民检察院办理有关人大代表的案件应报上一级人民检察院及人大代表所属的人民代表大会同级的人民检察院备案。

七、各级人民检察院在办理有关人大代表的案件中,遇到执行法律方面的问题,要及时层报最高人民检察院。

《全国人民代表大会和地方各级人民代表大会代表法》的有关规定(略)

全国政协主席李瑞环在人民大会堂会见由主席埃德蒙·恩科戈率领的加蓬经社理事会代表团

全国人大常委会委员长乔石会见由最高苏维埃第一副主席多斯季耶夫率领的塔吉克斯坦最高苏维埃代表团

国务院副总理李岚清在中南海会见新西兰贸易谈判部部长菲利浦·伯登

国务委员罗干在突尼斯与突尼斯外交部部长本·叶海亚举行会谈

国际商事仲裁委员会和中国国际经济贸易仲裁委员会共同举办的 1994 年国际商事仲裁大会在北京开幕

国家禁毒委员会在北京召开全体会议

公安部部长、国家禁毒委员会主任陶驷驹主持召开国家禁毒委员会全体会议,通报 1993 年以来全国禁毒工作情况,并布置下阶段任务。1993 年,全国共查破毒品案件 16191 起,逮捕毒品犯罪分子 7677 人,戒毒近 5 万人,缴获海洛因 4459 公斤,鸦片 3354 公斤。其中,云南、广西两地缴获的海洛因合计占全国的 82%。

国务委员宋健在陕西考察

6 月 22 日至 24 日,宋健考察地处秦岭山区的汉中佛坪自然保护区、长青林业局大熊猫栖息地,参观陕西朱鹮保护观察站,听取自然保护区的工作汇报。

宋健说,自然保护区的发展要转变观念,解放思想,做到保护与发展并重。要充分利用生态环境的优势,发展自然保护区的经济。有条件的区域,可以搞适当的旅游开发和一定规模的畜牧业以及珍稀动物养殖。这个文章做好了,能够带动许多产业,如食品、运输、旅馆业等。既可创造更多就业机会,又能解决保护资金缺乏的问题。

宋健说,朱鹮的保护非常成功,从"灭绝"的边缘走过来了。大熊猫的保护研究也取得了可喜成就。这充分说明,只要提高大家对生态多样性的认识,提高对珍稀濒危野生动植物保护的认识,生态环境建设这项造福全人类的事业,将会有一个更大更新的发展。

6 月 23 日

中组部在北京召开"先富地区农村基层党组织负责人扶贫座谈会"

九三学社中央九届六次常委会在北京举行

会议于 6 月 23 日至 25 日在北京举行。

会议期间,常委们对农村工作和农业问题进行研讨;农业部有关负责人到会介绍情况并听取意见和建议。会议认为,当前我国的农业和农村形势是好的,但一些问题迫切需要研究解决。会议就完善农村土地使用制度、促进农业和农村经济稳定发展问题进行讨论。

全国人大常委会副委员长、九三学社中央主席吴阶平出席会议并在闭幕会上讲话。

民进九届中央常委会七次会议在北京举行

会议于 6 月 23 日至 25 日举行。

会议号召民进各级组织和全体会员,继续认真学习邓小平同志建设有中国特色社会主义的理论,积极进取,开拓创新,加强自身建设,为深化改革,促进发展,维护稳定作出积极贡献。

会议着重讨论农业和农村工作问题。会议认为当前我国农业和农村形势是好的。但存在一些迫切需要解决的问题。大家就加强农业宏观调控,农业投入不足等问题,提出许多意见和建议。

全国人大常委会副委员长、民进中央主席雷洁琼出席会议并在开幕式上讲话。她说,我国的社会主义市场经济体制正进入整体推进和重点突破阶段,完成这些任务还会遇到许多问题和困难,新旧体制的转换,常会呈现出矛盾交织、利弊伴生的局面,随着改革的深入和经济的发展,又必然涉及利益格局、利益关系的调整和思想观念的转变,不可避免地触及一些深层次的矛盾。只有妥善地解决这些矛盾和问题,才能保持社会稳定,推动改革和经济的发展。

全国政协副主席、民进中央名誉主席赵朴初出席常委会。民进中央副主席陈舜礼、葛志成、楚庄、叶至善、梅向明、陈难先、邓伟志、许嘉璐等参加会议。

国务院副总理兼外交部部长钱其琛在北京会见由前地政工务司陈乃强率领的香港前高级公务员协会访京团

钱其琛说香港过渡时期公务员队伍的稳定非常重要。他说,这是因为行政工作的运转要靠公务员。为了保证政权的顺利交接和平稳过渡,以至1997年后香港特别行政区的管理都要依靠公务员。

钱其琛说,中英联合声明和香港特别行政区基本法对公务员的留用已作出了明确的规定,目的就是为了保持公务员队伍的稳定。

钱其琛说:"访京团这次来访是一件具有重要意义的事情。我们支持你们成立香港前高级公务员协会。"他说,香港回归祖国后,公务员为特别行政区政府服务、为香港市民服务,这样就是爱国爱港的一致。钱其琛希望香港的公务员队伍在过渡时期的最后几年里能恪守尽责,为香港居民服务。钱其琛强调说,香港是金融、经济和信息中心,是一个经济型的城市,应该以行政为主导,保证行政管理的高效率。

国务院港澳办主任鲁平会见时在座。

《人民日报》发表社论《认真贯彻国家产业政策》

今天,本报刊登了国务院最近颁布的《90年代国家产业政策纲要》。

这个《纲要》,是指导我国产业政策工作的重要文件,是当前和今后一个时期调整和优化产业结构的主要政策依据。认真贯彻执行这个文件提出的要求,对于促进国民经济持续、快速、健康发展,有着十分重要的作用。

产业政策是国家加强和改善宏观调控,调整和优化产业结构,提高产业素质,进行资源长期合理配置的重要手段。1989年3月,国务院颁布了《国务院关于当前产业政策要点的决定》。这个《决定》对于当时治理通货膨胀,建立产业的正常发展秩序,增加有效供给,起到了积极作用。进入90年代以后,特别是1992年初邓小平同志发表重要谈话和党的十四大以后,我国改革开放和现代化建设进入了蓬勃发展的新阶段。我国经济出现了快速增长的趋势,国内需求结构和国际经济环境都发生了重大变化。为了适应新形势下经济发展的需要,国务院组织制定了《90年代国家产业政策纲要》,明确了调整和优化产业结构的主要原则、产业发展重点和与之相应的配套实施保障政策,以有效地引导我国经济实现国民经济和社会发展的第二步战略目标。

我国正处于加快建立社会主义市场经济体制的关键时期,在建立新体制过程中,要充分发挥市场在配置资源中的基础性作用;同时,也要加强国家对经济的宏观调控,引导资源的合理长期配置。产业政策在长期发展政策中居于核心地位,它所发挥的重要作用,已为世界经济发达国家,特别是亚洲许多国家和地区的实绩所证明。我国建立社会主义市场经济体制,是在产业结构发生重大变化的过程中推进的,这就要求政府制定合理和有预见性的结构政策,自觉引导经济发展,以避免生产和投资行为的盲目性,从而提高宏观经济效益和经济素质。

根据工业化和现代化进程的客观规律,在深入分析我国产业结构变动趋势的基础上,《纲要》明确了90年代我国产业结构调整的主要方向和内容。即要不断强化农业的基础地位,全面发展农村经济;大力充实基础产业,努力缓解基础产业和基础设施发展滞后的局面;加快发展支柱产业,带动国民经济的全面振兴;合理调整对外贸易结构,增强我国产业的国际竞争力;加快高新技术产业发展的步伐,支持新兴产业的发展和新产品的开发;继续大力发展第三产业。与此同时,要优化产业组织结构,提高产业技术水平,使产业布局更加合理。从整体上说,《纲要》全面勾画了我国产业发展的总趋势和总格局,明确规定了调整和优化产业结构的大政方针和政策。

《纲要》是产业政策工作的指导性文件,提出的是一个总的要求,要通过专项政策逐个具体化。目前,国务院已颁布了《汽车工业产业政策》,明确提出了这个支柱产业的发展目标、产业组织政策、产业技术政策、产业布局政策以及外资和外贸政策。此专项产业政策已开始实施。国务院还颁布了一批重要产品投资建设的经济规模标准,以在这些产业中实现规模效益,提高产业的竞争力。根据《纲要》的要求,国务院还将进一步具体制定交通、通信、建筑、电子、机械、石化和外资、外贸、技术及产业组织调整等专项产业政策,把《纲要》提出的要求逐一落实。

《纲要》还明确了产业政策的制定程序和实施方式,这对于产业政策的科学性、权威性和实施的有效性将起到重要的保障作用,使这项工作朝着规范化、法制化的方向迈进了一步。《纲要》明确提出要建立国家产业政策的决策制度、工作程序制度、审议制度、实施保障制度、监督检查和评价制度。这些按市场经济惯例要求并注意发挥各方面积极性建立起来的制度,将大大提高政府在产业政策制定和实施方面的工作效率。

国家产业政策制定出来以后,重要的问题在于实施、总结我国以往制定产业政策的经验,参照国外实施产业政策比较成功的做法,《纲要》的实施关键要抓好以下四个环节:一是各部门各地方要组织对《纲要》的认真学习和宣传,使国家产业政策的总要求得到广泛的理解和认识。要从既快又好地推动整个经济发展和建立社会主义市场经济体制的角度,来学习和领会《纲要》的要求,增强贯彻执行的自觉性。二是要强调其他经济政策和国家产业政策的协调一致。产业政策的有效实施需要其他经济政策特别是财政、金融、税收、价格、外贸和外资政策的有效配合。计划、财政、银行、税务、海关、证券监管、工商行政管理、国有资产管理等部门以及有关专业部门和地方政府,要按照《纲要》的总要求相应调整各自职权范围内的政策措施,实施有效的保障制度,确保与国家总体产业政策协调运作。三是要处理好实施国家产业政策与发挥市场机制的关系。实施产业政策要注重发挥市场机制的作用,在国家宏观调控下充分发挥市场对资源配置的基础性作用,保证结构调整目标的实现。必须运用经济手段、法律手段,进行引导协调。四是要处理好局部利益与整体利益的关系。《纲要》要求,省级地方政府要结合本地实际情况,具体研究制定实施细则。在制定各省、自治区、直辖市的实施细则时,要强调在考虑国家整体利益的基础上,充分发挥各地区的比较优势,避免只顾局部、忽视全局的倾向。各级政府在发展当地经济时,应该认真自觉地贯彻国家产业政策。凡是国家产业政策支持发展的产业,可以结合本地的实际,在全国布局的规划下,进行发展;凡是不符合国家产业政策的产业,就应该自觉地服从国家产业政策的要求,不要违反,否则既影响了国家经济的发展,也会对地方经济造成损失。只有这样,才能促进全国经济持续、快速、健康地发展,归根结底也有利于地方经济的有效成长。

全国人大外事委员会在人民大会堂举行纪念和平共处五项原则发表40周年座谈会

全国人大常委会副委员长田纪云在全国人大外事委员会纪念和平共处五项原则发表40周年座谈会上发表讲话

各位副委员长,同志们:

今年是中国和印度、缅甸共同倡导的和平共处五项原则发表四十周年。四十年来,国际局势发生了巨大的变化。互相尊重主权和领土完整、互不侵犯、互不干涉内政、平等互利、和平共处五项原则经受了历史的考验,显示出强大的生命力,对于当今建立国际新秩序,反对霸权主义和强权政治,维护世界和平具有重要的现实意义。

第二次世界大战后,出现了空前广泛的争取民族独立和解放运动。广大摆脱了殖民统治的亚非拉国家,迫切需要建立新型平等的国际关系,以维护独立和主权,发展民族经济。和平共处五项原则正是在这种历史背景下应运而生。毛泽东主席在1949年10月1日举行的开国大典上,向全世界庄严宣布:"本政府为代表中华人民共和国全国人民的唯一合法政府。凡愿遵守平等、互利及互相尊重领土主权等项原则的任何外国政府,本政府均愿与之建立外交关系。"不难看出,这些建交原则已包括了和平共处五项原则的基本内容。1953年12月31日,周恩来总理在接见印度谈判代表团时第一次完整地提出了和平共处五项原则,并为印方所接受,写进了双方签订的《中印关于中国西藏地方和印度之间的通商和交通协定》之中。1954年6月,周总理应邀访问印度和缅甸,分别同两国总理发表了联合声明,宣布和平共处五项原则是指导中印、中缅之间关系的准则,同时共同向亚洲和世界其他国家倡导这五项原则。回顾这段历史,清楚地表明,和平共处五项原则是中国首先提出并和印度、缅甸共同倡导的,反映了新兴独立国家和人民的共同愿望。在过去的四十年中,和平共处五项原则为越来越多的国家所接受,为维护世界和平发挥了重要的作用。历史的经验告诉人们:世界上所有国家在处理与别国关系时,如能遵循和平共处五项原则,就能和睦相处、友好合作,国际局势就会得到缓和与稳定;否则就可能产生尖锐的对抗和冲突,世界和平就得不到保障。正如邓小平同志指出的那样:"处理国与国之间的关系,和平共处五项原则是最好的方式。其他方式,如'大家庭'方式、'集团政治'方式、'势力范围'方式都会带来矛盾,激化国际局势。总结国际关系的实践,最具有强大生命力的就是和平共处五项原则。"

和平共处五项原则,对于建立国际政治、经济新秩序具有重要的现实指导意义。当今世界正处在大变动的历史时期，两极格局终结后，世界正朝着多极化方向发展。建立什么样的国际新秩序，是当前国际社会普遍关心的重大问题。我们认为，和平共处五项原则概括了最根本的国际关系准则，符合联合国宪章的宗旨和原则，反映了新型国际关系的本质特征，应该在此基础上建立公正、合理的国际政治经济新秩序。我们主张世界各国不论大小、强弱、贫富，都应当作为国际社会的平等成员参与国际事务的讨论和解决；各国间应互相尊重主权和领土完整，平等相待，求同存异，友好相处；各国人民都有权根据本国的具体情况，独立自主地选择本国的社会制度和发展道路；国与国之间的争端，应当遵照联合国宪章和国际法准则，通过协商和平解决，不得诉诸武力和武力威胁；在平等互利的基础上开展贸易和经济技术合作，采取有效措施缩小南北之间的差距。

以和平共处五项原则为准则的国际新秩序，同以霸权主义和强权政治为基本特征的旧秩序是根本对立的。我们坚决反对任何形式的霸权主义和强权政治，反对任何国家以任何借口干涉别国的内政。现在有些国家打着人权和民主的旗号，作为对外政策的重要手段，对别国施加压力和影响，企图将自己的意志强加于别人。历史的经验告诉我们，不管打着什么旗号，只要是侵犯别国的独立和主权，干涉别国的内政，以大欺小，以强凌弱，以富压贫，就不得人心，就会遭到世界人民的谴责和反对，是注定要失败的。

中国不仅是和平共处五项原则的倡导者，也是忠实的奉行者。四十年来，中国在和平共处五项原则的基础上积极发展同世界各国的友好合作关系。目前，我国已同158个国家建立了外交关系，同200多个国家和地区发展了经济、贸易、科技、文化的交流与合作。全国人大按照和平共处五项原则，积极开展对外交往，已同130多个国家的议会和国际议会组织建立了友好关系。我们的朋友遍天下。我们现在同周边国家的睦邻友好关系处于建国以来最好的时期，同广大发展中国家的团结合作进一步巩固和加强，同世界各国包括西方发达国家的关系，在和平共处五项原则的基础上得到了改善和发展。我国的国际影响不断扩大，国际地位不断提高。

中国坚决奉行和平共处五项原则。即使将来经济发达了，强大了，中国也不会对任何国家和地区构成威胁。中国永远是维护亚太地区和世界和平的稳定因素。我们主张国与国之间存在的分歧应本着平等协商、互谅互让的精神求得公正合理的解决；条件不成熟时，可以暂时搁置，求同存异；在某些问题上的分歧不应该影响发展正常的国家关系。中国过去不称霸，现在不称霸，将来也永远不称霸，永远不搞扩张，这是中国的基本国策。

和平共处五项原则已载入了我国的宪法，是我国外交工作的基本方针。无论国际风云如何变幻，我们都将坚持在和平共处五项原则的基础上维护和发展同各国的友好关系。议会外交是我国对外工作的组成部分，我们要继续积极开展与各国议会的交往，增进与外国议会和人民之间的了解和友谊，促进中国同其他国家的友好合作关系不断加强与发展，为维护世界和平、促进共同发展作出应有贡献。

国家副主席荣毅仁在人民大会堂会见由最高苏维埃第一副主席多斯季耶夫率领的塔吉克斯坦最高苏维埃代表团

国务委员李铁映出席澳中商委会举行的欢迎午宴

国务委员兼国家经济体制改革委员会主任李铁映，在澳中商业委员会主席安德森为他来访举行的欢迎午宴上发表演讲时强调，中国的发展离不开与世界各国的合作。中国的发展和对外合作也是促进世界经贸发展、维护世界和平与稳定的重要因素。他说，在包括澳大利亚在内的大多数缔约国的支持下，中国复关谈判目前已进入讨论议定书的实质性阶段。中国一旦复关，将履行应尽的义务，中国的经贸体制也将进一步同世界贸易体制接轨。

李铁映在简要介绍中国今年以来出台的重大改革措施后说，利用外资是中国对外开放的重要举措，中国将保持外资政策的连续性，继续鼓励外商到中国投资，并将对外商投资企业逐步实施国民待遇。中国对外商投资企业的所有优惠政策没有变化。最近，中国通过了《对外贸易法》，这将为外商在华投资和从事贸易活动提供更好的法律保证。

李铁映对中澳两国经贸关系呈现的良好发展势头表示赞赏。他认为，两国在经济、技术、文化教育等领域进行交流与合作的前景是广阔的。

中央军委委员总参谋长张万年在解放军总参谋部召开的生产经营整顿改革座谈会上发表讲话

张万年在座谈会上强调，整顿改革军队生产经营，是中央军委根据邓小平新时期军队建设思想，从党和国家的全局利益考虑，从我军根本职能和长远建设出发作出的重大决策。总参谋部一定要在整顿改革生产经营工作中带好头。

张万年说，生产经营整顿改革关系到保持我军性质和宗旨，关系到军队建设和国家建设的大局，是一项严肃的政治任务。我们要本着对军队、对国家和对人民高度负责的精神，毫不动摇地把生产经营整顿改革工作一抓到底,抓出成效。

张万年指出,中央军委和江泽民主席一再强调治军要严,部队的各项工作关键在于落实。我们要不折不扣地贯彻军委的有关决定精神,高质量、高标准地完成生产经营整顿改革任务。在加强生产经营纪律的同时,要针对机关工作存在的薄弱环节,进行教育和整顿。要重点抓好不应从事经营性生产的单位和驻特区一些部队的生产经营整顿改革工作。

中组部中宣部等联合主办现代科技基础知识讲座

在庆祝中国共产党诞生73周年的前夕,由中共中央组织部、中共中央宣传部、国家科委、中国科协、中共中央直属机关工委、中共中央国家机关工委和中国人民解放军总政治部联合举办的现代科技基础知识讲座在人民大会堂开讲。

中组部副部长赵宗鼐主持讲座。

讲座分四个部分,第一讲"我国科技发展战略、政策及对策",由国家科委副主任惠永正主讲。以后的三次讲座分别是:高科技对传统产业改造和新兴产业发展的影响;人与自然的协调发展;科技与经济和社会的发展。

中央机关司局级以上干部约500人听了讲座。

6月24日

海协会致函台湾海基会建议海基会筹组"台湾地区新闻媒体负责人大陆参访团"来大陆访问

函中说,依照《汪辜会谈共同协议》,海协和海基会自当继续推动两岸新闻媒体负责人及资深记者互访。函中还就海基会2月21日、3月9日来函提出的有关参访项目、参访路线以及参访团人数等事宜会商有关部门后,提出了具体意见和建议。

国务院总理李鹏签署国务院第156号令发布《中华人民共和国公司登记管理条例》

现发布《中华人民共和国公司登记管理条例》,自1994年7月1日起施行。

总理 李 鹏

1994年6月24日

中华人民共和国公司登记管理条例

第一章 总 则

第一条 为了确认公司的企业法人资格,规范公司登记行为,依据《中华人民共和国公司法》(以下简称《公司法》),制定本条例。

第二条 有限责任公司和股份有限公司(以下统称公司)设立、变更、终止,应当依照本条例办理公司登记。

第三条 公司经公司登记机关依法核准登记,领取《企业法人营业执照》,方取得企业法人资格。

自本条例施行之日起设立公司,未经公司登记机关核准登记的,不得以公司名义从事经营活动。

第四条 工商行政管理机关是公司登记机关。

下级公司登记机关在上级公司登记机关的领导下开展公司登记工作。

公司登记机关依法履行职责,不受非法干预。

第五条 国家工商行政管理局主管全国的公司登记工作。

第二章 登记管辖

第六条 国家工商行政管理局负责下列公司的登记:

(一)国务院授权部门批准设立的股份有限公司;

(二)国务院授权投资的公司;

(三)国务院授权投资的机构或者部门单独投资或者共同投资设立的有限责任公司;

(四)外商投资的有限责任公司;

(五)依照法律的规定或者按照国务院的规定,应当由国家工商行政管理局登记的其他公司。

第七条 省、自治区、直辖市工商行政管理局负责本辖区内下列公司的登记:

(一)省、自治区、直辖市人民政府批准设立的股份有限公司;

(二)省、自治区、直辖市人民政府授权投资的公司;

(三)国务院授权投资的机构或者部门与其他出资人共同投资设立的有限责任公司;

(四)省、自治区、直辖市人民政府授权投资的机构或者部门单独或者共同投资设立的有限责任公司;

(五)国家工商行政管理局委托登记的公司。

第八条 市、县工商行政管理局负责本辖区内本条例第六条和第七条所列公司以外的其他公司的登记,具体登记管辖由省、自治区、直辖市工商行政管理局规定。

第三章 登记事项

第九条 公司的登记事项包括:名称、住所、法定代表人、注册资本、企业类型、经营范围、营业期限、有限责任公司股东或者股份有限公司发起人的姓名或者名称。

第十条 公司的登记事项应当符合法律、行政法规的规定。不符合法律、行政法规规定的,公司登记机关不予登记。

第十一条 公司名称应当符合国家有关规定。公司只能使用一个名称。经公司登记机关核准登记的公司名称受法律保护。

第十二条 公司的住所是公司主要办事机构所在地。经公司登记机关登记的公司的住所只能有一个。公司的住所应当在其公司登记机关辖区内。

第十三条 公司的注册资本应当以人民币表示，法律、行政法规另有规定的除外。

第四章 设立登记

第十四条 设立公司应当申请名称预先核准。

法律、行政法规规定设立公司必须报经审批或者公司经营范围中有法律、行政法规规定必须报经审批的项目的，应当在报送审批前办理公司名称预先核准，并以公司登记机关核准的公司名称报送审批。

第十五条 设立有限责任公司，应当由全体股东指定的代表或者共同委托的代理人向公司登记机关申请名称预先核准；设立股份有限公司，应当由全体发起人指定的代表或者共同委托的代理人向公司登记机关申请名称预先核准。

申请名称预先核准，应当提交下列文件：

（一）有限责任公司的全体股东或者股份有限公司的全体发起人签署的公司名称预先核准申请书；

（二）股东或者发起人的法人资格证明或者自然人的身份证明；

（三）公司登记机关要求提交的其他文件。

公司登记机关应当自收到前款所列文件之日起10日内作出核准或者驳回的决定。公司登记机关决定核准的，应当发给《企业名称预先核准通知书》。

第十六条 预先核准的公司名称保留期为6个月。预先核准的公司名称在保留期内，不得用于从事经营活动，不得转让。

第十七条 设立有限责任公司，应当由全体股东指定的代表或者共同委托的代理人向公司登记机关申请设立登记。设立国有独资公司，应当由国家授权投资的机构或者国家授权的部门作为申请人，申请设立登记。法律、行政法规规定设立有限责任公司必须报经审批的，应当自批准之日起90日内向公司登记机关申请设立登记；逾期申请设立登记的，申请人应当报审批机关确认原批准文件的效力或者另行报批。

申请设立有限责任公司，应当向公司登记机关提交下列文件：

（一）公司董事长签署的设立登记申请书；

（二）全体股东指定代表或者共同委托代理人的证明；

（三）公司章程；

（四）具有法定资格的验资机构出具的验资证明；

（五）股东的法人资格证明或者自然人身份证明；

（六）载明公司董事、监事、经理的姓名、住所的文件以及有关委派、选举或者聘用的证明；

（七）公司法定代表人任职文件和身份证明；

（八）企业名称预先核准通知书；

（九）公司住所证明。

法律、行政法规规定设立有限责任公司必须报经审批的，还应当提交有关的批准文件。

第十八条 设立股份有限公司，董事会应当于创立大会结束后30日内向公司登记机关申请设立登记。

申请设立股份有限公司，应当向公司登记机关提交下列文件：

（一）公司董事长签署的设立登记申请书；

（二）国务院授权部门或者省、自治区、直辖市人民政府的批准文件，募集设立的股份有限公司还应当提交国务院证券管理部门的批准文件；

（三）创立大会的会议记录；

（四）公司章程；

（五）筹办公司的财务审计报告；

（六）具有法定资格的验资机构出具的验资证明；

（七）发起人的法人资格证明或者自然人身份证明；

（八）载明公司董事、监事、经理姓名、住所的文件以及有关委派、选举或者聘用的证明；

（九）公司法定代表人任职文件和身份证明；

（十）企业名称预先核准通知书；

（十一）公司住所证明。

第十九条 公司申请登记的经营范围中有法律、行政法规规定必须报经审批的项目的，应当在申请登记前报经国家有关部门审批，并向公司登记机关提交批准文件。

第二十条 公司章程有违反法律、行政法规的内容的，公司登记机关有权要求公司作相应修改。

第二十一条 公司住所证明是指能够证明公司对其住所享有使用权的文件。

第二十二条 经公司登记机关核准设立登记并发给《企业法人营业执照》，公司即告成立。公司凭公司登记机关核发的《企业法人营业执照》刻制印章，开立银行账户，申请纳税登记。

第五章 变更登记

第二十三条 公司变更登记事项，应当向原公司登记机关申请变更登记。

未经核准变更登记，公司不得擅自改变登记事项。

第二十四条 公司申请变更登记，应当向公司登记机关提交下列文件：

（一）公司法定代表人签署的变更登记申请书；

（二）依照《公司法》作出的变更决议或者决定；

（三）公司登记机关要求提交的其他文件。

公司变更登记事项涉及修改公司章程的，应当提交修改后的公司章程或者公司章程修正案。

第二十五条　公司变更名称的，应当自变更决议或者决定作出之日起 30 日内申请变更登记。

第二十六条　公司变更住所的，应当在迁入新住所前申请变更登记，并提交新住所使用证明。

公司变更住所跨公司登记机关辖区的，应当在迁入新住所前向迁入地公司登记机关申请变更登记；迁入地公司登记机关受理的，由原公司登记机关将公司登记档案移送迁入地公司登记机关。

第二十七条　公司变更法定代表人的，应当自变更决议或者决定作出之日起30 日内申请变更登记。

第二十八条　公司变更注册资本的，应当提交具有法定资格的验资机构出具的验资证明。

公司增加注册资本的，应当自股款缴足之日起 30 日内申请变更登记。股份有限公司增加注册资本的，应当提交国务院授权部门或者省、自治区、直辖市人民政府的批准文件；以募集方式增加注册资本的，还应当提交国务院证券管理部门的批准文件。

公司减少注册资本的，应当自减少注册资本决议或者决定作出之日起 90 日后申请变更登记，并应当提交公司在报纸上登载公司减少注册资本公告至少三次的有关证明和公司债务清偿或者债务担保情况的说明。

第二十九条　公司变更经营范围的，应当自变更决议或者决定作出之日起 30 日内申请变更登记；变更经营范围涉及法律、行政法规规定必须报经审批的项目的，应当自国家有关部门批准之日起 30 日内申请变更登记。

第三十条　公司变更类型的，应当按照拟变更的公司类型的设立条件，在规定的期限内向公司登记机关申请变更登记，并提交有关文件。

第三十一条　有限责任公司变更股东的，应当自股东发生变动之日起 30 日内申请变更登记，并应当提交新股东的法人资格证明或者自然人的身份证明。

有限责任公司的股东或者股份有限公司的发起人改变姓名或者名称的，应当自改变姓名或者名称之日起 30 日内申请变更登记。

第三十二条　公司章程修改未涉及登记事项的，公司应当将修改后的公司章程或者公司章程修正案送原公司登记机关备案。

第三十三条　公司董事、监事、经理发生变动的，应当向原公司登记机关备案。

第三十四条　因合并、分立而存续的公司，其登记事项发生变化的，应当申请变更登记；因合并、分立而解散的公司，应当申请注销登记；因合并、分立而新设立的公司，应当申请设立登记。

公司合并、分立的，应当自合并、分立决议或者决定作出之日起 90 日后申请登记，提交合并协议和合并、分立决议或者决定以及公司在报纸上登载公司合并、分立公告至少三次的证明和债务清偿或者债务担保情况的说明。股份有限公司合并、分立的，还应当提交国务院授权部门或者省、自治区、直辖市人民政府的批准文件。

第三十五条　变更登记事项涉及《企业法人营业执照》载明事项的，公司登记机关应当换发营业执照。

第六章　注销登记

第三十六条　有下列情形之一的，公司清算组织应当自公司清算结束之日起 30 日内向原公司登记机关申请注销登记：

（一）公司被依法宣告破产；

（二）公司章程规定的营业期限届满或者公司章程规定的其他解散事由出现；

（三）股东会决议解散；

（四）公司因合并、分立解散；

（五）公司被依法责令关闭。

第三十七条　公司申请注销登记，应当提交下列文件：

（一）公司清算组织负责人签署的注销登记申请书；

（二）法院破产裁定、公司依照《公司法》作出的决议或者决定、行政机关责令关闭的文件；

（三）股东会或者有关机关确认的清算报告；

（四）《企业法人营业执照》；

（五）法律、行政法规规定应当提交的其他文件。

第三十八条　经公司登记机关核准注销登记，公司终止。

第七章　分公司的登记

第三十九条　分公司是指公司在其住所以外设立的从事经营活动的机构。分公司不具有企业法人资格。

第四十条　公司设立分公司的，应当向分公司所在地的市、县公司登记机关申请登记；核准登记的，发给《营业执照》。

第四十一条　分公司的登记事项包括：名称、营业场所、负责人、经营范围。

分公司的名称应当符合国家有关规定。

分公司的经营范围不得超出公司的经营范围。

第四十二条　公司设立分公司的，应当自决定作出之日起 30 日内向公司登记机关申请登记；法律、行政法规规定必须报经有关部门审批的，应当自批准之日起 30 日内向公司登记机关申请登记。

设立分公司，应当向公司登记机关提交下列文件：

(一)公司法定代表人签署的设立分公司的登记申请书;

(二)公司章程以及由公司的公司登记机关加盖印章的《企业法人营业执照》

(三)营业场所使用证明;

(四)公司登记机关要求提交的其他文件。

第四十三条 分公司变更登记事项的,应当向公司登记机关申请变更登记。

申请变更登记,应当提交公司法定代表人签署的变更登记申请书。因公司名称变更而变更分公司名称的,应当提交公司的《企业法人营业执照》复印件。变更经营范围涉及法律、行政法规规定必须报经审批的项目的,应当提交有关部门的批准文件。变更营业场所的,应当提交新的营业场所使用证明。

公司登记机关核准变更登记的,换发《营业执照》。

第四十四条 公司撤销分公司的,应当自撤销决定作出之日起30日内向该分公司的公司登记机关申请注销登记。申请注销登记应当提交公司法定代表人签署的注销登记申请书和分公司的《营业执照》。公司登记机关核准注销登记后,应当收缴分公司的《营业执照》。

第八章 登记程序

第四十五条 公司登记机关收到申请人提交的符合本条例规定的全部文件后,发给《公司登记受理通知书》。

公司登记机关自发出《公司登记受理通知书》之日起30日内,作出核准登记或者不予登记的决定。

公司登记机关核准登记的,应当自核准登记之日起15日内通知申请人,发给、换发或者收缴《企业法人营业执照》或者《营业执照》。

公司登记机关不予登记的,应当自作出决定之日起15日内通知申请人,发给《公司登记驳回通知书》。

第四十六条 公司办理设立登记、变更登记,应当按照规定向公司登记机关缴纳登记费。

领取《企业法人营业执照》的,设立登记费按注册资本总额的千分之一缴纳;注册资本超过1000万元的,超过部分按千分之零点五缴纳;注册资本超过1亿元的,超过部分不再缴纳。

领取《营业执照》的,设立登记费为300元。

变更登记事项的,变更登记费为100元。

第四十七条 公司登记机关应当将核准登记的公司登记事项记载于公司登记簿上,供社会公众查阅、复制。查阅、复制公司登记事项,应当按照规定交纳查阅、复制费。

第四十八条 股份有限公司应当在其设立、变更、注销登记被核准后的30日内发布设立、变更、注销登记公告,并应当自公告发布之日起30日内将发布的公告报送公司登记机关备案。公司发布的设立、变更、注销登记公告的内容应当与公司登记机关核准登记的内容一致;不一致的,公司登记机关有权要求公司更正。

吊销《企业法人营业执照》和《营业执照》的公告由公司登记机关发布。

第九章 年度检验

第四十九条 每年1月1日至4月30日,公司登记机关对公司进行年度检验。

第五十条 公司应当按照公司登记机关的要求,在规定的时间内接受年度检验,并提交年度检验报告书、年度资产负债表和损益表、《企业法人营业执照》副本。

设立分公司的公司在其提交的年度检验材料中,应当明确反映分公司的有关情况,并提交分公司《营业执照》的复印件。

第五十一条 公司登记机关应当根据公司提交的年度检验材料,对与公司登记事项有关的情况进行审查,以确认其继续经营的资格。

第五十二条 公司应当向公司登记机关缴纳年度检验费。年度检验费为50元。

第十章 证照和档案管理

第五十三条《企业法人营业执照》、《营业执照》分为正本和副本,正本和副本具有同等法律效力。

《企业法人营业执照》正本或者《营业执照》正本应当置于公司住所或者分公司营业场所的醒目位置。

公司可以根据业务需要向公司登记机关申请核发营业执照若干副本。

第五十四条 任何单位和个人不得伪造、涂改、出租、出借、转让营业执照。

营业执照遗失或者毁坏的,公司应当在公司登记机关指定的报刊上声明作废,申请补领。

按照国家有关规定,公司向有关单位提交的营业执照复印件需要公司登记机关加盖印章的,公司登记机关可以在复印件上加盖印章。

第五十五条 公司登记机关对需要认定的营业执照,可以临时扣留,扣留期限不得超过10天。

第五十六条 借阅、抄录、携带、复制公司登记档案资料的,应当按照规定的权限和程序办理。

任何单位和个人不得修改、涂抹、标注、损毁公司登记档案资料。

第五十七条 营业执照正本、副本样式以及公司登记的有关重要文书格式或者表式,由国家工商行政管理局统一制定。

第十一章 法律责任

第五十八条 办理公司登记时虚报注册资本,取得公司登记的，由公司登记机关责令改正，处以虚报注册资本金额百分之五以上百分之十以下的罚款；情节严重的，撤销公司登记，吊销营业执照。构成犯罪的，依法追究刑事责任。

第五十九条 办理公司登记时提交虚假证明文件或者采取其他欺诈手段，取得公司登记的，由公司登记机关责令改正，处以 1 万元以上 10 万元以下的罚款；情节严重的，撤销公司登记，吊销营业执照。构成犯罪的，依法追究刑事责任。

第六十条 公司的发起人、股东未交付货币、实物或者未转移财产权，虚假出资的，由公司登记机关责令改正，处以虚假出资金额百分之五以上百分之十以下的罚款。构成犯罪的，依法追究刑事责任。

第六十一条 公司的发起人、股东在公司成立后，抽逃出资的，由公司登记机关责令改正，处以所抽逃出资金额百分之五以上百分之十以下的罚款。构成犯罪的，依法追究刑事责任。

第六十二条 公司成立后无正当理由超过 6 个月未开业的，或者开业后自行停业连续 6 个月以上的，由公司登记机关吊销营业执照。

第六十三条 公司变更登记事项，未按照规定办理有关变更登记的，由公司登记机关责令限期办理；逾期未办理的，处以 1 万元以上 10 万元以下的罚款。

第六十四条 公司在合并、分立、减少注册资本或者进行清算时，不按照规定通告或者公告债权人的，由公司登记机关责令改正，处以 1 万元以上 10 万元以下的罚款。

第六十五条 清算组织不按照规定向公司登记机关报送清算报告，或者报送清算报告隐瞒重要事实或者有重大遗漏的，由公司登记机关责令改正。

第六十六条 公司破产、解散清算结束后，不申请办理注销登记的，由公司登记机关吊销营业执照。

第六十七条 股份有限公司设立、变更、注销登记后，不在规定期限内发布公告或者发布的公告内容与公司登记机关核准登记的内容不一致的，由公司登记机关责令改正；拒不改正的，处以 1 万元以上 10 万元以下的罚款；情节严重的，吊销营业执照。

第六十八条 公司不按照规定接受年度检验的，由公司登记机关处以 1 万元以上 10 万元以下的罚款，并限期接受年度检验；逾期仍不接受年度检验的，吊销营业执照。年度检验中隐瞒真实情况、弄虚作假的，由公司登记机关处以 1 万元以上 5 万元以下的罚款，并限期改正；情节严重的，吊销营业执照。

第六十九条 伪造、涂改、出租、出借、转让营业执照的，由公司登记机关处以 1 万元以上 10 万元以下的罚款；情节严重的，吊销营业执照。构成犯罪的，依法追究刑事责任。

第七十条 未将营业执照置于住所或者营业场所醒目位置的，由公司登记机关责令改正；拒不改正的，处以 1000 元以上 5000 元以下的罚款。

第七十一条 公司超出核准登记的经营范围从事经营活动的，由公司登记机关责令改正，并可处以 1 万元以上 10 万元以下的罚款；情节严重的，吊销营业执照。

第七十二条 未依法登记为有限责任公司或者股份有限公司，而冒用有限责任公司或者股份有限公司名义的，由公司登记机关责令改正或者予以取缔，并可处以 1 万元以上 10 万元以下的罚款。构成犯罪的，依法追究刑事责任。

第七十三条 公司登记机关对不符合规定条件的公司登记申请予以登记，情节严重的，对直接负责的主管人员和其他直接责任人员依法给予行政处分。上级公司登记机关强令下级公司登记机关对不符合规定条件的公司登记申请予以登记，或者对违法登记进行包庇的，对直接负责的主管人员和其他直接责任人员依法给予行政处分。构成犯罪的，依法追究刑事责任。

第十二章 附则

第七十四条 外国公司在中华人民共和国境内设立的分支机构的登记，按照国务院的有关规定办理。

第七十五条 外商投资的有限责任公司的登记，适用本条例。有关外商投资企业的法律、行政法规对其登记另有规定的，适用其规定。

第七十六条 本条例自 1994 年 7 月 1 日起施行。

国办批转财政部国家税务总局《关于加强个人所得税征收管理的意见》

各省、自治区、直辖市人民政府，国务院各部委、各直属机构：

财政部、国家税务总局《关于加强个人所得税征收管理的意见》已经国务院同意，现转发给你们，请你们立即组织研究贯彻落实的意见，采取有力措施，切实加强个人所得税的征收管理工作。

关于加强个人所得税征收管理的意见

国务院：

1993 年 10 月，八届全国人大常委会第四次会议修订并重新公布了《中华人民共和国个人所得税法》，1994 年 1 月，国务院发布了《中华人民共和国个人所得税法实施条例》。这是我国税制改革和统一个人所得税制的重要举措，对更好地运用税收杠杆组织财政收入，保持消费基金合理增长，调节个人收入水平，缓解社会分配不公的矛盾，促进社会安定团结，具有重要意义。新的《个人所得税法》自 1994 年 1 月 1 日施行以来，征收管理情况基本是好的，但也存在一些值得注意的问题。主要是:对征收个人所得税的重要意义认识不足,存在着有法不依、执法不严、征管偏松的现象,税款流失较为普遍,对偷税、抗税行为查纠不严,处罚不力。为了采取有效措施,尽快改变这一状况,切实加强个人所得税的征收管理工作,现提出如下意见:

一、认真贯彻税法,强化个人所得税征收管理,是各级政府和各部门必须切实抓紧、抓好的一项重要工作。允许一部分地区和一部分人通过诚实劳动和合法经营先富起来,并带动群众走共同富裕的道路,是党和国家的一项重要方针。在认真贯彻落实这一方针的同时,还必须注意解决好社会分配不公的矛盾,否则,将不利于调动全体人民建设有中国特色社会主义的积极性,也不利于社会的安定团结。通过征收个人所得税,不仅可以增加财政收入,更重要的是可以调节个人收入、缓解社会分配不公的矛盾,抑制通货膨胀,促进社会安定团结,保障社会主义市场经济的健康发展。各级人民政府和有关部门务必高度重视这个问题,切实加强个人所得税的征收管理工作,及时研究解决征管工作中遇到的困难和问题,保证把《个人所得税法》贯彻落实好。

二、广泛、深入、持久地宣传税法,增强全社会的依法纳税意识。大力宣传和普及税法知识,建立纳税申报制度,提高全体公民的纳税观念,是搞好《个人所得税》征收管理的基础。各级人民政府应充分利用当地的广播、电视、报刊、宣传橱窗等多种宣传舆论工具,通过宣讲、咨询、普法教育和文艺演出等喜闻乐见、生动活泼的形式,宣传税收政策,普及税法知识,增强全社会的纳税意识,培养公民的自觉纳税申报习惯,树立纳税光荣、偷税可耻的社会风尚。要发挥社会舆论的监督作用,支持税务部门选择正、反两方面的典型,适时地予以报道,使广大纳税人和扣缴义务人受到更深刻的教育。

三、维护国家税法的严肃性和统一性,坚决制止随意变通税法规定和越权减免税的现象。《个人所得税法》是全国人民代表大会制定的税收法律,各级人民政府、各有关部门以及任何单位和个人都有义务维护税法的严肃性和统一性,任何地区、部门和单位均不得下达与国家税收法规相抵触的文件。超越权限自定的减免政策一律无效,必须立即纠正,否则,将依法追究有关人员责任。确因情况特殊,需给予优惠照顾的,应按个人所得税法的规定,报经国务院财政部门批准后执行。

四、税务部门应严格执法,加强征收管理工作。各级税务部门担负着执行国家税法的光荣而艰巨的任务,广大税务干部必须努力提高自身素质,廉洁自律,敢于抵制来自各方面的压力,严格执法。各级税务部门要改善征管手段,通过深入调查研究,不断改进、完善纳税申报制度和代扣代缴税款制度,从源头上加强管理,防止税款流失;要合理调配力量,充实个人所得税征管队伍,克服轻视征收个人所得税的思想,以高度的政治责任心和工作责任心,做好个人所得税的征收管理工作。

五、加强部门之间的联系和配合,创造良好征管环境。各级人民政府要关心和支持税务部门的工作,组织并协调好税务部门与银行、工商行政管理、公安、司法、海关、文化、宣传、劳动、人事等部门的工作,及时互通情报,交流信息,协同配合,共同创造个人所得税征收管理的良好社会环境。

六、坚决查处大案要案,严厉打击偷税、抗税行为。对偷税、抗税和不履行代扣代缴义务等违法、犯罪行为必须依法惩处,这是保证《个人所得税法》得以贯彻执行必不可少的手段。各地要结合当地实际情况,每年进行一次个人所得税征收管理的专项检查。各级人民政府要加强领导和督促,各有关部门应积极协助税务部门,共同做好查处偷税、抗税违法犯罪行为的工作。对偷税数额大、情节恶劣、屡查屡犯的单位和个人,要坚决依法严惩,决不姑息迁就。对大案、要案的处理结果,应公之于众,以教育群众和震慑违法分子。

以上意见如无不妥,建议转发各地区、各部门贯彻执行。

国务院副总理李岚清在北京会见中国进出口银行董事会全体董事

李岚清希望中国进出口银行为促进中国外贸出口,特别是为扩大机电产品和成套设备出口,提供政策性金融支持。

李岚清说,党中央、国务院决定成立中国进出口银行,是为适应建立社会主义市场经济体制的需要,加快金融体制改革,实行政策性金融业务与商业性金融业务分离的重大举措之一,同时是为促进对外贸易持续快速健康发展,改善出口商品结构,发挥我国工业基础比较雄厚的优势,提高出口商品档次和质量,扩大出口的重要政策性措施。

改革开放以来,我国的对外贸易发展很快,但是如果出口商品结构不作进一步调整,不大幅度提高机电产品在出口商品中所占的比重,对外贸易将会出现出口后劲不济的情况。在这种情况下,中国进出口银行的成立可谓是应运而生。他希望中国进出口银行的同志本着积极进取,又稳步前进、逐步发展的方针,踏踏实实,努力工作,充分利用好国外资金和国内资金,把基本业务做好,开个好头,树立良好的行风和信誉,为支持机电产品和成套设备出口,扩大我国出口创汇能力作出贡献。

李岚清指出，中国进出口银行在我国历史上是第一家这样性质的国家银行。这是一个新事物，大家都没有很多经验。这需要有一个转变观念、转变工作习惯的过程。

国务院总理李鹏电贺 77 国集团特别会议召开和 77 国集团成立 30 周年

77 国集团部长级特别会议主席：

值此 77 国集团成立 30 周年和部长级特别会议召开之际，我谨代表中国政府和中国人民致以热烈的祝贺。

30 年来，77 国集团为维护发展中国家的正当权益和改变不合理的国际经济秩序，为推动南北对话和国际经济合作，作出了不懈的努力。近年来，国际形势发生了重大而深刻的变化，77 国集团面临新的任务和挑战。77 国集团在联合国环境与发展大会等重大国际会议上维护发展中国家利益，推动会议取得了积极的成果。事实证明，发展中国家在新形势下有必要也完全有可能为共同的目标而加强团结与合作。

作为发展中国家的一员，中国一贯支持 77 国集团的正义主张和合理要求，同 77 国集团保持着良好关系。进入 90 年代，双方的合作有了新的发展，有力地维护了广大发展中国家的共同利益。我深信，在今后岁月里，中国同 77 国集团的相互支持与合作将进一步加强。中国政府和人民愿与 77 国集团一道为逐步改革国际经济关系、促进发展中国家的共同发展与繁荣而努力。

预祝会议取得圆满成功。

中华人民共和国
国 务 院 总 理 李　鹏

中国政府和奥地利政府在北京签署关于互设总领事馆及领区问题的换文

中共中央政治局候补委员温家宝在江西指导抗洪救灾

6 月 24 日至 26 日，温家宝带领中央党政军有关部门的负责人先后到南昌、丰城、新干、吉安、泰和等受灾地区，慰问抗洪抢险第一线的军民，并与当地党委、政府一起研究部署灾后恢复生产、重建家园的措施。

温家宝强调，要从根本上减少灾害造成的损失，关键在于恢复生产、发展经济。要在妥善安排好灾民生活的基础上，抓紧落实各项生产自救措施，重建家园。受灾地区要在抓好农作物抢种、靠晚稻生产弥补早稻损失的同时，广开生产自救门路，大力发展乡镇企业和多种经营，活跃整个农村经济。

江西是农业大省，这场洪涝灾害给农业生产造成严重损失。对此，温家宝强调，江西农业生产至关重要，直接关系我国南方地区的粮食供给，要把恢复农业生产摆到极为重要的位置。当前，首要的是尽快给农民解决种子、秧苗，保障化肥、柴油等急需生产资料供应，提供必要的生产条件，千方百计帮助农民尽快恢复生产，把灾害造成的损失减少到最低限度。此外，还要继续搞好主汛期的防汛抗洪，并应充分做好防治汛后伏旱的准备。

6 月 25 日

内贸部关于加快推行生猪定点屠宰的紧急通知

国内贸易部日前发出紧急通知，要求在大中城市和县城加快推进生猪定点屠宰步伐。凡进入流通领域上市经营的生猪，必须到当地政府批准的合法屠宰场(点)进行屠宰，并在场(点)内经兽医卫检人员按国家规定进行宰前、宰后检验。符合标准的肉，依法缴纳税费后，才准许上市销售。对检出的病害肉，必须按规定折价强制收购，一律作无害化处理，严禁流入市场。

《人民日报》就全国第四个“土地日”发表评论员文章《积极稳妥地发育土地市场》

全国政协副主席中国国际交流协会会长吴学谦在北京会见拉丁美洲经济体系执行秘书萨尔瓦多·阿里约拉

中越陆地边界联合工作组举行第二轮会谈

根据中越双方达成的协议，中越陆地边界联合工作组于 6 月 25 日至 7 月 1 日在北京举行了第二轮会谈。双方工作组组长签署本轮会谈的会议纪要。中国政府边界谈判代表团团长、外交部副部长唐家璇出席签字仪式，并会见联合工作组全体成员。

国务院副总理李岚清致信祝贺国家教委艺术教育委员会会议召开

国家教委艺委会的近 40 名委员连日来在北京聚会，探讨在新形势下如何加强艺术教育工作，使广大青少年真正成为德、智、体全面发展的一代新人。

李岚清在给会议写的贺信中说，美育是教育中不可缺少的重要组成部分，它对于陶冶人的思想情操，提高人的审美情趣，使人树立崇高的审美理想，具有其他教育所不可替代的作用。他指出，艺术教育是学校中实施美育的主要途径。近几年来，国家教委在加强学校艺术教育方面做了不少工作。但总的看来，艺术教育还比较薄弱,亟待加强。艺术教育委员会是国家教委艺术教育工作的咨询机构,集中了艺术界和艺术教育界一批知名专家、学者,希望大家能就新形势下如何加强并做好艺术教育工作多提一些建设性的意见和建议,为进一步发展我国的艺术教育事业出谋献策,多做贡献。

6月26日

国务院扶贫开发领导小组副组长兼办公室主任杨钟就中国贫困地区的现状及扶贫攻坚计划实施的有关问题答《人民日报》记者问

《国家八七扶贫攻坚计划》的实施,标志着本世纪末在我国消灭绝对贫困的攻坚战已经打响。记者就我国贫困地区的现状及扶贫攻坚计划实施的有关问题,采访杨钟。

记者:我国的贫困地区现在情况怎样?这些年来,政府的扶贫工作成效如何?

杨钟:党的十一届三中全会以来,我国贫困地区的经济有了较快的发展,农民生活明显改善。国家统计局提供的数字表明,农村贫困人口已由1978年的2.5亿人,减少到1992年的8000万人;贫困人口占农村总人口的比例,由31%下降到8.8%,我国绝大多数贫困人口的温饱问题已经基本解决,这主要得益于农村经济体制改革和城乡改革的互相推动,特别是1986年开始的有组织、有计划、大规模的扶贫开发及优惠政策的实施。对传统扶贫工作的改革,把分散救济向开发式扶贫转变,从治标转为治本,增加了扶贫的活力和效益。在80年代全世界贫困人口居高不下的环境中,我国农村贫困人口有如此巨大的下降,应该说具有划时代的意义。世界银行在1993年召开的中国扶贫国际研讨会上,对中国政府为帮助最落后的农村地区摆脱贫困所作的努力给予了高度的评价。从现在起到本世纪末,我们开始进入以脱贫致富为主要目标的区域经济开发和实施《国家八七扶贫攻坚计划》、最终全面解决群众温饱的新阶段。

记者:既然如此,为什么又说今后7年扶贫的任务越来越艰巨?

杨钟:我们说扶贫工作任务越来越艰巨,是因为:第一,前些年把比较容易解决的贫困问题解决了,现在还未解决温饱的人口,集中分布在我国中西部的深山区、石山区、荒漠区、高寒山区、黄土高原、地方病高发区、水库库区,普遍存在粮食不能自给、财政收支入不敷出、部分群众吃水困难、不通公路、不通电、不通邮路等情况,扶贫的难度不能与过去同日而语;第二,发展社会主义市场经济既为贫困地区提供了发展的机遇,又面临严重的挑战。发展的机遇在于:有利于扩大开放;一些边疆贫困地区将能更好地发挥区位优势;有利于提供新的就业机会;有利于资源的等价交换;有利于把潜在资源转化为经济优势。最重要的是,国家经济发展了,也有利于增强扶贫的实力。但是原定的一些扶贫政策,在计划经济向市场经济转化的过程中已发生了很大变化,例如,扶贫物资价格放开、返销粮价格放开、生产资料涨价等,都将减少扶贫优惠,国务院已经和正在采取一些保护措施。这些情况说明,扶贫的工作任务仍然非常繁重和艰巨,除农民群众自力更生之外,还需要中央和地方增加大量投资及社会各界的继续关注和支持。

记者:请具体谈谈《国家八七扶贫攻坚计划》的目标,实现起来是不是很困难?

杨钟:《国家八七扶贫攻坚计划》提出的奋斗目标,主要包括三个方面:一是到本世纪末,使绝大多数贫困户年均纯收入按1990年价格计算,达到500元以上,并形成稳定解决温饱、减少返贫的基础条件;二是加强基础设施建设,基本解决人畜饮水困难,使绝大多数贫困乡和有农贸市场、商品基地的地方通公路、通电;三是改变文化、教育、卫生的落后状态,普及初等教育,基本扫除青壮年文盲,开展成年人职业教育,防治和减少地方病,把人口自然增长率控制在国家规定的范围之内。实现这些目标并非轻而易举。尚未解决温饱的人口,绝大部分分布在特困地区。用7年时间解决8000万人的温饱,平均每年要减少1142.8万人,任务相当艰巨。再比如今后7年人均纯收入由300元提高到500元,每年要递增7.57%,这个速度比全国实现小康的要求每年递增5.8%,高出近两个百分点。

记者:照这样看来,实现这个计划的难度真是不小。有什么办法能确保计划实现呢?国家和各级政府部门准备怎样加大扶贫的力度?

杨钟:困难是不少,但我们也有许多有利条件。在加大扶贫力度上,我们有一整套想法和措施。首先是增加投入,去年中央的扶贫投资,已由80年代初的十几亿元增加到70多亿元,今年再增加10亿元以工代赈资金和10亿元贴息贷款,总数将达90多亿元。李鹏总理要求各省、区将去年省地两级扶贫投资占全国扶贫投资总额的17%,在今后7年增加到30%。京、津、沪三大市和广东、江苏、浙江、山东、福建、辽宁等沿海六省的扶贫投入自己解决,从今年起分别在一两年内,把给沿海六省的扶贫资金调整出来,集中用于西部贫困地区。最近,全国人代会通过的财政预算法,把扶持老少边穷地区的资金列入单项预算,每年要给必要的资金,用于扶贫,这是国民经济收入二次分配向贫困地区倾斜的法律保证。国家计委止在制定贫困地区与发达地区优势互补的发展计划,农业部策划了乡镇企业东西互助的发展工程，电力工业部有“电力扶贫工程”。今后国家重大项目将向贫困地区倾斜，并进一步发动社会各界参与扶贫，加强国际合作，争取更多外援。其次是调整扶贫范围，落实攻坚责任。为了集中财力、物力，打好扶贫攻坚战，这次根据扶贫工作的发展情况，对原来的贫困县本着有出有进，“大稳定，小调整”的原则，对扶贫的对象和范围进行了适当调整，重新确定592个县为扶持的重点，把特困乡村作为攻坚的目标。国务院决定：扶贫工作实行分级负责，以省为主的省长负责制。各省（区、市）要把扶贫开发列入重点议程，制定具体实施计划，保证按期实现规定的任务。贫困县要把帮助群众脱贫致富作为经济工作的中心任务去做，县级领导班子成员要每年帮助一两个后进乡村改变贫困面貌。各有关职能部门要根据扶贫攻坚计划的总体要求，分别制定本行业的“八七扶贫攻坚计划”，在资金、物资、技术投入上要切实向贫困地区倾斜。第三是广泛宣传扶贫攻坚的重大意义，动员社会力量参与扶贫。国务院系统的81个直属单位和中央有关部委参与的定点挂钩扶贫，解放军和武警的驻地扶贫，各民主党派的智力支边，中国扶贫基金会开展的发达地区与贫困地区的干部交流和经济技术合作，共青团中央举办的“希望工程”，卫生部的“博爱工程”，中国革命老区建设促进会的“思源工程”，中国贫困地区文化促进会、中国农学会和老科学技术工作者协会等单位所作的努力以及香港演艺界的救灾扶贫义演和很多国际组织的支援等，都为扶贫工作作了很大贡献。

贫困问题是当今世界面临的最尖锐的挑战之一，邓小平同志说“贫穷不是社会主义，社会主义要消灭贫穷”。扶贫济困是一项社会事业，让我们携起手来，把扶贫工作做得更有成效，为如期实现“国家八七扶贫攻坚计划”、在我国消灭绝对贫困而努力。

6月27日

全国政协八届七次常委会开幕

会议的主要议题是讨论农业问题。

全国政协主席李瑞环主持会议。他说，农业是国民经济的基础。在我国，农业情况如何，直接影响到经济建设、人民生活和社会稳定，影响到各个方面。如何解决好农业问题，广大人民群众十分关心，中共中央、国务院非常重视，抓得很紧，去年以来召开一系列会议，作了许多重大的部署。政协作为参政议政机构，理应关心农业，重视农业，为解决好农业问题献计献策。

李瑞环说，这次会议的议题确定之后，各方面做了大量的准备工作。政协全国委员会办公厅专门组织3个视察团，许多专门委员会开展专题调研，省级政协也做了大量的工作。他希望与会同志畅所欲言，履行好参政议政职责，为发展农业做出应有的贡献。

国务委员陈俊生向常委会作《关于农业工作的汇报》。他指出，总的看，当前农业和农村经济形势是好的。同时也应看到，当前在我国国民经济快速发展和经济体制转轨的过程中，农业和农村经济发展出现一些新情况，面临着一些不容忽视的问题。对于这些新情况、新问题，党中央、国务院一直很重视，中央和各级政府都在采取措施逐步加以解决。

陈俊生说，全国政协一贯非常关心农业和农村工作，为发展农业和农村经济、建设富裕文明的社会主义新农村，积极出主意、想办法，这次又专门研究农业问题，更体现了委员们对农业的关心和支持，在此我受李鹏总理委托，代表国务院表示衷心的感谢，并希望继续得到各位委员的监督和大力支持，共同为发展农业、振兴农村经济做出更大贡献。

全国政协副主席叶选平、吴学谦、杨汝岱、王兆国、阿沛·阿旺晋美、赛福鼎·艾则孜、洪学智、邓兆祥、赵朴初、钱伟长、胡绳、钱正英、丁光训、孙孚凌、霍英东、马万祺、朱光亚、万国权，秘书长朱训出席会议。

中宣部在杭州召开全国干部理论教育讲师团工作会议

会议于6月27日至29日在杭州召开。中宣部副部长刘云山出席会议并讲话。会议分析当前干部理论学习的形势，交流各地讲师团组织和辅导在职干部学习邓小平建设有中国特色社会主义理论的情况，研讨如何将这一学习引向深入，以及为适应这一战略任务的需要如何加强讲师团建设的问题。

中共中央直属机关工委在中南海怀仁堂召开表彰会表彰优秀党员党务工作者先进党支部

全国人大常委会法制工作委员会就《公司法》的实施举行记者招待会

《中华人民共和国公司法》由全国人大常委会于一九九三年十二月二十九日通过，是新中国的第一部公司法，共十一章二百三十条。

《中华人民共和国公司法》将自七月一日起施行。全国人大常委会法制工作委员会副主任卞耀武在为此举行的中外记者招待会上说，《公司法》的制定实施是我国法制建设的一件大事。实施《公司法》的关键在于坚持执行《公司法》的各项规定，要有高度的严肃性，坚定地维护法律的权威，不允许以这样或那样的借口，否定法律、篡改法律、规避法律。

卞耀武说，中国现已有一百二十余万个公司，是依照原有有关法律法规登记成立的。但由于没有全国统一的《公司法》，存在一些不规范的现象，诸如：虚假注册资本、公司无固定住所，公司内部管理体制有缺陷等等。《公司法》的实施，将实现公司制度的法律化、杜绝不规范公司现象的出现，让公司在法律的轨道上设立、运行。

在谈到《公司法》实施有无困难时，卞耀武说确实有难度，主要是以下三方面问题：将现有公司纳入《公司法》的范围，依照《公司法》严格组建新公司和国有企业改建为公司的改革。但只要严格按照《公司法》的规定去办，这些困难都能克服。

卞耀武说，根据《公司法》的规定，《公司法》施行前依照有关法律法规登记成立的公司，继续保留，其中不完全具备《公司法》规定的条件的，应当在规定的期限内达到《公司法》规定的条件。具体实施办法，由国务院另行规定。

卞耀武说，《公司法》实施后，将改变现行的成立公司先由行政机关审批、然后履行登记手续的做法。公司设立将采取直接登记并辅以重点审批的制度，具备了《公司法》确定的设立公司的条件，并经过验证，就可直接申请办理公司的设立登记。法律法规规定实行专营、专卖或者有特定要求的公司设立，则应在申请登记前先行办理审批手续。坚持《公司法》的这些规定，对制止仅是换个名称的"翻牌公司"有积极意义。

国家主席江泽民在钓鱼台国宾馆会见毛里求斯共和国总统卡萨姆·乌蒂姆

和平共处五项原则发表40周年纪念大会在人民大会堂举行

国务院总理李鹏在和平共处五项原则发表40周年纪念大会上发表讲话

尊敬的各位来宾，各位使节，女士们，先生们：

四十年前，中国政府同印度和缅甸政府分别发表联合声明，确定以互相尊重主权和领土完整、互不侵犯、互不干涉内政、平等互利、和平共处作为指导相互关系的基本准则，从而和平共处五项原则宣告诞生。今天，我们举行大会，纪念这一重大历史事件、评价和平共处五项原则的历史和现实作用、展望世界发展前景，是很有意义的。

和平共处五项原则是时代要求的产物。第二次世界大战后，获得民族独立与解放的国家迫切需要建立一种平等的新型国际关系，渴望在一个和平的国际环境中，发展自己的民族经济。与此同时，世界上少数国家对新生民族独立国家采取排斥和反对态度，甚至奉行侵略和战争政策。巩固民族独立，维护国家主权，寻求公正、平等的国际关系准则，反映了当时广大民族独立国家的共同愿望。正因为如此，和平共处五项原则得到国际社会的广泛赞同，一九五五年万隆会议通过的十项原则具体体现了和平共处五项原则的精神；一九七〇年第二十五届联合国大会《关于各国依联合国宪章建立友好关系及合作的国际法原则宣言》、一九七四年第六届特别联大《关于建立新的国际经济秩序宣言》，都确认了和平共处五项原则。许多国际组织和国际会议的文件也引用了和平共处五项原则。事实上，和平共处五项原则已成为国际关系准则的重要组成部分。

四十年来，和平共处五项原则经受了国际风云变幻的考验，显示了强大的生命力，在促进世界和平与国际友好合作方面发挥了巨大作用。历史证明：和平共处五项原则是普遍适用的国际关系准则。不同意识形态和社会制度、不同经济发展水平的国家如果能够遵循和平共处五项原则，就完全可以建立起相互信任和友好合作的关系；如果违反和平共处五项原则，即使意识形态和社会制度相同的国家，也可能发生对抗，甚至武装冲突。因此，和平共处五项原则是国与国之间建立和发展关系的基础，这是颠扑不破的真理。

中国作为和平共处五项原则的倡导国之一，始终坚持这些原则并身体力行。在和平共处五项原则的指导下，中国同158个国家建立了外交关系，同200多个国家和地区开展了经贸、科技、文化交流与合作，同所有邻国和周边国家都建立了睦邻友好关系，同绝大多数邻国解决了历史遗留下来的边界问题。在国际事务中，中国遵循和平共处五项原则，主持公道，不谋私利，为和平解决国际争端、推动国际合作、维护地区与世界和平作出了应有的贡献。中国为维护阿富汗的独立和主权做出了自己的努力，也为推动政治解决柬埔寨问题发挥了建设性作用。中国一向支持朝鲜人民通过对话和平解决统一问题，并一贯主张公正、合理地解决中东问题，恢复巴勒斯坦人民的合法权利，阿拉伯和犹太两个民族和睦相处。在海湾危机中，中国支持恢复科威特的独立、主权和领土完整。波黑地区爆发冲突以来，中国一再呼吁有关各方停止冲突和敌对行动，通过和平谈判寻求政治解决办法。中国在联合国和其他国际组织中，在一系列重要的国际会议上，坚持正义立场，为促进重大国际问题的解决发挥了重要作用。

四十年来，物换星移，世界发生了巨大的变化。两极体制已经结束，世界多极化趋势加速发展，国际关系正处在深刻的变化之中。从总体上看，国际形势走向缓和，在一个相当长的时期内，有可能避免爆发新的世界大战。但是，冷战的结束并不意味世界已经太平。一些国家和地区民族矛盾尖锐，武装冲突迭起，战火连绵不绝，成千上万的人民流离失所，生命财产遭到重大损失；一些发展中国家更加贫困化，南北矛盾更加突出；霸权主义和强权政治仍然存在，干涉别国内政的现象时有发生。世界人民所渴望的和平与发展还远远没有实现。

那么，怎样才能建立起一个新的稳定、安全和繁荣的世界呢？诚然，多年来，包括联合国和地区组织在内的国际社会为了维护世界和平、促进共同发展，都作出了许多努力，并取得了一些成就。但人们愈来愈认识到，必须确立国家关系和国际政治经济生活共同遵循的基本原则，才能从总体上有效地指导和规范国际社会的活动。我们认为，和平共处五项原则概括了最根本的国际关系准则，符合联合国宪章的宗旨和原则，反映了国与国关系的本质，能够为不同社会制度的国家服务，能够为经济发展水平不同的国家服务，能够为左邻右舍服务。因此，我们主张以和平共处五项原则为基础，结合变化了的国际形势，建立国际政治经济新秩序。

互不干涉内政是和平共处五项原则和国际新秩序的核心。世界是丰富多彩的。各国之间不仅社会制度不同，价值观念和意识形态各异，而且历史传统、宗教信仰、文化背景也有很大差别。只有承认这些不同，相互尊重，才能扩大合作、发展交流、和睦相处。各国之间相互学习借鉴是需要的，但这只能建立在各国独立自主的基础之上才有可能。把自己的价值观念和社会模式强加给其他国家的做法，必然造成国与国之间关系的紧张和对立。各国的事务应该由各国人民自己来管，各国人民完全有权选择适合本国国情的社会制度和发展道路，任何国家不应以任何借口、任何方式进行干涉。我们认为，国家不分大小、贫富和强弱，都是国际社会中平等的一员，都能在发展自身的同时，为世界的和平与发展做出应有的贡献。

国与国之间难免存在一些分歧，中国一贯主张通过对话，促进相互了解，缩小分歧，反对对别国施加压力，干涉别国内政。在人权问题上，各国应该在平等和相互尊重的基础上进行对话，求同存异，才有利于世界人权的维护和改善。无视别国国情和法律，将一种人权标准强加于人，借口人权问题干涉别国内政，理所当然地受到包括中国在内的广大发展中国家的反对。

互相尊重主权和领土完整，互不侵犯，国与国之间和平共处，这是五项原则和国际新秩序的基础。以任何借口损害或剥夺别国的主权，侵犯或吞并别国的领土，以武力或武力威胁作为推行自己政策的手段，都是不能允许的。国与国之间的争端不应诉诸武力，通过和平谈判求得公正合理的解决才是唯一正确的途径。

这里我想特别指出，邓小平同志总结国内和国际的实践，对和平共处五项原则作过许多精辟的阐述。他为解决香港、澳门和台湾问题，提出了“一个国家、两种制度”的伟大构想。他说：“我们提出‘一个国家，两种制度’的办法来解决中国的统一问题，这也是一种和平共处。”他还指出：“有些国际上的领土争端，可以先不谈主权，先进行共同开发。”中国正是在邓小平同志“搁置争议，共同开发”主张的指导下，同有关国家积极探讨在有争议的地区进行共同开发的途径，以维护本地区和平与稳定的大局，防止紧张局势的产生。

平等互利是和平共处五项原则在处理经济关系方面的体现。各国应在经济上相互取长补短、互通有无、平等合作、互利互惠，而各种形式的贸易保护主义和不等价交换都是不可取的。世界经济是一个互相联系、互相依存的整体，世界各地区和各个国家的经济起着相互促进、互为补充的作用。现在一些发展中国家经济上存在的困难，不少就是由于不合理的国际经济秩序和不等价交换造成的。发达国家有责任帮助不发达国家摆脱贫困。某些不发达国家绝对贫困化的加剧，是发生动乱、内战乃至地区冲突的重要原因。对此国际社会应给予足够的重视。南北对话与合作应当加强，发达国家应向发展中国家开放市场、提供发展资金、进行技术转让、减轻债务负担和增加援助，为发展中国家的经济成长、社会稳定、南北差距作出贡献。这样做对发达国家经济的发展也是有利的。

各位来宾，中国正在全力以赴地进行现代化建设，需要一个和平的国际环境，需要同世界各国发展友好合作。江泽民同志在中国共产党第十四次代表大会的报告中指出，中国始终不渝地奉行独立自主的和平外交政策。维护我国的独立和主权，促进世界的和平与发展，是中国外交政策的基本目标。中国是维护世界和平的坚定力量，永远不称霸，永远不搞扩张，同时反对任何形式的霸权主义、强权政治和侵略扩张行为。面对新的国际形势，我们将恪守和平共处五项原则，继续积极发展对外关系。中国将永远是周边国家的好邻居，永远是世界各国平等的合作伙伴。

实行全方位对外开放，积极发展同世界各国的经济关系，是中国对外政策的一个重要组成部分。我国将按照平等互利的原则，不断扩大和加强同世界各国在经济、科技、文化等领域的交流与合作，积极吸收和借鉴人类社会创造的一切文明成果，其中包括西方发达国家的先进经营方式和管理方式。过去十五年，我国对外开放不断扩大,现在已经形成了从沿海到内地的全方位对外开放格局。对外开放政策促进了经济的发展和人民生活的改善,得到全国人民的衷心拥护和支持。无论国际形势怎样变化,中国实行的对外开放政策是不会改变的。

各位来宾,明年将迎来联合国成立五十周年。再过几年,人类将跨入二十一世纪。总结人类社会半个世纪来的历史经验,使二十一世纪成为和平、稳定、发展、繁荣的世纪,越来越成为各国人民的共同愿望,也是历史向各国政府和人民提出的严峻挑战。中国政府和人民将高举和平共处五项原则的旗帜,与世界各国一道,为建立国际政治经济新秩序,共同缔造人类社会的美好未来而努力奋斗。

外交部领事司司长张宏喜与荷兰移民归化局局长那温在北京就制止非法移民问题进行磋商

双方就制止非法移民、打击"蛇头"和不法犯罪分子、核查和遣返非法移民以及维护两国公民正常往来等问题交换了看法,取得了共识。双方表示,两国有关部门今后将加强合作,为两国友好关系的发展作出更大努力。双方同意将就有关具体问题通过外交途径继续商谈。

6月28日

八届全国人大常委会八次会议开幕

乔石委员长主持会议。

124位常委会组成人员分别听取法律委员会副主任委员蔡诚、项淳一、王叔文关于劳动法草案、城市房地产管理法草案、惩治侵犯著作权的犯罪的决定草案审议结果的报告以及法律委员会副主任委员厉以宁关于证券法草案修改情况的说明、法制工作委员会主任顾昂然关于中华人民共和国仲裁法草案的说明。

李鹏总理代表国务院,提请本次常委会审议中国人民银行法草案和审计法草案。会议分别听取中国人民银行副行长周正庆、审计署审计长郭振乾就这两个法律草案作的说明。还听取外交部副部长刘华秋关于提请审议批准中华人民共和国政府和老挝人民民主共和国政府边界制度条约的说明。

全国人大常委会委员长乔石在人民大会堂会见毛里求斯总统卡萨姆·乌蒂姆

全国政协八届十次常委会会议就如何振兴农业问题进行大会发言

全国政协主席李瑞环出席会议。

全国政协副主席杨汝岱就如何加强对农业和农村工作的领导,切实保护农民的积极性的问题发言。杨汝岱说,农业和农村工作千头万绪,首要的问题还是农民的积极性问题,归根结底是农民的利益问题。为保护农民积极性,加强对农业和农村工作的领导,杨汝岱建议加强三个方面的工作:首先,在指导思想上处理好三个关系:正确处理好多数人和少数人的关系,着眼于农民这个大多数人的利益;正确处理增加农民收入与满足社会对农副产品需求的关系,正确处理粮棉主产区与粮棉销区的关系,保护生产区的积极性。其次,要稳定农业保护政策,扼制住农业比较效益下降的趋势。要做到这一点,重要的是做到五条:坚决贯彻党中央国务院关于减轻农民负担的各项政策措施,制止和警惕各种变相摊派和转嫁负担的情况;坚持和完善有利于调动农民积极性的粮棉政策;集中力量扶持粮棉主产区发展经济;采取措施,把农业生产资料价格的涨幅控制在主要农副产品的涨幅之下;千方百计扭转国家对农业投入比重减少的趋势。第三,加强和改善对农业和农村工作的指导。

钱正英副主席代表农业科学家卢良恕、王连铮、沈桂芳作题为《农业是中国现代化进程中的关键问题》的发言。

全国政协常委王郁昭代表全国政协经济委员会在会上发言,他就保护农业,建立强有力的支农体系问题提出建议。

全国政协副主席阿沛·阿旺晋美主持会议,叶选平、吴学谦、王兆国、洪学智、邓兆祥、钱伟长、胡绳、丁光训、孙孚凌、马万祺、秘书长朱训等出席会议。

中共中央总书记江泽民和中共中央政治局常委刘华清胡锦涛等在中南海会见中直机关中央国家机关和北京市的先进基层党组织优秀共产党员优秀党务工作者代表

中共中央政治局委员丁关根在部分省区市党委宣传部长座谈会上发表讲话

日前,丁关根主持召开部分省、自治区、直辖市党委宣传部长座谈会。丁关根说,经过党的十四大,经过今年全国宣传思想工作会议,宣传思想工作的大政方针已定,现在最重要的就是要在以江泽民同志为核心的党中央领导下,认真贯彻全国宣传思想工作会议精神,坚持以邓小平同志建设有中国特色社会主义理论为根本指针,坚持党的基本路线,扎扎实实工作。

丁关根指出,我国改革和建设的好形势,为做好宣传思想工作提供了有利条件,同时宣传思想战线积极工作,也可为改革、发展、稳定创造良好环境。今年全国宣传思想工作会议以来,各级党委加强对宣传思想工作的领导。学习、宣传、研究邓小平同志建设有中国特色社会主义理论的工作取得明显进展。新闻工作坚持团结、稳定、鼓劲,正面宣传为主,紧紧围绕全党工作大局,取得较好效果。大力弘扬主旋律,介绍徐洪刚、包起帆、赵雪芳等一批具有鲜明时代特征的先进人物,开展丰富多彩的群众文化活动,推动了社会主义精神文明建设。

在谈到新闻工作时,丁关根说,这是宣传思想战线一项十分重要的工作。党的十一届三中全会以来,我国新闻事业有了巨大发展。报纸从 186 种增加到 2039 种,广播电台从 99 座增加到 983 座,电视台从 38 座增加到 683 座,新华通讯社每天电讯发稿量由 10 多万字增加到 100 多万字。在新时期,以正确的舆论引导人是我国社会主义新闻工作的重要任务,是深化改革、扩大开放、促进发展、维护稳定的需要,是凝聚人心、增进团结、励精图治、振兴中华的需要,是培养有理想、有道德、有文化、有纪律的社会主义新人的需要。新闻工作要坚持为党和国家的工作大局服务,从党、国家和人民的利益出发,积极发展正确的舆论,激发人民群众建设有中国特色社会主义的积极性,促进国民经济持续快速健康发展和社会全面进步。

谈到积极促进文化市场的繁荣健康发展时,丁关根说,文化市场是社会主义体系的组成部分,是社会主义精神文明建设的重要领域。到本世纪末,我们实现第二步发展目标,人民生活达到小康水平,文化事业和文化市场也要有相应发展。近几年来我国文化市场蓬勃兴起,对推动文化体制改革、促进文化事业发展、活跃人民群众精神文化生活,产生了积极影响。但也存在一些不健康的现象,影响社会主义精神文明建设,群众有意见,要很好解决。

丁关根说,文化市场要繁荣健康发展,在指导思想上,必须坚持以邓小平同志建设有中国特色社会主义理论为根本指针,坚持党的基本路线,坚持“二为”方向和“双百”方针,注意社会效益第一,经济效益与社会效益相统一,把弘扬主旋律作为繁荣文化市场的主题,为改革开放和经济建设服务,为社会主义精神文明建设服务,为弘扬民族文化和促进对外文化交流服务,为满足人民群众精神文化生活需要服务。在工作方针上,要一手抓繁荣,一手抓管理,既要促进繁荣,又要健康发展,既要满足需要,又要注意引导。对文化市场中存在的问题,要做到治标与治本相结合,集中治理与经常性管理相结合,建立专职管理队伍与依靠社会监督相结合,有关部门分工负责与协同合作相结合。丁关根要求各级宣传文化部门积极组织弘扬主旋律的精神产品的生产,推出一批又一批反映时代精神、具有艺术魅力、为人民群众所喜爱的文艺精品,振奋人们精神、鼓舞群众斗志、凝聚民族力量、激发社会活力,使我们的文化事业蓬勃繁荣。他希望广大文艺工作者深入群众,深入生活,把最好的精神食粮奉献给我们的时代,奉献给我们的人民。

丁关根说,宣传思想战线有大量工作要做。要紧紧围绕江泽民同志提出的四项任务:以科学的理论武装人,以正确的舆论引导人,以高尚的精神塑造人,以优秀的作品鼓舞人,增强责任感,扎扎实实地工作,务求取得实效。

全国政协主席李瑞环在中南海会见香港新鸿基地产发展有限公司董事局主席郭炳湘

中央军委副主席刘华清在北京会见俄罗斯联邦政府副主席绍欣

国务院副总理邹家华在钓鱼台国宾馆分别会见印度石油部部长夏尔玛和加拿大鲍尔公司总裁安德烈·德马雷

外交部部长钱其琛在莫斯科同俄罗斯外交部部长科济列夫举行会谈

俄罗斯议会上院联邦委员会主席舒梅科在莫斯科会见国务院副总理兼外交部部长钱其琛

俄罗斯总统叶利钦在克里姆林宫会见国务院副总理兼外交部部长钱其琛

外交部部长钱其琛在莫斯科同俄外交部部长科济列夫举行会谈后双方草签《中俄国界西段协定》和《中俄外交部新闻领域合作议定书》

国务院副总理兼外交部部长钱其琛在莫斯科大学发表演讲

钱其琛首先介绍中国的情况。他说,差不多 16 年前,我们国家就把工作的重点转移到经济建设上来,实行改革开放政策,从而开始有中国特色的社会主义现代化建设的新时期。十多年时间里,我国的改革开放,经历了从农村改革到城市改革,从经济体制改革到各方面体制的改革,从建立四个经济特区到沿海、沿边、沿江的开放。改革开放使中国发生了历史性的深刻而巨大的变化。因为广大人民从改革开放中获得了巨大的经济利益,我们的事业得到了广大人民的热情支持和拥护钱其琛说，我们历来认为，改革没有统一的模式。中国的做法只适用于中国这个特定的环境。俄罗斯同中国的基本国情不同。俄罗斯人口中多数是城市居民。俄罗斯地大物博，经济基础好，发展水平高，有自己的传统历史和文化。俄罗斯必将找到适合自己国情的发展道路，一定能够尽快克服目前的暂时困难，迎来经济的振兴。中国人民衷心希望俄罗斯稳定、繁荣、统一。中国愿意在改革问题上同俄罗斯加强交流。交流经验、相互借鉴对双方都是有益的。

钱其琛指出，中国还需要长期稳定的国际和平环境。他说，在复杂多变的国际形势下，中国坚定不移地奉行独立自主的和平外交政策，一心一意谋求和平和发展，愿意在和平共处五项原则基础上同世界所有国家发展友好合作关系。中国对任何国家及其人民都怀有善意，没有不良意图。中国集中力量搞经济，不搞军备竞赛，不参加军事集团，在任何地方、任何时候都不称霸。现在如此，将来中国强盛了，也永远如此。中国人民曾饱受列强侵略之苦，信守古训："己所不欲，勿施于人。"

谈到中俄关系时，钱其琛说，在中国的对外政策中，与周边国家建立和发展睦邻友好关系一直占有十分重要的地位。俄罗斯是中国最大的邻国，发展同俄罗斯的关系在中国的对外政策中就更具有特殊的意义。从国际范围讲，中俄是世界上两个大国，又同是安理会常任理事国，在解决世界和平与发展问题上，我们两国都负有重大责任。在许多重大国际问题上，我们存在相同或相近的看法，中俄双方加强合作，可以为世界的和平、稳定与发展作出贡献。从双边关系看，中俄两国有4000多公里的共同边界，两国人民的传统友谊源远流长，我们对俄罗斯人民始终抱有友好和尊重之情。中国发展同俄罗斯关系的一贯政策是，完全尊重俄罗斯人民自己的选择，不管俄罗斯国内的情况发生什么变化，中国都将坚持在和平共处五项原则基础上与之发展长期稳定的睦邻友好、互利合作关系。我们坚信，中俄两国和两国人民应该和必能持久地友好下去。

钱其琛指出，中俄两国都有巨大的经济潜力，两国互为最大邻国，具有地缘优势和经济互补性，加之两国人民的传统友谊和悠久联系，这一切为我们两国平等互利的友好合作关系的发展开辟了广阔的前景。我们双方都认为，随着形势的发展，要把平等互利的经贸、科技合作在现有基础上大力向前推进，提高合作的水平和质量，创造条件使两国的经贸合作逐步向国际规范化过渡。

钱其琛说，前不久，俄罗斯议会两院外委会举行的对华关系听证会给我们传来了友好的信息。俄罗斯领导人叶利钦总统、切尔诺梅尔金总理、雷布金主席在访华时都一再重申，对华关系是俄罗斯对外政策的一个优先方面，希望从面向21世纪的高度把两国关系提高到一个崭新的水平。中国政府和人民有着同样的强烈愿望。今年秋天江泽民主席访问俄罗斯，就是要同叶利钦总统探讨如何从面向21世纪的战略高度构筑两国关系的未来，使两国和两国人民能够世世代代友好下去，以造福于我们两国人民和全人类。

国务院副总理兼外交部部长钱其琛在莫斯科举行记者招待会回答各国记者提问

在回答中国对中亚国家的政策问题时，钱其琛说，中国尊重各国人民自己的选择，中国和原苏联交往时也与中亚地区有着友好关系。现在，中国同中亚国家交往增多，希望与这些国家发展关系，同时也希望它们同包括俄罗斯在内的所有国家发展友好合作关系。

在回答中国如何评价俄罗斯加入北约"和平伙伴关系"计划时，钱其琛说，俄是欧洲国家，又是大国，当然与欧洲有许多联系。俄与北约建立合作伙伴关系是可以理解的，但应当与过去加入军事集团不同。我们希望这有利于保持欧洲和世界的和平与稳定，不妨碍发展中俄睦邻友好关系。

在谈到中国关于核试验问题的立场时，钱其琛说，中国主张全面、彻底销毁核武器，中国已单方面宣布不首先使用核武器。中国在核试验问题上一直持十分克制的态度。在有核国家中，中国进行的核试验次数是最少的。

关贸总协定中国工作组第十七次会议在日内瓦举行

中国代表团团长、对外贸易经济合作部副部长谷永江在会上发言，呼吁各缔约方与中国一起加快谈判进程。他强调，作为一个发展中国家，中国只能承担与其经济水平相适应的义务。中国复关所承担的义务必须与中国经贸体制改革和进程相一致，使中国的复关有助于在中国建立完善的市场经济体制，有助于中国的社会稳定和经济的持续增长。

朝鲜国家主席金日成在主席府会见以沈阳军区司令员王克上将为团长的解放军友好参观团

《人民日报》发表社论《彪炳史册光耀千秋——纪念和平共处五项原则发表四十周年》

中国与国际开发协会在美国哥伦比亚特区签署开发黄土高原治理项目信贷协定

中央军委主席江泽民签署命令授予空军某部甘巴拉雷达站“甘巴拉英雄雷达站”荣誉称号

中央军委主席江泽民签署命令授予在创伤外科技术研究中作出突出贡献的第 89 医院外二科“勇攀创伤医学高峰的先进科”荣誉称号

6 月 29 日

全国政协主席李瑞环在钓鱼台国宾馆会见泰国上议院议长米猜·雷初攀

中组部在北京召开中共中央国家机关部委领导班子思想作风建设经验交流会

会议由中组部部长吕枫主持。吴亦侠、李克强、贺国强、张左已等有关负责人在会上发言。中央、国家机关各部委负责人 500 人出席会议。

中共中央政治局常委、中央书记处书记胡锦涛在会上发表讲话。

中共中央政治局常委胡锦涛在中组部召开的中共中央国家机关部委领导班子思想作风建设经验交流会上发表讲话

去年 8 月召开的全国组织工作座谈会提出，要把领导班子建设的重点放到思想作风建设上来。从那次座谈会到现在将近一年时间了。这段时间里，中央为推动改革、发展、稳定所作的一系列重大决策和工作部署，不仅赋予了新形势下领导班子思想作风建设以新的内容，而且为推进领导班子思想作风建设创造了有利条件。就大的方面而言，主要有三点：一是根据党的十四大精神，十四届三中全会作出了关于建立社会主义市场经济体制若干问题的决定，并相应采取了一系列深化改革、扩大开放、促进发展、保持稳定的重大措施，既对加强领导班子思想作风建设提出了要求，也为领导班子在实践中锻炼提高提供了机会。二是《邓小平文选》第三卷出版发行和中央关于学习《邓小平文选》第三卷决定的贯彻执行，为各级领导班子系统学习和掌握当代中国的马克思主义，把加强思想作风建设建立在科学理论武装的基础上，提供了有力的保证。三是中央关于深入、持久、更有成效地开展反腐败斗争部署的贯彻，对加强领导班子思想作风建设已经并将继续起着有力的促进作用。从这一段贯彻情况看，各省区市党委和中央、国家机关各部委对领导班子思想作风建设普遍引起了重视。大都根据各自的情况，有针对性地提出了目标要求，采取了一些比较切实的措施，取得了程度不同的进步，对所属地区和单位领导班子的思想作风建设起到了带动作用。今年是全面深化改革的关键之年，任务繁重，在前进中也面临着许多矛盾和困难。但半年来改革和建设都保持了好的发展势头，整个国家社会政治稳定，这证明中央的一系列决策是正确的，各级党组织和广大干部贯彻执行中央的决策是认真的，同时也表明近一年来抓领导班子思想作风建设已开始见到成效。

对于在新形势下如何抓好领导班子思想作风建设，前一段摸索积累了一些经验。概括起来主要是：领导重视，一把手带头，整个班子同心协力地抓；围绕全党全国工作的大局，紧密结合当前工作的实际和转变职能的改革来进行；突出重点，真抓实干，一段时间着力解决一两个主要问题；坚持思想作风建设和制度建设相互补充、相互促进，等等。这些经验，虽然是初步的，但值得重视。希望通过交流，互相学习，借鉴他人之长，在今后实践中不断完善，继续创新。

当前，我们党正在复杂多变的国际环境中，领导全国各族人民进行一场广泛、深刻、史无前例的伟大社会变革，积极推进发展社会主义市场经济、发展社会主义民主政治、发展社会主义精神文明。新形势新任务对各级领导班子思想作风建设提出了新的要求，主要表现在：(一)为了在本世纪末初步建立社会主义市场经济体制，进一步解放和发展生产力，我们正在加快由旧体制向新体制转变的步伐，这是一次根本性的改革，一次全新的革命性的创业，需要我们大力发扬勇于开拓、艰苦奋斗的精神和风格；(二)我们的经济体制改革已经进入全面推进和重点突破相结合的阶段，遇到了许多过去不曾遇到的新问题和深层次矛盾，涉及经济、政治、思想、文化和社会生活的方方面面，而且各种矛盾交织在一起，解决这些矛盾，需要有一定的思想水平、政策水平；(三)为了使经济发展在今后几年内上一个大台阶，迫切要求我们尽快把经济活动转到以提高效益为中心的轨道上来，正确处理改革与发展、速度效益等关系，自觉按客观经济规律办事，避免主观主义；(四)实现建设有中国特色社会主义的目标，必须集中精力抓好经济建设，同时高度重视、切实加强精神文明建设，使两者紧密结合、相互促进，这就需要我们牢牢把握正确的前进方向，掌握和运用好两手抓的领导方法、领导艺术；(五)在全面深化改革，促进经济持续、快速、健康发展的关键阶段，正确认识和妥善处理改革、发展、稳定的关系，已经成为做好领导工作的一条根本要求。所有这些新情况、新特点，对领导班子、领导干部的综合素质、领导水平和领导能力是新的考验，我们的思想作风建设必须坚持高标准、严要求，不断取得新的进步，才能适应新形势的要求，履行好自己的职责。对此，我们一定要有清醒的认识。用低标准安慰自己，满足于一般过得去，是不行的；停留在现有水平上，忽视客观形势发展的新要求，缺少积极进取精神，也是不行的。

邓小平同志历来重视党在执政条件下的思想作风建设。他在党的八大所作的关于修改党的章程的报告和1962年在扩大的中央工作会议上的讲话中，针对党所处的环境和面临任务的变化，对党的思想作风建设的重要性、迫切性、主要内容、解决问题的方针和原则，作了全面系统的精辟的阐述，今天仍然具有很重要的指导意义。党的十一届三中全会前后，邓小平同志领导拨乱反正，推动全党工作重点实现战略转移，首先就抓了解放思想、实事求是，使党在思想建设上有了根本性进步，为迎接新的历史任务打下了很好的基础。改革开放十几年来，他反复强调，社会主义现代化的实现，要有正确的组织路线来保证，要有真正坚持马克思列宁主义、毛泽东思想和党性强的人来接班才能保证。要求全体干部首先是高级干部起模范带头作用，把艰苦朴素、密切联系群众的作风很好恢复起来，坚持下去。1985年，在党的全国代表会议上，根据我国的改革全面展开、干部队伍新老交替迈出较大步伐的新情况，邓小平同志又指出，建设有中国特色社会主义，领导干部必须努力结合新的实际掌握马克思主义，不断增强工作中的原则性、系统性、预见性和创造性。中青年干部接班，最重要的是接老同志坚持革命斗争方向的英勇精神的班。干部不只是年轻，有业务知识，就能解决问题，还要有好的作风。要全心全意为人民服务，深入群众倾听他们的呼声；要敢说真话，反对说假话，不务虚名，多做实事；要公私分明，不拿原则换人情；要任人唯贤，反对任人唯亲。1992年初，邓小平同志在视察南方的重要谈话中，强调抓住机遇、加快发展，集中精力把经济建设搞上去，同时深刻指出，中国的事情能不能办好，社会主义和改革开放能不能坚持，经济能不能快一些发展起来，国家能不能长治久安，从一定意义上说，关键在人。关键是我们共产党内部要搞好。在整个改革开放过程中都要反对腐败，廉政建设要当成大事来抓。要克服官僚主义、形式主义。15年来的实践充分证明，邓小平同志关于加强党的建设，包括领导班子思想作风建设的一系列论述，是完全正确的。什么时候我们贯彻执行得好，进步就快，工作成绩就大；反之，就差一些。今天，我们要实现领导班子思想作风建设的新进步，一定要结合新的实际，继续认真学习贯彻好邓小平同志的指示精神。

关于加强领导班子思想作风建设，总的指导思想和目标要求，就是：深入贯彻党的十四大精神，以邓小平同志建设有中国特色社会主义理论为指导，紧紧围绕经济建设这个中心，着重解决当前存在的突出问题，努力做到与党中央保持思想上政治上的高度一致，保证全党组织上行动上的高度统一，把各级领导班子建设成为政治坚定，勇于改革，务实创新，团结协调，廉洁勤政，同人民群众保持密切联系，全面贯彻党的基本路线的坚强集体，以进一步增强党的凝聚力、吸引力和战斗力，提高党的执政水平和领导水平，在社会主义现代化建设中更好地发挥党的领导核心作用。当前，要根据上述总的目标和要求，联系全党全国工作大局的实践，从工作实际和领导班子思想作风的实际出发，努力在深入学习理论、贯彻民主集中制、全心全意为人民服务、加强廉政建设和提高机关工作效率等方面，取得新的明显的进步。

第一，深入学习理论，提高思想政策水平，要有新的明显的进步

马克思主义理论是我们党认识世界、改造世界的科学思想武器。学习和掌握马克思主义，提高理论素养，是加强领导班子思想作风建设的根本。邓小平同志建设有中国特色社会主义理论，是当代中国的马克思主义。新时期加强领导班子思想作风建设，要把深入学习掌握这个理论摆在首位；领导班子思想作风建设要取得新的明显的进步，首先就要在这个方面有新的明显的进步。领导同志身负重任，工作繁忙，这是事实，但绝不能因此而疏于学习。领导同志，精通业务是重要的，但要履行好自己的职责，绝不能缺少学习马克思主义理论的兴趣，绝不能缺少必要的理论功底，绝不能缺少理论思维的能力。否则，很难担当起自己的领导责任，也很难成为一个有作为的领导者。从担负主要领导责任的观点上说，在新的历史时期，如果我们党有一大批系统地而不是零碎地、实际地而不是空洞地掌握了建设有中国特色社会主义理论的高级干部，党的思想作风建设水平就会大大提高，领导水平和执政水平就会大大提高，改革开放和社会主义现代化建设就会搞得更好更快。前一段，领导干部学习《邓小平文选》第三卷，总的情况是好的。但是不能估计过高，不能稍有松懈。要按照中央的要求，把学习理论持久、深入、更有成效地开展下去。

领导干部如何深入学习邓小平同志建设有中国特色社会主义理论，最近江泽民同志提出，要在掌握理论的科学体系上下功夫，在运用理论研究解决当前重大问题上下功夫。大家都赞成。我们要紧紧抓住建设有中国特色社会主义这个主题，围绕党的基本路线这条主线，深入领会解放思想、实事求是这个精髓，反复研读邓小平同志的原著，全面把握理论体系。不仅要准确地理解邓小平同志的一系列理论观点的科学内涵，把握这些观点之间的内在联系，尤其要掌握邓小平同志形成他的新思想、新观点、新论断的科学世界观和方

法论。

毛泽东同志在讲到学习马克思主义时，一贯强调要注重学习辩证唯物主义和历史唯物主义，掌握正确的立场、观点和方法。邓小平同志也是这样。领导同志要把本部门的工作置于全党全国的工作大局之中，置于世界范围的政治经济格局之中，跳出部门的局限，从全局的高度、战略的高度，立足当前，放眼未来，确定自己的工作思路和前进目标，正确处理各种矛盾。要做到这些，我们就必须具有清醒的头脑、开阔的眼界、高度的政治敏感和深刻的洞察力，就要掌握马克思主义的立场、观点和方法。这样，才能增强贯彻执行党的基本路线和各项方针政策的坚定性和自觉性，避免"左"右摇摆；才能始终坚定共产主义信念，对建设有中国特色社会主义充满信心，无论发生什么情况都毫不动摇，坚韧向前；才能从根本上坚持实事求是和群众路线，防止和克服形形色色的主观主义，以及各种脱离群众的思想和行为；才能提高领导水平，提高总揽全局的能力，避免决策和工作指挥上发生大的失误。

掌握辩证唯物主义和历史唯物主义的世界观、方法论，是一个长期的艰苦的过程，对于共产党员来说，需要终身努力，任何时候都不要使自己陷入盲目性。最有效的办法，是顽强地刻苦地学习，把学习理论同研究实际问题结合起来，在运用理论指导实践中坚持正确的世界观、方法论，在贯彻执行党的路线、方针、政策中检验思想方法、领导方法和领导作风是不是对头，从世界观、方法论的高度来总结领导工作中的经验教训，经常锤炼自己。总之，坚持理论联系实践，经过学习——实践——再学习——再实践的循环往复，一步比一步提高，一次比一次进步，我们领导班子的思想作风建设就一定能不断上升到新的高度。

第二，贯彻民主集中制，增强团结，要有新的明显的进步

贯彻党的十四届三中全会决定以来，建立社会主义市场经济体制的步伐显著加快，改革在全面展开、重点突破中日益深化，一方面原有的某些矛盾逐步缓解或解决；另一方面，许多深层次的矛盾也日益突出起来。现在，大家都在为整个形势继续向好的方向发展而高兴，同时也深深感到任务繁重而艰巨，面对新的情况和任务，我们比过去任何时候都更加需要调动全党的积极性、创造性，依靠全党的聪明才智，保持全党思想上政治上的高度一致和组织上行动上的高度统一，以便团结和凝聚全国各族人民的力量，去更有效地贯彻执行党的正确路线，深化改革、扩大开放、促进发展、保持稳定。这说明，新的形势和任务要求我们必须进一步贯彻执行好党的民主集中制。决不能把民主集中制同过去高度集中的计划经济体制等同起来，也不能把民主集中制同社会主义市场经济体制对立起来。以为实行改革开放，建立社会主义市场经济体制，就可以不要民主集中制，就可以为所欲为，这完全是误解。坚持民主集中制，必须高度重视制度建设。应当明确，根据需要补充或制定一些新的规章，是制度建设，而采取有效措施认真执行实践证明是好的规章，同样是制度建设。值得注意的是，党内生活中存在的一些违反民主集中制的现象，大多是在有章不依、有规不循的情况下发生的。这就要很好进行研究，找到问题的症结所在。党的民主集中制，是在马克思主义指导下形成的，是辩证唯物主义和历史唯物主义的世界观、方法论运用于无产阶级政党组织建设的产物，是我们党的从群众中来、到群众中去的群众路线在党内生活制度方面的创造性运用。因此，只有真正掌握了马克思主义的世界观、方法论，才能自觉坚持和正确执行民主集中制。如果不是这样，一个党员领导干部即使把党章和党内政治生活准则背得烂熟，也难免不发生违反民主集中制的事情。从这个意义上说，要解决好贯彻民主集中制方面存在的问题，就一定要懂得并掌握形成这个制度的马克思主义理论基础。

坚持和健全民主集中制，十分重要的是要活跃党内生活，增强领导班子在坚持党的正确路线基础上的团结。团结就是力量。团结出新的生产力、凝聚力和创造力。党的团结是党的生命。邓小平同志指出，"我们党的团结，是建立在马列主义、毛泽东思想基础上的团结"，"我们讲团结，必须贯彻执行党的民主集中制的原则"。我们有邓小平同志建设有中国特色社会主义理论和党的基本路线的指导，在总的前进目标和基本问题上的认识一致，加上民主集中制的保证，党的团结状况总的看是比较好的。据了解，领导班子绝大多数也是团结的，但确有一部分领导班子程度不同地存在不协调、不团结的情况。这主要不是在路线方面有分歧，而是由于决定一些重要问题和人事任免，没有认真按民主集中制程序办事；也还有些是由于在枝节问题上、小是小非上争论不休。解决这些问题，无疑要靠提高领导干部素质，但最根本的是要靠严格执行民主集中制。领导机关，不论是实行部门首长负责制，还是实行党组(党委)起核心领导作用的体制，或者实行委员会集体领导与个人分工负责相结合的体制，都必须根据各自的特点，按照民主集中制的原则，建立起具有科学规范，便于集思广益、增强团结，能推动机关工作高效运行的机制。

当前，要着重解决四个方面的问题：一是坚持民主集中制的决策原则，提高决策水平。领导班子内部，要注意防止和克服个人或少数人决定重大问题的现象。二是健全部委领导班子的政治生活，提高解决自身问

题的能力。“一把手”要以身作则，每个成员都要遵守和维护党内生活准则。有问题摆在桌面上讲，同志间有了隔阂要主动谈心解决，要严肃认真地开展批评与自我批评，增强党委自身的凝聚力。三是健全有效的监督机制，提高对滥用职权现象的防范能力。监督首先靠领导班子内部监督，同时要接受党员群众的监督。所有领导干部都要参加党的支部会和小组会，虚心听取党员的意见。要建立健全民主评议领导干部的制度。在党内生活中，主要领导同志，更应注意眼界非常宽阔，胸襟非常宽阔，能容忍各方面、团结各方面，不搞小圈子。每个领导成员都要识大体，顾大局，不计较个人恩怨和得失，不争论小是小非，在非原则问题上相互容忍，在思想和工作上相互帮助。整个领导班子要为接受监督创造条件，对重大问题决策、人事安排、廉政建设，要建立增加透明度的工作制度。四是处理好地方与中央、部门与中央、地方与地方、部门与部门之间的关系。各部门都要维护中央的权威，有意见按组织原则提出，不能各自为政。也不能不顾大局，搞门户之见，需要一起做的工作，要主动配合，相互支持。总之，要共同努力，造成“又有集中又有民主，又有纪律又有自由，又有统一意志、又有个人心情舒畅、生动活泼，那样一种政治局面”。

第三，全心全意为人民服务，勤政廉政，要有新的明显的进步

共产党人要终生为人民服务，而且要全心全意，不能半心半意，更不能三心二意。许多事实证明，这是很不容易做到的，但是，党的性质、根本宗旨和共产党员的光荣称号，要求我们必须努力做到。在党执政的条件下，更应当这样。执政党最有利的条件之一是可以运用手中的权服务于人民，最需要的是人民群众的支持，而最危险和最容易犯的错误就是脱离群众。改革开放15年来，我们党执行了正确的路线、方针、政策，为全国各族人民带来了实际利益，人民是拥护和信任党的，党和群众的关系总体上是好的。但是，党和国家机关中官僚主义、形式主义，以权谋私、贪污受贿等腐败现象，也滋长蔓延起来，引起群众的不满，影响了改革和建设事业的发展。中央已下决心解决这方面的问题，正在深入开展反腐败斗争，并将长期坚持下去。因此，在整个改革开放过程中，我们抓领导班子思想作风建设都要把增强公仆意识，搞好廉政勤政，作为一项突出的要求。

这里的一个核心问题，是要在领导干部头脑中牢固树立马克思主义的群众观点，自觉坚持全心全意为人民服务的宗旨。要像毛泽东同志所主张的那样，一切以人民的利益为重，把是否符合人民的利益，作为我们言论和行动的最高标准。要按邓小平同志提出的要求，把人民拥护不拥护、赞成不赞成、高兴不高兴、答应不答应，作为我们想问题、办事情、做工作的出发点和归宿。从现实生活看，我们绝大多数领导干部是这样要求自己的，是兢兢业业、勤勤恳恳为党和人民工作的。但也有少数领导干部并不是这样。抓领导班子思想作风建设，就要下功夫解决这方面的问题，帮助有些同志摆脱极端个人主义、拜金主义、享乐主义的束缚。尤其要帮助个别同志克服争名、争利、争地位、争权力等问题。这类思想上的病毒，对高级干部来说，是致命的弱点。如果任其发展，只会断送干部，败坏机关风气，严重损害团结，危害党和人民的事业。

解决这方面的问题，要把加强思想建设同加强廉政勤政建设紧密结合起来。在具体工作中，首先，要珍惜手中的权力，正确使用权力。领导干部掌握一定的权力，是履行职责、做好工作的必要条件。但在行使权力时，必须高度负责，慎之又慎。坚决防止滥用权力，失职渎职。要把对中央负责与对人民负责一致起来，把廉政与勤政一致起来，把严守纪律、服从大局与创造性地工作一致起来，用第一流的成绩，来促进改革开放和现代化建设，尽可能为国家和人民群众谋取最大的利益。再就是，要带头艰苦奋斗、廉洁自律。邓小平同志多次要求高级干部做艰苦奋斗、廉洁自律的模范。现在，我国的物质基础还很薄弱，有8000万群众的温饱问题还没有彻底解决，当前又是在经济环境趋紧的条件下推进现代化建设，这都要求我们的高级干部带头保持和发扬艰苦奋斗的优良传统。讲排场，摆阔气，大手大脚，奢侈浪费，这是低级趣味，是不良风气，必须坚决克服。古代开明的士大夫，尚且有“先天下之忧而忧，后天下之乐而乐”的胸怀，我们共产党人当然应该有比他们更高的思想境界。还有一条，就是领导同志要重视地方和基层同志的批评和呼声，抓好机关建设，带出好的队伍。领导班子和领导干部不仅要带头廉洁自律，还要抓好本部门、本系统的廉政勤政建设，坚决纠正行业不正之风，深入开展反腐败斗争，制止“权钱交易”，“不送钱送物不办事，收了钱物乱办事”等现象。

第四，深入实际，大兴调查研究之风，要有新的明显的进步

深入实际，深入基层，深入群众，开展系统的周密的调查研究，是正确执行党的思想路线、政治路线、组织路线的重要途径，是克服官僚主义、主观主义的有效方法，是实行科学领导的基本条件。近几年来，江泽民同志一再要求领导干部、领导机关的同志到基层和群众中去，开展调查研究。去年，他又明确提出调查研究是“谋事之基，成事之道”，号召全党大兴调查

研究之风。我们在这方面是有进步的，提出的一些重大决策建议大都是在比较认真地进行了调查研究基础上形成的，在贯彻中央的决策、指导和推动本部门本系统的工作时也做了大量调查研究。当前加快新旧体制转换，新情况新问题层出不穷，要对不断发展变化的客观事物获得真知，对解决各种复杂矛盾形成卓见，这决非容易的事情。我们要坚持解放思想、实事求是的思想路线，在探索解决全面深化改革遇到的新问题上有新突破，做好各方面的工作，必须进一步开展调查研究，切实把有领导有计划地开展调查研究作为改进领导作风和机关作风的基础环节，长期坚持下去。

还要着重强调的一点是，进行调查研究要有目的，当前的主要目的就是解决影响改革、发展、稳定的突出问题。不解决问题的调查研究，是没有意义的。这就要求我们的领导同志带头提高调查研究的质量，从两个相互联系的层次上多下苦功夫。一是真正深入实际，深入基层，深入群众，下农村要入村入户，进工厂要到车间班组，进学校要到教师和学生中去。要老老实实向基层干部和群众学习，细心听取他们的意见和呼声，研究他们的经验和创造，大量掌握第一手材料。二是在这个基础上真正深入了解事物的本质，按照事物的本来面目认识事物。这是一个去粗取精、去伪存真、由此及彼、由表及里的艰苦思索过程。这两个真正深入相互结合，我们作计划、定政策、提方案、拿办法，才能建立在对客观事物规律性的正确认识的基础上，保证党的路线、方针、政策的贯彻落实，提高机关的工作水平和工作效率，避免发生大的失误。

最后我想讲一下，抓领导班子思想作风建设，主要负责同志必须身体力行，带动整个领导班子成员齐心协力，脚踏实地，认真解决存在的问题。领导成员要按照党的基本路线的要求，牢牢抓住经济建设这个中心，坚持两手抓、两手都要硬的方针，把抓业务工作与抓思想作风建设结合起来。要用领导班子思想作风建设的进步，去影响整个机关的思想作风建设，并实行抓机关建设的责任制，首先抓本级，一级带一级。要有针对性地开展工作，抓苗头，抓重点，敢抓敢管，敢于碰硬，不能回避和掩盖矛盾。要深入研究新形势下领导机关的特点和工作规律，把思想作风建设贯彻到开展业务工作的过程中去，促进和保证各项任务的顺利进行。

全国总工会十二届三次主席团会议在石家庄结束

日前结束的全国总工会十二届三次主席团会议和全国职工民主管理工作会议指出：国有企业转机建制，职工仍然是国家和企业的主人。

中共中央政治局委员、全国总工会主席尉健行出席会议并讲话。会议总结交流各地职工民主管理工作经验，认真讨论在建立社会主义市场经济体制中加强职工民主管理工作的问题。

会议强调指出，保障职工在企业的主人翁地位是社会主义制度的内在要求和本质特征。国有企业转机建制，必须把职工当家作主的权利落到实处，这样才能使企业真正成为所有者、经营者和劳动者的利益共同体，这也是建立现代企业制度的客观要求。同时，在建立社会主义市场经济体制的过程中，涉及社会利益关系以至权力结构的深刻变化，职工民主管理有许多复杂的问题需要探索，既要坚持社会主义根本制度的原则，又必须根据改革的新形势，加强和完善职工民主管理。

会议要求坚持和完善国有企业和城镇集体企业的职工代表大会制度。公司制企业要在坚持和完善职工代表大会的同时，积极探索职工民主管理新的实现形式。还要积极推进乡镇企业、外商投资企业、私营企业的职工民主参与、民主管理和民主监督。

国家主席江泽民在中南海会见俄罗斯联邦政府副主席绍欣

国务院代总理朱镕基在中南海会见出席《中韩未来论坛》首次会议的韩国国际交流财团理事长孙柱焕

国家副主席荣毅仁在人民大会堂会见加拿大鲍尔公司总裁安德烈·德马雷

国务院副总理李岚清在维也纳布里斯托饭店会见奥地利斯太尔公司董事长普朗克

俄罗斯第一副总理索斯科韦茨在政府大厦会见国务院副总理兼外交部部长钱其琛

国务院副总理兼外交部部长钱其琛在白俄罗斯明斯克举行记者招待会

钱其琛在招待会上强调，白俄罗斯总统选举是白俄罗斯的内政，无论谁在即将举行的第二轮选举中当选，中国同白俄罗斯发展各个领域合作关系的政策不会发生变化。

钱其琛指出，白俄罗斯在独联体内和欧洲都起着重要作用，中国重视发展同白俄罗斯的关系，主张继续发展各个领域的合作，除落实已签署的合作协议外，双方还将商谈有关签署两国民航和引渡协定等问题。

在回答关于中国和白俄罗斯的贸易方式问题时，钱其琛指出，中白两国贸易已有良好开端，尚有很大潜力。

钱其琛在答问他这次访问计划中为什么不包括拉脱维亚时指出，在台湾问题上，拉脱维亚违反中拉建交公报，这是个原则问题，有待双方通过磋商加以解决。中国将继续努力改善同拉脱维亚的关系。

外交部部长钱其琛在明斯克同白俄罗斯外交部部长克拉夫琴科举行会谈

钱其琛说，中白建交两年多来，双边关系在新的历史条件下持续发展，取得积极的成果。双方已签署指导两国关系发展的联合声明及一系列重要文件。可以说，两国关系的发展已有了坚实的法律基础，并有良好的开端。

钱其琛说，白俄罗斯是一个有巨大发展潜力的国家。作为友好国家，中国希望看到一个繁荣昌盛的白俄罗斯，看到它在独联体内部及欧洲和世界事务中发挥自己应有的作用。

钱其琛强调，中国政府重视发展同白俄罗斯的关系，我们双方发展关系的有利条件很多，没有任何障碍和限制。两国领导人保持经常接触，对不断增进相互了解和推动两国关系的发展具有重要意义。

在谈到两国经贸关系时，钱其琛说，中白经济有较强的互补性，目前两国的经贸合作已有一个良好的开端，但尚有不小的潜力待发挥，中方愿意同白俄罗斯方面共同努力，使两国经贸合作不断向前发展。

克拉夫琴科外长对钱其琛外长首次正式访问独立的白俄罗斯表示欢迎。他说，白中关系十分密切，两国之间没有特别的问题。白中建交以来，双方高层互访较多，对促进两国关系作出贡献。

双方还就加强在联合国及其他国际组织中的合作交换意见。

中国和安道尔公国在安道尔城签署建交联合公报

中华人民共和国驻西班牙特命全权大使朱国清和安道尔公国外交部长马克·维拉·阿米戈，在安道尔城经过谈判，分别代表各自政府签署两国建立外交关系的联合公报。

公报内容如下：

中华人民共和国政府和安道尔公国政府决定自1994年6月29日起建立两国间大使级外交关系。

两国政府同意，在相互尊重主权和领土完整、互不侵犯、互不干涉内政、平等互利、和平共处的原则基础上，发展两国之间的友好合作关系。

安道尔公国政府承认中华人民共和国政府是中国的唯一合法政府、台湾是中国领土不可分割的一部分。

两国政府同意，在互惠的基础上，根据国际惯例，相互为对方在其外交代表履行职务方面提供一切必要的协助。

中国政府和亚美尼亚政府在埃里温签署关于互免签证的换文

中国常驻联合国代表李肇星在联合国经社理事会高级别会议上阐述中国对联合国《发展纲领》的看法

李肇星指出，《发展纲领》是否有效，取决于它是否反映最大多数会员国的呼声，是否面向最大多数会员国的需要。

李肇星说，发展是和平的基础，实现发展中国家的经济增长和持续发展，是国际发展问题的核心。《发展纲领》只有从实现经济增长和持续发展入手，发展中国家才有能力从根本上改变贫穷落后的状况，提高人民的物质和文化生活水平，实现社会的全面进步。

李肇星说：《发展纲领》的主要目标应是面向发展中国家的经济和社会发展，缩小南北差距。当前，世界经济中的不平衡在加剧，发展中国家面临的严峻困难的性质与发达国家的问题是不可同日而语的。如何消除国际经济合作中的人为障碍，让广大发展中国家人民同发达国家人民一样，从新时期的巨大变革中获益，不仅是南方国家面临的现实问题，也是联合国和国际社会不容回避的一大挑战。

李肇星指出，《发展纲领》的重要内容应是增进国际社会在发展领域的共识，加强新的全球伙伴关系。李肇星强调，《发展纲领》应体现承认和尊重各国选择发展道路和经济模式的主权原则，尊重各国发展的优先考虑，并在遵守《联合国宪章》原则和宗旨的基础上，推动各国扩大交流。

6月30日

奥地利总统托马斯·克莱斯蒂尔在维也纳总统府会见国务院总理李鹏

国务院总理李鹏前往维也纳奥地利总理府与弗朗茨·弗拉尼茨基总理在内阁会议厅举行会谈

两位总理满意地回顾中奥建交二十三年来，两国关系在相互尊重和平等互利的基础上所取得的进展。双方一致认为，中奥高层往来是推动两国关系的重要途径。两国友好合作关系持续稳定地向前发展不仅有利于两国人民，而且对亚洲和欧洲的合作也会产生积极的影响。

李鹏说："冷战结束后，经济因素在国际关系中的分量增大。我们高兴地看到，中奥经贸合作呈上升之势。中奥两国在经贸上各有优势，互补性强。奥地利在经济技术领域有许多特长，两国进一步发展经贸合作的潜力很大。中国政府对发展两国经贸关系持积极支持的态度。这次有数十名中国有实力的企业和进出口贸易公司的负责人随我访问贵国，与贵国经贸界人士广泛接触、洽谈或签署一批合同或意向书，探讨发展合作的新领域和新途径，必将会促进中奥互利合作。”李鹏总理还表示，两国的中小企业也可以增加往来，加强合作。

李鹏强调指出，我们历来主张，国家不分大小，都是国际社会平等的成员。中国和奥地利社会制度、历史背景、价值观念和经济发展水平不同，双方在某些问题上看法也不尽一样，但这些差异并未影响和妨碍两国发展互利关系。重要的是，中奥之间没有根本的利害冲突。我们之间的共同利益要远远超过分歧。中国愿意在相互尊重、互不干涉内政和平等互利的基础上，与奥方共同开拓面向21世纪的长期、稳定的友好合作关系。

李鹏赞赏奥地利坚持一个中国的立场，并感谢奥地利支持恢复中国在关贸总协定中缔约国的地位。

弗拉尼茨基表示衷心欢迎李鹏总理的来访，他说：阁下这次来访正值奥地利一个重要时刻。奥地利已决定加入欧洲联盟，这对奥人民今后的命运有重要影响。

弗拉尼茨基总理对李鹏总理关于发展双边关系的主张表示赞赏，强调今后在发展两国经济合作中要多建立一些合资企业。

李鹏还简要介绍中国的对外政策以及中国同西欧、美国、日本、俄罗斯等国关系的发展情况，以及中国对一些地区热点的看法。

弗拉尼茨基总理介绍奥地利对国际形势，特别是欧洲形势的看法，强调奥地利加入欧洲联盟后要致力于发展同亚洲和中国的关系。

全国人大常委会委员长乔石在人民大会堂会见泰国上议院议长米猜·雷初攀

谢觉哉铜像揭幕仪式在中国政法大学举行

国办发出《关于实施食盐加碘项目有关问题的通知》

近几年来，由于大量非碘盐充销食盐市场，使我国碘缺乏病明显回升，严重危害人民群众的身体健康，党中央、国务院对此十分重视。为了避免碘缺乏病的危害，保障全国人民的身体健康，国务院决定实施食盐全面加碘项目。为搞好这一项目并按期完成任务，经国务院同意，现将有关事项通知如下：

一、国家实施食盐加碘项目的总体方案和进度

食盐加碘项目是由分布于全国20多个省、自治区、直辖市的100个左右的子项目组成，分为生产食盐加碘和销区食盐补碘两部分。该项目由加工盐厂改造、食盐加(补)碘、改进包装、质量控制和职工培训等部分组成。国家批准加碘盐项目建议书和可行性报告后，各有关部门和地方要认真做好前期工作，争取尽快开工建设，确保1996年底形成生产能力。为加强加碘盐项目的领导，请国家计委牵头，中国轻工总会、财政部、卫生部和国家开发银行等部门要密切合作，抓好加碘盐项目的实施。

二、要求各地方做的几项工作

(一)各省、自治区、直辖市人民政府要提高对实施加碘盐项目的重要性和深远意义的认识，加强领导，精心组织，在时间紧、任务重的情况下，把本地区内的加碘盐项目协调好。同时，按管理程序抓紧项目的前期工作。在国家批准全国加碘盐项目建议书后，各地区要据此逐一编制本地区内项目的可行性研究报告，报送国家计委和中国轻工总会。在国家批准可行性研究报告后，各地区要为项目的开工建设做好一切工作。

(二)各地要切实落实加碘盐项目的地方配套资金。这项资金主要从地方应收的盐业发展基金中解决。在上报项目可行性研究报告的同时，要将本地区内项目配套资金落实的方案和有关材料一并上报。为保证项目的顺利实施，各地要在政府的统一领导下，由计委牵头，指定专人负责，有关部门要密切配合，做好本地区内项目的协调和资金筹措工作，要加强盐业发展基金的征收和管理，保证资金及时到位，并监督、指导加碘盐企业做好项目的实施工作，确保加碘盐项目按时建成、验收合格并交付使用。

国家工商局举行《公司法》和《公司登记管理条例》新闻发布会

《公司法》和《公司登记管理条例》7月1日起将在全国施行。国家工商行政管理局在京举行新闻发布会，通报有关公司登记管理的一些改革举措。据介绍，截至1994年1季度，全国工商行政管理机关登记注册的公司有144.83万户。

国务院总理李鹏在奥地利布里斯托饭店会见奥地利外交部部长莫克

中国和奥地利在奥地利总理府签字大厅签署多项合作协议

中国铁道部部长韩杼滨和奥地利运输部长维克托·克利马在中奥两国政府铁路合作协议上签字。接

着，中国银行副董事长杨惠求和奥地利澳博银行副董事长克纳丁格、中国化工进出口总公司总经理郑敦训和奥地利国家石油公司总裁辛茨、中国宝钢集团董事长黎明和奥地利奥钢联工程技术公司总裁石文德也分别在合作协议上签字。双方共签署5项协议和合同，它们涉及铁路、石油、钢铁、金融等领域，总金额达数亿美元。

国家副主席荣毅仁在人民大会堂会见丹麦经济大臣马里安·耶尔维德女士

国务院副总理李岚清在维也纳下榻的宾馆会见奥地利经济部部长沃尔夫冈·许塞尔

中央军委副主席刘华清在人民大会堂会见由越南共产党中央政治局委员人民军总政治局主任黎可漂上将率领的越南人民军高级政工干部代表团

中英联合联络小组第二十九次会议发表新闻公报

中英联合联络小组第二十九次会议于1994年6月21日至30日在香港举行。

联合联络小组就目前香港用于防务目的的土地的前途问题达成了协议。

联合联络小组进一步讨论了有关国际权利与义务问题、香港民航协定问题、跨越1997年的专营权合约及有关问题、香港同有关国家之间的投资保护协定、香港同有关国家之间的移交逃犯协定、香港同某些国家的刑事协助问题、法律本地化、法律适应化、联合声明有关1997年后在香港居留权的条款的实施问题、互免签证协定、香港与外国对等承认及执行民商事判决问题和公务员问题。

下次联合联络小组会议的时间和地点将由双方另行商定。

外交部发言人沈国放就英方通过港督彭定康“三违反”的第二部分政制法案发表谈话

沈国放在下午举行的记者招待会上说，6月29日，英方无视中方的一再重申的严正立场，由香港立法局通过了港督彭定康“三违反”的第二部分政制法案，对此，中方有必要再次庄重指出：中英关于香港1994/1995年选举安排问题的谈判由于英方的原因而破裂，这样，香港1994/1995年选举无论采用什么方案，由其所产生的香港立法局、两个市政局和区议会三级政制架构的任期都只能到1997年6月30日为止。在中国恢复对香港行使主权时，香港特别行政区的三级政制架构一定要按照香港特别行政区基本法的有关规定予以重新组建。

有记者问发言人：据报道，中国在缅属岛屿建立海军基地，东盟诸国倍感中国的威胁。你对此有何评论？

发言人说：“上述报道纯属捏造。一个时期以来，少数别有用心的人不断散布中国在缅属岛屿建立海军基地的谣言，为所谓的‘中国威胁论’制造根据。其目的在于离间中国与周边国家的关系，值得警惕。这种企图是徒劳的。”

有记者问，中方对中英联络小组在军事用地问题的谈判所取得的成果有何评论。

沈国放说：“经过7年谈判，中英双方于刚刚结束的第二十九次联络小组会议上就香港军事用地未来使用安排问题达成协议。这是双方共同努力所取得的重要成果。军事用地问题的妥善解决有利于香港的平稳过渡和持续繁荣、稳定。”他说：“我们希望英方在关系到香港1997年顺利过渡的其他问题上同中方合作，以确保香港政权的顺利交接。”

沈国放在应记者要求对村山富市当选日本新首相发表评论时说：“我们对村山富市先生当选日本新一届政府首相表示祝贺。我们相信中日友好合作关系在村山首相任内将继续得到健康稳定发展。”

7月1日

国家主席江泽民在钓鱼台国宾馆与马达加斯加总统扎菲进行会谈

江泽民说，中马两国都是发展中国家，有着相同的遭遇，现在面临着发展经济、建设国家的共同任务，因此加强两国关系符合双方的共同利益。中国愿意在和平共处五项原则的基础上，同马方一道将两国在各个领域的友好合作关系提高到一个新的阶段。他表示相信，扎菲总统这次访华必将有力地推动中马友好合作关系的进一步发展。

扎菲说，马中两国友好关系的悠久历史可以追溯到中国的元朝，并且一直延续至今。两国在重大国际问题上的立场相似，对维护世界和平负有共同的责任，因此两国关系有着进一步发展的坚实基础。

江泽民向客人介绍中国国内的改革开放情况和经济形势，两国领导人还就共同关心的其他国际和地区问题交换看法。

会谈结束后，中国外交部副部长田曾佩和马达加斯加外长西拉签署两国政府经济技术合作协定，江泽民和扎菲出席签字仪式。

国务院总理李鹏在维也纳布里斯托饭店会见奥地利国民议会议长海因茨·菲舍尔

全国政协八届常委会七次会议闭幕

会议由副主席叶选平主持。

李瑞环主席在会上作题为《关于农用土地的几个问题》的讲话。

韩培信常委、徐四民常委和吉林省政协副主席胡厚钧分别在会上就农业和农村工作问题发言。

会议还通过同意王兆国副主席辞去兼任的祖国统一联谊委员会主任职务，任命万国权副主席兼任祖国统一联谊委员会主任；同意经叔平辞去所兼任的政协第八届全国委员会副秘书长职务，任命胡德平为政协第八届全国委员会副秘书长(兼)。

全国政协主席李瑞环在全国政协八届常委会第七次会议上发表题为《关于农用土地的几个问题》的讲话

各位副主席、各位常委、同志们：

这次会议的中心议题是讨论农业问题。研究农业，不能不涉及土地这个根本问题，涉及农用土地的保护、利用和开发问题。许多同志会前会上就这个问题发表了不少意见，我也想过很久，但研究不深，谈一点看法，以期引起各方面的重视。

(一)

马克思说："土地是一切生产和一切存在的源泉。"土地是人类赖以生存的立足空间，是一切物质生产的首要条件。离开土地就无所谓农业。在中国这块广袤的土地上，我们的祖先，世世代代辛勤耕作，繁衍生息，创造了优秀的中华民族文化，在人类文明发展史上写下了光辉的篇章。新中国成立以后，我们在土地的保护、利用和开发方面取得了很大成就，特别是中共十一届三中全会以来，农村实行联产承包责任制，改革土地使用制度，极大地调动了农民的积极性，大幅度地提高了土地的生产率。我们国家以占世界百分之七的耕地养活了占世界百分之二十二的人口，被赞叹为人类历史的一大奇迹。

但是，我们必须清醒地看到，人口多、耕地少是我们的基本国情。我国国土总面积 960 万平方公里，约占世界陆地面积的十五分之一，居世界第三位。但由于人口多，人均占有国土面积不到世界人均数的三分之一。而在我国国土总面积中，不能或难以利用的沙漠、冰川、戈壁、石山与高寒荒漠又占去相当大一部分。据统计，我国目前共有耕地 143 亿亩，人均不到 13 亩，仅为世界人均数的四分之一。在历史上我国人均耕地远远高于现在，如汉代人均 96 亩，唐代、明代人均 126 亩。在全世界 26 个人口 5000 万以上的国家中，我国人均耕地仅高于日本和孟加拉国，居第 24 位，相当于美国的九分之一，泰国的四分之一，印度、巴基斯坦的二分之一。我国耕地后备资源不足，据统计，现有宜农荒地 5 亿亩，其中可开垦为耕地的只有 17 亿亩。说我国地大物博并不假，但从人均占有量来看，说我国土地资源相对贫乏也是事实。我们想问题、办事情都不能离开人多地少这个基本国情，特别是研究以土地为先决条件的农业，更要时刻牢记这个基本国情。

(二)

目前，我国人口仍在日益膨胀，耕地却在急剧减少，这一严峻形势令人十分担忧。据统计，从 1957 年到 1986 年间，全国累计减少耕地 61 亿亩，净减少 23 亿亩，平均每年净减少 790 万亩。1986 年《土地管理法》颁布实施后，耕地锐减的趋势一度得到控制，但近两年来，又重新回升，仅 1993 年全国耕地就减少 937 万亩，相当于一个青海省的耕地面积。根据国家计生委的数字，现在我国每年净增人口 1600 万，相当于每年增加三个半青海省的人口。如果这种耕地锐减、人口剧增的势头得不到遏制，50 年以后我国人均耕地将降到06亩，100 年后还能留给我们子孙后代多少耕地？

我国耕地面积大幅度减少，人为占用是一个重要原因。据粗略统计，1992 年各项建设、农业内部结构调整和设立开发区等占用耕地高达 1000 多万亩。一般说来，在国民经济高速增长时期，由于建设规模的扩大、产业结构的调整和城市化进程的加速，占用耕地难以避免。但如此大幅度的占用，在任何国家都不能容许，在我们这样人多地少的国家尤其无法承受，更何况有相当一部分是属于乱占滥用。1987年曾搞过一次全国性非农用地清查，查出违法占地案件1000多万件，违法占地达816万亩。1993年全国清理开发区，查出在新设立的2804个各级各类开发区中，有百分之七十八属于滥设，涉及土地面积高达1143万亩。

我国农地面临的另一个深刻危机，是水土流失严重，土地生态环境恶化。现在全国水土流失面积已达130万平方公里，土地沙漠化面积已达176万平方公里，每年都有大量耕地、草地被吞蚀。若不尽快采取有效措施，预计到2000年，全国水土流失面积将扩大到180万平方公里，土地沙漠化将增加到20万平方公里。熟悉历史的人们不会忘记，我国唐代繁荣一时的丝绸之路，由于生态环境的破坏，昔日的西部绿洲变成了今天的一片荒漠。殷鉴不远，我们应该汲取这种沉痛的教训，绝不能重蹈历史的覆辙。

土地资源状况制约着国民经济的发展，影响着社会的各个方面，关系到中华民族的兴衰。土地的保护、利用和开发是一项事关全局和长远的大事。我们要广泛、深入、持久地开展爱护土地特别是耕地的教育，增强全民的土地忧患意识。要牢固树立“十分珍惜和合理利用每一寸土地，切实保护耕地”的基本国策观念，严格依法管理土地。要实行领导干部目标任期责任制，处理好发展经济与合理利用土地的关系，坚决刹住乱占滥用耕地之风，扭转耕地锐减的势头。

（三）

解决我国耕地不足问题，必须面向全部国土，充分挖掘潜力，尽可能把农用土地搞得多一些，把土地的利用方式搞得合理一些，把土地的质量搞得高一些。

要加快农地后备资源的综合开发。我国除宜农荒地5亿亩外，还有牧草地39亿亩，林地294亿亩，内陆水域539亿亩，海涂3000万亩，其中有一部分尚待开发，已开发部分的产出率同发达国家相比也还有很大差距。要利用传统农业技术和现代科技手段，把一切可以利用的农地都尽可能地合理利用起来。要走“大农业”的路子，因地制宜，宜耕则耕，宜牧则牧，宜林则林，宜渔则渔。要注意眼前利益、中期效果和长远发展兼顾，经济效益、社会效益和环境效益并举，力求避免重复历史上那种盲目开垦草原、围湖造地、毁林造田，严重破坏生态环境的错误做法。

要根据不同自然条件和当地经济发展状况，合理调整土地的利用方式。近年来有些地方利用低山丘陵发展果木、茶叶、木本油料等经济作物，既充分利用了荒山荒坡的土地资源，又把条件较好的土地腾出来用作耕地；有些地方先以速生树种实现荒山绿化，改善生态环境，然后逐步用经济林木更替，提高土地产出率；有些地方随着经济实力的增强，对农民住宅和乡镇企业用地进行规划、调整。这些做法在有条件的地方可以逐步推广。

要依靠科技进步和增加投入提高土地的质量。在我国现有耕地中，中低产田占到70%以上，通过农田水利建设、改良种子、增加肥力、适当提高复种指数以及其他整治、改造措施，努力把低产田改造为中产田，把中产田改造为高产田，使高产田更上一层楼，就可以较大幅度地增加农产品产量。在有条件的地方，通过合理安排种植业、养殖业和加工业，使三者有机结合起来，构成一个多层次、多产业，经营上高效益，生态上良性循环，技术上规范化的立体农业生产体系，也是提高土地产出率的有效途径。提高林地的单位面积蓄积量和生长量，扩大优质草地面积以增加畜产品产量，同样也有巨大的潜力。

（四）

开发大西北是一篇大文章。我国西北地区具有地广人稀的显著特点，除内蒙古西部之外，陕西、甘肃、宁夏、青海、新疆五省区有296万平方公里，占国土总面积的31%，耕地后备资源占全国的323%，而人口只占全国的7%。大西北光热资源充足，地下矿藏丰富，边境线长达3000多公里，欧亚大陆桥横贯东西，具有发展经济和对外贸易的多方面优势。开发大西北，不仅对当前推动我国农业的发展、解决我国地区间经济发展的不平衡、加强我国民族大家庭的团结具有极为重要的战略意义，而且对下个世纪增强我国发展的后劲、保持国家的长治久安也将产生极为深远的影响。研究中国的农业用地，研究中国的未来发展，不能不研究中国大西北的开发。

由于自然条件的限制，大西北的许多地方确实很难改造成为农地，但确也有许多地方具有开发成为农地的广阔前景。有些地方开发的关键在于水。只要有了水，就能发展农业，只要水资源充足，粮食单产、总产就可以大幅度提高。解决大西北缺水的问题，必须采取一些重大步骤。一是尽量把水用于发展粮食生产和大规模植树造林。二是提倡合理、节约用水，采用先进灌溉技术，发展节水型农业。三是加快水利建设，把尽可能多的水留在西北、用在西北，特别是对于西北建设具有战略意义的水利项目，应加快研究、论证，早日决策、实施。四是研究从区外调水。有些专家提出从长江上游向黄河上游调水的方案，并已研究多年，还有从雅鲁藏布江调水过昆仑山入新疆的方案，调黑龙江水南下入内蒙古和华北的方案。这些方案如果可行，对改造开发大西北及其他缺水地区具有重大意义。

开发大西北这篇文章，必须全国人民共同来做，必须世世代代长期坚持来做。地方要发挥主动性，中央也要予以支持和引导，提高西北地区的农业比较效益，调动地方和农民种粮、种树、种草的积极性。只要我们的政策符合实际，地方和农民有了开发利用土地资源、发展农业的积极性，大西北的耕地和绿化面积就可以不断扩大。只要绿化达到一定程度，大西北的生态环境就可以得到改善。一旦大西北的生态环境发生了大的改善，将会对我们的国家、我们的民族、我们的子孙后代，产生不可估量的作用和影响。

（五）

我国地形的特点是西高东低，造成大量宝贵的水资源白白流失。水资源的分布是南多北少，导致南方经常洪涝成灾，北方普遍干旱缺水。特别是由于降雨量的季节性、区域性严重失衡，旱涝灾害常常是异地同时发生或同地异时发生。在过去的两千多年间，我国共发生大旱灾1600多次，大水灾1300多次。连绵不断的自然灾害，使水土大量流失，土地严重盐碱沙化，农田遭受大面积的破坏，给人民带来无穷的灾难，给国家造成巨大的损失。

为了战胜自然灾害，谋求生存和发展，我们的祖先进行了不屈不挠的斗争，表现了非凡的智慧和伟大的力量，创造了宝贵的经验和可歌可泣的业绩。新中国成立以后，我国人民响应毛泽东主席“一定要把淮河修好”、“要把黄河的事情办好”、“一定要根治海河”等伟大号召，治理江河，兴修水利，取得了举世瞩目的成就。今天，我们各方面条件比以往任何时候都好多了，我们拥有更加强大的经济实力、前人无法想象的科学技术和世界上最充足的劳动力资源，应该像邓小平同志所说的那样“发挥社会主义制度能够集中力量办大事的优势”，在认识和改造自然的过程中有新的更大的作为。比如，我们能不能通过各种工程，使不同高程上的水流经更多的缺水地区；能不能通过各种工程，实现水资源的跨流域调剂，把尽可能多的水从东、南调到西、北；能不能通过各种工程，大幅度地提高内陆蓄水能力、调控水平和利用程度，变“水害”为“水利”；能不能通过各种工程，大规模地围海造地、改造滩涂，增加陆地和耕地面积；能不能通过各种工程，遏制沙化，使尽可能多的沙漠变成绿洲，扩大农地面积；能不能通过各种工程，开展大规模植树造林，实行小流域系统治理，从根本上改变我国水土流失状况；能不能根据水资源的分布，合理调整工业布局，把用水量大的项目尽可能安排到水源充足的地方，如此等等。当然，把这些设想变成现实，绝不是容易的事，一定会碰到许多问题和困难。但是，我深信，只要我们有这种雄心壮志和长远的战略构想；只要我们尊重科学，进行充分的论证，制定周密的规划；只要全国各族人民万众一心，锲而不舍，世世代代奋斗不息，我们就一定能够在整治国土、安排河山、战胜灾害、改善环境等方面创造出无愧于先辈的伟大业绩，中国这块古老的土地一定会展现出新的面貌。

让我们在以江泽民同志为核心的中共中央领导下，在邓小平同志建设有中国特色社会主义理论的指引下，团结起来，扎实工作，更好地发挥人民政协参政议政的作用，为解决好农业问题作出应有的贡献。

《人民日报》发表社论《牢记党的宗旨——“七一”献词》

中国共产党是工人阶级先锋队。全心全意为人民服务，是我们党的根本宗旨，是我们党一切活动的出发点和归宿，是我们党永远立于不败之地的根基。

中国共产党73年的历史，就是几代共产党人为了全国各族人民的利益前仆后继、奋斗不息的历史。干革命，为了人民的翻身解放；搞建设，为了人民的富裕幸福。正是因为我们党一切为了人民，一切依靠人民，给人民带来实实在在的利益，所以同人民群众建立了血肉联系，赢得人民群众的衷心拥护，成为全中国各族人民的领导核心。

在以党的十一届三中全会为开端的新的历史时期，我们党把工作重点转移到经济建设上来；党的十四大和十四届三中全会以来，我们党领导了从计划经济体制到社会主义市场经济体制的转变。工作重点的转移，经济体制的转变，都是符合我国社会主义建设的发展规律，具有重大深远意义的历史性变革；都是为了解放和发展生产力，把经济建设搞上去，建设富强民主文明的社会主义现代化国家；都是为人民谋利益，提高人民群众物质文化生活水平。

处在历史转折期的共产党员要保持共产党人的本色，根本的一条就是要牢记党的宗旨，坚定不移地以全心全意为人民服务来指导自己的思想、言论、行动，在改革开放和现代化建设中作出更大的贡献。

我们要努力掌握为人民服务的理论。邓小平同志建设有中国特色社会主义的理论，是毛泽东思想的继承和发展，是当代中国的马克思主义。这一理论是为中国人民切切实实谋利益的理论。根据这一理论制定的党的“一个中心、两个基本点”的基本路线是为中国人民切切实实谋利益的路线。共产党员在为人民造福的伟大创业中，必须努力用邓小平同志建设有中国特色社会主义的理论武装自己，增强贯彻执行党的基本路线的自觉性和坚定性，解放思想，实事求是，把共产党人的先进性在社会主义物质文明和精神文明建设中充分发挥出来。

我们要努力锤炼为人民服务的品格。发展社会主义市场经济,讲物质利益、公平交易、平等竞争、按劳分配,这些都是必要的、正确的。作为共产党员,仅仅讲这些还不够,应当眼界更广,胸怀更宽,风格更高,要牢记共产党员的先进标准,坚定共产主义信念,立党为公,立党为民,讲理想,讲大局,讲奉献,自觉地以个人利益服从集体利益,以局部利益服从全局利益,做到"先天下之忧而忧,后天下之乐而乐"。在名利地位、个人得失问题上,不要计较攀比、"心理不平衡",更不能被拜金主义、极端个人主义牵着鼻子走,以权谋私,损人利己,丧失共产党人的本色。

我们要努力提高为人民服务的才干。立足本职,勤学习、勤钻研,不断提高专业水平,才能适应时代发展的要求,为祖国、为人民多作贡献。当前,世界科技日新月异,我国改革开放和现代化建设迅速发展,新知识、新技术、新事物、新经验层出不穷,仅凭原有的知识、技能、经验已经远远不够,必须与时俱进,抓紧学习。无论是搞经济工作、政法工作、科技工作、文教工作还是任何其他工作,都要励精图治,奋发进取,不断学习新知识、掌握新技能、增长新本领。

我们要努力改进为人民服务的作风。每一个行业,都是为人民服务的行业;每一个岗位,都是为人民服务的岗位。共产党员在本行业、本岗位上,要坚决防止和克服这样或那样的不正之风,带头树立为人民群众所欢迎的良好风尚。各级领导干部更要以身作则,率先垂范,在改进作风方面做表率。要有务实的作风,深入群众,深入生活,办实事,求实效;要有创新的作风,从实际出发,勇于探索,锐意改革,奋力开拓;要有高效的作风,议而有决,决而有行,为群众排忧解难,不搞官僚主义,不搞形式主义;要有廉洁的作风,一身正气,造福人民,决不见利忘义、以权谋私、徇私枉法、任人唯亲。

今天,我们党已经从建党时的几十人,发展成为拥有5400万党员的大党。党领导的有中国特色的社会主义事业蓬勃发展,欣欣向荣。我们党是得到人民群众拥护的党,是充满生机和活力的党。党的凝聚力和战斗力,取决于党的理论、路线、方针、政策的正确,取决于党和人民群众的紧密联系,取决于党员对全心全意为人民服务宗旨的努力实践。

纪念党的生日,全党同志一定要坚持以建设有中国特色社会主义理论为根本指针,坚持党的基本路线,牢记党的宗旨,发扬党的传统,全心全意为人民服务,为我们伟大、光荣、正确的党增光添彩。一定要在以江泽民同志为核心的党中央领导下,团结全国各族人民,同呼吸、共命运、心连心,群策群力,艰苦创业,集中精力把经济建设搞上去,促进社会全面进步,朝着我国现代化建设的宏伟目标奋勇前进!

《求是》杂志第14期发表评论员文章《发展要有新思路》

在改革、发展、稳定三大任务中,发展是核心,是深化改革和保持稳定的目的所在。发展是一个硬道理。抓好经济建设,促进经济发展,始终摆在党和国家全部工作的中心位置。近几年,我国经济建设成就巨大,举世瞩目,从总体上说,发展是顺利的。但发展过程中暴露的问题也还不少,新旧矛盾交织在一起,已经影响了发展的后劲。为了保持我国国民经济持续、快速、健康地发展,我们必须积极探索新办法,开拓新思路。

确立发展经济的新思路,关键是要正确理解持续、快速、健康三者的意义,处理好它们之间的关系。持续,既是时间上的要求,即不能满足于短时期内的增长,而要求得到长期的稳定发展;也是均衡的要求,即不能大起大落,忽高忽低。快速,是速度、效率上的要求,即邓小平同志提出的隔几年上一个新台阶。健康,则要求经济肌体本身在发展过程中保持一个良好的发育状态。三者是一个整体,缺一不可,它们既可以互相促进,又可能互相制约。从一定意义上说,经济发展是不是健康,是能不能取得持续、快速发展的关键因素。我们探索经济发展的新路子,首先就必须把文章做在促使经济肌体的健康发育上。这里既包括要通过合理调整和不断优化产业结构,使之处在一种各产业比较协调的状态;也包括要通过改革和完善各种制度、规章,形成和保持一套能够高速有效运转的经济运行机制。多年来的经济工作实践表明,产业结构不够合理,重要产业畸轻畸重,经济运行机制不甚顺畅、运转效率不高,国民经济就难以持续、快速地发展。目前我国经济工作中存在的难点和矛盾,突出地表现为固定资产投资规模过大,经济增长的一些条件已经偏紧;物价上涨幅度较高,产业结构不合理的问题仍然突出,"瓶颈"制约和通货膨胀的压力增大;不少国有大中型企业生产经营比较困难,农业的比较利益下降,后劲不足。这些问题有的已经存在了多年,有的是在近些年的改革和发展过程中产生的。克服难点,缓和和解决矛盾,任务十分艰巨。但只有认真做好这些工作,才能谈得上经济健康发展,才能为进一步的改革和发展提供较为宽松的环境。现在看来,解决这些方面的问题,态度不坚决,下不了大决心固然不行,但没有一套新思路、新办法也难以奏效。

开拓我国经济发展新思路,必须把着眼点和立足点放在提高经济效益上。经济效益的不断提高,是经济健康发展的重要标志。我国长期以来形成的是一种粗放经营的发展战略。其基本特征表现为过分追求产值产量的增长,而不甚重视经济效益的提高。80 年代中期,中央就曾提出要把经济工作转到以提高经济效益为中心的轨道上来,近 10 年来,我们在这方面的确也取得了一定的成绩。但从整体上说,我国经济发展仍未脱离粗放的产值速度型,不顾效益片面追求增长速度的传统观念在整个经济工作中仍有着相当大的影响。不少同志至今仍然把"发展"与"增长"简单地等同起来,一讲加快发展,就理解为增加投资,扩大规模,铺新摊子,上新项目,靠外延的生产扩张来求得较高的增长速度。实际上,发展与增长有联系也有区别,经济增长率的提高是经济发展的基础,是衡量发展水平的主要指标之一。中国要实现"三步走"战略,要在 21 世纪成为世界经济强国,就不能不讲速度。但经济的发展不仅要求产值产量的增长,更要求经济质量的提高。不讲经济效益,背离经济规律的生产扩张,尽管也能取得一时的经济较快增长,但付出的资源代价大,速度中的水分多,从长远看,它会破坏产业结构、经济运行机制的整体协调性,使国民经济肌体承受越来越沉重的包袱,阻塞经济增长的通道,难以形成良性循环,从而为经济的长期持续发展设置障碍。因此,我们必须正确处理速度与效益的关系,坚持二者的统一,不要再走盲目追求产值速度和扩大投资规模的老路,而要在不断提高经济效益的前提下求得一个较高而实实在在的发展速度。各地方、各部门、各企业一定要从各自的实际出发,根据需要和可能确定自己的经济发展目标,切不可搞产值速度的盲目攀比。各地的情况千差万别,有的发展快些,有的慢些,是正常的,不可避免的。一搞盲目攀比,就会出问题,就会滑回到老路子上去,就容易产生虚夸浮躁之风。就全国而言,中央确定的经济增长率目标是经过极为慎重的研究论证的,有着充分的根据,一般是不可轻易突破的。这就必须把经济增长的重点切实转向内涵扩大再生产上来。

以提高经济效益为中心,把经济增长点主要建立在内涵扩大再生产上,就要把发展科学技术和教育事业放在首位,使经济建设紧紧依靠科技的进步和劳动者素质的提高。科学技术部门和人员要把促进经济建设,提高经济效益放在首位,大力加强科工、科农、科贸的结合,加速科技成果转化为现实生产力的进程。要注重加速现有企业技术改造步伐,鼓励和鞭策企业加快技术改造与设备更新,优化资源配置,提高经济效益。劳动者素质的不断提高,不仅能够提高劳动生产率,有助于增进经济效益,而且体现了社会主义经济发展的本质要求,有利于更好、更充分地发挥广大劳动群众在经济建设中的主人翁作用。我们既要重视生产劳动者素质的提高,也要重视生产经营管理者素质的提高。既要重视劳动者科学文化水平和劳动技能的提高,也要重视劳动者思想道德素质的提高。要发挥社会各方面的办学积极性,大力发展多层次、多形式的教育事业,特别是要加强在职职工的专业技术培训和职业道德教育,培养一代适应现代生产力发展需要的社会主义劳动者。要在生产经营管理人员中广泛提倡和鼓励学习社会主义市场经济理论、学习科学技术、学习现代生产管理知识、学习国外先进管理经验的风气,尽快造就一支能够在社会主义市场经济条件下熟练地从事现代化经营管理活动的宏大队伍。

提高经济效益的根本途径,在于继续深化经济体制改革。我国经济中存在的突出问题,无论是固定资产投资规模过大,"投资饥渴症"久治不愈,还是经济结构失衡、经济效益低下等,都不难从体制方面找到其症结,也就是说,主要是由于旧体制的弊端没能完全克服,新体制还没有完全成型。可以肯定,我国经济效益的提高,取决于起基础性作用的资源配置方式从计划向市场的转变,取决于企业真正成为自主经营、自负盈亏、自我发展、自我约束的市场主体。因此,我们要把加快发展的巨大热情转化为深化改革的强大动力。各地、各部门的主要领导同志要把更大的精力放到改革上来,对于中央已经出台的一系列重大改革措施,要殚精竭虑地把它们逐项贯彻落实到本地区、本部门中去。全国上下要同心同德,步调一致地推进改革大业,把社会主义市场经济体制以及相应的经济运行机制尽快地建立起来,为加快发展、提高效益提供可靠的保障。

企业是国民经济的细胞。企业的改革和发展,是整个经济改革和发展的中心环节。搞活、搞好国有大中型企业,我国经济的持续、快速、健康发展就有了基本的依托。要按照现代企业制度的方向和目标,抓紧转换企业经营机制。政府部门要切实转变职能,减少对企业的直接管理和行政干预,把《全民所有制工业企业转换经营机制条例》赋予企业的 14 项经营自主权不折不扣地交给企业。企业自身更要进一步振奋精神,励精图治,在落实《条例》、走向市场方面发挥出更大的主观能动性。一切企业都要在加强内部管理、苦练"内功"上下狠功夫,向管理要速度,要效益。在现实经济生活中,一些原本条件大体相同的企业,在发展过程中出现了效益、速度上的极大差异,并在市场竞争中面临着不同的命运,究其原因,往往在于内部管理水平的差别。大量先进企业的经验表明,内部管理制度的改进,管理"软件"的改善,管理人员水平的提高,可以将已经到手的自主权用得更活、更好,可以使经济效益迅速提高,甚至可以使濒临倒闭的企业起死回生。"管理是生产力"的道理,在这些企业身上得到了生动体现。相反,不少企业管理水平低下,现有生产条件的潜力远未发掘出来，却热衷于投资铺新摊子，“抛开良田去开荒”，得不偿失。这些企业，如果能在内部管理上多动点心思，进行一些必要的投资，将不难收到事半功倍之效。

加强和改善宏观调控，是深化改革，建立社会主义市场经济体制的有机组成部分。只有加强和改善宏观调控，保持社会供需总量的大体平衡，才能避免大的损失，保证国民经济持续、快速、健康地发展。那种把建立宏观调控体系与建立社会主义市场经济体制对立起来的观点是不正确的。根据各个时期全国经济发展的实际情况，工作的着重点可以有所不同，有时强调市场作用多一些，有时强调国家宏观调控多一些。但我们切不可在强调一个方面的时候，忽视以至放松了另外一个方面。去年年中开始，中央针对前进中的突出矛盾和问题，及时采取一系列宏观调控措施，以经济手段和法律手段为主，辅之以必要的行政手段，大力整顿金融秩序，抑制房地产热、开发区热和投资增长过旺的势头，稳定了经济，支持了国家重点建设，使某些方面的问题有所缓解，使经济发展的环境有了改善。人们从这一实践中，应当不难对宏观调控的作用获得新的、更深刻、更正确的认识。一个有远见、有作为的企业家，绝不应当把国家的宏观调控看成一种消极的制约，而应把它当作自己行为的重要导向，在追求本企业经济效益的时候，善于把微观和宏观结合起来，在企业与全局发展相协调的状态下去求得较好的、稳定的经济效益。那种把心思用在研究“对策”、钻“空子”上，对于中央关于严格控制投资规模等宏观调控政策采取“灵活变通”、“打擦边球”，甚至“闯红灯”的做法，实不足取。这么做，或许能够得益于一时，但却违背客观经济规律，侵犯国家政策法令的权威性，危害整个经济的健康运行，从长远看，不仅损害了全局利益，而且也必将使自身利益受到损害。

我们讲发展，开拓发展的新思路，任何时候都不能不特别强调经济与社会的协调发展。经济发展归根到底是服务于人类社会进步这一目标的，它为社会进步提供坚实的物质基础。与此同时，社会的全面进步还表现为人们精神文明水平的不断提高。经济发展本身除了依靠直接的生产要素外，也离不开一定的文化、社会、政治条件和环境，是多种因素综合作用的结果。只注重直接生产要素的获取，忽视社会条件的改善，经济发展难以持久；只讲经济发展，不讲社会综合发展，我们的社会就不能真正取得全面进步。重物质而轻精神，忽视人们的思想道德建设，不大力克服各种社会消极腐败现象，这是十分危险的，将会给国家和民族带来灾难性的后果。因此，我们要毫不动摇地坚持以经济建设为中心，但绝不能孤立地抓经济工作。既要突出发展经济这一中心，又要围绕中心，统筹兼顾。要坚持“两手抓，两手都要硬”。要一手抓物质文明建设，一手抓精神文明建设；一手抓好经济工作，一手抓紧惩治腐败，打击各种经济犯罪活动，消除各种社会丑恶现象；要在加紧进行社会主义市场经济体制建设的同时，切实搞好社会主义民主和法制建设；要在不断提高人民群众的物质生活水平的同时，不断提高他们的精神文化生活水平。只有这样，才能为经济发展提供良好的社会环境以及强大的精神动力和智力支持，促进我国社会全面进步。

海关实施汽车进口管理新规定

海关总署近日就贯彻国家《汽车工业产业政策》有关规定的实施办法发出通知，自7月5日起对进口汽车、摩托车的税收和管理实行《汽车工业产业政策》中的新规定。

为促进我国汽车工业发展，国家制定《汽车工业产业政策》。在进口管理方面该文件规定：除外交、政府双边协议规定外，所有进口汽车、摩托车一律照章征税；指定大连港、天津新港、上海港、黄埔港等4个沿海港口和满洲里、深圳（皇岗）两个陆地口岸为整车进口口岸；停止审批以任何贸易方式经营翻新、拆解进口旧汽车和摩托车业务的项目；禁止以贸易方式和接受捐赠方式进口旧汽车和旧摩托车。

中办复函民建中央对《关于加快西北经济发展若干建议》给予高度评价

中共中央办公厅日前复函民建中央，对《关于加快西北经济发展若干建议》给予高度评价。

复函指出，你会送交中共中央、国务院《关于加快西北经济发展若干建议》，经报送中央、国务院领导同志，由国务院办公厅批转国家计委会同有关部门进行了认真研究。国家计委认为《建议》中的主要思想与《国务院批转国家计委关于西北地区经济规划问题报告的通知》的思路是基本一致的，《建议》中所提“东联西出”的战略思想，与国家的区域发展规划思路是吻合的。国家有关部委将结合你们的《建议》，进一步做好西北地区的经济规划工作。

《关于加快西北经济发展若干建议》是从一九九二年底开始，民建中央组织西北五省、区地方组织和有关专家、学者就西北经济发展问题进行调查研究，并广泛征求会内外人士意见后而形成的。

民建中央《建议》主要内容是：解放思想，实事求是，用改革的精神确定西北经济的发展战略；加快资源开发和基础产业发展，增强西北地区经济实力；加大改革力度，抓住重点，集中开发；重视农业的基础地位，改善基本生产条件；深化科技教育改革，解决好突出问题；加强区域联合协作，扩大对内对外开放等。

国务院总理李鹏在维也纳接受奥地利记者采访时谈国内形势和一些重大国际问题

李鹏上午在其下榻的布里斯托饭店接受奥地利新闻社、奥地利电视台、《新闻报》、《标准报》和《维也纳日报》5家奥地利新闻单位记者的联合采访，就中国国内形势和一些重大国际问题回答记者的提问。

在接受采访开始时，李鹏说，他对奥地利的访问是历史上中国总理首次访奥，由于主人热情好客及周到安排，访问进行得十分顺利，双方的会谈、会见富有成效。

当记者问及中国在人权问题上的立场时，李鹏说，中国政府十分关心人权。在去年举行的维也纳世界人权大会上，中国积极参与了《维也纳宣言和行动纲领》的制定，这个宣言既融合了西方的人权观，也反映了发展中国家在人权问题上的一些基本主张。他强调，确认发展权和生存权对发展中国家来说是首要的人权，发展中国家人口占世界人口1/5以上，无视其主张是不公正的。

李鹏说，中国是一个法制的国家，以宪法为依据的社会主义法律体系正在逐步完善，中国政府是严格依法办事的。在中国，司法权、行政权和立法权分别行使，执法是司法部门的事情。

当记者问及朝鲜核问题时，李鹏说，中国希望即将举行的朝美谈判及朝鲜和韩国的首脑会谈能够取得积极成果。如果一时谈不拢，还可以继续谈，要有耐心。事实已经证明，谈判和对话比施加压力要好得多。其实，世界上有许多问题比朝鲜核问题更具紧迫性，如波黑问题至今尚未得到解决。"我们始终认为对话和谈判是妥善解决朝鲜核问题以及其他国际争端的唯一正确途径。"

当记者问及中国的政治改革时，李鹏说，中国的经济改革与政治改革是同步进行的，中国在经济上取得的成就举世公认，但没有政治上的成就，没有国家的稳定，经济就无法正常运行，就不可能取得这样大的进展。

李鹏说，看待中国的政治改革不能用西方的标准。中国是个发展中国家，中国的政治改革将随着其经济改革的发展而不断推进。

李鹏指出，中国正在实行社会主义市场经济，这就需要建立一套完整的社会主义市场经济法律体系。

李鹏指出，中国正在而且将要继续进行政治改革，但这种改革不是照抄西方，而是一种合乎中国国情的改革。

在谈及中国经济体制改革的设想和前景时，李鹏说，中国的经济改革是在稳定的条件下进行的。由计划经济转向市场经济经历了很长的过程，如价格改革就进行了15年。每项改革措施的出台，政府都充分考虑国家、企业和群众的承受能力，最大程度地减少社会震荡。

李鹏说，中国改革的一条重要经验就是正确处理改革、发展和稳定三者之间的关系。发展是目的，改革开放是经济发展的动力，而稳定是经济发展和改革顺利进行必不可少的条件。

当记者问及什么是社会主义市场经济时，李鹏说，中国90%左右的商品价格是由市场供求关系来决定的。无论是国有企业还是私营企业，都必须根据市场导向来决定自己的生产。市场在资源配置中发挥基础作用，而且这种作用越来越大。

李鹏说，中国要建立社会主义市场经济的体制首先是和所有制相联系的。中国经济以公有制，即国有企业和集体企业为主体，国家允许私营企业存在，并将其视为一种有益的补充。政府主要是采取经济的手段进行有效的宏观调控，以保证经济持续、快速、健康的发展。

外交部和外经贸部发言人分别就美国决定对中国知识产权问题进行调查发表谈话

6月30日，美国政府宣布，根据贸易法"301"特别条款，美国已将中国列为"外国重点国"，并将对中国侵犯美国知识产权的问题进行调查。对此，外交部和外经贸部发言人指出，美国的做法"是毫无道理的，是我们不能接受的"。

中国政府与丹麦政府在北京签署贷款协议

中国政府与丹麦王国政府在北京签署贷款协议。中国投资银行与丹麦出口金融公司分别作为借款人和贷款人在协议上签字。此笔贷款金额3000万美元，期限10年，主要用于中国企业引进丹麦的先进技术和设备。

澳大利亚总督比尔·海登在堪培拉总督府会见国务委员兼国家体改委主任李铁映

立陶宛总统布拉藻斯卡斯在维尔纽斯会见国务院副总理兼外交部部长钱其琛

国务院副总理兼外交部部长钱其琛在维尔纽斯同立陶宛外交部部长吉利斯举行会谈

爱沙尼亚总理拉尔在塔林会见国务院副总理兼外交部部长钱其琛

国务院副总理兼外交部部长钱其琛在塔林同爱沙尼亚外交部部长卢伊克举行会谈

钱其琛说，中爱建交3年来，两国高层交往不少。中国高度评价爱沙尼亚总统梅里不久前访华所取得的成果，它揭开了中爱关系史上新的一页。中国尊重爱沙尼亚人民自己的选择，尊重并理解爱根据本国具体情况及所处环境决定自己的社会经济发展道路和对外政策，衷心祝愿爱经济发展，社会稳定，在国际事务中发挥应有作用。

卢伊克说，爱沙尼亚非常重视爱中关系。尽管两国相距甚远、社会制度不同，但爱希望保持和发展同中国的良好关系，这符合两国人民的利益。

关税及贸易总协定中国工作组第十七次会议在日内瓦结束

国务院总理李鹏在维也纳布里斯托饭店会见奥中友协名誉会长苏海文及其夫人

中央军委主席江泽民同北京军区中高级干部进行座谈

北京军区司令员李来柱、政治委员谷善庆主持座谈会。

中央军委副主席刘华清、张震，中央军委委员迟浩田、张万年、于永波、傅全有参加座谈会。

江泽民在座谈会上讲话说，我们党已经走过了73年的光辉历程。在新的历史条件下，怎样把建设有中国特色社会主义的伟大事业推向前进，关键是要把我们党自身建设好。我军是党绝对领导下的人民军队，这支军队能否永葆老红军的本色，关键也在于军队中各级党组织的建设。对军队来说，党的建设在很大程度上是干部队伍建设。我们把干部队伍抓好了，就能带好部队，抓好各项工作的落实。

江泽民强调，人才为政事之本，也是建军治军之本。中高级干部是军队的中坚，率领着千军万马，肩负着党和人民赋予的历史重任。这些同志的素质如何，能力和作用怎样，直接关系到党中央、中央军委决策和指示的贯彻落实，关系到我们事业的兴衰成败。新的形势和任务，对干部的素质提出了新的更高的要求。在这方面，小平同志有过许多指示，大家应当认真领会，不折不扣地照着去做。提高中高级干部的素质，内容是多方面的，但主要是三条。一是要有很高的政治素质，二是要有很强的工作能力，三是要有很好的作风。

江泽民指出，提高中高级干部的素质，首先要加强学习。最根本的是要认真学习邓小平建设有中国特色社会主义理论和新时期军队建设的思想，用以武装头脑，指导行动，不断提高政治水平、理论素养和领导能力。要继承和发展毛泽东军事思想，根据新的情况，研究新的战法和克敌制胜的对策，提高驾驭现代战争的能力。还要学习马克思主义哲学，学习现代科技知识和社会主义市场经济知识，同时注重在实际工作中的磨炼，培养一大批德才兼备的干部。

江泽民说，纪律是军队的命脉。严明纪律，应当从干部严起。中高级干部要起模范带头作用，要求部队做到的，自己首先做到。带好部队，关键在于提高干部的带兵能力，要把尊干爱兵等老红军传统进一步发扬光大，代代相传。

江泽民要求领导干部要改进作风，下功夫抓好工作落实。他说，能否抓好落实，从根本上说是个党性问题，工作指导思想问题。我们做工作是为了搞好部队建设，提高战斗力，一定要以高度负责的精神，坚持办实事、讲实话、求实效。要把向上负责和向下负责一致起来，把讲的和做的统一起来。各级领导机关都要多在抓落实上动脑筋、下功夫，不要搞那些花架子、虚套子、劳民伤财的东西。要大兴调查研究之风。领导同志要深入实际，了解真情，倾听干部战士的呼声，关心群众的疾苦，扎扎实实地帮助部队特别是帮助基层解决实际问题和困难。领导同志的工作作风好，就能够树立威信，凝聚军心，增进团结，促进工作。

中宣部副部长文化部部长刘忠德就中宣部组织实施“五个一工程”答记者问

作为社会主义精神文明建设的重大举措，中宣部组织实施的“五个一工程”，在精神产品生产领域以至在人们思想文化生活中产生着越来越大的影响。为使广大读者进一步了解有关“五个一工程”的情况，记者日前走访了中宣部副部长、文化部部长刘忠德。

记者：最近，中宣部举行了“五个一工程”推荐节目的展映、展播、展演活动，在群众中产生了很好的反响。但仍有不少人对什么是“五个一工程”并不很了解，请您再介绍一下它的由来。

刘忠德：为了切实贯彻邓小平同志提出的坚持两手抓、两手都要硬的方针，根据党中央的指示，1991年中央宣传部作出组织实施精神文明建设“五个一工程”的决定，要求各省、自治区、直辖市党委宣传部像抓物质生产重点建设工程那样，有计划、有重点地组织生产思想文化精品的工程，力争每年度推出一本好书、一台好戏、一部优秀影片和一部优秀电视剧(电视片)、一篇或几篇有创见、有说服力的文章，即“五个一工程”。

实施“五个一工程”的目的，不单单是推出一些优秀作品，而是要按照邓小平建设有中国特色社会主义理论的指导和党的基本路线的要求，加强社会主义精神文明建设宏观调控。通过这种途径和手段，对文学、艺术、理论和出版等整个宣传文化事业的发展起一种导向和推动作用。“工程”实施以来，中宣部每年都组织专家、学者和有关部门有丰富实践经验的工作者对“五个一工程”的推荐作品进行认真评选。对于在抓这项工作中坚持“二为”方向、“双百”方针，工作指导得力，抓出优秀作品，成绩突出的省、自治区、直辖市党委宣传部，授予“五个一工程”组织工作奖，还对入选单项作品给以表彰。

记者：从1991年到现在，这项工作进展情况如何？

刘忠德：实施精神文明建设“五个一工程”已经历了三个年度，得到了各地党委、政府以及文艺、理论、出版等部门的高度重视，受到了广大专家、学者的支持，已经见了成效，有了很好的基础，产生了积极的影响，引起社会各方面的关注。三年来，各地推出了一大批反映时代精神和改革开放、现代化建设主旋律的高格调的精品。1991—1993年，各省、自治区、直辖市党委宣传部共推荐理论文章259篇，图书226种(套)，600多本，电视剧(片)155部，戏剧164部，电影53部。1991年度评出入选作品68部(篇)，1992年度66部(篇)，1993年80部(篇)。各地推荐的作品数量年年增加，质量逐年提高。现在，精神文明建设“五个一工程”已经形成了一个组织领导工作体系，包括有了一个自上而下实施工程的领导体系，有了一支编创队伍和一个自下而上的评选队伍。

在组织实施“五个一工程”过程中，各地已积累了一些经验和体会，主要是：(1)要树立精品意识。“五个一工程”要推出的是精品，它既反映时代特征，又能充分体现社会主旋律。整个编创过程是解放思想，实事求是，着眼于正确导向的过程。(2)要精心组织。对重点作品，宣传部不仅要从思想艺术学术总体要求上帮助提高，而且要充分调动、激励作家、艺术家、理论家创作的积极性和创造性，要依据理论研究和文艺创作的规律，努力形成一个众多专家、学者参加的思想文化精品的编创队伍。(3)发挥工程的导向作用。“五个一工程”精神产品生产的重点工程，在一定意义上要体现党在加强社会主义精神文明建设过程中的一系列方针政策，具体体现“为人民服务、为社会主义服务”的方向和“百花齐放、百家争鸣”的方针。运用一台好戏、一部好影视片、一本好书、一篇或几篇有创见有说服力的好文章，带动思想文化、舆论阵地的活跃与繁荣，是各地充分发挥工程效益的一个共同特点。

记者：组织实施“五个一工程”，诸多精神产品的精品在经济和社会生活中产生了广泛影响，有的还引起了轰动效应。

刘忠德：正是这样。江泽民总书记在今年初全国宣传思想工作会议上提出宣传思想工作的任务：“以科学的理论武装人，以正确的舆论引导人，以高尚的精神塑造人，以优秀的作品鼓舞人。”“五个一工程”的实施完全符合这样的要求。像《凤凰琴》等一批优秀作品，发挥了鼓舞作用，增强了民族精神的凝聚力，为改革开放和经济建设提供了良好的舆论环境。这可以说是实施“五个一工程”的作用之一。作用之二，是一大批精品问世，有力地促进了文艺、理论、出版等方面的繁荣。从1993年度“五个一工程”推荐作品来看，理论文章中关于马列主义、毛泽东思想和邓小平建设有中国特色社会主义理论文章以及社会主义市场经济理论与实践研究的占70%，文艺作品中反映时代精神和改革开放主旋律、对青少年进行爱国主义教育的现实主义作品占70%以上，其中戏剧占38%，电视剧(片)占62%，电影占90%，图书占49%。这些优秀作品产生的示范作用是广泛的。特别是一些边远省份，高质量的优秀作品大量增加。作用之三，是为加强和改进宣传思想工作提供了新方法、新思路，有力地促进了宣传部门改进工作作风和工作方法，不断提高工作水平，以点带面，推动宣传思想文化领域工作向着更加实际和更加活跃的方向发展。

记者：下一步组织实施“五个一工程”有哪些新设想？

刘忠德：丁关根同志非常关心“五个一工程”的建设工作，要求我们从作品选题、创作构想开始就和作家、艺术家多沟通，充分尊重他们的意见，为他们创造条件，提供服务，并要不断扩大“工程”阵地。

任何事物都有一个逐步发展完善的过程。“五个一工程”也有待于进一步完善，需要认真总结经验，扩大工作成果。按照丁关根同志的指示精神，首先，要进一步加强规划和指导。做好选题评估，加强前期指导，通过综合协调，使各类选题形成一个合理的结构。对一年一度的“五个一工程”入选作品的评选，也要根据形势发展充实新的内容和要求。第二，要下功夫抓精品创作。艺术和科学的精品是长期积累和锤炼的成果，精神产品的生产按其自身的规律，需要一定的生产周期。因此，要积极为创作人员提供深入实际、深入生活采访的条件，加强组织协调工作，形成创作精品的合力。第三，加强精品编创队伍建设。“五个一工程”是出精品的工程，也是出人才的工程。要通过实施“五个一工程”不断地发现、吸引、培育和造就优秀人才，逐步组织起一支宏大的思想作风好、业务水平高、又热心于弘扬时代精神主旋律的精品生产的思想文化编创队伍。

中共中央总书记江泽民为《中国军转民报》更名为《中国军工报》题写报名

7月2日

八届全国人大常委会第八次会议举行全体会议

会议听取1993年国家决算报告和关于林业工作情况等报告。全国人大常委会委员长乔石出席会议。

受国务院委托，财政部长刘仲藜在向会议作1993年国家决算报告中说，1993年国家财政收支都有较大幅度增长，财政赤字没有突破预算数额，预算执行情况总的说是好的。受国务院委托，林业部长徐有芳作关于林业工作情况的报告。

会议还听取全国人大财经委员会副主任委员黄毅诚关于检查统计法执行情况的报告和全国人大教科文卫委员会主任委员赵东宛关于检查教师法执行情况的报告。会议还审议田纪云副委员长访问新西兰、西萨摩亚、巴布亚新几内亚、澳大利亚4国情况和王光英副委员长访问葡萄牙、马耳他两国情况的书面报告。

全国人大常委会副委员长李沛瑶主持会议。

财政部部长刘仲藜受国务院委托向八届全国人大常委会第八次会议作《关于1993年国家决算的报告》

刘仲藜说，1993年，国家财政收支都有较大幅度增长，财政赤字没有突破预算数额，预算执行情况总的说是好的。根据现在正式编成的1993年国家决算，国家财政总收入508817亿元，完成预算的1125%；财政总支出528742亿元，完成预算的1118%；收支相抵，财政赤字19925亿元，比预算减少575亿元。其中，中央财政赤字20477亿元，比预算减少023亿元；地方财政结余552亿元。与向第八届全国人民代表大会第二次会议报告的预计执行数比较，财政总收入减少2665亿元，财政总支出减少324亿元，财政赤字减少575亿元。他还详细报告了国家财政收入按复式预算汇总的完成情况。

刘仲藜说，1993年，国民经济持续快速增长，财源相应扩大，特别是中央采取加强和改善宏观调控措施，各地普遍加强了各项收入的征管和历年欠税的清收工作，擅自减免税、随意退税、包税等违犯财税法纪的情况得到了纠正，并且停止了临时性、困难性减免税的审批，使这一年的财政收入较大幅度地超过了预算数额。其中，仅产品税、增值税、营业税收入，就比预算超过49759亿元。此外，由于严格了罚没收入和行政性收费收支两条线管理制度，使经常性预算中其他收入增加较多。

刘仲藜说，去年财政收入超过预算主要体现在地方。按照当时财政包干体制的规定，地方财政在完成包干上缴任务以后，可以用增加的收入相应安排支出。因此，在预算超收较多的情况下，地方财政相应增加了经济建设和各项事业发展支出。这一年，企业挖潜改造支出比预算超过1679亿元；支援农业生产支出比预算超过2383亿元；文教、科学、卫生事业费比预算超过10547亿元。此外，行政事业单位职工调整工资超过规定标准，使行政事业费和列在其他支出中的其他部门事业费支出超支较多，也是去年预算超支的原因之一。

刘仲藜说，1993年预算执行中的突出问题主要是三个方面：一是在全国财政收支大幅度增长的情况下，中央财政收支没有完成预算，中央财政的困难局面进一步加剧。二是在各项改革不断深入，绝大部分商品价格已由市场形成的情况下，国家财政负担的价格补贴和企业亏损补贴仍有700多亿元，财政包袱沉重的状况没有大的改变。三是财政支出安排还有不尽合理之处，有些支出突破预算较多。一方面，由于固定资产投资规模过大，经济增长超过计划较多，地方基本建设投资、更新改造支出等经济建设支出较大幅度地超过了预算数额。与此同时，仍有一些地方不能正常发放职工工资。

刘仲藜说，这些问题，除了财政管理工作方面的原因外，主要是原有财政管理体制和管理制度的弊端在预算执行中的反映。为此，我们将抓住深化财税改革的有利时机，着力转换机制，规范管理，改进工作，尽快改善国家财政状况。

林业部部长徐有芳受国务院委托向八届全国人大常委会第八次会议作《关于林业工作情况的报告》

徐有芳说，根据最近一次全国森林资源清查，我国现有森林面积20.06亿亩，活立木总蓄积量117.85亿立方米，森林覆盖率13.92%。

徐有芳介绍说，目前，全国每年以植树造林8000多万亩、封山育林5500万亩、义务植树24亿株的速度向前发展，全国人工造林保存面积累计已达5亿多亩，速度和规模均居世界第一。人工造林合格率达到84.5%，保存率达到92.5%，从根本上改变了以往年年造林不见林的问题。一些大规模的生态工程建设，使我国相当部分地区的生态环境得到明显改善，促进了经济发展。

谈到森林保护问题时，徐有芳说，各地通过深化改革，强化森林防火工作，使防火的基础设施有所改善，控制扑救森林大火的能力明显增强，森林火灾大幅度下降。1988—1993 年,6 年平均森林火灾受害率为 0.31‰,不但大大低于 1987 年以前年均 8.5‰的水平,而且也低于 1‰的世界平均水平。森林病虫害严重发生的势头初步得到遏制,1993 年全国森林病虫害发生面积比“七五”期间最高年份下降了 3000 多万亩。

徐有芳说,通过强化以实行限额采伐为核心的资源和林政管理工作,近几年我国森林资源消耗量平均每年下降 1000 多万立方米,再加上植树造林的快速发展,林木生长量增加,全国已有 25 个省区做到森林资源生长量大于消耗量,其他省区生长量也接近消耗量。

徐有芳说,从总体上看,林业的形势是好的,但是,林业在发展中也还存在着不少困难和问题,人们对林业的地位和作用还没有取得应有的共识;一些地方不能正确处理加快经济发展同加强森林资源保护管理的关系;林业的基础还很薄弱等。徐有芳说,当前,重点是要抓好七个方面的工作:继续大力抓好造林绿化工作;全面加强森林资源保护管理;深化企业改革,转换经营机制,大力发展林业产业;大力开展山区林业综合开发,加快山区脱贫致富奔小康的步伐;加强法制建设,保障林业改革和发展的顺利进行;积极推广先进适用的科学技术;适应新的形势,加大改革力度,加快改革步伐,促进林业发展。

民盟在北京举行七届六次常委会

会议于 2 日至 3 日举行。民盟中央主席费孝通主持会议,副主席钱伟长在会上讲话。

会议根据当前坚持和完善中国共产党领导的多党合作和政治协商制度工作的要求,结合民盟的实际,就进一步开展参政议政、为改革开放和经济建设服务、自身建设等问题进行讨论。

会议决定丁石孙任民盟中央常务副主席。

国务院代总理朱镕基在钓鱼台国宾馆会见马达加斯加总统扎菲

《人民日报》就《中华人民共和国对外贸易法》施行发表评论员文章《建立有中国特色的自由贸易制度》

国务院副总理兼外交部部长钱其琛在爱沙尼亚首都塔林接受新华社记者采访阐述中国对独联体国家和波罗的海国家的基本政策

问:钱外长,您访问了独联体的诞生地和总部所在地——白俄罗斯,请您谈谈我国对独联体国家的基本政策是什么?

答:中国同原苏联各国有着悠久的传统友好关系。苏联解体后,我们同该地区各国的关系在新的历史条件下得到了进一步的发展。我们对原苏各国一视同仁,无论是大国还是小国,离中国近还是远,我们都愿同它们相互尊重,友好相处,互利合作。我们理解这些国家目前过渡时期的暂时困难,并衷心希望各国尽快解决好各自面临的问题,发展经济,提高人民生活。目前,我同各国在各个领域、各个层次的友好合作正在稳步发展并保持着良好的发展势头。我们珍惜取得的成果,并愿同各国一道,使相互关系在质和量的方面不断有新的发展。

中国在同独联体国家的关系中遵循以下基本政策:

一、尊重各国人民的选择,尊重并理解各国根据本国国情及所处环境奉行的对内对外政策,绝不干涉其内部事务。二、主张社会制度、意识形态、发展模式等差异不应妨碍双方在和平共处五项原则的基础上发展正常的国家关系。我们希望通过友好协商妥善解决发展关系过程中出现的问题。三、坚持平等互利,按国际经济往来的规范开展多种形式的经贸合作,谋求共同繁荣。四、真诚希望各国内部及原苏联地区稳定、繁荣,各国之间和睦相处,通过和平手段文明解决彼此的分歧以及历史遗留下来的各种复杂问题。中国同其中一国发展关系并不针对任何其他第三国。

问:您访问了新独立的波罗的海国家中的两个,您能否介绍一下我国发展同这一地区国家关系中遵循的基本原则?

答:波罗的海地区历史上是各大国争夺的对象。它是通往西北欧和东欧的门户,自然条件优越,经济发达,居民文化水平较高,发展潜力很大。在发展同波罗的海各国关系时,中国一贯遵循以下基本原则:

一、尊重各国人民的选择,尊重并理解各国根据本国国情及所处环境决定自己的社会发展道路和其对内对外政策,绝不干涉其内部事务。二、坚持大小国家一律平等,主张超越社会制度、意识形态的差异,在和平共处五项原则的基础上发展友好合作关系。三、根据平等互利、互通有无的原则,加强同各国的经济合作和贸易往来,促进共同发展。四、尊重该地区各国加强区域性合作的愿望,并希望它们相互之间以及同包括俄罗斯在内的邻国友好相处,通过和平手段妥善解决彼此的分歧及历史遗留的问题。真诚希望波罗的海各国经济繁荣、社会稳定、人民安居乐业。

国务院总理李鹏参观奥钢联并出席在维也纳举行的一大宗交易合同的签字仪式

爱沙尼亚总统梅里在总统府会见正在塔林访问的国务院副总理兼外交部部长钱其琛

国家外国专家局等六部门就外国专家证制度的实施联合发出通知

国家外国专家局、财政部、铁道部、交通部、国家外汇管理局、国家计委价格管理司六个部门联合发出通知，称实施《外国专家证》制度，是适应我国经济体制改革和外汇管理体制改革的需要。

《外国专家证》分为文教类和经济技术类两种。凡经聘请在我国从事教育、新闻、出版、文化、艺术、卫生和体育工作的外国文教专家(含外籍工作人员、外籍教师)，持文教类《外国专家证》，在购买国内火车票、轮船票、游览参观点门票时，均享受同中国公民同价的优惠政策。在我国工商企业和事业部门从事经济、技术和管理工作需要购买外汇的外国经济技术专家，可持经济技术类《外国专家证》兑换外汇。

通知规定：《外国专家证》由国家外国专家局统一制作，各省级外事办公室负责本地区《外国专家证》的编号、发放和管理。

中科院九三学社等单位为农学家金善宝百岁华诞举行庆贺茶话会

世界著名农学家、教育家，中国科学院最年长的院士金善宝教授，度过一百岁生日。中国科学院、九三学社、中国科协、中国农科院共同为金老举行庆贺茶话会。中共中央总书记江泽民、全国政协主席李瑞环、国务委员陈俊生向金老送来花篮。李鹏总理为金老百岁寿辰题词：为农业科技教育事业呕心沥血，功勋卓著，堪称学习楷模。

中国宗教界和平委员会在北京成立

7月3日

民建六届六次常委会在北京举行

会议要求，民建各级组织和全体会员坚持以邓小平建设有中国特色社会主义理论为指导，围绕国家工作大局，扎扎实实地做好下半年的工作。要通过深入调查研究，重点就建立社会主义市场经济体制过程中遇到的矛盾和问题，提出建议，以更加有效地发挥参政党作用。要积极推进各级领导集体的新老合作交替，加强自身建设，开拓民建工作新的局面。

全国人大常委会副委员长、民建中央主席孙起孟主持会议并在会上讲话。民建中央副主席陈邃衡、陈铭珊、万国权、冯梯云、黄大能、李崇淮、白大华、朱元成、冯克熙、路明、刘珩出席会议。王光英等15位常委也出席会议。

会议于7月5日结束。

芬兰总统阿赫蒂萨里在总统夏季别墅会见国务院副总理兼外交部部长钱其琛

国务院副总理兼外交部部长钱其琛在赫尔辛基同芬兰外交部部长哈维斯托举行会谈

钱其琛说，中芬关系目前呈现全面发展的势头，两国高层互访频繁，这对促进两国关系起到了不可替代的作用。他指出，中芬两国经贸关系发展迅速，科技领域的合作取得了新成果，两国在文化、体育、教育等领域的交流也很活跃。芬兰在森林和木材加工以及新兴的电信和环保等领域都很有特色，中芬两国在这些方面的合作潜力很大，前景广阔。

钱其琛表示，中国政府和人民非常重视同芬兰的关系，愿意在平等互利的基础上进一步发展同芬兰在各个领域的友好合作，拓宽合作的渠道，提高合作的水平。

在谈到欧洲目前的形势时，钱其琛说，在冷战结束后的新形势下，芬兰作为欧洲国家同欧洲发展密切的关系对芬兰是重要的。他说，前不久一些欧洲国家包括俄罗斯加入北约的“和平伙伴关系”计划，这也是可以理解的。冷战后，北约的情况和作用已发生变化。现在欧洲正处于过渡时期，欧洲的和平、繁荣、稳定对世界很重要。中国希望欧洲在形成新的安全、合作结构过程中，形势发展能有利于欧洲和世界的和平与稳定，不会使欧洲成为一个封闭的贸易保护主义集团。

哈维斯托说，芬中关系发展很好，非常顺利。

哈维斯托强调说，芬中经贸关系也很好。他同意中方关于两国经贸合作尚有很大潜力的观点。此外，他认为芬中两国希望合作的领域也很一致，芬兰希望经过共同努力将芬中经贸合作推向新水平。

哈维斯托表示，芬兰支持中国恢复关贸总协定缔约国地位。钱其琛对此表示感谢。会谈中，两国外长还就内容广泛的国际问题交换意见。双方在许多问题上有着相同或类似的看法。

中国在酒泉卫星发射中心又成功地发射一颗科学探测与技术试验卫星

国务院发布《关于〈中国教育改革和发展纲要〉的实施意见》

《中国教育改革和发展纲要》(以下简称《纲要》)是90年代乃至下世纪初教育改革和发展的蓝图，是建设有中国特色社会主义教育体系的纲领性文件。认真贯彻实施《纲要》，是各级党委和政府的重要职责，是各级教育行政部门和各级各类学校的中心任务。

一、到2000年我国教育发展的目标和任务

(一)《纲要》根据我国社会主义现代化建设的战略

部署，确定我国教育事业发展的总目标是：到本世纪末，全民受教育水平有明显提高；城乡劳动者的职前、职后教育有较大发展；各类专门人才的拥有量基本满足现代化建设的需要；形成具有中国特色的、面向 21 世纪的社会主义教育体系的基本框架。再经过几十年的努力，建立起比较成熟和完善的社会主义教育体系，实现教育的现代化。

(二)到 2000 年全国基本普及九年义务教育(包括初中阶段的职业教育)，即占全国总人口 85%的地区普及九年义务教育。初中阶段的入学率达到 85%左右，全国小学入学率达到 99%以上。

积极创造条件，使残疾儿童与其他儿童同步实施义务教育。大中城市基本满足幼儿接受教育的要求，广大农村积极发展学前一年的教育。

——根据分区规划、分类指导、分步实施的原则，全国不同地区的发展目标和速度可有差异。

约占总人口 40%左右的城市及经济发展程度较高的农村，目前初中普及率较高。这类地区 1997 年前基本普及九年义务教育。

约占总人口 40%左右的中等发展程度的农村，目前小学已普及。这类地区 2000 年前基本普及九年义务教育。

约占总人口 15%左右的经济发展程度较低的农村，其中占总人口 5%左右的地区，小学教育基础较好，到 2000 年基本普及九年义务教育；其余占总人口 10%的地区重点普及五——六年小学教育。

约占总人口 5%左右的特别贫困地区，要普及三——四年小学教育。

——从各地实际出发，初中办学模式要多样化。农村尤其是经济发展程度较低的地区，初中应适时注入适合本地需要的职业教育内容；也可以在初中教育的一定阶段，实行普通教育与职业教育分流；有的地区可试办职业初中。贫困地区还可采取正规教育和非正规教育相结合的方式，普及初中阶段教育。

——各省、自治区、直辖市要制定落实到县、乡的普及九年义务教育的分阶段规划，组织落实，并且按国家教委发布的《普及九年义务教育评估验收办法》，在县(市、区)自查的基础上，负责检查验收。要建立地方各级政府每年向上级政府和同级人大报告实施义务教育情况的制度，国家教委每年公布各地验收情况。要强化各级教育督导机构及其职能，负责对义务教育实施和验收的监督、检查。本世纪末，国家教委要会同国家统计局进行全国义务教育普查。

(三)大城市市区和有条件的沿海经济发展程度较高地区要在普及九年义务教育的基础上，积极普及高中阶段教育(包括普通高中和高中阶段的职业教育)。普通高中可根据各地的需要和可能适量发展。到 2000 年普通高中在校生要达到 850 万人左右。每个县要面向全县重点办好一两所中学。全国重点建设 1000 所左右实验性、示范性的高中。

(四)有计划地实行小学后、初中后、高中后三级分流，大力发展职业教育，逐步形成初等、中等、高等职业教育和普通教育共同发展、相互衔接、比例合理的教育系列。

——在九年义务教育尚未和一时难以普及的地区，进行小学后的分流，发展初等职业教育。

——大部分地区以初中后分流为主，大力发展中等职业教育，逐步做到 50—70%的初中毕业生进入中等职业学校或职业培训中心。到 2000 年各类中等职业学校年招生数和在校生数占高中阶段学生数的比例，全国平均保持在 60%左右；普及高中阶段教育的城市可达到 70%。

——积极发展多样化的高中后职业教育和培训。通过改革现有高等专科学校、职业大学和成人高校以及举办灵活多样的高等职业班等途径，积极发展高等职业教育。

——职业教育的培养目标应以培养社会大量需要的具有一定专业技能的熟练劳动者和各种实用人才为主。当前要特别注意培养发展社会主义市场经济急需的财会、税务、金融等各类人才。对所有接受职业学校教育的学生，应根据本人的条件和可能，给予多种形式的继续学习深造的机会。

——大力开展多种形式的职业培训。认真实行“先培训、后就业”、“先培训、后上岗”的制度，使城乡新增劳动力上岗前都能受到必需的职业训练。在全社会实行学历文凭和职业资格证书并重的制度。

——全国中心城市和每个县首先重点建设一两所适合本地区发展特点的、综合性的中等骨干职业学校或培训中心，同大量形式多样的短期培训相结合，形成职业教育的网络。全国逐步建成约 2000 所重点中等职业学校或培训中心。

——大、中城市和经济发展程度较高的农村应积极发展残疾人高、中级职业教育。要鼓励社会力量和个人兴办残疾人职业培训机构，对残疾人进行以实用技术为主要内容的中、短期培训。全国逐步建成 30 所省级残疾人职业教育中心。

(五)高等教育要走内涵发展为主的道路，使规模更加适当，结构更加合理，质量和效益明显提高。

——到 2000 年全国普通高等学校和成人高等学校本专科在校生达到 630 万人左右，其中本科生 180 万人，专科生 450 万人。18—21 岁学龄人口入学率将上升到 8%左右。

——不同类型不同层次的高等学校应有不同的发展目标和重点，办出各自的特色。各类大专层次的高等教育应适当扩大规模，注意充分利用电视、广播、函授等办学形式，为广大农村、乡镇企业以及中小型企业生产第一线培养人才。本科教育要把重点放在提高质量上，硕士生、博士生的培养基本上要立足于国内。在培养基础学科人才的同时，要重视培养社会主义建设急需的高层次应用型和复合型人才。

——实施“211工程”。面向21世纪，分期分批重点建设100所左右的高等学校和一批重点学科，使其到2000年在教育质量、科学研究、管理水平及办学效益等方面有较大提高，在教育改革方面有明显进展。争取有若干所高等学校在21世纪初接近或达到国际一流大学的学术水平。

——进一步发挥高等学校在我国科学技术工作中的重要作用。高校科学技术工作，应面向社会主义现代化建设，同培养人才相结合。大力组织科技攻关，开展技术开发、推广应用和咨询服务，有计划有重点地发展科技产业，使科技成果尽快转化为现实生产力；努力加强基础性研究和高技术研究。到本世纪末建成100个左右国家级的基础研究基地和工程（技术）研究中心。高校哲学社会科学研究工作，应以马克思主义、毛泽东思想和邓小平建设有中国特色社会主义的理论为指导，研究和解决社会主义现代化建设中的重大理论和实际问题，为建设有中国特色的社会主义作出贡献，成立并努力办好教育系统建设有中国特色社会主义理论研究中心。

（六）大力发展以扫盲和岗位培训及继续教育为重点的成人教育。

——到2000年全国基本扫除青壮年文盲，使青壮年的非文盲率达到95%左右。国务院决定成立全国扫盲工作部际协调机构，统筹指导扫盲工作。

——各行业都要建立从业人员在岗和转岗的培训制度，积极开展岗位培训。城市和农村每年都应有一定比例的从业人员接受多种形式的岗位培训。到2000年全国多数乡和村都应办起能常年开展培训活动的农民文化技术学校。把文化知识教育和职业教育结合起来。

——成人学历教育应向多样性、职业性方向发展。各类成人学校要加强同普通学校、职业学校的联系与合作，提高办学效益，努力办出成人教育特色。要充分利用各种远距离教学形式为中小城市、乡镇企业、农村以及边远和经济发展程度较低地区服务。要完善自学考试制度，鼓励自学成才。

——大力加强在职干部的培养提高和继续教育工作。要以高等学校为依托，充分调动社会各方面的积极性，逐步建立规范化的继续教育制度，努力为各行各业培养造就大批适应我国社会主义市场经济和社会发展要求的骨干人才。

（七）重视和发展少数民族教育事业。中央和地方政府在教育经费和师资培训以及世界银行贷款等方面要对少数民族教育采取特殊的倾斜政策。继续认真组织和落实内地省、市对民族地区教育的对口支援。认真办好高等学校的少数民族预科教育和本专科民族班教育。加强对少数民族干部的培训。各民族地区要积极探索符合当地实际的发展教育的路子。

（八）积极发展广播电视教育和学校电化教育，推广运用现代化教学手段。到2000年基本建成全国电教网络，全国70%左右的县要建立起教育电视台（收转台），70%左右乡镇中心小学以上的学校和少数民族寄宿制学校要能够直接收看教育电视节目。

（九）进一步加强国际教育交流与合作，扩大教育对外开放，吸收与借鉴世界各国发展教育的成功经验和人类科学文化成果。积极开拓对外交流渠道，争取对我国发展教育的资助与合作项目，支持和发展学校和科研机构的国际学术交流与合作。继续扩大派遣自费留学生，对公费派遣留学人员要优先考虑国家的重点学科、建设项目人才培养的需要，切实改进选拔和管理工作。对留学人员继续实行“支持留学、鼓励回国，来去自由”的政策，鼓励他们学成回国或采取多种形式为祖国服务。改革来华留学生的招生和管理办法。建立国家留学基金管理委员会，使来华与出国留学生的招生、选拔和管理工作走上法制化轨道。

（十）我国教育事业的发展还要着眼于大力提高质量和效益。

——按照邓小平同志提出的“教育要面向现代化、面向世界、面向未来”的要求和教育方针，研究制定各级各类学校的基本办学条件标准和质量标准，建立和完善教育监测评估和督导制度，使受教育者的素质有明显提高，更好地适应经济建设和社会发展的需要。

——加强教育发展的统筹规划，合理调整教育结构和布局；积极推进高等学校之间、中等职业学校之间的联合和协作，实行资源共享、优势互补、精简机构、减少冗员、提高生师比，充分发挥现有学校教师和校舍、仪器设备、图书资料等方面的潜力，提高学校的规模效益和办学效益。到2000年学校平均规模，本科院校达到3500人以上，专科学校达到2000人以上，中专学校达到1000人以上，技工学校达到500人以上，职业高中达到600人以上，力争到本世纪末在实现我国教育的高效益方面有更大进展。

二、深化教育改革的任务和政策措施

（十一）《纲要》提出，随着经济体制、政治体制和科技体制改革的深化，教育体制改革要采取综合配套、分步推进的方针，初步建立起与社会主义市场经济体制和政治体制、科技体制改革相适应的教育新体制。通过深化教育改革，促进教育事业发展，提高教育质量和办学效益，多出人才，出好人才，更好地为社会主义现代化建设服务。

（十二）加快办学体制改革，进一步改变政府包揽办学的状况，形成政府办学为主与社会各界参与办学相结合的新体制。

——基础教育主要由政府办学，同时鼓励企事业单位和其他社会力量按国家的法律和政策多渠道、多形式办学。有条件的地方，也可实行“民办公助”、“公办民助”等形式。企业举办的中小学应继续办好，有条件的地方在政府统筹下也可以逐步交给社会来办。

——职业教育和成人教育应面向社会需要，在政府统筹管理下，主要依靠行业、企事业单位、社会团体和公民个人举办，鼓励社会各方面联合举办。政府通过专项补助和长期贷款等形式给予必要的扶持。职业学校要走产教结合的路子，更多地利用贷款发展校办产业，增强学校自身发展的能力。要建立和完善现代企业教育制度。通过立法，明确企业举办职业教育以及对在职职工进行岗位培训和继续教育的责任。

——普通高等学校实行以政府办学为主，积极发展多种形式的联合办学。某些科类的高等学校可以试行以学生缴费和社会集资为主，国家财政补助为辅的办学模式。社会各界办学应以职业学校为主。

——国家欢迎港、澳、台同胞，海外侨胞和外国友好机构和人士按照我国法律和教育法规，来华捐资办学或合作办学。

（十三）深化中等及中等以下教育体制改革，完善分级办学、分级管理体制。

——基础教育实行在国家宏观指导下主要由地方负责、分级管理体制。国家负责制订有关基础教育的法规、方针、政策及总体发展规划、基本学制、课程设置和课程标准；设立用于贫困地区、民族地区、师范教育的专项补助基金；对省级教育工作进行监督、指导等。省级政府负责本地区基础教育的实施工作，包括制订本地区基础教育发展规划，确定教学计划、选用教材和审定省编教材；组织对本地区基础教育的评估、验收；建立用于补助贫困地区、少数民族地区的专项基金，对县级财政教育事业费有困难的地区给予补助等。地、市政府根据中央和省级政府制定的法规、方针、政策，对本地区实施义务教育进行统筹和指导。县级政府在组织义务教育的实施方面负有主要责任，包括统筹管理教育经费，调配和管理中小学校长、教师，指导中小学教育教学工作等。乡级政府负责落实义务教育的具体工作，包括保障适龄儿童、少年按时入学。有条件的经济发展程度较高的地区，义务教育经费可仍由县、乡共管，充分发挥乡财政的作用。

——中等和中等以下职业教育和成人教育要进一步理顺管理体制。中央和地方教育行政部门对职业教育和成人教育负有统筹、协调和宏观管理的责任。要规范各类职业学校的学制，相同水平的各类职业学校的毕业生在就业和待遇上应大体一致。以进行学历教育为主的职业学校和成人学校，原则上由各级教育部门进行管理。职业培训和在职的岗位培训工作，原则上由各级劳动、人事部门和有关业务部门进行管理。

——继续大力推进农村、城市和企业的教育综合改革。积极实施燎原计划，认真做好推广农村教育综合改革实验县和燎原计划示范乡工作，促进“农科教”结合和“三教统筹”。国家教委和各省、自治区、直辖市教育部门都要重点抓好一批综合改革的试验典型。

（十四）深化高等教育体制改革，建立政府宏观管理、学校面向社会自主办学的体制。

——通过立法，明确高等学校的权利和义务，扩大学校的办学自主权，使学校真正成为面向社会自主办学的法人单位。学校在政府宏观管理下，自主组织实施教学、科研工作及相应的人、财、物配置，包括制定年度招生方案、自主调节系科招生比例、调整或扩大专业范围、确定学校内部机构设置、决定教职工聘任与奖惩、经费筹集和使用、津贴发放以及国际交流等。同时要深化学校内部管理体制改革，通过学校内部机构、人事制度、分配制度和后勤管理改革，进一步调动教职工的积极性，促进高等学校建立和完善面向社会自主办学和自我约束的机制。

——政府要切实转变职能，改善对学校的宏观管理。政府的主要职能是：制订教育的方针、政策和法规；制订各类高等学校设置标准和学位标准；制订教育事业发展规划和审批年度招生计划；提出教育经费预算并统筹安排和管理以及通过建立基金制等方式，发挥拨款机制的宏观调控作用；逐步建立支持教育改革和发展的服务体系；组织对各类学校教育质量的检查和评估等，对学校进行宏观管理。属于学校的权限，坚决下放给学校。为保证政府职能的转变，使重大决策经过科学的研究和论证，要建立健全社会中介组织，包括教育决策咨询研究机构、高等学校设置和学位评议与咨询机构、教育评估机构、教育考试机构、资格证书机构等，发挥社会各界参与教育决策和管理的作用。

——高等教育逐步实行中央和省、自治区、直辖市两级管理，以省级政府为主的体制。认真贯彻落实国务院关于《高等教育管理职责暂行规定》中有关中央和地方对高等教育的管理权限。逐步扩大省级政府的教育决策权和统筹权:(1)随着中央业务部门管理的部分高等学校转由省级政府管理或实行联合办学,省级政府应对这些学校连同省属高校,进行统筹,合理布局,对学校和专业设置在自愿和充分协商的基础上进行必要的调整。(2)有条件的经济发展程度较高地区的中心城市办学,由中央和省两级政府统筹。(3)现阶段仍由国家教委审批高等学校的设置,同时,积极做好高等专科学校和高等职业学校审批权下放的试点工作。

从长远看,中央业务部门除继续办好少量行业特点明显、有特殊需要的高等学校外,应逐步把主要精力放到预测行业人力需求、制订行业岗位规范和岗位资格证书制度、设立奖学金和贷学金、引导培养本行业紧缺人才、组织和参与评估监督、协助国家教委对本行业教育的发展与改革进行指导等方面上。

(十五)逐步改变高等学校条块分割、"小而全"的状况,优化高等教育的结构与布局,提高办学效益。

——中央各部门所属高等学校要扩大服务面和经费来源渠道,加强与地方政府、企业及社会各界的合作与联系,改变单一的办学模式和单一的经费来源状况,增强学校适应社会多方面需求的能力。部门所属学校的管理体制要分别不同情况,采取中央部门办、中央和地方政府联合办、地方政府办、企业集团参与管理、学校之间的联合或合并等不同办法,进行改革。这项改革牵动面比较大,要从实际出发,采取积极而又审慎的态度和相应的配套措施,通过试点,总结经验,逐步展开。要防止一哄而起,搞形式主义,更要注意不能使学校的投入和教学工作受到削弱。

为推进部门所属院校管理体制改革,加快探索部门所属院校由各省、自治区、直辖市政府领导或实行中央部委和各省、自治区、直辖市政府之间多种形式的联合办学,拟成立部门院校体制改革协调小组,加强对这项工作的指导并协调解决改革中出现的各种实际问题。中央各有关部委要继续加强对所属高校的支持和领导。从1994年起,选择若干类型学校进行部属院校管理体制改革的试点,1997年条件成熟的学校进入新体制运行,争取到2000年或稍长一点时间基本形成以省级政府为主办学与管理的条块结合的新体制的框架。

——实行全国和地方(大区、省、中心城市)分层统筹规划,通过必要的政策导向和社会需求的调节机制,促进国家教委所属院校、中央业务部门所属院校、地方所属院校之间以及地方院校之间的联合,鼓励普通高等学校和成人高等学校之间的联合与协作,合理调整高等教育布局。

——改变目前高等学校封闭办学的状况,提倡校与校之间有条件的教师相互兼课,充分发挥学校仪器设备、图书资料和校舍的利用率。在研究生培养规模较大的高等学校,逐步实行研究生兼助教的制度并通过实行学分制等各项改革,逐步减少住读生,增加走读生,推进生活服务的社会化,提高办学效益。

(十六)积极推进高等学校和中等专业学校、技工学校的招生收费改革和毕业生就业制度的改革,逐步实行学生缴费上学,大多数毕业生自主择业的制度。1997年大多数学校按新制度运作,2000年基本实现新旧体制转轨。

——改革招生计划体制。在现阶段实行国家任务计划与调节性计划相结合的体制。在人才市场、劳动力市场比较完善,全面实行缴费上学制度后,学校可根据社会需求和办学条件自行调整招生规模。国家通过制订学校设置及学位和学历证书的基本标准、审核办学条件、教学评估、拨款以及有关部门发布毕业生就业状况和人才供求信息等手段,调控招生总规模和专业结构。

——学生实行缴费上学制度。缴费标准由教育行政主管部门按生均培养成本的一定比例和社会及学生家长承受能力因地、因校(或专业)确定。原则上同一学校(或专业)实行同一种收费标准。不应以收取高额学费而降低录取标准。国家建立各种专项奖学金或定向奖学金,奖励品学兼优的学生和报考国家重点保证的某些学科、师范院校及特殊的、条件艰苦的专业和志愿到边远地区工作的学生。急需毕业生的部门、地区或企事业单位也可设立专项奖学金或定向奖学金。国家对家庭经济困难的学生设立贷学金。学生缴费上学制度改革尚在试行阶段,只适用于新入学的学生,原来已在校的学生仍实行老办法。

——高等学校和中等专业学校、技工学校的毕业生,近期内除委托、定向培养生和自费生外,实行在国家宏观指导下,学校与用人单位供需见面和一定范围内双向选择的制度。在人才市场、劳动力市场比较完善,全面实行缴费上学制度之后,除享受国家和单位专项或定向奖学金的学生按合同就业外,其余学生在国家政策指导下进入劳动力市场自主择业。为保证艰苦地区和行业、国家重点单位的人才需求,除实行上述专项或定向奖学金和贷学金制度外,国家还要通过工资政策、规定服务期限等政策措施进行宏观调控。各地区和学校要在调查研究的基础上周密制定实施这项改革的方案,要加强宣传和思想工作。

(十七)加强教育法制建设,依法治教。加快教育立法步伐,抓紧制定《教育法》、《职业教育法》和《高等教育法》等一批教育法律和行政法规。各地也要从实际出发,制定和完善有关的地方教育法规,逐步形成分层次的教育法规体系。各级政府要带头执法,要建立和加强执法监督制度。

(十八)认真贯彻教育方针,深入进行教学改革,努力提高教育质量。

要进一步转变教育思想,改革教学内容和教学方法,克服学校教育不同程度存在的脱离经济建设和社会发展需要的现象。基础教育应把重点放在提高儿童和青少年的思想道德水平、文化科学知识、劳动技能和身体、心理素质上来。要通过深化教学改革以及推进小学毕业生就近入学、初中毕业生升学考试、高中会考和高考制度等改革,切实减轻学生过重的学习负担,使学生在德、智、体等方面生动活泼地得到发展,为将来进入社会和继续学习打下良好的坚实基础。职业教育要注重职业道德和实际能力的培养,努力造就一批能够适应社会主义市场经济发展需要、能够跻身于国际市场激烈竞争的、具有良好素质的新一代熟练劳动者和生产第一线的建设者。高等教育要重点发展应用性学科和专业,适度发展新兴学科、边缘交叉学科,稳定和提高基础学科;要努力培养高层次复合型人才;要特别重视培养农村和乡镇企业需要的各种人才,开拓人才通向农村的途径。采取与实际工作部门以及境外机构和个人联合培训、研修等措施,努力培养适应社会主义市场经济急需的管理人员和教学、研究人员。要合理调整系科和专业设置,拓宽专业面,优化课程结构,改革课程内容和教学方法,加强教材建设,注重素质和能力的培养,增强学生对社会需要的适应性。逐步实行学分制,在确定必修课的同时,设立和增加选修课,拓宽学生的知识视野,激发学生学习的主动性和创造性。建立合理的淘汰制和优秀学生奖励制等教育教学制度,大面积提高教育质量。

(十九)切实加强党对教育工作的领导,大力加强和改进德育工作。要组织师生认真学习马列主义、毛泽东思想,特别是邓小平同志建设有中国特色社会主义的理论。进一步加强党的基本路线教育和爱国主义、集体主义、社会主义思想教育,进行中国历史特别是近代史、现代史教育和国情教育、法制教育,进行中华民族传统美德和革命传统教育,培养和造就德、智、体全面发展的"四有"新人。

要遵循青少年和儿童思想品德形成发展的规律和社会发展的要求,科学地规划大、中、小学德育的目标、内容和实施途径,加强整体衔接。对中小学生重点进行文明礼貌、遵纪守法、公民义务和基本道德规范教育。对中学高年级和大学的学生要简明扼要地讲授马克思主义的基本观点,组织学生认真学习毛泽东同志的重要哲学著作,特别是学习邓小平同志建设有中国特色的社会主义理论。中小学的美育(包括音乐、美术和劳作等)对全面提高学生素质、陶冶学生情操、培养全面发展的人才具有重要作用,应该切实加强。要加强学校党的建设,发挥学校党组织的政治核心作用和党员的先锋模范作用,建立和完善校长负责德育实施的管理体制。要加强德育队伍建设,不断提高队伍素质,同时,要从政策和制度上保证"教书育人、管理育人、服务育人"的落实。广大教师和教育工作者要发扬敬业奉献精神,以身作则,为人师表。要加强德育的实践环节,大力推进校园文化建设。要广泛动员社会力量参与学校教育,通过各种途径,关心和保护青少年的健康成长,形成学校教育、社会教育、家庭教育更加紧密结合的新格局。

(二十)各级各类学校都要进一步贯彻教育与生产劳动相结合的方针,采取多种形式促进学校教育与社会的紧密结合。要把劳动教育列入教学计划,逐步做到制度化、系列化。社会各方面要积极为学校进行劳动教育提供场所。

进一步加强学校体育、卫生工作,把促进学生身心健康成长作为教学改革的重要任务。认真贯彻落实《学校体育工作条例》、《学校卫生工作条例》等有关学校体育、卫生工作的规定。各级政府要把学校体育、卫生工作状况列为各级教育督导的内容之一。

(二十一)加快劳动、人事、工资制度与教育体制的配套改革,把人才的培养与合理使用更好地结合起来。

逐步建立学历文凭和职业资格两种证书制度,组建职业资格委员会,制定各种职业的岗位规范和录用标准。采取公开招聘、公平竞争、考核录用的办法,使高等学校和中等职业学校毕业生公开、公平竞争就业。要不拘一格选拔人才,打破人才部门和地区所有的状态,促进人才合理流动,并对某些艰苦行业和边远贫困地区实行必要的人才保护政策,建立就业指导、职业介绍等中介机构,为毕业生就业提供服务,运用工资待遇等杠杆调节劳动力的供求和人才的流向。

三、增加教育投入,加强教师队伍建设

(二十二)国家财政对教育的拨款,是教育经费的主渠道,必须予以保证。各级政府要树立教育投资是战略性投资的观念,合理调整投资结构,在安排财政预算时,优先保证教育的需求并切实做到《纲要》提出的"三个增长"。

——《纲要》提出,到本世纪末,国家财政性教育经费支出占国民生产总值的比重应达到4%,国务院有关部门要制定相应的政策措施和实施步骤,认真加以落实。关于各级财政支出中教育经费所占的比例,财政部要会同国家教委,根据财税体制改革后财政计算口径的变化,尽快提出中央财政和省财政中教育经费应占的比例,切实保证教育拨款实际上有较大幅度的增长。

——应制定并颁布《实施义务教育投入条例》，明确规定各级政府要采取有力措施，保证和不断增加对义务教育的投入。农村实施义务教育各类学校公办教师的工资，一般由县级财政负责支付，经济发达的农村，也可以由乡级财政负责支付。民办教师工资，属政府支付部分，由县级财政负责；乡筹部分，在征收的教育费附加中支付；实施义务教育各类学校年生均公用经费定额，由省级政府制定标准，由县级财政(经济富裕地区亦可由乡级财政)负责拨款；城乡实施义务教育的学校新建、改建、扩建和危房改造所需资金，由各级政府列入基本建设投资计划；中央和地方县级以上各级人民政府都应设立和增加对边远、贫困地区实施义务教育的专项经费。中央财政对边远、贫困地区义务教育及有关的师范教育等专项扶助经费，从今年开始由现在的2亿多元要逐年有较大幅度提高，尽快在两三年内达到每年不少于10亿元。地方县级以上各级财政预算也应作出相应安排并应采取有效的监控措施，保证专款专用。

——为实施“211工程”，需要设立专项基金。这项经费中央和地方、部门要作统筹安排。1994年中央财政拨出3亿元专款，作为启动资金，以后逐年增加。省级政府和其他有关中央部门也要根据实际需要，作出安排。

——为切实保证高等学校和中等以上职业学校生均公用经费逐年有所增长，中央各部门及省级人民政府应按国家有关规定制定本部门、本地区各类学校公用经费标准，据此执行和考核。

——为实现事权与财权的统一，要进一步改革教育经费管理体制，教育经费实行预算单列并由各级教育行政部门提出年度计划的建议，报同级财政部门，由同级政府列入预算，批准后认真实施。

——加强对各级政府教育投入水平的监控。从1994年开始，国家教委会同国家统计局对全国和各省、自治区、直辖市教育经费执行情况予以公布，加强社会监控。各级政府应定期向同级人民代表大会专题报告教育预算执行情况，接受监督考核。

(二十三)适应财税体制的改革，进一步改革教育费附加征收办法。城乡教育费附加按增值税、营业税、消费税的3%征收。农村不缴纳增值税、营业税、消费税的乡镇企业和个体企业教育费附加的征收办法，由各省、自治区、直辖市政府确定。农民按人均纯收入的15%—2%征收(包括在农民负担的5%之内)教育费附加，具体比例由各地方从当地实际出发作出规定，由税务部门负责征收。教育费附加主要用于农村民办教师补贴和补充学校公用经费，不能扣减，更不得挪用甚至取消。各地对此都要建立严格而有效的监督检查制度。除足额征收国家规定的教育费附加外，地方政府可根据国家有关法律和实际需要与可能，决定开征其他用于教育的地方附加费，专款必须专用。

(二十四)多渠道筹措教育经费。

——国家支持学校发展校办产业，对包括各类职业学校在内的校办产业仍继续实行减免税政策。国家对校办产业的政策性低息贷款将逐年增加。

——建立教育银行，运用金融手段扩大教育资金来源。

——继续鼓励厂矿企业、社会力量以及海内外各界人士捐资助学和农村集资办学。对教育事业的捐资，依照有关法律、法规的规定，从应纳税的所得中予以扣除。农村集资主要用于农村学校危房改造、修缮和新建校舍以及教学基本条件的改善。教育方面除此之外的乱集资必须严格禁止。农村教育集资的审批权放在县一级。各类学校不得以任何名目乱收费，社会也不得向学校乱摊派。

(二十五)认真贯彻执行《教师法》，加强教师队伍建设，提高教师的思想、业务素质和教学水平，建设一支具有良好政治业务素质、热爱教育事业、结构合理、相对稳定的教师队伍。

——要有计划地对中小学的校长、教师进行培训。到本世纪末，使95%以上的小学教师和80%以上的初中教师达到国家规定的合格学历标准。有条件的经济发展程度较高的地区要逐步提高中、小学教师的学历层次。各级政府要采取特殊政策大力办好师范教育，鼓励优秀学生报考师范院校，鼓励师范院校毕业生乐于从教。同时要积极鼓励和吸引更多的非师范院校优秀大学毕业生到中小学任教。为了加强对中小学教师教学工作的管理，提高校长的领导水平，要制订中小学校长岗位规范，实施“百万校长培训计划”，争取1997年左右在全国实行中小学校长持证上岗制度。

——高等学校要加强教师的继续教育，提高教师队伍的整体素质，平稳实现90年代教师队伍的新老交替。为了提高教师的教学和学术水平，有条件的高等学校可对教学任务较重的副教授以上教师实行学术休假制度。大力培养中青年骨干教师，重视从国内外吸引优秀人才充实教师队伍，积极实施“跨世纪人才工程”，造就一支跨世纪的学科带头人队伍。应用学科应逐步做到新增教师都具有一定的本专业的实践经验，大力提倡高校教师与企业、研究院(所)和实际工作部门的专家进行交流。

——结合职业教育的特点，制订职业学校教师资格标准。到2000年使中专学校教师基本达到任职资格标准，职业中学、技工学校60%以上的教师达到任职资格标准。积极聘任企业工程技术、管理人员和能工巧匠任兼职教师。职业学校专业技能教师可实行教师职称和专业技术职称双职称制。有关高等学校要积极承担培养职业学校师资的任务，有条件的可单独举办师资班，对口招收中等职业学校毕业生。

——各级教育部门和学校都要采取有效措施，认真加强对教师的思想政治工作，充分发挥教师中党、团组织和工会的作用，努力提高教师的政治思想觉悟和道德水平。

(二十六)提高教师的待遇和社会地位。

——保证实现《教师法》和《纲要》所规定的教师工资待遇的目标，使教师的平均工资水平不低于或者高于国家公务员平均工资水平。要建立有效机制，决不允许拖欠教师工资，人事、财政部门应制订相应的提高教师工资的规划和计划。各地区、各部门在国家规定的政策内可根据实际情况，具体制订教师的津贴标准和范围。要采取特殊措施较大幅度地改善优秀骨干教师的待遇。要采取措施提高民办教师待遇，逐步做到民办教师与公办教师同工同酬。今后不再增加新的民办教师。现有合格的民办教师经考核认定资格后逐步转为公办教师，不合格的要予以调整。国家计委、人事部及各地要作出规划，分年度实施，争取到本世纪末基本解决民办教师问题。

——改善教师住房条件。各级政府应继续贯彻执行国务院办公厅(1992)52 号文件精神，重视教职工的住房建设，把城镇教师住宅建设纳入城市建设总体规划和"康居工程"计划，对教师住房采取优先优惠政策，尽快使城镇教职工家庭人均住房面积达到或超过当地居民的平均水平。

——切实解决教师尤其是农村教师看病难、报销难的问题。按规定享受公费医疗的教师要同当地国家公务员享受同等医疗待遇。

——各级领导必须进一步确立依靠广大教职工特别是教师办好学校的思想，充分调动教师的积极性和创造性，提高他们的社会地位。各级政府要制订表彰、奖励优秀教师和优秀教育工作者的规定和办法，通过舆论宣传以及搞好每年一度的教师节活动等多种途径，促进全社会进一步形成尊师重教的良好风气。

四、落实教育优先发展的战略地位，加强党和政府对教育工作的领导

(二十七)贯彻实施《纲要》的关键，是各级党委和政府切实把教育摆在优先发展的战略地位并在实际工作中认真加以落实。

各级党、政主要领导都应亲自抓教育，要像抓好经济工作那样抓好教育工作，把教育列入党和政府工作的重要议事日程。

各级政府应将教育发展列入本地区经济和社会发展规划，将各类学校建设纳入地区市政建设和乡村建设规划，在部署、检查、总结年度工作时把教育工作作为一项重要内容。各级政府要就教育发展和改革情况每年向同级人民代表大会作出报告。

把重视教育，保证必要的教育投入，为教育办实事，列为各级领导干部的任期目标责任制和考核政绩的重要内容。

要动员和组织全社会关心和保护青少年和儿童的健康成长，创造良好的育人环境。各级领导干部应经常深入学校，与师生座谈，了解情况，研究和解决问题，定期向师生作形势报告。

各地应认真总结推广本地区落实教育战略地位，实施《纲要》的经验，相互交流。

(二十八)切实加强领导，认真组织好《纲要》的"施工"。贯彻落实《纲要》，是 90 年代我国教育事业和整个社会主义现代化建设的一件大事，也是一项十分复杂、艰巨的社会系统工程。各级党委和政府、教育行政部门、各级各类学校要把认真学习邓小平建设有中国特色社会主义理论、《中共中央关于建立社会主义市场经济体制若干问题的决定》和认真落实《纲要》结合起来，进一步解放思想，从实际出发，大力开展调查研究并积极支持教育科学研究特别是教育决策咨询研究，促进教育决策的科学化，制定本地区、本部门和学校实施《纲要》的具体规划和措施，分阶段、分步骤组织实施，进一步推进教育事业的改革和发展。

7月4日

国务院总理李鹏在德国总理科尔举行的晚宴上发表讲话

我曾有幸多次访问过贵国，德意志人民的勤劳、智慧给我留下了深刻的印象。我这次访问贵国，是怀着增进彼此了解、加强相互信任、扩大互利合作、推动两国关系全面发展的目的而来的。今天上午，我同科尔总理在诚挚的气氛中进行了富有成果的会谈，就广泛的问题取得了共识。我们双方今天上午签订了一批对两国关系的长远发展具有重要意义的政府协议和金额相当可观的经贸合同、协议和意向书。这一事实再次说明，中德在各个领域的合作潜力巨大，前景广阔。

总理先生，自您去年对中国的成功访问以来，两国的友好合作关系有了新的重大发展。双方在各个层次上的政治磋商与交流进一步加强，两国人民之间的相互了解不断加深；经贸往来出现迅速发展的势头；友好省州关系进一步发展；两国在文化、教育等领域的合作也取得了积极成果。中德关系无论在规模还是在质量上，都进入了一个全面发展的新时期。这是我们双方

共同努力的结果，也是同德国政府奉行的具有远见的对华政策分不开的。

刚才总理先生提到人权问题，在这里我也愿借此机会重申我们在这个问题上的基本立场。中国一贯重视人权，保护人权，并积极参与国际上在人权领域的有关活动。中国尊重《联合国人权宣言》并为《维也纳宣言》的制定做出了积极的贡献。我们认为，由于各国的历史、文化背景的差异，在人权问题上存在一些不同的看法是正常的。我们赞成在人权问题上进行平等、善意的对话，但反对利用人权问题干涉别国的内政。

当前形势发展为中德互利合作提供了不可多得的历史机会，抓住机遇是中德双方共同面临的重大课题。中国政府和人民一向高度重视同联邦德国的关系，这是我国对外政策的一个重要方面。我们在处理同联邦德国的关系时，遵循以下四项基本原则：

一、着眼未来，长期友好。中德两国之间没有根本的利害冲突。现在，我们两国都处于历史发展的重要阶段。我们愿同德国政府和人民一道，着眼于下个世纪，为发展中德之间长期稳定的友好合作作出自己的努力。

二、相互尊重，增加信任。超越社会制度和意识形态的差异，充分尊重各国人民的自主选择，是中国处理同别国关系的一条重要原则。中国人民一向支持德意志民族统一，我们赞赏德国政府坚持奉行的“一个中国”政策。我们愿意进一步密切两国之间的交往，在发展合作中进一步加深了解，增加信任，使两国友好关系具有更坚实的基础。

三、平等互利，全面发展。中德两国互为重要的贸易伙伴。两国在经济上有很强的互补性。发展经贸关系的前景广阔。我们愿意在平等互利的基础上，进一步拓宽合作的领域，扩大合作的内容，提高合作的水平，推动两国经济关系的全面发展。

四、加强磋商，扩大合作。中德两国在各自所在地区和世界上都有重要影响。我们愿意看到德国在国际事务中发挥更大的作用。愿意加强同德国在国际事务和国际组织中的磋商和合作，为维护世界和平与稳定，促进人类共同发展做出应有的贡献。

在邓小平建设有中国特色的社会主义理论的指引下，中国改革开放15年来取得了巨大成果。为了加快建立社会主义市场经济体制，我们正在进一步深化改革，扩大开放。今年是中国经济改革关键的一年，一系列重大改革正在付诸实施。当前中国经济发展、政治稳定、民族团结、社会进步。尽管在今后的前进道路上还会遇到不少新的矛盾和困难，但我们对我国发展的前途充满信心。中国的发展和强大，将为中国同包括德国在内的世界各国扩大合作开辟更加广阔的前景。

冷战结束后，国际局势出现了相对缓和的一面。但现在天下并不太平，一些地区局势动荡，甚至战乱不止。不少发展中国家贫困化加剧，发展问题更为突出。总的来看，世界仍处于复杂和深刻的变动之中。维护世界和平与促进经济发展仍然是国际社会面临的主要任务。现在我们正处在从20世纪向21世纪转换的历史时期。中国人民在努力建设自己国家美好未来的同时，将坚定不移地奉行独立自主的和平外交政策，在和平共处五项原则基础上同世界所有国家发展友好合作关系。我们愿与世界各国人民一道，为建立公正、合理的国际政治经济新秩序，为把人类带进和平、发展和繁荣的21世纪而共同努力。

国务院总理李鹏在德国总理府与德国总理科尔举行会谈

两位总理满意地回顾去年底以来中德关系的发展。李鹏说：“总理阁下去年11月对中国的访问十分成功。中德关系开始了一个新的发展阶段，不仅表现在经济方面，而且表现在政治、文化、教育等方面。双方的高层来往保持了强劲的势头。中德两国政府有关部门之间的磋商与合作不断加强。特别令人高兴的是，中德经贸合作发展迅速。去年两国贸易额突破100亿美元，今年第一季度，两国贸易额比去年同期增长415%。发展势头很好。两国有很多合作项目，有的取得了很好的效果。”李鹏说：“中德经贸合作发展很快，但与两国的经济实力、发展潜力相比，目前的合作才仅仅是一个开始。这次随同我来访的有中国30多家大企业、大公司的负责人，他们除进一步落实总理先生去年访华时签的一些意向书和协议外，还将同贵国企业签署一批金额相当可观的新的合同或意向协议，内容涉及钢铁、能源、化工、交通等领域。此外，还将就一批项目同贵国企业探讨合作的可能性。我们也欢迎德国经济界更多地到中国投资，开展多种形式的合作，特别是继续在基础产业方面加强合作。”

李鹏强调，本世纪所剩的时间已经不多了，中国政府愿意本着“着眼未来，长期友好；相互尊重，增加信任；平等互利，全面发展；加强磋商，扩大合作”的原则，同德国发展面向21世纪的长期、稳定的全面合作关系。科尔赞成李鹏总理对双边关系的评价。他说，发展同中国长期、可靠的关系是我本人倡导的一项重要政策。两位领导人一致表示，双方要保持高层来往的势头，共同努力，促使双边关系持续、稳定地向前发展。

科尔说，中国是世界贸易大国，应当融合到世界贸易体系中去。他重申德国政府和他本人将全力以赴地支持恢复中国关贸总协定缔约国地位及推动欧洲放宽并取消对中国技术出口的限制。李鹏对此表示赞赏和感谢。

李鹏告诉科尔："我们认真研究了你去年访华时向我提出的希望我国提供一只熊猫的愿望，为了表达中国人民对德意志人民的友好感情，我国政府决定向贵国政府出借一只雌性熊猫，供合作研究和繁衍后代用，时间 5 年。我有关部门愿意提供技术咨询服务。"科尔听后十分高兴，向李鹏表示谢意。

李鹏说。中德两国是世界上有影响的国家，中德两国加强合作是促进世界和平与稳定的因素。科尔也谈了他对国际形势和欧洲形势的看法。两位总理一致同意要加强两国在国际问题上的合作。

国务院副总理李岚清、国家计委副主任叶青、外交部副部长姜恩柱、中国驻德大使梅兆荣等参加会谈。德方参加会谈的有经济合作部部长施普兰格尔、外交部国务秘书卡斯特洛普、经济部国务秘书维尔岑等。

国务院总理李鹏在其下榻的彼得斯贝格国宾馆会见德国社民党主席沙尔平

全国人大常委会委员长乔石在人民大会堂会见加蓬国民议会议长马塞尔·尚布里耶及其率领的加蓬国民议会代表团

八届全国人大常委会八次会议举行全体会议

乔石委员长出席会议。会议由副委员长铁木尔·达瓦买提主持。

全国人大法律委员会主任委员薛驹作关于劳动法、城市房地产管理法和惩治侵犯著作权的犯罪的决定 3 个法律草案修改稿修改意见的汇报。全国人大财经委员会副主任委员李灏作财经委员会关于 1993 年国家决算的审查报告。

国务院召开第二十二次常务会议

国务院代总理朱镕基主持会议，会议审议并原则通过《中华人民共和国气象条例(草案)》、《基本农田保护条例(草案)》和《股份有限公司向境外募集股份及上市特别规定(草案)》。

会议讨论认为，我国地域辽阔，气候复杂，为了加强气象工作，准确、及时地制作发布气象预报，开展气象预测，预防和减轻气象灾害，保障人民生命财产安全，合理开发利用气象资源，促进经济建设和社会发展，制定《中华人民共和国气象条例》是十分必要的。提交审议的《气象条例(草案)》包括总则、气象探测、预报与警报、气象灾害防御、气象服务与气候资源利用、监督管理、罚则、附则，共八章四十条。

会议讨论提出，我国人多地少，耕地后备资源贫乏。为了对基本农田实行特殊保护，促进农业生产和国民经济发展，根据《中华人民共和国农业法》和《中华人民共和国土地管理法》的规定，需要制定《基本农田保护条例》。这个条例草案共六章四十一条，对基本农田的划定、保护、监督管理，以及对违反条例行为的处罚等，作了规定。

会议讨论认为，为适应股份有限公司境外募集股份及境外上市的需要，根据《中华人民共和国公司法》的有关规定，需要制定《股份有限公司境外募集股份及上市特别规定》。

中共中央政治局常委李瑞环胡锦涛在中南海怀仁堂与参加新形势下民族宗教问题研讨班的全体学员进行座谈

中共中央政治局常委李瑞环在中南海怀仁堂与中央党校民族宗教问题研讨班的全体学员进行座谈时发表讲话

(1994 年 7 月 4 日、9 月 8 日)

(一)充分认识民族工作的重要性

民族工作在我国始终是一件大事。

第一，它关系到国家的统一。我们中国是由九百六十万平方公里领土、五十六个民族、十二亿人口组成的，每一个民族都是这个多民族大家庭中不可缺少的成员。我国少数民族有近一亿人口，分布在全国各地，民族自治地方有一百五十七个，占国土总面积的百分之六十四。因此，我们讲人民的团结，领土的完整，国家的统一，都是以各民族的团结为基础的。没有各民族的团结，中国就会陷于动乱和分裂，中国就不成其为中国。

第二，它关系到社会的稳定。民族是历史的产物，在历史发展过程中各民族形成不同的风俗、不同的习惯、不同的语言和不同的生活方式，各民族之间的差异是客观存在，而有差异就会有矛盾。这些矛盾的妥善解决，始终是实现社会稳定中极为重要的一个方面。历史和现实都反复证明，民族地区的各种矛盾解决得好，民族关系和谐融洽，就为全国的社会政治稳定创造了有利的条件。否则，全国的安定团结局面就会受到影响。

第三，它关系到经济的发展。我们讲现代化建设，讲提高综合国力，讲实现"三步走"的战略目标，都是就包括所有少数民族在内的整个中华民族这个整体而言的。如果民族地区经济长期处于落后状态，我们的各项宏伟设想，就不可能完全实现。这些地区的经济长期搞不上去，发达地区的经济也会由于资源和市场的制约而难以保持发展后劲。

第四，它关系到边防的巩固。我国陆地边境线二点一万公里，绝大部分位于少数民族聚居区，仅内蒙古、新疆、西藏、广西这几个民族自治区就达一点五万公里。只有把民族地区建设好，把各族群众的爱国主义热情进一步激发出来，共同承担守疆卫士的光荣责任，才能筑起一道坚不可摧的边防长城，才能保护祖先留下的疆域不受任何外来侵犯和蚕食。

第五，它关系到全民素质的提高。我国人民整体素质的提高，是建设富强、民主、文明的社会主义现代化国家的基本内容和基本条件。如果不大力推进民族地区的经济发展和社会进步，不切实提高一亿少数民族人口的思想道德、科学文化水平，就谈不上整个中华民族素质的提高。

第六，它关系到挫败国际敌对势力的图谋。在当今世界政治格局中，民族问题日益显示出其重要地位，一些国家的动乱、分裂、解体，多数都与民族问题密切相关。国际敌对势力也力图把挑拨、离间民族关系作为遏制、搞乱中国的突破口。我们只有重视和做好民族工作，谨慎和妥善地处理好民族关系，不断巩固和发展民族团结，才能在复杂的国际斗争中掌握主动，立于不败之地。

(二)民族地区的主要任务是发展经济、改善生活

民族地区的经济确实比较落后。尽管改革开放以来民族地区经济建设成绩显著，城乡面貌大有改观，但总体上还没有摆脱经济落后的局面。这些地区历史上就不发达，现在的发展速度又相对较慢，与全国特别是发达地区的差距越来越大。这些地区的产业结构、产品结构本来就不够合理，财政、资金又十分困难，面对激烈的市场竞争，短时期内很难适应。民族地区有优势、有潜力，但受交通、能源、通讯等基础设施滞后的制约，一时还发挥不出来。对这种形势的严峻性和紧迫性，必须有足够的认识，下大决心，下大力量，努力把经济搞上去，否则就会越来越落后。

民族地区群众的生活大多比较困难。改革开放以来，民族地区群众生活水平有了很大提高，但由于历史和客观的原因，这些地方平均收入、生活水平与沿海地区相差甚远。迄今全国没有稳定解决温饱问题的八千万人口和其中处于绝对贫困状态的二千七百万人口，大部分分布在民族地区。在荒漠干旱、高寒阴湿和石山秃岭地区，有一部分群众连吃水都成问题，生病就医、小孩上学就更谈不上。如新疆的喀什、和田等地，许多群众常年喝"涝坝水"，即在村头挖一大坑，夏天下雨盛满后供一年饮用，由于坑水常污染，群众喝后引起许多疾病。造成这种情况，有的是由于客观上的原因，彻底解决无疑需要一个过程，有的则与我们有些同志对群众的困难视而不见，议而不行，抓而不实有关。我国是社会主义制度的国家，我们党是为人民谋利益的党，对群众的疾苦，我们理当坐卧不宁，寝食不安！民族地区发展经济、改善生活的困难较多，有两个条件是必需的，一是领导威信，二是群众精神。领导威信不高，不能号令三军，群众精神不振，一切无从谈起。领导的威信从哪里来？靠上级封不出来，靠权力压不出来，靠自己或靠宣传吹不出来，靠耍小聪明骗不出来，只有靠真心实意地、尽心竭力地、坚持不懈地为人民办实事才能逐步地建立起来。群众也只有在他们艰苦创业的过程中，使他们得到实实在在的利益，感到有希望、有盼头，他们才会有劲头、有积极性，才会振奋精神。在发展经济中改善生活，为改善生活而发展经济，这在群众生活还比较困难的民族地区，具有突出的现实意义。

民族地区的各项工作是互相联系的有机整体。贯彻民族政策和宗教政策，坚持和完善民族区域自治制度，发展民族教育、科技、文化、卫生事业，培养民族干部，加强民族团结，维护社会稳定等，都十分重要，都必须切实抓好。所有这些工作，都是与发展经济、改善生活相一致的。这些工作如果不抓紧抓好，发展经济、改善生活就没有前提和保证。同样，如果经济长期不发展，群众生活长期不提高，这些工作也难以做好。实践证明，经济落后可以导致一连串的落后，经济发展可以带来一连串的发展，民族地区的各项工作任务都应当放到发展经济、改善生活的过程中去完成。

(三)做好资源开发这篇大文章

发展民族地区经济的关键是搞好资源开发。加快民族地区经济建设，离不开国家的大力支持，离不开发达地区的多方援助，更离不开这些地区本身的自力更生、奋发图强。民族地区要真正摆脱贫穷落后，实现繁荣富裕，必须有一条符合本地实际、能够发挥自身优势的发展路子。就大多数民族地区来说，这条路子就是做好资源开发这篇大文章。

民族地区具有地广人稀、资源丰富的显著特征。把资源开发作为民族地区经济发展的战略方向，尽快使民族地区资源优势转化为现实的经济优势，是实现民族地区经济振兴的有效和可靠的途径。国家对民族地区的扶持，发达地区对民族地区的帮助，要朝资源开发的方向努力。各行各业、各部门对民族地区资源的开发，要与当地经济发展相结合，要赋予扶贫的意义，尽可能多地使用当地劳动力，增加资源就地加工和利用的比重，促进当地各类产业及基础设施建设，带来当地群众物质和文化生活水平的提高，推进各项事业的发展。民族地区中有若干地方虽然资源丰富但生态环境脆弱，资源开发还要注意与资源保护相结合，促进资源的可持续利用和生态环境的改善。

搞好民族地区的开发和建设，不只是民族地区发展的重要问题，同时对整个国家的未来发展具有重大战略意义。作为我国产业重心地带的东部沿海地区，具有资金、技术、人才、管理等多方面优势，把这些优势同民族地区的资源优势结合起来，实现优势互补，我们国家就会有更大的发展。因此，一切关心民族团结、国家振兴、子孙后代命运的人，都应该关心民族地区的经济发展，都有责任为此作出一份贡献。

(四)正确把握我们党关于民族、宗教问题的基本观点和基本政策

做好民族、宗教工作，必须正确理解、全面把握我们党关于民族、宗教问题的基本观点和基本政策。

民族问题的基本观点和基本政策主要是：

1. 民族的产生、发展和消亡是一个漫长的历史过程，民族问题将长期存在。

2. 社会主义阶段是各民族共同繁荣兴旺的时期，各民族间的共同因素在不断增多，但民族特点、民族差异将继续存在。

3. 民族问题是社会总问题的一部分，民族问题只有在解决整个社会问题的过程中才能逐步解决，我国现阶段的民族问题只有在建设社会主义的共同事业中才能逐步解决。

4. 各民族不分人口多少、历史长短、发展程度高低，都对祖国的文明作出了贡献，都应该一律平等，应该加强各民族人民的大团结，维护国家的统一。

5. 大力发展经济是社会主义的根本任务，也是我国现阶段民族工作的根本任务，各民族要互相帮助，实现共同进步和繁荣。

6. 民族区域自治是中国共产党对马克思主义民族理论的重大贡献，是解决我国民族问题的基本制度。

7. 努力造就一支宏大的德才兼备的少数民族干部队伍，是做好民族工作和解决民族问题的关键。

8. 民族问题和宗教问题在一些地方往往交织在一起，在处理民族问题时，还要注意全面正确地贯彻落实党的宗教政策。

宗教问题的基本观点和基本政策主要是：

1. 宗教有其发生、发展和消亡的过程，在社会主义社会中将长期存在，我们不能用行政力量去消灭宗教，也不能用行政力量去发展宗教。

2. 宗教信仰自由受国家宪法的保护，公民有信仰宗教的自由，也有不信仰宗教的自由。

3. 无神论者和宗教信仰者在政治上经济上的根本利益是一致的，在思想信仰上的差异是次要的，要坚持政治上的团结合作、信仰上互相尊重。

4. 我国宗教方面的矛盾主要是人民内部矛盾，但在一定条件和一定情况下也可能出现对抗性的问题。

5. 宗教活动必须在法律和政策范围内进行，国家依法对宗教事务进行管理，保护正常的宗教活动，制止和打击利用宗教进行违法犯罪活动。

6. 坚持独立自主、自办教会的原则，反对境外宗教团体和个人干预我国宗教事务，抵制境外敌对势力利用宗教进行渗透。

7. 争取、团结和教育宗教界人士，有计划地培养年轻一代的爱国宗教职业人员，充分发挥爱国宗教团体的作用。

8. 积极引导宗教与社会主义社会相适应。

所谓“相适应”，就是说宗教必须遵守社会主义社会现阶段的国家法律、法规及方针政策。法律保障宗教信仰自由，宗教必须在法律范围内活动，按照国家的方针政策办事。

(五)高举维护人民利益、维护法律尊严的旗帜

民族、宗教问题是重大的问题，也是复杂的问题。它常常涉及千百万群众，有时还联系到某些国际因素，因而处理民族、宗教问题是政治性、政策性很强的工作，必须采取十分谨慎的态度。

处理民族、宗教的问题，必须严格按照中央有关政策办事。对中央的大政方针理解不准，执行不力，必然在具体工作中迷失方向，甚至贻误大事，造成严重后果。执行中央的政策必须从实际出发，实事求是，做到具体情况具体分析，具体问题具体解决。我们过去在处理这类问题时发生的失误，有的是由于偏离中央政策，许多是由于对情况了解不够，对问题定性不准确，以至举措失当，反反复复，到后来又不得不“落实政策”。

在现阶段，我国民族、宗教方面发生的问题，主要属于人民内部矛盾，但也不排除有的问题带有对抗性质。对于人民内部矛盾，只能用耐心说服、改进工作的办法来解决。绝不能把非对抗性矛盾当作对抗性矛盾，人为树敌；不能把非对抗性矛盾激化成为对抗性矛盾，自讨苦吃。对一些人借用民族、宗教问题引发事端，制造动乱，我们也不能丧失警惕，必须严肃对待，果断处理。此类事端，有时是非对抗性矛盾和对抗性矛盾交织在一起，不明真相的群众和别有用心的坏人搅和在一起，增加了我们工作的难度。事实证明，正确地识别和处理这类问题，必须坚持维护人民利益、维护法律尊严这两面旗帜。任何人以任何理由损害人民利益、践踏法律尊严，都是不能允许的，都必须坚决制止。

(六)大力培养、使用少数民族干部

做好民族工作和解决民族问题，必须要有一支宏大的德才兼备的少数民族干部队伍，这是我们党多年形成的一条基本经验。在目前改革开放、发展社会主义市场经济的新形势下，少数民族干部的培养、选拔和

使用工作面临新的任务。我们党在解放前后培养起来的一大批优秀民族干部，为维护民族团结、发展民族地区经济发挥了重要作用，作出了重大贡献。现在，他们大多数已经离休退休。新近成长起来的各级民族干部，在思想观念、知识结构、精神风貌等多方面都表现出不同前人的优点和特点，但总的说，这支队伍还不算大，不够数，不能适应形势发展的需要。这些年来，以江泽民同志为核心的党中央对这一问题十分重视，有关的方针政策都非常明确。我觉得当务之急就在于认认真真地、扎扎实实地、不折不扣地贯彻落实好中央的方针政策，在少数民族干部问题上，切实做到：大力培养，大胆提拔，充分信任，放手使用。由于历史形成的目前一时还难以消除的少数民族地区经济、教育、文化发展上的相对落后局面，使广大少数民族干部的成长提高遇到一些客观的困难和障碍。这就要求我们，必须下大力气，尽可能多地为他们创造和提供一些特殊的条件和机会，不拘一格地从中发现和选拔人才。少数民族干部是我们党的干部队伍的有机组成部分，是我们党和政府团结联系少数民族群众的桥梁和纽带，他们在许多方面有着汉族干部所不能或难以替代的作用和影响。特别是在开展民族工作方面，有些话由他们直接说，有些事由他们出面办，有些工作由他们亲自去做，往往具有事半功倍的效果。共产党人作为我们这个民族大家庭的领导者、掌舵者，必须以战略的眼光、宽阔的胸怀，真正把各族干部和群众广泛团结起来，齐心协力，同舟共济，一起为维护统一、振兴中华而努力奋斗。

国务院发出《关于贯彻实施〈中国 21 世纪议程——中国 21 世纪人口环境与发展白皮书〉的通知》

《中国 21 世纪议程——中国 21 世纪人口、环境与发展白皮书》(以下简称《议程》)，已经国务院常务会议原则通过，其主要内容和基本精神已经公布。《议程》是制订我国国民经济和社会发展中长期计划的指导性文件，同时也是中国政府认真履行 1991 年联合国环境与发展大会文件的原则立场和实际行动。

我国是发展中国家，我们的基本国情和到本世纪末以及下一世纪中叶的发展目标，决定了我国经济发展不能只注重数量的增长，忽略对资源持续利用的发展模式和生活方式的研究，必须以可持续发展思想为指导，制定我国的发展战略和相应的对策，走出一条具有中国特色的发展道路。

《议程》从我国的具体国情和人口、环境与发展的总体联系出发，提出了促进经济、社会、资源与环境相互协调和可持续发展的总体战略、对策以及行动方案。它的贯彻实施需要各地方、各部门以及全体人民的共同参与和努力。为此，提出以下要求：

一、要将《议程》作为各级人民政府制定国民经济和社会发展中长期计划的指导性文件，并将其基本思想和内容，在“九五”计划和到 2010 年远景发展目标中得到具体体现。

二、各地方、各部门要结合自己的实际工作，通过各种途径组织实施《议程》；要广泛宣传《议程》的基本思想，取得广大干部和人民群众的理解和支持，使贯彻实施《议程》成为各级政府和人民群众的自觉行动。

三、要进一步广泛开展国际合作，吸引更多的国外资金和技术，用于环境保护等方面具有重大影响的项目。

《议程》的正式文本，由国家计委和国家科委另行印发。

中宣部等单位在中南海联合举办经济形势报告会

由中共中央宣传部、中直机关工委、中央国家机关工委、解放军总政治部和中共北京市委联合举办的经济形势报告会在中南海举行。会上，中共中央政治局常委、国务院代总理朱镕基就今年经济改革的运行情况，当前经济发展的趋势，今年还需要采取的措施和明年经济工作的思路，作重要报告。

全国妇联主席陈慕华在北京会见联合国儿童基金会执行主任格兰特

国家主席江泽民在中南海会见法国工业邮电和外贸部部长热拉尔·隆盖

中央军委副主席刘华清在钓鱼台国宾馆会见以色列国防军参谋长艾胡德·巴拉克中将

中央军委副主席刘华清在北京会见印度尼西亚武装部队司令费萨尔·丹绒

外交部发言人沈国放在北京就越南海军在北部湾抓扣中国渔船一事答记者问

有记者问：有消息说，越南海军在北部湾抓扣了中方 3 艘渔船，你对此有何评论？

沈国放说：7 月 2 日，越南海军对中国在北部湾公海中国传统渔场作业的渔船进行围追，并抓扣了中国 3 艘渔船。对此，我外交部已向越方提出严正交涉，要求越方立即释放被抓扣的中国渔船和渔民，不得再发生在北部湾抓扣中国渔船的事件，使中越友好关系不受损害，也为两国正在进行的两国边界领土问题谈判创造良好的气氛和条件。

外经贸部部长吴仪在北京与法国工业邮电和外贸部部长热拉尔·隆盖签署中法两国外贸部部长会谈备忘录

两国有关部门负责人还签署多项合作协议书和议定书。

此外，中法两国企业家还签署协议总金额约 10 亿美元的 20 余个合资合作项目的合同或意向书，内容涉及能源、交通、通信等领域。

中国德国两国政府和企业间的合作协议合同在联邦总理府北约厅正式签字或换文

德国总理科尔和中国国务院总理李鹏出席签字仪式并发表重要讲话。

科尔说，中国是目前世界上最富活力的经济增长中心之一，也是经济活跃的亚太地区的重点。德国重视中国和亚太地区，近年新制定的亚洲政策和成立的经济亚太委员会则说明了这一点。

科尔表示，德国全力支持中国"复关"和参加世界贸易组织，中国是世界上的贸易大国，应容纳于世界经济之中。他说，德中经济关系应强调"长期"和"可靠"二词，这是德国对外经济关系的基本观念。

科尔具体谈到双方即将签订的企业合同共有 40 多项，认为这些协议具有深远的意义，它证明德中之间的经济合作卓有成效。科尔表示，他本人和德国政府将全力支持德中经济合作，努力建立牢固的经济关系基础。

李鹏对科尔精彩友好的讲话表示赞赏。李鹏说，去年科尔总理访华，德国一些企业家随访，签了不少合同、协议。今年他回访，也有中国一流的企业家同行，又将签订一系列合同、协议和意向书，合同金额估计为 10 亿美元，协议和意向书金额约为 25 亿美元。

李鹏认为，中国近几年经济增长迅速，外贸增长更是超过经济增长。中国将成为世界贸易大国，它对世界开放，也对德国开放，德国的政策也是开放的，这就是双方经济合作的基础。

李鹏表示赞同科尔提出的"长期"、"可靠"的基本观念，并主张再加上"平等"、"互利"两词，使之成为双方经济关系的指导原则。

李鹏赞赏科尔支持中国尽早"复关"的立场，认为没有中国的世界贸易组织，就不成为世界贸易组织。李鹏反对某些限制中国出口的行为，认为限制中国出口，也就限制了当事国对中国出口的可能。

李鹏向德国经济界推荐了中国的三峡水利工程，这一工程将在全世界招标，希望德方积极参与。

国家防汛抗旱总指挥部第二次会议在北京召开

国务委员、国家防总总指挥陈俊生和国务院副秘书长、国家防总副总指挥刘济民，在会上传达了中央领导关于当前全国防汛抗旱工作的指示，要求各级政府高度重视防汛抗旱工作，提高警惕，准备迎战下一阶段可能出现的大洪水。

最高人民法院举行新闻发布会公布郭子文等四起干部经济犯罪案件审判和处理结果

7月5日

八届全国人大常委会第八次会议闭幕

乔石委员长主持全体会议。

《中华人民共和国劳动法》和《中华人民共和国城市房地产管理法》分别以 121 票和 96 票获得通过，《全国人大常委会关于惩治侵犯著作权的犯罪的决定》以 121 票获得通过。国家主席江泽民分别签署第 28 号、第 29 号、第 30 号主席令，公布这 3 部法律。会议还通过《全国人大常委会关于批准〈中华人民共和国政府和老挝人民民主共和国政府边界制度条约〉的决定》和《全国人大常委会关于批准 1993 年国家决算的决议》。会议还通过人事任免名单。

八届全国人大常委会第八次会议通过《关于批准 1993 年国家决算的决议》

根据第八届全国人民代表大会第二次会议关于"授权全国人民代表大会常务委员会审查和批准 1993 年国家决算"的决议，第八届全国人民代表大会常务委员会第八次会议，听取财政部部长刘仲藜代表国务院所作《关于 1993 年国家决算的报告》，经过审议并根据全国人民代表大会财政经济委员会的审查报告，决定：批准国务院提出的 1993 年国家决算，批准财政部部长刘仲藜所作的《关于 1993 年国家决算的报告》。

八届全国人大常委会第八次会议通过《关于接受许嘉璐辞去全国人大常委会委员职务的请求的决定》

国家主席江泽民签署第 28 号令公布《中华人民共和国劳动法》

《中华人民共和国劳动法》已由中华人民共和国第八届全国人民代表大会常务委员会第八次会议于 1994 年 7 月 5 日通过，现予公布，自 1995 年 1 月 1 日起施行。

中华人民共和国主席 江泽民

1994 年 7 月 5 日

中华人民共和国劳动法

第一章 总 则

第一条 为了保护劳动者的合法权益，调整劳动关系，建立和维护适应社会主义市场经济的劳动制度，促进经济发展和社会进步，根据宪法，制定本法。

第二条　在中华人民共和国境内的企业、个体经济组织（以下统称用人单位）和与之形成劳动关系的劳动者，适用本法。

国家机关、事业组织、社会团体和与之建立劳动合同关系的劳动者，依照本法执行。

第三条　劳动者享有平等就业和选择职业的权利、取得劳动报酬的权利、休息休假的权利、获得劳动安全卫生保护的权利、接受职业技能培训的权利、享受社会保险和福利的权利、提请劳动争议处理的权利以及法律规定的其他劳动权利。

劳动者应当完成劳动任务，提高职业技能，执行劳动安全卫生规程，遵守劳动纪律和职业道德。

第四条　用人单位应当依法建立和完善规章制度，保障劳动者享有劳动权利和履行劳动义务。

第五条　国家采取各种措施，促进劳动就业，发展职业教育，制定劳动标准，调节社会收入，完善社会保险，协调劳动关系，逐步提高劳动者的生活水平。

第六条　国家提倡劳动者参加社会义务劳动，开展劳动竞赛和合理化建议活动，鼓励和保护劳动者进行科学研究、技术革新和发明创造，表彰和奖励劳动模范和先进工作者。

第七条　劳动者有权依法参加和组织工会。

工会代表和维护劳动者的合法权益，依法独立自主地开展活动。

第八条　劳动者依照法律规定，通过职工大会、职工代表大会或者其他形式，参与民主管理或者就保护劳动者合法权益与用人单位进行平等协商。

第九条　国务院劳动行政部门主管全国劳动工作。

县级以上地方人民政府劳动行政部门主管本行政区域内的劳动工作。

第二章　促进就业

第十条　国家通过促进经济和社会发展，创造就业条件，扩大就业机会。

国家鼓励企业、事业组织、社会团体在法律、行政法规规定的范围内兴办产业或者拓展经营，增加就业。

国家支持劳动者自愿组织起来就业和从事个体经营实现就业。

第十一条　地方各级人民政府应当采取措施，发展多种类型的职业介绍机构，提供就业服务。

第十二条　劳动者就业，不因民族、种族、性别、宗教信仰不同而受歧视。

第十三条　妇女享有与男子平等的就业权利。在录用职工时，除国家规定的不适合妇女的工种或者岗位外，不得以性别为由拒绝录用妇女或者提高对妇女的录用标准。

第十四条　残疾人、少数民族人员、退出现役的军人的就业，法律、法规有特别规定的，从其规定。

第十五条　禁止用人单位招用未满十六周岁的未成年人。

文艺、体育和特种工艺单位招用未满十六周岁的未成年人，必须依照国家有关规定，履行审批手续，并保障其接受义务教育的权利。

第三章　劳动合同和集体合同

第十六条　劳动合同是劳动者与用人单位确立劳动关系、明确双方权利和义务的协议。

建立劳动关系应当订立劳动合同。

第十七条　订立和变更劳动合同，应当遵循平等自愿、协商一致的原则，不得违反法律、行政法规的规定。

劳动合同依法订立即具有法律约束力，当事人必须履行劳动合同规定的义务。

第十八条　下列劳动合同无效：

（一）违反法律、行政法规的劳动合同；

（二）采取欺诈、威胁等手段订立的劳动合同。

无效的劳动合同，从订立的时候起，就没有法律约束力。确认劳动合同部分无效的，如果不影响其余部分的效力，其余部分仍然有效。

劳动合同的无效，由劳动争议仲裁委员会或者人民法院确认。

第十九条　劳动合同应当以书面形式订立，并具备以下条款：

（一）劳动合同期限；

（二）工作内容；

（三）劳动保护和劳动条件；

（四）劳动报酬；

（五）劳动纪律；

（六）劳动合同终止的条件；

（七）违反劳动合同的责任。

劳动合同除前款规定的必备条款外，当事人可以协商约定其他内容。

第二十条　劳动合同的期限分为有固定期限、无固定期限和以完成一定的工作为期限。

劳动者在同一用人单位连续工作满十年以上，当事人双方同意续延劳动合同的，如果劳动者提出订立无固定期限的劳动合同，应当订立无固定期限的劳动合同。

第二十一条　劳动合同可以约定试用期。试用期最长不得超过六个月。

第二十二条　劳动合同当事人可以在劳动合同中约定保守用人单位商业秘密的有关事项。

第二十三条　劳动合同期满或者当事人约定的劳

动合同终止条件出现，劳动合同即行终止。

第二十四条 经劳动合同当事人协商一致，劳动合同可以解除。

第二十五条 劳动者有下列情形之一的，用人单位可以解除劳动合同：

（一）在试用期间被证明不符合录用条件的；

（二）严重违反劳动纪律或者用人单位规章制度的；

（三）严重失职，营私舞弊，对用人单位利益造成重大损害的；

（四）被依法追究刑事责任的。

第二十六条 有下列情形之一的，用人单位可以解除劳动合同，但是应当提前三十日以书面形式通知劳动者本人：

（一）劳动者患病或者非因工负伤，医疗期满后，不能从事原工作也不能从事由用人单位另行安排的工作的；

（二）劳动者不能胜任工作，经过培训或者调整工作岗位，仍不能胜任工作的；

（三）劳动合同订立时所依据的客观情况发生重大变化，致使原劳动合同无法履行，经当事人协商不能就变更劳动合同达成协议的。

第二十七条 用人单位濒临破产进行法定整顿期间或者生产经营状况发生严重困难，确需裁减人员的，应当提前三十日向工会或者全体职工说明情况，听取工会或者职工的意见，经向劳动行政部门报告后，可以裁减人员。

用人单位依据本条规定裁减人员，在六个月内录用人员的，应当优先录用被裁减的人员。

第二十八条 用人单位依据本法第二十四条、第二十六条、第二十七条的规定解除劳动合同的，应当依照国家有关规定给予经济补偿。

第二十九条 劳动者有下列情形之一的，用人单位不得依据本法第二十六条、第二十七条的规定解除劳动合同：

（一）患职业病或者因工负伤并被确认丧失或者部分丧失劳动能力的；

（二）患病或者负伤，在规定的医疗期内的；

（三）女职工在孕期、产期、哺乳期内的；

（四）法律、行政法规规定的其他情形。

第三十条 用人单位解除劳动合同，工会认为不适当的，有权提出意见。如果用人单位违反法律、法规或者劳动合同，工会有权要求重新处理；劳动者申请仲裁或者提起诉讼的，工会应当依法给予支持和帮助。

第三十一条 劳动者解除劳动合同，应当提前三十日以书面形式通知用人单位。

第三十二条 有下列情形之一的，劳动者可以随时通知用人单位解除劳动合同：

（一）在试用期内的；

（二）用人单位以暴力、威胁或者非法限制人身自由的手段强迫劳动的；

（三）用人单位未按照劳动合同约定支付劳动报酬或者提供劳动条件的。

第三十三条 企业职工一方与企业可以就劳动报酬、工作时间、休息休假、劳动安全卫生、保险福利等事项，签订集体合同。集体合同草案应当提交职工代表大会或者全体职工讨论通过。

集体合同由工会代表职工与企业签订；没有建立工会的企业，由职工推举的代表与企业签订。

第三十四条 集体合同签订后应当报送劳动行政部门；劳动行政部门自收到集体合同文本之日起十五日内未提出异议的，集体合同即行生效。

第三十五条 依法签订的集体合同对企业和企业全体职工具有约束力。职工个人与企业订立的劳动合同中劳动条件和劳动报酬等标准不得低于集体合同的规定。

第四章 工作时间和休息休假

第三十六条 国家实行劳动者每日工作时间不超过八小时、平均每周工作时间不超过四十四小时的工时制度。

第三十七条 对实行计件工作的劳动者，用人单位应当根据本法第三十六条规定的工时制度合理确定其劳动定额和计件报酬标准。

第三十八条 用人单位应当保证劳动者每周至少休息一日。

第三十九条 企业因生产特点不能实行本法第三十六条、第三十八条规定的，经劳动行政部门批准，可以实行其他工作和休息办法。

第四十条 用人单位在下列节日期间应当依法安排劳动者休假：

（一）元旦；

（二）春节；

（三）国际劳动节；

（四）国庆节；

（五）法律、法规规定的其他休假节日。

第四十一条 用人单位由于生产经营需要，经与工会和劳动者协商后可以延长工作时间，一般每日不得超过一小时；因特殊原因需要延长工作时间的，在保障劳动者身体健康的条件下延长工作时间每日不得超过三小时，但是每月不得超过三十六小时。

第四十二条 有下列情形之一的，延长工作时间不受本法第四十一条规定的限制：

（一）发生自然灾害、事故或者因其他原因，威胁劳动者生命健康和财产安全，需要紧急处理的；

（二）生产设备、交通运输线路、公共设施发生故障，影响生产和公众利益，必须及时抢修的；

（三）法律、行政法规规定的其他情形。

第四十三条 用人单位不得违反本法规定延长劳动者的工作时间。

第四十四条 有下列情形之一的，用人单位应当按照下列标准支付高于劳动者正常工作时间工资的工资报酬：

（一）安排劳动者延长工作时间的，支付不低于工资的百分之一百五十的工资报酬；

（二）休息日安排劳动者工作又不能安排补休的，支付不低于工资的百分之二百的工资报酬；

（三）法定休假日安排劳动者工作的，支付不低于工资的百分之三百的工资报酬。

第四十五条 国家实行带薪年休假制度。

劳动者连续工作一年以上的，享受带薪年休假。具体办法由国务院规定。

第五章 工　资

第四十六条 工资分配应当遵循按劳分配原则，实行同工同酬。

工资水平在经济发展的基础上逐步提高。国家对工资总量实行宏观调控。

第四十七条 用人单位根据本单位的生产经营特点和经济效益，依法自主确定本单位的工资分配方式和工资水平。

第四十八条 国家实行最低工资保障制度。最低工资的具体标准由省、自治区、直辖市人民政府规定，报国务院备案。

用人单位支付劳动者的工资不得低于当地最低工资标准。

第四十九条 确定和调整最低工资标准应当综合参考下列因素：

（一）劳动者本人及平均赡养人口的最低生活费用；

（二）社会平均工资水平；

（三）劳动生产率；

（四）就业状况；

（五）地区之间经济发展水平的差异。

第五十条 工资应当以货币形式按月支付给劳动者本人。不得克扣或者无故拖欠劳动者的工资。

第五十一条 劳动者在法定休假日和婚丧假期间以及依法参加社会活动期间，用人单位应当依法支付工资。

第六章 劳动安全卫生

第五十二条 用人单位必须建立、健全劳动安全卫生制度，严格执行国家劳动安全卫生规程和标准，对劳动者进行劳动安全卫生教育，防止劳动过程中的事故，减少职业危害。

第五十三条 劳动安全卫生设施必须符合国家规定的标准。

新建、改建、扩建工程的劳动安全卫生设施必须与主体工程同时设计、同时施工、同时投入生产和使用。

第五十四条 用人单位必须为劳动者提供符合国家规定的劳动安全卫生条件和必要的劳动防护用品，对从事有职业危害作业的劳动者应当定期进行健康检查。

第五十五条 从事特种作业的劳动者必须经过专门培训并取得特种作业资格。

第五十六条 劳动者在劳动过程中必须严格遵守安全操作规程。

劳动者对用人单位管理人员违章指挥、强令冒险作业，有权拒绝执行；对危害生命安全和身体健康的行为，有权提出批评、检举和控告。

第五十七条 国家建立伤亡事故和职业病统计报告和处理制度。县级以上各级人民政府劳动行政部门、有关部门和用人单位应当依法对劳动者在劳动过程中发生的伤亡事故和劳动者的职业病状况，进行统计、报告和处理。

第七章 女职工和未成年工特殊保护

第五十八条 国家对女职工和未成年工实行特殊劳动保护。

未成年工是指年满十六周岁未满十八周岁的劳动者。

第五十九条 禁止安排女职工从事矿山井下、国家规定的第四级体力劳动强度的劳动和其他禁忌从事的劳动。

第六十条 不得安排女职工在经期从事高处、低温、冷水作业和国家规定的第三级体力劳动强度的劳动。

第六十一条 不得安排女职工在怀孕期间从事国家规定的第三级体力劳动强度的劳动和孕期禁忌从事的劳动。对怀孕七个月以上的女职工，不得安排其延长工作时间和夜班劳动。

第六十二条 女职工生育享受不少于九十天的产假。

第六十三条 不得安排女职工在哺乳未满一周岁的婴儿期间从事国家规定的第三级体力劳动强度的劳动和哺乳期禁忌从事的其他劳动，不得安排其延长工作时间和夜班劳动。

第六十四条 不得安排未成年工从事矿山井下、有毒有害、国家规定的第四级体力劳动强度的劳动和其他禁忌从事的劳动。

第六十五条 用人单位应当对未成年工定期进行健康检查。

第八章 职业培训

第六十六条 国家通过各种途径,采取各种措施,发展职业培训事业,开发劳动者的职业技能,提高劳动者素质,增强劳动者的就业能力和工作能力。

第六十七条 各级人民政府应当把发展职业培训纳入社会经济发展的规划,鼓励和支持有条件的企业、事业组织、社会团体和个人进行各种形式的职业培训。

第六十八条 用人单位应当建立职业培训制度,按照国家规定提取和使用职业培训经费,根据本单位实际,有计划地对劳动者进行职业培训。

从事技术工种的劳动者,上岗前必须经过培训。

第六十九条 国家确定职业分类,对规定的职业制定职业技能标准,实行职业资格证书制度,由经过政府批准的考核鉴定机构负责对劳动者实施职业技能考核鉴定。

第九章 社会保险和福利

第七十条 国家发展社会保险事业,建立社会保险制度,设立社会保险基金,使劳动者在年老、患病、工伤、失业、生育等情况下获得帮助和补偿。

第七十一条 社会保险水平应当与社会经济发展水平和社会承受能力相适应。

第七十二条 社会保险基金按照保险类型确定资金来源,逐步实行社会统筹。用人单位和劳动者必须依法参加社会保险,缴纳社会保险费。

第七十三条 劳动者在下列情形下,依法享受社会保险待遇:

(一)退休;

(二)患病、负伤;

(三)因工伤残或者患职业病;

(四)失业;

(五)生育。

劳动者死亡后,其遗属依法享受遗属津贴。

劳动者享受社会保险待遇的条件和标准由法律、法规规定。

劳动者享受的社会保险金必须按时足额支付。

第七十四条 社会保险基金经办机构依照法律规定收支、管理和运营社会保险基金,并负有使社会保险基金保值增值的责任。

社会保险基金监督机构依照法律规定,对社会保险基金的收支、管理和运营实施监督。

社会保险基金经办机构和社会保险基金监督机构的设立和职能由法律规定。

任何组织和个人不得挪用社会保险基金。

第七十五条 国家鼓励用人单位根据本单位实际情况为劳动者建立补充保险。

国家提倡劳动者个人进行储蓄性保险。

第七十六条 国家发展社会福利事业,兴建公共福利设施,为劳动者休息、休养和疗养提供条件。

用人单位应当创造条件,改善集体福利,提高劳动者的福利待遇。

第十章 劳动争议

第七十七条 用人单位与劳动者发生劳动争议,当事人可以依法申请调解、仲裁、提起诉讼,也可以协商解决。

调解原则适用于仲裁和诉讼程序。

第七十八条 解决劳动争议,应当根据合法、公正、及时处理的原则,依法维护劳动争议当事人的合法权益。

第七十九条 劳动争议发生后,当事人可以向本单位劳动争议调解委员会申请调解;调解不成,当事人一方要求仲裁的,可以向劳动争议仲裁委员会申请仲裁。当事人一方也可以直接向劳动争议仲裁委员会申请仲裁。对仲裁裁决不服的,可以向人民法院提起诉讼。

第八十条 在用人单位内,可以设立劳动争议调解委员会。劳动争议调解委员会由职工代表、用人单位代表和工会代表组成。劳动争议调解委员会主任由工会代表担任。

劳动争议经调解达成协议的,当事人应当履行。

第八十一条 劳动争议仲裁委员会由劳动行政部门代表、同级工会代表、用人单位方面的代表组成。劳动争议仲裁委员会主任由劳动行政部门代表担任。

第八十二条 提出仲裁要求的一方应当自劳动争议发生之日起六十日内向劳动争议仲裁委员会提出书面申请。仲裁裁决一般应在收到仲裁申请的六十日内作出。对仲裁裁决无异议的,当事人必须履行。

第八十三条 劳动争议当事人对仲裁裁决不服的,可以自收到仲裁裁决书之日起十五日内向人民法院提起诉讼。一方当事人在法定期限内不起诉又不履行仲裁裁决的,另一方当事人可以申请人民法院强制执行。

第八十四条 因签订集体合同发生争议,当事人协商解决不成的,当地人民政府劳动行政部门可以组织有关各方协调处理。

因履行集体合同发生争议,当事人协商解决不成的,可以向劳动争议仲裁委员会申请仲裁;对仲裁裁决不服的,可以自收到仲裁裁决书之日起十五日内向人民法院提起诉讼。

第十一章 监督检查

第八十五条 县级以上各级人民政府劳动行政部门依法对用人单位遵守劳动法律、法规的情况进行监督检查,对违反劳动法律、法规的行为有权制止,并责令改正。

第八十六条 县级以上各级人民政府劳动行政部门监督检查人员执行公务,有权进入用人单位了解执行劳动法律、法规的情况,查阅必要的资料,并对劳动场所进行检查。

县级以上各级人民政府劳动行政部门监督检查人员执行公务,必须出示证件,秉公执法并遵守有关规定。

第八十七条 县级以上各级人民政府有关部门在各自职责范围内,对用人单位遵守劳动法律、法规的情况进行监督。

第八十八条 各级工会依法维护劳动者的合法权益,对用人单位遵守劳动法律、法规的情况进行监督。

任何组织和个人对于违反劳动法律、法规的行为有权检举和控告。

第十二章 法律责任

第八十九条 用人单位制定的劳动规章制度违反法律、法规规定的,由劳动行政部门给予警告,责令改正;对劳动者造成损害的,应当承担赔偿责任。

第九十条 用人单位违反本法规定,延长劳动者工作时间的,由劳动行政部门给予警告,责令改正,并可以处以罚款。

第九十一条 用人单位有下列侵害劳动者合法权益情形之一的,由劳动行政部门责令支付劳动者的工资报酬、经济补偿,并可以责令支付赔偿金:

(一)克扣或者无故拖欠劳动者工资的;

(二)拒不支付劳动者延长工作时间工资报酬的;

(三)低于当地最低工资标准支付劳动者工资的;

(四)解除劳动合同后,未依照本法规定给予劳动者经济补偿的。

第九十二条 用人单位的劳动安全设施和劳动卫生条件不符合国家规定或者未向劳动者提供必要的劳动防护用品和劳动保护设施的,由劳动行政部门或者有关部门责令改正,可以处以罚款;情节严重的,提请县级以上人民政府决定责令停产整顿;对事故隐患不采取措施,致使发生重大事故,造成劳动者生命和财产损失的,对责任人员比照刑法第一百八十七条的规定追究刑事责任。

第九十三条 用人单位强令劳动者违章冒险作业,发生重大伤亡事故,造成严重后果的,对责任人员依法追究刑事责任。

第九十四条 用人单位非法招用未满十六周岁的未成年人的,由劳动行政部门责令改正,处以罚款;情节严重的,由工商行政管理部门吊销营业执照。

第九十五条 用人单位违反本法对女职工和未成年工的保护规定,侵害其合法权益的,由劳动行政部门责令改正,处以罚款;对女职工或者未成年工造成损害的,应当承担赔偿责任。

第九十六条 用人单位有下列行为之一,由公安机关对责任人员处以十五日以下拘留、罚款或者警告;构成犯罪的,对责任人员依法追究刑事责任:

(一)以暴力、威胁或者非法限制人身自由的手段强迫劳动的;

(二)侮辱、体罚、殴打、非法搜查和拘禁劳动者的。

第九十七条 由于用人单位的原因订立的无效合同,对劳动者造成损害的,应当承担赔偿责任。

第九十八条 用人单位违反本法规定的条件解除劳动合同或者故意拖延不订立劳动合同的,由劳动行政部门责令改正;对劳动者造成损害的,应当承担赔偿责任。

第九十九条 用人单位招用尚未解除劳动合同的劳动者,对原用人单位造成经济损失的,该用人单位应当依法承担连带赔偿责任。

第一百条 用人单位无故不缴纳社会保险费的,由劳动行政部门责令其限期缴纳;逾期不缴的,可以加收滞纳金。

第一百零一条 用人单位无理阻挠劳动行政部门、有关部门及其工作人员行使监督检查权,打击报复举报人员的,由劳动行政部门或者有关部门处以罚款;构成犯罪的,对责任人员依法追究刑事责任。

第一百零二条 劳动者违反本法规定的条件解除劳动合同或者违反劳动合同中约定的保密事项,对用人单位造成经济损失的,应当依法承担赔偿责任。

第一百零三条 劳动行政部门或者有关部门的工作人员滥用职权、玩忽职守、徇私舞弊,构成犯罪的,依法追究刑事责任;不构成犯罪的,给予行政处分。

第一百零四条 国家工作人员和社会保险基金经办机构的工作人员挪用社会保险基金,构成犯罪的,依法追究刑事责任。

第一百零五条 违反本法规定侵害劳动者合法权益,其他法律、行政法规已规定处罚的,依照该法律、行政法规的规定处罚。

第十三章 附 则

第一百零六条 省、自治区、直辖市人民政府根据本法和本地区的实际情况,规定劳动合同制度的实施步骤,报国务院备案。

第一百零七条 本法自1995年1月1日起施行。

国家主席江泽民签署第 29 号令公布《中华人民共和国城市房地产管理法》

《中华人民共和国城市房地产管理法》已由中华人民共和国第八届全国人民代表大会常务委员会第八次会议于 1994 年 7 月 5 日通过，现予公布，自 1995 年 1 月 1 日起施行。

中华人民共和国主席 江泽民

1994 年 7 月 5 日

中华人民共和国城市房地产管理法

第一章 总 则

第一条 为了加强对城市房地产的管理，维护房地产市场秩序，保障房地产权利人的合法权益，促进房地产业的健康发展，制定本法。

第二条 在中华人民共和国城市规划区国有土地（以下简称国有土地）范围内取得房地产开发用地的土地使用权，从事房地产开发、房地产交易，实施房地产管理，应当遵守本法。

本法所称房屋，是指土地上的房屋等建筑物及构筑物。

本法所称房地产开发，是指在依据本法取得国有土地使用权的土地上进行基础设施、房屋建设的行为。

本法所称房地产交易，包括房地产转让、房地产抵押和房屋租赁。

第三条 国家依法实行国有土地有偿、有限期使用制度。但是，国家在本法规定的范围内划拨国有土地使用权的除外。

第四条 国家根据社会、经济发展水平，扶持发展居民住宅建设，逐步改善居民的居住条件。

第五条 房地产权利人应当遵守法律和行政法规，依法纳税。房地产权利人的合法权益受法律保护，任何单位和个人不得侵犯。

第六条 国务院建设行政主管部门、土地管理部门依照国务院规定的职权划分，各司其职，密切配合，管理全国房地产工作。

县级以上地方人民政府房产管理、土地管理部门的机构设置及其职权由省、自治区、直辖市人民政府确定。

第二章 房地产开发用地

第一节 土地使用权出让

第七条 土地使用权出让，是指国家将国有土地使用权（以下简称土地使用权）在一定年限内出让给土地使用者，由土地使用者向国家支付土地使用权出让金的行为。

第八条 城市规划区内的集体所有的土地，经依法征用转为国有土地后，该幅国有土地的使用权方可有偿出让。

第九条 土地使用权出让，必须符合土地利用总体规划、城市规划和年度建设用地计划。

第十条 县级以上地方人民政府出让土地使用权用于房地产开发的，须根据省级以上人民政府下达的控制指标拟订年度出让土地使用权总面积方案，按照国务院规定，报国务院或者省级人民政府批准。

第十一条 土地使用权出让，由市、县人民政府有计划、有步骤地进行。出让的每幅地块、用途、年限和其他条件，由市、县人民政府土地管理部门会同城市规划、建设、房产管理部门共同拟订方案，按照国务院规定，报经有批准权的人民政府批准后，由市、县人民政府土地管理部门实施。

直辖市的县人民政府及其有关部门行使前款规定的权限，由直辖市人民政府规定。

第十二条 土地使用权出让，可以采取拍卖、招标或者双方协议的方式。

商业、旅游、娱乐和豪华住宅用地，有条件的，必须采取拍卖、招标方式；没有条件，不能采取拍卖、招标方式的，可以采取双方协议的方式。

采取双方协议方式出让土地使用权的出让金不得低于按国家规定所确定的最低价。

第十三条 土地使用权出让最高年限由国务院规定。

第十四条 土地使用权出让，应当签订书面出让合同。

土地使用权出让合同由市、县人民政府土地管理部门与土地使用者签订。

第十五条 土地使用者必须按照出让合同约定，支付土地使用权出让金；未按照出让合同约定支付土地使用权出让金的，土地管理部门有权解除合同，并可以请求违约赔偿。

第十六条 土地使用者按照出让合同约定支付土地使用权出让金的，市、县人民政府土地管理部门必须按照出让合同约定，提供出让的土地；未按照出让合同约定提供出让的土地的，土地使用者有权解除合同，由土地管理部门返还土地使用权出让金，土地使用者并可以请求违约赔偿。

第十七条 土地使用者需要改变土地使用权出让合同约定的土地用途的，必须取得出让方和市、县人民政府城市规划行政主管部门的同意，签订土地使用权出让合同变更协议或者重新签订土地使用权出让合同，相应调整土地使用权出让金。

第十八条 土地使用权出让金应当全部上缴财政，列入预算，用于城市基础设施建设和土地开发。土地使用权出让金上缴和使用的具体办法由国务院规定。

第十九条 国家对土地使用者依法取得的土地使用权，在出让合同约定的使用年限届满前不收回；在特殊情况下，根据社会公共利益的需要，可以依照法律程序提前收回，并根据土地使用者使用土地的实际年限和开发土地的实际情况给予相应的补偿。

第二十条 土地使用权因土地灭失而终止。

第二十一条 土地使用权出让合同约定的使用年限届满，土地使用者需要继续使用土地的，应当至迟于届满前一年申请续期，除根据社会公共利益需要收回该幅土地的，应当予以批准。经批准准予续期的，应当重新签订土地使用权出让合同，依照规定支付土地使用权出让金。

土地使用权出让合同约定的使用年限届满，土地使用者未申请续期或者虽申请续期但依照前款规定未获批准的，土地使用权由国家无偿收回。

第二节 土地使用权划拨

第二十二条 土地使用权划拨，是指县级以上人民政府依法批准，在土地使用者缴纳补偿、安置等费用后将该幅土地交付其使用，或者将土地使用权无偿交付给土地使用者使用的行为。

依照本法规定以划拨方式取得土地使用权的，除法律、行政法规另有规定外，没有使用期限的限制。

第二十三条 下列建设用地的土地使用权，确属必需的，可以由县级以上人民政府依法批准划拨：

(一)国家机关用地和军事用地；

(二)城市基础设施用地和公益事业用地；

(三)国家重点扶持的能源、交通、水利等项目用地；

(四)法律、行政法规规定的其他用地。

第三章 房地产开发

第二十四条 房地产开发必须严格执行城市规划，按照经济效益、社会效益、环境效益相统一的原则，实行全面规划、合理布局、综合开发、配套建设。

第二十五条 以出让方式取得土地使用权进行房地产开发的，必须按照土地使用权出让合同约定的土地用途、动工开发期限开发土地。超过出让合同约定的动工开发日期满一年未动工开发的，可以征收相当于土地使用权出让金百分之二十以下的土地闲置费；满二年未动工开发的，可以无偿收回土地使用权；但是，因不可抗力或者政府、政府有关部门的行为或者动工开发必需的前期工作造成动工开发迟延的除外。

第二十六条 房地产开发项目的设计、施工，必须符合国家的有关标准和规范。

房地产开发项目竣工，经验收合格后，方可交付使用。

第二十七条 依法取得的土地使用权，可以依照本法和有关法律、行政法规的规定，作价入股，合资、合作开发经营房地产。

第二十八条 国家采取税收等方面的优惠措施鼓励和扶持房地产开发企业开发建设居民住宅。

第二十九条 房地产开发企业是以营利为目的，从事房地产开发和经营的企业。设立房地产开发企业，应当具备下列条件：

(一)有自己的名称和组织机构；

(二)有固定的经营场所；

(三)有符合国务院规定的注册资本；

(四)有足够的专业技术人员；

(五)法律、行政法规规定的其他条件。

设立房地产开发企业，应当向工商行政管理部门申请设立登记。工商行政管理部门对符合本法规定条件的，应当予以登记，发给营业执照；对不符合本法规定条件的，不予登记。

设立有限责任公司、股份有限公司，从事房地产开发经营的，还应当执行公司法的有关规定。

房地产开发企业在领取营业执照后的一个月内，应当到登记机关所在地的县级以上地方人民政府规定的部门备案。

第三十条 房地产开发企业的注册资本与投资总额的比例应当符合国家有关规定。

房地产开发企业分期开发房地产的，分期投资额应当与项目规模相适应，并按照土地使用权出让合同的约定，按期投入资金，用于项目建设。

第四章 房地产交易

第一节 一般规定

第三十一条 房地产转让、抵押时，房屋的所有权和该房屋占用范围内的土地使用权同时转让、抵押。

第三十二条 基准地价、标定地价和各类房屋的重置价格应当定期确定并公布。具体办法由国务院规定。

第三十三条 国家实行房地产价格评估制度。

房地产价格评估，应当遵循公正、公平、公开的原则，按照国家规定的技术标准和评估程序，以基准地价、标定地价和各类房屋的重置价格为基础，参照当地的市场价格进行评估。

第三十四条 国家实行房地产成交价格申报制度。

房地产权利人转让房地产，应当向县级以上地方人民政府规定的部门如实申报成交价，不得瞒报或者作不实的申报。

第三十五条 房地产转让、抵押，当事人应当依照本法第五章的规定办理权属登记。

第二节 房地产转让

第三十六条 房地产转让，是指房地产权利人通过买卖、赠与或者其他合法方式将其房地产转移给他人的行为。

第三十七条　下列房地产，不得转让：

(一)以出让方式取得土地使用权的，不符合本法第三十八条规定的条件的；

(二)司法机关和行政机关依法裁定、决定查封或者以其他形式限制房地产权利的；

(三)依法收回土地使用权的；

(四)共有房地产，未经其他共有人书面同意的；

(五)权属有争议的；

(六)未依法登记领取权属证书的；

(七)法律、行政法规规定禁止转让的其他情形。

第三十八条　以出让方式取得土地使用权的，转让房地产时，应当符合下列条件：

(一)按照出让合同约定已经支付全部土地使用权出让金，并取得土地使用权证书；

(二)按照出让合同约定进行投资开发，属于房屋建设工程的，完成开发投资总额的百分之二十五以上，属于成片开发土地的，形成工业用地或者其他建设用地条件。

转让房地产时房屋已经建成的，还应当持有房屋所有权证书。

第三十九条　以划拨方式取得土地使用权的，转让房地产时，应当按照国务院规定，报有批准权的人民政府审批。有批准权的人民政府准予转让的，应当由受让方办理土地使用权出让手续，并依照国家有关规定缴纳土地使用权出让金。

以划拨方式取得土地使用权的，转让房地产报批时，有批准权的人民政府按照国务院规定决定可以不办理土地使用权出让手续的，转让方应当按照国务院规定将转让房地产所获收益中的土地收益上缴国家或者作其他处理。

第四十条　房地产转让，应当签订书面转让合同，合同中应当载明土地使用权取得的方式。

第四十一条　房地产转让时，土地使用权出让合同载明的权利、义务随之转移。

第四十二条　以出让方式取得土地使用权的，转让房地产后，其土地使用权的使用年限为原土地使用权出让合同约定的使用年限减去原土地使用者已经使用年限后的剩余年限。

第四十三条　以出让方式取得土地使用权的，转让房地产后，受让人改变原土地使用权出让合同约定的土地用途的，必须取得原出让方和市、县人民政府城市规划行政主管部门的同意，签订土地使用权出让合同变更协议或者重新签订土地使用权出让合同，相应调整土地使用权出让金。

第四十四条　商品房预售，应当符合下列条件：

(一)已交付全部土地使用权出让金，取得土地使用权证书；

(二)持有建设工程规划许可证；

(三)按提供预售的商品房计算，投入开发建设的资金达到工程建设总投资的百分之二十五以上，并已经确定施工进度和竣工交付日期；

(四)向县级以上人民政府房产管理部门办理预售登记，取得商品房预售许可证明。

商品房预售人应当按照国家有关规定将预售合同报县级以上人民政府房产管理部门和土地管理部门登记备案。

商品房预售所得款项，必须用于有关的工程建设。

第四十五条　商品房预售的，商品房预购人将购买的未竣工的预售商品房再行转让的问题，由国务院规定。

第三节　房地产抵押

第四十六条　房地产抵押，是指抵押人以其合法的房地产以不转移占有的方式向抵押权人提供债务履行担保的行为。债务人不履行债务时，抵押权人有权依法以抵押的房地产拍卖所得的价款优先受偿。

第四十七条　依法取得的房屋所有权连同该房屋占用范围内的土地使用权，可以设定抵押权。

以出让方式取得的土地使用权，可以设定抵押权。

第四十八条　房地产抵押，应当凭土地使用权证书、房屋所有权证书办理。

第四十九条　房地产抵押，抵押人和抵押权人应当签订书面抵押合同。

第五十条　设定房地产抵押权的土地使用权是以划拨方式取得的，依法拍卖该房地产后，应当从拍卖所得的价款中缴纳相当于应缴纳的土地使用权出让金的款额后，抵押权人方可优先受偿。

第五十一条　房地产抵押合同签订后，土地上新增的房屋不属于抵押财产。需要拍卖该抵押的房地产时，可以依法将土地上新增的房屋与抵押财产一同拍卖，但对拍卖新增房屋所得，抵押权人无权优先受偿。

第四节　房屋租赁

第五十二条　房屋租赁，是指房屋所有权人作为出租人将其房屋出租给承租人使用，由承租人向出租人支付租金的行为。

第五十三条　房屋租赁，出租人和承租人应当签订书面租赁合同，约定租赁期限、租赁用途、租赁价格、修缮责任等条款，以及双方的其他权利和义务，并向房产管理部门登记备案。

第五十四条　住宅用房的租赁，应当执行国家和房屋所在城市人民政府规定的租赁政策。租用房屋从事生产、经营活动的，由租赁双方协商议定租金和其他租赁条款。

第五十五条 以营利为目的，房屋所有权人将以划拨方式取得使用权的国有土地上建成的房屋出租的，应当将租金中所含土地收益上缴国家。具体办法由国务院规定。

第五节 中介服务机构

第五十六条 房地产中介服务机构包括房地产咨询机构、房地产价格评估机构、房地产经纪机构等。

第五十七条 房地产中介服务机构应当具备下列条件：

(一)有自己的名称和组织机构；

(二)有固定的服务场所；

(三)有必要的财产和经费；

(四)有足够数量的专业人员；

(五)法律、行政法规规定的其他条件。

设立房地产中介服务机构，应当向工商行政管理部门申请设立登记，领取营业执照后，方可开业。

第五十八条 国家实行房地产价格评估人员资格认证制度。

第五章 房地产权属登记管理

第五十九条 国家实行土地使用权和房屋所有权登记发证制度。

第六十条 以出让或者划拨方式取得土地使用权，应当向县级以上地方人民政府土地管理部门申请登记，经县级以上地方人民政府土地管理部门核实，由同级人民政府颁发土地使用权证书。

在依法取得的房地产开发用地上建成房屋的，应当凭土地使用权证书向县级以上地方人民政府房产管理部门申请登记，由县级以上地方人民政府房产管理部门核实并颁发房屋所有权证书。

房地产转让或者变更时，应当向县级以上地方人民政府房产管理部门申请房产变更登记，并凭变更后的房屋所有权证书向同级人民政府土地管理部门申请土地使用权变更登记，经同级人民政府土地管理部门核实，由同级人民政府更换或者更改土地使用权证书。

法律另有规定的，依照有关法律的规定办理。

第六十一条 房地产抵押时，应当向县级以上地方人民政府规定的部门办理抵押登记。

因处分抵押房地产而取得土地使用权和房屋所有权的，应当依照本章规定办理过户登记。

第六十二条 经省、自治区、直辖市人民政府确定，县级以上地方人民政府由一个部门统一负责房产管理和土地管理工作的，可以制作、颁发统一的房地产权证书，依照本法第六十条的规定，将房屋的所有权和该房屋占用范围内的土地使用权的确认和变更，分别载入房地产权证书。

第六章 法律责任

第六十三条 违反本法第十条、第十一条的规定，擅自批准出让或者擅自出让土地使用权用于房地产开发的，由上级机关或者所在单位给予有关责任人员行政处分。

第六十四条 违反本法第二十九条的规定，未取得营业执照擅自从事房地产开发业务的，由县级以上人民政府工商行政管理部门责令停止房地产开发业务活动，没收违法所得，可以并处罚款。

第六十五条 违反本法第三十八条第一款的规定转让土地使用权的，由县级以上人民政府土地管理部门没收违法所得，可以并处罚款。

第六十六条 违反本法第三十九条第一款的规定转让房地产的，由县级以上人民政府土地管理部门责令缴纳土地使用权出让金，没收违法所得，可以并处罚款。

第六十七条 违反本法第四十四条第一款的规定预售商品房的，由县级以上人民政府房产管理部门责令停止预售活动，没收违法所得，可以并处罚款。

第六十八条 违反本法第五十七条的规定，未取得营业执照擅自从事房地产中介服务业务的，由县级以上人民政府工商行政管理部门责令停止房地产中介服务业务活动，没收违法所得，可以并处罚款。

第六十九条 没有法律、法规的依据，向房地产开发企业收费的，上级机关应当责令退回所收取的钱款；情节严重的，由上级机关或者所在单位给予直接责任人员行政处分。

第七十条 房产管理部门、土地管理部门工作人员玩忽职守、滥用职权，构成犯罪的，依法追究刑事责任；不构成犯罪的，给予行政处分。

房产管理部门、土地管理部门工作人员利用职务上的便利，索取他人财物，或者非法收受他人财物为他人谋取利益，构成犯罪的，依照惩治贪污罪贿赂罪的补充规定追究刑事责任；不构成犯罪的，给予行政处分。

第七章 附 则

第七十一条 在城市规划区外的国有土地范围内取得房地产开发用地的土地使用权，从事房地产开发、交易活动以及实施房地产管理，参照本法执行。

第七十二条 本法自1995年1月1日起施行。

国家主席江泽民签署第30号令公布《全国人民代表大会常务委员会关于惩治侵犯著作权的犯罪的决定》

《全国人民代表大会常务委员会关于惩治侵犯著作权的犯罪的决定》已由中华人民共和国第八届全国

人民代表大会常务委员会第八次会议于1994年7月5日通过，现予公布，自公布之日起施行。

中华人民共和国主席　江泽民

1994年7月5日

全国人民代表大会常务委员关于惩治侵犯著作权的犯罪的决定

为了惩治侵犯著作权和与著作权有关的权益的犯罪，对刑法作如下补充规定：

一、以营利为目的，有下列侵犯著作权情形之一，违法所得数额较大或者有其他严重情节的，处三年以下有期徒刑、拘役，单处或者并处罚金；违法所得数额巨大或者有其他特别严重情节的，处三年以上七年以下有期徒刑，并处罚金：

(一)未经著作权人许可，复制发行其文字作品、音乐、电影、电视、录像作品、计算机软件及其他作品的；

(二)出版他人享有专有出版权的图书的；

(三)未经录音录像制作者许可，复制发行其制作的录音录像的；

(四)制作、出售假冒他人署名的美术作品的。

二、以营利为目的，销售明知是第一条规定的侵权复制品，违法所得数额较大的，处二年以下有期徒刑、拘役，单处或者并处罚金；违法所得数额巨大的，处二年以上五年以下有期徒刑，并处罚金。

三、单位有本决定规定的犯罪行为的，对单位判处罚金，并对其直接负责的主管人员和其他直接责任人员，依照本决定的规定处罚。

四、查获的侵权复制品、违法所得和属本单位或者本人所有的主要用于侵犯著作权犯罪的材料、工具、设备或者其他财物，一律予以没收。

五、犯本决定规定之罪，造成被侵权人损失的，除依照本决定追究刑事责任外，并应当根据情况依法判处赔偿损失。

六、本决定自公布之日起施行。

国家主席江泽民在钓鱼台国宾馆会见吉布提共和国总统哈桑·古莱德·阿普蒂敦

德国总统罗曼·赫尔佐克在波恩哈默施密特别墅会见国务院总理李鹏

国务院总理李鹏在其下榻的国宾馆会见德国基社盟主席联邦财政部部长特奥·魏格尔

国务院总理李鹏在其下榻的国宾馆会见德国副总理兼外交部部长德国自民党主席克劳斯·金克尔

中共中央政治局委员丁关根在人民大会堂会见以华侨报社社长赵汝能为团长澳门日报总编辑李鹏翥为副团长的澳门新闻界访问团

丁关根希望澳门各新闻传媒继续遵循“爱国爱澳”的原则办好报纸，沟通社会各界的信息，促进澳门和内地的相互联系和了解。同时，他还希望澳门新闻界继续宣传澳门特别行政区基本法和“一国两制”的方针，为保持澳门的稳定和发展、实现澳门平稳过渡作出新的贡献。

会见中，丁关根向客人们介绍近年来内地新闻事业的发展情况，并同他们一起交流办报经验。

国务院新闻办主任曾建徽，人民日报总编辑范敬宜以及新华社澳门分社副社长宗光耀参加会见。

第三次全国统一战线理论工作会议暨中国统一战线理论研究会第二届理事会议在北京开幕

中共中央政治局常委、全国政协主席李瑞环会见与会人员。

会议的主要任务是：以邓小平建设有中国特色社会主义的理论为指导，总结统一战线理论研究工作的经验，交流统战理论研究的成果，明确今后一个时期理论研究的方针和任务；讨论通过《1994—2000年统一战线理论研究规划》；修改《中国统一战线理论研究会章程》；选举中国统一战线理论研究会第二届理事会及其领导机构。

公安部水利部就各地严厉打击盗窃破坏水利设施犯罪活动联合发出通知

日前，公安部、水利部联合发出通知，要求各地公安机关和水利部门密切配合，严厉打击盗窃、破坏水利设施的犯罪活动。

通知指出：水利是国民经济的基础产业和基础设施，水利设施尤其是防洪工程的安全，更是事关国计民生、改革开放和社会稳定的大局。近年来，由于少数人法律意识淡薄，见利忘义，水利设施遭盗窃破坏的现象屡有发生。据不完全统计，每年水利设施因人为破坏而造成的直接经济损失达一点五亿元之多。

通知要求各地公安机关、水利部门要把打击盗窃破坏水利设施犯罪活动当作一件大事来抓。各地公安机关要加强侦破工作，力争在短期破获一批有影响的重大案件，依法从严惩处盗窃、破坏水利设施的犯罪分子；各地水利部门要积极提供线索，配合公安、工商等部门清理整顿废旧金属收购站、点，堵塞销赃渠道，对非法收购水利设施的，要依照《废旧金属收购业治安管理办法》的规定予以处罚，构成犯罪的要依法追究刑事责任。同时各级公安机关和水利部门要加强防范措施，搞好法制宣传，增强社会保护水利设施的意识，切实做好汛期的安全保卫工作。

国家土地管理局发出《关于贯彻执行清产核资中土地清查估价工作方案的通知》

国家主席江泽民根据全国人大常委会的决定任免驻外大使

一、免去李宝城的中华人民共和国驻意大利共和国特命全权大使兼驻圣马力诺共和国特命全权大使职务。

任命吴明廉为中华人民共和国驻意大利共和国特命全权大使兼驻圣马力诺共和国特命全权大使。

二、免去程绍良的中华人民共和国驻特立尼达和多巴哥共和国特命全权大使职务。

任命陆树林为中华人民共和国驻特立尼达和多巴哥共和国特命全权大使。

国务院总理李鹏在波恩接受德国记者采访

李鹏傍晚在他下榻的国宾馆接受德国电视二台记者西格洛赫的采访，就广泛的问题回答记者的提问。

问：总理先生，您在这里会谈的情况如何，是否像您预期的那样？

答：我与科尔总理举行会谈，会见了赫尔佐克总统，会见了执政党的一些领袖和部长，也会见了社民党主席沙尔平。双方谈得很好，有不少观点是一致的，当然也有一些不同的看法。会谈和会晤是富有成果的。

问：中国的经济发展速度几乎比德国快10倍。您认为德国企业在中国的参与是否充分？

答：应该说现在参与已经不少，但还有很大潜力。

充分发挥这种潜力的一个重要条件，就是德国接受更多的中国商品。从中国的经济发展前景看，从今年起到本世纪末的7年时间里，我国的累计进口将达1万亿美元，德国可以争取从中得到一个比较大的份额，双方在平等互利基础上合作的前景是很广阔的。

问：但是，总理先生，中国的市场对德国商品的开放程度究竟如何呢？到目前为止，德国进口中国商品比向中国出口要多。

答：我认为恰恰相反，中德贸易中方是逆差。你们之所以认为德国有逆差，这是由于不合理的贸易统计所造成的。

问：联邦政府在会谈中是否向您承诺，争取取消欧洲联盟内部对中国商品的限制？

答：我在和科尔总理及财政部长的会谈中提到了这个问题。在取消对中国商品的限制上，德国抱有积极的态度，我认为这是明智的。这样做对双方都有利，不仅是为了中国的利益，同时也是为了德国的利益。因为只有德国进口更多的中国产品，中国才能有必要的外汇来购买更多的德国产品。

问：您今天在向德国经济界发表演讲时表示，如果价格合适的话，中国将购买更多的德国产品。您是否期望德国政府提供贷款？

答：德国商品的质量不错，只是价格太高。如何提高德国产品的竞争力，这是应由联邦政府与德国企业界考虑的事。我想只要共同努力，是可以找到解决办法的。中国确实是一个很大的市场，同时，中国市场上的竞争也是激烈的。世界上很多发达的国家都想更多地进入中国市场，我们愿意看到德国在竞争中能够取得比较好的成绩。

问：您如何评价德国参与中国高速铁路建设的机会？科尔总理曾特别提到这一项目。

答：你指的大概是北京到上海的高速铁路。这个项目我们还在讨论之中，尚未作出最后决定。将来要建的话，我们欢迎德国企业前来投资。

我现在要推荐另外一个项目，这就是中国的三峡工程。这个已经决定要建设的项目，我们将向世界招标，欢迎德国的企业参加投标。

问：5年前中国用军事方式结束了天安门广场的游行活动，今天你们如何看这件事？

答：历史对此已经作出了结论。当时我们的国家处于一片混乱之中，采取这种措施是不得已的，被迫的，我们并不愿意采取这种措施。但是当时如果不这样做，不采取断然措施，将会大乱，情况可能比今天欧洲一些国家的境况更糟糕、更悲惨。中国现在政治稳定，经济发展，人民生活改善，社会进步，民族团结，证明当时采取的措施虽是迫不得已的，但是必要的。许多重要的历史事件都要由历史作出公正的判断。我想，随着时间的推移，世界上将有越来越多的人会说，中国政府当时所采取的措施是必要的。

问：西方的人权组织至今还声称，中国对政治犯进行审判，还有几名政治犯在押。中国是否认为，在东方和西方存在着不同的人权，联合国宪章中规定的个人人权是否对你们适用？

答：中国不存在政治犯，中国是一个法治国家，有自己的宪法和各种法律。只有在触犯刑律时，公安、司法部门才能依法进行逮捕和审判，中国的司法是独立的。

中国和西方的人权观确有不同，不仅中国，而且占世界人口80%以上的发展中国家，都不见得赞成西方的人权观。尽管如此，我们还是愿意就这一问题同西方进行平等的对话，前提是相互尊重，求同存异。我们反对利用人权作“武器”干涉别国内政的做法。西方与中国以及广大发展中国家有不同的人权观，是由历史背景、文化传统、价值观念和经济发展的水平不一样造成的。

1993 年，在维也纳召开的人权大会发表了维也纳宣言。该宣言不仅承认政治权利是人权，而且承认对发展中国家来说，发展权和生存权是人权的基本体现，也强调对社会上薄弱的群体如妇女、儿童、残疾人等进行保护也是维护人权。由此可见，人权的涵义是非常广泛的。

西方人对发展中国家如此重视生存权和发展权不太理解，因为彼此所处的社会经济条件不一样。中国以世界上 7%的耕地养活世界 22%的人口，这对中国政府来说是一项艰巨的任务。刚才，贵国财政部长对我说，德国统一后，为支持东部恢复经济，政府每年向东部投入 1000 多亿马克的巨资。

中国每年净增 1500 多万人，相当于统一前德国东部的人口。政府要向他们提供粮食、住宅、受教育和就业机会。从这一点足以看出，对于发展中国家来说，生存权和发展权是非常重要的人权。

问：德国已经表示希望成为安理会常任理事国，中国态度如何？

答：中国十分重视德国在国际事务中的作用，希望德国在维护和平和促进发展方面发挥更大的作用。关于扩大安理会的问题，我们对德国的愿望表示重视和理解。

在采访结束时，李鹏总理说："我代表中国政府和中国人民通过你们的电视台向德国政府和德国人民表示亲切的问候。衷心祝愿两国的友谊和合作不断发展，以造福于人民。"

国务院总理李鹏在波恩对德国工商界发表《中国的改革开放和中德合作关系》演讲

主席先生，女士们，先生们：

我今天有机会同德国经济界的朋友们见面，感到十分高兴。我们非常赞赏德国工商大会为推进中德经济合作和两国关系的全面发展所作出的积极努力和重要贡献。我愿借此机会，简要地向诸位介绍中国国内形势特别是经济形势，以及我对发展中德关系的看法，希望这能有助于增进德国朋友们对中国的了解。

大家知道，自 1979 年以来，中国进入了改革开放和现代化建设的新的历史发展时期。15 年来，在我国改革开放的总设计师邓小平同志建设有中国特色社会主义的理论指导下，中国面貌发生了巨大变化。经过 10 多年的改革，以公有制为主体的多种经济成分共同发展的格局已经形成，农村经济体制改革不断深入，国有企业经营机制正在转换，市场在资源配置中的作用越来越大，计划经济体制逐步向社会主义市场经济体制过渡，现在由市场决定价格的商品已经占 90%左右。改革开放极大地调动了我国各阶层人民群众的积极性，解放和发展了社会生产力，使中国经济进入了快速增长的阶段。从 1979 年到 1993 年的 15 年间，按不变价格计算，中国的国民生产总值增长 278 倍，平均每年增长 93%，是当今世界上经济增长速度最快的国家之一。随着经济的快速发展，我国城乡居民生活水平有了明显提高。在同一时期，城镇居民收入年平均增长 63%；农村居民收入增长得更快一些，年平均增长 85%。由于实行对外开放的政策，已经形成了从沿海到内地的多层次、多渠道、全方位的对外开放格局。中国建立了经济特区，开辟了经济开放区、高新技术开发区和开放城市，外商投资享受优惠政策，有比较好的投资环境，对外贸易和外商来华投资都有较大幅度的增长。1993 年中国进出口贸易总额近 2000 亿美元，居世界第 11 位；外商投资累计达到 600 多亿美元。现在中国改革正在继续深入，对外开放进一步扩大，经济保持快速发展的良好势头。同时，中国重视民主法制建设和精神文明建设。今天的中国，经济发展，政治稳定，民族团结，社会进步，中国人民对自己国家的发展前景充满了信心。

女士们，先生们：

中国是世界上人口最多，经济技术基础比较薄弱的国家。新中国成立 40 多年来，特别是改革开放 15 年来中国经济有了很大发展，但按人口平均计算，我国的经济水平仍然很低，仍然是一个发展中国家。对中国说来，保证近 12 亿人赖以生存的吃饭、穿衣、住房等基本生存条件，是一件很不容易的事，何况每年增加的人口有 1500 万之多。中国要赶上世界中等发达国家的经济和生活水平，要付出更大的努力，需要再经过几十年的艰苦奋斗。建立社会主义市场经济体制，把社会主义制度同市场经济有机地结合起来，更是一项前无古人的开创性事业。进行这样一场深刻的变革，要解决一系列极其复杂的经济和社会问题，任务十分艰巨。但是，夸大中国在发展过程中的困难，散布对中国前途的悲观论调，是没有根据的。15 年来的实践充分证明，改革开放是中国现代化的必由之路。中国的政局是稳定的，以江泽民主席为核心的领导集体是坚强的，并且得到全国人民的拥护。中国将坚定不移地实行 10 多年来行之有效的方针和政策，克服前进道路上的艰难险阻，实现现代化的宏伟目标。

女士们，先生们：

在实现现代化的进程中，中国政府十分注意正确处理改革、发展和稳定的关系。经济工作是一切工作的中心，改革开放是推动发展的动力，发展与改革是社会稳定和国家长治久安的基础，而保持社会稳定则是发展经济和顺利进行改革的必不可少的条件。中国10多年来改革开放和经济建设的经验证明了这一点。世界各国的历史同样证明，没有稳定的社会环境，发展便无从谈起。中国保持稳定，不但是中国本身的需要，符合中国人民的根本利益，而且符合世界人民的根本利益，是对世界和平与稳定的一个贡献。假如中国这样一个拥有将近12亿人口的大国出现混乱局面，将不仅是中国人民的不幸，而且会给世界带来巨大的灾难。

女士们，先生们：

中国的改革开放，需要一个和平稳定的国际环境，需要同世界各国发展合作与交流。中国和西欧在国际事务中有许多相同和近似的看法，在经济上有比较强的互补性。德国是欧洲乃至世界范围内的一个重要国家，素以高度发达的经济和科技闻名于世，并在国际舞台上发挥着日益重要的作用。中国愿意一如既往，与德国发展长期稳定的友好合作关系。这次随同我访问的有30多位中国实力雄厚的企业界负责人。他们之中包括了钢铁、汽车、电力、电子、石油化工等行业，以及从事进出口贸易的企业家代表。这些企业家大都同德国企业界有着长期的合作关系。他们的到来，不仅表明了中国进一步扩大中德经贸合作的愿望，而且真诚希望这种合作能够取得实质性的成果。在这里，我想概括地讲讲中国发展对德关系的四项原则：

一、着眼未来，长期友好。中德两国虽然分处亚欧大陆，相距遥远，但两国人民的友谊源远流长。现在，我们两国都处于历史发展的重要时期。中德两国之间的合作，不仅要看到当前，而且更应该着眼于未来，着眼于21世纪。发展中德两国之间长期稳定的友好合作关系，不仅符合两国人民的根本利益，也有利于世界的和平与稳定。

二、相互尊重，增加信任。中德两国虽然社会制度不同，文化传统、价值观念和发展道路也有一定差异，但这种差异并没有，也不应该成为两国进行友好合作的障碍。中国在处理国与国之间的关系时，从不以意识形态和社会制度划线，尊重各国人民自主选择本国的发展道路，绝不干涉别国的内政。中国一向支持德意志民族统一，也赞赏德国奉行的“一个中国”政策。我们愿意在相互尊重的基础上进一步密切交往，在合作中进一步增加信任，使两国友好关系具有更坚实的基础。

三、在平等互利的基础上进一步发展经济关系。德国是中国在欧洲的最大贸易伙伴，中国也是德国在亚洲的重要贸易伙伴，两国贸易关系具有十分广阔的前景。中德两国在科学技术、金融、信息以及其他经济领域的合作也大有可为。当然这种合作应当遵循平等互利的原则，只有这样才能进一步推动两国经济关系的全面发展，提高合作的水平，以造福于我们两国人民。

四、加强相互磋商，扩大合作领域。中德两国都是在世界上有重要影响的国家。中国的发展是世界和平与稳定的重要因素。我们愿意看到德国在国际事务中发挥更多的作用，愿意加强同德国在国际事务和国际组织中的磋商和合作，为维护世界和平与稳定，促进人类共同发展，作出应有的贡献。

中德之间的经济合作，是两国友好合作关系中最重要的组成部分，在中国对外开放的总布局中占有重要地位。我们高兴地看到，近年来，两国经贸关系达到了历史最高水平，进入了良好发展时期。中德贸易额迅速增长，1993年超过了100亿美元。德商在华投资办的企业已有570多家，并且有进一步发展的趋势。两国在科技、教育特别是职业教育和财政金融方面的合作也是卓有成效的。但我也想坦率指出，现在德国产品在中国市场上所占的份额还不大，在华投资还远远落后于其他国家。这与两国的经济实力和地位显然是不相称的，说明双方进一步扩大合作还有很大潜力。

进一步发展中德经济关系有许多有利条件。两国经济处于不同发展阶段，互补性强。中国发展经济在重视增长速度的同时，也十分重视提高经济效益和调整产业结构。今后中国优先发展的农业、交通、通信、能源、重要原材料等基础设施和基础工业，正是德国的优势所在。我们也愿意加强两国中小企业的合作，这种合作具有投资小、见效快的特点，是一个很有前途的合作领域。中德两国有着良好的政治关系，中国一贯重视德国在世界经济中的作用。中德进一步发展经济合作关系也符合科尔总理提出的新亚洲政策。中国经济正在持续、快速、健康地发展，从现在起到本世纪末，每年平均要保持8%到9%的增长速度。如果保持外贸增长略快于经济增长的发展势头，2000年中国外贸总额将达4000亿美元。这就是说，从今年到本世纪末的7年间，中国累计进口总额将达到10000亿美元。这就为中德经济关系的进一步发展提供了更大的机遇。我希望德国政府放宽、取消单方面对华技术转让的限制，支持中国尽快恢复关贸总协定缔约国的地位，为发展中德经济贸易关系创造有利条件，同时也希望德国的企业界进一步扩大在华投资，提高德国产品的竞争能力，让我们共同努力，把中德经济关系提高到一个新水平。

女士们，先生们：

中华人民共和国和德意志联邦共和国建交20多年来，两国各自的情况和国际形势都发生了重大变化。一个改革开放的中国和一个经济发达的德国进一步发展长期稳定的友好合作关系，符合双方的根本利益，有利于世界的和平与稳定。我相信，只要我们以面向 21 世纪的战略眼光携手合作，就一定能够共同开创中德关系更加良好的前景。

谢谢大家。

国家副主席荣毅仁在人民大会堂会见由议长马塞尔·尚布里耶率领的加蓬国民议会代表团

中国和葡萄牙联合联络小组第 20 次会议在里斯本举行

国务院发布《关于进一步加强知识产权保护工作的决定》

各省、自治区、直辖市人民政府，国务院各部委、各直属机构：

保护知识产权是我国改革开放政策的组成部分，是促进科学、技术和文化事业繁荣发展，保障社会主义市场经济正常运行的重要制度。为适应国际科技经济一体化的趋势和加快恢复我国关贸总协定缔约国地位的客观要求，近年来，我国加快知识产权立法步伐，先后公布了《中华人民共和国商标法》、《中华人民共和国专利法》、《中华人民共和国技术合同法》、《中华人民共和国著作权法》和《中华人民共和国反不正当竞争法》等法律，并且已初步与国际标准接轨，对推动我国改革开放和现代化建设起到了积极作用。由于我国建立知识产权制度的时间不长，全社会的知识产权意识还比较薄弱，有的地区和部门对保护知识产权的重要性缺乏足够认识，一些严重侵权行为不仅损害了产权所有人的合法权益，而且损害了法律的尊严。为了切实加强知识产权保护工作，保障法律的贯彻实施，特作如下决定：

一、完善知识产权制度，切实加强知识产权保护工作，是当前深化科技、经济配套改革，扩大对外开放的重要内容，也是加快建立社会主义市场经济体制，实现与世界经济接轨的基本要求。各级人民政府要充分认识知识产权制度在推动科技进步和经济发展中的重要意义，正确处理局部利益与整体利益、眼前利益与长远利益的关系，把加强知识产权保护提到科技、经济、文化工作的重要议事日程，综合运用法律的、经济的和行政的手段，引导企业、科研院所和高等学校（以下称企事业单位）采取有效措施，切实保护自己的知识产权，充分尊重他人的知识产权，推动全社会树立尊重和保护知识产权的良好风尚，为公民和企事业单位的发明创造、文学艺术创作以及对外科技、经济、文化合作与交流创造良好的环境和条件。

二、保护知识产权是一项涉及立法、司法、执法和行政管理等多方面的综合性工作，各有关部门要互相支持，密切配合，以形成统一、协调的知识产权保护体系。

最近，全国人大常委会已审议通过关于惩治侵犯著作权的犯罪的决定，以增强制止和处罚知识产权侵权行为的力度。

国务院将抓紧研究、制定对知识产权实行边境保护措施的行政法规。

各级知识产权行政执法机关要强化职能，充实力量，提高效率。当前要重点加强各级著作权行政执法机关的力量，保障《中华人民共和国著作权法》的有效实施。知识产权行政执法机关在履行职责过程中，需要取得其他行政执法机关或者行政管理部门的配合，有关机关和部门都要大力协助。对一些影响比较大的重要案件，知识产权行政执法机关可以会同科技、经济、文化、新闻出版、广播电影电视、公安等部门进行查处。

要支持人民法院对知识产权案件的依法审判，支持有关人民法院根据需要设立知识产权审判庭，切实加强审判力量，保障各类知识产权案件得到公正、及时的处理。

在司法和行政执法工作中，要打破地方保护和部门分割，遵循"有法可依、有法必依、执法必严、违法必究"的原则，严格贯彻执行法律法规，依法查处并制裁各类侵犯知识产权的行为。侵权行为情节严重、构成犯罪的，要依法追究有关人员的刑事责任，切实维护知识产权权利人的合法权益，维护社会主义法制的统一和尊严。

为了进一步健全和完善我国知识产权管理制度，加强知识产权的宏观管理和统筹协调，国务院决定建立国务院知识产权办公会议制度。各有关部门要在机构改革中加强知识产权的管理机构并理顺关系，在我国形成行政管理和司法保护两套体系"双管"齐下、并行运作的体制，以增强保护知识产权的力度。

三、要大力加强对知识产权法律实施的监督、检查工作，建立日常监督和重点检查相结合的机制。国务院将不定期地组织各知识产权行政执法机关和科技、经济、文化、新闻出版、广播电影电视、公安等有关部门，对各地区、各部门贯彻实施知识产权法律的情况进行联合大检查，重点查处一些重要的、有影响的知识产权侵权大案，督促解决一些地方存在的执法不严和对侵权行为处罚不力的现象。这项工作要逐步形成制度，以切实保障知识产权法律的有效实施。

当前，监督检查工作的重点是清理整顿音像制品市场和计算机软件市场。各级著作权行政管理部门和工商行政管理部门要密切配合，加强检查，严肃处理非法复制音像制品和计算机软件的盗版行为。

四、为了履行我国参加的《保护工业产权巴黎公约》和《伯尔尼保护文学和艺术作品公约》的有关规定，加强对外经济技术贸易中的知识产权保护，要强化海关在保护知识产权、制止侵权产品进出境方面的职能，采取必要的边境措施，有效地制止侵权产品的进出口。海关要加强与有关部门的联系和配合，依法严格实施知识产权的边境保护措施。

五、要加强新技术、新产品进出口中的知识产权保护工作。从国外引进技术或进口产品时，要全面了解有关技术或产品的知识产权状况，避免发生侵权纠纷或引起其他损失；向外输出新技术、新产品时，也要做好有关知识产权查询工作，防止技术或产品出口后被他人仿制或侵犯他人的知识产权。

要加强对来料、进料定牌加工和合资制作、发行国外音像制品的审批及管理工作。企业在接受外商委托从事上述活动时，应当通过有关的知识产权管理部门或者知识产权服务机构查明外商是否为该项知识产权的合法拥有者、是否有权使用，在合同中应约定企业履行合同所进行的定牌加工或制作、发行音像制品活动被第三方指控侵权时的应诉责任以及指控成立时的赔偿责任。

六、各行业要把加强知识产权工作作为推动行业科技进步和经济发展的一项重要措施。要针对本行业科技、经济发展的实际情况，积极开展行业知识产权战略和管理的研究工作，指导全行业的产品结构调整和科研生产工作。对于自主研究开发能力比较薄弱的医药、化工和计算机软件等行业，要采取倾斜政策，增加研究开发经费的投入，提高自主研究开发的能力和水平。

七、各项科技发展计划的主管部门要把知识产权工作作为计划管理的重要环节，要针对计划的实施和发展制定统一的知识产权战略，特别要加强与计划有关的领域中的知识产权调查、分析及相应的对策研究，使知识产权工作贯穿于计划项目的立项、成果的法律保护以及成果商品化、产业化和国际化的全过程。

八、企事业单位要把保护知识产权作为建立现代企业制度和现代科研院所制度的一项重要内容，增强知识产权意识，遵守知识产权法律法规，把加强知识产权保护纳入本单位的研究开发、生产经营和内部管理工作并形成相应的制度。

企事业单位的新技术、新工艺、新产品研究开发和技术改造应当与知识产权工作密切结合起来，利用知识产权信息制定正确的研究开发和生产经营战略，确定恰当的研究方向和技术路线，提高研究开发的起点、水平和效率，避免在科研和生产中出现不必要的重复开发或者发生侵权纠纷。

九、科技、经济、文化领域的各类行业协会以及专门的知识产权社会团体和社会化服务组织，是推动知识产权法律实施、加强知识产权保护工作的一支重要力量。要鼓励和扶持这些组织的发展，引导其利用自身的灵活机制，面向社会开展各种形式的知识产权法律咨询和服务。要建立一批知识产权法律服务机构，协助当事人对侵权行为进行调查，搜集证据，通过法律途径解决有关纠纷。政府有关部门要充分调动这些组织的积极性，使其成为行政管理部门在保护知识产权方面的有力助手。

十、当前，要大力加强培养知识产权专业人才和对广大领导干部以及人民群众宣传普及知识产权保护知识的工作。知识产权管理部门和科技、经济、文化等部门要结合第二个普法五年计划的实施，深入开展知识产权宣传工作，加强知识产权法制教育。新闻单位要对知识产权保护工作加强报导，做好宣传教育和舆论监督工作。企事业单位要把知识产权法律纳入本单位的普法教育计划。要通过深入、持久的宣传教育工作，逐步提高全社会的知识产权保护意识和法制观念，形成有利于保护知识产权的良好社会环境。

十一、国务院有关部门可以根据本决定制定加强企事业单位知识产权工作的具体办法。

全国新闻教育工作座谈会在呼和浩特举行

中宣部、国家教委有关部门和中国新闻教育学会联合召开新闻教育工作座谈会。复旦大学、中国人民大学、中国新闻学院、武汉大学等16所高校新闻院系(专业)的新闻教育专家，围绕如何在新形势下培养合格新闻人才等问题进行探讨。

徐惟诚认为，当前高校新闻教育应着重做好五方面工作：一是坚持以邓小平同志建设有中国特色社会主义理论教育学生。二是改进新闻理论教育，要在邓小平同志关于建设有中国特色社会主义理论指导下，结合国内外新闻工作实践，来丰富、充实、发展新闻理论，建立有中国特色的社会主义新闻理论体系。三是要加强新闻职业道德教育，培养学生的社会责任感和敬业精神。四是改革教学内容，更加丰富和充实学生的知识。五是加大新闻实践教学的力度。

国务院代总理朱镕基到青海广西广东察看灾情

朱镕基7月5日至12日先后到青海、广西、广东灾区察看灾情，向灾区人民表示慰问。

朱镕基到青海后，在省委书记尹克升、省长田成平陪同下，于7月6日冒雨到连遭暴雨、山洪而造成泥石流灾害的互助土族自治县，向土族同胞转达党中央、国务院的关怀。

8日，朱镕基抵达南宁后，在自治区党委书记赵富林和自治区政府主席成克杰陪同下，赶赴被洪水围困淹浸了7天的柳州、梧州两市，深入到受灾严重的工厂企业察看受灾情况，了解职工生活状况。

8日在乘直升机从广西梧州飞往广东重灾区的途中，朱镕基在空中察看了广东西江流域的灾情。飞抵广东清远市后，在中共中央政治局委员、广东省委书记谢非和省长朱森林陪同下，赶赴清新县北江飞水围，察看被洪水冲毁的村庄和复堤堵口、恢复生产的现场。

朱镕基在视察期间，分别听取三省区关于抗洪救灾和经济工作的汇报。

朱镕基指出，当前抗洪救灾工作，首先要安排好灾区群众生活，稳定市场物价，特别是要稳定粮食和蔬菜价格。既不能饿死一个人，也不能因灾而使粮价上涨，影响整个市场物价的稳定。

第二，要千方百计恢复工农业生产，首先是恢复农业生产。

第三，要大力开展增收节支、增产节约工作，把水灾造成的损失补回来。要加强税收征管，堵住减免税，防止偷漏税，尽快把国税局和地方税务局分开，把该收的税通通收上来。

第四，要认真总结这次洪水灾害的经验教训，特别是重点城市不设防或防洪标准过低的惨痛教训。对城市防洪建设要真正重视，宁肯少上几个基建项目，也要保证防洪工程对资金的需要。越是改革开放，越要加强城市防洪工作，否则，经济建设取得的成就越大，洪水造成的损失就越严重。

考察期间，朱镕基分别对三省区救灾所需的粮食、食油、化肥的调运以及增加救灾拨款和银行贷款等问题与地方领导协商，作出了周密的安排和部署。

7月6日

全国人大常委会委员长乔石在人民大会堂会见吉布提总统古莱德

中共中央政治局常委胡锦涛在人民大会堂会见由总书记布拉赫·乌尔德·莫盖亚率领的毛里塔尼亚民主社会共和党代表团

全国民事审判工作会议在太原召开

会上，最高人民法院副院长马原强调，民事审判工作要强化严肃执法的观念，坚决依法办案；要切实尊重和保护当事人的诉讼权利，方便当事人行使诉讼权利。民事审判方式要在实践中不断改进，不断发展，不断完善。对此，必须抓好四个方面的工作：要强调当事人的举证责任；推行做好庭前必要准备，改进庭审方式，充分发挥合议庭、独任审判员的职能作用。

最高人民法院发布《关于海事法院拍卖被扣押船舶清偿债务的规定》

最高人民法院发布《关于海事法院诉讼前扣押船舶的规定》

香港特别行政区筹委会预备工作委员会主任会议在北京港澳中心召开

《人民日报》就《中华人民共和国劳动法》已经八届全国人大常委会第八次会议审议通过发表评论员文章《切实维护劳动者合法权益》

中共中央政治局常委李瑞环在湖南考察

7月6日至12日，李瑞环深入考察环洞庭湖地区。在长沙，李瑞环看望慰问正在抢修湘江堤岸的解放军官兵。在常德，他召开洞庭湖整治工程座谈会。在岳阳，他乘船实地察看洞庭湖同长江交汇处的水情及部分江堤险段。李瑞环还参观韶山毛泽东故居和花明楼刘少奇故居。11日下午，他听取湖南省委、省政府的工作汇报，并发表讲话。

李瑞环在谈到洞庭湖治理时指出，洞庭湖是长江流域第一大湖，既给湖南农业带来有利条件，又因水灾频繁成为湖南人民的心腹大患。长期以来，全省人民尤其是湖区人民同水患进行了艰巨的斗争，对湖南乃至全国的经济建设做出了重要贡献，同时也付出了重大的牺牲。经过这次洪水，我们要痛定思痛，抓住党和政府在人民群众中的威信显著提高的有利时机，发扬社会主义制度的优越性，把全省人民在战胜今年特大洪灾中表现出的英雄气概和巨大力量，引导到综合治理江湖的长期斗争中来，通过科学规划和坚持不懈的奋斗，努力从根本上解除水患的威胁。

李瑞环说，目前湖区实施的"深挖泥、高筑堤、强排涝、救命楼"的办法，实践证明是行之有效的，要加快步伐抓紧落实。但是，要从根本上消除洞庭湖的水患，必须把治理洞庭湖同治理长江结合起来。只有把洞庭湖、洪湖、鄱阳湖等大型湖泊的蓄水能力充分挖掘出来，再加上三峡工程的蓄水能力，才可能从根本上改变长江中游年年汛期告急的被动局面。在洞庭湖治理过程中，要贯穿防备水患与积极开发利用相结合的思路，把提高蓄洪能力与提高通航能力结合起来，使长江在湖南境内发挥更大的航运效益。洞庭湖的治理，还必须同湘、资、沅、澧四水的综合治理、同开发利用湖南丘岗地区农业用地后备资源结合起来。他说，所有这些设想的实现，都要经历一个过程，都要付出巨大的劳动，但我们总是要朝这个方向努力。

中央军委主席江泽民在中南海会见印尼武装部队司令费萨尔·丹绒

中国与国际开发协会在美国哥伦比亚特区签署开发信贷协定(森林资源发展和保护项目)

中国核工业总公司召开鉴定会确认中国科学家周书华等首次在本土合成新核素钌—90

7月7日

国家主席江泽民在北京会见香港"一国两制"经济研究中心理事访京团

江泽民在中南海同由全国政协副主席、香港特别行政区筹委会预委会副主任安子介率领的香港"一国两制"经济研究中心理事访京团，就如何继续保持香港过渡期的繁荣和稳定，实现1997年香港政权顺利交接等问题交换看法。

江泽民在会见时说："我们对香港实行'一国两制'的方针是绝对不会改变的。"

江泽民说："我们要不折不扣地按照中英联合声明和香港特别行政区基本法办事，采取积极措施，以继续保持香港的繁荣和稳定。"

江泽民说，香港的繁荣和稳定离不开内地的经济发展和政治稳定。香港的繁荣和稳定不仅对香港，而且对内地都具有十分重要的意义。

国务院港澳办主任鲁平，新华社香港分社社长周南等会见时在座。

香港特别行政区筹委会预备工作委员会第三次全体会议在人民大会堂开幕

全体会议主要回顾各个专题小组的工作进展情况，总结已取得的成果，并研究下一步的工作。

国务院副总理、香港特别行政区筹委会预委会主任钱其琛致开幕词。

预委会副主任安子介、霍英东、鲁平、周南、郑义、李福善等出席大会。

国家计委 国家科委 外交部和联合国开发计划署在北京联合举行中国21世纪议程高级国际圆桌会议

全国人大常委会副委员长王丙乾，联合国副秘书长、联合国开发计划署署长斯贝思和1992年联合国环境与发展大会秘书长斯特朗以及中国有关部、委的负责人等400多人参加会议。

国务院副总理、本次会议主席邹家华在开幕式上说，全球范围内的生态环境退化是整个人类面临的共同挑战。1992年6月在巴西里约热内卢召开的联合国环境与发展大会是人类转变传统发展模式和生活方式，走向可持续发展的一个里程碑。会议通过的各个文件，特别是《21世纪议程》，要求各国根据本国基本情况，制定各自的可持续发展战略和对策，充分体现了国际社会可持续发展的新思路，也反映了各国政府关于环境与发展领域合作取得的共识和最高级别的政治承诺。中国是一个人口近12亿，并每年净增约1500万人口的发展中国家，面临着发展经济、摆脱贫困、提高人民生活水平、改善生活质量的紧迫任务。中国根据自己的国情，制定出了中国的可持续发展战略。但是，这只是"万里长征迈出了第一步"，更重要的是，如何在今后的社会经济发展中有效地实施可持续发展战略。

邹家华说，要实施《中国21世纪议程》需要国内、国际两方面的努力。一方面，我们愿意承担与我国发展水平相适应的国际责任和义务。中国政府在领导全国人民以经济建设为中心，坚持改革开放，推进社会主义现代化建设的同时，要高度重视环境与资源的保护，继续坚持把环境保护作为中国的一项基本国策，使环境保护和环境建设的速度与同期国民经济增长的速度相协调，并为此而不懈地努力。对《中国21世纪议程》提出的人口、环境与社会经济协调发展的基本思路，中国政府将组织社会各界，尤其是有关政府部门不断加深其理解和认识，将它作为中国制定今后国民经济和社会发展战略的指导思想，并逐步纳入国民经济和社会发展中、长期计划中，使其得到落实。另一方面，中国愿意为实施《中国21世纪议程》与世界各国和地区开展卓有成效的多边、双边合作。中国是一个发展中国家，人口多，底子薄，资金和技术水平有限。中国的土地退化、沙漠化、水土流失、水质恶化与水源供应短缺、旱涝灾害、森林植被退化及污染等环境问题严重，且已成为全球环境问题的一个重要组成部分。这些问题已成为制约经济发展不可忽视的因素。因此，我们真诚欢迎国际社会对中国的环境与发展问题给予关注，并落到实处。中国的可持续发展目标的实现，不仅会造福于中国人民，也将是对实现全球可持续发展的巨大贡献。

国家科委副主任邓楠就中国政府编制《中国21世纪议程》的目的、编制过程、实施意见等问题发表讲话。国家环保局局长解振华就中国的环境问题、环境政策、可持续发展与中国的环境政策等发表讲话。

外经贸部部长吴仪在北京会见朝鲜对外经济委员会委员长李成大

外交部发言人沈国放就越南提出对西沙南沙领土要求等问题举行记者招待会

外交部发言人沈国放下午举行记者招待会，重申中国对西沙和南沙群岛的立场，提出对西方 7 国首脑会议的期望，阐述中国对也门武装冲突的态度。

沈国放说，6 月 23 日，在越南第九届国会第五次会议上通过的“关于批准一九八二年联合国海洋法公约的决议”中，越方再次对中国的西沙群岛、南沙群岛提出主权要求。对此，中方的立场是一贯的、明确的，中国对西沙群岛、南沙群岛及其附近海域拥有无可争辩的主权，中国政府完全不能接受越方的上述领土要求。同时，从维护两国关系的大局和本地区的和平与稳定出发，中方愿意在南沙问题上“搁置争议、共同开发”，并愿通过双边谈判解决存在的争议。

沈国放在回答中国对 7 国集团首脑会议有何期望的提问时说，西方 7 国作为世界上经济最发达国家，对全球经济发展负有特殊责任。我们希望 7 国首脑会议所采取的行动能有利于世界经济的发展和国际局势的稳定与和平，希望 7 国首脑会议在改善南北关系、帮助发展中国家克服经济困难等问题上采取更积极的态度，希望发达国家能忠实履行对关贸总协定等多边协议的承诺，取消对发展中国家出口产品设置的贸易壁垒。这对促进世界经济的发展、包括 7 国本国经济的发展都是有好处的。

沈国放在评论也门武装冲突时说，中国同也门有着良好的关系并一直关注也门局势，对也门大规模武装冲突持续发展，人员大量伤亡，生产和生活设施遭到严重破坏深感不安。我们真诚希望也门当事各方切实执行联合国安理会 924 号、931 号决议，立即停火。通过协商谈判解决争端，尽早在也门恢复和平与稳定。

中宣部在北京召开精神文明建设“五个一工程”工作会议

7 月 7 日至 8 日，中央宣传部在北京召开一九九三年度精神文明建设“五个一工程”工作会议。会议总结交流“五个一工程”实施三年来，特别是一九九三年度的经验，研究讨论了在建立社会主义市场经济体制的新形势下如何加强和改进“五个一工程”的组织领导工作。

中央宣传部副部长、文化部部长刘忠德主持会议。有关方面负责龚心瀚、杨伟光、桂晓风等出席会议。

中央宣传部副部长翟泰丰在会上作题为《认真总结经验，努力把“五个一工程”建设提高到一个新水平》的讲话。

7月8日

国家主席江泽民在人民大会堂会见出席香港特别行政区筹委会预委会第三次全体会议委员

江泽民说，保持香港长期稳定繁荣必须依靠我们自己，靠我们强大的日益兴旺发达的祖国，靠 600 万香港同胞。香港同胞不仅能创造香港今天的繁荣，也一定能创造更加美好的明天。

江泽民说，我们从来就没有把实现香港平稳过渡和保持香港长期稳定繁荣的希望寄托在别人身上。“一国两制”、“港人治港”是解决香港前途问题的关键。江泽民指出，按照中英联合声明的规定，英方有责任、有义务使政权顺利交接，保持香港九七年前后的繁荣稳定对英国也是有好处的。

江泽民在会见时高度评价和充分肯定了预委会成立一年来的工作。他说，预委会是为我国对香港恢复行使主权作前期准备工作的机构，肩负的使命是重大的，面临的任务是繁重的。

江泽民说，一年来，预委会对政务、经济、法律、文化、社会保安等问题进行了研究，广泛咨询港人意见，提出了许多有价值的方案和意见，成效是显著的。委员们为此付出了许多心血和辛劳。他祝愿委员们继续努力，为香港平稳过渡和政权顺利交接作出新的贡献。

国务院副总理、预委会主任钱其琛，预委会副主任安子介、霍英东、鲁平、周南、郑义、李福善等参加会见。

第三次全国统一战线理论工作会议暨中国统一战线理论研究会第二届理事会议在北京闭幕

首都庆祝建国 45 周年活动筹备委员会在北京举行第一次工作会议

全国人大常委会委员长乔石在河北保定考察

7 月 8 日至 10 日，乔石分别在中共河北省委书记程维高、省长叶连松、省人大常委会主任吕传赞等同志的陪同下，到河北省保定地区和保定市考察工作。

乔石说，邓小平同志视察南方发表重要谈话和党的十四大以来，河北的改革开放和经济建设都有了新的发展，工作是扎实的。今年以来，农业方面，夏粮丰收，秋收看好；工业生产稳定增长，总体经济效益逐月好转，总的发展势头较好。这是广大干部努力工作、群众辛勤劳动的结果。当前的国际国内形势对我们非常有利，只要紧紧抓住机遇，从本地实际出发，勇于开拓，积极进取，河北的各项建设事业将会取得更大的成绩。

乔石说，河北地处平原，环绕京津，而且沿海，农业有较好的基础，有相当有利的条件，有很大的潜力。要把大农业的观点扎扎实实贯彻到实际工作中去。在抓好粮棉油生产的前提下，把丘陵、山区和沿海地区进一步开发利用起来，多种经营，全面发展。河北在种植业、养殖业、畜牧业等方面大有可为。关键是要注重运用科技，提高档次，以适合市场的需要。

乔石指出，在抓好农业生产的同时，要努力使乡镇企业以及村办企业有一个大的发展。在这个基础上，通过科学规划，逐步把小城镇建设抓起来，使小城镇成为农村政治、经济、文化的中心，也成为服务和娱乐的中心，促进农村在更高层次上发展。小城镇建设起来了，农村的各种条件就会有很大的改善，农民的生活就会有显著的提高，农村的剩余劳动力也会得到较好的利用。农村剩余劳动力，还可以通过组织起来修公路、修水利、搞农田基本建设等，尽可能充分予以利用。

乔石考察了中国乐凯胶片公司第一胶片厂、保定604造纸厂、华北汽车制造厂等国有大中型企业。乔石指出，领导一定要高度重视和深入研究如何把大中型企业搞好。要抓深化改革，搞活机制，引导企业真正面向市场。与此同时，要把技术改造放到突出的位置来抓，使企业在设备、工艺、产品等方面提高档次和水平。技术改造是普遍的、长期的、没有穷尽的，一定要坚持不懈地抓。即使达到当代先进水平，也不能满足，不能停步不前。这样，才能在国际国内站住脚，才能占领更多的市场。乔石表示相信，只要体制改革和技术改造抓上去了，国有大中型企业绝大多数就可以搞好。

乔石强调，广大党员和干部要自觉运用邓小平同志建设有中国特色社会主义的理论指导工作，自觉贯彻党的基本路线，坚持“两手抓”，围绕经济建设这个中心，加强社会主义民主法制建设，加强精神文明建设，努力为加快我国的社会主义现代化建设作贡献。

国家主席江泽民在中南海会见参加《中国21世纪议程》高级国际圆桌会议的部分代表

江泽民说，中国政府一直以高度的历史责任感和积极态度参与全球环境与发展事务，并真诚希望加强与各国和国际组织在这方面的合作。

参加会议的联合国副秘书长、联合国开发计划署署长斯贝思高度评价了中国在人口、环境、社会发展方面所作的巨大努力，表示支持《中国21世纪议程》以及这次会议提出的优先项目计划。

美国通用汽车公司总裁史密斯、1992年联合国环境与发展大会秘书长斯特朗、美国能源部副部长辛格、亚洲开发银行副行长李风瑞、世界银行环境局副局长斯蒂尔等参加会见。

国务委员、国家科委主任宋健，国家科委副主任邓楠等参加会见。

国家副主席荣毅仁在人民大会堂会见朝鲜对外经委会委员长李成大

全国人大常委会副委员长王汉斌在人民大会堂会见科摩罗外交与合作部部长赛义德·穆罕默德·沙加夫

国务院副总理兼外交部部长钱其琛在钓鱼台国宾馆同科摩罗外交与合作部部长赛义德·穆罕默德·沙加夫举行会谈

钱其琛说，中国是与科摩罗建交最早的国家之一，明年是两国建交20周年。两国在各个领域的友好关系顺利发展，代表团互访和政治磋商不断，经济技术合作富有成果。

钱其琛赞赏乔哈尔总统和科摩罗政府坚持“一个中国”的政策。他强调说，加强同包括科摩罗在内的第三世界国家的团结与合作是中国外交政策的基本立足点。

在谈到当前国际形势时，钱其琛说，国家不分大小、强弱和贫富，各国都是国际社会的平等成员，都应相互尊重，互不干涉内政，平等参与国际事务。中国就是本着上述原则与非洲国家建立并发展友好关系的。

沙加夫说，科政府将继续坚持“一个中国”的政策，科政府在推行合作多样化政策的过程中始终把中国视为科摩罗特殊的合作伙伴。科摩罗欢迎中国企业加强与科企业的合作。

沙加夫表示，科摩罗主张通过对话和谈判解决国际争端和非洲某些国家的战乱。

中央军委副主席刘华清上将在人民大会堂会见美军太平洋总部司令拉森上将

中宣部1993年度精神文明建设“五个一工程”组织工作奖和入选作品在北京揭晓

获得“五个一工程”组织工作奖的是：江西省委宣传部，天津市委宣传部，内蒙古自治区党委宣传部，上海市委宣传部，山西省委宣传部，河南省委宣传部，北京市委宣传部，山东省委宣传部，吉林省委宣传部，黑龙江省委宣传部。

一九九三年度精神文明建设“五个一工程”入选作品共有戏剧十五部，电影八部，电视剧（片）二十一部，图书二十部，文章二十篇。它们是：

戏剧：一、话剧：《十三世达赖喇嘛》（河北），《旮旯胡同》（北京），《大青山》（黑龙江），《那一年，在夏天》

(辽宁),《司法局长》(内蒙古),《黄河入海流》(山东),《好人长在》(天津);二、戏曲:《大河谣》(高甲戏、福建),《能人百不成》(豫剧、河南),《醋工歌》(晋剧、山西),《程长庚》(京剧、安徽),《朱德与唐淮源》(滇剧、云南),《臂塔圆舞曲》(眉户戏、陕西);三、歌舞剧:《山歌情》(歌舞剧、江西),《楚韵》(歌舞诗乐、湖北)。

电影:一、故事片:《凤凰琴》(天津),《第一诱惑》(上海),《重庆谈判》(吉林),《秋收起义》(湖南),《井冈山》(江西),《东归英雄传》(内蒙古),《阿曼尼萨罕》(新疆);二、儿童故事片:《燃烧的雪花》(黑龙江)。

电视剧(片):一、电视剧:《大进攻序曲》(四川),《一个医生的故事》(山西),《大潮汐》(上海),《情满珠江》(广东),《神禾塬》(陕西),《侨魂》(福建),《豫东之战》(江苏),《解放云南》(云南),《黑土地》(辽宁),《大雪小雪又一年》(吉林),《遥远的驿站》(内蒙古),《天缘》(江西),《大地缘》(山东),《北京人在纽约》(北京),《儒商》(湖北),《喂,菲亚特》(浙江),《太阳河》(海南);二、儿童电视剧:《九十九只小白鸽》(河南);三、电视专题片:《毛泽东》(中央文献研究室、武警部队政治部、中国电影资料馆、中南海西苑出版社、辽宁人民出版社、中央电视台),《西藏文化系列》十二集中的六集——《查古村的日子》、《僧俗之间的克珠》、《手工作坊里的人生》、《科加婚俗》、《走向冬季牧场》、《藏西古文化之谜》(西藏),《丰碑》(天津)。

图书:《中华五千年美德丛书》(天津),《中国有个毛泽东》(青年版、少年版江西),《邓小平文艺思想研究》(陕西),《国有企业总体改革论》(河南),《广西经济发展战略总体构想》(广西),《中国国家能力报告》(辽宁),《山西经济上新台阶对策研究》(山西),《社会主义市场经济条件下的精神文明建设》(浙江),《二十六史大辞典》(吉林),《中国民间美术全集》(山东),《高科技知识丛书》(江苏),《跨世纪的丰碑——中国希望工程纪实》(安徽),《中华英烈大辞典》(黑龙江),《北京教育丛书》(北京),《雷锋精神在福建》(福建),《中国古代北方民族史新论》(内蒙古),《英汉大词典》(缩印本上海),《农业社会化服务体系建设与管理》(青海),《敦煌艺术之最》(甘肃),《中国历代名著全译丛书》(贵州)。

文章:《论毛泽东的现代化观》(郁建兴,浙江),《贯穿新一卷邓小平文选的四个"搞清楚"》(施芝鸿,上海),《论毛泽东邓小平的开拓创新精神》(刘孚威、李江源、龚荣生,江西),《建设有中国特色社会主义在苏南的成功实践》(江苏省委宣传部),《优秀民族精神与改革开放现代意识的结合》(河南省委宣传部),《苦练内功:搞好企业的永恒主题》(河北省委宣传部、省社科院),《立足市场,发展乡镇企业》(鲁立,山东),《研究社会心理,注重宣传效应》(山西省委宣传部写作组),《传统文化与现代文明相融合,建设有中国特色的社会主义企业文化》(北京市调查组),《进行思想观念更新,加快发展内陆经济》(夏日,内蒙古),《论现阶段我国人民精神生活的矛盾和加强社会主义价值导向》(唐凯麟,湖南),《要竞争,也要保护——兼论社会主义市场经济体制下的农业发展问题》(叶裕惠,广西),《论社会主义的发展动力》(黄传新,安徽),《社会主义市场经济与集体主义道德》(温克勤,天津),《中国教育现代化与跨国文化交流结合点的探索》(王逢贤,吉林),《中国转向市场经济体制的释疑》(夏振坤,湖北),《中华民族凝聚力形成的历史要素》(陈育宁、汤晓芳,宁夏),《云南民族地区生产力跨跃式发展的理论与实践》(郭永骥,云南),《切实加强沿边开放地带的精神文明建设》(杨光洪,黑龙江),《在改革开放中迈向文明之路》(广东珠江三角洲精神文明建设研究课题组)。

7月9日

党和国家领导人江泽民李鹏乔石电唁金日成逝世

朝鲜劳动党中央委员会
朝鲜劳动党中央军事委员会
朝鲜民主主义人民共和国政务院:

惊悉朝鲜劳动党中央委员会总书记、朝鲜民主主义人民共和国主席金日成同志不幸与世长辞,我们谨以无比沉痛的心情向你们,并通过你们向全体朝鲜人民致以最深切的哀悼和最诚挚的慰问。

金日成同志是朝鲜劳动党和朝鲜民主主义人民共和国的缔造者,是朝鲜人民久经考验的伟大领袖。在半个多世纪的革命生涯中,金日成同志领导朝鲜人民把一个贫穷落后的国家建设成为坚强的社会主义国家,他把毕生的精力献给了朝鲜人民争取民族解放、维护独立和建设社会主义的壮丽事业,建立了不朽的历史功勋。

金日成同志一贯以极大的热忱维护和发展中朝两国人民的传统友谊,他同中国老一代革命家结下了深厚的友谊,推动中朝友好合作关系不断向前发展。金日成同志的逝世使中国党、政府和中国人民深感悲痛。

金日成同志虽然逝世了,但是他的崇高形象将永远活在朝鲜人民心中。中国人民将永远怀念他。我们坚信,朝鲜人民必将继承金日成同志的遗志,紧密团结在以金正日同志为首的朝鲜劳动党中央周围,为建设好自己的祖国,争取朝鲜半岛的持久和平而继续前进。中朝两党、两国和两国人民的友谊必将不断巩固和发展。

金日成同志永垂不朽!

中 国 共 产 党

中央委员会总书记
中　国　共　产　党
中央军事委员会主席
中华人民共和国主席 江泽民
中华人民共和国
国　务　院　总　理李　鹏
中华人民共和国
全国人民代表大会
常务委员会委员长 乔　石

一九九四年七月九日于北京

邓小平电唁金日成逝世

朝鲜劳动党中央委员会：

惊悉金日成主席不幸病逝，深感痛惜。

金日成同志的一生是为朝鲜民族解放、人民幸福献身的一生，也是为缔造和发展中朝友好奋斗的一生。金日成同志的逝世使朝鲜人民失去了伟大领袖，也使我失去了一位亲密的战友和同志。

我谨向朝鲜劳动党中央、向朝鲜民主主义人民共和国政府和全体朝鲜人民致以最深切的哀悼。

邓小平

一九九四年七月九日于北京

香港特别行政区筹委会预备工作委员会第三次全体会议在人民大会堂闭幕

国务院副总理、预委会主任钱其琛致闭幕词。他说，这次大会开了三天。会议期间，江泽民主席会见全体委员，发表重要讲话，充分肯定我们的工作，这是对我们预委会和全体委员的鼓励。江泽民主席的讲话对我们的工作具有重要的指导意义，应当贯彻到今后的工作中去。

钱其琛指出，对香港恢复行使主权，建立香港特别行政区，实现平稳过渡，要把依靠我们自己的力量作为基本的立足点。这包括两个方面，即祖国人民的支持和港人的参与。我们国家兴旺发达，香港的稳定就有了可靠保证，这就为实现政权交接和平稳过渡创造了良好的条件。中央的政策和中央的支持是香港长期稳定繁荣的根本保证。这里我要重提邓小平在一九八七年四月十六日会见香港特别行政区基本法起草委员时的一段讲话，他当时说："中央确实是不干预特别行政区的具体事务的，也不需要干预。但是，特别行政区是不是也会发生危害国家根本利益的事情呢？难道就不会出现吗？那个时候，北京过问不过问？难道香港就不会出现损害香港根本利益的事情？能够设想香港就没有干扰，没有破坏力量吗？我看没有这种自我安慰的根据。如果中央把什么权力都放弃了，就可能会出现一些混乱，损害香港的利益。所以，保持中央的某些权力，对香港有利无害。大家可以冷静地想想，香港有时候会不会出现非北京出头就不能解决的问题呢？过去香港遇到问题总还有个英国出头嘛！总有一些事情没有中央出头你们是难以解决的。中央的政策是不损害香港的利益，也希望香港不会出现损害国家利益和香港利益的事情。要是有呢？所以请诸位考虑，基本法要照顾到这些方面。"所以说中央的政策和中央的支持是香港长期稳定繁荣的根本保证。

钱其琛强调指出，爱国爱港的港人的积极参与是落实"一国两制"方针，实现"港人治港"、"高度自治"的必然要求。在我国恢复对香港行使主权时，当家作主的历史使命就落到了港人肩上，港人应团结一致，汇聚在爱国爱港的旗帜下面，脚踏实地地工作，以对历史、对民族、对祖国负责的精神，勇敢地挑起这副担子。邓小平在一九八四年六月二十二日、二十三日会见香港人士时说，"要相信香港的中国人能治理好香港。不相信中国人有能力管好香港，这是老殖民主义遗留下来的思想状态。""凡是中华儿女，不管穿什么服装，不管是什么立场，起码都有中华民族的自豪感。香港人也是有这种民族自豪感的。香港人是能治理好香港的，要有这个自信心。香港过去的繁荣，主要是以中国人为主体的香港人干出来的。中国人的智力不比外国人差，中国人不是低能的，不要总以为只有外国人才干得好。要相信我们中国人自己是能干得好的。所谓香港人没有信心，这不是香港人的真正意见。""未来香港特区政府的主要成分是爱国者，当然也要容纳别的人，还可以聘请外国人当顾问。什么叫爱国者？爱国者的标准是，尊重自己民族，诚心诚意拥护祖国恢复行使对香港的主权，不损害香港的繁荣和稳定。只要具备这些条件，不管他们相信资本主义，还是相信封建主义，甚至相信奴隶主义，都是爱国者。我们不要求他们都赞成中国的社会主义制度，只要求他们爱祖国，爱香港。"这三段话表明了中央对"港人治港"的坚定信心，明确了爱国者的标准，寄托着祖国人民对香港同胞的殷切期望。

钱其琛说，我还要指出的另一点是，根据中英联合声明的规定，英国政府有责任和义务与中国政府合作，保证香港政权的顺利交接和平稳过渡。我们希望英国政府能信守诺言，承诺了的事情就应该办到。

钱其琛说，这次大会是在预委会完成了制定工作规划的任务、进入实质性工作阶段后举行的第一次会议。从各个专题小组向大会所作的工作报告可以看出，这半年来我们扎扎实实地研究了涉及香港政权交接和平稳过渡的不少题目，其中一些问题的解决方案或办法已有了眉目。迄今为止的工作进度是令人满意的。他说，这次大会上，委员们结合讨论各专题小组的工作报告，对预委会下一阶段所要研究的具体问题，畅所欲言，集思广益，提出了许多有价值的意见，对各小组下一阶段的工作必将起到积极的作用。下半年工作的总目标，就是要在年底举行第四次全体会议时，把小组所研究的一些主要问题，逐一形成书面建议或可供选择的方案，提交大会审议后提供给今后成立的筹委会参考。

钱其琛说，总结前一阶段预委会的工作，我们的体会是，要把具体问题的研究与贯彻落实“一国两制”的总方针和我国政府解决香港问题的一系列具体政策紧密结合起来。我们所提出的每个方案、建议，都必须以基本法为依据，立足于香港的实际情况，从有利于实现香港的平稳过渡，有利于保持香港的长期稳定繁荣，有利于维护港人利益的大局着想。各个专题小组在今后的工作中仍然要贯彻这个指导思想。

钱其琛指出，政务专题小组明确提出香港特别行政区的政治体制必须坚持行政主导的原则。这一原则已经由基本法体现出来，作了具体规定。香港在英国管治下长期以来并无民主可言。中国对香港恢复行使主权后，香港作为中国的一个特别行政区必须从香港的实际情况出发，逐步发展民主政制。这种民主政制的建设应以保障香港的稳定繁荣为目的，要兼顾社会各阶层的利益，步骤上要循序渐进。实行行政主导在香港有成功的经验，这是管理香港这一国际金融中心、经济型的大都市所必须具备的条件。只有实行行政主导，保持政府运作的高效率，才能保障香港的经济发展和社会稳定。无论是过渡时期，还是九七年后，整个政府的运作要靠公务员队伍。在政权交接和平稳过渡的过程中，公务员充当着重要的角色。港英政府近年来朝着立法主导方面推行的一些措施，已经影响行政机关的有效运作，在公务员中引起了忧虑。预委会要高度重视这个问题，采取措施，保持公务员队伍的稳定和连续性。

钱其琛说，实现香港经济的平稳过渡，并保持使香港经济繁荣发展的各项基本条件，是预委会有关香港经济事务方面准备工作的主要任务和目标。预委会不但要研究九七年时经济事务的交接安排以及特区政府成立时需要处理的经济问题并提出建议，而且要对香港经济长期稳定繁荣有重大影响的问题，进行研究提出意见和建议。

钱其琛说，保证香港特别行政区政府成立时香港法律体系的完整性、连续性，以利于特区政府的正常运作，是有关法律准备工作的主要任务。我们坚持香港原有法律“基本不变”的原则，只对那些随着英国对香港统治的终结而需要作出改变的法律进行处理。基本法是一个整体，我们在研究香港原有法律哪些与基本法相抵触时，既要看基本法具体的条文表述，更要把握这些文字所表达出来的精神实质。对港英近些年来单方面修改法律的行动，我们应加以密切关注。预委会要把这个问题作为审议的重点。

钱其琛说，随着九七年的日益临近，在香港大力推介基本法已成为当务之急。文化专题小组提出，要在香港全社会逐步形成维护和执行基本法的公民意识，并提出了具体的建议，这些都应在今后的工作中加以贯彻实现。推介基本法要有针对性，除了介绍基本法的内容外，要能够回答不同的人所关心的各类问题。对于香港现行教科书中存在的问题，要从为香港的新一代提供什么样的教育的高度来看待。现行教科书的大部分九七年后一般可以继续使用。对那些歪曲历史真相、违反“一个中国”原则、淡化国家和民族意识等方面的内容，必须有步骤地作出删除或修改。

钱其琛说，社会及保安专题小组前一阶段讨论的“以香港为永久居住地”的界定标准和回流移民的永久性居民身份问题，为香港社会所广泛关注。香港作为国际贸易、金融、航运、信息中心的地位将保持不变。为此，鼓励移居外国的香港人回到香港，以香港为家，是必要的，合理的，也符合香港各方面的利益。社会及保安小组所研究的问题与港人的民生息息相关，对这方面有关问题的研究要广泛听取港人意见，反映他们的利益和愿望。

钱其琛最后指出，不久前港英立法局通过了根据港督彭定康的“政改方案”制定的选举法案，这表明英方在香港政制问题上一意孤行。现在有人说，在其他方面中英应当进行合作，不应再有什么麻烦。我们要听其言、观其行。我们希望是这样，但必须准备可能还会出现一些不以我们意志为转移的这样或那样的麻烦。面对这种形势，我们要更加坚定信念，依靠自己的力量保证香港平稳过渡。只要广大港人在爱国爱港的旗帜下，团结一心，和衷共济，无论社会分工如何，从事什么职业，人人都以维护香港的平稳过渡为己任，那么，我们就能够在最后不到三年的过渡时期内，迎接可能碰到的任何挑战，排除香港平稳过渡道路上的任何障碍。

预委会副主任兼秘书长鲁平在大会上作关于 1994 年下半年工作部署的报告。

7 位委员在大会上发言。

预委会副主任安子介、周南、郑义、李福善等出席大会。

香港特别行政区筹委会预备工作委员会第三次全体会议在人民大会堂举行新闻发布会

预委会副主任兼秘书长鲁平向记者介绍各专题小

组半年来的工作情况。

鲁平说,自去年 12 月预委会第二次全体会议以来,五个专题小组共召开了二十二次小组会议。政务、经济两个专题小组分别在香港召开了一次会议,并在会后开展了咨询活动,听取了各方面的意见。各个专题小组都已完成了预定的工作计划。

鲁平首先介绍了政务专题小组上半年的工作。他说,政务小组召开了六次会议,讨论了第一届立法会的组建问题。小组委员们认为,第一届立法会的组建必须以基本法和全国人大的有关决定为依据,体现国家主权和平稳过渡的原则,并应体现行政主导、行政与立法既互相配合又互相制约且重在配合以及社会各阶层均衡参与、循序渐进地发展民主等原则。

鲁平说,由于众所周知的原因,香港最后一届立法会过渡成特区第一届立法机关的"直通车"安排已不可能实现,也不存在部分车厢可以直通的问题。港英最后一届立法局的全部议员的任期都只能到 1997 年 6 月 30 日,7 月 1 日后香港特别行政区第一届立法会的议员必须依照基本法和全国人大的有关决定产生。

鲁平说,小组委员会对第一届立法会的具体产生办法作了初步的设想,研究了组建第一届立法会的时机,有的建议在九七年七月一日成立;有的建议在九七年年底成立;也有的建议在九八年年初成立。对是否需要成立临时立法会以及非中国籍和在外国有居留权的当选议员在立法会中所占比例不超过百分之二十等问题也进行了讨论,提出了几个方案。此外,小组委员们认为,第一届立法会的候选人应该规定其参选资格。小组认为,候选人资格应包括必须效忠中华人民共和国香港特别行政区、拥护基本法、拥护"一国两制"的方针以及符合基本法的有关规定等。

关于第一届区域组织的组建问题,鲁平说,小组委员们指出,目前香港的区议会和两个市政局都是港英政制架构的组成部分,与港英政府的管治是分不开的。因此,应该同立法局一样,港英最后一届区议会和两个市政局必然要随着 1997 年 6 月 30 日英国政府对香港管治的结束而终结,至于何时产生香港特别行政区第一届区议会、市政局和区域市政局须作进一步研究。委员们认为,关于区域组织的委任议席,应该在九七年后恢复。

关于第一届政府的组建问题,鲁平说,小组委员们认为,有必要在 1997 年 7 月 1 日前产生候任行政长官,产生的具体办法要符合全国人大的有关决定。关于各类法定组织、咨询组织的设置,小组委员们认为应由行政长官作出决定,其成员应由行政长官和特别行政区行政机关重新委任。

关于行政与立法的关系,鲁平说,小组委员们认为,香港特别行政区行政与立法的关系必须体现一是行政主导原则;二是行政与立法既互相配合又互相制约而重在配合的原则。为了使行政和立法之间更好地沟通,委员们赞成一些重要的法定组织、咨询组织的主席或主要成员可由行政会议成员担任。

关于公务员队伍的稳定与有关制度的衔接问题,鲁平说,小组委员们认为,保持九七年前后香港公务员队伍的稳定是香港平稳过渡的一个重要方面。在第六次小组会议上,委员们讨论了目前公务员关心和忧虑的一些问题,并以政务专题小组的名义公开作出书面声明,重申了基本法的有关规定和中国政府对香港公务员的有关政策。关于公务员的留用和过渡问题,小组委员们建议,依照基本法的有关规定,凡是九七年六月三十日前在香港政府各部门工作的公务员,九七年七月一日及以后均可留用。除主要官员须由行政长官提名,报中央人民政府任命外,原在香港政府工作的其他公务人员在特别行政区成立时,一般均可留在原来的职位上工作,这样有利于保持九七年前后香港公务员队伍的稳定。

鲁平说,小组委员们一致认为,保持政治中立是香港公务员制度的基本原则,这一点不能改变。

鲁平说,政务专题小组今年下半年将重点研究香港特别行政区第一届政府的组建和第一届立法会的具体产生办法,在原来讨论的基础上更加具体化,而且要形成文字的一个统一的方案,提交预委会第四次全会审议,通过后交给筹委会参考。还有一个问题是,重点研究关于筹委会成立的问题。

鲁平接着介绍了经济专题小组的工作。他说,经济小组上半年召开了五次会议,主要研究了新机场问题。小组先后两次听取了有关部门对新机场财务安排问题的情况介绍,讨论提出了解决这一问题的若干建议,得到有关部门的认真考虑。

在港英《机场公司条例(草案)》提交中方后,小组提出了 20 条修订意见。有些意见送有关部门参考,有些意见已被有关部门采纳。

关于两地大型基建协调问题,鲁平说,小组对深港陆运口岸的现状和存在问题进行了认真研究之后,于今年初向国家经贸委建议在深圳召开一次"深港陆运口岸现场办公会议"。现场办公会议有近 40 多个部委 70 多人参加,本小组部分委员也列席了口岸视察和办公会议。现场办公会议提出了十条改进措施,并得到国务院的批准。预委会对解决长期以来困扰深港陆运口岸的问题起了推动作用。

关于土地基金在九七年后的移交和管理问题,鲁平介绍说,小组所属的金融、财政问题研究小组认真研究了有关土地基金法律文件,征询了香港有关专业人士的意见，并研究了日本、新加坡等地的经验，建议九七年七月一日即将土地基金全部移交给特区政府，九七年后土地基金的管理方式和用途，由特区政府全权决定。他说，研究报告提出了土地基金在九七年后有四种可供选择的管理方式：一是并入金融管理局；二是成立土地基金管理局；三是与其他财政储备合并，并用土地基金的一部分成立香港发展银行；四是在特区政府的直接管理下，暂时保留土地基金的管理架构，继续运作一至三年。虽然架构保留下来，但这笔土地基金从九七年七月一日开始要在特区政府的管理下运作。小组同意将这些意见提交将来的特区筹委会转特区政府参考。

谈到退休保障问题，鲁平说，小组提出三点意见：(1)建议有关方面敦促英方对全香港雇员的退休保障问题提出全面方案，从平稳过渡和香港社会的长远利益出发，尽早提到中英联合联络小组磋商，定出方案，早日推行。(2)港英提出的“老年退休金计划”实际上是养老金问题，属于社会福利问题，不能和雇员的退休保障问题混为一谈，从问题的性质来说，两者应分开处理。(3)若在九七年前这个问题得不到解决，建议特区政府在九七年后推行有利于香港社会稳定繁荣的退休保障计划。

谈到土地与房屋政策问题，鲁平说，近年香港房地产价格持续急升，使广大市民增加很大负担，投资者的经营成本也大大增加。这一现状严重影响了民生，使广大市民感到这是一个很大的负担，而且也削弱了香港的竞争优势，这一问题关系到后过渡期和九七年之后香港的社会稳定和经济繁荣。小组决定成立了“土地与房屋政策研究小组”，并首先研究造成当前存在的问题的原因，还将研究长期的土地房屋政策，提出解决好市民居住问题、促使房地产业健康发展、特别是要避免在九七年前后房地产价格大起大落的意见和建议，供有关当局参考。目前港英当局大量增加土地供应，在九七年时或九七年后会否引起房地产大幅度波动，经济小组认为应从香港的长远利益和长期繁荣稳定着想。

鲁平介绍说，经济专题小组今年下半年将重点研究土地与房屋政策问题、两地大型基建的协调问题、新机场问题和其他跨九七年的大型工程包括9号货柜码头、排污工程问题等。另外，香港与内地之间经贸关系的有关政策，香港对外经济关系、金融财政方面平稳过渡等问题。经济小组希望成立两地高层次的大型基建协调小组。

鲁平介绍了法律专题小组的工作。他说，法律专题小组今年上半年召开了四次会议，主要进行了对香港法律的审查工作和对几个重大法律问题的研究。法律专题小组初步审查了108章香港现行条例，认为在这108章条例中，大多数均可在九七年后继续有效，对少数抵触基本法的情况，应该依照基本法第160条的规定，分别采取不同的处理方式予以解决，特别是对近年来港英对一些原有法律未经同中方磋商即作出的重大修改，小组认为应逐一认真研究，提出处理办法。下半年，法律专题小组将着重研究为保证香港平稳过渡和政权交接所必须解决的法律问题和如何处理进入过渡时期后港英政府对原有法律大量修改的问题。此外，审查香港原有法律的工作还将继续进行。

鲁平介绍文化专题小组的工作时说，文化专题小组今年上半年召开了三次会议，对在香港如何加强基本法推介工作和如何处理中小学教科书部分内容同基本法相抵触的问题进行了反复的讨论，并广泛咨询了香港各界人士及有关团体的意见，在此基础上制定出《关于在香港加强基本法推介工作的规划纲要》和《关于教科书问题的报告》两个文件。小组认为，在过渡时期的最后三年里，进一步加强基本法的推介工作，是实现香港政权顺利交接和平稳过渡，维护法制，并保持长期繁荣稳定的重要一环。因此，对这项工作要花大力气继续抓紧抓好。小组认为要采取各种措施，通过多种渠道推介基本法。

鲁平说，小组就处理教科书问题提出如下建议：(1)现行教科书1997年以后一般可予继续使用；(2)教科书中凡违背基本法的内容须作删改后方可继续使用；(3)出版社和学校宜因应1997年后变化了的现实，调整教学内容，为学校提供适当的课本或补充材料；(4)现行教科书出版、发行制度基本不变。

鲁平说，文化专题小组今年下半年将重点研究反映外国统治香港事实的名称、徽号、旗帜、印章等的处理方式，香港特别行政区的节假日以及首批邮票的设计和发行等问题；内地和香港对学历的相互承认问题；公民教育的基本原则问题；并继续做好教科书问题的跟进研究，促进基本法推介计划的具体落实。

鲁平介绍社会及保安专题小组的工作时说，社会及保安专题小组今年上半年共召开了四次会议，讨论了关于出入境自由问题，小组认为基本法对出入境自由已有了广泛的保障，对此要大力宣传，以使广大香港居民了解。关于“以香港为永久居住地”，小组委员们认为，非中国籍人士要做到“以香港为永久居住地”应具备主客观条件，这些条件需要在特区有关法律中加以明确规定。

关于回流移民的永久性居民身份，小组委员们认为，对回流移民要求保留香港永久性居民身份问题应持积极的态度。小组建议，对于原中国公民中的香港永久居民，如其在九七年前移民外国并获得外国国籍，而在1997年7月1日前返回并定居在香港，他们所持有的香港永久性居民身份证将继续有效；对于原中国公民中的香港永久性居民，如其在九七年后移民外国并获得外国国籍，但在1997年7月1日或其后才返回香港行政区，应准许他们享有香港入境权，在香港作不受居留条件限制居留和工作。

关于香港的退休保障问题，鲁平介绍说，小组委员们对退休保障问题提出了一些原则性意见：(1)建立退休保障制度必须有利于香港社会的稳定和繁荣；(2)退休保障不能是全民性的，其对象应限于在职人士即雇员；(3)所有在职人士必须参加退休保障计划；(4)建立退休保障制度时，应对现行的有效的制度加以肯定和完善；(5)对私营退休保障计划，政府要负起监管责任。

鲁平说，对特区护照问题，小组委员们建议，特区护照要体现“一国两制”的精神，其签发应严格遵循基本法的规定，为使港人能在1997年7月1日即可使用特区护照，建议有关部门提前做好特区护照的准备工作，委员们还就特区护照的设计问题，就特区护照与其他国家和地区达成互免签证问题，特区护照的签发问题提出了意见和建议。他说，社会及保安专题小组今年下半年将重点研究香港特别行政区的其他旅行证件问题和永久性居民中的中国公民在香港以外所出生的子女享有香港特别行政区的居留权问题。

鲁平最后说，在这次大会上，委员们对5个专题小组的工作报告提出了不少意见和建议，这些意见和建议将由秘书处整理汇编后交各有关专题小组继续研究。在新闻发布会上，鲁平还就预委会成立以来的各方面情况回答记者的提问。

香港特别行政区筹委会预备工作委员会第三次全体会议发表新闻公报

全国人大常委会香港特别行政区筹委会预备工作委员会第三次全体会议于1994年7月7日至9日在北京举行。钱其琛主任主持会议。出席会议的委员65人，有4名委员请假。

会议认为，一年来的形势发展，证明设立预委会是必要的、及时的。本次会议讨论政务、经济、法律、文化、社会及保安五个专题小组提交的工作报告。在第二次全体会议确定工作规划后，各专题小组研究一些重大的、带有紧迫性的以及与港人的利益密切相关的问题，在听取港人意见的基础上，提出解决问题的初步方案或建议，工作是有成效的。会议对各专题小组的工作进展表示满意。会议要求，各专题小组在下一阶段的工作中，对委员们在本次会议上提出的意见加以研究。

会议对1994年下半年预委会的工作作部署，要求各专题小组对那些已有较为成熟意见的议题提出具体方案，提交年底举行的第四次全体会议审议。

会议指出，在中英双方没有就香港1994、1995年选举安排达成协议的情况下，根据港督彭定康的“政改方案”所产生的香港最后一届立法局、两个市政局和区议会只能存在到1997年6月30日为止。1997年7月1日后，香港特别行政区的第一届立法会和区域组织将依据基本法和全国人大的有关决定组建。会议认为，保证香港的平稳过渡和长期繁荣稳定，符合包括香港同胞在内的全中国人民的根本利益。对香港恢复行使主权、建立特别行政区、实现平稳过渡应立足于依靠我们自己的力量，要使更多的香港人士参与香港政权交接和平稳过渡的各项准备工作。

会议期间，国家主席江泽民会见全体与会委员，并发表重要讲话，充分肯定预委会的工作。委员们认为，江泽民主席发表的重要讲话对预委会的工作具有指导意义。

会议期间召开两次主任会议，确定13名新增补委员的分组，并调整各专题小组分组名单；还通过《预委会各专题小组设立研究小组及邀请社会人士参加工作的具体办法》、《关于预委会新闻发布的具体办法》。会议决定，预委会第四次全体会议于1994年12月8日至10日在北京举行。

中国政府和联合国开发计划署联合召开的中国21世纪议程高级圆桌会议在北京结束

会议由国务委员兼国家科委主任宋健主持。会议期间，中外代表就实施中国21世纪议程和第一批优先项目计划如何加强国际合作进行讨论，并在很多具体领域和项目上达成合作意向。到目前为止，已有20多个国际组织、国家政府和企业，就第一批中国21世纪议程优先项目计划中的近40个项目达成合作的初步意向。

宋健说，这些意向的签署，为今后实质性合作奠定了基础。当今的世界格局，各国间的经济发展和环境保护的活动越发融合，你中有我，我中有你。任何一个国家的环境与发展问题，都不可能是孤立的，而是一个事关全局的问题，需要放大到更大的区域，甚至全球的范围内去加以认识和解决。中国走可持续发展之路和组织实施中国21世纪议程，其意义不单单是造福于中国人民，而且希望对人类社会的可持续发展产生积极的影响。我们面临着共同挑战，国际社会需要中国的协调一致的行动，中国更需要国际社会的理解、支持与合作。

国家计委国家科委外交部联合国开发计划署联合

在北京举行新闻发布会介绍《中国21世纪议程》情况

国务院总理李鹏在慕尼黑接受德国《商报》主编谢费尔采访

李鹏结束对德国访问前，在慕尼黑接受德国《商报》主编谢费尔的采访，就中德关系、中国国内情况等广泛的问题回答对方的提问。

问：总理先生，您对德国的访问即将结束，您如何评价这次访问？

答：我这次对德国的访问取得了圆满成功。不仅经济成果丰硕，而且也表现在政治上。我同科尔总理、赫尔佐克总统以及许多德国的政治家进行了会谈和会晤，双方在国际问题上有许多相同或相似的看法，当然也有些不同的观点，通过会谈增进了相互的了解。我和德国领导人都认为，世界正朝着多极化的方向发展，应当在平等和相互尊重的基础上建立国际政治新秩序。中国和德国都是世界上有重要影响的国家，双方愿意加强合作，为世界和平与发展发挥更重要的作用。同时我们也认为，两国领导人经常进行直接对话、交往就重大国际问题进行磋商，是非常有益的，因此双方建立了两国领导人定期磋商的制度，而且还可以随时就双方感兴趣的问题交换意见。在德国期间，我还有机会和企业界及其他各界人士见面、发表了讲话、接受了记者的采访，这也有助于德国人民了解中国。

问：总理先生，在您访德期间，德、中两国经济界代表签订了一系列合同、协议和意向书。在您访问结束后，扩大两国经济关系有哪些可能性？

答：访问德国期间，经济问题是我们会谈的一个重点，确实取得了相当可观的成功。中德企业家签订了约11亿美元的合同，30多亿美元的协议和意向书。凡是有商业常识的人都知道，协议和意向书是走向谈判成功的必由之路。有些人对协议和意向书不重视，他们以为做一笔大项目的生意，就好像到商店买东西一样，一手交钱一手交货。实际上任何大项目都要经过可行性研究、商业谈判、技术谈判，要有一个比较长的过程。不重视意向书和协议的作用是一种缺乏商业常识的表现。

关于中德经济关系，值得注意的是，我们已从商品贸易发展到更多地进行经济合作、技术合作、金融合作。双方已经商定要建立一些合资企业。科尔总理讲，中德经济关系应该是长期的、可靠的，我又加了平等的、互利的两条。长期、可靠、平等、互利是今后发展中德经济关系的总的原则。中国经济在快速发展，估计今后较长时期内的经济增长率在百分之八至百分之九。我们的外贸也会同步增长，甚至比这个速度还要快些。中国是一个巨大的市场，估计从今年起到本世纪末，累计将有一万亿美元的进口。我们今后的进口，除了有一些初级产品外，有相当大部分是技术含量高的产品。能源、交通、通讯、钢铁、化工以及原材料工业，是我国经济发展的重点，而这些都是德国经济的强项，中德两国经济互补性很强。因此，从长远看，中德经济合作不仅仅是现在签了多少亿美元的合同、协议和意向书，而是有更加广阔的前景。

问：总理先生，在同中国做生意中，存在着一些困难，有些是中国的官僚主义造成的，另一方面是由于人民币近来贬值较快，这对外来投资是有影响的。对此您有何评论？

答：您说人民币贬值较快这是一种误解。汇率并轨前，存在两种汇率，一种是官方价格，这是偏低的，一种是市场价格。汇率并轨后，消灭了黑市，汇率很稳定，最近人民币还略有升值。按照发展社会主义市场经济的要求，中国货币改革发展的方向，最终是使人民币成为自由兑换货币，不过这要有一个过程，现在还做不到。中国今年进行了财政、金融改革、实行汇率并轨，总体上说，是成功的，这些改革对外国投资者是有利的。在这些政策刚刚出台的时候，有些外国投资者观望了一阵，这是可以理解的。现在的情况已经发生了变化，从5、6月份开始，外商来华投资已经增加了。中国是一个巨大的市场，但是进入中国市场也有很激烈的竞争。技术先进、中国市场需要，在国际上有竞争力的投资在中国才有发展。至于官僚主义，我想它并不是中国的特产。在你们这样一个效率高的国家，这次访问期间我听到不少企业家也抱怨你们政府的官僚主义。你们没有听见过这样的抱怨吗？（记者点头称是，说德国的官僚主义也不少。）

问：在技术转让方面，德国是否比日本更开放呢？

答：各有所长吧！您要知道，在一个国家评论另一个国家，这不是中国人的习惯。

问：总理先生，您在这次访问期间，在各种不同场合都遇到了人权问题。您在奥地利、在德国都讲到，愿意在人权问题上进行对话，这会对中国的政治改革产生什么影响？

答：关于人权这个话题我这次已经说得很多了，特别是我在回答你们电视二台记者提问时已经作了全面的阐述。为了节省时间，我就不重复了。至于说到人权对话对中国政治改革的影响，您的命题并不太合适。因为政治改革也罢，人权问题也罢，这都是属于上层建筑的范畴。您应该问，中国的政治改革与经济改革有什么关系？

问：这正是我下一个问题。

答：那我就提前回答吧。中国的政治改革与经济改革是协调进行的。中国的政治改革是要为经济改革提供一个稳定的发展经济的环境。在建立社会主义市场经济体制和推动经济发展的同时，中国非常注重健全民主与法制。建立社会主义市场经济是个全新的任务，我们是在不断探索中前进的。多年来，我们制定了几百个法律和法规，如中外合资企业法、公司法、破产法、环保法、保护知识产权法。最近，我们还通过了对侵犯知识产权给予刑事处罚的规定。

问：你们的人代会人太多，一年只开一次会，是否要予以改变？

答：我把这个问题说完再回答您的问题。

为了发展经济，我们需要调动广大人民的积极性，要进一步发扬民主，因为经济的发展要靠人民的积极性才行。中国的政治改革，发扬民主和健全法制，不是照抄西方，而是要适合中国的国情，适合中国的历史和文化传统，与中国经济现在的发展水平相适应，建设有中国特色的社会主义民主政治。

在回答您关于中国人民代表大会问题之前，我想问问你们的联邦议会的议员是多少？（记者答约600人。）德国8000万人口，600名议员，我们近12亿人口，3000人大代表，究竟是你们议员多，还是我们议员多？（记者回答说："我们的议员太多了。"）我们的人代会每年举行一次，但是一切最重要的法律要在人民代表大会全体会议上通过。国家主席、政府总理、副总理由人民代表大会选举产生。人代会每年还要审议政府工作报告。人代会设常务委员会，每两个月开一次会，在大会闭幕期间，行使人民代表大会的职权。常务委员会可以根据总理提名，任命或更换部长，通过一些法案。它可以要求政府就某些方面提出工作报告。我不能说我国的人民代表大会制度是世界上最好的制度，但我可以说它是最符合中国国情的民主制度。

问：关贸总协定总干事萨瑟兰近日对中国年内复关表示怀疑。你们是否急于复关？你们将采取什么样措施，进一步开放你们的市场，特别是金融和服务市场？

答：我和科尔总理在会谈中谈到了这个问题。德国方面表示将全力以赴地支持中国复关，并成为世界贸易组织的创始国之一。中国现在已经是一个贸易大国，去年进出口就达到近2000亿美元，今年上半年我国的外贸增长率也很高。要知道，不仅中国需要关贸总协定，关贸总协定也需要中国。如果把中国这样一个有着广阔发展前景的贸易大国排除在世界贸易组织之外，这个世界贸易组织就不能称其为世界性的贸易组织。

问：总理先生，那不勒斯现在正举行第20次7国首脑会议。中国是否愿意参加7国集团，在会议上占有一席？

答：7国首脑会议不是被人们称为"富人的俱乐部"吗？中国还是一个发展中国家，不是富国。这次那不勒斯会议所讨论的主要问题是经济不景气、美元贬值以及失业问题。世界上这些最发达的工业国，或者说是最富有的国家，也面临不少难题。这使我想起中国的一句老话，即各家都有一本难念的经。俄罗斯大文学家托尔斯泰在《安娜·卡列尼娜》这本书里讲过这样的话："幸福的家庭都是相似的，不幸的家庭各有各的不幸。"这次那不勒斯会议究竟能够取得什么样的成果，我们只能拭目以待。

问：这就是说，你们目前还没有兴趣来参与对富国问题的讨论。

答：这个问题我已经回答得很清楚了，你们就按我的话发表吧，读者会明白我的意思的。

问：俄罗斯也不是最富的国家，但它现在要参加7国首脑会议。如果把贵国和俄罗斯相比，你们的情况要好，你们是否也愿意参加7国首脑会议，这是否会对贵国的发展前景带来好处呢？

答：我不明白你为什么一再提这个问题。

俄罗斯是俄罗斯，中国是中国，两国情况不同，我们为什么要走它走的路呢？

问：总理先生，您曾经说过中国的经济形势是好的，但是只要读一下报纸就会知道，中国也存在着社会紧张，你们在保持社会和经济稳定方面取得了什么样的进展呢？

答：按照辩证法的观点，事情总有两面，既有好的一面，也有不足的一面。中国经济发展的主流是好的，经济增长，社会稳定，民族团结，整个国家欣欣向荣，这是世界公认的。同时，我们经济中也存在一些问题，中国领导人的头脑是清醒的。我们认为这些问题是发展中的问题、前进中的问题，但又采取了一些宏观调控的措施，控制了基本建设的规模，从今年上半年的趋势看，通货膨胀上升的势头已经得到遏制。中国经济发展中另一个需要着重解决的问题，就是产业结构不尽合理。工业和农业相比，农业相对落后，轻工业和基础工业来比，基础工业相对落后，难以满足经济发展的需求，所以有一个调整经济结构的问题。地区差别也是一个问题，东部地区和西部地区在发展程度上有差别。有这种差别并不奇怪，任何国家都有，特别是大国，经济发展不平衡是普遍现象。就世界范围来说，有南北差距问题。我们认识到缩小和消灭这种差距还需要比较长的时间，但我们是在朝着这个方向努力。中国还存在提高国有企业效益的问题。有些企业效益不高，我们正在通过深化改革，推动技术进步和加强管理来改变这种现状。总之，中国并不是一切都好，我们是个发展中国家，要赶上世界中等发达国家的水平，还要经过几十年努力奋斗。但是中国总的发展趋势确实是好的。

问：总理先生，中国已经进入使用核电站阶段，中国的核废料的处理水平如何？你们是否考虑在核废料的最终储存方面同德国的专业公司进行合作？

答：中国的核电技术一部分是自己开发的，一部分是采用了国外的设备。中国接受国际原子能机构的保障监督，核废料的处理完全符合国际标准。中国不准备接受任何国家在中国储存核废料。

问：您是如何看待朝鲜核问题解决的可能性，特别是在金日成主席逝世之后，朝鲜会出现什么样的情况？

答：我们对金日成主席的逝世表示深切的哀悼。中国和朝鲜是邻国，我们有长期的友好合作关系。金日成主席和中国老一辈领导人结下了深厚的友谊，和我们现在这一代领导人也有多次交往，关系很好。我们希望朝鲜人民继承金日成主席的遗志，发展经济，建设好自己的祖国，在朝鲜半岛保持长期的和平与稳定。

关于朝鲜核问题，中国始终主张通过谈判、对话而不是用施加压力的方法，来求得妥善解决。我们高兴地看到，事态正在朝着这个方向发展，最近出现了一些令人鼓舞的迹象，美国和朝鲜已经开始了谈判，双方都认为谈判十分有益，富有成效。我们希望这一良好的势头能够保持下去。

在结束采访时，我想请你们的报纸向德国人民转达中国人民的良好祝愿。中国和德国没有利害冲突，我们之间需要的是友谊与合作。

中宣部在北京召开精神文明建设“五个一工程”座谈会

中共中央政治局委员、书记处书记、中宣部部长丁关根和宣传文化部门的负责人与出席“五个一工程”工作会议的代表、1993 年度“五个一工程入选作品”的作者代表、文艺界部分知名人士一起座谈。

老艺术家袁世海、赵子岳、张瑞芳、谢添、常香玉、张君秋、孙道临、袁雪芬、于蓝、谢铁骊、朱琳、秦怡、田华、李默然、李炎、贾作光、王晓棠、王心刚、林连昆、徐玉兰、王玉珍、胡松华、郑邦玉、白淑湘等出席座谈会。

座谈会开始前，丁关根和宣传思想文化部门的负责人与文艺界知名人士一起向荣获 1993 年度精神文明建设“五个一工程组织工作奖”的单位和“五个一工程入选作品”的作者代表颁奖。

丁关根在座谈会上讲话。

丁关根指出，“五个一工程”是建设社会主义精神文明的重要措施和有效方式，实施三年初具规模，初见成效，要坚持不懈地抓下去，持之以恒，务求实效。当前，要致力于提高水平、提高标准，多出精品、多出人才，加强规划、加强服务，增进团结、增进友谊，使这项工程有一个较大的进展。

丁关根说，“五个一工程”要高标准、上水平，最重要的是坚持以邓小平同志建设有中国特色社会主义理论为根本指针，坚持党的基本路线，坚持党的宣传文化工作的方针原则。在实际工作中，要牢牢把握为人民服务、为社会主义服务的方向和百花齐放、百家争鸣的方针；坚持团结、稳定、鼓劲，正面宣传为主；坚持重在建设，以立为本；注意把社会效益放在第一位，力求经济效益同社会效益相统一。组织实施“五个一工程”的意义在于，推出一批体现党的方针政策，符合人民利益的优秀作品，带动和影响整个精神产品的创作和生产，促进宣传文化事业的繁荣和健康发展。“五个一工程”应当成为充分反映时代精神、大力弘扬主旋律的工程，成为凝聚宣传文化队伍力量、创造社会主义文化精品的工程，成为满足人民需要、促进精神文明建设的工程。在党的领导下，我国改革开放波澜壮阔，经济建设蓬勃发展，各族人民团结进取，先进人物层出不穷，建设有中国特色社会主义事业充满生机和活力。社会发展的这个主流，现实生活中的这些光明、积极、健康的内容，理应进入我们的视野，通过我们的作品得到真实地反映和充分的体现。文艺作品要着力塑造社会主义现代化建设的劳动者、创业者，表现我们民族和人民的优秀品格和精神风貌，展示我们党、我们国家的奋斗历程和良好形象，激励人民群众更好地建设我们的祖国，让世界更好地了解中国。

丁关根说，多出精品、多出人才，是建设“五个一工程”的中心任务和工作目标。要有精品意识，有严谨认真的态度，有精益求精的精神。精品出得越多，“五个一工程”的作用和影响也就越大。提高精神产品的质量，第一，思想立意要高。邓小平同志指出，文艺工作对人民特别是青年的思想倾向有很大影响。文艺作品不能不考虑人民的利益、国家的利益、党的利益。文艺工作者应当成为人类灵魂的工程师，力求把最好的精神食粮贡献给人民。我们一定要按这样的要求去做，用正确的世界观、人生观、价值观、道德观给人们以教育和启迪。第二，生活积累要厚。作家艺术家要创作精品，深入生活是必由之路，是一个永恒的课题。要热情鼓励文艺工作者和理论工作者深入实际，深入群众，深入生活，创作更多更好的源于生活、高于生活，表现人民、鼓舞人民的优秀作品。人民群众生机勃勃的创造实践，为作家艺术家施展才华提供了广阔天地。人民需要艺术，艺术更需要人民。人民群众的喜爱和掌声，是对作家艺术家的最高奖励。第三，编创制作要精，努力实现内容和形式的完美统一，讲究艺术技巧，提高艺术品位，增强可视性、可看性、可读性。他强调，

"五个一工程"也应当是出人才的工程。衡量"五个一工程"的成绩,不仅要看推出了多少优秀作品,还要看发现和培养了多少优秀作家艺术家和理论家,特别是中青年作家艺术家和理论家。老一辈艺术家专家的支持帮助是中青年人才迅速成长的重要条件。我们感谢老艺术家专家们在发现和培养人才方面付出的努力,希望他们发挥更大的作用。中青年理论文艺工作者要尊重老一辈,虚心向他们学习。要鼓励青年人大胆创新,青出于蓝而胜于蓝,我们的事业才大有希望。

丁关根说,宣传部门要增强服务意识。要从思想上、生活上关心创作队伍,帮助他们改善工作条件,为他们深入生活提供便利。要尊重理论研究和文艺创作的规律,尊重作家艺术家理论家的劳动特点和创作个性,使他们在创作中充分发挥聪明才智。

丁关根说,要把组织实施"五个一工程"的过程,作为广交朋友、深交朋友,增进团结、增进友谊的过程,努力创造团结融洽、民主舒畅、生动活泼的氛围。交朋友要以诚相待,虚怀若谷,信任尊重,关心支持。要认真听取各方面的意见,不能只听顺耳之言,更要听得进朋友的忠告、批评和建议。他要求宣传思想文化战线的同志深刻认识自己所肩负的历史重任,增强使命感和责任心,树立敬业精神和奉献精神,自觉地使自己的思想和工作同党和国家的大局要求相一致。我们要在以江泽民同志为核心的党中央领导下,团结一心,扎实工作,创造更多更好的无愧于我们这个时代、无愧于我们这个民族的精神文化产品,为社会主义现代化建设的壮丽事业增光添彩。

《续修四库全书》开始编撰

从日前在北京召开的《续修四库全书》工作会议上获悉,《续修四库全书》编撰开始进入实施阶段。

《续修四库全书》由上海古籍出版社和中国线装书局联合出版,约计一千八百册,计划四年内出齐。

7月10日

解放军第二炮兵工程学院研制的战略导弹仿真模拟训练系统在西安通过国家级鉴定

通过国家级技术鉴定的这一系统,平时可代替实装用于实兵训练,大大降低训练成本;战时可作为仿真目标实施机动,提高战略导弹的生存能力。

7月11日

中共中央总书记国家主席江泽民前往朝鲜驻中国大使馆吊唁朝鲜劳动党总书记朝鲜民主主义人民共和国主席金日成逝世

国务院总理李鹏前往科特罗切尼宫与罗马尼亚总统伊利埃斯库和总理沃克罗尤举行会谈

李鹏说,中罗两国和两国人民有着传统的友谊。近些年来,尽管国际形势和我们两国的情况都有很大变化,但我们两国之间在各个领域的友好合作关系继续保持和发展。长期、稳定地发展中国与罗马尼亚的传统友谊和互利合作是我国的一贯方针。中罗友谊已深深根植于两国人民的心中。我这次对贵国的访问就是为了推动两国的友好合作关系进一步发展。我们明天将要签署的关于两国关系的联合声明和一些双边合作的文件就是两国关系健康、深入发展的体现。

在谈及双边经贸关系时,李鹏说:在双方的共同努力下,近年来两国的贸易额逐年回升,去年达近五亿美元,在我国与东欧国家的贸易中居领先地位。我们希望保持这个势头。

李鹏强调指出:中罗两国的经济体制发生了很大变化,公司和企业已成为经贸活动的主体,市场规律的作用越来越明显。在这种新形势下,我们主张开展多层次、多渠道、多形式的合作。两国经贸部门、企业和地方之间要增加来往,开拓新的合作领域。这次随同我来访的有一些企业家,他们一到之后立即同罗方的企业家进行洽谈。这是值得鼓励的。我们愿同罗方共同努力,使两国经贸合作在平等互利的基础上稳步发展。

伊利埃斯库说,罗中两国人民的交往和友谊有着悠久的历史。这些年来,罗中两国的政治关系很好,双方领导人来往较多,罗中经贸关系回升较快。中国已成为罗的第二大经贸伙伴。两国进一步发展经贸关系的潜力较大。罗方希望两关系能朝着深度和广度的方向发展,开拓更多的合作领域。

双方还就国际问题交换意见。李鹏和伊利埃斯库一致认为,冷战结束后世界并不太平,地区冲突增多,南北差距拉大。在这种形势下,在平等、相互尊重、互不干涉内政的基础上建立国际新秩序显得更加必要。两位领导人还指出,世界的多极化趋势在发展,这有利于世界的和平与发展。

在谈到朝鲜核问题时,李鹏说,我们希望朝鲜核问题的有关各方继续保持对话的势头,采取积极的、建设性的态度继续对话,争取早日取得进展,以利于朝鲜半岛的和平与稳定。

李鹏和伊利埃斯库还介绍各自国内的政治、经济情况和所采取的政策。

李岚清副总理以及国家经贸委主任王忠禹、计委副主任叶青、机械工业部部长何光远、冶金工业部部长刘淇、国务院外事办公室主任齐怀远和中国驻罗马尼亚大使李凤林等参加会谈。

国务院总理李鹏在布加勒斯特会见罗马尼亚参议院议长盖尔曼和众议院议长讷斯塔塞

国务院副总理邹家华在新疆考察

7月11日至13日，邹家华及随行的国务院有关部门负责人，先后听取新疆三大油田、中国石油天然气总公司和新疆维吾尔自治区的工作汇报；在自治区主席阿不来提·阿不都热西提和石油天然气总公司总经理王涛等陪同下，考察塔克拉玛干沙漠腹地的原油开发生产井、塔北油气集输和处理装置，参加塔中四号油田开发建设和沙漠石油公路通车的典礼仪式。

邹家华说，近几年来，广大石油职工在十分恶劣的自然条件和复杂的地质情况下，坚持党的基本路线，认真贯彻国务院确定的"稳定东部、发展西部"的工作方针，发扬石油系统的优良传统，打开了塔里木盆地油气勘探开发的新局面。目前，累计已完成了覆盖全盆地的13万公里地震测线，探明了7个整装油气田，建成了210万吨原油年产能力，并取得较好的投入产出效益。这些成果，无论对于推动全国油气产量的持续增长，还是对于促进新疆的经济发展，巩固边疆，增进民族团结，都具有重大的意义。

邹家华指出，新疆塔里木、准噶尔和吐哈三个盆地油气资源丰富，具有良好的勘探开发前景，是我国石油工业发展的重要战略接替地区。在实现我国石油工业加快发展中，石油系统要进一步加强油气勘探，大幅度地增加储量，为石油产量的增长奠定坚实的资源基础。要在依靠自己力量的基础上，进一步扩大对外开放，更多地利用国外资金，吸收先进技术和管理经验。要发挥行业优势，依托社会支持，统筹规划，带动当地经济共同发展。

邹家华说，改革开放以来，新疆变化很大，经济发展很快。现在又东联西出，积极开拓市场，为进一步发展打下良好基础。

外交部部长钱其琛在钓鱼台国宾馆同保加利亚外交部部长斯塔尼斯拉夫·达斯卡洛夫进行会谈

钱其琛说，中保两国有着传统的友好合作关系。近年来，两国在政治、经济、科技、文化等领域的交往与合作不断发展。钱其琛指出，中国政府重视同保加利亚发展长期、稳定的友好合作关系。中保友好符合两国人民的根本利益。双方发展关系没有障碍。

钱其琛说："中国愿在平等互利的基础上不断加强双方的经贸合作。去年两国贸易额创历史最高纪录，我们希望这种势头能够保持下去。我们主张按照国际经济贸易合作的实践开展多层次、多渠道和形式多样的互利合作，我们希望两国政府为双方企业和公司以及地方开展直接合作给予鼓励和支持，为他们创造良好的合作条件。"

达斯卡洛夫说，保加利亚的外交重点是加入欧洲机制，同时重视发展保中两国关系，重视中国在国际事务中所发挥的积极作用。

达斯卡洛夫说，近年来，两国高层互访不断，促进了两国关系的发展。两国之间签署了一些协议，为进一步发展两国关系打下了坚实的法律基础。他说："我们希望保持两国的高层往来，进一步开展两国各个级别的政治磋商，包括两国在联合国的磋商。我们希望在经贸、科技等领域开展广泛的合作。"

达斯卡洛夫重申，保加利亚只承认中华人民共和国政府，台湾是中国的一部分，保加利亚不与台湾发生政治关系。钱其琛对此表示赞赏。

中国政府边界谈判代表团工作小组和吉尔吉斯哈萨克斯坦俄罗斯塔吉克斯坦四国政府边界谈判联合代表团工作小组在吉尔吉斯共和国首都比什凯克市举行第13次会议

会议于11日至21日举行。

与会各方讨论中国和上述四国的边界线走向问题，并商定下一次工作小组会议在北京举行。

会议期间，吉尔吉斯共和国外交部部长奥东巴耶娃会见中方工作小组。

中国驻朝鲜大使乔宗淮及使馆外交人员前往锦绣山议事堂吊唁金日成主席逝世

中国政府和巴西政府在北京签署航班协定

国办发出《关于建立国务院知识产权办公会议制度及有关部门职责分工问题的通知》

《通知》的主要内容是：

一、国务院知识产权办公会议（以下简称办公会议）由国务委员宋健主持，办公会议将研究、领导、协调全国知识产权有关工作，负责研究确定知识产权管理的重大政策和对策，协调跨部门、跨地区的综合性知识产权管理工作，推动知识产权制度成为我国实施科学技术发展战略和建立新型科技、经济、文化体制的组成部分。办公会议下设办公室（不刻章），设在国家科委（可由现有的一个司负责，对外可用办公室的名义，编制及经费由国家科委内部调剂解决，不作为一个管理层次），协助宋健同志准备和处理日常工作。有关特别重大的问题，由办公会议提交国务院决定。

二、中国专利局、国家工商行政管理局、国家版权局分别负责全国专利、商标和著作权管理工作，其中计算机软件、音像制品著作权管理工作由国家版权局负责。

三、对外知识产权谈判工作由外经贸部牵头负责，外交部协同。

四、有关知识产权保护和管理方面的立法工作，由国务院法制局牵头协调和研究。其中专业性的法律、法规，由各知识产权管理部门研究起草，报国务院法制局审核。

国家工商行政管理局、中国专利局、国家版权局分别负责依法查处相关的知识产权侵权案件。

海关总署负责实施知识产权的边境保护措施。

五、电子部、化工部、农业部、广播电影电视部、文化部、卫生部、国家医药管理局等与知识产权管理有关的国务院行政管理部门，应当配合国务院各知识产权管理部门，共同加强知识产权管理工作。

六、充分发挥各知识产权管理部门的职能作用，积极开展知识产权国际合作与交流。各知识产权管理部门负责相应的国际条约及对外知识产权谈判后所签定的双边协议的实施，与相应的国际组织建立联系。关贸总协定中《与贸易有关的知识产权包括冒牌货贸易协定》，由外经贸部归口联系，各知识产权管理部门参加。

七、知识产权管理是一项涉及立法、司法、行政执法和行政管理等多方面的综合性工作。各部门应当在办公会议的统筹协调下，明确职责，协同配合，切实保障各知识产权法律、法规的贯彻实施。

卫生部召开救灾防病工作电话会议

卫生部部长陈敏章在电话会议上强调，要树立防大汛、抗大灾的常备不懈的临战意识，确保今年灾后不发生大的疫病流行。

7月12日

全国人大常委会委员长乔石在人民大会堂会见由主席尤尔舍纳斯率领的立陶宛议会代表团

国台办发言人就台湾当局《台海两岸关系说明书》发表谈话

发言人说，台湾当局最近发表《台海两岸关系说明书》。这份说明书表示坚持统一目标，并表示“坚决主张‘一个中国’，反对‘两个中国’与‘一中一台’”，这是值得肯定的。但说明书歪曲台湾问题的由来，是不符合历史事实的。文中鼓吹“两岸分裂分治”、“两个对等政治实体”、“两个国际法人”、“分裂国家共同参与国际社会有利于统一”等谬论，实质是制造“两个中国”、“一中一台”，危害中国主权和领土完整，危害和平统一大业，这是我们所坚决反对的。

发言人指出，说明书还散布中国统一是“制度之争”的论调，对中国人民在中国共产党领导下40多年来取得的举世瞩目的伟大成就肆意攻击、污蔑，以此为其制造“两个中国”、“一中一台”和拖延统一制造借口，这是不得人心的。我们主张按“一国两制”构想实现国家统一，就是着眼于包括台湾同胞在内的中华民族的根本利益，同时又考虑到大陆与台湾社会制度不同，所采取的照顾各方利益的正确政策。

发言人强调，世界上只有一个中国，台湾是中国的一部分，中国的主权与领土完整不容分裂。考虑到台湾经济发展的需要和台湾同胞的实际利益，我们对台湾与外国民间性经济、文化往来不持异议；但是，台湾当局图谋“参与联合国”，违背了“一个中国”的原则，其实质是制造“两个中国”。我们相信，台湾同胞在事关中国主权与领土完整的问题上是能够分清大是大非的。

台湾当局如果像其说明书中所说的那样，主张统一和不放弃“一个中国”的原则，就应当响应我们的一再呼吁，创造条件，就正式结束敌对状态，逐步实现和平统一进行商谈；就应当取消为两岸关系发展设置的各种障碍，推动两岸经贸合作，鼓励两岸人员往来和各项交流，并争取事务性商谈取得积极成果。我们希望台湾当局从中华民族的根本利益出发，顺应两岸关系发展的大势，采取实际措施，与我们一起继续推动两岸关系朝着有利于祖国和平统一的方向发展。

中纪委监察部中南地区纪检监察机关案件检查工作座谈会在广东佛山市召开

中央纪委副书记王德瑛在会上强调，要突出当前查办案件工作的重点，集中力量突破一批大要案。同时，进一步抓好廉洁自律和纠风工作，以促进反腐败三项任务的全面落实。来自中南6省区纪检监察机关的负责人，在会上介绍1993年8月以来反腐败斗争的情况，交流了查办违纪案件的经验，并对如何抓好案件检查工作进行研究。王德瑛说，近两年发生的案件有几个明显特点：一是经济违纪违法案件比重增大，由过去的30%左右增加到40%以上，犯罪金额也呈增长趋势，造成国有资产大量流失。二是违纪违法行为的主体越来越复杂，法人犯罪、团伙作案增多，领导干部违纪违法行为增多。三是内外勾结、权钱交易现象严重，对党风、政风、行业风气、社会风气都产生毒害作用。

四是与严重经济犯罪相伴生的道德败坏、腐化案件增多。

王德瑛说，针对这种情况，案件查处工作不能平均使用力量，必须把主要力量放在查处贪污、贿赂、金融诈骗、走私、严重违反财经纪律等大案要案上，要继续把党政领导机关、司法部门、行政执法部门和经济管理部门作为重点，着重查处县处级以上领导干部的经济犯罪大案要案。对中纪委二次全会以来揭露出来的大量案件线索，要依照中央、中纪委的有关精神，认真进行梳理排查，集中时间，集中精力，抓住要害部位和主要问题进行查处，尽快突破一批大案要案。对大案要案要抓住不放，一查到底。纪检监察机关要加强与公检法、审计、工商、税务、海关等有关部门的协调配合，优势互补，增强合力，打好反腐败斗争的总体战。

王德瑛提出，领导干部廉洁自律特别要注意抓好三方面的工作：一是要充分认识两个“五条”的重要意义，提高领导干部自查自纠的自觉性。二是要努力提高党内民主生活会的质量，增强党的战斗力。三是要把自律与监督检查结合起来，保证廉洁自律切实收到成效。

王德瑛说，特别要注意使社会各界和人民群众真正感受到纠风工作的实效，对滥收、滥罚、滥摊派的各种费用，该退还企业和群众的要坚决退还。要采取得力措施，巩固去年纠风成果，防止出现回潮和反复。要认真分析发生不正之风的深层次原因，积极摸索治本的办法。

王德瑛说，按照中央的要求，各级党政领导要把反腐败摆上重要议事日程，亲自部署反腐败三项工作，亲自过问查办大案要案工作。

会议于 7 月 15 日结束。

全国首次开展水工业产品技术评估

中国已建成一批现代化的水厂和污水处理厂，水工业年产值约占环保产业总产值的 70%。建国以来首次水工业机械设备、器材、仪表仪器产品的技术评估工作业已完成，被列为首选、优先推荐和推荐三个档次的产品将参加在会议期间举行的国际水工业展览会。

国家经贸委和中国贸促会联合主办的“首届全国城镇集体企业成果展览会”在北京国际展览中心开幕

《中华人民共和国和罗马尼亚关于相互友好合作关系的联合声明》签字仪式在罗马尼亚总统府科特罗切尼宫举行

国务院总理李鹏和罗马尼亚总统伊利埃斯库在联合声明上签字。

签字仪式后，伊利埃斯库总统和李鹏总理向在场的记者发表谈话。

李鹏指出，联合声明是今后发展两国关系的指导性文件。他说，通过这次访问，相信中罗两国之间的传统友谊与合作会进一步发展。

参加签字仪式的有：罗马尼亚总理沃克罗尤、国务部长兼外交部长梅莱什卡努；国务院副总理李岚清及中国驻罗马尼亚大使李凤林等。

中国和罗马尼亚发表《中华人民共和国和罗马尼亚关于相互友好合作关系的联合声明》

中华人民共和国和罗马尼亚（以下简称“双方”），基于双方传统的友好合作关系和长期稳定地发展两国友好关系的愿望，本着《联合国宪章》的宗旨和原则以及国际法基本原则，声明如下：

一、双方认为，发展和加深两国友好合作关系符合两国人民的利益，有利于维护地区及世界的和平与稳定。

二、双方将在相互尊重独立、主权和领土完整、互不干涉内政、平等互利、和平共处原则以及其他公认的国际法原则的基础上，发展双方在政治、经济、科技等领域的友好和互利合作关系。

双方重申，各国人民自己决定自己命运和自由选择政治制度、经济制度、社会发展道路的权利以及人的基本权利和自由应当受到尊重，意识形态、经济模式和发展道路的差异不应妨碍国家关系的正常发展。

三、中华人民共和国尊重罗马尼亚所选择的发展道路，关注着罗马尼亚在政治、社会和经济方面所发生的重要变革，尊重其对外政策，赞赏罗马尼亚在促进国际合作和维护巴尔干、欧洲及世界和平中所发挥的作用和所作的贡献。

四、罗马尼亚关注着中华人民共和国为社会和经济发展而实行的改革开放政策，尊重其外交政策的选择，赞赏中华人民共和国为维护亚洲和世界和平所作的贡献。

罗马尼亚承认世界上只有一个中国，即中华人民共和国，中华人民共和国政府是全中国的唯一合法政府，台湾是中国领土不可分割的一部分，台湾问题是中国的内政。

罗马尼亚坚持这一原则立场，不同台湾建立官方联系和进行官方往来。

五、双方决心，恪守《联合国宪章》的宗旨与原则，尊重普遍接受的国际法原则，支持加强联合国在解决人类面临的国际问题、维护地区及世界和平与稳定以及促进各国发展方面的作用。双方重申履行各自根据有关裁军、军控及核不扩散的国际条约所承担的义务。

双方将加强在联合国及其他国际机构和组织中的合作。

六、双方重申，在国际关系中不应使用武力和以武力相威胁，主张用和平方式解决国家间的争端。双方同意在国际事务中加强合作，扩大磋商。

七、为进一步发展和加强双边关系，双方同意保持和扩大各个级别的政治对话，包括高层对话。

双方支持两国议会、政府、地方行政机关、民间组织和团体之间的相互接触与合作。

八、双方认为经济技术合作和贸易往来是两国关系中的重要组成部分，愿意并将采取措施在平等互利原则基础上促进双方在该领域中的合作。

双方将为对方的自然人和法人在本国的经贸活动创造良好的条件，支持两国企业、公司和企业家之间的直接合作，推动两国在工业、能源、包括和平利用核能、原材料、农业、建筑业以及金融等领域的合作，支持在相互感兴趣的领域探讨具体的合作项目和相互投资，探索并鼓励各种新的经济技术合作途径和形式。

双方支持和鼓励在经济改革方面的信息和经验交流，以及在经济管理人才的职业培训方面的合作。

九、双方将加强科技合作，特别是在基础和应用科学研究以及现代技术领域的合作，支持制订并完成共同研究纲要和计划，鼓励两国科研部门建立直接的联系，支持学者和研究人员之间的交往以及其他形式的合作。

十、双方愿在环境保护领域进行合作，为贯彻联合国确定的有关环境保护问题的全球战略贡献力量。

十一、双方支持并促进两国文化、艺术、教育、新闻、信息、旅游和体育领域的相互联系与合作。

十二、双方将加强在领事和司法协助方面的合作，鼓励两国公民之间的往来。

十三、双方将在打击有组织的犯罪、反对国际恐怖主义、非法贩卖毒品和武器、走私，包括走私文物和濒危动植物种的斗争方面进行合作。

十四、双方声明，本声明的内容不影响两国在与第三国关系中所承担的义务，也不针对任何第三国。

中罗两国在布加勒斯特罗马尼亚总统府科特罗切尼宫签署五项双边合作协定

国务院总理李鹏和罗马尼亚总统伊利埃斯库出席签字仪式。

五项双边合作协定是：《中国科学院和罗马尼亚科学院合作协定》、《中华人民共和国国家教育委员会和罗马尼亚教育部 1994—1997 年教育合作与交流协定》、《中华人民共和国和罗马尼亚政府关于鼓励和相互保护投资协定》、《中华人民共和国和罗马尼亚经济与贸易协定》以及《中华人民共和国和罗马尼亚文化合作协定》等。

国务院总理李鹏在布加勒斯特接受罗马尼亚记者采访

李鹏在结束他欧洲 3 国之行的前夕，接受罗新社等 7 家当地新闻单位记者的采访，就欧洲之行、中罗关系等广泛的国际问题回答记者的提问。

问：在近年来中国和东欧形势都发生了变化的背景下，您如何评价中国与您此番访问的 3 个国家、尤其是同罗马尼亚的政治、经济贸易和文化关系？

答：我这次对欧洲 3 国的访问确实是在国际形势发生了很大变化的背景下进行的，访问很成功。访问期间，我同 3 国领导人分别就政治、经济和外交等诸多领域双方共同关心的问题深入地交换了意见，达到了增进了解、加强合作和推动双边关系发展的目的。

在罗访问期间，除与伊利埃斯库总统举行会谈外，我还会晤了总理、参众两院的议长和众多的部长。陪同我访罗的一些部长和企业家也与罗方举行了对口会谈。双方在国际问题和双边关系等问题上有着许多相似或相同的看法。我相信，这次访问必将促进中罗友好合作关系的巩固和发展。

问：总理先生，您对应邀访罗以及与罗方进行高级接触的重要性有何评价？您对两国在新形势下的友好合作关系，包括经济关系的前景作何展望？

答：我同贵国领导人谈得很好，内容广泛，富有成果。这集中体现在双方即将签署的《中罗关于相互友好合作关系的联合声明》等文件中。声明有两个要点：一是双方认为各国人民有权根据本国的国情选择适合自己的政治制度和发展道路；二是双方表示愿意在平等互利的基础上进一步发展经贸关系。罗马尼亚现在是中国在东欧的最大贸易伙伴，只要本着平等互利的原则，共同努力，两国在经济贸易以及在科技和其他领域的合作前景是广阔的。

问：中国如何评价北约向东欧扩大的问题？西方在人权问题上总是批评中国，您对此有何评论？

答：冷战结束后，世界虽然出现了缓和的趋势，但并没有像一些人预言的那样，出现天下太平的局面，相反，世界仍然很不安宁。地区冲突增多，南北差距扩大，西方发达国家也面临经济不景气、失业人数增加、社会矛盾上升等一系列问题。在动荡的形势下，人们对安全问题十分关心是可以理解的。对于各种有关安全的安排，不管是什么形式，只要真正有利于地区乃至世界的和平与发展，中国都不持异议。

人权已成为一些西方国家干涉别国内政的武器，不仅中国人有这方面的体会，恐怕罗马尼亚人也有这方面的感受。

问:我可以请您就罗马尼亚的酒发表一点评论吗?

答:当然可以。前天我们参观葡萄酒研究站时品尝了 8 种酒,我比较喜欢那里的红葡萄酒,甜度只有 4 度。不过李岚清副总理对罗马尼亚葡萄酒的出口价格有点打抱不平。

李岚清:罗马尼亚的葡萄酒质量不错,但出口价格每瓶只有半个美元,太便宜了,不能说是公平交易。这也反映了世界贸易中存在的问题。

问:您如何评价克林顿政府把给予中国最惠国待遇非政治化,即把它与人权问题脱钩的决定?

答:这已不是新闻了,一个半月以前,中国外交部曾发表声明,对克林顿总统延长对华最惠国待遇表示欢迎。将最惠国待遇同人权问题脱钩是明智的决定。

中美相互给予最惠国待遇,是一种互惠互利的安排,不仅对中国有利,对美国也有利,是中美开展正常贸易的基础。克林顿总统的决定有利于发展双边经贸合作,改善中美关系。

问:在过去一个时期里,罗马尼亚与中国有着一种可谓特殊的关系,您认为在当前形势下这种关系是否可能恢复?

答:尽管世界形势发生了深刻的变化,我国同罗马尼亚始终保持着正常的国家关系。伊利埃斯库总统曾先后两次访华,现在我又和李岚清副总理来这里访问,这种频繁的高层来往表明中罗两国的关系是很好的。

中国在处理国与国之间的关系时,不以意识形态和社会制度来划线,我们愿意同世界各国在和平共处五项原则的基础上发展友好合作关系。中罗两国就是本着这些原则建立和发展新型的友好合作关系,以适应国际形势的新发展的。罗马尼亚是东欧一个重要国家,有着资源、人口、地理位置等方面的优势以及有利的运输条件,康斯坦察就是多瑙河的入海口。我们重视发展同罗马尼亚在各方面的友好合作关系。中罗两国人民之间有着传统的友谊,我们希望这种友谊在未来的岁月里继续发扬光大。

问:总理先生,三四年前,大多数政治分析家断言世界终于进入了一个平静和繁荣的时代,所谓的世界新秩序似乎在国际关系中彻底确立了自己的地位。而今天的现实否定了这一论点。有鉴于此,总理先生认为政治和经济在国际关系中应各占有多大比重?

答:苏联解体后,中国当时对国际形势的看法就与西方的一些政治家和舆论界的看法不同。我们当时就认为世界不会从此太平,相反还会很不安宁。您刚才所说的和我们的看法就差不多。现在非常需要建立国际政治经济新秩序,这种新秩序应建立在和平共处五项原则或类似的原则基础之上。国家不分大小、贫富、强弱,都是国际社会平等的成员,都应该有权参与国际事务。同时,我们也认为,世界不应该由一个或少数几个国家来主宰。世界向多极化方向发展有利于世界的和平与稳定。

政治和经济有着密不可分的关系。经济是基础,政治是经济集中的反映,国际关系也是这样。纵观当今世界上出现的一些动荡、冲突乃至战争,究其原因大都与经济有关。我们对于南北差距的日益扩大深感忧虑。发达国家在发展自身经济的同时,有责任帮助发展中国家发展经济。这样做,不仅对发展中国家有利,对发达国家也是有利的。

问:中国经济在持续发展,这是显而易见的事实,但发展是不平衡的,经济特区发展快,其他地区发展慢。中国如何解决这一问题?

答:中国东西部经济发展确实存在着差距。在发展过程中出现这种不平衡现象,不仅中国有,外国也有,特别是大国,在发展中都有这类问题。不仅现在存在,过去也曾存在。中国的政策是允许一部分地区先富起来,最终达到共同富裕的目标。中国政府采取了一系列措施来开发西部资源,发展西部经济,提高那里的人民生活水平。值得指出的是,这些年来,中国东部在发展,沿海在发展,中、西部地区也在发展,而且发展速度也不慢,所以差距是前进中的差距。

问:我们正在走向 21 世纪的多极化世界,中国可能成为其中的一极。中国与东南亚、东亚特别是与日本的关系将如何发展?

答:中国是一个发展中国家,进行现代化建设需要一个长期和平的国际环境。中国对外奉行独立自主的和平外交政策。将来中国发展了,强大了,也不会对任何国家构成威胁,相反,发展了的中国将是维护世界和平与稳定的一支重要力量。

中国对日本和东南亚各国一贯实行睦邻友好的政策,对其他周边国家也实行睦邻友好政策,而且现在关系都是好的。

现在世界上出现一些地区性的经济集团,我们赞成开展地区经济合作,但这种合作不应该是排他性的,不应该实行贸易保护主义。

问:3 年后,中国将恢复对香港行使主权。中国会遵守已签订的关于香港问题的各项协议吗?

答:中国在恢复对香港行使主权之后,我们的政策是“一国两制”,在内地实行有中国特色的社会主义,而香港则实行资本主义。这种“一国两制”的伟大构想是邓小平同志的重大贡献和一大创举。中国是守信义的,当然会不折不扣地执行基本法和中英联合声明等各项协议。现在出现的问题不是中国政府造成的,责任完全在英方。我们对保持香港长期的繁荣和稳定是有充分信心的。

在采访结束时，李鹏请罗马尼亚新闻界转达中国人民对罗马尼亚人民的良好祝愿和问候，并希望罗马尼亚人民在克服暂时困难、建设自己国家的事业中取得新的成就。

中葡联合联络小组第二十次会议在里斯本发表新闻公报

公报宣布，双方签署关于中国银行和葡萄牙大西洋银行参与澳门发钞问题的会谈纪要，并强调所达成的此项协议对澳门金融制度具有重要意义。

公报说，关于澳门参加有关国际组织问题，双方签署有关澳门加入联合国教育、科学及文化组织和国际航标协会问题的会谈纪要。双方并就下一阶段这方面拟采取的步骤交换意见。

公报指出，双方研究了与未来澳门国际机场运作有关的一些重要问题，并强调机场对澳门发展的重要性。双方签署了关于澳门—新西兰的航协文本的会谈纪要，并确认了澳门—巴西航协文本会谈纪要。葡方还向联络小组提交了澳门—芬兰的航协文本，以供审议。

公报说，双方认真研究了公务员本地化、中文官方地位和法律翻译及其本地化方面的进展情况，并就今后三大问题的工作进行了讨论。

此外，双方继续就刑法典草案进行磋商，并取得实质性的进展。

墨西哥联邦众议院议长莫雷诺·乌列加斯在墨西哥会见国务委员兼国家计生委主任第四次世界妇女大会中国组委会主席彭珮云

国务院副总理兼外交部部长钱其琛在中南海会见国际原子能机构总干事汉斯·布利克斯

国务院副总理兼外交部部长钱其琛在北京会见哥伦比亚副外交部部长格里略

全国人大常委会副委员长布赫在人民大会堂会见保加利亚外交部部长达斯卡洛夫

国务院副总理兼外交部部长钱其琛在钓鱼台国宾馆会见几内亚外交部顾问邦加利·达博

人事部在北京召开全国专家工作暨造就跨世纪学术和技术带头人工作会议

7月13日

党和国家领导人李鹏乔石李瑞环朱镕基丁关根前往朝鲜驻中国大使馆吊唁朝鲜劳动党总书记朝鲜民主主义人民共和国主席金日成逝世

全国首只专业市场商标在浙江绍兴中国轻纺城诞生

全国首只专业市场商标日前在浙江中国轻纺城诞生。由路边布摊发展为全国规模最大、设施最齐全的轻纺专业市场。

外交部部长钱其琛在北京会见立陶宛议长尤尔舍纳斯

外交部部长钱其琛与阿尔及利亚外交部部长登布里在北京举行会谈

钱其琛说，中阿有着传统的友好合作关系，两国建交以来，在政治、经济和科技等各个领域开展了富有成果的广泛合作。他指出，不管国际形势和双方国内形势如何变化，中国政府愿意与阿尔及利亚政府共同努力，不断巩固和加强两国的合作关系，并愿意保持与阿方的政治往来和两国外交部之间的磋商，就共同关心的问题不断地交换意见。

钱其琛认为，两国经贸关系也必须适应新形势的发展，不仅两国政府之间，两国企业界也要加强合作。

钱其琛还说，中阿两国都是发展中国家，在国际事务中一向相互同情，相互支持，在许多重大问题上看法一致或相似。

钱其琛指出，由于在历史上有着相同的经历，两国对人权问题有着相似的理解，都反对西方国家借助人权问题干涉发展中国家的内政，两国在国际人权领域也有着良好的合作关系。他希望双方加强在联合国人权委员会中的交流与合作。

登布里表示，阿尔及利亚政府和人民决不会忘记中国对阿民族解放和发展民族经济所提供的重大支持，十分珍视与中国的友好合作关系。他还说，阿政府赞赏中国的人权观。

登布里通报阿国内局势的最新发展。钱其琛表示，中国政府衷心希望阿尔及利亚早日实现政治稳定，经济振兴，因为这不仅符合阿尔及利亚人民的利益，对该地区的稳定与发展也很重要。双方还就其他共同关心的国际和地区问题交换意见。

俄罗斯国防部部长格拉乔夫大将在莫斯科同国务

委员兼国防部部长迟浩田上将举行会谈

俄罗斯政府总理切尔诺梅尔金在莫斯科政府大厦会见国务委员兼国防部部长迟浩田上将及其主要随行人员

全国城市防洪工作会议在天津召开

这是在南方防汛抗洪取得阶段性胜利,北方进入主汛期之际召开的一次会议。国务院副总理朱镕基对会议作重要批示:越是改革开放,越要加强城市防洪工作,否则,经济建设取得的成就越大,洪水造成的损失也就越严重。对城市防洪建设要真正重视。宁肯少上几个基建项目,也要保证城市防洪资金投入的需要。国务委员陈俊生主持会议并作重要讲话。

国务委员、全国抗旱防汛总指挥陈俊生指出:目前,470 多个有防洪任务的城市防洪标准普遍不高,防洪标准达到或超过 100 年一遇的只有少数几个城市。现有城市的防洪标准与城市的地位极不相称,城市抗洪能力还很低,薄弱环节很多。如果遇到大的洪水,一些城市将要面临严重的洪水威胁,后果将不堪设想。

陈俊生要求各地加强对城市防洪工作的领导,特别是在改革开放、经济飞速发展的形势下,要将防洪工作提高到一个更高的层次来认识;经济愈发展愈要重视防洪,愈是改革开放,愈要重视防洪。重视城市防洪,一要体现在对城市防洪工程建设的投入上;二要体现在城市防洪各项措施的落实上。他要求各地进一步落实以行政首长负责制为核心的防汛责任制,城市防洪由市长总负责。要抓好度汛应急工程建设和水毁工程的修复。

7 月 14 日

全国检察长座谈会在秦皇岛召开

座谈会提出,检察机关将集中精力查办大案要案,从重从严打击贪污贿赂等严重经济犯罪。

会议期间,来自全国各地的检察长分析和研究下半年检察工作面临的形势和任务。

最高人民检察院检察长张思卿在会上强调,检察机关要把查办大案要案作为一项长期任务,抓住当前有利时机,振奋精神,狠抓落实,采取有效措施,在下半年尤其是第三季度立案一批、查结一批、起诉一批大案要案,推动反腐败斗争深入、持久地开展下去。张思卿要求检察干警保持旺盛的斗志,以党的事业和人民利益为重,增强事业心和责任感,扎扎实实地抓好查办大案要案。当前,打击的重点是贪污贿赂大案要案;法人走私偷税骗税、假冒商标犯罪的重大案件;金融诈骗案件;伪造、倒卖增值税发票案件等。在查办大案要案工作中,领导机关要实行分级负责制度,加强督促检查和指挥协调,帮助下级检察机关排除阻力和干扰,支持和保护秉公执法的干警。张思卿要求检察机关加强与有关部门的协调配合,要与人民法院和纪检、监察部门及行政执法部门紧密配合,形成反腐败斗争的合力。

国务院副总理兼外交部部长钱其琛在北京同巴布亚新几内亚副总理兼外交和贸易部部长朱利叶斯 · 陈举行会谈

钱其琛说:"巴新是南太平洋地区最早与中国建交的国家之一。两国建交后,尤其是近年来,双边关系得到良好发展,合作领域不断扩大,我们对此感到满意。"

钱其琛说,中国和巴新虽然人口和幅员有很大差异,但同处亚太地区,都是发展中国家,都面临维护本地区和平和发展本国经济,提高人民生活水平的共同任务。

在谈到两国经济合作时,钱其琛说,近年来,两国双边贸易额增长较快。去年,两国贸易额为 152 亿美元,比 1992 年增长 36%。两国经济技术合作稳步扩大。中国在巴新承担的成套项目和技术合作项目取得了较明显的经济和社会效益。两国经济各具优势,互补性较强。双方发展贸易和经济技术合作潜力很大,前景广阔。他希望双方共同努力,使两国的互利合作关系在现有的基础上取得更大的发展。

朱利叶斯 · 陈说,两国的经贸合作富有成效。巴新感谢中方的援助和支持。当前,巴新正处于重要的发展阶段,需要资金、技术和人才,欢迎中方在这些方面同巴新开展各种合作,愿意引进中国的资金、技术和人才。

会谈会,中国政府和巴布亚新几内亚独立国政府签署《关于对所得避免双重征税和防止偷漏税的协定》。

外交部部长钱其琛在钓鱼台国宾馆会见专程来华通报第二十次西方七国首脑会议情况的日本外务省外务审议官福田博

外交部副部长唐家璇在北京同日本外务审议官福田博举行会谈

解放军全军培养军地两用人才工作座谈会在北京结束

座谈会要求各部队适应军队现代化建设和发展社会主义市场经济的需要,把这项工作提高到一个新水平。会议期间,中央军委副主席刘华清、张震会见全体代表。

中央军委委员、总政治部主任于永波在座谈会上强调，我们党三代领导集体的核心都非常重视人才的培养。我军五六十年代向文化进军，就是毛泽东主席倡导的。八十年代初，邓小平同志倡导培养军地两用人才，使全军掀起了培育人才的热潮。江泽民同志一再强调发扬我党我军重视人才培养的传统。培养人才的工作，是关系到国家和军队现代化建设的大事，是一项长期的战略任务。军队加强现代化建设，国家发展社会主义市场经济，都需要大批优秀人才。我们一定要站在这个高度上，坚定不移地贯彻党中央和中央军委的指示精神，在落实上狠下功夫，进一步把科学文化教育和培养两用人才的工作抓好。

中央军委主席江泽民副主席刘华清张震分别题词祝贺海军总医院建院40周年

中央军委就转发解放军三总部《关于加强军队审计工作的意见》发出通知

中央军委日前发出通知，转发总参谋部、总政治部、总后勤部联合制定的《关于加强军队审计工作的意见》，要求全军切实强化审计监督，为实现"保障有力"，促进部队建设服务。

中共中央政治局常委胡锦涛受江泽民李鹏委托和国务院副总理朱镕基分别打电话悼念在抗洪抢险中以身殉职的中共锦州市委书记张鸣岐

7月15日

中央党校校长胡锦涛在中央党校学员毕业典礼上发表讲话

胡锦涛在中央党校学员毕业典礼大会上发表讲话说，现在，中央的大政方针已定，工作总的布局已经明确，各方面工作正在展开，发展势头很好。关键在于全党同志特别是各级领导同志要时刻胸怀全局，抓住有利时机，按照中央的部署，结合本地区本部门的具体情况，扎扎实实地做好工作，巩固和发展好的形势，推动改革和建设又快又好地向前发展。

胡锦涛强调指出，为了卓有成效地担负起领导改革开放和社会主义现代化建设的历史重任，全党同志特别是各级领导干部，要密切联系新的形势和任务，加倍努力地学习、坚持不懈地学习、更有成效地学习。加强学习，最根本的是深入学习好邓小平同志建设有中国特色社会主义的理论，坚持用这个科学理论武装全党。领导干部进党校学习一段时间是必要的，但更多地要靠在工作岗位上结合实践学习。坚持带着现实问题学理论，用理论指导解决现实问题，如此循环往复，持之以恒，我们的理论学习就能步步深入，工作也就能越做越好。各级领导干部在着重学习建设有中国特色社会主义理论的同时，还要按照中央的要求，努力学习社会主义市场经济理论和基本知识，学习现代科学技术知识，尽可能多地掌握履行职责所需的各种知识，不断提高领导社会主义现代化建设的能力和水平。

胡锦涛在简要回顾今年年初以来的工作和以经济建设为中心各项事业顺利发展的形势后说，实践证明，中央提出"抓住机遇，深化改革，扩大开放，促进发展，保持稳定"是全党全国工作的大局，各方面的工作都要服从和服务于这个大局，这一重大决策是完全正确的。牢牢把握这个大局，正确认识并在实际工作中处理好改革、发展、稳定三者的关系，决不是权宜之计，而是在整个改革开放和现代化建设中必须始终坚持的一个重要指导思想和工作方针。领导干部必须认真学习领会好邓小平同志关于改革、发展、稳定的科学思想，提高把握大局的自觉性，随着客观情况的发展变化不断加深对改革、发展、稳定的认识，脚踏实地处理好前进中的矛盾和问题，任何时候都坚持以经济建设为中心，以深化改革为动力，以保持稳定为前提，促进国民经济持续、快速、健康地发展，推动社会全面进步。

胡锦涛指出，党领导的建设有中国特色的社会主义事业，说到底是广大人民群众自己的事业。深化改革，促进发展，保持稳定，都离不开人民群众。要巩固和发展好的形势，必须进一步发扬党的密切联系群众的好传统、好作风，坚定不移地相信和依靠群众，把广大人民群众推动社会历史发展的主动性、积极性和创造性更好地调动起来，凝聚起来，发挥出来。各级领导干部要牢固树立马克思主义的群众观点，越是进行新的探索，越是遇到复杂情况，越要注意坚持走群众路线，深入进行调查研究。在深化改革中，要按照统筹兼顾的原则来调节人民内部各种利益的相互关系，同时要有针对性地做好群众的思想工作，引导群众更好地认清自己的根本利益。所有党政机关干部、尤其是领导干部，要强化公仆意识，坚持党的宗旨，保持廉洁勤政，把反腐败斗争深入、持久、更有成效地开展下去。

胡锦涛最后强调，巩固和发展好的形势，做好各项工作，关键是把我们党进一步建设好。中国的事情要办好，关键在党。改革要深化，经济要发展，社会要稳定，关键也在党。过去是这样，现在是这样，将来还是这样。我们进行改革开放和社会主义现代化建设的各项工作，都决不能忽视加强党的领导和党的建设这个统揽全局的关键所在。要按照中央的有关部署，因势利导，进一步加强党建工作，大力加强各级领导班子建设，坚持和健全民主集中制，切实加强和改进基层党组织建设，增强各级党组织的凝聚力、吸引力和战斗力，充分发挥广大党员的先锋模范作用。

中办国办就转发《国务院纠正行业不正之风办公室关于清理党政机关及其工作人员利用职权无偿占用企业钱物的实施意见》发出通知

中共中央办公厅、国务院办公厅日前就转发《国务院纠正行业不正之风办公室关于清理党政机关及其工作人员利用职权无偿占用企业钱物的实施意见》向各地区、各部门发出通知。通知指出，这一"实施意见"已经党中央、国务院领导同意，现予转发，请遵照执行，并在 1994 年 11 月底以前向党中央、国务院写出清理情况的专题报告。报告要同时抄送国务院纠正行业不正之风办公室。

国务院纠正行业不正之风办公室关于清理党政机关及其工作人员利用职权无偿占用企业钱物的实施意见

清理党政机关及其工作人员利用职权无偿占用企业（包括实行企业化管理的事业单位，下同）的钱物，是今年纠正部门和行业不正之风专项治理的一项重要内容。搞好这项工作，对于保持党政机关清正廉洁，减轻企业负担，维护企业的合法权益，具有重要意义。各地区、各部门都要按照党中央、国务院关于今年深入开展反腐败斗争的工作部署和有关要求，把党政机关及其工作人员利用职权无偿占用企业钱物问题列为专项，集中一段时间进行认真清理，务必抓出成效，坚决刹住这一不正之风。为保证清理工作顺利进行，现提出以下实施意见：

一、清理的重点是，党政机关假借各种名义为本部门充作小金库或搞福利而无偿占用企业的资金，以及党政机关工作人员利用职权占用企业的资金；党政机关及其工作人员利用职权无偿占用企业的交通工具、通讯设备、音像设备及其他高档贵重物品；党政机关为谋取本部门利益向企业索要的赞助款。

二、清理工作中对有关问题按照以下原则处理：

1.1992 年 7 月 23 日《全民所有制工业企业转换经营机制条例》发布实施后，党政机关无偿占用企业的上述设备和物品都应归还企业；1992 年 7 月 23 日以前无偿占用、群众反映强烈的，原则上也要进行清退。立即归还确有困难的，要与被占用的企业协商并经上级机关批准，或付款购买，或签订租赁协议。

2.1992 年 7 月 23 日以来，党政机关为本部门充作小金库或搞福利而占用企业的资金，以及为谋取本部门利益向企业索要的赞助款，都应归还企业。立即归还确有困难的，要与被占用或被索要的企业协商并经上级机关批准，作出还款计划。

3. 党政机关工作人员利用职权和工作之便无偿占用的企业钱物，要一律限期归还。所占用物品丢失或损坏的，要作价赔偿；利用无偿占用钱物经商牟利的，要追缴其非法所得。

4. 党政机关及其工作人员无偿占用企业钱物，凡主动自查、清退的，一般不追究单位和个人的责任；问题严重又不自查自纠的，经查实要责令其清退，并对其主管领导和直接责任人给予党纪、政纪处分，触犯刑律的，由司法机关依法处理。对 1994 年 3 月 1 日中央纪委第三次全体会议后，继续利用职权无偿占用企业钱物或继续为谋取本部门利益向企业索要赞助款的，一经查实，要从严处理。

三、各级党政机关及其工作人员都要认真进行自查自纠，不得以工作需要或经费紧张为由，对清理工作敷衍推拖，更不准弄虚作假，隐瞒不报。要动员企业和广大职工群众积极参与清理工作，协助提供有关情况。要坚持边清边改，针对暴露出来的问题和管理上、制度上存在的漏洞，认真总结经验教训，制定改进措施。

四、各级党委和政府要加强对这项工作的领导，认真安排部署，精心组织指导。要确定一位领导同志主管清理工作，必要时可从有关部门抽调人员组成临时工作班子负责具体工作。各级经（计）委和财政、审计等部门要把这项工作作为专项检查的内容，同级纪检、监察机关要加强监督检查，对不认真清理甚至走过场的，应坚决要求其进行补课，确保清理工作取得实效。

全国省自治区直辖市妇联主席研讨班暨'95 非政府组织妇女论坛培训班在北京开幕

中共中央政治局常委、书记处书记胡锦涛日前听取全国妇联书记处的工作汇报。他强调妇联工作要抓住机遇，开创妇女工作新局面。他要求各级妇联和广大妇女要抓住筹备'95 世界妇女大会的有利时机，广泛宣传新时期中国妇女的地位和作用，推动全社会都来关心妇女事业，促进妇女的发展和进步；要抓住农村加快改革、发展的有利时机，发挥自身的优势，下大气力提高广大农村妇女的素质，进一步解放妇女生产力；要抓住全党重视和加强党的建设的有利时机，抓好妇联各级领导班子建设，抓好培养选拔妇女干部和发展妇女党员的工作，把妇联的基层组织建设提高到一个新水平。

全国人大常委会副委员长、全国妇联主席陈慕华在讲话中总结妇女工作在各个领域的新变化、新发展、新突破。她对妇女干部和妇联工作提出四条意见：要十分重视和加强学习，学习邓小平建设有中国特色的社会主义理论；要围绕改革、发展、稳定这个大局，发挥妇联组织的作用；抓住机遇，用好机遇，把妇女工作推向新台阶；各级妇联组织要响应党中央的号召，勤政廉洁，遵纪守法。她说，筹备'95大会的过程就是推进妇女进步与发展的过程。现在是一个妇女工作的黄金季节，是妇联干部有所作为、争取发展的最好时机。

公安部外交部交通部发布《中华人民共和国公民出境入境管理法实施细则》

第一章 总 则

第一条 根据《中华人民共和国公民出境入境管理法》第十九条的规定，制定本实施细则。

第二条 本实施细则适用于中国公民因私事出境、入境。所称“私事”，是指：定居、探亲、访友、继承财产、留学、就业、旅游和其他非公务活动。

第二章 出 境

第三条 居住国内的公民因私事出境，须向户口所在地的市、县公安局出入境管理部门提出申请，回答有关的询问并履行下列手续：

(一)交验户口簿或者其他户籍证明；

(二)填写出境申请表；

(三)提交所在工作单位对申请人出境的意见；

(四)提交与出境事由相应的证明。

第四条 本实施细则第三条第四项所称的证明是指：

(一)出境定居，须提交拟定居地亲友同意去定居的证明或者前往国家的定居许可证明；

(二)出境探亲访友，须提交亲友邀请证明；

(三)出境继承财产，须提交有合法继承权的证明；

(四)出境留学，须提交接受学校入学许可证件和必需的经济保证证明；

(五)出境就业，须提交聘请、雇用单位或者雇主的聘用、雇用证明；

(六)出境旅游，须提交旅行所需外汇费用证明。

第五条 市、县公安局对出境申请应当在30天内，地处偏僻、交通不便的应当在60天内，作出批准或者不批准的决定，通知申请人。

申请人在规定时间内没有接到审批结果通知的，有权查询，受理部门应当作出答复；申请人认为不批准出境不符合《中华人民共和国公民出境入境管理法》的，有权向上一级公安机关提出申诉，受理机关应当作出处理和答复。

第六条 居住国内的公民经批准出境的，由公安机关出入境管理部门发给中华人民共和国护照，并附发出境登记卡。

第七条 居住国内的公民办妥前往国家的签证或者入境许可证件后，应当在出境前办理户口手续。出境定居的，须到当地公安派出所或者户籍办公室注销户口。短期出境的，办理临时外出的户口登记，返回后凭护照在原居住地恢复常住户口。

第八条 中国公民回国后再出境，凭有效的中华人民共和国护照或者有效的中华人民共和国旅行证或者其他有效出境入境证件。

第三章 入 境

第九条 在境外的中国公民短期回国，凭有效的中华人民共和国护照或者有效的中华人民共和国旅行证或者其他有效入境出境证件入境。

第十条 定居国外的中国公民要求回国定居的，应当在入境前向中国驻外国的外交代表机关、领事机关或者外交部授权的其他驻外机关提出申请，也可由本人或者经由国内亲属向拟定居地的市、县公安局提出申请，由省、自治区、直辖市公安厅(局)核发回国定居证明。

第十一条 定居国外的中国公民要求回国工作的，应当向中国劳动、人事部门或者聘请、雇用单位提出申请。

第十二条 定居国外的中国公民回国定居或者回国工作抵达目的地后，应当在30天内凭回国定居证明或者经中国劳动、人事部门核准的聘请、雇用证明到当地公安局办理常住户口登记。

第十三条 定居国外的中国公民短期回国，要按照户口管理规定，办理暂住登记。在宾馆、饭店、旅店、招待所、学校等企业、事业单位或者机关、团体及其他机构内住宿的，应当填写临时住宿登记表；住在亲友家的，由本人或者亲友在24小时内(农村可在72小时内)到住地公安派出所或者户籍办公室办理暂住登记。

第四章 出境入境检查

第十四条 中国公民应当从对外开放的或者指定的口岸出境、入境，向边防检查站出示中华人民共和国护照或者其他出境入境证件，填交出境、入境登记卡，接受查验。

第十五条 有下列情形之一的，边防检查站有权阻止出境、入境：

(一)未持有中华人民共和国护照或者其他出境入境证件的；

(二)持用无效护照或者其他无效出境入境证件的；

(三)持用伪造、涂改的护照、证件或者冒用他人护照、证件的；

(四)拒绝交验证件的。

具有前款第二、三项规定的情形的，并可依照本实施细则第二十三条的规定处理。

第五章 证件管理

第十六条 中国公民出境入境的主要证件——中

华人民共和国护照和中华人民共和国旅行证由持证人保存、使用。除公安机关和原发证机关有权依法吊销、收缴证件以及人民检察院、人民法院有权依法扣留证件外，其他任何机关、团体和企业、事业单位或者个人不得扣留证件。

第十七条 中华人民共和国护照有效期5年，可以延期二次，每次不超过5年。申请延期应在护照有效期满前提出。

在国外，护照延期，由中国驻外国的外交代表机关、领事机关或者外交部授权的其他驻外机关办理。在国内，定居国外的中国公民的护照延期，由省、自治区、直辖市公安厅(局)及其授权的公安机关出入境管理部门办理；居住国内的公民在出境前的护照延期，由原发证的或者户口所在地的公安机关出入境管理部门办理。

第十八条 中华人民共和国旅行证分1年一次有效和2年多次有效两种，由中国驻外国的外交代表机关、领事机关或者外交部授权的其他驻外机关颁发。

第十九条 中华人民共和国入出境通行证，是入出中国国(边)境的通行证件，由省、自治区、直辖市公安厅(局)及其授权的公安机关签发。这种证件在有效期内一次或者多次入出境有效。一次有效的，在出境时由边防检查站收缴。

第二十条 中华人民共和国护照和其他出境入境证件的持有人，如因情况变化，护照、证件上的记载事项需要变更或者加注时，应当分别向市、县公安局出入境管理部门或者中国驻外国的外交代表机关、领事机关或者外交部授权的其他驻外机关提出申请，提交变更、加注事项的证明或者说明材料。

第二十一条 中国公民持有的中华人民共和国护照和其他出境入境证件因即将期满或者签证页用完不能再延长有效期限，或者被损坏不能继续使用的，可以申请换发，同时交回原持有的护照、证件；要求保留原护照的，可以与新护照合订使用。护照、出境入境证件遗失的，应当报告中国主管机关，在登报声明或者挂失声明后申请补发。换发和补发护照、出境入境证件，在国外，由中国驻外国的外交代表机关、领事机关或者外交部授权的其他驻外机关办理；在国内，由省、自治区、直辖市公安厅(局)及其授权的公安机关出入境管理部门办理。

第二十二条 中华人民共和国护照和其他出境入境证件的持有人有下列情形之一的，其护照、出境入境证件应予以吊销或者宣布作废：

(一)持证人因非法进入前往国或者非法居留被送回国内的；

(二)公民持护照、证件招摇撞骗的；

(三)从事危害国家安全、荣誉和利益的活动的。

护照和其他出境入境证件的吊销和宣布作废，由原发证机关或者其上级机关作出。

第六章 处 罚

第二十三条 持用伪造、涂改等无效证件或者冒用他人证件出境、入境的，除收缴证件外，处以警告或者5日以下拘留；情节严重，构成犯罪的，依照《全国人民代表大会常务委员会关于严惩组织、运送他人偷越国(边)境犯罪的补充规定》的有关条款的规定追究刑事责任。

第二十四条 伪造、涂改、转让、买卖出境入境证件的，处10日以下拘留；情节严重，构成犯罪的，依照《中华人民共和国刑法》和《全国人民代表大会常务委员会关于严惩组织、运送他人偷越国(边)境犯罪的补充规定》的有关条款的规定追究刑事责任。

第二十五条 编造情况，提供假证明，或者以行贿等手段，获取出境入境证件，情节较轻的，处以警告或者5日以下拘留；情节严重，构成犯罪的，依照《中华人民共和国刑法》和《全国人民代表大会常务委员会关于严惩组织、运送他人偷越国(边)境犯罪的补充规定》的有关条款的规定追究刑事责任。

第二十六条 公安机关的工作人员在执行《中华人民共和国公民出境入境管理法》和本实施细则时，如有利用职权索取、收受贿赂或者有其他违法失职行为，情节轻微的，由主管部门酌情予以行政处分；情节严重，构成犯罪的，依照《中华人民共和国刑法》和《全国人民代表大会常务委员会关于严惩组织、运送他人偷越国(边)境犯罪的补充规定》的有关条款的规定追究刑事责任。

第七章 附 则

第二十七条 中国公民因公务出境和中国海员因执行任务出境管理办法，另行制订。

第二十八条 本实施细则自发布之日起施行。

公安部和外交部发布《中华人民共和国外国人入境出境管理法实施细则》

根据《中华人民共和国外国人入境出境管理法》(以下简称《外国人入境出境管理法》)第三十三条的规定，制定本实施细则。

第一章 入 境

第一条 外国人入境，应当向中国的外交代表机关、领事机关或者外交部授权的其他驻外机关申请办理签证。

外国人持有中国国内被授权单位的函电，并持有与中国有外交关系或者官方贸易往来国家的普通护照，因下列事由确需紧急来华而来不及在上述中国驻外机关申办签证的，也可以向公安部授权的口岸签证机关申请办理签证：

(一)中方临时决定邀请来华参加交易会的；

(二)应邀来华参加投标或者正式签订经贸合同的；

(三)按约来华监装出口、进口商检或者参加合同验收的；

(四)应邀参加设备安装或者工程抢修的；

(五)应中方要求来华解决索赔问题的；

(六)应邀来华提供科技咨询的；

(七)应邀来华团组办妥签证后，经中方同意临时增换的；

(八)看望危急病人或者处理丧事的；

(九)直接过境人员由于不可抗拒的原因不能在24小时内乘原机离境或者需改乘其他交通工具离境的；

(十)其他被邀请确实来不及在上述中国驻外机关申请签证，并持有指定的主管部门同意在口岸申办签证的函电的。

不属上述情况者，口岸签证机关不得受理其签证申请。

第二条 公安部授权的口岸签证机关设立在下列口岸：北京、上海、天津、大连、福州、厦门、西安、桂林、杭州、昆明、广州（白云机场）、深圳（罗湖、蛇口）、珠海（拱北）。

第三条 根据外国人来中国的身份和所持护照的种类，分别发给外交签证、礼遇签证、公务签证、普通签证。

第四条 签发普通签证时，根据外国人申请来中国的事由，在签证上标明相应的汉语拼音字母：

(一)D字签证发给来中国定居的人员；

(二)Z字签证发给来中国任职或者就业的人员及其随行家属；

(三)X字签证发给来中国留学、进修、实习6个月以上的人员；

(四)F字签证发给应邀来中国访问、考察、讲学、经商、进行科技文化交流及短期进修、实习等活动不超过6个月的人员；

(五)L字签证发给来中国旅游、探亲或者因其他私人事务入境的人员，其中9人以上组团来中国旅游的，可以发给团体签证；

(六)G字签证发给经中国过境的人员；

(七)C字签证发给执行乘务、航空、航运任务的国际列车乘务员、国际航空器机组人员及国际航行船舶的海员及其随行家属；

(八)J—1字签证发给来中国常驻的外国记者，J—2字签证发给临时来中国采访的外国记者。

第五条 外国人申请签证须回答被询问的有关情况并履行下列手续：

(一)提供有效护照或者能够代替护照的证件；

(二)填写签证申请表，交近期2寸半身正面免冠照片；

(三)交验与申请入境、过境事由有关的证明。

第六条 本实施细则第五条(三)项所说的有关证明是指：

(一)申请D字签证，须持有定居身份确认表。定居身份确认表由申请人或者委托其在中国的亲属向申请定居地的市、县公安局出入境管理部门申请领取；

(二)申请Z字签证，须有中国聘雇单位的聘请或者雇用证明，或者被授权单位的函电；

(三)申请X字签证，须有接受单位或者主管部门的证明；

(四)申请F字签证，须有被授权单位的函电；

(五)申请L字签证，来华旅游的，须有中国旅游部门的接待证明，必要时须提供离开中国后前往国家（地区）的飞机票、车票或者船票；

(六)申请G字签证，须持有前往国家（地区）的有效签证。如果申请人免办前往国家（地区）的签证，须持有联程客票；

(七)申请C字签证，按协议提供有关的证明；

(八)申请J—1、J—2字签证，须有主管部门的证明。

外国人来中国定居或者居留1年以上的，在申请入境签证时，还须交验所在国政府指定的卫生医疗部门签发的，或者卫生医疗部门签发的并经过公证机关公证的健康证明书。健康证明书自签发之日起6个月有效。

第七条 下列外国人不准入境：

(一)被中国政府驱逐出境，未满不准入境年限的；

(二)被认为入境后可能进行恐怖、暴力、颠覆活动的；

(三)被认为入境后可能进行走私、贩毒、卖淫活动的；

(四)患有精神病和麻风病、艾滋病、性病、开放性肺结核病等传染病的；

(五)不能保障其在中国期间所需费用的；

(六)被认为入境后可能进行危害我国国家安全和利益的其他活动的。

第八条 外国人持有联程客票并已定妥联程座位搭乘国际航班从中国直接过境，在过境城市停留不超过24小时，不出机场的，免办过境签证；要求离开机场的，须向边防检查站申请办理停留许可手续。

第九条 国际航行船舶在中国港口停泊期间，外国船员及其随行家属要求登陆，不出港口城市的，向边防检查站申请登陆证，要求在陆地住宿的，申请住宿证。有正当理由需要前往港口城市以外的地区，或者不能随原船出境的，须向当地公安局申请办理相应的签证。

第二章　入出境证件检查

第十条　外国人抵达口岸，必须向边防检查站缴验有效护照和中国的签证、证件，填写入出境卡，经边防检查站查验核准加盖验讫章后入境。

第十一条　外国航空器或者船舶抵达中国口岸时，其负责人负有下列责任：

(一)机长、船长或者代理人必须向边防检查站提交机组人员、船员名单和旅客名单；

(二)如果载有企图偷越国境的人员，发现后应立即向边防检查站报告，听候处理；

(三)对于不准入境的人员，必须负责用原交通工具带走，对由于不可抗拒的原因不能立即离境的人，必须负责其在中国停留期间的费用和离开时的旅费。

第十二条　对下列外国人，边防检查站有权阻止入境或者出境：

(一)未持有效护照、证件或者签证的；

(二)持伪造、涂改或者他人护照、证件的；

(三)拒绝接受查验证件的；

(四)公安部或者国家安全部通知不准入境、出境的。

第十三条　外国人出境，须缴验有效护照或者其他有效证件，以及准予在中国停留的签证或者居留证件。

第十四条　被签证机关指定通行口岸的外国人和外国人的交通工具，必须从指定的口岸入、出境。

第十五条　对于本实施细则第十二条所列被阻止入境的外国人，如不能立即随原交通工具返回，边防检查站可以采取必要的措施限制其活动范围，并令其乘最近一班交通工具离境。

第三章　居　留

第十六条　持标有 D、Z、X、J—1 字签证的外国人，必须自入境之日起 30 日内到居住地市、县公安局办理外国人居留证或者外国人临时居留证。上述居留证件的有效期即为准许持证人在中国居留的期限。

外国人居留证，发给在中国居留 1 年以上的人员。

外国人临时居留证，发给在中国居留不满 1 年的人员。

持标有 F、L、G、C 字签证的外国人，可以在签证注明的期限内在中国停留，不需办理居留证件。

第十七条　外国人申请居留证件须回答被询问的有关情况并履行下列手续：

(一)交验护照、签证和与居留事由有关的证明；

(二)填写居留申请表；

(三)申请外国人居留证的，还要交验健康证明书，交近期 2 寸半身正面免冠照片。

第十八条　外国人居留证有效期可签发 1 年至 5 年，由市、县公安局根据外国人居留的事由确定。

对符合《外国人入境出境管理法》第十四条规定的外国人，公安机关可以发给 1 年至 5 年长期居留资格的证件；有显著成效的可以发给永久居留资格的证件。

第十九条　根据中国政府同外国政府签定的协议免办签证的外国人，需在中国停留 30 日以上的，应于入境后按本实施细则第十六、十七条申请居留证件。

但是，《外国人入境出境管理法》第三十四条规定的外国人，不适用前款的规定。

第二十条　外国人在签证或者居留证件有效期满后需继续在中国停留或者居留，须于期满前申请延期。

外国人在中国居留期间，如果发现患有本实施细则第七条第四项规定的疾病，中国卫生主管机关可以提请公安机关令其提前出境。

第二十一条　在外国人居留证上填写的项目内容(姓名、国籍、职业或者身份、工作单位、住址、护照号码、偕行儿童等)如有变更，持证人须于 10 日内到居住地公安局办理变更登记。

第二十二条　持外国人居留证的人迁出所在市、县，须于迁移前向原居住地的公安局办理迁移登记，到达迁入地后，须于 10 日内向迁入地公安局办理迁入登记。

定居的外国人申请迁移，须事先向迁入地公安局申请准予迁入的证明，凭该证明按前款规定办理迁移登记。

第二十三条　关于维护国家安全、社会秩序或者其他公共利益的原因，市、县公安局可以限制外国人或者外国机构在某些地区设立住所或者办公处所；已在上述限制地区设立住所或者办公处所的，必须在市、县公安局迁移通知书指定的期限内迁至许可的地区。

第二十四条　在中国定居的外国人必须每年一次在指定的时间到居住地的公安局缴验外国人居留证。

公安局认为必要时，可通知外国人到出入境管理部门缴验外国人居留证，外国人应按通知指定的时间前往缴验。

第二十五条　在中国居留或者停留的年满 16 周岁以上的外国人必须随身携带居留证件或者护照，以备外事民警查验。

第二十六条　在中国出生的外国婴儿，须于出生后 1 个月内，由其父母或者代理人持出生证明向当地公安局申报，办理登记手续。

第二十七条　外国人在中国死亡，其家属或者监护人或者代理人须于 3 日内持死亡证明向当地公安局申报并缴销死者的居留证件或者签证。

外国人非正常死亡，有关人员或者发现者应当立即向公安机关报告。

第二十八条《外国人入境出境管理法》第十九条所称的中国政府主管机关是指中华人民共和国劳动部。

第四章 住宿登记

第二十九条 外国人在宾馆、饭店、旅店、招待所、学校等企业、事业单位或者机关、团体及其他中国机构内住宿，应当出示有效护照或者居留证件，并填写临时住宿登记表。在非开放地区住宿还要出示旅行证。

第三十条 外国人在中国居民家中住宿，在城镇的，须于抵达后24小时内，由留宿人或者本人持住宿人的护照、证件和留宿人的户口簿到当地公安机关申报，填写临时住宿登记表；在农村的，须于72小时内向当地派出所或者户籍办公室申报。

第三十一条 外国人在中国的外国机构内或者在中国的外国人家中住宿，须于住宿人抵达后24小时内，由留宿机构、留宿人或者本人持住宿人的护照或者居留证件，向当地公安机关申报，并填写临时住宿登记表。

第三十二条 长期在中国居留的外国人离开自己的住所临时在其他地方住宿，应当按本实施细则第二十九、三十、三十一条规定申报住宿登记。

第三十三条 外国人在移动性住宿工具内临时住宿，须于24小时内向当地公安机关申报。为外国人的移动性住宿工具提供场地的机构或者个人，应于24小时前向当地公安机关申报。

第五章 旅 行

第三十四条 外国人前往不对外国人开放的市、县旅行，须事先向所在市、县公安局申请旅行证，获准后方可前往。申请旅行证须履行下列手续：

(一)交验护照或者居留证件；

(二)提供与旅行事由有关的证明；

(三)填写旅行申请表。

第三十五条 外国人旅行证的有效期最长为1年，但不得超过外国人所持签证或者居留证件的有效期限。

第三十六条 外国人领取旅行证后，如要求延长旅行证有效期、增加不对外国人开放的旅行地点、增加偕行人数，必须向公安局申请延期或者变更。

第三十七条 外国人未经允许，不得进入不对外开放的场所。

第六章 出 境

第三十八条 外国人应当在签证准予停留的期限内或者居留证件的有效期内出境。

第三十九条 持有外国人居留证件的人，在其居留证件有效期内出境并需返回中国的，应当在出境前按本实施细则第五、六条有关规定向当地公安机关申请办理返回中国的签证。

持有居留证件的外国人出境后不再返回中国的，出境时应向边防检查站缴销居留证件。

第七章 处 罚

第四十条 对非法入出中国国境的外国人，可以处1000元以上、10000元以下的罚款，或者处3日以上、10日以下的拘留，也可以并处限期出境或者驱逐出境；情节严重，构成犯罪的，依法追究刑事责任。

第四十一条 对违反本实施细则第十一条规定，拒绝承担责任的交通工具负责人或者其代理人，可以处1000元以上、10000元以下的罚款，或者处3日以上、10日以下的拘留。

第四十二条 对违反本实施细则第十六、十九、二十条规定，非法居留的外国人，可以处警告或者每非法居留一日，处500元罚款，总额不超过5000元，或者处3日以上、10日以下的拘留；情节严重的，并处限期出境。

对违反本实施细则第二十一、二十二条规定的外国人，可以处警告或者500元以下的罚款；情节严重的，并处限期出境。

对违反本实施细则第二十三条规定，不执行公安机关决定的外国人，在强制其执行决定的同时，可以处警告或者1000元以上、10000元以下的罚款；情节严重的，并处限期出境。

第四十三条 对违反本实施细则第二十四、二十五条规定，不按要求缴验居留证，不随身携带护照或者居留证件，或者拒绝民警查验证件的外国人，可以处警告或者500元以下的罚款；情节严重的，并处限期出境。

第四十四条 对未经中华人民共和国劳动部或者其授权的部门批准私自谋职的外国人，在终止其任职或者就业的同时，可以处1000元以下的罚款；情节严重的，并处限期出境。

对私自雇用外国人的单位和个人，在终止其雇用行为的同时，可以处5000元以上、50000元以下的罚款，并责令其承担遣送私自雇用的外国人的全部费用。

第四十五条 对违反本实施细则第四章规定，不办理住宿登记或者不向公安机关申报住宿登记或者留宿未持有效证件外国人的责任者，可以处警告或者50元以上、500元以下的罚款。

第四十六条 对违反本实施细则第三十四、三十六、三十七条规定，未经批准前往不对外国人开放地区旅行的外国人，可以处警告或者500元以下的罚款；情节严重的，并处限期出境。

第四十七条 对伪造、涂改、冒用、转让、买卖签证、证件的外国人，在吊销或者收缴原签证、证件并没收非法所得的同时，可以处 1000 元以上、10000 元以下的罚款，或者处 3 日以上、10 日以下的拘留，也可以并处限期出境；情节严重，构成犯罪的，依法追究刑事责任。

第四十八条 由于不可抗拒的原因而违反《外国人入境出境管理法》及本实施细则的，可免予处罚。

外国人无力缴纳罚款的，可以改处拘留。

第四十九条 本章规定的各项罚款、拘留处罚，也适用于协助外国人非法入境或出境、造成外国人非法居留或者停留、聘雇私自谋职的外国人、为未持有效旅行证件的外国人前往不对外国人开放的地区旅行提供方便的有关责任者。

第五十条 被处罚人对公安机关的罚款、拘留处罚不服的，在接到通知之日起 15 日内，可以通过原裁决机关或者直接向上一级公安机关申诉，上一级公安机关自接到申诉之日起 15 日内作出最后裁决。被处罚人也可以直接向当地人民法院提起诉讼。

第五十一条 本章规定的处罚，由公安机关执行。

第八章 其他规定

第五十二条 外国人申请各项签证、证件的延期或者变更，须履行下列手续：

(一)交验护照和签证、证件；

(二)填写延期申请表或者变更申请表；

(三)提供与延期或者变更事由有关的证明。

第五十三条 外国人申请各项签证、证件或者申请签证、证件延期、变更，必须按规定缴纳签证、证件费。

各项签证、证件的收费标准，由公安部和外交部另行制定。

同中国政府订有签证费协议国家的人员，按有关协议执行。

第五十四条 不满 16 周岁的外国少年儿童，与其父母或者监护人使用同一护照的，随其父母或者监护人来中国时，可以不单独办理入境、过境、居留、旅行手续。

第五十五条 外国人所持中国的签证、证件如有遗失或者损坏，应当立即向当地公安局出入境管理部门报告，申请补领或者换发。遗失外国人居留证的，须在当地政府报纸上声明作废。

第五十六条 本实施细则涉及的各种签证、证件和申请表的式样，由公安部和外交部另行制定。

第五十七条 本实施细则自发布之日起施行。

台湾“行政院大陆工作策划小组”会议决定取消四月间借“千岛湖事件”而采取的抵制两岸经贸交流措施

《劳动法》颁布实施座谈会在北京召开

《劳动法》颁布实施座谈会日前在京举行，中共中央政治局委员、全国总工会主席尉健行，全国人大常委会副委员长王汉斌、李沛瑶，全国政协副主席钱正英，国务院有关部委、最高人民法院、全国妇联，以及企业界、学术界的代表参加座谈会。

李沛瑶在发言中说，《劳动法》的出台填补了我国社会主义市场经济法律的一个空白。劳动部门、工会组织等有关单位，要依照《劳动法》对用人单位进行监督检查，把贯彻《劳动法》的工作落到实处。

劳动部部长李伯勇在发言中说，《劳动法》是一部基本法，建立完善的劳动法律体系，还要制定一系列单项的法律、法规，如《社会保险法》、《劳动合同法》、《安全生产法》、《就业促进法》、《工资法》、《劳动监察法》等。

国务院总理李鹏在中南海会见阿尔及利亚外交部部长登布里

国务院总理李鹏在中南海紫光阁会见巴布亚新几内亚副总理兼外交和贸易部部长朱利叶斯·陈

外交部部长钱其琛在北京会见英国外交国务大臣顾立德

第六届国际盐湖学术讨论会在北京开幕

国务院副总理邹家华到会讲话。

邹家华说，中国是多盐湖国家，有一半以上的湖泊为盐湖和咸水湖，13 个省、自治区有盐湖和地下卤水湖分布。在这些湖区居住有 2 亿多人口。同时，我国有 13 万公里长的海岸线，还发展了大量人工盐湖——盐田。盐湖的重要性日益得到我国政府的重视。

邹家华向代表们介绍说，新中国成立后，中国将盐湖调查作为重点项目列入全国科学规划中，40 年来，已查明察尔汗陆相钾盐矿床、吉兰泰石盐矿床和扎布耶锂、钾、铯综合性矿床等一大批盐类矿产资源。沿海盐田开发也取得长足进步。近 10 年来，中国有关盐湖与全球变化和生物资源研究的成果已引起国际同行们的瞩目。

邹家华强调指出，盐湖不仅是一种矿产资源，而且也是主要的生物资源和旅游资源。盐藻、卤虫、螺旋藻等的研究和发展，以及菌紫膜机制的发现，标志着在人类长期经营淡水——海洋生物与低盐耕地之后，一个崭新的盐水域和盐沼开发领域已经出现。最近中国科学家提出了“盐湖农业”，认为它是人类索取蛋白质、食物色素和脂肪等食物和多种工业、科学材料的新领域，是崭露曙光的21世纪新产业。大力研究和发展盐湖农业,变盐湖荒滩为"耕地",对弥补因世界人口膨胀和农业生产不足导致的食品短缺有重要意义。

中央军委副主席刘华清 张震会见《第四野战军战史》编写领导小组全体人员

坦桑尼亚总理马莱塞拉在达累斯萨拉姆会见中国政府文化代表团

中共中央总书记江泽民等分别为《工人日报》创刊45周年题词

最高人民法院公布邓玉财等三名特大盗窃增值税发票犯罪分子已依法处决

7月16日

国务院召开第六次全体会议

国务院总理李鹏主持会议,讨论今年上半年经济形势和下半年的经济工作。

会上,国家计委主任陈锦华汇报国家计委关于今年上半年改革、发展的基本情况和下半年工作的意见。出席会议的国务院组成人员就这个意见进行讨论。

会议认为,今年以来,各地区、各部门遵照党中央确定的全党、全国工作大局,努力做好各方面工作,改革开放和经济建设取得新的进展,社会保持稳定,改革和发展形势总的是好的。会议同时对前进中存在的困难、问题和下半年的经济工作提出意见。

李鹏、朱镕基分别就当前经济形势和下半年经济工作讲话。

黄河小浪底水利工程国际招标合同签字仪式在北京举行

合同中标价73亿多元人民币。这标志着此项治理开发黄河的关键性工程开始进入主体工程全面开工阶段。国务院副总理邹家华出席签字仪式。

国家主席江泽民在中南海会见美国电话电报公司贝尔实验室总裁梅毅强

外交部发言人在北京就尼加拉瓜等中美洲少数国家宣称支持台湾参加联合国问题发表谈话

发言人说,联合国是由主权国家组成的政府间国际组织。只有主权国家才能成为其会员国。众所周知,世界上只有一个中国,即中华人民共和国,台湾是中国领土不可分割的一部分。就是台湾当局在其最近发表的"两岸关系说明书"中也表示坚决主张一个中国。因此,台湾作为中国的一个省份,根本无资格以任何形式参与联合国。

发言人说,1971年第二十六届联大通过的2758号决议以明确无误的语言"承认中华人民共和国政府的代表是中国在联合国的唯一合法代表"。由此,中国在联合国的代表权已在政治、法律和程序上得到彻底解决。

发言人指出,台湾问题纯属中国内政。任何国家、以任何理由、任何方式提出台湾"加入联合国"问题,都是严重侵犯中国主权、粗暴干涉中国内政、阻挠中国统一和违反联合国宪章的行径,中国政府和全体中国人民对此坚决反对。

发言人说,台湾当局违背历史潮流,不甘心去年的失败,近来又围绕所谓"参与联合国"大肆鼓噪,极力收买、拉拢少数国家为其张目。这一图谋违背中华民族的根本利益,也不可能得到国际社会的支持,是注定要失败的。

第三届国际合唱节在北京开幕

中国扶贫基金会在人民大会堂召开"扶贫行动"大会

7月17日

全国司法厅(局)长座谈会在秦皇岛结束

司法部部长肖扬在座谈会上指出:当前司法行政工作要继续把律师改革列为法律服务工作的重点,把建设现代化文明监狱和劳教所列为监狱、劳教工作的重点。

肖扬指出,在律帅工作中,要重点抓好发展多种形式的律师机构和律师队伍,建立、健全律师事务所内部充满生机与活力的运行机制,加快建立新的律师管理体制;在建设现代化文明监所、劳教所工作中,要重点抓好狱政、所政管理以及教育改造、劳动改造、生活卫生、狱所设施、装备等工作,要做到"硬件要硬、软件要强"。抓重点,带一般,推动各项工作全面发展。

肖扬提出,进一步解放思想、开拓司法行政业务新领域,要树立"大服务"的思想:为培育市场主体提供法律服务,为维护市场经济秩序提供法律服务,为政府实现国民经济的宏观调控和民主决策、科学决策提供法律帮助、法律服务,为生产、流通、分配和消费各个环节提供法律保障和法律服务;为社会稳定提供法律服务。他说,改革深入到哪里,市场经济发展到哪里,法律服务工作就要跟踪到哪里;哪里有法律服务的需求,我们就要在哪里服务。

《人民日报》就《中华人民共和国城市房地产管理法》已经八届全国人大常委会第八次会议通过发表评论员文章《依法促进房地产业持续健康发展》

巴基斯坦总理贝·布托在总理府会见国务委员兼国防部部长迟浩田

国家防汛抗旱总指挥部发出《关于各地加强行业防汛抗洪工作的紧急通知》

国家防汛抗旱总指挥部发出紧急通知,要求各地各有关部门加强行业的防汛抗洪工作,以保障国家和人民生命财产安全。

《通知》指出,各地要认真落实防汛行政首长负责制。

《通知》强调,要认真落实防汛预案和措施,加强防范工作。各行业主管部门对所属受洪水威胁或危及人民生命安全的工程和设施,特别是中小水库、水电站、城市堤防、居民住房、铁路、公路、桥梁、闸涵、尾矿坝、矿井、油田和在建各项工程等,进行一次认真的检查,发现问题,及时处理,消险除患。要加强观测和守护。做好通讯预警、撤退转移、防守抢险等预案,采取有力措施,确保人民生命财产安全。

7月18日

国务院在中南海召开中央国家机关扶贫工作会议

会议总结交流近几年来中央、国家机关参加扶贫的基本经验,表彰奖励扶贫先进单位,对中央、国家机关和社会各界参与扶贫工作作出统一部署。国务院总理李鹏为会议写了致词。李鹏说:“机关在扶贫方面做了大量工作,作出了贡献,对于实现‘国家八七扶贫攻坚计划’,起到了推动的作用,希望大家继续为扶贫工作作出更大的努力!”

国务委员、国务院扶贫开发领导小组组长陈俊生代表国务院在会上讲话。

陈俊生说,彻底解决贫困地区人民的温饱问题,是党中央、国务院的一贯方针和政策。为了加快这一进程,自80年代中期以来,党中央、国务院进一步采取了一系列有针对性的特殊措施,在全国范围内开展了有计划、有组织、大规模的扶贫开发工作。经过连续数年的艰苦努力,全国没有稳定解决温饱的贫困人口已经减少到8000万,这是一个巨大的历史性成就。

目前,以实施“国家八七扶贫攻坚计划”为起点和标志,我国扶贫开发工作正在进入一个新的历史阶段。在这个历史阶段中,中央、国家机关直接投身于贫困地区的开发建设,具有更重要的意义。

陈俊生说,自1987年以来,国务院多次召开会议,号召中央、国家机关发扬扶贫济困的精神,在扶贫开发中作出应有贡献,为全社会做出榜样。这些年来,根据国务院的统一要求,相当多的部门和单位迅速响应、广泛动员、认真落实,积极行动,作出了重要贡献。到目前为止,中央、国家机关定点联系帮助一片贫困地区的部门和单位已经达到81个。据不完全统计,仅1993年国务院系统参加定点挂钩扶贫的就有54个单位,帮助引进资金5亿多元,引进经济合作项目609个,扶持改造和扩建项目895个,引进技术和管理人才636名,办培训班733期,培训专业技术人才7万多人,委托大专院校定向招生200多名。实事求是地说,近几年我国扶贫工作取得的成就,中央、国家机关功不可没。

陈俊生指出,从现在起到本世纪末,在“国家八七扶贫攻坚计划”实施的进程中,中央、国家机关参与扶贫开发工作的基本目标和主要任务是:选派干部,组成帮扶组(团),定点帮助一个或几个贫困县,协助地方党委和政府实施“国家八七扶贫攻坚计划”,稳定地解决群众温饱问题。要实现这个目标,完成这个任务,必须坚持七八年以来中央、国家机关参与扶贫开发创造的基本经验。

陈俊生说,江泽民总书记和李鹏总理对扶贫工作和贫困地区、灾区群众的生产、生活非常关心。今年3月3日,江泽民总书记在与全国扶贫开发工作会议代表座谈时指出:大中城市和经济发达地方,人民衣被都比较充裕,而有些贫困地区群众缺衣少被,难以避寒。他希望能够在今年冬季到来之前,动员机关干部和城市居民发扬团结友爱和互助精神,为贫困地区捐赠衣被,并要求国务院组织落实这一项工作。朱镕基副总理也批示赞同这项工作。江泽民等中央领导同志的指示,体现了党中央、国务院对贫困地区的父老乡亲饥寒冷暖的深切关怀。目前,国务院已责成有关部门拟定捐赠衣被的具体方案。希望中央、国家机关主动积极地组织好这项工作。

会议根据国务院扶贫开发领导小组决定,并经国务院领导批准,对在扶贫工作中取得突出成绩的国家科委、民政部、化工部、农业部、林业部、国内贸易部、中国科学院、中国农业银行、中国石化总公司、共青团中央等10个单位予以表彰和奖励。

中宣部在北京召开建设有中国特色社会主义理论研究基地工作交流会

党中央决定在中央党校、国家教委、中国社会科学院、解放军国防大学和上海社会科学院组建的建设有中国特色社会主义理论研究基地，已经全部建立。7月18日至19日，中宣部召开五个研究基地工作交流会。丁关根主持会议。

会议座谈当前学习、研究、宣传建设有中国特色社会主义理论的形势，交流五个研究基地的工作情况，讨论下一阶段研究任务和课题。

会议认为，党的十四大以来，理论工作的形势同全国的形势一样，是好的。主要表现在：第一，邓小平同志建设有中国特色社会主义理论已经成为各项工作的根本指针。这一理论在群众的实践中产生，又经受住了实践的检验，具有很强的现实性，很强的理论性，是对社会主义基本规律全面和整体性的认识，是我们胜利前进的科学指南。第二，领导干部带头学习理论的热潮正在兴起和发展。《邓小平文选》第三卷出版以来，175位省部级主要领导干部参加了理论研讨班学习。全国处以上干部普遍参加了学习班。广大基层干部和人民群众中出现了学习建设有中国特色社会主义理论的新气象。第三，理论宣传坚持了正确的舆论导向。报刊、广播、电视等大众传媒把宣传建设有中国特色社会主义理论摆在突出位置，坚持重在建设的方针，唱响理论宣传的主旋律。第四，研究建设有中国特色社会主义理论的队伍逐步扩大。除了五个理论研究基地以外，许多省市相继建立了建设有中国特色社会主义理论研究中心、研究小组或理论研究会。这标志着研究建设有中国特色社会主义理论队伍已经组织起来，这是理论界的一件大事。第五，理论在指导实际工作中的作用越来越明显。从社会主义市场经济体制改革目标的确定、基本框架的形成到改革的重点突破、整体推进，从"两手抓，两手都要硬"认识的进一步提高到党风廉政建设和精神文明建设力度的加强，从"抓住机遇，深化改革，扩大开放，促进发展，保持稳定"大局的提出到全党正确处理改革、发展、稳定三者关系，促进国民经济持续快速健康发展和社会全面进步，所有这一切，都是在以江泽民同志为核心的党中央领导下，全党学习和运用邓小平同志建设有中国特色社会主义理论的结果。

国务院总理李鹏在人民大会堂会见出席广东大亚湾核电站建成投产招待会的中外人士

李鹏说，大亚湾核电站是我国改革开放的产物，自始至终得到邓小平同志的关心和支持，江泽民主席和其他中央领导也曾到工地现场视察和指导工作。大亚湾核电站的建成，为我国核电建设积累了宝贵的经验。今后，我们将继续欢迎更多的外国厂家参与中国的核电建设。

国务院副总理邹家华，全国政协副主席叶选平、朱光亚和谷牧等有关方面负责人，参加会见并出席招待会。

参加会见和招待会的还有法国驻华大使、英国驻华使馆代表和参与大亚湾核电站建设的香港中华电力公司、外国承包商及外国专家。

国务院发布《关于深化城镇住房制度改革的决定》

各省、自治区、直辖市人民政府，国务院各部委、各直属机构：

为贯彻落实《中共中央关于建立社会主义市场经济体制若干问题的决定》，深化城镇住房制度改革，促进住房商品化和住房建设的发展，特作如下决定：

一、城镇住房制度改革的根本目的和基本内容

（一）城镇住房制度改革作为经济体制改革的重要组成部分，其根本目的是：建立与社会主义市场经济体制相适应的新的城镇住房制度，实现住房商品化、社会化；加快住房建设，改善居住条件，满足城镇居民不断增长的住房需求。

（二）城镇住房制度改革的基本内容是：把住房建设投资由国家、单位统包的体制改变为国家、单位、个人三者合理负担的体制；把各单位建设、分配、维修、管理住房的体制改变为社会化、专业化运行的体制；把住房实物福利分配的方式改变为以按劳分配为主的货币工资分配方式；建立以中低收入家庭为对象、具有社会保障性质的经济适用住房供应体系和以高收入家庭为对象的商品房供应体系；建立住房公积金制度；发展住房金融和住房保险，建立政策性和商业性并存的住房信贷体系；建立规范化的房地产交易市场和发展社会化的房屋维修、管理市场，逐步实现住房资金投入产出的良性循环，促进房地产业和相关产业的发展。

（三）城镇住房制度改革要坚持配套、分阶段推进。近期的任务是：全面推行住房公积金制度，积极推进租金改革，稳步出售公有住房，大力发展房地产交易市场和社会化的房屋维修、管理市场，加快经济适用住房建设，到本世纪末初步建立起新的城镇住房制度，使城镇居民住房达到小康水平。

二、全面推行住房公积金制度

（四）实行住房公积金制度有利于转变住房分配体制，有利于住房资金的积累、周转和政策性抵押贷款制度的建立，有利于提高职工购、建住房能力，促进住房建设。所有行政和企事业单位及其职工均应按照"个人存储、单位资助、统一管理、专项使用"的原则交纳住房公积金，建立住房公积金制度。

（五）住房公积金由在职职工个人及其所在单位，

按职工个人工资和职工工资总额的一定比例逐月交纳,归个人所有,存入个人公积金账户,用于购、建、大修住房,职工离退休时,本息余额一次结清,退还职工本人。目前单位和个人住房公积金的缴交率分别掌握在5%,已超过这个比例的可以不变。外商投资企业及其中方职工的住房公积金缴交率,由各省、自治区、直辖市人民政府确定。

(六)企业为职工交纳的住房公积金,从企业提取的住房折旧和其他划转资金中解决,不足部分经财政部门核定,在成本、费用中列支。行政事业单位为职工交纳的住房公积金,首先立足于原有住房资金的划转,不足部分,全额预算的行政事业单位由财政预算拨付;差额预算的事业单位按差额比例由财政预算拨付;自收自支事业单位比照企业开支渠道列支。职工的住房公积金本息免征个人所得税。

(七)按照责权利一致的原则,建立和完善住房公积金管理制度,加强住房公积金的管理。各市(县)人民政府负责制定住房公积金的归集、使用、管理等有关具体规定,审批住房公积金的使用计划和财务收支预决算。各市(县)人民政府可以设立专门的住房公积金管理机构,负责住房公积金的归集、支付、核算和编制使用计划等管理工作,住房公积金的存贷款等金融业务一律由当地人民政府委托指定的专业银行办理。受委托的专业银行根据当地人民政府批准的住房公积金使用计划,审定、发放和回收贷款。住房公积金要专款专用,严禁挪作他用。财政、审计、监察部门要加强监督管理。

三、积极推进租金改革

(八)要在职工家庭合理住房支出范围内加大租金改革力度。到2000年,住房租金原则上应达到占双职工家庭平均工资的15%。按上述办法测定,租金水平已达到或超过折旧费、维修费、管理费、贷款利息、房产税5项因素成本租金水平的,按成本租金或市场租金计租。

(九)各地要根据实际情况制定并公布2000年以前租金改革规划。租金提高的幅度和次数,要与当地居民的收入水平相适应,要根据物价指数控制目标统筹安排。有条件的市(县)或单位,应结合实际情况,较快实现向成本租金和市场租金的过渡。

(十)在租金水平达到成本租金以前,新建公有住房和腾空的旧住房租金标准可以高于同期现住房的租金标准。各市(县)人民政府还可以对职工承租新建公有住房和腾空的旧住房交纳租赁保证金和认购住房债券作出具体规定。

(十一)租金调整后,对离退休职工、政府民政部门确定的社会救济对象和非在职的优抚对象等,各省、自治区、直辖市人民政府可根据情况制定减、免、补的具体办法。

(十二)住房在规定标准之内的职工家庭,用规定的个人合理负担部分加上全部住房补贴,仍不足支付房租的,差额可由其所在单位适当给予补助。企业和自收自支事业单位的补助金在单位住房基金中列支;其他行政事业单位的补助金应先在单位住房基金中列支,不足部分经同级财政部门核定,在城市住房基金(未建立城市住房基金的,在同级财政预算)中列支。

(十三)加强对租金收入的管理。租金收入归产权单位所有,纳入单位住房基金,用于住房维修、管理、建设和城镇住房制度改革。

四、稳步出售公有住房

(十四)城镇公有住房,除市(县)以上人民政府认为不宜出售的外,均可向城镇职工出售。职工购买公有住房要坚持自愿的原则,新建公有住房和腾空的旧房实行先售后租,并优先出售给住房困难户。

(十五)向高收入职工家庭出售公有住房实行市场价,向中低收入职工家庭出售公有住房实行成本价,成本价应包括住房的征地和拆迁补偿费、勘察设计和前期工程费、建安工程费、住宅小区基础设施建设费(小区级非营业性配套公建费是否列入成本由各地自行确定)、管理费、贷款利息和税金等7项因素。旧房的成本价按售房当年新房的成本价成新折扣(折旧年限一般为50年)计算,使用年限超过30年的,以30年计算;经过大修或设备更新的旧房,按有关规定评估确定。目前以成本价售房确有困难的市(县),可以实行标准价作为过渡。出售公有住房的成本价和标准价由市(县)人民政府逐年测定,报省、自治区、直辖市人民政府批准后公布执行。

现行售房价格已高于规定的标准价起步水平的,不应再降低价格。

公有住房的出售,应坚持先评估后出售的原则。住房的实际售价应根据所处地段、结构、层次、朝向、设施和装修标准等因素区别计价。

(十六)标准价按负担价和抵交价之和测定。一套56平方米建筑面积标准新房的负担价,1994年应为所在市(县)双职工年平均工资的3倍。经济发展水平较高的市(县)应高于3倍,具体倍数由省、自治区、直辖市人民政府确定。双职工年平均工资按当地统计部门公布的上年职工平均工资乘以2计算。抵交价按双职工65年(男职工35年,女职工30年)内积累的由单位资助的住房公积金贴现值的80%计算。

旧房的负担价按售房当年新房的负担价成新折扣(折旧年限一般为50年)计算,使用年限超过30年的,以30年计算;经过大修或设备更新的旧房,按有关规定评估确定。旧房的抵交价，可根据使用年限适当降低，但最多不能低于新房抵交价的80%。

(十七)职工购买现已住用的公有住房，可适当给予折扣，1994年折扣率为负担价的5%，今后要逐年减少，2000年前全部取消。

售房单位应根据购房职工建立住房公积金制度前的工龄给予工龄折扣。每年工龄折扣的数额，按抵交价除以65(男职工35年，女职工30年)计算。离退休职工购房计算工龄折扣的时间，按国家规定的离退休年龄计算。

(十八)职工按成本价或标准价购买公有住房，每个家庭只能享受一次，购房的数量必须严格按照国家和各级人民政府规定的分配住房的控制标准执行，超过标准部分一律执行市场价。

(十九)售房价格要逐步从标准价过渡到成本价。当年的标准价要根据各市(县)职工上年平均工资增长的水平、单位发给住房补贴和资助职工建立住房公积金年增长水平确定，一年一定；新房负担价与双职工家庭年平均工资的倍数，要逐步提高，2000年以前达到35倍。各市(县)要从本地实际出发，加快标准价向成本价的过渡。

(二十)付款方式。职工购房可以一次付款，也可以分期付款。售房单位可对一次付款的购房职工给予一次付款折扣，折扣率参考当地购房政策性贷款利率与银行储蓄存款利率的差额，以及分期付款的控制年限确定。实行分期付款的，首期付款不得低于实际售价的30%，分期付款的期限一般不超过10年，分期交付的部分要计收利息，单位不得贴息，利率按政策性抵押贷款利率确定。经办政策性住房金融业务的银行，应充分利用政策性住房资金，向购房职工提供政策性抵押贷款。

(二十一)明确产权。职工以市场价购买的住房，产权归个人所有，可以依法进入市场，按规定交纳有关税费后，收入归个人所有。

职工以成本价购买的住房，产权归个人所有，一般住用5年后可以依法进入市场，在补交土地使用权出让金或所含土地收益和按规定交纳有关税费后，收入归个人所有。

职工以标准价购买的住房，拥有部分产权，即占有权、使用权、有限的收益权和处分权，可以继承。产权比例按售房当年标准价占成本价的比重确定。职工以标准价购买的住房，一般住用5年后方可依法进入市场，在同等条件下，原售房单位有优先购买、租用权，原售房单位已撤销的，当地人民政府房产管理部门有优先购买、租用权。售、租房收入在补交土地使用权出让金或所含土地收益和按规定交纳有关税费后，单位和个人按各自的产权比例进行分配。

(二十二)发展房地产交易市场，规范住房交易行为。职工购买住房，都要由房产管理部门办理住房过户和产权转移登记手续，同时要办理相应的土地使用权变更登记手续，并领取统一制定的产权证书，产权证书应注明产权属性，按标准价购买的住房应注明产权比例。出租和出售、赠与、继承及以其他形式转让所购住房，应按国家规定交纳有关税费。要加强市场管理，规范交易程序，完善税收制度，坚决查处倒卖房产牟取暴利等违法行为。

(二十三)加强售后房屋维修、管理服务，发展社会化的房屋维修、管理市场。职工购买的住房，室内各项维修开支由购房人负担。楼房出售后应建立共用部位、共用设施的维修基金。改革现行城镇住房管理体制，发展多种所有制形式的物业管理企业和社会化的房屋维修、管理服务。

(二十四)加强售房款的管理。国有住房的出售收入按住房产权关系和一定比例上交同级财政和留归单位，分别纳入各级住房基金；其他公有住房出售收入，归单位所有，纳入单位住房基金。售房款要全部用于住房建设和城镇住房制度改革，严禁挪用。

五、加快经济适用住房的开发建设

(二十五)各地人民政府要十分重视经济适用住房的开发建设，加快解决中低收入家庭的住房问题。经济适用住房建设用地，经批准原则上采取行政划拨方式供应。对经济适用住房建设项目，要在计划、规划、拆迁、税费等方面予以政策扶持。各级建设行政主管部门要切实组织好经济适用住房建设的实施工作。金融单位在信贷等方面应予以支持。房地产开发公司每年的建房总量中，经济适用住房要占20%以上。在建房、售房等方面，对离退休职工、教师和住房困难户应予以优先安排，具体办法由各省、自治区、直辖市人民政府制定。

(二十六)鼓励集资合作建房，继续发展住房合作社，在统一规划的前提下，充分发挥各方面积极性，加快城镇危旧住房改造。

六、做好原有政策同本决定的衔接工作

(二十七)要做好与原有售房政策的衔接。已出售的公有住房均须按照售房当年的售价占成本价的比重明确个人拥有的产权比例；经购房人同意也可按成本价补足房价款及利息后，原购住房产权归个人所有。1994年1月1日至本决定发布之前出售的公有住房，一律按本决定规定的售房政策进行规范。

(二十八)原有关文件规定出售公有住房的标准价和最低价一律停止执行。

(二十九)要继续做好原住房资金转入各级住房基

金的核定、划转工作。划转的资金和原有的住房补贴，要逐步理入职工工资或用于列支公积金。

七、加强领导，统筹安排，积极推进城镇住房制度改革

(三十)加快住房建设和推进城镇住房制度改革是各级人民政府的重要职责。各地人民政府要加强领导，健全工作机构，全面规划，统筹安排，兼顾长期目标和阶段性目标，加快推进城镇住房制度改革。

(三十一)各省、自治区、直辖市人民政府要根据本决定规定的统一政策，结合本地区社会经济发展水平，因地制宜，不断完善城镇住房制度改革方案，并按年度报国务院住房制度改革领导小组备案；各市(县)的城镇住房制度改革实施方案需报省、自治区、直辖市人民政府批准后执行。要加强对各市(县)房改工作的检查督促，保证国家房改政策的贯彻落实和房改工作的健康推进。所有单位，不论隶属关系，都应执行所在市(县)人民政府对房改工作的统一部署和规定。

(三十二)企业房改是城镇住房制度改革的重点，各级人民政府要为企业房改创造条件。有条件的国有大中型企业，应结合企业经营机制转换和劳动工资制度改革，建立现代企业制度，把住房开发建设、分配、管理和维修服务等社会职能逐步从企业中分离出去，加快实现住房的商品化、社会化。

(三十三)国务院住房制度改革领导小组要分类指导，在全面推进城镇住房制度改革的基础上，注意抓好大城市的住房制度改革；要会同有关部门，及时总结经验，不断完善政策规定和配套措施，抓紧立法工作，协调解决深化改革中的矛盾和问题。有关房改工作的配套文件，要尽快制定，抓紧下发。国务院各有关部门要各司其职，各尽其责，相互配合，保证城镇住房制度改革的顺利实施。

(三十四)要认真做好房改的宣传工作。各级新闻单位要加强舆论引导，广泛宣传深化城镇住房制度改革的目的、意义、政策和实施步骤，引导广大干部、群众转变观念，提高认识，积极参与城镇住房制度改革。

(三十五)要严肃房改纪律，严格执行国务院的统一政策。各级监察部门要加强纪律监督、检查，对不执行国家统一政策、低价售房、变相增加优惠和以权谋私等违法、违纪行为要严肃查处。

(三十六)军队系统住房制度改革方案，由中央军委审批。

(三十七)本决定自发布之日起实行。原有的房改政策和规定，凡与本决定不一致的，一律以本决定为准。

现代企业制度高级国际研讨会在北京开幕

出席由国家体改委主办的这次国际研讨会的有来自联合国的有关机构和美国、英国、法国、意大利、日本等国的专家和我国的专家学者以及企业家 150 多人。国家体改委主任李铁映在研讨会上发表演讲。国家体改委副主任洪虎在会上作《建立适应社会主义市场经济要求的现代企业制度》的专题发言。

经济改革期社会政策国际研讨会在北京开幕

来自土库曼斯坦、塔吉克斯坦、哈萨克斯坦、吉尔吉斯斯坦、乌兹别克斯坦等中亚五国的副总理以及俄罗斯、阿塞拜疆、越南、古巴、蒙古和中国的部长、外交官和议员们参加经济改革期社会政策国际研讨会的开幕式。研讨会是由联合国儿童基金会和联合国发展支持和管理服务部联合举办的。联合国儿基会执行主任詹姆斯·格兰特和联合国副秘书长冀朝铸在开幕式上致词并作重点发言。

会议的主题是：儿童健康、基础教育以及社会保护。与会者将通过对各种发展模式的积极讨论，围绕如何在经济改革时期保护儿童及易受伤害的社会群体的主题广泛地交换意见并提出切实可行的政策性措施。

会议于 21 日结束。

国家主席江泽民在人民大会堂分别接受马其顿首任驻中国大使弗拉迪米尔·佩特科夫斯基和埃塞俄比亚新任驻中国大使木拉图·特绍姆·沃图递交的国书

国务院副总理兼外交部部长钱其琛在新德里夏斯特里新闻中心举行的记者招待会上答记者问

钱其琛说："在短短的一天内，我分别拜会了印度总统、总理和一些部长，同他们就进一步发展中印双边关系和共同关心的国际和地区问题广泛深入地交换了意见。双方还签署了中印两国政府避免双重征税协定，并探讨了进一步促进两国睦邻友好和互利合作的有关问题。"

钱其琛指出，从 1988 年年底拉吉夫·甘地访问中国以后，中印关系开始走上新的正常化的道路。以后两国领导人之间的互访，使这种关系得到全面的发展。去年两国经贸额比前一年增长了一倍，应该说速度增长很快。现在，双方期待进一步扩大各个领域的交流。在新的国际形势下，中印两个世界上人口最多的国家进行友好合作，不仅符合两国人民的根本利益，而且对世界和地区的和平稳定也是一个很重要的因素。目前中印两国都在致力于发展本国经济，努力创造一个和平安定的国际和国内环境。两国领导人都愿意在和平共处五项原则基础上面向未来，从大局考虑来发展相互间的关系，所以两国关系的前景是美好的。

在回答记者提出的印巴关系和中国所采取的立场时，钱其琛强调中国对南亚地区的政策是保持同南亚所有国家其中包括印度和巴基斯坦的友好睦邻和平等互利的合作关系。他说，中国同任何一个国家发展友好关系不是针对第三国的。当然，南亚国家之间也存在一些分歧，这是历史遗留下来的问题。这样的问题，只能依靠双边共同努力，通过和平谈判和磋商来解决。中国希望南亚各国在和平共处五项原则基础上，发展睦邻友好关系，共同发展经济，为维护南亚地区的和平与稳定作出贡献。

有的记者问中国是否在西藏倾倒核废料，钱其琛回答说："这完全是造谣。如果知道西藏的地理位置，就会明白那里根本不可能倾倒核废料。"

在回答记者提出中国出售武器是否会损害地区和平时，钱其琛强调说，中国在军售问题上，一直是很负责任的。中国的军售只占世界军火市场的很小部分，中国对世界任何地区出口武器都不会影响该地区的和平与稳定。

印度总统夏尔马在新德里总统府会见国务院副总理兼外交部部长钱其琛

印度总理拉奥在新德里总理府会见国务院副总理兼外交部部长钱其琛

国务院副总理兼外交部部长钱其琛在新德里会见印度财政部部长曼莫汉·辛格

国务院副总理兼外交部部长钱其琛在新德里分别会见印度商业部部长普拉纳布·穆克吉和外交国务部部长尔·勒·帕蒂亚

中国政府和印度政府在新德里签署关于对所得避免双重征税和防止偷漏税的协定

7月19日

国务院总理李鹏签署国务院第158号令发布《城市供水条例》

现发布《城市供水条例》，自1994年10月1日起施行。

总理 李　鹏

1994年7月19日

城市供水条例

第一章 总 则

第一条 为了加强城市供水管理，发展城市供水事业，保障城市生活、生产用水和其他各项建设用水，制定本条例。

第二条 本条例所称城市供水，是指城市公共供水和自建设施供水。

本条例所称城市公共供水，是指城市自来水供水企业以公共供水管道及其附属设施向单位和居民的生活、生产和其他各项建设提供用水。

本条例所称自建设施供水，是指城市的用水单位以其自行建设的供水管道及其附属设施主要向本单位的生活、生产和其他各项建设提供用水。

第三条 从事城市供水工作和使用城市供水，必须遵守本条例。

第四条 城市供水工作实行开发水源和计划用水、节约用水相结合的原则。

第五条 县级以上人民政府应当将发展城市供水事业纳入国民经济和社会发展计划。

第六条 国家实行有利于城市供水事业发展的政策，鼓励城市供水科学技术研究，推广先进技术，提高城市供水的现代化水平。

第七条 国务院城市建设行政主管部门主管全国城市供水工作。

省、自治区人民政府城市建设行政主管部门主管本行政区域内的城市供水工作。

县级以上城市人民政府确定的城市供水行政主管部门(以下简称城市供水行政主管部门)主管本行政区域内的城市供水工作。

第八条 对在城市供水工作中作出显著成绩的单位和个人，给予奖励。

第二章 城市供水水源

第九条 县级以上城市人民政府应当组织城市规划行政主管部门、水行政主管部门、城市供水行政主管部门和地质矿产行政主管部门等共同编制城市供水水源开发利用规划，作为城市供水发展规划的组成部分，纳入城市总体规划。

第十条 编制城市供水水源开发利用规划，应当从城市发展的需要出发，并与水资源统筹规划和水长期供求计划相协调。

第十一条 编制城市供水水源开发利用规划，应当根据当地情况，合理安排利用地表水和地下水。

第十二条 编制城市供水水源开发利用规划，应当优先保证城市生活用水，统筹兼顾工业用水和其他各项建设用水。

第十三条 县级以上地方人民政府环境保护部门应当会同城市供水行政主管部门、水行政主管部门和卫生行政主管部门等共同划定饮用水水源保护区，经本级人民政府批准后公布；划定跨省、市、县的饮用水水源保护区，应当由有关人民政府共同商定并经其共同的上级人民政府批准后公布。

第十四条 在饮用水水源保护区内，禁止一切污染水质的活动。

第三章 城市供水工程建设

第十五条 城市供水工程的建设，应当按照城市供水发展规划及其年度建设计划进行。

第十六条 城市供水工程的设计、施工，应当委托持有相应资质证书的设计、施工单位承担，并遵守国家有关技术标准和规范。禁止无证或者超越资质证书规定的经营范围承担城市供水工程的设计、施工任务。

第十七条 城市供水工程竣工后，应当按照国家规定组织验收；未经验收或者验收不合格的，不得投入使用。

第十八条 城市新建、扩建、改建工程项目需要增加用水的，其工程项目总概算应当包括供水工程建设投资；需要增加城市公共供水量的，应当将其供水工程建设投资交付城市供水行政主管部门，由其统一组织城市公共供水工程建设。

第四章 城市供水经营

第十九条 城市自来水供水企业和自建设施对外供水的企业，必须经资质审查合格并经工商行政管理机关登记注册后，方可从事经营活动。资质审查办法由国务院城市建设行政主管部门规定。

第二十条 城市自来水供水企业和自建设施对外供水的企业，应当建立、健全水质检测制度，确保城市供水的水质符合国家规定的饮用水卫生标准。

第二十一条 城市自来水供水企业和自建设施对外供水的企业，应当按照国家有关规定设置管网测压点，做好水压监测工作，确保供水管网的压力符合国家规定的标准。

禁止在城市公共供水管道上直接装泵抽水。

第二十二条 城市自来水供水企业和自建设施对外供水的企业应当保持不间断供水。由于工程施工、设备维修等原因确需停止供水的，应当经城市供水行政主管部门批准并提前 24 小时通知用水单位和个人；因发生灾害或者紧急事故，不能提前通知的，应当在抢修的同时通知用水单位和个人，尽快恢复正常供水，并报告城市供水行政主管部门。

第二十三条 城市自来水供水企业和自建设施对外供水的企业应当实行职工持证上岗制度。具体办法由国务院城市建设行政主管部门会同人事部门等制定。

第二十四条 用水单位和个人应当按照规定的计量标准和水价标准按时缴纳水费。

第二十五条 禁止盗用或者转供城市公共供水。

第二十六条 城市供水价格应当按照生活用水保本微利、生产和经营用水合理计价的原则制定。

城市供水价格制定办法，由省、自治区、直辖市人民政府规定。

第五章 城市供水设施维护

第二十七条 城市自来水供水企业和自建设施供水的企业对其管理的城市供水的专用水库、引水渠道、取水口、泵站、井群、输（配）水管网、进户总水表、净（配）水厂、公用水站等设施，应当定期检查维修，确保安全运行。

第二十八条 用水单位自行建设的与城市公共供水管道连接的户外管道及其附属设施，必须经城市自来水供水企业验收合格并交其统一管理后，方可使用。

第二十九条 在规定的城市公共供水管道及其附属设施的地面和地下的安全保护范围内，禁止挖坑取土或者修建建筑物、构筑物等危害供水设施安全的活动。

第三十条 因工程建设确需改装、拆除或者迁移城市公共供水设施的，建设单位应当报经县级以上人民政府城市规划行政主管部门和城市供水行政主管部门批准，并采取相应的补救措施。

第三十一条 涉及城市公共供水设施的建设工程开工前，建设单位或者施工单位应当向城市自来水供水企业查明地下供水管网情况。施工影响城市公共供水设施安全的，建设单位或者施工单位应当与城市自来水供水企业商定相应的保护措施，由施工单位负责实施。

第三十二条 禁止擅自将自建设施供水管网系统与城市公共供水管网系统连接；因特殊情况确需连接的，必须经城市自来水供水企业同意，报城市供水行政主管部门和卫生行政主管部门批准，并在管道连接处采取必要的防护措施。

禁止产生或者使用有毒有害物质的单位将其生产用水管网系统与城市公共供水管网系统直接连接。

第六章 罚　则

第三十三条 城市自来水供水企业或者自建设施对外供水的企业有下列行为之一的，由城市供水行政主管部门责令改正，可以处以罚款；情节严重的，报经县级以上人民政府批准，可以责令停业整顿；对负有直接责任的主管人员和其他直接责任人员，其所在单位或者上级机关可以给予行政处分：

（一）供水水质、水压不符合国家规定标准的；

（二）擅自停止供水或者未履行停水通知义务的；

（三）未按照规定检修供水设施或者在供水设施发生故障后未及时抢修的。

第三十四条 违反本条例规定，有下列行为之一的，由城市供水行政主管部门责令停止违法行为，可以处以罚款；对负有直接责任的主管人员和其他直接责任人员，其所在单位或者上级机关可以给予行政处分：

(一)无证或者超越资质证书规定的经营范围进行城市供水工程的设计或者施工的；

(二)未按国家规定的技术标准和规范进行城市供水工程的设计或者施工的；

(三)违反城市供水发展规划及其年度建设计划兴建城市供水工程的。

第三十五条 违反本条例规定，有下列行为之一的，由城市供水行政主管部门或者其授权的单位责令限期改正，可以处以罚款：

(一)未按规定缴纳水费的；

(二)盗用或者转供城市公共供水的；

(三)在规定的城市公共供水管道及其附属设施的安全保护范围内进行危害供水设施安全活动的；

(四)擅自将自建设施供水管网系统与城市公共供水管网系统连接的；

(五)产生或者使用有毒有害物质的单位将其生产用水管网系统与城市公共供水管网系统直接连接的；

(六)在城市公共供水管道上直接装泵抽水的；

(七)擅自拆除、改装或者迁移城市公共供水设施的。

有前款第(一)项、第(二)项、第(四)项、第(五)项、第(六)项、第(七)项所列行为之一，情节严重的，经县级以上人民政府批准，还可以在一定时间内停止供水。

第三十六条 建设工程施工危害城市公共供水设施的，由城市供水行政主管部门责令停止危害活动；造成损失的，由责任方依法赔偿损失；对负有直接责任的主管人员和其他直接责任人员，其所在单位或者上级机关可以给予行政处分。

第三十七条 城市供水行政主管部门的工作人员玩忽职守、滥用职权、徇私舞弊的，由其所在单位或者上级机关给予行政处分；构成犯罪的，依法追究刑事责任。

第七章 附 则

第三十八条 本条例第三十三条、第三十四条、第三十五条规定的罚款数额由省、自治区、直辖市人民政府规定。

第三十九条 本条例自1994年10月1日起施行。

国务院副总理邹家华在北京会见美国商务部副部长杰弗里·加顿

外经贸部部长吴仪在北京会见美国商务部副部长杰弗里·加顿

中国政府和赞比亚政府在卢萨卡签署文化协定1995至1997年执行计划

国务院决定建立知识产权办公会议制度

为进一步加强中国对知识产权的保护，国务院决定建立知识产权办公会议制度，负责研究、协调我国关于知识产权的有关问题，加强对这方面工作的领导。这一决定是国务院在近日召开的有关部门负责人会议上作出的。

会议由国务院副总理李岚清主持，国务委员宋健等出席会议。

会议决定，国务院知识产权办公会议由国务委员宋健主持，办公会议办公室设在国家科委。国务院各有关部门按“三定”方案所确定的职能，对知识产权进行分工管理。

会议要求各有关部门近期要再次动员布置各地方和各部门按照有关法律、法规进一步加强保护知识产权的工作。各有关部门应加强执法力度，制定出下一步具体行动方案，对盗版等违法行为要严厉打击，近期内要抓紧处理几个大案要案。

会议认为，十几年来，我国在建立知识产权保护制度方面进行了大量卓有成效的工作，建立了比较完备的知识产权保护体系，在短短的十几年间，走过了一些发达国家通常需用几十年甚至上百年时间才能走完的立法路程。在执法方面，我国的原则是“有法可依，有法必依，执法必严，违法必究”，执法是严肃公正的。在这两方面我们都取得了巨大成就，但同时也还要继续加强和完善知识产权保护的工作。

会议指出，保护知识产权是我国改革开放政策和社会主义法制建设的重要组成部分，是健全我国社会主义市场经济体制的重要措施，也是发展我国科技、经济、文化事业的重要保障。有关部门应加快对知识产权的立法工作，完善法律、法规，要尽快发布《音像制品管理条例》，力争在今年年底出台《边境措施条例》。会议要求各地各部门大力宣传保护知识产权，树立全社会保护知识产权的意识。

全国政协副主席吴学谦在人民大会堂会见台湾第二届和平小天使访问团

7月20日

中共中央国务院在北京召开第三次西藏工作座谈会

会议的主要任务是：以邓小平同志建设有中国特色社会主义理论和党的基本路线为指导，围绕西藏的发展和稳定两件大事，研究新情况，解决新问题，进一步明确加强西藏工作的指导思想，落实加快发展和维护稳定的各项措施，努力开创西藏工作的新局面。

江泽民总书记、李鹏总理和李瑞环在会上讲话。乔石、朱镕基、刘华清、胡锦涛、丁关根、李岚清、邹家华、尉健行、温家宝、任建新、帕巴拉·格列朗杰、罗干、王兆国、阿沛·阿旺晋美出席会议。

西藏自治区党政负责人，自治区各地、市和自治区直属机关的主要负责人；各省、自治区、直辖市及有关计划单列市的负责人；党中央、国务院有关部门的负责人和人民解放军、武警总部的负责人出席会议。

李鹏总理在会上就如何抓住有利时机，团结奋斗，加快西藏社会经济发展发表讲话。

关于西藏社会经济发展的指导思想和战略目标，李鹏指出，从西藏的实际出发，加快西藏社会经济发展，在大的方面要把握三点：第一，必须坚持以经济建设为中心，一手抓发展，一手抓稳定，两手都要硬。第二，加快改革开放步伐，逐步建立新体制，为经济发展提供强大动力。第三，发挥全国支援西藏和西藏自力更生两个积极性，下决心把基础设施建设搞上去，带动经济增长，增强发展后劲。根据这个思路，西藏从现在起到 2000 年的发展目标可以这样考虑：在优化经济结构、提高经济效益的前提下，力争国民经济平均增长 10%左右，国民生产总值比 1993 年接近翻一番；继续增加农牧民收入，改善人民生活，基本完成脱贫任务，使多数群众生活达到小康水平；国民经济和社会发展的整体水平有较大幅度的提高，为下世纪的更大发展打好基础。

在谈到全国要长期支援和帮助西藏，西藏要自力更生、艰苦创业时，李鹏指出，现在西藏自我发展的能力还比较弱，在相当一段时间内，加快西藏发展要靠国家的扶持，要着眼于从体制上解决问题，辅之以资金上的专项补助。李鹏宣布，为了帮助西藏自治区解决改革和发展中遇到的困难和问题，国务院决定在财税、金融、投资、价格和外贸等方面，继续对西藏实行特殊政策和灵活措施。今后，还要根据国家财力和西藏的实际情况，及时解决有关问题，帮助西藏发展。中央有关部门和各省市自治区要长期支援西藏建设，这是加快西藏发展的一个大政策。这次座谈会确定了一批援助西藏的项目，在落实项目和会议讨论中，中央部门和省市自治区一致拥护中央、国务院关于支援西藏的决定，态度都很积极。这充分体现了社会主义制度能够集中力量办一些大事的优势，也体现了全国各民族大团结的精神。这次会议已经把援藏项目初步落实下来了，但从资金投入、项目开工，到项目建成、正常运行，还有许多工作要做。中央和国务院各有关部门要各司其职，认真落实这次会议所确定的各项政策和任务。西藏自治区党委和政府，要勇于开拓，走出改革、发展和稳定的新路子。

李瑞环在会议总结讲话中指出，这次会议是党中央、国务院在西藏经济社会发展的关键时刻召开的。江泽民总书记、李鹏总理发表的重要讲话和会议制定的《关于加快西藏发展、维护社会稳定的意见》，从战略全局的高度，总结西藏工作的历史经验，分析西藏面临的形势，明确今后一个时期西藏工作的方针和任务，制定加快西藏发展、维护社会稳定的政策和措施。这是一次具有历史意义的会议，将对西藏的各个方面产生重大而深远的影响。历史经验证明，一个好的会议、好的文件，要取得好的效果，关键是抓好落实。落实好这次会议的精神，需要做许多工作，并要特别强调三点。第一，要传达、学习好会议文件。第二，要制定援藏任务的实施计划。第三，要加强组织协调工作。

李瑞环指出，西藏同内地之间差距的形成，既有自然条件的原因，又有历史和社会的原因。尽管西藏经济有很大的潜在优势，尽管西藏人民有改变落后状况的强烈愿望，但是要使西藏赶上内地一般发展水平，仍需要经过艰巨的努力。援助西藏应是长期的。它既不是从这次会议才开始，也不会因这次会议确定的任务完成而结束，而应当把这次会议作为全国支援西藏的新起点。援助西藏应是主动的。

李瑞环强调说，解决西藏的困难和问题，实现西藏的伟大振兴，归根结底要靠西藏各族人民。中央召开这次会议，为西藏制定了一些优惠政策，并动员全国支援西藏，为西藏加快发展、维护稳定提供了十分有利的条件和难得的机遇。西藏各级干部和广大群众应当认清形势，乘势而上，振奋精神，团结奋斗，把各项工作推向前进。

西藏自治区党委、政府负责人陈奎元、热地、江村罗布在会上汇报西藏工作。党中央、国务院有关部门的负责人和承担援藏建设任务的省区市的代表在大会上发言。

落实西藏自治区经济和社会发展急需的 62 个援藏建设项目是会议的一个主要任务。这些建设项目包括能源、交通、邮电、农牧林水粮油加工和社会发展等方面。项目建成后，对改善西藏能源、交通、通讯等基础设施，发挥优势产业，提高人民生活水平，加快自治区各项事业的全面发展，将发挥重要作用。62 个建设项目投资总额预计 238 亿元，其中，中央和有关部门承担 30 个项目，1802 亿元，占 757%，地方对口支援 32 个项目，578 亿元，占 243%。全国各省区市和 6 个计划单列市都承担援藏建设任务。

座谈会于 7 月 23 日结束。

中共中央总书记江泽民在第三次西藏工作座谈会上发表讲话

江泽民指出，中央对西藏工作始终是十分关心和重视的，在西藏革命和建设的每一个重要历史阶段，都及时作出重要决策。在中央的正确领导下，西藏广大干部群众和驻藏官兵团结奋斗，使西藏发生了由封建农奴制到社会主义制度的翻天覆地的变化，取得了历史上从未有过的巨大进步。党的十一届三中全会以后，中央两次召开西藏工作座谈会，制定了一系列有利于西藏发展的特殊政策和灵活措施，对促进西藏的改革开放和现代化建设起了重大作用。从现在起到本世纪末，是西藏经济社会发展的关键时期。要以这次西藏工作座谈会为契机，在邓小平同志建设有中国特色社会主义理论和党的基本路线指引下，在全国人民支持下，依靠藏族人民和其他各族人民，抓住机遇，迎接挑战，深化改革，扩大开放，坚持以经济建设为中心，抓好发展和稳定两件大事，确保西藏经济的发展，确保社会的全面进步和长治久安，确保人民生活水平的不断提高。

江泽民指出，我国是一个统一的多民族国家，56个民族都是中华民族大家庭中平等的一员，所有民族自治地方都是中华人民共和国不可分割的组成部分。做好西藏工作，加强藏族同汉族及其他民族的团结，对增强中华民族的大团结具有重大的意义。从经济发展的角度看，我们建设有中国特色社会主义的目标，是要实现全国各地方和各民族人民的共同富裕、共同繁荣。促进西藏经济的发展，把潜在的资源优势逐渐变为现实的经济优势，不仅会大大造福于西藏人民，而且对促进我国西部乃至全国的发展将日益发挥重要的作用。

关于发展问题，江泽民指出，加快西藏经济社会发展，关键是把中央的大政方针同西藏具体实际结合起来。无论经济社会发展，还是改革开放，都要从国家的大局和西藏的实际出发，实事求是。这是做好西藏工作的一条基本原则。当前和今后一个时期内，西藏发展的重点，要放在加强农牧业，搞好交通、能源、通讯等基础产业和基础设施上，以利于增强自我发展的活力和后劲。要立足发挥本地优势，建立切合西藏实际的经济结构和产业结构。在促进西藏经济发展的同时，要特别重视教育、科技、文化、卫生等各项事业的发展，促进社会的全面进步。

江泽民指出，西藏的稳定，是保证西藏各项事业持续发展和人民生活水平逐步提高的前提。没有稳定，一切都谈不上。西藏的稳定，对于全国的改革、发展和稳定，也具有重大的意义。总的看，西藏的局势是稳定的，各民族人民是团结的。但也存在一些不稳定因素。我们与达赖集团的分歧，不是信教与不信教，自治与不自治的问题，而是维护祖国统一和反对分裂的问题。对达赖喇嘛，我们的态度是，只要他放弃西藏独立的主张、停止分裂祖国的活动，随时欢迎他回来。但搞独立不行，搞变相独立也不行。西藏人民有维护民族团结和祖国统一的光荣传统。西藏广大干部和群众，是维护团结和稳定的基本力量、基本保证。谁破坏民族团结、制造分裂，谁就必然遭到包括西藏人民在内的全国各族人民的坚决反对，谁就必然归于失败，成为千古罪人。我们必须同心协力，把立足点放在做好自己工作的基础上，放在加快西藏经济发展、增强我国国力的基础上。只有社会主义才能救中国和发展中国，也只有社会主义才能救西藏和发展西藏。

在谈到民族宗教问题时，江泽民指出，西藏是藏族占总人口比例最高的自治区、藏传佛教在广大群众中有很久很深的影响，做好民族工作和宗教工作，对于维护稳定，促进发展，有着非常重要的意义。因此，无论从事哪方面的工作，都要高度注意民族宗教问题，关心和支持民族宗教工作，使党的民族政策和宗教政策以及国家的有关法律，在西藏的政治、经济、文化等各项工作中，都能得到认真地贯彻和体现。民族区域自治制度，是我们党解决包括西藏在内的我国民族问题的基本制度。西藏和其他民族区域自治地方的长期实践证明，它完全适合我国国情，具有强大的生命力。在今后工作中，必须坚定不移地继续实施这一制度。我们所实行的民族区域自治制度，是民族因素与区域因素相结合，政治因素与经济因素相结合，既有利于人民群众当家作主，又有利于维护国家统一的制度。随着商品生产的发展和社会主义市场经济体制的建立，藏族内部和藏族同汉族及其他民族之间的交流与合作必然越来越多。藏汉民族之间以及与其他民族之间，相互帮助，相互依存，共同进步，谁也离不开谁的关系必然日益增强。这是经济社会发展和民族进步的客观需要和必然趋势，我们应该欢迎并促进这种趋势。西藏是群众性信仰喇嘛教的地方，存在众多寺院和僧侣。必须全面正确地贯彻党的宗教信仰自由政策，保护正当的宗教活动，同时按照政教分离的原则和政府有关法规，加强对寺院的管理。对于广大的信教群众，我们既要保护他们宗教信仰自由的权利，又要加强社会主义思想政治教育和科学文化知识教育，信任和依靠他们搞好各项事业。对于僧侣，也要加强教育和管理。只要爱国家、爱社会主义，就要团结他们，鼓励他们多为群众做好事，多为维护祖国统一和社会主义建设出力。

江泽民指出，要保证中央大政方针在西藏的全面贯彻落实，首先要抓好党政建设。西藏基层党组织和基层政权，在改革、发展和维护社会稳定中发挥了战斗堡垒作用。要把基层党组织建设好。应积极支持基层干部的工作,改善他们的工作生活条件。对已经退下来的基层干部,要经常从政治上、生活上关心他们。目前西藏干部有 6 万多人,其中藏族干部占 70%以上。这说明西藏和平解放以来,党培养了一大批藏族干部,是党的民族政策、干部政策的巨大成功。历史已经证明,这支以藏族干部为主,包括汉族干部、其他少数民族干部在内的西藏干部队伍,是经得起考验、完全可以信赖的队伍。为了推进西藏各项事业的发展,要继续大力培养一大批德才兼备的藏族干部,并及时把他们中的优秀分子选拔到各级领导岗位上来。同时还需要继续选调一些汉族和其他少数民族干部到西藏工作。在西藏工作的干部,不论是藏族还是汉族或其他少数民族的干部,都要继承老一代西藏干部密切联系群众、艰苦奋斗、无私奉献的光荣传统,互相学习、互相支持,全心全意为西藏人民服务。全区县以上的中高级干部,在西藏的改革、发展、稳定中肩负着重大的责任。大家首先要努力学习马列主义、毛泽东思想,特别是邓小平同志建设有中国特色社会主义的理论,树立坚定的马克思主义世界观、民族观、宗教观,同时要加强学习社会主义市场经济知识和现代科学技术知识。要全面正确地掌握党的基本路线,率领群众坚持以经济建设为中心,把各项事业搞上去。在反分裂斗争中,一定要立场坚定,卓有成效地领导群众同分裂主义势力进行不懈地斗争。在继承和发扬党的优良作风、优良传统方面,应以身作则,起好带头作用。

江泽民号召全国各地方和中央各部门都要大力支持西藏的建设。他说,西藏的稳定和发展,最根本的是要靠西藏广大干部群众发扬自力更生、艰苦创业的精神。同时也需要全国的支援。关心西藏、支援西藏是党和国家的一贯政策,是全国各族人民的共同责任。中央各部委,各省、自治区、直辖市,都要从党的工作全局和经济社会发展的全局,从增强中华民族凝聚力的高度,深刻认识中央关于全国支援西藏的决策的深远意义,从人才、资金、技术、物资等多方面做好支援工作。这件事要坚持不懈地长期做下去。支援是相互的。密切内地与西藏的经济、文化、社会联系,加强对口支援,增强西藏自我发展的活力,是西藏发展的需要,也是全国各地发展的需要。当前,首先要认真抓好中央确定的 62 个建设项目的落实工作。这次中央提出援藏项目以后,各地各部门很重视,表示要克服一切困难,积极完成任务。中央相信,各地各部门对自己承担的项目,一定能够按质按量完成任务,并负责培训经营管理人员和技术人员,协助西藏做好管理工作,保证收到实效。

最后,江泽民强调,西藏工作的基础是好的,继续做好西藏工作的有利条件也很多。有和平解放 40 多年来在党的培养下成长起来的当地民族干部和进藏的各族干部以及军队干部,有与党建立了深厚感情、血肉相连的广大翻身农奴和他们的后代,有在爱国统一战线旗帜下团结在党和政府周围的民族、宗教界人士和一切爱国力量,有中央的关心和重视,有全国人民的支援和帮助。中央相信,第三次西藏工作座谈会将会成为西藏工作的新起点,在会议精神的鼓舞下,西藏改革、发展、稳定等各方面的工作,必将迈出新的更加有力的步伐。

中纪委书记尉健行等听取中央调查组关于反腐败监督检查情况汇报

7 月 20 日、21 日和 25 日,尉健行主持会议,听取中央调查组对中央直属机关、中央国家机关 24 个部委反腐败斗争情况进行监督检查工作的情况汇报。调查组检查的结果表明,中央直属机关、中央国家机关各部委对贯彻落实中央关于近期反腐败斗争的部署是认真的、积极的。多数部委都是党政一把手亲自抓,把反腐败斗争列入重要工作日程,结合各自特点,有计划、有步骤地抓落实。搞得比较好的部委,在去年工作的基础上,反腐败斗争又有了新的进展。

到会听取汇报的还有中共中央书记处书记、中央政法委书记任建新,国务委员李贵鲜、罗干,以及中央纪委和其他有关部委的负责人。

中办国办转发农业部等五部门《关于 1993 年农民负担检查情况的报告》并发出通知

中共中央办公厅、国务院办公厅近日转发农业部、监察部、财政部、国家计委、国务院法制局《关于 1993 年农民负担检查情况的报告》,要求各地区、各部门认真对照检查,采取坚决有力的措施,切实解决本地区、本部门工作中存在的问题。

通知指出,保护农民合法权益,调动农民生产积极性,切实减轻农民负担,是党的农村工作的一项基本政策;在涉及农民负担问题上,未经合法程序批准,绝不允许任何地方和部门开口子。对减轻农民负担工作,各级党政一把手要切实做到亲自抓,负总责。对继续加重农民负担造成恶性案件的,除了依法追究当事人和直接领导者的责任外,还要追究上一级党政领导的责任。

《报告》认为,自 1993 年《中共中央办公厅、国务院办公厅关于涉及农民负担项目审核处理意见的通知》和国务院制订的《农民承担费用和劳务管理条例》下发后,各级党委和政府进行了认真贯彻。党政领导亲自抓落实,人大、政协积极参与,认真清理文件,严格审查项目,使减轻农民负担工作取得了明显成效。截至目前,中央、省、地、县四级对涉及农民负担的文件和项目普遍进行了清理,明令取消和暂缓执行的项目在大多数地方得到落实,要求农民出钱、出物、出工的各种达标升级活动明显减少,收费、集资等社会负担逐年加重的势头有所遏制。据统计,1993年中央、省两级取消和暂停的农民负担项目,全国可减轻农民负担100亿元以上。党中央、国务院采取的一系列减轻农民负担的重大措施,在广大农民中引起了强烈反响,深得民心。总的看,减轻农民负担工作取得了明显成效,但农民负担过重问题远未彻底解决,一些深层次矛盾仍比较突出,面临的任务还相当艰巨。存在的问题是:一些地方领导思想认识不统一;有的部门依然我行我素,仍在执行明令取消的项目,继续开展加重农民负担的达标升级活动,乱收费现象尚未很好地抑制;一些地方对中央取消的项目还在要求恢复,甚至对中央的政策是"上有政策,下有对策";一部分贫困地区农民负担过重问题依然突出;部分地方农民负担问题引发的恶性案件时有发生。

五部委局强调要坚持落实《中共中央办公厅、国务院办公厅关于涉及农民负担项目审核处理意见的通知》不动摇,加强监督,防止反弹;切实查处恶性案件,对造成恶性事件触犯刑律的人员,要依法惩处,对农民群众反映强烈的重点部门和问题进行专项治理,在自查自纠的基础上限期纠正,对问题严重的部门和单位要通报批评,并追究主要领导的责任;进一步完善有关农民负担的法律、法规,强化宏观协调的职能,今后凡涉及主要农用生产资料(包括农业用水、用电等)价格的调整,在政策出台前应听取农民负担监督管理等部门的意见;要稳定和加强农民负担监督管理机构。

国务院总理李鹏在中南海紫光阁会见出席经济改革期社会政策国际研讨会的外方代表

李鹏对联合国秘书处和联合国儿童基金会会同中国政府有关部门举行这次研讨会给予积极评价,对联合国及10个国家的高级官员与会表示欢迎。他说,这次会议着重讨论了在经济改革过程中对儿童健康、教育应采取的政策,讨论了如何建立新的社会保障体系。各国代表为此交流了经验,这是一件很有意义的事情。

李鹏说,儿童是世界的未来,我们有责任使他们茁壮成长。为此,中国政府已经并将继续做出努力。

李鹏指出,我们历来主张各国根据本国的国情选择自己的发展道路,包括建立适合本国情况的社会保障制度。他说,在改革过程中出现一些困难是难免的,但从中国的经验看,只要政策对头,就完全有可能逐步克服所面临的困难,解决遇到的问题,使人民从改革中得到利益。

李鹏说,通过改革使经济得到发展,这是提高人民生活,改善儿童健康和教育的基础。我们认为,就中国而言,社会保障制度的改革是建立社会主义市场经济体制过程中一个不可忽视的重要环节。

李鹏还说,儿童工作和妇女工作紧密相关。在建立社会保障体系过程中,对这两方面工作都应给予足够的重视。明年将在北京举行第四届世界妇女大会,我们相信这次会议不仅对全世界妇女有重要意义,而且也将有助于进一步推动儿童的社会保障事业。

联合国儿童基金会执行主任詹姆斯·格兰特说,这次研讨会开得很成功。会议在中国召开表明与会国家代表希望了解和借鉴中国在儿童社会保障中的经验的愿望。

联合国副秘书长冀朝铸说,这次会议上大家取得的一个重要共识是,没有和平就没有发展,没有发展和平就没有保障。同时,改革成功与否很大程度上取决于政府的宏观管理和正确的政策指导。关心妇女和儿童的福利应成为社会保障体系中的重要组成部分。

出席研讨会的中亚5国的副总理及其他国家的部分代表参加会见。

国务院发出《关于禁止在公路上乱设站卡乱罚款乱收费的通知》

《通知》说,公路是城乡经济交流和人民生活交往的重要通道,在我国国民经济与社会发展中占有重要地位。保障公路畅通与安全,维护正常的交通秩序,直接关系到社会主义市场经济的发展和社会的安定。因此,对在公路上乱设站卡、乱罚款、乱收费的行为必须坚决禁止,严肃查处。《通知》的主要内容如下:

一、在公路上设置站卡,必须严格按照国家有关法律、法规的规定执行。按照有关规定,公安部门可以在公路上设置检查站,交通部门可以在必要的公路路口、桥头、渡口、隧道口设置车辆通行费收费站或公路征费稽查站,林业部门可以在通过林区的公路上设置木材检查站。除上述部门以外,其他任何部门、单位、组织和个人,不得在公路上设置任何形式的检查站、收费站,也不得在公路上拦截车辆进行检查、罚款、收费。

二、公安部门设置检查站,交通部门设置收费站、征费稽查站,林业部门设置木材检查站,应当从保障公路畅通、安全和有利于交通运输生产出发,提出设站方案和申请,由省、自治区、直辖市人民政府统一规划,合理布局,严格审批。

三、公安部门设置的检查站,交通部门设置的收费站、征费稽查站,林业部门设置的木材检查站,必须严格依法履行职责,执行任务。不得在职责、任务范围以外,从事不符合国家规定的活动。

四、人民警察在公路上依法进行巡逻执勤、疏导交通、纠正违章，除发现有违章行为和犯罪嫌疑的情况外，不得随意拦截车辆。

五、交通部门设置的收费站，必须严格执行有关收费标准和收费期限的规定。

凡利用贷款（包括需归还的集资）新建、改建（不包括局部改造）的高等级公路、桥梁、大型隧道，经省、自治区、直辖市人民政府批准后，可以对过往的车辆收取通行费，但是贷款（集资）还清后要立即停止收费。凡由国家投资、养路费投资、民工建勤、民办公助、以工代赈办法以及个人和社会捐资修建的公路、桥梁、隧道，一律不得收取通行费。

六、交通部门设置的征费稽查站，必须严格按照有关规定征收养路费和进行稽查。在征费稽查站执行运政管理任务的工作人员，不得违反规定随意拦截车辆和乱收费、乱罚款。

七、经批准设置的检查站、收费站、征费稽查站、木材检查站，应公布设站的批准证件、工作范围，收费站还应公布收费单位、收费标准、收费期限和监督电话，接受群众的监督。

八、检查站、征费稽查站、木材检查站和收费站的工作人员，应分别持有省、自治区、直辖市人民政府核发或省、自治区、直辖市人民政府授权部门核发的检查证和收费证。

九、收取通行费和实施罚款处罚的工作人员，必须严格执行有关的法律、法规。严禁地方各级人民政府及其有关部门下达收费、罚款指标。

十、禁止任何部门、单位、组织和个人在公路上拦截车辆，巧立名目进行强买强卖、敲诈勒索及其他妨碍道路交通的行为。

十一、公安部门的检查站，交通部门的收费站、征费稽查站，林业部门的木材检查站，违反有关法律、法规和本通知规定进行检查、罚款、收费的，车辆驾驶人员和其他人员都有权进行检举揭发和控告。

十二、地方各级人民政府和国务院各部门都要从维护国家利益、促进改革开放和经济建设、维护社会稳定的大局出发，认真贯彻执行本通知的规定，严格查处本地区、本部门在公路上乱设站卡、乱罚款、乱收费的行为。

十三、本通知自下发之日起执行，由各省、自治区、直辖市人民政府组织实施，公安部、交通部、林业部会同监察部、财政部、国家计委监督执行。过去有关文件规定与本通知规定不一致的，一律依照本通知执行。

国务院批转国家统计局《关于建立国家普查制度改革统计调查体系的请示》并发出通知

国务院原则同意国家统计局《关于建立国家普查制度改革统计调查体系的请示》，现转发给你们，请遵照执行。

统计是实行科学决策和现代化管理的一项重要基础工作。按照建立社会主义市场经济体制的要求，必须尽快建立周期性的普查制度，并逐步改革和完善统计调查体系。各地区、各部门要大力加强对统计工作的领导，切实帮助统计部门改善工作条件，并在人力、财力等方面给予支持。

关于建立国家普查制度改革统计调查体系的请示

实行改革开放政策以来，在国有经济发展壮大的同时，我国乡镇企业以及个体经济、私营经济、三资企业等多种经济成分迅速发展，给现行的统计调查工作带来许多新的问题。一方面，统计调查对象的规模迅猛扩展，仅工业企业就由 34 万多家增加到 860 多万家。另一方面，统计调查对象的构成日趋复杂，不仅多种经济成分同时并存，而且国有经济中也出现了承包经营、租赁经营等多种经营形式；特别是随着现代企业制度的建立和产权的流动与重组，不同所有制的经济主体投资于同一企业的状况将日趋扩大，财产混合所有的经济单位越来越多。由于利益格局的变化很大，被调查者对统计调查的合作与支持程度大为降低，统计信息在运行过程中的人为干扰现象日益增多，信息失真的危险性逐步增大。

根据上述情况，必须按照建立社会主义市场经济体制的要求，参照国际成功经验，从根本上改革我国统计调查方法，建立以必要的周期性普查为基础，经常性的抽样调查为主体，重点调查、科学核算等为补充的多种方法综合运用的国家统计调查方法体系。为此，特请示如下：

一、按照国务院有关规定，实行周期性的普查制度。普查项目包括：人口、工业、农业、第三产业和基本统计单位等。人口普查、第三产业普查、工业普查、农业普查每 10 年进行一次，分别在逢零、三、五、七的年份实施。建立基本统计单位普查，每 5 年进行一次，逢一、六的年份实施。

这些普查都属于重要的国情国力调查，必须在国务院和地方各级政府的统一领导下，由政府统计部门会同有关业务主管部门共同组织实施。经费由中央和地方各级政府共同负担，并列入相应年度的财政预算。

二、大力推广应用抽样调查技术，逐步确立抽样调查在统计调查方法体系中的主体地位。当前，要在进一步完善农产品产量调查、城乡住户调查、价格调查和人口变动情况等项抽样调查工作的同时，抓紧在工业、商业、建筑业和固定资产投资统计中深入研究并广泛应用抽样调查方法，从根本上改变过分依赖全面统计报表的状况。

为此，除要进一步改革和完善城乡社会经济调查队外，急需建立一支机动灵活、精干高效的企业调查队伍，这支队伍负责对遍布全国城乡的各种所有制企业，特别是乡镇企业以及个体经济进行抽样调查；开展与建立现代企业制度和发展市场体系密切相关的快速专项调查；进行企事业单位的统计登记工作，建立和管理企事业单位名录库等。

有关企业调查队伍的机构、编制、干部、经费和基建投资等问题由国家统计局同有关部门另行商定。

三、加快统计信息自动化系统建设。随着统计调查体系的改革，计算工作量将大量增加，因而对统计信息自动化系统建设的要求会更高、更迫切。各级政府和有关部门应高度重视并大力支持统计信息自动化系统的建设工作，并增加投入，以便于大规模、高效率、全方位、深层次地开发利用统计信息资源，为各级党政领导决策和管理提供科学依据。

四、健全统计机构，稳定干部队伍。为适应市场经济条件下日益繁重的统计工作的需要，必须采取强有力的措施，从组织上保障统计任务的完成。在这次机构改革中，要按照《中华人民共和国统计法》和国务院有关规定的要求，切实加强各级政府统计机构和业务主管部门统计机构的建设。

中国联合通信有限公司在北京成立

经国务院批准，一个打破部门界限，调动社会各方面积极性，以经营基本电信业务为主的大型股份制企业——中国联合通信有限公司日前在北京正式成立。这是改革通信管理体制，促进我国国民经济信息化的一项重大举措。中共中央总书记江泽民题词："办好联通公司，发展电信事业，为现代化建设服务"。国务院总理李鹏题词："发展通讯，有益探索"。国务院副总理邹家华到会讲话。

国务院总理李鹏在中南海紫光阁分别会见四国离到任驻中国大使

4位大使是：即将离任的波兰驻中国大使邓鲍夫斯基和英国驻中国大使麦若彬，刚刚到任的马其顿驻中国大使佩特科夫斯基和埃塞俄比亚驻中国大使木拉图。

中国与国际复兴开发银行在美国哥伦比亚特区签署贷款协定(107国道项目)

尼泊尔国王比兰德拉在加德满都王宫会见国务院副总理兼外交部部长钱其琛

尼泊尔首相柯依拉腊在加德满都首相府会见国务院副总理兼外交部部长钱其琛

国务院副总理兼外交部部长钱其琛在加德满都与尼泊尔旅游航空大臣拉姆·乔西进行会谈

中央军委为海军潜艇基地第11艇员队等单位和个人颁布嘉奖令

中央军委最近颁布命令，授予海军潜艇基地第十一艇员队"水下先锋艇"荣誉称号，给兰州军区测绘大队记集体一等功，给广州军区游泳队高级教练王林记一等功，授予第二炮兵某部测试运转连控制排排长曾蛟"爱军习武标兵"荣誉称号。

党和国家领导人江泽民李鹏乔石刘华清分别为甲午战争博物馆和甲午战争一百周年题词

云南省考古人员在滇西腾冲县小西乡油灯庄发现一处古代文化遗址群

云南省考古人员最近在滇西腾冲县小西乡油灯庄发现一处古代文化遗址群，初步认定这一遗址群为新石器时代晚期过渡到青铜器时代中期的村落遗迹，距今已4000年。

7月21日

全国农村精神文明建设座谈会在河南林州召开

中共中央宣传部和国务院办公厅联合召开的全国农村精神文明建设座谈会7月21日至24日在红旗渠的故乡河南省林州市召开。这是一次专门研究新时期农村社会主义精神文明建设的重要会议。会议的主要任务，是以邓小平建设有中国特色社会主义理论和党的基本路线为指导，进一步贯彻落实全国宣传思想工作会议和中央农村工作会议精神，总结交流近年来农村精神文明建设的经验，研究在建立社会主义市场经济体制过程中加强农村精神文明建设的思路，提出今后一个时期的主要任务，保证和促进农村改革、发展和稳定，推动社会全面进步。

会上，中宣部副部长刘云山、国务院副秘书长刘济民讲话。

会议认为，加强农村精神文明建设，是党的农村工作一项十分重要的战略任务，它是维护全党工作大局，实现战略目标的需要，是保持农村和全国稳定的重要保证。当前，我国正处在建立社会主义市场经济体制的关键时期，我们要通过加强农村精神文明建设，加强思想教育，把广大农村干部、群众的积极性、创造性引导到认真贯彻落实十四大和中央两次农村工作会议精神上来，为进一步深化农村改革，促进农业发展，增加农民收入，实现农村社会的稳定，提供精神动力、智力支持和思想保证。

会议强调，当前农村精神文明建设要紧紧围绕发展市场经济、引导农民奔小康进行。引导农民奔小康，既是90年代党在农村工作的总目标，又是广大农民群众的根本利益所在。农村精神文明建设必须坚定不移地为经济建设服务，为改革开放服务，为奔小康服务，这个思想任何时候都不能动摇。用邓小平同志建设有中国特色社会主义理论指导农民进市场、奔小康，是农村精神文明建设的头等大事和长期的战略任务。同时，加强农村精神文明建设，还要注意引导农民掌握文化科技知识和市场经济知识。当前要突出抓好以下几项工作：一是抓好文化教育，搞好扫盲；二是要抓好市场经济知识的宣传教育；三是要抓好科技普及工作，为农村发展培养大批有用人才。农村精神文明建设还要注意引导农民树立文明新风。

会议指出，加快农民奔小康步伐，需要大力弘扬新时期创业精神。建设社会主义精神文明，最根本的还是要抓好精神建设。现在，我国正处于社会主义现代化建设的创业时期，非常需要毛泽东、邓小平等老一辈无产阶级革命家一贯倡导的艰苦创业精神，非常需要江泽民同志提出的64字创业精神，要用这种精神来鼓舞人、塑造人、教育人，调动人们的积极性、主动性和创造性，加快奔小康的步伐。与会同志认为，林州精神是江泽民倡导的新时期创业精神的生动体现，林州的经验具有普遍意义，其作法不仅给中西部地区提供了可借鉴的经验，而且对沿海发达地区也有重要启示。

海协会致函台湾海基会对7月10日台风袭击中因台湾抢救不力造成大陆渔业劳务合作工人惨死事件表示关切

国务院在北京召开全国扭亏增盈工作会议

会议于7月21日至23日在北京举行。

国务院副总理邹家华在会上作讲话指出，抓好扭亏增盈工作，是贯彻党中央、国务院关于搞好国有企业的指示，正确处理改革、发展和稳定三者关系的重要环节，要把扭亏增盈工作作为今年经济工作的一件大事切实抓好。

在全面分析当前的全国经济形势之后，邹家华指出，做好扭亏增盈工作，首先必须正确分析当前国有企业的亏损情况。今年上半年国有企业改革和发展势头良好，但由于多种原因，当前国有企业的亏损状况仍较为突出。中央对这个问题非常重视，中央领导同志和有关部门及各省、区、市进行了大量调查研究，采取了一些得力的政策措施，帮助企业解困和扭转亏损局面，第二季度的国有企业亏损状况比第一季度已有明显好转。邹家华说，对于国有企业的亏损问题，既不要夸大，又要认真对待；既不能把国有企业亏损说得似乎一团漆黑，也不能采取无所谓和国有企业亏损是难免的不正确的态度。国有企业的困难和问题是多方面原因形成的，也是完全可以克服的，只要坚决贯彻落实中央有关搞好国有企业的一系列指示，抓紧工作，国有企业的状况一定会越来越好。

邹家华认为，抓好扭亏增盈工作，必须正确分析企业亏损的成因。当前企业亏损的主要原因：一是内部经营管理不善，领导不力；二是企业债务包袱沉重，生产经营自有资金比重过低；三是设备老化，技术、工艺落后，消耗居高不下，产品无竞争力；四是企业的社会包袱重；五是企业增支减利因素增多；六是由于实施“两则”，把潜亏变成了明亏，也增加了亏损。

对下一步抓好扭亏增盈工作，邹家华提出了三点要求：第一，各级领导必须从发展社会主义市场经济和维护全党、全国工作大局的高度来认识扭亏增盈工作。有些地方和部门的同志对国有企业亏损问题还存在一些不正确的认识，如有的认为抓和不抓一个样，抓也没有什么好办法；有的把希望寄托在国家给政策、给优惠待遇上；还有的把扭亏同发展对立起来，认为扭亏不如上新项目“来得快”等等。各地区、各部门的领导同志不能因为国有企业遇到了困难，就动摇搞好国有企业的信心。事实上，在我国社会主义制度下，有大批通过改革开放和机制转换办得很好的国有企业。所谓国有企业必然亏损、扭亏无望，是毫无根据的。各级领导干部要坚定信心，提高认识，统一思想，把主要精力用在抓好国有企业解困和发展上，因厂制宜，一厂一策，是什么问题就解决什么问题，这样，搞好扭亏增盈工作是大有希望的。第二，从内部找原因，从管理挖潜力，开拓扭亏增盈的新路子。企业要按照市场需求，加快产品结构调整；强化企业内部管理，练内功，挖潜力；大力推进技术改造和技术进步；发动群众献计献策，开展“双增双节”活动；加强人员培训，对不得力的领导班子要进行必要的调整。第三，各级政府要加强领导，转变职能，帮助亏损企业解决实际困难。要建立责任制，领导亲自抓，根据国务院有关部门下达的一九九四年扭亏增盈目标，有计划有步骤地组织实施。要层层落实责任，大力宣传和交流扭亏增盈工作做得好的国有企业的典型经验。各级领导要切实转变作风，帮助企业解决困难，为企业创造比较好的外部环境。在减轻企业负担方面，各级政府、各部门要配套联动，齐抓共管，逐步解决。要下决心整顿亏损企业领导班子，打破常规,起用能人,加强培训,造就一批新型的企业带头人。

国家经贸委主任王忠禹在会议上就进一步抓好扭亏增盈工作作报告。

国家经贸委主任王忠禹在扭亏增盈工作会议上提出国有企业扭亏增盈七点意见

王忠禹指出:年初发生的企业利润大幅度下降、亏损大幅度增加的局面,从4月份开始呈现好转的势头,国有企业的效益有所好转。今年二季度末,国有工业企业亏损面由一季度的496%下降到463%,亏损额增幅下降569个百分点。

对下一步的扭亏增盈工作,王忠禹提出了七点意见:一、坚持深化改革,加快企业转换经营机制,加强内部管理,积极探索在亏损企业建立现代企业制度的途径和办法。要抓紧企业实施破产的试点工作。二、继续实行扭亏增盈目标责任制,今年预算内国有工业企业亏损面要比上年减少五个百分点,亏损额减少20%。各地区、各部门要结合国家下达的扭亏指标,层层分解,落实到企业。今后,对各地区、各部门经济工作的考核要以经济效益为主,重点考核利税和扭亏指标。要充分利用报纸、广播、电视等舆论工具,广泛宣传,督促扭亏增盈工作目标责任制的落实。三、调整产品结构,提高产品市场竞争力。要加快企业技术改造,对凡是能够实现扭亏增盈目标的企业,在技术改造方面要优先支持。要积极引进国外先进技术,加速产品的更新换代。适销对路的产品,应形成批量规模,对滞销积压产品要限产以至停产。四、加强企业管理,挖掘内部潜力。五、充分利用现有政策,抓好扭亏增盈。对国务院及有关部门已制定出的解决企业债务等问题的政策措施,要抓紧落实。六、分类指导,帮助企业解决问题。各地区、各部门的领导应深入基层,调查研究。要突出重点,抓好盈亏大户,对盈亏大户定期分析、考评。各地区、各部门的领导都要抓一两个盈利和亏损企业。七、加强亏损企业领导班子的整顿和建设。要下决心对亏损企业的领导班子进行整顿,大胆起用能人,选拔一批事业心、责任心强的同志担任厂长、经理。要注意把调整人员与更新观念结合起来,在抓班子调整的同时,更应侧重于抓好观念的转变。

国务院批转国家计委《关于清理基本建设项目资金拖欠问题的请示》

国务院原则同意《国家计委关于清理基本建设项目资金拖欠问题的请示》,现转发给你们,请遵照执行。

国家计委关于清理基本建设项目资金拖欠问题的请示

当前,由于固定资产投资规模过大,基本建设战线过长,建设资金不落实、不到位,基本建设项目铺底流动资金不足,多数建设项目严重超概算等原因,造成基本建设项目大量拖欠生产企业设备款及材料款,严重影响了国有大中型企业的正常生产。为了贯彻执行国务院关于继续加强固定资产投资宏观调控的精神,保证国民经济的正常运行和国有大中型企业的健康发展,必须对基本建设项目资金拖欠进行清理。现将我们的意见请示如下:

一、清理基本建设项目资金拖欠工作总的原则是,控制投资规模,调整资金投向,保证国家重点建设。这次清理基本建设项目资金拖欠工作,是在投资规模过大、在建项目过多、地方自筹资金不落实的情况下进行的,不能依靠国家增加投资,扩大固定资产投资规模的办法来解决,应主要通过压缩基本建设在建规模,特别是压缩国家计划外项目,调整资金投向,保证国家重点建设项目资金到位来解决。

二、清理基本建设项目资金拖欠的范围是,在建基本建设项目和1993年已竣工投产项目。列入国家计划的大中型基本建设项目拖欠的清理工作,由国家计委会同国务院有关部门(公司)、银行和各省、自治区、直辖市及计划单列市计委(计经委)负责,其他项目由国务院有关部门(公司)和各地计委(计经委)负责。

清理基本建设项目资金拖欠工作要分别轻重缓急,按照先国家重点建设项目,后一般大中型项目;先收尾投产项目,后在建项目的顺序展开。

三、清理基本建设项目资金拖欠,要区别不同情况,采取不同的办法:

(一)对计划资金未到位和今年计划投产项目超概算引起拖欠的项目,要按批准的项目可行性研究报告所确定的投资比例,由各投资方按比例注入资金。中央投资部分由国家开发银行、中国人民建设银行等有关银行和国务院有关部门(公司)负责按时注入;地方投资部分由各地计委(计经委)负责及时注入。如地方资金不到位,则中央不予安排资金,同时今年内也不再审批该省(区、市)的新开工项目。

(二)因储备资金未到位引起拖欠的项目,中央安排投资的,由银行注入设备储备贷款予以解决,优先用于国家重点项目;地方安排投资的,由地方自筹解决。

中国人民建设银行要对已有设备储备贷款的使用情况进行一次检查,以集中资金保证国家重点建设项目和设备制造周期长的国家计划内大中型项目的需要。

清理铺底流动资金拖欠工作,由有关银行负责,其中清理国家重点建设项目的铺底流动资金拖欠商国家计委后确定。

四、为了保证清理基本建设项目资金拖欠工作的顺利进行，防止拖欠进一步扩大，各地区、各部门（公司）必须按照国务院的要求，对国家计划外的建设项目进行认真清理，下决心停缓建一批项目，千方百计集中资金保证国家重点建设。在建项目要严格按照国家下达的计划安排工程进度，不得盲目超前，形成新的资金拖欠。已超概算而资金又不落实的项目要放慢建设进度。设备制造企业要根据国家计划接受订货，凡自行接受国家计划外项目订货引起的资金拖欠，由设备制造企业与订货单位协商解决。

五、国家计委会同有关部门（公司）、银行和地方负责清理的项目，拟分三个阶段进行：一是解剖哈尔滨三大动力厂的设备欠款问题（这一任务已完成）；二是7月初开始组织清理列入今年计划的151个国家重点建设项目的资金拖欠问题；三是7月下旬召开全国清理基本建设项目资金拖欠工作会议，部署全面清理大中型基本建设项目资金拖欠工作。

国务院有关部门（公司）和各地计委（计经委），必须在8月底前将国家计划内基本建设大中型项目的资金拖欠情况（截止到6月底前）和还款计划报送国家计委。小型项目由国务院有关部门（公司）和各地计委（计经委）负责清理拖欠，并在8月底前摸清拖欠情况，制订还款计划，提出安排意见，报送国家计委。

六、国务院有关部门（公司）和国家开发银行、中国人民建设银行、中国工商银行等有关银行，以及各地计委（计经委）要抓紧落实还款资金，在10月底前完成清理基本建设项目资金拖欠工作。

七、为了加强对基本建设项目清欠工作的组织领导，我们拟会同中国人民银行、国家开发银行、中国人民建设银行、中国工商银行等单位，组成清理基本建设项目资金拖欠工作小组，工作小组办公室设在国家计委。国务院有关部门（公司）、各地计委（计经委）也应组织专门的工作班子，负责抓好当地清理基本建设项目资金拖欠的工作。

国家主席江泽民在中南海会见联合国粮农组织总干事雅克·迪乌夫博士

外经贸部发言人就美国政府无理扣减中国纺织品配额事发表谈话

最近，美政府以中国企业通过第三国非法向美国转口纺织品为由，决定从7月1日起单方面扣减中国1994年352类纺织品配额1343603万打，339类配额59165万打。

外经贸部发言人指出，美政府在无充分证据的情况下单方面扣减中国配额是严重违反中美纺织品协议的。

今年4月14日，美方指控中国企业通过多米尼加向美国转口1458451万打352类，通过澳大利亚和马尔代夫转口59178万打339类纺织品，并提供了部分案例证据。中方调查结果表明，美方指控中国企业非法转口的数量大大超过中方实际出口数量。按照中国海关统计，1992年和1993年中国向多米尼加共和国出口针织衫半成品及成品总共只有729321万打，证据表明，其中绝大部分货物并没有进入美国。美方案例涉及的中国企业出口到澳大利亚的339类也只有6804打。证据表明，这批货物也没有进入美国。马尔代夫案例也没有充分证据证明中方企业参与了非法转口。而且中方企业出口上述货物时相当一部分附加了中国原产地证或打有“中国制造”的标志，说明中方出口企业是正常向第三国出口，并没有非法转口的动机。中美双方于6月9日至10日在旧金山进行了磋商。中方要求美方按照协议规定提供全部的充分的证据，但美方谈判代表却不顾协议规定，称无需提供所有证据并坚持按美方指控的数量单方面扣减配额。

发言人指出，中美纺织品谅解备忘录规定：在处理非法转口案例时，双方应全面考虑原产国是否已采取相应的打击非法转口的措施。这两年来，中国政府采取了严厉措施，制定了严格的处罚条例来打击和制止非法转口，并取得显著成效。美国政府对此是十分清楚的。在这种情况下，美国政府扣减中国的配额是完全没有道理的。

发言人说：“我们希望美国政府本着有助于发展中美贸易的立场重新考虑这一决定。如美方真正有诚意解决非法转口问题，我们愿意与美方就此案例再次进行磋商以达成双方都满意的结果，否则，中方将保留进一步作出反应的权力，由此产生的对中美双边贸易的影响理应由美方承担责任。”

泰国总理川·立派在曼谷总理府会见国务院副总理兼外交部部长钱其琛

国务院副总理兼外交部部长钱其琛在曼谷同泰国外交部部长巴颂举行会谈

“亚太一号”卫星发射成功

18时31分，“长征三号”运载火箭在西昌卫星发射中心顺利起飞，成功地把亚太通信卫星有限公司的第一颗通信卫星“亚太一号”准确送入预定轨道。

19时整，西安卫星测控中心传来卫星轨道数据。随即，西昌卫星发射中心主任胡世祥宣布发射取得圆满成功。

这是“长征三号”运载火箭第九次升空，也是西昌卫星发射中心实施的第十三次发射。这次发射成功，标志着我国商业卫星发射开始进入新阶段。

国家版权局局长于友先就《全国人大常委会关于惩治侵犯著作权的犯罪的决定》答记者问

为了惩治侵犯著作权和与著作权有关的权益的犯罪，第八届全国人大常委会第八次会议于7月5日通过《全国人大常委会关于惩治侵犯著作权的犯罪的决定》，对我国的刑法作六条补充规定。这也是我国著作权保护立法中一个重要进展。于友先就此回答人民日报社记者的提问。

记者：第八届全国人大常委会第八次会议通过《全国人大常委会关于惩治侵犯著作权的犯罪的决定》，您能否谈谈这个"决定"对我国著作权保护事业有什么意义？

于：著作权法实施已三年多。三年多来，通过司法途径和行政途径打击侵权行为，维护权利人合法权益，取得了明显成效。但著作权法对侵权行为只规定了民事责任和行政责任，没有规定刑事处罚，对侵权行为的打击力度还不够。著作权并非单纯民事权利，严重侵权行为也会损害公众利益，对社会造成危害。当前，社会上一些不法分子为牟取暴利，对图书、录音录像、电影、计算机软件等作品的盗版活动十分猖獗，不仅严重损害了作者和作品传播者的民事权利，也扰乱了文化市场和经济活动的正常秩序。我国已加入了国际著作权公约，侵权盗版泛滥也影响对外贸易和对外科学文化交流与合作，有损我国国际声誉。为了维护社会公众利益和国家声誉，必须对严重侵权行为给予严厉惩罚。世界许多国家的著作权法，对侵权行为规定了刑事制裁条款，而且有加重刑罚的趋势。关贸总协定中《与贸易有关的知识产权协议》也要求对侵犯著作权的犯罪在国内法中有相应的刑事处罚。

人大常委会通过的"决定"，适应了国内国际加强对知识产权保护的需要，它必将增强对侵犯著作权犯罪的威慑力，成为制裁侵犯著作权犯罪的有力武器。这对加大对盗版活动的打击力度，维护正常的社会主义文化市场和经济秩序，对履行我们的国际义务、与保护知识产权的国际公约接轨都具有十分重要的意义。

记者：按照著作权法，著作权行政管理机关有权对严重侵权行为实施行政处罚，"决定"发布后，对侵犯著作权的犯罪适用刑事制裁，还有必要实施行政处罚吗？

于：对侵犯著作权的犯罪适用刑事制裁与对严重侵权行为实施行政处罚是不矛盾的，刑事制裁并不取代行政处罚。

刑事制裁适用"惩治侵犯著作权的犯罪的决定"，即侵权行为构成犯罪的；行政处罚适用著作权法第四十六条。虽然"决定"的第一、二条与著作权法第四十六条的一些条款内容相同，但在违法所得数额的大小与侵权情节的轻重方面有较大区别。

行政处罚由著作权行政管理机关实施。只要权利人投诉或有人举报，并能提供必要的证据，著作权行政管理机关即可受理。著作权行政管理机关也可主动查处。经过查证，给予没收非法所得、罚款等处罚。对于违法所得数额巨大或较大，情节严重，构成犯罪的，可移送检察机关追究其刑事责任。检察机关立案侦查的案件，经过侦查，尚不足以定罪的，也可由著作权行政管理机关给予行政处罚。

记者：对当前一些地方激光唱盘、图书盗版猖獗的状况，国家版权局采取什么行动？

于：当前，在音像制品（特别是激光唱盘）、图书、电影、计算机软件等领域，在一些地区，盗版现象比较严重。在国务院的领导下，国家版权局会同有关部门已经采取了一些行动，并将继续采取行动。

一是坚决查处音像盗版活动。针对激光唱盘复制生产线发展过猛、侵权现象严重，国家版权局与中宣部、新闻出版署、国家计委、外经贸部等七部委今年4月联合发出了《关于加强激光唱盘、激光视盘复制管理的紧急通知》。据此，对现有生产线进行了清理整顿。广东、上海、北京、湖南、湖北、江苏、福建等十几个省、市，出动数千人对音像市场进行突击检查，收缴激光唱盘20多万张，激光视盘近3000张，录音录像盒带10万多盒。北京和一些地方还清查了图书市场。就全国而言，在继续清查音像市场的同时，还将清查图书、计算机软件市场。

二是对严重侵权行为实施行政处罚。著作权法实施三年来，据不完全统计，已实施行政处罚150多起。国家版权局对福建、广东等9家工艺品厂和外贸公司仿制、销售外国公司玩具造型案进行了查处，分别给予行政处罚；处罚了江苏苏州一家电子公司翻版生产激光唱盘案。现正进一步加强国家版权局和地方著作权行政管理机关的力量和执法手段。著作权行政管理机关将会同工商、公安、广电和文化等管理部门组成联合执法组，对侵权严重的领域和地区在一定时期内进行重点打击。海关总署将制定边境措施条例，加强对侵权盗版制品的进出口管理。

三是组织宣传活动。利用报刊、电台、电视台等大众传播媒介，大力宣传著作权法，对查处或依法判处的典型案例进行曝光，以案说法。通过正反两个方面的材料的宣传，提高全社会的著作权意识。

我们相信，通过司法的和行政的途径，通过提高权利人的自我保护意识和公众的著作权意识，必将遏制盗版活动和其他严重侵权行为。

记者：为了认真实施“惩治侵犯著作权的犯罪的决定”，各有关方面应该做些什么？

于：我认为首先要组织好学习和宣传，新闻媒介除正面宣传外，还要对依“决定”作出判决的案件作介绍评析，使广大公众、特别是作品的创作者和使用者懂得以营利为目的，擅自使用他人作品所得数额巨大或较大、情节严重的是犯罪行为，将会受到刑事处罚。使广大公众、特别是权利人知道依法维护自己的合法权益，举报侵犯著作权犯罪行为；让意图侵权者慑于法律的威力而却步；让犯罪分子难存侥幸。

对执法和司法机关来说，则要有法必依，执法必严。让犯罪分子难逃法网。著作权行政管理机关将积极配合检察机关和司法机关，协助他们有效地制裁一批犯罪分子，尽快制止盗版活动和其他严重侵权行为，维护作者合法权益，维护“决定”的法律尊严，促进文学艺术和科学作品的创作和传播，促进社会主义精神文明建设，促进对外经济和科学文化交流与合作。

林业部公安部就陆生野生动物刑事案件的管理及立案标准作出规定

为保护我国野生动物资源，惩治捕杀国家重点保护的珍稀野生动物犯罪，林业部、公安部最近就陆生野生动物刑事案件的管辖及其立案标准作出规定。

规定中明确指出，林业公安机关管辖的陆生野生动物刑事案件范围包括：非法捕杀国家重点保护的珍贵、濒危陆生野生动物案、违法狩猎案、非法收购、出售、走私、盗窃国家重点保护陆生野生动物或者其产品案等。

规定指出，未建立林业公安机关的地方，上述案件由地方公安机关管辖。规定中还详细列出非法捕杀国家重点保护珍贵、濒危陆生野生动物刑事案件的立案标准。

7月22日

中国常驻联合国代表李肇星约见联合国秘书长加利就尼加拉瓜等少数国家要求在第四十九届联大议程中列入所谓台湾“代表权”的议题事阐明中国政府立场

李肇星指出，中国政府和人民对尼加拉瓜等国向联合国提出所谓的台湾在联合国“代表权”问题表示极大的愤慨。这一行动严重侵犯了中国的主权，是对中国内政的粗暴干涉，也严重违背了《联合国宪章》的宗旨和原则以及第二十六届联合国大会第二七五八(XXVI)号决议。

李肇星强调，台湾自古即属于中国，这是任何人都无法改变的历史事实。中华人民共和国成立以来，一百五十九个国家先后同中国建立外交关系，它们都承认世界上只有一个中国，中华人民共和国政府是中国唯一合法政府，台湾是中国的一部分。联合国第二十六届大会以压倒多数通过的第二七五八(XXVI)号决议早已从政治、法律和程序上彻底解决了中国在联合国的代表权问题。该决议以明确无误的语言“承认中华人民共和国政府的代表是中国在联合国的唯一合法代表，中华人民共和国是安全理事会五个常任理事国之一”。去年第四十八届联大总务委员会已断然拒绝将所谓台湾“代表权”问题列入联大议程的无理要求。现在，又有几个国家不顾历史事实和有关联大决议，为台湾“重返”联合国而鼓噪，这也是注定要失败的。

李肇星指出，联合国是由主权国家组成的政府间国际组织。台湾作为中国的一个省，根本没有资格加入联合国，因而也就谈不上适用“会籍普遍性”原则。至于个别地区性经济组织，如亚洲开发银行、亚太经济合作组织，台湾的加入都是在一个中国的原则下，以中国政府同意和接受的方式由中国政府与有关方面达成的协议或谅解作出的特殊安排，即明确规定中华人民共和国作为主权国家参加，台湾作为中国的一个地区参加。还须指出的是，台湾问题作为中国的内政，与第二次世界大战后经国际协议而形成的德国问题和朝鲜问题存在着本质上的区别，两者不能相提并论。尼加拉瓜等国提交的备忘录违背历史事实，无视客观现实，歪曲《联合国宪章》的宗旨和原则，试图用什么“会籍普遍性”原则、“分裂国家平行代表权”模式为台湾参与联合国寻找借口，完全是缺乏法律根据和牵强附会的，因而是根本站不住脚的。

李肇星指出，台湾问题纯属中国内政，任何国家都无权干涉。实现祖国统一，是中华民族的根本利益所在。多年来，中国政府和人民为之进行了不懈的努力，并取得了积极进展。中国统一的历史潮流是不可逆转的。台湾当局置民族大义于不顾，继续通过“银弹外交”等手段，在国际上推行“双重承认”和“两个中国”，并妄图“重返”联合国。中国政府和人民严重关注这一事态发展，对任何分裂祖国、阻挠和破坏中国统一大业的行径绝不会坐视不理。

中国常驻联合国代表李肇星大使在经社理事会会议上讨论人权问题时发表讲话

李肇星肯定联合国人权委员会第五十届会议在贯彻和执行《维也纳宣言》方面作出一定的积极努力。如仍将消除种族主义、种族歧视和外国侵略造成的大规模侵犯人权作为优先任务予以审议；再次重申发展权是一项普遍的、不可剥夺的权利等。

但李肇星指出，冷战时期的集团对抗、双重标准、人权政治化等现象仍未消除。一些国家以人权捍卫者的姿态自居,肆意点名指责、攻击发展中国家,动辄借助别国人权决议施加政治压力。这种做法本身就是践踏别国的人权,是与人权领域各国相互尊重、平等合作的精神背道而驰的,是违反《维也纳宣言》的。还有的国家片面强调人权的普遍性而忽视各个地区、各个国家的特殊性,借口促进和保护某一类人权而忽视另一类人权,等等。这种片面解释《维也纳宣言》的现象不利于保护和促进各项人权和基本自由。

在谈到人权委员会工作改革时,李肇星说,它应是机制的全面改革,而不仅仅是议题的重新组合。改革的目标应使人权委员会工作能严格遵循《联合国宪章》的宗旨和原则,消除人权政治化、双重标准等不正常现象,以真正促进人权和基本自由的实现。

李肇星指出,人权委员会应促进各国在相互尊重和平等的基础上开展对话和合作,增进理解,而不是相互对抗和指责。人权委员会的议程应确保各项权利的平衡,保证发展中国家所关心的议题得到充分的审议。

李肇星还强调,为确保所有各方意见得到充分的反映,工作组的工作应以协商一致为基础。

中共中央政治局常委胡锦涛在人民大会堂会见由老挝人民革命党中央政治局委员党政监察委员会主任迈占丹·森马尼率领的老挝党政监委代表团

国家海洋局举行庆祝建局30周年大会

中共中央总书记、国家主席江泽民,国务院总理李鹏,中央军委副主席刘华清等分别为国家海洋局建局30周年题词。

江泽民题词是:“振兴海业繁荣经济”;李鹏题词是:“管好用好海洋振兴沿海经济”;刘华清题词是:“探索海洋奥秘发展蓝色产业”。王丙乾、宋健也题了词。

中共中央政治局常委中央军委副主席刘华清在全国拥军优属拥政爱民模范城(县)命名大会上发表讲话

同志们:

在纪念中国人民解放军建军67周年前夕,全国双拥工作领导小组、民政部、总政治部隆重举行双拥模范城(县)命名大会,交流经验,表彰先进,这对于进一步做好双拥工作,增强军政军民团结,促进改革、发展、稳定,具有重要意义。我代表党中央、国务院、中央军委,向被命名的双拥模范城(县)表示热烈的祝贺!向人民解放军和武警部队官兵、转业复员退伍军人和烈军属致以亲切的慰问!

拥军优属、拥政爱民是我党我军我国人民的优良传统,是我们特有的政治优势。无论是在革命战争年代,还是在和平建设时期,在中国共产党的领导下,我国军民患难与共,团结奋斗,赢得了民族的解放和国家的独立,取得了社会主义革命和建设事业的伟大胜利。党的十一届三中全会以来,双拥工作在我国伟大的历史性转折中,在建设有中国特色社会主义的事业中,在维护祖国的安全、统一和社会稳定中,都发挥了重大作用。去年纪念延安双拥运动50周年大会以来,双拥工作又有了新的发展,取得了新的成绩。

广大军民为实现党的基本路线,团结一致,坚定信念,奋发进取,保证了双拥工作正确的发展方向;适应建立社会主义市场经济体制的形势,研究新情况,解决新问题,为双拥工作注入了新的生机和活力;着眼于制度化、经常化和社会化,不断制定和完善有关政策规定和办法,促进了双拥工作在基层的落实。这次命名大会,就是对这几年来双拥成果的一次检阅。来自全国各地、全军各部队的代表欢聚一堂,共叙鱼水之情,充分展现了我国军民同心同德、团结奋斗的精神风貌,表达了亿万军民励精图治、共创四化大业的坚定信念。

当前,我国的改革开放和现代化建设正处在关键时期。抓住机遇,深化改革,扩大开放,促进发展,保持稳定,是全党和全国工作的大局。做好双拥工作,进一步加强军政军民团结,对于服从和服务于这个大局,具有特别重要的意义。江泽民同志强调指出,要“广泛深入持久地开展拥政爱民、拥军优属活动,发展军政军民相互团结、相互支持的大好局面。”最近他又进一步指出,在新形势下,搞好军政军民团结尤为重要。我们要按照江泽民同志的要求,围绕大局,服务中心,坚持经常,注重落实,把双拥工作提高到一个新的水平,更好地为改革开放和社会主义现代化建设服务。

要把保持社会稳定作为当前双拥工作的首要任务。保持社会稳定,是我们顺利进行改革开放,集中力量发展经济必不可少的条件。当今世界正处在复杂深刻的变动之中,国际形势总体上趋向缓和,但天下并不太平,一些国家和地区局势动荡,战火连绵,霸权主义和强权政治依然存在。我国的改革开放已进入到整体推进、重点突破的攻坚阶段,建立社会主义市场经济体制的一系列重大举措陆续出台,改革的规模和力度都是前所未有的。处在这样重要的时期,我们比以往任何时候都更加需要保持社会稳定,更加需要全党全军全国各族人民和衷共济。军政军民之间的坚强团结,是保持社会稳定的坚实基础和可靠保证。双拥工作要服从和服务于改革、发展、稳定这个大局,紧紧围绕保持社会稳定去开展工作。要引导广大军民认真学习建设有中国特色社会主义的理论,统一思想,坚定信念,坚持党的基本路线不动摇,在共同的政治基础上,把广大军民凝聚起来,为共同的目标团结奋斗。要通过深入开展军民共建等活动，弘扬社会正气，树立文明新风，用健康向上的思想文化抵御资产阶级腐朽思想的侵蚀和影响，促进社会主义精神文明建设，为改革开放和现代化建设创造良好的社会环境。建立社会主义市场经济体制，是一场深刻的变革，涉及各种利益格局和利益关系的调整，也必然会对军民关系产生重要影响。各级党政军领导要以高度的政治责任感，及时妥善地解决军民关系中出现的新问题，积极主动地做好团结工作。军地双方都要以党和国家的利益为重，像爱护自己的眼睛一样，精心维护军政军民团结，使之不断巩固和发展，经得起任何风浪的考验。

要紧紧围绕发展社会生产力和提高部队战斗力做好工作。双拥工作历来是为党的中心任务服务的，在不同的历史时期，尽管其具体内容和形式不同，但解放和发展社会生产力、提高部队战斗力，始终是这项工作的出发点和落脚点。邓小平同志深刻指出，发展才是硬道理。集中精力把经济建设搞上去，是实现民族振兴、国家富强的必由之路，是社会主义制度立于不败之地的关键所在。我们在双拥工作中必须牢牢把握经济建设这个中心，服务于这个中心。与此同时，还必须看到，建设强大的人民军队和巩固的国防，是我们顺利进行改革和建设的坚强后盾，是国家政权巩固、经济发展的可靠保证。我们一定要居安思危，进一步固我长城。要正确处理经济建设和国防建设的关系，统筹兼顾，使之相互促进，协调发展。人民解放军在新的形势下，要牢记全心全意为人民服务的宗旨，自觉服从国家建设大局，在完成教育训练等各项任务的同时，积极支持和参与改革开放和现代化建设，主动承担急难险重任务，开展扶贫帮困，奋勇抢险救灾，为国家的繁荣和发展再立新功。地方各级党委、政府，要坚持不懈地对人民群众进行国防教育，不断增强国防观念，在全社会形成关心爱护军队、支持军队建设的良好风尚。要一如既往地帮助部队解决战备、执勤、训练、施工等方面的实际困难，认真保护军事设施。要把军队转业干部和退伍战士的安置工作作为一项政治任务落实好，妥善解决军官家属随迁、工作安排、子女入学等问题，并做好烈军属和伤残军人的优抚工作。通过军地双方的共同努力，使双拥工作在促进社会生产力的发展和部队战斗力的提高中发挥更大的作用。

要把双拥工作作为一项长期的战略任务坚持不懈地抓下去。军民团结如一人，试看天下谁能敌，这是一个颠扑不破的真理。革命战争时期是这样，和平建设时期也是这样。做好双拥工作，增强军政军民团结，关系到国家的长治久安，关系到人民军队的建设和发展。各级党政军领导要充分认识双拥工作的重大意义，作为一项长期的战略任务，列入重要议事日程，扎扎实实地抓下去。要着眼基层，注重实效，切实把重点放在工厂、街道、乡村、学校、连队等基层单位；要实行分类指导，解决实际问题，促进工作落实，打牢军政军民团结的基础。创建双拥模范城（县）活动，是我国军民的一个创造。几年来的实践证明，这一活动对于调动各方面的积极性，提高双拥工作整体水平，推动两个文明建设，都发挥了重大作用。要认真总结经验，不断提高质量，注重社会效益，长期开展下去。要认真研究、积极探索适应新形势要求的双拥工作的政策制度、组织领导、工作方法和活动形式，使这项工作在实践中有所发展，有所创造，有所前进。

同志们，我国的改革开放和现代化建设已经发展到一个非常重要的历史时期。新的形势和任务对双拥工作提出了新的更高的要求。因此，双拥工作应当更加有所作为，军民团结应当好上加好。让我们紧密地团结在以江泽民同志为核心的党中央周围，继承和发扬军民一家、鱼水相依的优良传统，同呼吸、共命运、心连心，沿着有中国特色的社会主义道路奋勇前进！

首届宋庆龄奖学金颁奖大会在上海举行

来自全国 30 个省、自治区、直辖市的 299 名中小学生荣获中国首届宋庆龄奖学金。

中国福利会主席黄华等在会上讲话。

宋庆龄奖学金是'94 国际少年儿童文化艺术节组委会提议并捐献基金，由国家教委和中国福利会共同设立的，以中小学生为颁奖对象的全国性奖学金。

全国拥军优属拥政爱民模范城(县)命名大会在人民大会堂举行

中共中央总书记、国家主席、中央军委主席江泽民会见出席全国双拥模范城（县）命名大会的代表。

李鹏、乔石、李瑞环、朱镕基、刘华清、胡锦涛、温家宝、布赫、罗干、杨汝岱、阿沛·阿旺晋美等参加会见。中央军委委员、总政治部主任于永波主持大会。中共中央政治局常委、中央军委副主席刘华清讲话。

国务委员、国务院秘书长、全国双拥工作领导小组组长罗干在会上作《进一步做好新形势下双拥工作，努力为改革、发展创造良好的社会政治环境》的报告。

民政部部长、全国双拥工作领导小组副组长多吉才让宣读全国双拥工作领导小组关于授予 136 个市（区）县为全国双拥模范城（县）的决定。决定指出，近几年来，各地、各部队广泛开展创建双拥模范城（县）活动，涌现出一大批具有时代特色、适应形势要求的典型，为巩固和发展军政军民相互团结、相互支持的大好局面，发挥了榜样和示范作用。

全国双拥模范城（县）的代表在会上发言。

出席命名大会的还有全国双拥工作领导小组成员和北京市、北京军区的负责人。

国台办发言人就大陆渔工在宜兰海域遇难事发表谈话

7月10日台湾“上好三号”渔船在宜兰海域遭强台风袭击，初步查明10名在该船上的大陆渔工不幸罹难。

据了解，这一悲惨死亡事故的根本原因是由台湾有关当局对在所谓“海上旅馆”上的大陆渔工入港避风有处罚规定所致。

我们对这一不幸事件表示严重的关切。我们对死难者及其家属表示哀悼，对获救的大陆渔工表示慰问，并向援助大陆同胞脱险的台湾同胞致谢意。

在遇到台风时让海上人员避难，这是起码的人道准则。台湾有关方面应取消对大陆渔工歧视、限制性规定，改变以往的错误做法，追究事故的责任，杜绝今后类似事件的发生。并允许罹难者家属、渔工所属公司代表和大陆记者赴当地处理善后和进行采访，并对死难者家属给予赔偿。

7月23日

《人民日报》发表评论员文章《搞好双拥服务大局》

外交部发言人就台湾在联合国的代表权问题答记者问

外交部发言人在回答记者提问时强调指出，联合国是由主权国家组成的政府间国际组织，台湾作为中国的一个省，根本没有资格参加联合国及其有关活动。

有记者问：最近，少数国家致函联合国秘书长提出审议所谓台湾在联合国的“代表权”问题，你对此有何看法？

发言人说，中国政府和人民对尼加拉瓜等国向联合国提出所谓的台湾在联合国“代表权”问题表示极大的愤慨。这一行动严重侵犯了中国的主权，是对中国内政的粗暴干涉，也严重违背了《联合国宪章》的宗旨和原则以及第二十六届联合国大会第2758号决议。联合国是由主权国家组成的政府间国际组织，台湾作为中国的一个省，根本没有资格参加联合国及其有关活动。

发言人说，去年第四十八届联合国大会曾断然拒绝将所谓台湾“代表权”问题列入联大议程的无理要求。这反映了绝大多数联合国会员国维护《联合国宪章》和联合国决议权威性的坚定立场，同时表明任何背离联合国广大会员国意愿的图谋都是徒劳和不得人心的。

发言人指出，台湾当局不甘心于去年的失败，今年再次通过收买和拉拢等手段诱使少数国家重提旧案，为台湾“重返”联合国鼓噪，这也是注定要失败的。

全国扭亏增盈工作会议闭幕

财政部副部长张佑才和国家经贸委副主任石万鹏在闭幕会上讲话。张佑才突出强调，要抓好亏损大户的扭亏工作，把亏损额占全部亏损额60%的1185户亏损大户的问题解决好，亏损问题也就解决了一大半。石万鹏指出，要突出抓重点地区、重点行业、重点企业的扭亏工作，区分情况，分类指导。

国务院副总理邹家华为会议作总结。邹家华指出，要充分运用好中央已经给的政策，把工作做好。补充自有生产经营资金问题，立足点要放在企业；企业效益好，就要积极自觉地补充自有资金，企业自有资金多了，向银行贷款少了，付的利息少了，效益就会提高。一定要建立这样的自我积累机制。部分省市从财政、银行和经贸委等渠道筹资建立扭亏专项基金，对搞好企业的扭亏增盈工作产生了良好的效果。有条件的省、自治区、市都可以这样做，但不要攀比，要坚持从实际出发。

邹家华指出，今年下半年全国的亏损面要比上半年减少5%左右，亏损额要减少20%左右。各级领导要亲自动手抓这项工作，首先要把目标责任制认真建立起来。抓扭亏增盈不能流于形式，搞“一阵风”，敷衍了事，要作为一项重要任务常抓不懈。在扭亏增盈工作中，要重视宣传和学习典型经验，要对照典型经验找差距、找原因，针对不同情况，采取不同的有效对策，把扭亏增盈工作搞上去。

国务院副总理兼外交部部长钱其琛和东盟秘书长辛格在曼谷签署关于成立中国—东盟经济贸易合作联合委员会和中国—东盟科技合作联合委员会的协议

根据这两个协议，双方将定期轮流在中国和东盟国家举行会议，研究和探讨进一步加强双方在经济贸易和科技方面的合作。

国务委员兼国防部部长迟浩田在人民大会堂会见印度陆军参谋长乔希

'94上海国际少年儿童文化艺术节在上海体育馆开幕

艺术节以和平、友谊、未来为宗旨。全国人大常委会委员长乔石为艺术节题词：“世界少年儿童热爱和平”。中央军委副主席刘华清的题词是：“少年儿童和平天使”。李铁映、吴邦国、陈慕华、黄华、黄菊等领导同志也分别题了词。

世界五大洲的23个国家和地区、海内外46个少年儿童艺术团、科技团、足球队参加本届文化艺术节。少年儿童们将在文化、艺术、科技、体育、教育等方面进行广泛的交流。

老作家巴金也写来贺词:“文艺能净化人的心灵”。

艺术节由中国福利会、上海市人民对外友好协会、上海宋庆龄基金会等主办,每三年举办一届。

7月24日

国务院总理李鹏签署国务院第159号令发布《国有企业财产监督管理条例》

现发布《国有企业财产监督管理条例》,自发布之日起施行。

总理 李 鹏

1994年7月24日

国有企业财产监督管理条例

第一章 总 则

第一条 为了加强国有企业(以下简称企业)财产的监督管理,巩固和发展国有经济,促进社会主义市场经济体制的建立,制定本条例。

第二条 国家通过转变政府职能,理顺产权关系,转换企业经营机制,保障国家对企业财产的所有权,落实企业经营权,使企业成为自主经营、自负盈亏、自我发展、自我约束的法人和市场竞争的主体,实现国有资产的保值增值。

第三条 企业财产即企业国有资产,是指国家以各种形式对企业投资和投资收益形成的财产,以及依据法律、行政法规认定的企业其他国有财产。

第四条 建立明晰的产权关系,旨在明确政府有关部门和其他监督机构的职责、企业的权利和责任,理顺企业财产的国家所有、分级管理、分工监督和企业经营的相互关系。

第五条 企业财产属于全民所有,即国家所有。

国务院代表国家统一行使对企业财产的所有权。

第六条 在国务院统一领导下,国有资产实行分级行政管理。

第七条 国务院授权有关部门或者有关机构,对指定的或者其所属的企业财产的经营管理实施监督。

根据国务院的授权,省、自治区、直辖市人民政府可以确定有关部门或者有关机构,对指定的或者其所属的企业财产的经营管理实施监督。

第八条 企业对国家授予其经营管理的财产依法自主经营,享有占有、使用和依法处分的权利。

第九条 企业财产的监督管理应当遵循以下原则:

(一)政企职责分开;

(二)政府的社会经济管理职能和国有资产所有者职能分开;

(三)企业财产的所有权与经营权分离;

(四)投资收益和产权转让收入用于资本的再投入;

(五)资本保全和维护所有者权益;

(六)企业独立支配其法人财产和独立承担民事责任。

第二章 分级管理和分工监督

第十条 国务院国有资产管理行政主管部门履行下列职责:

(一)会同有关部门拟订企业财产管理法规和制定企业财产管理规章、制度;

(二)汇总和整理国有资产的信息,建立企业财产统计报告制度,并纳入国家统计体系;

(三)组织清产核资、产权登记、产权界定、资产评估等基础管理工作,对国有资产保值增值状况进行监督检查,并对违法行为依法给予行政处罚;

(四)制定企业财产保值增值指标体系,从总体上考核国有资产经营状况;

(五)在国务院规定的职权范围内,会同有关部门协调解决国有资产产权纠纷;

(六)国务院规定的其他职责。

第十一条 地方各级人民政府可以根据国务院的规定设立国有资产管理部门,对地方管辖的国有资产依法实施行政管理。

第十二条 国务院授权有关部门或者有关机构(以下统称国务院授权的监督机构),对国务院管辖的企业和国务院指定由其监督的地方管辖的企业实施分工监督。

第十三条 国务院有关部门对国务院指定由其监督的企业和企业集团履行下列监督职责:

(一)对企业财产的保值增值状况实施监督;

(二)依照法定权限和程序,会同有关部门提出厂长(经理)的任免(聘任、解聘)建议,或者决定厂长(经理)的任免(聘任、解聘)和奖惩;

(三)商有关部门提出监事会的人员组成;需报国务院审定的,应当按照有关规定履行报审手续;

(四)向企业派出监事会。

第十四条 国务院授权的全国性总公司对其所属企业履行下列监督职责:

(一)对企业财产的保值增值状况实施监督;

(二)依照法定条件和程序,决定或者批准厂长(经理)的任免(聘任、解聘)和奖惩;

(三)商有关部门提出监事会的人员组成；

(四)向企业派出监事会。

第十五条 除国务院授权的监督机构监督的企业外，省、自治区、直辖市人民政府可以根据本条例规定，确定有关部门或者有关机构(以下统称省级人民政府确定的监督机构)，对省级人民政府管辖的企业和省级人民政府指定由其监督的下级地方人民政府管辖的企业实施分工监督。

第十六条 国有资产管理部门和监督机构在履行职责时，不得干预企业的经营权。

第三章 监事会

第十七条 监事会是监督机构根据需要派出的对企业财产保值增值状况实施监督的组织。

第十八条 国务院授权的监督机构对所监督的企业派出的监事会，其成员可以从下列人员中委派和聘请：

(一)监督机构委派的代表；

(二)财政部、国家经济贸易委员会和国家国有资产管理局等政府有关部门以及有关银行派出的代表；

(三)监督机构聘请的经济、金融、法律、技术和企业经营管理等方面的专家；

(四)监督机构聘请的被监督企业的领导人和企业职工代表；

(五)监督机构聘请的其他人员。

省级人民政府确定的监督机构派出的监事会，其成员可以参照前款规定委派和聘请。

第十九条 监事会由不少于 5 人、不超过 15 人的奇数成员组成。监督机构委派和政府其他部门派出的监事人数不得超过监事会成员总数的三分之二。

监事会主席由政府或者监督机构在监事会成员中指定。

监事会每届任期 3 年。监事连任不得超过两届。

第二十条 监事应当符合下列条件：

(一)能够维护所有者的权益；

(二)坚持原则，清正廉洁，办事公道；

(三)熟悉有关业务，有 10 年以上的从业经验。

第二十一条 监事会履行下列职责：

(一)审查经注册会计师验证的或者经厂长(经理)签署的企业财务报告，监督、评价企业经营效益和企业财产保值增值状况；

(二)根据工作需要，查阅企业的财务账目和有关资料，对厂长(经理)和有关人员提出询问；

(三)对厂长(经理)的经营业绩进行监督、评价和记录，向派出监事会的监督机构提出对厂长(经理)任免(聘任、解聘)及奖惩的建议；

(四)根据厂长(经理)的要求，提供咨询意见。

第二十二条 监事会会议每年召开一至二次。经监事会主席或者三分之一以上的监事提议，或者应厂长(经理)的请求，监事会可以举行临时会议。

监事会会议由监事会主席主持。主席缺席时，可以委托其他监事代其主持会议。

监事会会议应当建立会议记录。

监事会决议应当由监事记名表决，经全体监事的过半数同意方为有效。

第二十三条 监事会对派出的监督机构负责，并定期向其报告工作。

第二十四条 监事必须执行监事会的决议。

监事不得泄露被监督企业的商业秘密。

除被聘请担任监事的企业领导人和职工代表外，监事不得兼任被监督企业的任何职务，不得接受被监督企业的任何报酬。

第二十五条 监事均为兼职。

监事会履行职责所必要的开支，由派出的监督机构支付。

第二十六条 监事会及其监事不得干预企业的经营权。

第四章 企业法人财产权

第二十七条 企业享有法人财产权，依法独立支配国家授予其经营管理的财产。

政府和监督机构不得直接支配企业法人财产。

第二十八条 除法律、行政法规另有规定外，政府和监督机构不得以任何形式抽取注入企业的资本金，不得调取企业财产，不得以任何名义向企业收取任何费用。

第二十九条 国家对企业承担的财产责任以投入企业的资本额为限。

企业以其全部法人财产独立承担民事责任。

第三十条 企业应当建立资产经营责任制，对企业全部法人财产及其净资产承担保值增值的责任。

第三十一条 厂长(经理)作为企业的法定代表人，对企业全部法人财产及其净资产的保值增值状况承担经营责任。

对经营业绩显著的厂长(经理)，由政府或者监督机构给予奖励。具体办法另行制定。

第三十二条 已实行承包经营责任制的企业，应当将企业财产的保值增值指标纳入承包指标体系。

第三十三条实行租赁经营的企业，承租方应当依照有关租赁经营的法律、行政法规的规定，在租赁期间按照合同约定，足额缴纳租金，并保证国有资产的保值增值。

第三十四条 企业改组为股份制的，须经监督机构和有关部门批准。

第三十五条 企业与其他企业或者事业单位之间联营组成新的企业法人的，须经监督机构和有关部门批准。

第三十六条 企业与外商实行合资经营、合作经营或者向境外投资的，须经监督机构和有关部门批准。

第三十七条 向个人、私营企业、境外投资者等转让企业产权的，应当依照国务院规定的权限和程序报经批准。

第三十八条 企业改组为股份制的，或者与外商实行合资经营、合作经营的，或者转让企业产权的，应当遵守有关法律、行政法规和国家有关规定。

第三十九条 企业应当在财务报告中如实反映对其他企业的投资或者对境外的投资及其收益状况，并及时足额收取应当分得的利润。

第四十条 企业应当依照有关法律、行政法规进行清产核资、产权登记和资产评估，并按照规定填报报表。

第五章 法律责任

第四十一条 国有资产管理部门有下列行为之一的，由政府责令改正；造成严重后果的，对主管领导人员和直接责任人员由上级机关或者所在单位给予行政处分：

（一）未按照规定履行监督职责，对企业财产流失的总体情况不掌握、不反映、不提出相应建议的；

（二）在组织开展清产核资、产权登记、产权界定和资产评估中，滥用职权，处罚不当，造成严重后果的；

（三）超越权限干预企业经营权，侵犯企业合法权益的。

第四十二条 监督机构有下列行为之一的，由政府责令改正；造成严重后果的，对主管领导人员和直接责任人员由上级机关或者所在单位给予行政处分：

（一）未按照规定履行监督职责，对被监督企业财产流失的情况不掌握、不反映、不采取相应措施的；

（二）超越权限干预企业经营权，侵犯企业合法权益的。

第四十三条 审批企业产权变动的部门有下列行为之一的，由政府责令改正；造成严重后果的，对主管领导人员和直接责任人员由上级机关或者所在单位给予行政处分：

（一）违反国家有关规定，超越权限，擅自批准企业产权变动的；

（二）审批企业产权变动不当，造成企业财产损失的；

（三）在审批企业产权变动中，滥用职权，谋取私利的。

第四十四条 监事会及其监事有下列行为之一的，由监督机构责令改正；造成严重后果的，按照规定程序，改组监事会，免去或者解聘有关的监事：

（一）未按照规定履行监事会或者监事职责的；

（二）超越监事会或者监事职权，干预企业经营权，侵犯企业合法权益的；

（三）泄露企业商业秘密，利用监事职权谋取私利的；

（四）以任何形式接受企业的报酬或者收受财物的。

第四十五条 企业有下列行为之一的，由监督机构责令改正；造成严重后果的，对厂长（经理）和直接责任人员给予经济处罚，免除（解聘）其职务，或者给予降职、撤职处分：

（一）企业经营管理不善，连续两年亏损，亏损额继续增加的；

（二）在承包、租赁、股份制改组、联营或者与外商合资经营、合作经营以及向境外投资过程中，弄虚作假，以各种名目侵占企业财产的；

（三）向其他企业投资或者向境外投资，未在财务报告中如实反映收益状况或者未及时足额收取应得利润，造成企业财产流失的；

（四）擅自转让企业产权的；

（五）未按照规定进行清产核资、产权登记、资产评估以及不如实填报报表，隐瞒真实情况的。

第六章 附 则

第四十六条 本条例原则适用于国有独资公司和国有金融企业。

第四十七条 地方各级人民政府对企业财产的监督管理办法，由省、自治区、直辖市人民政府根据本条例制定，报国务院备案。

第四十八条 本条例发布前的行政法规、地方性法规、规章和其他行政文件的规定，与本条例相抵触的，以本条例为准。

第四十九条 本条例由国家经济贸易委员会会同国家国有资产管理局组织实施。

第五十条 本条例自发布之日起施行。

新疆文物考古工作者在新疆哈密地区发现一处战国至汉代大型古墓群

新疆文物考古工作者近日在哈密地区发现一处战国汉代大型古墓群，并对其中的 107 座墓进行清理发掘，共出土古墓随葬品 500 余件。

7 月 25 日

《人民日报》就河南林州在加强农村精神文明建设

中创造的好经验发表评论员文章《学习林州好经验》

中央政法委员会发出《关于严厉打击棉花购销经营中掺杂使假违法犯罪活动的通知》

《通知》说，去年下半年以来，棉花购销经营中掺杂使假违法犯罪活动十分猖獗，一些不法分子乘棉花减产、供求矛盾突出之机，蓄意在棉花包里掺入砖块、石头、沙子、石粉、破麻袋、塑料布等杂物以谋取暴利，严重降低了棉花质量，损坏了一些棉纺工厂的机器设备，破坏了棉花市场的正常秩序，使国家和集体蒙受了巨大的经济损失，造成了极坏的政治影响。

《通知》说，棉花是最重要的经济作物，是关系到国计民生的工业原料和战略物资，严厉打击棉花购销经营中的掺杂使假违法犯罪活动，维护好棉花市场的正常秩序，对于促进社会主义市场经济健康发展，保障社会主义现代化建设顺利进行具有重要的意义。今年棉花收购季节临近，加强对棉花掺杂使假重大案件的查处工作，遏制这方面的违法犯罪活动，尤其紧迫和重要。根据党中央、国务院领导同志的意见，特作如下通知：

一、大力加强侦查、审理工作，加快办案进度。

二、尽快办结一批典型案件，依法从重从严惩处犯罪分子。

三、广泛开展宣传。

四、切实加强领导和监督。

各级党委对打击棉花购销经营中掺杂使假违法犯罪活动的工作要给予高度重视并切实加强领导，要从维护国家利益的大局出发，积极教育引导有关部门和企业克服地方保护主义，坚决与这类违法犯罪活动作斗争。

各级党委政法委员会要主动会同公、检、法机关和技术监督部门及时研究解决办案中的问题。

东盟地区论坛首次会议在曼谷举行

亚太地区17国：泰国、印尼、马来西亚、新加坡、菲律宾、文莱、中国、俄罗斯、越南、老挝、巴布亚新几内亚、美国、加拿大、澳大利亚、新西兰、日本、韩国和欧洲联盟的外长或部长级代表参加会议，共商亚太地区政治和安全事宜。

国务院副总理兼外长钱其琛在会议上发表讲话。泰国外长巴颂主持会议。东盟地区论坛将每年轮流在东盟国家举行一次部长级会议，下届会议将在文莱举行。

国务院副总理兼外交部部长钱其琛在东盟地区论坛首次会议上发言

钱其琛在发言中阐述中国对亚太地区安全的立场和观点以及关于亚太安全合作的原则和措施。

钱其琛说，亚太地区17个国家和欧洲联盟的代表相聚在此，共同商讨政治与安全大事，这在我们这个地区的历史上尚属首次。论坛的成立反映亚太各国对安全问题的共同关心和加强对话的愿望。他说，回顾过去，虽然亚太地区局部冲突不断，但并没有形成两个对峙的军事集团，冷战后对亚太地区的冲击比较少，当前亚太总体形势相对稳定。

钱其琛说，亚太地区还有一些历史遗留的领土、边界等问题尚待解决，现实存在的经济发展不平衡也是不稳定因素。正是在这样的背景之下，出于对本地区良好环境和历史性发展机遇的珍惜，我们一致赞成成立东盟地区论坛，以便共同探讨有效的途径，消除不稳定因素，巩固和增进本地区的和平与稳定。

钱其琛指出，中国希望论坛成为亚太国家在政治和安全问题上扩大共识、增进信任的对话场所，使安全态势进一步改善，更加有利于经济发展。亚太地区各国在历史传统、文化渊源、政治制度、宗教信仰，乃至价值观和发展水平上都千差万别。各国对安全形势的看法和安全合作的主张自然有所不同。在我们探讨东盟地区论坛的方向时，应充分考虑到本地区历史和现实的上述特点，通过对话求同存异，增加共识。只有把论坛的发展建立在共同利益和共同需求的基础上，才能使之得到健康发展。

钱其琛说，中国与周边一些国家针对双边关系中的具体问题采取了一系列信任措施，对改善中国与有关国家的关系、巩固亚太地区的总体安全环境起到了积极作用。本地区一些国家为谋求和平解决柬埔寨问题，开展政治谈判并参加联合国维和行动，也是有成效的。当然，信任措施和预防外交并不能试图用来解决一个国家内部的矛盾和问题。同时我们认为，在亚太当前形势下，具体应采用什么样的措施和合作方式最有实效，仍旧是一个需要认真研究的课题。我们主张以循序渐进的方式探讨切合实际的合作途径。

基于中国对亚太安全问题的认识，建议在亚太安全合作方面遵循并采取以下原则和措施：

（一）以联合国宪章和和平共处五项原则为基础，建立互相尊重、友好相处的新型国家关系。

（二）以促进经济共同发展为目标，建立平等互利、互相协作的经济关系。

（三）以平等协商、和平解决为准则，处理亚太国家之间的争端和纠纷，逐步消除地区不稳定因素。

（四）以促进本地区的和平与安全为宗旨，坚持军备只用于防御的原则，不搞任何形式的军备竞赛。不搞核扩散，有核国家承诺不首先使用、不对无核国家和无核地区使用或威胁使用核武器。支持建立无核区、和平区的主张。

（五）以增进了解和信任为目的，促进多种形式的双边或多边安全对话与磋商。

钱其琛说，中国奉行独立自主的和平外交政策，不搞侵略扩张，不谋求霸权，这一点已写入了中国宪法，成为我国坚定不移的基本国策。中国有限的国防力量完全是为了防御，中国军费在国家预算中占的比例很小。中国不谋求势力范围，在国外没有一兵一卒，没有军事基地。作为一个发展中国家，中国将长期致力于经济建设，需要同邻国和睦相处，需要一个持久的和平国际环境。我们在亚太安全方面有三个基本目标：（一）本国的稳定与繁荣；（二）长期和平安宁的周边环境；（三）在相互尊重和平等的基础上开展对话与合作。

钱其琛在结束讲话时说，亚太地区经济增长的活力、开放性带来的机会以及人多地广所蕴含的巨大潜力，为本地区展现出美好的前景，国际上对亚太地区在下个世纪的作用也期望甚高。我们作为亚太国家，自然更希望这个地区兴旺发达。亚太的前途取决于能否在这个地区维护和平，促进发展，这将是一个长期而复杂的艰巨使命。东盟地区论坛的成立为我们提供了一个良好的机会，我们愿同各成员国共同努力，为完成这项重要使命作出积极的贡献。

国务院副总理兼外交部部长钱其琛在曼谷接受外国记者采访就亚太地区前景中国与东盟关系和中泰缅老在湄公河上游合作等问题发表谈话

在回答记者关于亚太地区前景问题时，钱其琛说，亚太地区发展前景很好，亚太地区的经济增长率是世界最高的。另外，它有非常广大的市场和相对稳定的政治局势，发展条件比较好，所以我认为，到本世纪末，亚太地区将发展成为一个非常重要的地区。

钱其琛说，中国将利用有利的条件集中力量发展国民经济，提高人民生活水平，实现或超过整个国民生产总值同 1980 年相比翻两番的目标。中国去年进口总额为 1000 亿美元，到本世纪末累计进口额将达到 1 万亿美元，这样一个大的市场是有吸引力的，对世界经济的发展也会作出贡献。

当记者问到中国和东盟的关系时，钱其琛说，最近 4 年来，中国和东盟的对话一直在进行，涉及经济合作、贸易关系、科学技术，包括安全问题。过去，中国和东盟在柬埔寨问题上就有过合作。钱其琛并不主张设立东盟和中国磋商安全问题的专门机构，这些问题可以在东盟地区论坛中来讨论。

钱其琛在谈到南中国海问题时说："在南沙群岛问题上，有关国家存在着分歧。中国的立场是，这种分歧应该通过和平谈判来解决。如果谈判的条件不成熟，可以搁置争议，共同开发，这一主张在东盟 1992 年的宣言里都有反映。"在谈到中国军事力量问题时，钱其琛说，中国是个很大的国家，但中国的军费很低，去年的军费是 432 亿元人民币，今年增加到 580 亿元人民币。但由于中国的物价去年涨了 13%，今年可能也差不多，军事预算的增加主要是考虑到物价上涨的因素，而不是为了增加军费。对于中国这样大的国家来讲，60 亿美元的军费应该说是很小的，而且纯属防御需要。

钱其琛在谈到关于湄公河上游合作问题时说，中、泰、缅、老四国关于湄公河上游的开发合作、特别是航运方面的合作已经起步。今年 2 月在曼谷、5 月在昆明分别开过专家会议，达成了一些初步设想。湄公河区域的开发对沿岸国家都是有利的。中国还在澜沧江进行水利开发利用，如修建水电站等。

国务院副总理朱镕基在钓鱼台国宾馆会见西班牙副首相纳西斯·塞拉

尼日利亚外交国务部部长安东尼·阿尼在阿布贾会见来访的外交部副部长田曾佩

中国代表团副代表叶大波在联合国经社理事会审议预防犯罪和刑事司法问题时发言

叶大波指出，国际社会应加强合作，共同打击跨国有组织犯罪。

叶大波说，目前各种形式的犯罪活动特别是跨国有组织犯罪活动日益猖獗，对世界各国造成严重威胁。联合国有关机构应给予更多的关注，国际社会应更进一步加强协调，在技术合作和援助方面优先考虑发展中国家的需要，从而更有效地对世界范围内的各种犯罪活动进行打击。叶大波表示，中国代表团支持将于今年十月在意大利召开的打击跨国有组织犯罪世界部长级会议。

叶大波强调，中国历来支持联合国在预防犯罪领域的工作并积极参与各种国际合作。

7月26日

农业部渔业局负责人就大陆渔工在宜兰海域遇难事件发表谈话

负责人说，不久前，六号台风袭击台湾时，有 12 名大陆劳务合作渔工由于台方未予及时抢救而遇难。这一惨剧在"天"，更在人。熟悉大海的人都知道，台风经常给海上作业人员带来厄运和灾难，实施海上救助是一种起码的人道主义。遇难渔工所居住的"上好三号""海上旅馆"船在狂风巨浪袭击时，台湾有关方面迟迟不许其进港避风,在船只颠簸于风浪中发生故障时,又未给予有力的救助,致使大陆渔工落海,12人身亡,幸存者上岸后还受到了侮辱和虐待。台方这种悖法理、薄胞情的行为,为海峡两岸的渔民及一切正义之士所谴责。

负责人表示,与台湾有关方面这种不人道的做法形成鲜明对照的是,大陆方面自1979年以来不但在沿海各重要渔场建立了台胞接待站,开放重点渔港作为台湾渔船避风停泊的港口,专门划定台湾渔船的锚泊区,还为台湾渔船的避风停泊、维修及贸易提供各种服务。这十多年来,每年都有大批的台轮到我方避风、维修。凡台湾渔轮在海上遇难或发生故障,大陆沿海军民都给予奋力抢救,每年都有大陆军民共同救助台湾渔轮的动人事迹。另一方面,当台湾的渔船违反渔业管理法规时,大陆有关方面无不晓之以理,导之以法,从未发生扣压台湾渔船、殴打台湾渔民的事情,相比之下,台方在大陆渔民危难之时,见死不救的行为,可谓十分不人道!

负责人强调,为维护大陆渔民合法权益,我们要求台方必须对"上好三号"遇难大陆渔工做好善后处理,赔偿大陆渔工一切损失,停止对大陆渔工的歧视性作法,保证今后严格遵守有关海难救助公约,不再发生类似事件。同时,我们要求两岸尽快就雇用大陆渔工事宜进行接触,研究制定管理办法,妥为解决出现的问题。

中国贸促会二届二次委员会暨全国分会工作会议在北京开幕

国务院副总理李岚清在会议上指出,在社会主义市场经济体制建立过程中,作为我国最大的全国性民间经贸团体,贸促会应进一步发挥其作用和优势,获得更大发展。

李岚清说,贸促系统是我国外交、经贸工作中一支很重要的力量,在国际上享有很高的知名度。40多年来,贸促会代表中国的经贸界、企业界同世界各国、各地区开展了广泛的民间往来与交流,是我国政府在外交及对外经贸工作方面的得力助手,尤其是在一些特殊的历史时期和一些特殊的历史问题上发挥了不可替代的作用,做出了很大贡献。

李岚清说,改革开放以来,贸促会在对外联络、信息咨询、对外宣传、出国及来华展览、专利商标代理、法律仲裁、分支机构和会员队伍建设等方面均取得了新的成绩。而当前的国内外形势,则向贸促会提出了新的课题和要求,同时也提供了更广阔的活动舞台。

中国贸促会会长郑鸿业在全国分会工作会议上说,目前贸促会已形成遍布全国(台湾省除外)的工作网络,分会总数已达60个,成立400多个支会和县级国际商会,企业会员总数达46万家。

全国人大常委会副委员长王光英等出席大会。中国贸促会名誉会长薄一波发来贺信。

中国学位与研究生教育学会成立

7月27日

外经贸部新闻发言人苗复春对中国"复关"问题发表谈话

苗复春向中外记者透露:中国决不会为"复关"而不惜一切代价,不会拿国家的根本利益做交易。

苗复春说,中国提出"复关"申请已有8年,其间,结合本国国情并根据国际经济活动的一般准则,对外经贸体制作了一系列重大改革,目的是使我国外经贸体制同国际经济通行规则和关贸总协定的规范接轨。他说,中国是一个拥有众多人口、具有巨大市场潜力的国家,不仅中国需要关贸总协定,关贸总协定也需要中国,早日"复关",既有利于中国进一步改革开放,亦有利于增强国际多边贸易体制和国际经贸发展。如果把中国这样一个有着广阔发展前景的国家排除在世界贸易组织之外,那么这个贸易组织就不能称其为"世界性的"。

苗复春说,中国"复关"的愿望是真诚的,态度是坚决的,在长达8年多的谈判中,中国已作了许多承诺。但中国坚持权利与义务平衡的原则。必须指出,中国是发展中国家,而非发达国家,这是举世公认的客观事实。我们只能承担与我国经济社会发展水平相适应的义务,不能为了"复关"而"复关"。

苗复春谈到,建立一个公平开放、竞争有序的大市场尚需一定过程,与国际惯例保持一致也要有个过渡期,希望作为关贸总协定主要缔约方的美国不要为中国"复关"设置障碍,不要继续提出让我方难以接受的过高要求,应该采取现实态度,推动谈判进程,切实履行其坚定支持中国"复关"的承诺,做到言行一致。如果中国在"复关"问题上不能如愿,也就不会受关贸总协定的约束,8年来所做的承诺都将无效。这对各国在中国市场上获得更多的贸易和投资机会,将是十分不利的,这也是我们所不愿看到的。

韩国国际协力团和中国国家统计局联合举办的全国农业普查与调查研讨会在长春召开

由韩国国际协力团和国家统计局联合举办的全国农业普查与调查研讨会近日在长春召开。我国政府已批准国家统计局在1997年进行第一次全国农业普查。

国家副主席荣毅仁在人民大会堂会见美国柏克德集团公司总裁瑞利·柏克德

国务委员兼国务院秘书长罗干在中南海会见联合国开发计划署驻中国代表贺尔康和来京参加《立法支持经济改革》项目国际研讨会的外国专家

罗干在会见时说，今年是中国接受联合国开发计划署援助的 15 周年。15 年来，联合国开发计划署援助中国的项目对中国的经济发展发挥了很好的作用。他说："《立法支持经济改革》项目执行两年多来取得了丰硕的成果，对加快中国社会主义市场经济体制的建立具有重要意义。中国国务院对这个项目执行的情况是满意的。我们感谢联合国开发计划署和外国专家在执行这个项目中所提供的帮助。"他表示相信，通过双方努力，这个项目定会取得圆满成功。罗干希望联合国开发计划署进一步扩大同中国方面的合作。

贺尔康表示，联合国开发计划署对能为中国的改革开放和经济发展事业提供帮助而感到非常高兴。他表示相信，《立法支持经济改革》项目会继续得到成功的实施。

国务委员兼国防部部长迟浩田上将会见泰国海军司令巴哲·西里德上将

7月28日

国务院副总理李岚清在中南海会见出席进出口商会改革工作会议代表

李岚清在会见中说，中国现有的 7 个按行业划分的进出口和承包商会是外贸体制改革的产物。经过 6 年初创，进出口商会从无到有，功能和作用逐步健全，威望和影响正在扩大，现已初具规模。

李岚清说，进出口商会有其特殊的功能，其主要职责就是协助对外经贸行政管理部门协调进出口经营活动，提供咨询服务，形成一个公平竞争的对外经贸环境。

李岚清说，国务院十分重视进出口商会在发展我国对外经贸事业中的地位和作用，已经批准了外经贸部在新形势下进出口商会改革的意见，希望通过这次改革，进一步完善进出口商会的行业协调与服务职能，防止进出口贸易中的不公正行为，建立正常的进出口贸易和对外承包劳务的秩序，真正维护国家和进出口企业的利益。

国家土地管理局发出《关于进一步加强土地监察工作的通知》

国务院副总理邹家华在钓鱼台国宾馆会见加拿大外交部部长安德烈·乌莱特

邹家华说，我们高兴地注意到，加拿大政府提出了对外经贸关系"亚太优先、中国优先"的政策。邹家华说，当前，中国经济继续快速发展，市场容量不断扩大，这给双方扩大经贸合作提供了难得的机遇。中国愿意同加拿大发展平等互利、长期可靠的合作关系。乌莱特说，加拿大政府决心进一步推动加中关系，使两国互利合作更加富有成果。加拿大希望加强同中国的经贸技术合作。国家计委副主任叶青、加拿大驻华大使碧福参加会见。

国务院副总理兼外交部部长钱其琛在钓鱼台国宾馆会见西班牙副首相纳西斯·塞拉

国务院副总理兼外交部部长钱其琛在钓鱼台国宾馆同副总理兼国家改革部部长马利斯·盖利斯率领的拉脱维亚政府代表团举行会谈

两位副总理在会谈后分别代表本国政府正式签署了中国和拉脱维亚关于两国关系正常化的联合公报。双方一致认为，公报的签署标志着两国关系从此开始了新的起点，这符合两国人民的根本利益。双方相信，两国关系正常化后，两国在政治、经济等各个领域的友好合作关系将会得到进一步的发展。

会谈中，钱其琛说，代表团这次来访完成了两国关系实现正常化的重要使命，中国政府对此感到很满意。他说，两国关系正常化将为两国关系的发展注入新的活力、开辟新的前景。

钱其琛说，中国是世界上最早承认波罗的海三国(爱沙尼亚、拉脱维亚和立陶宛)独立，并同它们建交的国家之一。中国完全支持波罗的海国家的独立主权和领土完整。

钱其琛说，拉脱维亚是个工业发达的国家，所处的地理位置优越，它可以成为联结西欧、北欧和独联体国家的桥梁。钱其琛说，中国将采取积极措施推动两国关系的发展，并尽快恢复和建立中国在拉脱维亚的大使馆。他表示相信，中国和拉脱维亚的关系恢复正常后，两国在各个领域的关系，特别是经贸关系会得到新的发展。

盖利斯说，他希望两国关系实现正常化后，两国的实业界能更好地进行接触，以促进两国经贸关系的发展。他说，拉脱维亚有三个非常好的港口，劳动力的素质较高，银行系统也较为发达，这将为两国实业界的合作开创良好的条件。他欢迎更多的中国的实业家去拉脱维亚开展合作。

会谈后，盖利斯接受中国记者的采访，并回答记者提出的有关两国实现关系正常化等方面的问题。

中国和拉脱维亚政府发表关于两国关系正常化的联合公报

1994 年 7 月 28 日，中华人民共和国政府代表、国务院副总理兼外交部长钱其琛同拉脱维亚共和国政府代表、副总理兼国家改革部部长马·盖利斯在北京就两国关系正常化问题举行了会谈。双方达成协议如下：

一、中华人民共和国和拉脱维亚共和国在相互关系中将恪守 1991 年 9 月 12 日两国建交公报所确定的各项原则，包括相互尊重主权和领土完整、互不干涉内政、平等互利、和平共处等。双方决定自本公报签字之日起实现两国关系正常化，拉脱维亚与台湾的"领事关系"即行终止。

二、拉脱维亚共和国政府重申承认中华人民共和国政府是中国的唯一合法政府，台湾是中国领土不可分割的一部分。拉脱维亚共和国政府承诺不和台湾建立官方关系和进行官方往来。

中华人民共和国政府重申支持拉脱维亚共和国政府为维护国家独立、发展经济所作的努力。

三、中华人民共和国驻拉脱维亚共和国大使馆将于近期内返回里加，拉脱维亚共和国政府将为大使馆的重新工作提供必要协助。

中华人民共和国政府欢迎拉脱维亚共和国在华设立大使馆，并愿为其履行职能提供必要协助。

双方认为，拉脱维亚共和国政府代表团对中国的访问以及同中国外交部的磋商是中华人民共和国和拉脱维亚共和国关系的新起点，相信在双方共同努力下，两国在政治、经济、科技、文化等各个领域平等互利和富有成效的合作将进一步得到发展和加强。

关税及贸易总协定中国工作组在日内瓦举行第十八次会议

会议讨论中国复关问题，会议的主要内容是就中国复关议定书进行实质性谈判。谈判将在由 18 个缔约方组成的谈判小组内进行。

鉴于由工作组主席在第十七次会议上提出的中国复关议定书案文只反映了缔约方的最高要价，未吸收中方任何建议，因此，中国代表团在本次会议开始前向关贸总协定提出了中方的议定书非正式案文，以期在谈判中最终形成一个平衡的、合理的中国复关议定书。

会议开始时，率领中国代表团参加此次谈判的外经贸部部长助理龙永图就中方提交的议定书案文作了说明，阐述了中国关于议定书起草的基本立场。

龙永图指出，中国起草议定书的总原则是确保中国复关权利与义务的平衡。在此总原则指导下，坚持三点基本立场：

第一，中国无意通过复关在多边贸易体制中谋求任何特权，但是必须确保中国全面享受关贸总协定和世界贸易组织成员的权利，包括赋予发展中国家成员的权利。中国拒绝接受议定书包含任何剥夺中国援引关贸总协定和乌拉圭回合协议有关条款的权利的内容。

第二，中国将履行关贸总协定和乌拉圭回合协议中规定的与其经济水平相适应的义务，由于中国已经进行了 15 年的改革开放，中国已有能力履行关贸总协定和世界贸易组织的基本义务。中国原则上不接受超过这些协议所规定的义务，但考虑到中国经贸体制仍处于向市场经济过渡这一现实，中国可以考虑承担一些特殊义务。但是，这些义务必须现实可行，必须有利于中国外贸体制改革在渐进的基础上正常进行。

第三，议定书的起草必须以关贸总协定的框架为基础，凡不属于关贸总协定规则范围的问题不应在议定书谈判中处理。

关于第十七次会议上提出的中国复关议定书案文中所包含的一系列剥夺中国引用发展中国家条款的权利的问题，龙永图重申，对于这个问题没有继续谈判的余地。出席本次会议的欧洲联盟、美国和日本的代表对中国提出议定书非正式案文表示欢迎，并认为这是促进谈判的一个"有益的"和"积极的"步骤。

7 月 29 日

劳动部国家经贸委全国总工会在北京召开全国劳动争议处理工作会议

会议是 1987 年我国正式恢复劳动争议处理制度以来，由劳动部门作为政府代表，工会作为职工代表，经济综合管理部作为用人单位代表的三方第一次共同召开的工作会议。这标志着我国的劳动争议处理工作在建立社会主义市场经济体制中已进入一个新的发展时期。会议指出，1987 年以来，我国已初步建立起以《劳动法》为基本法律，《中华人民共和国企业劳动争议处理条例》、《企业劳动争议调解委员会组织及工作规则》、《劳动争议仲裁委员会组织规则》、《劳动争议仲裁委员会办案规则》以及各省、自治区、直辖市人民政府颁发的《企业劳动争议处理条例实施办法》等法律、法规、法章组成的多层次劳动争议处理法律体系；劳动争议处理的组织网络已形成，全国已建起企业劳动争议调解委员会 20 万个，劳动争议仲裁委员会 2800 多个；现有专兼职企业调解委员 156.9 万人，专兼职仲裁员 7200 人。

参加海峡两岸第五次事务性商谈的海协副秘书长孙亚夫抵达台北桃园机场并代表商谈小组在机场发表简短讲话

孙亚夫说，此次商谈，是海协及聘请的专家第二次赴台商谈，按两会事先商定，继续商谈“违反有关规定进入对方地区人员之遣返及相关问题”等三项议题；另外就“两岸人民交往中生命财产安全问题”进行非正式交换意见；再者是对第二次“唐焦会谈”进行具体磋商和安排。

国家技术监督局发出《关于严厉打击棉花掺杂使假行为的紧急通知》

当前棉花掺杂使假问题日趋严重，给国家和企业造成巨大经济损失。为此，国家技术监督局日前发出紧急通知，要求各地技术监督部门积极协同公、检、法等部门搞好棉花质量综合治理，严厉打击不法分子的恶劣行径。

《通知》要求，各级技术监督部门进一步加强对棉花质量监督管理工作的领导，并立即部署打击棉花购销经营中掺杂使假等严重违法行为的工作，要把严厉查处棉花质量违法案件作为近期“打假”工作的重点；要强化棉花质量监督执法。无论是对省内还是跨省棉花质量违法案件，一经发现，要一查到底，并依法从严从快惩处，不得姑息迁就，不得以罚代刑；要积极配合公、检、法及有关部门查处大案要案。对查出的大案要案，要及时向当地政府和公、检、法等有关部门通报情况，及时移送案件。对已经移送的案件要积极协助司法部门争取在 8 月底前结案；要加强棉花质量“打假”工作的宣传力度。

中国证券监督管理委员会会同国务院有关部门及上海深圳两市负责人在北京开会共商稳定规范培育和发展股市的措施

中国证券监督管理委员会日前会同国务院有关部门及上海、深圳两市负责人在北京开会。会议分析股市形势，共商稳定、规范、培育和发展股市的措施。

与会人员指出，党中央、国务院采取的宏观调控措施取得了明显成效，建立社会主义市场经济体制的几项重大改革已经顺利出台，运转趋于正常，国民经济发展保持着良好的势头，为股票市场的健康成长提供了广阔的前景。当前股市中遇到的问题是前进中的问题，只要信心坚定，措施得力，这些问题会逐步得到解决。

与会人员认为，当前我国股市正处于周期性盘整阶段。由于过去一度股市过热，股价过高，在市场容量扩大后股价自然向下调整，这是股市逐步成熟的表现。另一方面，一年来一些大型企业上市虽然改善了上市公司的构成，但在我国投资者仍以个人散户为主的情况下，出现了供求结构失衡的新情况。对此必须采取相应的措施。

在股票供应方面，要进一步放慢股票发行和上市的节奏，实行辅导期制度。今年内，除已发行上市的股票外，暂停各种新股(包括 1994 年计划发行的额度、1993 年已批准而未发行的剩余额度)的发行和上市。明年也要根据市场情况决定新股发行和上市的时间。同时要制定具体办法，严格控制上市公司配股的规模。

在资金投入方面，要组织力量研究采取三个方面的措施：一是发展我国的投资共同基金，培育机构投资者；二是试办中外合资的基金管理公司，逐步地吸引外国基金投入国内 A 股市场；三是有选择地对资信和管理好的证券机构进行融资，活跃交易，稳定股市。

与会人员强调，要在上市公司规范化、严格信息披露制度、提高公司管理水平和经济效益方面采取有力措施。

会议还研究了其他一些需要采取的政策措施。

与会人员指出，股票市场是社会主义市场经济体制的组成部分，这项改革要坚定地进行下去，我国的证券市场一定会健康地成长起来。

国务院总理李鹏在北京会见拉脱维亚副总理盖利斯

国务院总理李鹏在北京会见西班牙副首相纳西斯·塞拉

国务院总理李鹏在北京会见埃及武装部队总司令兼国防和军工生产部部长坦塔维元帅

国务院总理李鹏在北京会见加拿大外交部部长乌莱特

国务院副总理兼外交部部长钱其琛在钓鱼台国宾馆同加拿大外交部部长安德烈·乌莱特举行会谈

会谈后，钱其琛和乌莱特签署了中国和加拿大关于刑事司法协助的条约。

外经贸部部长吴仪在北京会见加拿大外交部部长安德烈·乌莱特时指出中国市场对外公平开放希望更多的加拿大企业来华投资

国家副主席荣毅仁在人民大会堂会见西班牙副首相纳西斯·塞拉

国家教委与肯尼亚教育部在内罗毕签署关于高教发展项目协议(1994至1996年)

《中国外经贸部和加拿大国际发展署关于“中国21世纪议程”合作意向书》和《中国外经贸部和加拿大出口发展公司合作议定书》签字仪式在北京举行

根据“中国21世纪议程合作意向书”,中国和加拿大将共同开发“中国21世纪议程优先项目计划”中的建筑节能与示范工程、塔里木盆地资源开发与生态环境保护以及中国清洁生产的管理制度、标准和政策等3个项目。

根据“中加合作议定书”,加拿大在今后两年将向中国提供1亿加元的软贷款和约15亿加元的出口信贷,以支持加出口商和企业向中国出口技术、成套设备和有关服务,并与中国在环保、水电、通讯、城建等方面进行合作。

电力工业部教育工作会议在北京开幕

国务院总理李鹏、副总理李岚清分别题词祝贺。

李鹏总理题词是“办好电力教育发展电力工业”;李岚清副总理题词是“发扬成绩深化改革开创电力教育的新局面”。

会议提出,到本世纪末,电力教育要基本满足电力工业发展的需要,建立一个结构合理、功能齐全、国内一流的电力教育培训体系。

电力工业部部长史大桢在会议的讲话中提出,要改革电力高校现行管理体制。电力部党组已经决定,要集中财力,办好两所有行业特色、起示范作用的重点大学,力争使其进入国家“211工程”。其他几所本科院校将分别进入企业集团。进入企业集团的院校,作为企业集团的组成部分,使教学与电力生产、建设、科研实现更加紧密的结合。要继续更严格地实行持证上岗制度,把培训、使用、待遇三者更紧密地挂起钩来。要注意为优秀工人、劳动模范、实际工作能力强但文化程度不高的干部提供深造的机会。

国家教委 民委等在北京联合召开纪念内地西藏班办学10周年座谈会

由国家教委、国家民委、中央统战部、西藏自治区人民政府联合召开的纪念内地西藏班办学十周年座谈会在北京举行。

中共中央政治局委员、国务院副总理李岚清给座谈会送来书面发言。李岚清指出,建国以来,党中央、国务院一直十分关心西藏的发展,并采取了一系列特殊政策和措施帮助西藏发展教育事业。一九八五年创办内地西藏班就是党中央、国务院的一项英明决策,是关系西藏经济和社会发展进步的一件大事。内地西藏班从无到有,规模不断扩大,质量不断提高,受到了藏族广大干部群众的热烈拥护,这是我国各民族平等、团结、互助的社会主义民族关系和社会主义制度优越性的充分体现。他代表党中央、国务院向所有从事这项工作的同志,向受到表彰的优秀教职员工和优秀学生表示崇高的敬意!

李岚清说,改革开放以来,西藏的经济和各项事业都有了翻天覆地的变化,但由于历史和自然条件等方面的原因,更关键的是人才方面的原因,西藏与内地相比还有一定的差距。因此,今后还要一如既往地支持西藏发展教育事业,进一步把内地西藏班办好。举办内地西藏班,正是加快西藏教育发展、提高西藏劳动者素质的一条有效途径。从这个意义上说,举办内地西藏班是一项意义深远的大事。各地各部门要充分认识内地西藏班办学的意义,树立长期办下去的思想准备,并且要有长远的安排和计划。

出席座谈会的有:李德洙、韦钰、丁石孙等有关方面负责人及二十余个部委局、群众团体的代表,北京西藏中学、天津红光中学、河北师院民族师范学校等校的教师和藏族学生代表。

国务院召开加强知识产权保护工作电话会议

会议动员和部署全国各地方、各部门加大知识产权执法力度,加强知识产权保护工作。国务委员宋健代表国务院在会上作重要讲话。

宋健说,知识产权制度是保护科学技术和文化艺术成果的基本法制。改革开放十几年来,我国在建立知识产权制度方面进行了大量卓有成效的工作,取得的成就是举世公认的。就法律实施来说,总的情况也是好的,对推动经济发展、科技进步和文化事业的繁荣发挥了积极的作用。但是,目前还存在不少问题,社会上知识产权保护意识还比较淡薄,在一些部门和地区无视知识产权的观念和习惯势力依然盛行,严重侵犯知识产权的违法活动屡禁不止,有的地区对违法侵权行为执法不严、打击不力。为了加强这一工作,国务院决定建立国务院知识产权办公会议制度,领导、协调全国知识产权工作,特别是协调跨部门、跨地区的知识产权管理工作。近期内,将拟定加强知识产权管理的工作计划,编制专业培训大纲和中国知识产权法律实用指南,向国内外提供指导与服务。

宋健要求中国专利局、国家工商行政管理局及其商标局、国家版权局要进一步履行好相应的行政执法职能,把专利权、商标权、著作权保护、监督、管理和有关服务工作切实管起来。各级工商行政管理局要会同有关部门把有关知识产权保护方面的市场监督管理工作做好。国务院和各级政府的有关行政管理部门，如机械、电子、化工、广播电视、文化、农业、卫生医药等行业管理部门，都应当认真研究本行业、本系统有关知识产权的新情况、新问题，协同知识产权管理部门加强对知识产权的管理。海关总署和国务院法制局近期内要抓紧《知识产权边境保护措施条例》的拟定工作。当前，各地海关要根据现行法律、法规以及我国参加的国际公约，依法严格实施知识产权的边境保护措施，有效地制止侵权产品的进出口。

关于近期内如何加强知识产权工作，宋健指出要按照经常管理与重点检查相结合的原则，抓好四项工作。一是各级人民政府要抓好本地区的知识产权管理工作。在知识产权保护问题比较突出的地方，因地制宜地建立协调管理机构或工作制度，加强对知识产权法律实施的监督、检查和指导。二是国务院各知识产权行政管理部门和各级人民政府，要在近期内开展一次知识产权执法情况综合检查，指导企事业单位建立知识产权管理制度。在知识产权问题比较严重的地区，要认真清理整顿音像制品、图书和计算机软件市场，查处假冒注册商标和专利的违法活动。要集中力量重点查处一些有影响的侵权大案要案，扭转和纠正一些地方存在的执法不严和对侵权行为处罚不力的现象。对大案、要案和典型案件要公开报道，以伸张法制的权威，并借以教育广大干部和群众。三是进一步健全知识产权法律体系，使之与国际规范全面接轨。当前要抓紧完善知识产权法律体系，制定《集成电路保护条例》、《植物新品种保护条例》、《科技成果转化法》以及保护知识产权的边境管理措施。四是加强知识产权保护的宣传和法律普及工作，培养知识产权专业人员。

中国专利局局长高卢麟、国家版权局局长于友先、国家工商行政管理局副局长兼国家商标局局长白大华也在会上讲话。

全国边境文化长廊建设现场会在延吉开幕

7月30日

人事部部长宋德福宣布中央国家机关26个部门将公开考试录用国家公务员

海协会与台湾海基会第五次事务性商谈在台北举行

商谈包括3个议题：1.“违反有关规定进入对方地区人员之遣返及相关问题”；2.“两岸劫机犯遣返及相关事宜”；3.“两岸海上渔事纠纷之处理”。双方认为，“本次台北会谈，在双方共同感兴趣的问题上，分歧与共识并存”。

最高人民法院最高人民检察院发出《关于各地严厉打击棉花掺杂使假犯罪活动的通知》

最高人民法院、最高人民检察院日前分别发出通知，要求各级人民法院和检察机关严厉打击棉花购销经营中掺杂使假等犯罪活动，维护棉花市场的正常秩序，促进社会主义市场经济健康发展。

《通知》要求，各级人民法院与有关部门紧密配合，充分发挥审判机关的职能作用，遏制这类犯罪的发展蔓延；对这类犯罪分子，一是要依法从严惩处，要注意依法追究法人的刑事责任，在量刑时要注意适用财产刑，不使犯罪分子在经济上得到好处；根据已经掌握的情况，近期内要抓紧审结一批情节恶劣、后果严重的典型案件。

财政部解放军总政治部总参谋部总后勤部联合颁发《关于给予预备役干部在训练期间补贴的通知》

中国老教授协会第三届代表大会在北京举行

国办发出《关于加强各部门及其所属单位办班管理的通知》

近几年来，国务院的部门及其所属单位（含挂靠单位，下同）围绕中心任务和业务工作，通过办班开展了一些培训、研讨活动，对于促进改革开放和经济与社会发展起到了积极的作用。但也存在一些问题，主要是办班过多过滥，有的内容重复、质量不高；有的收费不合理，个别甚至以盈利为目的；有的以办班为名组织公费游览；还出现了假借中央国家机关名义办班等情况。对这些问题必须引起高度重视，要结合深入开展反腐败斗争，通过加强管理认真解决。为此，经请示国务院领导同志同意，现就有关问题通知如下：

一、各部门要对近两年来本部门及所属单位的办班情况进行一次全面清理检查，在总结好的经验和做法的同时，着重查找存在的问题，认真吸取教训。清理检查中，要按照党中央、国务院关于深入开展反腐败斗争，加强廉政勤政建设的部署和要求，有针对性地进行思想政治教育，使广大干部群众提高对解决办班中的问题尤其是制止不正之风的认识。对过去办班存在的问题，按照以批评教育为主的精神进行处理，个别性质严重的要依照法纪严肃查处。在清理检查的基础上，研究制定改正措施，建立健全规章制度，以保证这项工作健康有序地开展。

二、应按照建立社会主义市场经济体制和转变政府职能的要求，进一步研究改进培训管理工作。各部门要坚持政事职责分开的原则，主要抓好培训工作的调研、规划和检查指导，培训中的办班工作一般应由有关事业单位承担。确需由部门直接办班的，应经部门办公会议审议同意，做到统一计划，合理安排，注重实效，保证质量。

三、要严格遵守有关规定，杜绝办班中的不正之风，保持清正廉洁。各部门为完成指令性培训任务办班，应有正常的经费来源，不得收取费用，也不得摊派或转嫁负担；非指令性的办班，必须坚持自愿参加的原则，确需收费的，要按当地省级财政、物价部门的有关规定执行，收费收入要纳入本单位的财务管理并按规定的用途使用。办班应坚持节俭的原则，不得租用高级宾馆、饭店，不得大吃大喝、铺张浪费，不得用公款组织游览和高消费娱乐活动。

四、抽调或组织地方领导干部、企业干部参加培训班、研讨班，应严格按照有关部门的规定执行，切实加强组织管理工作。其中，抽调或组织地方领导干部参加培训活动，要按照中共中央组织部《关于中央、国家机关各部委抽调地方领导干部参加培训有关事项的通知》的有关规定执行；抽调企业干部参加培训活动，要按照原国务院生产办公室《关于加强企业干部培训工作管理，坚决制止对企业"乱办班、乱收费、乱发证"的通知》的有关规定执行；国家公务员的培训工作，要按照人事部的有关规定执行。部门之间要加强合作与协调，避免多头下达培训任务，防止出现重复办班问题。

五、各部门对所属单位的办班实行归口管理。要制定归口管理的具体办法并严格执行，尤其要严格审批、备案制度，加强工作指导和财务监督，确保所属单位办班按照确属必要、讲求实效、符合规定的原则，有领导、有组织、有计划地进行。严禁任何单位和个人假借中央国家机关名义进行培训、研讨等活动，一经发现，主管部门应及时严肃查处。

六、要加强领导，建立必要的监督制约机制。各部门的领导同志对本部门及所属单位办班的工作，要切实加强领导，严格管理，把防止和克服办班中的不正之风作为反腐倡廉的一项重要内容认真抓好；监察和财政、物价、审计部门要认真履行职责，对各部门及其所属单位办班中涉及的有关问题，加强监督检查。对违反规定的，必须严肃处理并追究有关人员的责任。

七、据反映，一些地区在办班中也存在不正之风等问题，各省、自治区、直辖市人民政府也应根据本通知精神研究制定办法，加强对办班的管理，以保证培训、研讨等活动健康开展。

7月31日

共青团全国农村基层工作会议在黑龙江绥化地区召开

共青团全国农村基层工作会议近日在黑龙江绥化地区召开，要求各级团组织带领农村青年加快脱贫致富奔小康步伐。团中央第一书记李克强在会上讲话。

海协会致函台湾海基会要求台海基会及有关方面确保海协赴台商谈人员的安全和尊严

7月29日晚，海协副秘书长孙亚夫率领的商谈小组抵达台北桃园机场后，发生了严重影响他们安全与尊严的事件，海协在函中对此表示强烈不满，并要求海基会和台湾有关方面确保此类事件不再发生。

海协的函中说，此次两会依《两会联系与会谈制度协议》举行两会负责人会谈与副秘书长级工作性商谈的地点，是海基会主动提出的。鉴于去年12月台北商谈时在台北机场和会谈场地外曾发生过一些不利于两会商谈的事情，海协于7月4日已向海基会严肃指出，"不希望这次唐树备先生及副秘书长级商谈时再发生这类事"。此后，海基会在各种场合一再表示"愿做好主人"。

海协在函中指出，近年来，海基会历任副董事长及副秘书长、处长来北京会谈，没有发生过任何使海基会和海基会商谈代表感到不愉快或不方便的事情。从相互尊重和相互信任出发，希望海基会和台湾有关方面安排好这次商谈。然而，7月29日晚发生的事件，其严重程度远远超过上一次台北商谈时的情况。我们认为，如果台湾有关当局采取措施，这是完全可以避免的。

海协在函中认为，7月29日晚发生的事件本身及产生的恶劣影响不利于两会的合作，不利于"汪辜会谈"协议的落实，不利于双方互信的建立，更不利于两岸关系的缓和与发展。

海协会副秘书长孙亚夫在工作性商谈后的例行记者会上发表谈话

海协与台湾海基会上午就第二阶段两会负责人举行台北会谈的议程和行程，举行工作性商谈。

孙亚夫在商谈结束后的例行记者会上表示，台湾海基会负责人多次前往大陆，并在北京会见大陆有关方面负责人，这些均是海协主动提出并安排的。此次唐树备来台，亦有意与台湾有关方面的高层负责人会面，但是能否实现，关键在于海基会方面的安排。而会面的方式,可由双方再详细协商。

孙亚夫透露,海协常务副会长唐树备愿意在 8 月 3 日抵台后,与台湾有关方面高层负责人会面。

国防部在人民大会堂举行招待会庆祝中国人民解放军建军 67 周年

国务委员兼国防部长迟浩田上将主持招待会。迟浩田致祝酒词。

迟浩田回顾一年来军队改革和建设取得的成就时说,在过去的一年里,中国人民解放军遵循邓小平同志关于新时期军队建设思想,认真贯彻党的十四大和军委扩大会议精神,在革命化、现代化、正规化建设的道路上迈出了新的步伐。我军的思想政治工作和军事训练进一步加强,官兵的军政素质有了很大进步,武器装备和国防科研不断发展,后勤保障逐步完善,我军现代条件下的自卫作战能力得到新的提高。中国人民解放军在参加和支持国家经济建设、维护社会稳定、抢险救灾等方面都做出了重要贡献。

迟浩田指出,当前,全党、全国工作的大局是抓住机遇,深化改革,扩大开放,促进发展,保持稳定。我们要坚决服从并服务于这个大局,进一步加强国防现代化建设,继续贯彻积极防御的军事战略方针,坚决保卫祖国领土完整和领海、领空,坚决保卫人民的和平劳动,为改革开放和经济建设提供坚强有力的安全保障。我们要重视和加强学习,努力掌握马克思主义,深入钻研社会主义市场经济理论和现代科学文化知识。当前特别要认真学好《邓小平文选》第三卷,深刻领会邓小平同志建设有中国特色社会主义理论和新时期军队建设思想。要注重理论联系实际,学以致用,研究新情况,解决新问题,创造新经验,把军队建设不断推向前进。

迟浩田强调指出,我们要严格按照江泽民主席提出的"政治合格、军事过硬、作风优良、纪律严明、保障有力"的总要求,加强军队的全面建设。全军各部队一定要强化管理教育,依法从严治军,狠抓工作落实,在思想政治建设、军事训练、武器装备发展、后勤保障等各项工作中争取更大成绩。

迟浩田说,要持之以恒地开展国防教育,加强国防法制建设,积极做好民兵预备役工作,逐步建立起适应社会主义市场经济发展的后备力量体制。要积极支持改革开放和国家经济建设,广泛深入地开展拥政爱民、拥军优属活动,不断巩固和发展新型的军政军民关系,为社会主义物质文明和精神文明建设再立新功。

迟浩田说,我们要坚定不移地贯彻和平统一祖国的大政方针,为实现祖国大陆和台湾统一大业进行不懈的努力。我们要始终如一地奉行独立自主的和平外交政策,在和平共处五项原则的基础上,同各国军队建立和发展关系,开展往来,增进了解,加深友谊,扩大合作,为维护世界和平发挥积极作用。

8月1日

中国目前产量最大的轿车总装配线在长春一汽——大众汽车有限公司建成并正式投产

国家副主席荣毅仁在人民大会堂会见印尼总统苏哈托负责亚太经济合作组织事务特别助理平托罗

外经贸部部长吴仪在北京会见并宴请孟加拉国财政部部长穆斯塔菲兹·拉赫曼

中国政府和毛里求斯政府在北京签署《关于对所得避免双重征税和防止偷漏税的协定》

《求是》杂志第15期发表中央军委副主席张震文章《继承发扬优良传统永葆人民军队本色——纪念中国人民解放军建军六十七周年》

《解放军报》发表社论《坚持在大局下行动》

全国少儿读物出版工作座谈会在天津召开

中国科学探险协会欧德力探险队成功地登上长江之源——海拔6621米的各拉丹冬雪山的顶峰

8月2日

人事部有关负责人就公务员录用考试新人事制度发表谈话

人事部有关负责人最近说，我国在实行公务员录用考试的新人事制度后，对军队转业干部和退伍战士将给予照顾。

这位负责人说，我国公务员录用制度已正式进入实践、推行阶段。今后各级国家行政机关录用公务员必须贯彻公开、平等、竞争、择优的原则，采取公开考试、严格考核的办法进行。对军队转业干部安置，是各级国家行政机关的政治任务，应做好安置工作。但为了适应干部人事制度改革和建立国家公务员制度的要求，各级国家行政机关接收安置军转干部的工作也要逐步引入竞争机制。其中进入国家行政机关担任主任科员以下非领导职务的人员，要经过考试考核。近期内军队转业干部参加公务员录用考试，作为一种特殊情况，可在如下几个方面予以照顾：可在转业干部内部进行竞争，考试范围限于转业干部内部，不会产生地方考员与军转人员争位置现象；考试内容、方法可适应军转干部的特点，具体由人事部会同国务院军转部门商定；对自愿参加政府人事部门组织的面向社会公开招考的转业干部，在同等条件下应予以优先录用；对在部队服役期间荣立二等功以上，从事飞行工作或在水面舰艇上服役15年以上的，以及在边远、高原、海岛等特别艰苦地方工作15年以上的转业干部，在录用时要予以照顾。

海协会与海基会第五次事务性商谈在台北结束

第四届海峡两岸关系学术研讨会在北京召开

海协会副秘书长孙亚夫等在海峡两岸第五次事务性商谈后的记者招待会上发表谈话

在商谈结束后的记者招待会上，孙亚夫说，海协代表此次赴台，抱着极大诚意，尽最大努力，争取商谈能取得实质性进展。台湾海基会代表对商谈也是有诚意的。三项议题商谈的结果表明，双方正向着达成协议的方向前进，并将为即将开始的第二阶段两会负责人会谈创造良好的条件。

孙亚夫说，两会在今后的商谈应解决思想观念上的一些问题，要把维护两岸同胞的正当利益放在首位；两会会谈应该使海峡两岸的关系越来越密切，而不是越来越疏远；双方要切实面对目前政治分歧没有解决的现实，找到双方都能接受的办法，尽早就三项事务性议题达成协议，解决海峡两岸同胞交往中遇到的一系列具体问题。

谈到海协常务副会长唐树备与台湾海基会副董事长焦仁和即将举行的会谈时，孙亚夫说，两会负责人在台北举行会谈，还是首次，这对双方来说，都非常有意义，对两会的联系与合作及海峡两岸关系的发展，都将起到积极的推动作用。

台湾海基会副秘书长许惠祐则表示，双方在认真商谈三项事务性议题后，将分歧和共识已经理顺，这对第二阶段的"唐焦会谈"非常有利。双方在观念上的认知问题，多一点时间，就会有更多更深一点的思考。

全国财政工作会议在北京召开

会议强调，确保财税改革取得成功和圆满完成国家预算任务，是下半年财税部门的中心工作。

会议指出，从今年1月1日起，我国全面实施了税制、分税制和国家企业利润分配制度改革。新的财税体制实施半年来，不仅财税改革的总体运行情况正常，基本实现了平稳过渡，预算执行情况也比预料的更好。

财政部部长刘仲藜在会议上指出，目前在财税改革和预算执行中还存在许多不容忽视的问题。主要表现在:财政收入增幅虽高,但进度不够理想,下半年组织收入的任务十分艰巨,全年收入形势不容乐观;支出压力增大,县级财政困难突出;税收征管工作还需要进一步改进和加强。

刘仲藜说,要妥善解决税收返还的基数问题,充分调动各级财税部门的增收积极性。在税收返还政策明确后,要狠抓收入管理,确保完成增收目标。下半年要重点解决好企业欠税问题;要加强增值税专用发票的交叉稽核,严厉查处制售假发票等犯罪行为;要改进和加强个人所得税的管理,改善征管手段;对出口退税既要按政策及时办理退税,支持外贸出口,又要严格管理,查处重大骗税案件。

刘仲藜指出,要从严控制财政支出,抑制开支过猛增长势头。下半年支出安排仍然要坚持保重点、压一般的原则。工资改革要严格按国家规定的标准执行,凡超过标准的要自觉纠正。要继续搞好集团消费的管理,加强预算约束,下半年除按标准发放工资和保证救灾支出外,原则上要停止追加新的支出。

全国税务局长会议在北京召开

最高人民检察院发出《关于严格贯彻执行〈中华人民共和国对外贸易法〉的通知》

《通知》的主要内容是:

一、《对外贸易法》是从我国国情出发,促使我国经济与世界经济接轨,促进我国社会主义市场经济法制建设的一部重要经济法律,对于规范对外贸易行为,维护对外贸易秩序都具有十分重要的意义。各级人民检察院要提高对该法重要性的认识,组织检察干警认真学习,掌握有关外贸管理的法律规定。在检察工作中,充分发挥法律监督职能作用,依法保护对外贸易秩序,更好地为我国对外开放和经济建设服务。

二、各级人民检察院要切实履行职责,加强对破坏对外贸易的犯罪案件的检察工作,依法打击对外贸易经营活动中侵犯我国知识产权、不正当竞争、骗取出口退税等构成犯罪案件。对触犯《对外贸易法》第三十八条、第三十九条第三款和第四十条之规定,走私禁止进出口或者限制进出口的货物;明知是伪造、变造的进出口许可证而用以进口或者出口货物;进口或者出口禁止进出口或者限制进出口的技术,构成走私罪的案件,要依照《全国人民代表大会常务委员会关于惩治走私罪的补充规定》办理。对违反《对外贸易法》第三十九条第一、二款规定,伪造、变造或者买卖进出口原产地证明、进出口许可证,构成伪造、变造或者买卖证件罪的案件,要根据刑法第一百六十七条的规定追究刑事责任。对违反《对外贸易法》的犯罪案件,检察机关要依法做好批捕、起诉工作,对公安机关的工作予以积极配合,必要时可提前介入。对于国家对外贸易工作人员利用职务上的便利索贿、受贿,以及玩忽职守、徇私舞弊、滥用职权,构成犯罪的,要依法立案查处,追究其刑事责任。

三、各级人民检察院要根据《对外贸易法》和高检院《关于加强法人犯罪检察工作的通知》,切实加强查处对外贸易经营活动中法人走私、伪造、变造或者买卖进出口原产地证明、进出口许可证、骗取出口退税等法人犯罪案件的工作,既要追究有关责任人员的刑事责任,也要追究法人组织的刑事责任。对任何隐瞒、掩饰、包庇犯罪法人,阻挠、威胁查办工作,构成犯罪的,要坚决依法追究。

四、各级人民检察院在贯彻执行《对外贸易法》中,要注意调查研究,不断总结积累经验,对执行该法中遇到的问题,要及时层报最高人民检察院。

南太平洋七国领导人分别会见中国政府代表外交部副部长刘华秋

出席布里斯班南太平洋论坛第二十五届年会的澳大利亚总理基廷、新西兰总理博尔格、斐济总理兰布卡、巴布亚新几内亚总理温蒂、密克罗尼西亚总统奥尔特、瓦努阿图总理卡洛特和基里巴斯众院议长兼国务委员会成员尼蒂分别会见前来参加南太论坛会议后对话会的中国政府代表、外交部副部长刘华秋。

七国领导人表示,对南太论坛同中国保持着良好的合作关系感到高兴,相信南太各国同中国的友好合作关系会不断得到加强和发展。

国务院宗教事务局在山东威海市召开宗教院校宗教法规宗教外事工作座谈会

卫生部和国务院妇女儿童工作委员会办公室联合在北京举行"世界母乳喂养周研讨会"

中纪委监察部对湖北省谷城县县委书记刘有庆县长朱有学违反规定连续更换小轿车进行通报

中央纪委、监察部最近对湖北省谷城县县委书记刘有庆、县长朱有学带头违反规定,连续更换小汽车的问题进行通报,撤销刘有庆的县委书记职务,撤销朱有学的县委副书记、县长职务。

8月3日

海协会常务副会长唐树备抵达台北将参加海协会和海基会负责人会谈

海协会常务副会长唐树备出席在台北国际会议中心举行的记者招待会

海峡两岸关系协会常务副会长唐树备在会上首先代表海协和汪道涵会长，向海基会董事长辜振甫、副董事长兼秘书长焦仁和以及台湾各界朋友表示感谢，并向所有为促进两岸交往、发展两岸关系作出过贡献的台湾各界人士和各有关方面，致亲切的问候和诚挚的敬意。

唐树备说，他此行的目的一是与海基会负责人就两会会务及共同关心的问题进行务实的商谈或非正式交换意见，寻求加强两会合作、培养双方互信、发展两岸关系的新共识；回顾去年汪辜会谈签署四项协议的执行情况，规划落实协议的各项商谈议题和合作项目。二是在回避政治敏感问题与保持各自解释与运作空间的前提下，同海基会进一步继续寻求解决“违反有关规定进入对方地区人员之遣返及相关问题”等三项事务性议题中分歧问题的途径。他说：“我相信，只要双方遵循汪辜会谈民间性、经济性、事务性、功能性的宗旨，本着相互尊重、平等协商、实事求是、求同存异的精神，全面落实汪辜会谈成果，发展两会合作就一定能够取得进展。”

唐树备说，海峡两岸经过三十多年的隔绝后，近六七年来，两岸经贸合作、人员往来和各项交流蓬勃开展，两岸关系日益密切，对增进了解、培养互信起到了积极作用。但在两岸交流交往中，由于双方政治上存在严重分歧、政策上缺乏协调，加之两岸制度不同，相互之间的了解和信任亟待加强，以及其他一些方面的因素，也发生过一些这样那样的事件，一时间，两岸交流交往似乎进入了困境。但是，两岸同胞要求两岸保持和发展和缓的气氛，要求交流、要求合作的愿望，是阻挡不住的。他希望通过两会持续耐心的努力，两岸交流交往能有一番更新的气象，两岸关系发展迈进到一个更新的阶段。

唐树备说，抓住机遇，发展两岸经济合作，共同繁荣，谋求互补互利之功，这是中华民族赋予海峡两岸义不容辞的历史责任。在当前两岸关系发展中，海协愿与台湾一切主张发展两岸经济合作和各项交流的团体与人士携手努力，互箴互勉。

唐树备还回答了记者的提问。

国务院正式批准《对外贸易经济合作部职能配置内设机构和人员编制方案》

新方案确定，外经贸部是国务院综合管理全国对外贸易经济合作的职能部门，主要任务是：研究外经贸发展战略，编报规划，制定政策、法规，实施外经贸工作的宏观调控、行业管理、协调服务和监督检查。在加强上述职能的同时，弱化对部属企业经营和对外贸业务的财务计划、部属单位的基建投资计划及其劳动工资计划等工作的管理，并将一些事权、业务移交商会、协会或下放地方、企事业单位承担。

新方案还确立外经贸部承办国务院交办的其他事项以及管理国家进出口商品检验局等职责。依照规定，该部将下设 20 个职能司(厅)。

国务委员兼国家科委主任宋健在河北唐山考察

宋健于 8 月 3 日至 4 日考察唐山市的种植、养殖基地。宋健在考察中肯定了唐山市科技兴农的战略。宋健认为，唐山作为一个重工业城市，通过科技的作用把全市建成一个粮仓和副食品基地，很有意义。宋健指出，我国农业要坚定不移地走科技兴农之路，只有依靠科技，充分利用科技成果，才能大幅度提高劳动生产率，使经济快速健康地发展。

国务院副总理朱镕基在人民大会堂会见毛里求斯财政部部长希达南和中央银行行长拉姆普尔

今年国库券发行超额完成

今年合计发行了国库券 1028.98 亿元，已超额完成 1020 亿元的发行计划。

中国政府代表外交部副部长刘华秋在布里斯班举行的第 25 届南太平洋论坛会议后对话会上就中国同南太国家关系中国在台湾问题上的立场等问题发言

刘华秋说，中国同南太国家友好合作关系发展总的说来较顺利，双方对重大国际、地区问题有相同或近似的认识，政治和经贸关系稳步发展，合作领域不断扩大。

刘华秋说，自上届论坛会议以来，双方领导人多次互访，增进了相互了解和友好合作。经贸技术合作关系也有长足进步。1993 年，中国与南太国家的贸易达 35.9 亿美元，较上年增长 25%。截至今年 7 月中旬，中国在南太地区共承担了 21 个成套项目和 20 个技术合作项目，总投入近 5 亿元人民币。中国还向南太岛国提供相当数量的物资和现汇帮助。

刘华秋说，总结过去，中国同南太国家关系所以能保持顺利发展的势头，基本经验是：超越意识形态异同，按照和平共处五项原则发展相互关系；突出共同利益，着眼于建立长期稳定的关系；发展互利互惠的经贸、技术合作关系，加强磋商，扩大交流，相互信任，不强加于人。刘华秋表示相信，这些基本经验将指导中国和南太国家的友好合作关系在今后岁月里不断得到加强。

刘华秋表示，中国将继续支持南太国家维护本地区的和平与稳定、捍卫国家主权和独立、保护民族经济权益的正义主张。

刘华秋表示，中国坚决反对任何国家与台湾建立官方关系和进行官方往来。

刘华秋强调说：我们对台湾与外国民间性经济、文化往来不持异议，但是我们坚决反对任何国家与台湾建立官方关系和进行官方往来。台湾问题事关中国的主权，牵动全体中国人民的民族感情，我们的上述立场是坚定不移的。刘华秋对南太论坛绝大多数成员坚持“一个中国”的立场、明确主张不改变正式对话伙伴标准和名单的态度，表示赞赏和感谢。

科特迪瓦总统贝迪埃和总理敦坎在阿比让分别会见由外经贸部副部长刘山在率领的中国经贸代表团

减轻中小学生过重课业负担全面提高教育质量座谈会在石家庄召开

湖北宜昌发现最早象形文字使我国文字起源又推前两千年

湖北考古工作者最近在宜昌县杨家湾遗址发现我国最早象形文字，把文字起源推到 6000 年前，比商代殷墟甲骨文还早 2000 多年。

杨家湾遗址是长江三峡地区重要的新石器时代遗址，遗存面积近 5 万平方米。据出土器物类型分析，该遗址时代属大溪文化中期，距今 6000 年左右。考古队员从该遗址中发掘出大量石器、玉器，还发现 170 余种刻划在陶器上的符号。这些符号记录当时人们对生活中事物的复述和描绘，代表固定的含义，有一定的规则；从笔划运用看，不仅有直笔，还大量运用圆笔，殷墟甲骨文中的许多符号与之十分接近。专家们认定，这些符号是迄今为止我国发现的最早象形文字。

这些文字符号是从遗址中一处直径 10 米、文化层厚度 3 米多的大灰坑出土的陶器上发现的，均刻划在陶器的圈足底外面，其象形性可划分多种类型。有的如水波、闪电、太阳升起等自然景观，有的似谷穗、垂叶、花瓣、大树等植物，有的像长蛇、贝壳等动物，有的像鱼钩、渔网、弓箭、叉具等生产工具，还有的反映了房舍建筑与人类劳作的场景。总之，这些象形文字比较系统地记录了当时人们生产、生活状况。

这批象形文字的发现，为研究文字起源、发展、长江文明进程提供了极其重要的资料。目前，考古工作者正在进一步整理、研究。

8月4日

海协会与海基会两会负责人会谈（唐焦会谈）在台北国际会议中心举行

会谈开始前，唐树备对记者说，两岸问题要以务实的态度逐步加以清理并解决。我们应当尽我们的所能，在前几天两位副秘书长商谈的基础上，通过会谈，争取在分歧问题上取得双方都能接受的解决办法，同时就经贸、科技、文化交流等方面的问题做进一步的探讨。

台湾海基会副董事长兼秘书长焦仁和表示，从今天开始，双方将面对面沟通、探讨，这是一个最直接有效地解决问题的方式。尤其是唐树备先生千里迢迢，首次踏上台湾的土地，不但具有历史性意义，而且是两会联系制度化的具体体现，希望在今后的常来常往中充分发挥两会在两岸民间交流中的作用。

海协常务副会长唐树备在会谈中就全面落实汪辜会谈有关协议以及加强两会合作、培养双方互信提出了若干意见。

唐树备在谈到全面落实汪辜会谈有关协议的问题时说，汪辜会谈实现了 40 多年来海峡两岸高层人士以民间身份进行的首次公开接触，标志着海峡两岸关系迈出了历史性的重要一步。会谈签署了《两岸公证书使用查证协议》、《两岸挂号函件查询补偿事宜协议》、《两会联系与会谈制度协议》、《汪辜会谈共同协议》。一年多来，《两岸公证书使用查证协议》和《两岸挂号函件查询补偿事宜协议》在执行中大量解决了两岸同胞往来和通邮中的具体问题，为促进两岸交往、密切两岸关系起到了积极作用。汪辜会谈后，两会依《两会联系与会谈制度协议》进行了五次副秘书长级商谈和两次负责人会谈，保持了沟通管道的畅通，双方都有意愿为第二次汪辜会晤积极创造条件。

唐树备说，但也毋庸讳言，两会在执行《汪辜会谈共同协议》规划的各项商谈、全面落实协议成果方面，远未能满足两岸同胞的期盼。汪辜会谈是民间性、经济性、事务性、功能性的会谈，《汪辜会谈共同协议》规定的经济、科技议题商谈和事务性商谈一样，也应作为会谈成果予以落实。海协一贯主张全面落实汪辜会谈有关协议，在历次商谈中均向台湾海基会建议安排进行经济、科技议题的商谈。商谈中，双方可以充分发表各自的意见，但商谈结果却应该是双方都能够接受的，求同存异，不强加于人。只要双方认真谈起来，完全可以在各自都能接受的程度上取得具体成果。

接着，唐树备提出海协对规划落实汪辜会谈协议的具体建议，希望能与焦仁和先生达成新的共识。

这些具体建议主要是：

一、两会高层沟通便于通过交换意见对规划落实协议做出双方均能接受的统筹安排，减少或避免不必要的争执和误会。两会事务性商谈应有利于两岸关系的发展，通过商谈使两岸关系愈加密切而不是愈加疏远。特别是当事务性商谈遇到问题时，两会负责人要发挥积极作用，多进行观念沟通，及时作出调整。

二、双方应本着汪辜会谈“加强两岸经济交流，互补互利”和“促进科技交流”的共识，对“台商在大陆投资权益及相关问题”、“加强能源、资源之开发与交流”、“探讨科技名词统一与产品规格标准化问题”、“促进电脑及其他产业科技之交流”等议题的商谈做出具体安排。

三、海协愿与台湾海基会安排其他各项事务性议题的商谈时间。

四、继续推动两岸新闻界、青少年交流互访，开展两岸文物交流。近年来，两会在文教交流方面的协议及共同举办的活动，对两岸文教交流起到了一定的推动作用。

五、尽快解决去台人员遗产继承问题。唐树备说，我们认为，这是一个特殊的历史问题，不采取特殊的有效措施，不足以有效地保护两岸同胞的正当权益。去年两会达成《两岸公证书使用查证协议》，为解决这个问题提供了契机。但现在又面临时效届满，其正当权益被剥夺的境况。这些情况本应是台湾方面需要慎重考虑和对待的。但是，台湾方面却作出了对大陆同胞十分严苛的继承时效及继承限额等歧视性规定，这些规定有悖两岸同胞民事权利平等的原则，伤害了两岸同胞的感情。

谈到海协对加强两会合作、培养双方互信问题时，唐树备说，今年以来，海峡两岸关系经受了考验。海协与海基会的合作亟待加强，两岸之间增进了解、培养互信刻不容缓。最近，海协注意到台湾方面重申“今年两岸关系是培养互信的一年”，表示“唯有大陆政策不容徘徊瞻顾”。注意到海基会领导人关于加强两会高层接触、开展政策性对话的倡议。对此，海协也持同样的积极态度。

唐树备结合当前两会会务和两岸交流交往形势，提出了海协对加强两会合作、培养两岸互信的建议。

这些建议主要有：

——加强两会高层沟通，特别是加强两会领导人的接触有利于增进了解、消除误会、缩小分歧、培养互信。双方应无条件地为两会领导人创造常来常往、无拘无束交换意见的机会和氛围，应在两会领导人之间开展政策性对话。应尽快举行第二次汪辜会晤，以及让两岸有影响的政界人士以适当名义多接触、多会晤，充分交换意见。

——双方应继续通过两会渠道促成两岸有关方面人士以两会专家名义进行交流，这是两岸之间解决事务性问题、增加共识、培养互信的一个非常重要的途径。

——两会应积极促成两岸经贸、文教、科技、新闻界等方面的交流，只有增加交流，才能增进了解、消除误会。两会应在组织和协助进行两岸经贸交流与各项民间交流活动方面发挥积极作用；特别是在有些事务性商谈因涉及一些复杂问题而不可能一下子达成协议的情况下，在继续保持商谈势头的同时，完全可以先开展其他类型的商谈和交流项目，解决一些容易解决的问题。通过推动两岸交流交往不断加强两会功能，发展双方合作。

——在当前两岸交流交往中，对涉及两岸同胞正当权益的具体问题，双方都要冷静处理。两岸经过40年的隔绝，在交流交往中，由于政治上存在分歧、政策上缺乏协调，加之双方制度不同以及其他一些因素，不可避免地会发生一些这样那样的问题。对此，一方应认真处理，作出负责的说明；另一方应抱着尊重、理解、克制的态度，有不同意见可以在两会间开诚布公地讨论。总之，应该做到相互尊重，相互理解，以客观、理性、冷静的态度共同维护两岸关系发展大局，这样才能找到务实解决问题的办法。从关心与维护两岸同胞权益出发，有关各方还应考虑认真检讨、清理40年军事对峙时期形成的、至今仍对两岸同胞生命财产造成损害的某些不适当做法。唐树备提出，应从有利于缓和两岸关系、培养双方互信出发，现在应该到了台湾方面彻底改变某些不适应两岸关系形势的处理手法的时候了。

国务院住房制度改革领导小组召开深化城镇住房制度改革工作会议

国务院住房制度改革领导小组近日召开会议，布置深化城镇住房制度改革工作。会议提出，城镇住房制度改革的近期任务是：全面推行住房公积金制度，积极推进租金改革，稳步出售公有住房，加快经济适用住房建设，到本世纪末初步建立起新的城镇住房制度，使城镇居民住房达到小康水平。

国务委员兼国家体改委主任、国务院住房制度改革领导小组组长李铁映在会上指出，住房制度改革与企业改革、建立现代企业制度和建立社会主义市场体系有着极为密切的联系。住房制度改革也是实现政府职能转变，建立新的政府宏观调控体系的内容之一。因此，住房制度改革是整个经济体制改革的重要环节之一，必须纳入整个经济体制改革的进程，加快改革步伐，到本世纪末初步建立起适应社会主义市场经济体制要求的城镇住房新制度。

中央统战部部长王兆国为纪念李维汉在《人民日报》发表题为《统一战线工作者的光辉典范》的文章

全国人大常委会国务院致电祝贺青海省果洛藏族自治州建州 40 周年

国务院总理李鹏签署国务院第 160 号令发布《国务院关于股份有限公司境外募集股份及上市的特别规定》

《国务院关于股份有限公司境外募集股份及上市的特别规定》已经 1994 年 7 月 4 日国务院第二十二次常务会议通过，现予发布，自发布之日起施行。

总理　李　鹏

1994 年 8 月 4 日

国务院关于股份有限公司境外募集股份及上市的特别规定

第一条　为适应股份有限公司境外募集股份及境外上市的需要，根据《中华人民共和国公司法》第八十五条、第一百五十五条，制定本规定。

第二条　股份有限公司经国务院证券委员会批准，可以向境外特定的、非特定的投资人募集股份，其股票可以在境外上市。

本规定所称境外上市，是指股份有限公司向境外投资人发行的股票，在境外公开的证券交易场所流通转让。

第三条　股份有限公司向境外投资人募集并在境外上市的股份（以下简称境外上市外资股），采取记名股票形式，以人民币标明面值，以外币认购。

境外上市外资股在境外上市，可以采取境外存股证形式或者股票的其他派生形式。

第四条　国务院证券委员会或者其监督管理执行机构中国证券监督管理委员会，可以与境外证券监督管理机构达成谅解、协议，对股份有限公司向境外投资人募集股份并在境外上市及相关活动进行合作监督管理。

第五条　股份有限公司向境外投资人募集股份并在境外上市，应当按照国务院证券委员会的要求提出书面申请并附有关材料，报经国务院证券委员会批准。

第六条　国有企业或者国有资产占主导地位的企业按照国家有关规定改建为向境外投资人募集股份并在境外上市的股份有限公司，以发起方式设立的，发起人可以少于 5 人；该股份有限公司一经成立，即可以发行新股。

第七条　向境外投资人募集股份并在境外上市的股份有限公司（以下简称公司）向境内投资人发行的股份（以下简称内资股），采取记名股票形式。

第八条　经国务院证券委员会批准的公司发行境外上市外资股和内资股的计划，公司董事会可以作出分别发行的实施安排。

公司依照前款规定分别发行境外上市外资股和内资股的计划，可以自国务院证券委员会批准之日起 15 个月内分别实施。

第九条　公司在发行计划确定的股份总数内，分别发行境外上市外资股和内资股的，应当分别一次募足；有特殊情况不能一次募足的，经国务院证券委员会批准，也可以分次发行。

第十条　公司发行计划确定的股份未募足的，不得在该发行计划外发行新股。公司需要调整发行计划的，由股东大会作出决议，经国务院授权的公司审批部门核准后，报国务院证券委员会审批。

公司增资发行境外上市外资股与前一次发行股份的间隔期间，可以少于 12 个月。

第十一条　公司在发行计划确定的股份总数内发行境外上市外资股，经国务院证券委员会批准，可以与包销商在包销协议中约定，在包销数额之外预留不超过该次拟募集境外上市外资股数额 15%的股份。预留股份的发行，视为该次发行的一部分。

第十二条　公司分别发行境外上市外资股和内资股的计划，应当在公司各次募集股份的招股说明材料中全面、详尽披露。对已经批准并披露的发行计划进行调整的，必须重新披露。

第十三条　国务院证券委员会会同国务院授权的公司审批部门，可以对公司章程必备条款作出规定。

公司章程应当载明公司章程必备条款所要求的内容；公司不得擅自修改或者删除公司章程中有关公司章程必备条款的内容。

第十四条　公司应当在公司章程中载明公司的营业期限。公司的营业期限，可以为永久存续。

第十五条　公司章程对公司及其股东、董事、监事、经理和其他高级管理人员具有约束力。

公司及其股东、董事、监事、经理和其他高级管理人员均可以依据公司章程主张权利，提出仲裁或者提起诉讼。

本条第一款、第二款所称其他高级管理人员包括公司财务负责人、董事会秘书和公司章程规定的其他人员。

第十六条　依法持有境外上市外资股、其姓名或者名称登记在公司的股东名册上的境外投资人，为公司的境外上市外资股股东。

境外上市外资股的权益拥有人可以依照境外上市外资股股东名册正本存放地或者境外上市地的法律规定，将其股份登记在股份的名义持有人名下。

境外上市外资股股东名册为证明境外上市外资股股东持有公司股份的充分证据；但是有相反证据的除外。

第十七条 依据本规定第四条所指的谅解、协议，公司可以将境外上市外资股股东名册正本存放在境外，委托境外代理机构管理；公司应当将境外代理机构制作的境外上市外资股股东名册的副本备置于公司的住所。受委托的境外代理机构应当随时保证境外上市外资股股东名册正本、副本的一致性。

第十八条 境外上市外资股股东名册正本的更正需要依据司法裁定作出的，可以由名册正本存放地有管辖权的法院裁定。

第十九条 境外上市外资股股东遗失股票，申请补发的，可以依照境外上市外资股股东名册正本存放地的法律、证券交易场所规则或者其他有关规定处理。

第二十条 公司召开股东大会，应当于会议召开45日前发出书面通知，将会议拟审议的事项以及会议日期和地点告知所有在册股东。

拟出席股东大会的股东应当于会议召开20日前，将出席会议的书面回复送达公司。

书面通知和书面回复的具体形式由公司在公司章程中作出规定。

第二十一条 公司召开股东大会年会，持有公司有表决权的股份5%以上的股东有权以书面形式向公司提出新的提案，公司应当将提案中属于股东大会职责范围内的事项，列入该次会议的议程。

第二十二条 公司根据股东大会召开前20日时收到的书面回复，计算拟出席会议的股东所代表的有表决权的股份数。拟出席会议的股东所代表的有表决权的股份数达到公司有表决权的股份总数1/2的，公司可以召开股东大会；达不到的，公司应当于5日内将会议拟审议的事项、会议日期和地点以公告形式再次通知股东，经公告通知，公司可以召开股东大会。

第二十三条 公司的董事、监事、经理和其他高级管理人员对公司负有诚信和勤勉的义务。

前款所列人员应当遵守公司章程，忠实履行职务，维护公司利益，不得利用在公司的地位和职权为自己谋取私利。

第二十四条 公司应当聘用符合国家有关规定的、独立的会计师事务所，审计公司的年度报告，并复核公司的其他财务报告。

公司应当向其聘用的会计师事务所提供有关资料和答复询问。

公司聘用会计师事务所的聘期，自公司本次股东年会结束时起至下次股东年会结束时止。

第二十五条 公司解聘或者不再续聘会计师事务所，应当事先通知会计师事务所，会计师事务所有权向股东大会陈述意见。

会计师事务所提出辞聘的，应当向股东大会说明公司有无不当情事。

第二十六条 公司聘用、解聘或者不再续聘会计师事务所由股东大会作出决定，并报中国证券监督管理委员会备案。

第二十七条 公司向境外上市外资股股东支付股利以及其他款项，以人民币计价和宣布，以外币支付。公司所筹集的外币资本金的结汇和公司向股东支付股利以及其他款项所需的外币，按照国家有关外汇管理的规定办理。

公司章程规定由其他机构代为兑换外币并付给股东的，可以依照公司章程的规定办理。

第二十八条 公司所编制的向境内和境外公布的信息披露文件，内容不得相互矛盾。

分别依照境内、境外法律、法规、证券交易场所规则的规定，公司在境内、境外或者境外不同国家和地区披露的信息有差异的，应当将差异在有关的证券交易场所同时披露。

第二十九条 境外上市外资股股东与公司之间，境外上市外资股股东与公司董事、监事和经理之间，境外上市外资股股东与内资股股东之间发生的与公司章程规定的内容以及公司其他事务有关的争议，依照公司章程规定的解决方式处理。

解决前款所述争议，适用中华人民共和国法律。

第三十条 本规定自发布之日起施行。

中国红十字会通过中国驻扎伊尔大使周贤觉捐款二万美元援助卢旺达难民

中国和巴基斯坦第九次经贸联委会会议在伊斯兰堡闭幕签订《中巴第九次经贸联委会会议纪要》

中国政府和喀麦隆政府在雅温得签署高教合作项目协议

巴基斯坦总统鲁克·莱加利在伊斯兰堡总统府会见中国经贸代表团团长对外经济贸易合作部副部长李国华

国务院副总理李岚清在减轻中小学生过重的课业负担全面提高教育质量座谈会上发表讲话

中小学生课业负担过重，是一个全社会关心而始终没有解决好的老大难问题。早在建国初期，特别是60年代，毛主席就对此提出过严厉的批评。小平同志也提出过批评。

近几年来，党和国家十分重视解决中小学生过重课业负担问题，江泽民总书记和李鹏总理都亲自关心过问这一问题，多次发出指示，颁发文件，要求切实解决好这一问题。国家教委于1993年下发了《关于减轻义务教育阶段学生过重课业负担、全面提高教育质量的指示》。几年来，各地区也把减轻学生过重的课业负担作为全面贯彻教育方针，提高教育质量的一项重要工作来抓，采取了一些措施。各级教育行政部门、学校领导和广大教师做了不少研究探索和改进工作，使中小学生特别是小学生课业负担有所减轻，基础教育质量有所提高。但是，目前一些地方中小学生课业负担过重问题仍较严重，特别是城市中小学生作业量仍超过国家规定，这已成为制约贯彻德、智、体全面发展的教育方针、全面提高教育质量的重要因素。

一、中小学生课业负担过重的主要表现

中小学生课业负担过重问题，由来已久，已成为基础教育的痼疾，具有很深的危害性。突出表现在以下几方面：

（一）一些中小学不严格执行国家制定的课程计划、教学大纲，未经国家教委或教委授权的教育行政部门同意，随意增减课时、超纲授课和延长日授课时数，甚至利用假期和星期日为学生补课。有的中小学为了追求升学率，随意增加必考科目授课时数，砍掉或挤占非考科目时数；有的任意超过国家规定的每周课时数和每天上课的节数。一些中小学尤其是毕业年级，常常占用寒暑假为学生补课或提前授新课。

（二）中小学生的作业量逐渐加大，机械重复和大量抄写的作业内容较多，各种形式的考试越来越频繁。一些中小学学生的作业量大都超过国家规定时间的一倍以上，尤其是小学和初中的毕业年级，学生每天要用2.5—3个小时的时间才能完成当天作业。有的学校由于课外作业量大，老师无法批改作业而要求家长批改，又加重了家长负担。还有各种形式的单元考试、年级考试、阶段考试、统一考试和竞赛考试也十分频繁。

（三）乱编、乱印、乱征订各类中小学复习资料和练习册现象严重，加重了学生的课业负担和学生家长的经济负担。从编写体制上看，一些单位和个人以盈利为目的，未经国家教委和省一级教育行政主管部门批准，擅自编写大量复习资料、练习册；从出版体制看，一些专业出版社无视国家有关规定，出版或变相出版各类中小学书刊、资料；在发行方面，一些地方的新华书店利用征订中小学课本之机，搭售各种复习资料、练习册。

从上述几种表现形式上分析，中小学生课业负担过重问题，集中体现在学生身上，势必会造成学生的书包变得越来越重，视力逐步下降。中小学生的课业负担已经超出了中小学生的承受能力，直接影响着学生的身心健康和正常发育。

二、中小学生课业负担过重的原因

中小学生课业负担过重的原因是多方面的，是教育内部和外部多方面问题的综合反映。其主要原因有以下几方面：

（一）办学指导思想不端正，没有很好地按照党的十四大和《中国教育改革和发展纲要》提出的要求，全面贯彻党的教育方针、全面提高教育质量。片面追求升学率，只重视抓智育，忽视了学生的全面发展和办学的长远和社会效益，一味引导学生走升大学一条路，停留在应试教育上，不注重对学生整体素质的培养，这种办教育的指导思想不能适应两个文明建设的需要，偏离了社会主义的办学方向。当然，这同我国教育的宏观结构不尽合理、忽视基础素质教育和职业教育有重要关系。这些问题的主要责任在各级领导干部。

（二）教师队伍的整体素质还不适应我国教育事业健康发展的需要。部分中小学教师由于自身业务素质不高，为了片面追求升学率，人为地加重学生的课业负担，大量布置课外作业，甚至搞“题海战术”，利用频繁的考试去强迫学生超负荷地学习。

（三）中小学生课业负担过重，有其深层次的社会原因。一些地方的政府领导、学生家长在人才观和教育质量观上有片面认识。由于受我国目前择业渠道和片面追求升学率倾向的影响，农村学生一心想跳出“农门”，城市学生想考取好的学校，导致部分家庭教育中存在着重智育，轻德育、体育、美育的倾向；有些家长广泛搜集各种习题，布置家庭作业，加重了孩子的负担，一些地方政府领导干部给学校和教师压升学指标，搞升学名次排队，单纯以升学率和考试分数的高低来奖励评比学校和教师；有的地方教育行政部门管理学校的方式不当，单纯以各类考试的名次和学生考试的优秀率作为“民转公”、“评先进”和发放奖金的依据。这些问题，使减轻学生课业负担工作进展缓慢。

减轻中小学生过重的课业负担，全面提高教育质量，是全社会的共同愿望，是广大中小学生的迫切要求，也是关系到我们到底培养什么样的人和国家前途命运的大事。尽管这件事解决起来难度很大，但难度再大也要下决心逐步解决。

三、解决中小学生课业负担过重的主要措施

由教委根据一年来贯彻教发[1993]3号文件的实践以及这次座谈会上大家提出的许多好意见，对这个文件加以修改和补充，经国务院审查后以国办名义下

发各地执行。关于这个方面,我想强调以下几点:

第一,根据《中国教育改革和发展纲要》和《国务院关于〈中国教育改革的发展纲要〉的实施意见》的要求,结合全教会精神的贯彻,认真落实“全面贯彻教育方针、全面提高教育质量”的指导思想,转变教育思想,更新教育观念,切实扭转片面追求升学率的倾向。通过召开必要的会议,开展正确的督导评估、典型调查、重点抽查等形式,向各级领导、广大教育工作者、学生家长广泛宣传减轻学生过重课业负担,全面提高学生素质和教育质量的重要意义,树立教育法规意识和正确的人才观、质量观、教育观,各级教育部门不得向学校压升学指标,学校不得以升学率或考试分数奖惩教师;不能把文化课考试成绩作为评选三好学生、优秀学生的唯一依据。学校教育教学工作都要以全面提高学生素质为目的,使学生在德、智、体诸方面得到全面发展,摆脱应试教育、英才教育模式的束缚,切实把基础教育转到素质教育的轨道上来。

第二,在认真组织实施现在颁布的九年义务教育课程方案的同时,教委要进一步组织研究改进课程内容和课时分配等方面的问题。中小学的教材一是要切实体现素质教育的特点;二是要照顾到绝大多数青少年能听得懂、能理解;三是结合实际,精练生动;四是能启发学生的思考和兴趣。课时分配要合理,要加强爱国主义教育、劳动教育、体育和美育,加强某些技能常识教育、好公民教育、行为准则教育、道德法制教育。上海、北京、河北等地推行的“愉快教育”和“成功教育”等经验可供参考。在教材方面,各地必须严格执行国家和省两级教材编审制度,严格把好编、印、发三个环节。对于未经国家教委和省教委批准编写并审查的中小学教学用书,出版部门和印刷厂家不得印刷;同时,还要加强对中小学教学用书及教辅用书发行渠道的整顿和管理。在这方面,河北等省、市的经验亦可参考。他们的做法是:通过新闻媒介每年两次公布《中小学生用书目录》,供各地中小学校选用,请学生家长和社会各界监督。今后,任何单位和个人不得向学校强行征订《中小学教材用书目录》以外的教学用书,更不得在征订教材时硬性搭售其他书刊、资料,否则将追究有关人员责任。

第三,积极推进招生考试制度改革。为有效地发挥中小学招生考试的正确导向作用,尽快创造条件积极推广小学划片就近入学的做法。在小学毕业考试方面进行改革试验,城市中逐步把考试权交给学校,由学校自行命题并组织考试;农村学校在县教育行政部门指导下,由学区中心小学负责命题,以学区为单位组织考试。在已普及初中的地方,可取消初中招生考试,小学毕业后学生就近升入初中。现在最大的问题是高中考试制度,入重点高中这个独木桥的考试“指挥棒”是加重中小学课业负担特别是初中课业负担的重要原因之一。要解决这个问题,首先重点高中应帮助一般高中全面提高教学质量,逐步缩小重点与非重点高中的差距,同时逐步改革高中招生制度,将重点高中的招生指标分为保送、推荐加考试和竞争等办法来缓解这方面的矛盾。在对初中全面评估的基础上,根据办学水平将三种类型指标合理分配到各个初中。不管采用哪种方法都必须有公平、透明和科学的标准,严禁走后门和不正之风。小学、初中除毕业考试外,废止其他年级任何形式的统一考试。以后不应开展高中升学率评比。中、小学生不同学科的奥林匹克竞赛活动,是发现和培养超常人才的一种方式,不宜普遍搞,更不能拔苗助长,到处办奥校。这样做,弄不好就等于以智力超常学生的水平来要求大多数学生,这不但会大大加重学生负担,而且会危及大多数青少年的身心健康,使他们丧失学习信心。这个问题请教委认真研究,加以正确引导。

第四,对学校和教师的各种考核评比工作,必须按照全面贯彻党的教育方针、减轻学生过重的课业负担、全面提高教育质量的原则进行。要充分发挥各级教育督导机构的作用,对中小学生课业负担情况定期开展督导检查并公布检查结果,对负担合理、全面教育质量较高的学校要予以表扬;对加重学生负担,妨害学生身心健康的学校,要通报批评,限期改正,造成严重不良后果的,要追究有关人员的责任。各地要在今年内对减轻学生课业负担问题进行一次全面检查,组织这方面的经验交流,表扬一批轻负担、高质量的学校和教师。

第五,办好教育的关键还在教师。各地要采取切实有效措施,认真办好师范教育,教师进修和教育等学校要进一步提高教师和教育行政管理的素质。要在抓好中小学教师学历达标工作基础上,开展多层次、多形式的培训工作,通过教师脱产进修、举办观摩教学、请优秀教师介绍经验、老教师对年轻教师传帮带等形式,全面提高教师的素质,不断改进教学方法;要根据教学要求和学生学习实际,认真备课、精心授课,合理安排、选择和布置作业。

第六,造成中小学课业负担过重、影响全面提高教育质量和社会效益的另一重要原因,就是目前的宏观教育结构不尽合理。从我国现实国情出发,能通过小学、中学直接升入大学的人是极少数,但又都想挤这个“独木桥”,这是形成应试教育的客观条件。为此,全教会特别强调要三级分流,大力发展各种层次的职业教育特别是中等职业教育。这不但是发展社会主义市场经济的迫切需要,也是促进我国教育事业健康发展的必由之路。同时我们还要给接受过职业教育的青年创造条件使他们有继续深造的机会。这样就可以逐步把升学的“独木桥”变成“阳关道”,也可以逐步克服中小学片面追求升学率的应试教育的不健康倾向。

民政部发出通知要求各地民政部门切实安排好灾区群众生活

民政部最近发出通知,要求各地民政部门切实做好灾区群众工作。

通知说,今年上半年,我国部分地区遭受了较重的自然灾害,先后有19个省(区、市)发生了旱灾。入汛以来,南方六省(区)发生了严重的洪涝灾害。之后,北方数省又提前进入汛期,发生水灾,给灾区群众的生产和生活带来困难。目前,正值夏荒期间,水旱灾区群众生活安排的任务相当艰巨。党中央、国务院十分关心灾民的生活安排问题。民政部最近召开了由民政厅领导同志参加的南方六省(区)救灾工作会议。会议强调指出,安排好灾区群众生活,事关经济发展和社会稳定的大局,各地要加强领导,精心部署,发动群众,生产自救,互助互济,动员各方面的力量,切实把灾民生活安排好。这不仅是南方六省(区)的任务,也是全国各地的任务。

通知强调,要采取多种措施解决灾民吃、穿、住、治疗问题。组织生产自救,防止灾民大批外流。认真贯彻“依靠群众、依靠集体、生产自救、互助互济,辅之以国家必要的救济和扶持”的方针,发动群众,立足本地生产自救,组织开展各种工、副业生产。要加强对救灾款物管理使用工作的监督、检查,发现贪污、挪用、滥用救灾款物和救灾捐赠款物的,要严肃处理。

8月5日

中组部发出《关于加强以公有制成分为主股份制企业中党的工作的通知》

中共中央组织部日前发出通知,要求在新的形势下,切实加强以公有制成分为主的股份制企业中党的工作。

《通知》强调,搞好股份制试点工作,必须坚持党的基本路线,按照党中央、国务院的有关规定和要求进行,既要大胆借鉴世界各国反映现代社会化生产规律的先进经验,又要继承和发扬我们自己的优势,加强党对股份制企业的领导,加强股份制企业中党的工作,充分发挥党组织的战斗堡垒作用和共产党员的先锋模范作用,以增强企业活力,促进社会主义市场经济的发展。

《通知》指出,股份制企业中党的基层组织,处于政治核心地位,发挥政治核心作用,围绕生产经营开展工作。

《通知》指出,股份制企业党组织领导班子的配备,必须坚持干部队伍“四化”方针和德才兼备的原则。主要成员一般应具备做好党务工作与经济工作的双重素质。党组织负责人可与董事会、监事会负责人或经理、副经理适当交叉任职。条件具备的,党委书记和董事长,或者党委书记和总经理可由一人担任。规模较大、职工和党员人数较多的企业,应设专职党委副书记。

《通知》要求,在组建股份制企业时,党组织的设置与调整工作应同步考虑和安排。

《通知》强调,股份制企业党组织要从企业资产结构、领导体制、经营机制、用工与分配制度等方面的特点出发,认真改进工作方法和活动方式。对企业生产经营方面的重大问题,党组织要认真讨论研究,向董事会、经理提出意见和建议,而不应直接决策和指挥。要把加强党的思想政治工作与培育企业精神、建设企业文化、解决职工实际问题结合起来。要在国家有关股份制企业的法律、法规的范围内,紧紧抓住生产经营这个中心,围绕企业的改革和发展,积极主动地开展党的活动。

农工民主党十一届常委会第五次全体会议举行

农工民主党主席卢嘉锡,副主席方荣欣、章师明、田光涛、蒴天聪、陈灏珠、宋金升出席会议。

会议着重研讨在新的形势下,如何进一步加强自身建设,更好地发挥参政议政和民主监督作用,努力使农工党的工作形成新气势,开创新局面。

会议于8月10日结束。

国家体改委经贸委国家国有资产管理局就《国有企业财产监督管理条例》中的有关问题作介绍和说明

国家体改委、国家经贸委和国家国有资产管理局联合召开新闻发布会,就不久前颁布的《国有企业财产监督管理条例》中的有关问题,作介绍和说明,并要求各有关方面认真学习和贯彻执行这一条例。

国家体改委副主任洪虎在会上介绍《条例》起草的过程,并就《条例》的意义和主要内容进行阐述。他指出,《国有企业财产监督管理条例》的适时出台,为保障国家对国有企业财产的所有权、监管权提供法律依据,同时也确立国有企业法人财产权,用法律形式保障企业在市场竞争中的主体地位。这个《条例》可以说是《全民所有制工业企业转换经营机制条例》的姐妹篇,对于国有资产的保值增值、转换国有企业经营机制、加快建立具有中国特色的现代企业制度以及发展壮大国有经济,均具有重大意义。

国家经贸委常务副主任杨昌基就如何学习、宣传和贯彻实施监管条例发表意见。他说,国家经贸委和国家国有资产管理局正在草拟《关于贯彻〈国有企业财产监督管理条例〉的实施意见》。近期内两个单位将负责制订监事会章程，并共同做好国有资产核资、资产评估、产权登记、统计报告制度及产权界定、纠纷处理等基础管理的具体实施办法和意见。他强调，在国务院没有确定委派监事会的企业名单以及《监事会章程》等配套办法未出台前，各地区委派监事会工作暂不进行。

财政部副部长兼国家国有资产管理局局长张佑才就继续强化国有资产基础管理工作讲话。

国家工商局发出《关于严厉打击棉花掺假行为的通知》

国家工商局日前发出通知，为确保今年国家棉花收购计划的顺利完成，维护棉花购销活动的正常秩序，各级工商行政管理机关要在当地政府领导下，进一步加强对棉花市场的监督管理，坚决打击棉花经营中的掺杂使假行为。

《通知》要求坚决取缔棉花黑市交易，非棉花经营单位和个人一律不得经营棉花。在未完成国家计划调拨任务的情况下，禁止棉花经营单位擅自以计划外高价出售棉花，违者，按有关法规严肃查处。

国家计委全国总工会发出《关于进一步加强职工物价监督工作的通知》

国家计委、中华全国总工会近日联合发出通知，要求各地进一步加强职工物价监督工作。

《通知》指出，自1980年以来，各地相继开展了职工物价监督工作，到去年底，全国共建立职工物价监督站7000个，计有职工物价监督员6万人。对协助政府查处价格违法行为，维护消费者利益，保证价格改革顺利进行起到了积极作用。

《通知》指出，职工物价监督队伍是物价检查机构的一支重要辅助力量。在市场经济条件下，开展职工群众价格监督，是政府对价格实施间接调控的一个重要形式。只能加强，不能削弱。各级物价部门和工会组织要切实加强对这项工作的领导，选派得力干部参与领导工作，定期研究解决职工物价监督工作中的问题。物价检查机构和工会保障部门应指派专人负责职工物价监督站的日常工作。职工物价监督检查的重点，是与人民生活密切相关的基本生活必需品和服务价格。当前，各级职工物价监督组织要紧紧围绕"菜篮子"、"米袋子"、"火炉子"开展市场物价监督检查，要把落实《居民基本生活必需品和服务价格监审办法》和推行明码标价制度以及监督粮油挂牌价格的执行情况作为现阶段工作的重点，组织力量开展对市场物价经常性的巡回检查。

国务院总理李鹏致电柬埔寨第一首相诺罗敦·拉那烈和第二首相洪森对最近遭受水灾的柬埔寨人民表示慰问

中国和印度在新德里签署民航科技合作议定书

中国航空研究院和印度国家航空航天研究院下午签署两国民用航空科技合作议定书。双方确定，在今后5年内为发展民用航空事业进行多种形式的科技合作，并建立由两国高级专家组成的联合委员会，制定每年双方举办各种学术讨论会、人员往来和共同开展研究的具体项目，以便在下个世纪带动两国民用航空工业的贸易和合作生产。

这是1988年中印两国政府签订两国科技合作协定以来，在高科技领域中签订的第一个实质性协定。

国家主席江泽民在中南海会见出席"学科前沿与国家自然科学基金会优先资助领域战略国际研讨会"的部分境外科学家

江泽民说，基础研究是科学技术的重要组成部分，是高新技术的源泉和先导。我们要继续发挥在基础研究中的优势，为应用技术和高新技术的发展打好坚实的基础。

会见时，科学家们就管理科学、全球气候变化、生物多样性、分子生物学和推进基础研究方面的国际合作等问题，发表了各自的看法。

在由国家自然科学基金会举办的"学科前沿与国家自然科学基金会优先资助领域战略国际研讨会"上，29位中国科学院、中国工程院院士，和来自境外的几十名著名专家、学者，就世界学科前沿、我国优先发展方向和国家自然科学基金的优先资助领域等战略问题，进行了有意义的研讨。

国家科委副主任朱丽兰、国家自然科学基金会主任张存浩等参加会见。

中国返回式卫星可靠性提高实现技术新突破

我国卫星专家最近在总结第16颗返回式卫星成功经验时指出，这次在这颗卫星上采用的多项新技术，都达到了预期效果，使我国返回式卫星可靠性进一步提高，并且增加了造福于人民的新功能，实现了技术新突破。

在这颗卫星上新研究使用的互为备份的综合性红外地球敏感器、可互相切换"值班"的3台计算机，以及双保险多种接口箱等，都性能良好，使卫星在天运行和执行任务有更可靠的保证。

《邓小平的历程——一个伟人和他的一个世纪》一

书由解放军文艺出版社出版

第三届东亚国际熊类学术会议在北京召开

8月6日

海协会常务副会长唐树备在海峡两岸两会会谈中就两岸交往中涉及两岸同胞生命财产损害事件阐述海协态度和建议

海协会常务副会长唐树备在两会负责人台北会谈中，提出海协对处理近年来两岸交往中涉及两岸同胞生命财产损害事件的态度和建议。

关于两岸人员交往中突发事件的通报和处理方式问题，唐树备说，近年来，两岸人员往来数量越来越多，涉及两岸人员人身财产损害事件时有发生，大陆方面一直依法保护台湾同胞来大陆旅游、投资经营、经商、交流的人身安全，对危害台胞人身安全事件，一律依法处理，决不宽容。过去是这样，今后也是这样。海协在汪辜会谈有关协议的基础上，积极发挥联系管道和协助的作用，做了大量工作。今后，两会要在现有协议的基础上，加强在处理紧急事件中的联系与合作。

唐树备受权向台湾海基会正式表达对于在大陆死亡的台胞遗体运回，在大陆非正常死亡的台胞遗体解剖，台湾记者要求到现场采访在大陆发生的涉及台胞生命安全的事件，以及关于台胞在大陆旅行时发生死亡事件后的履行赔偿问题的意见。

关于台商在大陆投资经营的人身安全问题，唐树备说，我们鼓励台商投资大陆、合法经营，并采取一切措施保障台商投资经营的人身安全。这方面，在法律上也有明确的规定。这些年发生过少数危害台商人身安全的个案，各地有关方面都在采取措施，予以解决。海协在这方面也做了很多协助工作。去年 4 月的汪辜会谈预备性磋商、汪辜会谈中，两会就这一问题广泛交换了意见，并同意在“台商在大陆投资权益及相关问题”中讨论。汪辜会谈后，海协一再主张尽早开始商谈这一议题。现在，我们再次建议尽快举行这一商谈。

关于台湾军方射击大陆沿海渔民造成人身财产伤害的问题，唐树备指出，台湾方面在两岸军事对峙时期的某些做法迄今仍旧维持。在当今海峡两岸关系日益缓和、两岸交流交往不断扩大的形势下，维持上述做法，已经严重损害了大陆同胞的生命安全。这与保持海峡两岸安定祥和气氛、维护两岸同胞正当权益是极不相适应的。两会应从关心和维护两岸同胞人身、财产安全出发，敦促、协助有关方面彻底制止长期以来台湾军方射击大陆沿海渔民造成人身财产伤害的不人道行为。

唐树备说，大陆有关方面对此十分关注，多次要求我会向贵会提出这一严重问题。去年 4 月汪辜会谈预备性磋商时，贵会负责人表示愿转告有关方面。最近，台湾有关方面认为这一问题是大陆渔民“非法越界”，“侵入军事防区”，影响“防区安全”，完全拒绝讨论。我们认为，这个问题如果单从防止造成大陆渔民伤亡的角度来务实地处理，是完全可以找到解决办法的。我们请台湾有关方面重新考虑自己的立场。

唐树备就此提出海协建议：对在海上从事正常生产作业的渔船和渔民，应本人道精神对待，不得造成人身财产伤害；对造成人身财产伤害的，应负赔偿责任，严惩肇事者，对以往受害者给予合理赔偿；两会应为受害人及其家属主张其权利提供必要的协助。

关于台方抢救不利造成大陆渔工遇难事件的善后处理问题，唐树备说，7 月 10 日，停泊在苏澳港外避风港台湾“上好三号”船，在强台风袭击下遇难。初步查明，该船 10 名大陆渔工不幸遇难身亡。我们认为，“7・10 惨案”的原因是与台湾有关方面对在所谓“海上旅馆”上的大陆渔工入避风港有处罚规定、没有及时采取紧急救助措施所致。

据已返回大陆的有关渔工反映，“上好三号”船被获救上岸的 18 人和跳海生还者共 56 人，被台湾警方扣上“偷渡”的罪名，作为罪犯关押。在船泊地派出所和警察局，警察百般虐待和侮辱他们。

唐树备说，我会受各方委托，提出如下要求：(1)台湾有关方面应迅速查明“7・10 惨案”及获救大陆渔工被押期间的事实真相，并予以公布；追究事故的责任。(2)保护好遇难者遗体。适当时候运回遗体，或由亲属前往台湾辨认遗体后再作处理。(3)对死难者及其家属给予赔偿。(4)保证获救大陆渔工的人身安全，不加歧视，并给予人道主义照顾。台湾有关方面应对大陆渔工揭露的扣押、殴打、侮辱大陆渔工的行为作出负责的说明，并采取必要的措施，赔偿当事人人身、精神上受到的损害。(5)依据“金门协议”有关因不可抗力进入对方地区人员不得作为被遣返对象的规定，不得将捕鱼作业、渔业劳务合作的大陆渔工作为遣返对象。(6)台湾有关方面应彻底检讨拒绝大陆渔工在不可抗力或意外事件等紧急情况下进入台湾渔港避难的政策，取消对大陆渔工歧视性规定，改变以往的错误做法。海协与海基会就此事进一步交换意见。

关于加强两岸旅游交往及安全问题，唐树备说，大陆旅游部门和其他有关方面对台湾同胞在大陆旅游期间的安全问题是非常重视的，为此采取了一系列的实际措施，做了大量工作。当然，在旅游安全方面还存在一些问题，安全管理工作也存在一些有待改进的地方。这些因素给大陆同胞和台湾同胞在大陆的旅游安全带来一些影响，已引起大陆旅游主管部门及有关方面的高度重视，正积极采取有效措施，力求早日解决。在这方面，欢迎台湾同胞、海基会提出意见和积极建议，并和我们一起合作。

针对台湾海基会提出的旅行安全问题，唐树备说，仅仅就安全问题讨论安全问题是远不够的，只有解决两岸旅游交往中存在的相关问题，才能更好地解决旅游安全问题。海协于去年8月就提出了两会进行加强两岸旅游交往问题的商谈。当时我们规划这项商谈的内容，与双方共同采取措施进一步保证旅游安全密切相关。可惜这一建议当时未被海基会接受。现在我们仍主张进行加强两岸旅游交往及安全问题的商谈。

在指出两岸旅游交往中存在的实际问题之后，唐树备说，通过加强两岸旅游交往能够更有效地采取全面措施，保障台湾同胞在大陆的旅游安全问题。同时，我们也希望台湾方面承诺允许大陆同胞到台湾旅游，保障他们的安全。因此，我们再次建议，尽快开始商谈加强两岸旅游交往包括安全问题，商谈中吸收两岸旅游界人士参加，制定明确的规范，为真正保障包括旅行安全在内的两岸旅游交往做出努力。这是我会建议对处理近年来两岸交往交流中涉及两岸同胞生命财产损害事件的基本态度，愿借此机会提出并与焦仁和先生非正式交换意见，希望双方进一步讨论，争取在议题上找到共同点，开始专案协商。

海协会常务副会长唐树备与海基会副董事长兼秘书长焦仁和在台北就两岸经贸科技文化交流问题及其他议题进行会谈

唐树备说，双方同意扩大两岸科技文化交流范围，并使其具体化；双方将按照各自规定，尽快促成包括两岸负责新闻交流部门的人士，以适当名义参加的新闻媒体负责人以及资深记者的互访。

唐树备表示，双方原则同意就两岸经贸纠纷问题进行进一步商讨，并由两会举办民间的、有两岸有关专家参加的两岸经贸纠纷研讨会；在涉及两岸同胞人身财产安全的重大案件时，两会须互相提供协助，尽快向对方通报有关情况。

唐树备还就“海协对解决事务性商谈分歧问题的态度与建议”和“海协对处理近年来两岸交往中涉及两岸同胞生命财产损害事件的态度和建议”做书面表述。

国务院房改领导小组副组长刘志峰在深化城镇住房制度改革工作会议上发表讲话

国务院住房制度改革领导小组副组长、国家体改委副主任刘志峰近日在深化城镇住房制度改革工作会议上指出，一些地方出现的低价突击售房不是真正的住房制度改革，也不利于长远的住房发展，它的危害在于容易造成新的社会分配不公和产生腐败现象。

刘志峰指出，低价售房的实质是福利性实物分配制度的延伸，不是真正的房改。房改的目标是要转换住房分配机制，变实物分配为货币分配，变两次分配为一次分配，而低价售房是福利性的，不利于住房机制转换，也不利于住房制度改革的健康推进。有些地方急于出售公房，是为了筹集建房资金，但低价售房解决不了长远的住房建设资金问题，更形不成资金良性循环。从长远来讲，不利于加快解决困难户的住房问题和住房的发展。所以，必须坚决制止低价售房。

三峡工程入选世界超级工程

日前，工程代表出席在西班牙巴塞罗那召开的第二次“全球超级工程会议”。

参加这次会议的除三峡工程代表外，还有浦东新区代表。

哥伦比亚总统塞萨尔·加维里亚在圣菲波哥大总统府会见出席哥伦比亚总统和当选总统权力接交仪式的中国政府特使外交部副部长刘华秋

《人民日报》发表评论员文章《少儿读物要更好地宣传主旋律》

国务院办公厅中央军委办公厅发出《关于严厉打击假冒军人的违法犯罪活动的通知》

国务院办公厅、中央军委办公厅最近联合发出通知，要求各地严厉打击假冒军人的违法犯罪活动。

《通知》说，近年来，假冒军人的违法犯罪活动屡有发生，且有发展趋势。一些不法分子利用人民群众对军队的信任，伪造或盗用军队公文、证件、印章、服饰、军车号牌，冒充军队单位和现役军人招摇撞骗，攫取非法利益，从事违法犯罪活动。他们有的打着部队旗号摆摊设点、行医售药、兜售伪劣商品；有的假冒、盗用军办企业的名义，进行经济诈骗活动；有的伪造、盗用军车号牌，为走私、贩毒等活动提供掩护；有的甚至公然冒充军用船艇在海上行凶抢劫。这些不法活动，不仅严重危害人民生命财产安全、侵害了群众的利益，扰乱了社会管理秩序和国家经济秩序，而且严重损害军队声誉和军人形象，干扰了军队的正常工作，影响了军政、军民关系。经国务院、中央军委批准，决定迅速采取果断措施予以严厉打击和制止，避免给国家和社会造成更为严重的后果。

《通知》要求，各级人民政府、军事机关都必须予以高度重视，加强组织领导，切实把严厉打击假冒军人的违法犯罪活动作为社会治安综合治理的重要内容，协调政府和军队有关部门齐抓共管，坚决、果断、迅速地制止和打击假冒军人的违法犯罪行为。在一些假冒军人违法犯罪活动较为突出的地区，要组织力量，集中时间，开展专项治理，务求在短期内抓出成效。

8月7日

新华社香港分社副社长张浚生就香港新机场协议问题发表谈话

张浚生说，中英关于香港新机场问题的协议文件因被英方“卡住”，才迟迟定不下来，主动权不在中方手里。

张浚生说，中英联合联络小组机场委员会上个月都开过会了，关于香港新机场问题应该说是基本谈好了。但后来起草协议文件时却迟迟定不下来，原因完全不在中方，而是英方在起草文件过程中把有些问题“卡住”了，致使问题至今没有解决。他强调：“中方希望香港新机场问题尽快解决，但主动权不在中方。”

中国选手在第三届友好运动会上夺得27枚奖牌列奖牌总数第三名

刘海粟逝世

美术教育家和艺术大师刘海粟，在上海逝世，享年98岁。

刘海粟，1896年3月16日出生于江苏省常州市。1912年，与同学张聿光等创办上海图画美术院，1921年改名上海美术专门学校。这是中国教育史上第一所正式美术学院。他学贯中西，艺通古今，中国画、油画、诗词、书法、美术史论等等，无一不成就卓著。

8月8日

全国纪检监察法规工作座谈会在吉林市召开

中央纪委、监察部8月8日至12日在吉林省吉林市召开全国纪检监察法规工作座谈会。

中纪委副书记徐青在座谈会上指出：当前党风廉政建设、反腐败斗争的形势对纪检监察法规工作提出新的紧迫的要求。近期内要按照社会主义市场经济体制的逐步建立完善和反腐败斗争深入发展的需要，及时研究制定有关的政策界限和实施办法，初步形成一套适合我国国情的党风和廉政建设方面的规范和准则，把反腐败逐步纳入法制轨道。

徐青强调指出，纪检监察法规工作，既是党的纪律检查工作和国家行政监察工作的重要组成部分，又是党的建设和社会主义法制建设的重要组成部分，是一项全局性、基础性的工作。做好纪检监察法规工作，对于贯彻从严治党和依法行政的方针，加强党风廉政建设和社会主义法制建设，保证党和国家的路线、方针、政策的贯彻执行，保障纪检监察机关依法履行职责，提高纪检监察工作水平，促进纪检监察对象廉洁高效地工作，都具有十分重要的意义。

徐青指出，既要围绕反腐败斗争的需要和新情况、新问题的出现，抓住重点，及时研究制定有关法律法规、政策规定和具体实施办法，又要抓紧起草基础性纪检条规和监察法律法规，如《中国共产党纪律检查工作条例》、《中国共产党党内监督条例》、《行政监察法》等。要加强对已颁布的政策、法规实施情况的监督检查，既要做到“有法可依”，更要做到“有法必依、执法必严、违法必究”。为完成这几项工作，需要加快立法进度、加强立法力度，采取以下几点措施：切实加强对纪检监察法规工作的领导，健全法规工作机构，搞好法规队伍建设；深入、广泛开展调查研究，加强政策法规理论研究；坚持上下结合、走群众路线等。

这次座谈会，是1992年纪检监察机关合署后召开的第一次全国性的纪检监察法规工作会议。参加这次会议的有全国30个省、自治区、直辖市及部分部委纪检监察机关分管法规工作的领导和法规工作部门的负责人。

海协会常务副会长唐树备和海基会副董事长兼秘书长焦仁和签署并发表《海协与海基会台北会谈共同新闻稿》

海峡两岸关系协会常务副会长唐树备与财团法人海峡交流基金会驻会副董事长兼秘书长焦仁和，依两会协议于8月4日至7日在台北举行会谈，就两会会务和“汪辜会谈”所签署四项协议之执行成效等充分交换意见，达成以下共识：

一、两会联系

1. 双方认为，加强两会多层次沟通，有利于进一步增进了解，消除误会，缩小分歧，培养互信。

2. 双方同意及时相互通报涉及两岸人员生命财产安全重大事件及处理情况。涉及死亡事件有关遗体之运回，尊重家属意愿。

3. 双方同意促请有关部门在涉及对方人员的重大、紧急事故时，对媒体申请采访之审核程序提供便利，以利两岸记者采访。

二、事务协商

1. 双方讨论“违反有关规定进入对方地区人员之遣返及相关问题”、“两岸劫机犯等遣返事宜”、“协商两岸海上渔事纠纷之处理”等三项议题，就解决主要分歧，达成具体共识，并同意尽速商定文本，签署协议。

2. 双方同意尽速进行“有关共同打击海上走私、抢劫等犯罪活动问题”、“两岸知识产权（智慧财产权）保护”、“两岸有关法院之间的联系与协助（两岸司法机关之相互协助）”议题的商谈。

三、文书使用查证

1. 双方原则同意增加寄送涉及税务、病历等四项公证书副本种类，并于近期内会同公证员协会达成书面共识。

2. 双方同意就公证书以外的文书查证事宜提供个案协助。

四、增办两岸快递（捷）邮件业务

双方同意增办两岸快递（捷）邮件业务，具体办法另行商定。

五、改善两岸通话品质

双方同意透过适当方式积极研商改善两岸通话品质。

六、经济交流

两会同意促成民间团体或学术机构召开两岸经贸纠纷研讨会，以利两会商谈。

七、文教科技交流

1. 青少年交流

两会及其他民间团体积极规划定期举办包括两岸大专院校学生在内的各项学术、艺文等联谊交流活动，及两岸中、小学生的体育、艺术、科学参访及观摩活动。

2. 文物交流

双方透过民间就文物机构之管理经验、文物维护等进行观摩研习；推动学者共同参与墓葬发掘等活动；鼓励民间举办两岸文物巡回展；积极促成文物及相关学者的互访，并加强两岸文物人才的交流与培养。

研究制订两岸文物交流契约范本事宜。

3. 科技交流

双方同意进行自然、人文与社会科学等人才交流。加强有关灾害防治、环境保护等科技领域之交流与研究。

4. 新闻交流

双方同意促成两岸新闻媒体负责人、资深记者等互访。

以上各项交流具体项目附后。

八、相互协助办理有关遗产继承事宜

1. 海协同意协助海基会在大陆报纸刊登有关遗产继承公告。公告内容尽速另行商定。

2. 海基会同意向海协提供有关台湾被继承人之姓名、籍贯、死亡日期及在台地址资料，以方便大陆继承人行使权利。

3. 双方同意必要时相互协助查证继承人身份。

4. 海协同意应海基会之要求，以适当方式协助转给继承人依规定应继承之遗产，于继承人受领后，即将受领收据送交海基会。除依规定扣除必要手续费外，海协应保障继承人确实取得遗产。

5. 海基会要求协助台湾继承人在大陆依规定继承之事宜，海协同意向有关方面反映并予协助。

文教科技等交流具体项目

一、青少年交流

海基会将促成高中篮球队、中学科学作品展、大专青年访问团、高中学生访问团赴大陆交流。

海协将促成大学生访问团、杰出青年访问团、京津沪中学生访问团、民族少年艺术访问团赴台交流。

二、文物交流

海基会将鼓励民间促成文物及艺术精品赴大陆展览。

海协将促成文物类别（如青铜器、陶瓷器等）、地域文物（如四川省、华东地区等）、历史时代文物（如商周时代文物等）、单位文物（如四川广汉三星堆出土文物等）等赴台展览。

三、科技交流

双方愿进行下列项目的人才交流：物理、化学、大气、地球、海洋、数学等自然科学；光电、无线电通讯、高级材料、航天（太）、电脑、机械、海洋技术等工程科学；中医药学、天然药用植物、生物学与医学等生命科学；以及文化人类学、考古学、历史学、语言学等人文及社会科学。

鼓励建立两岸学术与科技资讯交流管道。

研议两岸专家共同订定长程计划汇编两岸科技名词对照表。

四、新闻交流

召开新闻学术研讨会等活动。

全国人大常务委员会委员长乔石在江西考察

乔石于8月8日至15日在江西省委书记、省人大主任毛致用和省长吴官正等陪同下，先后在九江市、景德镇市和吉安地区考察工作，并听取省委、省人大、省政府的工作汇报。

乔石说，当前的国际国内形势对我国的改革开放和现代化建设非常有利。江西确实面临着新的更好的发展机遇。国家沿长江开放开发战略的实施和京九铁路的即将建成，必将为江西的发展展示更为广阔的前景，对江西的经济建设在整体上产生很大的推动作用。只要抓紧机遇，从江西的实际情况出发，利用新的更为有利的条件，充分发挥本地优势，坚持深化改革，扩大开放，江西的经济和其他各项事业将发展得更快更好。

乔石强调要发展社会主义民主，健全社会主义法制。首先要抓好立法,尤其是经济立法,这是发展社会主义市场经济的迫切需要。同时要重视依法进行监督,这方面各地已有不少经验,可以加以总结,逐步系统化、法律化。基层人大的建设要加强,这对基层党的建设、政权建设和各方面工作都是有益的。

1994 年潍坊鲁台经贸洽谈会在山东潍坊开幕

来自美国、台湾、香港等国家和地区的 500 多名海内外企业家参加经贸洽谈。

全国政协副主席、国务院台湾事务办公室主任王兆国,海峡两岸关系协会会长汪道涵参加开幕式并讲话。

王兆国说,今年上半年,境外到大陆投资比上年同期增长了 54%。目前,全国台资企业已近 3 万家。山东是台湾同胞投资办企业的好地方。这里有几个优势:一是政策好,对台资台商服务周到;二是这里精神文明建设得好,治安状况好,因此,台商可以放心大胆地在这里投资兴业。

以全国人大常委会副委员长田纪云为主任的各国议会联盟第 96 届大会筹委会在北京成立

中国俄罗斯和美国在纽约签订共同开发乌苏里江流域协议

中国、俄罗斯和美国签订一项协议,准备在未来 3 年内共同开发乌苏里江流域经济持续发展项目。

中国、俄罗斯和美国三方在纽约正式公布这项协议。根据协议,中俄美三方将本着互利的原则,鼓励在乌苏里江流域地区增加国际合作、交流、培训及协作项目,把该地区建成一个持续发展和环保紧密相连的区域。

为这项开发计划牵头的美国美中关系全国委员会主席兰普顿在宣布协议时表示,中俄美各界携手开发乌苏里江流域不仅将促进该地区的持续发展,而且对促进经济建设和安全都有益处。

据宣布,开发项目将由该委员会通过美国生态持续发展公司与中国黑龙江省和俄罗斯哈巴罗夫斯克边区共同着手实施。这些项目得到美国洛克菲勒兄弟基金会等的大力支持。

作为三方合作计划的一部分,由中俄组成的一个联合代表团目前正在美国考察研究有关合理使用土地以保持持续发展活动的实施。

中国云南傩戏傩文化国际学术研讨会在云南澄江召开

“中国云南傩戏傩文化国际学术研讨会”近日在云南澄江县召开。来自韩国、日本、美国和中国海峡两岸的近 200 名专家学者参加研讨会。

亚太地区全球环境变化国际会议在北京开幕

8 月 9 日

海协会长汪道涵听取常务副会长唐树备关于海协会与台湾海基会负责人台北商谈的情况汇报后向新闻界发表谈话

汪道涵说:“这次两会负责人会谈,不仅在两会前五次副秘书长级商谈的基础上解决了三项事务性议题中主要的遗留分歧问题,同意尽快商定文本,签署协议,而且在两会联系和经济、文教科技交流等方面达成了广泛共识,发表了《共同新闻稿》。总的看,这次会谈取得了积极的、多方面的成果,是成功的,在全面落实汪辜会谈有关协议方面迈出了可贵的一步,对进一步加强两会联系与合作,对促进两岸交流、推动两岸关系发展,特别是进一步发展两岸经贸合作,都具有重要意义,值得充分肯定。我本人也为此深感欣慰。”

汪道涵说:“两岸广大同胞、港澳同胞和广大海外华侨华人非常关注并支持这次两会负责人在台北的商谈,对会谈取得的成果给予了积极评价,并希望两岸关系进一步发展,以有助祖国和平统一大业早成。我对所有关心和支持两会会谈的各界人士及有关方面表示衷心的感谢。”

汪道涵说:“这次两会负责人的会谈,取得了落实汪辜会谈各项协议的阶段性进展与突破。今后,两会要巩固和发展这次会谈的成果,并对落实这次发表的《共同新闻稿》所确定的各项议题及项目作出具体安排,同时还要继续规划全面落实汪辜会谈的有关协议。海协愿与海基会进一步加强合作,从维护两岸同胞的切身利益、推动两岸关系发展的大局出发,本着相互尊重、平等协商、实事求是、求同存异的协商精神,争取不断取得新的成果,促进两岸各项领域的交流与合作。

“这次会谈及其成果又一次表明,加强两会高层沟通,特别是加强两会领导人的接触,有利于增进了解,消除误会,缩小分歧,培养互信。今年以来,我和海基会董事长辜振甫先生就举行第二次汪辜会晤通过信函交换了意见。我和辜先生对加强两会高层接触,开展政策性对话,都抱有同样积极的意愿,认为这对扩大两会合作、培养双方互信、推动两岸关系发展,都具有极为重要的积极意义。这次两会负责人台北会谈期间,辜先生再次表达了为第二次汪辜会晤积极创造条件的愿望。我期待着与辜先生的再次会晤。”

汪道涵说,两岸同胞的根本利益是一致的。两岸之间发生的这样或那样的问题，都是中国人自己的内部事务。只要双方秉持诚意，加强对话，认真协商，求同存异，就一定能不断克服分歧，找到既不损害各自的立场与利益，又能为双方接受的解决问题的办法。汪道涵说："21世纪即将来临，中国人的前程需以中国人的智慧和胆略去创造和开辟。海协愿与海内外所有赞同、支持发展两岸关系的各界人士一道，为开拓中国人的新世纪不懈努力。"

中共中央政治局常委胡锦涛在内蒙古考察

8月9日至16日，胡锦涛在中共内蒙古自治区区委书记王群、自治区主席乌力吉等陪同下，先后考察锡林郭勒盟、乌兰察布盟、包头市、呼和浩特市的一些农村牧区、工厂企业、科研单位。

胡锦涛说，经过改革开放15年的努力，内蒙古的经济建设上了一个大台阶，各项事业蓬勃发展，各族群众的生活明显改善，社会主义新型民族关系进一步巩固和加强。现在，全区经济和政治形势都是好的。内蒙古的变化和进步再次证明，邓小平同志建设有中国特色社会主义的理论、党的基本路线和各项方针政策，包括党的民族政策，是英明的、正确的，符合我们的国情，也符合包括内蒙古在内的少数民族地区的实际，只要从当地情况出发，认真贯彻落实，就能调动广大干部群众的积极性和创造性，形成推动经济建设和各项事业振兴发展的强大力量。

胡锦涛强调，解放思想、实事求是是邓小平同志建设有中国特色社会主义理论的精髓，是我们抓住机遇、深化改革、扩大开放、促进发展、保持稳定的重要思想保证。形势在发展，情况在变化，改革开放面临着新的任务，因此，我们的思想认识不能停留在原来的水平上。只有进一步解放思想，坚持解放思想与实事求是的统一，使我们的认识符合发展变化的新形势，使我们指导经济工作的思路和方法同建立社会主义市场经济体制的改革进程和新的运行机制相适应，从实际出发制定、完善和落实本地的发展战略，才能真正抓住机遇，用好机遇，乘势而上。改革开放是实现发展最强大的动力。要发展起来，就要在搞好改革上下真功夫、苦功夫。要狠抓各项任务的落实，扎扎实实地解决前进中的突出矛盾和问题，促进经济持续、快速、健康发展。

在谈到要牢牢把握全党全国工作大局时，胡锦涛指出，正确认识和妥善处理改革、发展、稳定的关系，决不是权宜之计，也不仅仅是今年工作的需要，而是我们在实现第二步、第三步战略目标的长期奋斗中，在建设有中国特色社会主义的全过程，都必须坚持贯彻的一个重要指导思想和指导方针。

胡锦涛说，加强民族团结、维护国家统一，关系着各民族的共同繁荣进步，关系着整个国家的前途命运，任何时候都必须高度重视。在新的形势下，要发扬民族团结的好传统，围绕全党工作的大局，进一步做好民族工作。要广泛进行马克思主义民族观、党的民族政策和加强民族团结的教育，继续正确执行党的民族政策和宗教政策，坚持和完善民族区域自治制度，培养造就大批德才兼备的少数民族干部，充分发挥各族干部的智慧和才干，同心协力地推进民族地区的改革、发展和稳定。

胡锦涛在谈到要适应新形势新任务的要求，进一步把我们党建设好时强调，加强和改进党的建设，首要的和根本的一条，是要认真落实用邓小平同志建设有中国特色社会主义理论武装全党的任务。加强各级领导班子建设和干部队伍建设，当前一是要全面提高领导班子、领导成员的素质，二是要大力选拔培养德才兼备在优秀年轻干部，在发展社会主义市场经济的新形势下，要进一步坚持和健全民主集中制，调动和发挥全党的积极性和智慧，凝聚全党的力量。要根据客观形势的发展、变化，进一步加强和改进基层党组织建设。要按照中央的部署，坚定不移地把反腐倡廉工作深入、持久、卓有成效地开展下去，不断巩固和发展党同人民群众的联系。

国家主席江泽民在中南海会见美国杜邦公司董事长伍立德

共青团中央全国青联中宣部理论局联合主办的"跨世纪青年人才工程"研讨会在北京召开

共青团中央全国青联负责人就实施跨世纪青年人才工程答《人民日报》记者问

继"跨世纪青年文明工程"取得初步效果之后，共青团中央相继开始实施"跨世纪青年人才工程"。日前本报记者就这一工程的有关问题采访了团中央、全国青联负责人。

问：团中央推出"跨世纪青年人才工程"基于怎样的考虑？

答：概括起来讲主要是三句话：一是着眼于跨世纪历史进程的时代背景。二是着眼于适应未来世纪要求的青年人才的培养。三是通过工程的形式把培养跨世纪青年人才的工作落到实处。

问："跨世纪青年人才工程"主要内容是什么？

答：简要地讲主要是四个方面：

一是培养合格的青年劳动者、建设者。二是造就优秀青年科技和经营管理人才。三是培养开创21世纪大业的生力军。四是推广普及新知识、新技能。

问:今年是实施"跨世纪青年人才工程"的头一年,请问主要通过哪些工作来启动和推进?

答:主要有:在全国城乡企业中推出"青年岗位能手"活动,培养一大批技艺精湛的岗位操作能手,这是今年实施"跨世纪青年人才工程"的重点之一。与农业部合作,继续深化在全国已有一定影响的培养农村"青年星火带头人"活动,使这支带头人队伍的数量和质量均有明显提高。"东西互助——劳务协作"工作已确定了 50 个试点县,在探索团组织为农村剩余劳动力跨地区有序流动发挥作用的同时,将更加重视经由团的组织渠道流动到岗的贫困地区青年的培养。在全国少先队员开展的"跨世纪中国少年雏鹰行动"正在扩大试点范围,其中的"五自"活动和"手拉手"活动吸引了众多少先队员的参与。"希望工程"年内将力争救助失学少年 50 万名,使累计总数达到 100 万名;新建希望小学 100 所,累计达到 300 所。培养复合型团干部的工作,"推荐优秀青年人才走上更重要的生产和工作岗位"的活动,培养民族地区青年经济管理人才的工作等,也都采取更得力的措施,一项一项地落到实处。

今年我们还将继续开展"中国十大杰出青年"评选、"中国青年科学家奖"评审以及"全国杰出青年企业家"、"全国优秀青年企业家"、"全国明星青年乡镇企业家"、"全国优秀青年乡镇企业家"评选,开展首届"中国青年科技创业奖"评审和"全国青年科技标兵"评选,筹建"跨世纪优秀青年学生奖学金",在全国范围内奖励优秀大中学生。

今年 10 月份,团中央和全国青联将在北京召开"首届跨世纪优秀青年人才群英会",集中表彰各条战线、各个方面具有代表性的杰出青年人物,对中国青年人才进行一次隆重检阅,向党和人民展示当代青年进军 21 世纪的风采和决心。

问:"青年岗位能手"活动是今年实施"跨世纪青年人才工程"的重点之一,请您详细介绍一下。

答:"青年岗位能手"活动是一项旨在全面提高青年队伍整体素质,培养和造就一代跨世纪的高素质企业合格劳动者的活动。"青年岗位能手"是年龄在 35 周岁以下,有优良的思想品德和敬业爱岗意识,熟练掌握本岗位各项业务技能和知识,优质并超额完成本岗位各项年度考核指标,创造较好的经济效益的企业青年职工。这项活动是以岗位规范为依据,以岗位训练为基本环节,以岗位效益为检验标准,以考核、评价、激励为主要推动手段的一种企业行为。目前,这项活动已进入进一步扩大试点范围的阶段,团中央、国家经贸委、劳动部决定通过一年时间的努力,在更大试点范围获得经验的基础上,再在全国各类企业中全面铺开。今年 9 月,将举办"中国青工技能月"活动,在广大青工中形成一个崇尚技术、学习技能的氛围。

问:团中央和全国青联在 1995 年将如何深化这项工程?

答:一是要着力强化培养环节。二是要着力抓好人才工程在基层的落实。三是要着力抓好政策机制建设,为青年人才的成材提供制度保障。四是要着力争取社会支持,依托社会力量建好人才工程。

拉萨各界集会庆祝布达拉宫维修工程竣工

举世瞩目的布达拉宫维修工程竣工,庆祝大会在布达拉宫德央厦举行。中共中央政治局委员、国务委员李铁映代表中共中央、国务院,祝贺布达拉宫维修工程竣工,并向在维修工作中做出贡献的全体人员致以敬意和慰问。

全国政协副主席阿沛·阿旺晋美向大会发来贺电。

庆祝大会由热地主持。中央和国务院有关部门负责人、西藏自治区领导以及各族各界群众 1500 余人,出席庆祝大会。

国务委员李铁映在布达拉宫维修工程竣工庆祝大会上发表讲话

同志们、朋友们:

举世瞩目的布达拉宫维修工程胜利竣工了,这项历史性工程在党中央、国务院的高度重视和亲切关怀下,在西藏自治区党委、自治区人民政府的直接领导下,在西藏各族各界人士的大力支持下,在工程组织者、专家技术人员和工人同志们的共同努力下,以全优的质量,出色、圆满地完成了,我代表党中央、国务院,表示热烈的祝贺!并向在维修工作中做出贡献的全体人员致以崇高的敬意和亲切的慰问!

我国自古以来就是一个多民族组成的国家。各族人民在漫长的岁月中,共同创造了悠久的历史和光辉灿烂的文化。保护中华民族的历史文化遗产,弘扬各族人民共同创造的优秀传统文化,是我们党和政府一贯的方针和政策。众所周知,布达拉宫是藏式建筑中的杰作,在我国古代建筑体系中具有重要的地位;它是西藏人民勤劳智慧的结晶,也是我国以至世界历史文化遗产中的瑰宝。布达拉宫建筑本身具有高度的历史、艺术、科学价值,宫内保存了大量的珍贵文物,不仅反映了藏族优秀传统文化艺术的特点,也反映了藏汉以及与其他许多民族文化的交流与融合,是中华民族团结友爱、共创人类文明的历史见证。

自西藏和平解放以后,党和人民政府十分重视对布达拉宫的保护,1961 年国务院将其公布为全国重点文物保护单位，每年均拨专款维修。但是每年进行的修补还不能从根本上排除险情。对此，国务院极为重视，并决定成立布达拉宫维修工程领导小组，由国家拨款对布达拉宫抢修加固，对其主要建筑全面维修，使这座巍峨宫殿得以永存。对布达拉宫进行全面维修，不仅是西藏历史文化遗产保护事业中的一件大事，也是我国以至世界历史文化遗产保护事业中的一件大事。这是一件益在千秋、功德无量的盛举，是党和国家的民族、宗教、文物保护方针政策的生动体现。

这次维修，正值我国改革开放和社会主义现代化建设取得伟大成就的大好时期，得到了党中央、国务院的高度重视和全国各地的热情支援。1989年10月11日，布达拉宫维修工程按照民族传统和宗教仪轨，举行了隆重的开工典礼。实际上，由于抢救的急需，从1988年7月就开始了维修工作。6年来，藏族优秀的古建施工技术人员和工人在汉族同志的密切合作下，一丝不苟地遵照"尊重科学、尊重传统、尊重民族风格、尊重宗教需要"的方针，精心设计，精心施工，高质量、高水平地完成了全部维修项目。在维修过程中，没有损坏和丢失一件文物，没有出现任何事故。布达拉宫维修工程的胜利竣工，是我国各族人民在党的领导下，齐心协力保护祖国文化遗产的光辉实例，是一曲民族团结的颂歌和文物建筑保护维修的典范，也是西藏历史上影响深远的一件大事。

希望有关部门和西藏自治区认真总结这次维修工程的成功经验，并将其推广到全国，作为今后文物建筑保护维修的借鉴；同时，要继续关心、指导布达拉宫的文物保护工作，研究和建立全面、科学的管理制度，使布达拉宫永保辉煌。同志们、朋友们！在改革开放的大好形势下，古老的西藏正呈现出一派前所未有的勃勃生机，在新的历史机遇面前阔步前进。最近召开的第三次西藏工作座谈会，是党中央、国务院关于新时期西藏工作的一次战略决策，制定了从现在起到本世纪末、下世纪初西藏工作的行动纲领，充分体现了以江泽民同志为核心的党中央第三代领导集体，对西藏发展、稳定的高度重视，对西藏各族人民的亲切关怀，体现了全党、全军、全国人民对西藏的大力支持和帮助。只要我们在邓小平同志建设有中国特色社会主义理论和党的基本路线指引下，在以江泽民同志为核心的党中央领导下，在全国人民支持下，依靠藏族人民和其他各族人民，齐心协力，共同奋斗，一个团结、富裕、文明的社会主义新西藏，一定会屹立在世界屋脊之上！

最后，祝西藏长治久安、繁荣兴旺！祝西藏人民扎西得勒(吉祥如意)！祝所有的来宾，朋友们、同志们扎西得勒！

中纪委监察部就中共辽宁省委省政府关于开除常义党籍撤销其市长职务发出通报

通报指出，辽宁省丹东市重大走私汽车案，是由少数企业、事业单位提出，经丹东市市长常义等人同意，以市政府名义指使和组织，由企业、事业单位具体实施的典型法人走私案件，严重损害了国家利益。辽宁省委、省政府决定给其开除党籍、撤销市长职务的处分，并移送司法机关依法处理，是完全正确的。通报要求各级党政领导要从常义案件中吸取教训。要增强纪律观念和法制观念，模范地执行党的纪律和国家的法律，坚决同那些有令不行、有禁不止的现象和违法乱纪的行为作斗争。

8月10日

中共中央台办主任国务院台办主任王兆国就海协会和台湾海基会负责人台北会谈发表谈话

王兆国会见海协赴台北商谈小组成员后，就两会负责人台北会谈发表谈话。此前，海协常务副会长唐树备曾分别向王兆国和汪道涵汇报这次两会负责人台北会谈的情况。王兆国充分肯定此次海协会与台湾海基会台北会谈的成果。他表示支持海协与台湾海基会进行多层次的沟通，以利进一步增进了解、消除误会、缩小分歧、培养互信。他说，不但要继续进行事务性商谈，更要加强高层负责人多形式的接触商谈，进行政策性对话，共同协商解决两岸同胞最关心的问题。

王兆国在谈话中说，海峡两岸关系协会与台湾海峡交流基金会在台北举行的两会负责人首次会谈，取得了多方面的丰硕成果。这是全面落实"汪辜会谈"各项协议的一次集中体现，对当前两岸关系的发展具有重要意义。两岸同胞、港澳同胞、海外侨胞和华人为此感到高兴。中共中央台湾工作办公室、国务院台湾事务办公室充分肯定这次会谈的成果，并且赞赏海协所作出的努力。

王兆国说，两会就两岸经济、科技、文教、新闻交流项目以及文书使用、快递邮件业务、改善通话质量等事务作出的一系列安排，将促进今后两岸经济、科技、文化、教育、新闻诸领域的交流与合作。两会就妥善处理两岸人员人身财产安全重大紧急事故所达成的共识，有利保障两岸同胞的正当权益。两会就解决两岸劫机犯等遣返事宜等三项议题的主要症结问题达成具体共识，将尽快签署协议，这将进一步保障两岸同胞的正当权益，严惩和遏制危害人民利益的犯罪活动，并且为今后的事务性商谈提供有益的经验。这说明在两岸之间的政治分歧尚未解决的情况下，只要双方均有发展两岸关系的诚意，回避敏感的政治问题，都不谋求在两会事务性商谈中达到政治目的，经过双方共同努力，完全可以就事务性问题找到双方均可接受的解决办法。

王兆国指出，中共中央台办、国务院台办充分授权海协在确定的议题范围内努力与海基会达成协议。我们希望及早在双方商定的时间内举行第二次“汪辜会谈”，进一步发展两岸关系。

王兆国说，这次会谈之所以能取得多方面的成果，首先是商谈的题目是两岸同胞共同关心的问题；其次是在大的原则确定后，要充分授权给会谈者；三是在目前情况下，回避政治敏感问题；四是在会谈中尽量考虑对方的实际情况。这些都为今后的两岸会谈提供有益的借鉴。

王兆国指出，交流与合作始终是两岸关系发展的主流。我们希望两岸同胞相互信任，携手合作，加强两岸经贸合作，扩大人员往来，促进各项交流，再创促进两岸关系发展的新局面，推动中国和平统一大业早日实现。

香港特别行政区筹委会预委会政务专题小组在北京举行第九次会议

会议决定成立香港公务员事务研究小组。研究小组以香港委员为主体。会议还讨论关于设立香港特别行政区筹委会的有关事项。

周恩来纪念馆在新疆石河子落成

人事部等三部委邀请部分著名专家就培养造就跨世纪学术和技术带头人在北京举行座谈

人事部、国家科委、国家教委下午联合邀请19位专家，在北京座谈培养造就跨世纪学术和技术带头人工作。

在与会的19位专家中，中国科学院和中国工程院院士有12位，他们是：国家自然科学基金会名誉主任唐敖庆、中科院长春光机所名誉所长王大珩、北京大学教授唐有祺、核工业总公司顾问王淦昌、北京农业大学校长石元春、北京大学副校长陈佳洱、航空总621所科技委主任颜鸣皋、冶金部钢铁研究总院教授邵象华、北京理工大学教授徐更光、工程物理研究院研究员经福谦、中科院化学所研究员黄志镗、中科院力学所研究员俞鸿儒。

与会专家讨论人事部、国家科委、国家教委共同起草的关于造就跨世纪学术和技术带头人的两个文件（讨论搞）。这两个文件根据21世纪我国各项事业发展的需要，就采取切实措施强化优秀青年专业技术人才的培养，努力造就一支学术和技术带头人队伍，顺利完成新老交替任务提出了措施和意见。这项跨世纪人才工程的总体目标是：到本世纪末，在我国重点学科领域，即在以自然科学为主及对国民经济和社会发展影响重大的学科领域里，造就100名年龄在45岁左右，能进入世界科技前沿，在世界科技界有较大影响的杰出青年专家；1000名年龄在45岁以下，具有国内先进水平的学术和技术带头人；10000名年龄在30至45岁之间，在各自学科领域里有较高学术造诣、成绩显著、起骨干或核心作用的带头人后备人选。与会专家对培养造就跨世纪人才工作和三部委起草的两个文件（讨论稿）提出许多宝贵意见和建议。

人事部部长宋德福主持座谈会，人事部副部长蒋冠庄、国家科委副主任惠永正、国家教委副主任韦钰出席座谈会。

8月11日

国务院总理李鹏主持召开国务院第二十三次常务会议

会议讨论并原则通过《中华人民共和国商业银行法（草案）》和《中华人民共和国广告法（草案）》。

会议认为，为了加强对银行业的监督管理，保护银行、存款人及其他客户的合法权益，保障银行业的稳健运行，促进国民经济的发展，需要制定商业银行法，并将依照本法对在中华人民共和国境内设立的所有商业银行，包括国有商业银行、合作银行、外资银行、中外合资银行、外国银行分行和其他商业银行，实施监督管理。会议认为，为了加强对广告活动的管理，保护社会公众的合法权益，促进广告业健康发展，制定一部广告法是十分必要的。

会议确定，这两个法律草案进一步修改后，将按程序由国务院提请全国人大常委会审议。

国家国有资产管理局副局长潘岳就国有资产评估问题发表谈话

国家国有资产管理局副局长潘岳说，国有资产评估工作由国有资产行政主管部门负责管理和监督，国有企业在产权变动前必须按照国务院第91号令的规定，对包括土地使用权在内的企业资产进行认真评估，评估工作须委托经国有资产管理部门批准取得资格的机构承担并依法进行，评估结果必须经国有资产管理部门确认。

潘岳强调指出，不论是从事土地使用权、房产，还是从事无形资产等价值的评估机构，必须按国务院第91号令及其《实行细则》的规定，在取得国有资产管理部门颁发的资产评估资格证书后，方可开展专业性资产评估业务。

中国人民银行发言人就美国财政部指责中国操纵外汇体制一事答记者问

问:美国财政部7月21日在向国会提交的报告中指责中国继续操纵着外汇体制,获取国际贸易中非公平竞争的优势。你对此有何评论?

答:美国财政部的指责是不符合事实的。首先美方指责所依据的许多数字是不准确的,据中国的统计数字,中国并不存在对美国的巨额贸易顺差。到1993年底,中国的外汇储备只有212亿美元,大体相当于中国3个月的进口额,而不是美财政部报告中所说的499亿美元,相当于6个月的进口额。中国到1993年底的外债总额为835.73亿美元,也不是美财政部所说的770亿美元。更为重要的是,中国政府从1994年1月1日起,对外汇体制进行了重大改革,实现了汇率的统一,目前实行的是由市场供求决定的、统一的、有管理的浮动汇率。新的外汇体制经过半年多的运转实践,已经取得了显著的成效,受到国内外各界的欢迎。自去年7月以来,中国人民币的汇率水平基本保持稳定。因此不存在操纵外汇体制的问题。

问:美方在报告中还指责中国政府把外资企业排除在新的银行同业外汇市场之外,并要求外资企业自求平衡,从而分割了中国的外汇市场,这似乎是一种退步。你是否认为如此?

答:美国财政部的这一指责也是没有道理的。中国实行汇率并轨后,国内只有一个统一的外汇市场。这个统一的市场目前分两个层次:一是银行与顾客的交易;二是银行间同业的交易。与顾客的交易既包括了银行的柜台交易,也包括了外汇调剂中心的交易。之所以保留外汇调剂中心,是为了保持给外商投资企业的优惠政策。中资企业必须实行银行结汇制,而外商投资企业可以保留外汇和在银行开设外汇账户,其外汇余缺由外汇调剂中心来调剂是应广大外商投资企业的需要而采取的一项优惠措施,在实际操作中非常灵活,外商称便,并不是什么"退步"。在现行外汇体制中,中资企业同外资企业一样,不能直接进入银行同业市场进行交易,各地外汇指定银行和外汇调剂中心与客户交易均执行统一的加权平均价。由此可见,外汇调剂中心是中国统一的外汇市场的一个组成部分,不存在什么"市场分割",也不存在所谓的操纵外汇体制问题。

中国政府和菲律宾政府在马尼拉签署文化协定1994至1995年执行计划

国务院就决定接受两个《〈国际海事组织公约〉修止案》作出批复

交通部、外交部:

国务院决定接受国际海事组织第十七届、第十八届大会分别以A.724(17)号、A.735(18)号决议通过的两个《〈国际海事组织公约〉修正案》。接受书由外交部长签署,具体手续由外交部办理。

中国科学院现代地球科学研究中心在北京成立

国家教委办公厅就普通高校录取新生工作发出通知

1994年全国普通高等学校录取工作日前开始在各地展开。国家教委办公厅为此发出通知,要求各地招生委员会和教育主管部门加强对招生工作的领导,认真贯彻落实国家招生政策,对于招生工作中的违纪问题将严肃查处。

国家教委办公厅指出,近年来,在招生工作中还存在着有章不循、弄虚作假、徇私舞弊等现象。为了进一步做好招生工作,确保为高等学校选拔合格的新生,各地对招生工作要进行督促和检查,建立起科学的工作制度和工作程序,地方招生办公室和高等学校要健全内部约束和外部监督的制约机制,增加招生工作的透明度。对于招生计划、招生政策规定、录取办法和程序、录取控制分数线以及录取结果,均可采取一定形式予以公开,自觉接受社会监督。

全国人大常委会副委员长雷洁琼在北京会见来自全国28个省自治区直辖市的民进优秀教师代表并与他们座谈

8月12日

中纪委书记尉健行听取中央反腐败调查组汇报

为保证党中央、国务院关于今年反腐败三项工作部署的贯彻落实,继对中央国家机关一些部门的反腐败工作监督检查之后,中央又派出12个调查组对部分省、自治区、直辖市反腐败斗争情况进行了检查。8月12日至17日,尉健行主持会议,听取调查组的汇报。

尉健行在会上强调指出,对于中央部署的今年反腐败的各项任务,各地区、各部门要抓紧后几个月的时间,进一步加强领导,加大力度,在落实上狠下功夫。要组织力量,突破一批大案要案;对个别问题突出、群众反映较大的地方和部门,要由中央纪委会同有关部门组织力量协助查处。对领导干部廉洁自律的5条规定、纠正不正之风和专项清理的几项内容,如车子、住房、党政机关无偿占用企业财物、乱收费、党政机关与所办经济实体脱钩、行政性收费和罚没款实行"收支两条线"、公费出国(境)旅游等问题,都要一项项抓好,一项项地落实。

在讲到今后一个时期的工作时，尉健行指出，要加强调查研究工作，不断调整、充实反腐败工作的内容，改进工作方法，以更好地适应形势的发展和要求。要强化监督约束机制，加强制度建设，注重标本兼治，解决深层次的问题。

香港特别行政区筹委会预委会经济小组召开第八次会议

国务院发出《关于改革化肥等农业生产资料流通体制的通知》

《通知》指出，农业是国民经济的基础。党中央、国务院历来对农业生产十分重视。今年国家较大幅度地提高了粮食、棉花的收购价格，调动了农民种粮种棉的积极性。但现行农资流通体制不顺，特别是今年以来化肥市场混乱、流通环节过多、监督管理不力、部分生产企业和经营单位违反国家规定竞相抬价，造成化肥等农业生产资料价格猛涨，严重损害了国家和农民的利益。如果这种状况继续下去，调整粮棉收购价格给农民带来的实惠就会被流通环节吃掉，对发展农业生产极为不利。为此，国务院决定改革化肥等农业生产资料流通体制，按照社会主义市场经济的要求，做好农业生产资料总需求与总供给的总量平衡，整顿流通秩序，加强市场管理，减少流通环节，降低流转费用，保持价格基本稳定，以切实减轻农民负担，保障农业生产持续、稳定、健康发展。

《通知》要求：

一、组织好化肥等农业生产资料总需求与总供给的总量平衡

农业生产资料总需求与总供给的总量平衡，是改革现行流通体制和保持价格基本稳定的基础。国务院有关部门必须认真组织好供需总量和分地区、分品种的衔接平衡工作，做到数量充足、品种对路、供应及时。内贸部、农业部对国内需求总量要提早进行预测，并结合各省、自治区、直辖市的需求提出总量平衡、品种调剂及运销方案的建议；化工部、轻工总会和机械部根据农业生产对农业生产资料的总需求，结合生产企业的状况，提出化肥、农药、农膜、农机国内生产及进出口分品种数量的建议；国家计委按照积极组织国内生产、合理安排进口的原则，在汇总和综合协调平衡的基础上，编制总量平衡、分配及进出口计划，不误农时，及时下达。每年 9 月底前，国家计委商有关部门下达下一年度的进口化肥等农业生产资料预定货计划，由国务院有关部门和地方具体组织实施。

二、对化肥等实行中央和地方两级调控和储备

中央调控的化肥总量占全社会资源总量的 20%左右（约 2000 万吨），所需资源主要靠收购国内大化肥厂的部分产品，不足部分安排进口。

地方调控的化肥总量占全社会资源总量的 80%左右。省、自治区、直辖市计委直接调控的优质化肥资源为各大化肥厂地方留成部分，以及中型化肥厂生产的和地方组织进口的化肥。具体数量由各地根据实际情况自行确定。

各省、自治区、直辖市要根据资源和经济条件，结合本地区对化肥的需求量，统筹安排好本地区的化肥生产（或者到外省投资建厂），逐步过渡到地区内化肥产需平衡。

根据化肥常年生产、季节使用的特点，需要建立淡季储备制度，实行淡储旺销，稳定市场。淡季化肥储备以农业生产资料购销系统为主，化肥生产企业也要储备一部分。对大化肥厂生产的优质化肥，农资系统在淡季要坚持按计划收购，使化肥企业保持正常生产。

中央储备的优质化肥不少于 300 万吨，中央储备的农药不少于 2 万吨。具体由中国农业生产资料集团公司（以下简称中农公司）负责执行，中国农业银行总行直接安排贷款。

省级优质化肥和农药的储备量由各地根据实际情况安排。小化肥淡季储备数量，本着以销定储的原则，由各地自行确定。所需资金银行要予以支持。

三、减少流通环节，降低流转费用

中央调拨化肥（国产大化肥和中央进口化肥，下同），由现行的四级批发一级零售（即中央、省、地、县批发，基层供销社零售）改为两级批发一级零售，即中央级（中农公司）批发，省级批发，县农资公司与基层供销社批零结合，基层供销社推行代销制。取消大区一级站对中央化肥的批发、销售、结算业务。大区一级站要转变职能，搞好服务。

省级调拨化肥由现行的三级批发一级零售（省、地、县批发，基层供销社零售）改为一级批发一级零售，即省级批发，县农资公司与基层供销社批零结合，推行代销制。

小化肥厂产品实行地产地销。鼓励建立健全农工商结合的农资社会化服务体系。

军队系统、农业专项用肥（包括农业试验示范、种子繁育、秸秆氨化、水产）和烟草等所需化肥由中农公司按批发价直供。农业部直属直供农垦总局、管理局、国营农场等垦区所需化肥，按计划由化肥生产企业按出厂价实行直供。上述直供单位所供化肥只限自用，严禁向社会销售。

新疆生产建设兵团、计划单列市所需化肥仍按原渠道供应。

四、整顿流通秩序，加强市场管理

继续发挥各级农资公司在化肥流通中的主渠道作用，发挥农业植保站、土肥站、农技推广（中心）站（以下简称农业“三站”）以及生产企业自销的辅助渠道作用。

中央调拨给省和省内掌握的优质化肥资源，全部交由农资公司经营。县及县以下农业“三站”直接面向农户开展技术推广、有偿技术服务所需化肥，可由农资公司按批发价供应，也可从生产企业直接采购，但不得转手倒卖。

大化肥生产企业自销化肥数量控制在销售量的10%，中型化肥生产企业的自销数量由省级政府确定。自销化肥价格必须低于当地同质化肥的零售价格，并经省级物价部门批准。大中型化肥生产企业自销的优质化肥，只能销售给有化肥经营权的单位和生产企业。

其他单位和个人一律不得经营化肥。供销社在推行代销制中不得转为个人经营。

各级工商行政管理部门要会同物价、质量监督及行业主管部门加强市场管理，对各化肥经营单位清理整顿，进行检查，把好核准登记关，不符合规定的予以注销。坚决取缔非法经营，依法严厉打击制造和销售假冒伪劣产品的坑农害农行为。

五、加强对农资价格的管理

国家对化肥价格实行分级管理、统一费率，要严格监审。南京栖霞山等17个大型化肥企业生产的尿素、硝酸铵出厂价格由国家计委制定。根据目前企业生产状况，按照加强管理、保本微利的原则，由企业根据季节、地区差别和市场供求状况，按国家确定的中准价格及浮动范围，确定出厂价格。

其他企业生产的尿素、硝酸铵出厂作价办法，由省级物价部门参照上述办法和价格水平具体规定。

尿素和硝酸铵以外其他品种化肥的出厂作价办法，由省级物价部门按照与尿素的合理比价确定。

中央调拨给地方的国产化肥调拨价格，由国家计委在出厂价的基础上，加中农公司的调拨手续费确定。具体按《国务院批转国家计委关于改革化肥价格管理办法请示的通知》（国发〔1994〕27号）中的有关规定执行。

省、自治区、直辖市之间调拨的化肥应与辖区内调拨同价，不得搞内外两种价格。

进口化肥的国内调拨价格，在高于国产同品种化肥出厂价格10%的范围内，由国家计委和省级物价部门分别核定。中央进口部分由国家计委核定，地方进口部分由省级物价部门核定。建立化肥价格风险基金。当进口化肥调拨价与进口成本的价差为盈余时专户存入化肥价格风险基金，亏损时用于专项补贴。化肥价格风险基金由中农公司和省级农资公司管理，在物价部门监督下使用。

对化肥零售价格实行统一经营差率控制。国产和进口优质化肥由省级物价部门按不同购入渠道分别制定加权平均价，在此基础上加10%的综合差率和合理的运杂费用制定零售价格。在同一地区（省或地方），执行统一的零售价格。各经营单位必须按照统一的零售价格销售，要明码标价，公布于众。任何单位不得在此之外另行增加费用。

六、加强进口化肥管理

国家计委根据国内年度化肥供需平衡情况确定进口总量及品种。经国务院批准，编制下达进口化肥配额计划。对国家计划内进口化肥继续实行税收优惠政策。中央进口化肥配额下达给中农公司，地方进口化肥配额下达给各省、自治区、直辖市计委（计经委），再下达给省农资公司。为避免进口总量失控，捐赠（救灾捐赠除外）和其他渠道入境化肥纳入进口配额计划。外经贸部要根据国家计委下达的配额发放许可证。银行要及时提供进口化肥所需保证金贷款。

减少化肥进口代理机构。将目前的进口代理机构调减为中央进口统一由中国化工进口总公司代理，各省、自治区、直辖市各保留一个进口代理机构。进口代理机构要与用户密切配合，在就近港口卸货；要减少进口环节，尽量从国外生产厂家直接订货，提高进口透明度。进口代理手续费实行定额提取，具体标准由国家计委另行核定。

七、关于农药和农膜流通体制的改革

原则参照化肥流通体制改革的意见执行。

中央进口农药及农药中间体的品种和调拨价格由国家计委核定。农业部农垦系统的进口农药仍按原渠道分别由中国化工进出口总公司和中国农垦进出口公司代理。要加强对农膜原料价格的管理。农药和农用薄膜出厂价格和零售价格，继续由省级物价部门按照保本微利的原则核定。

八、加强对农业生产资料流通体制改革的领导

农业生产资料流通体制改革涉及面广，政策性强，把这项工作做好了，对保护广大农民利益、调动农民生产积极性作用极大。国务院各有关部门、各级人民政府一定要高度重视、抓紧制定具体措施，认真组织落实。尤其要抓好扶持化肥生产的优惠政策的落实。农业生产资料特别是化肥生产所需的原材料、燃料、电力、资金要优先确保供应。要组织生产与经营部门签订合同，以确保农业生产资料特别是化肥的均衡生产，均衡供应，均衡收购。各有关主管部门要主动减少经营环节，降低费用，制止乱收费，严格执行价格政策。物价、工商、技术监督等执法部门，要加强对各个流通环节执行政策情况的监督检查。各地区、各部门要从

扶持农业发展、支持农用工业、保持社会稳定的大局出发，精心组织，从严要求，密切协调，妥善安排，切实保证农业生产资料流通体制改革方案的顺利实施。

中国人民银行全国分行长座谈会在北戴河召开

外交部副部长唐家璇在万象会见老挝副总理坎培·乔布拉帕

国家环保局局长解振华在香港就中国重视环保工作发表谈话

解振华在香港说，中国重视环境保护工作，积极履行世界环保公约，为全球环保事业作出贡献。

解振华说，从1979年至今，中国共颁布了4部环保法律，国家环保行政立法30多项、各级地方法规五六百项。此外，还制定国家环境标准、污水排放标准等共310余项。

解振华说，在法律执行过程中，有些地方还存在“有法不依、执法不严、违法不究”的现象。中国将继续完善环保法律与法规。在修改有关法律法规时，将增加民事处罚及刑事处罚等条款。在未来几年内，中国还将颁布及修改完善至少8部环保法律，如《自然保护法》、《放射性污染环境法》等。

在回答有关如何正确处理发展经济与环保的关系时，解振华说，“先发展、后治理”与“只考虑环保而限制发展”都是错误的。在政策制定中，要使经济建设与环境保护同步规划、同步实施、同步发展，充分考虑到环境承受能力。

8月13日

中国政府和缅甸政府在仰光签署关于边境贸易的谅解备忘录

外交部发言人就日本环境厅长官发表的言论及美朝会谈达成协议等问题答记者问

有记者问：日本环境厅长官昨天在记者招待会上说，日本并非想发动侵略而进行了过去那场战争；并说这场战争使亚洲各国独立了，教育普及了，不应当只认为日本坏。后来他又收回了这番话。你对此有何评论？

答：我们对时隔不久再次出现日本内阁成员公然发表歪曲历史事实的言论感到遗憾。国际社会对日本军国主义的侵略历史早有定论。正确对待历史是中日关系的重要政治基础。希望日本政府高度重视这一问题，避免给中日友好合作关系的正常发展带来干扰。

有记者问：你对美、朝在日内瓦达成协议有何评论？

答：我们对美朝会谈取得积极成果表示欢迎。希望有关各方继续为朝核问题早日获得妥善解决做出建设性努力。

国务委员李铁映等视察西藏扎什伦布寺

中国社会福利有奖募捐委员会向中国残疾人体育代表团捐赠100万元人民币

8月14日

《人民日报》发表财政部副部长张佑才文章《扭亏增盈是当前经济工作的大事》

国家工商局国务院台办决定允许台湾企业和个人在祖国大陆发布商业广告和寻亲广告

国家工商行政管理局和国务院台湾事务办公室已决定，将允许台湾企业和个人在大陆发布企业广告、商品广告和寻亲广告。这是全国广告管理工作会上传出的信息。

根据有关规定，台湾企业广告和商品广告可在除中央电视台、中央人民广播电台、《人民日报》（国内版）、《解放军报》、《求是》杂志之外的其他媒体上发布，也可作为背景出现在中央电视台转播的体育比赛和文艺演出中。

据国家工商局广告司司长刘保孚介绍，台湾企业前来发布企业广告和商品广告，必须遵守有关法规和广告程序，委托具有代理权的广告公司代理，台湾个人发布寻亲广告亦可直接委托有关广告媒介单位承办。

国家工商局已委托海峡经济科技合作中心负责对以上广告进行代理及发布前的审查，凡代理、承办台湾企业和个人广告业务的广告公司或广告媒介单位，都须在签订合同之前向这个中心申请审查。

《人民日报》就贯彻落实《国有企业财产监督管理条例》发表评论员文章《落实〈监管条例〉保护国有资产》

国家体改委经贸委国资局要求各部门各地方和国有企业认真学习和贯彻实施《国有企业财产监督管理条例》

国家体改委、经贸委和国有资产管理局负责人日前就认真学习和贯彻实施《国有企业财产监督管理条例》，要求各部门、各地方和所有国有企业，深刻领会

《监管条例》对于保障国家所有权及其权益、实现国有资产保值增值的重要意义，把学习和贯彻《监管条例》作为当前企业改革的一件大事来抓。

当前，贯彻执行《监管条例》的首要任务，是认真抓好学习宣传工作，迅速形成贯彻执行《监管条例》的热潮。要通过学习宣传，使广大干部和企业职工掌握《监管条例》的精神实质：一是国有企业财产属国家所有。国务院代表国家行使企业财产所有权。二是在国务院统一领导下，对企业财产实行分级管理、分工监督。重点和骨干企业要采用监事会形式，对国有资产的保值增值实行监督。三是企业依法享有法人财产权，依法独立支配国家授予其经营管理的财产；企业以其全部法人财产独立承担民事责任；企业应建立资产经营责任制，强化对国有资产保值增值的激励和约束机制，提高国有资产经营的整体效益。四是加强国有资产产权基础管理工作，严格产权变动审批，防止国有资产流失。

各省、自治区、直辖市人民政府要按照《监管条例》规定的原则，负责制订本地区国有企业财产的监管办法。各地区各部门要在实施"两则"，搞好清产核资、资产评估、产权登记的基础上，探索试行资产经营责任制，建立国有资产保值增值激励和约束机制。要把贯彻《监管条例》与贯彻《转机条例》结合起来，为进一步搞好国有企业，建立现代企业制度奠定基础。

中国科技大学同步辐射实验室被第三世界科学院选定为该院的同步辐射高压研究中心

中国科技大学国家同步辐射实验室最近被第三世界科学院选定为该院的同步辐射研究中心，从而成为向发展中国家开放的研究中心之一。

国家防汛抗旱总指挥部发出《关于进一步做好当前防汛工作的紧急通知》

国家防汛抗旱总指挥部近日强调，目前全国仍处于大汛时期，特别是东北、华北等地随时都有发生大洪水的可能，各地应克服麻痹思想和松劲厌战情绪，再接再厉，继续做好迎战大洪水的准备，努力夺取防洪斗争的最后胜利。

8月15日

全国理论宣传座谈会在厦门结束

中共中央宣传部先后于7月27日至30日和8月12日至15日在北京、厦门分南北两片召开全国理论宣传座谈会。

中宣部常务副部长郑必坚主持会议并讲话。

郑必坚着重阐述了理论宣传工作如何深入的问题。他指出，思想理论工作经常面临着两个反复出现的课题：一个是怎么看当代中国发展的大局，一个是怎么看当代中国的马克思主义。这是我们所处的特定历史时期提出来的。这个历史时期的特点就是社会主义改革开放和现代化建设，或者叫做第二次革命，叫做开创社会主义的全新事业。在这样一个伟大的历史转折时期，新矛盾、新问题层出不穷，而我们的思想准备、理论准备、知识水平等都有种种不足，因此，这两个课题就会经常反复地提出来。这两个课题，归根到底是如何观察国家命运和用什么工具来观察国家命运的问题，因而实质上也就是世界观、历史观的问题。这样的问题，只有通过实践、学习，再实践、再学习，通过正面的思想理论建设，通过深入细致的思想教育工作，坚持不懈地紧密结合实践来解决。这就要求我们的理论宣传工作者，自己首先努力学习邓小平同志著作，同时帮助广大党员干部、青年和广大人民更好学习，思想认识不断提高，为实现伟大的历史任务和共同理想而奋斗。理论宣传工作的根本意义就在这里。郑必坚还就如何深化对这一理论的理解的一系列问题，作了阐述。

在谈到加强和改进理论宣传工作时，郑必坚提出了十二条具体意见，包括：进一步重视理论宣传工作，把它放在整个理论工作应有的位置上；坚持理论宣传与理论学习、理论研究的有机统一，以理论学习和研究的深化，推动理论宣传的开展；采取有力措施，巩固、恢复和发展理论宣传阵地；注意利用电视等现代化传媒，探索理论宣传的新途径；稳定、充实理论宣传队伍，加强这支队伍尤其是中青年骨干的政治思想素质和业务素质的培养；对政治理论刊物要有一套具体的扶植办法；遵守理论宣传纪律，处理好理论宣传与理论探讨的关系；继续发挥理论宣传的地方特色，同时加强中央报刊与地方报刊之间以及各地报刊相互之间的交流；希望省区市党委加强对理论宣传工作的领导，推动这项工作再上新台阶；等等。

国务院副总理兼中国人民银行行长朱镕基在人民银行分行行长座谈会上发表讲话

朱镕基在北戴河召开的中国人民银行全国分行行长座谈会上指出，下半年经济工作的重要任务，是集中力量整顿流通环节，稳定市场物价。银行工作要继续加强宏观调控，严肃整顿金融秩序，深化金融体制改革。

朱镕基指出，今年上半年财税、金融、外汇外贸、投资等各项重大改革措施均已出台，进展顺利。投资规模增长过快带来的矛盾已逐步缓解，物价上涨过快的势头得到遏制，经济发展速度仍保持较高水平。金融调控成效明显，今年上半年累计净回笼货币八十三亿元，比去年同期少投放六百一十亿元，货币发行得到有效控制。在成功发行一千一百亿元国库券的同时，上半年城乡储蓄存款增加三千一百四十六亿元，比去年同期还多增加一千八百三十一亿元。汇率并轨已顺利实施，人民币汇率保持基本稳定，国家外汇储备七月底比年初增加一百四十亿美元，增长百分之七十。这说明，当前经济形势越来越好，充分表明了全国人民对党中央、国务院加强宏观调控和实施社会主义市场经济改革的信任和支持。

朱镕基说，我们还必须看到，上半年投资增长幅度虽已回落，但在建总规模还很大，消费基金膨胀的状况还没有得到有效控制。能否控制通货膨胀，对于今后的经济发展和改革开放至关重要。今年下半年，要继续加强和改善宏观调控，严格控制信贷规模，严肃整顿金融秩序，严格结算纪律。固定资产投资贷款规模必须严格按计划执行，从严控制新开工项目；要加强现金管理和个人所得税的征收，控制消费基金过快增长；坚决制止乱集资、乱拆借、乱提高利率和乱设金融机构。

朱镕基指出，一些企业资金紧张的主要原因是产品不适应市场需要，产销率降低，资金压死，造成企业间相互拖欠。要对积压滞销品实行限产压库，在盘活资金存量上下功夫。要迅速采取措施解决钢材和石油产品进口过多而造成的压库、涨罐的困难。

朱镕基在谈到深化金融体制改革问题时说，商业银行改革要跨出关键性的步伐，在国家专业银行进一步向商业银行转变的同时，要在整顿现有非银行金融机构和规范城市信用社的基础上组建城市合作银行，首先在有条件的大中城市开始。城市合作银行主要以流动资金和技术改造贷款为主。这有利于完善我国商业银行体系，推动银行业的竞争；有利于疏导地方兴办金融机构的积极性，更好地支持地方经济发展。他说，要进一步深化中央银行的改革。目前一要改善调控方式，从运用贷款规模的直接调控向运用利率、公开市场和存款准备金的间接调控转变；二要加强监管，依法对所有金融机构进行监督管理，维护健康的金融秩序。

朱镕基要求金融系统坚决贯彻国务院"三防一保"会议精神，防诈骗、防盗窃、抢劫，保证银行资金安全，防止大案要案的发生。要加强对案件查处的力度，更重、更狠地打击金融犯罪活动。他重申，国家银行要与自办的经济实体彻底脱钩，为维护金融秩序起表率作用。要坚决制止银行信贷活动中拿回扣、收手续费、借故压单压票等变相提高利率，获取额外利益，腐蚀银行职工的非法行为。

国家加大力度促进中西部地区经济发展

《人民日报》记者从国家计委获悉，"八五"以来，特别是近两年，党中央、国务院在政策、资金等方面加大倾斜力度，促进中西部地区经济发展。

一、在基本建设投资上予以倾斜。国家在资源开发利用和大中型建设项目的布点上实行同等优先的政策，促成一批大型、超大型项目陆续上马，如三峡水利设施建设、塔里木石油开发、西南地区水电建设、陕北油气田建设、神府东胜煤田开发、连云港到霍尔果斯大陆桥建设等。

二、增强对中西部地区的扶贫力度。到1994年，国家投入的扶贫资金已达上百亿元，其中绝大部分用于中西部地区。被国家列为重点扶贫的592个县，中西部占86%；每年40亿元以工代赈资金，80%安排在中西部地区。

三、大力支持中西部地区乡镇企业发展。国务院决定，从1994年至2000年，每年给中西部地区乡镇企业100亿元专项贷款。

四、在金融政策等方面给予优惠。国家开发银行对中西部老少边穷地区电力建设给予政策性贷款支持。国家决定将引进的长期优惠国外贷款，主要投向中西部省区。

中共中央政治局候补委员温家宝在黑龙江考察

8月15日至22日，温家宝先后到双城、富锦、绥化、肇东等市和七星、二道河、洪河、绥滨等国营农场进行考察和调查研究。温家宝对黑龙江省在农业上取得的成绩和做出的贡献给予充分肯定。温家宝说，黑龙江省是我国重要的商品粮基地，粮食生产的状况如何，不仅关系全省经济的发展、农民收入的增加和社会的稳定，而且影响全国的粮食供给。一定要坚持绝不放松粮食生产，积极发展多种经营的方针，把粮食生产放在首位，进一步加快商品粮基地建设。为此，要搞好农业综合开发，加快中低产田改造，推广先进实用的科学技术，努力提高单产；采取多种形式，积极开发新的农业资源；加强以水利为重点的农田基本建设，增强农业发展后劲；大力发展乡镇企业，特别是农副产品加工业，实现农产品的加工增值转化；在保证粮食生产稳定增长的基础上，调整农业结构，全面发展农村经济。

温家宝在调查国营农场时说，垦区面临的任务：一是加快商品粮基地建设，全面发展垦区经济；二是不断提高职工的物质文化生活水平，实现小康目标。实现这两个战略目标，关键是要靠改革，靠发展。要继续转换农场经营机制，进一步处理好国家、企业、职工三者的利益关系，理顺农场内部各个经营层次的统分关系，完善双层经营体制；要调整农业结构，发挥规模优势，加快由粗放向集约化经营的转变；要坚持农工商综合经营和农业综合开发，加强农业基础设施建设，增强农业发展后劲；要进一步扩大对外开放，在引进先进农业机械、农业技术、农业管理方法，以及发展外向型农业方面做出示范，走出一条农垦企业发展的新路子。

温家宝还到受灾较重的阿城市，看望和慰问遭受洪涝灾害的群众。

中国商业联合会在北京成立

中国观察员代表团团长金永健在联合国第46届人权小组委员会会议上就中国人权问题发言

金永健说，中国政府十分重视和保护人权，中国宪法及有关法律规定公民享有的各项人权和基本自由与《世界人权宣言》是一致的。1979年实行改革开放政策以来，中国的民主与法制建设不断加强，国民经济持续发展，人民生活水平有很大提高，中国各族人民从未像今天这样享有广泛而充分的权利，这是任何不怀偏见的人都承认的事实。

金永健说，为防止和查处可能出现的侵犯人权的情况，中国的刑法对“侵犯公民人身权利、民主权利罪”和“渎职罪”作了明确的规定。对非法拘禁、非法管制、非法搜查、刑讯逼供等犯罪行为，刑法规定了明确的惩罚条款。在中国，公民可以通过控告、投诉等途径监督政府和司法部门的工作，中国最近颁布了《行政诉讼法》。

金永健强调，中国政府支持并积极参加联合国保护和促进人权的努力，并愿意在平等和相互尊重的基础上，就人权问题与其他国家交流经验，取长补短，开展广泛的合作和对话。中国政府反对将人权作为工具，向主权国家施加政治压力。

金永健指出，看一个国家的人权状况，既不能割断该国的历史，也不能无视该国的社会和经济发展状况。

国务院副总理邹家华在钓鱼台国宾馆会见荷兰飞利浦公司董事长兼总裁田思达

中小学计算机教育研究会在北京成立

新闻出版署国家工商局联合发出《关于任何单位不得随意以报纸形式编印出版物的通知》

第三届中国国际民间艺术节在北京地坛体育馆举行开幕式

李瑞环等党和国家领导人出席开幕式并观看演出。

参加本届艺术节的有亚、欧、美、大洋洲包括阿根廷、奥地利、加拿大、法国、德国、印度、以色列、日本、韩国、拉脱维亚、墨西哥、新西兰、罗马尼亚、俄罗斯、美国和中国共16个国家的400多位民间艺术家。

全国绿化委员会林业部就完成国务院批复的《1989—2000年全国造林绿化规划纲要》所确定的任务联合发出通知

全国绿化委员会、林业部近日联合发出通知，要求各地要进一步推进荒山荒地绿化造林工作，已消灭宜林荒山的省份要切实巩固和发展已有成果；即将灭荒的地方，要坚持标准，加快速度，确保质量；造林灭荒难度较大的地方，要消除畏难情绪，知难而上，坚决打好造林灭荒这一仗。

通知说，搞好造林绿化对于改善生态环境、调整农村产业结构、加快群众脱贫致富奔小康，具有十分重要的作用。各级林业主管部门要一如既往地做好这项工作，坚持和推广造林灭荒工作中积累的基本经验和成功做法，进一步落实各级领导干部任期造林灭荒目标责任制。

通知说，要坚持群众投工投劳为主、国家补助为辅的原则，倡导国家、地方、个人一起上。对无故不履行义务植树的城镇适龄公民和没有完成义务植树的单位，由当地绿化委员会按规定标准收缴绿化费。

中国政府向阿富汗难民捐赠价值300万元人民币救济物资的交接仪式在伊斯兰堡巴基斯坦阿富汗难民署举行

8月16日

《求是》杂志第16期发表评论员文章《务实与务虚》

农业部在北海市召开广东四川等南方八省区秋粮生产现场会议

农业部近日在广西北海市召开广东、四川、云南、贵州、海南、广西、福建、江西等南方八省区农业厅(局)负责人参加的秋粮生产现场会议，重点研究讨论如何抓好秋粮生产，力争以秋补夏，以晚补早，夺取全年粮食丰收。

外交部副部长唐家璇与越南外交部副部长武宽在越南河内举行会谈

唐家璇同越南副外长武宽举行中越政府级第二轮边界谈判。双方回顾了1993年中越政府级第一轮边界谈判以来，两国专家小组为解决边界领土问题所作的努力和取得的进展，着重就南沙问题坦诚、充分地交换了意见，并取得了一些共识。双方一致认为，包括南沙问题在内，两国边界领土问题应按两国领导人达成的谅解和双方去年签署的基本原则协议，通过谈判合理妥善解决，不诉诸武力或以武力相威胁。双方同意，不应因存在争议而影响两国关系的正常发展。一旦发生问题，双方都应以两国关系大局为重，采取冷静和克制的态度，及时协商解决，不使事态进一步复杂化。双方认为，此轮谈判增进了相互了解，对今后进一步通过谈判解决分歧是有益的。

国务院副总理兼外交部部长钱其琛全国人大常委会副委员长王汉斌在北京先后会见巴拿马选举法院院长巴尔德斯

国务院副总理兼外交部部长钱其琛在北京会见由政务调查会长众议员加藤纮一率领的日本自民党访华团

越南外交部部长阮孟琴在河内会见正在越南访问的以外交部副部长唐家璇为团长的中国政府代表团

中国与里约集团经贸研讨会在巴西利亚开幕

中国代表张义山在第四十六届联合国人权小组委员会上发言驳斥某些非政府组织以西藏为题对中国政府的攻击

中国观察员代表团副代表张义山在发言中指出，这些组织无视中国现状，重复他们多年来一直在散布的谎言，他们并不了解中国西藏的情况，不了解中国政府为使包括西藏同胞在内的中国人民充分享受人权所作的努力。他们也不想去了解，因为他们并不真正关心人权，他们的真实目的是煽动民族仇恨、制造民族分裂和破坏中国领土完整。

张义山说，不久前，布达拉宫维修工程胜利竣工。这项浩大的工程历时5年，耗资巨大，被中外人士称为古建筑维修史上的奇迹。这岂是一两句“破坏西藏文化”的谎言所能抹杀得了的？在西藏，藏族人口占95%，汉族和其他少数民族人口仅占5%，硬把95%说成是少数，恐怕不是简单无知吧。

张义山最后说，中国政府一贯重视人权问题，也愿意与各国、联合国机构和各种组织合作，以维护和促进人权及基本自由。中国不能赞同打着人权旗号去从事不利于维护人权努力的行为。

新闻出版署公布新批图书报纸期刊音像出版单位开业前社长总编辑(主编)培训制度

8月17日

《人民日报》发表评论员文章《坚决反对虚报瞒报》

中共中央总书记江泽民在中南海会见以日本自民党政调会会长加藤纮一率领的日本自民党访华团

国务院副总理朱镕基在人民大会堂会见参加亚非保险再保险联合会第三十五届执委会议的全体代表

中国政府和纳米比亚政府在温得和克签署贸易和经济合作协定

中国军事科学学会和海军军事学术研究委员会联合在北京举办纪念甲午战争100周年学术研讨会

中共中央政治局常委、中央军委副主席刘华清在会上讲话强调，要坚持开展爱国主义教育，在全民族中牢固树立国防观念，进一步增强民族凝聚力，激励全国人民建设社会主义现代化的热情。

中央军委副主席张震出席会议。海军司令员张连忠致开幕词。

刘华清、张震分别为纪念甲午战争100周年题词。刘华清的题词是：“祭甲午百年兴爱国精神”，张震的题词是：“弘扬甲午爱国精神增强现代海防意识。”

国家基础地理信息系统第一期工程暨全国1∶100万地形数据库日前在北京建成

中国专利局创办的首家全国性知识产权评估机构连城资产评估事务所成立

中宣部新闻出版署邮电部国家工商局联合发出《关于加强内部报刊管理的通知》

8月18日

青海省海西蒙古族藏族自治州庆祝建州40周年

港澳台居民首次参加内地律师资格考试

国务院总理李鹏签署国务院第162号令发布《基本农田保护条例》

《基本农田保护条例》已经1994年7月4日国务

院第二十二次常务会议通过，现予发布，自1994年10月1日起施行。

总理 李　鹏

1994年8月18日

基本农田保护条例

第一章 总　则

第一条 为了对基本农田实行特殊保护，促进农业生产和国民经济的发展，根据《中华人民共和国农业法》和《中华人民共和国土地管理法》的规定，制定本条例。

第二条 本条例所称基本农田，是指根据一定时期人口和国民经济对农产品的需求以及对建设用地的预测而确定的长期不得占用的和基本农田保护区规划期内不得占用的耕地。

本条例所称基本农田保护区，是指为对基本农田实行特殊保护而依照法定程序划定的区域。

第三条 基本农田保护区的划定、保护和监督管理，适用本条例；本条例未作规定的，适用《中华人民共和国土地管理法》和其他有关法律、法规。

第四条 基本农田保护应当贯彻全面规划、合理利用、用养结合、严格管理的方针。

第五条 县级以上地方各级人民政府应当将基本农田保护工作纳入国民经济和社会发展计划，作为政府领导任期目标责任制的重要内容，由上一级人民政府监督实施。

第六条 一切单位和个人都有保护基本农田的义务，并有权对侵占、破坏基本农田以及其他违反本条例的行为进行检举、控告。

第七条 国务院土地管理部门和国务院农业行政主管部门按照本条例和国务院规定的职责分工，负责全国的基本农田保护管理工作。

县级以上地方各级人民政府土地管理部门和农业行政主管部门按照本条例和本级人民政府规定的职责分工，负责本行政区域内的基本农田保护管理工作。

乡级人民政府负责本行政区域内的基本农田保护管理工作。

第八条 国家对在基本农田保护工作中取得显著成绩的单位和个人，予以奖励。

第二章 划　定

第九条 国务院土地管理部门和国务院农业行政主管部门应当会同其他有关部门编制全国基本农田保护区规划，报国务院批准。

县级以上地方各级人民政府土地管理部门和同级农业行政主管部门应当会同其他有关部门根据上一级人民政府的基本农田保护区规划，编制本行政区域内的基本农田保护区规划，经本级人民政府审定，报上一级人民政府批准。

乡级人民政府应当根据县级人民政府的基本农田保护区规划编制本行政区域内的基本农田保护区规划，报县级人民政府批准。

经批准的基本农田保护区规划需要调整的，必须经原审批机关批准。

第十条 基本农田保护区规划应当以土地利用总体规划和农业资源调查区划为依据，并与城市规划、村镇建设规划相协调。

第十一条 各级人民政府编制基本农田保护区规划时，应当确定基本农田保护的数量指标和布局安排，并逐级分解下达。

第十二条 下列耕地原则上应当划入基本农田保护区：

(一)国务院有关主管部门和县级以上地方人民政府批准确定的粮、棉、油和名、优、特、新农产品生产基地；

(二)高产、稳产田和有良好的水利与水土保持设施的耕地以及经过治理、改造和正在实施改造计划的中低产田；

(三)大中城市蔬菜生产基地；

(四)农业科研、教学试验田。

第十三条 划入基本农田保护区的耕地分为下列两级：

(一)生产条件好、产量高、长期不得占用的耕地，划为一级基本农田；

(二)生产条件较好、产量较高、规划期内不得占用的耕地，划为二级基本农田。

第十四条 基本农田保护区的划区定界工作，以乡(镇)为单位进行，由县级人民政府土地管理部门会同同级农业行政主管部门组织实施。

划定的基本农田保护区，由县级人民政府设立保护标志，予以公告，由县级人民政府土地管理部门建立档案并抄送同级农业行政主管部门。任何单位和个人不得破坏或者擅自改变基本农田保护区的保护标志。

基本农田保护区划定后，由县级人民政府的上一级人民政府组织验收。

第十五条 划定基本农田保护区时不得擅自改变原承包者的承包经营权。

第十六条 划定基本农田保护区的技术规程由国务院土地管理部门会同国务院农业行政主管部门制定。

第三章 保　护

第十七条 基本农田保护区一经划定，任何单位和个人不得擅自改变或者占用。国家能源、交通、水利等重点建设项目选址确实无法避开基本农田保护区，需要占用基本农田保护区内耕地的，必须依照《中华人民共和国土地管理法》规定的审批程序和审批权限向县级以上人民政府土地管理部门提出申请，经同级农业行政主管部门签署意见后，报县级以上人民政府批准。

前款所列建设项目占用一级基本农田500亩以下的，必须报省、自治区、直辖市人民政府批准；占用一级基本农田超过500亩的，必须报国务院批准。

第十八条 设立开发区，不得占用基本农田保护区内的耕地；因特殊情况确需占用的，有关单位申报设立开发区时，必须附具省级以上人民政府土地管理部门和农业行政主管部门的意见。

第十九条 非农业建设经批准占用基本农田保护区内耕地的，除依照《中华人民共和国土地管理法》和有关行政法规的规定缴纳税费外，并应当按照"占多少，垦多少"的原则，由用地的单位或者个人负责开垦与所占耕地的数量和质量相当的耕地；没有条件开垦或者开垦的耕地不符合要求的，必须按照省、自治区、直辖市的规定向省、自治区、直辖市人民政府确定的部门缴纳或者补足占用基本农田保护区耕地造地费。占用基本农田保护区内菜地，已按照国家有关规定缴纳新菜地开发建设基金的，免缴占用基本农田保护区耕地造地费。以国家投资为主兴建的能源、交通、水利、国防军工等大中型建设项目，经国务院批准，可以免缴基本农田保护区耕地造地费。

造地费必须专款专用，用于新的基本农田的开垦、建设和中低产田的改造。

新的基本农田的开垦、建设和中低产田的改造，由县级以上地方人民政府指定的部门组织实施。

第二十条 禁止在基本农田保护区内建窑、建房、建坟或者擅自挖砂、采石、采矿、取土、堆放固体废弃物。

禁止擅自将基本农田保护区内的耕地转为非耕地。

第二十一条 禁止任何单位和个人闲置、荒芜基本农田保护区内的耕地。已办理审批手续的开发区和其他非农业建设占用的基本农田保护区内的耕地，一年内不用而又可以耕种并收获的，应当由原耕种该耕地的集体或者个人继续耕种，也可以由建设单位组织耕种；一年以上未动工兴建而闲置未用的，应当按照省、自治区、直辖市的规定缴纳闲置费；未经原批准机关同意，连续二年未使用的，由县级人民政府土地管理部门报本级人民政府批准，收回用地单位的土地使用权，注销土地使用证。承包经营基本农田保护区内耕地的个人弃耕抛荒的，由农村集体经济组织收回承包经营权。

第二十二条 利用基本农田从事农业生产的单位和个人应当保持和培肥地力。国家提倡和鼓励农业生产者对其经营的基本农田施用有机肥料，合理施用化肥和农药。

第二十三条 县级人民政府应当根据当地实际情况制定基本农田保护区内耕地地力分等定级办法，由其农业行政主管部门会同土地管理部门组织实施，对基本农田保护区内耕地地力分等定级，并建立档案。

第二十四条 农村集体经济组织或者村民委员会应当定期或者在基本农田保护区内耕地承包经营权变更时，对基本农田保护区内耕地地力等级进行评定。

第二十五条 县级以上地方各级人民政府农业行政主管部门应当逐步建立基本农田保护区内耕地地力与施肥效益长期定位监测网点，定期向本级人民政府提出保护区内耕地地力变化状况报告以及相应的地力保护措施，并为农业生产者提供施肥指导服务。

第二十六条 县级以上人民政府农业行政主管部门应当会同同级环境保护行政主管部门对基本农田保护区内耕地环境污染进行监测与评价，并定期向本级人民政府提出环境质量与发展趋势的报告。

第二十七条 因特殊情况确需占用基本农田保护区内耕地兴建国家重点建设项目的，必须遵守国家有关建设项目环境保护管理的规定。在建设项目环境影响报告书中，应当有基本农田环境保护方案；环境保护行政主管部门在审批时，应当征得同级农业行政主管部门对基本农田环境保护方案的同意。

第二十八条 向基本农田保护区提供肥料和作为肥料的城市垃圾、污泥的，必须符合国家有关标准。

第二十九条 因发生事故或者其他突然性事件，造成或者可能造成基本农田环境污染事故的，当事人必须立即采取措施处理，并向当地环境保护行政主管部门和农业行政主管部门报告，接受调查处理。

第四章 监督管理

第三十条 在建立基本农田保护区的地方，县级以上地方人民政府应当与下一级人民政府签订基本农田保护责任书，乡级人民政府应当与农村集体经济组织或者村民委员会签订基本农田保护责任书。

基本农田保护责任书应当包括下列内容：

(一)基本农田的范围、面积、地块；

(二)基本农田的等级；

(三)保护措施；

(四)当事人的权利与义务；

(五)奖励与处罚。

农业承包合同应当载明承包农户和专业队(组)对基本农田的保护责任。

第三十一条 县级以上人民政府应当建立基本农田保护区监督检查制度，定期组织土地管理部门、农业行政主管部门以及其他有关部门对基本农田保护情况进行检查,将检查情况书面报告上一级人民政府。被检查的单位和个人应当如实提供有关情况和资料,不得拒绝。

第三十二条 县级以上地方人民政府土地管理部门和农业行政主管部门对本行政区域内发生的破坏基本农田保护区内耕地的行为,有权责令纠正。

第五章 罚 则

第三十三条 违反本条例规定,有下列行为之一的,依照《中华人民共和国土地管理法》的有关规定给予处罚:

(一)未经批准或者采取欺骗手段骗取批准,非法占用基本农田保护区内耕地的;

(二)无权批准征用、使用基本农田保护区内耕地的单位或者个人非法批准占用的;

(三)超越批准权限非法批准占用基本农田保护区内耕地的;

(四)买卖或者以其他形式非法转让基本农田保护区内耕地的。

第三十四条 违反本条例规定,破坏或者擅自改变基本农田保护区的保护标志的,由土地管理部门或者其授权的农业行政主管部门责令恢复原状,可以并处500元以下罚款。

第三十五条 违反本条例规定,在基本农田建窑、建房、建坟或者擅自挖砂、采石、采矿、取土,严重毁坏种植条件的,依照《中华人民共和国土地管理法》的规定责令限期治理,可以并处被毁坏耕地每平方米15元以下的罚款。

第三十六条 单位非法占用基本农田保护区耕地造地费或者闲置费的,由省、自治区、直辖市人民政府规定的县级以上地方人民政府有关部门责令退赔,可以处以非法占用款额三倍以下的罚款,对负有直接责任的主管人员和其他直接责任人员由其所在单位或者上级机关给予行政处分;个人非法占用的,以贪污论处。

第三十七条 向基本农田提供不符合国家有关标准的肥料或者城市垃圾、污泥的,由县级以上地方人民政府农业行政主管部门给予警告或者处以罚款。

第六章 附 则

第三十八条 省、自治区、直辖市人民政府可以根据当地的实际情况,将其他农业生产用地划为保护区。保护区内的其他农业生产用地的保护和管理,可以参照本条例执行。

第三十九条 省、自治区、直辖市人民政府可以根据本条例制定实施细则。

第四十条 本条例自1994年10月1日起施行。

国务院在北京召开全国农业生产资料流通体制改革工作会议

由国务院召开的全国农业生产资料流通体制改革工作会议于8月18日至19日在北京举行。国务院副总理朱镕基在会上指出:改革化肥等农业生产资料流通体制,是建立社会主义市场经济的流通体制,加强宏观调控,整顿流通秩序的一项重要任务。

朱镕基说,去年以来,党中央、国务院制定了一系列扶持农业发展的政策措施,从各方面加强了农业的基础地位,调动了农民发展农业生产的积极性。当前,夏粮收购任务已基本完成,农民踊跃售粮。早稻虽遭水灾仍比去年同期多收购35亿多公斤,秋粮和棉花长势良好,农村经济保持了喜人的发展势头。但是突出的问题是现行农业生产资料流通渠道混乱,经营环节过多,价格上涨过猛,直接损害了国家和农民的利益,影响了农民的生产积极性。改革化肥等农业生产资料流通体制不仅十分必要,而且刻不容缓。这次化肥流通体制改革的目标是加强宏观调控和市场管理,组织好总量平衡,减少流通环节,整顿流通秩序,减低流转费用,从而降低并稳定化肥的市场供应价格。

朱镕基要求各有关部门、各级政府立即行动起来,顾全大局,密切协同,认真贯彻落实国务院制订的各项政策措施。目前化肥工厂已开足马力生产,进口化肥大量到货,库存资源充裕,各地农资公司要明码标价抛售国家库存化肥,不要惜售,限期把化肥市场价格降下来,确保当前农业生产旺季用肥,为夺取全年农业丰收、搞好明年的备耕备种做出贡献。

朱镕基指出,经济发达国家的实践,都不是让市场放任自流,对物价完全放开不管。不能把政府对市场的规范整顿,对物价的监督管理,都看成是"恢复计划经济"。实践证明,流通秩序混乱,只能使消费者不堪负担,哄抬物价者获取暴利,而农民并未得到实际利益。

会议为落实改革农业生产资料流通体制的各项措施,提出以下要求:

——农业生产资料总需求与总供给的总量平衡是改革现行流通体制和保持价格基本稳定的基础。有关部门必须认真组织好供需总量的衔接平衡工作,做到数量充足、品种对路、供应及时。对化肥等实行中央和地方两级调控、两级储备。根据化肥常年生产、季节使用的特点,建立淡季储备制度,实行淡储旺销,稳定市场。

——减少流通环节,降低流转费用。中央调拨化肥由现行的四级批发一级零售改为两级批发一级零售,省级调拨化肥由现行的三级批发一级零售改为一级批发一级零售,县农资公司与基层供销社批零结合,推行代销制。小化肥厂产品实行地产地销。鼓励建立健全农工商结合的农业生产资料社会化服务体系。

——整顿流通渠道,加强市场管理。各级农业生产资料公司是化肥流通的主渠道,县及县以下农业植保站、土肥站、农技推广(中心)站以及生产企业自销是辅助渠道。其他单位和个人一律不得经营化肥。中央调拨给省和省内掌握的优质化肥资源,全部交由农业生产资料公司经营。大化肥生产企业自销化肥数量控制在销售量的 10%,中型化肥生产企业自销数量由省级政府确定。自销化肥价格必须低于当地同质化肥的零售价格,并经省级物价部门批准。大中型化肥生产企业自销的优质化肥,只能销售给有化肥经营权的单位和生产企业。供销社在推行代销制中不得转为个人经营。

——加强对农业生产资料价格的管理。国家对化肥价格实行分级管理、统一费率,严格监审。大型化肥企业生产的尿素、硝酸铵出厂价格由国家计委制定。其他企业生产的尿素、硝酸铵出厂作价办法,由省级物价部门具体规定。对化肥零售价格实行统一经营差率控制。在同一地区(省或地市)执行统一的零售价格。各经营单位必须按照统一的零售价格销售,要明码标价,公布于众,任何单位不得在此之外另行增加费用。

国务院副总理邹家华在北京会见由香港和美国八家公司组成的美国中国管道集团公司的代表

国家主席江泽民根据全国人大常委会的决定任免驻外大使

免去武韬的中华人民共和国驻葡萄牙共和国特命全权大使职务。

任命韦东为中华人民共和国驻葡萄牙共和国特命全权大使。

中国签署《1993 年船舶优先权和抵押权国际公约》

中国代表占巴扎布在联合国民族问题和民族政策国际研讨会上谈中国少数民族政策

中国代表占巴扎布说,中国的少数民族享有充分的人权,他们的生存权,发展权,政治、经济、文化和社会权利都得到国家的法律保护。

占巴扎布说,新中国一建立就着手制订适合中国实际的民族政策,确认实行民族区域自治为解决国内民族问题的基本政策,用法律形式确定中国境内各民族的平等地位和平等权利。其后制订的各种法律都有保障民族平等权利、保护少数民族群众利益的条款。

占巴扎布说,中国经过 40 多年的曲折探索,形成了自己的民族理论和民族政策体系。这个体系主要包括坚持民族平等、维护国家统一和民族大团结、实行民族区域自治、积极培养和使用少数民族干部、各民族共同繁荣、尊重少数民族的宗教信仰和风俗习惯。

这个为期三天的研讨会由联合国社会发展研究所和联合国开发署主办,主题是探讨如何解决世界上日益严重的民族冲突问题。

全军爱兵带兵模范事迹报告会在北京举行

中国 ISO9000 论坛 1994 · 北京会议在北京闭幕

这是由国家技术监督局批准成立的中国 ISO9000 论坛委员会举办的首次活动,标志着中国推行 GB/T19000—ISO9000 系列标准进入一个新的阶段。

第四届中国艺术节开幕式在兰州举行

《人民日报》发表社论《荟萃艺术精品弘扬民族文化——祝贺第四届中国艺术节开幕》

第四届中国新闻奖在北京揭晓

《人民日报》的《加强和改善宏观调控,积极促进改革与发展》,新华社的《中国投巨资加快长江沿岸地区开发》,《经济日报》的《为什么要整顿金融秩序》,《长江日报》的《武钢近 7 万人不再吃"钢铁饭"》,《新民晚报》的《中国质量的一座丰碑》,上海电视台的《邓小平同志和上海各界人士共度新春佳节》等重大题材的作品获得一等奖。社会主义精神文明建设和先进人物报道有显著加强。中央人民广播电台的《人民崇尚这颗星(徐洪刚)》、《拜金主义要不得》,《解放军报》的《战士义勇非凡,人民恩重如山》,中央电视台的《牡丹集团厂庆新办》及山西电视台的《农民要减轻自身负担》等均获一等奖。

国务院总理李鹏签署国务院第 164 号令发布《中华人民共和国气象条例》

《中华人民共和国气象条例》已经 1994 年 7 月 4 日国务院第二十二次常务会议通过,现予发布,自发布之日起施行。

总理 李　鹏

1994 年 8 月 18 日

中华人民共和国气象条例

第一章　总　则

第一条　为了加强气象工作,准确、及时地制作发布气象预报，开展气候预测，预防和减轻气象灾害，保障人民生命财产的安全，合理开发利用气候资源，促进经济建设和社会发展，制定本条例。

第二条 在中华人民共和国领域和中华人民共和国管辖的其他海域从事气象探测、预报、服务和气象灾害防御、气候资源利用等活动，应当遵守本条例。

第三条 国家对气象工作实行统一领导与分级、分部门管理相结合的制度。

国务院授权的主管全国气象工作的机构(以下简称国务院气象主管机构)主管全国气象工作。省、自治区、直辖市气象主管机构负责本行政区域内的气象工作。地方各级气象主管机构实行上级气象主管机构与本级人民政府双重领导，以上级气象主管机构领导为主的管理体制。

国务院其他设有气象工作机构的部门，依照分工，负责管理本部门的气象工作，并受国务院气象主管机构的行业管理。

第四条 各级人民政府应当加强对气象工作的领导和对气象基础设施建设的支持。县级以上地方各级人民政府可以根据全国气象现代化建设的布局原则以及当地社会、经济发展的需要，建设主要为当地经济建设服务的地方气象事业项目，所需基本建设投资和有关事业经费分别纳入本级国民经济和社会发展计划及财政预算。

第五条 气象服务属于气象公益服务范围的，应当无偿提供；属于专业气象服务范围的，可以有偿提供。

第六条 国家鼓励公民、法人和其他组织依照本条例的规定从事气象探测和气象预报技术的研究活动，其合法权益受国家保护。

第七条 外国的组织或者个人在中华人民共和国领域及中华人民共和国管辖的其他海域从事有关气象活动的，须经国务院气象主管机构会同有关主管部门批准，并遵守中华人民共和国有关法律、法规。

第二章 气象探测

第八条 全国气象台站网的布局，由国务院气象主管机构统一规划。

第九条 气象台站的探测场地、仪器、设施、标志和气象通信的电路、信道、设施受国家保护，任何单位和个人不得擅自移动或者损毁。

第十条 禁止在气象探测环境的保护范围内进行对气象探测有不利影响的工程建设或者其他活动；因特殊情况，需要进行此类活动的，必须征得气象主管机构同意。

气象探测环境的保护措施和管理办法，由国务院气象主管机构会同国务院有关主管部门制定。

第十一条 气象台站的站址及其设施的安置应当长期保持稳定。国家对气象台站的探测场地、设施及其环境条件实行分类、分级保护和管理。因工程建设、城市规划的需要，必须迁移一般气象台站或者其设施的，建设单位必须提前一年报经省、自治区、直辖市气象主管机构批准；确需迁移国家基准气候站、基本气象站的，建设单位必须提前两年报经国务院气象主管机构批准。迁移并重建气象台站或者其设施所需的费用，由建设单位承担。

第十二条 气象台站探测环境或者其设施遭受自然灾害或者战争破坏时，当地人民政府应当采取紧急措施，组织力量修复，确保气象工作的正常进行。

第十三条 外国的组织或者个人在中华人民共和国领域和中华人民共和国管辖的其他海域单独进行或者与中华人民共和国有关部门和个人合作进行气象探测所获得的资料，属于中华人民共和国所有；该探测资料的提供者，享有该资料的使用权。

第三章 预报与警报

第十四条 国家对气象预报和灾害性天气警报实行统一发布的制度。

气象预报和灾害性天气警报，由国务院气象主管机构所属的各级气象台站按照职责公开发布，其他组织和个人不得通过宣传媒介向社会公开发布。气象预报和灾害性天气警报的发布办法由国务院气象主管机构制定。

国务院其他有关部门所属的气象台站可以向本部门发布专业天气预报，在国家气象台站稀少的边远地区，经省、自治区、直辖市气象主管机构同意，也可以为当地有关机关提供气象预报服务。

第十五条 国务院气象主管机构所属的各级气象台站应当根据当地经济建设和防灾减灾的需要，及时、准确地制作和发布气象预报、灾害性天气警报，并根据天气变化情况及时发布补充的或者订正的预报和警报。

第十六条 各级邮电部门应当按照国家有关规定，与同级气象机构密切合作，确保气象通信畅通，迅速、准确地完成气象情报、气象预报和灾害性天气警报的传递。

国家鼓励其他部门和单位运用其通信工具传递气象信息。

第十七条 广播电台、电视台以及其他广播单位，应当保证气象预报节目的定时播发；在特殊情况下需要改变播发时间或者内容的，应当事先征得发布该气象预报、灾害性天气警报的气象台站同意；对当地气象台站临时发布的对国计民生可能产生重大影响的灾害性天气警报和补充的或者订正的气象预报，应当及时增播或者插播。

第十八条 国务院气象主管机构所属的各级气象

台站对可能影响当地的灾害性天气，应当及时报告当地人民政府，为其采取各种防灾抗灾措施提供决策依据和建议，并通报有关部门。

第四章 气象灾害防御

第十九条 地方各级人民政府和有关部门应当根据气象预报和灾害性天气警报，在预计可能发生气象灾害的区域，及时采取各种预防或者抢救措施，防止或者减少气象灾害可能造成的损失。

第二十条 为避免或者减轻气象灾害造成的损失，地方各级人民政府应当有计划地开展增雨(雪)、防雹、消雾和防霜冻等人工影响局部天气的科学试验和作业；所需工作条件和经费由有关地方人民政府或者受益单位提供，气象机构提供技术指导和试验作业的气象服务，并承担当地人民政府委托的组织和管理工作。

第二十一条 地方各级人民政府和有关主管部门应当调查、核实管辖范围内的气象灾情，报告上级人民政府或者主管部门。

第五章 气象服务与气候资源利用

第二十二条 气象机构应当根据各行各业用户的实际需要，提供气象预报、气象资料、气候分析和气候评价，并根据其要求提供气象实用技术、科研成果和科技咨询等服务。

通过广播、电视、报刊、电话等方式向社会公开发布的天气预报和灾害性天气警报，必须是国务院气象主管机构所属的各级气象台站提供的适时气象信息。

第二十三条 国家鼓励合理开发利用和保护气候资源。

第二十四条 国务院气象主管机构统筹组织全国气候资源的综合调查、区划工作，组织气候监测诊断、分析、评价以及气候变化的研究和应用，定期发布全国气候监测公报。

第二十五条 地方各级人民政府应当根据本地区气候资源的特点，对气候资源开发利用的方向和保护的重点作出规划。

地方各级气象主管机构应当根据本级人民政府的规划，向本级人民政府和有关主管部门提出利用、保护气候资源和推广应用气候资源区划等成果的建议。

第二十六条 气象机构负责国民经济和社会发展计划、城市规划所必需的气候可行性论证工作。

气象机构应当为大中型工程项目特别是国家重点工程项目提供气象服务。具有环境影响评价资格的气象机构可以根据建设单位的要求，进行工程项目的大气环境影响评价；其他部门承担大气环境影响评价时使用的非气象机构提供的气象资料，必须经气象主管机构审查、鉴证。

第六章 监督管理

第二十七条 全国统一的气象技术规范和标准、气象技术装备的技术要求和部门计量检定规程，由国务院气象主管机构制定。专业气象业务项目所使用的业务技术规范、技术装备的技术要求，可以由国务院有关主管部门制定。

各类气象台站应当执行全国统一的气象技术规范和行业标准，由气象主管机构负责实施监督管理。

第二十八条 进行气象探测的组织应当接受省、自治区、直辖市气象主管机构对其业务质量、气象计量和探测环境的监督，科学研究和教学需要进行的气象探测除外。

第二十九条 设立用于气象探测、通信和气象预报、灾害性天气警报的无线电台站，须经相应的无线电管理机构批准。各级无线电管理机构应当保护气象专用频率。

第三十条 国家对气象技术专用装备实行使用许可证制度。列入使用许可证管理范围而未获取使用许可证的技术装备，不得投入气象业务使用。具体办法由国务院气象主管机构制定。

第三十一条 县级以上人民政府计量行政主管部门授权的计量检定机构，应当定期对气象专用计量器具进行检定，并在授权的范围内按期完成检定工作。

禁止使用未经检定、检定不合格或者超过检定有效期的气象专用计量器具。

第七章 罚 则

第三十二条 有下列行为之一的，由公安机关依照《中华人民共和国治安管理处罚条例》的有关规定给予处罚：

(一)擅自通过宣传媒介向社会公开发布气象预报、灾害性天气警报，或者随意改动预报、警报内容，构成谎报险情，制造混乱的；

(二)故意损坏气象仪器、设施、标志，尚不够刑事处罚的；

(三)扰乱气象探测工作秩序，致使气象探测工作不能正常进行，尚未造成严重损失的。

第三十三条 拒绝或者故意拖延播发气象预报或者灾害性天气警报，造成严重后果的，由其所在单位或者上级机关给予行政处分。

第三十四条 经邮电部门或者其他有关部门传递的气象电报，发生稽延或者错误，致使气象电报失效的，依照国家有关规定处理。

第三十五条 违反城市规划法律、法规，在气象探测场地附近兴建建筑物，破坏气象探测环境的，由县级以上地方人民政府城市规划行政主管部门依法处罚。

第三十六条 非法侵占气象探测场地的，由县级以上地方人民政府土地管理部门依照土地管理法律、法规的有关规定处罚。

第三十七条 气象工作人员玩忽职守，致使气象预报或者灾害性天气警报服务产生重大失误的，由其所在单位或者上级机关给予行政处分；构成犯罪的，依法追究刑事责任。

第八章 附 则

第三十八条 本条例下列用语的含义：

（一）"气象预报"，是指天气预报、气候预测和各种专业气象预报的统称；

（二）"灾害性天气警报"，是指行将发生台风、寒潮、大风、暴雨（雪）、冰雹等对国计民生有严重危害的天气时，对可能危及的区域以天气预报的形式向公众发布的紧急通报；

（三）"探测环境"，是指为保证各种气象探测仪器准确地获取大气状况信息，由能够避开各种干扰的最小必要距离所构成的环境空间；

（四）"气象公益服务"，是指为各级人民政府指挥生产、组织防灾抗灾和为军事、国防科学试验及其他特殊任务提供的气象服务，以及通过广播、电视、报刊等方式向社会提供的天气预报；

（五）"气候资源"，是指能为人类经济活动所利用的气候条件，如光能、热量、水分、风能等。

第三十九条 中国人民解放军气象工作的管理办法，由军事机关另行制定。

第四十条 本条例自发布之日起施行。

中组部和国家计生委联合举办的全国人口与计划生育高级研究班在兰州结束

国务委员、国家计生委主任彭珮云在研究班结束时强调，在中国这样一个世界上人口最多的发展中国家里，如何解决好人口与计划生育这个重大的社会问题是一门大学问，因此领导干部要学好人口理论和有关专业知识，在科学指导下做好人口与计划生育工作。

彭珮云说，在过去的几十年里，我们在人口与计划生育工作中已经积累了相当丰富的实践经验，有大量的调查资料，十分需要从理论上加以总结，使我们自觉掌握人口发展变化的客观规律，在工作中增强自觉性，减少盲目性。特别是我国生育率已降到接近更替水平，但还不稳定，在生育率下降过程中，人口问题变得更加错综复杂。在建立社会主义市场经济体制的新形势下，计划生育工作既面临机遇又面临挑战，新矛盾、新问题层出不穷，这都要求我们领导干部必须本着理论密切联系实际的原则，努力学习，刻苦钻研，认真探索。彭珮云要求领导干部充分认识计划生育工作的长期性、艰巨性，以高度的历史责任感和时代紧迫感，勇挑重担，作出更大的贡献。

全国各省、自治区、直辖市分管人口与计划生育工作的副省长、副主席、副市长参加研究班。这是中国第一个高规格的人口与计划生育研究班。

吴卫东等三名严重经济罪犯伏法

经最高人民法院核准，吴卫东、金志麟、谢鹏 3 名严重经济罪犯被北京市中级人民法院执行枪决。

8月19日

全国总工会发出《关于开展"学先进，比贡献，创一流，增效益"活动的通知》

《通知》指出，国务院决定在 1995 年"五一"国际劳动节前夕召开全国劳动模范和先进工作者表彰大会。这次大会将是我国工人阶级的一次盛会，是贯彻落实党的全心全意依靠工人阶级指导方针的一个重要举措，对于我国的改革开放、经济发展、社会稳定将产生重大而深远的影响。

《通知》指出，"学先进，比贡献，创一流，增效益"活动，是建立社会主义市场经济体制和现代企业制度，提高企业市场竞争能力的重要内容。各级工会要动员和组织职工积极投入到这项活动中来，大力开展劳动竞赛、合理化建议、技术革新、技术协作、发明创造和"双增双节"。活动的重点要放在企业，放在基层，工业战线的职工要在品种、质量、成本、效益方面献计出力；基建战线的职工要在提高工程质量、降低工程造价、缩短工程周期方面献计出力；财贸战线的职工要在提高服务质量、扩大产品销售、加速商品流通、充分发挥对工业生产的促导方面献计出力；交通战线的职工要在保证安全，提高运输、服务、装卸质量方面献计出力；文教卫等战线的职工要在做好本职工作，为改革和建设服务方面献计出力；其他战线的职工要干一行，爱一行，学一行，专一行；各行各业的职工都要以高度的主人翁责任感和使命感，保持和发扬革命的优良传统，积极围绕推动企业改革、发展和扭亏增盈，努力立功创先，充分展示工人阶级的精神风貌，以优异的成绩向全国劳模大会献礼。

国务院副总理钱其琛在宁夏考察

钱其琛于 8 月 19 日至 22 日在宁夏回族自治区考察。钱其琛在谈到宁夏的发展思路时指出，农业和能源是宁夏的两大优势，加快宁夏经济发展步伐，一定要充分发挥这两大优势的作用。"天下黄河富宁夏"。只要把黄河水资源规划利用好、把相应的水利设施和农田基本建设搞上去，宁夏还可以开发大量的农田，既可增产更多的商品粮，为国家做贡献，还可以改变一部分贫困山区的面貌，加快脱贫致富的步伐。宁夏煤炭资源丰富，优质煤可多发展出口，其他煤炭可就地消化和转化，如发展电力和高耗能工业等。

“中国经济效益纵深行”1994 年会在北京召开

国家主席江泽民在中南海会见以日本众议员前大藏大臣林义郎为团长的日本日中友好议员联盟代表团

全国政协副主席吴学谦在钓鱼台国宾馆会见日本前首相竹下登

外交部副部长田曾佩在钓鱼台国宾馆会见摩洛哥国王哈桑二世的特使麦赫迪·桑塔尔

外交部发言人就中国工程技术人员刘才发钱永强在阿尔及尔遭枪击遇难发表谈话

外交部发言人说：“我们对两名无辜的中国工程技术人员在阿尔及尔遭恐怖分子杀害深感震惊和悲痛，并强烈谴责这种野蛮的恐怖主义行径。我们希望阿尔及利亚政府妥善处理此事，并采取切实有力措施，确保在阿中国人员的安全。”

在阿尔及利亚遭枪杀的中国工程技术人员刘才发钱永强的遗体运送回国仪式在阿尔及尔国际机场贵宾厅举行

中国和澳大利亚在北京签订南海珠江口盆地石油勘探合同

中央军委副主席刘华清张震在北京会见全军爱兵带兵模范事迹报告团成员

国家教委发出《关于加强中小学生竞赛评奖活动管理的通知》

国家教委日前发出通知规定，凡以中小学生为对象的竞赛、评奖等活动，均实行教育部门归口管理，严格履行报批手续。经批准的中小学生竞赛、评奖等活动，举办单位须按批准方案实施，并接受教育行政部门的监督、指导。中小学生竞赛、评奖等活动均应坚持以精神鼓励为主的原则，严禁用高额奖金或奖品引诱学校、教师和少年儿童参加。

《通知》强调，举办竞赛、评奖等活动不得收取活动费、报名费或其他各种名义的费用，不能通过活动做商业广告，更不能利用各种竞赛、评奖等活动推销书刊、商品等牟利。

国家教委发出《关于重新公布有条件接受外国留学人员的高等院校名单的通知》

《小平同志您好》摄影展在北京开幕

中国成为世界第七大旅游国

世界旅游组织（总部设在西班牙首都马德里）的统计报告说，中国 1993 年共接待游客 1800 万人次，成为世界第七大旅游国。

中宣部中共北京市委国家体委在北京共同举办学习远南残疾人运动员自强不息顽强拼搏精神座谈会

海协会致函海基会对台湾中南部遭受台风袭击酿成灾害表示关切并向蒙受损失的台湾同胞表示慰问

8 月 20 日

《人民日报》发表评论员文章《既有较高速度 又有较好效益——积极推进“中国经济效益纵深行”活动》

国务院关于 1994 年下半年各级政府不再出台新的调价措施的通知

各省、自治区、直辖市人民政府，国务院各部委、各直属机构：

今年，党中央、国务院关于建立社会主义市场经济体制的几项重大改革顺利出台，各项宏观调控措施已见成效，社会总量平衡状况逐步改善。但是，当前经济生活中的突出矛盾是市场物价上涨幅度过高，上半年全国零售价格总水平上涨了 19.8%，居民消费价格总水平上涨了 22.1%，通货膨胀形势仍然十分严峻。为了保证我国各项改革措施的顺利实施和不断完善，为经济发展和社会稳定创造一个良好的宏观环境，国务院要求各地、各部门坚决贯彻执行中共中央、国务院有关文件的精神，提高认识，上下一心，同通货膨胀作斗争，把过高的物价涨幅降下来。为此，国务院决定：

一、增加有效供给，增强平抑物价的手段。各级人民政府一定要认真抓好农业生产，抓好“菜篮子”工程，做好各类商品，特别是人民生活必需品的收购、调运、储备、供应工作，要按照国务院批准下达的计划，并根据市场行情，适时补充库存，增加储备。

二、下半年国务院不再出台新的调价项目，上半年已经出台的，要严格控制其连锁反应。各级人民政府都要从大局出发，下半年一律不再出台新的地方性调价项目，对受此影响确有困难的行业，由地方财政适当给予补贴，以保持市场物价的基本稳定。

三、各地不得再以各种地方建设基金的形式，在电力、铁路等行业搞价外加价，凡未经国务院批准自行加收的各种建设基金要立即停止执行。

四、各地区、各部门要下大力量整顿价格秩序，加强价格监督检查工作。对借改革之机搭车涨价、越权涨价、利用价格进行欺诈、谋取暴利等行为要严肃查处，对各种不合理的收费要坚决取缔。

五、各地要按照国务院的规定，切实加强对居民基本生活必需品和服务价格的监审，继续推行明码标价制度，以稳定市场、稳定物价、稳定人心。

六、要继续实行各级政府的物价总水平控制目标责任制，把控制商品零售价格指数和居民消费价格指数作为考核各级政府政绩的主要指标，每月向社会公布。

当前，各级政府要继续贯彻执行中央的各项宏观调控措施，把稳定市场物价作为首要任务来抓，力争今年物价上涨幅度不超过去年实际水平，为1995年和今后的改革与发展创造一个较好的环境。

8月21日

全国人大常委会委员长乔石在人民大会堂会见以议长阿尔弗雷德·马森为团长的瓦努阿图议会代表团

全国政协主席李瑞环在新疆考察

李瑞环于8月21日至28日在新疆维吾尔自治区考察。

李瑞环说，新疆是块宝地，地广人稀，资源丰富，同八个国家接壤，与欧亚大陆桥贯通，加上40多年的工作基础，具有进一步开发、发展的巨大潜力，前景十分光明。李瑞环指出，新疆加快经济发展的主要制约因素是水利和交通。只有解决了水利和交通问题，才有可能将资源优势转化为经济优势，新疆的经济才能活跃起来。新疆的水资源潜力很大，地表水年径流量和可开采的地下水共1100多亿立方米，相当于两条黄河。要研究水资源分布的特点，制订合理开发和科学利用的总体方案。要加快水利建设，控制水资源流失，提高水的利用率。要尽量把水用于发展农牧业与种植业，以利生态环境的改变。他说，兰新铁路复线明年通车以后，将对新疆经济起到巨大的促进作用。现在南疆地区主要靠公路运输，货物进出难度大，要采取有效措施改变这种状况。

李瑞环反复向当地干部强调，不断改善人民生活，是我们共产党人的根本职责，也是发展经济的最终目的，各级领导在发展经济的过程中，必须尽心竭力地为人民群众办实事，使他们的生活每年都有实实在在的改善。南疆有些地方的部分群众吃水还存在困难，李瑞环对此十分重视，强调要把它作为为群众办实事最突出的问题认真加以解决。要动员组织群众，并多方筹集资金。要多种形式，先易后难，切实把这件关系群众切身利益、深受群众拥护的实事办好。

李瑞环在考察中指出，团结友爱的民族关系、稳定和谐的社会局面，是发展经济和改善生活的前提和保证。新疆各族人民是维护祖国统一和民族团结的。对极少数人分裂祖国、破坏民族团结和社会稳定的行为，要高举维护法律尊严、维护人民利益的旗帜，坚决反对和制止。广大干部和群众要像爱护眼睛一样，珍视民族团结和社会稳定，在为新疆的繁荣和兴旺而共同奋斗的过程中，不断巩固和增强这种团结和稳定。

国务院副总理钱其琛在银川与参加西北六省(区)外事工作经验交流会的代表座谈

国务委员李铁映在敦煌会见日本前首相竹下登和日中友协会长平山郁夫及其主要随行人员

《邓小平治军方法研究》一书出版

解放军总政治部宣传部组织编写的《邓小平治军方法研究》一书，最近由军事科学出版社出版。中央军委副主席刘华清题写书名。

敦煌文物保护研究陈列中心落成

8月22日

全国人大常委会委员长乔石和夫人郁文在人民大会堂会见蒙古大呼拉尔主席那楚克·巴嘎班迪和夫人

《人民日报》发表评论员文章《民族振兴的强大精神支柱》

江泽民同志最近指出："我们必须把坚持用邓小平同志建设有中国特色社会主义的理论武装全党作为党的一项具有战略意义的根本性建设，切实抓紧抓好。"根据中央的决定精神，中宣部先后召开了五个理论研究基地工作交流会，分南北两片召开了全国理论宣传座谈会。会议强调，当前要进一步认识邓小平同志建设有中国特色社会主义理论和用这一理论武装全党的重大意义，进一步提高把邓小平同志建设有中国特色社会主义理论作为全党全民族精神支柱的自觉性。学习、研究、宣传、运用邓小平同志建设有中国特色社会主义理论的热潮正在更大的范围内、更深的层次上展开。

党的十四大提出，用邓小平同志建设有中国特色社会主义的理论武装全党，是一项具有全局意义和长远意义的战略任务。建设有中国特色社会主义的理论，科学地把握社会主义的本质，第一次比较系统地初步回答了中国这样的经济文化比较落后的国家如何建设社会主义、如何巩固和发展社会主义的一系列基本问题，用新的思想、观点，继承、丰富和发展了毛泽东思想，是当代中国的马克思主义。创立建设有中国特色社会主义的理论，是改革开放 15 年来我们党在理论上的最大收获。在这一科学理论和根据这一理论制定的党的基本路线的指导下，我国社会主义社会的生产力有了迅速发展，国家的综合国力有了很大增强，人民生活水平有了显著提高。伟大成就，举世瞩目。从 1949 年中华人民共和国成立，到下个世纪中叶，把我国建设成为富强、民主、文明的社会主义现代化国家，是我们党、我们民族、我们国家的百年大计。邓小平同志建设有中国特色社会主义的理论，是实现百年大计、达到宏伟目标的光辉旗帜和科学指南，是我们民族振兴和发展的强大精神支柱，是全党和全国人民最可珍贵的精神财富。

理论上的清醒和坚定，是政治上的清醒和坚定的前提。要坚持党的基本路线一百年不动摇，保证国家长治久安，把改革开放和社会主义现代化建设搞得更好更快，推动社会全面进步，必须用邓小平建设有中国特色社会主义的理论武装全党，教育干部和人民。其中，领导干部马克思主义理论水平的高低，在很大程度上决定着党的执政水平和领导水平的高低，决定着建设有中国特色社会主义事业的成败。因此，关键在于坚持不懈地抓好领导干部的学习。党在新时期所处的地位和肩负的前无古人的开拓性的历史任务，要求各级领导干部特别是中高级干部比过去任何时候都更加重视理论学习，提高理论修养。《邓小平文选》第三卷出版以来，从中央到地方都举办了领导干部研讨班、读书班，大家学习热情很高，认真研读原著，交流学习体会，形成了多年来少见的学习理论的热潮。这是十分可喜的。同时，我们也要看到，学习刚刚开始，取得的成绩还是初步的，绝不能满足现状，停滞不前。各级领导干部要进一步提高认识，以高度的历史责任感和使命感，再接再厉，更加刻苦地学习邓小平同志建设有中国特色社会主义的理论，并且带动全党同志的学习。

把理论学习引向深入，最重要的是要密切结合新的形势和任务，认真贯彻理论联系实际的方针，坚持学习理论与研究现实问题相结合的方法，发扬学用结合、学以致用的学风。邓小平同志建设有中国特色社会主义的理论是一个博大精深的科学体系，要真正学懂不容易，要达到精通更不容易。我们应当细心熟读、反复研究邓小平同志的原著，全面系统地学习这一理论的基本观点，掌握精神实质，并从整体上把握基本观点的内在联系，把握这一理论的科学体系；要紧紧抓住什么是社会主义，怎样建设社会主义这个基本的理论问题，围绕党的基本路线这条主线，深刻理解党的基本路线的正确性，坚定走有中国特色社会主义道路的信念；要抓住解放思想、实事求是这个精髓，把邓小平同志的科学方法和创造精神学到手，使之成为我们观察问题、认识问题、解决问题的思想基础。我们要通过反复深入学习《邓小平文选》，真正树立科学的世界观、历史观和人生观。

精通的目的全在于应用。我们要坚持理论联系实际的原则，紧密围绕全党的任务和大局，运用建设有中国特色社会主义的理论，深入实际，调查研究，指导实践，创造性地工作，正确解决改革、发展和稳定中遇到的各种矛盾。当前，改革正在全面深化，涉及深层次的矛盾多，解决这些问题的难度也大。这正是我们深入学习理论，提高运用理论武器解决实际问题的能力，把工作推向前进的好时机。我们要带着现实问题学理论，用理论指导解决现实问题，努力在全党造成浓厚的学习理论的空气，造成浓厚的研究和解决实际问题的空气。

邓小平同志作为我们党的第二代领导集体的核心，领导我们党和国家从“文化大革命”造成的深重灾难中走了出来，开创了改革开放和社会主义现代化建设的历史新时期。他立足中国大地而又面向世界，正视国情现实而又面向未来，高瞻远瞩地构思和设计了有中国特色社会主义的一整套发展战略，为中华民族以更强大的力量自立于世界民族之林，规划了崭新的和切合实际的宏伟蓝图。邓小平同志是我国社会主义改革开放和现代化建设的总设计师，是建设有中国特色社会主义理论这一当代中国马克思主义的创立者。

邓小平同志以忠于祖国、忠于人民的大无畏的英雄气概，站在时代潮流的前头，指引着中国的现代化事业破浪前进，赢得全国各族人民的爱戴和尊敬。近十多年来，中国的发展如此之快，中国的变化如此之大，同邓小平的名字分不开，同邓小平建设有中国特色的社会主义理论分不开。党的十四大明确确定用邓小平建设有中国特色社会主义理论武装全党，在我们党写着“马列主义”和“毛泽东思想”的旗帜上，又写上了“邓小平建设有中国特色社会主义理论”。在实现百年大计的伟大进军中，我们一定要万众一心，坚定不移地把握这一理论、运用这一理论、不断丰富和发展这一理论。

19世纪是中华民族衰落的世纪，20世纪是中华民族奋起战斗、走向振兴的世纪，21世纪将是中华民族实现振兴的世纪。让我们更加紧密地团结在以江泽民同志为核心的党的第三代领导集体周围，用邓小平同志的伟大理论武装全党，坚定不移地贯彻党的“一个中心、两个基本点”的基本路线，向着宏伟壮丽的目标阔步前进！

国家主席江泽民在人民大会堂会见日本前首相竹下登和日中友协会长平山郁夫

国家主席江泽民在人民大会堂会见法国巴黎工商会会长贝尔纳·冈布纳克

全国人大常委会副委员长布赫在北京同蒙古大呼拉尔主席巴嘎班迪进行工作会谈

香港求是科技基金会在北京举行颁奖仪式

由香港实业家查济民先生筹款建立的求是科技基金会，在北京钓鱼台国宾馆举行颁奖仪式，奖励十位杰出科学家。国务院总理李鹏到会向获奖的科学家表示祝贺。

获奖科学家是：吴文俊（数学家）、邓稼先（理论物理学家，已故）、周光召（物理学家）、于敏（理论物理学家）、任新民（航天技术专家）、梁守槃（航天技术专家）、屠守锷（航天技术专家）、黄纬禄（航天技术专家）、钱人元（化学家）、陈中伟（医学专家）。

李鹏讲话说，邓小平同志建设有中国特色社会主义的理论，包括他关于发展科学技术的一系列重要思想，已深深扎根于中国的大地，也深深扎根于广大科技工作者心中。我们对中国科学技术的进步充满信心，对中国的前途充满信心。李鹏衷心感谢查济民先生倡议成立求是科技基金会，高度赞赏他爱祖国、爱科学的精神，认为这不仅是对获奖的十位老科学家杰出贡献的表彰，而且是对广大科技工作者的鼓舞。

国务委员兼国家科委主任宋健也在会上讲话。

查济民先生和夫人及其家属参加颁奖会。参加仪式的还有万里、王光英、卢嘉锡、李沛瑶、朱光亚以及方毅、张爱萍、张劲夫和基金会顾问周光召、陈省身、杨振宁、简悦威，国务院有关部委领导和部分专家、学者三百多人。

首次全国性民办教师评选活动——“健风杯”全国十佳优秀民办教师评选在北京揭晓

河北省平泉县永安村小学教师张广森等10位全国十佳民办教师和侯凤田等20位全国优秀民办教师受到表彰和奖励。

国务委员李铁映在陕西检查指导文物工作

李铁映8月22日至24日，在陕西检查指导文物工作。

李铁映很赞赏陕西省提出的要像抓经济工作那样抓文物工作，使陕西的文物资源优势更好地为经济建设和精神文明建设服务的做法。李铁映指出，要在坚持“保护为主，抢救第一”的方针指导下，处理好文物与经济建设、改革开放、群众致富、体制改革的关系。文物的管理要探索在市场经济条件下新的管理体制和办法。要把文物保护纳入社会经济发展计划、纳入城市建设规划、纳入财政预算，还要纳入体制改革之中，纳入政府及有关部门的责任制及对有关领导干部的考核，做得好的，要给予奖励。

李铁映还指出，文物保护和开发、利用工作，要有当地基层干部和群众的参与，这样做文物工作才有基础。陕西省及重点地、市立法部门可以根据本地实际，制定文物保护的地方性法规、条例，做到有章可循、依法办事。西安市文物集中，保护任务重，可以考虑搞一个文物保护基金会，接受中外人士和社团的捐赠。

李铁映就咸阳、西安发生的几起破坏古遗址、盗掘古墓葬的典型案件，强调要及时查处，依法办事，总结经验教训，做好对干部和广大群众的宣传教育工作，使他们增强法制观念。

邓小平著作研究系统电脑软件出版发行

解放军后勤指挥学院高级研究员杨少俊等首次将计算机技术引入邓小平著作研究领域，成功地研制出《邓小平建设有中国特色社会主义理论研究系统》电脑软件。

8月23日

《爱国主义教育实施纲要》发布

中华民族是富有爱国主义光荣传统的伟大民族。爱国主义是动员和鼓舞中国人民团结奋斗的一面旗帜，是推动我国社会历史前进的巨大力量，是各族人民共同的精神支柱。现在，我国人民在建设有中国特色社会主义理论和党的基本路线指引下，大力发展社会主义市场经济，努力建设富强、民主、文明的社会主义现代化国家。在新的历史条件下，继承和发扬爱国主义传统，对于振奋民族精神，凝聚全民族力量，团结全国各族人民，自力更生，艰苦创业，为中华民族的振兴而奋斗，具有十分重要的现实意义。各级党委和人民政府,各有关部门和人民团体,必须高度重视这项工作,并结合各自的工作特点积极开展爱国主义教育。

一、爱国主义教育的基本原则

1. 爱国主义教育必须以邓小平同志建设有中国特色社会主义理论和党的基本路线为指导,必须有利于促进社会主义现代化建设,必须有利于促进改革开放,必须有利于维护国家和民族的声誉、尊严、团结和利益,必须有利于促进祖国统一的事业。这是新时期爱国主义教育的基本指导思想。

2. 开展爱国主义教育的目的,是要振奋民族精神,增强民族凝聚力,树立民族自尊心和自豪感,巩固和发展最广泛的爱国统一战线,把人民群众的爱国热情引导和凝聚到建设有中国特色的社会主义伟大事业上来,引导和凝聚到为祖国的统一、繁荣和富强作贡献上来,做有理想、有道德、有文化、有纪律的社会主义公民,为实现四化、振兴中华的共同理想团结奋斗。

3. 爱国主义教育必须坚持重在建设的方针。要按照邓小平同志关于爱国主义的一系列重要论述,搞好爱国主义教育的理论建设、教材建设、制度建设和基地建设。把爱国主义教育贯穿于各项思想政治教育之中,作为社会主义精神文明建设的基础性工程,作为我国社会的主旋律,坚定不移、长期不懈地抓下去。

4. 爱国主义教育必须坚持对外开放的原则。爱国主义决不是狭隘的民族主义,我们既要继承和发扬中华民族的优秀成果,也要学习和吸收世界各国包括资本主义发达国家所创造的一切文明成果。只有这样,中国人民才能和各国人民一道,为促进世界和平和人类进步作出贡献。

5. 爱国主义教育必须突出时代特征。爱国主义是一个历史范畴,在社会发展的不同阶段、不同时期有不同的具体内涵。在当代中国,爱国主义与社会主义本质上是一致的,建设有中国特色的社会主义是新时期爱国主义的主题。邓小平同志指出:“中国人民有自己的民族自尊心和自豪感,以热爱祖国、贡献全部力量建设社会主义祖国为最大光荣,以损害社会主义祖国利益、尊严和荣誉为最大耻辱。”这是对我国现阶段爱国主义特征最精辟的概括。爱国主义、集体主义和社会主义思想教育三位一体,有机地统一在建设有中国特色的社会主义的伟大实践之中。

二、爱国主义教育的主要内容

6. 爱国主义教育的素材非常广泛。从历史到现实,从物质文明到精神文明,从自然风光到物产资源,社会生活的各个领域都蕴藏着极为丰富的进行爱国主义教育的瑰宝。要善于运用国情资料,并注意挖掘和利用各种宝贵的教育资源,不断丰富爱国主义教育的内容。

7. 要进行中华民族悠久历史的教育。我国人民的爱国主义精神是在中华民族漫长的历史进程中产生和发展起来的。要通过中国历史特别是近代史、现代史的教育,使人们了解中华民族自强不息、百折不挠的发展历程,了解我国各族人民对人类文明的卓越贡献,了解我国历史上的重大事件和著名人物,了解中国人民反对外来侵略和压迫,反抗腐朽统治,争取民族独立和解放,前赴后继,浴血奋斗的精神和业绩,特别是了解中国共产党领导全国人民为建立新中国而英勇奋斗的崇高精神和光辉业绩。

8. 要进行中华民族优秀传统文化教育。中华民族在创造灿烂中华文明的过程中,形成了具有强大生命力的传统文化,其内容博大精深,不仅包括了哲学、社会科学、文学艺术、科学技术等方面的成就,而且蕴含着崇高的民族精神、民族气节和优良道德;不仅孕育了无数杰出的政治家、思想家、文艺家、科学家、教育家、军事家,而且留下了丰富的文物史迹、经典著作,这笔丰厚的文化遗产是进行爱国主义教育的宝贵资源。要正确使用祖国的语言文字,大力推广普通话。

9. 要进行党的基本路线和社会主义现代化建设成就的教育。党的基本路线和我国社会主义建设成就是进行爱国主义教育最现实、最生动的教材。要特别注意运用党的十一届三中全会以来改革开放和现代化建设的巨大成就与成功经验进行教育,使人民群众进一步坚定社会主义信念,坚持党的基本路线不动摇。

10. 要进行中国国情的教育。国情教育要放在整个世界环境的大背景下进行。要帮助人们系统地了解我国经济、政治、军事、外交以及社会、文化、人口、资源等方面的历史与现状,了解我国现代化建设的目标、步骤和宏伟前景,并从中国和世界其他不同类型国家的对比中,看到我国的优势和差距、有利条件和不利因素,增强使命感和社会责任感,更好地发扬艰苦奋斗、勤俭建国的创业精神。国情教育要同省情、市情、县情的教育结合进行。

11. 要进行社会主义民主和法制教育。我国的宪法和法律是广大人民意志和利益的体现,要通过广泛深入的民主和法制教育,帮助人们了解我国的政治制度、经济制度和其他各项制度。增强国家观念和主人翁责任感,养成遵纪守法的习惯,在正确行使宪法和法律规定的公民权利的同时,忠实履行宪法和法律规定的公民义务,坚决维护国家利益。

12. 要进行国防教育和国家安全教育。要根据新时期的特点,重视现代国防教育,增强全民的国防意识和国家安全意识,加强军政、军民团结,提高全民抵御外敌入侵、捍卫祖国独立、维护国家主权和领土完整的自觉性。教育全体人民同一切出卖祖国利益、损害祖国尊严、危害国家安全、分裂祖国的言行，进行坚决的斗争。

13. 要进行民族团结教育。中华民族是一个多民族的大家庭，不论是在内地还是在边疆，不论是在汉族地区还是在少数民族地区，都要加强马克思主义的民族观、宗教观和党的民族政策、宗教政策的教育，大力宣传各族人民为维护民族团结和祖国统一做出的不懈努力和历史贡献。在各族人民中牢固树立汉族离不开少数民族、少数民族离不开汉族的思想，自觉维护民族团结和祖国统一。

14. 要进行"和平统一、一国两制"方针的教育。要全面、正确地宣传党和政府在祖国统一问题上的基本立场和方针政策，使人们了解祖国统一工作的进展情况和重点。要注意宣传港澳台同胞为祖国统一所做的贡献，宣传国外侨胞和海外归来人员爱国、爱乡的事迹。

三、爱国主义教育的重点是青少年

15. 爱国主义教育是全民教育，重点是广大青少年。学校、部队、乡村、街道、机关和企事业单位，尤其共青团、少先队等组织，都要把培养广大青少年的爱国主义感情，提高他们的爱国主义觉悟，引导他们树立正确的理想、信念和人生观.价值观作为思想政治教育的重要内容。在当前和今后一个时期，要抓好党的基本路线教育，中国近代史、现代史和基本国情的教育，中华民族传统美德和优秀传统文化教育。

16. 学校是对青少年进行教育的重要场所，要把爱国主义教育贯穿到幼儿园直至大学的教学、育人全过程中去，特别要发挥好课堂教学主渠道的作用。各省、自治区、直辖市教育部门要按照国家教委颁发的《中小学加强中国近代、现代史及国情教育的总体纲要》和《中学思想政治、中小学语文、历史、地理学科教育纲要》的要求，制定各学科(包括自然学科在内)爱国主义教育的分科计划，把爱国主义教育的内容分解、贯穿到各相关学科的课堂教学中去。各类大专院校都要积极创造条件，开设中国历史、文学、艺术、科技等内容的传统文化选修课，开设以爱国主义教育为主要内容的专题讲座。大、中、小学校都要积极开辟爱国主义教育的校外课堂，对学生进行直观、形象的教育。中学高年级和大专院校，要组织学生参加适当的生产劳动、社会实践和军事训练等活动，增强他们对工农兵的感情和对国家的责任感。广大教师在爱国主义教育中要身体力行，为青少年做出榜样。

17. 机关、企事业、乡村等基层单位直接负有培养社会主义"四有"新人的责任，要特别重视和加强对青年干部、职工、农民的爱国主义教育，把这项工作列为创建文明单位、文明村镇活动的重要内容。要教育广大青年牢固树立国家主人翁的责任感，把个人利益与国家的前途、命运联系起来，正确处理国家、集体、个人三者之间的利益关系，爱祖国、爱家乡、爱集体、爱岗位，立足本职，为国家多做贡献。

18. 城镇的街道居民委员会，农村的村民委员会，各级工会、共青团、妇联等人民团体，要重视发挥家庭在青少年教育中的特殊作用，把热爱祖国作为开展五好家庭、文明家庭活动和文明市(村)民教育的重要内容。

19. 要针对青少年的特点，注意运用影视、书刊、音乐、戏剧、美术、故事会等形式，为广大青少年提供丰富、生动的爱国主义教材。各地区和各有关部门要认真贯彻落实中央宣传部、国家教委、广播影视部、文化部《关于运用优秀影视片在全国中小学开展爱国主义教育的通知》(教基[1993]17号)，并将这些优秀影视片纳入教学、教育计划，扎扎实实做好放映、观看、宣传、教育工作，坚持不懈地抓下去。企事业单位、乡村、部队也要利用优秀影视片，对青年职工、农民、战士进行爱国主义教育。

四、搞好爱国主义教育基地的建设

20. 各类博物馆、纪念馆、烈士纪念建筑物、革命战争中重要战役、战斗纪念设施、文物保护单位、历史遗迹、风景胜地和展示我国两个文明建设成果的重大建设工程、城乡先进单位是进行爱国主义教育的重要场所。各级党委宣传部门要遵照当地党委和人民政府提出的要求，会同教育行政部门、共青团组织和文化、文物、民政、园林等部门确定一批教育基地。城乡基层单位和共青团组织，要积极利用基地开展教育活动。学校应将这类教育活动列入德育工作计划。

21. 各级民政、文化、文物部门和各类专业博物馆、纪念馆，要继续贯彻落实1991年中央宣传部等部门联合下发的《关于充分运用文物进行爱国主义和革命传统教育的通知》，组织接待好青少年参观、瞻仰活动，提供必要的支持和帮助。确定为收费参观的教育基地，对学校组织在校师生参观要免收费用。各个展出单位都应建立和培养一支有较高素质的讲解队伍。

22. 被确定为教育基地的重大建设工程、城乡先进单位，要把对青少年进行爱国主义教育作为本单位应尽的光荣义务，主动、热情地配合有关单位，组织接待好青少年参观学习活动。

23. 各地的自然风光、文物古迹、名胜景点能够激起人们对祖国壮丽河山和悠久历史文化的热爱之情，要注意发挥这方面优势，寓爱国主义教育于游览观光之中。各旅游景点、自然保护区的导游讲解、文字说明、宣传材料都应包含爱国主义教育内容。各级旅游部门要特别注意树立导游人员的爱国主义宣传意识，加强这方面的教育和培训，充分发挥导游人员和旅游景点在爱国主义教育中的作用。

24. 在建设“万里边境文化长廊”中，要注意把文化工程建设和思想道德建设、爱国主义教育紧密联系起来，弘扬中华民族优秀文化传统，使之成为爱国主义教育的重要阵地。

25. 运用爱国主义教育基地开展活动，要精心设计，周密组织。各级教育行政部门、共青团组织要和教育基地建立工作联系制度，共同研究制定活动计划。要根据教育对象不同的年龄层次、心理特点、知识水平和接受能力，科学安排活动内容，注意思想性和艺术性，力求富有吸引力和感染力。可以结合重要节日、纪念日，组织参观、瞻仰、祭扫活动；结合特定的教育主题，组织社会考察和社会实践活动；利用教育基地开展党、团组织生活和少先队活动；开展美化基地环境和维护设施的义务劳动；结合参观、瞻仰、考察，组织开展征文、主题演讲会、专题讲座、知识竞赛等教育活动。各类学校可在寒暑假利用基地举办“冬令营”、“夏令营”，还可以把有关的历史事件、英烈事迹、建设成就编入党课、团课和职工轮训教材、学校的乡土教材，贯穿到思想政治教育和课堂教学中去。

五、创造爱国主义教育的社会氛围

26. 要使爱国主义思想成为社会的主旋律，必须创造一种浓郁的爱国主义氛围，使人们在社会日常生活的各个方面，都能随时随处受到爱国主义思想和精神的感染、熏陶。运用现代化的传播手段对群众进行爱国主义教育，是各级新闻出版和影视部门的神圣职责。报纸、刊物、广播、电视除开设专栏、专题刊登和播发爱国主义教育的文章外，还要积极运用各种新闻和文艺形式，宣传富有爱国主义精神的先进人物和先进事迹，宣传社会主义建设事业的成就和经验，宣传中华民族的奋斗历史、光荣传统和灿烂文化。要注意抓住有利于振奋民族精神的重大事件，形成爱国主义宣传的高潮。电视台在黄金时间应以播放反映主旋律的节目为主。调频立体声电台音乐节目，应以介绍优秀音乐作品特别是中国的优秀民族音乐作品为主。各地方电视台必须保证有一个频道完整转播中央电视台的第一套节目。要防止在商品广告和其他节目中出现有损国家尊严、贬抑本国产品的言辞和画面。

27. 各级文化、影视主管部门要积极提倡和扶持弘扬爱国主义精神的各类文艺作品的创作，在评奖、宣传等方面加强引导。各级出版主管部门对爱国主义教育图书的出版要制订规划，针对不同读者群的年龄特点、文化层次和阅读需求有计划地组织出版教育读物。要特别注意组织出版反映爱国主义主题的政治理论类、文艺类、知识类、历史类、文化类读物。

28. 各地党委和人民政府及有关部门、群众团体要注意利用重要法定节日、各民族传统节日对群众进行爱国主义教育。把组织节庆、纪念活动作为弘扬爱国主义精神，激发群众爱国主义热情的重要工作。特别是元旦、春节和“三八”、“五一”、“五四”、“六一”、“七一”、“八一”、“十一”等重要节日的庆祝活动要突出爱国主义的内容。组织节庆活动一定要坚持群众喜闻乐见、广泛参与的原则。以往一些行之有效的好做法，如重要节日的群众游园活动，各民族重要传统节日的群众性文化娱乐活动，要继续提倡并使之不断丰富、完善。各地要在继承优秀文化传统的同时，不断创造一些有助于形成爱国主义氛围的新的节庆活动形式。还可以挖掘和选择一些既有中国传统特色又符合当今群众、特别是青少年情趣的民族节日。总之，节庆活动既要让群众娱乐身心，又要使群众受到爱国主义教育。

六、提倡必要礼仪，增强爱国意识

29. 进行爱国主义教育，需要提倡必要的礼仪，特别要提倡有助于培养对国旗、国歌、国徽崇敬感的必要礼仪，增强人们的爱国主义情感。

30. 国旗是国家的象征和标志，任何组织和公民都要遵守《中华人民共和国国旗法》。凡属《国旗法》规定应当升挂国旗的单位和场所，必须依法严格执行升旗制度。凡属《国旗法》规定可以升挂国旗的单位和场所，要积极创造条件，升挂国旗。

31. 应当大力提倡在县级以上地方党委和人民政府的重要会议室、重要会场，严肃、认真、规范地插挂国旗。全日制中小学，应根据国家教委《关于施行〈中华人民共和国国旗法〉严格中小学升降国旗制度的通知》，坚持升降国旗的制度。学校在开学典礼、毕业典礼、运动会等大型集体活动中提倡举行庄严、隆重升旗仪式。提倡各地组织年满 18 周岁的公民举行对国旗宣誓的成人仪式。有条件的大中城市，国庆节等重要节日可以在城市中心广场举行隆重升旗仪式。

32. 唱国歌是公民表达爱国情感的一种神圣行为，在升国旗仪式和大型集会等活动中，要奏国歌，而且要提倡齐唱国歌。奏、唱国歌时应庄严肃立。在国际体育比赛的颁奖仪式上，升中国国旗、奏中国国歌时，运动员要面向国旗肃立，唱国歌。

33. 根据《中华人民共和国国徽法》规定，县级以上各级人民代表大会常务委员会及其会议厅，县级以上各级人民政府，各级人民法院和专门人民法院及其审判庭，各级人民检察院和专门人民检察院，外交部及驻外使领馆，出入境口岸适当场所，应当悬挂国徽。乡镇人民政府也应悬挂国徽。

34. 成年公民和小学三年级以上学生都应当会唱国歌，并能理解国歌的内容和国旗、国徽的涵义。

七、大力宣传爱国先进典型

35. 进行爱国主义教育必须加强典型宣传，发挥榜样的示范作用。中国历史上涌现过无数的著名爱国者、民族英雄、革命先烈、杰出人物，新中国成立以后又涌现出了许许多多的英雄模范人物，各种新闻传播媒介要经常对他们进行宣传介绍。要配合革命领袖、革命先烈、著名爱国者的纪念活动及时组织发表和播出纪念文章和歌颂、宣传他们事迹的文艺作品、文艺节目。提倡在大中小学的教室、图书馆、礼堂等场所，悬挂为中华民族的发展作出杰出贡献的领袖、先烈和名人的画像、诗词、格言。企事业单位和街道、乡村的文化站、俱乐部等公共活动场所也可以贴挂一些本地区、本行业、本单位、本部门著名劳动模范的画像、照片。

36. 各级党政领导和宣传部门，要特别注意培养、发现和宣传改革开放以来各条战线涌现出的具有爱国主义精神、作出突出贡献的先进模范人物。使各类先进模范人物成为全社会的典范，成为群众特别是青少年崇敬、学习的榜样。

八、加强对爱国主义教育的领导

37. 各级党委和人民政府要切实加强对爱国主义教育的领导，要把这一工作列入重要议事日程，动员社会各方面力量，齐心协力抓好落实。要重视发挥各民主党派在爱国主义教育中的重要作用。各地要依据本《纲要》制定出符合当地实际的爱国主义教育规划，并认真贯彻到实际工作中去。要加强检查指导，把组织开展教育活动情况，作为考核两个文明建设成效的重要标志之一。

38. 各级党政机关要带头加强对全体工作人员特别是领导干部的爱国主义教育。领导干部必须以身作则，做出表率。宣传、教育、文化、民政、旅游、园林等部门以及工会、共青团、妇联等人民团体，直接担负着对群众进行爱国主义教育的责任，要依据本《纲要》，结合各自的工作特点，制定出爱国主义教育的具体实施细则，并切实抓好落实。人民解放军按本《纲要》总的要求，结合部队实际，制定规划。

39. 外事、侨务、对外宣传和主管港、澳、台事务工作的部门，要为海外侨胞、港澳台同胞和其他旅居海外的中国公民提供有关祖国建设成就、国家方针政策、民族历史文化以及优秀文艺作品等文字、图片资料和录音、录像资料，鼓励和引导他们关心祖国、热爱祖国。

40. 各级党委宣传部门要在党委和政府统一领导下，切实担负起协调、指导的责任。要帮助有关部门建立工作联系，明确任务，抓好落实。要协同各方面的力量，形成爱国主义教育的合力。要注意调查研究，实实在在地开展各种生动活泼的教育活动，多做实事，注重实效，力戒形式主义。要不断总结和推广开展爱国主义教育的典型经验，对工作出色的单位和个人应予以表彰、奖励。

中纪委监察部工作会议在北京举行

工作会议8月23日至26日召开。这是中央纪委、监察部合署以来召开的第一次工作会议。会议的主题是，总结合署以来的工作经验，研究在新形势下加强纪检监察机关的自身改革和建设，进一步发挥纪检监察两项职能，深入、持久、更有成效地开展反腐败斗争，更好地为改革、发展和稳定的大局服务。

会议由中央纪委副书记侯宗宾主持。

中央纪委书记尉健行在讲话中指出，中央纪委三次全会以来，大多数省、区、市和中央部委对反腐败斗争是重视的，贯彻落实中央关于近期反腐败斗争的部署是认真的。反腐败斗争保持健康发展的势头，在去年工作的基础上又取得不同程度的新进展。今后四个月，各级纪检监察机关要排选出一批涉及领导干部的、有影响的违法违纪案件，集中力量查处，力争在年底前查结。对那些查办案件不力的地区和部门，要采取果断措施，扭转被动局面。对问题严重、群众反映强烈的地区和单位，中央纪委监察部和有关部门要组织力量予以帮助或直接调查。各地区、各单位也要本着这样的精神，督促下属各单位认真查办案件。对领导干部廉洁自律、纠正行业不正之风的几项内容，如车子、房子、党政机关无偿占用企业钱物等，要派专项调查小组逐项检查落实情况。

在谈到进一步发挥纪检监察两项职能时，尉健行说，要注意掌握纪律检查和行政监察工作各自的特点，充分发挥它们各自的优势，形成党政监督的整体合力。纪检监察机关要适应新形势，在自身的改革和建设上下功夫，把纪检监察工作提高到一个新的水平。

中央纪委副书记、监察部部长曹庆泽代表中央纪委、监察部作工作报告。

报告指出，党中央、国务院十分重视发挥党的纪律检查机关和行政监察机关的职能作用。纪检监察机关合署办公是我国党政监督体制的重大改革。合署后的整体优势正在显示出来，党政监督的整体效能明显地提高。具体表现在：领导力量得到了加强；队伍集中统一了；工作上减少了重复交叉，提高了工作效率。整体效能的增强，推动了反腐败斗争的深入开展。

报告指出，纪检监察机关在着重抓好反腐败斗争的同时，要加强自身改革和建设，既要加强党的纪检职能，又要强化行政监察职能，规范工作程序，完善运行机制。

全国纺织工作会议在北京召开

国家经贸委主任王忠禹在会上指出，压锭改造、调整结构是重新振兴纺织工业的唯一出路。当前要限期完成压缩 1000 万棉纺锭的任务。

《人民日报》发表评论员文章《理直气壮管好农资市场》

内贸部发出《关于各地确保副食品市场稳定的紧急通知》

国内贸易部发出紧急通知,要求各级国有流通部门积极发挥主渠道作用,确保当前副食品市场稳定。

内贸部在《通知》中指出,各级流通部门要从思想上高度重视副食品市场,积极、主动、迅速地解决好当前出现的问题。生猪、食糖主产地流通部门要狠抓收购,落实货源;销区企业要做好商品货源的组织和调运工作,充实库存,并及时投放市场;必要时可以请示政府批准动用一部分地方肉糖储备和蔬菜风险基金平抑市场;针对蔬菜供应出现的秋淡问题,要在加强外埠菜采购、调运的同时,做好本地速生菜、季节菜的组织,同时加大豆制食品和其他替代副食品的供应。

内贸部要求各地流通部门配合有关部门做好市场价格监控工作,带头执行市场指导价格和有关管理规定,坚决打击哄抬物价、囤积居奇、欺行霸市等不法行为,保持市场价格的基本稳定。要全力以赴安排好国庆以及中秋节的副食品市场,维持市场繁荣、活跃和稳定,确保各地国庆 45 周年庆祝活动圆满、顺利进行。

国务院总理李鹏在钓鱼台国宾馆会见参加敦煌石窟文物保护研究陈列中心竣工典礼的日本前首相竹下登和夫人

中共中央政治局常委胡锦涛在人民大会堂会见以众议员代理党首田中秀征为团长的日本先驱新党代表团

全国总工会负责人张丁华就维护外商投资企业职工合法权益发表谈话

中华全国总工会副主席、书记处第一书记张丁华说,最近一个时期,一些外商投资企业侵犯职工合法权益的事件不断发生。中华全国总工会对此表示极大的关注。

张丁华指出,当前多数外商投资企业能够遵守我国的法律法规,劳资关系比较协调,职工的合法权益能够得到保证。但在一些外商投资企业中,存在着严重侵犯职工合法权益的问题。其主要表现在:一是严重违反我国劳动法规,漠视安全生产,危害职工生命安全和身体健康。一些企业不断发生恶性事故。自去年深圳致丽工艺玩具厂发生“11·19”特大火灾事故以来,至今此类恶性事故仍时有发生。二是采取非法野蛮手段对待工人。有的侵犯职工的人格尊严,体罚工人,甚至公然侵犯职工的公民权。三是强迫职工长期加班加点。四是有的外商投资企业不执行当地政府规定的最低工资标准,随意压低、克扣职工的工资。五是不与职工签订劳动合同,逃避资方应承担的法律责任。

张丁华说,中国工会坚决维护职工群众的合法权益。外商投资企业职工是工人阶级的一部分,是国家的主人,他们的政治和经济权益受我国法律保护。中国工会和广大职工对外商来华投资办厂始终热诚欢迎,但外商必须严格遵守我国的法律法规,不得侵犯职工的合法权益。对一切侵犯职工合法权益的行径,工会组织必须坚持原则,依法交涉,争取政府有关部门的支持,切实坚决予以纠正。

张丁华指出,为了维护职工的合法权益,必须加快在外商投资企业组建工会的步伐。坚持开办外商投资企业与组建工会同步进行。外商投资企业工会要推进《劳动法》的贯彻落实,促进企业建立稳定协调的劳动关系,为扩大开放、发展经济和稳定社会做出积极贡献。

国防部部长迟浩田在哈拉雷同津巴布韦国防部部长马哈奇举行会谈

津巴布韦副总统穆增达在哈拉雷会见国务委员国防部部长迟浩田

中国人民大学授予日本国前首相竹下登名誉博士学位

国务院总理李鹏签署国务院第 161 号令发布《残疾人教育条例》

现发布《残疾人教育条例》,自发布之日起施行。

总理 李 鹏

1994 年 8 月 23 日

残疾人教育条例

第一章 总 则

第一条 为了保障残疾人受教育的权利,发展残疾人教育事业,根据《中华人民共和国残疾人保障法》和国家有关教育的法律,制定本条例。

第二条 实施残疾人教育,应当贯彻国家的教育方针,并根据残疾人的身心特性和需要,全面提高其素质,为残疾人平等地参与社会生活创造条件。

第三条 残疾人教育是国家教育事业的组成部分。

发展残疾人教育事业，实行普及与提高相结合、以普及为重点的方针，着重发展义务教育和职业教育，积极开展学前教育，逐步发展高级中等以上教育。

残疾人教育应当根据残疾人的残疾类别和接受能力，采取普通教育方式或者特殊教育方式，充分发挥普通教育机构在实施残疾人教育中的作用。

第四条 各级人民政府应当加强对残疾人教育事业的领导，统筹规划和发展残疾人教育事业，逐步增加残疾人教育经费，改善办学条件。

第五条 国务院教育行政部门主管全国的残疾人教育工作。县级以上地方各级人民政府教育行政部门主管本行政区域内的残疾人教育工作。

县级以上各级人民政府其他有关部门在各自的职责范围内负责有关的残疾人教育工作。

第六条 中国残疾人联合会及其地方组织应当积极促进和开展残疾人教育工作。

第七条 幼儿教育机构、各级各类学校及其他教育机构应当依照国家有关法律、法规的规定，实施残疾人教育。

第八条 残疾人家庭应当帮助残疾人接受教育。

第九条 社会各界应当关心和支持残疾人教育事业。

第二章 学前教育

第十条 残疾幼儿的学前教育，通过下列机构实施：

(一)残疾幼儿教育机构；

(二)普通幼儿教育机构；

(三)残疾儿童福利机构；

(四)残疾儿童康复机构；

(五)普通小学的学前班和残疾儿童、少年特殊教育学校的学前班。

残疾儿童家庭应当对残疾儿童实施学前教育。

第十一条 残疾幼儿的教育应当与保育、康复结合实施。

第十二条 卫生保健机构、残疾幼儿的学前教育机构和家庭，应当注重对残疾幼儿的早期发现、早期康复和早期教育。

卫生保健机构、残疾幼儿的学前教育机构应当就残疾幼儿的早期发现、早期康复和早期教育提供咨询、指导。

第三章 义务教育

第十三条 地方各级人民政府应当将残疾儿童、少年实行义务教育纳入当地义务教育发展规划并统筹安排实施。

县级以上各级人民政府对实施义务教育的工作进行监督、指导、检查，应当包括对残疾儿童、少年实施义务教育工作的监督、指导、检查。

第十四条 适龄残疾儿童、少年的父母或者其他监护人，应当依法使其子女或者被监护人接受义务教育。

第十五条 残疾儿童、少年接受义务教育的入学年龄和年限，应当与当地儿童、少年接受义务教育的入学年龄和年限相同；必要时，其入学年龄和在校年龄可以适当提高。

第十六条 县级人民政府教育行政部门和卫生行政部门应当组织开展适龄残疾儿童、少年的就学咨询，对其残疾状况进行鉴定，并对其接受教育的形式提出意见。

第十七条 适龄残疾儿童、少年可以根据条件，通过下列形式接受义务教育：

(一)在普通学校随班就读；

(二)在普通学校、儿童福利机构或者其他机构附设的残疾儿童、少年特殊教育班就读；

(三)在残疾儿童、少年特殊教育学校就读。

地方各级人民政府应当逐步创造条件，对因身体条件不能到学校就读的适龄残疾儿童、少年，采取其他适当形式进行义务教育。

第十八条 对经济困难的残疾学生，应当酌情减免杂费和其他费用。

第十九条 残疾儿童、少年特殊教育学校(班)的教育工作，应当坚持思想教育、文化教育、劳动技能教育与身心补偿相结合；并根据学生残疾状况和补偿程度，实施分类教学，有条件的学校，实施个别教学。

第二十条 残疾儿童、少年特殊教育学校(班)的课程计划、教学大纲和教材，应当适合残疾儿童、少年的特点。

残疾儿童、少年特殊教育学校(班)的课程计划和教学大纲由国务院教育行政部门制订；教材由省级以上人民政府教育行政部门审定。

第二十一条 普通学校应当按照国家有关规定招收能适应普通班学习的适龄残疾儿童、少年就读，并根据其学习、康复的特殊需要对其提供帮助。有条件的学校，可以设立专门辅导教室。

县级人民政府教育行政部门应当加强对本行政区域内的残疾儿童、少年随班就读教学工作的指导。

随班就读残疾学生的义务教育，可以适用普通义务教育的课程计划、教学大纲和教材，但是对其学习要求可以有适度弹性。

第二十二条 实施义务教育的残疾儿童、少年特殊教育学校应当根据需要，在适当阶段对残疾学生进行劳动技能教育、职业教育和职业指导。

第四章 职业教育

第二十三条 各级人民政府应当将残疾人职业教

育纳入职业教育发展的总体规划，建立残疾人职业教育体系，统筹安排实施。

第二十四条 残疾人职业教育，应当重点发展初等和中等职业教育，适当发展高等职业教育，开展以实用技术为主的中期、短期培训。

第二十五条 残疾人职业教育体系由普通职业教育机构和残疾人职业教育机构组成，以普通职业教育机构为主体。

县级以上地方各级人民政府应当根据需要，合理设置残疾人职业教育机构。

第二十六条 普通职业教育学校必须招收符合国家规定的录取标准的残疾人入学，普通职业培训机构应当积极招收残疾人入学。

第二十七条 残疾人职业教育学校和培训机构，应当根据社会需要和残疾人的身心特性合理设置专业，并根据教学需要和条件，发展校办企业，办好实习基地。

第二十八条 对经济困难的残疾学生，应当酌情减免学费和其他费用。

第五章 普通高级中等以上教育及成人教育

第二十九条 普通高级中等学校、高等院校、成人教育机构必须招收符合国家规定的录取标准的残疾考生入学，不得因其残疾而拒绝招收。

第三十条 设区的市以上地方各级人民政府根据需要，可以举办残疾人高级中等以上特殊教育学校（班），提高残疾人的受教育水平。

第三十一条 县级以上各级人民政府教育行政部门应当会同广播、电视部门，根据实际情况开设或者转播适合残疾人学习的专业、课程。

第三十二条 残疾人所在单位应当对本单位的残疾人开展文化知识教育和技术培训。

第三十三条 扫除文盲教育应当包括对年满15周岁以上的未丧失学习能力的文盲、半文盲残疾人实施的扫盲教育。

第三十四条 国家、社会鼓励和帮助残疾人自学成才。

第六章 教　师

第三十五条 各级人民政府应当重视从事残疾人教育的教师培养、培训工作，并采取措施逐步提高他们的地位和待遇，改善他们的工作环境和条件，鼓励教师终身从事残疾人教育事业。

第三十六条 从事残疾人教育的教师，应当热爱残疾人教育事业，具有社会主义的人道主义精神，关心残疾学生，并掌握残疾人教育的专业知识和技能。

第三十七条 国家实行残疾人教育教师资格证书制度，具体办法由国务院教育行政部门会同国务院其他有关行政部门制定。

第三十八条 残疾人特殊教育学校举办单位，应当依据残疾人特殊教育学校教师编制标准，为学校配备承担教学、康复等工作的教师。

残疾人特殊教育学校教师编制标准，由国务院教育行政部门会同国务院其他有关行政部门制定。

第三十九条 国务院教育行政部门和省、自治区、直辖市人民政府应当有计划地举办特殊教育师范院校、专业，或者在普通师范院校附设特殊教育师资班（部），培养残疾人教育教师。

第四十条 县级以上地方各级人民政府教育行政部门应当将残疾人教育师资的培训列入工作计划，并采取设立培训基地等形式，组织在职的残疾人教育教师的进修提高。

第四十一条 普通师范院校应当有计划地设置残疾人特殊教育必修课程或者选修课程，使学生掌握必要的残疾人特殊教育的基本知识和技能，以适应对随班就读的残疾学生的教育需要。

第四十二条 从事残疾人教育的教师、职工根据国家有关规定享受残疾人教育津贴及其他待遇。

第七章 物质条件保障

第四十三条 省、自治区、直辖市人民政府应当根据残疾人教育的特殊情况，依据国务院有关行政主管部门的指导性标准，制定本行政区域内残疾人学校的建设标准、经费开支标准、教学仪器设备配备标准等。

第四十四条 残疾人教育经费由各级人民政府负责筹措，予以保证，并随着教育事业费的增加而逐步增加。

县级以上各级人民政府可以根据需要，设立专项补助款，用于发展残疾人教育。

地方各级人民政府用于义务教育的财政拨款和征收的教育费附加，应当有一定比例用于发展残疾儿童、少年义务教育。

第四十五条 国家鼓励社会力量举办残疾人教育机构或者捐资助学。

第四十六条 县级以上地方各级人民政府对残疾人教育机构的设置，应当统筹规划、合理布局。

残疾人学校的设置，由教育行政部门按照国家有关规定审批。

第四十七条 残疾人教育机构的建设，应当适应残疾学生学习、康复和生活的特点。

普通学校应当根据实际情况，为残疾学生入学后的学习、生活提供便利和条件。

第四十八条 县级以上各级人民政府及其有关部门应当采取优惠政策和措施，支持研究、生产残疾人教育专用仪器设备、教具、学具及其他辅助用品，扶持残疾人教育机构兴办和发展校办企业或者福利企业。

第八章 奖励与处罚

第四十九条 有下列事迹之一的单位和个人，由各级人民政府或者其教育行政部门给予奖励：

（一）在残疾人教育教学、教学研究方面做出突出贡献的；

（二）为残疾人就学提供帮助，表现突出的；

（三）研究、生产残疾人教育专用仪器、设备、教具和学具，在提高残疾人教育质量方面取得显著成绩的；

（四）在残疾人学校建设中取得显著成绩的；

（五）为残疾人教育事业做出其他重大贡献的。

第五十条 有下列行为之一的，由有关部门对直接责任人员给予行政处分：

（一）拒绝招收按照国家有关规定应当招收的残疾人入学的；

（二）侮辱、体罚、殴打残疾学生的；

（三）侵占、克扣、挪用残疾人教育款项的。

有前款所列第（一）项行为的，由教育行政部门责令该学校招收残疾人入学。有前款所列第（二）项行为，违反《中华人民共和国治安管理处罚条例》的，由公安机关给予行政处罚。有前款所列第（二）项、第（三）项行为，构成犯罪的，依法追究刑事责任。

第九章 附 则

第五十一条 省、自治区、直辖市人民政府可以依照本条例制定实施办法。

第五十二条 本条例自发布之日起施行。

新闻出版署向各省自治区直辖市新闻出版局和各中央级出版社发出《关于禁止“收费约稿”的通知》

新闻出版署日前发出的通知说，最近，一些学术团体、编辑出版部门直接发信，向各级党政领导干部本人“收费约稿，入书留名”。要求将他们公开发表的某篇文章，收进本公司（出版社或编辑部）即将出版的论文集中，并附本人简介和照片，但前提都是缴纳一定数量的“认刊费”，或至少购买同等价值的新书。

《通知》指出，以赚钱为目的的“收费约稿”现象是一种不正之风，严重损害出版工作的声誉，腐蚀出版编辑队伍，破坏出版工作秩序，必须坚决制止。

第二届中国长春电影节在长春体育馆开幕

国务院总理李鹏签署国务院第163号令发布《食盐加碘消除碘缺乏危害管理条例》

现发布《食盐加碘消除碘缺乏危害管理条例》，自1994年10月1日起施行。

总理　李　鹏

1994年8月23日

食盐加碘消除碘缺乏危害管理条例

第一章 总 则

第一条 为了消除碘缺乏危害，保护公民身体健康，制定本条例。

第二条 碘缺乏危害，是指由于环境缺碘、公民摄碘不足所引起的地方性甲状腺肿、地方性克汀病和对儿童智力发育的潜在性损伤。

第三条 国家对消除碘缺乏危害，采取长期供应加碘食盐（以下简称碘盐）为主的综合防治措施。

第四条 国务院卫生行政部门负责碘缺乏危害防治和碘盐的卫生监督管理工作；国务院授权的盐业主管机构（以下简称国务院盐业主管机构）负责全国碘盐加工、市场供应的监督管理工作。

第五条 各级人民政府应当将食盐加碘消除碘缺乏危害的工作纳入本地区国民经济和社会发展计划，并组织实施。

县级以上人民政府有关部门应当按照职责分工，密切配合，共同做好食盐加碘消除碘缺乏危害工作。

第六条 国家鼓励和支持在食盐加碘消除碘缺乏危害方面的科学研究和先进技术推广工作。

对在食盐加碘消除碘缺乏危害工作中做出显著成绩的单位和个人，给予奖励。

第二章 碘盐的加工、运输和储存

第七条 从事碘盐加工的盐业企业，应当由省、自治区、直辖市人民政府盐业主管机构指定，并取得同级人民政府卫生行政部门卫生许可后，报国务院盐业主管机构批准。

第八条 用于加工碘盐的食盐和碘酸钾必须符合国家卫生标准。

碘盐中碘酸钾的加入量由国务院卫生行政部门确定。

第九条 碘盐出厂前必须经质量检验，未达到规定含量标准的碘盐不得出厂。

第十条 碘盐出厂前必须予以包装。碘盐的包装应当有明显标识，并附有加工企业名称、地址、加碘量、批号、生产日期和保管方法等说明。

第十一条 碘盐为国家重点运输物资。铁路、交通部门必须依照省、自治区、直辖市人民政府盐业主管机构报送的年度、月度运输计划，及时运送。

碘盐的运输工具和装卸工具，必须符合卫生要求，不得与有毒、有害物质同载、混放。

第十二条 经营碘盐批发业务的企业和在交通不方便的地区经营碘盐零售业务的单位和个人，应当按照省、自治区、直辖市人民政府盐业主管机构的规定，保持合理的碘盐库存量。

碘盐和非碘盐在储存场地应当分库或者分垛存

放，做到防晒、干燥、安全、卫生。

第十三条　碘剂的购置费用以及盐业企业因加碘而发生的各种费用，按照国家有关规定执行。

第三章　碘盐的供应

第十四条　省、自治区、直辖市人民政府卫生行政部门负责划定碘缺乏地区（以下简称缺碘地区）范围，经本级人民政府批准后，报国务院卫生行政部门、国务院盐业主管机构备案。

第十五条　国家优先保证缺碘地区居民的碘盐供应；除高碘地区外，逐步实施向全民供应碘盐。

对于经济区域和行政区域不一致的缺碘地区，应当按照盐业运销渠道组织碘盐的供应。

在缺碘地区产生、销售的食品和副食品，凡需添加食用盐的，必须使用碘盐。

第十六条　在缺碘地区销售的碘盐必须达到规定的含碘量，禁止非碘盐和不合格碘盐进入缺碘地区食用盐市场。

对暂时不能供应碘盐的缺碘地区，经省、自治区、直辖市人民政府批准，可以暂时供应非碘盐；但是，省、自治区、直辖市人民政府卫生行政部门应当采取其他补碘的防治措施。

对缺碘地区季节性家庭工业、农业、副业、建筑业所需的非碘盐和非食用盐，由县级以上人民政府盐业主管机构组织供应。

第十七条　经营碘盐批发业务的企业，由省、自治区、直辖市人民政府盐业主管机构审批。

碘盐批发企业应当从国务院盐业主管机构批准的碘盐加工企业进货。经营碘盐零售业务的单位和个人，应当从碘盐批发企业进货，不得从未经批准的单位和个人购进碘盐。

第十八条　碘盐批发企业在从碘盐加工企业购进碘盐时，应当索取加碘证明，碘盐加工企业应当保证提供。

第十九条　碘盐零售单位销售的碘盐应当为小包装，并应当符合本条例的有关规定。碘盐零售的管理办法由省、自治区、直辖市人民政府根据实际情况制定。

第二十条　为防治疾病，在碘盐中同时添加其他营养强化剂或者药物的，须经省、自治区、直辖市人民政府卫生行政部门、盐业主管机构批准，并明确销售范围。

因治疗疾病，不宜食用碘盐的，应当持当地县级人民政府卫生行政部门指定的医疗机构出具的证明，到当地人民政府盐业主管机构指定的单位购买非碘盐。

第四章　监督和管理

第二十一条　县级以上地方各级政府卫生行政部门负责对本地区食盐加碘消除碘缺乏危害的卫生监督和碘盐的卫生监督以及防治效果评估；县级以上地方各级人民政府盐业主管机构负责对本地区碘盐加工、市场供应的监督管理。

第二十二条　县级以上各级人民政府卫生行政部门有权按照国家规定，向碘酸钾生产企业和碘盐加工、经营单位抽检样品，索取与卫生监测有关的资料，任何单位和个人不得拒绝、隐瞒或者提供虚假资料。

第二十三条　卫生监督人员在实施卫生监督、监测时，应当主动出示卫生行政部门制发的监督证件；盐政人员在执行职务时，应当主动出示盐业主管机构制发的证件。

第五章　罚　则

第二十四条　违反本条例的规定，擅自开办碘盐加工企业或者未经批准从事碘盐批发业务的，由县级以上人民政府盐业主管机构责令停止加工或者批发碘盐，没收全部碘盐和违法所得，可以并处该盐产品价值3倍以下的罚款。

第二十五条　碘盐的加工企业、批发企业违反本条例的规定，加工、批发不合格碘盐的，由县级以上人民政府盐业主管机构责令停止出售、并责令责任者按照国家规定标准对食盐补碘，没收违法所得，可以并处该盐产品价值3倍以下的罚款。情节严重的，对加工企业，由省、自治区、直辖市人民政府盐业主管机构报请国务院盐业主管机构批准后，取消其碘盐加工资格；对批发企业，由省、自治区、直辖市人民政府盐业主管机构取消其碘盐批发资格。

第二十六条　违反本条例的规定，在缺碘地区的食用盐市场销售不合格碘盐或者擅自销售非碘盐的，由县级以上人民政府盐业主管机构没收其经营的全部盐产品和违法所得，可以并处该盐产品价值3倍以下的罚款；情节严重，构成犯罪的，依法追究刑事责任。

第二十七条　违反本条例的规定，在碘盐的加工、运输、经营过程中不符合国家卫生标准的，由县级以上人民政府卫生行政部门责令责任者改正，可以并处该盐产品价值3倍以下的罚款。

第二十八条　违反本条例的规定，出厂碘盐未予包装或者包装不符合国家卫生标准的，由县级以上人民政府卫生行政部门责令改正，可以并处该盐产品价值3倍以下的罚款。

第二十九条　违反本条例的规定，在缺碘地区生产、销售的食品和副食品中加非碘盐的，由县级以上人民政府卫生行政部门责令改正，没收违法所得，可以并处该产品价值1倍以下的罚款。

第六章　附　则

第三十条　畜牧用盐适用本条例。

第三十一条 省、自治区、直辖市人民政府可以根据本条例制定实施办法。

第三十二条 经省、自治区、直辖市人民政府卫生行政部门、盐业主管机构确定为应当供应碘盐的非缺碘地区适用本条例第十五条第二款、第三款和第十六条第一款、第三款的规定。

第三十三条 本条例自1994年10月1日起施行。1979年12月21日国务院批转的《食盐加碘防治地方性甲状腺肿暂行办法》同时废止。

国务院副秘书长刘济民率中央工作组到遭受台风袭击的温州台州灾区代表党中央国务院对灾区群众表示慰问

8月24日

国家主席江泽民在中南海会见蒙古大呼拉尔主席那楚克·巴嘎班迪

八届全国人大常委会第九次会议在北京开幕

全国人大常委会委员长乔石主持全体会议。

会议首先分别听取法律委员会副主任委员王叔文、项淳一关于中华人民共和国仲裁法草案和中华人民共和国审计法草案审议结果的报告，听取法律委员会副主任委员蔡诚关于中华人民共和国银行法草案修改情况的说明。

国务院向本次常委会会议提交提请审议《中华人民共和国商业银行法(草案)》和《中华人民共和国广告法(草案)》的议案，中国人民银行副行长周正庆、国家工商行政管理局局长刘敏学分别作这两个法律草案的说明。

会议还听取外交部副部长唐家璇关于提请审议批准中华人民共和国和保加利亚共和国关于民事司法协助的协定的说明和中华人民共和国和蒙古国友好合作关系条约的说明。

法律委员会主任委员薛驹还向会议作关于八届全国人大二次会议主席团交付审议的郑耀棠等32名全国人大代表提出的议案审议结果的报告。今年八届全国人大二次会议期间，郑耀棠等32名全国人大代表提出，建议全国人大就1997年重组香港特别行政区立法机关及区域组织，终止英国政府在香港设立之政制架构作出决定。大会主席团将这一议案交付全国人大法律委员会审议。法律委员会审议上述议案，建议全国人大常委会将这一议案列入本次会议议程，由全国人大常委会作出相应的决定。

田纪云、王汉斌、倪志福、陈慕华、费孝通、孙起孟、雷洁琼、秦基伟、李锡铭、王光英、程思远、卢嘉锡、布赫、铁木尔·达瓦买提、李沛瑶副委员长和曹志秘书长出席会议。国务委员彭珮云、最高人民法院院长任建新、最高人民检察院检察长张思卿列席会议。

全国人大法律委员会就三部法律草案的修改情况向全国人大常委会作说明

全国人大法律委员会在向全国人大常委会提交的三份报告中报告这个委员会对三部法律草案进行修改的情况，同时建议本次会议通过比较成熟的仲裁法草案和审计法草案。

法律委员会副主任委员王叔文在作《仲裁法(草案)》审议结果的报告时说，为规范仲裁机构和仲裁程序，保证公正、及时地仲裁经济纠纷，保护当事人的合法权益，促进社会主义市场经济健康发展，制定仲裁法很有必要。法律委员会同时提出修改意见：一些委员和法律专家提出，应当明确规定仲裁机构由谁发起设立，并且应当要求现有的仲裁机构应当依照本法的规定重新组建。因此，建议增加规定："仲裁机构由直辖市和省、自治区人民政府所在地的市或者其他城市的人民政府组织有关部门和商会组建。""本法施行前设立的仲裁机构，应当依照本法有关设立仲裁机构的规定重新组建；不符合本法规定的仲裁机构，自本法施行之日起终止。"

草案规定：当事人提出证据证明仲裁有认定事实的主要证据不足和适用法律确有错误的，可以向人民法院申请撤销裁决。一些委员、法院和仲裁机构提出，要做到一裁终局，避免又裁又审，不应当对仲裁裁决进行实体审查，如果需要审查，也应当有明确、严格的限制。建议把草案"认定事实的主要证据不足的"和"适用法律确有错误的"，修改为"裁决所根据的证据是伪造的；对方当事人隐瞒了足以影响公正裁决的证据的；有新的证据足以推翻裁决的。"

法律委员会副主任委员项淳一在报告《审计法(草案)》审议结果的报告时说，根据全国人大常委会委员和全国人大财经委员会的审议意见，以及地方、部门、企业、专家的意见，法律委员会对草案进行了审议，根据宪法的规定，为了加强国家的审计监督，维护国家财政经济秩序，制定审计法很有必要，草案基本上是可行的。同时，提出一些修改意见：有些委员和财经委员会及一些地方、部门、专家提出，审计署在国务院总理领导下，对国家财政收支情况进行审计，地方各级审计机关在地方政府主要负责人和上一级审计机关的领导下，对本级财政收支进行审计，这是审计机关应当履行的职责，可以不再作授权的规定。因此，建议将草案修改为："审计署在国务院总理领导下，对中央预算执行情况和国家财政收支进行审计监督,向国务院总理提出审计结果报告。”“地方各级审计机关分别在省长、自治区主席、市长、州长、县长、区长和上一级审计机关的领导下,对本级预算执行情况和本级财政收支进行审计监督,向本级人民政府和上一级审计机关提出审计结果报告。”

法律委员会副主任委员蔡诚向会议报告法律委员会关于《中国人民银行法(草案)》修改意见的说明。他说明的几个主要问题是:法律的名称、货币政策委员会、金融监督管理、中国人民银行的贷款对象、中国人民银行独立享有民事权利的问题、中国人民银行行长的任免、中国人民银行工作人员兼职的问题和法律责任。

全国人大常委会国务院致电祝贺新疆克孜勒苏柯尔克孜自治州建州40周年

国务院提请全国人大常委会审议《商业银行法(草案)》和《广告法(草案)》

国务院向八届全国人大常委会第九次会议提交两份议案,提请审议《商业银行法(草案)》和《广告法(草案)》。

关于《商业银行法(草案)》,李鹏总理在议案中说,为了加强对银行业的监督管理,保护银行、存款人及其他客户的合法权益,保障银行业的稳健运行,促进国民经济的发展,中国人民银行在总结实践经验的基础上,经过调查研究并听取各方面的意见,拟订了《商业银行法(草案)》。这个草案已经国务院常务会议审议通过。

受国务院委托,中国人民银行副行长周正庆上午就《商业银行法(草案)》向全国人大常委会作说明。

周正庆说,1978年党的十一届三中全会以来,为适应社会主义现代化建设的需要,国家专业银行相继恢复、建立,其他商业银行发展很快,银行在国民经济中的地位和作用日益增强,逐步形成以中央银行为领导,以专业银行为主体,多种金融机构并存、分工协作的金融体系。我国银行体系的建立和发展,对支持我国经济体制改革和国民经济发展发挥了积极作用,同时也存在着一些问题。同时,由于我国对银行的监管还没有建立在完善的法律基础上,随意性较大,透明度不高,银行的经营难以依法有序地进行。

周正庆说,由于银行是经营货币这种特殊商品的企业,对社会负有很大责任,其经营结果对社会经济的发展有重大影响,必须依法加强对银行业的监管,保护社会公众利益,促进社会主义市场经济的发展。因此,尽快制定《商业银行法》,是十分必要的。

周正庆还就起草《商业银行法》的指导思想和法律草案中的几个主要问题作说明。

李鹏总理在提请审议《广告法(草案)》的议案中说,为了加强对广告活动的监督管理,保护广告活动各方和社会公众的合法权益,促进广告业的健康发展,国家工商局草拟了《广告法(草案)》。这个草案已经国务院常务会议讨论通过。

受国务院委托国家工商行政管理局局长刘敏学上午向常委会作《广告法(草案)》的说明。

刘敏学说,党的十一届三中全会以来,我国的广告业有了迅速恢复和发展。广告营业额年平均增长率达40%以上。1993年,全国广告营业额134亿元,广告从业人员31万人,已经初步形成具有一定规模、服务门类和媒介种类比较齐全、能够为社会提供系列化信息服务的产业。在快速发展的同时,也存在一些问题,突出表现在两个方面:一方面,利用广告推销假冒伪劣产品,贬低竞争对手,进行不正当竞争,在广告中夸大产品、服务的功效,欺骗和误导消费者,有的广告甚至有悖社会善良习俗,损害社会公德。另一方面,广告主、广告经营者、广告发布者的权利、义务、责任不够明确,行为不够规范,在广告活动中出现了许多违法广告和违法行为。这些问题,不仅影响广告业的声誉,妨碍广告业的健康发展,也严重干扰了社会主义市场经济秩序,损害国家利益、社会公共利益。

刘敏学还就《广告法》的起草过程、法律草案中的几个主要问题作说明。

国务院副总理钱其琛和中宣部部长丁关根在北京分别会见香港商业广播有限公司董事总经理俞琤一行三人

女童教育国际研讨会在西宁举行

走向'95第四次世界妇女大会——女童教育国际研讨会在西宁召开。大会宣布江泽民、李鹏等为中华全国妇女联合会、中国儿童少年基金会组织并开展的专门扶持女童入学的“春蕾计划”所作的题词。

中共中央总书记、国家主席江泽民题词:“扶持女童入学,利国利民利家”;国务院总理李鹏题词:“实施春蕾计划,发展女童教育”;国务院副总理李岚清题词:“伸出友爱之臂,共绘春蕾蓝图”。

外交部部长钱其琛在钓鱼台国宾馆同伊拉克外交部部长穆罕默德·赛义德·萨哈夫举行会谈

双方在会谈中就海湾地区形势、双边关系等问题交换意见。

钱其琛表示,中国支持有关各方在全面、确实执行安理会有关决议的基础上，通过对话、协商解决海湾危机遗留问题，以恢复该地区和平与稳定。

钱其琛希望伊拉克继续加强同联合国的合作和对话，妥善解决在执行安理会决议方面的分歧，并指出，伊拉克明确承认科威特主权、独立和领土完整，接受安理会关于伊、科划界的决议，将有利于争取早日解除对伊制裁。他说，中国同情伊拉克人民目前的困难处境，主张国际社会客观评价伊拉克执行安理会决议的情况，并根据情况变化及时解除对伊制裁，以缓解伊拉克人民的苦难。钱其琛说，为表达中国人民对伊拉克人民的友好情意，中国红十字会过去曾向伊拉克提供过几批人道主义援助，这次中国决定再向伊拉克提供一批食品和药品。

关于双边关系，钱其琛说，中伊两国有着悠久的传统友谊，伊拉克是同中国建交较早的阿拉伯国家之一。两国在各方面的关系曾得到很大的发展。目前两国交往在一定程度上受到国际制裁的影响，但这是暂时的。

钱其琛表示相信对伊拉克制裁解除后，中伊两国之间的友好合作关系将得到恢复与发展。

萨哈夫说，伊拉克重视同中国发展关系。他对中国政府对伊拉克提供人道主义援助表示感谢。萨哈夫在会谈中向钱其琛介绍伊拉克的国内局势、伊拉克执行安理会有关决议的情况以及伊拉克在对其制裁等问题上的立场。

国家副主席第三届亚洲冬季运动会名誉主席荣毅仁在北京听取第三届亚冬会筹备工作汇报

党中央国务院致电中共浙江省委省政府慰问浙江灾区

8月25日

全国人大常委会委员长乔石在人民大会堂会见日本国会众议院议长土井多贺子

中宣部在北京举办大中城市党委宣传部部长研讨班

第四期非中共领导干部专题研究班和党外知名人士研讨班在中央社会主义学院开学

参加这期党外领导干部专题研究班和党外知名人士研讨班的学员共有72人，多数都在政府部门或人大、政协中担任领导职务。

全国政协副主席、中央统战部部长王兆国出席开学典礼并讲话。他说，这两个班的首要任务，就是要进一步认真学习邓小平同志建设有中国特色社会主义理论，同时学习党的十四届三中全会的决定和全国统战工作全会文件，学习有关经济理论和现代管理基本知识，结合党的中心任务和统一战线工作，加强对重大现实问题的研究和探讨，提高贯彻执行党的基本路线的自觉性和坚定性，提高运用辩证唯物主义和历史唯物主义的世界观和方法论判断形势、把握全局、分析和解决实际问题的能力，以更好地为建设有中国特色的社会主义，为巩固和扩大爱国统一战线贡献力量。

国务院副总理李岚清在北京会见以澳门厂商会理事长梁宋为团长的澳门工贸考察团

国务院副总理李岚清在北京召开的全国纺织工作会议上发表讲话

李岚清强调，要抓住机遇，限产压锭，调整结构，改组改造，提高水平，促进纺织工业有新的发展。

李岚清说，纺织工业在改善人民生活，满足人民群众日益增长的需要方面，起了重要作用；为国家积累了大量资金，有力地支援了国家的经济建设，增强了国家综合经济实力；创收了巨额外汇，到目前为止，仍然是其他行业无法取代的创汇产业；安置了大批劳动力就业，培养和造就了一支能吃苦、守纪律、甘为国家做贡献和分忧解难的产业大军。

然而，近年纺织工业确实遇到一些严重困难。李岚清指出，这些困难和问题主要是：纺织工业整体装备水平低，技术结构不合理；产品结构不能适应国际市场需要；企业负担重，资金紧张，成本提高，效益下降。

李岚清说，客观上是由于宏观经济正处于结构调整、机制转换时期，纺织工业的原料、生产规模和市场脱节再加上技术改造欠账较多和历史负担沉重，给企业造成了困难；主观上是从计划经济向社会主义市场经济转轨过程中，有些企业观念落后，经营管理方法陈旧，缺乏竞争和忧患意识。

李岚清介绍说：国务院对纺织工业的调整和发展非常重视，去年底就提出，解决问题要分两步走，即"抢救"和"治疗康复"。今年初，国务院采取一系列紧急措施，经过近一年的努力，已取得阶段性成果：虽然原料供应比较紧张，经过各方面努力避免了纺织企业可能出现的长时间、大面积集中停产的危急局面；纺织企业加快了经营观念的转变，对市场经济的适应能力有所增强；已有部分设备落后的小厂停产、转产，优胜劣汰机制开始发挥作用；压缩落后纱锭设备与技术改造挂钩的改革，产生了积极的结果。

李岚清谈到纺织工业的调整、改革、发展时说，要整顿棉花流通秩序；加强对纺织工业全行业的管理和结构调整；银行在资金上要支持纺织企业。他重点讲了八个问题：

第一，纺织企业要进一步转变经营思想，以销定产，努力促销，不能形成新的库存积压。

第二，继续扩大纱、布生产企业自营出口试点，中心城市要到国际市场上去竞争。围绕这样一个思路，进行纺织工业的调整改革，形成合理的区域布局和产业结构。

第三，抓住目前的有利时机，加紧进行产业结构调整，要从数量型经济向集约型，深加工，高附加值的方向发展。

第四，坚决压缩淘汰落后的纱锭设备，加速技术改造，压缩总量，淘汰 1000 万落后棉纺纱锭，将压锭与改造挂钩，是纺织工业调整结构的重大措施。各地可以对困难企业进行重组，把先进设备集中到一个企业中，其他企业转向别的行业。转产资金问题，由国家经贸委、人民银行等有关部门研究解决。纺织工业要继续引进外资，发展合资合作。

第五，加强对全行业的管理，改善企业的内部管理。纺织工业限产、调整、压锭改造等各项任务，只有在全行业中进行，才能取得成效。全国纺织企业，不论国有、集体的，还是乡镇、个体等企业，都必须纳入行业管理轨道。

第六，优化产业结构，促进纺织工业技术进步。今后，要继续对纺织行业给予技术改造资金的倾斜。在完成"八五"专项规划和压锭改造任务同时，重点抓好纺织印染、后整理技术改造，加大力度，扶持一批效益好、产品适销，出口创汇能力强、在行业中影响大的骨干企业，带动全行业的发展。

第七，对那些经过改造，产品有市场，有效益，但债务负担过重的企业，要研究解决办法，给予帮助。

第八，国务院决定把纺织行业作为下半年破产试点的重点行业，这是调整结构、压缩总量的一项积极措施。这项工作十分复杂，牵涉到方方面面，只能是小范围试点，必须严格按照国家有关政策执行，特别要妥善安排好职工的生活。

国家主席江泽民在中南海接受加拿大《蒙特利尔商业杂志》专栏作家艾信民的采访

国家副主席荣毅仁在人民大会堂会见伊拉克外交部部长穆罕默德·赛义德·萨哈夫

国务院副总理朱镕基在钓鱼台国宾馆同马来西亚副总理兼财政部部长安瓦尔·伊卜拉希姆举行会谈

朱镕基说，今年是中马建交二十周年，两国关系发展非常好，双方在经贸、科技、教育等各个领域的合作卓有成效，合作领域广阔，前景美好。

朱镕基还应客人的要求介绍当前中国深入进行改革开放和加快建立社会主义市场经济的情况。他说，中国的改革开放需要一个和平的国际环境，中国实行和平的外交政策，重视同东盟在内的周边国家的睦邻友好关系。"我们认为，任何问题都可以通过谈判协商解决"。

会谈中，朱镕基对马来西亚在外交方面对中国给予的支持表示感谢。

安瓦尔对中国最近遭受水灾的灾区人民表示慰问，并代表马政府向中国政府捐献十万美元用于救灾。朱镕基对此表示感谢。

国务院副总理李岚清在北京会见日本三井物产株式会社社长熊谷直彦

国务院副总理李岚清在北京会见以日本三和银行最高顾问川胜坚二为团长的日本三和企业集团首脑访华团

国务委员兼国家科委主任宋健在人民大会堂会见以日本三和银行最高顾问川胜坚二为团长的日本三和企业集团首脑访华团

中国代表团团长李肇星在联合国社会发展首脑会议第二次筹备会议上发表讲话

李肇星说，由于历史背景、文化传统和政治制度的不同，各国有权根据各自不同的国情制定社会发展目标、政策和行动方案。

由各国代表团参加的这次会议将为明年 3 月在丹麦首都哥本哈根召开的世界社会发展首脑会议准备宣言和行动纲领。

李肇星说，促进人类的和谐和持续发展、为维护世界和平作出贡献应该成为社会发展首脑会议的重要目标。同时，要注意人口膨胀与有限的资源两者之间的矛盾，重视保护自然和生态环境，合理公平地利用人类共同拥有的资源。

李肇星希望以这次首脑会议为契机，促进国际合作，使世界社会发展有新的进步。中国政府愿为人类进步和社会发展作出应有贡献。

在这次筹备会议上，各国代表就社会发展的有关问题，如贫困、失业、发展战略、国际合作等交换意见，陈述各自的看法。

国务院副总理李岚清在中南海会见参加海峡两岸

中国现代化学术研讨会的台湾及海外学者

中国科技馆北京天文台和中国科协普及部主办的彗星撞击木星科学展在北京开幕

国务院总理李鹏签署国务院第165号令发布《音像制品管理条例》

现发布《音像制品管理条例》，自1994年10月1日起施行。

总理 李 鹏

1994年8月25日

音像制品管理条例

第一章 总 则

第一条 为了加强音像制品的管理，促进音像事业的健康发展和繁荣，丰富人民群众文化生活，推进社会主义物质文明和精神文明建设，制定本条例。

第二条 本条例适用于录有内容的录音带、录像带、唱片、激光唱盘和激光视盘等音像制品的出版、复制、进口、批发、零售、出租和经营性录像放映（以下简称放映）的管理。

第三条 音像制品的经营活动应当遵守宪法和有关法律、法规，坚持为人民服务和为社会主义服务的方向，传播有益于经济发展和社会进步的思想、道德、科学技术和文化知识。

禁止经营有下列内容的音像制品：

（一）危害国家统一、主权和领土完整的；

（二）煽动民族分裂、破坏民族团结的；

（三）泄露国家秘密的；

（四）宣扬淫秽、迷信或者渲染暴力的；

（五）诽谤、侮辱他人的；

（六）国家规定禁止出版、传播的其他内容。

第四条 国家对音像制品实行分部门、分级管理。

国务院新闻出版行政部门主管全国音像制品的出版、复制和进口工作；国务院文化行政部门和广播电影电视行政部门共同组成音像制品内容审核机构（以下简称音像制品内容审核机构）主管全国音像制品内容的审核工作；国务院文化行政部门主管全国音像制品的批发、零售、出租和放映工作。

国务院其他有关行政部门按照国务院规定的职责分工，协助前款所列部门负责有关音像制品的管理工作。

县级以上地方各级人民政府有关部门在音像制品行政管理工作上的分工，由省级人民政府确定。

音像制品经营单位的上级行政主管部门和主办单位应当依照国家有关规定，对所属音像制品经营单位的经营活动进行监督。

第五条 国家对出版、复制、进口、批发、零售、出租和放映音像制品，实行许可证制度。

第六条 音像制品经营单位的上级行政主管部门应当实行政企分开，不得从事音像制品的经营活动，不得参与所属音像制品经营单位的经营活动。

第二章 出 版

第七条 国务院新闻出版行政部门负责制定音像出版事业的发展规划，确定全国音像出版单位的总量、布局和结构。

第八条 设立音像出版单位，应当具备下列条件：

（一）符合音像出版事业的发展规划；

（二）有符合本条例规定的章程；

（三）有确定的业务范围；

（四）有适应业务范围需要的组织机构和符合规定资格条件的音像出版专业人员；

（五）有必需的资金、设备和固定的制作场所。

第九条 申请设立音像出版单位，由申请单位的上级行政主管部门报所在地省、自治区、直辖市人民政府音像制品行政管理部门审核并经省、自治区、直辖市人民政府同意后，由省、自治区、直辖市人民政府音像制品行政管理部门报国务院新闻出版行政部门审批。国务院新闻出版行政部门应当自收到申请书之日起90日内作出批准或者不批准的决定。

申请书应当载明下列内容：

（一）音像出版单位的名称、地址和经济性质；

（二）音像出版单位的上级行政主管部门、主办单位的名称、地址和经济性质；

（三）音像出版单位的主要负责人或者法定代表人的姓名、住址、资格证明文件；

（四）音像出版单位的资金来源及其数额。

第十条 设立音像出版单位的申请经国务院新闻出版行政部门批准并发给《音像制品出版经营许可证》后，申请单位应当在60日内持《音像制品出版经营许可证》到所在地工商行政管理部门登记。

工商行政管理部门根据国务院新闻出版行政部门发给的《音像制品出版经营许可证》和工商行政管理的有关规定，发给营业执照。

第十一条 音像出版单位改变名称、隶属关系、业务范围的，应当依照本条例第九条、第十条的规定重新办理审批登记手续。

音像出版单位改变地址、主要负责人或者法定代表人的，应当到原发证机关办理变更登记手续。

音像出版单位终止出版经营活动的，应当自停止经营活动之日起30日内到原发证机关办理注销登记手续。

第十二条 出版音像制品应当在音像制品及其包

装的明显位置，标明出版单位的名称、地址和版号、发行许可证号、出版时间、著作权人姓名等事项。

音像出版单位应当自音像制品出版之日起 30 日内向国家版本图书馆缴送样品。

第十三条 音像出版单位不得向任何单位或者个人转让、出租、出售本单位的名称或者版号。

第十四条 任何单位和个人不得购买、伪造音像出版单位的名称或者版号，不得从事非法音像制品出版活动。

第十五条 音像出版单位与香港、澳门、台湾地区或者外国的组织、个人合作制作音像制品的具体办法，由国务院新闻出版行政部门会同国务院文化行政部门、广播电影电视行政部门制定。

音像制品合作制作合同中有关著作权事项，须向国务院著作权行政管理部门登记。

第十六条 图书出版单位不得出版非配合本版图书的音像制品。图书出版单位从事配合本版图书出版音像制品业务的，应当依照本条例第九条的规定，办理审批手续。

第十七条 音像出版单位应当根据批准的选题计划出版音像制品。选题计划的管理办法，由国务院新闻出版行政部门制定。

第十八条 音像出版单位出版的音像制品（包括音像出版单位与香港、澳门、台湾地区或者外国的组织、个人合作制作的音像制品）的内容，应当依照音像制品内容审核机构的规定，经审核并取得《音像制品发行许可证》后，方可复制、批发、零售。

《音像制品发行许可证》的管理办法，由国务院新闻出版行政部门会同国务院文化行政部门和广播电影电视行政部门制定。

第三章 复　制

第十九条 国务院新闻出版行政部门，应当按照音像出版事业的发展规划，确定全国音像复制单位的总量、布局和结构。

第二十条 设立音像复制单位应当具备下列条件：

（一）符合音像事业发展规划；

（二）有明确的业务范围；

（三）有适应业务范围需要的组织机构；

（四）有必需的资金、设备和复制场所。

第二十一条 申请设立音像复制单位，由申请单位的上级行政主管部门报所在地省、自治区、直辖市人民政府音像制品行政管理部门审核并经省、自治区、直辖市人民政府同意后，由省、自治区、直辖市人民政府音像制品行政管理部门报国务院新闻出版行政部门审批。国务院新闻出版行政部门应当自收到申请书之日起 90 日内作出决定。

申请书应当载明下列内容：

（一）音像复制单位的名称、地址和经济性质；

（二）音像复制单位的上级行政主管部门、主办单位的名称、地址和经济性质；

（三）音像复制单位的主要负责人或者法定代表人的姓名、住址、资格证明文件；

（四）音像复制单位的资金来源及其数额。

第二十二条 设立音像复制单位的申请经国务院新闻出版行政部门批准并发给《音像制品复制经营许可证》后，申请单位应当在 60 日内持《音像制品复制经营许可证》到所在地工商行政管理部门登记。

工商行政管理部门根据国务院新闻出版行政部门发给的《音像制品复制经营许可证》和工商行政管理的有关规定，发给营业执照。

第二十三条 音像复制单位改变名称、隶属关系、业务范围的，应当依照本条例第二十一条、第二十二条的规定重新办理审批登记手续。

音像复制单位改变地址、主要负责人或者法定代表人的，应当到原发证机关办理变更登记手续。

音像复制单位终止复制经营活动的，应当自停止经营活动之日起 30 日内到原发证机关办理注销登记手续。

第二十四条 音像出版单位可以委托国家批准的音像复制单位复制音像制品；但是，不得委托音像复制单位从事音像制品的编审工作。

第二十五条 音像复制单位凭音像出版单位的委托书复制音像制品。音像复制单位接受委托时，应当要求委托单位提交有关证明文件。

前款所称证明文件包括：委托单位的《音像制品出版经营许可证》和营业执照副本、委托单位主要负责人或者法定代表人签字或者盖章的委托书、《音像制品发行许可证》以及著作权人的授权书。

音像复制单位应当与委托单位签订复制委托合同，并按照合同的约定复制音像制品。

音像复制单位应当保存所复制的音像制品的样本和有关证明文件。

音像复制单位不得接受非音像出版单位和个人的委托，复制经营性的音像制品。音像复制单位不得自行复制、批发、零售音像制品。

第二十六条 音像复制单位接受境外提供母带、模版复制音像制品，应当将母带、模版报送省级音像制品行政管理部门审核其内容，并持著作权人的授权书到著作权行政管理部门登记，复制的音像制品应当全部返销。

第四章 进　口

第二十七条 进口音像制品的内容，由音像制品内容审核机构负责审核；经审核合格的，由国务院文化行政部门和广播电影电视行政部门按照各自的职责分工分别发给《音像制品发行许可证》并报国务院新闻出版行政部门备案，方可复制、批发、零售。

第二十八条 进口用于复制的音像制品，其有关著作权事项须向国务院著作权行政管理部门登记。

进口供研究、教学参考的音像制品，不得进行经营性复制、批发、零售、出租和放映。

第五章 批发、零售、出租和放映

第二十九条 申请从事音像制品总批发业务的单位，应当由所在地省、自治区、直辖市人民政府音像制品行政管理部门审核同意后，报国务院文化行政部门审批；经批准并取得《音像制品批发经营许可证》后，持许可证到所在地省、自治区、直辖市人民政府工商行政管理部门登记，领取营业执照。

申请从事音像制品批发业务的单位，应当报所在地省、自治区、直辖市人民政府音像制品行政管理部门审批；经批准并取得《音像制品批发经营许可证》后，持许可证到所在地工商行政管理部门登记，领取营业执照。

申请从事音像制品零售、出租业务的单位，应当报所在地县级人民政府音像制品行政管理部门审批；经批准并取得《音像制品零售经营许可证》或者《音像制品出租经营许可证》后，持许可证到所在地工商行政管理部门登记，领取营业执照。

申请从事音像制品放映业务的单位，应当报所在地省、自治区、直辖市人民政府音像制品行政管理部门审批；经批准并取得《音像制品放映经营许可证》后，持许可证到所在地工商行政管理部门登记，领取营业执照。

任何单位和个人未取得经营许可证和营业执照的，不得从事音像制品批发、零售、出租和放映等经营活动。

第三十条 音像出版单位可以按照国家有关规定销售本单位出版的音像制品。从事非本单位出版的音像制品销售业务的，应当依照本条例第二十九条的规定办理审批手续。

第三十一条 音像复制单位不得从事音像制品销售业务。

第三十二条 从事音像制品批发、零售、出租和放映经营活动的单位，不得经营未取得《音像制品发行许可证》的音像制品，不得经营侵犯他人著作权的音像制品。

家庭专用的音像制品，不得用于营业性放映。

第三十三条 县级以上地方各级人民政府音像制品行政管理部门，有权监督、检查本行政区域内音像制品的批发、零售、出租和放映活动，查处非法批发、零售、出租和放映音像制品的行为。

第六章 罚 则

第三十四条 违反本条例，有下列行为之一的，由国务院新闻出版行政部门或者县级以上地方人民政府音像制品行政管理部门根据情节轻重，给予警告，责令停止出版、复制、销售音像制品，没收并销毁违法音像制品，没收违法所得，吊销音像制品出版、复制经营许可证，可以并处违法所得5倍以上10倍以下的罚款：

（一）音像出版单位向其他单位或者个人转让、出租、出售本单位的名称或者版号的；

（二）图书出版单位出版非配合本版图书的音像制品和未经批准出版配合本版图书的音像制品的；

（三）非音像出版单位出版音像制品的；

（四）音像出版单位出版未取得音像制品发行许可证的音像制品的；

（五）非音像复制单位复制音像制品的；

（六）音像复制单位未受委托擅自复制音像制品或者复制未取得音像制品发行许可证的音像制品的；

（七）未经批准擅自与香港、澳门、台湾地区或者外国的组织、个人合作制作音像制品的；

（八）未经批准擅自进口音像制品的；

（九）出版、复制有本条例第三条第二款规定禁止的内容的音像制品的。

吊销音像制品出版、复制经营许可证的行政处罚，需经国务院新闻出版行政部门批准。

有本条第一款所列行为，构成犯罪的，依法追究刑事责任。

第三十五条 违反本条例，有下列行为之一的，由国务院文化行政部门或者县级以上地方人民政府音像制品行政管理部门根据情节轻重，给予警告，责令停止批发、零售、出租、放映，没收并销毁违法音像制品，没收违法所得，吊销音像制品批发、零售、出租、放映经营许可证，可以并处违法所得5倍以上10倍以下的罚款：

（一）未取得经营许可证擅自批发、零售、出租和放映音像制品的；

（二）批发、零售、出租和放映未取得音像制品发行许可证的音像制品的；

（三）批发、零售、出租和放映非音像制品出版、复制单位出版、复制的音像制品的；

（四）批发、零售、出租和放映供研究、教学参考的资料性音像制品的；

（五）批发、零售、出租和放映有本条例第三条第二款规定禁止的内容的音像制品的。

吊销批发、零售、出租、放映经营许可证的行政处罚，需经原发证机关批准。

有本条第一款所列行为，构成犯罪的，依法追究刑事责任。

第三十六条 出版、复制、进口、销售、出租和放映音像制品侵犯他人著作权的，由著作权行政管理部门依照《中华人民共和国著作权法》的有关规定给予处罚；构成犯罪的，依法追究刑事责任。

第三十七条 违反国家有关工商行政管理的法律、法规的行为，由工商行政管理部门依照有关法律、法规的规定给予行政处罚。

违反治安管理的行为，由公安机关依照《中华人民共和国治安管理处罚条例》的规定给予行政处罚。

第三十八条 当事人对行政处罚决定不服的，可以依照《行政复议条例》的规定申请复议；对复议决定不服的，可以依照《中华人民共和国行政诉讼法》的规定，向人民法院提起诉讼。当事人逾期不申请复议、不向人民法院提起诉讼又不履行处罚决定的，作出处罚的机关可以申请人民法院强制执行。

第七章 附 则

第三十九条 本条例施行前设立的音像制品出版、复制、批发、零售、出租和放映的单位，应当自本条例施行之日起180日内，依照本条例的有关规定重新办理审核登记手续。

音像制品出版、复制、批发、零售、出租和放映的单位自本条例施行之日起，每2年履行一次审核登记手续。

第四十条 本条例自1994年10月1日起施行。1982年12月23日经国务院批准原广播电视部发布的《录音录像制品管理暂行规定》同时废止。

8月26日

国务院总理李鹏在钓鱼台国宾馆同马里共和国总理易卜拉欣·布巴卡尔·凯塔举行会谈

李鹏说，马里是最早与中国建交的非洲国家之一，中国珍视两国的传统友谊。30多年来，国际形势和中马两国情况均发生很大变化，但这些变化没有影响两国人民的友谊。中马两国在国际活动中一向互相支持，我们对马里政府坚持“一个中国”的政策表示赞赏。他表示相信，凯塔总理这次访问必将推动中马两国的友好关系进一步加强和发展。

国务院召开第七次全体（扩大）会议

会议由国务院总理李鹏在中南海主持。

会议的主要议题是通报国内外形势，安排下半年的工作，重点是经济工作。国务院副总理朱镕基、钱其琛分别就经济形势、经济工作和国际形势、外交工作讲话。

李鹏在分析今年以来的形势时认为，遵照党中央所确定的“抓住机遇、深化改革、扩大开放、促进发展、保持稳定”的全党全国工作的大局，正确处理改革、发展、稳定三者之间关系，改革和发展运行情况总的说是好的，各方面的工作都取得了新的进展。

在谈到上半年的经济工作时，李鹏说，建立社会主义市场经济体制迈出了重要的步伐，财税、金融、外汇外贸、投资、价格和流通体制等方面的重大改革，以及建立现代企业制度的试点，都已按照预定方案出台，实践效果比较好。国民经济继续向着宏观调控要求的目标发展。经济增长速度在平稳回落中保持了较快的水平。农业生产和农村经济持续发展，农民收入增长加快。虽然一些地方遭受比较严重的水旱灾害，但就全国来说，仍有可能争取一个好收成。货币发行、信贷规模和固定资产投资增长过快的趋势初步得到控制。对外经济技术交流继续发展，外商实际投资保持较高水平。这说明，去年以来党中央和国务院所采取的宏观调控措施，是及时的、得当的，实践效果是好的，改革和发展的宏观环境有了明显的改善。

李鹏指出，我们对于形势的分析，要坚持两点论。特别是在形势比较好的时候，必须保持清醒的头脑，在肯定成绩的同时，也要看到前进中存在的困难和问题。当前主要是：物价涨幅高，通货膨胀压力仍然较大；农业基础脆弱，发展滞后，水旱灾害造成了比较严重的损失；基本建设战线过长，投资规模仍然偏大；相当一部分国有企业比较困难，部分效益差的企业职工实际收入有所下降；经济体制关系有待于进一步理顺，已经出台的一些重大改革措施，还需要在实践中进一步加以完善；一些地方社会治安状况不好，在新形势下出现的一些人民内部矛盾需要认真研究解决。我们要进一步巩固改革、发展和稳定的好形势，正视存在的问题，努力克服困难，把今后的各项工作做得更好。虽然目前我国经济在发展过程中还存在着一些困难和问题，解决起来要有一个过程，但我们有信心逐步解决这些问题，不断把改革和发展向前推进。

李鹏强调，要千方百计抓好农业。李鹏说，我国十多亿人口，全国人民的吃饭问题是国计民生的头等大事，任何时候都忽视不得。农业和农村经济状况如何，几亿农民的状况如何，直接关系着全国经济的发展和社会的稳定。现在正是秋忙季节，各地都要加强秋季作物的田间管理，力争有一个比较好的收成。干旱地区要继续大力抗旱，水灾地区要抓紧恢复生产和修复水毁工程，及时补种改种，力争把灾害的损失减少到最低限度。为了保证灾区粮食供应和平抑粮价，要加强储备粮食的调运工作。要进一步改革粮食储备制度，更多地把仓储建在销区，同时要建立健全棉花、食油、食糖、猪肉的储备制度，适当增加储备，把这作为建立社会主义市场经济体制和保障人民生活的一件大事来办。他说，今年的自然灾害再次告诉我们，水利是农业的命脉，必须切实加强水利建设。加强水利建设和整个农业基础，不仅是今年和明年的紧迫任务，也是“九五”计划和以后长时期都必须注意解决的大问题。

李鹏指出，要下大决心搞好国有大中型企业的改革和发展。这是我们坚定不移的方针。我们要建立的社会主义市场经济体制，是以公有制为主体、以国有经济为主导的。搞好国有企业的改革和发展，对于我国现代化建设具有极其重要的意义。可以说，没有实力强、经济效益好的国有企业，就没有中国特色的社会主义。李鹏说，对于国有企业状况的分析，也要坚持两点论。一方面，要看到国有企业存在的问题，产业结构和产品结构不合理，有不少企业确实效益不好，技术装备落后，亏损面不小，应该破产的不能破产，企业经营机制还没有完全转到社会主义市场经济体制的轨道上来。不清醒地看到这些问题，就不是实事求是的态度。另一方面，也必须看到，国有企业的贡献是很大的。今年上半年，在全国乡及乡以上工业中，国有工业企业实现利税占62.6%，上交税金占68.8%。我们一定要树立搞好国有企业的信心。事实上，我们有很多国有大中型企业是办得很好的。现在企业存在的一些问题，比如社会负担和历史包袱，很多是长期形成的，要逐步加以解决。当前要着重解决一些重要行业的困难。要狠抓工业产品结构的调整和技术改造。所有企业，都要按照市场需求，生产国内外市场适销的产品。市场供过于求的，要限产压库促销，积极开拓市场，不能边生产边积压。要按照建立现代企业制度的方向深化改革，认真解决体制方面的问题。从明年起，要把改革的重点放到企业改革上来。

李鹏强调，要把抑制通货膨胀作为下半年宏观调控的首要任务。十多年来改革和发展的实践经验，使人们在三个重要观点上达到了广泛的共识：一是发展社会主义市场经济必须有国家的宏观调控，二是国民经济持续、快速、健康发展必须抑制通货膨胀，三是要妥善处理改革、发展和稳定的关系。今年党中央、国务院把抑制通货膨胀作为妥善处理改革、发展、稳定三者之间关系的重要环节，采取一系列切实有效的措施进行宏观调控，使物价上涨过猛的势头逐步得到缓解。特别是对于广大群众的生活必需品价格，要下最大的力量保持基本稳定。下半年国家、部门和地方都要采取切实措施控制物价，不再出台新的调价项目，同时要继续坚决执行宏观调控的方针，严格控制信贷和投资规模，加强对消费基金的宏观管理，继续抓好“菜篮子”工程。李鹏重申，省、市长要抓好“米袋子”、“菜篮子”，保证供应，平抑物价，切实负起责任。

在谈到国际形势时，李鹏指出，世界格局多极化趋势进一步发展，国际形势缓和是主流，总的来说对我们有利，我们确实面临着难得的发展机遇；同时也要看到不利的因素，预见到可能出现的一些复杂的因素。世界各国都在根据国际格局的变化调整政策，我们要居安思危，趋利避害，为国内经济建设创造有利的国际环境。

李鹏强调指出，要努力做好今后几个月的工作，并且为明年工作打下比较好的基础。要始终坚持物质文明建设和精神文明建设两手抓、两手都要硬的方针，除上面所说的几个方面外，其余各方面的工作，包括勤政廉政建设，科学、教育、文化、卫生、体育等各项事业，以及社会治安的综合治理、计划生育，等等各方面的工作，都要继续抓紧抓好。要坚定不移地沿着邓小平同志建设有中国特色社会主义理论所指引的方向，在以江泽民同志为核心的党中央领导下，不断研究新情况，解决新问题，创造性地做好各方面的工作，夺取改革开放和现代化建设的新胜利。

国务院副总理邹家华、李岚清，国务委员宋健、李贵鲜、陈俊生、彭珮云、罗干，以及国务院全体会议其他组成人员出席会议。

中共中央、全国人大、国务院、中央军委、全国政协有关部门的负责人，最高人民法院、最高人民检察院和各人民团体的负责人，以及各民主党派、全国工商联负责人和无党派人士列席会议。

全国政协副主席吴学谦在钓鱼台国宾馆会见香港杰出青年协会访问团

吴学谦说，香港青年到内地访问，有助于增加对祖国的了解。现在，离对香港收回主权还有两年多，有很多事情要做，责任很重，对港人来说尤其如此。吴学谦表示，对于香港问题，我们将一如既往坚持“一国两制”、“港人治港”的原则。他希望香港的青年，从国家民族的利益出发，从香港的利益出发，努力为香港的繁荣稳定多做贡献。

吴学谦还简要介绍内地改革开放以来所取得的成就和当前的政治、经济形势，并回答访问团成员关心的问题。

《人民日报》发表国家统计局文章《一年来宏观调控的回顾和启示》

为了切实解决经济运行中的突出问题，促进国民经济持续、快速、健康发展，党中央、国务院于1993年6

月 24 日联合发出《关于当前经济情况和加强宏观调控的意见》,文件以整顿金融秩序为重点,提出 16 条措施。经过一年来各级政府和有关方面的共同努力,取得明显成效。回顾一年来宏观调控和经济运行状况,从中吸取有益的经验,对搞好今后经济工作,具有重要的意义。

一、16 条措施出台的经济背景

在邓小平同志 1992 年初重要谈话和党的十四大精神指引下,我国国民经济在前三年治理整顿的基础上步入新的发展阶段,改革开放也取得突破性进展,经济市场化程度提高。1992 年国内生产总值比上年增长 13.2%,进入 1993 年,国民经济依然保持强劲的发展态势。

但是由于我国经济发展主要依靠高投入,而不是主要依靠技术进步来实现的,这种经济运行模式在经济高增长的情况下,必然带来需求迅速扩张、资源的高消费和资源"瓶颈"制约。从 1992 年下半年开始,经济生活中已显露失衡的苗头。1992 年 11 月,中央全面分析经济运行状况,及时提出形势大好,但要防止过热。党中央、国务院主要领导同志也一再强调这个问题,1993 年 4 月初,党中央专门召开经济情况通报会,要求各地积极、正确、全面地领会邓小平同志重要谈话和党的十四大精神,把解放思想同实事求是统一起来,既要抓住机遇,加快发展,又要注意稳妥,避免损失,特别要避免大的损失。尽管中央一再提醒要防止经济过热,但由于新旧体制交替过程中,新经济现象不断涌现,开始时往往不太规范,透明度低,增加了分析判断的难度,加上经济利益主体多元化,各地对形势的看法不尽一致,一些思想障碍不同程度地影响了宏观决策的贯彻落实。与此同时,金融领域出现了秩序混乱、形势恶化的局面,严重危及整个经济的稳定。

1993 年上半年,伴随着经济的高增长,经济运行出现了"四高两乱"的不正常现象。

高投资:上半年全社会固定资产投资 3542 亿元,其中国有单位投资 2190 亿元,比上年同期增长 70.7%,新开工项目、在建工程投资总规模,均超过上年同期一倍多,增幅之大是历史上没有过的。许多地方"房地产热"、"开发区热"急剧膨胀,豪华别墅、高级写字楼、游乐园、度假村遍地开花。房地产价格愈炒愈高,有的已达到国际投资者望而却步的程度。开发区盲目扩张,到处划地为"区",划而不开,开而不发,大批良田荒芜。这种状况,显然是国家财力、物力难以承受的。

高货币投放:从现金投放规律看,一般是上半年净回笼,下半年投放。1979—1992 年 14 年中,除 1988 年上半年净投放 12 亿元以外,其余各年上半年都是回笼的。但 1993 年由于高投资拉动,现金投放一反常态,上半年净投放现金 528 亿元。在各层次货币中,出现了由稳定性向不稳定性转化的趋势。6 月末与上年同期相比,货币流动量(MO)增长 54.1%,狭义货币(M1)增长 34.2%,广义货币(M2)增长 26.5%。这不仅增大了全年货币供应的压力,而且给稳定市场物价带来极其不利影响。

高物价:年初以来物价一直攀高,全国零售物价总水平上涨幅度,从 3 月份开始突破 10%的安全临界线,到 6 月份达到 13.9%;35 个大中城市居民消费价格总水平,6 月份比上年同期上涨 21.6%。特别是生产资料在强大需求的推动下价格猛涨。据物资信息中心统计,7 大类生产资料价格总水平与上年同月相比,1 月上涨 31%,2 月上涨 35.6%,3 月上涨 41.9%,4 月上涨 48.2%,5 月上涨 51.3%,6 月上涨 52.9%,其中钢材、水泥、平板玻璃等建筑材料涨幅均超过 70%。

高进口:由于国内资源不足,各方面进口需求急剧上升,国内紧缺的能源、原材料出口明显缩减。上半年进口总额 407 亿美元,比上年同期增长 23.2%,而同期出口总额 372 亿美元,仅增长 4.4%,同进口增幅相差 18.8 个百分点。上半年进口金属材料用汇 55.4 亿美元,比上年同期增长 1.4 倍,其中钢材进口 1116 万吨,增长 3.6 倍;钢坯及粗锻件 304 万吨,增长 9.7%;铜 23.2 万吨,增长 17.5%,铝 14.6 万吨,增长 1 倍。

金融秩序混乱:金融机构违章乱拆借,社会不规范集资面广、量大、利率高,许多地方擅自设置金融机构从事信贷活动。这些混乱导致大量资金在银行系统外"体外循环",资金投入不合理,大量资金被用于炒房地产,炒股票,以及盲目大办"开发区",有的金融机构利用贷款权为小团体或个人谋私利。而正常的信贷投放完不成计划额度,重点需要的资金难以保证。由于高利集资的冲击,1—5 月全国居民新增储蓄存款仅 912 亿元,比上年同期减少 226 亿元(3 月还出现了储蓄绝对下降的局面)。国债券发行停滞不前,头 5 个月只发行 18.4 亿元,只完成年度预算的 5%。国家专业银行资金来源短缺,备付金率明显下降,有些地方甚至发生支付困难。

生产资料市场秩序混乱:在生产资料价格暴涨的推动下,流通领域公司林立,投机资本兴风作浪,炒买炒卖、囤积居奇现象严重,中间虚假需求急剧上升,人为地扩大了供需缺口。上半年新增资源增长较快,大多数生产资料供需基本平衡,紧而不缺。以钢材为例,上半年新增钢材资源 4967 万吨(包括产量和进口),比上年同期增长 45.4%,高于同期国内实际消费增长 34.5%的速度,6 月末全国钢材库存比年初净增长 124 万吨,开始扭转了前两年库存直线下降的趋势。但由于供需双方对价格预期看涨，供方惜售待价而沽，需方怕涨价急于多进货，一些中间商趁机插手经营活动，一批钢材往往要倒几次手加几次价，既扩大虚假需求，又哄抬了价格，使钢材价格大大“离谱走调”。流通环节购销量大幅度增长。

上述情况表明，1993年上半年国民经济高增长，是依靠高投资拉动，靠高货币投放、高物价、高进口来支撑的。而“两乱”又为“四高”火上浇油。这种状况，显然是难以为继的。因此，党中央、国务院加强宏观调控，治乱、降温和深化改革，是完全必要的。

二、强化和改善宏观调控的成效

中央16条措施对各地区、各部门的积极性采取引导好、保护好、发挥好的办法，把他们的注意力从大上项目、片面追求高速度转到加快改革、优化结构、提高效益，使经济活动纳入正轨。

一年来，经过强化和改善宏观调控，经济生活中的某些无序现象逐步得到治理，某些过热现象有所降温，特别是今年上半年，在各项改革措施顺利出台的同时，金融、外汇、财政、物资四大平衡一致趋向好转，这是近几年来难得的好势头。

1. 金融秩序好转，金融形势趋向稳定。经过治理，违章乱拆借、乱集资、乱设金融机构等混乱现象基本得到制止，银行办的经济实体按有关规定与银行逐步脱钩。中国人民银行于1993年5月、7月两次调高储蓄利率后，居民储蓄存款逐月稳定回升。1993年6月—12月，储蓄存款余额净增2307亿元，比上年同期多增加1007亿元。国家专业银行清理和收回违章拆借资金830多亿元。这些对缓解银行资金来源紧张的矛盾起到了重要作用，专业银行的备付金率回升到正常水平。货币高投放势头得到遏制，下半年现金净投放1001亿元，比上年同期少投放179亿元，全年共投放1529亿元，基本实现控制目标。银行新增贷款4846亿元，年末贷款余额比上年末增长22.4%，趋向基本正常。

1994年以来，金融继续保持平稳运行，有效地控制住全社会信用总量，并保证结构调整和经济的快速增长。上半年，银行、信用社新增各项存款5140亿元，比上年同期多增2965亿元，其中企业存款从3月以来明显回升。新增各项贷款2341亿元，比上年同期多贷918亿元，保证了国家重点建设项目和夏季农副产品收购，企业资金紧张状况也有所缓解，而一些不利于全局的微观活动受到抑制，从1993年下半年以来，“炒房地产”、“炒股票”、“炒钢材”等投机性资本活动明显减少。

货币回笼情况好。在社会高利集资受限制，股市又处于低迷状态下，居民闲散资金积极投向储蓄和购买国库券。上半年居民储蓄存款净增2932亿元，比上年同期多增加1688亿元，发行各类国库券1028亿元，超额完成了任务。储蓄的增加和国库券发行的顺利，使流通中的货币减少。市场货币流通量比上年同期的增长速度，由1993年6月末54.1%的高峰回落到今年6月末的18.8%。

2. 外汇收支平衡，结余明显增加。强化宏观调控后，从1993年下半年开始扭转进口高增长、出口低增长、外汇储备下降的状况。外汇调剂市场美元对人民币的比价，由1∶11的高峰急转直下，下跌到年末的1∶8.8。1994年以来，外资、外汇改革起到促出抑进的作用。今年上半年，出口484亿美元，比上年同期增长30.2%，进口492亿美元，增长21%。若扣除外商作为投资进口的物资，一般贸易实现顺差，加上上年有些企业利用外汇并轨之机，有意将部分出口商品延至今年结汇，以及国家调节外汇市场购进一些外币，上半年外汇收支保持较大顺差。6月末国家外汇储备比年初增加105.7亿美元。

年前国内外有些专家曾经担心，外汇并轨是各项改革中最可能引起麻烦的，但汇率并轨后的反应却出乎意料的平静。目前人民币与美元比价基本稳定在8.6∶1的价位上，比并轨初期还略有升值。

3. 财政收入增长速度加快。1993年下半年，通过清理不合理减免税，制止随意退税、免税等违犯财税法纪行为，严格打击各种偷漏税活动，强化国库券发行工作，并且停止了临时性、困难性减免税的审批。特别是中央确定1994年实行分税制财政体制，以1993年为基期年核定中央财政对地方税收返还数额，调动了地方组织财政收入的积极性，有效地扭转了1993年上半年财政收入徘徊的局面。下半年国内财政收入突破3000亿元，比上年同期增长36%，其中仅清理收回越权减免的税款和历年欠税就达300亿元左右。

进入1994年，财税体制改革平稳顺利出台。年前有些同志担心地方为了扩大1993年分成基数收了过头税，将影响今年税收。从实际情况看，比预料要好。今年上半年，扣除债务收支，国内财政收入1979亿元，比上年同期增长22.6%，其中工商税收增长26.7%。

但展望全年财政形势仍不容乐观。一是上半年财政收入高增长，其中有些是应退未退税款；二是去年后四个月的收入相当于全年2/3，由于基数趋高，将影响今后几个月增长率降低；三是原来设想出台的一些税种，现在暂时不出台；四是上半年财政支出增长27%，高于同期财政收入增长4.4个百分点，特别是去年末开始公职人员工资改革，实际调资额超预算，这些硬性支出大幅度上升，增加了财政压力。因此，要争取全年财政状况好转，还要在增收节支上作更大的努力。

4. 市场秩序好转，生产资料供应由紧趋松。通过整顿金融秩序和控制国家资产投资规模，中间环节对生产资料炒买炒卖的虚假需求基本消除，生产资料供应由紧趋松，生产厂由原来抬价惜售转向降价促销，价格稳中趋降。尽管去冬今春，有些地方错误预期今年投资可能松动，导致建筑材料价格一度反弹。国务院及时发出《关于继续加强固定资产投资宏观调控的通知》后，价格很快回落。据物资信息中心统计，7 大类生产资料价格总水平与上年同月相比，1 月上涨 15.8%，2 月上涨 10.3%，3 月上涨 6.2%，4 月上涨 0.4%，5 月下降 2.6%，6 月下降 6.2%。线材、圆钢、螺纹钢等建筑用材，挂牌价已由去年 6 月每吨 4300 元降到目前 3100 元左右，有些企业实际成交价已降到 2800 元。水泥价格，比上年同月下降 17.8%，胶合板、载重汽车、小轿车、金属切削机床、交流电动机价格，分别下降 4%—7%。

消费品市场一直处于平稳状态。1993 年，全国消费品零售总额 12237 亿元，扣除价格因素，比上年增长 11.6%。今年上半年 7188 亿元，比上年同期实际增长 4.8%。目前消费品市场，除棉花、食油、肉等货源偏紧些，工业消费品大都处于供大于求或供求基本平衡，供不应求的只占 4%。一年来，零售物价尽管居高不下，但居民消费心理趋向成熟，盲目抢购商品保值的情况大大减少，没有影响全局的稳定。

5. 开发区热、房地产热降温。通过规范资金市场、清理整顿开发区、房地产等重大举措的出台，有效地抑制了这些领域的投机行为和“泡沫经济”成分，各地拆并了一些不合要求的开发区。据江苏、浙江、山东、福建、广东、广西、辽宁、河北等省区统计，开发区从原先的 1200 多个减到 200 多个，规划面积从 7500 多平方公里减到 1600 平方公里。房地产投资增幅回落，今年上半年，商品房投资 464 亿元，比上年同期增长 43.9%，增幅大大低于上年同期 143.5%的水平。商品房结构调整，盲目兴建高级别墅、度假村等混乱现象得到抑制，以改善居民生活基本条件的“安居工程”项目增多。目前房地产业已进入新的平稳发展时期，市场行为趋于规范，市场竞争将更为激烈，适于一些实力雄厚、技术人员素质高、决策能力强的企业成长。

但对开发区、房地产的管理还要继续加强，目前这方面投资需求仍然过旺。主要表现是审批多头、开发无序、注册资金到位率低。有的省建立县级开发区比全省县的个数还多，有的省现有的房地产开发公司中，只有 1/3 取得了资质证书，注册资金到位率仅 43%。

6. 固定资产投资膨胀势头有所遏制，过高的工业生产速度平稳回落。1993 年下半年，国有单位固定资产投资 6131 亿元，比 1992 年同期增长 53.3%；今年上半年为 3081 亿元，比上年同期增长 37.5%，增幅均低于 1993 年上半年 70.7%的水平。新开工项目得到较好控制，今年上半年全国新开工基本建设和更新改造项目 18071 个，比上年同期减少 4090 个。

过高的工业增长速度有所回落。全国乡及乡以上工业总产值增幅，自 1993 年 6 月达到峰顶以后开始回落。与上年同月比，6 月增长 30.2%，7 月增长 25.1%，8 月增长 23.4%，9—11 月增幅已降到 20%以内。12 月略有反弹。今年以来，工业总产值增长速度一直稳定在 18%—20% 范围内（工业增加值增长 16%—18%）。随着经济市场化程度的提高，市场需求制约因素增强。目前市场适销对路的彩电、录像机、录音机、组合音响、洗衣机、电冰箱、空调器等家用电器，以及铁路建设用的重轨、内燃机车、客车、货车等生产量大幅度增长，而其他一些机电产品生产有所下降。

7. 社会供需总量实现基本平衡。据测算，今年上半年，社会总供给 19648 亿元，社会总需求 17893 亿元，供需正差率 8.9%，比上年同期上升 3.5 个百分点，其中国内供需差率为 9.9%，基本处于 10%的合理界限。由于生产发展和进口资源的增加，能源、原材料和交通运输制约因素，程度不同地有所缓解。

今年上半年，供需基本平衡，而消费价格涨幅却居高不下的主要原因：一是成本推动。1990—1992 年工业企业产品成本分别上升 4%—7.8%，居民消费价格分别上涨 3%—6.4%，两者大体是同步增长。而 1993 年产品成本上升 28.2%，居民消费价格上涨 14.7%，没有消化掉的部分将延伸到今年，加上今年增加工资、外汇并轨和调整税负等引起成本上升的因素，最终也要转嫁给消费者。二是粮食、棉花等基本生活必需品涨价引起连锁反应。三是去年涨价的滞后影响，将使今年零售物价上涨 5.5 个百分点。

上述变化是符合党中央、国务院强化宏观调控的初衷的。这说明，在建设社会主义市场经济过程中，有必要也有可能更好地发挥宏观调控的作用，也为我国加强和改善宏观调控积累了宝贵的经验。当然，我们应该看到，强化宏观调控的成果还是治标，不是治本的。经济生活中一些不稳定因素还未根除。因此，要使整个经济进入良性循环，还需要适应市场经济要求的经济体制、运行机制和法制建设等方面的保证，还有赖于进一步全面深化各项改革。

三、强化宏观调控的特点

这次加强和改善宏观调控，在短期内取得积极成果，既保持了经济的适度增长，避免大的波动；又使某些领域的过热势头得到抑制。应该说，这次宏观调控是比较成功的，基本达到预期的目的。这次宏观调控有什么特点？它与 1988 年第四季度开始的三年治理整顿比较，有什么不同之点？

1. 政策出台的时机不同。1988年第四季度开始的治理整顿，由于前几年社会总需求连年超过社会总供给，出现投资、消费双膨胀，1984—1988年按现价计算的国内生产总值年均增长19.4%；而同一时期全社会固定资产投资年均增长25.8%，社会商品零售总额年均增长21.2%，均超过国内生产总值的增长。而且国民经济主要比例失调，农业、基础工业和运输的“瓶颈”制约突出，物价波动大，消费者纷纷购物保值，仅1988年就出现几次大范围的“抢购风”，加上外贸连年逆差，国家现汇储备已降到“谷底”，通过国际市场弥补国内缺口的余地很小。也就是说，在经济运行中各种矛盾充分暴露出来时，才着手治理整顿。而1993年的宏观调控对问题发现比较早，问题也不如过去那么严重，只是投资偏高，而消费品一直保持供大于求的格局，而且由于前几年外贸顺差，国家现汇储备相对较多，通过国际市场调剂余缺的能力相对大些。在这种情况下，主动采取微调措施，时机适宜，可以避免“伤筋动骨”。

2. 宏观调控手段不同。过去宏观调控，主要是调整计划指标和强化行政控制。如1988年四季度开始的治理整顿，是以大幅度削减投资计划为先导的，国务院几次派工作组到各地检查监督，停缓建一批建设项目。1993年的宏观调控强调要与改革结合，运用经济、法律、行政等多种手段，解决经济生活中的混乱现象。在调控过程中，两次调高存贷款利率，恢复三年期以上定期存款的保值办法；外汇的吞吐也形成了“准公开市场”，都属于利用市场机制进行间接调控，它有利于微观基础的“自我调节”的形成以及机制转换。而清理违章拆借资金，强化证券交易的监理和外汇市场管理等，虽然属于行政的直接调控，但也带有金融调控性质。

3. 宏观调控的力度不同。上次治理整顿，早在1984年就发现需求过旺，经济失调的迹象。当时国务院提出“软着陆”的要求，但由于指导思想摇摆不定，措施不力，经济没有着陆又起飞，直到1988年四季度，矛盾趋于尖锐，才不得不采取急刹车的措施，多管齐下的大力度紧缩需求，影响经济大起大落。这次宏观调控，时机掌握较好，有可能采取“软着陆”、“点刹车”，货币投放、信贷规模、投资规模仍保持适度的增长，以保证经济适度发展。在资金投向上作了必要调整，强化保证四个方面的重点需要，即保证农副产品收购和发展农业的需要；保证出口收购的需要；保证国家重点企业正常生产的需要；保证重点建设的需要。根据实际情况的发展，把现金投放目标由年初1000亿元调整为1500亿元。同时，在整顿金融秩序过程中“堵旁门、开正门”，一方面，制止资金“体外循环”。另一方面，国家银行较多地增加了贷款，保证经济发展的正常需要。

4. 经济市场化程度不同。上次治理整顿，计划经济体制影响还比较大，不少商品价格由国家定价，生产资料价格存在“双轨制”，经济增长中国有经济还占主要地位，投资资金来源主要靠财政拨款和银行贷款。这次宏观调控，经济市场化程度明显提高，已初步形成一个种类比较齐全、各种层次并存的市场网络。市场调节范围和比重逐渐扩大，85%的农副产品、95%的工业消费品和90%左右的生产资料实行了市场价格，一大批区域性的农副产品、生产资料交易市场相继开业，资本、劳动力、房地产等市场也有加快发展之势。非国有经济十分活跃，对经济增长拉力大。投资资金来源趋向多元化，自筹资金约占一半左右。在这种情况下，宏观调控必须采取以经济手段为主的多种调控手段，如果单纯采取行政手段，显然是难以奏效的。

四、宏观调控的经验和启示

通过以上对比，我们可以从中得到有益的启示，总结出一些经验。

1. 宏观调控要审时度势，把握好时机。在社会化大生产中，经济关系错综复杂，相互依存，相互制约，联系十分紧密，往往一个环节滞后就会波及整个经济运转。因此，经济波动的客观性，不会由于社会主义制度的优越性而自动消失，我们不能视而不见，而应该认识它，掌握它的波动规律，根据经济周期波动的走势适时采取相应的宏观对策，尽量延长循环的上升期、缩短收缩期，减轻波动振幅，避免经济发展的大起大落。

过去一个很长时期，我们不承认经济周期的客观性，或者把它看作是资本主义的特殊规律，也就难以认识它。50年代后期、70年代后期和80年代后期三次经济大波动，都是在问题暴露比较充分，经济下滑开始露头时，才被动采取措施，形成政策效应同周期波动效应叠加，导致经济大起大落。如80年代后期的治理整顿，工业生产低速徘徊长达10多个月，从1989年6月到1990年9月，工业生产增长速度均不超过10%，有的月份还出现负增长。而这次强化宏观调控，时机掌握比较好，中央在对经济形势作了客观的、正确的分析判断的基础上，果断地出台一系列治乱降温的措施，而且是在经济运行临近周期的高峰期主动出击，适时采取了反周期措施。这样争取了宏观调控的主动权，有序地、平稳地降温，工业生产的增幅，9月份以后基本回落到20%左右，使经济增长率保持在适度范围内滑行。

2. 宏观调控，要选准突破口，正确把握力度。过去几次经济调整，基本上都是采取全面紧缩的措施，付出的代价也比较大。而这次强化宏观调控，中央正确分析了这次“过热”是局部性的，是某些领域和秩序混乱引起的，不像前几次是全方位、全面的过热。并选准固定资产投资需求过旺和金融秩序混乱互相推动这个源头，作为强化宏观调控的突破口，对症下药。对固定资产投资按照产业政策和建设条件进行轻重缓急排队，严格控制新开工项目。在宏观调控力度上，不采取大力度的全面紧缩政策，而是进行结构性调整，强调保证重点，采取"软着陆"、"点刹车"的微调办法，提出定量的目标，来控制经济增长率、物价涨幅、固定资产投资和货币供应量，而且灵活地根据改革和发展的实际情况，适时调整调控的力度。这样做，避免了"一刀切"的弊端，减轻调整过程中可能出现的负效应，使经济适当降温，又避免"伤筋动骨"，保护了各方面又好又快发展的积极性。

3. 宏观调控，要采取综合配套措施，注意手段的科学性、有效性。过去几次经济调整，主要是依靠行政手段。而这次强化宏观调控，强调与改革开放相结合，强调整顿也是改革，强调调控手段的多样化，以经济手段为主，同时配合法律手段和加强思想政治工作，反腐倡廉，打击经济犯罪活动，并辅以必要的行政手段，注意了国内国际两个市场来进行宏观调控，着重管好金融、财政两大闸门，运用提高利率的时机，整顿金融秩序，堵住了旁门，开通了正门，既规范了各种金融投资行为，又保障了资金市场的健康发展。

4. 宏观调控，要组织好舆论导向。在新旧体制交替过程中，利益主体多元化，地方政府、集团和个人，对政策调整引起既得利益的调整是关心的，也是敏感的。因此，要注意人们心理预期有变化，及时对各种苗头性现象进行疏导，加强舆论导向，做好宣传解释工作，加大政策的透明度，来化解不正常的心理预期，这也是搞好宏观调控的重要措施。

总的来说，这次强化宏观调控积累了宝贵的经验。但是，由于目前处于新旧体制交替过程中，中央政府财政调控能力有限，经济生活中存在"软预算约束"，国有企业既缺乏活力，又缺乏有效的风险机制，使得以利益调整为驱动器的间接调控的效应还不是很强，只是治标，没有治本。主要表现：一是宏观调控对纠正总量失衡容易见效，而对带根本性的经济结构的调整见效甚微。由于缺乏配套性的改革措施，国有企业转换机制步履艰难，随着生产速度回落，国有企业生产经营面临困难增多，相互拖欠账款的现象有所抬头。二是固定资产投资膨胀的势头虽然有所遏制，但投资体制改变甚微，在建项目规模大，已上马项目基本继续施工，一遇适当气候，"投资饥饿症"会很快旧病复发。三是经济运行虽然趋向好转，但市场消费价格涨幅居高不下。由于成本推动，加上不少地方、部门在价格放开后，一度存在"放而不管"现象，致使居民消费价格涨幅继续攀高，目前物价涨幅还在20%以上，超过部分居民承受能力。四是城乡、地区经济发展不平衡，各阶层收入分配差距拉大的矛盾依然突出，不利于社会稳定。五是价格改革虽然迈出较大步伐，但价格关系还没有完全理顺。近几个月粮、棉、油等农副产品价格虽然上升，而农业生产资料价格涨幅更大，种植业比较效益仍然较低，农业生产后劲不足的局面仍未改观。六是这次宏观调控虽然迈开了间接调控的步子，但有些方面还不得不借助于行政手段和组织纪律，还带有相当程度的直接调控色彩，尤其是生产要素市场发育、发展滞后问题尚未得到明显改变，资源的配置效益不高问题还比较严重。这些深层次的问题，有待于今后深化改革和进一步改善宏观调控来解决。

国务院副总理朱镕基在山西考察

朱镕基于8月26日到30日带领国务院有关部门领导来到山西考察。

朱镕基在山西省调查研究过程中说，山西的形势很好，农业的情况比预料的好，基础设施建设进展很快，生产发展保持了较高的速度，社会治安状况大有改善，人心稳定。山西贯彻中央"抓住机遇、深化改革、扩大开放、促进发展、保持稳定"的方针，态度坚决，成绩比较显著。

朱镕基说，农业是国民经济的基础。我们任何时候都不能忽视农业、丢掉"菜篮子"。江泽民、李鹏同志1992年以来就多次强调农业问题。但一些地方在一个时期里把主要精力放在搞开发区、招商、上工业项目、搞房地产、开股票市场，而在吃饭的问题上功夫下得不够。农业不稳，国家是无法发展的。山西发展农业有个缺水的问题，有条件的地方可以打井。在平顺县留村花40万元打了一口井，全村的用水都解决了，庄稼长得相当好。搞点中小水利，搞好地下水的利用，搞好农业基本建设，绿化荒山，大有可为。

朱镕基说，山西在整顿金融秩序方面是比较得力的，听招呼，工作做得比较扎实、细致。

朱镕基还和山西省、解放军总后勤部及有关方面的负责人共同听取军矿移交工作的汇报，对军地双方团结合作，维护大局，圆满完成交接任务表示满意。

全国农业引进智力成果推广工作会议在北京闭幕

中共中央政治局候补委员、书记处书记温家宝在闭幕会上指出，农业引进国外智力工作，为我国九亿农民了解世界农业发展和我国农业应用世界先进农业科学技术架起桥梁，已经成为我国农业科技工作的一项重要内容。今天，要根据农村发展的实际需要，积极开展这项工作，以加速农业现代化进程。

温家宝说，发展农业的根本出路在于科学技术，而发展我国农村科技事业，必须重视学习和运用国外的现代科学技术成果，搞好国外智力引进工作。多年来，我国农业部门、引智部门、各地政府和科技教育院所以及民间团体，通过官方、半官方以及民间渠道，在友好的、平等互利的基础上，聘请外国专家来华进行技术指导、合作研究、合作开发，建立了一批研究开发机构和合作研究开发项目，引进了优良品种和先进的种植养殖技术及病虫害防治方法，在一些重要的农业生产领域里取得了重大突破，不少项目已在全国推广，产生了很好的经济和社会效益。同时，我国还选派了上万名农业技术人员和管理人员到国外培训和研修，学习国外先进的种植养殖技术和管理经验，这对于消化国外技术，推广引智成果，起了很好的作用。

温家宝指出，今后几年，农业引智工作要紧紧围绕我国农业发展的主要任务、重大措施以及农业改革来进行。要根据发展高产、优质、高效农业的要求，积极引进先进栽培技术、优良品种、病虫害防治技术和农产品深加工技术。要结合国家现代化农业示范基地建设，商品粮基地建设，农业综合开发，重大农业工程的实施，吸收借鉴国外农村现代化建设和农业现代化管理经验。要通过引进智力，开发产品，开拓市场，提高质量和效益，帮助乡镇企业发展高新技术产业和外向型经济。为了做好这项工作，引智部门和农业生产部门、科技部门要通力合作，有计划、有组织的引进专家和派人出国培训；要在尊重知识产权的基础上，通过多种渠道引进国外智力，把引进智力与引进资金和技术设备结合起来；把引进项目与成果鉴定和推广结合起来。引进国外智力，必须从我国农村发展的实际需要出发，因地制宜，注重实效。要坚持做好选项、试验、示范、推广四个环节的工作，以取得最大的经济效益。各级党委和政府要切实加强对这项工作的领导。要把引智工作纳入重要的议事日程，帮助他们解决实际问题，在人力、财力、物力上给予必要支持，以保证这项工作的顺利进行。

工作会由国家外国专家局和农业部联合召开。于8月26日结束。

国家主席江泽民在人民大会堂分别接受四国新任驻中国大使递交的国书和欧洲共同体委员会新任驻中国代表团团长递交的委任书

他们是：塞拉利昂大使穆罕默德·拉明·卡马拉、摩洛哥大使本·阿卜杜贾利勒、欧共体委员会代表团团长魏根深、波兰大使兹齐斯瓦夫·古拉尔赤克、阿曼大使阿卜杜拉·本·穆罕默德·本·阿卜杜拉·法里西。

国务院总理李鹏全国人大常委会委员长乔石在北京分别会见马来西亚副总理安瓦尔·伊卜拉希姆

中国和马里两国政府代表在北京签署中国向马里提供贷款的协定

"21世纪的中国与东南亚国际研讨会"在北京举行

《邓小平新时期重要活动纪略》由中国华侨出版社出版

新闻出版署重申期刊发表党和国家主要领导人的文章图片必须严格遵守送审制度

新闻出版署同时重申，发表涉及健在的党和国家主要领导人工作和生活的文章、图片必须征得本人同意。

第六届远东及南太平洋地区残疾人运动会中国代表团在北京举行誓师大会

国务委员李铁映在中国残疾人体育代表团誓师大会上发表讲话

同志们：

今天，参加第六届远南残疾人运动会的中国体育代表团举行誓师大会，我代表党中央、国务院，向全体运动员、教练员和工作人员致以亲切的问候和良好的祝愿！

即将召开的远南运动会，是本区域社会生活中的一件大事，也是本区域两亿多残疾人的一件盛事。这是我国继成功举办第十一届亚运会之后又一次承办大型运动会，也是我国首次承办国际残疾人体育盛会。办好远南运动会，对于展示我国改革开放和现代化建设的丰硕成果，体现中国人民自强不息、振兴中华的精神风貌；对于展示我国残疾人事业在党和政府的关怀下取得的巨大成就，体现社会主义制度的优越性和我国人权保障的广泛性、公平性和真实性；对于表达中国人民理解奥林匹克精神，具有承办任何大型国际运动会的能力；对于推动我国体育事业的总体发展，弘扬社会主义人道主义，促进精神文明建设；对于增进本区域各国和各地区残疾人和人民之间的友谊，具有深远的影响，其意义和第十一届亚运会一样重大。

残疾人事业是我们伟大的社会主义事业的一个重要组成部分。残疾人体育是我国体育工作的重要内容。改革开放以来，伴随社会主义现代化建设的步伐，我国残疾人体育事业取得了世人瞩目的成绩。残疾人运动员，身处逆境，顽强拼搏，奋发进取，克服了常人难以想象的困难，在国际比赛中获得近五百枚奖牌，创造了生命辉煌，为祖国赢得了荣誉，让社会看到了可亲可敬的大写的“人”。

残疾人体育运动不仅仅是比赛，还具有其特殊的意义。它超越缺陷，通过意志、技能、体能的较量，向生命的潜能挑战，展示人的信念、智慧、能力和价值。优秀残疾人运动员的事迹，震撼人心，感人肺腑，启人心智，表明了他们也是社会的强者。巡回报告引起强烈的社会反响，取得巨大的社会效果，就是因为在他们身上充分体现了强烈的爱国主义精神、自强不息的精神和无私奉献的精神。这正是我们中华民族宝贵的民族精神，正是我国改革开放和现代化建设所需要的时代精神。我们要大力宣传和弘扬这种精神。

这次运动会，是中国残疾人首次在自己的国土上，在祖国的首都参加国际比赛。全国人民注视着你们，祖国期待着你们，五星红旗伴随着你们。希望同志们遵循“平等、参与、友谊、进步”的宗旨，发扬团结、奉献、拼搏、进取的精神，赛出风格，赛出水平，誓夺参赛成绩和精神文明双丰收，为五千多万残疾人争光，为十一亿多中国人民争光。

中国是这次运动会的东道国。广大人民群众，特别是首都人民，要以良好的精神风貌，迎接远道而来的海内外朋友们；伸出友爱的臂膀，理解、尊重、关心、帮助残疾人，搞好组织、接待和服务；以热情、文明、公正的态度观看比赛，通过各方面的共同努力，办好这一体育盛会。

最后，祝我国残疾人运动员获得优异成绩！祝远南残疾人运动会圆满成功！

8月27日

国家主席江泽民在中南海会见马里共和国总理凯塔

国家主席江泽民在中南海会见日本国会众议院议长土井多贺子

人事部发出《关于加强对授予部级荣誉称号工作管理的通知》

人事部日前发出通知，要求国务院各部委、各直属机构加强对授予部级荣誉称号工作的管理。

《通知》说，近年来，国务院各工作部门普遍开展了授予荣誉称号的奖励表彰工作。通过表彰先进模范人物，调动了广大职工的积极性、创造性，促进了社会主义物质文明和精神文明的建设。但是，在授予荣誉称号的工作中也出现了一些问题，主要是称号名称繁多、重复奖励、次数偏多、数量不当，影响了授予荣誉称号工作的健康发展。

《通知》强调，今后国务院各工作部门，授予部级荣誉称号的名称统一规范为“劳动模范”和“先进工作者”，并在其称号前冠以系统名称。“劳动模范”称号授予企业职工和农民。“先进工作者”称号授予国家机关和事业单位工作人员。评选对象的范围应限制在本系统内，一般不搞跨系统的行业评选表彰活动。要严格掌握评选的标准和条件。同时，建立部级荣誉称号评审表彰工作的计划申报制度。

《通知》说，要坚持精神鼓励与物质奖励相结合的原则，对部级荣誉称号获得者，颁发奖章和证书，同时给予适当的物质奖励，与省级劳动模范和先进工作者同等待遇。

国务院副总理钱其琛在钓鱼台国宾馆会见香港九龙总商会北京访问团

中宣部部长丁关根在北京会见来访的香港新闻团

国务院副总理兼外交部部长钱其琛在钓鱼台国宾馆会见扎伊尔总统府办公厅主任温杜阿韦

国防部部长迟浩田在卢萨卡同赞比亚国防部部长姆维拉举行正式会谈

国家主席江泽民国务院总理李鹏等为第四届中国艺术节题词

第六届“远南”残疾人运动会青年志愿者授旗仪式在北京远南大厦南门外广场举行

8月28日

全国人大常委会国务院致电祝贺新疆维吾尔自治区昌吉回族自治州建州40周年

《人民日报》就国务院《基本农田保护条例》发表评论员文章《为了千秋万代》

国务院总理李鹏视察北京密云水库蓄水情况

全国工会经济工作会议在大连召开

中国“长征2号E”捆绑式运载火箭成功发射美国休斯公司为澳大利亚制造的“澳普图斯B3”通信卫星

用全国小朋友的压岁钱建成的第二所"手拉手"希望小学在河南光山落成

全国卫生援藏工作会议在拉萨召开

8月29日

八届全国人大常委会九次会议举行全体会议

全体会议分别听取国家计委主任陈锦华关于今年以来国民经济和社会发展计划执行情况的报告和全国人大内务司法委员会主任委员孟连崑关于检查加强社会治安综合治理的决定执行情况的报告。

全国人大常委会副委员长田纪云主持会议。

全国人大常委会委员长乔石出席会议。

陈锦华在报告中，着重介绍改革开放和经济建设取得的新的进展、当前经济发展中需要研究解决的主要矛盾和问题、今后几个月的主要工作。孟连崑主要就社会治安综合治理工作不断深入开展，取得显著成效；当前社会治安的主要问题；对社会治安综合治理工作的意见和建议等内容作汇报。

会议还听取代表资格审查委员会副主任委员冯之浚关于选举、补选代表的代表资格的审查报告。

国家计委主任陈锦华向八届全国人大常委会第九次会议汇报1994年以来国民经济和社会发展计划执行情况和今后几个月的任务

陈锦华在汇报改革开放和经济建设取得新的进展时说，经过半年多的努力，各项重大改革顺利推出，国民经济保持了快速发展的好势头，社会稳定。为建立社会主义市场经济体制的基本框架，按照整体推进和重点突破相结合的原则，财税、金融、外汇外贸、投资、价格和流通体制，以及建立现代企业制度试点等各项重大改革，按预定方案陆续出台。社会保障制度、住房制度改革也取得进展；经济增长速度在平稳回落中保持较高的水平；农业生产和农村经济持续发展；固定资产投资增长过猛的势头初步得到控制，国家重点建设取得新的成绩；财政收入较快增长，金融形势保持稳定；通货膨胀加剧的局面开始得到遏制；对外经济技术交流不断拓展；科技、教育和各项社会事业全面发展。

在谈到当前经济发展中需要研究解决的主要矛盾和问题时陈锦华说，通货膨胀压力较大，物价形势严峻；农业生产发展滞后，依然是国民经济最薄弱的环节；相当一部分国有企业不能适应外部环境的变化，生产经营困难较大；控制财政收支差额的任务还很艰巨。

在谈到今后几个月的主要任务时陈锦华说，要千方百计夺取农业好收成；继续坚决有效地抑制通货膨胀，进一步完善各项重大改革措施；狠抓工业产品结构调整；努力增加收入，厉行节约，反对浪费；继续严格控制信贷规模；进一步促进科技、教育和各项社会事业的发展。

中共中央在中南海怀仁堂举行党外人士座谈会

在中共十四届四中全会召开之前，党中央于8月29日、30日分别邀请各民主党派、全国工商联的负责人、无党派人士和一些专家学者，在中南海怀仁堂举行座谈会，就准备提交中共十四届四中全会讨论的《关于加强党的建设几个重大问题的决定(征求意见稿)》征求意见。

中共中央总书记江泽民主持29日的党外人士座谈会，李鹏、李瑞环、胡锦涛、荣毅仁、温家宝、王兆国等出席会议。

座谈会上，江泽民就这个决定的起草情况作说明。江泽民说，十四大以后，各方面的大政方针已定，以经济建设为中心，发展社会主义市场经济，发展社会主义民主政治，发展社会主义精神文明，都要求强有力的党的领导。从党的建设的全盘情况来看，必须把思想建设放在首要地位，推动全党对邓小平同志建设有中国特色社会主义理论的学习不断深入发展，必须加强作风建设，把反腐败斗争深入持久地进行下去。在全面贯彻落实中央关于加强党的思想建设和作风建设部署的同时，当前特别需要突出抓好组织建设，就坚持和健全民主集中制、加强和改进基层党组织建设及培养和选拔领导干部这三个问题，集中进行研究，作出工作部署。这对于完成十四大确定的各项任务，关系十分重大。因此，中央政治局今年4月决定，十四届四中全会专门就党的建设的几个重大问题进行讨论，并作出相应决定。江泽民介绍说，文件起草工作是与调研工作结合在一起进行的。中央抽调了100多名干部组织了18个调查组，用两个月时间，到22个省区市和中央有关部委进行调研，广泛听取意见。

江泽民说，在当代世界风云变幻的条件下，在我国改革开放和现代化建设的伟大变革中，如何加强和改进中国共产党的建设，是一个新的历史性课题。我们的经验还不够，还要在实践中不断探索。在座的各位同志都是多年和我们党合作共事的老朋友，十分关心我们党的建设，希望大家对文件提出宝贵意见。

座谈会上，孙起孟、雷洁琼、王光英、程思远、卢嘉锡、李沛瑶、孙孚凌、丁石孙、杨纪珂、徐采栋、蔡子民、经叔平先后发言，提出了许多很好的意见和建议。

应邀出席座谈会的党外人士还有：赵朴初、万国权、冯梯云、方荣欣、张绪武。

在30日召开的专家学者座谈会上，中共中央政治局常委胡锦涛受党中央委托，听取10位专家学者对《关于加强党的建设几个重大问题的决定(征求意见稿)》的意见和建议。

全国人大常委会国务院致电祝贺新疆伊犁哈萨克自治州建州40周年

国务院在北京召开全国棉花工作会议

会议由国务委员陈俊生主持。

农业部部长刘江、国内贸易部部长张皓若、中国纺织总会会长吴文英，国务院副秘书长刘济民等有关部门负责人，以及来自21个省、自治区、直辖市和三个计划单列市的负责人出席会议。

国务院副总理李岚清在会上发表讲话。

李岚清说，棉花是一种关系国计民生的重要战略物资。国务院最近决定，当前棉花购销体制还是实行由国家统一定价，统一经营，不放开棉花市场，也不搞“双轨制”。当前棉花流通体制改革的重点放在按照社会主义市场经济的规律，理顺价格关系，建立规范的市场流通秩序，健全质量保障和监督体系，改进、完善储备体系和宏观调控，以促进棉花生产的恢复和稳定增长，确保国家掌握棉花资源，保证棉花质量，推动纺织工业的健康发展，增加出口创汇，并为进一步改革棉花流通体制创造条件。这就是当前棉花工作的指导方针。在供求矛盾比较紧张的情况下，如果对棉花放开不管，只会加剧市场的动荡，进而引起价格的暴涨暴跌、生产大起大落，不仅农民和纺织企业的利益得不到保障，而且会影响国民经济持续、快速、健康发展的大局。各地区、各部门一定要认真领会国务院决定的精神，在思想上和行动上与中央保持一致，决不允许其他部门和地方再出台与中央政府精神不符的政策，全国要政令统一，认识一致，同心协力，齐抓共管，确保正常的棉花流通秩序，确保棉花质量，把棉花生产促上去。

李岚清指出，今年的棉花生产形势，从目前看很好。当前我们不放开棉花市场，不放开经营，不放开价格，但是我们在考虑和制定政策时仍然要十分注意尊重市场经济的规律。经过有关部门反复调查研究和测算，国务院决定将94棉花年度棉花收购价格进一步提高到500元一担。这样虽然给纺织企业增加了压力和负担，但多数企业经过努力还是可以消化和承受的。

李岚清强调要加大市场管理力度，维护好正常的流通秩序。李岚清说，各地一定要严格执行国家规定的收购价格、供应价格和相关政策，各级流通环节的费用也由国家规定并明文下达，登报公布，总之，定价权在国务院。除了国务院统一规定以外，各地区各部门一律不准擅自提高棉花收购价格和供应价格，不准再以种种名义搞价外加价和价外加费等。

李岚清说，为了把棉花收到国家手里，国务院决定棉花仍由供销社统一经营，农业部门的良种场和国营农场只允许收购、加工本区内生产的棉花，加工后的棉花仍然要交给供销社。其他任何公司和棉贩私商，任何部门、企业(包括纺织企业、个人)都不得插手棉花的收购、加工和销售。各地不能自建批发市场，也不准搞不执行国家收购、调拨、供应计划的各种形式的“产销直挂”，也不准巧立名目，搞什么“协作棉”、“友好棉”。工商管理、质量管理、公检法、纪检、监察等部门对抢购棉花的苗头一开始就要制止住，不能手软。各级政府一定要早管、管严、都管、管到底。

李岚清要求，各地要加强棉花调拨管理，确保纺织工业用棉需要；要加强和完善储备棉的管理，确保国家财产不受损失。

在谈到加强棉花质量管理，严厉打击抬级抬价和“掺杂使假”违法活动时，李岚清说，鉴于当前棉花质量问题严重，国家技术监督局要在继续抓紧严厉打击棉花“掺杂使假”犯罪活动的同时，认真做好棉花收购、加工、调拨、储备等四个环节的质量监督管理工作，对查出的违法案件，要依法严肃处理。

李岚清指出，要在培育优质高产的棉花新品种上有所突破；在棉铃虫的综合防治问题上要有大的突破；要大力推广地膜覆盖等适用高产植棉技术；因地制宜发展棉花适度规模经营；要抓好种棉区域结构的调整，抓好优质棉基地的建设。

国务院总理李鹏在钓鱼台国宾馆同伊朗第一副总统哈桑·哈比比举行会谈

李鹏对近几年来两国关系的发展表示满意，李鹏说：“中国政府一贯重视发展与伊朗的友好合作关系。尽管两国社会政治制度、发展道路、宗教文化传统不同，但只要双方在和平共处五项原则的基础上共同作出努力，两国关系就一定会不断得到发展。”

李鹏说，中伊两国在经济合作上有一定的互补性，经贸关系近两年来发展较快，尽管目前还存在一些具体问题，但只要双方有关部门本着平等互利的精神进行认真友好的磋商，这些问题是不难解决的。最近双方达成了一些谅解，为解决这些问题创造了有利的条件。

国务院总理李鹏在人民大会堂会见美国商务部部长罗纳德·布朗

李鹏说，美国是世界上最大的发达国家。中国是最大的发展中国家，经济蓬勃发展。中美两国有着广泛的共同利益，加强两国在各个方面的友好合作，对世界的和平与发展有重要意义。

李鹏说,"我们高兴地看到,自从去年中美两国首脑在西雅图会晤以来,中美关系不断改善。我们希望双方共同作出努力,保持两国关系改善的势头。"

李鹏说,现在世界多极化趋势进一步发展,在国际关系中,经济因素日益重要。中国经济正在持续、稳定、健康地发展,市场广阔。中美经济有很大的互补性,特别是在基础设施方面有着广泛的合作前景。他说,"我们欢迎美国企业家以自己的优势来华参与公平竞争,在资金、技术、装备等方面开展广泛的、多种形式的合作。"

李鹏谈到人权问题时说,克林顿总统关于人权和最惠国待遇脱钩的决策是明智的,这有利于中美关系的健康发展。中国不反对就人权问题进行对话,但这种对话应该是平等的、友好的。

布朗说:"美中两国首脑在西雅图的会晤是中美关系的重大突破,从那以后,两国关系特别是商业关系有了很大的改善。我的代表团是克林顿总统延长对华最惠国待遇以后,来华访问的美国最高级代表团。我们是抱着同中国加强合作的诚意来访的。"

布朗说,"同时,我们也以乐观的精神展望美中关系的未来。希望美中双方在相互信任的基础上,使两国在各方面的关系得以发展。我和吴仪部长进行了很好的会谈,应当说访问是成功的。我在这里愿意重申,美方将尽自己的一切努力,为进一步加强美中之间的经济关系作出贡献。"

布朗表示,美方希望两国继续保持有关人权问题的对话,"我愿意在这里表明,美方将本着互相尊重的精神进行这种对话。"

国家副主席荣毅仁在人民大会堂分别会见澳大利亚太平洋—邓禄普集团董事长约翰·高夫集团总经理菲利浦·巴斯

国家副主席荣毅仁在人民大会堂会见美国西屋电气公司董事长米切尔·乔丹

国务院副总理李岚清在北京会见美国商务部部长罗纳德·布朗

外交部部长钱其琛在钓鱼台国宾馆会见由中央执委不管部长彼得·菲利普斯率领的牙买加人民民族党代表团

外经贸部长吴仪与美国商务部部长罗纳德·布朗在北京举行会谈

吴仪在会谈时说,中国复关谈判的成败直接影响着中美经贸的发展和新的世界贸易体制的前途,两国高层领导有责任推动这一问题尽快得到解决。

两位部长就双边经贸关系中的广泛问题交换了意见。他们认为,发展长期、持续的商贸关系不仅符合两国的共同利益,也有利于世界贸易的稳定发展。

布朗是今年5月克林顿总统宣布延长中国最惠国待遇并使之与人权脱钩的决定后访华的第一位内阁成员。吴仪说,中国重视布朗访华,并认为这是中美经贸关系史上的一件大事,相信代表团的访问必将进一步推动双边经贸关系的发展。

在谈到中国复关问题时,吴仪说,中国提出复关申请已有8年了,目前谈判已进入关键时刻,中国参加关贸总协定的基本立场是权利与义务的平衡,它只能承担与其经济发展水平相适应的义务,并全面享受关贸总协定和世界贸易组织成员的权利,包括赋予发展中国家的权利。中国不会为复关而不惜一切代价,也不可能期望中国会拿国家的根本利益做交易。

吴仪表示,如果中国被拒之于关贸总协定和世界贸易组织门外,中国将不再受已作承诺的约束。当然,改革开放仍将继续,但这将是根据中国自身的需要和自己的时间表,而不承担有约束的义务。吴仪指出,中国决不能被剥夺关贸总协定和世界贸易组织赋予其成员的基本权利,这一立场是不能动摇的。

中国将在今后几天提出解决中国复关问题的一揽子方案,亦即中方的议定书非正式文件,加上改进后的农产品、非农产品和服务贸易减让表。

吴仪说,此举目的是开诚布公地告诉缔约方中国在3个减让表方面能作的最大限度的减让,以及加速议定书谈判的愿望。中方希望新的一揽子方案将有助于缔约方作出最后决定。

吴仪说,复关问题是中美双边关系中的一个重要方面,美国对中国复关的要价要适可而止,希望美方拿出切实行动来完成中国的复关谈判,两国的高层领导有责任推动这一问题尽快得到解决。

吴仪指出,谈判的成败直接影响着中美经贸关系的健康发展和新诞生的世界贸易体制的前途。这需要两国高层领导人从世界贸易发展的大局出发,以两国的根本利益为出发点,在历史赋予的关键时刻,拿出政治家的远见卓识,作出果敢的明智抉择。

吴仪还要求美国尽快取消对华制裁。吴仪说,时至今日,美仍保留了一些1989年开始的对华制裁。这些制裁包括限制对华高技术出口、中止美国贸易发展署项目及海外私人投资公司活动等。美对华制裁给双方贸易,特别是给美对华出口带来许多不利影响,致使中国许多原定从美进口的项目转向了其他国家。

吴仪说,美国看重中国的市场,中国需要美国的技术，这种互补作用是双方扩大贸易和经济技术合作的重要基础。如美只求进入中国市场，但又不愿放宽对中国在高技术领域出口的限制，而高技术领域恰恰是美国出口最具竞争力的领域，那将使许多中国用户失去对美贸易的信心和兴趣。

吴仪指出，只有解除了制裁，才能为两国讨论共同感兴趣的问题创造平等、良好的气氛，为进一步扩大双边贸易与合作制造更加有利的条件。

布朗说，美国充分认识到复关对于中国乃至世界贸易的重要性。美国将继续支持中国复关并在此问题上显示出必要的灵活性，以促进中国早日复关，加入世界贸易组织。布朗称赞中国在知识产权保护方面所做的努力，尤其是在立法保护知识产权方面所取得的成绩，但他希望中国能够加强执法，以提高保护力度。

会谈中，两位部长还就服务贸易、纺织品贸易、反倾销等问题以及共同举办法律、基础设施投资研讨会等事宜进行了磋商。会谈后，吴仪会见随同布朗来访的美国企业家。

外经贸部部长吴仪和美国商务部部长布朗签署中美商贸合作框架协议

吴仪晚上与布朗签署中美商贸联委会关于合作的框架协议，并出席两国政府间 10 余项协议、意向书、谅解备忘录等的签字仪式，内容涉及化工、电力、民航、信息、环保、卫生、水利、服务和法律等。

中宣部国家教委发出《关于各地进一步加强全国教育工作会宣传报道的通知》

中宣部和国家教委日前发出通知，要求各省自治区、直辖市的宣传、教育部门认真宣传全教会精神，加强教育宣传报道。

《通知》说，党中央、国务院于今年 6 月召开的全国教育工作会议，是在新的历史时期动员全党全社会进一步落实教育优先发展的战略地位、实施《中国教育改革和发展纲要》、促进社会主义现代化建设的一次重要会议，也是我国教育史上一个新的里程碑。中央领导同志强调，要动员中央及各地的宣传部门和新闻单位，进一步加强对教育工作的宣传报道，当前要集中宣传好全教会精神。

《通知》要求，各级宣传部门、教育行政部门和各有关新闻单位，要把宣传全国教育工作会议精神、加强对教育工作的宣传报道，作为一项长期任务和重点工作。同时，结合宣传教育优先发展的重要意义，宣传我国到本世纪末各类教育的改革发展目标、任务、方针、政策及应采取的重大措施，宣传各级党委和政府加强领导，重视教育发展和改革的成功经验，宣传社会各界关心支持教育、尊师重教的好人好事。

《通知》要求，在秋季开学前，各省、自治区、直辖市的主要领导或分管领导向新闻界全面介绍这次全教会精神，提出进一步加强宣传报道的希望与要求；围绕教师节和《教师法》颁布实施一周年，宣传广大教师和教育工作者多年来忠诚人民教育事业、教书育人的模范事迹；宣传各级党政领导重视教育事业，在改革、发展教育方面所办的各种实事，宣传社会各界尊师重教、为教育和教师所办的各种好事；宣传报道建国 45 年来，特别是党的十一届三中全会以来，我国教育事业在改革和发展中所取得的巨大成就与经验；宣传省、自治区、直辖市和中央各部委贯彻全教会精神，落实《中国教育改革和发展纲要》的规划与部署，宣传各地党委、政府在加快教育改革与发展、解决当前教育面临的突出问题和困难方面所采取的重大政策和措施。

全国新闻出版局长座谈会在北京召开

党和国家领导人江泽民李鹏乔石李瑞环刘华清胡锦涛等在人民大会堂听取残疾人运动员和教练员代表的汇报并接见中国残疾人体育代表团全体成员

江泽民发表讲话说，再过几天，第六届远南残疾人运动会就要开幕了。这是亚太地区两亿多残疾人的喜事，也是亚太地区社会生活中的一件大事。这一体现文明与进步的体育盛会，不仅可以促进残疾人的“平等、参与、共享”，而且对社会的进步也将产生积极影响。

江泽民指出，我国举办过许多国际运动会，但为残疾人举办还是第一次。通过这次运动会，可以展示我国的发展形势，体现我国政府对残疾人的人权保障，可以激发全国各族人民的爱国热忱，还可以加强我国人民与各国各地区人民的友好交往，意义重大。他希望大家一定要尽心尽力办好这次运动会。

江泽民说，这次，你们是在自己祖国的首都参加国际比赛，全国人民注视着你们。希望你们本着“平等、参与、友谊、进步”的宗旨，发扬团结、奉献、拼搏、进取的精神，虚心向其他国家和地区的运动员学习，赛出精神，赛出水平，为祖国争光！

国家科委副主任邓楠获联合国颁发的“布特罗斯·加利特别研究奖”

邓楠多年来与她的同事们一起，积极开展环境与发展关系的研究，组织实施了一系列环境科技的重大发展计划，对中国和国际环境与发展问题作出了突出贡献。

获得该奖的共有 5 人，五大洲各一人。邓楠是荣获此奖的“第一位亚太人”。

公安部发布《关于收缴非法枪支弹药加强枪支弹药管理的通告》

国务院办公厅中央军委办公厅转发民政部财政部总政治部总后勤部《关于部分牺牲病故军官随军家属易地移交政府安置管理问题的意见》并发出通知

通知说，民政部、财政部、总政治部、总后勤部《关于部分牺牲病故军官随军家属易地移交政府安置管理问题的意见》，已经国务院、中央军委同意，现转发给你们，请遵照执行。

中国人民解放军为夺取中国革命的胜利、保卫社会主义祖国的安全和人民的和平劳动，作出了重大贡献。妥善安置牺牲、病故军官的随军家属，对于加强军队建设，促进社会安定团结具有重要意义。各级人民政府和军队各级政治机关要加强组织领导，有关部门和单位要树立全局观念，认真履行职责，密切配合，共同做好牺牲、病故军官随军家属的交接和移交后的抚恤优待工作。

8月30日

八届全国人大常委会第九次会议举行全体会议

全国人大常委会委员长乔石出席会议。

会议听取全国人大法律委员会主任委员薛驹关于《仲裁法(草案修改稿)》和《审计法(草案修改稿)》修改意见的汇报，并进行大会讨论。

薛驹说，本次会议对《仲裁法》和《审计法》两部法律的草案修改稿分组进行了审议。委员们认为，两个草案修改稿吸收了常委会委员和地方、部门、专家的意见，比较成熟，建议本次常委会通过。同时也提出一些修改意见。法律委员会逐条研究了委员们的意见，对《仲裁法(草案修改稿)》提出8处修改意见，对《审计法(草案修改稿)》提出5处修改意见。

楚庄、曾宪梓、孙廷芳、孙鸿烈、阴法唐、杨纪珂、夏家骏7位委员分别就重视广告文化建设，粉碎港英谎言、增强港人信心，从多方面引导私营经济健康发展，建议人大常委会尽快修订大气污染防治法，加强人大在开创西藏工作新局面中的作用，中西部农村奔赴小康的难题和对策，加速少数民族地区经济发展等内容作了大会发言。

卢嘉锡副委员长主持会议，田纪云、王汉斌、倪志福、陈慕华、孙起孟、雷洁琼、秦基伟、李锡铭、王光英、程思远、布赫、李沛瑶副委员长出席会议，邹家华副总理列席会议。

全国政协副主席吴学谦在人民大会堂会见并宴请港澳台女青年企业家访京团

全国乡镇企业管理科学座谈会结束

国务委员陈俊生在结束会上强调指出，今后一个时期，要把乡镇企业发展引导到以提高经济效益为中心的轨道上来。

一是强化企业管理，向管理要效益；二是强化乡镇企业质量工作，向质量要效益；三是积极调整产业结构和产品结构，向合理结构要效益；四是实行相对集中、连片发展，向合理布局要效益；五是盘活存量资产，向生产要素合理流动、优化配置要效益；六是推动科技进步，向充分发挥第一生产力的作用要效益。

陈俊生还要求各地发展乡镇企业要重视环境保护和安全生产，对那些效率低、耗能高、污染严重的设备要下气力更新改造，不能上一个厂、污染一片环境。同时还要节约耕地。乡镇企业发展要重视物质文明建设和精神文明建设一起抓，要逐步提高企业干部职工的素质。

首次全国土地使用制度改革工作会在北京召开

会议主要总结近几年来土地使用制度改革取得的经验，研究和解决在市场经济条件下，如何深化土地使用制度改革，加强土地管理，切实保护耕地资源，加快建立社会主义土地市场体系，以优化土地管理资源配置，规范土地自发交易等突出问题。

国家土地管理局局长邹玉川在开幕式上，作题为《深化土地使用制度改革，为建立社会主义市场经济体制服务》的工作报告。

国家主席江泽民在钓鱼台国宾馆会见美国商务部部长罗纳德·布朗

江泽民在会见中说，当前中美关系正处于承前启后的关键时刻，既面临进一步改善和发展的历史机遇，同时也面临挑战。如何抓住当前的有利时机使两国关系的发展进入一个新阶段，是中美双方面临的共同任务。

江泽民说，西雅图中美首脑会晤后，两国关系出现了改善和发展的势头。今年五月，克林顿总统宣布延长对华最惠国待遇并将它与人权问题脱钩，“我们对他这一明智决定表示赞赏”。这为双方加强经贸合作以及两国关系的改善和发展创造了有利条件，符合两国人民的根本利益。

江泽民说，目前中国经济已进入持续、快速、健康发展的时期，正在以崭新的姿态迎接二十一世纪。对于下个世纪的世界来讲，一个政治上稳定、经济上发展的中国，将是一个重要的和平与发展因素，是维护世界和平与地区稳定的重要力量。

江泽民认为，作为世界上两个大国，中美对世界前途和人类命运负有不可推卸的重大责任。“我们没有理由去搞对抗，只有责任去发展合作，这是世界人民对我们的希望。”

江泽民指出，中美两国社会制度、意识形态、文化背景和经济发展水平不同，在一些问题上存在分歧并不奇怪，重要的是分歧应通过双方的平等对话和协商来逐步解决。暂时解决不了的应当求同存异，设法寻求和扩大双方共同利益的汇合点。

江泽民说，中国希望双方在中美 3 个联合公报所确定的原则基础上，继续努力，推动两国关系朝着有利于和平与发展的崇高事业和两国人民根本利益的方向发展。他还请布朗回国后转达他对克林顿总统的良好祝愿。

布朗说，美中首脑的西雅图会晤使两国关系取得了突破性进展。美国政府十分重视同中国的交往和对话。布朗说，他作为政府主管商务的内阁成员访华，不仅旨在推动两国经贸关系的发展，而且也很关心美中全面友好合作关系的发展。

国家主席江泽民在中南海会见伊朗第一副总统哈桑·哈比比

江泽民说，中伊两国都是文明古国，两国人民之间的交往有着悠久的历史。近几年在双方领导人的关心和推动下，两国传统友好关系在新的历史条件下有新的发展，双方高层互访不断，双边合作稳步发展。我们对此感到高兴。中国愿意在平等互利的基础上进一步发展与伊朗的经贸合作。阁下这次访华将为两国在和平共处五项原则基础上发展关系起到积极的推动作用。

江泽民向客人介绍中国经济形势和改革开放的情况。两国领导人还就国际形势交换看法。

国家主席江泽民在中南海会见法国前总理雷蒙·巴尔

江泽民说，法国总理巴拉迪尔今年 4 月份对中国的访问取得了圆满成功。江泽民表示相信，他即将对法国进行的国事访问，将进一步推动两国在政治、经济及各个领域内合作关系的发展。

江泽民说，中法两国都是联合国安理会常任理事国，在许多国际问题上有着相同和近似的看法，“我们两国应共同努力，在促进世界和平与发展的进程中发挥积极作用”。

江泽民还向客人介绍中国经济建设方面的情况。

巴尔说，江泽民主席在访问法国之前会见他，他感到十分高兴。他希望江主席对法国的访问将使两国关系在各方面的发展都能具体化。

全国人大常委会委员长乔石在人民大会堂会见伊朗第一副总统哈桑·哈比比

国家副主席荣毅仁在人民大会堂会见日本国际贸易促进协会大榭岛开发调查团

外交部副部长唐家璇在北京同朝鲜政府特使外交部副部长宋浩京举行会谈

会谈中，双方对朝中两国作为朝鲜停战协定签字一方，在过去 40 多年间为在朝鲜半岛维持停战、保障和平与安全所作出的共同努力表示满意。双方认为，从目前国际关系的变化和朝鲜半岛形势出发，需要在半岛建立新的和平保障机制。

朝方通报了关于在朝鲜半岛建立新的和平保障机制的协商方案以及朝方已经采取的召回朝鲜军事停战委员会朝方代表团以及设立朝鲜人民军板门店代表处作为协商机构等具体措施。朝方强调，上述措施是一种善意的行动，是为建立和平保障机制创造现实条件。

中方表示关注朝鲜半岛局势的发展并真诚希望朝鲜半岛局势缓和、稳定。维护朝鲜半岛的和平与稳定符合本地区所有国家的利益，也有利于亚洲和世界的和平与安全。中方主张应通过有关各方的协商和对话解决朝鲜半岛的有关问题。考虑到朝鲜方面的要求，根据朝鲜方面已召回军停会中的朝方代表团以及军停会事实上已停止运转的现状，中国政府决定调回军停会中的中国人民志愿军代表团。中方希望有关各方为缓和朝鲜半岛局势继续作出建设性努力。

斯洛伐克总统米·科瓦奇在布拉迪斯拉发总统府会见全国政协副主席叶选平

国务委员兼国防部部长迟浩田和坦桑尼亚国防和国民服务部国务部部长基纳纳在达累斯萨拉姆举行会谈

军事科学院研制开发的《邓小平建设有中国特色社会主义理论研究信息系统》在北京通过专家鉴定

8 月 31 日

八届全国人大常委会第九次会议在北京闭幕

会议在通过《中华人民共和国仲裁法》、《中华人民共和国审计法》和有关决定后，在北京闭幕。127 位常委会组成人员出席由乔石委员长主持的全体会议。

中国第一部《仲裁法》、《审计法》分别以127票和124票获得通过。会议还表决通过全国人大常委会《关于批准〈中华人民共和国和保加利亚共和国关于民事司法协助的协定〉的决定》,全国人大常委会《关于批准〈中华人民共和国和蒙古国友好合作关系条约〉的决定》和八届全国人大常委会代表资格审查委员会《关于选择、补选代表的代表资格的审查报告》。

全国人大常委会《关于郑耀棠等32名全国人大代表所提议案的决定》全票获得通过。《决定》指出:会议决定由香港特别行政区筹备委员会根据全国人民代表大会《关于香港特别行政区第一届政府和立法会产生办法的决定》,负责筹备成立香港特别行政区的有关事宜,规定香港特别行政区第一届立法会的具体产生办法,组建香港特别行政区第一届立法会。根据《中华人民共和国香港特别行政区基本法》,香港特别行政区的区域组织的职权和组成方法由香港特别行政区的法律规定。

会议还通过任免名单。田纪云、王汉斌、倪志福、陈慕华、孙起孟、雷洁琼、秦基伟、李锡铭、王光英、程思远、卢嘉锡、布赫、李沛瑶副委员长和曹志秘书长出席会议,国务委员罗干、最高人民法院院长任建新、最高人民检察院检察长张思卿列席会议。

全国人大常委会发布公告

自第八届全国人民代表大会常务委员会第六次会议以来,有6名代表逝世:北京赵守俨,河南赵精华(女,满族),广东蚁美厚,贵州王炳俊,云南刀导孔(景颇族),解放军王永明。罢免1名:辽宁常义。

最近,地方人民代表大会、人大常委会选举、补选八届全国人大代表3名:云南马尧选(回族)、铁红祥(拉祜族),贵州刘方仁。全国人民代表大会常务委员会同意代表资格审查委员会关于选举、补选代表的代表资格的审查报告,确认第八届全国人民代表大会代表马尧选(回族)、铁红祥(拉祜族)、刘方仁等3人的代表资格有效。特此公告。

现在,第八届全国人民代表大会共有代表2976名。

全国人民代表大会常务委员会

1994年8月31日

八届全国人大常委会第九次会议通过《关于郑耀棠等32名全国人大代表所提议案的决定》

第八届全国人民代表大会常务委员会第九次会议根据全国人大法律委员会的审议报告,审议了第八届全国人大第二次会议主席团交付法律委员会审议的郑耀棠等32名全国人大代表提出的议案。

会议认为,港英最后一届立法局、市政局和区域市政局、区议会于1997年6月30日终止。英国政府单方面决定的有关港英最后一届立法局、市政局和区域市政局、区议会的选举安排,违反中英联合声明,不符合《中华人民共和国香港特别行政区基本法》和《全国人民代表大会关于香港特别行政区第一届政府和立法会产生办法的决定》。会议决定:由香港特别行政区筹备委员会根据《全国人民代表大会关于香港特别行政区第一届政府和立法会产生办法的决定》,负责筹备成立香港特别行政区的有关事宜,规定香港特别行政区第一届立法会的具体产生办法,组建香港特别行政区第一届立法会。根据《中华人民共和国香港特别行政区基本法》,香港特别行政区的区域组织的职权和组成方法由香港特别行政区的法律规定。

国家主席江泽民签署第31号令公布《中华人民共和国仲裁法》

《中华人民共和国仲裁法》已由中华人民共和国第八届全国人民代表大会常务委员会第九次会议于1994年8月31日通过,现予公布,自1995年9月1日起施行。

中华人民共和国主席 江泽民

1994年8月31日

中华人民共和国仲裁法

第一章 总 则

第一条 为保证公正、及时地仲裁经济纠纷,保护当事人的合法权益,保障社会主义市场经济健康发展,制定本法。

第二条 平等主体的公民、法人和其他组织之间发生的合同纠纷和其他财产权益纠纷,可以仲裁。

第三条 下列纠纷不能仲裁:

(一)婚姻、收养、监护、扶养、继承纠纷;

(二)依法应当由行政机关处理的行政争议。

第四条 当事人采用仲裁方式解决纠纷,应当双方自愿,达成仲裁协议。没有仲裁协议,一方申请仲裁的,仲裁委员会不予受理。

第五条 当事人达成仲裁协议,一方向人民法院起诉的,人民法院不予受理,但仲裁协议无效的除外。

第六条 仲裁委员会应当由当事人协议选定。

仲裁不实行级别管辖和地域管辖。

第七条 仲裁应当根据事实,符合法律规定,公平合理地解决纠纷。

第八条 仲裁依法独立进行,不受行政机关、社会团体和个人的干涉。

第九条 仲裁实行一裁终局的制度。裁决作出后,当事人就同一纠纷再申请仲裁或者向人民法院起诉的,仲裁委员会或者人民法院不予受理。

裁决被人民法院依法裁定撤销或者不予执行的，当事人就该纠纷可以根据双方重新达成的仲裁协议申请仲裁，也可以向人民法院起诉。

第二章　仲裁委员会和仲裁协会

第十条　仲裁委员会可以在直辖市和省、自治区人民政府所在地的市设立，也可以根据需要在其他设区的市设立，不按行政区划层层设立。

仲裁委员会由前款规定的市的人民政府组织有关部门和商会统一组建。

设立仲裁委员会，应当经省、自治区、直辖市的司法行政部门登记。

第十一条　仲裁委员会应当具备下列条件：

(一)有自己的名称、住所和章程；

(二)有必要的财产；

(三)有该委员会的组成人员；

(四)有聘任的仲裁员。

仲裁委员会的章程应当依照本法制定。

第十二条　仲裁委员会由主任一人、副主任二至四人和委员七至十一人组成。

仲裁委员会的主任、副主任和委员由法律、经济贸易专家和有实际工作经验的人员担任。仲裁委员会的组成人员中，法律、经济贸易专家不得少于三分之二。

第十三条　仲裁委员会应当从公道正派的人员中聘任仲裁员。

仲裁员应当符合下列条件之一：

(一)从事仲裁工作满八年的；

(二)从事律师工作满八年的；

(三)曾任审判员满八年的；

(四)从事法律研究、教学工作并具有高级职称的；

(五)具有法律知识、从事经济贸易等专业工作并具有高级职称或者具有同等专业水平的。

仲裁委员会按照不同专业设仲裁员名册。

第十四条　仲裁委员会独立于行政机关，与行政机关没有隶属关系。仲裁委员会之间也没有隶属关系。

第十五条　中国仲裁协会是社会团体法人。仲裁委员会是中国仲裁协会的会员。中国仲裁协会的章程由全国会员大会制定。

中国仲裁协会是仲裁委员会的自律性组织，根据章程对仲裁委员会及其组成人员、仲裁员的违纪行为进行监督。

中国仲裁协会依照本法和民事诉讼法的有关规定制定仲裁规则。

第三章　仲裁协议

第十六条　仲裁协议包括合同中订立的仲裁条款和以其他书面方式在纠纷发生前或者纠纷发生后达成的请求仲裁的协议。

仲裁协议应当具有下列内容：

(一)请求仲裁的意思表示；

(二)仲裁事项；

(三)选定的仲裁委员会。

第十七条　有下列情形之一的，仲裁协议无效：

(一)约定的仲裁事项超出法律规定的仲裁范围的；

(二)无民事行为能力人或者限制民事行为能力人订立的仲裁协议；

(三)一方采取胁迫手段，迫使对方订立仲裁协议的。

第十八条　仲裁协议对仲裁事项或者仲裁委员会没有约定或者约定不明确的，当事人可以补充协议；达不成补充协议的，仲裁协议无效。

第十九条　仲裁协议独立存在，合同的变更、解除、终止或者无效，不影响仲裁协议的效力。

仲裁庭有权确认合同的效力。

第二十条　当事人对仲裁协议的效力有异议的，可以请求仲裁委员会作出决定或者请求人民法院作出裁定。一方请求仲裁委员会作出决定，另一方请求人民法院作出裁定的，由人民法院裁定。

当事人对仲裁协议的效力有异议，应当在仲裁庭首次开庭前提出。

第四章　仲裁程序

第一节　申请和受理

第二十一条　当事人申请仲裁应当符合下列条件：

(一)有仲裁协议；

(二)有具体的仲裁请求和事实、理由；

(三)属于仲裁委员会的受理范围。

第二十二条　当事人申请仲裁，应当向仲裁委员会递交仲裁协议、仲裁申请书及副本。

第二十三条　仲裁申请书应当载明下列事项：

(一)当事人的姓名、性别、年龄、职业、工作单位和住所，法人或者其他组织的名称、住所和法定代表人或者主要负责人的姓名、职务；

(二)仲裁请求和所根据的事实、理由；

(三)证据和证据来源、证人姓名和住所。

第二十四条　仲裁委员会收到仲裁申请书之日起五日内，认为符合受理条件的，应当受理，并通知当事人；认为不符合受理条件的，应当书面通知当事人不予受理，并说明理由。

第二十五条　仲裁委员会受理仲裁申请后，应当在仲裁规则规定的期限内将仲裁规则和仲裁员名册送达申请人，并将仲裁申请书副本和仲裁规则、仲裁员名册送达被申请人。

被申请人收到仲裁申请书副本后，应当在仲裁规则规定的期限内向仲裁委员会提交答辩书。仲裁委员会收到答辩书后，应当在仲裁规则规定的期限内将答辩书副本送达申请人。被申请人未提交答辩书的，不影响仲裁程序的进行。

第二十六条 当事人达成仲裁协议，一方向人民法院起诉未声明有仲裁协议，人民法院受理后，另一方在首次开庭前提交仲裁协议的，人民法院应当驳回起诉，但仲裁协议无效的除外；另一方在首次开庭前未对人民法院受理该案提出异议的，视为放弃仲裁协议，人民法院应当继续审理。

第二十七条 申请人可以放弃或者变更仲裁请求。被申请人可以承认或者反驳仲裁请求，有权提出反请求。

第二十八条 一方当事人因另一方当事人的行为或者其他原因，可能使裁决不能执行或者难以执行的，可以申请财产保全。

当事人申请财产保全的，仲裁委员会应当将当事人的申请依照民事诉讼法的有关规定提交人民法院。

申请有错误的，申请人应当赔偿被申请人因财产保全所遭受的损失。

第二十九条 当事人、法定代理人可以委托律师和其他代理人进行仲裁活动。委托律师和其他代理人进行仲裁活动的，应当向仲裁委员会提交授权委托书。

第二节 仲裁庭的组成

第三十条 仲裁庭可以由三名仲裁员或者一名仲裁员组成。由三名仲裁员组成的，设首席仲裁员。

第三十一条 当事人约定由三名仲裁员组成仲裁庭的，应当各自选定或者各自委托仲裁委员会主任指定一名仲裁员，第三名仲裁员由当事人共同选定或者共同委托仲裁委员会主任指定。第三名仲裁员是首席仲裁员。

当事人约定由一名仲裁员成立仲裁庭的，应当由当事人共同选定或者共同委托仲裁委员会主任指定仲裁员。

第三十二条 当事人没有在仲裁规则规定的期限内约定仲裁庭的组成方式或者选定仲裁员的，由仲裁委员会主任指定。

第三十三条 仲裁庭组成后，仲裁委员会应当将仲裁庭的组成情况书面通知当事人。

第三十四条 仲裁员有下列情形之一的，必须回避，当事人也有权提出回避申请：

(一)是本案当事人或者当事人、代理人的近亲属；

(二)与本案有利害关系；

(三)与本案当事人、代理人有其他关系，可能影响公正仲裁的；

(四)私自会见当事人、代理人，或者接受当事人、代理人的请客送礼的。

第三十五条 当事人提出回避申请，应当说明理由，在首次开庭前提出。回避事由在首次开庭后知道的，可以在最后一次开庭终结前提出。

第三十六条 仲裁员是否回避，由仲裁委员会主任决定；仲裁委员会主任担任仲裁员时，由仲裁委员会集体决定。

第三十七条 仲裁员因回避或者其他原因不能履行职责的，应当依照本法规定重新选定或者指定仲裁员。

因回避而重新选定或者指定仲裁员后，当事人可以请求已进行的仲裁程序重新进行，是否准许，由仲裁庭决定；仲裁庭也可以自行决定已进行的仲裁程序是否重新进行。

第三十八条 仲裁员有本法第三十四条第四项规定的情形，情节严重的，或者有本法第五十八条第六项规定的情形的，应当依法承担法律责任，仲裁委员会应当将其除名。

第三节 开庭和裁决

第三十九条 仲裁应当开庭进行。当事人协议不开庭的，仲裁庭可以根据仲裁申请书、答辩书以及其他材料作出裁决。

第四十条 仲裁不公开进行。当事人协议公开的，可以公开进行，但涉及国家秘密的除外。

第四十一条 仲裁委员会应当在仲裁规则规定的期限内将开庭日期通知双方当事人。当事人有正当理由的，可以在仲裁规则规定的期限内请求延期开庭。是否延期，由仲裁庭决定。

第四十二条 申请人经书面通知，无正当理由不到庭或者未经仲裁庭许可中途退庭的，可以视为撤回仲裁申请。

被申请人经书面通知，无正当理由不到庭或者未经仲裁庭许可中途退庭的，可以缺席裁决。

第四十三条 当事人应当对自己的主张提供证据。

仲裁庭认为有必要收集的证据，可以自行收集。

第四十四条 仲裁庭对专门性问题认为需要鉴定的，可以交由当事人约定的鉴定部门鉴定，也可以由仲裁庭指定的鉴定部门鉴定。

根据当事人的请求或者仲裁庭的要求，鉴定部门应当派鉴定人参加开庭。当事人经仲裁庭许可，可以向鉴定人提问。

第四十五条 证据应当在开庭时出示，当事人可以质证。

第四十六条 在证据可能灭失或者以后难以取得的情况下，当事人可以申请证据保全。当事人申请证据保全的，仲裁委员会应当将当事人的申请提交证据所在地的基层人民法院。

第四十七条　当事人在仲裁过程中有权进行辩论。辩论终结时，首席仲裁员或者独任仲裁员应当征询当事人的最后意见。

第四十八条　仲裁庭应当将开庭情况记入笔录。当事人和其他仲裁参与人认为对自己陈述的记录有遗漏或者差错的，有权申请补正。如果不予补正，应当记录该申请。

笔录由仲裁员、记录人员、当事人和其他仲裁参与人签名或者盖章。

第四十九条　当事人申请仲裁后，可以自行和解。达成和解协议的，可以请求仲裁庭根据和解协议作出裁决书，也可以撤回仲裁申请。

第五十条　当事人达成和解协议，撤回仲裁申请后反悔的，可以根据仲裁协议申请仲裁。

第五十一条　仲裁庭在作出裁决前，可以先行调解。当事人自愿调解的，仲裁庭应当调解。调解不成的，应当及时作出裁决。

调解达成协议的，仲裁庭应当制作调解书或者根据协议的结果制作裁决书。调解书与裁决书具有同等法律效力。

第五十二条　调解书应当写明仲裁请求和当事人协议的结果。调解书由仲裁员签名，加盖仲裁委员会印章，送达双方当事人。

调解书经双方当事人签收后，即发生法律效力。

在调解书签收前当事人反悔的，仲裁庭应当及时作出裁决。

第五十三条　裁决应当按照多数仲裁员的意见作出，少数仲裁员的不同意见可以记入笔录。仲裁庭不能形成多数意见时，裁决应当按照首席仲裁员的意见作出。

第五十四条　裁决书应当写明仲裁请求、争议事实、裁决理由、裁决结果、仲裁费用的负担和裁决日期。当事人协议不愿写明争议事实和裁决理由的，可以不写。裁决书由仲裁员签名，加盖仲裁委员会印章。对裁决持不同意见的仲裁员，可以签名，也可以不签名。

第五十五条　仲裁庭仲裁纠纷时，其中一部分事实已经清楚，可以就该部分先行裁决。

第五十六条　对裁决书中的文字、计算错误或者仲裁庭已经裁决但在裁决书中遗漏的事项，仲裁庭应当补正；当事人自收到裁决书之日起三十日内，可以请求仲裁庭补正。

第五十七条　裁决书自作出之日起发生法律效力。

第五章　申请撤销裁决

第五十八条　当事人提出证据证明裁决有下列情形之一的，可以向仲裁委员会所在地的中级人民法院申请撤销裁决：

（一）没有仲裁协议的；

（二）裁决的事项不属于仲裁协议的范围或者仲裁委员会无权仲裁的；

（三）仲裁庭的组成或者仲裁的程序违反法定程序的；

（四）裁决所根据的证据是伪造的；

（五）对方当事人隐瞒了足以影响公正裁决的证据的；

（六）仲裁员在仲裁该案时有索贿受贿，徇私舞弊，枉法裁决行为的。

人民法院经组成合议庭审查核实裁决有前款规定情形之一的，应当裁定撤销。

人民法院认定该裁决违背社会公共利益的，应当裁定撤销。

第五十九条　当事人申请撤销裁决的，应当自收到裁决书之日起六个月内提出。

第六十条　人民法院应当在受理撤销裁决申请之日起两个月内作出撤销裁决或者驳回申请的裁定。

第六十一条　人民法院受理撤销裁决的申请后，认为可以由仲裁庭重新仲裁的，通知仲裁庭在一定期限内重新仲裁，并裁定中止撤销程序。仲裁庭拒绝重新仲裁的，人民法院应当裁定恢复撤销程序。

第六章　执　行

第六十二条　当事人应当履行裁决。一方当事人不履行的，另一方当事人可以依照民事诉讼法的有关规定向人民法院申请执行。受申请的人民法院应当执行。

第六十三条　被申请人提出证据证明裁决有民事诉讼法第二百一十七条第二款规定的情形之一的，经人民法院组成合议庭审查核实，裁定不予执行。

第六十四条　一方当事人申请执行裁决，另一方当事人申请撤销裁决的，人民法院应当裁定中止执行。

人民法院裁定撤销裁决的，应当裁定终结执行。撤销裁决的申请被裁定驳回的，人民法院应当裁定恢复执行。

第七章　涉外仲裁的特别规定

第六十五条　涉外经济贸易、运输和海事中发生的纠纷的仲裁，适用本章规定。本章没有规定的，适用本法其他有关规定。

第六十六条　涉外仲裁委员会可以由中国国际商会组织设立。

涉外仲裁委员会由主任一人、副主任若干人和委员若干人组成。

涉外仲裁委员会的主任、副主任和委员可以由中国国际商会聘任。

第六十七条 涉外仲裁委员会可以从具有法律、经济贸易、科学技术等专门知识的外籍人士中聘任仲裁员。

第六十八条 涉外仲裁的当事人申请证据保全的，涉外仲裁委员会应当将当事人的申请提交证据所在地的中级人民法院。

第六十九条 涉外仲裁的仲裁庭可以将开庭情况记入笔录，或者作出笔录要点，笔录要点可以由当事人和其他仲裁参与人签字或者盖章。

第七十条 当事人提出证据证明涉外仲裁裁决有民事诉讼法第二百六十条第一款规定的情形之一的，经人民法院组成合议庭审查核实，裁定撤销。

第七十一条 被申请人提出证据证明涉外仲裁裁决有民事诉讼法第二百六十条第一款规定的情形之一的，经人民法院组成合议庭审查核实，裁定不予执行。

第七十二条 涉外仲裁委员会作出的发生法律效力的仲裁裁决，当事人请求执行的，如果被执行人或者其财产不在中华人民共和国领域内，应当由当事人直接向有管辖权的外国法院申请承认和执行。

第七十三条 涉外仲裁规则可以由中国国际商会依照本法和民事诉讼法的有关规定制定。

第八章 附 则

第七十四条 法律对仲裁时效有规定的，适用该规定。法律对仲裁时效没有规定的，适用诉讼时效的规定。

第七十五条 中国仲裁协会制定仲裁规则前，仲裁委员会依照本法和民事诉讼法的有关规定可以制定仲裁暂行规则。

第七十六条 当事人应当按照规定交纳仲裁费用。

收取仲裁费用的办法，应当报物价管理部门核准。

第七十七条 劳动争议和农业集体经济组织内部的农业承包合同纠纷的仲裁，另行规定。

第七十八条 本法施行前制定的有关仲裁的规定与本法的规定相抵触的，以本法为准。

第七十九条 本法施行前在直辖市、省、自治区人民政府所在地的市和其他设区的市设立的仲裁机构，应当依照本法的有关规定重新组建；未重新组建的，自本法施行之日起届满一年时终止。

本法施行前设立的不符合本法规定的其他仲裁机构，自本法施行之日起终止。

第八十条 本法自 1995 年 9 月 1 日起施行。

民事诉讼法有关条款

第二百一十七条被申请人提出证据证明仲裁裁决有下列情形之一的，经人民法院组成合议庭审查核实，裁定不予执行：

(一)当事人在合同中没有订有仲裁条款或者事后没有达成书面仲裁协议的；

(二)裁决的事项不属于仲裁协议的范围或者仲裁机构无权仲裁的；

(三)仲裁庭的组成或者仲裁的程序违反法定程序的；

(四)认定事实的主要证据不足的；

(五)适用法律确有错误的；

(六)仲裁员在仲裁该案时有贪污受贿，徇私舞弊，枉法裁决行为的。

第二百六十条对中华人民共和国涉外仲裁机构作出的裁决，被申请人提出证据证明仲裁裁决有下列情形之一的，经人民法院组成合议庭审查核实，裁定不予执行：

(一)当事人在合同中没有订有仲裁条款或者事后没有达成书面仲裁协议的；

(二)被申请人没有得到指定仲裁员或者进行仲裁程序的通知，或者由于其他不属于被申请人负责的原因未能陈述意见的；

(三)仲裁庭的组成或者仲裁的程序与仲裁规则不符的；

(四)裁决的事项不属于仲裁协议的范围或者仲裁机构无权仲裁的。

国家主席江泽民签署第 32 号令公布《中华人民共和国审计法》

《中华人民共和国审计法》已由中华人民共和国第八届全国人民代表大会常务委员会第九次会议于 1994 年 8 月 31 日通过，现予公布，自 1995 年 1 月 1 日起施行。

中华人民共和国主席 江泽民

1994 年 8 月 31 日

中华人民共和国审计法

第一章 总 则

第一条 为了加强国家的审计监督，维护国家财政经济秩序，促进廉政建设，保障国民经济健康发展，根据宪法，制定本法。

第二条 国家实行审计监督制度。国务院和县级以上地方人民政府设立审计机关。

国务院各部门和地方各级人民政府及其各部门的财政收支，国有的金融机构和企业事业组织的财务收支，以及其他依照本法规定应当接受审计的财政收支、财务收支，依照本法规定接受审计监督。

审计机关对前款所列财政收支或者财务收支的真实、合法和效益，依法进行审计监督。

第三条 审计机关依照法律规定的职权和程序，进行审计监督。

第四条 国务院和县级以上地方人民政府应当每年向本级人民代表大会常务委员会提出审计机关对预算执行和其他财政收支的审计工作报告。

第五条 审计机关依照法律规定独立行使审计监督权,不受其他行政机关、社会团体和个人的干涉。

第六条 审计机关和审计人员办理审计事项,应当客观公正,实事求是,廉洁奉公,保守秘密。

第二章 审计机关和审计人员

第七条 国务院设立审计署,在国务院总理领导下,主管全国的审计工作。审计长是审计署的行政首长。

第八条 省、自治区、直辖市、设区的市、自治州、县、自治县、不设区的市、市辖区的人民政府的审计机关,分别在省长、自治区主席、市长、州长、县长、区长和上一级审计机关的领导下,负责本行政区域内的审计工作。

第九条 地方各级审计机关对本级人民政府和上一级审计机关负责并报告工作,审计业务以上级审计机关领导为主。

第十条 审计机关根据工作需要,可以在其审计管辖范围内派出审计特派员。

审计特派员根据审计机关的授权,依法进行审计工作。

第十一条 审计机关履行职责所必需的经费,应当列入财政预算,由本级人民政府予以保证。

第十二条 审计人员应当具备与其从事的审计工作相适应的专业知识和业务能力。

第十三条 审计人员办理审计事项,与被审计单位或者审计事项有利害关系的,应当回避。

第十四条 审计人员对其在执行职务中知悉的国家秘密和被审计单位的商业秘密,负有保密的义务。

第十五条 审计人员依法执行职务,受法律保护。

任何组织和个人不得拒绝、阻碍审计人员依法执行职务,不得打击报复审计人员。

审计机关负责人依照法定程序任免。审计机关负责人没有违法失职或者其他不符合任职条件的情况的,不得随意撤换。

第三章 审计机关职责

第十六条 审计机关对本级各部门(含直属单位)和下级政府预算的执行情况和决算,以及预算外资金的管理和使用情况,进行审计监督。

第十七条 审计署在国务院总理领导下,对中央预算执行情况进行审计监督,向国务院总理提出审计结果报告。

地方各级审计机关分别在省长、自治区主席、市长、州长、县长、区长和上一级审计机关的领导下,对本级预算执行情况进行审计监督,向本级人民政府和上一级审计机关提出审计结果报告。

第十八条 审计署对中央银行的财务收支,进行审计监督。

审计机关对国有金融机构的资产、负债、损益,进行审计监督。

第十九条 审计机关对国家的事业组织的财务收支,进行审计监督。

第二十条 审计机关对国有企业的资产、负债、损益,进行审计监督。

第二十一条 审计机关对与国计民生有重大关系的国有企业、接受财政补贴较多或者亏损数额较大的国有企业,以及国务院和本级地方人民政府指定的其他国有企业,应当有计划地定期进行审计。

第二十二条 对国有资产占控股地位或者主导地位的企业的审计监督,由国务院规定。

第二十三条 审计机关对国家建设项目预算的执行情况和决算,进行审计监督。

第二十四条 审计机关对政府部门管理的和社会团体受政府委托管理的社会保障基金、社会捐赠资金以及其他有关基金、资金的财务收支,进行审计监督。

第二十五条 审计机关对国际组织和外国政府援助、贷款项目的财务收支,进行审计监督。

第二十六条 除本法规定的审计事项外,审计机关对其他法律、行政法规规定应当由审计机关进行审计的事项,依照本法和有关法律、行政法规的规定进行审计监督。

第二十七条 审计机关有权对与国家财政收支有关的特定事项,向有关地方、部门、单位进行专项审计调查,并向本级人民政府和上一级审计机关报告审计调查结果。

第二十八条 审计机关根据被审计单位的财政、财务隶属关系或者国有资产监督管理关系,确定审计管辖范围。

审计机关之间对审计管辖范围有争议的,由其共同的上级审计机关确定。

上级审计机关可以将其审计管辖范围内的本法第十八条第二款至第二十五条规定的审计事项,授权下级审计机关进行审计;上级审计机关对下级审计机关审计管辖范围内的重大审计事项,可以直接进行审计,但是应当防止不必要的重复审计。

第二十九条 国务院各部门和地方人民政府各部门、国有的金融机构和企业事业组织,应当按照国家有关规定建立健全内部审计制度。各部门、国有的金融机构和企业事业组织的内部审计,应当接受审计机关的业务指导和监督。

第三十条 对依法独立进行社会审计的机构的指

导、监督、管理，依照有关法律和国务院的规定执行。

第四章 审计机关权限

第三十一条 审计机关有权要求被审计单位按照规定报送预算或者财务收支计划、预算执行情况、决算、财务报告，社会审计机构出具的审计报告，以及其他与财政收支或者财务收支有关的资料，被审计单位不得拒绝、拖延、谎报。

第三十二条 审计机关进行审计时，有权检查被审计单位的会计凭证、会计账簿、会计报表以及其他与财政收支或者财务收支有关的资料和资产，被审计单位不得拒绝。

第三十三条 审计机关进行审计时，有权就审计事项的有关问题向有关单位和个人进行调查，并取得有关证明材料。有关单位和个人应当支持、协助审计机关工作，如实向审计机关反映情况，提供有关证明材料。

第三十四条 审计机关进行审计时，被审计单位不得转移、隐匿、篡改、毁弃会计凭证、会计账簿、会计报表以及其他与财政收支或者财务收支有关的资料，不得转移、隐匿所持有的违反国家规定取得的资产。

审计机关对被审计单位正在进行的违反国家规定的财政收支、财务收支行为，有权予以制止；制止无效的，经县级以上审计机关负责人批准，通知财政部门和有关主管部门暂停拨付与违反国家规定的财政收支、财务收支行为直接有关的款项，已经拨付的，暂停使用。采取该项措施不得影响被审计单位合法的业务活动和生产经营活动。

第三十五条 审计机关认为被审计单位所执行的上级主管部门有关财政收支、财务收支的规定与法律、行政法规相抵触的，应当建议有关主管部门纠正；有关主管部门不予纠正的，审计机关应当提请有权处理的机关依法处理。

第三十六条 审计机关可以向政府有关部门通报或者向社会公布审计结果。

审计机关通报或者公布审计结果，应当依法保守国家秘密和被审计单位的商业秘密，遵守国务院的有关规定。

第五章 审计程序

第三十七条 审计机关根据审计项目计划确定的审计事项组成审计组，并应当在实施审计三日前，向被审计单位送达审计通知书。

被审计单位应当配合审计机关的工作，并提供必要的工作条件。

第三十八条 审计人员通过审查会计凭证、会计账簿、会计报表，查阅与审计事项有关的文件、资料，检查现金、实物、有价证券，向有关单位和个人调查等方式进行审计，并取得证明材料。

审计人员向有关单位和个人进行调查时，应当出示审计人员的工作证件和审计通知书副本。

第三十九条 审计组对审计事项实施审计后，应当向审计机关提出审计报告。审计报告报送审计机关前，应当征求被审计单位的意见。被审计单位应当自接到审计报告之日起十日内，将其书面意见送交审计组或者审计机关。

第四十条 审计机关审定审计报告，对审计事项作出评价，出具审计意见书；对违反国家规定的财政收支、财务收支行为，需要依法给予处理、处罚的，在法定职权范围内作出审计决定或者向有关主管机关提出处理、处罚意见。

审计机关应当自收到审计报告之日起三十日内，将审计意见书和审计决定送达被审计单位和有关单位。

审计决定自送达之日起生效。

第六章 法律责任

第四十一条 被审计单位违反本法规定，拒绝或者拖延提供与审计事项有关的资料的，或者拒绝、阻碍检查的，审计机关责令改正，可以通报批评，给予警告；拒不改正的，依法追究责任。

第四十二条 审计机关发现被审计单位违反本法规定，转移、隐匿、篡改、毁弃会计凭证、会计账簿、会计报表以及其他与财政收支或者财务收支有关的资料的，有权予以制止。

被审计单位有前款所列行为，审计机关认为对负有直接责任的主管人员和其他直接责任人员依法应当给予行政处分的，应当提出给予行政处分的建议，被审计单位或者其上级机关、监察机关应当依法及时作出决定；构成犯罪的，由司法机关依法追究刑事责任。

第四十三条 被审计单位违反本法规定，转移、隐匿违法取得的资产的，审计机关、人民政府或者有关主管部门在法定职权范围内有权予以制止，或者申请法院采取保全措施。

被审计单位有前款所列行为，审计机关认为对负有直接责任的主管人员和其他直接责任人员依法应当给予行政处分的，应当提出给予行政处分的建议，被审计单位或者其上级机关、监察机关应当依法及时作出决定；构成犯罪的，由司法机关依法追究刑事责任。

第四十四条 对本级各部门（含直属单位）和下级政府违反预算的行为或者其他违反国家规定的财政收支行为，审计机关、人民政府或者有关主管部门在法定职权范围内，依照法律、行政法规的规定作出处理。

第四十五条 对被审计单位违反国家规定的财务收支行为，审计机关、人民政府或者有关主管部门在法定职权范围内，依照法律、行政法规的规定，责令限期缴纳应当上缴的收入，限期退还违法所得，限期退还被侵占的国有资产，以及采取其他纠正措施，并可依法给予处罚。

第四十六条 对被审计单位违反国家规定的财政收支、财务收支行为负有直接责任的主管人员和其他直接责任人员，审计机关认为依法应当给予行政处分的，应当提出给予行政处分的建议，被审计单位或者其上级机关、监察机关应当依法及时作出决定。

第四十七条 被审计单位的财政收支、财务收支违反法律、行政法规的规定，构成犯罪的，依法追究刑事责任。

第四十八条 报复陷害审计人员，构成犯罪的，依法追究刑事责任；不构成犯罪的，给予行政处分。

第四十九条 审计人员滥用职权、徇私舞弊、玩忽职守，构成犯罪的，依法追究刑事责任；不构成犯罪的，给予行政处分。

第七章 附 则

第五十条 中国人民解放军审计工作的规定，由中央军事委员会根据本法制定。

第五十一条 本法自 1995 年 1 月 1 日起施行。1988 年 11 月 30 日国务院发布的《中华人民共和国审计条例》同时废止。

全国推行公务员制度经验交流会在北京召开

国务委员李贵鲜在会上指出，加快建立和推行公务员制度的关键，是进一步加深对推行国家公务员制度意义的理解和加强对实施工作的组织领导。

李贵鲜指出，各级政府和部门要充分认识到：建立和推行国家公务员制度是我国政治体制改革的一项重要内容，是建立社会主义市场经济体制的必然要求和组织保证，也是巩固机构改革成果和加强廉政勤政建设的需要。

李贵鲜要求各级领导要带头学好《国家公务员暂行条例》，把新制度的实施与解决本地区、本部门人事管理工作中存在的实际问题结合起来；要注意突出重点，讲求实效，围绕建立激励机制、廉政勤政机制及精简人员、优化结构等重点工作，抓出实效。

李贵鲜还要求各级政府和部门要加强督促检查，在实施范围、职位设置、工资总额等方面，必须严格按规定办事，履行严格审批程序，任何单位都不能乱“开口子”，防止擅自扩大范围、突击提职、滥设非领导职务和变相增加工资等现象发生。人员选配要在核定的编制内，按公务员的基本条件和所在职位的条件进行，不得超编制、超规格配备人员。公务员的录用、晋升、辞职、辞退，要按规定的标准和程序进行，做到公开、公平，并接受社会各界的监督。

第五届“中国十大杰出青年”评选揭晓

本届当选的“中国十大杰出青年”是(以姓氏笔划为序)：浙江省绍兴小小企业总公司总经理王永良；黑龙江省哈尔滨市南岗区红十字康复医院院长王富龙；河南省读来读去读书社社长张少鸿；陕西省档案保护科学研究所所长李玉虎；辽宁省沈阳飞龙医药保健品集团总裁姜伟；天津市西青区王兰庄党支部书记郭宝印；解放军济南军区 54782 部队通信连班长徐洪刚；贵州省剑河县六仰乡民族学校高级教师谢世梅(女)；北京棋院国际象棋队运动员谢军(女)；江苏省维维集团公司总经理崔桂亮。

国务院批转《全国物价大检查总结报告》并发出通知

各省、自治区、直辖市人民政府，国务院各部委、各直属机构：

国务院同意全国物价大检查领导小组报来的《全国物价大检查总结报告》，现转发给你们，请认真贯彻执行。

当前，我国改革、开放和发展继续保持好的势头，社会稳定、人心安定。但是，通货膨胀的形势依然严峻，物价上涨幅度还比较高，这个问题必须引起我们的高度重视。多年来的实践证明，抑制通货膨胀，保持物价的基本稳定，是顺利推进改革和保持国民经济持续、快速、健康发展的必要条件，是妥善处理改革、发展、稳定三者关系的重要环节，也是各级政府一项经常性的重要工作。

最近，国务院已发出《关于今年下半年各级政府不再出台新的调价措施的通知》(国发〔1994〕15 号)，各地区、各部门要坚决贯彻国务院关于今年下半年物价工作的方针，继续保持宏观调控的必要力度，严格控制固定资产投资规模，控制消费基金过快增长，严格执行信贷计划，抓好农业生产和“菜篮子”工程，特别是要抓好淡季蔬菜和生猪的生产，搞好调运和储备，保证市场供应。要加强对居民基本生活必需品和服务价格的监审，对粮、油、肉、蛋、菜等主要品种，应该制定比较具体的、可操作的价格监审办法，继续实行明码标价制度。要进一步大力开展物价监督检查，查处价格违法案件，要发挥新闻媒介监督与群众监督的作用，坚决制止乱涨价、乱收费行为，切实保护群众利益，安定人民生活。

全国物价大检查总结报告(略)

国务院召开的全国棉花工作会议在北京闭幕

国务院副总理朱镕基在会议结束时发表讲话说，

今年棉花工作方针已经明确，现在关键是要统一认识，狠抓落实。

朱镕基指出，统一认识就是要把认识统一到邓小平同志建设有中国特色社会主义理论、十四大和十四届三中全会确定的社会主义市场经济原则上来。党的十四大对社会主义市场经济作了科学的概括，就是："要使市场在国家宏观调控下对资源配置起基础性作用。"这里包括市场的基础性作用和国家的宏观调控两个有机的组成部分，二者缺一不可。现在有的人宣扬放开不管就是市场经济，这是对市场经济的曲解。朱镕基历史地分析了从古典经济学理论到当代主要经济学流派的主张和经济发达国家的实践后指出，当今世界，没有哪个国家的市场经济是不受政府调控的。朱镕基强调，要想建立真正的社会主义市场，就要努力去创造必要的条件：一、要有立法规范的市场体系；二、要有完善的质量监督体系；三、要有健全的市场信息系统；四、要有必备素质的管理人才和相应的全民教育水平；五、要有适当的宏观调控手段。

在谈到棉花流通体制改革时，朱镕基指出，棉花流通体制改革必须坚持市场取向，按照社会主义市场经济的要求，逐步建立在国家宏观调控下主要依靠市场机制实现棉花资源合理配置的流通体制。朱镕基强调，改革不能简单归结为彻底放开，实践证明这只能导致价格失控、秩序混乱、损失严重。改革必须坚持积极稳妥的方针，创造条件，稳步推进。朱镕基指出，从当前的实际情况出发，棉花流通体制要坚持不放开经营，不放开市场，不放开价格。今年改革的重点是按照价值规律的要求，合理调整棉花价格，调动农民种棉、售棉的积极性；按照社会主义市场经济的要求，建立规范的市场流通秩序，加快健全质量保障和监督体系，改进和完善国家对棉花的储备调节体系。

朱镕基强调，要千方百计把棉花收上来，确保国家掌握充足的棉花资源，是当前棉花工作的重点。为此，除了合理调整价格，发挥经济杠杆的调节作用外，还必须加大市场管理的力度。供销社受国家委托统一经营棉花，责任重大。要加强内部管理，注重优质服务。产棉区各级政府要严格执行国务院制定的方针和政策，不准再出台与会议精神相违背的措施，毗邻省、地、县务必政策一致，行动一致，相互支持，严格制止"棉花大战"。国务院将继续向产棉区派出棉花收购工作巡视组，及时发现和处理收购中出现的问题。内贸部要设立举报电话，公布于众，对那些抬价抢购的人，不论涉及到谁都要严肃查处。纪检、监察、技术监督、物价等部门的领导也要亲自到产区去检查工作。工商部门要加强市场管理，采取坚决措施取缔非法收购、加工和经营。要继续深入开展打击棉花掺杂使假的违法犯罪活动。

朱镕基还强调，今年棉花工作除了做到"收得上"，还要做到"调得动"。产区、销区都要树立全国一盘棋的思想。产区要支持销区，销区也要支持产区。产区各级政府要顾全大局，把支持、保证、监督供销社做好跨省调拨工作，作为领导责任制的一项重要内容。

朱镕基最后指出，解决棉花问题，从根本上说要靠发展生产。当前棉花丰收在望，各级政府要一手抓好今年的收购工作，一手抓好明年棉花生产的准备工作，特别是尽快把化肥价格降下来，为争取明年棉花的更大丰收，为改革创造更好的环境而努力。

部分省(区、市)打击走私工作会议在广州闭幕

会议根据全国打击走私领导小组第四次会议的决定召开。会议由国务院副秘书长何椿霖主持，海关总署署长钱冠林作报告，沿海沿边及部分内地的22个省、自治区、直辖市人民政府主管这一工作的领导和各缉私部门的负责人，以及有关的中央、国家机关、部队和新闻单位的代表出席会议。

国务院副总理、全国打击走私领导小组组长李岚清在会上指出，一年来全国各地积极开展反走私斗争，取得显著成绩。但当前反走私斗争形势仍不容乐观，要把反走私斗争深入持久地开展下去。

李岚清说，打击走私是反腐败的一个重要方面，也是去年开展新一轮反腐败斗争的序曲。一年来，我们根据党中央、国务院关于开展反腐败的战略部署，坚决贯彻江泽民总书记、李鹏总理等领导指示精神，按照全国打击走私工作会议的部署，积极开展了打击走私的联合行动，取得显著成绩。但只要有国际贸易存在，有差价存在，走私就不会停止，走私与反走私是一项长期斗争，必须常抓不懈。当前这方面斗争的形势仍很严峻。如果我们稍一松懈，走私猖獗的势头就可能再度出现，因此务必不能放松警惕，一定要坚持不懈，把反走私斗争进行下去。

李岚清强调指出，反走私斗争能否常抓不懈，关键在于各级党政领导，领导的关键又在于对反走私斗争的认识。各级领导要建立打击走私的责任制，要继续加强对打击走私工作的领导，大力支持海关、公安边防和工商行政管理等执法部门依法缉私的斗争。执法部门本身要不断加强自身队伍的建设，提高素质，严格依法行政，决不手软。

李岚清要求各地继续组织好反走私联合行动和专项斗争，要抓紧对走私大案要案的查处工作，要与反腐败斗争结合起来一起抓。在走私严重的地方，应当把反走私斗争作为开展反腐败斗争的一个重要突破口，对走私大案要案下决心一查到底，依法惩处，绝不姑息。对暴力抗拒缉私等恶性案件的犯罪分子，要采取坚决措施，依法严惩。

国务院副总理李岚清在深圳调查研究

8 月 31 日至 9 月 2 日，李岚清在深圳市委书记、市长厉有为等陪同下，调查了深圳市的口岸、盐田港和南海油脂(赤湾)有限公司，并听取了市委、市政府的工作汇报。李岚清指出，近年来深圳经济特区的工作取得了新的成绩，今后要办得更好，发挥更大的作用。中央对发展经济特区的决心不变，对经济特区的基本政策不变，经济特区在改革开放和现代化建设中的地位和作用不变。深圳要抓住机遇，进一步完善投资环境，抓好两个文明建设，加快经济结构调整，大力发展高科技高附加值、高质量的产业。那些劳动密集型的产业要同内地联合，向内地转移，把特区和内地的优势结合起来，并带动内地经济发展。

在视察过程中，李岚清强调指出，在口岸管理方面，深圳要走在全国的前面，继续探索和改革，完善口岸管理体制，要做到既能有效地进行监管，做好打击走私工作；又能提高工作效率，方便进出，为改革开放和现代化建设做出新的贡献。

国家主席江泽民就中俄中法关系等问题分别接受俄罗斯和法国记者的采访

江泽民主席即将出访俄罗斯、乌克兰和法国，在钓鱼台国宾馆芳菲苑分别接受俄罗斯和法国记者的采访，就中俄、中法关系，地区和国际问题回答他们的提问。

当记者问及中俄关系的现状和合作前景时，江泽民说，近 3 年来，特别是 1992 年底叶利钦总统访问中国以后，中俄两国在政治、经贸、科技、教育、文化等各个领域的关系都在顺利发展。两国保持着高级别的接触和往来；边界谈判取得了重要成果；边境地区裁军谈判有了明显的进展。贸易额连续两年超过了过去中苏贸易的最高水平，中俄已互相成为重要的贸易伙伴。他说："中俄两国是近邻，对两国关系的发展，我想，中俄两国人民都是高兴的。"

江泽民对俄记者说："应叶利钦总统的邀请，过两天我就要访问你们美丽的国家。我将同叶利钦总统和其他俄罗斯领导人一起，共同探讨建立面向 21 世纪的睦邻友好、互利合作的中俄关系，把两国在各个领域的合作提高到新的水平。"

当记者问及现在有大量的中国公民持短期签证去俄国后滞留在那里，这是否会成为中俄关系紧张的因素及如何解决这一问题时，江泽民表示，近几年，随着中俄两国睦邻友好关系的不断发展，相互不再隔绝，两国交往扩大，人员往来迅速增多，这个过程是很自然的。他说："由于必要的立法和措施跟不上形势发展的需要，特别是在边境地区的往来中出现一些无序现象，产生一些消极影响。我们认为这种情况是不好的，应当予以纠正和制止。近一段时间来，由于双方合作采取一些措施，情况已有所改善。"

江泽民说："我们不能'因噎废食'。我认为，这是两国关系前进中出现的问题，中俄双方本着真诚、友好、冷静、求实的态度共同努力，这些问题是可以妥善解决的，没有也不会成为中俄关系紧张的因素。"

谈到今年以来中俄贸易额下降的原因时，江泽民说："我们注意到今年上半年，中俄两国贸易额比去年同期下降。下降的原因是多方面的，中俄两国都在进行经济改革，对于对方商品的需求有所变化；签证制度的变化也给双方经贸人员的往来带来一些影响。在国际贸易中，贸易额有增有减是经常出现的。我相信，中俄贸易额下降只是暂时的现象。通过双方的共同努力，鼓励两国有实力、有信誉的大公司开展合作，两国贸易将会更加健康地发展。无疑，这方面的问题也在两国领导人的对话范围之内。"

在接受法国记者采访时，江泽民说："中法两国关系自今年恢复正常以来发展势头很好。巴拉迪尔总理 4 月访华，现在我又应密特朗总统的邀请对法国进行国事访问。两国贸易关系也得到了较快的恢复和发展。今年上半年，法国对华出口比去年同期增长 42.2%。"

江泽民指出，中法两国经济上有很强的互补性，发展前景是好的。在国际问题上双方有不少相同或相似的观点。他说："我相信，只要双方共同做出努力，两国的友好合作关系就一定会在中法建交公报和今年 1 月 12 日联合公报的原则基础上不断向前发展。"

当记者问及朝鲜核问题和中国的作用时，江泽民强调，在这个问题上中国追求的目标有两个：保持朝鲜半岛的和平与稳定和实现朝鲜半岛的无核化。他说："中国一直主张由直接有关的各方通过对话来解决问题。我们欢迎美朝会谈取得的初步成果，并一直在发挥积极的作用。"

在回答中国政府是希望同欧洲各国政府打交道，还是愿意同欧洲联盟打交道的问题时，江泽民说："中国既愿意同欧洲各国，也愿意同欧洲联盟发展友好合作关系，我认为这两者是并行不悖的。"

当记者问及一个与中国保持外交关系的国家与台湾的接触可以达到何种程度时，江泽民强调，所有与中国建交的国家都表示承认中华人民共和国政府是代表全中国的唯一合法政府，台湾是中国不可分割的一部分，承诺不同台湾建立官方关系和进行具有官方性质的往来。他说，对法国同台湾进行纯属民间的经贸往来我们不持异议。

国务院总理李鹏为迎接国际人口与发展大会的召开发表书面讲话

今年九月初，联合国将在开罗召开国际人口与发展大会，并以“人口、持续的经济增长和可持续的发展”为主题。这表明国际社会日益清醒地认识到人口与发展密不可分，并准备采取共同行动。我认为这是一次具有重要意义的会议，中国政府予以高度重视，将派代表团出席会议。

人口问题从本质上讲是一个发展问题。积极、稳妥地解决人口问题有利于经济和社会的发展，而只有经济和社会的发展，才能从根本上解决人口问题。因此，人口政策与人口方案应当成为一个国家、一个地区社会经济持续发展战略的一个重要组成部分。中国是世界上人口最多的发展中国家。中国政府将人口问题纳入国民经济与社会发展的总体规划中，始终强调人口的增长要与社会和经济的发展相适应，与资源利用和环境保护相协调。从中国的基本国情出发，中国政府确定计划生育和环境保护为两项基本国策，实施了符合中国实际的人口政策和计划生育方案。同时，中国政府还制定了一系列重大的决策和措施，如保护妇女合法权益，促进男女平等，大力发展妇幼保健事业，努力消除贫困，保护生态环境，以实现可持续发展。当前，中国经济持续增长，社会安定团结，人民生活不断改善，人口出生率和人口自然增长率下降到较低的水平。这一举世瞩目的成就，充分证明了中国政府把人口问题与社会经济问题一同规划、一同决策、一同实施的方针是正确的，是行之有效的，是成功的。

人口问题是当今国际社会面临的重大问题。由于国情不同，经济发展水平、文化背景、历史传统、社会制度各异，各国应该根据本国的实际情况，制订适宜的、有效的人口政策。这是各国的主权，应当受到充分尊重。中国正处在建立社会主义市场经济体制，加快现代化建设的关键时期，庞大的人口绝对增长量仍然制约着社会与经济的发展，影响着人民生活水平进一步提高，也给自然资源和生态环境带来沉重的压力。因此，在相当长的一个时期内，中国将在大力发展经济的同时，继续抓紧做好计划生育工作。中国政府坚信，解决好中国的人口问题，不仅是对中华民族的繁荣昌盛和子孙后代的幸福负责，也是为稳定全球人口作出的重要贡献。为此，中国政府十分重视并积极参与国际人口活动，并衷心希望国际社会从切实解决人口与发展问题的立场出发，求同存异，通力合作，共同为稳定全球人口、创造美好未来而努力奋斗！

预祝国际人口与发展大会取得圆满成功。

国务院副总理兼外交部部长钱其琛在纪念联合国成立50周年中国国家委员会首次会议上发表讲话

明年是联合国成立50周年。届时，联合国将举行各种纪念活动。经国务院批准，我国于去年2月成立纪念联合国50周年国家委员会。委员会由国务院有关部委及新闻和学术研究等35个单位的负责人组成，钱其琛兼任主任。

钱其琛说，中国将积极支持并参与联合国举行的有关纪念联合国成立50周年的重大活动，同时按联合国有关决议精神在国内举办形式多样的广泛的纪念活动。

钱其琛说，纪念联合国50周年是一件有意义的事件，它将给联合国提供一个回顾过去、展望未来的良好机会，同时也将进一步增进各国人民对这一重要国际组织的广泛理解和支持。他指出，联合国的创立体现了全人类渴望永远免除世界大战之祸的强烈决心和共创一个和平、繁荣、合作的世界的美好愿望。

国家委员会副主任、外经贸部部长吴仪在会议上就中国与联合国发展业务系统之间的合作作发言。

国务院副总理钱其琛在钓鱼台国宾馆会见澳门总督韦奇立

钱其琛在会见中指出，中葡双方根据中葡两国政府关于澳门问题的联合声明，在澳门问题上进行密切合作，有利于1999年澳门平稳过渡和政权顺利交接，有利于保持澳门的稳定和发展。他对韦奇立说：“中方对中葡双方在解决澳门过渡期面临的有关问题上取得的进展表示满意。中葡两国高层领导人互访对于推动双方在澳门问题上的合作具有重大意义。我们对总督先生为贯彻联合声明、保持澳门的稳定和发展，同中方进行积极合作所做的努力表示赞赏。”

钱其琛说，中国政府根据“一国两制”方针来解决澳门问题是符合实际的和富有远见的。钱其琛说：“中葡双方根据联合声明进行良好合作、实现澳门平稳过渡和政权顺利交接、保持澳门稳定和发展，符合中葡双方的利益，得到了有关各方面的赞同和支持。但也有人对中葡双方在澳门问题上的合作想加以破坏。对此，我们应保持警惕。”

韦奇立总督表示，葡萄牙方面决心严格遵守联合声明，在澳门问题上进一步加强同中方的合作。但有人不希望看到葡中友好关系的顺利发展，不愿意看到澳门平稳过渡，而想从中加以破坏。所以，葡方决心同中方加强往来、增加信任、密切合作，以实现澳门的平稳过渡、政权顺利交接、保持澳门的稳定和发展。

外交部副部长姜恩柱、国务院港澳办副主任陈滋英、新华社澳门分社社长郭东坡参加会见。

国务院副总理兼外交部部长钱其琛在北京会见法国前总理雷蒙·巴尔

坦桑尼亚总统姆维尼在达累斯萨拉姆会见国务委员兼国防部部长迟浩田

《中共中央关于进一步加强和改进学校德育工作的若干意见》发布

为适应当前深化改革，扩大开放和加快社会主义现代化建设步伐的新形势的要求，进一步加强和改进学校德育工作，提出以下意见。

(1)以邓小平同志1992年年初重要谈话和党的第十四次代表大会为标志，我国改革开放和社会主义现代化建设事业进入了一个新的发展阶段。青少年是国家和民族的未来，教育和培养好他们，是社会主义建设事业的奠基工程，也是广大人民群众的期望与心愿。现在和今后一、二十年学校培养出来的学生，他们的思想道德和科学文化素质如何，直接关系到21世纪中国的面貌，关系到我国社会主义现代化建设战略目标能否实现，关系到能否坚持党的基本路线一百年不动摇。必须站在历史的高度，以战略的眼光来认识新时期学校德育工作的重要性。

(2)十一届三中全会以来的15年，随着改革开放事业的不断深化，国家政治稳定，经济发展，民族团结，社会进步，人民生活水平不断提高，一派生机勃勃。我国社会主义制度在世界风云变幻的严峻考验下，显示出强大的生命力。改革开放和现代化建设事业为广大青少年的成才和发展展现了广阔的舞台和美好的前景。近年来，在以江泽民同志为核心的党中央领导下，学校德育工作在总结经验的基础上不断探索前进，在全面贯彻教育方针，提高学生思想道德和科学文化素质，培养合格人才，促进学校改革、发展和维护学校、社会稳定方面发挥了积极作用，取得了显著成绩。广大青少年学生拥护党的路线、方针、政策，关注改革开放的进程，希望祖国早日强盛，愿意为社会主义现代化建设事业贡献力量，成才的愿望和学习的自觉性增强，努力适应建立社会主义市场经济体制对人才素质的新要求。这些都是我们因势利导，进一步做好学校德育工作的基础和有利条件。

(3)新形势对学校德育工作提出了更高的要求：在经济体制发生重大变化，以公有制和按劳分配为主体，其他多种经济成分和分配方式并存的条件下，如何坚持社会主义意识形态的主导地位，用马克思列宁主义、毛泽东思想和邓小平同志建设有中国特色社会主义理论教育青少年；在进一步扩大对外开放，学习国外先进科学技术和管理经验的条件下，如何教育青少年正确认识我国国情，继承和发扬中华民族优秀文化传统和中国共产党领导下的革命斗争传统，树立民族自尊、自信、自强、自立的精神；在新旧体制转换过程中还存在各种矛盾，社会生活中还有需要克服的消极现象的情况下，如何引导学生逐步树立正确的世界观、人生观和价值观，培养良好的道德品质；在人民生活水平有了较大改善和提高的情况下，如何培养学生具有自力更生，艰苦奋斗的精神和坚强的意志品质；在科学技术迅速发展，社会主义市场经济体制逐步建立的情况下，如何指导学生在观念、知识、能力、心理素质方面尽快适应新的要求。这些都是学校德育工作需要研究和解决的新课题。加快改革开放和现代化建设步伐，以及教育改革和发展的新形势、新任务，迫切地要求德育工作更好地发挥对青少年学生健康成长和对学校工作的导向、动力、保证作用。

(4)面对新的形势和要求，学校德育工作还很不适应。必须解放思想，实事求是，有紧迫感。要以邓小平同志建设有中国特色社会主义理论为指导，全面贯彻党的教育方针，坚持社会主义办学方向，落实《中国教育改革和发展纲要》，加大改进工作的力度，完善德育体系，积极推进教育教学改革，克服“一手硬，一手软”和忽视德育工作的倾向，努力培养有理想、有道德、有文化、有纪律的献身有中国特色社会主义事业的建设者和接班人。

(5)整体规划学校的德育体系。要遵循青少年学生思想品德形成的规律和社会发展的要求，根据德育工作的总体目标，科学地规划各教育阶段的具体内容、实施途径和方法。学生的“五爱”(爱祖国、爱人民、爱劳动、爱科学、爱社会主义)情感，文明的行为习惯，良好的道德品质和遵纪守法意识，科学的世界观、人生观、价值观，社会主义的理想信念，是一个通过教育逐步形成的过程。各种教育内容的深浅和侧重点，要针对不同年龄及学习阶段的理解和接受能力有所不同，逐步提高。各教育阶段的德育课程、教学大纲、教材、读物，教育和管理方法，学生思想品德表现的评定标准及方式等都要据此加强整体衔接，防止简单重复或脱节。

(6)以邓小平同志建设有中国特色社会主义理论作为学校马克思主义理论教育的中心内容。这是新时期加强和改进学校德育工作的首要任务和根本措施。学校政治理论课和思想品德课是系统地对学生进行马克思主义理论教育和品德教育的主渠道和基本环节，要重点进行教学内容和方法的改革。要向青年学生简明扼要地讲授马克思列宁主义的基本观点，学习毛主席的重要哲学著作，特别是学习邓小平同志建设有中国特色社会主义理论；要从学生思想实际出发，紧密结合改革开放和社会主义现代化建设的丰富实践，回答学生普遍关心的问题；指导学生逐步学会运用辩证唯物主义和历史唯物主义的立场、观点、方法，分析现实社会生活中的政治、经济、文化、道德现象，评价各种社会思潮，确立为建设有中国特色社会主义而奋斗的政治方向。根据当代中国社会政治经济的基本特点和发展变化以及学生的特点，不断改进和完善教学内容体系，编写出相对稳定、具有规范性的教材。要改进考试方法，注重考查学生对所学内容的理解程度和实际接受情况。

(7)深入持久地进行爱国主义、集体主义和社会主义思想教育。爱国主义教育要以中国近、现代史和国情教育为依托，形成贯穿小、中、大学各教育阶段，由浅入深的稳定的教育序列。高等学校和高中阶段要开设时事政策课或讲座，以国内外形势及党和国家重大方针政策为主要内容，对学生进行生动、现实的国情教育。中小学都要有自己特色的进行爱家乡、爱祖国教育的基地和乡土教材。要建立和健全升降国旗、重要集会唱国歌等制度，积极组织缅怀英烈、学习杰出历史人物、参观文化古迹、革命遗址、祖国山川以及新中国建设成就等爱国主义教育活动。要充分运用各种大众传播媒介，形成爱国主义教育的整体气氛。要把增强民族团结，维护祖国统一，列为学校爱国主义教育的重要内容。

要对学生进行以集体主义为核心的价值观教育。要教育学生明确，建立社会主义市场经济体制，仍需要倡导集体主义，正确处理个人、集体、国家之间的利益关系，发扬对国家和人民的奉献精神。要帮助学生正确认识社会上存在的各种消极现象，培养辨别是非善恶的能力。反对拜金主义、享乐主义、极端个人主义。要引导他们接触人民群众，学习人民群众，组织他们参与校内外精神文明建设活动。

要对学生进行坚持党的领导和社会主义道路的教育。青少年成长发展与国家的前途命运息息相关，因而，什么是社会主义，为什么要坚持社会主义，如何建设社会主义，始终是他们关心和思考的深层次问题。要有针对性地对学生深入进行坚持有中国特色社会主义道路和党的基本路线的教育，逐步确立坚定正确的政治方向，自觉维护学校和社会的稳定。

(8)开展中华民族优良道德传统的教育。要认真研究和继承那些在我国历史发展中长期形成的优良道德思想和行为准则，赋予新的时代内容，并编撰成系统的丛书。要把中华民族的优良道德传统和在人民革命及在社会主义建设实践中形成的新道德典范结合起来，并吸收世界上其他国家的先进文明成果，提出有中华民族特色、体现时代精神的价值标准和道德规范，编写适合不同年龄层次学生的教材、读物，拍制影视片，广泛宣传，反复教育，长期熏陶。

(9)增强适应时代发展、社会进步，以及建立社会主义市场经济体制的新要求和迫切需要的素质教育。要重视培养学生开拓进取、自强自立、艰苦创业的精神；大力加强法制教育特别是宪法的教育；要有计划地进行社会公德和职业道德教育；要在九年义务教育阶段中进一步落实音、体、美课程，并积极在普通高校和高中阶段开设艺术选修课，陶冶情操，提高学生的艺术修养和欣赏水平；要积极开展青春期卫生教育，通过多种方式对不同年龄层次的学生进行心理健康教育和指导，帮助学生提高心理素质，健全人格，增强承受挫折、适应环境的能力。

(10)德育工作要与关心指导学生的学习、生活相结合，与加强管理相结合。德育工作者要深入到学生中去，通过谈心、咨询等活动，指导他们处理好在学习、成才、择业、交友、健康、生活等方面遇到的矛盾和问题。要加强管理，认真贯彻实施《小学生日常行为规范》、《中学生日常行为规范》和《高等学校学生行为准则》，严格校规校纪，加强良好校风、学风建设。培养学生自我教育、自我管理、自我服务、自我约束的能力。

(11)进一步发挥全体教职工的育人作用。教师最关键，要认真履行《教师法》规定的教书育人任务，言传身教，为人师表，引导学生德智体全面发展。教育行政部门和学校要加强教师思想政治工作，制定和完善有关制度、政策，采取切实措施调动全体教师的积极性与责任感，鼓励教师担任班主任，落实教书育人工作。学校各项管理工作、服务工作也要明确育人职责，管理育人，服务育人。

(12)按照不同学科特点，促进各类学科与课程同德育的有机结合。借鉴国外包括发达国家在这方面的经验和做法，在教育改革中积极探索，总结经验，并及时加以规范，形成稳定的机制。高校应积极开设人文、社会科学类选修课程，与马克思主义理论课和思想品德课统筹规划，分工合作。各门课程的建设应体现社会主义的办学方向和全面发展的办学指导思想，教学大纲和教学评估标准要有正确的思想导向。教学主管部门和教研人员要深入教学领域与学生实际，有针对性地发挥教学、科研的德育功能。

(13)重视校园文化建设。要大力开展学生喜闻乐见的丰富多彩、积极向上的学术、科技、体育、艺术和娱乐活动，建设以社会主义文化和优秀的民族文化为主体、健康生动的校园文化。要努力净化校园环境，抵制消极、腐朽思想的渗透和影响，抑制低俗文化趣味和非理性文化倾向，引导校园文化气氛向健康高雅方向发展。在整个社会精神文明建设中，学校应成为最好的小环境之一，并对大环境的优化作出积极贡献。

(14)加强实践环节。教育与生产劳动相结合，是坚持社会主义教育方向的一项基本措施。各级各类学校都要把组织学生适当参加一定的物质生产劳动作为一门必修课，列入教学计划，统筹安排，各级教育行政部门要进行具体督促检查。实验、实习课程也要进一步加强，在时间、内容、组织、条件上予以落实和保证。九年义务教育阶段的思想品德课、劳动课要有公益劳动、远足锻炼以及参加社会生活等方面的内容。高中和高等学校要把社会实践纳入教学、教育计划，组织学生参加社会调查、生产劳动、科技文化服务、军政训练、勤工俭学等活动。要加强对社会实践活动的管理和指导，明确教育目的，提高教育实效。对不利于学生身心健康、妨碍学习和校园生活秩序的活动要予以劝阻并制止。

(15)学校教育、家庭教育、社会教育紧密配合。学校要主动同家长及社会各方面密切合作，使三方面的教育互为补充、形成合力。要通过家长委员会、家长学校、家长接待日等形式同学生家长建立经常联系，大力普及家庭教育知识，吸收家长参加德育过程。建立校外教育网点，使学校德育向校外延伸。要依靠关心下一代协会、社区教育委员会、校外德育辅导员等各种社会性的青少年教育组织和其他社会团体，动员、组织、协调社会各方面力量支持学校做好德育工作。

(16)完善德育工作管理体制。各级各类学校党组织都要加强对学校思想政治教育工作的领导。不管学校实行何种领导体制，校长都要对学生的德智体全面发展负责；在党委(总支、支部)的统一部署下，学校都要建立和完善校长及行政系统为主实施的德育管理体制。要把德育贯穿在教育的全过程，落实在教学、管理、后勤服务的各个环节上。学校和教育行政部门的机构改革，应注意对德育机构作出合理安排，有所加强。要建立德育工作的评估制度，并把德育工作作为评价一个地区、一所学校的教育教学工作的重要内容。高等学校德育工作应列入“211 工程”评估标准。

(17)推动思想政治教育的科研和学科建设。思想政治教育是一门科学，有其自身的规律。要把思想政治教育作为人文社会科学的重点学科加强建设，把德育重大问题研究项目列入国家教育科学研究规划和国家哲学社会科学研究规划。要培养和造就一批德育专家、教授、特级教师和理论家。

(18)加强德育队伍建设。要优化队伍结构，建设一支专兼结合、功能互补、信念坚定、业务精湛的德育队伍。各级党委以及教育行政部门和学校都要采取措施，稳定德育骨干队伍，不断补充新生力量。要积极开展各种培训工作，提高队伍素质。要创造条件组织政治理论课教员和德育工作者参加社会实践，接触实际，了解国情，研究改革开放前沿的新情况、新问题。要建立表彰制度，增强德育队伍的事业心和使命感，并使他们的工作得到社会的高度尊重。要完善德育队伍的专业职务系列，为他们解决好专业职务、待遇等方面的问题。要制定政策，保证德育工作骨干能够不断地得到进修提高。积极支持和发展“双肩挑”的制度。

(19)保证经费投入，改善物质条件。德育是教育事业的重要组成部分，教育行政部门和学校要合理确定德育方面的经费投入科目，列入预算，切实保证。学校要为德育工作提供必要的场所与设备，不断改善条件，优化手段。

(20)充分发挥学校党组织和工会、共青团、少先队、学生会等组织的作用。党组织应加强自身的组织建设、思想建设以及对德育工作的领导，要求党员教师在教书育人中起模范作用。通过基层党组织以及工会、共青团组织，发动广大教职工做好学校德育工作，特别是教师要发挥以身作则、为人师表的作用。共青团、少先队、学生会应根据各自的特点和任务，开展健康有益的教育活动，把广大学生吸引到自己周围，成为党联系、团结、教育青少年一代的重要纽带。党、团组织应根据青年学生的思想特点和要求，举办业余党校、团校，推动学生的马列主义学习小组的活动，积极发展符合条件的优秀学生骨干入党、入团。

(21)德育工作是一项社会性的系统工程。宣传、理论、文艺、影视广播、出版、新闻界必须以爱国主义、集体主义和社会主义为主旋律，以科学的理论武装人，以正确的舆论引导人，以高尚的情操塑造人，以优秀的作品鼓舞人。引导青少年追求高尚的道德情操、健康的审美情趣，倡导正确的消费方式和生活方式。一切从事精神产品生产的部门和作家、艺术家，都要满腔热情地为青少年提供有益的精神食粮。政府有关部门要制定必要的政策措施，对非营利性的高雅的严肃的文艺事业予以重点扶植。中宣部、国家教委、文化部、广播电影电视部要定期奖励优秀的青少年教育影视片、读物和歌曲，表彰从事青少年艺术教育做出重要贡献的艺术家。要运用行政的、法律的、经济的以及群众监督等手段加强对文化市场和娱乐场所的管理，制止只顾谋利、无视社会效益的行为。要制定法规，地方的公安、工商和文化管理等部门要依法对学校周边的文化、娱乐、商业经营活动进行监督、严格管理。

(22)运用法律武器保护青少年健康成长。各级政府要广泛宣传，认真贯彻《未成年人保护法》。公安、司法、检察、工商管理、海关、邮政等有关部门要采取严厉措施，查禁淫秽书刊、音像制品，打击教唆青少年犯罪的活动。教育部门要协助政府做好未成年人保护和防治青少年犯罪的综合治理的协调工作。贯彻执行《未成年人保护法》的情况应作为考评各地政府工作政绩的一项重要内容。

(23)地方各级政府要把优化社区育人环境列入社会主义精神文明建设的计划。每年都要为青少年教育办几件实事。在城镇建设中,要注意兴建科学馆、艺术馆、博物馆、图书馆、体育馆和青少年之家等设施。对已有而被挤占的设施,要做清理。农村要结合当地的精神文明建设,对中小学生进行移风易俗,反对封建迷信的教育。历史、文化、革命传统、爱国主义教育方面的场馆、景点,是对青少年进行德育的重要课堂。各省、自治区、直辖市都要因地制宜确定并重点建设一批德育基地,对学校有组织的参观教育活动免予收费。各级党委和政府要加强领导,把学生参加生产劳动、社会实践纳入社会主义精神文明建设整体工程中加以实施。

(24)学校德育工作要有法制保障。学校德育的地位、任务和主要方针、原则要有权威性和稳定性,必须制定相应的法律法规,以保证教育者、受教育者及社会有关方面共同遵循。社会主义市场经济体制的逐步建立和教育的改革、发展使这种法制建设更为必要和迫切,要把这个问题进一步纳入到整个法制建设中加以解决。

(25)加强各地党委、政府对学校德育工作的领导。地方各级党委和政府的主要领导要抓德育,要定期研究并检查学校德育工作。要进一步发挥地方党委、教育工作部门的作用。各级政府要为学校德育工作在人、财、物等方面创造必要的条件,切实解决学校德育工作中存在的实际困难和问题。教育行政部门要把学校德育工作作为主要业务之一。要完善地方党委、政府和中央国家机关有关部委的领导同志联系学校的制度,定期到学校做形势报告、讲学、与师生座谈、交朋友。各级党委、政府要正确认识和处理好改革、发展和稳定的关系,把维护学校稳定,作为一项长期的重要任务来抓。

党的十一届三中全会以来,中央关于加强和改进学校德育工作陆续下发了《中共中央关于改革学校思想品德和政治理论课教学的通知》、《中共中央关于改进和加强高等学校思想政治工作的决定》、《中共中央关于改革和加强中小学德育工作的通知》,这些文件的基本精神仍要继续认真贯彻执行,情况变化了的,以本文件为准。各级党委、政府和教育部门要检查、总结贯彻落实情况,研究存在的问题,结合本地区、本部门的实际,提出贯彻落实本文件的具体实施办法。

国家教委办公厅转发《全国教育科学规划领导小组扩大会议暨全国第二次教育科研工作座谈会纪要》

全国教育科学规划领导小组扩大会议暨全国第二次教育科研工作座谈会于1994年4月22日至26日在石家庄市召开。会议分析了当前教育战线的形势和教育科研工作所面临的任务,回顾了近些年来我国教育科研事业的发展状况,提出了关于加强和改进教育科研工作的重要措施和意见,并对今后一个时期教育科研的重点工作进行了部署和安排。国家教委和全国教育科学规划领导小组的负责同志在会上作了讲话。

现将这次会议的纪要转发给你们。请各地区、各单位在贯彻落实全教会精神的过程中,参照这次会议精神,大力加强对教育科研工作的领导和管理,切实支持和帮助教育科研部门解决实际困难,引导教育科研工作者深入实际,积极研究解决当前教育改革和发展中的重大理论问题与实际问题,使教育科研更好地为本地区教育决策服务,为提高教育教学质量和办学效益服务,把我国的教育科学研究事业推向新的高度。

全国教育科学规划领导小组扩大会议暨全国第二次教育科研工作座谈会纪要(略)

国务院召开会议部署淮河流域水污染防治工作

国务委员、国务院环境保护委员会主任宋健在会上指出,为了给亿万人民创造一个良好的生活环境,为了使淮河流域的经济持续、快速、健康发展,要加快淮河流域水污染防治工作的进度,从现在起,要用三年多的时间,力争使淮河水质初步变清,重现碧水清风,造福当代人民和子孙后代。

会议上,宋健传达国务院领导关于淮河流域水污染防治工作的指示:要求淮河流域水污染防治工作的进度要加快,到一九九七年应取得突破性进展,让淮河初步变清。从现在起用三年多的时间,所有的企业都要做到达标排放。对污染严重治理无望的企业,包括大企业,都要依法坚决关停并转。

宋健在听取江苏、安徽、山东、河南四省及淮河水利委员会的负责人关于淮河流域水污染情况和治理措施,以及国务院调查组关于赴苏、皖、豫三省调查水污染事故情况的汇报后指出,当前,江苏、安徽、山东、河南四省各级人民政府,应进一步做好抗污救灾工作。首先要保障群众的生活供水,采取综合措施,稳定群众情绪,保持社会安定。要采取果断措施,防止淮河流域再次发生重大水污染事故。对污染大户要限制排污,必要时采取限期停产检修等措施。同时,要做好有关企业职工的思想工作,保障基本生活。其次,要进一步修订污染防治计划,加快治理进度,对一九九五年底前污染严重又治理无望的企业要全部关停并转。宋健重申,在淮河流域范围内,禁止新建小造纸、小化工、小制革等污染严重的项目。对所有向淮河流域河流排污的企业,要进行限期治理,最迟于一九九七年底停止向河流排污。淮河水利委员会要负责建立联防制度，加强对淮河流域有关主要闸坝的统一调度，及时通报有关情况，使上下游协调一致，按汛情、污情实行合理调度，共同抗污防灾。宋健要求完善淮河流域的法制建设，加强环保执法力度。对违反有关环保法规造成严重环境污染的责任者要严加惩处，对特别恶劣的犯罪行为要依法严厉打击。

会议讨论《关于淮河流域水污染防治工作的决定》，以及"九五"期间淮河流域水污染防治计划及关停并转企业名单，宣布调整后的淮河流域水资源领导小组成员名单。

9月1日

国家主席江泽民国务院总理李鹏在中南海接见参加全国土地使用制度改革工作会议的全体代表

江泽民强调指出，只有通过保护耕地，保证粮食播种面积，才能解决我国十几亿人口的吃饭问题，才能保持社会和国家的安定。土地必须由国家依法统一管理，这个基本原则必须坚持，不能动摇。

江泽民着重强调两点。一是要坚持贯彻"十分珍惜和合理利用每寸土地，切实保护耕地"的基本国策，进一步加强对耕地资源的保护。江泽民说，人口多，耕地少是我国的基本国情。农业问题始终是关系到党和国家工作全局的根本性问题。土地资源是否管理和使用好，耕地是否保护好，直接关系着我们国民经济的发展，影响中华民族的兴衰。他要求各级政府都要从这样的高度来认识和加强对土地的管理。二是要继续深化土地使用制度的改革，加强对土地市场的宏观调控。江泽民说，土地市场的建立可以促进土地资源的合理配置，有利于我国社会主义市场经济发展。对土地使用权的供应问题，各级政府应坚持"一支笔"审批土地。江泽民强调指出，土地使用制度的改革，涉及许多部门，要在统一认识的基础上，加强相互配合，大力协同，同时要加强对土地管理和使用的法制建设，使之逐步做到规范化、制度化。

国务院总理李鹏在中南海紫光阁会见全国推行公务员制度经验交流会全体代表

国务院总理李鹏会见澳门总督韦奇立

李鹏说，中国政府对澳门的政策是一贯的、坚定不移的，并将根据"一国两制"的方针，严格按照中葡联合声明和澳门基本法的规定，保持澳门的稳定和发展。

李鹏说："近年来中葡两国在各个领域的友好合作关系不断发展，两国高层领导人互访增多。江泽民主席、荣毅仁副主席和我本人都访问了葡萄牙，席尔瓦总理今年4月访问了我国。"他说，中葡双边关系的顺利发展为双方在澳门问题上的合作奠定了基础。

李鹏说，自《中葡联合声明》生效以来，双方为贯彻执行联合声明做了不少工作，合作是有成效的。近年来，在双方的共同努力下，解决了不少双方共同关心的问题，在澳门过渡时期的语文、公务员、法律三大问题上也取得了不同程度的进展。他说："我们希望澳门政府对于这三个问题继续给予关注，以求得最后的妥善解决。"李鹏说，"韦奇立总督为澳门问题的顺利解决做了许多有益的工作，对此我们表示赞赏。"

李鹏说："我们相信，通过中葡双方的友好合作和共同努力，一定能实现澳门的平稳过渡和政权的顺利交接。"

韦奇立说，他高兴地看到中国在经济和社会生活方面取得了重大进展，并表示完全理解中国的现代化建设需要在稳定的情况下进行。他说，中国的稳定和发展有利于世界的和平与发展，中国的繁荣与稳定是澳门繁荣与稳定的根本保证。葡萄牙政府和他本人将为两国关系的继续发展和澳门问题的顺利解决继续作出努力。

中央党校校长胡锦涛在中央党校秋季开学典礼上发表讲话

外交部发言人沈国放举行记者招待会就香港问题和有关美国"95财年海外活动拨款法"等问题答记者问

有记者问：人大常委会通过了关于"香港三级政制架构将运作到1997年6月30日止"的决议。那么中方重建的三级架构是怎样的？中方准备何时着手筹建这一架构？

沈国放说，港英的三级政制架构，即港英最后一届立法局、两个市政局、区议会，只能存在到1997年6月30日，这是英国对香港的管治届时终结的必然结果。他说，中国政府已一再声明，香港特别行政区第一届立法会和区域组织将依据基本法和全国人大有关决定的规定组建。目前香港特别行政区筹备委员会预备工作委员会正在研究组建香港特别行政区第一届立法会的有关具体问题，并将向1996年内成立的筹委会提出建议。

有记者问：8月23日美国总统签署了"95财年海外活动拨款法"，其中规定美向联合国人口基金提供的任何捐款不得用于中国，对此你有何看法？

沈国放说，该法案是一项带有政治歧视性的对中国极不友好的法案，它是对中国计划生育政策的污蔑，严重违背了联合国宪章的宗旨和原则，在向联合国多边机构提供援助方面开了一个很坏的先例。

沈国放指出："我们坚决反对任何国家向人口基金提供附带条件的捐款。我们不希望看到由于美国的压力，使联合国人口基金的工作受到干扰，甚至偏离其原则和宗旨。"

国务院总理李鹏在中南海会见八位离到任大使

4位离任大使是：赞比亚大使卡桑达、菲律宾大使马比兰安、蒙古国大使奥勒兹沃依和阿尔及利亚大使阿贝德。4位新到任的大使是：塞拉利昂大使卡马拉、摩洛哥大使阿卜杜贾利勒、波兰大使古拉尔赤克和阿曼大使法里西。

全国人大常委会委员长乔石在人民大会堂会见美国共和党联邦众议员比尔·阿切尔

全国人大常委会委员长乔石在人民大会堂会见由国家杜马副主席文格罗夫斯基和俄罗斯联邦委员会经济改革委员会副主席谢尔盖恩科夫率领的俄罗斯议员团

国务院副总理兼外交部部长钱其琛在钓鱼台国宾馆会见朝鲜政府特使外交部副部长宋浩京

中央军委副主席刘华清在钓鱼台国宾馆会见泰国副总理兼内政部部长差瓦立·永猜裕上将

国务院港澳事务办公室主任鲁平在钓鱼台国宾馆会见澳门总督韦奇立

桑给巴尔总统姆维尼会见国防部部长迟浩田

澳大利亚向中国提供 1.5 亿澳元优惠贷款

根据中澳签署的一项协议，澳大利亚政府将向中国政府提供 1.5 亿澳元优惠财政贷款，主要用于电信、城市供水、污水处理等基础设施项目。

中央军委主席江泽民会见全国部分地区民兵预备役工作会议代表

江泽民在中南海会见出席全国部分地区民兵、预备役工作会议代表时强调，各级地方党委、政府和军事部门，要着眼全党全国工作大局和国家长治久安，重视做好民兵、预备役工作，动员各族民兵和预备役部队官兵，为改革开放和现代化建设做出新的贡献。

江泽民和军委副主席刘华清、军委委员张万年、于永波、傅全有等领导来到代表中间。江泽民说，总参、总政召开的这次全国部分地区民兵、预备役工作会议，是一次非常重要的会议。我代表中央军委，向出席这次会议的同志，并通过你们向广大民兵、预备役部队官兵致以亲切的问候。

江泽民指出，民兵既是民又是兵，不仅是保卫国家安全、维护祖国统一的一支重要力量，也是保持社会稳定、促进两个文明建设的一支重要力量。各级地方党委、政府和军事部门，必须坚持以邓小平同志建设有中国特色社会主义理论和党的基本路线为指导，充分调动广大民兵和预备役部队官兵的积极性、创造性，为深化改革、促进发展、保持稳定做出贡献。各部队要为改革、发展、稳定提供可靠的安全保障，积极参加地方经济建设，为促进各民族的共同繁荣而努力工作。要加强军政、军民团结，大力发扬我党我军的优良传统，真正做到与各族人民同呼吸、共命运、心连心。

三总部和军委办公厅领导参加会见。

中国政府决定调回朝鲜军事停战委员会中的中国人民志愿军代表团

8 月 30 日，外交部副部长唐家璇在北京同朝鲜政府特使、外交部副部长宋浩京举行会谈，就有关在朝鲜半岛建立巩固的和平保障机制问题交换了意见。

会谈中，双方对朝中两国作为朝鲜停战协定签字一方，在过去 40 多年间为在朝鲜半岛维持停战、保障和平与安全所作出的共同努力表示满意。双方认为，从目前国际关系的变化和朝鲜半岛形势出发，需要在半岛建立新的和平保障机制。

朝方通报了关于在朝鲜半岛建立新的和平保障机制的协商方案以及朝方已经采取的召回朝鲜军事停战委员会朝方代表团以及设立朝鲜人民军板门店代表处作为协商机构等具体措施。朝方强调，上述措施是一种善意的行动，是为建立和平保障机制创造现实条件。

中方表示关注朝鲜半岛局势的发展并真诚希望朝鲜半岛局势缓和、稳定。维护朝鲜半岛的和平与稳定符合本地区所有国家的利益，也有利于亚洲和世界的和平与安全。中方主张应通过有关各方的协商和对话解决朝鲜半岛的有关问题。考虑到朝鲜方面的要求，根据朝鲜方面已召回军停会中的朝方代表团以及军停会事实上已停止运转的现状，中国政府决定调回军停会中的中国人民志愿军代表团。中方希望有关各方为缓和朝鲜半岛局势继续做出建设性努力。

国务院副总理兼外交部长钱其琛 9 月 1 日在钓鱼台园宾馆会见朝鲜政府特使、外交部副部长宋浩京。

国家教委中国残联就国务院颁布《残疾人教育条例》在北京举行座谈会

出席座谈会的专家、教授在发言中指出，我国现有各类残疾人 5100 多万，其中 6 至 14 岁的学龄残疾儿童约 600 多万，有残疾人的家庭占全国总数的 18%。这是一个相当大的特殊、困难的群体，因此，发展残疾人教育事业有着深远的意义。要使残疾人能够做到自尊、自信、自强、自立、平等参与社会生活，教育是基础工程。

中组部人事部发出《关于加快培育和发展人才市场的通知》

中共中央组织部、人事部日前发出通知，要求加强人才市场建设规划，加快人才市场发展步伐，促进人才市场的健康发展。

《通知》指出，人才是经济发展的重要因素，合理配置人才资源，充分发挥人才作用是我国经济发展面临的重大问题。培育和发展人才市场是建立社会主义市场经济体制的一项重要任务。

《通知》还指出，培育和发展人才市场的总体目标是：实现个人自主择业，单位自主择人，市场调节供求，社会服务完善，社会保障健全，在国家宏观调控下，使市场在人才资源配置方面起基础性作用。培育和发展人才市场的近期目标是：在近两三年内制定人才市场运行需要的基本政策法规，在大中城市普遍建立人才市场场所，建立和发展地区人才信息网络，扶持专业人才市场发展，建立区域性人才市场。

中组部、人事部要求各级组织人事部门加强对人才市场建设工作的指导，加强对人才市场的管理，加强人才市场的研究和规划，确立人才市场发展的总体布局和实施步骤，因地制宜，分类指导，逐步建立起完善的人才市场体系。

第五届北京国际图书博览会在北京国际展览中心举行

1994年中国国际儿童艺术节在人民大会堂开幕

9月2日

全国政协八届常委会举行17次主席会议

会议决定10月上旬在北京举行政协全国委员会常务委员会第8次会议，建议这次会议的主要议题是学习贯彻中共中央有关文件精神。

国务院召开第24次常务会议

国务院总理李鹏主持会议，讨论并原则通过《中华人民共和国自然保护区条例（草案）》。

《中华人民共和国自然保护区条例（草案）》，包括总则、自然保护区的建设、自然保护区的管理、法律责任、附则共五章四十四条。经进一步修改后，将由国务院发布实施。

香港特别行政区筹委会预委会社会及保安专题小组召开第六次会议

会议就香港退休保障和社会福利问题进行讨论并提出意见。会议认为，解决老人问题，应根据基本法的规定，从建立一套退休保障制度和改善社会福利两方面进行。关于退休保障制度的意见是：一、建立退休保障制度必须有利于香港社会的稳定和繁荣；二、退休保障不能是全民性的，其对象应限于在职人士及雇员；三、所有的在职人士都要参加退休保障计划；四、建立退休保障制度时，应推行多形式、多选择的公积金计划，包括私营的和公营的，并对现行有效的制度加以肯定和完善；五、如有私营退休保障计划，政府要负起监督责任。对社会福利问题提出四点建议：一、必须按照经济条件和社会需要的原则；二、在改善老人福利的同时还需照顾到贫困家庭和伤残人士的需要；三、改善老人福利条件应是多方面的，除了老人津贴外，还要改善医疗、房屋等方面的服务；四、应发扬子女赡养老人的中华民族的传统美德。

国务院第24次常务会议讨论通过《国务院关于修改〈行政复议条例〉的决定》等事项

《人民日报》发表评论员文章《千方百计把棉花收上来》

国家烟草专卖局发出《关于加强管理保障烟叶收购秩序的通知》

为确保今年烟叶收购工作的正常顺利进行，国家烟草专卖局最近发出通知，要求各省、自治区、直辖市专卖局，加强对烟叶收购工作的领导和管理，保障正常收购秩序。

《通知》说，目前全国烟叶收购工作已经全面展开，大多数地区的烟叶收购秩序总体上是好的，烟叶收购等级也比较平稳。但是，少数地方也出现了加价收购、等级质量下滑、包包垫头、掺杂使假等现象，且有蔓延发展势头。对此，应予以高度重视，并立即采取有力措施，坚决加以制止，避免蔓延发展。

国家烟草专卖局要求烟叶产区的各级烟草部门要把主要精力放在烟叶收购工作上，对可能发生或已经发生问题的地方，有关省局要派出强有力的工作组，领导同志要亲临第一线，切实负责地抓好收购秩序。

《通知》要求认真执行国家价格政策，要坚持按合同和等级质量标准验级收购，既不准压级压价，也不准抬级抬价。

国家计委国家经贸委国家工商局国内贸易部和国家粮食储备局联合召开电话会议部署继续稳定粮油市场和价格工作

国家主席江泽民前往俄罗斯乌克兰和法国进行正式访问离开北京前在人民大会堂举行记者招待会

江泽民在记者招待会上说："我很高兴应俄罗斯、

乌克兰和法国总统的邀请前往三国进行访问。这是我担任中华人民共和国主席以来，首次对欧洲进行的正式访问。我此行的主旨是：和平、理解、合作、互利。我将同三国领导人从面向21世纪的战略高度，就如何构筑中国同三国关系的未来深入交换意见。”

在回答记者有关民主问题的提问时，江泽民说，孙中山领导了旧民主主义革命，后来中国又进行了新民主主义革命，建国以来，中国一直在不断地加强民主法制建设，人民是国家的主人，享有充分的民主。

江泽民说，关于世界上实行哪一种社会制度的辩论，过去有，现在有，将来也会有。问题是有些人在看待中国民主制度时，总带着一定的框框，总认为完全照搬西方就是民主，否则就是不民主，这种观点是片面的、不客观的。今天的世界是千差万别、丰富多彩的世界，民主不应当、也不应该只能有一种模式。承认和接受多种模式共存的本身就是民主在国际关系中的表现。

有记者问江泽民主席是否会出席今年的亚太经济合作首脑非正式会议以及美国总统克林顿访华的可能性时，江泽民回答说，今年11月15日将在印度尼西亚举行第二次亚太首脑非正式会议，他非常高兴应邀参加这次会议。与会期间，他将和印度尼西亚总统苏哈托以及其他国家的领导人进行友好会谈，同时，他也将会晤克林顿总统。他说：“我们已邀请克林顿总统访华，如果他能来，我们将高兴地接待。”

在回答记者提出的关于中欧关系的问题时，江泽民回答：“中国的外交是全方位的。今年是我们与欧洲关系取得重大进展的一年，它表明了中国和欧洲都意识到发展中欧合作是我们双方的根本利益所在。”

有记者问，中国如何从俄罗斯的改革中汲取经验时，江泽民回答说，中国和俄罗斯的国情不同，因此在经济改革的指导思想、方法和步骤等方面自然会有所不同。但是，这丝毫不妨碍我们双方在改革过程中就一些问题交换意见，进行这种交流是非常有益的。

江泽民说，中国正在建立并逐步完善社会主义的市场经济体制。在经济的发展过程当中出现的一些困难和问题会逐步得到解决。我国政府强调妥善处理好改革、发展和稳定三者的关系。同时要保证经济持续、快速、健康发展。控制通货膨胀是保证社会稳定、保证改革和发展顺利进行的重要条件。去年以来，我们采取了一系列调控措施，是有效果的。他说：“我对中国经济改革的前景充满信心。”

中国政府和俄罗斯政府在莫斯科签署《1994年经济贸易合作议定书》

国务院总理李鹏在人民大会堂会见日本丰田汽车公司社长丰田达朗

国务院总理李鹏在北京会见泰国副总理兼内政部部长差瓦立·立猜裕

全国政协主席李瑞环在人民大会堂会见日本丰田汽车公司社长丰田达朗

捷克议会众议院主席乌赫德在布拉格会见全国政协副主席叶选平

《人民日报》发表评论员文章《控制人口持续发展》

联合国主持召开的国际人口与发展大会，于9月5日至13日在开罗举行。会议的主题是：人口、持续的经济增长和可持续发展。这是继1974年布加勒斯特、1984年墨西哥城国际人口大会之后，全球举行的有关人口与发展问题的一次有跨世纪意义的盛会。我们预祝大会取得圆满成功。

在过去的20年中，国际社会和各国政府，特别是广大发展中国家，为执行1974年通过的《世界人口行动计划》进行了不懈的努力，取得了引人注目的成就。全球在降低人口出生率和死亡率、提高人口平均预期寿命方面取得了明显的进展。各国的教育水平，特别是妇女的受教育状况有所改善。更多的人有机会获得生殖健康和计划生育的信息服务。

但是，也应当看到，人类仍然面临着自身繁衍与经济发展的严重挑战。目前，全球年净增人口达9000多万，人口倍增时间缩短，贫困人口不断增多，环境污染和其他生态问题日趋严重，人口数量空前增长与资源有限性之间的矛盾日益尖锐，这一切对人类及其后代的生存发展形成严重的威胁。人口激增所引起的经济发展滞缓和不平衡，是影响世界安全与稳定的重要因素。当今世界上许多国家存在的难民潮、地区性冲突，都在不同程度上与人口激增而引起的土地、水及其他资源短缺有关。

作为占世界人口22%的发展中人口大国，中国为解决人口与发展问题、提高人民的生活水平进行了坚韧不拔的探索和努力，取得了举世公认的成就和经验，在控制人口增长、降低人口自然增长率方面的成效显著。中国的人口政策也逐步得到国际社会的理解和赞扬。但是，人口基数大、增长快、资源相对贫乏是中国最基本的国情。出于对中华民族和国际大家庭的高度责任感，中国政府将计划生育和保护环境确定为两项基本国策，并纳入国民经济和社会发展的总体规划。

促进经济和社会发展是解决人口问题的基础。人口问题从本质上讲是一个发展问题。只有坚持发展生产力,才能解决人口问题。制定和实施控制人口增长的政策,将有利于经济和社会的发展。各国根据本国的人口状况和具体国情自主地制定人口政策、目标和措施是各国的内政和主权,应当受到尊重。提高妇女地位、保障妇女权益是解决人口问题的关键因素。同时,加强和促进国际合作,也是解决人口问题的必要条件。稳定世界人口,实现可持续发展,需要整个国际社会的合作。

我们欣喜地看到,为了人类共同的利益,全世界对人口问题的认识发生了深刻变化,越来越多的国家对控制人口、促进持续发展问题取得了共识,而且这种共识已逐渐在全世界范围内变成广泛的实际行动。

解放军全军建设有中国特色社会主义理论研讨会在北京举行

由总政治部委托军事科学院和国防大学联合举办的全军建设有中国特色社会主义理论研讨会9月2日至5日在北京举行。

国务院知识产权办公会议第一次会议在北京召开

会议就加强知识产权保护作出重要部署。国务委员宋健在会议上指出,国务院作出的关于进一步加强保护知识产权的决定,是我们保护知识产权的原则和基础,要通过大家的共同努力,用一两年时间,使我国的知识产权保护工作走上法制的轨道,为我国社会主义市场经济的发展创造良好的条件。

为了进一步健全和完善我国知识产权管理制度,加强知识产权的宏观管理和统筹协调,国务院建立了知识产权办公会议制度,通过办公会议对重大的知识产权保护问题作出决定。国务院知识产权办公会议办公室承办国务院知识产权办公会议交办的日常事务,并负责与各有关部门和地区协调联系。

会议要求,主要省、自治区、直辖市和其他知识产权保护问题比较突出的地方,要建立知识产权相应协调指导工作制度,并设置相应的办事机构,形成全国协调指导和联络网络,加强知识产权法律实施的监督、检查和指导。当前,要组织一次全面的知识产权执法检查,进行法律实施指导、监督检查和宣传教育活动。工作的重点是音像制品、计算机软件和书刊出版物的版权保护、商标特别是驰名商标专用权的保护,专利权保护和制止不正当的竞争。

会议提出,要加强对音像制品市场的统一管理,查清现有激光唱盘(CD)生产线的生产、经营和销售情况并重新登记,定期检查。对没有有效许可合同而复制发行外国音像制品的,要查明原因,分清责任,依法整顿。

外经贸部、国家科委、公安部、司法部、电子工业部、化工部、中宣部、文化部、广播电影电视部、新闻出版署、国家工商局、海关总署、国务院法制局、国家专利局、国家医药局、最高人民法院、最高人民检察院的有关负责人出席会议。

海关总署就知识产权保护措施即将实施发出公告

海关总署日前发出公告,根据国家现行有关法律规定和国务院《关于进一步加强知识产权保护工作的决定》,海关将从1994年9月15日起在进出境环节实施对知识产权的保护措施。

大陆台湾和香港出版座谈会在北京举行

这是祖国大陆、台湾和香港出版界人士首次举行联谊会,共同研讨出版、印刷等问题。会议达成共识:1. 由中国出版工作者协会、台湾图书出版事业协会、香港出版总会三方负责对口交流,统一协调出版界合作问题;2. 每年举行一至二次联谊会议沟通情况、交换意见,地点分别在三地轮流举行;3. 三方各指定一至二名事务负责人,负责联谊活动的事务;4. 第二次联谊会在香港举行。

中共中央总书记江泽民题写刊名中共中央党校主办的《中国党政干部论坛》杂志创刊

9月3日

国家主席江泽民同叶利钦总统在莫斯科克里姆林宫叶卡捷琳娜厅举行小范围会谈

江泽民在会谈中说,近3年以来,特别是叶利钦总统1992年12月访华后,中俄两国的关系进入一个新的发展阶段,在各个领域的合作都取得了长足的进展。两国高层往来频繁,双边经贸关系发展迅速,持续两年贸易额超过过去中苏贸易额的最高水平;两国边界谈判取得重要成果,边境裁军谈判有了进展;两国地方和边境的友好往来和互利合作有了新的规模。中俄睦邻友好、互利合作关系发展顺利、富有活力,这是双方共同努力的结果,我们对此感到满意。

江泽民说,中俄都是大国,又是邻国。我们两国关系经过几十年的风风雨雨之后,逐步走向成熟。对抗和结盟都不符合两国人民的根本利益,只有建立在和平共处五项原则基础上的睦邻友好、互利合作关系才真正符合两国和两国人民的根本利益,也有利于世界的和平和发展,因而是最佳选择。

在谈及两国经贸关系时,江泽民强调,双方要从实际出发，充分利用各自优势，循序渐进地向贸易行为规范化过渡，同时，要完善各自的对外经济主张，并将边境地区的经贸活动纳入持续、健康发展的轨道。

江泽民还希望中俄两国进一步巩固边境地区友好、睦邻、相互信任与合作的局面，把两国边界建设成为一条和平、安宁、共同发展的边界。

江泽民说，人类正在迈向 21 世纪，把什么样的两国关系带入下一世纪，这是我们双方共同关心的大事。中国愿意同俄罗斯一道，站在面向 21 世纪的高度，共同构筑两国关系的未来，把两国关系提高到一个崭新的水平，把两国睦邻友好关系精心培育和发展下去，并带入下个世纪，传给我们的子孙后代。江泽民说，我与阁下即将签署的《中俄联合声明》和以我们两人名义发表的联合声明，确定了指导两国关系进一步发展的一系列重要原则。可以说，我们已在为下一世纪两国睦邻友好关系奠定基础。

江泽民强调，中国和俄罗斯的睦邻友好、互利合作，持续、稳定、深入的发展意义深远，不仅会造福两国人民，而且将对世界的和平、稳定、发展产生重要的积极影响。

叶利钦对江泽民的上述看法表示赞同。他说，我们双方对进一步发展两国关系的态度是一致的，我们双方相互信任、发展合作，不仅有利于双方，而且有利于世界和平。

叶利钦介绍俄国内的形势。江泽民说：我们作为友好邻邦希望俄罗斯稳定、统一、完整、经济得到恢复和发展。我们愿意看到，俄罗斯在国际上享有应有的尊严，在国际事务中，包括参加亚太安全与经济合作方面发挥积极的、建设性的作用。

两位领导人在谈及台湾、西藏问题时，叶利钦总统对中方的立场表示支持和理解。江泽民表示感谢并对此给予高度的评价。

两位国家元首还讨论了国际形势。双方认为世界正朝多极化的方向发展，这对世界的和平是有利的。中俄两国愿意为在相互尊重主权和领土完整、互不侵犯、互不干涉内政、平等互利和和平共处的基础上建立国际政治、经济新秩序作出贡献。

两位领导人还强调，国际社会应当承认世界的多样性和各国之间的差异，鼓励平等合作，反对霸权主义和强权政治，反对建立对立的政治、军事、经济集团。

江泽民说，保持领导人之间的直接交往和接触尤其是对中俄这两大邻国来说，具有十分重要意义。

国务院副总理兼外交部长钱其琛、特别助理曾庆红、国家计委主任陈锦华、外交部副部长戴秉国、外经贸部副部长李国华、特别助理滕文生、中国驻俄大使王荩卿等参加了会谈。

国家主席江泽民和俄罗斯总统叶利钦在莫斯科克里姆林宫签署《中俄联合声明》

中华人民共和国主席江泽民和俄罗斯总统叶利钦今天上午在克里姆林宫签署了旨在进一步发展两国长期稳定的睦邻友好和互利合作关系的《中俄联合声明》。

声明全文如下：

中俄联合声明

一、中华人民共和国和俄罗斯联邦（以下简称“双方”）一致认为，保持和发展长期稳定的睦邻友好和互利合作关系符合两国和两国人民的根本利益，有利于维护和加强亚洲和世界的和平、稳定与发展。

二、双方高度评价 1992 年第一次中俄高级会晤以来两国关系充满活力的顺利发展，并认为两国已具有新型的建设性伙伴关系，即建立在和平共处各项原则基础上的完全平等的睦邻友好、互利合作关系，既不结盟，也不针对第三国。

三、双方重申，恪守 1992 年 12 月 18 日《中俄联合声明》的各项原则，决心面向二十一世纪，把两国关系提高到一个崭新的水平，并且最大限度地发挥和利用中俄合作的巨大潜力，为促进两国国内改革和发展经济的重大任务以及在亚太地区和全世界建立持久和平提供有利的条件。

四、为进一步确立新型的相互关系，从两国关系的远景出发，双方决心采取积极和全面的步骤：

（一）*在政治关系方面*

——以和平共处各项原则为基础，从社会制度和观点的不同不妨碍各个领域关系的发展这一共识出发，始终如一地维护和发展长期睦邻友好的相互关系，保持经常和多方面的对话，根据公认的国际法准则，本着坦诚、信任和考虑相互利益的精神解决出现的问题；

——严格遵守中俄国界协定，公正合理地解决遗留的边界问题，按期完成勘界立标工作，巩固两国边境地区友好、睦邻、相互信任与合作的局面；

——考虑到两国国内的特点和相互尊重各自自由选择其发展道路的权利，磋商和相互介绍其改革的理论与实践；

——完善和加强双边关系的条约法律基础。

（二）*在经贸和科技关系方面*

——最大限度地利用地缘优势和经济的互补性的优势。坚持平等互利的原则，逐步实现向符合国际规范的经济关系形式的过渡，优先考虑发展法律、财政信贷、交通和信息方面的合作；

——积极探讨经贸合作有前景的新领域，制定并实施科技领域的长期合作规划；

——提高合作档次和质量，根据需要和可能，增加重大项目合作比重；

——完善对外经济立法，实现商业活动规范化；

——采取措施更积极地发展中俄两国地区之间的合作。

（三）在军事政治领域

——始终遵循互不将战略核武器瞄准对方和互不使用武力，特别是互不首先使用核武器的义务；

——继续和扩大不针对第三国的交流与合作，这种交流与合作是根据各方的有关政策及其国际义务，以及地区和全球稳定与安全的利益进行的；

——努力加速制定边境地区相互裁减军事力量和加强军事领域信任的协定，在协定基础上，把边境地区的军事力量减少到同两国长期睦邻友好关系相适应的最低水平，使保留在边境地区的军队只具有防御性。

（四）在国际关系方面

——互相视对方为在多极世界体系正在形成条件下维护和平与稳定的重要因素的大国，加强在国际事务中的相互合作，包括在解决全球性问题上的合作；

——相互进行磋商与合作，为建立稳定、公正与合理的国际政治经济新秩序作出贡献，认为该秩序应建立在相互尊重主权和领土完整、互不侵犯、互不干涉内政、平等互利和和平共处的原则基础上并规定：

——承认世界的多样性和各国之间的差异；

——平等合作，不受歧视地参与国际事务，不允许进行扩张，反对霸权主义和强权政治；反对建立对立的政治、军事、经济集团；

——根据国际法准则，本着互谅互让的精神，通过和平谈判、对话协商解决争议问题，不诉诸武力，不以武力相威胁；

——加强合作，以防止大规模杀伤性武器及其运载工具的扩散的威胁，积极推动全面禁止核试验的谈判，以尽快签订有关条约，支持《不扩散核武器条约》的延期和使尚未加入的所有国家加入这一条约；

——通过对话和磋商，促进加强亚太地区各国的相互信任与合作，以利于巩固和平、安全与稳定、经济持续发展；

——相互促进中国和俄罗斯积极参与多边经济合作，其中包括在亚太地区；

——中俄作为安理会常任理事国，将继续支持联合国，同其他国家一起促进增强其在维护世界和平和安全、促进发展、防止和调解冲突方面的作用。

中华人民共和国主席 江泽民
俄罗斯联邦总统 叶利钦

1994 年 9 月 3 日

国家主席江泽民和俄罗斯总统叶利钦在莫斯科签署《中俄联合声明》仪式后分别回答中俄记者的提问

江泽民说："叶利钦总统 1992 年 12 月访华以来，中俄两国关系一直发展非常好。我们今天无论在小范围还是大范围的会谈中，都就双边关系和国际问题进行了非常友好的会谈，取得了很好的成果。双方的共同愿望是要通过这次访问把中俄两国关系提高到一个新的水平。"

江泽民强调，在国与国关系中，高级领导人的互访和交换意见非常有助于双边关系的发展。他希望叶利钦总统再次访华。叶利钦说："今天我和江泽民主席签署了两项重要联合声明，双方有关负责人还签署了一些具体领域的合作文件。关于俄中边界谈判，还有两个岛的归属问题尚未解决，但已达成协议，由双方代表继续工作，并责成他们尽快拟订方案。"叶利钦强调，"最主要的是，在讨论的所有问题上，无论是尊敬的江泽民主席还是我本人提出的问题，双方的观点完全吻合。"他表示，俄中两国建设性的友好信任关系是建立在完全平等互利基础之上的。

国家主席江泽民在莫斯科下榻的国宾馆会见俄罗斯联邦政府主席切尔诺梅尔金

国家主席江泽民在莫斯科分别会见俄罗斯议会联邦委员会主席舒梅科和国家杜马主席雷布金

国家主席江泽民和俄罗斯总统叶利钦签署《关于两国采取措施不将各自控制的战略核武器瞄准对方的联合声明》

中华人民共和国主席和俄罗斯联邦总统联合声明

中华人民共和国主席和俄罗斯联邦总统

重申 1992 年 12 月 18 日中俄相互关系基础联合声明的原则，

强调中俄从保持和巩固长期稳定的睦邻友好和互利合作关系和建立新的建设性国际关系的必要性出发，

本着为加强国际和平、安全和稳定做出重要实际贡献的愿望，

重申关于互不使用武力，特别是互不首先使用核武器的义务，

声明双方采取措施不将各自控制的战略核武器瞄准对方。

中华人民共和国主席 江泽民
俄罗斯联邦总统 叶利钦

1994 年 9 月 3 日

国家主席江泽民在莫斯科俄罗斯国际关系学院发表演讲

尊敬的托尔库诺夫院长，女士们、先生们、朋友们：

俄罗斯是中国的友好邻邦。差不多两年前，叶利钦总统成功地访问了中国。现在我应叶利钦总统的邀请，带着中国人民的友好情谊，来到你们辽阔富饶的国家进行正式访问。今天有机会同各位见面，感到十分高兴。

中俄两国山水相连，都是在世界上有着广泛国际联系并发挥着重要影响和作用的大国，相互自然十分关心彼此国内的事情。中国人民在做些什么？中国的事情办得怎么样？我愿借此机会首先向各位作些介绍，希望对大家了解中国能有所帮助。

当前，我国各族人民全力以赴所从事的伟大事业，就是坚持我们党的"一个中心、两个基本点"的基本路线，建设有中国特色的社会主义，努力实现中国的现代化。

中国的改革是顺应当代世界历史潮流，符合人类进步事业发展进程的选择。当代世界迫切需要解决的两大主题是和平与发展，这是世界人民的共同愿望，二者互为目的，又互为前提。没有和平，谈不上发展；离开发展，难以实现真正的和平。中国进行改革就是要促进中国的发展，从而为人类的和平与发展做出更多的贡献。中国是一个人口多、底子薄的发展中国家，不改革，不加快经济发展，就不能实现占世界近 1/4 人口从贫困走向温饱、从温饱走向富裕，就不能保证国家的长治久安，也谈不上为人类的进步事业做出应有的贡献。中国的建设实践说明，在社会主义条件下进行改革是中国实现现代化和中华民族走向全面振兴的必由之路。

我们的改革开放，是从中国国情出发的，有着自己鲜明的特色。中国同俄罗斯的情况不同，中国的一大特点是 80%的人口在农村。中国社会是否安定，国民经济能否发展，首先取决于农村的状况如何。因此，我们的改革首先是从农村开始的，在农村普遍实行家庭联产承包为主的责任制，进一步解放了农村的生产力。随着农村改革的深入，乡镇企业异军突起，为促进农村发展，促进工业和整个国民经济的发展，开辟了一条新路。在农村改革取得成功后，从 1984 年起中国经济改革的重点转到城市，以增强国有企业活力为中心的城市各项改革逐步展开。在扩大企业经营自主权、实行政企分开、转换企业经营机制的同时，陆续进行计划、财税、价格、金融、商业、外贸、劳动工资等方面的改革，取得了显著的成果。

我们在探索走有中国特色的改革之路的同时，充分认识到改革与开放密不可分。对外开放本身，就是改革的重要组成部分。当今的世界，随着科学技术的迅猛发展和经济联系的日益密切，任何国家都不可能在闭关自守、与世隔绝的状况下得到发展。必须吸收世界上所有国家的先进文明成果，包括资本主义社会几百年历史中创造的文明成果，这不仅是指吸收资金、先进的科学技术和管理经验，也包括吸收其他方面的文明成果。经过十多年的努力，目前，在我国已初步形成了包括经济特区、沿海开放城市、沿海开放地带以及沿边、沿江、沿主要交通干线和内陆中心城市这样一个全方位、多层次、多形式的对外开放格局。中国正在迈开大步走向世界。

改革开放使中国发生了深刻巨大的变化，中国的经济和人民生活上了一个大台阶。从 1978 年到 1993 年，我国国民生产总值年均增长 9.29%；城镇居民和农民的人均收入扣除物价因素，年均增长分别为 6.34% 和 8.47%；1993 年我国对外贸易额已达到 1958 亿美元，居世界第 11 位；15 年间全国共批准外商投资项目 17.4 万个，外商实际投资 639 亿美元；我国在境外设立企业 4500 家，尽管规模不算大，但已分布在 120 个国家和地区。改革开放给人民带来了看得见、摸得着的实惠，得到了近 12 亿中国人民的热情支持和衷心拥护。中国改革开放的前景是十分光明的。

中国的改革开放，就其性质来说是社会主义制度的自我完善和发展，通过这种自我完善和发展，使社会主义制度的优越性更加充分更加有效地发挥出来，不断地造福于全体人民。在改革开放中，我国社会制度的各种优势不但不能放弃，而且要结合新的条件大力加以发扬，使之更加生机勃勃。社会主义制度同其他社会制度一样，不是一成不变的，也有一个从不成熟、不完善到比较成熟、比较完善的历史发展过程，必须在改革中逐步完善和发展，而不能停滞和僵化。我们一方面要改变生产关系和上层建筑中那些不适应生产力发展和社会全面进步要求的东西，同时在改革开放过程中，要坚持公有制为主体、多种经济成分共同发展的所有制结构，坚持按劳分配为主体、多种分配方式并存的分配结构，以促进社会生产力的不断发展，实现国家的富强和人民的共同富裕。

中国经济改革的目标是建立社会主义市场经济体制。这个目标的确立，是邓小平同志的一大贡献。他对我国的经济改革提出了一系列重要思想，特别是科学地阐明了计划与市场问题。他指出："社会主义和市场经济之间不存在根本矛盾，问题是用什么方法才能更有力地发展社会生产力。""把计划经济和市场经济结合起来，就更能解放生产力，加速经济发展。""资本主义与社会主义的区分不在于是计划还是市场这样的问题。社会主义也有市场经济，资本主义也有计划控制。”这些重要思想，为我国建立社会主义市场经济体制奠定了理论基础。迄今为止，世界上只有资本主义市场经济，在社会主义条件下搞市场经济，这在历史上是没有先例的，没有现成的经验可以遵循。我们将一如既往地坚持从我国的实际出发，努力做到解放思想和实事求是的统一，不断在实践中摸索、试验和创造，不断总结经验。我们相信，经过若干年的努力，一定能够成功地建立和完善中国的社会主义市场经济体制。

中国的经济体制改革是同政治体制改革相互配套、相互适应地进行的。国际上有人认为，中国只搞经济改革，不搞政治体制改革。这至少是一种误解。我们适应经济体制改革和经济发展的需要，按照民主化和法制化紧密结合的要求，根据中国的实际情况，一直在积极稳妥地推进政治体制改革。那么，我国政治体制改革的目标是什么呢？就是要建设有中国特色社会主义的民主政治。人民代表大会制度，党和国家机构中实行的民主集中制原则，是我国的根本政治制度。中国共产党领导的多党合作与政治协商制度，是我国在长期实践中形成的基本政治制度。历史已经充分证明，这些政治制度是最适合中国国情的。我们进行政治体制改革，不是要动摇和改变这些政治制度，也不是要照抄别国的政治制度，而是要适应新的历史条件更好地巩固和完善我国的社会主义政治制度。在这一前提下，不断总结实践经验，健全社会主义民主和法制，改革和完善我们党和国家的领导制度、领导方式，实行政企分开，精简党政机构，转变政府职能，改革干部制度，等等。我们已经做了许多事情，我们将适应经济和社会发展的进程，继续循序渐进地推进政治体制改革，以保证我国现代化建设的顺利发展。

在改革开放中，我们始终注意把握好以下几个基本环节。一是提出了明确的判断各方面工作是非得失的标准。这个标准就是：是否有利于发展社会生产力，是否有利于增强国家的综合国力，是否有利于提高人民的生活水平。二是坚持继承和发扬过去几十年革命和建设中形成的优良传统。这些优良传统，包括理论联系实际，密切联系群众，坚持独立自主、自力更生、艰苦奋斗，加强思想政治工作等等。三是贯彻胆子要大、步子要稳的工作原则。对原有体制存在的弊端要敢于破除，敢于闯新路子，同时又不能要求一蹴而就，不能急于求成，要使各方面的改革工作在中央的统一领导下积极稳妥地进行。四是处理好改革、发展、稳定的关系。改革是发展的动力，发展是社会稳定和国家富强的基础，稳定是改革和发展的前提。没有发展，中国就不可能尽快摆脱贫穷落后的状态，不可能进入世界现代化国家的行列。没有稳定的环境，就什么都搞不成，已经取得的成果也会丧失掉。五是坚持社会主义物质文明建设和精神文明建设两手抓。我国的现代化事业是一个全面发展的事业。两个文明，缺少哪一个方面，都不成其为建设有中国特色的社会主义事业。把握好上述这些基本环节，是保证和促进改革开放顺利发展的重要条件，也是我们在改革开放的实践中积累的重要经验。

我国正在进行的改革，是继1949年取得新民主主义革命胜利、进而建立社会主义制度，实现中国有史以来最伟大最深刻的社会变革之后，在新的历史条件下，进行的又一场伟大而深刻的变革。就其进一步解放和发展生产力、推动社会全面进步的巨大作用来说，这是一场新的革命。它的进程无疑不可能是一帆风顺的，但重要的是经过我们全党全国人民的努力探索和实践，道路已经开通，航船已经启程。我们设想，在90年代初步建立起中国社会主义市场经济体制，在此基础上再经过大体20年的努力，在各方面形成更加成熟和定型的制度。我们也清醒地看到，在前进的道路上还会遇到困难和风险。在我们工作中也存在一些需要进一步解决的课题。比如，如何更好地全面发展农村经济、加强农业的基础地位；如何进一步搞活国有企业、充分发挥它们在国民经济中的主导作用，任务还很艰巨。由于发展不平衡，我国东部沿海地区同中、西部地区的差距明显增大，社会分配不公问题也突出起来。在对外开放的条件下，一些消极腐朽的东西也乘机滋长起来。这些都需要研究相应的对策。我们坚信，在邓小平同志建设有中国特色社会主义理论和我们党的基本路线指引下，依靠全党和全国人民的力量一定能够解决这些问题，一定能够胜利地实现我们的目标。

邓小平同志是中国改革开放和社会主义现代化建设的总设计师，在领导这场新的革命中发挥了极其重要的作用，为建设有中国特色社会主义理论的创立做出了历史性的伟大贡献。建设有中国特色社会主义理论，是这场新的革命的经验结晶，又是这场新的革命不断向前推进的思想先导。我们正在用这一理论武装全党和全国人民，我们对创造中国更美好的未来充满信心。

各国人民在致力于本国发展过程和改革实践中，会遇到一些相似的情况和问题，需要共同探讨，相互借鉴。但是，不论是发展道路还是改革模式，都不能照抄照搬，更不能从外部强加，事实上也不存在千篇一律的发展模式。每个国家的发展道路必须由本国人民自己选择，改革也必须从本国实际出发。别人的经验只能作为参考和借鉴。俄罗斯正在探索适合本国国情的改革和发展道路。作为友好邻邦，我们真诚希望俄罗斯繁荣昌盛，人民富裕幸福。

女士们、先生们，中国的改革和建设不仅需要长期稳定的国内环境,也需要长期稳定的国际和平环境。当今世界仍处在复杂而深刻的变动之中。冷战结束后,两极格局不复存在,各种力量不断分化组合,多极化趋势正在加快发展,经济因素在国际关系中起着越来越突出的作用。走向缓和是当前国际形势的主流,世界和平机遇继续扩大。维护和平、加强合作和促进发展,成为各国人民的普遍愿望和强烈要求。但是环顾全球,世界仍很不安宁。不少地区的动乱、武装冲突和局部战争还在继续。霸权主义、强权政治仍然存在。国际经济发展不平衡也在加剧。世界和平与发展仍面临着严峻的挑战。

中国人民需要和平、热爱和平、珍视和平。中国将继续坚定不移地奉行独立自主的和平外交政策,致力于维护世界和平,促进共同发展。中国愿在和平共处五项原则的基础上,发展同周边国家的睦邻友好关系,加强同广大发展中国家的团结合作,扩大同世界上所有国家的友好合作关系。中国的对外开放政策是全方位的,既对发达国家开放,也对发展中国家开放;既包括西方,也包括东方。中国是维护世界和平与稳定的重要因素和坚定力量。中国的发展意味着和平力量的增强。中国有过长期被列强欺侮、瓜分、奴役和掠夺的悲惨历史,十分珍视自己和尊重别人的独立主权。我们既坚决反对别国干涉中国内政,也决不干涉别国内政。在国际事务中,我们始终从中国人民和世界人民的根本利益出发,根据国际关系准则,独立作出判断,表明立场。我们反对霸权主义和强权政治,自己也决不称霸,即使将来我国富裕起来了,仍将坚定奉行这一方针。中国说话是算数的。中国是世界各国人民可以信赖的朋友。

人类即将跨入 21 世纪。将一个什么样的世界带入新的纪元,是各国人民面临的共同课题。20 世纪人类经历了两次世界大战的浩劫和无数的痛苦与灾难。前事不忘,后事之师。人类应以新的面貌进入 21 世纪。国家关系应真正建立在互相尊重主权和领土完整、互不侵犯、互不干涉内政、平等互利、和平共处五项原则的基础上。要尊重各国人民根据本国国情选择社会制度和发展模式的权利。在国际事务中,大国、小国、穷国、富国、强国、弱国都应一律平等。要使弱国真正感到安全,小国真正享有平等,穷国逐渐走向富裕,富国继续向前发展,实现这样的要求是很不容易的,各国人民还要共同做出极大的努力。国与国之间的分歧和争端应该通过协商谈判,公正、和平地解决。一时解决不了的,可以暂时搁置,求同存异,不要因此影响发展正常的国家关系。要为彻底禁止和销毁核武器继续进行不懈的奋斗,在国际经济关系中应遵循平等互利、等价交换的原则,开展贸易和经济合作,废除国际经济生活中存在的贸易歧视和贸易限制,以利共同发展、共同繁荣。当今世界经济已成为一个相互联系、相互依存的整体。所有爱好和平的国家和人民要共同努力,消除地区冲突,平息久拖不决的热点。总之,要在我们共同生存的地球上创造政治平等与经济繁荣,将一个和平、平等、合作、稳定、繁荣的世界带入人类的新世纪,至少要为建立这样一个美好的新世纪明确方向,奠定基础,开辟道路。

女士们、先生们,在我国的对外政策中,同周边国家建立和发展睦邻友好关系一直占有十分重要的地位。俄罗斯是中国的最大邻国,两国有 4000 多公里的共同边界。发展同俄罗斯长期稳定的睦邻友好、互利合作关系,在中国的对外政策中具有特殊意义。我们满意地看到,我们两国关系正常化后迅速走上了睦邻友好的轨道,中俄关系得到卓有成效的发展。两国已互为重要的贸易伙伴,双边贸易有很大发展。两国的边界成为一条和平、友好的边界。我们两国人民为此感到高兴。我们这一代人深知,这种良好局面来之不易,必须十分珍惜。回顾过去,展望未来,我相信,我们两国领导人和两国人民比任何时候都深深懂得,中俄两大邻国保持和发展睦邻友好关系是何等重要。从对历史和未来负责的高度,精心维护两国的友好关系,使之长期稳定地发展下去,既是两国人民的强烈愿望,也是两国政治家们的崇高使命。

中俄两国关系是整个国际关系的重要组成部分。中俄两国保持和发展睦邻友好、互利合作关系,其意义和影响远远超出两国双边关系的范围。我们两国各自办好自己的事情,保持自己国家的稳定与发展,保持相互间的和睦相处、互利合作,这本身就是对世界和平与发展的重要贡献。不仅如此,中俄作为国际上具有重要影响的大国和联合国安理会常任理事国,肩负着维护世界和平与稳定的重大使命,两国在国际事务中加强合作,对世界和平、稳定与繁荣具有重大的意义。

在谈到中俄两国发展相互关系的前景时,我要特别指出的是,中俄两国都是具有巨大经济潜力的国家,两国经济互补性强,由于互为邻国,更具有地缘优势。经过双方的共同努力,我们已为彼此的合作奠定了良好的物质基础,已初步建立起必要的基础设施,基本形成了以陆运、河运、空运、海运构成的立体往来格局。这一切,为我们发展平等互利的双边合作提供了优越条件,开辟了广阔的前景。

在双边关系的发展中,我还想提到一个大家比较关心的问题。近年来,在相互交往迅速增加的情况下,双边交往主要是边境贸易和人员往来方面出现了一些无序的现象。我想指出的是,第一,问题无论出在哪一方,都是个别人的行为,不是两国政府的政策;第二,这些问题是前进和发展中的问题，是从过去的相互封闭、隔绝迅速转向相互开放和交流，而双方都缺乏充分的精神和措施准备的情况下出现的问题，它们没有也不应该影响两国关系健康发展的大局；第三，中国政府的原则立场是，支持和保护合法有序的正当的经贸活动，同时特别主张加强两国有实力有信誉的企业之间的合作关系；不支持不保护非法的、混乱无序的、损害消费者利益的贸易活动及从事这些活动的人。中国政府一贯反对非法移民，坚决打击从事非法移民活动的犯罪分子；不允许中国公民做有损于两国睦邻友好关系的事情。当然，我们也希望俄罗斯方面切实保护从事正常经贸等活动的中国公民的正当权益。双方领导人都认为，加强管理是为了更好地发展往来和合作，而不是像中国成语所说的“因噎废食”。我们相信，中俄双方都珍惜来之不易的两国睦邻友好关系及其取得的长足进展，不愿意看到它受到任何损害。从这个大局出发，通过双方真诚合作，友好协商，这些前进和发展中的问题是不难解决的。

在人类走向21世纪的时刻，如何面向新世纪，建设中俄两国关系的未来，是两国政府和两国人民以及整个国际社会都关心的问题。一切爱好和平与进步的人们希望看到的是既能造福于中俄两国人民，又能促进世界和平、稳定与发展的新型的持久友好的中俄关系。叶利钦总统在今年初给我的信中提出两国“建立面向21世纪的建设性伙伴关系”的倡议，我对此表示赞赏。我们认为两国新型关系应该建立在和平共处五项原则基础之上，成为不对抗、不结盟，睦邻友好、互利合作、共同繁荣的好邻居、好伙伴、好朋友。为此，我们主张：(一)加强相互理解信任，坚持以长期睦邻友好精神处理相互关系中的一切问题。(二)相互尊重各自选择的发展道路，不断促进两国关系的正常发展。(三)不管形势如何发展变化，两国发展友好合作关系的基本方针不变。(四)充分利用两国天时地利条件，积极发展互利互补的经贸关系，促进共同繁荣。(五)加强法律与制度建设，健康有序地开展两国间的人员交往，把中俄边界建成和平、友好、繁荣的纽带。(六)加强相互磋商与合作，共同为世界的和平、稳定与发展发挥建设性的积极作用。

前年，叶利钦总统访华时，中俄签订了相互关系原则的联合声明。今天我同叶利钦总统又签署了中俄联合声明和互不首先使用核武器与互不将战略导弹瞄准对方的共同声明，两国还签署了西段边界协定和其他一些双边合作的文件。可以说，我们已经开始为构筑下一世纪两国新型的睦邻友好关系奠定基础。我们所肩负的历史使命，就是要把两国来之不易的睦邻友好关系精心培育和发展下去，将它带入下一个世纪，传给我们的后代，以造福于我们两国人民，造福于全人类。

女士们、先生们、朋友们，新世纪正大步向我们走来，中国人民愿同俄罗斯人民一道，共同创造我们两国睦邻友好关系更美好的未来；愿同俄罗斯和世界各国人民一道，共同缔造一个比本世纪稳定、安全、繁荣的新世纪，为世界的长久和平和人类的文明进步做出更大的贡献。

谢谢大家！

江苏省八届人大九次会议决定任命郑斯林为代省长

《人民日报》发表社论《加大改革力度强化土地管理》

国务院首次召开的全国土地使用制度改革工作会议，交流了各地推进土地使用制度改革的成功经验，研究部署了如何进一步深化土地使用制度改革，加强土地管理等一系列重大问题，对深化改革，切实保护耕地，培育规范的土地市场必定会起积极的促进作用。

我国的土地使用制度改革，是适应整个经济体制改革和对外开放的需要提出来的。这项改革改变了国有土地无偿、无限期、单一行政划拨的制度，建立起了市场配置土地资源的新型制度，对我国的经济发展和经济体制改革，产生了积极的作用。新的土地使用制度改革中的内在约束机制，使我国80年代中期耕地锐减的势头得到遏制，全社会保护、珍惜土地的意识得到增强；通过实行统一出让，政府实现和增强了对土地供应的宏观调控能力；日益显现的土地资产效益，为各级政府提供了几千亿元的巨额收入，为各地增加财政收入，加快基础设施建设，改善投资环境，吸引外资，发挥了重要作用。尤其在我国搞活大中型国有企业建立现代企业制度的努力中，土地使用制度改革表现出了独特的作用。几年的实践证明，土地使用制度的改革符合我国经济发展实际，符合我国发展社会主义市场经济的方向，成绩是显著的。新的土地使用制度，已经逐步成为我国社会主义市场经济体制中的一种最基本的产权制度和经济制度。

在土地使用制度改革过程中，也出现了一些新情况、新问题。主要是一些地方政府为追求短期内经济高速增长，超计划大量出让土地，导致土地资源浪费，尤其是耕地骤减，还有一些单位和个人，利用目前我国土地市场刚刚发展，法制不健全，监控不严格，非法炒买炒卖土地，导致国有土地资产流失。这些问题，应当引起各级政府高度重视，及时总结经验教训，采取措施，妥善解决。

与劳动力、资金等生产要素相比，土地不仅是劳动对象和资金的投入对象，又是一种生产资料和投入资本。在我国，因为人多地少，又处在一个经济持续、快速、健康发展和体制迅速转轨的时期，土地使用制度的改革更有特殊的意义。当前要深化我国土地使用制度改革，培育和规范土地市场，特别要注意处理好以下三种关系。

一是发展经济和保护耕地的关系。我国目前正处于工业化、现代化的起步阶段。有那么多的公路、铁路、飞机场、港口要修，那么多的学校、工厂、体育馆、剧场要建，那么多的人需要住宅，对土地的需求量很大。但是，我国毕竟是人多地少人地关系极为紧张的国家，人均耕地不到世界平均数的 1/3。要用只占世界 7% 的耕地，养活占世界 23% 的人口。现在人口还在增长，经济还要发展，而耕地却在减少，所以，党中央、国务院把"十分珍惜和合理利用每寸土地、切实保护耕地"，同计划生育、环境保护一起，列为基本国策。最近中央领导同志再次提出："保护耕地，就是保护我们的生命线。"我们在推行土地使用制度改革时，一定要牢记这一点。我们的改革应当有利于保护耕地，有利于充分利用土地资源，否则便违背了国情，背离了改革的初衷。

二是要处理好土地使用制度改革与管理体制改革的关系。目前，土地市场上出现的一些问题，主要不是土地使用制度改革本身带来的，而是与管理体制有关。土地使用制度改革能够促进土地管理体制改革。反过来，理顺管理体制，又可以使土地使用制度改革进展得更快、更顺利。政府对土地要加强管理，必须集中不能分散，应当坚持统一、直接、严格的原则，对土地使用的各个环节，实行全程管理。要坚决制止炒卖炒买土地的行为。

三是发育土地市场和加强宏观调控的关系。总体上看，我国的土地使用制度改革还是起步阶段，在此基础上发展起来的土地市场也处于雏形，很不完善。对此，应加大改革力度，积极发育市场。但是发育市场，并不意味着政府无所作为。实践表明，宏观调控及其相关的制度、计划、措施，本身就应该是土地市场建设中的重要内容。没有科学的宏观调控作为保证，土地市场最终也难以健康有序地发展。

目前，我国正处于建立社会主义市场经济体制的关键时期，由于土地涉及国民经济的各个方面，土地使用制度改革需要各个有关部门一心为公、共同努力、大力协同才能真正办好。土地使用制度改革的成功，关系到全国改革和发展的大局。只要我们坚持深化改革，加强科学管理，认真扎实工作，我国的土地使用制度改革和土地管理工作，就一定会出现一个新的局面。

外交部新闻司司长吴健民就国家主席江泽民和俄罗斯领导人会谈答记者问

有记者问：中俄领导人是否谈到了两国军事合作问题？吴健民说，江泽民主席和叶利钦总统提到中俄两国在军事领域合作的问题，双方强调，这种合作不针对第三国，在双方承担的国际义务范围内进行，同时这种合作符合双方和全球安全与和平利益。

在回答新华社记者关于如何解决今年两国贸易额较大幅度下降的问题时，吴健民说，两国领导人在会谈中认为，在国际贸易中，国与国之间贸易额有升有降是正常的事情，两国应完善立法制度，使边境贸易走上健康、稳定的发展轨道。

全国首届奋发文明进步图书奖颁奖大会在北京举行

第六届远东及南太平洋地区残疾人运动会火炬终交仪式在"远南"运动员村升旗广场举行

全国政协主席、"远南"运动会组委会名誉主席李瑞环，国务委员、中国残疾人体育代表团名誉团长李铁映出席终交仪式。

终交仪式后，火种将保存在运动员村——远南饭店。9 月 4 日，火炬送至"远南"运动会开幕式主会场——工人体育场。

全国政协主席第六届远东及南太平洋地区残疾人运动会组委会名誉主席李瑞环在北京会见参加远南运动会的远东及南太平洋地区残疾人运动会联合会主席方心让(香港)副主席田和男(日本)等

中国政府和印度政府在北京签署卫生和医学科学合作协定

新闻出版署注销一批严重违规的报刊刊号

9月4日

第六届远东及南太平洋地区残疾人运动会在北京开幕

《人民日报》发表社论《高扬不屈的旗帜——热烈祝贺第六届远南残疾人运动会开幕》

《人民日报》就人民代表大会成立 40 周年发表彭冲文章《加强法制建设是人民代表大会的重要职责》

香港特别行政区筹委会预委会法律专题小组在北京召开第六次会议

会议于9月4日至6日在北京召开。

会议讨论了终审法院问题、特区成立后全国性法律在港实施的问题、港府最近提出的公安条例修改草案问题、临时立法会的成立问题以及维护香港治安和国家安全的有关法律问题。会议认为,香港特别行政区1997年7月1日成立时,终审法院应该存在,拥有终审权是中央政府赋予香港特区高度自治权的一项重要内容;1997年之后,将有6项全国性法律在港实施,包括国籍法、节假日安排、国徽国旗的悬挂及使用等等。

国务院副总理李岚清在四川考察

李岚清9月4日至8日在四川进行为期5天的考察,其间出席国务院召开的全国物价管理工作电视电话会议。

李岚清在成都和重庆考察工厂、学校、市场,当他了解到四川今年遭受到严重夏旱和建国以来罕见的伏旱后,充分肯定四川省委、省政府及各级党政领导带领群众战高温、抗伏旱、抓晚秋,力争把灾害损失降到最低限度的精神。他说:"四川作为农业大省和多民族地区,对全国大局举足轻重,全川人民团结战斗,作出很大贡献,只要继续坚持努力,相信四川今年一定能够在大旱之年夺得好收成。"

在第十届教师节前夕,李岚清出席四川省教师节庆祝会,并向优秀教师代表颁奖。他先后到一些大、中、小学调查研究,与教师们座谈,并代表国务院亲切慰问了四川广大教师。

李岚清充分肯定原四川大学和成都科技大学合并成立四川联合大学的联合办学的做法。他说,这种改革在短时间内可以实现办学整体水平"1加1大于2"和办学资源耗费"1加1小于2",联合办学是我国高等学校提高办学效益和提高教学质量的改革发展之路。

李岚清在成都分会场出席国务院召开的全国物价管理工作电视电话会议,会后即深入到成都市的农贸市场、日用消费品市场和生产资料市场考察,向市民了解猪肉、蔬菜等副食品价格。

李岚清还同四川省领导同志研究扩大对外开放,逐步缩小中西部与沿海地区差距的有关问题。陪同李岚清考察的有四川省委书记谢世杰、省长肖秧等。

中国土地学会与台湾地政学术界学者专家举办的"'94海峡两岸土地学术研讨会"在上海开幕

国家主席江泽民在莫斯科就中俄关系等问题答俄罗斯记者问

江泽民接受俄罗斯6家新闻单位的联合采访,就他这次访俄印象、中俄关系以及中美关系等回答记者的提问。

奥斯坦基诺国家电视台记者问:尊敬的主席先生,您对这次访问俄罗斯有什么印象和感想?

答:这是我担任中华人民共和国主席以来第一次访问俄罗斯。以前我曾多次到过这里,50年代还在这里学习过,这次旧地重游,倍感亲切。我们到处都受到俄罗斯政府和人民的热情接待,使我们感受到俄罗斯人民对中国人民的深情厚谊。我与叶利钦总统进行了很好的会谈。我们还要参观工厂,看看俄罗斯人民的劳动与生活。俄罗斯发展潜力巨大,俄罗斯人民是伟大的人民,我相信,俄罗斯一定会走向复兴和繁荣。

《俄罗斯消息报》记者问:主席先生,我们知道您懂俄语,请问您喜欢什么样的俄罗斯文学作品、谚语、音乐和歌曲?

答:我今天上午参观了托尔斯泰在莫斯科的故居,给我留下了非常深刻的印象。在中学时代,我就阅读过许多俄罗斯的文学著作,如托尔斯泰的《战争与和平》、《安娜·卡列尼娜》、《复活》等。《复活》就是托尔斯泰在今天我参观的故居里创作的。此外,还读过普希金的诗篇,屠格涅夫、果戈理等人的作品。至于说到俄罗斯的音乐,我来到莫斯科的第一个晚上就出席音乐会,欣赏了格林卡、柴可夫斯基的作品。在昨天晚上叶利钦总统举行的国宴上,乐队演奏了"在遥远的地方"、"喀秋莎"、"莫斯科郊外的晚上"等熟悉的俄罗斯歌曲。看来,音乐是人们都能理解的共同语言。

《商业报》记者问:主席先生,请就俄中两国贸易的现状和前景谈谈您的看法。

答:中俄两国的贸易近几年来发展很快。当然,今年上半年,两国贸易额有所下降。这是一种暂时的现象,国际贸易有时多一点,有时少一点,是常会发生的。我相信,随着我们两国睦邻友好关系的深入发展,两国贸易的前景是很广阔的。

《劳动报》记者问:尊敬的江泽民主席,您如何看待成千上万的中国人非法居留在俄罗斯内地和边境地区的问题,怎样解决这些问题?

答:中俄结束了过去那种相互隔绝的状态,随着两国睦邻友好关系的发展,两国贸易增长,人员交往增多,这是很自然的。在这个过程中,也确实出现了一些无序的现象,这是需要加以纠正的。但是,如中国成语所说,不能"因噎废食"。我完全相信,通过双方的努力,问题是可以解决的。对于不法分子的活动,要坚决予以打击。同时,我们也希望俄罗斯方面对从事合法经营的中国商人予以保护。我们要推动中国有实力、信誉好的大公司到俄罗斯来开展贸易;也欢迎俄罗斯大公司到中国去投资、做生意。这里我想引用一句俄罗斯的谚语:“宁静以致远”。中俄之间的经贸关系也是一样,要循序渐进,积极、有序地向前发展。

《俄罗斯报》记者问:尊敬的主席先生,近几年来,中俄两国领导人互访频繁,双方加深了相互了解。请问,俄罗斯正在发生的一切为中国提供了什么经验,中国有什么经验俄罗斯可以吸取?

答:任何一个国家通过自己人民的摸索和选择,都可以找到一条适合本国国情的发展道路。我们有自己的做法,昨天我在国际关系学院的演讲中已作了介绍。俄罗斯也有自己的做法。在世界上,国与国之间,相互交流各自的经验,取长补短,对于双方都是有益的。

我们所处的是一个丰富多彩的世界,要全世界都接受一个统一的模式是不可能的。各国的国情、历史传统和文化背景等等都不同,相互间可以进行交流,但照搬是不行的,总得找到一条符合自己国情的发展道路。

《俄通社—塔斯社》记者问:尊敬的主席先生,最近中美关系取得了一些进展,不久前美国派高级代表团访问中国。请问中美关系特别是经济和军事合作关系的发展前景如何?另外,美国现在正在调整对台湾的政策,请问您对此有何看法?

答:美国商务部长布朗不久前对中国进行了访问,我也会见了他。今年 5 月,克林顿总统决定延长对华最惠国待遇,并同人权问题脱钩,使中美关系出现了好的发展势头,为两国扩大在政治、经贸、科技包括军事方面的交往与合作创造了有利条件。

去年我在西雅图同克林顿总统举行会晤,双方都认为,中美关系十分重要,两国应以面向 21 世纪的高度,采取积极态度,使中美关系持续、稳定地向前发展,西雅图会晤使两国关系有了一个新的、良好的开端。

台湾问题一直是中美关系中一个重要的问题。有报道说美国政府在重新审议对台政策,对此我们表示关注。商务部长布朗访华时向我表示,美国坚持一个中国的政策和中美间三个联合公报所确定的各项原则不会改变。我们希望美国政府恪守其所作的承诺,不以任何方式搞“两个中国”、“一中一台”和“一国两府”,以免使两国关系的发展受到影响。

外交部部长钱其琛在莫斯科举行记者招待会

钱其琛在记者招待会上指出,国家主席江泽民对俄罗斯的访问取得了丰硕成果。

钱其琛说,今天是江泽民访问俄罗斯的第三天,他在莫斯科的主要活动均已结束,这次访问的丰硕成果可以概括为以下五点:

一、中俄双方就构筑两国面向 21 世纪的新型伙伴关系达成了共识。这种新型伙伴关系既不是对抗,也不是结盟,而是建立在和平共处五项原则基础上的长期、稳定的睦邻友好、互利合作关系。这种关系符合世界潮流,不针对第三国,不会受两国国内形势和国际形势变化的影响,是可以世代相传的。

二、访问期间,中俄双方签署了中俄联合声明、中俄两国首脑关于不将本国战略核武器瞄准对方的联合声明,以及中俄国界西段协定、中俄两国政府关于船只经哈巴罗夫斯克(伯力)往返航行的议定书、中俄海关合作协定和中俄经贸合作协定。这些文件内容广泛,根据中俄发展关系的指导原则,规范了两国在一些重要领域的合作。

三、双方充分肯定了近几年来中俄经贸合作取得的迅速发展,同时又针对前进中出现的问题商定了对策。双方一致认为,今年上半年双方贸易额有所下降是暂时现象,只要双方推动有实力、有信誉的大公司开展合作,采取符合国际贸易规范的方式,两国经贸合作的巨大潜力必将变成现实。

四、双方一致同意,加强两国在多层次、多领域的接触与交流,特别是保持两国高层领导人的交往对推动两国关系的发展具有重要意义。叶利钦总统已接受江泽民主席的再次访华邀请,俄罗斯总理切尔诺梅尔金期待着李鹏总理对俄罗斯的访问,两国议会领导人也发出了互访的邀请。交流加深理解,理解促进合作。中俄全面发展合作的前景是广阔的。

五、中俄两国一致同意,为建立公正、稳定的国际政治、经济新秩序做出贡献。中俄都是世界上有影响的大国和联合国安理会常任理事国。中俄两大邻国发展双边关系有利于世界的和平与发展。

当记者问及中俄国界西段协定签署后,两国边界争端是否就此解决了时,钱其琛说,中俄有 4300 多公里的共同边界,西段边界只有 54 公里。中俄国界西段协定签署后,整个边界中 95%以上的问题都已得到解决,剩下的一两处争端在东段,两国领导人已同意继续讨论,加快问题的解决。

当记者问及是否有 100 万中国人非法进入俄罗斯时,钱其琛说,这是被夸大了的数字。这方面的谣传很多,有的说 100 万,还有说 200 万的。实际上,没有那么大的数字,哪会有那么多的中国人非法进入俄罗斯呢?所有通过边界的两国公民都要办理有关手续,不可能偷渡那么多人。现在的问题是,有些中国公民通过合法手续进入俄罗斯后没有按时回国,滞留在俄罗斯,这个问题应由双方采取措施来解决。边界上的人员出入应当既方便又有秩序、有控制地进行。这样,两国边境地区人民之间的往来和经贸关系都会得到很大的好处。把发生的个别问题夸大得太过分是不适宜的。

当记者问及中国对核试验的立场以及这次首脑会晤是否讨论了此问题时，钱其琛说，中国在核试验问题上采取非常克制的态度。在5个核大国中，中国进行核试验的次数是最少的。中国没有承担暂停核试验的义务，但中国赞成全面禁止核试验，主张争取不晚于1996年达成有关协议，并积极参加这方面的会谈。这次高级会晤中没有讨论此问题。1992年12月叶利钦总统访华时，中俄都承担了相互不首先使用核武器的义务，昨天签署的中俄联合声明又重申了这一点，而其他3个核大国还没有承担这样的义务。

当记者问到有关中俄军工合作情况时，钱其琛说，中国和俄罗斯有一些军工方面的合作，但这次高级会晤没有具体讨论这个问题。中国向外国购买武器的数量很少，只是用于防卫。因为中国一年的军费只有60亿美元，不可能从国外大量进口武器来装备自己。

中国和瑞士两国银行在北京签署代理行协议

中国进出口银行与瑞士信贷银行日前在北京签署代理行协议。根据协议，这家拥有21亿瑞士法郎巨额资本的瑞士最大的银行集团，将成为中国进出口银行在国外的首家金融代理机构。

劳动部在北京召开全国职业培训优秀教师和工作者表彰大会

9月5日

全国政协第三次提案工作座谈会在北京召开

全国政协主席李瑞环在座谈会上说，提案工作是政协开展活动最直接、最有成效的方式。目前在我们国家一方面有许多领导机关、领导干部，常常千方百计寻找解决问题的办法，另一方面，又有许多有识之士有很好的建议，很好的研究成果，其中相当部分却由于体制、渠道等诸多因素，难以反映上来。而政协具有上达中央、下通各界的特点，如果把散佚在民间的真知灼见进行收集整理，并通过提案的形式报送有关部门，这对于政协履行好政治协商、民主监督、参政议政的职能，具有特殊的重要的意义。

李瑞环指出，搞好提案工作目前要解决两个问题，一是如何提高提案的质量。如果政协每年对确确实实是广大人民群众所关心、所重视、需要我们进行反映，而上级还没有注意的问题，或领导机关亟须大家献计献策的问题，整理出若干件具有重要参考价值的提案，政协的作用就会得到很好的发挥。

二是如何改革办案的方式和提高办案的水平。许多委员为了提案下了很大的功夫，而到办案的时候，却常常是简单地一转，致使一些很好的提案没有起到实际的作用。我们不能要求每件提案都能达到提案人建议的结果，但是，我们总是应该认真去办，努力做到每件提案都有着落。

李瑞环希望与会人员认真总结政协提案工作的经验，研究提案工作面临的新情况、新问题，探索一条既符合政协特点又适应新形势的提案工作的成功路子。

全国政协提案委员会主任周绍铮在会上作题为《进一步提高提案质量和办理质量，充分发挥政协提案在参政议政中的重要作用》的报告。

中共中央办公厅副主任胡光宝、国务院副秘书长席德华也在会上讲了话。他们在讲话中要求各级党委和政府要提高对政协提案工作的认识，努力提高提案办理质量。

全国政协副主席杨汝岱、万国权出席会议，秘书长朱训主持会议。

中办国办作出《关于党政机关汽车配备和使用管理的规定》

为了贯彻勤俭建国、艰苦奋斗的方针，节约国家财政开支，加强廉政建设，纠正一些地方和部门在汽车配备使用中攀比高档的倾向，经党中央、国务院领导同志同意，现对党政机关汽车配备和使用管理问题作如下规定：

一、部长级以上（不含部长级）干部的汽车配备和使用管理，仍按现行规定执行。

二、部长级和省长级干部按一人一辆配备专车；现职副部长级和副省长级干部，保证工作用车或相对固定用车。副部长级和副省长级干部离休、退休后享受部长级和省长级待遇的，不配备专车。过去已按党中央、国务院有关规定配备了专车的副部长，其专车可继续保留，但本人不用时，由机关调度使用。

三、部长级和省长级干部配备排气量3.0升（含3.0升）以下车型的轿车，副部长级和副省长级干部使用排气量2.5升以下车型的轿车。

现已使用的轿车超过上述标准的，由党中央、国务院和省、自治区、直辖市的机关行政事务主管部门，在现有的车辆中予以调换；未达到上述标准的应继续使用，不得借机更换，避免造成新的浪费。

现职副部长级和副省长级以上干部，今后应使用国产轿车。现已使用的奔驰、林肯、卡迪拉克、公爵王等高档豪华进口轿车，按照中央纪委《关于中央纪委三次全会重申和提出的党政机关县（处）级以上领导干部廉洁自律“五条规定”的实施意见》（中纪发〔1994〕5号）精神，由党中央、国务院和省、自治区、直辖市的机关行政事务主管部门，在现有的车辆中予以调换。其他进口汽车凡有条件调换的应一律调换，确有困难的可继续使用，达到报废更新条件时更换国产车。

四、部长级和省长级干部配备的专车，属中央党政机关的，分别由中共中央直属机关事务管理局和国务院机关事务管理局配备或批准配备；属地方党政机关的，分别由省、自治区、直辖市的有关部门配备或批准配备。各部门和地方不得擅自为领导干部超标准配备或调换专车。

五、副部长级和副省长级以上干部工作用车、党政机关公务用车实行编制管理。定编原则是，根据其机构编制、职能和领导职数，从严掌握，合理确定。中央党政机关的定编标准，由国务院机关事务管理局商有关部门后制定；省、自治区、直辖市党政机关的定编标准，由省、自治区、直辖市政府的有关部门制定。具体编制数的审批，属中央党政机关的，分别由中共中央直属机关事务管理局和国务院机关事务管理局负责；属省、自治区、直辖市党政机关的，分别由省、自治区、直辖市的有关部门负责。

六、严禁违反规定进口或购买汽车，不准利用职权向企事业单位调换、借用或摊派款项购买汽车。

七、省级以下党政机关及其领导干部工作用车的配备和使用管理规定，由省、自治区、直辖市党委和政府根据本规定的精神，结合本地区的实际情况制定并报中共中央办公厅、国务院办公厅备案。

八、全国人大、全国政协、最高人民法院、最高人民检察院以及党中央、国务院直属单位和省、自治区、直辖市人大、政协、法院、检察院的汽车配备和使用管理，参照本规定执行。

九、驻境外机构的汽车配备和退役处理，要严格按照有关规定执行，禁止通过驻境外机构变相从国外进口汽车。

十、要建立健全各项规章制度，严格执行汽车配备规定，加强使用管理和经费管理。

过去有关汽车配备和使用管理的规定，凡配车档次标准超过本规定的，按本规定执行。

《李硕勋》画册在北京出版中组部党建读物出版社《中华英才》半月刊在人民大会堂举行怀念李硕勋烈士座谈会

香港同胞庆祝中华人民共和国成立45周年筹备委员会决定10月1日在香港体育馆举行文艺晚会

会议还通过筹委会主席团、主席团主席名单，安子介、李嘉诚、李福善、李泽添、周南、查济民、曾宪梓、霍英东为筹委会主席团主席。

新华社香港分社社长周南在会上发表讲话。周南说，我国恢复对香港行使主权、贯彻实施"一国两制"，是中国近代史上的一件大事，我们有信心齐心协力把这件大事办好，完成历史交给我们的光荣使命。

国办发出《关于加强今年秋冬季农业工作的通知》

全国人大常委会委员长乔石在人民大会堂会见由副议长菲茨帕特里克·楚拉率领的赞比亚议会代表团

国家计生委主任彭珮云在国际人口与发展会议上发言

出席联合国国际人口与发展会议的中国政府代表团团长、国务委员兼国家计生委主任彭珮云下午在第二次全体会议上发言指出，中国在更好地解决本国人口问题的同时，愿为稳定全球人口、促进世界和平、发展与合作做出贡献。

彭珮云说，目前国际社会对人口问题的认识发生了深刻的变化。中国政府愿就解决人口与发展问题提出以下主张，供各国共同探讨：1. 人口问题从本质上讲是一个发展问题；2. 实施人口与计划生育方案，减缓人口增长的速度，是解决许多发展中国家人口问题的有效措施；3. 各国的人口状况、经济发展水平、文化背景、历史传统各不相同，因此不可能按一个统一的模式解决各国所面临的人口问题；4. 提高妇女地位，改善妇女受教育的条件，促进妇女参加政治与经济发展，保障妇女权益，实现男女平等，对人口与发展方案获得成功至关重要；5. 稳定世界人口，实现可持续发展，不仅需要各国政府的努力，也十分有必要加强和促进国际合作

彭珮云说，实现持续的经济增长和可持续的发展，满足全体人民日益增长的物质和文化需要，努力提高人民的生活质量，实现社会全面进步，是中国国家发展的战略目标，也是解决人口问题的根本目的。

中国法国经济和贸易混合委员会第十次会议在巴黎举行

中国对外贸易经济合作部长吴仪和法国工业、邮电和外贸部长隆盖主持会议的开幕式并发表讲话。

会议中，中法双方就农业、能源、通信、电子、原材料、汽车制造、铁路等领域的经贸合作交换了意见，并就双方贸易额的统计方法、法方限制某些中国商品进口，以及驻法中资机构人员和赴法中国贸易团组的签证等问题进行了商讨。

此次混委会决定在混委会范围内成立两个工作小组，分别负责研究贸易额的统计办法和有色金属工业领域的合作问题。

中国运动员乐靖宜吕彬在第七届世界游泳锦标赛游泳比赛中打破世界纪录

在第七届世界游泳锦标赛游泳比赛中，中国小将乐靖宜、吕彬在女子100米自由泳决赛中分别以54秒01和54秒15的成绩双双打破54秒48的世界纪录，并分获该项冠、亚军。

9月6日

《人民日报》发表社论《社会主义精神文明建设的基础性工程——认真贯彻〈爱国主义教育实施纲要〉》

国家主席江泽民同乌克兰总统库奇马在基辅玛丽亚宫蓝厅举行小范围会谈

江泽民说，中乌两国虽分处亚欧两洲，中乌两国人民之间有着传统的友谊。我们不会忘记在中华人民共和国成立初期，乌克兰曾对我国经济建设给予的帮助，特别是为我国培养了不少专业人才。

江泽民指出，乌克兰独立和中乌建交使中乌关系进入新的发展时期。近三年来，两国在政治、经济、科技、文化、教育等领域的合作顺利发展。我们对此感到满意。江主席着重指出，乌克兰是一个有影响的欧洲大国，历史悠久，文化灿烂，资源丰富，经济、科技基础雄厚。中国十分重视同乌克兰的关系。我这次来访就是要同总统阁下和贵国其他领导人一道，从面向21世纪的高度，共同探讨进一步发展两国互利合作的途径，开创两国关系的未来。我们两人即将签署的中乌联合声明为两国关系持续稳定发展确立了一系列指导性原则，是两国关系史上的重要文件，必将有力地促进两国面向21世纪的友好合作。

在谈及两国经贸关系时，江泽民说，中乌建交以来，两国经贸合作不断扩大，去年两国贸易额近六亿美元。乌克兰已经成为中国在前苏联地区的第二大贸易伙伴。今年双边贸易继续发展，中乌两国经济有较强的互补性。双方目前的合作水平同两国的合作潜力相比还有很大差距。因此，中乌双方要增加在各个层次、各个领域的交往，特别是推动两国有实力、有信誉的企业直接合作，使两国经贸关系持续、稳定地发展。

库奇马说，我曾三次访问过中国，看到中国发生了很大的变化，建设取得了巨大的成就，中国人民走有本国特色的道路，在保持稳定的情况下，为建设自己国家所做的努力是令人敬佩的。乌克兰也十分赞赏中国的外交成就，特别是同邻国关系迅速发展。库奇马总统表示赞同江泽民对中乌关系的主张和看法。他说，乌克兰十分重视同中国发展关系，乌克兰在欧洲，中国在亚太地区，乌中发展关系不仅符合两国人民的利益，而且有利于欧洲和亚太地区的合作。

两位领导人还就国际问题交换了意见，取得了广泛的一致。双方一致认为，国与国之间的争端应通过和平方式来解决，不应施加压力，更不应诉诸武力或以武力相威胁；双方反对在国际关系中推行霸权主义和强权政治；双方呼吁各国根据联合国宪章并在和平共处五项原则的基础上建立公正、合理的国际政治、经济新秩序。江主席说，我们希望欧洲稳定，希望乌克兰所在的地区稳定，同周边国家、同俄罗斯有一个良好、稳定的关系。

库奇马重申，乌克兰承认中华人民共和国政府是代表中国的唯一合法政府，台湾是中国不可分割的一部分，并确认不同台湾建立官方关系。他强调，乌克兰将坚持一个中国的立场。

江泽民对乌克兰的上述立场表示赞赏，并重申中国承认和尊重乌克兰的独立、主权和领土完整。

在谈到核问题时，江泽民说，中国政府对乌克兰坚持无核目标的立场表示赞赏，积极评价乌方在这方面所采取的积极步骤，对乌克兰关心其自身安全并要求提供安全保障和获得财政、技术援助表示理解。江泽民重申，中国自拥有核武器之日起就声明无条件不首先使用核武器，承诺不对无核国家和无核地区使用或威胁使用核武器，并呼吁所有核国家作出同样的承诺，争取尽早为此缔结一项国际公约，以确保无核国家的安全。我们的这一原则立场同样适用于乌克兰。我们认为，如果所有核国家都能作此承诺，乌克兰的安全就可望得到可靠的保证。我们呼吁所有核国家都做此承诺，以保证无核国家的安全。

两位元首还介绍各自国内的情况。

国家主席江泽民和乌克兰总统库奇马在基辅签署《中华人民共和国和乌克兰联合声明》

应乌克兰总统列·达·库奇马的邀请，1994年9月6日至8日，中华人民共和国主席江泽民对乌克兰进行了正式访问。中华人民共和国和乌克兰（以下简称“双方”）根据两国基辅最高级会谈结果，对两国友好互利合作关系的不断加深和扩大，充满活力并走向一个崭新的阶段深表满意，基于两国人民对进一步加深和扩大友好和伙伴关系的共同愿望，重申双方恪守1992年1月4日《中华人民共和国和乌克兰建交联合公报》和1992年10月31日《中乌联合公报》中关于相互关系的基本原则，声明如下：

1. 双方彼此视为友好国家，按照《联合国宪章》，并本着相互尊重主权和领土完整、互不侵犯、互不干涉内政、平等互利、和平共处原则及其他公认的国际法准则将进一步加深和扩大两国友好与合作关系。

中乌发展友好与合作关系不针对任何第三国。

2. 双方不参加任何针对对方的军事政治同盟；不同第三国缔结任何损害另一方国家主权和安全利益的条约或协定；不参加任何第三国损害对方国家主权和安全利益的行动。

3. 双方反对任何形式的军备竞赛，呼吁全面禁止和彻底销毁包括核武器在内的所有大规模杀伤性武器，认为应以适当方式加强国际核不扩散制度，赞成尽快缔结全面禁止核试验条约。

中国方面重申，在任何情况下都不首先使用核武器，不对无核国家和无核区使用或威胁使用核武器。

乌克兰方面对中方的这一原则立场表示赞赏。

双方呼吁所有核国家作出承诺，争取为此尽早缔结一项相应的国际公约，以确保无核国家的安全。

4. 双方认为，所有国家均有参与国际事务的平等权利，反对在国际舞台上推行霸权主义和强权政治。双方主张国与国之间的争端应通过和平方式加以解决，不施加压力，更不应诉诸武力或以武力相威胁。双方呼吁各国根据《联合国宪章》并在和平共处五项原则基础上建立公正、合理的国际政治、经济新秩序。

5. 乌克兰承认，中华人民共和国政府是中国的唯一合法政府，台湾是中国领土不可分割的一部分，并确认不和台湾建立官方关系。

中华人民共和国承认并尊重乌克兰独立、主权和领土完整。

6. 双方一致认为，经济合作和贸易关系是两国关系的重要组成部分，双方将在平等互利和共同发展基础上大力加深两国间的经贸合作，提高其质量和水平并相互提供最惠国待遇。

7. 双方承认国际经济一体化的重要性，打算努力寻求积极发展欧亚经贸、科技和文化交流的新途径。

8. 为进一步发展双边关系、加强相互信任和理解，双方商定保持经常性的政治对话，包括最高级会晤，以及两国外交部之间继续进行磋商和保持密切合作。

中华人民共和国代表　江泽民

乌　克　兰　代　表　库奇马

1994 年 9 月 6 日于基辅

国务院总理李鹏在钓鱼台国宾馆与加蓬共和国总理卡西米尔·奥耶-姆巴举行会谈

李鹏指出，中加建交 20 年来，双方相互尊重、相互信任，在政治、经济等各个领域进行了卓有成效的合作；双方在国际事务中相互同情、相互支持，也进行了很好的合作。

李鹏说，近年来，中加两国贸易关系虽有发展，但还有潜力，在经济合作方面尚有许多工作要做，希望双方的部长就农业合作、贸易方式等问题进行具体商谈。凡是双方感兴趣的、经济效益好的项目，中国政府愿予以积极推动和支持。中国商品价廉物美，较适合加蓬的市场，中方愿与加方共同进一步推动双边贸易的往来，扩大、拓展贸易的渠道和领域。

姆巴说，加中双方一直有着密切友好的关系，近年来两国关系又有了新的发展。“我一定会利用这次对中国的首次访问，来进一步推动两国关系的发展”。他对两国在农业、卫生和教育等领域中的合作，以及中国给予的援助表示满意。他说，加蓬有丰富的森林和渔业资源，两国可以在这方面加强合作，希望中国公司能够更加积极地参与加蓬的经济建设。

中纪委追授为维护党纪党风而献身的内蒙古纪检干部春香为“全国优秀纪检干部”称号

中共中央纪律检查委员会日前决定追授春香“全国优秀纪检干部”荣誉称号。

1994 年 7 月 11 日，内蒙古自治区兴安盟科尔沁右翼中旗白音淖尔苏木专职纪检委员春香，在调查苏木兽医站站长包石柱经济问题时，坚持原则，秉公办案，不怕威胁，不幸被包石柱杀害。

中纪委在决定中说，当前，我国正处在改革开放，建设社会主义市场经济体制的关键时期，各级纪检、监察机关和广大纪检、监察干部，要学习春香忠于党和人民，无私无畏，恪尽职守，勇于献身纪检、监察事业的革命精神，以邓小平建设有中国特色社会主义理论为指导，认真贯彻党的十四大精神，积极履行纪检、监察两项职能，深入开展反腐败斗争，为进一步维护政治稳定，促进改革开放和经济发展做出更大的贡献。

内蒙古自治区党委、自治区纪委、自治区人民政府日前也宣布，追认春香为优秀共产党员、优秀纪检监察干部、革命烈士称号，并在科右中旗集会，沉痛悼念为维护党纪党风而英勇献身的优秀纪检干部春香。

最高人民检察院发出关于各级检察机关严打走私制贩淫秽物品和非法出版物的通知

最高人民检察院日前发出通知，要求各级检察机关严厉打击走私、制作、贩卖、传播淫秽物品和非法出版物。

通知指出：当前，走私、制作、贩卖、传播淫秽书刊、影片、录像带、录音带、图片或其他淫秽物品，出版非法书刊的违法犯罪活动十分猖獗，违法犯罪分子从中牟取暴利。各级检察机关要不断提高对“扫黄”、“打非”斗争必要性、长期性、艰巨性的认识，牢固树立常抓不懈的思想，反复抓、抓反复。各级检察院领导要切实负起责任，把“扫黄”、“打非”工作摆上重要位置，切实抓出实效。

通知说，“扫黄”、“打非”的重点是：犯罪集团的首要分子；向未成年人传播淫秽物品，构成犯罪的；非法出版、印制诋毁、诽谤党和国家领导人、有意制造民族矛盾以及泄露国家秘密等出版物，构成犯罪的。情节严重的法人犯罪，对其直接负责的主管人员和其他直接责任人员，也要依法追究刑事责任。各级检察机关要加强同新闻出版、广播电视、文化、工商等部门以及公安、法院等执法机关的配合与协调，充分发挥职能作用，形成打击合力。

全国政协“青年志愿者座谈会”在全国政协礼堂举行

中共中央政治局常委胡锦涛在山东考察

9月6日至12日，中共中央政治局常委、书记处书记胡锦涛在山东省委书记姜春云、省长赵志浩等的陪同下，先后在烟台、威海和济南等市考察。

胡锦涛在考察中说，当前国际国内的形势都有利于我们又快又好地发展。无论是全国，还是一个省、一个市、一个县，要保持好的发展势头，抓住机遇实现新的发展，都必须客观地、全面地认清新形势，研究新情况，解决新问题，脚踏实地，做好工作。要着力研究并解决好当前影响本地改革、发展和稳定的突出问题。同时要注意从战略上超前研究制约本地经济社会发展的关键问题。

当了解到龙口市南山企业集团投资2000多万元建起教育中心，为企业培养新型人才时，胡锦涛称赞这是具有战略眼光的表现。胡锦涛强调指出，重视和抓好科技进步与人才开发，是一个战略问题，今后国际上的竞争，越来越表现为经济的竞争和科技、人才的竞争。我们发展社会主义市场经济，对劳动者素质、对科技和人才的要求也愈来愈高。谁在这个问题上觉悟早，抓得早，就能争得主动。山东具有资源优势和地缘优势，如果能在科技和人才开发上有一个大的进步，就会使这些优势得到更充分的发挥，使社会生产力发展提高到一个新的水平。

在考察过程中，基层干部群众反映经济发达地区也有薄弱的地方、有后进村。经济发展快、实力强的村，在自己进一步发展时，要带动经济薄弱村共同进步。胡锦涛说，这个问题应当引起重视。改革开放以来，我们党实行了让一部分地区先富起来，逐步做到共同富裕的政策，这是正确的，已经收到了显著成效。地区发展不平衡，有多方面的原因，不可能一下子就得到解决。但是差距越拉越大，这也不行。要继续坚定地执行既定的政策，同时注意研究促进经济的均衡发展，坚持共同富裕的根本原则和目标。沿海地区能够发展快一点就搞快一点，同时要提倡顾全大局，更多地通过经济手段和加强横向联合等方式，支持贫困落后地区发展。贫困地区要提倡自力更生，艰苦奋斗，通过互利合作，把资源优势转化成为经济优势。

章丘市对农村基层党组织建设一直抓得比较紧、比较扎实，也是较早实行依法建制、以制治村、民主管理的地方之一。胡锦涛在这个市的旭升村听取村党委书记的汇报后，高度评价了这里的做法。他说，深化改革，促进发展，保持稳定，关键都在于把党建设好。农村基层组织建设的指导思想必须十分明确，要围绕经济建设这个中心抓好党的建设，抓好党的建设促进经济建设；重点要建设好党委、党支部领导班子，特别是选好书记；努力培养一支有战斗力的党员队伍，加强从第一线青年优秀分子中发展党员的工作。总之，抓基层党组织的建设，也要有改革的精神，注意发现新情况，研究新问题，总结新经验，努力使基层党组织的建设取得新的进展。

国务院总理李鹏在全国进一步加强物价管理工作电视电话会议上发表讲话

同志们：

今天电视电话会议的主题，是进一步加强物价管理工作问题。

今年以来，在党的十四大和十四届三中全会精神指引下，各地区、各部门遵照党中央确定的“抓住机遇、深化改革、扩大开放、促进发展、保持稳定”的全党全国工作大局，正确处理改革、发展和稳定的关系，努力做好各方面的工作，总的形势是很好的，并且正在继续向着好的方面发展。建立社会主义市场经济体制的改革取得明显进展，财税、金融、外汇外贸、投资、价格和流通体制改革，以及建立现代企业制度的试点，按照预定方案陆续出台，实践效果是好的。加强和改善宏观调控取得积极成效，货币发行、信贷规模增长过猛的势头得到初步控制，国民经济保持良好的发展势头，增长速度在平稳回落中趋向合理。农业生产和农村经济持续发展，虽然部分地区遭受了程度不同的旱涝灾害，但从全国看，夏粮已经获得丰收，大多数地区秋粮长势良好，全年仍有可能争取一个较好收成。国有工业结构有所改善，效益有所提高。财政收入增长较快，收支基本持平。对外贸易逆差减少，出口明显增长，外汇结存增加。社会各项事业都有进一步发展。党中央和国务院所采取的一系列积极推进改革、开放和发展的政策措施，在实践中正显示着强大的威力。

在肯定成绩的同时，我们也清醒地看到，在我国改革、开放和发展的进程中,也存在着一些困难和问题。当前比较突出的一个问题是,物价上涨幅度过高,通货膨胀压力比较大。由于及时采取宏观调控措施,年初物价上涨过猛的势头得到初步遏制,工业生产资料价格已经扭转了上涨的局面,绝大部分日用工业品价格保持了基本稳定的态势。但是总的看,零售物价总水平涨幅仍然过高,对人民生活产生了一定影响。1—7月全国零售物价指数上涨20%,居民消费价格指数上升了22.4%。就全国情况看,带动物价总水平上涨的,主要是粮食、蔬菜、肉类等食品价格上涨较猛,农业生产资料、特别是尿素等化肥价格较高,不少城市各种公用事业收费上涨较多。物价大幅度上涨的原因是多方面的。一是去年四季度物价上涨造成的滞后影响,这个因素在今年头几个月物价上涨幅度中大约占10个百分点。二是固定资产投资规模过大,消费基金增长过快,扩大了社会总需求,推动了产品成本上升,这是造成物价上涨的一个根本原因。三是部分农副产品由于供求不平衡以及自然灾害、季节变化等因素,造成临时性局部的供应数量不足。提高粮食收购价格,对于调动广大农民的种粮积极性,发展农业生产,是非常必要的,但同时也难免带动价格水平特别是与人民日常生活密切相关的食品价格的上涨。目前食品涨价过多,同国有商业对粮食等居民基本生活必需品经营比重偏小,加上经营管理方面存在的问题,未能很好发挥主渠道作用,也有关系。四是流通秩序比较混乱,各级政府程度不同地放松了对市场物价的管理。少数不法分子欺行霸市,哄抬物价,起了推波助澜的作用。

多年来的实践证明,抑制通货膨胀,保持物价基本稳定,是顺利推进改革和保持国民经济持续、快速、健康发展的必要条件,是妥善处理改革、发展、稳定三者关系的重要环节,也是各级政府一项经常性的重要工作。针对当前物价涨幅过大的情况,党中央、国务院决定,把抑制通货膨胀作为今年下半年和今后一个时期整个经济工作中的一件大事和宏观调控的首要任务,并且正在采取切实有效的措施,尽快缓解物价上涨过猛的势头,特别是要下最大的力量保持人民群众生活必需品价格基本稳定,为进一步深化改革和促进经济发展创造一个更加良好的宏观环境。国务院要求,各级政府、各个部门积极行动起来,坚决贯彻落实以下十项措施:

一、各级政府要切实负起稳定物价的责任。国务院要把抑制通货膨胀、保持物价基本稳定,作为整个经济工作中的大事和实施宏观调控的重要目标。中央今年不再出台新的调价项目。

各级地方政府要统一认识,从全国改革开放和现代化建设的大局出发,按照党中央、国务院的部署,严格执行关于今年各级政府都不再出台新的调价措施的规定。对今年中央已经统一出台的调价项目,各地方、各部门不得层层加码,乘机搭车出台,严格控制发生连锁反应。各级政府都要把稳定物价作为贯彻为人民服务宗旨和关心群众生活的大事来抓,帮助有困难的群众解决生活困难。要加强对物价工作的领导,在机构改革中,省、自治区、直辖市和城市的物价机构一律不撤不并、不降格,不分散职能。县级物价机构职能也要保持稳定,物价检查所要继续单设。各级物价部门要理直气壮地抓好价格管理和监督检查。商业部门认真履行自己在保证货畅其流和平抑市场物价中的职责。

二、抓好农业生产,增加有效供给。要加强秋季作物田间管理,努力增加粮、棉、油、糖等主要农产品产量,切实搞好增产增收。今年粮食收购形势喜人,冬小麦订购任务已经完成,早稻收购计划已完成90%以上。商业粮食部门要抓好粮食的收购、调运和及时供应工作,巩固粮食购销体制改革成果。要继续完善中央、地方两级粮食储备制度,储备粮主要用于稳定市场、平抑物价,而不是为了赚钱赢利。在粮价上涨较高的地区,国有粮食部门要及时动用储备,以低于市场的价格售粮,以稳定粮价。在继续深化改革中要逐步把政策性储备和经营性储备分离开来,并且更多地把仓储建在销区。

三、抓好"菜篮子"工程,保证副食品供应。对"米袋子"要实行省长负责制,对"菜篮子"要实行市长负责制。要认真落实扶持"菜篮子"基地建设的各项政策措施,加强城市副食品基地建设,认真贯彻耕地管理条例,稳定和扩大菜田面积,制止滥占菜地,已占用的要开辟新的菜地加以弥补。要在全省以至全国范围内,利用地区气候差异优势,为大城市建立补充淡季蔬菜的生产基地。要积极利用我国丰富的秸秆饲料,发展养牛养羊,增加肉食资源。当前生猪主产区要迅速抓好生猪复栏。糖产区要积极抓好本榨季的收购、储备、加工和调运工作,尽早投放市场。各大中城市政府要积极组织好肉、禽、蛋、糖货源,确保市场供应。要加强副食品市场建设和管理,特别是大中城市要适当增加批发市场和零售市场,形成总量平衡、物流畅通、经营灵活的市场网络。肉、菜等主要副食品批发业务应由国有商业掌握,发挥国有商业在市场上的主导作用。在大城市要广泛设立副食品零售摊点,让生产者与消费者直接见面,以减少中间环节的费用。

四、建立粮食和副食品风险基金。这是建立国家宏观经济调控体系的一个重要环节,也是各级政府对经济进行调控的重要手段。国务院已经发布了《粮食风险基金管理办法》和《粮食风险基金实施办法》,各地要抓紧落实，确保资金足额到位。各省、市、区和大中城市都要尽快建立健全副食品风险基金，把中央和地方财政对肉、菜等商品的专项补贴用于建立副食品风险基金。要善于及时运用风险基金平抑价格，稳定市场。风险基金要加强管理，不许挪作他用。

五、推进流通体制改革，整顿流通秩序。流通秩序混乱，经营环节过多，层层加价，是造成物价水平上涨的一个重要原因，各级政府必须认真加以解决。今年以来，国家陆续出台了原油、成品油、化肥、粮食和棉花流通体制改革的重大措施，整顿了流通秩序，加强了价格管理，是成功的，必要的。各级地方政府要结合本地区情况，选择一些在当地经济发展和人民生活中具有重要地位的商品，通过深化流通体制改革，解决流通秩序混乱，价格上涨过猛的问题。各级商业、工商管理、物价、技术监督部门要协调配合，加强对流通领域的综合治理，严厉查处假冒伪劣产品，惩治欺行霸市、哄抬物价和暴利欺诈行为，做到标本兼治，稳定市场物价。

六、继续严格控制固定资产投资规模。今年固定资产投资增长过猛的势头虽然得到初步控制，但固定资产投资规模，特别是属地方管理的项目规模仍然偏大，新开工项目、在建项目过多。值得注意的是，6月份以来，投资规模又呈扩大之势。必须继续加强对固定资产投资和社会集资的管理，严格项目审批，坚决查处和制止非法集资，以及挪用流动资金或借用国外商业贷款等扩大投资规模的行为，坚决刹住高档楼房宾馆和豪华消费设施的兴建之风。

七、加强对消费基金的宏观管理，控制消费基金过快增长。要严格企事业和行政单位财务审计监督，限制公款消费行为，控制社会集团购买力的不合理增长。行政机构公务员工资制度改革要严格按国务院规定实施，事业单位也要严格按有关规定办。企业要按照工资与效益挂钩的原则，保持工资性收入适度增长。各级政府要重视个人所得税的征管工作，以增加地方财政收入，调节社会分配。

八、加强物价管理和监督检查。各地都要制定关于加强居民基本生活必需品和服务价格监审的实施办法，确保居民生活稳定。国有和合作商业的粮食和民用燃料，要执行国家规定的价格。对集贸市场的粮食、粮食制成品和燃料价格，要加以引导和控制，使其保持在合理水平。各级地方政府要建立肉、蛋、食油、食糖的提价申报制度，大宗蔬菜要制定进销差率，或公布零售参考价格。各级政府要确定并公布监审企业名单，严格执行提价申报、备案、监测、审批等各项制度。要搞好对集贸市场价格的指导和管理，对影响群众生活的重要商品，必要时可以实行最高限价和差率控制。要加强收费管理，各地区、各部门都不得以任何名义在国家规定的价格和收费标准之外提高价格和收费标准。要继续实行各级政府对物价总水平控制的目标责任制，从本次会议后的一个月时间，即从今年第四季度开始，国家计委和国家统计局每月公布30个省（自治区、直辖市）和三十几个大中城市的物价指数，把控制物价上涨作为考核各级政府政绩的一项重要指标。国务院责成国家物价局向部分城市派出特派员，督促检查各地落实控制物价上涨措施的情况。全国物价大检查已经进行多年，取得一定成效，今年要继续抓好，并且逐步使之成为一项经常性的工作。今年最后几个月的检查重点，是居民基本生活必需品、服务项目和农业生产资料价格，重点行业是教育、医疗、电力、铁路、邮电的收费价格。

九、加快价格立法工作，坚持依法治价。价格管理要逐步纳入法制轨道。我国已经颁布了《反不正当竞争法》、《消费者权益保护法》和《价格管理条例》等法律法规，《关于制止暴利行为的暂行规定》不久也将发布实施。要充分运用法律武器，加强价格管理，维护市场秩序。对垄断性行业乱涨价，以及牟取暴利和价格欺诈，扰乱市场秩序，损害消费者合法权益等行为，要坚决查处，依法严厉打击。各地可以根据实际情况，制定一些地方性的价格法规。

十、发挥群众监督和舆论监督的作用。要重视发挥群众组织和新闻舆论在平抑市场物价中的作用。各地工会、消费者协会和其他群众组织，要在当地政府统一领导下，恢复和建立群众物价监督组织，协助物价部门做好市场物价的综合治理工作。要设立群众举报信箱和举报电话，作为实行群众监督的一个重要手段。新闻舆论要大力宣传进行价格改革和价格管理的政策措施和积极效果，正确引导企业和消费者的行为。对违反价格法规，不执行国家价格政策，严重危害消费者利益的行为，以及国家价格检查部门查处的重大典型案例，要有重点地进行曝光。

同志们！

当前，国内外形势都很好。改革继续深化，经济持续发展，国家有比较雄厚的物质基础，宏观调控和稳定物价的政策措施正在陆续到位，并且正在有效地发挥着作用。我们对于抑制物价大幅度上涨有充分的信心。党中央、国务院要求各级党委和政府，把稳定物价作为关系改革、开放和发展的大事来抓，并且要切实抓紧抓实抓好，力争今年四季度初见成效，明年一季度有显著成效。我们相信，在邓小平同志建设有中国特色社会主义理论的指引下，在以江泽民同志为核心的党中央领导下，全国上下统一思想，协同步调，扎实工作，一定能够有效地抑制通货膨胀，平抑市场物价，创造一个更好的宏观环境，把改革开放和经济发展继续向前推进。

中央统战部全国工商联在北京召开推动光彩事业新闻发布会

发布会号召各地非公有制经济人士积极投身到扶贫的光彩事业中，为老少边穷地区人民的脱贫致富动一份真情、献一份爱心、做一份贡献。

中央军委副主席刘华清在山西考察

在山西考察期间，刘华清详细了解农民的生活情况。在大同市城关乡永宁村，村委会主任、退伍军人马守诚向刘华清介绍党的十一届三中全会后农村生产、生活的新变化。刘华清对马守诚说："你退伍不褪色，发扬了解放军的好传统。要带领群众共同致富。干部要多为群众办实事，全心全意为人民服务。加强农村党的建设，发挥党支部的战斗堡垒作用，党员要带领群众奔小康，实现共同富裕。"

刘华清指出，山西是革命老区，在战争年代为中国人民的解放事业做出了重大贡献。现在，山西省各级党政领导和人民群众继承和发扬战争年代的革命传统，对军队和后备力量建设十分关心，十分支持。军政军民像一家人一样。

刘华清在太原钢铁公司听取全国劳动模范、当代愚公李双良艰苦创业事迹的介绍，赞扬李双良一心为公的工人阶级主人翁精神。刘华清在考察期间，还邀请全国劳动模范申纪兰、郭凤莲等进行座谈，先后到大同肉制品厂、晋西机器厂、祁县城南村轴承厂等企业进行了调查。

在谈到山西省组织老干部、老红军进行革命传统教育时，刘华清说，中国革命从小到大，靠的是艰苦奋斗精神。今天，我们建设有中国特色的社会主义，仍然需要这种精神。艰苦奋斗的精神不能丢，要继续发扬光大。

刘华清在视察驻晋部队和武警部队时，不仅听取汇报，还深入基层连队，详细了解部队军事训练、行政管理、生活保障、战士的思想情况以及文化建设等方面的情况。

山西省和空军、北京军区的领导陪同刘华清在山西考察。

中国和乌克兰签署有关协议和议定书

钱其琛副总理兼外交部长分别与乌克兰交通部长阿尔捷缅科和邮电部长普罗日瓦利斯基签署《中华人民共和国政府和乌克兰政府海运合作协议》、《中华人民共和国邮电部和乌克兰邮电部合作协议》。

此外，中乌双方还签署了《中华人民共和国外交部和乌克兰外交部新闻领域合作议定书》及《中华人民共和国公安部和乌克兰内务部合作协议》。

国家副主席荣毅仁在人民大会堂会见由众议院议员原自民党干事长梶山静六率领的日本"中国经济交流考察团"

波兰参议院议长亚·斯特鲁齐克和众议院议长约·奥莱克西在华沙分别会见全国政协副主席叶选平

国家科委主任宋健在人民大会堂会见国际地质科学联合会主席法埃夫和第 29 届国际地质大会组委会主席佐滕正

出席国际人口与发展会议的巴基斯坦总理贝·布托会见中国政府代表团团长国家计生委主任彭珮云

国防部部长迟浩田上将在巴黎会见法国国防部部长莱奥塔尔

中国南极考察 10 周年好新闻颁奖大会在北京举行

民进中央举行特殊教育工作者座谈会

第五届冰心奖(图书新作艺术奖)颁奖大会在人民大会堂举行

全国爱卫会卫生部广播电影电视部和农业部联合发起"全国九亿农民健康教育行动"

9月7日

国家主席江泽民在基辅乌克兰议会大厦会见乌克兰最高苏维埃主席莫罗兹

国家主席江泽民在基辅下榻的国宾馆会见乌克兰总理马索尔

江泽民说：中乌建交后，双边直接经贸合作从无到有，逐渐发展，双方已建立起多领域、多层次的合作关系。中乌两国经济互补性强，经贸合作潜力大。两国可以相互取长补短，共同发展。今后随着形势的发展，双方应逐步实现经贸活动的规范化，合作形式也应更加多样化。中方将鼓励本国有实力、信誉好的企业和公司同乌合作，以提高合作的质量和档次，并使其成为双边经贸合作的主渠道。

全国人大常委会委员长乔石在人民大会堂会见加蓬总理卡西米尔·奥耶·姆巴

中宣部统战部就中共中央印发《爱国主义教育实施纲要》邀请各民主党派及工商联负责人进行座谈

香港特别行政区筹委会预委会政务专题小组在北京召开第十次会议

香港特别行政区筹委会预委会政务专题小组第十次会议于9月7日至8日在北京召开，会议讨论香港特别行政区第一届政府推选委员会的筹组、第一任行政长官的产生、第一届行政会议的筹组、香港特别行政区第一届政府机构的设置及主要官员的产生、政府法定组织、咨询组织的设置等问题，并提出初步的建议。

与会者认为，根据《全国人民代表大会关于香港特别行政区第一届政府和立法会产生办法的决定》规定，应由香港特别行政区筹委会筹组推举第一任行政长官人选的推选委员会。行政长官的候选人资格在基本法中已有明确规定。行政长官候选人可采用协商方式或者协商后提名选举方式推举产生。港英政府现有的机构设置中，除根据基本法的规定和我国对香港恢复行使主权的政治现实作出某些改变外，一般可予保留。香港特别行政区政府的主要官员即司级或相当司级的官员将按基本法，由候任行政长官提名报请中央政府任命。

国务院副总理邹家华在宜昌主持三峡工程建设现场办公会

9月7日至9日，国务院副总理邹家华考察了处于施工准备阶段的长江三峡工程，并在宜昌主持召开三峡工程建设现场办公会，进一步动员各方面力量抓紧抓好施工准备工作。

国家统计局排出全国五百家最大乡镇企业位次

来自国家统计局的消息说，依据全国乡镇企业销售或经营收入资料，日前对1993年中国500家最大乡镇企业排出位次。

中国500家最大乡镇企业向人们展示了一种新的风采，首先是企业规模大，平均每个企业拥有的固定资产原值近4000万元，是全国乡镇企业平均拥有量的1400多倍；500家最大乡镇企业每个企业平均职工人数为1330人，是全国乡镇企业平均职工人数的270多倍；500家最大乡镇企业的平均销售(经营)收入高达近2亿元，是全国乡镇企业年平均销售(经营)收入的1700多倍。

企业向公司化、集团化发展。优化企业的组织结构和提高企业生产的集中度，是企业在激烈的市场竞争中立于不败之地的有力保证。在500家最大乡镇企业中，公司化企业占到近一半，集团化企业也占到近五分之一。同时涌现出一批高出口创汇的企业。乡镇企业的出口交货额已占到全国的一半以上，在500家最大乡镇企业中不乏出口创汇大户。

从地域分布来看，500家最大乡镇企业主要分布在东部沿海经济比较发达的地区，占到百分之九十五以上。但是四川、河南、山西、江西、吉林、黑龙江、云南等省都有不少企业跨入了500家最大乡镇企业的行列。

国家主席江泽民在基辅接受乌克兰四家新闻单位的联合采访

《乌克兰之声报》记者问：尊敬的主席先生，中国已经建立了自己的发展市场经济的模式，从传统意义上讲，这一模式是同社会主义制度没有联系的。世界上对这一模式表示惊叹，并且正在学习和研究。目前乌克兰也在根据自己的国情，试图建立自己的市场经济模式。中乌两国在建立市场经济模式方面可以进行哪些合作？

答：我们认为，计划和市场都是经济手段，资本主义制度可以利用，社会主义制度也可以利用。毫无疑问，从整个世界经济发展的历史来看，300多年的资本主义发展史是同市场经济联系在一起的。在社会主义制度下发展市场经济是一个新事物，是一种创造性的尝试。人类历史说明，路都是人走出来的。我们建立社会主义市场经济体制的方向已经明确，基本框架已经确定，当然还有很长的路要走。

一个国家采取什么样的经济发展模式，要由这个国家的人民从这个国家的历史传统、社会经济状况等国情出发自己来确定。发展市场经济，很难同国际市场分隔开来。所以，我们建立社会主义市场经济机制，是同我国改革开放的政策联系在一起的。乌克兰也正在致力于发展市场经济。有许多问题，我们可以相互探讨，可以借鉴各自有益的经验。中国有句古话："他山之石，可以攻玉"，就是提倡相互借鉴。我国人民将沿着一条建设有中国特色的社会主义道路走下去，这需要不断总结自己的经验，也需要借鉴所有国家发展经济的好经验，包括发达的资本主义国家的一些对我们有益的好经验。

乌克兰通讯社记者问：尊敬的主席先生，中乌两国有着传统的友好关系。您是否对同乌克兰领导人举行的会谈结果以及双方达成的协议感到满意？

答：我非常高兴到贵国来访问。你们的国家是一个美丽的国家，我们一下飞机就受到热烈欢迎。昨天我同库奇马总统阁下进行了富有成果的会谈，双方签署了一系列重要文件，今天上午同马索尔总理和莫罗兹议长也谈得很好，进一步加深了我们之间的相互了解。我深信，尽管现在世界通讯技术非常发达，但代替不了领导人之间的直接接触和交流。我们双方对进一步发展两国的友好合作关系达成了共识，一致认为要面向未来，面向 21 世纪，持续、稳定地发展两国关系。我们都认为，两国经济互补性强，经贸合作的潜力很大。在国际问题上，中乌双方有着广泛的一致。中乌两国领导人直接接触和交谈，不仅有利于我们两国友好合作关系的发展，也有利于世界和平。我们期待着贵国的总统、总理和议长访问中国。

《乌克兰真理报》记者问：中国在环保方面的工作做得如何？另外，中国的环保经验对乌克兰是否有益？

答：我是学工程技术的，十分理解环境保护的重要性和世界人民对环境保护的关心。今天世界环境所受到的污染，恐怕工业发达的国家要承担很大的责任。当然，我们这样讲只是想指出一个客观事实，并不是说，既然他们对世界环境已经造成了污染，那我们现在也要来污染一下，我们没有这个意思。但是，作为一个国家领导人，我一直强调在工业发展的过程中要注意保护环境。为此，我国已经制定一系列保护环境的法律和规定。首先是对项目的审查要把关，不合乎环境保护规定的不能上马。然后在工程设计过程中，要有切实的环境保护措施。不能只是愿意在建设上花钱，而在环境保护方面却舍不得花钱。我们不赞成这种“急功近利”的做法。我认为，对世界环境污染负有主要责任的发达国家，应该对发展中国家的环境保护多做一点贡献。这种贡献有益于他人，最终也有益于自己。我是一个无神论者，但是上帝如果听到我这番话，也一定会认为我讲的是对的。

乌克兰电视台记者问：尊敬的主席先生，乌克兰外交目标是同东方发展关系，同时也看重西方。因此，从这个意义上讲，乌克兰被称为东西方的一座桥梁。请问，您如何看待乌克兰这个作用？

答：乌克兰是欧洲一个重要的国家，地理位置得天独厚，有着连接东西方交往的便利条件。我们希望乌克兰在欧洲以及国际政治、经济事务当中发挥积极的作用。中国同乌克兰发展友好合作关系不是针对第三国的，它不仅有利于双方，而且有利于促进欧洲与亚洲之间的合作。

《乌克兰之声报》记者问：尊敬的江主席先生，您是不是乐观主义者？我们的祖先曾经创造了灿烂的“丝绸之路”，在您同我们的议长见面的时候，他向您提出了建设欧亚公路桥的设想。请问，您认为这个想法如何？

答：我是个乐观主义者。既然我们的祖先能够开辟“丝绸之路”，今天从技术上讲，我们应该能开辟一条比“丝绸之路”更先进的路。今天，你们的议长向我提出了这个问题，并向我提供了一张草图。这条设想中的道路要经过很多国家，可行性研究的工作量很大，难度也较大，有诸如投资、相互协调、施工条件等问题。我已跟你们的议长讲了我们将把这张图带回去研究。

国务院总理李鹏在中南海分别会见日本自民党总务会长木部佳昭和日本三菱集团高级访华团

国家副主席荣毅仁在人民大会堂会见巴西矿产能源部部长阿莱克希斯·斯特帕嫩科

日本首相村山富市在东京首相官邸会见国务委员李贵鲜

中法两国企业在巴黎签署总额为 25 亿多法郎的经贸合同和意向书

9月8日

首都各界少数民族知名人士举行座谈会

为迎接国庆 45 周年和第二次全国民族团结进步表彰大会的召开，首都各界少数民族知名人士在钓鱼台国宾馆聚集一堂，座谈新时期我国民族关系的大好形势，为民族团结进步事业献计献策。

中共中央政治局常委、全国政协主席李瑞环出席座谈会，并发表重要讲话。

国务委员兼国家民委主任司马义·艾买提在座谈会上讲了话。

国务委员兼国务院秘书长罗干主持座谈会。布赫、王兆国、赛福鼎·艾则孜、廖汉生，中国人民解放军总政治部主任于永波、军事科学院院长赵南起，以及国家民委和首都各界近 30 个民族的 200 多名人士出席了座谈会。

全国政协主席李瑞环在各界少数民族人士座谈会上发表讲话

同志们、朋友们：

在国庆四十五周年前夕，国家民委举办这样一个座谈会，很有意义。刚才司马义·艾买提同志就民族工作和召开第二次全国民族团结进步表彰大会的有关情况作了介绍，几位同志发了言，听了以后很受启发，我也想讲几点意见，供同志们参考。

（一）

民族工作在我国始终是一件大事。

第一，它关系到国家的统一。我们中国是由九百六十万平方公里领土、五十六个民族、十二亿人口组成的，每一个民族都是这个多民族大家庭中不可缺少的成员。我国少数民族有近一亿人口，分布在全国各地，民族自治地方的面积占全国总面积的百分之六十四。因此，我们讲人民的团结，领土的完整，国家的统一，都是以各民族的团结为基础的。没有各民族的团结，中国就会陷于动乱和分裂，中国就不成其为中国。

第二，它关系到社会的稳定。民族是历史的产物，各民族之间的差异是客观存在的，而有差异就会有矛盾。这些矛盾的妥善解决，始终是实现社会稳定中极为重要的一个方面。历史和现实都反复证明，民族地区的各种矛盾解决得好，民族关系和谐融洽，就为全国的社会政治稳定创造了有利的条件。否则，全国的安定团结局面就会受到影响。

第三，它关系到经济的发展。我们讲现代化建设，讲提高综合国力，讲实现“三步走”的战略目标，都是就包括所有少数民族在内的整个中华民族而言。如果民族地区经济长期处于落后状态，我们的各项宏伟设想，就不可能完全实现。这些地区的经济长期搞不上去，发达地区的经济也会由于资源和市场的制约而难以保持发展后劲。

第四，它关系到边防的巩固。我国陆地边界2.1万公里，绝大部分位于少数民族聚居区，仅内蒙古、新疆、西藏、广西等自治区就达1.5万公里。只有把民族地区建设好，把各族群众的爱国主义热情进一步激发出来，共同承担守疆卫土的光荣责任，才能筑起一道坚不可摧的边防长城，才能保护祖先留下的疆域不受任何外来侵犯和蚕食。

第五，它关系到全民素质的提高。我国人民整体素质的提高，是建设富强、民主、文明的社会主义现代化国家的基本内容和基本条件。如果不大力推进民族地区的经济发展和社会进步，不切实提高1亿少数民族人口的思想道德、科学文化水平，就谈不上整个中华民族素质的提高。

第六，它关系到挫败国际敌对势力的图谋。在当今世界政治格局中，民族问题日益显示出其重要地位，一些国家的动乱、分裂、解体，多数都与民族问题密切相关。国际敌对势力也力图把挑拨、离间民族关系作为遏制、搞乱中国的突破口。我们只有重视和做好民族工作，谨慎和妥善地处理好民族关系，不断巩固和发展民族团结，才能在复杂的国际斗争中掌握主动，立于不败之地。

（二）

民族地区的主要任务是发展经济、改善生活。

民族地区的经济确实比较落后。尽管改革开放以来，经济建设成绩显著，城乡面貌大有改观，但总体上还没有摆脱经济落后的局面。这些地区本来就不发达，在发展中速度又相对较慢，与全国特别是发达地区的差距越来越大。民族地区的产业结构、产品结构本来就不够合理，财政、资金又十分困难，面对激烈的市场竞争，更加无法适应。民族地区有优势、有潜力，但受交通、能源、通讯等基础设施滞后的制约，发挥不出来。对这种形势的严峻性和紧迫性，必须有足够的认识，下大决心，下大力量，努力把经济搞上去，否则就会越来越落后。

民族地区群众的生活普遍比较困难。改革开放以来，民族地区群众生活有了很大改善，但由于历史和客观的原因，这些地方平均收入、生活水平与沿海地区相差甚远。在荒漠干旱、高寒阴湿和石山地区，有一部分群众连吃水都成问题，生病就医、小孩上学就更谈不上。造成这种情况，有的是由于客观上的原因，彻底解决无疑需要一个过程，有的则与我们有些同志对群众的困难视而不见，议而不行，抓而不实有关。我国是社会主义制度的国家，我们党是为人民谋利益的党，对群众的疾苦，我们理当坐卧不宁，寝食不安！我们发展经济的最终目的是改善人民生活，也只有在动员群众艰苦创业的过程中，使群众得到看得见的物质利益，群众才有劲头，领导才有威信，才能调动群众发展经济的积极性和创造性。在发展经济中改善生活，为改善生活而发展经济，这在群众生活还比较困难的民族地区，具有重要的现实意义。

民族地区的各项工作是互相联系的有机整体。贯彻民族宗教政策，发展民族教育、科技、文化、卫生事业，培养民族干部，加强民族团结、维护社会稳定等，都十分重要，都必须切实抓好。所有这些工作，都是与发展经济、改善生活相一致的。这些工作如果不抓紧抓好，发展经济、改善生活就没有前提和保证，同样，如果经济长期不发展，群众生活长期不提高，这些工作也难以做好。实践证明，经济落后可以导致一连串的落后，经济发展可以带来一连串的发展，民族地区的各项工作任务都应当放到发展经济、改善生活的过程中去完成。

（三）

发展民族地区经济的关键是搞好资源开发。

加快民族地区经济建设，离不开国家的大力支持，离不开发达地区的多方援助，更离不开这些地区本身的自力更生、奋发图强。实践证明，民族地区要真正摆脱贫穷落后，实现繁荣富裕，必须有一条符合本地实际、能够发挥自身优势的发展路子。就大多数民族地区来说，这条路子就是做好资源开发这篇大文章。

民族地区具有地广人稀、资源丰富的显著特征。这些地区地上地下资源人均占有量远远高于全国平均水平。我国农用土地后备资源主要集中在民族地区，煤炭、石油、天然气储量相当大部分也在这些地区，已探明的多种有色金属储量几乎都占到全国的 1/3 到 1/2 以上，水利蕴藏量超过全国的一半，潜力巨大，前景广阔。把资源开发作为民族地区经济发展的战略方向，尽快使民族地区资源优势转化为现实的经济优势，是实现民族地区经济振兴的有效和可靠的途径。

国家对民族地区的扶持，发达地区对民族地区的帮助，要朝资源开发的方向努力。各行各业、各部门对民族地区资源的开发，要与当地经济发展相结合，尽可能多地使用当地劳动力，增加资源就地加工和利用的比重，促进当地各类产业及基础设施建设，带来当地群众物质和文化生活水平的提高以及生态环境的改善，推进各项事业的发展。

搞好民族地区的开发和建设，对整个国家的未来发展具有重大战略意义。作为我国产业重心地带的东部沿海地区，具有资金、技术、人才、管理等多方面优势，把这些优势同民族地区的资源优势结合起来，实现优势互补，我们国家就会有更大的发展。因此，一切关心民族团结、国家振兴、子孙后代命运的人，都应该关心民族地区的经济发展，都有责任为此做出一份贡献。

新中国成立以来，我国的民族政策是正确的，是符合实际的，是体现全国各族人民的共同意愿的，我们的民族工作是卓有成效的。在座的各位同志是各民族的优秀代表，同本民族群众有着特殊的密切关系，过去你们为贯彻党的民族政策，维护民族团结，做了大量工作，希望大家今后继续关心这方面的工作。让我们在邓小平同志建设有中国特色社会主义理论的指引下，在以江泽民同志为核心的党中央领导下，为进一步巩固和建设我国平等、团结、互助的民族大家庭，为促进各民族的共同繁荣，为实现我国现代化建设的宏伟目标，做出新的更大的贡献。谢谢大家！

全国党校系统邓小平建设有中国特色社会主义理论研讨会在山东威海开幕

全国党校系统近 200 名负责同志和专家学者参加了会议。胡锦涛到会为优秀论文作者发奖并发表重要讲话。

胡锦涛指出，党的十四大以来，各级党组织认真贯彻十四大精神和十四届三中全会决定，全面执行党的基本路线，注意把握全党全国工作的大局，加快建立社会主义市场经济体制的步伐，努力促进国民经济持续、快速、健康发展和社会进步。我国的经济和政治形势都是好的。全党的理论学习，也出现了多年少见的好形势。建设有中国特色社会主义实践的发展，全党学习理论热潮的掀起，这两者彼此相互联系、相互推动，成为一个突出特点。改革开放和现代化建设发展的新形势，要求我们继续加强对建设有中国特色社会主义理论的学习，并且以这个理论为指导，去正确回答和有效解决面临的各种新矛盾、新问题。我们必须在认真总结经验的基础上，因势利导，把学习坚持下去，引向深入，以期取得更大的成效。

胡锦涛指出，党校是轮训培训党的各级领导干部和理论工作骨干，学习和研究、坚持和发展马克思列宁主义、毛泽东思想的重要阵地，理应为学习、研究和宣传邓小平同志建设有中国特色社会主义理论，更好地担负起重要责任，起到更大的作用。党校系统开展理论研究，有自己的优势。一是各级党校拥有一大批担负党政各级领导职务的学员，他们不仅有较多的实际经验，而且正在致力于提高自己的理论素养。这些学员在学习中参与研讨，对于党校系统的理论研究更加紧密结合实际，会起到很好的作用。二是各级党校有着紧密的业务联系，能够在全系统通过组织科研课题、加强科研协作等形式，集中优势力量，联合进行科研攻关，从而达到多出成果、出好成果的目的。党校系统要很好地发挥这两个方面的优势。首先自己必须联系改革和建设的实际，加强对邓小平同志建设有中国特色社会主义理论的学习，而且一定要学得更深入一些，理解得更准确一些，尤其要在掌握理论的精神实质和科学体系方面下真功夫。

胡锦涛在谈到学习、研究邓小平同志建设有中国特色社会主义理论必须坚持理论联系实际的方针时说，这个理论之所以成为科学真理，最根本的就是因为它来自实践，指导实践，为实践所证明，并在实践中丰富和发展。我们党领导十几亿人民建设有中国特色社会主义的实践丰富多彩，蕴藏着十分深刻的关于社会历史发展的辩证法，小平同志的理论创造正是科学地反映了这方面的真理。过去 16 年改革开放的历程，也可以说是以小平同志这个理论为指导，坚持解放思想与实事求是相统一的历程，我们在解放思想、实事求是上的每一个进步，都带来改革开放和现代化建设的新发展。现在，围绕建立社会主义市场经济体制的改革正在全面展开和不断深入，面对迅速发展变化的新形势，我们必须进一步解放思想、坚持实事求是，努力使自己的认识和工作思路、工作方法同发展变化了的客观情况相适应，决不能停留在原来的水平上。我们进行理论研究，同样要立足于新的实践，才能有新发现、新创造、新进步，逐步提高到一个新水平。

胡锦涛最后说，在学习和研究邓小平同志建设有中国特色社会主义的理论时，要重视学习和研究小平同志关于新时期执政党建设的论述，认真分析加强和改进党的建设、充分发挥党的核心领导作用的重大问题。邓小平同志在新时期关于坚持和改善党的领导，加强和改进党的建设的一系列论述，是建设有中国特色社会主义理论体系的重要组成部分，全党都要认真学习和研究。当前加强和改进党的建设，发挥党的核心领导作用，遇到了许多新情况、新问题，要以邓小平同志这个理论为指导去认真研究和解决。新形势下抓党的建设，仍然要把加强思想建设放在首位。抓思想建设最根本、最具有战略意义的是，要进一步落实用建设有中国特色社会主义理论武装全党的任务。加强各级领导班子建设和干部队伍建设，是加强党的建设的关键。现在面临的紧迫任务，一个是全面提高领导班子和领导成员的素质，另一个是大力培养选拔德才兼备的优秀年轻干部。这两方面的任务相互联系、密不可分。必须从全局上和战略上来认识这件事情的极端重要性，努力把这件大事抓好。民主集中制是我们党的根本组织原则和组织制度。要研究如何把加强制度建设与加强思想教育结合起来，在全党重新进行民主集中制的教育，从坚持党的思想路线、政治路线的高度来理解和认识民主集中制的重要性、科学性，并用不断增强党性来保证这个好制度的有效贯彻执行。党的基层组织是党的全部工作和战斗力的基础。要实事求是地分析基层组织的状况，重点抓好农村和企业，不断增强基层党组织的凝聚力、吸引力和战斗力。

邮电部首次发行通用电话磁卡

邮电部电信总局日前正式发行我国第一套“中国通用电话磁卡”（简称“通用卡”）。首套通用卡共七枚，其中一组为“长城”图案系列卡共五枚，面值分别为10元、20元、50元、100元和200元五种；另有两枚首发纪念卡，面值分别为20元和50元两种。

用户持有磁性储值卡，即可使用设在各地的公用磁卡电话机拨叫国际、国内和市内电话。

国家副主席荣毅仁在人民大会堂会见缅甸国家恢复法律与秩序委员会秘书长钦纽中将

罗马尼亚总统扬·伊利埃斯库和政府总理尼·沃克罗尤在布加勒斯特分别会见最高人民检察院检察长张思卿

外交部部长钱其琛与乌克兰代外交部部长乌多文科举行对口会谈就双边关系和国际问题交换意见

钱其琛指出，中国十分重视同乌克兰发展关系，乌是欧洲的重要国家，地缘政治地位重要。乌奉行独立自主的外交政策，对本地区的和平与稳定有积极的影响。我们支持和尊重乌奉行的独立自主的外交政策。我们衷心祝愿乌克兰同包括俄罗斯在内的邻国建立良好的关系。

乌多文科说，江泽民主席对乌克兰的访问是历史上的第一次，意义重大。访问十分成功，乌方深感满意和高兴。乌中联合声明不仅对双边关系有重要影响，而且具有国际意义。

在谈及台湾问题时，乌多文科强调，乌坚持一个中国的立场，认为台湾是中国的不可分割的一部分，坚决反对“两个中国”、“一中一台”，并承诺不同台湾发展官方关系。

外交部部长钱其琛和乌克兰代外交部部长乌多文科在基辅举行联合记者招待会介绍江泽民访乌成果

乌多文科说，江泽民主席访乌期间，同库奇马总统举行了会谈，并分别会见了乌总理和议长，两国外长也举行了工作会谈。双方签署了5个文件，其中最重要的是《乌中联合声明》。

乌多文科说，中国支持乌克兰独立、主权和领土完整，这对乌非常重要，我们对此表示感谢。江泽民主席访乌为进一步发展双边合作关系奠定了良好的基础，把双边关系提高到了一个新的水平。

钱其琛说，江泽民主席对乌克兰的访问时间很短，只有48小时，但是很重要，很成功。这次访问是中乌关系史上的一个重要里程碑，将会有力地推动中乌两国关系的发展。

当记者问及人权问题时，钱其琛说，双方没有讨论人权问题。中国是一个有近12亿人口的大国，谈人权，首先要保证如此众多的人口有生存和发展的权利；同时他们的各种民主权利也要通过法律程序加以保障。美国总统克林顿现在也把对华最惠国待遇同人权脱钩了，这件事本身是很能说明问题的。

外交部发言人沈国放就波黑问题发表谈话

沈国放说，近日，由美、俄、英、法、德代表组成的波黑问题联络小组一致同意建议安理会研究放松对南联盟制裁的问题，“中国方面对此表示欢迎”。“我们一贯不赞成联合国动辄制裁一个国家的做法。对南制裁不仅没有达到结束波黑战争的目的，反而给南人民带来了巨大痛苦，并给实施制裁的第三国、特别是邻国的经济造成严重损失。”

沈国放说：“我们认为，对包括南在内的有关各方所做的任何和平努力，国际社会都应予以鼓励，而不是‘惩罚’。我们希望国际社会对制裁所带来的严重后果予以高度重视，从鼓励和推动波黑的和平进程出发，认真考虑解除对南制裁的问题。”

有记者问，据外电报道，最近越南在中国南沙群岛的南威岛修建了一个渔港，请问中国方面对此有何评论？

沈国放说：“众所周知，中国对南沙群岛及其附近海域拥有无可争辩的主权。越方在中国南沙群岛的南威岛修建渔港严重侵犯了中国的领土主权，越方上述行动是非法的。”

毛泽东《为人民服务》发表暨张思德牺牲50周年纪念大会在北京卫戍区举行

9月9日

国家主席江泽民在巴黎爱丽舍宫与法国总统密特朗举行会谈

江泽民指出，中法两国都是世界上有重要影响的国家。两国的社会制度、历史和文化传统不同，但双方的共同点是主要的。中法都是安理会常任理事国，对维护国际和平与安全都负有重要的责任。中法都愿意看到世界朝多极化方向发展，都珍视自己的独立和主权，都奉行独立自主的外交政策。

他说，中法经济上有很强的互补性，中国经济已进入持续、快速、健康发展的新阶段，预计从现在起到本世纪末，经济年平均增长率将保持在8%—9%的速度。中国经济优先发展的领域是农业、交通、能源、通讯和基础设施等，法国在上述领域拥有优势，中法经贸合作的潜力很大。

江泽民强调，本世纪所剩下的时间已经不多了，把什么样的中法关系带入下一个世纪，是中法双方特别是两国领导人共同关心的问题。中国方面愿意同法国一道，共同努力，使两国关系持续、稳定地向前发展。为此，中法双方要从面向21世纪的高度，从长远的战略观点出发，处理好两国关系，排除可能出现的干扰，以利于两国关系健康地向前发展。

密特朗说，中国经济发展迅速，正在走上富裕的道路，国际地位越来越重要，我们对此感到高兴。中国的发展归功于中国领导人，也归功于中国人民的努力。他表示，法国愿意发展同中国在各个领域的合作。在谈及台湾问题时，密特朗总统重申，法国将坚持一个中国的立场。

两位领导人还就国际形势交换意见。江泽民说，世界仍处在深刻的变动之中。冷战结束后，国际形势总的来说趋向缓和，但天下并不太平，霸权主义和强权政治依然存在，国际竞争激烈，一些发展中国家更加贫困，南北矛盾突出。在上述情况下，中法两国加强合作，有利于国际关系中的和平与稳定因素的增加。

国务院副总理朱镕基在山东考察

9月9日到13日，中共中央政治局常委、国务院副总理朱镕基在中共中央政治局委员、山东省委书记姜春云和山东省省长赵志浩等陪同下，先后深入到聊城、德州、济南等地市考察，沿途察看了多处棉田以及棉花收购、加工站；同地、县领导干部和有关部门、供销社、国有大中型企业负责人座谈。他对山东省的工作给予充分肯定，高兴地说，山东今年的农业形势很好，棉花长势喜人，丰收在望，农民喜气洋洋，情绪高涨，各级干部充满信心，希望山东省把握大好时机，发展大好形势，把粮食、棉花收到手。

在谈到棉花收购工作时，朱镕基指出，山东省委、省政府贯彻党中央、国务院的决定态度坚决，工作部署周密，措施得力。他强调，当前棉花工作的重点是要千方百计把棉花收上来。为此，要继续大张旗鼓、深入细致地做好宣传和思想教育工作，让党中央和国务院的政策家喻户晓。目前还不具备放开棉花市场的条件，今年坚决不放开棉花市场，决不允许多渠道经营棉花。各级党委、政府的领导同志要统一思想认识，理直气壮地加强对棉花市场管理。私商走村串户抢购棉花，是扰乱国家棉花正常收购秩序的行为，要依法打击。朱镕基还说，供销社受国家委托对棉花实行专营，责任重大，要做执行国家政策和提供优质服务的模范。他要求供销社：第一不要压级压价坑害农民；第二不要抬级抬价坑害纺织企业；第三不要掺杂使假，那是犯罪行为。朱镕基告诉大家，今年我国金融形势很好，现在农业银行已准备了足够的棉花收购资金，保证棉花收购不向农民打“白条”。

在考察期间，每到一处棉田，朱镕基都直接询问农民购买化肥的价格，并调查了供销社经营化肥和一些化肥厂生产经营的情况。他指出，化肥价格上涨过猛，会抵消国家通过提高粮棉价格给农民的好处，会严重挫伤农民种粮植棉的积极性。他要求各地要坚决、迅速落实全国农业生产资料流通体制改革会议的精神，很快把化肥价格降下来。化肥厂要严格执行国家规定的出厂价，并且把90%以上的化肥卖给供销社，自销量不得超过10%，而且不能直接售予农民。供销社要严格执行国家规定的销售价并且明码标价，基层供销社实行代销，不许搞私人承包。同时，要清理整顿流通渠道，坚决取缔非法经营。

朱镕基说，国务院近期将派出由有关部门负责人带队的联合巡视组分赴各地，检查贯彻落实全国棉花工作会议和农业生产资料流通体制改革会议精神的情况，全国上下要同心协力，采取坚决措施，把棉花收上来，把化肥价格降下去，为夺取明年农业更大丰收创造条件。

朱镕基每到一地都十分关心纺织企业的原料、生产和效益情况，在视察纺织厂和与各地厂长座谈中，他一再强调，纺织工业要抓住当前的有利时机，采取断然措施，加快结构调整的步伐。这次棉花收购价格适当提高，不仅有利于鼓励棉农的积极性，也有利于运用经济规律促进纺织工业结构调整，关掉那些装备落后、产品质量差、浪费资源的小厂。现在已经停产的落后小厂不能再开工了，重点保证效益好的大中型棉纺企业，农民和地方政府都会得到更大的利益。

朱镕基还在济南市部分厂长座谈会上肯定了山东省搞好国有企业的成绩，要求国有企业加快转换经营机制，加强内部管理，推进现代企业制度改革。

国家经贸委在北京召开第二次经济运行综合协调会议

国家经贸委日前在京召开第二次经济运行综合协调会议。会议通报了今年以来国民经济运行基本情况和围绕经济运行所做的主要工作，讨论分析了当前国民经济运行中存在的问题，部署了进一步加强经济运行综合协调要着重抓好的几项工作。

国家经贸委主任王忠禹在讲话中指出，今年以来，国家经贸委会同国务院有关部门围绕经济运行主要抓了八个方面的工作：一是协调解决新税制运行后出现的新问题，与财政、税务和有关部门反复研究，并报国务院批准，适当调整了煤炭、电力、烟草、矿山等行业的税赋负担，使有关行业税负水平趋于合理，促进了这些行业的发展和税制改革的顺利进行；二是综合研究解决钢铁、纺织、化肥等重点行业的困难和问题；三是组织开展清欠工作，重点抓了煤炭、电力、冶金等行业和东北地区的清欠；四是抓了对滞销积压产品的限产压库促销工作；五是抓了扭亏增盈工作；六是抓了"打假"工作，目前正在抓打击棉花掺杂使假工作；七是抓了工业流动资金贷款的协调；八是抓了深化企业改革工作，"转机建制、万千百十"规划的实施进展顺利。

王忠禹说，当前经济运行中的有利因素很多，但矛盾和困难也不少，后四个月经济运行中的有些矛盾将比上半年突出。比如部分原材料供应不足、库存准备下降问题；市场销售有所好转，但不会出现大的旺销；资金拖欠还没有减少；有的流动资金仍然紧张等等。

对于如何搞好下半年经济工作，王忠禹指出，最近国务院已提出了明确的任务，特别是要进一步抑制通货膨胀，坚决执行宏观调控方针，严格控制信贷和投资规模，加强对消费基金的宏观管理，促进国民经济持续、快速、健康发展。为保证上述任务完成，必须进一步加强对经济运行的综合协调，解决经济运行中的问题。后四个月要着重抓好八项工作：

一是统一认识。后四个月经济运行的增长速度将继续朝趋向合理方向发展，但在趋向合理的回落中要防止国有企业生产发生大的波动，各部门思想上要有充分准备，工作上要精心安排。

二是抓好对滞销产品的限产压库促销工作。对产品积压问题要引起足够的重视，并作为一项很重要的工作切实抓好。

三是各企业要认真贯彻国务院关于下半年不准出台新的涨价项目的规定。努力降低成本和出厂价格，为稳定物价做好工作。

四是抓好扭亏增盈工作。各部门要按照全国扭亏增盈工作会议的部署，扎扎实实地抓好落实，继续深入开展"转机制、抓管理、练内功、增效益"活动。

五是严格银行结算制度。清理企业债务拖欠要有新的思路，主要依靠经济手段、法律手段从根本上加以解决。各部门特别是工交部门的直属企业要带头严格执行结算制度。

六是重点抓好困难行业和特困企业的工作。尤其是冶金工作会议和纺织工作会议定下来的事情，要抓好落实，抓好跟踪。另外，对汽车行业的生产要专门进行研究。

七是继续抓好企业改革。18个"优化资本结构"城市试点改革的主要内容是增加企业的资本金，加大技术改造力度，分流企业富余人员、离退休人员和企业办社会，重点是抓一批扭亏无望、资不抵债企业的破产。

八是加强经济运行的综合协调工作。当前要特别重视协调好一些关系国计民生的重要商品的市场供应和收储，如钢材、棉花、猪肉等，对可能出现的问题要有预见、有准备，对涉及生产、运输、内贸、外贸等多方面、多环节的重大问题，要及时通气，加强协调，重大问题要及时报国务院。要防止问题和矛盾的积累，影响国民经济的正常运行。

中华商标协会在北京成立

全国人大常委会委员长乔石、国务院副总理李岚清、国务委员宋健分别为中华商标协会成立题词。乔石的题词是："保护商标专用权，维护社会主义市场经济秩序"。李岚清的题词是："高度重视商标工作，为促进社会主义市场健康发展做出贡献"。宋健的题词是："保护知识产权，维护经济秩序"。

薄一波就中华商标协会成立发表谈话。

中共中央书记处书记、最高人民法院院长任建新在成立大会上讲了话。

出席大会的还有张劲夫、吕东、袁宝华、邹瑜等，世界知识产权组织副总干事居尔舒，日本商标协会会长中村稔，台湾自创品牌协会理事长施振荣以及国务院有关部门和30个省、自治区、直辖市的代表。

党和国家领导人江泽民李鹏乔石朱镕基刘华清等祝贺中国人民建设银行成立40周年

国务院总理李鹏在钓鱼台国宾馆与坦桑尼亚总理兼第一副总统马莱塞拉举行会谈

国务院总理李鹏在人民大会堂会见缅甸国家恢复法律和秩序委员会秘书长钦纽中将

全国人大常委会委员长乔石在人民大会堂会见德国奔驰汽车公司董事长赫尔穆特·威尔纳

外交部发言人沈国放就传言巴基斯坦从中国进口导弹问题答记者问

有记者问：有报道说，巴基斯坦准备从中国进口受国际导弹协议限制的弹道导弹。中国将在近期内派专家赴巴，帮助巴方培训使用这种导弹的技术人员。中方对此有何评论？

沈国放说："这种无中生有的报道是极不负责任的。"

中国政府和布隆迪政府在布琼布拉签订关于中国派遣医疗队赴布隆迪工作的换文

国务院总理李鹏在全国应邀赴北京模范教师代表座谈会上发表题为《为教育事业献身无上光荣》的讲话

一

明天是我国的教师节，也是我国的第十个教师节。借此机会，我代表党中央、国务院向在座的各位模范教师代表，向辛勤工作在教育战线上的全国广大教师和教育工作者致以节日的祝贺和亲切的慰问！

二

党的十一届三中全会以来，在邓小平同志重视教育、尊重知识、尊重人才的思想指导下，全党全社会对教育的认识有了很大的提高，九年义务教育已经全面展开，职业教育迅速发展，成人教育取得了显著成绩，高等教育有了长足的进步，高等学校已经成为我国科学研究的重要基地。教育领域的国际交流与合作不断扩大，是我国改革开放政策的重要组成部分。整个教育战线近年来的思想、政治形势一直保持稳定，教育改革正在逐步展开和深化。应该说，我国教育事业的改革和发展取得了举世瞩目的成就，教育为国民素质的提高、对国家的经济建设、科技进步和社会发展作出了重要的贡献。

当前，教育战线面临着进一步改革和发展的大好时机。去年二月，中共中央、国务院发布了《中国教育改革和发展纲要》，之后，人大常委会又通过并颁布了《教师法》。今年六月，党中央、国务院召开了改革开放以来的第二次全国教育工作会议，这是我国教育发展史上的一次重要会议。会议对《纲要》的组织实施工作进行了全面部署和动员，讨论、确定了九十年代教育改革和发展的战略目标，研究、明确了我国教育改革和发展中的重大问题。七月三日，国务院已下发了《关于中国教育改革和发展纲要的实施意见》。不久前，中共中央政治局常委会议已讨论通过了关于进一步加强和改进学校德育工作的若干意见，并已正式下发。《教育法》即将报送全国人大常委会审议。目前，各地、各部门都在积极落实全国教育工作会议精神。我相信，只要认真贯彻落实这次全国教育工作会议精神，认真执行有关教育的法律法规和文件，认真依法治教，我国的教育事业一定会进一步得到较快、较好的发展，一定会探索出一条在经济还处在发展中的人口大国，如何办好教育的成功之路。

三

我国的改革开放和现代化建设事业已进入了一个新的阶段，全国按照"抓住机遇，深化改革，扩大开放，促进发展，保持稳定"的二十字方针，各方面的工作都取得了可喜的成绩。今年以来一系列重大改革方案已经出台，国民经济继续向持续、快速、健康的方向发展，虽然工作中还存在不少的困难和问题，但总的形势是好的。在这里，我要强调指出的一点是，大家必须清醒地看到我国加快改革和现代化建设步伐，特别是建立社会主义市场经济体制，既为教育的改革与发展提供了一个难得的机遇，也向教育工作提出了更高的标准和要求。当前，教育事业的发展还不适应现代化建设的需要，教育改革还滞后于建立社会主义市场经济体制的要求。教育优先发展的战略地位在一些地方和部门的实际工作中还没有完全落实，措施还不够有力，在教育改革和发展过程中还存在不少困难与问题。

党和政府一贯重视教育工作，在建设有中国特色社会主义的总体发展战略中，始终把教育作为关系社会主义现代化建设全局和社会主义历史命运的一个根本问题，始终把教育看成是我国现代化建设的重要组成部分和战略重点。各级党委、各级政府和教育行政部门都必须进一步提高思想认识，认真采取实际有力的措施，在行动上要切实抓紧抓好教育工作，全面贯彻教育方针，努力提高教育质量，认真地抓好《纲要》的实施，努力开创教育新局面。

四

建设好一支具有良好思想品德和业务素质的教师队伍，是教育事业发展的关键。尊重知识和人才、尊师重教，是我们党的一贯政策。这些年来，随着我国社会主义现代化和教育事业的发展，教师队伍在数量上不断增加，质量上也有了可喜的变化，工作和生活条件正在逐步改善，教师的社会地位也在逐步提高。全国的1000多万教师，为培养新中国的社会主义建设者，呕心沥血，无私奉献，不计辛劳，教书育人，忠诚于人民的教育事业，为我国教育事业的改革和发展，做出了重大的贡献。对此，党、政府和人民都决不会忘记。今后，各级党委和政府的主要领导，要带头尊师重教，亲自过问教师工作，确保教育投入的增加，加强教师队伍建设，努力提高教师素质，提高教师工资待遇，杜绝拖欠教师工资的现象，保障教师的合法权益，认真改善教师住房和看病就医等实际问题，抓紧解决民办教师问题。同时，也希望社会各界继续关心教育、关心教师，弘扬我们中华民族尊师重教的优良传统。为教育事业献身无上光荣，教师一定会真正成为全社会受人尊敬和爱戴的职业。

教师是人类灵魂的工程师。中华民族正处在历史上难得的发展时期，我们伟大的祖国欣欣向荣、气象万千，走向繁荣富强。在这种情况下，广大教师肩负着非常光荣而艰巨的任务。我们的教师不但要给学生传授知识，还要培养学生具有高尚的品德，科学的人生观，指导他们把自己的前途和国家命运紧密联系在一起，成为四有新人，成为对国家民族有用之人。希望广大教师和教育工作者继续发扬默默耕耘、开拓进取的精神，不断提高自身的思想和业务素质，教书育人，为人师表，在以江泽民同志为核心的党中央的领导下，为我国的社会主义现代化建设和教育事业做出新的贡献！

最后，祝在座的老师们身体健康！节日愉快！

全国政协主席李瑞环在人民大会堂会见香港培华教育基金会访问团

9月10日

国家主席江泽民在巴黎与法国参议院议长莫诺里会谈

中纪委发出要求广大党员和纪检监察干部向姜瑞峰学习做反腐败勇士的通报

中央纪委近日发出通报，要求广大党员和纪检监察干部向河北省永年县纪委书记姜瑞峰同志学习，做反腐败斗争的勇士。

通报说，姜瑞峰同志以一个共产党员、一个纪检干部的高度政治责任感，对严重违背党和人民群众利益的行为坚决斗争，在我们党开展的反腐败斗争中，一身正气，坚持原则，铁面无私，秉公执纪，敢顶“说情风”，勇破“关系网”，不惧威胁、诽谤和打击报复，带领全县纪检监察干部，坚决查处了一批严重违法违纪的大案、难案，赢得了广大群众的赞誉。在他身上，体现了一个真正共产党人的优良品质，体现了一个优秀纪检干部的敬业精神。

通报说，全体共产党员和广大纪检监察干部要以姜瑞峰同志为榜样，学习他坚持原则、爱憎分明的坚定立场，学习他无私无畏、正义凛然的斗争精神，学习他实事求是、联系群众的优良作风，学习他清正廉洁、甘于奉献的高尚情操，以实际行动把反腐败斗争深入、持久、更有成效地进行下去。

邓小平大型图片展览在北京中国革命博物馆开幕

国务院总理李鹏在河南考察小浪底治理黄河工程

9月10日至12日，李鹏总理和国务委员陈俊生由中共河南省委书记李长春、省长马忠臣陪同，在洛阳考察黄河小浪底水利枢纽工程，并参加工程开工典礼；参观洛阳棉纺织厂和洛阳浮法玻璃集团公司，并同一些国有大中型企业负责人座谈；还走访粮店和农户。

李鹏在听取小浪底工程建设及治黄工作汇报后，作了题为《建设小浪底工程，为治理黄河水患而奋斗》的报告。他说，黄河是中华民族的摇篮，黄河流域是祖国五千年文明的发祥地。同时黄河也是世界闻名的多泥沙、难治理的河流，自古以来洪水灾害频繁。据历史记载，在新中国成立前的两千多年间，黄河下游决口一千五百多次，改道二十六次，多次发生人民家破人亡、流离失所的惨绝人寰的悲剧。新中国成立后，党和政府领导亿万人民进行改造自然的伟大斗争，在治理黄河方面采取了兴修水库，加固堤防，疏浚河道，开展水土保持等一系列综合治理的措施，取得了重大成就。黄河中上游建成了一系列水利水电枢纽工程，下游初步建成了防洪体系，连续四十五年不决口，岁岁安澜，改写了黄河“三年两决口”的历史。黄河的治理开发取得了巨大的社会效益、经济效益和环境效益，全流域的面貌发生了历史性的根本变化，黄河已逐步变为为造福人民的利河。李鹏同时指出，我们还必须清醒地看到，黄河水患远未根除，黄河的洪水威胁仍然是中华民族的心腹之患。黄河是世界著名的暴雨成灾、含沙量极高的河流，复杂难治，泥沙尚未得到有效控制，下游河床继续淤积抬高，“悬河”的形势依然十分危险。国家决定兴建小浪底水利枢纽工程，就是为了加快黄河治理，兴利除害。这是我国社会主义现代化建设中的一项具有重大而深远意义的举措。

李鹏说，小浪底水利枢纽工程规模巨大，技术复杂，投资多，周期长，建设任务十分艰巨，要充分估计到这个工程建设的艰苦性和复杂性。水利部与河南省要加强对工程的领导。河南、山西两省要发扬团结治水、加强协作的精神，切实搞好水库淹没区开发性移民工作。国务院有关部门也要大力支持工程的建设。

负责工程设计、施工、监理的单位，要坚持“百年大计，质量第一”的方针，群策群力，搞好国际合作，把小浪底水利枢纽工程建成一流设计、一流施工、一流质量、一流管理的优质工程，为黄河流域人民造福，为祖国社会主义现代化建设做贡献！小浪底水利枢纽工程处于承上启下、控制黄河水沙的关键部位，能控制流域总面积的 92.3%，是一座具有防洪、防凌、调沙、发电、供水、灌溉综合利用效益的水利枢纽工程。工程建成后，将使黄河下游防洪标准大大提高。同时，每年可增加供水量 40 亿立方米，电站装机容量 180 万千瓦，年发电量 51 亿千瓦时，对缓解中原电力紧张状况有一定作用。工程自 1991 年 9 月 1 日开始前期准备工程施工，通过建设、监理、设计、施工、移民等单位两年多的艰苦努力，到 1994 年 4 月 8 日验收，除完成“四通一平”等各项施工准备工程，施工区移民 1.05 万人已得到妥善安置，水库开发性移民工作已开始进行。

李鹏在考察中还强调，今年我国 20 多个省区出现了程度不同的洪涝灾害和旱灾，给农业生产乃至整个国民经济造成很大损失。因此，全社会都要增强水患意识，树立长期防洪抗旱思想，各级政府都要加强对水利事业的领导。

李鹏在考察中，还听取河南省、洛阳市领导同志的工作汇报，与洛阳市 12 个国有大中型企业负责人座谈。

随同李鹏考察的有国务院有关方面负责人韩杼滨、钮茂生、徐有芳、姚振炎、王梦奎、姜云宝等，山西省省长孙文盛参加了考察。

西安——兰州——乌鲁木齐光缆干线正式开通

国家主席江泽民就中法关系等问题答法国记者问

江泽民主席下午在下榻的玛丽尼国宾馆接受法国 6 家新闻单位的联合采访，就中法关系、国内和国际问题回答记者的提问。

法国电视 1 台记者问：主席先生，您来法国已两天半了，您会见了密特朗总统。在您看来，法中两国之间是否存在着共同的战略利益？

答：中法两国都是联合国安理会常任理事国，都奉行独立自主的外交政策，对维护世界的和平与稳定负有重要责任。两国在联合国改革、制止热点地区的冲突、维护地区和平、加强各国之间的友好合作等方面有许多共同或相似的观点。因此，中法两国就重大国际问题加强对话和磋商符合两国的利益，这不仅是可行的，而且是必要的。

法国电视 2 台记者问：主席先生，中国能否实施资本主义的举措而又不与目前中国的意识形态发生冲突？

答：你所说的资本主义的举措大概是指中国为建立社会主义市场经济体制所采取的措施。资本主义也有计划，社会主义也有市场。计划和市场都是经济手段，不是区分资本主义和社会主义的标志。在社会主义条件下实行市场经济是一种创新，因为几百年来市场经济一直是同资本主义联系在一起的。但是，我认为，实行社会主义市场经济，同我们的意识形态和法律制度是毫不矛盾的。

法国电视 3 台记者问：中国是否愿意在政治和经济上同法国建立一种特殊的伙伴关系？

答：两极对峙结束后世界在向多极化发展，这对于世界和平与稳定无疑是有积极意义的。我们发展同法国的友好合作和经济贸易往来完全符合这一发展趋势。这丝毫不妨碍我们同欧洲各国以及作为一个整体的欧洲联盟发展合作关系。

《费加罗报》记者问：主席先生，法中关系史上法国向台湾出售幻影 2000 战斗机的一页已经翻过去了。法国工业界为此受到了惩罚。美国向台湾出售 F—16 战斗机，中美贸易却蒸蒸日上。您认为这两件事是否有矛盾？

答：台湾是中国不可分割的一部分。凡是同中华人民共和国建立外交关系的国家不得同台湾建立官方关系，当然也不得向台湾出售武器。对同台湾进行一般的民间贸易往来，我们不持异议。但向台湾出售武器同一般民间贸易往来性质完全不同，中国方面当然要作出反应。

我们对台湾采取和平统一、一国两制的方针，任何一个国家向台湾出售武器都有损于中国的统一大业，是对中国内政的干涉。我们同法国在这个问题上已经翻开新的一页。美国售台武器是历史遗留下来的问题，为妥善解决这个问题，中美建交后不久，即 1982 年 8 月 17 日，两国曾就此达成协议，发表了联合公报。美国向台湾出售 F—16 战斗机，违反了“八·一七”公报精神，我们向美国多次提出抗议和交涉，这件事尚未了结。

《快报》周刊记者问：主席先生，为使中国国内形势继续稳定下去，您是否认为有必要进行政治改革？您对密特朗总统在9日晚国宴上的讲话中提及《人权宣言》有何评论？

答：任何一个国家要发展、要建设，都必须要有一个稳定的社会政治环境。中国有近12亿人口，要保证这么多人吃饱穿暖是一个很大的人权问题，涉及近12亿人的生存权。世界历史和当前一些地区的情况表明，如果像中国这样的大国不稳定，会给世界带来灾难性的后果。世界上一切有正义感的人一定都会赞成中国需要稳定的观点。

中国人民，特别是曾为新中国的诞生奋斗过的人，对法国资产阶级革命历史和《人权宣言》都是熟悉的。在历史的进程中，任何有进步意义的东西都会留在人们的记忆中。当然，民主和人权是相对的和具体的，而不是绝对的和抽象的。

今天，我们生活在一个丰富多彩的世界，各国的情况千差万别，各国走什么样的发展道路只能由各国人民自己去选择。中国今天的发展模式是中国人民经过多年奋斗所作出的抉择。

中国在社会主义市场经济发展过程中，在经济体制改革的同时，我们也进行政治体制改革。但我们不能照搬其他国家的某种模式。在中国，发展是目标，改革是动力，而稳定是前提。我们始终注意妥善处理这三者的关系。世界各国政治体制和模式不可能完全一致。如果世界各国的经济政治体制都是一个模式，那样的世界就太单调了。我完全相信，如果世界各国都相互尊重、彼此合作，我们就会把一个美好的世界带到21世纪。

法新社记者问：中国是世界核大国中尚未承诺暂停核试验的国家。中国是否准备暂停核试验？是否同西方一样担心核武器和弹道导弹的扩散？中国是否还在向一些国家转让核武器和弹道导弹？

答：我们历来主张全面禁止和彻底销毁核武器。中国拥有核武器完全是为了防御，而且自拥有核武器之日起，就承诺绝不首先使用核武器。我们支持不晚于1996年缔结一项全面禁止核试验公约。中国不搞核威胁，也不搞核扩散。即便在世界常规武器贸易市场上，中国也只占极小的份额。中国在军售方面一向持谨慎、负责的态度，出售的少量武器完全是用于接受国的防御，不会影响地区局势的稳定。至于有关中国向别国转让核武器和弹道导弹的传闻，是毫无根据的。

外交部副部长刘华秋约见美国驻中国大使芮效俭奉命就美国提高美台关系问题向美国政府提出强烈抗议

刘华秋说，美国政府不顾中方的多次交涉和坚决反对，公然宣布将采取一系列提高美台关系的措施。这是美方蓄意制造“两个中国”、“一中一台”的政治行动，不仅严重违反中美间三个《联合公报》确定的原则，而且粗暴干涉中国内政，践踏中国的主权，中国政府和人民对此表示不满和愤慨。我奉命向美国政府提出强烈抗议。

刘华秋指出，中美两国关系的基础是中美三个《联合公报》，美国政府在三个《联合公报》中作出庄重承诺并承担明确义务。美国“承认中华人民共和国政府是中国的唯一合法政府，并承认中国的立场，即只有一个中国，台湾是中国的一部分。在此范围内，双方同意，美国人民将同台湾人民继续保持文化、商务和其他非官方关系”。十分清楚，美国只能同台湾保持非官方的往来和关系，任何与此相悖的行动都将直接损害中美关系的基础。但美国政府却置基本的国际法准则和起码的国际信誉于不顾，一再作出违背自己诺言、破坏中美关系基础的事情。美方违反《“八·一七”公报》向台湾出售F—16战斗机等先进武器的事尚未了结，现又要采取一系列提高美台政治关系的行动，事实上制造“两个中国”、“一中一台”。这是美国政府在台湾问题上重大的政策倒退，后果将是严重的。美国政府到底要把中美关系引向何方？

刘华秋强调，台湾问题曾是阻碍中美两国关系正常化的关键问题。两国建交后，台湾问题也一直是笼罩在中美关系上的阴影。每当美方在台湾问题上违反中美三个《联合公报》时，中美关系就会出现困难和挫折。这是因为台湾问题关系到中国的主权和领土完整，关系到中华民族的和平统一大业，深深牵动着十二亿中国人民的感情。在这个原则问题上，中国政府不会动摇，也没有什么回旋余地。如果台湾当局搞台独，如果外国势力又插手支持，引起台湾局势动荡，我们是绝不会坐视不管的。一旦出现这种情况，对台湾海峡两岸没有好处，对美国没有好处，对亚太地区乃至世界的和平与稳定也没有好处。对中美两国来讲，台湾问题如处理不当，将会成为“爆炸性问题”，中美关系不仅要停滞，而且会倒退。我们要求美国政府严肃地、谨慎地对待台湾问题，切不可存在任何幻想，更不要错误地认为，美国延长对华最惠国待遇之后就可以在台湾问题上为所欲为，中国就会吞下这一苦果。我在此重申，世界上只有一个中国，就是中华人民共和国，台湾是中国领土不可分割的一部分。同中国保持外交关系的任何国家与台湾发展官方关系或进行任何具有官方性质的交往，我们都是坚决反对的；任何企图制造“两个中国”或“一中一台”的行动，我们都是绝对不能接受的。

刘华秋最后强调，中美关系当前面临良好的发展机遇，但也存在分歧和困难。进一步改善与发展两国关系，是中美两国人民的共同愿望，符合两国和两国人民的根本利益。在这一关键时刻，我们希望美国政府多做一些有利于双方增加信任和互利合作的事，而不要再为中美关系增添麻烦，制造新的障碍。我们要求美国政府从中美关系大局出发，严格遵循中美三个《联合公报》的原则，纠正在台湾问题上的错误行径，以免给中美关系带来严重损害。

国家副主席荣毅仁在人民大会堂会见坦桑尼亚总理兼第一副总统约翰·塞·马莱塞拉

中国和法国在巴黎签署四项经贸合同和意向书

这些合同与意向书涉及石油、小麦和电信设备采购，总金额为130多亿法郎。中法有关公司代表在合同和意向书上签字。

国务院副总理钱其琛和法国工贸部长隆盖等出席了签字仪式。

解放军全军管理工作会议在北京召开

9月10日至15日，经中央军委批准，全军管理工作会议在北京召开。根据邓小平新时期军队建设思想，按照中央军委主席江泽民关于“政治合格、军事过硬、作风优良、纪律严明、保障有力”的总要求，会议提出全军要坚持依法从严治军，以战斗力为标准，以纪律建设为核心，以人员管理为重点，突出解决新形势下管好干部带好兵的问题，强调要不断提高正规化管理水平，确保部队纪律严、作风硬、团结紧、士气高、秩序好、军容整，维护人民解放军威武之师、文明之师的形象。江泽民和刘华清、张万年等军委领导会见与会代表并先后讲话。

1994年教师节文艺晚会在中央电视台演播室举行

李岚清、雷洁琼、吴阶平、万国权等领导，同应邀进京的全国模范教师代表、北京市的教师代表和尊师重教的企业界代表共度第十个教师节。

中共中央政治局委员、国务院副总理李岚清在晚会上代表党中央、国务院，向为我国社会主义现代化建设和教育事业做出巨大贡献的1000多万教师表示节日的祝贺。向海内外关心、支持中国教育事业的朋友们表示感谢。祝愿全国的广大教师在工作中取得更大的成就，为我国的教育改革和发展做出更大的贡献。祝福全国的教师们家庭幸福，身体健康。

这台文艺晚会是由全国人大、全国政协、国家教委、北京市人民政府、中央电视台、全国中小幼教师奖励基金会联合举办的。

9月11日

首都各界在人民大会堂为中国残疾人体育代表团举行庆功大会

国务委员李铁映在中国残疾人体育代表团庆功大会上致贺词

同志们：

我们大家都会记住这个金色的秋天，都会记住这个标志着人类友爱和对未来充满信心的特殊运动。在刚刚闭幕的第六届远东及南太平洋地区残疾人运动会上，中国体育代表团高举“平等、参与、友谊、进步”的旗帜，弘扬奥林匹克精神，以优异的运动成绩和良好的精神风貌，出色地完成了祖国和人民的重托，我代表党中央、国务院向全体运动员、教练员和工作人员致以热烈的祝贺和崇高的敬意！

气势恢宏、撼人心魄的第六届远南残疾人运动会，高扬了一面顽强不屈的旗帜，创造了生命的奇迹；高奏了一曲人道主义的凯歌，书写了人类友爱的篇章。这次运动会的巨大成功，是我国人民和远南地区人民共同努力结出的硕果，是对体育运动、残疾人事业和人类文明的贡献，在历史上留下辉煌的一页。借此机会，我向远南运动会全体工作人员、志愿工作者和一切为运动会做出贡献的人们表示衷心的感谢！

在党和政府的亲切关怀下，在举国上下和海内外朋友热情支持下，这么多残疾人参加了运动会。重在参与，你们都是胜利者。特别令人振奋的是，中国体育代表团一举夺得二百九十八枚金牌、二百三十八枚银牌、一百四十八枚铜牌，超过三十六项世界纪录，为祖国和人民赢得了荣誉。你们奋力为国争光，体现了炽热的爱国主义精神；你们顽强向命运挑战，体现了百折不挠的自强不息精神；你们珍惜人生价值，体现了忘我的奉献精神；你们互助互爱，体现了同荣共进的集体主义精神；你们四海一家广交朋友，体现了中华民族文明好客的传统美德。你们的行动昭示，残疾人是社会生活的参与者，是现代化的建设者，是文明的创造者，是推动社会前进的力量。向生命的极限挑战，证明了你们是生活的强者。

从远南运动会和中国体育代表团，看到了博大的华夏心、不屈的中国魂，鼓舞全国人民团结奋斗，振兴中华。

运动会的成果，已远远超越体育本身，给我们以深刻的启迪：人间渴望真情，成功来自拼搏。运动会的成功，是我国残疾人事业发展的体现，是精神文明进步的展示。残疾人事业的发展水平，是人类文明和社会进步的一个标志。近十年来，我国残疾人事业取得了巨大成就，不懈的努力和奋斗已经取得丰硕的成果。在今后的人生里程中，广大残疾人要继续发扬自尊、自信、自强、自立的精神，乐观、进取、拼搏、奉献，为社会贡献力量。"情系远南，爱满京城"，使残疾人感受到伟大祖国的温暖，体验着兄弟姐妹的亲情。在未来的岁月里，我们要以远南运动会为契机，进一步培育团结、友爱、和谐、文明的社会风尚，理解、尊重、关心、帮助残疾人，实现"平等·参与·共享"的崇高目标。

让我们在建设有中国特色社会主义的道路上，携手同行，奔向更加美好的未来！

《人民日报》发表评论员文章《携手同行向着更美好的明天——祝贺第六届远南残疾人运动会闭幕》

香港特别行政区筹委会预委会文化专题小组召开第五次会议

会议于9月11日至12日在北京召开。

会议讨论了香港公营机构的名称和徽号、香港过渡时期节假日的处理，以及香港公民教育的基本原则等问题。小组认为，对绝大部分不带任何殖民主义色彩的机构名称和徽号，在1997年后可继续使用；公营机构带殖民主义色彩的名称和徽号原则上停止使用，具体实施办法由特区政府制定。关于公民教育的基本原则，小组认为，其主要目标包括在学生中建立国家观念、民族意识及对基本法与"一国两制"的认识。

中国选手在第七届世界游泳锦标赛上共获得16枚金牌列金牌总数第一

9月12日

国家主席江泽民在巴黎玛丽尼国宾馆会见法国社会党第一书记埃马纽埃利

国家主席江泽民在巴黎会见法国总理巴拉迪尔

人民代表大会制度理论研究和宣传座谈会在北京举行全国人大常委会副委员长田纪云发表讲话

中央国家机关工委在北京召开各部门党组学习中心组理论学习经验交流会

《'93〈半月谈〉思想政治工作创新奖》颁奖会在北京举行

国家经济信息化联席会议在北京召开

在邓小平"开发信息资源，服务四化建设"的题词发表十周年的时候，国家经济信息化联席会议在人民大会堂召开。

会议上，北京、上海、天津、辽宁等24个省市与吉通公司、国家信息中心签署关于联合启动建设金桥工程的协议。

国务院副总理、国家经济信息化联席会议主席邹家华出席会议并讲话。他说，邓小平同志十年前卓有远见的题词，为我国信息产业的发展指明了方向。十年来，我国建设了十多个大型计算机应用系统，100多个信息网络，800多个数据库。目前我国各种信息服务机构和企业已有6万多家，从业人员100多万人，市场销售额达80多亿元。

邹家华说，目前我国经济还处于高消耗、低效益、粗放型发展阶段，单位国民生产总值的能耗、材耗均为发达国家的3—5倍，全民劳动生产率仅为发达国家的5%。加快信息化的进程将可大幅度地提高物质资源利用率，提高生产附加值和劳动生产率。因此，我们要继续贯彻邓小平同志的指示，下大力气抓国民经济信息化工作。

邹家华说，金桥工程是国民经济信息化的基础设施，是国家信息网络中的公用网、基干网。它是天地一体的网络结构，天上卫星网和地面光纤网要在统一的网络管理系统下，实行互联互通。它以"信息中速通道"为起步，未来将发展为"信息高速通道"。金桥网的任务是为国家宏观经济调控服务，也为信息资源共享，建设电子信息市场创造条件。他认为，国家经济信息化联席会议支持金桥工程利用国家经济信息系统资源起步，首批启动21个省市建站联网，是金桥工程的一个很好的开头。

针对我国地域辽阔、通信基础设施薄弱等情况，邹家华要求，建设金桥工程要运用各种通信手段；要抓好统筹规划，克服分散重复建设的倾向；要注意抓好标准化工作、教育和立法工作；同时在硬件和软件中采取相应措施做好保密工作。

林业部公安部最高人民法院最高人民检察院关于严厉打击破坏森林资源违法犯罪活动的通知

国家工商行政管理局发出《关于制止多层次传销活动中违法行为的通告》

国家工商行政管理局日前发出《关于制止多层次传销活动中违法行为的通告》

通告指出，近年来，以多层次传销方式推销商品的活动在我国不断出现，某些不法分子利用其欺骗消费者，牟取暴利，他们有的鼓吹不劳而获，引诱参加者上当受骗；有的抬高商品价格，蓄意盘剥消费者；有的以推销优质产品为名，行推销假冒伪劣商品之实；有的甚至偷税漏税、走私贩私，严重扰乱了我国的经济秩序。为了遏制这些违法行为的蔓延，保护消费者的合法权益，维护我国社会主义市场经济的健康发展，根据《中华人民共和国反不正当竞争法》和《中华人民共和国消费者权益保护法》及国家有关规定，发布如下通告：

一、坚决取缔擅自开展的多层次传销活动。

二、严禁党政机关工作人员从事或参加多层次传销活动。

三、对于利用多层次传销方式推销假冒伪劣商品或走私贩私物品的，依法从重处罚。

四、经营者开展多层次传销活动，有下列情形之一的，予以取缔：多层次传销活动参加者的业务主要是介绍他人参加，且收入主要来自其所介绍的新成员缴纳的入会费，或者经营者的利润主要来自参加人员的入会费的；以缴纳高额入会费或以认购商品方式变相缴纳高额入会费作为加入条件的；对多层次传销活动参加者的报酬或商品的质量、用途、产地等，作虚假或引人误解的宣传、诱人入会的；商品价格高于合理市价，牟取暴利的；不准退货或设定苛刻的退货条件的。

五、各级工商行政管理机关要加强对多层次传销活动的监督管理。自本通告发布之日起，各地要结合实际开展一次清理检查工作，对以多层次传销名义从事上述违法活动的，坚决予以查处；对触犯刑律、构成犯罪的，移交司法机关处理，对发现有偷税漏税或者违反其他法律、法规的，积极协助有关部门进行查处。

中国航天工业总公司所属的中国航天汽车工业总公司在北京成立

国家主席江泽民在法国雇主协会巴黎工商会和法中委员会联合举办的演讲会上就中国改革开放中法关系和中国同西欧国家关系等问题发表演讲

尊敬的弗朗索瓦·佩里戈主席先生，

尊敬的贝尔纳·冈布纳克会长先生，

尊敬的让—皮埃尔·德乔治主席先生，

女士们，先生们：

我应密特朗总统的邀请在对贵国进行国事访问期间，能有机会同在座的法国工商界和其他各界的朋友们见面，感到非常高兴。我愿借此机会，向大家简要介绍一下中国改革开放的情况，并对中国同法国和所有西欧国家的关系发表一些看法，希望能有助于增进各位对我国内外政策的了解。

中国的改革开放事业，从 1979 年开始，迄今已走过 15 年的历程。15 年来，我们以经济建设为中心，实行改革开放，建设有中国特色的社会主义，使中国的面貌发生了深刻变化。

中国的改革首先是从农村开始的。我们在广大农村普遍实行家庭联产承包为主的责任制，大力举办乡镇企业，进一步解放和发展了农村生产力。从 1984 年起，经济改革的重点转到城市，以增强国有企业活力为中心的城市各项改革逐步展开。为适应我国社会主义初级阶段生产力发展的要求，我们对所有制结构进行了调整，即由单一的公有制经济，逐步转变成以公有制为主体、多种经济成分共同发展的所有制结构新格局。1992 年，我们根据邓小平同志关于经济改革的重要思想，明确提出了建立社会主义市场经济体制的目标，这是我国经济改革的一个重大飞跃。我们要建立的社会主义市场经济体制，是同我国社会主义基本制度结合在一起的。总的要求就是：在公有制和按劳分配为主体、其他经济成分和分配方式为补充的基础上，使市场在社会主义国家的宏观调控下对资源配置起基础性作用，使经济活动遵循价值规律的要求，适应供求关系的变化，以利于促进我国生产力不断向前发展。根据这一要求，今年我们在财政、税收、金融、价格、外汇、外贸和企业体制等方面，采取了一系列新的改革措施。这些改革正在顺利进行。在社会主义制度下发展市场经济，这在历史上还没有过先例，它是一个崭新的试验和创造，也是一项艰巨复杂的社会系统工程。我们设想，在 90 年代初步建立起中国社会主义市场经济体制，再经过若干年的努力，在各方面形成更加成熟和定型的制度。我们将在不断总结经验的基础上，有步骤地向着这个目标前进。

在进行改革的同时，我们实行了对外开放。15 年来，我们已逐步在中国东部沿海地区、长江沿岸地区、周边地区和以省会城市为中心的内陆地区，形成了一个全方位、多层次、多形式的开放格局。我们建立了 5 个经济特区，还建立了 32 个经济技术开发区、52 个国家级高新技术开发区。开放的领域已由第一、第二产业向第三产业扩展。外商在华的投资环境不断得到改善。对外资企业的服务体系和涉外法规日趋健全。1979 年到 1993 年，全国共批准外商投资项目 17.4 万个，外商实际投资 639 亿美元。其中 1993 年实际利用外资 257.6 亿美元，为改革开放以来最多的一年。对外开放对促进我国经济发展起了重要作用。

在推进经济体制改革的同时，我们积极推进政治体制改革，使之相互配套、相互适应。那种认为中国只搞经济体制改革，不搞政治体制改革的说法，至少是一种误解。发生这种误解的原因，或者是由于对中国改革的具体情况不了解，或者是看问题的角度和方法不同。中国是一个发展中的社会主义国家，其基本国情和发展特点与许多国家不同。要办好中国的事情，必须坚持从中国的实际出发。我们要努力学习和借鉴外国的一切有益的东西，但是不能照抄照搬别国现成的经济政治模式。无论是经济体制还是政治体制改革，都要立足于中国的国情和特点，坚定不移地走自己的路。我们进行政治体制改革的目标，是要按照民主化和法制化紧密结合的要求，努力建设有中国特色的社会主义民主政治。我们要通过政治体制改革，不断巩固和完善我国各级人民代表大会制度，巩固和完善中国共产党领导的多党合作和政治协商制度，同时改革和完善我们国家的领导制度、领导方式，实行政企分开，精简党政机构，转变政府职能，改革干部制度，以利增强国家机关的活力，调动各个方面特别是广大基层的积极性。在这些方面，我们已经取得了显著的进步。我国的社会主义民主和法制正在得到发展和健全，国家安定团结的政治局面进一步巩固，从而为我国经济建设和改革开放提供了良好的政治保证。

在进行改革开放的过程中，我们始终注意把握好加快改革、发展经济和保持社会稳定这三者的关系。我们认识到，没有改革开放，就不能进一步解放和发展生产力。不保持适当的发展速度，国力就难以增长，人民生活水平就难以提高。没有稳定的社会环境，改革开放和经济发展就难以进行，一切也就无从谈起。假如近12亿人口的中国不稳定，出现混乱，不仅是中国人民的不幸，对世界也将是一场灾难。总之，改革是动力，发展是目标，稳定是前提。我们提出任何一项改革措施，都充分考虑到国家、集体与个人的承受能力，照顾到社会各方面的利益。

改革开放使中国经济和中国各族人民的生活上了一个大台阶。从1979年到1993年，我国国民生产总值以平均每年9.3%的速度增长，按不变价格计算，增长2.78倍。中国一些主要工农业产品的产量在世界上的位次明显提高。随着经济的增长，人民生活水平显著改善。

1979年到1993年，扣除物价因素，全国城镇居民人均收入平均每年增长6.3%，农村居民人均收入平均每年增长8.5%。中国经济同世界经济的联系更加密切。中国的进出口贸易额从1979年的240亿美元增加到1993年的1958亿美元，从占世界第32位上升到第11位。可以说，改革开放有力地促进了我国的经济发展、政治稳定、民族团结、社会进步。坚持改革开放是决定中国命运的一招，是中国实现现代化和中华民族走向全面振兴的必由之路。我可以再次告诉朋友们，中国人民将坚定不移地沿着这条道路走下去，这是不可逆转的。

中国改革开放的总设计师邓小平同志提出的中国现代化建设分三步走的发展战略，正在逐步得到落实。第一步，到1990年，实现国民生产总值比1980年翻一番，这已经提前完成。第二步，到本世纪末，使国民生产总值再翻一番，人民生活达到小康水平，这正在实现中。从现在到本世纪末，我国国民生产总值预计每年平均将增长8%到9%，从这个发展速度看，第二步目标也将会提前实现。第三步，再经过几十年的艰苦努力，到下世纪中叶，人均国民生产总值达到中等发达国家水平，基本实现现代化。我们清醒地看到，中国的发展同世界发达国家相比，还有巨大的差距，我们的现代化事业还任重道远。但是我们坚信，经过几代人的持续奋斗，我们一定能胜利地到达现代化的彼岸。

由于改革开放是一项开创性事业，必然会遇到不少新情况、新问题。比如说，如何加强农业的基础地位，如何提高国有企业的效益和形成它们的新优势，如何实现和加强政府对经济活动有效的宏观调控，如何逐步缩小东部沿海地区和中西部地区之间的发展差距等，都是我们正在面临的重要课题。对于这些前进中的问题，我们在认识和处理上已积累了不少经验，我们将继续采取各种措施，使这些问题得到妥善解决。我们深信，中国人民在邓小平同志建设有中国特色社会主义理论的指导下，充分利用自己已有的物质技术基础和丰富的实践经验，学习和吸收世界各国的文明成果，坚持解放思想，实事求是，大胆探索，锐意创新，中国改革开放和现代化建设的道路，必将越走越宽广。中国的繁荣和强大，也必将对世界和平、发展与进步事业做出更大的贡献。

女士们，先生们，当前世界处于深刻变动之中，各种力量正在进行新的分化组合。两极格局的终结，加速了世界的多极化进程。国际局势总体上走向缓和，但世界并不安宁，动荡不安依旧是当前国际形势的主要特征之一。在欧洲和世界其他地区新爆发的纠纷、冲突乃至局部战争，引起了人们普遍的关切。经济因素在国际关系中的作用越来越突出，世界经济相互依存、区域化、集团化的趋势都在发展，经济竞争和贸易摩擦日益激烈。世界经济发展不平衡，许多发展中国家困难加剧，南北矛盾更加尖锐。和平与发展仍然是国际社会迫切需要解决的两大主题。

中国始终不渝地奉行独立自主的和平外交政策，致力于创造一个长期和平稳定的国际环境。中国追求的目标是和平与发展。中国坚决维护国家的独立和主权，反对外来干涉；主张和平解决国际争端，反对任何形式的霸权主义和强权政治；愿意在和平共处五项原则的基础上同世界各国建立和发展友好合作关系；积极发展同周边国家的睦邻友好关系，并加强同发展中国家的团结与合作。中国始终是维护世界和平、促进共同发展的一支可靠力量。中国愿与世界各国人民一道，为建立公正、合理的国际政治经济新秩序，为把人类带进和平、发展、繁荣的21世纪而共同努力。

女士们，先生们，中国一贯重视发展同法国的关系。在中国的对外关系中，法国占有重要的地位。

今年是中法建交30周年。我很高兴能在这一时机到法国进行国事访问。记得30年前，两国建交后不久，我曾荣幸地作为参加国际电工委员会(IEC)第三十八届年会的中国代表团副团长，第一次访问了贵国，至今仍留下美好的回忆。

法国是最早同新中国建立外交关系的西欧大国，在此我们深切缅怀为两国建交做出历史性贡献的毛泽东主席、周恩来总理和戴高乐将军。他们以伟大政治家的胆识和远见做出的历史性决定，不仅推动了中法两国关系的发展，而且对当时的世界局势产生了积极影响。

邓小平先生始终珍视中法两国人民的友谊，在当今这个复杂多变的世界上，他一直关注着我们两国关系的发展。他年青时曾到贵国勤工俭学、寻求救国之道。1975年他作为我国主要领导人正式访问过贵国。他为推动我们两国关系的发展做出了重要贡献。

由于我们两国的领导人和各界人士的不懈努力，两国在建交后的大部分时间里，进行了富有成效的合作，这是令人高兴的事。法国拥有灿烂的文化、发达的经济和先进的科学技术，在国际事务中发挥着重要的影响和作用。中法两国作为对当今国际局势发展负有特殊责任的安理会常任理事国，有必要继续加强合作。两国在经济上有很多的互补性，这为双方进一步发展经贸合作提供了巨大的可能。我们两国在经济技术领域的互利合作，已经有了一个好的基础，我这次对贵国访问期间，双方又签订了一批新的经贸项目的合同和协议，这方面的发展前景将是广阔的。我相信，只要我们两国政府和人民继续共同做出努力，中法关系就一定能够不断地向前发展，一定能够出现一个新的局面。

女士们，先生们，我还想利用今天这个机会，讲一讲中国同整个西欧国家的关系。近几年来，中国和西欧国家之间的关系，在经过一段时间的困难之后已恢复正常并得到新的发展。双方高级互访迅速增加，人员往来日益频繁，经贸合作不断扩大，西欧已成为中国第二大贸易伙伴。1993年，中国同西欧的贸易总额近300亿美元，比上年增加了49%，达到了历史最高水平；今年上半年贸易总额155.23亿美元，比去年同期增长34.8%。西欧国家对中国的投资继续保持上升的势头。双方在科技、文化、教育等方面的合作也取得了新的进展。

我国唐代著名诗人张九龄诗曰："相知无远近，万里尚为邻。"中国和西欧地处欧亚大陆的东西两端，虽然相距遥远，但我们之间有许多共同点。中国和西欧国家都曾对人类文明的发展做出过重大贡献，今天都是世界政治经济格局中的重要力量。我们都关心并致力于维护世界的和平与稳定，促进世界经济的发展与繁荣。对即将来临的21世纪的前途我们都负有重要责任。这些共同点构成了我们双方不断发展友好关系的坚实基础。在这里，我想概括地阐述一下中国对发展同西欧国家关系的四项原则。

一是面向21世纪，努力发展长期稳定的友好合作关系。这是双方利益的需要，也是促进世界和平与发展的重要因素。我们双方的合作，不仅要着眼于当前，还要着眼于未来，着眼于21世纪。我们应努力排除各种干扰，使双方的关系始终朝着友好合作的方向前进。

二是相互尊重，求同存异。中国同西欧国家的社会制度和价值观念不同，但我们存在着广泛的共同利益。中国在处理国家关系时，不以社会制度和意识形态划线，始终尊重各国人民自主选择本国的发展道路。我们愿同西欧国家在相互尊重的基础上加强合作，增进信任，不做损害对方的事情，使我们双方真正成为友好相处的平等伙伴。

三是互补互利，促进共同发展。中国同西欧国家互为重要的贸易伙伴，应发挥各自的优势，在平等互利的基础上取长补短，拓宽合作领域，提高合作水平，以利于推动双方经贸关系的全面发展，促进双方经济的共同繁荣。

四是加强在国际事务中的磋商与合作。中国同西欧国家对许多重大国际问题有着相同或近似的观点和主张。在世界走向多极化的过程中，我们双方在国际事务中发挥更积极的作用将是一个基本的趋势。中国愿意通过双边渠道和在国际机构中进一步加强同西欧国家的磋商与合作，为加快建立公正、合理的国际政治经济新秩序做出更大的努力。

我们真诚地希望，在双方的共同努力下，中国同法国和所有西欧国家的关系能够长期稳定地发展，为世界的和平、稳定与发展做出新的贡献。

新华通讯社主办的亚洲及太平洋地区通讯社组织第九届大会在北京开幕

中共中央政治局委员丁关根在钓鱼台国宾馆会见由中央委员中央思想文化部部长何登率领的越南共产党中央思想文化部代表团

外交部部长钱其琛在巴黎与法国外交部部长朱佩举行会谈

国家教委发出《关于认真贯彻〈党中央加强改进学校德育工作意见〉的通知》

全国人大常委会副委员长王汉斌代表全国人大常委会祝贺雷洁琼90华诞

9月13日

《光辉的历程》画册首发式和纪念人民代表大会成立40周年书画展开幕式在人民大会堂举行

宋平在山西考察

9月13日至23日，宋平由山西省委书记胡富国、省长孙文盛陪同，深入到太原、吕梁、长治、晋城、临汾等地市的村庄农家、厂矿企业进行考察，同农村基层干部和群众座谈，调查了解基层党组织建设、农村经济发展和农民生活等方面情况。

宋平强调，县、乡党委要下功夫抓好党组织建设，建设一个好支部班子，建立一套好制度，培养、选拔一个好支部书记，形成一个好作风，带出一支好的党员队伍，增强党组织的凝聚力和战斗力，这是加快农村改革和发展的可靠保证。

宋平称赞山西一些农村实行的党员议事会、村民议事会和村务、政务、财务公开的"两议三公开"制度，认为这是农村发扬社会主义民主、加强群众监督的一种有效形式。

宋平指出，党支部要把村民们组织起来，调整产业结构，在保证粮食生产稳定发展的同时，大力发展林果业、养殖业，特别是要发展乡镇企业，进一步壮大集体经济，搞好以工补农，为村民提供产前、产中、产后一条龙服务，引导农民进入市场，带领群众共同致富。

宋平说，在建立社会主义市场经济体制的新形势下，不要忘记还有相当一部分贫困地区。要继续发扬自力更生、艰苦奋斗的精神，坚持不懈地带领群众改造落后的生产、生活条件，加强基础设施建设。

外交部部长钱其琛就江泽民主席访问欧洲三国答中国记者问

问：江主席对欧洲三国的访问已经结束了，您对这次访问有什么总的评价？

答：江主席这次欧洲三国之行可以这样来概括，意义重大、访问顺利、富有成果、影响深远。我看有三个第一，是中国国家元首第一次访问俄罗斯联邦，第一次访问新独立的国家乌克兰，五年来第一次对西欧大国法国进行国事访问。法国、俄罗斯都是安理会常任理事国，是有影响力的国家。可以说这次访问是中国同欧洲关系上的一次突破。

问：国际舆论认为，江主席三国之行中经贸关系十分突出，中国与三国的关系进入了以经济为基础的新阶段，您对此有何评论？

答：冷战结束后，经济因素上升是国际关系中一个显著特点。经贸合作是中国与三国关系中的重要组成部分。在国际关系中，经济与政治是相辅相成、互相促进的。正因为中国经济快速发展，巨大的市场潜力正在变成现实，一些发达国家竞相同中国发展关系。发展经贸关系，是双方的共同利益之所在。要搞好经贸关系，不能不搞好政治关系，相互尊重、平等互利、求同存异、排除干扰是必要的条件。

问：国际舆论注意到，今年中国对欧外交十分活跃，得分较多，您觉得中欧关系取得重大进展的原因是什么？

答：今年中欧关系取得突破不是偶然的。冷战结束后，多极化趋势增强，经济因素上升，中欧之间的共同点增多。中欧在一些问题上有分歧，但没有根本利害冲突。这是中欧接近、合作发展的根本原因。

问：中德、中法关系今年取得重大进展。有评论说，英国已对此感到不安，赫德日前表示中英争议已成为过去，希望改善中英关系，您对此有何看法？

答：中英关系原来是比较好的，特别是就香港问题达成协议后，西欧国家对华关系中英国曾占有优先的地位。后来由于错误地估计了形势，英国在香港问题上改变了政策，使中英关系遭到了挫折。香港问题是中英关系的重要组成部分。英方表示要改善中英关系，我们欢迎，但改善关系应是全面的，不能是有选择的。这个月联大开会期间，我将同赫德外交大臣见面，希望这次会晤有助于中英关系的改善。

问：美国舆论在评论江主席访问三国时称，中国全方位外交已取得成效，中国在同大国关系中占有某种程度的优势和主动，您如何看待这种评论？中欧关系取得进展对中国外交全局有何影响？

答：中国外交是全方位的。我们既重视同发达国家的关系，也重视同发展中国家的关系，特别注意发展同邻国的关系。欧洲在中国外交中占有重要地位。同样中国也重视同日本和美国的关系。

国务院总理李鹏在中南海会见英籍女作家韩素音

中共中央政治局常委胡锦涛在人民大会堂会见由

副会长山崎尚见率领的日本创价学会友好交流代表团

国务院副总理李岚清在钓鱼台国宾馆会见澳大利亚反对党联盟领袖亚历山大·道纳

外交部部长钱其琛在北京会见美国副国务卿塔诺夫

国家副主席荣毅仁在人民大会堂会见美国纽约股票交易所董事长兼首席行政执行官威廉·唐纳森

荣毅仁说,向海外发售股票,将成为中国企业吸收外资的一条重要渠道。

荣毅仁说,对企业实行股份制改造是中国建立社会主义市场经济体制的一个方面,随着这项工作的不断推进,中国将会有越来越多的企业到海外上市。

荣毅仁对纽约股票交易所为中国公司在美上市提供的方便和帮助表示感谢。

全国人大代表团副团长朱启祯在各国议会联盟第92届大会上阐述中国在“加强促进和保护人权国家机构”问题上的立场

中国政府和斯洛文尼亚政府在卢布尔雅那签署《1995至1997年文化教育科学合作计划》

英国为庆祝中华人民共和国成立45周年在曼彻斯特举行首届中国电影节

中国政府和泰王国政府在北京签署《关于中国佛指舍利赴泰国供奉的协议》

中国第一个环境标志产品诞生

北京百龙索尔斯绿色电源有限公司生产的百龙氢镍充电电池,无镉无汞无污染,中国环境标志产品认证委员会经过检测评审,决定将中国第一个环境标志授予百龙氢镍充电电池。

9月14日

国家主席江泽民在人民大会堂同匈牙利总统根茨·阿尔帕德举行会谈

全国社会主义时期党史学术讨论会在西安召开

林业部提出宜林“四荒”地使用权拍卖原则

最近,林业部对宜林“四荒”地使用权拍卖提出了十项原则,强调要因地制宜,正确引导,积极稳妥,依法出让,依法管理,把宜林“四荒”地使用权拍卖工作引入规范化健康发展的轨道。

宜林“四荒”地指的是未经治理的宜林荒山(坡)、荒沟、荒滩、荒地(沙)。目前集体宜林“四荒”地使用权的拍卖已在16个省、市、区逐步开展。林业部副部长祝光耀指出,拍卖“四荒”使用权,是新形势下加快造林绿化和“四荒”治理的新尝试,有利于林业的振兴和农民群众的脱贫致富。但这是一项涉及面广、政策性很强的工作,必须正确引导,依法管理。为此,林业部提出必须把握好以下原则:

“四荒”地拍卖只是拍卖“四荒”地的使用权,权属必须清楚。存在权属争议的,在纠纷解决之前不得拍卖。已经发放林权证的,必须征得原持证人的同意,并由林业主管部门进行权属变更登记后,才能拍卖。

要坚持公开、公平和公正的原则,要优先保证当地群众都有购买“四荒”地使用权和开发治理的机会。“四荒”拍卖的规模要适当,价格要合理。拍卖年限要考虑开发受益的难易程度,以20—70年为宜。严防炒卖“四荒”地和购买后不治理的现象。“四荒”地的开发治理要服从林业总体规划,鼓励以林为主,多种经营,综合开发。林业主管部门要积极做好组织、指导、咨询和服务工作。

全国银行结算工作会议在北京结束

人民银行副行长周正庆在会议上强调,通过整顿结算秩序,坚决纠正压票、任意退票和受理无理拒付等行为,保证银行汇路畅通,就能够在不扩大信贷资金投入的情况下,加速资金周转,盘活资金存量,缓解企业资金紧张的矛盾,收到银行和企业共同向结算要资金的良好成效。

周正庆要求各家银行切实抓好整顿结算秩序的工作,迅速扭转银行结算秩序混乱的局面。对10月1日以后继续压票、任意退票、受理无理拒付的,要严加查处。情节严重的,要撤销经办行一把手的职务,并追究上级行的领导责任。

目前,金融工作已经进入旺季。各家银行筹集资金,发放贷款的任务十分繁重。周正庆指出,今年的农副产品收购资金供应工作,已经明确仍由农业银行全权负责。农业银行仍要像往年一样,把农副产品收购资金供应工作层层落实,绝不能出现“打白条”现象。农副产品收购资金要继续严格执行专户管理,不准挪用。中国银行和有关银行要加强对外贸企业人民币资金的管理,防止将资金挪用于搞固定资产投资。建设银行要继续保证国家重点建设项目贷款资金的供应,工商银行要进一步做好协助企业限产压库、盘活资金的工作。

会议于9月10日至14日在北京举行。

《人民日报》发表社论《一次意义重大的访问——祝贺江泽民主席欧洲三国之行圆满成功》

国家主席江泽民在人民大会堂会见参加亚洲及太平洋地区通讯社组织第九届大会的代表

国务院总理李鹏在人民大会堂会见以日本经济团体联合会会长丰田章一郎为最高顾问日中经济协会会长河合良一为团长的“1994年度日中经济协会访华团”

国务院副总理钱其琛在钓鱼台国宾馆会见由外交部部长埃内斯托·帕斯率领的洪都拉斯政府高级官员代表团

国务院副总理钱其琛在钓鱼台国宾馆同联合国秘书长加利举行会谈

钱其琛说，联合国第四届世界妇女大会将于明年九月在北京举行，中国政府和人民都重视和支持这次会议，并为此做了大量准备工作。加利对中国为妇女大会所做的准备表示赞赏。

钱其琛指出，在当前国际形势发生深刻变化之际，联合国在国际事务中的作用在上升，而不是下降；它的责任在扩大而不是减少，这是任何其他组织所无法取代的。他说，目前世界面临的课题仍然是和平与发展，这也是联合国所面临的主要任务，秘书长就此提出了和平纲领和发展纲领。中国重视联合国的作用，肯定联合国根据其宪章、宗旨和原则为和平与发展所做的努力。

加利说，联合国的目标不仅是维持和平，也要促进经济和社会的发展。和平与发展互为前提，互相促进。

在谈到联合国维持和平行动时，钱其琛说，中国作为联合国安理会常任理事国，一贯采取积极支持的态度，并参加了一些维和行动。“我们将在力所能及的范围内继续发挥积极作用。”

钱其琛指出，中国主张联合国维持和平行动量力而行，要努力通过谈判和平解决争端。

关于台湾问题，加利表示，联合国根据联大二七五八号决议，只承认一个中国，所谓台湾重返联合国的问题根本不存在。

全国人大常委会委员长乔石外交部部长钱其琛在人民大会堂分别会见由外交部部长埃内斯托·帕斯率领的洪都拉斯政府高级官员代表团

全国人大常委会委员长乔石在北京会见由联邦议会常务副议长施图岑贝格率领的奥地利高级人士代表团

第62届国际图书馆协会联合大会中国组委会在北京召开成立大会罗干任主席刘忠德任执行主席

中国女选手在第33届国际军体射击锦标赛中获运动手枪速射团体冠军

9月15日

党和国家领导人江泽民李鹏乔石分别为人民代表大会成立40周年题词

全国人大常委会委员长乔石在首都各界纪念人民代表大会成立40周年大会上发表讲话

同志们，朋友们：

今天，我们在这里隆重集会，纪念人民代表大会成立四十周年。举行这一纪念活动，是为了在邓小平同志建设有中国特色社会主义理论和党的基本路线指引下，遵循宪法的规定，进一步坚持和完善人民代表大会制度，更好地发挥国家权力机关的作用，以推进社会主义民主和法制建设，保障和促进改革开放和现代化建设的顺利进行。

一、人民代表大会制度是适合我国国情的根本政治制度

1949年中华人民共和国的诞生，开辟了我国历史上从未有过的人民当家作主的新纪元。代行全国人民代表大会职权的中国人民政治协商会议第一届全体会议通过的《共同纲领》，确定了我国的政权制度是人民代表大会制度。建国初期，我们在恢复国民经济的同时，进行了一系列的政治和社会改革，提高了人民的组织程度和觉悟程度，为实行人民代表大会制度准备了条件。随着国家进入大规模经济建设的新时期，为了进一步巩固人民民主，充分发挥人民群众参加国家建设的积极性，召开各级人民代表大会就提到了重要日程。1953年下半年到1954年上半年，在全国范围进行了第一次空前规模的普选。在普选的基础上，由下而上逐级召开了地方各级人民代表大会会议。1954年9月15日，第一届全国人民代表大会第一次会议庄严开幕。这次会议制定的我国第一部社会主义类型的《宪法》，对人民代表大会制度作出了比较系统的规定，确立全国人民代表大会为最高国家权力机关，它的常设机关是全国人大常委会，国务院是最高国家权力机关的执行机关，是最高国家行政机关。按照《宪法》规定，由全国人民代表大会产生了中华人民共和国主席和全

国人大常委会、国务院、最高人民法院、最高人民检察院等国家机关。至此，我国以人民代表大会为基础的政权制度全面确立，国家权力开始由人民选举产生的人民代表大会统一行使。这是加强我国人民政权建设的重大步骤，是社会主义民主和法制建设的一个重要里程碑。

一个国家实行什么样的政治制度，是由这个国家的国情决定的，是一定社会历史发展的产物，有着深刻的政治、经济和文化根源。旧中国是一个半殖民地半封建的社会。一百多年来，各个阶级、各种社会势力围绕建立什么样的国家政治制度进行了激烈斗争。历史充分表明，在中国，无论是资产阶级君主立宪制，还是资产阶级共和制，始终是一种幻想，都行不通。代表帝国主义、封建主义、官僚资本主义利益的伪宪制，更为人民深恶痛绝。肩负历史重任的中国共产党，带领各族人民，团结一切爱国民主力量，经过艰苦卓绝的斗争，取得了新民主主义革命的胜利；与此同时，为建立新型的人民政权进行了不懈的探索和实践。第二次国内革命战争时期的工农兵苏维埃，抗日战争时期的参议会，解放战争时期的人民代表会议，都是党领导人民创造的新的政权组织形式，它为建国后实行人民代表大会制度积累了丰富的经验。以毛泽东同志为代表的中国共产党人，把马克思主义国家学说同中国实际相结合，正确分析了中国社会和中国革命的性质，指出在中国这样的半殖民地半封建社会，取得新民主主义革命胜利后建立的政权，只能是工人阶级领导的、以工农联盟为基础的人民民主专政。这一政权性质，决定了政权组织形式既根本不同于资本主义国家的议会制，也不同于俄国十月革命后建立的苏维埃制度，只能是民主集中制的人民代表大会制度。实践充分证明，人民代表大会制度是植根于中国大地的、具有中国特点的政权组织形式。我们建国之后实行这一制度，是历史的选择，人民的意愿。

我国人民代表大会制度的本质是人民当家作主。宪法规定，中华人民共和国的一切权力属于人民。人民行使国家权力的机关是全国人民代表大会和地方各级人民代表大会。各级人民代表大会都由民主选举产生，对人民负责，受人民监督；国家行政机关、审判机关、检察机关都由人民代表大会产生，对它负责，受它监督；中央和地方的国家机构职权的划分，遵循在中央的统一领导下，充分发挥地方主动性、积极性的原则。按照《宪法》规定，人民代表大会统一行使国家权力，在这个前提下，明确划分国家的行政权、审判权、检察权和武装力量的领导权，使国家权力机关和行政、审判、检察等机关各司其职、协调一致地工作。国家权力机关集中和代表人民的意志和利益，制定法律和决定国家的重大问题；由国家行政、审判、检察等机关负责贯彻执行，并接受国家权力机关的监督。

这样就能够保证国家权力掌握在人民手中，便利人民参加对国家的管理，充分发挥广大人民群众建设社会主义的积极性和创造性，有利于国家机构合理、高效运转。正如邓小平同志指出的："我们实行的就是人民代表大会一院制，这最符合中国实际。如果政策正确，方向正确，这种体制益处很大，很有助于国家的兴旺发达，避免很多牵扯。"所以，人民代表大会制度是最适合我国国情的根本政治制度，中国人民就是要用这样的政治制度来保证国家沿着社会主义道路前进。

二、新时期人民代表大会制度建设的重大发展

同志们，朋友们！

人民代表大会走过了 40 年的历程，尽管它在"文化大革命"时期遭受过严重破坏，但仍显示了强大的生命力。党的十一届三中全会总结了建国以来的历史经验，特别是"文化大革命"的沉痛教训，明确提出把党和国家的工作着重点转移到经济建设上来，我国从此进入了改革开放和现代化建设的新的历史时期，形成和保持了安定团结的政治局面，社会主义民主得到了恢复和发展，各族人民和各民主党派积极参与国家政治生活，人民代表大会制度建设和人大工作也进入了一个新的发展阶段。在新的历史时期，党和国家非常重视发展社会主义民主，健全社会主义法制，坚持和完善人民代表大会制度。邓小平同志指出："没有民主就没有社会主义，就没有社会主义现代化。""为了保障人民民主，必须加强法制。必须使民主制度化、法律化，使这种制度和法律不因领导人的改变而改变，不因领导人的看法和注意力的改变而改变。"这是新时期社会主义建设的一个极为重要的指导思想。邓小平同志还强调，在整个改革开放和现代化建设进程中，都要始终坚持一手抓建设，一手抓法制，两手都要硬的方针。这就把加强法制建设提到了战略性全局的高度。建设社会主义民主政治，使民主制度化、法律化的一个十分重要的方面，就是坚持和完善人民代表大会制度。党的十一届六中全会通过的《关于建国以来党的若干历史问题的决议》指出："逐步建设高度民主的社会主义政治制度，是社会主义革命的根本任务之一。建国以来没有重视这一任务，成了'文化大革命'得以发生的一个重要条件，这是一个沉痛的教训。必须根据民主集中制的原则加强各级国家机关的建设，使各级人民代表大会及其常设机构成为有权威的人民权力机关。"新时期的人民代表大会制度建设，就是按照上述指导思想进行的。

1982 年《宪法》和在此前后制定和修改的《选举法》、《组织法》等法律，按照党的发展社会主义民主、健

全社会主义法制的基本方针，从我国实际情况和需要出发，对健全人民代表大会制度作出了一系列新的重要规定。主要是：第一，改进和完善选举制度。选举权和被选举权是人民行使国家权力的重要标志。为了保障人民自由地行使选举权利，选举法规定，实行自下而上、自上而下、充分民主地提出代表候选人的办法，政党、人民团体和选民或代表联名都可以依法提出代表候选人；把等额选举改为差额选举；把直接选举人民代表大会代表的范围扩大到县一级。第二，扩大全国人大常委会的职权和加强它的组织。我国地广人多，全国人大代表的人数不宜太少，但人数多了又不便于进行经常性工作。全国人大常委会作为全国人大的常设机关，其组成人员少，便于经常开会，进行繁重的立法及其他工作。所以，适当扩大全国人大常委会的职权，是加强人民代表大会制度建设的有效措施。《宪法》规定，全国人大和它的常委会共同行使国家立法权，除基本法律由全国人大制定外，其他法律都可以由全国人大常委会制定。同时规定，人大常委会组成人员不得担任国家行政、审判和检察机关的职务。还规定增设一些专门委员会，在全国人大和它的常委会领导下，研究、审议和拟定有关议案。第三，为了加强地方政权建设，规定县级以上地方各级人大设立常委会。这是我国政权建设的一项重要改革，它有效地加强了地方国家权力机关的工作，特别是加强了对同级人民政府、法院、检察院的监督，有利于人民行使管理国家的权力。第四，按照发挥中央和地方两个积极性的原则，规定省、自治区、直辖市人大及其常委会，根据本行政区域的具体情况和实际需要，在不同《宪法》、法律、行政法规相抵触的前提下，可以制定地方性法规；省、自治区的人民政府所在地的市和经国务院批准的较大的市的人大及其常委会，可以制定地方性法规，报省级人大常委会批准后施行。这有利于各地因时因地制宜，发挥主动性、积极性，加快整个国家的建设。第五，改变农村人民公社政社合一的体制，设立乡政权。这有利于加强基层政权建设，扩大其民主基础，更好地发挥它的作用。以上这些规定，对加强各级国家权力机关的工作和建设，健全国家体制，坚持和完善人民代表大会制度，有重要的现实意义和深远的历史意义。

改革开放 16 年来，各级人大及其常委会，在党的领导下，认真履行《宪法》和法律赋予的职责，积极探索，勇于实践，各项工作取得了很大进展。立法工作成就显著。全国人民代表大会 1982 年制定了现行《宪法》，随后，适应国家政治、经济和社会发展的要求，于 1988 年和 1993 年通过了两个《〈宪法〉修正案》；全国人大及其常委会制定了 175 个法律，通过了 77 个有关法律问题的决定；地方人大及其常委会制定了 3000 多个地方性法规；与此同时，国务院制定了 700 多个行政法规。现在，我国有了一部好《宪法》，有了刑事、民事和国家机构等方面的基本法律，还制定了《香港特别行政区基本法》和《澳门特别行政区基本法》，制定了一大批经济、科技、教育、行政、国防、民族、环保等方面的法律、法规，在国家政治生活、经济生活、社会生活等方面发挥着重要作用。各级人大及其常委会代表和集中人民的利益和意志，审议和决定了全国的和地方的一些重大事项，包括国民经济和社会发展的“六五”、“七五”和“八五”三个五年计划，《关于兴建长江三峡工程的决议》等，促进了国家决策的民主化、科学化。各级人大及其常委会围绕改革开放和现代化建设中的重大问题和人民群众关心的“热点”问题，逐步加强了对《宪法》、法律实施的监督和对行政、审判、检察机关的工作监督，保障了《宪法》和法律、法规的贯彻实施，推动了党和国家的路线、方针、政策的贯彻执行。还按照德才兼备原则和干部队伍“四化”方针，依法选举或任命了国家机关组成人员。人大常委会指导了三次县级以上各级人大代表的间接选举，四次县乡人大代表的直接选举，保证了换届选举工作的顺利进行。全国人大及其常委会还积极开展了与外国议会的交往，增进了与外国议会和人民之间的了解和友谊，促进了国家关系的发展。总之，人大及其常委会在党的领导下努力工作，推动了社会主义民主和法制建设，为促进改革开放和现代化建设，维护社会稳定，作出了积极贡献，赢得了人民群众的信赖和拥护。

我国实行人民代表大会制度 40 年特别是近 16 年的实践充分证明：人民代表大会制度同国家和人民的命运息息相关。能不能坚持和完善人民代表大会制度，切实发挥它的作用，直接关系到国家的政治生活是否正常，决策是否正确，社会主义事业能否顺利发展，国家能否长治久安。因此，我们在任何时候，在任何情况下，都要毫不动摇地坚持和完善人民代表大会制度，发挥这一制度的优势和功效。人民代表大会制度的建立和健全，都是在党的领导下进行的。只有坚持和改善党的领导，才能充分发挥人民代表大会制度的作用，而人民代表大会制度的加强和完善，可以更好地实现党对国家事务的领导。因此，完善党和国家的领导制度，加强和改善党对人大工作的领导，是坚持和完善人民代表大会制度的关键。各级人大及其常委会要紧紧围绕经济建设这个中心，认真履行《宪法》和法律赋予的职责，始终不渝地把加强社会主义民主和法制建设作为最重要的任务，保证人民当家作主，促进改革开放和现代化建设事业的发展。这是社会主义发展的必然要求，也是人民群众的共同愿望。

三、进一步坚持和完善人民代表大会制度，更好地发挥国家权力机关的作用

以邓小平同志 1992 年初视察南方重要谈话和党的十四大为标志，我国改革开放和现代化建设事业进入了一个新的发展阶段。当前，国际国内形势为我们的改革和发展提供了不可多得的有利时机。我们要抓住机遇，深化改革，扩大开放，促进发展，保持稳定，力争在本世纪末初步建立起社会主义市场经济体制，实现国民经济和社会发展第二步战略目标。根据国家总的形势和任务的要求，必须继续加强社会主义民主和法制建设，进一步坚持和完善人民代表大会制度，更好地发挥国家权力机关的作用。

第一，积极推进政治体制改革，努力建设有中国特色的社会主义民主政治。

同经济体制改革和经济发展相适应，必须按照民主化和法制化紧密结合的要求，积极推进政治体制改革，努力建设有中国特色的社会主义民主政治。人民是我们国家和社会的主人，也是社会主义事业的主人。改革和建设是人民群众自己的事业，没有广大人民群众的自觉参加、热情支持和共同努力，就不可能取得成功。人民民主是社会主义的本质要求和内在属性。只有发展社会主义民主，调动广大人民群众的积极性，才能实现社会主义现代化。发展社会主义市场经济的过程，同样应当是建设社会主义民主政治的过程，要使两者相互配合，协调发展。这样才能更好地发展生产力，发挥社会主义的优越性。建设社会主义民主政治，必须从我国实际出发，沿着社会主义方向和轨道有领导有秩序地进行。我们可以借鉴资本主义国家的某些有益的东西，但绝不能照搬西方的那一套政治模式。必须划清社会主义民主和资本主义民主的界限，划清社会主义民主同极端民主化、无政府主义的界限，树立正确的民主观。民主政治建设必须服从和服务于改革、发展和稳定的大局。

建设社会主义民主政治，最重要的是坚持和完善人民代表大会制度。我们的人民代表大会制度是个好制度，但由于我国处于社会主义初级阶段，受社会政治、经济、文化等条件的制约，在一些具体的民主制度、民主程序和工作方式上还存在着缺陷。要按照宪法规定，加强国家权力机关建设，使人大及其常委会成为有权威的国家权力机关，成为能够担负起《宪法》赋予的各项职责的工作机关，成为联系群众、反映民意、解决矛盾的为人民所充分信赖的代表机关。这是全党和全国人民的共同任务。我们广大干部，特别是各级领导干部，要增强民主和法制观念，提高对人民代表大会制度的认识，把思想统一到《宪法》上来，切实按照《宪法》办事，自觉地维护国家的这一根本政治制度。各级人大及其常委会要认真行使《宪法》规定的各项职权，保障《宪法》和法律的贯彻实施，保证党的十四大和八届全国人大提出的各项任务的完成，积极推进社会主义市场经济体制的建立和完善。人大及其常委会的一切工作，都要以国家和人民的根本利益为出发点，以有利于发展社会主义社会的生产力、有利于增强社会主义国家的综合国力、有利于提高人民的生活水平为检验标准，进一步解放思想，实事求是，切实发挥国家权力机关的作用。

第二，高度重视社会主义法制建设，努力做到有法可依、有法必依、执法必严、违法必究。

发展社会主义市场经济，对法制建设提出了新的更高的要求。社会主义市场经济体制的建立和完善，必须有完备的法制来引导、规范和保障。党的十四届三中全会通过的《关于建立社会主义市场经济体制若干问题的决定》，勾画了社会主义市场经济体制的蓝图，同时也明确了法制建设的目标。实现这个目标，首先要加快立法进程，抓紧制定有关市场经济方面的法律。八届全国人大常委会提出，要在本届任期内大体形成社会主义市场经济法律体系的框架。为此制定了五年立法规划，其中规范市场主体、维护市场秩序、加强宏观调控、完善社会保障等方面的立法项目，是立法工作的重点。同时，也安排了加强社会主义民主政治建设、健全国家机构组织制度、惩治犯罪活动、维护社会治安、促进教育科学文化事业发展、保护环境资源和加强国防建设等方面的一些立法项目。还要对过去制定的已不适应现实情况的一些法律规定，适时进行修改。我们面临的立法任务是繁重的，这需要全国人大及其常委会和各有关单位齐心协力，通力合作，以保证立法任务的顺利完成。享有制定地方性法规权力的人大及其常委会，应当根据本行政区域的实际情况和改革、建设的需要，抓紧制定地方性法规，作为社会主义市场经济法律体系的补充。我们要进一步解放思想，开阔视野，更新观念，以改革的精神对待和解决立法中遇到的问题和难点。要对社会主义市场经济法律体系进行深入研究，力求制定的法律符合社会主义市场经济的特点和规律，体现公平、公正、公开、效率的原则，以利于进一步解放和发展生产力。制定法律要从人民和国家的根本利益着眼，不能只从部门和地方利益出发，不适当地强化本部门、本地区的权力。立法要立足于我国国情，大胆吸收和借鉴世界各国有益的立法成果和经验，并注意与国际通行的规则和惯例的必要衔接。在立法过程中，要广泛听取各方面的意见，注意吸收专家和学者参加立法工作，实行实际工作者和专家学者相结合。现在，我国的立法步伐明显加快，《公司法》、《反不正当竞争法》、《预算法》、《对外贸易法》、《城

市房地产管理法》、《劳动法》等一批有关市场经济方面的法律相继出台，市场经济法制化的局面正在开始形成。

法律制定后，必须坚决贯彻执行。严格执法，是加强法制建设的关键一环。必须大力加强和改善行政执法和司法工作，加强执法队伍建设，提高人员素质和执法水平。各级人大常委会要把对法律实施的监督放在重要位置，有计划、有重点地开展执法检查，努力提高执法检查的效果，坚决纠正人民群众反映强烈的那些有法不依、执法不严、违法不究的现象，保障和推动社会主义现代化建设事业沿着法制轨道健康发展。法制建设的根本是教育人。要把法律知识的宣传和法制教育作为一项经常性的重要工作。要充分发挥电视、广播、报刊等新闻媒介的作用，形成持久、有力的法律宣传声势，并对违法现象和违法行为进行批评教育。要继续深入开展法制教育，大力普及《宪法》、法律特别是有关社会主义市场经济方面的法律知识，使广大群众知法守法，学会运用法律武器同违反法律的行为进行斗争，维护自己的合法权益。要按照依法治国的要求，做到依法管理、依法办一切事业。各级国家工作人员，特别是领导干部，要带头学习、掌握法律基本知识，增强法制观念，提高依法决策、依法行政、依法办事的自觉性。要在全社会树立《宪法》和法律的权威，任何组织或者个人都不允许有超越《宪法》和法律的特权，一切违反《宪法》和法律的行为必须予以追究。

第三，健全监督机制，促进各项改革措施的落实。

在我国政治、经济和社会生活中，有各种形式的监督。有党组织的纪律检查监督，有国家权力机关的监督，有政府的行政监督，有检察机关的法律监督，有政协和民主党派、人民团体的民主监督，还有新闻舆论监督，等等。为了保障改革开放和现代化建设的顺利进行，保障人民的民主权利不受侵犯，各种监督都需要进一步加强，形成强有力的监督体系。人大及其常委会的监督，是国家监督中最具权威的有法律效力的监督。它是人民行使管理国家权力的重要体现，有利于健全决策体系，减少失误，有利于防止和消除腐败，有利于国家机构的高效、合理运转。在改革开放的新形势下，更需要发挥国家权力机关的监督作用。

各级人大及其常委会要在党的领导下，加强对政府、法院、检察院的工作监督。这种监督，有利于这些机关严格地按宪法和法律办事，同时也是对它们工作的一种不可缺少的帮助和支持。要继续坚持听取和审议行政、审判、检察机关工作报告的制度，监督各项改革措施的落实，督促他们把各项工作做得更好。要逐步改进和加强对国家计划和预算的监督，认真做好审查和批准国民经济和社会发展计划、财政预算的工作，并严格监督其执行。加强廉政建设、惩治腐败，是关系改革事业成败、关系国家命运的大事。要运用法律的力量，坚决禁止和严格防范以权谋私、搞权钱交易。要加强对人大及其常委会选举和任命的工作人员的廉政监督。如发现有贪污、受贿等腐败行为，该罢免的罢免，该撤职的撤职，触犯刑律的由司法机关依法追究刑事责任。要支持、督促法院、检察院严格执法，抓紧查处大案要案，坚决惩处腐败分子。

第四，进一步密切各级人大同人民群众的联系，加强国家权力机关的组织制度建设。

人民的根本利益和共同意志，是一切国家机关工作的出发点。人大及其常委会应当进一步密切同人民群众的联系，更好地代表人民，并接受人民的监督。只有充分反映人民群众的意见和要求，集中人民群众的智慧，才能真正代表人民的意志和利益，依法行使好各项职权，使制定的法律和作出的决定符合实际、切实可行，使选举、任命的国家工作人员符合人民的心愿。各级人大代表、人大常委会组成人员，要同原选举单位和人民群众保持密切联系，全心全意为人民服务；要深入实际，调查研究，体察民情，随时注意了解经济建设和改革开放中出现的新情况、新问题，积极主动地提出改进工作的意见和建议；对涉及人民群众切身利益的改革措施，要多做宣传解释工作，善于引导广大群众理解和支持改革。全国各级人大代表有360万人，这是一支很重要的力量。要充分发挥他们联系人民群众的桥梁和纽带作用。各级人大常委会和政府要加强同代表的联系，经常倾听代表的意见和批评，不断改进自己的工作。同时，要为代表履行代表职责提供方便和条件。

适应新时期繁重工作任务的需要，各级人大及其常委会要加强组织建设和制度建设。要进一步提高人大常委会组成人员的专职化和年轻化程度。要不断加强人大专门委员会的建设。人大及其常委会工作的特点是集体行使职权，集体决定问题。必须坚持民主集中制原则，充分发扬民主，严格按照法律程序办事。在审议决定问题时，要做到畅所欲言，各抒己见，反映真实情况；经过充分讨论，集思广益，在民主的基础上集中正确的意见，进一步提高议事效率和水平。人大机构要根据工作需要，按照精简、统一、效能的原则设立。人大工作必须加强，不能削弱。

第五，加强和改善党的领导，是坚持和完善人民代表大会制度的根本保证。

我们党领导中国人民经过长期浴血奋斗，争得了人民民主，创建了人民代表大会制度；党又领导人民，发展社会主义民主，健全社会主义法制，坚持和完善人民代表大会制度。没有共产党的领导，就不可能改变中国人民几千年来受奴役、受压迫的地位，不可能建立人民民主专政的政权，使人民成为国家的主人。没有共产党的领导，就不可能取得社会主义建设事业几十年的巨大成就，也就不可能实现社会主义现代化。中国共产党的领导地位和作用是在长期革命斗争中形成的，是我国《宪法》确认的，是由党的先进性以及它与人民群众的密切联系所决定的，任何其他政治力量都无法代替它。正如邓小平同志说的："在中国这样的大国，要把几亿人口的思想和力量统一起来建设社会主义，没有一个由具有高度觉悟性、纪律性和自我牺牲精神的党员组成的能够真正代表和团结人民群众的党，没有这样一个党的统一领导，是不可能设想的，那就只会四分五裂，一事无成。这是全国各族人民在长期的奋斗实践中深刻认识到的真理。"因此，坚持和完善人民代表大会制度，必须依靠党的领导。

我们党是执政的党，党的执政地位是通过党对国家政权机关的领导来实现的。各级政权机关，包括人大、政府、法院和检察院都必须接受党的领导，坚决贯彻党的路线、方针、政策。当然，党同国家政权机关的性质不同，职能不同，组织方式和工作方式也不同。党的领导主要是政治、思想和组织的领导。党对国家事务的领导，主要是政治原则、政治方向、重大决策的领导和向国家政权机关推荐重要干部。党组织关于国家事务的重大决策，凡是应当由人大或人大常委会决定的事项，都要提交人大或人大常委会经过法定程序变成国家意志。各级党组织要尊重《宪法》和法律规定的人大及其常委会的地位，支持人大及其常委会依法行使职权，重视发挥它的作用。各级党组织和全体党员都要遵守党章关于"党必须在《宪法》和法律的范围内活动"的原则，以及《宪法》关于"任何组织或者个人都不得有超越《宪法》和法律的特权"的规定，一切活动都不得同《宪法》和法律相抵触。我们党领导人民制定了《宪法》和法律，也要领导人民执行《宪法》和法律。《宪法》和法律是党的主张和人民意志的统一，执行《宪法》和法律就是遵从人民的意志，维护党的领导。

同志们，朋友们！我们国家正处在一个重要的历史发展时期。我们面临的任务是伟大而艰巨的。在新的形势下，我们要紧密地团结在以江泽民同志为核心的党中央周围，坚定不移地执行党的基本路线，牢牢把握经济建设这个中心，努力发展社会主义市场经济，发展社会主义民主政治，发展社会主义精神文明，把建设有中国特色社会主义的伟大事业不断推向前进，为实现 90 年代的战略任务，胜利迈向 21 世纪，为把我国建设成为富强、民主、文明的社会主义现代化国家而努力奋斗！

《人民日报》发表社论《人民当家做主国家长治久安——纪念人民代表大会成立四十周年》

国务院总理李鹏在钓鱼台国宾馆会见匈牙利总统根茨·阿尔帕德

全国人大常委会委员长乔石在人民大会堂会见匈牙利总统根茨·阿尔帕德

中央党校省部级领导干部党建问题专题研究班开班

中央党校常务副校长汪家镠主持开班典礼，中央有关部门负责人赵宗鼐、郑科扬、邢贲思、刘胜玉、刘海藩、杨春贵等出席了典礼，中央组织部部长吕枫出席会议并讲话。这期研究班共有学员 53 名，主要任务是以邓小平同志建设有中国特色社会主义理论为指导，深入学习和掌握邓小平同志关于新时期执政党建设的论述，分析当前党的建设面临的形势和任务，集中研讨在全面深化改革、发展社会主义市场经济条件下加强党的建设的若干重要问题。

全国人大常委会副委员长王汉斌就法制建设等问题接受《人民日报》记者采访

在人民代表大会制度建立 40 周年之际，八届全国人大常委会副委员长王汉斌接受了《人民日报》记者的采访。

记者：王汉斌副委员长，请您谈谈全国人大及其常委会的根本任务是什么。

王汉斌：全国人大是最高国家权力机关，也是国家立法机关。它的基本任务是修改《宪法》，制定法律，解释《宪法》和法律，选举和决定国家机构的领导人，审查和批准国家预算和国民经济社会发展计划，对国家的重大事项作出决定，监督国务院、中央军事委员会、最高人民法院、最高人民检察院的工作。发展社会主义民主，健全社会主义法制，是全国人大的一项根本任务。1978 年底邓小平同志就提出："为了保障人民民主，必须加强法制。必须使民主制度化、法律化，使这种制度和法律不因领导人的改变而改变，不因领导人的看法和注意力的改变而改变。"15 年来，国家在加强社会主义法制建设方面已经取得很大的成绩。全国人大修改制定了《宪法》，全国人大及其常委会以《宪法》为依据，制定了一系列民事的、刑事的、诉讼程序的、国家机构的和经济的、行政的法律，通过了一批有关法律问题的决定。现在可以说，在国家的政治生活、经济生活、社会生活的基本的、主要的方面基本上已经有法可依，那种无法可依的状况已经大为改变。

记者：党的十四大确定我国经济体制改革的目标是建立社会主义市场经济，市场经济必须是法制经济，您能否谈谈全国人大及其常委会制定与社会主义市场经济有关的法律方面的情况。

王汉斌：1979年国家确定集中力量进行社会主义现代化建设、实行改革开放以来，全国人大及其常委会一直把制定经济的和有关改革开放的法律作为立法工作的重点，在已制定的法律中，这两方面的法律占2/3。1986年制定的《民法通则》，明确规定民法是调整平等主体的公民之间、法人之间、公民和法人之间的财产关系和人身关系，调整横向的财产关系、经济关系，明确了商品交换的当事人的地位和权利是平等的，应当遵循自愿、公平、等价有偿、诚实信用原则，并确立了法人制度，这是调整社会主义市场经济关系的一部基本法律。八届全国人大常委会进一步提出把立法工作特别是经济立法放在第一位，在八届人大任期内大体形成社会主义市场经济法律体系框架的立法目标，并制定相应的立法规划。社会主义市场经济体制的建立和完善，必须有完备的法制来规范和保障。过去我们虽然在立法工作方面取得了明显的进展，但是还不能适应健全社会主义法制建设，特别是建立社会主义市场经济的需要。一年多以来，全国人大及其常委会大大加快了经济立法、特别是有关调整社会主义市场经济关系的立法的步伐，取得了很大的成绩。其中最重要的是，八届全国人大一次会议通过了《〈宪法〉修正案》，明确规定"国家实行社会主义市场经济"，"国家加强经济立法，完善宏观调控"。同时一年多来制定了有关调整社会主义市场经济关系的法律18件。

记者：请您具体谈谈制定了哪些调整社会主义市场经济关系的法律，对建立社会主义市场经济将会发挥哪些作用。

王汉斌：这一年多来制定的调整社会主义市场经济的法律，包括了调整社会主义市场经济需要的各个方面的法律。其中：

——有的是规范市场经济主体的组织、建立现代企业制度的法律。去年12月，全国人大常委会制定了我国第一部《公司法》，这是我国法制建设和建立社会主义市场经济法律体系的一件大事。这部法律对主要的现代企业有限责任公司和股份有限公司的设立、组织机构、财产责任等，作出了一系列的规定，并且根据我国社会主义制度的特点，对国有独资公司作出专门规定。这就从根本上改变了我国近些年来公司林立却无法可依的局面。同时，我们还修改和制定了《会计法》和《注册会计师法》，使企业的财务会计制度符合建立现代企业制度的要求。

——有的是规范社会主义市场经济主体行为、维护社会主义市场经济秩序方面的法律。全国人大常委会制定了《产品质量法》、《反不正当竞争法》、《消费者权益保护法》、《标准化法》，同时，还修改了《经济合同法》、《专利法》、《商标法》，这一系列法律，为保证提高产品质量，实行公平竞争，保护知识产权，维护经营者和消费者的合法权益，促进社会主义市场经济的健康发展，将会发挥重要作用。近年来经济纠纷越来越多，处理难度很大，最近常委会制定的《仲裁法》，根据发展市场经济的需要，对现行的仲裁制度作了重大的改革，是公正、及时处理经济纠纷的重要法律。

——有的是加强市场经济宏观调控方面的法律。主要是制定了《预算法》。这部法律不但对健全国家对预算的管理，而且对加强国家宏观调控，保障经济、社会的健康发展都是很重要的。

——有的是适应对外开放需要的法律，如《对外贸易法》。我们实行对外开放，必须使对外贸易规范化，与国际通行的规则相适应或接轨。这部法律将促进对外经济关系的发展。

——有的是发展社会主义市场经济急需的法律，如《城市房地产管理法》。房地产市场是社会主义市场经济中出现的新兴市场，这几年发展很快，但有些混乱现象，迫切需要纳入规范化的法制轨道。这部法律的制定，对房地产市场的健康发展，将会发挥重要的作用。

——有的是社会保障方面的法律，如《劳动法》。这是一部保护劳动者合法权益，全面规范劳动关系的基本法。我们还需要进一步制定有关的配套的劳动保护和社会保障方面的法律。

记者：王副委员长，金融在市场经济中占有重要位置，请您谈谈金融方面的立法情况。

王汉斌：发展金融市场、运用金融手段，对调控和发展社会主义市场经济正在发挥越来越重要的作用。这是我们经济立法的薄弱环节，当前迫切需要着重抓紧制定这方面的法律。现在已经提请全国人大常委会审议的《中国人民银行法》、《商业银行法》和《证券法》，是规范金融证券市场很重要的基本法律。同时，有关部门还在抓紧起草《票据法》、《担保法》，这是同银行法相配套的法律。这些法律的制定，将使我们在金融方面具有比较完备的法律。

记者：目前经济犯罪的情况很严重，请您从立法角度谈谈如何及时、严厉地惩治经济犯罪。

王汉斌：随着我国经济的迅速发展和变化，出现了一系列新的经济犯罪活动，危害极大。需要对《刑法》及时作必要的补充修改，坚决打击和制止这些经济犯罪活动。为此，全国人大常委会已经制定了惩治生产、销售伪劣商品、偷税抗税、假冒注册商标、侵犯著作权犯罪的规定，还将针对违反公司、证券管理犯罪，伪造、贩卖假币，伪造、贩卖、代开、虚开增值税发票，伪造金融票据进行金融诈骗等严重经济犯罪，制定相应的刑事处罚规定，充分运用法律武器保障社会主义市场经济和改革开放的顺利发展。

记者：最后，请您谈谈八届全国人大任期内能否实现已经提出的立法目标。

王汉斌：前面所说的一年多来全国人大及其常委会制定和审议的法律中，有一批是调整社会主义市场经济很重要、很迫切需要的法律。现在，在党中央、全国人大常委会和国务院的领导下，全国人大各专门委员会，国务院各有关部门都在抓紧起草有关调整社会主义市场经济的法律，经济立法工作正在卓有成效地进行。看来在未来的三年多的时间里，我们有条件把调整社会主义市场经济的一些重要的、基本的法律制定出来，实现在八届人大任期内大体形成社会主义市场经济的法律框架这一立法目标。并在邓小平同志建设有中国特色的社会主义理论指导下，进一步努力争取建设有中国特色的社会主义法律体系。

共青团中央发出《关于学习贯彻〈爱国主义教育实施纲要〉的意见》

中共中央印发《爱国主义教育实施纲要》并发出通知后，共青团中央即着手部署全团的贯彻落实，日前下发了关于学习贯彻《纲要》的意见。

海协会会长汪道涵在上海会见台湾新闻媒体负责人参访团

国家主席江泽民在中南海会见联合国秘书长布特罗斯·布特罗斯·加利时高度评价联合国在国际事务中的影响并希望联合国在新形势下发挥更积极作用

国务院总理李鹏在钓鱼台国宾馆会见联合国秘书长布特罗斯·布特罗斯·加利

国务院总理李鹏在钓鱼台国宾馆会见爱尔兰副总理兼外交部部长迪克·斯普林

国务委员联合国第四届世界妇女大会中国组委会主席彭珮云在钓鱼台国宾馆会见联合国秘书长布特罗斯·布特罗斯·加利

外交部发言人沈国放就国际人口与发展大会的召开等问题答记者问

沈国放说，刚刚结束的国际人口与发展大会具有“跨世纪的重要意义”，并将对今后20年国际人口与发展领域的合作产生深远影响。

沈国放在每周一次的记者招待会上回答记者提问时说，9月5日至13日在埃及首都开罗召开的国际人口与发展大会是一次具有跨世纪的重要意义的会议。会议通过的《行动纲领》重申各国有权根据自己的国情制定和执行人口政策，强调采取稳定人口增长和提高妇女地位等综合措施解决人口问题的重要性，确定了行动目标。它将对今后20年国际人口与发展领域内合作产生深远的影响。

沈国放说，中国政府派出以国务委员兼国家计划生育委员会主任彭珮云为团长的代表团出席此次大会，以积极和负责任的态度参与会议的各项活动，为会议取得的积极成果作出自己的努力。

沈国放说，今后，中国在继续努力解决本国人口与发展问题的同时，愿同各国一道，认真执行《行动纲领》，为稳定世界人口、促进世界和平与发展作出贡献。

外经贸部部长吴仪在北京会见以奥地利联邦议会常务副议长施图岑贝格和著名经济界人士苏海文夫妇等40余名奥地利政治经济界人士

国务院副总理兼外交部部长钱其琛在钓鱼台国宾馆同爱尔兰副总理兼外交部部长迪克·斯普林进行会谈

中央军委主席江泽民在中南海会见出席全军管理工作会议全体人员

江泽民说，全军管理工作会议是一次很重要的会议，开得很好。我代表中央军委向同志们致以亲切的问候。

江泽民说，近年来，全军部队认真贯彻邓小平同志关于新时期军队建设的思想和中央军委关于军队建设的方针，深入研究新形势下带兵的特点和规律，大力加强管理工作，取得明显成效。

江泽民指出，军队管理工作是军队建设中带根本性、全局性的基础工作。地方管理出经济效益，部队管理出战斗力。管理得越好，战斗力就越强。要建设一支革命化、现代化、正规化的军队，就必须有与之相适应的管理。希望继续全面加强部队的管理工作，发扬我军优良传统，坚持官兵一致、政治平等、尊干爱兵的原则，尊重战士，关心战士，爱护战士，增强官兵团结，永葆老红军的本色。管理工作是一项实践性很强、很细致、很艰苦的工作，各级党委务必加强领导，在根本、打基础、求实效上狠下功夫，真正把管理工作落到实处。

江泽民强调，在新形势下一定要坚持从严治军，强化官兵的纪律观念，坚决做到令行禁止，一切行动听指挥。要把条令条例贯彻落实到部队各项工作中去，建立正规的战备、训练、工作、生活秩序，不断提高正规化管理水平。

解放军三总部和军委办公厅的领导参加了会见。

中央军委副主席刘华清在全军管理工作会议上讲话强调严格管理提高部队战斗力

中国科协召开国庆45周年科学家座谈会

中国交响乐发展基金会在北京成立

国家主席江泽民晚上出席在北京音乐厅举行的庆祝中国交响乐发展基金会成立交响音乐会，并会见交响乐队指挥李德伦等音乐家。江泽民关心中国交响乐事业的发展，他指出："我们的时代需要高雅艺术。"

国务院宗教事务局主办的《中国宗教》杂志社成立

国务委员李铁映和中国游泳协会名誉主席薄一波在中南海会见在罗马世界锦标赛上取得优异成绩的中国游泳代表团成员

国家计委国家环保局发出《关于印发〈环境保护计划管理办法〉的通知》

各省、自治区、直辖市及计划单列市计委(计经委)、环保局，国务院有关部门：

现将《环境保护计划管理办法》印发给你们，请按照执行。

环境保护计划管理办法(略)

9月16日

中央统战部国务院办公厅联合举行迎中秋迎国庆招待会

台盟中央全国台联台盟北京市委北京市台联在北京少年宫共同举办中秋节联欢会

国家"八五"重点建设项目兰新铁路复线提前全线铺通

内贸部建立棉花购销举报制度

内贸部日前发布的1994年第1号《公告》规定，举报内容为：(一)非国家规定的棉花经营单位或个人违法收购、加工、经营棉花和用各种方式套购、倒卖棉花的行为；(二)棉花收购单位抬级抬价或压级压价收购棉花的行为，跨区抢购棉花和私自销售棉花的行为；(三)棉花经营单位以次充好、掺杂使假行为和计划外销售行为；(四)各级行政人员或有关部门违反国家规定，支持或纵容违法经营的行为，对强买强卖、殴打棉花收购和检验人员的不法分子放任不管的行为，不正当干预供销社执行国家标准政策和调拨计划的行为，违反国家储备棉管理规定，擅自动用储备棉的行为。

国家副主席荣毅仁在人民大会堂会见以日本经济团体联合会会长丰田章一郎为最高顾问日中经济协会会长河合良一为团长的"1994年度日中经济协会访华团"

外经贸部部长吴仪在北京同澳大利亚贸易部部长鲍勃·麦克马伦举行会谈

双方就进一步发展双边经贸科技合作等问题交换意见。

吴仪说，中澳两国的经贸关系发展迅速而顺利，去年的双边贸易额达30亿美元，创历史最高纪录，今年上半年的双边贸易额为18.6亿美元，比去年同期增长28.5%。中国已利用澳大利亚政府贷款建成48个项目，利用澳大利亚技术建成78个项目。她希望双边经贸科技合作能够进一步向前发展。

麦克马伦表示，澳中两国经济互补性强，澳大利亚愿意同中国在服务贸易领域开展合作，并愿意向中国转让技术和进行人员培训。在谈到恢复中国在关贸总协定中的缔约国地位问题时，麦克马伦说，澳大利亚一向认为中国在关贸总协定中的缔约国地位应该恢复，并成为世界贸易组织的创始成员。吴仪对此表示赞赏。双方还就共同开发第三国市场、贸易自由化等共同关心的问题交换了看法。麦克马伦一行是应外经贸部的邀请来华访问的。

国务院副总理李岚清在北京先后会见爱尔兰副总理兼外交部部长迪克·斯普林和新加坡贸工部部长姚照东

外交部部长钱其琛在北京会见美国休斯公司董事长阿姆斯特朗

中国政府和大韩民国政府在汉城签署关于海关合作与互助的协定

中国政府和克罗地亚政府在萨格勒布签署1995至1997年教育文化合作计划

**全国人大代表团团长曹志在哥本哈根各国议会联

盟第 92 届大会一般性辩论发言中指出建立国际政治新秩序核心问题是相互尊重各国主权不干涉别国内政

《人民日报》发表新华社评论员文章《日本政府的历史责任》

举世瞩目的第十二届亚洲运动会即将在日本广岛举行。人们期盼着来自亚洲的各路体育英豪一展身手，再创辉煌业绩。然而，恰在此时，一个不祥的阴影正笼罩在广岛上空。

先是台湾的李登辉千方百计想要挤进广岛亚运会。9 月 12 日，亚奥理事会主席艾哈迈德亲王发表声明，宣布"除东道国的政界人士外，不邀请或接待任何政界人士出席广岛亚运会"，明确地取消了先前对李登辉的邀请。据外电报道，亚奥理事会已经收到台北奥委会关于李登辉不出席亚运会的电报。尽管如此，台湾方面仍在放风说，李登辉并未放弃"访日"的打算，而且他也"不在乎"以什么名义，不论是"名誉团长"、"顾问"、"校友"或"观光客"，统统都行。

同时还有一个"行政院副院长"徐立德，也把自己乔装打扮成为争办亚运会的游说者，也想挤进广岛亚运会。据外电报道，广岛亚运会组委会已经把他列为"客人"，并且发放了便于他入境的证件。

众所周知，李登辉、徐立德都是台湾高层政界人士，他们千方百计要挤进亚运会，绝不是为了"观光"和"观看比赛"，而是利用亚运会竭力在国际上制造"两个中国"或"一中一台"，以便拓展所谓"国际活动空间"，破坏祖国的和平统一大业。这是一个严重的政治阴谋。

日本《朝日新闻》指出，台湾要"通过李登辉访日的方式来增强台湾在国际社会的存在感"，"如果这次他能实现访日，那就打开了一个大突破口"。共同社也认为，李登辉此举同他今年 2 月春节期间开展"度假外交"如出一辙，"是台湾发起外交攻势的又一个回合"。

毋庸讳言，中日友好关系发展到今天确实来之不易。1972 年的《中日两国联合声明》和 1978 年的《中日和平友好条约》都确认中华人民共和国政府是中国的唯一合法政府，台湾是中国领土不可分割的一部分。这两个重要文件是指导中日关系的基本准则，也是发展中日友好合作关系的重要基础。日本政府对自己所做出的庄严承诺，理所当然地负有认真履行的责任。

中国政府和人民坚决反对任何制造"两个中国"或"一中一台"的立场是一贯的，不可动摇的。在涉及维护我国国家主权、捍卫祖国和平统一大业的根本问题上，中国历来是坚持原则的，而且是毫不含糊的。

作为广岛亚运会东道国，日本政府有责任办好本届亚洲运动会，有责任履行在中日联合声明中所承担的义务，坚持一个中国，不同台湾发生任何官方联系。应当指出的是，在日本确实有少数人借李登辉、徐立德企图挤进广岛亚运会这件事发展同台湾的实质关系。当务之急是，日本政府要立即采取有效措施阻止李登辉、徐立德入境，不管他们以什么名义出现，都不能让他们的阴谋得逞。否则，不仅会使即将开幕的广岛亚运会受损失，而且必将对中日关系造成严重损害。在此事关重大的时刻，我们期望日本政府三思而行，切实地承担起历史的责任。

中国科学院院士清华大学教授赵玉芬和上海机械新技术研究所高级工程师曹培生首次在世界上发现并证明磷酰化氨基酸是生命起源的种子

赵玉芬和曹培生经过三年多的共同合作，最近首次在世界上发现并证明了磷酰化氨基酸是生命起源的种子。

赵玉芬用大量的实验及深厚的理论证明了磷酰化氨基酸作为最小的、有生物活性的分子可以同时产生蛋白和核酸，这就是说，生命起源于磷酰化氨基酸，它是蛋白和核酸的共同本源，在它身上具备着核酸与蛋白相互作用的基本规律。

曹培生则以一个非线性方程表达式阐明了磷与糖及氨基酸的相互关系，其中磷为主控函数，并从理论上指明了磷的化学原则调控着糖(核糖)及氨基酸上的化学性质。磷是生成核酸及蛋白的中心元素。

国家教委中共北京市委市政府邀请首都教育界负责人和教师代表到中南海座谈

社区服务志愿者活动在全国展开

我国城市社区服务志愿者活动，正在全国蓬勃开展。为此，国家主席江泽民，国务院总理李鹏分别题词表示祝贺。

江泽民的题词是："提倡社会互助，促进精神文明建设。"

李鹏的题词是："为民解愁，为国分忧。"

9 月 17 日

国务院发出《关于开展 1994 年税收财务物价大检查的通知》

国务院日前发出《关于开展 1994 年税收财务物价大检查的通知》。

《通知》指出，1985 年以来，在全国范围内连续开展了 9 次税收财务物价大检查，这对严肃财经纪律，稳定物价，惩治腐败，促进改革开放和经济发展都起到了积极作用。但是，目前经济领域中的各种违法违纪行为还依然存在,有的还相当严重,特别是一些单位和个人乘财税、价格改革之机采取各种不法手段偷税漏税,哄抬物价,严重妨碍各项改革措施的顺利实施,危害国家和群众利益,影响社会稳定。为此,国务院决定,在全国范围内开展1994年税收财务物价大检查。

《通知》提出了七个方面的要求:

一、指导思想。开展1994年税收财务物价大检查,是继续加强和改善宏观调控的一项重要措施,大检查工作必须紧紧围绕改革、发展、稳定这个大局,维护企业和单位的合法权益,依法查处各种违反财经法纪的行为,并同加强法制教育、狠抓增收节支、平抑市场物价、推进廉政建设等项工作紧密结合起来,确保财税体制改革等各项改革措施的顺利实施和今年财政预算任务的完成。

二、组织领导。这次大检查工作在各级人民政府直接领导下进行,各地区、各部门都要指定一名领导同志负责,各级大检查办公室会同有关部门具体负责组织、协调这次大检查工作。国务院将继续派出由部级干部带队的大检查工作组分赴各地指导和推动工作,地方各级人民政府也要派出大检查工作组进行督促和检查。

在大检查中,各地区、各部门要充分重视发挥会计师事务所、审计事务所等社会公证机构的作用,组织一批素质较强、政策水平较高的从业人员重点检查一批企业和单位,为把大检查逐步过渡到以社会监督为主创造条件。同时,要继续发挥职工物价监督组织的作用,加强市场检查。

在大检查期间,要继续邀请人大代表、政协委员和民主党派成员参加大检查工作。

三、检查时限。这次大检查从9月份开始,到年底前基本结束。主要检查1994年发生的各种违反财经法纪的行为,以及1993年发生的未检查、未纠正的违法违纪行为。如有必要,也可追溯到以前年度。

四、检查范围。所有企业和行政、事业单位、社会团体及个体工商户都要认真开展自查,主动检查纠正自身存在的违反财经法纪的行为,自查面必须达到百分之百。在普遍自查的基础上,各地区、各部门要抽调一批业务骨干组成检查组进行重点检查,重点检查面不得低于40%。重点检查的单位是:(一)交纳增值税、消费税的税源大户和经营性亏损严重的行业与企业;(二)金融、保险企业和非银行金融机构;(三)房地产开发企业、证券公司和第三产业中其他管理比较混乱的行业;(四)外贸企业和有外贸经营自主权的企业;(五)假冒民政、福利、校办、集体、联营等骗取国家税收优惠政策的企业;(六)对群众反映乱涨价、乱收费、乱罚款比较突出的部门、行业和单位;(七)各地区、各部门认为需要检查的行业和企业。对私营企业和个体工商户的纳税情况和价格执行情况,也要有重点地进行抽查。要继续委托地方重点检查一部分设在当地的中央企业和单位。

五、检查内容。在普遍检查企业和单位执行国家财政、税收、财务、物价等法规情况的基础上,重点检查执行新财税体制和物价政策中出现的各类违法违纪问题;(一)乘财税改革之机,用加大抵扣、印制和使用假发票或真票假开等各种手段偷漏增值税、消费税和其他工商税;(二)违反国家税法规定,擅自包税、自行改变税率以及随意减免税和骗取出口退税;(三)钻新旧财会制度接轨的空子,乱挤乱摊成本,随意核销费用,擅自冲减资本金,截留国家收入,偷漏所得税;(四)侵占、截留应当上交中央或上一级财政收入,以及偷漏能源交通重点建设基金和预算调节基金;(五)违反国家规定的开支标准和用途,随意支用各项财政资金,或采取非法手段将预算内资金转为预算外资金,将国有资产转为集体或个人所有;(六)违反国家价格监审规定,随意提高居民基本生活必需品和服务价格,牟取暴利;(七)违反规定擅自提高棉花、化肥等农业生产资料价格以及公用事业、行政事业单位乱收费;(八)各地区、各部门认为需要检查的其他重点问题。

对于缓交、拖欠税款的问题,各地区、各部门也要认真清理,抓紧催收,限期交清。

六、处理原则。对查出的各种违反财经法纪问题,要严格按照国家有关财经法规和“自查从宽,被查从严,实事求是,宽严适度”的原则进行处理。自查出来的问题,可以酌情从宽处理;被查出来的问题,特别是屡查屡犯、明知故犯的问题,必须从严处理。对有严重违法违纪行为的单位负责人和直接责任人,除按规定给予经济处罚外,还必须给予必要的纪律处分;触犯刑律的,应移交司法机关依法惩处。各地区、各部门都应选择几个重大典型案件公开曝光,以震慑违法违纪者,教育广大干部群众。

无论是自查还是被查出来的违法违纪款项,该上交国库的一律上交国库。对于拒不交库的,由银行协助划拨扣缴。

开展1994年税收财务物价大检查的具体实施办法和政策规定,由财政部会同国家计委、国家税务总局等有关部门另行制定。

七、总结整改。各地区、各部门要针对大检查中发现的问题,提出改进和完善财经制度的意见和建议,积极推进财税改革,完善财经法规,加强管理,把检查与服务、治标与治本结合起来,以提高大检查的整体效果。

大检查工作结束后,各地区、各部门都要向国务院写出总结报告。

国家经贸委国家技术监督局联合发出《关于加强1994 年度棉花质量监督管理工作的通知》

国家经贸委、国家技术监督局日前联合发出《关于加强 1994 年度棉花质量监督管理工作的通知》。

《通知》指出，今年以来，全国棉花质量大幅度下降，棉花购销经营活动中违法犯罪活动十分猖獗。一些违法经营者趁棉花减产、供求矛盾突出之机，在棉花购销经营活动中采取虚高等级、混等混级、亏损重量、掺杂使假等手段，非法牟取暴利，给国家和企业造成重大经济损失，在群众中造成极坏的影响。

《通知》要求做好以下几项工作：

一、在前几年工作的基础上，继续向棉花生产省、毗邻地区和棉花质量问题较多的地区派驻棉花收购监督联络员，检查棉花国家标准执行情况，维持重点地区棉花收购秩序，防止棉花大战。

二、锯齿棉加工升级必须严格执行《棉花质量监督处罚暂行办法》的有关规定，不准擅自提高棉花等级，违反规定要严肃处理。

三、各级专业纤维检验机构要适时组织对入库储备棉的质量监督抽查和出库储备棉的质量监督检查。

四、新棉调拨供应工作开始后，各级纤检机构要全面加强工商交接棉花的监督检查，扩大监督检验覆盖面。

《通知》还要求，本年度末要组织年终大检查，严厉打击棉花收购中的不法行为。

国务院副总理邹家华在甘肃调研

9 月 17 日至 20 日，国务院副总理邹家华在参加兰新铁路复线全线铺通庆典之后，对甘肃省嘉峪关、酒泉、张掖、金昌、兰州等地市进行了考察。考察期间，他先后深入到酒泉钢铁公司、金川有色金属公司、兰州炼油化工总厂、兰州化学工业公司等国有大中型企业的矿山、车间，调查了解企业的生产经营、技术改造、产品销售等情况，慰问生产第一线的工人、干部和工程技术人员，并与企业和地方领导共商加快企业技术改造和地方经济发展的大计。

邹家华在听取甘肃省委、省政府关于经济工作的汇报后，对甘肃改革开放以来所取得的成就给予了充分肯定。邹家华说，甘肃十几年来的经济发展速度大体保持在 10%左右，基本实现了经济的持续、快速、稳定增长，这是一个了不起的成绩，符合中央持续、快速、健康发展的要求。健康的含意就包括协调、效益和稳定增长。目前，甘肃基本实现了粮食自给，工业生产和基础设施建设也取得了很大进展，民族团结，社会稳定，人民生活不断改善。这些成绩的取得，是甘肃省各级党委和政府正确执行中央的各项方针政策，带领全省各族人民团结奋斗的结果。他希望甘肃省认真贯彻执行中央的各项方针政策，继续保持经济的持续、快速、健康发展。

邹家华对老工业企业目前所遇到的困难非常关心。考察中他多次强调，几十年来，老企业对国家作出了重大贡献，对它们目前所面临的暂时困难，我们要采取积极的措施帮助解决。从各地的经验看，老企业要“返老还童、焕发青春”，一是要有一个好的领导班子；二是要有市场需要、适销对路的好产品；三是要围绕技术进步加强技术改造；四是要严格加强经营管理，苦练“内功”。提高企业的经济效益，要在节约挖潜、提高劳动生产率和降低成本上狠下功夫，不要把眼光盯在涨价上。邹家华还指出，企业从建成投产开始，就要年年抓技术改造，不能等企业破旧不堪了再来改造。

邹家华对甘肃省在自然条件比较困难的情况下，基本实现粮食自给的成绩给予了充分肯定。他说，甘肃发展农业的制约因素是水，省里有了一个比较好的关于水利建设的近期和远期发展规划，要坚持不懈地抓下去，务求抓出实效。国务院有关部门对一些重点和急需的水利工程，特别是关系到少数民族困难地区的水利工程更要给以必要优先的支持。在继续搞好水利建设的基础上，实现“三农”并举，即农业、农村经济、农民收入全面发展。光靠粮食还不够，要大力发展各种适合当地条件的种植业、养殖业和以农产品为原料的加工业。

在谈到物价问题时，邹家华要求甘肃省委、省政府一定要坚决贯彻落实李鹏总理在全国进一步加强物价管理工作电视电话会议上提出的十项措施，尽快把上涨过猛的物价，特别是关系到人民生活必需品的价格平抑下来，为进一步深化改革和促进经济健康发展创造一个良好的宏观环境。

邹家华还提出并希望甘肃省要充分开发旅游资源，发展旅游产业。

邹家华还强调，在发展经济的同时，各级党委、政府都要坚持两手抓、两手都要硬的方针，广泛开展爱国主义、集体主义、社会主义教育，把群众的积极性和创造力凝聚到建设有中国特色社会主义的伟大事业上来。

陪同考察的有甘肃省委书记阎海旺、省长张吾乐、副省长郭琨和国务院有关部门负责人叶青等。

国务委员陈俊生在全国治沙协调小组会上发表讲话

国务委员陈俊生日前强调，防治沙漠化工作始终是我国一项长期而艰巨的任务，今后各地要加强领导，增加投入，加大防治沙漠化工作力度；在防沙固沙的同时,各地应对沙区实行沙、水、田、林、路综合治理、综合开发,向沙漠要粮棉果油,向沙漠要肉蛋奶糖。

陈俊生强调,沙区生态条件虽然严酷,但有着丰富的自然资源。今后各地要在防沙固沙的同时,对沙区实行沙、水、田、林、路综合治理、综合开发,推动农、林、牧、水、工各业全面发展。在初步得到治理的地方,要因地制宜地开辟新的农田、林场、牧场、果园和鱼塘,建设生态经济型的多功能的沙漠绿洲,向沙漠要粮棉果油,向沙漠要肉蛋奶糖。

陈俊生说,我国23亿亩沙荒地中,有10亿亩可以开发利用,如果开发利用好了,将对缓解我国人多地少的矛盾,起到重要的战略作用。

9月18日

《人民日报》发表评论员文章《切实搞好财税物价大检查》

世界最高V形支撑八渡南盘江铁路桥开工

由铁道部十八局二处担负施工的世界最高V形支撑桥——八渡南盘江大桥日前正式开工。这座桥是国家"八五"重点工程南昆铁路重中之重的科研攻关项目。全长530.18米,高105米,最大跨度90米。

公安部作出《国家原子能机构核材料国际运输实物保护规定》

《规定》明确规定:经营核材料国际运输必须经国家主管部门批准,并实行许可证制度,任何未经国家主管部门批准的单位、个人不得拥有、转让、运输核材料;未经我国政府主管部门批准,不得从我国过境、运输核材料;未经合法授权,收受、拥有、转移、更换、处理核材料的都将追究法律责任;盗窃、抢劫核材料,以及用欺骗、敲诈等手段获取核材料的都是犯罪行为,要依法惩处。

《规定》还就核材料运输的管理机构、职责、管理办法、保护级别和措施、法律责任作了详细规定。规定自1994年9月15日施行。

9月19日

国务院总理李鹏同斐济总理西蒂维尼·兰布卡在人民大会堂进行会谈

在谈到双边关系时,李鹏说,斐济是南太平洋岛国中与中国建交最早的国家。中斐建交20年来,两国关系得到了良好的发展,经贸合作也取得了不少实际成果,中方对此感到高兴。中斐两国虽然人口、幅员有很大差异,但我们两国共同点很多,具有发展友好合作的良好条件和基础。中斐都是发展中国家,面临着发展本国经济提高人民生活水平的相同任务,都需要维护国家稳定和团结,以便致力于经济建设。中斐同处于政治相对稳定、经济增长最快、区域合作潜力巨大的亚太地区,维护本地区的和平与稳定、加强互利合作不仅符合中斐两国人民的利益,也有利于本地区的和平与繁荣。

李鹏说,中斐两国的经贸合作有良好的基础,发展前景也是很好的,中方愿同斐方一道,在互相尊重、友好信任、平等互利的基础上把两国关系不断推向新的水平。关于南太平洋地区形势,李鹏表示:"南太平洋是亚太地区的一个重要组成部分。近年来,南太各国政局相对稳定,该地区一些有争议的问题也出现了通过协商谋求解决的积极势头,我们对此感到高兴。"李鹏说,中国作为一个亚太国家,同南太以及其他亚太国家发展长期稳定的睦邻友好关系的方针不会改变。中国真诚希望南太地区继续保持稳定,支持南太国家为维护主权和领土完整所做的努力,支持南太各国关于发展本地区经济、加强区域合作的积极主张。中国将一如既往,为发展同南太国家的友好合作关系,为维护亚太和世界的和平与稳定,作出自己的努力和贡献。

兰布卡说,中国经济增长很快,人民生活不断提高,他作为斐济总理第一次访华,带来负责经贸事务的内阁成员,目的在于拓展两国的经贸合作领域。

参加会谈的斐方人员有斐济财政和经济发展部长乌尼博博和商业、工业、贸易和企业部长阿考伊。中方参加会谈的有中国政府陪同团团长、邮电部副部长杨贤足、外交部副部长刘华秋、中国驻斐济大使侯清儒。

全国人大常委会委员长乔石在人民大会堂会见由议长莫斯·佩纳尼·嘉滕德劳率领的纳米比亚国民议会代表团

国务院宗教局全国政协宗教委员会在北京举行宗教界人士座谈会

全国政协副主席赵朴初主持了会议。他说,45年来,随着我国政治经济文化的不断发展,我国各宗教也不断作出有利于人民和宗教本身的改革,不断为社会作出积极贡献。展望未来,宗教界将与全国人民一道,在中国共产党的领导下,为建设有中国特色的社会主义作出更大贡献。

国务院宗教事务局局长张声作在会上讲了话。他说,45年来,我国的宗教工作取得了很大成就。特别是党的十一届三中全会以后,宗教信仰自由政策得到了全面正确地贯彻,宗教工作进一步得到全党和全社会的关心、重视，各方面取得了可喜的进展。当前，我国的经济体制改革已经进入建立社会主义市场经济体制的全局性整体推进新阶段，对中国宗教界来说，这既是一种挑战，更是一种机遇。相信我国宗教界将继续高举爱国主义旗帜，团结广大信教群众，发挥自身优势，不断适应社会主义社会的发展，为祖国建设、社会安定再立新功。

中国和平统一促进会庆祝成立六周年暨“中国和平统一”征文颁奖会在北京举行

国务院在北京召开全国水利工作会议

陈俊生指出，当前和今后一个很长时期，水利建设，特别是防洪建设面临的任务十分艰巨。加强水利建设是各级政府的重要职责，各级政府要明确任务，层层落实责任，要把水利建设作为各级政府政绩考核的重要内容。对不重视水利建设而给当地经济和社会发展造成严重后果的，要追究领导责任。他强调，今、明两年和“九五”期间，中央将加大水利投入的力度。各省、自治区、直辖市更要增加投入，宁肯少上几个其他项目，特别是楼堂馆所项目，也要把水利建设搞上去。

国家副主席荣毅仁在人民大会堂会见美国达利公司董事长里奥·达利

中国核工业总公司总经理蒋心雄在国际原子能机构第38届大会上发言

19日至23日，国际原子能机构第三十八届大会在维也纳举行。中国代表团团员、中国核工业总公司总经理蒋心雄在大会上发言指出，中国政府一贯主张全面禁止和彻底销毁核武器，不主张、不鼓励、不从事核武器扩散，不帮助他国发展核武器。防止核扩散与促进核能和平利用相辅相成，两者既相互促进，又相互影响，但不能相互取代。防止核扩散不能无视成员国特别是广大发展中国家对和平利用核能的正当权益与要求。

中美关于中国复关问题第10轮双边磋商在日内瓦举行

庆祝人民政协成立45周年书画展在中国革命博物馆开幕

这次书画展共展出历届政协部分委员的150余幅书画作品。其中包括郭沫若、徐悲鸿、陈半丁、傅抱石、沈尹默、丰子恺、蒋兆和、刘海粟、启功、董寿平、黎雄才、梁黄胄、李苦禅、李可染、吴冠中、程十发、吴作人等许多名家的作品。

9月20日

国家主席江泽民在中南海会见斐济总理西蒂维尼·兰布卡

国家主席江泽民在中南海会见纳米比亚国民议会议长莫斯·佩纳尼·奇滕德劳

国务院召开第25次常务会议

国务院总理李鹏主持会议，讨论并原则通过《中华人民共和国出版法(草案)》和《中华人民共和国监狱法(草案)》。

会议讨论认为，为了发展和繁荣有中国特色社会主义的出版事业，保障公民依法行使出版自由的权利，促进社会主义物质文明和精神文明建设，需要根据《宪法》，制定《中华人民共和国出版法》。这部法律草案共分七章五十六条，对出版事业的发展、保障公民依法行使出版自由的权利、出版单位的设立与管理、出版物的出版、出版物的印刷与复制和发行、保障与奖励、法律责任等作了规定。对《监狱法(草案)》，会议讨论认为，为了有效地执行刑罚，将罪犯改造成守法公民，预防和减少犯罪，根据《宪法》，制定《中华人民共和国监狱法》，是必要的。

会议确定，这两部法律草案经进一步修改后，将按照程序提请全国人大常委会审议。

《人民日报》发表社论《加强民族团结促进共同繁荣——纪念民族区域自治法颁布实施十周年》

《中华人民共和国民族区域自治法》于1984年5月31日经第六届全国人大二次会议通过，1984年10月1日起施行，已经10周年了。10年的实践证明，《民族区域自治法》对维护祖国统一、增强民族团结、促进民族地区发展起了重大作用，得到各族人民的衷心拥护。

民族区域自治是我们党和国家处理我国民族问题的基本政策，是我们党把马克思主义民族理论同我国具体情况相结合的成功创举。它作为我国的一项基本政治制度，早就载入《中国人民政治协商会议共同纲领》和《中华人民共和国宪法》，并且付诸实施。经过40多年的实践证明，实行民族区域自治，有利于建立和发展平等、团结、互助的社会主义民族关系，既能保障各少数民族在自己的聚居区内行使当家作主的权利，又能保障国家的统一和民族的团结，是适合我国国情的具有极大优越性的好政策、好制度。这样的好政策、好制度，需要以法律的形式固定下来。《民族区域自治法》正是根据《宪法》关于民族区域自治的基本原则和规定，在总结历史经验的基础上制订出来的。

以《民族区域自治法》的颁布实施为标志，我国实行民族区域自治制度进入了法制化的新阶段。10年来，从中央到地方，各级党委、人大、政府以及国家机关各部门对《民族区域自治法》的贯彻实施十分重视，做了大量工作，取得了显著的成绩。《民族区域自治法》颁布以来，全国新建自治县47个，占民族自治地方总数的1/3。现在全国共有5个自治区、30个自治州、122个自治县，共计157个民族自治地方，面积约占全国总面积的64.3%，实行自治的少数民族人口约占全国少数民族总人口的75%，全国有44个少数民族实行了民族区域自治。多年来，国家增加了对民族自治地方资金的投入，采取了多项优惠政策和措施，民族自治地方加快改革开放的步伐，经济有了较快发展，其他各项事业也都取得了很大的成绩。各民族自治地方依据民族区域自治法，从本地区的政治、经济、文化的实际和特点出发，制定了一批自治条例、单行条例和地方性法规。我国民族法律体系的框架已初步建立起来。《民族区域自治法》的贯彻实施，不但对民族自治地方各项事业的发展发挥了重大作用，而且对我国整个改革开放和社会主义现代化事业都产生了积极的推动作用。当今世界上许多国家和地区民族矛盾加剧，社会动荡不安，而我国却能保持长期的稳定，经济迅速发展，这与我国贯彻执行了自治法等一系列民族政策和法律，平等、团结、互助的社会主义民族关系不断得到巩固和发展，有十分重要的关系。正如江泽民同志在谈到民族区域自治时所指出的："经过几十年的考验，证明了这项制度是适合我国国情的，具有强大的生命力。"

加强民族团结，发展社会主义新型民族关系，对于建设有中国特色的社会主义具有非常重要的意义。各级领导干部要以纪念《民族区域自治法》颁布实施10周年为契机，进一步提高对民族区域自治的重大意义的认识，增强贯彻党和国家的民族政策、民族法律和国家各项法律的自觉性。民族工作在我国始终是一件大事，它关系到国家的统一、社会的稳定、经济的发展、边防的巩固、全民素质的提高，也关系到挫败国际敌对势力的图谋，必须高度重视，抓紧抓好。要把学习、宣传、贯彻《民族区域自治法》作为全民普法教育的重要内容，坚持不懈地开展党的民族政策和民族团结的教育，使执行民族法律和民族政策、维护民族团结成为广大干部群众的自觉行动。

在民族自治地方进一步贯彻《民族区域自治法》，最重要的是要团结和组织各族人民努力把经济搞上去。当前从多数民族地区看，经济有了很大发展，但总体上仍然比较落后；群众生活有了很大改善，但仍然比较困难。民族地区的各项工作任务都应当放到发展经济、改善生活的过程中去完成。民族地区大多具有地广人稀，资源丰富的显著特征。把资源开发作为民族地区经济发展的战略方向，尽快使资源优势转化为现实的经济优势，是实现民族地区经济振兴的有效途径。

毛泽东同志早就指出："国家的统一，人民的团结，国内各民族的团结，这是我们的事业必定要胜利的基本保证。"当前，全国各族人民在邓小平同志建设有中国特色社会主义理论和党的基本路线指引下，在以江泽民同志为核心的党中央领导下，正在为实现社会主义现代化建设的宏伟目标而努力奋斗。更好地贯彻《民族区域自治法》，更好地贯彻党和国家的各项民族法律和民族政策，一定能够为建设有中国特色社会主义的伟大事业提供更切实的保证，提供更强大的动力。

全国人大民委中宣部统战部国家民委司法部全国政协民委中国法学会联合召开纪念《中华人民共和国民族区域自治法》颁布实施十周年座谈会

田纪云、王汉斌、任建新、布赫、司马义·艾买提、阿沛·阿旺晋美，以及廖汉生等出席了今天的座谈会。

全国人大常委会副委员长布赫在座谈会上发表讲话。他说，几十年的实践证明，民族区域自治是适合中国国情，具有中国特色的解决民族问题的正确制度。1984年颁布实施的《民族区域自治法》是在总结几十年实施民族区域自治制度经验的基础上制定的，它不仅维护了国家的整体利益，而且保障了少数民族管理本民族内部事务权利的精神和坚持民族平等、民族团结和各民族共同繁荣的原则。

座谈会由全国人大民委主任委员王朝文主持。国家民委副主任江家福、司法部副部长王巨禄、全国政协民委主任金鉴、中国法学会会长邹瑜分别在座谈会上发言。

出席座谈会的还有中共中央、全国人大、国务院、全国政协、最高人民法院、最高人民检察院、各有关部门及北京市的负责同志以及长期从事民族工作的老同志、专家、学者。

宝钢三期工程第一大项目——宝钢三号高炉投产

我国自行设计、自行安装的宝钢三号高炉，是我国目前容积最大、技术最新、现代化程度最高的高炉，它的建成，标志着我国大型高炉的设计、设备、制造和建筑安装，达到了世界先进水平。

新华社香港分社社长周南在香港就《中英联合声明》草签10周年发表讲话

周南说，香港的前途寄托于强大的祖国，寄托于港人的自强不息。不管出现什么情况，中方都将坚定不移地按照《联合声明》和《基本法》办事，“一国两制”必定能够实现。

1984 年 9 月 26 日，中英双方就香港问题达成全面协议。周南和前英国驻华大使伊文思代表各自政府草签了《中华人民共和国政府和大不列颠及北爱尔兰联合王国政府关于香港问题的联合声明》及其三个附件。

周南在回顾了中英关于香港问题谈判的过程后说，经过整整两年的时间，在邓小平同志“一国两制”伟大构想的指引下，中英双方本着互谅互让的精神，经过艰苦的努力，终于就香港问题达成了协议。联合声明庄严地宣布：中国政府“决定于 1997 年 7 月 1 日对香港恢复行使主权”。声明还宣布了中国 1997 年后将在香港实施的“一国两制”的方针政策，规定了中英双方在过渡时期中应密切合作，以实现平稳过渡。

周南说，《联合声明》公布后，受到世界普遍欢迎和高度评价。当时的联合国秘书长赞扬声明“为其他国家树立了一个成功解决困难国际问题的榜样”。英国朝野上下称赞声明是“最好的协议”。英国前首相撒切尔夫人也表示：“中国领导人提出的‘一个国家，两种制度’的概念是富有想象力的。”英国前外相贺维在英国国会称：“如果不是中国政府的富有远见的和现实主义的态度，是不可能达成这个协议的。”包括香港同胞在内的全国人民更是感到十分欢欣鼓舞，认为这是中国政府按照我国改革开放总设计师邓小平的伟大构想，解决历史遗留问题的一个成功的范例。

周南说，在《联合声明》正式签署后的过渡期的前半段，声明履行的情况大体上是好的。中英在许多重大、复杂的问题上都保持了磋商与合作的关系，中英联合联络小组和中英联合土地委员会的工作，也取得了不少重要的成果。

周南指出，人们期望中英双方都能信守联合声明，在过渡时期始终保持密切的合作关系。但是令人遗憾的是，近几年来，特别是 1992 年以来，英方错误地估计了形势，改变了对华政策，从《联合声明》的立场倒退。他们不同中方协商，也不顾中方多次劝告和广大港人的反对，执意推行其“三违反”的“政改方案”，为香港的平稳过渡设置了人为的障碍。

周南强调，这些并不能动摇和改变中方恪守联合声明的决心。第八届全国人大常委会第九次会议通过决定：按照英方“三违反”方案产生的三级政制架构将于 1997 年 6 月 30 日终止，香港特别行政区三级架构将按照基本法和人大有关决定另行组建，并授权特区筹委会进行特区首届立法会的筹组工作。这就再次显示出中方决心排除一切障碍，维护《联合声明》的坚定意志。

国家副主席荣毅仁在人民大会堂会见由《格拉茨小报》主编弗里茨·乔克利希率领的奥地利新闻代表团

外交部部长钱其琛在钓鱼台国宾馆会见阿曼外交次大臣海赛姆·赛义德

中国常驻维也纳联合国代表陈士球大使代表中国政府在《核安全公约》上签字

国家教委发出关于进一步做好学校收费工作的通知

为认真贯彻落实党中央、国务院抑制通货膨胀，稳定物价的重要决定，采取切实有效的措施，尽快缓解物价上涨过猛的势头，保证学校教学工作和生活的正常秩序，为改革开放和经济发展创造一个更好的客观环境，现对进一步做好学校收费工作通知如下：

一、各省、自治区、直辖市教育行政部门、中央部委教育主管部门及各级各类学校，必须从全国改革开放和现代化建设的大局出发，按照党中央、国务院的部署，统一认识、统一行动，严格执行国务院、国家计委、财政部、国家教委及地方政府有关学校收费工作的有关规定，要把加强对学校收费工作的管理和监督，作为当前的一项大事抓紧抓实抓好。

二、学校收费项目和标准的确定，必须严格按规定审批权限进行，不得层层下放，不得超越权限自立收费项目和提高收费标准。学校主管部门应按国发[1994]16 号文件的规定，自觉接受物价部门对学杂费的监控。对于国家教委公布取消的 31 项中小学收费项目，不得自行突破。下半年各地各部门不得再出台新的学校收费项目。

三、严禁学校向学生乱摊派、乱集资，也不得向学生强行推销各类商品和搭配推销国家规定之外的书籍。对于社会向学校的各种乱摊派，教育行政主管部门应支持学校予以抵制，更不能转嫁到学生头上。要严格控制学校代收费用项目，除学生生活学习必需者外，不得替校外单位代为办理其他收费。

四、要严格执行国办发[1993]66 号文件中的有关规定，不得把捐资助学同录取学生挂钩，坚决杜绝以钱买分、以钱买学籍、以钱选择公办学校和重点学校的错误做法。

五、学校收费应由学校财务部门统一收取或由财务部门委托基层单位代收，并开具财政部门统一印制的行政事业性收款收据，所收费用由财务部门按照“收支两条线”的原则，进行核算管理，不得自收自支和私设“小金库”。

六、高等学校的各类内部收费项目和标准，必须按规定报批，必须实行严格的成本核算，不得随意提高，特别是涉及学生吃、住等基本价格，必须保持基本稳定，并特别注意解决好困难学生的生活问题。

七、要加强社会和群众对学校收费的监督，提高收费工作的透明度。各级各类学校的收费项目和标准，应及时公布于众，接受监督。中小学收费应建立收费卡制度，以接受群众监督。

八、各省、自治区、直辖市教育行政部门和中央部委教育主管部门应在开学前后，组织一次对所属学校的收费工作的检查，对违反有关规定，巧立名目向学生乱收费的学校和部门除退还全部乱收款项外，还应追究经办人员和有关负责人的行政或法律责任。我委将在10月份对各地学校收费工作的情况组织一次检查，对违反规定者，将视情况予以通报或处理。

中央“心连心”艺术团赴宁夏慰问演出总结大会在北京召开

中共中央政治局常委、全国政协主席李瑞环到会，向参加艺术团演出的全体成员表示衷心感谢，对这次演出取得圆满成功表示热烈的祝贺。

全国政协副主席、中央统战部部长王兆国主持总结大会。中央统战部副部长、“心连心”宁夏艺术团团长刘延东汇报了赴宁夏演出的情况。艺术团成员、中央电视台的李扬，北京铁路建筑文工团刘全和，总政歌舞团熊卿才先后发言，介绍了他们深入民族地区为群众演出的体会和感受。

李瑞环在与艺术团成员座谈时指出，我国是个多民族的国家，加强民族间的团结，保持社会的稳定，实现各民族的共同富裕，有着十分重要的意义。党中央、国务院和全国人民历来重视和关心少数民族地区的进步和发展，不断采取各种措施和政策，努力提高少数民族群众的物质和文化生活水平。他说，中央“心连心”艺术团的慰问演出活动非常成功，受到了各族群众的欢迎，对于加强各民族的团结和进步，起到了很大的促进作用。

李瑞环说，艺术团的同志们不怕艰苦，克服各种困难，深入民族地区演出，体现出一种无私奉献的精神，与社会上出现的拜金主义、享乐主义和极端个人主义的现象形成了鲜明的对照。对这种无私奉献的精神，我们要大力弘扬，给予充分的肯定和鼓励。他希望中央“心连心”艺术团能长期坚持下去，不断到民族地区进行慰问演出，为促进民族团结和社会稳定做出新的贡献。

国务委员司马义·艾买提以及刘忠德、李克强等有关部门负责人出席总结大会。

中国环境与发展国际合作委员会第三次会议在北京开幕

国务院副总理兼外交部长钱其琛在发言中指出，要处理好人类面临的机遇和挑战，让世界充满希望地跨入21世纪，国际社会唯有进行广泛有效的合作才是明智的选择。环境与发展正是需要也最能够体现这种合作精神的领域之一。

钱其琛说，中国人民在主要依靠自己的力量走持续发展之路的同时，也真诚地主张并积极地参与这方面的合作。他认为，国际环境与发展合作的当务之急，可从以下三个方面做起，尽快建立“新的全球伙伴关系”。

一是希望各国特别是发达国家立即行动起来，采取有效措施和实际步骤，在提供新的资金和技术转让等关键领域，落实环发大会的决定，这样才能取信于世界人民。二是不论从历史责任还是从现有能力来看，发达国家在保护环境方面多做一些事情都是理所当然的。多年来发展中国家在许多国际环保公约和协议中承担了大量的义务，现在发达国家也应该拿出相应的行动。三是国际社会应该携起手来，本着平等合作的伙伴精神，抵制以保护环境为理由对发展中国家的产业和产品提出不切实际的标准和要求，损害广大发展中国家经济发展的有害倾向。

9月21日

全国政协在人民大会堂举行座谈会庆祝中国人民政治协商会议成立45周年

中共中央政治局常委、全国政协主席李瑞环在讲话中说，人民政协是我国社会主义民主政治建设的一大创造、一大特色。我们要认真研究、努力保持人民政协的这些特点和优势，并使之发挥更大作用。

全国政协副主席叶选平主持会议。国家副主席荣毅仁以及薄一波等领导出席座谈会。

刘澜涛、王光英、杨拯民、薄一波、钱伟长、荣毅仁先后发言，回顾人民政协45年走过的光辉历程。薄一波在发言中指出，人民政协在新中国的建立、巩固和发展中作出了重大的贡献。今后，人民代表大会制度和共产党领导的多党合作与政治协商制度，不仅要坚持，而且要进一步完善和发展。

李瑞环在讲话中首先代表中共中央、代表政协第八届全国委员会，向全国政协历届领导人，向一切关心、支持人民政协事业的同志和朋友，表示崇高的敬意和衷心的感谢！他在回顾了45年来人民政协走过的光辉道路和创造的辉煌业绩后指出，人民政协已植根于中国的土壤，融汇于振兴中华的宏伟事业之中，显示出强大的生命力和远大的前程。

李瑞环说，实践证明，人民政协在社会主义民主政治建设中具有显著的特点和优势。由于它的委员按界别协商产生，并以界别为单位开展活动，具有组织上最广泛的代表性和政治上最大限度的包容性，因而充分体现了全体社会主义劳动者、拥护社会主义的爱国者和拥护祖国统一的爱国者的大团结、大联合。由于它的主要职能是政治协商、民主监督和参政议政，能够经常参与中央和地方的高层次活动和重大问题的研究与决策，加上它具有智力雄厚、位置超脱、下通各界、上达中央的条件，可以深入研究一些宏观的问题，提出有分量的意见和建议，因而在全国各族人民中享有很高的威信。由于它的工作方式主要是讨论协商，是出主意想办法，提意见做批评，又由于它坚持求同存异的原则，使各方面人士能够平等交流、畅所欲言，因而可以做到既尊重多数人的共同意愿，又照顾少数人的合理要求。人民政协是我国社会主义民主政治建设的一大创造、一大特色。它既不同于人民代表大会，也不同于政党和其他社会团体，更不同于国外的议会组织。我们要认真研究、努力保持人民政协的这些特点和优势，并使之发挥更大作用。

李瑞环指出，今天我们纪念人民政协成立45周年，缅怀前辈的光辉业绩，就是要把人民政协积累的丰富经验、形成的优良传统接过来，传下去。关于人民政协的性质、地位、职能和工作方式等重大问题，毛泽东、周恩来、邓小平等老一辈领导人和以江泽民同志为核心的中共中央第三代领导集体，都有过精辟的论述，我国宪法、中共中央有关文件、政协章程，都有着明确的规定。这是马克思主义统一战线学说与中国实际相结合的产物，是人民政协实践经验的科学总结。纪念政协成立45周年，搞好今后政协的工作，就是要把这些论述和规定学习好，宣传好，贯彻好。

李瑞环最后强调，我们要在邓小平同志建设有中国特色社会主义理论的指引下，在以江泽民同志为核心的中共中央领导下，同心同德，再接再厉，为把人民政协工作推向新的阶段而努力奋斗。

出席座谈会的还有八届全国政协副主席吴学谦、杨汝岱、王兆国、阿沛·阿旺晋美、赛福鼎·艾则孜、胡绳、钱正英、丁光训、朱光亚、万国权，秘书长朱训；一至七届全国政协副主席、秘书长彭冲、王首道、杨成武、吕正操、费孝通、雷洁琼、汪锋、谷牧、卢嘉锡、司马义·艾买提、平杰三、彭友今、周绍铮；各民主党派、全国工商联负责人彭清源、丁石孙、冯梯云、陈舜礼、陆榕树、蔡子民、张克辉、蒋民宽、张绪武；部分一届政协代表严济慈、李文宜、叶笃义、田富达、资耀华、廖运周、葛志成、陈修和；八届全国政协副秘书长朱作霖、赵伟之、张治、卢之超、范康、吴修平、郑万通、陈进玉、周干峙、李赣骝、朱元成、宋金升、罗豪才、陈益群、潘渊静等。

国家行政学院在北京成立

以培训高、中级国家公务员为主要任务的国家行政学院在北京正式成立。中共中央总书记、国家主席江泽民，国务院总理李鹏，全国人大常委会委员长乔石，中央军委副主席刘华清等分别题词表示祝贺。

江泽民的题词是：永做人民公仆。李鹏的题词是：培养以为人民服务为宗旨的、适应社会主义市场经济需要的、精干高效的国家公务员队伍。乔石的题词是：立足国情、面向实际、放眼世界、开放办学，把国家行政学院建成具有中国特色的国家公务员培训基地。刘华清的题词是：为社会主义现代化事业培养优秀管理人才。

李鹏还为国家行政学院题写校名。邹家华、钱其琛、李岚清也分别题词。

李鹏、李岚清、李贵鲜、罗干等下午出席在中南海举行的国家行政学院成立大会。李鹏在讲话中说，国家行政学院是适应我国现代化建设和建立社会主义市场经济体制的要求组建的，是改革开放的产物，也是党中央、国务院为配合干部人事制度改革和推行国家公务员制度的一项重要举措。因此，国家行政学院的成立是一件具有深远意义的大事。他说，国家行政学院将主要担负高、中级国家公务员的培训任务，是培养现代行政管理人才的重要基地，对于提高国家公务员的素质、造就一支以为人民服务为宗旨的、适应社会主义市场经济需要的、廉洁高效的国家公务员队伍，有着十分重要的地位和作用。

李鹏指出，目前，我国社会主义现代化建设已进入了新的时期。在党的十四大和邓小平同志重要谈话精神指引下，国内政治稳定、经济发展、社会进步、民族团结，国际形势也为我们提供了加快发展的机遇。在这种形势下，政府工作还面临着许多新情况、新课题，有不少复杂的问题需要认真研究解决。现在，各级公务员迫切需要学习，需要培训，以增强在新的环境和条件下处理政府事务的知识和能力。国家行政学院应当在这项关系政权建设的基础性工程中发挥应有的作用。

李鹏说，要完成这一光荣而艰巨的任务，就要坚持以邓小平同志建设有中国特色社会主义理论为主线，围绕建立社会主义市场经济体制，重点开展经济管理、行政管理、领导方法和法制建设等方面的教学。各项教学活动都把理论原则同实际应用有机地结合起来，开拓创新、注重实效，实行开放办学，办出自己的特色。

李鹏说，要十分重视建立一支专兼结合以兼为主、德才兼备的教师队伍，还可以请有关部委的负责同志来讲课，这不仅是对学院的支持，而且对于各部门的同志也是一个系统总结工作经验的机会。要在政治上、生活上、工作上多给教师们关心、爱护和支持，要树立尊师重教的良好风尚。

学院的机构和人员配备要精干，后勤服务工作要尽量采取社会化管理的办法。

李鹏说，要搞好高中级公务员的培训，特别要注意选一些年轻、优秀的中层干部来校深造。学院同时还应选拔一些优秀的大学毕业生，采取在学院学习与到县以下政府机关挂职锻炼相结合的办法，为政府机关培养业务骨干和后备力量。学院不仅要培训人才，还要发现人才，推荐人才。

李鹏强调，办好国家行政学院是一项崭新的事业，需要不断地进行探索和创造。要很好地继承和发扬我们党长期积累的培养教育干部的成功经验和优良传统，根据新的形势和任务大胆地开拓创新，并借鉴国外有益经验，在实践中闯出一条有中国特色的国家公务员培训的路子。

国务委员、国家行政学院院长李贵鲜和中央党政有关部门、北京市负责人也在成立大会上讲话。

全国水利工作会议在北京闭幕

国务院副总理朱镕基主持会议。

国务院总理李鹏在闭幕会上讲话。

李鹏强调指出，我国水资源紧缺，降雨量在不同的地区与季节很不均匀，水旱灾害频繁，我们要根据这个国情，加强水患意识，进一步增强水利建设的紧迫感。

李鹏在讲话中说，这几年各级政府在水利方面作了许多工作，但实践说明我们对水利作为基础设施和基础产业的地位和作用，对加强水利建设的重要性和紧迫性的认识还不够，措施还不够得力。各级领导一定要保持清醒的头脑，不能有丝毫的麻痹侥幸心理。要把加快江河湖泊及小流域的治理，在今年、明年和“九五”期间的建设中充分体现出来。

在谈到今后一个时期水利建设的任务时，李鹏指出，从全国范围来看，90 年代要加快大江大河大湖的治理，在水利基础设施建设方面办成几件大事。要兴修一批防洪、发电、蓄水、引水的大型骨干工程，加强堤防和防洪排涝工程建设，广泛开展农田水利基本建设。要加快水土保持和流域的治理，加快城市防洪建设，采取积极措施缓解许多城市与地区的缺水问题。

李鹏说，根据洪水发生的周期性规律，我国大江大河发生大洪水的趋势严峻。我国七大江河的中下游，人口占全国的 1/2，耕地占全国的 1/3，经济发达，国民经济产值在全国举足轻重。搞好大江大河的防洪，对于国家经济和社会发展意义十分重大。长江三峡水利枢纽工程进入了施工准备阶段，黄河小浪底水利枢纽工程已正式开工建设，这是治理长江和黄河有决定意义的功在当代、利在千秋的伟大工程，必须集中全力把这两件大事办好。他指出，必须看到，这些工程的工期比较长，丝毫不能放松在施工期内来大洪水的防范措施，而且建成后还必须有配套措施才能发挥综合效益，对其他大江大河大湖防洪工作也必须抓紧，首先使其尽快达到防御建国以来发生过的最大洪水标准，确保安全度汛。

李鹏强调，根治大江大河大湖是十分艰巨的历史性任务，需要经过几代人的坚持不懈的努力，综合治理才能实现。各级政府、各有关部门要有历史使命感，切实负起责任，尽最大的努力在 90 年代做出成绩，为下世纪水利建设打下坚实的基础。

李鹏强调，要加快城市防洪工程的建设。他说，解放以来，我国城市的防洪状况虽然有了较大改善，但防汛抗洪任务十分艰巨。凡有洪水威胁的城市必须设防，城市防洪必须列入城市总体规划，并把防洪设施的建设落到实处，在较短期内使城市防洪能力有较大提高。

李鹏指出，要认真抓好供水和节水工作。全国有不少城市与农村用水紧张，各级政府要科学制订水资源开发利用规划，合理利用水资源；要按照规划搞好供水水源工程建设；要加强水资源的管理；要结合我国的国情，吸取国外的先进技术，形成一整套节约用水与科学用水的办法，使水资源发挥最大的效益，李鹏强调，科学用水、节约用水是解决我国供水困难有效途径。

李鹏指出，要实现水利建设的各项目标，必须采取切实有效的措施，我们要加强领导，动员社会各方面的力量，加快水利事业的发展。

李鹏说，兴修水利，造福人民，是各级人民政府的重要职责。重视水利事业，加快大江大河大湖的治理，不仅是今年和明年的任务，也是今后长期的任务。各级政府都要把加强水利工作纳入重要议事日程，根据各地实际，把逐步改善和巩固水利基础设施状况列入政府的任期目标任务。在制订本地区国民经济和社会发展计划时，要制订水利基本建设规划，使水利基础设施建设在几年内有一个明显的改善。省长、市长要抓水利，关心水利工作。防汛抗旱要实行省长负责制，城市防洪要实行市长负责制。治水成败，首长有责，为官一任，要造福一方，为民治水，办好几件实事。

李鹏说，加快水利基础设施的建设，关键是增加对水利建设的投入。中央要增加投入，地方各级政府也要增加投入，同时要实行国家、地方、集体、社会多渠道筹集资金的机制。水利投资要贯彻“分级负责”的原则：中央投入主要用于大江大河大湖的治理；跨省、跨流域的工程由国家和地方共同负担；中小河流治理由地方负责；城市防洪工程主要由地方负责；重点水土流失区的治理，国家予以适当扶持；地方的水利工程，由地方和受益部门、单位共同投资兴建。

李鹏说，要依法治水，认真贯彻有关水利法律法规。在水资源的规划、调度、取水许可登记等方面要依法管理，不能各地各自为政。要适应社会主义市场经济体制的要求，运用法律手段来规范水事行为，管理水事活动。坚决纠正有法不依、执法不严的现象。制止不顾大局、为谋求本地区本部门利益而阻碍水资源管理的行为。各部门都要支持水的行政主管部门对水资源的管理。

李鹏指出，要发扬团结治水的精神。他说，搞好水利建设、治理江河的任务十分艰巨，涉及方方面面，要动员和组织千百万群众参加。要充分发挥社会主义制度的优越性和我们党的政治优势。顾全大局，团结治水，是防汛抗洪中的重要原则，也是进行水利建设的重要原则。各地都要在党委、政府的统一领导下，发扬团结治水的精神，抓住有利时机，在今冬明春掀起一个群众性水利建设的高潮。

李鹏最后强调，除水害、兴水利，是造福人民、荫及子孙的百年大计，千年大计，各级政府都要发扬自力更生，艰苦奋斗的精神，坚持不懈地把改造自然、造福人民的水利事业不断推向前进。

李岚清、温家宝、宋健、李贵鲜、陈俊生等领导出席会议。

水利部部长钮茂生在会上宣读水利部关于表彰全国水利先进单位的决定。决定授予北京、辽宁、江苏、山东、河南、广东、四川、陕西、甘肃等9个省的水利厅、局1994年度"全国水利先进单位"称号。李鹏、朱镕基等领导向他们颁发证书和奖状。

中国常驻联合国代表李肇星在联大驳斥所谓台湾"代表权"提案

李肇星大使在联大总务委员会上发言，严正驳斥少数国家再次提出的所谓台湾在联合国"代表权"问题提案的荒谬"论据"，坚决反对将议程草案第153项列入本届联大议程。

李肇星指出，将所谓"台湾代表权"问题列入联大议程的请求不是一个简单的、程序性问题，其实质是分裂中国，制造"两个中国""一中一台"和"一国两府"。

李肇星强调，台湾问题纯属中国内政，任何国家都无权干涉。以任何理由、任何方式提出台湾在联合国的"代表权"问题，都是严重侵犯中国主权、粗暴干涉中国内政的非法行径，理所当然地遭到中国政府和包括台湾人民在内的全体12亿中国人民的反对。

第49届联大决定不把台湾所谓"代表权"问题列入议程

中共中央书记处书记温家宝在钓鱼台国宾馆会见由秘书长兼政府新闻部部长拉赫马特率领的马来西亚国民阵线代表团

庆祝人民政协成立45周年《团结颂》文艺晚会在北京举行

国办转发《卫生部中国轻工总会关于〈中国2000年消除碘缺乏病规划纲要〉的通知》

9月22日

国务院总理李鹏在人民大会堂与波兰部长会议主席瓦尔德马尔·帕夫拉克举行会谈

李鹏说："中波两国虽相隔遥远，但双方的传统友谊不断发展。中国历来主张国与国之间的关系不应该以社会制度和意识形态的异同划线。我们尊重波兰人民对自己国家发展道路的选择。近年来，波兰和整个东欧发生了巨大变化，但中国政府一贯本着和平共处五项原则处理同东欧各国的关系，上述变化并没有影响中国同波兰和其他东欧国家发展关系。相反，在双方共同努力下，彼此的友好合作关系有了新的发展。"

帕夫拉克高度赞扬中国在国际事务中发挥的重要作用，并说中国一直是波兰最友好的国家之一。波兰现政府十分重视与中国发展全面的友好合作关系。

李鹏说，波兰是东欧和西欧的连接点，有着重要的地位和作用，希望波兰在维护欧洲的和平方面发挥积极作用。

在谈到经贸关系时，李鹏说："中国非常重视两国间的经贸合作，对近两年贸易额的回升感到高兴。现在，波兰的经济体制已发生很大变化，中国也在实行社会主义市场经济，十分重视市场在资源配置方面的基础作用。在这种情况下，双方需要开展多层次、多渠道的合作，特别是支持和鼓励两国企业之间直接接触，开展合作。总理阁下建议两国在能源等领域加强合作，对此，我表示赞同。"

在谈到国际形势时，李鹏说，多极化趋势加速发展，这对推进和平与发展事业有积极作用。但纵观国际局势，我们不难发现，各种新的矛盾和不稳定因素明显增加，南北差距进一步扩大，霸权主义和强权政治仍然存在，世界和平与发展面临严峻挑战。在此复杂多变的国际形势下，中波两国应加强磋商，为建立国际政治经济新秩序作出努力。帕夫拉克表示完全同意李鹏总理的观点。

帕夫拉克重申,波兰坚持一个中国的立场,认为中华人民共和国政府是中国的唯一合法政府,波方不与台湾建立官方关系或进行官方往来。李鹏对此表示赞赏。

双方还通报各自国内的情况。

全国总工会和国家经贸委提出《关于加强社会主义职业道德建设的意见》

《人民日报》发表评论员文章《重新认识水利的基础地位》

国务院总理李鹏在人民大会堂会见瑞士和瑞典合资的ABB公司总裁佩尔西·巴那维克

国务院副总理朱镕基在钓鱼台国宾馆同越南政府副总理潘文凯举行会谈

两位领导人介绍各自国家的经济发展情况,并探讨了进一步拓展两国经贸合作的方法和前景。

朱镕基说,中越两国目前都在集中精力发展经济、改善人民生活,都需要有一个和平的国际环境,都希望巩固和保持睦邻友好关系,这符合两国人民的根本利益,也有利于地区的和平和稳定。

朱镕基说,尽管两国之间还存在一些问题,但只要双方都能遵循两国领导人所达成的谅解,通过谈判是能解决存在的问题的。

朱镕基回顾双方落实两国领导人去年就发展经贸关系所达成的5点共识的情况。他说,他对落实这些共识所取得的可喜进展表示满意,也对进一步发展两国经贸合作关系的前景抱有充分信心。

两国领导人所达成的共识主要包括,互相开放市场,努力发展大宗贸易;共同加强边境管理,整顿边境贸易秩序;广开渠道,采取现汇、易货、转口三角以及补偿等多种贸易方式发展贸易;改善通商条件和鼓励双方企业进行各种形式的经济技术合作。

潘文凯说,越南政府十分重视发展与中国的友好关系,同中国保持稳定的友好合作关系是越南的长期政策。他认为,这符合越南人民的利益和愿望。潘文凯表示,越南政府将本着相互尊重、平等互利的精神与中国发展经贸关系。

中国政府与波兰政府在北京签署一系列合作文件

李鹏总理和波兰总理帕夫拉克及双方政府有关部门的负责人出席了签字仪式。

双方签署的五个合作文件有:《中华人民共和国政府与波兰共和国政府植物检疫协定》、《中华人民共和国建设部与波兰共和国国土规划与建设部合作协定书》、《中华人民共和国化工部和波兰共和国工商部合作协定》、《中国从波兰进口两台30万千瓦发电机组锅炉的意向书》、《中华人民共和国政府和波兰共和国政府文化和科学合作协定——1994年至1996年执行计划》。

中英联合联络小组第30次会议在北京发表新闻公报

中英联合联络小组第三十次会议于1994年9月20日至22日在北京举行。

联合联络小组讨论了与香港有关的国际权利与义务问题、香港民航协定问题、香港防务与治安问题、跨越1997年的专营权合约及有关问题、香港排污计划问题、香港与有关国家之间的投资保护协定、香港与有关国家之间的移交逃犯协定、香港同某些国家的刑事司法协助问题、香港与外国对等承认及执行民商事判决问题、法律本地化、法律适应化、终审法院问题、《联合声明》有关1997年后在香港居留权条款实施问题、互免签证协定、公务员问题、退休保障及社会福利问题。下次联合联络小组会议将在伦敦举行,其时间由双方另行商定。

外交部副部长田曾佩就日本政府允许台湾"行政院"副院长徐立德赴日本活动一事再次向日方提出严正交涉

外交部副部长田曾佩在北京会见日本驻华大使国广道彦,就日本政府不顾我一再反对,允许台"行政院副院长"徐立德借亚运会之机企图赴日本活动一事再次向日方提出严正交涉。

田曾佩表示,9月16日我曾奉命约见大使阁下,全面阐述了中国政府在这一问题上的严正立场。但是,日本政府置中方严正立场和多次交涉于不顾,继续维持允许徐立德赴日的决定,中方对此深表遗憾。

田曾佩指出,目前围绕广岛亚运会出现的麻烦不是中国方面造成的,而是台湾当局为突破中日邦交正常化以来达成的日台关系框架,在国际上制造"两个中国"或"一中一台"而精心策划的政治事件。李登辉赴日图谋失败后,台方又抬出徐立德,打着2002年亚运会申办委主任的幌子,企图挤进广岛。众所周知,亚奥理事会根本没有将2002年亚运会问题列入本届亚运会的议事日程,台湾当局的借口和日方的解释是站不住脚的。徐立德无论以什么身份去日本,也改变不了其所谓"行政院副院长"的官方身份和此行的政治意图。日本政府同意徐立德等台湾政要入境,明显违背了《中日联合声明》原则，并在国际上开创了一个恶劣的先例。中国政府和人民对此坚决反对。

田曾佩强调，台湾问题历来是涉及中日关系政治基础的重大原则问题。我们希望日方不折不扣地遵守中日联合声明原则，履行只与台湾维持民间和地区性往来，不进行任何官方接触的郑重承诺，不要作出失信于中国政府和中国人民的事。中日邦交正常化22年来的实践证明，遵守中日联合声明的原则，中日关系就会顺利发展，反之，中日关系就可能出现曲折。历史的经验我们应该铭记在心。

田曾佩最后表示，导致出现目前这样复杂的事态，日本政府负有不可推卸的责任。能否最终平稳解决目前的事态，避免中日关系倒退，完全取决于日方的态度。

外交部发言人陈健对第49届联大总务委员会关于台湾参与联合国的议题的处理发表评论

陈健说，9月21日，第四十九届联合国大会总务委员会再次断然拒绝了少数国家关于将所谓台湾在联合国"代表权"问题列入联大议程的提案。这充分表明，任何违反联合国宪章，违反联大有关决议和干涉一国内政的行径都必将遭到国际社会的反对。

陈健说，1971年联合国大会第2758号决议早已从政治、法律和程序上彻底解决了中国在联合国的代表权问题，台湾当局"重返联合国"的实质是搞"两个中国"，这种分裂中国的做法既不得人心，也是注定要失败的。

全国人大常委会委员长乔石在人民大会堂会见以前国防部部长唐纳德·拉姆斯菲尔德为团长的美国共和党人士代表团

全国政协主席李瑞环在北京会见中国环境与发展国际合作委员会第三次会议代表时发表讲话

李瑞环向为中国环境与发展事业献计献策的朋友们表示感谢。他说，近年来，中国的环境保护工作取得了很大的成绩，积累了丰富的经验。当然，在经济快速发展的过程中，环境保护方面也出现了许多问题和困难。为此，我们要搞好宣传教育，使广大干部群众高度重视环境保护工作，自觉爱惜人类赖以生存的地球；要采取经济手段，切实做到"谁污染谁倒霉"，而不是"谁污染谁得利"；要加强行政管理，利用法律、行政等强制性措施，严厉制止污染环境的各类现象；要运用先进的科学技术，借鉴国外的成功经验，解决环境保护方面的难题。

李瑞环说，环境保护问题是人类面临的共同问题，是一个国际性问题，必须通过国际合作来共同解决。为了全人类的共同利益，发达国家应积极推广环保方面的技术和经验，发展中国家应大力加强环境保护工作，避免再走先污染后治理的弯路。他强调指出，中国政府十分注意各国保护环境的先进经验，愿意开展环境领域的国际合作，特别重视"中国环境与发展国际合作委员会"的咨询作用，认真听取国内外专家的意见和建议。

解放军总政治部就贯彻中共中央印发的《爱国主义教育实施纲要》发出通知

解放军总政治部日前对贯彻中共中央印发的《爱国主义教育实施纲要》作出部署，要求全军各级党委和政治机关高度重视、结合实际、认真抓好落实。

第三次全国技术监督工作会议在北京闭幕

9月23日

国家主席江泽民在中南海会见波兰部长会议主席瓦尔德马尔·帕夫拉克

全国人大常委会委员长乔石在人民大会堂会见波兰部长会议主席瓦尔德马尔·帕夫拉克

中共中央书记处书记丁关根在北京召开的全国大中城市宣传部长研讨班上发表讲话

研讨会于8月25日开班，9月23日结业。丁关根在研讨会上指出，宣传思想战线要牢固树立大局观念，围绕大局，服务大局，兢兢业业，扎实工作，更好地为改革、发展、稳定提供舆论支持和思想保证。

在谈到这期研讨班的收获时，丁关根说，大家通过一个月的学习研讨，进一步提高了认识，统一了思想，明确了任务，增强了信心，交流了经验，研讨了问题，学到了办法，培训了干部，结交了朋友，增进了团结，为做好城市宣传思想工作打下了良好的基础。希望大家努力工作，积极发挥大中城市在宣传思想工作中的辐射作用、带动作用和示范作用。

丁关根强调，牢固树立大局观念，自觉和党中央保持一致，对做好宣传思想工作特别重要。抓住机遇，深化改革，扩大开放，促进发展，保持稳定，是全党的工作大局。这个大局，深刻反映了我国社会主义建设的客观规律，充分体现了我国各族人民的根本利益。宣传思想工作一定要从大局出发，为大局服务，在大局下行动，用大局来检验。胸中有大局，宣传思想工作才能找准位置，抓好大事，发挥优势，健康发展。

丁关根指出，宣传思想工作要坚持群众观点，全心全意为人民服务。要深入群众，深入生活，相信群众，依靠群众，虚心向群众学习，注意从群众中汲取智慧。要大力宣传和讴歌人民群众的生动实践和英雄业绩，反映他们的意愿，满足他们日益增长的精神文化需求，鼓舞人民群众积极投身改革和建设。要按照邓小平同志提出的以人民拥护不拥护、赞成不赞成、高兴不高兴、答应不答应作为我们做工作、办事情的衡量标准。

丁关根说，精神文明重在建设，是党的十四大强调的一个重要指导方针，要很好地贯彻到工作中去。重在建设，最重要最核心的是用邓小平同志建设有中国特色社会主义理论武装全党。宣传思想工作要牢牢抓住这个根本，高高举起这面旗帜，在全党全民族树立起这个精神支柱。重在建设要着眼于多出精品，多出人才。要学会经济建设抓重点工程的办法，抓好精神文明建设。要有目标，有重点，有载体，有阵地，有活动，有制度。每年都应办成几件群众欢迎、富有成效的事情。要坚持团结稳定鼓劲，正面宣传为主，大力弘扬主旋律，使我国社会生活中的光明、积极、健康的内容得到充分反映。

丁关根指出，经过党的十四大，经过全国宣传思想工作会议，宣传思想工作大政方针已定，关键是扎扎实实工作。宣传思想战线各级干部特别是领导干部，要增强工作责任心，兢兢业业、恪尽职守，极端认真、极端负责。要把党的理论路线方针政策同宣传思想工作的实际结合起来，把党关于宣传思想工作的方针原则同各地的具体情况结合起来，创造性地工作。他强调，宣传思想工作要坚持以邓小平同志建设有中国特色社会主义理论为根本指针，坚持党的基本路线，坚持解放思想、实事求是，坚持团结、稳定、鼓劲、务实，认真落实以科学理论武装人、以正确舆论引导人、以高尚精神塑造人、以优秀作品鼓舞人的任务。我们一定要在以江泽民同志为核心的党中央领导下，团结一心，勤奋工作，努力把宣传思想工作提高到新水平。

中央党校集会庆祝新疆民族干部班创办40周年

中央党校校长胡锦涛在庆祝大会上说，培养造就少数民族干部是我们党的民族政策和干部工作的重要组成部分。他要求各级党委进一步提高对这项工作的认识，加强对培训少数民族干部工作的领导，认真研究新形势下培养少数民族干部工作面临的新情况、新问题，总结新经验。各有关部门要在党委统一领导下，加强协作，互相配合，为培养少数民族干部解决实际问题，创造良好的条件。

国务院总理李鹏在人民大会堂会见出席亚太地区空间应用促进发展部长级会议的各国代表团团长和其他贵宾

国家主席江泽民在中南海会见由秘书长拉赫马特率领的马来西亚国民阵线代表团

国务院总理李鹏在人民大会堂会见越南政府副总理潘文凯就两国关系及如何进一步发展双边经贸合作深入地交换意见

国家主席江泽民根据全国人大常委会的决定任免驻外大使

一、免去王庆余的中华人民共和国驻荷兰王国特命全权大使职务。

任命吴建民为中华人民共和国驻荷兰王国特命全权大使。

二、免去陈健的中华人民共和国常驻联合国副代表、特命全权大使职务。

任命王学贤为中华人民共和国常驻联合国副代表、特命全权大使。

三、免去梁枫的中华人民共和国驻缅甸联邦特命全权大使职务。

任命陈宝鎏（女）为中华人民共和国驻缅甸联邦特命全权大使。

四、免去徐次农兼任的中华人民共和国驻利比里亚共和国特命全权大使职务。

任命谢志衡为中华人民共和国驻利比里亚共和国特命全权大使。

亚太地区空间应用促进发展部长级会议开幕

国务院副总理钱其琛在今天开幕的亚太地区空间应用促进发展部长级会议上发表重要讲话。

钱其琛在开幕词中指出，世界空间应用技术在短短的20多年内取得迅速发展，中国历来十分重视空间事业的发展和空间技术的应用。70年代以来，我国空间技术已在通信、广播、国土规划、土地管理、环境监测等方面得到广泛应用。中国政府目前正在制定“中国空间应用促进可持续发展行动计划”。中国将一如既往地积极支持和参与亚太空间应用领域的合作，为本地区的持续发展和共同繁荣做出应有的贡献。

这次部长级会议是联合国亚太经济社会委员会在各大区域内召开的首次这类会议。国务委员兼国家科委主任宋健当选为大会主席，会议宣读联合国秘书长加利给大会的致辞。

约500人出席大会，他们分别来自亚太地区35个成员国（地区），欧美一些国家和国际组织的代表也出席了大会。

出席国际原子能机构第 38 届大会的中国代表中国常驻维也纳联合国代表陈士球大使在大会讨论朝鲜核问题时发表讲话

陈士球指出，中国希望直接有关各方本着诚意、合作和谅解的精神，顾全大局，通过耐心而务实的谈判、对话和磋商，以尽早全面、公正、妥善地解决这一问题。

陈士球说，国际原子能机构总干事的报告客观地阐述了 1 年来围绕朝鲜核问题所发生的一系列事情。从中可以看出，“形势的发展是曲折的，遇到过困难和危机，也出现过转机和化险为夷的时刻。”但就总体和趋势来看，特别是从今年 6 月理事会以来的情况来看，“积极的因素和进展是主流，趋势看好”。联合国秘书长加利在本届大会开幕时的致辞中对朝鲜核问题的积极进展也作了肯定的评价。

陈士球认为，今年 8 月以来，有关双边谈判取得的进展、国际原子能机构在朝鲜视察活动的进行以及视察范围获准扩大的事实，应该被看作是具有实质意义的重要变化，尽管这些变化和进展距离问题的解决可能还有很长的路程，但它毕竟标志着朝鲜核问题进入了一个新的阶段，出现了一个良好的势头，给人们增添了希望，也给各种积极的选择提供了更多的机会。

陈士球说，中国诚恳希望，朝鲜核问题能够通过正确的途径尽快获得公正、合理的解决，而不要再发生曲折和反复。“我们的目标是实现朝鲜半岛无核武器化，维护朝鲜半岛的和平与稳定。”这不仅符合朝鲜南北双方人民的利益和本地区各国人民的利益，也符合世界各国人民的利益。为此，“我们呼吁大家都来作促进和建设性的努力，而不要做事与愿违或适得其反的事情。”

全国政协主席李瑞环在人民大会堂会见以主席格叻海军上将为团长的泰国上议院文教委员会代表团

国务院新闻办公室记者联络室主任赵少华宣布欢迎驻北京的外国记者和境外记者采访中华人民共和国成立 45 周年国庆活动

国务院副总理邹家华在钓鱼台国宾馆会见波兰部长会议主席瓦尔德马尔·帕夫拉克

国务院副总理李岚清在唐山举行的全国农村教育综合改革工作会议上发表讲话

李岚清在会上指出，各级党委和政府要进一步加强对农村教育综合改革工作的领导，加快农村教育综合改革的步伐，推动农村教育更好地为当地经济建设和社会发展服务。

李岚清指出，农业是我国国民经济的基础，农业、农村和农民问题一直是关系全局的根本性问题，党中央和国务院始终把农业放在党的工作和国家发展战略的首位。当前，农业和农村工作还存在着不少问题，产生这些问题的原因很多，其中一个重要原因是我国农村劳动者的科学文化素质比较低。要把科学技术转化为现实生产力，不依靠教育不行。只有发展教育，提高劳动者的思想道德和科学文化素质，把农村沉重的人口负担转化为人力资源优势，农业和农村经济的发展才有希望，国家的现代化和社会的稳定才有可能。他说，我国的国情决定了我国普及九年义务教育，发展职业教育与成人教育重点和难点在农村。我国 80%以上的人口在农村，全国 2 亿多在校学生中有 80%左右也在农村，这个基本国情决定了农村教育在整个国民教育中占有十分重要的地位。到本世纪末，如果广大农村基本普及九年义务教育、基本扫除青壮年文盲这一历史任务不能完成，要在全国实现《纲要》提出的宏伟目标是不可能的，要在全国实现小康目标也是不可能的。因此，一定要从我国现代化建设的高度认识农村教育的重要性，增强发展农村教育的紧迫感和责任感，进一步落实教育优先发展的战略地位，切实把农村教育抓紧抓好。

李岚清说，改革开放以来，我国农村教育各项改革逐步展开，各类教育事业有了很大的发展，涌现了一大批先进典型，初步探索出了一条符合我国国情的发展农村教育的新路子，为推动我国农业和农村经济的发展发挥了重要作用。但从总体上看，农村教育的办学思想、办学模式、教育结构、教育体制、教学内容和方法等仍不同程度地存在着脱离农村实际的倾向，还不能很好地适应农业和农村经济发展的需要。

李岚清强调，要进一步端正农村教育的办学思想，继续调整农村教育结构，坚持搞好基础教育、职业教育、成人教育“三教统筹”。农村各类学校首先应当明确农村教育主要是为当地经济建设和社会发展培养人才，提高农业劳动者的素质。农村基础教育要增加职业教育内容，不论是九年教育，还是六年教育，都要在使学生学好文化知识的基础上，掌握一些职业技能和实用科学技术知识，使大部分学生毕业后，能用其所学的技能和知识，在农村经济和社会发展中发挥积极作用。同时也要兼顾一部分学生继续升入高一级学校学习的需要。要在扎扎实实地普及九年义务教育、办好基础教育的同时，大力发展职业教育和成人教育。要通过小学后、初中后、高中后“三级分流”和调整教育结构，在农村逐步形成普通教育与职业教育共同发展、相互衔接、比例合理的教育体系。他指出,要大力推进农科教结合,认真实施"燎原计划",进一步落实科教兴农战略。充分发挥农村教育在农村社会主义精神文明建设中的作用,促进农村社会的全面进步。坚持实事求是,因地制宜、分类指导的原则,建立与当地经济建设和社会发展相适应的教育新体制。农村教育综合改革要始终坚持点上不断深化、面上积极推广的方针。国家教委和各省、自治区、直辖市政府都要注意培养代表性强、示范作用大的先进典型,扩大实验规模,加快改革步伐。

李岚清强调指出,各级党委、政府要把农村教育综合改革作为科教兴农的一项重大措施列入重要议事日程,加强规划和指导,努力创造条件,在政策和措施上给予倾斜,要继续组织更多的高等院校、中专学校和教育科研机构参与农村教育综合改革和发展。

李岚清还听取了河北省省长叶连松、唐山市负责人关于教育和经济工作情况的介绍,对河北省及唐山市在农村教育综合改革工作中取得的成绩给予充分肯定,还参观了丰南市职业教育中心。会上,国家教委授予北京市昌平县等204个单位为全国农村教育综合改革先进单位。

国家教委发出《关于贯彻〈爱国主义教育实施纲要〉的通知》要求把爱国主义教育作为学校德育重要内容

国家教委近日发出《关于贯彻〈爱国主义教育实施纲要〉的通知》。《通知》说,爱国主义教育是学校德育的重要内容,在新的历史条件下,对于培养广大青少年学生爱国主义情感和报效祖国的精神,激励学生为中华崛起而刻苦学习,确立为建设有中国特色的社会主义而奋斗的政治方向,具有重大的意义。

《通知》要求,各级教育部门和各级各类学校要认真学习《爱国主义教育实施纲要》,并结合《中共中央关于进一步加强和改进学校德育工作的若干意见》以及国家教委颁发的《中小学加强中国近代、现代史及国情教育的总体纲要》等文件,尽快形成以中国近、现代史和国情教育为依托,贯穿幼儿园和小学、中学、大学各教育阶段的、由浅入深的爱国主义教育系列。要按照《纲要》的要求,把爱国主义教育贯穿到课堂教学之中。高等学校要充实理论课和思想教育课中的爱国主义教育内容,同时,积极创造条件,开设中国历史、文化、艺术、道德、科技等内容的选修课,开办以爱国主义教育为主要内容的专题讲座。要按大学、中学、小学不同阶段的特点,加强中华优秀文化和道德传统的教育以及形势教育。要进一步完善学校的升降国旗、唱国歌、悬挂中华杰出人物画像等制度。大学、中学、小学都要积极开展爱国主义教育的课外教育活动,加强校外爱国主义教育基地的建设。

马高亚洲杯建国45周年体坛45英杰评选在人民大会堂揭晓

9月23日,马高亚洲杯"建国45周年体坛45英杰"评选揭晓。

45年来,中国体育事业取得了令人瞩目的成就,截至1993年底,我国运动员共获得世界冠军775个,并破超世界纪录725项次。这是我国几代运动员前仆后继、为国拼搏的结果。由21万余张读者选票托举起来的这45颗体坛巨星,是他们杰出的代表。

历史将铭记这些英雄的名字:吴传玉、郑凤荣、陈镜开、容国团、戚烈云、穆祥雄、陈家全、罗致焕、王富洲,李淑兰、邱钟惠、徐寅生,李富荣,张燮林、侯加昌、潘多、陈肖霞、朱建华、徐永久、李宁、马燕红、高敏、聂卫平、吴数德、许海峰、郭跃华、赵剑华、李玲蔚、郎平、孙晋芳、容志行、高凤莲、栾菊杰、张小冬、赵长军、黄志红、王军霞、曲云霞、郑海霞、叶乔波、林莉、庄泳、乐靖宜、谢军、邓亚萍(排名不分先后)。

在北京人民大会堂举行的揭晓颁奖仪式上,新老明星荟萃,气氛隆重热烈。

全国政协副主席阿沛·阿旺晋美以及罗青长、曾志、薛明等老同志,国家体委主任、中国奥委会主席伍绍祖,国家体委副主任袁伟民、徐寅生、刘吉和曾担任过国家体委领导职务的李梦华、荣高棠等到会祝贺,并为当选的"45英杰"颁奖。

伍绍祖在揭晓会上发表讲话,对当选的运动员表示热烈祝贺,并向更多的体坛"幕后英雄"表示敬意。他说,这次评选活动是一项很有意义的活动,它使我们回顾和重温了建国45年来,特别是党的十一届三中全会以后,全国体育战线取得了光辉成就。这对于增强全民体质,振奋民族精神,推动改革开放,对于激励广大体育健儿和体育工作者奋发图强,为国争光,创造一流的成绩,都具有重要的积极作用。

"建国45周年体坛45英杰"评选活动由中央电视台、国家体委宣传司、中国体育记者协会联合主办、香港马高亚洲有限公司独家赞助。专程赶来的大连实业有限总公司农民艺术团为揭晓颁奖会表演了精彩节目,表达了他们对体坛健儿的深情厚望,受到与会者的赞扬。

9月24日

国家主席江泽民致电祝贺穆加贝连任津巴布韦民盟第一书记

宋平在延安考察

9月24日至27日，宋平在中共陕西省委副书记刘荣惠、副省长刘春茂的陪同下，对延安地区的农村和工厂进行了考察，看望了革命老区的群众和干部。他说，建国45年来，特别是十一届三中全会以来，延安面貌发生了巨大的变化，经济建设和社会各项事业都取得了较快发展，人民生活水平不断提高。对此他感到欣慰。

国家主席江泽民在人民大会堂分别接受加纳等五国新任驻中国大使递交的国书

他们是：加纳大使科乔·阿穆-戈特弗里德、英国大使伦纳德·艾博雅、马绍尔大使卡尔·海因、蒙古国大使查希勒冈和牙买加大使厄尔·亚历山大·卡尔。

国防部部长迟浩田上将会见来访的美国空军参谋长麦克皮克上将

国家副主席荣毅仁在人民大会堂会见越南政府副总理潘文凯

对外经济贸易大学集会庆祝建校40周年

中国社会发展成就展览会在北京开幕

9月25日

国务委员罗干在北京接见西藏十七世噶玛巴活佛

1994年中国质量高层论坛在北京开幕

中华人民共和国发表《关于波兰部长会议主席访华新闻公报》

应中华人民共和国国务院总理李鹏的邀请，波兰共和国部长会议主席瓦尔德马尔·帕夫拉克于1994年9月22日至25日对中华人民共和国进行了正式访问。

访问期间，李鹏总理同帕夫拉克主席举行了会谈，国家主席江泽民、人大常委会委员长乔石和国务院副总理邹家华分别会见了帕夫拉克主席。两国领导人在友好、相互理解和信任的气氛中就进一步发展双边关系和双方感兴趣的地区及国际问题深入地交换了意见，相互通报了各自国内的社会、政治和经济情况。双方对会谈结果表示满意。

双方对两国近年来在政治、经济、文化等领域合作的发展感到满意，并决心在和平共处五项原则等国际关系基本准则基础上进一步扩大和加深两国间的全面友好合作关系。双方认为，保持和发展两国长期稳定的友好互利合作，是两国人民的共同愿望，符合两国人民的根本利益，也有利于亚洲与欧洲乃至世界和平、稳定与发展。

双方同意进一步发展两国之间，包括地方和企业之间的经贸合作与直接联系，共同探讨发展多渠道、多层次的新的合作形式，并完善其法律和经济基础，努力为发展双方认可的各种形式的经济贸易合作创造更良好的条件。

双方一致强调要承认世界的多样性，尊重各国之间的差异和各国对社会制度、发展道路的选择。

中方认为，波兰是中东欧有着重要影响的国家。对波兰为维护国家主权和欧洲的和平以及为发展民族经济所作的努力表示赞赏。中方尊重波兰人民的选择和波兰的独立、主权与领土完整，并祝愿波兰社会稳定、经济发展、人民幸福。

波方赞赏中国在改革开放中所取得的重大成就，认为中国是维护和平与稳定的重要因素。波方重申，世界上只有一个中国，即中华人民共和国，台湾是中国的一个省，中华人民共和国政府是代表全中国的唯一合法政府。波方不同台湾建立官方关系和进行官方往来。中方对此表示赞赏。

双方一致认为，当前的国际形势，从总体上讲，正在走向缓和，世界正朝着多极化方向发展，为各国人民之间的和平相处和增进国际合作提供了机遇。但世界局势仍在变化之中，各种不稳定因素依然存在，世界和平与发展仍然面临严重的挑战。中波两国愿为建立国际政治、经济新秩序，维护世界和平，促进人类共同发展而努力。

双方表示，将继续进行高层往来。帕夫拉克主席邀请李鹏总理访问波兰。李鹏总理愉快地接受了邀请。

访问期间，帕夫拉克主席会见了我国企业界人士，双方有关部门的领导在京举行了对口会谈。

帕夫拉克主席对中华人民共和国政府和人民给予他及其随行人员的热情友好款待表示衷心感谢。

中国代表团团长外经贸部部长助理龙永图就中美第10轮关贸磋商的结果接受新华社记者的采访

中美关于中国复关问题的第十轮双边磋商在日内瓦结束。

龙永图在接受采访时说，中方注意到外电关于美国代表团团长德沃斯金评价取得进展的报道。中美关于中国复关问题的谈判取得进展是双方艰苦谈判的结果，但由于一些重大问题尚未解决，今后几个月中美谈判的任务仍将十分艰巨。

龙永图说，中方理解美方提出的中国复关必须建立在“良好的商业利益”基础上的说法，并且欣赏这种坦率。但是，中方希望美方重视中国领导人最近多次重申的中国不能为了复关而不惜任何代价的原则立场，对中国复关的要价应适可而止。美方应该看到，中国最近提出的市场准入一揽子方案将给美国带来巨大商业利益，但不要错误地认为，中国的复关谈判拖得越长，美国就能够获得更多的商业利益。

龙永图希望美方尽早丢掉这种幻想，从长远利益出发，对中国的复关谈判，尤其是市场准入谈判采取现实的态度。

龙永图强调，中国致力于加强世界多边贸易体制，并将为建立一个更加开放的国际贸易体制作出贡献。中国愿意和包括美国在内的各缔约方继续合作，为尽快完成中国的复关谈判，使中国成为世界贸易组织的创始成员而不懈努力。

《人民日报》发表评论员文章《日本政府何去何从》

亚洲人民企盼已久的第十二届亚洲运动会即将在日本广岛举行。但是，日本政府近来的所作所为有可能使这次盛会受到损害，并给中日关系蒙上阴影，引起了人们的严重不安。

十二日，亚奥理事会主席艾哈迈德亲王发表声明，不邀请东道国以外的政界人士参加广岛亚运会。然而，在李登辉要挤进亚运会的企图失败后，日本政府却从后台走到前台，竟然发给台湾“行政院副院长”徐立德入境证件。日本政府宣称的理由有二：一是徐立德的身份是二〇〇二年亚运会台湾申办委主席；二是日本官方不准备同徐立德接触。

这些理由是根本站不住脚的。因为，无论是在广岛亚运会期间，还是在此后举行的亚奥理事会上，都不审议二〇〇二年亚运会的申办权问题。何况台湾是中国的一个地区，按照亚奥理事会章程，无论从政治上还是从技术上，台湾都不具备申办条件。至于不进行“官方接触”云云，更是自欺欺人。把台湾“行政院副院长”当作客人请到广岛，这还不叫接触吗？特别是，艾哈迈德亲王已经明确表示不同意邀请徐立德，日本作为本届亚运会东道国而不遵守亚奥理事会的决定，是毫无道理的。

台湾当局围绕亚运会进行的一系列活动，是它精心策划的政治阴谋，企图借此突破中日关系正常化以来达成的日台关系框架，在国际上制造“两个中国”和“一中一台”。而日本政府的上述做法，恰恰配合了台湾当局。人们不禁要问，日本政府究竟要把中日关系引向何方？

特别应当指出的是，日本政府在广岛亚运会问题上的举动，不是孤立的、偶然的。日本近年来在台湾问题上花招不断：为了实现李登辉访日，两年前就策划过“顺路停留”，今年二月又搞什么“度假”邀请；允许台湾驻日机构改名升格；日本访台的官员身份不断升级。日本政府这次利用广岛亚运会大做文章，表明它在台湾问题上越走越远。日本要以这样的行为在国际舞台上谋求大国地位，其结果只能是南辕北辙。

历史表明，中日两国关系要顺利发展，就必须恪守一九七二年《中日联合声明》和一九七八年《中日和平友好条约》，承认中华人民共和国政府是中国的唯一合法政府，台湾是中国领土不可分割的一部分。日本政府如果在台湾问题上背信弃义，一意孤行，无视历史责任，势必开创一个恶劣的先例，严重伤害中国人民的感情，给中日关系造成严重后果。日本政府应当以中日友好大局为重，信守指导中日关系的两个重要文件，不要做背人心、逆潮流的事，以免铸成大错。日本政府在台湾问题上究竟何去何从，人们正拭目以待。

国家主席江泽民等参观在北京展览馆举行的中国社会发展成就展览会

9月26日

《人民日报》发表评论员文章《发展宏伟名牌事业》

林业部主办的全国林业名特优新产品博览会在北京全国农业展览馆开幕

中共中央书记处书记胡锦涛在人民大会堂会见由里千家宗师千宗室率领的日本茶道里千家第63次访华团主要成员

国防部部长迟浩田上将与智利国防部部长埃德蒙多·佩雷斯·约马在北京进行会谈

外交部部长钱其琛在联合国总部同以色列外交部部长佩雷斯举行会谈

外交部部长钱其琛在联合国总部会见克罗地亚总统图季曼

外交部部长钱其琛与日本副首相兼外相河野洋平在联合国举行会谈

河野洋平首先重申日本政府对华政策。他说，日中关系在日本外交政策中有着很重要的位置。日本政府主张在日中联合声明的基础上继续发展两国关系，今后将坚持这一政策。目前两国关系出现了一些困难。河野希望能与钱其琛坦率地交换意见，他并为日本政府允许台湾政要出席在广岛的亚运会作了辩解。他说，台湾将以"中国台北"的名义参加广岛亚运，没有国歌，没有国旗，作为一个地区体育代表队参加。日本政府愿意保证在台湾"行政院副院长"徐立德在日逗留期间，日本政府绝不会同徐立德接触，不希望日中关系因这件事受到影响。他还重申日本政府将严格遵守日中联合声明。

钱其琛说，村山内阁成立以来，多次表示重视对华关系。中国有句古话："言必信，行必果。"我们注意到日本政府的表态，但更要看行动。钱其琛进一步指出，台湾在国际奥委会改变了名称，更换了旗帜以后，历届亚运会都进行得很顺利。但遗憾的是，这次在广岛举行的亚运会前连续发生李登辉、徐立德等台湾政要企图利用体育运动制造"两个中国"和"一中一台"的事件，这给中日关系带来了干扰，引起中国政府和人民的严重关切。钱其琛指出，"本届亚运会和亚奥理事会根本不谈申办 2002 年亚运会的问题。台湾政要企图到日本去活动，根本不是什么体育问题，而是政治问题。台湾方面对他们的政治意图也直言不讳。日本政府对此不可能不了解。台湾当局这样做当然主要是有其政治意图的，但也受到国际上的一些支持和有意纵容。中国政府为维护中日友好的大局，排除台湾当局对亚运会的干扰，多次向日本政府提出严正交涉。但日本政府的做法已明显违反了《中日联合声明》和《中日友好条约》，违背了日本政府在台湾问题上作出的郑重承诺。日本政府这样作为台湾在国际上利用体育进行政治活动开创了一个很恶劣的先例。"

钱其琛严肃指出，中国政府对日本政府的做法和解释是完全不能接受的。由于这件事而损及中日关系，责任完全在于日方，不在中方。允许徐立德赴日将招致 12 亿中国人民的强烈不满，为两国正常关系蒙上阴影。本可避免的事却让它发生了。这件事中国人民是不会忘记的。我们希望日本政府对此有深入地了解并严肃对待，珍视来之不易的中日关系。

敦煌莫高窟百余洞窟发现复层壁画

经过敦煌研究院专家几年的艰苦细致的考古研究证实，目前已在 100 多座石窟内发现有"复层壁画"。有的石窟竟是"全复壁画"，即整个石窟全为多层壁画。古代艺术家在原有壁画上涂抹一层泥皮再在上面绘制新的壁画。许多石窟的壁画复层竟多达三至四层。

为能完整再现"复层壁画"的真实面貌，研究院专家研制出一种复层壁画剥取新技术，并在 220 号洞窟内进行壁画整体搬移获得巨大成功。这种技术不但可以使上层壁画完整无损地剥取下来，且不损坏下层壁画。显露出来的下层壁画颜色因未氧化，色泽艳丽如初，甚至墨迹线条均清晰可辨，有的比上层壁画更体现最初的艺术风格。目前敦煌研究院专家已在两三个石窟门洞内成功进行了壁画分离试验。

'94 中国曲阜国际孔子文化节在山东曲阜开幕

9 月 27 日

全国总工会发出组织学习贯彻《爱国主义教育实施纲要》和中共中央《关于印发〈爱国主义教育实施纲要〉的通知》

全国总工会日前发出通知，要求各级工会认真组织学习贯彻《爱国主义教育实施纲要》和中共中央《关于印发〈爱国主义教育实施纲要〉的通知》。

通知指出，认真学习贯彻《通知》和《纲要》的精神，对于继承和发扬工人阶级的爱国主义光荣传统，增强职工主人翁精神，对于建设有理想、有道德、有文化、有纪律的职工队伍，对于促进改革开放、经济发展和社会稳定，具有深远的和现实的重要意义。各级工会要切实把学习贯彻好《通知》和《纲要》，作为工会的一项基础性、经常性的群众思想政治工作抓实、抓细、抓好，使爱国主义教育经常化、制度化地长期坚持，渗透于工会所组织的各项活动中。

通知强调，要继续坚持进行工人阶级爱国主义革命传统教育。各地丰富的工人运动史迹，包括革命纪念地、纪念馆、爱国大罢工纪念日等，都是进行爱国主义教育的宝贵资源。要充分利用厂史、矿史、路史进行爱国主义教育，帮助职工特别是青年职工了解过去、珍惜今天。明年 5 月 1 日是中国工会成立 70 周年，各级工会都要抓住这个契机，开展各项学习纪念活动，形成一个宣传学习工人阶级爱国主义革命传统的热潮。

通知要求大力宣传集中体现爱国主义精神的工人阶级先进典型。工人阶级中涌现出来的众多先进、模范人物都具有爱国主义的鲜明特点。宣传他们的先进思想和事迹，是对职工最好的爱国主义教育。通知最后提出要把爱国主义教育与职业道德建设结合起来，引导职工树立爱国必先爱岗，爱岗就要敬业的意识。要把爱国主义精神落实到自力更生、艰苦创业、振兴和发展经济上来。

中国奥林匹克委员会在北京发表声明

第十二届亚洲运动会，在亚洲各国和地区人民的企盼与关注下，即将拉开帷幕。

为参加本届亚运会，中国健儿和亚洲体坛健儿们都进行了较长时间的准备，正以饱满的热情迎接本届亚运会的举行。中国奥委会愿意为本届亚运会的成功举行继续作出努力，中国体育健儿将努力拼搏，夺取优异成绩，为进一步弘扬奥林匹克精神，为增进与亚洲各国和地区运动员之间的团结和友谊，为维护来之不易的中日两国友好关系作出贡献。

不久前，经台湾当局的精心策划，炮制了一出李登辉要出席广岛亚运会的闹剧，经中国政府和亚洲体育界朋友的坚决反对，亚奥理事会主席发表声明平息了这一风波。但是，日本政府无视中国政府和亚洲体育界朋友的反对，一意孤行，又给台湾政要徐立德发了签证，给广岛亚运会带来了政治麻烦，使中日两国关系蒙受损害。

众所周知，广岛亚运会期间举行的亚奥理事会代表大会，并不审议2002年亚运会的申办权问题，中国台湾地区现在无论从政治上还是技术上均不具备申办亚运会的条件。徐立德既不是现在尚未确定的台湾某申办城市的市长，也不是体育官员，其乔装打扮挤进亚运会的目的就是企图利用体育活动搞政治，制造"两个中国"和"一中一台"。日本政府配合台湾当局，使其实现政治阴谋的做法，严重伤害了中国人民的感情，损害了中日两国的友好关系。这是中国体育健儿和广大中国人民所决不能接受的。

长期以来，中国奥委会为传播奥林匹克精神，为发展奥林匹克运动进行了不懈的努力，为促进亚洲体育事业的发展，提高亚洲竞技体育水平作出了应有的贡献。我们珍惜与亚洲体育界朋友的友谊，维护由亚洲各国和地区体育健儿共同创造的亚洲体坛的大团结，我们将继续为此作出努力！

全国政协主席李瑞环在中南海接见西藏十七世噶玛巴活佛

留法勤工俭学运动纪念馆在河北保定开馆

外交部发言人就日本政府同意台湾政要赴日一事发表谈话

发言人说，最近，日本内阁副总理兼外务大臣河野洋平复函国务院副总理兼外长钱其琛，就目前围绕广岛亚运会出现的不正常事态表明了日方的看法。他在信中说，"就李登辉访日问题，日方今后将继续按照日中联合声明的精神加以正确对待。"关于台湾所谓"行政院副院长"徐立德赴日问题，他在信中表示，日本政府经过慎重考虑，决定同意他仅以2002年亚运会申办委主任资格入境出席本届大会。日本政府有关人士与徐决不进行"双边接触"。

发言人说："日本政府就李登辉访日问题表示愿意按照中日联合声明精神加以正确对待，这个态度是明智的。同时我们也必须指出，日方为徐立德假借亚运会名义赴日活动所做的解释是站不住脚的，是我们不能接受的。"

发言人说，众所周知，台湾当局是给本届亚运会制造政治麻烦的始作俑者。李登辉赴日计划遭到挫败后，徐立德又打着申办2002年亚运会的幌子企图挤进日本广岛活动。本届亚运会并无讨论2002年亚运会的议程，徐立德赴日的真正动机是借机突破中日邦交正常化以来形成的日台关系框架，在国际上制造"两个中国"或"一中一台"，这是台湾当局在体育领域精心策划的一场政治阴谋。台湾当局违背民族意愿，损害民族统一大业的行径是不得人心的，必将遭到海峡两岸全体中国人民的反对和谴责。

发言人指出，导致事态发展到今天这种复杂局面，使广岛亚运会蒙上政治阴影，日本政府负有不可推卸的责任。台湾问题历来是中日关系中的重大原则问题。日方清楚这一问题在中国政府和中国人民心目中的分量。日本政府同意徐立德入境，明显违背了中日联合声明原则和日方多次做出的只与台湾维持民间和地区性往来，不进行任何官方接触的郑重承诺，中国政府对此深表遗憾，并向日本政府提出抗议。

这位发言人说："巩固和发展中日两国睦邻友好关系，符合两国人民的利益。我们要求日方不仅在口头上，更重要的是在实际行动中切实履行在中日联合声明中承担的政治义务和对台湾问题做出的郑重承诺，不做失信于中国政府和中国人民的事，不做损害两国关系的事。"

发言人最后说："四年一度的亚洲体坛盛会即将在广岛拉开帷幕。我国体坛健儿和亚洲其他国家和地区的运动员都在以饱满的热情迎接本届亚运会。我们真诚希望广岛亚运会能够排除台湾当局的政治干扰，真正弘扬奥林匹克精神。我们祝愿中国体坛健儿在本届亚运会上努力拼搏，为国争光，取得优异成绩，并通过参赛，增进与亚洲国家和地区运动员之间的理解和友谊。"

外交部发言人就中国政府不得不取消国务委员李铁映的访日计划答记者问

有记者问，李铁映国务委员原拟应邀出席广岛亚运会开幕式以及其他重要活动，现是否因日政府允许台湾政要徐立德赴日而受到影响？

发言人表示，亚运会是亚洲体坛的盛会，中方对此高度重视。李铁映国务委员原拟应日本政府邀请出席亚运会开幕式和其他重要活动。但是，由于台湾当局和日本政府制造的政治麻烦，中国政府不得不取消李铁映国务委员访日计划。导致出现这一局面不是中方造成的，更不是我们愿意看到的。

外交部部长钱其琛在纽约对外关系委员会举行的午餐会上发表演讲

出席第四十九届联大的中国代表团团长、外交部长钱其琛应邀在纽约对外关系委员会举行的午餐会上发表演讲，就世界局势、中美关系、台湾问题等阐述中国的观点和立场。

钱其琛指出：随着两极格局的终结，世界正朝着多极化的趋势发展；但新的热点还不断出现，世界还很不安宁。经济因素在国际关系中的作用越来越大，正孕育着重大变化。亚洲已成为世界上政治比较稳定、经济增长最快和发展最具活力的区域，西欧、北美发达国家的注意力开始转向这一地区，纷纷调整对亚洲的政策和战略。

在谈到中国国内形势时，钱其琛说，在世界发生剧变时，有些人曾错误地认为中国也会步苏联的后尘，"几年过去了，中国不但没有被压垮，反而更加稳定，更加发展，更加欣欣向荣。""许多有识之士开始认识到，中国需要世界，世界的和平、稳定和繁荣也需要中国。"

在谈到中美关系时，钱其琛指出，在新形势下，"中美关系的重要性增大了，中美两国建立良好关系的条件更多了，双方发展互利合作的前景更广阔了。关键在于，我们双方能否抓住这一不可多得的历史机遇，共同作出切实努力，把中美关系推向一个新的高度"，实践证明，中美两国在平等的基础上进行合作，是能够在解决全球问题上做出各自的积极贡献，为两国人民和世界人民造福的。

钱其琛继续指出，中美双方经济上互补性很强，具有发展合作的巨大潜力和广阔前景。但和德国、法国、日本相比，"美国有所逊色"，"如果能够排除人为的障碍和多余的限制，那么前景会更好，还能带来更巨大的利益。"

钱其琛接着强调说："中美之间存在着广泛的共同利益，在一些问题上也有分歧，这些都是客观事实。我们愿意同美国增加信任，减少麻烦，发展合作，不搞对抗。""在当今时代，在处理国与国之间存在的问题上，需要摒弃过时的冷战观念，应当寻求双方共同的根本利益之所在，而不是扩大和突出分歧，制造麻烦。中国对解决中美间分歧的态度是真诚的、积极的，但也是讲原则的。任何干涉中国内政、损害中国主权和尊严的做法，我们都是不能接受的。"

钱其琛特别谈了台湾问题。他严正指出："前不久，美国政府不顾中方的多次交涉和强烈反对，采取了一系列抬高美台关系的措施。现在，美国有些人仍不断就台湾问题发出种种企图制造'两个中国'或'一中一台'的议论，我们对此深为关切。我认为有必要回顾一下中美关系发展的历史。台湾问题曾是阻碍重新打开中美关系大门的关键问题，直到美方承诺中方提出的'断交、废约、撤军'三条原则后，两国关系正常化才得以实现。此后，台湾问题长期以来都是中美关系进一步发展的主要障碍。1992年美国上届政府违背《'八·一七'公报》，向台湾出售大批先进战斗机，使中美关系受到极大损害。每当美国在台湾问题上违反三个公报的原则时，中美关系就出现困难，出现危机。过去是这样，今后还将是这样。台湾问题关系到中国的主权和领土完整和祖国的统一大业，是中华民族的根本利益所在，直接牵动着12亿中国人民的感情。在这个问题上，我们没有什么回旋的余地。对任何旨在制造'两个中国'、'一中一台'的企图，我们都是坚决反对的；对任何分裂中国、阻挠和破坏中国统一大业的行径，我们都绝不会坐视不管的。如果台湾当局搞'台独'，如果外国势力又插手干涉，必将引起台湾海峡局势大乱。一旦出现这样的情况，对海峡两岸没有好处，对美国没有好处，对亚太地区的和平与稳定也没有好处。我们不愿看到这种情况的出现。"

钱其琛最后说，我们正处在世纪交接的历史关头，"中美作为两个大国，都应认真考虑把一个什么样的世界带到21世纪的问题，我们两国应当搞好关系，加强合作，为世界人民做些有益的事情，不辜负各国人民的期望和历史赋予的责任"。

外交部部长钱其琛在联合国分别会见里约集团11国及危地马拉古巴尼日利亚意大利和波兰外交部部长

《回忆胡乔木》一书由当代中国出版社出版

国家体委和中国奥委会在北京人民大会堂为中国体育代表团出征第12届亚运会举行动员大会

中国奥委会主席、国家体委主任伍绍祖在会上讲话时说，国务院总理李鹏九月二十六日详细询问了中国代表团参加广岛亚运会的准备情况，他希望运动员们更加努力拼搏，赛出更好的成绩，为祖国争光。

中国体育代表团团长、国家体委副主任袁伟民在会上作了动员讲话。袁伟民提出，代表团的全体成员不要辜负党和祖国人民的厚望，要以强烈的责任感和使命感，实现夺取精神文明和运动成绩双丰收的总目标。

袁伟民说，广岛亚运会是我国竞技体育实施奥运争光计划的第一个战役，是检验我国竞技体育改革成果和工作效益的考场。我们要以优异的成绩为国庆四十五周年献上体育战线的厚礼，为发展我国改革开放的大好形势作出贡献。

袁伟民要求大家冷静分析形势，既要有足够的信心，又要真正认识到完成亚运会任务的艰巨性。因为，要实现金牌总数、奖牌总数和总分第一的目标决非易事。

袁伟民提出，要树立全局观念，增强荣誉感和责任感；要周到地安排赛前的各项准备工作，使运动员的身体、心理处于良好的竞技状态；要解放思想，勇于拼搏，充分体现自身价值；要注意学习，取长补短，团结协作，表现出良好的精神风貌；要加强领导，统一指挥，严格管理，圆满完成任务。

全国政协主席李瑞环国务委员李铁映在人民大会堂接见即将出征第12届亚运会的中国体育代表团全体成员

中国队在第12届亚洲乒乓球赛中包揽七项冠军

党和国家领导人李鹏刘华清李铁映宋健等参观中国社会发展成就展览

9月28日

中国共产党第十四届中央委员会第四次全体会议公报

中国共产党第十四届中央委员会第四次全体会议，于1994年9月25日至28日在北京举行。出席这次会议的中央委员182人，候补中央委员122人，中央纪律检查委员会委员，有关负责同志列席了会议。全会由中央政治局主持，中央委员会总书记江泽民同志作了重要讲话。

全会集中讨论了党的建设问题，并作出了《中共中央关于加强党的建设几个重大问题的决定》。《决定》分四个部分：一、党的建设面临的形势和任务；二、坚持和健全民主集中制；三、加强和改进党的基层组织建设；四、培养和选拔德才兼备的领导干部。全会认为，《决定》是在新形势下加强党的建设的纲领性文件，必将对提高党的领导水平和执政水平，推进改革开放和社会主义现代化建设，产生重大而深远的影响。

全会认为，十一届三中全会以来，我国在各方面取得了举世瞩目的伟大胜利，这同党在思想、理论、政治、组织和作风建设等方面取得的巨大成绩是分不开的。邓小平同志建设有中国特色社会主义理论，包含着内容丰富的党的建设理论，为新的时期党的建设指明了方向。在当代世界风云变幻的条件下，在当代中国改革开放和现代化建设的伟大变革中，我们党肩负着历史的重任。必须认真研究和解决在自身建设中遇到的新矛盾、新问题，努力把党建设成为用建设有中国特色社会主义理论武装起来、全心全意为人民服务、思想上政治上组织上完全巩固、能够经受住各种风险、始终走在时代前列的马克思主义政党。这是以邓小平同志为核心的第二代中央领导集体开创的、以江泽民同志为核心的第三代中央领导集体正在领导全党继续进行的伟大的工程。

全会指出，两年来，全党在落实十四大提出的加强党的建设和改善党的领导的任务方面做出了巨大的努力。要按照已有部署，继续把党的思想建设放在首位，推动全党同志对建设有中国特色社会主义理论的学习不断向广度和深度发展。要围绕什么是社会主义、怎样建设社会主义这个基本问题，联系实际，把握理论的科学体系，统一全党思想，坚持党的基本路线一百年不动摇。要继续抓好党的作风建设，把反腐败斗争深入持久地进行下去。进一步发扬艰苦奋斗的优良传统，密切党同人民群众的联系。当前，特别要把组织建设作为突出环节，抓紧抓好。

全会强调，民主集中制是我们党的根本组织制度和领导制度，是科学的合理的有效率的制度。我国正在进行的广泛而深刻的社会变革，要求我们党必须更好地坚持和健全民主集中制。建立社会主义市场经济体制，需要调动一切积极因素，发挥全党全国人民的主动性和创造力；需要统筹规划、协调配套、有秩序有步骤地进行；需要在实践中不断认识和运用客观规律；需要以完备的法制来规范和保障。这一切都离不开党和国家按照民主集中制实行的正确领导。当前要在全党特别是领导干部中切实加强民主集中制的教育，健全贯彻民主集中制的各项具体制度，完善党内政治生活的各项准则。要努力发展党内民主，疏通和拓宽党内民主渠道，充分发挥全党的积极性；要加强民主基础上的集中，维护中央权威，有力地执行党的路线方针政策；要坚持和完善集体领导和个人分工负责相结合的制度，重大问题必须由集体讨论决定；要加强和健全党内监督，严肃党的纪律，保证党的肌体的健康和各项任务的顺利完成。

全会指出，党的基层组织是党的全部工作和战斗力的基础，担负着直接联系群众、宣传群众、组织群众、团结群众，把党的路线方针政策落实到基层的重要责任。必须适应新的形势和任务，下大功夫把党的基层组织建设好。党的基层组织建设，要紧紧围绕党的基本路线，为党的中心任务服务。基层党组织要不断改进活动内容和工作方式，严格党内生活，结合各自特点做好工作，努力成为团结带领群众进行改革和建设的战斗堡垒。要以提高素质、增强党性为目标，加强和改进党员教育和管理工作。要在全体党员中有计划有步骤地开展建设有中国特色社会主义理论和党章的学习活动。各级党委都要建立健全抓好基层组织建设的责任制。

全会指出，培养和选拔德才兼备的领导干部是关系全局的重大问题。建设有中国特色社会主义的全新事业和错综复杂的国际环境，对各级领导干部提出了新的更高的要求。必须全面提高现有领导干部的素质，把各级领导班子建设成坚决贯彻党的基本路线、全心全意为人民服务、具有领导现代化建设能力的坚强领导集体。必须高度重视人才的发现和使用，抓紧培养和选拔优秀年轻干部，努力造就大批能够跨世纪担当重任的领导人才。要加快党政领导干部选拔任用等重要制度的改革，扩大民主，完善考核，推进交流，加强监督，逐步形成优秀人才能够脱颖而出、富有生机与活力的用人机制。

全会增选黄菊同志为中央政治局委员；决定增补吴邦国、姜春云同志为中央书记处书记。全会号召，全党同志要紧密地团结在以江泽民同志为核心的党中央周围，在邓小平同志建设有中国特色社会主义理论和党的基本路线指引下，进一步加强和改进党的建设，增强党的凝聚力和战斗力，团结和带领全国各族人民，为建设有中国特色社会主义的伟大事业努力奋斗！

中共中央总书记江泽民在中共十四届四中全会上发表讲话

我们党是拥有五千四百多万党员，在近十二亿人口的大国执政的大党。在新的历史条件下如何把党建设好，是一个崭新的课题，也是非常艰巨的任务。这次全会把党的建设提到新的伟大的工程的高度，提出了明确的目标和任务。这就是：要把我们党建设成为用建设有中国特色社会主义理论武装起来、全心全意为人民服务、思想上政治上组织上完全巩固、能够经受住各种风险、始终走在时代前列的马克思主义政党。全党同志要振奋精神，扎实工作，为实现新时期党的建设的目标而努力奋斗。

一九三九年，毛泽东同志根据当时的形势任务和党的状况，在《〈共产党人〉发刊词》中提出，把我们党建设好是一项伟大的工程。以毛泽东同志为核心的第一代中央领导集体，把马克思主义的基本原理同中国革命实际结合起来，制定了正确的政治路线，创造性地解决了在半殖民地半封建社会这种特殊的历史条件下建立无产阶级政党的一系列问题。在激烈的革命斗争和残酷的战争环境中，我们党日益发展壮大，成为全国范围的、广大群众性的马克思主义政党，团结和带领广大人民群众，取得了新民主主义革命的胜利，接着又在我国建立起社会主义的基本制度并取得社会主义建设的巨大成就，使中国的面貌发生了翻天覆地的变化。这是具有世界意义的伟大成功。

在新的历史时期，我们党肩负着领导全国人民进行改革开放和实现社会主义现代化的伟大任务，这是一场新的革命。我们党要领导和推进这场革命，自身必须坚强有力。围绕党的基本路线加强党的自身建设，始终是以邓小平同志为核心的第二代中央领导集体十分关注的大问题。邓小平同志一再强调，必须“把我们党建设成为有战斗力的马克思主义政党，成为领导全国人民进行社会主义物质文明和精神文明建设的坚强核心”。党中央和邓小平同志领导全党开始了党的建设的新的伟大的工程。对十六年来我们党在自身建设上取得的成就，这次全会通过的《关于加强党的建设几个重大问题的决定》作了充分肯定。

党要走在时代前列，在进行社会主义现代化建设的全过程中始终实施坚强的领导，在广阔深刻的历史性变革中始终坚持工人阶级先锋队性质和全心全意为人民服务的宗旨，在激烈的国际斗争中始终掌握主动权，就必须继续锲而不舍地加强自身建设，把推进新的伟大的工程视为自己神圣的责任。这里我想着重讲一讲以下几个问题。

第一，继续抓好用邓小平同志建设有中国特色社会主义理论武装全党这项战略任务。

这是新的伟大的工程的基础性建设。邓小平同志建设有中国特色社会主义的理论，继承、丰富和发展了马列主义、毛泽东思想，是我们党进行新的历史创造的科学指南，是我们民族振兴和发展的强大精神支柱。中央在去年十一月专门作出了关于学习《邓小平文选》第三卷的决定，并办了四期省部级主要领导干部理论研讨班。各地各部门也办了学习班。总的来看，各级干部学习的情况是好的。这次全会提出，要继续组织县以上党政领导干部认真学习马列主义、毛泽东思想，中心内容是学习建设有中国特色社会主义理论；同时提出，要用三年的时间，在全体党员中有计划、有步骤地开展一次建设有中国特色社会主义理论和党章的学习活动。这是提高全党理论水平和思想水平的战略措施。从前一段的经验来看，把理论学习引向深入，要在认真研读邓小平同志的原著，全面系统地把握理论的科学体系上下功夫，在坚持解放思想、实事求是的科学态度和创造精神上下功夫，在运用理论研究解决当前重大问题上下功夫，特别是要搞清楚什么是社会主义，怎样建设和发展社会主义，提高执行党的基本路线的自觉性和坚定性。各级党委要认真总结和推广理论学习的好经验，把这次全会提出的学习任务真正落到实处。

当前我国正在建立社会主义市场经济体制，这是一个伟大创举。我们必须坚持用邓小平同志建设有中国特色社会主义理论指导实践。对一些基本问题，要十分明确。比如，建立社会主义市场经济体制，根本目的是进一步解放和发展生产力。要始终坚持以社会主义公有制为主体，同时允许和鼓励非公有制经济的发展，发挥它们有益的补充作用。要鼓励一部分地区、一部分人先富起来，同时要坚持先富带动和帮助未富，最终实现全体人民的共同富裕。要坚持两手抓，一手抓物质文明建设，一手抓精神文明建设。在任何时候、任何情况下，都不能以牺牲精神文明为代价来换取经济的发展，都不能允许毒害人民、污染社会的东西泛滥。在这样一场历史性的变革中，人们思想上产生一些疑虑、困惑甚至糊涂认识是难免的。社会上也会出现这样那样有害于我们事业的东西。我们党的高级干部，在事关大局、事关政治方向、事关根本原则的问题上，必须始终保持清醒和坚定。这次全会从政治家的高度对高级干部提出五条严格的要求，就是着眼于当今中国改革、发展、稳定的大局，着眼于今后国家的长治久安。我们相信，在座的全体中央委员和候补中央委员，党的高级干部，一定会充分认识自己的历史责任，按照这次全会提出的要求来锻炼自己、提高自己，不辜负党和人民的重托。

第二，坚持全心全意为人民服务的宗旨和党的群众路线，继续抓好党风和廉政建设。

全心全意为人民服务，是我们党的根本宗旨，是我们党始终得到人民拥护和爱戴的根本原因所在。同过去革命时期相比，现在历史条件变了，社会环境变了，党肩负的任务变了，但党的根本宗旨和优良作风决不能变。在发展社会主义市场经济条件下，共产党员仍然要讲理想、讲大局、讲奉献，讲全心全意为人民服务，讲个人利益服从集体利益、局部利益服从全局利益。党员领导干部要以身作则，率先垂范。共产党员之所以不同于普通群众，领导干部之所以不同于普通党员，很重要的就体现在这些地方。我们国家是工人阶级领导的、以工农联盟为基础的人民民主专政的社会主义国家，人民是国家的主人。所有干部手中的权力都是人民赋予的，这个权力只能用来为人民谋利益，绝不能用来作为谋取个人和小团体私利的资本。这些道理并不难理解。但现在有些共产党员和干部已经不怎么清楚了，有的甚至掉进了以权谋私的泥坑。因此，这方面的道理，还要经常讲、反复讲，并且要注意从健全制度上解决这方面的问题。

近几年来，中央多次强调必须坚持党的群众路线。群众路线是实现党的思想路线、政治路线和组织路线的根本工作路线，应该贯穿于我们党的全部工作之中。加强党的建设，一个十分重要的问题，就是我们党必须始终保持同群众的血肉联系。我们的改革和建设，只有得到人民群众的理解、支持和参与，充分发挥人民群众的积极性和创造性，才能顺利推进；党的领导地位，只有赢得人民群众的信赖和拥护，才能巩固和加强。如果失去人民的支持，我们党就会一事无成，就不能生存。必须高度重视的是，现在我们有些同志群众观念淡漠了，脱离实际、脱离群众的现象在有些地方有些部门相当严重。要认真纠正这种不良作风，“下高楼、出深院”，到基层去，到群众中去，特别是到艰苦的地区和困难的单位去，体察民情，了解民意，给群众办实事，为群众排忧解难。各级领导都要关心涉及群众切身利益的问题，注意在改革和建设中可能引发的新矛盾，见微知著，防微杜渐，把问题解决在萌芽状态，解决在基层，解决在当地。

共产党员特别是领导干部，说话办事都应当老老实实，对党负责，对人民负责。一段时间以来，虚报浮夸、弄虚作假、搞形式主义的不正之风在一些地方、一些部门中滋长起来。反映和汇报本地区、本部门的工作，与实际情况相差甚远，有些统计数字水分很大。凡是出现这种现象的地区和部门，领导一定要高度重视。属于领导工作中不切实际的要求和不正确的导向引起的，领导要主动纠正；属于下面的问题，领导一定要态度鲜明，采取切实有效的措施加以解决。对情节严重的，要严肃查处。

坚持全心全意为人民服务的宗旨，必须加强党风和廉政建设，深入开展反腐败斗争。这是人民群众普遍关心的一个突出问题。各级党委必须进一步加强领导，按照中央的部署，把这项工作深入、持久地进行下去。搞好这项工作，需要明确几个基本问题，有的过去讲过，这次再强调一下。一是必须围绕经济建设这个中心，坚持两手抓，把反腐败同深化改革、扩大开放、促进发展、保持稳定结合起来。二是既要树立持久作战的思想，又要打好阶段性战役，一步一步把斗争引向深入。三是重点抓党政领导机关、行政执法机关、司法机关和经济管理部门，抓县处级以上领导干部。把这个重点抓住了，抓好了，其他方面的问题就比较容易解决。四是相信和依靠群众，把群众举报和专门机关依法查处结合起来。对群众举报的重大问题要一查到底，直到水落石出；对大案要案要集中力量查办，查清的要依法惩处。对袒护罪犯、阻挠办案的，对打击报复举报人的，要严肃处理，绳之以党纪国法。五是认真纠正行业不正之风，凡是群众反映强烈的问题，一定要下大力气认真去解决。六是坚持标本兼治，综合治理。要根据揭露出来的问题，查找原因，总结教训，堵塞漏洞，健全制度，加强管理。七是领导干部要严以律己，在勤政廉政上做表率，中央向领导干部提出的各项自律要求，必须不折不扣地做到。这是最基本的。领导干部以身作则，行为端正，才有可能解决好本地区本部门存在的问题。对于国有企业领导干部，也需要提出自律的要求。中央纪委委员这次列席了中央全会，各级纪委要在各级党委领导下，认真履行自己的职责，把党风建设、廉政建设和反腐败斗争，切实抓紧抓好，抓出成效。

第三，加强党的组织建设，为实现党的政治路线提供有力保证。

从组织上巩固党，为政治路线提供有力的组织保证，是我们党从七十多年艰苦历程中得出的重要经验。思想建设、组织建设和作风建设是相辅相成的。全党要按照中央的整体部署，在认真抓好思想建设、作风建设的同时，切实抓好党的组织建设。

加强党的组织建设是形势和任务发展的需要，也是我们党自身发展的需要。大家都认为，这次全会提出党的组织建设的三个问题，很及时，很重要。工人阶级政党的思想统一要靠组织统一来保证。这次全会决定提出的加强组织建设的三个问题，正是做到组织统一的很重要的环节。这三个环节紧密联系，不可分割。我们坚持和健全民主集中制，目的就在于在党的基本理论和基本路线的指引下，活跃党内生活，激发全党的积极性和创造性，形成统一认识、统一意志和统一行动，坚持正确的东西，克服错误的东西，使党成为更加团结、更有战斗力的整体。我们加强和改进党的基层组织建设，目的就在于健全和发展党的每个细胞，紧密联系广大人民群众，把党的方针政策落到实处，使党提出的各项任务的实现具备更加巩固的基础。我们大力培养和选拔德才兼备的领导干部，目的就在于提高党的干部队伍的素质，并保证干部队伍的新陈代谢，使党拥有充满活力的领导层。这三个方面的工作做好了，党的组织就会更加坚强、更加巩固，就能从组织上保证第二步战略目标的实现，把中国更好地带入二十一世纪。

注重制度建设，是这次全会决定的一个重要指导思想。制度建设更带有根本性、全局性、稳定性和长期性。我们党在七十多年的发展中积累了丰富的建党经验，有着优良的传统和作风，如何发扬光大，如何持之以恒，很重要的工作就是要使之制度化，建立一整套科学严密的组织制度。我们要全面规划，精心设计，在民主集中制、基层党组织建设、干部的培养和选拔等方面，进一步建立起科学的规章制度，形成适应新的历史时期所要求的新机制、新规范。

从思想上、政治上、组织上巩固党，要总结我们党胜利和挫折的历史经验，也要借鉴其他国家社会主义兴衰成败的历史经验。最重要的是要有一条正确的政治路线，始终保持同人民群众的密切联系，团结大家集中力量把国民经济搞上去。这样，我们党就能从思想上、政治上、组织上不断巩固，就能“不管风吹浪打，胜似闲庭信步”。

第四，精心组织，抓好全会精神的贯彻落实。

全党同志和党外群众对四中全会讨论党的建设寄予厚望。全会产生了一个好文件，现在关键在于落实，必须做大量艰苦细致的工作。这里我要特别指出，这几年中央作出的决定、决议，多数落实得是好的和比较好的，也有的落实得很不理想。出现这种情况，从领导上来说，主要是重视不够，工作不扎实。从现在起，要重申一条纪律，凡是中央的决定、决议，都要认认真真地贯彻。中央有关部门和上级党委要加强督促检查。这次全会通过的决定，各级党委都要从自己的实际出发，认真制定落实的具体措施，作出工作部署，明确领导责任，做好自己的工作。上级党委也要按照全会决定提出的要求进行考察。中央有关部门特别是中组部和中央纪委，要抓紧全会决定提出的有关制度的建立、完善和有关条例的制定。中宣部和地方各级宣传部门要配合全会决定的贯彻做好宣传工作。省、地、县主要领导同志要深入实际，深入基层，及时了解和解决贯彻执行全会决定中存在的问题，取得经验，指导面上的工作。中央也将派人分赴各地进行检查，推动工作。

全会决定提出，我们党必须善于在改革开放的新形势下认识自己、加强自己、提高自己，认真研究和解决自身建设中遇到的新矛盾、新问题。这是一个十分重要的指导思想，要认真贯彻到党的思想建设、组织建设和作风建设中去。对于那些不符合建设有中国特色社会主义要求的东西，对于那些不符合新时期党的建设的目标和要求的东西，看准了的，要敢于破除。也就是说，我们要坚持和运用已有的成功经验，又要进行新的创造，从实际出发改进党组织的活动内容、工作方式和方法。这样，我们的党就会更团结，更富有蓬勃的朝气。

中共十四届四中全会通过《中共中央关于加强党的建设几个重大问题的决定》

中国共产党第十四届中央委员会第四次全体会议分析国内外形势和党的状况，就加强党的建设的几个重大问题作出如下决定。

一、党的建设面临的形势和任务

(一)我国正在进行伟大而艰巨的改革开放和社会

主义现代化建设。当今世界发生大转折,各种政治力量的斗争错综复杂,以经济和科技为基础的综合国力较量日趋激烈,我们正面临着难得的发展机遇,也面临着严峻的挑战。进一步解放思想,抓住机遇,加快改革开放和现代化建设的步伐,建立社会主义市场经济体制,必将有力地推动我国的社会生产力、综合国力和人民物质文化生活水平再上新的台阶,从而保证我国能够取得更加主动的地位,胜利地跨入二十一世纪。

中国共产党是领导和团结全国各族人民建设有中国特色社会主义伟大事业的核心力量。我们党作为执政党,肩负着历史的重任,经受着时代的考验,必须加强自身建设,不断提高领导水平和执政水平。

(二)十一届三中全会以来,党的建设取得巨大成绩。

——在思想建设方面,坚持解放思想、实事求是,勇于探索、勇于创新,在实践中检验真理和发展真理,重新确立和发展了马克思主义的思想路线。

——在理论建设方面,把马克思主义基本原理同当代中国实际和时代特征结合起来,继承和发展了毛泽东思想,创立了建设有中国特色社会主义理论这一当代中国的马克思主义。

——在政治建设方面,制定和执行以经济建设为中心、坚持四项基本原则、坚持改革开放的基本路线,增强了在这条路线基础上的全党团结。

——在组织建设方面,恢复和逐步健全民主集中制,废除实际存在的干部领导职务终身制,推进干部队伍和各级领导班子的革命化、年轻化、知识化、专业化,完成了第二代中央领导集体和第三代中央领导集体的交接,巩固和发展了党的队伍和组织。

——在作风建设方面,恢复和发扬党的优良传统和作风,大力倡导求真务实,坚持不懈地开展党风建设、廉政建设和反腐败斗争,得到了人民群众的拥护和支持。

十六年来我国在各方面取得的举世瞩目的伟大胜利,都是在党的领导下取得的。邓小平同志对建设有中国特色社会主义理论的创立做出了历史性的重大贡献。实践证明,中国共产党不愧为我国社会主义现代化事业的坚强领导核心,是无负于人民重托和希望的执政党。

(三)1992年邓小平同志视察南方的重要谈话和党的十四大,开创了我国改革开放和现代化建设的新阶段。十四大确立邓小平同志建设有中国特色社会主义理论在全党的指导地位,提出用这一理论武装全党,宣告坚持党的基本路线一百年不动摇;确定建立社会主义市场经济体制的改革目标,指明实现这一目标的途径;制定两个文明一起抓,在本世纪末实现小康的战略规划;阐明了加强党的建设和改善党的领导的历史性任务和指导原则。

十四大以后,党为落实上述各项任务进行了多方面富有成效的工作。出版《邓小平文选》第三卷,全党认真学习和研究建设有中国特色社会主义理论;三中全会通过关于建立社会主义市场经济体制若干问题的决定,有力地推动着改革开放的进程;采取切实有效的措施,保持国民经济持续、快速、健康发展;加强宣传思想工作,积极推进社会主义精神文明建设;加大反腐败斗争的力度,取得阶段性成果。党对民主和法制建设,对教育工作、统战工作、民族工作以及其他各项工作,也都作出了部署。现在,各方面的大政方针已定。以经济建设为中心,发展社会主义市场经济,发展社会主义民主政治,发展社会主义精神文明,都要求强有力的党的领导,进一步加强党的建设。

(四)党的建设是同党的政治路线紧密联系在一起的。党的正确的政治路线是确立正确的组织路线的前提,组织路线为政治路线的实现提供组织保证。这是我们党一条基本的历史经验。民主革命时期,以毛泽东同志为核心的第一代中央领导集体,把马克思主义基本原理与中国革命实际结合起来,集中全党智慧,创立了毛泽东思想,制定了正确的政治路线和组织路线。在旧中国小生产十分广大、经济文化非常落后的社会里,在长期被敌人分割的农村根据地和白色恐怖下的城市,建设起一支团结统一、纪律严明、英勇善战的工人阶级先锋队,这在世界政治史上是罕见的壮举,毛泽东同志豪迈地称之为"伟大的工程"。

在新的历史时期,以邓小平同志为核心的第二代中央领导集体,坚持和发展了这条基本历史经验,集中全党智慧,创立了在中国这样经济文化比较落后的大国建设、巩固和发展社会主义的科学理论,确立了正确的政治路线,同时紧密联系这条政治路线开展党的建设。邓小平同志建设有中国特色社会主义理论,包含着内容丰富的党的建设理论。关于坚持和改善党的领导,使党成为领导社会主义现代化建设的坚强核心;关于解放思想,实事求是,坚持正确的思想路线;关于纠正长期"左"的错误,反对资产阶级自由化,要警惕右,但主要是防止"左",提高坚持党的基本路线的坚定性;关于进行党的领导制度改革,完善党规党法,实现党内生活民主化制度化;关于坚持和健全民主集中制,增强党的团结统一;关于实行干部队伍"四化"方针,造就朝气蓬勃的领导干部队伍;关于从严治党,反对腐败,加强党的纪律性等方面的思想,都是党的建设理论的重要发展,为加强党的建设指明了方向。在当代世界风云变幻的条件下,在当代中国改革开放和现代化建设的伟大变革中,把党建设成为用建设有中国特色社会主义理论武装起来、全心全意为人民服务、思想上政治上组织上完全巩固、能够经受住各种风险、始终走在时代前列的马克思主义政党，这是以邓小平同志为核心的第二代中央领导集体开创的、以江泽民同志为核心的第三代中央领导集体正在领导全党继续进行的新的伟大的工程。

（五）党必须善于在改革开放的新形势下认识自己、加强自己、提高自己，认真研究和解决在自身建设中出现的新矛盾、新问题。改革开放给党的建设注入了新的活力，同时党的建设也遇到了许多复杂情况。我们党已有五千四百多万党员，教育和管理的任务比过去任何时候都更加繁重。面对新情况，我们的工作还不适应。一些地方和单位党不管党、治党不严，纪律松弛、组织涣散，思想上组织上作风上存在着种种不容忽视的问题。特别是某些消极因素和腐败现象在党内滋长蔓延，严重侵蚀着党员和干部队伍。对此，全党必须引起高度警觉和重视，严肃认真、扎扎实实地加以解决。

要继续把党的思想建设放在首要地位，推动全党对建设有中国特色社会主义理论的学习不断向广度和深度发展。要围绕什么是社会主义、怎样建设社会主义这个基本问题，联系实际，把握理论的科学体系，统一全党思想，坚持党的基本路线一百年不动摇。

要继续抓好党的作风建设，把反腐败斗争深入持久地进行下去。要深刻认识执政党的党风是关系党的生死存亡的问题。要在党员领导干部廉洁自律、查处违法违纪案件、纠正不正之风等方面不断取得新的进展，逐步建立健全有效的监督约束机制，进一步发扬艰苦奋斗的优良传统，密切党同人民群众的联系。

党的思想建设、组织建设和作风建设是相辅相成的整体。当前，在全面贯彻落实中央关于思想建设和作风建设部署的同时，加强党的组织建设已经成为突出的环节。为此，特别要提出和解决组织建设方面的三个问题：

——必须进一步坚持和健全民主集中制，特别要注重制度建设，以完备的制度保障党内民主，维护中央权威，保证全党在重大问题上的统一行动。

——必须进一步巩固和加强数以百万计的党的基层组织，使之成为能够团结和带领群众进行改革开放和现代化建设的战斗堡垒。

——必须进一步培养和锻炼数以万计的党的中高级领导干部，特别是培养和选拔大批德才兼备的年轻干部，形成坚定地走建设有中国特色社会主义道路、善于研究新情况、解决新问题、干练而充满活力的领导层。

全党要在江泽民同志为核心的第三代中央领导集体的领导下，继续聚精会神抓党的建设，努力把党的建设提高到新的水平。

二、坚持和健全民主集中制

（六）民主集中制是我们党的根本组织制度和领导制度。党创造性地运用民主集中制原则，制定正确规范党内政治生活、处理党内关系的基本准则和具体制度，形成了党在组织建设上的鲜明特征。党在全国执政以后，把这种制度运用于政权建设，在国家机构中实行民主集中制的原则。

民主集中制是民主基础上的集中和集中指导下的民主相结合的制度，是马克思主义认识论和群众路线在党的生活和组织建设中的运用。民主集中制的民主，就是党员和党组织的意愿、主张的充分表达和积极性创造性的充分发挥；民主集中制的集中，就是全党意志、智慧的凝聚和行动的一致。实行这种制度，就是要努力造成又有集中又有民主，又有纪律又有自由，又有统一意志又有个人心情舒畅、生动活泼的政治局面。

党在长期实践中，积累了贯彻民主集中制的成功经验，也有包括"文化大革命"期间民主集中制遭到严重破坏，给党和国家造成巨大灾难的沉痛教训。民主集中制贯彻得好不好，关系到党的事业的兴衰成败。十一届三中全会以来，党在恢复和健全民主集中制方面做了大量工作，党内政治生活日益正常和活跃，为不断开创社会主义现代化建设新局面提供了组织保证。历史经验告诉我们，民主集中制是科学的合理的有效率的制度，它有利于体现人民群众的根本利益和愿望，有利于党的路线方针政策的正确制定和执行，发生失误也能得到有效的纠正；制度建设更带有根本性、全局性、稳定性和长期性，必须进一步健全和完善民主集中制的一系列制度，使之不因领导人的改变而改变，不因领导人的看法和注意力的改变而改变；必须提高全党特别是领导干部执行民主集中制的自觉性，反对违背和否定这一制度的各种错误倾向，防止个人专断和极端民主化。

当前，我国正在进行一场广泛而深刻的社会变革，更要求我们党坚持和健全民主集中制，而决不能削弱和放弃民主集中制。这里要特别指出，社会主义市场经济体制是同社会主义基本制度结合在一起的，是要使市场在国家宏观调控下对资源配置起基础性作用。建立社会主义市场经济体制，需要调动一切积极因素，发挥全党全国人民的主动性和创造力；需要统筹规划、协调配套、有秩序有步骤地进行；需要在实践中不断认识和运用客观规律；需要以完备的法制来规范和保障。这一切都离不开党和国家按照民主集中制实行的正确领导。以为实行社会主义市场经济就可以不要党和国家领导制度中的民主集中制，或者以为坚持民主集中制就是回到计划经济的老路上去，都是不对的。现在，我们党执行民主集中制总体上是好的，但还有不少问题。民主不够和集中不够都不同程度地存在。有的地方和部门对中央的某些决策执行得不够有力，甚至有令不行，有禁不止。民主科学决策制度在有些方面还不够完善。鉴于这种状况，当前要在全党特别是领导干部中切实加强民主集中制的教育，健全贯彻民主集中制的各项具体制度，完善党内政治生活的各项准则。

（七）发展党内民主，充分发挥全党的积极性。没有民主就没有社会主义，就没有社会主义现代化。社会主义民主的实质是人民当家作主，这种最广泛的人民民主同资产阶级民主有本质区别，也完全不同于不讲纪律和秩序的无政府主义。发扬党内民主必然推进人民民主，这也是建设社会主义民主政治的一条重要途径。发展党内民主是多层次、多方面、多途径的。党内民主要以实现党的纲领为目的，以引导、保护、发挥积极性为出发点，紧密结合党组织的职能和党员的权利、义务而展开。要鼓励党员解放思想，实事求是，勇于探索，敢讲真话。从党的中央委员会到每一个支部，从领导机关的决策到在党的会议和党的报刊上参加政策问题的讨论，从党内选举到对领导干部进行评议、监督，都要充分发扬民主。

决策民主化是发展党内民主的重要内容，也是实现决策科学化的前提。要建立健全领导、专家、群众相结合的决策机制，逐步完善民主科学决策制度。党的领导机关和领导干部要发扬民主作风，坚持从群众中来，到群众中去，集中起来，坚持下去的群众路线，充分尊重群众的首创精神，及时总结来自基层和实践的丰富经验。要倾听各方面的意见，包括反对的意见。党的上级组织作出同下级组织有关的重要决定，要听取下级组织的意见。

发展党内民主必须切实保障各级党组织和党员的民主权利。要疏通和拓宽党内民主渠道，使党员对党内事务有更多的了解和参与。要把党的方针政策、指示决议，及时传达给下级党组织和党员。有些重要事情应该在党内先讨论，让党员早知道。《党章》规定的党员的各项权利，任何组织和个人都不得侵犯。要制定党员权利保障条例。明确党员正确行使权利的原则和保障党员行使权利的措施。

（八）加强民主基础上的集中，有力地执行党的路线方针政策。民主和集中是相辅相成、内在统一的。没有民主，就没有正确的集中。没有集中，就不能形成正确的路线方针政策，不能形成全党的统一意志。集中，就要集中正确的意见，使之成为多数人的共识，形成正确的决策，并坚决付诸实施。

我国是幅员辽阔、人口众多的发展中国家，我们党面临着艰巨复杂的改革和建设任务。只有维护中央的权威，才能增强党的凝聚力和战斗力；才能保证国家统一、民族团结和社会稳定；才能保障改革开放和现代化建设的顺利进行，逐步实现各族人民的共同富裕，实现社会主义物质文明与精神文明的共同发展。这是全党和全国人民的最高利益所在。党章规定，党员个人服从党的组织，少数服从多数，下级组织服从上级组织，全党各个组织和全体党员服从党的全国代表大会和中央委员会。“四个服从”最重要的是全党服从中央。党的历史表明，必须有一个在实践中形成的坚强的中央领导集体，在这个领导集体中必须有一个核心。如果没有这样的领导集体和核心，党的事业就不能胜利。这是坚持民主集中制的一个重大问题。

维护中央的权威，就是要保证中央的政令畅通，决定了的事情各方都要认真去办。在党的基本路线和总方针、总政策、总目标以及关系全局的重大问题上，全党必须与中央保持一致。各级党组织和全体党员要模范地遵守国家的宪法和法律。各地、各部门要牢固树立全局观念，坚决贯彻执行中央的决议、决定，结合实际创造性地工作，重大问题要请示报告。

在中央的统一领导下，充分发挥地方的积极性，是我们一贯坚持的重要指导原则。发挥地方的积极性应当是贯彻中央精神与立足本地实际相结合，对当地人民负责与对全国人民负责相统一。强调维护中央权威，决不是把应该赋予地方的权力收上来，而是要在合理划分中央与地方职责和权限的基础上，充分发挥两个积极性。

中央各部门要正确行使中央赋予的职责和权限，根据改革的要求，切实转变职能，正确处理部门利益与全局利益的关系，加强和改进宏观调控和宏观管理，更好地为地方为基层服务。

（九）坚持和完善集体领导和个人分工负责相结合的制度。凡属方针政策性的大事，凡属全局性的问题，凡属重要干部的推荐、任免和奖惩，都要由中央或地方党委集体决定。重大问题的决定，要充分酝酿、协商和讨论，并按照少数服从多数的原则表决。对集体的决定，任何个人无权改变，个人或少数人有不同意见允许保留，但必须无条件服从，并在行动上积极执行。

集体领导和个人分工负责，二者不可偏废。要提倡领导干部敢于负责的精神，反对遇事推诿、互相扯皮和无人负责。党的委员会成员既要根据集体的决定和分工，切实履行自己的职责，又要关心全局工作，积极参与集体领导。在党的委员会内部，书记和委员是平等的。书记在集体领导中负有主要责任，应当成为执行民主集中制的表率。党委成员要互相信任，互相支持，互相谅解，互相补充，包括互相帮助克服缺点和错误，不断增强领导班子的团结。

中央和地方国家机关、人民团体中的党组或党员负责干部，要自觉接受中央和地方党委的领导。重大问题要提请党委讨论决定，并在国家机关和人民团体中同多方商量，按照法定程序或章程办理。党必须在宪法和法律的范围内活动，又要善于组织、协调各方面的力量，充分发挥各个组织的作用，实行正确的领导。

要在总结经验的基础上，制定中央和地方党委工作条例，进一步明确和规范党委会及其常委会的职责范围、议事规则、决策程序。要完善党代表大会制度，进一步发挥党的中央和地方各级委员会全体会议的作用。

（十）加强和健全党内监督，严肃党的纪律。党内监督的实质是党从人民利益出发，按照从严治党的要求进行自我约束和自我完善。主要是监督党的组织和党员是否正确地贯彻执行党的路线方针政策，是否正确地运用人民赋予的权力，是否严格地遵守民主集中制的各项制度。党内监督的重点是党的各级领导机关和领导干部。在发展社会主义市场经济的条件下，要特别注意防范在党员干部中发生违法违纪行为。党员无论从事何种职业，担负何种领导职务，都要严格遵守党的纪律，自觉接受党组织和群众的监督。坚持在纪律面前人人平等，对违纪党员要严肃查处。

批评和自我批评是实行党内监督的有力武器。要坚持和健全组织生活会制度、党员领导干部民主生活会制度，开展谈心活动，从团结的愿望出发，认真进行批评和自我批评，分清是非，团结同志，克服缺点，改进工作。

要完善党内监督制度，制定党内监督条例。要充分发挥各级纪律检查机关在党内监督中的作用。要把党内监督同群众监督、舆论监督、民主党派和无党派人士的监督结合起来，把自上而下和自下而上的监督结合起来，逐步形成强有力的监督体系，以保证党的肌体的健康和各项任务的顺利完成。

三、加强和改进党的基层组织建设

（十一）党的基层组织是党的全部工作和战斗力的基础，担负着直接联系群众、宣传群众、组织群众、团结群众，把党的路线方针政策落实到基层的重要责任。改革的推进、经济的发展和社会的稳定，都要依靠基层党组织战斗堡垒作用和广大党员先锋模范作用的充分发挥。必须下大功夫把党的基层组织建设好。放松基层党组织建设，削弱基层党组织作用，是错误的和有害的。

在改革开放和现代化建设中，基层党组织团结带领群众开拓创新，艰苦奋斗，创造了新的业绩。许许多多共产党员在急、难、险、重的任务面前和关键时刻，冲在前面，舍己为人，展现了工人阶级先锋战士的优良品格和时代风范。与此同时，基层党组织建设也面临许多新情况新问题。随着多种经济成分的发展、利益关系的调整和经营形式的多样化，需要改进基层党组织的工作；各种新建立的经济组织和社会组织日益增多，需要从实际出发建立党的组织，开展党的活动；大批劳动力在产业间转移和地区间流动，需要采取有效措施管理好流动中的党员；消极腐败现象侵蚀着党组织的肌体，需要加强对党员的教育和管理，坚持党的宗旨，保持工人阶级先锋队的本色。按照新形势的要求，党的基层组织建设还存在许多不适应的地方。特别要指出，目前有一部分基层党组织软弱涣散，有的甚至处于瘫痪状态；有些基层干部作风不正，脱离群众；一些党员不起模范作用。这些问题的存在，同领导机关放松基层党组织建设工作是分不开的。必须引起高度重视，认真加以解决。

（十二）党的基层组织建设的指导方针是：第一，必须紧紧围绕党的基本路线，为党的中心任务服务，用完成本单位任务的实际效果来检验基层党组织的工作。第二，必须用改革的精神研究新情况、解决新问题，运用已有的成功经验并进行革新和创造，改进基层党组织的活动内容和工作方式。第三，必须严格党内生活，严肃党的纪律，弘扬正气，反对歪风，保持党员队伍的先进性和纯洁性，增强基层党组织解决自身矛盾的能力。第四，必须立足于经常性工作，常抓不懈，既要制定切实可行的长期规划，又要抓紧解决当前的突出问题。

各级党委都要健全抓好基层党组织建设的责任制。中央有关部门和省、自治区、直辖市党委要经常进行调查研究，分类指导，作出工作部署，认真督促检查。加强农村基层党组织建设，关键在县委。加强城市基层党组织建设，责任主要在市委。要把基层党组织建设工作做得好不好，作为考核市、县委和市、县委书记工作实绩的一个重要依据。

（十三）基层党组织要结合各自特点做好工作，努力成为团结带领群众进行改革和建设的战斗堡垒。

农村乡（镇）党委和村党支部要认真贯彻执行党的农村政策，在深化农村改革，全面发展农村经济，建设精神文明，带领农民群众奔小康、实现共同富裕和共同进步中发挥核心领导作用。村党支部建设要着重抓好四项工作：一是建设一个好的支部领导班子，特别是选一个认真贯彻党的路线方针政策、公正廉洁、年富力强、能带领群众致富的支部书记。二是确定一条符合本地实际的发展路子，稳定和完善以家庭联产承包为主的责任制和统分结合的双层经营体制，兴办各种经济实体，逐步壮大集体经济实力，在生产发展的基础上增加农民收入。三是做好思想政治工作，普及科学文化知识，教育党员发挥先锋模范作用，提高农民的素质，抵制和摆脱封建迷信等愚昧落后观念和资产阶级腐朽思想的影响，用爱国主义、集体主义、社会主义思想和健康、文明、进步的风尚占领农村阵地。四是加强以党支部为核心的村级组织配套建设，并同基层民主法制建设和社会治安综合治理结合起来，建立健全民主监督制度和村规民约，调动农民群众当家作主的积极性。对处于软弱涣散和瘫痪状态的党支部，各地要派出专门力量进行整顿，当务之急是整顿好领导班子，解决存在的突出问题，要力争在三年内分期分批完成这项任务。

国有企业要充分发挥党组织的政治核心作用，坚持和完善厂长（经理）负责制，全心全意依靠工人阶级。国有企业党组织要按照党章规定的职责和国家的有关法律法规，开展工作。要把保证搞好企业改革、转换经营机制、提高经济效益作为党组织工作的出发点和落脚点。认真总结党组织参与企业重大决策，保证监督党和国家方针政策贯彻执行的经验，使其不断丰富和完善。加强和改进思想政治工作，提高职工队伍素质，教育党员以模范行动影响和带动职工群众，同心同德办好企业。国有企业建立现代企业制度，要坚持发挥党组织的政治核心作用，在实践中积极探索，逐步完善企业领导制度，改进和加强党的工作。在其他各种所有制的企业中，都要加强党的工作。没有党组织的，要积极创造条件建立党的组织，采取适应各自特点的工作方法和活动方式，开展党的活动。

学校党的建设要围绕学校的改革和发展，加强和改进德育工作，培养有理想、有道德、有文化、有纪律的社会主义事业的建设者和接班人来进行。教育、科技、文化、卫生等单位的基层党组织要认真贯彻党的知识分子政策，加强党对知识分子的工作。党和国家机关中党的基层组织要紧密结合本单位的业务工作，抓好思想政治工作，加强对党员和领导干部的监督。街道和其他基层党组织，也要按照各自的不同情况，制定加强和改进自身建设的具体措施。

从事党务工作和思想政治工作的基层干部处在第一线，条件艰苦，任务繁重。要在他们中提倡任劳任怨、为党为人民作奉献的精神，又要支持他们的工作，关心他们的思想和生活，帮助他们解决实际困难。

（十四）以提高素质、增强党性为目标，加强和改进党员教育和管理工作。从现在起，用三年的时间，在全体党员中有计划、有步骤地开展一次建设有中国特色社会主义理论和党章的学习活动。学习要联系当前的形势和任务，联系党员的思想和工作实际，着重解决好三个问题：第一，树立共产主义理想，坚定走有中国特色社会主义道路的信念，提高坚持党的基本理论和基本路线的自觉性，模范执行党的各项政策。第二，坚持全心全意为人民服务的宗旨，密切联系群众，廉洁奉公，遵纪守法，自觉抵制拜金主义、个人主义和腐朽生活方式的侵蚀。第三，按照《党章》规定认真履行义务，正确行使权利，在改革和建设中建功立业。中央各部门和省、自治区、直辖市党委要根据上述要求，结合实际作出部署。

把党员教育同改进党员管理结合起来。要大力表彰先进的基层党组织和优秀党员，妥善处置不合格党员，坚决清除腐败分子。党的组织部门要制定有效管理流动党员的措施。要按照坚持标准、保证质量、改善结构、慎重发展的方针发展党员，不断增加党的新鲜血液。加强在生产、工作第一线发展党员的工作，重视培养和吸收青年和妇女中的优秀分子入党。共青团要进一步做好推荐优秀团员作党的发展对象的工作。

四、培养和选拔德才兼备的领导干部

（十五）培养和选拔德才兼备的领导干部是关系全局的重大问题。坚持党的基本理论和基本路线不动摇，保持党和国家的长治久安，不断把改革开放和现代化建设事业推向前进，关键在于我们党，首先在于县以上党政领导干部。建设有中国特色社会主义的全新事业和错综复杂的国际环境，对各级领导干部提出了新的更高要求。同时，新老干部的交替与合作是永无完结的历史过程。这些年大批经过长期革命斗争锻炼的老干部退出领导岗位，建国后成长起来的干部逐渐成为各级领导班子的主体。但是，一些领导班子素质不高、年轻干部偏少的问题仍然比较突出。这给我们党提出两项重大而紧迫的战略任务：一是必须全面提高现有领导干部的素质，把各级领导班子建设成为坚决贯彻党的基本路线、全心全意为人民服务、具有领导现代化建设能力的坚强领导集体，二是必须抓紧培养和选拔优秀年轻干部，努力造就大批能够跨世纪担当重任的领导人才。

（十六）高级干部特别是省部以上党政主要领导干部的领导水平，尤其是政治水平如何，关系到党和国家的前途命运。这些干部不仅要努力成为有知识、懂业务、胜任本职工作的内行，而且首先要努力成为忠诚于马克思主义、坚持走有中国特色社会主义道路、会治党治国的政治家。他们应该具有坚定的政治信念，始终保持清醒的头脑，自觉坚持党的基本理论和基本路线，经得起各种风浪的考验；他们应该具有开阔的眼界，熟悉国情，了解世界，解放思想，实事求是，务实创新，开拓前进；他们应该具有宽阔的胸襟，讲党性，顾大局，模范执行民主集中制，公道正派，任人唯贤，善于团结同志一道工作；他们应该具有较强的领导能力，讲究领导

艺术，审时度势，驾驭全局，善于协调各方面的力量；他们应该具有优良的作风，廉洁勤政，艰苦奋斗，深入实际，调查研究，谦虚谨慎，联系群众，真心诚意为人民谋利益。我们不仅要按照这样的要求提高现有高级干部的水平，而且要按照这样的要求培养和选拔接班人。

（十七）切实加强对县以上党政领导干部特别是年轻干部的培养教育。育人是用人的基础，只着眼于用人，忽视育人，是短视的。务必把培养教育干部作为一项事关全局的基础性工作坚持不懈地抓下去。要组织县以上党政领导干部认真学习马克思列宁主义、毛泽东思想，中心内容是学习和掌握邓小平同志建设有中国特色社会主义理论。同时，努力学习社会主义市场经济理论和基本知识，现代科学技术知识和法律知识，世界历史、中国历史特别是近现代史和中共党史。通过学习和实践，树立正确的世界观、人生观，更加自觉地坚持党的基本路线，增强工作中的原则性、系统性、预见性和创造性。坚决克服忙于事务和应酬，忽视和放松学习的倾向。要根据不同领导职务的不同要求，制定切实可行的教育和培训规划，分期分批对县以上党政领导干部进行培训，并对学习情况认真考核，把考核结果作为使用领导干部的重要依据之一。积极推进党校和各类干部学校的教育改革，更好地为培养德才兼备的领导干部服务。

要根据党政领导干部的成长规律，采取多种形式，放手让他们在实践中锻炼。对有发展潜力的年轻干部，要加紧培养。对缺乏全面领导工作经验的，要及早放到一定层次的关键领导岗位压担子；对缺乏基层工作经验的，要放下去任职锻炼。要鼓励、引导和安排年轻干部到基层去、到群众中去、到改革和建设的第一线去，特别是到条件艰苦或情况复杂的环境中去，经受考验。

（十八）高度重视人才的发现和使用，抓紧选拔大批优秀年轻干部。要结合新的历史条件，全面正确地贯彻干部队伍“四化”方针和德才兼备原则。衡量干部的德和才，应该主要看贯彻执行党的基本路线的实绩，选人用人要注意社会公论。要破除论资排辈、求全责备、迁就照顾等陈旧观念，不拘一格选拔人才。要广开进贤之路，搞五湖四海，避免只在党政机关或周围熟悉的少数人中选干部，反对任人唯亲。对那些在改革开放和现代化建设中政绩突出、群众信任的优秀干部特别是年轻干部，要大胆提拔，委以重任。对那些思想品质不好、弄虚作假、伸手要官的人决不能提拔。要重视各级党政领导班子主要负责人的选拔培养，加强女干部、少数民族干部和非党干部的选拔培养工作。严格执行干部离退休制度，认真做好离退休干部工作。

（十九）加快党政领导干部选拔任用等重要制度的改革。要坚持党管干部的原则，改进党管干部的方法，继续扩大民主、完善考核、推进交流、加强监督，逐步形成优秀人才能够脱颖而出、富有生机与活力的用人机制。

扩大选拔任用领导干部工作中的民主。无论选任还是委任、聘任领导干部，都要走群众路线，通过民主推荐、民意测验或民主评议，让群众更多地参与。同时，认真进行组织考察，由党委集体讨论决定。多数群众不拥护的，不应提拔。

完善领导干部考核制度，并与升降、奖惩制度相衔接。要全面考核干部的德、能、勤、绩，注重考核工作实绩，坚持领导与群众相结合的考核方法。有关部门要根据不同领导职务的不同特点，制定科学的考核体系和标准，对工作实绩进行全面考核和准确评价。根据考核结果实施升降奖惩，对不胜任现职的要果断调整。要使干部能上能下形成制度。

认真推行领导干部交流制度，并同回避制度和各级领导班子的任期制度结合起来。要有计划、有步骤地在上下级机关之间、地区之间、地区与部门之间、党政之间以及经济比较发达与相对落后地区之间进行干部交流，使他们在多种环境和岗位经受锻炼，增长才干。要加大省部级干部交流力度，继续推进地市县级干部交流，同时注意领导班子相对稳定。各级党委对领导干部的交流要统筹规划，周密安排，认真做好思想政治工作，严格执行党的纪律，坚决克服干部调不出、派不进的不良倾向。

切实加强对选拔任用领导干部工作的监督检查，坚决防止和纠正用人上的不正之风。要制定和实行党政领导干部选拔任用工作条例，使选拔任用干部的工作规范化、制度化。对那些不遵守党的原则，违反组织人事纪律，在用人问题上搞不正之风的，要严肃处理。

要认真推行国家公务员制度。对近年来一些地方在一定范围试行委任干部任期制、聘任制、试用制以及公开推荐与考试考核相结合选拔领导干部等，要认真研究和总结，使其不断完善。

（二十）各级党委（党组）都要从自己的实际出发，制定具体措施，认真贯彻执行本决定。中国人民解放军党的建设工作，由中央军委按照本决定精神和军队的特点作出部署。

全会号召，全党同志紧密地团结在以江泽民同志为核心的党中央周围，在邓小平同志建设有中国特色社会主义理论和党的基本路线指引下，进一步加强和改进党的建设，增强党的凝聚力和战斗力，团结和带领全国各族人民，为建设有中国特色社会主义的伟大事业努力奋斗！

全国政协中央统战部在人民大会堂举行国庆招待会与来自台湾香港澳门的同胞和海外侨胞共庆中华人民共和国成立45周年

共青团中央全国青联中华儿女杂志社举办“学习《爱国主义教育实施纲要》”座谈会

国务院发出《关于切实做好1994年度棉花购销工作的通知》

《通知》说,国务院决定,当前不放开棉花经营,不放开棉花市场,不放开棉花价格,继续实行国家统一定价,由供销社统一经营。

《通知》指出,棉花是关系国计民生的战略物资,是产棉区农民收入的基本来源,是纺织工业的主要原料。从长远看,解决棉花问题的根本出路在于适应社会主义市场经济的要求,逐步建立在国家宏观调控下主要依靠市场机制实现棉花资源合理配置的新型棉花购销体制。鉴于棉花问题的重要性、特殊性和复杂性,棉花购销体制改革必须坚持积极稳妥的方针。

国务院的《通知》共十个方面:

一、1994年度棉花购销体制改革和购销工作的重点是:按照社会主义市场经济的要求,理顺价格关系,规范市场秩序,健全质量保障和监督体系,改进、完善储备体系和宏观调控,促进棉花生产的恢复与稳定增长,确保国家掌握充足的棉花资源,推动纺织工业的健康发展,增加出口创汇。

二、解决棉花供需矛盾,需要各方面积极配合,共同努力。要做好棉花总量平衡工作。

三、合理调整棉花价格,严格执行价格政策。1994棉花年度,标准级皮辊棉收购价格每50公斤提高到500元。此外,对棉农给予价外奖励。

棉花的购销价格管理权在国务院。各地区、各部门和棉花经营单位必须严格执行国家规定的收购价格、供应价格及相关政策,不准抬级抬价、压级压价,不准擅自提高或变相提高棉花收购价格、供应价格,也不搞价格“双轨制”。除国家统一规定外,不准实行各种名义的价外加价和价外收费,已经实行的要坚决纠正。

四、维护棉花正常流通秩序,确保国家掌握资源。棉花是纺织工业的主要原料,对质量要求很高,必须建立严格的收购、加工资格认可制度。要坚持棉花合同定购。供销社的棉花经营单位是棉花收购、加工的主渠道,并受国家委托统一经营棉花。良繁区的良种加工厂和国营农场只允许收购、加工本区(场)内生产的棉花。其他任何单位和个人一律不得收购、加工和经营棉花。不准自建棉花市场,坚决取缔棉花黑市交易。不准搞违反国家收购、调拨、供应计划的各种形式的“产销直挂”。任何纺织企业都不准到产区收购棉花,也不得通过非棉花经营单位购买棉花。凡是非棉花经营单位收购、经营棉花的,银行不予贷款,铁路交通部门不予安排运输,严禁倒卖准运证。如有违反,要严加惩处,包括没收其棉花和非法所得。

各级政府和有关部门要统一认识、统一步调,按国务院的统一部署,积极采取有效措施,维护好收购秩序,特别是要加强对毗邻省间、县间收购秩序的管理,坚决防止出现“棉花大战”。工商行政管理机关要加强市场管理,整顿棉花流通秩序,坚决取缔非法的棉花收购、加工和经营单位,严厉打击任何单位和个人套购倒卖棉花的非法活动。禁止生产销售小轧花机,禁止使用小轧花机加工籽棉。

五、强化质量监督管理,严厉打击掺杂使假行为。各地要继续认真执行党中央和国务院有关部门关于严厉打击棉花购销经营中掺杂使假违法犯罪活动的规定,在综合治理棉花质量工作的基础上,进一步把棉花“打假”工作抓紧抓好。在棉花质量监督执法工作中,不论哪个环节、哪个地区发生质量违法案件,一经发现要追查到底,并依法从严从重惩处,不得姑息迁就。供销社在收购、加工、入库、签证各环节都要认真执行质量检验制度,严格掌握质量标准,严禁虚抬等级、混等混级、掺杂使假、短秤亏重。专业纤维检验机构要依据国家经贸委等六部门发布的《棉花质量监督处罚暂行办法》,对执行国家质量标准的情况进行检查,对质量违法行为严肃查处。

六、确保完成国家调拨计划。各级政府要顾全大局,把支持、保证、监督供销社完成国家计划,作为政府负责人的一项重要职责。供销社要尽职尽责,认真做好组织工作,确保完成国家调拨计划,对完成好的单位要予以表彰,对无故完不成计划的要予以处罚。继续执行对调出省每50公斤棉花奖励30元的政策,奖励款不计入棉花供应价格,由调入省财政负担。

七、保证棉花收购资金足额及时供应。各级政府要统一领导和组织银行、财政、供销社等有关部门,早计划、早算账,认真落实收购资金责任制。人民银行和农业银行、农业发展银行要及时做好资金调度工作,保证收购资金及时到位。银行发放的棉花收购贷款,要专款专用,任何单位和个人不得挤占挪用,否则要严肃查处。棉花收购价外奖励款要及时拨付。银行、供销社等有关部门要密切配合,坚决防止出现收购“打白条”的现象。

八、完善国家储备棉的管理。储备棉的动用权在国务院,未经批准,地方政府、部门和单位、个人无权动用。国家计委、国家经贸委、内贸部、财政部、国家技术监督局要组织力量对国家储备棉进行一次清查。切实做到专库、专账、专人管理，账实相符。国家安排的储备棉入库计划，各省（区）应优先保证完成。对干扰储备棉管理造成损失的，要追究有关领导和人员的责任。

九、进一步加强对棉花工作的领导。产棉区各级政府要由主要领导负责，计划、经贸、农业、供销、银行、交通、工商、物价、技术监督、公安、监察等有关部门通力合作，认真贯彻本通知的要求，精心组织，周密安排，切实做好棉花购销工作，确保国家掌握棉花资源。销区政府对维护正常的流通秩序也负有重要责任，要采取有效措施，制止纺织企业和非棉花经营单位到产区抢购棉花。各级政府对棉花工作要一抓到底，防止前紧后松。国务院将继续组派棉花收购工作巡视组进行检查。各级物价部门要把检查棉花价格的执行情况，作为物价大检查的重要内容，认真抓紧抓好。监察、质量监督、工商行政管理以及公安政法等部门，要把查处棉花工作中违法违纪问题列入重要工作日程。对那些隐产瞒报、压级压价、抬级抬价、掺杂使假、不执行国家计划、擅自动用国家储备棉等问题，一经发现要追查到底。构成犯罪的，要依法追究刑事责任。对典型案例要公开曝光。要利用各种新闻媒介，大力宣传今年的棉花政策。各级领导干部要带头执行国家的规定和政策，令行禁止，廉洁自律，保证棉花收购、调拨、供应工作的顺利完成。

十、为明年棉花增产打好基础。要继续实行棉花指导性种植计划。1995 年的棉花种植计划，由国家计委商农业部，在冬小麦播种前下达各地，各地要逐级落实。在安排冬小麦时，要引导农民留足棉花用地。要做好种子和化肥等农业生产资料的供应准备工作，争取明年棉花获得更大丰收。

第六届中国西部商品交易会在甘肃天水开幕

国家副主席荣毅仁在钓鱼台国宾馆会见朝鲜国家副主席李钟玉

国务院副总理兼外交部部长钱其琛在第 49 届联大一般性辩论中就中国政府对当前国际形势和一系列重大国际问题的立场发表讲话

主席先生：

首先，请允许我对你荣任本届大会主席表示热烈的祝贺，相信你将以自己的卓越才能和丰富经验出色地完成这一崇高使命。同时，我也对英萨纳利先生在担任上届大会主席期间所做的积极贡献，表示赞赏和感谢。

我愿借此机会，对南非代表团参加本届联大的工作表示热烈的欢迎和祝贺。我们相信，纳尔逊·曼德拉总统领导的统一、民主、种族平等的新南非定将对非洲及世界的和平与发展做出积极贡献。

主席先生，

目前，国际形势仍处在深刻的变动之中。世界正在加速向多极化格局过渡，经济因素在国际关系中的作用继续加强，走向缓和已成为当前国际形势的主流。但是，霸权主义和强权政治依然存在，地区热点此起彼伏，各种不稳定因素有增无减，国际局势更加复杂多变。维护和平、加强合作、促进发展仍然是当代世界面临的主要课题。

如何消除地区热点、妥善处理国际争端是当前国际形势中一个突出的问题。国际社会对此普遍表示关切并采用过各种手段试图加以解决。经验证明，干涉别国内政，施加压力、实行制裁，甚至动用武力等种种做法，不仅无助于问题的解决，相反会使之复杂化并增加最终解决的难度。国际社会、地区组织从维护地区的和平与稳定出发，推动直接有关各方进行对话和谈判，寻求各方都能接受的解决办法，才是正确、有效的途径。中东和平进程的突破和解决朝鲜核问题的进展，就是有力的例证。

联合国的维持和平行动能起一定的积极作用，但并不是所有的维和行动都是成功的，应当总结这方面的经验和教训。我们一贯认为，维和行动必须严格遵照联合国宪章和国际关系准则办事，并应在得到有关各方的同意与合作的情况下进行。在维和过程中必须坚持公正的态度，不偏袒任何一方。维和行动也好，人道主义援助也好，都不应干涉别国的内政，更不应使用武力，卷入有关各方的冲突。联合国维和部队在索马里的遭遇，应当引以为训。

在这里，我想着重指出，避免国与国之间冲突的根本途径在于严格遵循和平共处五项原则。互相尊重主权和领土完整、互不侵犯、互不干涉内政、平等互利、和平共处等五项原则是 40 年前中国和印度、缅甸共同倡导的。此后，在亚非国家共同制定的万隆会议十项原则中，在东南亚国家联盟以及发展中国家其他地区组织所规定的宗旨和原则中，和平共处五项原则的精神都得到了体现。40 年来的历史证明，和平共处五项原则具有强大的生命力。国与国之间不论社会制度、意识形态、价值观念、宗教信仰有多大不同，只要遵循这些原则，就能和睦相处、互利合作；反之，就会引起摩擦、对抗甚至兵戎相见。在我们这个多样化的世界里，只有遵循和平共处五项原则，求同存异，国与国之间才能友好相处、共同发展，舍此别无他途。

主席先生，

冷战时期，两个超级大国大规模的核军备竞赛，造成了核武器的大量积累，使各国人民长期生活在核战争威胁的阴影之中。现在，国际形势发生了巨大变化，不仅新的世界大战有可能避免，而且全面禁止和彻底销毁核武器，使人类最终摆脱核战争威胁的可能性也正在增长。

中国一贯主张全面禁止和彻底销毁一切大规模杀伤性武器。中国政府认为应当像制定《全面禁止生物武器公约》和《全面禁止化学武器公约》那样，制定一项全面禁止核武器的公约。中国作为《不扩散核武器条约》的缔约国，赞成这个条约延期。但是，只延长《不扩散核武器条约》显然是不够的。为了使人类最终免除核战争威胁，逐步达到实现无核武器世界的目标，中国政府主张：

——所有拥有核武器的国家宣布无条件地不首先使用核武器，立即谈判并签署互不首先使用核武器的条约；

——支持建立无核区的努力，所有有核国家保证不对无核国家和无核区使用或威胁使用核武器；

——通过谈判争取不迟于 1996 年缔结一项全面禁止核试验的条约；

——主要核大国如期实施现有核裁军条约并进一步大幅度削减核军备；

——通过谈判缔结一项禁止生产核武器用的裂变材料的公约；

——签署全面禁止核武器公约。所有拥有核武器的国家承担彻底销毁核武器的义务，并在有效的国际监督下付诸实施；

——在防止核武器扩散和推进核裁军进程的同时，积极推动和平利用核能的国际合作。

上述各点构成一个完整的、相互联系的核裁军进程。我们认为，不论有核国家还是无核国家都有权充分参与这一进程。

人类既然能够在 20 世纪制造核武器，并开始和平开发核能，我们相信，人类也完全有能力在 21 世纪全面禁止和彻底销毁核武器并全面利用核能更好地为人类造福。在新世纪来临之际，我们愿同其他有核国家和广大无核国家一道，为实现这一目标开辟道路，并为最终实现这一崇高目标而作出应有的贡献。

主席先生，

当前经济优先已成为国际潮流，世界各国普遍重视发展本国经济，加强国际经济合作。今年世界经济出现回升。东亚地区的经济持续高速增长。但世界经济发展是不平衡的。令人担忧的是，有些发展中国家的贫困化进一步加剧。为了促进各国共同发展，我们主张摒弃在国际经济关系中的贸易保护主义和贸易歧视政策。不论是全球性的多边贸易安排，还是区域性的经贸合作，都不应当是封闭性的，都应当实行对外开放和平等互利的原则。即将于明年成立的世界贸易组织，从一开始就应该是一个广泛的、开放的、平等互利的贸易组织。现在世界经济是一个相互依赖的整体，发达国家应为各国实现经济发展、加强国际经济合作做更多的实事。首先要采取有效措施向发展中国家开放市场、提供发展资金、进行技术转让、减轻债务负担和增加发展援助，为发展中国家的经济发展、社会稳定和消除贫困作出贡献。这样做也有利于发达国家自身的经济发展。国际社会，包括联合国在内，应当更多地关注发展问题，特别是为促进发展中国家的繁荣发挥积极作用。秘书长先生根据联大有关决议在今年提出了《发展纲领》报告，对此我们表示赞赏。我们希望对《发展纲领》的审议能为世界经济发展与国际合作注入新的活力。

中国政府把经济建设作为全国工作的中心，把改革开放作为一项基本国策。今年以来，我国在深化改革、扩大开放方面采取了一系列新的重大举措，促进了我国国民经济的持续、快速、健康的发展。与去年同期相比，今年上半年我国国内生产总值增长百分之十一点六，对外贸易增长百分之二十五点五，外来实际投资的金额增长百分之五十四点九。中国将进一步扩大全方位的对外开放，继续为世界经济的繁荣作出自己的贡献。我国正在积极争取早日恢复关贸总协定缔约国的地位。解决中国“复关”问题对中国和世界都是有利的。中国需要同世界各国合作，世界也需要中国这一个重要的贸易伙伴。世界贸易组织如果没有中国，那将是不可思议的。

主席先生，

虽然人类社会在不断发展、进步，但是贫困、失业、环境恶化、人口膨胀、难民、非法移民、毒品泛滥、犯罪以及妇女、儿童、残疾人等社会群体受到损害和不公正对待等社会问题仍然严重存在，有些问题甚至比过去更为突出。国际社会要求通过加强国际合作逐步解决这些社会问题的呼声越来越高。我们认为，开展这方面的国际合作是必要的。由于各国情况不同，出现的社会问题也有差别，各国的社会发展政策应该符合本国国情。在这方面的国际合作应当遵循相互尊重、平等互利的原则，不应附加政治条件和干涉别国内政。发展中国家占世界人口的大多数，面临的社会问题也比较严重，联合国应该把社会领域的工作重点放在发展中国家。

近几年来，我们积极支持并参加了联合国主持召开的关于环境、人权、人口等问题的重要国际会议，并将积极参加明年 3 月在哥本哈根举行的关于社会发展的世界首脑会议。中国政府非常重视明年 9 月在北京举行的第四次世界妇女大会。中国人民、特别是广大妇女，怀着巨大的热情期待着这次世界盛会的召开。

我国政府根据 1992 年联合国环境与发展大会文件的要求，结合中国实际情况制定了《中国 21 世纪议程——中国 21 世纪人口、环境与发展白皮书》。这个文件将对我国制定中长期国民经济和社会发展计划起重要指导作用。

维护和保障人权应是各国社会政策的一项重要内容。随着经济和社会的发展，不断提高我国人民享有的人权水平，是我国政府的一项基本政策。我们一贯认为，人权的普遍性原则必须与各国的具体情况相结合。各国的国情各异，在人权问题上存在一些不同的看法是难以避免的，也是正常的。我们赞成在平等和相互尊重的基础上进行对话，增进相互了解，反对以人权问题为借口干涉别国内政。

主席先生，

明年是联合国成立 50 周年。近半个世纪以来，国际形势和联合国本身都经历了巨大变化。今天，联合国是由主权国家组成的具有最广泛代表性的政府间国际组织。联合国的会员国，不论大小、强弱、贫富，都是联合国这个组织的平等成员。尽管联合国有自己的缺陷，但它在全球性的国际事务中的地位和作用是任何其他国际组织或国家集团所无法替代的。人们期待着联合国能够更好地完成宪章所赋予的使命，为维护和平和促进发展作出更大的贡献。

为了适应国际形势的巨大变化和迎接严峻的挑战，联合国机构应进行相应和必要的改革。我们认为，联合国的任何改革，都应该有助于保持并增强它目前在国际事务中的积极作用，有利于提高联合国的工作效率。同时联合国的改革应该充分照顾占联合国大多数的广大发展中国家的愿望和利益，有利于它们充分发挥自己的作用。联合国大会作为各国代表团发表意见的主要论坛，它的职能和作用应当加强。安理会的改革必须有利于它更好地履行联合国宪章赋予的职能。安理会的扩大应充分顾及公平地域分配原则，使之具有更广泛的代表性。为了使安理会的行动更好地体现联合国会员国的集体意志和共同愿望，增加安理会工作的透明度、加强安理会同联合国大会以及联合国其他机构的沟通是必要的。

为了筹备和组织联合国成立 50 周年的纪念活动，中国已经根据联大有关决议成立了国家委员会。我们希望，通过明年各国举办的纪念活动，总结经验，展望未来，进一步弘扬《联合国宪章》的宗旨和原则，使联合国今后在维护和平和促进发展方面更好地发挥作用。

主席先生，

本世纪的前半期不幸发生了两次世界大战，造成了全人类的浩劫。本世纪后半期的冷战，使人类长期生活在战争威胁的阴影之中。值得庆幸的是本世纪实现了在世界范围内消灭持续数百年之久的殖民主义体系的历史任务，这无疑是当代人类社会最伟大的成就。展望 21 世纪，我们对人类的前途充满信心。中国人民将同各国人民一道，为创造一个和平与繁荣的新世纪而共同努力！

谢谢主席先生。

国家外国专家局在北京举行国庆招待会招待在中国的外国专家

来自 63 个国家和地区的 1400 多名外国专家参加招待会。邹家华、宋平、宋健、李贵鲜、罗干出席招待会。国务院 40 多个部委负责人也应邀参加。

国务院副总理邹家华在招待会上讲话。

中国驻荷兰大使吴建民向荷兰女王递交国书

全国中小学劳动技术教育研究会成立

9 月 29 日

中共中央纪委第四次全体会议公报

中国共产党中央纪律检查委员会第四次全体会议，于 9 月 29 日在北京举行。出席四次全会的中共中央纪律检查委员会委员 103 人，列席全会 3 人。在此之前中央纪委委员列席了中国共产党第十四届中央委员会第四次全体会议。

中央纪委这次全会的议题是：研究如何监督、保证党的十四届四中全会通过的《中共中央关于加强党的建设几个重大问题的决定》提出的各项任务的落实，并作出工作部署。中央纪律检查委员会常务委员会主持会议。全会审议通过中共中央纪律检查委员会书记尉健行代表中央纪委常委会作的《全面发挥监督职能，保证党的十四届四中全会决定贯彻落实》的报告。

全会一致拥护党的十四届四中全会的《决定》，完全赞成江泽民的重要讲话。全会认为，四中全会的《决定》，充分体现了邓小平同志建设有中国特色社会主义理论特别是党的建设的思想，贯穿了党的十四大精神，科学地分析了党的建设面临的形势；指出在全面贯彻落实党中央关于思想建设和作风建设部署的同时，加强组织建设已成为突出的环节，提出了坚持和健全民主集中制，加强和改进党的基层组织建设，培养和选拔德才兼备领导干部的任务。四中全会《决定》把党的建设提到新的伟大的工程的高度，使全党深受鼓舞。认真贯彻落实四中全会《决定》，对于进一步加强党的建设，促进党的团结统一，提高党的领导水平和执政水平，充分调动和发挥全党、全国人民的积极性、创造性，保证党的十四大提出的各项任务的完成，对于坚持党的基本路线一百年不动摇，实现党的第二步和第三步战略目标，把我国建设成为社会主义现代化强国，都具有重要的现实意义和深远的历史意义。

全会一致认为，民主集中制是我们党和国家的根本组织制度和领导制度，是科学的合理的有效率的制度。我国正在进行广泛而深刻的社会变革，要求我们党必须更好地坚持和健全民主集中制。

全会重申，维护民主集中制原则，是纪律检查机关十分重要的任务。在新形势下，纪律检查机关维护民主集中制的任务主要是：维护党中央的权威，保证党的路线、方针、政策的切实贯彻执行；维护党的团结，增强党的凝聚力，保证党的各级组织在建设有中国特色社会主义理论和党的基本路线基础上的统一；维护党内政治生活的各项准则，监督党的组织和党员正确处理个人与组织、上级组织与下级组织、多数与少数、中央与地方等关系；维护和保障各级党组织和党员的民主权利，发展党内民主，保护和支持广大党员解放思想，实事求是，勇于探索，改革创新。

全会强调指出，民主集中制要靠全党来维护。关键是全体党员特别是党员领导干部要增强党性，提高素质。

民主集中制的"四个服从"中，最重要的是全党服从中央。党的组织和党员，都必须在党的基本路线和总方针、总政策、总目标以及关系全局的重大问题上与中央保持一致，对中央的决议、决定，必须结合实际创造性贯彻执行。严肃党的纪律，必须把维护政治纪律放在首位。对违反政治纪律的行为，纪律检查机关必须严肃查处。全会认为，注重制度建设，是十四届四中全会《决定》的一个重要指导思想。各级纪律检查机关要按照党章规定的任务，做好建章立制工作，规范党组织和党员在遵守民主集中制方面的行为，并对监督检查的程序、处理办法等作出规定，以强化党内监督约束机制。

全会指出，加强和改进党的基层组织建设，培养和选拔德才兼备的领导干部是四中全会《决定》提出的重要任务，纪律检查机关要切实监督、促进两项任务的落实。

全会强调，党的作风建设如何，党同人民群众的关系如何，是关系党的生死存亡的问题。各级党委、纪委要以四中全会精神为强大动力，继续抓好作风建设，把反腐败斗争深入持久地进行下去。

全会要求，各级纪律检查机关要认真学习、深刻领会四中全会精神，充分认识在新形势下加强党的建设，增强党的凝聚力和战斗力的重要性，切实监督、保证四中全会《决定》提出的各项任务的实现。

全会号召，各级党委、纪委、全体纪检干部，要更加紧密地团结在以江泽民同志为核心的党中央周围，在邓小平同志建设有中国特色社会主义理论和党的基本路线指引下，以党的十四届四中全会精神为指导，进一步振奋精神，通过卓有成效的工作，为建设有中国特色社会主义的伟大事业做出新贡献。

国务院第二次全国民族团结进步表彰大会在北京举行

在建国45周年前夕，国务院第二次全国民族团结进步表彰大会上午在人民大会堂举行。江泽民、李鹏、乔石、李瑞环、朱镕基、刘华清、胡锦涛、荣毅仁等出席大会。

这次全国民族团结进步表彰大会是根据党中央、国务院的决定召开的，是一次表彰先进、促进全国各民族大团结的盛会。受表彰的包括全国56个民族的模范单位和个人共1200多个。

中共中央总书记江泽民、国务院总理李鹏在大会上作了重要讲话。

江泽民、李鹏等领导同志还向获得民族团结进步先进集体和个人的代表颁发奖牌和奖状。大会由国务委员兼国家民委主任司马义·艾买提主持。

国家主席江泽民在国务院第二次全国民族团结进步表彰大会上发表讲话

同志们：

在建国45周年前夕，国务院召开这次大会，表彰民族团结进步模范单位和个人代表，交流工作经验，商讨进一步推进我国民族团结进步事业的大计，这是很有意义的。我代表党中央，向被评为民族团结进步模范的单位和个人表示热烈的祝贺！向为这一事业做出贡献的同志们、朋友们致以崇高的敬意！

在我们祖国的大家庭里，各民族人民亲密无间、互助合作，共同建设伟大的社会主义事业，各个领域都取得了举世瞩目的成就。今天，56个民族的代表欢聚在这里，这本身就是我们中华民族团结和睦、兴旺发达的象征。

中华民族有五千年的历史，有强大的凝聚力、创造力。我们伟大民族的文明代代相传，不断充实和创新。各民族人民的坚强团结，各民族多姿多彩文化的交相辉映、互相吸收，不断促进祖国的发展和进步。

今天，各族人民在中国共产党领导下，正在努力建设有中国特色的社会主义，实现祖国的繁荣富强，这是多少代中国人梦寐以求的美好理想。这一目标的实现，将是中华民族历史上灿烂的新篇章。要完成这个崇高使命，一个基本条件就是，各族人民要更加紧密地团结一致,心心相连,艰苦奋斗,共图大业。中国的发展,离不开汉族和各少数民族的共同进步,离不开对少数民族地区资源的合理开发和经济的协调发展。历史和现实把各族人民的前途和命运紧紧联系在一起。中华民族的振兴,就是56个民族的共同振兴。我们要把各族人民的意志集中起来,把各族人民的凝聚力强化起来,把各族人民的积极性调动起来,把各族人民的聪明才智发挥出来,同心同德地去推动改革开放和现代化建设,这样就一定能够实现中华民族的伟大振兴。

要促进各民族的团结进步,必须坚持邓小平同志建设有中国特色社会主义的理论,坚持马克思主义的民族观。小平同志对新时期的民族工作做过一系列重要论述。在新的历史条件下继承和发展了马列主义毛泽东思想的民族理论。我们要认真地学习,深入地研究,很好地运用,指导我们的民族工作不断向前发展。

我们必须按照党的基本路线的要求,坚持以经济建设为中心,致力于发展民族地区的生产力,致力于提高各族人民的生活水平。经济发展是民族团结进步的物质基础。民族地区要坚持自力更生,艰苦奋斗,把自己的经济优势发挥出来。国家将一如既往地采取有效措施,给民族地区以有力的帮助,同时还要组织发达地区对民族地区进行支援,从而达到先富帮后富,共同发展,共同繁荣。

我们优越的社会主义制度,民族地区已经获得的发展进步,我国综合国力的增强和国际地位的提高,为维护民族团结提供了良好的社会条件。我国的民族关系在世界风云的变幻中经受住了考验。各族人民肝胆相照,为维护民族团结和巩固国家统一做出了重大的贡献。我们要继续正确处理各民族之间的关系和各民族内部的关系,以利于加强互助合作、增进民族团结,始终做到同呼吸、共命运、心连心,以利于调动一切积极因素,不断促进改革、发展和稳定。对那些无视民族大义制造民族分裂的活动,必须旗帜鲜明地进行斗争。

各级党委和政府要切实加强领导,把民族团结进步事业继续推向前进。每个共产党员和领导干部,都要做民族团结进步的模范。希望民族团结进步的先进典型再接再厉,保持荣誉,不断创造新的业绩。

同志们,让我们在中国共产党的领导下,在建设有中国特色社会主义的道路上阔步前进,振兴中华,为世界和平、发展和人类进步事业做出更大的贡献。

国务院总理李鹏在国务院第二次全国民族团结进步表彰大会上发表题为《在建设有中国特色社会主义的伟大事业中不断促进民族团结和进步》的讲话

同志们:

第二次全国民族团结进步表彰大会,是在我国改革开放和现代化建设新形势下召开的一次表彰先进、促进全国各民族大团结的盛会。刚才江泽民总书记作了重要讲话。现在,我代表国务院,向今天受到表彰的模范单位和个人表示热烈的祝贺!向所有为民族团结进步事业做出贡献的人们表示崇高的敬意!

我们伟大的祖国已经走过了45年的光辉历程。45年来,在中国共产党的领导下,国家面貌发生了历史性的变化,民族团结进步事业取得了举世瞩目的成就。中华人民共和国是全国各族人民共同缔造的统一的社会主义国家,社会主义的新型民族关系不断巩固和发展。新中国成立以来,特别是改革开放以来,少数民族和民族地区的社会经济发展取得巨大成就,经济发展步伐明显加快,国民生产总值平均每年递增9.4%。各族人民的生活不断改善,人均寿命大幅度提高。在经济发展的同时,少数民族的科技、教育、文化、体育、卫生等各项事业迅速发展,珍贵的文化遗产得到继承,民族干部和各种专业人才的队伍茁壮成长,民族素质不断提高。全国各族人民在统一的祖国大家庭里,平等相待,友好相处,团结合作,共同建设着社会主义的新生活。民族团结进步事业的巨大成就说明,党和国家的民族政策是完全正确的,我们所走的有中国特色的解决民族问题的正确道路,越来越宽广。为了把建设有中国特色社会主义的伟大事业不断推向前进,为了祖国的繁荣昌盛,为了各民族的共同进步和中华民族的振兴,必须始终不渝地推进民族团结进步事业。

当前我们国家面临非常好的发展机遇,民族地区同样面临非常好的发展机遇。抓住机遇,发挥优势,在改革开放中加快民族地区发展。随着改革的深化,社会主义市场经济体制的建立,民族地区的发展潜力将会得到充分发挥。经过建国以来,特别是改革开放以来的建设,国家已经有了比较雄厚的物质基础,改革开放取得了成功的经验,这给民族地区的发展提供了良好的条件。沿海、沿江、沿边全方位开放战略的实施,使民族地区能够更好地通过对外开放促进经济发展。有利的国际环境,特别是良好的周边环境,对民族地区的发展非常有利。要抓住这个历史机遇,振奋精神,开拓创新,促进民族地区的社会经济发展。民族地区改革的方向和发展的总体目标要同全国相适应,同时要注意根据民族地区的实际情况,制定自己的发展规划和改革措施。在社会主义市场经济体制下,民族地区的农牧业资源、能源、原材料资源、旅游资源和广阔的市场,都是很大的优势,把这些优势发挥出来,就会大大加快民族地区的发展步伐。

现在我国的经济格局大体是:西部自然资源丰富,但生产力水平较低;东部生产力水平较高,但自然资源不够丰富,东西部地区之间经济互补性很强。积极促进地区间的经济合作和民族间的经济交往，是实现全国经济协调发展的一条重要方针。少数民族主要居住在西部地区，加强东西部地区之间的经济合作，对逐步消除东西部差距，对整个国家经济的持续、快速、健康发展，对各民族的共同富裕，对增强民族团结，具有重大意义。国家将通过正确的政策导向，积极推进地区之间的经济技术合作，以促进全国各个地区经济的协调发展。民族地区的发展，要靠自力更生，艰苦奋斗，同时国家要大力给予扶持。经济比较发达的地区也要采取多种形式，支援民族地区的发展。近年来东部地区与民族地区的对口支援，取得了良好的经济效益和社会效益，要继续做好这项工作。

民族地区同全国各地一样，在集中精力进行经济建设的同时，要十分重视社会主义精神文明建设，以实现社会全面进步。经济发展有赖于人的素质的提高和人才的培养，要采取积极措施，切实解决民族地区儿童入学率低、教学条件差、师资水平低、教育质量不高的问题。少数民族文化是中华民族文化宝库的重要组成部分，要坚持为人民服务、为社会主义服务的方向，坚持百花齐放、百家争鸣的方针，积极促进民族文化的继承发展和各民族文化之间的交流。要采取积极措施，加强宣传工作，宣传党的民族政策，宣传民族地区改革和发展所取得的伟大成就，宣传民族团结进步的先进典型和经验，鼓舞各族人民积极投身到社会主义现代化建设事业中去。

必须认真做好民族地区的扶贫工作。由于历史和自然条件方面的原因，现在，还有一部分民族地区人民温饱问题没有完全解决。各级政府都要认真贯彻执行国家“八七扶贫攻坚计划”，把民族地区的扶贫工作作为全国扶贫工作的重点，帮助这些地区尽快脱贫致富。国家的扶贫款项和以工代赈项目，要更多地用于荒漠干旱、高寒阴湿和石山秃岭地区的扶贫开发。要坚持开发性扶贫的方针，增强自力更生脱贫致富的观念。

要积极发展民族地区的科技事业，培养少数民族干部和专业技术人才。经济发展和民族进步，都要求大力发展科技事业。要增加对民族地区的科技投入，大力普及科学知识，推广科学技术，促进科技与经济的紧密结合。为进一步做好民族工作和适应现代化建设的需要，必须加强民族干部队伍建设和专业技术人才的培养，特别要培养一大批跨世纪的优秀民族干部和建设人才。要采取有效措施，提高少数民族干部的素质，通过多种方式，帮助他们开阔视野，增长才干。对外地到民族地区工作的干部和科技人员，要采取一些优惠的办法，鼓励他们为民族地区的社会经济发展和团结进步做出贡献。

基层政权是直接同广大人民群众打交道的，加强基层政权建设意义重大。要通过思想教育、组织整顿、强化职能等措施，加强民族地区基层政权建设，使之真正成为带领群众发展生产、脱贫致富的机构，成为维护民族团结和国家统一的坚强阵地。

民族区域自治是有中国特色的一项重要政治制度。《民族区域自治法》的颁布和实施，是民族区域自治制度法制化的重大步骤。现在我国已经建立了157个民族自治地方，实行自治的少数民族人口占少数民族总人口的75%。在少数民族杂散居地区还建立了1000多个民族乡。坚持和完善民族区域自治制度，充分发挥它的优越性，是新时期民族工作的一项重要任务。要按照邓小平同志所要求的那样，“要使各民族真正实行民族区域自治”，促进民族自治地方社会经济发展，促进各民族的团结进步。

毛泽东主席说过：“国家的统一，人民的团结，国内各民族的团结，这是我们的事业必定要胜利的基本保证。”维护祖国统一和民族团结，是中华民族的最高利益，我们必须永远高举祖国统一和民族团结这面光辉的旗帜。要大力加强邓小平同志建设有中国特色社会主义理论的教育，加强马克思主义民族观、党的民族政策和爱国主义的教育，尤其是加强对各级领导干部和青少年的教育，使“汉族离不开少数民族，少数民族离不开汉族”的观念牢牢扎根于各族人民心中。为了维护和加强各民族的大团结，必须正确处理好民族之间的人民内部矛盾，对于各族人民之间在经济利益、文化传统、风俗习惯和宗教信仰方面产生的矛盾，要按照处理人民内部矛盾的方法，从团结的愿望出发，多做深入细致的思想教育工作，讲道理，明大义，及时加以解决，以达到进一步增强民族团结的目的。

各级政府要加强对民族团结进步事业的领导。民族团结进步事业是全国各族人民的共同事业，各级政府都要给予充分的重视和关心，切实加强领导。要根据不断变化的情况，结合本地区的实际，全面贯彻执行党的民族政策，采取切合实际的措施和步骤，推进民族团结进步事业。

我们今天的大会，是民族团结进步表彰大会。受到表彰的单位和个人，在促进民族团结进步方面都做了很好的工作。我衷心地希望你们能够继续努力，在这方面做出更优异的成绩。我同时希望，全国各个民族的干部和群众，都要学习这些先进单位和个人的模范事迹，在建设有中国特色社会主义的伟大事业中不断促进民族团结和进步。

同志们！

我们国家正处在一个重要的历史发展时期。实现社会主义现代化的宏伟目标，需要各族人民团结奋斗，同时也把各族人民更加紧密地凝聚在一起。历史的经验告诉我们,经济发展和社会进步是进一步增强民族团结的基础,团结和稳定则是发展和进步的前提条件。展望未来,我们对伟大祖国的光明前途充满信心。让我们在邓小平同志建设有中国特色社会主义理论和党的基本路线指引下,在以江泽民同志为核心的党中央领导下,同心同德,不断把民族团结进步事业推向前进,为中华民族的振兴而努力奋斗!

《人民日报》发表评论员文章《团结进步兴我中华——热烈祝贺第二次全国民族团结进步表彰大会召开》

中央军委主席江泽民在中南海会见应邀前来北京参加国庆庆祝活动的解放军和武警部队的英模代表

中央军委副主席刘华清、张震,中央军委委员迟浩田、张万年、于永波、傅全有参加了会见。

江泽民发表讲话。他说,党的四中全会昨天刚结束,又是在国庆节前夕见到这么多英模代表,非常高兴。我们的国家是一个伟大的国家。我们的军队是一支伟大的军队。在长期的革命战争中,在保卫和建设社会主义事业中,我们这支党绝对领导下的人民军队,为民族解放、国家独立和社会主义祖国的繁荣昌盛立下了不朽的功勋,在这支军队里,培育和涌现了千千万万像你们这样的英雄模范。我们国家的兴旺,军队的发展,都是和英模们的贡献联系在一起的。党和人民感谢你们!

江泽民在讲话中称赞人民军队历来是出英雄、出模范的地方。他说,新时期军队的现代化建设,为英雄模范人物施展自己的才华提供了广阔的舞台。希望我们的军队涌现出更多的英雄模范,希望我们军队的英雄模范更好地发挥带头和示范作用,努力学习实践邓小平同志建设有中国特色社会主义理论和党的基本路线,认真贯彻党的四中全会精神,服从党和国家工作的大局,发扬爱国主义、集体主义、社会主义和革命英雄主义精神,一丝不苟地做好本职工作,出色地完成党和人民赋予的各项任务,为推进我军革命化、现代化、正规化建设,为建设有中国特色社会主义的伟大事业做出更大的贡献。

参加会见的还有三总部、军委办公厅和武警总部的负责人。

国家副主席荣毅仁在人民大会堂举行国庆招待会招待参加国庆 45 周年活动的 1500 多名海外侨胞港澳同胞台湾同胞和外籍华人

全国人大华侨委员会全国政协华侨委员会致公党中央和中国侨联在北京举办迎国庆茶话会招待参加国庆活动的海外华侨和归侨侨眷

民进中央在北京举行全体工作人员会议学习贯彻中共十四届四中全会精神

国务院发出《关于进一步加强药品管理工作的紧急通知》

药品是关系人民群众生命健康的特殊商品。加强对药品的管理,保证药品质量,保障人民群众用药方便、及时、安全、有效,是维护人民群众身体健康,保持社会稳定,保证改革开放和经济建设顺利进行的一项重要工作。改革开放以来,我国医药事业发展很快,为了加强药品管理,国家制定了《中华人民共和国药品管理法》(以下简称《药品管理法》)及一系列配套的行政法规和法规性文件,并多次组织力量对制售假劣药品的违法犯罪行为进行了集中打击,取得了一定成效。但是,必须清醒地看到,当前在药品管理方面还存在不少问题,有的还相当严重,突出表现在制售假劣药品的违法犯罪活动屡禁不止,一些地方制售假劣药品的种类多,规模大,违法犯罪分子见利忘义到了丧心病狂的程度,后果十分严重;一些地方和部门片面追求自身利益,违反药品管理法规,竞相开办药品生产、经营企业和药品集贸市场,药品生产经营秩序混乱,药品购销中行贿、索贿、回扣等不正之风盛行;违法、失实的药品广告泛滥;新药开发缺乏应有的保护。制售假劣药品的违法犯罪活动严重危害人民群众生命健康,损害国家利益,扰乱经济秩序,败坏社会风气,影响社会安定及党和人民政府的声誉,社会各界和人民群众对此反映强烈,已经到了非下大气力解决不可的时候。为此,现就有关问题紧急通知如下:

一、各级人民政府和有关部门要提高认识,切实加强对药品管理工作的领导

制售假劣药品违法犯罪活动屡禁不止的一个重要原因是,一些地方政府和部门对药品是关系人民群众生命健康的特殊商品认识不足,错误地认为建立社会主义市场经济体制就可以放松对药品生产、经营的管理;一些地方和部门为了局部的利益,甚至庇护制售假劣药品的违法犯罪行为。

各级人民政府及有关部门要以对国家、对人民群众高度负责的态度,站在全局的立场上,统一对加强药品管理重要性的认识,采取强有力的措施,认真贯彻执行药品管理的法律、行政法规,强化国家对药品生产、经营的监督管理,加强国家对药品生产、经营的宏观调控,整顿和规范药品生产经营秩序,结合反腐败斗争,严肃查处违法违纪案件,建立统一、开放、竞争、有序的

药品生产经营体系。

各级人民政府要建立政府领导任期内药品管理状况的目标考核制度。各级人民政府主要负责同志要切实担负起本地区药品管理的领导责任，对药品管理混乱地区的政府和有关部门的领导人员要依法追究责任。

二、采取有力措施，增强执法力度，切实加强药品生产和经营的管理

当前，各级人民政府及有关部门应当重点抓好以下工作：

（一）整顿和规范药品的生产、经营企业和个体工商户。

针对当前药品生产、经营企业过多、过滥的状况，各级人民政府及其药品生产经营行业主管部门、卫生行政部门和工商行政管理部门，必须依法严格执行开办药品生产、经营企业的审查条件和审核批准程序，对未达到开办条件，或者不符合审核批准程序的，药品生产经营行业主管部门、卫生行政部门、工商行政管理部门不得批准开办；对已经开办又未达到审查条件的，要坚决依法取缔。

卫生行政部门要对现有的药品生产企业生产的药品品种组织调查，对因疗效不确定、不良反应大或者其他原因危害人民健康的药品，应当及时撤销其批准文号。药品生产经营行业主管部门对申请开办药品生产企业的，要重点审查其生产的药品品种是否为国家新药或者国家重点发展的品种，对不具有国务院卫生行政部门批准的新药或者不属于国家重点发展品种的，一律不得批准开办；对于低水平重复生产的品种，要指导企业及时调整产品结构。对药品批发企业，要审查其是否具有在24小时内供应国家基本药物目录所列品种，以及向县级以上地方各级人民政府药品生产经营行业主管部门指定的特定地区或者单位供应药品的能力，对不具有上述供应药品能力的药品批发企业，要依法停止其从事药品批发业务。

个体工商户可以依法申请从事药品零售业务，但不得从事药品的生产和批发业务（依法批准在中药材专业市场从事中药材批发业务的除外）。

凡是从事药品生产业务的，必须依照法定程序取得《药品生产企业合格证》、《药品生产企业许可证》和《营业执照》；从事药品批发和零售业务的，必须依照法定程序取得《药品经营企业合格证》、《药品经营企业许可证》和《营业执照》。对已经开办又未取得上述证照或者证照不全的，要坚决依法取缔。

申请开办药品生产企业和药品批发企业，先经省、自治区、直辖市人民政府药品生产经营行业主管部门审查同意并发给《药品生产企业合格证》或者《药品经营企业合格证》，方可向同级卫生行政部门申请《药品生产企业许可证》或者《药品经营企业许可证》；未经药品生产经营行业主管部门审查同意并发给《药品生产企业合格证》或者《药品经营企业合格证》的，卫生行政部门不予受理；未取得《药品生产企业合格证》、《药品生产企业许可证》或者未取得《药品经营企业合格证》、《药品经营企业许可证》的，工商行政管理部门不予核发营业执照。

申请从事药品零售业务的企业和个体工商户，由自治州、市或者县人民政府药品生产经营行业主管部门根据本地区用药的需求和药品零售网点规划进行审查，经审查同意的，发给《药品经营企业合格证》。药品零售企业和个体工商户持《药品经营企业合格证》，向同级卫生行政部门申请并取得《药品经营企业许可证》后，方可向工商行政管理部门申请办理营业执照。

药品生产经营行业主管部门、卫生行政部门、工商行政管理部门未按照上述程序审批，发给证照的，该证照无效；由此造成的损失由核发证照机关负责依法赔偿，并追究其负有直接责任的主管人员和其他直接责任人员的责任。

（二）整顿和规范药品生产经营秩序，依法加强药品销售的管理。

凡未依法取得《药品生产企业合格证》、《药品生产企业许可证》或者《药品经营企业合格证》、《药品经营企业许可证》以及营业执照的，不得从事药品的生产经营活动。对擅自从事药品生产、批发活动的单位和个人，应当坚决予以取缔。药品生产和批发企业不得承包给个人经营。

医疗机构和药品经营企业必须向取得合法生产或者经营药品资格的企业采购药品，严禁从非法经营者手中采购药品。

乡村医疗诊所（室）的供药，必须由当地县级人民政府药品生产经营行业主管部门会同卫生行政部门共同指定的药品批发企业及其委托的乡镇卫生院负责。

医疗机构配制的制剂，只限于本单位临床和科研需要而市场上没有供应或者供应不足的药物制剂，严禁在市场上销售或者变相销售。医疗机构不得以任何方式变相从事药品批发业务。

药品生产、经营企业和医疗机构之间购销药品，应当实行公平竞争，禁止采用回扣或者行贿、索贿等手段购销药品。

卫生行政部门应当严格审查有关药品的宣传广告内容，并配合有关部门依法惩处违反药品广告规定，夸大宣传疗效，误导患者使用的违法行为。

（三）整顿和规范中药材专业市场。

国家禁止设立除中药材专业市场以外的其他药品

集贸市场,禁止在中药材专业市场内出售国家规定限制销售的中药材和中成药、中药饮片、化学原料药及其制剂、抗生素、生化药品、放射性药品、血清疫苗、血液制品和诊断药品等。

各地区设立中药材专业市场,必须依据国务院药品生产经营行业主管部门的总体规划,选择中药材主要产地或者集散地,并经国务院药品生产经营行业主管部门、卫生行政部门和工商行政管理部门审查批准。地方各级人民政府及其他部门均无权审批开办中药材专业市场。

要对现有的中药材专业市场进行整顿,整顿的标准由国务院药品生产经营行业主管部门、卫生行政部门和工商行政管理部门制定。对已设立的不符合标准的中药材专业市场,一律关闭;对擅自设立的中药材专业市场以外的其他药品集贸市场,由当地人民政府依法取缔。

对在农产品集贸市场上出售的中药材,卫生行政部门要加强监督。对违反《药品管理法》在农产品集贸市场上擅自销售国家禁止销售的中药材品种和无证销售除中药材以外其他药品的,由有关部门依照《药品管理法》的有关规定予以查处。

(四)加强对药品知识产权的保护,鼓励企业研制开发新药。

国务院卫生行政部门和国务院药品生产经营行业主管部门要制订切实可行的实施方案,激励企业及科研单位、大专院校发挥创新精神,推进我国新药研究开发事业的发展。

各地要进一步贯彻执行国务院发布的《中药品种保护条例》(中华人民共和国国务院令第106号)。对已经列为国家保护的中药品种,其他非持有保护证书的企业一律不得仿制和生产。有关部门和审评机构要认真做好中药品种保护工作,以促进我国中药事业的发展。

三、深入开展打击制售假劣药品犯罪活动,把依法查处制售假劣药品等违法违纪案件作为反腐败斗争的重点来抓

为了坚决制止制售假劣药品违法犯罪活动,地方各级人民政府及有关部门,要深入开展打击制售假劣药品违法犯罪活动。要严格执法,加强执法力度,严厉打击制售假劣药品的违法犯罪行为。全国和地方各级"打假"协调机构要组织卫生、医药、工商、技术监督、公安等有关部门把严厉查处制售假劣药品的违法犯罪行为,列为"打假"工作的重点。对制售假劣药品的违法犯罪分子,要坚决依照《全国人大常务委员会关于惩治生产、销售伪劣商品犯罪的决定》(中华人民共和国主席令第七号)予以惩治,要选择有影响的典型案例公开曝光。

各级人民政府要把查处制售假劣药品等违法违纪案件,作为反腐败斗争的重点来抓。各级人民政府的行政监察部门应当依照《中华人民共和国行政监察条例》(中华人民共和国国务院令第69号)的规定,对卫生行政部门、药品生产经营行业主管部门、工商行政管理部门和技术监督部门工作人员执行法律、行政法规的情况进行监督。对在工作中滥用职权、玩忽职守、徇私舞弊等违法乱纪行为,必须严肃依法处理。对为了本地区、本部门利益,包庇纵容制售假劣药品违法犯罪活动,给人民群众带来重大损失的,必须依法追究当地政府领导和有关部门领导、主管人员和直接责任人员的责任;情节严重构成犯罪的,依法追究刑事责任。

四、加强政府有关部门的配合协作,不断提高药品管理水平

药品管理工作是一项复杂的系统工程,各级人民政府有关部门要按照职责分工,各负其责,互相支持,通力协作,共同搞好药品管理工作。

各级卫生行政部门是依法行使药品监督管理的政府职能部门。各级人民政府及其有关部门要大力支持和协助卫生行政部门依法行使对药品监督管理的职权。

国家医药管理局、国家中医药管理局是国务院药品生产经营行业主管部门,地方各级药品生产经营行业主管部门依法对药品生产经营施行行业管理的政府职能。药品生产经营企业除国家另有规定的外,不论其所有制形式和隶属关系如何,都要纳入药品行业管理的范围。各级人民政府及其有关部门要大力支持和协助药品生产经营行业主管部门依法对药品行业的管理。

各级工商行政管理、技术监督、公安等部门要按照各自的职责,协同卫生行政部门和药品生产经营行业主管部门加强药品市场管理工作。

对于在工作上互相扯皮、推诿,甚至互相拆台,造成药品管理工作混乱的,要依法追究有关行政部门领导人员的责任。

各级卫生行政部门和药品生产经营行业主管部门必须按照党中央、国务院的规定,实行政企分开,不得利用行政职权干预企业的生产经营活动。要坚决制止药品购销活动中的一切不正之风,保持行政执法部门和行业主管部门的公正、廉洁和权威性。

国务院将组织有关部门,深入研究修改和完善加强药品管理的有关法规,进一步理顺药品管理体制,改革药品价格管理制度,完善药品质量监督体系,进一步提高我国的药品管理水平,促进我国医药事业的持续、快速、健康发展。

各省、自治区、直辖市人民政府和国务院有关部门

要按照本通知要求，采取切实可行的措施，对本地区、本部门的药品管理状况进行全面的清查和整顿，并将清查、整顿的情况在1995年3月1日前报国务院。

国办转发国务院证券委员会《关于暂停粳米菜籽油期货交易和进一步加强期货市场管理的请示》

各省、自治区、直辖市人民政府，国务院各部委、各直属机构：

国务院证券委员会《关于暂停粳米、菜籽油期货交易和进一步加强期货市场管理的请示》已经国务院批准，现转发给你们，请遵照执行。各地人民政府和有关部门要积极稳妥地做好善后处理工作，以保证社会稳定和各项经济工作的正常运转。

关于暂停粳米、菜籽油期货交易和进一步加强期货市场管理的请示（略）

国务院总理李鹏参观全国林业名特优新产品博览会

国家主席江泽民在钓鱼台国宾馆会见朝鲜国家副主席李钟玉

外交部发言人陈健就台湾政要徐立德赴日访问对中日关系的影响答记者问

有记者问：中日在台湾政要徐立德赴日问题上的争执将对中日关系产生什么样的影响？

陈健说："台湾问题历来是中日关系中的重大原则问题，在这一问题上我们坚持原则维护主权的立场是坚定不移的。"他指出，日本政府不顾中国政府的严正立场和多次交涉，执意同意台湾政要徐立德赴日活动，违背了中日联合声明原则和日政府对台湾问题的郑重承诺，严重伤害了中国人民的感情，中国政府和中国人民对此表示强烈不满。日本政府的做法使中日关系的正常发展蒙上阴影。

陈健强调说："巩固和发展中日两国睦邻友好关系，符合两国人民的利益，我们希望日方切实履行其在中日联合声明中承担的政治义务和对台湾问题做出的郑重承诺，不做失信于中国政府和中国人民的事，以使中日关系得以顺利发展。我们对今后事态的发展继续予以严重关注。"

《人民日报》发表新华社评论员文章《日本政府难辞其咎》

人们期待已久的四年一度的亚洲体育盛会即将在日本广岛揭幕。可是，由台湾当局和日本政府制造的政治麻烦却使本届亚运会蒙上了一层阴影。

在亚奥理事会主席艾哈迈德亲王作出声明，使李登辉的赴日图谋破产以后，台湾当局又费尽心机，与日本某些势力相勾结，让所谓"行政院副院长"徐立德打着"申办2002年亚运会"的幌子，挤进广岛亚运会，以图利用体育活动在国际上制造"两个中国"或"一中一台"。这是台湾当局处心积虑策划的政治图谋。

令人遗憾的是，日本政府竟置中国政府的多次严正交涉于不顾，对于主张维护中日两国关系大局的正义呼声充耳不闻，无视12亿中国人民的民族感情，不仅未能有效地阻止徐立德入境，而且对自己做出这一错误决定的严重后果缺乏足够的认识。人们不禁要问：日本政府究竟要把来之不易的中日关系引向何方？

尽人皆知，台湾问题历来是中日关系中的重大原则问题，它在普天下中国人心目中占据着十分重要的地位。早在甲午战争之后的1895年4月，当时的日本政府迫使清朝政府签订了丧权辱国的《马关条约》，把台湾和澎湖列岛割让给日本。在这之后，日本对台湾岛进行了长达50年的殖民统治。日本是台湾问题的始作俑者，它在亿万中国人心头留下的精神创伤至今尚未完全平复。可是现在，日本政府竟又做出这种失信于中国政府和人民的事情，再一次伤害了中国人民的感情。这不能不引起中国人民的愤慨。

日本政府为徐立德开绿灯，让他在日本国土上亮相，直接违反了中日联合声明的原则，也同日本政府多次做出的只与台湾维持民间往来、不同台湾发展官方关系的郑重承诺相抵触。日本政府对邀请徐立德访日所带来的后果负有不可推卸的责任。

历史经验告诉我们，严格遵守中日联合声明的原则，中日关系就会顺利向前发展；反之，中日关系就有可能出现倒退和曲折。日本政府多次声称要恪守中日联合声明的原则。中国有句俗话：听其言，观其行。我们希望日本政府不仅在口头上，而且在实际行动中认真履行自己在中日联合声明中所承担的义务和对台湾问题所做的承诺。否则，由此而给中日关系带来的损害，日本政府是难辞其咎的。

全国政协主席李瑞环在人民大会堂会见阿曼协商会议主席阿卜杜拉·阿里·卡塔比

全国政协主席李瑞环在人民大会堂会见日本野村证券株式会社前社长顾问田渊义久

国务院副总理兼外交部部长钱其琛在联合国会见第49届联大主席科特迪瓦外交部部长阿马拉·埃西

中共中央政治局常委胡锦涛在人民大会堂会见由

巴拉圭红党领导人阿蒂略·费尔南德斯率领的代表团

'94中国古钟博览会在北京开幕

中央广播电视塔建成

该塔设有当代先进水平的立体声调频广播和电视的发射设备，能发射7套调频广播和8套电视节目，覆盖半径超过90公里，将有效地提高首都广播电视节目的传送质量。

9月30日

国务院总理李鹏举行招待会庆祝全国中华人民共和国成立45周年

党和国家领导人、各界人士和来自五大洲的宾客3500余人欢聚一堂，共度佳节。

晚上6时整，江泽民、李鹏、乔石、李瑞环、朱镕基、刘华清、胡锦涛、荣毅仁等党和国家领导人与外国贵宾一起步入宴会大厅。

李鹏总理发表重要讲话。

正在北京访问的柬埔寨国王诺罗敦·西哈努克和王后莫尼列·西哈努克，朝鲜国家副主席李钟玉，阿曼协商会议主席卡塔比，印度国大党总书记库马尔·辛德，玻利维亚众议院副议长卡瓦列罗等应邀出席招待会。

出席招待会的领导人还有：丁关根、田纪云、李岚清、李铁映、邹家华、陈希同、尉健行、温家宝、王汉斌、宋平、薄一波、宋任穷、张震、任建新、倪志福、陈慕华、费孝通、孙起孟、雷洁琼、秦基伟、李锡铭、王丙乾、王光英、程思远、卢嘉锡、布赫、铁木尔·达瓦买提、李沛瑶、吴阶平、迟浩田、宋健、李贵鲜、陈俊生、司马义·艾买提、彭珮云、罗干、张思卿、吴学谦、杨汝岱、王兆国、阿沛·阿旺晋美、赛福鼎·艾则孜、洪学智、赵朴初、钱伟长、胡绳、钱正英、丁光训、孙孚凌、安子介、朱光亚、万国权。

出席招待会的还有：在京的中共中央委员、候补委员，原中顾委委员，中纪委委员，全国人大常委会委员，全国政协常委；中共中央各部门、中央国家机关各部门主要负责人，中央军委委员，解放军各总部、各军种、各兵种和武警总部负责人；各民主党派和无党派人士，以及各人民团体主要负责人；科学技术、教育、文化艺术、新闻、出版、卫生、体育界知名人士；劳动模范和先进人物代表，解放军和武警英模代表；离休老红军、老干部代表；藏传佛教噶举派大活佛噶玛巴·伍金赤列，港澳台同胞、华侨、华人代表等。

各国驻华使节、国际组织驻华代表和夫人；长期在华居留的外国专家，临时来华工作并作出贡献的外国专家和夫人等，也应邀出席招待会。

国务院总理李鹏在庆祝中华人民共和国成立45周年招待会上发表讲话

各位来宾，各位朋友，各位同志：

在伟大的中华人民共和国成立四十五周年的喜庆时刻，我代表中共中央和国务院，向在各条战线辛勤劳动、工作和学习的全国各族人民，致以节日的祝贺！向台湾同胞、港澳同胞和海外侨胞，表示亲切的问候！向出席今天招待会的各国朋友，向一切关心和支持我国现代化建设事业的国际友人，表示深切的谢意！

一九四九年十月一日，毛泽东主席宣告中华人民共和国成立，结束了中华民族灾难深重的漫长岁月，开始了中国历史的新纪元，中国人民从此站起来了！

四十五年来，全国各族人民在中国共产党领导下，艰苦奋斗，百折不挠，创造了举世瞩目的辉煌业绩。特别是党的十一届三中全会以来，在邓小平同志建设有中国特色社会主义理论的指引下，我国各族人民坚持以经济建设为中心，坚持四项基本原则，坚持改革开放，锐意进取，开拓创新，社会生产力获得新的解放，国家面貌发生了历史性的巨大变化。国民经济持续、快速、健康发展，综合国力不断增强，人民生活明显改善，政治稳定，社会进步，民族团结，各项事业不断发展。从城市到农村，从沿海到边疆，到处欣欣向荣，生机勃勃。勤劳勇敢的中国人民，正满怀信心地在社会主义大道上胜利前进！

今年以来，全国各地遵照党中央确定的"抓住机遇、深化改革、扩大开放、促进发展、保持稳定"的大局，妥善处理改革、发展和稳定的关系，努力做好各方面的工作，改革开放和经济建设取得新的进展。各项重大改革措施顺利出台，在建立社会主义市场经济体制方面迈出了决定性的步伐。国民经济在前两年快速增长的基础上，继续保持快速、健康发展的势头，宏观调控取得积极成效。农业生产和农村经济持续发展，农民收入增长加快，虽然部分地区遭受了不同程度的自然灾害，全国仍然可望获得一个好的收成。工业获得新的成就，结构有所调整，效益有所提高，重点建设得到加强。对外开放继续扩大，对外经济技术交流活跃，进出口贸易持续增长，外商投资保持较高水平。社会主义民主法制建设和精神文明建设得到加强，各项社会事业蓬勃发展。我们在前进中还存在一些困难和问题，主要是物价涨幅过高，投资规模仍然偏大，部分国有企业生产经营比较困难，一些地方社会治安状况不够好，这些问题正在采取措施积极解决。我们有信心有能力解决前进道路上的困难和问题，把改革开放和现代化建设不断向前推进。

来宾们,朋友们,同志们!

明年是我国全面完成国民经济和社会发展第八个五年计划的最后一年。我们要以企业改革为重点,继续巩固和完善宏观管理体系各项重大改革措施,向建立社会主义市场经济体制迈出新的步伐。要千方百计加强农业基础,争取好的收成,搞好国有大中型企业,狠抓产业结构和产品结构的调整,大力加强科技和教育工作,继续抑制通货膨胀,改善人民生活,为制定和实施第九个五年计划打下好的基础。我们坚信,在邓小平同志建设有中国特色社会主义理论和党的基本路线指引下,在以江泽民同志为核心的党中央领导下,全国各族人民共同努力,再过五年时间,当我们庆祝中华人民共和国成立五十周年的时候,我国的现代化建设必将出现新的飞跃,我们的明天一定会更加美好!

来宾们,朋友们,同志们!

台湾是中国神圣领土不可分割的一部分。最近一段时间,台湾当局的一系列有碍祖国和平统一的言论和行动,理所当然地引起包括台湾人民在内的全国各族人民的极大关注。任何制造"两个中国"、"一中一台"以及其他分裂中国的图谋,都是中国政府和人民坚决反对的,都是不能得逞的。我们对香港的基本立场和方针,是众所周知和坚定不移的,无论发生什么周折,中国都将按期恢复对香港行使主权,并且有决心有能力保持香港的长期繁荣和稳定。中葡两国在澳门问题上一直进行着友好合作。祖国统一是人心所向,大势所趋。我们坚信,在全国各族同胞,包括台湾同胞、港澳同胞和海外侨胞的团结努力下,一定能够完成统一祖国的千秋大业。

来宾们,朋友们,同志们!

当今国际形势正处在深刻而复杂的变动之中,世界加速向多极化格局发展。总的形势有利于世界的和平和发展,经济优先正在成为国际关系发展的趋势,但霸权主义和强权政治仍然存在,天下并不太平。承认世界的多样性,在相互尊重主权和领土完整、互不侵犯、互不干涉内政、平等互利和和平共处的基础上建立和平、稳定、公正、合理的国际政治经济新秩序,加强国际间的相互了解与合作,已经成为世界各国人民的普遍要求。中国坚定不移地奉行独立自主的和平外交政策,在国际事务中发挥着日益重要的作用。我国的国际交往不断增加,国际地位不断提高,我们的朋友遍天下。中国的发展离不开世界,世界的进步也离不开中国。中国政府和人民愿意同各国政府和人民一道,进一步加强友好合作,为建设一个美好、和平、繁荣的世界而努力奋斗!

最后,我提议:

为中华人民共和国成立四十五周年,

为中国的富强、民族的团结和人民的幸福,

为中国人民与世界人民的友谊和合作,

为世界的和平与发展,

为各位来宾、驻华使节和夫人的健康,

为在座的朋友们和同志们的健康,干杯!

《人民日报》发表社论《新的伟大的工程——认真学习和贯彻党的十四届四中全会〈决定〉》

全国总工会在人民大会堂举行庆祝建国45周年全国劳动模范座谈会

全国政协主席李瑞环在中国优秀民营企业家经验交流会上发表讲话

李瑞环在会见与会代表时说,党的十一届三中全会以来,我们提出了以公有制为主体,个体经济、私营经济、外资经济为补充,多种经济成分长期共同发展的方针。在这一正确方针的指引下,我国非公有制经济得到很大发展,它从一个侧面反映了我国改革开放和经济建设取得的巨大成就。目前,我国非公有制经济已经成为社会主义市场经济的重要组成部分,成为促进国民经济发展的一个新的增长点,对繁荣城乡市场、扩大劳动就业、方便人民生活、增加财政收入、维护社会稳定等,都起到了积极的、有益的作用。

李瑞环说,在非公有制经济发展的实践中,涌现出一批富有爱国热情,勇于开拓进取,善于经营管理,遵守国家法律,讲究职业道德,热心社会公益事业的民营企业家。他们是在建设有中国特色社会主义新的历史条件下出现的一支队伍,这支队伍既应该是建设社会主义物质文明的生力军,又是建设社会主义精神文明的积极力量。我们热诚希望民营企业家高举"爱国、敬业、守法"的旗帜,为我国经济发展和社会进步作出新的更大的贡献。

李瑞环说,今年4月份,10位民营企业家向全国非公有制企业发出开展以扶贫为主题的光彩事业的倡议。这是一个很好的倡议,我们表示完全支持。目前全国还有8000万人口没有解决温饱问题,我们无论何时都不能忘记他们。消灭绝对贫困,实现共同富裕,是社会主义的本质要求,是改革、发展的目的所在,是维护稳定的重要条件,也是先富起来的人和地区继续发展的必要前提。先富起来的民营企业家,帮助贫困地区开发资源、兴办企业、培训人才,体现了中华民族乐善好施、扶贫济困的传统美德,符合社会主义市场经济发展的要求,是引导非公有制经济健康发展的具有战略意义的活动,应当得到各级党委、政府的重视,并给以积极的支持。

国务院发出关于抓紧抓好秋季粮油收购的通知

国务院总理李鹏在人民大会堂会见朝鲜国家副主席李钟玉

国务院总理李鹏和夫人在人民大会堂会见智利国防部部长埃德蒙多·佩雷斯和夫人

全国人大常委会委员长乔石在人民大会堂会见以众议员石井一为团长的日本第六次“长城计划”友好使节团

国家副主席荣毅仁在人民大会堂会见阿曼协商会议主席阿卜杜拉·阿里·卡塔比

国家副主席荣毅仁在人民大会堂会见由共和党全国财经委员会主席约翰·莫兰率领的美国共和党全国委员会东亚贸易代表团

外交部部长钱其琛在纽约接受记者采访时就世界形势等问题答记者问

国务院副总理兼外交部长钱其琛在参加第四十九届联大并与许多国家领导人会晤后，接受中国驻联合国记者的采访，就世界形势、联合国的工作、台湾问题、香港问题等回答记者的提问。

问：请钱副总理谈谈对本届联大的印象。

答，对本届联大总的感觉是，冷战的结束并没有带来一个真正和平、共同发展的美好世界。和平与发展仍是国际社会普遍关心的重大问题。在新的形势下，各国对联合国都寄予厚望，希望它在宪章的宗旨和原则指导下，为维护国际和平、促进各国发展方面发挥更加积极有效的作用。本届联大还将讨论包括地区热点、维持和平行动、裁军、安理会改革和联合国 50 周年纪念活动以及其他政治经济和社会问题。我们希望，经过各国的共同努力，本届联大能取得积极成果。中国愿与各国合作，积极参与各项工作，为会议的成功做出自己的努力。

问：本届联大将讨论秘书长加利今年提出的《发展纲领》，你对这个纲领有何看法？

答：联合国秘书长加利先生继《和平纲领》之后又适时提出了《发展纲领》，我们认为是符合新形势下广大发展中国家的愿望和要求的。我们赞同《纲领》中阐明的经济增长是发展的动力的看法。经济增长对所有国家来说都是实现经济与社会总体发展的基础和前提条件。尤其对发展中国家来说，消灭贫困、提高人民生活水平、解决社会和其他问题，离开经济发展都是不可能实现的。

我们完全同意秘书长先生关于国际发展合作应得到加强的观点。当前，南北差距仍未缩小，发展中国家的经济发展仍然在很大程度上受到外部经济环境的制约。我们希望《纲领》的提出和逐步实施有助于促进国际经济合作，并促进发展中国家和全球经济的持续和健康发展。

问：秘书长加利 9 月访华时，寻求中国对联合国的更多支持，请问中国作为联合国创始国和安理会常任理事国将如何在联合国和国际事务中发挥积极的作用？

答：作为联合国的创始会员国和安理会常任理事国，中国一贯按照《联合国宪章》的精神行事。中国特别注意坚持原则，主持正义，为发展中国家，特别是中小国家说话，在维护世界和平与安全、促进全球发展与合作，以及推动和平解决国际争端等方面发挥积极作用。中国重视并愿意以积极务实的态度参加联合国各具体领域的工作。

问：上届联大后，你出访了许多国家，这次在纽约期间又会见了一些国家的领导人，你对当前国际局势的发展有什么印象？在过去一年中，中国外交事业取得了哪些新成就？

答：最突出的印象是当前国际形势仍处在深刻而复杂的变化中。多种冲突层出不穷，各种力量不断分化组合。世界正在向多极化方向发展。霸权主义和强权政治仍然存在。经济因素在国际关系中的作用越来越突出。世界经济发展很不平衡，南北差距进一步拉大。

在过去的一年中，中国同欧洲的关系有了新的进展，中美关系由于解决了最惠国待遇问题，为进一步改善和发展扫除了障碍。我国同周边国家的睦邻友好关系不断巩固，同广大发展中国家的团结与合作在增强。我国的国际环境是好的，对深入改革和扩大开放有利。

问：联大再次拒绝将所谓“台湾代表权”问题列入议程。你对这一结果有何评论？

答：第四十九届联大总务委员会未经表决再次断然拒绝把所谓“台湾代表权”问题的提案列入本届联大议程。这反映了联合国绝大多数会员国的意愿，充分表明任何违反联合国宪章的宗旨和原则以及联大有关决议，干涉一国内政的行径都必将遭到国际社会的反对。根据联大第 2758 号决议，中国在联合国的代表权问题早已在政治、法律和程序上得到公正、彻底地解决。台湾作为中国的一个省根本没有资格参加由主权国家组成的联合国。中国有句古话，“得道多助，失道寡助”。本届联大就“台湾代表权”问题作出的决定再次表明，不管台湾当局打着什么幌子，使用什么借口，分裂祖国、制造“两个中国”、“一中一台”的图谋，必将遭到包括台湾同胞在内近12亿中国人民的反对，也为主持正义的各国所不容，是注定要失败的。

问：香港主权回归祖国只剩下不到三年的时间了。由于英方的不合作，各方面的交接都不太顺利，使平稳过渡出现不少困难。请问钱副总理，在你同英国外交大臣赫德会见以后，中英双方在香港问题上重新合作的可能性是增加了还是减少了？中方对实现平稳过渡是否仍然抱乐观态度？

答：我认真地同赫德外交大臣就香港问题交换了意见。今后中英双方在香港问题上合作的可能性取决于英方是否采取实际行动，在合作的轨道上前进。我们希望中英联合联络小组的工作能加快步伐，商谈有关政权交接的各项事务。

我们对实现香港平稳过渡一向持乐观的态度。这主要是因为邓小平同志提出的“一国两制”、“港人治港”等方针受到了600万香港同胞的欢迎和支持。

中国体育代表团在广岛举行新闻发布会

10月1日

《人民日报》发表社论《为胜利跨入二十一世纪而奋斗——国庆献辞》

金秋十月，我国各族人民满怀欢欣，迎来了中华人民共和国成立45周年的盛大节日。在这个举国欢庆的大喜日子里，我们谨向全国各族人民和台湾同胞、港澳同胞、海外侨胞致以亲切问候和热烈祝贺！

神州大地，万象生辉。在希望的田野上，风吹稻菽，果实累累；在重点建设工地上，车流滚滚，机器轰鸣，一座座雄伟的现代化建筑拔地而起；在美丽的校园，一代朝气蓬勃的青少年茁壮成长；在科研试验室，高新科技成果捷报频传。在祖国960万平方公里的土地上，从南到北，从东到西，到处涌动着改革的春潮，到处呈现出发展的生机。人民共和国政通人和，国泰民安。

45年光景，弹指一挥间。中国人民不会忘记，我们的国家是在被外国列强侵略瓜分的历史耻辱中进入20世纪的。无数志士仁人为了国家独立、民族复兴，进行了艰难的探索和奋斗。以毛泽东为代表的中国共产党人，把马克思主义的基本原理同中国的实际相结合，找到了一条国家独立和民族解放的道路，领导全国人民经过艰苦卓绝的斗争，推翻了三座大山。45年前，五星红旗冉冉升起，新中国宣告诞生。从此在中国这片古老的土地上发生了翻天覆地的变化。45年来，全国人民在共产党和人民政府领导下，历经艰难曲折，结束了受人歧视、任人宰割的贫穷落后的历史，走上了社会主义的道路，在政治、经济、国防、外交、科技、文化、教育、卫生、体育等各个领域，取得了巨大的成就。特别是党的十一届三中全会以来，全国人民以极大的热情投入改革开放的历史伟业，集中精力进行经济建设，整个国家增添了新的活力，综合国力显著增强，人民生活明显改善。占世界人口1/5的中国，社会主义的旗帜高高飘扬。

45年来的基本实践和基本经验集中到一点，就是要把马克思主义的普遍真理同本国的具体实际结合起来，走自己的道路，建设有中国特色的社会主义。党的十一届三中全会以来，以邓小平同志为代表的中国共产党人在总结建国以来正反两方面经验的基础上在研究国际经验和世界形势的基础上，开始找到了中国自己的建设道路，创立了邓小平建设有中国特色社会主义的理论，确立了"一个中心、两个基本点"的基本路线，开辟了中国改革开放和社会主义现代化建设的历史新时期。我们有充分的信心和力量坚定不移地沿着建设有中国特色社会主义理论和党的基本路线所指引的方向胜利前进。

从现在起到本世纪末，还有6年多时间。初步建立起社会主义市场经济体制，全面实现经济和社会发展的第二步战略目标，是摆在我们面前的重要任务，也是关系到中国以怎样的面貌跨入21世纪的历史性课题。我们要用邓小平同志建设有中国特色社会主义理论武装全党，教育干部和人民，统一思想，坚定信念，积极、全面、正确地执行党的基本路线。要继续按照党中央确定的"抓住机遇，深化改革，扩大开放，促进发展，保持稳定"这个全党和全国工作的大局，处理好改革、发展和稳定的关系，使我们的事业有计划、有领导、有秩序地推进。要精心组织、全面推进改革开放，实现经济体制改革和其他方面改革的既定目标。要处理好经济和社会发展中出现的各种矛盾，加强和改善宏观调控，保持国民经济持续、快速、健康发展。要加强社会主义民主和法制建设，维护政治和社会的稳定，为改革和建设创造更好的环境。要加强精神文明建设，对广大人民尤其是青少年进行爱国主义、集体主义和社会主义教育，弘扬正气，凝聚民心，鼓舞斗志，统一步伐，万众一心地为国家振兴贡献力量。摆在我们面前的任务是艰巨的，在前进的道路上会遇到新情况、新问题，但是，中国的进步和发展，犹如滚滚长江，滔滔黄河，奔腾向前，势不可当。

刚刚闭幕的党的十四届四中全会，是在我国改革和建设的关键时刻召开的一次具有全局意义和长远意义的重要会议。全党同志要认真学习、深刻领会、全面贯彻全会精神。中国共产党是领导和团结全国各族人民建设有中国特色的社会主义伟大事业的核心力量。党要走在时代前列，在进行社会主义现代化建设的全过程中始终实施坚强的领导，在广阔深刻的历史性变革中始终坚持工人阶级先锋队性质和全心全意为人民服务的宗旨，就必须进一步加强党的建设。按照十四届四中全会《决定》的要求，继续推进新的伟大的工程，把党的建设提高到一个新的水平，我们的事业就大有希望。

全国各民族的同胞们，新世纪的曙光正在向我们招手，伟大的祖国正阔步前进在全面振兴的大道上。成功的希望、胜利的光荣在于继续艰苦奋斗的努力之中。让我们在邓小平同志建设有中国特色社会主义理论和党的基本路线的指引下，紧密地团结在以江泽民同志为核心的党中央周围，再接再厉，脚踏实地，为实现本世纪改革和发展的宏伟目标，为在21世纪把我国建设成为一个富强、民主、文明的社会主义现代化国家而努力奋斗！

首都各界群众40万人在八大公园举行游园联欢活动庆祝中华人民共和国成立45周年

党和国家领导人江泽民、李鹏、乔石、李瑞环、朱镕基、刘华清、胡锦涛、荣毅仁等，分别来到劳动人民文化宫、中山公园、北海公园和天坛公园，与各界人士共度国庆。

来自祖国各地的全国劳动模范、解放军英雄模范代表、少数民族代表、科技界代表，来京参加国庆活动的港澳地区的各界代表，华侨代表，在京的香港、澳门同胞和台湾同胞，国际友人等，也来到各大公园，和首都人民一起欢度国庆。

首都各界群众10万人在天安门广场观看礼花并举行联欢晚会庆祝中华人民共和国成立45周年

党和国家领导人江泽民、李鹏、乔石、李瑞环、朱镕基、刘华清、胡锦涛、荣毅仁等登上天安门城楼，与群众共度良宵。

第二次礼花施放后，江泽民、李鹏、乔石、李瑞环、朱镕基、刘华清、胡锦涛、荣毅仁等走到城楼东西平台，同应邀出席晚会的老同志，已故老同志的夫人，全国劳动模范、全军英雄模范代表，民主党派负责人和无党派人士，群众团体负责人，少数民族代表等亲切交谈，互致节日问候。藏传佛教噶举派大活佛噶玛巴·伍金赤列向江泽民献哈达。江泽民亲切地希望他好好学习，健康成长，为西藏的繁荣昌盛多做贡献。

在天安门城楼上与中国人民共同庆祝中华人民共和国成立四十五周年的外国贵宾有：朝鲜国家副主席李钟玉，阿曼协商会议主席卡塔比、副主席拉瓦希，印度国大党总书记库马尔·辛德，玻利维亚众议院副议长卡瓦列罗等。

在天安门城楼参加联欢活动的还有丁关根、田纪云、李岚清、李铁映、邹家华、陈希同、尉健行、温家宝、王汉斌、姚依林、宋平、薄一波、宋任穷、张震、任建新、倪志福、陈慕华、费孝通、孙起孟、雷洁琼、秦基伟、李锡铭、王丙乾、王光英、程思远、卢嘉锡、布赫、铁木尔·达瓦买提、李沛瑶、吴阶平、迟浩田、宋健、李贵鲜、陈俊生、司马义·艾买提、彭珮云、罗干、张思卿、杨汝岱、王兆国、阿沛·阿旺晋美、赛福鼎·艾则孜、洪学智、钱伟长、胡绳、钱正英、孙孚凌、安子介、朱光亚、万国权等。

在京的中共中央委员、候补委员，中纪委常委，全国人大常委会委员，全国政协常委，中央党政军群领导机关和北京市的负责人，也参加了联欢活动。

在天安门城楼两侧的观礼台上，有各行各业的劳动模范、少数民族代表、港澳台同胞、国际友人，还有天津、上海、广东、四川、陕西、山东、辽宁七省市来京举办国庆游园活动的人士等。

《求是》杂志第19期发表社论《在建设有中国特色社会主义理论的旗帜下再造辉煌》

正值党的十四届四中全会胜利闭幕之际，我们迎来了中华人民共和国成立四十五周年的隆重庆典。四十五年，在历史的长河中不过是短暂的一瞬间，但对中国人民来说，这却是自己的命运发生根本转折的四十五年，是自己的祖国经历翻天覆地变化的四十五年，因而是中华民族发展史上值得大书特书的辉煌的四十五年。今日的中国，人民大众当家作主，主宰着自己国家和社会的命运；各项建设事业欣欣向荣，已经初步实现了国家的繁荣昌盛；独立自主的国际地位日益稳固，国际威望越来越高，在国际事务中日益发挥重要作用；国内统一和各民族大团结的局面日益巩固和发展。面对这一切，中国人民对于毛泽东同志在四十五年前的庄严宣告的不平凡意义，有了倍加深切的感受。

近半个世纪的努力奋斗，人民共和国从一个呱呱坠地的婴儿成长为巍然屹立于世界民族之林的东方巨人。共和国逐步成熟起来了，人民逐步成熟起来，最重要的也是最根本的是我们党通过把马克思列宁主义基本原理同中国的具体实际相结合，经过几代人的不懈追求，在思想上和理论上成熟起来了。

人民共和国孕育、诞生和发展历史，就是我们党为中国人民的幸福而奋斗的历史。在共和国的四十五年中，党领导全国人民干了两件改变中国历史进程的大事。一是建国初期到一九五六年，在新民主主义革命取得胜利以及国民经济得到初步恢复和发展的基础上，不失时机地推进社会主义革命，采取国家工业化和社会主义改造同时并举的方针，建立了社会主义基本制度，为我国后来社会经济发展取得辉煌成就奠定了坚实的基础。二是党的十一届三中全会以来，确认我国仍处于社会主义的初级阶段，把工作重心转移到经济建设上来，并对原有的束缚生产力发展的经济体制进行全面改革，相应地进行政治体制改革和社会主义精神文明建设，逐步确立了以经济建设为中心、坚持四项基本原则、坚持改革开放的基本路线，开辟了一条建设有中国特色社会主义的道路，全面开创了社会主义现代化建设的新局面，使我国在近十五年中创造出了更加辉煌的成就。这两件大事，第一件是在毛泽东思想的指导下做成的；第二件是在毛泽东思想的新发展邓小平建设有中国特色社会主义理论的指引下进行的。从毛泽东思想到建设有中国特色社会主义的理论，是马克思列宁主义基本原理同中国实践相结合过程的两个发展阶段，是中国共产党人在思想上、理论上不断成熟的两个里程碑。

中国人民历尽千辛万苦，付出无数沉重的代价，才找到了马克思列宁主义。马克思列宁主义的基本原理是放之四海而皆准的普遍真理。如何使这些基本原理在各国的土地上生根、开花、结果，则是各国共产党人需要解决的重大而极为复杂的课题。人民共和国所经历的曲折和辉煌,深深地印刻着我们党在思想上、理论上艰难探索、逐步成熟的轨迹。以毛泽东同志为代表的第一代中国共产党人,从旧中国的基本国情和革命斗争的实际需要出发,将马克思列宁主义创造性地应用于中国这样一个以农民为主要群众,以反帝反封建为直接任务的半殖民地半封建大国,形成了毛泽东思想,从理论上和实践上解决了在中国这样一个人口众多、经济文化落后的国度中进行新民主主义革命和社会主义革命,建立社会主义制度的艰难任务。毛泽东思想是被实践充分证明了的关于中国革命的正确的理论原则和经验总结。毛泽东同志在社会主义改造取得决定性胜利后,曾开始以苏联经验为鉴戒,探索适合我国情况的社会主义建设道路,并留下了许多光辉的思想。但他在晚年也犯了严重的错误。由于这种错误,他的许多有价值的探索常常被迫中断,乃至严重地偏离方向。对我们党来说,以往的探索,无论是成功的还是失败的,无论是正面的经验还是反面的教训,都是可贵的财富积累,它对于我们逐步走出一条有自己特色的社会主义建设道路,都起到了有益的作用。

以邓小平同志为代表的第二代中国共产党人,把马克思列宁主义同当代中国实际和时代特征紧密结合起来,创立了建设有中国特色社会主义的理论。这个理论在正确把握社会主义本质的基础上,第一次比较系统地初步解决了像中国这样一个经济和文化基础都还比较薄弱的大国,在迈向社会主义现代化强国的过程中,所应当确立、选择和坚持的发展道路、发展阶段、根本任务、发展动力、外部条件、政治保证、战略步骤以及领导与依靠力量等一系列根本性的原则和方针政策问题。它继承并丰富和发展了马克思列宁主义、毛泽东思想,是马克思列宁主义同中国实际相结合的最新成果,是当代中国的马克思主义。改革开放和社会主义现代化建设的实践,为建设有中国特色社会主义理论的形成提供了直接的、可靠的实践基础。邓小平同志则对这一理论的创立作出了伟大的历史性的贡献。他倡导开展关于"真理标准"的讨论,并由此引发出一场声势浩大的思想解放运动,可以说是形成这一理论的认识论的前提。邓小平同志是解放思想、实事求是的典范,他集中全党的智慧和人民群众的实践经验,以巨大的政治勇气和理论勇气拨乱反正,正本清源,以朴素明白的语言阐述了一个个深邃的思想哲理,构成了建设有中国特色社会主义理论的初步的理论体系,从而完成了从毛泽东思想到建设有中国特色社会主义理论的历史性跨越,为党和人民提供了最可宝贵的精神财富。毛泽东同志说过:"主义譬如一面旗子。"科学的理论,就像一面引导千军万马朝着正确目标冲锋陷阵的旗帜,引导国家和民族走向成功和辉煌。没有这样一面旗帜,人民大众就缺乏精神依托,国家和民族就如一艘失去航标的航船,就难以摆脱触礁和沉没的厄运。近十五年来共和国举世瞩目的辉煌实践,已经无可辩驳地证明了,建设有中国特色社会主义的理论是关于中国改革开放和社会主义现代化建设的唯一正确的理论原则和经验总结,是我们发展社会主义事业的伟大旗帜,是中华民族振兴和发展的强大精神支柱。在当代中国,有了这面旗帜,有了这个精神支柱,党就能够具有更加坚强的战斗力,共和国就能够具有更加强大的凝聚力。因此,中国共产党在自己写着"马克思主义列宁主义、毛泽东思想"的旗帜上,又郑重地写上了"邓小平建设有中国特色社会主义的理论。"

从找到马克思列宁主义、形成毛泽东思想,到创立邓小平建设有中国特色社会主义的理论,是我们党之大幸,共和国之大幸,中华民族之大幸。我们只有深刻地了解这一理论创立过程之艰难,理解这面旗帜是多么的来之不易,才会倍加珍惜它,才会更加自觉地、坚定地维护它。党的十四大明确了建设有中国特色社会主义的理论在马克思列宁主义和中国实际相结合的思想理论发展史上的重要地位,进一步明确了它是指导我们思想和工作的理论基础。这对于决定中国社会主义现代化建设事业的前途和命运,是至关重要的,有着极其深远的意义。对于这一理论的任何思想上的动摇和行动上的背离,无疑都将会给我国的社会主义现代化建设事业带来严重的后果。我们要真正坚持马克思列宁主义、毛泽东思想,就必须坚持扎根于亿万人民群众改革开放实践之中的建设有中国特色社会主义的理论,坚持这一当代中国的马克思主义。

只有紧紧依靠建设有中国特色社会主义理论这个思想武器,我们才能牢牢把握当代中国的发展大局,在风云变幻的国际局势面前,在纷繁复杂的国内建设任务和社会矛盾面前,始终做到立场坚定,头脑清醒,行动自觉。中国必须坚持以经济建设为中心,大力发展生产力,提高综合国力,提高人民群众的物质文化生活水平;必须坚持四项基本原则,为经济和社会发展提供有力的政治保障;必须坚持改革开放,进一步解放生产力,充分调动一切有利于我们的积极因素;必须坚持"三步走"的发展战略,有计划、有步骤地把国家建设成为繁荣、富强、民主、文明的社会主义现代化强国。这就是当今中国发展的大局,这就是我们基本的政治立场。要保持在这个立场上、行动上的清醒和坚定,首先必须在思想上、理论上保持清醒和坚定。只要我们真正掌握了建设有中国特色社会主义的理论这一科学世界观,就始终能够做到不困惑迷惘,不随波逐流,任凭风浪乍起,我自岿然不动,沿着业已选定的正确道路坚定不移地走下去，集中力量把自己的事情办好。

只有紧紧依靠建设有中国特色社会主义理论这个精神支柱，我们才能有足够的勇气和信心去迎接二十一世纪的挑战。新旧世纪交替之际，世界两极格局宣告终结，在新格局形成过程中，世界各种矛盾都在深入发展，各种力量正在重新分化组合，各种重大的战略关系也正在调整变化，世界正朝着多极化的方向发展。在这大变化的历史时期，中国面临着激烈的国际竞争和挑战，包括经济的、政治的、军事的、科学技术的、人才的以及人口的、环境的等等，总之，是综合国力的竞争和挑战。到下一世纪，这种种挑战将会更趋严峻。如果不能在挑战面前奋起，就会在挑战中沉沦。中国已经没有别的选择，更没有退路，只能勇往直前，抓住机遇，发展自己，迎接挑战，战胜挑战。建设有中国特色社会主义的理论给了我们这样的勇气和信心。有了这样的勇气和信心，全党、全军、全国各族人民就能焕发出无穷无尽的力量，去创造新的历史业绩。邓小平同志关于和平与发展仍是新的历史时期世界形势主流的正确判断，关于民族自尊心、自信心、自豪感的重要论述，关于维护国权、国格的严正告诫，关于爱国主义和社会主义相统一，中华民族要在社会主义基础上发展起来，并为人类做出较大的贡献的谆谆教诲，以及关于各方面建设事业的总体设计和原则提示，都是我们勇敢地迎接并战胜未来挑战的伟大精神动力。可以断言，以建设有中国特色社会主义理论为精神支柱的中国人民，在二十一世纪的大舞台上，必定能够演出威武雄壮的活剧来。拥有占世界人口五分之一、曾为人类文明作出过重大贡献的中华民族，拥有五千多万党员、创造了辉煌的社会主义业绩的中国共产党，应当也必定能够为促进人类和平、发展、进步事业，为推进国际共产主义运动作出更大的贡献。

只有紧紧依靠建设有中国特色社会主义理论这一科学的行动指南，我们才能正确处理改革、发展和稳定的辩证关系，保持和发展目前经济和社会发展的良好势头，处理和解决发展中出现的新矛盾、新问题。我们正在大力推进社会主义市场经济体制的建立和完善，我们所从事的，是一项前无古人的全新事业。在传统的高度计划经济体制向社会主义市场经济体制变革面前，我们不懂得、不熟悉的东西很多，新情况、新问题、新矛盾层出不穷。为此我们必须老老实实地学习，首先必须学好建设有中国特色社会主义的理论，因为它是我们分析形势、研究问题、处理矛盾的科学方法论。邓小平同志不仅为我们提供了一整套战略思想和理论观点，更为我们提供了运用马克思主义的基本立场观点方法研究新情况、解决新问题的科学态度和创造精神。我们必须把这种科学态度和创造精神真正学到手，运用到实践中去，做到在成绩和优点面前不狂躁，在困难和问题面前不迷糊，在缺点和不足面前不悲观，踏踏实实地做好改革、发展和稳定中的每一项工作。改革既要知难而进，锲而不舍，大胆试验，勇于创新，又要严谨求实，精心组织，注重效果；既要作持久努力，又要有紧迫感，抓住有利时机，认真贯彻落实中央的各项改革决策，确保到本世纪末初步建立起社会主义市场经济体制，为实现第二步战略目标提供重要保证，并为下世纪初能够形成一整套更为成熟和定型的社会主义制度以及社会经济的更快更大发展，创造良好的基础和条件。发展既要注意经济增长速度和数量，更要注意发展的质量和经济效益；既要促进经济又快又好地发展，又要推动政治、社会、文化的全面进步，并使三大产业协调发展，不同条件的地区协调发展，城市和乡村协调发展，物质文明和精神文明协调发展。同时要集中更多的精力，解决好既关系到改革、发展，又关系到稳定的突出问题，深入研究和妥善对待人民群众普遍关心的难点、热点问题，把握好根本利益同眼前利益相结合的原则，把握好群众总体受益原则和总体承受能力，努力使最大多数的群众从改革、发展中获得切身利益，并深入细致地做好思想政治工作，揭露和打击危害安定团结的思想和行为，切实维护社会稳定，保障各项改革措施的顺利实施和经济的顺利发展。

只有紧紧依靠建设有中国特色社会主义理论这个根本指针，我们才能把党自身建设好。我国社会主义物质文明建设和精神文明建设的兴衰成败，关键取决于我们党，取决于党是否坚强有力。中国共产党肩负着庄严的历史使命，任重而道远。我们要深刻领会邓小平同志关于新时期执政党建设的重要论述，全面贯彻落实好十四届四中全会通过的《决定》的精神，更加重视坚持和改善党的领导，坚持党要管党，从严治党，切实加强和改进党自身的建设。加强党的建设，关键是加强各级领导班子建设和干部队伍建设。要着眼于全局和长远战略，全面提高党员和干部队伍的素质，大力培养选拔德才兼备的优秀年轻干部，不断增强基层党组织的凝聚力、吸引力和战斗力，充分发挥党组织和广大党员在深化改革、促进发展、保持稳定中的战斗堡垒作用和先锋模范作用。在加强党的思想建设、理论建设的同时，要高度重视组织建设和制度建设，用科学的、健全的制度来规范党组织、全体党员的行动，消除产生腐败的根源，有力地防止和克服党内各种不良现象。要坚持和健全民主集中制，更好地实行民主基础上的集中和集中指导下的民主相结合，当前更要强调全党服从中央，维护和强化中央的权威，以便有效地调动各级党组织和广大党员的积极性、创造性，把全党的意志、智慧和力量最充分地组织集中起来，为实现党的各项任务而奋斗，为保持党的路线方针政策的连续性和稳定性，为党和国家的长治久安提供可靠保障。加强党的建设，最根本的一条，是要保证党在社会主义初级阶段的基本路线能够得到全面、准确地贯彻执行，保证这条基本路线坚持一百年不动摇。“一个中心、两个基本点”的基本路线，是在建设有中国特色社会主义理论的指导下形成和确定的，也是这一基本理论的集中体现。只有坚持建设有中国特色社会主义理论不动摇，才能坚持党的基本路线不动摇。我们党思想建设、组织建设、制度建设、作风建设，都必须符合并体现基本路线这一灵魂；党的建设各方面工作的优劣与得失，都要用贯彻执行基本路线的成效来衡量。

要运用、依靠建设有中国特色社会主义的理论，就必须下大功夫、花真功夫学习好这个理论。认真学习建设有中国特色社会主义的理论，用这个理论武装全党，教育广大干部和群众，是一项具有全局意义和长远意义的、长期的战略性任务。从党的十四大以来，尤其是《邓小平文选》第三卷出版以来，领导干部带头学习理论的热潮正在兴起和发展，全党的理论学习出现了多年少见的好形势，建设有中国特色社会主义的理论日益深入人心，已经有了一个良好的开端。但我们还不能满足现状，停滞不前。要抓住时机，因势利导，采取有效的办法和措施，使学习、研究和宣传向纵深发展。学习理论，要紧紧抓什么是社会主义、怎样建设社会主义这个首要的基本的问题，紧紧抓住解放思想、实事求是这个精髓来进行。要在细心研读《邓小平文选》原著，从总体上正确把握这一理论的科学体系的基础上，充分运用它所提供的马克思主义立场、观点、方法研究和处理现实问题，树立起带着现实问题学理论、用理论指导解决现实问题的良好学风，使理论紧密联系实际，学用结合，学以致用。建设有中国特色社会主义的理论来源于实践，服务于实践，并且将要在丰富多彩的社会主义建设实践中永葆青春，不断丰富、完善和发展。

雄关漫道真如铁，而今迈步从头越。在民主革命时期，我党认识并掌握了中国革命的规律，制定了一条符合中国实际的新民主主义革命总路线，革命就势如破竹地向前发展，取得了节节胜利。在社会主义建设时期，我党在经受多次失败和挫折后，终于有了符合自己国情和时代需要的基本理论和基本路线，人民共和国从此走上了一条更加宽广的大道。我们坚信，沿着这条宽阔大道走下去，再经过几十年、上百年的不懈努力，我们建设富强、民主、文明的社会主义现代化国家的宏伟目标就一定能够实现。中华民族定将在建设有中国特色社会主义理论的旗帜下再造辉煌，社会主义也定将在中华民族全面振兴的基础上再辉煌！

让我们高举建设有中国特色社会主义的理论和党的基本路线的光辉旗帜，紧密团结在以江泽民同志为核心的党中央周围，向着中华人民共和国更加光辉灿烂的明天，乘风破浪，奋勇前进！

最高人民法院院长任建新国务委员罗干在中南海会见全国公安战线来北京参加国庆观礼活动的 50 名英雄模范

中国证监会就上市公司向股东配售发行股票的有关问题发出通知

通知指出，上市公司向股东配股是公司发行新股的形式之一。上市公司配股必须经省、自治区、直辖市及计划单列市政府或中央企业主管部门依本通知规定审批，并报中国证券监督管理委员会复审。

通知规定：配股募集资金的用途必须符合国家产业政策；前一次发行的股份已经募足，并间隔一年以上；公司在最近三年内连续盈利；公司净资产税后利润率三年平均在 10%以上，属于能源、原材料、基础设施类的公司可以略低于 10%；公司在最近三年内财务会计文件无虚假记载或重大遗漏；公司本次配股募集资金后，公司预测的净资产税后利润率应达到同期银行个人定期存款利率；配售的股票限于普通股，配售的对象为根据股东大会决议规定的日期在册的本公司全体普通股股东；公司一次配股发行股份总数，不得超过该公司前一次发行并募足股份后其普通股股份总数的 30%。

通知指出，地方政府或中央企业主管部门和中国证监会对上市公司配股申请不予批准的情况包括：上市公司不按有关法律、法规的规定履行信息披露义务的；近三年有重大违法行为，特别是有以违反国家现行规定的方式和范围发行或变相发行股票的行为、有证券欺诈等行为的；前一次发行股票所募集的资金用途与当时该公司的《招股说明书》、《配股说明书》或股东大会有关决议不相符的；有关本次配股的股东大会的召集、召开方式和表决方式不符合《公司法》及有关规定的；其申报材料存在虚假陈述的；公司所确定的配股价格低于该公司配股前每股净资产的。

此外，有关上市公司配股的申请和信息披露等具体事宜将另行规定。到境外募集股份并上市的股份有限公司同时在境内发行股票并上市的，原则上遵守本规定。

邮电部发行中华人民共和国国庆电话磁卡

中国专利局批准组建的中国首家专利市场在烟台经济技术开发区建成

国务院总理李鹏在人民大会堂会见以韩国前国务总理黄寅性为团长的韩中友协代表团

中国政府与世界银行和国际货币基金组织在西班牙首都马德里签署关于在香港举行两大国际金融机构1997年年会的备忘录

全国铁路开始实施货车新编码车号为7位数字按1000万辆货车预留车号其容量可适应21世纪的需要

10月2日

国务院总理李鹏在河北考察

10月2日至3日，国务院总理李鹏在河北省省长叶连松等陪同下，考察河北省保定地区和保定市。一路上，他下工地、访农户、进车间，亲切慰问节日期间坚守在工农业生产第一线的工人、农民，并听取省、地、市的工作汇报。李鹏强调指出，明年是我国全面完成国民经济和社会发展第八个五年计划的最后一年，摆在我们面前的任务还很艰巨。我们一定要贯彻落实好十四届四中全会精神，为顺利完成今年的各项任务而努力。

在安新县北六村，李鹏先后走访农户，询问他们的生产、生活情况，当得知他们生产日益发展、生活日渐富足时，李鹏非常高兴，鼓励他们要搞好生产，靠劳动致富，并反复叮嘱省领导，一定要高度重视农业和农村工作，广开各种生产门路，不断提高农民群众的生活水平。

考察途中，李鹏还听取河北省京石高速公路双幅建设情况的汇报，并明确要求在保证质量的前提下，加快工程建设步伐，确保年底前全部贯通。10月2日上午，李鹏来到位于河北省定兴县境内的高速公路施工现场，详细了解了工程进展情况，并看望筑路工人，向他们表示节日的慰问。

在素有“华北明珠”之称的白洋淀，李鹏听取河北省及当地领导关于白洋淀蓄水情况、污水处理及淀区资源综合开发利用的汇报后指出，一定要下决心把白洋淀的污染治理好，同时搞好白洋淀资源的开发利用，使它不仅成为华北地区的一颗“明珠”，而且成为致富水乡，造福人民的宝库。

作为我国大型变压器生产企业之一的保定变压器厂，曾为我国电力工业的发展和重点工程建设作出突出贡献。10月3日下午，李鹏总理来到该厂。当他了解到这家老厂通过改革和技术改造获得长足发展的情况后说，所有国有大中型企业都要坚定不移地深化改革，坚持不断地搞好技术改造和技术开发。在总装车间，他来到工人中间，祝他们节日好，并勉励全厂职工为发展电力工业而努力奋斗。

全国政协副主席王兆国代表中央政府向来北京参观的十七世噶玛巴活佛伍金赤列赠送礼物

全国政协副主席、中央统战部部长王兆国代表中央将礼品单和一个特制玛瑙宝瓶赠予活佛。王兆国还代表中央统战部将九匹彩色库缎、九套僧装和四套藏装赠予活佛。国务院宗教事务局局长张声作代表宗教局向活佛赠送玉石香炉和玉石宝瓶。噶玛巴向统战部和宗教局回赠挂毯。王兆国在赠礼时说，党中央、国务院对噶玛巴活佛十分关怀，对噶玛巴活佛来京参加国庆观礼活动表示欢迎。45年来，祖国建设取得了很大成就，西藏也有很大发展。他希望活佛能通过在北京和其他地方的参观，对祖国经济建设、改革开放和社会发展以及宗教情况有更深的了解和认识，希望噶玛巴做一个爱国爱教的活佛。

民盟中央在北京举行第19次主席会议学习座谈中共十四届四中全会精神并通过《学习贯彻中共十四届四中全会精神的决定》

中国人民银行副行长陈元在国际货币基金组织临时委员会会议上发表讲话

陈元指出，世界经济走向持续复苏和实现稳定增长离不开工业国家和发展中国家双方的共同努力。

陈元说，当前大多数发展中国家积极采取适合本国国情的经济改革与调整战略，开放本国市场，保持强劲的增长势头，给世界经济注入了生机与活力。但陈元指出，“工业国家之间的贸易摩擦及各种形式的贸易保护主义为世界经济和贸易的增长、特别是发展中国家的贸易和经济发展造成了严重的障碍”。陈元期望即将诞生的世界贸易组织为消除这些不利因素、特别是减少发展中国家在市场准入方面受到的限制发挥积极的作用。陈元希望国际货币基金组织在加强经济政策协调、特别是主要工业国家之间的经济政策协调方面发挥重要作用。

10月3日

全国人大常委会委员长乔石在人民大会堂会见玻利维亚副总统兼国会主席维克托·乌戈·卡德纳斯和

夫人

全国政协中央统战部在人民大会堂举行座谈会纪念全国政协副主席包尔汉诞辰100周年

中共中央政治局常委、全国政协主席李瑞环出席座谈会。

全国政协副主席、中共中央统战部部长王兆国在座谈会上讲话。他首先代表全国政协和中央统战部向包尔汉同志表示崇高的敬意和深切怀念，并向包尔汉同志的亲属致以亲切的问候。

王兆国说，包尔汉同志是伟大的爱国主义者。他一生为祖国和人民作出众多的贡献，这些贡献中最光彩的一页，就是他在1949年9月，与陶峙岳将军一起，响应中共中央军事委员会毛泽东主席和中国人民解放军朱德总司令的伟大号召，毅然决然地脱离国民党反动残余政府，通电起义，实现新疆的和平解放。从此，新疆各族人民和全国人民一道在中国共产党的领导下，进入了共同发展繁荣的历史新时代。包尔汉同志在历史发展紧要关头的正确抉择，充分展现了包尔汉同志向往光明，追求真理，与时俱进的精神。对包尔汉的这一伟大的历史功绩，新疆人民和全国各族人民是永远不会忘记的。

国家经贸委主任王忠禹就1994年全国节能宣传周发表谈话

王忠禹在谈话中指出，我们必须清醒地认识到，目前我国能源利用率仅30%左右，单位能耗所创造的国民生产总值还比较低，仅为世界平均水平的1/7，宏观节能潜力约为4.0亿吨标准煤，潜力很大。

王忠禹强调，节约能源是我国经济发展的一项长远战略方针，各级领导干部和广大职工群众，要高度重视节能工作，采取有效措施，把节能，尤其是节电工作放在重要地位，扎实工作，务求实效，“九五”期间使我国的资源节约和综合利用工作再上一个新的台阶。

美国总统克林顿在华盛顿白宫会见国务院副总理钱其琛双方表示希望继续保持和发展中美两国关系

会见中，钱其琛首先转交江泽民主席致克林顿总统的复信。江泽民在信中对去年中美两国领导人在西雅图的会晤给予高度评价，对双边关系的发展表示满意，并期待着今年11月在印度尼西亚召开亚太经济合作组织领导人非正式会议时再次同克林顿总统会晤。江泽民在信中重申对克林顿总统的访华邀请，欢迎他在方便的时候对中国进行正式访问。

钱其琛说，中美之间的高级互访对改善和发展两国关系具有很重要的意义。国家领导人之间面对面的对话是任何现代通信技术所代替不了的，因为这种对话不仅可以使双方就共同关心的问题交换意见，而且可以在思想和感情上进行直接的交流。

克林顿对钱其琛的访问表示欢迎，并感谢江泽民主席的复信。他同样期待着今年11月在印尼同江泽民主席再次会晤。克林顿总统说，他完全同意钱其琛对美中首脑的西雅图会晤以及对中美关系的评价。他说美中两国保持友好关系不仅对美中两国很重要，对世界的和平与稳定，对世界人民都具有极其重要的意义。

关于美中关系，克林顿说：“我作出决定延长对华最惠国待遇并将此与人权问题脱钩，我们希望全面扩大与中国的合作，我们意识到如果美中之间继续合作，两国关系就能有更大的发展。”

克林顿还对中国在一些重大国际问题上和在安理会内同美国进行合作表示感谢。克林顿总统表示希望早日看到中国恢复在关贸总协定的地位。

在谈到台湾问题时，克林顿重申美国将坚定不移地奉行一个中国的政策，这一政策不会改变。他说美国和台湾的关系只是一种非官方的关系。

钱其琛说，中美关系目前正处于关键时刻，两国关系中存在着一些问题，但也存在着进一步改善与发展的前景。我们应该抓住当前的有利时机，为中美关系的改善与发展共同作出切实的努力，寻找共同点和共同利益，对于分歧应进行对话，寻找解决问题的办法和途径，使中美关系能进入一个全面发展的新阶段。

美国副总统戈尔在华盛顿白宫会见国务院副总理钱其琛双方就两国合作关系等问题交换意见

外交部部长钱其琛在华盛顿会见美国商务部部长布朗就两国贸易关系等问题交换了意见

外交部部长钱其琛在美国国会大厦会见参议院能源和自然资源委员会主席民主党参议员约翰斯顿参议院外委会主席民主党参议员佩尔等

首届亚洲介入神经放射学会议在北京召开

近200名中外神经外科专家出席，卫生部部长陈敏章到会发表祝辞。

亚太法协第四届劳动法讨论会在北京举行

来自20多个国家和地区的200多位专家、学者将在为期3天的会议中，就“外资企业和境外就业职工与雇主的法律保障”问题进行广泛交流和讨论。

全国人大常委会副委员长倪志福、亚太法协劳动法常设委员会主席费尼根在会上讲话。

出席开幕式的还有劳动部部长李伯勇、最高人民检察院副检察长梁国庆、中华全国总工会副主席张丁华、中国法学会会长邹瑜、亚太法协主席帕拉姆、秘书长希利等。

财政部长刘仲藜在马德里世界银行和国际货币基金组织发展委员会上发表讲话

刘仲藜说，广大发展中国家正致力于加快经济和社会的发展，并取得了很大的成就。但与此同时，它们在减少贫困、保护环境等方面仍面临严峻的挑战。迄今，在发展中国家仍有10亿以上的人口生活在贫困之中。他认为，加强国际合作对解决这些问题有着重要的意义，"国际社会、特别是发达国家有责任、有义务向发展中国家提供包括资金、技术在内的援助"。

刘仲藜说，要使援助获得应有的效果，首先，援助方应尊重受援国在援助资金的利用方面享有主导地位。刘仲藜指出，为此，"援助方、特别是双边援助国不应以提供援助为由对受援国的内政进行任何形式的干预，更不应以提供援助为筹码，谋求自身的特殊利益"。刘仲藜在发言中说，受援国的发展归根结底只能主要依靠本国政府和人民自身的不懈努力；外援只能是对本国人力和物力的补充，而不是替代。但及时、充足的外援对于受援国的发展可以起到一定的支持作用。

中国社科院与牛津中国经济中心联合主办的"中国经济形势分析与展望"国际会议在北京举行

中办国办军委办公厅就转发解放军总参谋部《关于我军预备役部队10年建设的情况和进一步加强预备役部队建设的意见的报告》发出通知

中共中央办公厅、国务院办公厅、中央军委办公厅最近发出通知，转发解放军总参谋部《关于我军预备役部队10年建设的情况和进一步加强预备役部队建设的意见的报告》，要求各地结合实际认真贯彻执行。

通知说，组建中国人民解放军预备役部队，是党中央、国务院、中央军委的重要决策。进一步加强预备役部队建设，是贯彻中央军委新时期军事战略方针的一个重要举措。10年来，我军预备役部队建设取得了显著成绩，各项工作已走上正轨。预备役部队是寓军于民的一种组织形式，是建设祖国、保卫祖国的一支重要力量。加强预备役部队建设是军队和地方的共同任务。各级党委、政府在集中精力搞好经济建设的同时，要重视、关心、支持国防建设，认真研究解决预备役部队建设和发展中的问题。军委各总部，各军区、军兵种，要加强领导，切实把预备役部队建设纳入军队建设总体规划，统筹兼顾，统一建设。通过军队和地方的共同努力，使我军预备役部队真正具备快速动员和遂行作战任务的能力。

中央办公厅、国务院办公厅和军委办公厅转发的总参谋部的报告指出，10年来，我军预备役部队建设取得了显著成绩，快速动员和遂行作战任务的能力逐步提高。主要表现在：组织健全，官兵素质较好；政治建设不断加强，队伍纯洁可靠；军事训练正规，训练人员、时间、内容、质量比较落实；制度比较健全，部队管理走上正轨；在社会主义物质文明和精神文明建设中发挥了重要作用。

总参谋部的报告就今后进一步加强预备役部队建设，提出以下意见：

一、统一认识，切实把预备役部队建设摆到重要位置。各地、各部队要高度重视预备役部队建设，加强领导，切实把它摆在重要位置，纳入国防建设和军队建设的总体发展目标，统筹规划，统一建设。

二、明确方向，努力实现预备役部队建设的目标。当前和今后一个时期，预备役部队建设的基本思路和总的要求是，以毛泽东军事思想和邓小平同志新时期军队建设思想为指导，按照中央军委主席江泽民提出的"政治合格、军事过硬、作风优良、纪律严明、保障有力"的总要求，认真贯彻新时期军事战略方针，以战斗力为标准，突出抓好教育训练、部队管理和基层建设，努力加强预备役部队全面建设，不断提高快速动员和遂行作战任务的能力。具体要求是，必须达到组织落实、政治合格、训练有素、作风优良、装备良好、动员快速。

三、突出重点，加强预备役部队的全面建设。各预备役部队要把思想政治工作摆在突出位置，大力加强政治建设，保持预备役部队建设的正确方向，不断增强凝聚力。要严格军事训练，不断提高预备役部队战斗力。要依据我军条令条例，结合预备役部队的特点，建立和完善各项法规制度，加强管理，保持预备役部队的高度集中统一。

四、充分发挥预备役部队在社会主义物质文明和精神文明建设中的作用。组织预备役部队参加两个文明建设，要纳入当地经济和社会发展的总体规划。预备役部队参加两个文明建设，要紧密结合实际，扎扎实实地抓好落实，抓出成效。要通过参加两个文明建设，锻炼和巩固预备役部队，增强凝聚力和战斗力。

10月4日

中宣部中直工委中央国家机关工委解放军总政治部中共北京市委联合主办的庆祝中华人民共和国成立

45周年大型文艺晚会《祖国万岁》在北京工人体育馆举行

新华社香港分社副社长张浚生在出席香港东区各界庆祝中华人民共和国成立45周年联欢晚会时答记者问

张浚生指出,英方虽然在口头上表示要回到中英合作的轨道上来,但是从近期港英政府所做的几件事情来看,他们并没有以实际行动表现出来。

张浚生在出席联欢晚会时,有记者问,新华社香港分社是否收到港督今年的施政报告,张浚生回答说,新华社香港分社并没有收到港英政府给我们的施政报告,只是港英的政治顾问处对我们作了一个很简单的通报。在北京,英国驻华使馆给国务院港澳办送了一份报告。国务院港澳办明确地对英方表示,应同时把报告文本提交给新华社香港分社。但我们主动索取,港英政府至今也不愿提供,由此可以看出,港英方面是有意地不通过正常的渠道与我们联系。在彭定康先生以前的港督,不是这样做的。他们在通过北京的英国使馆向外交部、向港澳办正式提交文本的同时,在香港,也应该通过他们的政治顾问处,向新华社香港分社正式提交文本。

张浚生说,近来有些所谓台湾驻港机构,利用港府管理的香港文化中心搞所谓"双十活动"。新华社香港分社外事部曾经就此事向港英的政治顾问处提出交涉,我们的外交部也就此事召见了英国驻华使馆官员,提出了正式交涉。但是,直到现在港英方面对此事还表示将不作改变,甚至把这件事的责任推给市政局。但市政局很明确地讲,他们在作出这一决定之前,是请示过港府保安科的,而保安科是征询过政治顾问处的意见的。所以这个事情的决定,完全是港英政府作出的。港英政府对由此引起的一切后果有不可推卸的责任。

张浚生指出,无论彭定康先生明天在他的施政报告中会就中英关系讲什么话,包括赫德外相在纽约会见钱其琛副总理兼外交部长时表示,英方要回到中英合作的轨道上来,但从目前发生的几件事情上看,英方并没有拿出实际行动来表明他们是真的愿意回到合作的轨道上来。

新疆生产建设兵团在北京人民大会堂召开兵团成立40周年座谈会

中国人民银行行长朱镕基在马德里举行的国际货币基金组织和世界银行1994年联合年会上发言

朱镕基指出,和平与发展仍然是国际社会迫切需要解决的两大主题。和平是前提,发展是基础,两者相辅相成。"没有和平的环境,谈不上经济发展。没有经济的发展,难有持久的和平。维护世界和平需要各国共同努力、积极参与。国与国之间应和平共处,互相尊重。促进世界经济发展需要发达国家和发展中国家密切合作、携手并进。发达国家的经济增长离不开发展中国家的经济发展,发展中国家的振兴除了自身努力外,还需要发达国家创造良好的外部环境。"

朱镕基重申中国政府的一贯立场。他说,在国际事务中,国家无论大小强弱都应一律平等,要尊重各国人民根据本国国情选择社会制度和发展模式的权利。在开展贸易和经济合作中应遵循平等互利的原则,不应附加任何政治条件,以利共同发展、共同繁荣。朱镕基在发言中肯定了国际货币基金组织和世界银行在世界经济中所发挥的积极作用。但他同时指出:"90年代以来,随着大批新成员的加入,这两个机构更具国际性,同时也面临更大的挑战。今后,两机构在促进各国经济合作和经济发展方面的职能应当进一步强化。同时,两机构应恪守其章程规定的行为准则,全面、客观、公正地反映成员国的要求。"他希望发展中国家在基金组织的地位得到加强,以反映其真实经济情况,同时呼吁发达国家在特别提款权分配问题上采取积极配合的态度,促进这一问题早日得到解决。他说:"世界银行作为多边开发机构,应以促进经济发展为己任,不应被要求去干预主权国家的决策行为,或承担应由其他国际组织承担的职能。我们欢迎世界银行提出的'用户导向'原则,希望世界银行能更多地关注低收入国家在改革和发展中的实际需要。此外,我们希望世界银行在重视项目质量的同时,也能使贷款的数量保持稳定的增长,为发展中国家提供更多的发展援助。"

朱镕基接着介绍中国改革开放的成果。他说:"中国实行改革开放政策后,国民经济持续增长,经济规模不断扩大,人民生活水平稳步提高,社会经济情况发生了深刻变化。目前,中国社会安定,政治稳定,经济繁荣,改革开放政策已深入人心,不可逆转。"

朱镕基指出,中国的具体国情决定了中国的改革开放只能是以渐进的方式进行。"在改革开放过程中,我们始终注意正确处理改革、发展与稳定三者之间的关系。经济建设是一切工作的中心,改革开放是推动经济发展的动力,经济发展与改革开放是社会稳定和国家长治久安的基础,而保持社会稳定则是促进经济发展和顺利进行改革的前提条件。"

朱镕基介绍说,经过十多年的改革开放,中国的经济体制格局发生了深刻变化,旧体制已被突破,新体制正在建立。今年以来,中国在建立社会主义市场经济体制方面迈出了决定性的一步,财税、金融、外汇外贸、投资、价格、企业体制改革，都按预定方案顺利推出。“这些改革措施进展顺利，为国民经济持续、快速、健康发展创造了有利条件，为进一步改革开放奠定了坚实基础。”他接着说：“自去年下半年以来，针对经济快速发展中出现的新情况，我们及时采取了一系列宏观调控措施，固定资产投资规模增长过快带来的矛盾开始缓解，经济生活中某些无序现象逐步得到治理，经济增长速度在平稳回落中保持较高水平，货币发行得到有效控制，市场汇率保持基本稳定，人民币币值稳中趋升，国家外汇储备显著增加。这表明，去年以来我们所采取的宏观调控和深化改革的措施是非常成功的。当然，在改革和发展过程中，我们也面临一些困难，还有一些问题尚待解决。例如，物价涨幅较高。但是，究其原因，虽然部分是由于去年上半年投资规模过大、货币发行过多，但主要是由于市场价格放开的结构性改革造成。这是一个进行市场经济改革的国家不可避免的。经过这一段必需的‘阵痛’以后，物价指数就会逐步回落。对于改革开放中出现的问题，中国人民有信心、有能力加以解决。”

在谈到中国的对外经济关系时，朱镕基说，改革开放使中国经济与世界经济的关系更加紧密。自1986年中国正式要求恢复在关贸总协定的缔约国地位以来，为了与关贸总协定的国际经贸规范接轨，中国采取了一系列重大改革措施，包括简化外贸管理体制、大幅度降低关税、取消汇率双轨制、实行人民币经常项目下有条件可兑换、逐渐放开国内服务贸易市场等。朱镕基指出：“目前中国的经贸体制已基本符合关贸总协定的要求。因此，恢复中国在关贸总协定的缔约国地位，不应再拖下去。中国复关不仅有利于中国，而且有利于世界。把中国排除在外，关贸总协定以及即将成立的世界贸易组织的普遍性将受到极大影响。”

朱镕基最后表示感谢各国同事以及基金组织和世行支持在香港举办1997年年会。他说，届时中国政府将以东道主的身份欢迎各位到稳定和繁荣的香港出席会议。

在年会期间，朱镕基还分别会见国际货币基金组织总裁米歇尔·康德苏，世界银行行长刘易斯·普雷斯顿，马来西亚副总理兼财政部长安瓦尔以及美国财政部长本特森等。

国家副主席荣毅仁在人民大会堂会见玻利维亚副总统兼国会主席维克托·乌戈·卡德纳斯

国家副主席荣毅仁在人民大会堂会见美国前国务卿乔治·舒尔茨等出席第二届中信国际经济论坛外方代表

外交部部长钱其琛和美国国务卿克里斯托弗在美国国务院签署中美两国政府《关于停止生产用于核武器的裂变材料的联合声明》和《关于导弹扩散问题的联合声明》

两国政府《关于停止生产用于核武器的裂变材料的联合声明》说，“为促进防止核武器扩散的共同利益，中华人民共和国和美利坚合众国同意共同努力推动尽早达成一项多边、非歧视性以及可有效核查的禁止生产用于核武器或其他核爆炸装置的裂变材料的公约。”

两国政府《关于导弹扩散问题的联合声明》说，“中华人民共和国和美利坚合众国为促进在不扩散方面的共同利益，同意从即日起采取以下步骤：一、美国将采取必要措施取消1993年8月实施的制裁；二、在美国取消制裁后中国将不出口《导弹及其技术控制制度》所限制主要参数的地对地导弹，即内在性能至少达到300公里射程和500公斤载荷的地对地导弹。”

双方还重申各自对《导弹及其技术控制制度》准则及参数所作的承诺，并同意就《导弹及其技术控制制度》进行深入讨论。

外交部部长钱其琛在华盛顿下榻的旅馆举行记者招待会介绍访美的有关情况

钱其琛说，在为期两天的正式访问中，他会见克林顿总统、戈尔副总统，与克里斯托弗国务卿举行会谈，会见布朗部长、约翰斯顿等8位议员。这是一次坦率、务实、有成果的访问，既不回避分歧，又寻求共同点，访问的气氛是建设性的。

双方都认为，中美关系正处在一个关键时刻。双方应抓住当前的有利时机，加强对话，增进了解，扩大合作，为使中美关系进入一个新的发展阶段而共同努力。

双方都主张加强中美高层次接触。江泽民主席和克林顿总统都期待着今年11月在印尼举行亚太经济合作组织领导人非正式会议期间再次会晤；中国副总理李岚清将在11月份应邀访美；美国国防部长佩里将于10月中旬访华，并与中国军方领导人共同主持中美第四个联委会“军转民联委会”首次会议。

双方就取消美对华制裁和导弹不扩散问题达成协议。美国将取消1993年8月实施的对华制裁；在美取消制裁后，中国承诺不出口《导弹及其技术控制制度》所限制的主要参数的地对地导弹。

双方表示愿意共同努力，推动早日达成禁止生产用于核武器和其他核爆炸装置裂变材料的国际公约。

两国政府愿为两国企业开展经贸合作创造有利条件。双方表示愿以现实和合作的态度处理两国经贸关系中存在的问题。美方重申坚定地支持中国恢复关贸总协定的缔约国地位。

双方愿加强现有商贸、经济和科技等渠道的合作，同时积极探讨在司法、能源、环保、缉毒等领域建立新的双边合作机制。

钱其琛说，会谈中，美方重申奉行“一个中国”政策，遵守中美 3 个联合公报，将美台关系严格限制在非官方范围内。美国政府反对台湾加入联合国，不同意台湾“领导人”访美，承诺在售台武器上严格遵守“8·17 公报”。

钱其琛说，访问期间，中国外交部部长助理秦华孙同美国助理国务卿沙特克就人权问题进行讨论，并会晤美国司法部的高级官员。

当记者问到美国对中国的制裁是否有什么影响时，钱其琛回答说，美国对中国实行的所谓制裁实际上对中国影响很小，但说明双边关系中存在着阴影。如果要使两国关系得到进一步发展，就应该取消制裁，这符合两国人民的根本利益，对双方都有利。

钱其琛还就中美关系、武器扩散、朝鲜半岛形势、台湾和西藏问题回答记者的提问。

以色列总理拉宾在耶路撒冷以色列总理府同国务院副总理邹家华举行工作会谈

以色列总统魏茨曼在总统府会见国务院副总理邹家华

10 月 5 日

全国工商联在京副主席商讨学习贯彻中国共产党十四届四中全会精神

会议认为，四中全会具有现实和深远的意义，全会通过的《中共中央关于加强党的建设几个重大问题的决定》，是在新形势下加强党的建设的纲领性文件。全党贯彻《决定》，努力把党建设成为始终站在时代前列的马克思主义政党，必将领导全国人民建设好有中国特色的社会主义。会议指出，工商联 2300 多个各级组织，要把学习、贯彻四中全会精神，放在一切工作的首位。

会议认为，学习四中全会精神要联系工商联的实际：(一)要正确看待形势，推动各级工商联将学习建设有中国特色社会主义理论向广度、深度发展，围绕什么是社会主义、怎样建设社会主义的基本问题，统一思想，坚持党的基本路线不动摇。(二)健全民主集中制，要坚持接受、服从中国共产党的领导；各级工商联领导班子，既要充分发扬民主，调动广大会员和干部的积极性，又要加强在民主基础上的集中。(三)健全工商联的基层组织，把它建设成为联系、宣传、组织及团结会员，落实党的方针政策，做好非公有制经济代表人士工作和活跃会务工作的阵地。(四)要培养和选拔适应新形势、新任务需要的干部，要加强和调整各级工商联领导班子，要通过扎实、有效的工作，培养非公有制经济的积极分子队伍。

邓中夏诞辰 100 周年纪念大会暨邓中夏铜像揭幕仪式在邓中夏的家乡湖南宜章举行

第二届中信国际经济论坛在北京举行

国务院副总理李岚清、新加坡内阁资政李光耀、美国前国务卿舒尔茨和来自 10 个国家 50 多家著名公司、金融机构的负责人及中国有关方面人士出席“以迎接 21 世纪——本世纪最后数年世界经济预测”为主题的第二届中信国际经济论坛开幕式。

李岚清对与会者说，中国的发展离不开世界，世界的发展也需要中国的参与。不断加强中国同世界各国的合作与交流，既有利于合作各方，也有利于世界经济的整体发展。

他说，今后，中国将进一步扩大对外开放，不断增强和扩大与外国的经济技术合作与交流，不断发展经济，提高人民生活水平，同时为全人类的和平与进步贡献力量。

李岚清在致词中说，人类即将跨入 21 世纪，将一个什么样的世界带到新世纪，是各国人民面临的共同课题。本着取长补短、求同存异的原则，中外有识之士相互交流，对本世纪末最后数年的世界经济作出科学分析与判断，有利于将一个和平、平等、合作、稳定和繁荣的世界带入人类新世纪。

全国政协主席李瑞环在人民大会堂会见美国中华民族文化促进会名誉会长刘廷芳

以色列总理拉宾在耶路撒冷大卫王饭店举行宴会欢迎国务院副总理邹家华

对外经济部部长吴仪参加在印尼举行的亚太经济合作论坛贸易部部长会议时与美国代表团团长巴尔舍夫斯基女士会晤

吴仪说，中国复关问题的谈判应该在世界贸易组织成立以前完成，从而使中国能够成为世界贸易组织的创始成员国。

吴仪说，今年 8 月，中国根据本国经济发展水平的现状就工农业产品的关税和非关税以及服务贸易的减让提出了一揽子方案，中国为此作出了最大的努力。

她说，中、美双方于9月中、下旬就这一揽子方案进行了磋商，谈判取得了一定进展。

吴仪说，在谈判中，中美双方都表现了一定的灵活性。这种务实、灵活的做法将有助于进一步谈判，她希望美国在中国复关问题上表现得更务实些。

她强调说，美国在中国复关问题上的要价要适可而止，不要让中国政府和人民认为美国在带头阻挠中国复关。

吴仪强调指出，中国在复关问题上不会牺牲国家的根本利益。她说："如果中国不能及时复关，我们在8年谈判中所做的一切承诺和在最近所提出的3个减让表及议定书中所做的一切承诺都将无效。中国一天不能复关，就谈不上中国履行乌拉圭回合最后文件的各项义务。"

吴仪说，11月份在印尼举行亚太经济合作组织会议时，还要讨论亚太地区的贸易自由化目标。如果中国不复关，实现这个目标也只是一句空话。

吴仪希望美国能以战略的眼光看待这一问题，并从其长远利益考虑，用实际行动推动这一问题的解决。

国务院港澳事务办公室发言人就港督彭定康发表的1994年施政报告的内容发表谈话

发言人强调，中英双方在过去几年中所出现的分歧，责任不在中方，希望英方真正拿出合作的诚意来。

发言人指出，我们一贯主张中英双方要合作，不要对抗，现在港督彭定康提出要加强中英合作，中国有一句老话，"听其言，观其行"。我们希望英方不要只停留在口头上，而是要真正拿出具体行动来表达合作的诚意。特别是一些涉及未来香港特别行政区利益的重要问题，包括政治、经济、法律等方面，都应事先与中方磋商，不能采取单方面的行动。合作应该是全面的，而不能是有选择的。

发言人在谈到在港的台湾势力租用香港市政局所属的文化场所举行"双十节"庆祝晚会的问题时表示，港英当局如允许台湾借文化中心举行所谓的庆祝活动，是与英方口口声声强调的中英合作背道而驰的，这是港英恣意掀起的一场公开挑衅，希望港英悬崖勒马，不要再挑起新的争论。

对外友协中国俄罗斯友协举行庆祝中俄建交及中俄友协成立45周年招待会

国家主席江泽民在中南海会见前来参加现代信息技术论坛的美国国际商业机器公司(IBM公司)高级代表团

中国气象局在北京举行中国气象学会成立70周年纪念会

孔子诞辰2545周年纪念会与国际学术研讨会在北京开幕

全国政协主席李瑞环在开幕式上说，当代炎黄子孙有责任用科学的方法对儒学加以总结，赋予其时代的意义，为现实服务。

李瑞环说，纪念孔子诞辰2545周年并举办儒学国际学术研讨会，是一件很有意义的事。他对与会的海内外朋友表示欢迎，对大会的召开表示祝贺。

李瑞环说，孔子是中国伟大的思想家、教育家，他创立的儒学是中国传统文化的支柱，是中华民族的骄傲。他希望各界共同努力，把儒学研究提高到一个新水平。

国务院副总理李岚清也在大会上发言。他说，孔子是中国历史上伟大的思想家、教育家，是儒家学说的创始人和主要奠基者。他的思想和学说为中国文明作出了重大的贡献。

中国孔子基金会名誉会长谷牧在讲话中指出，在过去5年中，国内外对孔子、儒家和中国传统文化的研究有了新的进展，在哲学、历史、道德、宗教、政治、经济、文学、艺术等各个层面，发表、出版了数千篇文章和上百种专著。

来自近30个国家和地区的学者出席开幕式。

会议于8日闭幕。

内蒙古考古工作者在赤峰市阿鲁科尔沁旗境内发现一座距今1071年的辽代契丹壁画墓

一部有关蝴蝶的科学巨著《中国蝶类志》由河南科技出版社出版

这部书由我国著名昆虫分类学家、圣马力诺国际科学院院士周尧教授主编，全国各地卓有成就的蝴蝶研究工作者30多人参加编著。

中央统战部全国工商联向新疆和田县捐赠打井资金

10月6日

全国政协八届常委会举行八次会议

这次会议的主要议题是学习贯彻中国共产党十四届四中全会精神，同时将审议通过政协全国委员会提案工作条例(修改稿)和政协第八届全国委员会人事调整名单。

全国政协主席李瑞环主持会议并讲话。李瑞环说,中共十四届四中全会通过的《中共中央关于加强党的建设几个重大问题的决定》,是一个具有战略意义的文件。文件的贯彻落实不但关系到中国共产党的前途和命运,而且关系到我们国家与人民的前途和命运。在中国,共产党是执政党,肩负着领导全国人民的历史重任。只要共产党不出大的问题,我们的事业就不会出大的问题;只要共产党建设得好,我们的国家就能建设好;只要共产党坚强有力,实现振兴中华、统一祖国的伟大目标就大有希望。党的建设包括思想建设、组织建设和作风建设。《决定》中提出的 3 个问题,是当前党的建设特别是党的组织建设中亟待解决的重要问题。说它们重要,是因为这几个问题在党的建设中历来具有突出的地位,是因为目前这几个方面存在不容忽视的问题,也是因为这几个问题群众反映比较强烈。不切实解决好这几个问题,就不能解决好其他问题,就难以完成我们面临的各项任务,就不能从根本上把中国共产党建设好。

李瑞环说,搞好中国共产党的建设,首先需要中共自身努力,同时也需要全国人民的大力支持。统一战线历来同武装斗争、党的建设并列为中国革命的三大法宝。人民政协是我国最广泛的爱国统一战线组织,是实现中国共产党领导的多党合作和政治协商这一基本政治制度的重要组织形式,实行"长期共存、互相监督、肝胆相照、荣辱与共"的方针,执政党需要各民主党派、各族各界代表发表意见,实行监督,帮助自己搞好建设。各民主党派、各族各界代表也有责任发挥"诤友"作用,本着"知无不言、言无不尽"的精神,积极认真地、坚持不懈地帮助中共搞好这项工作。把共产党的自身努力同各民主党派、各族各界代表从外部的支持、帮助很好地结合起来,对于贯彻落实好《决定》有着十分重要的作用和意义。

李瑞环指出,人民政协作为实行参政议政的重要场所,在新的历史条件下也同样面临着如何加强自身建设的问题。《决定》的基本精神和许多内容对人民政协也是适用的。学好《决定》,对于人民政协提高参政议政水平,将起到重要的推动作用。我们要深入学习《决定》,领会其精神实质,并在实际工作中贯彻执行。

全国政协副主席叶选平在会上传达江泽民总书记在中共十四届四中全会上所作的讲话。中共中央政策研究室主任王维澄向政协常委们介绍中共十四届四中全会文件起草情况和学习体会。

全国政协副主席吴学谦、杨汝岱、阿沛·阿旺晋美、赛福鼎·艾则孜、洪学智、邓兆祥、钱伟长、胡绳、钱正英、孙孚凌、马万祺、朱光亚、万国权,秘书长朱训等出席会议。

国务院总理李鹏在人民大会堂会见新加坡内阁资政李光耀

会见时,李鹏说,中新建交以来,两国关系发展很好。两国领导人保持频繁互访,增进了相互了解和友谊,推动了两国在各个领域的富有成效的互利合作。

李鹏说,两国政府在建设苏州工业园区上的合作进展顺利,希望两国企业界本着平等互利的原则开展各种形式的经济合作。

李光耀说,苏州工业园区协议签订以来,一切进展顺利,双方是完全有把握把这个合作项目搞好的。

香港特别行政区筹委会预委会政务专题小组在北京举行第 11 次会议

会议于 6 日至 7 日举行。

会议在讨论港督彭定康的施政报告后指出,彭氏的施政报告并无新意,对英方这种毫无合作诚意的做法不能抱任何幻想。

与会委员们指出,为了保证香港的平稳过渡和繁荣稳定,全国人大有关决定中就第一届立法会的产生作了"直通车"安排,但英方却执意推行其"三违反"的政改方案,对此,委员们建议,成立临时立法会,并首先成立选举事务研究小组。

纪念《民族区域自治法》颁布 10 周年中国民族理论学会在北京召开学术座谈会

致公党中央在北京举行学习座谈中共十四届四中全会精神并通过《中国致公党关于进一步加强自身建设的意见》

国务委员李铁映受国务院总理李鹏委托专程从北京赶到湖北宜昌市会见应邀参加"锦绣中华轮"首航暨长江三峡经济洽谈活动的海外及港台企业家

万里在南京考察

万里于 10 月 6 日至 8 日在南京考察。

考察期间,万里听取江苏省的情况汇报,并前往南京熊猫电子集团公司、电子工业部第十四研究所和南京大学了解生产、科研和教学情况,同干部、教师、科研人员和工人亲切交谈。万里十分关心当前工农业生产、市场物价和人民群众的生活情况,所到之处对此都作了详细的询问。

万里对江苏省和南京市领导说,一定要重视和加强农业这个基础,对粮食生产一点也不能放松,在有条件的地方要抓紧发展农业专业化生产，实现农业现代化；要进一步搞好国有企业的改革，发展工业一定要注重提高质量和效益；要注意发展第三产业，加大第三产业的比重；要进一步搞好对外开放，大力发展外向型经济，大胆到国际市场去竞争；要进一步稳住物价，保持社会的稳定。万里指出，下个世纪的竞争归根到底是科技和人才的竞争，各级领导都要高度重视教育，切实解决发展教育中存在的困难和问题。他希望江苏和南京的各项工作做得好上加好，在发展经济、科技、教育和民主法制等方面都创造出第一流的成绩。

随同考察的有全国人大常委会秘书长曹志，电子工业部部长胡启立，江苏省委书记陈焕友、代省长郑斯林等。

第七届国际反贪污大会磋商会在北京召开

国家主席江泽民在人民大会堂会见参加第二届中信国际经济论坛的中外代表

国务院总理李鹏在人民大会堂会见参加第二届中信国际经济论坛的各国代表

信息市场与国际合作国际研讨会在北京举行

这次国际研讨会是在国家计委、国家经贸委、电子部、邮电部、财政部、中国人民银行等部门支持下，由中国信息协会和国家信息中心主办的，来自美国、日本、德国等13个国家和地区的代表和国内专家400人出席会议。

国务院总理李鹏在人民大会堂会见由三菱重工株式会社社长饭田庸太郎率领的日本亚洲交流协会访华团

国家副主席荣毅仁在人民大会堂会见瑞士银行董事会主席傅瑞纳

国务院副总理朱镕基在马德里会见西班牙外交大臣索拉纳

西班牙国王胡安·卡洛斯在马德里会见国务院副总理朱镕基

外经贸部部长吴仪在亚太经济合作组织贸易部长会议上发言

吴仪发言表示，中国赞成在亚太经济合作组织范围内制订一个实现自由贸易的长期目标。

吴仪说，推进亚太经济合作组织地区的贸易自由化，实现区域的自由贸易，有利于本地区的经济增长。但是，为顺利和有效地推进区域贸易自由化进程，亚太经济合作组织应遵循两条基本运作原则：一是从现在起，以及在实现自由化的全过程中，由始至终地坚持成员之间稳定和无条件的最惠国待遇，这也是关贸总协定的最核心条款。二是在制订和实现自由化方案时，要充分考虑和照顾亚太经济合作组织成员的多样性及其不同的经济发展水平。

在谈到关于实现区域自由贸易的障碍时，吴仪指出，当前，实现亚太经济合作组织区域贸易自由化的最大障碍有两个，一是贸易环境不稳定，主要体现在两个方面：即，包括中国在内的几个成员至今还被排除在全球多边贸易体制之外；有的成员在贸易往来中不断采用单边制裁以及一些成员滥用反倾销措施。二是成员之间经济发展水平差异太大。

关于乌拉圭回合谈判结果实施问题，吴仪说，中国作为世界上一个重要的贸易伙伴，已经在乌拉圭回合最后文件上签字，愿意尽早履行乌拉圭回合谈判结果协议的批准手续并认真执行协议。但是，她指出，中国的复关问题是个实际问题，需要尽快得到解决。

吴仪说，“中国一天不能复关，就一天谈不上批准和执行协议结果，就谈不上履行协议结果规定的各项义务。如果中国被排除在多边贸易体制以外，同时又要我们履行有关协议规定的义务，这是不合乎逻辑的，也从根本上违背了权利和义务平衡的原则。”

西班牙首相冈萨雷斯在马德里会见国务院副总理朱镕基

中国设立国家杰出青年科学基金

经国务院批准，由国家财政拨专款设立的“国家杰出青年科学基金”日前正式启动。

另据公布的《国家杰出青年科学基金实施管理暂行办法》规定，该项基金的资助范围仅限于从事自然科学方面的基础性创新研究工作的优秀青年学者，年龄在45周岁以下，具体组织、实施和管理工作由国家自然科学基金委员会负责。

凡符合条件者，国内可通过各高等院校和科研单位提出申请，境外可通过我国驻外使领馆和国内外知名科学家向国内的高等院校、科研单位推荐。有关文件业已分发至各地，申请者可就近索取。

最高人民法院发出《关于进一步加强对知识产权司法保护的通知》

最高人民法院日前发出通知，要求各级人民法院、军事法院和专门法院，进一步加强对知识产权的司法保护，保证知识产权法律、法规的贯彻实施。

通知要求各级法院进一步充实审判力量，健全审判机构。要选配适当数量的有一定审判经验的审判人员，特别要注意选配学过理工和懂得外语的人员参加知识产权审判工作，并应根据需要组成专门审理知识产权案件的合议庭；知识产权案件较多的大中城市的中级法院及高级法院，具备条件的，可以设立知识产权审判庭，集中审理知识产权案件，保障知识产权案件得到及时、公正的处理。

通知在明确规定各种侵犯知识产权的民事、行政案件的管辖问题后指出，对侵犯知识产权的民事、行政案件，各级人民法院均应及时受理，要坚决抵制地方保护主义和部门保护主义，严格执行有关保护知识产权的法律、法规，依法保护当事人的合法权益。

通知要求人民法院审理知识产权案件，要严格运用中华人民共和国商标法、专利法、技术合同法、著作权法和反不正当竞争法等法律、法规以及我国参加或者缔结的有关知识产权的国际条约，充分、平等、及时地保护当事人的合法权益，严厉制裁各类侵犯知识产权的违法行为。对民事侵权行为，除依法责令侵权人承担停止侵害、消除影响、赔礼道歉、赔偿损失等民事责任外，还可以根据案件具体情况依法对行为人给予必要的没收非法所得、罚款或者拘留等制裁。对违反全国人大常委会《关于惩治侵犯著作权犯罪的决定》构成犯罪的案件，被害人直接向人民法院起诉的，除严重危害社会秩序和国家利益的以外，人民法院可以直接受理。对于假冒注册商标和假冒他人专利构成犯罪的，应当依法追究有关人员的刑事责任，对盗窃重要技术成果的，应当以盗窃罪依法追究刑事责任。

通知要求，各级人民法院要认真学习和研究有关知识产权的科学技术和保护知识产权的法律、法规以及我国参加或者缔结的有关知识产权的国际条约，并注意总结知识产权案件的审判经验，提高知识产权的司法保护水平。要结合办案，加强宣传教育工作，选择一些典型案件，通过公开宣判和新闻媒介等多种形式，宣传有关知识产权的法律、法规，普及保护知识产权的法律意识，增强全社会的知识产权保护意识和法制观念。

国务委员李铁映致电中国体育代表团祝贺中国体育健儿在广岛亚运会前期比赛中获得佳绩

10月7日

全国人大常委会委员长乔石在北京会见由议长瓦赫坦·戈古阿泽率领的格鲁吉亚议会代表团

北京社会发展国际研讨会在北京开幕

这次研讨会由联合国社会发展世界首脑会中国筹委会、联合国社会发展世界首脑会筹委会秘书处、联合国开发计划署共同举办。

国务院副总理李岚清、国家计委副主任郝建秀、联合国开发计划署驻华总代表贺尔康、联合国社会发展世界首脑会筹委会秘书处总协调员鲍多出席开幕式。

李岚清副总理在开幕式上代表中国政府致词。

这次研讨会是为响应联合国关于召开社发首脑会的决议，交流各国社会发展经验、探讨社会发展问题、加强国际交流、为首脑会文件起草做实质性贡献而举办的。

参加研讨会的共有来自 16 个国家和地区以及 12 个国际组织的近 70 名专家、学者、政府官员和非政府组织的代表。

外交部发言人就中国进行一次地下核试验发表谈话

1994 年 10 月 7 日，中国进行了一次地下核试验。

中国拥有少量核武器完全是为了自卫，并且主张核武器国家同意早日彻底销毁所有核武器。中国在核国家中核试验的次数最少，在核试验问题上一贯并将继续持十分克制的态度。我们本着积极的态度参加日内瓦全面禁核试条约的谈判，希望通过谈判争取尽早地并且至迟不晚于 1996 年达成全面禁核试条约。一旦条约生效，中国将停止核试验。中国一贯反对核威慑政策，再次呼吁其他核武器国家积极响应中国的倡议，立即谈判缔结互不首先使用核武器的条约，并且就不对无核武器国家和无核武器区使用或威胁使用核武器达成协议。这将为早日实现全面禁核试创造有利条件。

全国思想政治工作科学专业委员会在北京成立

全国思想政治工作科学专业委员会日前在北京成立。中央政治局常委、中央党校校长胡锦涛接见了出席成立大会的代表。

国务院发出《关于搞好纺织工业生产和调整工作的通知》

各省、自治区、直辖市人民政府，国务院各部委、各直属机构：

今年以来，由于上年度棉花减产，棉花流通领域秩序混乱，棉花及纱、坯布价格暴涨，致使大中城市国有棉纺企业原料紧缺的矛盾相当突出，针织、复制、印染等后道纺织工业企业生产、经营十分困难。为了妥善处理好目前存在的问题,并进一步推进纺织工业的发展,在合理组织纺织工业生产的同时,必须抓住机遇,进一步加快纺织工业的结构调整和技术改造。为此,对有关问题通知如下:

一、采取积极措施,组织好棉纱均衡生产。各级政府及有关部门一定要从大局出发,严格控制棉纱生产总量。1994年要根据纺织原料资源情况,按照棉纱生产控制指标和市场需求,组织好新棉上市前的纺织工业生产,做好上、下游产品的衔接。棉纱超产地区要研究切实可行的限产措施,千方百计把超产势头减下来。已经停产的落后小棉纺厂,不得再恢复生产;对盲目超产的企业要采取控制棉花供应、限电和控制流动资金贷款等行政、经济手段,促其减产、停产。各地要将限产压库情况及时报告国家经贸委和中国纺织总会。

二、限期完成棉纺企业的压锭改造任务。为了解决棉纺行业存在的棉纱生产能力过大、设备陈旧落后这一主要问题,国务院决定要压缩淘汰落后棉纺设备1000万锭。已确定的500万锭压锭改造任务,务必在1996年底前完成;其余500万锭压锭改造任务要在1998年底前全部完成。压锭改造淘汰的旧设备要予以销毁,不得转移后再使用。同时,要严格控制新增棉纺生产能力,国家定点生产的棉纺设备只能用于更新改造,不准用于扩大生产规模。各级政府要组织有关部门制订国有、乡镇、集体纺织企业具体的压缩淘汰落后棉纺锭的规划,采取有力的监督保证措施,坚定不移地完成压锭任务。各地区每年都要将压锭改造的实施情况向国务院专题报告。

三、抓住机遇搞好纺织工业结构调整。当前是纺织工业结构调整的有利时机,各级政府和纺织工业主管部门要抓住机遇,进一步搞好结构调整。在地区布局上,中心城市的纺织工业要实施总量压缩,鼓励中心城市、发达地区纺织工业的初加工能力向原料产区转移;在产品结构调整上,要向深加工和高附加值型产品方向发展,重点提高产品质量,并注意扶持一批效益好、产品适销、出口创汇能力强、在行业中影响大的骨干企业;要改变目前低档次的同类纺织产品生产过剩和中、高档产品供应不足的状况,力争"九五"期末高档服装面料基本上能满足出口的需要;要大力发展装饰、建筑、土工等产业用布,同时还要加快发展化纤及化纤原料,提高化纤在纺织纤维加工总量中的比重,力争"九五"期间达到45%。

四、加大技术改造力度,加快技术改造进度,提高技术装备水平。纺织工业要重点抓好印染、后整理、新型纺织机械制造等薄弱环节的技术改造。对重点企业的压锭改造,国务院有关部门、地方各级人民政府要从资金等各个方面予以重点支持。对确需关、停、并、转的纺织工业企业,转产所需资金由国家经贸委和中国人民银行等有关部门安排,但转产项目要纳入技术改造规划,按现行程序审批。通过调整、改组、改造,力争在较短时间内改变纺织工业工艺落后、设备陈旧的面貌。

五、依法组织好纺织企业的破产实施工作。要在进行企业"优化资本结构"试点的若干城市中选择一批纺织企业依法实施破产。实施企业破产的具体工作,由各试点城市人民政府主持,经贸委(经委、计经委)、计委等有关部门及工会等组织参加,按照国务院关于国有企业破产有关规定组织实施。

各级人民政府和有关部门要加强领导,按以上要求认真组织落实,并深入企业调查研究,对在调整期间确需停工、停产、转产的企业职工的生活,要采取措施,针对不同情况妥善安排,积极主动地为企业排忧解难。各级劳动部门、工会、妇联组织要协助政府及纺织工业主管部门做过细的思想教育工作,保证社会的稳定。

国务院副总理李岚清在人民大会堂会见参加第四届中国国际纺织机械展览会的各国展团团长

国家副主席荣毅仁在人民大会堂会见以会长前总理差猜·春哈旺上将为首的泰中友协代表团

外交部部长钱其琛在钓鱼台国宾馆会见朝鲜外交部副部长曹奎一

中国常驻联合国副代表王学贤在联大二委(经济和财政)一般性辩论中发言

王学贤就发展问题、落实人口与发展会议《行动纲领》和建立多边贸易体制等阐述了中国政府的观点和立场。他强调,应排除消极因素,促进国际经济合作,将纲领和计划落实到行动,推动发展中国家的经济增长。

关于建立多边贸易体制问题,王学贤说,我们主张,不论是全球性的贸易安排,还是区域性的经贸合作,都应实行开放和平等互利的原则,以增加市场准入,扩大世界所有国家、特别是发展中国家的贸易为目的。他说,我们希望,明年成立的世界贸易组织从一开始就应是广泛的、开放的和平等互利的。在执行乌拉圭回合协议过程中,应充分考虑发展中国家的特殊情况,保护其利益,减少新体制可能给他们带来的消极影响。

王学贤在谈到中国的复关问题时说,中国复关是中国的需要,也是世界的需要。没有中国的参加,世界贸易组织就没有普遍性，多边贸易体制也不完整。他希望有关缔约方表现出政治意愿，从速解决中国的复关问题。

中办主任曾庆红会见以老挝人民革命党中央委员党中央办公厅主任通沙瓦·凯坎皮吞为团长的老挝党中央代表团

万里在南京大学中美文化研究中心接受美国霍普金斯大学授予的人文学荣誉博士学位并致答词

第三届泰国中国老挝缅甸运输和旅游合作会议在老挝首都万象开幕

国家主席江泽民在人民大会堂会见参加孔子诞辰2545周年纪念会与国际儒学讨论会暨国际儒联成立大会的部分代表

缅甸大毒枭杨茂贤在云南临沧被处决

经最高人民法院核准，缅甸大毒枭杨茂贤因犯走私毒品罪在云南临沧县被处决。

10 月 8 日

全国政协八届常委会八次会议闭幕

会议认真学习讨论中共十四届四中全会的《决定》和江泽民总书记在中共十四届四中全会上的讲话。常委们一致认为，中共中央的《决定》十分及时，非常必要，表示要继续学习，加深理解。

全国政协主席李瑞环出席会议。

全国政协常委程连昌、周铁农、关世雄、马品芳、高兴民、王思明在闭幕会上发言。

会议还通过中国人民政治协商会议全国委员会提案工作条例；通过政协第八届全国委员会人事调整名单。

全国政协副主席叶选平主持会议；副主席吴学谦、杨汝岱、王兆国、阿沛·阿旺晋美、赛福鼎·艾则孜、洪学智、邓兆祥、钱伟长、胡绳、钱正英、孙孚凌、霍英东、马万祺、朱光亚、万国权，秘书长朱训出席会议。

全国政协八届常委会八次会议通过《中国人民政治协商会议全国委员会提案工作条例》

第一章　总　则

第一条　为了更好地发挥政协提案在履行政协政治协商、民主监督和参政议政职能中的作用，根据《中共中央关于坚持和完善中国共产党领导的多党合作和政治协商制度的意见》和《中国人民政治协商会议章程》、《政协全国委员会关于政治协商、民主监督的暂行规定》，制定本条例。

第二条　政协提案是政协的参加单位和委员（以下称提案者）向政协全体会议或常务委员会提出的，经提案委员会审查立案后交付有关单位办理的书面意见和建议。它是政协行使政治协商、民主监督和参政议政职能的一个重要方面；是参加政协的党派、团体和政协委员为社会主义现代化建设和祖国统一大业献计出力，完善中国共产党领导的多党合作制度的一种重要方式；也是协助中国共产党和人民政府加强与各族各界人士的联系，实现决策民主化、科学化的一条重要渠道。

第三条　提案工作应当在建设有中国特色社会主义的理论指导下，坚持社会主义初级阶段的基本路线，充分发扬民主，广开言路，为维护安定团结，促进我国的社会主义现代化建设和祖国统一大业服务。

第二章　提案委员会

第四条　提案委员会是在常务委员会和主席会议领导下，负责提案工作的常设机构。提案委员会由主任、副主任和委员若干人组成，每届任期五年，人选从本届政协委员中产生，由每届政协第一次全体会议决定。

提案委员会组成人员的调整，由常务委员会决定。

第五条　提案委员会的职责：

（一）制定本届各次全体会议提案工作方案和年度工作计划。

（二）组织、征集提案。

（三）对提案进行审查立案，确定承办单位。

（四）对提案办理情况进行检查和督促，推动承办单位认真办理、落实提案。根据实际需要组织提案者与承办单位座谈，或者组织委员实地考察。对提案办理不够认真的，及时商请、督促承办单位重新办理。

（五）加强与地方政协的联系，相互沟通情况，交流经验。

（六）向全体会议、常务委员会议、主席会议报告工作。

第六条　提案委员会对提案应当有重点地邀请承办单位进行座谈，或者组织专题调查，推动办理工作；对提案中当年不能解决的问题，应当继续督促办理，促进落实；党派、团体提案应当报送主席或者副主席阅示。

第七条　提案者提出的提案对于国家和社会有重大贡献，承办单位办理提案认真负责并有显著成绩的，由提案委员会给予表彰，或者报请常务委员会或全体会议给予表彰。

第八条 提案委员会应当加强与中共中央办公厅、全国人大常委会办公厅、国务院办公厅、中央军委办公厅以及各有关承办单位的联系和协作,促进提案的办理;加强与委员、各民主党派和有关人民团体的联系,听取意见,改进工作;加强与政协全国委员会各专门委员会的联系和配合,发挥政协的整体作用。

第九条 提案委员会全体会议一般每季度举行一次,必要时可以临时召集;主任会议,根据工作需要举行。

第十条 以提案委员会名义上报或者发出的文件,由提案委员会全体会议或者主任会议讨论,并由委员会主任或者副主任审定、签发。

第十一条 提案委员会下设的办公室,是提案委员会的办事机构,是政协机关的一个组成部分,具体负责提案委员会的日常工作。

第三章 提案的提出

第十二条 下列人员和单位可以提出提案:

(一)政协全国委员会委员,可以个人或者联名方式提出提案;全体会议期间可以小组或者联组名义提出提案。

(二)各党派、参加政协的人民团体,可以本党派、团体名义提出提案。

(三)政协全国委员会各专门委员会,可以本专门委员会名义提出提案。

第十三条 提案的基本要求:

(一)提案应当围绕国家大政方针、爱国统一战线内部关系、地方重要事务以及人民群众关心的重大问题等方面提出。

(二)提案内容应当简明扼要,实事求是,做到有情况,有分析,有具体的建议。

(三)提案的书写应当符合规范要求,使用统一印制的提案纸,做到一事一案,字迹工整;委员联名提出的提案,发起人签名应当列于首位;以党派、团体名义提出的提案,须有该组织负责人签名并加盖公章。

第十四条 提案可以在全体会议期间提出,也可以在闭会期间提出。

第四章 提案的审查和处理

第十五条 提案委员会对提案者提出的提案,应当按照本条例第三章第十二条、第十三条的规定进行审查;不符合第十二条、第十三条有关规定的,不予立案。

第十六条 经审查立案的提案,应当根据提案内容和有关单位的职责分工确定承办单位。

经审查不予立案的,应当向提案者说明情况。有的可以适当方式送有关单位研究处理。

第十七条 提案委员会对涉及全局问题的重大提案,可以作为建议案提请主席会议或者常务委员会审议通过后,送中共中央、全国人大常委会或者国务院研究处理。

第十八条 提案经审查立案后应当及时交办。全体会议期间的提案,通过召开承办单位会议集中交办;闭会期间的提案,随时交办。

第五章 提案的办理

第十九条 承办单位应当根据中共中央、国务院的有关文件规定,认真做好政协提案的办理工作,保证提案的办理质量。

(一)认真负责,积极主动,注重实效。凡是有条件解决的,要集中力量及时落实;因条件所限一时不能实施的,要列入规划,创造条件,逐步落实;确实不可行的,要实事求是地说明情由,解释清楚。

(二)办理提案工作应当有领导分管,有专人负责。健全制度,严格程序。对涉及两个以上单位会同办理的提案,主办单位和会办单位应当积极配合,主动协商解决。

(三)办理提案中,应当加强与提案者的联系,及时沟通情况,共同研究落实提案的措施。

(四)承办的提案,要在规定的时限内答复。复文直接寄送提案者,并抄送全国政协办公厅,政府部门同时抄送国务院办公厅。

(五)对提案答复应当按统一的格式行文,并加盖部门或者办公厅(室)公章。对提案者在反馈意见中有不同意见的,承办单位应当作进一步的答复。

第六章 附 则

第二十条 本条例由提案委员会负责实施。

第二十一条 本条例经常务委员会审议通过后施行。

国家主席江泽民在中南海会见捷克共和国总理克劳斯

国务院总理李鹏在北京与捷克共和国总理瓦茨拉夫·克劳斯举行会谈

李鹏说:"中国对发展与捷克的友好合作关系持积极态度,愿在平等互利的基础上不断加强两国的经贸合作和其他交往。中捷之间在许多方面有共同点,社会制度和意识形态的差异没有成为两国发展关系的障碍。我们尊重捷克人民对自己发展道路的选择,相信总理阁下的此次访问将进一步推动两国关系的发展。"

李鹏对中捷经贸关系得到恢复并出现上升的势头表示满意,并希望两国公司和企业作为经贸活动的主体,在双边经贸合作中发挥越来越大的作用。他说,关于经济技术合作中涉及的具体项目,两国有关部门应本着平等互利的原则继续商谈,争取在条件较为成熟的项目上达成协议。

克劳斯说，捷中两国有着传统的友谊，在过去的两年中两国关系取得了新的进展。捷克在对欧洲开放的同时，重视发展同中国的友好合作关系。捷克对中国改革开放的成就以及中国在国际事务中的作用表示赞赏。捷方充分理解中国的现行政策，认为中国是世界和平与稳定的积极因素。

两位总理还分别介绍各自国内的情况。李鹏从所有制的构成、国家对经济的宏观调控、市场对资源配置的基础作用以及两个文明建设等方面阐述社会主义市场经济的主要特点和内容，并扼要介绍当前的改革措施。

李鹏还向客人介绍我国的人民代表大会和政治协商制度。

《人民日报》就党的十四届四中全会通过的《中共中央关于加强党的建设几个重大问题的决定》发表评论员文章《学习的目的全在于落实——再论认真学习和贯彻四中全会〈决定〉》

全国人大常委会委员长乔石在广东考察

10 月 8 日至 13 日，乔石在中共中央政治局委员、广东省委书记谢非、省长朱森林、省人大常委会主任林若等陪同下，到广州、深圳、珠海等地，先后考察广州轻工机械工业集团、广州味精厂、深圳康佳电子(集团)股份有限公司、深圳石油化工(集团)股份有限公司以及深圳盐田港、珠海机场、珠海港等基础设施和市政建设，并同省、市负责人进行座谈。

在谈到加强党建工作时，乔石指出，十四届四中全会通过的《中共中央关于加强党的建设几个重大问题的决定》，是在新形势下加强党的建设的纲领性文件，要认真学习领会。在贯彻执行《决定》精神时，一定要牢牢把握小平同志提出的“为了坚持党的领导，必须努力改善党的领导”这一指导思想，把文件的精神与各地的具体实际密切结合起来，使党建工作更有力地促进改革事业的发展。

乔石特别强调实践在党建设工作中的作用。乔石说，学习马列主义的目的全在于应用，在于解决实际问题，不能离开实际泛泛地谈。党建工作要继承我们党历来的优良传统，同时，随着经济的发展、改革的深化和开放的扩大要不断探索、创造与之相适应的新形式、新内容和新经验。他指出，现在我们党正处在党员和干部队伍逐步更新的过程中，要重视培养和选拔各条战线的优秀人才，使他们在群众性的生产和工作实践中受到锻炼，不断成长。

在谈到经济建设和改革开放的内外条件时，乔石说，当前国际环境对我国的建设和发展总的是非常有利的，国际舆论对中国发展前景的估计也比较好。在国内，中央针对经济发展中存在的一些问题，去年上半年以来加强宏观调控，并且推出了金融、财税、外贸体制等一系列改革措施。经过一年多的实践，充分证明加强宏观调控是必要的，实行的效果也是好的；各项改革措施的推行，总的来说，进展也比较顺利。当然，我们进行的建立社会主义市场经济体制是一项全新的事业，各项改革措施的贯彻也有个不断探索的过程，必然会遇到这样那样的实际问题。我们在坚定不移地推进改革的同时，也要根据面临的实际情况，有什么问题就解决什么问题，使我国的经济形势继续向更好的方向发展。

看到广东的迅速发展，乔石说，实践证明，特区的建设是成功的。小平同志关于建立特区的决策是完全正确的。在省委的领导下，广东的同志工作积极努力，有的同志的改革和开拓精神令人鼓舞，当然，我们也需要更加细微扎实的工作作风，使广东的发展再上新台阶。应当说，广东和特区的建设成就在国内外产生了很大的影响，为其他地区提供了许多宝贵经验，同时对迎接港澳回归祖国，保持长期繁荣稳定也有很积极的意义。他指出，特区将在建立社会主义市场经济的过程中，继续发挥改革开放的带头作用。

听取省人大常委的汇报后，乔石对广东省抓紧地方立法，并在加强监督工作方面进行了有益的探索给予积极评价。他指出，市场经济在一定意义上说是法制经济，市场经济的建立要求加快经济立法的步伐。这种客观形势对我们各级人大工作提出了更高的要求，同时也要看到，这对我们国家建立法制社会的长期任务，也是一个良好的机遇。他希望各级人大的同志进一步振奋精神，努力工作，以实实在在、一步一个脚印的作风，推动社会主义民主和法制建设向前发展。

国家文物局在北京举行学习贯彻《爱国主义教育实施纲要》座谈会

座谈会于 10 月 8 日至 9 日在北京举行。与会者认为，当前，各级各类文物博物馆工作者应提高对自身价值的认识，提高工作质量，根据《爱国主义教育实施纲要》的要求，探索利用文物开展爱国主义教育的新思路、新措施、新形式，调整陈列内容，强化陈列主题，优化环境氛围，利用文物直观、生动、真实、可信的特点，为社会特别是广大青少年提供爱国主义教育的生动教材。各级各类博物馆都应定期对中小学生免费开放并提供无偿服务。

香港特别行政区筹委会预委会经济专题小组第十次会议在北京召开

会议于 8 日至 9 日举行。

会议主要就港督彭定康施政报告中的有关经济问题、香港排污工程问题、两地高层重大基建项目协调等问题进行讨论，并提出一些初步意见和建议。

经济小组的委员们认为，港督彭定康的施政报告中提出不少跨越1997年的财政经济政策和承诺，需要特区政府承担责任，因此必须和中方进行磋商。与会者表示，中英联合联络小组中方代表应要求英方向中方提供资料并通过中英联合联络小组进行磋商，以利于政策的连续性。委员们还认为英方应就财政预算和政府资产移交的问题尽早和中方磋商。

会议上，小组邀请环保专家介绍香港排污工程的情况，委员们认为，排污工程跨越1997年，大量的工程投资关系到1997年后的财政问题；排污工程还影响到南中国海等其他地区的水资源；这项工程也关系到香港600万居民的生活问题，因此应听取多方面的意见，希望能从整体上来考虑排污系列工程，同时要做好一、二期工程的衔接工作。

关于两地重大基建项目的协调问题，委员们认为，两地之间应进行商讨和协调，如果各搞各的，互不考虑，就会造成大的损失，不利于两地经济的发展。预委会已通过有关渠道向港英当局提出建立两地高层次协调小组的建议，但至今没有回音。

会议上，委员们还讨论了两地的经贸关系问题。

"十佳少先队辅导员"首届评选活动揭晓

在中国少年先锋队建队45周年之际，由共青团中央、全国少工委组织的首届全国"十佳少先队辅导员"及百名"少先队热心支持者"评选活动日前揭晓。

获得全国"十佳少先队辅导员"称号的是：黄美英、颜凤岭、刘义福、万缨、鲁颖、赵日贵、华耀国、包淑华、柯有棣、翁士明。他们中有的在德育工作和科技辅导中成绩突出，有的是扎根基层、长期从事育人工作的人队辅导员和少数民族辅导员及市县总辅导员。

共青团中央、少工委同时还授予100名来自工业、农业、军队等各条战线，长期关心支持少先队工作并做出突出成绩的"少先队热心支持者""星星火炬"荣誉证章。

王震铜像在新疆石河子揭幕

海关总署公布《中华人民共和国海关稽查暂行规定》

海关总署日前发出第49号海关总署令，公布《中华人民共和国海关稽查暂行规定》。这个规定自10月1日起施行。

《规定》对应接受海关稽查的单位及货物的范围作了限定。凡是从事进出口贸易的企业、加工贸易企业、经营保税业务企业、报关企业、经营和使用减免进出口关税货物的企事业单位以及其他与货物进出口有关的企事业单位，均应接受海关稽查。海关有权对企事业单位进、出口后三年内的货物以及对使用受海关时效监管的进口货物（尚在规定时限内）的企事业单位，实行定期或不定期的稽查。

《规定》明确海关在稽查中可以行使的权利和义务，其中包括对违反有关法律、法规的进出境运输工具、货物、物品及与其有牵连的账册、资料可以扣留的权力。海关稽查人员在执行稽查任务时，受法律保护，任何人不得阻挠。一般情况下，海关在进行稽查前应通知有关单位；必要时，海关可以在事前不通知企事业单位的情况下，径行稽查。通过稽查发现的走私或违规行为，将由海关按照有关法律和规定处理。稽查结束后，海关应当在30日内将稽查结论送达被稽查单位。海关人员在工作中应依法稽查、忠于职守、保守秘密、廉洁奉公。

《规定》对应接受海关稽查的企事业单位也提出相应的要求。

国家副主席荣毅仁在人民大会堂会见格鲁吉亚议会议长瓦赫坦·戈古阿泽

'94中国音像博览会在北京全国农业展览馆开幕

国务委员兼国家体改委主任李铁映在钓鱼台国宾馆会见捷克共和国总理瓦茨拉夫·克劳斯

国务院副总理邹家华参观位于都灵市的意大利菲亚特集团公司总部和汽车设计中心以及都灵汽车设计研究所

印尼总统苏哈托会见中国对外贸易经济合作部部长吴仪

中国政府和捷克政府在北京签署关于确认以前所签的有关条约协定仍然有效的换文

国务院中央军委发布命令张树田等15人晋升为武警中将少将警衔

公安部在北京举行仪式，宣布国务院、中央军委命令，武警部队张树田等15人晋升为武警中将、少将警衔。

这次由武警少将警衔晋升为武警中将警衔的是：中国人民武装警察部队政治委员张树田。

由武警大校警衔晋升为武警少将警衔的有：李寰、孙伦、黄正荣、于茂林、张岳荣、陈传阔、树久雪、喻林祥、张学福、杜常青、张国光、史东辉、高炎、苗树茂。

国家科委外国专家局农业部联合在北京举行大会表彰在水稻旱育稀植技术推广中作出突出贡献的 28 个先进单位和 141 名先进科技工作者

国家教委关于印发《关于加强成人教育管理干部岗位培训工作的意见》的通知

为贯彻落实全国教育工作会议精神，抓紧《中国教育改革和发展纲要》的实施，提高成人教育的管理水平，我委制定了《关于加强成人教育管理干部岗位培训工作的意见》，现印发给你们。请结合本地区、本行业(系统)的实际，认真组织实施。在实施过程中有何情况和意见，请及时告我委成人教育司。

首都开展大型青年记者希望行采访活动

首都青年编辑记者深入实际、了解贫困地区少年儿童失学情况、反映“希望工程”的进展和成绩、宣传和推动“希望工程”进一步展开的大型采访活动“青年记者希望行”，在北京拉开帷幕。中共中央政治局委员、国务院副总理李岚清出席在人民大会堂举行的“青年记者希望行”出发仪式并讲话。

第六届全国书市在武汉开幕

中国奥委会副秘书长屠铭德在广岛就名古屋决议的实质问题发表谈话

屠铭德介绍说，10 月 6 日，中国奥委会主席伍绍祖在亚奥理事会代表大会上发言时指出，我们为弘扬奥林匹克精神，为和平、友谊、团结，为亚洲的和谐而来。但是，本届亚运会受到了政治干扰。解决这个问题的唯一办法就是严格按国际奥委会 1979 年在名古屋所作的决议办事。我们十分赞赏和感谢许多代表在会上所作的友好和正义的发言。伍绍祖的发言，点明了对广岛亚运会政治干扰的实质在于打破了名古屋决议的原则。而中国台北奥委会一名代表在会上的发言，只字不提名古屋决议的原则，却说 1981 年他们与国际奥委会签订了一个合同，规定中华台北奥委会有资格作为一个国家奥委会，平等参与奥林匹克赛事和参加国际体育组织。

屠铭德说，他自己作为 1979 年名古屋会议的与会代表之一，清楚地了解名古屋决议的实质是为解决台湾在国际奥委会中的地位问题。国际奥委会认识到一个事实，那就是世界上只有一个中国，台湾只是中国领土不可分割的一部分。因而当时形成的名古屋决议，明确要求设在台北的奥委会，必须改名、改旗、改歌，台湾只能以“中国台北”的名义参加奥林匹克各项赛事和参加各国际体育组织。从而解决了台湾运动员回到奥林匹克大家庭中来的问题。至于 1981 年台湾与国际奥委会签订的合同，正是在执行 1979 年名古屋决议的前提下，以文字形式确定“三改”的合同。根本不存在国际奥委会同意台湾以国家奥委会的资格参赛的问题。

屠铭德说，正如国际奥委会主席萨马兰奇在广岛举行的记者招待会上所说，关于台湾问题，已经解决了。台湾的运动员可以在中国台北奥委会的名称下参加奥运会和各种体育比赛。他们只能使用中国台北奥委会的会旗、会歌。显然，徐立德的“广岛之行”，正是一起不折不扣违背名古屋决议、精心策划的政治阴谋。

中国减灾十年委员会第五次全体会议在北京举行

会议听取了我国灾害发生情况和抗灾救灾以及我国在国际减灾工作方面主要的活动报告，研究了制定《中国减灾规则》的有关问题。

10 月 9 日

国务院总理李鹏签署第 166 号令发布《国务院关于修改〈行政复议条例〉的决定》

《国务院关于修改〈行政复议条例〉的决定》已经 1994 年 9 月 2 日国务院第二十四次常务会议讨论通过，现予发布，自发布之日起施行。

总理　李　鹏

1994 年 10 月 9 日

国务院关于修改《行政复议条例》的决定

国务院决定对《行政复议条例》作如下修改：

一、第十条第(三)项修改为：“对民事纠纷的仲裁、调解或者处理不服的，但是行政机关对土地、矿产、森林等资源所有权或者使用权归属的处理决定除外；”

二、第十一条修改为：“对县级以上的地方各级人民政府工作部门具体行政行为不服申请的复议，由本级人民政府或者上一级主管部门管辖。但是，法律、法规规定由本级人民政府管辖的，从其规定；法律规定由上一级主管部门管辖的，从其规定。对国务院各部门的具体行政行为不服申请的复议，由作出具体行政行为的部门管辖。”

本决定自发布之日起施行。

《行政复议条例》根据本决定作相应的修正，重新发布。

民革中央在北京召开主席扩大会议学习座谈中共十四届四中全会精神和全国政协八届八次常委会议精神并作出《关于学习和贯彻中共十四届四中全会精神的决议》

中央军委主席江泽民副主席刘华清张震等出席观看武警总部在北京举行的卫士情怀文艺晚会

中美联合发行“鹤”特种邮票

中国与美国联合发行“鹤”特种邮票，以表现中美两国人民的友好情谊，促进双方在邮票设计与印制技术方面的交流。这套邮票两枚，图案分别是中国的黑颈鹤与美国的美洲鹤。

国务院总理李鹏签署第167号令发布《中华人民共和国自然保护区条例》

《中华人民共和国自然保护区条例》已经1994年9月2日国务院第二十四次常务会议讨论通过，现予发布，自1994年12月1日起施行。

总理 李 鹏

1994年10月9日

中华人民共和国自然保护区条例

第一章 总 则

第一条 为了加强自然保护区的建设和管理，保护自然环境和自然资源，制定本条例。

第二条 本条例所称自然保护区，是指对有代表性的自然生态系统、珍稀濒危野生动植物物种的天然集中分布区、有特殊意义的自然遗迹等保护对象所在的陆地、陆地水体或者海域，依法划出一定面积予以特殊保护和管理的区域。

第三条 凡在中华人民共和国领域和中华人民共和国管辖的其他海域内建设和管理自然保护区，必须遵守本条例。

第四条 国家采取有利于发展自然保护区的经济、技术政策和措施，将自然保护区的发展规划纳入国民经济和社会发展计划。

第五条 建设和管理自然保护区，应当妥善处理与当地经济建设和居民生产、生活的关系。

第六条 自然保护区管理机构或者其行政主管部门可以接受国内外组织和个人的捐赠，用于自然保护区的建设和管理。

第七条 县级以上人民政府应当加强对自然保护区工作的领导。

一切单位和个人都有保护自然保护区内自然环境和自然资源的义务，并有权对破坏、侵占自然保护区的单位和个人进行检举、控告。

第八条 国家对自然保护区实行综合管理与分部门管理相结合的管理体制。

国务院环境保护行政主管部门负责全国自然保护区的综合管理。

国务院林业、农业、地质矿产、水利、海洋等有关行政主管部门在各自的职责范围内，主管有关的自然保护区。

县级以上地方人民政府负责自然保护区管理的部门的设置和职责，由省、自治区、直辖市人民政府根据当地具体情况确定。

第九条 对建设、管理自然保护区以及在有关的科学研究中做出显著成绩的单位和个人，由人民政府给予奖励。

第二章 自然保护区的建设

第十条 凡具有下列条件之一的，应当建立自然保护区：

(一)典型的自然地理区域、有代表性的自然生态系统区域以及已经遭受破坏但经保护能够恢复的同类自然生态系统区域；

(二)珍稀、濒危野生动植物物种的天然集中分布区域；

(三)具有特殊保护价值的海域、海岸、岛屿、湿地、内陆水域、森林、草原和荒漠；

(四)具有重大科学文化价值的地质构造、著名溶洞、化石分布区、冰川、火山、温泉等自然遗迹；

(五)经国务院或者省、自治区、直辖市人民政府批准，需要予以特殊保护的其他自然区域。

第十一条 自然保护区分为国家级自然保护区和地方级自然保护区。

在国内外有典型意义、在科学上有重大国际影响或者有特殊科学研究价值的自然保护区，列为国家级自然保护区。

除列为国家级自然保护区的以外，其他具有典型意义或者重要科学研究价值的自然保护区列为地方级自然保护区。地方级自然保护区可以分级管理，具体办法由国务院有关自然保护区行政主管部门或者省、自治区、直辖市人民政府根据实际情况规定，报国务院环境保护行政主管部门备案。

第十二条 国家级自然保护区的建立，由自然保护区所在的省、自治区、直辖市人民政府或者国务院有关自然保护区行政主管部门提出申请，经国家级自然保护区评审委员会评审后，由国务院环境保护行政主管部门进行协调并提出审批建议，报国务院批准。

地方级自然保护区的建立，由自然保护区所在的县、自治县、市、自治州人民政府或者省、自治区、直辖市人民政府有关自然保护区行政主管部门提出申请，经地方级自然保护区评审委员会评审后，由省、自治区、直辖市人民政府环境保护行政主管部门进行协调并提出审批建议，报省、自治区、直辖市人民政府批准，并报国务院环境保护行政主管部门和国务院有关自然保护区行政主管部门备案。

跨两个以上行政区域的自然保护区的建立，由有关行政区域的人民政府协商一致后提出申请，并按照前两款规定的程序审批。

建立海上自然保护区，须经国务院批准。

第十三条 申请建立自然保护区，应当按照国家有关规定填报建立自然保护区申报书。

第十四条 自然保护区的范围和界线由批准建立自然保护区的人民政府确定，并标明区界，予以公告。

确定自然保护区的范围和界线，应当兼顾保护对象的完整性和适度性，以及当地经济建设和居民生产、生活的需要。

第十五条 自然保护区的撤销及其性质、范围、界线的调整或者改变，应当经原批准建立自然保护区的人民政府批准。

任何单位和个人，不得擅自移动自然保护区的界标。

第十六条 自然保护区按照下列方法命名：

国家级自然保护区：自然保护区所在地地名加“国家级自然保护区”。

地方级自然保护区：自然保护区所在地地名加“地方级自然保护区”。

有特殊保护对象的自然保护区，可以在自然保护区所在地地名后加特殊保护对象的名称。

第十七条 国务院环境保护行政主管部门应当会同国务院有关自然保护区行政主管部门，在对全国自然环境和自然资源状况进行调查和评价的基础上，拟订国家自然保护区发展规划，经国务院计划部门综合平衡后，报国务院批准实施。

自然保护区管理机构或者该自然保护区行政主管部门应当组织编制自然保护区的建设规划，按照规定的程序纳入国家的、地方的或者部门的投资计划，并组织实施。

第十八条 自然保护区可以分为核心区、缓冲区和实验区。

自然保护区内保存完好的天然状态的生态系统以及珍稀、濒危动植物的集中分布地，应当划为核心区，禁止任何单位和个人进入；除依照本条例第二十七条的规定经批准外，也不允许进入从事科学研究活动。

核心区外围可以划定一定面积的缓冲区，只准进入从事科学研究观测活动。

缓冲区外围划为实验区，可以进入从事科学试验、教学实习、参观考察、旅游以及驯化、繁殖珍稀、濒危野生动植物等活动。

原批准建立自然保护区的人民政府认为必要时，可以在自然保护区的外围划定一定面积的外围保护地带。

第三章 自然保护区的管理

第十九条 全国自然保护区管理的技术规范和标准，由国务院环境保护行政主管部门组织国务院有关自然保护区行政主管部门制定。

国务院有关自然保护区行政主管部门可以按照职责分工，制定有关类型自然保护区管理的技术规范，报国务院环境保护行政主管部门备案。

第二十条 县级以上人民政府环境保护行政主管部门有权对本行政区域内各类自然保护区的管理进行监督检查；县级以上人民政府有关自然保护区行政主管部门有权对其主管的自然保护区的管理进行监督检查。被检查的单位应当如实反映情况，提供必要的资料。检查者应当为被检查的单位保守技术秘密和业务秘密。

第二十一条 国家级自然保护区，由其所在地的省、自治区、直辖市人民政府有关自然保护区行政主管部门或者国务院有关自然保护区行政主管部门管理。地方级自然保护区，由其所在地的县级以上地方人民政府有关自然保护区行政主管部门管理。

有关自然保护区行政主管部门应当在自然保护区内设立专门的管理机构，配备专业技术人员，负责自然保护区的具体管理工作。

第二十二条 自然保护区管理机构的主要职责是：

（一）贯彻执行国家有关自然保护的法律、法规和方针、政策；

（二）制定自然保护区的各项管理制度，统一管理自然保护区；

（三）调查自然资源并建立档案，组织环境监测，保护自然保护区内的自然环境和自然资源；

（四）组织或者协助有关部门开展自然保护区的科学研究工作；

（五）进行自然保护的宣传教育；

（六）在不影响保护自然保护区的自然环境和自然资源的前提下，组织开展参观、旅游等活动。

第二十三条 管理自然保护区所需经费，由自然保护区所在地的县级以上地方人民政府安排。国家对国家级自然保护区的管理，给予适当的资金补助。

第二十四条 自然保护区所在地的公安机关，可以根据需要在自然保护区设置公安派出机构，维护自然保护区内的治安秩序。

第二十五条 在自然保护区内的单位、居民和经批准进入自然保护区的人员，必须遵守自然保护区的各项管理制度，接受自然保护区管理机构的管理。

第二十六条 禁止在自然保护区内进行砍伐、放牧、狩猎、捕捞、采药、开垦、烧荒、开矿、采石、挖沙等活动；但是，法律、行政法规另有规定的除外。

第二十七条 禁止任何人进入自然保护区的核心区。因科学研究的需要，必须进入核心区从事科学研究观测、调查活动的，应当事先向自然保护区管理机构提交申请和活动计划，并经省级以上人民政府有关自然保护区行政主管部门批准；其中，进入国家级自然保护区核心区的，必须经国务院有关自然保护区行政主管部门批准。

自然保护区核心区内原有居民确有必要迁出的，由自然保护区所在地的地方人民政府予以妥善安置。

第二十八条 禁止在自然保护区的缓冲区开展旅游和生产经营活动。因教学科研的目的，需要进入自然保护区的缓冲区从事非破坏性的科学研究、教学实习和标本采集活动的，应当事先向自然保护区管理机构提交申请和活动计划，经自然保护区管理机构批准。

从事前款活动的单位和个人，应当将其活动成果的副本提交自然保护区管理机构。

第二十九条 在国家级自然保护区的实验区开展参观、旅游活动的，由自然保护区管理机构提出方案，经省、自治区、直辖市人民政府有关自然保护区行政主管部门审核后，报国务院有关自然保护区行政主管部门批准；在地方级自然保护区的实验区开展参观、旅游活动的，由自然保护区管理机构提出方案，经省、自治区、直辖市人民政府有关自然保护区行政主管部门批准。

在自然保护区组织参观、旅游活动的，必须按照批准的方案进行，并加强管理；进入自然保护区参观、旅游的单位和个人，应当服从自然保护区管理机构的管理。

严禁开设与自然保护区保护方向不一致的参观、旅游项目。

第三十条 自然保护区的内部未分区的，依照本条例有关核心区和缓冲区的规定管理。

第三十一条 外国人进入地方级自然保护区的，接待单位应当事先报经省、自治区、直辖市人民政府有关自然保护区行政主管部门批准；进入国家级自然保护区的，接待单位应当报经国务院有关自然保护区行政主管部门批准。

进入自然保护区的外国人，应当遵守有关自然保护区的法律、法规和规定。

第三十二条 在自然保护区的核心区和缓冲区内，不得建设任何生产设施。在自然保护区的实验区内，不得建设污染环境、破坏资源或者景观的生产设施；建设其他项目，其污染物排放不得超过国家和地方规定的污染物排放标准。在自然保护区的实验区内已经建成的设施，其污染物排放超过国家和地方规定的排放标准的，应当限期治理；造成损害的，必须采取补救措施。

在自然保护区的外围保护地带建设的项目，不得损害自然保护区内的环境质量；已造成损害的，应当限期治理。

限期治理决定由法律、法规规定的机关作出，被限期治理的企业事业单位必须按期完成治理任务。

第三十三条 因发生事故或者其他突然性事件，造成或者可能造成自然保护区污染或者破坏的单位和个人，必须立即采取措施处理，及时通报可能受到危害的单位和居民，并向自然保护区管理机构、当地环境保护行政主管部门和自然保护区行政主管部门报告，接受调查处理。

第四章 法律责任

第三十四条 违反本条例规定，有下列行为之一的单位和个人，由自然保护区管理机构责令其改正，并可以根据不同情节处以100元以上5000元以下的罚款：

（一）擅自移动或者破坏自然保护区界标的；

（二）未经批准进入自然保护区或者在自然保护区内不服从管理机构管理的；

（三）经批准在自然保护区的缓冲区内从事科学研究、教学实习和标本采集的单位和个人，不向自然保护区管理机构提交活动成果副本的。

第三十五条 违反本条例规定，在自然保护区进行砍伐、放牧、狩猎、捕捞、采药、开垦、烧荒、开矿、采石、挖沙等活动的单位和个人，除可以依照有关法律、行政法规规定给予处罚的以外，由县级以上人民政府有关自然保护区行政主管部门或者其授权的自然保护区管理机构没收违法所得，责令停止违法行为，限期恢复原状或者采取其他补救措施；对自然保护区造成破坏的，可以处以300元以上10000元以下的罚款。

第三十六条 自然保护区管理机构违反本条例规定，拒绝环境保护行政主管部门或者有关自然保护区行政主管部门监督检查，或者在被检查时弄虚作假的，由县级以上人民政府环境保护行政主管部门或者有关自然保护区行政主管部门给予300元以上3000元以下的罚款。

第三十七条 自然保护区管理机构违反本条例规定，有下列行为之一的，由县级以上人民政府有关自然保护区行政主管部门责令限期改正；对直接责任人员，由其所在单位或者上级机关给予行政处分：

(一)未经批准在自然保护区开展参观、旅游活动的;

(二)开设与自然保护区保护方向不一致的参观、旅游项目的;

(三)不按照批准的方案开展参观、旅游活动的。

第三十八条　违反本条例规定,给自然保护区造成损失的,由县级以上人民政府有关自然保护区行政主管部门责令赔偿损失。

第三十九条　妨碍自然保护区管理人员执行公务的,由公安机关依照《中华人民共和国治安管理处罚条例》的规定给予处罚;情节严重,构成犯罪的,依法追究刑事责任。

第四十条　违反本条例规定,造成自然保护区重大污染或者破坏事故,导致公私财产重大损失或者人身伤亡的严重后果,构成犯罪的,对直接负责的主管人员和其他直接责任人员依法追究刑事责任。

第四十一条　自然保护区管理人员滥用职权、玩忽职守、徇私舞弊,构成犯罪的,依法追究刑事责任;情节轻微,尚不构成犯罪的,由其所在单位或者上级机关给予行政处分。

第五章　附　则

第四十二条　国务院有关自然保护区行政主管部门可以根据本条例,制定有关类型自然保护区的管理办法。

第四十三条　各省、自治区、直辖市人民政府可以根据本条例,制定实施办法。

第四十四条　本条例自 1994 年 12 月 1 日起施行。

10 月 10 日

共青团中央常委扩大会议在北京召开

共青团中央近日在北京召开常委扩大会议,通过《关于认真贯彻落实党的十四届四中全会精神的决议》。

《决议》指出,各级团组织要从共青团和青年工作的实际出发,认真学习领会党的十四届四中全会精神,更加自觉地结合党的建设推进团的建设,以党建带动团建,努力把团的建设提高到一个新的水平。

《决议》重申,共青团的重要任务就是要通过切实有效地服务青年,更加充分地调动和发挥广大团员青年的积极性和创造性,并以此推进团的民主集中制建设,不断增强团的凝聚力和战斗力。要牢固树立基层第一的思想,坚持抓基层、抓实事、抓落实的工作方针,确保党的各项方针政策和团的工作部署在基层的贯彻落实。要以改革的精神加强团的基层组织建设,努力构造共青团联系青年的新型纽带,进一步焕发基层团组织的内在活力。要加强对广大团员的教育和培养,全面提高青年一代的整体素质,在跨世纪发展的实践中努力造就千百万建设有中国特色社会主义的合格劳动大军和各类人才。

第七届中国福利会妇幼事业樟树奖在北京举行颁奖仪式

第七届中国福利会妇幼事业樟树奖近日在北京举行颁奖仪式。来自中国各地的 10 位对妇幼事业作出卓越贡献的人士被授予樟树奖。

这 10 位获奖者中包括全国政协常委、《今日中国》名誉总编辑爱泼斯坦和中国儿童艺术剧院院长方掬芬。

长期关心、支持中国妇幼事业的国际友人陈志昆先生和武田清子女士获樟树荣誉奖。

以已故中国国家名誉主席宋庆龄喜爱的樟树命名的这项奖于 1985 年设立,是中国在妇幼卫生保健、儿童文化教育福利领域内最早设立的全国性专项奖,此奖两年评选一次。

全国人大常委会副委员长雷洁琼、程思远,中国福利会主席黄华出席颁奖大会。

中央社会治安综合治理委员会第 13 次全体会议在北京举行

会议根据党的十四届四中全会精神,围绕加强农村社会治安综合治理、铁路治安整顿和书刊市场的"扫黄"、"打非"工作三个议题,进行认真研究部署,以进一步推动社会治安综合治理。

中共中央书记处书记、中央综治委主任任建新主持会议并讲话。任建新指出,加强党的建设是推动社会治安综合治理工作的巨大动力和根本组织保证;加强党的建设也对社会治安综合治理工作提出了更高的要求。社会治安综合治理实质上是依靠党的权威和核心作用,协调社会各方面力量,组织发动群众,维护社会治安和社会稳定的一项重要工作。社会治安综合治理中每一方面的工作,以至每一项措施的贯彻落实都需要各级党委、政府的重视和支持,需要党的基层组织积极工作,努力奋斗。

任建新提出,各级领导干部,特别是县、乡两级党政领导同志,要全面了解整治农村治安斗争的重要意义及采取的各项措施,准确掌握政策、法律界限和工作要求,经常深入斗争第一线调查研究,指导工作,及时发现和解决新问题,总结新经验,在实践中不断提高抓社会治安综合治理工作的能力和水平,完成好"保一方平安"的政治任务。

任建新要求,在整治农村治安斗争中,要坚持"打防并举，标本兼治，重在治本"的方针，一方面认真抓好严厉打击严重刑事犯罪活动这个首要环节，要打得准，打得狠，打出声威，打出实效，使犯罪分子依法受到严厉惩处，使广大人民群众充分感受到党和政府维护农村治安的决心。同时，在斗争中要严格掌握政策、法律界限。这是对法律负责，也是对党、对人民群众负责，各级党政领导和政法部门一定要把好这一关。另一方面，要狠抓基层组织建设和基础工作，狠抓农村的民主法制建设和对农民的法制教育工作。这是解决农村社会治安问题的治本措施，需要深入持久地做艰苦细致的工作才能见效。

任建新强调，对社会治安混乱的乡、村，在开展"严打"斗争的同时，要按照党的十四届四中全会的要求，把整顿软弱涣散和瘫痪的基层组织作为工作的重点，尤其要从根本上加强以党支部为核心的村级配套组织建设，通过深入的法制宣传教育，依法治村等工作，把农民群众充分组织、发动起来，把维护社会治安的责任落实到家家户户。

任建新说，当前正在开展的整治农村治安的斗争之所以能够顺利进行，关键在于得到党中央、全国人大常委会、国务院和江泽民、李鹏、乔石等中央领导同志的高度重视和关怀，得到地方各级党委、政府，中央有关部门党委、党组的普遍重视和大力支持。这场斗争要取得预期的效果，更离不开300多万个党的基层组织充分发挥战斗堡垒作用，离不开5400多万党员带领广大群众去落实综合治理的各项措施。

中央综治委副主任张思卿以及中央综治委成员单位的有关负责人出席会议。中央综治委办公室主任陈冀平汇报了各地和有关部门传达贯彻今年6月召开的全国农村社会治安治理工作会议精神的情况，以及对下一步工作的建议。铁道部部长韩杼滨汇报了铁路系统在今年的综合治理工作中，着重抓大客运站治安秩序的整顿和护路联防工作。文化部部长刘忠德、新闻出版署署长于友先汇报了在文化书刊市场开展"扫黄"、"打非"的工作情况和下一步措施。

香港特别行政区筹委会预委会文化小组在北京召开第六次会议

会议10日至11日召开。

会议在上次小组会议讨论的基础上，委员们对"九七"以后香港公众机构名称及徽号、节假日、荣誉名衔、邮票的过渡性安排、学历和公民教育的基本原则等问题作进一步讨论。

会议还就拟提交今年12月召开的预委会第四次全体会议的工作报告及专题报告的框架和要点等问题进行讨论。

国务院总理李鹏在辽宁考察

李鹏于十月十日至十五日在辽宁省考察工作。李鹏在考察中指出，在保持快速的合理的速度的前提下，深化改革，大力调整经济结构，推动技术进步，提高经济效益，是我国国民经济持续、快速、健康发展的一个重要保证。

在沈阳考察期间，李鹏总理和中央军委副主席刘华清、国务委员宋健一起考察沈阳黎明发动机公司和沈阳飞机制造公司等航空工业企业，并与国家计委、国家经贸委、国防科工委、空军、民航和飞机制造部门的负责人，共同研究航空工业的发展问题。李鹏说，解放以来我国航空工业取得很大成绩，但是还满足不了民航事业发展和国防现代化建设的需要。航空工业要发挥在人才、装备等方面的优势，充分利用改革开放的条件，作出更大的贡献。

在考察中，李鹏特别关心和注意了解辽宁省国有大中型企业的发展情况。辽宁省是国家的老工业基地，国有大中型企业约占全国的十分之一。辽宁的国有大中型企业为国家的社会主义建设做出了突出贡献，但在发展社会主义市场经济的今天，一些大中型企业也遇到不少困难。辽宁的国有大中型企业发展如何，对全国的社会主义现代化建设有着直接的影响。

李鹏考察沈阳金杯汽车股份有限公司等企业，还召开由十八家国有大中型企业厂长（经理）参加的座谈会。鞍山钢铁公司、抚顺石油化工公司、东北输变电设备集团、东北制药总厂等企业的负责人，汇报各自企业的生产、经营和职工生活情况。

当谈到当前国有大中型企业的状况时，李鹏说，对国有大中型企业要科学分析，作出符合实际的评价。目前一些国有大中型企业处境比较困难，经济效益不好，既有社会负担重，历史包袱多的原因，也有经营机制、产业结构、内部管理等方面的问题。明年要以国有企业改革为重点，集中力量搞好国有大中型企业。他强调指出，搞好国有大中型企业，关键要有一个好的领导班子，好的经营机制，适应市场需求的好的发展路子。企业要充分利用和发挥自己在人才、技术、设备方面的优势，做到一业为主、多种经营。他指出，我们要建设有中国特色的社会主义，国有大中型企业是骨干力量。我们对搞好国有大中型企业要树立信心。

国务委员李铁映在陕西考察

10月10日至15日，李铁映在陕西省、西安市主要领导的陪同下，考察陕西省建立现代企业制度试点和西安市综合配套改革试点工作的情况。李铁映先后深入到咸阳彩虹电子集团公司、中国标准缝纫机厂和陕西鼓风机厂等企业，与职工和企业家进行座谈，认真听取他们对于转换国有企业经营机制、加快建立现代企业制度的意见。

甘肃引大通河水入秦王川的自流灌溉“引大入秦”工程竣工

工程总干渠全长 87 公里,每年可引水 4.4 亿立方米,保灌良田 86 万亩。

国家主席江泽民会见德国赫斯特公司董事长德曼

国家主席江泽民在中南海会见挪威外交大臣比约恩·托勒·戈达尔

全国政协主席李瑞环在人民大会堂会见挪威外交大臣比约恩·托勒·戈达尔

中共中央政治局常委胡锦涛会见以副主席沃卡鲁为团长的罗马尼亚社会民主主义党代表团

国务院副总理邹家华同葡萄牙外交部部长杜朗·巴罗佐举行会谈

葡萄牙总理卡瓦科·席尔瓦在里斯本会见来访的国务院副总理邹家华

国务院副总理兼外交部部长钱其琛在钓鱼台国宾馆同挪威外交大臣比约恩·托勒·戈达尔举行会谈

外交部发言人陈健就港英当局允许台湾势力在港府辖下的官方场地举办活动发表谈话

英国政府不顾中国政府的多次严正交涉,执意允许台湾势力利用港英政府辖下的官方场地举办“伪庆”活动,明显违背了英方在两国建交时关于“一个中国”的承诺,与其所一再表示的改善中英关系的愿望背道而驰。对此我们表示愤慨。世界上只有一个中国,即中华人民共和国。台湾是中国领土不可分割的一部分。中华人民共和国政府坚决反对任何旨在分裂中国,制造“一中一台”或“两个中国”的活动。在这一问题上,我们坚持原则、维护主权的立场是坚定不移的。英方的上述做法再一次证明英方言行不一,缺乏改善中英关系的诚意。它不仅严重伤害了中国人民的感情,而且给中英关系增添了新的困难。我们要求英方切实履行其承诺,否则,由此而引起的严重后果英方应承担责任。

'94 中国医药设备及医疗器械展览会于 10 月 10 日至 14 日在曼谷举行

10月11日

国家主席江泽民在人民大会堂与塞拉利昂全国临时执政委员会主席瓦伦丁·斯特拉瑟举行会谈

江泽民指出,中塞建交 20 多年来,双方在政治、经济等领域进行了很好的合作。两国之间的合作一直遵循互相尊重、平等互利的原则,是真诚的相互帮助。中方对两国长期富有成效的合作表示满意,愿意在和平共处五项原则的基础上,同塞方一道把两国在各个领域的友好合作关系提高到一个新水平。

斯特拉瑟说,这次访问体现塞拉利昂政府加强塞中两国人民友谊的愿望及两国互利合作关系的发展。他期待着通过这次访问,从中国成功的发展经济的经验中获得教益。斯特拉瑟指出,塞方充分认识到中国在维护世界和平和稳定方面所发挥的巨大作用,并赞赏中国发展同第三世界国家友谊与合作的意愿。他强调,塞中两国自从 1971 年建交以来关系一直很好,希望这种良好的双边关系能继续保持下去。

在谈到两国经济技术合作时,江泽民说:“我们愿意在平等互利的基础上,同塞方探讨双边合作的新途径、新领域。除了政府间合作外,我们鼓励中国公司、企业到塞拉利昂投资、开办合资企业,支持两国公司、企业在广泛的领域开展互利合作。这种合作潜力很大,形式灵活,效果也会比较好。”

江泽民表示赞赏塞拉利昂政府坚持一个中国,不同台湾发展官方关系的正义立场。他指出,近年来台湾当局利用一些非洲国家的经济困难,极力推行所谓“弹性务实外交”,以达到破坏这些国家同我国的友好关系,转而实现同台建立“邦交”的目的。这种分裂中国的图谋是绝对不会得逞的。

在谈到非洲形势时,江泽民说,近几年来非洲形势发生一些积极变化,但国际形势的巨变确实给非洲带来一些新问题。旧的不合理的国际经济秩序仍在许多方面困扰着非洲大陆。我们相信非洲国家和人民通过联合自强,在国际社会的帮助下,一定能够克服面临的各种问题。中国政府和人民将一如既往,坚定支持非洲国家为维护非洲政治稳定、促进经济发展和积极参与国际事务所作的努力。

会谈中,宾主还分别介绍各自国内的情况。

中宣部中直工委等联合举行学习十四届四中全会精神加强党的建设报告会

中宣部、中直工委、中央国家机关工委、解放军总政治部、中共北京市委联合举行报告会。中央组织部常务副部长赵宗鼐在会上作题为《认真学习十四届四中全会精神,进一步加强党的建设》的报告。1200多名在京党政军机关司局级以上干部参加报告会。

台盟在海南海口市举行五届中常委七次会议暨全盟组织工作会议

会议于11日至18日举行,盟中央常委及各地代表34人参加会议。与会者讨论通过台盟中央主席蔡子民所作题为《面向21世纪,加强自身建设,健全参政党机制》的报告,并讨论在新形势下加强盟组织建设问题。

会议认真学习和讨论中共十四届四中全会通过的《中共中央关于加强党的建设几个重大问题的决定》和全国统战工作会议、全国民主党派工作座谈会的精神。会议认为,《决定》的贯彻实施、落实,对提高中国共产党的领导水平和执政水平,推进改革开放和社会主义建设必将产生重大而深远的影响。《决定》的基本精神和许多内容,也适用于台盟。会议号召全盟各级组织要组织盟员认真学习《决定》的精神,坚持中国共产党领导的多党合作和政治协商制度,作为共产党的诤友,要积极认真地支持共产党的建设;作为参政党要加强自身建设,健全参政党机制,使台盟的工作形成新气势,开创新局面。

中共中央总书记江泽民在中南海会见以许胜发为团长的台湾工商企业联合会大陆经贸投资考察团全体成员

《人民日报》发表评论员文章《一定要实现妇女行动目标——写在〈中华人民共和国执行提高妇女地位内罗毕前瞻性战略国家报告〉发表之际》

中国是世界上第一人口大国,也是第一妇女人口大国。妇女的状况如何、命运如何、前途如何,同整个国家的状况、命运、前途息息相关。每一个关心中国的状况、命运、前途的人,都应当关心和了解中国妇女的状况、命运、前途,为推动妇女的进步与发展贡献力量。

今天本报全文刊登的《中华人民共和国执行〈提高妇女地位内罗毕前瞻性战略〉国家报告》(简称《国家报告》),是今年3月我国政府向联合国提交的一份报告,是我国政府向国际社会作出庄严承诺的负责任的表示。它为人们全面了解中国妇女的状况、命运和前途,提供了一份最具权威性的材料。

《国家报告》共分9章,全面而翔实地介绍了我国执行《内罗毕战略》所做的工作和取得的成绩,包括在国家政治生活中妇女所处的地位和所起的作用,在国家经济和社会发展中妇女所处的地位和做出的贡献,在社会各项事业中妇女所发挥的作用,以及国家和社会对妇女权益的保护等等。《国家报告》在充分肯定我国在提高妇女地位方面取得的成绩的同时,实事求是地明确指出了当前在实现男女平等方面面临的主要问题。《国家报告》最大的特点是语言精练,用事实说话,它所列举的大量数据都是经过科学、严格的调查统计得出来的。因此,可以说《国家报告》是一览中国妇女状况的窗口,也是深入研究中国妇女问题的指南。

国务院副总理李岚清在中南海紫光阁会见以许胜发为团长的台湾工商企业联合会大陆经贸投资考察团一行

国务院副总理李岚清在全国棉花收购工作电话会议上发表讲话

李岚清在电话会议上指出,各级政府要采取有力措施,坚决管好棉花市场,全面完成棉花收购任务,把棉花资源掌握在国家手里。

李岚清强调,进入十月以后,棉花收购将全面进入高潮,各地要将国家关于棉花收购的各项政策贯彻到底,在政策上绝不改变,在思想上绝不动摇,在市场管理上绝不放松。各级政府要精心组织,严格管理,全面完成今年的棉花收购任务。李岚清提出以下要求:

——要继续深入宣传、贯彻全国棉花工作会议精神和国务院《关于切实做好一九九四年度棉花购销工作的通知》精神,统一认识、统一政策。各地区、各部门要在思想上和行动上与中央保持一致,绝不允许再出台与国务院文件精神不相符的政策。只有全国政令统一,才能保证棉花流通秩序的稳定。对于违反国务院有关规定的做法必须立即纠正,否则,将以违纪论处,追究有关领导的责任。

——要严格执行国务院的棉花价格政策。任何部门不得以任何名义出台新的价格,也不准搞价外加价措施。各地要对棉花收购中的价格政策执行情况认真进行检查,对松级松价、放宽棉花质量标准的错误做法要坚决纠正,以维护正常的棉花收购秩序。

——要继续加强对棉花市场的管理,严禁非法抢购、加工棉花,严厉打击倒卖棉花的违法活动。对于非法收购、加工、经营棉花的活动,除没收倒卖的棉花外,要给予相应的经济处罚,对违反法纪者要绳之以法;要加强对毗邻地区棉花收购秩序的监督管理,将可能发生的"棉花大战"消灭在萌芽状态。

——要表彰一批市场管理严格、执行政策坚决的典型,严肃查处一批案件。各省份要加强对重点地区的监督,随时注意了解收购工作和市场管理情况,哪一级迁就下面的错误,哪一级要承担责任。一定要把国务院的政策贯彻到底。

——收购进度迟缓的省份要采取有力措施，加快收购进度。要层层负责向农民做好宣传教育和动员工作。要表彰踊跃售棉的先进个人，通过他们带动其他棉农售棉。

——各级供销社要强化内部管理，善始善终地做好棉花收购工作。供销社要认真执行国家政策和棉花标准，搞好优质服务，严把收购、加工、调拨质量关，确保棉花质量。

——要保证棉花收购资金的供应。银行、财政、棉花收购部门要齐心协力，各尽其责，确保收购资金供应，保证不向农民“打白条”。农业银行要加强资金调度，提前安排棉花收购所需资金。财政补贴要按棉花收购进度及时拨付到位。收购企业要狠抓资金回笼归位，并确保调销回笼款全部用于棉花收购。铁路和公路等运输部门要密切配合棉花收购工作，对非供销社系统调拨的棉花一律不得运输。银行也不得向非棉花收购单位提供任何贷款。

最后，李岚清还就当前化肥、粮食等商品的市场问题提出要求。他说，各级政府要采取有力措施，把化肥价格控制在国家要求的范围内。各地要密切注意市场动向，继续做好平抑粮价工作，稳定粮油市场秩序。

国家主席江泽民在中南海会见玻利维亚外交和宗教事务部部长阿拉尼瓦尔

国务院总理李鹏在沈阳会见美国通用电气公司董事长兼首席执行官韦尔奇

中共中央政治局常委胡锦涛在人民大会堂会见由副总书记让—路易·德勃雷率领的法国保卫共和联盟代表团

国务院副总理兼外交部部长钱其琛在北京同玻利维亚外交和宗教事务部部长安东尼奥·阿拉尼瓦尔·基罗加博士举行会谈

国务院副总理兼外交部部长钱其琛在北京和玻利维亚外交和宗教事务部部长阿拉尼瓦尔签署《中玻政府经济技术合作协定》和《中玻两国外交部间建立磋商制度的换文》

埃及总统穆巴拉克在开罗总统府会见应邀来访的国务院副总理朱镕基

全国人大常委会副委员长王汉斌在人民大会堂会见玻利维亚外交和宗教事务部部长阿拉尼瓦尔

中共中央政治局常委胡锦涛在人民大会堂会见以党的领袖前总统罗德里戈·博尔哈为团长的厄瓜多尔民主左派党代表团

国务院副总理邹家华在里斯本会见葡萄牙商业和旅游部部长法里亚·德奥利韦拉

国务委员兼国防部部长迟浩田在北京会见刚果武装力量总参谋长埃马纽埃尔·埃塔·翁卡准将

解放军总后勤部部长傅全有上将在北京会见以罗马尼亚军队后勤部军需部部长康斯坦丁·罗迪亚少将为团长的罗马尼亚后勤代表团

中国和塞拉利昂在人民大会堂签署两国政府经济和技术合作协定

“臧克家文学生涯六十五年”展览在北京举行

第十四届全国电视剧“飞天奖”评选在北京揭晓

短、中、长篇电视剧一等奖分别为《一个医生的故事》，《豫东之战》和《大潮汐》、《情满珠江》。此外，《只要你过得比我好》获长篇少年儿童题材电视剧一等奖，《嗨，中学生(二)》获短篇少年儿童题材电视剧一等奖。河北梆子《钟馗》获长篇戏曲电视剧一等奖，短篇戏曲电视剧一等奖空缺。《大上海出租车》获短剧一等奖。《吧女斯特拉》等获外语译制奖。各单项奖也同时产生。

王志文获优秀男主角奖，左翎获优秀女主角奖，肖荣生获优秀男配角奖，普超英获优秀女配角奖，李纬和裴艳玲获表演荣誉奖。

国家中医药管理局发布《中医病证诊断疗效标准》

这是经国家技术监督局备案的我国中医药行业的第一个行业标准。

标准化是科学管理的重要组成部分，是学术进步与发展的重要标志。近年来，国家中医药管理局提出强化科学管理等一系列指导方针，在突出中医药特色的前提下，积极开展各类中医药标准的制订工作，其中《针灸经穴部位》、《耳穴部位和名称》等被国家技术监督局批准为国家标准。包括中医内、外、妇、儿、眼、耳鼻喉、肛肠、皮肤、骨伤等 9 科 406 个病证的《中医病证诊断疗效标准》的发布，是中医学发展史上的一件大事，必将对我国医学的进步起到积极的推动作用。

民政部发布解散“国际气功科学联合会”的命令

命令说,该组织是未经民政部注册登记的非法组织,自1990年起就擅自打着“国际气功科学联合会”的牌子在全国范围内开展活动,在社会上影响很坏。民政部依法予以解散,目的是为了维护社团法规的严肃性,教育所有公民和组织依法结社和开展活动,同时也希望社会各界引以为鉴。

10月12日

《人民日报》就党的十四届四中全会作出的《中共中央关于加强党的建设几个重大问题的决定》发表社论《坚持和健全民主集中制——三论认真学习和贯彻四中全会〈决定〉》

中共中央总书记江泽民在四川湖北考察

10月12日至19日,江泽民在中央政治局候补委员、书记处书记温家宝,四川省委书记谢世杰、省长肖秧、成都军区司令员李九龙和湖北省委书记关广富、广州军区司令员李希林的陪同下,先后到成都、重庆、沙市、武汉等地考察工作,并考察三峡工程开工前的准备工作。

江泽民每到一地,都反复向当地领导干部强调加强党的建设的重要性。江泽民指出,在复杂多变的国际形势下,在社会主义市场经济体制的建立过程中,中国共产党人面临着新的考验。党的十四届四中全会作出的《决定》,为新形势下全面加强和改进党的建设指明了方向。只要把我们党建设好了,党的战斗力、创造力和党的领导水平、执政水平大大提高了,我们就什么困难和风险都不怕,我们的事业就会永远立于不败之地。

10月12日,到达成都当天,江泽民首先来到位于市郊的金牛区营门口乡黄忠村了解蔬菜生产情况。他向村干部详细询问了蔬菜的品种、价格和销售情况。当得知蔬菜是由菜农直接进城销售时,江泽民赞许地说,有条件直接见面还是直接见面好,这样可以避免某些中间环节抬高菜价。他还叮嘱当地干部一定要确保粮食、棉花和蔬菜的种植面积。

在听取四川、湖北省的工作汇报时,江泽民一再强调农业问题的重要性。江泽民说,近12亿人口的吃饭问题始终是国计民生的重大问题。有粮则安,无粮则乱,农业的基础地位任何时候都削弱不得。各级领导干部要自觉地坚持把农业放在经济工作的首位,切实加强对农业的领导,切实增加对农业的投入,切实珍惜耕地,切实保护农民的生产积极性,推动农村经济全面发展。

从四川到湖北,一路上,江泽民走访了十多家国有大中型企业和乡镇企业。当看到一些国有企业通过内部挖潜和技术改造取得良好经济效益时,江泽民非常高兴。他说,你们做得对,要高度重视老企业的技术改造,通过技术改造,使老企业重新焕发生机。深化国有企业改革,增强国有企业的活力,是当前经济体制改革的重点,也是城市经济发展的重点。国有企业能不能在新的历史条件下形成新的强大优势,不仅直接影响我国经济的全局,而且直接影响社会主义制度的巩固。因此,国有企业的改革必须成功,国有企业的实力必须加强。实践证明,只要切实转换经营机制,合理调整结构,加快技术改造,提高管理水平,国有企业就一定能再展雄风,一定能在社会主义市场经济的发展中发挥更强有力的主导作用。

江泽民还到高等院校和科研单位进行考察,同广大师生与科技人员见面和交谈。10月14日上午,江泽民来到重庆大学,站在教学大楼的台阶前,对来自重庆五所高校的专家教授和重庆大学的广大师生发表讲话。他指出,科学技术在经济和社会的各个领域发挥着越来越重要的作用。科学技术的发展是没有止境的。要把我们国家建设好,就需要不断掌握新知识,跟踪新技术。每个人从年轻时起,就要立下报国之志,要有奋发图强、振兴中华的坚定信念,要有甘当无名英雄的奉献精神。他勉励师生们在教学和科研上取得更大成绩。

在四川、湖北期间,江泽民还看望了驻这两个省的解放军指战员和公安干警、武警官兵。他要求广大官兵在改革开放和发展社会主义市场经济的新形势下,要始终保持和发扬人民军队的光荣传统,不断加强部队思想政治工作,尤其要搞好基层连队建设,在关键时候经得起考验,为维护国家安全和社会稳定再立新功。江泽民还看望了军队一些离退休的老同志。

举世瞩目的三峡工程,自1992年七届全国人大五次会议将其列入国民经济和社会发展十年规划以来,各项准备工作正在顺利进行。10月14日至16日,江泽民一行乘“巴山号”船,离重庆,经涪陵,过万县,下秭归,到宜昌,先后察看了三峡水库淹没区、移民安置开发点和大坝施工现场三斗坪,看望了参加工程建设的广大职工,会见了劳动模范,并同他们进行了亲切交谈,关切地询问了他们的生活情况,同时听取了工程准备情况的汇报。江泽民指出,三峡工程具有防洪、发电和航运等巨大效益,它不仅在中国而且在世界上也是罕见的特大工程,是利在当代、造福子孙的伟大事业。对此,我们既要有下定决心、不怕困难的勇气和热情,又要有实事求是的科学态度。工程建设的有些科学论证工作还需要不断深化。各项工程要确保质量,务求万无一失。三峡工程的移民任务很重，要坚持开发性的移民方针，实行“中央统一领导、分省负责、县为基础”的管理体制。工程建设、移民工作和库区发展要统盘考虑，协调进行。各级党政部门要处处为库区人民着想，库区人民也要顾全大局，发扬艰苦创业精神。库区开发既要有长远的科学规划，又要量力而行，逐步推进。总之，要周密细致、积极稳妥地做好移民安置、资金筹措、工程设计等开工前的准备工作，为三峡工程正式开工创造好条件。

在同四川、湖北两省各级领导干部座谈中，江泽民还强调指出，在现代化建设过程中，我们要始终注意正确处理改革、发展、稳定的关系，在抓好物质文明建设的同时，大力抓好精神文明建设。各级领导干部要认真学习邓小平同志建设有中国特色社会主义理论，积极、全面、正确地贯彻党的基本路线，善于从全局的高度观察、处理改革和建设中的矛盾与问题；要牢固树立正确的世界观、人生观，发扬艰苦奋斗、求真务实的工作作风，诚心诚意为人民谋利益；在事关大局、政治方向和根本原则的问题上要始终保持清醒和坚定，努力提高政治水平和知识水平，团结带领广大群众，为实现社会主义现代化建设的宏伟目标而努力奋斗。

中共中央政治局常委胡锦涛在北京会见获“全国首届十佳少先队辅导员”称号和“星星火炬荣誉证章”的代表

纪念中国少年先锋队成立45周年《雏鹰之歌》大型歌舞晚会在北京举行

中共中央政治局常委、书记处书记胡锦涛和宋平等出席晚会。

今年10月13日是中国少年先锋队成立45周年纪念日。晚会是由全国少工委、中国关心下一代工作委员会、国家教委、全国妇联、中央电视台和北京团市委共同主办的。晚会以“爱国、学习、实践、创造”和“跨世纪中国少年雏鹰行动”为主题。

全国政协主席李瑞环在人民大会堂会见日本伊藤忠商事株式会社社长室伏稔

国务院副总理邹家华在里斯本会见葡萄牙工业和能源部部长米拉·阿马拉尔

国务院中央军委发布1994年冬季征兵命令

全国政协副主席钱伟长在福州等地考察

10月12日至28日，全国政协副主席钱伟长在福州等四个历史文化名城的考察时指出，在发展社会主义市场经济的新形势下，各级领导应当肩负起历史赋予的责任，切实保护好历史文化名城，更好地弘扬民族文化，促进现代化建设。

钱伟长率领全国政协教育文化委员会、建设部、国家文物局等部门的10名专家学者先后考察苏州、杭州、泉州、福州四个历史文化名城。他和考察团成员每到一地都广泛听取当地有关领导的汇报，召集各界知名人士座谈，并对一些重要文物、名胜古迹进行实地考察。

中纪委监察部就原贵州公安厅厅长郭政民受贿事发出通报

原贵州省公安厅厅长郭政民因收受巨额贿赂，最近分别被开除党籍、撤销职务，并被司法机关依法逮捕。中央纪委、监察部为此发出通报，要求广大党员特别是领导干部要以郭政民为反面教员，认真吸取教训。

《通报》指出，郭政民身为党员领导干部、公安厅厅长，本应模范地遵守党规党法和国家的法律法令，而他却利用职权，收受贿赂，违法犯罪，影响恶劣，危害极大。一是执法犯法，严重败坏专政机关的声誉。二是卖官鬻爵，严重破坏党的干部政策。郭政民为谋一己之私利，图赃款，居然把专政机关的干部职位拱手卖给不法外商，造成的后果是十分严重而且危险的。

《通报》强调指出，郭政民受贿案再次告诫我们：越是改革开放，越是发展社会主义市场经济，就越要加强党风廉政建设，深入开展反腐败斗争。广大党员特别是领导干部要以郭政民为反面教员，认真吸取教训。

10月13日

全国政协主席李瑞环在贵州考察

10月13日至20日，李瑞环在省长陈士能、省政协主席龙志毅等陪同下，先后到贵阳、安顺、遵义等地农村、工厂、学校进行考察。他深入到少数民族聚居的山区，走访苗族、布依族农户，征求他们对有关政策的意见和要求。他向大学生仔细询问学习和生活情况，同企业领导干部进行座谈。在革命历史名城遵义，李瑞环参观遵义会议会址、遵义会议陈列室，瞻仰红军烈士陵园，并向红军烈士纪念碑献花束。在遵义会议陈列室，李瑞环还会见遵义的老红军战士的代表，与他们合影留念，希望他们保重身体，健康长寿。

在考察中，李瑞环充分肯定贵州省改革开放以来所取得的成就，希望贵州各族人民振奋精神，团结一致，解放思想，艰苦奋斗，把经济建设和各方面的工作继续推向前进。

在听取贵州省委、省政府的工作汇报后，李瑞环作重要讲话。他指出，贵州是一个内陆山区省，经济和社会发展基础薄弱，困难很多。贵州拥有丰富的矿产资源和水能资源，又是一个开发潜力很大的地区。如何把资源优势转化为经济优势，是当前和今后都必须做好的一篇大文章。要利用水能和煤炭资源，发展电力工业，加快铝、磷等多种矿产资源的开发和深度加工。要始终把农业放在突出位置，针对贵州山多地少的特点，有计划地扩大耕地面积，提高耕地质量，因地制宜地发展多种经营。

在谈到贯彻党的十四届四中全会精神时，李瑞环强调，贯彻四中全会通过的《中共中央关于加强党的建设几个重大问题的决定》，必须结合实际，通过艰苦、细致、扎实的工作，使文件精神落到实处。他指出，当前不必要的会议太多，不必要的节日太多，不必要的应酬太多。各种各样的形式主义，严重肢解领导者的时间，耗费国家的财力，助长奢侈之风。广大人民群众对此反映强烈。我们要像邓小平倡导的那样，“少讲空话，多干实事”，力戒形式主义，集中精力，深入实际，了解民情民意，塌下心来琢磨事，扑下身子干工作。

在考察期间，李瑞环与贵州省政协的负责人亲切见面，并就如何做好新时期政协工作交换意见。他指出，关于政协的性质、地位、职能、作用等问题，老一辈领导人和以江泽民为核心的中共中央都有过系统的论述，宪法、政协章程和中共中央文件都有明确的规定。政协要搞好工作，就必须不折不扣地贯彻落实这些论述和有关规定。各级党委也要据此加强对政协的领导，支持政协的工作，共同努力，把政协的工作搞得更实些，更活些，更好些。

中组部和人民日报社在中央党校联合召开中共地(市)党委负责人座谈会

讨论如何深入学习贯彻落实四中全会《决定》。

与会者在发言中说，贯彻落实好决定，首先是抓好学习，提高对抓党建工作重要意义的认识，把各级党组织的思想统一到党的《决定》上来；其次是党建抓得好不好，关键在领导，要从第一把手做起，率先垂范；第三，制度建设是根本，要层层建立责任制和监督检查制度。

外交部发言人陈健就海峡两岸的高层接触问题答记者问

在每周一次的记者招待会上，有记者问发言人对台湾当局称李登辉愿与江泽民主席在国际场合举行非正式会晤有何评论，亚太经济合作组织领导人非正式会议是否是合适的场合。

发言人说，两岸通过接触、谈判，以和平方式实现国家统一，是全体中国人的共同心愿。台湾问题应该也完全可以通过两岸的协商，在一个中国的架构内求得合理的解决。我们一贯主张两岸高层领导人尽早接触，为逐步实现祖国的和平统一创造有利条件。两岸领导人的接触和谈判纯属中国的内部事务，完全可以通过两岸之间业已存在的途径提出和安排，无需也不应该利用什么“国际场合”来实现。

这位发言人说：“李登辉先生如果确有实现两岸高层领导人接触的诚意，就不应以国际场合作为会晤的前提条件。我们真诚希望台湾当局能以祖国统一大业为重，为和平统一多做些实事。”

陈健指出，亚太经济合作组织是亚太地区的一个重要经济合作组织。根据有关各方达成的谅解，中国是一个主权国家，而中国台北则是作为地区经济加入的。去年在美国西雅图举行亚太经济合作组织首次领导人非正式会议时，已对中国台北出席会议代表的级别作出了严格的限定，并已被亚太经济合作组织所有成员接受。今年该会议东道主印尼已多次表示将严格按“西雅图模式”办，该组织绝大多数成员亦对此表示支持。台湾当局近来又在活动，企图突破“西雅图模式”，这是中国绝不能接受的，也是徒劳的。

国家副主席荣毅仁在江苏无锡考察

10月13日至18日，荣毅仁在中共江苏省委书记陈焕友、代省长郑斯林、国务院副秘书长刘济民和江苏省副省长王荣炳等分别陪同下，到农村乡镇、蔬菜生产基地、农贸市场，了解当前农业生产、市场、物价以及太湖整治、建设情况，同基层干部和群众进行交谈。听取江苏省和无锡市的工作汇报时，荣毅仁对江苏省以及无锡市各项工作取得的成绩给予高度评价。

荣毅仁在无锡县华庄镇友谊村考察时，镇党委书记钱其昌向他介绍农民目前有三个迫切要求：一是农用物资不要乱涨价，二是农机工业要发展，三是多提供优良品种。荣毅仁说，这三条要求合乎情理！各个部门各个方面都要为农民着想，为发展农业多办实事。在无锡市区崇安寺农贸市场和三里桥粮油市场考察时，荣毅仁对同行的负责人说，要十分重视市场的管理工作，发挥宏观调控对稳定市场的作用。挂一块市场的牌子容易，但把市场管好管活就不那么容易了。对农副产品流通环节中欺行霸市、牟取暴利的问题要严加整治，维护正常的市场秩序，以保护农民利益，稳定市民的“菜篮子”、“米袋子”。荣毅仁指出，搞社会主义市场经济，既要价格放开，又要加强调控，健全法制，不能失控，避免市场行情的大起大落，要善于发挥市场在发展经济中的作用。

荣毅仁对太湖整治、建设问题十分关心。考察期间,他专门召开了有江苏省和无锡、苏州两市负责干部以及有关方面负责人、专家参加的座谈会,了解太湖情况。荣毅仁说,保护太湖水资源、综合治理太湖已经到了刻不容缓的时候了,早治早好,花钱少,收效高。他希望有关地区、有关部门在国务院领导下,制定总体规划,加强水利、环保、建设、旅游等部门的协作。为了太湖沿岸三千万人民,为了苏、浙、沪地区的经济发展,为了保持太湖在国际旅游业中的声誉,一定要办好这件事,确保太湖这颗世界明珠永放光彩。

国务院副总理兼外交部部长钱其琛在北京分别会见格鲁吉亚议长瓦赫丹格·戈古阿泽和法国保卫共和联盟副总书记让-路易·德勃雷

国务院副总理兼外交部部长钱其琛在北京会见日本前副总理大臣日中友好会馆馆长众议院议员后藤田正晴

国家核安全局与韩国科学技术部在汉城签署核安全合作协议书

中国和阿根廷经贸混委会第 11 次会议在布宜诺斯艾利斯举行

中国驻蒙古大使馆举行招待会庆祝中蒙建交 45 周年

国务委员兼国家科委主任宋健在中南海紫光阁会见参加国际摄影测量与遥感学会执委会会议暨第六专业委员会学术讨论会的代表

湖南省各界在炎陵县公祭炎帝陵

中国公共关系协会在杭州召开第四届公共关系理论研讨会

中国公共关系协会日前在杭州召开第四届公共关系理论研讨会,以"公共关系与市场文化"为主题进行深入探讨。与会专家学者主为,公共关系的研究和实践,迫切需要增强文化观念,丰富文化内涵。

10 月 14 日

《人民日报》就《中共中央关于加强党的建设几个重大问题的决定》发表社论《加强和改进党的基层组织建设——四论认真学习和贯彻四中全会〈决定〉》

省部级干部党建问题专题研究班在中央党校举行结业典礼

研究班由中央党校与中央组织部联合主办,来自各省、自治区、直辖市,中央国家机关和军队的 53 名省部的领导干部,学习了邓小平新时期关于执政党建设的论述。中共中央政治局常委、中央党校校长胡锦涛在结业式上发表重要讲话。

中央党校校长胡锦涛在省部级干部党建问题专题研究班结业时发表讲话

胡锦涛强调指出,学习贯彻党的十四届四中全会决定,必须按照中央关于加强党的建设的整体部署,在继续认真抓好党的思想建设、作风建设的同时,大力加强党的组织建设,并把三者有机地结合起来,全面推进这一新的伟大的工程。

胡锦涛说,十四届四中全会是在我国改革开放和现代化建设的关键时期召开的一次具有全局意义和长远意义的重要会议。全会作出的《中共中央关于加强党的建设几个重大问题的决定》,以邓小平同志建设有中国特色社会主义理论和十四大精神为指导,明确提出了党的建设特别是组织建设的主要任务、指导思想、工作方针和重大措施,形成了新形势下加强党的建设的整体部署,是加强和改进新时期党的建设的纲领性文件。要深入学习全会文件,领会精神实质,把全党思想统一到《决定》的基本精神上来。同时,各级党委要精心组织,抓好《决定》的贯彻落实。

胡锦涛在讲话中对新时期党的建设这一新的伟大工程作了阐述。他指出,在旧中国半殖民地半封建社会这种特殊的历史条件下,以毛泽东同志为核心的第一代中央领导集体,把马克思主义基本原理同中国革命实际相结合,制定了正确的政治路线,创造性地解决了党的建设的一系列问题,建立起一支团结统一、纪律严明、英勇善战的工人阶级先锋队。这的确是世界政治史上的罕见壮举,是一个"伟大的工程"。正是因为有这样一个党,才领导人民完成了新民主主义革命,确立了社会主义基本制度,并取得了社会主义建设的巨大成就。胡锦涛说,在当代世界风云变幻的条件下,在当代中国改革开放和现代化建设的伟大变革中,如何把我们这个拥有五千四百万党员的马克思主义政党进一步建设好,以适应领导社会主义现代化事业的要求,也是一个前所未有的新课题、新任务、新工程。以邓小平同志为核心的第二代中央领导集体,把马克思主义基本原理同当代中国实际和时代特征相结合,在确立和执行正确的政治路线的同时,围绕党的基本路线加强党的建设，取得了巨大成绩，推动了全党在思想、理论、政治、组织和作风建设上的重大进步，开创了新的伟大工程的光辉历程。改革开放以来我国在各方面取得的举世瞩目的伟大成就，都是同党的建设的成绩分不开的。邓小平同志继承、丰富和发展了毛泽东同志关于党的建设的理论，全面系统地提出了新时期党的建设理论，为加强党的建设指明了方向。当前，在以江泽民同志为核心的党中央的领导下，全党正在继往开来，大力推进新的伟大的工程。

胡锦涛在回顾党的历史后说，实践证明，中国共产党是富有战斗力的马克思主义政党，是无负于人民重托和希望的执政党。在中国的大地上，只有共产党才能担负起把我国建设成为富强、民主、文明的社会主义现代化强国的领导重任。我们党多年的实践经验告诉我们，党无论领导革命还是领导建设，都必须密切联系党的政治路线大力加强自身建设。什么时候党的建设抓得正确、抓得有力，中国革命和建设事业就胜利发展；反之，中国革命和建设事业就会走弯路、受损失。在我们党成为全国的执政党，肩负起领导振兴中华伟业的历史使命以后，党的建设问题更同整个国家的前途和整个民族的命运息息相关。在建设有中国特色社会主义的全新事业中，党的建设是指挥部的建设、先锋队的建设，是足以影响其他各项事业的建设，是解决中国发展问题，推动社会历史进步的关键性建设。

胡锦涛强调，无论研究党的建设还是做好党建工作，都必须开阔视野，放眼当今国际国内的大环境，并同我们党肩负的伟大历史使命紧密联系起来。他说，纵观国内外形势，都处在一个大变化的重要历史时期。中国能否在世界的历史性大变动中抓住机遇，迎接挑战取得更加主动的地位，要看我们的工作，首先看我们能不能把中国的事情办好。关键则在于加强党的领导，进一步把我们党建设好。在我国改革开放和现代化建设的伟大变革中，我们党肩负着历史的重任，必须加强自身建设。全党特别是各级领导干部要充分认识加强和改进党的建设的重要性和紧迫性，进一步提高抓紧抓好党的建设的自觉性和坚定性，这样才能把《决定》提出的任务、要求贯彻落实好。

胡锦涛指出，党的思想建设、组织建设、作风建设是相互联系、相互渗透、相辅相成的，构成了新的伟大工程的基本内容。无论抓哪方面的建设，都有赖于也必然涉及其他方面的建设。因此，党的建设必须作为系统工程全面来抓，才能真正抓好。十四大以来，在以江泽民同志为核心的党中央领导下，我们党在坚持全面贯彻执行基本路线的过程中，为推动思想、组织、作风建设作了大量工作，取得了积极成果，在思想建设和作风建设方面都提出了明确要求，作出了具体部署。从党组织的现实状况来看，从形势和任务发展的需要来看，从全面加强党的建设的要求来看，当前加强党的组织建设已经成为突出的环节。四中全会着重在加强组织建设方面特别是就民主集中制、党的基层组织建设和干部培养选拔这三个问题，集中进行研究，作出了工作部署，这是完全必要的，也是很及时的。这样就形成了新形势下党的思想建设、组织建设、作风建设部署相互配套、相互促进的全面加强党的建设的整体部署。在贯彻四中全会决定，抓好组织建设这个突出环节的时候，不能忽视或放松了思想建设、作风建设。

胡锦涛强调，切实抓好全会《决定》的学习和贯彻落实，是关系全局的根本大事。他对此提出了五条意见：

(一)要组织各级领导干部和全体党员认真学习全会《决定》，并且同学习邓小平同志关于党的建设的理论结合起来，联系十几年的实践经验，认真钻研、深刻领会文件精神，提高思想认识，要抓好《决定》的宣传，引导和推动学习不断深入。

(二)各地各部门要按照《决定》的要求，从自己的实际出发，制定具体的工作目标和措施，把《决定》提出的各项任务具体化。要深入调查研究，抓准本地区本部门在党的建设特别是组织建设方面存在的差距和问题，抓住重点，使制定的措施、建立的制度、提出的办法切实可行。

(三)要扎实工作，把贯彻落实《决定》的过程，作为切实解决本地本部门党的建设中存在的主要问题的过程。要敢于触及矛盾，针对存在的问题，采取得力措施，一一加以解决。

(四)各级党委要加强领导，真正把学习和贯彻好《决定》提到关系全局的高度来认识，坚持党要管党、从严治党，特别是党委主要领导同志要实实在在到位。上级党委要加强对下级党委的督促、检查，深入实际，深入基层，及时了解和解决贯彻落实中存在的问题，取得经验，指导面上工作，做到一级抓一级，一级带一级，一级促一级。

(五)要把贯彻《决定》同当前深化改革、扩大开放、促进发展、保持稳定等工作紧密结合起来，在实践中加强和改进党的建设，锻炼提高各级领导干部的思想工作水平和领导能力，充分发挥基层党组织和广大党员在改革和建设中的作用，使学习贯彻全会精神和做好当前工作相互结合、相互促进。

今天的结业典礼由中央党校副校长苏星主持。中央有关部门负责人吕枫、赵宗鼐、龚育之等出席了结业典礼。

全国人大常委会委员长乔石在人民大会堂会见巴基斯坦国民议会议长尤素夫·拉扎·吉拉尼

由邓小平题写刊名的《中华英才》杂志纪念创刊五周年

全国建筑业工作会议在北京召开

国务院总理李鹏、国务院副总理邹家华分别给会议写信祝贺,并对建筑业的振兴与发展提出要求。

李鹏在信中指出:"你们提出从行业内部抓起,重点解决建筑市场、工程质量、企业管理的问题,抓得准,我赞成。希望你们严格执行承包合同,进一步提高工程质量,努力降低成本。各部门和各省市都要重视和支持建筑业的发展。"

国务院副总理钱其琛在天津考察

10 月 14 日至 15 日,中共中央政治局委员、国务院副总理兼外交部长钱其琛在天津市委书记高德占、市长张立昌等陪同下,视察天津港集装箱码头、保税区、开发区、无缝钢管公司、汽车工业公司微型汽车厂、天津电视塔以及迎接第四十三届世乒赛的天津市体育中心。15 日下午,钱其琛听取天津市外办、侨办、台办、旅游局负责人的工作汇报,并与天津市领导座谈,交换意见。

钱其琛指出,我国的改革开放由南到北,从沿海到内地,特别是邓小平视察南方发表谈话后,形势很好,发展很快。天津正向全面改革开放发展,开发区已形成规模,保税区设施完善,服务周到。天津还具有高速公路、铁路、航空、港口及大片土地的优势,基础设施很好。天津对外开放起步高,速度快,效益好,已形成了蓬勃发展的新局面。

钱其琛在谈到港口建设时说,要在完善设施建设的基础上,搞好服务。首先要搞好对内地企业的服务,还要不断提高对外服务的水平。吸引外资、发展第三产业,不仅仅是搞吃、住,更重要的是发展深加工服务、仓储等产业。

钱其琛说,天津应进一步发挥自己的优势,挖掘内在的潜力,把对外开放推向高潮。同时,要做好外事、侨务和海峡两岸的联系工作,大力发展旅游事业,充分利用京津两地的有利条件,加强联系,互相合作,促进天津市的对外开放迈出更大更快的步伐。

中国邮电工业总公司成都电缆股份有限公司与德国西门子股份公司合资建设的通信光缆基地项目在北京举行合同签字仪式

全国人大常委会委员长乔石在人民大会堂会见日本前副首相日中友好会馆会长后藤田正晴

中国出席 49 届联大会议副代表冯淬在联大三委就反种族主义问题发言

冯淬说,种族隔离制度的彻底瓦解,是南非人民在国际社会支持下长期艰苦斗争的重大胜利。但是,当今世界上,基于种族、肤色、血统或族裔本源不同而产生的歧视、偏见、仇外等逆流仍然存在,特别是近年来新形式的种族主义在某些发达国家的蔓延和发展,已引起国际社会的担忧和关注。

冯淬对中东和平进程出现的历史性突破表示欢迎。

冯淬希望有关方面把握时机,继续采取灵活务实的态度,共同努力,尽早全面恢复巴勒斯坦人民的合法权利。

冯淬还阐述了中国对民族自决问题的看法。

冯淬说,我们主张坚持民族自决权利的本意,强调维护国家独立、主权和领土完整。有效地实行民族自决权,不得被曲解为可采取任何行动去全面或部分肢解一个国家,或侵犯独立国家的领土完整、国家统一和民族团结。冯淬还说,世界上很多国家都是多民族国家,正确坚持和维护这一原则符合各国的利益。

中国常驻联合国副代表王学贤在联大审议安理会席位公平分配和成员数目增加问题时发言强调安理会的任何改革措施都应体现广大会员国的利益

中国蒙古和俄罗斯就国界交界点问题在莫斯科举行会谈

中华人民共和国、蒙古国和俄罗斯联邦代表团 10 月 14 日至 20 日,在莫斯科就起草三国国界东、西端两个交界点议定书问题举行会谈。到目前为止,三方已完成了中蒙俄三国国界东、西端两个交界点叙述议定书的起草工作,绘制了三国国界交界点地区图。三方商定,上述议定书及地区图将由各自政府的全权代表在北京签署。

外交部发言人陈健在北京就越南在国外就北部湾的开发举行招商会一事答记者问

有记者问:越南在国外就北部湾的开发举行招商会,你对此有何评论?

陈健回答:9 月 12 日和 19 日,越南方面分别在伦敦和休斯敦举行招商会,发布对北部湾包括整个中间区和中国海南岛附近海域的对外招标通告。对此，中国方面日前向越南方面提出了严正交涉。

这位发言人指出，北部湾为中越两国所共有，目前两国正在通过和平谈判寻求北部湾的公平划分，越方的上述做法完全违背了两国签署的关于解决边界领土问题的《基本原则协议》，严重侵犯了中国在北部湾的主权权益，这是中方绝对不能接受的。中国政府宣布，任何外国公司都不得在上述海域进行侵犯中国权益的活动。

中央军委就提高义务兵退伍补助费标准作出决定

中央军委最近作出决定，从1994年冬季起，提高义务兵退伍补助费标准。

关心部队士兵生活，在国家财力许可的条件下尽可能保证士兵生活稳中有升，是党和国家一贯方针。根据国家《兵役法》有关规定，为鼓励义务兵安心服役，这次调整将重点提高超期服役和服满现役的义务兵退伍补助费标准，平均每人增加补助费300元。此前不久，党和国家还对曾经为国防建设尽过义务、已经退出现役、移交政府安置的志愿兵增加退休费。

中宣部国家教委在北京召开新时期创业精神报告会

陕西省延安地区山村小学教师王思明在报告会上介绍他艰苦创业的先进事迹。国务院副总理李岚清发来祝辞。

报告会由中宣部副部长龚心瀚主持。

报告会上还宣读国家教委、人事部《关于授予王思明全国教育系统劳动模范称号的决定》。国家教委、人事部号召教育战线上的广大职工在改革开放的新形势下向王思明学习，以王思明为榜样，在党的十四大精神指引下，认真贯彻《中国教育改革和发展纲要》，为我国教育事业作出更大的贡献。

国家教委主任朱开轩在会上讲话。

新闻出版署作出从1994年起凡编入国内统一刊号的期刊要进行年度核验工作的规定

秦始皇兵马俑二号坑发掘现场正式向中外人士开放

海峡两岸知识产权研讨会在台北举行

中国贸促会副会长、海峡两岸经贸协调会副会长解建群等知识产权专业人士一行9人，日前赴台北市出席“第三届海峡两岸知识产权学术研讨会”。在研讨会上，两岸知识产权专业人士相互介绍自1992年第二次研讨会以来在专利、商标、著作权及软件领域的立法、司法及实务的进展情况及知识产权有关规定。两岸的专家们还探讨共同制止知识产权侵权行为，特别是软件著作权侵权行为的可行性和应采取的措施。

10月15日

中共中央政治局常委胡锦涛在上海考察

胡锦涛10月15日至19日在上海考察时强调，要认真学习贯彻党的十四届四中全会精神，全面加强和改进党的建设，为我们党卓有成效地领导改革开放和社会主义现代化建设提供坚强有力的组织保证。

胡锦涛在上海考察期间，听取中共中央政治局委员、上海市委书记、市长黄菊的工作汇报，并在黄菊等市领导的陪同下，考察浦东新区和一些企业、农村，参观外汇交易中心和证券交易所以及上海城市建设。胡锦涛等进农户、下车间，同基层干部、群众亲切交谈，仔细了解各方面情况，并就当前学习贯彻党的十四届四中全会精神，加强党的建设，推进改革开放和两个文明建设，保持社会稳定等方面的工作，认真听取各方面的意见。胡锦涛还看望周谷城、刘靖基、苏步青、董寅初等在沪老同志。

胡锦涛在考察中看到，党的十一届三中全会以来，特别是近几年来，上海的改革开放和经济建设取得巨大发展，各项事业全面进步，邓小平殷切期望上海“三年大变样”的要求正在变为现实。胡锦涛说，上海的改革和建设起点高、发展快、步子稳、势头好。这是因为邓小平建设有中国特色社会主义的理论和党的基本路线为上海发展指明方向，改革开放的政策，包括中央关于开发开放浦东的决策，确实是振兴上海的关键一招。上海工人阶级和人民群众是一支有着光荣革命传统、特别能战斗的队伍，上海的各级党组织和广大干部，首先是市委、市政府领导班子是坚强的、团结的、有战斗力的，正因为有了这样一个坚强的领导核心和特别能战斗的队伍，才保证了各项任务的完成。胡锦涛希望上海广大干部珍惜“天时、地利、人和”的有利条件，认清新形势，明确新任务，解决新矛盾，按照中央提出的把上海尽快建成“一个龙头、三个中心”的要求，再创上海工作新局面。

胡锦涛指出，要毫不动摇地坚持以经济建设为中心，围绕建立社会主义市场经济体制基本框架的目标，进一步深化改革。要从上海实际出发，抓住重点，在搞好国有大中型企业、建立现代企业制度的改革上要有新突破；在金融、流通体制改革上要有新进展，在整体配套改革上要有新进步。要进一步调整和优化经济结构，提高经济的整体素质、运行质量和经济效益，妥善解决经济生活中的突出矛盾和问题，促进经济持续、快速、健康发展。

胡锦涛指出，牢牢把握全党全国工作的大局，正确处理改革、发展和稳定的关系，是全面贯彻党的基本路线和“两手抓、两手都要硬”方针的必然要求，这不是一时的权宜之计，也不仅仅是做好今年工作的需要，而是在整个改革开放和现代化建设进程中必须始终坚持并正确执行的指导方针。在好的形势下，更要保持清醒头脑，在集中力量深化改革、发展经济的同时，对保持社会稳定的问题不能有丝毫麻痹大意，要认真研究新情况，分析解决新问题，进一步做好保持社会稳定的工作。

胡锦涛强调，党的十四届四中全会是一次具有全局意义和长远意义的重要会议，全会作出的《关于加强党的建设几个重大问题的决定》，是加强新时期党的建设的纲领性文件。有了这样一个好《决定》，关键是全党同志要高度重视，认真学习，联系实际，扎扎实实地全面贯彻执行，真正把全会精神和《决定》提出的目标要求落到实处。要全面领会《决定》的精神实质，充分认识加强党的建设的重要性和紧迫性，进一步提高加强党的建设的自觉性。要深刻理解《决定》提出的新的伟大工程，从历史的继承与发展和时代的现实需要上，从我们党领导改革开放和现代化建设新的伟大创业对自身建设提出的要求上，从进一步坚持党的工人阶级先锋队性质的高度上，充分认识建设新的伟大工程的意义，进一步明确把我们党建设成为什么样的党这个根本性问题，明确新形势下党的建设的各项任务。要全面理解和执行中央关于加强党的建设的整体部署，抓好党的组织建设这个突出环节，全面加强党的建设，要紧密结合本地区、本部门的实际，把《决定》提出的目标、任务具体化。落实《决定》精神，加强党的建设，一是领导要到位，二是工作要扎实，三是作风要深入。要密切联系党的基本路线和抓住机遇、深化改革、扩大开放、促进发展、保持稳定的任务，做好党建工作，努力把党的建设提高到新水平。

中共中央政治局委员尉健行在广东考察

10 月 15 日至 23 日，中共中央政治局委员、书记处书记、中纪委书记、全国总工会主席尉健行在中共中央政治局委员、广东省委书记谢非，广东省委副书记张帼英等分别陪同下，先后到广州、湛江、茂名、肇庆、佛山等地，考察工厂、农村、港口、经济开发区以及建设工地。尉健行听取广东省委、省纪检委关于今年全省反腐败斗争的情况介绍，听取广东省总工会和广州市总工会关于贯彻执行《劳动法》的工作汇报。

尉健行指出，反腐败工作要全党重视，党政主要领导亲自抓，一级抓一级，层层抓落实。纪检监察机关在反腐败斗争中要发挥指导、组织、协调的作用，把各方面的力量调动起来，发挥群众监督、舆论监督作用，逐步健全反腐倡廉的监督机制。他说，纪检监察机关反对腐败，加强党风廉政建设不仅仅是查办案件，更重要的是抓好教育和防范，爱护党员和干部，引导党员和干部健康成长，树立良好的党风，进一步密切党同人民群众的联系。

考察中，尉健行就领导干部用车、内宾接待费用等问题进行重点调查。他要求各级党政一把手带头调换超过标准的汽车，带动其他领导干部逐步落实党中央和国务院的规定。在检查各地贯彻中纪委三次全会精神情况后，尉健行认为广东省委贯彻执行中央反腐倡廉的指示是很认真的，指导思想是明确的，措施是有力的。广东省委对反腐败斗争有通盘思路和战略眼光，对中央的部署和要求能主动提出处理的方针、政策。

尉健行强调，廉洁自律不仅是对领导干部而言，对全体党员和干部都是必要的。党风建设和廉政建设关系到改革开放、发展经济、社会稳定的全局，因此要把反腐败斗争引向深入，首先要提高全体党员和干部的思想认识，加强政治纪律约束和法律监督，使反腐倡廉形成制度。

考察期间，尉健行深入到今年遭受特大洪涝灾害的粤西地区调查，对受灾地区党委带领群众艰苦奋斗，迅速恢复生产，重建家园所取得的成绩给予充分肯定。

1994 年秋季中国出口商品交易会在广州开幕

中国驻菲律宾大使黄桂芳代表国家主席江泽民向菲律宾政府赠送和平石碑纪念莱特岛登陆 50 周年

第 12 届大众电视金鹰奖颁奖典礼在首都体育馆举行

金鹰奖各奖项的得主是：

最佳长篇电视连续剧：《北京人在纽约》、《情满珠江》、《潮起潮落》；最佳中篇电视连续剧：《过把瘾》、《代号 4991》；最佳电视单剧：《一个姑娘三个兵》；最佳儿童电视剧：《猴娃》；最佳电视戏曲片：《玉堂春》（黄梅戏）；最佳合拍电视剧：《戏说慈禧》；

最佳男主角：在《北京人在纽约》中扮演王启明的姜文。在《女人天生爱做梦》中饰赵挺的乃社和在《过把瘾》中饰方言的王志文获提名奖；最佳女主角：在《北京人在纽约》中扮演阿春的王姬。在《过把瘾》中饰杜梅的江珊和在《情满珠江》中饰梁淑贞的左翎获提名奖；

最佳男配角奖：在《猴娃》中扮演六龄童的六小龄

童。在《京都纪事》中饰叶新元的石兆琪和在《满天星》中饰方健的胡亚捷获提名奖；

最佳女配角：在《过把瘾》中扮演贾玲的刘蓓。在《北京人在纽约》中饰郭燕的严晓频和在《情满珠江》中饰钟蓉的普超英获提名奖。

纪念梅兰芳先生诞辰100周年文化活动周在北京拉开帷幕

10月16日

国务院总理李鹏在钓鱼台国宾馆会见塞拉利昂国家元首全国临时执政委员会主席瓦伦丁·斯特拉瑟

国务院扶贫开发领导小组组长陈俊生在北京举行的“国际消除贫困日”纪念活动会上发表题为《向绝对贫困宣战》的讲话

为响应联合国的号召，推动《国家八七扶贫攻坚计划》的实施，我国政府在人民大会堂举行“国际消除贫困日”纪念活动。国务委员、国务院扶贫开发领导小组组长陈俊生作《向绝对贫困宣战》的主题报告。国务院副总理兼外交部长钱其琛，全国政协副主席阿沛·阿旺晋美，国内有关方面及国际组织驻华代表等共400多人出席纪念会。

陈俊生讲话时说，去年的这个时候，联合国秘书长加利先生代表联合国郑重宣布，10月17日为国际消除贫困日。中国政府认为，国际消除贫困目的确立，将有极为广泛的影响和极其深远的意义。因此，中国政府完全赞同和支持联合国的倡议，同时将把消除贫困作为中国未来发展的极为重要的一项战略目标，采取更多的切实有效措施，务求取得更加明显的效果，为在世界范围内消除贫困作出我们应有的贡献。

缓解和消除贫困是当今中国发展面临的重大课题，也是中国共产党和中国政府的一贯方针和基本政策。为了民族繁荣、共同富裕，自中华人民共和国成立以来的45年间，中国政府始终如一，坚持不懈地进行了极其艰苦的努力，取得了空前的成就。特别是80年代以来，为了缓解和消灭绝对贫困，中国政府对农村政策和农村的经济管理体制进行了一系列大幅度的调整和改革，极大地激发了广大农民的劳动热情，促进了农村经济的全面高速增长。80年代中期以来，中国政府又针对一部分地区发展迟滞、一部分农民收入增长缓慢的情况，在全国范围内开展了有计划、有组织、大规模的扶贫开发活动，有针对性地采取了许多特殊政策和措施，不仅成立了专门的扶贫机构，大幅度地增加了扶贫投入，制定了一系列帮助贫困地区休养生息的优惠政策，而且对传统的扶贫方式进行了根本性的调整和改革，实行了由单纯救济式扶贫向开发式扶贫的转变。到目前为止，这些政策和措施已经取得明显效果，农民收入迅速增加，生产生活条件逐步改善，全国没有解决温饱的绝对贫困人口，已从1978年的2.5亿人减少到8000万人。

尽管中国现在没有解决温饱的绝对贫困人口只占全国农村人口的8.72%，但绝对数为8000万人，是相当大的一个群体，最终解决这些人的温饱问题难度是很大的。这些贫困人口主要集中在国家重点扶持的592个贫困县。更值得注意的是，贫困地区与沿海发达地区甚至与全国平均发展水平的差距还在持续扩大。因此，与前一阶段扶贫工作比较，解决这些地区群众的温饱问题难度更大。从这个意义上说，扶贫开发已经进入了最后的攻坚阶段。

虽然困难很大，但是中国政府消除绝对贫困的决心是坚定不移的，绝不会因为难度大而有丝毫动摇。为了最终解决8000万人的温饱问题，今年3月，国务院召开了全国扶贫开发工作会议，制定和发布了《国家八七扶贫攻坚计划》。国务院决定，从1994年到2000年，集中人力、物力、财力，动员社会各界力量，力争用7年时间，基本解决全国农村8000万人的温饱问题。这是今年7年整个中国缓解和消灭贫困的工作纲领，也是国民经济和社会发展的重要组成部分。

为了确保这些目标的实现，《国家八七扶贫攻坚计划》提出了具体措施。主要有：一、增加扶贫投入。二、收缩范围，集中力量，保证重点。三、从1994年起，把原来由人民银行和各专业银行分别办理的各项扶贫信贷资金全部划归新成立的政策性银行——中国农业发展银行，统一管理。四、以提高效益为核心，进一步改革扶贫资金的管理使用方式。五、在实行从救济式扶贫向开发式扶贫转变的基础上，变封闭式开发为开放式开发。六、认真组织农民实用技术的培训，推广科技扶贫。七、坚持在中央政府统一领导下的分级负责、以省为主的扶贫工作省长负责制。八、进一步动员社会各界参与扶贫济困，积极争取国际组织和友好国家的支持与合作。

解决中国的绝对贫困，是整个世界缓解以至消除贫困的一个重要组成部分。希望国际组织能进一步加强扶贫方面的联系与合作，把缓解与消除贫困作为共同的使用，为最终消除贫困作出更大努力。

最高人民检察院检察长张思卿在黄山召开的全国检察机关第四次反贪污贿赂侦察工作会议上发表讲话

张思卿在会议上说，反贪污贿赂是检察机关一项长期的重要任务，各级检察机关要重视反贪侦查工作，加强侦查队伍建设，提高突破大案要案的能力，推动反腐败斗争的深入发展。

在谈到建立健全有中国特色的反贪污贿赂侦查工作体制时，张思卿说，反贪局是检察机关反贪污贿赂侦查工作的主体，要下决心建设好。目前尚未成立反贪局的地、市级以上检察院和大城市的城区、经济特区、沿海经济发达地区的县、市级检察院，都要加快建设步伐。

张思卿要求各级检察机关加强侦查队伍建设。他说，尽管从现状看，侦查队伍总体上是好的，发生问题的只是极少数，但绝不可掉以轻心。我们要在实践中锻炼干部，培养一大批政治坚定、作风过硬，懂经济、懂法律、熟悉检察业务，会外语、会开车、会用电脑的侦查专家，努力提高检察队伍的政治素质和业务素质；要坚持"从严治检"的方针，坚决克服执法不严、违法办案、滥用职权插手经济纠纷等违纪现象和执法中的地方保护主义。

张思卿要求全国各级检察机关认真贯彻党的十四届四中全会精神，提高认识，统一思想，围绕经济建设这个中心，坚持两手抓，把反腐败同抓住机遇、深化改革、扩大开放、促进发展、保持稳定结合起来；既要树立持久作战的思想，又要打好阶段性战役，一步一步把斗争引向深入。

张思卿强调，当前检察机关在反腐败斗争中的任务是继续坚持"严格执法，狠抓办案"的工作方针，加大对贪污贿赂等经济犯罪打击的力度，集中力量查办大案要案，重点抓党政领导机关、行政执法机关、司法机关和经济管理部门发生的贪污贿赂等经济犯罪案件，特别是县处级以上领导干部犯罪要案。

国务院对农业部等《关于清理取缔"三无"船舶的通告》的批复

农业部、公安部、交通部、国家工商行政管理局、海关总署：

国务院同意《关于清理、取缔"三无"船舶的通告》，由你们发布施行。具体实施办法，由你们依照本《通告》制定。

关于清理、取缔"三无"船舶的通告

近年来，在沿海一些地区，不法分子利用无船名船号、无船舶证书、无船籍港的"三无"船舶进行走私等违法犯罪活动，严重地危害了海上治安，妨碍生产、运输的正常进行。为打击违法犯罪活动，维护海上正常秩序，保护人民群众生命财产安全，必须坚决清理、取缔"三无"船舶。特通告如下：

一、凡未履行审批手续，非法建造、改装的船舶，由公安、渔政渔监和港监部门等港口、海上执法部门予以没收；对未履行审批手续擅自建造、改装船舶的造船厂，由工商行政管理机关处船价 2 倍以下的罚款，情节严重的，可依法吊销其营业执照；未经核准登记注册非法建造、改装船舶的厂、点，由工商行政管理机关依法予以取缔，并没收销货款和非法建造、改装的船舶。

二、港监和渔政渔监部门要在各自的职责范围内进一步加强对船舶进出港的签证管理。对停靠在港口的"三无"船舶，港监和渔政渔监部门应禁止其离港，予以没收，并可对船主处以船价 2 倍以下的罚款。

三、渔政渔监和港监部门应加强对海上生产、航行、治安秩序的管理，海关、公安边防部门应结合海上缉私工作，取缔"三无"船舶，对海上航行、停泊的"三无"船舶，一经查获，一律没收，并可对船主处船价 2 倍以下的罚款。

四、对拒绝、阻碍执法人员依法执行公务的，由公安机关依照《中华人民共和国治安管理处罚条例》处罚；构成犯罪的移送司法机关依法追究刑事责任。

五、公安边防、海关、港监和渔政渔监等部门没收的"三无"船舶，可就地拆解，拆解费用从船舶残料变价款中支付，余款按罚没款处理；也可经审批并办理必要的手续后，作为执法用船，但不得改做他用。

凡拥有"三无"船舶的单位和个人，必须在 1994 年 11 月 30 日前，到当地港监和渔政渔监部门登记，听候处理。逾期不登记的，查扣后从严处理。

凡利用"三无"船舶进行非法活动者，必须在 1994 年 11 月 30 日前主动到公安机关投案自首，否则，一经查获，依法从重惩处。

六、本通告自发布之日起执行。

国务院对国家烟草专卖局等《关于严厉打击卷烟走私整顿卷烟市场的通告》的批复

国家烟草专卖局、公安部、国家工商行政管理局、海关总署：

国务院同意《关于严厉打击卷烟走私整顿卷烟市场的通告》，由你们发布施行。

关于严厉打击卷烟走私整顿卷烟市场的通告

为维护国家和消费者利益，进一步严厉打击卷烟走私的违法犯罪活动，整顿卷烟市场，保护民族卷烟工业和经营者的合法权益，特通告如下：

一、企业、事业单位和机关、团体或者个人走私卷烟或非法收购、运输、邮寄、贩卖、窝藏走私卷烟的，依照国家有关法律、法规严肃惩处。

二、走私卷烟构成犯罪的，移送司法机关依法追究刑事责任；不构成犯罪的，由执法部门依法没收其走私货物和违法所得，可并处罚款。

三、凡在境内跨省（区、市）运输进口卷烟，必须持有国家烟草专卖局开具的准运证；省（区、市）内运输必须持有省级烟草专卖局开具的准运证。无准运证运输（不含海关监管的烟草制品）的，由执法部门予以没收，并处罚款，依法没收其运输工具。

四、凡经营合法进口卷烟的单位，必须持有烟草专卖部门核发的特种烟草专卖经营企业许可证；经营查没的非法进口卷烟，必须持有国家烟草专卖局统一制定、核发或授权省级烟草专卖局核发的“处理罚没走私卷烟定点企业”证照，并按规定渠道进货。擅自经营的单位和个人，由执法部门没收其非法经营货物，并处货值5倍以下罚款，情节严重的，工商行政管理部门可依法吊销其营业执照。

五、企业、事业单位和机关、团体或者个人为走私、贩私活动提供藏匿、运输和邮寄等便利条件的，由执法部门没收违法所得，可并处违法所得2倍以下罚款；无违法所得的，视情节轻重处以罚款。

六、各执法部门查没的非法进口卷烟，应交国家烟草专卖局设立或授权的烟草拍卖行，由烟草拍卖行拍卖给持有“处理罚没走私卷烟定点企业”（批发）证照的单位；定点（批发）企业只能批发给持有“处理罚没走私卷烟定点企业”（零售）证照的单位。凡违反上述规定的，由执法部门没收其货物，并处货值3倍以下罚款。情节严重的，可取消其经营资格。在市场上查没的零散非法进口卷烟，可交给当地烟草专卖部门指定的定点销售企业代销。查没的非法进口卷烟在拍卖、批发和代销前，必须由烟草专卖行政管理部门在箱包装和条包装上加贴“罚没走私烟”字样的标记。

七、对检举揭发、协助查缉走私、贩私有功的单位和人员，按有关规定给予奖励。凡使用暴力或威胁方法抗拒和围攻执法人员查缉走私、检查市场的，视情节轻重，依法追究其刑事责任，或依照《中华人民共和国治安管理处罚条例》的规定处罚。

八、本通告自发布之日起执行。

南开大学举行建校75周年庆祝会

周恩来的母校南开大学的师生员工、历届校友欢庆建校75周年。江泽民、李鹏、乔石、李瑞环等题词祝贺。李岚清、邹家华、宋健等也为校庆题词。

’94孙越崎科技教育基金颁奖大会及《孙越崎传》首发式在北京举行

“叶圣陶与时代”研讨会在苏州举行

世界收汉字最多的字典《中华字海》问世

国家“八五”规划重点图书——《中华字海》，日前由中华书局和中国友谊出版公司出版发行。该书收字8.6万多，是我国字典编纂史上继《康熙字典》、《中华大字典》和《汉语大字典》之后，收汉字最多的又一部划时代巨著。

陕西临潼发现修秦陵制秦俑工匠墓葬

考古工作者在秦陵和秦俑考古工作中，相继发现秦始皇陵修陵人员（包括兵马俑制作工匠）三个墓葬区：一是在临潼赵家背户村北，发现103座秦代墓葬，每个墓穴中埋葬2至3人，最多埋14人；从墓葬的简陋程度以及对尸骨的初步研究可以确认，这是修陵人之墓葬，被埋葬者大都是青壮年累死或病死的，也有年迈老死的。另外还有一些尸骨上面有刀砍痕迹，证明是被杀致死。二是在该村西部，发现一座100多米长、12米宽的大型乱坟坑，里面堆满了一层层尸骨，其状惨不忍睹，证明修陵人员众多，死后埋葬草率。三是在临潼旧砂轮厂旁，初步发现28座修陵人墓葬，经初步勘探，这里可能有上百座这样的墓葬。

秦陵博物馆馆长袁仲一告诉记者，在发现的这批修陵人墓葬中，尤为珍贵的是在赵家背户村墓葬中发现了18件刻在秦代残瓦上的文字，记录了19个修陵人的姓名和身份，这是我国最早的墓志文。

中国体育代表团在广岛举行的第12届亚运会中夺得137枚金牌列首位

国务委员国务院扶贫开发领导小组组长陈俊生在北京为’94黄山杯全国十大扶贫状元颁奖

十大扶贫状元是：江苏省江阴市华西村党委书记吴仁宝，山东省牟平县新牟里村党支部书记常宗琳，河南省农牧厅高级农艺师梁长俭，陕西省渭南市五里铺村党支部书记雷仁义，河北省涉县西戌镇西戌村党支部书记朱洪俊，四川省军区后勤部仓库助理员龙成祥，辽宁省农业科学院副院长李庆文，甘肃省扶贫基金会会长葛士英，香港浸会学院理学院院长、振华科技扶贫奖励基金创始人吴清辉。

10月17日

中央政法委书记任建新在北京召开的全国公安机关严打整治工作会议和纪委书记会议上发表讲话

任建新要求各级党委、政府进一步采取有效措施，将严打整治斗争引向深入。

任建新说，自今年7月底在全国范围开展严厉打击刑事犯罪活动、大力整顿社会治安斗争以来，收到了良好的社会效果，犯罪分子的嚣张气焰受到了沉重的打击，刑事案件上升的势头和社会丑恶现象初步得到了遏制。但各地在领导重视程度、工作进展情况、打击力度和质量以及整治的效果上都存在着发展不平衡的问题。他说，有些地方至今还没有真正动起来，犯罪分子还没有受到震慑，社会治安不好、好人怕坏人的局面还没有得到根本改观。因此，各级党委、政府要用更大的精力加强对严打整治工作的领导和组织，特别是那些工作进展较慢、严打整治声威不够的地方，主要领导要亲自部署，迅速改变一般化的状况，掀起一个严打整治的高潮。

任建新就进一步做好严打整治工作提出意见。他说，严打整治斗争一定要从实际出发，突出重点。各地的治安情况不一样，前一段工作的进度和成效差别很大，要把严打整治斗争引向深入，一定要把中央的统一部署同本地的治安实际结合起来，抓住重点问题、主要工作和关键环节，制定好下一步斗争方案，选准突破口，紧紧抓住群众反映最强烈、本地区最突出的一两个问题，加强领导，集中优势兵力，深入扎实、认认真真地加以解决，取得切实成效。

任建新说，政法各部门要齐心协力，充分发挥职能作用，狠抓提高严打整治的质量，一是要严把质量关；二是要严格执法，保证犯罪分子得到应有的法律制裁；三是要依靠人民群众，把打击与整治、打击与防范工作紧密结合起来，积极推动社会治安综合治理工作，巩固严打整治的成果。

任建新还要求各级公安机关认真贯彻党的十四届四中全会和中纪委四次全会的精神，加强公安政法机关的党组织建设和队伍建设。

香港特别行政区筹委会预委会法律专题小组第七次会议在北京召开

本次会议讨论研究香港原有法律过渡到 1997 年后的处理方法。委员们认为，大多数香港的原有法律条例除个别条款和词句需要进行修改、废除和替换外，1997 年后都可保留。但其中的有些条例 1997 年后必须废除，这包括：有关香港立法局、区议会、市政局的选举法律；有关香港国防、外交的法律；有关英国管制香港的法律条例。

国办转发财政部等部门《关于抓紧清理企业欠税的紧急请示》

国务院办公厅最近转发财政部、中国人民银行、国家税务总局、海关总署《关于抓紧清理企业欠税的紧急请示》，要求各有关方面认真贯彻执行。

财政部、中国人民银行等部门的《请示》指出，新的财税体制今年年初出台以来，运行基本正常，国家财政收入和支出均有较快增长，预算执行情况比原来预料的要好。

但与此同时，也出现了一些新的矛盾和问题，其中一个突出问题是企业欠交税款逐月增加，这严重妨碍了国家财政预算收入任务的完成。

为此，财政部等四部门要求各地区、各部门要采取有效措施，把清理企业欠税作为当前一项重要工作来抓，务求取得显著成效。

财政部等四部门提出了五个方面的要求：

一、各级人民政府和各有关部门要树立全局观念和依法治税的观念，根据本地区的实际情况，制定清理欠税的工作目标和具体措施，并层层督促落实。各级财政、税务、企业主管部门和银行要在当地政府的统一领导下，从维护全局利益出发，密切配合，采用行政的、经济的和法律的手段，对欠税进行认真清理，保证应交税款及时、足额入库。

二、摸清企业拖欠税款的情况和原因，研究制定切实可行的清欠办法。对纳税人不按规定期限缴纳税款的，税务机关应责令其限期缴纳，并按照税法规定，从滞纳税款之日起，按日加收滞纳税款 2‰的滞纳金（进口环节欠税滞纳金仍按 1‰征收）；逾期仍未缴纳的，要通知企业开户银行或其他金融机构从其存款中强制扣缴。对因经营管理差、产品积压或外欠货款较多造成欠税的企业，各级财政、税务、企业主管部门和银行要积极帮助其限产促销，清理货款，盘活资金，补交税款。对产品有销路、经济效益好，但因补交税款后流动资金紧张的企业，银行要优先给予流动资金贷款。

三、整顿商品交易秩序，严格结算纪律。各级人民政府和企业主管部门，要克服地方和行业保护主义，督促企业按期交付货款。对违反购销合同拒不付款的，有关部门要及时仲裁并对无理拒付货款的企业处以罚款和滞纳金。各级专业银行要严格执行“税、贷、货、利”的扣款原则，对欠税企业收回的货款，首先要足额扣缴税款，同时要防止压票、压证和拒收税票的情况发生。

四、突出抓好重点欠税行业和重点欠税企业的问题，今年欠税较多的主要是烟草、电力、石油、石化等行业。各地国家税务局和地方税务局要在当地人民政府和国家税务总局的领导下，按照两套税务机构税收征管范围，分别抓好各自的清理欠税工作。属于欠交中央税和中央与地方共享税的，由国家税务局负责；属于欠交地方税的，由地方税务局负责。对欠税大户和重点税源户的清欠工作实行责任制，分别落实到人，实行清欠目标管理，并帮助企业解决问题。要建立清理欠税跟踪反馈制度。各级银行和银行经收处收到企业上缴的款项，要于当日划转到国库支库，支库、中心支库和分库要在收纳预算收入的当日办理库款报解，不得以任何理由延压、占用或拒收税款。

五、强化税收管理，坚持依法征税。要按照《国务院关于开展1994年税收财务物价大检查的通知》的要求，把清理企业欠税以及清理收缴企业欠缴中央烟酒专项收入，作为今年财税大检查的一项重要内容。所有纳税单位和个人都要增强法制观念和纳税意识，依法及时、足额地缴纳税款。拖欠税款的单位都必须制定有效的补税措施，积极筹措资金补交税款。各级税务机构要坚决贯彻《中华人民共和国税收征管法》，把清理欠税作为加强税收征管的一项重要措施，运用法律手段加强征管工作。对那些屡催无效甚至抗税不缴的单位和个人，要追究其行政及法律责任。

秦山核电二期工程建设拉开序幕

外交部发言人陈健就今年八月以来越南与一些外国石油公司在中国南沙万安滩海域进行石油勘探活动发表评论

陈健说，越方这些活动严重侵犯了中国的主权和海洋权益，中方对此极为关注，并已向越南方面提出严正交涉。

国务院副总理兼外交部部长钱其琛在钓鱼台国宾馆会见以会长迈耶·卡恩为团长的南非基金会代表团

国务院副总理兼外交部部长钱其琛在钓鱼台国宾馆会见马来西亚外交部秘书长卡米勒

中国和希腊在雅典签署关于民事和刑事司法协助的协定

丹麦首相拉斯穆森在哥本哈根首相府会见来访的国务院副总理邹家华

国务院副总理邹家华在哥本哈根会见丹麦经济和北欧事务大臣玛丽安娜·耶尔韦女士和丹麦外交大臣尼尔斯·海尔韦·彼得森

国务院副总理兼外交部部长钱其琛在钓鱼台国宾馆会见来访的美国国防部部长威廉·佩里

中央军委副主席刘华清上将在钓鱼台国宾馆会见美国国防部部长威廉·佩里

新闻出版署署长于友先在北京就如何促进中国出版业发展答记者问

新闻出版署署长于友先最近接受记者采访，就繁荣出版事业谈了他的意见。

记者：刚刚结束的在武汉举行的第六届全国书市和在北京举行的全国音像博览会都盛况空前，展示了我国出版事业繁荣发展的现状和未来，请您介绍一下具体情况。

于友先：书市越办越红火，是以出版事业的繁荣为基础的。以第六届全国书市为例，参展的好书、高品位的图书期刊多；展销的规模大，品种是历年书市最多的一届，共有7万多书刊参展，可供订货的图书达30余万种；音像制品和电子出版物这样的新兴出版物参展使书市增色不少。广大读者阅读和购书的热烈场景也出乎我的预料，实在感人。在社会主义市场经济条件下，中华民族以读书为乐，以求知为荣的传统又注入了新的内涵。在这样的时代，出版工作者是可以大有作为的。

记者：有人说书市是全国出版繁荣的一个缩影，请您介绍一下全国的出版情况。

于友先：繁荣出版事业始终是我国出版工作者最重要的任务。出版事业之所以能够逐步繁荣，主要得益于党的"一个中心，两个基本点"的基本路线。1983年中共中央、国务院在《关于加强出版工作的决定》中指出："社会主义现代化建设的新形势，把出版工作推到了我党我国历史上前所未有的重要地位。"十多年来，在党的领导下，出版事业取得了巨大的成就，这表现在我国出版物数量不断增长，出版产业的实力逐渐增强。截至今年年初，报纸从1978年的186种发展到2040种，此外还有内部报纸6400种；期刊从930种发展到7596种，此外还有内部期刊1万多种；音像出版单位从中国唱片总公司1家发展到298家；出版社从105家发展到543家；出书品种由1万多种发展到9万多种。全国出版产业的年产值已达数百多亿元，每年向国家上交税收达10多亿元。我国已经形成了书报刊音像及电子出版物不断发展，编辑、印刷、发行、教学、科研、贸易成龙配套的出版体制。

十多年来，出版界围绕改革开放和经济建设出版了一大批优秀图书，创造了难以估量的社会效益和可观的经济效益。我国出版事业基本满足了人民群众日益增长着的对精神食粮的需求。建立社会主义市场经济体制，为出版事业的繁荣发展开辟了更加广阔的天地。从邓小平同志视察南方重要谈话和党的十四大以来，出版事业的繁荣与发展迈上了新的台阶。为了适应社会主义市场经济出现的新情况、新问题，保证出版事业更加繁荣健康地发展，新闻出版署提出了要实现新闻出版工作从数量规模的增长为主要特征的阶段，向以优质高效为主要特征的阶段转移的工作思路。一年多来，这个思路得到了出版工作者的认同。实践证明，努力实现阶段性的转移，是推动出版繁荣的关键性措施。

出版工作在宣传邓小平同志建设有中国特色社会主义理论和党的基本路线中作出了积极的贡献。《邓小平文选》第三卷出版、发行已达 2400 万册，满足了全国人民学习建设有中国特色社会主义理论的需要；出版了一大批阐释建设有中国特色社会主义理论和社会主义市场经济理论的论著和通俗读物；出版了一大批宣传爱国主义，反映时代精神，传播科学文化知识的优秀图书。出版物的品种和门类已经涵盖了社会科学和自然科学的绝大部分领域。

抓重点出版工程是出版繁荣的重要措施。一年多来，继《中国大百科全书》、《汉语大字典》、《汉语大词典》这样一些具有划时代作用的出版工程胜利完成后，《中国美术分类全集》、《当代中国丛书》、《汉译世界学术名著》等“八五”国家重点图书工程的编辑、出版情况令人鼓舞。据统计，“八五”重点图书选题规划所列的 1169 种图书，现已完成 783 种，占 67%；1.171 万种的总卷数已完成 8080 卷，占 69%，估计到明年底，90%以上的选题可以完成。就图书出版工程的特殊性而言，这个进度是令人满意的。我们已经着手编制“九五”国家重点图书出版选题规划。在音像出版方面，也有可喜的成绩。继系列音像出版物《巨人之声》毛泽东、周恩来专集出版后，邓小平专集近日也与读者见面；新闻出版署已将《中国大百科全书》和《汉语大词典》电子版列入重点扶持的项目。

记者：新闻出版管理部门在抓出版繁荣的同时，也在不断地采取措施，加强管理整治书报刊音像出版物市场，请您介绍一下这方面的情况。

于友先：在出版事业健康、繁荣发展的同时，也存在一些需要通过深化改革和加强管理来解决的问题。主要表现在：一些出版单位指导思想不端正，管理不善，出版了一批格调不高、质量低劣的书报刊音像出版物；非法出版活动猖獗，内容淫秽反动的出版物时有出现，侵犯知识产权的盗版、盗印以及出版物走私活动严重；书报刊印刷管理工作还存在不少问题，等等。出版工作及出版物市场出现的这些问题，主要与新闻出版事业还不适应社会主义市场经济条件下出现的新情况、新问题有关，与新旧体制交替有关，与新闻出版的宏观调控体制正在逐步建立中有关。

记者：对于出现的问题，新闻出版管理机关准备采取什么措施？

于友先：我们总的工作方针是一手抓繁荣，一手抓管理。我们的目标是既要促进繁荣，又要健康发展；既要满足需要，又要加强引导，目的是要通过改革促进繁荣，通过改革加强管理。

图书发行体制的改革还需要有大的突破性进展，以切实改变出版工作中的一些深层次问题。出版单位内部改革要继续深化，建立出版单位良好的经营机制和运行机制，提高出版单位的发展能力，增强自律。书报刊印刷管理工作亟待加强。我们要花大气力加强书报刊音像出版物市场的管理。把“扫黄”、“打非”斗争引向深入是当前新闻出版管理机关的工作重点。新闻出版部门将与有关部门协同动作，紧密配合，为净化出版物市场作出不懈的努力。

国防部部长迟浩田在北京同美国国防部部长威廉·佩里举行会谈

两位部长就中美双边关系、亚太地区形势等共同关心的问题交换意见。

关于两国、两军关系，两位部长都认为，中美两国都是有影响的大国，两国关系的好坏不仅直接关系到两国人民的切身利益，而且对于亚太地区乃至整个世界的和平与稳定都有重大的影响。

两位部长都认为，中美双方保持接触、对话和磋商对于增进彼此的相互了解和信任，推动两国、两军关系的进一步改善和发展都是有益的。

两位部长对近年来两军开始恢复交往表示高兴。迟浩田说，“中美两军关系的发展应与两国关系的发展相适应。对于发展两军关系我们抱着向前看的态度，期待着在平等互利、相互尊重的基础上恢复和发展与美国军方的正常关系，包括两军在各个级别的交往。”

迟浩田说，两军高层领导人的接触和对话对于发展两军关系具有十分重要的意义。他表示欢迎美国军方的高级领导人来中国访问。

佩里表示美国方面重视美中关系的发展，并特别强调发展两军关系的重要性。他表示赞同两军间应进行各个层次的交流。

迟浩田在会谈中向客人介绍中国的国防政策。

中美国防工业军转民联合委员会第一次会议在北京举行

中美国防工业军转民联合委员会中方主席国防科工委主任丁衡高和美方主席国防部部长威廉·杰·佩里在北京签署指导联合委员会工作的原则声明

中华人民共和国和美利坚合众国认识到和平利用军工技术符合两国人民的经济和国家安全利益，愿意促进两国国防工业军转民方面进行的合作。为此，中华人民共和国和美利坚合众国已成立中美军转民联合委员会，为和平之目的，促进有序地利用不为国防所需的国防工业、技术和科学设施及人员，以满足民用社会的需要。

军转民联合委员会将在中华人民共和国政府与美利坚合众国政府之间建立一高级联系通道，以促进双方对与国防工业有关问题的相互理解和合作，其内容包括：

为两国工业界之间的联系提供方便，促进适当的工业伙伴关系、技术关系、美国公司在中国的投资和中国公司在美国的投资；

共享两国军转民的经验和教训；

使国防科学、技术、工业军转民计划和管理合理化以适合于和平时期；

讨论与两国军转民合作有关的国防工业的人员、设备和生产方面的问题。

该委员会还将探讨新的合作领域和途径。

国家体委全国体育总会和中国奥委会致电中国体育代表团祝贺中国体育健儿在广岛亚运会上取得优异成绩

《人民日报》发表评论员文章《弘扬夺金牌精神——祝贺我体育代表团在广岛亚运会创造优异成绩》

新疆交河故城考古工作者最近发掘了两座车师国贵族墓出土三枚海珠和五枚舍利子

荣宝斋珍藏艺术品展在中国美术馆开幕

被誉为“民间故宫”的荣宝斋以举办珍藏艺术品展这一方式庆祝她的百岁生日。江泽民、李鹏、乔石、荣毅仁为荣宝斋题词。李铁映、薄一波、宋任穷、王光英、程思远、卢嘉锡、赵朴初等也题词。

宋平、王光英、程思远、彭冲等以及高占祥、周而复、何海霞等众多文化艺术界知名人士出席开幕式。

10月18日

《人民日报》就党的十四届四中全会《决定》发表社论《大力培养和选拔德才兼备的领导干部——五论认真学习和贯彻四中全会〈决定〉》

中央国家机关统战工作会议在北京召开

内贸部采取措施稳定猪肉市场和价格

针对当前生猪产销形势和市场流通秩序比较混乱的状况，国内贸易部会同国务院有关部门采取措施，确保今冬明春猪肉市场和价格的稳定。

采取的主要措施有：第一，建立新的省际猪肉调拨制度，避免“盲目争购”或“卖猪难”的现象再度出现。第二，大力扶持生产，在继续支持农民户养的基础上，发展规模养猪。生猪生产的各项扶持政策一定要继续下去，沿海地区要发展规模养猪，保证一定的自给量。第三，整顿流通秩序，推行定点屠宰。国有流通部门要在政府的统一领导下，积极推行“定点屠宰”，维护消费者的利益。第四，抓紧建立和完善猪肉储备和风险基金制度。各地要把中央和地方财政对肉菜等商品的专项补贴用于建立副食品风险基金，确保资金足额到位。各地流通部门要运用副食品风险基金，及时平抑肉菜等主要副食品价格，稳定市场。第五，国有流通部门、企业要发挥主渠道作用。

交通部主办的国际交通技术与设备展在北京开幕

物价机构成立10周年座谈会在北京举行

国务院总理李鹏在中南海紫光阁会见美国国防部部长威廉·佩里

国务院总理李鹏在中南海紫光阁会见瑞典沃尔沃集团公司总裁居乐

日本向中国海上油田贷款五千万美元

由日本五家银行组成的银团最近与中国海洋石油总公司签订一项贷款协议，向中外合作的南海三个海上油田提供五千万美元的开发资金。

中国出席第49届联合国大会代表杨燕怡在联大第二委员会会议上发言呼吁国际社会加强在发展方面的合作并敦促发达国家采取措施促进对发展中国家的投资和援助

中国驻澳大利亚珀斯总领事馆正式开馆

《北京正负电子对撞机工程画册》在北京举行首发式

全国古籍整理出版工作座谈会在合肥举行

同时举行全国古籍出版社1992～1993年优秀图书评奖活动，共有100多种图书获奖。

10 月 19 日

国家计委主任陈锦华接受《人民日报》记者采访时谈探索中国社会发展途径

国家计委主任陈锦华在接受《人民日报》采访时首先对建国以来、特别是改革开放以来我国社会发展情况进行回顾。他说，党和政府为提高人民群众的生活水平和生活质量作出了不懈的努力。在教育与人力资源开发、计划生育与医疗保健、大众传播与文化体育、农村劳动力转移与城市化发展、住房与城市公共设施建设、生态与环境保护、收入分配与人民生活、社会保障与保险、公共安全与预防犯罪、扶贫与民族发展以及对社会脆弱群体保护等各个社会发展领域，都取得了巨大的成就。

与此同时，社会发展中的问题也日渐突出。陈锦华认为，其中主要有：日趋紧张的经济发展与人口、资源、环境的矛盾，越来越大的就业压力，地区之间、城乡之间发展不平衡的矛盾比较突出，教育、文化、卫生事业和社会保障制度还不适应经济和社会发展的要求。社会发展领域存在的问题已经成为国民经济持续、快速、健康发展的制约因素。妥善解决这些问题，是当前和今后一个时期的重要任务。作为国家综合经济部门，正在积极按照社会主义市场经济新体制的要求，探索协调解决这些问题的途径。

依靠现代技术加速步入信息时代的世界经济，一方面呈现出日新月异、瞬息万变的发展趋势，另一方面又被人口剧增、贫困、资源过度消耗、环境污染、生态破坏和南北差距扩大等所困扰。陈锦华认为，行将步入 50 周年的联合国和成立 45 周年的新中国，以及世界上许多国家进入 90 年代后，都在关注和探求社会协调、持续发展的新模式。1992 年通过的《里约宣言》和《21 世纪议程》，以及 73 个国家提议召开"联合国社会发展世界首脑会议"，将对减轻和消除贫困、创造生产性就业、扩大社会融合等三大主题进行讨论，都是社会发展一定时期人类共同的思考。

"可持续发展"是世界各国经济和社会发展的正确战略，也是中国一直坚持的正确选择。近年来，中国政府积极落实环发大会精神和参加筹备联合国社会发展世界首脑会议，不仅仅是为了实现自己的承诺，更是中国发展的实际需要。陈锦华在回答问及的中国社会发展模式时指出，我们已经和正在形成以下两大体系和四大系统。

两大体系：一是社会发展的政策、法规管理体系。其中包括计划生育、户籍社区管理、教育和卫生政策，环境保护、城市公共设施、住房政策，收入分配、劳动就业和社会保障政策，大众传播与文化娱乐政策，公共安全与预防犯罪以及对妇女、未成年人、老年人、残疾人等社会脆弱群体保护政策等；二是社会发展事业的建设体系。主要包括社会发展各个领域的建设和运行机制、中央和地方两级对社会发展领域设施的投资、筹资体制和运行管理机制。

四大系统：一、处理人与人之间关系的系统，主要是以建设社会主义精神文明为核心，树立良好社会风尚和建立新的道德规范；二、处理人的自身发展与社会协调发展关系的系统，主要内容是落实"计划生育"基本国策，促进社会和谐发展，提高人的素质和修养，倡导健康的生活方式；三、处理人与经济关系的系统，主要内容是促进劳动者的生产能力、人们生活的消费水平与自然资源的承载力、经济发展的承受力相协调；四、处理人与大自然关系的系统，其主要内容是以"环境保护"为基本国策，加强生物多样性保护，水、土地、海洋等七大资源管理，加大工业污染防治的力度，加快生态经济建设和区域生态经济典型示范推广、灾害防救等。

陈锦华指出，社会主义市场经济不是不要计划，而是要在发挥市场对资源配置起基础性作用的同时，突出计划的宏观性、战略性、指导性，转变计划管理职能。社会发展的主要任务应当由政府担当起来。按照社会发展自身规律，有效地运用经济和行政两种手段，运用市场和计划两种机制，在国民经济与社会发展这一总体计划上，处理好人与人、人与社会、人与环境之间种种关系。这是一个精神文明与物质文明相交织的巨型工程，需要人们工作观念的转变、思维方法的转变、管理方法的转变。面对这场深刻的变革，我们在摸索、在行动，并且下定决心要在本世纪的最后几年，加大力度推进这场世界共同关注的社会变革。

陈锦华说，变革的目的是求得经济发展与社会进步的综合性、协调性和持续性。这里需要政府各部门的参与和理解，需要广大群众的参与和理解。当前，我们正在集中精力，在联合国明年 3 月召开"社会发展世界首脑会议"之前，研究制定中国 1996 年到 2010 年的《全国社会发展纲要》，并通过编写《中国社会发展报告》让国际社会和国内公众了解我国政府对社会发展问题的基本立场及其政策措施。日前举办的"中国社会发展成就展览"，已经召开的"社会发展北京国际研讨会"，即将召开的"全国社会发展工作会议"和最近要成立的"中国社会发展协会"，其目的都是为了统一思想、检阅成绩、交流经验、研究问题、制定政策，推动社会事业与经济协调发展，推进社会主义两个文明建设，为了争取国内公众广泛参与和国际社会积极支持。我们相信，通过大家的共同努力，本世纪末实现小康水平目标的中国，一定可以迎来一个社会发展的崭新阶段。

国务院副总理李岚清在厦门会见前来参加陈嘉庚先生诞辰120周年纪念活动的陈嘉庚先生的亲属和海外知名人士代表

《人民日报》发表评论员文章《经济发达首先要农业发达》

经济发达首先要农业发达。这一命题不是凭空想象出来的，而是社会实践得出的必然结论。

无论国内国外，从大的范围来说，经济的发达几乎都离不开发达的农业相支撑。在我国，经济较为发达的地方，差不多都是从农业发展水平比较高的基础上发展起来的，其后，始终得益于农业。长江三角洲如此，珠江三角洲如此，山东半岛、杭州湾也都是如此。正因为比较重视农业，有了比较发达的农业作基础，这些地方经济才有了较快的发展。在国外，经济发达国家，除极少数特殊情况，几乎无一例外都是农业发达的国家。农业的发达和整体经济的发达有着内在的必然联系，这是毋庸置疑的。

正因为如此，重不重视农业，对于各级领导来说，就不是简单的工作方法问题，而是事关发展全局的根本性指导思想问题。是不是真正把农业放在经济工作的首位，就不是一般的工作安排问题，而是关系到发展的成果能否巩固，制定的战略目标能否实现的大政方针问题。近年来，党中央、国务院十分重视农业和农村经济发展，多次召开重要会议研究部署加强农业问题，及时解决农业和农村经济发展中遇到的各种问题和困难。中央的这一系列精神，在经济发达地区应当尤其得到重视和贯彻执行。

少数经济发达地区近年来确实存在不同程度放松或忽视农业的现象。导致这些现象出现的原因是多方面的。首先，这些地区一般农业基础较好，自然条件优越，产出较为丰富。这容易使一些同志产生盲目乐观情绪。其次，二三产业迅速发展使农业在经济总量中的比重下降，因而在一些领导者头脑里的位置也就后移。在领导力量的分配上，往往只分派一两个副职应付一下，谈不上长远发展规划和采取积极进取的各项措施。再次，一些地方求发展心切，认为抓农业没有抓二三产业来得快，农业被不经意地丢在了一边。更值得警惕的是，一些同志把经济发达理解为就是工业发展，或者第三产业兴旺，农业似乎关系不大。由于思想认识上的偏差，一些本属鱼米之乡或者产出颇丰的地方，近年来出现农业发展缓慢或副食品价格使城乡居民难以接受的情况。本该发掘的潜力没有发掘。农业上本可大发展的事业未能发展。在作总体规划和战略决策时，常常对农业的需要考虑不够。一些地方大片良田被大方地划成开发区。

随着经济的发展，农业在经济总量中的比重日益减少，这是必然的。工业要发展，第三产业要兴旺，也是应该的。老是停留在单一的农业经济上，就无所谓"发达"。领导部门用相当的精力抓二三产业，也是必要的。否则，就谈不上经济的快速发展。但是，所有这些都不能排斥农业和农村经济的发展，相反，农业在这些地方应当得到更加有效的重视。

无数事实说明，发达地区重视农业和农村经济发展不仅是必须的，而且大有好处。一些地方二三产业大发展以后，始终突出农业的地位，重视发展农村。结果，市场供应充足，物价稳定，城乡一派繁荣。农业不仅为社会稳定提供了充裕的物质基础，而且为城乡工业的发展提供了原料，为进一步改革开放提供了宽松的环境，成为吸引外商的一个重要因素。农村经济发展了，农民富裕了，又为工业生产开辟了广阔的市场。不少地方进入经济发达行列，主要就是农村发展所带来的。今天，本报报道的辽宁近几年农业发展的事实也充分说明了这一点。

国务委员罗干在人民大会堂会见出席第14次企业管理国际讨论会的中外企业家代表

中央军委主席江泽民在武汉会见美国国防部部长佩里

正在武汉考察工作的江泽民上午会见来访的美国国防部长威廉·佩里时说，中美两国虽然社会制度和意识形态不同，但没有理由不进行合作，两国应该共同努力，把友好合作的关系带入21世纪。

关于双边关系，江泽民说，"去年11月我在西雅图同克林顿总统会晤之后，两国关系有了新的进展。我期待着下个月在印度尼西亚再次与克林顿总统会晤。"

江泽民说，中美之间应该增加信任，减少麻烦，发展合作，不搞对抗。只要双方继续努力，两国关系发展的道路就会越走越宽。"我们对两国关系发展的前景是乐观的。"

江泽民向客人介绍中国的改革开放和经济发展情况。江泽民说，我们的经济和社会发展，是坚持以邓小平同志建设有中国特色社会主义理论为指导。我们的经济改革目标是建立社会主义市场经济体制。在社会经济发展过程中，我们在不断发扬我国优秀传统文化的同时，对西方发达国家一切科学的行之有效的管理方法和经验，以及一切优秀的文化成果，也要积极学习。

国家主席江泽民根据全国人大常委会的决定任免驻外大使

一、免去汤柏生的中华人民共和国驻苏里南共和国特命全权大使职务。

任命周兴兴为中华人民共和国驻苏里南共和国特命全权大使。

二、免去王保民的中华人民共和国驻圭亚那合作共和国特命全权大使职务。

任命张愉为中华人民共和国驻圭亚那合作共和国特命全权大使。

三、免去王厚立的中华人民共和国驻大阿拉伯利比亚人民社会主义民众国特命全权大使职务。

任命秦鸿国为中华人民共和国驻大阿拉伯利比亚人民社会主义民众国特命全权大使。

全国人大常委会委员长乔石在人民大会堂会见由总检察长陈锡强率领的新加坡检察代表团

希腊总统卡拉曼利斯和总理帕潘德里欧在雅典分别会见到访的中国国务院副总理朱镕基就双边关系和共同关心的问题进行交谈

中国常驻联合国代表王学贤在联大国际家庭问题会议上发表讲话

王学贤说，中国主张把国际家庭年活动持续深入地开展下去，以造福于家庭，造福于人类。

王学贤表示，中国政府和人民愿与国际社会为此共同努力，并作出自己应有的贡献。

王学贤说，重视家庭历来是中国文化的重要组成部分。这一传统，随着家庭关系向着平等、民主、和睦的方向发展，将会更加发扬光大。

王学贤说，中国现有2.6亿个家庭，组成了中国历史上空前充满活力的现代社会。建设好这些家庭，使人民生活在和睦与友爱之中，就有助于促进全社会的稳定和发展。

王学贤说，围绕家庭年提出的“家庭和睦与进步”这一主题，各国政府和国际组织都开展了多种多样的活动。这些活动进一步唤起了人们对家庭问题的重视，提高了人们对影响家庭经济、社会和人口等各种因素的认识，推动了各国确定或调整其家庭政策和计划，促进了在家庭问题上的国际合作。

中国出席第49届联大代表侯志通在联大建议在防止核扩散和推进核裁军的同时积极促进和平利用核能国际合作

罗马尼亚参议院议长盖尔曼在布加勒斯特会见以钱正英为团长的全国政协代表团

中国和科特迪瓦在阿比让签署高等教育合作议定书

中国政府和捷克政府在北京签署关于互设总领事馆的换文

罗马尼亚众议院议长讷斯塔塞会见以钱正英为团长的全国政协代表团

全国星火计划现场工作会在成都闭幕国家科委主任宋健考察四川部分星火试验现场

据刚结束的全国星火计划现场工作会议透露：作为我国科技发展战略重要组成部分的星火计划，今后几年将把战略重点放在发展农村区域性支柱产业、建立与小城镇建设相结合的星火密集区上来。

国务委员兼国家科委主任宋健与四川省委书记谢世杰等近日考察四川部分星火试验、示范现场和全国星火精品展。宋健在考察后指出，星火计划要紧紧围绕各地经济和社会发展的总体规划，以发展支柱产业为目标，组织力量，筹划新的发展重点，制定和实施与支柱产业相配套的技术政策。

宋健说，农业科技成果的推广要坚持市场推动和政府引导相结合，既要重视提高科技成果的普及率，更要强调提高每项成果应用的覆盖面，最大限度地争取规模效益。星火计划要引导农业逐步实现适度规模经营，实现农业生产的社会化、专业化、商品化，这是发展高产、优质、高效农业，全面提高农业科技水平，提高农业技术装备，从而提高农业劳动生产率的必要保证。同时要注重加强国际合作，大规模引进国外好的品种和先进技术，开拓新产业。

中国工程爆破协会在北京成立

这个协会是由中国有色金属工业总公司牵头，公安、冶金、铁道、核工业等16个部门参加，共同协商组建的跨部门、跨行业的全国性行业组织。

国务院副总理李岚清在杭州召开的教委直属高校工作咨询委员会第五次会议上发表讲话

中共中央政治局委员、国务院副总理李岚清日前参加于浙江大学召开的国家教委直属高校工作咨询委员会第五次会议上指出，高校当前要认真贯彻党的十四届四中全会精神，贯彻中共中央颁布的《关于进一步加强和改进学校德育工作的若干意见》和《爱国主义教育实施纲要》,进一步做好德育工作,用邓小平建设有中国特色社会主义的理论来教育师生,全面提高新时代大学生的素质。

李岚清在听取部分高校负责人的发言后,充分肯定各高校在贯彻《中国教育改革和发展纲要》和全国教育工作会议精神方面做的大量工作和取得的成效。他指出,大家在高校的改革和发展的许多重大问题上已经取得共识,不但提出了许多好的思路,而且已取得了初步成果,积累了好的经验。尤其是共建高校和联合办学有了很大的突破。部委与地方共建高校,校际之间,学校与产业、科研部门之间,优势互补,调动了各方面的积极性,这是非常好的。要进一步推动高校与科研、产业部门的合作,共同培养人才,开展科学研究,发挥更大的效益。他说,还可以在坚持国家教育主权和教育方针的前提下,在某些薄弱而又急需的学科上同境外大学进行多种形式的合作办学。李岚清强调,合作和联合办学要从实际出发,不能为联合而联合,搞形式主义。

李岚清在谈到师范教育时指出,我们办高等师范教育和各级师范教育,是我国的国情决定的,没有师范教育的支撑,我国办好这样大规模的教育,尤其是办好基础教育是不可能的。师范院校不仅要为基础教育培养大量高素质的教师,还要努力培养一大批教育家,同时也要针对我国国情,对教育事业发展中的重大问题作出理论上的研究,以及实践经验上的探索。

李岚清强调,各级政府和有关部门都要扎扎实实为教育办实事。按照国家的有关规定,增加教育经费是政府的责任,同时多渠道筹措教育经费这个方向仍然要坚持。要重视保护知识产权,学校的科研成果在转让中也应获得合理的报酬。他特别指出,当前为教育办实事,稳定教师队伍,要突出抓好教师住房问题。这个问题看起来很难,但不少城市的经验证明,只要领导重视,也不是不能解决的。

国家教委确定全国普及九年义务教育目标和步骤

国家教委主任朱开轩近日在全国部分省市"普九"工作汇报会上宣布,国家教委在去年和今年根据国家义务教育法条例,分别对北京、天津、上海3市实施九年义务教育情况进行了评估检查。结果表明,3市所辖各区、县均达到现阶段普及九年义务教育的要求。

为了推进党中央、国务院提出的到本世纪末在全国基本普及九年义务教育和基本扫除文盲这一教育发展战略目标的实现,这次汇报会在总结交流经验的同时,提出了我国"普九"的目标和步骤。目标是:到2000年,普及地区人口覆盖率为85%,初中阶段入学率达到85%。步骤是:1994—1996年在全国40%—45%左右的人口地区实现"普九",主要是大中城市及经济发展程度较高的农村;1997—1998年实现"普九"的人口地区为60%—65%,1999—2000年为85%。贫困地区中10%的人口地区继续发展和巩固"普五"或"普六",5%人口的特困地区普及3—4年小学教育。

在长春举行的这次汇报会上,国家教委负责人对吉林、辽宁、江苏、浙江、山东、广东6省从实际出发,加快"普九"进程的做法给予充分肯定,对6省为发展教育事业所做出的努力,给予高度评价,并希望他们抓住在全国教育工作会议精神鼓舞下出现的有利于教育发展的大好形势,进一步解放思想,为全国"普九"工作做出榜样。

全国人大常委会委员长乔石到中国美术馆参观荣宝斋珍藏艺术品展览

10月20日

福建省暨厦门市纪念爱国华侨领袖陈嘉庚诞辰120周年大会在陈嘉庚故乡厦门集美学村举行

中共中央政治局委员、国务院副总理李岚清代表党中央、国务院出席大会,对陈嘉庚先生表示深切的怀念,向陈嘉庚先生的亲属致以亲切的问候,向参加纪念大会的海内外来宾表示热烈的欢迎。

李岚清深切缅怀陈嘉庚先生一生的光辉业绩。他说,陈嘉庚的一生是爱国爱乡、兴教兴学、服务社会、造福人类的一生。他给祖国和人民留下了光辉的业绩和陈嘉庚精神,赢得了全国人民、海外华侨的尊敬和爱戴,为人们树立了学习的榜样。

李岚清说,我们要学习陈嘉庚先生的爱国主义精神,学习陈嘉庚先生热心教育、兴教兴学的崇高思想。

李岚清还说,陈嘉庚先生生前念念不忘祖国的统一和台湾的前途,表达了全国人民的共同愿望和历史发展的潮流。我们要继续努力做好各方面的工作,进一步促进两岸"三通"。增进两岸同胞的相互理解和往来,为祖国统一大业多作贡献。

中共福建省委书记贾庆林,以及香港福建总商会理事长黄光汉先生、陈嘉庚先生的儿子陈云济先生先后讲了话。

会上宣布国家教委批准关于集美学村原有5所高等院校合并重新组建新型综合大学——集美大学的决定。

中纪委中宣部办公厅发出关于全党认真学习《列宁毛泽东和邓小平论民主集中制》一书的通知

中纪委和中宣部办公厅近日联合发出通知,要求广大党员干部认真学习《列宁、毛泽东和邓小平论民主集中制》一书。

通知说，为了配合党的十四届四中全会《决定》第二部分“坚持和健全民主集中制”的学习，由中纪委有关部门编辑，中国方正出版社出版的《列宁、毛泽东和邓小平论民主集中制》一书，辑录了不同历史时期列宁、毛泽东和邓小平同志有关民主集中制的重要论述，并附录了历届党章关于民主集中制的规定。这是一部学习《决定》的重要参考教材，各地方、各部门要组织广大党员干部认真学习，切实加强民主集中制的教育，提高贯彻执行民主集中制的自觉性。

通知要求，全体党员特别是各级领导干部通过学习要增强党性，完善党内政治生活的各项准则；要加强民主基础上的集中，维护中央权威；要严肃党的纪律，继续抓好作风建设，深入持久地开展反腐败斗争，保证党的肌体的健康和四中全会《决定》提出的各项任务的实现。

全国总工会召开电话会议要求各地加快外商投资企业组建工会的步伐

会议要求，今年 6 月底以前开业的已具备组建工会条件的外商投资企业，特别是开发区、经济特区和沿海开放城市的外商投资企业，年底前要基本完成工会组建工作；其他省市和地区的外商投资企业的工会组建率要达到 60％以上。

全国社会发展工作会议在北京召开

这是建国以来国务院召开的第一次全国性社会发展工作会议。邹家华副总理代表国务院作题为《提高认识加强领导大力推进社会发展与进步》的报告。

国务院副总理邹家华在全国社会发展工作会议上作题为《提高认识加强领导大力推进社会发展与进步》的报告

今后十五年搞好我国社会发展工作，必须坚持以邓小平同志建设有中国特色社会主义理论作为根本指导思想，注意把握以下原则：

1. 坚持从我国的基本国情出发，走有中国特色的社会发展道路。社会发展领域的问题在世界范围内有一定的普遍性，但是各个国家的历史文化传统、社会制度以及经济发展所处的阶段不同，解决社会发展问题的侧重点以及政策措施也不可能一样，特别是发达国家和发展中国家所面临的任务和重点会有相当大的差异。我国是一个发展中的社会主义国家，人口众多，人均资源少，经济和科技水平比较落后，区域发展不平衡。我国的社会发展，必须从这些基本国情出发，走有中国特色的社会发展道路。

2. 坚持以人的全面发展为中心。经济和社会发展要以实现人的全面发展作为出发点和落脚点。制定社会政策，要满足人民多方面、多层次的需求，保障人民的合法权益，提高他们的物质文化生活水平、道德修养和身心健康水平，促进国民素质的全面发展和提高。

3. 坚持经济与社会协调发展。在制定经济发展战略和发展政策的同时，要相应制定各项社会政策，保持各项社会事业的协调发展，使人口、资源、环境与经济发展相互协调、相互促进。发展社会事业要坚持把社会效益放在首位，防止为了片面追求经济效益而牺牲社会效益。在资金投入上，不仅要安排好经济建设，而且要统筹考虑，安排好社会事业的发展。

4. 坚持物质文明建设和精神文明建设两手抓、两手都要硬。社会主义精神文明建设体现在经济、政治、文化等社会生活的各个方面，社会发展领域承担着繁重的任务。要坚持中华民族的优秀传统文化与现代文明相结合，建设以民族文化为核心的现代化、多元化的文化艺术体系。加强全社会的思想道德建设，增强民族自尊、自信和自强精神，培养爱国主义、集体主义和为人民服务的思想。

5. 坚持地区间的协调发展。我国是地域辽阔的多民族国家，由于自然环境、经济条件和历史的原因，东、中、西部的经济和社会发展水平，有着很大的差异，社会发展事业要坚持以区域覆盖为主，国家从规划和政策上加以引导，促进地区间的协调发展。经济发达地区要支援老、少、边、穷地区的发展，国家在社会发展事业上的资金投入，也要适当向这些地区倾斜。

6. 坚持社会各界和人民群众的广泛参与。社会发展事业在政府主管部门统一规划、具体指导下，鼓励和提倡社会事业社会办，要特别重视非政府组织和社区的作用，积极支持他们的活动，并在政策上予以扶持和引导。

社会发展工作千头万绪，必须抓住以下重点：

首先，要继续实行计划生育，控制人口数量，大力发展教育事业，全面提高人口素质。这是促进我国经济和社会发展，实现现代化战略目标的关键。长期以来，人口过多、增长过快，严重制约着我国经济与社会发展和人民生活水平的提高。我们在经济和社会发展中遇到的许多困难，都与它有直接的关系。要继续坚持计划生育这一基本国策。重点做好广大农村的计划生育工作，继续实行各级党政一把手的目标管理责任制，增加对计划生育工作的资金投入，运用科学技术手段提高国民优生优育水平。

在严格控制人口增长的同时，要十分重视提高国民整体素质，包括思想道德素质、科学文化素质以及身体素质。要把教育放在优先发展的战略地位，认真贯彻落实《中国教育改革和发展纲要》，以普及九年义务教育为重点，切实加强基础教育，大力发展职业技术教育和成人教育，在提高质量的基础上，稳步发展高等教育，促进教育与经济、社会协调发展。要努力增加教育投入，提高教育经费的使用效益；进一步加强师资队伍建设，逐步改善教师的工作、生活条件；转变教育思想，改革教学内容和教学方法，把发展教育同经济社会发展需要紧密结合起来。

全面提高国民素质，还要注重对全体国民的思想道德教育。要加强爱国主义、集体主义、社会主义教育，加强社会公德和职业道德教育，提倡勤俭节约和艰苦奋斗精神，大张旗鼓地宣传各条战线先进人物的崇高道德风尚，大力发扬助人为乐、尊老爱幼等优良传统，反对拜金主义、极端个人主义和腐朽的生活方式。全面提高整个社会的思想道德水平，形成良好的社会风尚。

其次，要加强环境保护，使资源、环境与经济社会的发展相互协调。保护环境，体现了人与自然的一种和谐的关系。我国已进入经济快速发展的历史阶段，由于经济基础差，技术水平低，资源消耗量大，环境污染严重，生态基础薄弱，使得社会的生产活动与保护自然资源和环境的各种矛盾相互交织并趋于激化。我国的社会经济基本特征和资源环境约束状况表明，如果不把合理使用资源、保护生态环境纳入经济发展之中统筹考虑，经济增长就难以持续，也难以为子孙后代创造可持续发展的基本条件。

在环境保护这个举世关注的重大问题上，李鹏总理代表中国政府在联合国环境与发展大会上，向世界表明了我们的立场、观点和措施。我国率先制订了《中国二十一世纪议程》，提出了经济、社会与资源、环境相互协调，可持续发展的战略。我们一定要继续坚持环境保护的基本国策。各级政府要强化在环境管理工作中的职能。坚持经济建设、城乡建设和环境建设同步规划、同步实施、同步发展的方针。要加强环境保护立法，严格执行有利于环境保护和减轻自然灾害的产业政策、经济政策、技术政策。切实保证环境保护和国土整治的资金投入。继续严格限制污染严重的产业的发展。

第三，要建立和完善社会保障体系，扩大就业，促进改革、发展和社会稳定。建立和完善有中国特色的社会保障体系，对于保障人民生活、维护社会安定，有着极其重要的作用。按照建立社会主义市场经济体制的要求，到本世纪末，应当建立起与我国经济发展水平相适应，标准有别，社会保险、社会救济、社会福利、优抚安置和社会互助、个人储蓄积累保障相配套、相协调的社会保障体系。社会保障的政策要系统化，管理要法制化。社会保障要以发展社会保险事业为重点，把社会保险的覆盖面扩大到以工资收入为其主要生活来源的全体劳动者，保险费用由国家、集体和职工个人共同负担。我国是一个发展中的国家，社会保险的水平，一定要坚持从国情出发，从低标准做起，不能超越国家负担的能力实行高的保险福利待遇，同时，要大力发展各类商业性的保险，作为社会保险的补充。要充分发挥个人积极性，提倡个人储蓄性保险。要加强对社会保险基金的管理，在确保安全性的前提下，努力使其保值增值。

能否建立起有中国特色的社会保险制度，在很大程度上取决于农村各项保险事业的发展。我国百分之七十以上的人口居住在农村，养老和医疗问题，是关系到广大农民切身利益的两件大事。农民的养老要以家庭保障为主，与社区扶持相结合。有条件的地方，根据农民自愿的原则，也可以实行个人储蓄积累式的养老保险。同时，要大力发展和完善农村合作医疗制度。

根据党中央、国务院的部署，明年要以企业改革为重点。要围绕企业改革，建立健全社会保障制度，特别是要加快失业保险制度的建设，以保障从企业中分离出来的富余人员和失业职工的基本生活。同时，鼓励和动员社会各方面的力量兴办各种形式的社区服务事业，逐步减轻企业办社会的沉重负担。

保障劳动者的生活，最根本的是实现充分就业。要随着我国市场经济的发展，加快培育劳动力市场，积极开辟各种途径，化解就业压力。要引导和组织农业劳动力向农业生产的深度和广度进军，同时，积极发展劳动密集型的非农产业和第三产业，正确引导农村剩余劳动力向非农产业转移。要积极推进劳动制度改革，发展各类市场中介组织，引导劳动力合理流动。大力开展职业教育和培训，增强新增劳动力就业和职工转岗的适应能力。各级政府要拿出一定资金，继续实行以工代赈，组织农村和城镇富余劳动力从事各种开发性工作，千方百计把失业率控制在社会能够承受的范围内。

第四，要消除贫困，促进区域之间、城乡之间和各民族之间的经济社会协调发展。消除贫困是实现社会主义共同富裕目标的首要任务。目前我国农村还有八千万左右的贫困人口，为了完成消除贫困的历史任务，中央制定了《八七扶贫攻坚计划》，采取有力措施，力争用七年左右的时间，到本世纪末解决目前农村地区贫困人口的温饱问题。农业、农民和农村问题，在我国具有特殊重要的地位，我国社会发展的难点也在农村地区。对此，我们必须要有足够的认识。

促进地区之间、城乡之间和各民族之间的社会协调发展,是我国社会发展工作的重要内容。在继续鼓励沿海地区发挥优势,加快发展的同时,要积极帮助内陆地区改善投资环境,提高内陆地区的发展能力。要坚持民族区域自治制度,继续对少数民族地区实行扶持政策,促进少数民族地区的经济繁荣和社会进步。要合理规划和引导小城镇建设,积极稳妥地改革户籍管理制度,积极发展农村第三产业,促进城乡协调发展。要注意保护妇女、儿童、老年人、残疾人等社会群体的合法权益,在教育培训、劳动就业、康复医疗等方面给予必要的扶持,使他们能够平等地参与各项社会活动。

第五,要加强社会主义民主和法制建设,保持社会政治稳定。要进一步完善人民代表大会制度和共产党领导的多党合作与政治协商制度,充分实现和切实保障宪法和法律赋予公民的权利,不断扩大人民群众对国家与社会事务的参与。深入开展法制宣传教育,提高人民的法律意识和法制观念。搞好社会治安综合治理,依法打击各类犯罪活动,维护良好的社会秩序。

各国议会联盟第 96 届大会中国筹委会在北京成立

中共中央政治局委员、全国人大常委会副委员长田纪云主持筹委会第一次会议。

田纪云在筹委会上指出:议联大会是开展议会外交,进行双边和多边活动的一个重要场所。做好议会外交,有利于改善、推动、发展我国同其他国家的关系,为我国四化建设创造一个良好的和平国际环境。

第五届国际能源展览会在北京开幕

国务院总理李鹏为展览会题词祝贺:“办好国际电力展览,促进中国电力发展。”

由中国电力部、中国核工业总公司、中国电力企业联合会和中国国际贸易促进会共同主办的这次国际能源(电力)展览会,是近年来国内规模最大、水平最高的国际电力展览,受到国内外经济界的广泛重视。来自德、法、英、美、俄、中等 21 个国家和地区的 220 多家公司,在会上展出具有当前国际先进水平的各种发电、输电设备和电力环保技术。

国家主席江泽民在中南海会见德国前总统里夏德·冯·魏茨泽克

国务院副总理朱镕基在雅典分别会见希腊副议长克里迪科斯和外交部部长帕普利亚斯等政府高级官员以及希腊工商企业界人士

罗马尼亚代总理国务部部长兼劳动和社会保障部部长波佩斯库在布加勒斯特会见以钱正英为团长的全国政协代表团

出席联合国第 49 届大会的中国代表杨燕怡在联大第二委员会会议上发言强调国际社会应继续加强在环境与发展领域的合作

出席联合国第 49 届大会第三委员会会议的中国代表陈望夏在关于社会发展问题的讨论中发言强调社会发展领域应把工作重点放在发展中国家

参加联合国莫桑比克选举观察团的 12 名中国观察员启程前往莫桑比克

中国和蒙古在北京互换友好合作关系条约批准书

中国和斯洛文尼亚在卢布尔雅那签署科学技术合作委员会章程

中国第一台超精密工业控制计算机“天神一号”在北京航空航天大学诞生并通过技术鉴定

首都举行欢迎第 12 届亚运会中国亚运健儿凯旋招待会

中共中央政治局委员李铁映在欢迎亚运健儿凯旋招待会上发表讲话

广岛亚运会是我国体育事业获得重大发展的一个标志。在这届亚运会上,中国体育代表团取得了运动成绩和精神文明双丰收,实现了金牌总数第一、奖牌总数第一和团体总分第一的目标。这标志着我国体育竞技水平在整体上已经冲出亚洲,相当多的项目具备了向世界最高水平冲击的实力。

广岛亚运会上 137 次奏响中华人民共和国国歌,升起 289 面鲜艳的五星红旗。这体现了广大运动员平时刻苦训练、赛场上顽强拼搏的精神;记录了广大体育工作者和教练员们精心培育、严格管理、科学训练、锐意创新的工作实绩;展示了体育科研工作者辛勤劳动、刻苦钻研的成果;检阅了体育改革的成绩;表现出全国人民生机勃勃、奋发进取的精神风貌。中国体育代表团在爱国主义的旗帜下,充分发扬了集体主义、革命英雄主义和无私奉献的精神,圆满完成了党和国家交给的任务,实现了祖国人民的重托,并为增进亚洲各国和地区人民之间的友谊,为促进亚洲体育运动的发展,做出了积极贡献。你们不愧是祖国优秀的儿女,全国人民为你们感到振奋，感到自豪和骄傲。

国务院总理李鹏等在人民大会堂接见参加第12届亚运会的中国体育代表团全体成员

参加第十二届亚运会的中国体育代表团全体体育健儿下午欢聚在人民大会堂。中共中央政治局常委、国务院总理李鹏，中共中央政治局常委、全国政协主席李瑞环，中共中央政治局常委、中央军委副主席刘华清，国家副主席荣毅仁接见代表团的全体成员。

李鹏总理等听取国家体委主任伍绍祖、副主任袁伟民的情况汇报。李鹏总理代表党中央、国务院对我国体育健儿在这届亚运会上排除干扰，奋力拼搏，取得竞赛成绩和精神文明双丰收表示祝贺。

参加接见的还有田纪云、李铁映、秦基伟、迟浩田、罗干、洪学智、余秋里、彭冲，以及曾庆红、孙家正等。

首届世界太极修炼大会在北京开幕

10月21日

国家主席江泽民在人民大会堂与扎伊尔总统蒙博托举行会谈

江泽民对蒙博托总统第五次访华表示欢迎。他说，蒙博托总统是中国人民的老朋友，我们不会忘记总统阁下曾同中国领导人共同做出了两国关系正常化的历史性决定。江泽民感谢蒙博托总统为推动中扎关系的发展所做出的重大贡献。

江泽民指出，中扎两国和两国人民有着传统的友谊，20多年来，两国在政治、经济、军事、文教和卫生等领域进行了卓有成效的合作，取得了令人满意的成果。中扎都是发展中国家，有相同的历史遭遇，现在面临维护和平、谋求发展的共同任务，加强两国间的友好合作关系符合双方的利益。我们十分重视中扎关系和两国人民的传统友谊，愿同总统阁下一道，在和平共处五项原则的基础上，不断巩固和发展两国在各个领域的友好合作关系。

蒙博托总统表示赞同江泽民对两国关系的评价。他说，1972年，扎中两国关系恢复正常化，对南方国家来说是一个重大的历史性事件。扎伊尔珍视同中国的关系。长期以来，中国对扎伊尔的帮助在扎的经济发展中发挥了很重要的作用。

在谈到两国经贸关系时，江泽民说，我们对中扎两国经济技术合作的顺利发展以及取得的成果感到满意，愿在平等互利的基础上同扎方探讨进一步加强合作的新途径、新领域，使之适应当前的新形势。中国政府在加强政府间合作的同时，还将积极鼓励两国的国有、集体和个体企业，在扎方提出的矿业、森林开发、农业和农产品加工业以及渔业等方面开展互利合作，使两国的经贸合作更具有活力。

江泽民指出，近年来，两国贸易额不断增加，但仍有较大发展潜力。我们将继续推动双边贸易往来，拓展贸易渠道，扩大贸易领域。蒙博托说，两国的经贸合作有着很好的前景，进一步加强两国在这方面的合作关系对扎中双方都是有利的。

蒙博托重申，扎伊尔坚持“一个中国”的立场。江泽民对此表示感谢，并阐述了我国在台湾问题上的立场。

江泽民和蒙博托还就当前非洲问题和国际形势深入交换了看法。两国领导人一致认为，近些年来，国际形势发生了巨大变化，世界正在加速向多极化格局过渡，走向缓和已成为当前国际形势的主流。但世界并不太平，南北差距进一步扩大，许多发展中国家更加贫困化，世界人民渴望的和平与发展依然面临严峻挑战。

两国领导人认为，中扎两国在一些重大国际问题上有着相同或相似的观点，两国在国际事务中应进一步加强磋商和合作，为维护世界的和平与稳定做出努力。

在谈到非洲形势时，江泽民说，近年来非洲形势发生了一些积极的变化，但国际形势的剧变同时给非洲带来了一些新的困难和问题。非洲当前既面临着挑战，也存在着历史性机遇。我们相信，非洲国家只要努力发挥自身潜力，加强团结与协作，在国际社会的帮助下，能够逐步妥善解决面临的各种问题，早日实现和平与稳定，走向经济振兴。

江泽民向蒙博托介绍中国的政治、经济改革情况。蒙博托祝贺中国在经济建设中取得的成就。

两国领导人还就共同关心的其他国际和地区问题交换看法。

中共中央总书记江泽民国务院总理李鹏国务院副总理朱镕基等在中南海会见出席全国社会发展工作会议的代表

江泽民发表讲话。

江泽民说，我们党和政府历来重视社会发展工作，注意正确处理经济和社会发展的关系，使之能够协调发展。新中国成立45年特别是改革开放15年来，我国社会发展取得了令人鼓舞的重大成就。今后社会发展的任务还很艰巨，我们要继续努力。

江泽民说，未来的15年，是我们推进社会主义现代化建设的关键时期。我们要全面完成第二步发展战略目标，并在这个基础上，在进入下一个世纪后，向达到中等发达国家水平的第三步战略目标努力迈进。实现这些宏伟任务，必须坚持以邓小平同志建设有中国特色社会主义理论和党的基本路线为指导，坚持贯彻抓住机遇、深化改革、扩大开放、促进发展、保持稳定的方针。我们的发展必须以经济建设为中心，这个任何时候都不能动摇。而经济发展应同社会发展紧密结合，物质文明发展应同精神文明发展紧密结合，做到相互促进，这一点必须十分明确，也是任何时候都不能动摇的。因此，我们在保持国民经济持续、快速、健康发展的同时，要把促进社会的发展和全面进步摆在重要的战略地位来考虑。通过这次会议，我们希望各级领导干部进一步加深和提高对社会发展重要性的认识，特别是要认真研究当前社会发展中出现的许多亟待解决的新问题，认真研究存在的薄弱环节，在此基础上研究制定我国未来社会发展的战略目标和指导方针，把全国社会发展工作提高到一个新水平。

江泽民指出，随着经济水平的提高和社会主义市场经济体制的建立，社会发展在政府工作中的分量将会加重。社会发展工作涉及人民生活的各个方面，直接关系到人民群众的切身利益。我相信，通过同志们的共同努力，我们的社会将会更安定、更文明、更健康、更幸福。

八届全国人大常委会十次会议开幕

124 位常委会组成人员出席会议。会议由全国人大常委会委员长乔石主持。

全国人大法律委员会副主任委员蔡诚和项淳一分别作《优生保健法》和《广告法》两个法律草案的审议结果报告。全国人大环境与资源保护委员会副主任委员林宗棠作《大气污染防治法》修改草案的说明。

国务院向本次常委会会议提请审议《出版法》(草案)和《监狱法》(草案)。国家新闻出版署署长于友先、司法部部长肖扬受国务院委托，分别向会议作这两个法律草案的说明。劳动部部长李伯勇受国务院委托，作国务院提请审议批准《作业场所安全使用化学品公约》的说明。

田纪云、王汉斌、倪志福、陈慕华、费孝通、孙起孟、雷洁琼、秦基伟、李锡铭、王丙乾、帕巴拉·格列朗杰、王光英、程思远、卢嘉锡、布赫、铁木尔·达瓦买提、李沛瑶、吴阶平副委员长和曹志秘书长出席会议，国务委员李铁映、最高人民检察院检察长张思卿列席会议。

国务院提请八届全国人大常委会十次会议审议出版法草案和监狱法草案

李鹏总理在国务院关于提请审议出版法草案的议案中指出，为了发展和繁荣有中国特色的社会主义出版事业，保障公民依法行使出版自由的权利，促进社会主义物质文明和精神文明建设，经国务院常务会议讨论通过，现提请审议《出版法》草案。

在提请审议监狱法草案的议案中，李鹏说，为了有效地执行刑罚，将罪犯改造成为守法公民，预防和减少犯罪，司法部拟定了《监狱法》草案。这个草案已经国务院常务会议通过。

新闻出版署署长于友先和司法部部长肖扬受国务院委托，分别就这两个法律草案，向八届全国人大常委会第十次会议作说明。

全国人大环境与资源保护委员会向八届全国人大常委会十次会议提交议案

这份议案说，大气污染防治法施行以来，为防治大气污染，保护和改善生活环境和生态环境，保障人体健康，促进社会主义现代化建设的发展，发挥了重要作用。但是，我国大气污染的形势从总体上看依然十分严峻。随着我国大气污染防治任务的进一步加重和经济体制改革的不断深化，现行《大气污染防治法》中的一些规定已经明显不适应新的形势，迫切需要作出修改和补充。在广泛调查研究的基础上，经过反复论证，环境与资源保护委员会起草这个修改草案。

在常委会上，全国人大环保委副主任委员林宗棠就这个修改草案作说明。

林宗棠还就修改《大气污染防治法》的过程、修改的主要内容作了说明。

国务院总理李鹏在中南海紫光阁会见由议长尤素夫·拉扎·吉拉尼率领的巴基斯坦国民议会代表团

全国政协主席李瑞环在人民大会堂会见由朝鲜祖国统一民主主义战线中央委员会议长郑斗焕率领的朝鲜祖国统一民主主义战线代表团

邓小平大型图片展览在香港会议展览中心展出

第三次全国经济审判工作会议在北京召开

会议于 10 月 21 日至 25 日召开。由中共中央书记处书记、中央政法委书记、最高人民法院院长任建新主持。任建新指出，各级人民法院要在邓小平建设有中国特色社会主义理论的指引下，积极贯彻党的十四大以来确定的关于经济建设的方针和政策，充分发挥经济审判的职能作用，为社会主义市场经济体制的建立和经济的发展，提供更全面、更及时、更有效的司法保障，把经济审判提高到新水平。

首都各界人士在人民大会堂集会纪念陈嘉庚诞辰120周年

中共中央政治局常委、全国政协主席李瑞环，国家副主席荣毅仁，全国人大常委会副委员长费孝通、卢嘉锡，全国政协副主席叶选平、吴学谦、王兆国，全国政协秘书长朱训及各民主党派、无党派民主人士和全国工商联有关负责人出席大会。

吴学谦主持会议。

叶选平在讲话中代表全国政协对陈嘉庚先生表示深切的怀念。他说，陈嘉庚先生是一位杰出的爱国主义者，把一生献给了救国大业。他坚决反对帝国主义侵略，支持社会进步，始终努力维护祖国统一，竭心尽力为祖国培养人才。他对国家和民族所做的贡献，赢得了海外侨胞和国内人民的尊敬。

叶选平说，陈嘉庚先生将兴办教育，培养人才，视为对祖国、对民族的神圣职责，“倾资兴学”，百折不挠，为之鞠躬尽瘁。他先后在家乡集资创办学校，同时，为了提高华侨的文化水平和祖国观念，他以满腔热情发展侨居地的华文教育事业。实现祖国统一，是陈嘉庚先生生前的宿愿。

叶选平说，我们要学习陈嘉庚先生报效祖国的赤子之心，关心和支持祖国的现代化建设事业。学习他重视教育的思想，弘扬他热心办教育的精神，努力把我们的教育事业办好。

全国人大常委会副委员长费孝通、全国侨联主席杨泰芳也先后讲话，缅怀陈嘉庚先生的光辉业绩和高贵品德。

“21世纪人力资源开发与利用”国际研讨会在北京召开

国务院副总理李岚清在大连召开的经济技术开发区外商投资研讨会上发表讲话

李岚清指出：当前外商来华投资正面临着新的发展机遇，我们总的方针就是更加积极有效地利用外资，改善结构，提高水平。“积极”就意味着不是“收”，而是仍要“放”，还要继续更多更好地吸收利用外资，这一点是不可逆转的。“有效”就是依靠产业政策引导好外资的投向，多举办技术含量高的项目，使外资与国民经济发展规划有机结合，收到互惠互利的效果。

李岚清在讲话中指出，已经投产开业的外资企业总的经营情况是好的，但确也存在着一些需要解决的问题，比较突出的是两个：一是有的企业用转移利润的手段来逃避税收，损害了企业的信誉。二是有的企业对劳动保护不够重视，存在着忽视职工合法权益的现象。这些都是违反我国法律规定的，希望这些企业认真加以改进。我们今后将一如既往地向外商来华投资提供优质服务，保护投资者的合法权益，同时也将依法加强必要的管理，维护好双方的权益，这也是国际惯例。只有按照互惠互利的原则，才能推动我们之间长期投资合作事业的发展。

经济技术开发区外商投资研讨会是由国务院特区办于10月21日至23日在大连开发区召开。

中国证监会副主席新闻发言人朱利就国务院办公厅近日转发国务院证券委员会《关于暂停粳米菜籽油期货交易和进一步加强期货市场管理的请示》发表谈话

朱利说，近一个时期，粳米的期货市场和现货市场价格均出现较大幅度的上涨，期货交易中出现过度投机、少数会员所持合约数量过大，形成多空双方对峙的现象。为保证市场的稳定和国家各项宏观调控政策的顺利实施，经国务院批准，暂时停止粳米和菜籽油期货交易。

中铁建设开发中心和中铁地方铁路发展中心分别成立

中国出席第49届联大代表侯志通在联大第一委员会一般性辩论中发言阐述中国对裁军问题的立场

侯志通说，中国一贯主张全面禁止和彻底销毁一切大规模毁灭性武器。目前，五核国谈判达成互不首先使用核武器国际条约的条件已经成熟。中国已向其他核国家正式倡议立即开始谈判，并提出了条约草案。

在谈到全面禁止核试验条约问题时，侯志通表示，中国对核试验历来采取十分克制的态度，试验的次数是所有核国家中最少的。中国始终以积极合作的态度参加全面禁止核试验条约的谈判。他重申，中国支持尽早、至迟不晚于1996年达成一项全面、有效、具有普遍性的禁止核试验条约。

对不扩散核武器条约的延期问题，侯志通说，中国作为缔约国支持条约顺利延期，中国坚决支持广大第三世界无核国家关于加强和平利用核能的国际合作的正当要求。他还表示，中国赞成通过谈判缔结一项禁止生产核武器用的裂变材料公约。

侯志通说，中国一贯支持广大无核国家关于提供安全保证的要求，支持有关国家根据本地区的实际情况建立无核区的要求。

全国人大常委会委员长乔石在人民大会堂会见德国前总统里夏德·冯·魏茨泽克

国务院副总理兼外交部部长钱其琛在钓鱼台国宾馆会见正在中国访问的德国前总统里夏德·冯·魏茨泽克

匈牙利总统根茨在布达佩斯会见以全国政协副主席万国权为团长的中国政协代表团

加纳副总统阿尔卡在阿克拉会见由全国人大外事委员会副主任杨振亚率领的全国人大代表团

新华社香港分社社长周南在新华社香港分社会见撒切尔夫人

中国外交部与斯洛伐克外交部在布拉迪斯拉发签署合作议定书

霍英东教育基金会第四届高等院校青年教师基金及青年教师奖颁奖仪式在北京举行

中央军委副主席刘华清张震会见参加第 12 届亚运会的解放军和武警部队的运动员教练员裁判员

10月22日

国务院总理李鹏在钓鱼台国宾馆会见扎伊尔总统蒙博托宾主就双边地区以及共同关心的国际问题交换意见

全国人大常委会委员长乔石在人民大会堂会见扎伊尔总统蒙博托

《人民日报》发表评论员文章《党要管党》

党的十四届四中全会通过的《中共中央关于加强党的建设几个重大问题的决定》，是一个加强党的建设的纲领性文件，是一个做到党要管党的指导性文件。《决定》提出，党必须善于在改革开放的新形势下认识自己、加强自己、提高自己，认真研究和解决在自身建设中出现的新矛盾新问题。

党要管党，这是全党同志和全国人民的迫切要求。现在，全党和全国工作各方面的大政方针已定，关键在于党带领人民群众去落实，去实现。越是坚持以经济建设为中心，越是发展社会主义市场经济，发展社会主义民主政治，发展社会主义精神文明，越要有强有力的党的领导，越要进一步加强党的建设。伟大的事业，寄希望于伟大政党的正确领导。今日中国，只有中国共产党才能领导全国各族人民实现建设有中国特色社会主义的伟大事业，实现民族的振兴，国家的富强。党的素质，党的作为，关系重大。党能不能无愧于其所承担的历史使命，肩负起历史重任，要看党本身是不是坚强有力。只有努力把党建设好，使我们的基层党组织都发挥战斗堡垒作用，使我们的党员都发挥先锋模范作用，努力实践全心全意为人民服务的宗旨，才能真正得到人民的拥护。“其身正，不令而行；其身不正，虽令不从。”只有党一身正气，一身活力，才能有威信，有能力，带领人民群众去夺取改革开放和社会主义现代化建设的一个又一个胜利。

党要管党，是邓小平同志关于党的建设理论的重要内容。邓小平同志作为我国改革开放的总设计师，在经常提醒全党要牢牢抓住经济建设这个中心，进一步深化改革、扩大开放的同时，始终强调要聚精会神地抓党的建设。他明确指出：“这个党该抓了，不抓不行了。”他还指出：“中国要出问题，还是出在共产党内部。”这是警世之言，是治国安邦之言，值得全党深思。“居庙堂之高，则忧其民；处江湖之远，则忧其君”。今天，处于执政地位、根植于人民群众之中的中国共产党，在大好形势下也要时刻保持忧患意识。这是一种应有的责任心。观察外国和中国，思考历史和现实，经验教训告诉我们，外部力量是难以攻垮共产党的。如不切实加强党的自身建设，就有可能垮在自己手里。唯物辩证法揭示的规律是，内因是事物变化的根据，外因是事物变化的条件，外因只有通过内因才能起作用。对共产党，也不例外。

在新的历史时期，党的建设面临着新的形势和任务。正如《决定》所指出的，改革开放给党的建设注入了新的活力，同时党的建设也遇到了许多复杂情况。我们党已有 5400 多万党员，教育和管理的任务比过去任何时候都更加繁重。面对新情况，我们的工作还不适应。一些地方和单位党不管党、治党不严，纪律松弛、组织涣散，思想上组织上作风上存在着种种不容忽视的问题。特别是某些消极因素和腐败现象在党内滋长蔓延，严重侵蚀着党员和干部队伍。对此，全党必须引起高度的警觉和重视，严肃认真、扎扎实实地加以解决。

加强党的建设，管好党，要在思想、作风和组织三个方面下功夫，并处理好三者之间的关系，达到互相促进，全面提高。当前，在全面贯彻落实中央关于思想建设和作风建设部署的同时，加强党的组织建设已经成为一个突出的环节。这也已经成为党要管党的突出环节。为了加强组织建设，《决定》提出坚持和健全民主集中制、加强和改进党的基层组织建设、培养和选拔德才兼备的领导干部三个方面的问题。这些问题，是加强党的建设的重大问题，都要认真解决好。

党要管党，治党要严，这是《决定》提出的要求。在党内，不容许存在不接受教育、不服从管理、不遵守党纪的党员。对党员，特别是对党的各级领导干部，纪律要严明，执纪要严格。严是爱，松是害。要把党员教育同改进党员管理结合起来，大力表彰先进的基层党组织和优秀党员，妥善处置不合格党员，坚决清除腐败分子。只有奖惩严明，是非分明，党内才会充满正气，充满活力。

党要管党，大有希望。通过认真学习《决定》的精神，全党要在江泽民同志为核心的第三代中央领导集体的领导下，继续聚精会神抓党的建设，努力把党的建设提高到新的水平。

中国电机工程学会在人民大会堂集会庆祝成立60周年国家主席江泽民和国务院总理李鹏分别题词

国家主席江泽民在中南海会见印度副总统科切里尔·拉曼·纳拉亚南

全国政协主席李瑞环在钓鱼台国宾馆会见印度副总统科切里尔·拉曼·纳拉亚南

国家副主席荣毅仁在人民大会堂同印度副总统科切里尔·拉曼·纳拉亚南举行会谈

国务院副总理李岚清在钓鱼台国宾馆会见扎伊尔总统蒙博托

国务院副总理邹家华在钓鱼台国宾馆会见美国进出口银行行长肯尼思·布罗迪

国务院副总理邹家华在北京会见德国西门子集团执行委员会成员威尔海姆

国务院副总理兼外交部部长钱其琛在北京与扎伊尔副总理兼国际合作部部长莫扎巴签署中扎两国政府经济技术合作协定

国务委员兼国防部部长迟浩田在北京会见扎伊尔总统蒙博托

国务委员兼国防部部长迟浩田上将在北京会见葡萄牙空军参谋长门德斯·迪亚斯上将

解放军总参谋长张万年上将在北京会见葡萄牙空军参谋长门德斯·迪亚斯上将

外交部发言人陈健在北京就朝美签署协议发表谈话

中国政府欢迎朝鲜和美国就解决朝核问题签署框架协议，赞赏有关方面为此所作的努力。这一结果表明，对话与磋商是解决朝核问题的唯一有效途径。协议的实施有利于早日实现朝鲜半岛无核化，维护半岛的和平与稳定，并促进有关各国改善关系。我们希望有关各方继续作出建设性努力，使协议得以顺利实施。中国将一如既往，为促进朝鲜半岛的无核化、维护半岛的和平与稳定作出自己的努力。

中日友好医院纪念建院10周年

中国政府和印度政府在北京签署关于简化签证手续谅解备忘录

中国公用数字数据网(CHINADDN)正式建成开通

国务院办公厅召开的全国教师住房建设经验交流会在大连市举行

中共中央政治局委员、国务院副总理李岚清在会上讲话强调，各级党政领导要认真贯彻全国教育工作会议精神，高度重视教师住房问题。各部门要充分支持，密切配合，真正把教师住房建设纳入城市建设的总体规划，纳入正在进行的“安居工程”规划之中，把解决教师住房问题作为一件大事来抓，党政主要领导要亲自抓。各地、各部门要认真贯彻落实《中国教育改革和发展纲要》和《教师法》，把《教师法》规定的“地方各级人民政府和国务院有关部门，各城市教师住房的建设、租赁、出售实行优先、优惠。县、乡两级人民政府当为农村中小学教师解决住房提供方便”这一法律义务不折不扣地落实好。各地要继续走改革之路，多方筹集资金，在各级财政尽可能多增加一些教师住房建设拨款的同时，逐步建立国家、集体、个人共同负担的住房投资体制。在住房建设和改革中，要从学校长远发展及便于管理出发，充分考虑教育的特殊性，体现不同学校的特点。校园是国有资产，建在校园内的教职员工宿舍不得出售。今后在教职工住房建设的规划上，要提倡相对集中，建设住宅小区，推广“教师新村”建设的经验。

国务院副秘书长刘济民主持会议。国家教委副主任张孝文在会上作报告。国家教委副主任柳斌出席会议。来自全国各省、自治区、直辖市及省会市、计划单列市政府的负责同志，省、自治区、直辖市的计划、财政、教育部门和国务院有关部委的部门领导，共二百余人出席这次会议。

会议开幕之前，李岚清和与会代表考察大连市的校舍建设和教师住房建设现场。

国家教委发出关于实行新工时制对全日制盲、聋和弱智学校课程(教学)计划进行调整的通知

为了实行国务院颁布的新工时制，参照全日制小学、初级中学课程(教学)计划的调整意见，决定对全日制盲、聋和弱智学校的课程(教学)计划进行调整。现将调整后的三类残疾儿童少年学校课程安排表印发给你们，并将有关问题通知如下：

一、各省、自治区、直辖市教育行政部门可以根据本通知的精神和调整后的盲、聋、弱智学校课程安排表，结合当地的实际情况，制订本地盲、聋、弱智学校课程(教学)计划调整方案。课程(教学)计划的调整应有利于全面贯彻国家的教育方针和残疾人教育的原则，有利于促进残疾儿童少年学校的教育教学改革，以全面提高教育质量。各盲、聋、弱智学校必须严格执行国家或省级教育行政部门制订的课程(教学)计划调整方案。

二、为保证调整后的课程(教学)计划的实施，各级教育行政部门应做好三类残疾儿童少年学校管理人员和教师的培训工作。要转变教学思想，改进教学方法，提高课堂教学效果。同时，各校要加强对学生学习方法的指导，注意安排好学生的课余生活。尤其是寄宿制的学校，更应从实际出发，作出妥善安排。

三、我委于 1987 年印发的《全日制弱智学校(班)教学计划(征求意见稿)》〔(87)教初字 015 号〕，这次除调整了部分学科的课时外，其他内容仍然适用。该计划经过各地几年来的使用，普遍反映是基本符合我国弱智教育教学的实际的。因此，决定将“征求意见稿”改为“试行”方案，请各地试行。

四、调整后的课程(教学)计划原则上在印发后即开始实行。条件不具备的地方，可推迟至明年春季开学实施。盲、聋校调整后的课程计划。待新教材出版后全面实施，但目前各盲、聋校周课时总量应按调整后的课程计划安排。

五、目前盲、聋校新教材的编写工作正在进行。在新教材未出版发行之前，各地应根据调整后的课程(教学)计划，结合当地实际和学生的需要，对现行教材进行适当调整。弱智学校教学大纲和教材的教学内容和要求已有一定的弹性，请各校根据调整后的教学计划，对教学工作作出相应的安排。

调整后“五四”学制全日制盲校小学、初级中学课程安排表(略)

调整后“六三”学制全日制盲校小学、初级中学课程安排表(略)

调整后的全日制聋校课程计划安排表(略)

调整后的全日制弱智学校(班)课程计划安排表(略)

10 月 23 日

全国社会发展工作会议结束

国家计委主任陈锦华在会上强调，社会发展有很多问题需要解决，当前最突出的是认识问题，要进一步加深对社会发展的战略地位和重要意义的认识，正确理解和把握经济与社会发展的辩证关系，树立全局的观念和长远的眼光。

国务院副总理邹家华上午与出席会议的部分代表进行座谈，听取代表们对社会发展工作的意见和建议。

国务院关于决定加入《1965 年便利国际海上运输公约》的批复

交通部、外交部：

国务院决定加入经修正的《1965 年便利国际海上运输公约》。加入书由外交部长签署，具体手续由外交部办理。

由对外经济贸易合作部国际贸易研究所主办的中国对外经贸发展与金融政策国际研讨会在北京举行

中国第一条中空玻璃生产线在青岛建成

由铁道部四方车辆研究所、铁道部建厂局设计院以及北京特能机电设备公司共同研制的我国第一条中空玻璃生产线，日前在青岛建成并投产。这条生产线设计能力为年产六万平方米中空玻璃，最大尺寸两米乘两米。

中国促进沙产业发展基金筹备组在北京召开纪念钱学森建立沙产业理论 10 周年学术研讨会

日前，中国促进沙产业发展基金筹备组在北京召开纪念钱学森建立沙产业理论 10 周年学术研讨会。钱学森来函向参加研讨会的专家学者表示致意。

全国政协副主席钱正英在奥地利联邦议会同奥地利联邦议会议长戈特弗里德·姚特举行工作会谈

第三届国际胸心血管外科学术会议在北京召开

第三届国际胸心血管外科学术会议日前在北京召开。来自美国、英国、法国、日本等国家和地区的专家及国内著名的胸心外科专家 500 余人参加会议。

10月24日

国家主席江泽民在人民大会堂同乌兹别克斯坦共和国总统卡里莫夫举行正式会谈

江泽民说，阁下1992年访华为中乌两国关系的发展奠定良好的基础；李鹏总理今年4月访乌，使两国关系进入一个新阶段。双方在政治上的相互理解和信任不断加深，经济和文化等领域的合作继续扩大，并在探讨新的途径，我们对此感到满意。

江泽民还说，这次将要签署的中乌关系基本原则声明，是两国关系史上的重要文件，将为两国关系的进一步发展奠定法律基础。我们愿与乌方共同努力，建立两国长期稳定的友好关系。

江泽民表示，中乌两国在许多重大国际问题上有着广泛的一致，希望两国在国际事务中继续积极进行合作。江泽民高度评价乌兹别克政府反对民族分裂主义的原则立场，对乌兹别克政府在重大国际问题上对中国的支持表示感谢。

在谈到两国经贸关系时，江泽民说，近3年来，中乌两国经贸合作已取得初步成果。两国应充分利用地缘优势和经济互补性的优势，在平等互利原则的基础上，进一步加深两国的经贸合作，继续探讨适合两国特点的合作形式和途径。

卡里莫夫高度赞扬中国在实行改革、发展经济、建设现代化国家的事业中，取得了举世瞩目的成就。他说，这次访问的目的之一就是同中国领导人再次交流情况，以促进两国经济贸易关系进一步发展。

卡里莫夫还介绍了乌兹别克斯坦“坚持改革、经济优先、健全法制、循序渐进”的经济建设方针，以及反对民族分裂主义、维护地区和平与稳定的立场。

在会谈后的签字仪式上，江泽民和卡里莫夫分别签署中乌两国关于相互关系的基本原则和发展与加深互利合作的声明，钱其琛副总理兼外交部长和乌兹别克斯坦外交部长科米洛夫分别在中乌两国领事条约上签字。

海关总署成立45周年中共中央总书记江泽民国务院总理李鹏等题词祝贺

中共中央台办负责人就李登辉日前所称愿与江泽民总书记在国际场合见面一事发表谈话

谈话说，解决台湾问题，实现中国和平统一，是全中国人民的崇高愿望和神圣使命。为达到这一目标，我们一再倡导由双方领导人接触、商谈，并且曾多次向台湾方面发出访问大陆的邀请，也表示过中国共产党代表愿意应邀前往台湾、共商国是的愿望。我们的态度是积极的、真诚的。

李登辉先生最近有关海峡两岸领导人在国际场合见面的谈话，令人深感疑惑不解。台湾问题是中国的内政，中国人之间的事情理应在我们中国人自己的范围内寻找途径解决。而在国际场合进行海峡两岸领导人会晤的主张，是企图在国际场合造成“两个中国”、“一中一台”的印象，不符合海峡两岸同胞和港澳同胞、海外侨胞的长远利益和愿望，因而是不适宜的。我们再次重申，愿意在“一个中国”原则下，就双方领导人会晤的名义、地点及其他有关问题与台湾方面进行平等的协商，找到双方都能接受的解决办法。

中共中央政治局常委朱镕基在第三次全国经济审判工作会议上发表讲话

在会上，朱镕基就我国当前的经济形势和经济审判工作的主要任务讲话。他最后希望人民法院从事经济审判工作的同志继续努力，为社会主义市场经济的发展和社会主义现代化建设的顺利进行作出新贡献。

全国农村政策法规工作会议在北京召开

中共中央政治局候补委员、中央书记处书记温家宝下午在全国农村政策法规工作会议上强调，农村政策是农村工作的指南，对于农村经济社会发展至关重要，要加强农村政策研究工作，促进农村全面发展。

温家宝指出，党的十一届三中全会以来，我们党在指导农村改革和发展的实践中，逐步形成了一系列符合农村情况的基本政策。其中最重要的是实行以家庭联产承包为主的责任制和统分结合的双层经营体制。这些政策由于适应农村生产力发展的水平，符合农民的实际利益，因此极大地调动了农民的积极性。

温家宝强调，农业在国民经济中的重要地位和发展社会主义市场经济的新形势决定了农村政策研究工作的重要性和复杂性。要做好这项工作，必须狠下功夫。要紧密围绕农村改革和发展中的重大问题开展调查研究，提出切合实际，可以操作的政策建议。调查问题，了解情况，要深入实际，到乡村、到农户中，掌握第一手材料。对于存在的问题和群众的意见，要坚持实事求是，是一说一，是二说二，敢于反映真实情况和意见。政策研究工作还要能够做到未雨绸缪，有一定的超前性和预见性，以发挥指导作用。在研究问题，提出政策时，要有全局观念，善于从整个国民经济全局的高度来观察认识农业和农村问题。从事农村政策研究工作的同志，要加强学习，不断提高自己的政治素质和业务能力，用邓小平同志建设有中国特色的社会主义理论指导政策研究工作。

由农业部召开的这次会议，是农业部历史上专门研究农村政策法规的第一次会议，来自全国各省、区、市和中央有关部门从事农村政策法规研究的负责人、专家学者 100 多人参加会议。

国务院就《中国 2000 年消除碘缺乏病纲要》和《食盐加碘消除碘缺乏危害管理条例》两个纲领性的法律保障文件的贯彻召开全国电话会议

卫生部、国务院法制局、中国轻工总会、国内贸易部、国家工商行政管理局、国家技术监督局的领导，在会上各自对本部门贯彻执行这两个重要文件提出具体要求。

八届全国人大常委会十次会议分组审议母婴保健法等法律草案

八届全国人大常委会第十次会议连日来分组审议《母婴保健法》、《广告法》等几个法律草案。

在审议《母婴保健法》草案时，多数委员认为，为提高我国出生人口素质，保障母亲、婴儿健康，制定母婴保健法非常必要，他们建议审议后尽快通过。一些委员提出，国家要对经济不发达地区的母婴保健事业给予必要的帮助和扶持；草案关于婚前检查措施的规定要强硬；为避免男女比例失衡，应规定禁止利用 B 超鉴别胎儿性别等。

在审议《广告法》草案时，许多委员认为，为加强对广告活动管理，保护公众的合法权益，促进广告业健康发展，制定广告法非常必要。一些委员对保健食品、保健药品、化妆品等广告如何规范提出意见。

《大气污染防治法》是 1988 年 6 月 1 日起实施的。在审议这一法律的修改草案时，多数委员认为，七年来，《大气污染防治法》对防治我国大气污染、保护和改善生活、生态环境，促进社会与经济持续发展，发挥了重要作用，但在我国经济持续高速增长和经济体制改革不断深化的新形势下，这一法律逐渐暴露出一些不足，进行修改和补充十分必要。

《出版法》、《监狱法》草案和《作业场所安全使用化学品公约》的议案是国务院首次提请常委会会议审议，常委会组成人员对这几个草案、议案进行了审议。在审议出版法草案时，一些委员提出，草案限制非法出版的内容较多，保障、鼓励合法出版的内容少。他们建议新闻出版署对社会效益明显的出版物应予鼓励。

黄兴 120 周年诞辰纪念会在人民大会堂举行

中共中央政治局常委、全国政协主席李瑞环，全国人大常委会副委员长雷洁琼、秦基伟，全国政协副主席吴学谦、王兆国，全国政协秘书长朱训，以及民革中央的有关负责人、黄兴先生的亲属出席纪念会。

吴学谦在会上发表讲话。

民革中央副主席彭清源、黄兴先生的亲属黄乃先后讲话。

全国人大常委会委员长乔石在人民大会堂会见埃及人民议会议长各国议会联盟理事会主席艾哈迈德·法塔希·索鲁尔博士

国务院港澳办公室主任鲁平在北京会见以主席刘汉铨为团长的香港协进联盟访京团

中国国有企业改革国际研讨会在海口举行

国家主席江泽民在人民大会堂会见美国联邦储备委员会主席艾伦·格林斯潘

江泽民对格林斯潘率领美国最高金融决策机构——联邦储备体系代表团访华表示欢迎。他表示希望联邦储备体系同中国金融机构间业已存在的交往与合作能不断得到加强。

江泽民在会见时向客人介绍中国实行改革开放政策和建立社会主义市场经济体系的情况，特别是近年来实行的金融改革的有关情况。

格林斯潘说，他很关注中国所取得的成就，并认为中国改革的方向是正确的，中国改革的成功不但对中国而且对世界都是很重要的。他表示，联邦储备体系愿意在金融技术等方面向中国提供帮助和开展合作，为促进中国金融体制改革作出努力。

全国政协主席李瑞环在人民大会堂会见埃及协商会议副主席阿卜杜·阿勒·加尔希

国务院副总理兼中国人民银行行长朱镕基在钓鱼台国宾馆会见美国联邦储备委员会主席艾伦·格林斯潘

国务委员兼国防部部长迟浩田上将在北京会见以副总参谋长吴龙方大将为团长的朝鲜人民军友好参观团

解放军总参谋长张万年上将在北京会见并设宴款待以副总参谋长吴龙方大将为团长的朝鲜人民军友好参观团

中国和乌兹别克斯坦发表关于相互关系的基本原则和发展与加深互利合作的声明

中华人民共和国和乌兹别克斯坦共和国(以下简

称双方)鉴于两国人民之间历史形成的联系、友好关系和相互尊重的传统,基于进一步发展友好和互利合作关系的共同愿望,声明如下:

一、中华人民共和国和乌兹别克斯坦共和国是友好近邻,进一步发展两国之间的友好和互利合作关系符合两国人民的根本利益,有助于维护亚洲和世界的和平、稳定与安全。

二、双方将在尊重主权和领土完整、互不侵犯、互不干涉内政、平等互利、和平共处的原则基础上发展长期的关系。

三、中华人民共和国和乌兹别克斯坦共和国重申忠实于联合国宪章的宗旨和原则,双方主张建立公正、合理的国际政治和经济秩序。双方认为,世界上所有国家都有平等权利参与国际生活。各国人民有权独立自主地选择适合本国实际情况的社会制度、价值观念和发展道路。

四、任何一方不参加、不支持针对对方的任何政治或军事同盟;不同第三国缔结损害对方国家主权和安全利益的任何条约或协定;不允许第三国利用其领土损害对方国家主权和安全利益。

五、为进一步发展两国间的关系,双方将在各个级别上进行会晤并保持经常性的接触。

六、双方将加强政治、经济、文化、科学领域以及贸易、交通、通讯、教育、卫生、新闻、旅游、体育、环保诸领域的平等互利合作。

七、双方将在平等互利的基础上发展和深化经贸合作,促进共同繁荣。双方将在本国相应的法律和双边协议范围内,鼓励对方在自己领土上投资并给予保护,在贸易上相互提供最惠国待遇,促进并发展两国各部门、各地区、各企业间的合作,鼓励各种经济合作形式,并为此创造良好条件。

八、双方将发展和深化经海港、空港、铁路及公路网的运输合作,其中包括对方旅客和货物通过本国领土时的合作,相互提供便利。

九、双方将发展两国议会间的联系,交流立法工作经验。

十、双方将在民事和刑事司法协助领域进行合作。保证一方公民在另一方境内根据该领域的现行的双边协议和各自的国际义务应享有的权利。

十一、乌兹别克斯坦共和国政府承认中华人民共和国政府是中国的唯一合法政府。台湾是中国领土不可分割的一部分,乌兹别克斯坦共和国政府重申不和台湾发生任何形式的官方关系。

中华人民共和国政府支持乌兹别克斯坦共和国政府为发展经济、进行经济和社会改革所作的努力。

十二、双方将全力促进亚洲地区及全世界的和平、稳定与安全。

十三、双方将在反对国际恐怖活动、有组织的犯罪、贩毒、走私和其他国际犯罪活动的斗争中进行合作。

十四、中华人民共和国和乌兹别克斯坦共和国双边关系的发展,不妨碍双方根据同第三国签署的条约及双边或多边协定各自承担的义务。

十五、本声明自签字之日起生效直至一方通过外交途径书面通知另一方要求终止本声明起 6 个月后失效。

本声明于 1994 年 10 月 24 日在北京签订,一式两份,每份都用中文、乌兹别克文和俄文写成,3 种文本同等作准。

中华人民共和国代表 江泽民

乌兹别克斯坦共和国代表 卡里莫夫

北京第二外国语学院庆祝建校 30 周年

中国平衡针灸学术大会在北京召开 200 多名国内外医学专家参加了学术交流

10 月 25 日

八届全国人大常委会十次会议举行全体会议

全国人大常委会委员长乔石出席会议。

卫生部部长陈敏章受国务院委托,向会议作关于卫生工作情况的报告。

全国人大内务司法委员会主任委员孟连崑、全国人大财经委员会副主任委员曾宪林、全国人大教科文卫委员会副主任委员杨海波、全国人大外事委员会主任委员朱良分别向会议作八届全国人大二次会议主席团交付的四个专门委员会审议代表提出的 53 件议案结果的报告。会议还审议全国人大代表团出席各国议会联盟第九十二届大会的书面报告。

陈慕华副委员长主持全体会议。田纪云、王汉斌、倪志福、费孝通、孙起孟、雷洁琼、秦基伟、李锡铭、王丙乾、帕巴拉·格列朗杰、程思远、卢嘉锡、布赫、铁木尔·达瓦买提、吴阶平副委员长和曹志秘书长出席会议,国务委员陈俊生,最高人民法院院长任建新列席会议。

国家主席江泽民在中南海会见埃及人民议会议长各国议会联盟理事会主席艾哈迈德·法塔希·索鲁尔博士

国务院总理李鹏在钓鱼台国宾馆会见乌兹别克斯坦总统卡里莫夫

国务院委托卫生部部长陈敏章向八届全国人大常委会十次会议作《关于卫生工作情况的报告》

陈敏章说，改革开放以来，卫生事业得到了新的发展。从1980年至1993年，全国卫生机构增加了1.3万个，专业卫生人员由353.47万人发展到521.54万人，床位由218.44万张发展到309.89万张。1993年平均每千人口拥有医师1.18人、医院床位2.4张，基本形成了多层次的、遍布城乡的医疗预防保健网。城乡居民传染性、地方性疾病的发病率和死亡率继续下降，法定传染病发病率由1980年的2076.17/10万，下降为1993年的189.82/10万，下降了90%以上，同期死亡率由3.07/10万下降为0.4738/10万；全国居民的健康水平进一步提高，平均期望寿命现已达到70岁以上。

陈敏章说，当前我国医药卫生事业的发展还不能满足人民群众日益增长的需求，城乡居民的健康保障水平还有较大的差距。但从总体看，我国卫生总费用仅占全世界卫生总费用的1%，却为占全世界22%的人口提供了基本医疗卫生服务。这表明我国卫生工作的方针政策和改革措施符合低投入、高效益的原则，并取得了一定的成效。

在汇报关于农村卫生工作时，陈敏章说，通过各级政府的努力，我国已有293个县达到初级卫生保健指标，计划免疫以县为单位，六种病的疫苗接种率已达到85%以上；新法接生率达到85.09%；农村住院分娩率达到51%；孕产妇死亡率已从解放前的1500/10万下降到76.5/10万(据妇幼监测点统计)；婴儿死亡率由解放前的200‰下降到48.34‰(据妇幼卫生监测点统计)；农村约有7亿人的饮水条件得到不同程度改善，在全国384个血吸虫病流行县(市)中，已有262个县达到消灭或基本消灭血吸虫病的标准；在碘缺乏病区已有83.2%的县得到基本控制。但是，农村卫生目前仍然是卫生工作的薄弱点，要全面实现农村初级卫生保健规划目标的任务仍相当艰巨。

在汇报关于精神文明建设和医德医风问题时，陈敏章说，当前在日常的医疗服务质量和态度方面仍存在不少问题，有待进一步治理。一是社会反映的“红包”、“回扣”和乱收费问题，在有些医疗单位仍时有发生。二是部分医务人员职业责任心差，不认真执行操作规程，以致发生开错刀、发错药等重大责任事故。三是部分医护人员服务精神淡漠，对患者“生、冷、硬”，缺乏敬业精神。他说，要结合当前的形势和任务，一方面把卫生改革坚持深化下去，另一方面绝不放松对“红包”、“回扣”和乱收费等重点问题的专项治理。

陈敏章还向常委会组成人员汇报关于深化卫生和医疗保障制度改革、振兴中医药、卫生法制建设等问题。

海关总署举行纪念建关45周年庆祝大会国务院副总理李岚清发表讲话

李岚清在人民海关建立45周年庆祝大会上说，在市场经济条件下，行政执法工作不是要削弱而是要大大加强，海关要依法严格把关，严厉打击走私逃税等违法活动，同时要采取科学有效且便捷合理的查验方法，方便进出，更好地为改革开放和发展经济服务。

李岚清指出，海关是把守国家经济大门的重要部门，海关管理权和关税自主权历来是国家主权的组成部分，是经济发展的重要保障。

李岚清指出，党的十四大确立了建立社会主义市场经济体制的宏伟目标，根据这一目标的要求，政府管理经济的方式主要是制定经济总体发展战略和宏观调控政策，运用经济手段和法律手段，并辅以必要的行政手段，规范各种经济活动，维护经济运行秩序，保护市场公平竞争，引导国民经济持续、快速、健康发展。海关作为国家重要行政执法部门，面临的任务更重，责任更大，要求更高。海关系统的全体同志要充分认识到自己肩负的重任，加大海关改革与发展的力度和步伐，逐步建立现代海关制度。

国家主席江泽民在中南海会见以主席刘汉铨为团长的香港协进联盟访京团

中组部和《人民日报》社第四次举行学习贯彻中共十四届四中全会《决定》座谈会

李硕勋烈士纪念馆开馆仪式在四川高县举行

国务院发出《关于在若干城市试行国有企业破产有关问题的通知》

各省、自治区、直辖市人民政府，国务院各部委、各直属机构：

为配合在18个城市(上海、天津、齐齐哈尔、哈尔滨、长春、沈阳、唐山、太原、青岛、淄博、常州、蚌埠、武汉、株洲、柳州、成都、重庆、宝鸡)进行企业优化资本结构试点工作的开展，建立和完善企业优胜劣汰机制，指导和规范这些城市国有企业(以下简称企业)破产工作，根据《中华人民共和国企业破产法(试行)》(以下简称《破产法》)和其他有关法律、行政法规的规定，现就有关问题通知如下：

一、实施企业破产必须首先安置好破产企业职工

《破产法》第四条规定，“国家通过各种途径妥善安排破产企业职工重新就业，并保障他们重新就业前的

基本生活需要，具体办法由国务院另行规定”。据此，各有关城市人民政府要按照本通知，在实施企业破产中，采取各种有效措施，首先妥善安置破产企业职工，保持社会稳定。

二、破产企业土地使用权的处置

企业破产时，企业依法取得的土地使用权，应当以拍卖或者招标方式为主依法转让，转让所得首先用于破产企业职工的安置；安置破产企业职工后有剩余的，剩余部分与其他破产财产统一列入破产财产分配方案。

三、破产财产的处置

破产财产处置前，应当由具有法定资格的资产评估机构进行评估，并以评估价值作底价，通过拍卖、招标等方式依法转让。

处置企业土地使用权所得不足以安置破产企业职工的，不足部分应当从处置其他破产财产所得中拨付。

企业在破产前为维持生产经营，向职工筹借的款项，视为破产企业所欠职工工资处理，借款利息按照借款实际使用时间和银行同期存款利率计算。职工在企业破产前作为资本金投资的款项，视为破产财产。

破产企业的职工住房、学校、托幼园（所）、医院等福利性设施，原则上不计入破产财产，由破产企业所在地的市或市辖区、县的人民政府接收处理，其职工由接收单位安置。但是，没有必要续办并能整体出让的，可以计入破产财产。

四、担保的处理

破产企业作为抵押物的财产，债权人放弃优先受偿权利的，抵押财产计入破产财产；债权人不放弃优先受偿权利的，超过抵押债权的部分计入破产财产。

企业对其同一财产设定两个以上抵押权的，企业破产时，抵押权人按照抵押顺序受偿。

一个企业为另一个企业提供担保的，被担保企业破产后，担保企业应当按照担保合同承担担保责任。但是，偿债期限可以由担保企业与被担保企业的债权人协商确定。

行政机关为企业提供担保的，应当按照国家有关规定确认担保合同无效。

五、破产企业职工的安置

破产企业所在地的市或者市辖区、县的人民政府应当采取转业培训、介绍就业、生产自救、劳务输出等各种措施，妥善安排破产企业职工重新就业，并保障他们在重新就业前的基本生活需要。

政府鼓励破产企业职工自谋职业。对自谋职业的，政府可以根据当地的实际情况，发放一次性安置费，不再保留国有企业职工身份。一次性安置费原则上按照破产企业所在市的企业职工上年平均工资收入的3倍发放，具体发放标准由各有关市人民政府规定。

破产企业职工失业期间，依照《国有企业职工待业保险规定》享受失业保险待遇。失业保险期满无法重新就业的职工，符合社会救济条件的，由当地民政部门按照规定发给社会救济金。

破产企业离退休职工的离退休费和医疗费由当地社会养老、医疗保险机构负责管理。破产企业参加养老保险、医疗保险基金社会统筹的，其离退休职工的离退休费、医疗费由当地社会养老、医疗保险机构分别从养老保险、医疗保险基金社会统筹中支付。没有参加养老保险、医疗保险基金社会统筹或者养老保险、医疗保险基金社会统筹不足的，从企业土地使用权出让所得中支付；处置土地使用权所得不足以支付的，不足部分从处置其他破产财产所得中拨付。

破产企业中因工致残或者患严重职业病、全部或者大部分丧失劳动能力的职工，作为离退休职工安置。距离退休年龄不足5年的职工，经本人申请，可以提前离退休。

破产企业中的劳动合同制职工的安排，依照《国营企业实行劳动合同制暂行规定》等法律、行政法规的规定办理；临时工的安排，依照《全民所有制企业临时工管理暂行规定》办理。

破产企业职工的安置费用来源不足的，按照企业隶属关系，由破产企业所在地的市或者市辖区、县的人民政府负担。

六、银行因企业破产受到的贷款损失的处理

银行因企业破产受到的贷款本金、利息损失，应当严格按照国家有关规定，经国家有关银行总行批准后，分别在国家核定银行提取的呆账准备金和坏账准备金控制比例内冲销。

七、破产企业的整体接收

人民法院裁定清算组提出的破产财产分配方案后，执行分配方案前，其他企业整体接收破产企业财产、承担分配方案确定清偿的破产企业债务、安置破产企业职工的，可以按照国家有关规定，享受兼并企业的优惠待遇。

八、濒临破产企业的重组

对濒临破产的企业，企业所在地的市或者市辖区、县的人民政府可以采取改组企业管理层、改变企业资产经营形式、引导企业组织结构调整等措施，予以重组。企业所在地的市或者市辖区、县的人民政府认为企业不宜破产的，应当给予资助或者采取其他措施，帮助企业清偿债务。

濒临破产的企业在申请破产前，经拥有三分之二以上债权额的债权人同意，并经企业所在地的市或者市辖区、县的人民政府批准，可以将企业效益好的部分同企业分立。分立后的企业，应当按照商定的比例承担原企业的债务。

九、实施企业破产的组织领导

实施企业破产，涉及面广，政策性强，难度很大。有关城市的人民政府要加强对这项工作的组织领导，由一名政府负责人牵头，经贸委（经委、计经委）、计委、财政、银行、劳动、审计、税务、国有资产管理、土地、工会等部门和单位参加的工作机构，统一负责组织、协调、解决实施企业破产中遇到的问题，确保这项工作的顺利开展。要根据当地社会的承受能力，制定切实可行的企业破产预案。要采取积极、稳妥的措施，及时处理实施企业破产中的重点、难点问题。要发挥有关社会中介组织在企业破产实施中的作用。实施企业破产中遇到紧急情况和重大问题，要及时上报。

中国内湖第一长桥——太湖大桥正式通车

大桥全长4308米，181孔，桥面宽12米。

国务院总理李鹏在中南海会见美国联邦储备委员会主席艾伦·格林斯潘

国务院总理李鹏在中南海会见美国瑞士信贷(CS)第一波士顿集团董事长兼首席执行官汉纳西

'94环太平洋论坛会议在北京开幕

国务院副总理李岚清在开幕的"'94环太平洋论坛会议"上表示，中国作为亚太地区的一员，愿同本地区其他国家一道，为世界经济的复苏和发展作出积极的努力。

来自亚太地区15个国家的近700多名代表出席这次由中国国际贸易促进委员会和环太论坛组织主办的会议。在为期3天的会议中，代表们将就90年代中期出现的政治经济现象，2000年的中国融资及冷战结束后的世界现状等议题进行讨论。

中国代表杨燕怡在联合国第49届大会全体会议讨论《防治荒漠化公约》时发言呼吁国际社会特别是发达国家向发展中国家提供资金和技术制止全球土地荒漠化

中葡联合联络小组在澳门举行第21次会议

会议于10月25日至28日举行。

会议期间，双方就落实澳门过渡期的中文官方地位、公务员本地化、法律本地化问题的进展情况，以及跨越1999年的澳门航空专营合约、澳门加入欧洲电信标准局等国际组织、《刑法典》修改草案等问题进行磋商。

中葡联合联络小组中方组长过家鼎大使在会议结束后表示，过去几年，中葡双方在解决澳门过渡期的各种问题上取得一些进展。但由于距离1999年的时间越来越近，必须加快联合联络小组工作的进展。

摩洛哥首相兼外交和合作大臣菲拉利会见由全国人大常委会副委员长李沛瑶率领的全国人大代表团

澳大利亚总督比尔·海登在布里斯班会见正在澳大利亚访问的上海市市长黄菊

第三届王丹萍科学奖颁奖大会在北京举行

郭兰英艺术生涯60周年演唱会在北京举行

全国农村中医工作经验交流会在湖南召开

杨得志逝世

原中共中央顾问委员会常务委员、原中央军委委员、副秘书长、中国人民解放军原总参谋长杨得志，因病在北京逝世，终年83岁。

杨得志，湖南株洲人，1911年1月出生，1928年参加工农革命军，同年加入中国共产党。土地革命战争时期，任中国工农红军第四军十一师班长、排长、连长，第四十五师管理科科长、九十三团团长，红一军团第一师一团团长、副师长，第二师师长等职，参加了举世闻名的二万五千里长征。抗日战争时期，任中国人民抗日军政大学队长，八路军一一五师三四三旅六八五团团长，三四四旅代旅长，冀鲁豫支队支队长，八路军第二纵队司令员，冀鲁豫军区司令员，陕甘宁晋绥联防军教导一旅旅长等职。解放战争时期，任晋冀鲁豫军区第一纵队司令员，晋察冀军区第一、第二纵队司令员，晋察冀野战军司令员，华北军区第二兵团司令员，第十九兵团司令员等职。中华人民共和国成立后，先后任第十九兵团司令员兼陕西军区司令员，中国人民志愿军第十九兵团司令员，中国人民志愿军副司令员、司令员，中国人民解放军军事学院战役系主任，济南军区司令员，武汉军区司令员，昆明军区司令员，国防部副部长等职。1955年被授予上将军衔。是第一、二、三届国防委员会委员，中国共产党第八届中央委员会候补委员、委员，第九届、十届、十一届、十二届中央委员，十一届五中全会当选为中央书记处书记，第十二届中央政治局委员，在党的第十三次全国代表大会上被选为中央顾问委员会常务委员。

侯镜如逝世

中国人民政治协商会议第八届全国委员会副主席、中国国民党革命委员会名誉主席、黄埔同学会会长、中国和平统一促进会会长侯镜如，在北京逝世，享年92岁。

侯镜如1902年生于河南永城，1924年考入黄埔军校第一期毕业。1925年由周恩来介绍加入中国共产党，参加北伐。1927年2月，离开北伐军到上海，在周恩来领导下参加上海工人第三次武装起义的准备和指挥工作，为暴动指挥成员之一。"四·一二"反革命政变时，在与敌人搏斗中右胸负伤，伤愈赴汉口任国民革命政府武汉三镇保安总队长。在南昌参加"八一"起义。1932年，历任国民党军队旅长、师长、兵团司令等职。抗日战争全面爆发后，参加台儿庄会战、武汉会战、枣宜会战。1947年，中共党员李介人持安子文信送侯镜如，信中转达周恩来、贺龙对侯镜如的关怀，使其下定决心，待机起义。1948年，经李介人往返联络，相继在北平和福州组织起义。其后去香港，在党中央直接领导下，继续对台工作，在这一段日子里，做了不少有益的工作。1952年7月1日，奉周恩来总理批示回到内地。历任国务院参事室参事，第二届全国政协委员、国防委员会委员、北京市政协副主席、第五届全国政协常委、民革北京市主委、北京市人大常委会副主任、政协全国委员会祖国统一联谊委员会副主任，中国人民争取和平与裁军协会副会长、民革中央副主席。

10月26日

八届全国人大常委会十次会议举行全体会议

全国人大常委会委员长乔石出席会议。副委员长费孝通主持会议。

全国人大法律委员会主任委员薛驹在会上作关于《母婴保健法》和《广告法(草案)》修改稿修改意见的汇报。

薛驹说，本次会议分组审议母婴保健法和广告法草案修改稿。委员们认为，两个草案修改稿吸收了常委委员和地方、部门、专家的意见，比较成熟，建议本次常委会通过。同时，也提出一些修改意见。法律委员会逐条研究了委员们的意见，提出修改意见。

全体会议还进行大会讨论。孙廷芳委员就加速《保险法》出台等问题发表意见。杨纪珂委员发言的题目是：建议为扶持贫困地区开辟可持续发展的道路而立法。夏家骏委员就"认真贯彻党的四中全会精神，坚决维护中央的权威"发言。

副委员长田纪云、王汉斌、倪志福、陈慕华、费孝通、孙起孟、雷洁琼、秦基伟、李锡铭、王丙乾、帕巴拉·格列朗杰、程思远、卢嘉锡、布赫、铁木尔·达瓦买提、吴阶平，秘书长曹志出席会议。国务委员司马义·艾买提列席会议。

全国农村基层组织建设工作会议在北京开幕

这次会议是中央召开的。会议主要是学习贯彻党的十四届四中全会的决定，交流农村基层组织建设的经验，对新形势下加强农村基层组织建设工作做出具体部署。

大会由中共中央政治局常委、国务院副总理朱镕基主持。中共中央政治局委员吴邦国、姜春云、尉健行，中共中央政治局候补委员温家宝，中央书记处书记任建新，国务委员宋健、李贵鲜、陈俊生参加会议。

中共中央政治局常委、书记处书记胡锦涛代表党中央在会议上作报告。

中共中央政治局常委胡锦涛在全国农村基层组织建设工作会议上发表题为《把农村基层组织建设提高到新水平》的讲话

加强和改进党的基层组织建设，是新时期党的建设伟大工程的重要组成部分。党的十四届四中全会明确提出了加强党的基层组织建设的指导方针，明确提出了加强农村基层组织建设的新要求。我国是农民占人口大多数的国家，农业是国民经济的基础，也是整个社会主义现代化建设的基础，农业、农村、农民问题始终处于举足轻重的地位，直接关系到改革、发展、稳定的大局。加强农业和农村工作，说到底是我们党在新的历史条件下要更好地把广大农民群众团结起来、组织起来，更好地调动和发挥他们积极性的问题。发展农业要靠政策，靠科技，靠投入。而所有这一切，都要依靠以党组织为核心的农村基层组织团结和带领广大农民群众去落实，都离不开基层组织的工作。只有把全国农村八十多万个基层党组织进一步建设好，充分发挥它们和乡村其他组织的作用，充分发挥共产党员的先锋模范作用，把广大农民群众紧紧地团结在党和政府的周围，才能形成建设社会主义新农村的强大合力，卓有成效地把党的基本路线和各项方针政策落实到基层，又快又好地推进农村改革的深化、经济的发展和社会的全面进步，从而保证我国整个改革开放和社会主义现代化建设的顺利进行。全党同志特别是省、地、县各级领导同志，务必从建设有中国特色社会主义的全局和实现新时期发展目标的战略高度，充分认识加强党的建设的重要性，充分认识加强农村基层组织建设的重要性，切实把这件大事纳入重要日程抓紧抓好。

关于农村基层组织建设的目标、重点和工作指导思想

中央要求，在九十年代末我国要初步建立起社会主义市场经济体制，农业要登上新台阶，农村改革要有新进展，农村社会面貌要有新变化，全国大多数农村要达到小康标准。这个前进目标令人鼓舞，工作相当艰巨。为了适应新形势、新任务的要求，农村以党组织为核心的基层组织建设的目标是：(1)建设一个好领导班子，尤其要有一个好书记，能够团结带领群众坚决贯彻执行党的路线方针政策。(2)培养锻炼一支好队伍，共产党员能够发挥先锋模范作用，干部能够发挥示范带头作用，共青团员能够发挥助手和后备军作用。(3)选准一条发展经济的好路子，充分发挥当地优势，加快农民脱贫致富奔小康的步伐。(4)完善一个好经营体制，把集体统一经营的优越性和农户承包经营的积极性结合起来，增强经济发展的活力，引导和帮助农民走共同富裕的道路。(5)健全一套好的管理制度，体现民主管理原则，保证工作有效运转，使村级各项工作逐步走上制度化、规范化的轨道。这五个方面的目标是一个有机联系的整体，是当前党对农村基层组织建设工作的基本要求。

农村基层组织建设的这些目标，是根据全国农村形势的发展和面临的任务提出来的，也是对几年来各地抓农村基层组织建设经验的总结。按照全国总的目标要求，每个省、地、县都要在调查研究的基础上，通盘考虑，从各自的实际出发，制订出分期分批加强农村基层组织建设的实施规划。

实现上述目标，必须坚持分类指导，牢牢把握工作重点。当务之急，是要力争在三年内，有领导、有计划地把处于软弱涣散和瘫痪状态的基层组织整顿好、建设好。这些村大都是既没钱办事，又无人真正管事，工作软弱无力，经济发展很慢，群众生活水平低，困难多，意见也大，计划生育、社会治安等工作基本处于自流状态，村风村貌很差。这样的村虽然是少数，但如不下大力帮助，不但很难如期实现小康目标，而且严重影响农村的改革、发展和稳定。特别是对其中那些由于领导班子软弱涣散造成经济长期落后的村，社会治安状况严重混乱的村，干群关系特别紧张的村，宗族势力和宗教势力干预和把持村务的村，邪恶势力横行乡里的村，首先要摸清情况，抓准症结问题，根据不同性质、不同情况采取相应措施，逐个加以整顿，限期解决好。这些年各地整顿农村基层组织，有不少经验，也有一些教训，要好好总结。关键是必须抓住两条：一条是加强领导力量。处于软弱涣散和瘫痪状态的村，领导班子大都比较弱，单靠自身力量难以解决问题，要坚持从上级机关选派得力干部下去帮助工作。另一条是要围绕中心任务，抓住主要矛盾，真正解决关键问题，有些后进村之所以面貌长期未能改变，工作反复较大，根本原因是没有抓住主要矛盾，关键问题解决得不够好，党支部班子没有建设好。所以干部下去，一方面要紧紧依靠当地干部和群众，从帮助发展经济、帮助解决关系群众切身利益的实际问题入手，抓好当前工作；另一方面要注意选拔、培养当地干部，抓好长远建设，配齐配强党支部领导班子。有些当地确实选不出合适干部的村，应从县、乡选派干部到村任职，也可以从附近的先进村中选调适当人选前往支援。

突出强调解决好软弱涣散和瘫痪状态的村的问题，绝不是可以忽视或放松处于中间状态的村和先进村的工作。对党支部战斗力较强、贯彻党的路线方针政策得力、经济发展快、社会风气好的先进村，要引导它们提出新的发展目标，使各方面工作更上一层楼，充分发挥它们在当地的示范、辐射、帮带作用。对中间状态的村，要区别情况，加强指导，坚持有什么问题解决什么问题，什么问题突出解决什么问题。对其中一部分抓一抓就可以把工作搞上去的村，要努力帮助它们跨入先进行列；对那些放一放就可能滑下去的村，要强化领导班子建设，加快经济发展和社会进步的步伐。总之，要通过坚持不懈的努力，使所有农村基层组织的整体素质和工作水平在现有基础上都有较大的提高。

关于加强农村基层组织建设总的指导思想，党的十四届四中全会已经明确。各地在工作中要全面理解，正确把握，认真贯彻。这里，我主要强调三个问题。

第一，必须把保证党的基本路线的贯彻执行，作为加强基层组织建设的根本着眼点和落脚点。农村基层组织建设的全部工作，必须以邓小平同志建设有中国特色社会主义理论和党的基本路线为指导，紧紧围绕经济建设这个中心，围绕团结带领农民群众奔小康这个农村工作的大局，同深化农村改革、促进农村发展、维护农村稳定紧密结合，相互促进。这是前几年加强农村基层组织建设的宝贵经验，也是今后加强农村基层组织建设必须遵循的基本原则。中央多次重申，坚持以公有制为主体、多种经济成分共同发展；坚持一部分地区、一部分人先富起来，逐步实现共同富裕；坚持和完善以家庭联产承包为主的责任制和统分结合的双层经营体制；坚持决不放松粮食生产，积极发展多种经营，大力发展乡镇企业；坚持两手抓、两手都要硬，在发展物质文明的同时，努力建设社会主义精神文明，这些基本政策都要保持长期不变。农村基层组织建设各项工作的成效，都要体现在有利于更好地贯彻党的基本路线和党在农村的各项方针政策，有利于更好地促进农村经济的发展和社会的全面进步。脱离经济建设这个中心，离开改革、发展、稳定的实践，孤立地抓基层组织建设，不会收到好的效果；而忽视基层组织建设，缺乏强有力的组织保证，经济建设也不可能搞上去，暂时上去了也不可能持久。只有坚持围绕经济建设抓基层组织建设，通过抓基层组织建设促进经济建设，农村基层组织建设工作才能坚持正确的方向，也才能从根本上得到加强和改进。

第二，必须紧紧抓住基层党组织建设这个关键，同时抓好村委会、集体经济组织、共青团、妇联、民兵等其他村级组织的配套建设。实践表明，哪里的党支部领导班子坚强，工作有力，其他组织的作用就发挥得好，有了问题就容易解决，各方面的工作进步就快；反之，哪里的党支部班子软弱，起不到核心领导作用，其他各种组织就很难活跃起来，各方面工作就比较被动。在加强农村基层组织建设过程中，一定要始终把党组织建设抓住抓好。而党组织凝聚力和战斗力的增强，也离不开其他组织作用的发挥。因此要在抓好党支部建设的同时，扎扎实实地抓好其他村级组织的建设。

第三，必须用改革的精神认真研究新情况、解决新问题，脚踏实地开展工作。农村基层组织建设面临的许多新矛盾、新问题，大多是在深化改革、发展社会主义市场经济的新形势下发生和突出起来的，也要在深化改革过程中来解决。既要继承和发扬过去的好传统、好经验，又要注意探索新办法、总结新经验。社会实践在不断发展，我们的工作水平和思想水平也要不断提高。要坚持解放思想、实事求是，做到理论与实践的统一，继承与创新的统一，面向基层，面向群众，扎实工作，在研究解决新问题中把农村基层组织建设提高到新水平。

关于加强农村基层
党组织建设要着重抓好的工作

农村基层党组织是党在农村全部工作和战斗力的基础，是农村其他各种组织的核心。在新的形势和任务面前，按照四中全会的要求，加强农村基层党组织建设，要着重抓好以下四个方面的工作。

首先，要以全面提高素质和领导能力为重点，建设好党支部领导班子，首先要选好和提高支部书记。农村党支部建设总的要求是，要认真贯彻执行党的农村政策，在深化农村改革，全面发展农村经济，建设精神文明，带领农民群众奔小康，实现共同富裕和共同进步中，更好地发挥核心领导作用和战斗堡垒作用。应该看到，绝大多数党支部领导班子是好的和比较好的，是得到群众拥护的。因此总体上要着眼于稳定，并本着缺啥补啥的精神，帮助他们提高素质。党支部班子要带头遵守民主集中制的各项制度和党内的各项法规，严格党内生活，遵守纪律，增强团结，加强学习，不断提高领导水平。对少数确实难以胜任工作的，要及时进行调整。要按照干部队伍"四化"方针和德才兼备原则，选拔认真贯彻党的路线方针政策、公正廉洁、年富力强、能带领群众致富的人当支部书记。要进一步解放思想，开阔视野，从具有一定文化科技知识、懂得经营管理的在乡知识青年、退伍军人、乡村企业骨干以及外出务工经商的党员中，选拔符合新时期基层干部条件的优秀分子担任村级组织领导工作。党支部要善于发现和聚集各类人才，使他们在党的领导下各展所长，为推进农村的改革和建设服务。选拔任用村干部，要坚持发扬民主、全面考察、集体决定。

其次，要以有利于发展生产力、有利于加强党的工作为原则，合理调整基层党组织的设置。随着改革的深化，农村乡镇企业异军突起，蓬勃发展，其产值已经占全国社会总产值的三分之一，在有些省区比重更大些。但乡镇企业中党的建设工作严重滞后，尚有百分之六十至百分之七十的企业没有建立党组织。必须大力加强这方面的工作，尽快改变这种状况。随着农村产业结构的调整，不少地方第二、第三产业发展很快，党员分布也随之变化，可以根据需要，打破原来单纯按行政村或居住区域建立党组织的格局，从当地具体情况出发调整党组织的设置。党员多的村，按党章规定成立村党委或村总支，并在一些有条件的经济组织中建立党支部或党小组。今后所有新建立的企业或其他经济组织，包括外资企业，凡有一定数量党员的都要同时建立党的组织。这要作为一条政策确定下来。一些地方采用党支部、村委会、集体经济组织领导班子成员适当交叉兼职的办法，有利于加强党支部的统一领导，有利于协调各方面工作、提高办事效率，也有利于减轻农民负担。凡是效果好的都可继续实行。

第三，要以提高素质、增强党性为目标，大力加强对农村党员的教育和管理。党的十四届四中全会要求，从现在起用三年时间，有计划有步骤地组织全体党员开展学习建设有中国特色社会主义理论和党章的活动。各地应结合农村特点，从农民党员的思想实际出发，做出周密安排，力争把所有党员都组织到活动中来，扎扎实实地把学习认真抓好。着重教育党员：把牢固树立共产主义远大理想同努力实现党在社会主义初级阶段的目标结合起来，提高贯彻执行党的基本路线的自觉性和坚定性；坚持全心全意为人民服务的根本宗旨，自觉保持工人阶级先锋队战士的本色；增强党的观念，发挥先锋模范作用，按党章规定用好权利、履行好义务，为建设社会主义新农村建功立业。要努力探索新形势下加强和改进党员教育的新路子，坚持正面教育，注重实际效果。要把思想教育同解决实际问题结合起来，在提高党员思想觉悟的同时，解决党员思想、工作、学习中存在的问题和实际困难；把思想教育同开展创先争优活动结合起来，把党员在学习教育活动中激发出的主动性、积极性引导到带动群众为实现小康而奋斗的实践中去；把教育与管理结合起来，在教育过程中建立健全党内生活的各项制度，尤其要加强对外出务工经商的流动党员的管理，使他们及时参加党组织活动，接受党组织监督。要教育党员热爱祖国、热爱集体、热爱社会主义，牢固树立正确的世界观、人生观。还要教育党员不信仰宗教，不参与宗教活动、封建迷信活动和宗族活动。

第四，要以保持先进性、增强活力为要求，认真做好在优秀青年农民中发展党员的工作。目前，一部分农村地区党员年龄老化、青年党员数量下降，已经直接影响到党组织作用的发挥。各级党组织要增强紧迫感，采取有效措施解决这个问题，首先要解决有的村几年甚至十几年不发展党员的问题。在工作中要贯彻坚持标准、保证质量、改善结构、慎重发展的方针，既不要硬卡发展新党员的指标，也要防止不顾质量、不讲条件的倾向。要把发展青年党员、培养后备干部、造就农村人才结合起来，努力做好培养青年积极分子的工作。我国农村改革的伟大实践，培养造就了新一代农村青年。他们朝气蓬勃，开拓进取，是农村社会力量中最活跃、最有生气的一部分，是建设社会主义现代化新农村的希望所在，也是农村基层党组织建设的希望所在。党组织务必要多下功夫，做好工作，把他们紧密地团结在党组织的周围，加强培养教育，及时把他们中的先进分子吸收到党内来，不断增加党的新鲜血液。

农村基层党组织负有领导和帮助其他基层组织加强自身建设的责任，并支持它们围绕党在农村的基本任务，按照各自的章程积极主动、各有特点地开展工作，充分发挥它们的作用。

要继续认真贯彻落实《村民委员会组织法（试行）》，加强农村基层民主法制建设。各地党组织要继续加强对这项工作的领导，认真总结推广成功的经验、进一步健全村民自治组织，提高村委会的整体素质和村民自治活动的质量。村委会必须把自己置于党支部领导之下，向党支部汇报工作。属于村委会工作范围的事情，要依法独立负责地进行。村委会要积极取得乡（镇）政府的指导、支持和帮助，积极组织完成乡（镇）政府布置的任务。

要注意加强集体经济组织的骨干力量，充分发挥村级集体经济组织的作用，积极壮大村级集体经济实力。实行以家庭联产承包为主的责任制和统分结合的双层经营体制，是我国农村的基本经济制度，必须长期稳定并不断充实完善。我们既要努力提高家庭承包经营的水平，又要努力提高集体统一经营的水平，把两者有机地结合起来，促进共同发展，不断增强集体经济的实力。集体经济的实力同农村基层党组织的凝聚力和战斗力，是紧密地联系在一起的。如果农村村级集体经济长期发展不起来，无力为农户提供各种服务，办什么事情都向农民伸手，就会逐步失去农民的信任。只有努力发展壮大村级集体经济，不断增强服务农户、吸引农民的物质条件，农村基层党组织的核心领导作用才能建立在稳固的基础之上。农村集体经济组织要坚持从实际出发，利用当地资源进行开发性生产，兴办集体企业，增加集体收入，逐步走贸工农一体化、产加销一条龙的路子，积极搞好农户需要的各种服务，解决一家一户难以克服的困难，以推动农村经济和各项工作的发展。对于贫困村发展集体经济，各级政府应在资金、物资、技术等方面给予必要的扶持，使之形成自我发展的能力。经济发展快的富裕村的党组织，也要用适合自己的方式，带动和帮助贫困村的发展。

关于努力造就一支适应新形势要求、能够团结带领农民奔小康的基层干部队伍

抓好新时期党的建设这个伟大工程，基层组织建设是基础，干部是决定因素。我国农村几百万基层干部，是党的整个干部队伍的重要组成部分，是贯彻党在农村的方针政策，完成各项任务，带领广大农民建设社会主义新农村的骨干力量，是党联系农民群众的重要桥梁和纽带。农村基层干部队伍的主流是好的，但也有相当一部分基层干部的知识水平、工作水平还存在许多不适应形势和任务要求的地方。有些基层干部工作方法简单生硬，不善于做把党的正确政策化为群众自觉行动的工作；有的作风不正，虚报浮夸；有的以权谋私，侵占群众利益，严重脱离群众。新形势、新任务对基层干部的要求越来越高，群众的期望也越来越大。努力造就一支适应发展社会主义市场经济和奔小康目标的要求、具有优良素质、工作过得硬的农村基层干部队伍，已经成为一项十分紧迫的重要任务。

提高农村基层干部素质的根本途径，是搞好培训和在实践中锻炼提高。总的要求是坚持当前和长远结合，把用人和育人统一起来。育人是用人的基础，只注意用人，不注意育人，是短视的。要从巩固党的组织基础和巩固农村政权基础的高度，大力做好两方面的工作。一方面要放开视野、开阔思路，破除论资排辈、求全责备等陈腐观念，广泛发现人才，放手使用人才，把那些在实践中政绩突出、德才兼备、群众公认的优秀分子，不失时机地大胆放在关键岗位上。在用人问题上，各级领导者要有这个眼光、这个魄力。另一方面，必须把培养提高基层干部作为一项事关全局的基础性工作切实抓好。要加大培训力度，提高培训质量。各地应根据本地情况制定规划，对主要村干部分期分批组织系统培训。每年至少培训十天，每次解决几个最急需解决的问题。对那些具备加快经济发展条件而干部素质和能力不适应要求的村以及新上岗的干部，尤其要

抓紧培训工作。要根据农村基层的特点，做出具体的规划和安排，有计划有步骤地组织农村党员干部学习建设有中国特色社会主义理论，学习社会主义市场经济知识，学习科学文化知识，帮助他们提高基本素质，加强党性锻炼。培训方法要灵活多样，注重实效。有的省选择一些经济社会发展好的先进村为培训基地，有计划有组织地对县、乡干部和农村支部书记进行培训。参加培训的干部联系实际学习，总结经验教训，增长知识，理清发展思路，效果很好。要认真总结这些经验，因地制宜地推广。对于培训所需的经费要给予保证。除采取集中培训的办法外，经常的大量的是要结合工作实践帮助干部锻炼提高。在向基层干部布置任务时，要仔细交待有关政策和工作方法，做到任务要求明确，政策思想清楚，工作方法得当。在工作过程中，要帮助他们及时总结经验教训，做到对的就坚持，不够的抓紧弥补，错了的赶快改正。

为了提高基层干部的素质，调动和发挥他们的积极性创造性，增强他们做好工作的使命感和责任感，要着重抓好三条。

一是深入细致地搞好思想教育，大力加强农村基层干部的思想作风建设。要密切联系建设社会主义新农村的实践，对他们进行党的路线、方针、政策的教育和形势、任务的教育，进行党的宗旨和群众路线的教育，进行党的优良传统和作风的教育，使广大农村基层干部充分认识自己肩负的重大责任，不辜负党的期望和农民群众的信任，努力为建设社会主义新农村做出新的贡献。在他们中大力提倡解放思想、改革创新的精神，尊重科学、真抓实干的精神，顾全大局、团结协作的精神，谦虚谨慎、崇尚先进的精神，艰苦奋斗、无私奉献的精神。努力宣传基层干部的好典型，推广基层工作的好经验，充分肯定他们的成绩，宣传他们的精神风貌，引导他们向更高的目标迈进。对思想作风有问题的干部，要耐心帮助和批评教育；对确实违纪违法的，要及时严肃处理。

二是要实行公道正派的干部政策。对那些公正廉洁，勤奋工作，为农村发展和进步做出了突出贡献的优秀村干部，要理直气壮地给以支持，大力宣传表彰，为基层干部大胆工作创造良好的舆论环境。要重视从优秀村干部中发现和培养人才，把从优秀村干部中招聘录用乡镇干部作为一项重要制度长期坚持下去，在实践中不断加以完善。要实事求是地评价基层干部的功过是非，该表扬的表扬，该批评的批评，该保护的保护。对于有些地方出现的封建残余势力进行复辟活动和由于村干部执行党的政策和国家法律遭受打击报复的现象，上级领导要旗帜鲜明地予以制止；构成犯罪的，要严肃查处。

三是逐步建立一套适合农村基层干部的激励机制。在政治上要爱护信任他们，工作上要积极支持他们，生活上要热情关心他们。要落实村干部的报酬，解除他们的后顾之忧。村干部的报酬，一般应不低于当地同等劳动力的平均收入水平。要积极稳妥地推行村干部报酬同村级经济增长和岗位责任制考评结果挂钩的制度，奖励有突出贡献的优秀干部。

《人民日报》就全面学习和掌握《中共中央关于加强党的建设几个重大问题的决定》发表社论《牢记整体目标 贯彻整体部署——六论认真学习和贯彻四中全会〈决定〉》

国务委员陈俊生在全国农村政策法规工作会议上发表讲话

陈俊生强调，加强农村政策法规工作是各级农业部门的重要职能，各级政府和有关部门要加强领导，在机构人员和经费等方面给予支持。他说，当前农业和农村经济面临新的形势和问题，必须加强对农业和农村经济的综合管理和宏观调控，宏观上要求各级农业部门要切实转变观念、转变职能，强化农村政策法规工作，扎扎实实地抓出成效。

陈俊生还着重就如何做好农村剩余劳动力转移问题发表意见。他指出，我国农村剩余劳动力问题是关系到农村及整个国民经济发展的重大战略问题，关系到农民收入增长和农业的持续发展。他强调，做好这项工作首先要树立农村剩余劳动力不是包袱，而是财富的观念。发挥劳动力资源丰富的优势，大力发展劳动密集型产业是今后转移农村剩余劳动力，全面发展农村经济的战略措施。他说，各地应以立足农村，就地消化作为转移农村剩余劳动力的基本方针，要通过大力发展开发性农业、加强农田基本建设、发展乡镇企业特别是以农副产品为原料的加工业、加快小城镇建设等多种渠道安置农村剩余劳动力。要利用多种方式、多种渠道加强农民的劳动技能培训，提高农民的素质和就业能力。当前要花大力气建设和健全农村劳动力就业服务组织，加强农村剩余劳动力转移的组织和管理。合理引导农村剩余劳动力适度有序的转移。有关方面要研究制定扶持政策，把农村剩余劳动力转移纳入项目管理。

民盟中央在北京召开省级组织负责人座谈会

座谈会于26日至28日举行。会议学习贯彻中共十四届四中全会精神和全国统战工作会议精神，研究在新形势下如何进一步加强民盟自身建设问题。

民盟中央主席费孝通在全体会议上讲话指出，中共十四届四中全会的精神，对于民主党派加强自身建设，同样具有指导意义。加强民盟思想建设，要求用邓小平同志建设有中国特色社会主义理论统一全体民盟成员的思想，努力提高民盟的整体素质。加强民盟的组织建设，关键是要做好民盟后备干部队伍建设和领导班子建设，在本世纪末实现民盟各级组织的新老合作和交替的历史任务。

国务院总理李鹏在人民大会堂会见由会长黄涤岩率领的香港中国企业协会访京团

国务院副总理兼外交部部长钱其琛在钓鱼台国宾馆会见由主席刘汉铨率领的香港协进联盟访京团

国务院总理李鹏在北京会见参加中国基础设施发展战略国际会议的外方代表

国务院批转中国人民银行《关于加强金融机构监管工作的意见》

国务院日前批转中国人民银行《关于加强金融机构监管工作的意见》，并要求各地区、各部门认真执行。

国务院在批转这份意见时指出，金融机构监管工作涉及面广、政策性强，各地区、各部门对中国人民银行行使金融监管职能要给予积极支持和配合，对清理整顿金融机构过程中发现的问题，要按国家有关规定妥善处理，以促进金融体系安全、有效地运行。

《意见》中提出，中国人民银行是国务院授权的金融主管部门，依法履行对各类金融机构的设立、变更和终止的审批职责。设立金融机构和开办金融业务必须经中国人民银行批准，未经批准擅自经营金融业务的，一律为非法经营，要依法予以处理。中国人民银行依法对金融机构进行管理、监督和查处，任何单位和个人都不得进行干预。

《意见》规定，对未经中国人民银行审批并颁发经营金融业务许可证，由各地区、各部门自行批准经营金融业务的，要依法自查、自纠。确需设立的，要重新向中国人民银行申请报批。

《意见》指出，中国人民银行分、支行是中国人民银行总行的派出机构，要严格按照中国人民银行总行的授权批准设立金融机构，并按照中国人民银行的有关规定，认真做好违规和越权批准设立金融机构的清理工作。财政部门办的证券机构必须尽快与财政部门脱钩。其中符合条件、确实办得好的省、自治区、直辖市及计划单列市的财政证券机构，要按照统一标准，经当地中国人民银行审核后报中国人民银行总行批准，办成规范的证券公司，并接受中国人民银行的监管。邮政网点办理居民储蓄业务必须符合储蓄机构的设置条件，并领取经营金融业务许可证。农村合作基金会是社区内为农业、农民服务的资金互助组织，不是金融机构。农业部负责制定有关的政策法规，指导农村合作基金会的管理和发展。地方农业行政部门为农村合作基金会的主管部门。中国人民银行依法对农村合作基金会的业务活动进行监督，并会同农业行政部门对违反规定办理存贷款业务的行为进行处理。

《意见》强调，中国人民银行作为典当业的主管部门，负责典当机构设立的审批和业务管理，要按照国家有关规定，对现有典当机构进行清理和规范，对超业务范围办理银行业务的，要限期予以纠正。同时，中国人民银行会同同级计划部门要加强对企业债券和彩票的管理，在国家下达的企业债券发行计划内，负责发行债券的审批。除国务院另有规定外，未经中国人民银行批准，一律不得向社会集资和擅自发行彩票。除国家授权机关批准外，任何党政机关、部队、团体以及其他国家预算内事业单位、国家政策性金融机构，都不得向金融机构投资入股。地方财政部门、工商企业和法人金融机构向金融机构投资入股，要符合中国人民银行规定的条件和投资比例。所有金融机构都必须依法纳税，依法经营，严格执行中国人民银行的有关规定。

全国支援经济不发达地区发展资金 15 年使用展示会在北京举行

燕化乙烯改扩建工程提供四条经验国务院副总理邹家华要求各行各业认真借鉴和推广

这四条经验是：一、坚持老企业技术改造；二、坚持走国产化道路；三、集中力量打歼灭战；四、充分发扬敢于拼搏、无私奉献的精神。

’94 国际安全防范技术产品博览会在北京农业展览馆开幕

国务院总理李鹏在人民大会堂会见参加“94 环太论坛会议”的外方代表

国家副主席荣毅仁在钓鱼台国宾馆会见柬埔寨诺罗敦·西哈努克国王和莫尼列王后祝贺西哈努克 72 岁诞辰

国务院副总理兼外交部部长钱其琛在钓鱼台国宾馆同厄立特里亚外交部部长佩特罗斯·所罗门举行会谈

国务院副总理兼外交部部长钱其琛就以色列和约旦正式签署和平条约发表谈话

钱其琛说，以色列和约旦正式签署约以和平条约，这是阿以和谈取得的又一重大突破，将对整个中东和平进程起推动作用。中国政府对此表示欢迎。

中央军委副主席张震上将在人民大会堂会见以总政主任西喷·帕里坎中将为团长的老挝人民军总政代表团

中国俄罗斯以及哈萨克斯坦乌兹别克斯坦吉尔吉斯斯坦塔吉克斯坦土库曼斯坦的铁道(运输)部部长在北京举行会议

共同研究如何发挥、开发利用经中国新疆阿拉山口口岸的国际铁路运输通道。

阿尔巴尼亚总统贝里沙在地拉那总统府会见全国政协副主席万国权

中国政府和塞内加尔政府在达喀尔签署关于中国派遣医疗队赴塞内加尔工作的换文

中国政府和牙买加政府在北京签署关于鼓励和相互保护投资协定

新华社发表特约评论员文章《坚持中美知识产权谅解备忘录的基本原则》

今天公布1992年1月17日签订的《中美关于保护知识产权谅解备忘录》全文，是为了使我国各部门、各地区全面了解这个备忘录的内容，进一步落实国务院关于加强知识产权保护的各项措施，把我国知识产权立法、执法和司法实施监督提高到一个新的水平。

保护知识产权是一项重要的法律制度。在世界经济步入国际化的今天，保护知识产权不仅涉及一国的法律制度，而且是国际合作与交流的环境和条件。中美双方经过长期磋商，达成谅解备忘备。其中所载明的主要原则，包括按国际规范保护知识产权的原则，特别是在立法和法律实施方面向关贸总协定《关于与贸易有关的知识产权包括防止假冒商品的协议》靠拢的原则，互惠互利原则和通过协商解决争议的原则等，体现了中国政府保护知识产权的基本立场，也是双边贸易关系的重要准则。正是遵照上述原则，两年多来，中国政府作出了最大努力，加快了立法和加入有关国际公约的进度，使知识产权保护水平达到了关贸总协定设定的标准。今年，全国人大常委会又通过了《关于惩治侵犯著作权的犯罪的决定》。海关总署还就制止侵权产品进出口采取了边境保护措施。中国有句话，叫做言必信，行必果。中国政府已经并将继续履行在谅解备忘录中承诺的义务。

中国法制的基本原则是有法可依、有法必依、执法必严、违法必究。中国的知识产权法律已付诸实施，通过司法或行政程序解决权属争议、制止侵权行为和打击违法犯罪活动的有效途径，此外，为扩大开放，促进合作，已采取措施对美国和其他一些国家符合规定条件的药品、农业化学物质产品发明，给予行政保护。

随着科技和经济的高速发展，如何制止形形色色的知识产权侵权行为已经成为各国司法实践的一大难题。中国也不例外。由于我国建立知识产权制度历史不长，全社会知识产权保护的意识比较薄弱，保障各项知识产权法律的贯彻实施，任务还很艰巨。正因为如此，今年7月国务院发布了《关于进一步加强知识产权保护工作的决定》，召开了全国知识产权保护工作电话会议，对全国知识产权执法检查做出部署。国务院建立了知识产权办公会议制度，负责知识产权工作的宏观管理和协调指导。全国主要省市也已建立了相应的协调指导机构或工作会议制度，研究制定切实可行的工作计划，严肃查处违法侵权行为，并已取得了显著成效。我们欢迎国际社会为推动我国法律的贯彻实施提出建设性意见。但是，在我国知识产权法制不断完善的情况下，对中国施加压力不断升级的做法，是不合逻辑的，也是不公正的。任何夸大消极面，对我国知识产权法制环境的无理指责是根本站不住脚的。

坚持中美两国政府达成的中美知识产权谅解备忘录的基本原则，通过协商解决双边知识产权问题，发展多种形式的经济技术合作，不仅符合两国人民的利益，也有利于建立国际经济新秩序。

中国蹼泳女选手吴美慧在广东东莞打破200米世界纪录

10月27日

八届全国人大常委会十次会议在北京闭幕

八届全国人大常委会第十次会议在审议通过《中华人民共和国母婴保健法》、《中华人民共和国广告法》和有关议案后，上午在北京闭幕。乔石委员长主持会议。

新中国历史上的第一部《母婴保健法》和《广告法》均以124票获得通过。《母婴保健法》将于明年6月1日起施行；广告法将于明年2月1日起施行。

会议还通过《全国人大常委会关于批准〈作业场所安全使用化学品公约〉的决定》，通过全国人大内务司法委员会、财经委员会、教科文卫委员会、外事委员会关于八届全国人大二次会议主席团交付审议的代表提出议案审议结果的报告。会议还通过关于最高人民检察院检察员的免职名单。

田纪云、王汉斌、倪志福、陈慕华、费孝通、孙起孟、雷洁琼、秦基伟、李锡铭、王丙乾、帕巴拉·格列朗杰、程思远、卢嘉锡、布赫、铁木尔·达瓦买提、吴阶平副委员长和曹志秘书长出席会议,国务院副总理钱其琛、最高人民法院院长任建新列席会议。

国家主席江泽民签署第 33 号令公布《中华人民共和国母婴保健法》

《中华人民共和国母婴保健法》已由中华人民共和国第八届全国人民代表大会常务委员会第十次会议于 1994 年 10 月 27 日通过,现予公布,自 1995 年 6 月 1 日起施行。

中华人民共和国主席 江泽民

1994 年 10 月 27 日

中华人民共和国母婴保健法

第一章 总 则

第一条 为了保障母亲和婴儿健康,提高出生人口素质,根据宪法,制定本法。

第二条 国家发展母婴保健事业,提供必要条件和物质帮助,使母亲和婴儿获得医疗保健服务。

国家对边远贫困地区的母婴保健事业给予扶持。

第三条 各级人民政府领导母婴保健工作。

母婴保健事业应当纳入国民经济和社会发展计划。

第四条 国务院卫生行政部门主管全国母婴保健工作,根据不同地区情况提出分级分类指导原则,并对全国母婴保健工作实施监督管理。

国务院其他有关部门在各自职责范围内,配合卫生行政部门做好母婴保健工作。

第五条 国家鼓励、支持母婴保健领域的教育和科学研究,推广先进、实用的母婴保健技术,普及母婴保健科学知识。

第六条 对在母婴保健工作中做出显著成绩和在母婴保健科学研究中取得显著成果的组织和个人,应当给予奖励。

第二章 婚前保健

第七条 医疗保健机构应当为公民提供婚前保健服务。

婚前保健服务包括下列内容:

(一)婚前卫生指导:关于性卫生知识、生育知识和遗传病知识的教育;

(二)婚前卫生咨询:对有关婚配、生育保健等问题提供医学意见;

(三)婚前医学检查:对准备结婚的男女双方可能患影响结婚和生育的疾病进行医学检查。

第八条 婚前医学检查包括对下列疾病的检查:

(一)严重遗传性疾病;

(二)指定传染病;

(三)有关精神病。

经婚前医学检查,医疗保健机构应当出具婚前医学检查证明。

第九条 经婚前医学检查,对患指定传染病在传染期内或者有关精神病在发病期内的,医师应当提出医学意见;准备结婚的男女双方应当暂缓结婚。

第十条 经婚前医学检查,对诊断患医学上认为不宜生育的严重遗传性疾病的,医师应当向男女双方说明情况,提出医学意见;经男女双方同意,采取长效避孕措施或者施行结扎手术后不生育的,可以结婚。但《中华人民共和国婚姻法》规定禁止结婚的除外。

第十一条 接受婚前医学检查的人员对检查结果持有异议的,可以申请医学技术鉴定,取得医学鉴定证明。

第十二条 男女双方在结婚登记时,应当持有婚前医学检查证明或者医学鉴定证明。

第十三条 省、自治区、直辖市人民政府根据本地区的实际情况,制定婚前医学检查制度实施办法。

省、自治区、直辖市人民政府对婚前医学检查应当规定合理的收费标准,对边远贫困地区或者交费确有困难的人员应当给予减免。

第三章 孕产期保健

第十四条 医疗保健机构应当为育龄妇女和孕产妇提供孕产期保健服务。

孕产期保健服务包括下列内容:

(一)母婴保健指导:对孕育健康后代以及严重遗传性疾病和碘缺乏病等地方病的发病原因、治疗和预防方法提供医学意见;

(二)孕妇、产妇保健:为孕妇、产妇提供卫生、营养、心理等方面的咨询和指导以及产前定期检查等医疗保健服务;

(三)胎儿保健:为胎儿生长发育进行监护,提供咨询和医学指导;

(四)新生儿保健:为新生儿生长发育、哺乳和护理提供医疗保健服务。

第十五条 对患严重疾病或者接触致畸物质,妊娠可能危及孕妇生命安全或者可能严重影响孕妇健康和胎儿正常发育的,医疗保健机构应当予以医学指导。

第十六条 医师发现或者怀疑患严重遗传性疾病的育龄夫妻,应当提出医学意见。育龄夫妻应当根据医师的医学意见采取相应的措施。

第十七条 经产前检查，医师发现或者怀疑胎儿异常的，应当对孕妇进行产前诊断。

第十八条 经产前诊断，有下列情形之一的，医师应当向夫妻双方说明情况，并提出终止妊娠的医学意见：

（一）胎儿患严重遗传性疾病的；

（二）胎儿有严重缺陷的；

（三）因患严重疾病，继续妊娠可能危及孕妇生命安全或者严重危害孕妇健康的。

第十九条 依照本法规定施行终止妊娠或者结扎手术，应当经本人同意，并签署意见。本人无行为能力的，应当经其监护人同意，并签署意见。

依照本法规定施行终止妊娠或者结扎手术的，接受免费服务。

第二十条 生育过严重缺陷患儿的妇女再次妊娠前，夫妻双方应当到县级以上医疗保健机构接受医学检查。

第二十一条 医师和助产人员应当严格遵守有关操作规程，提高助产技术和服务质量，预防和减少产伤。

第二十二条 不能住院分娩的孕妇应当由经过培训合格的接生人员实行消毒接生。

第二十三条 医疗保健机构和从事家庭接生的人员按照国务院卫生行政部门的规定，出具统一制发的新生儿出生医学证明；有产妇和婴儿死亡以及新生儿出生缺陷情况的，应当向卫生行政部门报告。

第二十四条 医疗保健机构为产妇提供科学育儿、合理营养和母乳喂养的指导。

医疗保健机构对婴儿进行体格检查和预防接种，逐步开展新生儿疾病筛查、婴儿多发病和常见病防治等医疗保健服务。

第四章 技术鉴定

第二十五条 县级以上地方人民政府可以设立医学技术鉴定组织，负责对婚前医学检查、遗传病诊断和产前诊断结果有异议的进行医学技术鉴定。

第二十六条 从事医学技术鉴定的人员，必须具有临床经验和医学遗传学知识，并具有主治医师以上的专业技术职务。

医学技术鉴定组织的组成人员，由卫生行政部门提名，同级人民政府聘任。

第二十七条 医学技术鉴定实行回避制度。凡与当事人有利害关系，可能影响公正鉴定的人员，应当回避。

第五章 行政管理

第二十八条 各级人民政府应当采取措施，加强母婴保健工作，提高医疗保健服务水平，积极防治由环境因素所致严重危害母亲和婴儿健康的地方性高发性疾病，促进母婴保健事业的发展。

第二十九条 县级以上地方人民政府卫生行政部门管理本行政区域内的母婴保健工作。

第三十条 省、自治区、直辖市人民政府卫生行政部门指定的医疗保健机构负责本行政区域内的母婴保健监测和技术指导。

第三十一条 医疗保健机构按照国务院卫生行政部门的规定，负责其职责范围内的母婴保健工作，建立医疗保健工作规范，提高医学技术水平，采取各种措施方便人民群众，做好母婴保健服务工作。

第三十二条 医疗保健机构依照本法规定开展婚前医学检查、遗传病诊断、产前诊断以及施行结扎手术和终止妊娠手术的，必须符合国务院卫生行政部门规定的条件和技术标准，并经县级以上地方人民政府卫生行政部门许可。

严禁采用技术手段对胎儿进行性别鉴定，但医学上确有需要的除外。

第三十三条 从事本法规定的遗传病诊断、产前诊断的人员，必须经过省、自治区、直辖市人民政府卫生行政部门的考核，并取得相应的合格证书。

从事本法规定的婚前医学检查、施行结扎手术和终止妊娠手术的人员以及从事家庭接生的人员，必须经过县级以上地方人民政府卫生行政部门的考核，并取得相应的合格证书。

第三十四条 从事母婴保健工作的人员应当严格遵守职业道德，为当事人保守秘密。

第六章 法律责任

第三十五条 未取得国家颁发的有关合格证书的，有下列行为之一，县级以上地方人民政府卫生行政部门应当予以制止，并可以根据情节给予警告或者处以罚款：

（一）从事婚前医学检查、遗传病诊断、产前诊断或者医学技术鉴定的；

（二）施行终止妊娠手术的；

（三）出具本法规定的有关医学证明的。

上款第（三）项出具的有关医学证明无效。

第三十六条 未取得国家颁发的有关合格证书，施行终止妊娠手术或者采取其他方法终止妊娠，致人死亡、残疾、丧失或者基本丧失劳动能力的，依照刑法第一百三十四条、第一百三十五条的规定追究刑事责任。

第三十七条 从事母婴保健工作的人员违反本法规定，出具有关虚假医学证明或者进行胎儿性别鉴定的，由医疗保健机构或者卫生行政部门根据情节给予行政处分；情节严重的，依法取消执业资格。

第七章 附　则

第三十八条 本法下列用语的含义：

指定传染病，是指《中华人民共和国传染病防治法》中规定的艾滋病、淋病、梅毒、麻风病以及医学上认为影响结婚和生育的其他传染病。

严重遗传性疾病，是指由于遗传因素先天形成，患者全部或者部分丧失自主生活能力，后代再现风险高，医学上认为不宜生育的遗传性疾病。

有关精神病，是指精神分裂症、躁狂抑郁型精神病以及其他重型精神病。

产前诊断，是指对胎儿进行先天性缺陷和遗传性疾病的诊断。

第三十九条 本法自 1995 年 6 月 1 日起施行。

附：刑法有关条款

第一百三十四条 故意伤害他人身体的，处三年以下有期徒刑或者拘役。

犯前款罪，致人重伤的，处三年以上七年以下有期徒刑；致人死亡的，处七年以上有期徒刑或者无期徒刑。本法另有规定的，依照规定。

第一百三十五条 过失伤害他人致人重伤的，处二年以下有期徒刑或者拘役；情节特别恶劣的，处二年以上七年以下有期徒刑。本法另有规定的，依照规定。

国家主席江泽民签署第 34 号令公布《中华人民共和国广告法》

《中华人民共和国广告法》已由中华人民共和国第八届全国人民代表大会常务委员会第十次会议于 1994 年 10 月 27 日通过，现予公布，自 1995 年 2 月 1 日起施行。

中华人民共和国主席 江泽民

1994 年 10 月 27 日

中华人民共和国广告法

第一章 总　则

第一条 为了规范广告活动，促进广告业的健康发展，保护消费者的合法权益，维护社会经济秩序，发挥广告在社会主义市场经济中的积极作用，制定本法。

第二条 广告主、广告经营者、广告发布者在中华人民共和国境内从事广告活动，应当遵守本法。

本法所称广告，是搞商品经营者或者服务提供者承担费用，通过一定媒介和形式直接或间接地介绍自己所推销的商品或者所提供的服务的商业广告。

本法所称广告主，是指为推销商品或者提供服务，自行或者委托他人设计、制作、发布广告的法人、其他经济组织或者个人。

本法所称广告经营者，是指受委托提供广告设计、制作、代理服务的法人、其他经济组织或者个人。

本法所称广告发布者，是指为广告主或者广告主委托的广告经营者发布广告的法人或者其他经济组织。

第三条 广告应当真实、合法，符合社会主义精神文明建设的要求。

第四条 广告不得含有虚假的内容，不得欺骗和误导消费者。

第五条 广告主、广告经营者、广告发布者从事广告活动，应当遵守法律、行政法规，遵循公平、诚实信用的原则。

第六条 县级以上人民政府工商行政管理部门是广告监督管理机关。

第二章 广告准则

第七条 广告内容应当有利于人民的身心健康，促进商品和服务质量的提高，保护消费者的合法权益，遵守社会公德和职业道德，维护国家的尊严和利益。

广告不得有下列情形：

（一）使用中华人民共和国国旗、国徽、国歌；

（二）使用国家机关和国家机关工作人员的名义；

（三）使用国家级、最高级、最佳等用语；

（四）妨碍社会安定和危害人身、财产安全，损害社会公共利益；

（五）妨碍社会公共秩序和违背社会良好风尚；

（六）含有淫秽、迷信、恐怖、暴力、丑恶的内容；

（七）含有民族、种族、宗教、性别歧视的内容；

（八）妨碍环境和自然资源保护；

（九）法律、行政法规规定禁止的其他情形。

第八条 广告不得损害未成年人和残疾人的身心健康。

第九条 广告中对商品的性能、产地、用途、质量、价格、生产者、有效期限、允诺或者对服务的内容、形式、质量、价格、允诺有表示的，应当清楚、明白。

广告中表明推销商品、提供服务附带赠送礼品的，应当标明赠送的品种和数量。

第十条 广告使用数据、统计资料、调查结果、文摘、引用语，应当真实、准确，并表明出处。

第十一条 广告中涉及专利产品或者专利方法的，应当标明专利号和专利种类。

未取得专利权的，不得在广告中谎称取得专利权。

禁止使用未授予专利权的专利申请和已经终止、撤销、无效的专利做广告。

第十二条 广告不得贬低其他生产经营者的商品或者服务。

第十三条 广告应当具有可识别性，能够使消费者辨明其为广告。

大众传播媒介不得以新闻报道形式发布广告。通过大众传播媒介发布的广告应当有广告标记，与其他非广告信息相区别，不得使消费者产生误解。

第十四条 药品、医疗器械广告不得有下列内容：

(一)含有不科学的表示功效的断言或者保证的；

(二)说明治愈率或者有效率的；

(三)与其他药品、医疗器械的功效和安全性比较的；

(四)利用医药科研单位、学术机构、医疗机构或者专家、医生、患者的名义和形象作证明的；

(五)法律、行政法规规定禁止的其他内容。

第十五条 药品广告的内容必须以国务院卫生行政部门或者省、自治区、直辖市卫生行政部门批准的说明书为准。

国家规定的应当在医生指导下使用的治疗性药品广告中，必须注明“按医生处方购买和使用”。

第十六条 麻醉药品、精神药品、毒性药品、放射性药品等特殊药品，不得做广告。

第十七条 农药广告不得有下列内容：

(一)使用无毒、无害等表明安全性的绝对化断言的；

(二)含有不科学的表示功效的断言或者保证的；

(三)含有违反农药安全使用规程的文字、语言或者画面的；

(四)法律、行政法规规定禁止的其他内容。

第十八条 禁止利用广播、电影、电视、报纸、期刊发布烟草广告。

禁止在各类等候室、影剧院、会议厅堂、体育比赛场馆等公共场所设置烟草广告。

烟草广告中必须标明“吸烟有害健康”。

第十九条 食品、酒类、化妆品广告的内容必须符合卫生许可的事项，并不得使用医疗用语或者易与药品混淆的用语。

第三章 广告活动

第二十条 广告主、广告经营者、广告发布者之间在广告活动中应当依法订立书面合同，明确各方的权利和义务。

第二十一条 广告主、广告经营者、广告发布者不得在广告活动中进行任何形式的不正当竞争。

第二十二条 广告主自行或者委托他人设计、制作、发布广告，所推销的商品或者所提供的服务应当符合广告主的经营范围。

第二十三条 广告主委托设计、制作、发布广告，应当委托具有合法经营资格的广告经营者、广告发布者。

第二十四条 广告主自行或者委托他人设计、制作、发布广告，应当具有或者提供真实、合法、有效的下列证明文件：

(一)营业执照以及其他生产、经营资格的证明文件；

(二)质量检验机构对广告中有关商品质量内容出具的证明文件；

(三)确认广告内容真实性的其他证明文件。

依照本法第三十四条的规定，发布广告需要经有关行政主管部门审查的，还应当提供有关批准文件。

第二十五条 广告主或者广告经营者在广告中使用他人名义、形象的，应当事先取得他人的书面同意；使用无民事行为能力人、限制民事行为能力人的名义、形象的，应当事先取得其监护人的书面同意。

第二十六条 从事广告经营的，应当具有必要的专业技术人员、制作设备，并依法办理公司或者广告经营登记，方可从事广告活动。

广播电台、电视台、报刊出版单位的广告业务，应当由其专门从事广告业务的机构办理，并依法办理兼营广告的登记。

第二十七条 广告经营者、广告发布者依据法律、行政法规查验有关证明文件，核实广告内容。对内容不实或者证明文件不全的广告，广告经营者不得提供设计、制作、代理服务，广告发布者不得发布。

第二十八条 广告经营者、广告发布者按照国家有关规定，建立、健全广告业务的承接登记、审核、档案管理制度。

第二十九条 广告收费应当合理、公开，收费标准和收费办法应当向物价和工商行政管理部门备案。

广告经营者、广告发布者应当公布其收费标准和收费办法。

第三十条 广告发布者向广告主、广告经营者提供的媒介覆盖率、收视率、发行量等资料应当真实。

第三十一条 法律、行政法规规定禁止生产、销售的商品或者提供的服务，以及禁止发布广告的商品或者服务，不得设计、制作、发布广告。

第三十二条 有下列情形之一的，不得设置户外广告：

(一)利用交通安全设施、交通标志的；

(二)影响市政公共设施、交通安全设施、交通标志使用的；

(三)妨碍生产或者人民生活，损害市容市貌的；

(四)国家机关、文物保护单位和名胜风景点的建筑控制地带；

(五)当地县级以上地方人民政府禁止设置户外广告的区域。

第三十三条 户外广告的设置规划和管理办法，由当地县级以上地方人民政府组织广告监督管理、城市建设、环境保护、公安等有关部门制定。

第四章 广告的审查

第三十四条 利用广播、电影、电视、报纸、期刊以及其他媒介发布药品、医疗器械、农药、兽药等商品的广告和法律、行政法规规定应当进行审查的其他广告，必须在发布前依照有关法律、行政法规由有关行政主管部门(以下简称广告审查机关)对广告内容进行审查;未经审查，不得发布。

第三十五条 广告主申请广告审查，应当依照法律、行政法规向广告审查机关提交有关证明文件。广告审查机关应当依照法律、行政法规作出审查决定。

第三十六条 任何单位和个人不得伪造、变造或者转让广告审查决定文件。

第五章 法律责任

第三十七条 违反本法规定，利用广告对商品或者服务作虚假宣传的，由广告监督管理机关责令广告主停止发布、并以等额广告费用在相应范围内公开更正消除影响，并处广告费用一倍以上五倍以下的罚款;对负有责任的广告经营者、广告发布者没收广告费用，并处广告费用一倍以上五倍以下的罚款;情节严重的，依法停止其广告业务。构成犯罪的，依法追究刑事责任。

第三十八条 违反本法规定，发布虚假广告，欺骗和误导消费者，使购买商品或者接受服务的消费者的合法权益受到损害的，由广告主依法承担民事责任;广告经营者、广告发布者明知或者应知广告虚假仍设计、制作、发布的，应当依法承担连带责任。

广告经营者、广告发布者不能提供广告主的真实名称、地址的，应当承担全部民事责任。

社会团体或者其他组织，在虚假广告中向消费者推荐商品或者服务，使消费者的合法权益受到损害的，应当依法承担连带责任。

第三十九条 发布广告违反本法第七条第二款规定的，由广告监督管理机关责令负有责任的广告主、广告经营者、广告发布者停止发布、公开更正，没收广告费用，并处广告费用一倍以上五倍以下的罚款;情节严重的，依法停止其广告业务。构成犯罪的，依法追究刑事责任。

第四十条 发布广告违反本法第九条至第十二条规定的，由广告监督管理机关责令负有责任的广告主、广告经营者、广告发布者停止发布，公开更正，没收广告费用，可以并处广告费用一倍以上五倍以下的罚款。

发布广告违反本法第十三条规定的，由广告监督管理机关责令广告发布者改正，处以一千元以上一万元以下的罚款。

第四十一条 违反本法第十四条至第十七条、第十九条规定，发布药品、医疗器械、农药、食品、酒类、化妆品广告的，或者违反本法第三十一条规定发布广告的，由广告监督管理机关责令负有责任的广告主、广告经营者、广告发布者改正或者停止发布，没收广告费用，可以并处广告费用一倍以上五倍以下的罚款;情节严重的，依法停止其广告业务。

第四十二条 违反本法第十八条的规定，利用广播、电影、电视、报纸、期刊发布烟草广告，或者在公共场所设置烟草广告的，由广告监督管理机关责令负有责任的广告主、广告经营者、广告发布者停止发布，没收广告费用，可以并处广告费用一倍以上五倍以下的罚款。

第四十三条 违反本法第三十四条的规定，未经广告审查机关审查批准，发布广告的，由广告监督管理机关责令负有责任的广告主、广告经营者、广告发布者停止发布，没收广告费用，并处广告费用一倍以上五倍以下的罚款。

第四十四条 广告主提供虚假证明文件的，由广告监督管理机关处以一万元以上十万元以下的罚款。

伪造、变造或者转让广告审查决定文件的，由广告监督管理机关没收违法所得，并处一万元以上十万元以下的罚款。构成犯罪的，依法追究刑事责任。

第四十五条 广告审查机关对违法的广告内容作出审查批准决定的，对直接负责的主管人员和其他直接责任人员，由其所在单位、上级机关、行政监察部门依法给予行政处分。

第四十六条 广告监督管理机关和广告审查机关的工作人员玩忽职守、滥用职权、徇私舞弊的，给予行政处分。构成犯罪的，依法追究刑事责任。

第四十七条 广告主、广告经营者、广告发布者违反本法规定，有下列侵权行为之一的，依法承担民事责任：

(一)在广告中损害未成年人或者残疾人的身心健康的;(二)假冒他人专利的;(三)贬低其他生产经营者的商品或者服务的;(四)广告中未经同意使用他人名义、形象的;(五)其他侵犯他人合法民事权益的。

第四十八条 当事人对行政处罚决定不服的，可以在接到处罚通知之日起十五日内向作出处罚决定的机关的上一级机关申请复议;当事人也可以在接到处罚通知之日起十五日内直接向人民法院起诉。

复议机关应当在接到复议申请之日起六十日内作出复议决定。当事人对复议决定不服的，可以在接到复议决定之日起十五日内向人民法院起诉。复议机关逾期不作出复议决定的，当事人可以在复议期满之日起十五日内向人民法院起诉。

当事人逾期不申请复议也不向人民法院起诉，又不履行处罚决定的,作出处罚决定的机关可以申请人民法院强制执行。

第六章 附 则

第四十九条 本法自1995年2月1日起施行。本法施行前制定的其他有关广告的法律、法规的内容与本法不符的,以本法为准。

最高人民法院发出《关于印发〈关于审理铁路运输损害赔偿案件若干问题的解释〉的通知》

各省、自治区、直辖市高级人民法院,各铁路运输中级法院和基层法院:

现将《最高人民法院关于审理铁路运输损害赔偿案件若干问题的解释》印发给你们,请遵照执行。

最高人民法院关于审理铁路运输损害赔偿案件若干问题的解释(略)

国务院决定成立全国外资工作领导小组

全国外资工作领导小组组长由国务院副总理李岚清担任,成员单位包括国家计委、外经贸部、国家经贸委、国家体改委、财政部、劳动部、中国人民银行、国家税务总局、国家工商局、国家土地局、海关总署、国务院法制局、国务院特区办、国家外汇局。全国外资工作领导小组办公室设在外经贸部。

煤炭部开展全国乡镇煤矿清理整顿大检查

为进一步贯彻全国乡镇煤矿工作会议精神,促进我国乡镇煤矿健康发展,煤炭部近日决定,开展全国乡镇煤矿清理整顿大检查,并于近期向四川、贵州、甘肃、湖南、山西5省派出检查团。

这次大检查的重点是:一、查处目前无证非法开采、不具备起码安全生产条件、危及国有大矿安全生产以及党政军机关办的煤矿并进行清理整顿;二、规范煤炭市场秩序,不允许非法开采煤炭进入市场的具体措施和执行情况;三、了解各级党、政、军机关开办和参与开办小煤矿的生产经营情况及存在的问题。

西藏昌都邦达机场试航成功

西藏邦达机场近日试航成功。至此,目前世界上海拔最高的现代化航空港全部建成。

全国政协主席李瑞环在钓鱼台国宾馆会见尼泊尔王国王太子迪潘德拉·比尔·比克拉姆·沙阿·德瓦

中央军委副主席刘华清上将在钓鱼台国宾馆会见阿尔巴尼亚国防部部长萨非特·茹拉利

外交部发言人陈健就日本通产大臣桥本龙太郎的言论在记者招待会上答记者问

外交部发言人陈健指出,歪曲日本军国主义发动侵略战争的历史是不得人心的。

有记者问:日本通产大臣桥本龙太郎日前在国会就过去那段历史问题的答辩中承认日本军国主义者对华发动侵略战争并对朝鲜半岛进行过殖民统治,但否认对美、英等国的战争具有侵略性质。中方对此有何评论?

陈健说:日本军国主义发动的那场侵略战争给中国人民和亚洲其他国家人民带来深重灾难,日本人民也深受其害。对那段历史的性质,国际社会早有定论,对此加以歪曲是不得人心的。

陈健说:"我们一贯认为,正确对待过去那段历史,以史为鉴,走和平发展道路,符合日本人民的根本利益,也有利于日本增进同亚洲各国之间的理解与信任。"

全国人大常委会副委员长王光英在新加坡分别拜会新加坡总统王鼎昌总理吴作栋和内阁资政李光耀

南斯拉夫总理孔蒂奇在贝尔格莱德联邦人厦会见外交部副部长戴秉国

外交部副部长刘华秋与美国军控与裁军署署长霍勒姆就裁军与军控问题在北京举行磋商

国务委员国家计生委主任彭珮云在全国计划生育工作先进集体先进个人电话表彰会上发表讲话

彭珮云告诫各级领导和广大干部群众,人口形势仍不容乐观。计划生育工作已经取得显著成绩的地区和目前工作难度还比较大的地区,都要有长期艰苦奋斗的思想准备。

在谈到90年代以来我国计划生育取得的瞩目成就时,彭珮云说,各级党委、政府和广大计划生育工作者认真贯彻落实中共中央、国务院《关于加强计划生育工作,严格控制人口增长的决定》和连续四年在人民代表大会开会期间召开的计划生育工作座谈会的精神,切实加强领导,加强基层基础工作,提高管理和服务水平,在落实计划生育工作"三为主"方针,把计划生育同发展农村经济、帮助群众勤劳致富奔小康、建设文明幸福的家庭结合起来等方面取得了新的经验和新的进展。90年代我国人口出生率已经降到了20‰以下,我国妇女总和生育率已达到更替水平,这是全党、全国人民共同努力的结果。

在充分肯定成绩以后,彭珮云还谈到我国新时期面临的人口问题。

彭珮云还从全球人口的宏观形势，分析了我国努力控制人口数量、提高人口质量、改善人口结构的重要意义。

彭珮云希望，各级党委、政府和广大计划生育战线的同志们要进一步解放思想，开阔思路，在继续坚持和不断完善多年来行之有效的基本经验的同时，加快计划生育工作改革的步伐，积极探索同改革开放和社会主义市场经济相适应的计划生育工作的新机制。

最高人民法院在北京举行严厉惩治重大非法印刷倒卖虚开代开增值税专用发票犯罪分子新闻发布会

发布会公布五起这类重大犯罪的处理结果，胡明等六名犯罪分子于当天被处决。

10月28日

全国纪检监察案件审理工作会议在大连举行

全国人大常委会检查组召开对《产品质量法》等“三法一决定”执行情况检查汇报会

中共中央政治局常委胡锦涛中央政治局委员书记处书记姜春云等到北京民族文化宫参观支援经济不发达地区发展资金15年使用成果展示会

国务院发展研究中心国家体改委和国家经贸委共同主办的中国改革开放15年企业发展成就展在北京展览馆开幕

深圳人保为大亚湾核电站提供40亿美元保险

这是目前国内最大的保险项目。

国家主席江泽民在中南海会见著名美籍华裔数学家南开大学数学研究所名誉所长陈省身教授及夫人郑士宁女士

国家主席江泽民在中南海会见尼泊尔王国王太子迪潘德拉·比尔·比克拉姆·沙阿·德瓦

国务院总理李鹏在中南海会见出席七国铁道(运输)部部长会议的俄罗斯和中亚五国(哈萨克斯坦乌兹别克斯坦吉尔吉斯斯坦塔吉克斯坦土库曼斯坦)的铁道(运输)部部长

国务院总理李鹏在中南海会见即将离任的巴基斯坦驻中国大使卡利德·马赫穆德

日本内阁首相村山富市在东京首相官邸会见国家副主席荣毅仁及其主要随行人员

对外友协举行宴会庆祝中国和赞比亚建交30周年

中国哈萨克斯坦乌兹别克斯坦吉尔吉斯斯坦塔吉克斯坦土库曼斯坦以及俄罗斯铁路(运输)部部长就确保“大陆桥”客货的无阻碍运输签署一项联合公报

中葡联合联络小组第21次会议在北京结束

“雪龙”号破冰船首航南极

中国第一艘破冰船——“雪龙”号从上海港启航，踏上首航南极的征途。我国第十一次南极考察队随船前往南极。

北京空间技术研制试验中心在北京西郊破土动工

由民革民盟民建民进农工致公九三台盟八个民主党派和全国工商联中华职业教育社两个团体联合召开的“全国民办教育研讨会”在北京开幕

到1993年年底，全国有民办幼儿园16990所，占全国幼儿园总数的10.3%；民办小学4030所占0.6%；民办初中555所占0.8%；民办普通高中296年，占2%。

国家版权局局长于友先就中国加入国际著作权公约两周年发表谈话

到今年十月底，《伯尔尼公约》与《世界版权公约》这两个国际著作权公约，在我国生效已满两周年。于友先就此发表谈话说，我国的著作权保护事业在这两年里取得了举世瞩目的进展。如果说《著作权法》的实施是新中国著作权保护事业的一个里程碑，那么，中国成为国际著作权公约成员国，便是这一事业的又一丰碑。

于友先概述我国著作权保护的新进展。他说，首先，我国的著作权保护法律体系已基本完备。一九九二年九月，国务院颁布了《实施国际著作权条约的规定》。一九九三年初，中国又加入了《保护录音制品制作者防止未经许可复制其录音制品公约》。为更有效地保护著作权人的合法权益，制裁严重侵权行为，今年七月，八届全国人大常委会第八次会议通过了《关于惩治侵犯著作权的犯罪的决定》，今年九月国务院颁布了

《音像制品管理条例》。这些法律法规的颁布实施，使我国的著作权立法进入世界先进国家行列。

其次，我国的著作权司法工作也有进展。自一九九三年起，北京、上海、广东、福建和海南等五省市的高级人民法院和部分城市的中级人民法院设立了知识产权审判庭十多个，一些省、自治区、直辖市人民政府所在地的中级人民法院设立了专门审理知识产权的合议庭。这样集中审理知识产权案件，对于起步较晚的我国著作权保护事业具有特别的意义。

同时，我国的著作权行政管理机关这两年中也已普遍建立。已有二十八个省、自治区、直辖市设立了版权局。这些机构在维护著作权人权益、调解纠纷、查处严重侵权行为等方面发挥了重要的作用。

于友先说，中国政府重视著作权法的宣传普及工作，并已在此方面取得初步成果。著作权法的宣传普及已列入第二个五年普法计划中，成为一项经常性工作。特别是今年五、六月间，国家版权局在中央有关部门的支持下，会同有关单位联合开展了全国范围内的普法宣传活动，对增强著作权保护意识，推动著作权法的实施十分有利。

于先友特别强调，在大力普法的同时，各级著作权行政管理机关加强了打击盗版、查处侵权行为的工作。据有关方面的不完全统计，一九九三年全国收缴侵权书籍三百多万册、侵权录像带四十八万多盒。今年四月，广东、江苏、北京等地著作权行政管理机关会同文化、广电、工商、公安等部门先后开展了大规模的清查音像制品（特别是激光唱盘）盗版行为，狠狠打击了生产销售盗版制品的违法活动。

全国政协民进中央在北京人民大会堂举行座谈会纪念叶圣陶诞辰100周年

中共中央政治局委员、国务院副总理李岚清出席座谈会并讲话。

李岚清指出，叶圣陶先生作为一位杰出的文学家、教育家、编辑出版事业家、社会活动家，在新民主主义革命时期和社会主义建设时期作出了重大的贡献。他是中国共产党的亲密朋友，在他的光辉一生中，始终贯穿着热爱党、热爱社会主义祖国，全心全意为人民服务，坚持真理，无私奉献的崇高精神。他是中国知识分子的典范，是风范永存的一代师表。

广播电影电视部在北京人民大会堂举行报告会纪念夏衍从事革命文艺工作65周年

第11届世界技巧锦标赛在北京开幕

10月29日

中共中央总书记江泽民等在中南海会见出席全国农村基层组织建设工作会议全体人员

中共中央总书记江泽民和中央政治局常委乔石、李瑞环、朱镕基、刘华清、胡锦涛在中南海怀仁堂会见出席全国农村基层组织建设工作会议人员，参加会见的还有吴邦国、姜春云、尉健行、温家宝、任建新、宋健、李贵鲜、陈俊生等。中央领导和与会人员合影后，江泽民总书记发表重要讲话。

中央政治局候补委员、书记处书记温家宝作会议总结。

中共中央总书记江泽民在会见出席全国农村基层组织建设工作会议全体人员时发表讲话

同志们好！

中央召开这次全国农村基层组织建设工作会议，是贯彻落实十四届四中全会《决定》的一次重要会议，对推进农村基层组织建设，对农村改革、发展、稳定，具有战略意义。锦涛同志代表中央作了报告，我完全同意。

我们党的农村基层组织总的状况是好的，广大农村党员和基层干部认真执行党的路线和政策，不辞劳苦，辛勤工作，做出了很大贡献，我代表党中央，向大家致以诚挚的问候，希望同志们再创新业，再立新功！

农业、农村和农民问题，关系着改革开放和社会主义现代化事业的大局，关系着党的执政地位的巩固，关系着国家的长治久安。这不但是个重大的经济问题，同时是个重大的政治问题。中央多次强调，全党都要高度重视农业和农村工作。从中央到地方各级党委和政府，务必要把农业和农村工作摆在经济工作的首位，务必使农村经济发展和社会全面进步再上一个新台阶。农村安，天下定，农业发展了，农民富裕了，整个国家才能繁荣富强。坚持以经济建设为中心，首先要下功夫把农业这个基础打好。坚持改革开放，坚持四项基本原则，也必须把广大农村的工作做好。

为了完成新时期党在农村的历史任务，一定要把全国80多万个农村基层组织分期分批地建设好，关键是把农村基层党组织建设好，充分发挥它的核心领导作用，使农村基层组织能够富有成效地工作，把九亿农民紧密团结在党的周围，凝聚成建设社会主义新农村的强大力量。

孙中山散佚文稿有新发现

即将举行的"中国嘉德'94秋季拍卖会古籍善本专

场”上将拍出一批重要革命历史文物。其中三封孙中山致范石生亲笔书札，因具有珍贵的史料、文物价值而引起有关专家学者的关注。

国务院发出关于开展第一次全国农业普查的通知

各省、自治区、直辖市人民政府，国务院各部委、各直属机构：

改革开放以来，我国农村经济和社会事业得到全面发展，取得了举世瞩目的巨大成就。为准确掌握农业生产要素的规模与结构，进一步查清农村劳动力的使用、转移以及乡镇企业和农村小城镇发展的基本情况，为研究确定国民经济发展战略和规划、计划目标以及制定各项社会经济政策提供科学依据，推动农业和农村经济更快更好的发展，国务院决定在 1997 年进行第一次全国农业普查。现将有关事项通知如下：

一、第一次全国农业普查以农业生产要素的普查为基础内容，同时全面了解农村经济和社会发展的基本情况。普查的主要内容包括：农业生产经营单位的数量、规模和结构；农业用地在各生产经营单位的分布和使用情况；农业生产性固定资产的数量、结构和性能；农村劳动力的数量、素质、从事的行业和流动情况；乡镇企业和建制镇的基本概况。

二、第一次全国农业普查的进度安排是：1994 年开始准备，1997 年上半年实施调查，1997 年下半年提供手工汇总的主要数据，1998 年下半年提供全部调查单位 10%的提前抽样汇总数据，1999 年底完成全部数据处理工作。

三、从 1997 年起，每 10 年进行一次全国农业普查，全面调查农业和农村的基本情况。年度农业统计数据的收集以抽样调查为主，普查将为常规农业统计调查提供抽样框。

四、这次全国农业普查的经费由中央财政和地方财政共同负担，预算由有关部门另行下达。

五、农业普查是一项重要的国情国力调查，涉及面较广，任务重、难度大，做好这项工作需要强有力的领导和严密的组织。为此，国务院决定建立第一次全国农业普查协调联席会议制度，统一负责农业普查工作，并由国家统计局负责普查的具体组织实施工作。各级人民政府应由一位负责同志领导和协调当地的普查工作。现场组织和调查人员将全部从乡、村干部中选调。有关部门要加强协作，密切配合，共同做好工作。

我国是一个有 9 亿多乡村人口的农业大国，进行第一次全国农业普查，不仅是我国经济生活中的一件大事，也为世界各国和国际组织所瞩目。各级人民政府一定要高度重视，加强领导，充分依靠社会各方面的力量，特别要宣传和动员广大基层干部和农民积极参与，精心筹划，周密布置，搞好第一次全国农业普查。

中国企业改革与发展研讨会在北京召开

研讨会由国务院发展研究中心、国家体改委、国家经贸委联合举办。国务委员李铁映出席研讨会并讲话。

李铁映建议企业家、理论家和政府有关部门联姻，共同研究、探索建立现代企业制度的有效途径。他指出，国有企业改革既有理论问题，也有实践问题。在国有企业改革方向明确之后，更重要的是实践问题。企业家是第一线的实践者，各级政府要转变职能，积极支持、鼓励企业家和广大职工不断开拓创新。

这次研讨会共收到论文近百篇。这些论文就当前进一步搞好国有企业，建立现代企业制度的难点、对策，国有企业改革的思路，如何借鉴国外企业制度和企业发展的成功经验，如何造就适应社会主义市场经济体制要求的企业家队伍等问题，进行了深入的分析研究。

国家副主席荣毅仁应邀出席日本青山学院大学举办的“21 世纪的中国”国际研讨会并发表题为《走向 21 世纪的中国》的主旨演讲

荣毅仁副主席的演讲受到全场 2000 多名来宾和听众的热烈欢迎。

新华社香港分社副社长张浚生就中英关系答香港记者问

张浚生指出，彭定康近日在伦敦港府办事处记者会上声称“要把香港的责任交给香港人”，是有意违背中英联合声明，并企图挑拨香港市民与中国政府关系的做法。

张浚生晚上在参加一项社会活动时，就中英关系问题回答香港记者的提问。他说，中方一直希望英方能够忠实履行中英联合声明所赋予的责任，与中方友好合作，以保持香港的社会稳定和经济繁荣，并顺利过渡到 1997 年。但是，英方至今仍然在破坏合作，并且不断挑起争论。

张浚生强调，中英联合声明规定，1997 年 7 月 1 日，英国把香港交还给中华人民共和国。中国收回香港后，建立香港特别行政区，由中央政府授权实行高度自治。但彭定康却称“由英国把香港的责任交还给香港人”，彭定康的说法意在制造香港人和中国政府之间的矛盾，也是对中英联合声明的违背。张浚生表示，希望彭定康在今后两年多时间里，不要再挑起事端，制造矛盾。

中央军委副主席张震在人民大会堂会见玻利维亚国防部部长劳尔·托瓦尔·彼罗拉

中国广播电影电视部与保加利亚国家电视台在保加利亚的布拉戈耶夫格勒签署电视合作协议

卫生部部长殷大奎在黄山开幕的全国寄生虫病防治工作会议上宣布中国已经在全国范围内基本消灭丝虫病

日前在黄山开幕的全国寄生虫病防治工作会议上，卫生部副部长殷大奎宣布：现在，我国已经在全国范围内基本消灭丝虫病，其他寄生病的防治工作也不断取得进展。

10月30日

《人民日报》发表社论《把农村基层组织建设提高到新水平》

正当全党同志在认真学习和贯彻党的十四届四中全会通过的《中共中央关于加强党的建设几个重大问题的决定》的时候，党中央召开了全国农村基层组织建设工作会议。这是一次落实四中全会精神，强调抓基层、打基础，推动实施新的伟大工程的重要会议；是集中研究和具体部署加强以党组织为核心的农村基层组织建设的重要会议；是动员全党高度重视农业、农村和农民问题，认真抓好农村基层组织建设，努力把这方面工作提高到一个新水平的重要会议。认真落实会议精神，将大大增强农村基层组织的凝聚力和战斗力，团结、带领亿万农民群众加快奔小康的步伐，把社会主义的新农村建设得更加欣欣向荣。

在党的十四届四中全会后不久，党中央就专门召开会议，研究和部署加强农村以党组织为核心的基层组织建设，这是从全局和战略的高度出发，推进新时期党的建设这一伟大工程所采取的重大步骤。农业是国民经济和整个社会主义现代化建设的基础，农民占我国人口的大多数，农业、农村、农民的状况如何，直接关系到我国改革、发展、稳定的大局。近十多年来，我国农村发生深刻变化，取得巨大进步，广大农村基层组织、基层干部和共产党员辛勤工作，功不可没。同时也应当看到，随着社会主义市场经济的发展，农村基层组织面临着许多新情况，程度不同地存在一些同新形势不相适应的问题。这些问题如不认真解决，不仅难以完成新时期党在农村的历史任务，而且将严重削弱甚至动摇党在农村的工作基础。全党同志务必深刻领会中央召开这次会议的重大意义，充分认识加强农村基层组织建设的重要性和紧迫性，把会议精神学习领会好、贯彻落实好。

根据党的四中全会《决定》精神，这次会议进一步明确了加强农村基层组织建设的目标、重点和工作指导思想。明确提出了加强农村基层组织建设的工作目标，这就是：一、建设一个团结、坚强、群众拥护的好领导班子，尤其要有一个好书记。二、培养锻炼一支富有战斗力的好队伍，共产党员能够发挥先锋模范作用，干部能够发挥示范带头作用，共青团员能够发挥助手和后备军作用。三、选准一条适合当地加快经济发展的好路子，加快农民脱贫致富奔小康的步伐。四、完善一个好经营体制，增强经济发展的活力，引导和帮助农民走共同富裕的道路。五、健全一套体现民主管理、保证工作有效运转的好管理制度，使村级各项工作逐步走上制度化、规范化的轨道。这五条相互有机联系，是一个整体，形成了新形势下加强农村以党组织为核心的基层组织建设的目标体系，既积极明确又切实可行。省、地、县各级都应当按照这个总的目标要求，在调查研究的基础上，制订出加强农村基层组织建设的具体目标和工作规划，并认真组织实施。

邓小平同志指出，中国的事情能不能办好，社会主义和改革开放能不能坚持，经济能不能快一点发展起来，国家能不能长治久安，从一定意义上说关键在人，关键是共产党内部要搞好。全国是这样，一个地方是这样，农村基层也是这样。抓农村基层组织建设，关键要把作为各种组织领导核心的党组织建设好。实践证明，哪里的党支部班子坚强，领导有力，其他各种组织的作用就发挥得好，经济的发展和其他方面的工作进步就快；反之，党支部起不到核心领导作用，其他各种组织就很难活跃起来，经济的发展和其他方面工作就比较被动。这是一条极为重要的经验。

在新形势下怎样才能把农村基层党组织建设好呢？最要紧的一条，是要坚持把保证党的基本路线的贯彻执行，作为加强这项工作的根本着眼点和落脚点，紧紧围绕经济建设这个中心，密切联系团结带领农民群众奔小康的实践和深化改革、促进发展、保持稳定这个大局，全面加强基层党组织的建设，首先抓好领导班子建设。从现在起，还必须在两个“三年”上扎扎实实下功夫。一是用三年时间，有计划有步骤地组织全体党员开展学习邓小平同志建设有中国特色社会主义理论和党章的活动，使广大党员提高素质、增强党性，发挥先锋模范作用。二是要抓住重点，力争在三年内，有领导、有计划地把处于软弱涣散和瘫痪状态的党支部整顿好、建设好，尤其要选好支部书记；同时要继续做好中间状态的支部和先进支部的工作，使之不断提高。

农村工作千头万绪，最基础的工作，是抓好基层组织建设。从中央到省、地、县委都负有重要的责任，关键在县委。县委要把工作重心和主要精力放在农村工作上，放在抓基层、打基础上。这次会议对县委抓农村基层组织建设的职责和任务作了明确的规定。县委书记应当对本县农村基层组织建设工作首先负起责任，要亲自调查研究，安排部署，督促检查。在落实会议各项要求的过程中，注意研究新情况，总结新经验，解决新问题。今后，上级党委要把农村基层组织特别是基层党组织建设做得好不好，作为考核县委和县委书记工作实绩的一项重要依据。要在认真学习四中全会《决定》的基础上，深入领会这次会议的精神，提高认识，加强领导，把学习和贯彻四中全会《决定》，同学习和贯彻全国农村基层组织建设工作会议精神紧密联系起来，脚踏实地，努力工作，把广大农村以党组织为核心的基层组织整体建设提高到一个新的水平！

全国农民负担监督管理工作会议在北京举行

会议由农业部、监察部、财政部、国家计委、国务院法制局五部委联合召开会议指出，减轻农民负担工作虽然取得了明显成效，但对成绩不能估计太高，农民负担过重的问题还未根本解决。加强监督，防止“反弹”是当前农民负担监督管理工作的重点。

受五部委委托，农业部部长刘江作工作报告。

刘江说，根据各地反映的情况看，减轻农民负担工作仍存在一些不容忽视的问题，面临的形势依然严峻，负担“反弹”的压力增大。主要表现在，一些部门和地方领导对减轻农民负担的思想认识不统一，有的地方不尊重自愿原则，不考虑农民的承受能力，兴办公益事业急于求成，注重政绩，忽视政策；中央减轻农民负担的政策、法规在一些地方没有得到落实，致使有些地方的农民负担在今年又有所回升，农民负担的监督管理难度大，合同内负担管理不够规范。

在谈到今后一个时期减轻农民负担的任务时，刘江说，要加强农民负担规范化、法制化管理，争取用几年时间，逐步建立和完善农民负担监督管理体系和配套措施，做到村提留、乡统筹和劳务控制在国务院颁布的《农民负担费用和劳务管理条例》规定的限额之内，对涉及农民负担的行政事业性收费、集资和基金项目等按照法定程序严格监督审核，使农民负担的总水平同经济发展和农民收入增长速度相适应。

中纪委常委、监察部副部长何勇，财政部副部长刘积斌，国家计委副秘书长邹向群，国务院法制局副局长徐玉麟也在会上就本部门今后进一步抓好减轻农民负担工作讲话。

中国管理科学研究项目在国际比赛中首次获决赛奖

由国家计委经济研究中心与世界银行共同合作的“中国煤炭、电力系统投资战略研究”项目，最近获美国(国际)1994 年管理科学弗郎兹·爱德曼决赛奖。这是我国管理科学研究项目首次在国际比赛中获奖。

最高人民法院院长任建新在人民大会堂会见并宴请葡萄牙最高法院院长若阿金·德·卡尔瓦略

斯里兰卡总统丁吉利·班达·维杰通加在科伦坡会见由中国佛教协会副会长茗山大法师率领的中国佛教代表团

用于核电站工程核岛系统主控仪表在重庆通过部级鉴定

此项目是由机械工业部、中国核工业总公司和重庆市联合主持的“八五”国家重大科技攻关项目。

国家语委国家教委广播电影电视部联合发出《关于开展普通话水平测试工作的决定》

国务院决定授予夏衍“国家有杰出贡献的电影艺术家”称号李铁映代表党中央国务院向夏衍表示祝贺

中国选手胡刚军王军霞在’94 北京国际马拉松赛中分获男女冠军

中国队在第 11 届世界技巧锦标赛中获得 15 枚金牌

10 月 31 日

国务院总理李鹏和韩国总统金泳三在韩国总统官邸青瓦台举行会谈

会谈时，李鹏说，两年多来的相互交往为中韩睦邻友好打下坚实的基础，两国贸易额与日俱增，估计今年双边直接贸易额可以超过 100 亿美元。他说，两国的经济合作还具备有进一步发展的条件和可能，尤其是在加强和深化两国互利合作方面潜力巨大，前景良好。李鹏说，两国在这方面的合作还应该多样化。

李鹏指出，韩中两国经济上各有特点和长处，存在着发展经济合作的巨大可能。中方愿意本着平等互利，优势互补，真诚合作，共同发展的原则，推动中韩经贸合作迈上新台阶。现在两国产业委员会已经开始工作。中韩两国在重点产业开展全面合作，将推动两国经贸关系迈向新的深度和广度。中国政府对此十分重视，将对两国合作的顺利发展作出努力。两国政府还签署《航空临时协定》、《和平利用核能协定》、《共同研制民用客机备忘录》等几个重要文件。这是中韩加强合作的具体体现。李鹏总理说，中国欢迎韩国更多的企业家来中国投资，在环保、电力等方面加强合作。

金泳三说，中韩建交两年多来，两国在各个领域中的合作都取得卓有成效的进展，特别是经贸关系发展很快。两国的友好合作关系还有很大的潜力。他说，今年3月两国领导人一致同意在产业领域中加强合作，而且还将签署和平利用核能、民用航空、合作开发民用客机三个协定，这为两国进一步合作打下坚实的基础。金泳三也同样希望有更多的韩国企业参与中国的经济建设。他表示相信，李鹏这次访问非常重要，必将进一步推动两国的友好关系，共同为东北亚乃至亚太地区的和平与稳定作出贡献。

双方还就朝鲜半岛局势交换意见。李鹏强调，中国愿意朝鲜半岛局势走向和平与稳定，主张用和平对话的方式解决半岛有关问题。美朝之间就核问题达成框架协议，证明协商和对话的办法是有效的，避免局势的紧张，有利于本地区和世界的和平，我们对此表示欢迎。希望在各方的努力下，这个协议能够顺利履行，付诸实施。金泳三总统对此表示赞同。他说，韩国也希望通过和平谈判的方式谋求半岛问题的解决。

李鹏强调，朝鲜北南方同属一个民族，希望能够继续进行南北高层对话，改善南北关系。在没有外来干涉的情况下，自主地努力实现南北统一的目标。金泳三总统对此表示赞同。

在谈到台湾问题时，李鹏重申中方的一贯立场。金泳三重申，韩国认为台湾是中国领土不可分割的一部分。韩国坚定不移地坚持一个中国的原则。金泳三还表示，韩国对中国恢复在关贸总协定中的地位持积极赞成的态度，并希望韩中两国在总协定即将成立的世界贸易组织中加强合作。

国务院副总理兼外长钱其琛、韩国外务部长官韩升洲等两国高级官员参加会谈。

韩国总统金泳三在汉城青瓦台总统府举行宴会欢迎国务院总理李鹏访问韩国

中宣部司法部等在人民大会堂联合召开学习《邓小平论民主法制建设》座谈会

全国人大常委会副委员长王汉斌、司法部部长肖扬在会上讲话。

中宣部副部长刘云山主持会议。一些同志在会上发言，畅谈学习体会。

中共中央组织部、中央政法委、中央综治委、中央政策研究室、中央文献研究室、中央党校、全国人大常委会办公厅、全国人大内务司法委员会、最高人民法院、最高人民检察院、公安部、国务院法制局、新闻出版署、解放军总政治部宣传部等单位的有关负责人参加座谈会。

全国冶金系统党建工作暨劳动模范表彰大会在北京京西宾馆举行

《人民日报》发表评论员文章《大力推进山区林业综合开发》

国家主席江泽民在中南海会见以中央委员会议长郑斗焕为团长的朝鲜祖国统一民主主义战线代表团

日本外相河野洋平和参院议长原文兵卫在东京分别会见国家副主席荣毅仁

国务院副总理李岚清在北京会见美国芝加哥第一国民银行董事长兼首席执行官理查德·托马斯

巴勒斯坦解放组织主席阿拉法特约旦王储哈桑和摩洛哥外交国务秘书费赫里在卡萨布兰卡分别会见中国代表团团长外交部副部长田曾佩

中国政府和大韩民国政府在汉城签订三项合作文件

中国国务院副总理兼外长钱其琛和韩国外务部长官韩升洲分别代表本国政府在《中韩两国政府民用航空临时协定》上签字。中国国家计委主任陈锦华和韩国外务部长官韩升洲分别代表两国政府在《中韩两国政府和平利用核能协定》上签字。

中国国家经贸委副主任石万鹏和韩国商工资源部长官金喆寿分别代表两国政府在《中韩两国政府合作开发民用客机备忘录》上签字。

李鹏总理和金泳三总统出席了签字仪式。

中国代表团团长外交部副部长田曾佩在卡萨布兰卡举行的中东北非经济首脑会议第二次全会上发言

田曾佩阐述中国对该地区国家关系的四点主张：

一、中国支持中东和平进程，衷心希望中东问题在联合国有关决议的基础上早日得到公正、全面的解决，消除实现中东北非地区各国关系正常化的障碍；支持通过对话解决国家之间的分歧和争端，主张地区各国根据相互尊重主权和领土完整、互不侵犯、互不干涉内政、平等互利、和平共处五项原则发展友好合作关系，实现本地区的持久和平与稳定。

二、区域性经济合作应实行对外开放、平等互利的原则。中国支持中东北非地区国家根据上述原则为实现区域经济合作所作的努力,以促进共同发展和繁荣。

三、中东北非地区各国在社会政治、经济发展水平、民族文化传统等方面存在差异。中国尊重各国人民自主选择适合本国国情的政治制度和发展道路,与他们加强合作,增进信任,发展友谊,努力发展长期稳定的友好合作关系。

四、中国将在平等互利的基础上积极发展与中东北非国家双边和多边的经济合作。

中国在《商标法律条约》上签字

联合国世界知识产权组织在日内瓦召开外交会议,讨论通过《商标法律条约》及其《实施细则》。中国代表、国家工商行政管理局局长刘敏学在这一条约上签字。

国务院在北京召开全国加强药品管理工作电话会议

会议由国务委员罗干主持,国务委员彭珮云在电话会议上指出:国务院召开这次会议,就是要动员各省、自治区、直辖市和国务院有关部门,针对药品管理工作中存在的问题,采取有效措施,切实加强药品管理工作,严厉查处制售假劣药品的违法犯罪行为。彭珮云代表国务院讲五点意见:

一、要加深对加强药品管理工作必要性和紧迫性的认识。改革开放以来,我国医药事业发展迅速,但也必须看到,近年来,在药品管理方面还存在不少问题,主要是医药市场比较混乱,乱办药品生产、经营企业,造成药品生产、经营企业过多、过滥;许多药材集贸市场违反《药品管理法》的规定,经营中西成药;药品质量问题较多,有的问题还相当严重。特别应当指出的是,制售假劣药品的违法犯罪活动屡禁不止,甚至还有蔓延的趋势。一是制售假劣药品的品种多、数量大。据统计,自一九八五年至一九九三年,查处制售假劣药品案件八万多起,其中一九九三年查处二点四五万起。假劣药品从过去紧缺贵细的中药材,发展到治疗性化学药品、中成药、注射剂、原料药和进口成药、甚至毒性药品等。二是制售假劣药品的地域广。据反映,不少地方都存在这类问题,有的省涉及十多个县(市)。有的药材集贸市场,假劣药品曾一度泛滥。有些地方至今没有彻底解决问题。三是制售假劣药品的危害严重。已有多人因服用假劣药品而死亡、致残。制售这类假劣药品,实际上是谋财害命的行为。

产生上述严重问题的原因,主要是一些地方政府和有关部门对这项人命关天的工作没有认真管理,有法不依,执法不严,给制售假劣药品的违法犯罪活动以可乘之机。二是一些地方政府、部门和单位片面追求本地方、部门和单位的局部利益,存在地方保护主义、部门保护主义,以及党风不正和腐败问题,助长了制售假劣药品之风蔓延。三是现有药品管理法律、法规不够完善,难以适应社会主义市场经济发展的需求。

药品是关系到人民群众健康的特殊商品,绝不能放松管理,绝不能无视国家的有关法律、法规而任其随意发展。在社会主义市场经济条件下,更需要有完备的法律、法规和配套措施来规范药品的生产和经营。如果听任制售假劣药品之风蔓延、危害人民健康,那就是严重的失职行为。邹家华副总理最近指出,对药品管理,必须贯彻严格、严厉、严肃、严密的精神。

二、全面检查整顿,切实加强药品管理。加强药品管理工作,就是要加强检查监督,认真、严格地执行国家的有关法律、法规。国务院要求在这次会议后,各地、各有关部门要按照《紧急通知》的各项规定,对当前的药品管理状况进行一次全面检查和整顿。要求各药品生产、经营企业和个体工商户、中药材专业市场和其他药品集贸市场,以及医疗机构,都要进行自查自纠。各级人民政府要派出调查组,采取抽查等形式,进行认真、严格的检查,绝不允许走过场。国务院有关部门也将组成调查组下去检查。在这次全面整顿工作之后,各地区、各有关部门对药品管理工作还要常抓不懈。

三、深入开展"打假"活动,依法查处违法违纪案件,制止药品购销中的不正之风。要进一步深入开展打击制售假劣药品的违法犯罪活动,把打假药作为"打假"工作的重点,切实抓紧。对制售假药的违法犯罪分子,要依法从重从快予以惩治,还要选择有影响的典型案例公开曝光。对在工作中滥用职权、玩忽职守、徇私舞弊,参与制售假劣药品的大案要案,必须依法严肃处理。对为了本地区、本部门利益,包庇纵容违法犯罪活动,给人民群众带来重大损失的,必须依法追究有关人员责任。山西省整顿侯马医药市场的经验证明,只要领导有除恶务尽的决心,措施得力,真抓实干,这项工作是可以取得成效的。

四、加强领导,通力协作,认真贯彻《紧急通知》。各级政府领导班子和主要负责同志要以对国家对人民群众高度负责的态度,明大义,顾大局,统一认识,下决心整顿好本地区的药品生产经营秩序,支持和督促各有关部门依法行使对药品监督管理的职权。国务院重申:各级人民政府要建立政府领导任期内药品管理状况目标考核制度,对药品管理混乱地区的政府和有关领导人员要依法追究责任。各级工商行政管理、技术监督、公安等部门要按各自职责,协同卫生部门和药品生产经营部门加强药品管理工作。

五、加强法制宣传,完善法律、法规。要通过深入宣传，不断提高广大干部、群众的认识，加强以法管药的法制观念，动员大家积极参与对药品管理的监督，为打击制售假劣药品活动创造良好环境。

要逐步建立健全药品管理工作法律、法规和制度。国务院将组织有关部门总结这次检查、整顿暴露出来的问题，深入研究和完善加强药品管理的有关法律、法规。《中华人民共和国广告法》已经公布，各级政府和各有关部门要认真学习，坚决贯彻执行。

彭珮云最后强调，为了保障人民群众用药方便、及时、安全、有效，保护人民群众的健康和生命，各地区、各有关部门要立即行动起来，坚决贯彻《紧急通知》，提高医药管理水平。

国家医药管理局、卫生部、国家中医药管理局、国家工商行政管理局、国家技术监督局等部门的领导在电话会议上分别就本部门加强药品管理工作提出具体要求和部署。

11月1日

国家主席江泽民在北京接受印度尼西亚雄鹰电视台节目主持人德西·安瓦尔的采访

国家主席江泽民在赴雅加达出席亚太经济合作组织领导人非正式会议之前，在北京接受印度尼西亚雄鹰电视台节目主持人德西·安瓦尔的采访，就亚太经济合作组织、亚太地区的经济合作和贸易自由化等问题以及中、印尼关系等回答记者的提问。

问：亚太经济合作组织（APEC）一些成员建议在2020年前实现亚太贸易自由化。您对实现这一目标是否感到乐观？

答：中国目前正致力于经济发展，需要有一个公平合理、稳定开放的贸易与投资环境。中国赞成APEC把实现贸易自由化作为一项长远的目标。但是，从亚太多样性的实际出发，这个时间表应该具有较大的灵活性。

问：亚太经济合作组织成员应该采取哪些措施才能实现开放和公平的多边贸易？

答：关于采取哪些措施问题，需要通过讨论来明确贸易自由化的定义和范围，还需要确定实现自由贸易的一些基本原则。我们认为，这些原则应该包括成员间互相给予无条件的最惠国待遇，充分照顾各成员不同的发展水平，实现真正平等互利的贸易。

问：亚太经济合作组织成员对该组织的未来持有不同的看法，经济发达的成员有兴趣将该组织变成一个正式机构，经济较不发达的成员则更关心建立一个公平和开放的多边贸易体系。您认为解决这一分歧的最好办法是什么？

答：APEC目前共有18个成员，各成员经济发展水平和历史、地理等方面均差异较大，对APEC合作的前景有不同看法是很自然的。APEC的合作应从实际出发，既有长远目标，又要照顾差异，循序渐进，才能取得实效。

问：亚太经济合作组织的力量在于它所代表的这一地区充满了活力，而它的弱点则在于其成员经济的多样性。因此，在这个组织中，有些成员可能得益更多，甚至以损害另外一些成员的利益为代价。您认为这一看法正确吗？

答：多样性的存在并不是APEC的弱点，将多样性转为互补性，APEC就能有效地开展合作。只要坚持平等互利和协商一致的原则，就可避免一些成员的利益受到损害。

问：您认为亚太经合组织会议在雅加达举行有何意义？

答：印度尼西亚是东盟的成员国，又是不结盟运动的主席国，第二次APEC领导人非正式会议在印尼举行，具有重要意义。中国积极评价东盟的作用，重视印尼在APEC中的积极作用。我们愿意同印尼方面配合，使会议获得成功。

问：您如何评价中国同印尼关系的前景？

答：中国和印尼都是发展中的大国，在很多重大问题上有着共同的利益。双方合作基础良好、领域宽广、潜力很大、前景广阔。我相信，在双方共同努力下，建立在和平共处五项原则和万隆会议十项原则基础上的中、印尼关系必将稳步发展。

韩国国务总理李荣德在汉城会见国务院总理李鹏

李鹏说，中韩两国是近邻。两年前中韩建交结束相互隔绝的状态，揭开两国关系史上新的一章。自建交以来，两国睦邻友好合作关系发展很快，两国人员来往也不断增多，增进相互之间的了解，中方对此是满意的。

李鹏指出，中韩两国在各个领域，尤其是在经贸方面合作得很好，存在着巨大的潜力和广阔的前景。中韩现在成立产业合作委员会，这是一种新型的合作方式。中方希望双方共同努力，在平等互利的基础上，使产业合作获得成功。李鹏说，目前世界正处于高科技时代，两国还可以进一步探讨在这些领域中的合作。他表示相信，他这次访问会增进两国领导人之间的了解，加深两国间的友谊，有利于推动两国在各个领域中的友好合作关系。

李荣德对韩中两国关系的发展表示满意。李荣德说，今年3月金泳三总统访问中国时，两国同意开展产业合作。目前两国企业界在这方面合作进展令人满意。昨天金泳三总统同李鹏总理进行具有重要意义的会谈，并签署进一步加强两国合作的重要文件。韩国企业界一致看好中国的经济形势，都乐意到中国去投资。

李荣德赞赏中国在促进朝鲜半岛的和平与稳定方面所发挥的建设性作用。

李鹏说，作为朝鲜半岛北南双方的近邻，中国希望看到朝鲜半岛局势稳定。希望朝鲜半岛北南双方自主地实现统一这一目标。

李鹏指出，中国执行独立自主的和平外交政策，特别重视同周边国家发展睦邻友好合作关系。因此，中国在和平共处五项原则的基础上发展同朝鲜和韩国的关系，有利于地区乃至世界的和平与稳定。

韩国国会议长黄珞周在汉城国会大厦会见国务院总理李鹏

党和国家领导人江泽民李鹏乔石胡锦涛题词或写信祝贺《中国妇女报》创刊10周年

国务院总理李鹏在韩国工商界举行的欢迎招待会上就中国的改革开放等问题发表讲话

李鹏晚上在韩国工商界为他举行的欢迎招待会上发表讲话，就中国的改革开放、经济建设和发展中韩经贸合作等一系列问题作全面的阐述。

大韩商工会议所会长金相厦首先致词，代表韩国工商界人士衷心欢迎李鹏访韩。

李鹏在讲话中对韩国工商界为推进韩中经济合作所作的努力表示赞赏。

在谈及中韩经贸关系时，李鹏说，"我们高兴地看到，中韩两国经贸合作起步虽晚，但发展速度很快"。现在韩国企业纷纷到中国投资办厂，这一势头仍在增强。截至今年6月，中国共批准韩商在华投资项目3579个，协议金额近30亿美元。但从两国经贸关系的发展潜力来看，这个数字仍是偏低的，希望有更多的韩国企业对华投资，中国政府将努力为此创造更好的环境，提供更多的便利。

李鹏在讲话中还阐述发展两国经贸合作的以下四项原则。

——和平共处，长期友好。虽然两国的社会制度不同，意识形态也存在差异，但这并没有也不应该成为两国发展关系包括经贸关系的障碍。中韩两国隔海相望，毗邻而居，长期睦邻友好是两国人民和企业界的共同愿望。中国真诚地希望朝鲜半岛局势能够长期保持稳定与和平。中国赞赏韩国奉行"一个中国"的政策。

——平等互利、优势互补。中韩两国在经济上有很强的互补性，合作领域非常广阔。中国第8个五年计划即将完成，后年起将开始实施第9个五年计划。中国的产业结构正处在调整时期，从现在起到本世纪末的这段时间里，中国将优先发展交通、能源、重要原材料等基础工业和基础设施，而这些正是韩国的优势所在，只要双方都有发展合作的愿望，这种合作就会大有可为。在基础科学、高新技术等领域的研究、应用和开发方面的合作有着广阔的前景。

李鹏说，中国不仅愿意同韩国大型企业进行合作，而且也愿意同贵国的中小企业进行合作。不仅欢迎韩国企业界到中国沿海地区投资，也欢迎到中国内地和边远地区去投资，因为那里不仅有着丰富的自然资源和劳力资源，而且有着广阔的市场，投资内地同投资沿海一样，都是大有可为的。

——加强磋商，真诚合作。中韩两国经贸关系总体上是好的，发展过程中也难免会出现一些问题。平等互利、互通有无，是发展双边贸易的原则和基础。只要双方加强磋商，增进了解，共同作出努力，问题是不难得到解决的。

——抓住机遇，共同发展。中国经济正在持续、快速、健康地发展，而且将继续保持良好的发展势头。从现在起到本世纪末，预计将保持年均8%至9%的增长速度，相信对外贸易至少也将会以同样的速度增长，这样中国就为世界提供了一个广阔的市场。欢迎包括韩国在内的各国企业界参与公平竞争。

李鹏最后说，中韩两国肩负的一个共同的历史使命，就是要促进各自的经济增长，迎接21世纪的更大发展，精心培育两国的睦邻友好关系，并将它带入21世纪，传给后代。

全国总工会中组部国家经贸委等六部门联合发出《关于加强外商投资企业工会工作几个问题的通知》

通知要求各地根据《中共中央办公厅、国务院办公厅关于转发中华全国总工会〈关于外商投资企业劳动关系和组建工会情况的报告〉的通知》精神，加快外商投资企业工会组建步伐，加强外商投资企业工会工作，保障外商投资企业职工的合法权益，推动外商投资企业健康发展，促进对外开放的进一步扩大。

通知要求认真做好四项工作。

(一)加快外商投资企业工会的组建步伐，把职工尽快组织到工会中来。近几年，外商投资企业在我国国民经济中所占的比重越来越大，职工人数越来越多，加快外商投资企业工会组建步伐是一项紧迫任务，各级党政领导和有关部门要重视和支持这项工作。对已经开业尚未建立工会组织的企业要统筹安排，制定规划，齐心合力，保证组建任务的完成。对新开办的外商投资企业，要在企业设立的同时，筹备、建立工会组织。各级党委在布置、检查党建工作时，应同时布置、检查工会的组建工作。外经贸、工商和劳动等有关部门在批准合同的章程、注册登记和执行劳动监察时，应严格把关，督促企业建立工会组织。对没有建立工会组织的企业，各级党政组织和企业要积极支持、配合工会组织，指导职工建立工会。对干扰和阻挠组建工会的违法行为，必须依法予以纠正，维护法律的严肃性。

(二)从外商投资企业的特点出发，开展工会工作，发挥工会作用。外商投资企业工会首先要在维护企业职工合法权益、协调劳动关系上充分发挥作用。在企业生产发展和提高效益的基础上，不断改善职工的福利待遇，要建立健全工会代表职工参与企业管理的制度。要支持企业依法经营管理，教育职工遵守劳动纪律，为企业的发展做贡献。

(三)认真贯彻《劳动法》，加强法制建设和劳动监察工作，依法规范和不断改善外商投资企业的劳动关系。《中华人民共和国劳动法》是保护劳动者合法权益，确立、维护企业与劳动者之间稳定和谐的劳动关系的一项基本法律。凡企业发生不与职工签订劳动合同，任意延长职工工作时间，违反劳动保护法规和安全生产规定，克扣或者无故拖欠职工工资，采取非法手段对待职工，擅自招用童工，在禁忌岗位上招用女工等违法行为，工会有权要求企业纠正，或建议政府有关部门查处，做到发现一起，处理一起。

(四)统一认识，加强领导，保证和支持外商投资企业工会依法开展工作。各级党组织要把加强外商投资企业工会工作列入议事日程和工作目标，加强监督检查。对阻挠职工依法组织和参加工会，拒绝工会提出协商谈判的要求，拒不拨缴或挪用、侵占工会经费，侵占工会财产，以及其他违法行为，上级工会要支持企业工会，要求政府依法严肃处理。

全国农民负担监督管理工作会议结束

国务委员陈俊生在今天结束的全国农民负担监督管理工作会议上强调：减轻农民负担是件大事，任何时候都不能忽视和放松，中央已宣布取消和停止的项目未经清理不能恢复。

陈俊生指出，尽管减轻农民负担工作收到明显效果，但是，农民负担过重问题远未彻底解决，面临的形势依然严峻。如稍有松懈，这几年的工作就会前功尽弃，就会出现"反弹"。特别是今年农业形势不错，农民收入可能有较大幅度增长，越是在这种情况下，越要防止四面八方向农民伸手，以保证农民增产增收；同时要安排好灾区群众的生产生活。

在讲到寻求减轻农民负担治本之策时，陈俊生强调：在解决农民负担问题上，要站得高些，看得远些，既抓当前，又考虑长远，一个步骤一个步骤地引向深入。从当前看，依法管理、综合治理、加大监管力度，保证政令畅通，使已出台的减轻农民负担各项政策措施落到实处，是开展这项工作的着眼点和基本要求；从长远看，要结合经济发展和深化改革的需要，不失时机地探索减轻农民负担的治本之策。要处理好四个关系：即保护农民利益与加快经济发展的关系；减轻财政负担与减轻农民负担的关系；创政绩与按政策办事的关系；减轻农民负担与发展村办企业的关系。

陈俊生要求有关部门要步调一致，发挥各自职能，把住关口，形成减轻农民负担的合力。各级政府的领导同志也要为这项工作创造相应的条件，按照中央要求，做到党政一把手亲自抓、负总责。

日本明仁天皇和皇后在皇宫会见国家副主席荣毅仁和夫人杨鉴清

中国政府和埃塞俄比亚过渡政府在北京签署文化协定 1994 至 1996 年执行计划

突尼斯总理卡鲁伊在突尼斯会见由全国人大常委会副委员长李沛瑶率领的全国人大代表团

日本众议院议长土井多贺子在东京议长官邸会见国家副主席荣毅仁

中科院在人民大会堂举行建院 45 周年茶话会

中国科学院在人民大会堂召开建院 45 周年茶话会，中共中央总书记、国家主席江泽民在会上讲话，代表中共中央、国务院和中央军委，向中国科学院在科学前沿拼搏的全体科学家和为科学技术事业的发展辛勤劳动的广大科技人员表示热烈的祝贺和崇高的敬意，向全国的科技工作者表示亲切的问候和诚挚的谢意。

江泽民说，1949 年 11 月 1 日，在我们伟大的中华人民共和国宣告成立后仅仅一个月，我国就在原中央研究院、北平研究院和延安自然科学研究院的基础上，正式成立中国科学院。这充分说明老一辈无产阶级革命家重视科学技术的远见卓识。许多科学前辈为中国科学院和中国科技事业的奠基和成长付出心血，他们的贡献是不可磨灭的。

江泽民说，45 年来，中国科学院为发展我国科学技术，为促进国民经济和国防建设，做出举世瞩目的重要贡献，创造辉煌的业绩。特别是改革开放以后，中国科学院积极深化科技体制改革，作为科技国家队，在继续加强基础性研究的同时，努力面向经济建设和社会发展，大力发展高新技术及其产业，卓有成效地促进科技和经济的有机结合，出色地发挥国家自然科学与高新技术综合研究中心的职能，并且成为推动国家经济发展的重要科技依托。

江泽民指出，科学技术的发展，是生产力发展的重要推动力量，是综合国力的重要构成因素，也是人类文明和社会进步的重要标志。科技上的竞争，已经成为现代国际间综合国力竞争的关键。邓小平同志关于"科学技术是第一生产力"的科学论断，是对马克思主义生产力学说的创造性的丰富和发展。根据邓小平同志的这一思想，为充分发挥科学技术第一生产力的作用，我们确定"经济建设必须依靠科学技术，科学技术必须面向经济建设"的方针，并作出"稳住一头，放开一片"的部署。在 90 年代，我们要初步建立起社会主义市场经济体制，实现经济发展的第二步战略目标。这就要求我们加快科技体制改革的步伐，增强科技进步的力度。江泽民强调，当前，我们正处在世界历史性大变动和中国伟大变革的时期。和平与发展的世界进步潮流，蓬勃兴起的科技革命，为中华民族的振兴，也为我国科技发展，带来了契机。历史上，中华民族的科学技术曾经有过辉煌的篇章，为人类的文明做出过巨大贡献，但是由于中国长期处于封建社会，因而后来科学技术日益落后于西方。中华人民共和国建国以后，我国科学技术事业蓬勃发展。在未来的新世纪中，中国科学技术应该有一个大的发展，为人类文明做出新的更大贡献。希望中国科学院和全国科技界一道，在党中央确定的"抓住机遇、深化改革、扩大开放、促进发展、保持稳定"的大局中，肩负起历史赋予的神圣使命，为中华民族屹立于世界先进民族之林，贡献更大的力量。

全国政协副主席、中国科协主席、中国工程院院长朱光亚代表广大科学家和科技工作者讲话。

中国科学院院长周光召也在茶话会上讲话。

国家教委办公厅发出《关于民办学校向社会筹集资金问题的通知》

民办教育是我国社会主义教育事业的组成部分，民办学校应坚持正确的办学方向，全面贯彻国家的教育方针，提高办学质量，为社会主义现代化建设培养合格人才。改革开放以来，国家对民办教育实行"积极鼓励，大力扶持，正确引导，加强管理"的方针，推动了民办教育的发展，对改革办学体制和增加教育投入起了积极作用，并积累了一定的经验。在民办教育的发展过程中，也出现了一些需要研究的新问题。最近，国务院副总理李岚清同志就民办学校向社会筹集资金的问题做了明确指示，"教育事业历来都不能以盈利为目的，对那些以办教育为名而牟取高利尤不能容忍，请告各地区、各部门注意，并对此进行清理，妥善处置。"为认真贯彻落实李岚清副总理的指示，促进民办教育的健康发展，现就民办学校向社会筹集资金的有关问题特通知如下：

一、学校不得以盈利为目的，也不得通过办学为企业或其他部门集资或变相集资。

二、民办学校依法收取的教育费用和筹集的资金应当全部用于学校的建设和发展，对尚未投入学校建设的资金应专项设立学校教育基金。

三、学校所设教育基金应建立有学生家长和捐资者代表等参加的教育基金管理监督组织对基金的使用和管理进行监督。基金的利息和收益必须全部用于学校建设和发展。任何组织和个人不得截留、挪用或侵占。学校应定期向基金管理机构报告基金及收益的使用情况，必要时向社会或学校师生公布。

四、地方各级教育行政部门应对本地区民办学校的收入、经费开支、财务管理和办学情况进行全面的检查或审计。对存在的问题要及时研究、解决。学校应按有关规定建立和完善财务管理制度。

五、建立健全民办学校的审批制度，对不具备办学条件和没有稳定经费来源及以盈利为目的的，不予批准。目前对于申请举办收取高额储备金的学校，暂不审批。

为了进一步贯彻落实国家有关民办教育发展的方针，把民办学校发展纳入法制轨道，国家正在制定有关民办学校的法规，在法规颁布之前，各地教育行政部门应按本通知的要求，加强对民办学校向社会筹集资金的引导和管理，促进民办教育的健康发展。

11月2日

全国人大常委会委员长乔石在惠灵顿总督府拜会新西兰总督蒂泽德夫人

全国人大常委会委员长乔石在惠灵顿政府大厦拜会新西兰总理博尔格

全国人大常委会委员长乔石在惠灵顿议会大厦拜会新西兰议长塔普塞尔

乔石说，中新建交22年来，两国关系得到顺利发展，在经贸、科技、文教等许多领域的交流与合作取得了显著成果。去年博尔格总理和今年议长阁下访华后，中新关系又获得新的进展，特别是两国的经贸合作呈现出良好的发展势头。中国全国人大和新西兰议会之间的友好交往近年来明显增加。

塔普塞尔说。新西兰和中国都是亚太国家，我们一直保持着十分良好的关系，因为新西兰认识到中国今后在亚太地区和世界上的作用。希望今后新中在各个领域的合作关系得到全面发展。

修订出版的《邓小平文选》第一、二卷在全国发行

中办转发中宣部中组部《关于学习〈邓小平文选〉第一、二卷的通知》

中共中央办公厅转发中共中央宣传部、中共中央组织部《关于学习〈邓小平文选〉第一、二卷的通知》，要求各级党委切实加强对学习的领导，结合实际，抓好落实。

《通知》说，党的十四大提出用建设有中国特色社会主义理论武装全党。党的十四届四中全会强调继续把党的思想建设放在首位，推动全党对建设有中国特色社会主义理论的学习不断向广度和深度发展。继《邓小平文选》第三卷之后，《邓小平文选》第一、二卷的修订出版，为我们进一步落实十四大提出的理论武装全党的战略任务和贯彻十四届四中全会的精神，把建设有中国特色社会主义理论的学习继续引向深入，提供又一重要教材。

《邓小平文选》第一卷增补4篇文章，其中3篇是邓小平同志担任中共中央总书记期间的讲话。第二卷增补14篇文章，绝大部分是第一次公开发表，对邓小平同志在70年代中至80年代初提出的一些重要观点作比较充分的反映，包括：关于什么是社会主义、怎样建设社会主义这一基本理论问题的提出；关于社会主义首先要发展生产力；关于在本世纪末实现小康；关于社会主义也可以搞市场经济；关于利用外资是一个很大的政策，要充分利用和善于利用；关于要以世界先进的科学技术成果作为我们发展的起点；关于科研工作要走在前面；关于民主和法制两手都不能削弱；关于各民主党派和工商联是为社会主义服务的政治力量；关于中国永远不称霸，等等。这两卷还对全书正文的文字、标点和题解作少量校订和统一体例的工作，同时增补一些新的注释。第二卷有的文章根据原记录对个别地方作必要的修订和增补。这样使我们的学习有一个更为完备的版本。

《通知》强调，各级党委要继续落实《中共中央关于学习〈邓小平文选〉第三卷的决定》，并对第一、二卷的学习作出具体部署和安排。要把第一、第二、第三卷作为一个整体来学习。修订、增补后的《邓小平文选》第一、二卷，连同去年出版的第三卷，集中邓小平同志的主要著作。这些著作反映从30年代末到90年代初长达半个多世纪中，邓小平同志把马克思列宁主义的基本原理同中国革命和建设的具体实践相结合，同时代特征相结合，形成的基本理论观点和政策策略思想，是对马克思列宁主义、毛泽东思想的继承和发展。《邓小平文选》第二卷同第三卷在内容上前后衔接、相互贯通，形成一个科学体系。这两卷都是建设有中国特色社会主义理论这一当代中国马克思主义的奠基之作。在学习中，要围绕什么是社会主义，怎样建设社会主义这个基本问题，深刻理解邓小平同志建设有中国特色社会主义理论的由来、形成和发展。要认真研读原著，掌握精神实质，把握理论的科学体系，理论联系实际，统一全党思想，坚持党的基本路线一百年不动摇。

《通知》要求，各级党委要切实加强对学习的领导，并带头搞好党委中心组的学习，各级党委的宣传、组织部门要加强指导，督促检查，交流经验，推动学习不断深入，进一步落实好用建设有中国特色社会主义理论武装全党的战略任务，把改革开放和社会主义现代化建设事业继续推向前进。

国务院港澳办公室主任鲁平在钓鱼台国宾馆会见由主席胡法光率领的香港自由民主联会访京团

国务院在北京召开全国建立现代企业制度试点工作会议

国务院副总理邹家华在全国建立现代企业制度试点工作会议上发表讲话

一、我国企业改革的形势

当前，我国的政治、经济形势是好的。今年全党和全国人民认真贯彻中央确定的指导方针、工作大局和工作重点，在深化改革，扩大开放和保持国民经济持续、快速、健康发展各方面都取得了新的成就。为了建立社会主义市场经济体制，国内外关注的财税、金融、外汇外贸、投资、价格和流通体制等方面的重大改革，都按预定方案顺利推出，取得了初步的成功，企业改革也在继续和深化。这些改革措施，立足我国的实际，借鉴了国际上的有益经验，其效果在逐步显示出来。在全面推进市场经济体制改革的同时，国家进一步加强了宏观调控，并取得积极成效，国民经济进一步朝着预期的方向发展，经济结构有所调整，固定资产投资规模增长过快带来的矛盾开始有所缓解，经济生活中某些无序现象逐步得到治理，进出口贸易持续增长，国家外汇储备大幅度增加，经济增长速度在平稳回落中继续保持较高的水平。这一形势对深化企业改革是十分有利的。

以邓小平同志1992年年初重要谈话和党的十四大为标志，我国改革开放和现代化建设事业进入了一个新的发展阶段。党的十四大明确提出了建立社会主义市场经济体制的目标。十四届三中全会通过的《关于建立社会主义市场经济体制若干问题的决定》，确定了社会主义市场经济体制的基本框架，并提出建立“以公有制为主体的现代企业制度是社会主义市场经济体制的基础”，建立现代企业制度“是我国国有企业改革的方向”。

企业是国家经济的重要基础。党和政府历来十分重视企业工作，特别是国有企业工作。早在建国初期，毛泽东同志在《论十大关系》中就指出：为了调动一切积极因素，为社会主义事业服务，就必须处理好国家和工厂的关系，要考虑工厂的独立性问题。邓小平同志关于建设有中国特色的社会主义理论，对于指导我国企业改革的实践和理论探索，具有决定性的作用。邓小平同志在1986年指出：“企业改革，主要是解决搞活国有大中型企业问题。用多种形式把所有权和经营权分开，以调动企业的积极性，这是改革的一个很重要的方面”。我国老一代的领导者、经济工作者为国有企业的创立和发展做出了历史性的贡献。党的十二届三中全会《关于经济体制改革的决定》指出:“增强企业的活力,特别是增强全民所有制的大、中型企业的活力,是以城市为重点的整个经济体制改革的中心环节”。长期以来,搞好国有企业始终是党和政府关注的重点。

16年来,我国的企业改革是与我国经济体制改革和经济发展相适应的,党中央、国务院采取了一系列政策和措施,使国有企业改革不断深化,不断向前推进。根据不同时期的情况,我国企业进行了扩大企业自主权、实行利润留成和两步利改税;贯彻《全民所有制工业企业法》,实行厂长负责制,推行承包经营责任制,促进两权分离,进行了股份制、租赁制试点;转换企业经营机制,推动政府职能转变等一系列的改革。这些改革,无论在实践上和理论上都有了很大的突破和进展,许多改革的内容至今还起着积极的作用。特别是《全民所有制工业企业法》和《全民所有制工业企业转换经营机制条例》的实施,有力地促进了企业经营自主权的落实,使企业开始摆脱行政机构附属物地位,逐步向具有独立法人地位的经济实体和市场竞争主体的方向转变。从总体上说,国有企业的整体素质不断上升,活力有所增强,对宏观环境和市场变化的适应能力不断提高,经济效益有所改善,涌现出一批搞得好的国有大中型企业。16年的改革实践,极大地调动了企业和职工群众的积极性,解放和发展了社会生产力。广大职工进一步解放思想,更新观念,为进一步深化企业改革奠定了广泛的思想基础和群众基础。

党的十四大全面总结了我国改革开放以来的经验,提出了建立社会主义市场经济体制的战略目标,特别是党的十四届三中全会,根据邓小平同志建设有中国特色社会主义理论,系统地总结了过去企业改革的经验和教训,提出建立现代企业制度的目标。从历史发展来看,我国国有企业改革各个时期采取的政策措施是承前启后、互相衔接的,是以市场为取向,以渐进的方式向前推进的。前期改革所取得的成就为后期改革奠定了基础,后期改革是前期改革的深入和发展。目前,我国国有企业的企业制度不能适应社会主义市场经济体制的要求,一些深层次的矛盾得不到解决。因此,为了进一步解放和发展生产力,建立企业的激励和约束机制,增强企业的活力,提高经济效益,必须按照建立社会主义市场经济体制的要求,在巩固公有制主体地位的前提下,继续把企业改革推向前进,建立现代企业制度。

二、国有企业改革是明年经济体制改革的重点

发展和壮大国有经济,搞好国有大中型企业,是由我国社会主义的基本制度决定的。我们所要建立的社会主义市场经济体制,是以公有制为主体、多种经济成分共同发展的市场经济体制。国有大中型企业是国有经济的基本力量,是我国国民经济的支柱,是国家财政收入的主要来源。截止1993年底,我国国有工业总产值占全部乡及乡以上工业的52.2%,其中国有大中型企业占到44%;国有工业固定资产净值占全部工业的75%,其中国有大中型企业占63%;国有企业实现利税占全部工业企业的66.3%,其中国有大中型企业占59.6%。今年上半年,国有企业实现利税占全部工业的62.6%,上交税金占全部工业企业的68.8%。这说明,当前国有企业、特别是国有大中型企业在国民经济中仍然具有绝对优势,在国民经济中占据举足轻重的地位。多年的实践表明,国有大中型企业对于支撑改革、稳定大局和促进发展起了重要作用。

近几年来,虽然国有企业总的情况是好的,但是,不少国有企业还存在相当的困难和问题,如机制转换慢,观念不适应,亏损面大,有些企业经济效益低,产品不对路,技术装备落后,各类负担重,富余人员多等。产生这些问题有客观原因,也有主观原因;有管理上的原因,也有历史和体制上的原因;有的是领导班子的原因,也有企业整体素质的原因;同时还与尚不完善的市场体系、宏观调控体系交织在一起,是新旧体制转轨即建立市场经济体制过程中新遇到的问题。这些问题也说明,现有的企业制度已经明显地不适应社会主义市场经济发展的需要。解决这些问题,需要进行企业制度的创新和综合配套改革,这不仅是我们经济体制改革进程发展到今天所提出的迫切要求,也是国有企业增强活力、走出困境的根本出路。因此,企业改革关系到我国社会主义市场经济体制能否建立,关系到整个经济体制改革的成败。最近,党中央、国务院已经决定,从明年开始,要把深化国有企业改革作为经济体制改革的重点。

企业改革与我国整个经济体制改革的进程是密切联系在一起的。今年以来,在党中央、国务院的领导下,我们顺利进行了财税、金融、外汇外贸、投资、价格和流通等宏观经济体制方面的改革,在建立社会主义市场经济体制方面迈出了关键性的步伐。这些重大措施的出台和成功的实施,为深化企业改革创造了有利的宏观环境和条件,也增强了企业改革的紧迫性,要求我们不失时机地加快企业改革的步伐。

正确处理企业改革与其他各项改革的关系,是一个十分重要的问题。深化企业改革,建立现代企业制度,与宏观调控体系、市场体系、社会保障体系等环节,是相互关联和相互制约的有机整体,共同构成社会主义市场经济体制的基本框架。现代企业制度是市场经济体制的基础,企业改革与其他各项改革是相互依赖、相互促进、相辅相成的。只有国有大中型企业进入市

场，成为市场竞争的主体，我国的市场体系才能完备、健全和发展，才能确保市场的统一、开放、有序竞争。建立国家新型宏观调控体系主要是运用利率、税率、汇率、价格等经济杠杆调节经济，而企业是宏观调控的对象和落脚点，如果企业不能自主经营、自负盈亏，对宏观调控政策和市场信号不能做出正确的反映，宏观调控也起不到有效的引导作用。建立社会保障制度与深化企业改革有着更加直接的关系，企业在市场竞争中优胜劣汰，失业人员及离退休职工的安置，工伤残疾人员的妥善处理，转岗人员的重新培训等，都需要健全的社会保障，否则就会带来社会的不稳定。因此，建立现代企业制度，深化配套改革，无论从理论上还是实践上，都已经摆到了一个十分突出的位置。深化国有企业改革是明年经济体制改革的重点，同时要协调配套地推进建立社会主义市场经济体制的各项改革。这是推进改革的重大战役，也是一场攻坚战，对此，我们要有足够的认识，准备付出长期、艰苦的努力。

三、全面、正确认识和理解现代企业制度，把握好国有企业改革的方向

党的十四届三中全会《决定》指出，建立现代企业制度是国有企业改革的方向。就是要按照建立社会主义市场经济体制的总体要求，通过建立现代企业制度推动国有企业的改革，其目的是进一步调整生产关系，解放和发展生产力。现代企业制度是社会化大生产和市场经济的产物。在过去计划经济体制下，国家是唯一的经济主体，计划由国家定，资金由国家拨，材料由国家供，产品由国家包，全国就像一个大工厂，各个企业像分厂、车间一样，在国家调度指挥下进行生产和流通，企业缺乏独立性，因而积极性和创造性受到很大束缚。建立市场经济体制，必须有千万个相对独立的法人实体和市场竞争主体，这是构造市场经济体制的必要条件。我们在公有制的条件下，如何构造众多活跃的适应市场经济要求的经济实体，是摆在我们面前的一个新课题。通过建立现代企业制度，有效地实现出资者所有权与企业法人财产权的分开，转换经营机制，推动政企职责分开，使企业摆脱对政府行政机构的依赖，由此探索公有制与市场经济相结合的有效途径。国有企业由计划经济体制下的政府机构附属物，真正变成市场经济体制下的竞争主体，是一个艰苦的过程，这方面我们还缺乏成熟、系统的经验。因此，建立现代企业制度需要通过试点来积累经验。现代企业制度的建立将使我国国有企业面临着最为深刻的变革，从政企关系、产权关系，到企业的组织结构、管理体制等方面，都将发生重大变化。

到本世纪末，使国有大中型企业基本建立起与社会主义市场经济体制相适应的经营机制和现代企业制度，在社会主义市场经济中发挥主导作用，这是我国企业改革的战略目标。当然，从长远来说，现代企业制度的形式也不是一成不变的。因为随着社会主义市场经济体制的建立和发展，必然会提出进一步改变生产关系，使之适应生产力发展的需要，从而企业制度也会有新的变化。从这个意义上说，企业改革是一个永久的命题。

为了在本世纪末实现建立现代企业制度这一目标，必须全面、正确地认识和理解现代企业制度，把思想统一到十四届三中全会《决定》上来。这是搞好试点的前提。《决定》发表一年来，我国经济界和理论界学习、研究、探索现代企业制度的空气十分活跃，对现代企业制度的认识和理解不断深化，这是非常好的现象。党的十四届三中全会《决定》是全党智慧的产物，是多年来改革实践的总结。当前，要反复学习《决定》，正确认识和理解《决定》精神，以此为指导，把握国有企业改革的方向，搞好建立现代企业制度的试点工作，在实践中不断地总结和完善。

十四届三中全会《决定》指出，我们所要建立的是“适应市场经济要求，产权清晰、权责明确、政企分开、管理科学的现代企业制度”。还指出，它的基本特征是：第一，产权关系明晰，企业中的国有资产所有权属于国家，企业拥有包括国家在内的出资者投资形成的全部法人财产权，成为享有民事权利、承担民事责任的法人实体；第二，企业以其全部法人财产，依法自主经营，自负盈亏，照章纳税，对出资者承担资产保值增值的责任；第三，出资者按投入企业的资本额享有所有者的权益，即资产受益、重大决策和选择管理者等权利。企业破产时，出资者只以投入企业的资本额对企业债务负有限责任。第四，企业按照市场需求组织生产经营，以提高劳动生产率和经济效益为目的，政府不直接干预企业的生产经营活动。企业在市场竞争中优胜劣汰，长期亏损、资不抵债的应依法破产。第五，建立科学的企业领导体制和组织管理制度，调节所有者、经营者和职工之间的关系，形成激励和约束相结合的经营机制。这五个方面的特征是我国建立现代企业制度的基本要求，其中，最主要的是完善企业法人制度，实行有限责任制度和建立科学的企业领导体制与组织制度。我们的任务，就是结合不同企业的实际情况，通过试点，逐条具体落实。

建立现代企业制度是一项十分艰巨复杂的任务，要在实践中不断探索。当前，我认为要注意把握好以下几点：

第一，要坚持以公有制为主体。深化国有企业改革，建立现代企业制度，是为了寻求公有制与市场经济相结合的有效途径，使国有企业有更强的活力，更高的

效益，绝不是搞私有化。建立现代企业制度，必须保持公有制在国民经济中的主体地位，也就是说，要保持公有制的资产在社会总资产中占据优势；有关国计民生的产业为国家所控制；国有大中型企业在经济发展中发挥主导作用。我们提出的产权明晰，主要是处理好市场经济条件下出资者所有权与企业法人财产权的正确关系，两者既有联系，又相互独立。这种关系的确立，绝不意味着削弱和动摇国家作为出资者的地位和作用，法人财产权也绝不是把国家财产划给个人。我国所要建立的现代企业制度中的企业法人，是具有民事权利义务主体资格的经济组织。企业法人财产权，是指在向出资者负责的前提下，对资产的占有、使用、收益和处分的权利。这些并不改变企业的所有制性质。

第二，现代企业制度是适应社会主义市场经济发展要求、依法规范的企业制度。我国企业按财产构成可以有多种组织形式。国有企业实行公司制，是建立现代企业制度的有益探索。规范的公司，能够有效地实现出资者所有权与企业法人财产权的分开，有利于政企分开、转换经营机制，企业摆脱对行政机关的依赖，国家解除对企业承担的无限责任。除公司制企业外，还有非公司制企业，如个体业主企业、合伙企业、股份合作制企业和国有国营企业等，形成我国的企业制度体系。其中，就企业总的户数而言，大多数可能为非公司制企业；就大型骨干企业而言，公司制可能是主要的企业组织形式。每个企业采取哪种组织形式好，不强求一律，要因企业实际情况而言，以有利于发展生产力、提高企业经济效益为标准。现代企业制度讲的是企业制度，是指“现代的企业制度”，所有企业都应朝这个方向努力，逐步改变原有的不适应市场经济体制的企业制度。现在有一种误解，以为建立现代企业制度就是将所有企业都“公司化”，公司化就是股票上市。这是一种错误的理解。我国国有企业要依据行业和企业的特点选择不同的企业组织形式，可以是公司制，也可以是非公司制。就改制为公司的企业而言，可以是股份公司，也可以是国有独资公司，也就是说，除了搞多个股东的公司外，根据我国《公司法》规定的条件，有的国有企业还可以改制为国有独资公司。建成股份有限公司也不等于都能股票上市。需要指出的是，企业不是改称为公司就实现了现代企业制度，而是要以《公司法》为规范的依据，在产权明晰的基础上，建立一套完善的公司治理结构，转变经营机制。

第三，建立现代企业制度，要全面实行“产权清晰、权责明确、政企分开、管理科学”四句话，当前要特别注意实现政企分开，转变政府职能。建立现代企业制度，必须改变国有企业是政府机构的附属物，国家实际上对企业债务承担无限连带责任的状况。国家作为出资者，享有资产受益、重大决策和选择管理者等权利，要搞好监督，不干预企业的具体经营活动。企业独立经营，享有民事权利，承担民事责任，成为拥有法人财产权的独立法人实体，企业法人要依法正确运用企业法人财产权，对所有者承担资产保值增值的责任。政企分开，主要是政府与企业职能的分开，各司其职。通过试点，也要把政府和企业的不同职能具体化。

第四，现代企业制度是一个完整的制度体系。它的建立涉及到企业与企业，企业与政府，企业与市场，企业与社会之间多方面生产关系的调整。因此，建立现代企业制度，实行同步配套改革尤为重要。当前迫切需要做好两件事，一是转变政府职能，进而实行机构改革，完善国有资产管理体系，二是建立健全社会保障制度。

第五，要提高企业的管理水平。不论是公司制企业还是非公司制企业，都要建立健全科学的组织管理体系、领导体制和经营管理制度，要根据各自行业特点，千方百计地提高经营管理水平。

第六，现代企业制度是依法规范的制度。现代企业制度是一个系统工程，它的组织制度有多种形式，包括股份公司、国有独资公司、个体业主企业、合伙企业和我国群众创造的股份合作制企业等其他企业，都要通过法律确定其独立地位和债务责任。这样才能保持这一制度的公平和有效。这次国务院确定的现代企业制度试点，是根据李鹏总理在今年的《政府工作报告》中关于“国家将组织一批国有大中型企业，按照《公司法》进行建立现代企业制度的试点”精神进行的。这次试点工作就是要按照已经规范化的《公司法》来进行。企业改革还会遇到大量的法律问题，要进一步加强企业法制工作，建立和完善企业法律顾问制度。

我们是在建立社会主义市场经济体制的原则下进行国有企业改革的，因此，在建立现代企业制度时，必定要在企业中坚持发挥党组织的政治核心作用，坚持全心全意依靠工人阶级，加强精神文明建设等项制度。

总之，建立现代企业制度是一个复杂的系统工程，在试点和将来推广的过程中，对一些基本问题要统一认识，这样才能在行动中统一步调，取得实效。试点的结果，应该使原来好的、比较好的企业变成更好、更有效益的企业，原来比较差的企业改变状况，变成效益好的企业。

四、加强对企业改革的领导，精心组织好现代企业制度试点工作

党中央、国务院决定，明年将企业改革作为经济体制改革的重点，各级政府、各有关部门都要把注意力转移到这一重点工作上来，加强对企业改革的领导，采取

切实有力的措施，推动企业改革的深入。国务院召开建立现代企业制度试点工作会议，主要是研究深化企业改革，部署建立现代企业制度试点工作，通过试点，积累经验，创造条件，逐步推进。

(一)深化企业改革，搞好试点工作，必须统一思想，统一认识

各地方、各部门和各试点企业要认真学习、深刻领会党的十四届三中全会的《决定》精神，用《决定》统一我们的思想和认识。今年以来，各地区、各部门学习贯彻《决定》，就建立现代企业制度问题做了大量的调查研究和准备工作。由国务院统一组织的，国家经贸委、国家体改委等 14 个部门参加的现代企业制度试点工作协调会议，在调查研究的基础上，拟定了建立现代企业制度的《试点方案》，提出了试点的原则、内容、方法、步骤和配套措施。最近，国家经贸委又制定了《深化企业改革，搞好国有大中型企业的规划和意见》，在分析国有大中型企业现状的基础上，提出了明年深化企业改革的 10 项主要措施。要按照这两个文件的要求，一方面组织好试点工作，另一方面继续推进面上的企业改革。

(二)试点工作在国务院的领导下进行，各部门、各地区都要围绕企业改革这一重点，紧密配合，为推动试点工作履行好各自的职责

建立现代企业制度是关系到改革全局的大事，试点工作关系到建立现代企业制度进程的快慢。国务院决定，试点工作由国家经贸委牵头负责，会同国家体改委等有关部门和单位具体组织实施。中央财经领导小组办公室参与研究有关工作。重大问题由国务院研究确定。国家经贸委、国家体改委和各有关部门都要结合自己的工作职责，制定和实施切实能够推动试点工作的政策措施。各省、区、市如何分工负责，由各省、区、市政府自己定。这次试点企业虽然只有 100 户，但试点工作涉及的政策范围很宽，各部门都要认真研究，在自己管辖的工作上有所改革，有所突破，有所创新。在这个问题上，个别要服从整体，局部要服从全局。党的十四届四中全会再一次强调了民主集中制的原则，这对于加强试点工作的统一领导也同样有着十分重要的意义。各地区、各部门要密切配合，上下合作，把试点工作搞好，试出成效，为建立社会主义市场经济体制，促进国民经济发展作出贡献。

(三)试点企业要坚持发挥党组织的政治核心作用，探索职工民主管理的有效途径

国有企业建立现代企业制度，必须坚持和发挥党组织的政治核心作用。要坚持全心全意依靠工人阶级，要强调社会主义的精神文明，做好思想政治工作，不断提高全体职工的思想政治业务素质。有的企业改制为公司后，领导体制发生很大变化，企业基层党组织的政治核心作用如何体现，是大家普遍关注的问题。试点企业要勇于在实践中探索、完善新的企业领导体制与发挥党组织政治核心作用的形式和途径，还要探索公司体制下职代会和工会实施民主管理的作用、方式和特点，逐步理顺“新三会”与“老三会”的关系，为建立新型的企业领导体制开拓一条道路。

(四)试点经验要有利于推广，不能吃“偏饭”

试点的目的不仅是为造就一批新型的充满生机活力和具有更高效益的企业，更重要的是摸索一条我国如何建立现代企业制度的路子，沿着这条道路可以使更多的企业充满活力，好的企业效益更好，差的企业也转变成效益好的企业。试点的经验将为我国有关立法、经济政策的制定提供重要的依据。因此，试点企业的责任重大，光荣而艰巨。这次国务院确定的试点企业中，多数是经营好、效益好的企业，也有一部分是问题比较多、亏损的企业，这样安排，就是为了使试点工作更具有典型意义和代表性。试点要有突破和创新，不能再靠减税让利等优惠政策。突破创新不是吃偏饭，“先行一步”也不是吃偏饭。试点经验要有推广的价值。试点企业要在平等竞争的条件下，通过试点，转换经营机制，加强管理，努力提高市场竞争力和经济效益。

(五)试点主要靠企业自己来试，政府以创造外部环境和指导为主

建立现代企业制度的主体是企业，试点工作要依靠广大职工和管理者的积极性、智慧和创造力。试点企业要处理好改革、发展与稳定的关系，要认真组织好广大职工，尤其是各级管理者的学习和培训，提高他们参加这项改革的自觉性。在产权界定、机构重组等试点过程中，必然要涉及某些职工的切身利益，要妥善处理职工的思想和实际问题，加强思想政治工作。不仅要使职工对试点有一个正确的认识，而且要激发职工对改革试点的热情，积极支持改革，参与改革，投身改革，创造新的企业生机和活力。试点企业要在认真学习弄懂改革目的的基础上，制定细致的改革方案，商有关部门后，发动群众组织实施，使试点工作有计划、有步骤地进行。对管理机构的改革，要采取慎重的态度，要减少层次，减少非生产人员。要慎重确定各个机构的职能和职权范围，搞好各机构的衔接，使工作不脱节、不重复，提高工作效率。各级政府及有关部门要解放思想，创造条件，以邓小平同志提出的“三个有利于”为标准，从实际出发，鼓励和支持试点企业大胆探索。同时，各地区、各部门主要领导要深入实际、调查研究、总结经验，制定政策、办法和措施，加强指导，积极稳步地推动试点工作健康发展，争取在两年内试出成果，把

企业改革再大大向前推进一步。

（六）在抓好试点工作的同时，要抓好面上的企业改革

试点企业主要是实现重点突破，同时面上的企业改革也要深入进行，不能停顿。没有改建为公司的国有企业要继续认真贯彻《企业法》和《转机条例》，落实企业经营自主权，多渠道增加生产经营资金，加大企业技术改造力度，加快企业改造步伐。要把改制、改造和改组结合起来，即把企业的改革、技术改造和战略性结构的调整有机结合起来。国有大中型企业要继续做好限产、压库、促销和扭亏增盈工作，强化企业管理，提高对市场的适应力。同时，要对一批不能清偿到期债务、扭亏无望的国有企业实施破产试点。要抓紧实施国务院新近颁布的《监管条例》，在"国家所有、分级管理、分工监督、企业经营"的原则指导下，切实加强国有资产的基础管理，通过委派监事会的形式，堵塞导致国有资产流失的漏洞。企业搞得好不好，领导班子是关键。在向市场经济转轨的过程中，企业领导者的素质尤为重要，他们是增强企业活力，使国有资产保值增值的依靠和中坚力量。要加强企业领导班子建设，培养和造就一批我国新型企业家队伍，这是我们事业成功的希望所在。

全国国有资产管理暨全国清产核资工作会议在北京开幕

会议提出，将在三五年内为初步建立起具有中国特色的、适应社会主义市场经济要求的国有资产管理和经营体制打好基础。

李鹏总理发来贺信，代表国务院向工作在全国国有资产管理战线上的同志们表示亲切的慰问。

李鹏指出："党中央、国务院十分重视国有资产管理工作。几年来，你们贯彻执行党中央、国务院关于国有资产管理工作的方针、政策，做了不少开创性的工作。明年深化企业改革将是经济体制改革的重点，国有资产管理的任务会更加繁重。希望你们按照党的十四届三中全会精神，加强国有资产管理，继续探索适应社会主义市场经济体制要求的国有资产管理与经营的形式和途径；抓好清产核资、资产评估等国有资产管理的各项基础工作，并采取有效措施制止国有资产流失，促进国有资产保值增值；围绕建立现代企业制度，理顺产权关系，促进企业转换经营机制，适应社会主义市场经济体制要求，努力提高经济效益；同时加快国有资产管理立法步伐，把国有资产管理与经营工作提高到一个新的水平。"

财政部部长刘仲藜主持大会并讲话。这次会议将讨论通过《国有资产管理体制改革与近期工作纲要》，总结交流近几年来各地国有资产管理工作经验，研究贯彻落实《国有企业财产监督管理条例》的具体措施，修订完善一批国有资产管理行政法规，部署近期全国国有资产管理和清产核资工作。

财政部副部长兼国家国有资产管理局局长张佑才在会上作工作报告。张佑才说，国家国有资产管理局自1988年成立以来，现已初步摸清国有资产的"家底"，基本上掌握我国国有资产的总量和分布状况。截至1993年底，全国国有资产总量为34950亿元，其中经营性国有资产26025亿元，占资产总量的74.5%，非经营性国有资产8925亿元，占资产总量的25.5%。1988年以来，我国国有资产年均递增18%以上。

中央军委副主席刘华清在钓鱼台国宾馆会见俄罗斯海军司令格罗莫夫

全国政协主席李瑞环在人民大会堂会见美国史克必成公司总裁加尼亚

中国和罗马尼亚签订电视广播合作协议

中国国际文化交流中心庆祝成立10周年

中国国际文化交流中心连日来陆续邀请中央乐团、台湾舞蹈团以及波兰和日本演唱家在北京举办音乐会、演唱会及文艺表演，庆祝中心成立十周年。

江泽民、乔石、李岚清、钱其琛、任建新等分别为中心成立十周年题词。

全国扫盲工作部际协调小组在北京成立并召开第一次会议

朱开轩任协调小组组长。国务院副总理李岚清作书面报告。

李岚清指出，今后6年是我国扫盲的关键时期。在本世纪末即建国50周年之际完成基本扫除青壮年文盲的历史任务意义重大，时间紧迫。全国扫盲工作部际协调小组要充分发挥宏观指导和检查作用，各级政府要把扫盲当作一项大政列入当地经济、社会发展规划，把成人识字率列为实现小康的重要指标之一，作为精神文明建设的重要内容，切实把扫盲置于"重中之重"的地位，以保证全民族文化素质的提高。

会议就今后6年在我国实现基本扫除青壮年文盲的目标，提出重要意见，并通报表彰吉林省基本扫除青壮年文盲工作，奖励100万元以资鼓励。

全国人大常委会副委员长、部际协调小组顾问陈慕华出席会议并作讲话。

11月3日

全国政协主席李瑞环在人民大会堂会见由主席胡法光率领的香港自由民主联会访京团

全国人大常委会委员长乔石和夫人郁文出席奥克兰华侨华人社团举行的晚宴

中国证监会国家外汇管理局国家工商局公安部联合发出《关于严厉查处非法外汇期货和外汇按金交易活动的通知》

《通知》规定:一、凡未经中国证监会和国家外汇管理局批准,且未在国家工商行政管理局登记注册的金融机构、期货经纪公司及其他机构擅自开展外汇期货和外汇按金交易,属于违法行为;客户(单位和个人)委托未经批准登记的机构进行外汇期货和外汇按金交易,无论以外币或人民币作保证金也属违法行为。

未经批准,擅自从事外汇期货和外汇按金交易的双方不受法律保护。

二、各金融机构、期货公司及其他机构从事外汇期货和外汇按金交易,必须经中国证监会和国家外汇管理局批准。各地超越权限擅自批准的,一律无效。

三、各地期货监管部门应会同当地外汇管理、工商行政管理和公安等部门,在地方政府大力支持下,迅速采取措施,对非法外汇期货和外汇按金交易活动严肃查处,坚决取缔。

四、对拒不停业或以改换经营地点等方式继续进行非法外汇期货和外汇按金交易的,一经发现,期货监管、外汇管理、工商行政管理和公安部门应对其从重处罚。

五、这次查处的重点是非法进行外汇期货及外汇按金交易的机构。对客户要做好宣传教育工作,疏导其尽快平仓,对于不听劝告继续参与外汇期货和外汇按金交易的,可以给予适当的处罚,并将有关情况进行通报。

全国政协主席李瑞环在人民大会堂会见韩国原民主党领袖亚太和平财团理事长金大中

李瑞环说,中韩两国是近邻。建交后,两国关系发展顺利,这符合两国人民的共同利益和愿望。他说:"金大中先生是韩国著名政治家,为中韩两国关系的发展做大量的工作。我们对此表示赞赏。"李瑞环表示相信,金大中先生这次访问将对两国友好合作关系的进一步发展起到重要的推动作用。

在谈到朝鲜半岛形势时,李瑞环强调指出,作为近邻,中国非常关注朝鲜半岛的局势,主张通过对话,协商解决所出现的问题。中国真诚希望朝鲜半岛保持和平与稳定。

金大中对中国人民在经济建设中取得引人注目的成就表示高兴。他说,他此次访华的目的是为使韩中两国友好合作关系进一步扎扎实实地发展,也是为向中国人民表示钦佩之意,因为中国为朝鲜半岛的和平与稳定发挥了很大的作用。

外交学会会长刘述卿等参加会见。

国务院副总理李岚清在华盛顿应邀出席由美中贸易全国委员会美国商会和中国贸促会联合举办的"中国基础建设讨论会"并发表演讲

李岚清首先介绍中国实行改革开放以来的经济贸易发展情况。李岚清说,"今年中国又采取一系列决定性的改革步骤,财政、税收、金融、外汇、外贸、投资、价格体制改革都按预定方案顺利推出,并对经济快速增长中的某些问题进行了有效的宏观调控"。他指出,市场机制已在中国经济运行中占主导地位。李岚清说,中国的外贸体制发生深刻变化。多年来中国一直在努力恢复在关贸总协定的合法席位,我们在经贸领域采取一系列调整措施,使中国国内的经济、贸易、投资环境、知识产权保护体制等都更加符合国际惯例,市场经济体制正在逐步确立,日益完善。李岚清说,中国参与关贸总协定并成为即将成立的世界贸易组织的创始成员国,这符合中国以及包括美国在内的各国利益。

李岚清说,中美经贸关系发展十分迅速。美国是中国的第3大贸易伙伴,从1992年开始,中国也跃居美国的第7大贸易伙伴。中美两国的经济具有很强的互补性。美国雄厚的资金和技术优势需要广阔的市场。目前,美国在华投资位居各国前列,许多美国大企业更是立足中国,面向整个亚太市场乃至整个国际市场。李岚清指出,中美经贸关系有益彼此,至关重要。中美两国的共同利益大于分歧,应当超越意识形态等方面的不同,看清彼此广泛的而重要的利益。中美两国如能从战略意义上加强双方的经贸合作,将符合两国的根本利益。

李岚清最后说,我们愿与美国工商界的朋友们加强合作,抓住机遇,共同开拓中美经贸合作的广阔前景,并为未来的中美关系奠定更坚实的基础。

来自美国各地250多家工商企业的代表出席研讨会。

国务院副总理李岚清在华盛顿分别会见美国商务部部长布朗财政部部长本特森和贸易谈判代表坎特

李岚清在会见商务部长布朗时通报今年头3个季

度中美贸易情况。李岚清说,今年1至9月份中国从美国的进口比去年同期增长40%以上,中国对美国的出口增长20%以上。李岚清指出,中美之间没有根本的利害冲突,两国经贸关系中存在的一些问题完全可以通过友好协商的方法来解决。李岚清还就中国复关以及成为新的世界贸易组织成员国、知识产权保护和市场准入等问题表明中国的一贯立场。布朗表示,美国支持中国复关以及参加世界贸易组织,并愿意看到中国尽早实现这一目标。他再次肯定中国在保护知识产权立法方面所取得的进展,同时对中国加强执法的力度表示赞赏。李岚清强调,美国政府愿意同中国进行密切和有效的合作。

在会见美国财长本特森时,李岚清说,排除中美贸易关系中的障碍不仅符合两国人民的根本利益,而且有利于地区合作及世界和平与稳定。李岚清指出,对华最惠国待遇问题的解决为两国经贸关系的发展扫除一个障碍,意义非常深远。在谈到中国复关问题时,本特森说,从现在世界范围来看,中国具有最令人兴奋的发展前景,美国期待着中国成为新的世界贸易组织的成员。

李岚清与坎特会见时重点讨论中国的复关问题。坎特指出,中国复关是个经济问题而不是政治问题。李岚清强调,复关问题是中国改革开放政策的一部分,中国和关贸总协定是互相需要的,中美复关谈判应该建立在一个共同利益的基础上,美方不应该提出过分的要求。他对中美复关谈判的结果表示乐观。

美国总统克林顿在白宫会见中国政府代表团团长国务院副总理李岚清

克林顿对中国政府和李岚清副总理本人为发展中美关系所做的一切努力表示赞赏。

李岚清说,“我们高兴地看到在过去一年多时间里,特别是从去年十一月江主席和克林顿总统在西雅图会晤以来,经过双方共同努力,中美关系取得的积极进展。”他说,本月中旬,江主席还将在印尼与克林顿总统再次会晤。相信这次会晤必将对中美双边关系产生直接影响。中国政府重视同美国发展关系,始终把同美国的关系放在中国对外关系的重要位置上。“我们一向认为中美双方都应从长远和战略的高度处理两国关系。我是本着积极推动两国关系,特别是两国经贸关系的目的而来的,并对达到此目的充满信心”。

克林顿表示他期待着在印尼同江泽民主席会晤,共同推动两国关系向前发展。他预祝李岚清访问成功。

新华社香港分社社长周南向新闻界表示中英已达成香港新机场财务安排协议

新华社香港分社社长周南下午对香港新闻界表示,中英双方已就香港新机场整体财务安排达成协议,这对于香港的民生和经济发展是有利的。

周志说,中国方面从一开始就认为香港建造一个新的机场,是香港经济发展和长期繁荣的需要,因此一直对此抱着积极支持的态度。同时中方也认为,机场建设应该符合成本效益,不应给九七之后特区政府造成沉重的财务负担。中方的这一立场符合香港居民的利益,也得到港人的支持。

周南指出,自从中英两国政府首脑1991年签署了新机场建设及有关问题的谅解备忘录以来,中方一直按照谅解备忘录的原则精神办事。本来这个问题应该很早就得到解决,但由于长期以来英方未能拿出一个符合谅解备忘录的财务方案来,并在谈判中横生枝节,致使问题一再拖延。周南认为,现在双方终于就财务安排问题达成协议,这是件好事。他希望英方能够认真履行协议,并希望双方能够迅速就机场铁路及临时机场管理局两份财务支持安排以及机场管理局条例达成协议,不再拖延。

周南最后表示,希望英方今后在凡是涉及跨越1997年的重大问题上,都能遵照中英联合声明的精神,经过双方的认真磋商以取得协议,而不要单方面行事。只有这样,才是有利于香港的平稳过渡和繁荣稳定的。

11月4日

《人民日报》发表社论《理论建设的又一件大事——热烈祝贺〈邓小平文选〉第一、二卷出版发行》

《邓小平文选(一九三八——一九六五年)》和《邓小平文选(一九七五——一九八二年)》,经邓小平同志同意,由中共中央文献编辑委员会修订,人民出版社出第二版,改称《邓小平文选》第一卷、第二卷,从11月2日起在全国发行。这是党的理论建设的一件大事,也是党和国家政治生活的一件大事。现在,全党正在深入学习《邓小平文选》第三卷,《邓小平文选》第一、二卷的出版,对这个学习无疑将起到积极的推动作用,对于用建设有中国特色社会主义理论武装全党,全面推进改革开放和社会主义现代化建设,实现党的十四大提出的各项任务,具有重要的现实意义和深远的历史意义。

《邓小平文选》第一卷,增补了4篇文章,其中3篇是作者担任中共中央总书记期间的讲话。第二卷增补了14篇文章,是作者七十年代中到八十年代初的一些重要讲话和文章。这些讲话和文章绝大多数是第一次公开发表。这样,《邓小平文选》的第一卷、第二卷和第三卷,在内容上前后衔接,相互贯通,形成一个更为完整的体系,为我们系统地学习邓小平建设有中国特色社会主义理论提供了一个更加完备的读本。

邓小平同志长期担任党、国家和军队的重要领导职务，在长达半个多世纪中，邓小平同志围绕中国革命和建设一系列重大理论和实践课题进行了认真深刻的思考和探索。这些都集中地体现在三卷著作之中。《邓小平文选》第一、二、三卷的文章，发表于不同的年代，而每个年代党和国家所面临的形势和任务又有所不同，但通观邓小平同志的著作，始终贯穿着一条主线，这就是把马克思主义的基本原理同中国革命和建设的实践相结合，一切从实际出发，实事求是，创造性地解决革命和建设中所面临的问题。这是邓小平同志著作最鲜明的特色。

邓小平同志是我国改革开放和社会主义现代化建设的总设计师。在新的历史时期，继承并发展毛泽东思想，创立建设有中国特色社会主义理论，是邓小平同志最重要的理论贡献。把《邓小平文选》第一、二卷和《邓小平文选》第三卷联系起来阅读，能够清楚地看到，这一理论体系酝酿、构思和逐步形成的发展过程。可以说，邓小平同志对在中国这样一个经济和文化比较落后的大国，如何建设、巩固和发展社会主义的一系列基本问题上，思考已久，并结合我国社会主义建设中的正反两方面经验和中国的特殊国情，进行了极富创造性的理论探索。从《邓小平文选》第一卷增补的文章，特别是第二卷增补的文章中，可以看到，早在若干年前，邓小平同志就已经就中国社会主义发展道路、阶段、任务、动力、外部条件、政治保证、战略步骤等一系列问题有所思考，并表现出既继承前人又突破陈规，开辟社会主义建设新道路的巨大政治勇气和开拓马克思主义理论新境界的巨大理论勇气。邓小平同志的三卷著作是一个整体。把三卷的内容联系起来研读，有助于全面、系统地掌握这一理论科学体系及其精神实质。

在学习中，我们要继续发扬理论联系实际的优良学风，紧紧围绕什么是社会主义，怎样建设社会主义这样一个基本课题，结合当前改革开放和现代化建设实际，深刻领会邓小平同志是怎样继承和发展了马克思列宁主义、毛泽东思想的，是怎样把马克思主义的世界观、方法论以及理论原则和决策原则运用到解决我国现实问题中去的。要把学习邓小平同志的战略思想、理论观点，同学习邓小平同志善于运用马克思主义的立场、观点、方法，解决实际问题的科学态度和创造精神结合起来。在精心研读原著、掌握精神实质和理论体系的基础上，注重联系实际，推动各项工作，增强工作中的原则性、系统性、预见性和创造性。当前，要注意把学习《邓小平文选》同贯彻落实党的十四届四中全会精神紧密结合起来，进一步加强党的建设，增强各级党组织的凝聚力和战斗力，为实现改革、发展和稳定各项任务而奋斗。

以《邓小平文选》第一卷、第二卷的出版发行为契机，更广泛、更深入地学习邓小平同志建设有中国特色社会主义理论，必将极大地提高全党的理论水平、思想水平和领导水平，使我国的改革开放和社会主义现代化建设事业不断取得新的胜利。

国务院总理李鹏在汉城就访韩成果中韩关系朝鲜半岛局势等问题答记者问

李鹏在结束其5天韩国之行前夕举行记者招待会。

李鹏在记者招待会上就中韩关系、朝鲜半岛局势和中国国内情况等问题回答记者的提问。

有记者问，韩国认为，朝鲜半岛和平机制的建立应由南北双方通过对话来解决，中国对此持何看法？

李鹏说，中国需要一个和平的周边环境，十分关心朝鲜半岛的和平与稳定。建立和平机制应由有关各方通过协商加以解决。在新的和平机制建立之前，停战协定仍然有效，应继续予以遵守。

有记者问，韩国认为如要实现朝鲜半岛的和平与稳定，必须重开南北对话，中国在这一问题上抱何态度？

李鹏说，中国一贯主张，朝鲜半岛的和平与稳定应通过和平的方式得以实现，其中包括南北对话，中国支持这种对话。

当记者问到朝美协议的签署和履行将会对朝鲜半岛和朝鲜北方带来什么变化和影响时李鹏说，中国欢迎朝美就朝鲜核问题达成框架协议。我们认为，这一协议的履行，将有利于朝鲜半岛的和平与稳定，也会为南北双方的经济发展提供一个良好的机遇。中国一贯认为，一个国家选择什么样的发展道路，实行什么样的社会制度，应由本国政府和人民来决定，中国从不干涉别国的内政，也决不将自己的改革开放的模式施加给其他国家。

当记者问到李鹏总理对韩国有何印象时李鹏说，访问给我留下良好的印象，韩国经济发展很快，有许多现代化企业，管理得也很好。中国的资源丰富，正在集中精力发展经济，我们愿意同韩国交流经验，取长补短，在平等互利的基础上进行广泛的合作与交流。

有记者问：您在访问期间先后参观大宇、三星、现代等韩国企业集团，这是否意味着中国特别重视同这些企业的合作？您认为这次访问将对发展中韩经贸关系有何影响？

李鹏说，如果我有更多的时间在这里访问，我愿意参观更多的韩国企业。我参观的几家企业都是韩国知名度很高的企业，有着较强的实力和较为先进的技术，和中国也有较好的合作关系。中国愿意同韩国有实力的大企业开展合作，也欢迎韩国中小企业到华投资，寻求合作伙伴。这次访问的具体成果之一就是中韩双方签署民用航空合作协定、和平利用核能协定和共同开发民用客机备忘录等文件。在此之前，中韩双方已就在汽车、航空技术、程控交换机和高清晰度彩电等领域进行产业合作达成协议。所有这些文件的签署都为两国在经济领域的合作奠定坚实的基础，提供法律保护，我们对中韩两国经贸合作的前景表示乐观。在回答关于中国同朝鲜南北双方的关系问题时，李鹏说，中国坚持独立自主的和平外交政策，特别是重视同周边国家发展睦邻友好关系。在处理国与国之间的关系上，中国从不以意识形态和社会制度来划线，中国愿意在和平共处五项原则的基础上同世界上一切国家包括朝鲜和韩国发展友好关系。

当记者问到中国国内形势时李鹏说，新中国成立以来，经历三代领导人。邓小平是以毛泽东主席为核心的第一代领导集体的成员，为新中国的建立作出重大贡献。作为第二代领导集体的核心，他提出的改革开放政策，使中国的面貌发生巨大变化，经济不断发展，人民生活有明显的改善，特别是他提出的建设有中国特色社会主义的理论，为中国的改革确立明确的目标，他是中国改革开放的总设计师。邓小平关于建设有中国特色社会主义的理论，已深深扎根于中国这块土地，得到了人民的衷心拥护，它必将会长期贯彻执行下去，中国现已形成以江泽民为核心的第三代领导集体。这一领导集体是很团结的，有能力的，是能够带领中国人民实现我们的奋斗目标的。

全国政协副主席王兆国在北京会见由主席胡法光率领的香港自由民主联合会访京团

国务院副总理朱镕基在全国建立现代企业制度试点工作会议上发表讲话

党中央、国务院对这次会议非常重视，江泽民同志亲自主持中央财经领导小组会议，讨论了现代企业制度改革试点问题，通过了国务院提出的方案。

今年的改革，重点是建立社会主义市场经济宏观调控体系的基本框架，主要是进行财税、金融、外汇、外贸、投资体制等方面的改革，规模非常宏大，内容非常深刻。现在看，尽管还不很完善，但基本框架有了，为深化企业改革奠定了基础，创造了条件。企业改革是经济体制改革的中心环节，所以，今年上半年基本上完成宏观调控体系改革任务后，我们就根据党的十四届三中全会精神，逐步把改革的重点转向企业改革。江泽民同志在党的十四届四中全会上讲，从明年开始，要把深化国有企业改革作为经济体制改革的重点，力争在转换国有企业经营机制、建立现代企业制度、增强国有企业活力方面有所突破。只有切实抓好国有企业改革，才能真正建立起社会主义市场经济体制。

全国的建立现代企业制度试点工作，由国家经贸委牵头。试点办法，由国家体改委、经贸委和有关部门共同制定。试点企业一百家，从这里面总结经验。

关于建立现代企业制度的试点工作，我讲几点意见。

一、全面理解。

要全面、正确地理解党的十四届三中全会《中共中央关于建立社会主义市场经济体制若干问题的决定》。关于现代企业制度，十四届三中全会决定有四句话："产权清晰、权责明确、政企分开、管理科学"，概括得很全面。现在各地搞了那么多企业试点，但许多人理解得不那么准确，过分地强调了产权清晰，把重点放在探索产权形式上，在这方面大做文章。当然，产权清晰对推动企业经营机制转换有很大作用。但如果只是"单打一"，作不出更大的文章。现代企业可以有多种组织形式，我们要在公有制为主体的前提下，进行各种形式的探索。不是要把所有的企业都办成股份制公司，更不是把所有的企业都办成上市公司。只讲"产权清晰"这一句话，注意力只集中在这一方面，其他三句话成了陪衬而已，这样理解太不全面。现在有些所谓的产权交易，是将公有财产变着花样地转成个人财产，国有资产流失十分严重，这怎么是我们所要的"产权清晰"呢？一些企业搞内部集资入股，把银行贷款抽出来，成立一个股票科，然后去炒股票赚钱。这种以集资为目的、以投机赚钱为目的的股份制有什么用？只能更增加银行资金的紧张。我们不能将注意力只集中在以集资为目的的股份制上。产权清晰很重要，要继续探索，但不要把它抬到压倒一切的地位。

二、突出重点。

我们应该很好地贯彻执行江泽民同志在党的十四届四中全会上的讲话。江泽民同志说：深化企业改革"关键是实行政企分开、搞好企业内部经营管理、逐步建立社会保障体系"。这里讲的关键有三点，大家要好好学习，认真贯彻。

第一，要抓政企分开，切实转变政府职能。政府职能不转变，政企就难以分开，企业不可能适应市场经济要求。现在有些政府部门的人一下去，就让企业干这干那，甚至限期搞好，瞎指挥，吃偏饭。这不是以市场作为资源配置的基础，而是用行政的力量随意去干预企业。用行政手段短期搞好企业很容易，但不能巩固和持久。政企不分开，国有企业是搞不好的。我去年到北欧五个国家，其中挪威国有企业的比重超过百分之五十。它有一个很大的特点，政府不直接管理企业的经营活动，但对企业领导人抓得很紧，大型企业的总经理要经政府和议会批准任命，政府主要行使监督、执法职能。国外管理企业的一些有益经验，我们应当学习和借鉴。

《全民所有制工业企业转换经营机制条例》公布两年了，见效不大，主要是政企没有分开。我希望这次试点，中央各部门和地方政府少管一点。加强领导不等于什么事都管，管好班子最重要。还是三条：坚持和完善厂长（经理）负责制，发挥企业党组织的政治核心作用，全心全意依靠工人阶级。政府少管不等于撒手不管，要认真搞好试点，要监督、推动，但不要瞎指挥。

第二，要搞好企业内部经营管理。前一段时期，有些地方只抓产权交易，什么制度都不要了，企业内部管理一塌糊涂，假冒伪劣产品横行。一说搞市场经济，就以为可以全面放开，什么都不管了。所以，还是要眼睛向内，苦练内功，从严要求，把企业基础制度健全起来。

第三，要逐步建立社会保障体系。现在党中央、国务院都在抓这件事，这是深化国有企业改革的最重要的配套改革。搞好国有企业需要逐步做到企业能破产、职工能辞退，解决好这两个问题，企业效益才可能上去。做到这两点，必须有配套政策。破产企业的人员要妥善安置，工人的基本生活要有保障，否则社会不稳定。党的十四届三中全会以后，国务院有关单位研究建立社会保障体系问题，包括养老、失业、医疗等保险制度，经中央和国务院多次讨论，现在方案都出来了，准备开全国性的会议，先试点、再立法、后推广。养老保险制度已经进行了比较大范围的试点，今后将进行更大范围的规范化试点。

企业破产是个难题。《中华人民共和国企业破产法》为什么难以执行？主要是职工的安置问题。原来规定企业破产的拍卖所得首先用于偿还银行债务，这是正确的。但职工得不到安置，就会影响社会安定。现在为推动这项工作，应有新的思路。财产的拍卖所得首先要用于安置职工，然后再用于偿还银行债务。拍卖要包括土地的使用权。亏损企业不少在城市中心，土地使用权很值钱，企业破产后安置职工绰绰有余。当然，这样搞，银行财产要受到很大损失，但不付出这个代价，企业长期亏损下去，银行的债务不但不能偿还，还会不断增加。要想得远一点，想得开一点。破产要有领导、有组织、有步骤地进行，先在国家经贸委组织的十八个试点城市里试点。企业破产后，厂长应该免职或降职。把厂子搞垮了，厂长却升官，是不公平的。我们要坚持一条：企业破产试点先在十八个试点城市内进行，银行参加。省、市级银行不能决定企业破产，必须报总行批准。我认为破产机制非常重要，今年把破产试点搞好，明年再扩大试点范围，每个城市有两三个企业破产，这对全市的国有企业都会有大的震动，对推动建立现代企业制度会起很好的作用。这件事很复杂，只能经过试点逐步实施，千万不能刮风。

三、相互结合。

首先，改革、改组和改造要互相结合。改革是建立现代企业制度，改组是企业组织结构改组，改造是企业技术改造，这几项不结合，企业搞不好，现代企业制度也建立不起来。比如纺织行业，如不改组，棉花都被小棉纺厂吃了，谁能搞得好？所以我赞成棉花调一点价，提价后大中型企业勉强生存，小厂吃不起，小棉纺厂搞不下去了，企业组织结构改组的作用就发挥了。其次，建立现代企业制度的试点，还要与贯彻落实行之有效的有关行政法规结合起来进行，要继续推进面上的企业改革。一九九二年发布了《全民所有制工业企业转换经营机制条例》，这也是符合党的十四届三中全会决定精神的，其中好多条文到现在都没有落实，还要继续贯彻落实。今年又通过了根据党的十四届三中全会决定制定的《国有企业财产监督管理条例》，国有企业如果没有外部的监管，国有资产很容易流失。目前国有资产流失的现象相当普遍，“大船搁浅，舢板逃生”。一个大厂，背一屁股债，分出十来个小厂，大厂剩下几个老弱病残背着债务，债务实际上都留给国家了，小厂不亏了，大发奖金，这是不行的，还是要监管。先从对国民经济有重大影响的大企业开始，要先派监事会进行监督，不管企业经营，只监督企业的资产负债情况。企业资不抵债，就可以建议撤换厂长。所以，建立现代企业制度试点，应同贯彻《国有企业财产监督管理条例》结合进行，不能“单打一”。

这次会上提出了几个问题。一是不能吃偏饭，但能不能吃点新饭？大家看到，靠吃偏饭搞现代企业制度试点，即使有了经验也很难推广。偏饭不吃，新饭还是有的，如社会保险制度、企业破产制度、银行冲销呆账准备金、拨改贷变为贷改投以减轻企业还本付息的负担，等等。但不要在减税让利、优惠政策上打主意，现在已经是无税可减、无利可让了。国家财政很困难，收入增加不少，支出更大。大家还是要认真领会党的十四届三中全会决定的精神，加快政企分开，加强企业内部管理，把配套措施搞起来，真正使亏损的企业扭亏为盈，盈利的企业办得更好。

二是资金问题。当前资金紧张的情况，其中有很大一部分是由于企业相互拖欠引起的。这次企业间大量相互拖欠的原因和一九九一年有相同之处，也有不同之处。一九九一年主要是基建资金不到位，拖欠了生产企业的资金，形成连环套。因此，只要银行注入一定的贷款到资金不足的项目，偿还生产企业的设备、材料、施工款项，整个债务链条就解开了。现在不是这样了，只有一部分是基建规模过大、资金不到位引起的，约占全部拖欠款的三分之一，而且主要是地方自筹资金部分不到位引起的，中央没有资金不到位的问题。现在企业相互拖欠的主要原因是，进口失控引起钢铁工业和石油、石化工业产品滞销、积压，资金回不来。一九九二年和一九九三年上半年钢材价格上涨得太猛，涨了一倍多，超过国际市场价格水平。一九九三年进口了很多，今年上半年还在进，国内企业生产的钢材卖不出去，钢厂又不能停产，造成压库，货款回不来。今年的拖欠款中，约有三分之一是钢铁工业引起的；其次，是成品油大量进口，造成国内成品油没法生产，大庆、新疆油田曾经部分关井。现在钢铁工业采取几项措施，一是不回钱不发货；二是减产不停产，国家给予一定的流动资金支持；三是严格控制钢材进口；四是增加出口。成品油的销售情况通过降价有缓解。形势会慢慢地好转，拖欠情况也会缓和，但前提是坚决限产压库促销，千万不要追求没有效益的速度。

三是中央抓的和地方抓的试点工作如何结合？建立现代企业制度试点确实应认真探索，也很难说是一个模式，还要经过实践检验。各地面上的试点企业应逐步向国务院的方案靠拢，不妨碍各自探索新的经验、新的办法，但不能违背国家法律和政策的原则规定。全国的试点工作由国家经贸委牵头，省里的试点由省政府自己决定。中央各部门不要给省里下通知，要求自己的对口部门如何如何办，否则地方政府就很难办了。总之，为了共同的目标，大家要团结，要协作，多商量，同心同德，把建立现代企业制度的改革试点工作抓好。

中共中央政治局委员吴邦国在黑龙江省考察

11月4日至8日，吴邦国在代省长田凤山、省委副书记马国良等陪同下，先后深入到哈尔滨电站设备集团、东北轻合金厂、哈尔滨飞机制造公司等国有大中型企业调查研究。他还与10家企业的厂长、经理进行座谈，并听取了省委、省政府的汇报。

在谈到调整产业结构时，吴邦国强调，黑龙江的工业基础很好，但结构偏重。其出路是，要制订一个符合中央要求的规划，扬长避短、实事求是地进行产业结构调整，以适应市场的需要。不调整是没有出路的。不能只进行产品品种的适应性调整，要搞战略性调整，与当地的优势结合起来。

吴邦国指出，无论国有企业还是乡镇企业，都要抓一头，放一头。作为上级，一是要抓规划，二是抓一些扶持企业发展的政策，具体事情要让企业去干。根据市场的需要，促使人力、物力、财力等生产要素，向符合产业结构调整方向的、效益好的企业集中。

中央军委副主席刘华清上将在钓鱼台国宾馆会见印度尼西亚陆军参谋长维斯莫约·阿里斯穆南德上将

中英联合联络小组机场委员会就香港新机场及机场铁路总体财务安排在香港签署《会议纪要》

《会议纪要》是中英联合联络小组机场委员会根据机场谅解备忘录的规定，就香港新机场和机场铁路总体财务安排进行讨论后形成的。

《纪要》说，港英政府将作出安排，对新机场和机场铁路的注资总额不少于六百零三亿港元；工程完工时，新机场和机场铁路的举债总额不超过二百三十亿港元。这些举债不需要政府提供担保和偿还，而由现时称为临时机场管理局的法定机构和地铁公司承担偿还的全部责任。

中英双方就新机场和机场铁路的用地原则达成共识，具体批地安排由中英土地委员会商定。

中英双方同意采取必要的措施，审慎监督和控制成本，加强机场咨询委员会和机场委员会在这方面的工作。英方承诺，除加强港英政府现有的成本监控机构的运作，以对降低成本作进一步努力外，将及时向机场咨询委员会提供工程进度、财务和成本方面的资料，听取咨询委员会的合理意见和建议。港英政府将每季度向机场委员会报告工程进度、财务及成本变动情况，以助于机场委员会的监察工作。

英方确认，港英政府会尽量避免或减少工程合约索赔的发生，不因索赔问题给未来特区政府造成财政负担。

《纪要》说，根据现时工程进度，除出现不可抗力外，政府直接斥资兴建的七个新机场核心工程项目和以建造、营运和移交方式批给私人机构的西区海底隧道工程将于一九九七年六月三十日前完成，而新机场和机场铁路在同一日期前将最大程度上完成。中英双方商定，一九九六年下半年将就新机场核心工程的进度和新机场及机场铁路财务安排的执行情况作一次全面的检讨。英方还承诺，政府斥资兴建的七个新机场核心工程项目中如有一九九七年七月一日前未能竣工的工程，港英政府必须在工程总预算中备妥足够的资金。

港英政府与机场管理局及地铁公司签订的具体协议，将经中英双方协商一致后另行公布。

国务院港澳办公室发言人就香港新机场财务安排达成协议一事发表谈话

国务院港澳办发言人表示，香港新机场财务安排方案,经过3年的谈判,几经周折,中英双方终于达成协议,我们对此表示欢迎。这位发言人指出,只要严格遵守中英联合声明和中英双方过去所达成的协议和谅解,对一些涉及香港长远利益的重大问题,双方采取互谅互让、共同磋商的合作态度,是能够取得好的成果的。这不但是广大港人的普遍愿望,也符合中英双方的共同利益。发言人还表示,新机场财务安排协议达成后,中方仍将一如既往地采取积极合作的态度,对机场管理局条例及两个财务支持协议等问题,与英方认真磋商,使香港新机场能够按照《关于香港新机场建设及有关问题的谅解备忘录》如期建成。

中国航空工业总公司和中国民航总局分别与美国麦道公司在华盛顿签署合作制造和购买美国民航客机合同和意向书

国务院副总理李岚清和美国商务部长布朗出席签字仪式并发表讲话。

根据合同和意向书,中方将同美国麦道公司在上海合作生产20架MD—90型飞机,并向该公司购买20架双引擎客机,合同总额超过16亿美元。

布朗说,双方这次签署的协议是一个新麦道公司与中国20年的合作的"里程碑",表明美国政府重视商务往来的政策。美国希望通过增加贸易和投资来促进同中国的关系。他认为,签署的协议不仅有利于促进中国经济和交通运输事业的发展,而且有助于美国增加就业,将为美方提供4600多个高技能和高工资的就业机会。

李岚清说,美国政府以发展经济贸易关系来推动双边关系与合作符合美国人民的利益,中国对此表示支持。李岚清说,许多实例证明中美在经贸方面完全可以进行很好的合作,麦道公司与中国航空工业总公司的合作就是一例。他说,在他访问期间,双方还将签署若干重要的协议与合同,这些都有利于双边经贸关系的发展。

11月5日

全国政协八届委员会举行二十次主席会议

会议决定12月上旬在北京召开全国地方政协工作经验座谈会。

全国政协主席李瑞环主持会议。

政协主席会议通过的全国地方政协工作经验座谈会的议程是:交流地方政协工作经验,讨论《政协全国委员会关于政治协商、民主监督的暂行规定》(修改稿)。

这次全国地方政协工作经验座谈会的主要任务和目的是:贯彻政协第八届全国委员会第二次会议精神,总结交流地方政协履行政治协商、民主监督和参政议政职能的新鲜经验,进一步开创人民政协工作的新局面。

全国政协副主席叶选平、王兆国、阿沛·阿旺晋美、洪学智、赵朴初、钱伟长、胡绳、钱正英、孙孚凌、朱光亚、万国权,秘书长朱训出席会议。

全国纪检监察宣传教育工作会议在江苏省张家港市举行

国家主席江泽民在人民大会堂先后接受突尼斯等七国新任驻中国大使递交的国书

这七位新大使是突尼斯大使阿卜杜勒哈米德·本·梅萨乌达,毛里塔尼亚大使谢赫·西德·艾哈迈德·乌尔德·巴巴米内,斯洛伐克大使弗拉基米尔·维廉姆·克里莫,菲律宾大使罗穆阿多·翁,阿根廷大使劳尔·阿尔弗雷多·埃斯特拉达·奥尤埃拉,莱索托大使莱博杭·莫莱科,巴基斯坦大使阿希拉夫·杰罕吉尔·卡齐。

国务院总理李鹏在中南海紫光阁会见意大利外交部部长安东尼奥·马尔蒂诺

《人民日报》发表社论《祝贺李鹏总理访问韩国取得圆满成功》

国务院副总理朱镕基在中南海紫光阁会见意大利外交部部长安东尼奥·马尔蒂诺

外交部部长钱其琛在钓鱼台国宾馆同意大利外交部部长安东尼奥·马尔蒂诺举行会谈

钱其琛说,中意都是文明古国,两国之间的交往源远流长。近几年来,两国关系的发展一直比较顺利,我们对此感到满意。我们对意大利当选为联合国安理会非常任理事国表示高兴,愿同意大利在联合国事务中继续进行合作。

马尔蒂诺表示,意方十分重视发展同中国的关系,这次访华目睹中国经济高速发展的实际情况,相信意中两国进一步发展双边关系,特别是经贸关系有很好的前景。

关于双边经贸关系,钱其琛说,我们十分重视中意经济合作关系。近几年来,双边贸易不断发展,今年又有新的增长。马尔蒂诺说,意政府认为意企业应增加对中国经济的参与,并将对此提供各方面的支持。

关于两国文化科技交流,钱其琛说,中意两国政府间和民间的文化交流领域十分广阔,人员互访频繁;两国在科技领域的合作也进行得很好,双方各有所长,科技合作的潜力很大。马尔蒂诺表示,意方一直积极支持两国扩大双边文化科技交流,并愿采取实际步骤给予推动。

谈及欧洲联盟问题时,钱其琛说,我们很高兴看到欧盟在国际事务中发挥日益重要的作用。今年是中国同欧盟的关系有较大发展的一年,双方有很多高层互访。目前,欧盟是中国重要的贸易伙伴,但双方经贸合作仍有很大潜力。中国政府希望欧盟取消对进口中国产品的限制。

宾主在会谈中还就国际和地区问题广泛交换看法。

外交部部长钱其琛在北京会见前苏联外交部部长别斯梅尔特内赫

中共中央政治局委员李铁映在人民大会堂会见朝鲜中央通讯社副社长朴贤奎率领的朝中社代表团

外经贸部部长吴仪和意大利外交部部长马尔蒂诺在北京出席中国和意大利两国三个合作文件的签字仪式

文件包括:合同金额62亿日元的日元贷款空中交通管制雷达系统合同;合同金额4800万美元的吉林6万吨腈纶项目合同;关于意方向中方提供资金、人员培训、咨询、承包工程等的合作意向书。

中央军委主席江泽民军委副主席刘华清张震委员迟浩田张万年于永波傅全有等出席纪念人民空军成立45周年文艺晚会观看由空政歌舞团演出的歌舞《蓝天长城》

广东茂名发现七千万年前恐龙蛋化石

前不久,广东省茂名市30万吨乙烯建设工程工地12米深处的红砂层中,发现一批恐龙蛋化石。经广东省文物考古研究所初步鉴定确认,这批恐龙蛋化石距今约7000万年,茂名成为我国目前发现恐龙蛋的纬度最南的地区。

报道说,在首批发现的4枚恐龙蛋化石中,两枚比较完整,大的重量为1250克,直径为11.5厘米,小的重1100克,直径是10.5厘米。另外两枚,一枚被风镐打碎,呈半圆形,里面有白色和黑色结晶体,另一枚里面则呈红色。

11月6日

全国国有资产管理暨清产核资工作会议在北京闭幕

国务院副总理朱镕基在全国国有资产管理暨全国清产核资工作会议上强调,国有资产管理工作的首要任务,就是要坚决维护国家所有者权益,制止国有资产流失。

朱镕基指出,党中央、国务院非常重视国有资产管理工作,多次提出,我们搞的是社会主义的市场经济,在经济运行上要按市场经济规律办事,在经济基础上要坚持公有制为主体。国有资产是我国社会主义制度赖以存在和发展的物质基础,是全国人民的共同财产,国家的命根子,如果我们的国有企业管不好,国有资产都流失了,就谈不上搞社会主义了。

在谈到明年改革任务时,朱镕基指出,加强国有资产管理工作,既是企业改革的一项重要内容,也是现代企业制度建设取得成功的重要保证。国有资产管理工作在建立现代企业制度的改革试点中的主要作用和首要任务,就是要制止国有资产流失。要建立包括清产核资、产权登记、产权界定、资产评估等一整套国有资产的基础管理制度,要真正在监督国有资产管理和运行上履行职责,必须认真调查研究,搞好监督检查。要加强国有资产的立法、执法工作,搞好各项国有资产管理相关法规建设。要做扎扎实实的工作,真正发挥国有资产管理部门的职能作用。

关于资产评估工作,朱镕基强调,加强资产评估是国有资产管理的重要基础工作,是制止国有资产流失的有效手段。要按照国务院的有关规定精神,加强对资产评估的统一管理。

朱镕基最后强调,党的十四届三中全会明确要加强中央和省市两级国有资产管理机构,中央各部门国有资产管理机构也要加强,要有精干的人员来管,而且是认真地管。要建设一支德才兼备、精明强干的国有资产管理专职队伍。这个队伍要有忠诚廉洁的品质,又要熟悉业务,懂经济,懂生产,懂会计,这样才能做好工作。

香港中华总商会在香港为第39届会董举行就职典礼

即将卸任的第三十八届会长霍英东先生把中华总商会的信印移交给第三十九届会长曾宪梓先生。新一届会董的任期为两年。

新华社香港分社社长周南、全国工商联主席经叔平、中国国际商会副会长崔玉山等出席就职典礼。全国政协副主席王兆国、国务院港澳办主任鲁平发来贺信。

曾宪梓代表新一届会董致词表示,今后中华总商会要继续加强与内地的沟通,并计划在北京和内地重要省份设立办事处。

全国第二次土壤普查工作完成

历时16年的全国第二次土壤普查工作于近日圆满完成。全国土壤总面积131.61亿亩，占全国土地总面积的91.37%，包括台湾省在内，我国土壤资源不少于132亿亩。土壤种类之多，总面积之大，是世界上少有的几个国家之一。

报道说，这次土壤普查工作从1979年开始，历经“六五”、“七五”和“八五”三个五年计划，参加普查的各级领导干部、农业科技人员共8.4万人，农民达40多万人，使用经费2.8亿元，共完成2444个县、312个国营农(牧、林)场、44个林业区土壤普查；有295个地(市、州)，30个省(市、区)汇总成果。台湾省和港澳地区，也应用有关资料完成了部分汇总，编写出土壤志、土种志、土地利用现状调查、成果应用等5500多份。这次总共完成各种图件4.4万多份。各省、地(市)、县从此拥有了自己的土壤普查数据册。

1994年全国体育发展战略讨论会在长沙举行

11月7日

国家主席江泽民在中南海会见加拿大总理克雷蒂安

国务院总理李鹏在人民大会堂同加拿大总理克雷蒂安举行两轮会谈

李鹏说，克雷蒂安总理的这次访问是中加友好关系史上的重要一页，对两国关系的发展具有深远影响。

小范围会谈和大组会谈连续进行。李鹏说，克雷蒂安总理率领加拿大历史上规模最大的代表团访华，包括9位省长和两位地区政府首脑，还有近400人的经济企业界代表团，带来加拿大人民对中国人民的友好情谊，也充分体现对发展中加关系的重视。

在举行大组会谈时，李鹏说：“我和总理阁下刚才进行的小范围会谈很成功，增进彼此间的理解，增强长期合作的信心。”他表示，相信克雷蒂安总理的这次访问会取得成功。

克雷蒂安说：“加政府十分重视对华关系，当年特鲁多总理决定同中国建交，我作为他的内阁成员之一，积极支持这一正确决断。”他说，加中两国都是亚太经济合作组织的成员，都愿意在促进这一地区的和平与发展方面发挥积极作用。中国是亚太地区乃至世界的一个很重要的国家，中国发展之快举世瞩目。中国的繁荣不仅造福于中国本身，而且有利于世界的和平与经济的振兴。

克雷蒂安说，我们高兴地看到，一年多来加中经济贸易合作走上多样化的道路，合作内容更加丰富。加拿大在交通、运输、能源和电信等领域具有先进的技术，希望在这方面加强合作。“我这次带来包括企业家在内的庞大代表团，我们希望进一步推动包括经贸关系在内的各个领域的合作关系”。加中两国有许多共同点和共同利益，有理由和条件把双边关系搞得更好。

克雷蒂安说，加拿大支持中国早日恢复关贸总协定缔约国地位，并成为世界贸易组织的创始国。

李鹏指出，中国是一个潜力巨大的发展中国家，加拿大是世界上主要的发达国家之一，两国经济有很大的互补性，中加两国有较长的合作历史，而且合作记录也是良好的。正像总理阁下和各位省长所说的，中国经济蓬勃发展，对外贸易也在迅速增长，因此，中国是一个巨大的市场，对世界经济的振兴和繁荣有着不可忽视的作用。中国愿意看到加拿大企业以其良好的合作条件和商业信誉，在竞争中赢得合作机会，在平等互利的基础上不断扩大两国的合作领域。李鹏总理还表示，希望进一步扩大两国在文化、教育和其他领域的合作关系。

澳大利亚总督比尔·海登和夫人在堪培拉总督府会见全国人大常委会委员长乔石和夫人

海登对乔石说，这是你第一次访问澳大利亚，希望我们的国家能给你留下一个好的印象。

乔石说，中澳两国都处在亚太地区，当前这个地区的形势是好的，经济合作和贸易交流都发展得很快。澳大利亚有自己的优势，中国也有自己的长处，而且正在深化改革，扩大开放，对外开放是全方位的，这就为中澳两国加强合作提供有利条件。

在谈到即将举行的亚太经济合作组织领导人非正式会议时，乔石说，我们的国家主席江泽民将出席这次会议，中国愿意同有关各方一道做出积极努力，使今年的会议取得积极成果。

乔石说，中国是一个发展中国家，正在根据本国的国情制定发展战略和政策。中国要赶上中等发达国家的水平，仍需要作出长期的巨大努力。我们的人民对中国的未来充满了信心。为了促进本国的经济发展，中国对外寻求和平，寻求友谊，寻求合作。我就是怀着加深了解、增进友谊、扩大交流、发展合作的愿望前来澳大利亚访问的。

海登说，澳中两国在许多重大的国际问题上有共同利益，在经济合作和贸易交流方面有很大的潜力。两国关系现在发展得很好。建立一个强有力的澳中合作友好关系，完全符合我们双方的根本利益，也有利于本地区的和平与稳定。中国的经济快速增长，虽然还是一个发展中国家，但在某些领域，如经济管理和技术应用方面有自己的优势，这对加强澳中友好合作是很有利的。

海登还说：澳大利亚很重视亚太经济合作组织的作用，希望它具有更大的活力。我们希望今年的领导人非正式会议能够取得有利于各方的积极成果。

国家主席江泽民在中南海会见美国电话电报公司董事长罗伯特·艾伦

全国人大常委会委员长乔石在堪培拉会见澳大利亚外交部部长埃文斯

埃文斯说，澳中两国关系非常好，尤其在经济、贸易和投资方面。目前双方的投资热情都很高涨。两国关系今后还会有更好的发展，澳大利亚对此充满信心。埃文斯还说，澳大利亚和世界商业界对同中国进行贸易的信心越来越足，重要原因之一是中国的法律制度逐渐完善。

应埃文斯的要求，乔石简要介绍中国法制建设的情况。

双方还讨论关贸总协定问题。埃文斯表示，澳大利亚希望恢复中国在关贸总协定的缔约国地位，希望中国成为世界贸易组织的创始国之一。

乔石说，中国恢复在关贸总协定的缔约国地位，必然对国内工业产生相当的冲击，但如果把我们当作一个发展中国家看待，那么这点冲击对我们是有好处的，可以加速我们的发展。

乔石指出，中国近十几年来经济发展较快，但中国落后的地方还相当多。从全国范围讲，中国仍然是一个发展中国家，要到下个世纪中叶才能达到中等发达国家的水平。

谈到人权问题，乔石说，改革开放以来，我们对个人权利的保障越来越重视。中国有9亿农民，我们充分地给予他们自由支配他们的土地和收获的权利。企业也有更多的权利考虑他们的产供销问题。乔石表示，中国原则上同意同有关国家在平等和相互尊重的基础上就人权问题进行对话。

中国政府和加拿大政府在北京签署和平利用核能合作协定

国务院总理李鹏在中南海会见联合国教科文组织总干事费德里科·马约尔·萨拉戈萨

李鹏表示，中国重视联合国教科文组织的作用，愿意进一步发展双方的合作。

李鹏说，中国同联合国教科文组织有着很好的合作，我们对此感到满意。他说，教科文组织是世界上最大的、政府间智力合作的机构，在促进广大会员国、尤其是发展中国家的教育、科学和文化事业的发展方面肩负着重要使命。

李鹏对教科文组织、联合国儿童基金会等机构共同召开的世界全民教育会议和九个发展中人口大国全民教育首脑会议表示赞赏，并对教科文组织及马约尔本人对中国的教育事业、特别是中国农村教育所给予的支持和帮助表示感谢。

在介绍中国的教育情况时，李鹏强调指出，中国政府十分重视教育事业。教育是振兴经济、提高人民素质的根本大计。在发展中国家中，中国率先召开全民教育国家级大会，目前正在全面落实会议通过的行动纲领。

在谈到将于明年初召开的世界社会发展首脑会议时，李鹏表示，中国十分重视这次会议。不久前中国召开有关社会发展的全国性会议并举办展览，从一定意义上讲，这也是在为明年的世界社会发展首脑会议做准备。

关于明年在中国举行的世界妇女大会，李鹏说，中国作为东道国正在积极地为会议进行筹备工作。中国欢迎世界各国妇女界的杰出人士与会，相信会议一定会取得成功。

马约尔说，联合国教科文组织同中国的合作是非常好的。他说，中国政府重视教育、为发展教育所采取的举措给他留下深刻的印象。教科文组织密切关注中国教育工作会议的召开，并认真阅读李鹏总理的主旨讲话。

马约尔表示，教科文组织将继续加强同中国的合作，并在自己的职责范围内为中国的教育事业提供力所能及的帮助。国家教委主任朱开轩会见时在座。

外交部部长钱其琛在北京同苏丹外交部部长侯赛因·苏莱曼·阿布·萨利赫举行会谈

钱其琛说，苏丹南方问题是殖民主义遗留下来的问题。“我们对巴希尔主席把解决南方问题放在优先的地位，并通过和平方式予以解决表示赞赏。这个问题只能通过和平方式解决。”

钱其琛还说，中国支持“伊加特”国家为和平解决苏丹南方问题所做的调解活动。他表示，中国作为苏丹的友好国家，衷心希望苏丹早日实现和平、统一与稳定。

谈到两国关系，钱其琛说，中苏之间有着传统的友谊，两国建交以来友好合作关系不断发展，在所有领域都开展卓有成效的合作，中方对此感到满意。

钱其琛表示,中国赞赏苏丹坚持“一个中国”的立场,希望保持并加强同苏丹在国际事务中的合作。他指出,中国和苏丹同属发展中国家,经济合作有着很大潜力。中国政府愿与苏丹政府共同努力,使两国友好合作关系不断向前发展。

钱其琛还强调,国家关系应建立在和平共处五项原则的基础上,而不应受不同的意识形态和社会制度的影响。钱其琛说,各国有权选择自己的政治制度,任何国家无权干涉别国内政。中国主张邻国间保持睦邻友好,以保持地区的和平与稳定,并共同发展。

萨利赫表示,自 1990 年巴希尔主席访华以来,苏中两国关系得到进一步发展。萨利赫说,苏中关系建立在相互尊重各自利益、互不干涉内政的基础上,因此是牢固的。苏丹希望与中国全面发展友好合作关系。

萨利赫还重申,苏丹支持中国为实现祖国统一所做的努力,坚持“一个中国”的立场。

国务院总理李鹏在中南海会见日本国经济团体联合会名誉会长日本东京电力株式会社顾问平岩外四和夫人

澳大利亚外交部部长埃文斯代表澳联邦政府在议会大厦举行宴会欢迎全国人大常委会委员长乔石

全国政协副主席中国国际交流协会会长吴学谦在波恩会见德国社会民主党联邦干事长费尔霍伊根

古巴全国人民政权代表大会主席里卡多·阿拉尔孔在哈瓦那会见由全国人大常委会委员朱良率领的全国人大代表团

老挝主管经济的副总理坎培·乔布瓦拉帕在万象会见来访的交通部部长黄镇东

第二届南北人类基因组大会在北京开幕

国家计委与世界银行联合举办的“中国促进外商投资基础设施政策问题国际研讨会”在北京召开

敦煌莫高窟北区洞窟谜底初现

近日从敦煌研究院获悉,困扰学术界多年的敦煌莫高窟北区洞窟之谜已被初步解开。大量遗迹、文物的发现与出土,使人们对北区洞窟的性质有新的认识。

报道说,举世闻名的莫高窟洞窟被分为南北两区。现已编号的 492 个洞窟绝大多数集中在南区,而在长约 800 米的北区崖面上,有数百个不曾编号多无壁画和塑像的洞窟,这些洞窟是做什么用的?却一直为学术界所瞩目。

为了解开北区洞窟之谜,敦煌研究院组织考古研究所彭金章等专业人员,从 1989 年起先后三次对北区洞窟进行清理发掘,发现遗骨、棺木、炕灶、粮仓、塑像、壁画等大批遗迹、遗物。出土的重要文物有波斯银币、西夏币、铜币、铁币等货币及汉文、藏文、西夏文、回鹘文、蒙古文的写经残页、西夏文字典残页,还有木器、陶器、铜器、丝麻织物、木制彩绘俑等。

报道最后说,目前,清理发掘工作还在继续进行中。根据已发现的实物资料,可初步断定,北区是由瘗窟、僧房窟、禅窟、礼佛窟、仓库窟五类性质的洞窟组成,即是僧人、画匠起居生活、坐禅、礼佛、存储粮物、埋葬遗骨的场所。

11月8日

国家主席江泽民在新加坡会见新加坡资政李光耀

国家主席江泽民在新加坡会见新加坡资政李光耀时说,亚洲各国都应当抓住历史机遇,加强合作,振兴经济,21 世纪亚洲的前途是光明的。中新两国之间长期稳定的友好关系不仅对两国有益,而且有利于本地区的和平与繁荣。

江泽民说:“近年来,中新关系发展顺利,两国各方面的合作势头良好。阁下关心并给予积极支持的苏州工业园区项目已正式启动,各项工作进展顺利。中国政府愿同新加坡政府共同努力,积极支持有关部门密切合作,把苏州工业园区的事情办好。”江主席欢迎新加坡增加对华投资,进一步扩大与中国的科技、文化、教育等各个领域的交流与合作,相互取长补短。

江泽民指出:“我们正处在新旧世纪的交汇点上。亚洲地区的政治比较稳定,经济持续快速增长”,“中国愿同新加坡一起,以维持和平、发展经济的积极努力,去迎接新世纪的到来。”

李光耀资政对江泽民的上述看法表示赞同。李光耀对中国改革开放和经济建设所取得的成就给予高度评价。他说,中国正在发生巨大变化。中国的发展和进步引起了世界上的广泛关注。许多国际人士认为,中国的形势是稳定的,中国的经济将会有更大的发展。

李光耀对苏州工业园区的顺利进展表示高兴,并对中国内陆省份的改革开放和经济发展发表一些建设性的看法。

钱其琛副总理兼外长和新加坡副总理李显龙会见时在座。

全国人大常委会委员长乔石在澳大利亚议会大厦会见澳大利亚总理保罗·基廷

全国33座城市社会治安综合治理研讨会在广州召开

中共中央政治局委员吴邦国在吉林考察

吴邦国11月8日至12日在吉林省考察工作时强调指出，要狠抓结构调整，坚定不移、实实在在地推进企业改革，把改革、改组、改造有机结合起来，着眼于搞活经济全局搞好国有大中型企业。

吴邦国说，吉林省资源丰富，国有大企业、重点企业多，科研技术力量雄厚，基础很好。近几年来，整个经济保持持续、快速、健康发展的好形势，改革、发展、稳定的关系也把握得很好，许多方面创造有价值的经验。省委、省政府在企业改革，特别是搞好国有大中型企业方面做大量工作。调整经济结构的宏观思路清晰，工作扎实。尤其是侧重抓支柱产业搞整体配套发展的思路是对头的，这样才能形成规模、出效益。对不同情况的企业实施分类指导，也取得好的效果，微观上为企业的改革、发展创造良好的条件和环境。

吴邦国强调，把国有大中型企业搞活，要着眼于经济发展的全局、着眼于整个国有经济的搞活，要狠抓结构调整，集中抓一批支柱产业，抓一批重点企业。搞好一个像一汽或吉化那样的大企业集团，就会带动一批，国有大中型企业搞活，整个经济就活起来。调整结构要面向市场，扬长避短，充分发挥地方的特色和优势，比如汽车、化工、食品等就是吉林的优势。要把企业的改革、改组、改造有机结合，提高企业素质。通过调整、改革，为企业解决实际困难，进一步为企业发展创造优良环境。

吴邦国指出，企业改革是明年经济改革的重点，中央决心很大，将从政企分开、加强内部经营管理和建立健全社会保障体系等几个方面入手，搞几个战役。对于企业来说，现在是深化改革调整结构的好时机。地方和企业要抓住有利时机，解决好历史遗留问题及现实问题，坚定不移、实实在在地推进改革，在改革中求发展。企业要努力创名牌产品，下力量研究营销战略，加强内部管理，在市场竞争中努力开拓市场。

国务院总理李鹏在人民大会堂会见加拿大医学家谢华真教授和夫人

李鹏赞扬谢华真教授为加强中加医学交流、特别在儿科医学方面的合作所做的积极努力，并对由谢华真倡导成立的加中儿童健康基金会自1987年成立以来所做的有益工作表示感谢。李鹏说，中加两国在卫生领域有着良好的合作，希望这种合作能不断得到发展。

卫生部长陈敏章参加会见。

国务院总理李鹏在人民大会堂会见韩国贸易协会代表团

国家副主席荣毅仁在人民大会堂会见苏丹外交部部长侯赛因·苏莱曼·阿布·萨利赫

中国和加拿大在北京凯宾斯基饭店签署50多项双边贸易合同和意向书

加拿大总理克雷蒂安与中国政府陪同团团长张皓若，以及随同访华的加拿大的9位省长和两个地区的政府首脑等人士，出席这个被认为是“空前规模的”大型集体签字仪式。克雷蒂安在其简短的发言中指出：“这么大规模的签字仪式充分表明加中关系发展很顺利，我们达到进一步促进双方贸易合作的目标。”

下午，300多位随同加拿大总理访华的企业家，在凯宾斯基饭店与中国的合作伙伴同时签署50多个总价值逾50亿加元的双边经贸合同和意向书。至此，加总理访华期间达成的协议总金额已达86亿加元。

仪式上签署的文件涉及核工业、石油、机械、化工、食品加工等广阔领域，其中包括人民日报事业发展局所属大连华闻经济技术发展公司与加拿大奥立奇海产品有限公司的合作意向书，双方将共同投资进行海产品的深层次加工。

此外，克雷蒂安总理还出席加拿大北方电讯公司在广东、上海建立合资企业的签约仪式。

中国核工业总公司与加拿大AEC公司签署了价值35亿加元的有关购买两个核反应堆的谅解备忘录。

加中贸易理事会在北京举行宴会庆祝理事会成立14周年

在加拿大总理访华之际，加中贸易理事会晚上举行宴会，庆祝成立十四周年。国务院总理李鹏和克雷蒂安总理出席宴会并发表讲话。

李鹏在其即席讲话中表示，祝贺加中贸易理事会成立十四周年，赞赏该理事会为发展两国的友好合作关系特别是经贸关系所做的努力。他说，在克雷蒂安总理访华期间举行加中贸易理事会年会，为两国企业家的相聚创造一个很好的机会。

李鹏指出，克雷蒂安总理此行是很重要的一次访问。二十多年以前，特鲁多总理在西方国家中率先做出同中国建交的决策，这表明他的远见卓识。克雷蒂安总理当时作为特鲁多总理内阁的重要成员之一，积极推动中加关系正常化的进程;现在又作为总理亲自来访,把中加关系推进到一个新的阶段。“在访问期间,江泽民主席和我同克雷蒂安总理进行卓有成效的会晤和会谈,我们就双边关系和共同关心的其他问题进行广泛、深入、坦诚、友好的交谈,访问取得圆满成功”。

李鹏还说,克雷蒂安总理这次率领近四百名企业家来华访问,这不仅是加拿大派出的历史上规模最大的贸易代表团,也是最大的随本国领导人访华的外国代表团。“这足以表明加拿大政府和企业界对中国的浓厚兴趣,以及他们对发展两国友好关系的真诚愿望。几天来,两国企业界进行非常广泛的业务接触,取得丰硕的成果,对此我表示祝贺”。

李鹏强调指出,中国是一个发展中国家,我们确立建立社会主义市场经济的改革目标,各项改革正在不断取得进展。中国政局稳定,对外开放不断扩大,经济蓬勃发展,这对包括加拿大在内的世界各国的企业家提供一个广阔的市场。这个市场的竞争也是激烈的,我们欢迎加企业家凭借自己的优势参与平等竞争。

李鹏表示,相信克雷蒂安总理的访问必将推动包括经贸关系在内的中加友好关系全面发展,我们对中加友好关系发展的前景充满信心。

克雷蒂安在宴会上发表书面讲话。

中国政府和巴西联邦政府在北京签署《关于和平利用外层空间科学技术合作协定》

中国与国际开发协会在美国哥伦比亚特区签署两项开发信贷协定(综合性妇幼卫生项目和贫困和少数民族地区基础教育项目)

国务院副总理邹家华在中南海紫光阁会见英国英美集团副主席白礼顿

国家教委和联合国教科文组织签署《国际农村教育研究与培训中心协议备忘录》

国家科委主任宋健在北京闭幕的全国知识产权协调指导机构工作会议上发表讲话

宋健在会议上强调,针对当前一些地区和领域知识产权侵权现象严重的局面,国务院要求各地政府建立知识产权协调指导机构,组织联合执法队伍,加大执法力度,采取坚决行动,严肃查处知识产权侵权活动,严厉打击违法犯罪行为,着力查处一批大案要案。

宋健强调,各省市、各部门领导必须统一认识、统一行动、真抓实干、务求见效。

宋健要求各地尽快建立知识产权保护协调指导办公会议制度,采取实际行动把国务院的有关政策落实到基层。广东、福建、浙江、江苏、上海、山东等沿海开放省市必须在年内组织大规模的知识产权执法检查,坚决遏制盗版激光唱盘、激光视盘的生产和销售,堵住源头和集散地,在净化市场方面初见成效,力争在今后一两年内使各类严重泛滥的知识产权侵权活动基本杜绝。

宋健说,近几个月来,全国各地区、各部门积极贯彻落实国务院《关于进一步加强知识产权保护工作的决定》,目前已有十几个省市建立知识产权协调指导机构或类似的工作制度,工作已见成效。但是,目前在法律实施方面仍存在着严重的问题,侵权违法现象特别是激光唱盘、激光视盘盗版活动在某些地区还比较突出,甚至有蔓延趋势。

宋健要求各级政府必须在今年 12 月 1 日前开始进行知识产权执法检查工作,对那些违法所得金额较大或有其他严重情节、构成犯罪的案件,应依法移送检察机关,追究有关人员的刑事责任。

宋健提出,各地知识产权协调机构或办公会议当前的主要任务,一是协调、研究和确定本地区加强知识产权保护工作的重大政策和对策,协调跨部门的综合性知识产权管理工作;二是组织执法检查和查处违法侵权活动,保障知识产权法律法规贯彻实施;三是推动和组织知识产权有关知识的宣传和普及,提高全民的知识产权保护意识。

'94 全国名牌大会暨驰名商标保护组织第三届年会在成都召开

由 130 家名牌企业组成的驰名商标保护组织,发表题为《创造名牌成长的良好环境》的“成都宣言”。

“成都宣言”呼吁:全国各行各业和人民大众行动起来,在政府行为、法制建设、社会工程、产业政策、文化取向、民族意识等方面,为名牌的生存发展创造良好的社会环境。由驰名商标保护组织、四川省名牌战略领导小组和中国质量万里行杂志社联合举办的这次会议,是我国第一次全国性的名牌大会。

薄一波在写给这个大会的信中说,“自从党的十四大确定了社会主义市场经济的改革目标以后,质量和品牌越来越受到企业和各级部门的重视,各级地方政府也开始行动起来,努力推进产品质量的提高和名牌事业的发展。这是我国民族经济复兴的象征,是我国产品走向世界的大战略”,“质量和品牌是紧密相连的,名牌产品一般来说都是以上乘的质量做保证的。没有一个消费者愿意购买质量差的品牌产品。所以,搞名牌发展战略最基本的还是抓质量,在质量的基础上发展名牌。”

薄一波在信中指出:“名牌意识的觉醒是一件大好事,创造名牌不仅是生产企业的事情,也是消费者的‘选票’决定的,因此,名牌事业是全社会的事业,特别是各级政府部门在建立社会主义市场经济体制的过程中,应该把发展名牌当作一件振兴地方经济的大事来抓。这正是地方政府有所作为的地方。如果各级政府都把打击假冒伪劣,推展名优产品作为一项社会战略来实施,中国产品的质量肯定会隔几年上一个大台阶。”

驰名商标保护组织自1992年成立以来,成员单位从45家迅速发展到130家,并提出《中国名牌发展战略建议书》。与会代表认为,目前,在名牌热起来的背后,也存在一些令人担忧的现象,如滥评名牌、假冒名牌就是两大公害。许多代表在发言中指出,名牌不是评出来的,更不能靠花钱去买。名牌要由市场来确认,要由公众来确认。当前迫切需要把名牌战略的实施纳入法制化、规范化的轨道。

此次大会上,四川省政府挂帅,实施名牌兴川战略的经验受到与会代表的首肯。四川的实践表明,政府的宏观调控、监督指导、政策扶持、综合治理等行为,是实施名牌战略能否取得成功的关键。为此,大会还推出《地方推进名牌战略建议书》。这个建议书提出五个推进步骤、五个保证体系以及名牌协作组织机构,以促进名牌战略在全国各地有效实施。

会议于8日至10日召开。国务院有关部、委、局,十多个省市政府以及100多家名牌企业的代表共300多人出席这次会议。

中纪委就三起领导干部顶风违纪的案件发出通报

中纪委近日就三起领导干部顶风违纪的案件发出通报,要求各级党政领导干部从中吸取教训,坚决做到令行禁止。陈开礼以组团出境考察为名牟利,刘芳、黄振益大办婚丧喜事收礼,三人分别受到撤职、记大过等处分。

11月9日

国家主席江泽民在新加坡总统府国家宫会见新加坡总理吴作栋

江泽民在谈到两国关系时说:中新建交4年来,两国关系发展顺利。两国领导人的密切交往增进相互了解和信任。两国在各个领域的合作得到全面发展。近几年来,两国经贸关系发展很快,新加坡企业界对华投资也不断增加。今年2月,总理阁下访华,中新两国政府签署了合作兴建苏州工业园区的协议。我们也希望同新加坡方面加强在其他一些领域的合作。例如在科技领域,中国有一支人数可观的科技队伍,在基础研究等方面已有不少先进成果,而新加坡有科研成果商品化的条件和经验,双方加强在这方面的合作,对两国都是有益的。总之,中新两国经济上互补性强,合作潜力巨大。

关于亚太经济合作组织领导人非正式会议,江泽民说,中国重视亚太经合组织的作用,希望该组织能在促进经济合作、实现共同繁荣方面发挥积极的作用。

江泽民指出,中国赞成亚太经合组织将实现区域贸易自由化作为一项长远目标,也赞成对实现此目标的时间表展开讨论。亚太经合组织一个突出的特点是其成员在经济、社会、文化等方面的多样性。因此,亚太经济合作宜从实际出发,兼顾各方,协商一致,循序渐进。同时,会议还需要对实现贸易自由化的内涵和有关基本原则达成共识,包括成员之间互相给予稳定、无条件的最惠国待遇,这将有利于加速区域贸易自由化的进程。

吴作栋说,新加坡赞成对发展程度不同的成员实行不同时限的时间表,并主张会议首先集中精力确定贸易自由化的原则。

中国方面参加会见的有:国务院副总理兼外交部长钱其琛,中共中央政治局候补委员、书记处书记温家宝,特别助理曾庆红,国家经济贸易委员会主任王忠禹,对外贸易经济合作部部长吴仪,特别助理王维澄,特别助理束怀德,外交部副部长唐家璇以及中国驻新加坡大使杨文昌。

新加坡方面参加会见的有:副总理李显龙,外交部长贾亚库马尔,贸易与工业部长姚照东以及新加坡驻中国大使郑东发。

国家主席江泽民在新加坡总统府会见新加坡总统王鼎昌

江泽民说:“我愿借这次来访的机会同新加坡方面共同探讨如何进一步加强和扩大两国互利合作的新途径,把两国关系推向更高的层次。”

关于两国关系,江泽民说:“中新两国人民有着悠久的传统友谊。中新建交4年来,两国关系发展很顺利。两国领导人频繁互访,增进相互了解和友谊。由于两国政府的共同努力,双方在政治、经济、文化、科技、教育等多个领域的交流和合作全面发展,特别是一些大的合作项目进展顺利。对此,我们感到满意和高兴。”

王鼎昌说,他已10多次访问过中国,对中国的经济建设和发展非常关注。他说,他去年访华时到过中国西南的一些省份和城市,详细了解那里的经济建设情况，对那里已取得的成就感到高兴。他表示相信，随着中国改革开放的深入发展和投资条件的进一步改善，中国的经济今后肯定会有更大的发展。

江泽民赞赏王鼎昌总统多次访华为发展中新友好合作关系做出积极贡献，并表示相信，在双方共同努力下，中新友好合作关系一定会得到进一步的巩固和发展。江泽民表示，明年是中新两国建交 5 周年，为此邀请王鼎昌总统届时再次对中国进行国事访问。

中方参加会见的有：国务院副总理兼外交部长钱其琛，中共中央政治局候补委员、书记处书记温家宝，特别助理曾庆红，国家经济贸易委员会主任王忠禹，对外贸易经济合作部部长吴仪，特别助理王维澄，特别助理束怀德，外交部副部长唐家璇以及中国驻新加坡大使杨文昌。新方参加会见的有：副总理李显龙和新加坡驻中国大使郑东发等。

中共中央政治局常委胡锦涛在广东考察

11 月 9 日至 16 日，胡锦涛在中共中央政治局委员、广东省委书记谢非，广东省省长朱森林等分别陪同下，先后到汕头、潮州、深圳、珠海等地进行考察，并听取汕头、深圳、珠海三个经济特区市委的工作汇报。一路上，他深入企业车间、乡村农户、港口码头、建设工地，同基层干部群众交谈，仔细了解各方面情况，认真听取大家的意见。在深圳龙岗区南岭村，胡锦涛了解到这个村改革开放前人均收入只有 100 来元，现在已拥有集体固定资产 6.4 亿元，人均年收入近 3 万元。他对村党支部书记张伟基说，你们村发生这样大的变化，首先是因为党的改革开放政策好，再就是你们村党支部带领群众干得好。希望你们继续前进，干得好上加好！

在考察中，胡锦涛十分关注经济特区高新技术产业的发展。在汕头海洋集团公司、深圳科技开发股份有限公司、珠海亚洲仿真控制系统工程有限公司等企业，他认真询问科技开发及其产业化的情况。看到人才在企业中发挥了很大作用，胡锦涛说，有了好的政策，有了好的机制，加上有一批掌握高新技术的人才，我们的经济就能发展得更快更好。

胡锦涛在考察中充分肯定特区经济和社会发展取得的巨大成绩。他指出，经济特区发展变化的实践充分证明，邓小平同志建设有中国特色社会主义理论和关于创建经济特区的决策，是英明的、正确的。同时也表明，经济特区的党组织和各级领导班子坚决执行党的路线方针政策，带领特区广大群众坚持解放思想、实事求是，发扬敢闯敢试、艰苦创业的精神，工作是卓有成效的。

胡锦涛强调，兴办经济特区是邓小平同志为推进我国改革开放和现代化建设事业作出的一项具有全局意义和长远意义的战略决策，也是我们在建设有中国特色社会主义全过程中必须长期坚持的一项基本政策。在新的形势下，经济特区的地位和作用不仅没有改变，而且将在实践中进一步显示出它的重要地位，发挥出更大的作用。他说，经济特区所走的道路，是一条成功之路、希望之路。特区的同志要更加自觉地担负起时代赋予的历史使命，增强光荣感、责任感和紧迫感，继续沿着这条道路坚定不移地走下去，把有中国特色、中国风格、中国气派的经济特区建设得更快更好。

胡锦涛要求经济特区的党组织和广大干部认清形势，抓住机遇，明确新任务，增创新优势。他说，经济特区要在建立社会主义市场经济体制和运行机制上继续当好排头兵，加大深化改革的力度，加快全面改革的步伐。要把对内改革和对外开放更好地结合起来，在参与国际经济合作、实现同国际市场顺利接轨方面取得新进展、新突破。要从各自的实际出发，抓紧调整和优化产业结构，大力发展高新技术产业和资金技术密集型产业，依托优势产业和拳头产品，组建跨地区、跨行业的大型企业集团，增强竞争能力，提高特区经济的总体水平、运行质量和经济效益。要坚持按照党的基本路线的要求，时刻把握全党工作大局，正确处理好改革、发展、稳定三者的关系，加强精神文明建设，加强思想政治工作，持之以恒地搞好社会治安的综合治理，为经济发展创造良好的社会环境。

胡锦涛强调，要把经济特区建设得更好，关键是要把特区的党组织进一步建设好，充分发挥党的核心领导作用、党组织的战斗堡垒作用和党员的先锋模范作用。他说，经济特区所处的重要地位和应当发挥的重要作用，要求特区的党组织更加坚强有力，特区的党员、干部应当具有特殊的素质和品格，成为特别能战斗的队伍。当前，要认真学习贯彻党的十四届四中全会决定，按照中央关于加强党的建设的整体部署，全面推进加强党的建设这个新的伟大工程，紧密联系特区实际，把全会提出的加强党的组织建设的各项任务具体化，一一落到实处。要坚持和健全民主集中制，充分调动党员和干部的积极性、创造性，加强党的团结和集中统一。要下大力气加强党的基层组织建设，在经济特区尤其要加强外商投资企业党的建设，继续创造和积累新的经验，同时要重视抓好农村基层组织建设。要全面提高领导干部的素质，大力培养选拔德才兼备的年轻干部，并及时把他们充实到各级领导班子中来。特区改革和建设的实践为优秀人才的锻炼成长，创造了十分有利的条件。希望经济特区不仅要创造出色的物质文明成果，而且创造出色的精神文明成果，不仅要继续提供推进改革开放和现代化建设的经验，而且要造就大批各类优秀人才，为建设有中国特色社会主义的伟大事业做出新的更大的贡献。

国务院发出《关于严格控制消费基金过快增长和加强现金管理的通知》

《通知》说，今年下半年以来，消费基金增长过猛，现金投放明显过快。一些企事业单位违反国家现金管理和工资基金管理规定，坐支现金，编造假用途套取银行现金乱涨工资、乱发奖金和津贴；社会集团购买力增长幅度过高；个人所得税征管中还存在执法不严、征管偏松、税款流失较多的现象。这种状况如不采取有力措施迅速予以扭转，按三季度的现金投放速度预测，年底市场货币供应量增长幅度将高达40%。这将严重干扰财政金融秩序，影响当前的市场物价稳定，而且对通货膨胀的治理以及明年货币信贷计划的安排都将造成很大的压力。

《通知》要求：

一、各地区、各部门要严格禁止行政、企事业单位滥发钱物和年终前突击花钱，各单位增提的总工资和总额承包奖，必须按照国家的有关规定执行，并经财税、审计、劳动部门审核。元旦前一律不得提前发放工资、奖金、津贴以及兑现承包奖，欠税单位不得兑现承包奖。对违反规定的，银行有权拒付，并由当地政府追究其单位主要负责人和直接责任人的责任，严肃惩处。

二、各地区、各部门必须认真贯彻《中共中央、国务院关于严格执行工资套改政策坚决控制增资总量的通知》（中发〔1994〕6号）文件精神，严格按照国家审批的工资制度改革方案执行，对于增资额超出国家下达指标限额的部分，国家不予承认，财政部门不得从财政预算中拨款。劳动部要对各省、自治区、直辖市执行工资总额计划情况，按照《国务院办公厅转发劳动部关于加强企业工资总额宏观调控意见的通知》（国办发〔1993〕69号）等有关规定进行检查，各级劳动、财税和主管部门要切实加强对企业工效挂钩的检查监督，严格按照核定的基数和比例执行；未实行工效挂钩的企业，其工资总额不得超过计划下达的指标。各地区、各部门必须严格执行《工资基金暂行管理办法》（国发〔1985〕115号）、《国务院关于进一步加强工资基金管理的通知》（国发〔1989〕31号）等有关文件规定。机关事业单位和实行工资基金计划管理的企业，其各项工资性支出必须列入《工资基金管理手册》，通过银行支取或转账，不得以其他手段套取或坐支。银行要按《工资基金管理手册》监督各单位的工资性现金支付，计划之外的，有权拒付。

三、行政、企事业单位必须认真执行国务院发布的《现金管理暂行条例》，切实加强现金管理。各单位只能在一家银行开设一个基本账户，一切现金支出只能在一家银行的基本账户支取。不得编造假用途套取银行现金搞消费基金支出。超过结算起点（1000元）以上的必须通过银行转账。对差旅费等必需的大额现金支取要执行大额提现申报、审批制度。各单位要认真贯彻执行中国人民银行今年9月发布的关于企事业单位开户管理的规定。

任何单位不得发行、购买和使用代币购物券。行政、企事业单位发放的各种奖金、补贴、津贴，不论是现金、实物或股票、债券，都必须计入工资总额中，个人收入达到纳税标准的，由发放单位代扣代缴个人所得税，不扣不缴的以偷税漏税论处。各级税务部门要加强对个人所得税的征管和检查工作。

四、各金融机构要切实加强现金管理，严格结算纪律。要严格履行工资基金管理和现金管理的职责，不得自行放松现金管理；在保证开户单位合理现金需要的同时，加强柜台监督，严格大额提现审批制度。对超过结算起点（1000元）的不得支付现金。不得违反开户管理规定允许企业多头开户，不得放松现金管理和工资基金管理拉客户、拉存款，不得通过压票压汇占用他人资金。

五、各地区、各部门要加强对社会集团消费的控制，严禁用公款搞个人高消费和把公款转化为个人消费基金。要严格控制会议费支出。

六、各省、自治区、直辖市人民政府要根据《国务院关于在全国开展消费基金检查的通知》（国发明电〔1994〕11号）的要求，组织计委、经贸委、劳动、人事、财政、税务、审计、企业主管部门和银行等部门对所辖地区的行政、企事业单位的消费基金和个人所得税征收情况进行检查，并对检查出来的问题及时加以纠正。对检查不彻底的要进行补课。通过检查坚决把本地区行政企事业单位乱发钱物及偷逃个人所得税的不正之风刹住。

七、为了减轻货币发行对当前市场物价的压力，人民银行已将现金投放和回笼计划下达给各地区。各地政府要采取有力措施积极支持，确保实现。各银行要继续严格控制信贷规模，认真落实现金发行、回笼计划；要努力改进服务，通过上门服务、到农副产品收购网点吸收储蓄等措施，大力组织存款，增加信用回笼。

国务院要求各地区、各部门必须进一步统一思想，提高认识，加强纪律，共同把严格控制消费基金的过快增长和加强现金管理的工作抓好，并决定于11月10日召开电视电话会议进行具体部署。各省、自治区、直辖市人民政府主要负责同志，要立即组织各有关部门认真贯彻落实本通知和这次电视电话会议精神，要根据当地实际情况，采取有力措施，做出具体部署。国务院决定，这项工作实行“省长负责制”，由省长（自治区主席、市长）直接负责做好贯彻执行和监督检查工作，保证各项要求和措施的落实。

中组部发出《关于坚决防止和纠正选拔任用干部工作中不正之风的通知》

中央一九八六年发出《关于严格按照党的原则选拔任用干部的通知》以来，各级党委和组织人事部门认真执行干部队伍革命化、年轻化、知识化、专业化的方针，坚持德才兼备、任人唯贤的原则，按照《通知》的要求，在选拔任用干部方面做了大量卓有成效的工作，不仅选任了一大批优秀人才，为改革开放和社会主义现代化建设事业提供了有力的组织保证，而且积累了新鲜经验，推动了干部人事制度改革的深入发展。但是，也必须看到，在选拔任用干部工作中，有些地方、部门和单位程度不同地存在着不正之风，有的还比较突出，如果任其发展下去，必将严重危害领导班子和干部队伍建设，损害党群关系，影响改革开放和社会主义现代化建设事业。为认真贯彻落实党的十四届四中全会精神，坚决防止和纠正用人上的不正之风，特作如下通知：

一、坚持任人唯贤，反对任人唯亲。选拔任用干部必须坚持干部队伍“四化”方针和德才兼备的原则，注重社会公论，注重实绩。各级领导干部要出以公心，以对党和人民的事业高度负责的精神，严格按照组织程序选贤任能。领导干部个人可以向组织推荐干部，但被推荐者能否提拔任用，应由干部主管部门进行考察，严格按照干部管理权限和规定的工作程序决定。领导干部在选拔任用干部工作中，必须坚持党性原则，模范执行民主集中制，公道正派，不能拉小圈子，搞团团伙伙，不能以个人好恶或个人恩怨取人。领导干部工作调动时，不准突击提拔干部；不准擅自从原地区、原单位带干部到自己所去地区或单位工作；不准借机提拔配偶及子女。领导干部离开原任职务后，不准以个人名义，通过任何方式插手原地区、原单位的干部人事问题。凡违反规定以各种手段任人唯亲的，一经查明，所提任职务要予以撤销，并对有关责任者视其情节给予纪律处分。

二、坚持干部职务安排由组织决定的原则，刹住拉关系、走后门、伸手要官的恶劣风气。跑官要官，是个人主义思想恶性膨胀的一种表现。各级领导干部必须以身作则，坚决反对和抵制跑官要官的歪风。既不能自己为跑官要官者说情，也不能通过身边工作人员或家庭其他成员为跑官要官者提供方便，更不允许纵容、放任、支持身边工作人员或家庭其他成员利用自己的地位和影响去伸手要官。对跑官要官者，不仅坚决不给，而且要严肃批评教育；教育不改的，应向本人所在单位通报情况。对经过查实确属跑官要官而得到提拔任职的，要坚决予以撤销；对放弃原则，给跑官要官者办理提职的单位直接负责人，要给予批评，以至必要的惩处。对搞个人封官许愿的，一经查出，也要严肃处理。

三、选拔任用干部必须充分发扬民主，走群众路线，不准个人或少数人说了算。无论选任还是委任、聘任领导干部，都要走群众路线，充分发扬民主，实行民主推荐、民意测验或民主评议，真正把那些“人民公认是坚持改革开放路线并有政绩的人”选拔上来。未按规定程序办理，或未按规定上报材料（包括民主评议、民主推荐材料和组织人事部门考察材料）的，上级党委不予讨论。党委（党组）决定干部任免，必须有2/3以上成员到会，经过充分酝酿讨论，按照少数服从多数的原则作出决定，不准个人或少数人说了算。党委（党组）讨论干部任免，要充分听取组织人事部门、纪检机关、监察部门和机关党组织的意见；如被讨论人选不合适需另提人选时，应经组织人事部门全面考察后再提交会议审议。不得以领导碰头会或办公会代替常委（党组）会。在选拔任用干部工作中，凡不符合规定程序的，不予审批；对搞个人或少数人说了算的，上级党委或组织部门要责成其作出深刻检查，造成用人失误的，要追究责任；对在任用干部时违反党内生活准则，搞各种非组织活动的，要从严查处。

四、增强保密观念，严格保守人事机密。党委（党组）和组织人事部门讨论人事任免的情况，任何个人不得擅自外传，更不准向当事人透露。干部任免、调动决定未正式通知前，任何人不得私下传播。无论是谁泄露了干部人事机密，都要认真追查，作出严肃处理。

五、加强组织人事部门作风建设，坚决防止和抵制违反组织人事纪律的行为。组织人事部门在选拔任用干部工作中，负有重要责任，应当尽职尽责地做好工作。各级组织人事部门要加强自身的思想作风建设，严肃工作纪律，带头坚持党的原则，遵守组织人事纪律和办事制度。各级党委（党组）对组织人事部门的工作，既要大力支持，又要严格要求，经常检查组织人事部门遵守纪律的情况；上级组织人事部门要加强对下级机关选拔任用干部工作的监督和指导。对违反党的原则、组织人事纪律、制度规定和工作程序的错误决定，应责令其限期纠正，并追究责任。组织人事部门的干部，要忠诚老实，公道正派，坚持原则，秉公办事。要敢于如实反映情况，敢于抵制一切违反党的原则和规定、破坏组织人事工作纪律的行为。对放弃原则，利用工作之便谋取私利的，要给予纪律处分；对不适合在组织人事部门工作的，要坚决调离。

六、深化干部人事制度改革，加强制度建设。防止和纠正选拔任用干部工作中的不正之风，必须建立新的用人机制和监督机制，以适应新的形势和任务的需要。要结合建立社会主义市场经济体制，认真总结干部人事管理工作的成功经验，继续大胆进行新的探索，不断深化干部人事制度改革。凡是已有明确规定，实践证明是好的制度，必须继续坚决贯彻执行；确需加以完善的制度，要根据新的情况抓紧完善。在改革中，必须始终坚持党管干部的原则，不断改善管理办法。各级党委（党组）要加强对贯彻执行党的干部队伍“四化”方针、德才兼备原则和各项干部政策的检查、监督和指导，加强对干部人事制度改革的领导，加强对干部人事工作的宏观管理；要充分发挥组织人事部门在党委（党组）领导下履行干部管理工作职能的重要作用。通过改革，改进党管干部的方法，继续扩大民主、完善考核、推进交流、加强监督检查，逐步形成使优秀人才脱颖而出、富有生机和活力的用人机制，为防止和纠正选拔任用干部工作中的不正之风，提供制度保证。

各地各部门接到本通知后，要对近年来本地区、本部门的干部选拔任用工作进行一次认真检查，切实纠正存在的问题，并制定防止和改进措施。各级党委（党组）要将这次检查列为领导班子民主生活会的内容。各省、自治区、直辖市党委和中央国家机关各部委党组（党委），要将检查纠正的情况，写出专题报告，于1995年3月底前报送中央组织部。我部将于适当时候对贯彻落实本通知的情况进行检查。

中央社会治安综合治理委员会派员分赴各省检查社会治安综合治理工作

中央社会治安综合治理委员会近日派出五个检查组，分赴辽宁、浙江、广东、河南、四川等省，对社会治安综合治理工作进行实地检查。

外交部部长钱其琛与新加坡外交部部长贾亚库马尔在新加坡举行会谈

两国外长一致认为，即将在印度尼西亚举行的亚太经济合作组织领导人非正式会议具有重要意义，两国都将给予充分重视，并将在会议期间保持接触，为使会议成功作出各自的努力。

在谈到东盟地区论坛的作用时，钱其琛指出，通过对话和平解决国际争端，应成为维护地区和世界和平与安全的准则。钱其琛指出，在维护亚太地区稳定与和平方面，中国一直持积极态度。钱其琛说，和平解决柬埔寨问题协议的签署和朝美就朝鲜核问题达成框架协议等事例，充分说明平等对话解决争端的重要性。贾亚库马尔对此表示同意。会谈中，两国外长还表示，中新两国外交部应加强磋商，并在原则上同意考虑建立两国外交部之间的定期磋商制度。两国外长还就共同关心的地区和国际问题交换看法。

中国政府和老挝政府在万象签署关于澜沧江——湄公河客货运输协定

11月10日

国家主席江泽民在新加坡就中新合作中国和东盟国家在保持区域稳定中的作用等问题接受新加坡记者联合采访

国家主席江泽民上午在接受新加坡记者联合采访时说，近年来，中新两国经济合作有比较快的发展，今后中新两国完全可以在科技、教育、文化等领域开展富有成效的合作。

江泽民指出，中新两国政府今年2月签署的合作建设苏州工业园区的协议书开拓两国经济合作的一种新形式。他说，中国在某些科技领域的研究是比较先进的，特别是在基础研究方面，而新加坡在把科研成果商品化方面有丰富的经验，在开发电子工业的新技术方面也取得很好的成果。因此，中新两国在这些方面可以开展富有成效的合作。

江泽民说，“我深信，在未来的新世纪中，中国和新加坡，也可以说与包括新加坡在内的东南亚各国，可以成为非常友好合作的伙伴。”新加坡由于其地理位置和在贸易、金融、海运等方面的优势，在未来的世纪中会起到很重要的作用。

在回答有关中国和东盟国家在保持区域稳定方面将起何种作用的问题时，江泽民说，中国正在进行改革开放，全力发展经济，这不仅需要国内的稳定，而且也需要有一个稳定的周边环境。中国高度重视亚太地区的政治稳定。这是确保亚太地区经济发展的重要条件。我们主张亚太地区的国家相互尊重，求同存异，通过谈判解决一切分歧和争议。我们愿与东盟各国一起为维护亚太地区的和平与稳定共同努力。

在回答记者关于中国经济发达后将在国际上发挥什么作用时，江泽民说，自改革开放以来，中国的经济发展速度比较快，但经济水平要接近发达国家，还需要几代人坚持不懈的努力。即使将来经济进一步发展，中国也不会改变独立自主的和平外交政策。可以响亮地讲一句话，就是中国永远不称霸。这一点已经写入中国的宪法。一个稳定、发展和强盛的中国是本地区和全球和平与安全的重要有利因素。

关于南沙问题，江泽民指出，中国的立场是一贯、明确的。我们主张通过双边谈判来解决有关争议，种种“中国威胁论”的说法都是没有根据的。我这次到东南亚访问，完全是为与往访国家增进了解，加强友谊，进一步发展睦邻友好关系。

在回答有关台湾问题时，江泽民说：“为逐步实现台湾与祖国大陆的和平统一，我是愿意同李登辉先生接触会晤的。这是中国的内部事务，只能在中国人之间进行。会晤的场合就要与此相称。可以通过两岸之间业已存在的途径，作出安排。但是，有一点是肯定的，就是不能在任何国际会议或其他的国际活动的场合见面。”

在回答有关中国的经济发展情况等问题时，江泽民说，中国在改革开放和经济发展取得成绩的同时，也遇到一些问题和矛盾，这是任何事物在前进过程中都难以避免的。我们现在正采取一些有效的措施加以解决，比如，我们正在加强和改善宏观调控，抑制物价上涨势头，实行国有企业经营机制的转换等。我们深信，通过深化改革、建立和完善社会主义市场经济体制，我们遇到的问题是可以逐步得到解决的。

江泽民还表示，新加坡内阁资政李光耀先生对中国的经济建设提出过许多宝贵的建议，中国方面对此十分重视，并且是非常欢迎的。

国家主席江泽民在吉隆坡王宫会见马来西亚最高元首端古·加法尔

江泽民说，中马两国是友好近邻，我们两国的友好交往历史悠久。早在 500 多年前，中国伟大的航海家郑和七下“西洋”，有五次驻节马六甲，同当地人民结下深厚友情。1974 年中马建交，掀开两国关系史上新的篇章。20 年来，两国关系不断朝着多层次、多领域方向全面发展。两国人民的友谊更加发扬光大。江泽民说，我希望通过此次访问，进一步增进彼此的了解、信任和友谊，推动两国友好合作关系进一步发展。

端古·加法尔表示马重视中国在维护本地区和平与稳定中的重要作用，希望看到中国强盛发达，愿与中国发展全面的友好合作关系。

两位领导人一致认为，保持稳定、发展经济、增强本国综合国力是本地区各国的首要任务。中马两国在国际和地区事务中相互支持，有广泛共识。他们表示愿意作出共同努力，为维护、巩固和发展本地区的和平、稳定与繁荣作出应有的贡献。

中共中央政治局候补委员、书记处书记温家宝会见时在座。

国务院召开全国严格控制消费基金过快增长和加强现金管理电视电话会议

会议由国务院总理李鹏主持。国务院副总理朱镕基、邹家华在会上讲话。

国务委员兼国务院秘书长罗干在会上宣读《关于严格控制消费基金过快增长和加强现金管理的通知》。

李鹏在会上指出，今年以来我国经济形势总的是好的，党中央、国务院决定的宏观方面的各项改革措施顺利出台，运行基本正常；国家重要商品和外汇储备均有较大幅度增加；计划安排的主要经济指标预计可以达到，国民经济继续保持持续、快速、健康发展。但是，我们也要清醒地看到，当前经济生活中还存在着一些不容忽视的问题，消费基金增长过猛、现金投放过快就是其中的一个突出问题，如不及时采取措施扭转这一局面，就可能影响市场物价的稳定，扰乱正常的经济秩序，阻碍经济的正常发展。各地区、各部门都要对这一问题高度重视，根据这次会议的精神，统一思想，提高认识，进一步采取切实有效的措施，下决心扭转消费基金增长过猛和现金投放过快的势头，并在短期内抓出成效来。同时，要主动关心有困难的企业和职工，以及一些大中专学校学生，帮助他们解决在工作中和生活上的实际困难。

国家计委主任陈锦华、中国人民银行副行长周正庆在会上发了言。他们表示要认真贯彻执行国务院通知的要求，加强和改进对消费基金的宏观调控，切实加强现金管理，严格结算纪律，坚决抑制通货膨胀，并对各级计划综合部门和金融部门落实《通知》精神作具体部署。

迟浩田、宋健、李贵鲜、司马义·艾买提等领导同志，国务院有关部门和中央在京有关机关、单位的负责同志，北京市的负责同志在北京主会场出席会议。各省、自治区、直辖市和计划单列市政府负责同志在各地分会场出席会议。

全国纪检监察宣传教育工作会议在江苏张家港闭幕

会议认为，纪检监察宣传教育工作目前已经发展成为党和政府整个宣传教育工作中相对独立、同时又与其他部门的宣传教育工作互相补益、相互协调的有机组成部分。它不仅是纪检监察工作本身的一个重要环节，而且对整个党风廉政建设的顺利发展具有十分重要的意义。各级领导干部要进一步提高对纪检监察宣传教育工作重要性的认识，把它摆在应有的位置上，定期研究部署，定期考核检查，不断总结经验，推动宣传教育工作的全面发展。

国务院副总理朱镕基在上海考察

朱镕基 11 月 10 日至 20 日在上海考察工作。

朱镕基这次赴沪考察工作的重点是国有大中型企

业的改革。他召开有十多个国有企业厂长经理参加的座谈会,并到目前处于困境的钢铁企业——上海益昌薄板有限公司调查研究,认真听取厂长和工人们对如何进一步搞活搞好国有企业的意见和建议。朱镕基指出,上海是国有企业最集中的城市,上海的国有企业无论在上海还是在全国经济建设和社会发展中都起着举足轻重的作用。目前国有企业面临着这样那样的困难,但是,只要转换经营机制,建立现代企业制度,就一定能够搞好。今后上海的进一步发展,在很大程度上取决于国有企业潜力的发挥。只有搞好国有企业,上海的发展才有坚实的、健康的基础。

朱镕基说,江泽民同志最近指出,搞好国有大中型企业的"关键是实行政企分开、搞好企业内部经营管理、逐步建立社会保障体系",上海在这些方面,认真落实《转机条例》、扩大企业经营自主权和完善养老、失业保险社会统筹,做得都是好的。上海国有企业过去为全国经济建设做出了突出的贡献,现在部分企业历史包袱沉重,这是老工业城市普遍存在的困难。例如上海灯芯绒厂,产品曾经在国内外市场畅销,40多年来上缴国家税利7亿多元,相当于国家对其投入的几十倍。但是这家有65年历史、工艺设备陈旧的老厂,面对着全国后起厂家的竞争,特别是一些凭借政策优惠的三资企业、乡镇企业的竞争,市场缩小,产量下降,企业多余一半的劳动力,而又负担着相当于在职职工1.3倍的离退休职工,不能不导致亏损,处境十分困难。

上海灯芯绒厂千方百计、认真负责地安置下岗人员重新就业,创造了很多好的经验,同时使工厂轻装前进,出现生机。朱镕基强调,上海是中国产业工人的摇篮,工人阶级具有的优秀传统是上海的特殊优势。上海工人阶级对自己的企业有着高度的责任感、认同感和深厚的群体感情,这是搞好国有企业最根本的有利条件。企业的富余人员不是包袱,而是宝贵的社会财富,是调整产业结构、完善市场组织所必需的人力资源。朱镕基希望国有企业在深化改革中抓紧调整产品结构,同时要调整劳动力配置,大力开辟新的就业门路,要通过培训转业妥善安排下岗人员。要鼓励富余职工改变陈旧观念,愉快地到商业和服务行业就业。要支持国有企业依法进行联营和兼并,发挥规模效益和集团优势。总之,上海应该也能够在搞好国有企业方面提供成功的经验。上海的国有企业搞好了,对全国来说是最有说服力的样板。上海深化国有企业改革的前景很好,应该充满信心。

朱镕基对上海益昌薄板有限公司进行调查研究。益昌公司冷轧薄板生产线,是上海调整工业结构,发展短线原材料的一项重点工程。这项工程达到"两年如期建成、投资不超概算、产品质量符合国际标准、成本不高于进口产品"的预定目标。朱镕基称赞说这就是上海工人阶级创造的"上海速度"。最近这家公司由于原料进口税率提高、汇率变化和各种合法非法进口钢材的冲击等原因,出现成本大幅度提高而亏损的情况。朱镕基要求益昌公司立足自力更生,发展深度加工,不断提高产品质量,降低成本消耗,特别是严格控制工资成本开支,用价廉物美的产品与国内外同类产品进行竞争。

朱镕基说,今年国家推出一系列重大改革和宏观调控措施,为搞活搞好国有企业创造良好的宏观环境。但是只有国有企业确实转换机制,才能形成真正的市场,宏观体制改革才能落到实处,宏观调控才能收到预期效果。

财政部国家国有资产管理局中国人民银行发布《关于国有资产收益收缴管理办法》

为了及时有效地将国有资产收益收缴上来,我国从1995年1月1日起将实行《国有资产收益收缴管理办法》。

中国最大的20万吨级卸矿泊位在宁波港北仑港区扩建完工投入试生产

国务院副总理李岚清在芝加哥举行的中美汽车工业研讨会上发表演讲

李岚清说,中国实现现代化的过程需要国内经济与国际经济的互补合作,中国的发展离不开世界,世界的繁荣也离不开中国。

李岚清指出,美国具有技术和资金上的优势,具备在中国市场竞争中获取奖杯的条件。就汽车而言,中美双方的合作已有一定的基础。

李岚清说,中国的汽车工业是一个迅速发展的产业,也是潜在的大市场。中国去年汽车产量已达128万辆,今年预计可超过130万辆。为使中国汽车工业能迅速而健康地发展,中国去年制定汽车工业产业政策,并得到国际上汽车界同行的赞许。中国欢迎按汽车工业产业政策的要求加强同美国汽车工业界的合作,特别是研究开发汽车零部件和汽车工艺装备等方面的合作。

李岚清强调,中国的经济发展为中美企业界提供共同的机遇,发展中美关系符合两国人民的根本利益,希望中美汽车工业的合作能成为两国诸多经济领域合作的火车头。

李岚清还介绍中国的经济、贸易发展情况。李岚清说,从现在到本世纪末,中国将努力使其国民生产总值平均增长8%—9%。去年,中国的进出口贸易达1958亿美元,在世界贸易排名中由1978年的第32位上升到第 11 位。按照中国目前的进口水平和增长速度，今后 7 年，中国的进口总额将超过 1 万亿美元，特别是能源、交通、通信、化工、机械、电子、汽车等基础工业领域建设任务十分繁重。

中国和日本在北京就无偿资金合作两项目换文

中日两国政府，就无偿资金合作“天津代谢病防治中心”、“中国进出口食品检验研究中心”两项目正式换文，由外经贸部部长助理陈新华和日本驻华大使国广道彦签署，项目总金额约 15 亿日元。

中国和加拿大两家银行在北京签署政府混合贷款总协议

中国银行和加拿大出口发展公司日前在北京签署政府混合贷款总协议。根据此协议，中国银行可以在十分优惠的条件下筹措最高分别达 3 亿美元和 1 亿加元的加拿大买方信贷和政府贷款，用以支持国内企业进口加拿大资本货物、技术和服务。中国银行董事长王启人和正在随同加拿大总理克雷蒂安进行正式访问的加拿大国际贸易部长麦克拉伦出席了签字仪式。

人事部发布资助留学人员短期回国到非教育系统工作暂行办法

为吸引在外留学人员短期（一年以内）回国工作，发挥海外人才的作用，使他们以多种方式为国服务，人事部近日发布《资助留学人员短期回国到非教育系统工作暂行办法》。资助对象为学有专长并自愿短期回国工作的在外公费和自费留学人员，资助款项为一次单程或往返国际旅费。资助范围包括：参加国家、部委、省市重大科研课题的攻关研究工作；帮助国内单位解决急需的科研难题；回国开展合作研究、讲学、培训、项目开发、技术转让、技术交流等。

报道说，改革开放以来，我国先后向世界 80 多个国家和地区派出 23 万留学人员。目前已有 7 万多人学成回国，但还有 16 万留学人员尚在国外学习、工作。其中，有相当一部分是我国经济建设急需的人才，他们既了解国内情况，又掌握世界先进科学技术，学有专长。人事部颁发这一办法，把留学人员择优资助经费工作的领域由留学回国人员扩大到在外留学人员，是吸引海外优秀人才、智力的一个新尝试。

11 月 11 日

国家主席江泽民在吉隆坡总理府与马来西亚总理马哈蒂尔会谈

江泽民说，中马建交二十年来，两国友好合作关系取得全面和迅速的发展。两国领导人的密切交往，为中马关系的发展注入重要的动力。马哈蒂尔总理曾先后三次访华，为增进彼此间的了解和信任，促进双方的友好合作做出积极贡献。目前，两国在政治、经济、科技、文化、体育等各个领域进行着富有成效的交流与合作。

马哈蒂尔说，在马中建交二十周年之际江泽民主席访马具有十分重要的意义，马举国上下非常重视这次访问，期望借此推动历史悠久的马中友好交往，得到全面发展。马总理认为，两国的合作不仅对马有利，也会极大促进东亚地区的合作与发展。

关于两国经贸、科技合作，江泽民说，这几年，我们两国在经贸领域的合作发展很快，取得显著成果，双边贸易连续六年保持两位数增长，是中国与东盟国家贸易额增长最快的。相互投资也出现良好趋势。马在华投资规模扩大，已投产项目效益不错，并呈中长期化。我国在马来西亚投资项目已达二百多项。

两国签署《科技合作协定》，并成立科技联委会，一些合作项目已在启动之中。江泽民主席指出，中马两国的经济发展各有优势，有很大的互补性，可以取长补短。经济合作是中马关系的基础，希望我们双方共同努力，进一步扩大合作领域，把两国的经济合作推向更高水平。

江泽民说，今后我们双方可以在三个方面继续做出努力。一、保持高层互访，增加各界人士往来，以促进双方的了解和信任。二、推进两国在经贸领域及其他各个领域的合作与交流。三、加强两国在国际和地区事务中的合作。我相信，我们将会迎来中马关系更加美好的新世纪。

在谈到国际和地区问题时，江泽民说，中马两国都是发展中国家，都面临着维护和平、发展经济的共同任务。双方在国际和地区事务中相互支持，有着广泛的共识。我们对马来西亚政府在国际事务中为维护正义与发展中国家利益所发挥的积极作用表示高度赞赏。

马总理赞成江主席的看法，表示，两国在许多问题上认识一致，加强合作不仅对两国有利，而且有利于广大中、小国家。

关于亚太经济合作，江泽民说，中国政府重视区域经济合作和亚太经合组织，重视东盟国家在亚太经合组织中的作用，愿意进一步加强与马来西亚在该组织中的磋商与合作。江泽民说，建立一个由东亚主权国家参加的经济论坛，就共同关心的问题进行对话、协商和协调是有益的。我们对马哈蒂尔总理倡导的建立东亚经济论坛的设想持赞赏和支持的态度。

关于人权问题，江泽民主席说，中国愿在主权平等、相互尊重基础上与有关国家就此问题进行对话。

然而,每个国家的民主制度要符合自己的民族传统和本国国情,适应自身的经济发展水平和文化教育程度等。将一国的制度强加给另一个国家,这本身就不是民主的做法,而是强权政治的表现。马哈蒂尔说,民主不应限于一个国家的管理方式,而应该体现在国家关系中,不应利用人权将自己的利益强加于其他国家。

国家主席江泽民在吉隆坡下榻的饭店接受马来西亚记者联合采访

江泽民指出,中国特别重视同周边国家建立睦邻友好关系。

江泽民说:"中国奉行独立自主的和平外交政策,愿同世界各国在和平共处五项原则的基础上发展友好合作关系,我们特别重视同周边国家建立睦邻友好关系。"

江泽民说:"对于国与国之间的争议,我们主张以和平谈判的方式妥善解决,坚决反对诉诸武力或以武力相威胁。我并不认为本地区存在发生冲突的现实可能性。"

江泽民说:中国从来不参加军备竞赛,也并不谋求超出国家防卫需要的军备,因此,中国的军费预算一直很低。我们也希望看到这一地区的稳定局势持续下去。

在被问及中国和马来西亚在共同促进亚太地区发展方面的作用时,江泽民说,中马两国都是发展中国家,在许多问题上有共识,将会在亚太地区发挥积极作用。

江泽民说:亚太地区政治经济形势总体上看好。然而,今天的世界并不安宁。霸权主义、强权政治依然存在,贸易上的保护主义以及种种歧视和限制尚需努力消除。这些都必须引起我们的高度警惕,并予以认真对待。

在回答有关联合国安理会改革的问题时,江泽民说,在国际形势发生很大变化的情况下,有必要对安理会进行改革。但是,对这一改革应注意保持各方利益的平衡,各个地区之间的平衡,特别要注意发展中国家和发达国家之间的平衡。

在被问及有关中国的政治形势时,江泽民说:我们已经确立一个很好的指导思想,这就是建设有中国特色的社会主义理论;我们确定一条很好的路线,这就是以经济建设为中心,坚持四项基本原则,坚持改革开放。这些都被实践证明是完全正确的,受到全国各族人民的衷心拥护,谁想变也变不了。中国共产党是我国的执政党,已经完成第二代中央领导集体和第三代中央领导集体的交接,这是我们国家长治久安的最根本的组织保证。

国家主席江泽民抵达马来西亚访问时在吉隆坡香格里拉饭店发表演讲

尊敬的马来西亚总理马哈蒂尔先生,尊敬的外交部长巴达维先生,尊敬的外交和对外关系学院院长加扎利先生,女士们、先生们:

应端古·加法尔国家元首陛下的邀请,我带着中国各族人民的友好情谊,对贵国进行国事访问。今天,我有机会同各位见面,向大家介绍中国的发展情况并谈谈大家关心的一些问题,感到十分荣幸。

女士们、先生们,

从1949年新中国成立到现在已经整整过去45年了。45年来,中国人民艰苦奋斗,不屈不挠,逐步将昔日贫穷落后的旧中国建设成为一个初步繁荣昌盛,正向现代化迈进的国家。特别是,70年代末实行改革开放政策以来,中国的社会生产力获得进一步解放和发展,国家面貌发生了巨大变化。从1979年到1993年,我国国民生产总值年均增长9.29%。城镇居民和农民的人均收入扣除物价因素,年均增长分别为6.34%和8.47%。我国经济持续、快速、健康发展,人民生活明显改善。现在,中国政治稳定、社会进步、民族团结,各项事业蓬勃发展,欣欣向荣。

改革开放大大促进了我国的对外交流与合作。1993年,我国进出口贸易总额为1957亿美元,由15年前占世界第32位上升到现在的第11位。今年进出口总额将超过2000亿美元。各国看好中国经济,重视中国市场的巨大潜力,同中国长期互利合作的积极性空前提高。15年内,全国共批准外商投资项目17.4万个,外商实际投资639亿美元。我国对外投资也已起步,目前已在120多个国家和地区设立了4500家企业。经过10多年的努力,全国已初步形成了包括经济特区、沿海开放城市、沿海开放地带以及沿边、沿江、沿主要交通干线和内陆中心城市的全方位、多层次、多形式的对外开放格局。1992年,我国作出了进一步深化改革、扩大对外开放,在本世纪末初步建立社会主义市场经济体制的决定。我国在经济、科技、文化等领域的对外交往与合作,在深度和广度上都进入了一个迅速发展的新时期。

10多年前,我国改革开放的总设计师邓小平高瞻远瞩地提出了著名的分"三步走"实现中国现代化的战略构想。80年代实现国民生产总值翻一番的目标已经提前实现。目前中国各族人民意气风发,正通过自己创造性的勤奋劳动,力争在本世纪末初步建立起社会主义市场经济体系,使国民生产总值再翻一番,人民的生活实现小康。然后,再经过几十年的努力,到下世纪中叶，使我国经济达到中等发达国家水平，实现将中国建设成为一个富强、民主、文明的现代化国家的民族夙愿。我们已经找到一条适合中国国情的发展道路，这就是建设有中国特色的社会主义的道路。展望未来，我们充满信心。当然，我们也清醒地看到，我国经济发展水平还不高，各地发展不平衡，人均国民生产总值仍然很低，农村人口占全国人口近80%，其中8000万人尚未完全解决温饱问题，同贵国以及其他一些东南亚国家相比，还有不小的差距。我们所从事的是一项前无古人的事业，在我们前进的道路上还会遇到不少困难和挑战，中华民族的振兴还需要经过几代人坚持不懈的艰苦努力。

世界要和平，国家要发展，社会要进步，经济要繁荣，生活要提高。这是时代的呼声，是世界各国人民的普遍要求。我们认为，中国作为拥有1/5以上世界人口的最大的发展中国家，如果把摆脱贫困、实现现代化这件事情做好了，就是对人类发展与进步事业的重大贡献。中国是维护世界和平与稳定的重要因素。中国的发展意味着和平力量的增强。

女士们、先生们，

当今世界正处在深刻而复杂的变化之中。一方面，多极化趋势加速发展，经济因素在国际关系中的主导作用愈益突出，推进缓和、谋求发展已成为当前国际形势的主流；另一方面，霸权主义和强权政治依然存在，地区热点此伏彼起，天下仍不太平。不少国家和地区仍为不断出现的冲突、动荡和经济困难所困扰。然而，与此形成鲜明对照的是，东亚地区在国际风云变幻中，相对政治稳定，经济持续增长，各种层次和形式的国际交流与合作日益活跃和广泛。在这一过程中，东盟地区以其经济上的勃勃生机和在国际政治经济生活中的作用不断增强而令人瞩目。作为友邻，我们为东盟国家取得的成就感到由衷的高兴。随着21世纪的即将来临，将一个什么样的世界带入新的世纪，成为各国人民十分关注和严肃思考的问题。我们觉得，人们可以从近年来东亚、特别是东盟地区的迅速发展中得到不少启迪。

东亚地区各国在社会制度、发展水平、历史传统、文化渊源、宗教信仰和价值观念等方面的差异和不同，不仅没有成为相互理解和互利合作的障碍，反而使各国间的交流与合作多姿多彩，富有生机。实践再一次雄辩地证明，只要严格遵循互相尊重主权和领土完整、互不侵犯、互不干涉内政、平等互利、和平共处五项原则，国家间就能超越种种差异与不同，走上相互尊重、友好相处、合作发展的道路。和平共处五项原则是50年代中期由中国、印度、缅甸等亚洲国家倡导诞生的。这些原则在稍后问世的亚非国家万隆会议十项原则和东南亚国家联盟成立宣言中得到进一步的体现和发展。40年后的今天，虽然世界发生了很大变化，和平共处五项原则却更加显示出强大的生命力和重要的现实意义。

女士们、先生们，

我们高兴地看到，随着东亚经济的快速增长，加强区域经济合作的呼声日益增高。东盟在发展区域经济合作方面捷足先登，取得了可喜的成果。时代的发展，不断开阔人们的视野，更新人们的思想观念。在国家间经济联系日益密切、相互依存不断加深的今天，任何国家都不可能闭关自守，关起门来搞建设。各国根据平等互利的原则，积极开展国际合作，互通有无，取长补短，是促进本国经济发展、实现共同繁荣的必由之路。我们赞成本地区多数国家的主张，即：各种层次的地区经济合作，不应该是封闭的，而应该是开放的；不应该相互排斥，而应该相互促进、相互补充；不应该仅着眼于同发达国家的合作，而且应该大力推进发展中国家之间的合作。东亚地区为数众多的国家仍处于不发达状态。这些国家的经济起飞，必将有力地推动地区经济的增长，为地区合作开辟更为广阔的前景。本地区经济千帆竞发、百花争艳的局面形成之时，就是各国经济实现进一步繁荣和振兴之日。让我们为此加强合作，共同努力。

近年来，东盟在促进地区经济合作和维护地区和平与稳定方面发挥着越来越重要的作用，成为国际舞台上一支活跃力量。中国尊重并支持东盟关于建立东南亚和平、自由、中立区的主张和建立无核区的愿望。我们赞赏东盟在推动地区和平与安全对话方面所作的积极努力，支持并参与东盟地区论坛的各项活动。中国历来主张通过和平谈判的方式解决国际争端，反对在国际关系中诉诸武力和以武力相威胁。对一些复杂的国际问题，我们主张着眼于维护和平与稳定的大局，从各国人民的长远利益出发，在充分考虑各方利益的基础之上，通过友好协商与谈判，找到切合实际的解决办法。一时解决不了的分歧，可以暂时搁置，求同存异，不因此影响发展正常的国家关系。

女士们、先生们，

加强与周边国家的睦邻友好合作，是中国外交政策的重要方面。中国希望看到一个繁荣、稳定、蓬勃发展的东南亚。同样，一个稳定的、迅速发展的中国也符合东南亚国家和人民的利益。我们同东南亚所有国家都已建立或恢复了正常关系。随着交往的日益频繁和密切，相互了解和信任进一步加深，友谊日益增进，双方的经济交流与合作加速发展。更为重要的是，双方在经济领域互利合作的潜力和前景正越来越被人们所认识。中国和东盟国家在维护地区安全与稳定方面也有广泛的共识，在和平解决一些地区热点问题上进行了卓有成效的合作。事实证明，建立在和平共处五项原则基础上的中国与东南亚国家关系的发展，不仅造福于本地区各国人民，而且也是促进本地区乃至世界和平与发展的积极因素。

爱好和平是中华民族的优良传统。与东南亚国家一样，在历史的长河中，中国有过长期被列强欺侮、瓜分、奴役和掠夺的悲惨经历。我们深知独立、主权和平等的可贵。中国先哲孔子2500年前就留下名言："和为贵"，"己所不欲，勿施于人"。当代历史的发展进一步证明，任何违背国家间平等相处、相互尊重的原则，肆意干涉别国内政，对外扩张，谋求霸权的行动，都逃脱不了最终失败的结局。只有搞好经济建设，努力提高人民生活水平和发展国家间的互利合作，才是一个国家、一个民族求生存、图发展的康庄大道。中国的发展需要长期的国际和平环境。即使将来中国富裕起来了，中国独立自主的和平外交政策也不会改变。中国致力于发展同周边国家的睦邻友好合作不是权宜之计，而是顺应时代要求，从中国和本地区各国人民长远利益出发作出的必然选择。中国人民愿与东南亚及世界各国人民紧密携手，共同将一个和平、平等、合作、稳定、繁荣的世界带入人类历史的新纪元。

女士们、先生们，

自从踏上贵国的土地，我和我的同事们得到了你们亲切友好的热情接待，有宾至如归之感。我们深切地感受到贵国人民对中国人民的深情厚谊和进一步加强两国友好合作关系的真诚愿望。我愿意再次向你们表示，中国人民对马来西亚人民怀有同样的感情和同样的愿望。

中国和马来西亚两国人民的友好交往有着悠久的历史。两国人民都曾遭受帝国主义和殖民主义的压迫和剥削，有着相同的历史命运。今天又都在为建设自己的国家而努力。贵国在发展经济方面取得了举世瞩目的成就。贵国的许多经验值得我们学习和借鉴。贵国奉行中立和不结盟外交政策，为维护地区的和平与稳定、促进区域合作以及为维护广大发展中国家的权益进行了巨大的努力，赢得了普遍的钦佩。中马建交20年来，两国睦邻友好关系不断加深，双边合作正在朝多层次、多领域的方向全面展开，已经步入一个新的发展时期。我们赞赏马哈蒂尔总理阁下和贵国其他领导人对此作出的重要贡献。中国人民愿意同马来西亚人民一道，为了两国友好合作关系的进一步发展，为了一个更加稳定、和平、繁荣、发展的世界而共同努力。我们相信，对于中国人民、东南亚人民以及全世界人民来说，未来一定会更美好！

谢谢大家。

全国人大常委会委员长乔石在澳大利亚法律理事会举行的午餐会上发表题为《中国的改革开放和中澳经贸合作关系》的长篇演讲

乔石就进一步发展中澳关系谈四点看法：

一、以战略的长远的眼光来看待发展两国关系。中澳两国发展长期稳定和更加成熟的友好合作关系不仅符合两国人民的根本利益，也有利于维护地区和平与安全。发展中澳关系，既要看到当前，更要着眼未来，面向下个世纪和整个亚太地区，这样才能为两国关系顺利向前发展注入新的活力。

二、相互尊重，求同存异。中澳两国的社会制度和价值观念不同，这是现实。中国认为，这种差异不应成为发展友好关系的障碍。当今世界是一个多样化的世界，在处理国家关系时，有必要尊重各国人民自主选择符合本国国情的发展道路，互不干涉内政。

三、加强互利合作，促进共同发展。中澳两国各有优势。澳大利亚是中国的重要贸易伙伴，是中国经济发展所必需的一些资源性产品长期、稳定的供应国；中国是澳大利亚发展与亚洲关系的重点国家之一，也是澳大利亚商品的大市场。两国都处于一个重要的历史发展时期，中国正在逐步建立社会主义市场经济体制，澳大利亚也在进行产业结构调整。在平等互利的基础上取长补短，加强互利合作，有利于两国经贸关系的深入发展，促进两国的共同繁荣。

四、加强相互磋商，扩大合作领域。当前，随着世界向多极化方向发展，中澳两国在国际事务中，特别是在亚太地区事务中正在发挥更加积极的作用。中国愿意通过双边和多边的渠道加强同澳大利亚的磋商与合作，推动亚太地区形势沿着和平、稳定与繁荣的方向发展。

乔石在这个有160多位澳大利亚经济界和法律界人士出席的午餐会上，以大量的数字和事实介绍中国过去16年在邓小平建设有中国特色的社会主义理论指导下发生的深刻变化。

乔石还着重介绍中国在改革开放形势下法制建设取得的成就。乔石说，在推进改革开放、努力发展社会主义市场经济的过程中，中国高度重视法制建设。

国务委员陈俊生在沿海发达地区粮食生产和适度规模经营座谈会上发表讲话

1993年10月中央农村工作会议后，中央发了11号文件，文件指出："少数二、三产业比较发达，大部分劳动力转向非农产业并有稳定收入的地方，可以从实际出发，尊重农民的意愿，对承包土地作必要的调整，实行适度规模经营"。这次沿海发达地区粮食生产和适度规模经营座谈会就是根据这一精神召开的。会议的目的在于总结实践经验,积极引导,加强扶持,稳妥发展,进一步把这项工作做好。参加座谈会的有广东、辽宁、山东、江苏、浙江、福建等六省农口综合部门的负责同志,以及粮田规模经营搞得较好的市县的负责同志。中央、国务院有关部门的负责同志也参加了这次座谈会。大家发表了很好的意见。会前,我与一些同志到佛山市、江门市进行了几天调查研究,会上又听取了大家的发言,万宝瑞、段应碧、肖万钧、杨雍哲、刘济民等同志先后讲了很好的意见。现在,我仅就沿海发达地区粮食生产和适度规模经营的有关问题,讲些看法和意见。

一、沿海发达地区农村已经率先初步实现小康目标,进入向中等发达国家水平迈进的新阶段

党的十一届三中全会以来,沿海发达地区农村的改革和发展取得了很大成就。这不仅在全国有目共睹,而且在世界上也是公认的。沿海发达地区农村的改革和发展,在全国农村中是走在前列的。尤其是乡镇企业的迅猛发展和对外开放的大步推进,使沿海发达地区农村较早地由计划经济体制转入了社会主义市场经济轨道,农村工业化、农业现代化进程明显快于全国其他地区。目前,在江苏南部、浙江北部和东部、珠江三角洲、闽南三角区、胶东半岛、辽东半岛,以及京、津、沪等大中城市郊区,一些发展水平较高的县域(含县级市,下同),已经率先初步实现小康目标,进入向中等发达国家水平迈进的新阶段。

我们说沿海发达地区农村已经初步实现小康目标,主要是依据人均国民生产总值和农民人均纯收入两个基本标志。

就人均国民生产总值来说,原先设想是在1080年的基础上,到2000年实现翻两番,全国人均达到1000美元。经过十多年的努力奋斗,沿海发达地区农村已经提前超额实现了翻两番的目标,人均国民生产总值已经接近、达到或超过1万元人民币。名列全国综合实力百强县第一名的江苏省无锡县,1993年国民生产总值131.1亿元,按全县109万人口计算,人均国民生产总值1.2万元人民币,1994年达1.4万元人民币。广东省南海市1993年国民生产总值112.9亿元,人均超过1.1万元人民币,1994年仍有较大增加。无论按购买力平价折算,还是按现行汇率折算,这些经济发展水平较高的县域,人均国民生产总值已经达到1000美元以上。

就农民人均纯收入来说,国家计委确定的小康目标的收入标准,是按1990年不变价格计算,应达到1200元以上。沿海发达地区农民人均纯收入增长较快,目前已经普遍达到1500元以上。在苏南、泊北地区已经达到2000元左右,有的县域已超过2500元。在珠江三角洲地区已经达到2500元左右,甚至更高。佛山市郊区及其代管的四个县级市,1993年农民人均纯收入2671元,其中南海市已达到3133元。扣除同期农民消费价格上升21.8%的因素,按1990年不变价格计算,沿海地区发达地区农民人均纯收入实际已经达到或超过小康目标所规定的最低收入标准。

与初步实现小康目标相适应,沿海发达地区农村的经济结构也发生了重大变革,整体经济发展水平有了很大提高,在全国农村中明显处于领先地位。概括起来,集中表现为三个重大变革:

第一,产业结构发生了重大变革。在工农业总产值中,工业所占比重已上升到80%以上。在国民生产总值中,二、三产业所占比重已达70%左右。乡镇企业在市场竞争中已经走上主要依靠自身活力实现正常发展的路子,乡镇工业不仅在当地工业中已居于主导地位,而且在实行税收体制改革后上缴国家的税金大幅度增加,成为当地财政收入的主要来源之一。与此同时,农业正在向高产优质高效方向迅速发展,既适应了国内消费需求不断提高的趋势,又为国家换取了大量外汇。

第二,劳动力结构发生了重大变革。乡镇企业的迅猛发展,吸纳了大量农业剩余劳动力。农村劳动力已有70%左右转入以乡镇工业为主的非农产业,有些县域从事二、三产业的劳动力所占比重甚至更高。

第三,工农业关系发生了重大变革。其主要标志是已经进入工业反哺农业的阶段。作为当地工业主体的乡镇工业,为以工补农、建农和农村各项公益事业提供了大量资金。由于得到工业的大量资金支持,沿海发达地区农业现代化水平迅速提高,农业社会化服务体系较为健全,农业生产技术不断改进,农业生产条件明显改善。

在产业结构、劳动力结构和工农业关系发生重大变革的同时,沿海发达地区农村的小城镇建设也取得较大进展,各项社会公益事业得到较快发展,社会主义精神文明建设不断取得进步。沿海发达地区农村所做出的努力和所取得的成就,在全国农村具有深远的历史意义。在本世纪最后几年乃至下个世纪的若干年内,都会对中西部地区农村产生强烈的激励作用和示范效应。

然而,我们应当清醒地看到,目前沿海发达地区农村还只是初步实现了小康目标。小康本身是一个较长的经济发展过程,从人均国民生产总值1000美元到实现中等发达国家水平所要求的最低标准之前,都处于小康目标所规定的进程之内。与较高层次的小康目标相比,沿海发达地区农村已经达到的水准仍然属于较低层次。由较低层次的小康走向较高层次的小康,乃

至达到中等发达国家水平所要求的标准，还有漫长的道路要走，仍需要经过较长时间的努力奋斗。在这个过程中，还要不断解决好可能出现的各种新矛盾和新问题，以保持沿海发达地区经济的持续、快速、健康发展。

近些年来，沿海发达地区农村经济发展面临的最突出的问题是粮食生产增长缓慢，有些省已经出现连续几年下滑的现象，粮食供需缺口急剧拉大，制约了本地区的经济全面发展，并且严重影响全国市场的粮食供应和价格稳定。根据农业部、内贸部提供的数据，1993年与1984年相比，辽宁、山东、江苏、浙江、福建和广东等六省的粮食播种面积由4.17亿亩减少到3.81亿亩，下降了8.6%；粮食总产量增长2.4%，与全国平均增长12.1%相比，相差9.7个百分点；粮食调出减少，调入增加。对于这种状况，必须寻求有效的途径和方法加以改变，绝不能因此而影响沿海发达地区农村在初步实现小康目标基础上迈向中等发达国家水平的进程。

我们既要看到沿海发达地区农村经济快速发展过程中出现的粮食生产下滑现象，又要看到农村经济快速发展为解决这个问题提供了有利条件。从这样的观点出发，寻求解决沿海发达地区粮食供需缺口拉大的途径，以实现和保持农村经济的协调运转和全面发展。

二、实现粮食供需平衡在沿海发达地区具有特殊的重要意义

我国是一个有近12亿人口的大国，在今后几十年内人口仍将不断增加，对粮食的需求将越来越大。农业是安定天下的产业，农业稳，民心定，百业兴。因此，粮食供需始终是关系到国民经济和社会发展全局的大事。只有粮食供给充足，国家大局才能稳定，国民经济和社会发展才有坚实基础，通过粮食转化而来的肉类和其他副食品生产才会稳步发展，人民生活才能不断改善。解决我国粮食问题，必须立足于国内生产，保持基本自给。在这个前提下，适当从国外进口一部分粮食，作为补充和调剂是可以的，但是绝不能过多依赖进口粮食。因为世界市场上粮食贸易总量是有限的，不可能充分满足我国对粮食的需要。要从整体上加快沿海发达地区的经济发展，必须把粮食问题解决好，务必从多方面努力做到粮食供需平衡。这是经济发展的一个重要目标，也是社会稳定的必备条件。

我们必须充分认识实现粮食供需平衡在沿海发达地区具有特殊的重要意义。在这个问题上要牢固树立三个观念：

第一个观念，是沿海发达地区国民经济能否持续、快速、健康发展，主要取决于粮食供需平衡。沿海发达地区本身存在一、二、三产业协调发展问题，也有保持社会稳定问题，客观上需要粮食生产能够适应整体经济发展的要求。如果粮食生产长期下滑，供需缺口不断扩大，国内外市场又不能及时补充，势必会对沿海发达地区经济发展和社会稳定造成严重影响。因此，保持粮食供需平衡，首先是沿海发达地区自身的需要。

第二个观念，是全国粮食供需能否实现平衡，主要取决于沿海发达地区。现在全国粮食在省际之间的净调出量，也就是三四百亿斤，其中一半以上是由中部粮食主产区流入沿海发达地区。如果沿海发达地区粮食供需缺口过大，超出中部粮食主产区的调出能力，而进口又不可能过多，必然会影响全国粮食供需平衡的实现。

第三个观念，是全国市场粮价能否保持相对稳定，也主要取决于沿海发达地区。保持粮食价格相对稳定，关键在于供求关系是否保持基本平衡。求大于供，必然会推动市场粮价上涨。采取不正确方式采购，则会进一步加剧市场粮价波动。虽然我国西部有些地区粮食供需也存在一定缺口，但是由于经济发展水平较低，财力有限，一般不会到中部粮食主产区出高价购买，不可能对全国市场粮价形成很大冲击。唯有沿海发达地区，财力较强，有能力到中部粮食主产区出高价购买，从而引发全国市场粮价过快上涨，形成剧烈的粮价波动。1993年第四季度南方地区市场粮价上涨过快的事实，已经充分说明了这个问题。

实现粮食供需平衡，可以考虑在中央和省、自治区、直辖市之间实行分级负责制。长期以来，缺粮地区粮食缺口基本上是靠中央解决的，这不利于地方积极性和主动性的充分发挥。从长远发展来看，按照社会主义市场经济的要求，这种体制必须改革。改革的一项重要内容，似应实行中央和省份之间的分级负责。各个省份实现粮食供需平衡的责任主要由地方政府承担，也就是各个省份要做到粮食供需自求平衡。国务院已经明确，菜篮子问题实行市长负责制，粮食问题实行省长负责制，一个城市的副食品供应出了问题要追究市长的责任，一个省份的粮食供应出了问题要省长负责，这要分别列入当地政府工作政绩的考核指标。这样做，有利于增强省级政府解决粮食问题的责任心，充分发挥地方的积极性，切实搞好粮食供需平衡。

把粮食供需平衡的主要责任交给各省，并不是说中央撒手不管，不再承担粮食问题的责任，而是应调整中央在粮食问题上的职能和方式。根据分级负责的原则，中央主要负责关系全国大局的宏观调控，协调产区与销区之间的供求关系，完善粮食风险基金制度、粮食储备制度和农业政策性贷款制度，利用粮食批发市场进行吞吐调节，统筹进出口调剂，保持全国粮食供需的

总量平衡。

沿海经济发达地区实现粮食供需自求平衡，立足点要放在发展本地区粮食生产上。自求平衡并不等于完全自给自足，但必须充分挖掘粮食生产潜力，保持较高的粮食自给率，最起码的要求是现有粮食总产量不再下滑，并且做到逐年有所增加。为了达到这个目标，沿海发达地区各级政府要高度重视粮食问题，采取有力的措施，调整产业政策和投资结构，增加资金投入和物资投入，加强农田水利基本建设，严格禁止乱占耕地，开发后备耕地资源，稳定现有粮食播种面积，依靠农业科技进步，提高单位面积产量，适当扩大复种指数，改善发展粮食生产的基本条件。如果沿海发达地区粮食播种面积再继续减少下去，不仅今后粮食总产量难以提高，而且要稳住现有粮食总产量也很困难，实现粮食供需自求平衡更难做到。

应当看到，沿海发达地区粮食生产水平虽然已经比较高，但是在依靠科技进步提高单产方面仍然大有文章可作。当前重点是要搞好优良品种和先进栽培技术的推广应用，进一步发挥科学技术作为第一生产力的巨大作用。推广优良品种对粮食增产的潜力很大，如现在已经研制成功、进入小面积推广阶段的二系杂交水稻，不仅单产可比现有水稻品种提高10%以上，而且稻米品质好，经济效益也比较高。如果这个品种大面积推广获得成功，很可能是我国粮食生产继70年代籼型杂交水稻之后的又一重大突破。这次会上佛山市的同志说，“没有良种，就没‘三高’农业”，很有道理。先进栽培技术对粮食增产的潜力也很大，如近几年在辽宁、江苏、广东等省开始推广的水稻抛秧技术，不仅省工省时，人均作业量可比插秧提高好几倍，而且秧苗返青快、分蘖性强，单产水平一般提高10%以上。据辽宁省提供的数据，推广抛秧技术后平均每亩可以节支增收120元。这是一项先进栽培技术，在我国具有非常广阔的推广应用前景。全国现有稻田面积4.5亿多亩，平均亩产796斤，如果大部分稻田推行抛秧技术获得成功，就可以增产稻谷200多亿斤。又如近几年我国北方推广的水稻旱育稀植技术，也取得了降低成本、增加产量的明显效果。要实现和保持沿海发达地区粮食生产的稳定增长，必须大力推广应用这类能够产生明显增产效果的重大农业实用技术。

沿海发达地区在努力提高粮食自给率的前提下，如果粮食供需还存在一定缺口，可以通过与中部粮食主产区建立稳定的购销关系和适当从国外进口来解决。沿海发达地区从中部粮食主产区购进一部分粮食，对于双方都有好处，既有利于实现沿海发达地区粮食供需平衡，也有利于中部粮食主产区发展粮食生产，增加粮农收入。因此，应当抓紧建立稳定的购销关系，以县以上粮食批发市场作为联结购销双方的主要纽带，并通过合同形式相对固定下来，逐步形成长期的有法律约束力的粮食大宗贸易协作，使沿海发达地区有稳定的粮食来源，使中部粮食主产区有稳定的粮食销路，以利于合理安排粮食生产。这里有必要再次指出，沿海发达地区千万不要自行到中部粮食主产区农村基层抬价抢购粮食，应当按照1994年5月国务院粮食购销体制改革会议精神，到县以上批发市场采购粮食。至于适当从国外进口一部分粮食作为补充和调剂，也要事先向国务院提出报告，由国务院根据国内外市场情况进行统筹安排，经批准后由省政府指定的专业公司组织实施，以建立正常的粮食进口秩序，维护国家整体利益。作为实现沿海发达地区粮食供需平衡的配套措施，国家粮食专项储备将重点布局在包括沿海发达地区在内的粮食销区，以便根据需要及时进行调控，平抑市场粮价。

对于进一步提高沿海发达地区粮食自给率或实现供需自求平衡，我们应当抱有充分的信心和决心。首先，沿海发达地区农业资源条件较好，具有发展粮食生产的自然优势。这些地方历史上大多数是粮食主产区，是粮食净调出地区，只要将现有粮田播种面积稳定下来，把不应当减少的面积恢复起来，在提高单产上狠下功夫，是能够逐年增加粮食总产量的。其次，沿海发达地区经济发展水平较高，以工补农、建农的能力较强，对于增加农业投入，改善生产条件，在经济上也具有较大优势。

在发展本地区粮食生产问题上，辽宁省的变化是一个很有说服力的典型。众所周知，在90年代以前，辽宁省是全国有名的“工业大省、农业小省”。当年，毛主席就称他们是“铁拐李”，长期依靠从外省大量调进粮食，人们认为这是理所当然的。70年代他们提出要实现粮食自给。打了几次“翻身仗”都没有成功，后来谁也不相信他们会实现粮食自给。但是，改革开放以来，特别是近些年来，辽宁省各级党委和政府带领全省广大农民，通过连续多年的艰苦奋斗，大搞农田水利基本建设，充分利用尚未开垦的耕地资源，加快改造中低产田，狠抓农业综合开发，大力推广先进实用技术，使粮食综合生产能力有了很大提高。自90年代以来。连续三年实现粮食自给有余。1993年粮食总产量达到339亿斤，全省人均占有粮食847斤，比全国平均水平高77斤，不仅满足了省内粮食需要，而且还销往省外30亿斤粮食。即使1994年在遭受特大洪涝、台风灾害的情况下，全省粮食总产量依然可以保持自给。

再如广东省，进入90年代以来，粮食播种面积和粮食总产量连续三年下滑，粮食调入量急剧增加。1994年省委、省政府下决心狠抓粮食生产，通过重新开发利用撂荒地等途径，水稻播种面积比上年增加139万亩，尽管由于洪涝灾害严重而造成单产有所下降，但是粮食总产量仍然比上年增加7亿多斤，遏制住了粮食生产下滑的势头。江门市是广东省的重要粮食产区，这个市在二、三产业迅速发展的情况下，一直用很大力量抓粮食生产。他们坚持不以牺牲粮食生产发展多种经营，不以牺牲农业发展工业，不以牺牲农村发展城市。1994年粮食播种面积比去年增加7.7万亩，并在大灾之年夺得丰收。这个市农业基础比较牢固，一、二、三产业协调发展，城乡经济全面繁荣，可以称得上是各业共同发展、相互促进的典范。江门市所管的台山市，从50年代以来每10年粮食总产增加1亿斤，到目前已由5亿斤上升到9亿斤以上。他们的经验在沿海发达地区值得总结推广。

辽宁和广东两个省的事例说明，只要各级领导高度重视，采取得力措施认真去抓，增加本地区粮食总产量，提高粮食自给率或实现粮食供需自求平衡，是完全可以做到的。

三、积极稳妥地推进粮田适度规模经营是沿海发达地区发展粮食生产的重要途径，也是深化农村改革的重大步骤

近几年沿海发达地区粮食生产增长缓慢，原因主要有两个：一是农村经济格局发生变化后，农业在农民家庭经济中处于附属地位。沿海发达地区农村人均耕地一般只有几分，每户拥有的耕地面积极少，农业生产规模狭小。随着二、三产业的发展，农户经济收入已主要来自于非农产业，来自种植业的收入往往不足20%，有些地区甚至降低到5%以下。因此，对这部分农户来讲，农业可有可无，缺乏务农积极性。二是粮食生产比较效益低，进一步导致农民种粮积极性下降，投入逐年减少，青壮劳动力基本上转入以乡镇工业为主的非农产业，留下种田的只是老人和中年以上的妇女，有些地区农业粗放经营较为严重，相当一部分农户对粮田是“不得不种、不肯多种、不愿精种”。有的地区甚至出现大面积撂荒。据广东省介绍，1993年全省撂荒的耕地面积约有50万亩。浙江省1992年冬季撂荒200多万亩，1993年冬季撂荒达700多万亩，占到全省耕地面积的28%。还有一些省也不同程度地存在撂荒问题。在这种情况下，必然出现粮食生产下滑的问题。如果不及早解决这个问题，粮食生产下滑现象还会更趋严重。

解决粮食生产中的这些矛盾，必须提高粮食生产的比较效益。种粮比较效益低，除了价格不合理以外，主要是粮食生产规模太小。目前我国的粮食价格已接近国际市场的粮价水平，提价的潜力不是很大，发展粮食生产除了依靠科技进步提高单产外，一个重要出路在于实行粮田规模经营。通过推行粮田规模经营，提高种粮经济效益，提高农民种粮的积极性，避免粮食生产兼业化、副业化倾向，防止农业萎缩，这是在农村实践中探索和总结出来的一条切实可行的路子。目前，沿海发达地区粮田规模经营尽管还没有大面积推开，但已经显示出了巨大优越性。

实行粮田规模经营，有利于提高土地产出率、劳动生产率和产品商品率。佛山市的同志讲规模经营蕴含着效益，是讲得对的。江苏省无锡县实行规模经营的粮田，小麦单产比一般粮田高10%，水稻高5%，人均劳动生产率提高4倍左右，去年通过实行规模经营完成的粮食定购任务已占全县的70%。浙江的同志讲，宁波、温州两市种粮大户复种指数一般要比当地高10—40个百分点。据对辽宁省沈阳市调查，实行规模经营的地块，平均亩产比一般地块高20%左右。前两天，我们在南海市罗村镇下柏管理区了解到，这个管理区实行粮田规模经营后，水稻亩产由原来的600公斤增加到765公斤，提高27%。实行粮田规模经营，便于国家掌握粮源。据浙江省宁波市调查，全市2万个种粮大户，经营粮田40万亩，承担了全市60%的粮食定购任务。

发展粮田规模经营，依靠规模取得效益，可以使种田同样成为农民致富的门路，提高农民的种粮积极性。江苏省常熟市去年家庭农场的种植业亩均纯收入232元，户均达到1.8万元，是全市农村户均收入的3倍。据山东省平度市提供的资料，一个经营30亩至50亩的农户，年纯收入一般在1万元至1.5万元之间，实现务农致富。浙江省鄞县同志讲，家庭农场场长的收入大体与村办企业厂长、经理的收入相当。江苏同志讲，1993年规模经营者的收入是当地农民人均纯收入的2.9倍，是务工人员劳均收入的2倍。

粮田规模经营形式有多种多样，归纳起来大致可以分成两大类：一类是种田大户或家庭农场，一类是各种集体农场、合作农场，包括村办农场、厂办农场、站办农场、股份合作农场等。集体或合作农场同样也采取联产承包制，有些也是承包到户。从大多数地方反映的情况看，种田大户所占比重较大，适应范围更广。不管是哪种形式，只要能够调动农民的生产积极性，能够提高土地产出率，能够增加粮食生产总量，都要因地制宜、允许农民自主选择，允许农民探索、比较和创新，一切以时间、地点、条件为转移。

推进规模经营，是在稳定联产承包责任制的前提下，农村改革的进一步深化。邓小平同志在1990年3月指出：“中国农业的改革和发展，从长远的观点看，要有两个飞跃。第一个飞跃，是废除人民公社，实行家庭联产承包为主的责任制，这是一个很大的前进，要长期不变。第二个飞跃，是适应科学种田和生产社会化的

需要，发展适度规模经营，发展集体经济。这又是一个很大的前进，当然这是很长的过程”。由此可见，规模经营与联产承包责任制之间存在着必然的联系。规模经营是以家庭联产承包为主的农业责任制的延续和发展，是联产承包责任制在容量上的扩大，种田大户或家庭农场就是容量增大了的家庭联产承包，即使是各种类型的集体、合作农场在管理上也是实行联产承包制，不是形成新的“大锅饭”。

推进粮田规模经营，最关键的是建立土地使用权流转机制，使已经转入非农产业的劳动力愿意转让土地，使土地能够逐步向种田能手集中。这次会议上大家反映，目前土地使用权的流转形式主要有五种：一是农户间相互转包；二是集体经济组织向农户反租倒包；三是实行“两田制”，口粮田分户经营，责任田招标承包；四是农户自愿退出承包，将承包的土地集中起来组织规模经营；五是土地使用权入股、形成股份合作。不管是采取什么样的流转形式，不管是搞什么样的规模经营，都必须尊重农民意愿，坚持自愿原则。

尊重农民意愿，坚持自愿原则，就是尊重农民的经营自主权，坚持以家庭联产承包为主的责任制不动摇，保持党的农村政策的稳定性和连续性，决不能用行政命令取消农民的土地承包权。不要层层下指标，压任务，也不要制造强大的舆论压力。一个村里即使绝大多数农户都愿意搞规模经营，其中有一户不愿意，也应当允许。当然，坚持群众自愿不等于放任自流，而应当在有条件的地方积极引导，逐步推进。实行规模经营最主要的条件，是劳动力已经较稳定地转入非农产业，农业不再是其收入的主要来源。这样，农户才有可能将土地转移出去，也才有可能搞规模经营。如果集体经济实力雄厚，领导班子力量较强，推进规模经营的条件就更加有利。

积极引导，就是要对具备条件的农户、村组，宣传规模经营的意义和作用，把工作做深做细，使农民群众都能认识规模经营的优越性，自觉自愿地参与规模经营的实践；要针对各地的具体条件，对各种土地流转方式逐步进行规范，为土地流转和规模经营搞好服务。要“稳制、活田”，稳定承包权，搞活使用权。在这方面，有些地区采取了发放承包权证、使用权证的办法，也有的地方采取土地使用权入股、收益分红的办法。这些做法的核心是承认农民的承包权，要继续探索、总结，加以完善。

逐步推进，就是说各地情况千差万别，发展粮田规模经营一定要坚持条件，充分尊重群众的意愿，决不能搞强迫命令。目前，在中西部地区以及沿海经济发展相对落后的地区，土地仍是农民谋生的手段，是生存的必要条件，发展规模经营的条件还不具备；我们就不能不顾群众意愿，生搬硬套其他地区的做法来发展规模经营。千万不要互相攀比，不要随意垒大户，一定要稳定家庭联产承包责任制。

推进粮田规模经营，还必须注意适度问题。我们所提倡的是适度规模经营，并不是规模越大越好。粮田规模经营多大才算适度，是一个动态性概念，是由多种因素决定的。具体经营规模以多大为适度，应当因地因人制宜，但是必须坚持一条，即实行粮田规模经营的土地产出率要高于当地平均水平，确保增加社会粮食生产总量。经营规模的大小，与经营者素质关系较大。因此，要选择好经营者，并注意加强培训和提高。这里还需指出，依靠掠夺性经营，以降低土地产出率为代价形成的规模经营，是不应提倡的，要尽力避免。辽宁的同志在会上提出，不能片面追求土地规模而忽视在土地开发深度上下功夫。这个意见是对的。

目前，沿海发达地区大部分农村劳动力已经转移到非农产业，已经有条件推进粮田规模经营。一些地方粮田粗放经营严重，甚至大面积弃种、撂荒，在这种情况下，应不失时机地推进粮田规模经营。总之，发展粮田适度规模经营，既不能照搬硬推，认识超越于实践；也不能停滞不前，认识落后于实践。

四、推进粮田适度规模经营要处理好几个方面的关系

发展粮食生产，推进粮田规模经营，是农村经济资源如何配置的大事。对整个农村发展来讲，不仅关系到能不能建立一套充满内在活力的农业发展机制，而且关系到农村能否实现一、二、三产业协调发展、加快小城镇建设等问题。因此，必须着重处理好以下几方面关系。

第一，粮田规模经营与高产优质高效农业的关系。发展高产优质高效农业，既包括发展高产优质的养殖业和粮食以外的其他种植业，又包括发展高产优质的粮食作物。要使粮田规模经营具有内在活力和动力，能够顺利推进，必须注意发展高产优质的粮食作物，形成较高的经济效益。从这一点来讲，推进粮田规模经营，与发展高产优质高效农业是一致的。

同时，也应当看到，在多种经营方面发展高产优质高效农业，有时候会产生与发展粮食争地的矛盾。十多年来，随着农村改革和发展，各地以市场需求为导向，调整农业结构，发展多种经营，基本上是合理的。但是，一些沿海发达地区也存在粮田面积减少过猛的问题。从目前和今后相当长时期来看，沿海发达地区适宜种粮的耕地应首先用于发展粮食生产。调整产业结构，发展多种经营，应当充分利用大量非粮田资源，不能再挤占粮田，以确保现有粮食播种面积不再减少。

沿海发达地区可利用的非粮田资源还大有潜力可挖，荒山、荒坡、滩涂、水面等开发利用的前景广阔。利用非粮田资源发展多种经营，各地都有很多成功的典型，注意总结经验，通过典型示范，因地制宜，稳步推进。

不论发展高产优质粮食，还是发展多种经营，都要特别注意做到规模开发，批量生产，不仅要发展专业户，还要发展专业村、专业乡，甚至在更大范围内进行专业化生产，在此基础上形成区域规模经营，开展深度加工，多层次、大幅度地增加产品附加值，把农业的产前、产中、产后各环节联系起来，推进农业产业化。山东、广东省的一些地方，以面向市场的加工企业为龙头，建立农副产品基地，通过发展各种服务，把现代市场、现代加工企业与农业结合起来，为农业的发展开辟了新的天地。

第二，粮田规模经营与农业现代化的关系。要实现农业现代化，必须实现农业规模经营，分散的小规模经营与农业现代化的要求是不相符的。同样，要推进粮田规模经营，必须提高农业现代化水平。沿海发达地区实行粮田规模经营的种田大户或集体农场，农业现代化水平普遍高于一般农户，因为规模扩大以后，经营者更加重视农业科学技术成果的采用，更便于新成果、新品种的推广。经营者为了缓解季节矛盾、除低劳动强度和生产成本，千方百计地购置和利用农机具，使机械化水平不断提高。福建省晋江市经营面积100亩以上的种粮大户，平均固定资产投资达6万元以上。浙江省乐清市的一个调查表明，百亩以上的经营大户平均拥有农机固定资产3.14万元，亩均182元，比一般农户高5倍多。

农业社会化服务是实现农业现代化的一项重要条件，发展粮田规模经营，可以在一定程度上缓解因种植规模过小所带来的一系列矛盾，提高农业经营效益。但是，即使实行了粮田规模经营，仍然有很多问题是种粮大户或集体农场所无法解决的，如化肥、农药等生产资料的供应、良种选育、排水灌溉、病虫害防治、机械化作业、收获晾晒、贮运销售，以及较大规模的农田基本建设等。在这次会上，大家都提出要加强服务工作，而且还介绍了很好的经验，这些意见是符合实际的。因此，在推进粮田规模经营的同时，要进一步加强农业社会化服务体系建设，切实加强对各种规模经营实体的服务。农业、供销、农资、物资、商业、外贸、金融、保险等专业部门要强化农业社会化服务，并重点加强对种粮大户等规模经营实体的扶持，要把扶持粮田规模经营作为自己的重要职责，相互密切配合，为种粮大户提供优质服务。在政策上给以优惠。现在有的地方规模经营搞得不好，一个重要原因是服务工作没有跟上，这方面的教训要认真吸取。同时，对还没有实行规模经营的分散农户，也要继续加强服务，千万不能因推行规模经营，而忽视了对千家万户的服务。

在农业社会化服务方面，当前要着重抓好三项工作：一是提高农业的科技水平，加强对粮田规模经营的科技服务，尤其是优良品种、先进栽培技术的推广应用。二是提高农业装备水平，改善生产条件。现在农机化在某些环节还比较薄弱，还不能适应粮田规模经营的要求。在南方沿海地区，大家反映最多的是收割机不过关，小麦收割稍好些，但稻麦两用机还不能令人满意。三是建立农业保险制度，分担粮田规模经营实体的风险，消除后顾之忧。对种田大户来说，如果遭到严重自然灾害，损失往往是毁灭性的，要尽快把农业保险制度建立起来。这项工作千万不能滞后，必须抓紧抓好。

第三，粮田规模经营与乡镇企业的关系。乡镇企业的持续快速健康发展，能够进一步吸纳农业剩余劳动力，是推进粮田规模经营的基本条件。因此，推进粮田规模经营，必须同时下功夫抓好沿海地区乡镇企业本身的发展，使剩余劳动力能够日趋增多地、长期稳定地就业于非农产业。一是努力发展技术密集型产业，进一步提高产品的质量、档次；二是大力推进外向型经济发展，扩大在国际市场上的占有率；三是继续推进乡镇企业的规模化，形成一批在国际市场有竞争能力的骨干企业；四是随着沿海地区乡镇企业产业结构的升级，提倡和引导劳动密集型、资源型产业逐步向中西部转移，建立地区间优势互补、利益共享的关系，促进全国农村经济的协调发展。

目前，沿海发达地区一些属于劳动密集型、资源型产业的乡镇企业，已经开始出现了向中西部地区转移的趋势。浙江省杭州万向节厂鲁冠球等一批有远见的乡镇企业家，已经制订了“西进计划”，到中西部去办厂或去兼并、改造、联营其他企业，是很有意义、很有战略眼光的。沿海发达地区乡镇企业虽然发展很快，但也存在不少限制因素，如资源少、劳动力成本高等。沿海发达地区乡镇企业向中西部发展，把资金、技术、管理、人才引到中西部，与中西部的资源优势、劳动力优势结合起来，就会产生巨大能量，不仅使自身得到发展，而且促进全国经济的均衡发展，有利于减缓民工潮，意义极为深远。

第四，粮田规模经营与加快小城镇建设的关系。目前，与农村工业化相比，沿海发达地区农村城市化明显滞后。今后两者要协调发展，争取做到基本同步。

加快小城镇建设不仅会促使已转移的农民脱离土地，而且会进一步促进乡镇企业的发展，特别是有利于农村第三产业的发展，从而进一步加强农业剩余劳动力的转移。沿海发达地区的情况表明，农村经济发展的地方，小城镇建设也相对较快，而小城镇建设较快的地方，农业规模经营进展也快于其他地方。目前，在长江三角洲、珠江三角洲等地区，小城镇星罗棋布，已经形成很大的城市带，促进了本地区规模经营的发展。此外，对中西部地区农业剩余劳动力的吸收，事实上也扩大了中西部地区每个劳动力的土地经营数量。

温州是全国小城镇发展迅速的地区之一。以龙港农民城为代表的136个小城镇，容纳了全市60%的农村人口，解决了120万劳动力就业问题，40%的农民自理口粮，进入城镇落户，成为新型的城镇居民。小城镇经济已成为温州农村经济的主体，其工业产值、财政收入都占到全市农村工业总产值和财政收入的80%以上。农民向小城镇的转移，为适度规模经营提供了良好的条件。目前，温州市全市规模经营的农户占到全市农户的12.1%，经营耕地占全市耕地面积的10.4%。而且，全市规模经营的80%以上集中于19个发展较好的小城镇。

针对沿海发达地区的情况，今后加快小城镇建设要注意搞好科学规划，切实节约用地，保护好耕地，千万不要搞污染性的工业；以县城和中心城镇为重点，推动非农产业的集中连片发展，增强小城镇的综合功能。为加快小城镇建设步伐，各地要加快小城镇户籍制度、土地使用制度和社会保障制度等方面的改革试验。

第五，粮田规模经营与提高经营者素质的关系。实践证明，推行粮田规模经营，可以培养出一大批懂经营、会管理的农民企业家，而粮田规模经营发展的速度，承包的规模和质量的高低，又取决于经营者的素质的高低。因此，注意对经营者的选择，加强对经营者的培训，是搞好规模经营的一件大事。有的省通过建立种粮大户协会的形式，不断传播技术、交流经验，帮助规模经营者不断提高经营管理的科学技术水平。这确实是提高规模经营者素质的一个好办法。

劳动部等四部委局颁布《劳动就业服务企业实行股份合作制规定》

劳动部、国家体改委、税务总局、国有资产管理局4部门，近日联合颁布《劳动就业服务企业实行股份合作制规定》，批准在全国20万个劳动就业服务企业中开展股份合作制改革，首批100家实行股份合作制试点的劳动就业服务企业已经确定。这是国家促进劳动就业服务企业加快发展，平抑失业率，保障社会稳定的又一项重要改革措施。

国务院副总理兼外交部部长钱其琛在雅加达举行的亚太经济合作组织第六届部长级会议全体会议上发表讲话

主席先生：

我很高兴在美丽的城市雅加达与各位同事再次聚会。我要感谢印尼政府为会议所做的周到安排和热情接待。我相信，在主席先生卓越的领导下，本届会议将取得圆满成功。我还愿借此机会向首次参加亚太经济合作组织部长级会议的智利同事表示热烈欢迎和祝贺。

自去年西雅图会议以来，世界经济发生了重要的变化。乌拉圭回合经过7年的艰苦谈判，终于达成协议。世界经济的增长率自1989年以来第一次超过人口增长速度，可望达到2.5%。世界贸易也将有较大幅度增长，预计将达到6%。

我们所处的亚太地区，经济继续高速增长。北美经济也出现了明显的回升。区域经济合作更加活跃。北美自由贸易协定已于今年1月1日起开始实施。东盟各国也加快了实现自由贸易区的步伐。

然而，亚太地区的高速增长是相对的，发展存在着严重的不平衡。对于许多发展中经济和新兴工业经济来说，当它们经历了较长时期的高速增长后普遍面临基础设施落后、人力资源匮乏、贫困人口甚多以及环境恶化等种种制约因素。同时，发展过程中的竞争也日趋激烈，贸易摩擦趋于突出，单方面采取保护措施和施加压力的做法屡屡出现。本区域贸易的发展面临新的保护主义障碍。

亚太经济合作组织是十分独特的。丰富的多样性和成员间彼此相互依存是这个组织最显著的两个特点，构成了亚太经济合作的基础。下面，我想就这个问题谈几点看法。

第一，亚太经济合作组织合作的基础在于发挥彼此优势，取长补短。发达成员与发展中成员可充分发挥他们各自的比较优势，互为补充。发展中成员向发达成员开放技术产品市场，等于认同发达成员具有技术优势。那么，发达成员也应该承认发展中成员的劳动力优势，向它们的劳动密集型产品全面开放市场。利用和发展自己的比较优势，是合乎情理的，不应加以干预。尤其是发达成员不应以任何方式伤害发展中成员通过改革开放刚刚发挥出来的竞争力。公平的优势竞争原则应该成为各成员之间合作的基础。各成员的贸易政策和法规应与市场经济原则保持一致，全球多边贸易原则符合世界市场发展规律，发达成员应放弃与市场原则相抵触的单边主义。

第二，亚太经济合作组织的目标应是共谋发展、共同繁荣。努力缩小发展中经济与发达经济之间的差距,特别是帮助发展中成员克服它们面临的种种困难,应成为亚太经济合作的当务之急。统计数字表明,发展中成员对发达成员经济增长的作用正在增强。发展中成员国内生产总值每年多增加1%,发达成员相应增加0.2%。发展中经济的增长对发达经济扩大出口也起到了十分重要的促进作用。目前,美国出口总额的42%,日本出口的48%,均面向发展中经济。根据世界银行估计,发达国家从发展中国家的制成品出口所得到的好处,可以使发达国家的年均国民收入多增加0.5%。这些情况说明,同所谓"第三世界威胁论"相反,发达成员为发展中成员提供发展的机会,也就是为自身的进一步发展开辟道路。还需要特别指出的是,发展中成员在市场发育过程中,采取一些政府干预措施是必要的。不应以发达成员的标准来干预发展中成员内部市场的发育进程。

第三,亚太经济合作组织合作的领域应更全面、更具广泛性。贸易与投资是推动区域经济发展的主要"动力源"。作为长远目标,我们赞同在亚太地区实现贸易自由化,同意本次会议可以先就此达成意向性协议。由于亚太经合组织成员经济发展水平差异很大,我们赞成苏哈托总统阁下提出的根据不同情况制定不同的时间表的律议。同时,我们认为对贸易自由化的定义、范围、基本原则等重要问题需要明确,避免由于理解上的混淆形成对经济贸易发展过程的新的障碍和干扰。中国完全赞同印尼提出的将基础设施建设、人力资源开发、中小企业发展等作为亚太经济合作组织重点合作领域的建议。缺乏先进的实用技术是亚太经济合作组织许多成员面临的现实问题。从亚太经济合作组织成员的构成及需要看,长期、有效的科技合作是完全必要也是可行的。

第四,亚太经济合作的方式和速度应反映亚太经济合作组织的现实。目前似乎有这样一种议论,认为亚太经济合作组织应在合作领域多做点实事,而有的成员只愿保持空谈式的论坛。我认为情况并非如此。亚太经济合作组织内部的多样性自然会表现为各成员对合作方式和前进速度快慢的要求有所不同。我们主张,亚太经济合作组织的发展,既要有长远目标,又要循序渐进;既要务虚,又要务实;既要考虑发达成员的需要,又要特别照顾发展中成员的利益。在此原则框架内,根据不同成员的经济发展水平和实际承受能力制定的合作方案,才是现实的,才能得到有效的实施。

改革开放使中国经济与世界经济的联系更加紧密。自1986年中国正式要求恢复在关贸总协定的缔约国地位以来,我们采取了一系列重大改革措施。目前,中国的经贸体制已基本符合关贸总协定的要求。因此,恢复中国在关贸总协定的缔约国地位,不应再拖下去。中国复关不仅有利于中国,而且有利于世界,同时有利于启动区域贸易自由化的进程。

回顾历史,亚太"经济奇迹"的背后并没有一个统一的模式,靠的是各成员自身的努力,靠的是符合自身情况的发展政策。亚太经济的发展带动了区域经济合作,区域经济合作又为各成员经济的进一步增长注入了新的活力。中国一贯重视区域经济合作,愿在相互尊重、平等互利的基础上,加强与亚太经济合作组织各成员的经济合作与交流,为促进亚太经济的发展、实现本地区的共同繁荣作出应有的贡献。

谢谢主席先生。

全国人大常委会副委员长田纪云在北京会见美国参议员约翰·克里及他率领的马萨诸塞州经济贸易代表团

中国与国际复兴开发银行在美国哥伦比亚特区签署两项贷款协定(新疆公路项目和中国经济法律技术援助项目)

中国联通引进数字蜂窝移动通信系统在北京举行签字仪式

中国联合通信有限公司与德国西门子公司、美国摩托罗拉公司近日在钓鱼台国宾馆举行引进数字蜂窝移动通信系统(GSM)的签字仪式。

中宣部新闻出版署在北京举行表彰大会表彰15家优秀出版单位

这15家出版单位是:人民文学出版社、文物出版社、机械工业出版社、金盾出版社、清华大学出版社、人民邮电出版社、天津人民美术出版社、百花文艺出版社、上海辞书出版社、浙江少年儿童出版社、广东科技出版社、岳麓书社、辽宁人民出版社、山东教育出版社、江苏教育出版社。

徐惟诚、于友先、叶至善、陈原等出席表彰会并讲话。

11月12日

劳动部就严格控制消费基金过快增长提出措施

劳动部日前就严格控制消费基金过快增长提出措施,并要求各地劳动部门执行。

劳动部要求,严格执行国家下达的弹性工资计划。从现在起各省、市、自治区劳动行政部门就要对今年以来弹性计划的执行情况进行分析预测,对所属地区执行计划的情况进行检查,对已经超计划的地区要严格控制工资总额的增长。到年末，各省、市、自治区劳动行政部门要汇总分析本地区全年执行弹性计划的情况，并将总结报告于 1995 年 3 月 31 日以前报送劳动部。凡是超过国家弹性计划指标的，要坚决按照国务院《通知》的精神，按超过的工资总额，由财政部门等额增加其上缴中央财政的数额，或等额减少中央财政补贴。

劳动部强调，要坚持企业工资增长与经济效益挂钩的原则，切实做到企业工资总额增长低于经济效益增长，职工实际平均工资增长低于劳动生产率增长。对实行工效挂钩的企业，要严格按照国家规定，核定工资基数、效益基数和浮动比例，同时要特别注意剔除非劳因素带来的收益。在挂钩结算过程中，既挂上也要挂下，凡未增加效益的，都要严格按照核定的浮动比例扣减应提工资。亏损企业实行工资与减亏指标挂钩，促进企业扭亏增盈，达不到减亏要求的，不得增加工资或奖金。实行工资总额包干的企业，不得突破包干基数，或采取其他非工资渠道增发工资奖金。

此外，为配合银行系统加强对企业工资发放的监督检查，所有企业都要按照国务院规定严格执行《工资总额使用手册》管理制度。劳动行政部门核定的企业实发工资总额计划数，要作为银行对企业现金发放的控制指标之一。对超计划支取工资的，银行一律拒付。对违反《工资总额使用手册》管理制度，坐支、套支现金支付的工资，或采用其他手段变相多发的工资，一律如数扣回，并予以通报。

劳动部还规定，企业要在经济效益提高的基础上逐步增加职工工资，建立工资储备金，做到留有结余，以丰补歉。严禁在年末突击花钱，脱离经济效益增加工资奖金和分发实物。

《人民日报》发表评论员文章《选拔干部要贯彻人民公认的原则》

选人用人问题，历来是关系党的事业成败的一件大事。在建立社会主义市场经济体制的进程中，如何选好人、用好人，更是个关键问题。邓小平同志指出："中国的事情能不能办好，社会主义和改革开放能不能坚持，经济能不能快一点发展起来，国家能不能长治久安，从一定意义上说，关键在人。"要选好人、用好人，"就是要选人民公认是坚持改革开放路线并有政绩的人"。党的十四届四中全会《决定》强调指出："衡量干部的德和才，应该主要看贯彻执行党的基本路线的实绩，选人用人要注意社会公论。"社会公论，人民公认，是对党的干部工作走群众路线的高度概括，是今后做好干部工作的重要指导原则。

所谓人民公认，就是在正常情况下，为大多数群众认可和拥护。如何体现人民公认呢？其根本要求是，选拔干部要充分走群众路线，提高人民群众的参与程度，征得大多数群众的赞同。现在，多数地方、单位和部门在选拔干部时，都能在一定范围内通过民意测验、个别谈话等形式，听取群众意见，从而拓宽了知人选人的渠道，提高了选拔干部的准确性，推进了干部制度改革的进程。但是，一些单位和部门选人的视野窄、圈子小，群众参与程度不够，不注意听取群众的意见，仍然是当前干部工作中需要解决的一个比较突出的问题。有的习惯于在少数人中选人，依靠少数人选人；有的虽然也讲发扬民主，但缺乏具体措施和必要的手段；有的形式上听取了群众意见，却没有充分尊重群众意愿，在选拔任用干部时，还是由少数人或个别人说了算，加之考察不细，致使个别干部选拔不当。

选拔干部要得到人民公认，就要反对个人说了算。当前，确有少数领导干部，缺乏民主意识和民主作风，习惯于搞个人说了算。作为领导干部，由于所处的位置和工作关系，会对一些干部了解得多一些，深一些，但由于个人的经历不同，所处的角度不同，以及个人感情等因素的影响，领导同志对干部的了解总会有一定的局限性。而干部生活在群众之中，是否德才兼备，政绩究竟如何，群众最清楚。经验表明，在干部问题上，充分走群众路线，有百利而无一害；相反，搞个人说了算，往往出现偏差。当然，这不是说领导干部就不能推荐干部，也不是说领导同志不能在干部选拔任用上充分发表自己的意见和看法。邓小平同志指出："善于发现人才，团结人才，使用人才，是领导者成熟的主要标志之一。"荐贤举能，选贤任能，历来是各级领导干部的重要职责。关键在于，不管是谁推荐的，都必须经过组织考察，走群众路线，听听"社会公论"，看看"人民公认"的程度，而不能因为是领导推荐的就不按规定的程序办事，更不能由个人决定干部。

选拔干部要得到人民公认，就要按中央规定的程序办事。选拔任用党政机关领导干部，必须依照下列程序办理，即"民主推荐，广泛听取意见，提出选拔对象；组织人事部门考察，党委集体讨论决定后按干部管理权限上报；上级组织部门进一步考察，然后提请党委讨论审批"。这一规定为干部工作走群众路线，体现"人民公认"提供了制度保证。"民主推荐、广泛听取意见"，就是体现人民意志，体现人民公认的必要程序。严格按这一程序办事，发扬民主，听取群众意见，尊重群众意见，就能看出群众认可和拥护的程度，就可以做出正确的决策，选准干部。

相反，不按程序办事，不听取群众意见，就可能选错人，给党的事业带来损失。严格按程序办事，让广大群众参与选拔干部工作，还有利于加强群众监督，防止用人上的不正之风。只要严格按程序办事，把组织上的意图讲清楚，依靠群众开展工作，就会减少各种干扰，利于公正地评价、任用干部。

选拔干部要得到人民公认，就要不断创造发扬民主的新方法。随着社会主义市场经济体制的逐步建立，干部工作走群众路线，需要充实新的内容。各级领导干部和组织人事部门，要进一步解放思想，转变观念，满腔热情地总结推广这些年在选拔任用干部时走群众路线的成功做法，并在实践中不断加以完善，同时继续努力探索新的方法、新的途径，从而在干部选拔工作中充分体现人民公认的原则。

当然，选拔干部走群众路线，扩大民主程度，也要有领导、有计划、有步骤地进行。尤其是在那些情况比较复杂、风气不正的单位和部门，对群众的意见也要认真分析，不能简单地以票取人。

中国首台无缆水下机器人"探索者"号研制成功并通过专家验收

我国第一台无缆水下机器人研制成功，日前通过专家验收。

"探索者"号是由中科院沈阳自动化所、中国船舶工业总公司202所、中科院声学所、哈尔滨工业大学、上海交大等单位历时四年研制成功的。

党和国家领导人江泽民李鹏乔石李瑞环题词祝贺中山大学建校70周年

国务院学位委员会对东方高级决策管理学院违反法规予以严肃处理

国务院学位委员会办公室发言人日前发表谈话指出，最近一个时期以来，东方高级决策管理学院违反国家教育法规，未经主管部门批准，擅自同美国夏威夷"远东高级研究学院"在我国境内举办具有高等学历教育性质的"研究生班"，严重干扰了我国学位与研究生教育工作的正常秩序。国务院学位委员会依法对此事进行严肃处理。

报道说，东方高级决策管理学院系北京市成人教育局同意设立的非学历教育社会力量办学单位，无权亦不具备条件开展研究生教育工作。但学院负责人自1989年以来以中国科技大学研究生院的名义，先后在北京、山东、辽宁等地，和美国"远东高级研究学院"联合举办"决策管理学在职硕士研究生班"，并擅自授予美方学位，还以每名学生2万多元人民币的高额收取学费，带有明显的营利性质。而美国"远东高级研究学院"只是在夏威夷注册的一个机构，不是正规的高等教育办学实体，也不具备进行硕士研究生教育的条件。

报道说，为纠正这种错误做法，国务院学位委员会办公室曾于去年4月要求这个学院立即停止此类办学活动。但是，这个学院置国家的方针政策于不顾，继续举行并且新办此类教学活动，在全国一定范围内造成了不良影响。

报道说，为制止事态的进一步发展，国务院学位委员会最近发出通报，阐明国家的有关政策以及对东方高级决策管理学院办学问题的处理意见。

通报说，任何单位与境外机构联合举办颁发学位证书的办班活动，都必须对境外合作机构进行必要的评估与甄别，并按照国家教委的有关规定报批。未获批准者，不得举办此类活动。国务院学位委员会及其办公室是我国对其他国家学位进行认可、甄别的国家级执行机构，任何其他单位、组织和个人均无权对国外的学位进行认可。

报道最后说，为维护我国学位授予制度的严肃性，依据我国现行教育法规，国务院学位委员会作出决定：对美国"远东高级研究学院"颁发的"硕士学位证书"不予承认，证书获得者不得享受我国同级学位证书获得者享有的权益；未经我国学位主管部门批准，不得举办实质上涉及授予学位的中外合作办学活动。目前正在举办的此类活动，必须立即停止。

11月13日

国办发出关于做好重新组建仲裁机构和筹建中国仲裁协会筹备工作的通知

通知说，《中华人民共和国仲裁法》(以下简称《仲裁法》)已由八届全国人大常委会第九次会议于1994年8月31日通过，自1995年9月1日起施行。这是适应社会主义市场经济发展的需要，与国际上通行的仲裁制度接轨，解决经济纠纷的又一部重要法律。依照《仲裁法》的规定，仲裁机构独立于行政机关，与行政机关没有隶属关系；现有仲裁机构应当依照《仲裁法》的有关规定重新组建，到1995年9月1日《仲裁法》开始施行时未重新组建的，可以存续至1996年9月1日止；新的仲裁机构由直辖市、省与自治区政府所在地的市以及需要设立仲裁机构的设区的市的人民政府组织有关部门和商会统一组建；建立中国仲裁协会。落实上述规定，时间紧迫，又涉及许多复杂的问题，需要通过试点，进行探索，并在总结试点经验的基础上统一规范、统一部署。

通知要求：

一、重新组建仲裁机构的工作，先在北京市、上海市、天津市、广州市、西安市、呼和浩特市和深圳市试点。这7个城市要抓紧研究现行仲裁制度转为《仲裁法》规定的新仲裁制度所涉及的问题，如仲裁机构的设置、仲裁员的聘任以及仲裁委员会的组成、章程、登记、财产和经费等问题，提出解决方案。要加强对这项工作的领导，确定一名市政府负责同志亲自抓这项工作，具体工作由市政府法制局（办）牵头，司法、工商等部门和贸促会、工商联参加。

二、为了保证使重新组建仲裁机构的工作依照《仲裁法》的规定统一规范，加强对这项工作的指导，确定由国务院法制局牵头，国家经贸委、国家体改委、司法部、国家工商局、贸促会、全国工商联参加，研究有关问题，提出具体规范意见，报国务院领导审查同意后，统一部署。为此，由国务院法制局在适当时机召开试点城市会议，具体时间、地点另行通知。

三、重新组建仲裁机构的工作和筹建中国仲裁协会的工作分两步进行，先进行重新组建仲裁机构的工作，在此基础上再筹建中国仲裁协会。中国仲裁协会的筹建准备工作可以早一点开始，也由国务院法制局牵头，国家经贸委、国家体改委、司法部、国家工商局、贸促会、全国工商联参加，主要是研究如何建立中国仲裁协会、草拟协会章程和仲裁规则等问题。

四、除上述7个试点城市外，其他省、自治区政府所在地的市和需要设立仲裁机构的设区的市的人民政府及其有关部门也要认真学习《仲裁法》的有关规定，并按照本通知的精神研究提出重新组建仲裁机构的意见，送国务院法制局。在总结试点经验并研究各地方提出的意见的基础上，由国务院作出统一部署后，依法需要设立仲裁机构的市再按照统一规范着手重新组建仲裁机构。

全国人大内务司法委员会和国务院妇女儿童工作委员会在人民大会堂联合召开贯彻实施《妇女权益保障法》经验交流暨表彰会

全国人大常委会副委员长陈慕华、雷洁琼、李锡铭，国务委员、国务院妇女儿童工作委员会主任彭珮云，全国政协副主席钱正英等出席会议。

全国人大内务司法委员会主任委员孟连崑向大会提交题为《进一步动员起来为妇女权益保障法的贯彻实施而不懈努力》的报告。报告指出，《妇女权益保障法》自1992年10月1日实施以来，多数省、自治区、直辖市出台实施办法，建立妇女儿童工作委员会，并加强执法和工作监督，一个保护妇女权益的有机的法律体系已经初步形成。

妇女参政状况有一定改善，政治地位逐步提高。截至1993年底，全国妇女干部已达1189万人，占干部队伍总数的32.16%，比1992年增加59万人。全国党、政、群机关县、处级以上干部中，妇女干部占总数的9.57%，比1992年增加近5000名。1992年到1993年，我国省级人民代表大会代表中，妇女代表占21.6%，比换届选举前增加1.6%。

妇女干部队伍结构也有可喜变化。1993年同1992年相比，在企事业单位从事专业技术工作的女性增加47万多人，其中具有高级职称的增加4.2万人。

妇女的劳动权益进一步得到重视和落实。政府劳动部门注意贯彻男女平等的原则，努力安置女性待业人员；女性就业前培训和在职培训得到重视，下岗女职工的再就业问题有所缓解；一些地方建立生育基金统筹制度；“三资”企业和乡镇企业、私营企业对女职工劳动保护不力的现象也引起重视。分配住房、集资建房、出售福利房等方面的男女不平等问题，开始着手纠正。

妇女的文化素质进一步提高。教育部门努力提高适龄女性儿童少年的入学率，减少辍学率和失学现象。

严惩残害妇女犯罪，整治社会丑恶现象。各地公安、司法机关依法严厉打击一大批拐卖妇女、严重侵犯妇女人身权利的刑事犯罪分子，同时开展专项斗争，加强综合治理，查禁卖淫嫖娼，取缔色情服务，净化社会风气。妇女的财产和婚姻家庭权益进一步得到维护。较为突出的农村妇女责任田、口粮田、宅基地以及离婚妇女的房屋所有权和居住权等权益，已在地方立法中作出明确具体的保护规定，并制定违犯规定的惩罚条款。但是，妇女权益不能得到很好保障，甚至受到侵害的现象，不同程度地存在于社会生活和家庭生活的各个方面。我们在总结成绩的同时，更要保持清醒的头脑，要看到问题，看到责任，要把妇女权益保障法的贯彻实施长期不懈地抓下去。

会议宣布，全国人大常委会办公厅已发出通知，要求各地对妇女权益保障法执行情况进行一次普遍、全面的检查。全国人大常委会还要于1995年4月上旬起重点检查若干省、自治区、直辖市的执行情况。

会上，彭珮云宣读国务院妇女儿童工作委员会的表彰决定。湖北省武汉市中级人民法院民事审判第一庭等200个部门（单位）和安徽省寿县“打拐”办公室主任汪精圃等100人，分别被授予“全国维护妇女合法权益工作先进集体”和“全国维护妇女合法权益工作先进工作者”称号。

全国政协副主席赵朴初在北京会见香港天主教区枢机主教胡振中

国务委员陈俊生在广东调查研究

沿海发达地区在经济高速增长中，如何提高粮食自给率，实现粮食供需平衡，保证一、二、三产业的协调发展？国务委员陈俊生在广东珠江三角洲地区对此进行专题调查，并邀请广东、福建、浙江、江苏、山东、辽宁六个省市的有关负责同志进行座谈。陈俊生强调，在保持家庭联产承包责任制的前提下，抓住时机、因地制宜地实行粮田适度规模经营，是解决这一问题的重要途径。

陈俊生说，目前沿海发达地区农村已率先初步实现小康目标，进入向中等发达水平迈进的新阶段，这些地区的产业结构、劳动力结构、工农业关系、城乡关系都发生了根本变革。但是，也面临这样一个突出问题，即粮食生产增长缓慢，有些省连年滑坡，供需缺口急剧拉大。陈俊生说，沿海发达地区国民经济能否持续快速健康发展，主要取决于粮食供求平衡；全国粮食供需能否实现平衡，主要取决于沿海发达地区；全国市场粮价能否相对稳定，也主要取决于沿海发达地区。因此，沿海发达地区提高粮食自给率，实现粮食供需平衡，对整个国民经济持续快速健康发展具有特别重要的意义。

陈俊生说，实现粮食供需平衡，可以考虑在中央和省、自治区、直辖市之间实行分级负责制。中央负责全国的总量平衡。沿海发达地区则应立足本地粮食生产，充分挖掘潜力，力保较高的自给率，最起码保住现有产量不再下滑，并努力有所增加。在此基础上，粮食缺口可以按照国家有关规定，通过与其他粮食主产区建立稳定的购销关系和适当从国外进口解决。各地要从大局出发，决不能出高价到外省抢购粮食。

陈俊生指出，加快发展沿海发达地区粮食生产，除加强投入、稳定面积、科学种田等措施，当前一个重要途径，就是因地制宜地实行粮田适度规模经营，以调动农民的积极性，提高土地生产率、劳动生产率和粮食商品率。

陈俊生强调，实行粮田适度规模经营，是家庭联产承包责任制的延续和发展，不是"归大堆"，也不是形成新的"大锅饭"。关键是要稳住农民同土地的关系，在此基础上建立健全土地使用权流转机制，也即目前人们所讲的"稳制活田"。目前土地使用权的流转方式有多种，如转包、"倒租赁"、招标承包、土地使用权入股等等。经营形式也有种田大户、家庭农场、村办农场、股份合作农场等。从大多数地方情况看，种田大户所占比重较大，适应范围更广。不管哪种形式，只要能够调动农民的生产积极性，提高粮食生产率，都要允许农民自主选择，允许农民探索和创新。这当中尤其要切实尊重农民意愿，决不能用行政命令剥夺农民的承包权。但这不等于放任自流。在有条件的地方，应当把工作做深做细，总结经验，积极引导，加强扶持，稳妥发展。规模经营怎样才算适度，应因时因地因人而宜。

陈俊生还着重强调实行粮田适度规模经营同发展"一优两高"农业、农业现代化、乡镇企业以及小城市建设的关系问题，要求农业、供销、商业、外贸、金融、保险等部门重点加强对种粮大户等规模经营实体的扶持。

外经贸部部长吴仪在雅加达与美国贸易谈判代表坎特进行会谈双方就中国复关和双边贸易等问题进行磋商

吴仪是在参加第六届亚太经济合作组织部长级会议后与坎特举行会谈的。会谈结束后，吴仪在回答记者提问时说，现在到应该解决中国复关问题的时候了。

吴仪说，会谈中双方回顾中美近年来就中国复关问题所进行的双边磋商，集中讨论主要解决的问题，如统一外贸制度、外贸经营权、知识产权、市场准入等。双方还就 1992 年签署的《中美知识产权备忘录》的执行情况交换意见。

吴仪强调说，中国复关主要是自身经济改革开放的需要，为使中国的经济与世界经济接轨，中国已作出最大的努力。中国在复关问题上的态度是坚决的，采取的措施是十分灵活的。但中国决不会为复关而牺牲其根本利益。双方商定，今年 12 月中美在日内瓦进行关于中国复关问题新的一轮谈判，并希望谈判能够取得成功。

人事部国家教委决定加快解决民办教师转公办教师问题

人事部、国家教委最近决定在今年的机关、事业单位劳动工资计划内，安排 15 万名专项指标，用于解决民办教师转公办教师问题。

报道说，目前我国有民办教师 230 多万人，是普教系统中的一支重要力量，在普及 9 年义务教育中起着重要作用。但是，民办教师与公办教师同工不同酬，许多问题尚未得到妥善解决，这在一定程度上挫伤他们教书育人的积极性。

11 月 14 日

国家主席江泽民在雅加达会见美国总统克林顿

江泽民与美国总统克林顿上午在雅加达国际会议中心举行正式会晤。这是中美两国首脑最近一年来举行的第二次正式会晤。双方就两国关系及共同关心的国际及地区问题广泛地交换意见。

江泽民对再次同克林顿总统会见感到高兴。江泽民说，去年我们在西雅图会晤，通过坦诚、深入的讨论，在一些重大问题上取得共识，指导中美关系走上改善与发展的轨道。我希望并相信，我们这次会晤将推动中美关系获得新的更大的发展。

克林顿表示同意江泽民主席对中美关系总的看法。克林顿说，我们在这方面已经取得一些重要进展，高层互访增加，两国经贸关系有改善，两军交往得到恢复。

江泽民说，70 年代初期，两国领导人以战略家的远见卓识，重新打开中美关系的大门。在这之后的二十多年里，两国关系有顺利发展的时候，也经历困难和麻烦。历史经验表明，中美关系搞好了，我们就能为中美两国人民和世界人民做些有益的事；关系搞僵了，对各方都没有好处。

江泽民指出，当今世界仍处于动荡多变之中，各种力量正在进行新的分化组合。面对众多复杂的不稳定因素，中美两国维护世界和平与稳定的责任更重了。特别是亚太地区，直接关系我们两国的根本利益。在这个相互依存的世界里，经济已成为国与国关系的首要的、关键的因素。中国无意向美国经济挑战，两国是互利合作的伙伴。总之，无论从政治还是经济角度考虑，中美两国发展合作的条件优越，领域十分广阔。

克林顿表示对美中关系的进展感到满意。克林顿说，现在美中两国关系更加密切。我们有信心解决其他悬而未决的问题。展望下个世纪，美中两国有着彼此成为良好伙伴的前景。我将继续作出努力，使美中关系沿着正确的方向继续前进。

江泽民表示，中国政府一贯重视中美关系，希望同美国友好。我们不搞军备竞赛，不搞军事集团，不对外进行扩张，不会构成对美国安全的威胁。相反，我们希望同美国增加信任、减少麻烦、发展合作、不搞对抗，遵循中美三个联合公报确定的原则，推动中美关系不断向前发展。

江泽民说，我们希望美国政府也奉行对中国友好的政策。中美之间应该并完全可能建立建设性的新型关系。我们可在中美三个联合公报的基础上，共同确立以下主要原则：第一，双方都着眼于世界大局和 21 世纪，从更广泛的范围和长远的观点处理中美关系。第二，相互尊重各自的国情和选择，摆脱社会制度和意识形态差异对两国关系的影响，以友好的精神处理相互间的一切问题。第三，充分利用各自经济的优势和特点，在平等互利基础上推动两国经济合作全面发展。第四，加强两国在国际事务和国际组织中的磋商与合作，在解决世界热点、大规模毁灭性武器扩散及环保、缉毒、恐怖主义、走私等社会问题上开展协作。第五，增进相互间的来往和交流，特别是高层互访和接触。

克林顿表示赞成江泽民主席提出指导中美关系的原则，并表示美方也有类似的考虑。克林顿认为，美中两国必须进一步发展互利的经贸关系，树立彼此间的信任，以友好的精神处理分歧，并就解决一些全球问题进行合作。

关于台湾问题，江泽民说，台湾问题关系到中国的主权、领土完整和中华民族的统一大业，对中国政府和中国人民来讲，是一个重大的原则问题。在这个问题上的任何风吹草动，都直接牵动着 12 亿中国人民的感情。我们提出“和平统一、一国两制”的方针，就是希望通过和平的方式解决这一问题。如果台湾当局搞“台独”，外国势力又插手干涉，必将引起台湾海峡局势大乱，我们绝不会坐视不管。

克林顿表示，美国将坚持三个联合公报的原则和奉行一个中国的政策。

关于人权问题，江泽民指出，中国政府十分重视人权问题，正在为使广大中国人民享有最广泛的各种权利不懈努力。中国需要稳定。没有稳定什么都搞不成，改革开放遭到破坏，经济建设不能进行下去，甚至造成成千上万人的生存问题，那才会成为一个严重的人权问题。我们愿意在平等和相互尊重的基础上与美方进行有关人权问题的对话，以增进相互了解，消除误解。克林顿说，我今年 5 月作出的将最惠国待遇和人权问题脱钩的决定是正确的，符合美国国家和人民的利益，在国会内得到两党的广泛支持。克林顿对美中恢复人权对话表示感谢。

双方还就其他国际、地区问题交换看法。

国务院副总理兼外长钱其琛、特别助理曾庆红、外经贸部长吴仪和外交部副部长刘华秋等会见时在座。美方参加会见的有：国务卿克里斯托弗、商业部长布朗、白宫贸易代表坎特、总统国家安全事务助理莱克和副助理伯杰、助理国务卿洛德以及美国驻华大使芮效俭。

国家主席江泽民在雅加达国际会议中心会晤韩国总统金泳三

关于双边关系，江泽民说，中韩两国建交以来，双方在各个领域里的合作关系都发展得很快，经济合作不断扩大，两国人民交往迅速增加。不久前李鹏总理对韩国进行正式访问，同总统进行富有成果的会谈，双方还签署中韩航空协定等重要文件。访问取得圆满成功，增进两国和两国人民之间的相互了解和友谊，进一步促进了中韩睦邻友好与互补合作关系的发展。不断发展中韩关系符合双方愿望和利益，也有利于朝鲜半岛以及东北亚地区的和平与稳定。

金泳三说，李鹏总理的访问意义深远，韩方对访问的结果十分满意。韩中的友好合作关系在各个领域全面发展不仅于两国有益，而且有利于东北亚地区的和平、稳定与繁荣。

关于朝鲜半岛局势，江泽民说，朝鲜半岛局势走向缓和与稳定符合南北双方利益和愿望，也有利于亚洲和世界的和平与安全。我们希望双方着眼于未来，继续通过对话协商解决共同关心的问题，逐步改善关系，为实现民族和解创造有利条件。江泽民主席强调，中国在促进朝鲜半岛的和平与稳定方面只会起积极作用，不会起消极作用。

江泽民说，我们支持朝鲜半岛实现非核化，对达成朝美核问题框架性协议感到高兴。这表明通过有关各方的直接对话和协商是妥善解决复杂问题的根本途径。随着朝美关系的改善，逐步实现南北关系的和解，在朝鲜半岛造成相互信赖、和平共处的局面是南北双方的根本利益所在。当然协议的达成只是使问题的解决有一个良好的开端，要全面实施朝美框架协议，还需走很长的路程。我们希望有关各方继续做出努力，中国今后仍将一如既往为此发挥建设性的作用。金泳三表示赞同江泽民主席的看法，认为框架协议的达成为恢复南北对话创造了有利条件，希望中国继续为朝鲜半岛的和平与稳定发挥积极作用。

国务院副总理兼外长钱其琛、特别助理曾庆红、外交部副部长唐家璇和中国驻印尼大使钱永年等会见时在座。

韩方参加会见的有外长韩升洲等。

国家主席江泽民在雅加达国际会议中心会见日本首相村山富市

在谈到两国关系时，江泽民说，近年来，两国在各个领域的交流与合作全面发展，尤其是两国间各种形式的经济合作发展迅速，这已成为中日关系进入新阶段的一个重要标志。江主席说，"前事不忘，后事之师"，鉴于过去那段不幸的历史，中日双方应更加珍惜今天来之不易的友好关系，努力在中日联合声明的基础上，把两国的睦邻友好合作不断发展到新的水平。

村山说，日中之间保持和发展友好睦邻关系不仅对两国，而且对亚太地区以及全球的和平与稳定有重大意义。自去年夏季以来日本政局尽管波动，但各届政府对华政策没有变化，将继续支持中国的改革开放，致力于发展两国的友好关系和互利合作。日本一定要正确对待那一段历史，教育青年人不要重犯过去的错误，继续坚持和平发展的方向。

关于台湾问题，村山说，日本将继续遵循中日联合声明的原则，坚持一个中国的立场，不会搞两个中国，这一立场没有任何改变。对明年在大阪举行APEC第三届领导人非正式会议，村山说，日本政府将严格按照西雅图模式和今年雅加达会议的规定行事。

国务院副总理兼外长钱其琛、外经贸部长吴仪、外交部副部长唐家璇等会见时在座。日方参加会见的有外相河野洋平、通产相桥本龙太郎、官房副长官园田博元、外务审议官福田博等。

国家主席江泽民在雅加达国际会议中心会见澳大利亚总理基廷

江泽民说，一年来，中澳两国关系不断取得新的进展。双方领导人互访和各个领域的友好往来都有所增加。这些访问对两国关系的发展起到了积极的推动作用。我们高兴地看到两国经贸合作发展迅速，双方相互投资持续增加，技术合作取得实质性成果。基廷赞同江主席对中澳关系的评价，说两国关系全面发展，已进入历史上最好的时期。

江泽民指出，中澳两国经济上互补性强，扩大贸易和互利合作潜力大。澳大利亚领导人重视发展与包括中国在内的亚洲国家的关系，这是明智的政策。

关于亚太经济合作问题，江泽民表示支持把亚太贸易自由化作为长远目标，并说，由于亚太经合组织成员发展程度不同，应按不同阶段来实现。同时还应研究和确定贸易自由化的含义和原则。中国愿同澳大利亚以及本地区其他国家一起，通过多渠道、多层次、多种形式的合作，开拓亚太地区经济合作共同发展的新局面。基廷赞赏中国采取的态度，认为亚太经合组织成员在支持亚太贸易自由化问题上取得一致是一个重大进步，有利于本地区经济的发展。

国务院副总理兼外长钱其琛、特别助理曾庆红、外交部副部长刘华秋会见时在座。澳外交部秘书长科斯特洛等也参加会见。

国家主席江泽民在雅加达国际会议中心会见泰国总理川·立派

关于双边关系，江泽民对中泰建交以来两国领导人经常往访会晤，双方在政治、经济、文化等多个领域开展卓有成效的合作，在地区和国际事务中有着广泛的共识和良好配合感到满意。

在谈到中国与东盟关系时，江泽民说，在国际形势发生重大变化的新时期，东盟在促进地区合作和维护本地区和平与稳定方面发挥着越来越大的作用。江泽民主席指出，近年来，中国同东盟各国的关系有很大的发展，经济合作取得新的进展，中国还积极参加东盟地区论坛的活动，中国愿与东盟加强相互间的配合与合作。共同为本地区的和平、稳定和繁荣作出不懈努力。

国务院副总理兼外长钱其琛和外贸部长吴仪等，泰方有副总理素帕猜和外长他信等参加会见。

国家主席江泽民在雅加达国际会议中心会见菲律宾总统拉莫斯

江泽民和拉莫斯就双边关系和共同关心的国际及

地区问题交换意见。

江泽民说，近年来，两国领导人之间保持着密切交往，领导人之间的频繁互访加深了相互了解和信任，进一步推动了两国在各方面的友好合作关系。

双方介绍各自经济发展的情况。

拉莫斯重申菲支持中国恢复在关贸总协定中的缔约国地位。对此，江泽民主席表示赞赏。

在谈及南沙问题时，江主席说，关于南沙群岛的主权，历史上已有明确的记载。对有关争议，我们主张与有关国家通过双边谈判，寻求和平解决。在解决之前，先“搁置争议，共同开发”。

拉莫斯说，我们赞赏中国支持东盟有关和平解决南沙问题的主张，作为友好邻邦，我们愿意与你们作出共同努力，维护本地区的和平与安宁，以利各国集中精力发展经济。

国家主席江泽民在雅加达国际会议中心会见巴布亚新几内亚总理朱利叶斯·陈

江泽民说，总理先生是中国人民的老朋友，曾多次访华。我们对总理先生多年来致力于中、巴新友好表示赞赏。

朱利叶斯·陈说，中、巴新友谊有悠久的历史，近年来关系又有新的发展。今年中国企业界团组访问巴新，探索参与巴新经济建设的途径。巴新希望两国不仅外交关系继续顺利发展，而且经贸合作得到全面的发展。

江泽民说，中国、巴新都是发展中国家，均面临着维护国家主权和领土完整、发展本国经济的任务。两国在国际事务中有共同语言，在经贸和经济技术合作方面具有潜力。两国密切关系、拓展合作符合两国和两国人民的根本利益，有利于亚太地区的和平、稳定与发展。

江泽民阐明中国在台湾问题上的立场，指出中国政府主张“和平统一、一国两制”，对友好国家在中国台湾省开展民间经贸活动不持异议，但要求它们不进行官方的往来。对此，陈表示巴新同中国的外交关系十分密切，巴新会十分珍视这一关系。

双方还介绍各自国内的经济并就亚太经合组织等问题交换意见。国务院副总理兼外长钱其琛、外交部副部长刘华秋等参加会见。

国家主席江泽民在雅加达国际会议中心会见智利总统弗雷

江泽民说，中智两国虽相隔万里，但友谊源远流长。1965 年，当你父亲弗雷总统执政时中国在智利建立了商代处，24 年来，两国关系得到持续、稳步发展。特别是自 90 年代以来，两国在政治、经济、文化等领域的友好合作关系发展迅速，高层互访和各界人士之间的交往频繁，经济合作领域不断拓宽，智利已成为中国在拉美的重要贸易伙伴。

弗雷赞成江泽民主席的看法，说智利重视与中国的友好关系，愿共同努力，全面发展两国的友好合作关系。

江泽民说，智利是拉美地区有影响的国家，在国际组织和国际会议上也很活跃，你们倡议召开世界社会发展首脑会议，我们表示支持。对智利为维护世界和平和地区稳定与发展、推动拉美一体化进程作出的积极努力也表示赞赏。江泽民主席表示，中智两国都是太平洋沿岸的发展中国家，在和平与发展问题上有着共同的利益和任务，进一步发展中智友好合作关系符合两国和两国人民的根本利益。

弗雷对中国支持社发首脑会议表示感谢，并说智利坚决支持中国恢复在关贸总协定的缔约国地位。两位领导人还就 APEC 会议有关问题交换意见。

中方参加会见的有：国务院副总理兼外长钱其琛、外交部副部长刘华秋等。智方参加会见的有外长因苏尔萨等。

中共中央政治局委员邹家华在山西调查研究

邹家华日前在山西调查时强调，基础设施建设在整个现代化建设中占有重要地位，要下功夫抓好。

邹家华说，山西省委、省政府大抓基础设施建设的决策是正确的，太旧高速公路、阳城电厂等项目，不仅对山西经济发展非常重要，对全国经济发展也重要。邹家华说，目前这几项工程建设进展很好，这不仅表现在工程本身，而且表现在真正发动群众。山西进行这几项工程的突出特点是发动群众，人民群众中表现出建设社会主义的极大热情和高度觉悟。他希望山西省委省政府一定要很好地保护群众的积极性，积极加以引导，坚决把正在进行的几项基础设施工程搞好，为山西和全国的经济发展做出重大贡献。

考察中，邹家华特别强调施工质量问题，提出严格的要求。邹家华说，基础设施建设要经得起时间考验，高速公路的标准起码要 15 年不大修，千万要靠得住，不能有侥幸心理。在太旧公路一处大桥施工准备的工地上，邹家华与曾获得质量评比第一名的工程负责人握手，鼓励他们要把太旧公路建成山西第一流以至全国第一流的公路。在阳城电厂工地，邹家华说，全国经济发展的快慢，在一定意义上取决于能提供多少能源。山西是全国能源重化工基地，为全国经济的发展做出重大贡献。山西变输煤为输电是能源发展的新出路，这不仅能提高煤炭的附加值，对山西经济发展有利，而且对全国也有重大意义。他要求几个共同建设阳城电厂的部门和单位，一定要团结协作，互相配合，把电厂办成在管理、经营、技术、质量上都是第一流的电厂。

全国乡镇企业表彰会议在北京颁奖

中共中央政治局常委、国务院总理李鹏为这次表彰会写来贺信。中共中央政治局委员、书记处书记姜春云在会上讲话。

共有1000名乡镇企业家、1000家最佳经济效益乡镇企业、190个乡镇企业供销系统先进集体、661名优秀供销员和为促进乡镇企业发展做出突出贡献的江苏省乡镇企业局受到农业部的表彰。

国务委员陈俊生到会并讲话。

农业部在全国乡镇企业表彰会上表彰1000家最佳效益乡镇企业

受到表彰的1000家全国最佳经济效益乡镇企业，是农业部首次采用新的指标考核体系评选出的。农业部有关负责同志称，这是推动乡镇企业的发展真正转到以提高经济效益为中心的轨道上来的新举措。

这次评选活动采用的数据以1993年度企业财务决算与统计年报为准。参评企业的基本标准是：销售收入3000万元以上、利税总额300万元以上。评价指标体系采用国际惯例，参考国家考核评价企业经济效益的有关指标，并结合农业部制定的乡镇工业企业经济效益评价考核指标体系，完全体现经济效益。

1000家最佳经济效益乡镇企业从地区分布看，东部地区873家，占绝大多数，其中江苏322家、山东153家、浙江121家、广东109家；中部地区93家；西部地区34家。根据1993年乡镇企业财务决算，这1000家乡镇企业占全国乡村集体企业总数的0.07%，从业人员占2.2%，但总产值、销售收入、利润总额、利税总额等指标却分别占全国乡村集体企业的8.47%、8.96%、18.24%和14.16%。这1000家乡镇企业人均利税总额达18879.31元。

全国农业对外开放工作会议在北京召开

农业部部长刘江介绍，农业对外开放作为全国对外开放的重要组成部分，对促进我国农业和农村经济发展发挥了积极作用。十几年来，引进了几十项效益在10亿元以上的技术成果，及包括粮、棉、油、水产和畜禽种苗等10多万份品种资源，加快了农业技术现代化进程。农产品出口从1991年的100.19亿美元，增长到1993年的149.31亿美元，平均每年增长22.1%，占全国出口总额的15%。乡镇企业出口产品年交货总值达2350亿元。外向型农业的发展，促进农村经济结构的调整，增加了农民的收入。

刘江说，今后一个时期，推进农业对外开放的工作重点和措施是：多渠道引进外资，扩大利用外资规模，提高利用外资的效益。引进国外先进农业技术等智力成果，重点要放在消化、吸收和创新上。刘江说，沿海地区要重点发展高附加值、高技术含量及高创汇的产业和产品；内陆地区要立足当地资源和劳动力的优势，加快发展资源加工型和劳动密集型产业；沿边地区要大力发展边境贸易，进一步改善投资环境，优化农业对外开放的外部条件。

国务委员兼国防部部长迟浩田在北京会见由美国前国防部部长莱斯·阿斯平率领的美国战略与国际问题研究中心代表团

奥地利联邦总理弗拉尼茨基在总理府会见以任建新为团长的最高人民法院代表团

全国人大常委会副委员长田纪云在人民大会堂会见由副主席兼执委会主席阿米鲁丁率领的印度尼西亚人民协商会议代表团

新闻出版署发布《关于禁止中国标准书号"一号多用"的规定》

《规定》重申，一个标准书号(即ISBN编号)只能用于一种图书，并对每种不同形式的图书、多卷本的丛套书、重印或再版书使用标准书号作了补充规定。

新疆发现罕见古动物化石

新疆文物考古工作者在乌鲁木齐以东约370公里处发现一具罕见的大型古动物化石。经有关专家初步认定，这具古动物化石为 大型哺乳类动物，其生活年代距今约为3000万年前的新生代第三纪中晚期。从目前所接触到的文献资料看，此化石有可能为一古动物新种。

11月15日

国家主席江泽民在雅加达出席亚太经合组织领导人非正式会议

第二届亚太经济合作组织领导人非正式会议上午9时30分在茂物宫正式举行。

印度尼西亚总统苏哈托主持会议。

江泽民主席等该组织18个成员的领导人出席会议并发表了讲话。

国家主席江泽民在雅加达亚太经合组织领导人非正式会议上发表讲话

尊敬的苏哈托总统阁下，各位阁下：

首先，我要感谢苏哈托总统阁下的盛情邀请以及东道主印度尼西亚政府的周到安排。我也愿借此机会向新成员领导人智利弗雷总统、墨西哥萨利纳斯总统和巴布亚新几内亚朱利叶斯·陈总理表示欢迎和祝贺。

亚太经济合作组织问世 5 年来，世界风云变幻，多极化趋势加速发展，国际关系处在深刻而复杂的变动之中。世界各国人民都面临着机遇，也面临着挑战。在本世纪剩下的几年里，如何更有效地维护世界和平、促进经济发展，把一个和平、繁荣、美好的世界带入 21 世纪，是当前各国人民正在严肃思考的问题，也是我们这一代领导人肩负的重大历史使命。应该看到，世界仍然充满着矛盾和冲突，动荡不测因素在增加，一些国家和地区甚至兵连祸结，生灵涂炭。动乱之中岂有发展可言？历史的航船要成功地到达新世纪的彼岸，保持稳定是首要的前提。世界需要稳定，地区需要稳定，国家需要稳定。没有稳定的环境，什么都搞不成，已经取得的成果也会失掉。和平、稳定、发展、合作，是世界人民的呼声。这就要求在这个千差万别、变化迭出的世界上提倡兼容而不是排斥，友好相处而不是欺凌对抗，求同存异而不是强加干涉。东亚这些年经济迅速发展的一个重要原因，就在于维护了稳定，就在于各国之间相互尊重，谋求平等互利的经济合作。这才为区域合作奠定了基础，保持了亚太地区经济不断增长的活力。

国家之间的争端只有通过和平谈判才是解决问题的正确方法。中东和平进程证明了这一点。最近美朝谈判达成框架协议也是一个例证。我们欢迎这些积极的发展。我们希望在解决国际争端中更多使用和平谈判的办法。

经济优先已成为世界潮流，这是时代进步和历史发展的必然。当前对每个国家来说，悠悠万事，唯经济发展为大。发展不但关乎各国国计民生，国家长治久安，也关系到世界的和平与安全。经济的确越来越成为当今国际关系中最首要的、关键的因素。各国根据平等互利原则，不断加强合作力度与协调，在更大规模上互通有无，取长补短，是促进经济发展、实现共同繁荣的必由之路，也是为维护世界和平奠定重要的基础。国际社会尤其要花大力气，把发达国家同发展中国家各自具有的优势相互补充，缩小贫富差距，使世界经济得以持久、均衡、稳定地发展。这并不仅仅是发展中国家的要求，也是发达国家保持经济持续发展的需要。

我们高兴地看到，在世界变化的大潮中，亚太地区形势继续保持了好的势头，政治相对稳定，经济高速发展，贸易增长很快，投资增势旺盛，高科技日新月异，区域合作潜力巨大。只要我们审时度势，共同努力，顺应时代的潮流，面向亚太地区的现实，区域经济发展与合作就大有可为。

中国古代哲学家孟子说过："夫物之不齐，世之情也"。自然界如此，人类社会也是如此。亚太经合组织成员从北半球到南半球，从亚洲、大洋洲到南北美洲，有历史悠久的文明古国，也有现代崛起的工业国家；有主权国家，也有地区经济；有的领土横贯大陆，有的是浩瀚大洋中的岛屿；有经济发展水平居世界领先地位者，也有正在努力建设基础设施者；人口多至近 12 亿，少至几十万；人均国民生产总值高至每年 2 万多美元，低至每年数百美元；历史、文化、宗教、习俗也大不相同。这就决定了亚太地区存在着多种政治、经济制度和观念形态，构成了多姿多彩的画面。面对这种多样性，强求一律，是不符合实际的。兼容并蓄，互相借鉴，才有利于共同发展和共同进步。

当今世界又是一个相互依存的世界。现代技术缩短了地域上的距离。人类面对的许多挑战往往超越国界的限制。经济关系、贸易交流、科技发展、环境保护、人口控制、减灾救灾、禁绝毒品、预防犯罪、防止核扩散和防治艾滋病等诸多方面，都是全球性的问题，是相互依存的，无一不需要开展合作，需要有共同遵守的规范。80 年代以来，亚太地区内各成员之间的贸易往来、市场开发、资金流动、产业转移、科技交流、信息流通显著增加，相互联系日益紧密。

既有多样性，又相互依存，是亚太地区的现实。多样性产生互补性，相互依存带来相互合作的需要。承认这样的现实，把它转化为我们的优势，亚太经济合作就会生机勃勃，就有日益广阔的前景。基于这一考虑，回顾去年西雅图会议以来的新发展，我愿对亚太经济合作的未来提出如下五项原则建议：

一、相互尊重、协商一致。处在不同经济发展阶段、实行不同社会制度的各成员之间应该相互尊重，和睦相处。对于亚太经济合作的走向、重点、进度等重大问题，要提倡多商量，多探讨，在协商一致的基础上作出决定。

二、循序渐进、稳步发展。由于各成员之间经济水平有很大差别，政治地位不同，发展的轻重缓急不相一致，合作要务实稳妥，逐步深入。尤其在酝酿重大举措时，要勤于思，慎于行，有计划，有步骤，分阶段实施，以求实效。

三、相互开放、不搞排他。首先，各成员之间要实行相互开放，不搞歧视。发生分歧时不要动辄树起壁垒。其次，在深化地区经济合作的同时，要扩大同地区外的交流与合作，以博采世界之所长。

四、广泛合作、互利互惠。合作的思路可以再放开一些，合作的领域可以进一步拓宽。不仅要继续重视贸易和投资等问题，而且本地区发展中成员普遍关心的消除贫困、技术转让、基础设施建设和人力资源开发等问题也应该成为合作的重点。

五、缩小差距、共同繁荣。亚太地区20亿人口中，人均国民生产总值每年在1000美元以下的还有15亿人，地区经济合作不仅要考虑开放市场和贸易自由化问题，更要考虑到发展中成员的需要，帮助它们克服种种制约，缩小它们同发达成员之间的差距，实现共同繁荣。特别是发达成员也应对发展中成员的产品开放自己的市场。10多亿人脱贫致富，对于亚太地区拓展贸易市场，增加投资机会，推动科技进步，深入经济合作，将产生不可估量的积极影响。

亚太区域贸易自由化的问题已经引起区域内外的广泛关注。放眼未来，各成员之间进一步减少壁垒，开放市场，扩大贸易往来，是经济相互依存所带来的客观需要，也有利于发挥各自优势，加强互补性，保持亚太区域经济增长的势头。因此，我们赞成把贸易和投资自由化作为一个长远的目标，赞成制订适当的实施时间表，也赞成本次会议就这些问题达成意向性的协议。我们认为，贸易自由化应该以非歧视性原则为基础。同时，应该立足于亚太区域多样性的实际情况。在这样一个经济发展水平有很大差异的地区，整个进程和做法显然要有别于经济普遍比较发达的地方。应该循序渐进，分阶段实施。对于经济发展水平不同的成员，可以制定不同的大体上实现贸易自由化的时间表；不同的领域也可以采取不同的进度和做法。如果对发展水平和实际条件不加区别，要求所有成员、所有领域同步进行，是不现实的，并且不符合公平竞争的精神。归根结底，贸易自由化是一种手段，我们的目的是要实现亚太区域的共同发展与繁荣。

中国经济的发展离不开世界和亚太经济的发展，世界和亚太经济的发展也得益于中国经济的发展与繁荣。一个稳定、繁荣的中国，是维护世界和平和亚太地区稳定的坚定力量。中国人民带给亚太地区和世界各国人民的信息是和平、友好、合作、发展。让我们携起手来，共创亚太经合组织和亚太新世纪的美好明天。

谢谢各位。

国家主席江泽民在雅加达亚太经合组织领导人非正式会议上第二次发表讲话

我想借此机会提一下亚太经合组织的科技合作的问题。

近几十年来，人类在科学技术领域取得一系列重大突破，特别是高科技日新月异，推动世界经济迅猛发展，极大地改变了世界的面貌和人类的生活。科学技术已成为第一生产力。科技因素在经济增长中的重要性日益突出，科技的发展使各国和各地区的相互依存关系日趋紧密。

亚太地区的经济之所以能够持续发展，是同科技的开发、应用和普及分不开的。今后要保持经济增长的势头，更离不开科技的进步。但是，亚太经合组织成员中的科技发展水平还很不平衡。许多成员科研成果的商品转化率甚低，用于研究和开发的资金投入也明显不足。加强亚太经合组织在科技领域的合作，不仅有利于推动区域科技的发展，促进区域经济的增长，也有利于缩小成员之间的经济差距，实现区域的共同繁荣。为推动这一工作，似有必要对在今后适当时候召开一次亚太经合组织科技合作部长级会议的可能性进行研究，我们愿意积极参与有关的工作。

在亚太经合组织的经济合作中，有两个领域的合作对于区域经济增长是十分重要的，一个是人力资源开发，另一个是基础设施建设。

人力资源开发与经济发展密切相关，它既是推动经济增长的重要因素，又需要通过经济增长来实现。亚太经合组织十八个成员的总人口约占世界的百分之四十，但这一资源的很大一部分尚未得到很好的开发。一些成员的成人文盲率超过百分之二十。还有许多成员普遍缺乏管理人员和熟练技术人才。我认为，亚太经合组织部长级会议刚刚通过的《人力资源开发框架宣言》具有积极的意义。我赞成人力资源开发应紧紧围绕经济发展这个主题来进行。普及基础教育、加强职业技术人才的培训应成为我们合作的重要领域。

在基础设施方面，亚太经合组织各成员的发展是很不平衡的。许多发展中成员的基础设施远远落后于实际需要，已成为影响经济和社会发展的"瓶颈"。然而，它们在基础设施上的投资能力却远远落后于需要。发达成员在基础设施的开发和管理方面具有比较丰富的经验，在资金和技术方面也具有优势。这就为开展区域合作提供了机会。加强亚太经合组织成员在能源、交通、通讯等领域的合作不仅是现实的，而且是可行的。中国一向重视基础设施建设，在政策和资金投入上给予了倾斜。我们愿意与其他成员共同努力，以寻求在这一领域内更有效的合作。

国家主席江泽民在雅加达国际会议中心举行记者招待会

江泽民说，今天举行的亚太经济合作组织领导人非正式会议在苏哈托总统的主持下，讨论了在亚太地区实现贸易自由化问题。这次会议对推动亚太地区的经济合作将产生深远的影响。我们期望以这次会议为契机，进一步加强地区内的合作。

江泽民说，亚太地区的贸易和投资的自由化是长远的目标。亚太经合组织成员的经济发展程度不同，因此应该从这一实际出发，有先有后，分阶段逐步实现贸易和投资的自由化。在实现这一目标时，对各成员应有不同的时间表。

在问及中国在亚太经合组织中的作用时，江泽民说，中国在亚太经济合作组织中是人口最多、最大的发展中国家，我们有很大的市场，经济发展前景良好。我们将在亚太经合组织中发挥自己应有的作用。我们也希望通过亚太经济合作组织进一步加强同该组织其他成员的合作关系，同时不断加强同世界其他国家的经贸合作关系。

在问及所谓“中国威胁”问题时，江泽民说，中国一向主张国与国之间的关系应建立在和平共处五项原则的基础上，反对使用武力或以武力相威胁。中国是个发展中国家，现在正集中精力从事经济建设，需要一个和平的国际环境，即使到下个世纪，中国发展得更强大了，我们也决不会称霸，中国奉行的和平外交政策也不会改变，我们绝没有也不会对任何国家构成威胁。

在回答有关中国与关贸总协定的关系时，江泽民说，恢复中国在关贸总协定中的缔约国地位，不是只对中国有利，也有利于其他国家。对于复关应该具备的、与我发展水平相适应的条件，我们是会满足的。我注意到美国方面多次表示坚决支持中国复关，但更重要的是要有实际行动。

在回答有关中美两国在人权问题上的分歧时，江泽民说，中国对人权问题的观点是一贯的，我们可以就这个问题与别国在平等的基础上进行对话。但是，不能利用人权问题来干涉别国的内政。

江泽民说，中美两国高层领导的往来，包括去年在西雅图和昨天的中美领导人高级会晤，有助于增进双方的了解。中美两国在人权问题上有不同观点和分歧是正常的，可以通过平等对话加以解决，不应成为发展关系的障碍。

在回答中国和印尼的双边关系问题时，江泽民说，我应苏哈托总统的邀请，将对印尼进行国事访问。近年来，中国和印尼在经贸和其他各方面的关系都得到很好的发展。我是第一次访问印尼，希望通过这次访问增进对这个国家的了解，同时也加深我们两国领导人之间的信任和两国人民之间的友谊，以进一步推动友好合作关系的发展。

全国人大常委会委员长乔石在布宜诺斯艾利斯阿根廷议会大厦会见阿根廷临时参议长爱德华多·梅内姆

邓小平题名的“邓宝珊将军纪念亭”在甘肃省天水市南郭寺森林公园落成

国办转发劳动部国务院法制局《关于深入贯彻实施矿山安全法意见的通知》

国务院办公厅日前转发劳动部、国务院法制局关于深入贯彻实施矿山安全法意见的通知，要求各省、自治区、直辖市人民政府，国务院各部委、各直属机构认真贯彻执行。

劳动部、国务院法制局《关于深入贯彻实施矿山安全法的意见》指出今年上半年，劳动部和国务院法制局组织对贯彻实施《矿山安全法》的情况进行检查发现，大部分地区和有关部门对贯彻实施《矿山安全法》是重视的。已有 13 个省、自治区、直辖市制定了《矿山安全法》实施办法。许多矿山企业重新修订岗位责任制，规范每个岗位的安全责任。对乡镇矿的管理，多数地区和有关部门做大量工作。一些地区对今后开办乡镇矿规定标准和审批程序，对不符合标准的坚决不批，逐步把乡镇矿管理纳入规范化轨道。但是，也有一些地区和单位强调本地区、本行业的特殊性，习惯于过去的做法，不认真贯彻执行《矿山安全法》；有的安全管理工作不到位，安全监督机制还不健全，监督检查的力度不够。这些都是导致目前矿山安全生产出现恶化趋势的重要原因。据统计，今年 1 至 8 月全国因矿山事故死亡人数比去年同期上升 14.77%。其中煤矿死亡人数比去年同期上升 20.11%。

《意见》强调，目前矿山安全管理工作薄弱，安全生产情况不好、伤亡事故严重的问题，应当引起各级政府和有关部门的高度重视。特别是在当前发展社会主义市场经济的条件下，随着各种经济成分的矿山企业大量开办，加强矿山安全生产工作尤其重要。各级政府和有关部门应采取切实有效的措施，从根本上解决本地区、本行业的矿山安全问题。要继续抓好《矿山安全法》的学习宣传工作，使广大干部群众进一步了解和掌握有关法律知识，增强执法、守法的观念。这是贯彻实施《矿山安全法》的基本要求。各级政府和有关部门要充分利用各种宣传舆论工具，继续开展各种形式的学习宣传活动，把《矿山安全法》宣传到千家万户。各级劳动部门、矿山企业主管部门和矿山企业，对学习《矿山安全法》应有更高的标准和要求，要订出学习计划，采取培训、考核等方式组织广大职工认真学习，切实领会精神。

《意见》提出，要抓紧依法建立矿山安全生产新秩序。一是引导企业按照法律规定，建立健全矿山安全生产工作的自我约束机制。二是各级政府和有关部门要把《矿山安全法》赋予的监督和管理职责落实到位，建立起有效的监督、管理机制。各级政府、各有关部门及有关单位和个人都要维护法律的严肃性和统一性。

《意见》指出，现在全国有20多万个乡镇矿，无证开采，乱采滥挖，不具备基本安全生产条件的问题非常严重。对于解决这些问题，国家和地方都有规定，关键是要做到有法必依、执法必严、违法必究。各级政府要协调各方面的力量，正确处理安全与效益、局部利益与全局利益的关系，抓好综合治理。对本地区现有的乡镇矿要分类排队，制定规划，限期整改，不符合《矿山安全法》规定的要坚决关闭。要依据《矿山安全法》制定开办乡镇矿的安全生产标准和条件，建立严格的审批程序，对不符合规定的一律不批。

《意见》强调，对于违反《矿山安全法》的行为，特别是对一些伤亡大、损失严重，社会影响恶劣的事故，必须依法严肃查处，决不姑息迁就。各地区对今年以来的矿山事故结案情况要进行一次检查。要通过严格执法，形成有效的威慑力量。各级劳动部门一定要认真履行矿山安全监督职责，对检查和发现的问题要及时予以纠正。矿山安全监督人员要努力提高自身素质，秉公执法，用好人民赋予的权力。加强监督检查，还应充分发挥各级工会组织和广大职工的监督作用，共同查隐患、堵漏洞、保安全。

国务委员陈俊生在北京召开的全国农业对外开放工作会议上发表讲话

陈俊生在全国农业对外开放工作会议上说，农业的对外开放不单纯是外事、外经工作，而是与农业和农村经济发展的总体目标紧密相联的，要把农业对外开放及农村经济发展放到世界农业和世界经济大循环中考虑。要找准农业对外开放的“突破口”。

陈俊生说，从现在起到本世纪末，我们面临着两大战略任务，一是实现500亿公斤粮食产量目标，增加农产品有效供给；二是增加农民收入，实现小康目标。完成这两大战略任务，在主要立足于自身力量的同时，必须尽可能多地利用国际的力量。

在谈到如何找准农业对外开放的“突破口”时，陈俊生说，要从我国的实际情况出发，找准制约我国农业发展的关键因素，有的放矢，抓好“引进来”、“打出去”的工作，提高农业对外开放的成效。一是引进、吸收、消化国外先进农业科技成果，解决农业增产中科技份额下降的问题，提高农业生产水平。二是“官”、“民”并举，多渠道引进外资，提高利用外资的规模。三是扶持龙头企业，以龙头带基地，基地连农户，实行贸工农一体化，大力发展创汇农业和外向型农村经济。

陈俊生指出，党中央、国务院十分重视内地农村经济发展问题，并在政策上对内地吸引外资、加快农牧开发和资源开发给予了适当倾斜。今后世界银行贷款、外国政府贷款、国际援助要继续向内地倾斜，向贫困地区倾斜。

国务委员陈俊生在北京召开的全国乡镇企业表彰会上发表讲话

陈俊生在结束的全国乡镇企业表彰会上说，广大乡镇企业和企业家们，既要看到过去的发展和成绩，也要看到面临的竞争和困难，要扎扎实实地作出更大努力，促进乡镇企业提高经济效益。

陈俊生指出，当前发展乡镇企业要注意把握好以下几点：

对不同地区的乡镇企业，要区别对待，分类指导。经济比较发达地区的乡镇企业，要进一步上规模、上档次、上水平；乡镇企业起步较晚的地区，要树立后来居上的信心和勇气，按照国家的产业政策，结合本地的实际情况，积极而又稳妥地选择效益好的项目，迎头赶上。东中西部地区之间要以互惠互利为基础，优势互补，加快合作步伐，以提高全国乡镇企业整体发展水平。

要把提高经济效益放在首位。发展是硬道理，有条件可能达到的速度，一定要积极争取。但必须以有效益为前提，始终注意速度和效益的统一。

陈俊生说，乡镇企业要积极探索新的现代企业组织形式和经营方式，逐步建立现代企业制度，进一步增强企业活力。加强管理、提高素质是提高经济效益的关键。乡镇企业要在大力推进技术进步，开拓高新技术产业，提高产品科技含量的同时，改善经营管理，扎扎实实地做好企业管理的各项基础工作。有了一个灵活的经营机制，再加上先进的科学技术和管理方法，乡镇企业就会如虎添翼，就会有更强的竞争能力。

陈俊生还要求有条件的乡镇企业要进一步发展出口创汇，发展乡镇企业要合理布局。

国务院总理李鹏将珍藏多年的李硕勋烈士生前笔迹原件照片和有关文物史料20余件赠交中国人民革命军事博物馆

李鹏于11月中旬将李硕勋烈士生前笔迹原件、照片和有关文物、史料20余件赠交中国人民革命军事博物馆。

新闻出版署发布《关于出版少年儿童读物的若干规定》

我国新石器早期就有龙图腾

辽宁省阜新市查海古人类文化遗址，在八年来的第七次发掘工作中又有新发现。在发掘出土的 50 多座房址中央地带，发现一条由黄褐色、大小相对均等的石块堆积而成的龙的形体。龙头龙尾呈西南东北走向，龙嘴面朝东南，头身呈侧卧式。龙的形体全长约 20 米，最宽处有 1.5 米，头、尾、爪、腹部都清晰完整。

国家文物局和辽宁省考古研究所的专家们鉴定后认为，在距今 7600 年至 8000 年的古人类村落遗址中出土龙形堆石，证明新石器早期我国就有龙的形体物的存在，这对研究中华民族对龙的图腾崇拜有重要意义。

吉林市银都夜总会发生大火殃及市博物馆七千万年前的恐龙化石遭焚部分文物字画付之一炬

11月16日

国家主席江泽民在雅加达下榻的宾馆会见新西兰总理博尔格

江泽民说，一年来，中新关系取得新的进展。两国领导人之间的交往更加密切，全国人大常委会委员长乔石刚刚结束对贵国的访问。领导人的互访对推动两国关系具有重要意义。

江泽民说，近年来中、新两国的经贸合作有较大发展。两国经济互补性强，双方各有优势，应该进一步探讨在平等互利的基础上提高合作水平，扩大合作领域的新途径。江泽民表示，中国十分赞赏新西兰政府重视发展对华关系的政策，愿意同新方共同努力，以友好、务实的态度把两国关系深入、持久地发展下去。

博尔格说，新中关系良好，高层互访增加，贸易和投资在扩大，我们对两国关系全面发展的趋势感到满意。

关于亚太经合组织领导人非正式会议，江泽民说，由于东道主印尼和亚太经合组织其他成员的努力，会议开得好。亚太地区是一个多样性的地区，有各种不同意见是正常的。通过平等协商，最终发表《茂物宣言》。

博尔格赞赏中国在本次会议上发挥的积极作用，认为中国提出的亚太合作的五项原则对今后的工作具有重要意义。他说，会议提出贸易和投资自由化的目标，但要付诸实施还有许许多多的工作要做。

中方参加会见的有：国务院副总理兼外长钱其琛、外交部副部长刘华秋等。新方参加的有：总理内阁办公室主任默多克和外交贸易部副秘书长比斯蒂等。

全国人大常委会委员长乔石在布宜诺斯艾利斯会见阿根廷众议院议长彼里

中央机构编制委员会在中南海举行会议安排部署机构改革的检查验收工作

国务委员、中央机构编制委员会副主任李贵鲜宣布：党中央、国务院的机构改革方案，经党的十四届二中全会和八届人大一次会议审议通过后，在党中央、国务院的直接领导和各部门的积极努力下，到今年上半年，各部委、直属机构、办事机构和部委管理国家局的职能配置、内设机构和人员编制的“三定”方案已审批完毕。目前，各部门已经陆续按照“三定”后的职能和机构运转。

为进一步落实这次机构改革方案，巩固机构改革的成果，中央编委确定，今年年底和明年年初，对各部门“三定”方案的实施情况组织一次检查验收，其目的主要是了解各部门机构改革的实施情况，肯定成绩，总结经验，同时分析问题，研究解决办法。并通过检查验收，结合经济体制改革的要求，分析和研讨行政管理体制深化改革的设想和思路。

《人民日报》就第二届亚太经济合作组织领导人非正式会议发表社论《互利合作共同繁荣》

国家防汛抗旱总指挥部在北京召开第三次全体会议

水利部部长、国家防总副总指挥钮茂生作今年防汛抗旱工作总结。问题的指出，今年防汛抗旱暴露出问题也不少，主要是各流域水土流失治理速度缓慢，加重洪涝干旱程度，河道清淤除障仍不够有力，城市防洪力量薄弱，水患意识不强，水利设施人为破坏严重，水利投入不够，抗旱相对抓得不够，非工程措施不够有力等。陈俊生提出，今年汛期结束之日，就是明年防汛准备工作开始之时，要搞汛后检查，发现问题明确落实责任，限期处理。在城市防洪方面，要认真落实市长责任制，抓紧编制防洪规划，多方筹集资金，如果疏于职守，造成重大损失，要追究责任。

会上国家防总、人事部、水利部、解放军总政治部表彰今年抗洪抢险功勋卓著的单位和个人，中国人民解放军 53023 部队等七十八个先进集体和一百九十七名抗洪模范享此殊荣。

全国人大常委会副委员长卢嘉锡在人民大会堂会见韩国《每日经济新闻》社社长张大焕

国家主席江泽民根据全国人大常委会的决定任免驻外大使

一、免去赵梁的中华人民共和国驻卢森堡大公国特命全权大使职务。

任命施燕华(女)为中华人民共和国驻卢森堡大公国特命全权大使。

二、免去杨永瑞的中华人民共和国驻吉布提共和国特命全权大使职务。

任命郭邦彦为中华人民共和国驻吉布提共和国特命全权大使。

三、任命宋国清兼任中华人民共和国驻安道尔公国特命全权大使。

中国代表张炎在联大四委会上阐述中国对维和行动四点主张

中国出席联大四委的代表张炎在会议全面审议维和问题时发言,详细阐述中国对改进联合国维和行动的主张。他指出,维和行动应确立一套行之有效的指导原则。

张炎在发言中提出中国对维和行动指导原则的四点主张:

维和行动必须严格遵循《联合国宪章》的宗旨和原则,以及国际关系准则。特别是尊重国家主权和不干涉会员国内政的原则。联合国无论以何种形式介入,都必须有助于维护当事国的主权和领土完整,必须符合当事国人民的集体意志,必须在有关各方同意和合作的情况下进行。

坚持不使用武力,以和平方式解决争端。在当前维和行动更多涉及一国内部冲突的实际情况下更应强调和坚持这一点。不管是维和行动还是人道主义援助,都不应使用武力,也不应卷入有关各方的冲突。

充分准备,慎重行事,量力而行。安理会在授权建立新的维和行动时,应周密考虑所涉及的各方面问题,认真研究维和行动的可行性,预作充分准备,量力而行。联合国还应充分利用事实调查团、技术队等机制,同时更多听取有关地区的国家和区域性组织的意见,并鼓励有关地区组织根据《宪章》第八章规定发挥更积极的作用。

维和行动的指挥和控制权应属于联合国。在维和行动中,确保联合国的统一指挥,是联合国会员国的义务,也是维和行动有效完成安理会所赋予使命的基础。

中国和美国在北京签署民用航空技术合作协议

11月17日

阿根廷总统梅内姆在布宜诺斯艾利斯会见全国人大常委会委员长乔石

乔石说,中阿两国都是发展中国家,不但过去而且现在都面临着许多共同的任务。中阿两国虽然有不同的特点和问题,但是两国可以互相支持,加强交流与合作,共同迎接二十一世纪的到来。

梅内姆说,阿根廷的对华政策是非常明确的,世界上只有一个中国,即中华人民共和国。乔石说,我们非常赞赏阿根廷坚持一个中国的立场,台湾当局目前有很多动作,目的是要搞"两个中国",它想通过经济手段达到政治目的。阿根廷坚持一个中国的政策,我们非常赞赏。乔石感谢阿根廷政府对恢复中国在关贸总协定的缔约国地位给予的支持。乔石说,中阿两国的政治经济形势很好,我们愿同阿根廷一道,进一步探讨加强经贸合作的问题。阿根廷资源丰富,经济建设前景光明,中阿两国加强经贸关系的潜力很大。

乔石委员长的夫人郁文和全国人大常委会秘书长曹志等主要陪同人员以及阿根廷外长迪特利亚参加会见。

香港特别行政区筹委会预备工作委员会社会及保安小组第七次会议在北京结束

会议在1997年之后特区政府颁发除特区护照外的其他合法旅行证件、香港永久性居民中的中国公民在内地所生子女赴港等问题上,达成初步共识。

会上,委员们就以往所达成的1997年7月1日以后香港永久性居民中的中国公民将持有特区护照的共识加以确认,对"其他合法旅行证件"的发放达成初步共识:1997年以前在港取得合法永久居留权的无国籍无护照人士以及取得合法居留权、但尚未取得永久居留权定居于港的中国公民,将获得"其他合法旅行证件"。这两种人在持此证件离港后,也有权利返回香港。另外,从内地往香港合法定居但未满7年者,也有在离港后返回香港的权利。委员们以后还将对其他在港人士的身份进行鉴定,并在持证及出入境权利上作出界定。

委员们听取并讨论公安部出入境管理局负责人就香港永久居民中的中国公民在内地所生子女赴港审批的情况介绍。委员们赞同中英联合联络小组对基本法有关规定的理解,认为只有父母任何一方在该子女出生时已经是具有香港永久性居民身份的中国公民,其在内地所生的子女才享有香港特别行政区居留权。委员们对公安部门于去年下半年开始采用单程通行证定额审批符合条件的内地所生子女赴港定居工作表示支持。他们强调,要考虑到香港综合承受能力,做到有计划、分步骤进行。他们同时认为,考虑到符合条件的内地子女人数较多,有必要逐步增加上述人员赴港定居名额,使他们在1997年7月1日前尽可能多地逐步赴港定居。

此外,委员们对香港公共房屋政策也提出了意见。

他们认为，目前香港相当数量的中下层人士居住条件较差，希望港府重视这一问题，逐步解决他们的困难。

会议于17日结束。

财政部发出关于各地采取措施控制消费基金财政支出过快增长的通知

财政部近日发出通知，要求各地财政部门和国务院各部委、直属机构财务部门根据《国务院关于严格控制消费基金过快增长和加强现金管理的通知》精神，尽快采取有力措施，控制消费基金和财政支出过快增长。

财政部在通知中要求抓好以下几项工作：

一、各级财政部门要切实加强对机关、事业单位工资制度改革的监督、检查工作。要配合有关部门严格执行《中共中央、国务院关于严格执行工资套改政策坚决控制增资总量的通知》的规定，不得突破国家批复的增资指标；按规定纳入新工资标准的补贴、津贴以及要求取消的奖金，要如数冲销；冲销后应保留的补贴、津贴项目原来由单位其他资金开支的，仍维持原来的列支渠道不变，不得转由财政开支；严禁搭车出台补贴、津贴项目；机关、事业单位工资制度改革的资金来源，要严格按预算级次办理，地方增资由地方负担，中央财政不对地方的工改增资缺口给予补助。对于增资额超过国家下达指标限额审批标准的部分，财政部门不得从预算中拨款。

二、加强企业成本管理，控制企业工资总额的过快增长。所有企业都要严格执行《企业财务通则》和《企业会计准则》以及分行业财务会计制度，严格执行有关"工效挂钩"和"工资总额包干"等方面的政策规定。有关方面在审批企业财务决算和进行财税大检查中，要重视对企业人工成本费用的核算监督，规范企业人工成本列支渠道。对违反国家规定，超提超发工资、滥发奖金实物的有关人员，要追究其责任。要加强个人所得税的征管和检查工作。行政、事业单位发放的各种奖金、补贴、津贴，都必须计入工资总额中，个人收入达到纳税标准的，由发放单位代扣代缴个人所得税，不扣不缴的以偷税漏税论处。

三、严格控制社会集团消费的过快增长，严格控制行政事业单位购买小轿车和其他高档消费品，各级控办要加强对专控商品的审批。严禁用公款搞个人高消费和把公款转化为个人消费基金。对于某些严重的铺张浪费行为，要公开曝光，严肃处理。

四、大力组织收入，严格控制支出，确保预算任务的完成。在今年最后的一个多月时间，除保证按预算发放工资和救灾等急需开支外，不得再追加支出。能不办的事坚决不办，能缓办的事尽量缓办。要精简各种会议和庆典活动，必须召开的工作会议，也要大力压缩次数、规模和时间，节约会议开支。严禁以各种名义发放实物或代币购物券，特别要防止年终突击花钱。要加强对公费医疗经费的管理，减少各种浪费，严格控制公费医疗经费的过快增长。要认真贯彻执行国务院《关于整顿着装的通知》和《关于立即制止擅自着装的通知》精神。统一着装的批准权限集中在国务院，任何地区和部门均无权批准。

中国女检察官协会在北京成立

中国延安精神研究会二届二次理事会在北京召开

国家主席江泽民在雅加达下榻的宾馆会见印尼副总统特里·苏特里斯诺

中英土地委员会举行第29次会议就新机场和机场铁路批地计划安排补充批地计划以及开发土地平均成本达成协议

《八路军山东纵队史》编写完成刘华清张震为该书题词

11月18日

国家主席江泽民与印尼总统苏哈托在雅加达印尼总统府独立宫举行会谈

江泽民说，作为东道国，印尼为亚太经合组织部长级会议和领导人非正式会议的成功举办，为进一步加强亚太经济合作作出积极贡献。他说，中国对苏哈托总统和印尼政府按照"西雅图模式"组织这次会议表示赞赏，对会议取得成功再次表示祝贺。

苏哈托对江泽民的来访表示欢迎，并强调这次访问体现中国对发展与印尼的友好合作关系的重视。他表示相信，两国间业已存在的互相信任、友谊与合作的气氛，将有力地推动两国关系的发展。

江泽民说，在中国和印尼关系中，中国坚定不移地按照和平共处五项原则办事。中国和印尼复交4年多来，两国关系已取得全面的恢复和发展。两国高层领导人成功互访，增进彼此间的了解和友谊，为两国关系的健康发展奠定基础。两国经贸合作取得可喜的进展，贸易额逐年递增，相互投资和其他形式的经济技术合作也已逐步展开。中国政府一贯主张在互惠互利原则的基础上同其他国家开展双向投资。他表示相信，随着中国经济的发展和海外投资能力的增强，中国对印尼的投资必将逐步增加。

江泽民指出，中国和印尼在平等互利、互通有无的基础上进一步扩大经贸合作不仅符合两国人民的根本利益，也完全符合苏哈托总统一直提倡的南南合作精神。中国愿在双边和多边范畴内加强同印尼的经济合作，特别是在农业、中小企业、人力资源开发和技术转让等方面的合作。希望双方共同努力，在和平共处五项原则和万隆会议十项原则的基础上，着眼于未来，着眼于21世纪，使两国关系朝着新的广度和深度发展。

两国领导人还着重介绍各自国内的情况和经济发展的形势。苏哈托说，印尼第一个25年长期发展规划已经结束，并取得成功，现正在按照第二个25年发展规划，加速发展进程。江泽民介绍中国的发展战略和改革开放所取得的成果，并强调正确处理改革、发展、稳定之间的关系是中国始终坚持的一条重要原则。

两位领导人一致认为，中国和印尼都是发展中国家，具有许多共同点，又都面临共同的发展任务，相互介绍情况、交流经验，对各自经济的发展和两国经贸合作的开展具有重要意义。双方都认为，某些人以人权和环保为借口，企图限制发展中国家的经济发展是不符合发展中国家利益的。

关于国际形势，江泽民说：当前国际形势仍处在深刻而复杂的变化之中。各种力量不断分化组合，世界加速向多极格局过渡，经济优先成为世界潮流。推进缓和、谋求发展已成为国际形势的主流。但是，世界还很不安宁，局部地区武装冲突和动荡局面仍在继续，不测因素也在增加。世界经济发展很不平衡，南北差距进一步拉大。总的来看，世界和平与发展仍然面临着严峻的挑战。

江泽民说，印尼一直重视南北问题，并积极推动南南合作。中国愿同印尼进一步加强协调与合作，大家共同努力，促进建立公正合理的国际政治、经济新秩序。

全国妇联七届二次执委会在北京召开

全国人大常委会副委员长、全国妇联主席陈慕华主持会议并讲话。

中共中央政治局常委、书记处书记胡锦涛在讲话中阐述党的十四届四中全会的重大意义，要求大家紧密联系实际，在掌握文件的基本内容，领会文件的精神实质上下功夫。他强调，要充分认识加强党的建设的重要性和紧迫性。要从党的建设同党的基本路线的内在联系上，从思想建设、作风建设、组织建设全面推进的整体部署上，来深刻理解新的伟大工程。广大妇联干部要通过学习《决定》，进一步增强党的观念，更加自觉地接受党的领导，坚决维护中央的权威。

胡锦涛指出，党的十四届四中全会精神，对妇联建设也具有重要的指导意义。各级妇联组织要认清形势，抓住有利时机，进一步振奋精神，积极主动地做好工作，努力使妇联自身建设跃上一个新的台阶。要把深入学习邓小平同志建设有中国特色社会主义理论作为首要任务认真抓好。进一步提高执行党的基本路线的自觉性和坚定性。要突出抓好妇联基层组织建设，特别是要重点抓好农村基层妇联组织建设。要按照中央最近召开的全国农村基层组织建设工作会议的部署，在切实加强和改进农村基层组织建设过程中，认真做好加强妇联组织建设的工作，力争在三年内，有领导有计划地把处于软弱涣散和瘫痪状态的基层组织整顿好、建设好。

胡锦涛要求各级党组织要切实加强对妇女干部的培养，按照干部队伍"四化"方针和德才兼备的原则，大胆地选拔使用优秀妇女人才。妇联要协助党组织做好培养选拔女干部的工作，积极发现并主动向党组织推荐优秀妇女干部，在发掘、保护、支持优秀妇女人才健康成长和建功立业方面发挥自己的作用。要重视培养和吸收妇女中的优秀分子入党。

发展女党员的工作要与培养选拔女干部的工作一起抓，都要放在党的工作总体部署中去考虑和安排，都要从基础抓起，在培养上着力。要切实加强妇联机关、首先是领导班子的作风建设。经常深入基层，深入群众，把工作的着眼点和着力点放在为广大妇女服务上。要从具体的工作做起，从帮助解决实际问题入手，引导广大妇女积极投身改革开放和社会主义现代化建设事业，促进妇女的进步与发展。

胡锦涛说，明年是我国全面完成国民经济和社会发展第八个五年计划的最后一年，任务十分繁重。妇联组织要善于把妇联工作放到全党全国工作的大局之中去思考，去把握，去安排，在为大局服务中找准自己的位置，发挥自身的优势，起到应有的作用。要用改革创新、求实务实的精神研究解决新形势下妇联工作面临的新矛盾新问题，努力探索妇联工作的新思路、新办法。要把"双学双比"、"巾帼建功"和家庭文化建设等行之有效的活动不断引向深入，使活动内容更加丰富，活动方式更加灵活，活动效果更加显著。通过富有特色的活动，把广大妇女进一步动员起来，组织起来，把她们的积极性、创造性引导到推动国民经济持续、快速、健康发展上来，引导到推动两个文明建设上来。要从战略和全局的高度充分认识提高妇女素质的重要性和紧迫性，下大气力抓好这项基础性的工作。在农村，要抓好扫盲和实用技术培训，把提高妇女素质同帮助她们致富奔小康结合起来。在城市，要把提高妇女素质同帮助她们创造就业条件、提高竞争能力结合起来。

胡锦涛最后希望各级妇联组织和广大妇女，以在改革开放和现代化建设中创造的新成绩来迎接第四次世界妇女大会的召开。

全国妇联副主席、书记处第一书记黄启璪代表全国妇联常委会向执委会作工作报告。她在报告中回顾妇联 1994 年的工作后，提出 1995 年的工作任务，要求各级妇联着重做好七个方面的工作：认真学习、深入贯彻党的十四届四中全会精神；加强妇女教育，全面提高妇女素质；努力推进培养选拔女干部工作，促进妇女参政议政；进一步配合有关部门和团体在搞好国有企业改革中为女性广开就业门路，推动妇女全面参与发展；继续推动贯彻实施妇女权益保障法；热情做好儿童少年工作；继续积极协助政府做好'95 世界妇女大会筹备工作。

中组部人事部公安部联合发出关于选拔优秀大学生到公安机关工作的通知

中组部、人事部、公安部最近联合发出通知，要求做好从全国高等学校选拔部分优秀应届毕业生到基层公安机关锻炼培养工作。

通知说，目前，各级公安机关尤其是县、(市)公安机关领导班子文化程度普遍偏低的问题比较突出，在一定程度上制约着政治、业务素质的提高，必须采取切实有效措施加以解决。

报道说，有关部门已从中央编委为各地公安机关下达的编制中，划出 3000 名编制，作为从高等学校选拔优秀应届毕业生到县、市公安局工作的专用编制。选拔工作从明年开始，分三年实施。

通知说，优秀应届毕业生生源、专业不限，对中共党员或获得"三好学生"等荣誉称号的毕业生优先选拔。通知要求选拔工作本着"公开，平等，择优，自愿"的原则进行。

农业部主办的'94 中国农业经济合作项目洽谈会在北京闭幕并举行签字仪式

共签署意向、协议、合同书 52 个，总金额达 2 亿多美元。项目内容涉及农副产品加工、畜牧业、农副产品批发市场等领域。这次洽谈会吸引美国、法国、日本等 50 多个国家和地区的 180 多名外商。

中共中央政治局委员吴邦国在辽宁考察

吴邦国在考察辽宁一些大中型企业后提出意见。吴邦国指出，辽宁在搞好国有大中型企业方面做大量工作，出现一批面向市场、效益高、有发展后劲的国有大中型企业，并对国有大中型企业的综合评价体系作了深入的研究和探索。但是从总体上看，搞好国有大中型企业的任务还很重，这是辽宁经济实现又快又好发展需要解决的问题。由于辽宁国有大中型企业在计划经济的轨道上运行的时间较长，指令性计划比重较高，要完全跳出来不容易，需要一个过程。明年中央把改革的重点放在国有大中型企业上面，对辽宁来说是一个机遇。吴邦国强调，国有企业走出困境，根本的出路在于面向市场。调整产业结构、产品结构，要有一个面向市场的明确思路，扬长避短，发挥优势。对外开放的地区，要充分利用开放的条件引进资金和技术调整结构。搞活国有企业，要着眼于搞活国有经济，形成一批支柱产业。

中国和印度尼西亚在印尼总统府独立宫签订两国政府《关于促进和保护投资协定》和两国政府《科学技术合作谅解备忘录》

中国国家主席江泽民和印度尼西亚总统苏哈托出席签字仪式。

国务院副总理兼外交部长钱其琛和印尼外交部长阿里·阿拉塔斯分别代表本国政府在《关于促进和保护投资协定》上签字。

钱其琛和印尼研究和技术国务部长兼科学技术研究发展委员会主席巴哈鲁丁·优素福·哈比比分别代表本国政府在《科学技术合作谅解备忘录》上签字。

韩国大宇集团向中国高等院校赠书仪式在人民大会堂举行

5000 套特别印制的《中华古文明大图集》分赠 1100 所大学，价值 500 万元人民币。

中共中央政治局委员姜春云在人民大会堂会见由朝鲜劳动党中央副部长李英洙率领的朝鲜劳动党友好代表团

国家测绘局新闻出版署国家教委外交部对教学地图的出版联合作出规定

规定指出，从即日起，教学地图由专门的地图出版社按照新闻出版署批准的地图出版范围编制出版；凡出版教学地图、地理和历史教科书必须依据国家有关地图审批的规定送审。

国务院下发《关于江苏省镇江市江西省九江市职工医疗保障制度改革试点方案的批复》

《批复》的主要内容是：

江苏省人民政府《关于报批镇江市职工医疗制度改革实施方案的请示》(苏政发〔1994〕91 号)和江西省人民政府《关于再次报请审批〈九江市职工医疗社会保险暂行规定〉的请示》(赣府字〔1994〕315 号)收悉。国务院原则同意《镇江市职工医疗制度改革实施方案》

(简称《实施方案》)和《九江市职工医疗社会保险暂行规定》(简称《暂行规定》),认为《实施方案》和《暂行规定》符合国务院批准的四部委《关于职工医疗制度改革的试点意见》精神。请江苏省镇江市和江西省九江市按此方案于1994年12月开始实施。现将有关问题进一步批复如下:

一、关于亏损企业职工医疗保险基金的筹集问题。亏损企业应努力克服困难,缴纳医疗保险金,使医疗机构能够对这些企业的职工继续提供医疗服务,不致影响社会的稳定。亏损企业参加医疗保险后,可以使职工的医疗保障社会化,实际上会减轻企业的负担。亏损企业筹集医疗保险基金的具体办法可在试点过程中探索。

二、关于私营企业职工参加职工医疗保险的问题。考虑到私营企业情况比较复杂,可以先进行试点。

三、国务院重申职工医疗保障制度改革实行属地原则。所有中央部属和省属企、事业单位都必须参加所在地的职工医疗保障制度改革试点,执行当地统一的缴费标准及有关政策规定。

四、关于个人医疗账户问题。考虑到45岁以上的职工患病较多,但他们过去没有医疗账户的积累,应在职工医疗保障制度改革的初期,对他们有所照顾。因此,原则同意镇江市、九江市提出的意见,单位缴纳的医疗保险费中,计入个人医疗账户的部分,可按职工年龄确定不同的比例。

五、同意镇江市、九江市为切实加强对离休干部医疗费用的管理,对离休干部设立个人医疗费用台账或个人医疗账户,但一般不缴纳医疗保险费。

九江市对解放战争时期参加革命的、享受副地级以下待遇的离休干部,实行自付少量医疗费的办法,已实行两年多,且已为这些离休干部所接受,可以继续试行。

六、关于职工供养的直系亲属的医疗保障问题。考虑到这个问题比较复杂,需作进一步研究。因此,暂不纳入职工医疗保障制度改革试点范围。各企、事业单位可按现行办法执行。

七、原则同意镇江市、九江市提出的建立对医患双方制约机制的意见。为保证职工医疗保障制度改革的顺利进行,必须切实搞好医疗单位内部的管理改革,既要最大限度地减少浪费,又要认真改善医疗服务,提高医疗质量。

八、医疗单位属于社会公益事业单位,应由当地政府规划、建设。医疗单位的基本建设及大型医疗设备的购置、维修要纳入同级政府的基本建设计划和财政预算,统筹安排。当地政府还要帮助医疗单位逐步解决合理补偿问题,实行医疗服务和销售药品收入分别管理、分开核算,使它们不仅能维持正常的运行,还能不断得到发展。

九、同意镇江市、九江市在职工医疗保障制度改革试点工作中,采取不同的领导管理体制,以便通过实践总结经验。

十、要加强医疗保险基金的管理。医疗保险基金要纳入财政预算管理,建立分级管理责任制,完善财务、会计、审计和预、决算审批制度,切实保证基金的合理使用,防止挪用。一旦出现问题,应该按有关规定严肃处理。管理费应该力求节约。管理费的提取比例不超过实际收取的医疗保险基金的2%。

职工医疗保障制度改革涉及广大职工的切身利益,政策性强,难度大。希望你们继续努力,精心组织实施。要认真做好宣传教育工作,发动和依靠广大干部群众不断克服改革进程中的困难,做好试点工作,为下一步全面开展职工医疗保障制度的改革提供经验。

11月19日

国务院总理李鹏在中南海紫光阁会见由总书记洛朗·多纳·福洛戈率领的科特迪瓦民主党代表团

中国农业发展银行在北京正式成立

经国务院批准组建的又一家政策性银行——中国农业发展银行日前正式成立,并投入运营。

中国农业发展银行是直属国务院领导的政策性银行,为独立法人,实行独立核算,自主、保本经营,企业化管理;其主要任务是按照国家的法律、法规和方针、政策,以国家信用为基础,筹集农业政策性信贷资金,承担国家规定的农业政策性金融业务,代理财政性支农资金的拨付,为农业和农村经济发展服务。

农发行是在把农业政策性贷款从中国农业银行、中国工商银行、中国人民建设银行和中国人民银行业务中分离出来、集中起来的基础上组建而成的。总行设在北京,将在各省、自治区、直辖市设立分行,在重点农业地(市)设立办事处,在重点农业县设立支行。组建农发行是国家为了集中信贷支农力量,更好地发挥政策性金融的杠杆作用,促进农业和农村经济稳定健康发展而实施的一项重大金融改革措施,是强化中央银行宏观调控职能的需要,也是加快专业银行向国有商业银行转化步伐的需要。

农发行现阶段的主要业务范围包括:办理粮食、棉花、油料、猪肉、食糖等主要农副产品的国家专项储备贷款;办理粮、棉、油收购贷款及调销、批发、初加工贷款;办理扶贫贴息和农业综合开发贷款;办理小型农、林、牧、水利基建和技改贷款;办理开户企事业单位的存款和结算，等等。在分支机构未设立前，农发行的主要业务委托中国农业银行代理，部分业务委托中国人民建设银行代理。农发行在业务上接受中国人民银行的指导和监督。

《人民日报》发表评论员文章《药品管理放松不得》

国务院总理李鹏在中南海紫光阁会见美国道·琼斯公司董事会主席简彼得和夫人以及董事会其他成员

国务院总理李鹏在中南海紫光阁会见加拿大等 14 国离到任驻中国大使和新任欧洲联盟欧洲委员会驻中国代表团团长魏根深

这 14 位大使中包括两位离任和 12 位新到任大使。他们是：加拿大离任大使碧福、加蓬离任大使本杰明；安哥拉首任大使德索萨、刚果大使翁巴卡—埃科里、加纳大使阿穆—戈特弗里德、大不列颠及北爱尔兰联合王国大使艾博雅、马绍尔群岛共和国大使海因、蒙古国大使查希勒冈、突尼斯大使本·梅萨乌达、毛里塔尼亚大使巴巴米内、斯洛伐克共和国大使克里莫、菲律宾大使罗慕阿多、莱索托大使莫莱科和巴基斯坦大使卡齐。

控制学专家宋健等七位中国科学家被聘为俄科学院外籍院士

国务委员兼国家科委主任、控制学专家宋健等著名中国科学家在俄罗斯驻华大使馆接受来自俄罗斯科学院的聘书，从而成为该院外籍院士。

同时受聘的另外 6 位科学家是中国科学院院长、理论物理学家周光召，中国地质科学院名誉院长、地质学家黄汲清，中国科学院大气物理研究所所长、大气物理学家曾庆存，中国科学院广州分院院长、矿物学家谢先德，中国社会科学院数量经济与技术经济研究所所长、经济学家李京文和中国社会科学院语言研究所名誉所长、语言学家吕叔湘。

11 月 20 日

中共中央总书记国家主席江泽民与越共中央总书记杜梅越南国家主席黎德英在河内主席府进行会谈

双方就解决一些分歧的原则达成一致。

江泽民说，1991 年 11 月，中越双方举行一次“结束过去，开辟未来”的历史性会晤。这标志着中越两党、两国关系实现正常化，为双方的友好合作开辟美好的前景。3 年来，中越之间往来日渐增多，关系全面恢复与发展，经贸合作发展势头良好，并已初具规模。双方还为解决两国间遗留的边界领土问题作出积极努力，达成解决边界领土问题的原则协议。中越之间的传统友谊在新形势下又有新的发展。我们对此感到满意和高兴。

杜梅说，江泽民主席的这次访问体现了中国对两国关系的高度重视，访问的成功将成为越中关系进一步发展的新的里程碑，也有利于本地区的和平、稳定与发展。他说，3 年来两国关系得到全面恢复并向深度和广度发展，中越之间的多次高级会晤为两国关系的发展指明了方向。越方对此给予高度评价。

关于双边经贸关系，江泽民说，中越两国去年 11 月就发展经贸关系达成的五点共识已得到一定程度的落实。大公司在两国经贸关系中的主渠道作用日趋突出，一些中国公司已获准在越设办事处。在正规贸易得到加强的同时，两国边贸也继续得到发展，边贸秩序已经好转。中国在越南投资呈上升趋势。总之，两国经贸合作正向深度和广度发展。

江泽民还指出，中越两国的地缘优势以及较强的经济互补性，决定中越发展多种形式的经贸合作具有很大潜力。双方都需要做出很大努力来发挥这种潜力。两国政府即将签署的《关于成立经济、贸易合作委员会协定》、《关于保证进出口商品质量和相互认证协定》、《关于汽车运输协定》，将有利于推动两国经贸关系进一步向前发展。江泽民主席表示他对两国经贸合作的前景充满信心。

杜梅说，越中两国经贸关系的发展势头是好的。这一关系的进一步扩大，不仅有利于中越两国的经济发展，而且也可为两国睦邻友好关系的前景奠定坚实基础。他说，越南愿与中国一起努力，使这一互利合作关系取得更大发展。

双方还介绍各自国家的形势和经济发展情况。

双方都认为，对于两国间存在的一些问题，将以中越友好大局和本地区和平、稳定大局为重，根据两国间达成的原则协议，坚持通过耐心协商，寻求妥善解决。双方认为，要扩大共识，求同存异，避免因此而影响两国睦邻友好关系的正常发展。

国务院副总理兼外长钱其琛，中共中央政治局候补委员、书记处书记温家宝，特别助理、中共中央办公厅主任曾庆红，国家经济贸易委员会主任王忠禹，对外贸易经济合作部部长吴仪，特别助理王维澄，特别助理束怀德，外交部副部长唐家璇和中国驻越南大使张青等参加会谈。

国家主席江泽民在河内会见越南总理武文杰

民建中央中国企业管理协会等单位在北京联合举

办中国企业家队伍建设问题研讨会

人事部发出《关于加强机关事业单位工资总额宏观控制的通知》

人事部近日发出通知，要求各级人事部门认真贯彻《国务院关于严格控制消费基金过快增长和加强现金管理的通知》精神，采取有力措施，进一步加强机关、事业单位工资总额宏观控制和工资基金管理。

人事部在通知中要求抓好以下几项工作：要严格执行国家下达的机关、事业单位工资总额计划，不得突破，要切实将工资总额计划层层落实到基层单位；要严格执行国务院关于工资基金管理的有关规定，认真执行人事部、中国人民银行的有关通知精神，进一步加强工资基金管理；要认真贯彻《中共中央、国务院关于严格执行工资套改政策，坚决控制增资总量的通知》，不得自行放宽套改政策，自行出台津贴、补贴项目，加大增资总量；要会同有关部门，切实加强对事业单位工资外收入的管理和调控；要按照国务院和当地人民政府的统一部署，积极配合有关部门做好消费基金检查工作。

外经贸部主办的"中华人民共和国出口商品展览会"在南非商业中心城市约翰内斯堡开幕

全国血吸虫病防治工作会议在北京结束

11 月 21 日

中共中央总书记国家主席江泽民在河内与越南共产党中央总书记杜梅越南国家主席黎德英再次会谈

国务院召开第 26 次常务会议

国务院总理李鹏主持会议，讨论并原则通过《中华人民共和国教育法(草案)》。

全国人大常委会委员长乔石在巴西利亚分别会见巴西国会主席兼参议院议长温贝托·卢塞纳和众议院议长伊诺森西奥·奥里维拉

全国人大常委会委员长乔石在巴西利亚拜会巴西总统伊塔马尔·佛朗哥

佛朗哥说，巴中政治对话更加成熟，战略伙伴关系的含义更加明确。他认为，两国政治对话已达到高水平，今后应加强特定项目的合作，使双边关系更加充实。佛朗哥总统指出，巴中两国合作的大门是敞开的，双方在经贸、科技，特别是高科技等领域达成合作协议，今后将在数量和质量上扩大交流。佛朗哥说，巴西和中国在对外政策方面有很多共同点，我们都努力维护世界和平与安全，双方对重大国际事务观点吻合。

乔石说，巴西是南美大国，发展潜力很大，中国希望巴西不仅在本地区而且在世界范围发挥更大作用。他说，中国的经济也在发展，中巴经济合作已经取得很大成绩，但仍有很大潜力。中巴加强合作，将是对整个世界和平的贡献。乔石指出，中巴合作已发展到各个领域，特别是中巴高科技合作对发展中国家会产生积极影响。希望中巴合作在更广阔的领域得到发展。

全国人大常委会秘书长曹志、外交部副部长姜恩柱和中国驻巴西大使原焘等拜会时在座。

全国党史研究室主任会议中共党史学会第四届理事会议在北京举行

中共中央政治局常委、书记处书记胡锦涛在讲话中强调，党史工作是党的一项重要工作，要充分发挥其以史鉴今、以史育人的作用。

胡锦涛说，我们党历来十分重视党史工作和对党的历史经验的研究，并把它视为关系党的巩固、发展和人民事业取得胜利的一项重要工作。十多年来，在党中央、中央党史领导小组的领导下，在老一辈无产阶级革命家的关怀和军队、地方许多老同志及各有关方面的支持下，各级党史部门和党史学会广泛团结党史工作者，调动、发挥各方面研究人员的积极性和创造性，为党史事业的发展和党史学科的建设做出了宝贵的贡献。

胡锦涛说，现在，我们党正领导全国各族人民进行改革开放和社会主义现代化建设。发展新的事业、开创新的局面，更需要总结、研究历史经验，做好以史鉴今、以史育人的工作。党的十一届三中全会以来，我们的各项工作之所以进展得比较顺利，我们的经济建设之所以能够取得举世瞩目的成就，我们在世界形势发生重要而复杂的变动时之所以能够经受住严峻的挑战，在一定程度上是与我们党认真总结历史经验、正确汲取正反两方面的经验教训分不开的。正确地对待历史，善于总结经验，这是一个郑重的马克思主义政党成熟的重要标志。

胡锦涛说，邓小平同志的伟大历史功绩，是在领导我国进行改革开放和现代化建设的实践中，把马克思主义的基本原理与当代中国实际和时代特征相结合，继承和发展马克思列宁主义、毛泽东思想，形成了建设有中国特色社会主义的理论。社会主义时期的党史，在一定意义上说，是我们党通过艰辛的探索逐步找到建设有中国特色社会主义的正确理论和成功道路的历史。我们学习邓小平同志建设有中国特色社会主义理论，要在把握其精神实质和科学体系的基础上，很好地理解他的历史观、方法论以及他对党的历史问题、历史经验的大量精辟论述，并把它运用到党史的研究、著述、编纂、宣传工作中去，努力把党史研究和学科建设提高到新的水平。胡锦涛说，中国共产党的历史是一座丰富的精神宝藏，广大党史工作者担负着以史育人的重大责任。前不久，党的十四届四中全会通过的《中共中央关于加强党的建设几个重大问题的决定》中，强调世界历史、中国历史特别是近现代史和中共党史，是各级干部特别是县以上党政领导干部必须认真学习的一项重要内容。广大中青年干部处在世纪之交，承担着继往开来的历史使命。深刻了解中国近现代史和党的历史，更成为造就合格的跨世纪领导干部的必要条件。只有对我们党"昨天"和"前天"的斗争有深切了解，才能做好"今天"的繁重工作，勇敢地担当起"明天"的历史重任。在当前进行的爱国主义教育中，"从史人手"也是一个十分有效的方法。党史工作者要积极配合宣传教育等部门把向人民群众、特别是青少年进行党史、革命史教育的重任担当起来。

胡锦涛希望各省、自治区、直辖市党委进一步加强对党史工作的领导，从本地实际出发，认真做好健全机构、稳定队伍、充实力量、提高素质等工作。特别是要注意保留和培养党史研究的骨干力量和学科带头人，充实青年专业人员，不断提高党史队伍的政治素质和业务水平，努力适应新形势下党史工作发展的需要。

中央党史领导小组副组长薄一波、邓力群参加会议。中央党史领导小组副组长、中央党史研究室主任、中共党史学会会长胡绳在会上就新时期党史编纂中的有关分期问题、党的十一届三中全会的历史地位、研究建国以来党史的目的和意义、建国以前的党史问题研究和宣传等问题发表意见。

这次会议将总结交流十四大以来党史工作经验，研究党史工作部门为落实《爱国主义教育实施纲要》、纪念中国抗日战争和世界反法西斯战争胜利 50 周年应做的各项工作。

中央有关部门负责人张全景、郑必坚、逄先知、李传华、龚育之、滕文生、王刚等出席会议。

中纪委监察部在北京召开表彰大会对部委机关在查办案件中做出优异成绩和突出贡献的集体和个人进行表彰

中共中央政治局委员、中央书记处书记、中央纪委书记尉健行出席表彰大会。

这次被表彰的有功集体是中央纪委监察部第九纪检监察室"贵州阎健宏贪污受贿案"调查组和第五纪检监察室"丹东汽车走私案"调查组；有功个人为查办"李善有重大诬陷、受贿案"的第八纪检监察室主任祁培文。

中纪委最高人民法院最高人民检察院公安部监察部联会发出关于采取有力措施保护执纪执法办案人员合法权利的通知

通知说，随着反腐败斗争的深入，各级纪检监察机关、公安司法机关和法律监督部门充分发挥职能作用，加大了查办违纪违法案件，尤其是大案要案的力度。广大执纪执法办案人员不畏困难，排除阻力，坚持原则，秉公办案，迅速查办了一批违纪违法犯罪案件，惩处了一批违纪人员和违法犯罪分子，为惩治腐败作出了重要贡献。但是，近一个时期以来，执纪执法办案人员及其家属受到打击报复的事件屡有发生，有的受到恐吓威胁，有的被谩骂殴打，有的甚至遭到报复杀害。这不仅直接危害了执纪执法办案人员及其家属的人身安全，而且严重干扰了执纪执法机关正常的办案工作，影响了反腐败斗争的顺利开展。对此，各级党委、政府及有关部门必须予以高度重视和警惕。

通知要求：

一、切实采取有效的防范措施，防止打击报复事件的发生。各级党委、政府及有关部门要采取切实有效的措施，加强对执纪执法办案人员的保护。一旦发现打击报复的苗头，或者执纪执法办案人员的人身安全受到威胁，公安司法机关必须及时实施相应的保护，保证办案人员不受到伤害。同时，本单位的领导要认真负责地做好有关当事人的教育疏导工作，对预谋报复伤害办案人员者，迅速、果断地采取相应的控制措施，把可能发生的打击报复事件消除在萌芽状态。对于放任打击报复事件的发生，不采取相应措施予以制止，导致严重后果的，要严肃追究有关党政负责人和其他人员的责任。各级纪检监察机关、公安司法机关和法律监督部门要加强保密纪律教育，严守有关保密规定。在查办违纪违法案件过程中，严禁任何组织和个人泄露案情，严禁任何组织和个人以任何方式向涉案人泄露直接办案人员的有关情况。在宣传报道各类案件以及表彰办案有功人员时，对办案人、举报人以及知情人的情况，要严格遵守保密规定；需要公开报道的，也应注意方式方法，掌握好分寸。要坚决防止由于泄密导致的打击报复事件的发生。

二、依法从严从快查处打击报复案件。对由于受到举报和查处，而对举报人、办案人在精神上施加压力，在工作中无理刁难，给予种种不公正待遇，肆意进行打击报复的，各级党委、政府和有关部门要采取有力措施，坚决制止和纠正。对进行打击报复的人员要进行严肃的批评教育和组织处理。对于已经发生的打击报复案件,各级纪检监察机关、公安司法机关和法律监督部门要高度重视,及时受理,并投入力量迅速查清事实,严肃处理。对因打击报复构成犯罪的人员,由司法机关依法从重惩处;违反治安处罚条例的,由公安机关给予相应的治安处罚;违犯党纪政纪的,由纪检监察机关从严查处。要选择一些影响大、危害严重的典型案件公开处理,以儆效尤。

三、旗帜鲜明地支持执纪执法人员依法办案。查处违纪违法案件,维护党纪国法的尊严,是深入开展反腐败斗争的重要环节,是各级执纪执法机关的神圣使命。自觉接受法纪监督是每一个公民应尽的义务。要加强法纪教育,增强广大人民群众的法纪观念,支持执纪执法机关履行职责。要大力宣传执纪执法人员坚持原则、无私无畏、敢于斗争的事迹和精神,弘扬正气,鼓舞广大人民群众同各种违纪、违法现象作斗争的勇气,树立执纪执法机关的威信,为查办案件工作创造一个良好的社会环境。各级党委、政府要加强对查办案件工作的领导,旗帜鲜明地支持办案人员依法办案。要从政治上、思想上、工作上、生活上关心和支持办案人员,帮助他们排忧解难。要研究和制定有关法规,从制度上保证办案人员的合法权益不受任何侵犯,以确保反腐败斗争尤其是查办大案要案工作的顺利进行。

国务院总理李鹏在中南海会见出席全国勘察设计工作会议代表

参加会见的代表中有121名全国勘察设计大师和138名优秀勘察设计院院长。

李鹏说,新中国成立以来,特别是改革开放以来,我们进行经济建设,取得巨大成就,这些成就与勘察工作、设计工作都是分不开的。他说,我国改革开放目标明确,是以邓小平建设有中国特色社会主义理论为指导,逐步建立社会主义市场经济体制。勘察设计工作要引进竞争机制,进行招标投标,要和社会主义市场经济相适应,为国家做出更多的贡献。

李鹏说,现在我国进行的各个方面建设的好坏,在很大程度上取决于勘察和设计工作。勘察是先行,设计的质量直接关系到工程的质量,影响到工程投产后的效益。

李鹏说,勘察设计工作要尽可能采用先进的技术,并且这些先进技术要实用,要有经济效益。李鹏强调指出,工程设计要做好科学的经济分析。设计时工程的造价要考虑基础价格、利息、物价上涨和不可预料等因素,使工程有可靠的资金保证。

朱镕基、邹家华、李岚清、吴邦国、姜春云、宋健、罗干等参加会见。

中国人民银行就外汇兑换券停止流通和限期兑换发布公告

中国人民银行在公告中说,自1994年1月1日改革外汇管理体制以来,我国已停止发行外汇兑换券,已发行的外汇兑换券也在流通中逐步兑回,目前只有少量外汇兑换券在市场流通,已有条件按原定计划完成此项改革,以便在境内机构和境外来华人员结算、支付中统一使用人民币。

中国人民银行在公告中就外汇兑换券停止流通和限期兑换的有关问题作了如下规定:

一、在1994年12月31日之前,外汇兑换券仍可以流通使用,或按本公告的规定兑换成外汇或人民币。

二、从1995年1月1日起,外汇兑换券停止在市场上流通。境内机构、外商投资企业以及来华的外国人、华侨、港澳台同胞和境内居民均不得再用外汇兑换券标价、收付、结算。

三、境内机构持有的外汇兑换券可在1995年6月30日之前,按1993年12月31日公布的国家外汇牌价折成美元,并按结汇当日银行公布的汇率结汇。

四、外商投资企业持有的外汇兑换券可在1995年6月30日之前,按1993年12月31日公布的国家外汇牌价兑换美元,并存入其外汇账户。

五、来华的外国人、华侨、港澳台同胞持有的外汇兑换券可在1995年6月30日之前,凭本人护照或有效身份证件,按1993年12月31日公布的国家外汇牌价到中国银行兑换美元;如兑换其他币种的外汇,还须持原外汇兑换水单。

六、外国人、华侨、港澳台同胞已携带出境的外汇兑换券,可在1995年6月30日之前到当地中国银行,按我国1993年12月31日公布的国家外汇牌价兑换美元,或到与中国银行有代理关系的银行办理托收。

七、境内居民个人持有的外汇兑换券,允许在1995年6月30日之前,按1993年12月31日公布的国家外汇牌价折成美元,并按兑换当日银行公布的汇率兑换成人民币。

八、自本公告发布之日起至1994年12月31日,外汇兑换券持有者可以到各银行指定的外汇兑换点兑换;1995年1月1日以后只能到中国银行兑换;中国银行兑换期截止到1995年6月30日。

九、各银行指定的外汇兑换点,在规定时间内不得拒绝兑入客户的外汇兑换券,并要积极做好回收外汇兑换券的工作。

公告说,这一办法将从本月22日起执行。

全国政协主席李瑞环在人民大会堂会见由中央领导成员穆哈勒迈·塔亚尔率领的叙利亚全国进步阵线代表团

外交部部长钱其琛与越南外交部部长阮孟琴在河内举行会谈

国务院副总理李岚清在中南海会见欧盟委员会委员斯科维娜女士

李岚清说,恢复中国在关贸总协定中的缔约国地位是他刚刚结束的对美国进行为期两周访问期间所讨论的主要议题。李岚清说,中国是发展中国家,在权利和义务的平衡方面,对中国的复关不应提出过高的要价。

在谈到加强中国与法国以及其他欧共体国家的经贸合作时,李岚清说,中国正进一步完善有关外贸方面的立法,以促进和保证中国与世界各国经贸关系的健康发展。

斯科维娜女士表示,欧共体对中国复关始终持积极态度。她认为,中国复关和加入世界贸易组织有利于世界贸易的发展。

中国海关总署署长钱冠林会见时在座。

中国常驻联合国代表李肇星大使在联大发言就秘书长发表的《发展纲领》和落实此纲领的建议提出中国政府的三点意见

1. 国际社会关于发展核心的共识应充分体现在联合国的工作中。2. 注重实效,加强落实,将国际会议之花结成发展合作之果。3. 消化经社领域改革成果,解决资金短缺桎梏,提高联合国在多边经济合作中的工作效率。

党和国家领导人江泽民李鹏李岚清分别题词祝贺中央广播电视大学成立 15 周年

11月22日

国家主席江泽民在河内于结束对越南的访问前接受越南记者联合采访

江泽民说,两国领导人的直接交谈加深彼此间的了解。在这次访问中,双方就进一步巩固和加强两国间的友好合作关系达成广泛的共识,一致同意面向 21 世纪,建立一个长期、稳定的睦邻友好关系。江泽民表示相信,这次访问将把两国关系提高到一个新的水平。

江泽民说,在与越南领导人的会谈中,他提出双方应该登高望远,促进友好,加强合作,特别是在经贸方面的合作。至于两国间存在的问题,双方应该以中越友好和发展本地区和平、稳定的大局为重,协商解决,暂时解决不了的,可以先搁置起来。

江泽民说,他的上述想法得到越南领导人的积极响应,双方达成共识。他表示相信,通过双方共同努力,21 世纪的中越关系将会更加美好。

在问及中国经济发展前景以及届时与越南和其他东南亚国家的关系时,江泽民说:从 20 世纪 90 年代到 21 世纪中叶,是中华民族振兴的历史时期。我们的经济提前实现国民生产总值翻一番、基本解决温饱问题的第一步战略目标。我们正在争取提前实现国民生产总值再翻一番、到本世纪末人民的生活达到小康水平的第二步战略目标。

江泽民说:10 年、20 年以后,我们在各方面都会形成一整套更加成熟、更加定型的制度,国家驾驭市场经济的能力也会大大提高。这将保证我们的经济持续、稳步地快速增长,我们的综合国力将大大增强。

在这段时间里,中国、越南以及其他东南亚国家都会有很大的进步和发展。到那时,我们之间的睦邻友好与互利合作关系定会有更大的发展。

在问及对越南总的印象时,江泽民说:越南的革新开放事业发展迅速,成就显著,令人瞩目。我相信,在越南共产党的领导下,越南人民经过自己的艰苦奋斗,必将实现"国强民富"的目标。

当问及何为建立中国特色的社会主义和发展社会主义市场经济体制时,江泽民说,有中国特色的社会主义,简要地说,就是坚持以经济建设为中心,发展社会主义市场经济,发展社会主义民主政治,发展社会主义精神文明,把中国建设成为富强、民主、文明的社会主义现代化强国。

江泽民说:建立社会主义市场经济体制是一项开创性的事业,我们正在积极探索。在实践过程中,我们注意把握这样几点:一是从中国的国情出发,注意借鉴世界各国一切有益的经验。二是坚持以经济建设为中心,把是否有利于发展社会生产力,是否有利于增强综合国力,是否有利于提高人民的生活水平,作为评判一切改革措施的标准。三是正确处理改革、发展、稳定的关系,使三者相互促进。四是尊重人民群众首创精神,及时总结经验,使改革积极、稳妥、有秩序地进行。我坚信,只要能把握好这几点,我们就一定能沿着邓小平同志倡导的建设有中国特色社会主义道路顺利前进。

在回答关于河内和北京结为友好城市,发展互利合作关系问题时,江泽民说,作为两个发展中国家的首都,双方应加强在经济贸易、科学技术、文化教育,特别是在城市建设与城市管理等领域的交流与合作,以促进各自城市的社会主义发展与经济繁荣。

在问及有关亚太地区发展与合作的前景及越南和东盟关系时，江泽民说，亚太地区政治相对稳定，经济高速发展，贸易和投资保持较好的增长势头。只要充分照顾本地区的多样性特点，兼顾所有成员的实际利益，亚太经济合作就能健康、持久地发展。对越南同东盟近年来关系的发展，我们表示欢迎。

海协会与台湾海基会在南京举行副秘书长级事务性商谈

双方就两岸劫机犯遣返事宜、两岸海事纠纷的处理问题、两岸增加速递邮件业务问题等进行了商谈。

国务院副总理兼外交部部长钱其琛在河内举行记者招待会介绍江泽民主席出访的成果并答记者问

钱其琛说，江泽民主席对越南的正式友好访问就要结束。关于访问的情况和成果，双方已经发表联合公报。此前，江泽民主席还访问新加坡、马来西亚和印度尼西亚，出席在印尼茂物举行的亚太经济合作组织领导人非正式会议，并且同一些国家的领导人进行双边会晤。江主席这次东南亚之行达到加强睦邻友好关系和促进地区经济合作的目的。

在回答有关中越双方采取何种措施来进一步发展两国睦邻友好关系的问题时，钱其琛说，采取的措施包括3个方面：第一，两国领导人准备保持经常的接触。第二，两国签署建立经济贸易合作委员会等协定，这将进一步促进两国经贸关系的发展。第三，双方同意，增加信任，建立必要的机制，通过谈判、对话和磋商和平解决两国间存在的一些问题。

当问及中越两国如何解决领土边界问题时，钱其琛说，中越之间存在着陆地边界、北部湾、海上岛屿的争议，但双方领导人已达成以大局为重，友好协商，通过谈判逐步解决问题的原则。他说，根据这一原则，他昨天与越南外长阮孟琴会晤并达成协议。双方决定在已有的陆地边界工作小组和北部湾工作小组的基础上，再建立一个讨论南沙岛屿问题的工作小组。这3个小组的建立为逐步解决两国间的问题提供条件。

钱其琛说，中越联合公报中最重要的一条是，两国领导人达成共识，即中越两国都面临着发展经济，提高人民生活水平的共同任务，建立和发展睦邻友好关系，符合双方的共同利益，这是大局。从这个高度看，中越之间的共同点是重要的。分歧可以先易后难逐步解决，一时解决不了的可以先搁置起来。关键是要求同存异，协商解决。

钱其琛说，和平谈判解决一个复杂的问题是需要时间的，要作长期的努力。在这一点上，中越两国的观点是一致的。现在，国际上有些人很关心中越之间的问题，有人天天在预测什么时候中越会发生冲突。江泽民主席的访问和中越联合公报已有力地说明，两国关系不会有这样的前景。中越两国完全有能力妥善解决它们之间的问题。

关于南沙问题，钱其琛重申，中国的一贯立场是明确的。中国对这些岛屿拥有主权，但主张通过和平谈判解决在这一问题上的分歧。如果一时解决不了，可以先搁置争议，谋求共同开发。总之，中国采取的是一种和平解决问题的立场和态度。

钱其琛说，中越联合公报中也提到双方不诉诸武力或以武力相威胁。双方都将遵守这一原则。

关于中越经贸关系，钱其琛说，中越经贸关系近年来有很大发展。边境贸易开始走上正轨，两国的一些大公司、大企业开始参与双边经贸合作。一些过去中国援建的越南企业已开始同中国合作进行技术改造。两国之间的贸易额正在增加，与发展潜力相比虽然很不够，但前景是好的。

中国和越南两国政府在河内主席府签署旨在加强两国经贸合作的三项协定

中共中央总书记、国家主席江泽民和越共中央总书记杜梅、国家主席黎德英出席签字仪式。

对外贸易经济合作部部长吴仪和越南贸易部部长黎文哲分别代表各自政府签署《关于成立经济贸易合作委员会的协定》以及《关于保证进出口商品质量和相互认证的合作协定》。

中国外交部副部长唐家璇和越南交通运输部副部长裴文倡分别代表本国政府签署为两国客货运输提供便利的《汽车运输协定》。

陪同江泽民访问的国务院副总理兼外交部长钱其琛，中共中央政治局候补委员、书记处书记温家宝，中国驻越南大使张青等出席签字仪式。

越南政府副总理潘文凯、外长阮孟琴和越共中央书记红河等出席签字仪式。

国务院副总理兼外交部部长钱其琛在从河内飞往北京的专机上接受中国记者的联合采访

就江泽民主席此次东南亚之行的成果及对亚太经济合作组织领导人非正式会议的评价等回答记者的提问

问：此次雅加达会议最后通过实现亚太经合组织区域内贸易自由化的时间表。您对实现该时间表的前景作何估计？中国是否准备履行2020年的时间表？

答:《茂物宣言》中关于亚太经合组织区域内贸易和投资自由化的时间表,是一个意向性的长远目标,它展示亚太地区经济合作的前景。实现这一目标应充分尊重本地区多样性的特点,坚持开放和不歧视的原则,让经济发展水平不同的成员有不同的实施时间,在不同领域采取不同的进度和做法。开放市场是相互的,不能只是要求发展中成员开放市场。发达成员首先应对来自发展中成员的商品、劳务等取消限制,开放其市场。这是实施贸易自由化的必要条件。

中国进行改革开放进程本身就是促进区域贸易和投资自由流动的实际步骤。我相信,中国经济的进一步发展将使我们更有能力达到贸易和投资自由化的目标。

问:江主席去年和今年都出席亚太经合组织领导人非正式会议,会议期间都会见美国总统克林顿。舆论认为,从西雅图到雅加达,两次首脑会晤已使中美关系走上正常轨道,但两国关系中仍存在一些"潜在的定时炸弹"。您对这次首脑会晤后中美关系发展前景如何展望?

答:去年11月江泽民主席和克林顿总统在西雅图首次会晤促使中美关系走上改善和发展的轨道。一年来,中美之间高层互访频繁,四个部长级联委会工作取得进展,由于解决最惠国待遇问题,经贸交流与合作不断扩大,两国关系发展的势头是好的。这次在雅加达江主席和克林顿总统会晤时的气氛具有建设性,将进一步加快两国关系的发展进程。

中美之间有一些分歧,但在当前国际形势下,更存在着广泛的共同利益。搞好中美关系,符合中美两国人民的利益,有利于亚太和世界的和平、稳定与发展。中美两国完全可以从这个大局出发,扩大合作,减少麻烦,发展共同利益,通过对话弥合分歧。我对中美关系的前景是乐观的。

问:江主席此次出访东南亚四国突出与四国的经贸合作关系,未直接涉及在南中国海岛屿归属问题上的分歧。您认为从长远看,这次访问对消除分歧、发展睦邻、巩固周边有何帮助?

答:江主席此次出访东南亚四国主旨是发展睦邻友好,促进互利合作。访问过程中,江主席分别同四国领导人就双边关系和共同关心的地区及国际问题交换了意见,取得了广泛的共识。在国际风云变幻中,各国都重视保持亚太地区政治稳定、经济持续发展。各国都希望加强对话和磋商,积极推动各种层次和形式的交流与合作,特别是在平等互利基础上加强各国间的经济合作,对于双边关系中存在的一些复杂问题都主张以维护和平与稳定的大局为重,在充分考虑各方利益的基础上,通过友好协商与谈判,找到切合实际的解决办法。一时解决不了的分歧可以暂时搁置,求同存异,不因此影响正常的国家关系发展。

问:江泽民主席和李鹏总理在分别访问欧洲时,舆论界曾有评论说,1994年是中国外交的欧洲年。这次江泽民主席和李鹏总理又分别访问东亚和东南亚国家。舆论认为,这是中国全方位外交攻势在东南亚地区的体现。从领导人的出访,您怎样看待1994年的中国高层外交?

答:今年,江泽民主席、李鹏总理等中国领导人的出访向世界传递这样的信息:中国真诚地希望世界和平与稳定,愿积极参加开放性的经济合作,愿与各国在相互尊重、平等互利的基础上发展关系,和睦相处,取长补短,共同发展。现在正值世纪之交,如何构筑面向二十一世纪的新型国际关系,是摆在我们面前的一个重大问题,也是各国这一代领导人肩负的历史使命。高层领导人的互访,通过面对面的交谈,有助于加深理解,弥合分歧,增加信任。明年国际上还有几次盛会,3月将在丹麦的哥本哈根召开联合国关于社会发展问题的首脑会议;九月将在北京召开联合国第四届世界妇女大会;十月将在纽约联合国总部召开纪念联合国成立五十周年的首脑会议。我相信,明年将是中国外交更加活跃、取得新突破的一年。

中国和越南发表《中越联合公报》

一、应越南共产党中央委员会总书记杜梅、越南社会主义共和国主席黎德英的邀请,中国共产党中央委员会总书记、中华人民共和国主席江泽民于一九九四年十一月十九日至二十二日对越南社会主义共和国进行了正式友好访问。

中共中央总书记、国家主席江泽民同杜梅总书记和黎德英主席举行了会谈,还分别会见了越南政府总理武文杰、越南共产党中央委员会顾问阮文灵、范文同以及越南其他领导人。会谈和会见是在友好、坦诚、相互尊重、相互理解的气氛中进行的。双方认为,中共中央总书记、国家主席江泽民对越南的访问取得了圆满成功,把中越两国的友好合作关系提高到一个新的水平,并扩大了范围。

二、双方回顾了一九九一年十一月中越关系正常化以来,两国关系取得的新进展。双方一致认为,在一九九一年十一月十日联合公报和一九九二年十二月四日联合公报提出的指导两党、两国关系的原则的基础上,进一步巩固和加强两国之间的睦邻友好与互利合作关系,并使之长期稳定地发展,符合两国人民的迫切愿望和两国的根本利益,有利于本地区的和平、稳定与发展。双方均表示应面向二十一世纪,面向未来,推动两国关系向着更加深入和广阔的方向发展。

三、双方强调在平等互利的基础上加强两国经贸合作的重要性，为各自国家的发展和地区的繁荣作出贡献。双方签署了两国政府间的《关于成立中越经济贸易合作委员会的协定》、《汽车运输协定》、《关于保证进出口商品质量和相互认证的合作协定》。

双方同意将采取有效措施，使这次签署的各项协定及此前签订的贸易和经济技术合作协定得到全面实施，以便促进两国经贸合作长期、稳定的发展。

四、双方重申一九九一年以来两国历次进行的高层会晤所达成的协议，坚持通过谈判和平解决两国间存在的边界领土问题。双方对两国政府级和专家级谈判取得的进展感到满意。双方同意，根据双方签署的“关于解决两国边界领土问题的基本原则协议”，争取早日解决陆地边界和北部湾划分问题。与此同时，继续就海上的问题进行谈判，以便寻求双方都能接受的基本和长久的解决办法。在问题解决前，双方均不采取使争端复杂化或扩大化的行动，不诉诸武力或以武力相威胁。双方对产生的分歧应及时进行磋商，采取冷静和建设性态度，予以妥善处理；不因分歧而影响两国关系的正常发展。双方同意成立海上问题专家小组，进行对话和磋商。

五、双方重新确认了一九九一年十一月十日《中越联合公报》达成的共识：越南方面重申，越南承认中华人民共和国政府是代表全中国的唯一合法政府，台湾是中国领土不可分割的一部分。中国方面重申，坚决反对与中国建立外交关系的国家同台湾建立任何形式的官方关系，或进行任何具有官方性质的往来。越南方面表示，越南同台湾只进行非官方的经贸往来，绝不同台湾发展官方关系。中国方面对越南方面的上述立场表示理解和赞赏。

六、双方通报了各自国家的政治经济情况。中方介绍了中国深化改革，扩大开放，大力发展生产，建设有中国特色的社会主义的情况和取得的巨大成就。越方介绍了越南在各方面革新，扩大国际关系和社会主义建设事业取得的巨大成就。

七、双方认为，保持亚太地区的和平与稳定，加强各国和区域经济合作，符合本地区各国人民的共同愿望和根本利益。中方欢迎越南与东盟关系的新发展。双方表示愿为本地区的和平、安全、稳定与经济合作作出各自的努力。

八、中共中央总书记、国家主席江泽民对越南共产党、政府和人民隆重、热情的接待表示衷心的感谢，并邀请杜梅总书记、黎德英主席在方便的时候再次访问中国。杜梅总书记、黎德英主席愉快地接受了邀请。

一九九四年十一月二十二日于河内

国家副主席荣毅仁在人民大会堂会见以日本商工会议所特别顾问诸桥晋六为团长的日中经济交流使节团

国务院副总理邹家华在中南海会见法国原子能委员会主席菲利普·鲁维卢瓦

邹家华说，法国原子能委员会同中国在发展核电方面有着很好的合作关系。中国同法国等国合作建设的广东大亚湾核电站运行情况良好。邹家华说，中国由于经济发展快，对能源的需求日益增长。从长远来说，中国核电事业将会得到更大的发展，这一方面要靠自己的力量，同时要加强同国外的技术合作。中国欢迎包括法国在内的其他国家在中国发展核电方面参与平等竞争。

鲁维卢瓦说，法国愿保持和发展同中国在发展核电方面的良好合作关系，并愿开展同中国在核废料处理、核电站安全管理、快中子堆的研究等方面的合作。

中国核工业总公司总经理蒋心雄等参加会见。

国务委员兼国防部部长迟浩田上将在北京会见并宴请巴基斯坦陆军参谋局长贾汗吉尔·卡拉迈特中将

中国政府和塞内加尔政府在北京签署《文化合作协定1995至1997年执行计划》

中国政府和斯洛伐克政府在北京签署关于确认以前所签的有关条约协定仍然有效的换文

国家科委举行表彰大会表彰CIMS有功人员

国家科委表彰最近获得国际大奖——“大学领先奖”的国家计算机集成制造系统实验工程（即CIMS）的有关专家和技术人员。国务委员兼国家科委主任宋健在表彰会上指出：“九五”期间我们要大力推广应用计算机集成制造系统技术，以服务于国家经济建设。

中国女运动员李红云在世界举重锦标赛上五破世界纪录

中国选手李红云在女子64公斤级举重比赛中，5破该级别世界纪录，并以绝对优势赢得抓举、挺举和总成绩3枚金牌，成为世界女子举重锦标赛历史上三连冠的第一人。

11月23日

《人民日报》发表社论《加强睦邻友好 促进共同发展——热烈祝贺江泽民主席东南亚四国之行圆满成功》

共青团十三届三中全会在北京举行

共青团十三届三中全会于 11 月 23 日至 25 日在北京举行。

这次全会的主要任务，是进一步学习、贯彻落实党的十四届四中全会精神，研究讨论新形势下如何进一步加强团的建设。

中共中央政治局常委、书记处书记胡锦涛出席会议并讲话。胡锦涛在讲话中要求各级团组织精心安排好四中全会精神的学习，特别要组织好团的各级机关和干部的学习。通过学习和贯彻，使团干部和广大团员进一步增强党的观念，更加自觉地接受党的领导，坚决维护中央的权威，坚定地贯彻党的路线方针政策。

胡锦涛指出，建设有中国特色社会主义是跨世纪的伟大事业，需要培养和造就跨世纪的一代新人。我们国家在 21 世纪所面临的挑战，在一定意义上说，是对青少年一代素质的挑战。老一辈无产阶级革命家和党中央经常提醒全党把培养社会主义事业接班人的工作作为重要的战略任务抓紧抓好。培养和造就跨世纪一代“四有”新人，是全党全社会的工作，共青团负有重要职责。各级团组织一定要增强责任感和使命感，把培养“四有”新人作为共青团全部工作的出发点和落脚点。

胡锦涛强调，一个有强大精神支柱的民族才是有希望的民族。青年一代只有确立起强大的精神支柱才能够肩负起跨世纪的历史重任。共青团要高举邓小平同志建设有中国特色社会主义理论这面旗帜，用这一理论教育青年，帮助青年进一步树立远大理想，坚定走有中国特色社会主义道路的信念。要对青年进行爱国主义、集体主义、社会主义教育。当前要突出爱国主义教育，培养广大青年的爱国主义情感，提高他们的爱国主义觉悟，帮助他们进一步增强民族自尊、自信和自强精神。始终坚持用健康向上的思想观念和行为规范去引导青年，激励青年，帮助他们树立正确的世界观、人生观和价值观。要积极引导青年面向现代化、面向世界、面向未来，刻苦学习现代科技、社会主义市场经济等方面的知识，提高科技素质和劳动技能，掌握过硬本领，努力成为本职工作的内行和能手。要教育广大青年充分认识亿万人民群众建设有中国特色社会主义的伟大实践，是青年汲取营养和力量的源泉。鼓励青年到基层去，到艰苦的地方去，到改革和建设的第一线去，在实践中经受锻炼，增长才干，坚定不移地走同群众结合，同实践结合的道路。要加强对团员的教育，帮助他们加深对党的了解，增强党的观念，教育他们严格要求自己，尤其要加强对入党积极分子的培养、教育和考察，及时把符合条件的优秀团员推荐给党组织，充分发挥共青团作为党的后备军的作用。要通过坚持不懈的努力，促进千千万万现代化建设所需要的合格劳动者和各级各类建设人才的健康成长，源源不断地为党输送新鲜血液。胡锦涛指出，各级团组织要进一步增强服从、服务全党工作大局的主动性和自觉性。善于从共青团的性质和特点出发，在为大局服务中找准位置，确定重点，更好地发挥自身优势。要把为大局服务和为青年服务结合起来。适应新形势的要求，强化服务功能，拓宽服务渠道，建立服务体系，密切团组织与广大青年的联系。通过为青年服务，去吸引青年，凝聚青年，引导青年在改革、发展、稳定中更好地发挥生力军作用。

胡锦涛要求共青团抓住当前加强党的建设的有利时机，全面加强共青团建设，进一步增强团组织的吸引力、凝聚力和战斗力。他指出，共青团要善于在改革开放的新形势下认识自己、加强自己、提高自己，坚持思想建设、组织建设、作风建设全面推进，努力把共青团建设成用建设有中国特色社会主义理论武装、跟随党站在时代前列、密切联系青年群众、能够团结带领广大青年为实现党的任务英勇奋斗、思想上政治上组织上更加坚强的先进青年的群众组织，成为党的得力助手和可靠后备军。

全会期间，共青团中央第一书记李克强代表书记处作了题为《在服务大局与服务青年的有机结合中推进共青团的建设》的讲话。

全会还审议通过《共青团中央关于加强团的建设若干问题的决定》。

全国人大常委会委员长乔石在巴西利亚会见巴西当选总统卡多佐

卡多佐表示，他领导的下届政府将继续发展同中国的友好合作关系，继续执行现政府的对华政策。

卡多佐说，目前巴中双方在空间、能源、电力等领域的合作业已开始，两国关系已进入一个新的发展阶段。他说，巴中两国有很多共同点，在许多重大国际问题上有着共同看法，巴中之间应保持不断磋商，这也是对世界和平的贡献。

乔石说，中国政府十分重视发展同巴西的友好合作关系。我们愿在和平共处五项原则的基础上，与巴西政府一道把中巴两国的友好合作关系推向一个新的高度。

乔石还说，中国和巴西作为东西两半球最大的发展中国家，应为世界的和平、稳定、繁荣与人类的进步，作出应有的贡献。

国务院纠正行业不正之风办公室在广州召开座谈会

11 月 23 日至 26 日，国务院纠风办在广州召开纠正行业不正之风工作座谈会。

参加这次会议的有14个省、自治区、直辖市纠风办主任和纪检监察机关分管纠风工作的领导同志。

中央纪委副书记、国务院纠风办主任徐青主持会议。他说，今年以来，纠风工作的发展势头是好的，在巩固去年已有成果的基础上，“三清一刹”取得不同程度的效果。在治理乱收费方面，又公布取消一大批乱收费项目，在去年减少乱收费70多亿元的基础上，今年减少的数目又有较大幅度增加，仅查出的违纪收费金额就达7.6亿元；基本刹住利用公款变相出国（境）旅游的不正之风。据27个省、自治区、直辖市的不完全统计，共清理出党政机关及工作人员占用企业交通工具6312辆（艘）、通讯设备14611部，占用企业资金和索要赞助款8亿元，目前已完成1/3的清退；重点部门和行业的刹风工作也有新的进展。

国务委员李贵鲜在听取代表们几天的讨论后讲话指出，行业不正之风从整体上看还没有被遏制住。老百姓从衣食住行到生老病死，经常碰到以权谋私、不给好处不办事的问题，对有些部门和行业的风气反映仍很强烈。谈到明年纠风工作的思路，李贵鲜提出，明年的纠风工作要放在全党工作的大局和反腐败工作总的思路中来考虑。“三清一刹”工作要在巩固中深化，在深化中适度拓展。在继续刹风整纪、进行专项治理的同时，实行标本兼治。各地各部门在研究经济体制改革时，就要同时考虑纠正和防止不正之风的问题，革除现行体制、制度上的弊端，同时要认真执行现有法律、法规，进一步强化制约监督机制。在具体工作中，他要求突出重点，条块结合，精密部署，结合各地各行业实际，选择一些群众反映强烈、影响面大，又能抓出明显成效的问题，一个一个地加以治理。

李贵鲜最后说，1995年元旦、春节就要到了。过好一个清正廉洁、喜庆欢乐的元旦、春节，是对我们今年反腐败包括纠风成果的一个检验。各地区各部门要坚决贯彻国务院关于严格控制消费基金过快增长和加强现金管理的通知，精简会议和庆祝、表彰活动，防止年终突击花钱，严禁用公款大吃大喝、铺张浪费，严禁上下级之间、部门之间赠送和收受礼品、礼券和土特产品。对于不听招呼顶风违纪的，要严肃查处。对典型案例，要公开报道。

广东省省长朱森林在会议开始时到会并讲话。

中宣部解放军总政治部通报表彰军民共建精神文明先进单位

中共中央宣传部、解放军总政治部日前发出通报，表彰军民共建精神文明先进单位，要求广大军民共同努力，把军民共建活动提高到一个新的水平。

《通报》指出，兴起于80年代初期的军民共建社会主义精神文明活动，在党中央、国务院、中央军委的亲切关怀下，经过全国军民坚持不懈的努力，取得了丰硕成果，涌现出一大批先进典型。他们的共同特点是：军地领导重视，摆到重要日程，组织机构健全；纳入精神文明建设的总体规划，制度落实，活动经常；注重思想建设，内容丰富，形式多样；相互学习，相互促进，军政军民关系融洽，为本地区的精神文明建设提供了经验。为了充分发挥先进典型的示范作用，进一步激发广大军民的积极性和创造性，推动军民共建活动的深入开展，中共中央宣传部、总政治部决定表彰北京市西城区厂桥街道柳荫街居委会、解放军51121部队77分队等132对军民共建社会主义精神文明先进单位。

《通报》强调，大力加强社会主义精神文明建设，是一项长期的战略任务，是国家长治久安、民族兴旺发达的重要保证。江泽民同志指出，要“进一步开展军民共建、警民共建文明单位等群众性活动，把精神文明建设落实到城乡基层”。各地、各部队要以党的十四届四中全会精神为指导，坚持“两手抓，两手都要硬”的方针，进一步认清军民共建活动的重大意义，学习和借鉴先进单位的经验，坚持方向，改进方法，拓宽领域，丰富内容，把这项活动不断推向深入。要继续坚持以地方领导为主，以发动群众自己搞为主，以做思想政治工作为主的原则，保持军民共建活动的正确方向。着重抓好建设有中国特色社会主义理论的学习和爱国主义教育，加强思想道德建设，弘扬时代主旋律。切实把军民共建活动的重点放在基层，克服形式主义，注重工作实效。认真研究和解决新形势下军民共建活动出现的新情况、新问题，保证这项活动的健康发展。通过广大军民的共同努力，把军民共建活动提高到一个新的水平，为国家的改革、发展、稳定和部队现代化建设创造良好的社会环境。

国务院总理李鹏致电联合国声援巴勒斯坦人民国际日大会召开

电文说，自上次大会以来，中东地区形势发生了重大变化。巴勒斯坦已在加沙和杰里科实行自治，约旦和以色列签署了和平条约。最近，又在摩洛哥召开了中东和北非国际经济首脑会议。这是中东和平进程的积极成果，是朝着恢复巴勒斯坦人民合法民族权利，实现中东和平迈出的重要一步。希望中东问题有关各方继续以灵活、务实的态度，争取早日恢复巴勒斯坦人民的合法民族权利，实现中东地区的和平与发展。

中国十分关注中东形势的发展，一贯支持巴勒斯坦人民的正义事业，将继续与国际社会一道，为最终全面、公正、合理地解决包括巴勒斯坦问题在内的中东问题作出自己的贡献。

国务院副总理邹家华在钓鱼台国宾馆会见以色列通信科学艺术部部长舒拉梅特·艾劳妮女士

中国常驻联合国副代表王学贤大使在联大三委讨论人权议题时发言反驳欧盟代表对中国人权状况的歪曲捏造和无端攻击

代表欧盟发言的德国代表昨天在发言中指责许多国家的人权状况。他一连点20多个国家的名，对中国也进行全面的攻击，但就是没有谈到本国和西方国家的人权状况。他的讲话受到许多国家代表的反驳。

王学贤在答辩中说，欧盟代表口口声声关心别国人权，俨然一副人权卫士的样子。但是在这些所谓人权卫士的国度里，至今仍存在着严重的排外主义、种族歧视、对妇女的歧视、对少数人和土著人的歧视等践踏人权的现象。我们并不认为中国的人权状况已尽善尽美。几十年来，中国在政治、经济、文化等各个领域取得举世瞩目的进步。民主与法制不断完善，人权和自由的享受水平是中国历史上前所未有的。中国人民取得的这些进步有目共睹，也是世界上不存偏见的人所公认，非谣言和污蔑所能抹杀和诋毁得了的。有些国家对中国在保护和促进人权和基本自由方面所取得的进步视而不见，原因是中国人民没有接受他们的价值观和社会制度。他们关心中国的人权状况是假，企图借人权问题向中国施加压力，阻挠中国的发展，迫使中国人民放弃自己选择的制度是真。中国人民决不会屈从外界压力。中国坚决反对任何国家或集团借“维护人权”之名干涉中国的内政。

以色列爱乐乐团在北京人民大会堂举行访华首演

11月24日

中共中央发出《关于加强农村基层组织建设的通知》

为贯彻落实党的十四届四中全会的决定，大力加强农村以党组织为核心的基层组织建设，推进农村的改革、发展、稳定和全面进步，中共中央近日专门发出《关于加强农村基层组织建设的通知》，要求各地各部门认真贯彻执行。通知的主要内容摘要如下：

一、实现新时期党在农村的历史任务，必须大力加强农村基层组织建设

1. 我国的改革开放和现代化建设正处在关键时期。全党全国人民正在为本世纪末初步建立起社会主义市场经济体制和实现人民生活达到小康水平的目标努力奋斗。农业是国民经济和整个社会主义现代化建设的基础。农民是建设有中国特色社会主义的一支基本依靠力量。在今后几年中，我国农业要登上新台阶，农村改革要有新进展，农村社会面貌要有新变化，全国大多数农村要达到小康标准，任务十分艰巨。必须动员各方面的力量，作出艰苦的努力，其中最重要的一项基础工作，就是加强农村基层组织建设。进一步建设好全国农村80多万个基层组织，才能保证党的基本路线和各项方针政策的贯彻落实，把亿万农民紧密团结在党的周围，凝聚成建设社会主义新农村的强大力量，推进农村改革的深化、经济的发展和社会的进步。全党同志必须从全局的战略的高度，充分认识加强农村基层组织建设的重大意义。

2. 几年来，特别是邓小平同志视察南方重要谈话和党的十四大以来，各级党委按照中央的部署，积极推进以党支部为核心的村级组织建设，做了大量工作，收到了明显成效。我国农村的深刻变化和巨大进步，与农村基层组织和广大基层干部、共产党员的辛勤工作是分不开的。对此，必须充分肯定。同时应当清醒地看到，随着社会主义市场经济的发展，农村基层组织面临着许多新情况，程度不同地存在一些同新形势不相适应的问题。对这些问题，必须引起高度重视，认真加以解决。

当前，我国农村总的形势是好的。农村的改革和建设面临着良好的机遇。各级党委必须认清形势，抓住有利时机，下真功夫、苦功夫，大力加强农村基层组织建设，使这方面的工作取得新的进展，务必收到明显效果。

二、加强农村基层组织建设的主要目标和指导思想

3. 农村基层组织建设，包括乡(镇)、村两级，重点是村。今后几年，要努力实现以下五项目标：一是建设一个好领导班子，尤其要有一个好书记，能够团结带领群众坚决贯彻执行党的路线方针政策。二是培养锻炼一支好队伍，共产党员能够发挥先锋模范作用，干部能够发挥示范带头作用，共青团员能够发挥助手和后备军作用。三是选准一条发展经济的好路子，充分发挥当地优势，加快农民脱贫致富奔小康的步伐。四是完善一个好经营体制，把集体统一经营的优越性和农户承包经营的积极性结合起来，增强经济发展的活力，引导和帮助农民走共同富裕的道路。五是健全一套好的管理制度，体现民主管理原则，保证工作有效运转，使村级各项工作逐步走上制度化、规范化的轨道。

4. 省(自治区、直辖市)、地(市)、县(市)都要在调查研究的基础上，按照“五个好”的目标，制订今后几年

加强农村基层组织建设的具体规划，并按年度组织实施。对不同情况的基层组织，要提出不同的要求，实行分类指导。当务之急，是力争在3年内把处于软弱涣散和瘫痪状态的基层组织整顿和建设好，真正解决阻碍改革、发展、稳定的突出问题。对贯彻党的路线方针政策得力、经济发展快、社会风气好的先进村，要对领导班子建设提出更高的要求，对经济发展提出新的目标，使各方面工作更上一层楼，充分发挥其示范、辐射、帮带作用。对中间状态的村，要加强领导班子建设，加快经济发展步伐，搞好精神文明建设，如期实现小康目标。

5. 农村基层组织建设的全部工作，必须以邓小平同志建设有中国特色社会主义理论和党的基本路线为指导，坚持解放思想和实事求是相统一，坚持从群众中来到群众中去，认真贯彻以下指导思想和工作方针。

——加强农村基层组织建设，要着眼和落脚于保证党的基本路线和农村政策的有效贯彻执行，团结带领广大农民群众为实现农村发展的宏伟目标努力奋斗。始终坚持以经济建设为中心，以奔小康、建设社会主义新农村为目标，使搞好农村基层组织建设与推动农村改革、发展、稳定结合起来，相互促进。既要防止脱离经济建设这个中心就基层组织抓基层组织的倾向，也要防止就经济抓经济，忽视基层组织建设的倾向。

——抓住党组织建设这个关键，贯彻从严治党的方针，从思想上、组织上、作风上全面加强农村基层党组织建设，增强解决自身问题的能力，以充分发挥党组织在带领农民群众实现共同富裕和共同进步中的核心领导作用。

——把农村基层组织建设作为一个系统工程，配套地抓好以党支部为核心的村级组织建设，同时抓好以增强服务功能为重点的经营体制建设，以民主管理为主要内容的工作制度建设。这几项建设是相互联系的整体，要全面搞好，不能单打一。

——要在改革和发展中研究新情况，解决新问题。总结推广已有的成功经验，并在实践中丰富、完善、提高，同时随着形势的发展，大胆探索，勇于试验，创造和积累新的经验，把基层组织建设工作提高到新的水平。

三、村党支部和其他组织都要把贯彻执行党的基本路线、团结带领农民群众奔小康作为根本任务

6. 全面发展农村经济，保证农产品有效供给，增加农民收入，是党在农村的中心任务，也是广大农民群众的愿望和要求。农村基层党组织要紧紧抓住这个中心，按照市场需求，发挥本地优势，拓宽致富门路，加快经济发展的步伐。要坚持以公有制为主体，多种经济成分共同发展的方针。要树立大农业、大市场、大流通的观念，保持粮食、棉花稳定增产，积极发展多种经营。大力发展乡镇企业，逐步走贸工农一体化、产供销一条龙的路子。要有计划地组织农村劳动力，投入农田基本建设，发展二、三产业，建设小城镇。先富的乡村要带动帮助贫困乡村共同致富。经济落后的乡村，要自力更生，艰苦奋斗，挖掘本地潜力，加强同发达地区的互利合作，加快脱贫致富步伐。

7. 家庭联产承包为主的责任制、统分结合的双层经营体制，是我国农村的基本经济制度。家庭承包经营要长期稳定，在此基础上，要充实集体统一经营的内容，逐步壮大集体经济实力，增强服务功能，使集体经济内部统一经营和家庭承包分散经营两个层次都得到发展。壮大集体经济的主要途径是：搞好清理财务工作，把集体资产管理好、利用好；完善各业承包责任制，按照合同合理提取承包金；充分利用本地资源，积极组织开发性生产，兴办经济实体，大力发展乡村工业和第三产业，等等。对贫困地区发展乡村企业和多种经营，要加大扶持力度。

8. 农村基层党组织必须认真贯彻"两手抓，两手都要硬"的方针，紧紧抓住发展农村生产力这个中心，同时加强社会主义精神文明建设，提高广大农民的思想道德水平和科学文化水平。深入开展创建文明村镇、文明农户活动。针对农民特别是青年农民的思想状况，采取他们易于接受的方式，加强经常性的思想政治工作，坚持爱国主义、集体主义、社会主义教育，加强法制教育，大力提倡艰苦奋斗、勤劳致富、互助互爱的精神。要丰富农村文化生活，推动移风易俗，同时加强对农村文化市场的管理和监督，坚定不移地用健康、文明、进步的思想和风尚占领农村阵地。

四、加强农村基层党组织建设，增强凝聚力和战斗力

9. 党支部建设要重点抓好领导班子建设，选好支部书记，形成能带领农民群众奔小康的坚强集体。要解放思想，按照德才兼备原则，选拔认真贯彻党的路线方针政策、公正廉洁、年富力强、能带领群众致富的人，担任支部书记。尤其要注意选用那些尊重知识和人才、善于聚才用才的人。对经过实践考验，胜任工作，群众拥护的现任支部书记，要给予支持。确实难以胜任的，要及时调整。有的村一时没有适合担任支部书记的人选，可采取从党政机关、乡镇企业挑选优秀分子到村任职等办法解决。要开阔视野，拓宽渠道，有计划地从在乡知识青年、退伍军人、乡村企业骨干、外出务工经商的优秀分子中，发现人才，精心培养，经过几年努力，使每个县、乡形成既能带领群众实现本世纪末的奋斗目标，又能在进入21世纪后发挥骨干作用的村级干部群体。

10. 根据新的情况合理调整基层党组织设置，改进领导方式和工作方法。适应农村产业结构、劳动力就业结构以及党员分布情况的变化，党组织要及时调整设置形式。党支部、村委会、集体经济组织主要领导成员可以适当交叉兼职，保持精干，注重工作效率。经济发展比较快、党员比较多的村，可以酌情成立村党委或村总支。农工商各业都比较发达的村，可改变单纯以行政村或居住区域建立党组织的格局，根据需要在某些行业和规模较大、党员较多的企业建立党组织。各种所有制的经济组织，凡是有党员 3 人以上的，都应建立党组织；不足 3 人的，可与其他单位联合建立党组织。所有基层党组织都要严格执行民主集中制，建立健全工作制度，积极主动地开展活动，加强党内监督。

11. 加强和改进对农村党员的教育和管理，帮助党员全面提高素质、增强党性。从现在起，用 3 年左右时间，有计划有步骤地组织全体农村党员开展学习建设有中国特色社会主义理论和学习党章的活动。学习要联系实际，开展批评与自我批评，促进农村基层组织的“五个好”建设，推动后进乡村的转化。这项工作，主要由县(市)委负责组织实施。要坚持、完善党员教育管理工作的目标责任制。把必要的集中教育与经常教育结合起来，思想教育与解决实际问题结合起来，发扬积极因素与克服消极因素结合起来，坚持党的民主生活会制度与坚持民主评议党员结合起来，增强基层党组织的活力。要用各种生动活泼的形式，开展争创先进党支部、争当优秀党员的活动，使教育管理与两个文明建设相互促进。

12. 认真做好在优秀青年积极分子中培养和发展党员的工作。对那些长期没有发展党员，以致党员队伍严重老化的乡村，要抓紧帮助解决存在的问题。要加强在妇女中培养和发展党员的工作。发展新党员，必须把工作基础放在切实加强对积极分子的培养教育上，严格执行党章及有关规定，坚持标准，保证质量。共青团组织要做好推荐优秀团员作党员发展对象的工作。

五、健全村民自治组织、集体经济组织和群团组织，促进村级各项工作的制度化、规范化

13. 要认真贯彻执行《村民委员会组织法(试行)》，健全村民委员会和村民小组，完善村民自治制度，更好地发挥基层群众自治组织自我管理、自我教育、自我服务的作用。党支部要加强对村民委员会的领导，支持村民委员会依法开展工作。村民委员会必须把自己置于党支部领导之下，积极主动地做好职责范围内的工作。乡镇政府应当尊重村民委员会的法律地位，支持其工作；村民委员会应当积极取得乡镇政府的指导、支持和帮助，在履行村民自治职能的同时，积极完成乡镇政府布置的工作任务。要广泛开展依法建制、以制治村、民主管理活动，调动农民群众当家作主的积极性。继续开展村民自治示范活动。当前应着重抓好：(一)村民选举制度。村委会成员，坚持由民主选举产生。选举要依法办事，加强引导，尊重村民的民主权利，坚决反对和纠正选举中的违法违章活动。(二)村民议事制度。村里的大事，包括经济和社会发展的规划、公益事业的兴办以及群众普遍关切的热点问题的处理等，都必须依据有关法规由村民代表会议或村民大会讨论，按照民主集中制的原则作出决定，不能由个人或少数人说了算。(三)村务公开制度。凡涉及全村群众利益的事情，特别是财务收支、宅基地审批、当年获准生育的妇女名单及各种罚款的处理等，都必须定期向村民张榜公布，接受群众监督。(四)村规民约制度。按照国家法律、法规和政策，根据当地情况，从本村群众迫切要求解决的问题入手，经村民代表会议或村民民主讨论，制定包括本村干部在内的全体村民都必须遵守的章程，规范大家的行为，并逐步充实内容，完善实施办法。

14. 建立健全集体经济组织，充分发挥其生产服务、协调管理、资产积累、资源开发、兴办企业等职能作用。要充实懂经营、会管理的骨干力量，充实服务内容，积极开展服务活动，提高服务质量。根据经济发展的需要，可逐步发展各种专业性服务组织，为农户提供产前、产中、产后服务，引导和帮助农民更有成效地进入市场。集体经济组织内部活动和对外交往，要建立必要的制度。重大事项必须经过民主讨论决定。各业承包要按有关的规定办事，认真签订和履行合同。加强财务管理，实行民主理财，定期公布收支，接受服务监督。

15. 加强青年、妇女、民兵等组织的建设。党组织要把共青团的建设放在重要位置上，支持团组织的工作，用适合青年特点的方式，把农村中最活跃、最有生气的力量团结起来，充分发挥他们在改革和建设中的生力军作用。要重视、关心农村妇女组织的建设和工作，进一步发挥其联系妇女群众的桥梁和纽带作用。要重视和加强民兵组织建设。要支持群团组织从各自的特点出发，紧紧围绕党的中心工作开展活动，为发展经济、共奔小康建功立业。所有的群团组织，都要根据所联系群众的职业分布和流动趋势的变化，调整自身的组织设置和工作方式，构建新形势下团结、联系本组织成员的新型纽带。对于不能正常开展活动的村级群团组织，党支部和乡镇党委、群团组织要切实负起责任，逐一分析原因，分别采取措施进行整顿，帮助解决问题。

16. 要建立健全村、组治保组织和人民调解组织，

培养骨干力量，及时调解民事纠纷，化解人民内部矛盾。要发动、组织和依靠群众，搞好群防群治，强化社会治安综合治理，反对封建迷信，严禁赌博，制止非法的宗教、宗族活动，惩治违法犯罪行为，维护和保持农村社会的稳定。

六、抓好农村基层干部队伍建设，全面提高基层干部素质

17. 全国农村几百万基层干部，是贯彻党在农村的方针政策，完成各项任务，团结带领广大农民建设社会主义新农村的骨干力量。这支队伍的主流是好的。但是，相当一部分干部的素质同所担负的任务还不适应。要采取有效措施，加大培训力度，帮助他们学习邓小平同志建设有中国特色社会主义理论，学习社会主义市场经济知识，学习科技和文化。各地都应根据本地情况制定规划，对村级主要干部分期分批地进行培训。每年至少培训10天，每次解决几个最急需解决的问题。可以组织村干部轮流到县、乡党校学习，也可以组织到奔小康示范村实地考察，交流经验，互帮互助。

18. 要保护和调动农村基层干部的积极性。广大基层干部处在农村工作第一线，肩负的任务重，面临的矛盾多，工作非常辛苦。各级党委、政府和各部门，要满腔热情地关心、帮助、支持他们的工作。(一)政治上关心爱护。对那些公正清廉，奋力工作，为农村发展和进步做出了突出贡献的优秀村干部，要充分肯定成绩，宣传他们的精神风貌，在社会上形成尊重基层干部的风气。(二)建立适合农村基层特点的激励机制，使村干部干有所为，退有所安，老有所养。提倡干部报酬同工作实绩挂钩，并保证兑现。对群众公认有突出贡献的干部要给以奖励。积极创造条件，建立村干部养老保险制度，或者对离任村干部根据任职时间和贡献给以适当补贴。对一些贫困村中本来很低的干部报酬补贴尚不能兑现的问题，所在县、乡要积极设法解决。特别困难的地方，上级组织应给予必要的帮助。(三)支持村干部依法行使职权，大胆进行工作。要实事求是地评价基层干部的功过是非，公道正派地对待每一个干部。对坚持原则、努力工作的干部要给予支持，有了缺点要从爱护出发耐心进行帮助，属于与上级工作有关的问题，领导要主动承担责任。对于打击报复村干部的行为，要旗帜鲜明地坚决制止，构成违法犯罪的要依法严惩。(四)要把从优秀村干部中招聘录用乡镇干部作为一项重要制度长期坚持下去，并在实践中加以完善。

19. 抓好农村基层干部的思想作风建设。着重教育他们坚持解放思想、实事求是的思想路线，牢记全心全意为人民服务的宗旨，努力学会在工作中走群众路线，发扬艰苦奋斗、任劳任怨的精神，自觉抵制拜金主义、个人主义和腐朽生活方式的侵蚀，克服简单粗暴的工作作风，反对弄虚作假。对思想作风有问题的干部，要及时批评教育。对违纪犯法的，要及时查处。

七、加强乡镇党委和乡镇政权建设，使其切实担负起加强村级组织建设的责任

20. 乡镇党委、政府对村级组织建设负有直接的责任，必须用足够的精力，扎扎实实、坚持不懈地抓好这项工作。要实行严格的责任制。从党政主要负责干部做起，每个乡镇干部都要分工负责，定期驻村工作，确保实现村级组织建设“五个好”的目标。县委考察乡镇干部政绩，要把这项工作作为主要内容。

21. 所有乡镇机关都应制定本乡镇两个文明建设的发展目标，并落实到每个村和乡镇机关每个单位、每个干部。每年组织村干部和人民代表，对乡镇机关和干部完成任务的情况进行评议，并将评议结果作为决定升降奖惩的依据。县级领导班子成员要注重从优秀的乡镇领导干部中选拔。

22. 增强乡镇的管理和协调功能，理顺条块关系。乡镇党委是乡镇各项工作的领导核心，要尽职尽责，充分发挥作用。要围绕中心任务，组织动员县(市)直驻乡镇单位的力量，共同贯彻落实上级党委、政府布置的工作，为村级组织建设服务，为发展农村经济、促进农村进步服务。要抓好县(市)直各部门特别是执法部门驻乡镇单位党的建设，帮助他们认真执行“两公开一监督”制度，加强党风和廉政建设，坚决纠正行业不正之风。县(市)有关部门设在乡镇的机构，要区别不同情况，有的放到乡镇管理，有的由乡镇和县直主管部门双重领导。实行双重领导的机构，干部的调动、任免、奖惩必须征得乡镇党委的同意。

八、各级党委要切实加强和改进对农村基层组织建设的领导

23. 省(自治区、直辖市)、地(市)、县(市)委要把农村基层组织建设工作列入重要日程常抓不懈。党委领导同志要直接联系不同类型的村，经常深入到群众中去，发现和解决问题。在党委领导下，各有关职能部门要分工负责，密切配合，齐抓共管。由党委组织部门或农村工作部门牵头，及时沟通情况，协调工作。省、地、县三级党政机关，要实行部门负责包村，领导干部带头，每年抽出一批干部，以各种形式到乡驻村入户，掌握实情，多办实事，既帮助基层工作，又培养锻炼干部，促进机关作风的转变。这要作为一项制度，长期坚持下去。

24. 加强农村基层组织建设，县(市)委是关键。县(市)委要切实履行以下职责：制定加强全县(市)农村基层组织建设的工作规划，确定每年组织实施的目标和措施；掌握农村基层组织的情况，抓住重点，实行分类指导；督促乡镇党委抓好村级组织建设；搞好村主要

干部的培训；研究建立和实施有关乡村干部的激励机制。上级党委应按照这些职责来考核县(市)委抓农村基层组织建设工作的政绩。县(市)委书记是本县(市)抓农村基层组织建设工作的第一负责人，要全面负责。县级领导班子成员每人要联系二、三个村，包括后进村，确定工作目标，经常深入下去，进行具体指导。

25. 各级党委对农村基层组织建设工作，要及时进行督促检查。督促检查的方法，不要只是听汇报，而要深入到乡、村，直接听取基层干部和群众的意见，掌握第一手材料，研究新情况，解决新问题，总结新经验，把工作不断推向前进。

最高人民检察院关于印发《人民检察院政治工作纲要》的通知

各省、自治区、直辖市人民检察院：

现将《人民检察院政治工作纲要》印发给你们，请结合实际认真贯彻执行。

人民检察院政治工作纲要(略)

国务院副总理李岚清在钓鱼台国宾馆会见以韩国民主和平统一咨询委员会第一副主席金命润为团长的韩国知名人士代表团

中国和科威特在科威特签署关于中国派遣医疗队赴科威特工作的议定书

克罗地亚共和国总理瓦伦蒂奇在萨格勒布政府所在地会见由布赫副委员长率领的全国人大代表团

全国人大常委会副委员长布赫率领的全国人大代表团在萨格勒布同克罗地亚副总理兼外交部部长格拉尼奇进行会谈

克罗地亚共和国总统图季曼在萨格勒布总统府会见由副委员长布赫率领的全国人大代表团全体成员

中共中央政治局委员国务院副总理李岚清会见参加中央电大15周年校庆和全国电大校长座谈会的代表

昆明徐霞客纪念馆在滇池之滨建成

11月25日

共青团十三届三中全会通过《共青团中央关于加强团的建设若干问题的决定》

决定提出新形势下加强团的建设的指导思想和工作原则。

指导思想是：以建设有中国特色社会主义理论和党的基本路线为指导，以基层建设为重点，用改革的精神和发展的观点研究新情况、解决新问题，突出抓好青年服务体系的建设和基层组织的巩固、调整、发展，构建起广泛联系青年的新型纽带，努力把共青团建设成用建设有中国特色社会主义理论武装，跟随党站在时代前列，为经济、社会发展服务，为青年健康成长、建功立业服务，思想上政治上组织上坚强巩固，在青年中具有吸引力和凝聚力的先进青年的群众组织。工作原则是：用建设有中国特色社会主义理论指导团的建设；在服务党的工作大局中加强团的建设；结合党的建设加强团的建设；坚持和健全民主集中制；加强团的建设与开展团的活动紧密结合；把服务青年作为加强团的建设的切入点和突破口；把团的建设重点放在基层；用改革的精神和发展的观点研究和推动团的建设。

决定要求团组织要围绕青年在改革开放和现代化建设中健康成长、建功立业的根本利益，关心青年的特殊需求，把育人与建功结合起来，把服务青年和服务经济、社会发展结合起来，和加强团的基层建设结合起来，开展各种具体有效的服务工作。确定服务项目，开展服务活动，形成有形手段，建立工作依托，通过不懈努力和积极探索，逐步建立起以共同理想为目标，以根本利益为基础，以团的组织为依托，以服务项目和阵地、实体等为具体形式的青年服务体系。

决定强调，要巩固、调整、发展团的基层组织，扩大团的工作在青年中的覆盖面。要把工作重点放在整顿和建设好农村中大量存在的工作不够活跃，特别是处于松散瘫痪状态的基层团组织上。要建设一个能够帮助青年脱贫致富奔小康的领导班子，特别要选好团支部书记；选准一个为当地经济发展和青年致富服务的具体项目，建立有形的工作依托；带好一支能够发挥模范作用的团员队伍；建立一套保证开展团的工作和组织生活的有效制度。要以乡镇企业为重点抓紧新经济组织的建团工作。乡镇企业具备建团条件的，均要按照团章规定建立团的组织。外商投资企业有条件建团的，应当及时建立团的组织。积极推进在私营企业以及个体青年比较集中的集市、协会中的建团工作。逐步把流动团员管理的重点转移到加强对外来团员的管理上来。

决定还就建设宏大的团员队伍，进一步做好"推优"工作，努力提高团干部队伍的整体素质提出了要求。

全国台湾研究会在北京举行第三届理事会

来自全国各地的80多位专家、学者参加会议。会议选举程思远为台研会会长，经叔平、季崇威、张万欣、姜殿铭为副会长。

《人民日报》发表评论员文章《确保今年财税增长目标实现》

全国政协主席李瑞环在北京会见以韩国民主和平统一咨询委员会第一副主席金命润为团长的韩国知名人士代表团

国家副主席荣毅仁在人民大会堂会见由会长立石孝雄率领的第二次日本国际贸易促进协会京都总局访华团

国务院副总理邹家华在北京会见由副总裁弗莱恩率领的荷兰退休基金集团中国投资考察团

中国代表王学贤在联大三委提出开展人权领域国际合作四点主张

中国常驻联合国副代表王学贤大使在联大三委发言，阐述中国针对当前国际社会中的人权问题状况，为贯彻《维也纳宣言和行动纲领》而提出的主张。

王学贤指出，一些国家以救世主和人权法官自居，向发展中国家施加政治、经济压力，推行自己的价值观，粗暴干涉别国内政。他们任意歪曲联合国人权文书，割裂人权概念，使全面促进和保护人权成为只是一个口号。

王学贤针对上述情况，提出了贯彻《维也纳宣言和行动纲领》，开展人权领域正常的国际合作的四点主张：

1. 全面、正确地理解和执行《纲领》。纲领内容相互关联，不可分割，是一个整体。对其内容不应根据自己的意愿任意取舍，或加以片面解释；对其各项建议，应同等重视和全面执行，避免片面性和厚此薄彼。

2. 尊重不同国家和地区的特性，增进国际合作。在强调人权具有普遍性的同时，不应忽视国家和地区的特性。不顾各国和地区的特性，把自己的价值观强加于人的那一套是根本行不通的。

3. 铲除人权政治化和双重标准。世界上任何国家都不能说自己在人权的每一个方面都是十全十美，无可挑剔的。将世界上一部分国家说成是维护人权而指责另一部分国家侵犯人权，这不仅不符合事实，而且违反《纲领》。

4. 应继续优先关注和制止由于种族主义、种族歧视、外国侵略和占领所造成的大规模粗暴侵犯人权的现象。同时也不应忽视两类不同的人权，特别是广大发展中国家的发展权、生存权。

11月26日

全国人大常委会副委员长程思远在钓鱼台国宾馆会见马来西亚企业家张武帮并代表北京中华国际名人研究会授予他国际名人荣誉称号

中央军委委员总政治部主任于永波在北京同军队青年工作干部进行座谈

于永波指出，共青团组织在军队基层建设中要抓好以下几点：一是要在抓基层、抓落实上狠下功夫，特别是要在落实军委江主席对军队建设总要求和《军队基层建设纲要》上见成效。二是要对青年进行我军宗旨的教育，引导他们树立正确的人生观、价值观，培养更多的四有革命军人；三是根据共青团特点，发挥青年在完成各项任务中的突击作用；四是青年团的干部要加强自身建设，提高素质，做好工作。各级党委、政治机关要加强对青年工作的领导，对共青团工作上的困难，要尽可能帮助解决。

中国迄今保存最完好的隋唐宫殿遗址在陕西省麟游县出土

隋唐宫殿遗址最近在陕西省麟游县被发掘出来。这是中科院考古研究所西安唐城工作队在隋仁寿宫——唐九成宫遗址考古中取得的一项重大成果。

11月27日

国务院总理李鹏在人民大会堂与冰岛总理大卫·奥德松举行会谈

李鹏对冰岛政府支持中国恢复关贸总协定缔约国地位的立场表示赞赏，并指出，中国的经济体制改革特别是外贸体制改革使中国复关的条件已经成熟。

李鹏说，中冰相距遥远，自1971年建交以来，两国关系发展良好，双方政治往来增多，经贸合作不断扩大，文化和科技交流也有一定发展。他表示相信，奥德松总理的访问将进一步促进两国友好合作的发展。

奥德松说，鉴于中国在国际事务中日益增长的重要性以及冰中关系的不断发展，冰岛政府决定明年初在北京设立使馆。李鹏总理对此表示欢迎。他说，相信冰岛驻华大使馆的设立将有利于两国官方往来和两国人民间的友好交往。

李鹏说，目前中冰两国的贸易额还不大，希望进一步探讨符合双方需要的合作途径。冰岛有丰富的地热资源和先进的地热开发技术，还为中国培养一些技术人员，双方可以在这一领域继续合作。

李鹏对冰岛政府的上述立场表示赞赏。李鹏说，“中国需要世界，世界也需要中国”。中国政府为复关做出重大努力，中国的经济体制改革特别是外贸体制改革，使中国恢复关贸总协定缔约国地位的条件已经成熟。在复关问题上，中国决不拿原则做交易。中国作为一个贸易大国恢复在关贸总协定的缔约国地位，并成为世界贸易组织的创始成员是理所当然的事情。李鹏说，现在时间已经不多了，我们希望年底前谈判能取得进展。一旦谈不成，继续将中国排斥在关贸总协定之外，责任不在中方。

奥德松说，冰岛作为一个以渔业为主的国家，非常重视环境保护，认为发达国家在这方面应做出更大努力，也希望同中国加强在环保领域的合作。李鹏指出，中国十分重视环境保护，并将其确定为一项基本国策，制定了环境与发展的十大对策。发展和环保并重，发达国家理应在环保方面承担更大责任，并采取实际行动帮助发展中国家解决环保问题。

会谈后，李鹏和奥德松出席了两国政府文化协定的签字仪式。

全国人大常委会委员长乔石在斐济会见斐济总理兰布卡

中共中央政治局常委胡锦涛在人民大会堂会见由主席卡米洛·埃斯卡洛纳率领的智利社会党代表团

胡锦涛说，中智建交二十四年来，两国关系发展良好。近年来，随着两国高层来往的增多，两国关系又有新的发展。在刚刚结束的亚太经合组织领导人非正式会议期间，江泽民主席同弗雷总统进行会晤，推动两国各个领域的友好合作。胡锦涛说，智利是拉美有影响的国家，中国重视同智利发展友好合作关系。

在谈到两党关系时，胡锦涛说，中国共产党和智利社会党已有多年友好交往的历史。双方在维护世界和平、促进社会发展和推动两国友好合作等方面，有许多共同语言，都愿按照独立自主、完全平等、互相尊重、互不干涉内部事务的原则进行交往与合作。这不仅有利于增进两国人民的相互了解、推动两国友好关系的发展，而且对促进世界的和平与发展也是有益的。

埃斯卡洛纳说：“我们对中国抱有十分钦佩的心情，不仅钦佩她几千年的文明历史，也钦佩她在不到半个世纪的时间里所取得的成就和经验。”他说：“当前，智利很重视发展国际关系，重视向亚太地区的开放。我们希望并相信在许多方面都可以同中国进行广泛而深入的交流和对话。”

中国政府和冰岛政府在北京签署文化协定

11 月 28 日

中央经济工作会议在北京召开

11 月 28 日至 12 月 1 日，中共中央和国务院在北京召开中央经济工作会议。

江泽民在会上作题为《认清形势，统一思想，做好明年经济工作》的讲话。李鹏作题为《继续加强和改善宏观调控，确保明年国民经济持续、快速、健康发展》的讲话。朱镕基作题为《统一认识，协调步伐》的总结讲话。会议提出下一年经济工作的主要任务是：继续加强和改善宏观调控，抑制通货膨胀，保持国民经济发展的好势头；以深化国有企业改革为重点，推进各项配套改革，完善宏观管理体制；增加农业投入，确保农副产品供应，全面发展和繁荣农村经济；加大结构调整力度，强化管理和推动技术进步，提高经济的整体素质和效益。

乔石、李瑞环、刘华清、胡锦涛等领导同志出席会议。

国务院总理李鹏在中共中央经济工作会议上发表讲话

现在，我就今年经济工作的基本估计和明年经济工作的安排，讲几点意见。

一、关于今年经济工作的基本估计。

在邓小平同志建设有中国特色社会主义理论和党的基本路线指引下，各地区、各部门贯彻党的十四大和十四届三中全会、四中全会精神，按照中央确定的“抓住机遇，深化改革，扩大开放，促进发展，保持稳定”的大局，妥善处理改革、发展和稳定的关系，今年各方面工作都取得了新的成绩，总的形势是好的。

按照建立社会主义市场经济体制的要求，今年进行了财税、金融、外汇外贸、投资、价格和流通体制等方面的重要改革。由于全党、全国上下齐心协力，在实施过程中注意配套衔接，及时研究和处理遇到的矛盾和问题，取得了比较好的效果。在财税改革方面，分税制已经基本建立，以增值税为主体的新税制开始运行。金融改革在加强中央银行职能，增强国家对货币信贷的宏观调控能力、组建政策性银行等方面，取得了积极进展。外汇改革取得预期效果，汇率并轨顺利，人民币对美元汇价保持基本稳定。价格改革和流通体制改革继续推进，调高了粮食、棉花、石油、煤炭等基础产品价格，比价关系进一步理顺，调动了生产者的积极性。社会保障和住房制度改革也有进展。一年出台这么多重大改革措施，同时又维护了社会稳定，保持了经济快速增长，是不容易的。在这些改革的实施过程中，也出现过一些这样那样的问题，但从总体上说，今年改革确实取得了比较大的进展，对今后的改革和发展具有深远意义。

国民经济在前两年快速增长的基础上，今年预计增长百分之十一左右。工业生产快速增长，产品结构进一步调整。今年不少地方遭受比较严重的水旱灾害，预计粮食减产二百亿斤左右，但商品粮收购量大体相当于去年水平，从全国看，农业仍取得了比较好的收成，农村经济持续发展，乡镇企业进一步壮大。全社会固定资产投资增长过快的势头有所控制，投资结构有所改善，国家重点建设项目进展情况较好。国内市场繁荣，日用消费品供应充足，生产资料供需矛盾明显缓解。对外开放进一步扩大，全年进出口总额将突破二千亿美元，国家外汇储备从去年底的二百一十二亿美元增加到现在的四百五十多亿美元。外商直接投资全年预计可达三百亿美元左右。国际上一些有影响的大财团、大企业来华投资增多，向内地的投资增加。在经济发展的基础上，城乡居民生活继续改善，实际消费水平比去年提高百分之五左右。预计全年城乡居民储蓄存款新增五千亿元以上，比去年多增加二千多亿元。以上情况表明，今年党中央、国务院推进改革和发展的方针政策和采取的宏观调控措施，是有成效的。

在肯定成绩的同时，也要看到经济中存在的问题和困难，看到人民群众还不满意的地方。当前最突出的问题，首先是物价涨幅过高，年初曾经提出，要把物价上涨幅度控制在百分之十以内。尽管各地区、各部门做了大量工作，但全年物价涨幅仍然可能突破百分之二十，群众反映强烈。今年物价涨幅仍然过大，既有客观的因素，也有我们工作上的问题。主要原因：一是去年涨价的滞后影响大于原来预计。二是今年出台的调价项目比较多，调价幅度比较大，这虽然对理顺价格关系有利，但对由此带动整个价格水平上涨的幅度估计不足，外汇并轨对推动物价上涨也有一定的影响。三是今年不少地方农业遭受自然灾害，部分地区减产，又不同程度放松了菜篮子工程，农产品供应偏紧；同时城市流动人口增加，农民生活改善，又增加了需求，以致粮食、肉类、蔬菜等食品类价格上涨成为整个物价涨幅中最突出的因素。四是连续几年固定资产投资和消费基金增长过快，从需求拉动和成本推进两方面推动价格上升，并导致货币过量发行，影响市场价格的稳定。五是对社会主义市场经济条件下物价管理的重要性认识不足，各级政府在不同程度上放松了物价管理，对流通领域中存在的欺诈行为、垄断性涨价以及哄抬物价等现象纠正不力；农产品储备调节体系不完善，国合商业的主渠道作用发挥得不够，有的国营粮店甚至对粮价上涨推波助澜。物价大幅度上涨给改革、发展和稳定带来许多不利影响，它的危害是显而易见的。在社会主义市场经济条件下，如何有效管理市场物价，是一个没有完全解决的问题，今年的实践，在这方面提供了不少的经验与教训。在农业和国有企业方面也存在比较突出的问题。改革开放以来我国农业取得历史性的成就，但和高速发展的工业以及城乡居民生活不断提高的要求相比，农业还很不适应。今年粮食减产，固然是自然灾害，但也暴露了农业基础脆弱，抗灾能力不强。现在相当一部分企业处境比较困难，相互拖欠资金，产成品积压，效益差的企业职工实际收入有所下降。此外，在社会收入分配中存在着许多扭曲和混乱现象，合理调节个人收入的手段很不健全。一些地方社会治安状况不好，一部分公职人员官僚主义比较严重，社会上存在着各种腐败现象，广大群众很不满意。这些问题，有的是新旧体制交替过程中难以完全避免的，有的是政策措施不到位所形成的，有的是由于工作上的缺点和不足所产生的。不论是何种原因，都必须引起各级领导高度重视，采取有效措施加以解决。

二、关于明年经济发展的安排。

明年要继续保持经济发展的良好势头，必须切实做好以下几个方面的工作：

一是保持适当的经济增长速度。综合分析各方面的条件，明年经济增长速度的宏观调控目标定为百分之八至九。现在国际国内时机有利，我国经济增长潜力很大，实现经济持续、快速、健康发展是有条件的。但由于已经连续三年增长速度在百分之十以上，如果明年增长速度的目标定得过高，总量平衡的难度，资金和物资供需的矛盾，都会加大，不利于抑制通货膨胀和保持今后的持续增长。明年我们既要下大力量抑制通货膨胀，又要继续深化改革，又要调整产业结构，提高经济效益，增长速度比前三年略低一点，有利于创造较为宽松的宏观经济环境，更好地推进改革和发展，也有利于把发展经济的注意力更多地转到保持健康的发展上，即转到调整结构和提高效益上来。

固定资产投资要保持适度增长。要加大投资结构调整的力度，提高农业、水利、重点建设和企业技术改造投资的比重，安排好“八五”计划与“九五”计划项目的衔接。由于在建规模已经偏大，结转的剩余工作量较多，各方面要求扩大投资的呼声又很高，投资增长过快的压力仍然不小，必须把控制固定资产投资规模作为明年宏观调控的一项重要任务。投资规模是否与国力相适应，直接关系抑制通货膨胀和结构调整，大家一定要在这个问题上达成共识。这里我想特别强调，对房地产投资，包括利用外资或同外商合作搞房地产，必须坚决采取有效措施，加强管理和控制。特别是对于高档建筑，必须严加控制，从现在起到明年底一律不再批准新的高档建筑项目。必须把房地产发展的重点，放在解决广大居民的住房上。我国人多地少，土地极其宝贵，发展房地产必须同加强城乡土地管理结合起来，坚决保护土地资源。

二是控制物价上涨幅度，坚决抑制通货膨胀。我国物价已经连续两年大幅度上涨，一些方面经济关系绷得较紧，一部分群众感到难以承受，明年必须把控制物价涨幅、抑制通货膨胀作为宏观调控的首要任务，作为正确处理改革、发展和稳定三者关系的关键。由于今年物价大幅度上涨的滞后影响，加上连续几年固定资产投资和消费基金的过快增长，以及货币的过量发行，明年物价上涨的压力仍然很大。宏观调控的目标是，确保物价上涨幅度比今年有明显回落，力争控制在百分之十三左右。为此，必须继续贯彻落实党中央、国务院确定的加强和改善宏观调控的各项措施。我在九月全国加强物价管理工作电视电话会议上，提出稳定市场物价和抑制通货膨胀的十条措施，明年要继续实行。这里我再强调讲几点：一要继续管好货币发行与信贷规模的闸门，控制货币供应量和信贷规模；二要严格控制固定资产投资规模和消费基金的过快增长，同时要切实关心贫困地区人民、低收入者和离退休人员的生活；三要大力抓好农业生产和菜篮子工程，保证市场供应；四要把物价管理和监督检查的重点放在流通领域，结合整顿流通秩序，规范市场价格行为。

这几年价格改革的步子相当大，放开了大部分商品和服务价格，调整了基础产品、基础设施、基本服务项目的价格，这是发展经济，调整结构，建立社会主义市场经济体制所需要的，总的说进展比较顺利，效果也是好的。明年需要适当调整步伐，消化前几年价格调整的影响，一般不再出台新的调价措施，把价格改革的重点放在建立健全价格管理和调控体系上。现在经济持续发展，国家有比较雄厚的物质基础，宏观调控和稳定物价的各项措施正在陆续到位，只要我们真正做到统一认识，扎实工作，完全能够把过高的物价涨幅降下来，为继续推进改革和发展创造更好的宏观经济环境。

三是大力发展农业和农村经济。调整经济结构，首先要加强农业，促进农业和工业协调发展，不能长期一条腿长，一条腿短。要下大力量扭转农业发展严重滞后的状况，防止再次出现农业生产徘徊的局面。这里，我要特别强调以下几条：一要切实保护耕地，建立粮、棉、油、糖、菜等重要农产品基本农田保护区制度，坚决制止撂荒和乱占耕地的现象；二要增加农业投入，特别是对水利、商品粮棉基地、农业综合开发和科技的投入；三要加快农业生产资料流通体制改革，减少流通环节，降低流通费用，稳定市场价格；四要继续搞好“科教兴农”，大力推广先进适用的科技成果，巩固农技服务机构，稳定农业科技及推广人员队伍，大力开展农业职业教育，培养本地区的中级和初级农业技术人才；五要对粮食、化肥、农药和农机生产企业在税收和信贷上给予必要的扶持。要按照中央确定的基本原则，继续深化农村改革，坚持以家庭为主的联产承包责任制和统分结合的双层经营体制，有条件的地方，发展多种形式的适度规模经营。全面发展农、林、牧、副、渔业生产，发展高产、优质、高效农业。大力植树造林，提倡秸秆还田，促进生态平衡。积极鼓励发展农村第二、第三产业，扶持中西部地区乡镇企业的发展。

农村富余劳动力很多，随着人口增加和农业劳动生产率的提高，还会有更多的富余劳动力。富余劳动力向非农产业的转移是个长过程，主要渠道应该是农业的深度开发，以及发展乡镇企业和其他非农产业，逐步发展中小城镇，就地就近消化吸纳。对于人口的盲目流动，输出地区和输入地区的各级政府，都要采取积极措施，加强组织、管理和疏导，不能放任自流。要健全和完善城乡户籍管理制度，包括加强对流动人口的户籍管理，以保证正常的社会秩序。

四是认真抓好工交生产。最近几年工业生产发展速度很快，但结构调整进展缓慢，不能适应市场需求变化。这是一部分工业产品边生产边积压、经济效益不好的重要原因。我国工业规模已经不小，主要问题是结构不合理，专业化程度和技术水平不高，经济效益差。明年乃至今后比较长的时期，都要把调整结构和提高效益放在突出位置。我国基础原材料工业生产潜力很大，当前一部分原材料，特别是钢铁和成品油库存比较充裕，在合理规划的前提下，可以适当发展一些交通、公用设施和居民住宅建设。纺织、轻工行业，发展重点是上质量、上水平，市场供过于求的产品要下决心限产压库促销。要提高技术改造投资的比重，并把技术改造投资重点放在采用先进技术和提高产业素质上，促进重点行业提高技术水平，加快产品结构调整。大力促进科学技术向现实生产力的转化，支持有条件的大型企业和企业集团建立技术中心。进一步抓好重大引进技术项目的消化吸收工作。我国社会需求增长很快，市场容量很大，所有企业都要面向市场，挖掘潜力，降低消耗，积极开发和生产国内外市场适销的产品，改善产销衔接，提高市场竞争能力。

要大力加强企业管理。目前不少企业管理工作削弱甚至滑坡的情况，必须引起高度注意。要继续深入开展“转机制、抓管理、练内功、增效益”的活动。有组织地对大中型企业领导班子进行全面考察，不称职的要撤换，问题大、矛盾多的班子要调整。坚持从严治厂，从班组长抓起，建立和完善企业内部严格的责任制度和考核制度。要研究在改革开放的新形势下，加强职工民主管理的途径。切实加强财务管理、成本管理和质量管理，认真实行“两则”，健全财务会计制度，严格结算纪律，加快资金周转，提高经营效率。继续严厉打击生产和销售假冒伪劣产品的行为。

要加强工交生产的综合协调工作。要妥善解决部分国有企业和少数重点行业在产业结构调整和企业组织结构调整中遇到的困难，做好破产企业职工安置和困难企业职工的解困工作。

五是努力增收节支，严格执行财政预算。今年全国财政收入有一定幅度的增长，但也存在一些值得注意的问题。主要是中央收入增幅低，企业欠税数额大，偷税骗税比较严重，财政支出居高不下。进入九月份以后，财政收入增长呈现减缓趋势，而在预算外追加财政支出的现象又比较严重。这给今年实现预算带来很大困难。各级政府的领导和财政部门，都要加强税收征管，把完成今年预算作为一件大事抓紧抓好。

明年全国财政收入安排比今年增长百分之九左右，这个指标不算低，但各方面要求增加支出的呼声更高，要求支出高于收入的增长速度。多年来财政一直处于支出增长高于收入增长的状态，致使赤字不断增加，债务越滚越大，财政困难加剧。明年必须坚持量入为出的方针，地方财政要坚持收支平衡，中央当年财政赤字也不能比今年扩大。总的看来，明年财政困难是很大的。解决的办法，只有增收节支一条路。通过发债筹集建设性资金，是世界各国通常的做法，但发债必须控制适度规模，使用要确有效益。明年国债发行是一项艰巨任务，事关全局，必须努力完成。

国家财政困难状况是多年积累下来的，不可能在短期内完全解决，但从现在起就要研究解决如何进一步增收节支和控制赤字的问题。重要的有：一要巩固和完善财税改革的各项配套措施，取消不合理的税收减免，将财税征管纳入规范化、法制化的轨道。二要各级党政领导牢固树立全局观念，支持财税部门依法抓好收入。国家税务局和地方税务局分工不同，同样担负着为国家组织收入的繁重任务，各级政府要一视同仁地支持他们的工作。三要进一步改进国债发行办法，确保发行任务的完成。四要严格控制财政支出，加强资金管理，控制工资性支出和行政管理费用的过快增长，对集团购买力的增长也要进行调控。现在不少地方有一种矛盾现象：一方面财政非常困难，有的连工资也保不了；同时又存在相当严重的浪费现象，这是人民所不能容忍的。对预算外基金要认真加以清理和整顿，应该纳入预算的要逐步纳入预算，政策规定可以留在预算外的也要完善管理办法，使有限的资金用到最需要的地方。

六是继续扩大对外开放，改善投资环境。现在全世界对我国经济发展形势看好，是我们进一步发展对外贸易，更有效地利用外资和引进技术的有利时机。要努力改善出口商品结构。轻纺产品要控制工资成本过快上升，提高产品质量和档次，属于被动配额的商品，要在配额内更多地提高附加价值。进一步扩大机电产品出口，发挥进出口信贷银行在促进成套设备出口方面的作用，有重点地扩大高新技术产品出口。加强对出口经营秩序的整顿，制止抬价收购和低价倾销。鼓励工商贸、工技贸结合，继续推进海外市场多元化。加强对进口商品的调控。保持粮、棉、油、糖等关系国计民生的商品的必要储备，限制粮食出口，以平抑市场物价。要适当增加先进技术和软件的进口，以加快国内骨干企业的技术改造。对一般商品、高档消费品特别是严重冲击国内市场的重要商品，要加强综合协调，运用关税、配额、许可证、登记限额、质量技术标准等手段，防止盲目进口。

要尽快制定明确的引导外资投向的产业政策，把利用外资同国内产业结构和产品结构的调整结合起来。对外商投资，要引入竞争机制，实行招标投标的办法，并且按照国际惯例和建立社会主义市场经济体制的要求，创造条件逐步实行国民待遇。沿海地区在劳动力成本上升，这方面的优势逐渐减弱的情况下，要大力发展高新技术产业、外向型产业和高附加值产品。要引导外资，特别是劳动密集型的投资，更多地转移到经济欠发达地区。从明年起，利用外资也要纳入规模管理，不是越多越好，而是要讲结构讲效益，减少盲目性。由于近几年未纳入计划管理的外债大幅度增加，为避免债务风险，从明年起，对外借款要实行全口径的计划管理，原在计划外的国际租赁、“三资”企业由中方担保的境外借款，以及可转换债券和利用海外基金筹资等，都要纳入国家计划。国家要再次向世界明确公布有资格对外债实行担保的金融机构，各级政府及其部门和企事业单位都无举债担保的权力。鉴于目前国家外汇储备有较多增加，明年要严格控制借用境外新的商业性贷款，过去的商业性贷款能够提前偿还的，可以考虑提前偿还。在合资中要做好国有资产评估和引进技术、设备的鉴定工作，防止国有资产流失。要切实保护中外合资、外商独资企业中职工的合法权益，依法保护外商的合法权益，制裁个别外商的不法行为。

七是抓紧制定“九五”计划。“九五”是我国推进改革开放和现代化建设极为重要的时期。在“九五”期间，要初步建立社会主义市场经济体制，实现现代化建设的第二步战略目标，为下世纪初经济和社会的持续发展奠定坚实基础。制定“九五”计划，要坚持以邓小平同志建设有中国特色社会主义理论和党的基本路线为指针，从“抓住机遇、深化改革、扩大开放、促进发展、保持稳定”的大局出发，妥善处理改革、发展和稳定的关系。要全面分析国际环境和国内条件，包括考虑港澳回归和“复关”等因素，研究一些关系改革和发展全局的重大问题，提出相应的对策。在建立社会主义市场经济体制的新形势下制定“九五”计划，计划方法要进行相应改革，强化计划的宏观性、战略性、预测性和指导性，突出重点。要广泛征求各地方、各部门以及各方面专家的意见，以集中全党全国的智慧。中央关于制定“九五”计划的建议，可以考虑在明年适当时候提交中央全会讨论。计划纲要编成后，一九九六年春天提交八届全国人大四次会议审议。

同志们！在改革开放和现代化建设过程中，我们要始终不渝地坚持物质文明和精神文明建设两手抓、两手都要硬的方针，促进经济和社会的协调发展。明年在推进经济建设的同时，要继续积极推进科技、教育、文化、体育、卫生以及环境保护和计划生育等各项事业，认真抓好反腐败斗争和勤政廉政建设，搞好社会治安综合治理，实现社会全面进步。

三、关于明年经济体制改革的部署。

明年的经济体制改革，要以国有企业改革为重点，推进社会保障体制改革和培育市场体系，巩固和完善宏观管理体制改革措施，沿着建立社会主义市场经济体制的方向继续前进。

第一，国有企业改革是明年改革的重点。

国有企业特别是国有大中型企业，是我国国民经济的主要支柱，是能源、交通、重要原材料和工业技术装备的主要提供者，也是国家财政收入的主要来源。建国四十五年来，特别是改革开放以来，国有企业为全国经济发展做出了不可磨灭的重大贡献。从今后国家投入看，国有经济在基础产业和整个国民经济中的主导地位仍在加强。但是，一些行业和企业由于历史包袱多，社会负担重，设备陈旧，以及体制方面的原因，生产经营比较困难。明年必须在企业改革方面采取一些有效措施，争取“九五”期间在企业改革方面取得明显成效。国有企业改革的方向，是建立适应社会主义市场经济体制要求的现代企业制度。建立现代企业制度涉及企业内部和外部的许多方面，是一项复杂的系统工程。不同的地区，不同的行业，要根据自己的情况，把一般原则和自身特点结合起来，从解决最迫切的问题入手，制定具体实施方案，避免简单化和一刀切。明年要重点做好以下几项工作：

一是继续贯彻《全民所有制工业企业转换经营机制条例》，尽快落实《国内企业财产监督管理条例》。对大多数国有企业来说，落实企业经营自主权，转换经营机制，仍是当前最重要的工作。要继续认真转变政府职能，实行政企职责分开，为企业走向市场创造条件。要认真贯彻《国内企业财产监督管理条例》，切实加强国有资产的管理，堵塞国有资产流失的漏洞。已确定建立监事会的企业要尽快委派，对国有资产的保值增值实行监督。明年国有企业要在较大范围进行清产核资，评估资产，界定产权，清理债权债务，核实企业资本金。

二是中央和省市分别选择一批企业，进行建立现代企业制度的试点，同时对现有股份制公司、特别是上市公司进行规范。试点和规范企业要相对集中，防止过多过滥。要注意把企业改制和改造结合起来。要加强对股票市场的监管，减少股票过度投机和股市强烈波动对社会产生的不良影响。

三是围绕产业结构的调整，对一部分企业实行关、停、并、转，建立破产机制。对长期亏损，扭亏无望，不能偿还债务的企业，一部分可以直接实行破产，一部分可以先停产，然后再进行拍卖、出售或破产。对产品技术落后，无法适应市场需求的企业，鼓励转产、兼并或转让。破产要严格按法定程序进行，依法保护出资者和债权人的权益，保障破产企业职工的基本生活。部分国有小企业，有的可实行股份合作制，有的可以用租赁、承包、拍卖等办法进行改组改造。

四是结合产业结构调整，发展企业集团。继续做好大企业集团的试点工作，鼓励它们扩大经营规模，提高经济效益。要通过多种途径，发展跨地区、跨行业，工、技、贸、金相结合的企业集团。各省市也可以按照经济规律组建企业集团，使之在调整结构和提高企业整体素质中发挥重要作用。

五是积极解决企业的过度负债问题。这个问题比较复杂，需要统盘筹划，采取多种办法，逐步加以解决。明年可以先选择部分城市或企业，在财政、银行和国有企业之间，进行企业债务清理和重组的试点。解决企业历史债务和增补生产经营资金，要与转换经营机制相结合，提倡企业树立良好信誉，以及债权债务意识，防止出现“赖账风”。

六是积极分流企业富余人员。分流富余人员要发挥政府、企业和职工三方面积极性，实行由企业安置、个人自谋职业和社会帮助安置相结合。对接近法定退休年龄的职工和病残职工，鼓励提前退休。对失业人员，社会保险机构要保证其基本生活，并通过转业培训、职业介绍等，帮助重新就业。解决企业承担社会职能的问题，一般可以先分离辅助性单位和后勤服务单位，实行内部独立核算，逐步减少补贴，条件成熟时再走向社会，实现自负盈亏。条件合适的也可以将企业办的公益性单位，成建制地划交当地政府管理。

党中央、国务院历来重视搞好国有企业特别是搞好国有大中型企业，采取了许多措施，并取得了一定成效。在十六年的改革中，已经涌现出一批活力强，效益好，在国内国际市场上有声誉的国有企业，说明在发展市场经济的条件下，国有企业同样是可以搞得很好的。对国有企业的现状必须进行科学分析，绝不能做出国有企业必然效率不高的判断，为私有化提供依据，丧失对搞好国有企业的信心。

第二，要围绕企业改革，进行以养老和失业保险为主要内容的社会保障体制改革。

社会保障制度改革已经进行多年的研究和试点。在此基础上，初步形成总体改革方案和若干分项改革方案，将逐步付诸实施。明年工作的重点，是继续完善失业保险制度。失业保险基金要以支定收，留有适当储备，原则上以市为单位实行管理。适当扩大失业保险覆盖范围，城镇国有、集体、股份制、私营企业职工和外商投资企业的中方职工，都要参加失业保险。要继续推进养老保险制度改革，扩大医疗保险改革的范围。城镇养老和医疗制度改革的重点，是实行社会统筹和个人账户相结合。养老保险实行基本养老保险、企业补充养老保险、社会互助保险、个人储蓄性养老保险相结合的制度。目前社会保险制度尚未完全建立，经费不足，为适应企业改组和破产的需要，可以通过多渠道筹集资金，设立一个过渡期的社会保险基金，以保证企业改革的顺利进行。

建立健全新的社会保障体制，要从我国国情出发，保障水平要同现阶段我国经济发展水平相适应，考虑国家、企业和个人的承受能力，形成多层次的社会保障体系。按照建立社会主义市场经济体制的要求，社会保障的政策和法规要做到统一。认真解决目前多家管理、政出多门、互相掣肘的矛盾，实行政府行政管理和保险基金营运管理分开，执行和监督机构分设的原则。

第三，宏观管理体制改革方面的主要任务，是继续巩固和完善今年出台的改革措施。

金融体制改革，要增强中央银行运用货币政策的能力，积极推行资产负债比例管理，对各专业银行和商业银行的资产负债情况进行严格的监控和考核。要按照政策性金融和商业性金融公开的原则，进一步做好政策性业务和商业性业务的分离。组建城乡合作银行，规范信托投资公司，加强对非银行金融机构的监管。要巩固和发展外汇改革成果，完善结汇售汇制度。规范银行间的外汇市场，打击外汇黑市交易。同时，要制定明确的对境外投资的政策，完善对资本流出的管理和监督。

财税体制改革的各项规定要落实到位，纠正各种违反新税制的行为。强化增值税、消费税的征管，改进和完善出口退税制度，打击各种偷税骗税行为。继续清理各种减免税政策，减少和逐步停止地区性、行业性的税收减免，特别是关税减免。认真贯彻执行个人所得税法，重点抓好对高收入者个人所得税的征收。为此，要尽快建立个人收入应税申报制度，逐步实施个人货币收支票据化和银行存款实名化。要加强税务队伍建设，建立税务警察。

计划投资体制改革，主要是进一步转变计划管理职能，明确国家投资和融资的范围，把一般加工工业的建设项目逐步推向市场。国有部门的投资项目，要明确投资主体，实行法人责任制，使之对筹划、筹资、建设直至生产经营、归还贷款以及资产保值增值全部负责。

第四，根据改革和发展的需要，积极培育市场，抓紧经济立法，改善经济秩序。

培育市场是一项艰巨细致的系统工程，绝不是放任不管就会形成公平、竞争、有序的市场。目前存在的突出问题，是市场管理工作薄弱，制度建设滞后，交易规则混乱，对交易过程监督不够。明年要把工作重点放到加强市场管理上来。

继续抓好农产品和生产资料流通体制改革。改进和完善粮食储备制度，逐步完善国家战略性储备与市场调节性储备的制度，国家储备和地方储备要分开管理，仓储要更多地建在销区，形成吞吐及时、调节自如的粮食储备体系，防止买粮难和卖粮难。进一步整顿化肥等农业生产资料的流通秩序，减少流通环节，严格审查流通企业的经营资格，并加强价格管理。对食品和其他重要消费品的批零差价，要加强监督和调控。继续完善原油、成品油和电力的价格形成机制和流通体制。

发展以银行融资为主的金融市场。积极稳妥地发展债券、股票融资体系。建立企业债券信用评级制度，规范股票的发行和上市行为。规范银行同业拆借、票据贴现和国债流通市场，禁止违章拆借和集资活动。对期货试点要严格控制，加强管理。

加快其他要素市场的建设。要围绕国有企业富余人员分流和农村剩余劳动力地区间流动这两个重点，加强对劳动力市场的引导、组织和管理。强化国家对城镇土地一级市场的全权管理，健全土地评估机构和基础地价体系。进一步完善知识产权保护制度，大力发展科技和信息市场。

建立社会主义市场经济体制要靠健全的法制来保障。现在市场秩序的混乱现象，许多是因为无法可依或者执法不严。在体制转轨时期，新情况新问题层出不穷，各方面的具体制度又不定型、不成熟，目前立法有困难的，可以先制定行政性的条例或者法规，即使是临时性的也不要紧，在实践中逐步修改完善就是了。有几个重要的经济法律草案全国人大正在审议，国务院还将提请人大审议一些重要的经济法律草案，这些法律与经济改革和发展都有重大关系，要抓紧进行。

财政部劳动部联合制定《关于加强企业职工社会保险基金投资管理的暂行规定》

经国务院批准，财政部和劳动部日前联合制定《关于加强企业职工社会保险基金投资管理的暂行规定》。根据这一规定，企业职工社会养老保险基金收支相抵后的结余额，除留足两个月的支付费用外，80%左右应用于购买由国家发行的社会保险基金特种定向债券。在国务院没有作出新的规定前，不得在境内外进行其他直接投资和各种形式的委托投资。

报道说，《暂行规定》明确指出，企业职工社会保险基金是按国家规定提取、筹集和使用的专项基金，必须坚持专款专用的原则，任何单位和个人都无权自行决定基金的其他用途。职工失业保险、医疗保险、工伤保险等其他社会保险基金，在保证必要支出后，其结余额的一部分以及养老保险基金购买特种定向债券后的结余额，应积极认购其他种类的国家债券。特种定向债券的发行办法由财政部另行制定。发行特种定向债券和其他国家债券时的其他有关事项，由财政部和劳动部与有关部门商定。

报道最后说，根据规定，社会保险基金购买国家债券以后仍有结余的部分，应按社会保险基金管理的有关规定存入银行的专户。对于职工失业保险基金中用于转业训练和生产自救的支出，应按规定审批程序报有关部门批准，其中涉及固定资产投资的必须纳入国家基本建设规模严格管理。《暂行规定》明确要求各地区、各有关部门已将社会保险基金投资于其他项目的，应在这一规定公布后半年内收回并返还基金。逾期仍未收回的要逐笔登记，在审计、财政、计划、银行、劳动等部门监督下，限期收回；自行投资已造成损失不能收回的，要追究有关领导和当事人的责任，严肃处理。

公安部劳动部外交部联合发出《关于制止外国人在华非法就业的通知》

公安部、劳动部、外交部最近联合发出《关于制止外国人在华非法就业的通知》，要求各省、自治区、直辖市人民政府加强对外国人在华就业的管理。

报道说，随着我国经济的发展和对外开放的扩大，外国人在华就业的人数不断增多。其中外国高级技术、高级管理人才和有特殊技能的外国人在我国的经济建设中起到重要作用，但外国人非法就业的问题也随之产生。一些外国留学生在社会上擅自谋职；有的宾馆、饭店、舞厅非法雇用外国人从事陪酒、陪唱、陪舞甚至是色情活动；有的企业非法雇用外国劳工，也有些单位和个人则通过非法引进、介绍外国人来华就业谋取暴利。据有关部门透露，目前，外国人来华非法就业已从零散、小批发展到有组织的大批非法劳工输入，非法就业人数越来越多。仅去年就有近 800 名在华非法就业的外国人被公安机关查处。

报道说，外国人在华非法就业和非法介绍、雇用外国人在华就业，违反《中华人民共和国外国人入境出境管理法》，不仅扰乱我国劳动力市场的秩序，也给我国社会治安带来一定的危害。因此，通知强调，任何单位和个人不得擅自雇用外国人从事如服务员、礼仪小姐等一般性的劳务工作，更不允许引进外国人从事异性按摩、“人妖”表演等活动。外国留学生不得在华非法就业，毕业后须按期离境。

通知要求各地公安、劳动、外事等部门采取有力措施，加强外国人在华就业的管理，依照《中华人民共和国外国人入境出境管理法实施细则》，查处在华非法就业的外国人和非法介绍、雇用外国人就业的单位和个人。对情节严重或屡教不改的，要从重处罚。同时要加强有关法规的宣传，使广大群众知法守法。

中国复关谈判代表团团长外经贸部部长助理龙永图在日内瓦会见主持中国复关谈判的关贸中国工作组主席瑞士联邦经济部大使吉拉德

中国复关谈判代表团团长龙永图在日内瓦会见关贸总协定总干事萨瑟兰

为恢复中国在关贸总协定的缔约国地位，在经过八年谈判之后，中国政府提出在 1994 年年底前结束中国复关实质性谈判的时限。

龙永图上午在日内瓦会见关贸总协定总干事萨瑟兰时通报中国政府的这一决定。

龙永图指出，在贸易谈判中提出结束实质性谈判的时限是国际通常做法，去年结束的乌拉圭回合的谈判就是这样做的。目前，许多缔约方都表示希望中国成为世界贸易组织创始成员。在世界贸易组织成立前夕，中国提出今年年底结束实质性谈判是合情合理、顺理成章的。他最后说，中国政府这次派出二十多人组成的谈判代表团到日内瓦参加新一轮的复关谈判。这再次表明中国政府加入世界多边贸易体制的真诚愿望。中国代表团愿与关贸秘书处和缔约方密切合作，为使中国成为世界贸易组织的创始成员作出最大的努力。

萨瑟兰表示，他完全理解中国政府这一政治决定的严肃性和重要性。他说，作为关贸总干事，他决心竭尽全力说服各主要缔约方推动中国复关谈判进程的尽早结束。萨瑟兰呼吁谈判各方在这一关键时刻必须显示最大的灵活性，以解决关贸总协定目前面临的最主要的任务。

中国政府提出在1994年年底前结束中国复关实质性谈判的时限

中国政府这一决定的具体含义是：(一)超过这一时限后，中国在复关议定书和市场准入谈判中不再作新的实质性出价，但将就议定书、报告书的文字修改以及农产品、非农产品和服务贸易三个减让表的审定继续进行工作。(二)超过这一时限后，中方不再主动要求同各缔约方举行双边磋商，也不再主动要求举行中国工作组会议，但中国代表团将应关贸秘书处和将来的世界贸易组织秘书处的要求，继续参加谈判，直至解决中国加入世界贸易组织的问题。12月13日至20日，关贸总协定中国工作组第十九次会议在日内瓦举行。会议未能达成中国复关的协议。中国政府代表团团长、外经贸部副部长谷永江在会上重申。中国复关的基本原则是权利和义务的平衡，中国是一个发展中国家，只能承担乌拉圭回合协议中规定的相应义务，中国决不会为复关不惜一切代价，中国决不接受超出其经济承受能力、损害其根本利益的任务条件。12月21日，中国人民银行负责人表示，复关受阻不会影响我国金融改革。12月23日，外经贸部部长吴仪表示，复关受阻绝不会影响中国同世界各国经贸合作及中国对外经贸的继续发展。世界贸易组织于1995年1月1日正式成立。

国务院总理李鹏在钓鱼台国宾馆会见泰国外交部部长他信·西那瓦

李鹏说，中泰建交以来，两国关系一直很好。中泰之间没有任何利害冲突和历史纠葛，两国人民有着深厚的友情。明年7月1日是中泰建交20周年，我们希望以此为契机，推动两国友好合作关系迈上一个新的台阶。李鹏说，近年来，中泰两国经贸关系顺利发展，两国间双向投资合作出现良好的发展势头。我们愿与泰方共同努力，推动两国的互利合作向着更加深入和广阔的方向发展。李鹏说，他信·西那瓦外长这次来华迎请中国的佛指舍利到泰国供奉，这是中泰两国佛教界的盛事，也是两国关系中的一件大事，中国政府非常重视。他表示相信，在中泰双方的共同努力下，佛指舍利赴泰活动一定能取得圆满成功。

他信·西那瓦说，这次中国政府同意泰国政府迎请中国的佛指舍利到泰国供奉，不仅对两国佛教界，同时对两国关系都有重要的意义。泰国各界人民正在期待着瞻仰中国的佛指舍利。他信·西那瓦说，泰中两国在地区和国际事务当中也有着良好的合作。泰国支持中国恢复在关贸总协定的缔约国地位。

外交部部长钱其琛在北京与泰国外交部部长他信·西那瓦举行会谈

国务院副总理兼外交部部长钱其琛在钓鱼台国宾馆会见冰岛总理大卫·奥德松

国务院副总理李岚清在北京会见德国博世公司首席执行董事汉斯尤格·曼尔

老挝国会主席沙曼·维亚吉在万象会见全国人大常委会副委员长王汉斌

中国残联劳动部和日本残疾人雇佣促进会在北京共同举办"中日残疾人按比例就业研讨会"

中法两国高速铁路研讨会在北京开幕

11月29日

国家主席江泽民在中南海会见冰岛总理大卫·奥德松

江泽民指出，中国一贯重视发展同包括冰岛在内的北欧各国的关系，并愿同冰方共同努力把两国关系提高到一个新的水平。

江泽民说，中冰两国国情不同，文化和历史传统各异，但两国间没有根本的利害冲突，在和平与发展、捍卫本国的主权与独立、发展经济等重大问题上有许多共同点。冰岛国家虽小，但很有特色。中国历来主张大小国家一律平等，国家关系应建立在平等互利的基础上。

奥德松说，冰岛是小国，中国是大国，但冰中关系一直很好。中国在经济方面所取得的巨大成就举世瞩目，中国在世界上的作用越来越大，冰岛希望加强两国在经济、文化等领域的合作。这次两国签署的政府文化协定，是进一步发展双边关系的第一步。

江泽民强调，进一步发展中冰关系符合两国的共同利益，中国愿在相互尊重、平等互利、求同存异、互不干涉内政的基础上和冰方共同努力，把中冰两国关系提高到一个新的水平。

《人民日报》发表评论员文章《自觉维护中央的权威》

中共中央党校第17期省部级干部进修班举行毕

业典礼

国务院批转财政部等部门《关于粮食政策性财务挂账停息报告》的通知

各省、自治区、直辖市人民政府，国务院各部委、各直属机构：

按照《中共中央、国务院关于当前农业和农村经济发展的若干政策措施》（中发〔1993〕11 号）的要求，财政部、审计署、内贸部、中国人民银行、国家粮食储备局针对各地清理 1991 年度粮食财务挂账的情况，对挂账停息的有关政策问题进行了认真研究，提出了处理意见。国务院同意财政部等部门《关于粮食政策性财务挂账停息的报告》，现转发给你们，请认真贯彻执行。

关于粮食政策性财务挂账停息的报告（略）

国务院副总理李岚清在钓鱼台国宾馆会见法国道达尔公司董事会主席兼总裁瑟奇·瞿瑞科

国务院副总理邹家华在钓鱼台国宾馆会见美国硅谷图形计算机公司董事长爱德华·麦克拉肯

中德两国铁路客车项目在北京签字

中德铁路客车项目日前在京签字，德国车辆制造股份公司将为中国提供价值 1.26 亿德国马克的高级国际联运旅行客车。

全国省级新华书店经理研讨会在北京举行

会议研讨图书流通领域改革的若干重要课题，并建立起图书一级批发行业的协调机制。经会议协商，组建全国新华书店经营协调委员会。

11 月 30 日

中共中央在北京召开全国组织工作会议

中共中央政治局常委、书记处书记胡锦涛在报告中指出，抓紧培养和选拔德才兼备的领导干部，把各级领导班子建设成为贯彻党的路线的坚强领导集体，是加强党的建设这一新的伟大工程的关键性工程，各级党委要进一步统一思想，提高认识，明确要求，制定措施，保证这项事关全局、事关未来的工作，在今后几年中迈出新的步伐，取得重大进展。

这次会议的主要任务是，学习贯彻党的十四届四中全会决定，以邓小平同志建设有中国特色社会主义理论和党的基本路线为指导，研究和部署培养选拔德才兼备的领导干部，加强各级领导班子建设工作。

大会由中共中央政治局委员、书记处书记尉健行主持。

中共中央政治局常委胡锦涛在全国组织工作会议上发表讲话

中央召开这次全国组织工作会议，着重研究和部署培养选拔德才兼备的领导干部、加强各级领导班子建设工作。这是继上月召开全国农村基层组织建设工作会议之后，贯彻落实十四届四中全会精神的又一个重大步骤。

党的十四届四中全会作出的《中共中央关于加强党的建设几个重大问题的决定》，是新形势下加强和改进党的建设的一个纲领性文件。这个文件，以邓小平同志建设有中国特色社会主义理论为指导，根据十四大精神，总结了历史经验和新鲜经验，把改革开放条件下执政党的建设作为一个新的伟大工程提出来，形成了全面推进这个伟大工程的整体部署。基本要求是：密切联系贯彻执行党的基本路线的实践，继续把思想建设放在首要地位，推动全党对邓小平同志建设有中国特色社会主义理论的学习不断向广度和深度发展；继续抓好党的作风建设，把反腐败斗争深入持久更有成效地进行下去；以坚持和健全民主集中制、加强党的基层组织建设和培养选拔德才兼备的领导干部为重点，切实抓好组织建设这个突出环节，并且把思想建设、作风建设、组织建设有机结合起来，使之相互配合、相互促进。四中全会的决定在部署加强党的组织建设时明确提出，当前和今后一个时期干部队伍建设要着重完成两项任务：一是全面提高现有领导干部的素质，把各级领导班子建设成为坚决贯彻党的基本路线、全心全意为人民服务、具有领导现代化建设能力的坚强领导集体；二是抓紧培养和选拔优秀年轻干部，努力造就大批能够跨世纪担当重任的领导人才。这两项任务相辅相成，密不可分，是加强党的建设这个新的伟大工程的关键性工程。我们要通过这次全国组织工作会议，深入学习领会四中全会精神，进一步统一思想，提高认识，明确要求，制定措施，以保证领导干部的培养选拔和领导班子的建设工作，在今后几年中迈出新的步伐，取得重大进展。

下面，我就以下六个问题讲些意见。

第一个问题，深刻认识培养选拔德才兼备的领导干部、搞好领导班子建设的重要性，增强做好工作的责任感和紧迫感。

十一届三中全会以后，我们党制定了分三步走、实现社会主义现代化的战略目标，确立和执行了以经济建设为中心、坚持四项基本原则、坚持改革开放的基本路线。围绕党的基本路线的贯彻执行和改革、发展目标的实现，大力培养和选拔德才兼备的领导干部，建设好各级领导班子，是我们党和邓小平同志十多年来始终十分关注并不断推动解决的全局问题、战略问题。邓小平同志在社会主义现代化建设新时期刚刚开始时就提出："政治路线确立了，要由人来具体地贯彻执行。由什么样的人来执行，是由赞成党的政治路线的人，还是由不赞成的人，或者是由持中间态度的人来执行，结果不一样。这就提出了一个要什么人来接班的问题。"他强调，"我们搞四个现代化，急需培养、选拔一大批合格的人才。"在改革由农村推进到城市的时候，邓小平同志又一次提出"尊重知识，尊重人才"问题，严肃指出："事情成败的关键就是能不能发现人才，能不能用人才"。他强调要大胆起用优秀中青年干部，指出："这个问题不解决好，将来要出大问题，要犯大错误"。当我国改革开放和现代化建设进入关键时期之际，邓小平同志在视察南方的重要谈话中，进一步鲜明而深刻地指出："中国的事情能不能办好，社会主义和改革开放能不能坚持，经济能不能快一点发展起来，国家能不能长治久安，从一定意义上说，关键在人。""要注意培养人，要按照'革命化、年轻化、知识化、专业化'的标准，选拔德才兼备的人进班子。我们说党的基本路线要管一百年，要长治久安，就要靠这一条。真正关系到大局的是这个事。"联系改革开放的历史进程，可以清楚地看到，邓小平同志总是以无产阶级革命家的远见卓识和博大胸怀，站在党和人民事业的全局和战略高度提出干部队伍和领导班子建设问题，反复强调要高度重视领导层的新老交替，造就朝气蓬勃的领导干部队伍；反复强调要选拔我们自己培养起来的、政治上好的、能够结合新的实际掌握马克思主义理论的接班人，使老一辈无产阶级革命家开创的社会主义伟业代代相传；反复强调要关心爱护干部，培养造就干部，大胆起用人才，选拔大批人民公认是坚持改革开放路线并有政绩的人，充分发挥他们的作用。我们学习邓小平同志关于干部队伍建设的论述，不仅要学习领会其中的重要观点，还要像他那样高屋建瓴，立足全局，用战略眼光看待培养选拔领导干部和建设领导班子这件大事。

当前，我们党领导的改革开放和现代化建设事业正处在继往开来的关键时期，培养和选拔优秀领导干部，把各级领导班子建设好，具有特殊的重要性和紧迫性。经过全党和全国各族人民十几年共同奋斗，我们已经实现了国民经济和社会发展的第一步战略目标，各项事业取得了举世公认的巨大成就，抓紧今后五六年时间，把各项工作做好，确保到本世纪末初步建立起社会主义市场经济体制，实现人民生活达到小康的第二步战略目标，对于中国未来的发展具有深远的影响。能不能走好这关键的一步，很大程度上取决于我们的干部队伍特别是县以上党政领导干部的状况。还要看到，我国的改革和建设是在世界发生历史性大变动的国际环境中进行的，各种机遇和挑战同时并存。当今世界局势一个突出特征是，以经济和科技实力为基础的综合国力的竞争日趋激烈，这种竞争说到底是民族素质的竞争和较量，首先是领导人才的素质、能力的竞争和较量。中国能否在风云变幻的国际环境中抓住机遇，发展自己，在未来世界的新格局中处于更加主动、更加有利的位置，关键在于我们党能否带领全国人民解决前进道路上的各种问题，把中国的事情办好，这在很大程度上同样取决于县以上党政领导干部的状况。

在新的历史条件下，我们的干部工作和干部队伍状况究竟怎么样呢？实事求是地看，还是要讲两句话：一句是，成绩不小，进步很大；另一句是，问题不少，任务艰巨。十一届三中全会以来，特别是一九八二年机构改革以来，各级党委认真执行干部队伍"四化"方针，积极培养和大胆选拔优秀年轻干部，顺利推进新老干部的合作与交替，全国有三十六万多名中青年干部走上了县以上领导岗位。同八十年代初相比，干部队伍、特别是领导班子的年龄构成和文化知识状况已经有了明显改善，干部工作也创造和积累了新鲜经验。同时必须清醒地看到，用我们党肩负的任务和形势发展的要求来衡量，培养选拔德才兼备的领导干部特别是年轻干部的工作差距不小，还存在许多问题。主要是：相当一部分领导同志对这项战略任务认识不足，培养选拔领导干部的工作跟不上需要，干部制度改革同新的形势不适应，特别是干部领导职务"能上不能下"的问题没有真正解决。面对错综复杂的国际环境和建设有中国特色社会主义的全新事业，不少领导干部的政治理论素养、知识水平、领导水平特别是驾驭社会主义市场经济的能力，不适应形势发展要求的问题日益突出；不少领导班子的专业结构不够合理，缺少懂得现代经济管理、法律、金融、外经外贸的干部；许多党政领导班子中年轻干部偏少，领导成员的年龄没有形成合理的梯次配备，到本世纪末省部以下领导干部又将面临一次较大的新老交替。

总之，为了坚持党的基本路线一百年不动摇和国家的长治久安，为了中华民族的振兴和在跨世纪的激烈国际竞争中赢得未来，为了把有中国特色社会主义的伟大事业不断坚持和发展下去，全党必须充分认识加快干部队伍"四化"建设的极端重要性和紧迫性。各级党委必须把培养和选拔大批德才兼备的年轻干部，形成坚定地走有中国特色社会主义道路、善于研究新情况、解决新问题、干练而充满活力的领导层这个战略任务，摆上重要工作日程，切实抓紧抓好，务必抓出成效。

第二个问题，坚持理论学习和实践锻炼相结合、组织培养和个人努力相结合，全面提高县以上党政领导干部的素质。

按照四中全会精神，要把全面提高县以上党政领导干部的素质，作为今后干部工作的一个重点。

四中全会的决定突出强调，高级干部特别是省部以上党政主要领导干部，“不仅要努力成为有知识、懂业务、胜任本职工作的内行，而且首先要努力成为忠诚于马克思主义、坚持走有中国特色社会主义道路、会治党治国的政治家。”这是关系党和国家前途命运的大问题。在当代世界风云变幻的条件下，在当代中国改革开放和现代化建设的伟大变革中，我们党要始终站在时代前列，经受住各种困难和风险的考验，全面贯彻党的基本路线，牢牢把握经济建设这个中心，坚定不移地发展社会主义市场经济，发展社会主义民主政治，发展社会主义精神文明，需要有众多高素质的领导人才，需要有一批自觉坚持党的基本理论和基本路线、善于治党治国的政治家。这样的领导人才和政治家越多，我们党的力量就越强，党领导的事业就越有希望，越有成功的保证。每个省部级以上领导干部都应当按照中央关于政治家素质的五条要求，逐条对照，扬长弃短，努力提高自己。地县级党政领导干部也应当以此作为自己的努力方向。尤其要注意提高政治敏锐性和洞察力，善于从政治上观察和处理问题，在事关大局、事关政治方向、事关根本原则的问题上，在错综复杂的矛盾和各种干扰、风浪面前，始终保持清醒和坚定，坚持党的基本理论和基本路线不动摇。如果整天陷于日常事务，不关心政治，不注意社会思想政治动态，不可能是清醒的合格的领导干部，发展下去就会有在工作中丧失原则和迷失方向的危险。

全面提高县以上党政领导干部的素质，当前要着重解决好以下问题。

（一）提高理论素养，坚定走有中国特色社会主义道路的信念。党的领导的正确，不仅有赖于党的理论和政治路线的正确，而且有赖于各级领导干部用正确理论武装头脑，提高执行正确路线的自觉性和坚定性。从担负主要领导责任的意义上说，我们党要有一大批同志系统地而不是零碎地、实际地而不是空洞地掌握了马克思列宁主义、毛泽东思想，特别是掌握了邓小平同志建设有中国特色社会主义理论，并且能够熟练地运用理论去研究和解决重大问题，卓有成效地贯彻党的基本路线，我们党的领导水平、执政水平才会大大提高。党的十四大提出用邓小平同志建设有中国特色社会主义理论武装全党，去年中央又作出学习《邓小平文选》第三卷的决定，并组织省部级主要领导干部分期分批集中学习，全党的理论学习出现了新的气象。但是，对成绩不可估计过高。有相当数量的领导干部仍然存在着放松或忽视理论学习的倾向。有些同志在学习中仍然存在浅尝辄止、不刻苦掌握理论的科学体系和精神实质的现象。必须继续强调领导干部带头，中高级干部以身作则，推动全党理论学习不断向广度和深度发展。

现在，《邓小平文选》第一、二卷新版已经出版发行。各级党委要按照中央的要求精心安排，认真组织县以上党政领导干部，把学习《邓小平文选》第三卷与第一、二卷联系起来系统研读，围绕什么是社会主义、怎样建设社会主义这个基本问题，联系实际，在全面、系统地掌握建设有中国特色社会主义理论的科学体系上下功夫，在坚持解放思想、实事求是的科学态度和创造精神上下功夫，在运用理论研究和解决实际问题上下功夫。要把学习理论同改造世界观，增强党性结合起来；同学习社会主义市场经济基本知识、现代科学技术知识、法律知识、中外历史知识结合起来，同整顿领导班子的思想作风，增强战斗力结合起来；同加强调查研究、认真总结经验、提高领导水平结合起来。通过学习，牢固树立正确的世界观、人生观，更加自觉地全面坚持党的基本路线，增强工作中的原则性、系统性、预见性和创造性。对理论学习要加强督促检查，一级抓一级，突出抓好领导干部研讨班和各级党委中心组的学习。这是加强党的建设的根本性工作，也是培养和提高领导干部政治素质的根本性工作，必须脚踏实地、持之以恒地抓下去，决不能有丝毫的松懈。

（二）注重实践锻炼，不断提高领导能力。实践的观点，是马克思主义认识论的第一的和基本的观点。改革开放和现代化建设的伟大实践，是党政领导干部熟悉当代中国社会、了解现阶段国情、磨炼意志品质、陶冶道德情操、提高领导水平的最好课堂，也是施展才干的最广阔舞台。十多年来，凡是在各种领导岗位上有所作为、成绩突出的干部，都是注重实践锻炼特别是基层实践锻炼，在丰富生动的实践中成长起来的。这已经成为一种规律性的现象。今后，要有计划地组织中央部委和省级党政机关中没有做过基层工作的处级以上干部到基层去锻炼，努力改变目前一部分高中级干部经历比较单一，缺乏全面领导经验的状况。对于年轻干部，还要有意识地选派他们到环境比较复杂、条件比较艰苦的地方去工作，或安排到“急、难、险、苦”的岗位上经受锻炼和考验。尤其要舍得把那些年纪比较轻，发展潜力大，但缺乏基层工作经验的干部放下去。同时，要有计划地挑选一批年轻优秀的地县级领导干部，到省级机关和中央机关锻炼，使那些长期在基层和地方工作的同志熟悉上级机关的工作，提高从全局观察形势、处理问题的能力。这件事，中央要做，省级党委也要做。要认真总结经验，不断改进领导干部下派挂职锻炼的方法，提高实际效果。

（三）加强党性锻炼，树立公仆意识，牢记全心全意为人民服务的宗旨。党的各级领导干部是人民的公仆，是为人民服务的。为了实现人民群众的根本利益，团结和带领群众奋斗不息，永远是我们共产党人的崇高职责，也是我们党同一切剥削阶级政党的根本区别之一。值得注意的是，我们有些同志头脑中的群众观点明显淡薄了，同群众的感情明显疏远了，同群众的联系明显减弱了。不重视群众意见，不关心群众疾苦的官僚主义、命令主义、形式主义等现象，损害和侵犯群众利益的行为，在一些地方和部门时有发生，有的甚至到了非常严重的程度。这种状况，妨碍了党的路线、方针、政策的贯彻执行，损害了党的形象和声誉，必须上下一心，坚决予以纠正。学习建设有中国特色社会主义理论，建立社会主义市场经济体制，推进党政机关的机构改革，都为我们克服脱离群众的不良作风创造了有利条件。各级领导干部要抓住时机，带头切实转变作风，深入实际，深入基层，多到条件差、问题多、群众意见大的地方去，倾听群众的呼声，帮助群众解决实际问题。在领导工作中要坚持党的群众路线，做深入细致的工作，把党的路线、方针、政策变为广大群众的自觉行动，依靠人民群众的智慧和力量去解决面临的问题，推动我们的事业不断向前发展。

实行改革开放、发展社会主义市场经济，给党的建设注入了新的活力。但不可忽视的是一些错误思想倾向和消极腐败现象，也程度不同地冲击着我们党的队伍。这就要求我们的领导干部，既善于在改革开放不断深入、国际国内两个市场的联系越来越广泛越紧密的环境中，不断学习新知识、掌握新技能、增长新本领、开创新局面，又自觉提高鉴别能力，有效地抵制错误思想和腐朽生活方式的侵蚀。能不能做到这一点，对每个领导干部都是十分严峻的考验。十多年来，在这个考验面前败下阵来的领导干部已经不少了！他们有的把个人利益放在党和人民群众利益之上，以权谋私，搞权钱交易，徇私枉法，执法犯法；有的意志消沉，精神萎靡，或者贪图安逸，追求享受，忘记了党的艰苦奋斗的优良传统和作风；有的为了个人和局部的利益弄虚作假、欺上瞒下；有的一味追逐名誉、地位和个人权力，不择手段地跑官要官，搞团团伙伙。这些情况，目前在一些干部中仍然不同程度地存在，我们决不能任其蔓延和发展。解决的办法，总的说还是要靠教育，靠监督，靠法制，靠严肃纪律，靠加强党性锻炼。关键在于认真抓，认真做。党员领导干部无论在什么时候、什么情况下，都要用党章约束自己，用党性规范自己，时刻不忘自己是共产党员，是党的干部。在当前法制还不完备，制度还不健全的情况下，更要自觉坚持党性锻炼，不为私利所惑，始终廉洁奉公，勤政为民，保持共产党人的本色。实践证明，对干部严格要求、严格管理，有利于干部健康成长，是对干部最好的关心和爱护；相反，在干部管理中搞好人主义，对不良现象姑息迁就，讲情面不讲原则，最终会毁掉干部，这是对党、对干部本人都不负责任的表现。各级党委不仅要管好干部的选拔任用，而且要管好干部的思想作风，抓好教育和管理。要经常对干部进行世界观、人生观、价值观的教育，党的优良传统和作风的教育，做到警钟长鸣，防微杜渐。发现干部有了缺点、毛病，就及时指出，进行帮助，把可能出现的问题消除在萌芽状态，使干部少犯或不犯错误。发现干部有违法违纪行为，不管是谁，都要敢于坚持原则，坚决制止，严肃查处。

第三个问题，抓紧做好培养选拔优秀年轻干部的工作，努力造就一大批能够跨世纪担当重任的领导人才。

坚持党的基本路线一百年不动摇，实现建设有中国特色社会主义的宏伟目标，需要党的一代又一代干部带领群众努力奋斗，需要经常不断地把德才兼备的年轻干部选拔到适当的领导岗位上来。抓紧培养选拔能够跨世纪担当领导重任的优秀年轻干部不仅很重要，而且很紧迫。从现在到党的十五大，只有三年时间，到本世纪末也只有五六年时间，时不我待。如果我们不立即抓紧选拔一大批年轻干部，及早放到领导岗位上培养锻炼，到时就会出现青黄不接，造成领导班子成员大上大下的被动局面，严重影响我们的事业。

当前要着重在以下几方面做出努力：

（一）要有明确的工作目标。邓小平同志指出："最重要的问题是，提出选拔中青年干部的任务以后，要着手去做。做，要有个目标。"按照四中全会决定提出的任务，从现在起经过三五年的努力，要使中央、国家机关部委和省、地、县三级党政领导班子中年轻干部所占比例有较大的提高，保证有一批三十多岁、四十多岁的优秀年轻干部能及时选拔进县以上党政领导班子。

实现这个目标是可能的。现在选拔年轻干部的客观条件，比一九八二年机构改革时好得多。目前，全国三万多名县级党政领导班子成员中，四十五岁以下的已占百分之五十九；全国三千五百万各类干部中，三十五岁以下的占百分之四十。省、地、县党政领导班子成员，百分之八十具有大专以上文化程度，大多数具有下一级主要领导岗位的工作经验。他们在各自岗位上的表现，群众是清楚的。这些年轻干部中，已经有了一批经实践证明在执行党的基本路线中实绩突出、德才兼备、得到群众公认的同志。可以肯定地说，人才是有的，只要我们努力工作，善于总结和运用多年来选人用人的成功经验，并且在实践中不断探索和创造新的经验，就能够把选拔优秀年轻干部这件大事办好。各级党委要结合本地区本部门的实际，制定规划，确定目标，提出措施，明确责任，抓紧工作。今后，在换届和届中调整领导班子成员时，一定要注意保持合理的年龄结构，年轻干部所占比例没有达到要求的，必须补充；一时没有合适人选的，可暂时空出名额；本地区、本部门难以产生合适人选的，要通过交流选配。有些职数已满、又缺乏年轻干部的领导班子，可以采取“先进后出”的办法，充实年轻干部。

强调各级领导班子中都要有一些比较年轻的干部，目的是使不同层次的领导班子保持合理的梯次年龄结构，以利于新老干部在合作中交替，在交替中合作。这决不是规定只在某个年龄段内取人，也不是在任职年龄上搞“一刀切”。五十多岁的干部中，优秀的、符合任职年龄要求的，该提拔的还应提拔，有些可以进党政领导班子，有些也可以提拔到人大、政协或社会团体工作。

(二)要进一步解放思想，更新观念。党的干部队伍“四化”方针的制定和执行，都是解放思想、实事求是的成果。邓小平同志讲，选贤任能也是革命。这句话讲得非常深刻，我们要认真领会。有些地方和部门优秀年轻干部难以选上来，很重要的一条，就是一些领导同志缺乏战略眼光，没有把这项工作提高到坚持党的基本路线不动摇、保持国家长治久安的高度来认识。有的在选人用人时，只考虑是否能同自己配合默契，不重视改革和建设的发展对领导班子建设的要求。有些年纪较轻的同志，认为自己还能干些年，对培养选拔比自己年轻的干部不热心。有的领导同志凭自己的印象、好恶和个人恩怨得失取人。还有不少地方和部门，选拔干部时考虑较多的是干部任职时间的长短，原来排列顺序的先后；在识别干部时习惯于拿年轻干部同老同志比经验、比成熟程度，比来比去，对年轻干部不放心，不敢用，耽误了人才，也耽误了事业。以上这些选人用人的思想障碍，过去有，现在也还有，必须长期努力，反复做工作，才能完全克服。选贤任能的过程，也是解放思想、克服陈旧落后思想障碍的过程。各级党委尤其是主要负责同志，要学习老一代革命家的远见卓识和广阔胸怀，以对党和国家前途命运高度负责的精神，解放思想，更新观念，树立不拘一格选人才的思想，努力把培养选拔可以跨世纪担负重任的合格领导人才这个历史重任完成好。对那些品德好、能力强、有发展潜力的年轻干部，要大胆提拔，给他们压担子。要树立用人看主流、看本质、看发展的思想。对年轻干部的长处、短处，优点、缺点，要全面、客观地分析，用其所长。对本质好、主流好、有发展潜力的干部，虽有某些缺点，也要敢于合理使用，同时帮助他们克服缺点。还要树立起选人用人失误是过错，埋没、耽误人才也是过错的观念。各级党委和领导同志要在选人用人严格把关的前提下，为尊重和爱惜人才，广泛发掘和使用人才，勇于负责，大胆工作。

(三)要有切实可行的过硬措施和科学的方法。选拔起用大批优秀人才，不仅要有正确的思想观念，还要有正确的方法，尤其要研究、探索和推广适应新情况的新方法。干部制度改革的实践告诉我们，从实际出发，贯彻公开、平等、竞争、择优的原则，采用多种方式充分走群众路线，拓宽知人渠道，开阔选人视野，是广开进贤之路、选好用好人才的成功经验。几年来，一些地方根据党政机关和党政干部任免管理的特点，在有关法规允许的范围内，对一定领导职务的人选，采取组织推荐与群众推荐、个人自荐相结合，考试与考察相结合的方式，面向社会公开选拔；有的地方根据需要，公开一定领导职务的要求和选用干部的条件，动员社会各方面推荐适合的人选；有些地方换届调整班子时，在一定范围内民主推荐领导干部，等等，都收到了较好的效果，得到广大干部、群众的支持和拥护。要认真总结这方面的经验，逐步加以推广。

从重要台阶和关键岗位上发现、培养和选拔优秀年轻干部，是一个好办法。选拔干部坚持一个台阶一个台阶地上，这有利于干部扎扎实实积累经验、增长才干，也有利于党组织对干部德才水平的考察了解。应注意完善这种办法，并创造一些适合新情况、有利于干部更快更好成长的新台阶。要抓紧研究，把那些发展潜力明显的年轻干部，包括其中优秀的女干部、少数民族干部，放到重要台阶和关键岗位上去挑担子，比如任地方党委或政府的常务副职，大、中城市的党政主要领导职务，部委综合部门和大型直属企事业单位的主要领导职务等。一般地说，在这些台阶上经过锻炼、取得明显实绩和进步的干部，素质比较全面，基础比较扎实，驾驭全局的能力也比较强。与此同时，要重视对党外干部的培养选拔工作。加强培养选拔年轻干部的工作，要同坚持和完善后备干部制度，加快后备干部培养结合起来。后备干部名单的产生，要充分发扬民主，走群众路线。后备干部队伍应形成合理的年龄结构、专业和知识结构，能适应领导班子合理分工的需要，特别要有懂宏观经济、科技管理和意识形态的干部。考察后备干部，要结合考察班子一道进行，根据情况变化，选优汰劣，有进有出，实行动态管理。

各级党政领导班子主要负责人的素质，尤其是凝聚一班人的能力和驾驭全局的水平如何，对于加强领导班子自身建设，提高整体领导水平关系极大。要把党政领导班子主要负责人的培养选拔作为重点，及早做好工作。

选拔年轻干部，要全面贯彻干部队伍“四化”方针和德才兼备的原则，坚持以革命化为前提，注意选用党性强、作风好、有实际工作经验、同群众联系密切的干部。这几年，有些干部出问题，主要还是革命化方面不合格。党内外干部和群众担心较多的也是这个问题。在选拔年轻干部工作中，必须辩证地理解干部队伍“四化”要求的内在联系，全面把握德才兼备的条件，使选上来的同志像邓小平同志讲的那样，不仅年轻，有专业知识，还要坚持正确的政治方向，有好的思想作风，真正是德才兼备的优秀分子。对那些政治立场不坚定、党性观念差、思想意识不健康、经不起风浪考验的年轻干部，在没有改正好以前，不能提拔重用；已经进班子的，要坚决调整下来。

第四个问题，坚持和健全民主集中制，保证决策正确和执行有效，发挥好领导班子的整体功能。

坚持和健全民主集中制，是四中全会决定的重要内容，也是加强组织建设的一项十分重要的任务。全会的决定在总结历史经验的基础上，对在新的形势和任务面前、特别是在发展社会主义市场经济条件下，为什么必须继续坚持和健全民主集中制，从理论与实际的结合上作了深刻的阐述，对当前贯彻民主集中制的几个突出问题作了明确规定，提出了新要求。各级党组织要细心领会，坚决执行。这里，我想强调一下加强领导班子内部的民主集中制建设问题。这不仅是领导班子提高决策水平，搞好内部团结，增强凝聚力、战斗力，充分发挥整体功能的需要，而且是带动和促进全党和国家机构中民主集中制建设的需要。

(一)首先要在领导干部中加强民主集中制的教育。大多数县以上党政领导干部，对坚持和健全民主集中制的必要性和重要性的认识是明确的，执行也是比较好的。但是不能不指出，确有一些领导干部对新的历史条件下要不要坚持这一制度存在着模糊认识。还有一些新进领导班子的年轻干部，缺乏严格的党内生活锻炼，不了解或不熟悉民主集中制的有关规章制度。也有些担任领导工作时间较长的同志，由于在工作中取得一些成绩，过高估计个人的作用，自觉不自觉地滋长了某些“家长制”作风，对民主集中制原则淡忘了。鉴于这种状况，四中全会的决定明确提出，要在全党特别是领导干部中切实加强民主集中制的教育。对于领导干部来说，不仅要掌握民主集中制的基本规章制度，做到身体力行，还应该懂得为什么必须这样做。要坚持和健全民主集中制的道理，可以讲出许多条。最根本的道理，从理论上说，是因为这种制度运用并体现了实践、认识、再实践、再认识这一马克思主义认识论的规律，运用并体现了党的从群众中来、到群众中去，集中起来、坚持下去的群众路线，运用并体现了辩证唯物主义和历史唯物主义的基本原理；从实践上说，是因为这种制度正确规范了个人与组织、下级与上级、全党与中央、领导与群众、纪律与自由、权力与监督等关系，是科学的、合理的、有效率的制度，具有决策迅速、执行有力、监督有效的特点，有利于党的路线、方针、政策的正确制定和执行，发生失误也能得到有效的纠正。所以，坚持和健全民主集中制，必须解决好思想认识问题，解决好用理论武装干部头脑的问题，把进行民主集中制教育，同进行马克思主义认识论和党的群众路线的学习和教育结合起来。一个干部，只有真正懂得了马克思主义认识论，懂得了党的群众路线，懂得了辩证唯物主义和历史唯物主义的基本原理，并且懂得了我们党创造性运用民主集中制原则的实践和优良传统，才能真正懂得民主集中制，也才能自觉地贯彻执行民主集中制的各项具体制度和党内政治生活的各项准则。领导班子成员都这样做，领导集体的整体功能就会提高，内部团结就会增强，有了问题也能够依靠自己的力量及时解决。

(二)要建立健全领导班子内部贯彻执行民主集中制的具体制度。关于民主集中制，四中全会的决定突出强调了邓小平同志的一个重要思想，就是必须注重制度建设，健全和完善一系列制度，使之不因领导人的改变而改变，不因领导人的看法和注意力的改变而改变，并且据此提出了一系列明确的要求。如要求完善党代表大会制度，健全党员领导干部民主生活会制度，制定党员权利保障条例、中央和地方党委工作条例、党内监督条例等。这其中有的属于中央统一制定的，中央有关部门已在抓紧工作。对于需要各级党委自己制定或修改完善的，都要抓紧制定或完善，并且同其他已有的各项制度结合起来认真加以执行，使每一项制度都能实实在在地解决一些相关的问题。就健全各级领导班子内部贯彻执行民主集中制的具体制度而言，关键是完善集体领导和个人分工负责相结合的制度，解决好民主科学决策和决策的有效执行问题。

这里，要特别注意确立和严格执行以下几个最基本的规则。一是，在领导班子内部必须坚持一切重大问题由集体讨论决定。集体领导是党的领导的最高原则之一。作出重要决策前，要广泛发扬民主，走群众路线，进行充分酝酿和协商，听取方方面面的意见。有不同意见要摆到桌面上，不要背后议论。凡属重大问题，一定要在充分讨论的基础上，严格按照少数服从多数的原则进行表决。一经集体作出决定，每个成员都必须无条件服从，并在行动上积极执行。二是，要严格实行集体领导下的个人分工负责制，明确领导班子中每个成员所承担的具体责任,做到事事有人管,人人有专责。凡属已有明确规定的职权范围的事情,分管的同志要独立负责地去处理,以充分发挥每个成员的积极性和创造性。领导班子每个成员既要根据集体的决定和分工各司其职、各负其责,又要摆正个人在集体中的位置,牢固树立全局观念,做到分工不分家。书记在集体领导中负有主要责任,应当成为执行民主集中制的模范。三是,国家机关、人民团体中的党组和党员负责干部应自觉接受同级党委的领导。重大问题事先提请党委讨论决定,然后在国家机关和人民团体中同多方商量,按照法定的程序或章程办理。这是四中全会决定作出的一个重要规定。在执行中,各级党委要加强对国家机关、人民团体的领导,定期听取党组的汇报,研究这些机关和团体的工作,肯定成绩,总结经验,提出加强和改进工作的意见。国家机关和人民团体中的党员负责干部和党组,要增强党的观念,用党性来保证坚持党的基本路线,贯彻党委意图,实现党的主张。四是,要通过加强监督和严肃纪律来保证领导班子内部民主集中制的贯彻执行。实践表明,一些领导班子中贯彻民主集中制存在的问题,有的确实是无章可循造成的,但也有相当一些问题是有章不循、缺少监督或执纪不严造成的。因此,已有的行之有效的制度要坚持执行,不完善的要加以完善,并且要根据新情况制定新的制度,同时建立健全保证这些制度得以贯彻执行的监督约束机制和严格的纪律,防止制度和规定流于形式。

(三)要处理好中央和地方的关系问题,保证中央政令畅通。中央的决议、决定,是在民主基础上实行正确集中产生的,各级党组织、全体党员必须坚决执行。如果不执行中央在民主集中制基础上作出的重大决策,这就既违反民主,也违反集中。维护中央的权威,保证中央的政令畅通,实质是维护改革和建设的全局,维护党和全体人民的最高利益。各级领导班子和领导干部,无论考虑问题、制定政策还是作出决定,都要从全局利益出发,正确处理中央与地方、整体利益与局部利益的关系,当二者发生矛盾时要主动服从全局利益。如果不顾全大局,大局受损害,小局也保不住。当然,贯彻中央的精神必须和当地的实际相结合,创造性地开展工作,充分发挥主观能动性。中央在从全局出发作出决策时,也要充分考虑地方的利益。总之,正确处理中央和地方、全局和局部的关系,维护中央的权威,是加强各级领导班子内部民主集中制建设的一个重大问题,要以高度的自觉认真解决好。

第五个问题,加快干部制度改革步伐,逐步形成有利于优秀人才脱颖而出、富有生机与活力的用人机制。

改革是我国社会主义现代化建设发展的动力,新时期加强领导班子建设和整个干部队伍建设也要靠改革来推动和改进。十一届三中全会以来,在实行改革开放、开创社会主义现代化建设新局面的过程中,根据中央的部署,各地各部门认真贯彻执行干部队伍"四化"方针,在探索中积极推进干部制度改革,逐步形成了一些好制度,起到了积极的作用。这方面的成绩要充分肯定。但是应当看到,干部制度改革的进展,同新形势、新任务对领导班子和干部队伍建设的要求之间还存在着差距,改革力度不够大,有些制度不完善,不配套,富有生机与活力的用人机制尚未形成。这是一些优秀人才难以脱颖而出、相形见绌的干部难以更换、用人上的不正之风难以有效克服的重要原因。当前,以经济体制改革为重点的各项改革正在深化,特别是建立社会主义市场经济体制的步伐正在加快,这对干部人事制度改革既提出了加快步伐的要求,又提供了良好的机遇。要按照中央的总体部署,抓住机遇,坚定不移,脚踏实地,把干部制度改革推向前进。我们必须下定决心,加强工作,力争今后几年内使这方面的改革取得较大进展,实现新的突破。

四中全会的决定不仅以改革的精神对培养选拔德才兼备的领导干部提出了指导思想、工作方针和工作重点,而且对推进干部制度改革,特别是加快党政领导干部选拔制度的改革,提出了明确的任务和要求。这些都要认真贯彻执行。我们这次会议印发的中央组织部起草的《党政领导干部选拔任用工作暂行条例》(讨论稿),是在广泛调查研究的基础上,认真总结历史经验和新鲜经验,经过集思广益形成的,目的是大力推进领导干部选拔任用制度的改革,使党政领导干部选拔任用的工作规范化、制度化,以保证把各级党政领导班子进一步建设好。要真正把德才兼备的优秀干部特别是年轻干部选拔出来、合理使用,并且使领导班子形成合理结构,发挥整体功能;要把不胜任现职的领导干部及时调整到适当的岗位上去,真正形成能上能下的环境和条件;要有力地防止和克服选拔任用领导干部不按原则办事,凭个人好恶用人,靠走后门、拉关系伸手要官等不正之风,从根本上说,都要靠深化改革,建立和实行一套严格而科学的制度来解决。选拔任用领导干部工作的改进与加强,重点在这里,要克服的难点也在这里。各级党委要下最大的决心、用足够的精力来做好这件事情。

顺利推进党政领导干部选拔任用制度的改革,需要做多方面的工作。有三个重要环节尤其要把握好。

一要充分发扬民主,坚持走群众路线。扩大干部工作中的民主同坚持走群众路线是密切联系在一起的。广开知人渠道,起用"群众公认"的优秀干部,坚持集体讨论决定干部任用,加强对选拔使用干部的监督,都要通过扩大民主、贯彻群众路线来保证工作的顺利进行。在这方面，前些年进行了一些探索，积累了一些经验，现在需要认真总结，使之提炼上升为制度。要进一步增加干部人事工作的透明度，扩大群众对干部人事工作的参与程度，并且把发扬民主、走群众路线加以制度化。今后，无论是选任干部还是委任、聘任干部，都要按规定的程序办事，坚持民主推荐、民意测验、民主评议，倾听群众意见。选拔的干部必须是得到群众信任的优秀分子，得不到群众信任的不能提拔重用。

二要坚持按规定的制度和工作程序、工作规则办事。选拔任用干部的各个环节，都要严格按制度办事。当前最急需的是，根据不同领导职务的不同特点，制定科学的考核体系、考核标准、考核方法。这是选贤任能的一项基础工作。考察干部要全面衡量干部的德和才，主要应看贯彻执行党的基本路线、履行岗位职责的实绩。如何搞好领导干部实绩考核，包括如何科学地确立和把握实绩标准，是一个复杂的课题，需要在实践中不断探索，总结经验。中央组织部已经拟定了一个方案，准备先在县(市)一级党委、政府领导班子中试行，取得经验后再逐步推开。考核领导班子和领导干部的实绩，一定要体现以经济建设为中心和两手抓、两手都要硬的方针；处理好客观条件与主观努力、现实效益与发展后劲、局部利益与全局利益、集体作用与个人贡献等关系，防止片面性。各级党委要按管理权限，尽职尽责地对干部实施考核，坚持未经考核的不予任命。对领导干部履行岗位职责的工作实绩和德才表现作出的结论，必须正确反映到对干部的使用上来，作为决定他们升降去留的依据。经考核确属德才都好、实绩突出、群众公认的，要委以重任；确属德才平庸、力不胜任、相形见绌的，要坚决调整，真正体现能上能下。这一条落实了，考核才有意义，党的干部政策和干部制度的积极导向作用也才能显示出来。

三要加强对执行选拔任用领导干部制度的监督。这也必须建立和完善制度，认真执行制度。监督的主要对象是领导干部和组织人事部门。既监督任用干部是否按规定的制度和工作程序办事，又监督是否按党的任人唯贤政策办事。各级党委、纪检监察机构和组织人事部门都要按照各自的职权，定期对选拔任命干部的情况进行检查，一级查一级，发现问题就坚决纠正。同时，要把党内监督与行政监督、自上而下的监督与自下而上的监督、组织监督与群众监督结合起来。

干部交流是培养锻炼干部、提高干部素质、改善领导班子结构、增强领导班子战斗力的一项重要措施。目前，党政领导班子成员交流任职的，县一级约占三分之一，地(市)一级约占四分之一，省(自治区、直辖市)一级约占五分之一，其中党政主要领导干部交流任职的比例更大一些。实践证明，这种交流任职的效果是好的。要在保持领导班子相对稳定的前提下，加大干部交流的力度。把干部交流同干部的任期任届制度结合起来，同干部任职回避结合起来。今后，地(市)党政领导干部，要适当在全国范围内交流，县(市)党政领导干部，要适当在全省范围内交流。要加强沿海和内地、经济发达地区和欠发达地区、中央和地方干部的交流。要把执行干部交流制度作为领导干部必须遵守的一条纪律，坚决防止和克服干部调不出、派不进的不良倾向。

推进干部制度改革，必然触及人们的一些陈旧观念和习惯，只有加强改革中的思想教育，使广大干部投身改革、支持改革、推进改革，才能取得成功。要教育干部充分认识通过改革建立富有生机与活力的干部制度的极端重要性和加快改革步伐的紧迫性，了解改革的目标和要求。每个干部都应当成为推进干部制度改革的动力，提高参与改革的积极性，增强对改革的承受能力。各级领导干部更要以身作则，要求别人做到的，自己首先做到，尤其要正确看待个人职务的上下进退，在涉及自己的时候要经得起改革的考验。

第六个问题，各级党委要加强领导，狠抓落实，把培养选拔领导干部和加强领导班子建设的工作进一步做好。

四中全会结束以来，各地积极传达、学习、宣传和贯彻全会精神，进一步推动全党重视党的建设，聚精会神抓党的建设，发展的势头是好的。一些地方和部门还对干部工作做出了初步安排。这次全国组织工作会议，根据四中全会精神深入研究和部署培养选拔领导干部、加强领导班子建设工作以后，各级党委要全面负起责任，一级抓一级，一级带一级，一级促一级，抓好贯彻落实。

党要管党，首先党委要管党，关键是管好干部队伍特别是领导班子的建设。管干部，不仅要管好干部的任免和领导班子的配备，还要把干部的培养、教育、选拔、使用、考核、监督等工作全面管起来，真正管好。为落实中央的决定，贯彻中央的精神，召开会议，下发文件，组织传达学习，用各种形式宣传，都是必要的。但最重要的是在认真调查研究的基础上，按照中央的精神仔细分析本地区、本部门的现状，找出存在的问题，制定切实可行的措施，一个一个地去解决。用一句话来说，实实在在地解决存在的问题就是最好的落实。如果不认真触及矛盾，不切实解决问题，无论开多少会，发多少文件，都不过是形式主义。

组织部门是党委抓党的建设、抓组织建设的重要职能部门，对贯彻落实四中全会精神承担着重要责任。组织部门的同志首先是领导同志，要充分认识自己的责任，努力加强学习，不断提高政治业务素质和工作水平，以适应新形势、新任务的要求。改革开放和现代化建设在迅速发展，党的建设、干部工作中的新情况、新问题不断出现，我们的工作对象的状况也在发生变化，这就要求我们经常研究新情况，注意解决新问题，勇于进行新探索，及时总结新经验，使自己的思想水平、认识水平、政策水平、工作水平逐步得到提高。组织部门作为党委管干部的工作部门，理应在职责范围内把一个个领导班子配备好，把一个个领导干部考察、使用好。同时，还必须大力加强党的干部政策的研究，加强干部制度改革的探索，加强干部队伍建设的宏观管理，注意从全局上考虑和分析问题，切实为各级党委当好助手和参谋。

培养选拔德才兼备的领导干部、加强领导班子建设，与党的建设其他方面的任务是相互联系、相辅相成的。各地各部门要按照中央关于加强党的思想建设、组织建设、作风建设的整体部署和要求，全面规划，统筹安排，抓住重点，精心实施，把贯彻落实四中全会决定的过程，作为切实解决本地区本部门党的建设存在的主要问题的过程。在工作中，注意把贯彻落实四中全会的决定同深化改革、扩大开放、促进发展、保持稳定等工作结合起来，做到相互促进，共同发展。我们要在以江泽民同志为核心的党中央领导下，奋发努力，使党的各项建设工作迈上一个新台阶，为社会主义现代化建设事业提供更加坚强的组织保证。

国务院总理李鹏致信祝贺全国工商联七届二次执委会召开

国务院《关于对宣传文化单位实行财税优惠政策有关问题的批复》

财政部、国家税务总局：

你们报送的《关于对宣传文化单位实行财税优惠政策有关问题的请示》（以下简称《请示》）及附件《关于继续对宣传文化单位实行财税优惠政策的规定》（以下简称《规定》）收悉。经商有关部门并经国务院领导同志批准，现批复如下：

一、原则同意你们的《请示》并由你们联合发布《规定》。

二、在《规定》的第十二条中，增加“由于集中增值税返还主管部门难以操作，中央和省级财政要分别在预算中再安排部分专项经费，也纳入宣传文化发展专项资金”的内容。

三、关于中央级专项资金的拨付方式，决定由财政部根据中宣部和宣传文化主管部门商定的比例，分一次或两次集中拨付中宣部和宣传文化主管部门安排使用。在将由你们联合发布的《规定》中，可将第十二条第三款修改为“中央级由财政部根据中宣部和宣传文化主管部门（以下简称主管部门）商定的比例，分别拨付中宣部和主管部门安排使用。中宣部和主管部门提出使用范围报财政部审核。专项资金的使用单位要专款专用……”。

四、在本《规定》和其他有关财税政策规定中没有废止的对宣传文化单位的财税优惠政策继续有效。

关于印发《关于继续对宣传文化单位实行财税优惠政策的规定》的通知（略）

关于继续对宣传文化单位实行财税优惠政策的规定（略）

全国流动人口管理工作座谈会在上海结束

国家主席江泽民在人民大会堂会见中国外商投资企业协会第三次会员代表大会的代表

江泽民指出，改革开放是当代中国的一项基本国策，外商投资企业的兴办，对我国经济发展起了重要的补充作用。

江泽民说，中国正在深化改革，扩大开放，加快建立社会主义市场经济体制，这必将为外商来华投资提供日益完善的环境。我们始终欢迎和鼓励外国客商、港澳台同胞、海外华裔前来投资。外商在中国投资办企业，是双方的互利的事业。

江泽民说，在座的许多代表，是海外企业家和外商投资企业中的外籍高级管理人员，感谢你们为中国经济发展和中外经济合作做出的努力。目前，我国的基础产业、基础设施和高新技术比较薄弱，我们特别欢迎外商在这些领域扩大投资，进行长期合作。

中共中央政治局委员、国务院副总理李岚清，中共中央政治局委员、书记处书记吴邦国也参加会见。

外交部部长钱其琛在钓鱼台国宾馆会见美国国务院负责全球事务的副国务卿蒂莫斯·沃思

外交部部长钱其琛在钓鱼台国宾馆会见日本国际贸易促进会会长众议院议员樱内义雄

中央军委颁发《关于加强军队管理教育工作的决定》

经中央军委主席江泽民批准，中央军委将《关于加强军队管理教育工作的决定》颁发全军施行。《决定》指出，管理教育工作是军队建设中一项根本性、全局性的基础工作，是巩固和提高部队战斗力的重要保证。在新的历史条件下，各级领导必须充分认识加强军队管理教育工作的重要性和紧迫性，认真做好管理教育工作。《决定》提出全军管理教育工作的基本任务和要求是：以毛泽东军事思想为指导，认真贯彻邓小平新时期军队建设思想，全面落实中央军委主席江泽民提出的“政治合格，军事过硬，作风优良，纪律严明，保障有力”的总要求，继承和发扬优良传统，坚持依法从严治军，以战斗力为标准，以纪律建设为核心，以人员管理为重点，突出解决新形势下管好干部带好兵的问题，不断提高正规化管理水平，维护人民解放军威武之师、文明之师的良好形象，确保部队高度稳定和集中统一，永远保持人民军队的本质。《决定》强调，各级党委要把管理教育作为经常性的工作，摆到重要位置；军政主官要对管理教育工作全面负责；机关部门要密切配合，齐抓共管。通过扎实有效的工作努力达到：各级各类人员按规定在职在位，尽职尽责；令行禁止，一切行动听指挥；条令条例和规章制度落实，战备、训练、工作、生活秩序正规；部队风气正，士气高，官兵团结紧密，军民关系融洽；装备管理科学化、制度化、经常化，保持良好状态；伙食管理好，物质文化生活有保障；完成任务好，事故案件少，部队安全稳定。

“东方红三号”通信卫星顺利升空

我国新研制的“东方红三号”通信卫星随着“长征三号甲”火箭呼啸升空。24分钟后，运转正常的卫星顺利进入地球同步转移轨道。此刻时钟直指北京时间1时02分。

这是长征系列运载火箭的第三十六次飞行。至此，它已将37颗我国自行研制的卫星送入太空轨道。

国务院副总理邹家华在北京参观中国教育和科研计算机网(CERNET)示范工程

中共阿里地委书记阿里地区政协主席援藏干部孔繁森在新疆塔城地区考察工作时因公殉职终年50岁

12月1日

中纪委最高人民法院等六单位联合发出《关于保护执纪执法人员合法权利的通知》

中共中央纪委、最高人民法院、最高人民检察院、公安部、监察部近日联合发出通知，要求采取有力措施，保护执纪执法办案人员的合法权利，保证反腐败斗争尤其是查办大案要案工作的顺利进行。

通知要求切实采取有效的防范措施，防止打击报复事件的发生。各级党委、政府及有关部门要加强对执纪执法办案人员的保护，一旦发现打击报复的苗头，或者执纪执法办案人员的人身安全受到威胁，公安司法机关必须及时实施相应的保护，保证办案人员不受到伤害。同时，本单位的领导要认真负责地做好有关当事人的教育疏导工作，对预谋报复伤害办案人员者，迅速、果断地采取相应的控制措施，把可能发生的打击报复事件消除在萌芽状态。对于放任打击报复事件的发生，不采取相应措施予以制止，导致严重后果的，要严肃追究有关党政负责人和其他人员的责任。各级纪检监察机关、公安司法机关和法律监督部门要加强保密纪律教育，严守有关保密规定。在查办违纪违法案件过程中，严禁任何组织和个人泄露案情，严禁任何组织和个人以任何方式向涉案人泄露直接办案人员的有关情况。

通知提出，要依法从严从快查处打击报复案件。对由于受到举报和查处，而对举报人、办案人在精神上施加压力，在工作中无理刁难，给予种种不公正待遇，肆意进行打击报复的，各级党委、政府和有关部门要采取有力措施，坚决制止和纠正。对进行打击报复的人员要进行严肃的批评教育和组织处理。对于已经发生的打击报复案件，各级纪检监察机关、公安司法机关和法律监督部门要高度重视，及时受理，并投入力量迅速查清事实，严肃处理。对因打击报复构成犯罪的人员，由司法机关依法从重惩处；违反治安处罚条例的，由公安机关给予相应的治安处罚；违犯党纪政纪的，由纪检监察机关从严查处。

民革八届三中全会闭幕

国务院副总理李岚清在北京会见以日本国际贸易促进会会长众议院议员樱内义雄为团长的1994年度日本贸促会访华团

卫生部国家教委发出《关于颁发托儿所幼儿园卫生保健管理办法的通知》

托儿所、幼儿园是儿童集体保教机构，其根本任务是保障和促进婴幼儿和学龄前儿童的身心健康。为了加强对托幼机构保健工作的管理与监督，确保儿童的身心健康，我们组织制定了《托儿所、幼儿园卫生保健管理办法》，以便对托幼机构实行统一管理和监督。本《管理办法》未提及的其他托幼机构卫生保健工作仍按《托儿所、幼儿园卫生保健制度》执行。

现将《托儿所、幼儿园卫生保健管理办法》发给你们，请贯彻执行。各地可根据本办法制定实施细则。

托儿所、幼儿园卫生保健管理办法

第一条 为提高托儿所、幼儿园卫生保健工作质量，保证儿童的身心健康，特制定本办法。

第二条 本办法适用于中华人民共和国境内所有招收0～6岁儿童托儿所、幼儿园。

第三条 国务院卫生行政部门主管全国托儿所卫生保健工作。指导全国幼儿园卫生保健管理工作。地方各级人民政府卫生行政部门主管辖区内托儿所、指导辖区内幼儿园的卫生保健管理工作。

第四条 各级教育行政部门协助卫生行政部门检查、指导幼儿园的卫生保健工作。

第五条 托儿所、幼儿园园舍、桌椅、教具、采光、照明、卫生设施、娱乐器具及运动器械等必须安全并适合儿童健康发育的需要，符合国家规定的卫生标准和安全标准要求。

第六条 各类托儿所、幼儿园必须设立保健室，并符合《保健室设备标准》。（见附件1）

第七条 各类托儿所、幼儿园必须设立隔离室（收托儿童在70名以下的单位可设立隔离床），隔离室应配备相应的设施。

第八条 托儿所、幼儿园必须根据接收儿童的数量配备儿童保健人员。

（一）日托儿童100名以下，全托儿童50名以下，设专职或兼职保健人员1名；日托儿童100～150名，全托儿童50～100名设专职儿童保健医（护）师（士）1至2名，以后每增加100名儿童，增设专职儿童保健医（护）师（士）1名。

幼儿园依据劳动人事部、国家教委劳人编[1987]32号文关于《全日制、寄宿制幼儿园编制标准（试行）》配备保健人员。

（二）医师应当具有医学院校毕业程度，医士和护士具有中等卫生学校毕业程度，或者取得卫生行政部门的资格认可。保健员应当具有高中毕业程度，并受过儿童保健培训。

第九条 托儿所、幼儿园必须严格遵守卫生部颁发的《托儿所、幼儿园卫生保健制度》和有关规定。

第十条 托儿所、幼儿园卫生保健工作包括：

（一）建立合理的生活制度，培养儿童良好的生活习惯，促进儿童身心健康。

（二）为儿童提供合理的营养。应为母乳喂养提供必要条件，有哺乳室的应设立奶库。及时添加辅助食品，确保儿童膳食平衡，满足其正常生长发育需要。

（三）建立定期健康检查制度，3岁以下儿童开展生长发育监测，并做好常见病的预防，发现问题及时处理或报告。

（四）完成计划免疫工作，预防传染病的发生，做好传染病的管理。

（五）根据不同年龄开展与其相适应的体格锻炼，增进儿童身心健康及抗病能力。

（六）制定各种安全措施，保障儿童人身安全，防止事故的发生。

（七）选择适合儿童身心发展和健康的儿童玩具、教具以及制作材料。

（八）做好环境卫生、个人卫生及美化绿化工作，为儿童创造安全、整洁、优美的环境。

（九）对儿童进行健康教育、学习自我保健的技能，培养健康的生活习惯。

第十一条 儿童入园所要求：

（一）儿童入园所必须经当地妇幼保健机构或当地卫生行政部门指定的医疗卫生机构进行健康检查。并填写健康检查表。

（二）对离开园所3个月以上或有肝炎接触史的儿童应检疫42天，经体检证实其健康后方能回班。

第十二条 托儿所、幼儿园工作人员健康要求：

（一）托儿所、幼儿园的工作人员每年必须在当地妇幼保健机构或当地卫生行政部门指定的医疗卫生机构进行一次健康检查。并填写健康检查表。

（二）工作人员体检合格，由健康检查单位签发健康证明后，方能上岗工作。托儿所、幼儿园工作人员健康证明书由卫生部统一监制。

（三）患有国家法定传染病、滴虫性及霉菌性阴道炎、化脓性皮肤病、精神病的保教人员、炊事员不得从事保教工作、炊事员工作。

第十三条 托儿所、幼儿园从事饮食工作的人员应接受有关儿童营养及食品卫生方面的专门培训。

第十四条 托儿所、幼儿园应贯彻保教结合的方针，认真做好卫生保健工作，并将其作为园所评估的重要指标。

第十五条 对认真执行本办法，在托儿所、幼儿园卫生保健工作中做出显著成绩的单位及个人，由各级人民政府卫生行政部门和教育行政部门给以表彰和奖励。

第十六条 对违反本办法的，由卫生行政部门和教育行政部门视情节轻重，给予警告、限期整顿、停止招生、停止办园的行政处罚；情节严重构成犯罪的，依法追究刑事责任。

第十七条 小学附设学前班和单独设立的幼儿班（学前班）参照本办法执行。

第十八条 本办法由卫生部负责解释。

第十九条 本办法自公布之日起施行。各地可根据本办法制定实施细则。

附件1：保健室设备标准

一、一般设备：

桌椅、药品柜、保健资料柜、流动水或代用流动水设施、诊察床、电冰箱。

二、体检设备：

体重计（杠杆式）、灯光视力箱、对数视力表、身高坐高计（供3岁以上使用）、卧式身长计（供3岁以下儿童使用）。

三、消毒设备：

高压消毒锅、紫外线灯、常用消毒液。

四、常规医疗用品：

常用医疗器械（针、镊子、剪刀、弯盘等）、听诊器、血压计、体温计、手电筒、压舌板、敷料、软皮尺。

五、常用药品：

1. 外用药。

2. 防治常见病的中西成药。

12月2日

国家主席江泽民在人民大会堂会见巴基斯坦总统法鲁克·艾哈迈德·汗·莱加利

中共中央总书记江泽民在全国组织工作会议上发表讲话

江泽民在全国组织工作会议上发表重要讲话时强调，当前和今后一个时期，干部队伍建设必须着重完成两项战略任务：一是全面提高现有领导干部的素质，把县以上各级领导班子建设好；二是抓紧培养选拔优秀年轻干部，努力造就大批能够跨世纪担当重任的领导人才。这是当务之重，当务之急，是全面推进党的建设这个新的伟大的工程的关键性工程。各地各部门要按照十四届四中全会决定的要求加紧工作，力争在三五年内使选拔优秀年轻干部有新的突破，培养教育干部工作有新的加强，深化干部制度改革有新的进展。

江泽民说，中共十四届四中全会是在我国改革开放和现代化建设的关键时期召开的一次十分重要的会议。会议精神集中到一点，就是在邓小平同志建设有中国特色社会主义理论和党的基本路线指引下，紧紧围绕经济建设这个中心，加强和改进党的思想、组织、作风建设，提高党的领导水平和执政水平，增强党组织的凝聚力和战斗力，团结、带领全国各族人民努力完成十四大提出的各项任务，把建设有中国特色社会主义的伟大事业不断推向前进。经过十四大以后两年来的工作，四中全会又专门对加强党的建设作出决定，这样就形成了新形势下党的建设的整体部署。工作的总要求是，紧密联系贯彻执行党的基本路线的实践，始终把思想建设放在首位，围绕什么是社会主义、怎样建设社会主义这个基本问题，推动全党对邓小平同志建设有中国特色社会主义理论的学习不断向广度和深度发展；坚持抓好党的作风建设和反腐败斗争，既要持久作战，又要打好阶段性战役，一步一步把这方面工作和斗争引向深入；以坚持和健全民主集中制、加强和改进党的基层组织建设、培养和选拔德才兼备的领导干部为重点，切实抓好党的组织建设这个突出环节；注重党的制度建设，以健全的制度来保证全党积极性、创造性的发挥，同时有效地防止和克服党内的不良现象。在贯彻落实四中全会决定的过程中，要正确理解和把握加强党的建设的总目标、总要求和整体部署，把加强思想建设、作风建设、组织建设有机地结合起来，把制度建设贯穿其中，使各方面的建设相互配套、相互促进。

江泽民强调，确立了正确的政治路线以后，建设一支坚决而有效地执行党的路线的干部队伍，是事业顺利发展的决定性因素。贯彻干部队伍四化方针，做好领导干部的培养、选拔和领导班子的建设工作，更是总揽党的建设全局的一项重要工作。他在对邓小平同志新时期关于干部队伍建设的精辟论述作了概括的阐述以后指出，在新的历史时期，邓小平同志以无产阶级革命家的战略眼光和博大胸怀，从有中国特色社会主义建设事业兴旺发达，党和国家长治久安的战略高度出发，在带领全党和全国人民开创社会主义现代化建设新局面的过程中，始终注意推进各级领导班子和干部队伍的建设，尤其关注着年轻干部的成长。邓小平同志不仅大力倡导、身体力行，而且在研究新情况、总结新经验的基础上，全面系统地提出了干部队伍和领导班子建设的科学论述，用一系列新思想、新观点丰富和发展了我们党关于干部队伍建设的理论，把新时期干部队伍和领导班子建设的指导思想、目标要求、基本方针、工作方法、制度建设以及要防止和克服的错误倾向，都讲得十分明确、十分透彻了。各级党委特别是主要领导同志以及组织人事部门的领导同志，一定要认真学习、深入领会小平同志的论述，并坚持用以指导工作，把培养选拔德才兼备的领导干部、加强领导班子建设这件大事进一步做好。

江泽民说，选拔优秀年轻干部的任务要落实，在一定时期内需要有点硬性要求。各地各部门要按照中央的有关要求，从自己的实际情况出发，制定工作规划，明确工作目标，扎扎实实去做。工作中必须进一步解放思想，在克服用人上的陈腐落后观念方面取得新突破，带动选拔优秀年轻干部的实践取得新突破。尤其要学习老一辈革命家知人善任的远见和魄力，从领导班子长远建设和国家长治久安的战略大局来考虑问题，使自己不断扩大识人视野，拓宽选人渠道，改进干部选拔办法，充分走群众路线，广开进贤之路。

在谈到培养教育干部的工作时，江泽民指出，育人是人才资源开发的基础工作，是造就和选用高素质人才的前提。党委管干部，要全面负责，把发现、培养、选拔、任用、教育、监督这几个环节都管起来，真正管好。要克服重选拔、轻培养，重使用、轻教育的现象。培养党政领导干部的根本着眼点和着力点，在于保证党的基本路线全面正确地贯彻执行。随着我国社会主义现代化事业的迅速发展和改革的不断深化、对外开放的进一步扩大，加上世界经济、政治格局的变化，对我们各级党政领导干部思想理论素养、经济管理和科技知识，特别是治党治国能力的要求，将越来越高。各级各部门必须按照中央已经作出的安排，抓紧工作，全面培育提高领导干部的素质。干部锻炼成长的基本途径有三条：一是持久地、刻苦地、理论联系实际地学习马克思主义；二是自觉地、严格地按照党章规定参加党内生活；三是在改革开放和现代化建设的实践中加强锻炼。这三条要密切结合，并更多地注重实践锻炼。

江泽民在谈到干部制度改革时强调，解决干部工作中存在的种种问题，使大批优秀人才能够脱颖而出，从根本上说要靠深化干部制度改革。这方面的改革，总的精神是，态度要坚决，安排要缜密，步子要加快，工作要稳妥。总的目标是，从我们的国情出发，通过深化改革，逐步创造一个公开、平等、竞争、择优的用人环境，建立一套干部能上能下、能进能出、充满活力的管理机制，形成一套法制完备、纪律严明的监督体系。当前，要按照四中全会的要求，首先抓好党政领导干部选拔任用等重要制度的改革，在扩大民主、完善考核、推进交流、加强监督四个方面努力取得实质性进展。已经形成的有效制度，如退休制度、干部管理权限与任免程序、干部交流和回避制度等，要坚决实行；通过试验和实践已经成熟的经验，要尽快制度化、法规化；尚无经验或条件不成熟的，要积极探索和试验。

江泽民最后说，现在全面加强党的建设、推进新的伟大工程的整体部署已定，主要任务和大政方针都明确了，关键是坚决防止和克服形式主义，做好狠抓落实的工作。抓落实，各级党委和主要领导干部负有第一位的责任。党要管党，必须管好干部队伍和领导班子建设。各级党委要切实担负起自己的责任，深入调查研究，摸准本地区本部门干部工作中存在的突出问题，认真分析产生问题的原因，做出符合实际的工作安排，并推动所属党组织各司其职、各尽其责，采取得力措施，一一加以解决。

《人民日报》发表社论《认清形势明确任务》

1994年就要过去，1995年即将来临。正在满怀热情进行着改革开放和社会主义现代化建设的我国各族人民，都很关心未来一年的经济工作，关心工作中应该遵循怎样的指导思想，着力完成哪些主要任务。

刚刚闭幕的中央经济工作会议上，江泽民总书记、李鹏总理、朱镕基副总理作了重要讲话，党中央、国务院对明年的经济工作作了明确的部署。

在新的一年，经济工作总的指导思想是：坚持邓小平同志建设有中国特色社会主义的理论和党的基本路线，全面贯彻党的十四大和十四届三中全会、四中全会精神，继续把握“抓住机遇、深化改革、扩大开放、促进发展、保持稳定”的全党全国工作的大局，进一步处理好改革、发展、稳定的关系，加快建立社会主义市场经济体制，实现国民经济持续、快速、健康发展和社会全面进步。

要贯彻好这次会议精神，必须认清形势，包括国内外形势，特别是全国的经济形势。因为中央提出的指导思想和工作任务，都是科学地、全面地、实事求是地分析形势的结果。

国际形势可以概括为四句话：走向多极格局，局势有所缓和，矛盾复杂多变，世界并不安宁。从总体来看，当前是建国以来我们外交回旋余地最为广阔、市场前景最具吸引力的时期。这为我国改革开放和现代化建设提供了难得的历史机遇。

国内形势，总的来看是好的。按照建立社会主义市场经济体制的要求，今年进行了财税、金融、外汇、外贸、投资、价格和流通体制等方面的改革。虽然涉及面很广，难度很大，但由于全国上下齐心努力，实施过程中注意衔接配套，又及时处理了遇到的矛盾和问题，所以进展比人们预期的要顺利，效果也比较好。国民经济在前两年快速增长的基础上，预计全年增长百分之十一左右。工业产品结构有所调整，农业虽遭受严重自然灾害，但仍取得了较好收成。固定资产投资涨势减缓，投资结构有所改善。国内市场繁荣。进出口贸易和引进外资继续增长。在经济发展的基础上，城乡人民生活继续改善，扣除物价因素，实际消费水平比去年有较大提高。

在肯定成绩的同时，也必须看到存在的问题和困难，看到人民群众还不满意的地方。例如，经济运行中的一些深层的矛盾还没有得到根本解决。保持经济总量平衡还缺乏有效的机制和办法。粗放的经营方式仍然制约着经济结构的优化和效益的提高。工农之间、城乡之间的差距有待合理解决。特别是连续两年物价上涨幅度过高，已经成为社会各方面关注的问题。在今年的旱涝灾害面前，进一步暴露出农业仍然是国民经济中最薄弱的环节。部分国有企业生产困难，债务负担沉重。一些地方治安状况不好，等等。

要准确地把握形势，首先要全面地看问题。看形势，要看成绩，也要看问题；要看局部，更要看全局；要着眼当前，也要顾及长远。形势者，全局态势也，不从全局出发是很难看清楚的。由于所处地位不同，也由于利益主体多元化，人们可能对形势作出不同的估价。从一个角度看认为“好”，从另一个角度看可能认为“不好”或“不那么好”。其实，搞市场经济是最需要洞察全局，把握市场变动趋势的。因为全国是一个大市场，并且国内市场与国际市场相联系。只有从宏观角度把握形势，才能抓住实质，抓住大趋势，才能有预见性，做出既有利于局部，又有利于全局的判断和决策。

要准确地把握形势，必须不回避问题，科学地分析问题。比如物价问题，世界各国的经验和我国改革开放以来的实践都证明，在经济快速发展时期，伴随一定的通货膨胀是难免的，但同时又证明，过高的通货膨胀不仅是有害的，甚至是危险的。认为“通货膨胀无害”，或者认为“通货膨胀有利发展”，都是不科学的。对通货膨胀的问题决不能掉以轻心。对今年的物价形势，必须进行具体分析。造成今年物价涨幅居高不下的原因，是多方面的：几年来固定资产投资和消费基金增长过快；前些年货币发行过多造成的滞后影响；今年自然灾害严重，有些农副产品减产造成局部地区有效供给不足；流通秩序混乱、市场行为不规范等等。科学的分析，既使我们看清了形势，又使我们找到了解决问题的办法。

要准确把握形势，必须实事求是地看问题。所谓形势，就是不以我们意志为转移的客观实际，既不是“以为如何”，更不是“想要如何”。例如，对国有企业的评价，我们要看到它存在的问题，更要看到它为发展全国经济做出的不可磨灭的贡献，看到它在基础产业和整个国民经济中的主导地位。这样我们才有信心搞好企业改革，并把它放在重点地位。又如，我国的经济规模已经相当之大，在建规模相当可观。如果还不着力抓经济效益，而是一味地“铺摊子”，投入多产出少，是国力难以支撑的。即使愿望是良好的，也难以使我们的经济走上持续、快速、健康发展的道路。再如，我们进行现代化建设的最终目的是要提高人民群众的生活水平，这是毫无疑义的。但目前消费基金的增长已经高于劳动生产率的提高,收入分配已经过分向个人倾斜,为了人民的根本的长远的利益,必须注意解决这个问题。

中央经济工作会议提出,明年经济工作的主要任务是:一、继续加强宏观调控,抑制通货膨胀,保持国民经济发展的好势头。二、以深化国有企业改革为重点,推进各项配套改革,完善宏观管理体制。三、增加农业投入,确保农副产品供应,全面发展和繁荣农村经济。四、加大结构调整力度,强化管理和推进科技进步,提高经济的整体素质和效益。

为确保这些任务的完成,各级党委和各级政府,要自觉贯彻中央经济工作指导思想和方针政策,维护这些方针政策的严肃性和权威性,确实做到政令畅通。领导机关都要努力改进工作方法和工作作风,以适应新形势的要求。

明年是"八五"计划的最后一年,让我们在以江泽民同志为核心的党中央领导下,认清形势,统一思想,集思广益,切实运作,争取经济工作新的更大的进步;也为在"九五"计划期间实现现代化建设第二步战略目标,开创更有利的局面!

国务院纠正行业不正之风办公室外事办公室联合发出关于严格控制学会协会组织公费出国的通知

国务院纠正行业不正之风办公室、国务院外事办公室近日发出通知,要求严格控制各类学会、协会等单位组织公费出国(境)考察、培训,坚决持久地刹住假借名义用公费变相出国(境)旅游的不正之风。

通知提出,中央国家机关各部委、各省、自治区、直辖市直属机关各部门对下属或挂靠的各类学会、协会、基金会、中心等单位组织公费出国(境)考察、培训、研讨、交流等活动,要逐项审查,严格控制,凡属一般性的出国(境)考察、学习和交流等活动要坚决停下来。对这类出国活动,主管部门要坚决制止,审批机关不予批准。这些单位组团出国(境)必须报其主管部委审批,不准绕过主管部委"委托"其他单位审批,任何有出国审批权的单位无权受理这类"委托"。违反规定的要追究领导和主办人员以及审批单位的责任。

通知说,各类学会、协会、基金会、中心等单位组织有明确公务目的和实质性内容的出国(境)考察、培训活动,出访计划须报经主管部门审查批准,出访人员须根据出国任务和专业要求选派,不准摊派任务。外国或港澳地区发来的邀请,不能有请必去、擅自应允,更不能降格以求。

通知要求继续严格控制到"热门"国家和地区出访的团组,坚决把去这些国家和地区进行考察、培训等活动的团组压缩下来。因公出国人员,往返途中原则上不得从香港过境,不准假借名义绕道香港停留。凡不经批准擅自在港停留或中转的,要追究行政责任,追缴在港经费。

中英双方关于香港与内地跨境大型基建协调委员会在北京正式成立

中共中央政治局常委胡锦涛在钓鱼台国宾馆会见古巴共产党中央政治局委员古巴工人中央工会总书记彼得罗·罗斯

国务院副总理邹家华在中南海紫光阁会见科威特石油大臣阿卜杜勒·穆赫辛·马达阿杰·马达阿杰博士

外经贸部部长吴仪与印尼贸易部部长尤多诺共同主持中国与印尼经贸和技术合作联委会第三次会议

国务委员兼国家计生委主任彭珮云在北京会见美国副国务卿蒂莫斯·沃思

中国政府和韩国政府在北京签署 1995 至 1996 年文化交流计划

中办国办发出《关于加强和改进书报刊影视音像市场管理的通知》

近日发出的通知针对目前我国书报刊及影视、音像市场中存在的问题,就加强和改善市场管理的途径及办法、各级党政部门及有关部门的职责等,作出了一系列明确规定。

中共中央办公厅、国务院办公厅的通知说,改革开放以来,我国书报刊、影视、音像市场的蓬勃兴起,对满足人民群众日益增长的精神文化需要,促进社会主义物质文明和精神文明建设发挥了重要作用。但是,由于这些市场处于发育的初始阶段,法制不够健全,管理比较薄弱,也出现了一些不容忽视的问题。主要表现在:格调不高、粗制滥造以及宣扬色情、暴力、迷信的出版物为数不少,内容有严重政治错误的出版物时有出现;不法分子团伙作案趋势突出,制黄贩黄、盗版走私屡禁不止;一些出版、发行、印刷和复制单位违反有关规定,出卖书号、刊号、版号,承印制作非法出版物,有的还同犯罪分子勾结作案。对这些问题,人民群众反映强烈,迫切要求加以解决。

《通知》要求,各级党委和政府要充分认识加强和改进书报刊影视音像市场管理的重要性,深刻领会邓小平同志关于"两手抓,两手都要硬"的战略思想,认真学习党中央和江泽民同志关于加强精神文明建设，加强文化市场管理的一系列重要指示，把思想统一到中央的方针和要求上来，以对党、对国家、对人民和子孙后代高度负责的精神，加强对文化市场的管理。

《通知》指出，加强文化市场管理的根本目的，在于促进文化市场的繁荣健康发展，促进文化市场更好地为改革开放和经济建设服务，为社会主义精神文明建设服务，为弘扬民族文化和促进对外文化交流服务，为满足人民群众精神文化需要服务。当前和今后一个时期，管理工作要特别注重抓导向、抓总量、抓结构、抓效益，引导这些事业的发展由以规模、数量增长为主转向以质量、效益提高为主，要坚定不移地走改革开放之路，积极探索和建立符合社会主义文化市场发展规律的管理体制和运行机制。

《通知》要求，各地党委和政府要加强对书报刊、影视、音像市场管理工作的领导，可根据本地实际，确定书报刊、影视、音像市场的主要管理部门和职责分工。可借鉴近年来一些地方建立由各有关部门组成的文化市场管理委员会，在党委和政府统一领导下负责指导和协调文化市场管理工作的做法，并在实践中加以完善。《通知》强调，所有文化企事业的市场经营活动都要接受所在地政府的管理。所属文化企事业发生严重问题，要追究主管、主办单位的责任。

《通知》指出，书报刊市场、影视市场、音像市场管理方面的具体政策规章，分别由新闻出版署、广播影视部、文化部制定。凡涉及文化市场管理的重要政策和重大改革措施，须报国务院批准。

针对近年来书报刊、电视剧(片)和音像制品的生产经营单位以及某些产品总量增长过快、产品质量不高等问题，《通知》提出对文化市场要实行有效的宏观调控。对新建图书、音像出版单位要从严掌握，严格控制新建书刊印刷厂和音像制品复制生产线，明后两年内中央和地方不批新建项目。对电视剧(片)的生产，广播影视部要合理安排拍摄许可证和一次性准拍证的发放总量。设立电台、电视台和有线电视台，各地要合理规划，建台须报经广播影视部批准。同时，各地要研究确定书报刊销售摊点和音像制品销售、出租、放映点的发展规模，解决好电影、图书、报纸、期刊等文化产品下乡的问题，积极扶持农村文化市场的发展。

关于加强书报刊市场的管理，《通知》要求各地把住出版源头，整顿印刷环节，清理发行渠道，规范销售行为。要抓紧建立书报刊质量保障体系，严格执行禁止各种形式买卖书号、刊号和报纸版面的规定。要认真实行特种行业管理办法，加强对印刷企业的管理。承印书报刊的企业必须持有出版行政部门颁发的书报刊印刷许可证和公安部门颁发的特种行业许可证。各地对辖区内的所有印刷企业要进行一次清理，坚决撤销严重违规经营的企业。对未有许可证擅自承印书报刊的单位，要坚决查处。承办书报刊批发业务的新华书店、出版和图书进出口等单位要加强内部管理，严格工作制度，不得以任何形式转包业务。要坚决取缔地下发行。城镇书刊销售摊点要相对集中，定点销售，亮证经营。

《通知》指出，加强影视市场的管理，要以提高影视片和有线电视台节目质量为重点，认真做好以下工作：(1)广播影视部要进一步完善影视片制作单位的审批办法。对专门从事影视片制作的单位，各地要进行一次审核；(2)电影、电视剧(片)生产单位要建立和完善剧本审查制度；(3)与境外单位合拍或协拍电影、电视、录像片，以及拟参加国际性评奖的影视片，要报广播影视部审查批准；(4)影剧院要认真执行准映证的有关规定，禁止放映无准映证的影视片；(5)有线电视台播出的影视片，应持有省级广播电视行政部门颁发的有线电视节目准播证。教育电视台不得播放与教学内容无关的影视片。

对于加强音像市场管理，《通知》要求各地要认真贯彻执行国务院最近颁布的《音像制品管理条例》，切实按照《条例》规定做好音像市场的管理工作。近期，要着重检查音像制品的出版、复制、批发、零售、出租、放映单位的经营活动，凡属盗版走私的和有反动、淫秽内容的，一律收缴，集中销毁。

《通知》重申了对进口书报刊、影视片和音像制品的有关规定，要求新闻出版署、广播电影电视部和文化部等主管部门对进口书报刊、影视片和音像制品等认真把关，同时，海关也要认真检查各种形式进口的书报刊、影视片和音像制品，防止违禁品入境。

《通知》强调指出，盗版盗印、制黄贩黄、走私贩私活动严重，是当前书报刊、影视、音像市场存在的突出问题。对这些违法犯罪活动，必须采取有力措施，坚决打击，切实纠正有法不依、执法不严的现象。各地党委和政府要根据本地实际，抓住重点地区、重点行业、重点问题，组织有关部门认真查处一批重大案件，依法从重从快惩处犯罪活动的组织策划者、庇护者、团伙头目和坏书炮制者。

《通知》提出，我国将在书报刊、影视、音像制品生产、发行、销售等各环节，全面实行许可证制度，并进行年度核检。同时，抓紧制定书报刊出版、电影、电视剧(片)、音像制品、书报刊印刷管理和惩治非法出版犯罪活动等法律法规，以改变目前法规建设薄弱的状况。

《通知》还就建立健全文化市场监督检查队伍，深化改革、培育文化市场，积极开展社会监督，充分发挥行业组织的作用，正确引导群众文化消费行为等方面的问题提出了明确的要求。

《通知》最后指出，加强文化市场管理是一项长期任务，各级党委和政府要经常分析市场形势，把日常管理同集中治理结合起来，形成制度，坚持下去。《通知》并要求各省、自治区、直辖市党委和人民政府，文化部、广播影视部、新闻出版署等有关部门根据本通知精神制定实施办法，力求使书报刊、影视、音像市场更加活跃有序、繁荣健康地发展。

12月3日

国家主席江泽民在人民大会堂与巴基斯坦总统莱加利举行会谈

江泽民指出，建立在和平共处五项原则基础之上的中巴友好合作关系经受了时间的考验，取得了全面发展。

江泽民说，中国和巴基斯坦是友好邻邦，关系密切。几十年来，中巴传统友好关系经过两国人民和几代领导人的共同努力，取得了全面发展。"路遥知马力，日久见人心"。不论国际风云如何变幻，中巴关系从未受到影响，双方一向相互理解，相互同情，相互信赖，相互支持。两国在政治、经济、贸易、科技和文化等广泛领域进行着卓有成效的合作与交流。我们对此感到满意和高兴。

江泽民指出，中国人民十分珍视同巴基斯坦人民的传统友谊，继续保持和发展同巴的传统睦邻友好关系是中国政府坚定不移的方针。相信总统的访问将进一步推动双边关系的发展。中国政府和人民愿与巴政府和人民一道，努力使中巴友好合作关系不断向深度和广度发展。

谈及两国经贸关系时，江泽民说，中巴两国经贸合作发展顺利。近年来，在双方的共同努力下，中巴双边贸易额不断增加，巴基斯坦已经成为中国在南亚的最大贸易伙伴。双方就一些大型建设项目开展了卓有成效的互利合作，取得了令人满意的成果。中巴经贸合作仍有较大潜力，中方愿意本着平等互利、形式多样的方针，与巴方共同努力，逐步解决双方经贸合作中尚存的一些问题，并开拓新的合作领域。两国政府可鼓励和支持各自有实力的公司探讨在巴扩大经济合作的可能性。

莱加利对两国关系的全面发展表示满意，并希望进一步挖掘两国间经济优势互补的潜力，扩大双边科技和经贸合作，使之达到更高的水平。

谈及国际和地区形势，江泽民说，中巴两国在许多重大国际问题上有着相同或相近的看法。当前国际形势仍处在深刻而复杂的变化之中。世界加速向多极化格局过渡。经济因素在国际关系中的主导作用越来越突出。推进缓和、谋求发展已成为国际形势的主流。

江泽民强调，近年来，南亚各国致力于建设自己的国家，在经济领域推行改革措施，探索适合本国国情的发展模式，经济出现了稳步增长的好势头。作为南亚的近邻，中国支持南亚区域合作，支持南亚无核区的主张。中国愿意看到南亚地区保持和平、稳定和发展，希望南亚各国能够在和平共处五项原则的基础上发展相互关系，和睦相处，共同发展。

莱加利介绍了地区形势和巴在该地区的政策，表示巴正面临着发展经济、改善人民生活的任务，需要地区的和平与稳定，愿与各国友好相处，巴在其所处地区发挥着并将继续发挥促进稳定的作用。

双方还介绍了各自的国内形势和经济发展情况。江泽民对巴政府致力于维护国家稳定、发展国民经济以及克服所面临的困难表示赞赏。

江泽民还对巴基斯坦长期以来在台湾、香港、西藏和人权等问题上采取的正确立场，表示赞赏和感谢。

中方参加会谈的有国务院副总理李岚清、陪同团长刘江、外交部副部长唐家璇、外经贸部副部长李国华、外交部部长助理王英凡和中国驻巴大使周刚等；巴方出席会谈的有国防部长米拉尼、国民议会议员马扎里、西北边境省省督胡尔希德·汗、俾路支省首席部长马格希及巴驻华大使卡齐等。

国务院总理李鹏全国政协主席李瑞环在钓鱼台国宾馆分别会见巴基斯坦总统莱加利

全国组织工作会议在北京闭幕

中共中央政治局常委、书记处书记胡锦涛主持大会。中共中央组织部部长张全景在会上对1995年组织工作做部署。他说，各级组织部门要全面贯彻中共十四届四中全会决定精神，认真落实这次组织工作会议提出的任务，努力推进党的思想、组织和作风建设。要进一步解放思想，脚踏实地，以改革的精神，大胆开拓创新，加强宏观指导，狠抓工作落实，努力把组织工作提高到一个新的水平。

张全景在报告中说，1995年的组织工作要着重抓好五件事：一、明确目标要求，突出工作重点，抓紧培养选拔优秀年轻干部；二、以教育培训、实践锻炼、加强管理为主要措施，全面提高现有领导干部的素质；三、改进思想作风，完善领导班子结构，加强各级领导班子建设；四、分类指导，加强和改进党的基层组织建设；五、适应新形势新任务的要求，加强组织部门的自身建设。

中共中央政治局委员、书记处书记尉健行，中央有关部门负责人吕枫、侯宗宾、陈作霖、王维澄、汪家镠、陈福今、郑科扬等，出席大会。

国务院举行第27次常务会议

李鹏主持召开会议。会议讨论并原则通过《中华人民共和国人民警察法(草案)》和《中华人民共和国票据法(草案)》,决定将这两个法律草案经过进一步修改后,按程序提请全国人民代表大会常务委员会审议。

民盟五届三中全会在北京闭幕

国家土地管理局国家体改委关于印发《股份有限公司土地使用权管理暂行规定》的通知

国务院副总理钱其琛在第八届全国旅游局长工作会议上发表讲话

钱其琛指出,旅游业在某种意义上讲是对外开放、吸引投资的先行行业,因此旅游行业要进一步深化改革,实行开放。

钱其琛在与来自全国的近百位旅游界人士座谈时指出,旅游业的发展与整个国际局势和国内形势有密不可分的联系,国内国际形势好了,旅游业就容易得到发展。当前的国际形势可以用江泽民同志最近在中央经济工作会议上的话加以概括:“走向多极的格局,局势有所缓和,矛盾复杂多变,世界并不安宁。”国际形势总体上对我们是有利的,当前是我们建国以来外交回旋余地最大的时期,与周边国家关系最好的时期,国内市场对国外吸引力最大的时期。通过不断的努力,与欧美和东南亚各国的外交关系、经济合作进一步发展。而今年的国内形势也很有利,是不平凡的一年,汇率、税制、物价等改革的步子迈得都比较大,取得的效果比预期的还要好,为经济快速增长打下了基础。钱其琛指出,今年旅游业也进行了一些改革,如建立旅游保证金制度,国外反映非常好,这样降低了旅游风险,增加了保险系数。

钱其琛说,旅游行业是一个开放的行业,往往一个地方的开放,先行的是旅游。钱其琛还特别提到旅游安全问题。他说,没有安全保障,就谈不到旅游发展。

计算机集成制造系统技术推广成功

我国“863”计划主题之一的计算机集成制造系统技术,在向国有大中型企业推广中,取得显著效益和成功经验。最近,邹家华副总理考察国家计算机集成制造系统工程研究中心时指出:今后要进一步在亏损企业中应用这一技术。

邹家华日前考察设在清华大学的国家计算机集成制造系统工程研究中心时,对这个中心最近获得世界大奖“大学领先奖”表示祝贺。他说,在社会主义市场经济条件下,企业必须自主经营,积极参与国际国内市场竞争。

国务院总理李鹏全国人大常委会委员长乔石在人民大会堂分别会见由众议院议员会长樱内义雄率领的日本国际贸易促进协会代表团

国务院副总理李岚清会见印尼贸易部部长尤多诺

新闻出版署成立出版物评议委员会

中国奥委会就第12届亚运会期间有个别运动员尿样呈阳性问题发表声明

在广岛亚运会结束一个多月后,12月3日,中国奥委会正式获悉,在第十二届亚运会期间,有11名中国运动员尿样呈阳性。对此,中国奥委会深感震惊和遗憾。

中国奥委会高度重视这一事件。为此,中国奥委会反兴奋剂委员会已指定专人成立特别小组,责成、监督尿样呈阳性的运动员所在单项协会,查明事实,根据有关国际体育组织的规定和中国奥委会的“严令禁止,严格检查,严肃处理”的反兴奋剂“三严”方针,对这11名运动员及相关人员作出严肃处理。

12月4日

国务院副总理田纪云在曼谷出席泰国王生日庆典活动

国务院退伍军人和军队离退休干部安置领导小组办公室负责人就退伍士兵的安置工作接受新华社记者采访

这位负责人强调,各地要认真贯彻中央有关精神,切实做好今冬退伍士兵的安置工作。

这位负责人指出,退伍老战士为保卫祖国奉献青春年华,有功于人民。安置好退伍士兵,是各级人民政府、各部门、各企事业单位的一项重要政治任务。做好这项工作,对于促进国家经济建设、国防建设和社会安定都具有重要意义。各地要抓紧抓好,加强监督检查,保证这项工作的顺利进行。

这位负责人说,党和国家一直重视退伍安置工作,制定了一整套适合我国国情的安置政策法规。随着改革开放的深入,国家有关部门又出台一系列政策法规,明确规定,无论是国有企业、集体企业、行政事业单位,还是股份制企业、“三资”企业、私营企业等都有接收安置退伍士兵的义务。适合退伍军人就业的行业、部门和行政、事业单位要优先安排退伍士兵。国务院指出,各用人单位的上级主管部门在制定规章和确定招工计划时,不得与退伍安置政策相抵触,不允许限制下属单位接收安置任务,任何用人单位不得以任何理由拒绝接受当地政府分配的安置任务。

谈到企业转换经营机制给退伍安置工作带来的影响时,这位负责人说,去年 3 月,国务院、中央军委发出文件,对符合安排工作条件的退伍义务兵实行劳动合同制等问题作出规定,退伍义务兵实行合同制后有以下几个方面的优待政策:一是依法保障退伍义务兵的第一次就业;二是与用人单位签订无固定期限合同,即长期合同;三是给予一年以上熟悉业务、技术的时间;四是对伤病残退伍义务兵安排力所能及的工作,其工资、福利和其他待遇与本单位因公致残的职工同样对待,无特殊理由不得辞退;五是退伍义务兵的军龄连同待分配时间一并计算为所在单位的连续工龄和待业、养老保险投保年限,并在工资、住房和其他方面享受同工龄、同工种职工的待遇。这一系列的优待政策保护了退伍兵的切身利益,各地务必严格贯彻执行。

这位负责人希望广大退伍老兵回到地方工作后,继续保持部队优良传统,在新的战场上为建设祖国作出贡献。

中国政府发表声明向乌克兰提供安全保证

12 月 5 日

中央统战部在北京召开党外人士情况通报会

通报会由中央统战部部长王兆国主持。王兆国说,由中共中央、国务院召开的中央经济工作会议,目的在于总结一年来的改革与发展的工作,分析当前形势,统一思想认识,研究确定明年经济工作的指导思想、主要任务和政策措施,进一步处理好改革、发展与稳定的关系,继续把改革开放推向前进,实现国民经济持续、快速、健康发展。

王兆国说,长期以来,各民主党派、工商联、各界代表人士同中国共产党结下了深厚的友谊,对于国家的经济建设和发展作出了重要的贡献。这次中央经济工作会议刚刚闭幕,中共中央委托中央统战部尽快向大家通报会议精神,就是为了充分发挥民主党派、工商联、各界人士的参政议政、民主监督作用,为改革开放和社会主义现代化建设作出新的更大贡献。

民主党派、工商联领导人和无党派人士孙起孟、雷洁琼、程思远、李沛瑶、吴阶平、阿沛·阿旺晋美、赵朴初、钱伟长、董寅初、孙孚凌、万国权、蔡子民、经叔平、彭清源、丁石孙、冯梯云、陈舜礼、方荣欣、杨纪珂、徐采栋等出席会议。

中国和平统一促进会第四届理事会在北京开幕

该会执行会长、全国政协副主席钱伟长在报告中指出,要把"台湾意识"与"台独意识"严格区别开来,增进两岸的交流和接触,广泛团结各界人士,按"一国两制"方针推进祖国统一。

会议决定设立"和平统一基金",以联合海内外人士,发展两岸的民间往来,推动两岸关系更积极更活跃地开展。香港华多利(集团)有限公司主席陈进财、香港侨福集团有限公司董事长黄周旋、美国美迪有限公司董事长郭绍成、澳门工艺有限公司(可口可乐)董事长李宝田和香港建联集团有限公司董事长许明良率先为基金捐款。

会议还增补一批关心和支持祖国统一大业的海内外知名人士为理事。该会会长、全国政协副主席万国权主持会议,该会会长、全国人大常委会副委员长程思远、卢嘉锡以及其他会长、理事和有关部门负责人 200 多人出席会议。

中国青年志愿者协会在北京成立

今天是联合国"国际志愿人员日",由共青团中央等单位发起的中国青年志愿者协会成立大会在北京举行,来自全国各地的 90 多位青年志愿者代表聚集一堂共庆中国青年志愿者协会的诞生。中共中央政治局常委、书记处书记胡锦涛向大会发了贺信,国家副主席荣毅仁出席大会并讲话。

胡锦涛在贺信中说,青年志愿者行动是适应时代呼唤和社会需要应运而生的。它作为共青团"跨世纪青年文明工程"和"跨世纪青年人才工程"的重要组成部分,是动员和带领广大青年投身两个文明建设的可贵尝试和新的创造。

贺信指出,当前,我国正处在改革开放和社会主义现代化建设的关键时期。新形势、新任务,对各项工作都提出了更高的要求。希望你们适应这种新的要求,在已取得成绩的基础上,不断提高,不断发展,把青年志愿者行动更广泛、更深入、更有成效地开展下去。

贺信还说,中国青年志愿者协会成立后,希望能发挥组织、协调、服务的功能,坚持自愿参加、量力而行、讲求实效、持之以恒的原则,精心组织,把更多的青年吸引到志愿者的行列里来,使奉献、友爱、互助、进步的青年志愿者精神在青年一代中发扬光大。要把服务和育人有机结合起来,引导青年用科学的理论武装自己,用高尚的精神塑造自己,用现代科学知识提高自己,在伟大的实践中锻炼自己,努力成为有理想、有道德、有文化、有纪律的跨世纪一代新人。

团中央第一书记李克强在会上强调,在今后一段时间里,要不断强化济困扶贫的主题,弘扬友爱奉献的精神，使志愿者行动深深地扎根于广大人民群众最基本的生产与生活需要之中，努力促进经济和社会的协调发展、全面进步。

会议通过《中国青年志愿者协会章程》，宣读《中国青年志愿者宣言》。会议还选举协会理事、常务理事，刘鹏当选为协会理事长，袁纯清、吉炳轩、孔繁壮、张晋峰，刘增田、郭建模、郑杭生当选为副理事长。6位在中国青年志愿者行动中取得突出成绩的先进典型在会上介绍经验。被中国青年志愿者协会聘为顾问的一批各部委领导、联合国教科文组织和国际志愿服务协调委员会的官员也出席大会。

《人民日报》发表评论员文章《培养选拔年轻干部要有紧迫感》

中国政府与德国政府在法兰克福签订首批铁路项目贷款协议

中国和美国在日内瓦就中国“复关”问题举行第一轮实质性谈判

中国—澳大利亚科技联委会第二次会议在堪培拉举行

外交部副部长姜恩柱会见西班牙新闻代表团

中央军委批准下发《军队使用地方通信设施的有关规定》

经中央军委批准，总参谋部、总政治部、总后勤部联合制定的《军队使用地方通信设施的有关规定》下发全军，从1995年1月1日开始执行。按照规定，全军官兵使用军线拨打地方电话将收费。

军队电话长期实行军事非军事不分、公私不分、一律无偿使用和大包大揽的全面供给制。随着改革开放形势的发展，军队与地方的联系日益广泛，电话通信量急剧增长，继续实行这种制度，制约军事通信发展，影响军事指挥顺畅，也无法满足用户对电话通信的需求。规定本着保证公务通信需要、方便个人使用，合理负担费用的原则，对军队拨打地方电话，采取“单位通话经费包干，个人规定限额，超出部分自理”的经济管理办法。

中共中央国务院发布《关于加强科学技术普及工作的若干意见》

科学技术普及工作是普及科学知识、提高全民素质的关键措施，是社会主义物质文明和精神文明建设的重要内容，也是培养一代新人的必要措施。

为适应国际、国内形势对科普工作的新要求，进一步加强和改善我国的科学技术普及工作，特提出以下意见。

1. 科学技术是第一生产力，是推动经济、社会发展的第一位变革力量。世界范围内新技术革命的日新月异，促使全球经济、社会的发展乃至人们生活方式不断发生重大变革。科技竞争、特别是人才竞争，已经成为世界各国竞争的焦点。许多国家都把提高国民的科学文化素质看成是21世纪竞争成功的关键。为适应世界潮流，迎接下一世纪的挑战，普及科学文化教育，将人们导入科学的生产、生活方式，是把经济建设转移到依靠科技进步和提高劳动者素质轨道、实现我国经济发展战略目标的关键环节。依靠科技进步和知识传播，促进社会主义物质文明和精神文明建设，维护社会稳定，是当前我国的重要任务，也是今后我国经济发展、科技进步和社会稳定的重要保证。

2. 建国45年来，在广大科技、教育、文化工作者，特别是科普工作者的辛勤努力下，我国的科普工作取得了令人瞩目的成就，科普事业有了长足的发展，科普组织网络日益健全。全国许多省（市）每年都举办一些大型科普宣传活动，国家和有关部门组织实施的科技、教育计划及有关活动也在增强全民科技意识、普及科技知识方面起到了重要的推动作用。特别是结合技术推广和技术培训，农村技术普及工作取得了显著的成效。由于各部门通力合作和全社会共同参与，一个群众性、社会性的科普工作局面已经初步形成。

虽然科普事业已经有了相当的基础，但与我国经济、社会发展的需求相比仍有较大的差距。特别是近些年来，由于有些地方对科普工作的重视程度有所下降，致使科普工作面临重重困难，科普阵地日渐萎缩。与此同时，一些迷信、愚昧活动却日渐泛滥，反科学、伪科学活动频频发生，令人触目惊心。这些与现代文明相悖的现象，日益侵蚀人们的思想，愚弄广大群众，腐蚀青少年一代，严重阻碍着社会主义物质文明和精神文明建设。因此，采取有力措施，大力加强科普工作，已成为一项迫在眉睫的工作。

3. 科学技术的普及程度，是国民科学文化素质的重要标志，事关经济振兴、科技进步和社会发展的全局。因此，必须从社会主义现代化事业的兴旺和民族强盛的战略高度来重视和开展科普工作。贫穷不是社会主义，愚昧更不是社会主义。加强科普工作，提高全民族的科学、文化素质，就是从根本上动摇和拆除封建迷信赖以存在的社会基础。在提高全国人民物质生活水平的同时，要努力提高精神生活的水准，使科普工作真正成为“两个文明”建设的重要内容，成为实现经济建设转移到依靠科技进步和提高劳动者素质轨道的重要途径，成为实现决策科学化的有力保障，成为培养一代新人的重要措施。提高全民科学文化素质，引导广大干部和人民群众掌握科学知识、应用科学方法、学会科学思维，战胜迷信、愚昧和贫穷，为我国社会主义现代化事业奠定坚实基础，是当前和今后一个时期科普工作的重要任务。

4. 要把提高全民科技素质，保障国民经济持续、快速、健康发展，促进“两个文明”建设作为科普工作的中心任务。在提高和统一全党、全社会对科普工作认识的基础上，改善和加强各级党委、政府对科普工作的领导，把它作为一项长期的战略任务常抓不懈，使之成为社会主义精神文明建设和科技工作的重要组成部分。要适应社会主义市场经济发展的要求，充分利用现有的科普队伍和设施，根据经济和社会发展的需要有成效地组织开展科普工作；要通过深化改革，逐步建立、健全科普工作的政策法律体系和支撑服务体系；要动员全社会力量，多形式、多层次、多渠道地开展科普工作，传播科技知识、科学方法和科学思想，使科普工作群众化、社会化、经常化。

5. 要进一步加强和改善党和政府对科普工作的领导。科普工作是国家基础建设和基础教育的重要组成部分，是一项意义深远的宏大社会工程。各级党委和政府要把科普工作提到议事日程，通过政策引导、加强管理和增加投入等多种措施，切实加强和改善对科普工作的领导。全国的科普工作，由国家科委牵头负责，制订计划，部署工作，督促检查，实行政策引导。为适应新形势下科普工作面临的新任务，将建立由国家科委牵头、各有关部门参加的联席会议制度，统筹协调和组织全国的科普工作。中国科协以及其他各群众团体、学术组织都要继续发挥主动性，大力开展日常性、群众性的科普活动。

国家将进一步组织制订科普工作的总体规划，将其纳入国家“九五”计划，并逐级纳入各部门和地方的经济、科技和社会发展的规划。有关部门和地方政府要按照总体目标和要求确定科普工作的规划和计划，以利监督执行。要特别注意科普工作同其他经济、科技、教育和社会发展计划的衔接，更好地发挥这些计划在提高国民素质和综合国力方面的重要作用。

6. 科普活动涉及全社会，有必要对政府、团体、公众对普及科学技术知识的行为、权利和义务进行法律规范。国家将根据《中华人民共和国宪法》和《中华人民共和国科学技术进步法》关于“普及科学技术”的总要求，制定专项法规或实施细则，加快科普工作立法的步伐，使科普工作尽快走上法制化、制度化的轨道。

各地可以通过开展“科技(科普)周”等形式，规范本地区的科普活动，促进科普工作的群众化和社会化。

7. 根据我国经济、社会发展的具体情况，当前科普工作的重点应放在以下几个方面。

从科普工作的内容上讲，要从科学知识、科学方法和科学思想的教育普及三个方面推进科普工作。在继续做好科学知识和适用技术普及宣传的同时，要特别重视科学思想的教育和科学方法的传播，培养公众用科学的思想观察问题，用科学的方法处理问题的能力。

从科普工作的对象上讲，要把重点继续放在青少年、农村干部群众和各级领导干部身上。要努力发挥教育在科普工作中的主渠道作用，结合中小学教育改革，多形式、多渠道地为青少年提供科普活动阵地，培养他们的思维能力、动手能力和创造能力，帮助他们树立正确的科学观、人生观和世界观。要继续面向亿万农民，特别是贫困地区、少数民族地区的农民，传播和普及先进适用技术，因地制宜、扎实有效地开展农村科普工作。要增强领导干部的科技意识和对科学技术的理解能力，帮助他们不断扩大知识面，了解科技发展动态，认识科学技术对国家政治、经济和社会的广泛而深刻的影响，推进决策的科学化和民主化进程。

要始终高举科学旗帜，引导教育人民，净化社会环境，用科学战胜封建迷信和愚昧落后，提高全社会的科技意识，搞好社会主义物质文明和精神文明建设。

8. 以改革促发展，努力开创科普工作的新局面。作为整个科技工作的一个重要组成部分，科普工作也要深入贯彻“稳住一头，放开一片”的科技体制改革的方针，结合社会公益事业的特点，逐步形成开放、竞争、流动的新机制，适应科普工作社会化、现代化的要求。“稳住一头”指的是采取积极、有效的措施，稳定和建设一支精干的专业科普工作队伍。要进一步创造环境和气氛，使专业科普工作者和其他科技工作者从事科普工作的劳动成果得到应有的承认；同时要在工作、生活、进修、奖励、职称等方面给予适当的倾斜，以稳定队伍，繁荣创作。对在科普工作中做出突出贡献的科普工作者，国家将给予表彰和奖励。“放开一片”主要是放开放活一大批基层科普组织和机构，引导它们面向社会，面向市场，按市场经济规律运行，开展多种形式的有偿服务。特别是对于从事先进适用技术推广和信息服务的机构和人员，要鼓励他们按照“自愿组合，自筹资金，自负盈亏，自我发展”的原则，走自我发展的道路。要把科普组织体系的建设同社会化服务体系的建设结合起来，鼓励、支持各种形式的民营科技服务组织的发展。

9. 随着经济、社会的不断发展和财政收入的不断增加，国家将逐步增加对科普工作的投入，并给予长期、持续、稳定的支持。各级政府也要采取切实可行的措施，保证对科普工作的经费投入。

要进一步改革资金使用方式，统一思想，加强集成，集中有限资源办大事，提高资金使用效益。各级政府都要对科普设施建设予以优先重视，并根据经济、社会发展的需要和可能，将其纳入有关规划和计划。各地应把科普设施、特别是场馆建设纳入各地的市政、文化建设规划，作为建设现代文明城市的主要标志之一。当前，主要是把现有场馆设施改造和利用好，充分发挥其效益。各省、自治区、直辖市、特别是经济较发达地区，应该尽可能地创造条件，对现有的科普设施进行改造，使之逐步完善。

10. 国家鼓励全社会兴办科普公益事业，并将制定有关公益事业的法规和政策。在严格界定的基础上，明确公益事业产权，使公益事业法人化，鼓励企业、社会团体和其他事业单位捐助科普事业，兴办为社会服务的科普公益设施。各有关部门要积极配合，广泛吸收海外资金支持和兴办这类公益性机构。

11. 要充分利用大众传播媒介，开展多种形式的科普宣传。要从提高全民素质和培育下一代的高度认识科普宣传的重要性，重视传媒的科学教育功能，把科普宣传作为整个宣传工作的重要内容。要在报刊、图书、广播、电视和电影等大众传播媒介中加大科普宣传的力度和数量，通过政策发动、舆论引导，造成声势，逐步形成“学科学、爱科学、讲科学、用科学”的社会风尚。要鼓励和提倡新闻工作者学习科技知识，加强对科普宣传的鼓励和支持。对科普报刊图书，科普影视声像作品的创作与发行，应给予扶持，充分发挥这些现代化传播手段的作用。各类公益广告要增加科普宣传的含量，宣传科学、正确的生活方式和工作方式，创造有利于科普工作的全方位的舆论环境。

各级文化、宣传部门要进一步加强对新闻出版等大众传媒中科技内容的管理，创造科学、文明的社会氛围。要明令禁止有关涉及封建迷信或尚无科学定论、有违科学原则和精神的猎奇报道以及不良生活方式的宣传。对某些不易划清界限或暂时不能定论的内容或活动，应严格加以控制。对确实造成不良影响的机构和个人，应予以相应处罚；对个别触犯刑律的，要予以制裁。

12. 要充分认识破除反科学、伪科学的长期性、复杂性和艰巨性，把这项工作始终不懈地坚持下去。对利用封建迷信搞违法犯罪活动的要坚决依法打击，对反动会道门组织要坚决依法取缔，对参与封建迷信活动的人要进行批评教育。各级领导干部要以身作则，自觉加强对现代科学文化知识、科学方法和科学思想的学习，自觉反对和抵制各种反科学思潮的冲击和影响，不准参与、鼓励各种封建迷信和伪科学活动。禁止党政干部参神拜庙、求卦占卜、大办丧事，为树立良好的社会风气起模范带头作用。

要通过行政和法律手段，清理和整顿现有的神怪洞府，取缔求神问卜等封建迷信活动。要在认真贯彻党的宗教、民族政策的基础上，加强对人文景观、旅游设施建设的管理，提高导游人员的素质，充分发挥其科普教育功能。

13. 要充分利用现有资源，调动社会各方面的力量，广泛、深入地开展科普工作，使之逐步走上群众化、社会化、经常化的轨道。在继续发挥各级科普专业队伍主力军作用的同时，要鼓励和支持全社会共同参与，齐抓共管。教育、宣传、文化、旅游、共青团、工会、妇联等有关部门要积极发挥作用，充分利用现有的渠道和阵地，开展多种形式的科普教育和宣传活动。各科技机构、大专院校和科技工作者要积极投身于科普事业，通过举办公开讲座、开放实验室、参观等多种方式进行科普宣传，积极发挥宣传、教育职能。要鼓励从事科技工作的专家、学者，特别是院士、老科学家走向社会，到青少年中去，带头宣讲科技知识。

科学技术普及工作是关系到我国21世纪发展的根本性、战略性的工作，全党、全社会都要高度重视，认真抓好。各有关部门要研究制定加强和改善科普工作的实施方案，并认真督促执行。各级党委和政府要根据各地的实际情况和经济、社会发展条件，研究制定贯彻本文件的具体实施办法，并尽快落实。

中共中央政治局候补委员温家宝在中科院联想集团考察

温家宝在考察时指出：高新技术及其产业是当前国际竞争的关键，要大力发展我国的高新技术产业，使我国的高科技在世界占有一席之地。

成立于1084年的联想集团是在改革中诞生的高技术企业，它以中科院为强大技术后盾，坚持以市场为目标，以国际化带动产业化。积极开拓海外市场，为发展中国计算机产业进程作出了突出贡献。经过10年的艰苦创业，联想已由最初的20万元投资，发展为在海内外拥有50多个分支机构、职工2300余人、净资产5亿元、年销售额突破40亿元的技、工、贸一体化的计算机产业集团；10年来，累计销售收入超过百亿元、出口创汇3亿美元，实现利税3亿多元，1993年在全国电子百家企业中名列第二，是目前国内计算机行业最大的企业集团。

下午，温家宝在中国科学院院长周光召、副院长胡启恒等的陪同下，观看了联想集团的产品及工程技术人员的现场操作演示，听取了联想集团总裁柳传志的工作汇报，并就发展我国的高新技术产业发表了意见。

温家宝对联想集团取得的成就和发展的路子给予了充分的肯定。温家宝说,联想集团走过的道路是科技与经济结合、把科技成果转化为现实生产力的成功实践;它充分证明了邓小平同志关于“科学技术是第一生产力”的论断是十分正确的。联想的经验告诉我们:必须坚持通过科研开发促进科技成果的转化,这是促进科技与经济结合的关键;必须面向国内和国际两个市场,使产品在竞争中占领市场,通过滚动开发,实现规模效益,必须实行科研院所与企业的联合,推动高新技术产业的发展,形成科技与经济的良性循环,加速国民经济的现代化。

温家宝强调,发展我国高新技术产业,要贯彻“有限目标,突出重点”的方针,精心选择一批对国民经济建设有重要影响,同时又有好的市场前景的技术,组织力量,加快产业化速度,形成一批高产值的高技术企业。要运用高新技术改造传统产业,提高经济发展的质量和效益。要深化科技体制改革,加强对高新技术产业化工作的宏观指导和协调,集中一定的人力、物力,加大对高新技术及其产业的投入,促进科研院校与高新技术企业的结合,促进国营企业、乡镇企业、民营企业与高新技术企业的结合。要加强队伍建设,培养一大批高科技专门人才和新型的高科技企业家。他要求联想集团要抓住机遇,再接再厉,为发展我国的高科技事业做出新的贡献。

中共中央政治局委员李岚清到北京国际会议中心参观第二届全国大学生应用科技发明大奖赛成果展览暨技术交易会

李岚清在参观中充分肯定了这次活动。李岚清说,我们提倡教学同实践相结合,为生产服务。大学生搞应用科技发明可以锻炼多方面的能力。他强调,科学研究就是要与应用相结合,即便是基础科学,主要也是为了未来的应用。科技成果只有广泛应用,实现产业化,才能成为第一生产力。

李岚清提醒在校生尤其是本科生还是要以学为主。他说,我们提倡青年人要有创造精神,要有丰富的想象力,但也不能整天琢磨发明而误了学习。首先还是要学好基础知识和专业基础知识,才可能多出成果、出好成果。

全国开展第二次脊髓灰质炎强化免疫日活动

中国老年人供养问题对策会在北京举行

国务委员李贵鲜在会上强调,人口老龄化必将对社会经济产生影响,要从战略高度出发,统筹规划,及时采取正确政策,做到未雨绸缪。

老年人供养问题对策研究,是联合国人口基金根据中国人口老龄化发展趋势实施的援助项目。李贵鲜在会上高度评价了这一研究项目取得的成果,认为紧密结合了中国的实际,对政府制定老龄化对策会有参考价值。

李贵鲜认为,我国老年人口占总人口的比例虽然还不高,但是绝对数较大,60 岁以上人口将近 1.1 亿。人口老化和老年人口问题,应当引起高度重视。为此,需要理论工作者和实际工作者密切配合,以正确的理论作指导,从中国的实际出发,借鉴国外一切有益的经验,提出正确的对策建议,把我国老年人口问题解决好。

宋平和中央国家机关有关部委,各省、自治区、直辖市有关部门及老年人供养问题研究项目国际执行机构负责人出席会议。

12 月 6 日

全国地方政协工作经验座谈会在北京举行

中共中央政治局常委、全国政协主席李瑞环出席会议。全国政协副主席吴学谦在会上讲话。

吴学谦指出,召开这次座谈会,目的就是要在邓小平同志建设有中国特色的社会主义理论指导下,贯彻中共十四届四中全会精神和全国政协八届二次会议的精神,总结交流地方政协履行政治协商、民主监督和参政议政职能的新鲜经验,进一步开创地方政协工作的新局面。他希望与会同志畅所欲言,各抒己见,交流各地政协工作的经验,并对工作中带有共同性的问题进行深入探讨。

中共北京市委副书记李志坚在会上介绍北京市委重视做好政协工作、发挥人民政协作用的经验。

公安部在福州召开沿海五省打击偷渡活动工作会议

12 月 6 日至 7 日,公安部在福州召开福建、广东、浙江、山东、辽宁五省公安机关、边防部门协作打击跨省区偷渡活动工作会议,要求各省公安机关、边防部队密切配合,积极开展打击偷渡活动专项斗争。

会议针对跨省区偷渡活动的特点,要求通过严打,切断偷渡活动的地下通道;抓住一批“蛇头”,教育一方群众;对偷渡的组织者和运送、窝藏者依法严惩。同时,要依靠广大人民群众,把打击与整治、打击与防范结合起来,使广大群众自觉同偷渡活动作斗争。各地公安边防部门要树立长远作战的思想,把反偷渡工作摆到应有的位置上来,建立健全领导岗位责任制,一级抓一级,常抓不懈。特别要加强沿海地区船舶治安管理工作，坚决清理、取缔无船号、无船籍、无船名的“三无船舶”；坚持对船舶和渔船民证件的年度审验工作，牢牢掌握沿海一线船舶和渔船民的动态，及时发现利用船舶进行偷渡活动的动向，加以控制和打击。各地公安边防部门在查获的偷渡案件和遣返的偷渡人员的审理工作中，要查清偷渡活动的组织者、运送者和偷渡渠道、联络方法、窝藏点、下海地点等案情，特别是要抓住影响大、危害大的重要偷渡案件，深挖细查，挖出团伙“蛇头”。

中共中央政治局委员李岚清丁关根在北京分别会见香港《天天日报》《华南经济新闻》负责人

国务院召开支援西藏建设工作会议

会议总结、检查前一阶段援藏建设工作进展情况，并就下一步援建工作作出部署。会议要求各地区、各部门总结经验，再接再厉，抓紧工作，采取有力措施，保证援藏建设工作按计划完成。

国务委员兼国务院秘书长罗干主持会议。会议听取国务院有关部门情况汇报，西藏自治区有关负责人在会上发言。

罗干在讲话中认为，整个援藏建设工作进展顺利，中央第三次西藏工作座谈会关于全国支援西藏、加快西藏发展的部署正在组织实施，必将为西藏经济进一步发展奠定基础。

罗干要求各地区、各部门按照党中央、国务院统一部署，进一步加强对援藏建设工作的领导，认真总结前一段工作，找出存在的问题和差距，有针对性地采取措施，安排好下一步工作；要保证工程质量和进度，力争建设项目按时完工，按时投产、达产；要帮助西藏搞好有关经营、管理专业技术人才的培训工作，提高经营、管理水平，充分发挥援建项目的经济和社会效益，造福西藏人民。

罗干最后指出，各地区、各部门和西藏自治区要密切配合，共同商量，搞好组织、协调与衔接，精心组织，扎实工作，团结协作，为圆满完成党中央、国务院提出的援建任务，促进西藏经济和社会更快发展做出更大贡献。

《人民日报》发表评论员文章《加强和改善宏观调控抑制通货膨胀》

国务院副总理邹家华在浙江调查研究

“当前要认真贯彻中央经济工作会议的精神，加强和改善宏观调控，经济建设应量力而行，注重整体效益。”这是中共中央政治局委员、国务院副总理邹家华在浙江调查研究时反复强调的。

邹家华说，浙江近几年经济发展较快，总体势头是好的。现在制约浙江经济发展的薄弱环节是能源和交通。要结合“九五”发展规划，研究浙江能源和交通的长远发展战略。

邹家华认为，浙江发展电力工业的条件比较优越。一是沿海港口众多，深水岸线长，适合建设大型火力发电厂；二是具有发展核电的良好基础和地理环境；三是可利用的水力和潮汐风能电站资源丰富。他指出，根据浙江的实际情况，发展能源电力工业，可以火电、水电、核电三者并举。

邹家华指出，各地在发展能源的同时，节能节电工作不可放松。同样的化肥厂、水泥厂，采用先进工艺技术和设备，可大大降低能耗，节能大有潜力可挖。浙江省这方面工作是做得比较好的，希望能认真总结经验。现在一些地方已提出改造小锅炉、城市热电联产等措施，要作为今后的重要课题，切实加以解决。

邹家华说，浙江要加快交通发展步伐，要与整个华东地区的交通建设相衔接，形成一个完整的交通网络体系。这样不仅会推动浙江经济发展，而且对全国经济发展都会起到积极的作用。

邹家华强调说，刚刚结束的中央经济工作会议是一次十分重要的会议，需要认真贯彻和落实。各地在经济建设中，应重视量力而行讲究实效，着力提高经济增长的质量和效益，克服盲目铺新摊子，片面追求产值、速度的倾向。尤其是重点项目，更要集中力量打歼灭战。不干则已，要干的话，一定想办法以最短的时间、最快的速度，干一个成一个，及时收回投资，产生效益，形成良性循环。不能伸出五指一把抓，排出很多项目，资金不落实，强上硬上，战线拉得很长。结果，三年的工程拖成五年，贻误时机，劳民伤财，欲速不达。这个问题必须引起我们的高度重视。

在浙江期间，邹家华听取中共浙江省委、省政府的工作汇报，并深入到秦山核电站、嘉兴电厂、乍浦港、北仑电厂、北仑港20万吨级矿石码头、温岭江厦潮汐试验电站和中法合资法雷奥温岭汽车零部件有限公司等单位，现场了解一些重点工程和企业的情况。

全国棉花收购调拨工作会议在北京召开

国家副主席荣毅仁在人民大会堂会见由欧洲记者协会理事何塞·维森特率领的西班牙新闻代表团

中央军委副主席张震在人民大会堂会见乌拉圭国防部部长丹尼尔·乌戈·马丁斯

张震说，中国的军事力量完全是防御性的，中国现在不称霸，就是将来发展了也绝不会称霸。

张震在介绍国内情况时强调，“中国的发展离不开一个和平的外部环境，我们愿在和平共处五项原则基础上发展同世界各国的友好合作关系。”

谈及中国的军队建设，张震指出，现在国际上有些人散布的所谓“中国威胁论”是完全没有根据的。

张震说，“我们军队的数量是不少，但我国地域广大，有着漫长的海岸线和陆上边界，军队的现代化水平还不高，机动性同西方相比还有很大距离。与此同时，中国军队还肩负着参加国内经济建设和抢险救灾的繁重任务。”

张震代表中央军委对马丁斯一行的来访表示热烈欢迎，对乌政府坚持“一个中国”的立场表示赞赏。

马丁斯高度评价中国经济成就和外交政策。他说，乌拉圭政府愿继续扩展两国和两军之间的友好合作关系。

国务委员兼国防部长迟浩田、副总参谋长曹刚川等参加会见。

国务院副总理兼外交部部长钱其琛在钓鱼台国宾馆会见美国盖洛普公司董事长唐恩·克利夫顿

国务院副总理兼外交部部长钱其琛在钓鱼台国宾馆会见新西兰外交贸易部秘书长理查德·诺塔奇

泰国总理川·立派在曼谷总理府会见全国人大常委会副委员长田纪云

泰国国会主席兼下议院议长玛鲁·汶纳和国会副主席兼上议院议长米猜在曼谷分别会见全国人大常委会副委员长田纪云

中国—澳大利亚科技联委会第二次会议在堪培拉结束

为期两天，双方签署一项关于进一步扩大科技交流与合作的联合公报。

外经贸部部长吴仪在北京同蒙古国贸工部部长朝格特举行会谈

12月7日

中央统战部在北京召开特约监察员检察员审计员教育督导员工作座谈会

全国政协副主席、中央统战部部长王兆国在会上希望各部门密切配合，通力协作，把特约人员工作引向深入。

王兆国在讲话时说，聘请民主党派成员、无党派人士担任特约人员，是发挥民主党派参政议政、民主监督作用的重要措施；是建立健全我国监督机制的一项创举；是党和政府加强同人民群众联系的有效渠道。总结几年来的工作经验，主要有这么几条：领导重视是做好特约人员工作的关键，互相信任、真诚合作是做好特约人员工作的基础，建立制度规范是做好特约人员工作的保证，各有关方面互相配合、通力协作是做好特约人员工作的重要条件，不断探索、总结经验是推动特约人员工作发展的动力。

王兆国说，为适应新形势和新任务的要求，我们要进一步加强特约人员的队伍建设和制度建设，努力创造适合特约人员特点的工作方法，积极为他们创造工作条件，使这项工作在我国民主政治建设中发挥更大的作用。

中央统战部副部长刘延东主持座谈会。最高人民检察院副检察长陈明枢、监察部副部长冯梯云、审计署副审计长崔建民，就本部门开展这项工作的情况以及下一步打算作了介绍；民革中央常务副主席彭清源代表各民主党派中央、全国工商联在会上讲话；特约人员代表黄景钧、罗棣庵、赵光华、郭国庆、朱维究谈了自己参加这项工作的体会，并就进一步做好这项工作提出意见、建议。国务院办公厅及有关部委负责人、各民主党派中央和全国工商联负责人等出席会议。

香港特别行政区筹委会预委会在北京举行第四次全体会议主任会议

会议讨论确定预委会第四次全体会议的日程安排。国务院副总理、预委会主任钱其琛主持会议，预委会副主任安子介、霍英东、鲁平、周南、姜恩柱、李福善出席。预委会副秘书长陈滋英列席会议。

《人民日报》发表社论《依法综合整治确保安全生产》

今年，我国国民经济呈持续发展势头，各项改革力度加大，宏观调控政策的实施初见成效。以《中华人民共和国劳动法》颁布为契机，全国劳动事业的发展显现出新的活力。值得关注的是，全国安全生产形势仍十分严峻。据劳动部工作形势分析报告，今年前3个季度，全国企业发生的伤亡事故和死亡人数均比去年同期有所增加，重大事故和死亡人数增幅尤大，分别比去年同期上升23.6%和28.9%，某些恶性事件为建国以来所罕见，给人民生命和国家财产带来重大损失，直接危及社会安定。

安全生产，天下大事，警钟急敲，非同等闲。安全生产工作既是经济工作的重要组成部分，又是生产力进步、经济发展和社会稳定的重要保障，也是一个国家文明生产程度的标志。把安全生产工作作为一件事关国计民生的突出大事，真抓实干，常抓不懈，抓紧抓好，是各级人民政府和企业义不容辞的职责。在“安全第一，预防为主”的方针指引下，我国逐步建立起“企业负责，行业管理，国家监察，群众监督”的安全生产管理体制，制订并颁布了一系列安全生产法规、制度、标准，总结推广了多项行之有效的安全生产管理方法。特别是今年7月5日颁布的我国第一部《劳动法》，对安全生产和劳动保护作出了明确规定，为搞好安全生产提供了基本的法律依据。

立法建制，重在落实。导致事故发生的原因是多方面的，不安全因素也有其客观性和反复性。但绝大多数事故的发生是由于人为错误所致，而且有法不依，执法不严又助长了这种错误，监察不力，隐患未除，使得本来可以避免的悲剧一再重复上演。严峻的事实表明，“安全第一，预防为主”的方针和有关政策法规，在一些地方和企业尚未落到实处，安全生产还没有得到切实的保障，官僚主义作风和“只顾抓钱、不管安全”的错误思想仍在那里作祟。此风不改，体制难以巩固，法律有定无威。

从现在起，距《劳动法》正式实施仅有很短时间了。目前，我国正处在事故高峰期。尽快摆脱事故多发的困扰，为顺利实施《劳动法》，确保国民经济在安全稳定的条件下持续、健康、快速地向前发展，是摆在各级人民政府和各企业以及广大职工群众面前的一项紧迫而重要的任务。各级人民政府要依法强化安全生产监察工作，明确主要领导人是安全生产工作的第一责任人，落实领导责任制，层层有人抓，事事有人管，各级领导应像对待自己的亲人一样关心人民群众的安全，做到为官一任，确保一方平安；要加强安全生产监察机构和队伍建设，在机构改革中，安全生产监察机构不仅不能撤销，而且要巩固加强，不断提高安全监察人员素质，做到查隐患一丝不苟，罚违章执法如山；严抓基础管理，进行综合整治，劳动、公安以及各产业主管部门要协同配合，党政工团齐抓共管，纵向一抓到底，横向一揽到边，消灭各类事故于萌芽之中；在企业转换经营机制的过程中，安全生产不能“松绑”，特别是在进行现代企业制度改革试点单位，不仅要明确产权关系和经营责任，而且必须明确安全生产责任，要保证在生产发展的同时，企业安全状况得到明显改善；要进一步加快安全生产配套法规的制订，加大安全法规的宣传贯彻力度，以群众喜闻乐见的形式广泛地、反复地宣传灌输，使之深入人心，做到人人知法、懂法、守法，并自觉行使群众监督安全生产的权利；大力普及安全知识，增强全民安全意识，树立“遵纪守法安全生产光荣，违纪违法破坏安全生产耻辱”的社会风尚，确保今冬明春各行各业安全生产。抓住《劳动法》实施的有利时机，力促我国安全生产进入法制化良性发展的轨道。

中宣部等单位联合举行经济形势报告会

中央财经领导小组副秘书长兼办公室主任曾培炎作题为《关于当前经济形势和明年主要任务》的报告，内容分三部分：一、今年以来经济形势总的看是好的，必须充分估价取得的成绩；二、前进中的突出问题是物价涨幅过高，通货膨胀严重，必须正确认识和对待；三、明年经济工作的指导思想和主要任务已经明确，必须全面理解和把握。报告指出，中央确定的明年经济工作的指导思想和主要任务，具有鲜明的特点。一是着眼全局，把握大局。强调继续把“抓住机遇、深化改革、扩大开放、促进发展、保持稳定”作为全党全国工作的大局。要求各方面都要认真贯彻执行这个总揽全局的重大指导方针。二是立足实际，实事求是。充分体现了正确处理改革、发展、稳定三者关系的精神。强调要正确处理经济增长与控制物价总水平的关系。既要求充分发挥各种资源的潜力，促进经济持续、快速、健康发展，又要求妥善安排改革和发展的各项任务，以利于把过高的通货膨胀率逐步降下来。三是重点突出，针对性强。对改革和发展工作，既有总的要求，又强调了重点任务。重点放在抓好国有企业改革，加强农业基础地位，提高经济增长的质量和效益。只要我们深刻领会和正确把握中央确定的指导思想和主要任务，就一定能够把改革开放继续推向前进，实现国民经济持续、快速、健康发展。

这次报告会由中宣部、中直机关工委、中央国家机关工委、解放军总政治部、中共北京市委联合举办。在京党政军机关司局级以上干部1200多人参加报告会。

国务院总理李鹏在四川考察

国务院总理李鹏于12月7日至11日在四川省考察工作。他认真检查中央经济工作会议精神的贯彻落实情况，强调要按照中央确定的方针和政策，共同努力，保证明年我国国民经济持续、快速、健康发展。

李鹏由中共四川省委书记谢世杰、四川省省长肖秧陪同，先后到成都、德阳、宜宾、高县、重庆等地，考察养猪场、蔬菜基地和国有企业，访问农民家庭，并听取省、市的工作汇报。

在考察中，李鹏多次强调，要真正把加强农业放在经济工作的首位。四川是一个农业大省，是我国重要的粮食生产基地，也是我国最大的养猪基地，常年生猪调出量占全国的1/3以上。12月8日上午，李鹏考察了成都市武侯区永安养殖公司。这个公司年出肥生猪6万头，圈存量1.8万头，日屠宰量200—300头，在养猪的同时，养鱼1万公斤，年总收入5000多万元。李鹏了解到现在四川省农民有较高的养猪积极性，养猪增加，很高兴。他还视察成都市武侯区和平村大棚蔬菜基地。这个蔬菜基地有标准化菜地1080亩，年生产蔬菜500—600万公斤，收入400余万元。考察中，李鹏说，全国都要重视和加强农业，四川省有一亿多人口，一定要解决好群众的吃饭问题。四川要大力发展养猪业，这不仅可以进一步满足全国的猪肉供应，而且可以增加四川人民的收入。养猪要注意发展规模经营，走生态农业发展的路子。同时，要发展蔬菜生产，切实抓好人民群众的“菜篮子”，确保主要农副产品的有效供应。

李鹏在考察中非常注意了解各地的物价情况。他指出，各级领导一定要采取坚决措施，平抑市场物价，把平抑市场物价、抑制通货膨胀，作为正确处理改革、发展、稳定的关系的关键来抓。

在成都、德阳和重庆，李鹏都认真考察了国有大中型企业的情况。德阳国有企业的情况引起他的很大兴趣。德阳是一个新兴工业城市，主要有机械、化工、食品、建材、轻纺等行业。市属预算内国有工业企业已连续多年经济效益较好。李鹏在考察后说，德阳的经验再次说明，国有大中型企业是可以搞好的，我们应该有充分的信心。搞好国有企业首先要有一个政策水平高、有改革精神、坚强团结的领导班子；要有一个好的经营机制；要面向市场，生产市场需求的产品。德阳的地方工业立足于当地资源，搞农产品的深度加工，为农业服务，为国有大中型企业服务，这个经验也是好的。

李鹏在考察中还强调，四川是个大省，经济发展不平衡，要注意帮助经济欠发达地区和少数民族地区发展经济。要加强民族团结。李鹏强调，四川有一亿多人口，每年有大量劳力出省务工，要积极加以组织和疏导，克服盲目无序现象。

随同李鹏考察的有国务院有关部门负责人何椿霖、郭树言、黄镇东、包叙定、王梦奎、姜云宝等。

国务院副总理朱镕基在江苏考察

12月7日至15日，中共中央政治局常委、国务院副总理朱镕基在中共江苏省委书记陈焕友、代省长郑斯林等陪同下，到南通、苏州、无锡、常州、南京等地考察。他在工厂车间，田间地头和农民家中详细询问了粮、油、肉、蛋、菜的生产、供应和市场价格，以及工人、农民的生活情况，并同国有大中型企业的厂长、乡镇干部和财税、银行、商业、粮食、供销社等部门负责人进行了广泛的座谈。朱镕基听取江苏省委、省政府和有关市、县的工作汇报，对江苏在以江泽民为核心的党中央领导下，在改革开放和经济建设中所取得的成绩给予高度评价，充分肯定无锡等市政府稳定物价和管理市场、常州市整顿金融秩序所取得的明显成效。朱镕基指出，近几年江苏经济迅速发展一条重要经验就是，各级领导遵循小平的一贯思想，始终注意加强农业的基础地位，坚持工业和农业协调发展，促进整个经济水平不断登上新台阶。他强调指出，我们再也不能吃忽视农业的亏了，各级领导干部一定要坚定以农业为基础的指导思想，加强对农业和农村工作的领导，千方百计加大对农业的投入，努力增加粮棉生产，建设好“菜篮子”工程，从根本上缓解社会供求关系，为抑制通货膨胀，提供充裕的物质保证。

朱镕基察看南通国棉二厂、苏州机床电器厂、苏州新加坡工业园区、南京金城机械厂等单位时，充分肯定了他们在改革、发展中取得的成绩。朱镕基指出，江苏坚持了国有企业和乡镇企业的协调发展，坚持了公有制企业的主导地位，总的来说国有企业办得是好的。当前要搞好国有大中型企业的关键是进一步深化改革，就是要按照江泽民提出的三条要求办，扎扎实实搞好政企分开，搞好企业内部经营管理，逐步建立社会保障体系。他说，我们有40多年建设国有大中型企业的丰富经验，党中央、国务院也已制定一系列深化企业改革的政策、措施，只要认认真真抓落实，是完全能够把大中型企业搞好的。在谈到乡镇企业的发展时，朱镕基强调，江苏乡镇企业比较发达，对全省的经济发展起了积极的作用。目前，已经具有了一定规模，今后要注意调整结构，提高质量和效益，不要片面追求产值和数量。考察中，朱镕基还反复强调，要提高利用外资的效果，引导外资的投向，真正把那些高科技、外向型、管理先进的项目引进来，以提高我国经济的整体水平。

朱镕基十分关注商品流通秩序的整治，特别是粮食、农业生产资料、农副产品流通环节中的问题。他指出，一个时期里，我们有的同志有个片面的认识，似乎搞市场经济，市场就可以不管了，连物价都不敢管，结果吃了亏。事实上，依法加强市场管理，恰恰是发展市场经济所必不可少的，只有政府加强了对市场的管理，才能保证市场经济体系健康有序地运行。同时，一定要坚持发挥国合商业在平抑市场物价中的主渠道作用。他说，江苏在这方面有许多成功的经验，很可贵，值得有关部门好好总结。在考察中，朱镕基还要求各地切实抓好增收节支，严格控制消费基金的过快增长，认真加强税收征管，保证今年财政预算的平衡。

国务委员兼国家科委主任宋健在堪培拉发表演讲

宋健说，改革开放使中国成为一块“希望之地”，中澳两国应在发展互利合作和共同繁荣的进程中结为更加密切的伙伴和朋友。

宋健上午应邀在墨尔本举行的澳大利亚全国贸易投资展望会议上发表演讲。

宋健说，自从1978年改革开放以来，中国国民生产总值以年均9.5%的速度持续增长。在去年增长10.4%的基础上，预计今年将增长12%，人民的生活水平有了极大的提高和改善。

宋健赞赏澳大利亚政府和商界越来越重视亚洲，愈来愈重视中国的对外政策，他希望有更多的澳商界人士能抓住良机，到中国投资做生意，在两国间建立起更密切的合作关系。

澳大利亚总理基廷出席演讲会。

中国海洋石油总公司与美国菲利普斯石油公司签署渤海11/05合同区石油合同

这是中国海洋石油对外合作以来所签第98个合同。合同区位于天津市以东220公里渤海中部海域，面积9200平方公里。

国家版权局电子工业部IBM中国有限公司在北京联合举办"'94中美知识产权研讨会"

12月8日

中组部举办第五期党员专家理论研究班座谈会

中共中央政治局常委、书记处书记胡锦涛，上午在中南海怀仁堂与中央组织部举办的第五期党员专家理论研究班学员座谈时强调，广大知识分子特别是党员专家，要联系思想和科技工作实际，认真学习邓小平建设有中国特色社会主义理论，进一步认清自己肩负的历史使命和重大责任，坚定社会主义信念，树立正确的人生观和价值观，发扬拼搏奉献的精神，勇攀科技高峰，为改革开放和现代化建设做出更大的贡献。

在座谈会上，中科院化学所副所长、研究员白春礼，卫生部北京医科大学教授朱国英，机械部机械科学研究院院长、研究员宋天虎，清华大学自动化系主任、教授、博士生导师胡东成，北京积水潭医院研究员赵书强，燕山石化研究院院长、教授级高级工程师洪定一，社科院工业经济研究所副所长、党委书记、研究员陈佳贵等畅谈参加研究班学习的体会，并就加紧培养跨世纪科技人才、进一步发挥党员科技专家的作用、如何使科技转化为生产力等发表意见和建议。

胡锦涛在听取了大家的发言后讲话。他充分肯定了这期研究班的成绩并指出，举办党员专家短期理论研究班，是提高党员专家思想理论水平的一种好形式。要认真总结经验，使这种研究班办得更好。

胡锦涛指出，当今世界以经济和科技为基础的综合国力较量日趋激烈，我国的改革和建设任务也十分繁重艰巨。要促进我国经济又快又好地发展，推动社会全面进步，在国际上取得更加主动的地位，都要求我们更加重视科技发展和知识分子作用的充分发挥。

座谈会由中组部副部长武连元主持。

最高人民检察院关于印发《中国女检察官协会章程》的通知

香港特别行政区筹委会预委会第四次全体会议在北京人民大会堂开幕

国务院副总理、预委会主任钱其琛主持会议并致开幕词。钱其琛说，近半年来预委会的各专题小组对与香港平稳过渡有关的一些问题作了进一步研究，并逐步形成了书面建议或方案。与此同时，各小组还开展了一些新的课题的研究。到目前为止，预委会所讨论的问题已具有相当的广泛性，涉及建立特别行政区政权、有关香港的经济民生的方方面面。这些成果的取得是全体委员以及参与各个课题研究的各方面人士的群策群力，发挥集体智慧的结果。尽管预委会讨论的各项问题只是提出些建议，但已经可以看出，这为未来的香港特别行政区的筹组形成了一个框架。

钱其琛说，预委会研究的问题中有些是与香港的政权交接、与香港特别行政区的组建直接相关的，有些属于香港经济、金融、文化、教育等领域的问题，与广大港人切身利益息息相关。这两方面的问题从不同角度对香港的平稳过渡所产生的影响，都是香港社会所普遍关注的。预委会有责任对此表示关注和进行认真研究。这半年来，预委会讨论了有关是否设立临时立法会的问题，它不仅与政权平稳过渡直接有关，而且还涉及其他方面的安排。原来"直通车"是我们为实现香港的平稳过渡作出的一项特殊安排，即在中英双方达成协议的条件下，使一九九五年选举产生的立法机构直接过渡到一九九七年之后。但由于英方的不合作，这个安排已被破坏。我们理所当然要拿出一个切实可行的方案来确保特别行政区成立时在有关法律方面能够顺利、有效运作，这就需要一个临时立法机构。我们这样做是为了防止过渡时期出现混乱，我们有足够的信心和能力来防止发生混乱。

谈到与港人的利益息息相关的问题时钱其琛说，这些问题关系到香港人心的安定，关系到投资者对香港前途的信心。今年10月和11月，经济专题小组先后在香港举行了关于港币联系汇率制度的座谈会和关于1997年后香港特别行政区与内地经贸关系问题的研讨会，邀请了国家有关主管部门的负责人以及香港政府和社会各方面的人士参加，就关系香港经济发展的重大问题进行了沟通和探讨，并达成了某些共识。它的意义不仅表明预委会的有关工作获得了港人更广泛的支持，更重要的是使内地和香港有了更深入更具体的相互了解，使人们对国家贯彻“一国两制”方针，落实“港人治港”政策的决心有了更深的理解。香港社会对这两次会议及讨论形成的意见给予了高度评价，称赞“预委会是实实在在地为香港平稳过渡和维护港人利益做实事”，“显示了预委会的工作越来越得到各界人士的认同”。事实证明，预委会把影响到香港平稳过渡和港人切身利益的一些重要问题列入议事日程，并根据基本法的有关规定提出意见和建议，这一方向是正确的。广大港人对此也是肯定和支持的。

钱其琛说，预委会的工作正在按照我们的计划和时间表顺利进展。这与我们所处的有利的国内和国际形势是分不开的。中国经济的崛起和腾飞，已使我国在国际社会中的地位日益提高。近期我国领导人相继访问了许多国家，稳定和发展了我国的对外友好关系，扩展了同各国的经贸合作。尤其是江泽民主席出席了第二届亚太经合组织领导人非正式会议，访问了近邻国家，同各国首脑进行了双边会晤，显示了我国在国际和亚太地区事务中的重要地位和影响。可以说当前是建国以来我国外交回旋余地最为广阔、周边睦邻友好关系最稳定、市场前景最具吸引力的时期。一个强大、稳定、国际地位不断提高的祖国是我们对香港恢复行使主权工作的最有力的支持。

钱其琛最后说，在香港回归祖国之前的这段时间里，我们真诚地希望英方重新回到遵守联合声明、与中方合作的轨道上来。我们始终认为，合作不仅对香港有利，对中国有利，也最符合英国的利益。今年9月底，赫德外相在纽约与我会晤的时候，曾一再表示要加强中英合作的愿望，并在香港问题上提出了一些建议，我们对此是欢迎的。当然，要真正做到还需要有切合实际的行动。我们希望港英当局在对预委会的态度上改弦更张，拿出诚意，这将有利于香港的平稳过渡和繁荣稳定，也将有利于改善中英关系。他说，香港实现平稳过渡是大势所趋，人心所向。本次大会是对预委会成立一年多来工作的一次检阅。1996年香港特别行政区筹委会将正式成立，预委会的工作时间只有明年一年了，时间紧迫，责任重大，希望大家集中精力，群策群力，按时完成我们的任务。

在上午的大会上，各专题小组组长分别向大会作小组工作报告。

预委会副主任安子介、霍英东、鲁平、周南、姜恩柱、李福善及来自内地和香港的66名预委会委员出席会议。

中共中央政治局候补委员温家宝在浙江农村调查研究

12月8日至16日，温家宝在绍兴、金华、杭州等地考察农业工作，并就贯彻中央经济工作会议精神，稳定和发展农业发表意见。

温家宝说，贯彻中央经济工作会议精神，要真正把农业放在经济工作的首位，切实落实中央关于加强农业和农村经济工作的各项政策措施，增加农业投入，抓好“菜篮子”、“米袋子”，确保农产品有效供给，提高农民收入。沿海地区经济发展快，对农产品的需求越来越大，农业支撑经济发展的任务越来越重，更需要加强农业。沿海地区综合经济实力强，具有支持和保护农业、改善农业生产条件、提高综合生产能力的物质技术基础。要从国民经济全局和沿海地区长远发展的高度认识农业，特别是粮食生产问题。

温家宝强调，要加强农村思想政治工作，充分发挥政治优势。要加强农村基层工作，发挥党员干部的模范带头作用，引导农民正确处理国家、集体、个人之间的关系，爱国家、爱集体、勤劳致富，促进农村两个文明建设。

劳动部颁布《农村劳动力跨省流动就业管理暂行规定》

为了加强农村劳动力跨地区流动就业的管理，规范用人单位用人、农村劳动力就业和各类服务组织从事有关服务活动的行为，劳动部近日颁布《农村劳动力跨省流动就业管理暂行规定》。

《规定》指出，被用人单位跨省招收的农村劳动者，外出之前，须持身份证和其他必要的证件，在本人户口所在地的劳动就业服务机构进行登记，并领取外出人员就业登记卡；到达用人单位后，凭出省就业登记卡领取当地劳动部门颁发的外来人员就业证；证、卡合一生效，并称“流动就业证”，作为流动就业的有效证件，享受就业服务机构提供的就业服务及其他社会服务；已领取流动就业证的农村劳动者，可按一定条件和程序，持证办理续延劳动合同手续或在当地转换职业。

《人民日报》就中央经济工作会议发表评论员文章《把农业放首位要体现在增加投入(上)》

国务院副总理李岚清题词祝贺中技集团在北京成立

中技集团是一个以技术贸易为主的大型企业集团。

中共中央政治局常委胡锦涛在人民大会堂会见朝

鲜劳动党中央国际部部长玄峻极

越南共产党中央总书记杜梅在河内会见全国政协副主席中国对外友协顾问钱正英率领的中国对外友协代表团

中国政府和菲律宾政府在北京签署关于菲律宾在中国厦门、中国在菲律宾宿务市互设总领事馆的换文

克拉玛依市发生特大火灾

下午6时30分左右,新疆克拉玛依市友谊馆发生大火,正在馆内观看文艺演出的中小学生,有300多人被烧死或窒息而死,100多人受伤。

党中央、国务院对此极为关切,立即派国务院副秘书长徐志坚率有关部门负责人赶赴克拉玛依市,慰问死难者家属,看望受伤人员,妥善处理善后事宜,调查事故原因。

中共新疆维吾尔自治区党委代理书记王乐泉、自治区政府主席阿不来提·阿不都热西提已于上午赶到克拉玛依市,组织指挥抢救和善后工作。

目前,受伤人员已全部送往医院进行抢救。事故原因正在调查,对有关责任人员将依法严肃处理。

12月9日

中共中央举办法律知识讲座党和国家领导人江泽民乔石李瑞环刘华清胡锦涛等参加听讲

江泽民、乔石、李瑞环、刘华清、胡锦涛与中共中央政治局、书记处和国务院的领导一起,听取华东政法学院39岁的教授曹建明的第一讲:国际商贸法律制度及其关贸总协定。

为中央领导同志举办法律知识讲座,是中共中央根据司法部党组的建议而安排的。

中共中央总书记江泽民在讲座开始前讲话说,中共十四届四中全会提出,县级以上党政干部在努力学习和掌握邓小平同志建设有中国特色社会主义理论的同时,要努力学习法律知识和其他科学知识。学习和掌握必要的法律知识,努力提高各级领导运用法律手段管理经济、管理社会的本领,这是新时期党对各级领导干部坚持党的基本路线、保证深化改革开放、维护社会稳定的重要要求。建设社会主义法制,实行以法治国,是为了把我们国家建设成为富强、民主、文明的社会主义现代化国家。我们正在建立社会主义市场经济体制,必须学会运用法律来规范和引导市场经济的运行,充分发挥市场机制对经济发展的积极作用,把市场运行纳入规范和法制的轨道,保证社会主义市场经济体制健康发展。依法管理各项事业,是写入了我们的党章总纲和国家宪法的,作为管理国家各项事业的各级领导干部必须努力学习和掌握必要的法律知识。

江泽民说,领导干部学法不仅有助于普及法律知识教育和带动全党学法守法、依法办事,而且有助于推进社会主义市场经济体制的建立和整个国家的法制建设,保证改革开放和现代化建设顺利进行。

江泽民、乔石、李瑞环等,还就如何进一步建立和完善中国对外经济贸易法律制度,发展对外经济贸易,进一步加强国际商贸法律的宣传教育,促进社会主义现代化建设等问题,进行讨论。

中共中央、国务院有关部门负责人也参加听讲。

全国地方政协工作经验座谈会闭幕

为期四天的全国地方政协工作经验座谈会闭幕。中共中央政治局常委、全国政协主席李瑞环作重要讲话。

李瑞环指出,一九八六年全国地方政协工作座谈会以来,随着我国改革开放和现代化建设的发展,地方政协工作日趋活跃,取得了可喜的成就,积累了丰富的经验。认真总结、推广这些经验,是各地政协的要求,也是全国政协的责任。这次会上介绍的许多经验,都是解决问题的实招,都具有普遍意义。我相信这次会议对于全面提高政协工作水平,必将起到重要作用。

李瑞环指出,用经验推动工作,是我们党的优良传统,也是做好各项工作的基本方法。对于政协来说尤其具有特殊重要的意义。这是因为,一方面,新时期人民政协如何开展工作,许多问题还有待我们根据中央的原则精神在实践中探索。另一方面,全国政协与各地政协之间是指导关系,不是领导关系,而通报信息、情况,总结、交流经验,则是实现这种指导关系的重要形式。因此,今后我们要继续坚持这种形式,并努力把它搞得更加广泛、更加经常、更加丰富多彩。

在谈到如何使人民政协工作切实有效地展开时,李瑞环指出,关键就是将中央早已明确了的精神加以落实,就是结合新情况、落实老精神。当然,政协工作同其他工作一样,也要随着改革开放事业的发展和社会主义市场经济体制的逐步建立,要有所创新、有所发展,要把中央的精神、原则规定与变化了的新情况相结合,本身就是创新,就是发展。

李瑞环说,如何更好地发挥广大政协委员的作用,是提高人民政协工作整体水平的关键。根据委员们的意见和各地的经验,一是开展活动的工作要加强。要注意活动的多样化、经常化,并尽可能富有成效。二是听取委员意见的工作要加强。要及时归纳整理委员的意见,反映到党政领导及有关部门,并注意对处理情况进行跟踪督促,把处理结果如实负责地反馈给委员本人。三是通报信息的工作要加强。要多搞一些信息资料、情况动态,创造便利条件,帮助委员更好地了解形势、掌握政策。

李瑞环最后强调,政协工作很重要,希望各级党委政府重视、支持;政协工作条件较差,存在的问题、困难较多,希望党政领导部门予以关照;政协的同志要主动做好工作,主动争取党委的领导,取得多方支持。

叶选平在会上作总结性讲话。叶选平还就如何适应形势发展的需要,密切全国政协同地方政协的联系问题提出了七条措施。

全国政协副主席吴学谦、杨汝岱、王兆国、阿沛·阿旺晋美、赛福鼎·艾则孜、洪学智、胡绳、孙孚凌、朱光亚、万国权,秘书长朱训出席会议。

中共中央总书记江泽民在天津考察

12 月 9 日至 14 日,中共中央总书记、国家主席、中央军委主席江泽民由中共天津市委书记高德占、市长张立昌、北京军区副司令员郭伯雄陪同,冒着严寒和霏霏细雨,深入工厂、农村、部队、学校和农贸市场,与工人、农民、知识分子、解放军指战员和各级干部广泛接触,了解情况,并同他们研究经济社会发展中的问题。

江泽民十分关心市场的供应和物价情况。江泽民实地考察了天津市资水道农贸市场,详细询问粮、油、肉、蛋、菜等农副产品的价格。江泽民说,市场物价涉及千家万户,一定要把通货膨胀率降下来,我们不能走用通货膨胀来刺激经济发展的路子,这在很多国家是有深刻教训的。天津的物价涨幅在全国大中城市中是比较低的,这很好,希望进一步做好控制物价工作,继续在全国带个好头。保持市场物价平稳,首先要抓好"米袋子"、"菜篮子",必须坚持把农业放在经济工作的首位。12 月 13 日,江泽民来到天津市武清县后蒲棒村考察,他看到这个村的党组织团结和带领农民群众改造农田,连年夺得农业丰收,村级集体经济不断发展壮大,全村群众走向共同富裕的道路,村里的面貌焕然一新,十分高兴。江泽民说:共产党员的模范带头作用很重要,榜样的力量是无穷的。离开后蒲棒村已是掌灯时分,他不顾一天的疲劳,又驱车察看天津的"菜篮子"工程。在宜兴埠镇蔬菜大棚里,江总书记与菜农宋克勤亲切交谈起来。当得知他家靠种菜一年收入 7 万元时,江总书记笑着说,你的收入比我还高啊,恭喜你勤劳致富!宋克勤说,这都是党的政策好!谢谢党中央,谢谢总书记!江泽民深情地握着他的手说,我要感谢你,你们的市委书记、市长也要感谢你。你们为丰富城市居民的菜篮子,稳定农副产品价格做出了贡献。江泽民还强调指出,在大中城市周围,都应建立专业化大生产的种植蔬菜和养猪的生产基地,以保证城市居民生活之需。为了加强农业的基础地位和发展后劲,必须下大决心增加对农业的投入,提高农业投资在总投资中的比重,争取在几年内把农业投资提高到合理水平。从中央到地方都要这样做。

研究国有企业的改革和发展问题,是江泽民这次考察的重点。从 12 月 10 日至 12 日,他连续考察了十几家国有大中型企业。在车间里,在机器旁,江泽民一边看,一边与生产一线的工人、干部亲切握手,互致问候,仔细询问企业的资金运转、技术改造、经济效益和职工收入等情况。12 日下午,江泽民又邀请 11 位国有企业的负责人座谈,听取他们对企业改革与发展的看法和建议。天津轧钢三厂、第一机床厂、药业公司、达仁堂制药厂、仁立毛纺厂和天磁公司的厂长、经理,先后介绍了他们从自己的实际出发,搞活企业的具体路子、办法和经验,各有创造,各具特色。江泽民认真听取每一位企业家的发言,并不时地同他们就企业生产经营中的一些难点和热点问题进行商讨。江泽民对天津一批国有企业苦练内功,通过内部挖潜、技术改造和加强管理扭转亏损局面,取得良好经济效益,十分赞赏。

江泽民说,这些工厂的实践证明,尽管当前我们的国有企业还存在许多困难,而且这些困难不是一朝一夕就可以克服的,但是只要振奋精神,上下一心,勇于创新,扎实苦干,国有企业是完全可以走出困境,增强活力,迎来一个光明的前景的。事在人为,关键在工作。那种只看到眼前的困难,对搞活国有企业缺乏信心,甚至认为没有希望的消极悲观和无所作为的情绪,应该加以纠正。企业领导班子和职工群众的精神状态如何,对于一个企业的兴衰至关重要。江泽民还指出,国有企业在转变经营机制,建立现代企业制度的过程中,当前要十分注重抓好以下几个方面的工作。一是要抓好企业领导班子的建设,企业办得好坏,关键在领导班子。必须建立一支政治上强、锐意改革、积极进取、团结合作、善经营、会管理、懂技术的企业领导干部的队伍;二是要集中资金搞技术改造,走内涵式的发展道路,这样花钱少、见效快,技术、设备、工艺更新了,开发出新的高质量的"拳头产品",就可以出奇制胜;三是要全面加强企业管理,包括生产管理、经营管理、质量管理、成本管理、技术设备管理、队伍管理等等,都要精益求精、一丝不苟地搞好,向管理要效益。天津第一棉纺厂厂长李宝明同志说得好:再困难的企业,只要改进管理,也是可以挖出很多潜力来的。加强科学管理,是企业固本、治本的大计,切不可疏忽了;四是各级政府特别是经济主管部门要大力协同，积极支持和帮助国有企业排忧解难，使政府的宏观指导与企业的微观努力紧密结合起来，形成有利于国有企业走向市场参与公平竞争的政策环境和条件；五是要全心全意依靠工人阶级，充分发挥工人群众的主人翁作用，充分发挥他们在改革和发展中的积极性主动性创造性，这是办好社会主义企业的根本原则，任何时候都不能变。总之，搞活国有企业是一个艰巨复杂的系统工程，要把企业的机制改革同结构改组、技术改造、科学管理有机地结合起来，做到互相促进。这中间还有很多问题需要继续探索和研究，总的目标就是通过持续不懈的努力，使国有企业在发展社会主义市场经济的新形势下形成新的强大优势。

江泽民在考察期间还看望驻津部队和公安、武警的同志们，走访天津大学、南开大学。在南开数学研究所阅览室，江泽民见到留学归来的博士张伟平，他握着张伟平的手说，你是陈省身教授的得意门生，你在数学研究领域的新突破为中华民族争了光。江泽民还语重心长地勉励大学生要珍惜学习的机会，努力扩大知识面。江泽民说，知识面还是广一点好，任何一门学问都是先博而后精，知识的广博性与专业性是辩证统一的。江泽民对两校的负责人说，青年学生正处在世界观、人生观的形成阶段，要加强对他们进行爱国主义教育和正确的世界观、人生观教育，只要深刻了解新时期青年人的特点，既继承优良传统，又积极探索新的方法，把思想政治教育搞得生动活泼，青年人是完全可以接受的。

在听取天津市委、市政府的工作汇报时，江泽民充分肯定了他们的成绩，同时提出了殷切的希望。江泽民说，天津市委和市政府贯彻中央的方针政策是认真的，工作是扎实的，天津的经济建设和其他事业都取得了明显的进步。他希望天津的各级领导干部继续深入学习邓小平同志建设有中国特色社会主义理论，继续提高贯彻党的基本路线的自觉性，始终在政治上同中央保持高度一致，始终在改革开放和现代化建设中保持正确的方向，严格按照客观规律办事，努力抓好各项工作的落实再落实，把天津的经济发展和社会进步搞得更好。同时江泽民还希望各级干部在新旧经济体制转换时期，要时刻关心群众的思想变化，有针对性地加强思想政治工作；时刻关心群众的生活，特别是对生活困难的群众要想方设法帮助他们渡过难关。江泽民强调指出，当前国家财力还很不充足，在对待群众的生活消费问题上，应多做“雪中送炭”的事。

随同考察的有关方面负责人，还有曾庆红、曾培炎、周正庆、王太岚、滕文生、陈清泰等。

民盟七届三中全会在北京闭幕

民进九届三中全会在北京闭幕

致公党十届三中全会在北京举行

国务院副总理兼外交部部长钱其琛在北京会见美国参议员保罗·西蒙和弗兰克·穆考斯基

中国核准《1974年国际海上人命安全公约1988年议定书》

国务院核准《1966年国际载重线公约1988年议定书》

新闻出版署关于对证券期货专业报纸和期刊加强管理的通知

通知强调，原则上不再批准办证券、期货专业内部报刊；对已公开发行的证券期货报刊的出版条件、办报办刊宗旨及报道内容加强管理。

中国政府和叙利亚政府在北京签署《文化协定1994至1997年执行计划》

国办发出关于坚决防止发生重大特大火灾事故的紧急通知

通知指出，入冬以来，吉林、辽宁、新疆等地连续发生重大、特大火灾事故，伤亡数百人，给国家和人民的生命财产造成了严重损失。党中央、国务院对此非常重视，要求各级政府、各有关部门和单位立即采取有力措施，坚决防止火灾特别是重大、特大火灾事故的发生。

通知要求：

一、各级政府要充分认识火灾的严重危害，以对国家和人民高度负责的态度，重视并抓好安全防火工作，要针对存在的问题和薄弱环节，采取切实有效措施加以解决，一项一项地督促落实。

二、各地要立即认真组织一次安全防火大检查。对歌舞厅、影剧院、宾馆、饭店、商场等人员密集的公共场所和存放易燃易爆等危险物品的场所，一定要严格按照国家和地方颁布的消防法规和规范标准，逐个检查并加强安全管理，消除火灾隐患。凡不符合安全规定的，要采取断然措施予以查封或关闭。对置若罔闻者，要坚决依法查处。

三、公安机关要认真履行国家赋予的消防监督职责，加大执法力度，依法严格监督。对各类工程项目，都必须按照国家规范严格防火审核。各部门、各行业都要高度重视安全防火工作，在抓生产、经营的同时，把安全防火工作摆到应有位置，依法履行责任。要加强对广大群众的安全防火宣传教育，普及安全防火知识，时刻警惕发生火灾，增强自防自救能力。

四、依法严惩重大、特大火灾事故的有关责任人员。对已发生的重大、特大火灾事故，要认真逐起查清原因，追究肇事者和有关责任人员的法律和行政责任。对发生重大、特大火灾事故负有责任的领导人员，要严肃处理。

12月10日

香港特别行政区筹委会预委会第四次全体会议在人民大会堂闭幕

会议通过《香港特别行政区筹委会预备工作委员会第四次全体会议新闻公报》，国务院副总理、预委会主任钱其琛主持会议并致闭幕词。预委会副主任兼秘书长鲁平在闭幕式上作关于明年预委会工作设想的报告。

钱其琛说，各专题小组提交大会的11项建议、方案是与三次全会提出的指导思想相吻合的。这表明预委会的工作取得了一些重要成果。政务专题小组建议筹委会在1996年1月成立，直至香港特别行政区第一届政府、立法会和司法机关全部产生后结束；香港委员在筹委会中所占比例多于50%；还提出了关于筹委会职权范围的建议。他说，这个小组关于筹组香港特别行政区第一届政府的建议涉及第一届政府推选委员会的产生办法、行政长官人选的产生办法、第一届政府的机构设置和法定组织、咨询组织的设置、行政会议的筹组等许多方面，勾画出了第一届政府的轮廓。关于设立临时立法会的建议，填补了由于英方破坏“直通车”安排而导致特别行政区成立时在立法机关方面出现的空缺。法律专题小组提出了对香港原有法律的一套比较系统的处理办法。经济专题小组重点研究了维持港币联系汇率、香港退休保障制度、九七年后两地经贸关系、香港的土地与房屋、香港与内地的大型基建协调、土地基金的移交和管理等问题。文化专题小组提出的关于香港公众机构名称、徽号、旗帜、印章问题、九七年以后香港公众假日问题、荣誉名衔问题和香港邮票过渡性安排的建议，以及社会保安专题小组提出的关于永久性居民中的中国公民在内地所生子女赴港定居问题、以香港为永久居住地问题、回流移民的永久性居民身份问题的建议，涉及香港社会生活的多个方面。

钱其琛指出，江泽民主席今年7月接见预委会全体委员时指出，把依靠自己的力量作为基本立足点，坚持以我为主的方针去实现香港的平稳过渡。我认为这主要包括两个方面，即祖国人民的支持和广大港人的参与。祖国和人民的支持，从大的方面讲，就是有一个政局稳定、改革开放、日益繁荣富强的国家作后盾。而具体地讲，这种支持是通过“一国两制”的总方针及其指导下的各项具体方针政策体现的。钱其琛说，今年是中英关于香港问题的《联合声明》签署十周年。十年来我们国家令人瞩目的发展以及香港进入过渡时期后的发展，让我们清楚地看到“一国两制”下的各项方针政策所显示出来的广泛的感召力和旺盛的生命力，也让我们愈来愈领悟到香港的前途是同祖国的前途、命运紧密联系在一起的。国家兴盛，民族兴盛，香港就必然兴盛。谈到广大港人的参与时，钱其琛指出，正是由于中央的战略决策代表了包括香港同胞在内的全体中国人民的长远利益，表达了人民的愿望和要求，因而在“一国两制”和基本法的旗帜下必然会汇聚起爱国爱港的大军，去为争取香港的光明前途，为实现我们民族的振兴而奋斗。爱国爱港不是互相矛盾的，而是完全一致的。“一国两制”的事业是一场包括广大香港同胞在内的全国人民正在从事的伟大实践。

钱其琛说，在制定对香港的各项方针政策的时候，邓小平同志亲自作调查研究，他最关心的一个问题是要使港人尽早地参与到管理香港的各方面事务中去，通过实践，涌现出一大批爱国爱港，具有各方面才干的港人，使他们担负起1997年后管理特别行政区的重任。从组成《基本法》起草委员会，到后来聘请港事顾问、区事顾问，直到成立预委会，都是为了使港人参与到建立特别行政区的具体实践中来，为了要在1997年后落实“港人治港”，高度自治。现在预委会所研究的每一个问题，都是筹建特别行政区，实现平稳过渡所必须考虑的，也都是港人非常关心，迫切希望得到回答的。在研究这些问题时，我们都贯彻面向港人，依靠港人的方针，并采取各种方式去扩大港人参与的深度和广度。这样做都是为使每一项具体方案的设计具有坚实的群众基础，为港人所理解和掌握，也便于今后的贯彻落实。

钱其琛说，对预委会目前所从事的各项准备工作，有人可能担心，甚至有人会制造混乱，攻击说，这是在干预香港的高度自治。关于干预的问题，邓小平曾经谈过，我们应当理直气壮地回答，不能笼统地反对参与，也不能笼统地反对干预。要看这样做是有利于香港人的利益，有利于香港的繁荣和稳定，还是损害香港人的利益，损害香港的繁荣和稳定。我们说，“港人治港”不会变，就是说由香港人推选出来管理香港的人，由中央政府委任，而不是由北京派出，因此这是香港人的参与，是中央政府支持香港人参与。

钱其琛指出，总而言之，坚持以我为主的方针，依靠自己的力量，实现香港的平稳过渡，就是要把"一国两制"的基本国策，把基本法的各项规定以及全国人民代表大会的有关决定，同港人参与的实践结合起来。这样，我们就能在任何时候、任何情况下，不受外来干扰，坚定地按照既定的目标和时间表去完成对香港恢复行使主权，建立特别行政区的历史使命。

钱其琛强调，坚持以我为主的方针，把依靠自己的力量作为基本立足点，绝不意味着我们拒绝英方的合作，相反，我们欢迎合作。我们欢迎的是在联合声明和基本法的轨道上的合作，而且我们同英方曾有过这种合作。但不能不看到有些人不愿意合作，或者说不甘心合作，还会有一些不安定的因素、捣乱的因素存在，这种因素可能来自香港内部，也可能来自某种国际势力，对此我们要提高警惕。最近英方讲了一些希望合作的话，也做了一点事，做一点总比一点都不做要好。我们希望英方的决策者把眼光放长远些，在香港问题上真心诚意地同中方合作，为香港的长期稳定繁荣创造一个良好的环境。这样也有利于把中英关系推向前进。

预委会副主任安子介、霍英东、周南、姜恩柱、郑义、李福善等65名委员参加闭幕式。

国务院港澳办公室主任预委会副主任鲁平在香港特别行政区筹委会预委会第四次全体会议闭幕会上就1995年上半年预委会工作部署作报告

鲁平说，预委会各专题小组明年上半年的任务是对这次大会已提出的建议或方案进一步加以修改、充实。明年下半年预委会的工作重点是准备筹委会的筹组事宜，并对预委会的各项工作进行收尾，因此，明年的任务依然是繁重的。

鲁平接着提出，预委会主任会议决定各专题小组明年上半年需重点研究的问题是：

政务专题小组需进一步研究设立临时立法会、筹组特别行政区筹备委员会、第一届政府推选委员会和第一届政府法定组织、咨询组织的问题，进一步研究因特别行政区第一届区域组织1997年7月1日后不能立即产生而形成的区域组织空缺的处理办法以及组建香港特别行政区司法机关和终审法院、公务员队伍和制度的稳定、行政与立法的关系等问题。关于筹委会成立后如何具体运作，机构如何设置，与将来的政府候任班子如何配合，候任班子如何开展工作等，也需要进行研究。

经济专题小组应围绕经济的平稳过渡、政权交接过程中涉及的经济问题以及需要特别行政区承担责任和义务的较为紧迫的问题开展研究。主要有：跨1997的大型工程、专营权和重要合约；香港与内地特别是广东的两地大型基建的衔接配合问题；香港的房地产问题；港英财政预算的有关问题和政府资产交接问题；香港与内地经贸往来中的具体政策问题。

法律专题小组需进一步研究关于香港原有法律的处理办法和对香港政权交接、平稳过渡有重大影响的法律问题。对于港英当局在过渡时期内加紧修改原有法律的动向，法律专题小组应密切予以关注，及时了解有关情况，并加以研究，提出处理意见。还应着重研究1997年后内地与香港的司法管辖范围和法律冲突问题如何处理的问题。关于驻军的司法管辖问题也应提到议事日程上来。

文化专题小组应继续组织落实基本法的宣传推广工作，研究过渡期香港文化领域出现的重大政策变化、1997年后香港体育组织及其他民间组织参加有关的国际组织和活动的问题，提出为香港特别行政区成立举办有关民间庆祝活动的方案和建议。

社会及保安专题小组需研究香港居民的旅行证件、1997年后驻军在必要时协助维持社会治安和救助灾害的有关问题、内地与香港的执法部门在打击犯罪方面的合作问题。

鲁平说，按照上述工作部署，各专题小组应根据本小组开展工作的需要，提出在港开会或举行研讨、咨询活动的计划，并选择一些香港社会普遍关心的问题作为研讨和咨询的主题。秘书处将根据各专题小组提出的计划统筹作出安排。总之，要让广大港人了解到，预委会的确是想他们之所想，急他们之所急，预委会工作在他们中间，并正与他们一道迎接香港特别行政区的成立和香港的平稳过渡。

香港特别行政区筹委会预委会第四次全体会议新闻公报

香港特别行政区筹委会预备工作委员会第四次全体会议于1994年12月8日至10日在北京举行。钱其琛主任主持会议。

会议听取和讨论了五个专题小组提交的工作报告，并审议了有关问题的建议。近半年来，政务专题小组重点研究了与建立香港特别行政区直接有关的一些问题，主要有关于设立香港特别行政区筹委会、筹组香港特别行政区第一届政府、设立香港特别行政区临时立法会等问题；经济专题小组重点研究了维持港币联系汇率、香港退休保障制度、1997年后香港与内地的经贸关系、香港的土地与房屋、香港与内地的大型基建协调以及土地基金等问题；法律专题小组着重研究并提出了处理香港原有法律的办法；文化专题小组着重研究了教育、文化方面的问题，就香港公众机构的名称、徽号、旗帜、印章、公众假日、荣誉名衔、邮票过渡性安排等提出了建议;社会及保安专题小组着重研究了香港永久性居民中的中国公民在内地所生子女赴港定居问题,以香港为永久居住地的有关规定问题,回流移民的永久性居民身份问题等。会议认为,各专题小组提出的建议符合"一国两制"的方针,符合基本法和全国人民代表大会及其常委会有关决定,考虑到了香港的实际情况,兼顾了香港社会各方面的利益和要求。同时,会议对各小组的工作报告提出了一些修改意见。

会议对预委会成立一年半以来各专题小组的工作进展表示满意,认为预委会的各项工作已全面铺开,讨论的问题涉及建立香港特别行政区政权和关系到香港经济、文化及与其他民生问题有关的许多方面,为明年工作打下了良好基础。会议希望各专题小组及其下设研究小组再接再厉,加紧工作,争取更大成果。

会议对 1995 年上半年预委会的工作作了部署,要求各专题小组根据这次会议提出的意见,对已提交的建议加以充实、完善,并加紧对工作规划中所列的其他各项问题的研究,争取在第五次全体会议上就所研究的大部分问题正式提出建议或方案。

会议决定,预委会第五次全体会议于 1995 年 6 月 22 日至 24 日在北京举行。

九三学社九届三中全会在北京闭幕

全国计划工作会议在北京召开

全国计划工作会议 12 月 10 日至 13 日在北京召开。会议指出,影响当前和 1995 年经济全局的突出矛盾是通货膨胀。根据中央经济工作会议确定的指导方针,1995 年要把抑制通货膨胀作为宏观调控的首要任务,下大决心采取有力措施,尽快把过高的物价上涨幅度降下来,以促进国民经济持续、快速、健康发展。1995 年的计划部署要以抑制通货膨胀为中心切实做好以下工作:(一)合理确定经济增长速度。(二)大力加强农业,增加农业投入。(三)严格控制固定资产投资规模,加大调整投资结构的力度,坚决控制消费基金的过快增长。(四)工业生产要把调整结构、提高效益放到突出位置,坚持按国内外市场需求开展生产经营,加强产品开发和企业技术改造,提高企业的市场应变能力。(五)以粮食、棉花、食油、肉类、蔬菜和化肥等商品为重点,进一步整顿流通秩序,深化流通体制改革,加强市场物价监督,规范价格行为。(六)进一步扩大对外贸易,更有效地利用国外贷款,加强对外资投向的引导和管理,把利用外资同国内结构调整更好地结合起来。(七)积极发展科技、教育和各项社会事业,继续改善人民生活,保障经济与社会的协调发展。

全国人大常委会委员长乔石在人民大会堂会见美国民主党参议员保罗·西蒙议员弗兰克·穆考斯基

全国人才市场首届全国高等学校毕业生供需洽谈会在西安开幕

12 月 11 日

中共中央全国人大常委会国务院全国政协发布姚依林逝世讣告

党和国家的优秀领导人、杰出的无产阶级革命家、中国经济工作的卓越领导人、原中共中央政治局常委、国务院副总理姚依林,因病在北京逝世,终年 77 岁。

姚依林,祖籍安徽贵池,1917 年 9 月 6 日出生于香港。1934 年考入清华大学后,加入党的外围组织——中华民族武装自卫会。1935 年 11 月,加入中国共产党。日本帝国主义继占领东北之后,又向华北地区发动了新的侵略,整个华北危在旦夕,奋起参加"一二·九"、"一二·一六"两次学生抗日救国示威游行。1936 年 5 月,任天津市委宣传部长、市委书记。1937 年"七·七"事变后,调任河北省委秘书长、宣传部长。1938 年,参与组织了冀东暴动,1939 年 2 月在新成立的冀热察区党委任宣传部长。1939 年 7 月起,调任晋察冀北方分局、中央局秘书长。1946 年起,先后任晋察冀边区财经办事处副主任、华北联合行政委员会工商厅长、华北人民政府工商部长。新中国成立后,长期担任国务院财贸部门的领导工作,先后任贸易部副部长、党组副书记,商业部副部长、党组副书记,中央财贸工作部副部长,国务院财贸办公室副主任,商业部部长、党组书记,中央财经领导小组成员,中央财贸政治部主任,国务院财贸党委副书记等职务。1966 年"文化大革命"开始后,遭受严重迫害。1973 年 11 月,任对外贸易部第一副部长。1977 年 3 月,任国务院财贸领导小组组长。1978 年 8 月任商业部部长、党组书记,党的十一届三中全会以后,任中央副秘书长、中央办公厅主任。1979 年 3 月,中央决定在国务院设立财政经济委员会,任秘书长,协助陈云、李先念坚决纠正前两年经济工作中的失误,认真清理过去在这方面长期存在的"左"倾错误影响,恢复党的实事求是、一切从实际出发的优良传统,在调整国民经济方面做了大量工作。1979 年 7 月,在全国人大五届二次会议上,被任命为国务院副总理,分管经济工作。此后,还兼任了国家计划委员会主任、党组书记,中央财经领导小组副组长,中央引进智力领导小组组长。主持编制和组织实施了国民经济和社会发展第六个、第七个五年计划，主持编制了第八个五年计划。在中共八届二次会议上被增补为中央候补委员。是中共第十届中央候补委员，第十一届中央委员、中央书记处书记，第十二届中央委员、中央书记处书记、中央政治局候补委员、委员，第十三届中央委员、政治局委员、常委。还是第一届全国人民代表大会代表，第三届全国政协常委，第四届全国政协委员。

全国总工会召开第十二届二次执委会

中共中央政治局常委、书记处书记胡锦涛在中华全国总工会十二届二次执委会上指出，新的形势和任务对工会工作提出新的更高的要求，工会的社会责任更大了，社会地位更重要了。一定要认真研究新情况，解决新问题，在推动社会主义市场经济的发展中努力探索工会工作的新路子。

胡锦涛说，各级工会组织要认真贯彻落实党的十四届四中全会精神，紧紧围绕全党全国工作的大局，确定工作重点，做好各项工作，团结和动员广大职工群众为改革、发展、稳定做出更大的贡献。

胡锦涛强调，全心全意依靠工人阶级是我们党和国家一贯坚持的根本方针。这是由我们党和国家的性质、工人阶级的历史地位和作用决定的，也是社会主义的根本任务决定的。工人阶级是先进生产力和生产关系的代表，是推动改革和建设的主力军。我们要建立社会主义市场经济体制，解放和发展生产力，就必须坚持全心全意依靠工人阶级的方针，在任何时候、任何情况下，都不能有丝毫的含糊和动摇。要根据形势的发展，从政治、经济、法制等多方面探索保证工人阶级主人翁地位实现的有效途径和具体形式，通过持久不懈的努力，使全心全意依靠工人阶级的方针进一步得到落实。要认真研究社会主义市场经济条件下劳动关系发生的深刻变化，抓住贯彻实施《劳动法》的有利时机，进一步做好工会工作。

胡锦涛指出，党的十四届四中全会对党的建设作出了整体部署，给加强工会建设带来了新的机遇。四中全会决定对加强工会建设同样具有重要的指导意义。各级工会组织要抓住有利时机，采取有力措施，切实加强自身建设，努力把中国工会建设成为中国共产党领导的，用建设有中国特色社会主义理论武装的、能够带领职工群众为实现党的任务英勇奋斗的、思想上政治上组织上坚强的、深受广大职工信赖的工人阶级群众组织。

胡锦涛要求工会把思想建设放在首位，坚持用邓小平同志建设有中国特色社会主义理论武装工会干部、教育职工群众。把工会基层组织建设特别是在新经济组织中组建工会的工作作为整个工会建设的重点，花大气力切实抓好。加快外商投资企业依法组建工会的步伐，及时在有一定规模的私营企业中组建工会，逐步扩大在乡镇企业组建工会的试点。加强工会干部队伍建设，努力培养和造就一大批政治上坚强、密切联系职工群众、适应新形势要求的工会干部。加强工会机关、特别是领导班子的作风建设。进一步密切与广大职工群众的联系，了解和反映他们的意见和呼声，关心他们的疾苦，为他们说话办事，排忧解难，使他们真正感到工会是自己可以信赖的组织。

中共中央政治局委员、中华全国总工会主席尉健行主持会议。全总副主席、书记处第一书记张丁华等出席会议。

全国总工会十二届二次执委会审议并通过《全国总工会关于贯彻实施〈劳动法〉的决定》

《决定》指出，认真贯彻实施《劳动法》是工会当前和今后一个时期的工作重点。

《决定》共分四个部分。第一部分是充分认识颁布实施《劳动法》的重要意义。

第二部分是工会贯彻实施《劳动法》需要注意的若干重要问题。

第三部分是以贯彻实施《劳动法》为契机和突破口，带动工会各项工作，推动工会的改革和建设。

《决定》最后要求各级工会切实加强领导，把《劳动法》的学习、宣传、贯彻和实施纳入重要议事日程，并做好贯彻实施《劳动法》的监督检查工作。

全国沿海城市党建工作研讨会在广西北海市召开

由中央党政组织部和中共北海市委联合主办的全国沿海城市党建工作研讨会日前在广西北海市召开。20个沿海城市60多位党的工作者参加研讨会。

全国劳动工作会议在北京召开

邹家华副总理在会上讲话指出，1995年的劳动工作要围绕深化国有企业的改革，加快以养老和失业保险为主要内容的社会保险制度的改革。要按照各地制定的实施步骤，全面实施劳动合同制度，加强工资总量的宏观调控，全面实行最低工资保障制度，做好企业富余职工的分流工作，安置好破产企业的职工。要切实保障困难企业职工和离退休人员的基本生活。

《人民日报》发表评论员文章《以国有企业为重点深化经济体制改革》

国务院副总理李岚清在人民大会堂会见泰国泰华报人公益基金会主席陈世贤

1994 年全国足球联赛总结大会在成都闭幕

12 月 12 日

全国总工会十二届二次执委会在北京闭幕

中共中央政治局委员、全国总工会主席尉健行在全国总工会十二届二次执委会闭幕式上指出，要以贯彻实施《劳动法》为契机，推动工会改革和建设，在改革发展稳定中更好地发挥工会的作用。

尉健行强调指出，工会服务于党的中心任务的主要手段是维护。通过维护职工的合法权益，保护和调动广大职工的积极性，积极完成党和政府提出的各项任务。

尉健行说，1995 年工会工作的指导思想是：坚持以邓小平同志建设有中国特色社会主义理论和党的基本路线为指导，认真贯彻党的十四大和十四届三中、四中全会和中央经济工作会议精神，继续把握"抓住机遇、深化改革、扩大开放、促进发展、保持稳定"的全党全国工作大局，进一步处理好改革、发展、稳定的关系，以贯彻实施《劳动法》为契机和突破口，带动工会各项工作，推动自身改革和建设，努力把工会工作提高到一个新水平，在改革、发展、稳定中更好地发挥作用。

尉健行说，贯彻实施《劳动法》既要有总体安排，又要突出重点，抓主要矛盾。对工会来说，这个重要环节和关键问题就是工会代表职工与企业签订集体合同。抓住集体合同就是抓住了贯彻实施《劳动法》的要害，就可以"牵一发而动全身"，把工会贯彻实施《劳动法》中的许多方面工作都带动起来。签订集体合同要分步骤逐步推开。当前我们应当首先在部分外商投资企业和现代企业制度试点的企业以及部分条件较好的国有企业进行试点。集体合同有一个从不完善到完善的发展过程。要依据《劳动法》，借鉴以往的经验，在实践中继续探索，不断积累经验，逐步完善提高。就大多数企业来说，目前需要做好大量前期基础性工作。

尉健行指出，贯彻实施《劳动法》，必须坚持标准，依法办事。无论是企业还是工会与职工，大家都应该有这样的积极态度和负责精神，这是贯彻实施《劳动法》必须坚持的主导方面。同时也要看到，要达到《劳动法》提出的各种劳动标准，有些确实需要一个过程。对一时达不到标准的，要采取妥善的临时措施和补救办法，并积极创造条件，限期达到标准。对事关重大的问题，要及时向有关部门报告。但对那些严重威胁职工生命安全的问题，我们一天都不能允许存在。对长期制度性的加班加点，决不能迁就。

尉健行最后强调，工会工作必须放到大局中来认识和把握。贯彻实施《劳动法》必须始终坚持放到全党全国工作的大局中来看待和处理，自觉为实现大局服务。

这次会议还增补王雨辰、包信宝为全总十二届执委会委员，增选包信宝、纪明政为全总十二届执委会主席团委员，王天云等 10 人替补为全总十二届执委会委员，朱开茗等 3 人替补为全总十二届经审委委员。

全国政协八届第二十一次主席会议召开

会议决定明年 1 月中旬在北京举行政协八届全国委员会常务委员会第九次会议。全国政协主席李瑞环主持会议。

主席会议建议第九次常委会议的主要议题是：讨论教育问题；审议通过关于召开中国人民政治协商会议第八届全国委员会第三次会议的决定；审议通过《政协全国委员会关于政治协商、民主监督、参政议政的规定》（草案）；审议全国政协委员分赴辽宁省、山东省、上海市、江苏省、贵州省及北京市平谷、昌平县视察情况的报告（书面）；审议全国政协代表团访问摩尔多瓦、罗马尼亚、奥地利、匈牙利、阿尔巴尼亚、乌克兰、乌兹别克斯坦情况的报告等。全国政协副主席叶选平、吴学谦、杨汝岱、王兆国、阿沛·阿旺晋美、赛福鼎·艾则孜、洪学智、赵朴初、胡绳、孙孚凌、朱光亚、万国权，秘书长朱训出席会议。

国务院副总理邹家华劳动部部长李伯勇在全国劳动工作会议上发表讲话

国务院副总理邹家华日前在全国劳动工作会议上说。

根据中央经济工作会议提出的任务，明年企业改革的重点是深化国有企业改革，劳动工作要围绕这一重点，加快以养老和失业保险为主要内容的社会保险制度改革，促进企业改革。要加强工资总量的宏观调控，控制消费基金的过快增长。同时，要逐步研究解决社会分配不公问题。为了提高企业效率，必须做好富余职工的分流工作，安置好破产企业的职工。要切实保障困难企业职工和离退休人员的基本生活，保持就业局势和职工队伍的稳定。要强化安全卫生管理，减少重大事故的发生。

邹家华说，《劳动法》明年 1 月 1 日就要实施了，这是一部保护劳动者合法权益、稳定劳动关系、推进劳动制度改革的重要法律，各级劳动部门要加强宣传，抓紧制定配套法规，认真开展监督检查工作。

关于控制失业和保障劳动者权益问题，劳动部长李伯勇说，根据国务院颁布的《国有企业失业保险规定》，有 26 个省市制定了实施办法，其中 25 个省市把失业保险的范围扩大到城镇所有企业的全部职工。

国务院副总理李岚清在人民大会堂会见中港经贸

商会访京团全体成员

国务院副总理兼外交部部长钱其琛在北京会见香港国际商会访京团

钱其琛对访京团团长、英之杰太平洋有限公司主席郑明训和10多家在香港的外国商会的负责人说，考虑到香港现实和特殊情况，中国在对香港恢复行使主权后，香港现行开展贸易和经济活动的环境不会改变、现行的生活方式也不会改变，所有在香港的企业家、投资者可以照常经营。中央人民政府不会向香港特别行政区征任何税，请各国投资者尽管放心。钱其琛说，当然，香港也会有些变化，比如不再挂英国国旗，香港特别行政区行政长官将由中央政府任命，英国军队将撤走等等。

钱其琛对在香港的各国商会负责人来访表示欢迎，赞扬他们为保持香港繁荣与稳定所作的努力。

国务院港澳办副主任陈滋英等参加会见。

上海第一条地铁全线建成开通

中国常驻联合国副代表王学贤在联大提出解决联大经费建议

联大开始审议长期困扰联合国的财政状况问题。王学贤大使在会上全面阐述中国的看法并提出了解决联合国财政困难的三点建议：

1. 敦促各会员国，特别是有支付能力却因政治意愿而拖欠的国家，忠实履行《宪章》义务，按时如数交纳会费和维和摊款。

2. 联合国的维和行动应量力而行。安理会在决定每项维和行动时，应反复慎重考虑其必要性、可行性和实际效果。

3. 秘书处应建立和完善有关法规和制度，加强财务纪律，厉行节约。对人为因素造成的财务损失，必须追究有关单位和个人的责任。

朝鲜最高人民会议在平壤万寿台议事堂为朝鲜军事停战委员会朝中方面中国人民志愿军代表团举行授勋仪式

朝鲜国家副主席李钟玉在授勋仪式上宣读中央人民委员会发布的政令。政令授予中国人民志愿军代表团首席参谋长郑道根少将、参谋金德福大校一级国旗勋章，授予工作人员吴新政中校、王庆社少校二级国旗勋章，授予王家义中尉、刘健友谊勋章。

中国驻朝鲜大使乔宗淮、武官刘建华和朝鲜外交部副部长宋浩京参加授勋仪式。

全国政协主席李瑞环在人民大会堂会见塞内加尔经社理事会主席法马拉·易卜哈依马·萨尼亚

关贸总协定中国工作组第19次会议在日内瓦举行

葛菲顾俊在世界羽毛球大奖赛中获女双冠军

全国人大环境与资源保护工作座谈会在江苏张家港召开

日前，全国人大环境与资源保护委员会在江苏省张家港市召开座谈会。全国30个省、自治区、直辖市的人大负责同志和国务院有关部门的领导参加了会议，全国人大常委会副委员长王丙乾到会并讲话。

王丙乾指出，加强环境和资源保护，是建设有中国特色社会主义所必需的，也是与国民经济持续、快速、健康发展完全一致的。在环境与发展的关系上，我们既不能走“先污染后治理”，以牺牲环境为代价片面追求增长的老路，也不能走单纯强调保护、排斥发展的路子，唯一正确的选择只能是走环境与经济协调发展的道路，坚持在发展中保护环境，通过保护环境促进经济的持续发展。实践证明，这一道路是成功的。

王丙乾强调指出，全国人大常委会在本届任期内将制定或修订17部环境与资源保护法律，地方人大也要结合本地实际，抓紧制定或修订配套的地方环境与资源保护法规。同时，要继续加强环境执法的监督检查，把执法监督放在与立法同等重要的地位。

12月13日

全国党的建设研究会在北京召开座谈会

全国党的建设研究会日前在北京召开座谈会，与会同志认为，学习和贯彻十四届四中全会《决定》，要做到学习深入，贯彻有效。

学习深入，就要把学习《决定》同学习邓小平建设有中国特色社会主义理论，特别是新时期执政党建设的理论结合起来，深刻领会新的伟大工程的意义、总目标和总要求。贯彻有效，就要在党的基本理论和基本路线指导下，同党的建设实践相结合，从思想、作风和组织上全面加强党的建设。落实就要提高全党的思想认识，勇于触及矛盾，分析和解决存在的问题，动员全党力量推进新的伟大工程的建设。

全国党建研究会常务副会长郑科扬主持会议，高扬、郭峰、周逸等参加了会议。

外经贸部部长吴仪在北京会见香港国际商会访京团

吴仪上午在北京会见香港国际商会访京团时表

示，希望各家在港商会安心、大胆地在港发展经济，为保持香港的繁荣与稳定做出新的贡献。

吴仪说，现在离香港回归祖国还有931天。香港回归后，我们将严格执行“一国两制”，按照基本法的规定来维护香港的繁荣和稳定。同时，我们要推进内地和香港经济关系的进一步发展，促进两地经济的共同繁荣。

吴仪对访京团团长、英之杰太平洋有限公司主席郑明训和10多家在港的外国商会负责人说，从经济贸易制度来讲，香港回归祖国后至少有三个不变：一是香港的自由港地位不变，二是香港的自由贸易制度不变，三是香港作为国际贸易、金融、运输、信息中心的地位不变。吴仪希望各家在港商会“安心、大胆、无虑地”在港投资。吴仪强调，香港经济的发展不仅有利于香港的繁荣和稳定，对各家商会也是非常有利的。

全国政协副主席王兆国在中央统战部礼堂会见并宴请香港中华总商会代表团

全国财政工作会议在北京召开

财政部长刘仲藜在全国财政工作会议上说，今年我国推行的财税体制改革是在宏观经济环境并不宽松的条件下进行的，操作具有相当的难度。但在较短的时间内，我们不仅统一了全党和社会各界的认识，较好地协调了各方面的矛盾，使改革按照国务院的统一方案如期出台，而且在实施过程中没有发生大的扭曲，确立了新财税体制的基本框架，保证了新体制的平稳运行。更重要的是，财税改革没有给经济生活造成大的震荡，没有对物价水平带来冲击，没有影响财政收入的正常增长，在总体上也没有增加企业的负担。刘仲藜说，财税改革取得这样的进展是非常不容易的，国际舆论对此给予了很好的评价。

据刘仲藜介绍，今年前11个月，全国财政收入比上年同期增长18.9%；全国财政支出比上年同期增长22.1%。预算执行情况是比较正常的。

刘仲藜指出，在肯定成绩的同时，也必须认真分析和看待当前财税改革和财税工作中存在的问题。就财税改革而言，目前取得的成果还只是阶段性的，不能估计过高；在预算执行和预算管理方面，还面临着比较严峻的形势。

对此，刘仲藜提出，在安排明年财政收支计划时要遵循这样一个指导思想，即实行适度从紧的财政政策，坚决抑制通货膨胀；继续完善和深化财税体制改革，积极配合国有企业改革和其他配套改革；通过加强和改善财税管理工作，努力挖掘增收潜力，使财政收入增长与经济增长水平相适应；进一步调整支出结构，在保证国家政权建设和事业发展支出适度增长的同时，加大农业投入，继续抑制投资及消费需求，严格预算约束。

刘仲藜强调，在明年的财政工作中，各级财政部门必须把支持农业摆在十分重要的位置，稳定增加农业资金投入，调整支农资金结构，保证支农资金的及时到位，重点支持农业基础设施、农业科技推广和农村社会化服务体系建设，支持建立城郊以蔬菜为重点的副食品生产基地。

刘仲藜指出，要严格控制工资性支出和社会集团消费。明年在工资方面，行政事业单位主要是消化今年出台的工资政策。同时对国有企业职工工资的增长也要严格管理，使企业工资总额的增长低于实现利税的增长，职工平均工资的增长低于企业劳动生产率的增长。在社会集团消费方面，无论是生产、建设、流通还是消费领域，都要厉行节约，反对铺张浪费，要严肃查处任意挥霍国家资财的行为，制止以各种名目搞收效不大、劳民伤财的“办节”和招商活动。

刘仲藜强调，明年财政收支矛盾十分突出，各方面都要树立过紧日子的思想，财政支出安排要继续坚持保证重点、压缩一般的原则。各级财政部门要增强预算约束观念，确保支出安排不突破预算数额。

国务院派出农民负担检查组

为推动农民负担监督管理工作的深入开展，国务院近日派出农民负担检查组分赴一些省、区、市进行农民负担专项检查。

由农业部、监察部、财政部、国家计委、国务院法制局组成的农民负担检查组，将重点检查今年以来向农民集资的情况；村提留、乡统筹费的提取、使用及管理情况；擅自出台涉及农民负担项目，加重农民负担的情况；农业生产和农民生活用水用电价格执行情况；以及各地贯彻落实党中央、国务院关于减轻农民负担政策、法规的情况等。

检查组将深入乡村和农户，对农民群众反映强烈的突出问题进行重点解决，及时总结经验，纠正和查处加重农民负担的行为，维护农民的合法权益，对发现的突出问题将予以公开曝光。

内地香港经济社会发展学术研讨会在北京大学召开

中共中央统战部副部长万绍芬，国务院港澳办、国家教委的有关负责人，以及北京的香港问题研究专家和学者、香港中港经贸商会访京团的全体成员出席会议。

本次研讨会由北京大学港澳研究中心和香港中港经贸商会共同发起举办。会议旨在通过内地香港各界人士对恢复对香港行使主权前后香港的繁荣稳定、两地经济社会的合作与发展进行深入讨论，以加强两地各界人士之间的相互了解与合作，确保香港的平稳过渡和九七后香港的繁荣与发展。

中韩两国在北京签署政府贷款协议换函

这是中韩建交以来韩国向中国提供的首批政府贷款(EDCF)，总金额为345.08亿韩元(约合4300万美元)。

国家核安全局和大韩民国科学技术部在汉城签署核安全合作议定书

12月14日

学习《邓小平文选》和建设有中国特色社会主义理论研讨会在人民大会堂举行

这次研讨会，是经中央批准，由中央宣传部、中央党校、中央文献研究室、中国社会科学院、国家教委、解放军总政治部联合召开的，参加会议的有来自全国各地的专家学者和有关部门人员二百五十多人。

刘华清、荣毅仁、李岚清、李铁映、薄一波、布赫、阿沛·阿旺晋美、胡绳等出席开幕式。中央政治局委员、书记处书记丁关根主持会议并讲话。

胡绳在会上作题为《马克思主义是发展的理论》的讲话。

中共中央政治局常委胡锦涛在学习《邓小平文选》和建设有中国特色社会主义理论研讨会上发表讲话

经中央批准，由中央宣传部、中央党校、中央文献研究室、中国社会科学院、国家教委、解放军总政治部联合召开的"学习《邓小平文选》和建设有中国特色社会主义理论研讨会"，是贯彻党的十四大和十四届四中全会精神，进一步落实用邓小平同志建设有中国特色社会主义理论武装全党这个战略任务的重要措施。当前，我国的改革开放和现代化建设正处在新的发展阶段，尤其需要加强建设有中国特色社会主义理论的学习、研究和宣传，充分发挥这一理论的巨大指导作用。在这样的形势下，来自全国各地的专家学者和有关部门的同志汇聚一堂，交流学习《邓小平文选》的体会和经验，联系实际深入研讨一些重大理论问题，是很有意义的。开好这次会议，对于推动全党更好地学习、研究和宣传建设有中国特色社会主义理论，必将产生重要的作用。

下面，我讲几点意见。

一、实事求是地估计十四大以来党的思想理论建设的形势，既要看到学习、研究和宣传邓小平同志建设有中国特色社会主义理论出现了可喜的新局面，又要看到当前这方面存在的问题和不足。

党的十四大确立了邓小平同志建设有中国特色社会主义理论在全党的指导地位，提出了用这一理论武装全党的战略任务，这是具有全局意义和长远意义的重大决策。十四大以来，以江泽民同志为核心的党中央密切结合贯彻执行党的基本路线、积极推进改革和建设的实践，紧紧抓住用建设有中国特色社会主义理论武装全党这一总揽全局的根本性工作，作出了一系列重要部署。《邓小平文选》第三卷出版后，中央专门作出了学习的决定，江泽民同志在学习报告会上发表重要讲话，要求全党认真组织学习。今年又增补修订出版了《邓小平文选》第一、第二卷。今年初召开的全国宣传思想工作会议，进一步明确了宣传思想工作的指导方针，提出了以科学的理论武装人、以正确的舆论引导人、以高尚的精神塑造人、以优秀的作品鼓舞人等任务。党的十四届四中全会通过的决定在提出加强新时期党的建设时，强调继续把思想建设放在首要地位，推动全党对建设有中国特色社会主义理论的学习不断向广度和深度发展，要求用三年时间在全体党员中开展一次建设有中国特色社会主义理论和党章的学习活动。由于中央抓得紧、抓得有力，各级党委和各有关部门进行了富有成效的工作，理论学习、研究和宣传都呈现出可喜的新局面，总的形势很好。归结起来，是不是有这样几个特点：

第一，理论学习、宣传和研究都坚持以邓小平同志建设有中国特色社会主义理论为中心内容。建设有中国特色社会主义理论，是马克思列宁主义基本原理同中国实际相结合的最新成果，是毛泽东思想的继承和发展，是指导我国社会主义事业不断前进的指针。我们的理论工作坚持以这一理论为指导，围绕全面正确执行党的"一个中心、两个基本点"的基本路线，联系"抓住机遇、深化改革、扩大开放、促进发展、保持稳定"这个大局来开展，为建设有中国特色社会主义服务，为加强新时期党的建设服务。这表明，整个理论工作的指导思想更加明确了。

第二，高级干部率先垂范，领导干部以身作则，带动了全党的理论学习。中央在几个月内，连续举办了四期省部级主要领导干部理论研讨班，系统学习《邓小平文选》第三卷，有力地推动了全党特别是领导干部的学习。各级党委一级抓一级，一级带动一级，全国县(处)以上干部已普遍进行轮训，党委中心组的学习也基本形成了制度。从总体上看，党内特别是各级领导干部学习理论的兴趣得到增强，学习热潮开始形成并正在发展。在基层干部和人民群众中，也开始出现了重视学习建设有中国特色社会主义理论的新气象。

第三，理论宣传坚持正确的思想导向，着重帮助干部、群众正确理解和全面把握建设有中国特色社会主义理论。各级党委通过建立健全有关制度，加强和改进对理论宣传的指导。党报党刊，广播、电视以及其他各种大众传媒，愈来愈注意把宣传建设有中国特色社会主义理论摆在突出位置，明显加大了分量，发表了一批密切联系实际、质量比较高的理论文章。理论宣传的方式方法也有所改进，在贴近实际、贴近群众、提高宣传艺术、增强宣传效果上作了有益的探索。

第四，建设有中国特色社会主义理论的研究工作逐步得到加强。全国社会科学研究规划经过调整，把加强、深化、拓展对建设有中国特色社会主义理论的研究，作为最重要的任务。越来越多的理论工作者，积极投入建设有中国特色社会主义理论和实践的研究。中央决定建立五个研究建设有中国特色社会主义理论的基地以后，许多省区市相继成立了研究中心、研究小组或研究会，一支研究邓小平同志建设有中国特色社会主义理论的队伍已初步组织起来。近年来推出了一大批研究成果，内容涉及建设有中国特色社会主义理论的各个领域，其中不少具有较高的研究水平。

第五，理论建设为改革开放和现代化事业服务取得明显成效。经过前一个时期对建设有中国特色社会主义理论的学习、研究和宣传，全党普遍提高了对这一理论的基本观点和精神实质、政治意义和理论意义、历史地位和指导作用的理解与认识，增强了坚持党的基本理论、基本路线不动摇的自觉性和坚定性。

十四大以来，我们党从国际国内的新形势新情况出发，作出了推进改革开放、促进经济发展、保持社会稳定的一系列重大决策，加快建立社会主义市场经济体制的步伐，正确处理改革、发展、稳定的关系，坚持两个文明一起抓。尽管在前进中遇到许多突出的矛盾和困难，但是由于全党从上到下加强理论武装，统一思想认识，同心协力工作，使国民经济保持了持续、快速、健康发展的势头，各项事业都取得了新的成就。这说明，我们在理论联系实际方面取得了新的进步。

从十四大到现在只有两年。应该说，两年来建设有中国特色社会主义理论的学习、研究和宣传都取得了可喜的成绩，积累了一些新的经验，令人高兴，令人振奋。

在充分肯定成绩的同时，我们必须清醒地看到存在的问题和不足。主要是理论学习发展不平衡，广度和深度都还不够。有些领导干部的学习自觉性还需要进一步提高，广大党员和群众的学习还有待加强组织和引导。在理论宣传方面，需要加大力度，紧密联系实际，进一步提高质量和效果。在理论研究上，需要更好地组织力量，以建设有中国特色社会主义理论为指导，深入研究和正确回答重大的现实问题，努力多出精品。尤其要看到，用建设有中国特色社会主义理论武装全党是一项长期的战略任务，理论学习、研究和宣传还有大量工作要做。江泽民同志在同第四期省部级主要领导干部理论研讨班学员座谈时指出："要真正实现用建设有中国特色社会主义理论把全党武装起来，我们的认识还要进一步提高，学习还要继续深入，运用这个理论指导实践还要继续努力，党的各级组织还要做大量艰苦细致的工作。"各级领导同志和理论、宣传战线上的同志应当很好理解江泽民同志的这段话，对理论学习、研究、宣传的成绩与进步不能估计过高，对加强这方面的工作绝不能有丝毫的松懈，对存在的问题一定要下功夫加以解决。

二、充分认识用邓小平同志建设有中国特色社会主义理论武装全党、凝聚人民、指导改革开放和现代化事业的巨大意义，始终不渝地把学习、研究、宣传这一理论作为一项战略任务抓紧抓好。

党的十四届四中全会决定把加强新时期党的建设作为新的伟大工程提到全党面前。这一新的伟大工程的总目标就是：在当代世界风云变幻的条件下，在当代中国改革开放和现代化建设的伟大变革中，把党建设成为用建设有中国特色社会主义理论武装起来、全心全意为人民服务、思想上政治上组织上完全巩固、能够经受住各种风险、始终走在时代前列的马克思主义政党。这个总目标，包含着联系党的基本路线推进思想建设、组织建设、作风建设等相辅相成的各个方面。而用建设有中国特色社会主义理论把全党武装起来则是新的伟大工程中最根本最重要的工程，是搞好党的其他方面建设的前提和保证。实践使我们认识到，党要在思想上完全巩固，就必须把全党同志、特别是领导干部的思想认识统一到建设有中国特色社会主义理论上来，能够自觉运用这一理论分析形势，指导工作；党要在政治上完全巩固，就必须通过理论武装，使全党了解社会主义现代化建设的规律，把握中国社会发展的方向，坚持党的基本路线一百年不动摇；党要在组织上完全巩固，就必须用建设有中国特色社会主义理论培养教育干部，提高领导干部的素质，并在这一理论指导下使党的组织体系和党内生活制度更加完善、健全，真正成为富有战斗力的整体；党要在作风上保持和发扬优良传统，也必须联系新的实践，把加强作风建设建立在教育全党进一步掌握科学的世界观和方法论的基础之上。在贯彻落实四中全会决定，推进新时期党的建设这个新的伟大工程过程中，只有密切联系党的基本路线的贯彻执行，坚持把用邓小平同志建设有中国特色社会主义理论武装全党放在首位，并使其与党的组织建设、作风建设相互结合，才能全面增强党的战斗力，使党经受住各种风险的考验，始终站在时代的前列，更好地肩负起伟大的历史使命。

建设有中国特色的社会主义，是一项前无古人的创造性事业，是一场十分广泛而深刻的社会大变革，又是在复杂多变的国际环境中进行的，在前进道路上我们不但会面临各种新情况新问题，而且必然会遇到各种困难。在这种环境和条件下，我们要抓住机遇，发展自己，推动中国社会历史不断前进，必须坚持用邓小平同志建设有中国特色社会主义理论武装全党，保持党的组织和整个队伍思想上行动上的高度一致，进而用建设有中国特色社会主义理论去教育人民，教育后代，使我们这个伟大的党、伟大的民族，在一个伟大的科学理论指导下更加紧密地团结和凝聚起来，充分发挥聪明才智，卓有成效地建设我们伟大的国家，并对世界作出自己应有的贡献。我们说，邓小平同志建设有中国特色社会主义理论，是团结和凝聚全党、全国各族人民为实现国家富强、民族振兴而奋斗的精神支柱，是引导我们夺取改革开放和社会主义现代化建设事业新胜利的强大思想武器，这是从过去十多年的实践中得出的正确结论。在这个理论指导下，我们党团结和带领亿万人民在中国的大地上演出一场改革开放和现代化建设的有声有色的活剧，取得了举世瞩目的成就；我们的国家在风云变幻的国际环境中，泰然自若，沉着应付，排除各种干扰，坚定地走自己的路。今后，我们党、我们国家和整个民族要继续前进，实现到本世纪末的发展目标，以更加主动和有利的地位进入 21 世纪，始终立于不败之地，必须更加自觉地发挥建设有中国特色社会主义理论这个强大精神支柱的作用。在这方面，党的各级组织、广大干部和理论宣传战线上的同志肩负着重大的责任，要再接再厉，做出长期的努力，进行大量艰苦细致的工作。

1994 年很快就要过去，新的一年即将到来。明年我们要坚持以邓小平同志建设有中国特色社会主义的理论和党的基本路线为指导，全面贯彻党的十四大和十四届三中全会、四中全会精神，继续把握"抓住机遇，深化改革，扩大开放，促进发展，保持稳定"的大局，进一步处理好改革、发展、稳定的关系，加快建立社会主义市场经济体制，实现国民经济持续、快速、健康发展和社会全面进步。做好明年的工作，有许多有利条件，需要研究解决的问题和困难也不少。不仅要进一步深化建立社会主义市场经济体制的各项改革，加强和改善宏观调控，而且要着力解决当前经济和社会生活中的一些突出问题，特别是有效地抑制通货膨胀，加强农业基础，帮助一部分国有企业克服生产经营困难，扭转一些地方治安状况不好的现象，等等。所有这些问题的解决，都离不开党的领导水平、领导艺术的提高，离不开党的思想、组织、作风建设的改进与加强，尤其离不开继续大力抓好用邓小平同志建设有中国特色社会主义理论武装全党的工作。建设有中国特色社会主义理论是中国改革开放伟大时代的产物，这一理论揭示了改革开放和现代化建设的客观规律，为我们正确认识和处理当代中国的经济、政治、社会问题，推进改革和建设不断发展，提供了强大的思想武器和科学方法。现在我们面临的问题，不少是深层次的问题，有些已经有了比较好的解决办法，在实施中需要统一思想，抓紧落实；有些还缺少成熟的办法，需要积极探索。在问题和困难面前，有些地方和部门能够凝聚各方面力量，促进改革和发展，取得比较出色的成绩，一个重要原因，就在于他们能够坚持结合实际学理论，运用理论来武装头脑，统一思想，指导工作。这就告诉我们，坚持用邓小平同志建设有中国特色社会主义理论武装全党，使全党掌握这个理论，提高运用理论解决实际问题的能力，我们就能在实践中正确认识新情况、解决新问题，推动改革和建设事业不断前进。

三、加强领导，精心组织，推动邓小平同志建设有中国特色社会主义理论的学习、研究、宣传不断向广度和深度发展。

从总体上看，学习、研究、宣传邓小平同志建设有中国特色社会主义理论已经有了一个好的发展态势，这是我们继续前进的基础。现在要进一步加强领导，乘势而进，采取切实有效的措施和办法，把对这一理论的学习、研究和宣传广泛深入地开展起来，坚持下去，更好地为全面推进党的建设这个伟大工程服务，为凝聚全国人民坚持党的基本路线一百年不动摇、又快又好地发展社会主义现代化事业服务，为发展全党全国工作的大局、完成当前各项任务服务。

建设有中国特色社会主义理论的学习、研究、宣传，是相互联系、相辅相成的。搞好学习是搞好研究和宣传的基础。深入研究和正确宣传，又是使学习向广度和深度发展的重要条件。因此，要坚持理论学习和理论研究、理论宣传的有机统一，使之不断深化，相互促进。

(一)理论学习要分类指导，抓住重点，在深入上下功夫。

用邓小平同志建设有中国特色社会主义理论武装全党，是一个总的任务。重点要继续抓好县以上领导干部的培训和各级党委中心组的学习。各级领导干部在改革开放和现代化建设中负有重要的领导责任，必须带头系统、深入地学好这一理论。四中全会决定要求高级干部不仅要努力成为有知识、懂业务、胜任本职工作的内行，而且首先要努力成为忠诚于马克思主义、坚持走有中国特色社会主义道路、会治党治国的政治家，并提出了政治家素质的五条要求。江泽民同志在全国组织工作会议上的讲话中指出，不仅高级干部要具备政治家的素质，而且县以上各级党政领导干部都应该以此作为努力方向来提高自己、锻炼自己。具备政治家素质，首先就要学习和掌握建设有中国特色社会主义理论。各级领导干部前一段的学习只能说是有了一个好的开端，丝毫不能满足现状。学然后知不足。学习愈有成绩的人，往往愈会感到进一步学习的必要，愈会感到常学常新，常用常新。各级党委要制定领导干部学习规划，并建立保障理论学习的机制，认真组织实施。

在重点抓紧领导干部学习的同时，必须用相当的精力抓好广大党员的学习。中央组织部、中央宣传部按照四中全会的要求，正在就组织全体党员学习建设有中国特色社会主义理论和党章制定规划，将作出具体部署。各级党组织要结合本地区、本单位的实际作出妥善安排，扎实工作，务求实效，防止形式主义。要抓好知识分子特别是社会科学界知识分子的理论学习，充分发挥他们在学习、研究、宣传建设有中国特色社会主义理论中的作用。知识分子作为工人阶级中掌握科学文化知识较多的一部分，作为先进生产力的开拓者和教育文化工作的基本力量，在建设有中国特色社会主义的事业中有着特殊重要的作用。知识分子只有联系实际加强理论学习，才能确立科学的世界观和方法论，才能从根本上掌握社会主义现代化建设的规律，把个人的前途与人民的事业、国家的利益、民族的命运融为一体，始终保持坚定正确的政治方向，更好地发挥自己的智慧与才能，为民族振兴和国家富强作出更大的贡献。希望各条战线的知识分子都能够在理论学习中起带头作用。尤其是社会科学界的知识分子，更要学好这一理论，用理论指导自己的专业研究活动，积极参与和开展对建设有中国特色社会主义理论的研究和宣传。再就是要抓好青年的学习。青年是我们事业的未来和希望。用科学的理论武装青年，关系到我国社会主义现代化建设的前途和21世纪中国的面貌，意义特别重大。可以说，建设有中国特色社会主义理论掌握了广大青年，我们党就赢得了未来。要把使建设有中国特色社会主义理论深入浅出地进入课堂、进入教材、进入广大青年的头脑，作为一项紧迫的任务提上我们的重要工作日程，努力付诸实施。各级党政部门、共青团和大中学校，要采取适合青年特点的形式，组织好这一理论的学习和宣传。

根据前一段组织领导干部学习的经验，学习建设有中国特色社会主义理论要深入下去，关键是努力在全面系统地把握理论体系和运用理论武器解决实际问题上下功夫。要理解和掌握好小平同志著作中的理论观点、科学体系，必须认认真真研读原著。这对领导干部和理论工作者尤其重要，应当舍得花时间和精力反复研读，切不可浅尝辄止。要紧紧围绕什么是社会主义、怎样建设社会主义这个基本问题，围绕党的基本路线这条主线，抓住解放思想、实事求是这个精髓，准确理解小平同志的一系列理论观点的科学内涵和内在联系，把握精神实质和科学体系。要通过学习，加深对党的基本路线的科学性、正确性的理解，增强全面贯彻执行党的基本路线的自觉性、坚定性，提高运用理论研究解决实际问题的能力。

（二）理论研究和理论宣传要加大力度，坚持面向实际，在增强实效上下功夫。

理论来源于实践，理论的作用在于指导实践，理论的力量也必须在实践中才能充分显示出来。我们的理论研究和理论宣传，必须从实际出发，实事求是地回答实践提出的问题，回答得越清楚、越透彻、越有说服力，它的作用就越大，也越易于使人们认识到理论的正确和学习的必要。当今世界正处在一个大变动的历史时期，当今中国正处在一个伟大变革的历史时期，我们面临的新矛盾、新问题层出不穷。理论研究和理论宣传要努力适应新的形势，继续紧紧围绕建设有中国特色社会主义这个主题，全面系统地研究和宣传这一理论，鲜明而生动地阐释其中的基本观点和精神实质，帮助广大干部、群众更好地理解和掌握这一理论武器。做理论工作的同志要进一步深入群众，贴近生活，密切联系改革开放和现代化建设的实际，特别是发展社会主义市场经济的实际，为党和政府的决策提供更多的科学依据、政策建议和有力的理论支持，对干部群众关心的问题努力做好释疑解惑工作。

坚持重在建设，以立为本的方针，对于做好党的理论宣传和理论研究十分重要。在理论战线要进一步造成民主、团结、和谐、融洽的环境，激发广大理论工作者勇于探索的积极性。要处理好理论宣传和理论探讨的关系，在坚持党的基本理论和基本路线的前提下，积极探讨改革开放和现代化建设中的理论和实际问题。理论研究要解放思想，实事求是，坚持真理，修正错误。在学术问题上，要坚持百花齐放、百家争鸣，平等研讨，充分说理，以理服人。理论工作者内部要团结，理论工作者和实际工作者也要团结。要把握好内部研究与公开宣传的界限。从事理论宣传和研究的共产党员，尤其要遵守宣传纪律。

（三）加强对学习、研究、宣传建设有中国特色社会主义理论工作的领导。

要把建设有中国特色社会主义理论的学习、研究、宣传广泛深入地开展下去，必须党委重视，领导带头，精心组织,周密安排。各级党委要一如既往地抓好这项工作,加强领导,认真部署,经常检查和督促,及时解决理论学习、研究、宣传工作中的问题和困难。各级党委宣传部门、各级党校和干校以及其他理论研究和宣传机构,都要在党委统一领导下,分工负责,紧密配合,做好各自的工作。要加强理论学习、理论研究、理论宣传的阵地建设。要引导理论工作者坚持正确的方向,坚持理论与实际相结合的原则。注意讲求理论宣传、理论教育的方法和艺术,根据不同对象的不同情况,采取他们喜闻乐见、易于接受的方法,使之收到好的效果。对重大理论问题和实际问题,特别是人们普遍关心、亟须加以正确解决的现实问题,要组织、协调理论队伍联合进行攻关。理论研究是艰苦的劳动,各级党委要理解和爱护理论工作者,关心他们政治上、业务上的进步,帮助他们解决学习、工作和生活中的困难。要加强理论队伍的建设,稳定基本队伍,提高整体素质。特别要注意发现、培养、使用中青年优秀理论人才,努力建设一支积极研究和宣传建设有中国特色社会主义理论的、跨世纪的理论队伍。

同志们,我们正在以江泽民同志为核心的党中央领导下,按照邓小平同志设计的社会主义现代化建设的宏伟蓝图,坚定地迈向21世纪。只要我们坚持以邓小平同志建设有中国特色社会主义理论武装全党,运用这一理论观察国内外形势、把握大局、指导工作,坚持党的基本路线不动摇,我们就能紧紧团结和凝聚全国各族人民共同奋斗,把我国建设成为富强、民主、文明的社会主义现代化国家!

农工民主党十一届三中全会在北京闭幕

江泽民李鹏乔石李瑞环和钱其琛等分别为中国人民外交学会成立45周年题词

全国政协主席李瑞环在人民大会堂会见以曾宪梓为团长的香港中华总商会北京访问团

长江三峡工程开工典礼大会在湖北宜昌举行

国务院总理李鹏在会上宣布,当今世界上最大的水利枢纽工程——长江三峡工程正式开工。

国务院副总理邹家华主持开工典礼。中共中央政治局委员、上海市委书记、上海市市长黄菊,全国人大常委会副委员长陈慕华,全国政协副主席杨汝岱和中共四川省委书记谢世杰、四川省省长肖秧,中共湖北省委书记、省长贾志杰,中共湖南省委书记王茂林以及中共中央和国务院有关部门负责人,三峡工程的建设者,各界有关人士,出席开工典礼。

长江三峡工程开工典礼大会在三峡大坝坝址——湖北省宜昌市三斗坪举行。

李鹏在大会上发表《功在当代利千秋》的重要讲话。李鹏说,三峡水利枢纽工程经过长达40年的论证,七届全国人大五次会议批准,又进行了近两年的施工准备,现在已经具备了开工的条件。中央决定三峡工程正式开工,这是我国经济建设中的一件大事,也是全国人民关注的一件大事。

李鹏代表党中央、国务院向多年来参加工程勘测设计、科研和论证的专家学者,向参加三峡工程的广大建设者,向一切为三峡工程做过贡献和表示关心的国内外人士表示崇高的敬意和亲切的慰问。

李鹏说,三峡工程是一项具有防洪、发电、航运等巨大综合效益的工程。长江洪水一直是中华民族的心腹之患。长江中下游是我国重要的经济发达地区,历史上曾多次发生过严重洪水灾害,给江汉平原、洞庭湖区广大人民群众的生命财产和沿江重要城市、工矿企业、交通干线带来极大的损失。三峡工程是解决长江中下游洪水威胁的诸多措施中的一项关键性工程,不仅可以防止荆江两岸发生毁灭性灾害,减轻对江汉平原、洞庭湖地区和武汉的威胁,还将提高长江中下游的防洪标准,意义是十分重大而深远的。三峡水利枢纽是全国乃至世界规模最大的水电站。它将为华中、华东、四川等地区提供大量的电力,并将促进全国电网的形成,对长江沿岸的经济繁荣产生巨大的推动作用。三峡工程建成后,高峡出平湖,将极大地改善长江的航运条件,万吨级船队将可从武汉直达重庆,充分发挥黄金水道的作用。经过认真筹划,三峡的名胜古迹得到最大限度的保护,而且可以形成新的景观。三峡工程及其坝区将会成为现代化与民族风格相融合的气势磅礴、青山绿水、环境优美的风景旅游区。三峡的旅游事业将得到进一步发展。

李鹏指出,三峡工程是目前世界上最大的水利水电工程。我们一定要把它建成世界第一流的工程。第一流的工程要有第一流的现代科学管理、第一流的文明施工、第一流的工程质量。要按照社会主义市场经济原则和现代企业制度进行工程管理,实行项目法人责任制、招标投标制、工程监理制和合同管理制。三峡施工要采用先进的施工机械和施工方法,做到用人少,工期短,质量好,效益高。施工现场要实行封闭式管理,建立良好的工作秩序,为文明施工创造有利的条件。

在讲到移民工作时,李鹏说,库区移民是三峡工程成败的关键,任务十分艰巨。移民要实行开发性移民方针。不仅要做好移民的安置,还要发展库区的经济,提高人民的生活水平。三峡移民要实行"中央统一领导、分省负责、县为基础”的管理体制，移民经费切块分给四川和湖北两省，包干使用。各级政府要统筹安排，精打细算，结合开发，合理使用。希望库区广大人民发扬风格，顾全大局，做好搬迁安置和开发工作，支持三峡工程的建设。

李鹏说，为了促进三峡库区的经济发展，国务院已决定把三峡库区列为经济开放区，给予优惠政策。国家和省市在安排建设项目时，将根据建设条件，予以同等优先的原则加以考虑。中央有关部门和有关省市要对库区实行对口支援。所有这些都给库区带来了前所未有的发展机遇。库区各级政府和广大人民群众要抓住这个机遇，发扬自力更生、艰苦奋斗的精神，努力把库区逐步建设成为一个经济繁荣、社会发展、人民安居乐业的地区。

在讲到三峡工程的建设资金时，李鹏说，为确保三峡工程顺利进行，国家已建立了由全国支持的三峡工程建设基金，形成稳定的建设资金来源，并且制订了可行的国内外资金筹措方案，因此，三峡工程的建设资金是有充分保证的。

李鹏说，三峡水力发电机组和输变电设备将采用世界先进技术和设备，我们欢迎世界上具有制造大型水电和输变电设备经验的厂商参加竞争，转让技术，合作生产，参与这一工程建设。

李鹏说，三峡工程开工以后，在建设过程中，还会遇到一些新的困难和问题，但是我们相信，在以江泽民同志为核心的党中央领导下，在广大建设者努力和全国人民支持下，任何困难都难不倒我们，三峡工程建设必将顺利进行，1997 年实现大江截流，2003 年首批机组发电，2009 年工程将全部竣工。一个宏伟壮丽的三峡工程将巍然屹立在中国的大地上，她将向全世界证明：中国人民有志气、有能力建设好当今世界上最大的水利水电工程。三峡工程功在当代利在千秋。

三峡工程开发总公司总经理陆佑楣，肖秧、贾志杰和施工代表、设计监理代表也先后在会上讲话。

讲话后，李鹏为长江三峡工程奠基揭幕。

国务院副总理李岚清在北京分别会见香港经贸会及美国前总统贸易代表

李岚清日前分别会见香港经贸商会及美国前总统贸易代表卡拉·希尔斯时重申我国关于“复关”问题的原则立场。

李岚清说，我国为恢复在关贸总协定的缔约国地位，已进行了 8 年的努力，包括参加了乌拉圭回合的全部谈判过程并签署了最后的协议。因此，中国政府要求在今年年底前结束“复关”议定书的实质性谈判，并成为按照乌拉圭协议即将正式成立的世界贸易组织的创始成员是顺理成章和理所当然的。

李岚清指出，中国复关并成为世界贸易组织的创始成员决不是只对中国有利，也对所有缔约成员有利，这是相互的需要。作为世界贸易组织，没有中国参加，不仅是不公正的，也必然会有损其代表性和顺利运作。中国政府的上述原则立场不仅是严肃的而且是有建设性的。我们为此在早些时候就派出了先遣代表团同有关缔约方进行双边磋商，并将于本月 15 日派外经贸部副部长谷永江率领中国政府代表团赴日内瓦参加关于“复关”问题的第十九次中国工作组会议。

李岚清说，我们希望在这次会议上能就“复关”协定书的实质性谈判达成协议，否则中国政府今后将不再主动要求进行谈判。显然这个结果是我们不愿看到的，责任只能由阻挠谈判进程的个别缔约方承担。

中英联合联络小组第 31 次会议在伦敦举行

民政部解放军总政治部发出关于新年春节期间扎实开展双拥活动的通知

民政部和解放军总政治部日前发出通知，要求各地军民在 1995 年新年春节期间扎扎实实地开展拥军优属、拥政爱民活动，进一步密切军政军民关系，为国家的改革、发展、稳定和军队的现代化建设创造更好的社会环境。

中国人生科学学会成立大会暨全国第二次人生科学学术讨论会在北京召开

12 月 15 日

全国政协主席李瑞环邀请各民主党派全国工商联负责人在人民大会堂座谈征询 1995 年政协工作意见

农工民主党中央主席卢嘉锡、九三学社中央主席吴阶平、民建中央副主席万国权、全国工商联主席经叔平、民进中央副主席陈舜礼、台盟中央主席蔡子民、民盟中央副主席丁石孙、致公党中央副主席罗豪才、民革中央副主席沈求我等在会上发言，就政协履行政治协商、民主监督、参政议政的职能，加强全国政协与各民主党派、工商联的联系、改进政协专门委员会的工作、建立健全反映社情民意的机制等问题，发表意见和建议。

李瑞环在座谈结束时说，中国共产党领导的多党合作和政治协商制度是我国的一项基本政治制度，政协是实现这一制度的重要组织形式。进一步加强与各民主党派、工商联的联系，是做好政协工作的一项重要

一贯相互配合，相互支持。总统阁下就职以来，重视中乍友好与合作，两国关系有了新的发展。

江泽民强调，乍得是中部非洲的重要国家，中国重视发展中乍友谊，愿中乍两国继续努力，在和平共处五项原则基础上不断巩固和发展两国在各个领域的友好合作关系。

在谈到经济合作问题时，江泽民说，中乍两国在经济技术合作方面取得了不少进展，实施的一些项目取得了良好的经济和社会效益。今后，我们愿在平等互利基础上同乍方探讨进一步加强经济合作的新途径、新领域，使两国合作的潜力得到充分发展。此外，我们还愿同乍得进一步加强在教育、医疗卫生等领域的合作与交流。

代比说，我此次访华的主要目的就是寻求巩固和加强两国在经济建设等各个领域合作的新方式，引进技术、资金，使双方现有的卓有成效的合作进一步扩大。代比说，乍得政府一贯坚持对乍中建交原则的承诺，乍得只承认一个中国，这就是中华人民共和国。

江泽民对乍得政府坚持原则，奉行一个中国的政策表示赞赏。他说，实现祖国统一，是全体中国人民的一项庄严而神圣的使命，这一事业，得到了世界上包括非洲在内的绝大多数国家和人民的理解和支持。

在谈到非洲形势时，江泽民说，近年来，非洲形势发生了一些积极变化，但国际形势的巨变同时给非洲带来了一些新的困难和问题。我们相信，非洲国家只要努力发挥自身潜力，加强团结与协作，一定能克服暂时困难，走向经济振兴。中国政府和人民将一如既往，坚定支持非统组织为维护非洲的政治稳定，推动经济发展和积极参与国际事务所做的努力。

会谈中，江泽民还向客人们介绍我国改革开放和经济发展的情况。代比说，中国的经验非常重要，对乍得也是有益的。

国务院副总理兼外长钱其琛，中方陪同团团长、卫生部副部长孙隆椿，外经贸部副部长孙振宇，乍得外交部长阿赫马特·阿卜杜拉曼·哈贾尔，计划和合作部长马里亚姆·穆罕默德·努尔夫人等参加会谈。

国家主席江泽民在中南海会见曾宪梓为团长的香港中华总商会北京访问团

全国人事厅局长会议和全国编制委员会办公室主任会议在北京召开

会议提出，以邓小平建设有中国特色社会主义理论和党的基本路线为指导，加快建立与社会主义市场经济体制相配套的行政管理体制和人事管理体制，推进人事分类管理体制改革向纵深发展。

人事部部长、中央编办主任宋德福在会上说，公务员制度要结合机构改革全面推行，企业、事业单位人事制度改革要在抓好试点、总结经验的基础上逐步推开。新工资制度要着重抓好补充完善工作。要积极稳妥地进行机关事业单位社会保险制度改革试点工作。加强以培养跨世纪人才为重点的专业技术队伍建设工作。全面完成地方机构改革任务。

国务委员、中央编委副主任李贵鲜出席会议。

《人民日报》发表评论员文章《反腐败斗争要坚持不懈》

部分港事顾问和预委会委员座谈会在海南三亚举行

应国务院港澳办公室和新华社香港分社的邀请，部分港事顾问和预委会委员在海南三亚市举行座谈会。国务院港澳办主任、香港特别行政区筹委会预委会副主任鲁平和新华社香港分社社长、香港特别行政区筹委会预委会副主任周南分别主持会议。

与会的40多名港事顾问和预委会委员分两组座谈，他们围绕有关香港政治、经济、社会和香港市民所关心的问题，提出了许多建议和意见。

国务院就认真贯彻《劳动法》召开全国电视电话会议

邹家华副总理在认真贯彻《劳动法》全国电视电话会议上强调指出，《劳动法》颁布以后，更重要的是要贯彻落实。各地区、各部门负责人要从全党全国工作的大局出发，充分认识《劳动法》贯彻实施工作的重要性，以坚定的态度认真组织《劳动法》的实施。在政府的统一领导下，各有关部门要互相配合，共同把这项工作做好。

邹家华说，全国人大常委会发布的《中华人民共和国劳动法》1995年1月1日就要实施了。《劳动法》在社会主义市场经济法律体系中占有十分重要的地位。《劳动法》的实施，不仅直接关系到亿万职工的切身利益，而且同改革、发展的大局，特别是同社会稳定的大局直接相关。《劳动法》以保护劳动者合法权益为基本宗旨，对劳动者劳动权利的保障、劳动关系的调整、劳动标准、劳动行为规范以及劳动争议处理等都作出了详细规定。有了这样一部全面调整劳动关系和规范劳动行为的基本法律，就可以将劳动关系的调整、劳动者权益的保护以及就业、社会保险、安全生产等各项工作逐步纳入法制化轨道。因此，《劳动法》的颁布是我国社会政治经济生活中的一件大事。

邹家华在谈到明年贯彻实施《劳动法》的工作重点

时指出，明年是《劳动法》实施的第一年，各地区、各部门贯彻《劳动法》一定要抓住重点、抓出实效，为《劳动法》的全面贯彻落实打下一个坚实的基础。明年贯彻实施《劳动法》的工作重点首先是要通过贯彻实施《劳动法》，促进国有企业的改革。各地区、各部门都应按照《劳动法》的要求，积极推动企业劳动工资和社会保险制度各项改革，促进企业改革的深化和现代企业制度的建立。第二要严格依照《劳动法》的规定，切实维护劳动者的合法权益，使严重侵犯劳动者权益的行为大幅度减少。各地区、各部门要组织执法检查，加大执法力度，特别对那些严重侵犯劳动者权益的行为，要依法严肃查处。第三要按照《劳动法》的规定，建立起劳动合同制度和最低工资保障制度。进行这项改革，应该说已有比较广泛的群众基础和工作基础。从 1986 年国务院发布改革劳动制度四个暂行规定以来，目前全国实行全员劳动合同制或合同化管理的职工已达 4500 多万人。事实说明，这一新的制度已为广大职工群众所广泛接受。劳动合同制度的实施步骤，可以考虑各地的实际情况，分步到位。实行劳动合同制度是贯彻《劳动法》的核心内容，必须抓住时机，尽快建立。1995 年，全国要有 80％的职工实行劳动合同制度，到 1996 年底，基本上在全国范围内全面实行劳动合同制度。

邹家华在谈到贯彻《劳动法》是各级政府和有关部门的一项重要任务时说，各级党政领导要把贯彻实施《劳动法》当作促进改革、保持稳定的一项重要工作来抓。要加大宣传力度，广泛、深入、持久地宣传《劳动法》。要加强对《劳动法》贯彻实施情况的监督检查。要加快与《劳动法》配套立法工作。要从实际出发，及时解决《劳动法》实施过程中的矛盾和问题，促进社会稳定。

邹家华最后强调指出，要按照《劳动法》的规定，认真执行"安全第一、预防为主"的方针，切实搞好安全生产。近一段时期，全国的安全生产形势相对严峻，重大、特大事故频繁发生。在贯彻《劳动法》的过程中，要求各级领导必须高度重视安全生产工作，对安全生产工作进行综合治理，抓好基础管理，消除事故隐患，保障劳动者的健康与安全，并要对事故的责任者进行严肃处理。

吴邦国、尉健行、李贵鲜等领导出席会议。国务委员兼国务院秘书长罗干主持会议。劳动部部长李伯勇、国家经贸委副主任陈清泰、全国总工会副主席、书记处第一书记张丁华也在会上讲话。

全国经贸工作会议在北京召开

会议上，国家经贸委主任王忠禹提出要继续加强宏观调控和经济运行综合协调，努力提高经济增长的质量和效益。

中共中央政治局委员、中央书记处书记吴邦国出席会议。

根据中央经济工作会议确定的明年全国经济增长速度宏观调控目标，王忠禹提出，明年的经济发展要防止出现两种情况，一方面是由于经济增长"软着陆"不到位，经济增长再度出现过热；另一方面，出现市场相对疲软、企业停工或开工不足增多，产生新的社会经济问题。为此，明年经贸工作重点是继续控制物价上涨幅度，控制固定资产投资规模，控制消费基金的过快增长，加大结构调整的力度，增加有效供给。与此同时，要对经济运行中可能出现的新问题、新情况密切监视，及时进行微调、小调，防止经济大起大落。

据介绍，国民经济在前两年快速增长的基础上，预计今年增长 11％以上，工业生产结构有所调整，企业经济效益有所改善。1—11 月份，全国预算内国有工业企业产值比上年同期增长 5.2％，实现利税增长 17.6％；亏损企业亏损额上升幅度由一季度的 79.7％，下降到 11 月末的 27.6％；11 月末，企业亏损面 41.4％，比一季度下降 8.2 个百分点。王忠禹指出，随着各项宏观改革措施进一步到位，宏观经济环境将进一步改善，国有企业生产经营状况总体上将逐步好转。但是，明年我国经济仍然面临一些问题和矛盾，较突出的是：由于结构性矛盾制约，多数工业消费品面临供大于求的买方市场，有效需求相对不足，产品积压严重；资金紧张状况短期内难以缓解，资金周转较慢，保持国民经济的健康发展，任务仍很艰巨。

企业改革是明年经济体制改革的重点。王忠禹说，明年企业改革总的是重在试点，贵在配套，力求在一些重点、难点问题上有所突破。他还强调指出，要把改组、改制、改造和加强管理（三改一管）相结合，加快实施兼并、破产、重组的步伐。要组织和引导企业加快结构调整，根据市场变化，推动产品上档次、上水平、创名牌。要进一步落实党中央和国务院领导同志"把扩大再生产的重点放在技术改造上，而不是靠铺新摊子"、"要大力推进企业技术改造，提高技术改造在固定资产投资中的比重"等指示，增强技术改造投入力度，改善投资结构不够合理的状况。

王忠禹提出明年经济运行综合协调的重点：一是妥善处理好产业结构调整和企业组织结构调整中的问题，尤其是破产企业职工安置和困难企业职工的解困工作。二是按照"增畅、限平、停滞"的原则，继续做好限产压库促销工作，积极扩大出口。三是继续协调好一些关系国计民生的重要商品如化肥、棉花等的市场供求，切实抓好煤炭、电力、钢材、油品的产销衔接。

中国航天工业总公司与金桥工程业主——吉通通信有限公司在北京签订建设金桥工程全面合作协议

中英联合联络小组中方首席代表中国驻英国大使赵稷华在中英联络小组第31次会议结束后对新闻界发表谈话

赵稷华说:“双方在求实、正常的气氛中就广泛的问题进行了深入的讨论。”赵稷华说,中英双方在一些问题上达成了协议;在一些较复杂的问题上,双方正朝着争取解决问题的方向迈步;在分歧大的问题上,中方阐述了自己合情合理的主张。

赵稷华说,中方在会上提出了滞港越南难民和船民的问题,要求英方明确承诺在1997年之前将这一问题处理完毕,不能给新的香港特区政府留下负担。

赵稷华还说,中方在会上特别指出,近期以来英方单方面对香港现行法律做了重大修改,这不符合联合声明中规定的香港“现行法律基本不变”的原则。中方要求英方将重大法律修改事项提交中英联合联络小组讨论,在双方磋商取得一致前不得采取单方面行动。

会后发表的新闻公报中宣布,下次会议将在香港举行,时间另行商定。

全国人大常委会委员长乔石在人民大会堂会见南非制宪议会副议长利昂·韦塞尔斯

国务院副总理邹家华在人民大会堂会见韩国鲜京集团会长崔钟贤

国家教委发出关于做好学校安全工作的紧急通知

《通知》强调,最近一个时期,一些地方连续发生重大和特大学生伤亡事故。特别是今年12月8日,新疆克拉玛依市友谊馆发生大火,有325人(多为中小学生)被烧死或窒息死亡,100多人受伤,给国家和人民的生命财产造成严重损失。

《通知》要求,各类学校要立即开展一次学校安全工作大检查。对学校教学楼、礼堂、图书馆、学生宿舍、食堂等学生经常活动的场所,一定要认真检查并加强管理,及时发现问题,采取有力措施消除各种事故隐患,必须做到防患于未然。各地要加强对广大教育行政部门干部和学校师生的安全防火教育,学习安全防火知识,增强自防自救能力。

《通知》重申,各级教育行政部门和学校在组织学生参加大型活动或到校外参加劳动、社会实践和其他集体活动时,不能有任何麻痹思想和侥幸心理,一定要严密组织,精心安排,加强对师生的安全教育,制定安全措施,确定专人负责,做好防范工作,确保安全。

中国计划生育协会三届五次会议在北京闭幕

中国计划生育协会会长宋平和国务委员、国家计生委主任彭珮云,就我国计划生育工作发表重要讲话。

彭珮云在讲话中强调,切实加强农村的计划生育工作是最重要的,要使村党支部能团结带领党员、群众认真执行计划生育这一基本国策,切实做到组织、任务、报酬三落实;认真推广各地创造的计划生育工作新经验,深入调查新时期计划生育工作的新问题。1995年将组织力量,对经济社会条件与计划生育工作状况不同的地区,落实“三为主”、推行“三结合”进行调查研究,以促进人口与经济社会协调发展再上一个新台阶。

12月17日

全国公安厅局政治部主任座谈会在北京结束

公安部部长陶驷驹在结束的全国公安厅局政治部主任座谈会上提出,建立一整套与市场经济体制相适应、与公务员制度相衔接、不同于一般行政机关的公安队伍管理法规体系,将成为明年全国公安队伍深化改革的重点。

陶驷驹说,在建立社会主义市场经济体制的新形势下,公安队伍面临着新的考验,公安工作任务对队伍提出了新的更高的要求,队伍中出现的新情况新问题,只有通过改革的办法来实现依法治警,才是公安队伍建设的根本出路。

学习《邓小平文选》和建设有中国特色社会主义理论研讨会在北京闭幕

中共中央政治局委员、国务院副总理李岚清在会上发表总结讲话。

中共中央政治局委员、国务委员李铁映主持闭幕会并讲话。

中共中央政治局委员李岚清在学习《邓小平文选》和建设有中国特色社会主义理论研讨会上发表讲话

同志们:

学习《邓小平文选》和建设有中国特色社会主义理论研讨会,今天就要闭幕了。这次会议,在党中央的亲切关怀和指导下,在中央有关部门的具体组织和与会代表的共同努力下,开得很好,开成了一个交流学习心得、检阅研究成果的会议,一个进一步统一认识,把建设有中国特色社会主义理论的学习、研究、宣传引向深入的会议。会议时间不长,收获很大,对推动今后的工作意义更大。下面我讲三个问题,作为对这次理论研讨会的小结。

一、关于这次理论研讨会的收获

几天来，来自全国各地和中央有关单位、部队系统的 200 多位代表，听取了胡锦涛同志的重要报告和薄一波、胡绳同志的讲话。会议邀请有关部门的领导同志，就深入学习和全面正确理解邓小平建设有中国特色社会主义理论，坚持解放思想、实事求是的思想路线，坚持党的基本路线，加强党的建设，推进改革开放和经济发展，坚持两个文明一起抓等专题作了发言。会议还请上海、山东、广东的同志介绍了学习理论、运用理论指导实际工作的经验。会议比较集中地研讨了建设有中国特色社会主义的基本理论，以及社会主义市场经济理论、精神文明建设理论、党的建设理论等一系列重大理论问题，在用这一科学理论武装全党问题上进一步明确了任务。会议呈现团结、务实、活跃的风貌，这种风气也是值得提倡的。

我们这次会议的收获，主要集中在以下几个方面：

第一，通过研讨会，进一步增强了学习、研究、宣传邓小平建设有中国特色社会主义理论的自觉性。十一届三中全会以来，党在理论工作中的最大成果，就是在总结社会主义建设历史经验和改革开放新鲜经验的基础上，逐步搞清楚“什么是社会主义，怎样建设社会主义”这一首要的基本的理论问题，从我国处在社会主义初级阶段的客观实际出发，形成和发展了建设有中国特色社会主义的理论。党的十四大明确指出，建设有中国特色社会主义理论是马列主义、毛泽东思想的继承和发展，学习马列主义、毛泽东思想，中心内容是学习邓小平建设有中国特色社会主义理论，郑重提出了用建设有中国特色社会主义理论武装全党的战略任务。江泽民同志指出：“要真正实现用建设有中国特色社会主义理论把全党武装起来，我们的认识还要进一步提高，学习还要继续深入，运用这个理论指导实践还要继续努力，党的各级组织还要做大量艰苦细致的工作。”十四届四中全会强调，这是新时期党的建设新的“伟大的工程”的一项基础性建设，决定从现在起用三年时间在全体党员中有计划、有步骤地开展一次建设有中国特色社会主义理论和党章的学习活动。十四大和十四届四中全会的决定，反映了实践的要求和人民的利益，对我们党和国家的长治久安具有决定性的意义。我们高兴地看到，这次研讨会从筹备到召开，各方面实际工作者和理论工作者踊跃提交研究论文，热烈参加理论研讨，积极争取参加会议，表现了学习、研究、宣传邓小平建设有中国特色社会主义理论的很高的自觉性。这是极其可喜的景象。

第二，通过研讨会，进一步提高了对中国社会主义现代化建设大局的认识。学习邓小平建设有中国特色社会主义理论，不仅要学习邓小平同志的战略思想和理论观点，而且要学习他研究新情况、解决新问题的立场、观点和方法。邓小平同志无论观察中国问题还是观察世界问题，无论是看现在还是看未来，总是从战略的高度出发，从大局出发，这一点就很值得我们认真研究和体会。党中央在实践中根据建设有中国特色社会主义理论和“一个中心、两个基本点”的基本路线，提出全党要围绕“抓住机遇，深化改革，扩大开放，促进发展，保持稳定”这一大局，正确处理改革、发展、稳定三者关系，促进国民经济持续、快速、健康发展，并且强调在当前和今后一个时期里各项工作都要服从这个大局、顾全这个大局。我们这次理论研讨会，不仅阐述了改革、发展、稳定的理论及其相互关系，而且在对现实生活各种矛盾、问题和困难的研究中体现了大局观念，在思想认识上增强了大局意识。这是又一个极其可喜的景象。

第三，通过研讨会，进一步明确了提高理论研究工作水平，把理论武装的工作引向深入的方向。邓小平建设有中国特色社会主义理论是全党、全国各族人民的精神支柱，是我们克服困难、做好工作，不断推进改革开放和现代化建设事业发展的最强大思想武器和最可靠的保证。这一理论内容丰富，博大精深。目前，我们对于这一科学理论的学习、研究、宣传有了很好的开端，但是同时必须看到，我们还要坚持不懈地付出极大努力，把这一任务进一步落到实处，推动对建设有中国特色社会主义理论的学习向广度和深度发展。这次会议入选的 100 篇优秀论文，涉及邓小平同志政治、经济、文化、科技、教育、党建、军事、外交等方面的思想，基本上体现了目前全国学习、研究建设有中国特色社会主义理论方面的最新成果。

尤其要提到的是，这些论文的作者既有专业理论工作者，又有担负着领导责任的干部，包括党政军的高级干部；这些论文的内容既有基本理论的研讨，又有实践经验的总结。因此，不少文章在阐述和论证邓小平建设有中国特色社会主义理论的科学体系及其基本观点时，选题有新意，分析有深度，现实针对性比较强。这就证明党中央提出的关于理论学习要联系实际，把握体系，掌握精髓，把理论武装的任务引向深入的要求是完全正确的，证明广大干部和理论工作者是在自觉地按照党中央提出的要求努力的。这样一种好的学风也是我们要继续坚持和提倡的。

总之，这次理论研讨会不仅对于推动理论界，而且对于推动全党做好邓小平同志科学著作和科学理论的学习、研究和宣传，都将产生积极的影响。

二、关于把学习、研究、宣传邓小平建设有中国特色社会主义理论的工作引向深入

胡锦涛同志在开幕式的重要讲话中，要求我们充

分认识用邓小平建设有中国特色社会主义理论武装全党的战略意义，进一步把学习、研究、宣传邓小平建设有中国特色社会主义理论工作引向深入。他对此提出了明确的意见，包括理论学习要分类指导，抓住重点，在深入上下功夫；理论研究和理论宣传要加大力度，坚持面向实际，在增强实效上下功夫；要加强对学习、研究、宣传建设有中国特色社会主义理论工作的领导，等等。对这些明确的意见和要求，我们要深刻领会，认真贯彻。

应当认识，把理论学习、研究、宣传引向深入，这是改革开放和社会主义现代化建设伟大实践的需要。邓小平同志是中国改革开放政策的总设计师，党的十一届三中全会以来的实践证明，邓小平同志提出的理论和路线、方针、政策是正确的。特别是1992年重要谈话和党的十四大开辟了我国改革开放和现代化建设的历史新阶段。党的十四大提出了建立社会主义市场经济体制的改革目标，十四届三中全会进一步制定了这一新经济体制的基本框架。根据这一目标和框架，今年已经在宏观经济体制改革方面取得了关键性的进展，明年建立现代企业制度的试点工作和各方面的配套改革都将积极展开。改革开放的形势总的讲是很好的，同时，由于在社会主义条件下建立市场经济是前无古人的伟大创举，我们也遇到了许多新情况，碰到了许多新问题，需要在建设有中国特色社会主义理论的指导下，进行调查、研究，做出正确的回答。即使有些问题在理论上已经解决了，但到实际工作中，还有许多操作性的程序、方案、措施仍然需要进行大量研究工作。刚刚结束的中央经济工作会议，分析了当前的经济形势，提出了明年经济工作必须把握的七个问题，即：必须坚决抑制通货膨胀；真正把加强农业放在首位；以国有企业为重点深化经济体制改革；着力提高经济增长的质量和效益；控制消费基金过快增长；进一步扩大对外开放；加强和改善宏观调控。解决这些问题，无论从理论上、政策上，还是在实际工作中，也都需要在邓小平建设有中国特色社会主义理论的指导下，结合各地区各部门的实际和特点，加以深入的研究和解决，并对贯彻落实的经验开展很好的宣传。

应当认识，把理论学习、研究、宣传引向深入，这是统一思想认识，增强贯彻执行党的基本理论和基本路线的自觉性坚定性的需要。改革开放和社会主义现代化建设是一场新的革命。在这场深刻的社会变革中，巩固和发展了社会主义，增强了国家的综合国力，提高了人民的生活水平，这是全党同志和全国各族人民都亲身感受到了的。同时，在这场深刻的社会变革中，伴随着体制转轨、利益格局调整和观念更新，也出现了这样那样的新的矛盾、问题和困难，这又不可避免地反映到人们思想上来，也会有“左”的和右的错误思想的干扰。这就要求我们有针对性地和有说服力地加以分析和回答。江泽民同志经常指示我们，各级党政干部要多花一些时间在学习上。特别是我们做实际工作的同志，更要提高学习的自觉性。只有认真学习并深刻领会，坚持以邓小平建设有中国特色社会主义理论为指导，深入调查研究，摆事实、讲道理，以理服人、以情动人，化解思想疙瘩，澄清模糊观念，才能提高认识，把思想进一步地统一到党的基本理论和基本路线上来，拧成一股劲，同心同德，为建设富强、民主、文明的社会主义现代化强国而奋斗。

还应当认识，把理论学习、研究、宣传引向深入，这也是搞好新时期党的建设新的“伟大的工程”的需要。十四届四中全会强调，继续把思想建设放在党的建设的首位，推动建设有中国特色社会主义理论的学习向广度和深度发展。这里的一个关键问题，是党的各级干部要重视理论学习，并且坚持不懈地学好理论。现在，一大批年轻干部纷纷走上领导岗位，他们的思想政治理论水平关系到我们党肩负的历史使命的完成；尤其是党的高级干部，四中全会要求他们成为具有坚定的政治信念、开阔的眼界、宽阔的胸襟、较强的领导能力和优良的作风等优秀素质的政治家，他们的理论功底和思维能力以及政治坚定性更是直接关系到党和国家的前途和命运。如果我们党有一大批干部，能够系统地而不是零碎地、实际地而不是空洞地掌握建设有中国特色社会主义理论，并且能够熟练地运用这一理论去研究和解决重大问题，我们党的执政本领、建设本领和治国本领就会大大提高，我们党的基本路线就能在任何情况下坚定不移地贯彻落实。

为了把理论学习、研究、宣传引向深入，取得实效，重要的是要进一步加强对理论工作的领导，精心组织，狠抓落实。各级党委宣传部门和各级党校，以及高等学校和哲学社会科学研究机构的党组织都要明确认识当前形势和任务，更加自觉地坚持解放思想、实事求是的思想路线，坚持理论联系实际的原则，坚持重在建设，采取切实有效的措施，推进理论的学习、研究和宣传工作。

理论学习，要进一步向广度和深度发展。县以上领导干部要以《邓小平文选》一至三卷为基本教材，结合十六年来改革开放的丰富实践经验，联系全党工作大局，努力从科学体系上把握建设有中国特色社会主义理论。教育战线的理论工作者还要组织力量，认真做好邓小平建设有中国特色社会主义理论进入教材、进入课堂的工作，用这一科学而富有时代精神的伟大理论教育和武装我们的青少年，使他们成为跨世纪的建设有中国特色社会主义的“四有”优秀人才。

理论宣传，要进一步提高科学性和感染力。要充分发挥党报、党刊和广播电台在理论宣传中的主阵地的作用，尤其要注意利用电视等现代化传媒，探索理论宣传的新途径。要采取灵活多样、生动活泼、为广大党员群众喜闻乐见的形式，组织好对建设有中国特色社会主义理论的学习和宣传。

理论研究，要进一步明确重点，组织队伍，集中力量，提高水平。按照中央决定建立的五个理论研究基地，要总结经验，多出精品。一些地方和部门陆续建立起的研究中心、研究会等，也要精心组织，加强领导，务求出成果出人才。在理论研究中，要注意组织多学科协同攻关，并且采用领导干部、专家和实际工作者相结合的方式开展研讨活动。

理论学习、理论研究、理论宣传三个方面，相辅相成，相互促进。各级党的宣传部门，各个研究基地，以及一切从事理论教育、宣传和研究的部门、单位，都要在党委的统一领导下，密切配合，努力把学习、研究和宣传邓小平建设有中国特色社会主义理论的工作引向深入，为我国改革开放和社会主义现代化建设事业作出新的贡献。

三、关于在党的基本理论和基本路线指引下加强马克思主义理论队伍建设

改革开放十六年来，我们党的理论工作者在服务于社会主义现代化建设的伟大实践中，做了大量卓有成效的工作，取得了丰硕的成果，推动了和正在有力地推动着建设有中国特色社会主义的伟大进程。思想理论战线同志的辛勤劳动，得到党和人民的充分肯定和尊重。完全可以说，没有广大理论工作者的参与、支持和努力，就没有今天理论工作的好形势，就没有改革和建设的好形势。

当前，理论工作面临着极为有利的时机。特别是随着用建设有中国特色社会主义理论武装全党这一战略任务的贯彻落实，全党重视理论工作的局面进一步发展起来。理论工作者队伍在为建设有中国特色社会主义伟大事业服务的过程中经受了锻炼，增长了才干，得到了提高。随着改革开放的深化和扩展，随着社会主义市场经济体制的建立和完善，随着社会主义精神文明建设的逐步加强，理论工作面临着进一步繁荣发展的良好契机。这就为广大理论工作者建功立业、大显身手提供了广阔的舞台，同时，又向理论工作者提出了新的更高的要求。紧扣时代脉搏，紧跟实践进程，为建设有中国特色社会主义事业提供更加强有力的理论支持、思想保证和舆论环境，应当成为我们理论工作者的责无旁贷的庄严使命。相信我们广大的理论工作者，一定能够满腔热情地投身改革开放和现代化建设的伟大实践，紧紧围绕全党工作大局，在用建设有中国特色社会主义理论武装全党、教育人民的伟大事业中，在不断解决现实矛盾和问题的进程中，发挥积极作用，显示创造活力，做出与时代和形势发展要求相适应的新的更大成绩。

为了完成历史和时代赋予我们的崇高任务，我们理论工作者必须坚持用邓小平同志建设有中国特色社会主义理论指导自己的工作。理论工作者是人类灵魂的工程师，是教育者，而教育者应当首先受教育。理论工作者自己首先学好建设有中国特色社会主义理论，这样才能在这一科学理论指导下，做好理论工作，发挥理论威力，帮助人们更好地解放思想、实事求是，认清当代中国发展大局，使建设有中国特色社会主义理论作为强大精神支柱在全党和全民族中深深扎根。

为了更好地担负起理论工作的历史重任，我们理论工作者必须随着时代和形势的发展，贯彻坚持理论联系实际，一切从实际出发的原则。在新时期，邓小平同志强调："我们的思想理论工作者必须下定决心，急起直追，一定要深入专业、深入实际，调查研究，知彼知己，力戒空谈。"江泽民同志也指出，理论工作者要注重理论联系实际，创造性地开展研究，繁荣哲学社会科学，坚持和发展马克思主义。按照党中央的要求和期望，我们理论工作者一定要更加努力地深入实际，深入群众，调查研究，总结经验，把调查研究作为自己的基本功，把改革开放和现代化建设的第一线作为自己最好的课堂和研究对象，这样才能不断提高我们自己的政治和业务素质，不断产生高质量的研究成果，不断丰富这一伟大理论宝库。

为了完成历史和时代赋予我们的崇高使命，希望我们理论工作者在建设有中国特色社会主义理论的伟大旗帜下更加紧密地团结起来。研究建设有中国特色社会主义理论是一项关系我国前途和命运的重大政治任务，必须依靠集体的智慧。事实上，我们面临的许多重大研究课题，大多具有跨领域、跨学科的特点，非少数人能力之所及。这就要求理论工作者更好地团结一致，形成合力，同时加强理论工作者和实际工作者之间的团结和合作。我们在学术上实行百家争鸣，在政治上坚持同党中央保持一致，在建设有中国特色社会主义改革的探索中不搞无谓争论。一争论就复杂了，把时间都争掉了，什么也干不成。不争论是为了争取时间干，大胆地试，对的就坚持、推广，错了就及时纠正，在实践中统一思想。这有助于创造团结、民主、和谐、融洽的环境和氛围，加强我们队伍的团结和促进研究工作的发展。我们的根本目的是一致的，我们的根本利益是一致的。我们有必要、有可能，也完全应当更好地团结在一起，共同为社会主义现代化建设和改革开放贡献自己的力量。

同志们，我们这次研讨会就要圆满地结束了。我们要把研讨会的精神带回去，更好地推动建设有中国特色社会主义理论的学习、研究和宣传，促进建设有中国特色社会主义实践的顺利发展。我们相信，依靠同志们的共同努力，一定能够在以江泽民同志为核心的党中央领导下，和全国人民一道，共同完成时代交给党的理论工作者和实际工作者共同的伟大光荣艰巨的历史使命。

全国人大常委会委员长乔石在人民大会堂会见乍得总统伊德里斯·代比

国务院副总理邹家华在河北调查研究

12月17日至18日，邹家华在河北省省长叶连松等陪同下，实地考察石家庄宝石电子集团公司、河北冀雅电子有限公司，并听取河北省委、省政府的工作汇报。

邹家华指出，目前国家经济结构调整，为加速国有企业技术改造和进步提供了一个十分有利的时机，企业要抓住这一机遇，推进技术进步，上规模，上水平。企业有了好的技术改造项目很重要，但不等于就一定有好的效益。企业要想通过技术进步实现最佳效益，要做到四条：一是必须培养一支掌握先进技术的职工队伍；二是管理一定要严，制定严格的管理措施，使生产的每一个环节都有章可循；三是要一丝不苟地抓质量，企业产品质量出了问题，效益就变为负数；四是要虚心学习国内外同行的先进管理经验，吸取他们在发展中遇到的教训和挫折，在发展中少走弯路。

在谈到电力、交通等基础设施今后发展方针时，邹家华说，电力、交通等在今后相当长的一个时期内，仍是经济建设的“瓶颈”，所以仍将是今后经济建设优先发展的重点，经济结构的调整不会影响这些产业的发展。在电力建设中，国家将根据变输煤为输电的方针，有计划地在煤炭基地集中建设坑口电厂，实行跨省、跨网输电，减轻煤炭运输的压力。各地电力建设要同实施这一方针结合起来，研究制订规划。

中国注册会计师协会发布公告

最近，社会上流传有关注册会计师资格认定讹误，现根据《中华人民共和国注册会计师法》的规定，对有关注册会计师资格认定、批准注册和执行业务有关的法律规定公告如下：

一、《中华人民共和国注册会计师法》第二条规定：“注册会计师是依法取得注册会计师证书的……执业人员”，凡未依法取得注册会计师证书的人员，均不是注册会计师。

二、《中华人民共和国注册会计师法》第九条规定：“参加注册会计师全国统一考试成绩合格，并从事审计业务工作二年以上的，可以向省、自治区、直辖市注册会计师协会申请注册。除有本法第十条所列情形外，受理申请的注册会计师协会应当准予注册。”因此，依法认定具有注册会计师资格的人员，还必须办理注册批准手续。法律规定办理注册登记的机构为省、自治区、直辖市注册会计师协会，其他机构不得办理。第十一条还规定：“注册会计师协会还应当将准予注册的名单报国务院财政部门备案。国务院财政部门发现注册会计师协会的注册不符合本法规定的，应当通知有关的注册会计师协会撤销注册。”没有履行上述法定程序者，不是注册会计师。

三、《中华人民共和国注册会计师法》第十一条规定：“准予注册的申请人，由注册会计师协会发给由国务院财政部门统一制定的注册会计师证书。”没有依法领取《中华人民共和国注册会计师证书》的人员，不是注册会计师。注册会计师执行业务时，必须亮证执业。

四、根据《中华人民共和国注册会计师法》第七条规定：“国家实行注册会计师全国统一考试制度。注册会计师全国统一考试办法，由国务院财政部门制定，由中国注册会计师协会组织实施。”自1994年1月1日《中华人民共和国注册会计师法》实施之后，凡未通过全国统一考试取得全科合格者，均不具备申请注册会计师资格的条件。

五、《中华人民共和国注册会计师法》第三条规定：“注册会计师执行业务，应当加入会计师事务所。”第十六条规定：“注册会计师承办业务，由其所在的会计师事务所统一受理并与委托人签订合同。会计师事务所对本所注册会计师依照前款规定承办的业务，承担民事责任。”因此，我国法律不允许注册会计师以个人名义执业，也不允许注册会计师在其他机构执业。

六、《中华人民共和国注册会计师法》第三十七条规定：“注册会计师协会对注册会计师的任职资格和执业情况进行年度检查。”凡年度检查未获得通过的注册会计师，将不允许执行业务。1994年度的注册会计师的任职资格和执业情况的检查，将在1995年1季度由本会依法组织进行。通过年度检查的合格人员名单，将由省以上注册会计师协会向社会公告。未获得通过的人员，不得继续执行注册会计师的业务。

特此公告

国务院港澳事务办公室发言人就欧洲议会同意资助在香港成立“人权中心”一事发表谈话指出这是对中国内政的粗暴干涉

发言人说：日前，欧洲议会在个别英国议员的鼓动下，居然同意从明年初即拨款在香港资助一些人成立一个所谓的"人权中心"。据称，在这个"中心"成立之后，欧洲议会还将继续予以资助，一直到 1997 年之后。对此，我们感到十分惊讶。这不仅是对香港特别行政区基本法的严重挑战，也是对中国内政的粗暴干涉。包括香港同胞在内的中国人民对此是绝不会接受的。

中央统战部和国家教委联合召开的全国部分高等学校统战工作座谈会在上海举行

团中央文化部广电部新闻出版署在北京联合举办首届中国青年优秀图书奖颁奖会

中国出版协会中国编辑学会在北京举行首届全国优秀中青年图书编辑奖颁奖会

全国总工会发出关于布置开展安全防火大检查的紧急通知

12 月 18 日

《人民日报》发表评论员文章《着力提高经济增长质量和效益》

国务院副总理钱其琛等就《中英关于香港问题联合声明》签署 10 周年向记者发表谈话

在《中英关于香港问题的联合声明》签署 10 周年之际，负责香港事务的中国高级官员钱其琛、鲁平和周南分别向记者发表重要谈话。他们从各个不同的侧面阐述了《联合声明》签署的伟大意义，真诚地希望英方拿出实际行动，真正回到遵守声明的轨道上来，以加强同中方的合作，减少摩擦，共同完成香港政权顺利交接这一历史赋予的重大使命。

回首往事，展望未来，他们对香港回归祖国充满信心，对香港前途表示乐观。

国务院副总理、香港特别行政区筹委会预委会主任钱其琛说，10 年前，中英双方签署的《关于香港问题的联合声明》是一个用和平谈判的办法解决历史遗留问题的伟大创举，其核心是"一国两制"。他认为，这一伟大构想的试验是成功的。

钱其琛用两句话概括了声明签署 10 年来中英合作的情况，即"前半段比较好，后半段摩擦比较多。"

钱其琛说，中英两国政府于 1984 年签署《联合声明》时，双方合作较为顺利。但在以后的一个时期里，形势有点变化，国际上掀起了一股反对中国、敌视中国、对中国施加压力的浪潮，中英合作也出现一些困难，原因不在中方。

钱其琛说，"现在离 1997 年只剩下两年半的时间。香港回归祖国是大势所趋，人心所向。我相信，中英总是能在这一根本问题上进行合作的，但合作并不等于没有摩擦，没有问题。我们希望双方减少摩擦，增加信任，加强合作。"

钱其琛指出，中英合作是香港平稳过渡的一个重要条件，但最根本的还要立足于自己的力量，也就是要靠强大的祖国和祖国人民，靠广大港人的参与。

钱其琛说，"一国两制"构想的提出表明中国越来越强大、越来越发展，显示中国完全有能力恢复对香港行使主权，并实现政权顺利交接和平稳过渡。

钱其琛说，预委会工作的目的是要让港人广泛地参与到香港政权顺利交接的工作中来。他认为，至今，预委会的工作是富有成效的。一年多来，预委会举行了四次全体会议，政务、经济、法律、文化和社会等专题小组举行了几十次会议，为筹委会的正式成立进行着前期准备工作。预委会讨论的问题属于两个方面：一是同香港政权顺利交接直接相关的问题；二是同港人息息相关的民生问题。预委会明年还将召开两次全体会议，为 1996 年即将成立的筹委会奠定坚实的基础。

钱其琛说，港人在预委会中起到了很好的参与作用。广大香港同胞是爱国爱港的，这两者并不矛盾。钱其琛相信爱国爱港的香港同胞将会形成一支强大的力量，在保持香港的繁荣与稳定中起重要作用。

鲁平说，声明的签署是"一国两制"方针的伟大实践，香港的前途取决于"一国两制"的落实。

《中英联合声明》中载明中华人民共和国对香港的十二条基本方针、政策。当年曾参与制定"十二条"的国务院港澳办公室主任鲁平对记者说，这些基本方针政策并不是像有些人所讲的，是中英谈判的结果，是英国替香港人争取来的，而是中英谈判开始前，中国政府就已经形成了方案。

鲁平说，早在 1979 年，邓小平同志在会见来访的当时的香港总督麦理浩时就指出，我们将以特殊的方式解决香港问题，香港的社会制度、生活方式可以保持不变。在这以后，为了进一步探讨这一特殊方式的可行性，邓小平同志亲自做调查研究，找了一批又一批的香港人士来谈，听取他们的意见，并作了很多重要指示。根据邓小平同志的指示，我们又组织了专门班子，在香港进行了大量的调查研究，在此基础上逐渐形成了中国政府对香港的"十二条"基本方针、政策，并经邓小平同志和中央批准，在中英两国政府关于解决香港问题的谈判一开始，我们就把这个方案提了出来，后来它被载入了《中英联合声明》。

鲁平说，用"一国两制"的方针、政策来解决香港问题，不是凭空想出来的，而是中国政府从香港的历史和现实出发，经过慎重考虑之后提出来的。他强调，“我们对香港实行‘一国两制’，这决不是权宜之计，也不是一时的感情冲动，更不是玩弄手法，而是我国的一项长远国策。”

鲁平回忆《中英联合声明》的正式签署时说，当时有不少香港人和外国人士到北京出席了签字仪式，目睹了两国政府首脑签署《中英联合声明》这一重要历史时刻，大家都为香港的前途感到欢欣鼓舞。

鲁平接着说，从1984年12月19日两国政府首脑签署《中英联合声明》至今，已经过去了整整10年。在这10年里，中英之间有合作，也有分歧。这其中，我们有一条经验，这就是只要双方遵守《联合声明》，合作就有成果，如果偏离联合声明，合作就有困难。这充分说明，《中英联合声明》是中英间合作的基础。遗憾的是，近年来英国政府离开了《中英联合声明》的轨道，改变了在香港问题上的政策，采取了与中国政府对抗的做法。现在英方提出要与中方合作，我们对此表示欢迎，希望英方能重新回到《联合声明》的轨道上来，对香港平稳过渡做点实实在在的事情。

鲁平说：“《中英联合声明》签署后，虽然有不少风风雨雨，但我对香港的前途始终充满信心。因为，解决香港这一历史遗留问题，并使香港在1997年后继续保持繁荣稳定，采取‘一国两制’是最好的、也是唯一的办法。只要‘一国两制’能够落实，香港就会更加繁荣稳定。”

鲁平还说，前不久刚结束的预委会第四次全体会议，提出了坚持“以我为主”的方针，依靠自己的力量，实现香港的平稳过渡。这再次表明，中国政府执行“一国两制”的方针政策是不会动摇的，而“一国两制”的事业是包括广大香港同胞在内的全中国人民正在从事的一次伟大实践。“我相信，有祖国人民的支持和广大港人的参与，我们一定会按既定的目标，完成这一伟大的历史使命。”

周南说，《联合声明》的签署应归功于祖国的强大和香港各界对“一国两制”信心增强。

新华社香港分社社长周南曾以中国政府代表团团长的身份参加过中英关于香港问题的会谈。他回忆说，从1982年至1984年间举行的22轮中英会谈一直是在邓小平同志“一国两制”的伟大构想指引下进行的。

周南说，英方起初对这一构想持怀疑态度，认为这是历史上未曾有过的，不太行得通。但邓小平同志却认为，这完全行得通。随后，中方又根据“一国两制”的方针提出了具体方案，包括中国在恢复对香港行使主权后，如何在香港继续实行资本主义制度的十二条方针政策。英方对“一国两制”的方针从不相信到相信，最后予以接受。

周南说，中英双方在1984年圆满达成协议时，香港居民无不为之欢欣鼓舞，英国朝野上下也出现一片赞扬声。各国舆论普遍认为，这是用和平方式解决国际争端的一个光辉的范例。邓小平在以后的总结中指出，这应归功于国家的强大。谈判之所以取得圆满成功主要是因为中国是一个兴旺发达的国家，是一个有实力的国家，是一个守信义的国家。此外，这也是历史唯物主义和辩证唯物主义的胜利，还应归功于实事求是的思想路线。

周南说，现在，香港各界人士对1997年后在香港实行“一国两制”方针的信心日益增强，绝大多数香港居民对香港未来表示乐观，这是因为他们有强大的中国内地作后盾。

周南说，近年来，香港同内地的经济渐渐地融合为一体，已经形成相互依存和密不可分的关系，香港居民已把自己的命运同内地的发展紧紧地联系在一起。周南说，《联合声明》签署10年来，中英两国在贯彻实施声明的问题上，开始时双方的合作基本上是好的，但到了1992年，英方因对中国的发展前景作出了错误的估计而改变了对华政策，港英政府提出了“三违反”的政制方案，抛弃了过去双方已经达成的“循序渐进”的原则，推行所谓的民主选举制度。中英合作关系因此而遭到破坏，这是很令人遗憾的。

周南说，“最近英方表示愿意恢复同中方的合作，我们对此表示欢迎。我们希望英方能做到言行一致，在未来的两年半时间里，尤其是在香港平稳过渡的问题上同中方合作，不要再继续制造新的麻烦。”

周南说，我们对未来的香港很有信心。香港过去的繁荣主要是由香港同胞创造的。随着预委会工作的顺利进行和筹委会的即将成立，越来越多的香港居民将会参加到香港的政治、社会事务中去。

周南说，“我相信1997年以后，在‘一国两制’方针和《基本法》的指引下，在由爱国者为主体的香港人自己管理自己内部事务的情况下，香港一定会比过去管理得更好，香港一定会比过去更加繁荣稳定。”

中央军委主席江泽民在中央军委扩大会议上发表讲话

社会变革必然引起人们思想的变化。在社会发生重大变革的时候，我们党总是十分关注可能出现的思想问题，进行正确的引导。中国革命胜利前夕，毛泽东同志就告诫全党全军：“务必使同志们继续地保持谦虚、谨慎、不骄、不躁的作风，务必使同志们继续地保持艰苦奋斗的作风。”由于及时地给大家敲了警钟，并采取了一系列重要措施，全党全军大多数同志都经受住了由新民主主义革命向社会主义革命转变的考验。

改革开放是一场新的革命。这场革命给社会思想文化带来了空前广泛而深刻的影响，使人们摆脱了那些陈旧过时的思想禁锢，产生了一些符合时代发展要求的新观念，极大地调动了广大群众的积极性。这是今天人们思想的主流。地方是如此，军队也是如此。但是也应看到，随着改革开放的不断扩大，资本主义腐朽思想文化乘机而入，同我国历史上遗留下的剥削阶级的腐朽思想文化相结合，使得当前社会上拜金主义、个人主义和腐朽生活方式等消极现象有所滋长，对人们的理想、信念和价值观产生了很大的冲击，也侵蚀了一部分党员和领导干部。这个社会现实严重地摆在我们面前。在改革开放的历史洪流中，既造就了一大批建设有中国特色社会主义事业的新人，也可能淘汰一些意志薄弱者。邓小平同志早在一九八二年就指出："我们自从实行对外开放和对内搞活经济两个方面的政策以来，不过一两年时间，就有相当多的干部被腐蚀了。""这股风来得很猛。如果我们党不严重注意，不坚决刹住这股风，那么，我们的党和国家确实要发生会不会'改变面貌'的问题。这不是危言耸听。"我们要深刻领会邓小平同志的这个重要思想，从战略的高度来认识在改革开放和发展社会主义市场经济的新形势下，加强全党全军的思想政治建设，防止腐朽思想文化侵蚀的重大意义。应该看到，腐朽思想文化在我们社会里有其滋生的气候和土壤，不可能在短时期内清除。对于思想文化领域这种斗争的长期性和复杂性，大家一定要有足够的估计，始终保持应有的警惕。

军队同社会有着千丝万缕的联系，各种社会思潮和社会风气也会不同程度地反映到部队中来。我们军队的风气总的说是好的，官兵的精神面貌是健康向上的，但是社会不良风气在部队中也有这样那样的表现，一些官兵已经受到了腐朽思想文化的侵蚀。有些人甚至包括少数领导干部，贪图享受，谋求私利，滋长了享乐主义的思想和行为。对于人民军队来说，腐朽思想文化是一种腐蚀剂，它会使一些官兵革命意志衰退，革命理想发生动摇；它还会涣散军队的内部关系，损害上下之间、官兵之间的友爱、信任和团结，削弱部队的凝聚力。我军是人民民主专政的坚强柱石，不仅在政治上要十分坚定，始终不渝地坚持正确的政治方向，而且在思想道德方面也必须保持纯洁，成为人民群众学习的榜样。如果我们不能有效地防止腐朽思想文化的侵蚀，如果不能在新形势下做到拒腐蚀、永不沾，我们这支人民军队就有改变性质的危险，就会丧失战斗力。

我军是执行党的政治任务的武装集团，在新时期的主要任务就是保卫国家安全和社会主义现代化建设事业。我们广大的干部战士不仅要会打仗，有过硬的现代军事本领，还必须有坚定正确的政治方向，有过硬的思想政治工作本领。这种思想政治工作本领，不是从天上掉下来的，而是来源于强有力的思想政治建设。搞好军队的思想政治建设，是搞好军事训练、后勤保障以至整个军队现代化建设的重要基础。思想政治建设是革命化建设的核心，是引导全军干部战士拒腐蚀、永不沾，永葆人民军队革命本色的可靠保证。所以，我们必须高度重视军队的思想政治建设，必须把它摆在全军各项建设的首位。

毛泽东同志曾经一再要求人民解放军要成为一个大学校和大熔炉，而且这个大学校、大熔炉，是全国全社会性的。毛泽东同志对军队建设的这个战略要求是非常正确的，尤其是在和平环境里显得更为重要。在改革开放和发展社会主义市场经济的新形势下，如何使我们的军队成为一个培养人、锻炼人的大学校、大熔炉，是一个新的迫切任务，也是一个新的重大课题，需要全军同志集思广益，摸索经验，认真解决。在军队这个大学校里，既要让干部战士学军事、学文化、学科学，还要让他们学政治、学思想、学作风。经过学习，要达到这样一个目的：在部队里能安心服役，自觉地献身于军队建设和国防建设，成为有中国特色社会主义事业的坚定保卫者；到了地方，能积极投身于改革开放和现代化建设，成为有中国特色社会主义事业的坚定建设者。工人、农民、知识分子和其他人民群众把子女送到部队，既是尽公民保卫祖国的义务，也是对我们军队的信任。进了军队这个大学校、大熔炉，总要使他们的知识越学越多，思想越炼越红，作风越来越好，精神境界越来越高，而决不能使他们的思想越来越成问题，作风越来越坏，精神越来越空虚。如果那样，我们军队这个大学校就办得失败了，我们军队的思想政治建设就走到邪路上去了，我们就对不起人民群众，对不起党。

在新时期加强军队的思想政治建设，有一个如何正确认识和对待我党我军的老传统老作风的问题。我们党和军队在长期的革命和建设实践中，形成和发展了一整套优良传统和优良作风。这是我们的传家宝，是我们的政治优势，是我们治党治军的锐利武器，任何时候都丢不得，丢了就要吃大亏。我们搞改革，决不是说过去的一切都不行了，都要统统改掉，我们只是改革那些实践证明已经成为弊端的东西和已经过时了的不再适用的东西，对于一切好传统好作风不仅不能抛弃，而且要继承下来，结合新的实践，使它们丰富、发展、光大起来。如果把它们丢掉了，或者削弱了，那就违背了改革的性质和要求。我们搞对外开放，决不是不加分析地把外国的东西都照搬照抄过来，而是只引进先进的东西，借鉴有益的经验。对于那些不适合我国国情的东西，对于一切错误的腐朽的东西，我们不但不能引进，而且要坚决进行抵制和斗争。如果我们在思想上政治上不设防，任凭错误的腐朽的东西污染我们的社会，侵蚀我们的工人、农民、知识分子和军队官兵，那就违背了我们对外开放的目的和要求。总之，在改革开放的过程中，应该继承和发扬我党我军和我们民族的好传统，同时学习借鉴国外的好东西好经验，并且在吸取新的实践经验的基础上形成新的优良传统。这样，继承与创新相结合，我们党的建设，我们的改革开放，我们国家和军队的现代化建设，就能顺利向前发展。

在加强军队的思想政治建设中，在发扬党和军队的优良传统和优良作风中，最重要的是要引导和组织广大干部战士深入学习马列主义、毛泽东思想，中心是深入学习邓小平同志建设有中国特色社会主义理论，用以武装干部战士的头脑和指导各项工作。这是加强军队思想政治建设的根本。在此基础上，根据当前军队的实际情况，我觉得还要着重抓好爱国奉献教育、革命人生观教育、尊干爱兵教育、艰苦奋斗教育。而且要把加强这些教育，同加强对部队的全面管理紧密结合起来，做到相互促进。我军过去是以严格教育、严格管理、严格纪律著称的，在新时期军队的革命化、现代化、正规化建设中，同样要以严格教育、严格管理、严格纪律著称。

关于加强爱国奉献教育。我们每个人都生活在社会之中。每个人的进步和发展都是同祖国的进步和发展紧密联系在一起的，每个人的利益也都是同祖国的利益紧密联系在一起的。因此，人人都要关心祖国的前途和命运，都应为祖国的发展积极贡献自己的力量。对于我们军队的每个干部战士来说，从他们入伍的那一天起，就要进行热爱祖国、献身国防事业的教育，解决好“为谁当兵”、“为什么当兵”的问题。进行爱国主义教育的教材多得很，无论是我国古代、近代和现代，都有许多爱国志士可歌可泣的感人事迹，这些都可以加以编选和运用。干部战士有了爱国奉献精神的武装，就会自觉地安心服役，就会不怕吃苦，不怕吃亏，就会为促进军队建设和国防建设，为保卫国家安全和社会主义现代化建设事业而努力工作。在全军坚持进行这种爱国奉献教育，在和平建设时期，特别是在今天搞改革开放和发展社会主义市场经济的条件下，尤其显得重要和迫切。

关于加强革命人生观教育。过去无论在革命战争时期，还是在建国后的社会主义建设时期，每个同志参加革命，参加党，参加军队，都要首先解决世界观、人生观问题。这个问题不解决，或解决得不牢靠，不管是搞革命、搞建设还是搞军队工作，是不可能兢兢业业的，也不可能做出什么成绩来。人为什么而活着？如果只是为自己、为家庭而活着，意义是很有限的。只有为国家、为社会、为民族、为集体、为他人的利益，尽心竭力地工作，毫无保留地贡献自己的聪明才智，这样的人生才有真正的意义，才是光荣的人生、闪光的人生。每个部队都要抓紧对干部战士进行革命人生观的教育，这是必修的思想政治课。今天我们要参加改革开放和社会主义现代化建设这场新的深刻的革命，不树立革命的人生观，就会经不起考验。改革开放才搞了十多年，有些人就经不住考验，已经丢盔卸甲，打了败仗。他们中有的革命意志衰退了，有的走到邪路上去了，有的甚至堕落成为社会的蛀虫和罪犯，这些现象不是已经说明了这一点吗？这些人所以变成这个样子，归根到底是在世界观、人生观上出了问题。在进行革命人生观的教育中，一定要结合干部战士的特点和思想实际，内容要生动活泼，方法要灵活多样。要善于运用老红军、老八路的英雄事迹和现实生活中的先进事例，对干部战士进行活生生的革命人生观教育。实践证明，这样的教育更富有说服力、感染力和鼓舞力。

关于加强尊干爱兵教育。尊干爱兵，官兵一致，是由我军性质决定的，是我军一直坚持的一个基本原则和光荣传统。官爱兵，兵爱官，上下同心，团结一致，这是我军所以能够具有排除万难、攻无不克、战无不胜的强大战斗力和创造力的重要原因。应该承认，近些年来，在爱护士兵方面，我们强调得不够，抓得不紧，以致这方面的工作有所放松和削弱。一些基层单位出现打骂战士、官兵关系不好的现象，并不是偶然的。这就给我们敲响了警钟，说明在新的历史时期，爱护士兵的教育和工作极为重要，只能加强和改进，而决不可以忽视和削弱。战士中出了点毛病和问题，要耐心教育，诚恳帮助，决不能采取简单粗暴的办法去处理，也不能光是责怪。下面出了问题，归根到底责任在领导，上级领导机关要多从领导工作的角度去总结经验教训。爱护士兵是每个军队干部必须履行的职责。官兵一致的原则，任何时候都不能变。如果变了，我们的军队就不成其为人民的子弟兵。任何违反官兵一致原则，打骂战士的行为，都是军阀主义残余的表现，必须坚决反对。这种问题，不管发生在哪个部队，都要严肃处理，决不可以姑息。同时，要加紧研究在新形势下带兵的新的特点和规律，过去带兵的行之有效的好办法好经验不能丢，要继续运用，但不可墨守成规，而应大胆摸索新办法新经验，把兵带得更好。

关于加强艰苦奋斗教育。我们党和军队是靠艰苦奋斗起家的，也是靠艰苦奋斗不断发展壮大起来的。今天我们搞社会主义现代化建设，同样要靠艰苦奋斗。因为搞工业现代化、农业现代化、科技现代化、国防现代化，仍然是一个需要付出百倍努力的艰苦创业的历史过程。一个国家、一个民族、一个军队，如果不提倡艰苦奋斗、艰苦创业，只想在前人创造的物质文化成果上坐享其成，满脑子是金钱万能，成天贪图享乐，那么，这样的国家、这样的民族、这样的军队，是毫无希望的，是没有不衰落和不垮台的。“历览前贤国与家，成由勤俭破由奢”，大家都要深刻地理解这个真理。

值得注意和忧虑的是，改革开放十多年来，尽管中央一再强调全党全军全国人民必须发扬艰苦奋斗、艰苦创业的精神，这个传家宝千万丢不得，但是有些同志包括一些领导干部，艰苦奋斗的精神越来越弱了，有的已经丢得差不多了，他们根本不讲理想，不讲信念，不讲道德，不讲纪律，不讲精神境界，个人主义、享乐主义恶性膨胀，铺张之风、挥霍之风、奢华之风日甚一日。有个别老干部，也忘了当年入党参军、参加革命的誓言，经不起金钱物质的诱惑，栽了跟头，结果是晚节不保。由于丢了艰苦奋斗的思想，就不能不在腐朽思想文化侵蚀面前解除武装，做了“俘虏”。这样的教训是很沉痛的。如果以为搞改革开放，搞现代化建设，允许一部分人一部分地区先富起来，就可以不择手段地捞钱，可以花天酒地，可以纵欲无度，那就大错特错了，那是对改革开放这场革命的歪曲和背离。

最近，美国的布热津斯基写了一本名叫《大失控与大混乱》的书，其中对于美国和其他西方国家的人们追求物质生活上的纵欲无度，导致西方社会的越来越腐败，表示忧心忡忡。布热津斯基认为，如果使追求声色物欲不断升级成为占主导地位的文化现实，那是很危险的。他说，美国的全球力量可能被美国自己的价值观念所破坏。美国需要长时间在哲学上反省，在文化上自我批判。

布热津斯基是西方资产阶级政治家，我引述他说的这些话，是希望引起大家思考。像美国这样发达的资本主义国家，拥有那么高的生产力水平和那么多的物质财富，然而布热津斯基们却非常担心，美国式的纵欲无度、精神空虚的生活方式和价值观念，可能会把这个超级大国引入绝境，发生不可解脱的危机。应该说，布热津斯基这个资产阶级政治家的嗅觉是很敏锐的，头脑是很清醒的。但是，我们有些人却中了西方生活方式和价值观念的毒害，至今还未醒悟过来，我看是应该向他们大喊一声了。

我们是一个人口众多的发展中的社会主义国家，生产力水平还很低，人均国民生产总值就那么一点，没有任何条件可以搞高消费、高享受，只能搞适度消费。这一点，邓小平同志早就讲得很清楚。然而现在在一些地方，勤俭节约、艰苦奋斗之风不见了，搞了不少豪华的舞厅、夜总会，还有什么宠物商店也纷纷出现，养狗特别是养价格昂贵的观赏狗成风。有的地方甚至出现了不挂牌子的“红灯区”，而我们有些主管部门和领导干部，也居然不把它们放在打击的视野之内。有些人一掷千金，夸豪竞富，不以为耻，反以为荣。古往今来，沉溺于声色犬马，哪有不玩物丧志的？我衷心希望共产党员特别是我们的领导干部，要自觉地大兴艰苦奋斗之风，抵制目前在一些地方已经蔓延起来的铺张浪费之风、奢侈腐败之风。希望我们军队的各级领导干部在这方面带个好头，至少不要去搞那些高档娱乐性的东西。我们的民族历来有崇尚节俭的好风尚好传统，我们的国家要勤俭建国，我们的军队也要勤俭建军，我们所有的领导机关和领导干部、所有的部门和单位，都要坚持勤俭办一切事业。我们的国家还比较穷，我们的军队是“吃皇粮”的，但现在“皇粮”还很不充裕，在这种情况下，工作上更要艰苦奋斗，生活上更要勤俭节约。凡是能节省下来的开支都要坚决节省下来，用于改善军队的基础设施，用于改善武器装备。大家都要为党为国分忧啊！

发扬艰苦奋斗的精神，抵制腐朽思想文化的侵蚀，关键在我们的领导机关和领导干部，尤其是高级干部。从部队的情况看，基层干部战士受到腐朽思想文化侵蚀的现象固然不可小视，但更令人担忧的是我们一些领导干部包括职务很高的干部，在腐朽思想文化的侵蚀面前也抵挡不住，败下阵来。上梁不正下梁歪，中梁不正倒下来。己不正，焉能正人。身教重于言教。这些格言寓意深远，从古到今，无不如此。领导干部带头拒腐防变是一个十分重大而严肃的问题。领导干部能否做到清正廉洁，克勤克俭，不仅关系个人的威信，而且关系军队的声誉和军心士气。周恩来同志曾经郑重地提出领导干部要过好“生活关”的问题。他语重心长地指出：“物质生活方面，我们领导干部应该知足常乐，要觉得自己的物质待遇够了，甚至于过了，觉得少一点好，人家分给我们的多了，就应该居之不安。要使艰苦朴素成为我们的美德。”“精神生活方面，我们应该把整个身心放在共产主义事业上，以人民的疾苦为忧，以世界的前途为念。这样，我们的政治责任感就会加强，精神境界就会高尚。”我们的各级领导干部应该牢记周恩来同志这些话，一定要牢固树立全心全意为人民服务的思想，始终保持同人民群众的血肉联系，成为勤政廉政的模范；一定要以自己的身教和言教树立良好的自身形象；一定要时刻把基层干部战士的冷暖挂在心上，做干部战士的贴心人。在物质文化生活的改善上，领导机关首先要想到基层连队特别是条件最艰苦的连队，上级首先要想到下级，干部首先要想到战士。能不能做到这一条，是对我们领导机关和领导干部的领导作风、党性原则、群众观念的最实际的检验。领导机关和领导干部处处率先垂范，就能带出部队的良好风气，大大增加部队的凝聚力和战斗力。

总之，要通过以上这些教育，把军队的思想政治建设加强起来，把符合党和人民利益、符合时代要求的优良的新风尚新风气倡导起来，真正使我们的军队成为名副其实的大学校，真正使军队的精神文明建设走在全国前列。

国务院副总理李岚清在上海全国高等教育体制改革座谈会上就高等教育体制改革问题发表讲话

李岚清在全国高等教育体制改革座谈会上说，全国教育工作会议之后，各地把高等教育办学和管理体制改革，尤其是中央业务部门办学和管理体制改革作为一个重点，进行了多种形式的联合合作办学探索，取得了可喜进展。要搞好这项改革，必须进一步提高全局观念，从建设有中国特色的社会主义和社会主义市场经济的要求，从我们这个发展中国家办世界上最大规模的教育必须提高办学的整体效益的全局，从培养适应21世纪要求的高素质人才、提高教育质量的全局，充分认识我们当前进行的高等教育办学和管理体制改革的重要意义。

李岚清指出，我国现行的高等教育的办学和管理体制是50年代形成的。当时实行的是高度集中的计划经济体制，与此相适应，各中央业务部门相继创办并管理了一批为本行业、本部门培养专门人才的单科性高等学校。从50年代后期开始，随着经济建设规模的扩大和区域经济的发展，各省、自治区、直辖市根据本地经济、社会发展的需要，创办并直接管理为本地区服务的高等学校，而且数量越来越大，从而形成中央教育主管部门和业务部门以及地方政府各自管理一批高校的“条块分割”的体制。这种体制对于调动当时各部门、各地方发展高等教育的积极性，多出人才，快出人才，促进我国经济和科技事业发展起了重要的积极的作用，作出重大贡献。但这种体制的主要弊端，是相当一部分高等院校和专业在低水平上重复设置，使有限的人力和物力资源不能得到优化配置和充分利用，从而降低整体办学效益和办学水平。这种低效益的办学状况，同我们这个发展中国家办大教育的国情是很不适应的。另外，业务部门办学往往都是根据行业特点和需要出发，往往按行业、按产品、甚至按各种具体工艺设置专业，导致培养的人才知识面较窄，适应性较差，“后劲”不足。改革开放以来，随着社会主义市场经济体制的逐步建立，中央政府部门管理经济和企业的职能正在发生重大变化。因此，改革目前这种“条块分割”的办学和管理体制也是当前经济体制改革深化的要求。

在谈到我国高等教育办学和管理体制改革的主要目标时，李岚清说，就是理顺政府与高等学校、中央与地方、国家教委与中央各业务部门之间的关系，逐步建立起在政府宏观管理下、学校面向社会依法自主办学的体制。对于中央和地方的关系，要逐步实行中央和省、自治区、直辖市两级管理，以省和中心城市政府统筹为主的体制。对于部门所属学校管理体制要分别不同情况，采取中央部门继续办、中央和地方政府联合共建、地方政府办、企业集团参与管理、学校之间合作或合并等多种形式进行改革。“九五”期间应以积极推进联合共建为重点，条件成熟的应转由地方管理。改革的目标要明确，态度要积极，步子要稳妥，措施要得当。由于各行业、各地区以及各种院校的情况不一样，在改革过程中，要坚持“区别对待，分类指导，分步到位，不限一个模式”的工作方针。当前还应抓紧制定配套政策。特别要强调，加强统筹规划，从中央到地方都要制订出符合这项改革总体目标和大局的规划。到本世纪末，不再新建院校，确有必要建设的新院校，应通过现有院校调整和改组来实现，不能再搞那种低水平重复建设。高校办学和管理体制的改革，是为了把学校办得更好，在此过程中，中央各部委和地方只能逐步增加而绝不能削减学校的经费，不能使学校的教学工作受到损失；加快制定配套政策和措施，其中最重要的是保证高等学校的办学经费和改革教育拨款体制，从实际出发，区别情况，由点到面，逐步展开，切忌一刀切，千万不要刮风，重大的改革举措都应经过统筹规划，充分论证，进行试验，讲究实效，逐步推开。健全高等教育法制，使政府依法治教，学校依法办学。

12月19日

国家主席江泽民在人民大会堂与拉脱维亚总统乌尔马尼斯举行会谈

江泽民说，乌尔马尼斯总统的访华是中拉两国关系史上的重大事件，必将为两国关系的进一步发展注入新的活力。江泽民高度赞扬乌尔马尼斯总统为使中拉关系走上正常发展道路所做出的贡献，对他作为一个政治家所表现出的远见和魄力表示钦佩。他说，中拉关系正常化得到了两国人民的拥护和支持，说明发展两国间正常的友好合作关系是人心所向，符合两国人民的根本利益。只要双方共同努力，中拉关系一定可以顺利地向前发展。

关于两国经贸关系，江泽民说，中拉经贸关系已经有了良好的起步，此次总统访华带来了不少企业家，拉方在京还举办一个贸易展览会，这将会促进两国企业界的交往与合作。相信经过两国政府和企业界的努力，两国的经贸关系一定能从质量和规模上提高到一个新的水平。

在会谈中，江泽民介绍了中国独立自主的和平外交政策，并阐述了中国同包括拉脱维亚在内的波罗的海国家关系准则，即尊重和理解各国人民所选择的社会发展道路和内外政策，绝不干涉其内部事务；坚持大小国家一律平等，主张超越社会制度、意识形态的差异，在和平共处五项原则的基础上发展友好合作关系；根据平等互利、互通有无的原则，加强同各国的经济合作和贸易往来，促进共同发展；尊重该地区各国加强区域性合作的愿望，并希望它们相互之间以及同邻国之间友好相处，通过和平手段妥善解决存在的分歧及历史遗留的问题，真诚希望波罗的海各国经济繁荣，社会稳定，人民安居乐业。关于台湾问题，江泽民向客人介绍了台湾问题的历史与由来，重申了我在台湾问题上的一贯立场，强调台湾问题是一个事关中国主权和领土完整、国家与民族统一的重大原则问题。他说，我们反对与我建交的国家与台湾建立官方关系和进行官方往来，对它们同台湾开展民间的经贸往来不持异议。

乌尔马尼斯总统表示十分珍视中国对拉脱维亚独立的支持。他说，中国是最早承认拉脱维亚的国家之一，两国建交加强了双边关系的发展。他表示，希望这次访问有助于增进相互了解，为拉中关系的发展揭开新的篇章。他说，拉中两国国情和历史经历都很相似，即将签署的两国联合声明将反映两国加强合作的共同愿望。

国务院副总理兼外长钱其琛，中方陪同团团长、文化部副部长徐文伯，外交部副部长戴秉国，拉脱维亚副总理兼外长瓦尔迪斯·比尔卡夫斯等参加会谈。

会谈结束后，江泽民和乌尔马尼斯签署了中拉联合声明。钱其琛和比尔哈夫斯签署了中拉经贸合作协定。

国务院总理李鹏在人民大会堂会见全国人事厅局长会议和全国机构编制委员会办公室主任会议代表

中共中央政治局常委、书记处书记胡锦涛和李贵鲜、罗干、曾庆红、刘仲藜、宋德福等领导参加会见。

李鹏在讲话中说，全国人事厅局长会议和全国编制办主任会议开得不错，希望能对各级政府的人事工作有所推动。中央经济工作会议刚刚开过，明年经济工作的方针已经确定。我们要继续把握“抓住机遇、深化改革、扩大开放、促进发展、保持稳定”的全党全国工作的大局，正确处理改革、发展、稳定的关系，使国民经济持续、快速、健康地发展。做好人事工作，对于正确处理改革、发展、稳定的关系，促进经济发展有着重要意义。

李鹏指出，明年各级政府的机构改革将进入攻坚阶段，要基本完成全国机构改革任务。各级党委和政府要把机构改革工作放在重要位置上，认真抓好。机构改革的目的主要是各级政府转变职能，政企分开，建立好的用人制度。

在讲到抓紧推行公务员制度时，李鹏说，要抓紧推行和完善公务员制度，逐步建立起尊重知识、尊重人才，干部能上能下、能进能出，优秀人才能够脱颖而出的用人机制。李鹏说，我们各级政府的工作人员绝大多数是认真勤恳为人民工作的，当然也有少数人有腐败行为。要通过机构改革，建立健全法制，使各级政府的工作人员能更好地为人民服务和适应现代化建设的需要。

中组部就试行《流动党员活动证》制度发出通知

通知指出，为了进一步改进和加强流动党员管理，根据党的十四届四中全会决定精神，本着有利于党员合理流动，有利于党组织管理，有利于党员发挥作用的原则，自 1995 年 7 月 1 日起，试行《流动党员活动证》制度。

通知还就《流动党员活动证》的适用范围、制发和使用作了具体规定。

国务院副总理兼外交部部长钱其琛前往钓鱼台国宾馆会见拉脱维亚共和国总统贡蒂斯·乌尔马尼斯

中华人民共和国同拉脱维亚共和国发布《联合声明》

应中华人民共和国主席江泽民的邀请，拉脱维亚共和国总统贡季斯·乌尔马尼斯于一九九四年十二月十八日至二十三日对中华人民共和国进行了国事访问。中华人民共和国主席江泽民和拉脱维亚共和国总统乌尔马尼斯在友好、坦率和求实的气氛中进行了会谈。双方讨论了双边关系的现状和前景以及其他共同关心的国际问题。中华人民共和国国务院总理李鹏也同拉脱维亚共和国总统乌尔马尼斯进行了会晤。中华人民共和国和拉脱维亚共和国（以下简称“双方”），基于加强相互了解和发展互利合作的愿望，愿意加强在平等、公正基础上的和平、安全和国际合作，重申双方恪守一九九一年九月十二日《中华人民共和国和拉脱维亚共和国建交联合公报》和一九九四年七月二十八日《中华人民共和国和拉脱维亚共和国关于两国关系正常化的联合公报》的各项基本原则，根据两国领导人北京高级会晤结果，声明如下：

一、双方相互视为友好国家，确认将按照联合国宪章，本着互相尊重主权和领土完整、互不干涉内政、平等互利、和平共处原则及其他公认的国际法准则，发展两国关系。

二、双方将在各个级别上就双边关系以及共同感兴趣的地区及国际问题进行磋商和对话。两国议会、政府、各部门以及各社会团体之间将保持经常的接触。

三、双方将努力探讨在经济、法律、科学和技术领域进行互利合作的可能性。

四、双方将在平等互利原则基础上为经济活动创造良好的经济、金融和法律环境，并可根据需要另行缔结协议。双方将鼓励其经济实体之间的经济和贸易合作，包括在两国兴办合资企业、进行跨国合作等。两国政府将为两国间正常的经贸活动提供便利。

五、双方将扩大和丰富在文化、卫生、艺术、体育及旅游领域的合作。

六、双方认为，环境保护具有全球意义，将根据双方利益和各自具体情况，就合理使用资源和保护环境交流经验，开展合作。

七、双方将进一步发展司法协助和合作，包括引渡、移交犯人，必要时将签署有关的双边协议。

八、双方表示，反对任何形式的恐怖主义，将在打击国际恐怖主义、团伙犯罪以及武器、毒品、文物、艺术品走私方面进行合作。

九、基于互相尊重主权和领土完整的原则，拉脱维亚方面再次重申拉脱维亚政府在一九九一年九月十二日《中华人民共和国和拉脱维亚共和国建交联合公报》和一九九四年七月二十八日《中华人民共和国和拉脱维亚共和国关于两国关系正常化的联合公报》中阐述的有关台湾问题的立场。中华人民共和国政府重申，支持拉脱维亚共和国政府发展国家经济的努力。

十、双方表示，愿意根据《联合国宪章》和公认的国际法准则，在联合国和其他国际组织内加强合作。

十一、双方重申，将继续致力于维护各地区及全世界的和平与稳定，并主张根据公认的国际法准则建立公正、合理的国际政治、经济新秩序。

十二、尽管两国在意识形态、社会制度等方面存在差异，但双方一致愿意进一步发展合作，以建立起良好的国与国之间的关系。

十三、双方主张在平等互利的基础上，根据《维也纳外交关系公约》和《维也纳领事关系公约》的规定及国际惯例，互相为对方在其外交代表履行职务方面提供必要的协助。

十四、双方确认，本声明不针对第三国，也不涉及双方同其他国家签订的双边和多边条约所规定的权利和义务。

中华人民共和国代表 江泽民(签字)

拉脱维亚共和国代表 贡季斯·乌尔马尼斯(签字)

一九九四年十二月十九日于北京

中国科协发出《关于宣传贯彻〈中共中央国务院关于加强科学技术普及工作的若干意见〉的通知》

《通知》说，要动员科技团体和科技工作者继承、发扬优良传统，更加自觉地肩负起向全社会普及宣传科学知识、科学方法和科学思想的责任，积极投身科普事业，用科学战胜封建迷信和愚昧落后。坚决支持科技工作者出于尊重科学、对人民负责的良知，破除反科学、伪科学的正义行动，维护科技工作者破除反科学、伪科学的合法权益。

中宣部新闻出版署中国出版工作者协会中国书刊发行业协会在北京联合召开金盾出版社经验研讨会

金盾出版社的工作经验：一是选择了以实用科技图书为主要出书范围，以中等文化程度的读者为主要服务对象，以后勤基层单位和广大农村为主要市场，找到了优化选题和适销对路的最佳结合点；二是把出版和发行紧密结合，调动出版社、书店的两个积极性，在社店联合中走出了自己的路子。

全国扫盲工作部际协调小组发出《关于印发〈全国扫盲工作部际协调小组第一次会议纪要〉的通知》

12月20日

中央军委在人民大会堂举行《聂荣臻传》出版发行暨纪念聂荣臻诞辰95周年座谈会

中共中央总书记、国家主席、中央军委主席江泽民出席座谈会并讲话。

中共中央政治局常委、全国人大常委会委员长乔石出席座谈会。

中共中央政治局常委、中央军委副主席刘华清主持会议并讲话。刘华清说，聂荣臻的历史功绩和崇高品德，赢得了全党、全军和全国人民，特别是广大知识分子的崇敬和怀念。缅怀聂荣臻的丰功伟绩，弘扬他的革命精神和崇高品德，有着重要的意义。在当前，我们要坚决贯彻“以经济建设为中心，坚持四项基本原则，坚持改革开放”的党的基本路线，贯彻十四届四中全会的重要决定，从各个方面加强党的建设。我们要以聂荣臻为榜样，继承他的遗愿，更好地为建设现代化国防、建设一支强大的现代化正规化的革命军队而奋斗。

中央军委副主席张震在讲话中回顾和介绍了聂荣臻光辉的一生。他说，聂荣臻作为中国共产党建党初期的老党员，在整整70年中，他对人民革命事业，对共产主义信念始终忠贞不渝，一贯忠于党的组织原则，凡是中央的决定，无不坚决执行。在作战指挥中，他胸怀全局，运筹帷幄，善于捕捉战机，屡建殊勋。他热爱科学，在领导科技事业和各项工作中，坚韧不拔，一切从实际出发，一贯坚持党的实事求是的思想路线，成绩斐然。聂荣臻为开创和建设新中国所建树的丰功伟绩，将永载史册。

中共中央总书记江泽民在《聂荣臻传》出版发行暨纪念聂荣臻诞辰 95 周年座谈会上发表讲话

同志们：

聂荣臻同志是中国共产党建党初期的老党员，久经考验的无产阶级革命家、军事家，党和国家的卓越领导人，中国人民解放军的创始人之一。在长达 70 年的革命生涯中，无论是战争年代还是和平建设时期，他都建立了不朽的功勋，深受全党、全军、全国各族人民的爱戴和崇敬。

聂荣臻同志具有坚定的共产主义信念。1923 年，他加入中国共产党以后，就在留法勤工学生和华工中进行宣传马克思主义的活动。在大革命失败和南昌起义、广州起义相继受挫以后，他毫不气馁，继续坚定地从事异常艰险的白区斗争。在以后的战争年代，他也总是身先士卒，特别是在战斗的关键时刻，他亲临第一线指挥，常使战局转危为安、转败为胜。为了中国人民的彻底解放，他无私无畏地付出了巨大的心血。新中国成立后，他为社会主义建设事业，殚精竭虑，日夜操劳，经常抱病工作，取得了卓著的成绩。聂荣臻同志这种源于共产主义信念的英勇奋斗精神，是我们每个共产党员都应努力学习和发扬的。

聂荣臻同志具有坚强的组织纪律观念，处处服从和维护革命大局。广州起义前，他认为革命形势处于低潮，不同意发动起义，但在中央作出起义决定后，他立即全力投入起义准备工作，并在起义军失利的严重关头，与叶挺果断决定撤退，保存了部分革命武装力量。红军长征通过敌人第三道封锁线时，他坚决执行军委命令，率部抢占九峰山，保障了长征纵队左翼的安全。随后，他又率部血战湘江，保住了右翼渡口，掩护中央纵队和部分红军渡过湘江，减少了损失。解放战争初期，为了贯彻中央“向北发展，向南防御”的战略方针，他抽调大批晋察冀的部队和干部，支援开创东北根据地的斗争。后来他又在华北指挥了一系列钳制性的战役和战斗，拖住关内敌军，有力地支援了东北军区的作战行动。聂荣臻同志这种坚强的组织纪律性和顾全大局的精神，也是我们每个共产党员尤其是高级干部都应努力学习和发扬的。

在作战指挥中，聂荣臻同志一贯实事求是，结合实际情况，创造性地贯彻执行党中央和中央军委的战略方针。抗日战争中，他坚持贯彻党的积极发动群众，壮大武装力量，广泛开展游击战争，建立抗日政权，推行统一战线等方针政策，为开创晋察冀模范抗日根据地，坚持华北持久抗战做出了重要贡献。解放战争时期，他坚决执行中央的指示，在正太路、清风店、石家庄等战役中抓住战机，运用运动战的战法，歼灭了大量敌人，并总结了攻坚战的经验。

平津战役中，在西线解放新保安、张家口以后，他力主打下天津，争取和平解放北平，并参与领导了和平谈判的活动，为和平解放北平做出了重要贡献。聂荣臻同志在战争指挥艺术方面的许多重要认识和观点，成为毛泽东军事思想的组成部分。聂荣臻同志不仅是我军优秀的军事指挥家，也是我军优秀的政治工作领导人。他在战争年代长期担任或兼任政治委员，对政治工作有很多建树。在土地革命战争、抗日战争、解放战争中，他始终要求部属加强政治工作，启发战士为谁打仗的阶级觉悟，坚定不移地推行政治委员制度，加强基层党支部的建设。在军队进行正规化现代化建设时期，他提出，军队政治工作，“首先要把党整顿好，先解决头的问题，脑袋问题，躯干和四肢就好办，红军时期就是这样做的，先抓党”。聂荣臻同志的这些重要论述，至今对我们军队的思想政治建设仍有指导意义。加强各级党组织尤其是基层党组织的建设，是加强军队政治工作的根本措施和重要保证。

新中国成立后，聂荣臻同志是我国国防科技事业的卓越领导者。从 50 年代中期起，他以极大的热忱，坚忍不拔的精神，肩负科学技术事业的繁重领导工作，为祖国科技事业的发展进行了艰苦卓绝的开拓性、奠基性工作，为党和人民建立了新的不可磨灭的功绩。60 年代初，在国家经济遇到严重困难，苏联撤走专家，停止一切技术援助的情况下，聂荣臻同志力主在自力更生的基础上，继续研制导弹和核武器，得到毛泽东、周恩来等中央领导同志的一致赞同和充分支持。他坚决贯彻中央的决策，采取突出重点，组织全国大协作，调整知识分子政策，狠攻各项技术难关等措施，仅用五六年时间，就研制出了多种导弹和原子弹、氢弹，并为远程导弹、人造卫星、核潜艇等的研制成功奠定了基础。我们在科技事业和国防建设方面取得的这些举世瞩目的成就，不仅有力地保障了国家安全，而且极大地提高了中国的国际地位，增强了中国人民的民族自豪感。

聂荣臻同志一贯作风正派，严于律己，宽以待人，被毛泽东同志誉为“厚道人”。他为人清廉，生活简朴，尤其是活到老学到老的精神感人至深。在他生命的最后一天，仍在病榻上听秘书读报、念文件、看电视新闻，关心着党和国家的大事，“生命不息，战斗不止”，体现了一位老共产党员的崇高精神境界。

聂荣臻同志和所有已故的无产阶级革命家，他们的革命精神、先进思想、优良作风、崇高品德和光辉业绩，是留给我们全党同志和全国人民的宝贵财富，是我们奋发前进的动力、经验和智慧的重要源泉。在当今国际国内的形势下，全党同志特别是年轻干部的一个重要的政治任务，就是要遵照邓小平同志的要求，努力接好老同志坚持革命斗争方向的英勇精神的班，把党的好传统、好作风大大发扬起来，真正坚持下去。让我们在邓小平同志建设有中国特色社会主义理论和党的基本路线指引下，团结一致，艰苦奋斗，把我国的改革开放和社会主义现代化建设不断推向前进！

国务院总理李鹏在人民大会堂会见拉脱维亚总统贡蒂斯·乌尔马尼斯

中国人权研究会理事会暨人权理论研讨会在北京举行

研讨会12月20日至22日举行。来自全国各省、自治区、直辖市的研究会常务理事、理事及有关方面人士近百人参加会议。

中国人权研究会会长朱穆之在会上作题为《高举人权的旗帜》的讲话。朱穆之说，人权状况的改善是全世界人民关心的问题。社会主义中国最关心人权，最有资格讲人权。现在，人权问题已被一些国家利用为实行霸权主义、强权政治的手段，更成为公然干涉我国内政的手段。因此，在人权问题上反对霸权主义、强权政治，将是一场严肃而持久的斗争。朱穆之希望大家认真学习邓小平同志关于人权问题的论述，以马克思主义为指针，理论联系实际，深入研究和阐述我国的人权理论和主张。

会议对国内外的重大人权理论与实践问题，以及对目前国际人权斗争中的一些主要问题，进行讨论和研究。会议还总结研究会成立近两年来的工作，并对今后的工作提出意见和建议。

全国经济体制改革工作会议在北京开幕

国家体改委党组书记、副主任贺光辉主持大会。中共中央政治局委员、国务委员兼国家体改委主任李铁映在会上作题为《统一认识振奋精神搞好明年经济体制改革》的报告。李铁映提出，1995年经济体制改革的总任务是，重点推进以建立现代企业制度为目标的国有企业改革，配套进行社会保障体制改革，培育市场体系和转变政府职能，进一步巩固和完善宏观管理体制改革。

李铁映在报告中要求，正确认识当前经济发展形势，认真贯彻落实中央经济工作会议精神；正确估计1994年的经济体制改革；抓住重点，深化改革，加快建立新体制；适应新的形势和任务，进一步加强对改革工作的领导。

在谈到明年继续搞好改革所必须要把握的原则时，李铁映指出，必须坚持以邓小平建设有中国特色社会主义理论为指导，坚持党的基本路线，坚持实事求是，一切从实际出发，把“三个有利于”作为出台各项改革措施的取舍和检验标准。改革必须从现实经济生活中的突出问题和矛盾出发。明年特别要注意紧紧围绕调整经济结构，提高经济效益，增加有效供给和抑制通货膨胀来进行；坚持以公有制为主体，积极探索公有制在社会主义市场经济条件下的多种实现形式，确保国有资产保值增值；坚持整体推进和重点突破相结合：既要充分考虑改革的整体性、系统性，实现宏观改革与微观改革、企业改革与其他有关改革、城市改革与农村改革、对内搞活与对外开放的综合配套，又要抓住关键环节，进行制度创新，取得实质性突破，带动新体制的全面建立；还要强调健全法制，规范推进。

在谈到国有企业改革问题时，李铁映说，中央决定把明年改革的重点转移到以建立现代企业制度为目标的国有企业上来，这一决策十分重要，也十分正确。明年务必在促进政企分开、社会保障制度改革、企业内部管理方面，切实抓出成效，以加快结构调整，解除企业历史包袱和社会负担，推动企业制度创新。

李铁映指出，与企业改革相配套，明年社会保障制度改革的重点是养老、失业保险制度改革和继续深化住房制度改革。目前已经形成了改革社会保障制度的一整套方案。这套方案的主要特点是明确要求设立个人账户，充分体现效率与公平相结合的原则。社会保障的改革目标是，到本世纪末，基本建立起适应社会主义市场经济体制需要的资金来源多渠道、保障方式多层次、权利和义务相对应、管理和服务社会化的社会保障体系。

李铁映说，明年要继续贯彻国务院关于各项商品流通体制改革的决定，按照中央的部署，抓好粮食、棉花等重要商品流通体制的改革。改革的目标是建立主要由市场配置资源的体制。应该看到，整顿流通秩序，规范交易行为，稳定市场物价，是深化流通体制改革的重要方面。目前，重点要发展完善商品的批发市场和要素市场，不仅要从实际需要出发搞好交易场所的建设，更要重视建立新型的批发制度，形成良好的市场关系。同时，要抓紧市场管理制度和市场法规建设工作，推动市场运行的规范化和法制化。

在谈到城市综合配套改革试点问题时，李铁映指出，城市综合配套改革试点，国家不给优惠政策，但试点城市有较充分的改革试验权。我们支持和鼓励试点城市按照三中全会《决定》所勾画的新体制框架，大胆试，大胆闯，进行制度创新。支持和鼓励国家各类专项改革试点，首先选择在试点城市进行。

国务院总理李鹏签署第 168 号令发布《煤炭生产许可证管理办法》

现发布《煤炭生产许可证管理办法》，自发布之日起施行。

总理　李　鹏

1994 年 12 月 20 日

煤炭生产许可证管理办法

第一章　总　则

第一条　为了加强煤炭生产的行业管理，促进煤炭安全生产，制定本办法。

第二条　在中华人民共和国境内开采煤炭资源的煤矿企业，必须依照本办法的规定，领取煤炭生产许可证。

未取得煤炭生产许可证的煤矿企业，不得从事煤炭生产。

第三条　国务院煤炭工业主管部门和省、自治区、直辖市人民政府煤炭工业主管部门，负责煤炭生产许可证的颁发管理工作。

第二章　取得煤炭生产许可证的条件

第四条　国有煤矿企业、外商投资煤矿企业取得煤炭生产许可证，应当具备下列条件：

(一)有依法领取的采矿许可证；

(二)有经过批准的采矿设计；

(三)矿井提升、运输、通风、排水、供电等生产系统符合国家规定的煤矿安全规程，并完善可靠，经依法验收合格；

(四)矿长经依法培训合格，取得矿长资格证书；

(五)瓦斯检验工、采煤机司机等特种作业人员持有县级以上地方人民政府负责管理煤炭工业的部门按照国家有关规定颁发的操作资格证书；

(六)井上、井下、矿内、矿外调度通讯畅通；

(七)有符合法律、法规要求的环境保护措施；

(八)有矿山建设工程安全设施竣工验收合格证明文件；

(九)法律、行政法规规定的其他条件。

第五条　国有煤矿企业、外商投资煤矿企业以外的其他煤矿企业取得煤炭生产许可证，应当具备下列条件：

(一)有依法领取的采矿许可证；

(二)有经过批准的采矿设计或者开采方案；

(三)矿井生产系统符合国家规定的煤矿安全规程；

(四)矿长经依法培训合格，取得矿长资格证书；

(五)瓦斯检验工、采煤机司机等特种作业人员，持有县级以上地方人民政府负责管理煤炭工业的部门按照国家有关规定颁发的操作资格证书；

(六)井上、井下、矿内、矿外调度通讯畅通；

(七)有井上下工程对照图、采掘工程平面图、通风系统图；

(八)有必要的环境保护措施；

(九)有矿山建设工程安全设施竣工验收合格证明文件；

(十)法律、行政法规规定的其他条件。

第三章　取得煤炭生产许可证的程序

第六条　国务院煤炭工业主管部门负责下列煤矿企业的煤炭生产许可证颁发管理工作：

(一)国务院和国务院有关主管部门批准开办的煤矿企业；

(二)跨省、自治区、直辖市行政区域的煤矿企业；

(三)外商投资煤矿企业。

省、自治区、直辖市人民政府煤炭工业主管部门负责前款规定以外的其他煤矿企业的煤炭生产许可证颁发管理工作。

第七条　煤矿企业应当以矿(井)为单位，申请领取煤炭生产许可证。

第八条　煤矿企业申请领取煤炭生产许可证，应当依照本办法第六条的规定，在煤矿(井)建成投产前向国务院煤炭工业主管部门或者省、自治区、直辖市人民政府煤炭工业主管部门(以下统称煤炭生产许可证的颁发管理机关)提交申请书和本办法第四条、第五条规定的有关文件、资料。

煤炭生产许可证的颁发管理机关自收到煤矿企业提交的申请书和有关文件、资料之日起 60 日内，应当完成审查核实工作。经审查合格的，应当颁发煤炭生产许可证；经审查不合格的，不予颁发煤炭生产许可证，但是应当书面通知煤矿企业，并说明理由。

第九条　煤炭生产许可证由国务院煤炭工业主管部门统一印制，其他任何单位和个人不得擅自印制。

第十条　煤炭生产许可证的有效期限与煤矿企业的生产服务年限相同。期满需要延期的，应当于期满前 3 个月向原煤炭生产许可证的颁发管理机关申请办理延期手续。

第十一条　取得煤炭生产许可证的煤矿企业，应当向煤炭生产许可证的颁发管理机关缴纳许可证工本费。具体收费标准由国务院煤炭工业主管部门会同国务院财政主管部门和物价行政主管部门规定。

第四章　煤炭生产许可证的监督管理

第十二条　煤炭生产许可证的颁发管理机关，应当加强对煤炭生产许可证的监督管理，并实行年检制度。

煤矿企业应当接受煤炭生产许可证颁发管理机关

的监督、检查。

第十三条 煤炭生产许可证的颁发管理机关，应当建立、健全煤炭生产许可证的档案管理制度。

第十四条 省、自治区、直辖市人民政府煤炭工业主管部门向煤矿企业颁发煤炭生产许可证后，应当及时向国务院煤炭工业主管部门报送备案材料。

第十五条 国务院煤炭工业主管部门发现省、自治区、直辖市人民政府煤炭工业主管部门颁发煤炭生产许可证不适当的，应当及时予以纠正或者吊销。

第五章 罚 则

第十六条 违反本办法规定，有下列情形之一的，由煤炭生产许可证的颁发管理机关或者其授权的县级人民政府负责管理煤炭工业的部门，根据具体情况，分别给予5万元以下的罚款、没收违法所得、责令停止生产或者吊销煤炭生产许可证：

(一)未取得煤炭生产许可证，擅自进行煤炭生产的；

(二)煤炭生产许可证有效期满，未办理延期手续，继续进行煤炭生产的；

(三)投入生产的煤矿企业，经检查不符合取得煤炭生产许可证的条件，又不按照煤炭工业主管部门的要求进行整顿改进或者经整顿改进后仍不符合条件的；

(四)伪造、转让或者冒用他人煤炭生产许可证的。

第十七条 煤炭工业主管部门违反本办法规定，有下列情形之一的，对负有直接责任的主管人员和其他直接责任人员给予行政处分：

(一)对符合条件的煤炭企业应当颁发煤炭生产许可证而不予颁发的；

(二)对不符合条件的煤矿企业擅自颁发煤炭生产许可证的。

第十八条 依照本办法第十六条规定取得的罚没收入，全部上缴国库。

第六章 附 则

第十九条 本办法发布施行前已经投入生产的煤矿企业，应当自本办法发布施行之日起6个月内，申请补办煤炭生产许可证手续。

第二十条 国务院煤炭工业主管部门可以根据本办法制定实施细则。

第二十一条 本办法自发布之日起施行。

国务院总理李鹏签署第169号令发布《乡镇煤矿管理条例》

现发布《乡镇煤矿管理条例》，自发布之日起施行。

总理 李 鹏

1994年12月20日

乡镇煤矿管理条例

第一章 总 则

第一条 为了加强乡镇煤矿的行业管理，促进乡镇煤矿的健康发展，制定本条例。

第二条 本条例所称乡镇煤矿，是指在乡(镇)、村开办的集体煤矿企业、私营煤矿企业以及除国有煤矿企业和外商投资煤矿企业以外的其他煤矿企业。

第三条 煤炭资源属于国家所有。地表或者地下的煤炭资源的国家所有权，不因其所依附的土地的所有权或者使用权的不同而改变。

国家对煤炭资源的开发利用实行统一规划、合理布局的方针。

第四条 乡镇煤矿开采煤炭资源，必须依照有关法律、法规的规定，申请领取采矿许可证和煤炭生产许可证。

第五条 国家扶持、指导和帮助乡镇煤矿的发展。

县级以上地方人民政府应当加强对乡镇煤矿的管理，依法维护乡镇煤矿的生产秩序，保护乡镇煤矿的合法权益；对发展乡镇煤矿做出显著成绩的单位和个人给予奖励。

第六条 乡镇煤矿开采煤炭资源，应当遵循开发与保护并重的原则，依法办矿，安全生产，文明生产。

第七条 国务院煤炭工业主管部门和县级以上地方人民政府负责管理煤炭工业的部门是乡镇煤矿的行业管理部门(以下统称煤炭工业主管部门)。

煤炭工业行业管理的任务是统筹规划、组织协调、提供服务、监督检查。

第二章 资源与规划

第八条 国务院煤炭工业主管部门和省、自治区、直辖市人民政府根据全国矿产资源规划编制行业开发规划和地区开发规划时，应当合理划定乡镇煤矿开采的煤炭资源范围。

第九条 未经国务院煤炭工业主管部门批准，乡镇煤矿不得开采下列煤炭资源：

(一)国家规划煤炭矿区；

(二)对国民经济具有重要价值的煤炭矿区；

(三)国家规定实行保护性开采的稀缺煤种；

(四)重要河流、堤坝和大型水利工程设施下的保安煤柱；

(五)铁路、重要公路和桥梁下的保安煤柱；

(六)重要工业区、重要工程设施、机场、国防工程设施下的保安煤柱；

(七)不能移动的国家重点保护的历史文物、名胜古迹和国家划定的自然保护区、重要风景区下的保安煤柱；

(八)正在建设或者正在开采的矿井的保安煤柱。

第十条 乡镇煤矿在国有煤矿企业矿区范围内开采边缘零星资源，必须征得该国有煤矿企业同意，并经其上级主管部门批准。

乡镇煤矿开采前款规定的煤炭资源，必须与国有煤矿企业签订合理开发利用煤炭资源和维护矿山安全的协议，不得浪费、破坏煤炭资源，影响国有煤矿企业的生产安全。

第十一条 国家重点建设工程需要占用乡镇煤矿的生产井田时，占用单位应当按照国家有关规定给予合理补偿；但是，对违法开办的乡镇煤矿，不予补偿。

第三章 办矿与生产

第十二条 开办乡镇煤矿，必须具备下列条件：

(一)符合国家煤炭工业发展规划；

(二)有经依法批准可供开采的、无争议的煤炭资源；

(三)有与所建矿井生产规模相适应的资金、技术装备和技术人才；

(四)有经过批准的采矿设计或者开采方案；

(五)有符合国家规定的安全生产措施和环境保护措施；

(六)办矿负责人经过技术培训，并持有矿长资格证书；

(七)法律、法规规定的其他条件。

第十三条 申请开办乡镇煤矿，由资源所在地的县级人民政府负责管理煤炭工业的部门审查申请人的办矿条件。

申请开办乡镇煤矿，其矿区范围跨二个县级以上行政区域的，由其共同的上一级人民政府负责管理煤炭工业的部门审查申请人的办矿条件。

经审查符合办矿条件的，申请人应当凭煤炭工业主管部门审查同意的文件，依照有关法律、法规的规定，办理采矿登记手续，领取采矿许可证。

第十四条 乡镇煤矿建成投产前，应当按照国务院关于煤炭生产许可证管理的规定，申请领取煤炭生产许可证。

未取得煤炭生产许可证的乡镇煤矿，不得进行煤炭生产。

第十五条 乡镇煤矿开采煤炭资源，应当采用合理的开采顺序和科学的采矿方法，提高资源回采率和综合利用率，防止资源的浪费。

第十六条 乡镇煤矿应当按照矿井当年的实际产量提取维简费。维简费的提取标准和使用范围按照国家有关规定执行。

第四章 安全与管理

第十七条 乡镇煤矿应当按照国家有关矿山安全的法律、法规和煤炭行业安全规程、技术规范的要求，建立、健全各级安全生产责任制和安全规章制度。

第十八条 县级、乡级人民政府应当加强对乡镇煤矿安全生产工作的监督管理，保证煤矿生产的安全。

乡镇煤矿的矿长和办矿单位的主要负责人，应当加强对煤矿安全生产工作的领导，落实安全生产责任制，采取各种有效措施，防止生产事故的发生。

第十九条 国务院煤炭工业主管部门和县级以上地方人民政府负责管理煤炭工业的部门，应当有计划地对乡镇煤矿的职工进行安全教育和技术培训。

县级以上人民政府负责管理煤炭工业的部门对矿长考核合格后，应当颁发矿长资格证书。

县级以上人民政府负责管理煤炭工业的部门对瓦斯检验工、采煤机司机等特种作业人员按照国家有关规定考核合格后，应当颁发操作资格证书。

第二十条 乡镇煤矿发生伤亡事故，应当按照有关法律、行政法规的规定，及时如实地向上一级人民政府、煤炭工业主管部门及其他有关主管部门报告，并立即采取有效措施，做好救护工作。

第二十一条 乡镇煤矿应当及时测绘井上下工程对照图、采掘工程平面图和通风系统图，并定期向原审查办矿条件的煤炭工业主管部门报送图纸，接受其监督、检查。

第二十二条 乡镇煤矿进行采矿作业，不得采用可能危及相邻煤矿生产安全的决水、爆破、贯通巷道等危险方法。

第二十三条 乡镇煤矿依照有关法律、法规的规定办理关闭矿山手续时，应当向原审查办矿条件的煤炭工业主管部门提交有关采掘工程、安全隐患等资料。

第二十四条 县级以上人民政府劳动行政主管部门负责对乡镇煤矿安全工作的监督，并有权对取得矿长资格证书的矿长进行抽查。

第五章 罚 则

第二十五条 违反法律、法规关于矿山安全的规定，造成人身伤亡或者财产损失的，依照有关法律、法规的规定给予处罚。

第二十六条 违反本条例规定，有下列情形之一的，由原审查办矿条件的煤炭工业主管部门，根据情节轻重，给予警告、5万元以下的罚款、没收违法所得或者责令停产整顿：

(一)未经煤炭工业主管部门审查同意，擅自开办乡镇煤矿的；

(二)未按照规定向煤炭工业主管部门报送有关图纸资料的。

第二十七条 违反本条例规定，有下列情形之一的，由国务院煤炭工业主管部门或者由其授权的省、自治区、直辖市人民政府煤炭工业主管部门，根据情节轻重，分别给予警告、5 万元以下的罚款、没收违法所得或者责令停止开采：

（一）未经国务院煤炭工业主管部门批准，擅自进入国家规划煤炭矿区、对国民经济具有重要价值的煤炭矿区采矿的，或者擅自开采国家规定实行保护性开采的稀缺煤种的；

（二）未经国有煤矿企业的上级主管部门批准，擅自开采国有煤矿企业矿区范围内边缘零星资源的。

第二十八条 县级以上人民政府劳动行政主管部门经抽查发现取得矿长资格证书的矿长不合格的，应当责令限期达到规定条件；逾期仍不合格的，提请本级人民政府决定责令其所在煤矿停产。

第二十九条 煤炭工业主管部门违反本条例规定，有下列情形之一的，对负有直接责任的主管人员和其他直接责任人员给予行政处分：

（一）符合开办乡镇煤矿的条件不予审查同意的，或者不符合条件予以同意的；

（二）符合矿长任职资格不予颁发矿长资格证书的，或者不符合矿长任职资格予以颁发矿长资格证书的。

第三十条 依照本条例第二十六条、第二十七条规定取得的罚没收入，应当全部上缴国库。

第六章 附 则

第三十一条 国务院煤炭工业主管部门可以根据本条例制定实施办法。

第三十二条 本条例自发布之日起施行。

中共中央政治局委员姜春云在全国林业厅局长会议上发表讲话

姜春云强调，林业肩负着优化环境与促进发展的双重使命，各级领导要从实现国民经济第二步战略目标的高度加强林业建设，把造林绿化、发展林业摆到重要位置，狠抓落实。要继续奋发努力，争取到本世纪末使林业建设再上一个大台阶。

姜春云充分肯定林业建设已经取得的成绩。他说，中央一再强调加强农业的基础地位，这也包括加强林业的基础地位。作为我国生态系统主体的森林，能否有效地抵御各种自然灾害，保障水利设施发挥效能和农牧业稳产高产，为再增产 500 亿公斤粮食做出贡献，在很大程度上取决于今后 6 年林业建设的速度快慢和成效大小。

谈到如何全面完成《1989—2000 年全国造林绿化规划纲要》时，姜春云说，领导同志抓造林绿化点是一条成功经验，应当继续坚持和推广。要加快造林和消灭宜林荒山的步伐。已经灭荒的地方，要及时把工作重点转移到调整结构，建设高产优质高效林业上来，尚未灭荒的地方，要做到造林灭荒与建设高产优质高效林业同步规划，同步实施，同步发展。

针对中央最近提出的要增加包括林业在内的农业投入问题，姜春云说，各地要做到认识到位，措施到位，千方百计筹集资金，逐年提高用于林业的基建投资、财政预算资金和信贷资金的比重。各级计划、财政、金融、劳动和物资等部门，要在人、财、物上给予必要的倾斜和扶持。要逐步建立林业生态效益补偿费制度，使林业建设步入良性循环。

姜春云要求，进一步加强宣传教育，提高全社会的生态意识和绿化意识；坚持全社会办林业、全民搞绿化的方针，把保质保量完成造林规划任务，当作一项宏伟的社会系统工程来抓。各地要把加强森林资源的保护、巩固绿化成果和加强造林绿化步伐放在同等重要位置，在抓好用材林、经济林建设的同时，要下功夫抓好防护林、风光林的建设，造福子孙后代。

关贸总协定中国工作组第 19 次会议在日内瓦结束

中共中央政治局委员李岚清接见全国部分高等学校统战工作座谈会会议代表

李岚清日前在接见全国部分高等学校统战工作座谈会会议代表。李岚清在接见时说，高校统战工作历来是全党统战工作的一个重要方面，是高校党的工作的重要组成部分。

李岚清说，高校云集了众多的高级知识分子，他们热爱祖国，拥护社会主义制度，热心教育事业，真诚希望国家繁荣昌盛。李岚清强调说，高校各级党组织要认真贯彻尊重知识、尊重人才的方针，与广大党外知识分子广交深交朋友，尊重他们的辛勤劳动，虚心听取他们的意见和建议，搞好同他们的合作共事，进一步做好统战工作，充分调动他们的积极性，更好地团结他们，为教育事业的发展和国家的繁荣富强作出新的更大的贡献。

中共中央政治局委员、上海市委书记、市长黄菊，全国政协副主席、中央统战部部长王兆国出席闭幕式并讲话。

国家教委作出禁止通过学生集资办学的规定

针对最近一段时期，一些地方通过中、小学和学生向社会或学生家长收取集资办学等资金，以及一些中、小学的乱收费、乱摊派、乱罚款现象也有所抬头的现象，国家教委日前发出通知，对加强集资办学管理和进一步规范中、小学收费等项工作做出规定。

规定中明确指出，集资办学需由县以上政府批准并组织实施，各地均不得以学校为主体开展集资办学，也不得通过学校和学生向社会或学生家长收取集资办学资金。集资办学必须贯彻自愿、量力和群众受益的原则，各地必须遵循国家有关集资办学审批权限、集资范围的规定，规定之外的乱集资必须严格禁止。城乡教育费附加的计征比例不得超过国家规定的标准，不得通过学校和学生收取城乡教育费附加和地方开征的其他教育费。

规定强调，小学和初中属义务教育，应严格按照《义务教育法》的规定，只收取杂费，不准收学费。收费项目和标准的确定，必须严格按照规定的审批权限进行，学校不得自定收费项目和收费标准。严禁学校向学生乱摊派、乱集资、不得向学生强行推销各类商品和搭配推销国家规定之外的书籍。对省教育主管部门规定之外的代收费和摊派费用，学校应予抵制，并向同级和上级教育主管部门报告。学校不得以任何名义和理由对学生进行罚款。学生损坏公物除按损坏程度照价赔偿外，不得另行以罚代赔。

戏曲艺术大师京剧表演艺术家梅兰芳周信芳诞辰100周年纪念活动在北京开幕

党和国家领导人江泽民、乔石、李瑞环、朱镕基出席晚上的梅兰芳、周信芳诞辰100周年纪念演出开幕式。

李铁映、王光英、吴阶平、万国权等也参加了开幕式。

开幕式由文化部常务副部长、梅兰芳、周信芳诞辰100周年纪念委员会组委会主任高占祥主持。中宣部副部长、文化部部长刘忠德致开幕词。他代表中宣部、文化部，代表梅兰芳周信芳诞辰100周年纪念委员会，向前来参加纪念活动的梅兰芳、周信芳先生的亲朋至交与弟子传人，京剧界、戏曲界代表，文艺界专家学者和海内外嘉宾表示亲切的问候和崇高的敬意。

刘忠德说，这次纪念梅、周活动，是自1990年徽班进京200周年观摩研讨纪念活动以来，我国戏曲艺术界、文化界在全国范围内举办的又一次大型文化活动，是我国振兴京剧艺术、繁荣民族戏剧的一项战略性举措，是弘扬民族优秀文化、促进社会主义精神文明建设的一件大事。

刘忠德说，梅兰芳、周信芳先生德艺双馨的品格、渊博的学识、大胆的革新创造精神及其对京剧艺术的卓越贡献，使他们成为举世公认的艺术大师，成为中华民族的骄傲。我们纪念梅、周，就是要以他们为榜样，把继承发展中国戏曲、繁荣复兴民族戏剧文化作为弘扬中华优秀传统文化、发展社会主义文化事业的重要任务，坚持“百花齐放、推陈出新”的方针，要像他们那样，把振兴京剧、发展戏曲作为时代和人民赋予的光荣使命，科学地研究总结他们的全部经验，认真解决继承传统与开拓创新的一系列现实课题，以剧目和人才建设为重心，把振兴、繁荣、发展京剧和地方戏的宏伟事业切实推向前进。

梅兰芳、周信芳诞辰100周年纪念活动由文化部、广电部、北京市人民政府、上海市人民政府、江苏省人民政府、中国文联、文化部振兴京剧指导委员会、中国剧协、中国京剧艺术基金会联合主办。纪念活动将从今天起到明年1月10日，在北京、上海、江苏以及全国许多地方隆重举行。

12月21日

八届全国人大常委会举行十一次会议

乔石委员长主持会议。

会议首先审议关于召开第八届全国人大第三次会议的决定草案。

全国人大法律委员会副主任委员王叔文、蔡诚、项淳一分别向会议作了关于《法官法》、《检察官法》、《监狱法》、《银行法》、《商业银行法》5个法律草案的审议结果报告和草案修改情况的说明。全国人大常委会法制工作委员会主任顾昂然向会议作关于修改全国人大和地方各级人大选举法的决定草案和关于修改地方各级人大和地方各级人民政府组织法的决定草案的说明。会议还分别听取了国家教委主任朱开轩、公安部部长陶驷驹关于《教育法(草案)》和《警察法(草案)》的说明。外交部副部长戴秉国还向会议作了关于提请审议批准《中华人民共和国和泰王国关于民商事司法协助和仲裁合作的协定》、《中华人民共和国和哈萨克斯坦共和国关于中哈国界的协定》、《中华人民共和国和阿拉伯埃及共和国关于民事、商事和刑事司法协助的协定》、《中华人民共和国和俄罗斯联邦关于中俄国界西段的协定》的说明。

田纪云、王汉斌、倪志福、陈慕华、费孝通、孙起孟、雷洁琼、秦基伟、李锡铭、王丙乾、帕巴拉·格列朗杰、王光英、程思远、卢嘉锡、布赫、铁木尔·达瓦买提、李沛瑶、吴阶平副委员长和曹志秘书长出席会议。国务委员李贵鲜、最高人民法院副院长谢安山、最高人民检察院副检察长梁国庆列席会议。

国务院召开第28次常务会议

国务院总理李鹏上午主持召开国务院第二十八次常务会议，会议审议并原则通过指导外商投资方向的文件和《中国计划生育工作纲要(1995—2000年)》。

关于指导外商投资方向的文件是根据国家有关外

商投资的法律规定和产业政策的要求制定的，目的是为了指导外商投资方向，使外商投资方向与我国国民经济和社会发展规划相适应，并有利于保护投资者的合法权益。会议决定对文件进行修改后，由国家计委、国家经贸委、外经贸部发布。

实行计划生育是我国一项基本国策。90年代是我国改革开放和社会主义现代化建设的关键时期，能否有效地控制人口增长，直接关系到我国国民经济和社会发展战略目标的实现。《纲要》对1995—2000年计划生育工作的目标、原则和主要措施提出了明确的要求和规定。

全国政法工作会议在北京举行

会议提出，1995年政法战线的主要任务是：以邓小平同志建设有中国特色社会主义理论和党的基本路线为指针，认真贯彻党的十四大和十四届三中、四中全会以及中央经济工作会议精神，进一步加强和改革政法工作，一手抓维护治安、保持稳定，一手抓政法队伍建设，充分发挥政法各部门的职能作用，进一步动员全社会力量，严惩严重刑事犯罪和严重经济犯罪，落实社会治安综合治理措施，加强和巩固人民民主专政的国家政权，保障深化改革、扩大开放和社会主义现代化建设的顺利进行。

中共中央书记处书记、中央政法委员会书记任建新在会上作《一手抓维护稳定，一手抓队伍建设，更好地为全党全国工作大局服务》的报告。

任建新在报告中回顾了1994年的工作，对1995年的全国政法工作作了部署。他说，1994年的政法工作，取得了很大成绩。在党中央、国务院和各级党委、政府的正确领导下，各级政法部门进一步加强和改革自身工作，有力地打击了国内外敌对势力的破坏活动，会同有关部门妥善处理了大量复杂的人民内部矛盾，不停顿地开展了各种形式的"严打"斗争，集中力量查办了一大批贪污、贿赂、走私、扰乱经济秩序等经济犯罪的大案要案，狠抓了以整治农村治安为重点的社会治安综合治理工作，为改革和发展提供了比较稳定的社会环境。

任建新谈到"严打"斗争时说，今年以来，不断深入开展的"集中打击整治"斗争，在一定程度上遏制了刑事案件大幅度上升的势头。但是，当前治安形势仍很严峻，重大特大刑事案件持续上升。必须大力强化"严打"斗争，进一步加大对严重刑事犯罪分子的打击力度，坚决刹住犯罪分子的嚣张气焰，尽快扭转部分地区社会治安不好的状况。1995年全国"严打"的重点是：危害大影响大的恶性犯罪；流氓恶势力和带黑社会性质的犯罪集团；负案在逃的重大案犯；车匪路霸；拐卖妇女、偷抢儿童的犯罪分子等。要坚定不移地贯彻依法从重从快的方针，继续在"破大案、打团伙、追逃犯"上下功夫，坚决遏制住恶性案件上升的势头。

任建新提出，要继续采取积极措施，大力推进社会治安综合治理。要加强基层基础工作，使社会治安综合治理措施真正落实到基层；严密社会管理，落实防范措施；深入推行社会治安综合治理领导责任制，一个地方的党委、政府主要负责同志要对当地的社会稳定和治安状况负总责，并列入各级党政领导任期目标责任制，作为政绩考核的重要内容。

谈到狠抓查处贪污贿赂大案要案、大力推进反腐败斗争开展时，任建新说，各级党委、政府和政法各部门，要把思想统一到党中央、国务院关于反腐倡廉的各项决策和部署上来，切实加强对反腐败斗争的领导，冲破阻力、排除干扰，依法从重从严惩处严重贪污贿赂犯罪分子。要继续重点抓党政领导机关、行政执法机关、司法机关和经济管理部门，抓县级以上领导干部。对这些单位发生的大案特别是要案，要集中力量，一查到底。要进一步把查处司法、行政执法人员以权谋私、徇私舞弊、贪赃枉法等犯罪作为反腐败斗争的重中之重来抓，力争取得更大的突破。

任建新提出，要坚决打击危害改革开放和破坏社会主义市场经济秩序的各种经济犯罪活动。当前，打击的重点，一是偷税、骗税，包括利用出口退税进行骗税和伪造增值税发票的犯罪活动；二是诈骗，特别是金融诈骗犯罪活动；三是走私犯罪活动；四是制售贩卖假冒伪劣产品的犯罪活动。对那些数额巨大、情节恶劣、危害严重的经济犯罪大案，要依法重判，罪该处以死刑的坚决杀掉，并大张旗鼓地加以宣传，坚决刹住经济犯罪活动不断增多的势头。

任建新在讲话中要求各级党委、政府和政法部门深入贯彻党的十四届四中全会精神，充分认识严肃执法的重大意义，以极其严肃认真的态度，检查纠正执法活动中存在的各种问题，保证国家的法律法规能够得到严格的执行。

任建新强调，整顿作风应当作为政法战线党的建设和队伍建设的重点。他就刹风问题重申以下禁令：绝对禁止政法干警接受案件当事人请吃喝、收受当事人钱物；绝对禁止对告状求助群众采取冷漠、生硬、蛮横、推诿等官老爷态度；绝对禁止政法干警打人骂人、刑讯逼供等违法乱纪行为。凡违反禁令的，要根据不同情节给予党纪政纪直至法律处分，任何人概莫能外。希望广大群众和社会各界严密监督。

会议由国务委员、中央政法委员会副书记罗干主持。中央政法委员会委员张思卿、贾春旺、肖扬、束怀德、周子玉；各省、自治区、直辖市党委主管政法工作的负责人；中央直属机关、中央国家机关和解放军有关部门的负责人等 200 多人出席会议。

全国党委秘书长办公厅主任座谈会在北京举行

这次会议的中心议题是：进一步加强和改进办公厅工作，把办公厅工作提高到新的水平。会议强调，办公厅的工作一定要在务实、求实、落实上狠下功夫。信息调研要求实，督促检查抓落实，精兵简政在务实。办公厅的同志要经常深入基层，深入群众，直接了解情况，直接听取群众的意见和要求，为领导提供实际情况和正确的建议。要讲真话，报实情。

中共中央政治局常委胡锦涛在人民大会堂会见日本笹川日中友好基金委员长船舶振兴会理事长笹川阳平

中国政府和巴基斯坦政府在北京签署《文化协定 1995 年和 1996 年执行计划》

《人民日报》发表评论员文章《发展民族艺术振奋民族精神——祝贺梅兰芳周信芳诞辰一百周年纪念活动隆重举行》

12 月 22 日

全国检察长工作会议在成都召开

这次会议的主要议题是，以邓小平同志建设有中国特色的社会主义理论为指导，根据党的十四大和十四届三中、四中全会以及中央经济工作会议精神，总结今年检察工作经验，部署明年检察工作任务，进一步动员全体检察人员严格执法，狠抓办案，充分履行法律监督职责，更好地为改革开放和现代化建设服务。

最高人民检察院检察长张思卿在会上指出，检察机关在 1995 年要继续坚持为改革开放和经济建设服务的指导思想，坚持"严格执法，狠抓办案"的工作方针，突出抓好查办贪污贿赂等大案要案工作，依法从重从快打击严重刑事犯罪活动，进一步加强执法监督，抓好党的建设带动队伍建设，积极推进检察体制改革和法制建设，充分发挥检察职能，维护法律统一正确实施。

张思卿在报告中说，今年以来，各级检察机关紧紧围绕党和国家的工作大局，在反腐败查办大案要案方面取得了显著成果。据统计，今年 1 至 11 月，全国检察机关共立案侦查贪污、贿赂等经济犯罪大案 24990 件，比去年同期增长 35.4%；立案查办县处级以上干部 1833 人，比去年同期增长 86.3%，其中司局级干部 80 多人。

中组部关于进一步整顿软弱涣散和瘫痪状态党支部的意见

为了全面贯彻党的十四届四中全会决定和《中共中央关于加强农村基层组织建设的通知》精神，中共中央组织部近日下发《关于进一步整顿软弱涣散和瘫痪状态党支部的意见》。

《意见》指出：近几年来，各地按照中央的部署，结合本地实际，集中力量整顿农村软弱涣散和瘫痪状态党支部，做了大量工作，取得明显成效。同时，必须看到，还有一些处于软弱涣散和瘫痪状态的党支部，没有整顿或没有整顿好。这类党支部的主要问题是：有的领导班子形不成核心，甚至处于瘫痪状态；有的经济发展缓慢，群众生活没有明显改善；有的干部作风不好，干群关系紧张，村风民风不正，社会治安混乱；还有极少数村党支部被宗族势力或其他恶势力所把持。上述情况如不尽快改变，不仅会严重削弱党对农村工作的领导，影响农村经济的发展，而且会危及农村社会的稳定，动摇党在农村的工作基础。对此，各级党委一定要有清醒的认识。

《意见》提出整顿工作的指导思想是：以邓小平同志建设有中国特色社会主义理论和党的基本路线为指导，以整顿支部领导班子、解决突出问题为重点，坚持思想整顿与必要的组织调整相结合，上级党组织帮助整顿与提高党支部解决自身问题的能力相结合，重点整顿党支部与整顿其他村级组织相结合。整顿工作的目标：一是建设一个好领导班子，尤其是要有一个好书记，能够团结带领群众坚决贯彻执行党的路线方针政策。二是培养锻炼一支好队伍，共产党员能够发挥先锋模范作用，干部能够发挥示范带头作用，共青团员能够发挥助手和后备军作用。三是选准一条发展经济的好路子，充分发挥当地优势，加快农民脱贫致富奔小康的步伐。四是完善一个好经营体制，把集体统一经营的优越性和农户承包经营的积极性结合起来，增强经济发展的活力，引导和帮助农民走共同富裕的道路。五是健全一套好的管理制度，体现民主管理原则，保证工作有效运转，使村级各项工作逐步走上制度化、规范化的轨道。

《意见》在总结近几年实践经验的基础上，提出了整顿工作的基本做法：1. 摸清情况，制订整顿规划和实施方案；2. 针对不同情况，采取不同方法，讲究整顿实效；3. 重点整顿好党支部领导班子，选配好党支部书记；4. 认真解决存在的突出问题，改变村里的落后状况；5. 帮助村党支部找准发展经济的路子，尽快改变贫困落后面貌；6. 加强对党员的教育管理，全面提高党员素质。

《意见》要求各级党委要把整顿工作列入重要的议事日程,加强领导,切实抓紧抓好。县乡党委都要建立责任制,党委书记是第一负责人。县委书记要亲自抓,县委常委要直接抓几个村党支部的整顿工作。要针对这些村党支部存在的主要问题和不同原因进行整顿,防止形式主义,注重实际效果。各省、自治区、直辖市党委要按整顿工作的目的和要求,制定验收标准。组织、宣传、纪检、民政、农业、群团等各有关方面,要在党委的统一领导下,充分发挥各自的作用,并搞好团结协作,形成齐抓共管的合力。

全国跨世纪青年人才群英会在人民大会堂举行中共中央政治局常委胡锦涛出席会议并讲话

国办《关于实施〈中华人民共和国国家赔偿法〉的通知》

各省、自治区、直辖市人民政府,国务院各部委、各直属机构:

《中华人民共和国国家赔偿法》(以下简称《国家赔偿法》),将于1995年1月1日起施行。这是我国社会主义民主与法制建设的一件大事。保证《国家赔偿法》全面、正确地实施,并以此促进各级政府和政府各部门严格依法行使职权,是各级行政机关的一项重要职责,也是政府法制建设的一项重要任务。为了做好《国家赔偿法》的实施工作,经国务院同意,现就有关事项通知如下:

一、要从我国政权的性质认识《国家赔偿法》的重要意义,切实做好实施国家赔偿法的工作

《国家赔偿法》根据宪法关于"由于国家机关和国家工作人员侵犯公民权利而受到损失的人,有依照法律规定取得赔偿的权利"的规定,在行政诉讼法有关行政赔偿的规定的基础上,对行政赔偿范围、赔偿程序、赔偿标准作了具体规定,并且增加了刑事赔偿的内容,从而以法律的形式确立了比较完备的国家赔偿制度,即:国家机关及其工作人员违法行使职权侵犯公民、法人和其他组织的合法权益,造成损害的,由国家对受害人给予赔偿。国家赔偿制度是继行政诉讼制度、行政复议制度之后又一项重要制度,不仅对保障公民、法人和其他组织享有依法取得国家赔偿的权利,而且对促进行政机关及其工作人员依法行使职权,加强廉政建设,维护社会安定,密切政府与人民群众的关系,都有重大意义。

《国家赔偿法》公布半年多来,各级政府、政府各部门对这部重要法律是重视的,在组织学习、进行宣传、培训干部等方面,做了大量工作。但是,也有一些地方、部门对《国家赔偿法》的重视还不够,对它的重大意义和深远影响还认识不足,有的甚至认为《国家赔偿法》会束缚行政机关手脚。认识如不提高,就会影响《国家赔偿法》的实施。因此,各级行政机关工作人员、特别是领导干部,都要从我国是人民民主专政的社会主义国家这一政权性质的高度,认识实施《国家赔偿法》的重要意义,认真学习《国家赔偿法》,深刻领会它的精神实质,增强严格依法行政的自觉性。各级政府、政府各部门都要对实施《国家赔偿法》作出具体部署,狠抓落实。要结合国家赔偿法的实施,进一步加强对行政执法人员和办理赔偿事务的人员的培训。政府法制工作机构要在本级政府或者本部门的统一领导下,具体组织本地方、本部门的培训工作。同时,各地方、各部门都要向人民群众广泛深入地宣传《国家赔偿法》,使它成为人民群众维护自己的合法权益、同执法违法行为作斗争的有力法律武器。

二、确定受理赔偿请求的具体工作机构和人员

根据《国家赔偿法》的规定,有关行政赔偿的大量事务需要行政机关处理。任何行政机关,只要它的执法活动涉及公民、法人和其他组织的合法权益,就都可能成为赔偿义务机关。为了保证公民、法人和其他组织的合法权益受到行政执法行为损害时得到及时赔偿,可能承担赔偿义务的行政机关都需要有一个具体处理赔偿事务的机构。鉴于行政赔偿工作与行政应诉、行政复议工作关系密切,具体处理赔偿事务的机构又应当相对超脱,这项具体工作宜由本级政府和本部门的行政复议应诉机构承担,其主要职责是:(1)受理并审查赔偿请求;(2)审查被认为侵权的行政行为是否合法、适当,并就此提出意见;(3)就具体赔偿方式和赔偿标准提出意见;(4)了解、研究行政赔偿工作中带有普遍性的问题,并有针对性地向本级政府或者本部门领导提出改进行政执法工作的建议。

三、抓紧《国家赔偿法》的配套制度建设

《国家赔偿法》对基本的行政赔偿程序作了规定。为了便于具体执行,各地方、各部门可以从本地方、本部门的实际出发,对受理、审理赔偿请求的程序,作出赔偿决定的程序等加以规定,也可以按照行政复议条例规定的受理、审理复议申请和作出复议决定的程序办理。

《国家赔偿法》规定:"赔偿义务机关赔偿损失后,应当责令有故意或者重大过失的工作人员或者受委托的组织或者个人承担部分或者全部赔偿费用。"这种追偿制度非常重要,它有助于促进行政机关工作人员认真总结经验教训,恪尽职守,严格依法办事。各级行政机关要结合自己的实际情况研究、确定具体的追偿条件和追偿标准,原则是:既要有利于监督、促进行政机

关工作人员恪尽职守、不滥用职权，又要考虑行政机关工作人员的实际承受能力，使追偿切实可行。

四、通过实施《国家赔偿法》，把政府法制工作提高到一个新水平

实施《国家赔偿法》，对政府法制工作提出了新的更高要求。

国家赔偿制度的确立，对作为具体行政执法活动依据的各类规定的合法性提出了更高、更严格的要求。因此，制定规章或者规范性文件，一定要更加严格地依照《宪法》和法律规定的职权，不能超越法定权限、违反法定程序乱规定处罚、收费、审批发证等；凡是违反法律、法规规定的，要按照法定程序，该修改的及时作出修改，该废止的及时予以废止。

当前，行政执法问题相当突出：一是滥用职权乱执法，如乱收费、乱罚款、乱摊派等；二是消极怠慢不执法，如不依法管理、不制裁违法行为等。这些表现都会严重影响法律的权威和政府的形象。《国家赔偿法》实施后，行政机关因怕赔偿而不严格执法的问题还可能会突出起来。各地方、各部门对这个问题必须高度重视，切实加以解决。严格依法行政，严肃行政执法，首先行政机关领导要带头学法、守法、执法。要把行政执法活动进一步纳入制度化的轨道，规范行政执法行为。要逐步建立、健全对行政执法机关和行政执法人员滥执法、不执法的追究制度。要加强执法队伍建设，建立高效、廉洁的执法队伍，增强执法人员的责任感、荣誉感。

加强政府法制监督工作，是做好《国家赔偿法》实施工作的重要环节。要使现行的各种法定制度真正有效地发挥作用，并在实践中不断加以完善。

为了进一步做好政府法制工作，各级政府和政府各部门要按照《国务院关于加强政府法制工作的决定》的要求，加强政府法制工作机构，选拔、关心、培养专门从事政府法制工作的专业人才，使法制工作机构的设置和人员配备同本地区、本部门的政府法制工作任务相适应，并为他们开展工作创造必要条件，充分发挥他们在政府法制工作中的参谋、助手作用。

各地方、各部门接到本通知后，要结合本地方、本部门的实际情况，认真研究、落实。

庆祝经济技术开发区十周年座谈会在天津召开

座谈会于 22 日至 24 日召开。国务院总理李鹏向大会发来贺信，副总理李岚清到会听取汇报并作重要讲话。

李鹏在贺信中指出，“十年来，开发区的创业者在各方面的积极支持下，认真贯彻执行中央的方针政策，抓住机遇，开拓进取，艰苦创业，在吸引外资、开展对外经济技术合作等方面取得了令人瞩目的成绩。”

自 1984 年 9 月国务院批准创办第一批 14 个开发区至今，国家级的开发区已增加到 32 个，布局也逐步由沿海向中西部经济中心城市延伸，在推进改革开放和现代化建设中，发挥着日益显著的功能和作用。

国务院特区办主持召开庆祝经济技术开发区十周年座谈会，全国 32 个开发区负责人在天津开发区共聚一堂，总结交流了开发区建设的经验，研究探讨在新形势下如何进一步办好开发区。

国家经贸委国家技术监督局联合发出《关于加强棉花收购质量监督管理的紧急通知》

国家经贸委、国家技术监督局日前联合发出紧急通知，要求各级纤维检验机构进一步加强对棉花收购、加工等环节的质量监督管理工作，发现问题及时处理，要管得严、管到底。通知要求：

一、继续加强棉花收购质量的监督检查，将棉花收购监督检查联络员工作时间延长至年底，坚决取缔棉花非法经营，解决毗邻地区收购纠纷，监督检查收购棉花质量并及时反映重大问题。

二、严格棉花加工环节的质量监督管理。棉产区各级专业纤维检验机构在监督检查中，发现混存混放棉花的，要督促进行分拣；对已经混等级加工的成包皮棉，该降级的降级，并要进行处罚。鉴于目前加工环节存在的问题，各地要从严管理锯齿棉加工升级；产地监督检验要以执法监督为重点，不许片面追求监督数量。

三、立即开展“全国十万吨棉花质量大检查”。对查出的质量违法行为，依据《棉花质量监督处罚暂行办法》进行严肃处理。各地在大检查中要边检查、边立案、边处理。对拒不纠正，情节严重的，要从重处罚并公开曝光。对二级站、储备库抽查的棉花，要换发“棉花质量监督检验证书”，同时在棉包上打上“监”字棕印，并做好销地跟踪检验。

四、严厉打击棉花购销经营活动中掺杂使假违法行为。各级技术监督部门对 1993 年度已立案的跨省掺杂使假大要案，要商请有关部门尽快办结，以推动全国棉花质量监督工作；触犯刑律的及时移送司法部门。对新棉年度中查出的掺杂使假案件，一律从重处罚。

国务院副总理兼外交部部长钱其琛在钓鱼台国宾馆会见由主席符·彼·卢金率领的俄罗斯国家杜马国际事务委员会代表团

国务委员宋健在加强专利保护工作会上发表讲话

宋健指出，进一步完善执法体系，加大执法力度，依法严格保护专利权是今后长时期内的一个工作重

点。在今后的专利保护工作中，必须进一步强化专利执法手段。对侵犯专利权者，决不能姑息迁就，必须予以严厉惩处。

宋健指出，在与世界经济接轨、知识产权保护日趋国际化的今天，加强并切实做好专利保护工作尤为重要。各地、各部门必须从建设有中国特色社会主义和建立社会主义市场经济体制的高度，深刻认识包括专利保护在内的知识产权保护制度对我国科技、经济发展的重要意义。大中型企业、科研院所、高等院校都要按法律要求建立自己的知识产权保护办法，设置专门的法律管理人员。一切新产品都应采取专利保护，以尽快形成一种良好的市场秩序。

全国软科学工作会议在北京举行

民政部发出关于春节前走访慰问五保户特困户的通知

12月23日

党和国家领导人江泽民李鹏等在人民大会堂与出席全国政法工作会议的代表座谈

中共中央总书记江泽民、国务院总理李鹏等就在向社会主义市场经济体制过渡时期，如何进一步加强政法工作等问题，同部分代表进行座谈。

江泽民在讲话中强调，政法工作是全党工作的重要组成部分。高度重视和切实抓好政法工作，是全党工作大局的必然要求。各级党政领导一定要认真贯彻“两手抓、两手都要硬”的战略方针，增强新形势下驾驭全局的能力，指导和支持政法工作和社会治安综合治理工作，为深化改革、扩大开放、发展经济、保持稳定创造良好的社会环境。

座谈会由中共中央书记处书记、中央政法委员会书记任建新主持。中央政法委员会秘书长束怀德汇报会议情况，吉林省委副书记王金山、河北省委副书记许永跃、山东省委副书记李文全、云南省委副书记令狐安等先后发言。

听了大家发言之后，江泽民发表重要讲话。他说，政法战线是一条非常重要的战线，担负着维护国家长治久安的神圣使命。今年，从全党工作大局出发，中央全面加强了政法工作和社会治安综合治理工作，有力地维护了社会稳定。政法战线的同志为建立社会主义市场经济的法律秩序作出了新的贡献。

江泽民提出，今年年初，党中央在全面分析国际国内形势和党所肩负的重大历史使命的基础上，把“抓住机遇、深化改革、扩大开放、促进发展、保持稳定”作为全党全国工作大局。这也是要长期坚持的根本指导方针。政法部门是保障国家安全、维护社会稳定的一支重要力量，在维护社会主义市场经济法律秩序中肩负着重要的任务。政法工作要始终把握这个大局，自觉为这个大局服好务。

江泽民说，保障国家安全、维护社会稳定仍然是一个紧迫的现实问题。安居才能乐业，有效地打击和遏止犯罪，是人民群众对党和政府的迫切要求，也是对我们党执政能力的考验。中国共产党领导的社会主义国家，决不能容忍犯罪分子肆意横行。只要我们坚持党的基本路线，真正做到两手抓、两手硬，在建立社会主义市场经济体制进程中，始终坚持社会主义精神文明建设不放松，注意完善各方面的社会管理机制，加强政治、思想、文化、道德、法律教育，坚持专门工作与群众路线相结合的优良传统，坚持正确的政策和策略，动员各部门和广大群众，全面落实社会治安综合治理各项措施，那么，全国犯罪案件的增长就一定会逐步减缓，社会治安状况就会有一个明显好转。

江泽民强调，打击和预防犯罪，决不仅仅是政法部门的事情。一个地方的治安好坏，首先取决于这个地方的党委和政府的领导，尤其是党政一把手。不能保一方平安的领导，不是一个称职的领导。政法部门在维护稳定、搞好治安方面要当好党委政府的参谋助手，充分发挥人民民主专政机关的职能作用，继续坚持依法从重从快的方针，端正执法思想，纠正打击不力等问题。各有关部门要按照各自在社会治安综合治理中的分工和职责，积极参与预防犯罪的工作，把综合治理措施落实到基层。

江泽民在讲话中特别要求各级政府和公安机关把预防发生特大火灾等严重治安灾害事故作为自己的重要工作。要经常进行认真负责的安全检查，发现违反规定就要重处重罚，直至给予直接责任人和主管领导以党纪、政纪或刑事处分。这是对人民负责，决不能含糊。

江泽民说，政法队伍历来是一支得到党和人民信赖的能打硬仗的好队伍。加强政法队伍建设，是新形势下坚持人民民主专政的需要，也是加强社会主义法制建设的需要。当前要抓好政法队伍中的党组织建设和对党员的教育。各级党委和政府要加强对政法工作的领导。他说，这是政法部门严格执法的政治保证和组织保证。党对政法工作的领导，主要是思想、政治和组织上的领导，方针、政策上的领导。各级党委和政府要准确把握中央关于政法工作的方针政策和工作部署，结合当地社会治安的实际状况，适时提出一个时期的工作重点。各级党委和政府对政法工作的领导要制度化和规范化。当前要注意防止少数领导人的地方保护主义和以言代法、以权压法的现象，监督和保障司法机关依法独立行使审判权和检察权。要切实解决政法部门的实际困难，保障办案经费，逐步改善装备。

李鹏在讲话中说，全国总的形势是好的，改革开放、经济建设和各项事业都取得了新的进展，这与广大政法干警、武警官兵的艰苦努力、辛勤工作是分不开的。他希望大家再接再厉，加倍努力，把明年的政法工作做得更好，为实现国民经济持续、快速、健康发展和社会全面进步作出新的更大贡献。

李鹏说，明年是“八五”计划的最后一年，也是完善各项改革措施和抓好国有企业改革的一年。李鹏强调，稳定是全党工作大局的一部分，也是发展经济的前提和保证。我们要继续保持社会安定，为经济建设提供一个良好的社会环境。维护稳定和搞好治安的任务都相当繁重。各级党委、政府对此都负有重要的政治责任，必须当作大事来抓。政法部门在维护稳定中担负着十分重要的职责。

李鹏说，为了完成明年全党的工作任务，还需要有一个重要条件，这就是确保中央政令畅通。他说，明年改革和建设的任务十分繁重，要确保任务的完成，就要自觉地贯彻中央经济工作的指导思想和方针政策，维护这些方针政策的严肃性和权威性，切实做到令行禁止。李鹏说，市场经济，从某种意义上讲就是法制经济。要靠健全的法制和严格执法来规范各种经济关系和经济活动。他指出，严肃执法，维护法制的尊严和统一，是政法部门落实党的十四届四中全会精神，坚持党的民主集中制，维护中央权威，保证党和国家政令畅通的最重要的体现。

李鹏要求各级党委、政府要切实加强对政法工作的领导。他指出，各级党委和政府都必须坚持小平同志提出的“两手抓，两手都要硬”的方针，既要坚持以经济建设为中心，搞好经济工作，又要真正重视、关心、支持和切实抓好政法工作。他强调，各级党委和政府要对本地的社会治安负责。他说，发生重大治安问题，包括特大火灾等责任事故，都应追究直接责任人和主管领导者的责任，问题严重构成渎职罪的应依法治罪。

李鹏希望各级政府要想方设法解决政法部门的困难问题。他说，尽管中央和地方的财政都不宽裕，但政法部门经费紧缺和装备的问题还是应当下决心加以解决。

中央政法委员会委员贾春旺、陶驷驹、肖扬、周子玉，各省、自治区、直辖市党委主管政法工作的负责人，中央直属机关、中央国家机关和人民解放军有关部门负责人等，出席座谈会。

党和国家领导人江泽民李鹏乔石李瑞环朱镕基等在人民大会堂会见跨世纪青年人才群英会代表

中纪委办公厅监察部办公厅发布《关于〈中共中央纪委监察部党风廉政教育工作纲要〉的通知》

各省、自治区、直辖市纪委、监察厅(局)，中央和国家机关各部委纪检组(纪委)、监察局，中央纪委各派驻纪检组，监察部各派驻监察局、监察专员办公室，中直机关和中央国家机关纪工委、军委纪委：

《中共中央纪委、监察部党风廉政教育工作纲要》已经中央纪委常委会审议通过，现印发给你们，请结合实际贯彻执行。

中共中央纪委监察部党风廉政教育工作纲要

根据形势的发展和中央纪委、监察部合署后的工作性质与任务，为使纪检监察机关更好地履行教育职责，推动党风廉政教育工作的开展，并使之制度化、规范化，更富有成效，特对1990年中共中央纪律检查委员会颁发的《党风党纪教育纲要》(试行)加以修订，重新予以颁发。

第一条 根据自身的工作性质、任务开展好对党员、干部的教育工作，是党和国家赋予纪检监察机关的一项重要职责。《中国共产党章程》规定：“各级纪律检查委员会要经常对党员进行遵守纪律的教育。”《中华人民共和国行政监察条例》规定，行政监察工作实行“惩处与教育相结合的原则”。经党中央、国务院批准的中共中央纪律检查委员会机关、监察部职能配置的方案中指出：“制定党风党纪教育规划，配合有关部门做好党的纪检工作方针、政策的宣传工作和对党员遵守纪律教育的工作。”“会同有关部门做好行政监察工作的方针、政策和法律法规的宣传工作，教育国家工作人员遵纪守法、为政清廉。”各级纪检监察机关要遵照上述规定，认真履行职责，切实抓好党风廉政教育工作。

第二条 党风廉政教育的指导思想是：以马列主义毛泽东思想和邓小平建设有中国特色社会主义理论为指导，服从服务于党的基本路线，围绕党的中心工作，依据纪检监察机关的任务，体现自己的特点，解放思想，实事求是，科学地创造性地开展教育工作。

第三条 纪检监察机关既要严肃查处违纪案件，又要把党的思想建设作为一项重要的任务。

在改革开放和建立社会主义市场经济体制过程中，纪检监察机关搞好党风廉政教育，对于加强党的思想建设，推进党风廉政建设和反腐败斗争，保证党的路线、方针、政策的贯彻和政令畅通，具有重要意义。

第四条 纪检监察机关履行教育职责，要坚持“预防为主，教育为主”的方针。党风廉政教育以提高党员和干部的政治素质、增强纪律观念、促进党风党纪和廉政勤政建设为目的。

第五条 党风廉政教育要坚持理论联系实际的原则，要增强针对性。要紧密联系改革开放和建立社会主义市场经济体制的实际，紧密联系党风和廉政建设的实际以及党员和干部的思想实际。

第六条 党风廉政教育要根据纪检监察机关的工作部署，紧密结合执行办案、执法监察、整纪纠风、法规制度建设等来开展，渗透于纪检监察工作的各个方面，常抓不懈。

第七条 党风廉政教育要逐步建立和完善各项工作制度，使其规范化。各级纪检监察机关每年要制订切实可行的教育工作计划，并要认真检查实施情况，年终要做好总结。计划和总结要按时报上一级主管部门。

第八条 党风廉政教育既要面向全体党员和干部，搞好分层次的教育，又要突出重点，切实加强对各级领导干部的教育。

第九条 各级纪检监察机关主要进行以下教育：《党章》和党的有关决定为基本内容的党的纪律及其基本知识的教育；党的路线、方针、政策和国家的法律、法规及政纪的教育；党的优良传统和作风的教育；反腐倡廉的教育；社会主义道德的教育。

第十条 纪检监察机关要从实际出发，对教育内容要适时确定重点。要注意把握在建立社会主义市场经济体制过程中出现的新情况、新问题，有针对性地进行教育。

第十一条 纪检监察机关要以《党章》、党的有关决定和有关法律、法规、制度为依据，有组织、有计划地编写党风廉政教育教材。党风廉政教育教材既要有较强的思想性、政策性，又要通俗易懂，适用于教育活动的开展。

党风廉政教育教材要由有关领导审定，要层层严格把关，保证质量。

第十二条 各级纪检监察机关要因地制宜，积极主动地通过党课、集训、报告、讲演、影视、广播、报刊、通报、展览、测试等多种形式和方法，开展丰富多彩的党风廉政教育活动，增强教育的吸引力、感染力。要注意总结经验，不断探索党风廉政教育的新形式、新方法。

第十三条 要在运用好正反典型教育上下功夫。要注意总结宣传党风廉政建设中的先进典型，搞好正面教育，弘扬主旋律。同时，要充分利用执纪办案的有利条件，准确剖析典型案例，进行鉴戒性教育。

第十四条 各级纪检监察机关要在党委和政府的统一领导下，同组织、宣传、文件等部门密切配合，发挥新闻舆论、文化出版、影视艺术等方面的作用，更富有成效地开展党风廉政教育。要加强同党校、管理干部学院、干部培训中心等单位的联系与合作，将党风廉政教育纳入其教学计划。

第十五条 各级纪检监察机关的领导对党风廉政教育工作要不断提高认识，切实加强领导，定期进行研究、部署和检查，把教育工作落到实处并不断推向深入。

第十六条 各级纪检监察机关要经常向党政领导汇报党风廉政教育的开展情况，并在党政统一领导下，开展各项教育活动。

第十七条 纪检监察机关开展党风廉政教育要有组织保证。地（市、区）及以上纪检监察机关应设立宣传教育机构；县（市、区）纪检监察机关有条件的也应建立宣传教育机构或确定专人负责；其他纪检监察机关，原则上应设立宣传教育机构或确定专人负责。

各级纪检监察机关要重视其宣传教育工作干部队伍的建设，要挑选具有一定思想、政策、理论水平和业务工作能力，熟悉纪检监察工作的同志，安排到宣传教育工作岗位，要通过多种途径培训宣传教育工作干部，以适应教育工作的需要。

第十八条 各级纪检监察机关的宣传教育机构负责党风廉政教育工作的具体实施。要做到有计划、有组织、有检查、有总结；定期向上级主管部门报告教育工作情况；指导、督促和检查下级纪检监察机关的教育工作。

第十九条 掌握党员、干部的思想状况，是开展好党风廉政教育的基础。各级纪检监察机关的有关部门，应随着形势的发展，不断加强调查研究，根据不同时期党员、干部反映出来的带倾向性的问题，进行分析、综合，有的放矢地开展教育工作。

第二十条 中组发〔1989〕1号文件明确规定，各级组织部门要从党费中划拨一部分专款，以供纪检机关开展教育工作所用。各级纪委应据此申报，获取一定的党员教育经费。同时，还可以从地方财政申请一定的教育经费。各级纪检监察机关要为党风廉政教育工作积极创造条件，妥善解决实际困难和问题。

第二十一条 各级纪检监察机关要把党风廉政教育工作纳入总体规划和年度计划之中，要根据实际情况，制定执行本《纲要》的实施细则。

本《纲要》自下发之日起施行，原《党风党纪教育纲要》（试行）同时废止。

全国经济体制改革工作会议在北京闭幕

为期四天的全国体改工作会议在认真学习和贯彻中央经济工作会议精神的基础上，集中研究讨论了

1995 年经济体制改革的任务和安排；一些省市体改委的负责人介绍他们的工作经验。会议达到总结工作、统一认识、明确任务、交流经验的目的。

中共中央政治局委员、国务委员兼国家体改委主任李铁映出席闭幕会。国家体改委副主任贺光辉就明年体改委要抓的几项主要工作做部署。贺光辉指出，首先要对经济生活中的难点、焦点和深化改革中的一些重要问题的对策进行深入调查研究，包括在进一步界定和划分中央与地方事权的基础上，研究制定科学的财政转移支付制度，完善分税财政体制；抓好流通领域的改革和进一步建立流通秩序的调研，重点抓好粮、棉等重要农产品的生产流通体制改革；以及在推动企业进一步转换经营机制实现制度创新的过程中，探索减轻国有企业债务负担的具体途径等。

《人民日报》就关贸总协定中国工作组第 19 次会议在日内瓦结束发表评论员文章《坚持原则面向未来》

外经贸部部长吴仪在迎接中国复关谈判代表团回国时发表讲话

吴仪说，中国的对外开放势不可当，复关受阻绝不会影响中国同世界各国经贸合作及中国对外经贸的继续发展。

吴仪说，中国代表团在日内瓦期间，进行了非常艰苦的谈判，甚至夜以继日地工作，世人有目共睹。她说，代表团在谈判中坚持了以国家根本利益为重、中国复关权利与义务相平衡和中国的发展中国家地位的原则立场，表现出了捍卫民族利益的精神。

吴仪在机场对记者说，这次工作组会议未能结束中国复关的实质性谈判是一件令人遗憾的事情，但不管中国何时加入世界贸易组织，中国的改革开放政策一百年不动摇的决心不会改变，中国同其贸易伙伴间的经贸交往与合作也必将在平等互利的基础上得到不断发展。

吴仪说，经过 10 多年的改革，中国对外贸易体制已同关贸总协定规则相一致，中国复关条件已完全成熟，所以中国提出在年底结束复关实质性谈判并成为世界贸易组织创始成员，这完全是顺理成章、水到渠成、合情合理的。

吴仪说，个别缔约方出于其政治意愿，对中国复关不断施加压力。对此，中国决不会屈服，中国不会为复关而牺牲国家的根本利益，也不会拿原则做交易。

全国人大常委会委员长乔石在人民大会堂会见由主席符·卢金率领的俄罗斯国家杜马国际事务委员会代表团

中国社科院中央文献研究室中央党史研究室当代中国研究所在人民大会堂召开《胡乔木回忆毛泽东》和《胡乔木文集》第三卷出版座谈会

12 月 24 日

全国政法工作会议在北京闭幕

会议由中共中央书记处书记、中央政法委员会书记任建新主持。国务委员、中央政法委员会副书记罗干要求采取切实有力的措施，保证把江泽民总书记、李鹏总理对政法工作的重要指示和会议部署的每一项任务真正落到实处。

罗干说，江泽民总书记和李鹏总理的讲话，深刻透彻地分析了当前的国际国内形势，言简意赅地阐明了明年全党全国工作的主要任务，从宏观上对明年的政法工作提出了明确要求，再次强调各级党委、政府要加强对政法工作的领导，政法委要当好党委的参谋和助手。他要求会议结束以后，与会者要抓紧向省、市、自治区党委汇报，并采取各种方式，迅速将江泽民总书记、李鹏总理的重要指示和任建新同志的讲话等会议的主要精神传达到各级党委政府和政法部门，尽快提出符合本地实际的贯彻落实方案，认真组织实施。

罗干在讲话中还要求政法部门的同志特别是领导干部要加强调查研究，提出解决问题的切实措施和办法。他说，当前，在改革开放和发展社会主义市场经济的新形势下，政法工作面临着一些前所未有和始料不及的新情况、新问题。比如，如何管理好流动人口，减少流窜犯罪问题；如何预防和制裁各种花样翻新的经济犯罪问题；如何有效地运用法律手段调节经济关系，健全社会主义市场经济法律秩序问题等，都亟须作深入细致的调查研究，以不断适应形势的发展和要求。各级党政领导和政法各部门领导同志要亲自下基层调查研究政法工作中的重大问题；要根据党和国家关于政法工作的方针政策，通过调查研究，提出解决问题的措施和办法；要认真解决调研部门和调研人员的实际困难，为调研人员的学习和提高创造必要的条件，重视运用调研成果来指导和推进工作。

安徽省八届人大常委会十四次会议任命回良玉为副省长代理省长

陕西省八届人大常委会十次会议任命程安东为副省长代理省长

国务院特区办主持召开的庆祝经济技术开发区 10 周年座谈会结束国务院总理李鹏致信祝贺副总理李岚

清到会发表讲话

国家主席江泽民在接见全国软科学工作会议代表时发表讲话

江泽民说，当前，随着世界科学技术的发展，作为当代科学技术的一个重要组成部分，软科学也得到了迅速的发展。要加快中国的软科学的发展，科技工作者不仅要有自然科学、工程技术和社会科学等多方面的知识，更重要的是要以邓小平同志建设有中国特色社会主义理论为指导。

江泽民说，我国社会主义现代化建设正处在一个重要的发展时期，科技工作者任重道远。在党和国家的大力倡导下，我国软科学研究已成为决策过程中的重要环节，面向国民经济和社会发展的重大问题，组织开展了一系列专题研究，为党和政府的决策及时提供了科学依据。江泽民说，他希望软科学工作者们深入实际，为国民经济建设和社会发展作出更多的贡献。

12 月 25 日

全国民政厅局长会议在上海召开

“以各项社会保障工作为重点，加速推进民政工作管理体制和运行机制的改革，切实履行维护和保障人民群众基本生活权益这一基本职责，确保广大民政对象的基本生活，为国家改革、发展、稳定的大局服务。”这是全国民政厅局长会议确定的明年民政工作的基本任务。

会议于 12 月 25 日至 27 日在上海召开。会议在明确明年民政工作任务的同时，还对进一步健全完善社会保障体系、加强基层群众自治组织建设、强化社会行政管理、加强民政法制建设等提出具体要求。会议指出，要抓好救灾救济管理体制改革，积极推进城市建立按最低生活保障线救济的制度；要积极推进农村社会养老保险工作，加强管理，健全机构，确保养老基金的安全运营和保值增值；要持续深入开展“双拥”活动，促进各项优抚安置政策的落实；要全面推进城市社区服务工作，不断提高城市福利、服务保障水平。

中共江苏省九届一次全会选举陈焕友为省委书记

中共内蒙古自治区六届一次全会选举刘明祖为区党委书记

中央军委发布《关于贯彻党的十四届四中全会精神进一步加强军队党的建设的决定》

《决定》要求全军结合实际贯彻执行。《决定》分 4 个部分系统地阐述进一步加强军队党的建设问题：一是加强和改善党委的集中统一领导；二是努力把党支部建设成为坚强的战斗堡垒；三是切实加强对党员教育和管理；四是抓紧培养和选拔德才兼备的领导干部。《决定》指出，加强军队党的建设和总要求是：必须以建设有中国特色社会主义理论为指针，始终用党的基本理论和基本路线武装广大党员；必须把坚持党对军队的绝对领导作为党的建设的首要任务，自觉地在思想上、政治上、行动上同党中央保持高度一致；必须贯彻从严治党的方针，全面加强党的思想、组织、作风建设；必须紧紧围绕军队革命化、现代化、正规化建设的总目标，充分发挥党委的核心领导作用、以部的战斗堡垒作用和党员的先锋模范作用。《决定》要求，各级党组织和广大党员要紧密地团结在以江泽民为核心的党中央、中央军委周围，认真贯彻落实《决定》，把全军党的建设提高到一个新水平。

《毛泽东军事活动纪事》（1893—1976）由解放军出版社出版

全面记述毛泽东在军事活动的编年体著作《毛泽东军事活动纪事》（1893—1976）近日由解放军出版社出版。

12 月 26 日

全国离退休干部工作座谈会在北京召开

中组部、国家人事部负责人要求有关部门，充分认识做好新时期离退休干部工作的重要意义，切实抓好现有政策的落实，妥善解决离退休干部的生活待遇和政治待遇问题，为离退休干部在两个文明建设中更好地发挥作用开拓渠道，创造条件。

会议指出，当前解决离退休干部生活待遇方面的问题，主要应是千方百计抓好党中央、国务院制定的有关政策规定的落实。首先要确保按时加数发放离退休费；其次医药费要坚持离休干部按规定实报实销，退休干部按有关规定报销。在解决离退休干部生活待遇工作中，要把重点放到基层，放到亏损企业，扎扎实实做好工作。同时，要积极研究建立离退休费调节机制，积极进行社会养老保险制度改革。

座谈会由中组部部长张全景主持，中组部副部长李铁林、人事部副部长张学忠、劳动部副部长刘雅芝在会上讲了话。

缅甸联邦国家恢复法律和秩序委员会（恢委会）秘书长钦纽和夫人杜钦温瑞到仰光国宾馆拜会国务院总理李鹏

钦纽说，李鹏的来访使他想起了已故周恩来总理过去多次访缅时的情景。他表示相信,李鹏的这次访问不仅对增进缅中两国的友好关系将起到巨大的推动作用,而且对于促进本地区的和平与发展也将产生重要影响。

李鹏在会见中表示,他今年 9 月曾在北京同钦纽举行会晤,双方进行了十分友好的交谈。李鹏说,对这次应缅甸恢委会主席、政府总理丹瑞的邀请前来访问感到非常高兴。李鹏说,他这次带着中国人民对缅甸人民的友好情谊来访,正值和平共处五项原则发表 40 周年,这使访问更具有特殊意义。李鹏说,中国一贯奉行独立自主的和平外交政策,特别重视发展同邻国的友好合作关系。李鹏说:由中缅两国老一辈政治家培育的中缅两国友好关系在我们这一代领导人和两国人民的共同努力下,必将得到进一步的发展。

缅甸外长吴翁觉和夫人杜钦芝、中国副外长唐家璇等会见时在座。

毛泽东诗词研究会在北京成立

在毛泽东诞辰 101 周年之际,中国毛泽东诗词研究会成立暨毛泽东诗词研讨会在北京举行。研究会由薄一波任名誉总顾问,胡绳、赵朴初、马文瑞任名誉顾问,臧克家任名誉会长,贺敬之任会长。

全国医药局长会议在北京召开

12 月 27 日

国务院总理李鹏与缅甸国家恢复法律和秩序委员会主席兼政府总理丹瑞在仰光议会大厦举行正式会谈

丹瑞说,缅方对两国关系的全面发展感到满意,认为缅中友好合作的不断发展不仅对两国人民有利,而且也有利于本地区的和平、稳定与发展。

李鹏说,中缅两国间传统的睦邻友好关系经历了时间的考验,正在稳步发展,具有广阔的前景。中国对缅甸提供了数额有限的援助,这表达了中国人民对缅甸人民的友好情谊。我们愿意根据新的形势和新的条件在平等互利的基础上加强与缅甸的经贸合作。中缅边贸相当活跃,可以在根据需要进行必要整顿的基础上进一步加以发展。中国政府还将采取积极的态度,鼓励中国的公司和企业与缅甸方面进行各种形式的交流与合作,包括参与一些规模比较大的工程项目的建设,企业应成为合作的主体。

双方领导人谈到禁毒问题,李鹏表示,中国政府一贯重视禁毒工作,正大力加强禁毒措施和缉毒执法。中国对缅甸政府近年来实行的禁毒政策和缉毒行动表示赞赏,愿同缅甸和联合国有关机构密切配合,进一步做好禁毒工作。李鹏说,与毒品祸害作斗争,是与生产、消费和边境有关的国家的共同责任,需要各方共同努力。中国愿意为此作出不懈努力。

丹瑞表示,缅甸政府高度重视这一历史遗留下来的问题,已采取一系列有力措施。缅甸政府深知毒品造成的祸害,决心结合北部贫困山区经济发展规划的实施,予以全面解决,并愿与国际社会开展广泛的合作。

李鹏说,中缅之间有两千多公里的共同边界,我们希望这条边界将永远是一条和平、安定、友好的边界。中国赞赏缅甸政府在稳定政局、实现民族和解、促进经济发展和改善人民生活方面所做的努力和取得的进展。

在谈到中国的对外政策时,李鹏说,中国以经济建设为中心,对外奉行独立自主的和平外交政策,希望有一个长期的和平的外部环境,特别是有一个稳定的周边环境。

就全世界而言,中国愿意在和平共处五项原则基础上同所有国家建立和发展关系;就地区而言,我们一贯重视同邻国发展睦邻友好关系。中国反对别国推行霸权主义,中国自己也决不搞霸权主义,从不谋求势力范围。中国反对别国干涉中国内政,中国自己也从不干涉别国的内政。中国历来主张,每个国家的政府和人民都有权选择符合本国情况的社会制度和发展道路。每个国家的历史文化传统和宗教信仰都应受到充分尊重。

丹瑞说,和平共处五项原则是中国、印度和缅甸三国共同倡导的。40 年来,这些原则的意义和重大影响不仅没有丝毫减弱,而且越来越显示出强大的生命力,已经成为指导国际关系的基本原则。缅甸的外交政策就是以和平共处五项原则为基础,立足于发展同世界各国,特别是邻国的友好关系。

双方领导人还介绍各自国内形势和经济建设的情况。

会谈时,国务委员李贵鲜、交通部长黄镇东、云南省长和志强、外交部副部长唐家璇以及中国驻缅大使陈宝鋆等在座。

缅方参加会谈的有恢委会副主席貌埃、副总理貌貌钦和丁吞、恢委会秘书长钦纽、副秘书长丁吴、外交部长吴翁觉以及缅甸驻华大使吴赛等。

八届全国人大常委会十一次会议举行全体会议

会议听取有关检查法律执行情况的报告和议案审议结果报告等。乔石委员长出席会议。

会议首先听取倪志福副委员长关于检查《反不正当竞争法》、《消费者权益保护法》、《产品质量法》和全国人大常委会《关于惩治生产、销售伪劣商品犯罪的决定》执行情况的报告和布赫副委员长关于检查《农业法》执行情况的报告。全国人大民族委员会副主任委员李学智、法律委员会主任委员薛驹、华侨委员会副主任委员刘振华、环境与资源保护委员会主任委员曲格平分别向会议报告了八届全国人大二次会议主席团交付审议的代表提出的共46项议案的审议结果。会议还分别审议了乔石委员长访问新西兰、澳大利亚、阿根廷、巴西四国，全国人大代表团访问菲律宾、老挝、越南三国，全国人大代表团访问阿尔巴尼亚、克罗地亚两国情况，全国人大代表团访问摩洛哥、突尼斯、阿拉伯联合酋长国三国情况的4个书面报告。

王汉斌副委员长主持上午的全体会议，田纪云、陈慕华、费孝通、孙起孟、雷洁琼、秦基伟、李锡铭、王丙乾、帕巴拉·格列朗杰、王光英、程思远、卢嘉锡、铁木尔·达瓦买提、李沛瑶、吴阶平副委员长和曹志秘书长出席会议。国务院副总理李岚清、最高人民法院院长任建新、最高人民检察院副检察长梁国庆列席会议。

全国审计工作会议在北京开幕

审计署审计长郭振乾在会议上讲话要求，认真贯彻执行《审计法》，推动审计工作进一步发展。

郭振乾说，1994年审计工作取得了显著成绩。1—11月，全国共审计14.3万多个单位，查处违反财经法纪已上缴财政金额33.1亿多元，比上年同期增长122%；决定减少财政拨款和补贴8亿元；决定追还被侵占挪用资金48.8亿元；节省基建投资12亿元，罚款金额2.4亿元。以上可为国家增收节支104.3亿元，比上年同期增加30.3%。

郭振乾指出，1995年是《审计法》开始施行的第一年。要按照《审计法》的规定，向社会公布审计结果。要强化对国家财政收支的审计监督；要加强对国有资产的审计监督；统一组织对国有金融机构的审计，继续抓好重点建设项目审计；进一步搞好对农业、教育、养老和失业保险等专项资金审计；加强外资运用的审计监督；切实加强对政府部门的审计监督；抓紧制定与《审计法》配套的法规。

郭振乾强调，要大力发展内部审计和社会审计。截至9月底，全国已建立内审机构7.8万个，配备专职内审人员10万人，兼职内审人员10.6万人。

中国证监会等四部门就贯彻《关于严厉查处非法外汇期货和外汇按金交易活动的通知》召开会议

中国证监会、国家外汇管理局、国家工商行政管理局、公安部日前召开会议，就贯彻这四部门下发的《关于严厉查处非法外汇期货和外汇按金交易活动的通知》进行研究。

会议强调，目前，我国期货市场处在试点阶段，除了选择少数商品在若干城市进行探索外，必须严加控制。外汇期货和外汇按金交易有很强的投机性、风险性，目前我国开展这项交易有很大弊端，已造成相当大的损失。因此，在今后一段相当长的时间内，我国不进行这方面的试点。各地方政府、各有关部门要认真贯彻国务院的这一方针，坚决查处非法外汇期货和外汇按金交易活动。

全国商品流通工作会议在北京召开

首届"全国十杰中小学中青年教师"评选揭晓

首届"全国十杰中小学青年教师"评选日前揭晓。王思明、马芯兰、冯振飞、韦造祥、张学钊、张再昌、彭中亚、宋飞琼、吴光棣、吴伟国被评为"十杰"教师，另有20名教师获提名奖。

国家主席江泽民全国政协主席李瑞环与部分在京京剧戏曲艺术家和专家在中南海怀仁堂进行座谈

江泽民在座谈会上发表重要讲话。

座谈会由李瑞环主持。李瑞环说，纪念我国著名艺术大师梅兰芳、周信芳诞辰100周年活动很有意义，在海内外产生了较大影响，受到戏曲界和广大文艺工作者的欢迎和支持。党中央、国务院对这项活动十分关心，江泽民总书记邀请部分京剧界、戏曲界的艺术家、专家和有关部门负责人来座谈，目的就是想听听大家对振兴京剧，繁荣戏曲，弘扬民族文化的意见和建议。大家就如何搞好京剧和戏曲的问题，发表很多很好的意见。对此，有关部门将加以整理，认真研究，逐步加以解决。

李瑞环强调，江泽民的讲话，对于弘扬民族艺术、振兴京剧乃至整个戏曲，具有十分重要的意义，一定要认真学习，深刻领会，切实贯彻。最后，李瑞环代表党中央向与会同志并通过他们向全体文艺工作者祝贺新年。

文化部副部长高占祥在座谈会上介绍我国京剧艺术的发展现状和存在的问题，汇报梅兰芳、周信芳诞辰100周年纪念活动的开展情况。

中国文联副主席张君秋，中国剧协副主席郭汉城，粤剧表演艺术家红线女，京剧表演艺术家梅葆玖、马博敏、刘长瑜、尚长荣，湖北省艺术研究所所长余笑予，川剧表演艺术家陈书舫，北京戏曲学校校长孙毓敏，豫剧表演艺术家常香玉，越剧表演艺术家袁雪芬，汉剧表演艺术家陈伯华，评剧表演艺术家新凤霞，上海京剧院青年演员史敏等先后发言，就深化改革、进一步繁荣我国戏剧事业，丰富我国人民精神文化生活等方面提出一些建设性的意见。

中共中央政治局委员、国务委员李铁映，全国人大常委会副委员长王光英，以及中共中央、国务院有关方面负责人曾庆红、刘忠德等出席座谈会。

国家主席江泽民在中南海怀仁堂举行的纪念梅兰芳周信芳诞辰 100 周年座谈会上发表题为《弘扬民族艺术振奋民族精神》讲话

在全国戏曲界、文艺界纪念梅兰芳、周信芳诞辰 100 周年的日子里，我们举行座谈会，目的是共同商量如何振兴京剧乃至整个戏曲和民族艺术的大计。

梅兰芳、周信芳是京剧艺术大师，为我们国家的京剧和戏曲艺术的发展作出了彪炳千秋的贡献。他们生活在从半殖民地、半封建旧中国向社会主义新中国转变的时代。这个时代在政治、军事、理论、教育和文化艺术等各个方面，都造就了一批杰出的伟大的人物。梅兰芳、周信芳以自己精湛的京剧表演艺术，在群众中产生了广泛的影响。他们都有深挚的爱国主义精神、自觉的奉献精神、强烈的革新进取精神，为弘扬民族艺术奋斗了一生，奉献了一生。梅兰芳、周信芳不愧为京剧界和戏曲界的一面旗帜，而且毫不逊色地跻身于世界戏剧艺术大师之林。

京剧是我们民族艺术的瑰宝。新中国成立以后，梅兰芳、周信芳等一代京剧艺术家继往开来，推陈出新，使京剧艺术顺应时代的进步、社会的发展和人民的需要，焕发了新的活力，同时，我国整个戏剧舞台也呈现出百花齐放的局面。这个局面是广大戏曲艺术家和民族艺术工作者以坚韧不拔、勇于革新的精神共同创造的。戏剧和戏曲要继续发展，还需要大家克服很多的困难，孜孜不倦地去实践和探索。我们的广大京剧和戏曲工作者，包括壮心不已的老艺术家、精益求精的中年艺术家、英姿勃发的青年艺术家，正在为此做出新的贡献。我代表党中央向大家表示崇高的敬意！

我们今天纪念梅兰芳、周信芳，就是要通过研究两位大师的艺术成就，进一步总结这些年京剧和戏曲工作的经验，发扬成绩，弥补不足，做好振兴京剧、振兴戏曲、振兴民族艺术这篇文章。以京剧为代表的民族戏曲艺术，是我国整个民族艺术的重要组成部分。弘扬民族艺术，振奋民族精神，是向广大群众特别是青少年进行爱国主义教育的重要内容，是建设社会主义精神文明的重要内容，是发展社会主义文化事业的迫切要求。

中华民族是一个有五千年灿烂历史文化传统和巨大生命力、创造力的伟大民族，如果不深深地植根于自己的土地，从自己人民的需要出发，坚持继承和发展自己的民族艺术，在文化艺术领域丧失独立性，最终就会成为外国特别是西方文化的附庸，这是非常危险的。同时，我们对于西方国家和其他国家的一切优秀的、进步的文化艺术成果，要注意积极学习和借鉴，如果拒绝学习和借鉴，那也是错误的。

当前提出振兴京剧、振兴戏曲、振兴民族艺术，再创辉煌，具有重大而深远的意义。为了实现振兴民族艺术的历史任务，首先需要有一个明确的指导思想。党中央制定了文化工作的一整套方针政策。为人民服务、为社会主义服务的方向，百花齐放、百家争鸣的方针，古为今用、洋为中用、推陈出新的方针，弘扬主旋律、提倡多样化的方针，改革管理体制、繁荣创作演出的政策，这些都是我们发展和振兴包括京剧在内的民族艺术的指导思想。我们在京剧界、戏曲界要提倡学习，形成学习的空气。要认真学习马列主义、毛泽东思想和邓小平同志建设有中国特色社会主义的理论，学习毛泽东文艺思想和《邓小平论文艺》，认真贯彻党中央关于社会主义精神文明建设、关于文艺工作的方针政策，从而坚定信念，明确目标，坚持不懈地致力于振兴和发展我们的民族艺术。

振兴京剧和民族艺术，需要有一大批立志献身这一事业的优秀人才。我们要有战略眼光，努力造就二十一世纪的京剧人才、民族艺术人才。要办好戏曲和艺术院校。不仅文化部要办好直属院校，各个省、区、市也要办好戏曲学校或戏曲系科。戏曲学院的工作重点，是全面提高青年人才的品德和艺术修养。希望有成就有影响的老、中年艺术家，到戏曲院校任教。在办好院校的基础上，要创造条件使青年人才尽早有实践的机会。

还要重视对少年儿童进行民族文化艺术的教育和熏陶。要提倡老一辈艺术家带徒弟，像梅兰芳、周信芳和其他老艺术家那样，关心、提携人才，甘为人梯。要提倡尊师爱徒，特别是青年演员要学习老一辈的高尚品德和敬业精神。各级党委和政府特别是文化部门，要关心民族艺术工作者，努力改善他们的工作和生活条件，使他们能专心致志地从事创作和演出。要在全社会造成一种尊重民族艺术、尊重民族艺术家的好风气。

振兴京剧和戏曲的重要标志是好戏迭出。要做到好戏迭出，必须大力抓好创作和演出。我们有“三并举”的剧目政策，就是现代戏、新编的古代戏以及整理加工改编的传统戏，都要重视。梅兰芳、周信芳的成就和功绩，不仅在于他们苦练基本功，继承了前辈的精华，而且他们还新创了一批优秀的剧目，丰富了舞台演出，进而锤炼成典范。京剧要振兴，京剧艺术本身也需要进行改革，这种改革，不是把京剧改成别的东西，而是要继续像五十年代那样，对旧剧目推陈出新，去粗取精，去伪存真，取其精华，去其糟粕。今天，在我们建设社会主义精神文明和繁荣有中国特色的社会主义戏曲艺术的时候，绝不能对戏曲舞台上不健康的、宣传愚昧落后的、与时代不合拍的演出放任不管。我们要弘扬主旋律，提倡多样化，特别要提倡和鼓励创作出一批反映社会主义现代化建设时代风貌、鼓舞人们奋发向上的作品，把最美的精神食粮奉献给人民。希望广大的民族艺术工作者积极地投身于改革开放和现代化建设的生活中去，熟悉生活，了解人民，积累素材，激发灵感，努力创作出雅俗共赏、为群众喜闻乐见、具有艺术感染力的作品。

京剧和其他民族艺术，是长期积累和发展起来的精神产品，具有教育人、陶冶人、愉悦人的作用，而不是一般意义的、以盈利为目的的商品。这就要求我们的艺术家们在创作和演出的时候，一定要想到观众，一定要在思想内容和艺术上下功夫，既有思想性，又有艺术性、观赏性。否则，就谈不上社会效益和经济效益。

在发展社会主义市场经济的条件下，京剧和其他民族艺术表演团体在管理体制上要进行改革，增强民族艺术的活力，建立一种民族艺术自我发展的新机制。在改革中，对那些代表国家水平，在中国戏曲史上占有重要地位的剧种、剧团，要加以保护。要发挥政府、社会、集体几个积极性来办好剧团，建立一种可靠的稳定的经费来源机制和制定必要的扶持政策。国家要集中力量办好少量的国家剧团。文化部门和剧团要努力组织好演出，增加经费收入。同时，要提倡社会各个方面支持民族艺术的创作和演出。我们高兴地看到，文化体制改革的深入发展和社会的支持，正在为民族艺术的发展创造越来越好的环境和条件。

振兴京剧和民族艺术的工作，都要坚持和加强党的领导。各级党委特别是文化部门的党组，要帮助民族艺术工作者掌握党的文艺理论和方针政策，坚持不懈地进行深入细致的思想政治工作，加强爱国主义、集体主义、社会主义的教育。我们的京剧艺术家、戏曲艺术家和广大民族艺术工作者，要在建设有中国特色社会主义的伟大实践中，坚持全心全意为人民服务，为弘扬民族艺术、振奋民族精神，紧密地团结起来。在宣传部门、文化部门、戏曲战线工作的共产党员和党的干部，要以身作则，成为表率，同艺术家交朋友，既要虚心向他们学习，耐心倾听他们的意见，积极支持他们的工作，又要诚心诚意地从思想上、政治上、生活上帮助他们，多办实事。我们相信，经过大家共同的努力，一定能够在京剧界、戏曲界和整个民族艺术界，激发历史责任感和荣誉感，增强凝聚力和创造力。

同志们，我们的民族艺术取得的成就是辉煌的，积累的经验是可贵的，发展前景是光明的。在中国共产党的领导下，只要我们坚定不移地奋斗下去，我们的京剧艺术、戏曲艺术和整个的民族艺术，就一定能在二十一世纪提高到一个新的水平！

全国城镇企业职工养老保险制度改革试点工作会议在北京举行

国务院副总理邹家华在会上提出，养老保险制度的改革，要从我国是一个社会主义国家，经济正在加速发展，人民生活水平也在不断提高，但人口众多而且老龄化速度很快，不同地区的经济基础和发展条件很不平衡等特点出发，把实行社会统筹与个人账户相结合作为首要原则，同时要注意养老保险水平与我国生产力水平及各方面的承受能力相适应，公平与效率相结合，权利与义务相统一，政事分开，服务社会化，改革方案要周密设计，精心组织，循序渐进，实现平稳过渡。经过改革，到本世纪末，基本建立起适应社会主义市场经济体制要求，资金来源多渠道、养老保险多层次、权利义务相对应、管理服务社会化的养老保险体系，建立起适用于多种所有制和多种经济成分中各类劳动者的统一制度、统一标准、基金调剂使用、统一管理的基本养老保险制度。

1994 年中国医药科技十大新闻揭晓

由卫生部、总后卫生部、国家科委、中国科协、健康报等 8 家单位评选出的十大新闻是：1. 我国人类基因组、基因工程研究进展显著；2. 丙、丁型肝炎及肝癌防治研究获重大进展；3. 我国首例人体异体小肠移植术成功；4. 我国人工合成麝香；5. 我国率先在国际上实现用动物骨骼代替人体植骨材料；6. 我国首创的乙脑减毒活疫苗大面积应用取得明显免疫效果；7. 上海第二医科大学王振义教授率先在国际上应用诱导分化疗法治疗白血病，获国际凯特林医学奖；8. 首例冻融胚胎临床移植妊娠在北京医科大学第三医院成功；9. 我国麻醉类等国家基本药物遴选完成；10. 我国首次表彰边远地区优秀医学科技工作者。

12 月 28 日

八届全国人大常委会十一次会议举行全体会议

会议听取全国人大法律委员会主任薛驹关于《监狱法》、《法官法》、《检察官法》三个法律草案修改稿审议意见的汇报，并进行大会讨论。

全国人大常委会委员长乔石出席会议。会议由王光英副委员长主持。

薛驹说，本次会议对《监狱法（草案）》修改稿进行了审议。常委会委员们认为,《监狱法(草案)》修改稿吸收了常委委员和各方面的意见,比较成熟,本次会议可以通过,同时提出了一些修改意见。法律委员会、内务司法委员会根据常委委员们的意见,逐条进行了研究,作了修改。

薛驹说,有的委员提出,对私放罪犯、私自为罪犯传递信件或者物品、放弃职守让他人代为行使监管职权等严重违法行为应当作出规定,并且应当明确规定违反上述规定的法律责任。因此,建议草案对此增加相应规定。根据有些委员的意见,《监狱法(草案)》还作了其他内容上的修改。

关于《法官法》、《检察官法(草案)》修改稿,薛驹说,本次会议对这两个法律草案修改稿进行了审议,常委委员们对设立法官、检察官考评委员会,确立法官、检察官的职务等级等问题提出了许多不同意见。法律委员会、内务司法委员会根据常委委员们的意见进行了审议,考虑到对这些问题还需要进一步研究修改,建议暂不提交本次会议表决。

会议还进行大会讨论。孙起孟副委员长和冯克煦委员联合发言,就《教育法(草案)》关于教育方针中的一个提法提出了修改建议;柳随年委员就制定两个《银行法》值得注意和研究的问题发言;楚庄、潘季委员就教育工作中的一些问题分别发言;李登海委员在发言中建议制定《种子法》和《种子专利法》;章瑞英委员和张国祥委员联合发言,要求重视解决部分职工生活困难问题;杨振怀委员在发言中强调,治理江河水污染刻不容缓;江小珂委员在发言中认为,大气污染形势严峻,必须抓紧修改《大气污染防治法》;王淑贤委员发言强调,在民主和法制建设中,要加强对妇女权益的保护;孙廷芳委员进行书面发言,题目是:国务院发出《关于进一步加强药品管理工作的紧急通知》,要协力分工,坚决贯彻;阴法唐委员在会上就精神文明建设方面的有关问题作了书面发言。

全国人大常委会副委员长田纪云、王汉斌、倪志福、陈慕华、费孝通、孙起孟、雷洁琼、秦基伟、李锡铭、王丙乾、帕巴拉·格列朗杰、程思远、卢嘉锡、布赫、铁木尔·达瓦买提、李沛瑶、吴阶平,秘书长曹志出席会议。

国务委员宋健、最高人民法院副院长谢安山、最高人民检察院副检察长梁国庆列席会议。

全国总工会表彰全国职业道德标兵

全国总工会决定:授予朱莲香等10名同志"全国职业道德标兵"称号;授予刘媛媛等20名同志"全国职业道德先进个人"称号。

全总号召全国各行各业职工以全国职业道德标兵和先进个人为榜样,在发展社会主义市场经济的过程中,树立正确的人生观、价值观,不断提高自己的思想道德素质和科学文化素质,发扬工人阶级的主人翁精神,为我国的改革、发展、稳定做出更大的贡献。

荣获"全国职工道德标兵"称号的10位职工是:朱莲香(女)、马桂宁、张永江、王贞琴(女)、赵雪芳(女)、陈玉亭、周晓瑾(女)、孙春明、司胜战、包文霞(女)。

10位全国职业道德标兵向全国职工发出题为《爱国敬业当好主人》的倡议书。他们倡议:把爱国之情、报国之志转化为积极支持改革、投身改革、敬业爱岗、为国争光、为企业分忧的实际行动,自觉地与党和政府同心同德,与企业共命运,为促进改革、发展和稳定做贡献。

标兵们还倡议:从现在做起,从我做起,人人争当职业道德的模范。

最高人民法院纪念建院45周年

最高人民法院上午在新近落成的该院审判法庭集会,纪念建院四十五周年。

党和国家领导人中共中央总书记江泽民、国务院总理李鹏、全国人大常委会委员长乔石、全国政协主席李瑞环等分别题词祝贺。江泽民题词是:"加强社会主义法制建设,为改革开放和经济建设服务。"李鹏题词是:"健全社会主义法制,促进市场经济发展。"乔石题词是:"廉正清明,有法必依,执法必严,违法必究。"李瑞环题词是:"清正廉明"。

中共中央书记处书记、中央政法委书记、最高人民法院院长任建新在纪念大会上讲话。他在回顾最高人民法院和各级人民法院四十五年来运用审判机关的职能,配合党和国家的各项中心工作,为保障社会主义建设事业和改革开放事业的顺利进行做出的重要贡献后指出,人民法院的各项审判工作已进入全面发展的新时期,初步建立具有中国特色的社会主义法院体制和审判制度。

国务院副总理钱其琛在中南海紫光阁会见由主席曾钰成率领的香港民主建港联盟访京团

钱其琛强调说,香港回归祖国是大势所趋,人心所向,是任何力量也阻挡不了的。

钱其琛说,中英关于香港问题的《联合声明》自1984年签署以来,前半段中英合作较好,后半段由于国际上出现了一股反华浪潮,英方错误地估计了形势。但近几年的事实表明,中国是稳定的、发展的,既没有被压垮,也没有发生内乱。目前,距香港回归祖国只有两年多的时间,我们希望英方加强同中方合作。他说,

"双方合作得好麻烦就少。合作不好麻烦就多,但即使如此,我们相信,香港也一定能实现平稳过渡。"

谈到香港公务员问题时,钱其琛强调说,香港公务员队伍的稳定对香港平稳过渡起着十分重要的作用。他表示,除未来香港特别行政区主要官员须中央政府任命外,其他公务员可以在原工作岗位上留用,过渡到特区政府。这种安排是有利于整个香港公务员队伍的正常运转的。他希望香港公务员无论是现在,还是在特区成立之后,都安心、努力地工作。

钱其琛说,高举"爱国爱港"的旗帜是十分重要的,因为香港的前途和祖国的前途紧密联系在一起。爱国与爱港是一致的,港人努力奋斗建设香港也是祖国建设的一部分。他希望民建联能继续为保持香港的繁荣和稳定作出新的贡献,并表示相信,随着1997年的临近,任何与祖国搞对抗的企图都不符合广大港人的意愿,也是同"一国两制"的精神相违背的。

会见中,钱其琛还听取了客人们对预委会工作提出的意见和建议。

国务院副总理朱镕基在人民大会堂会见以主席曾钰成为团长的香港民主建港联盟访京团

中共中央政治局委员吴邦国在内蒙古考察

12月28日下午至1995年1月2日上午,吴邦国对内蒙古进行为期5天的工作考察,先后考察了呼和浩特、包头市的十多家工业企业。

在谈到当前工作时,吴邦国说,贯彻落实中央经济工作会议精神,要统一思想,狠抓落实。要严格控制物价上涨,这是关系到群众生活、社会稳定和促进经济持续、快速、健康发展的大事。搞活国有大中型企业事关全局,要狠抓产业结构调整和企业的技术改造,着眼于提高经济增长质量和效益。吴邦国强调指出:深化企业改革的目的在于增强国有大中型企业的活力。大量事实说明,坚持改革、改组、改造相结合,加大技术改造力度,全面推动企业技术进步,是提高企业素质与效益的有效途径。吴邦国说,依托原有企业搞技术改造较之新上项目,投资省、周期短、投入产出比高,对加快企业产品结构调整,降低产品成本,提高产品技术含量和企业整体素质具有独特的优势。加大国有大中型企业技术改造力度,逐步提高技术改造在固定资产投资中的比重,是深化国有大中型企业改革要解决的重要课题之一。

吴邦国说,技术改造也要讲究效益,增强市场观念。技术改造要面向市场,着眼于企业技术进步和效益提高。而提高技术改造效益的重要措施,就是通过深化企业改革,逐步确立企业产权主体、市场竞争主体、投资主体的地位,建立企业投资风险责任制。改变目前存在的企业向政府、下级政府向上级政府争项目,盲目铺摊子,重速度、轻效益的现象。

吴邦国强调说,技术改造要向优势产业、优势企业倾斜,这不仅可提供有效供给,获取可观经济效益,还可大大促进地区工业内部结构、产品结构和企业组织结构的调整,加快地区支柱产业和大型企业集团的形成,提高整个国有经济的整体效益。

国务院反假货币工作第一次联席会议在北京召开

为加强对反假货币工作的领导,经国务院批准,建立由各有关部门参加的国务院反假货币工作联席会议制度。日前第一次联席会议在北京召开。

会议指出,近期要着重抓好以下几个方面的工作:一是配合新闻媒介加强有关人民币知识的宣传,提高公众防假人民币的意识和能力,教育人民群众把爱护、保护人民币作为自己的职责。二是加强培训工作,不仅要加强对反假币工作人员的培训,还要加强对银行出纳人员和企事业单位财会人员的培训。三是加强立法,对伪造、贩运及使用假人民币的犯罪分子依法严厉打击,以维护人民币的信誉。四是加强对反假币仪器的管理。

中共中央政治局常委胡锦涛到北京第二棉纺厂看望职工并与来自首都各行业的劳动模范座谈

首都纪念毛泽东"开发矿业"题词45周年

一九四九年十二月三十一日,毛泽东在莫斯科接见我留苏学生代表时,写下了"开发矿业"的题词。首都隆重集会,纪念毛泽东题词四十五周年。国务院总理李鹏发来了贺信,国务院副总理邹家华到会作重要讲话。

这次纪念活动是由中国矿业协会、全国总工会、地质矿产部、煤炭部、冶金部、化工部、国家建材局、石油天然气总公司、有色金属总公司、核工业总公司等单位共同主办的。

国务院总理李鹏在仰光举行记者招待会

国务院总理李鹏上午在圆满结束对缅甸为期3天的正式友好访问前,在仰光议会大厦举行中外记者招待会,就中缅两国的双边关系及其他问题回答记者们的提问。

缅通社记者:总理阁下,您对缅甸的访问即将结束,请您谈谈这次访问的主要目的和成果。

李鹏:我这次应缅甸联邦国家恢复法律和秩序委员会主席兼政府总理丹瑞大将的邀请前来进行正式友

好访问,受到了缅甸政府和人民的热情友好接待。访问时间虽短,但取得了圆满成功。中缅两国是山水相连的友好邻邦,有着2000多公里的共同边界。我这次访缅的主要目的就是:增进相互了解,加强互利合作,推动双边睦邻友好关系稳定地向前发展。

这一目的已经达到。我同丹瑞主席举行了正式会谈,我们还进行了几次会晤,就双边关系、地区及国际形势广泛地交换了意见。此外,双方还通报了各自国内的情况。在很多问题上取得了共识。

《人民日报》记者:请您谈谈在当前形势下,中缅两国的经贸合作应该如何继续发展?

李鹏:这几年中缅两国之间的贸易关系有了较大发展,特别是边贸比较活跃。去年我们进一步开放了几个边境城市,其中包括面向缅甸的瑞丽和畹丁,这对两国进一步发展贸易关系提供了有利条件。中国正在实行社会主义市场经济,缅甸也在实行市场经济,企业已逐步成为经贸合作的主体。我们希望,两国企业界增加接触和往来,深入了解彼此的需求和合作的可行性,使经贸关系逐步转为按国际惯例办事。两国政府将积极推动企业界的合作,并给予政策指导。我相信,两国经贸关系在新的形势下必将取得更大的发展。

缅甸记者:据我们了解,在您访缅的日程中原打算签署一些双边协议,但后来没有签署,是何原因?

李鹏:我这次来访的一项主要日程,是同缅甸领导人就进一步发展中缅传统睦邻友好关系和在当前条件下开展互利合作的经贸关系的一些基本原则交换意见。我们所取得的广泛共识已在双方发表的联合新闻公报中得到了充分的体现。这些原则对我们进一步开展平等互利的经贸合作奠定了基础。两国领导人已责成双方有关部门根据这些原则对合作项目进行具体磋商。

日本共同社记者:西方一些国家一直在指责亚洲国家有践踏人权的行为,您对此有何评论?另外,有两家西方通讯社在评论您对缅甸的访问时说,中国同缅甸发展关系是想在印度洋发展自己的势力,您对此有何看法?

李鹏:首先谈谈人权。发展中国家有自己的人权观。人权的含义是广泛的,不仅包括政治权利,而且还包括生存权和发展权。中国同许多亚洲国家及其他发展中国家在人权问题上有着相近或一致的观点,由于文化、历史传统和经济发展水平的差异,各国在人权问题上有不同的看法不足为怪。有分歧可以进行平等友好的讨论和对话,但不允许借人权来干涉别国的内政。

所谓中国要在印度洋发展势力的报道是别有用心的捏造,是完全没有根据的。中国是一个发展中国家,我们正在致力于现代化建设,对外奉行独立自主的和平外交政策。中国反对霸权主义,中国自己也不搞霸权主义,不谋求任何势力范围。中国政府没有在中国境外派遣一兵一卒。我这次访问也没有涉及军事问题。

日本《朝日新闻》记者:中国对缅甸国内人权状况有何看法?

李鹏:这是缅甸的内政。不干涉别国的内政是中国政府的一贯政策。缅方在会谈时向我们介绍,缅甸政府正致力于实现民族和解,并取得了进展。在这里我想强调,对于我们发展中国家来说,稳定是至关重要的。没有稳定的政局,就谈不上经济的发展和人民生活水平的提高。

中新社记者:总理昨天在中国驻缅大使馆会见了当地的华侨、华人代表,请您谈谈中国政府有关对华侨、华人的政策以及对旅缅华侨、华人的期望。

李鹏:我们对华侨、华人的政策是一贯的,也是明确的。缅甸的华侨、华人为数不少。华侨保留了中国国籍,是中国公民侨居国外。我们要求他们遵守居住国的法律,尊重当地风俗习惯,与当地其他各族人民友好相处。华人已加入了缅甸国籍,他们是缅甸的公民,因为有着中国的血统,可以说他们是我们的亲戚。我们希望他们能够忠于自己的国家——缅甸,为当地的经济和社会发展作出贡献,同时为增进中缅友好合作关系作出努力。中国恪守和平共处五项原则,过去、现在和将来都不会利用华侨和华人谋求私利或干涉别国的内政。

新华社记者:总理,您对中缅两国关系的现状怎么看?对两国关系今后的发展有何展望?

李鹏:中缅两国是友好邻邦,有着传统的"胞波"情谊,彼此不存在任何有争议的问题。近年来在和平共处五项原则指导下,经过双方共同努力,中缅关系稳步发展。对此,我们感到满意。对今后两国关系的发展前景我们是乐观的。

国务院总理李鹏代表中国政府在北京正式签署《关于亚太地区残疾人全面参与和平等的宣言》

李鹏总理近日代表中国政府签署《关于亚太地区残疾人全面参与和平等的宣言》

中国和缅甸发表联合新闻公报

在中国国务院总理李鹏结束对缅甸的3天正式友好访问时,中缅双方发表联合新闻公报,详细摘要如下:

应缅甸国家恢复法律和秩序委员会主席兼联邦总理丹瑞大将的邀请,中华人民共和国国务院总理李鹏于1994年12月26日至28日对缅甸联邦进行了正式友好访问。

李鹏总理和夫人朱琳一行受到缅甸政府和人民的热烈欢迎，体现了两国政府和人民之间传统的胞波友谊。李鹏总理对有机会在和平共处五项原则发表40周年之际访问缅甸联邦感到非常高兴，并向缅甸人民转达了中国人民的热情问候和良好祝愿。

访缅期间，中国贵宾参观了象征两国合作成就的建设项目，游览了文化古迹，了解了缅甸正在进行的变革。

李鹏总理拜会了缅甸国家恢复法律和秩序委员会主席兼联邦总理丹瑞阁下并同他进行了正式会谈。李鹏总理还接受了缅甸国家恢复法律和秩序委员会秘书长钦纽中将的拜会。

李鹏总理和丹瑞主席就双边关系问题、地区和国际问题及其他共同感兴趣的问题广泛、深入地交换了意见。会谈是在热情友好的气氛中进行的，体现了两国长期以来相互尊重、相互理解的密切关系。双方对李鹏总理这次访问取得的成果感到满意，认为这将进一步推动两国睦邻友好合作关系的发展，并将对地区的和平、稳定与发展产生积极的影响。

缅方向李鹏总理介绍了本国正在进行的影响深远的制宪、政治、经济和社会变革以及为实现民族和解所做的努力。缅方重申了以和平共处五项原则为基础的独立的外交政策及积极参加不结盟运动的立场。

李鹏总理向缅方系统介绍了中国改革开放和社会主义建设的情况以及对国际形势的看法和主张。中方认为，当今世界仍处于新旧格局转变的过程中，多极化趋势加速发展。中国愿与缅甸及其他亚洲国家一道，继续高举和平共处五项原则的旗帜，为建立公正合理的国际政治、经济新秩序，把一个更加和平、稳定、繁荣、发展的亚洲带入21世纪而共同努力。

1994年是中缅两国和印度共同倡导的和平共处五项原则40周年。双方一致认为，两国在五项原则基础上进一步发展睦邻友好和互利合作关系符合两国的根本利益，并将为本地区的和平、稳定和发展做出积极的贡献。双方认为，世界各国都有权按照本国的传统、文化、历史背景和人民的意愿自由选择其社会制度和发展道路。

双方回顾了当前地区和国际形势的发展，并满意地看到双方在许多地区和国际问题上具有广泛的共识。双方认为，维护和平与稳定、加强双边和区域经济合作是亚洲各国人民的共同愿望。双方均表示愿为地区和平、安全、稳定和经济合作做出自己的努力。

李鹏总理一行高兴地看到缅甸政府和人民正在为实现经济发展、提高人民生活、维护社会稳定、促进民族和解与活跃对外交往做出的积极努力。

两国领导人满意地看到，双边关系近年来得到全面加强，重申愿进一步加强在经济、农业、环境、文化、旅游、林业、教育、科学及禁毒等领域的合作。

李鹏总理和夫人朱琳就他们及中国代表团所受到的盛情款待向丹瑞主席和夫人表示诚挚的感谢。

李鹏总理代表中华人民共和国主席江泽民并以他本人的名义邀请丹瑞阁下在方便的时候访问中国，丹瑞阁下愉快地接受了邀请，并请李鹏总理转达他对江泽民主席的亲切问候及访问缅甸的邀请。

国内最大通信系统研究开发基地在电子工业部第54研究所建成

国务院残疾人工作协调委员会第三次全会在北京举行

国务院残疾人工作协调委员会在北京举行第三次全体会议，总结“八五”计划执行情况，安排1995年工作。会议提供的情况表明，我国执行残疾人事业“八五”计划成果显著，残疾人状况进一步改善。

国务委员、国务院残疾人工作协调委员会主任彭珮云主持会议并讲话。33个部门负责人出席会议。

会议要求，本着对国家计划和广大残疾人负责的精神，“八五”计划规定的任务不仅全国要从总体上完成，而且各地区、各业务领域都要完成。会议针对一些薄弱环节，提出了解决措施。会议特别强调，温饱是残疾人生存的基本条件，解决残疾人的温饱问题是社会主义制度的本质体现和国家实现第二步战略目标的要求，要做好康复扶贫和救济残疾人特困户的工作，落实对处于“赤贫”状态残疾人的救济补助。

会议还布置“八五”计划的总结检查和“九五”计划的制订工作。

12月29日

八届全国人大常委会十一次会议闭幕

138位常委会组成人员出席会议，乔石委员长主持会议并讲话。

乔石说，一年来，经过大家的共同努力，常委会的立法、监督等各项工作都取得了一定进展。明年我们面临的任务依然很繁重，常委会要继续坚持以邓小平同志建设有中国特色的社会主义理论和党的基本路线为指导，遵照小平同志“为了保障民主，必须加强法制”的精神，把社会主义民主和法制建设作为根本任务，认真履行宪法赋予的各项职责。要继续加快立法步伐，抓紧出台一批有关社会主义市场经济方面的法律。要进一步改进和加强监督工作，保障宪法和法律的实施。

为确保各项改革措施的落实，保持国民经济持续、快速、健康发展，维护国家稳定，促进社会全面进步，做出新的贡献。

新中国第一部《监狱法》以136票赞成获得通过。会议还通过了将《教育法》、《中国人民银行法》两个法律草案提请八届全国人大三次会议审议的决定；通过了关于召开第八届全国人大第三次会议的决定；通过了全国人大常委会关于批准《中国和泰王国关于民商事司法协助和仲裁合作的协定》、《中国和哈萨克斯坦共和国关于中哈国界的协定》、《中国和阿拉伯埃及共和国关于民事、商事和刑事司法协助的协定》、《中国和俄罗斯联邦关于中俄国界西段的协定》等4个决定；通过了全国人大民族委员会、法律委员会、华侨委员会、环境与资源保护委员会关于八届全国人大二次会议主席团交付审议的代表提出的议案审议结果的报告；通过了任命王立平为八届全国人大民族委员会委员，杨伟炎、陶西平为全国人大教科文卫委员会委员以及其他任免名单。

田纪云、王汉斌、倪志福、陈慕华、费孝通、孙起孟、雷洁琼、秦基伟、李锡铭、王丙乾、帕巴拉·格列朗杰、王光英、程思远、布赫、铁木尔·达瓦买提、李沛瑶、吴阶平副委员长和曹志秘书长出席会议，国务委员彭珮云、最高人民法院院长任建新列席会议。

八届全国人大常委会十一次会议通过全国人大常委会任免名单

批准免去杨有才的西藏自治区人民检察院检察长职务。

国家主席江泽民签署第35号令公布《中华人民共和国监狱法》

《中华人民共和国监狱法》已由中华人民共和国第八届全国人民代表大会常务委员会第十一次会议于1994年12月29日通过，现予公布，自公布之日起施行。

中华人民共和国主席 江泽民

1994年12月29日

中华人民共和国监狱法

第一章 总 则

第一条 为了正确执行刑罚，惩罚和改造罪犯，预防和减少犯罪，根据《宪法》，制定本法。

第二条 监狱是国家的刑罚执行机关。

依照刑法和刑事诉讼法的规定，被判处死刑缓期二年执行、无期徒刑、有期徒刑的罪犯，在监狱内执行刑罚。

第三条 监狱对罪犯实行惩罚和改造相结合、教育和劳动相结合的原则，将罪犯改造成为守法公民。

第四条 监狱对罪犯应当依法监管，根据改造罪犯的需要，组织罪犯从事生产劳动，对罪犯进行思想教育、文化教育、技术教育。

第五条 监狱的人民警察依法管理监狱、执行刑罚、对罪犯进行教育改造等活动，受法律保护。

第六条 人民检察院对监狱执行刑罚的活动是否合法，依法实行监督。

第七条 罪犯的人格不受侮辱，其人身安全、合法财产和辩护、申诉、控告、检举以及其他未被依法剥夺或者限制的权利不受侵犯。

罪犯必须严格遵守法律、法规和监规纪律，服从管理，接受教育，参加劳动。

第八条 国家保障监狱改造罪犯所需经费。监狱的人民警察经费、罪犯改造经费、罪犯生活费、狱政设施经费及其他专项经费，列入国家预算。

国家提供罪犯劳动必需的生产设施和生产经费。

第九条 监狱依法使用的土地、矿产资源和其他自然资源以及监狱的财产，受法律保护，任何组织或者个人不得侵占、破坏。

第十条 国务院司法行政部门主管全国的监狱工作。

第二章 监 狱

第十一条 监狱的设置、撤销、迁移，由国务院司法行政部门批准。

第十二条 监狱设监狱长一人、副监狱长若干人，并根据实际需要设置必要的工作机构和配备其他监狱管理人员。

监狱的管理人员是人民警察。

第十三条 监狱的人民警察应当严格遵守宪法和法律，忠于职守，秉公执法，严守纪律，清正廉洁。

第十四条 监狱的人民警察不得有下列行为：

（一）索要、收受、侵占罪犯及其亲属的财物；

（二）私放罪犯或者玩忽职守造成罪犯脱逃；

（三）刑讯逼供或者体罚、虐待罪犯；

（四）侮辱罪犯的人格；

（五）殴打或者纵容他人殴打罪犯；

（六）为谋取私利，利用罪犯提供劳务；

（七）违反规定，私自为罪犯传递信件或者物品；

（八）非法将监管罪犯的职权交予他人行使；

（九）其他违法行为。

监狱的人民警察有前款所列行为，构成犯罪的，依法追究刑事责任；尚未构成犯罪的，应当予以行政处分。

第三章 刑罚的执行

第一节 收 监

第十五条 人民法院对被判处死刑缓期二年执行、

无期徒刑、有期徒刑的罪犯,应当将执行通知书、判决书送达羁押该罪犯的公安机关,公安机关应当自收到执行通知书、判决书之日起一个月内将该罪犯送交监狱执行刑罚。

罪犯在被交付执行刑罚前,剩余刑期在一年以下的,由看守所代为执行。

第十六条 罪犯被交付执行刑罚时,交付执行的人民法院应当将人民检察院的起诉书副本、人民法院的判决书、执行通知书、结案登记表同时送达监狱。监狱没有收到上述文件的,不得收监;上述文件不齐全或者记载有误的,作出生效判决的人民法院应当及时补充齐全或者作出更正;对其中可能导致错误收监的,不予收监。

第十七条 监狱应当对交付执行刑罚的罪犯进行身体检查。经检查,被判处无期徒刑、有期徒刑的罪犯有下列情形之一的,可以暂不收监:

(一)有严重疾病需要保外就医的;

(二)怀孕或者正在哺乳自己婴儿的妇女。

对前款所列暂不收监的罪犯,应当由交付执行的人民法院决定暂予监外执行。对其中暂予监外执行有社会危险性的,应当收监。暂予监外执行的罪犯,由居住地公安机关执行刑罚。前款所列暂不收监的情形消失后,原判刑期尚未执行完毕的罪犯,由公安机关送交监狱收监。

第十八条 罪犯收监,应当严格检查其人身和所携带的物品。非生活必需品,由监狱代为保管或者征得罪犯同意退回其家属,违禁品予以没收。

女犯由女性人民警察检查。

第十九条 罪犯不得携带子女在监内服刑。

第二十条 罪犯收监后,监狱应当通知罪犯家属。通知书应当自收监之日起五日内发出。

第二节 对罪犯提出的申诉、控告、检举的处理

第二十一条 罪犯对生效的判决不服的,可以提出申诉。

对于罪犯的申诉,人民检察院或者人民法院应当及时处理。

第二十二条 对罪犯提出的控告、检举材料,监狱应当及时处理或者转送公安机关或者人民检察院处理,公安机关或者人民检察院应当将处理结果通知监狱。

第二十三条 罪犯的申诉、控告、检举材料,监狱应当及时转递,不得扣压。

第二十四条 监狱在执行刑罚过程中,根据罪犯的申诉,认为判决可能有错误的,应当提请人民检察院或者人民法院处理,人民检察院或者人民法院应当自收到监狱提请处理意见书之日起六个月内将处理结果通知监狱。

第三节 监外执行

第二十五条 对于被判处无期徒刑、有期徒刑在监内服刑的罪犯,符合刑事诉讼法规定的监外执行条件的,可以暂予监外执行。

第二十六条 暂予监外执行,由监狱提出书面意见,报省、自治区、直辖市监狱管理机关批准。批准机关应当将批准的暂予监外执行决定通知公安机关和原判人民法院,并抄送人民检察院。

人民检察院认为对罪犯适用暂予监外执行不当的,应当自接到通知之日起一个月内将书面意见送交批准暂予监外执行的机关,批准暂予监外执行的机关接到人民检察院的书面意见后,应当立即对该决定进行重新核查。

第二十七条 暂予监外执行的罪犯,由居住地公安机关执行。原关押监狱应当及时将罪犯在监内改造情况通报负责执行的公安机关。

第二十八条 暂予监外执行的情形消失后,刑期未满的,负责执行的公安机关应当及时通知监狱收监;刑期届满的,由原关押监狱办理释放手续。罪犯在暂予监外执行期间死亡的,公安机关应当及时通知原关押监狱。

第四节 减刑、假释

第二十九条 被判处无期徒刑、有期徒刑的罪犯,在服刑期间确有悔改或者立功表现的,根据监狱考核的结果,可以减刑。有下列重大立功表现之一的,应当减刑:

(一)阻止他人重大犯罪活动的;

(二)检举监狱内外重大犯罪活动,经查证属实的;

(三)有发明创造或者重大技术革新的;

(四)在日常生产、生活中舍己救人的;

(五)在抗御自然灾害或者排除重大事故中,有突出表现的;

(六)对国家和社会有其他重大贡献的。

第三十条 减刑建议由监狱向人民法院提出,人民法院应当自收到减刑建议书之日起一个月内予以审核裁定;案情复杂或者情况特殊的,可以延长一个月。减刑裁定的副本应当抄送人民检察院。

第三十一条 被判处死刑缓期二年执行的罪犯,在死刑缓期执行期间,符合法律规定的减为无期徒刑、有期徒刑条件的,二年期满时,所在监狱应当及时提出减刑建议,报经省、自治区、直辖市监狱管理机关审核后,提请高级人民法院裁定。

第三十二条 被判处无期徒刑、有期徒刑的罪犯,符合法律规定的假释条件的,由监狱根据考核结果向人民法院提出假释建议,人民法院应当自收到假释建

议书之日起一个月内予以审核裁定；案情复杂或者情况特殊的，可以延长一个月。假释裁定的副本应当抄送人民检察院。

第三十三条 人民法院裁定假释的，监狱应当按期假释并发给假释证明书。

被假释的罪犯由公安机关予以监督。被假释的罪犯，在假释期间有违反法律、行政法规和国务院公安部门有关假释的监督管理规定的行为，尚未构成新的犯罪的，公安机关可以向人民法院提出撤销假释的建议，人民法院应当自收到撤销假释建议书之日起一个月内予以审核裁定。人民法院裁定撤销假释的，由公安机关将罪犯送交监狱收监。

第三十四条 对不符合法律规定的减刑、假释条件的罪犯，不得以任何理由将其减刑、假释。

人民检察院认为人民法院减刑、假释的裁定不当，应当依照刑事诉讼法规定的期间提出抗诉，对于人民检察院抗诉的案件，人民法院应当重新审理。

第五节 释放和安置

第三十五条 罪犯服刑期满，监狱应当按期释放并发给释放证明书。

第三十六条 罪犯释放后，公安机关凭释放证明书办理户籍登记。

第三十七条 对刑满释放人员，当地人民政府帮助其安置生活。

刑满释放人员丧失劳动能力又无法定赡养人、扶养人和基本生活来源的，由当地人民政府予以救济。

第三十八条 刑满释放人员依法享有与其他公民平等的权利。

第四章 狱政管理

第一节 分押分管

第三十九条 监狱对成年男犯、女犯和未成年犯实行分开关押和管理，对未成年犯和女犯的改造，应当照顾其生理、心理特点。

监狱根据罪犯的犯罪类型、刑罚种类、刑期、改造表现等情况，对罪犯实行分别关押，采取不同方式管理。

第四十条 女犯由女性人民警察直接管理。

第二节 警　戒

第四十一条 监狱的武装警戒由人民武装警察部队负责，具体办法由国务院、中央军事委员会规定。

第四十二条 监狱发现在押罪犯脱逃，应当即时将其抓获，不能即时抓获的，应当立即通知公安机关，由公安机关负责追捕，监狱密切配合。

第四十三条 监狱根据监管需要，设立警戒设施。监狱周围设警戒隔离带，未经准许，任何人不得进入。

第四十四条 监区、作业区周围的机关、团体、企业事业单位和基层组织，应当协助监狱做好安全警戒工作。

第三节 戒具和武器的使用

第四十五条 监狱遇有下列情形之一的，可以使用戒具：

(一)罪犯有脱逃行为的；

(二)罪犯有使用暴力行为的；

(三)罪犯正在押解途中的；

(四)罪犯有其他危险行为需要采取防范措施的。

前款所列情形消失后，应当停止使用戒具。

第四十六条 人民警察和人民武装警察部队的执勤人员遇有下列情形之一，非使用武器不能制止的，按照国家有关规定，可以使用武器：

(一)罪犯聚众骚乱、暴乱的；

(二)罪犯脱逃或者拒捕的；

(三)罪犯持有凶器或者其他危险物，正在行凶或者破坏，危及他人生命、财产安全的；

(四)劫夺罪犯的；

(五)罪犯抢夺武器的。

使用武器的人员，应当按照国家有关规定报告情况。

第四节 通信、会见

第四十七条 罪犯在服刑期间可以与他人通信，但是来往信件应当经过监狱检查。监狱发现有碍罪犯改造内容的信件，可以扣留。罪犯写给监狱的上级机关和司法机关的信件，不受检查。

第四十八条 罪犯在监狱服刑期间，按照规定，可以会见亲属、监护人。

第四十九条 罪犯收受物品和钱款，应当经监狱批准、检查。

第五节 生活、卫生

第五十条 罪犯的生活标准按实物量计算，由国家规定。

第五十一条 罪犯的被服由监狱统一配发。

第五十二条 对少数民族罪犯的特殊生活习惯，应当予以照顾。

第五十三条 罪犯居住的监舍应当坚固、通风、透光、清洁、保暖。

第五十四条 监狱应当设立医疗机构和生活、卫生设施，建立罪犯生活、卫生制度。罪犯的医疗保健列入监狱所在地区的卫生、防疫计划。

第五十五条 罪犯在服刑期间死亡的，监狱应当立即通知罪犯家属和人民检察院、人民法院。罪犯因病死亡的，由监狱作出医疗鉴定。人民检察院对监狱的医疗鉴定有疑义的，可以重新对死亡原因作出鉴定。罪犯家属有疑义的，可以向人民检察院提出。罪犯非正常死亡的，人民检察院应当立即检验，对死亡原因作出鉴定。

第六节 奖 惩

第五十六条 监狱应当建立罪犯的日常考核制度，考核的结果作为对罪犯奖励和处罚的依据。

第五十七条 罪犯有下列情形之一的，监狱可以给予表扬、物质奖励或者记功：

(一)遵守监规纪律，努力学习，积极劳动，有认罪服法表现的；

(二)阻止违法犯罪活动的；

(三)超额完成生产任务的；

(四)节约原材料或者爱护公物，有成绩的；

(五)进行技术革新或者传授生产技术，有一定成效的；

(六)在防止或者消除灾害事故中作出一定贡献的；

(七)对国家和社会有其他贡献的。

被判处有期徒刑的罪犯有前款所列情形之一，执行原判刑期二分之一以上，在服刑期间一贯表现好，离开监狱不致再危害社会的，监狱可以根据情况准其离监探亲。

第五十八条 罪犯有下列破坏监管秩序情形之一的，监狱可以给予警告、记过或者禁闭：

(一)聚众哄闹监狱，扰乱正常秩序的；

(二)辱骂或者殴打人民警察的；

(三)欺压其他罪犯的；

(四)偷窃、赌博、打架斗殴、寻衅滋事的；

(五)有劳动能力拒不参加劳动或者消极怠工，经教育不改的；

(六)以自伤、自残手段逃避劳动的；

(七)在生产劳动中故意违反操作规程，或者有意损坏生产工具的；

(八)有违反监规纪律的其他行为的。

依照前款规定对罪犯实行禁闭的期限为七天至十五天。

罪犯在服刑期间有第一款所列行为，构成犯罪的，依法追究刑事责任。

第七节 对罪犯服刑期间犯罪的处理

第五十九条 罪犯在服刑期间故意犯罪的，依法从重处罚。

第六十条 对罪犯在监狱内犯罪的案件，由监狱进行侦查。侦查终结后，写出起诉意见书或者免予起诉意见书，连同案卷材料、证据一并移送人民检察院。

第五章 对罪犯的教育改造

第六十一条 教育改造罪犯，实行因人施教、分类教育、以理服人的原则，采取集体教育与个别教育相结合、狱内教育与社会教育相结合的方法。

第六十二条 监狱应当对罪犯进行法制、道德、形势、政策、前途等内容的思想教育。

第六十三条 监狱应当根据不同情况，对罪犯进行扫盲教育、初等教育和初级中等教育，经考试合格的，由教育部门发给相应的学业证书。

第六十四条 监狱应当根据监狱生产和罪犯释放后就业的需要，对罪犯进行职业技术教育，经考核合格的，由劳动部门发给相应的技术等级证书。

第六十五条 监狱鼓励罪犯自学，经考试合格的，由有关部门发给相应的证书。

第六十六条 罪犯的文化和职业技术教育，应当列入所在地区教育规划。监狱应当设立教室、图书阅览室等必要的教育设施。

第六十七条 监狱应当组织罪犯开展适当的体育活动和文化娱乐活动。

第六十八条 国家机关、社会团体、部队、企业事业单位和社会各界人士以及罪犯的亲属，应当协助监狱做好对罪犯的教育改造工作。

第六十九条 有劳动能力的罪犯，必须参加劳动。

第七十条 监狱根据罪犯的个人情况，合理组织劳动，使其矫正恶习，养成劳动习惯，学会生产技能，并为释放后就业创造条件。

第七十一条 监狱对罪犯的劳动时间，参照国家有关劳动工时的规定执行；在季节性生产等特殊情况下，可以调整劳动时间。

罪犯有在法定节日和休息日休息的权利。

第七十二条 监狱对参加劳动的罪犯，应当按照有关规定给予报酬并执行国家有关劳动保护的规定。

第七十三条 罪犯在劳动中致伤、致残或者死亡的，由监狱参照国家劳动保险的有关规定处理。

第六章 对未成年犯的教育改造

第七十四条 对未成年犯应当在未成年犯管教所执行刑罚。

第七十五条 对未成年犯执行刑罚应当以教育改造为主。未成年犯的劳动，应当符合未成年人的特点，以学习文化和生产技能为主。

监狱应当配合国家、社会、学校等教育机构，为未成年犯接受义务教育提供必要的条件。

第七十六条 未成年犯年满十八周岁时，剩余刑期不超过二年的，仍可以留在未成年犯管教所执行剩余刑期。

第七十七条 对未成年犯的管理和教育改造，本章未作规定的，适用本法的有关规定。

第七章 附 则

第七十八条 本法自公布之日起施行。

全国青联七届五次常委(扩大)会议在福州举行

全国青联七届五次常委(扩大)会议近日在福州举行。会议总结近四年来全国青联工作的成就,研究部署 1995 年任务,探索青联在建立社会主义市场经济体制过程中发挥更大作用的有效途径。

全国青联主席刘鹏在会上要求全国青联工作各团体会员在新的一年里通过努力,将全国各族各界青年动员起来,使他们以崭新的风貌积极投身到改革开放和现代化建设的宏伟事业中去,推动青联工作的改革和发展。

团中央书记处第一书记李克强出席会议。李克强说,全国青联是人才荟萃的组织,在未来的发展中还应当发现、吸引更多、更优秀的人才,使更多青年脱颖而出。

国务院总理李鹏在中南海紫光阁会见全国审计工作会议代表

李鹏指出,制定和施行《中华人民共和国审计法》,是建立社会主义市场经济体制的客观需要。全国各级党委和政府应切实加强对审计工作的领导,关心和支持审计工作,使审计工作为改革、发展和稳定,为维护国家财经法纪和中央政令统一,为加强和完善宏观经济调控发挥积极作用。

李鹏说,今年以来,在党中央、国务院以及地方党委、政府的领导下,各级审计机关和广大审计人员积极履行《宪法》赋予的职责,加强审计监督,严格审计执法,对维护财经法纪,促进提高经济效益,加强宏观管理和廉政建设,保障改革开放的顺利进行,发挥了重要作用,取得了显著成绩。李鹏代表党中央、国务院向辛勤工作在审计战线上的广大干部职工,表示衷心的祝贺和亲切的慰问。

李鹏指出,社会主义市场经济越发展,越要加强审计工作。我们要增强对审计工作重要性的认识,扎扎实实地开展审计工作。李鹏说,《中华人民共和国审计法》从明年 1 月 1 日起施行,希望各级审计机关认真贯彻执行《审计法》,依法审计,不断强化审计监督,使我国的审计工作在已取得成绩的基础上向前推进一步。

李鹏说,全国各级审计机关要加强自身的队伍建设,采取措施提高审计人员的素质,并下大力气培养一批年轻的审计人员,更好地担负起对国家经济活动依法审计的重任。

邹家华、李贵鲜、罗干及有关部门负责人参加会见。

国务委员陈俊生在全国商品流通会议供销合作社主任座谈会上发表讲话

陈俊生说,供销合作社的问题,说到底是农业、农村、农民问题。供销社要以“农”字总揽全局,必须抓好以下几点:一是要牢固树立以农为本、为农服务的思想。供销合作社同农村经济是互为一体的,可以说是一枯皆枯、一荣皆荣。为农服务和提高效益是相辅相成的,不是对立的。二是要认真做好农业生产资料的供应和服务,充分发挥供销合作社在以化肥为主的农业生产资料流通领域的主渠道作用,努力组织货源,保证供应,把价格压下来,稳定农资市场。三是要大力发展贸工农、产供销一体化,围绕骨干产品,建立龙头企业,下联专业户、专业村开展产供销一体化服务。四是要努力扩大经营范围和服务领域。五是要加强与涉农部门的联合。

陈俊生强调,党中央、国务院关于供销社工作的决策,是非常正确的,将对农村经济和供销合作事业的发展产生深远影响。当前,要特别加强供销合作社系统的稳定性,任何单位和个人不得平调、肢解供销合作社,供销社要按“民办”的方向,深化改革,还社于民。

武汉新机场投入运营

中国和埃及在北京签署《关于民事商事和刑事司法协助的协定》

12 月 30 日

《人民日报》就第八届全国人大常委会第十一次会议审议通过的《中华人民共和国监狱法》发表短评《改造罪犯的重要法律》

司法部在北京召开电话会议部署学习贯彻《中华人民共和国监狱法》

司法部部长肖扬在会上讲话指出,依法管理监狱是依法治理国家的一个重要方面。《监狱法》的颁布与实施,充分反映了我国监狱工作改革、发展的客观要求,顺应了人类社会文明、进步的大趋势,标志着具有中国特色的社会主义监狱制度的确立与完善,使我国监狱工作迈向法制化、规范化。

肖扬要求各级司法行政机关及监狱系统的全体干警当前要着重抓好三件事:一是广泛开展学习、宣传《监狱法》的活动;二是教育广大干警进一步增强法律意识,树立法制观念,把监狱的一切活动纳入法制的轨道;三是从严治警,切实加强干警队伍建设。

司法部常务副部长张秀夫也在会上讲话,就学习、贯彻《监狱法》提出了具体的要求和意见。

首次民族理论研究座谈会在北京召开

为了加强社会主义市场经济条件下的民族理论研

究，中共中央统战部民族宗教局、国家民委政策研究室、中国社会科学院民族研究所、中央民族大学日前联合召开首次民族理论研究座谈会。20多位专家、学者和民族工作部门的负责同志出席。

会议的中心议题为如何开创民族理论研究新局面。代表们就民族理论研究的现状，影响民族理论研究相关因素以及如何解放思想，深化民族理论研究等问题，开展了热烈的讨论。

全国审计工作会议在北京闭幕

国务委员李贵鲜在闭幕会议上说，1995年的审计工作，应当认真贯彻中央经济工作会议精神，贯彻执行《审计法》，加强对国家财政收支和国有资产有关的财务收支的审计监督，维护国家财经法纪和中央政令的统一，为加强和改善宏观调控服务，推动审计工作进一步发展。

李贵鲜要求，要加强对国家财政收支和国有金融机构财务收支的审计监督。加强对财政收支的审计监督，是《审计法》的重点内容。目前财政收支方面存在的问题不少，有些地方赤字增多，有的把预算内资金转到预算外，有的在预算外又搞"小金库"，违反财政制度，影响财政经济秩序。因此，各级审计部门要继续加强对下级地方政府预算执行情况、决算和预算外资金的审计，同时积极开展对本级预算执行情况的审计监督。审计署要统一组织，对工商银行、建设银行、中国银行、交通银行进行审计。要加强对国有资产的审计监督。审计部门要加强对国有企业的审计监督，促进其深化改革，眼睛向内，搞好内部管理，挖掘增产节约潜力，提高经济效益，保障国有资产的保值增值。

李贵鲜强调，要加强对重点建设项目和消费基金的审计监督。控制基建规模和消费基金过快增长，是抑制通货膨胀的根本措施。现在的建设项目，大都超概算，一些地方和单位吃"大锅饭"，吃大项目的钱，浪费很大。审计部门要注意在各项审计中，制止以各种形式将国有资产转化为个人收入的做法，严格控制社会集团消费。

李贵鲜指出，要加强对农业资金的审计监督；要加强对政府部门的审计监督；要加强社会审计和内部审计工作。

国家工商行政管理局就切实加强元旦春节期间市场监督管理问题发出紧急通知

通知说，安排好节日市场供应，稳定市场物价，是当前关系人民群众生活安定，保障改革、发展和稳定大局的大事。各级工商行政管理机关必须高度重视，要立即行动起来，加强节日市场管理，重点要抓好对农副产品市场的监督管理。要严格规范农副产品批发市场交易行为，对那些强买强卖的"菜霸"、"鱼霸"、"肉霸"，一经发现，要从严从重处罚：没收其非法所得，处以罚款；吊销其营业执照，清除出场；对情节严重、聚伙扰乱市场秩序的，要迅速移交公安、司法机关处理；对一些典型案例，要予以曝光。对掺杂使假、制售假冒伪劣商品的不法分子，要密切与技术监督、物价、公安、卫生检疫等部门配合，依法进行严厉查处。节日期间，要特别加强对肉类食品上市的监督管理，严格执行验证验章制度。凡无检疫证明的、检疫证明过期的、证物不符的，均不得上市。要重点查处注水猪肉的不法行为。

通知要求各级工商部门积极采取各种措施，增加市场货源供应总量。要进一步从市场监督管理上创造条件，支持国有粮食企业、国有菜店进场经营。对关系人民群众生活的主要副食品，如粮、肉、菜等，发现市场上出现短缺情况时，要及时向政府报告和国营商业主管部门反映。通知要求各级工商部门严格执行国家关于价格管理的各项政策法规。认真实行明码标制度，规范价格行为。严厉打击哄抬物价、价格欺诈等违法行为。

国家主席江泽民在人民大会堂接受三国新任驻中国大使递交的国书

他们是玻利维亚大使费尔南多·阿劳科、阿尔及利亚大使哈尔发·马默里和加蓬大使恩图图姆。

国务院副总理兼外交部部长钱其琛在钓鱼台国宾馆举行新年招待会款待各国驻中国使节

中国政府和哈萨克斯坦政府在阿拉木图签订《中华人民共和国政府和哈萨克斯坦共和国政府科学技术合作协定》

国家教委发出《关于在外国来华留学生中执行〈普通高等教育学历证书管理暂行规定〉及其实施细则的通知》

《通知》的主要内容是：

一、各省、自治区、直辖市教委、高教（教育）厅（局）外事部门应按有关规定严格审批、定期核查有条件接受外国留学生的院校，并报我委外事司复核批准。对不具备条件或严重违反规定、出现重大问题的院校，坚决不予批准或取消其接受外国留学生资格。

二、经审定的高等院校接受外国留学生，由学校留学生专门机构统一负责管理，学校教务部门协助做好招生和教学管理工作。招收来华接受我本科、硕士或博士研究生学历教育留学生的院校，必须有相应专业的相应学位授予权，并且按我《外国留学生来华学习的有关规定》考核后录取。

三、各有关高等学校留学生专门机构录取接受学历教育的留学生时，应报所在的省、自治区、直辖市教委、高教（教育）厅（局）外事部门核准、备案，否则无效。此类留学生注册报到后，应将其名单报上述部门和我委外事司存档、备案。

四、每年 3 月底，各省、自治区、直辖市教委、高教（教育）厅（局）外事部门根据各学年度招收外国留学生的核准、备案名册，核定本地区各高等学校的预计毕业外国留学生数，报我委外事司审核后，领取统一制作的学历证书内芯，并负责向本地区有关院校的留学生主管部门发放。由学校向留学生颁发证书。

五、由我委统一制作的外国留学生毕业证书分博士生、硕士生、本科生三类；证书内容、格式、颜色、防伪标志等与我国普通高等学校学历证书基本一致，另注明“国籍”，印制编号前加“W”字母以示区别。外国留学生如作结业对待的，使用和国内一致的结业证书。外国留学生学历证书封皮由各校制作。

六、各高等学校可自行制定向本校毕业的留学生发放学历证书的实施办法，亦可向其发放我学历证书的外文译文副本。译文副本由有关院校根据相应证书的汉语文字自行翻译、印制，由校（院）长签字（汉字），盖学校章。

曾宪梓教育基金会 1994 年高等师范专科院校教师奖颁奖大会在北京举行

曾宪梓教育基金会是香港爱国知名人士曾宪梓先生为资助内地的教育事业，于 1992 年捐资 1 亿港币，与国家教委合作成立的，主要奖励高等师范院校（包括教育学院和师范性较强的综合性大学）及中等师范学校的长期从事师范教育和为师范教育事业做出突出贡献的优秀教师。这是继 1993 年奖励 1000 名高等师范院校优秀教师后的又一次奖励，全国共有 1000 名高等师范专科学校的优秀教师获奖，其中一等奖 10 名，二等奖 50 名，三等奖 940 名。

新年京剧晚会在中南海怀仁堂举行

党和国家领导人江泽民、乔石、李瑞环、朱镕基、刘华清和首都各界群众一起观看演出，共迎新年。

国务院第三届环境保护委员会第四次会议举行

国务委员、国务院环委会主任宋健，日前在国务院第三届环境保护委员会第四次会议上强调，淮河流域水污染非治理不可，不能丧失时间。为纠正损害自己、损害整个流域的水污染行为，即使暂时部分影响当地经济发展也要抓紧治理。

宋健说，治理淮河水污染的一个重要原则，就是加强法制，要抓紧《淮河流域水污染防治条例》的起草工作，要制订治理淮河的阶段性目标。我们要下决心，在 1997 年前，用 3 年的时间停止流域内所有企业和县以上城市的污水超标排放，到 2000 年实现淮河基本变清。

在听取有关部门汇报旅游区环境保护管理工作后，宋健指出，在加强旅游区环境卫生管理的同时，还要注意对游客进行一些科普教育，比如有关濒危物种、地质地理知识方面的介绍，不要搞封建迷信的东西。

在会议上，全国环保执法检查总团秘书长、国家环保局局长解振华汇报今年环保执法检查情况。他认为，今年通过对 10 个省、自治区的检查，提高和增强各级领导与广大群众的环境意识和法制观念；督促地方政府查处一批违反环境与资源保护法律、法规的案件。

12 月 31 日

国家主席江泽民对中国国际广播电台海外听众及港澳台胞发表新年讲话

女士们、先生们、朋友们：

在 1995 年到来之际，我很高兴再次通过中国国际广播电台，向各国人民和朋友，向台湾同胞、港澳同胞和海外华侨、华人朋友，致以美好的新年问候！

1995 年是包括中国人民抗日战争在内的世界反法西斯战争胜利五十周年，是联合国成立五十周年，是世界人民为和平与发展继续奋斗的一年。对于我们中国人民来说，是全面完成第八个五年计划的最后一年。两年之后和四年之后，中国将在香港、澳门恢复行使主权。五年之后，我国人民将同世界人民一起迈入二十一世纪。展望未来，我们充满信心。

对中国来说，二十世纪是一个充满苦难与抗争的世纪，也是一个通过探索与创造、革命与建设不断取得伟大历史性胜利的世纪。以毛泽东同志为代表的中国共产党，领导全国各族人民经过艰苦奋斗，终于在 1949 年创建了中华人民共和国，结束了半殖民地半封建的悲惨历史，开创了中华民族独立自主、建设社会主义的新纪元。经过三十年的摸索，以邓小平同志为代表的中国共产党，终于找到了建设有中国特色社会主义的正确道路，开创了中国现代化建设的新时期。十六年来，中国政治稳定，民族团结，经济发展，社会进步，人民生活水平不断提高。我们深知，中国的经济文化仍比较落后，实现现代化任重而道远，我们不能有丝毫的懈怠，必须奋发图强，继续前进。

刚刚过去的1994年，是中国改革和发展继续取得胜利的一年。在这一年里，中国顺利地进行了包括金融、财税、投资、外汇、外贸在内的一系列重大改革，建立社会主义市场经济体制迈出了决定性的一步，国民经济继续保持快速发展的势头。1995年，中国将继续处理好改革、发展、稳定的关系，在经济工作中，重点是加强农业、深化国有企业改革、抑制通货膨胀，继续保证国民经济持续、快速、健康发展，继续促进社会全面进步。

朋友们，和平与发展仍然是当今世界两大主题。中华民族在历史上曾经为人类的文明与进步做出过重要贡献。在新中国成立前的近百年中，中国落后了。现在我们要做的事还很多，最重要的是把中国的经济搞上去。中国有着占人类五分之一以上的人口，中国的发展与富强，不仅对于亚洲，而且对于整个人类的进步事业，都将是一个新的重要贡献。

维护和平、相互尊重、加强合作、促进发展是各国人民的普遍愿望。本世纪发生的两次世界大战，曾给包括中国在内的全人类带来巨大灾难。前事不忘，后事之师。中国一贯主张，国与国之间应当友好相处而不应彼此对抗；求同存异而不应强加于人；相互尊重而不应以强凌弱。世界历史和现实不断证明，任何搞霸权主义、强权政治的行径，都是不得人心的。任何只顾本国利益而损害别国利益、阻挠别国发展的做法，最终都是要自食其果的。

中国是维护世界和平与稳定的重要力量。1994年，中国与各国的交往十分频繁，同各国的友好合作关系有了新的发展。我国领导人1994年在国内外会晤了许多国家的领导人，就双边关系和共同感兴趣的问题进行了建设性探讨，并达成了广泛的共识，增进了相互了解、信任与合作。1995年，我们欢迎更多的朋友到中国来亲眼看一看。我们将积极参加世界性的纪念二战结束和联合国成立五十周年的各种活动，承办好在北京举行的联合国第四次世界妇女大会。在新的一年里，中国将在国际事务中为世界的和平与发展事业继续做出自己的努力。

朋友们，我们对香港问题的基本立场和方针是坚定不移的。无论发生什么情况，中国都将按期恢复对香港行使主权，并且对保持香港的长期繁荣和稳定有充分的信心。中葡两国在澳门问题上的良好合作有利于澳门的前途。我们相信，中葡两国将继续本着友好合作的精神，最终完成澳门的顺利交接。世界上只有一个中国，台湾是中国的一部分。海峡两岸的和平统一是大势所趋，人心所向，符合整个中华民族的根本利益。任何势力要分裂祖国，搞台湾独立，是包括台湾人民在内的全体中国人民绝对不能接受的，这种图谋是注定要失败的。

朋友们，中国人民愿与世界各国人民共同努力，把一个和平、稳定、繁荣和进步的世界，带入曙光初露的新世纪。我再次向各位致以美好的祝愿！

谢谢各位！

国家主席江泽民在钓鱼台国宾馆会见并宴请柬埔寨国王西哈努克和王后莫尼克

中国人民银行决定提高对金融机构贷款利率

经国务院批准，中国人民银行决定从1995年1月1日起，提高对金融机构的贷款利率。

东海对外合作区第一口探井正式开钻

宣告中国东海海域大规模的海上石油钻探作业开始全面实施。

正在钻探的这口探井位于温州市以东约200公里海面，由中国海洋石油东海公司与美国德士古公司(集团)合作，设计井深2100米。

到1995年底，中国海洋石油东海公司将与美国、日本等外国石油公司合作，在我国东海对外合作区连续钻探11口探井。

中国农业银行存款创历史纪录

到1994年末，全国农行各项存款余额达6730.69亿元，比上年净增1653.02亿元，其中储蓄存款余额3564.31亿元，比上年净增1039.02亿元。

外经贸部公布拟对美贸易反报复清单

公告说，鉴于美国贸易代表办公室不顾我国在保护知识产权方面所做的重大努力，单方面公布拟对我国出口美国的电子、玩具、鞋、箱包、发电机、自行车、手表等价值28亿美元的产品实施贸易报复，将使我国对外贸易蒙受重大损失，根据《中华人民共和国对外贸易法》第七条的规定"任何国家或者地区在贸易方面对中华人民共和国采取歧视性的禁止、限制或者其他类似措施的，中华人民共和国可以根据实际情况对该国家或者该地区采取相应的措施"。对于美国的贸易报复措施，中国将不得不采取如下反报复措施：

一、对于进口产于美国的各种游戏机、游戏卡、录音带、激光唱盘、烟、酒、化妆品加征100%关税；

二、暂停进口产于美国的电影片、电视片及其录像、激光视盘；

三、暂停与美国音像制品协会、国际知识产权联盟、商业软件联盟的贸易合作关系；

四、暂停受理美国音像制品制造公司在华设立分支机构或办事处的申请；

五、暂停受理对美国化学、药品制造商根据我国《化学、药品行政保护条例》所提出的申请；

六、暂停与美国公司正在进行的大型汽车合资项目的谈判；

七、暂停受理美国公司及所属子公司在华设立投资公司的申请。

公告说，上述措施拟于美国正式执行对中国出口报复时生效。公布以上初步反报复清单意在广泛征求各界人士的意见和有关建议，公告确定的征求意见的最后期限为 1995 年 1 月 31 日。

国家版权局发言人就中美知识产权谈判失败事发表谈话

针对美国政府以所谓中国侵犯其知识产权特别是侵犯版权为借口而采取报复行动一事，国家版权局发言人表示，中国在版权保护上取得了前所未有的成就，任何不抱偏见的人都会正视这一点。美国方面的指责是没有道理的，也抹杀不了中国取得的成绩。

发言人说，中国在《著作权法》实施一年后便加入了主要国际版权公约。今年，国务院新闻办公室发表了《中国知识产权保护白皮书》，全国人大常委会又通过了可对侵犯版权者最重判处 7 年徒刑的决定。这都说明中国版权保护的法律体系是健全的，水平是较高的。

针对美国指责中国执法不力这一说法，发言人说，从今年 4 月起，国家版权局联合公安、工商、文化、广电等部门在全国范围内对激光视唱盘盗版等进行了集中打击。这一活动至今仍在进行。据初步统计，已查抄非法出版物 158 万多册，盗版激光盘 220 多万盘。在中国硅谷中关村开展的打击计算机软件盗版活动引起了海内外舆论的极大重视。最近，中国还两度召开全国性的计算机软件保护研讨会，世界知识产权组织和美国 IBM 公司代表均出席会议。经过不断普法宣传，中国民众的版权意识也正在普遍提高。

发言人指出，对于涉及美国和其他海外著作权人的一系列版权诉讼申请，中国法院均及时受理。仅北京地区的法院目前就接受了美国著作权人的立案申请达数十起。他说，中国的版权法律法规绝非一纸空文，中国有关执法部门是严肃认真的。无须讳言，中国现在依然存在着盗版现象，有的还相当严重，但中国政府打击盗版的态度是明确的，行动是有效的。

发言人说："美国方面无视中国在版权保护上取得的巨大成绩，在中美知识产权谈判中，提出无理要求，导致谈判失败，接着抛出报复清单，这充分说明，美方对中国版权保护的指责是醉翁之意不在酒。"

发言人表示，保护版权是中国发展的需要，是中国社会主义市场经济和法制建设的基本要求。中国仍将继续加强版权保护，打击各种盗版，把知识产权保护提高到一个新水平。

外经贸部发言人就美国当天公布对华贸易报复清单一事发表谈话

发言人指出，中美知识产权谈判破裂责任在美方，希望美国纠正对华贸易报复的做法。同日，外经贸部公布拟对美贸易反报复清单。

国务院副总理李岚清来到北京大学清华大学北京师范大学看望陈岱孙张光斗启功三位老教授

国家版权局发出《作品自愿登记试行办法》

国家科委颁布《科技期刊质量要求及评估标准》

《标准》中分别制定了科技期刊指导类、学术类、技术类、检索类和科普类的质量要求和评估标准等。